大明风云

系列之
皇帝迷踪

马渭源 著

东南大学出版社·南京

图书在版编目（CIP）数据

大明风云 / 马渭源著. —南京：东南大学出版社，2019.1

ISBN 978-7-5641-8034-8

Ⅰ. ①大… Ⅱ. ①马… Ⅲ. ①中国历史-研究-明代 ②朱元璋（1328-1398）-传记 Ⅳ. ①K248.07 ②K827=48

中国版本图书馆CIP数据核字（2018）第229083号

大明风云系列之⑧ 皇帝迷踪

出版发行	东南大学出版社
出 版 人	江建中
社　　址	南京市四牌楼2号 （邮编：210096）
经　　销	全国各地新华书店
印　　刷	南京京新印刷有限公司
开　　本	700 mm ×1000 mm　1 / 16
印　　张	120.5
字　　数	1928 千字
版　　次	2019年1月第1版
印　　次	2019年1月第1次印刷
书　　号	ISBN 978-7-5641-8034-8
定　　价	398.00元（共8册）

（本社图书若有印装质量问题，请直接与营销部联系，电话：025-83791830）

序

马渭源教授的 17 卷本《大明风云》就要出版了，这是继他 2014 年推出 10 卷本《大明帝国》后的又一大系列专著。数日前，他来我家，邀我写个序，我欣然答应了。因为他与日本关西学院校长、国际明史专家阪仓笃秀教授是老一辈著名明史专家黄云眉先生的第二代传人，这是 2011 年年底海内外眉师儿孙们云集一堂，经过反复研究、讨论，最后作出的慎重决定。作为眉师的第一代传人，我感到责无旁贷要做好这样的事情。

马教授在 2012 年就应邀去美国做讲座，北美三大华文报刊《世界日报》《星岛日报》和《侨报》对此都曾做了专门的报道，其中《世界日报》称誉马渭源教授为著名的明史专家；稍后中国大陆媒体称他为"第一位走上美国讲坛的明史专家"。

另据海外媒体所载，马渭源教授的《大明帝国》系列专著得到了美国匹兹堡大学名誉教授、海外著名国学大家许倬云先生的赞许与推介，并为哈佛大学、哥伦比亚大学、普林斯顿大学、斯坦福大学等世界一流的高等学府和美国国会图书馆、澳大利亚国家图书馆等西方诸国国家图书馆所收藏，真乃可喜可贺！

最近中央级大报《光明日报》刊载文章说："世界上 SCI 检索影响力较大的 2000 种期刊中，中国期刊只有 5 种；排在本学科前 3 位的世界顶级期刊中，没有一本中国期刊。"（《光明日报》2013 年 11 月 30 日第 7 版"科教文新闻"）与此相类或者说更不尽如人意的是，中国虽是当今世界上头号出版大国，但中国出版的各类专著为西方国家收藏的却不到 20%，社科类不到 10%，历史类更是凤毛麟角。而马教授的著作能被这么多的西方著名高等学府所珍藏，并得到了大家许倬云先生的肯定与称许，实属不易！

其实这些年在国内马渭源教授早已是南京电视台、南京广电、江苏教育电视台、安徽电视台、中央电视台和福建网站等公共媒体上家喻户晓的历史文化讲座主讲人和电视节目的常任嘉宾，而他的著作则更是深受广大读者的喜爱。据说有一次在上海展览馆举办他的签名售书活动，原定活动时间为半小时，结果因为读者太多了，主办方不得不延长了一个小时，但是未能满足广大读者的需求。而最近又传来好消息，国内外知名的网络运营商如亚马逊、中国移动、苏宁易购等都与马教授签订了电子书出版合同，广大读者尤其年轻的读者只要按按手机上的键钮就能轻松阅读他的电子版著作了。

马教授之所以能取得如此的成就和拥有这样的影响力,在我看来,最为根本的原因就在于他扎扎实实地深入研究,以渊博的知识来解释历史,并用通俗流畅的语言表述出来,但绝不戏说,由浅入深,做到既通俗易懂又让人回味无穷,这是十分难能可贵的啊!

就以本次出版的《大明风云》系列之①～⑤为例,该5卷本主要是讲述大明洪武朝的历史。有关洪武帝朱元璋的传记目前为止,有好几个版权,最早的可能要数吴晗先生的《由僧钵到皇权》,那是民国三十三年十月由在创出版社出版,当年我在书店里买到了就读。五六十年代吴晗先生对原书进行反复修改后出版了《朱元璋传》(三联版)。据说当时有好多政治人物都读过,但它毕竟是那个时代的产物,里边有不少阶级斗争的内容和特定意识形态的标签,今天年轻人读来可能有种隔世的感觉。后来陈梧桐教授和吕景林教授也分别写了有关朱元璋的传纪,如今书店里可能还能买到。

马渭源教授在2007年时就撰写了《奇特的开国皇帝朱元璋》上、下册,尽管该书在2008年1月出版后很受读者喜爱,发行量急剧攀升,且远销海内外,但马教授对自己的著作却很不满意,多次在我面前说,那是电视节目的讲稿,时间太仓促,很不成熟,遗憾多多。为此,这些年他不断地收集和整理史料,打算重写。2014年1月他的最新力作《大明帝国》系列之《洪武帝卷》终于问世,比原书整整多出了一倍,多达100多万字。不过随后他又感到意犹未尽,特别是洪武时期的许多事情都未能说个淋漓尽致,为此,在已经修订过的《大明帝国》系列之《洪武帝卷》基础上,他再作努力,分册详尽阐述,这就是现在人们见到的《大明风云》系列之①～⑤《乱世枭雄》《大明一统》《明基奠立》《洪武"运动"》《治隆唐宋》。

本书为《大明风云》系列一《乱世枭雄》,主要叙述了元末天下大乱之际朱元璋从一个淮北乡下牧童、游方僧人如何发展成为雄踞一方的军事领袖以及他统一南方之非常历程,这也就是人们常说的大明开国史。

说起朱元璋开国,由于历史与政治的原因,他在一般人心目中已被格式化或政治定性化了,距离真实的历史还有一大截。对此,马教授在考证了大量的史实依据基础上,重塑了一个真实可近的朱元璋:他做过和尚、当过叫花子,后来投军当了兵,娶了个"官二代",自此开始发迹,由"倒插门"变成了"掌门人",在自家"老总""走"后,又占了"老总"宝贝千金……"旱鸭子"渡江没船,他去"忽悠"人家"老总","老总"有想法,他就设宴招待喝酒,然后捆住了人家手脚,扔进长江里喂鱼……他占领虎踞龙盘之地,西伐东讨,南征北战,开创大明……

人们常说：非常之人往往有着非常之手段，在描述朱元璋胜利与成功光亮面的同时，马教授以平易与酣畅的笔调恰如其分地揭露与展示以往被人所忽视的非常之人的"非常"另一面。最为关键的是他能敏锐地观察到朱元璋与历代君临天下的权位高势能者获取成功的首要秘籍——掌握与利用好军事武装力量：自经略定远那刻起，朱元璋就为自己偷偷地留了一条后路，在扩充所谓的郭子兴起义军时也暗暗地为自己培植了势力，像冯国用兄弟、李善长、邵荣、徐达、常遇春、邓愈等人的投奔对后来朱元璋势力的稳固与壮大起到了举足轻重的作用。在叙述完经略定远后，马教授笔锋一转，论述起滁州、和州根据地的开辟，巧妙地结合朱元璋人生早期非同寻常的8年经历，凸显了他的老辣——乘着老丈人郭子兴与众大王内讧之际，拉大旗作虎皮，拼命发展自己势力。如此下来等到郭子兴病亡之时，他已经实际上控制了这支军队。与此同时，他还"忽悠"并掌控巢湖水师，且以此渡长江、攻太平、战集庆。面对这样的态势，首先感到不安的是郭氏旧部和郭家兄弟俩郭天叙、郭天爵，这才有了进攻集庆时张天祐和郭天叙舅甥俩合力争抢攻城头功的一幕。而从实际角度来看，当时形势明摆着，郭子兴时代已经过去，其结果不言而喻。

利用了老丈人的平台发展了自己，娶了人家的养女，又心安理得地占有恩人家的宝贝千金即后来的郭惠妃（《明太祖实录》卷之二），随后处死了"谋反"的小舅子郭天爵，加上治军治政中的某些失措和自身性格缺陷——偏执型，这一系列负面因素慢慢地累积起来，最终导致了挫败陈友谅进攻——应天大捷后的蒋英、刘震、贺仁德、李佑之、邵荣、谢再兴等一系列叛乱。好在那时的朱元璋知错就改，且及时全力补救，这才终未酿成大祸。

马教授准确地把握了历史的脉络，既阐发了前人所未发的——如三攻集庆的惊人内幕，但又十分谨慎地叙述历史、正说历史——他对张天祐和郭天叙舅甥进攻集庆城时的"巧死"是看透了的，可又不武断地下定论或戏说，这无疑与吾师黄先生著述《明史考证》之精神是一脉相承的。对于朱元璋成功史的这样撰写与叙述比起过去一味唱赞歌不仅显得水平高超，认识深刻，而且历史人物形象也变得更加丰满。还有朱元璋冒险援救小明王与攻打并无多大利害关系的庐州之失策，马教授通过对这一系列朱元璋开国过程中的失当举措的客观描述，使得朱元璋形象既不神圣化，也不妖魔化，而是更加真实，有血有肉。这样的例子在书中还有许许多多，可详见本书章节。

朱元璋之所以能取得成功还有几个十分重要的因素：军纪严明，法不分亲疏；早期军事战斗中常常能亲自带头去啃硬骨头，譬如收编驴牌寨、攻打宁国和浙东婺州、血战鄱阳湖、亲征大汉国等；利用小明王政权的反元大旗，高筑墙、缓称王，尽可能减少受人攻击的目标;礼贤下士,广辟人才;建立稳固的江南地区起义政权,等等。不过在这过程中还有个十分重要的因素,那就是朱元璋从建立江南地方政权那刻起就极为重视经济恢复和经济制度重建,可详见本书中、下章。如此全方位的阐述使得大明开国史愈发丰实、可信。

总之,全书精彩迭现,观点新异又可靠,读之既如品尝陈年美酒,又似沐浴和煦春风。作为年过八旬的垂垂老者,我倍感欣慰,"黄学"后继有人啊!也愿马教授不断努力,推出更多的新作!

权作为序。

南京大学中国思想家研究中心常务副主任、教授

2014 年 11 月 11 日

目录

上章　地狱草根　绝处求生

- 泥皮草根艰难人生　隔代英雄心中永存 …………………………………… 1
  - 奇多的出生地——朱元璋到底是哪里人? ……………………………… 1
  - 奇特的出生——赤贫的钟离(凤阳)"大火球"朱重八 ………………… 3
  - 奇特的长相——为何朱元璋留世御像奇特之多? ……………………… 6
  - 奇特之人、奇特长相和奇特性格之间有何关联? ……………………… 8
  - 乡间牧童、孩子王和"朝拜天子游戏" ………………………………… 9
  - 少年朱重八心目中的英雄 ………………………………………………… 10
- 亲人逝去撕心裂肺　流浪要饭内心鼎沸(17～25岁) …………………… 11
  - 一年左右,家里抬出了六七个死人,亲人的远逝,撕心裂肺的心痛 …… 11
  - "还愿"求生存,出家当和尚,可两个月不到只诚迫"下岗" …………… 12
  - 走四方,路迢迢,野茫茫 ………………………………………………… 14
  - 朱元璋究竟流浪、要饭了几年? ………………………………………… 16
  - 8年乞讨流浪生涯与朱元璋的性格特征 ………………………………… 18
- "黄金家族"世界大国　"集团循环"绝对大祸 …………………………… 20
  - "地火"的制造——自掘坟墓的元朝统治者 …………………………… 20
  - 军事大国光环下"黄金家族"子孙们自相残杀 ………………………… 20
  - 经济大国耀眼下"黄金家族"子孙们的堕落 …………………………… 22
  - 蒙古"精英"集团内部小循环削弱了大元帝国立足根基,加深了民族鸿沟 ……………………………………………………………………………… 24

- 大元帝国强控制与全方位腐败 …………………………………………… 26
◉ "脱脱更化"添薪导火　地狱草根遍地点火 ……………………………… 30
  - 大元帝国末代皇帝、末代宰相和"脱脱更化" ……………………………… 30
  - 饮鸩止渴的"变钞""开河"——大元帝国火药桶上的导火索 …………… 33
  - 白莲教、明教和弥勒教三教合一："明王出世""弥勒降生" …………… 36
  - "石人一只眼,挑动黄河天下反"——白鹿庄密议、颍州起义与北方红巾军
    ………………………………………………………………………………… 38
  - 中国历史上成本最小的农民起义——徐州起义 ………………………… 39
  - 另外三支北系红军：北琐红军、南琐红军和濠州红军 ………………… 41
  - 袁州起义与南方红巾军 …………………………………………………… 42
  - 浙江温台地区的方国珍起义 ……………………………………………… 43
  - "黄军"与徐州之役 ………………………………………………………… 45
  - 起义烈火燃遍大江南北与朱元璋绝处求生 ……………………………… 47

中章　龙飞淮甸　发威应天

◉ 龙起淮甸投身军门　"倒插门"修成"掌舵人" ………………………… 51
  - 走投无路才当兵,结果捞了个"准官二代",南略定远挖得第一桶金 …… 51
  - 拨开云雾遥望帝都金陵　朱元璋开辟第一根据地——滁州 …………… 64
  - 反元大起义的转折与朱元璋开辟第二个根据地——和州 ……………… 77
◉ 步步靠近帝都金陵　三攻方占江南中心 ………………………………… 93
  - 打过长江去,开创江南第一个根据地 …………………………………… 93
  - 三攻集庆,占据江南政治、经济和文化中心 …………………………… 105
◉ 神州大地烽火连连　东抢南夺发威应天 ……………………………… 112
  - 建立江南省级农民起义政权——江南行省——明朝最早雏形 ……… 112
  - 稳固以应天为中心的江南地区政权,攻占东大门和南大门——镇江、广德
    ………………………………………………………………………………… 112
  - 元宫爱欲情海热火朝天　南北红巾军烽火漫天　张士诚速占江南 … 114
  - "叫花子"发威应天　朱元璋盘地迅速扩大 …………………………… 123

下章　先陈后张　统一南方

◉ 中国历史奇特风景　大明统一自南北进 ……………………………… 134
◉ 蚕食鲸吞统一浙东　朱刘问对恰似"隆中"(1358～1359) …………… 135

- 浙东战场开辟的"前兆之战"——昆山石牌偷袭战 …… 136
- 从徽州打开通往浙东的门户——攻取建德路 …… 137
- 杭州事变:赶走恶狼迎来一只饿虎——张士诚乘机控制杭嘉湖… 138
- 讨债的都一起来了:赵普胜攻占池州、郭天爵"谋反"、张士诚俘获廖永安 …… 139
- "高筑墙、广积粮、缓称王"九字方针与朱元璋亲征浙东轻松拿下婺州 …… 142
- "圣人"创立模范"特区",稳固浙东统一前哨根据地 …… 145
- 凤阳"大忽悠"朱元璋居然被浙江"混混"方国珍给"忽悠"了 …… 149
- 朱元璋军攻占衢州与处州,统一浙东大部分地区 …… 152
- 刘基为首的浙东"四先生"出山与明代版的"隆中对" …… 155

● 醍醐灌顶调整方向　生死血战汉陈友谅(1360~1364) …… 161
- 朱元璋统一策略开始调整:"先西后东"或言"先陈后张" …… 161
- 西线红巾军发展:外地和尚、布贩子和"刀枪不入"的"烧香军" …… 162
- 既要江山又要美人的陈友谅三次政变与西线红巾军再次东扩 …… 164
- 陈友谅与朱元璋第一轮大交锋:应天大捷、安庆争夺、江州大捷、龙兴府的得失(1360~1362) …… 175
- 平定内外五次叛乱与活用"功狗""母狗"理论 …… 184
- "防火墙"倒塌了朱元璋"暗送秋波"与元顺帝"怀春""怀孕" …… 196
- 陈友谅与朱元璋第二轮大交锋:洪都争夺战、鄱阳湖大战、武昌围城之战(1363~1364) …… 201
- "大一统"帝国再建之雏形——南京吴王政权 …… 219

● 先翦羽翼再取苏城　三部曲东灭张士诚(1365~1367) …… 222
- 无声的战争与不自信的张士诚改称吴王 …… 222
- 张士诚集团的腐化与英雄气短 …… 226
- 三部曲东灭张士诚　大体统一中国南方 …… 230
- 600年前谜案:苏州人为何不忘张士诚?朱元璋为何重赋江南? …… 241

大明帝国皇帝世系表 …… 245

后记 …… 246

上章
地狱草根　绝处求生

中国历史上"草根"出身当上皇帝的,朱元璋绝不是第一个,也不是唯一的一个,但游走、徘徊于地狱边缘的"草根",不仅奇迹般地生存了下来,而且还能迅速发迹、腾升;更令人惊叹与佩服的是,从乡村牧童到庙中小沙弥,从四处流浪的叫花子到叱咤风云的农民军领袖,再到大明开国之帝皇,朱元璋这一路走来,既是那么的悲悲切切,又是那么的轰轰烈烈,在中国历史上像他这样拥有如此奇特经历的帝王恐怕还绝无仅有。

《大明风云》系列之 ❶
乱世枭雄

泥皮草根艰难人生　隔代英雄心中永存

朱元璋的出生地奇多,这在中国历代帝王中不常见。沛县、句容、盱眙、凤阳等地各执一词,都说朱元璋出生在他们那里,那么史实到底如何呢?

◉ 奇多的出生地——朱元璋到底是哪里人?

关于朱元璋到底出生在哪里,民间的传说真可谓扑朔迷离,众说纷纭。第一个版本,如果你到了徐州,徐州人说我们这个地方有帝王之气,朱元璋就是出生在我们这里。奇怪的是,镇江句容人一样也很自豪地说:"朱元璋是我们句容人。"并且拿出佐证,说句容如今还有个地方叫朱家巷,人们都信以为真了。这是第二个版本。但是如果我们相信了句容人的话,盱眙人又要不同意了,他们说:"明祖陵就在我们盱眙啊,还是在洪泽湖底下发现的呢!"言之凿凿,好似毋庸置疑,这是民间的第三个版本。第四个版本就是凤阳说了,这是大家都知道的,因为朱元璋是凤阳人,于是"理所当然"出生在凤阳啊。

那么以上这么多的关于朱元璋出生地的民间版本中到底哪一种是真的呢？我们说都有一定的道理。之所以这么说，首先跟朱元璋祖上的经历密切相关。据史料记载，朱元璋远祖"世居沛国相县，其后有徙居句容者，世为大族人，号其里为朱家巷。高祖德祖，曾祖懿祖，祖熙祖，累世积善，隐约田里。宋季时，熙祖始徙家，渡淮居泗州。"(《明太祖实录》卷1)

这就是说，朱元璋祖上家庭贫困，为了生计，不得不加入了当时的"打工迁徙潮"，由徐州沛县即中国历史上第一个"草根"出身的大一统帝国皇帝刘邦故乡，迁徙到南方金陵边上的句容通德乡朱家巷。当时朱家还是当地的一个淘金户。按照当时元朝的规定，凡是淘金户每年就得要向官府缴纳一定数量的金子。可句容当地不产黄金，朱元璋祖上只好改种庄稼，用庄稼换钱、换金子，实际上是在做赔本买卖。没过多少时间，朱家就无法支撑下去了。在朱元璋父亲朱五四8岁那年，爷爷朱初一就带了家人，北渡长江，来到了淮北地区。刚好那时元朝攻灭南宋没多久，泗州地区(包括今天江苏盱眙、泗洪和安徽天长、五河、泗县等地)有不少荒地，朱初一就将家安在了泗州盱眙津律镇(又名津里镇)，"开垦兵后荒田"。(【明】危素：《皇陵碑》；【明】郎瑛：《七修类稿·国事类·朱氏世德碑》卷7)

朱初一定居在盱眙的中心地带可能就是今天的明祖陵位置，当时地名叫杨家墩。笔者曾两度前往明祖陵考察，发现该处四周旷野，人丁稀少，庄稼矮小，若不是生活很窘迫的人是不太可能看中这地的。不过在明代人的眼里，那可有着另外一番说法了。相传朱元璋的爷爷朱初一当年在杨家墩干活，因为累了就在一个低洼地里睡着了。刚巧有道士师徒两人路过，师傅老道指着朱初一睡的那一块低洼地说："要是哪家人家有人葬在那里的话，那这家人家将来一定会出天子。"徒弟大感不解，问了："师傅，你怎么这么说呢？"老道："这地与周围地相比有一股常人看不见的暖气。"说完，他摘了一根枯树枝插在朱初一睡的地方，并继续跟徒弟说："你看好，十天后这根枯枝会生出树叶来！"随后他又对躺在地上的朱初一说："老头，你听到我说的话吗？"朱老头早就被道士师徒的说话声给吵醒了，但一听说自己睡的这块地"贵不可言"时，他就动了心眼了，假装熟睡，你再怎么喊，他也只当没听见。

转眼10天过去了，留了心眼的朱初一一大早就来到地里，发现那枯树枝果然发芽吐出了嫩嫩的绿叶，为了独占天机，他马上将长出绿叶的树枝拔出来，插到别的地方去。再说那道士师徒那天也来了，徒弟顿时叫了起来："师傅您不是说枯树枝会长出叶子来的么？怎么这地里见不到长叶子的树枝呢？"师傅指着朱初一，说："一定是他拔的！"见到这般境况，朱初一只得承认，确实是自己干的。老道士说："其实也没多大关系，只是泄了气，不能长传下去。老头，你有福气啊，死后应该葬在这里,那以后你家一定会出天子!"据说后来朱初一死后真的葬在那里,这就是后世人们都知道的明祖陵。大概在朱初一下葬后的半年,朱元璋的母亲怀孕了,生下了一个小孩,即明朝开国皇帝朱元璋。(【明】王文禄:《龙兴慈记》)

其实杨家墩有没有这样神奇的地气,只有天知道了。但在杨家墩朱家确实过过一段温饱的日子,朱元璋的父亲朱五四逐渐长大,并在那里娶上了媳妇。这媳妇姓陈,那时候的人称她为陈氏。陈氏的父亲即朱元璋的外公,历史上称其为陈公,他可是有点"来头"的人。

宋末元初有三个很有名的抗元将领:张世杰、陆秀夫和文天祥。由于抗元斗争的失败,陆秀夫背负南宋小皇帝跳崖自杀;文天祥兵败被俘,元军将其押往元大都,多次劝降未果后,在北京将其杀害;而张世杰的抗元最终也有相似的命运。朱元璋的外公陈公就是张世杰手下的一员干将,曾为保卫宋朝的疆土而出生入死、驰骋沙场。抗元斗争失败后,他先回扬州老家,后举家避居到了盱眙津律镇,靠看风水、算命、合年庚八字、做巫师等为生。陈公无儿,育有2女,长女嫁给了季家,小女儿嫁给了朱家朱五四即朱元璋的父亲。(【明】宋濂:《赐扬王陈公神道碑》;【明】焦竑:《国朝献征录》卷3)

但自陈氏嫁过来没多久,朱家又开始走背运了。这时朱元璋大伯家相继生育了重一、重二、重三,可能张嘴的逐渐多了,日子开始变得紧巴巴。到老爷爷朱初一去世时,那真是"家道日替",全家人的生活愈发艰难(【明】郎瑛:《七修类稿·国事类·朱氏世德碑》卷7;【明】徐祯卿:《翦胜野闻》)。不过朱家祖上有个基因,生活无着了就跑人。眼看在盱眙混不下去了,朱元璋父亲朱五四就带了他的媳妇陈氏来个脚底下抹油。他们先来到五河(今安徽五河),在那里生下了朱元璋哥哥重六和重七等,后又迁往灵璧、虹县(安徽泗县),最终才迁至钟离的东乡。(【明】郎瑛:《七修类稿·国事类·朱氏世德碑》卷7;【明】危素:《皇陵碑》)

迁徙了一大圈,最终几乎又回到了"原点",此时的朱五四已经是中年人了,人生大好时光耗在了不断给人打工上,而自家除了增添人丁外,却日益窘迫。尽管朱五四那时已经育有3男2女了,但他与陈氏仍不断进行床上运动,其最终结果是,又一个小生命即将降生。

● 奇特的出生——赤贫的钟离(凤阳)"大火球"朱重八

那是元天历元年(公元1328年)九月十八日未时即下午1点到3点之间,收拾完家务活的村妇陈氏,急急忙忙地往地里赶,想帮丈夫朱五四播种麦子,没想到走到半路上,肚子突然开始隐隐作痛了,已经做了五六次母亲的陈氏立马意识到,自己又要临盆了,赶紧回头往家赶。走着走着,走了一段又实在走不动了,跌跌爬爬地进了附近山冈旁边的一座二郎庙里头,还没来得及喘上一口气,一个小生命就呱呱落地了……

这个急着要来到世上的小生命就是后来震惊中外的明朝开国皇帝朱元璋,不过那时他可没这么响当当的名字;相反,他的父亲朱五四沿用了当时平头百姓取名的规则,即将孩子父母的年龄合算成一个数目或用行辈来给孩子命名。因为这小生命前面已有4个堂房哥哥即重一、重二、重三、重五和3个同胞兄长即重四、重六、重七,都是"重"字辈的,孩子他爹就顺数命名小生命为"重八",一个土得掉渣的名字。孩子名字土还不要紧,最要命的是当时这个朱家穷得一贫如洗,小生命出生了总得弄块合适的布包裹一下,嗨,那朱家穷得居然拿不出。孩子他爹听到儿子出生了,赶紧奔到破庙里,将母子俩弄回了家,然后上河边去取水,想给刚出生的儿子洗洗。就在取水的过程中,他发现有一块红绸布漂了过来,随即找来一根小木棍,将红绸布给捞了起来,以此用来包裹刚刚出生的婴儿。(【明】郎瑛:《七修类稿·国事类·红罗襈》卷7;【明】吕毖:《明朝小史》卷1)

穷苦本不是什么罪过,不过在笑贫不笑娼的中国传统社会里,后来当上皇帝的朱重八幼年曾经经历的这段苦难,却终究上不了什么台面,于是就被人演绎成了美妙的传说。他出生的那个村庄被人尊称为灵迹村或灵迹乡,二郎庙旁的山岗被人称为孕龙基或跃龙冈,朱重八后来也不叫朱重八了,改名为朱元璋(璋,在古代是指贵族用的高贵玉器),字国瑞。(【明】潘柽章:《国史考异》卷1)不过南京和中都凤阳等地的人们更喜欢用朱元璋当政时使用的洪武年号来称呼他,喊他为"朱洪武"。更令人不可思议的是,后来就连朱元璋原本是一对农民夫妇的休闲"作品",也被天神梦幻的仙道光环所笼罩着。

据说有一天晚上,朱元璋母亲陈氏做了一个梦,梦见一个头戴黄冠、身穿红色袍子的老道从西北方向款款走来,来到了她家屋子南边的打麦场上,随手从麦粒堆里头取出一粒白色的药丸,放到她的手中。陈氏十分好奇地看着,只见那白色药丸闪闪发光,且渐渐变大。看到一脸惊奇的陈氏,老道马上明白了意思,当即吩咐道:"这是好东西,你把它吃了!"陈氏吞下了药丸,随即梦醒了,她赶紧将刚刚的梦境讲给丈夫朱五四听。朱五四凑近听着,忽然闻到陈氏口中还透出阵阵幽香。第二天,她便在二郎庙产下了朱元璋。更为神奇的是,当朱元璋生下时,那屋子和附近的山岭全被红光照耀着。附近的人们赶紧过来,以为这里起火了,可走近时才发现,压根儿就不是。为了让世人记住这非同寻常的"灵异奇象",称帝后的朱元璋就命名那地方为"明光",那

山就叫做"明光山"。(《明太祖实录》卷1;【明】佚名:《天潢玉牒》)

美丽传说还不止这些,就连那块从河里漂流过来的红绸布也被神化戏说了。相传朱元璋出生时,红光烛天,不仅惊动了四周的乡邻,而且还有附近的出家人。本是六根清净的"彼岸之人"听说一个贵不可言的"伟人"降生了,为了表示祝贺,他们赶往朱家,送来了"红罗幛"。也有人说是皇觉寺里的和尚抱了朱元璋到河边去洗澡,捞到了一块红绸布,将他给裹了起来,随之"红罗幛"的故事就开始流传了。(【明】王文禄:《龙兴慈记》)

不仅如此,据明代流传下来的一些史料来看,朱元璋自出生起就与佛界结下了不解之缘了。相传朱重八生下来3天不吃奶,腹胀如鼓。父亲朱五四抱了他四处求医,但终无所果。俗话说:日有所思夜有所梦。那天夜里,朱五四突然梦见孩子快要不行了,赶紧抱着他到庙里去向佛神求救。可谁知庙里居然一个和尚也没有,无奈之下他只好将孩子抱回来。到家时忽然看见,在自家东房茅草屋屋檐下有一个和尚正面壁坐在小板凳上。朱五四喜出望外,一五一十地将自己的事情告诉了那和尚。和尚听后一边轻轻地摸着孩子的头,一边微微笑道:"不碍事,你也不用着急,到了半夜时分这孩子就会吃奶了。"朱五四连声致谢,随即进入家门,准备了茶水,想招待一下那和尚,可当他走到门口时,忽然发现那和尚不见了。(《明太祖实录》卷1;【明】佚名:《天潢玉牒》)

不久梦也醒了,看到奄奄一息的小生命,朱五四心如刀绞,对于一个社会底层的"草根"来说,除了等待奇迹的降临外,他还能做什么?!说来也巧了,大约到了半夜时分,小生命居然真的开始吃奶了。天亮时,他那腹胀如鼓的肚子也逐渐地瘪了下去。

孩子的病似乎是好了,但随后他经常闹病,一旦闹病,朱五四就要将他舍给庙里,让佛神来保佑他,可每一次都让孩子他妈给挡住了。陈氏不同意是因为看到孩子太小了,不过为了感谢佛神的保佑,陈氏与丈夫朱五四还是经常到庙里去烧香,向佛神许愿,等孩子长大一点,就把他送来当和尚,祈愿佛神保佑孩子健康平安!现实的残酷与生活的无奈,在美妙神话的演绎下,顿时变成了朱元璋日后出家为僧的宿命天定。(【明】佚名:《皇明本纪》;【明】高岱《鸿猷录·龙飞淮甸》卷1;【明】佚名:《天潢玉牒》)

孩子出生连包裹的布头都没有,孩子生病只能去求佛神保佑,朱五四一家的生活之苦可见一斑。自古以来我们中国人就有着极强的生存能力,在没有太大的天灾人祸面前,人们都能忍着过日子、糊着生活。朱五四一家就是千千万万中国人的缩影。在小儿子朱重八10岁那年,由于田主夺佃,朱五四带了一家8口从生活了10年的东乡迁徙到了西乡。3年后又从西乡迁徙到了太平乡孤庄村,也就是今

天安徽凤阳中都明皇陵一带,租种田主刘德的农地。(《明太祖实录》卷1;【明】佚名:《天潢玉牒》)

● 奇特的长相——为何朱元璋留世御像奇特之多?

那时的朱重八是个13岁的少年,"姿貌雄杰,志意廓然,独居沉念,人莫能测"(《明太祖实录》卷1)。这段史料中首先有个问题值得我们注意,那就是朱元璋长相到底如何?明代国史说他"姿貌雄杰",实际上是指长相十分奇特,甚至可以说是怪异。

说起这个问题,我们就不能不触及明清史上的一大谜案——朱元璋到底长成啥样子?

在中国绘画史上,人物画发展到两宋时期已经是相当之成熟,达到了"形神合一"的境界。"形神合一"首先在于"形似",但令人大惑不解的是,在中国人物画成熟之后的元末明初,那位叱咤风云的大明开国君主朱元璋的"肖像画"别说"形神合一",就是"形似"也没做到,如今在明孝陵与南京民间保留了十五六幅风格迥异的朱元璋"御像",这究竟是怎么一回事?难道朱元璋有着十五六张不同的脸?这似乎太离谱了……

其实只要你稍加留心的话就不难发现,在现今流传的十五六幅朱元璋画像中不外乎两大类:一类就是人们经常在教科书上可以见到的,即我们熟知的领袖标准相。画像上朱元璋身着黄色龙袍,一副威慑天下的天子模样,但不乏几分老者的慈祥。这张画像上的朱元璋虽然看上去已经有点老了,但我们不难想象,以这张像的模样再上溯几十年,画像上的这个人也必定是个帅小伙。

然而我们去了南京的明孝陵却发现还有风格迥然不同的另一种类型的洪武皇帝的像,也就是第二类画像,朱元璋身着紫色便服,类似于我们今天常说的休闲服。这张像上的这个人相,我们暂且不去探讨他的美丑,仅仅从相学的角度来看,他整个脸部凹陷,外部轮廓却很突出,长相算得上奇特。这种长相的朱元璋画像可以找到第三幅、第四幅乃至第五幅、第六幅……

为什么会有如此众多的朱元璋画像?这么多的画像中到底哪一种更贴近朱元璋本人呢?这样的长相与人的性格特征和事业成就有无直接的关联?

综观历史上留下来的史料,我们认为朱元璋的长相可以说不咋样,甚至可以说长得稀奇古怪。何以为凭?据明朝国史《明太祖实录》记载:当初朱元璋去投奔濠州红巾军时,郭子兴看"见上(指朱元璋)状貌奇伟异常人",用今天话来说,就是郭子兴见到长相奇特的朱元璋时表现出极大的惊奇——世界上竟有长成这般模样的人!我们日常生活中偶尔也会碰到长相奇特的人,也会表现出无限的惊奇,这是常理。但有人认为,就《明实录》的记载还不足为凭,我们应该将视野更加的放宽。

明代文人笔记中也有相类的记载:"(朱元璋)日章天质,凤目龙姿,声如洪钟,奇骨贯顶"(【明】何乔远:《名山藏·典谟记一》卷1)。《明史》也说朱元璋"姿貌雄杰,奇骨贯顶。志意廓然,人莫能测"。(《明史·太祖本纪》卷1)

上述记载中都说到了"奇骨贯顶",这种"奇","奇"到了什么地步?我们来看看画家怎样画这个奇特的皇帝的。

《明画录》中记述了如下事情:明朝初年有位寓居苏州府的画家叫赵原,其"所画山水,……兼写竹,名为龙角凤尾金错刀,时争重之"。用今天话来说,擅长山水画的画家赵原是明初绘画界的一个明星,人们争先恐后地想要得到他的真迹墨宝。洪武初年,赵原应朱元璋征调到了南京,为大明帝国皇帝绘制中国古代圣贤之像。但这位绘画界的"明星"却因其绘画之作不合大明天子朱元璋的圣意而招来了杀身之祸。说白了,这是赵原的"文人画"审美情趣与朱元璋的审美情趣不相吻合造成的。

那么朱元璋的审美情趣是什么?明初被人誉为"娄东三凤"之一的陆容曾在他的著作中这样写道:"高皇尝集画工传写御容,多不称旨。有笔意逼真者,自以为必见赏。及进览,亦然。一工探知上意,稍于形似之外,加穆穆之容以进。上览之,甚喜,仍命传数本以赐诸王。盖上之意有在,它工不能知也。"(【明】陆容:《菽园杂记》卷14)

这是说,明朝初年,朱元璋曾经征调了一些有名的画工到南京,专门为他个人"写真",但绝大多数人都不合这位大明天子的"圣意"。有的画工绘画得相当之逼真,因而也自以为一定会得到大明天子的赏赐。但等到朱元璋御览后,却同样也遭到了严厉斥责和处罚。后来,有一个画工反复揣摩"圣意",在下笔绘画时只取基本的轮廓之相似,然后尽情"发挥"和修饰,在"图画"上对长相不雅的朱元璋精心地进行整容。这样朱皇帝的画像中包含了中国传统文化中理想的君主标准相——威严肃穆之神色。朱元璋看到了这样的画像后自然是喜出望外,龙颜大悦,并以此类为标准"复制"了好多,赐给了他的诸王儿孙。(【明】陆容:《菽园杂记》卷14)

一个人的长相是天生的,但为什么明初那么多的画工越画得逼真越不合朱元璋的"圣意"呢?能解释清楚的恐怕只有两种可能:第一,朱元璋长得不怎么样,否则他不会与画工们过不去;第二,画工们画得越逼真就越不合朱元璋的"圣意",也就是说这些画与朱元璋心目中的审美取向大相径庭。因为朱元璋来自草莽,没正式进过学校门,尽管自称为"天生圣人",但他骨子里最根本的还是中国民间社会中下层人们的审美价值取向与固定化"概念"领袖相——天庭饱满，地阁方圆，两耳垂肩……例如，中国历代史书中经常有某某帝王长得不咋样，就说他"不类圣君"。朱元璋长得真是"天庭饱满，地阁方圆，两耳垂肩"之类的，就是我们上面讲的第一类朱元璋"领袖标准相"，但他何必要将画得逼真的画工严厉斥责和处罚呢？所以，我们可以得出一个结论：朱元璋肯定长得不咋样，属于上述我们讲的第二类——难看相。为了掩盖这些天生的又说不出口的"缺陷"，所以他不断地"更换"画家或画工，这就给我们后人留下了这么多的"御像"。

● 奇特之人、奇特长相和奇特性格之间有何关联？

既然说朱元璋长相奇特，那么这么奇特的长相又与他的人格心理有何关系？

如果稍稍留意一下西方心理学文献和东南亚及日本等地区的相学资料，就不难发现，有人已将心理学同中国传统相学完美地结合起来，以此来判断一个人的脾性及心理。例如从相学上来讲，如果一个人的双眉之间的距离很窄，甚至完全联结在一条线上，那么他极可能是个急性子，做起事来不管三七二十一直往前冲。我们回过头来再看看朱元璋的奇特长相又蕴含着哪些性格特点呢？

朱元璋的长相，套用民间说法，是典型的猪腰子脸或言鞋拔子脸。其实他的猪腰子脸或言鞋拔子脸最显著的特点就是下巴凸出，相学上认为下巴凸出的人往往城府极深，平时沉默寡言，还可能是个好好先生，你不管跟他说什么事儿，他在表面上都会——应允下来，交代他做什么事情，他就算忍辱负重也会尽力把事情做得漂亮，让人无可挑剔。然而这种人一旦得势，他会发疯似地报复，其偏执心理往往是人们所意想不到的。

其实朱元璋的这种心理特征在青少年时代还是有所显现，这就是《明实录》中所说的："志意廓然，独居沉念，人莫能测。既就学，聪明过人，事亲至孝，侍奉左右，不违意。"（《明太祖实录》卷1）

再说开来，用今天的心理学来看待这段史料记载就不难明白，少年朱元璋心里挺郁闷的，有着对未来的无限憧憬，又不得不面对眼前穷困的无奈，所以经常独居沉思，没人能知道他心里想的是什么。看到同龄的小伙伴中不少人进了私塾"学堂"门，自己虽说已经错过了启蒙识字的最佳年龄了，但最终他还鼓足了勇气向父母亲提出了自己的想法。因为是家里最小的孩子，在中国社会中不少出现这样的情形，家中老幺往往被宠着。朱五四家也不例外，当听说小儿子想要念书时，他使尽了力气将朱重八送进了私塾。由于"聪明过人"，朱重八在学时识了些字，但最后

因交不起学费,数月后只好辍学回家,帮助父母打理一些农活与家务。(《明太祖实录》卷1)

● 乡间牧童、孩子王和"朝拜天子游戏"

从生活的常理来讲,最小的小儿子也逐渐长大,朱五四家的日子应该开始好过了。可他本身赤贫,靠租种别人土地过日子,加上生育又多,对于已经长大的孩子,家里即使再没钱,做父母的也得要想尽办法给他们成亲啊。在孤庄村4年的生活中,朱五四嫁了大女儿、二女儿,又给大儿子、二儿子娶了媳妇,三儿子到了成婚的年龄时,他实在无能为力了,只好将其出赘到刘家去当上门女婿。(【明】郎瑛:《七修类稿・国事类・朱氏世德碑》卷7;【明】徐祯卿:《翦胜野闻》)

对于这样的家庭困苦,少年时代的朱元璋一起承受。据说当时为了减轻家里负担,他曾为田主刘德家放牛,以此来换口饭吃。有一年夏天,朱元璋和几个小伙伴一起在山坡上放牛(后来大明开国将领汤和、周德兴等与朱元璋是同村的,但徐达是隔壁县的,不是与朱元璋一起玩大的——详见《明太祖实录》和《明史》)。人们常说:六月里的天娃娃的脸,说变就变。正当几个牧童放牛正出劲的时候,"轰隆隆"几声震天雷响过,顿时大雨倾盆,放牛娃们赶紧躲到树下或山石底下避起雨来。但这场雨下得时间太长了,一晃就过了吃午饭的时间。孩子们不仅被淋得如落汤鸡一般,而且还饥肠辘辘。此时,朱元璋就向小伙伴提议:"你看财主家的儿子不放牛都有好吃好喝的伺候着,咱们辛辛苦苦还整日挨饿受冻,可真不公平啊!今天啊,不如咱们大伙儿宰一头小牛吃吧?!"这些小伙伴被朱元璋这么一撺掇,个个都跃跃欲试又垂涎欲滴,想吃小牛肉。但就在这时,有个小伙伴不无担心地说道:"要是老财主发现小牛少了一头,那怎么办?"朱元璋眉头一皱,计上心头:"要是老财主问起的话,我们就说丢了么。"小伙伴们平日里都知道,朱元璋的主意多,于是大家就跟随他,欢天喜地杀了一头小牛犊,在山上架了篝火,烤起了牛肉,美美地吃上了一顿。这一顿对他们来说,可算是从娘胎里出世后吃到的第一顿盛宴。

吃饱了,喝足了,天色也暗起来了。傍晚,放牛娃们赶着牛群回去了。朱元璋的东家田主刘德在清点牛犊时,发现少了一头小牛,于是就问:怎么回事?朱元璋气定神闲地说:"老爷!下午我们放牛的时候,突然天降暴雨,又是打雷又是闪电,惊了小牛,四野里跑开了。那只小牛胆子特别小,钻到地缝里了,不料又被卡住,怎么都出不来。我们费了好大劲也没能把它弄出来。老爷您要是不信,就叫人去看看?"田主刘德带了人一起到朱元璋说过的田缝里去看个究竟,果然发现有一根牛尾巴被卡在那里，殊不知这正是朱元璋和几个小伙伴事先安排好的。刘德叫人使劲拉那牛尾巴，但牛尾拉断了，也没能拽出牛来。最终找来朱元璋，臭骂一通，这事也就作罢了。(【明】王文禄：《龙兴慈记》)

虽然这个传说在正史上不见记载，但可能是真的，因为朱元璋应变之机灵在以后的人生经历中随处可见。当然这种野趣未载于正史可能出于这样的考虑，再怎么说它也上不了什么台面。朱元璋孩提时代类似这样的乡村野趣还有不少，其中有一则广为流传：朱元璋与小伙伴们常常玩众臣朝拜天子的游戏。据说他用废弃的水车板当做头上的天平冠，手里拿了块小木板作朝笏，然后就往土堆上一坐，接受众伙伴的"朝拜"，好似朱重八天生就是做皇帝的料。这样传说之所以能传下来，且越传越神，主要是因为朱元璋后来当了皇帝，或许有那么一些"影子"的事情，马屁精和狗奴才们出于政治上的考虑而对其进行极度的渲染。(【明】王文禄：《龙兴慈记》)

● 少年朱重八心目中的英雄

在朱元璋的童年时代，还有一件事值得人们留意，那就是母亲陈氏经常用外公陈公驰骋疆场、英勇杀敌的事迹来教育自己的儿子，无形之中在朱元璋幼小的心灵培育起了远大的志向和反抗民族压迫的斗争精神，甚至可以说外公陈公就是童年时期朱元璋心目中的伟大的英雄和顶礼膜拜的偶像。后来在南京城里称帝了，他马上就"追封皇外祖考为扬王，妣为扬王夫人，皇外舅为徐王，外姑为徐王夫人，并建庙于太庙之东，以时奉祀……上(指朱元璋)安奉扬王神主，皇后安奉徐王神主，各用牲醴致祭"。且在祭祀的祀词中十分谦虚地自述："外孙皇帝元璋，谨以牲醴庶品致祭于外祖考陈公、外祖妣王氏曰，仰承外家之庇，为亿兆生民主，未伸崇报，每歉于怀，今考于《礼》，追封外祖考为扬王、外祖妣为扬王夫人。然自昔帝王之于外族，皆行封赠，而未有立庙奉祀者。惟我外祖考妣继承无祀，元璋以外孙亲连骨肉，故立庙以奉祀事，庶昭报本之诚。"(《明太祖实录》卷42；《明史·外戚传》卷300)

外公等在传统的宗法社会里属于外戚，居然能享受到几乎与皇家祖宗相似的待遇，登基称孤的皇帝外孙竟然亲自奉安祭奠外公，由此可见陈公对朱元璋之影响了。从洪武开国前后朱元璋确立"驱逐胡虏，恢复中华"的宏伟目标和实施了北伐、"清沙漠"等一系列非常行动来看，谁能说就不是其外公反抗民族压迫之斗争精神的发扬与光大？!

亲人逝去撕心裂肺　流浪要饭内心鼎沸(17～25岁)

● 一年左右,家里抬出了六七个死人,亲人的远逝,撕心裂肺的心痛

尽管十分贫寒但不乏野趣的早年生活使得朱元璋这个普普通通的乡村少年过得轻松又自在。然而天有不测风云,17岁那年突发的天灾人祸却彻底地毁灭了他的一切,也正是这场"飞来横祸"成了他颠沛流离、戎马一生的转折点。那么究竟是什么样的灾变呢?

朱元璋17岁那年,黄淮地区发生了严重的自然灾害。旱灾、蝗灾接踵而至,加上严重的瘟疫,所有的这一切把朱元璋早年的平静生活全部给搅乱了,毫不留情地把他卷到了社会的洪流当中,抛到了社会的角落里,甚至可以说是推到了地狱的边缘。在这场灾难当中,他家发生了巨大的变故。父亲、母亲、大哥、二嫂、2个侄儿都死于瘟疫。原来好端端的一大家子十来个人口,现在就只剩下朱元璋和二哥及大嫂、侄儿、侄女等还健在。这是何等的凄惨!这是一般人都无法承受之痛!但它已经来了,来得那样的匆忙,来得那样的突然,使少年朱元璋和二哥等措手不及。朱家原本处于赤贫状态,种的地也是租种别人的,这一下子死了这么多人,连安葬的地方都没有。亲人的远逝带来的撕心裂肺的心痛,生活的无着带来的是对未来的绝望,大嫂带着两个孩子回了娘家,而此时的朱家就剩下了朱元璋和他的二哥了。小小年纪要承受成年人几乎都无法承受的悲痛与生活重担,眼前最为紧要的是下葬亲人,他们去求东家田主刘德,想让他发发善心,施舍一块小坟地。没想到坟地没求得,反遭刘德"呼叱昂昂",一顿臭骂。(【明】朱元璋:《高皇帝御制文集·皇陵碑》卷14)

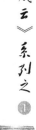

就在朱元璋兄弟遭受凌辱时,田主刘德哥哥刘大秀亦名刘继祖的儿子刘英目击了这一切,刘英平时跟朱元璋是好兄弟,看到自己叔叔太不仁义了,心理就很不舒服,回到家里就将此告诉了父母亲。刘继祖虽然是刘德的哥哥,可兄弟俩的为人却迥然不同,听说朱家遭此大难,顿时心生怜悯,他与妻子娄氏主动来到朱家,对身陷绝境的朱元璋兄弟说:"你们父母在世时就和我们关系不错,你们有困难为什么不跟我们说,我家有的是地,随你们挑好了。"听到这里,朱元璋兄弟感激得泪如泉涌,几乎连"谢谢"都快忘了说了。(【明】朱元璋:《高皇帝御制文集·追赠义惠侯刘继祖诰》卷3;【清】光绪:《凤阳县志·刘继祖》卷9)

葬地的事情终于解决了,可寿衣一类东西到哪里去弄呢?朱元璋兄弟万般无

奈，只好将几件破衣衫找出来，将父母亲给包裹起来，然后兄弟俩一面哭着，一面将亲人的遗体抬出了家门，往着刘继祖家的地里方向过去。走着走着，突然间抬尸体的绳子断了，二哥回家去想办法再弄一根来，朱元璋则留在那里看好尸体。就在这个当口，天公变脸，闪电大作，暴雨倾盆，朱元璋赶紧到树下去避雨，将父母亲扔在了地里。约有一顿饭的工夫，雷雨停了，可朱元璋父母的尸体也不见了，原地隆起了一个坟包，民间俗称之为"天葬"。(【明】吕毖：《明朝小史·洪武纪·神葬》卷1；【明】徐祯卿：《翦胜野闻》；【明】王文禄：《龙兴慈记》；【清】王鸿绪：《明史稿·太祖本纪》)

35年后的洪武十一年夏四月，当了皇帝的朱元璋"增土以倍其封"，在那里修建了十分气派的明皇陵，并在皇陵前方建了一个亭子，里边立了一块大明皇陵之碑。碑文由朱元璋亲自撰写，回想起当年的凄凉与悲惨时，他十分激动地写道："殡无棺椁，被体恶裳，浮掩三尺，奠何殽浆！"(【明】朱元璋：《大明皇陵碑》；《明太祖实录》卷39；《明太祖实录》卷118)

● "还愿"求生存，出家当和尚，可两个月不到又被迫"下岗"

其实下葬了父母仅仅是苦难日子的开启，由于旱灾肆虐，蝗害大作，淮河及其周边地区的人们深陷极度饥荒状态，"里人缺食，草木为粮"。朱元璋兄弟靠着吃草根和树皮果腹度日，这样勉强度过了半年左右，到了后来连草根和树皮都不易找到，眼看就要被活活饿死。生存本能的需要使得小兄弟俩不得不作出抉择：要是留在家里，那就等于坐着等死，与其这样，还不如出去谋个生路，能活一个是一个。朱元璋与二哥抱头痛哭，个个都哭得泪人似的，"兄为我伤，我为兄哭，皇天白日，泣断心肠"(【明】朱元璋：《大明皇陵碑》)！

哭声惊动了邻居汪大娘，汪大娘家也不好过，但比朱家稍稍要好些，听到朱家的哭声，她主动上了门，说出了当年朱五四为小儿子朱元璋生病在皇觉寺许愿的事情。刚说完那事，汪大娘就跟朱元璋讲：既然你的父亲已经在佛爷前面许过了愿，要让你舍身佛门，这可不能失信啊，否则要遭遇不测的。再说，舍身佛门，这是天定的"缘分"啊！当时17岁的少年朱元璋，面对如此的绝境，也没了主意，只好听从汪大娘的话。"那好吧，既然这样，我就去当和尚吧！"再说二哥也觉得汪大娘的话很有道理，当即便同意小弟朱元璋出家出去。

然而，在那时当和尚，也并非是剃个头入了寺就得了，假如要进寺庙，你得带上见面礼，才可走进佛门。这个时候的朱元璋连生存都成问题，哪有什么银两来置办什么见面礼？汪大娘看他实在困顿不堪，虽然自己家的日子也不好过，可还是帮他准备了点香烛，并让自家儿子送他去了皇觉寺。(【明】朱元璋：《高皇帝御制文集·赐署令汪文、刘英敕》卷6；【明】朱元璋：《高皇帝御制文集·皇陵碑》卷14；【明】袁文新：《凤阳新书·二母传》卷2)

　　在宗教意识淡化的中国传统社会里，出家修道在世俗人们心目中的地位并不算高，有时还有几分贬义。朱元璋后来发迹当了皇帝，而在中国历史上的帝王中，像朱元璋这样贫贱到了只有当和尚混饭吃糊日子的地步，还真是绝无仅有的。为了对这段在普通人看来多少带有缺憾的人生经历有个美满的解释，明朝开始人们就流传着这么个说法：为了报答佛神的大恩大德，少年朱元璋日后必须有舍身佛门的这段经历。一段不愉快的经历甚至可以说是苦难就这样被演绎成如此美丽的命定说了。

　　进了寺庙，温饱问题是解决了。但乱世中的寺庙也并非想象中的一方净土。小小年纪刚刚踏入社会，朱元璋可不知世事的繁复和社会的深浅，为此他受足了别人的欺凌。

　　由于年纪小，又刚刚进入寺庙，庙里打扫佛堂、上香点烛、击鼓打钟、洗衣做饭等各种杂务活都由朱元璋一人来承担。据说当时朱元璋拜的师傅是高彬法师。元朝时期有地位的和尚居然拥有妻室，高彬法师就是这样一个"花和尚"，他的老婆孩子就住在佛堂的边上，所以少年朱元璋除了要干寺院里的活外，还得要上高彬法师家去做家务，甚至给师娘作使唤(【明】佚名：《皇明本纪》；【明】佚名：《天潢玉牒》)。一天忙到晚，总有干不完的活。不久之后，他发现寺庙这种地方可真不是那么的清净啊！

　　有一次，正在打扫卫生，突然一个老和尚走了过来，劈头盖脸就是一顿臭骂："你这个懒鬼！"朱元璋可真是丈二和尚摸不着头脑了："师傅，我犯了什么错儿？"老和尚指着大殿上的蜡烛说："你这个懒鬼，也不看着点儿老鼠，它们把大殿上的蜡烛都给偷吃了！"在那灾荒频仍的年代，这老鼠也给饿慌了，居然饥不择食，把寺庙里的蜡烛给吃了；而这老和尚也怪不讲理的，你说朱元璋一天到晚忙里忙外的，再怎么的也不可能一个人看住老鼠啊！因此说，这无论如何也不应怪到朱元璋头上啊！在受了莫名之冤后，朱元璋越想越恼火："老鼠偷吃了蜡烛也怪到我头上，真是太不讲道理了，我也不能一天到晚守候在蜡烛旁等着老鼠出来呀！"他边扫地边琢磨，突然间被绊了一跤。谁绊他呢？正是佛堂里的伽蓝神。他顿时火冒三丈，抡起手里的扫帚就往伽蓝神身上打，可再怎么打也不解气，据说打了有五十棍后，刚好他的一个师兄拿了笔墨，正要去庙宇外给砖头瓦块涂色。朱元璋见状叫住了师兄，把师兄手里的笔墨抢了过来。师兄看到他气呼呼的样子，不知他要干吗，正欲阻拦问问，不曾想到，朱元璋提笔在伽蓝大佛的后背上写下赫然一行大字："发配三千里！"（【明】王文禄：《龙兴慈记》）

● 走四方，路迢迢，野茫茫

　　遁入佛门，虽然受足了别人的欺凌，但温饱还是不成问题的。可是元末天下大乱，灾荒不断，社会上到处都是流浪的、要饭的，人们对寺庙的施舍越来越少，皇觉寺很快就难以为继了。在朱元璋进入皇觉寺后的第50天（【明】佚名：《皇明本纪》，但【明】佚名：《天潢玉牒》记载为2个月，笔者注），老方丈将寺院里所有和尚都召集起来，说："如今天下大乱，到处都是灾荒，本寺院也无法维持了，你们还是各自回家或出去'化缘'吧！"

　　事已至此，还能说什么呢？朱元璋还没有来得及识读几句佛经就这样被迫"下岗"，离开皇觉寺，开始了四处"化缘"生涯。（【明】佚名：《天潢玉牒》）

　　什么叫"化缘"？"化缘"是佛家语，用我们凡人的话来讲，就是募化，乞求施舍，俗话说就是叫花、要饭。有一个博物馆馆长跟笔者争论，说笔者在先前出版的《朱元璋卷》中写朱元璋当年出去化缘就是要饭是不对的，笔者反问她：那什么叫化缘？她无言以对。其实五六十年前明史专家吴晗先生早已考证过了，"化缘"就是要饭。（详见吴晗：《朱元璋传》，读书·生活·新知三联书店1965年2月第1版，P13）

　　我们平时能见到的"化缘"常常会出现这样的情况：身穿黄色衣衫的和尚合起双掌于胸前，口中不停地念起了佛语，生怕我们俗人听不懂。他免不了来几句俗语："施主心善，将来必定大富大贵"，然后又念上"阿弥陀佛"一类的佛语。可当年的朱元璋进入寺庙才50来天，天天又忙于那些干不完的杂务活，连"阿弥陀佛"会不会念都很难说，故而记"载明太祖历代世系及其自微时以至即位后事"的《天潢玉牒》是这样描述当年的朱家老祖宗外出化缘的："未谙释典，乃勉而游食。"（【明】佚名：《天潢玉牒》）这是讲他当年连当和尚"化缘"的基本功都不具备，由此可想其乞讨生存有多艰难！

　　背上一个小包袱，头顶一顶破毡帽，一手拿着瓦钵，另一手拿着木鱼，见到有人的地方就开始不停地敲着木鱼，口中念念有词。至于到底他念了什么，只有天知道。可天苍苍，野茫茫，敢问路在何方？朱元璋从小就机灵聪明，他打听清楚了，西边与南方灾荒相对少一点，可能要得到饭，于是就往合肥方向前行。一路走，一路乞讨，见了人就不停地念吉祥语，能讨到一口是一口，否则就得饿死。也不知走了多少天,他来到了合肥的地界,在路上邂逅了两个身穿紫衣的人。他们很客气,约定一起西行。朱元璋十分高兴地答应了,三人有说有笑,结伴同行。走着走着,可能是没日没夜餐风饮露的缘故吧,朱元璋突然间病倒了。那两个紫衣人脱下了他们的衣服,裹在了朱元璋身上,然后再将他夹着中间一起睡觉休息,"调护甚至"。3天后,朱元璋身体有所康复,且能自己走走了,两个紫衣人便带了他又走了几天的路程,来到了一座佛塔下。随即跟他说:"你暂且就留在这里,等3天,我们去去就来。"朱元璋不停地点头称好,一步也不敢远离那个佛塔。整整等了3天,可就是见不到那两个紫衣人的回来。不过此时朱元璋的身体也已经完全恢复了健康,尽管心中对那两个紫衣人充满无比的困惑,但生存的本能驱使他不得不继续前行。(《明太祖实录》卷1)

也不知道走了多少天,他来到六安(今安徽六安),碰到了一个老先生,背了一箱子的书籍,艰辛地在路上走着。朱元璋顿时心生怜悯,快步走上前去,要帮老先生背书,可谁知那老先生死活都不让,不过两人倒是说上了话,且很快熟了起来,成了路友,结伴前行。也不知走了多少时间,来到了一个叫朱砂镇的地方,两人累了,一起坐在槐树底下休息了一阵。休息时老先生一边端详着朱元璋的脸,一边这样说道:"小老儿善于堪舆、看相之术,今天见到贵人相貌非凡,能否说说贵人的生年月日和时辰,小老儿为贵人推算一番?"朱元璋听后极其爽快地告诉了他。老先生眯上双眼,扳着指头,口中轻轻地念起"子丑寅卯……"突然间睁大双眼,惊讶地说道:"小老儿算了无数个命,可从来没有碰到您这样大富大贵之命的人啊!贵人您当一路小心,现在您要去的方向应该是西北为吉,东南毋行。"然后又告诉朱元璋,以后应该注意什么,哪些属于禁忌,等等,说完他就起身告辞。朱元璋想问他姓氏名谁,家住何处,可老先生只当什么也没听到,头也不回地走了。(《明太祖实录》卷1)

以上两段史料来自明代官史,之所以流传这般神秘莫测又美妙无比的流浪乞讨故事,我想无非是明朝官方为了渲染祖宗朱元璋后来当皇帝是天命所定的。其实有没有这样的传奇,明眼人一看便知。再说这种游走于生死边缘的乞讨生活最为真切的,恐怕远非以上描述的那般美好吧,要不然的话,朱元璋后来大可不必结束化缘生涯,就当一辈子的乞丐好了。

历史真实的一面:当年朱元璋出了皇觉寺,一径南行,到了合肥地区,折向西行,到了河南固始、信阳,再往北上河南临汝(当时叫汝州)和淮阳(当时叫陈州),然后再东向,到了河南鹿邑、安徽亳州与阜阳(当时阜阳叫颍州),从地理角度来看就是淮西地区。(《明太祖实录》卷1;【明】郎瑛:《七修类稿·国事类·朱氏世德碑》

卷7:【明】危素:《皇陵碑》)

朱元璋乞讨生涯中所经历的苦难有多少？更多的是受冻挨饿,流离失所。有一天,朱元璋流浪到了可能是今天安徽当涂附近的一个破旧小村庄上。那年月兵荒马乱的,人们的日子过得都是紧巴巴的。朱元璋这一路上没有讨到什么,因为好几天没吃东西,饿得直发慌。到达这个村庄时,他实在走不动了,就想在村里讨口吃的,增加一下体力。可正逢战乱,整个村庄都荒无人烟,更没有可以行乞的人家。两眼昏花直冒金星的朱元璋心想:坏了,这一次我要饿死在这里啦。但求生的本能使他勉强撑立起骨瘦如柴的身体,突然间他发现眼前有个院子,于是使着全身剩余的微弱力气,蹒跚地走到那里。万万没想到,院子里居然有棵结满了柿子的柿子树。可惜由于战乱无人看管,这些柿子全快干瘪了。此时的朱元璋哪顾得上干瘪不干瘪,赶紧用竹竿打下柿子来,囫囵吞枣地将它们往嘴里塞。说来也奇怪,几个柿子下肚后,整个人迅速地缓过气来,逐渐地焕发起精神,走起路来也有劲了。他装了几个柿子在兜里,然后继续乞讨。

大概五六年之后,带着农民军在向采石、太平进发的途中,碰巧又路过那个小村庄,朱元璋赫然发现,曾经救了自己命的柿子树依然存活着。他立即下马,走了过去,抱着柿子树痛哭流涕,又感慨万分,当场立下誓言:"若有一日,我能当上皇帝,一定要封你一个侯爵！叫什么来着,凌霜侯,对,就叫凌霜侯。"(【清】富察敦崇:《燕京岁时记·柿子》)

● 朱元璋究竟流浪、要饭了几年？

经历了多少困苦,看尽多少人世百态、世间炎凉的朱元璋在经历了3年流浪乞讨生活后,曾经一度回到了皇觉寺。可是战乱与灾荒频仍的年代,皇觉寺这3年不仅没有根本的改观,反是更加破败。所以朱元璋回到皇觉寺住了不久又可能外出流浪乞讨。从实际情况来讲,从17岁开始到25岁参加农民军总计8年的时间,朱元璋主要是以流浪乞讨为生计,至于几次回到家乡的皇觉寺只是暂时歇歇脚。好多书上说他3年后回到皇觉寺就开始过起清净的寺院生活。我可不这么看。

第一是史料证明,朱元璋后来又出去要过饭。明代官书《天潢玉牒》明确记载说:朱元璋在经历了3年乞讨生涯后"仍还于皇觉寺……岁丙戌,还旧里,修葺淳皇、太后坟墓,经理穴圹。潜居草野四载。往来濠城有一奇士,指太祖言:'此非凡人'。因避而弗敢入城。"(【明】佚名:《天潢玉牒》)

第二从逻辑上,过去老和尚常撵小和尚出去要饭,而元末这些年的社会经济形势不仅没有好转,反而更加恶化,不久就爆发了元末农民大起义。由此而言,朱元璋在外流浪3年回皇觉寺后岂能安安稳稳地读起佛经来了?

第三,从后来朱元璋望文生义地制造文字狱和在处理大明帝国的政务时所暴露出的低级文字错误来看(后面有专门的篇幅),朱元璋大体上是个半文盲。

而众所周知,佛经是很精深的,如果朱元璋在流浪3年后就能潜心攻读佛经的话,那么到他25岁参军时,至少有四到五年的时间在读佛经。四到五年的时间专门读佛经,一般人都能读得很好,或至少说完全可以摆脱文盲和半文盲的尴尬局面,除非是脑子进水了,或者是本身智商有问题。但从后来的事实来看,朱元璋是个十分勤勉、聪明甚至可以说是极其精明的人,那么后来的半文盲事实只能说明其早年经常处于动荡当中,并没有安心下来读过什么书。更何况大明帝国开国前后他对和尚与寺院也没过多地表露出个人情感。因此说朱元璋这8年基本上是在乞讨流浪与动荡生涯中度过的,记载明朝皇家之事的"专著"就说他3年乞讨后又"潜居草野四载"(【明】佚名:《天潢玉牒》),这就很能说明问题了。

8年的叫花子动荡生活让朱元璋尝尽了世态炎凉,那么,在当了皇帝之后,他又是如何回忆起这段不堪回首的乞讨流浪生活的?

由朱元璋口述,经元末明初著名儒臣危素润笔,《明御制皇陵碑》中记述了朱皇帝对流浪生活的真实回忆:

"突朝烟而急进,暮投古寺以趋跄,仰穹崖崔嵬而倚碧,听猿啼夜月而凄凉。魂悠悠而觅父母无有,志落魄而徬徨。西风鹤唳,俄淅沥以飞霜。身如蓬逐风而不止,心滚滚乎沸扬。"(【明】朱元璋:《高皇帝御制文集·皇陵碑》卷14)

换成现代话是这么说的:早晨起来一睁眼看到有炊烟袅袅升起的地方就匆匆地赶过去,傍晚日暮了来到古寺落脚,彼时已经累得跟跟跄跄,动弹不了啦。仰卧在高低不平的山岩上,山高崖陡,遥望苍穹一轮冷月,听着深夜里远处的猿啼声,这境地怎一个凄凉了得啊!这时幽魂悠悠,希望有所依靠。大家想想,现在我们这个时代的十八七岁少年,正是偎依在父母身边尽情享受快乐、被父母宠着爱着的时候,朱元璋却已经形影相吊地四处乞讨流浪了好多年了。每每想起父母,朱元璋就不免会失魂落魄。行乞路上,要是碰上大风大雨的天气,这风声吹过就像鹤的叫声,让人听了心里感到格外的凄凉。不一会儿,天上又下起了雨雪,这雪"淅淅沥沥"直往身上钻。单薄又破旧不堪的衣服遮蔽不了刺骨寒心的风雪,寒风中瘦弱的身体就像蓬一样,"随风飘荡",他走一步退一步,心里恰似翻江倒海一般沸扬啊!

(【明】朱元璋:《高皇帝御制文集·皇陵碑》卷14)

● 8年乞讨流浪生涯与朱元璋的性格特征

正是人生中的这段经历直接导致了朱元璋独特的个性性格的形成。那么朱元璋的个性性格有哪些特点？这些特点究竟又是如何形成的呢？

我们先来看第一个方面，朱元璋青少年时期的心理特点。大家知道朱元璋青少年时代，父母双亡，兄弟离散，各奔天涯，没有倚靠，四处流浪，可谓极度缺乏关爱。这些说明了什么？我们从心理学的角度来分析这个状况。传统的心理学研究认为：在孩子成长阶段，对于女孩子我们应该更加呵护，给她们更多的关爱，而男孩子则应该培养他独立自强的性格，不要太多的呵护。然而当代美国心理学家的最新一项研究发现，事实恰恰相反，比如在小孩子最初成长阶段，男婴如果得不到时的关爱与呵护，就会哭闹得特别厉害，会强烈地表达出他的关爱需要；而女婴如果遇到类似的情况却是吮一下自己的手指头，噘一噘小嘴罢了。如此说来，男人在成长中更需要关爱，而女性需要的程度则相对缓和一点。从这样的研究进行推论，由于朱元璋在最需要父母亲情关爱的时候独自流浪，生活无着落，没有情感依靠。于是性格中就形成了这么一种孤僻型、暴力型，甚至带有攻击型和破坏型的倾向。这种性格的人如果生活在太平之世，很可能成为沉默寡言而脾气暴躁的施暴者；如果碰到天下大乱，他很可能就参加了暴动和起义，进而成为一方的领袖、战胜者；但同时可能留下了巨大的心理潜影。

第二方面，朱元璋的性格特征、心理潜影是与他的人生经历、社会生存环境密切相关的。

首先我们从经济地位来看，朱家几代人都是打工者，经济条件很不好。因此说朱元璋自幼就是在极度贫苦状态下长大的。这么一来，朱元璋的潜意识里就渴望在未来建立一个和谐有序的社会。所以他一旦掌握了政权，就会竭尽全力地建设自己所向往的那种社会秩序。反映在大明帝国的治国过程中，他不仅自身非常节俭，而且严格要求他的文武百官养成廉洁勤政的作风，他设立严刑酷法，坚决治贪，消除社会不和谐因素。同时朱元璋在制定治国政策时贯彻了抑强扶弱之精神。他认为，一个王朝之所以经济发展不平衡，贫富差异悬殊，关键就在于富民豪强剥削穷苦百姓。正因为有了这样的心理潜影，我们不难看到，在大明帝国建立前后朱元璋推行了"均工夫""均徭役"和迁徙豪民等一系列非常治国措施。(《明太祖实录》卷30；卷36；卷54；卷98)

其次，从社会地位来看，朱元璋出身于社会的底层，曾经被抛到了社会的角落，加上他长相奇特，没有什么优势可言，青少年时期又缺乏亲友的关爱，所以他的内心是极度的自卑、敏感、多疑甚至是冷漠。有读者可能不同意我的这种说法,为什么说朱元璋没有朋友呢?汤和不是他的朋友么?此言差矣。那些都是朱元璋儿时——也就是童年在凤阳时的朋友,17岁之后流浪的这些年,他无依无靠,到处漂泊,哪来什么亲友的关爱?而正是这个年龄是一个人人格形成的关键时刻。由此非常的经历和非常的社会地位造成了朱元璋孤僻、乖戾的心理潜影,外在的表现最为典型的就要数朱元璋创造出剥人皮等治贪方法。而极度低下的社会地位一定程度造就了朱元璋极度自卑的心理潜影,它的外在表现就是极度的自尊、极度的敏感,怕别人背后说他的不是,更怕别人看不起他。反映在明初的治国进程中,朱元璋往往望文生义,屡兴文字狱,等等。(【清】赵翼:《二十二史札记·明初文字之祸》卷32)

再次,如果从个人经历来看,朱元璋的个人经历可以用这样的词语来概括,那就是漂泊不定。生活长期动荡的人往往内心极度渴望安定。因此,当朱元璋登上权力巅峰宝座时,他时刻警觉着周边是否有不安定的因素,一旦发现就立即将它消灭在萌芽状态,所以我们不难看到,洪武年间几乎所有的开国功臣都成了潜在的不安定危险分子,因此大杀功臣也就在所难免了。除此之外,朱元璋还要致力于大明帝国的社会安定,消除社会中隐存的不安定因素。其中值得一提的是,开国后朱元璋下令在帝国各个村庄——类似于今天的街道社区和自然村,建起旌善亭制度和申明亭制度——有一点类似我们20个世纪六七十年代风靡全国的黑板报。他规定在旌善亭和申明亭里面常常更新公示栏内容,好人好事,坏人坏事,都要写在上面,让大明帝国的老百姓能够自觉地形成良好的社会风气和习惯,由此带来社会的安定祥和。可以说,洪武年间民风古朴,百姓安居乐业,是为人所称颂的。(《明太祖实录》卷72;卷147;卷172)

第四,思维定式。自小穷苦,再加上8年的乞讨流浪生涯,让朱元璋深知"民以食为天"的道理。可以说他的"执政理想"中有相当的成分——要建立人人有饭吃的大明帝国。比如,他积极倡导,招徕流民,实施屯田,修缮水利,推行粮长制,等等。但实际上朱元璋更多的是承继中国传统社会比较保守的思维与理论,以农为本,重本抑末。(《明太祖实录》卷68;卷73;卷102)

通过以上之分析,我们不难看出,所有这些方面不仅对朱元璋性格的形成产生了巨大的作用,而且也对大明帝国的兴衰产生了一定的影响。

正是这8年的峥嵘岁月,朱元璋从一个血气方刚的17岁少年,成长为一个25岁的性格特征基本定型的青年;正是这8年的流浪生涯,赋予了朱元璋不同于一般青年的成熟与透彻世事的睿智与狡黠,甚至还可以说是一笔宝贵的人生财富。

就在朱元璋流浪乞讨、"潜居草野"之际，中华大地正孕育着一股能量无比的地火，它就是后来历史上有名的元末红巾军大起义。好奇的朋友不禁要问了：大元帝国统一百年不到，为什么会那么快地积聚成这股能量无比的地火？徘徊于地狱边缘的朱元璋对此又有何反应？

"黄金家族"世界大国　"集团循环"绝对大祸

我们先来说说：为什么在统一后百年不到的时间里大元帝国会积聚成这股能量无比的地火？或言在中国历代大一统帝国之林中元朝为什么这么短寿？

● "地火"的制造——自掘坟墓的元朝统治者

读者朋友可能都知道蒙元帝国，它是中国历史上一个疆域最大的大一统帝国，这也是我们中国人常常引以为傲的一段历史。但大家可能不太注意这样的一个事实：元朝立国前后不到百年（实际仅有97年的时间），这在中国历代大一统帝国中算得上是短寿的了。那么元朝的寿命为什么这么短蹙？主要原因有以下几个方面：

● 军事大国光环下"黄金家族"子孙们自相残杀

13世纪时，成吉思汗和他的"黄金家族"子孙们犹如飓风一般，以绝对快速战术席卷欧亚大陆，通过军事武力手段建立起了东起太平洋、西抵多瑙河、横跨欧亚大陆的大蒙古国。根据蒙古习俗和传统规制，"太祖皇帝初起北方时节，哥哥弟兄每商量定，取天下了呵，各分地土，共享富贵"（《元典章》卷9《吏部三·投下·改正投下达鲁花赤》）。成吉思汗曾四次对其子弟、贵戚和勋臣进行了分封，以后逐渐演变成为钦察汗国（成吉思汗长子术赤后王封地，今俄罗斯与东欧部分地区）、窝阔台汗国（窝阔台后王封地，今蒙古草原、新疆东部与南部）、察合台汗国（察合台后王封地，今新疆中南部与西藏北部）、伊利汗国（忽必烈之弟旭烈兀的封地，今阿拉伯半岛）。

根据成吉思汗遗嘱，大蒙古汗之位由第三子窝阔台继承，但正式即位行使汗权要经过由宗亲、贵戚、勋臣和部族首领组成的忽里勒台大会正式确认。忽里勒台在蒙元早期历史上发挥着很重要的作用,除了汗位的继承外,整个部落的对外战争、迁徙和对付天灾等重大事件都要经过这种部落"民主大会"的讨论。就拿汗位的继承来说,原任大汗尽管拥有汗位继承人的提名权,但没有绝对的决定权,这样就造成了在忽里勒台大会上拥有较强军事力量的部族军事领袖有了很大的发言权。一旦遇到意见不合时,势力强大的军事首领可能会各自自奉一个大汗,这就造成了成吉思汗后大蒙古汗国事实上的分裂和军事内战的不堪局面。(【明】陈邦瞻:《元史纪事本末·北边诸王之乱》卷2;【清】赵翼:《二十二史札记·元代叛王》卷29)

1259年蒙哥大汗在进攻四川合州战斗中突然驾崩,担任漠北留守的蒙哥幼弟阿里不哥开始以监国的身份,行使职权,要求各地的部族首领与贵戚们,包括也在南宋前线作战的蒙哥另一个弟弟忽必烈赶赴和林参加忽里勒台大会,推举新的蒙古大汗。不料忽必烈在这过程中运动了塔察儿国王,塔察儿领衔诸王没上和林,1260年他们在开平举行了忽里勒台会议,推举忽必烈即蒙古大汗位(周良霄、顾菊英:《中国断代史系列·元史》,上海人民出版社2003年4月第1版,P254~260)。这就从事实上破坏了蒙古汗位的继承传统,而上台后的忽必烈又采用了汉人的嫡长子继承制,汗位与帝位争夺由此加剧了蒙古"黄金家族"的内部分化与上层贵族之间的矛盾深化,蒙古大汗国土崩瓦解,忽必烈及其子孙所直接掌控的就是中国这部分。1271年忽必烈建国号为大元,正式即位为皇帝,按照中国历代谥号规制方式,忽必烈后被称为元世祖。

从形式上来讲,虽然元世祖忽必烈夺得了蒙古大汗之位和皇帝之位,虽然从那时起忽里勒台还会时不时地召开——那也不过是例行公事、做做花样文章而已,而从实际角度来看,蒙元历史进程中的这场变故的潜在影响却实在不容忽视。元世祖破坏蒙古传统的忽里勒台制度,不仅给四大汗国找到了脱离中央汗国的借口,使他们纷纷脱离元帝国的统治,而且还为以后元朝列帝继承多依赖大臣拥立埋下了祸根,甚至还为100年后的子孙的不幸种下了苦果——元顺帝的孙子脱古思帖木儿就是被阿里不哥的子孙也速迭儿杀死的,死得很惨,当然这是后话了。(《明太祖实录》卷194;【明】陈邦瞻:《元史纪事本末》卷19~22;【清】赵翼:《二十二史札记·元诸帝多由大臣拥立》卷29)

事实上从公元1307年成宗死后起,元帝国的权力中心就开始了激烈的皇位争夺,皇帝像走马灯似地更换着。从1308年至1333年的25年中,元廷换了8个皇帝,平均3年换1个皇帝,尤其是从1328年到1333年6个年头中,居然换了6个皇帝,平均每年换1个新皇帝。"黄金家族"的子孙们自相残杀,政局动荡,皇权日益削弱,而地方势力却在肆意扩张,内轻外重,政令不畅,最终演变成军事混战的格

局,一个强悍的蒙元帝国——绝对的世界一流军事强国就这样在转瞬之间迅速地衰败下来。

● 经济大国耀眼下"黄金家族"子孙们的堕落

与军事大国相匹配,蒙元时代的经济富有也可堪称世界一流。据13世纪波斯史学家志费尼记载:以前蒙古人"穿的是狗皮和鼠皮,吃的是这些动物的肉和其他死去的东西"。"他们当中富有的标志是:他的马镫是铁制的,从而人们可以想象他们的其他奢侈品是什么样了。他们过着这种贫穷、困苦、不幸的日子,直到成吉思汗的大旗高举,他们才从艰苦转为富强,从地狱入天堂,从不毛的沙漠进入欢乐的宫殿,变长期的苦恼为恬静的愉快。他们穿的是绫罗绸缎,吃的是'彼等喜爱之山珍海味,彼等选择之果品'。饮的是'麝香所封之(醇酒)'。所以情况成了这种:眼前的世界正是蒙古人的乐园。因为,西方运来的货物统统送交给他们,在遥远的东方包扎起来的物品一律在他们家中拆卸;行囊和钱袋从他们的库藏中装得满满的。而且他们的日常服饰都镶以宝石,刺以金镂;在他们居住地的市场上,宝石和织品如此之贱,以致把它们送回原产地或产矿,它们反倒能以两倍以上的价格出售,而携带织品到他们的居住地,则有似把香菜籽送至起儿漫作礼物,或似把水运到瓮蛮(Oman)作献纳。此外,他们人人都占有土地,处处都指派有耕夫;他们的粮食,同样的,丰足富余,他们的饮料犹如乌浒水般奔流。"(【波斯】志费尼:《世界征服史》,商务印书馆2004年10月版,上册,P23~24)

蒙元时代帝国的富庶在《马可·波罗游记》中也有所反映:那位举世闻名的意大利旅行家说东方国家富庶到了黄金铺满地的地步。虽然这样的记载有着很大的夸张成分,但迅速的军事扩张所带来的巨额财富的急剧积聚,那可是不争的史实。那么多掠夺来的财富掌握在以"黄金家族"子孙为首的蒙古贵族手中,在分配制度大有问题的情况下,转瞬之间成为肆意挥霍和任意支配的代名词。譬如,至大四年(1311)元仁宗即位后为报答诸王对他的支持,总共赏赐了金39 550两,银1 849 050两,钞为203 279锭,币帛为472 488匹。(《元史·仁宗本纪一》卷24;《新元史·食货志·赐下》卷78)

由于元帝国一直没有建立相对理性的分配制度,财富支配很大程度上靠的是赏赐,赏赐有定期赏赐(如岁赐)、额外赏赐或言特赐、忽里勒台会议后的赏赐以及朝会赏赐等,而每一种赏赐的数额都让人瞠目结舌。如岁赐元太祖弟哈赤温大王子济南王位,"银一百锭,绵六百二十五斤,小银色丝五千斤,段三百匹,羊皮一千张";特赐更是动辄成千上万两银子,如中统四年秋七月癸未日,元世祖忽必烈一次赐"给公主拜忽银五万两,合剌合纳银千两"(《元史·世祖本纪二》卷5)。朝会赏赐以元成宗定制为例,元贞二年十二月"定诸王朝会赐与:太祖位,金千两、银七万五千两;世祖位,金各五百两、银二万五千两;余各有差"(《元史·元成宗本纪二》卷19)。若再以诸王个案来说事,如"太祖弟斡真那颜位:岁赐,银一百锭,绢五千九十八匹,绵五千九十八斤,段三百匹,诸物折中统钞一百二十锭,羊皮五百张,金一十六锭四十五两。五户丝,丙申年,分拨益都路等处六万二千一百五十六户。延祐六年,实有二万八千三百一户,计丝一万一千四百二十五斤。江南户钞,至元十八年,分拨建宁路七万一千三百七十七户,计钞二千八百五十五锭"(《元史·食货三》卷95)。

一个尚不显要的斡真那颜位就能得到如此丰厚的收入,那么遍布欧亚大陆的"黄金家族"子孙每年都要从元帝国那里享受到多少的财富?这是一笔从未有人算过但在历代大一统帝国王朝中绝对算得上是超级财政开支了。

其实自王朝前期起元帝国就开始背负沉重的经济包袱。元成宗曾问丞相完泽等:"每岁天下金银钞币所入几何?诸王驸马赐与及一切营建所出几何?其会计以闻。"完泽回答说:"岁入之数,金一万九千两,银六万两,钞三百六十万锭,然犹不足于用,又于至元钞本中借二十万锭矣。自今敢以节用为请。"元成宗听后大为赞赏。"世称元之治以至元、大德为首者,盖以此。自时厥后,国用浸广。除税粮、科差二者之外,凡课之入,日增月益。至于天历之际,视至元、大德之数,盖增二十倍矣,而朝廷未尝有一日之蓄,则以其不能量入为出故也。"(《元史·食货一》卷93)

一个国家的财富掌握在一小撮宗亲、贵戚、勋臣手里,即使在所谓的治世尚且还得寅吃卯粮,其最终结果可想而知。国家财政危机日益加剧,帝国政府变本加厉地搜刮百姓,普通人群日益贫穷,社会矛盾日益激化;而与此同时,以"黄金家族"子孙为核心的宗亲、贵戚、勋臣等社会特权阶层却日益腐化与堕落。

元成宗大德年间在元朝历史上号称治平之世,可元成宗本人却是个酒色之徒,当了几年皇帝了却连六部长官的贤愚都没能分清。有一次他跟六部长官说:"你们这几个人中有人多误事,可朕不知道他是谁。"到了大德中期以后,这位"治世皇帝"又"连年寝疾,凡国家政事,内则决于宫壸,外则委之宰臣"。宰臣如伯颜等"固位日久,党与众盛,所任之人,徇情弄法,纲纪渐坏"(《元史·干奴传》卷134)。当年"大德之政,人称平允,皆后处决",就是大德年间元朝政治相对安宁全赖皇后卜鲁罕居中用事。(《元史·后妃传》卷114)

至元武宗起情况就愈发糟糕了,武宗是通过政变而登上皇位的,按例他就得对诸王勋旧们大肆滥赏,和林大会之际大加行赏了一次他还嫌不够,到了上都后又对诸王勋贵们进行了一番滥赏,光给皇太后答己的赏金就有 2 700 两,赏银 129 200 两,钞 10 000 锭,币帛 22 280 匹;赐给皇太子爱育黎拔力八达之数亦如之。(周良霄,顾菊英:《元史》,P580)

"黄金家族"子孙占有了这么多钱财要干什么?据《元史》记载:元文宗天历年间,"皇后日用所需,钞十万锭,币五万匹,绵五千斤"(《元史·文宗本纪》卷 33)。除了用于挥霍、淫乱外,还有的就是做佛事和供养僧侣。元廷有崇奉藏传佛教的传统,每个皇帝在正式即位前都要接受佛戒 9 次才能荣登大宝,陪同皇帝举行佛戒仪式的藏传佛教"国师""帝师"少则六七人,多则八九人,因为这些"国师""帝师"都是"番僧",语言不通,所以又得用上一批翻译人员。这些人平时由元廷优渥地奉养着,在皇帝受戒、登基时还得要予以巨额的赏赐。而元廷中做佛事更是无日不有,最多的时候一年做佛事多达 500 多次,几乎要接近每日两次了。这样的佛事活动每年要耗费多少财物?元仁宗延祐四年(1317)有个这样的一个统计,要用面 439 500 斤,油 79 000 斤,酥油 21 870 斤,蜜 27 300 斤。(《元史·释老传》卷 202)

巨额财富浪费所带来的直接后果,除了催化以"黄金家族"子孙为核心的,由宗亲、贵戚、勋臣等组成的社会特权阶层的腐化外,还有的就是加剧帝国财政的枯竭,将经济基础挖得千疮百孔。

在经济基础被挖空的同时,由于"黄金家族"子孙们推行反动的民族歧视和民族压迫政策,从而又使得大元帝国的社会统治根基变得愈发脆弱。

● 蒙古"精英"集团内部小循环削弱了大元帝国立足根基,加深了民族鸿沟

说起元朝的民族压迫,我们可以这么来形容:愚蠢苦笑,荒诞之至。

元朝把全国的臣民分成四等人:最高等是蒙古人,主要是指漠北各部落的人们,但后来征服的汪古部和乃蛮部却被划归了色目人等;第二等就是色目人,主要是指西夏人、畏兀儿人、回回人、康里人、哈剌鲁人、钦察人、阿尔浑人等大西域概念的各族人,甚至还包括发郎人或拂朗人即欧洲人;第三等是汉人,元朝的汉人不是一般意义上的汉族人,而是指淮河以北黄河流域、中原地区原金朝统治下的各族人,这也包括了东北地区的契丹人、女真人、高丽人和渤海人等;第四等是南人,也就是最后投降蒙元的南宋臣民,蒙元帝国将南人的地位定得最低。蒙古人贱称汉人为"汉子",贱称南人为"蛮子",充满了极端的歧视。

这样的民族歧视与民族压迫不仅仅体现在官方主流形态方面，而且还通过法律形式予以固定和强化，如元朝法律规定，如果蒙古人打了汉人（包括南人），汉人或南人不得还手，只能收集好证据，到由蒙古人垄断的当地衙门里去告状；要是有人违反了，那么官府要将他"严行断罪"（《通制条格·蒙古人殴汉人》卷28），"诸蒙古人与汉人争，殴汉人，汉人勿还报，许诉于有司"（《元史·刑法四》卷105）。汉人与南人杀了蒙古人要被处死，但蒙古人杀汉人、南人则不用偿命，只"断罚出征，并全征烧埋银（相当于丧葬费，笔者注）"（《元史·刑法四》卷105）；汉人与南人犯有盗窃罪须在脸上刺字，而蒙古人与色目人犯之则免刺字（《元史·顺帝本纪》卷38）；更有规定汉人和南人不得私有马匹、不得打猎（微及一兔之获亦有罪）、不得聚众百人以上舞枪弄棒（汉人百人以上执弓矢猎者处极刑，百人以下流放远方）、不得搞迎神赛会，不得举办划龙舟比赛、不得立市买卖，如有违反就要被处以刑罚，甚至规定禁止江南地区人们夜间点灯，等等。（《元史·刑法四》卷105）

元朝的民族歧视和民族压迫反映在政治上，那就是元帝国从中央到地方所有重要的官职都只能由蒙古人来担任，"官有常职，位有常员，其长则蒙古人为之，而汉人、南人贰焉"（《元史·百官志序》卷85，志第35；【清】赵翼：《二十二史札记》卷30）。元朝中央朝廷以主掌行政事务的中书省、掌握监察大权的御史台和主管军事的枢密院为三大最为重要机构，其长官中书宰执自元朝建立起直至灭亡，都不曾有一个汉人得以染指。忽必烈时期相对比较开明，但也只有少数汉人担任过中书省的左右丞或参知政事。大约自此以后，汉人不得参与大元帝国军政成为定制（《元史·王克敬传》卷184）。监察系统规定，各道廉访司即监察官必须首先要选择蒙古人担任，或阙，由色目世臣子孙作补充，最后才考虑参以色目人、汉人，而南人就根本没有在台省居官任职的可能，也"不宜总兵"，这是忽必烈后的元朝明确规制（《元史·吴当传》卷187）；地方上的行中书省长官位置也都由蒙古人把持着，只有在官员极为欠缺的情况下才考虑任用色目人和汉人，南人就更别提了。省以下的路、府、州、县的官职中汉人只能做总管，最高长官达鲁花赤即断事官必须由蒙古人来担任。直至基层的社甲，其也限定由北人来充当社主或甲主。对此，元朝文人权衡曾这样说道："惜乎元朝之法，取士用人，惟论根脚。其余图大政为相者，皆根脚人也；居纠弹之首者，又根脚人也；莅百司之长者，亦根脚人也。而凡负大器、抱大才、蕴道艺者，俱不得与其政事。所谓根脚人者，徒能生长富贵，商膻拥戴，素无学问。内无侍从台阁之贤，外无论思献纳之彦，是以四海之广，天下之大，万民之众，皆相率而听夫商膻拥戴、饱食暖衣、腥膻之徒，使之坐廊庙，据枢轴，以进天下无籍之徒。呜呼！是安得而不败哉？"【元】权衡：《庚申外史》卷下）

元朝的民族歧视也体现在选官制度方面。元朝选官大体有三种：第一种也是最为主要的一种，那就是怯薛制。怯薛是蒙古宫廷卫队的意思，由宫廷卫队出身的人在元朝很吃香，"转业"后就在政府衙门里当官，且升迁得很快。所以有人说元朝是武夫当国，我看差不多。

既然怯薛卫队里的人这么吃香，那么大家都去当兵去了！不行，蒙元政府规定：只有蒙古人、色目人才有权力去当怯薛卫士。这样一来，汉人与南人只好另谋出路。科举是汉族士大夫入仕的传统途径，也是确保统治阶层血液流畅、稳定社会统治基础的重要手段。可元朝建立后迟迟不开科举，好不容易熬到元仁宗始开科举士了，其中也充满了浓烈的民族歧视与民族压迫色彩：蒙古、色目为一榜，汉人、南人为另一榜；蒙古人、色目人参加科举考试的人数少，考试题目简单，但录用人数却要比汉人、南人多得多，且授得的官职也要高。第三种选官方式为学校入仕。"出身于学校者，有国子监学，有蒙古字学、回回国学，有医学，有阴阳学"。以国子监为例，元世祖忽必烈"至二十四年，立国子学，而定其制……其百人之内，蒙古半之，色目、汉人半之"（《元史·选举志一》卷81）。到了学校读书、考试，也是蒙古人、色目人从宽，汉人从严；最后出仕，"蒙古授官六品，色目正七品，汉人从七品"（《元史·选举志一》卷81）。因此天下士大夫大多郁郁不得志，对元朝政府怀有极度的冷漠甚至是敌视。

一个国家或政府大行民族歧视或民族压迫政策，而它的大权却又一直垄断在那些所谓的"高贵血统"的子孙手中，搞的是内部小循环；这不仅加大和培植了民族之间的仇恨，而且还造成了其自身的统治基础越来越脆弱，甚至可以说是自掘坟墓！

● 大元帝国强控制与全方位腐败

对于统治基础脆弱的补救办法，元朝的"黄金家族"子孙们首先想到了祖先起家的好本领——军事武力强控制。

元朝确立全国统治有一个客观又"无奈"的前提，那就是以绝对少数的蒙古人控制着人口绝对优势的汉人与南人。为了稳定住武力征服之格局，元朝在各地派有镇戍的驻防军，驻防军以蒙古军和探马赤军为主力，主要驻扎在山东、河洛地区——由此而言，元朝镇守重点还在中原及其以北地区；又以色目诸部族为主力组成的探马赤军、汉军和由南宋归降队伍组成的新附军则驻扎在自淮水以南直到南方海南岛的广大地区，由蒙古宗王担任大将——由少数人来看住多数人，在制造民族矛盾的前提下，或许能起到一时之功效，而就实际而言，相对于北方，淮水以南地区一直是元朝控制的薄弱地带。

为了弥补这种驻军格局带来的缺陷，元朝政府采取了与驻防军相结合的社甲制度。社原是中国民间一种自愿结合的组织形式，元世祖忽必烈在攻灭南宋之前就开始加以利用，下令给征服地区，规定其50户人家立为1社，推选德高望重、知晓农事的老农为社长，户数达到100家的，增设一个社长，不足50家的，与邻近村子合为一社（《元典章·户部九·劝农入社事理》卷23）。设立社长制的目的是要将统治的触角延伸到社会底层，督促农民勤勉农事，为大元帝国多生产"爱国粮"，还有就是加强对基层百姓统治。说白了这样的社长制可谓"以汉治汉"，但元朝统治者又怕汉人"作弊"，所以接下来又命令驻扎在各地的探马赤军和蒙古军随处入社和编入当地的"社民"。但由于元朝政治上规定蒙古人为绝对的优等人群，蒙古人与色目人有随便居住各地的特权（【清】赵翼：《二十二史札记·色目人随便居住》卷30），拥有绝对优越感的蒙古人却不愿与汉人相合为社（《元典章·户部九·蒙古军人立社》卷23）。于是在攻灭南宋后，大元帝国改进了方法，在南方地区推行甲主制度。南方人每20家人家为1甲，由蒙古等北人充任甲主，并赋予其两大职责：第一，肆意搜刮百姓。据有关史料记载，元朝中叶以后，每年征收的田税赋役要比元初增加了20倍。（《元史·食货志一》卷93；《新元史·食货志序》卷68）第二，监视南人"异常"与任何反抗，元朝攻灭南宋后规定："一更三点，钟声绝，禁人行。五更三点，钟声动，听人行。违者笞二十七，有官者听赎。其公务急速，及疾病死丧产育之类不禁。诸有司晓钟未动，寺观辄鸣钟者，禁之。诸江南之地，每夜禁钟以前，市井点灯买卖，晓钟之后，人家点灯读书工作者，并不禁。其集众祠祷者，禁之。诸犯夜拒捕，斩伤徼巡者，杖一百七。"（《元史·刑法四·禁令》卷105）更绝的是元朝统治者还规定了甲主对甲内的平头百姓拥有绝对的权力："衣服饮食惟所欲，童男少女惟所命，自尽者又不知凡儿。……鼎革后，城乡遍设甲主，奴人妻女，有志者皆自裁。"（【元】徐大焯：《烬余录》）

这就是人们争议不歇的元代汉族姑娘的初夜权问题，近来网络上有人对此作了考证，认为当时蒙古人与汉族人的比例为1：3333333，其潜台词为一个蒙古男人若要给几百万汉族姑娘"破身"，这是无论如何也不可能忙得过来的"累活"，从而也就否定了蒙古等北人享有汉族姑娘初夜权之说。我们不做无谓的争论，但笔者自小就在南方长大，老辈们一直坚持讲："我们南方小孩叫父亲，不像北方人那样喊'爸爸'，而称'哒哒'、'阿哒'，实际上就是讲述蒙古人霸占汉人女孩初夜权的一个客观反映，'哒哒'就是'鞑靼'，即汉人对蒙古人的称呼。"我们更有当今社会的现实注释:某些地方干部欺男霸女,不是现代人讽刺其"村村都有丈母娘"么。"村村都有丈母娘"这话今人谁都懂,不可能每个村都有某些干部的"丈母娘",但他们强占或诱奸女人却是不争的史实,而蒙古等北人享有汉族姑娘初夜权也有一样的道理。连女孩子的初夜权都要献给北人,一来说明南人地位与人格已经给降到了没能再低的地步了;二来这样的性乱加速了元朝社会基层的腐败与混乱。

伴随着社会基层的腐败与混乱,元朝吏治更是腐烂不堪。官场上卖官鬻爵公行,"官以幸求,罪以贿免"(《元史·仁宗本纪三》卷26),官府卖官居然明目张胆到了明码标价的地步,就连从事监察的台宪官"皆谐价而得,往往至数千缗"(【元】叶子奇:《草木子·杂俎篇》卷4下)。由于当时官场几乎全由蒙古人控制与垄断,但当道的蒙古人他们大多不谙汉语,不通文墨,只能靠签署日期、盖印画押来处理公事,更有甚者到了"七字钩不从右七而从左ㄴ转,见者为笑"的程度。因此元朝官场重现了辽、金时代的历史"奇观"——"以吏代官"或言"以吏为官",它与唐宋时代科举下所产生的文官有着极大的区别,吏原本就是下级办事员,用今天话来说就是非正规的科班出身,文化素养差,没有什么道德操守,他们利用"职务便利"大搞"创收",讲究的就是"经济效益最大化"——怎样从百姓头上榨取更多的血汗,于是"官冗于上,吏肆于下,言事者屡疏论列,而朝廷讫莫正之,势固然也。"(《元史·百官志一》卷85)

元末时"蒙古色目人罔然不知廉耻之为何物"(【元】叶子奇:《草木子·杂俎篇》卷4下)。据元朝文人记载,那时官场上通行敲诈勒索式的八种钱:下属拜见上官要孝敬"拜见钱",逢年过节要给"追节钱",长官过生日要给"生日钱",讨个具体差使做做要给"常例钱",迎来送往要给"人情钱",处理公事、断狱问案事关发送传票拘票的要给"赍发钱",打个官司要给"公事钱",甚至没什么事长官的也会向下属讨要"撒花钱",官吏"创收"多的,行话叫"得手"(活像一群土匪,笔者注),出任富有地方为官的,叫"好地分",补缺任要职的,叫"好窠窟"。(【元】叶子奇:《草木子·杂俎篇》卷4下)

从上述元朝官场潜规则之隐语看去,不了解历史的人还真以为是黑社会的"山规"呢!官场已经污浊不堪,大元"公务员"们除了搜刮民脂民膏外,还有的本领就是喝酒、玩女人。

与元朝官吏们这般腐朽形成极为鲜明对比的是,广大底层人民却挣扎在死亡线上,或言徘徊于地狱门口,一旦遇上天灾,更是命悬一线。从泰定元年(1324)起,有关天灾与饥民、流民记载不绝如缕,如元文宗天历二年(1329)大灾荒发生后,陕西饥民就达1 234 000余人,流民数十万人,河南饥民达27 400余人,饿死的有

1 950人,发生人相食惨祸的就有51起;江浙、江西、皖南等地饥民60余万户,核计饥民人数可达300万人以上;中原地区饥民达676 000余户。(《元史·文宗本纪二》卷33)

面对如此严峻的形势,为了稳定人心,元朝统治者命令掌管地方监察的肃正廉访司官员巡视州县灾情,发放赈济,蠲免赋税。可在社会全方位腐败的情势下,这些受命巡视的"奉使"们岂会"肃正廉访"?乘着这个难得的"创收"好机会,他们侵吞赈济粮款,优哉游哉地到地方上"潇洒走一回"。相当程度上主宰地方官仕途命运的"奉使"老爷一来,地方上再穷也要"慷慨大方"地迎来送往,所出的钱财都由小民百姓们来分摊,于是老百姓编了顺口溜来讽刺这些"奉使"大老爷:"九重丹诏颁恩至,万两黄金奉使回";"奉使来时惊天动地,奉使去时乌天黑地,官吏都欢天喜地,百姓却啼天哭地";"官吏黑漆皮灯笼,奉使来时添一重"(【元】陶宗仪:《南村辍耕录·阑驾上书》卷19)。"奉使宣抚,问民疾苦,来若雷霆,去若败鼓"。(《明太宗实录》卷60)

如此肃正廉访不仅没能抚恤小民百姓,反而加深了官民矛盾。多少年后亲历元朝官吏贪渎的明朝开国皇帝朱元璋曾这样回忆道:"昔在民间时,见州县官吏多不恤民,往往贪财好色、饮酒废事,凡民疾善,视之漠然,心实怒之。"(《明太祖实录》卷39)

其实当时的朱元璋还是名不见经传的"小杆子",而无数个怀有朱元璋一般心态的"大杆子"们早就忍无可忍地起来造反了,尤其是统治相对比较薄弱的江南地区人民的反抗斗争自元世祖征服起就一直也没停止过,"大或数万,少或千数,在在为群"(【元】姚燧:《牧庵文集·贾公神道碑》卷5),至元二十年(1283),大小起义有200多处,6年后的至元二十六(1289)迅速增加到了400多处(《元史·崔彧传》卷173;《元史·世祖本纪十二》卷15)。元朝历史上所谓的治平之世尚且如此,更不用说到了末世了。至正元年(1341)仅山东的"强盗"多达300余处,至正七年"盗贼"在元朝首都大都东部的通州蜂拥而起,甚至连大都中心地区也闹到"强贼四起"的地步。(《元史·顺帝本纪三》卷40;【元】叶子奇:《草木子·克谨篇》卷3上)

面对各地人民的反抗斗争,帝国统治者不断地调集军事力量予以镇压,可"元朝自平南宋之后,太平日久,民不知兵,将家之子,累世承袭,骄奢淫佚,自奉而已。至于武事,略不之讲"。原本所向披靡、不可一世的蒙元军队这时"但以飞觞为飞炮,酒令为军令,肉阵为军阵,讴歌为凯歌,兵政于是不修也久矣。及乎天下之变,孰能为国爪牙哉,此元之所以卒于不振也"。(【元】叶子奇:《草木子·克谨篇》卷3上)

"脱脱更化"添薪导火　地狱草根遍地点火

从军事强国、经济大国迅速沦为堕落之邦，元朝统治者只顾自己享乐腐化，不管百姓死活，巨额财富被挥霍一空，帝国政治被弄得乌烟瘴气，政府财库入不敷出，捉襟见肘。就在这内外交困之际，远在广西静江（今桂林）的元明宗长子妥懽帖睦尔被迎立为帝，这就是历史上有名的元顺帝。

● 大元帝国末代皇帝、末代宰相和"脱脱更化"

妥懽帖睦尔即后来的元顺帝北上走到河南开封时留宿了几天，因为他"心方不测朝廷权臣意"。这时河南行省左平章伯颜率领所有蒙古汉军，"主动"出来要求一路护送。由此，妥懽帖睦尔从心底里感激伯颜，登基即位后，立即升其为"太师、中书右丞相、上柱国、监修国史，兼奎章阁大学士，领学士院、太史院、回回、汉人司天监事"。（《元史·顺帝本纪一》卷38）

当时有个大臣叫阿鲁辉帖木儿的是元顺帝父亲元明宗的亲信，他私下里"关照"新皇帝："天下之事实在繁重，陛下年富春秋，应该深居宫中好好享乐，诸事就托付给宰相去处理，您只要下下命令，何乐而不为呢？倘若陛下亲自决断，我们大元帝国这个烂摊子，弄不好您会声名狼藉的！"那时只有14岁的元顺帝听到大臣的这般"忠心"劝慰，也就乐得在宫中享起福来了。（《元史·顺帝本纪一》卷38）

少年元顺帝一享福，国家大事就全由宰相伯颜来操控了。伯颜一上来就将自己的弟弟、子侄全部弄成大官，他们把持朝政，结党营私，嗜贪成瘾，"时天下贡赋多入于伯颜家，省台官多出其门下。每罢朝，皆拥之而退，朝廷为之空矣"。伯颜之贪说来大家可能不信，据说后来他家被抄时官府处理了好几个月还没来得及处理完，就"米糠数房，烧饼至一房"（【元】权衡：《庚申外史》卷上）。一个堂堂朝廷宰相贪婪到了这种地步，其实施的国家政策就可想而知了。从理性角度来讲，虽然元朝是蒙古人的天下，但就文化发达程度而已，那是落后的游牧民族军事征服了先进的农耕民族；而在元朝近百年的统治中，蒙古人的"汉化"相当不成功；更为糟糕的是，元末执政者伯颜一伙人还是极端偏执的种族主义者，他们一方面在各地设立行枢密院等军事机构，制定和颁行严刑峻法，残酷镇压各种反抗，规定："强盗皆死，盗牛马者劓，盗驴骡者黥额，再犯劓，盗羊豕者墨项，再犯黥，三犯劓；劓后再犯者死"。（《元史·顺帝本纪二》卷39)连偷盗猪、羊一类畜生的,都要处以墨刑、黥刑和劓刑等早已废止了近千年的酷刑,我们不能不说当时的统治者已经到了穷凶极恶的地步了;另一方面他们进一步制造民族隔阂与民族仇恨,挑起是非,意图分化反抗力量。伯颜曾跟元顺帝说:"陛下您家太子以后长大了,就千万不要他读那些汉人们的什么书,汉人们读书好不欺负人!过去我手下有个遛马的,有一段时间没见着他,我十分好奇,他到了哪里去了?后来有一天我终于看到他了,就问:'你到哪里啦?'他说:'我去考科举了!'不曾想到,考科举的都是这等人!"元顺帝一听这事,当即下诏罢停当今二月的礼部科举。(【元】权衡:《庚申外史》卷上)

伯颜家里养了一个西番师婆名叫哥哥,每遇到什么吃不准的事情,伯颜都要去问问她吉凶。有一次问自己身后之事会如何?这个诡异的西番师婆早就吃准了伯颜的心理——平时最恨的就是南人,于是她就信口开河地说道:"当死于南人手!"由此伯颜对南人恨之入骨(【元】权衡:《庚申外史》卷上)。至元三年(1337)河南发生棒胡起义,福建漳州发生李智甫、罗天麟起义,广东惠州发生朱光卿起义,至元四年(1338)江西袁州发生彭莹玉、周子旺起义……虽然这些起义都被一一镇压了,但消息传到大都,伯颜等人更是对汉人、南人充满了仇恨:怎么造反的全是这些汉人与南人?为防患于未然,在他操纵下的元廷下令:"禁汉人、南人、高丽人不得执持军器,凡有马者拘入官";并规定"省、院、台、部、宣慰司、廉访司及部府幕官之长,并用蒙古、色目人。禁汉人、南人不得习学蒙古、色目文字"。(《元史·顺帝本纪二》卷39)不过事后他觉得还不保险,又让元顺帝以诏书的形式,命令在元廷省、台、院等机构担任非主要领导的汉人官员研究"诛捕之法",以此来表明他们的心迹;甚至他还提出要诛杀张、王、刘、李、赵五姓汉人和南人,可这回元顺帝没依他,因为这五姓人数最多,要是真开了杀戒,那天下人口又有几何?(《元史·顺帝本纪二》卷39)

宰相伯颜之所以这般猖狂,一来凭借自身在元顺帝迎立过程中的护送功劳,二来便是他在元廷宫中有个名义上比元顺帝权位还要高的女"贵人"在暗中一直护着。这个女贵人便是当时的太皇太后,说是太皇太后,其实是元顺帝的婶婶。因为年龄也不大,曾经的皇帝老公"走"了,她耐不住寂寞,与经常来宫中走动的权臣伯颜勾搭成奸,肆意淫乱,"伯颜数往太皇太后宫,或通宵不出"。历代为人们所尊敬的太皇太后如今却变成了淫妇荡妇,大元帝国第一号性丑闻成了当时的公开的秘密,大都城里的人讽刺伯颜:"上把君欺,下把民虐,全凭自己与太皇太后在功夫!"这样的风言风语终有一天也传到了伯颜家族成员的耳朵里。(【元】权衡:《庚申外史》卷上)

在伯颜家族中有个叫脱脱的,他可是个比较清直的蒙古贵族,看到自己的伯父毫无廉耻地胡作非为,觉得羞愧难当;更让他受不了的是,有人告诉他:伯颜与太皇太后正在密谋,要废掉在位的元顺帝,立燕帖古思为帝。这可怎么办?他偷偷地找父亲马扎儿台商议:"伯父任信邪佞,滥杀无辜,将诸卫精兵收为己用,府库钱帛皆听其出纳,骄纵之至,万一皇上要是发怒的话,我们一大家族还不全完蛋?现在灾难尚未降临,我们为什么不好好地谋划一番?"马扎儿台听后,觉得儿子讲得很有道理,但转而又想想,不能自家人动手!这样拖了一段时间,脱脱感到跟父亲没法做事,就去找自己的老师吴直方商议。吴直方一听这事,马上说:"古人云:大义灭亲!你所考虑的正是忠于我大元帝国,还有什么疑虑的!"(《元史·脱脱传》卷138)

脱脱心里有谱后来到宫廷里,将自己所知之事一五一十地告诉了元顺帝,并让元顺帝做好准备,防止伯颜等人的突然袭击。

至元六年(1340)十二月,伯颜上请元顺帝一起出外打猎。已经有了戒备之心的元顺帝委婉地拒绝了。而就在伯颜外出不一会儿,侄儿脱脱经由元顺帝批准同意发动政变,关闭大都城门,收回伯颜兵权,将其贬到外地安置。伯颜进退两难,最终只好自我了断。

伯颜倒台了,元顺帝任命脱脱父亲马扎儿台为太师、中书右丞相。可谁曾想到这个马扎儿台与他的哥哥伯颜一般贪婪,还特别有经济头脑,当政仅半年,却在通州开遍了榻坊、酒馆、糟坊等,据说当时他家一天的收入就达万石粮食,可他还嫌不够,又让手下人到长芦、淮南等地去从事可以获得高额利润的食盐买卖。对此,满腔热血要拯救岌岌可危的大元帝国的有为青年脱脱实在坐不住了。他找了一个叫佛喜问的参政,跟他说:"我家父亲平日里最喜欢你,你说的话,他没有一句不听。以眼下的情势看来,他老人家再这样搞下去的话,灾难降临我家的日子就不远了。你为什么不去劝劝我老爸,让他赶紧解职享享清福!否则的话,要是再有人说我家赶走伯父,原来图的是他的相位,那岂不更难堪了!"佛喜问接受了脱脱的委托,说通了马扎儿台,马扎儿台果然辞职回家。元顺帝觉得就这样让马扎儿台走了,心里过意不去,封他为太师,而后又升脱脱为宰相。(【元】权衡:《庚申外史》卷上)

就这样,在大元帝国生死攸关之际,以脱脱为代表的改革派通过政变取得了朝廷的实权,并开始实行了一系列的改革。从这时看去,元帝国似乎出现了回光返照的一丝希望。但出人意料的是,脱脱的改革在一定程度上又加速了元朝的灭亡。这到底是为什么?

至正元年(1341),元顺帝"遂命脱脱为中书右丞相、录军国重事,诏天下。脱脱乃悉更伯颜旧政"，史称"脱脱更化"。

脱脱出任中书省丞相后，积极开始推行他的改革方案："复科举取士法，复行太庙四时祭，雪郯王彻彻秃之冤，召还宣让、威顺二王，使居旧藩，以阿鲁图正亲王之位，开马禁，减盐额，蠲负逋，又开经筵，遴选儒臣以劝讲，而脱脱实领经筵事。中外翕然称为贤相。"(《元史·脱脱传》卷138)

脱脱上台后还有一大可圈可点的功绩，那就是他出任都总裁官，组织汉族史学家欧阳玄、揭傒斯，畏兀儿族史学家廉惠山海牙、沙剌班，党项族史学家余阙，蒙古史学家泰不花等共同修史，开创了各族史学家合作修史的先河；编撰了《辽史》《金史》和《宋史》以及《至正条格》，颁行天下，为我们后世保留了相当珍贵的辽、宋、金、元史料和法制文化资料。

● 饮鸩止渴的"变钞""开河"——大元帝国火药桶上的导火索

坦率而言，元末宰相中脱脱算得上是个清直明白人，他志向远大，胆识过人，如果生于太平之世，说不准他就能成为一代名相。可惜的是他生不逢时，套用中国传统社会一句老掉牙的台词：大元王朝气数已尽了。自从第三个皇帝元武宗海山起，元朝的皇帝们一个比一个昏庸，元廷里你争我夺，个个斗得都像乌眼鸡似的，整个朝廷乌烟瘴气。元武宗一口气直接授予了880多个官职。元朝的皇帝们虽然治国无能，但他们个个几乎都是花钱的祖宗，烧钱的高手。由于元帝信奉喇嘛教，广兴佛寺，大做佛事，国家财政总费用竟然有2/3都用在佛教上；还有专门要供养那些饭来张口衣来伸手的蒙古贵族与色目贵族而实行的赏赐制度。元帝对这些"生育机器"特别得大方，为此，元武宗海山在一年不到的时间内花去钞820万锭，而当时元帝国每年的国库收入也只有280万锭，也就是说仅仅一年元廷财政赤字是财政收入的2倍。到了元仁宗时更为严重，仁宗一年就用掉2 000万锭，寅吃卯粮，就是说皇帝一年就用掉了帝国未来近10年的财政收入。如此情势，就是父亲和爷爷将儿孙的钱财都花了。元朝的财政早就已经千疮百孔了。

为了解决与弥补巨额的财政亏空，解决好国家经济危机，元顺帝至正十年(1350)，再度出任丞相不久的脱脱决定改革币制，更换钞法。当时吏部尚书偰哲笃向脱脱建议，印制新的"至正交钞"来取代通行已久的"中统宝钞"和"至元宝钞"。具体做法是"以楮币一贯文省权铜钱1 000文，楮币为母，铜钱为子"(吴晗：《读书札记·元代之钞法》，三联书店1956年2月第1版，P290)。"脱脱信之，诏集枢密院、御史台、翰林、集贤院诸臣议之，皆唯唯而已，独祭酒吕思诚言其不可，脱脱不悦"(《元史·脱脱传》卷138)。祭酒吕思诚反对是有道理的,元初发行中统交钞是以丝作母本的,中统元宝交钞是以银作母本,后来至元、至大钞也都是以银作母本。而偰哲笃的提议是以纸币作母本,以新旧纸币交换,因而使得至正交钞成为没有钞本和无法兑取现金的纸币,这就引发经济瘫痪。可"大改革家"脱脱不懂这些,也不管这些,他执意要变换币制,下令铸造至正通宝钱和印制至正交钞,以此来兑换旧钱,这就等于让老百姓用旧钞去换新钞,民间称之"钞买钞"。政府不断发行新纸币,纸币急剧贬值。据说当时在元大都,钞10锭(等于铜钱50 000文)都还买不到1斗米,新币等于一堆没有用的废纸,"物价腾踊,价逾十倍。又值海内大乱,军储供给,赏赐犒劳,每日印造,不可数计。舟车装运,轴轳相接,交料之散满人间者,无处无之。昏软者不复行用。京师料钞十锭,易斗粟不可得。既而所在郡县,皆以物货相贸易,公私所积之钞,遂俱不行,人视之若弊楮,而国用由是遂乏矣"。(《元史·食货五·钞法》卷97)老百姓生活水深火热,大元帝国经济濒临崩溃。因此说,脱脱的"变钞"改制实际上称得上是出于好心办了件坏事。

　　脱脱出于好心办的第二件"坏事"就是对黄河的整治。元顺帝至正四年(1344),黄河白茅堤决口,河水不仅淹没了两岸大片农田,还侵入了附近的会通河与大运河,并"延袤济南、河间"。当时,这一带是大一统帝国漕运的中间地带,元大都的粮食大多来自于南方,通过大运河漕运到大都北京。现在黄河决口了,等于毁了山东段的大运河的漕运系统,换句话来说,黄河决口给大运河漕运来了个拦腰"切断",进而使得京城官员与普通百姓的吃穿都成了大问题。这还不是最为关键的,中国有句古话:"屋漏偏逢连天雨。"大元帝国此时正值经济最为枯竭的时候,而山东及运河沿河地区拥有许许多多能够给大元帝国带来滚滚财源(盐税)的盐场,由于黄河决口从而导致其遭受巨大的损害,这就不仅影响了元帝国的漕运和沿河盐场的征税,而且还危及了元帝国的社会经济秩序和经济命脉,"妨国计甚重"。更有一大头疼问题所必须面对的,那就是黄河决口,灾民增多,大一统帝国的稳定大受影响。这一切,怎让元廷不急呢!"朝廷患之,遣使体量,仍督大臣访求治河方略。"(《元史·河渠志三·黄河》卷66)

　　说是访求治河方略,讲得直白一点就是要大臣们拿个治理黄河决口的方案来。可大元帝国从上到下已经彻底腐败了,这样救灾如救命的事情给拖了整整六年,直到脱脱复出丞相时,事情才算有了眉目。在这过程中,黄河又连年决口泛滥。至正十一年(1351),河南归德知府观音奴上奏朝廷,请求修治黄河,将河水导入故道。脱脱闻听此讯,"即言于帝,请躬任其事,帝嘉纳之"(《元史·河渠志三·黄河》卷66)。就是说元顺帝十分赞赏脱脱为国为民主动请缨的举动,并委任他总负责治河之事。脱脱领旨后,随即派了工部尚书成遵到河南等地走了一圈。成遵回来对脱脱说:治河工程不能搞!理由是:一来要想整治好黄河,工程量实在太大了;二来现在南阳、安丰一带"盗贼成群",一旦开工了,要是"盗贼"与修治黄河的河工挑夫结合在了一起,弄不好这就成为天下大乱的决口。脱脱听后很不高兴,因为"变钞"改制失败了,他正憋了一股子劲想做个大工程,来换回自己的声誉呐。正是出于这样的考虑,他将成遵贬为长芦盐运使,另外去征求水利专家贾鲁的意见。(【元】权衡:《庚申外史》卷上)

贾鲁以前当过山东道奉使宣抚首领官,巡视过被黄河水淹的郡县,曾设计了治河之策。后来他又担任过行都水监,奉旨再次巡视黄河河道,研究当地地形,拟定了两套治河方案。第一套方案是,简单地加固北堤,暂时遏制黄河泛滥,其优点是省工省事又省力,缺点是治标不治本;第二套方案是彻底"大修治",使黄河河水畅通东流,复归故道,其优点是基本上根治黄河水患,但其缺点也不小——费时费工费钱。(《元史·河渠志三·黄河》卷66;《元史·贾鲁传》卷187)

脱脱是个"大手笔"的改革家,当然要采纳"大修治"方案了。于是元廷任命水利专家贾鲁为工部尚书、总治河防使,于至正十一年四月在黄河决口附近区域征发了汴梁、大名十三路的民夫15万,外加从庐州(今安徽合肥)等地征调了2万多名的服役戍卒,共计17万人聚集到了今天河南省兰考县有个叫黄陵冈的地方,开始动工治河——将那里280里长的河道挖深疏通,让河水改回旧道。(《元史·河渠志三·黄河》卷66;【清】毕沅:《续资治通鉴》卷210)。"其费以亿万计,府库为空"(【元】权衡:《庚申外史》卷上)

更有,将17万人聚集在一起,殊不知无形之中却犯下大忌。这就叫做在不恰当的时间里办了件利国利民的大好事。如果说元顺帝时代的大元帝国是个随时都可能爆炸的火药桶的话,那么后面要讲到的白莲教领袖韩山童与刘福通就是这个火药桶的点火者,而那时力主大治黄河的脱脱则是这个爆炸火药桶的导火索安装者。

○ "一日三遍打,不反待如何"

正当元顺帝和宰相脱脱陶醉于将"治黄工程"做大做强的美景之中,可能他们做梦也没有想到,那个治黄工地反起来了。这些该死的愚民,太不理解我们帝国政府的"苦衷"和一片"爱民如子"之心,整治黄河本是件利国利民和功德无量的大好事,你们不好好地干活,反而造起反来,国家大事岂是你们这些愚民匹夫所能关心的?真实愚蠢透顶,无可救药。

在大都皇宫里的皇帝老爷当然是不理解民众为什么不修治黄河反而造起反来了。天高皇帝远,他们哪儿知道:治黄工地上的近20万草民本来就饱受官府的欺压,很不情愿地被官府强制征发来修治黄河,所以史书描述当时的情景是"驱夫如驱囚",即说将近20万民工赶到治黄工地上就如同驱赶囚徒一般。到了工地干的都是极其繁重的体力活,"手足血流肌肉裂"(【元】萨都剌:《雁门集·早发黄河即事》卷2;【元】廼贤:《金台集·新堤谣》卷1),可他们连肚子都吃不饱,因为元朝官场太黑,贪污成风,应该发放到工地上的民工粮饷被一层层地克扣了,好多民工或因饥饿而死,或病死,"死者枕藉于道,哀苦声闻于天"。但督官监军可不管民工的死活,催着、赶着甚至用皮鞭和武器打着民工去"开河",民怨沸腾。(【元】叶子奇:《草木子·克谨篇》卷3上)

当时有首民谣是这么唱:"天高皇帝远,民少相公多,一日三遍打,不反待如何"(【明】黄溥:《闲中今古录摘抄》)。还有一首从京师到江南人人会唱的《醉太平小令》这般描述道:"堂堂大元,奸佞专权,开河变钞祸根源,惹红巾万千。官法滥,刑法重,黎民怨。人吃人,钞买钞,何曾见?贼做官,官做贼,混贤愚,哀哉可怜!"(【元】陶宗仪:《南村辍耕录·醉太平小令》卷23)

就在这一点就能炸的火药桶一般的治黄工地上,有人正在秘密地点起了导火索——那就是白莲教主及其信徒。

● 白莲教、明教和弥勒教三教合一:"明王出世""弥勒降生"

白莲教本于白莲社之说,出自佛教净土宗。其教义是说,西方极乐世界里的白莲社供养着阿弥陀佛(梵名 amita,又称无量清净佛、无量光佛和无量寿佛等),谁要是念了一声阿弥陀佛,便可免除几十亿劫生死重罪;如果平日里还能经常念佛持戒、好好修行、多做善事的话,那么死后就可被"净土三圣"即阿弥陀佛、观音和势至菩萨迎往西方极乐世界净土白莲池去,过上幸福快乐的生活。因而其也被人称为"往生净土"。(杨讷:《元代的白莲教》,《元史论丛》第2辑)

白莲教创于公元5世纪初,到12世纪时糅入了天台宗的格言,不饮酒,不杀生,忌葱乳,等等,渐渐发展成了后来人们所熟悉的白莲教。因其与明教教义十分接近,两者后来就混在一起。(【宋】志磐:《佛祖统纪》卷47;【日本】重松俊章:《初期之白莲教》)

明教又名摩尼教,也名末尼教、牟尼教、二尊教和明尊教等,公元3世纪由古代波斯人摩尼(Mani)糅合了琐罗亚斯德教、基督教和佛教等教义而创立。

摩尼教，看过金庸武侠名著《屠龙倚天记》的朋友可否记得其中的这样几句话："焚我残躯，熊熊圣火。生亦何欢，死亦何苦？为善除恶，惟光明故。喜乐悲愁，皆归尘土。怜我世人，忧患实多！怜我世人，忧患实多！"这里边就浓缩了摩尼教教义的精华，崇尚光明神，其具体形在就是日、月，光明神的使者就是摩尼光佛或称具智法王。

摩尼教教义的核心为"二宗三际论"。"二宗"指的是光明与黑暗，也就是善与恶、理与欲；"三际"为初际、中际和后际，用现代英语的表达即为过去时、现在时和将来时。初际时没有天地，只有明暗，明性知慧，暗性痴愚，明暗两宗处于对立状态；中际是指现在时，暗的力量不断地扩大，大大地压迫着明的力量，纵情肆意，形成大患。就在这个时候，明王出世了，将暗的势力、暗的力量赶走；后际是指将来时，经过斗争后，明暗二宗各复本位，明既归于大明，暗亦复归于积暗。由于摩尼教崇奉的神为明王（也叫做明使、明尊），向往光明，故又被人称为明教。（《摩尼教残经·出家仪》第6）

从摩尼教的教义核心不难看出，这是一个充满反抗性和向往美好未来的宗教，因此它在传播过程中很受社会底层百姓的欢迎。

明教传入中国大致在唐朝武则天时代，当时的明教教规是，不设立偶像崇拜，也不拜鬼神，吃斋念佛，严禁杀生，教徒们穿戴白衣白帽，天黑了才吃饭（【宋】志磐：《佛祖统纪》卷41；《册府元龟》卷99）。因为当时崇信明教的以回鹘人为多，而回鹘人又帮助唐朝打仗有功，故而明教在那时受到了保护。但到了唐武宗"会昌灭佛"时，明教也随同被禁止，由此开始，它就成了秘密宗教。

明教否定现世，主张通过斗争，开创清明新世，其最为响亮和激动人心的口号为"明王出世"；故而宋元之际明教在秘密传播与发展过程中吸引了大批的底层穷苦百姓，他们不断地组织发动起义，但先后都一一遭到了镇压。

明教后来又与弥勒教和白莲教混合在一起。

弥勒教也是出于佛教净土宗，根据佛教的传说，弥勒曾经是个好国王，对老百姓十分慈仁。佛祖释迦牟尼在世说法时，弥勒经常在旁认真听法，是佛祖忠实的好学生。但自佛祖灭度（死）后，世界变坏了，各种各样的坏事都出现了。不过佛祖灭度前曾经说过，大约要过五十六亿七千万年后，弥勒会下降人世而成佛；弥勒降生后，人世间又开始逐渐变好了。由此憧憬弥勒降世和好日子的来临成为弥勒教的最大亮点，历史上只要人们一听到哪个地方有弥勒佛出世，大家就抢着去参加起义。而信仰弥勒教的人也穿着白衣服，戴着白帽子，烧着香；更有意思的是，他们也相信世界上有明暗、好坏两种力量在不断地斗争着，这样的宗教主张与明教或摩尼教的教义几乎混同了。（参见吴晗：《读书札记·明教与大明帝国》，三联书店1956

年第 1 版，P225～270）

无论是弥勒教的"弥勒降生"，还是明教或摩尼教的"明王出世"，都是以现实为黑的和暗的为前提，而要想改变黑的和暗的现实，走向美好的明的未来，就必须要起来斗争，赶走黑暗。因此宋元之际明教或言白莲教一类的宗教起义此起彼伏，绵延不断，而"明王出世"和"弥勒降生"成为当时吸引人们参加起义斗争的最为通俗和最为响亮的号召。

● "石人一只眼，挑动黄河天下反"——白鹿庄密议、颍州起义与北方红巾军

就在大元帝国因"变钞"与"开河"弄得民怨沸腾之际，南方白莲教首领彭莹玉和北方白莲教首领韩山童及其门徒刘福通、杜遵道、罗素文等抓住时机，组织准备发动大规模的反元武装起义。

韩山童，河北栾城人，祖上信奉、传播白莲教。在韩山童爷爷时，因为组织白莲教徒烧香敬神，韩家被官府谪徙广平永年县，由此白莲教就在河北永年一带秘密传播开来。经过几代人的努力，到元末时，教主韩山童"倡言天下大乱，弥勒佛下生"，河北、河南以及江淮一带的平民百姓"皆翕然信之"。（【明】钱谦益：《国初群雄事略·宋小明王》卷 1）

元廷将要开挖黄河故道的消息传出后，韩山童与门徒编了一首童谣："石人一只眼，挑动黄河天下反"，秘密派遣教徒上河南、河北一带去传唱；并在暗中凿了一个只有一只眼睛的石人，背上刻有这样几个字："莫道石人一只眼，此物一出天下反"，然后令人偷偷地埋在黄陵冈附近的黄河故道上。接着又派遣几百个教徒到修治黄河工地上，宣传"弥勒降生""明王出世"，号召人们起来反抗元帝国统治。

再说河工们本来就一肚子的不满与怨气，开挖黄河故道工程开启没多久，果然挖到了一个只有一只眼睛的石人，且背面还刻了字，由此整个工地一下子沸腾起来，随之整个中原大地人心浮动。（【明】钱谦益：《国初群雄事略·宋小明王》卷 1；【元】叶子奇：《草木子·克谨篇》卷 3 上；《元史·顺帝本纪五》卷 42）

这时，韩山童和刘福通、杜遵道等人正聚集在颍州（今安徽阜阳）境内等候消息。听到黄陵冈工地"炸开锅"了，他们迅速在白鹿庄召集教徒 3 000 人，头裹红巾，竖起红旗，斩杀白马、黑牛，誓告天地。韩山童自称是宋徽宗八世孙，现在应该出来当皇帝了；刘福通自称是宋朝大将刘光世的后代子孙，现在应该出来辅佐韩山童恢复宋朝江山，他们甚至还在旗帜上书写这样的对联："虎贲三千，直抵幽燕之

地;龙飞九五,重开大宋之天。"大家推奉韩山童为明王,准备择日正式起义,推翻元朝的黑暗统治。(【明】钱谦益:《国初群雄事略·宋小明王》卷1;【元】陶宗仪:《南村辍耕录·旗联》卷27,P379;【明】何乔远:《名山藏·天因记·韩林儿》卷43)

○ 刘福通颍州起义——1351年

正当大家组织起义之际,不料走漏了消息,当地地方官府立即进行搜捕,韩山童脱身不及,被捕牺牲,他的妻子杨氏带了儿子韩林儿乘乱逃出,躲入武安山中。刘福通率领众教徒苦战突围,于至正十一年(1351)五月初三日攻占颍州,元末农民大起义正式爆发。因为当时刘福通的起义军将士全都头裹红巾,身穿红袄,打着红色旗帜,故被人称为红巾军或红军;又因为起义军绝大多数将士信奉白莲教,烧香拜神,故又被人称为香军。(《明史·韩林儿传》卷122;【元】权衡:《庚申外史》卷上)

元廷听到刘福通攻占颍州的消息后,当即命令枢密院同知赫厮、秃赤领阿速军6 000人马和各路汉军一起南下。阿速是绿眼睛回回人,来源于今天的高加索北部地区,当时人称其为阿速人,他们善于骑射,向来以精悍著称。所以当时元朝统治者以为,只要阿速军动动手,红巾军根本就不是他们的对手。不过为了防止万一,元廷还下令:阿速军南下时,河南行省徐左丞率领省内军队,配合阿速军一起去讨伐红巾军。可元朝统治者根本没想到的是,昔日不可一世的大元军队早已腐败不堪了,三个领兵讨逆的将军一路走着,一路喝着美酒,再弄些漂亮的妹妹一路玩着;将领在开心地忙着,士兵们可也没闲着,一路走,一路打家劫舍,乱哄哄地来到了淮北地区,还没有缓过神来,远远望见颍州城内外一个个如猛虎下山的红巾军战士。主将枢密院同知赫斯顿时吓破了胆,赶紧调转马头,扬鞭高喊:"阿卜!阿卜!"阿卜是少数民族语,意思是赶紧逃。主将一逃,其他的人还怎么肯作战,也跟着一起逃啊。(【元】权衡:《庚申外史》卷上)这时刘福通率领颍州红巾军乘胜追击,相继攻占了亳州、项城(河南沈丘)、朱皋(河南固始北)、罗山、上蔡、真阳(河南正阳)、确山、叶县、舞阳、汝宁(河南汝南)、光州(河南潢川)、息州(河南息县)等地,一下子将起义军发展到了10多万人。(《明史·韩林儿传》卷122)

● 中国历史上成本最小的农民起义——徐州起义

由于元末白莲教在黄淮地区、长江流域的广泛传播,所以当至正十一年(1351)五月,刘福通最先在颍州发动红巾军大起义后不久,黄河流域、大江南北蛰伏着的白莲教组织领袖迅速响应,遥相声援。八月初十日,芝麻李、赵均用和彭大在徐州发动红巾军起义;同年八月彭莹玉、徐寿辉和邹普胜等在蕲州发动红巾军起义,等等。在这一系列红巾军起义当中,要说起义最早的就是刘福通那支红巾军,要说起义最为轻松的、甚至可以说是中国历史上成本最小的就要数徐州起义军。

说到徐州起义,我们不能不说一下其首创者芝麻李。芝麻李是一个人的外号,他原名叫李二,江苏邳州人。有一年发生了饥荒,到处都有人饿死,当时李二家里有一仓的芝麻,看到奄奄一息的饥民,他就将家里的那仓芝麻全部赈济给了快要饿死的灾民,赢得了众人对他的尊敬,大家亲切地叫他"芝麻李"。

芝麻李不仅为人慷慨大方,而且对时势还有着深邃的洞察力。有一天,他跟邻居人称赵社长的赵均用这么说道:"当今朝廷大搞工程,上了工程就要做大做强,可老百姓遭罪了,又没有地方去诉苦。最近我听说颍州一带已经爆发了红巾军起义,元朝军队对付不了,拿他们没辙。依我看,当今的局势,正是我们男子汉大丈夫成就一番事业、谋求荣华富贵的大好时候!"赵均用听后,想了想,便说:"如果我们想做造反起义这样的大事,就你我两人那可不行。依我看,城南的彭大勇敢又有胆略,应该将他找来,或许有什么更好的办法。"芝麻李听了,觉得这个主意不错,于是就让赵均用去找彭大商议。

赵均用来到城南彭大家时,彭大正在家里磨刀。赵均用觉得十分好奇,随口便问:"你磨刀干什么?"彭大说:"天下大荒,州县老爷说要体恤我们,关爱弱势群体。我们天天等着救济,可人都快要饿死了,他们连个鬼影子也见不着。家里实在也没什么东西可吃了,我想磨好刀,到山上去砍些柴火,然后入城去换些米吃,这样也就不被饿死了。哎,天下什么人的话都可以信,你可千万别信官府里人说的话啊!"赵均用听到这里,觉得有戏,随即继续"开导":"彭大,我看你膂力过人,哪个地方不能吃饱饭?"看到彭大吃惊地看自己,赵均用更来精神了,继续说道:"你要是能跟我们一起谋事,岂止衣食无忧,荣华富贵你不想要都不行啊!"彭大听懂了,马上反问:"你说的我们当中有芝麻李吗?"赵均用说:"当然有啊!"彭大听后哈哈大笑,当即说道:"有芝麻李,我就参加一起干!"赵均用马上将彭大引见给了芝麻李。彭大又引荐了其他一些铁哥儿们,一共8个人,他们对天发誓,歃血为盟,共举义旗,并约定八月十日举行起义。(【元】权衡:《庚申外史》卷上;【明】钱谦益:《国初群雄事略·宋小明王》卷1)

到了约定的那一天,芝麻李、赵均用等8人扮作挑河夫,三三两两地向徐州城走去。走到城门口,城门守卫一看,8个人穿得破破烂烂、脏兮兮的,就拼命吆喝他们赶紧滚开。芝麻李、赵均用等装作可怜相,哀求道:"我们是挑河夫,路过这里,借宿一夜也不行?"城门守卫被问得哑口无言,只好让他们一一入城。到了夜里,按约定8人中的4人乘着夜间黑灯瞎火的有利条件溜出了徐州城,另外4人则留在城内。半夜过后的四更天时分,留在徐州城里的那4人首先点起了四堆火,城外的4人见到城内的信号发出了,他们马上在城外也点起了四堆的火作回应。随后城内城外8人大声高喊,"着火了!着火了!"这下可好了,原本一片寂静的徐州城顿时乱作了一团,"什么?着火了,快跑,快……"人们乱了,驻守在徐州的元军也乱了。留在城内准备起义的4人乘着混乱之际夺取了守城元军的武器,乱杀乱砍,并打开了城门。早就等候在城门外的另外的4人迅速冲进城里,他们一起拼杀。因为徐州城里元军一点准备都没有,还没有弄清楚怎么一回事,却早已乱成了一锅粥,8个起义者越杀越勇,到天亮时他们已基本上控制住了徐州城。这可能是中国历史上成本最小的农民起义了。第二天起义者也树起"红巾"大旗,徐州城里城外正在死亡线上挣扎的老百姓纷纷参加徐州红巾军,据说,当时一下子就云集了百来万人。随后徐州起义军搭起了浮桥,"四出掠地,亦奄有徐州近县,及宿州、五河、虹县、丰、沛、灵璧,西并安丰、濠、泗",声势十分浩大。(【元】权衡:《庚申外史》卷上;【明】钱谦益:《国初群雄事略·宋小明王》卷1)

● 另外三支北系红军:北琐红军、南琐红军和濠州红军

徐州位于刘福通首义地颍州的东边,处于黄淮流域的核心地带。芝麻李等发动徐州起义,等于给元帝国这个已经着了火的火药桶上浇上了一大盆油,北方红巾军起义烈火越烧越旺。至正十一年十二月,河南邓州布贩子王权又名王三联合张椿等在邓州、南阳一带发动起义,相继攻占唐州、邓州、南阳、嵩山、汝州等地以及河南府即洛阳,人称其为"北琐红军"。与"北琐红军"名字相对称的叫"南琐红军"。至正十二年(1352)正月,有个叫孟海马的在湖北发动起义,攻占均、房、襄阳、荆门、归、峡等州,人称其为"南琐红军"。(【元】权衡:《庚申外史》卷上)

至正十二年二月,郭子兴、孙德崖、俞某、曹某、潘某5人在安徽定远起兵,随即攻克濠州城。

无论是徐州起义军,还是北琐红军、南琐红军和濠州起义军,他们都有一个共同的特征,那就是崇奉韩山童的那个白莲教派,头裹红巾,烧香拜佛,因此也被人们称为红巾军、红军或香军;他们在一定程度上接受刘福通的节制,故这些起义军通常又被人们称为北方红巾军或言东线红巾军。

● 袁州起义与南方红巾军

　　与北方红巾军遥相呼应,那时活跃于长江流域中下游地区的农民起义军,则是崇奉彭莹玉的白莲教派,史称其为南方红巾军或言南系红巾军或言西线红巾军。

　　南方红巾军之所以能组织起来、发动起义,首先要归功于其精神领袖彭莹玉。彭莹玉,江西袁州(今宜春)人,出生于一个普通的农民家里。据说他出生时还特别异样,那一天深夜二更左右,天上正下着大雪,忽然间天空中闪现出红光,红透半边天,将南泉山山民与附近的慈化寺里的和尚都给惊呆了,大家不知道这是怎么一回事。第二天天亮后,慈化寺有个60多岁的彭姓老和尚因为善于观察天象,就将附近村民召来问问:"昨夜天象不一般,你们村子里有没有哪家失火啊?抑或有其他什么事?"其中有个村民回答道:"村上倒没什么事,昨夜我家媳妇给我生了个儿子。"彭姓和尚听后大喜,问道:"你是否舍得将令郎送入佛寺来,做我的徒弟?"那村民没加思索就答应了。

　　大约到了10岁时,那孩子被送入寺庙,跟着彭姓和尚学佛,改名为彭莹玉。据说彭莹玉从小就聪明,与小伙伴玩耍时,常常能预言未来之祸福,且一一都应验。15岁那年,南泉山下忽现一股清冽的泉水,那时刚好发生了疫病,彭莹玉就以泉水为人治病,好多病人都给治好了,因此袁州当地的百姓都将彭莹玉当做活神仙。但实际上彭莹玉却在暗中信奉起了白莲教,并将"弥勒降生,明王出世"的思想灌输给他的信众。据说在寅年寅月寅日寅时(一说至正四年),彭莹玉与他的徒弟周子旺组织了5 000名门徒在袁州发动了反元武装起义,起义者每人背上都写上一个大大的"佛"字,以为就此就有了佛神的保护,可以刀枪不入了。哪知起义刚发动,就被元朝官兵给镇压了下去。周子旺及其妻子、儿子等都一一遭到了杀戮,彭莹玉在百姓们的掩护下迅速地逃离袁州,潜往淮西,并在那里潜居下来。当地官府耳闻之,派人前去搜捕,但淮西人争相出来掩护他,终使官府一无所获。彭莹玉就利用这种有利的条件,不断地在淮西和鄂东、湘、赣等地的底层百姓中传播白莲教,积蓄力量,准备再发动起义。(【元】权衡:《庚申外史》卷上)

　　至正十一年(1351)五月,刘福通在颍州率先发动起义的消息传开后,一直潜伏在淮西等地区进行传教的彭莹玉于当年夏天也组织教徒发动武装起义,并将其势力很快地扩展到了巢湖附近的无为等地(【明】陶安:《陶学士文集·繁昌县监邑铁仲宾功绩纪》卷17)。八月也就是那年徐州起义的同一个月,彭莹玉徒弟、铁匠麻城人邹普胜、布贩子罗田人徐寿辉(又名徐贞一、徐真逸、徐真一)在蕲州(湖北蕲春)发动起义,相继攻占蕲州城、蕲水县(湖北浠水)和黄州(湖北黄冈)等地,并在蕲水建立政权,取佛教中西方净土莲台之意,设立莲台省,定国号为宋(【明】宋濂:《宋文宪公全集》卷5;《明玉珍玄宫之碑》,载《重庆日报》1982年5月30日第3版,参见陈梧桐:《洪武皇帝》,河南人民出版社1993年6月第1版,P38),后改名为天完,年号治平,徐寿辉称皇帝,邹普胜为太师。(【元】叶子奇:《草木子·克谨篇》卷3上;【明】钱谦益:《国初群雄事略·天完徐寿辉》卷3)

当时南方红巾军祖师爷彭莹玉正在江淮进行反元斗争,闻听蕲水农民政权建立,他也来到蕲水。由此南方红巾军开始兵分两路,一路由太师邹普胜率领,进攻武昌、江陵等地;另一路则由彭莹玉、项奴儿带领,从长江中游出发,顺江东向,一路势如破竹,相继攻取了湖北、江西、安徽、福建和浙江等地,大约在至正十二年(1352)夏秋之际,占领江南重地杭州。他们"不杀不淫,招民投附者,署姓名于簿籍",而对于官"府库金帛,悉辇以去",沉重地扫荡了元朝在江南地区统治的反动势力。(【元】陶宗仪:《南村辍耕录·刑赏失宜》卷28)

正因为南方红巾军有着相当好的纪律,所以当时成千上万挣扎在死亡线上的贫苦百姓争相积极参军,"众辄数万,皆短衣草屦,齿木为杷,削竹为枪,截绯帛为巾襦,弥野皆赤"。这就是说当时数万个穿了短衣粗布的平头百姓,用牙齿将木头咬一咬就当做作战用的杷子,将竹子削一削就制作成枪戟,扯一块红布往头上一裹就成了红巾军战士,因而漫山遍野到处都是红巾军(《元史·忠义三·魏中立传》卷195)。由于这一支队伍最早是由彭莹玉在南方地区培育、发展起来的,他们也崇奉白莲教,烧香拜佛,相信"弥勒佛下生,当为世主"(《明太祖实录》卷8;【明】钱谦益:《国初群雄事略·天完徐寿辉》卷3),因而也被人们称为红巾军、红军或香军。但他们又不受北方刘福通红巾军节制,为了区别起见,人们往往称他们为南方红巾军。

● 浙江温台地区的方国珍起义

除了红巾军系统外,当时还有一些没有任何宗教外衣为掩护的元末起义军,其中以浙江温台地区的方国珍起义最为出名。

在元末大起义中要说后来稍成气候的最早起义者就数方国珍了。方国珍,浙江黄岩人,身材高大,体白脸黑,力大无比,疾走如飞,能追赶飞奔的野马。方家世代以海上贩盐为主业,但在父亲当家时方家似乎不如以前了,靠租佃别人的田地为补充生计。(《明史·方国珍传》卷123;【明】黄溥:《闲中今古录摘抄》)

由于元朝统治者不仅实行极端的种族歧视与种族压迫,而且还推行了反动的等级压迫政策。譬如规定佃户对田主有着十分强烈的人身依附关系,田主可以私设刑堂,任意凌辱捶打佃户。要是一不小心把人给打死了,怎么办? 也没什么要紧的,元朝法律规定:田主打死佃户,只处以杖刑一百七,赔付烧埋银即丧葬费五十两银子即可,不需要偿命(《元史·刑法志》卷105)。正因为有着这样的法律规定,江南一些地方出现了佃户生儿给田主当役使、生女充作奴婢或妻妾的不堪境况,甚至还有的佃户被田主当做财物一般,要么用以典当、要么用以买卖,与当时元朝通行的奴隶——"驱口"一般(《元典章·禁主户典卖佃户老小》卷57)。更不用说平时的日常相互之间的礼数讲究了,佃户就得谦卑得不能再谦卑了,而浙江温台地区在这方面的讲究就是一个很好的例证。

有一次小方国珍与他的父亲一起在大路上走着,忽然间迎面来了他们的田主。方父赶紧退避大路,连作揖也不敢,而是低着头,偷偷地看着田主走过了,他才回到大路上继续前行。这事在方国珍心里留下了很深的烙印,长大后他问父亲:"田主是人,我们也是人,你何必要那么低三下四?"方父说:"我养活你们兄弟几个靠的是什么? 不就是从田主那里租来的田地么,所以说我们佃农不能不对他恭恭敬敬!"方国珍听后很不高兴,但他没说出口。方父死后,方国珍兄弟四人齐心合力共同创业,原本贫寒的方家渐渐地摘掉了贫苦户的帽子。但方国珍兄弟却始终记得田主当年那副不可一世的样子,一直想着法子要出出那口恶气。

他们先在家里做了一些美酒,用来专门"招待"前来索债的田主。有一天,田主带了一个仆人来到方家,方氏兄弟笑脸相迎,美酒相待。先是集中目标,将仆人灌倒,然后再将他扔到酒缸里。接着,他们对田主也如法炮制。主仆两人就此在酒缸里躺着,再也没有起来。过了几天,田主家人发现不对劲,怎么老不见讨债的回家,于是就赶往方家来问问。方家人说:"早就走了,好像说到别的什么地方去讨债了。"可方家的邻居却说:"他们见到主仆二人进去,可没见着他俩出来。"田主家人回家又等了几天,还是杳无音信,最后没办法只好报官。官府派出人马前来方家缉拿嫌疑犯,方氏兄弟三下五除二地将官差给杀了。官府老爷见官差有去无回,不知发生了什么,只好自己前来看看,没想到一到方家,也被杀了。方氏兄弟见到事情"做大做强"了,势态也变得越来越严峻,干脆来个两脚开溜,亡命海上。(【明】黄溥:《闲中今古录摘抄》)

元顺帝至正八年(1348),有个叫蔡乱头的海盗横行于浙江、福建一带海域,当时官府发兵前去清剿。这时方国珍家过去的冤家出来告官,说:"方家私通海盗蔡乱头!"私通海盗按照当时的法律来讲,是一项十分严重的犯罪。方国珍闻讯后怒火中烧,当即找到冤家并将其杀了个精光;而后又与哥哥方国璋、弟弟方国瑛、方国珉一起聚集了数千号人,正式公开打出反元旗号,发动武装起义,"劫运艘,梗海道",数败前来征讨官军,立足于温州、台州、明州(即今天的宁波)一带,成为东南地区的一大海上枭雄。(《明史·方国珍传》卷123)

● "黄军"与徐州之役

各地农民起义风起云涌,元朝各地官员的紧急奏报如雪片般地飞进了中书省。宰相脱脱看到来自各地的"警报",也急了,但他不敢说啊。为什么?因为就是他力主上马"治黄大工程"汇集了十几万人而最先惹的祸,他怎么能说得出口?所以当糊涂皇帝元顺帝听到什么红巾军造反的传言时,他就问宰相脱脱有没有这个事?脱脱说:"自从陛下君临天下以来,国泰民安,陛下放心,不用劳这个神,您就留心您的圣学好了。"但还是不断有红巾军起义的传闻传到元廷里来,于是元顺帝再去问脱脱:"我大元天下是不是到处有人在造反?"脱脱还想隐瞒,但这次被他的政敌戳穿。大元天子终于发火了,责问脱脱:"你曾经对我说天下太平无事,现在天下一半地盘被起义的红巾军给占了。作为宰相,你对这样的局面有何高招?"脱脱听到这里,顿时汗流浃背。没过多久,他向元顺帝主动请缨,要统帅元军南下,围剿红巾军。(【元】权衡:《庚申外史》卷上)

因为在起义的这些红巾军中,当时徐州起义军处于最北的一支,所以脱脱南下的第一战就是徐州了。据有关资料上讲,当时脱脱统帅的元军有几十万,有的书上说百万人。但即使这样规模的队伍能不能打胜仗呢?主帅脱脱心里没底。说来也巧,刚好有个叫逯善之的淮东元帅向脱脱献计说:"前番我大元官军吃了败仗,主要原因是我们的将士从北方来到江淮一带,水土不服,丞相应该到沿海一带的盐场去招募盐丁,将他们组织起来,作为进攻的主力,或许就能打胜仗。"可淮东有个大款叫王宣的不同意这种观点,他说:"盐丁本来就是一介野夫,丞相你不如到城乡各处去招募那些身强力壮者,将他们武装起来,肯定能打胜仗!"脱脱听后觉得两人讲得都有道理,于是下令各招募 30 000 人,为了在战场上能与红巾军相区别,脱脱规定:招募来的人头戴黄帽子,身穿黄衣服——人称"黄军",随即对他们进行适当的训练。经过一段时间,觉得时机差不多了,脱脱下令由"黄军"领头,对已被百万元军包围了的徐州城发起了猛烈的攻击。当时战斗双方在徐州打得异常惨烈,但因为元朝军队实在太多了,15 天后,徐州城失陷,芝麻李、彭大、赵均用等各自逃出。(【元】权衡:《庚申外史》卷上)

元军入城后进行了屠城,好多无辜的百姓惨遭杀害,弄得整个徐州城一片萧瑟,以至于以后花了几十年的时间都还没恢复过来。明英宗正统年间有个文人经过徐州时，发现那里还是一片萧条，乱坟遍地，野草丛生。

徐州之战取胜后，元廷顿时来劲了，马上调阿吉剌太尉率领兵马进逼徐州西边的汝宁。汝宁红巾军力战不敌，被迫撤出汝宁城。这时元廷派出的由巩卜班平章率领的数万元军也迅速跟进，驻屯汝宁的沙河岸边。此时的元军经历了徐州之战、汝宁之战的两次胜利，正处于志得意满的兴奋期，"日夜沉溺酒色，醉卧不醒"，哪知道距离不远的红巾军首领刘福通早就侦查到了这一切，乘其不备，夜间突然发起了袭击。元军顿时大败，死伤无数，就连主将巩卜班也丢命于战乱中。由此元军撤退数百里，屯扎于项县。

元廷闻讯后，命宰相脱脱弟弟、御史大夫也先帖木儿为代理总兵，率领30多万精兵，"银物帛，车数千辆，河南北供亿万计"，以绝对优势的兵力与装备南下征讨，进驻到汝宁沙河，梦想夺回被刘福通占领的城池。但也先帖木儿是个毫无军事本领和政治才干的家伙，全凭自己"红彤彤"的家族和他那个做宰相的哥哥脱脱一手扶着才当上军政大官的，现在突然间皇上要他领兵来前线，与不要命的底层草根作战，他的心里七上八下。他好不容易来到沙河前线，军队驻扎了快两个月，但他就是不敢下令与红巾军开战。

有一天夜里，军中有人大喊了一声，也先帖木儿误以为红巾军来偷营了，立即慌乱了起来，带领亲兵10 000来号人仓皇逃窜，军资器械和粮运车辆以及那30万兵士全给扔下。一路狂奔，一直奔到还在元朝人手中的汴梁城下，也先帖木儿这才稍稍歇了口气。这时，守卫汴梁的文济王已经听到了也先帖木儿的消息，他来到城头，对着犹如丧家之犬的也先帖木儿说："你身为朝廷大将，却见敌不杀，反而丢盔弃甲，自我溃退，这到底是哪门子的事？本王将上奏朝廷，弹劾你。至于汴梁城，也不是你们这些溃败之师想进就能进的！"（【元】权衡：《庚申外史》卷上）

也先帖木儿吃了闭门羹，只好带了他的逃军来到了离汴梁40里路的朱仙镇，在那里暂时驻扎了下来。元廷接到也先帖木儿不战自溃的消息后，改派蛮子平章南下，接替总兵官之职，让也先帖木儿回朝。回到大都北京的第二天，也先帖木儿好像什么事也没发生似地继续到御史台去当他的御史大夫。（【元】权衡：《庚申外史》卷上）

一个重量级的中央正部级领导干部丧师失地、糟蹋国家巨额财富后居然如没事似地继续当他的高官或挪个地方、换个坑，美哉美哉地依然享他的清福，这个国家或政府离灭亡也就一步之遥了。

◉ 起义烈火燃遍大江南北与朱元璋绝处求生

而与此形成极为鲜明对比的是反元武装起义烈火却燃遍了中原大地和大江南北,择其主要列表如下:

元末全国各地主要农民大起义简表

起义领袖	起义地	政权名称	起义时间	义军归属	最终结果
刘福通、韩林儿	颍州	宋(龙凤)	1351年	北系红巾军	被元、朱元璋兼并
彭莹玉、徐寿辉	蕲水	天完、大汉	1351年	南系红巾军	被陈友谅所灭
明玉珍	重庆	大夏	1362年	南系红巾军	被朱元璋兼并
郭子兴、孙德崖	濠州	后来被称西吴	1352年	北系红巾军	为朱元璋发展
芝麻李、赵均用	徐州		1351年	北系红巾军	合并到濠州义军
张士诚	泰州	大周、东吴	1353年	非红巾军	被朱元璋所灭
陈友定	汀州		1362	非红巾军	被朱元璋兼并
方国珍	台州		1348年	非红巾军	被朱元璋兼并

细心的朋友可能会发现,元末农民大起义与历代的农民大起义有所不同。这次农民大起义整体上以底层民众为主体,它不像秦末、汉末、隋末、唐末等农民大起义那样都有旧贵族或军事贵族来"参入"领导;而元末无论是红巾军系统还是非红巾军系统,起义的领导和主要骨干基本上都是以底层民众为主。如非红巾军系统的方国珍可以说是元朝后期举起了反元大旗的第一人,他是盐贩出身,张士诚是穷困的盐工出身;而红巾军系统则更不必多说了,彭莹玉是和尚出身、徐寿辉是布贩子出身、陈友谅是渔民出身……还有朱元璋是叫花子出身。

说到朱元璋,我们来看看,正当这场以红巾军为主干的元末农民大起义的烈火席卷中华大地之时,朱元璋在哪里?他对红巾军大起义作出怎样的反应呢?

○ 精神王国里的国王,心理大战的常胜将军

就在中原地区和江淮流域秘密组织的白莲教徒纷纷发动武装起义的时候,在外漂泊多年的朱元璋已经回到了家乡的皇觉寺。与8年前刚入寺院时相比,此时25岁的朱元璋尽管从表面来看依然一无所有,但多年的叫花子生涯和无数的磨难与挫折却赋予了他更多的精神财富。

要饭是个什么样的活?我们绝大多数人都没有经历过,但谁都见过叫花子。他们要么边走边要,要么弄个破碗放在地上,见了路人不断地说好话,磕头,"行行

好,可怜可怜我吧,我已经好几天没吃饭了"。这叫能说会道。除此之外,还有一个关键的本事,那就是要善于察言观色,这个人心善,我向他(她)多缠几下,说不定能多讨点;那个人心底不怎样,我知趣点,他(她)能给就给,不给我可千万不能纠缠,否则弄不好什么事都会发生。所以说叫花子最大的特长是"会说"又"会看",洞察别人的心理,琢磨别人的心思。这种人很少有真实的心理表露。

南京前两年有个记者通过暗访,发现在新街口天桥底下有一群乞丐,每到夜市收摊时,他们就在天桥底下"盘点"一天的收获,口中念叨:"这是孙子给的,这是女儿给的,这是外孙给的……"施舍的人一旦听到了这些话,我想肯定会气晕过去。如果将之与他们在白天乞讨相联系起来,我们真的会很迷茫:这些人内心到底想的是什么?我们不得而知。但有一点可以肯定,他们是精神王国里的国王,心理大战的常胜将军。所以我们不难理解,为什么一些老乞丐被民政部门收容,可他们不愿意;被公安部门遣送回原籍,他们又会马上溜了出来。毋庸置疑,多年的乞讨给予叫花子们不仅仅是本能生存所需的基本技巧,而且更多的是社会的阅历经验和人性的洞悉本领。这个我们从朱元璋后来的人生事业与大明帝国建立前后的一系列政策举措中可以窥见一斑。

○ 想做良民、顺民都不让做!

我们再回过头来看看重回皇觉寺的朱元璋,史料没有留下那些年他到底干了什么事,有人说他是在读经念佛。但从事实来看,朱元璋似乎没有多少佛学修养。而在他的"回忆录"——如《高皇帝御制文集·纪梦》和《御制皇陵碑记》中对这段经历也是一笔带过。因此说,此时的朱元璋可能内心很迷茫,乞讨、流浪了那么多年,走过那么多的地方,原来天下乌鸦一般黑,东山老虎要吃人,西山的老虎也要吃人,彼此彼此。就这么个天下,你朱元璋不就是一棵任何人都可践踏的野草、甚至可是说是草根,算了,还是在家乡这个破庙里头混口饭吃,这就不错了。但元朝实在是气数已尽了,就像朱元璋这种处于社会极度底层、濒临生死一线之间的人,连这点微乎其微的愿望和美梦都不能存久。

此时,距离朱元璋"修炼"较近的濠州城发生了郭子兴起义。"起义"是现代汉语中的褒义词,但在历代统治者看来,那可是"十恶"大罪之首啊!一旦起义爆发,帝国王朝定会雷厉风行和不遗余力地予以镇压,定会搞得起义地及其周围鸡犬不宁。可长期以来令人不解的是,离濠州城很近的皇觉寺里的朱元璋却没有对起义有着很强烈的反应,而是平平静静地继续当他的和尚。但大元帝国却偏偏不让他安宁,为了扑灭农民起义烈火,官方调兵遣将,围攻红巾军,捕杀与红巾军"私通"的老百姓。

这时又一个中国式的"伟大神话"产生了作用——自古以来中国官场上就很重视数字游戏,数字越大说明下级越有功,千万别忘了向上级多报些。由于元朝军政腐败,军队不堪一击,围攻、捕杀红巾军无功,只好弄几个老实巴交的老百姓充充数。可精明的军队官员这时又发现了一大秘密,拿来充数的老百姓抓得越多,上级领导就越开心。可黄河决堤、瘟疫肆虐、灾荒频仍,哪来那么多的老百姓可抓!不要急,和尚也可以充数。朱元璋早已耳闻了有些和尚莫名其妙地被抓去,当作造反的红巾军给杀掉了。从内心角度而言,这年头提心吊胆的,过得真不是滋味,但又能去哪里呐?兵荒马乱的,哪儿都差不多,怎么办?朱元璋这边的事还没想出个子丑寅卯来,那边又出事了,什么事呢?那时郭子兴的起义军队伍军纪很不好,时不时地出来烧杀抢掠一番。有一次,朱元璋外出回来,发现本来已经破旧不堪的皇觉寺一转眼间被大火烧了一大半,到处都是断垣残壁。他打听了一下,才知是郭子兴队伍来过,顿时就浑身直冒冷汗。(【明】朱元璋:《高皇帝御制文集·纪梦》卷 14;【明】潘柽章:《国史考异》卷 1)

○ 6 次摇卦下定决心投奔起义军

巧不巧偏偏这个时候,朱元璋又接到了一封来自红巾军队伍里的信,信是他小时候的玩伴汤和写来的。汤和在信中告诉他,自己已经投靠了濠州郭子兴起义军,不仅不要为温饱问题发愁了,而且还在军中当了个军官——千户长,这是个管理着一千来号人的军中中层干部。汤和在信中还劝朱元璋也去投军,共图富贵。(《明史·汤和传》卷 126)

可朱元璋看了信后,似乎反应不是太强烈和太积极,他不露声色地将汤和的信烧了。这也很正常,与造反者有书信联系,一旦被官府知道,就要被治以"叛逆"同谋之大罪,不仅自己要被杀头,而且还可能要被满门抄斩,想起来就让人不寒而栗。为防患于未然,朱元璋只得赶紧将书信给烧了。但人生中常有这样的事发生:你偏不想要见的人有时偏偏给碰上了;你最不希望发生的事,它却又偏偏发生了。朱元璋烧掉汤和的来信,就是不想让人知道有这件事。但就在当天晚上,他的师兄告诉他:"有人已经知道这件事,听说这个人还想去告官。"这下可把朱元璋吓坏了,这怎么办?怎么办?怎么办?他一连问了自己无数个"怎么办?""太祖为讹言所逼,惧祸将及,出为元兵,恐红军至,欲入红军,畏元兵至,两难莫敢前"(【明】佚名:《天潢玉牒》)。因为实在拿不出主意来,他就去找自己的朋友——后来明朝的开国大将周德兴商量。周德兴也没有什么好主意,但他有个提议,叫朱元璋去占一卜,算一

卦,问问神看怎么办?不管你承认不承认,我们不得不说,占卜算卦在中国民间社会里长期流行着,它是主流文化之外的不可或缺的"亚文化",如果站在价值中立的理性角度来看,它有时还真能帮助人们去解决一些大事,甚至鼓舞人们的精神,成就一番伟业。朱元璋占卜问事就是这么一个典型例子。

  朱元璋怎样占卜的,过于详细的情况我们不得而知,但他后来留下了一篇《纪梦》的文章,较为详实地描述了他占卜的经过。众所周知,占卜必备的工具——"卦具",这种东西全国各地不一样,多数地方用的是铜钱,但有的地方用的是牛角,也有的地方用的是劈开的竹管片,朱元璋老家凤阳一带用牛角做的"珓杯"来占卜。占卜时往往占卜者双手对应合拢,将"卦具"放在合拢的双手里,一边摇晃几下,一边口中默默地念着所要问的事,然后将"卦具"扔在地上,一共三次。用来占卜的"卦具"就两个一对,摇卦时出现的组合只有三种情况:要么两个都是阳爻,要么两个都是阴爻,要么就是一个阳爻一个阴爻。然后根据《易经》来看卦阵,判断出未来事的吉凶。朱元璋似乎是对中国传统的《易经》之类并不熟悉,他是这么占卜的:首先发愿,要是能活着逃离此地的话,就显示出两个都是阳爻;要是留下来好的话,就显示出一个阳爻一个阴爻。他连投两次,卦象是皆为阴爻,这就等于说,逃跑不好,留下来也不好。于是他想到:会不会神叫我自己起事?要是这样的话,神您就明示给我两个都是阴爻。于是他第三次投珓杯,卦象显示两个都是阴爻。这下可把他吓得不轻,起事造反是要杀头和满门抄斩的,他不敢!他所希望得到的是两个皆为阳爻,即让自己太太平平地逃离出去。于是就有了第四次投下珓杯,结果卦象还是显示两个都是阴爻。这下朱元璋彻彻底底吓蒙了,这可怎么办?再试试,也许前面都搞错了,这次要好了。于是他第5次投下珓杯,结果这次不成为卦象,一个珓站立,一个珓跑出了"范围"。这时的朱元璋在想,看来神真的叫我起事造反咯?要是真叫我起事,神就显示给我两个阴爻。他默默地问着念着,手中第6次投下了珓杯,结果显示果真是两个阴爻。这下他终于下定决心——投奔起义军。(《明太祖实录》卷1;【明】朱元璋:《高皇帝御制文集·纪梦》卷14;【明】高岱:《鸿猷录·龙飞淮甸》卷1;【明】陆钗:《贤识录》)

中章
龙飞淮甸　发威应天

自25岁那年投奔郭子兴起义军起，朱元璋真可谓时来运转，兴旺发达。有人说朱元璋是个天才、圣人，又有人说朱元璋这个"穷二代"因为娶了个"官二代"，挣得了一个平台，由此隐龙开始腾飞，到28岁那年时，已当上了起义军的副统帅。来到应天南京后，他又东抢南夺，让曾经挫败元朝百万大军的一方豪杰张士诚吓得都不敢出来。那么究竟是什么使得朱元璋从一个贫困潦倒的穷和尚迅速成为一位叱咤风云的一代枭雄？

龙起淮甸投身军门　"倒插门"修成"掌舵人"

至正十二年（1352）闰三月初一日，穿了一身破烂袈裟的朱元璋来到了濠州城门口，正准备入城去投奔郭子兴，不料被人拦住了。城门口卫兵盘问着："干什么？"朱元璋说："投军的！"卫兵说："投军？和尚也来投军，莫非是元朝人的奸细吧？"朱元璋一下子就火了："和尚怎么不能投军？和尚怎么就成了元朝人的奸细？"说着说着，双方扭打了起来。卫兵人多，一伙儿把朱元璋给绑了，其中有个卫兵反应快，跑到元帅郭子兴那儿去报告了。

● 走投无路才当兵，结果捞了个"准官二代"，南略定远挖得第一桶金

郭子兴，祖上是山东曹州人，父亲郭公是个走街串巷的算命先生。民间有句对算命人的经济评价话，叫做"穷算命的"。因此说郭家至少在郭子兴的父亲郭公尚未成家时还是贫寒的。但郭子兴父亲算命的"命中率"很高，从山东一路算命算到

了安徽定远,"言祸福辄中","神算"之名远播。当时定远有个富豪,家里什么都不缺,美中不足就是家中千金小姐缺少一双明亮的眼睛,俗称就叫"瞎子"。因为是瞎子,这姑娘一直嫁不出去。穷算命的郭子兴父亲可不在乎她瞎不瞎,打算要将她娶回家。这下可把瞎女的父母给乐坏了,赶紧备了份厚实的嫁妆,将女儿嫁了过去。由此,老郭家长脸了,郭公迅速进入了当地的富人圈。再说那瞎女也真争气,自嫁到郭家后整个肚子都没空过,一口气生了三个儿子。

郭子兴在家里排行老二,刚出生时,算命父亲为他算了一卦,卦中说郭子兴命里大吉大利。由于家里有的是钱财,郭子兴个性又侠义,好交朋友,所以老郭家常年是宾客盈门。元末天下大乱,郭子兴率先加入了白莲教,散尽家中资财,杀牛宰羊,举办酒宴,更广泛地结交当时天下英雄壮士(【明】张来仪:《滁阳王庙碑》;【明】高岱:《鸿猷录》卷3)。元顺帝至正十二年(1352)春(实际为农历三月,有书上说二月),他召集了当地青年数千人,带领他们攻打濠州城,并迅速地取得了胜利。(《明史·郭子兴传》卷122;《明太祖实录》卷1;【明】钱谦益:《国初群雄事略·滁阳王》卷2)

占领濠州城后,形势十分严峻,郭子兴要做的事情太多了。元军虽被打退,但他们还在濠州城周围随时准备着反扑。与郭子兴一起组织领导起义的其他4个农民头领却乐此不疲地闹起了内讧。为此,郭子兴很为恼心,正考虑着如何渡过眼前的这个难关。忽然有人来报:"抓到了一个和尚间谍,怎么处置?"郭子兴一听好不生奇:"什么?和尚间谍?"底下报告的人回答说:"是的,一身和尚打扮,我们问他来干什么,他说是来投军当兵的。元帅,你说都什么时候了,元军将我们里三层外三层地围着,人们逃命都来不及,天底下怎么有这样傻子来投军?我们怀疑他是元军的间谍,且这人长得怪怪的,我们还从未见过那么奇异长相的人……"郭子兴听手下的人越说越感到好奇了,最终发话:"将他带来让我看看。"于是前来投军的朱元璋第一次见到了郭子兴。(《明史·郭子兴传》卷122;《明太祖实录》卷1)

○ "穷二代"走投无路去当兵,捡了个便宜"官二代",挣得了一平台

郭子兴一看见朱元璋,就被他奇特的长相所惊呆了:天底下竟有长得这样奇特的人?《明史》描述说:"子兴奇太祖状貌。"随即郭子兴问道:"你是干什么的?叫什么名字?"朱元璋一一作答。其实,郭子兴感兴趣的不是来者姓名,什么狗啊,猫啊,爱怎么叫就怎么叫,说它没劲,而是他那张有着奇特长相的脸。问着说着,郭大王走了过来,为朱元璋解掉了身上被捆绑的绳子,并开始与他详细交谈。要说饿不死的叫花子别的不能说过头话,但察言观色的水平肯定是专业八级以上,普通四、六

级在那个严重灾荒、到处都是兵荒马乱的年代早就给饿死了。再说他要是生活在现代社会,那就很有可能轻轻松松地拿到国家汉语语言资格等级考试最优等第的证书,否则的话就不会在与郭子兴一见面没说上几句话,原本还被当做元军奸细的他,一转眼的工夫就被收为郭大王的帐下亲兵——警卫话兵,不久以后又被提升为警卫兵小头头九夫长,跟随郭大王打了几次胜仗,直把郭大王给乐得嘴像敲开的木鱼似的。

自此以后,郭子兴经常在"小三"小张夫人面前夸赞朱元璋。而小张夫人也挺喜欢这个老在跟前走动且嘴上像涂了蜜似的小伙子,曾当面指着朱元璋,惊叹道:"此异人也。"——这是个非常之人啊!郭家夫妇愈发喜欢朱元璋(【清】夏燮:《明通鉴·前编》卷1),两人一核计,决定将待字闺中的义女马氏许配给他;考虑到对方穷得一无所有,索性就来个招婿上门,并迅速地为小两口办好了婚事。(《明史·郭子兴传》卷122;《明太祖实录》卷1)

朱元璋可能做梦也没想到的是,因自己书信之"祸"而得来了两个福:第一个福是"艳福"。没多长时间前还是一个处处遭白眼、吃了上顿不知何时才能吃上下顿的叫花子和尚,如今不仅衣食无忧,竟然还有这样的好事,有人送给我一个女人,且她还是大王的义女,人称"马小姐"。当然过去的小姐可是有地位有身份有素质的大家闺秀,绝不是现在出了几百元就可睡一次的女"性工作者"。朱元璋交上这样的"桃花运"当然心里美啊,乐啊!第二个福是"官"福。不久以前几乎成了地狱门前的饿死鬼,可一刹那间已是郭大王警卫兵里的小头头,郭大王大小事情都来找他商量。由此,朱元璋的个人命运发生了重大的转折,女婿加亲兵头头,运气如日中天。

○ 贫民皇帝的一世情。朱元璋吃过"软饭"?

自娶了"官二代"马小姐后,"穷二代"朱元璋无形之中在军队里的地位提高了许多。郭子兴开始时很器重这个女婿,将他留在了自己的身边。但俗话说得好:"伴君如伴虎。"山大王出身的郭子兴脾气暴躁,常常会说发火就发火,全然没有温文尔雅的读书人那样讲修养、爱面子。朱元璋点子多,从小就是机灵鬼,时不时地向郭子兴进献良策,跟他商讨大局。为了讨好这个老岳父,朱元璋可谓是下了不少苦功夫啊。

遇到郭子兴心情好的时候一切都还好说,他会和颜悦色地听听女婿谋划的良策,可是这个倔强的山大王一旦被点燃了他那火山一样的臭脾气可就顾不上那么多了,朱元璋假若触上了霉头,可就惨了。因为是山大王出身,在规矩上可没那么多讲究，又加上朱元璋做小辈的，一旦翁婿之间发生了冲撞，郭子兴就会下令将义女婿关禁闭。这禁闭一关可就是接连几天不给吃不给喝的，不得半点含糊。

这下可急坏了马小姐。马小姐是郭子兴的铁哥儿们马三的女儿，马三本是安徽宿州的一个普通老百姓，个性质实淳朴，沉默寡言，不苟言笑，讲信义，重交情，疾恶如仇，路见不平，拔刀相助，与梁山好汉很相似。但他自身有两个致命的缺点：第一，容不得别人与他意见相左，否则他会愤然出拳打人；第二，脾气火爆，一言不合就要干上。这些个性集于他一人，就叫人爱他不容易，恨他也不容易，为此他付出了代价。正因为马三有如此的个性，在老家宿州时他与人相争，失手杀了人，只好离开家乡，带着妻儿远走定远，由此认识了郭子兴。元末到处都在闹红巾军，郭子兴正准备在濠州起事，热心的马三打算回家乡宿州，做些准备来响应起义，临走前就将女儿马氏托付给了郭子兴。郭子兴十分喜欢马三女儿马氏，将她收为义女，故而人们尊称其为马小姐。(《明太祖实录》卷1)

马小姐可能遗传了她父亲质实淳朴的基因，为人本分、厚道，又通事理，对义父母很孝顺。所以当义父母为她定了这门亲后，她就精心地尽到自己的本分。过去男女结合通常都是由父母做主定亲或指腹为婚，且一旦结成了夫妻就得终身相守，不可能像现代人这样说离婚就离婚的。所以通常夫妻二人都要齐心协力，方能过上好日子。马小姐实在是个聪明人，虽然在丈夫被养父关禁闭这件事情上她的处境的确很尴尬，一边是自己要一生要陪伴的丈夫在被惩罚受苦，另一边是养育自己的、对自己有着大恩大德的养父在大发雷霆。这可怎么办？马小姐想了个法子，从厨房给丈夫带了些炊饼送到禁闭室去。可即便炊饼这种方便易拿的干粮，也不能光明正大地拿在手上给朱元璋送去啊，万一被气头上的养父郭子兴看到可就不好办了，她可太了解养父的脾气了。那又是如何带过去的呢？马小姐拿了刚出炉的炊饼放在自己的胸口掩藏好，一路悄悄地给丈夫送去。就是这些炊饼给饥肠辘辘的朱元璋带来了禁闭室里的一丝丝的光明，而马小姐自己的胸口却因此被烫坏了，传说被烫成了一个月牙状的疤。(【明】徐祯卿：《翦胜野闻》)

◎ 让人不寒而栗的夫妻之爱——"眼泪到了七家湾"

如此几次救了朱元璋，事情虽小，但足以见得马小姐对朱元璋的一片真心。由此，朱元璋也一生感激她。

开创大明帝国定都南京以后，朱元璋虽然贵为天子，"溥天之下，莫非王有"，但他在这方面却表现出帝王少有的"感情专一"，似乎只爱马皇后一人，甚至还用极端的方法来表达出他的这种"爱"。

据说,有一日马皇后在明故宫梳妆台前梳头,一个和尚路过她的窗台外,不明就里地大抵是对马皇后说了几句猥亵的话。朱元璋知道以后异常恼火,并且也因为这个和尚对他深爱的妻子猥亵几句而略带几分醋意,竟然怒不可遏,下令将当时南京皇城里所有的和尚都杀了。这还不算了结,随即要求把皇城里的寺庙全部迁移到皇城外,迁得越远越好,这就造成了如等格局:当时南京皇城方圆几十里都见不到和尚与寺庙了。

如果说上述在南京城里流传了几百年的有关朱元璋对马皇后的"爱"之极端表达还事出有因的话,那么下面的这段有案可稽的史实却使人丈二和尚摸不着头脑了,甚至会流干眼泪。

传说貌不惊人的马氏虽然贤惠过人,但却有一个不为当时世俗所认可的缺陷,那就是她的脚特别大,民间俗称其为"马大脚"。虽然我们都知道中国古代的小姐们都时兴小脚,大家闺秀小小年纪就开始裹脚,以至于出阁的时候三寸金莲很受看。然而马三作为底层人,哪有闲工夫去给女儿缠足啊,只要孩子能好好地养活就谢天谢地了。于是马三从马小姐小时起便任其成长,不曾让她受到裹足之痛。然而此痛虽无,但女孩长大后却有了另一痛。痛在哪里?心头上。您想啊,古时候女孩的脚都小,人们从世俗的审美标准上都习惯于小姐、太太的三寸金莲,一旦看到马小姐的那双大脚肯定认为其不美。朱元璋自己一个潦倒的穷和尚出身,最初开始时自然不会、也没本钱去嫌弃马小姐的这个"缺陷"。后来他当了皇帝,夫妻二人在南京明皇宫里曾开过玩笑。有一日朱皇帝握着马皇后的脚,说:"天底下哪有妇女的脚如此之大而贵为皇后的?"此话一语双关。而马皇后绝对聪明,马上应答道:"正因为我有这双大脚才帮助你镇住了天下啊!"听到这话,朱元璋的心里像是吃了蜜似的,别提有多甜!

因为马皇后善解人意,一双大脚的"缺陷"却被说得让朱元璋感觉像吃了蜜似的,但他内心深处还是不愿别人说到马皇后大脚这个"缺陷"的,哪怕不是明指就是暗指或影射都不行。谁要碰了朱元璋夫妇的这个痛处,不管你是有意还是无意,那可要倒大霉了。(【明】徐祯卿:《翦胜野闻》)

有一年元宵节夜里,朱元璋"微服私访",一路游逛到秦淮河一带,看见老百姓都在欢度佳节,有的买卖,有的耍猴,有的在猜谜……朱元璋一看到猜谜就来劲。据说他很喜欢猜谜。而当时南京城里流行的是用一种隐语制成灯谜,作游戏。朱元璋夫妇走着走着,走到了城南王府大街附近的七家湾,远远望见有家门口挂着一盏特别大的灯笼,灯笼上好像还有幅画,好多人都围在了那里,指指戳戳,嘀咕着什么。朱元璋凑了过去,想看看灯笼上到底有什么好看的。这一看,差一点让他晕过去,只见灯笼上画着一个女人抱着一个大西瓜。谜底不费神,就是"淮西妇女好大脚"。"好啊,你们在羞辱我的老婆!"恼羞成怒的朱元璋当即下令,将挂灯笼的人家九族三百多口全部斩除。即便这样,他那心中怒火还未完全平息,紧接着又下令,将周围的剩下的人家(除了七家未挂灯笼的)全部充军。经过此番杀戮,这一带地区的人家只剩下了七家,故后来该地地名为"七家湾"。(【清】柴萼:《梵天庐丛录》卷1,转引自《明初重典考·法外用刑考(二)》;【明】徐祯卿:《翦胜野闻》;【明】吕毖《明朝小史·洪武纪》卷1)

自此以后,南京流传着这样一句俗谚"眼泪到了七家湾"。这是有关南京地名"七家湾"来历的第一种版本,以后我们还要谈"七家湾"地名来历的第二个版本。

○ 第一次营救"老领导":勇往直前又巧于心计

尽管有关朱元璋与马皇后的故事流传至今有着很多的版本,但有一点不容忽视,那就是发迹后的朱元璋什么人都可能忘记,但就是没忘患难之妻马氏,因为自己的成功在很大程度上要归结于妻子马氏及其马氏的"那个家族"。换句话来说,当初的朱元璋借助了世俗引以为羞的"倒插门"的方式,取得了"准官二代"的身份,在丈人郭子兴起义军中先占得了一个平台,并以此作为发展的原点。不过明朝国史却对此讳如莫深,相反十分注意凸显郭大王家那位上门女婿的杰出才能与超人意识。

朱元璋投奔起义军时,郭子兴一行人的起义已获成功,就好比现在有些年轻的小伙子做个"倒插门"的"富二代",老丈人的公司企业已初具规模,但没到做大做强的那一步,正需要调整与图谋发展,当初朱元璋被招为上门女婿差不多就处于这么一个档口。从郭子兴角度来讲,尽管事业有了起步,但前景还并不乐观,濠州城外元军随时都有可能前来剿灭,濠州城内形势也十分微妙,虽说自己与一起起义的孙德崖等4人都当上了元帅(元朝时时髦的称呼,如同今日满大街的老总),但那4人原本就是农民,生性愚钝,言行粗鲁、眼光狭窄,这在广结善缘呼朋唤友的郭子兴看来简直是无法容忍的,因而也就从心底里瞧不起他们。每当议事时,凡是郭子兴提出什么主张,孙德崖等4人抱团一致反对,遂废议事,更为恶劣的是,这4人还在盘算着如何将郭子兴挤出起义军的领导层。

面对这样微妙的情势,见多识广的郭子兴看在眼里,急在心里,很多时候他就干脆在家里,不去与那4人照面,免得发生冲突。原本每日一议事的,后来逐渐减少了,碰上万不得已要碰一下头的,往往是那4人早早就到了,等郭子兴来到公堂时,他们齐刷刷地看着他,让人感觉浑身鸡皮疙瘩都起来;要是真讨论起什么事情来,一旦言语不和,4人便会拂袖而去。这样的事情发生多了,郭子兴也就心灰意冷。有一次,他不无焦虑地跟朱元璋说:"孙德崖等4人这副德性,不知道该怎么办?"朱元璋应答道:"岳丈大人,以小婿之见,你就别管那么多,一旦有事要碰头,您就照常去,要不然,您就被他们封死了。"听了女婿的提醒,郭子兴觉得很有道理,第二天就赶到议事堂去,没想到还没说上几句话,又与那4人弄得不欢而散。自此以后,郭子兴干脆待在家里,双方的关系也就越来越僵。(《明太祖实录》卷1)

就在这火药味十足时,从徐州来了一大帮子人马,顿时将濠州城内紧张气氛推向了顶点。

前面我们讲过至正十一年(1351)八月芝麻李、赵均用和彭大等人领导的徐州起义,由于元廷调集、组织了10万(有说百万)优势兵力围攻徐州,前线总指挥、元廷右丞相脱脱又采纳了宣政院参议也速之计,用巨石炮昼夜猛轰徐州城(《元史·脱脱传》卷138;《元史·也速传》卷142;【元】权衡:《庚申外史》卷上)。到至正十二年九月,徐州城失守,芝麻李拼死突围,辗转湖北境内,投奔了徐寿辉,后又跟随徐寿辉的部将明玉珍进兵四川,最终出家当了和尚(《元史·顺帝本纪五》卷42;【明】杨仪:《垩起杂事》)。另外两个起义军首领赵均用和彭大则率领残部南下,投奔同属北方红巾军系统的濠州起义军。这么一来,濠州城里的红巾军头领由原来的5个,一下子增长到了7个。俗话说:"一山容不得二虎。"原本领导层之间关系已经够复杂的濠州城这下可就更热闹了。(《明太祖实录》卷1)

按理说,彭大、赵均用是战败后来濠州投靠的,少不了要矮人几分。但由于这两个新来的红巾军首领发动起义早,在军队中名望要比郭子兴等人高,加上彭大的儿子彭早住很有智谋,"数临权专决",所以即使是一起在徐州发动起义的赵均用见了他们也只得唯唯而已。再说濠州城内原先红巾军首领之一的郭子兴,却与彭大等有着更多的认识相同点,且双方走得很近;而与此相对,郭大王却没把赵均用等人放在眼里,这下可惹下了大麻烦。原本与郭大王有着芥蒂的孙德崖等4个农民军领袖看到这样的形势,顿时就来了灵感,与徐州来的赵均用密谋着,打算从郭子兴入手,来杀杀彭、郭一派的威风。

有一天,郭子兴正在大街上走着,赵均用令人一下子将他给绑了起来。由于自己是外来户,刚到濠州城不久,只有临时的营寨,他干脆就叫人将被绑的郭子兴押到孙德崖家中,打算找时间将他给杀了。顿时,濠州城里窝里斗的态势变得更加复杂,矛盾的规格也升级了,不再像过去那样仅仅是暗斗,如今已经摆到了台面上来,公开化了。

当时,朱元璋正奉郭子兴之命在攻打淮北怀远等地,听到老丈人被绑架的消息后,他日夜星辰往回赶。途中遇到了熟人。熟人劝他:"郭大王已经被赵均用一伙抓了起来,现在他们还要抓你,你千万可不要回去!"朱元璋听后说道:"郭公待我恩重如山,如今他老人家有难,我不去施救,不义啊。这难道也是一个大丈夫所为?"说完,快马加鞭,直奔濠州城。(《明太祖实录》卷1)

　　回到城里时,眼前的境况可比一路上想象得还要复杂:老丈人被抓,小舅子躲得没个踪影,家里一片哭天喊地。朱元璋急着问几个舅子的去向,郭大王的几个夫人吞吞吐吐,就是不愿讲。这下可把朱元璋给急坏了,他没好声好气地直呼:"我是外人吗?你们对我都不信任啊?我今天特地赶回来就是为了营救老岳丈的呀!"事已至此,几位郭夫人这才将郭公子们的躲藏地方给说了出来。朱元璋随即找到了两个小舅子,跟他们说起了这中间的弯弯道道,鉴于目前严峻的局势,跟对方硬拼非但不是个办法,也不一定硬拼得过。朱元璋当即提议:去找彭大!为何呢?一方面彭大跟郭老爷子郭大王关系甚笃,他不可能见死不救;另一方面,彭大跟赵均用是一起从徐州过来的,相互的脾性、底细都清楚,或许他有什么好办法能解决问题呐。几个人讨论到了半夜,直到最后确定好次日行动方案,方才歇下。

　　第二天一大早,朱元璋领着小张夫人和两个舅子直奔彭大住处。当彭大听明了事情的来龙去脉后,当场就拍案而起:"太不像话了,我在此,居然有人在我的眼皮底下做出这种事情来!"随即叫上随从,带着队伍赶往孙德崖家。(《明太祖实录》卷1;《明史·郭子兴传》卷122)

　　到了孙家大门口,门卫把守着门不让人进,说是他们孙元帅说的:"元帅不在时,闲人不得入内!"彭大听到这话,可了得,说时迟那时快,他带了手下几员精兵干将直冲里头,可翻遍了院子也没找到郭子兴的人影。彭大再到门口,与守卫理论,这下可急坏了朱元璋和两位郭公子,他们认定这个理——不信找不着,就是把孙家的屋瓦都给卸了、掀了,也要将郭大王给找出来。只见得朱元璋纵身一跃,跳上屋顶,真的掀了孙家的屋瓦。这一掀不要紧,只见往日叱咤风云的郭大王被绑得严严实实地关在了孙家地窖里,浑身上下被打得皮开肉绽,人也奄奄一息。见此,众人七手八脚给他打开枷锁,朱元璋令人迅速将其背回家中。(《明史·郭子兴传》卷122)

○ 濠州保卫战前后朱元璋躲避是非外出发展,进而当上了起义军中层干部

　　经历了此番"内斗"后,朱元璋心里已经十分清楚:濠州城尽管不大,可是个热闹非常的是非窝。就说眼前这一帮子大王和元帅,说到底也就是这个档次,不可能有什么大作为,我得离开这里啊!但要走,得有机会,总不能我想走就走。想当年我一个穷和尚,生存都成了问题了,是人家郭大王不嫌弃我,收留了我,还送给我一个女人,再怎么说我得征得郭元帅的同意,走得名正言顺,大家都开开心心。

既然有了离开这个是非之地的念头,朱元璋便开始寻找合适的机会向老丈人提出这个想法。

刚好濠州城这时发生了危机。元右丞相脱脱在剿灭徐州红巾军起义后,派了已经升为中书省左丞的贾鲁和枢密院知事月阔察儿率领数万兵马,一路尾随徐州红巾军残部南下,在至正十二年(1352)的冬天来到了濠州城外,随即便将濠州城给团团围住。而此时已经斗得像乌眼鸡的七个大王、元帅却能很好地识大体,懂大局,团结一致,依靠城高濠深和粮食充足的优势,几次打退了元军的进攻,坚守濠州城长达七八个月。这时,濠州城外的元军统帅贾鲁开始担心了,再拿不下这座城池,势必会影响元军的士气,旷日持久,输的不是敌人,而是自己!于是最终决定:在至正十三年(1353)五月的一天,集中兵力发起总攻,"必以今日巳、午时取城池,然后食"(《元史·贾鲁传》卷187)。总攻命令一下达,一时间金鼓齐鸣,杀声震天,只见元军主帅贾鲁率领人马冲在前头,直抵濠州城下。眼看濠州城快要不保了,谁也没想到,主帅贾鲁自己突然从马背上摔了下来,且摔得还不轻,很快就死了。元兵一看主帅死了,还打什么仗,走呗! 真是老天帮了农民军,濠州城顿时又转危为安。但是,不曾想到,元军一撤退,彭大与赵均用一行人在一阵狂喜之后,竟然不知天高地厚地称起王来了,彭大自称鲁淮王,赵均用自称永义王,"东道主"郭子兴与孙德崖等人似乎还不够格,只好仍称节制元帅,服从两王的指挥,但他们内心又不服。于是,濠州城里的农民军窝里斗开始愈演愈烈。(【明】朱元璋:《高皇帝御制文集·纪梦》卷14;【明】钱谦益:《国初群雄事略》卷1;《明太祖实录》卷1)

内斗归内斗,而有些现实问题还必须得解决。虽说濠州城外的元兵不战自退了,但经过了大半年的保卫战后,濠州城内储存的粮食消耗得差不多了,人马死伤也不少,要是不及时补给的话,一旦元兵再来围城,后果不堪设想。为此,郭子兴等脑子清醒的城中起义军领导意识到了问题的严重性,怎么办? 正当大家一筹莫展时,朱元璋主动请缨,出外筹粮。通过过去云游四方要饭时候结交的朋友,他辗转买了些元朝的盐引。那什么叫盐引? 从汉武帝起中国历史上好多朝代都对民生至关重要的盐、铁等实行国家垄断专控,元朝就是其中的一个。你要做盐的生意,就必须取得政府的特供票据凭证——盐引。正因为盐引是官府垄断专控的,谁要是弄到了盐引,那就等于弄到钱,类似于上个世纪九十年代以前通用的粮票一般。朱元璋先用盐引去买盐,然后用船只运载到怀远去倒卖,如此一番倒腾,得了很多钱;再用这些倒腾来的银子去购买粮食,运往濠州城去,交给郭子兴,以解燃眉之急。

(《明太祖实录》卷1；【明】佚名：《皇朝本纪》)

紧接着，他又向郭子兴提出了外出招兵的计划。作为农民军的首领，谁不想自己的队伍拥有更多的人马，并迅速壮大啊。所以当朱元璋一提出自己的想法，郭子兴当即十分爽快地同意了他的请求。

至正十三年六月，朱元璋回到了故乡及其周围地区，开始招募兵士。这一次招兵招募到了包括明朝最著名的开国将领徐达在内的700人，也从这时起朱元璋独立发展军事力量方面的才能开始凸现出来。在这700人中比较有名的除徐达外，还有周德兴、郭兴、郭英、王志、唐胜宗、吴良、吴祯、费聚、陆仲亨、邵荣、耿君用、耿炳文、何福、李新、谢成、李梦庚、郭景祥、詹永新、唐铎、张龙、张温、张兴、曹震、张翼、丁德兴、顾时、孙兴祖、郁新、胡泉、陈桓、孙恪等，这些人后来几乎都成为了大明开国的元勋。

尽管招兵工作取得了成功，但朱元璋始终保持着清醒的头脑，回到濠州后，将700人交予了老丈人郭子兴。郭子兴立即升他为镇抚，并把700人的指挥权交给了他，从此以后朱元璋就正式成为了一个带兵的小军官。(《明太祖实录》卷1；【明】朱元璋：《高皇帝御制文集·纪梦》卷14；【明】张来仪：《滁阳王庙碑》)

可回到濠州后的日子并不舒畅，看到红巾军首领你争我斗，朱元璋的心里很不舒服；看到彭大、赵均用两个最高统帅治军无方，手下兵士多专横胡为，朱元璋担心这样的军队迟早要出事的，出于"恐祸及己"的考虑，最终他将700人的指挥权交给了别的将领，自己则带了徐达、周德兴、汤和、花云、华云龙、郑遇春、郭兴、郭英、唐胜宗、吴良、吴祯、费聚、陆仲亨、耿再成、耿炳文、李新、谢成、张龙、胡大海、张赫、张铨、陈德、顾时、陈桓等24人离开濠州，向南往定远方向发展势力。(【明】何乔远：《名山藏·典谟记》卷1；【清】查继佐：《罪惟录·太祖本纪》帝纪卷1)

可这一次外出发展一开始并不顺利，走到半路上朱元璋生起病来了，且病得还不轻。同行的24个人看到领头的病了，算了，折回吧。

○ "挖得第一桶金"——南略定远：智取张家堡驴牌寨和横涧山

再说回到濠州城后的朱元璋依然处于病魔折磨之中，每日寒热相袭，高烧不退，以现代医学观点来看，很可能得了病毒性感冒。大约花了半个月的时间，他才稍稍有些好转，但依然浑身乏力，只好躺着继续养病。有一天，他突然听到门外有竹杖策地而过，并发出阵阵的叹息声，于是便问身边侍候他的人："刚才好像是郭元帅发出的声音，他为什么长吁短叹？"左右侍候的人告诉说："朱公子，事情是这样的：定远张家堡有股民间组织的义军，叫什么'驴牌寨'，大约有3 000人马，孤立无援,且又缺粮,想来投靠我们郭大帅,但又犹豫不决。郭大帅刚好有朋友在那里,这倒是争取驴牌寨的好机会啊,可就是没有合适的人选前去劝降他们,郭大帅正为此事发愁呐!"听到这里,朱元璋急忙扶把着起了床,嘴里不停地说着:"这个机会万万不能失去啊!"边说边跟跟跄跄地走出了养病的屋子,来到了老丈人郭子兴的房间。

当朱元璋说完来意后,原本一脸愁容的郭子兴顿时笑逐颜开地说道:"我说嘛,办这样的事情只有你才行;可你大病一场,才刚刚好了点,这怎么行呀?"朱元璋急忙回答:"在这个节骨眼上岂能高枕养病?如果现在这个机会失掉了,让别人抢了先,恐怕再后悔也来不及了!"郭子兴听到这话,心里乐啊,随即直接点题,问:"你看要带多少人去?"朱元璋说:"做这样的事,人还不能多,人一多,人家就要怀疑我们,我看10个人就足够了。"刚说完,郭子兴大声叫好,当即就让朱元璋挑选人马。朱元璋选了费聚等骑士2人和步兵9人,随后就一同出发,向着定远方向行进。(《明太祖实录》卷1)

刚走到定远地界,病弱的朱元璋有些支撑不住了,有人劝他歇歇再走,可他硬撑着继续赶路。大约又走了6天,终于来到了一条叫宝公河的河岸附近,隔岸就是驴牌寨的营地,望见黑压压的营地,几个跟随的步兵开始心里直打寒战,个别的想掉头跑了。朱元璋大声喝住:"他们那么多人,我们只有这几个,你想跑,能跑到哪里去?只要他们发出骑兵来,我们一个都跑不了。大家不要怕,跟我来就行了,但得注意,服从命令,见机行事!"领头这么一吆喝,底下的没一个敢跑了,大家跟着朱元璋继续向前。没走多远,对岸驴牌寨营地中出来了两个将领,举起手高喊着:"前面来者,你们到这里干什么的?"朱元璋回答说:"我们是从濠州城里来的,奉我们郭大帅之命,来与你们主帅议事!"两个将领听到这话,赶紧勒住了马缰绳调头跑了,好像是回去报告了。不一会儿,他们又回到原地,高声喊着:"请来者下马!"听到这样的喊话,朱元璋一行人只好下马,并准备泗水过河。但因大病初愈,又一路劳顿,此时的朱元璋步履维艰。费聚见此十分心疼,上前来扶着他,并劝他留下来,自己代他渡河过去谈事。可朱元璋哪肯,他说:"既然大家都走到这里了,祸福与共,怎么能替代?!"于是众人一起渡河涉水,没过一会儿就到了对岸。这时驴牌寨的寨主也迎了出来,边走边说:"朱公远道而来,想必郭元帅一定有所吩咐吧?"朱元璋回答道:"郭大帅与足下是旧交,听说您这儿军饷短缺,又听说有人想趁火打劫,特派我来相告:要是想一起干大事的,就上我们濠州去;不然的话,也请你们暂时移兵躲一躲,免得受人攻击!"听到这话,驴牌寨寨主当即咧着嘴笑得合不拢了,不过他没忘江湖上的规矩,让朱元璋拿出信物香囊来验证,随即便拿出牛脯等东西来招待来宾。宾主吃着、聊着,一番其乐融融的气象。最后寨主对朱元璋说:"朱公不妨先回,我们寨子里的将士要做些准备,然后就出发,上你们濠州去!"听到这话,朱元璋也不便再说什么,但总感觉这寨主说话好像不太诚实,于是就多了一个心眼,留下费聚几个人在暗中观察,自己则带领其他人大模大样地回濠州城里去了。(《明太祖实录》卷1)

　　3天后,费聚上气不接下气地赶回来报告说:"不好了,驴牌寨寨主正打算往别处去!"朱元璋听完,立即率领300骑兵风驰电掣地赶了过去,远远看见寨主,开口便说:"你受了别人的欺凌,怨仇还没来得及报呐。郭大帅说了,即便你现在跟着我上濠州去,恐怕也难消此恨啊,所以他令我带了300个骑兵来帮助您报仇雪恨!"听到这话,驴牌寨寨主将信将疑,而防备更严了。见到这样的情势,朱元璋感到,已不是言语所能打动得了的,必须采取计谋智取。

　　随后他派了个有胆识的兵士装作着急的样子,说有十万火急的事情要向寨主禀告。驴牌寨的人也没想得太多,就让他直接跑到寨主那儿了。寨主一听说,手下的人无故杀了朱公手下的两个兄弟,顿时心里就乱了方寸,不知道该怎么处理才好。而这时朱元璋派去的兵士却说:"这也没什么的,我们朱公说了,烦请寨主亲自到现场去一趟,验证一下,然后再双方好好地商量一番,看看到底怎么处理。"寨主被说得哑口无言,身不由己地跟着朱元璋的兵士来到了事先设下埋伏的地方。一见到寨主到达,埋伏在周围的人立即围了上去。这下可好了,堂堂一寨之主顿时成了别人手中的玩偶了,回天无力,只好听命,跟着朱元璋一行人走到了十里开外的地方。这时朱元璋立即开始第二步,命令一个事先被收买的驴牌寨寨主的亲信带了寨主的令牌回到营地去,传达寨主"命令":"立即移营,到新地方去安营扎寨!"众人听后,立马忙乱拔营。有人点起了火把,一把火将驴牌寨给烧了个精光,而3 000个兵士也一下子变成了朱元璋的下属。(《明太祖实录》卷1;【明】佚名:《皇朝本纪》;【明】钱谦益:《国初群雄事略·滁阳王》卷2)

○ 再不投降的话,横涧山人都要被朱元璋整成精神病了

　　收编了驴牌寨后,朱元璋带了3 000兵马向着豁鼻山方向进发。原本24个人在巧舌如簧又计谋多多的朱元璋运作下,成功地上演了一出"蛇吞大象";现在拥有了3 000多人的阵势,要想解决800人的豁鼻山,这还不是小菜一碟。当时豁鼻山的头目叫秦把头,见到朱元璋时,先被一通吓唬,后又给一阵诱惑,顿时就没了主意。你拿不定主意,人家荒年要饭都没被饿死的朱元璋本领可高了,一下子又将800"义兵"给收了。(【明】高岱:《鸿猷录·集师滁和》卷1)接着他带了队伍向东攻打拥有数万"义兵"的横涧山。

横涧山头目叫缪大亨,是定远当地的一个财主,元末天下大乱时,他组织了一些乡民以横涧山为据点,结寨自保。像这样的"义兵"武装在那时多如牛毛,只要有几个人,弄几个破兵器,甚至连兵器也没有,以农具做武器,就能拉出一支"队伍"来,像前面讲的驴牌寨、豁鼻山,等等,都差不多,这些义兵武装基本没什么明确的斗争旗号和斗争目标,多数时候就认这个理:"有奶就是娘。"我们现在讲的横涧山义兵武装就是这样的典型。由于该武装力量发展比较快,引起了元朝官方的重视,随即进行了招降,让头目缪大亨领着队伍,跟随元军,去攻打濠州的红巾军,结果大败。兵败后缪大亨率领 20 000 多人退屯横涧山。元朝官方封他为义兵元帅,并派了张知院前来监军。(《明太祖实录》卷13;《明史·缪大亨传》卷134)

朱元璋一路过来老早就耳闻了这些,不过令他最感兴趣的并不是什么缪大亨的传闻,而是他的 20 000 多人军事力量,那怎么下手呢?朱元璋一路走,一路分析着、盘算着。既然对方是军事新败,士气肯定好不了,多数人厌战,莫不……眉头一皱,计上心头,朱元璋下令,将新收编来的驴牌寨 3 000 人作为主力,让猛将花云做先锋,利用夜间骚扰横涧山,弄得他们整夜整夜不得安宁。如此下来,折腾了几天,横涧山人已经疲惫不堪了。就在这时,朱元璋命令,天明发动进攻!一下子攻入横涧山,张知院出逃,缪大亨率领 20 000 多人投降,朱元璋当即获得了兵民共计 70 000 多人。(《明太祖实录》卷13;【明】朱元璋:《高皇帝御制文集·纪梦》卷14;【清】谷应泰:《明史纪事本末》卷1;《皇明本纪》;《明通鉴·前编》卷1;《明史·花云传》卷289)

经过如此收编,朱元璋手下的军队发展到了数万人。由于队伍的来源不同,各自有着不同的根系帮派。这样的队伍要集结起来打仗,就如一盘散沙,根本起不了什么作用,因此整顿新收编部队成了当务之急。朱元璋反复地思量着:我必须要想个办法,让这些新加入的兵士们心服口服,然后再整顿军纪。只有这样,方能使整个部队具有战斗力。不久,他找那些新收编的士兵们喝酒。酒过三巡,他开始跟士兵们说:"你们看,我来的时候寥寥几个人,而你们却是几千几万人。我问个问题,你们想过没有,你们这么多人为什么被我们这么少的人制服了?"这些义军将士听后极为诧异:"是啊,为什么?我们为什么被制服了?"朱元璋说:"你们的根本毛病就在于不动脑筋,没有纪律,队伍像一盘散沙!如果想要使队伍有所作为,务必要将这些毛病给改掉!"随后他便开始对收编部队进行整顿。经过整顿,这支军纪良好的部队成了朱元璋南征北战夺取天下的重要资本。(《明太祖实录》卷1;【明】朱元璋:《高皇帝御制文集·纪梦》卷14;《明史·缪大亨传》卷134)

收编了这么多的"义军",辩证地说,这既是一件好事,自己有资本了,但也是一件坏事，哪个做主帅或者说一把手的愿意看到自己的部下比自己的队伍还强大，这叫尾大不掉。何去何从？经过一番深思熟虑，朱元璋决定向老丈人郭子兴报个喜，说自己已经收编了几千几万人，随时听候主帅您的调用。眼下这里的形势对自己队伍的发展非常有利，打算就此再拓展拓展。再说郭子兴接到义女婿的报告后，心里乐啊，你说出去就带了那么几个人却搞来了几万人，值！就让他去发展吧！朱元璋在安稳好"上级领导"后，就带了这支队伍，向着下一个目标前进。

再说定远地方上的那些结寨自保的寨主们听说朱元璋一路凯歌，不断发展壮大，不是加紧防卫，就是主动前来"加盟"。有个叫丁德兴的人身材特别高大，长得一副黑脸，人称"黑丁"。他率先带领了一部分义兵出来归降，跟随朱元璋出征洪山寨，"以百骑破贼数千，尽降其众"。(《明史·丁德兴传》卷130；【明】高岱：《鸿猷录·集师滁和》卷1)

就在丁德兴来降后没多久，妙山山寨头领冯国用、冯国胜兄弟也率众前来投奔朱元璋。

● 拨开云雾遥望帝都金陵　朱元璋开辟第一根据地——滁州

○ 第一回指点迷津——"富二代"冯国用语醒"穷二代""梦中人"

冯国用、冯国胜家是定远当地很有名望的财主，兄弟俩那时是20岁上下的小青年，用今天时髦话来说，他俩倒是标准的"富二代"，不过冯家的这对"富二代"可比现代的"富二代"强多了。在严格的家庭管教下，兄弟俩养成了良好的习惯，"喜读书，通兵法"，很有远大志向。可是生逢乱世，无疑是虎落平阳，即使有再大的志向还得面对残酷的现实。听到各地兵乱的消息，冯家兄弟带了家人与丁保来到了家乡附近的妙山，结寨自保。与其他寨主不同，冯家兄弟知书明理，天下大乱最终必将会天下大治，而这当中正是自己建功立业的好机遇。那么怎么抓住这样的机遇？他们感到必须得投靠一个明白大是大非的明主，然后共同打天下。正因为有着这样的认识，冯氏兄弟一直在观察各路人马，而最新冒出的朱元璋这匹"黑马"还真让他俩刮目相看，尤其是广为流传的收编驴牌寨、夜袭横涧山等传奇般的故事，一下子让冯氏兄弟佩服得五体投地。当听说朱元璋率领军队即将经过妙山时，他俩就率领手下人前去投奔。这对于朱元璋来说是求之不得的大好事，一来自己的队伍又有了扩展，二来据说冯氏兄弟中尤其是哥哥冯国用还真喝了不少墨水，自己老大粗出身，尽管很有计谋，且干了些事业，可眼下如何发展，心中就一直没谱。所

以听到冯国用兄弟来了,朱元璋这心里别提有多高兴。(《明史·冯胜传附冯国用传》卷129)

一番客套后,朱元璋撇开左右,然后开门见山地问道:"冯先生,天下纷纷,何以能平定?"冯国用说:"有德者昌,有势者强,两者缺一不可。当今之势,朱公可否记得金陵建康,龙蟠虎踞,帝王之都,'先拔之以为根本。然后四出征伐,倡仁义,收人心,勿贪子女玉帛,天下不足定也!'"听到这里,朱元璋顿感醍醐灌顶,自己活得这么大,还从没听人将天下之势说得如此透彻,心中之喜无以言表,当即将冯国用留置幕僚,用作决策参谋。(《明史·冯胜传附冯国用传》卷129)

这时定远昌义乡有个叫毛骐的,听到朱元璋队伍即将来临,他马上跑到当地的县衙去,说服了元朝知县,并扶他一起出降。朱元璋喜出望外,留下毛骐一同吃饭,边吃边聊天下事和眼前的军事。毛骐与冯国用一样都是读过书的人,看问题自然要比朱元璋胜出一筹,于是一顿饭下来,朱、毛就成了无话不说的"好朋友"了。在朱元璋看来,先前的冯国用,现在的毛骐都是难得的人才,必须要留在身边。后来在攻取滁州时,这个毛骐被朱元璋擢升为总管府经历,"典仓廪,兼掌晨昏历,稽将帅之失伍者";渡江后,又被擢升为江南行省郎中。他与李善长一起为朱元璋掌管文书机密,但在攻占婺州不久就病死了。毛骐的儿子毛骧就是后来洪武时期皇帝钦定的奸贪坏蛋,当然,这是后话了。(《明史·毛骐、毛骧传》卷135)

随着南略定远掘得的这"第一桶金"越来越满,朱元璋的名声也随之远播,许多没了生机的穷苦人纷纷前来投军,据说当时"不逾月而众集,赤帜蔽野而盈岗"(《明》朱元璋:《高皇帝御制文集·纪梦》卷14)。面对这样的形势,一些一直持有观望态度的人也开始活动活动心眼,甚至有的还主动出山。就在朱元璋带领数万人马浩浩荡荡地向东南方向进发,打算攻取滁州的路上,有个自以为很了不起的"文化人"叫李善长的来到了朱元璋军门前求见。

○ 第二回指点迷津,李善长搬出平民天子偶像

李善长,原名李元之,祖籍安徽歙县。李善长早年就是在歙县灵金山一带生活、读书的,据说那时候他十分刻苦,打算读好书将来报效国家。可当自己逐渐长大时,发现这个国家并不需要他,你爱国,国可不爱你啊!大元帝国政府极端歧视汉人,鄙薄儒士,就连延用数百年的科举取士制度也被蒙古武夫们视为随时可以开关的玩偶。李善长顿悟:读儒学之书无用,不如学些兵书与法术,这样也好懂得权谋之变,再看看能否通过关系,到哪个蒙古王爷或蒙古高官那里谋个差使;现在蒙古人时兴以吏治国,就是说读了很多的书、有高学历的人如果没有什么政治背景的

话,就别想当大元公务员和做官,要想做官就得从小秘书、跑腿的吏员或者厨子、轿夫一类做起,运气好的话碰上了一个高官看中,就能大红大紫了。李善长这么思虑着、筹划着自己的美好未来,有时也会搞些传统的术数预测,这可十分重要,能将未来事情看得清清楚楚,使自己立于不败之地。可哪想到,李善长的这些人生规划都一一落空了,元朝政府压根儿就不可能把这样的小蚂蚁、小虫子放在眼里,他们有的是世世代代"红彤彤"的"国家栋梁"!在坐等观察和活动了好多年后,两手空空的李善长终于决定,离开家乡歙县,外出闯荡一番。

◎ 李善长娶到了王大款家的"富二代",着实让空壳的李家脱贫致富

　　李善长外出有个优势,懂得一些术数,能预测事情的未来,这比当年朱元璋外出要饭可要强上几百倍。他来到定远,为人搞些预测,也能教教书,一个人日子过得还不错。不过,随着年龄的增长,体内的荷尔蒙提醒他要找女人啦。经观察,定远当地有个王姓大族家底可不错,通过媒人说合,李善长终于娶到了王大款家的"富二代",着实让空壳的李家脱贫致富,挤入了当地的中产阶层。不过李善长没忘了发挥自己的特长——预测事情,方圆几十里的人们一旦有事都会让他"测"一下,由此,"策事多中"的李先生也就闻名遐迩了。

　　人一旦出了名,就会更加自信,李善长就是这么一个极度自信的人。元末天下大乱时,他带了一家老小躲避到东山,静观势变。1351年颍州起义爆发,大舅子王濂心急火燎地赶去参加,李善长认为,枪打出头鸟,这么早就出山不会有什么好结果的;1352年郭子兴等人发动的濠州起义就在边上,李善长也没有心动什么,他自认为火候还没到。现在朱元璋将红巾军起义之火烧到了他所在的定远,且大有呼风唤雨之势,这下李先生终于坐不住了。听说横涧山缪大亨那么大的一支队伍给吞掉了,名门望族冯氏兄弟也出山投靠了,名士毛骐还带了知县出来归降……机不可失,李善长决定,必须马上主动"出击"!(《明史·李善长传》卷127;【明】雷礼:《国朝列卿纪·李善长行实》卷1;【明】王世贞:《名卿绩纪·李善长传》卷3;《明史·王濂传》卷135)

　　元至正十四年(1354)七月,在打听清楚红巾军行军路线和方向后,身穿儒服的41岁李善长早早就在路上等候着。

　　当前锋卫兵将李善长求见的消息传递到朱元璋那里,朱元璋立即下令,召见这位不请自来的定远名士。两人一见面,李善长盯着朱元璋光看不说,等了好久,才语出惊人:"现在可好了,天有日,民有主啦!"朱元璋为之一震,但心里像是吃了蜂蜜一般的甜美,也由此你一句我一语地开始了交谈,越谈越投机,越谈话题越多,从

定远形势谈到濠州军事,从贫民参军谈到义兵收编,无话不说。在朱元璋的眼里,李善长才是自己一直要寻找的内府人才啊,于是当即留下他"掌书记",就是主管军中文案和后勤一类的工作。朱元璋曾不无深意地问:"如今天下大乱,有枪便是草头王,以先生之见,这样的战乱何时能结束?"李善长完全听懂对方问话的含义,当即应对道:"秦末天下大乱时,平民出身的汉高祖刘邦,豁达大度,知人善任,改掉自身好色、贪图眼前利益的毛病,不嗜杀人,用了五年的时间成就了帝王之业。如今元廷朝纲紊乱,天下土崩瓦解,与秦末形势极为相似。朱公您虽然生于濠州,但听说您祖居沛县,与汉高祖刘邦是老乡,那一带山川王气哺育了您,您应该好好加以利用,就像当年的刘邦那样,天下很快就能平定!"李善长的一席话句句说到了点子上,尽管识字不多,但朱元璋不仅听明白,而且还听得十分感动。(《明史·李善长传》卷127;《明太祖实录》卷1)

如果说冯国用的点拨给朱元璋的未来军事奋斗直接指明了方向的话,那么李善长的这番指点恰是给他未来奋斗树立了直接可仿的榜样。同为徐州产,又同为平民出身,朱元璋心中一下子如拨云见日,顿时有了足够的底气和自信,更是在以后的人生中常常以刘邦第二自居。而对于眼前的李善长呢,朱元璋则视为汉朝大功臣萧何再世,当即嘱咐道:"当今天下大乱,群雄纷起,如果没有像先生您这样拥有大智慧的人相助的话是断难以成功的。我过去经常见到,群雄中那些管理文案和参与议事的人,往往任由自己性子毁谤主帅手下的得力将领,将领没法发挥自己的特长,以至于最终败亡。将领羽翼都去掉了,主帅还能独存吗?所以一个个军事势力相继灭亡。我希望先生您能以此为鉴,协调好诸位将领,同心同德,务求成功!"李善长听后连连点头称善。自那以后,他就成为朱元璋集团的左膀右臂,担当起后方供给和军事参谋的重任。(《明史·李善长传》卷127;《明太祖实录》卷1;【明】雷礼:《国朝列卿纪·李善长行实》卷1)

○ 朱元璋开辟第一个根据地——滁州 & 文武双收

自从与李善长相识相知后,朱元璋心中荡漾着对未来的美好遐想。俗话说,人逢喜事精神爽,倒过来:精神爽了,人做起事来也顺当。当部队一路进发到滁州境内时,元朝滁州守军已事先获悉了情报,想在半途上解决掉朱元璋部队。不曾料到数千名元兵一冒出来,就被朱元璋手下的猛将黑脸花云打得落花流水。只见花云高高举着大矛,翼卫着朱元璋继续前进,突然间他又飞上马背,拔剑出鞘,振臂高呼杀敌,一溜烟地工夫冲进了敌阵,左砍右斩。元兵见到这样勇不可当的黑脸将军,顿时惊呼:"此黑将军勇甚,不可当其锋!"有人这么一喊,元军瞬间大溃。这时朱元璋率领的大队人马迅速跟上,乘势攻占了滁州。(《明史·忠义一·花云传》卷289;【明】宋濂:《宋文宪公全集·东丘侯花公墓碑》卷31)

滁州攻下后,朱元璋的名声更大了,各路豪杰闻讯后纷纷前来投奔。最先前来拜谒军门的是滁州当地有名的儒士范常。朱元璋听说过,此人在地方上相当有威望,没想到范老先生这么快就来访了,心里十分开心,立即招呼让范老先生入帐面叙。朱元璋没文化,但自从有野心想要争夺天下,他就不能不礼贤下士。而儒士范常活到这么大,也从没见过当官的对自己这么尊重,大有相见恨晚之感,于是就知无不言地说了个没完。朱元璋听了大开眼界,随后便下令留范常于幕府之中,充任参谋,凡是有什么疑问、吃不准的,随即去问范常,而范常呐也有一说一,从不造作、粉饰。后来大军发动了对和州的攻取之战,战后兵连祸结,百姓痛苦不堪。范常看在眼里,心里十分着急,找了机会给朱元璋进言:"攻占一个城池终使无辜的人们肝脑涂地,像这样的军队还怎么能成就一番大业?"朱元璋听后觉得十分有理,立即下令给诸将,让他们将和州城里打劫来的财宝还回去,抢来的女人也一一送还给她们的丈夫,如此下来,总算安定了社会秩序,范常也因此更受朱元璋的赏识。(《明史·范常传》卷135)

其实朱元璋在滁州还曾得到了更大的收获,无意之间收得了两员猛将:邓愈和胡大海。

邓愈,安徽虹县人,原名邓友德,邓愈这个名字还是后来朱元璋给取的。元末红巾军起义爆发时,邓愈还是个未成年的小杆子,他的父亲邓顺兴十分侠义、威猛,率领虹县豪杰立即响应起义,并组织人马袭击凤阳东边的临濠,虽然取得了成功,但马上遭到了元兵的围困阻击,邓顺兴不幸死于战阵之中。邓愈哥哥邓友隆立即代领父亲旧部继续作战,可不幸的事情随即又发生了,邓友隆得了急病,且很快地病死于军营之中。就在这群龙无首之际,16岁的邓愈被大家推举为头领,当时也有人怀疑这16岁的少年能否担当起军中重任,但见邓愈"每战必先登陷阵",由此军中没人不佩服他的。听说朱元璋队伍占领了滁州,邓愈率领部下前来投奔。朱元璋老早就听说了邓愈的故事,也欣赏他的勇猛,当即授予他管军总管。(《明史·邓愈传》卷126;【明】程敏政:《皇明文衡·卫国公邓公神道碑》卷73)

朱元璋在滁州还得了一个对自身事业发展有着很大影响的猛将,那就是赫赫有名的胡大海。胡大海,与邓愈同乡,也是安徽虹县人,身材高大,一脸严肃相,似乎不懂得什么叫笑,给人感觉十分威严,且智力过人。元末天下大乱,胡大海也在观察着各路人马,最终发现朱元璋这一路可以信赖,于是赶了过来。当时滁州刚刚被攻下,朱元璋正打算发展事业,胡大海投奔来了,当即授予他军中前锋。后来他跟随朱元璋渡江闹革命,以功被授予右翼统军元帅,宿卫帐下,成为朱元璋心腹警卫头领。进攻皖南徽州时,他与邓愈等一路在前,所向披靡;后又与李文忠等进攻建德,再败杨完者,降溪洞兵三万人,进枢密院判官;克兰溪,从取婺州,迁金枢密院事。(《明史·胡大海》卷133)

○ 10年生离死别后的亲人相聚与朱元璋人生腾飞的第一驿站

范常、邓愈、胡大海……越来越多的人奔向滁州,因为那里有个与众不同的起义军首领,听说他过去要过饭、当过和尚,现在尽管当了人家的上门女婿,可他是一支军队的领导人,可谓是地地道道的穷人当官,且当了大官。这样的消息在官本位的中国社会里传得特别快,也最为人们津津乐道。当时,在濠州乡下的一个村庄里,有个王姓的中年妇女(人称王氏)将一个20来岁的小伙子叫到了身边,跟他这么说道:"苦命的孩子啊,你爸死得早,当年我们朱家的人都死得差不多了,就留下了你三叔和四叔。三叔后来也死了,四叔一直下落不明。最近听说我们濠州东边的滁州那一带,有个称朱公子的人可当了大官,有人讲他过去要过饭,也有人讲他过去当过和尚,更有人说他过去当过混混。不知道这些消息准不准,要是准的话,这个人岂不是你的四叔朱重八?!"儿子愣愣的,10多年了,叔叔的印象似近似远,母亲王氏唠唠叨叨,小伙子不耐烦地扔了一句:大不了去滁州看看就知道了!

看就看,穷人家没那么多的讲究,第二天一大早,王氏带着儿子上路了。不知走了多少天,也不知吃了不少苦,王氏母子俩最终来到了滁州。到了滁州,守门的不让进,王氏与儿子通报了姓名和籍贯等信息,看门的只得上报上去。朱元璋一听说是濠州钟离西乡姓朱的家里来人了,当即感动得热泪盈眶,并马上迎了出来。"元至正甲午(1354)(十月)朕(登基后朱元璋自称)帅师滁阳,守谦之祖母(即王氏)携守谦之父(即朱元璋侄儿朱文正)至。时朕只身,举目略无厚薄之亲。虽统人众,于朕中凡有眷属之思莫不啼嘘而涕泣。俄而侄男至……"(【明】朱元璋:《御制纪非录》)

因为后来"侄男"即朱文正出事了,明朝官史百般忌讳,即使朱元璋自己无意识地说到过去的那些事,也用代称,什么"守谦之祖母",即为他的长嫂王氏,"守谦之父"即朱文正。据明史专家顾诚的考证,朱元璋与侄儿朱文正年龄相差10岁之内,早年小叔叔朱元璋不仅与侄儿朱文正住在一个屋檐下,而且还有可能是一起玩大的,叔侄感情至深。(顾诚:《明朝没有沈万三——顾诚文史札记》,光明日报出版社2012年10月第1版,P38~61)在生离死别10年后,在"举目略无厚薄之亲"的亲情缺乏感伤期间,叔侄意外相遇相见,该是何番情景?朱元璋给我们留下了这样的一段文字描述："分离数年,扰攘中一见眷属复完,其不胜之喜复何言哉!"(【明】朱元璋:《御制纪非录》)换成今天话来说,就是抱头痛哭,又破涕为笑。明代文人记载道:"文正早孤,貌类高帝(指朱元璋),高帝爱之。"(【明】何乔远:《名山藏·靖江王懿文太子附》卷40)

两个月后二姐夫李贞带了外甥保儿从淮东赶来投靠,"一时会聚如再生,牵衣诉昔以难当"(【明】朱元璋:《高皇帝御制文集·皇陵碑》卷14)。这里的"保儿"就是后来大明朝赫赫有名的大将军李文忠。李文忠的母亲即朱元璋的二姐早亡,父亲李贞带了他到处流浪。舅甥滁州相见时,李文忠尽管已经是个十四五岁的少年(比舅舅朱元璋小11岁,比朱文正可能要小四五岁),但他连个大名都没有,还是发迹了舅舅想得周到,脱口而出:"外甥见舅如见娘噢!"当即赐名文忠。(《明太祖实录》卷1)

据说那时的朱元璋人还特别仁慈、善良,叔侄、舅甥相继会聚后,看到小辈们可怜,就将他们认作义子,由此侄儿朱驴儿正式更名为朱文正,外甥李保儿更名为朱文忠。除此之外,朱元璋还收养了一批的孤儿,比较有名的有朱文英(小名沐舍、周舍,后恢复原姓)、平安(小名保儿,与李文忠小名相同,此人后来成为建文朝北伐战争的一员不可多得的猛将)、道舍(即英年早逝的猛将何文辉)、柴舍(即朱文刚)、金刚奴、也先、买驴、马儿(徐司马)、泼儿、老儿、真童、王驸马、朱文逊等20多人。(【明】王世贞:《弇山堂别集·诏令杂考》卷86;【明】刘辰:《国初事迹》;【明】孙宜:《洞庭集·大明初略三》;《明史·平安传》卷144;《明史·何文辉传》卷134)

朱元璋这些义子中的许多人大名已失考,当然现代人可能最感兴趣的是,为什么朱元璋要收养这么多的义子?是不是如明代国史所说的朱皇帝很仁慈?

在笔者看来,朱元璋之所以要收养这么多的孩子做义子,主要原因如下:

第一,早年朱元璋穷苦透顶,对于挣扎在死亡线上的底层人尤为同情,即使后来他当上帝国君主了,但还是充满了对"贫下中农"的深厚感情。大明洪武年间所实施的国策中有个十分明显的特征,即《明史》所说的明初"立法多右贫抑富"。(《明史·食货志一》卷77)

第二,朱元璋与后世惯称的马皇后结婚后多年不育,到底为何不育?会不会如我们现在所讲的男女生理上有些问题?今人不得而知。但从攻下滁州时收养侄儿朱文正和外甥李文忠这事来看,当时朱元璋与马皇后大概是结婚了3年不到一点,而在这3年当中朱元璋常常外出公干,夫妻聚少离多,男女不碰碰,怎么能开花结果?没结果就等于断了香火,这在传统中国社会里被视为最大的不孝,不是有语:"不孝有三,无后为大"。所以说,朱元璋拼命收养子,续香火可谓是一个十分重要的原因。

第三，朱元璋早年长期生活在社会底层，而我们的底层社会中对于夫妻没有生育有着一种"巧妙的"解决方法，叫"抱养来子"，就是说自己不生育，先弄个孩子来养养，要不了多久，夫妻间也就有自己的种子发芽了。这种方法现已被科学所证明是有效的，当然只适合于夫妻双方具有生育能力，但由于当时太紧张了，一直没有开花结果。一旦抱养了孩子，精神压力减轻，随意间反而易于怀孕。从后来的事实来看，自渡江后马皇后就一口气为朱元璋生了一堆娃，"抱养来子"之法看来还是蛮有效的。

第四，朱元璋事业在发展壮大，也需要帮手。滁州亲人相会之后，朱文正和李文忠相继走上了军事舞台，尤其是距离朱元璋年纪很近的朱文正后来出任了军事机构的最高领导大都督，主持了有名的洪都保卫战，为朱元璋的军事胜利立下了汗马功劳；李文忠则是大明开国前后仅次于徐达的一员大将，其作用更毋庸赘言。而其他诸义子呢，被义父朱元璋"命偕诸将分守诸路"。（《明史·何文辉传》卷134）

通过认养义子，将自家快要人口死绝了的劣势及时给弥补了起来；通过结交江湖兄弟，逐渐形成了以自己为核心的新的军事势力，朱元璋正在迅速崛起。滁州便是他事业腾飞的第一驿站，也是他阳光灿烂人生之旅的开启。

○ 第二次营救老领导　郭子兴来滁州　枕头风

正当朱元璋在滁州将事业经营得风生水起时，老丈人郭子兴却正在受罪，这是哪门子的事？

原来就在朱元璋南略定远、进攻滁州时，濠州城内窝里斗的好手赵均用和孙德崖等也似乎意识到：发展是个硬道理，于是带了手下人攻占了附近的盱眙和泗州，并把郭子兴挟持到了新攻下的泗州，想在那里解决掉这个"老冤家"，以报当年的"一箭之仇"；但鉴于郭子兴义女婿朱元璋在滁州一下子发展到了拥有数万人的军事势力，这才迟迟不敢下手。赵、孙等人反复密议，觉得只有将朱元璋引到他们可控的泗州来，方能将郭、朱翁婿俩全给收拾了。但怎么引过来？有人想到了：尽管朱元璋直接奉的是郭子兴之命在外发展的，但郭子兴上面还有两个王，即鲁淮王彭大和永义王赵均用，因此从常规角度来讲，朱元璋除了服从郭子兴命令外，还得首先要听从鲁淮王和永义王的调度与指挥，而此时的鲁淮王彭大已在与永义王赵均用发生的火并中死了；彭大之子彭早住虽说继称鲁淮王，但他的部队实力已大部分被赵均用夺去，自己形同傀儡。由此说来，赵均用这个郭子兴的老冤家至此完全独霸了起义军的领导权。但作为郭子兴的心腹又是女婿的朱元璋能听赵均用的调遣吗？当然不能！这是从政治风险角度来说事的；而从军队规制角度来讲，服从是军人的天职，朱元璋又不得不要考虑。如何解决好这个难题？

在谋士们的一番谋划下，朱元璋以滁州军务紧急不宜远行为名巧妙地推托，弄得赵均用只得发干火、跺脚骂娘，就是奈何不了他。就在这个时候，朱元璋又开始"反守为攻，主动出击"，生怕老丈人也是大恩人郭子兴在赵均用的操控下受害，他急忙派人前去游说赵均用，奉劝他不要忘了当年徐州之败后是郭公开门延纳了将军，"如果将军现在听信小人谗言，加害郭公，岂不是恩将仇报，自翦羽翼，这可是一个大丈夫所为？"同时又软中带硬地说道："如果将军要一意孤行的话，郭公手下也会不服，到时候恐怕将军难以安生了。"此番说辞真可谓无懈可击，赵均用看到朱元璋的态度如此坚决，更鉴于滁州军事实力如此浓厚，只得稍稍改变态度，"待子兴稍以礼"。随后朱元璋又开展新一轮"攻势"，长期的底层生活使得他熟稔底层人的普遍心理特征，不就是图点实惠，于是他就派人贿赂赵均用周围的人，让他们在赵均用面前尽说郭子兴的好话，顺便带上一句：扣着一个郭子兴也没什么大用，还不如顺水做个人情，把他给放了！赵均用听多了，慢慢觉得人们讲得有道理，最后决定，放了郭子兴。(《明太祖实录》卷1；【明】钱谦益：《国初群雄事略·滁阳王》卷2；【明】钱谦益：《牧斋初学集·太祖实录辨正1》卷101；《明史·郭子兴传》卷122)

堂堂一个元帅(相当于现代满大街的老总)，居然被人扣了那么长时间，郭子兴想想就窝火满腹。不过好在眼下义女婿朱元璋在滁州开辟了一个新天地，想当年我郭子兴收了他当义女婿，没看错！现在濠州、泗州等地都让该死的赵均用和孙德崖给占了，自己只有上滁州去投靠义女婿吧。一个准大王或称元帅去投靠自己的晚辈，丢不丢人？不丢！我这个义女婿怎么会有今天的？还不是当初我伸出了仁爱之手拉了他一把，还不是他借助我的这个平台发展起来的，所以从某种程度上来说，义女婿的这个分公司超过了我的总公司，但它也应该是我郭子兴名下的产业！带着这样的心理，郭子兴率领了10 000部众来到了滁州。朱元璋是何等精明之人，老丈人、顶头上司来了，不仅立即将自己手中的军权交出，而且还专门举行了盛大的阅兵欢迎仪式。看到义女婿发展起来的30 000多人军队号令严明，军容整肃，郭子兴心中乐开了花。(《明太祖实录》卷1)

◎ 贤妻、美人与枕头风

开心归开心，可有人却为郭子兴操起心来，尤其是一些郭元帅的老部下看到朱元璋像一只只涨不跌的股票，呼呼直往上升，心中不免担心起来：这样由朱元璋一手拉起的队伍还会听命于郭元帅吗？而就在这个时候，郭元帅的儿子们也开始嫉妒起自己的义姐夫来了。郭子兴一共生育了3子1女,长子早年战死,次子郭天叙、三子郭天爵都是在军营里长大,一个女儿是郭子兴与小张夫人所生,后来当了朱元璋的妃子。就说郭天叙、郭天爵虽然年龄比朱元璋要小,但他们都懂得中国传统的家产继承法——族内有着血缘关系的直系男性拥有继承权,女儿和女婿是外人(不同于现代社会),根本没有继承资格,而马氏是郭家的义女,朱元璋是郭家的义女婿,即使他创造再多的财产、财富或家族事业,在那个年代里理应是由郭家儿孙掌控、继承,所以郭天叙、郭天爵在老爸郭子兴面前有意或无意地表露出焦虑,纯属正常;而从郭子兴角度来讲,要不是我郭元帅当初拉了你朱和尚一把,你能有今天吗?要不是我给了你"本金",你哪能在定远挖得"第一桶金"?从公司运作模式来看,分公司当然是总公司的一部分了。由此思维出发,郭子兴为了巩固自己的地位,开始构建、强化自己的班子,从义女婿那儿抽调得力干将,"悉夺左右任事者",最后打算抽调朱元璋的心腹李善长。可李老先生或许看出郭子兴山大王秉性的局限性,或许预见到了"潜力股"朱元璋的"锦绣前程",一句话,他就是不愿意离开朱元璋,到总公司高层就任,并当着小自己14岁的朱元璋的面痛苦地哭了起来,着实感天动地。朱元璋无可奈何地说道:"主帅之命,不可违啊!"可李善长就是铁了心不愿走。一拖拖了一些时间,郭大王也不是什么刻薄之人,时间消磨了一切,对于李善长的工作调动,就这样不了了之。但朱元璋的兵权却是全给郭大王夺去了。对此,朱元璋不仅没有表露出丝毫的不爽,反而显现出自己对老丈人、老领导更加的恭敬和孝顺。地狱边缘的生生死死都能忍过来了,还有什么不能忍的呢?!(《明太祖实录》卷1)

翁婿之间的明争暗斗虽说表面上以小辈的朱元璋之谦和敬让而展示于世人眼前,但我们民族中有着墙倒众人推的遗传基因,驱使着某些人总会在这种十分微妙的时刻好好地表现一番。有个姓任的人逮住机会向郭子兴进谗,说朱元璋没什么大本领,尤其打仗,他可不行,那些所谓的战绩都是吹出来的。郭子兴是山大王出身,脑子并不复杂,信了任某的话,且还认为任某才是少有的军事人才。刚巧那时元军组织人马围困滁州,郭子兴一下子想起了很能谈论军事的任某,就让他领头出城迎战,哪曾料到这位夸夸其谈的当代赵括走出城门没超过10步,就让元兵的飞矢给吓了回来。这时只见得朱元璋奋勇直前,率领士兵们冲入敌阵,猛杀猛砍,杀得元兵鬼哭狼嚎。等到鸣金收兵时,一直在注视着战斗经过的郭元帅终于站了起来,笑盈盈地走向义女婿朱元璋,十分关怀地检查起他的身体,发现他了无所伤,不由赞叹不已。

据说朱元璋还善于通过外在情势来观察敌情和军事形势。有一次他和300多人一起外出办事,忽然间听到头顶上飞翔的鹁鸽在猛叫,抬头一看,空中飞舞着乱箭,众人还没有弄明白怎么一回事,朱元璋拉着大家飞也似地奔向城里。喘息未止,只见得蝗虫一般的元兵涌到了城下。面对坚如磐石的滁州城,他们只得怏怏而退。而这时那些幸运逃入城内的300人倒抽了一口冷气,从心底里佩服朱元璋的睿智和果敢。(《明太祖实录》卷1)

朱元璋越是有能耐,受人妒忌也就越多。虽说郭子兴一时消除了对他的怀疑,但还是有人不断地在暗中给朱元璋"放冷箭"。从军事与政治角度来说,郭子兴与朱元璋确实不是一个档次的,郭大王充其量也就是一个山大王的水准,可朱元璋随着自己阅历面的扩大,其野心也就越来越大。郭、朱两人的认识差异,加上领导权归属问题终使两者之间矛盾不得消停。据说郭子兴很喜欢底下人将在战争中缴获的战利品奉献给自己;而朱元璋却严禁剽掠,这样一来,众将领都有财宝孝敬给自己的最高领导,唯独朱元璋没有。有人就乘机进谗,说朱元璋心目中哪有郭大王这样的上级领导,为此郭子兴很不开心。幸好贤惠的马氏看出了其中的蹊跷,将昔日将士们奉献的一些财宝拿出来,送给了郭子兴最为喜欢的女人小张夫人。得人钱财,予人消灾。小张夫人拿了义女马氏的好处后,明白她的护夫用意,不断地向郭子兴吹起枕头风来。英雄难过美人关,美人说朱元璋好话,说多了,郭大王也就信了,翁婿之间"由是疑衅渐释"。(《明太祖实录》卷1)

○ 张士诚泰州、高邮起义与朱元璋施计巧救六合

就在郭、朱矛盾得以化解,滁州城内呈现出一派蒸蒸日上的大好气象之际,从南京北边的六合赶来了个特使顿时打破了这种祥和的局面。那么六合方面究竟有着什么样的事情?它又是如何搅了滁州的安宁格局的?

事情还要从张士诚及其发动的泰州、高邮起义说起。

张士诚,原名九四,今江苏苏北大丰(当时叫泰州白驹场亭)的盐丁,早年生活穷困,与其他当地盐丁一样,靠晒盐过活,但深受官府重役折磨,后来就干起了杀头的危险玩意——私贩食盐。在传统社会里,盐铁等都属于国家专卖商品,谁要私自贩卖了,一旦被抓住,就要被砍头。所以一般来说,不是到了生活边缘的,哪个人愿意去干这样的风险买卖。张士诚和他的弟弟张士义、张士德、张士信因为生活无着,就以驾船运盐为生,兼贩私盐。时间稍长,被当地的豪强权贵逮住了把柄,并受到了他们的欺凌。尤其有个弓兵叫丘义的,专门与张士诚作对,拿了私盐不给钱不说,还时不时地假模假样打着公家旗号,三天两头拦截盐船。张士诚忍无可忍,终于1353年开春时节,率领自家兄弟和李伯昇、潘元明、吕珍等18个兄弟,杀了恶

棍丘义和当地的土豪劣绅,烧了他们的房子。然后如旋风一般,席卷泰州、兴化和高邮等很多地方,并占领了当地36盐场。可在与当地"义兵"刘子仁武装作战时,张士诚大弟弟张士义不幸中矢身亡,但张士诚并没有因此气馁或沮丧,而是加紧反击,终于击溃了刘子仁的"义兵",并于至正十三年(1353)三月占领了泰州。(【元】叶子奇:《草木子·克谨篇》卷3上;【元】陶宗仪:《南村辍耕录·纪隆平》卷29;《明太祖实录》卷20;《明史·张士诚传》卷123)

张士诚起义后,元朝的盐课收入和南北漕运大受影响,更为严峻的是泰州、高邮等地正好处于南北交汇之处,现在张士诚在这一带起义了,对于大江南北正活跃的红巾军起到了遥相呼应和推波助澜的作用。所以当元朝政府听到泰州起义的消息后,头一下子就大了起来。鉴于当时帝国政府自身捉襟见肘,元廷决定先令当地地方政府即淮南江北行省出兵镇压。但让他们没想到的是,不但起义没被镇压下去,反而地方官军给弄没了。硬的不行,只好来软的,元朝官府派遣高邮知府李齐前去诱降张士诚,条件是不追究以往,授予张士诚万户官职,张士诚接受了。

按理说事情到此应该就平息了,但自古以来,只有官府的奸诈和没信用,才导致了老实巴交的普通民众的愤怒与反抗。正当张士诚做着元朝人封的万户职官美梦时,当地的淮南江北行省参知政事赵琏却通知张士诚一行去修治弋船、攻打濠州、泗州一带的红巾军。傻子都能看懂,你元军搞不过的红巾军,叫我张士诚去当炮灰、垫背?老子不干了,当即张士诚再次起兵,杀了赵琏,攻占兴化和高邮。至正十四年(1354)元月在那里建立"大周"政权,自称诚王,年号"天祐"(《明太祖实录》卷1)。六月张士诚攻占扬州,切断了京杭大运河的漕运,元朝经济输血管顿时被卡。

自宋朝起中华帝国的经济重心发生了转移,元朝时江浙行省"财赋居天下十七",即说元帝国财税的70%产自于江浙(《元史·苏天爵传》卷183)。当时全国税粮12 114 708石中江浙上缴的税粮就达4 494 783石,也就说元帝国近40%的税粮来自江浙(《元史·食货志一·税粮》卷93)。对于江南这么大的经济依赖现在突然间被张士诚起义给截断了,元顺帝再昏庸但在这个问题上还是有着十分清醒的认识,否则大元帝国真的完了。至正十四年(1354)九月他派了宰相脱脱组织百万大军南下,打算迅速消灭高邮的张士诚起义军。

脱脱来到高邮后,发动了几次进攻,虽说当时城外的起义军都被一一干掉了,但高邮城还是岿然不动。这时脱脱想到,分掉一部分兵力去攻打附近的六合,将这个新近被濠州红巾军赵均用部属夺走的城池也夺回来,这样就能从外围上切断高邮起义军的横向联系。由此本来并不为人看重的六合一下子形势吃紧,眼看就要

守不住了,当地守军将领派了一个与朱元璋熟悉的人,乘着黑夜赶赴滁州求救。(《明太祖实录》卷1)

求援特使来到滁州,直奔朱元璋处。当时正值半夜,大家都已经睡下了。朱元璋听说有人来求救,赶紧起床,但在问清来者为赵均用属下后,他反而不敢开门了,为防止别人闲言碎语,最终只得隔着门同求援来者一一交谈。第二天天一亮,他就直奔郭子兴处,将事情禀告了上去。郭子兴一听,你说谁呀?赵均用部下。说到赵均用这个挨千刀的,我郭大元帅还没来得及找他算账,他倒好,手下的人反而来讨救兵,想得倒美,老子不救!让他们给元朝打死了,我才开心!朱元璋看到老丈人这个态度,心里也急,忍不住进言道:"父帅,六合被围,不救必亡。六合一亡,接下来就轮到我们滁州了,我们不能因为一点小小的怨恨而误了大事啊!"听到这里,郭子兴似乎有所清醒了,随即决定派出将领去援救六合。可听说元兵百万,大伙儿都吓得不敢了,但碍于面子,当场托辞:要占卜问问神灵看,前去援救这事吉利不吉利。结果占卜下来都说不吉。郭子兴找不到人去了,就叫朱元璋去救,并嘱咐他也占卜问问神看。没想到朱元璋听后宛然一笑,说:"事情能否成功关键在于自己有没有信心,何必要去请示神呐!"说完,直奔营门,点上精兵,然后迅速东向,直奔六合而去。(《明太祖实录》卷1)

朱元璋率领救援部队来到六合后,迅速与将领耿再成一起商议守卫瓦梁垒事宜。那时元军天天以潮水般地涌来,朱元璋率领将士拼死抵抗,但毕竟人数还是不够。每当天色黑下来时总能发现有几个地方的工事被元兵打坏了,下令赶紧夜间抢修。等到第二天重复前一天的故事,这样折腾了四五天,大家都疲惫不堪了。朱元璋想,老是这样下去要完蛋的,怎么办?忽然间一个主意从脑海中蹦了出来。他下令收兵,不跟元兵玩了,然后让大家准备好干粮,叫上城中妇女靠在城门边上戟手大骂。打了这么多的仗,元兵习惯了兵对兵,刀对刀的,可今天太阳怎么从西边出来了?朱元璋军士见不着,城门边上站的是一些妇女,叽里呱啦不知道在说话还是骂人。元军本身军纪差,没好处士兵不愿意打仗,像现在这样也落得省心,大家就像看滑稽戏一样看着。只见瓦梁垒城门慢慢地打开了,一大群妇女走在前头,后面是驱赶着的牛羊,两边有老百姓模样的成年男人保护着。这是什么阵势?又不像阵势。是军队?军队里怎么会有妇女的呢?元兵愈发看不懂了,但也不敢靠近,生怕中计。只见得这支奇特的"队伍"出了瓦梁垒向西缓缓过去,一直向着滁州方向走了。蹑手蹑脚尾随而来的元兵顿时发现:坏了,我们上当了,他们在转移部队!赶紧组织人马,打算发起攻城之战。还没开始进攻,一直被跟踪的耿再成部队好像受到了什么影响,好多士兵都拼命地往滁州城逃去!本能反应,追!元兵终于逮住机会开始追了,哪知道刚开始追,忽然间道旁的涧沟附近朱元璋事先设下的伏兵四起,滁州城里的守军也鼓噪而出,两面夹击,打得元兵措手不及,落荒而逃。

虽说取得了伏击战的胜利,但朱元璋担心元兵人多势众,甚至有可能增兵围攻滁州城,要真是这样的话,滁州可危矣。因此说现在的情势必须使自己争取到主动。他随即叫来了城中耆老,如此这般地当面作了一番交代。

第二天一大早,滁州城门刚开,只见得地方耆老领了几个人,带了牛肉与美酒,赶着从元军那里缴获的马匹,款款地走向元军将领那儿,对他说:"滁州城主年老不堪,近日又在生病,不能远行前来犒劳将军,只好委派小的几个代劳了。我们城里全是良民,所以弄些兵丁结聚,也无非是为了防御其他盗贼来攻。现在看到将军带了这么多的将士来到这里,城中之民害怕是不是要被处死啊?真要被处死,小民们也没办法。不过将军要是不杀我们,我们滁州城日后可就是将军您的后方供给地,你要什么我们就给什么。听说高邮有个叫张士诚的,他可是个江湖大盗,将军你们要不是合力进军的话,恐怕难以取胜。小的不明白:为什么你们放下那样的大盗不攻打而来攻杀我们这些温顺的良民?"元军将领听完这番话,看看美酒与牛肉,再有送还的马匹,随口就跟部下说:"看来这些人真是良民,否则他们怎么会还我们马匹?算了,我们走吧!"由此滁州之围得以解除。(《明太祖实录》卷1;【明】佚名:《皇朝本纪》)

尽管经历了一些风浪,但总的来说,自朱元璋占领滁州后,这里比较安稳,远近四方饥饿的百姓不断有人来投军,起义军势力在不断壮大。看到这番喜人景象,来了3个月的郭子兴感觉有点飘飘然了,想想过去在濠州城的窝囊相,现在时时有着扬眉吐气之感,什么赵均用,什么永义王,没什么稀奇的,老子在这里也可以称王了。称什么来着?滁阳王?朱元璋知道老丈人的心思,但他担心:一旦称王了,就会像张士诚那样,遭受百万大军围剿,那风险可大了,犯得着吗?!再说滁州毕竟是个小山城,"舟楫不通,商贾不集,无形胜可据",不是称王的好地方!当朱元璋说出自己的观点时,郭子兴沉默了。时间一长,称王之事也就不了了之。(《明太祖实录》卷1)

● 反元大起义的转折与朱元璋开辟第二个根据地——和州

朱元璋给郭子兴的分析应该说是很有道理的,尽管他立足的是他们的那个小天地,但从全国的总体格局来看,当时反元起义还正处于不利状态。

○ **高邮大战——几千人的起义军队抵挡百万元军,居然还能挡了 3 个月**

这种不利状态开始于一年半前,即元至正十二年(1352)六、七月,南方红巾军教父彭莹玉率领将士一路扫荡东南,不幸在杭州战败被俘牺牲;同年年底另一位重要将领项普略率领的红巾军也在徽州吃了败仗。到至正十三年(1353)年底,连南方红巾军的大本营蕲水也被元军攻占,天完皇帝徐寿辉只得带了残部逃亡(【明】钱谦益:《国初群雄事略·天完徐寿辉》卷3)。至此,元末反元起义中发展速度最快、占领地区最广的南方红巾军处于最为不利的状态,被迫退出了长江中下游,转移到了江汉地区的黄梅山和沔阳湖中去。

几乎与此同时,最早发动起义的北方红巾军也遭遇了极大的挫折与困顿。先是至正十二年芝麻李等在徐州起义后遭受了灭顶之灾,随后王权的北琐红巾军和孟海马的南琐红巾军也分别在至正十三、十四年遭到了元军的镇压,这样一来,北方红巾军就失去了两翼有利的屏障,而恰恰这时河南等地的地方自行组织起来的反动武装,如察罕帖木儿和李思齐的"义兵"组织开始采取了疯狂的举措,拼命镇压和肆意屠杀起义军。至正十四年开始,北方红巾军主要领袖刘福通被迫改变策略,采取守势,反元斗争进入了低潮。(《元史·顺帝本纪七》卷44;《元史·察罕帖木儿传》卷141;【明】钱谦益:《国初群雄事略·宋小明王》卷1)

而这样的反元斗争低迷局面的打破首先得归功于向来不为人们所重视的张士诚领导的高邮大捷。前面给大家讲过张士诚十八壮士起义后占领了高邮等城池,但迅速招来了百万元军的疯狂围逼与进攻。高邮本是个小县城,张士诚起义军在城里建立政权后,虽然扩充了一些兵力,但最多也只有几千号人,而当时元军统帅脱脱率领的元兵就有百万之众。当然这百万之数可能是虚指,一般来说,古代中国人对数的概念虚指的为多,讲个大概,没有很精确的概念;加上元朝吏治腐败,虚报数字是司空见惯的事情。因此笔者认为:所谓的百万元军实际上可能是五六十万差不多了。但就五六十万军队也够张士诚受的了,元军里三层外三层地将高邮城围得水泄不通。脱脱正踌躇满志,又想再奏一回凯旋曲。谁曾想到这小小的高邮城还真经打,打了整整3个月,还是没能拿下。脱脱发足了狠劲,下令拼死猛攻。高邮外城被攻破,内城也将沦陷,张士诚眼看就要完蛋了,"日议降附,又恐罪在不赦"(《元史·伯颜传》卷138)。就在这千钧一发时刻,元顺帝和他的新宠佞臣、脱脱冤家对头哈麻出来"救"了张士诚。

○ **昏君佞臣大搞房中术、"性派对",元宫成了"淫乐大本营"**

前面我们讲过脱脱,他可是元末糊涂朝廷中仅有的几个清醒人之一,曾经厉行改革,实施"更化",但所有这些努力都印证了这样的一个历史定律:凡是王朝中后期的大改革,即便有着再多的为国为民的美好愿望,但最终都逃不出祸国殃民的结局。脱脱改革也不例外,"开河变钞"弄得全国沸腾,"厘清"吏治引来了政局的更加不稳。就在推行改革没多久,失势和失利的既得利益者将改革视为最大的祸害,拼命地攻击改革"更化"者。面对这样的不堪情势,脱脱被迫辞去了相位。

至正九年(1349)脱脱重新出任元廷宰相,为了更好地推行自己的治政方略,他开始更加专权,就此引发了与同僚之间的矛盾更加激化。有个叫哈麻的色目人,祖籍康里(东部钦察),母亲是元宁宗的奶妈,父亲秃鲁因为老婆给小皇帝吃奶"有功"而被封为冀国公,加太尉,阶金紫光禄大夫。哈麻与弟弟雪雪也因为老妈的缘故,小小年纪就开始出入元廷,当起了皇家警卫,元顺帝当政之初就认识他们。哈麻口才很好,经常逗皇帝开心,很快就由小官骤升为高级监察干部殿中侍御史,弟弟雪雪也当上集贤学士,至于到底有没有学问,这不要紧,只要听话,记住一个中心,即紧密团结在皇帝周围,跟皇帝走就行。再说元顺帝原本来自广西藩邸,到了大都北京人生地不熟,也需要玩伴,据说当时的哈麻每天就陪着元顺帝玩一种叫做"双陆"游戏。有一天,哈麻穿了新衣服站在元顺帝旁边,元顺帝喝着茶,不知想起了什么开心事,嘴里的茶水没来得及咽下去,忍不住喷了出来,将哈麻穿的新衣服全给喷脏了。哈麻不仅没有丝毫的不开心,反而笑着跟元顺帝说:"做天子的本来就应该这样对待他的臣下。"这话的意思是皇帝应该乾纲独断,爱怎么折腾就怎么折腾。当时元顺帝还是小青年,听了这话觉得特别舒服,由此愈发喜欢哈麻。(《元史·奸臣·哈麻传》卷205)

哈麻在皇帝那里越来越吃香,声名远播,就连蒙古藩王、皇宫贵戚想要向皇帝求个什么事,还得首先要贿赂哈麻。哈麻更加不可一世了,曾动起了歪脑筋,想陷害脱脱,不料事败,被贬至南安。后虽被召回,担任礼部尚书,但情势已大不如以前了。当时元顺帝还没有昏庸不堪,也想重振大元朝纲,曾任用脱脱为丞相,脱脱弟弟也先帖木儿为御史大夫即监察部部长。见到脱脱兄弟这般得势,哈麻识大体、懂大局,及时地改变了自己的态度,有事没事找借口向脱脱兄弟靠拢,时间一长,他就成了脱脱改革派的人了。但脱脱改革不顺利,反对派别儿怯不花上来替代了他的相位。占了人家的位子还不算,别儿怯不花更想新账老账一起算,说白了就是想搞死脱脱。这时,哈麻倒是挺仗义的,出来说了些公道话,这样总算让脱脱兄弟化险为夷。为此,脱脱兄弟从心底里感激哈麻。

脱脱再度出任丞相后,哈麻不久也官拜中书添设右丞。那时改革家满腔热情想搞改革,凡事都与自己信任的部下汝中柏商议,并将汝中柏由郎中官提升为参议中书,这样丞相府想要通过什么决策方案真可谓易如反掌,甚至朝廷上也很少有人公开表达自己与脱脱改革相左的意见。可哈麻有几次好像吃错药似地说出了自己的不同观点,这下可惹恼了脱脱红人汝中柏,汝中柏就向脱脱密告了哈麻的不是。脱脱感觉到自己的工作阻力很大,很可能问题就出在哈麻身上,于是找了个理由,奏请元顺帝同意,调哈麻为宣政院使。宣政院使是个闲职,权力没多少,哈麻前去任职后又位居第三,这下心里可火了,他发誓一定要报这个仇。(《元史·奸臣·哈麻传》卷205)

哈麻想要重新得宠,首先得考虑找到关键的人物。通过观察,他发现元顺帝三宫即三个皇后中第二个皇后高丽人奇氏(有的书上写成"祁氏")身上可以做文章。奇氏很想立自己的儿子爱猷识理达腊为元帝国的皇太子,但没想到丞相脱脱持反对态度,这样一来,对于哈麻来说,可算是找到了同盟军。不过哈麻更清楚,生过孩子的奇氏人老珠黄,元顺帝并不在乎她,真正使年富力强皇帝有兴趣的是那些富有青春活力的年轻美眉和有关与美眉们的那些开心事。俗话说:上有所好,下必甚焉。虽说皇宫里唯一能一展雄风美姿的也就是那皇帝一人,这是明的,暗的呢,那就难说了。有一天,哈麻与妹夫秃鲁帖木儿说起了男女之欢一类的事情,说着说着,两人越说越起劲,越说越陶醉,不知不觉地提到了前朝宫中暗中盛行的房中术。要说房中术中功夫最好的据说是西番僧,即藏族僧侣,他们会行房中运气之术,一旦运气起来,身体之气或消或胀、或缩或伸,对付七八个或十来个女人游刃有余,这在藏语里头叫做"演撰儿法",汉语喊之"大喜乐""多修法""秘密佛法"。(【元】权衡:《庚申外史》卷上;《元史·奸臣·哈麻传》卷205)

郎舅俩密议好后,找了个没人的机会就向元顺帝进言:"陛下虽贵为天子,富有四海,亦不过保有见世而已,人生能几何?当受此'秘密大喜乐禅定',又名'多修法',其乐无穷!"尤其最后"其乐无穷"四个字说得更外清脆。元顺帝听后淫心荡漾,马上命令哈麻传旨,封那些精通房中术的西番僧为司徒、大元国师,国师又推荐老的沙、巴郎太子、答剌马的、秃鲁帖木儿、脱懽、孛的、蛙林、纳哈出、速哥帖木儿、薛答里麻10人为"倚纳"(淫亵同伴)。光有男的可不行,怎么练啊?皇帝就想得周到,否则他怎么会是大元帝国第一人呢!就在进封司徒、大元国师之际,元顺帝封了4个女人为"供养",发现不够后又封了4个女人为"供养",这样就算"一对一"合计下来,还是男的多女的少。怎么办?当时宫中不少高丽美女开始为君分忧,打听好哪家皇宫贵族或北京城里老百姓家有漂亮妞的,通过劝诱引导她们到宫中来乐乐。如此下来,"供养"的面就大大地拓宽了,进入元宫的美女多得数不过来。这些男男女女在元顺帝面前脱得一丝不挂,上演真实版的顶级片,大元皇帝精神旺盛时领头当主角,力衰时当观众,常常出现"君臣共被",浪声淫笑,响彻皇宫,昼夜不息。

宫中淫风吹到民间,普通百姓家只要有姑娘,只要长得不算难看,拿了大元皇家的金银和布帛后就把女儿送往宫中去;富贵人家不在乎这些钱财布帛,但能让女儿身子给皇帝占了,也会感到无限幸福。这样一来,元大都的皇宫里就容不下那么多的女孩了,元顺帝想到在他们蒙古老祖宗开创的上都建立"快乐大本营",取名为"穆清阁","连延数百间,千门万户,取妇女实之"(【元】权衡:《庚申外史》卷上)。皇帝玩得开心,也玩得舒心,由此对于献出如此"妙招"的哈麻郎舅俩越看越舒服、越看越喜欢。乘着皇帝开心,哈麻适时上奏,说说脱脱的不是。这时皇后奇氏和皇子爱猷识理达腊指使监察御史袁赛因不花等也上了3个奏折,劾奏道:"脱脱出师三月,略无寸功,倾国家之财以为己用,半朝廷之官以为自随。又其弟也先帖木儿,庸材鄙器,玷污清台,纲纪之政不修,贪淫之心益著。"(《元史·顺帝本纪六》卷43)

○ 原本将要惨败的高邮之战顷刻间变成高邮大捷——反元斗争运动的转折点

元顺帝接到奏折后十分恼火,以"老师费财,已逾三月,坐视寇盗,恬不为意"为罪由,下诏削夺脱脱官爵,安置其在淮安路,其弟御史大夫也先帖木儿也被安置在宁夏路。同时命令以河南行省平章政事泰不花为本省左丞相,中书平章政事月阔察儿加太尉,集贤大学士雪雪(哈麻弟弟)为知枢密院事,一同总领诸处征进军马,南下高邮,取代脱脱的前线总指挥。(《元史·顺帝本纪六》卷43)

再说高邮前线,眼看城池即将攻陷,忽然有人来报:皇帝圣旨到。就在这时,有个叫龚伯遂的向脱脱进言:"丞相从大都出发时,皇帝曾亲口跟您说:'以后的事情你什么都可以不理睬,朕要是有事只用密旨。'现在丞相您人在军中,只奉行皇帝密旨:一鼓作气,荡平高邮。其他什么诏书不诏书的完全可以不理。这里边很明显是小人在使坏啊,更何况自古有言道:'将在外君命有所不受。'"脱脱听完后说:"不行啊,我不听皇诏,是与皇帝对抗啊!"于是只好下令开读皇诏,皇诏念完时,"军中闻之皆大哭"。当时朝廷军号称100来万人"一时四散"。之所以如此,除了脱脱不敢抗拒皇命外,还有一个重要原因,据说当时哈麻已做了工作,在一些出征高邮而家在北京的将士家眷那里打了招呼,让他们赶紧派人南下,暗中告诉自己的军中亲属子弟:一旦皇帝诏书到,如果有谁不立即散去的话,就要被灭族!因此这才导致了高邮城下百万元军顷刻之间鸟兽散的悲剧出现。那么这么多人立即散去,都到哪里去了呢?政府有没有好好安置?"散如无所附者,多从红军",譬如说有支铁甲军后来就进入了襄阳,加入了南方红巾军。再说百万大军统帅脱脱在罢官后先被安置在淮安路,但在那里待了一个月左右,又被元顺帝改置在亦集乃路(今甘肃边地),后再改为流放云南。而就在脱脱前往云南的途中,老冤家哈麻派人将他秘密毒死于吐蕃境内。转瞬即现的军事大胜利和最为厚实的一份大家底——百万大军,在昏君佞臣的瞎折腾下化为了灰烬,从此大元帝国再也没有翻盘的机会了。(【元】权衡:《庚申外史》卷上)

再说高邮城内的张士诚起义军本来就要完蛋了,没想到元顺帝君臣"救"了他们。从此高邮之战名扬天下,不仅成为张士诚命运的转折点,而且也是元末农民战争的转折点。自那以后,元廷"哈麻邪谋误国,遂至危亡不救"(【元】权衡:《庚申外史》卷上;《明史·张士诚传》卷123),而起义军方面却由劣势开始逐渐转变为优势,各地纷纷出击,迅速将反元斗争推向了新高潮。

○ 北方红巾军宋小明王政权的建立与南北红巾军反元起义开始"翻盘"

首先发起反攻的依然是北方红巾军。至正十四年高邮大战正酣之际,刘福通率领北方红巾军,利用这个契机在河南与安徽相交地区展开大规模的军事斗争,先后占领了安丰、颍州等地,并兵围庐州(今合肥)。元顺帝接到急报后曾调兵遣将,对北方红巾军进行围追堵截,企图将其彻底消灭,但让他没想到的是,这一切都枉费心机,白日做梦。与此相对,北方红巾军却愈发壮大。至正十五年(1355)二月,北方红巾军实际领袖刘福通派人上砀山夹河,寻找逃难到此的韩山童之子韩林儿,将他迎至皖北亳州,立为皇帝,人称小明王,国号宋,改元龙凤。以韩林儿母亲杨氏为皇太后,杜遵道、盛文郁为丞相,罗文素、刘福通为平章,刘六为知枢密院事,并拆鹿邑县太清宫材建宫阙。至此,北方红巾军政权正式建立。

但北方红巾军政权建立之初并不稳定,与实干家刘福通相比,丞相杜遵道的优势就在于他原本为元朝枢密院掾史,熟悉国家政权的典章制度,因此在宋政权建立的过程中,杜遵道发挥了很大的作用。仿效元朝,宋政权小皇帝韩林儿之下设立"三驾马车",中央行政机构也叫中书省,也有丞相、平章等掌权的高级领导干部;中央军事机构也叫枢密院,主管军事;中央监察机构也叫御史台,专门负责监察。后来宋政权地盘扩大了,也模仿元朝地方行政建置,设立了行中书省、府和县等地方机构进行管理;地方军事方面设立统军元帅府、管军总管府和管军万户府等机构,归属中央枢密院管辖。这套体制后来直接影响了朱元璋政权建设——这是后话了。

正因为熟稔元朝典章制度的杜遵道在宋政权构建过程中出力甚多,据此他也变得十分骄慢。再说当时的主子小明王尽管是当了皇帝,可他实际年龄还是个小孩子。丞相杜遵道十分"体贴"地将自己家的小孩子送到宫中陪着小明王玩耍,由此杜丞相得宠专权,但也引起了"实干家"刘福通的不满和忌恨。就在杜遵道擅权自恣、得意忘形之际,刘福通派了甲士偷偷地将他给杀了,然后自任丞相,后又晋封为太保,故世人称之为"刘太保",从那时起,韩林儿是挂了名的主子,宋政权真正做主的是刘福通。(《元史·顺帝本纪七》卷44;【明】钱谦益:《国初群雄事略·天完徐寿辉》卷3)话得这么说,正因为北方红巾军有着刘福通这样的实干家在负责地经营着,中原大地的反元烈火才会越烧越旺。

除了北方红巾军重新勃兴外,差不多与此同时,南方红巾军也开始新一轮的反攻。至正十五年(1355,治平五年)正月,天完皇帝徐寿辉的部将倪文俊率领一支队伍对沔阳府发动进攻,并一举占领了它,随后他又帅师日夜兼程进逼长江中游军事重镇武昌。当时坐镇在武昌的元朝威顺王宽彻普化极为震惊,立马下令,让儿子报恩奴、接待奴、佛家奴会同湖广元帅阿思南,率领大船40余只和大批步兵,水陆并进,打算迎击倪文俊。不料行军至汉川县鸡鸣汊时,由于水浅,船只被搁。正当元军左顾右盼地寻找解决方法时,倪文俊率领的起义军突然冒了出来,用火筏来焚烧元军船只。威顺王的3个宝贝儿子及其他们一路带去玩乐的美眉"小三""小四"们一下子全给倪文俊当了美色"大餐"了。宽彻普化闻听败讯,吓得赶紧开溜,一直远逃到了陕西才算定神。(【明】钱谦益:《国初群雄事略·天完徐寿辉》卷3)

○ 朱元璋智取和州,开辟第二根据地——1355年正月

南北红巾军反元烈火越烧越旺,反元斗争分水岭的高邮大战也已取得了胜利,这些喜讯传播开来,对于共同从事反抗元廷黑暗统治的人们来说,无论如何都是起到极大的鼓舞作用。当时恰好处于反元"防风带"内的滁州郭子兴、朱元璋部也有了新发展,将士人数由当初的20 000一下子猛增到了40 000,增加了100%。军事力量增大本来是件好事,但必须得有经济实力支撑,可滁州是个山城,山塞之地,供应不便,弹丸之城,商贾不集。客观形势告诉主帅郭子兴必须得往外发展,否则再这样待下去,粮食等方面都要出问题了。但往哪儿发展?当时诸将提出了各自的主张,朱元璋也发表了观点,可郭子兴都没有听进去。

由于老丈人郭子兴来后,自己经常受到郭氏家人和早期起义将领的排挤或奚落,有些可行性的军事建议又得不到认可与贯彻实施,朱元璋郁郁寡欢,最终病倒了,且一病就病了好久。就在这时,有人向郭大王报告说:滁州储备的粮食越来越少了,再不筹划发展的话,大家吃饭都要成问题了。郭子兴听完后,想起以前义女婿朱元璋好像说起过有什么好的谋略。对,就叫他来商议商议,他可是计谋多多,定远一路过来,还全靠他的一个又一个鬼主意呐。

派出去的人不一会儿就回来说：朱公子病了，不能来！郭子兴下令再去喊，连续三次，朱元璋只好抱病而至，并献计说："父帅，困守孤城诚非计，今欲谋所向，惟和阳可图！"郭子兴听后说："你是说我们滁州西南方向百里之外的和阳？那里可有元军重兵防守，再说那个城池既小且十分坚固，恐怕不容易攻占？"朱元璋说："父帅所言极是，不过小婿认为，攻占和阳，只能智取，不可硬攻。"郭子兴一听这话，顿时来了精神："怎么个智取法？"朱元璋说："前几天不是我们进攻民寨，收编了不少庐州寨兵，我们从中挑选身强力壮者3 000名，让他们打扮成元兵模样，穿上青衣，用4只骆驼驮载货物，派人放出话去，说是庐州兵护送使者到和阳城去犒劳元军将士。和阳将士见了自家人来犒劳了，天大的好事，就会毫无疑虑地打开城门予以迎接。而就在这个过程中，我们组织另外一支人马10 000来人，让大家穿上绛红衣服，尾随青衣军后10里。等待前面的青衣军到达和阳城时，立即举火为号，后面绛衣军见到暗号，立即擂鼓前进，造成冲锋的态势。那时和阳城里的元兵即使发现不对，想关城门也来不及了。"郭子兴听到这里，连连叫好，不过在做军事布置时他可动了一番脑筋。女婿有病，不可远行，再说女婿这么短时间内发展也够猛的，权衡再三，最后他决定，任命自家舅子张天祐打头阵，领着青衣军先行，赵继祖扮演元朝使者，做前导，将领耿再成率10 000绛衣兵跟着后面。（《明太祖实录》卷2）

至正十五年正月二十一日，赶了好几天路的张天祐青衣军来到了和阳境内的陡阳关，当地百姓听说庐州义兵来了，纷纷带了牛肉美酒出来慰问。张天祐本是江湖粗人，有酒就喝，有肉就吃。酒足饭饱后青衣军继续赶路，走着走着，也不知怎么的将道给走岔了，耽误了原先约定的时间。再说耿再成到了约定时间，见不到张天祐军的举火信号，就误以为他们可能已经到了和阳城下，于是命令手下人拼命赶路。快要接近和阳城下时，看看四周还是没有张天祐等人影，心里正犯嘀咕：怎么回事？还没想明白，突然间前面和阳城里的元军喊杀声震天，城门关闭，吊桥也被放下来了。坏了，一个个从城头上缒下的元兵摆出庞大的阵容，正发起凶猛的进攻。耿再成命令大家抵抗，可面对这么突然的进攻，绛衣军一点防备心理也没有，赶紧逃啊！逃跑中，连将领耿再成自身也中箭。但元军还是紧追不放，一直追到千秋坝时，天色已晚，生怕中计，才不得不停下。

这时，张天祐的青衣军恰巧赶到，几乎与鸣金收兵的元军撞个满怀。元兵见到夜色中的红巾军，误以为中了埋伏了，赶紧往和阳方向逃啊！张天祐率领人马拼命追赶，一直追到和阳城的小西门。元军蜂拥入城，正打算拉起吊桥，将红巾军拒之于城外，没想到他们刚刚收起吊桥，眼明手快的总管汤和一个箭步冲了上去，举刀便砍，吊桥再也吊不起来了。张天祐率领人马迅速踏上吊桥，振臂高呼登城。城内

元军一下子乱了,守军将领也先帖木儿手足无措,乘着黑夜一溜了之,和阳城瞬间被攻占。(《明太祖实录》卷2)

和阳城内外发生的这一系列巨变,对于先前败逃的耿再成一行人来说却根本不知。当他们气喘吁吁地回到滁州城里,汇报一路的遭遇后,郭子兴惊呆了,缓过神来后又开始不停地责怪起朱元璋出的馊主意。偏偏这个时候又有人来报:"有一支元军快到滁州来了,先派了使者前来招降!"这下郭子兴可真的被吓坏了,精兵强将都在外,滁州城内基本上都是些老弱病残孕,如何是好?他叫来义女婿商议商议看,到底怎么办?朱元璋说:"乘着元军招降使还没到达之际,我们赶紧行动。城中人少,但我们可不能暴露出自己的薄弱,将东、北、西三门的守卫兵力全都集中到南门去,然后从南门的临街地面那里开始往城中布列刀光剑影的军中武士,从阵势上震慑住元军的招降使。"(《明太祖实录》卷2)

一切布置完毕,朱元璋通知下去,等候在南门外的招降使可以进来了。当招降使正打算快步走入滁州城内军营时,朱元璋大声呵斥:来使觐见郭大元帅必须得膝行即用膝盖行走!毫无心理准备的招降使被这突然间的大声呵斥顿时吓得掉了魂似的,几乎本能地跪了下去,一路膝行进了军营,面见郭子兴。再说此时郭子兴还没有从原先的惊慌中完全恢复过来,见了招降使几乎语无伦次。这时,众将领看不下去了,纷纷主张杀了这个元军使者。可朱元璋却不这么认为,他轻轻地跟郭子兴说:"父帅,我们的主力大都在外,城内空虚,如果我们现在杀了招降使,就显露出自身的怯懦和虚弱,自古道:两军交战不斩来使。一旦来使被斩了,他们不会善罢甘休的。倒不如我们放他回去,临走前再让他见识见识我们的威武军阵,以大言吓唬吓唬。只要这个伤魂落魄的家伙回去复命了,我量他们的主帅也不敢贸然进兵!"郭子兴想不出更好的办法,就依了朱元璋。俗话说:吓死胆小的,撑死胆大的。原来这支元军就没心恋战,听到招降使描述了一路上的见闻后面面相觑,第二天一大早就撤围而去,滁州之危不解自消。(《明太祖实录》卷2)

迫在眉睫的危机一解除,郭子兴就想起了和阳的事情。当时他还不知道汤和、张天祐等已经拿下了该城,于是就命令朱元璋统领2 000兵马,迅速赶往增援,顺路收拾散兵败卒,整顿队伍,寻找合适的机会,拿下和阳。

2 000多人一路走,一路寻找流散的弟兄,当时总共收拾到了1 000人,这样一来朱元璋的这支增援队伍的行军速度可不快,走了好多天才来到了一个叫陡阳关的地方。当时朱元璋决定,立即改变策略:命令大队人马就地休息,等待天黑以后,每人燃起10支火炬,3 000来人就有30 000多堆篝火,敌军要是望见了,还真以为主力部队在此呐。与此同时他带上镇抚徐达、参谋李善长以及骁勇之士几十人轻骑速行，直奔和阳，打算在傍晚时伺机发动进攻，打得元军措手不及。但当他们来到和阳城下时才知，自家人已经拿下了城池，顿时大家就欢天喜地，入城团聚了。

朱元璋等入城后没几天，元军组织了大规模的围城反攻战。他们从和阳城的西门翻越了城隍（无水的护城壕），见到那里守卫防备严厉，就改为集中兵力进攻北门。在这十分危急时刻，朱元璋大胆决定：打开北门，令众将士对蜂拥而至的元军发起猛烈反击。元兵见到这般情势，感觉讨不到什么便宜，纷纷退去。朱元璋赶紧令人将捷报送往滁州郭子兴那儿，郭子兴随即下令，任命朱元璋为和阳总兵，统帅和阳（又名和州）人马。（《明太祖实录》卷2）

○ 和州整顿　收服人心

朱元璋虽然被任命为和州总兵官，也就是和州的一把手，但此次攻打和州一开始情势就很不寻常。郭子兴任命自己的舅子张天祐为先锋，还有其他的一些郭大王的老部下都参与了这次战斗，不像以往朱元璋打仗都是靠自己和招募来的将士，因而当时和州城内的军政格局很复杂。许多郭子兴的老部下、直系血缘亲属都不服气朱元璋。其中意见最大的就是朱元璋的小舅子郭子兴的儿子郭天叙、郭天爵和郭子兴的小舅子张天祐等人。郭子兴的两个儿子认为，这个姐夫不是亲姐夫，凭什么要这样受父亲的重用？而郭子兴的小舅子张天祐更不满了，心想：和州城是我先带领军队拼死拼活打下来的，凭什么任命你朱元璋来管理呐？

所有这一切，朱元璋都看在眼里，但他什么也没说，就做了两件事情，一下子使得全体将士对他心悦诚服。

第一件事情：长凳换公座，用自身人格力量使人臣服。当时农民军内部高层开会议事，都设有公座，按照每个人在军队中职位的高低，中间坐着大王，旁边是军师，官位越高距离大王越近；以此往下排，也就是说官位越小，距离大王越远，最后坐在角落边上。

朱元璋想了个办法，先是在开会之前把所有的公座全部撤掉，换上长凳，这样大家来了，便按照先来后到的顺序坐在长凳上，如此一来在军中议事时就没有了过分鲜明的官位高低的排序。一切准备好了，也通知好某日开会，朱元璋故意迟到，别人五更便起身，他要磨蹭一会儿，等大家差不多都到了，他才姗姗来迟地进入"会议室"，待到入座时，只剩下角落了——在习惯思维中这是军中最卑微的位置，但朱元璋毫不在乎，来了便落座，随即侃侃而谈军中之事。军中平日里不服气的人目睹了眼前这一幕，顿时觉得朱总兵的气度确实令人敬佩。瞧那么多的人都在邀功，可平心而论，人家朱元璋的功劳还真不小啊，但你看他毫不介意坐在角落里，且谈起

事情来滔滔不绝又滴水不漏,真让人佩服!(《明太祖实录》卷2)

第二件事情,分段修筑城墙,强化军纪。朱元璋先将和州原有破旧城墙量了一圈,然后划分十段,与军中将领约定,各自负责一段城墙的修葺,并规定了一个期限,到期大家务必要完成各段城墙的修建。然而散漫惯了的九个将领都未把此事当作一件正儿八经的事去办,总觉得没什么大不了的,心想,你朱元璋拿了鸡毛当令箭,我们凭什么要听你的指挥,无论如何要给他来个下马威。不难猜想,修葺期限一到,只有朱元璋负责的那一段保质保量地完成了,其他九个将领压根儿就没把这当一回事。

这个时候朱元璋找来了诸位将领,十分威严地拿出郭子兴的委任状,摆放在公堂的桌子上,让诸将上前来细看,随即说道:"总兵官,是郭大帅任命的,不是我擅自自称的。既然我朱某人现在担任总兵官,总兵官下辖的事务,大家做起来总该也有点章法吧。现在诸位将领修筑城墙的事情都没有按期完成,今后还有什么事能做成的?因此说,从今以后,凡是违反军令者,一律按照军法处置!"诸将自觉理亏,纷纷服了软。(《明太祖实录》卷2)

其实在这件事情上,朱元璋首先从军中程序上用郭子兴的命令和个人威望压倒了九个将领;另外他自己确确实实也做出了表率,从心理上让大家彻底臣服了。

经过如此事情,朱元璋在军中尤其是高层将领中的威望逐渐提高,加上他自己又有指挥和军事方面的才能,这样就使得军中的将士们都对他交口称赞,有的甚至佩服得五体投地。由此他也就自然而然地成为这支农民军的实际领导人了。(《明太祖实录》卷2)

其实朱元璋在和州时除了整顿起义军领导层以外,还十分注意军民关系,通过巧妙的方式,重申军纪,加强起义军的战斗力。

前面说过,此次攻占和州是由郭子兴的舅子张天祐等负责领头的。但在攻占和州日睹了元军几次凶猛反扑后,张天祐等觉到:守住和州,难啊!倒不如在和州城内抢掠一通,弄点银子,兄弟们有得花花;抢些女人,大家回去可以天天乐乐!将帅有了这么个念头,和州城内的百姓们可遭罪了,"诸将破城,暴横多杀人。城中人民,夫妇不相保"。(《明太祖实录》卷2)

对于这样的情况,后期来到的朱元璋似乎并不太清楚,直到有一天有了意外的发现。

那是早春的一天晚上,朱元璋外出办事,正走在和州城的大街上,忽然看见一个小男孩正畏畏缩缩地躲在街边的墙角里,身上衣衫褴褛,瑟瑟发抖,给人感觉,这个小孩似乎没有人管,也没有人问。见到如此孤苦的小孩,朱元璋心里隐隐作痛,小男孩牵动着他的视线,更牵动了他的内心,于是他走上前去问了:"你父母呢?为什么就你一个人?"男孩开始不敢回答,但在朱元璋循循善诱的开导下,终于说话了:"我的父母都被军爷抓去了,我在等我父亲,他在为军爷养马;我母亲被抓后,还不能与我父亲相聚,见了面只能以兄妹相称;我不敢进入军爷衙门,只好在外偷偷地等我父亲啊!"听到这里,朱元璋立马意识到,军队出了大问题了;而男孩孤苦无依的样子仿佛让他看到了童年、少年流浪时的自己,内心顿时受到了巨大的刺痛。他立即召集所有的将士,命令他们将强行抢来的妇女和抓去的劳力全部给带出来。在和州府治前,他让妇女们待在府治衙门内,男人们分列在门外两旁,然后一一放出妇女来,如果是你的老婆,就出来领回去;如果不是,那就不能瞎认。这个特殊的"公堂认亲"场面使得当时很多在场的老百姓喜极而泣,"夫妇皆相携而往,室家得完,人民大悦"。(《明太祖实录》卷2;【明】佚名:《皇明本纪》)

正当朱元璋整顿秩序稍稍有所起色时,不甘心失败的元军开始重新集结,大约调动了 10 万人马来围攻和州城。朱元璋指挥大家坚守城池,时不时地派遣奇兵出击。元军围了和州 3 个月,不仅没夺回,反而损兵折将,弄得士气十分低落。转眼就到了夏天,眼看着没法搞定和州了,元军干脆撤围而退。

围城元军一撤,和州城顿时松了口气,但外围形势还不容乐观。元太子秃坚、枢密副使绊住马和民兵(元末义兵往往被称为民兵,相对于元朝的官军而言)元帅陈埜先各自率领部队分屯新塘、高望及青山、鸡笼山等要塞,截断了和州与外界的联系通道,想在较大范围内困死起义军,而恰恰这时和州城里又发生粮饷短缺。直觉告诉朱元璋,必须设法解除这个外围,否则后果不堪设想。那怎么解除呢?硬拼,就和州城内外 20 000 来人怎么能拼得过敌方 100 000 人马?看来还只有智取。怎么智取?朱元璋想到的还是以前的老办法:出奇兵骚扰元军,将与元军勾结的义兵山寨一一拔掉,自己亲自率领人马上鸡笼山侧,突闯敌营,巧舌如簧地劝导义兵寨帅归降郭军,据说还劝成了不少。而对于当时的元军来说,在外围围了很久,看来似乎对和州的朱元璋军影响不大,不时又有人投敌,军心逐渐开始动摇了。元军将领看到这样下去起不到什么效果,干脆就将队伍移走吧,渡江到江南去!这样一来,和州之围自解了,粮饷短缺问题也逐渐开始设法得以解决。(《明太祖实录》卷2)

○ 当了一回东郭先生,朱元璋差一点将小命也搭进去——孙德崖来和州

一晃到了三月份,这是传统社会中常见的青黄不接季节。淮河沿岸地区本身土地贫瘠,民风剽悍,真正老实务农的也不为人看好。遇上灾荒,那就乱成一锅粥。

自至正十一年红巾军起义爆发以来，这一带的灾荒从来没有间断过，百姓苦了不用说。即使打着反元大旗、实施劫富济贫的起义军也面临着粮荒，甚至出现人吃人的人间悲剧，"有刘太保者（即指刘福通，笔者注），每陷一城，以人为粮，食人既尽，复陷一处，故其所过，赤地千里"（【明】钱谦益：《国初群雄事略·宋小明王》卷1引《草木子》）。濠州起义军也强不到哪里去，与郭子兴一起起义，后来成了冤家对头的孙德崖曾带了手下经常外出，四处打家劫舍，时间一长，周围没地方下手了，于是饥饿成了当时最为主要的威胁。如果不及时解决这个问题，要么也来个人吃人，就像刘福通他们；要么等着饿死，或部队自动解散，各人自行解决。在这万般无奈的情况下，孙德崖只好厚着脸皮拉起队伍南下。听说老冤家郭子兴女婿在和州经营得蛮好的，就到那里去看看能否凑合着过些时日。

　　孙军来到和州时，先在四境转了一圈，兵荒马乱，见不到有什么可吃的，就要求入城暂居数月。朱元璋听到孙德崖提出这样的要求，顿时头都大了，别的什么人都可以提出这样的请求，偏偏就你孙德崖不行啊！你是我老丈人的冤家，我们之间还有那一箭之仇呐！拒绝？孙军人多势众，自己和州城内的军队没法与之相比，且这些濠州新来客个个都是饿死鬼投胎似的，一旦拒绝了他们，从那些眼神里都能看出来，他们连人都吃得进，还有什么不敢做的？再说自己和州之围虽然解除了，可元军并没有走多远，他们在隔江盯着我们，我们要真是与孙军冲突起来，他们来个螳螂捕蝉黄雀在后，这可不得了啊。思来想去，最终决定：忍让、迁就，同意孙军入城。（《明太祖实录》卷2）

　　孙军入城没多久，有人给郭子兴打小报告，说朱元璋如何不应该将老丈人的仇人放入城内就食，并添油加醋地说了一些不好听的话。郭子兴听后顿时就怒火冲天，亲率部队从滁州出发，迅速赶往和州去。

　　再说和州的朱元璋听说老丈人要来，预感接下来的情势可能不妙，于是做好一些可能性的应对准备。他跟人说："郭大元帅白天不到，夜晚必来。不管他什么时候到，你们一定要及时禀报给我，我好亲自出去迎接。"巧了，后来郭子兴果然晚间到，走到门口，守卫恰巧是个与朱元璋有矛盾的人，他没去通报而是直接将郭子兴带到了驿馆（相当于招待所）去休息。这下郭子兴哪休息得了，气啊，火啊，没想到自己堂堂一个元帅、长辈居然受到下属、小辈的这般冷落、羞辱，实在是怒不可遏。就在郭子兴大发脾气时，朱元璋也听说老丈人来了，且被人带到驿馆去，根本来不及弄清事情原委，三步并作两步直奔驿馆，面见老丈人郭子兴。只见郭子兴脸铁青，见到女婿朱元璋只当没看见，且一言不发。朱元璋战战兢兢地站着，几次通报自己到了，郭子兴就不搭理。好久以后，郭子兴似乎缓和了一点，反问道："你是谁？

还认识我?"朱元璋说:"父帅,是小婿,您的大恩大德,我没齿难忘!"郭子兴又问:"你知罪吗?"朱元璋说:"小婿诚知有罪,但这是家里的事情,早晚任由父帅怎么处置都可以,只是外面的事情要赶紧想办法!"听到这里,郭子兴一惊:"什么外面的事情?"朱元璋说:"孙德崖现在就在我们和州城内,他的人马比我们多得多。父帅那次蒙难,我等曾砸破了他的家,杀了他的祖父母。现在他要是听到了父帅突然到此了,就不会产生报复的念头? 一旦要是实施报复,我们怎么办?"郭子兴沉默不语。(《明太祖实录》卷2)

再说借住在和州城内的孙德崖果然听说郭子兴来了,顿时就像斗红了眼的公牛,火气腾腾往上升,但又想想这是人家的地盘。上次在我家都没能搞动他们翁婿俩,更何况现在在他们的城池中了,算了,老子斗不过你们,赶紧走人吧,免得吃亏。想到这些,他就找朱元璋打个招呼:"你看你老丈人来了,我跟他合不来,算了,我到别的地方去!"朱元璋听后十分惊讶,没想到事情来得这么快,怀疑这里边是不是有什么猫腻,赶紧令人偷偷通报郭子兴,让他早做准备,自己则赶往孙德崖住处,设法稳住对方,于是假作十分关心的样子,问道:"孙大元帅为什么要这样急着走啊? 是不是末将有何对不起您?"孙德崖说:"哎,你家那个老丈人啊,我们处不来,还是早一点离开为好!"朱元璋仔细观察孙德崖的脸色,没发现有什么异样,于是这样说道:"既然孙大元帅执意要走,我也没办法挽留。这样吧,你说两军共处一城也有些时日了,现在一军突然要开拔,恐怕要引起一些震动,如果下人们再有什么不和谐之事,也容易借此机会滋事生非。倒不如大队人马先出动,孙大元帅留后压阵,您说呐?"孙德崖回答得很干脆:"好,就这样吧!"(《明太祖实录》卷2)

孙军出动离城了,早年久在江湖混迹的朱元璋等人一起赶往郊外,为孙军将领们摆酒饯行,一路走一路送,走了大约20里。忽然有人飞报,说城里的郭子兴与孙德崖两支部队打起来了,还死了好多人。朱元璋立即命令同来送行的耿炳文、吴祯等快马加鞭赶回和州城去。孙德崖的部将看到这等情势掉头紧追。朱元璋突然跨上马背,猛地抽了一鞭,飞马似闪电,本来想追赶的孙军将领见到这般情景顿时惊呆了。正当朱元璋顺利往回赶了一程时,突然间遇上了从城中出来的孙军将士,他们亮出了明晃晃的大刀、宝剑,扼守在前方的道路上。朱元璋因为仓促应变,根本没带什么兵器,眼看就要被如狼似虎的孙军将士活捉了,他顿时灵机一动,调转马头,往着孙军中有熟人的地方去。尽管最后还是被人团团围住了,但熟人多就好办事。有人急吼吼地冲上前来,质问朱元璋:"城中发生了屠杀,杀了我们好多的将士,你难道没有参与密谋?"朱元璋说:"我是因为送朋友才出城的,城里发生的争斗,我怎么能知道?"众人不信,强拉住他的马缰绳不放,簇拥着他向前行。朱元璋一脸的无辜,反复解释说:"我真的不知道城内怎么一回事,再说现在你们的人又这么多,何必要这样对待我?"有个过去跟朱元璋关系不错的人出来说:"他讲得有道理,我们这么多人看着他,他能怎么的?算了,大家不要都拽在那马缰绳上了。"众人听后这才稍稍放松了。没想到朱元璋又猛地抽了一马鞭,马飞也似地向前奔去,孙军群骑赶紧追赶,追了十多里才把朱元璋给追上。噼噼啪啪,一个个兵器像雨点一般打在朱元璋身上,幸好这时他已经穿上了盔甲,虽被打了,但没有什么大碍。就这样,他闯过了一关又一关,没想到后来又遭受短兵器所伤,坠落下马。正在绝望之际,巧了,刚好有个熟人骑马而过,此人看到老朋友朱元璋受难,大呼上马。朱元璋飞也似地跳上了马背,两人共乘一马,向前疾行。大约又走了好几里路,忽然路上遇上了孙德崖的弟弟。孙弟发狠,立即令人将朱元璋打落下马,然后将他按住,正举刀要杀。一个张姓熟人走了上来,跟大家说:"我们孙大元帅在和州城里,生死未卜,万一没什么事而我们先杀了朱公子,郭元帅知道了会善罢甘休吗?不会的,他会将仇恨发泄在我们孙大元帅头上,到那时一切晚矣。倒不如我们先留着朱公子做个人质。我先到和州城里去探探看,你们稍稍等一等。"

张某随即赶往城里,直接奔赴公堂上,看到孙德崖脖子上系着锁,正与郭子兴面对面坐着喝酒呐。他马上赶回城外,向众人描述了自己目睹的一切,且这样说道:"倘若依了大家的,不仅害了朱公子,而且还真会要了孙元帅的命。现在来看,这个事情没什么大碍了,好解决的!"但众人还是怒气未消,张某极力解释与营救,当天夜里,他还陪在朱元璋身边,一起睡到了天亮。第二天,众人起来后又将朱元璋拘押在麻湖中。到了第三天时,郭子兴才获悉事情的整个经过,听说朱元璋被绑架、被扣押了,顿时感觉自己好像失去了左膀右臂似的,实在不是滋味。有人给他出主意,将徐达等人送到城外孙军中去,换回朱元璋。

当徐达等人来到郊外时,孙军将士当即表示不同意这样换人。这时劝和人张某又出来开导人家:"不如先放了朱公子,扣下徐达,郭元帅见到朱公子回去了,也会放了孙大元帅的。"众人听后也无以反对,最后朱元璋脱险回城,孙德崖也被放出。孙德崖一放回,徐达也依次被释,一场两军火并的危机总算得以平息。(《明太祖实录》卷2;【明】佚名:《皇朝本纪》)

○ 郭子兴突然病逝 掌握郭军实权的朱元璋反而做起了"小三子"

要说这次危机的直接制造者,毋庸赘言,就是郭子兴。郭子兴之所以要干这事,气的就是当年孙德崖和赵均用绑架了他,并打算将他杀害。现在见到孙德崖这般厚脸皮来投靠自己一手栽培起来的义女婿,气啊,就甭提了,他要的不仅仅是还给孙德崖气恼和羞辱,而且还要以牙还牙,杀了他,这在江湖上是很普遍的做法。没想到的是本来可以稳操胜券的事情,忽然间生出了意外来了。尽管自己与义女婿之间有矛盾,但考虑到现在的这份产业还是义女婿去发展而来的,且日后还指望他多多出力呐。这是郭大王的眼光,也是他真实的想法。虽然刚刚过去的"事变"给郭、孙双方都没带来什么大的损失,但郭子兴内心还是非常之气愤的。过去在濠州城里自己就曾被人好好地羞辱了一番、惊吓了一番,如今在自家的地界上居然也来了一场惊险,这一切传开来了,江湖上可要笑话了!郭大王越想越气,怏怏不乐,忧闷致疾,最后一病不起,死于和州。郭子兴死后,朱元璋、张天祐和郭子兴的妻儿一起将郭子兴的尸体运回滁州去安葬。大明开国时,朱元璋追封他为滁阳王,并在滁州给他立庙祭祀。(《明太祖实录》卷2;【明】钱谦益:《国初群雄事略·滁阳王》卷2;《明史·郭子兴传》卷122)

郭子兴从生气得病到死,前后不过3个月,郭子兴得了什么病?似乎从来没人怀疑过。这是问题之一。第二,郭子兴虽然死得很快,但也不像后来的明朝永乐皇帝那样,亲临北征蒙古战场,遭人暗算,突发脑溢血一刹那间就没命了,毕竟是抑郁而死,这是需要些日子的。而从郭子兴的家族、家业情况来看,正当郭大王迫不得已要告别人世时,肯定要有所交代,按照中国人的传统,女婿再亲也轮不上份,问题是郭子兴怎么没有将家族事业做一番托付?说走就走了,这么放心?(至少我们现在看到的史料上没有记载)第三,从后来朱元璋对待郭家人的态度来看,似乎并不好,郭子兴的二儿子很快就"战死"了,三儿子被朱元璋处死,就连"宝贝心肝"——小张夫人生的郭氏小美眉也被朱元璋霸占了。史书说郭子兴绝后,想来一个恩人身后落到这般地步,谁之过?

由此,笔者怀疑郭子兴之后,朱元璋与郭氏家族成员之间肯定有过一场惊心动魄的内斗。尽管这场内斗的史料被御用文人洗得干干净净,但我们从相关事宜中还是能看出一些问题的端倪来。

郭子兴死讯传出后,老冤家孙德崖立马派人到郭军中,提出统军要求。按照濠州起义时的规矩与辈分,孙德崖与郭子兴同属于元帅级别的,现在一个元帅死了,另一个元帅要求统领他的队伍也没有多大不合适的。据说当时郭子兴的两个儿子听到孙元帅提出这样的要求时,害怕得不得了,又不敢申辩,"乃以书邀上(指朱元璋)代辩之",即要求义姐夫朱元璋代辩。而这时的朱元璋在哪里?为什么郭子兴的儿子不直接找姐夫面说而要用书信?史书说,那时的朱元璋正率领军队与元兵在打仗,消息传开后,作战前线的各将领听说郭家公子要朱总兵去谈军队的归属问题,大家就很不开心。见到将士们不乐意,朱元璋就不走了。(《明太祖实录》卷3)

问题是那时一天到晚屁颠屁颠地在外忙碌的朱元璋有多少文化能代人申辩？是不是一夜之间进了我们现代的第一大学或其他什么大学的 EBMA 班进修过了，成为特殊的政治文化速成人才？

随后又发生了一件事情：北方红巾军韩林儿政权派人上和州来，让和州方面派人到亳州去商议论功封帅的事情。诸将就问郭子兴舅子张天祐："张公您自己估摸一下，能指挥军队抵御元军，守住和州吗？要是不行的话，那就你去一次亳州吧！"张天祐还算有自知之明，就遵循诸将的要求，即刻动身北上。那时朱元璋正带兵在和州西南方向攻打民寨即地方义兵武装，对于部队总部发生的这件事情似乎根本不知。转眼好几天过去了，张天祐从亳州回来，带回了小明王韩林儿的命令，委任郭天叙即郭子兴二儿子为都元帅，张天祐为右副元帅，朱元璋为左副元帅，即相当于军中的"小三子"。(《明太祖实录》卷3)

这样的任命在今人看来可能是不怎么公道的，尤其是对朱元璋似乎很憋屈。但在那个时代纯属正常。郭军元帅死了，郭元帅的儿子自然而然就该坐上第一把交椅了，而当时人们心理认同的也就是这个理，否则诸将不会找张天祐那般议事（原话不一定是那样子）。张天祐当时起到的作用就相当于王朝当中老皇帝死了，小皇帝年少，国舅临时监国，因此说不存在什么明代国史中记载的张天祐私上亳州做手脚的问题。对于这个结果，朱元璋的态度是如何的呢？史书留下了这样的记载：他说："大丈夫宁能受制于人耶？"当场就不肯接受。(《明太祖实录》卷3)现在好多书上仅解释为朱元璋不满意北方红巾军政权的任命，"然念林儿势盛，可倚藉，乃用其年号以令军中"，也就是最终还是接受了韩林儿政权的封号，尊奉龙凤为正朔。(《明史·太祖本纪一》卷1)

实际情形更复杂，朱元璋的"大丈夫宁能受制于人耶？"这话更可能是冲着郭天叙和张天祐而来的。因为他感到自己的功劳业绩比军中任何人都大，凭什么我不能当老大？不过最终他还是忍住了，没说下去——大丈夫有自己宏伟远大的目标要实现，那就是打过长江去……

步步靠近帝都金陵　三攻方占江南中心

● 打过长江去，开创江南第一个根据地

自从冯国用首次指点迷津后，朱元璋的个人野心日益膨胀；李善长给他竖起了

一尊贫民皇帝汉高祖的偶像,使得他有了直接明确的效仿对象。南略定远,攻占滁州,智取和州……当年濒临于生死边缘的朱重八由家乡一路"重磅"杀出,正一步步地走近虎踞龙盘的帝王之都。不过在眼前"新旧交替"过程中,他却着实输人一筹了。

○ 老郭家的女孩我都要:肥水不流外人田;"三奶"自己送上门,美啊!

不舒心的事情还有:自己与郭大王的义女马氏结婚4年,加班加点忙乎了4年,最终却成了"朱白劳"。老朱家的香火眼看就要断在自己的手里啦,朱元璋感到必须出击。他想起了义岳丈家的义妹,那个小张夫人与郭大王视为掌上明珠的宝贝女儿,尽管她还是个黄毛丫头(《明实录》说她是郭子兴的季女即第3个女儿,由此估计当时她没成年),可总得要嫁人吧,再说自己本来就与小张夫人关系不错,女人么,给点好处,她就会说你好。外加郭大王郭老爷子死了,谁能为敌?不知花了多少心思和工夫,长得难看得不能再难看的朱重八就此顺顺当当地"娶上"了老郭家的正宗千金小姐,这就是明史上的郭惠妃(【明】佚名:《天潢玉牒》)。不过这个郭惠妃"很懂事",做了义姐夫的"二奶"后,并没有抢了义姐姐的风光,她等了15年后才生了头胎儿子蜀王朱椿。由此笔者认为,很可能当初她"嫁"给朱元璋时还是个小丫头,或者说有可能是当初朱元璋强占了她。

有关朱圣人"二奶"的故事正史上并没有留下很多的记载,倒是有个也姓郭的"三奶"不请自来,平添了坊间不少的传说,由此演绎了美人绝配"真命天子"的时代佳话。

话说朱元璋贫困潦倒时有一次经过临淮,碰到了一个会看相算命的先生,他叫郭山甫。据说郭山甫见到长相怪异的朱元璋(当时应该称朱重八)后,急忙准备了酒具和菜肴,招呼他喝酒,边喝边聊。弄到了后来居然做长辈的郭山甫跪在了朱元璋面前,一味称道他的长相,"天表之异,他日贵不可言",并恳求他:"日后发迹了,万万不可忘了我们啊!"可能当时朱元璋还是个小杆子,根本也没把这当回事。但算命老头郭山甫是认真的,朱元璋走后,他叫来了两个儿子,郭兴(后又名郭子兴)和郭英,跟他们说:"我看你们兄弟俩今后都不会是种田的,你们命中应该做侯爷。我一直没弄明白,这究竟是怎么一回事。今天到我们家里来的这个姓朱的,可能就是你们的大贵人啊!你们要好好地跟着他,护卫着他。还有你们的妹妹,将来弄不好还可以做皇妃娘娘啦!"

郭子兴在濠州起义后,郭老爷子郭山甫感到机会来了,马上让儿子郭兴、郭英上濠州去投军。巧了,没多久,朱元璋也来投军,且不久当上了郭子兴的义女婿。

郭兴、郭英记着老爸的话,主动结交朱元璋,并成为他的心腹。随着朱元璋势力的迅速腾升,尤其是郭子兴死后,朱元璋实际掌控了郭军。老爷子郭山甫听说后实在坐不住了,当年看中的"潜力股"如今越来越走红,他终于迫不及待地将自己的女儿送到军营里来,让她当起名副其实的"三奶"。这就是后来洪武中后期很得宠的郭宁妃,朱元璋的第三房夫人。郭宁妃的两个哥哥郭兴、郭英因军功被封侯,郭老爷子郭山甫因为奉献女儿有功,被皇帝女婿追赠营国公爵位。(《明史·后妃一·郭宁妃传》卷113;【明】吕毖:《明朝小史·洪武纪》卷1;【明】陆钎:《贤识录》;【明】祝允明:《九朝野记》卷1)

○ 高级奴才与非常主子:"捡来"的大明开国大将军——常遇春

人要是交上好运,想挡都挡不掉。就在朱元璋桃花运极盛之际,事业运程也呈现出势不可挡之势。

至正十五年四月下旬的一天,朱元璋带了一些护卫,骑着高头大马在和州城外巡视,远远望见农田里好像躺了一个人,于是命令手下人一起去看看。

到了地里头,手下几个护卫又喊又踢,就是一时弄不醒那个睡觉人。后来大家左右折腾他,总算将他弄醒了。朱元璋十分警觉地问道:"你是谁?干吗到这里,且还睡在农田里?"那人说:"我叫常遇春,怀远人,因为没饭吃,23岁那年就跟了本县一个叫刘聚的人落草为寇。虽说在那里肚子能吃饱了,但看看刘聚那人实在也没什么出息,无非在方圆几十里打家劫舍,烧杀掳掠,我感觉他必败。听说你们和阳这里有个人称朱公子的,打仗有水平,威望也高,军纪严明。我感觉跟着这样的人心里才踏实,也好做些事情,所以就带了10来个弟兄偷偷地离开了刘聚的队伍,来投奔朱公子的,没想到一路走得太累太累,实在走不动了,就在农田里睡着了。我刚刚还在做着梦呐,梦见一个神人被金甲金盾护卫着,喊我:'起来,起来,主君来了!'没想到是你们啊!"众人一听这话,知道来者不是坏人,于是就指着朱元璋,给常遇春介绍说:"这位才是你梦中的神人啊!"常遇春等一听正是自己要寻找投靠的人,立即下跪迎拜,并向朱元璋展示了自己的臂力。见此,朱元璋笑得几乎合不拢嘴,没想到自己巡逻居然巡出个猛士来了。(《明太祖实录》卷3)

○ 天上真的掉馅饼了?巢湖水师来讨救兵

俗话说,好事要成双,"捡了"猛士常遇春等人后没多久,朱元璋一直为之暗暗叫苦的问题突然间也来了个柳暗花明。那么,这是件什么样的事情使得鬼点子多多的朱元璋长时间苦恼不已?

原来，郭子兴病死前后，和州城里的粮饷一直供给不足。春去夏来，粮食短缺问题日趋严重，数万军马如果继续待在和州不动的话，就会有饥荒饿死的危险。怎么办？朱元璋老早就想到了，长江对岸的太平、芜湖以及金陵、常州、苏州等地都是有名的仓庾之地，尤其是以金陵（当时称集庆）为中心的江南地区不仅是全国经济文化最为发达的地区，而且也是全国最大的产粮区，打过长江去，粮食问题不就迎刃而解了。但怎么渡江呢？就凭自己从定远、滁州一路过来收编和召集的这些"旱鸭子"，那怎么能行！自己操练水军？谈何容易。"旱鸭子"们在陆上还好，一站到船上头都发晕。那怎么办？从冬到春，从春到夏，朱元璋一直在寻找便捷的解决方案。终于在至正十五年（1355）五月初，上天将机会送上了门，巢湖水师派了一个叫俞通海的人前来请求出兵救援。朱元璋一听说，有这样的事情，当场就情不自禁地跟李善长、徐达等人欢呼道："天助我也，吾事济矣！"（《明太祖实录》卷3）这究竟是哪门子的事？

○ 小姐死后，巢湖水师讨救兵懵懵懂懂讨来一个"大忽悠"

事情还得从头说起：元末南方红巾军鼻祖彭莹玉曾在江淮一带长期秘密从事反元起义宣传，播下了很多的种子。有个人称金花小姐的彭莹玉女弟子，在刘福通发动颍州起义后，就与李普胜（又名李国胜，外号李扒头）、赵普胜（因善于使用双刀兵器，人称双刀赵）拉起了队伍，响应北方红巾军起义。当时江淮地区"人多应之"，先是庐州巢县俞廷玉及其三个儿子俞通海、俞通源、俞通渊投到了李普胜的麾下（《明太祖实录》卷18）；随后廖永坚、廖永安、廖永忠三兄弟也相继加入了起义军。至正十四年（1354）金花小姐战死后，巢湖及其附近地区的起义军受到了一定的影响，但很快就恢复了元气。李普胜占领无为州，赵普胜从江南返回后占据含山寨（今安徽含山县），廖氏兄弟追随彭莹玉和徐寿辉，曾经当过天完政权的军官。彭、徐部队在江西、浙江受挫后，廖永安和廖永忠兄弟俩就回到了家乡，与李普胜、赵普胜以及俞廷玉父子等联合组建水师，以巢湖为水寨中心，拥有战船1 000多艘，水师将士10 000多人，尊奉彭莹玉为祖师爷，自称是他的门徒，故水寨也就叫做彭祖家，或称彭祖水寨。巢县赵仲中、赵庸兄弟，无为桑世杰，庐州张德胜、叶生和含山华高等地方豪杰也纷纷加入其中。因此说，这支水师队伍的实力还是相当雄厚的，但自至正十三年与占据庐州的另一个白莲教首领左君弼发生矛盾冲突起，双方之间的摩擦就一直没有消停过。左君弼后来投靠了元朝，取得了官方的支持，巢湖水师明显感到了巨大的压力，所以就派了俞通海等做特使，前来和州，向朱元璋求救。（《明太祖实录》卷3）

朱元璋是何等人？要饭出身的能将死的说成活的,将活的说成死的。听完来使俞通海的话后,他决定亲自前往巢湖看看。李普胜、俞廷玉和廖永安等水师头领听说和州朱副元帅亲自率兵前来,立即整齐船舰,列队欢迎。

朱元璋来到巢湖,转了一圈,吃也吃饱了,喝也喝足了,就是只字不提发兵救援人家,反而一味强调巢湖水师所处的环境十分危险,弄得人家李普胜、赵普胜等大老粗水师头领愈发心里没底。李、赵心里没底,朱元璋就大谈打过长江去的好处,并为他们描绘了一幅共享富贵的美好蓝图。说着说着,大老粗们似乎也默认了朱副元帅的主张,而这时他们的部下和廖氏兄弟等早已倒向了朱元璋这一边,因为在这些人看来,与其在这里抖抖霍霍,还不如到朱副元帅那边去,反正自己也不是一、二把手。这样一来,巢湖水师的中、高层基本上都慢慢起了变化——想走了。而就在这时,李普胜和赵普胜两个头领还处于迷迷糊糊当中;朱元璋却与"心急"的人们开始察看出行的水道,以便将巢湖内的船舰带出去,来个"先同居后恋爱"或者说是"生米煮成熟饭"。(《明史·廖永安、俞通安、桑世杰传》卷133)

水道察看好后,水师开始出发,没多久就进抵桐城闸附近。通过这个桐城闸关,便可进入马场河,再往前可顺了。哪想到元朝江南行御史台御史中丞蛮子海牙早已在桐城闸、马场河一带布下了重兵,挡住了前方去路。掉头回去？朱元璋岂肯,日思夜想天上掉下馅饼,眼看这个大馅饼就要到嘴里了,怎么能放弃？他当即命令大家赶紧想办法。这时有人说,有一些小河汊倒是没被元军封锁,但这些小河汊里的水太浅了,船只稍稍大一点就会搁浅,怎么办？真是急死人的事。朱元璋犹如热锅上的蚂蚁,东蹿西跳,就是想不出办法来。真是无巧不成书,就在那天晚上,突然间老天变脸,电闪雷鸣,滂沱大雨从天而降,且整整下了一夜,到第二天天明时,原本几乎干涸的小河顿时变成了白茫茫的一片,小船、大船畅行无阻。这时元中丞蛮子海牙发现情况不对,立即指挥船只,迅速追击,但没想到自己的楼船太高太大,行动相当不便,无奈之下,只能眼睁睁地看着巢湖水师远去。(《明太祖实录》卷3)

○ 空手套白狼——"捡了"一支巢湖水师

过了几天,巢湖水师行进到了一个叫黄墩的地方,这里曾是水师头领赵普胜驻军的地方。赵普胜触景生情,顿时醒悟:我赵普胜,江湖上人称双刀赵,闻名大江南北,即使退居到巢湖,那也是赫赫有名的万人统领。可如今却莫名其妙地被这个"鞋拔子脸"忽悠到了这里,还要上他的地盘上去,看他在我们巢湖的那样子,还真不把自己当外人。我们要是真去他那里了,还有什么好日子过？真像他嘴上涂了蜜似地说的:共享富贵？凭着直觉可以判断,那是不可能的！尽管人们都在说这个姓朱的如何有能耐，但我从未听说过更没有见识过他擅长什么武艺，靠着一肚子的阴谋诡计混到了今天这个份上，狠啊！再说，他来我们巢湖，尽是干些拨弄舌头根的事，怎么也不见他真心实意来帮我们。我一旦跟过去，40 来岁叔叔辈的人反而让 20 几岁的侄儿小辈召唤，这还是双刀赵吗？想到这些，赵普胜觉得自己必须得离开这个是非之窝，可要走却不跟底下哥儿们打个招呼，那就不厚道了。于是他将几个要好的哥儿们找来，说出了自己的心里话。没想到这一切在暗中都被朱元璋已经搞定了的俞通海父子、廖永安、廖永忠兄弟和张德胜、桑世杰等人看得一清二楚，这些人马上报告了朱元璋。朱元璋听后默不作声，随后密令：从和州调集所谓的商船，其内装满了精兵，火速开往巢湖水师行进地；另一方面则以要与尾随的元中丞蛮子海牙作战为名，对水师部队进行整顿，重新编制和重新部署，削弱赵普胜等原来水师首领的权力。无奈之下，赵普胜计划落空，只好随船队一起行动，"纵身进入长江，驶抵和州"。(【明】佚名：《皇朝本纪》；《明太祖实录》卷 3；【明】高岱：《鸿猷录·龙飞淮甸》卷 1；《明史·廖永安、俞通安、桑世杰传》卷 133；【明】焦竑：《国朝献征录·虢国公俞通海传》卷 6)

空手套白狼，这是朱元璋惯用的伎俩，也是有些国人津津乐道的"政治智慧"。对于成功人士或政治大人物，我们国人向来十分宽容，几乎从不研究其"原罪"。不研究"原罪"不等于成功人士或政治大人物就没有"原罪"，其实这样的人才色厉内荏，朱元璋何尝又不是这样呐！就在巢湖水师抵达和州后，他立即任命了先前私通于自己的廖永安、张德胜和俞通海等人为水师统帅，对于原水师头领李普胜和赵普胜来个实质性的架空。不过当时迅速变化着的形势迫使他暂时不做出过分的举动，因为先前在黄墩被甩掉的元中丞蛮子海牙率领的水军已经一路跟来了，并在长江上游布阵，企图将巢湖水师和朱元璋军困死在和州城内。对于这样的局势，朱元璋感到，如果不拔掉蛮子海牙这颗钉子的话，自己渡江去了，他会立马抄我的老巢，后果就不堪设想。为此，他调集了大批商船，配以不少的勇士，以巢湖水师为主力，在长江边上的峪溪口与蛮子海牙展开大决战。

再说蛮子海牙虽然一路不甘心地跟了来，可没想到朱元璋这么快就与自己决战了，加上自己的船舰过于高大，进退不便；而朱元璋任命的水师新官廖永安兄弟和张德胜等人正处于兴头上，利用自身船小的优势，"操舟如飞"，频频出击，打击元军进退失据，最后迫使其不得不狼狈逃窜。廖永安等率领水师乘胜追击，在青纱坊、鲥鱼洲等地再次痛击元军，俘获了大量的战船。蛮子海牙见到这等情势，唯恐廖永安指挥的水师再追赶过来，干脆就逃往江南去。这样一来，和州周围的元朝水师势力就被肃清了，朱元璋渡江作战的时机完全成熟。(《明太祖实录》卷 3；《明

史·太祖本纪一》卷1)

○ 采石之战与不露声色掌控水陆军事大权　本来巢湖水师头领想请朱元璋喝酒的,结果朱元璋将他扔到长江里喂鱼了

　　至正十五年(1355)五月二十五日,朱元璋召开渡江作战战前会议,研究具体的作战方案。有的将领认为,没什么好研究的,直接打过去,直捣集庆即南京。但也有人不同意,认为这样做太冒险了,尤其像冯国用、李善长、范常等读书人,提出以历史上攻打南京的得失作为鉴戒。他们大致这么说道:当年西晋军攻灭东吴最先落脚点就在和州,然后进兵采石,攻下采石后,再兵发建业即南京;南北朝时侯景之所以渡江作战取得成功,也是取道滁(州)和(州),再攻采石,最后才兵围建康即南京;隋朝大将韩擒虎灭南陈、北宋曹彬灭南唐,也都是以攻下采石作为立足点,再逐渐进逼金陵。所以说,能否争夺到采石是渡江作战是否会成功的首要关键,这是由于采石位于南京的上游,突兀在长江南岸,形势险峻。一旦攻占了它,就等于卡住了南京上游的咽喉。朱元璋没什么文化,听了文化人的发言后,顿时感到由衷的敬佩,最后他作了总结性的发言:"取金陵,必自采石始。采石,南北喉襟,得采石,金陵可图也!"(《明太祖实录》卷3)

　　战前会议结束时,朱元璋又做了三项渡江准备工作:

　　第一,为防止军队将士在作战前后叛敌或乘机自立山头,他下令:全体将士之家眷一律留在和州! 实际上是作为一种人质,不过他公开的说辞可漂亮了:"打仗,拖家带口怎么打,也不安全。所以从安全方面考虑,也是从关爱您的家人角度出发,大家一律不准拖家带小,包括我朱某人在内,谁都不例外!"(《明史·后妃一·太祖孝慈高皇后传》卷113)那么要是有人打仗打累了,想起女人来,可怎么办? 只能忍一忍了,人家朱副元帅不是也不带老婆么,就连他新近搞上的"二奶""三奶"也不带! 不过,等打到了江南,大家才知道,人家朱副元帅可有艳福了,攻下太平城没几天,又娶上了一位如花似玉的小美眉,姓孙,人称孙大人,也称孙"四奶"。当然这是后话了。

　　第二,从30 000余人的原郭军将士和10 000多人的巢湖水师中抽调10 000人,新组建渡江作战水陆大军,命令徐达、冯国用、邵荣、汤和、李善长、常遇春、邓愈、耿君用、廖永安各引舟渡江(《明太祖实录》卷3),名义上是为了提高作战能力、确保渡江战役的胜利,实际上是疑心病十足的朱副元帅对"天上掉下的那个大馅饼"——巢湖水师很不放心,将他们原来关系打乱,免得生出什么是非来。

　　第三,做好战前军事宣传与动员工作。朱元璋发布一项号令:凡入敌境,听从捎粮。若攻城而彼抗拒,任从将士检刮,听为己物。若降,即令安民,一无所取。

（【明】刘辰:《国初事迹》）我们将这话翻译成现代汉语,大致是说:将士们,马上要打到江南去了,粮饷我们还是不发,到敌占区去取粮,具体由将领主持负责,张贴告示,招安百姓,岁纳粮草,这就是明初历史上所谓的"捎粮";那么要是对方拒绝与我们合作或抵抗,怎么办?我朱副元帅告诉大家:任由各位掳掠,粮食可抢,女人可睡。当然,要是对方投降了,那就不行!(【明】刘辰:《国初事迹》)

和州城里本来就缺粮,好多汉子好久都没碰过女人了。朱副元帅的这番战前动员无疑是在将士们的欲火上浇了一桶油,大家体内火辣辣的,劲也被鼓得足足的,齐声高喊:"打过长江!打过长江!"

不过这时朱副元帅想的可与别人不一样,"伟人"处处自有过人之处,他要挑个好日子,想来个"开门大吉"。据说六月初一,日子不错,朱元璋当即命令,各将领带好自己的部属,各就各位,准备出发!可不曾想到,老天不开眼,突起狂风暴雨,几乎要将停泊在和州长江边的船只掀翻。面对老天的这般"警示",渡江只得暂停。不过好在恶劣气候也就那么一天,六月初二,天空放晴,旭日东升,只见朱元璋一大早就精神抖擞地来到了新近收为心腹的廖永安、廖永忠船只上,随着他的一声令下,百舸竞飞,往着长江南岸方向驶去。将士们拼命地划着船,想起前方有饭吃,有酒喝,有女人可睡,还有谁不出力?!

这时行驶在前的廖永安船只上,只见得主仆两人一问一答,特别和谐。廖永安问:"主公,你看我们船只是不是直接驶往采石?"朱元璋答道:"采石大镇,其备必固。牛诸矶前临大江,彼难为备御,今往攻之,其势必克!"(《明太祖实录》卷3)朱元璋话的意思是:"采石是个大镇,元军必定重兵把守,而在它的边上有个叫牛诸矶的,突兀在长江里头,估计元军不大可能在那儿也设有重兵。现在我们突然去攻打它,我看一定能攻下!"廖永安听明白了,立即调整船行方向,朝着牛诸矶驶去。后面的船只看到这样的情势,紧紧跟上。没一会儿,渡江船只就接近了牛诸矶。屯守矶上的元军一看,今天突然有人来攻,感觉情势不妙,赶紧发射弓箭。一时间箭如雨点一般,"啪!啪!啪!"地落在了渡江船舰中。船只无法靠岸,这可怎么办?这时部队总指挥朱元璋突然想起,前些日子在和州城外巡视时"捡到"的那个常遇春,不是他自我介绍武艺高强、很有本领,老吵着要打仗立功,今天岂不是一个好机会!想到这里,他大呼:"常遇春,立功的机会到了!"时"舟距岸且三丈余,莫能登。(常)遇春飞舸至太祖麾之前。遇春应声,奋戈直前。敌接其戈,乘势跃而上,大呼跳荡,元军披靡。诸将乘之,遂拔采石"(《明史·常遇春传》卷125)。采石矶瞬时被攻占,缘江敌垒,望风迎附,朱元璋军迅速占领了采石大镇。(《明太祖实录》卷3;【明】佚名:《皇朝本纪》;【明】钱谦益:《国初群雄事略·滁阳王》卷2引俞本《皇明纪事录》)

采石攻下后,一同参与作战的原巢湖水师头领李普胜和赵普胜心里还是很不爽,好端端的巢湖不待,跑这儿来拼命,尤其是渡江战役中两人都是几乎完全被架空了,想想就窝火满腹;但已有前车之鉴了,李普胜也学乖了点,嘱咐手下先在采石长江岸边的船只上准备好了酒席,然后邀请朱元璋共宴,庆贺渡江战役的胜利。一向对人疑神疑鬼的朱元璋接到邀请后心里直犯嘀咕:李普胜一路上好像不怎么开心啊,现在他怎么来请我?于是就随口问了:"李帅的真实意图是什么?"李普胜手下说:"小的不清楚。"听到这话,朱元璋已猜测出了,这是一场鸿门宴,遂以身体不适为由,婉言谢绝。几天后,朱元璋以答谢李普胜的一片盛情为名,也在船上设宴回请。李普胜大老粗一个,根本想都没想就去赴宴了,可他刚走进朱元璋的船舱,只听到一声令下,自己就被人五花大绑了,随后从屏风后面传来一阵奸笑:"嘿嘿,想搞我,我要你看看,到底谁搞谁。来人啊,将他扔到长江里去喂鱼!"可怜李普胜可能至死也没弄明白,到底问题出在哪里。(【明】刘辰:《国初事迹》)李普胜一死,他的原部下廖永安、廖永忠及俞通海就心安理得地投靠了朱元璋,可他们最终都没得好死,廖永忠还被朱元璋赐死,报应乎?(《明史·廖永安、俞通海传》卷133;《明史·廖永忠传》卷129)

李普胜被朱元璋不露声色地杀了,一般人知道得还真不多。不过作为同为高层领导的原巢湖水师另一个头领赵普胜在获悉事情的来龙去脉后,顿时就惶惶不安,心想下一个就轮到我了?想到这些,赵普胜再也待不下去了,连夜出逃,投奔天完政权的徐寿辉,成为其手下的一员大将(《明实录》说赵普胜是在上和州的路上偷偷溜走的),并于至正十六年、宋龙凤二年(1356)夏占领池州,成为朱元璋政权的危险敌人。(【明】朱善继:《朱一斋先生文集·余廷心后传》卷6;《明太祖实录》卷5)

○ **朱元璋**:采石没什么,前方太平城里有饭吃,有酒喝,有美女可睡!

不过对于这些潜在的未来危害,当时的朱元璋并没有意识到,因为还有更为头疼的问题亟待解决,那就是如何处理自己曾向将士们许诺过的诺言。采石攻下后,长期饥饿的将士们看到粮食就抢,看见东西就吃,看见女人就来劲……吃了,玩了,但大家还没尽兴,于是就尽己所能,将凡能抢到的、能带动的,都往停泊在长江边的船上搬,打算运回和州去,好好享用。

目睹军纪败坏到了这等地步,朱元璋顿时陷入了极度的焦虑之中:照这样下,我还怎么能问鼎金陵、称雄天下、做第二个汉高祖刘邦呢?想到这些,他便跟在场的徐达等几位将领说道:"今举军渡江,幸而克捷,当乘胜径取太平。若听诸军取财物以归,再举必难,江东非我有,大事去矣!"刚说完,底下有人议论:"只有断了这些将士回去的念头才能有希望!"朱元璋听到后连连称赞:"说得好!"随后他下令,砍断长江边上所有船只的缆绳,将船只推入江中去,任其漂流。然后又通知将领们,召集所有的兵士,当场训话:"弟兄们,不是我朱某人说话不算数,采石是个弹丸之地,不能再抢了。前方有个大城池,叫太平州,那里有的是粮食,有的是金银珠宝,还有好多财主家的漂亮美眉,'无所不有,若破此一州,从其所取,然后方放汝归'"。(【明】佚名:《皇朝本纪》)就是说,太平州里边什么都有,倘若兄弟们一起拼命攻下它,拿什么,抢什么,我朱某人任由大家,如果有人说要回老家去,我也不阻拦!原本抢来的东西被朱元璋弄到长江里去的将士们顿时由牢骚满腹转变为信心百倍,斗志昂扬,且跃跃欲试。目睹这样的态势,朱元璋决定,在采石饱餐一顿,随后发出向前方太平城总攻的号令。想到前方有吃的,想到前方有大美人,将士们争先恐后地往前狂奔。从采石到太平大约有 20 里的路程,没一会儿就让大家给赶到了。(《明太祖实录》卷 3)

再说此时驻守太平城的是元平章完者不花、万户万钧、达鲁花赤普里罕忽里等,他们见到这些发了疯似的"红头兵"(朱元璋军名分上是北方红巾军分支,军中将士的穿着都是红巾军的服饰)像蝗虫一般地云集在城下,顿时感觉不好,连忙紧闭城门。哪想到"红头兵"已经搬来了云梯或搭起了人梯,开始猛烈攻城。不到一个时辰,太平城就被攻破,"红头兵"蜂拥而入,完者不花与签事张旭等弃城逃跑,太平路总管靳义投水自尽,元军万户纳哈出被俘。元朝江南一大城池太平转瞬之间变为朱元璋渡江后的又一根据地。(《明太祖实录》卷 3)

强登采石、速攻太平,将士们一路过来还没有遇到过什么劲敌,这仗打得舒畅啊,大伙儿欢天喜地。朱副元帅说得对,你看这太平城确实要比采石镇大,那这里的粮食、财宝肯定要比采石多,这里的美人也一定要比采石还漂亮,赶紧找啊!可仔细一瞧,不对劲,满大街到处贴着告示《戒戢军士榜》,即告诫军士们,严禁掳掠。这是怎么一回事?

原来在大伙儿发起攻城前,朱元璋就偷偷地找到李善长,让他制定好严禁掳掠的告示,等太平城一打下,就立即派人进城张贴。军士们见到告示,顿时大眼对小眼,不过也有的发起了牢骚,更有胆大的,我行我素,依然抢劫,不是你朱副元帅在采石时许诺过的!可抢劫者这回倒大霉了,朱元璋下令:杀!

杀鸡是为了给猴看,至于朱副元帅先前的诺言,人们千万也不要太当真,因为自古以来有哪个"大人物"或言"非常之人"会说话算数的!不过话得说回来,抢劫者被杀,怕死的本能使得当时其他将士老实多、规矩多了,太平顿时"城中肃然"。可大家还是两手空空,这可怎么办?巧了,城中有个叫陈迪的超级富翁,看到朱元璋军队不行抢劫,顿时感觉怪怪的,自古以来有几支部队不抢的?不抢也不一定意味着是件好事,赶紧出点"血"去"孝敬孝敬"吧。朱元璋拿到陈迪奉献的金银财帛后,为了平息军中众愤,及时地"分给诸将士"。这样一来,太平城总算真太平下来了。(《明太祖实录》卷3)

○ 保卫太平城——稳固进攻江南军政重心和中心集庆的大本营

太平是太平下来了,而从朱元璋角度来讲,他要的还不仅仅是这里秩序的安定,而是自己在江南立足、发展的根据地和作为进攻虎踞龙盘帝王之都南京的大本营。为此,自进入太平城的那一刻起,他就开始不断地经营,并收获了很多。综合起来看,大约有三大方面:

第一,建立自己第一个地方政权机构太平府和翼元帅府。

过去滁州、和州地盘小,军政合一并没有发现有多大的不妥,再说那时还是老丈人当家,自己即使再有什么想法也不能"喧宾夺主"啊。攻下太平后,朱元璋发现:采石、太平连成一片,范围很大,不建立地方行政就不可能实行有效管理;而军队人数现已增加了很多,建立合理的军队管理机构也成了当务之急。就此情势之下,朱元璋开始着手建立自己第一个地方政权太平府,即将元朝的太平路给改了,取消"路"这一行政级别,直接设府,任命太平当地的耆儒李习为知府。与此同时,在尊奉龙凤政权为正朔的前提下,设立太平兴国翼元帅府,名义上隶属于韩林儿册封的都元帅府。这里顺便说明一下,按照元朝的军制,中央设枢密院,地方上设临时性的行枢密院,下设万户、千户和百户等机构,万户又称为一翼,因此说朱元璋建立翼元帅府就相当于都元帅府下的最高军事机构。他自任翼元帅府元帅,以李善长为帅府都事,潘庭坚为帅府教授,汪广洋为帅府令使,太平耆儒陶安为参幕府事;并命令诸将分守太平城各门,修城浚濠,加强守御。(《明太祖实录》卷3)

第二,规划下 步的发展目标,确立以金陵作为军事进攻的重中之重。

朱元璋军队攻下太平后,当地的名儒李习和陶安等耳闻目睹了将士们不行抢劫等"非常之举"(军队抢劫在那时是司空见惯之事),便主动出来拜见。当陶安见到那张奇特的"猪腰子"或称"鞋拔子"脸时,跟一起来的李习说道:"龙姿凤质,非常人也,我辈今有主矣!"这马屁拍得太有水平了,被专制奴役惯了的中国人数千年来一直要为自己寻找主子,唯恐无主了就会觉得浑身上下都不舒服。陶安就是这样典型的中国特色的奴才。有中国特色的奴才,必定有中国特色的主子。朱元璋听到陶奴才的奉承话后顿时心里爽极了,随后便问他天下大势。陶安说:"方今四海鼎沸,豪杰并争,攻城屠邑,互相雄长。然其志者,在子女玉帛,取快一时,非有拨乱救民,安天下之心。明公率众渡江,神武不杀,人心悦服,以此顺天应人,而行吊伐,天下不足平也!"听到这里,朱元璋心里更是充满了无比的喜悦,而后又问:"陶先生,您看当今形势下,我攻取金陵,怎么样?"陶安说:"金陵,古帝王之都,龙蟠虎踞,限以长江之险。若取而有之,据其形,胜出兵以临四方,则何向不克!"(《明太祖实录》卷3)

经过此番谈话后,陶安的名字已经深深地烙在了朱元璋的脑海里。这样的人才实在难得,这样的人才一定得好好使用,于是朱元璋留陶安于幕府之中,"事多与议焉"(《明太祖实录》卷3)。原本已被勾起的金陵帝王梦想出乎意料地在太平名士陶安那里再次得以了"证实",由此朱元璋心中更加明确,下一步进攻的目标就是金陵,并以此作为工作重心之重。

第三,打退水陆两路元军进攻,稳固太平,以此作为进攻江南军政重心和中心集庆的大本营。

金陵帝王梦越来越清晰,朱元璋军队离虎踞龙蟠之地越来越近,除非是傻子,谁都看得懂,未来将要发生的大变局将是什么。尤其是在峪溪口之战中领教过朱元璋厉害的蛮子海牙等元将更加清楚地意识到,如果现在不及时地将朱元璋及其军队围死在太平,并加以消灭的话,那么江南重镇集庆及其周围地区用不了多少时间都有可能被他占领。为此,包括蛮子海牙在内的元朝水陆统帅们做了分工合作:元右丞阿鲁灰、副枢绊住马、中丞蛮子海牙等率领巨舟水师,堵截采石江闸,封闭姑孰口(姑孰就是今天当涂南边的姑溪、姑浦),切断朱元璋军队的归路,防止他们战败逃回江北和州;另一方位则是由归降了元朝的方山寨民兵元帅陈埜先率领的数万步兵和水寨元帅康茂才率领水军协同进攻太平城。

方山位于太平之北,今南京市江宁县东南,正好处于太平通往南京的途中,因此说,如果陈埜先和康茂才的进攻不打退,不仅未来攻占集庆即南京的计划要泡汤,而且连眼前太平府城内的起义军都有被围死的可能。为此,朱元璋在城内布置了重兵,给来犯之敌迎头痛击。可时日一多,问题就来了,当时来到太平城的朱元璋军队才10 000多人,而陈埜先和康茂才两支队伍加在一起总人数就有好几万,明显的敌我悬殊,战斗时间长了点,太平城快要吃不住了。在这十分关键时刻,朱元璋新娶的孙夫人(孙四奶)深明大义,主动出来献计:"府中金银若干,何不尽给将士,使之奋身御敌,倘有不虞,积金何益?"(【明】钱谦益:《国初群雄事略·滁阳王》卷2,引俞本《皇明纪事录》)朱元璋一听这主意,觉得是个顶级金点子。随即命令手下人将府中的金银搬到城头上,分给守城的将士。将士们得了金银顿时就来劲,拼死作战。与此同时朱元璋仔细观察与分析敌情,觉得硬拼下去绝非良策,必须采取奇谋,才能克敌制胜。于是他带上汤和率领一部分士兵,火速赶往姑孰东迎敌,迷惑敌人,另外还命令徐达、邓愈等领兵偷偷绕到敌后,然后南北两面夹击,打得陈埜先措手不及,兵士四散,最终连陈埜先本人也当了俘虏。

陈埜先早已听说过有关朱元璋的那些事,自以为今日被俘,必死无疑,但没想到几天下去,不仅没有被杀,还天天好酒好菜,宾礼相待,这下可犯糊涂了。朱元璋解释说:"天下大乱,豪杰并起,假借大的名头号令天下的,不知有多少人。你胜了,别人就依附你;你败了,就得依附于人。既然陈元帅也以豪杰自负,想必能识时势,就不会不知我朱某人的不杀之意吧!"陈埜先听到这里终于明白了:"朱元帅的意思是想叫陈某招降部下到您的麾下?"朱元璋听后哈哈大笑:"正是如此!陈元帅果然是一方豪杰啊!"闻及此番美语,陈埜先顿时有种飘飘然的感觉,随口说道:"此事容易办到,大多数将校都是我的亲信和部属,我写封信给他们,他们马上就会来了。"说完,展纸操笔,劝降之书不一会儿就写好了,然后就派人送出。第二天,大大小小的头目们果然都一一来"报到"了。朱元璋可侠义了,下令立即宰杀白马乌牛,与陈埜先歃血为盟,义结金兰,共谋攻取集庆,成就一番大业。

太平保卫战取胜的消息传开了,元右丞阿鲁厌、中丞蛮子海牙等害怕得不敢行进,后又听说朱元璋与陈埜先义结为兄弟,那就更不敢向前妄动了,最后各自率领部属还驻峪溪口。(《明太祖实录》卷3;【清】夏燮:《明通鉴·前编》卷1)这样一来,太平城变得安全无虞,朱元璋进攻集庆的机会成熟了。

● 三攻集庆,占据江南政治、经济和文化中心

至正十五年、宋龙凤元年(1355)六月底,在与陈埜先义结金兰后没几天,朱元璋决定对江南政治、经济和文化中心集庆发动进攻。这就是大明开国史上的第一次集庆之战。

○ 第一次进攻集庆——一次无厘头的城下野营

进攻分两路:南路军由徐达等人率领,主要进攻目标为集庆南方的溧水、溧阳,扫除这些地区的元军势力,切断它们与集庆的联系,然后再从南部包抄过去,与北路军一起合攻集庆城;北路军则由郭子兴舅子张天祐率领,考虑到张天祐这一路直接攻打的是元朝江南重镇,兵力上无论如何都应该予以配足。那么哪来这么多的兵士?朱元璋聪明得很,直接找结拜兄弟陈埜先去要。再说当了俘虏的陈埜先与人家朱副元帅头也磕了,酒也喝了,拜了把子就没理由拒绝兄弟的这等要求。只是

让陈埜先没想到的是，义兄弟朱元璋只要他的将士，却不让他本人一同作战，好听一点的说法是让他在太平城里太太平平地养养身体，骨子里说白了就是将他质押在那里。对此，不仅陈埜先明白个中道理，就连他属下的义兵兄弟们也看懂了：你"猪腰子"脸够损的，让自己心爱的大将徐达等去攻打那些不着调子的小县城，让我们去当炮灰，集庆就那么好打的吗？废话！义兵将士们心照不宣，呼啦啦地跟着张天祐赶到了集庆城下，来个"磨洋工"、装样子、出工不出力，据说这也是陈埜先事先偷偷关照的（《明太祖实录》卷3）。这下可好了，第一次进攻集庆成了张天祐部队与陈埜先部下的一次城外野营。

○ 第二次进攻集庆——"大忽悠"成全"小忽悠"——一石打两鸟

第一次进攻集庆失败后，部队做了一段时间的休整。八月初一，朱元璋召集大家，再次讨论进攻集庆的作战方案。这时，有人向他密报了一些陈埜先的阴事。据说投降后的陈埜先身在曹营心在汉，表面上与朱副元帅义结兄弟，暗地里却时时刻刻不忘元朝的主子。朱元璋要他召集部下来降，迫于当时的情势，他不得不装装样子，虚晃一枪，想通过书信中的"反义正说"，来激起义兵兄弟的忠义之气和哀兵必胜的斗志，没想到这帮子义兵兄弟木鱼脑袋，真的来降了，弄得陈元帅哭笑不得。第一次进攻集庆时，朱元璋没让他去，弄得他浑身不自在。最近听说将要二次进攻集庆了，陈埜先顿时又十分来劲，偷偷地跟他的老部下说："你们去攻打集庆城，千万不要来真格，装装样子就可以了。等我从这里设法逃脱后，我自会跟你们联系的，那时我们再联合元兵，共举大业。"朱元璋听完密报后当场便说："我也老早知道他不是真心投降，之所以没有立即杀他，就是考虑到各方面的因素，尤其想到：要是我将一个已经归降了的一方首领给杀了，试想今后还会有人肯投降我们吗？！"朱元璋确实想得很周到，不过从告密者提供的情报来看，对于眼前的陈埜先还不能不做个合理的"安排"，否则的话，要不了多久，保不准会出什么乱子来了。（《明太祖实录》卷3）

经过仔仔细细的思考，朱元璋最终拿定主意，找来陈埜先，跟他这样说道："陈元帅，我们俩虽然义结金兰，但人各有志，识见不同。你是想继续效忠元朝政府还是跟随我，任由你自选，我朱某人绝不勉强。"陈埜先不笨，结拜兄弟的话中话他听懂了，表面来看，朱元帅说得有情有理，滴水不漏，但骨子里似乎渗透出一种令人恐怖的意味，这里绝非久留之地啊！想到这里，他赶紧顺着结拜兄弟的话题杆子爬："谢谢朱元帅的再生之恩，我陈某人也绝非是忘恩负义之人，如果日后我要是背叛了我们兄弟之情的话，神人不容，天诛地灭！"（《明太祖实录》卷3）毒誓都发了，还有什么不放心的？朱元璋"嘿嘿"奸笑一声，随即示意手下人放了陈埜先。

放了陈埜先，这话是我们现在人讲的大白话，当年朱元璋可会做人了，他一边送陈埜先走，一边关切地说："陈元帅执意要走，兄弟我也不好强留，不过这年头兵荒马乱的，很不安全，嫂夫人与令郎、令爱等还在朱某人这里多住些日子，你呢也好回方山去好好做些整理，将失散的弟兄找回来，助我攻下集庆，共建不世之业！"陈埜先再次感谢朱副元帅的一片"深情厚谊"，且表示愿做进攻集庆的急先锋。

很有意思的是，朱元璋送走了陈埜先后似乎并没有对直接进攻集庆做更多的努力，而是依然按照原来的思路，派出一支部队进攻方山东南面的溧阳和句容，继续清扫集庆南部外围的元军势力。至于陈埜先的行动，他似乎也没有做很多的过问。(《明太祖实录》卷3)

再说陈埜先，自回到方山后，立即收集残部，重振军队，然后将部队开往集庆南郊的板桥（即今南京城西南郊板桥镇一带）。他这么做主要目的有两个：一是方便与集庆城里元朝守将、江南行御史台御史大夫福寿之间的联系，双方打算设局歼灭朱元璋军；二是做给朱元璋看：我陈埜先守信用，为兄弟两肋插刀，亲自率兵已经攻打到了距离集庆城很近的板桥了。差不多与此同时，他还写了一封信给朱元璋，谎称自己亲率部队在八月十二日在集庆台城的八里冈与元兵展开了决战，杀敌不可胜数，生擒五人，缴获战马数十匹。接着他继续说道："集庆城池，右环大江，左枕崇冈，三面据水，以山为郭，以江为池，地势险阻，不利步战。而现在集庆城里的元军又与苗军联合在一起，连寨扎营30多里，如果谁要想攻城，他们会马上断了攻城者的后路；如果谁要想在集庆城外建立营寨，作长久围城打算的话，恐怕粮饷运输都会要出问题。所以说，以陈某人之愚见，一味进攻，恐非良策，弄不好反为后患。朱元帅倒不如领兵东向，攻占溧阳、镇江，据守险阻，切断集庆外围过来的粮道，时间一长，集庆城不攻自破！"朱元璋接信后当即回复："历代攻克江南的，如西晋灭东吴、隋灭南陈、北宋曹彬攻取南唐都是因为长江天堑阻隔南北的缘故，才四处调集船舰水师，然后便是渡江到江南来，再集中力量围攻金陵。如今我大军已经渡江，且据守金陵之上游，扼住了它的喉咙，水师船只多少已经显得不那么重要了。现在陈元帅提议我们去攻打溧阳、镇江，也就是放弃水军作战，通过步兵迂回绕进，这也与历朝攻克金陵的成功例子相悖啊！陈元帅过去常常信誓旦旦要为朱某人两肋插刀，而今正当时候！进取金陵，建勋定业，我就不知您为什么要我们放弃万全之策而行那个迂回之计呐？"(《明太祖实录》卷3)

陈埜先接到朱元璋的回信后无话可说，只好装装样子，于九月初带领部队挪动了一下军营，暗中却与元将左答纳识里密约，让他到自己的军营里来，对外却假称将他生擒了，并马上致信朱元璋，让他来陈军营中主持受俘仪式，以此来鼓舞士气，扬扬军威。朱元璋回信说:"好的,近日将启程。"可他私下里跟心腹说:"陈埜先这人十分狡诈,什么样的事情都有可能发生,我才没那么傻呐!"就这样陈元帅空等了好多天,最终才发现:自己上了朱元璋的当了。

　　陈埜先的几个计谋都没得逞,反倒使自己的一举一动都暴露给了"把兄弟",不过不是所有的人都能像朱元璋那般洞若观火。一直对朱元璋掌控郭军实权而颇为不满的张天祐和郭天叙等却是地地道道的"直觉本能之人",他们觉得目前这样不前不退的格局完全是朱元璋指挥不当所造成的,第一回进攻集庆就应该让陈埜先一起上阵,而这次攻打集庆也不该放任陈埜先去打什么先锋,应该将其置身于我们可控的范围下,配合作战。朱元璋耐心地听着张天祐和郭天叙舅甥俩的牢骚,忍了又忍,最后会心地笑了。九月初在复信陈埜先后,他来了个顺水推舟,仍让张天祐和郭天叙舅甥担任二次进攻集庆的总指挥,这就等于告诉人们:我朱元璋光明磊落,即使与我老闹别扭的,我也十分尊重,将攻占元朝江南军政中心的头功让给他们!(《明太祖实录》卷3)

◎一石二鸟——郭子兴势力的瓦解

　　再说张天祐和郭天叙舅甥争到了这么个"好"机会,心里好不快活。自从渡江以来,我们郭军还没打过什么败仗,正可谓攻无不克,即使上次集庆城下走了一回,那也是敌我兵力太过于悬殊了,所以这一次一定要在这方面予以充分注意。

　　出了太平城,大约花了两三天的时间,张天祐和郭天叙赶到了江宁的方山,不是陈埜先说元朝将领左答纳识里被俘后扣在了那里么,我们就顺路过去一探究竟。

　　再说原先与陈埜先合唱双簧的元将左答纳识里突然听说张天祐和郭天叙率军要来方山,顿感情势不妙,赶紧组织兵马,本想予以迎头痛击,但时间太仓促了,还没来得及布置好如何作战,张天祐和郭天叙已经闯入大营了,左答纳识里仓促之间溜之大吉。(《明太祖实录》卷3)

　　方山之捷后,兴致勃勃的张、郭舅甥俩率领大军迅速北向,并与陈埜先约定:陈率领方山义兵从板桥出发,直攻集庆南门,张、郭舅甥俩率领的郭军由官塘经同山进攻集庆城的东门,九月十八日早上卯时(3～5点之间)双方同时发起对集庆城的攻击。但张、郭却不知道陈埜先早已暗通集庆城内的元军守将福寿,所以这第二次进攻集庆的战斗打得尤为艰难。东门与南门相隔距离遥远,陈埜先命令手下将士在南门大喊冲杀声,装装样子,剩下的就只有张、郭舅甥俩率领的郭军一方在殊死拼搏,战斗打到中午,打了整整六个小时,集庆城还是纹丝不动。这时陈埜先派人到东门来招呼张、郭舅甥俩,说这个江南重镇确实不好打,我们先稍稍歇歇,并说自已准备了丰盛的午宴,邀请张、郭两位元帅同去饮宴。张、郭一点也没有设防,一顿午餐下来喝得酩酊大醉。陈埜先看看时候差不多了,朝手下人使了个眼色,顿时刀斧手冲出,手起刀落,郭天叙的人头滚落到地。再说张天祐迷迷糊糊中听到有人吵闹,猛力睁眼想看看怎么回事,哪想到自己已经被五花大绑了。任凭怎么叫唤、怎么骂娘,陈埜先只当没听见,最后将他献给了福寿。福寿一接到陈埜先的"献礼",就毫不含糊地将张天祐给杀了。(《明太祖实录》卷3)可怜张天祐和外甥郭天叙可能至死都没弄明白,自己到底怎么被暗算致死的。

张、郭舅甥俩一死,福寿与陈埜先马上于城内城外对郭军发起了攻击,没了主帅的郭军顿时遭受了两面夹击,死伤极为惨重,活着的看看不对劲赶紧溜吧。这时郭军总管赵继祖率领将士们开始进行有组织的撤退。陈埜先一看这情势,赶紧组织人马拼命追赶,企图将剩余郭军来个一网打尽。郭军残部向着集庆南方一路退着,大约退到今天江苏溧阳境内,经过金坛县葛仙乡时,当地有一支义兵武装,领头的叫卢德茂,他听说红巾军(民间俗称"红头兵"或"红贼")来了,赶紧指挥大家设伏,准备阻击,可是等了大半天,没看见什么"红头兵",倒是看见了一路追赶过来的陈埜先和他的部队。卢德茂组织义兵是为元朝服务的,听说陈埜先来了,他也来劲,因为前不久有人讲起陈埜先投靠了"红贼",现在没抓住"红贼",逮住或杀死投靠"红贼"的,照样也能到元朝政府那里去报功领赏啊!想到这些,卢德茂就派了50个壮士出寨去"迎接"陈埜先。陈埜先没防备,看到穿了元朝服饰青衣的义兵,就以为是自家人,兴冲冲地与10多个随身骑兵跟着走进了前头的寨子。正走着,有一个壮士突然间在其背后猛地一捶,陈埜先当即滚落下马,众壮士连连数枪直刺,陈埜先当场就一命呜呼。死讯传出,部下推举陈埜先的侄儿陈兆先为头领,继续屯兵方山山寨。(《明太祖实录》卷3;【明】钱谦益:《国初群雄事略·滁阳王》卷2引俞本《皇明纪事录》;【明】陈基:《夷白斋稿·南台御史大夫西夏永平年公勋德诗序》卷10;【清】夏燮:《明通鉴·前编》卷1)

○ 第三次进攻集庆—"真龙"发威——宋龙凤二年、元至正十六年(1356)三月

金兰兄弟陈埜先死了,一直与自己过不去和较劲的张、郭舅甥俩也死了,老丈人郭子兴的旧部全归给了义女婿,朱元璋从此成为这支起义军队伍名副其实的都元帅、一把手,也是龙凤政权在南方地区的一员大将。

不过并不是所有的事情都通过算计就能解决好的,就在集庆城下张、郭舅甥俩被害之后,元水师大将蛮子海牙也看到了希望和机会,他迅速鼓起勇气,将水师从江北的峪溪口移向了江南采石矶,在那里建立栅寨,布兵设岗,不仅切断了太平通

往集庆的道路,而且也断绝了和州通往江南的交通。而这时朱元璋正妻马氏以及将士们的家眷等都在江北和州,如果不将蛮子海牙这颗钉子拔掉,将士们的心情肯定不会安宁。再说,马上就要发动新一轮的集庆围攻战了,北上之路上有人正蛰伏着,这毕竟是一大隐患。所以无论从哪个角度来讲,扫除蛮子海牙这只拦路虎成为了那时朱元璋军的当务之急。

宋龙凤二年、元至正十六年(1356)二月,朱元璋派常遇春率领一支部队作为疑兵,对蛮子海牙水师发起猛烈攻击,吸引对方的注意力;与此同时他自己则率部从正面进攻。对于起义军这般突然间的猛攻,蛮子海牙猝不及防,水师队伍一下子被常遇春冲开了,分成了左右两翼,相互失去了联系。朱元璋见到这番形势,令人赶紧发炮轰击,半天不到的功夫,蛮子海牙水师力不能支,开始全面溃退,往着集庆城方向逃窜。朱元璋当即俘获了元军水师10 000余人,采石再次回到朱元璋军手中,南北通道恢复畅通,同时也为北上围攻集庆解除了后顾之忧,新一轮集庆攻城战时机完全成熟。(《明太祖实录》卷3;《明太祖实录》卷4)

宋龙凤二年三月初一日,经过几天休整后,朱元璋亲率水陆大军,浩浩荡荡地从太平城出发北上,第三次集庆之战由此开局。

第三天即初三日,大军到达集庆路治所江宁镇,屯守在江宁东南方四五里外的方山山寨的陈兆先义兵猝不及防。而朱元璋起义军的将士们一望见方山义兵,格外眼红,想起跟随郭天叙、张天祐一起攻城而死难的弟兄,大伙儿憋足了劲,在那里发起了一场闯营大战,当场就活捉了陈兆先及其手下将士36 000人。

方山大捷后,将士们自动发起了纪念昔日死难兄弟亡灵的活动,当地的百姓纷纷参与,敲起了大鼓;从此江宁方山一带的老百姓每年在新春期间都要擂起大鼓,举行一定的仪式,据说就是要祭奠那些死去的将士,方山大鼓由此名扬天下。

(【清】毕沅:《续资治通鉴》卷213)

再说当时陈兆先和手下的36 000号俘虏看到朱元璋军中将士的如等举动后,个个都吓坏了,他们估摸着自己将要受到血腥的报复,人人都把心提到了嗓子口,大气都不敢喘。要饭出身的朱元璋最擅长观貌察色,还有就是一肚子的计谋,他立即喊来冯国用,从那36 000号俘虏中挑选出了500个骁勇壮士,叫他们担任自己的守帐亲兵,并决定当天夜里就留他们守夜值班。这下可急坏了一些"渡江干部""老革命",他们担心这些新降的"精兵"万一有什么歹念,我们大元帅岂不……但朱元璋执意那么做,下令将原来身边其余的人全部打发走,独留下典领亲兵的冯国用一人侍候自己的卧榻旁。那500亲兵就守在帐外,朱元璋一躺下去便鼾声如雷。他真的睡着了吗?作秀?只有去问朱元璋他本人了。可就这样的一个举动,把500个亲兵感动得实在没得说。咱们刚投降,没有想到这位主帅如此真诚地对待我们,我们不为这样的主子卖命还是人吗?(《明太祖实录》卷4;【清】谷应泰:《明史纪事本末·平定东南》卷2)

  得了这么多的军事力量补充后,朱元璋的队伍可谓是巍巍壮观。7天后的初十日,朱元璋下令军队开拔北上,冯国用率领那500名侍卫壮士从集庆东线蒋山即紫金山一带发起冲锋,被感动的500壮士个个如猛虎一般,闯入元军阵营,拼命砍杀,没一会儿,他们便攻入了集庆外城。与此同时,朱元璋直接统领的大军在距离集庆还有5里的地方就开始孕育起了冲锋杀敌的军中士气,大家鼓噪而进,喊杀声惊天动地。集庆城里的元兵远远望见这样的阵势,顿时都吓破了胆。元行台御史大夫福寿只好亲自督领兵士出城迎战,没曾料到,一出城就被打得屁滚尿流。见到形势不对,他赶紧缩到城里去,立即关闭了城门。再说朱元璋军将士可管不了这么多,当大家来到集庆城下时,纷纷搭起了云梯,并迅速开始登城。元军抵抗着,但攻城将士如潮水一般地涌来,最终涌入了城内,集庆城终于被打开。福寿见到大事不妙,立即率领元兵与起义军展开激烈的巷战,不料又兵败,最后死于战阵之中。元平章阿鲁厌、参政伯家奴及集庆路达鲁花赤达尼达思等皆战死,御史王稷、元帅李宁等300余名将官投降,蛮子海牙向东逃跑,投奔张士诚。淮西宣慰使、水寨元帅康茂才和苗军元帅寻朝佐、许成、刘哈剌不花以及海军元帅叶撒及阿鲁厌部将完都等,各率众投降,朱元璋共得集庆军民50余万人。(《明太祖实录》卷4)

  50万人口一下子易主了,人们纷纷不安。对此,明察秋毫的一代枭雄朱元璋一下子就意识到了问题所在。入城当天,他召集城中官吏、父老、人民等,登台作了即兴演讲:"元失其政,所在纷扰,兵戈并起,生民涂炭,汝等处危城之中,朝夕惴惴不能自保。吾率众至此,为民除乱耳!汝宜各安职业,勿怀疑惧。贤人君子,有能相从立功业者,吾礼用之。居官者,慎毋暴横以殃吾民,旧政有不便者,吾为汝除之。"翻译成现代汉语大致是这么说的:元朝腐败,现在易主了,大家各安其业,凡是做官的千万要注意,不得祸害我百姓;凡是不便于民的元朝弊政、恶政,我朱某人为民坚决铲除!(《明太祖实录》卷4)

  朱元璋的这番演讲很到位,言简意赅,又击中要害,集庆城内军民一下子安定下来了。第二天,他下令建立江南地区第二个地方行政机构,将集庆路改为应天府,下设上元、江宁二县。对于应天之名,朱元璋曾这样解释:"王者征伐,应天顺人,所以平祸乱而安生民也!"(《明太祖实录》卷18)在设立应天府的同时,还设置地方军事行政机构——天兴建康翼统军大元帅府,以廖永安为统军元帅,赵忠为兴国翼元帅,镇守太平。(《明太祖实录》卷4)

神州大地烽火连连　东抢南夺发威应天

● 建立江南省级农民起义政权——江南行省——明朝最早雏形

渡江后的朱元璋在江南经营的事业风风火火,节节攀升,在亳州的龙凤皇帝韩林儿后来也听说了,看到臣子这般有出息,当然十分高兴。龙凤二年(1356)七月他升朱元璋为枢密院同佥,帅府都事李善长为经历;不久后,又擢升朱元璋为江南等处行中书省平章政事,以故元帅郭天叙之弟郭天爵为右丞,经历李善长为左右司郎中,以下诸将皆升元帅。(【明】钱谦益:《国初群雄事略·宋小明王》卷1引俞本《皇明纪事录》;【明】潘柽章:《国史考异》卷1)

朱元璋接到小明王的命令后,开府应天,在元朝御史台府第(今南京王府大街一带)建立江南行中书省,总揽省事;以李善长、宋思颜为参议,李梦庚、郭景祥为左右司郎中,侯原善、杨元杲、陶安、阮弘道为员外郎,孔克仁、陈养吾、王恺为都事,王为照磨,栾凤为管勾,夏煜、韩子鲁为博士。与此同时,设置帐前总制亲兵都指挥使司——明代皇家御林军和锦衣卫特务机构的最早雏形,以冯国用为都指挥使;并建置江南行枢密院,直接主管江南地区军事,以元帅汤和摄同佥枢密院事,其下又设立前、后、左、右、中翼元帅府5个军事分支机构,以华云龙、唐胜宗、陆仲亨、邓愈、陈兆先、张彪、王玉、陈本等为元帅;置五部都先锋,以陶文兴、陈德等为都先锋;置省都镇抚司,以孙養浩为镇抚;置理问所,以刘祯、秦裕为理问;置提刑按察使司,以王习右、王德芳为佥事;置兵马指挥司,议察奸伪,以达必大为指挥;置营田司(《明太祖实录》卷4;【明】钱谦益:《国初群雄事略·宋小明王》卷1引俞本《皇明纪事录》)。如此下来,朱元璋在应天即南京建立起来的政权已经迥然不同于过去简单划分权限的农民起义军政机构,而是覆盖了行政、军事、司法、监察甚至经济等各个层面的相对比较完备的省级领导组织。后来的明朝就是在这一基础上逐渐发展起来的。

● 稳固以应天为中心的江南地区政权,攻占东大门和南大门——镇江、广德

省级农民起义政权在虎踞龙蟠之地建立起来了,朱元璋多年来梦寐以求的愿

望终于得以了实现。可是这一切对于苦孩子出身的朱元璋来说却并未感到内心轻松多少,因为他知道,建立一个政权不难,但若要使得这个政权长期存活、发展和壮大的话,就势必得不断进取。

攻占应天时,朱元璋政权已经拥有了芜湖、和州、滁州、太平、溧水和溧阳等地,而从当时的形势来看,应天周围最为紧要的地方应该是镇江。镇江又称京口,据说"京口"中的"京"就是指南京建康京城;换言之,镇江拱卫屏障着应天南京,是应天南京的门户。还有一个不可忽略的因素,那就是当时镇守镇江的元军势力比较薄弱,如果一旦被占据长江下游的张士诚抢了先,他便可直捣应天,后果不堪设想。因此当务之急,无论如何都应该尽快拿下镇江路。至正十六年、龙凤二年(1356)三月,即攻下应天后没过几天,朱元璋任命徐达为大将军,率领汤和、张德麟、廖永安等统兵进攻镇江。(《明太祖实录》卷4)

为了确保镇江之战的顺利进行,朱元璋对于老丈人郭子兴时代流传下来的军纪差等坏习惯再次用心整治,并与都事李善长合唱了一出精彩的双簧戏。三月十二日,他召集全体将士训话,先强调军纪,然后列举历次违反军令、杀戮抢劫将士的罪过,说完把脸一板,大声喝道:"来人呐,将这些被点到名的犯过将士拉出去砍了!"这下可把人们给吓坏了,犯过将士跪在地上,头磕得像捣蒜泥。这时,李善长走了出来,替将士们求情,恳请朱大元帅将犯过将士之罪暂时寄着,让他们在战场上立功补过。朱元璋假模假样地应允了,不过他再次强调:"看在李都事的面子上,我暂且饶了你们。大家知道,自起兵以来,我朱某人从未妄杀一人,你们必须得给我记着,今后行军打仗一定得守纪律,决不能滥杀乱抢,祸害百姓!大家马上要出征了,去攻打镇江,我可把丑话说在前头,不论谁,哪怕是徐达将军,只要违反军纪了,定斩不饶!"朱元璋的话铿锵有力又杀气腾腾,就连徐达将军也大气不敢喘,其他将士就更不用说了。(《明太祖实录》卷4)

四天后,徐达、汤和、张德麟、廖永安等率领军纪严明的部队浩浩荡荡地开赴镇江。镇江苗军元帅完者图还没见过这样的队伍,一看这等阵势,顿时被吓坏了,赶紧脚底下抹油,溜了,留下守将段武、平章定定以死殉国。没多时,镇江城破,徐达等自仁和门入城,"号令严肃,城中晏然,民不知有兵"。(《明太祖实录》卷4)

镇江攻下后,朱元璋下令在此设立管理机构,改镇江路为江淮府,以镇江为淮兴、镇江翼元帅府,命徐达、汤和为统军元帅,并置秦淮翼元帅府,以俞通海为元帅。(《明太祖实录》卷4)

就在应天府东大门镇江之战取胜后不久,朱元璋又派遣元帅邓愈、邵成、总管汤昌率兵攻取应天府南大门——广德路。广德路镇守元军势力薄弱,很快就被攻

下。朱元璋随即下令,在那里建立广兴府,并置广兴翼行军元帅府,以邓愈、邵成为元帅,汤昌为行军总管。(《明太祖实录》卷4)

至此,以应天为中心的朱元璋政权已经拥有了应天府、太平府、江淮府(后改名为镇江府)和广兴府(即后来的广德府)江南4府地区,军队约有十几万,成为名副其实的威震一方的一代枭雄。

● 元宫爱欲情海热火朝天　南北红巾军烽火漫天　张士诚速占江南

说到这里,好奇的读者朋友可能要问:一般农民起义起来后往往用不了多久就被官方当局或地方武装很快地镇压了。为什么那时的朱元璋势力能如此迅猛地发展、壮大?

○ "鲁班天子"的大方:我的美女,大家一起来乐乐——元廷腐败帮了起义军大忙

这要首先"归功于"元顺帝为首的元朝统治集团的腐败"帮了忙"。

自从脱脱被害后,元廷中的"明白人"越来越少,元顺帝更加肆无忌惮地追求淫乐,大玩"大喜乐"性游戏。他挑选了100个特别漂亮的宫女,让她们穿上耀眼的璎珞衣服,拿了乐器,列队唱歌《金字经》,跳《雁儿舞》。再从中选出16个特别妩媚妖艳的美女,称之为"十六天魔",将她们偷偷地藏在新挖的地道内,天天变着法子玩着性游戏。玩着玩着元顺帝来了灵感了,想起宫中嫔妃太一本正经,服务水平差,应该让她们开开眼界,改进改进游戏技巧与服务质量,于是挑选了100多个嫔妃,专门进修秘密佛法,即元代藏传佛教中的"双修法",亦名"大喜乐"。(【元】权衡:《庚申外史》卷下)

除了大玩性乐和性游戏外,元顺帝还有两大嗜好,就是充当机械设计和建筑工程设计师。

据说元顺帝曾设计制造了一个精美无比的"报时钟"——宫漏,高有6～7尺,约2米,宽3～4尺,约1米,其中有一木柜,柜子里放着各种水壶,用以上下运水。柜子上头设置西方三圣殿,半腰处站立一玉女,手中捧着时刻筹,按时浮水而上。玉女左右两旁各列两尊金甲神人,一尊为悬钟,另一尊为悬钲,每到夜间入更时分便开始按更敲钟击钲,其旁边的凤凰、狮子等随之翩翩起舞。柜子的东西两侧还有

日月宫,宫中站着6个仙女,每到子(夜里23点至凌晨1点)午(白天中午11点到13点)时,她们会自动行走,走过仙桥,来到三圣殿,然后再退回原处,"其精巧绝出,人谓前代所鲜有"。(《元史·顺帝本纪六》卷43)

由此看来,这位元朝末代天子完全可以堪称世界钟表行业最早的"大佬"了,其精益求精的"敬业"精神即使在600多年后的今天,以精湛技巧著称于世的世界钟表龙头老大瑞士人看来,可能还要自叹弗如。除了酷爱钟表设计与制造外,元顺帝还对建筑工程表现出极度的喜爱和惊人的天分。如果当时设立一个建筑设计院或规划局的话,他无疑是个优秀的业务骨干,保不准还可以弄个建筑设计院院长当当,可叫他当皇帝,压根儿就"委屈"了他。堂堂天子一天到晚不务正业,却孜孜不倦地为左右亲近大臣绘制和设计住宅图样,甚至有时还到建筑工地上,不是视察视察、指手画脚,就是拉线、刨木头,架梁造屋,由此被北京城里老百姓称为"鲁班天子"。(【元】权衡:《庚申外史》卷下;《元史·顺帝本纪六》卷43)

据说这位"鲁班天子"还曾设计建造了一种精美的龙舟,首尾长120尺,宽20尺,可能相当于现代的半个足球场那么大,前有瓦帘棚、穿廊、两暖阁,后有吾殿楼子,龙身和殿宇用五彩金妆,前有两爪。其上用水手24人,身衣紫衫,金荔枝带,四带头巾,在船的两旁下各执一篙。整个龙舟设计得不仅十分漂亮,而且还无比精巧,龙尾、龙鬣都能转动,龙爪自动喷水。每次元顺帝登舟游玩,就让穿着五颜六色的漂亮美女在河岸当纤夫。龙舟被拉动,岸上美眉们的花衣花裙顿时被风吹拂起来,远远望去好似一个个下凡人间的仙女,皇帝老爷由此龙颜大悦,要是有哪一个或几个美眉被看中,当夜就有可能被临幸。谁家的女孩被临幸了,这在当时北京城里可谓是无比荣耀的事情。如此下来,时间一久,元顺帝的女宠越来越多,朝廷的开支与负担也就越来越重。要是美艳女宠一撒娇,说自己家里缺什么了,元顺帝就会毫不含糊地予以赏赐。当时农民大起义已爆发,南粮北运严重受困,大都北京粮食供给极度短缺,朝廷百官俸禄发不出,就以茶、纸和杂物作替代,但一旦与皇帝大玩性乐的美眉发嗲了,帝国粮仓里仅有的粮食也会往美眉家中送去。(【元】权衡:《庚申外史》卷下;《元史·顺帝本纪六》卷43)

皇后祁氏看到元顺帝这般荒淫无度,曾想规谏他一番。有一次,乘着皇帝临幸自己之际,她就拉着龙袍这般说道:"使长(元朝人称皇帝,相当于汉族人称陛下)您的年纪不小了,儿女们也逐渐大了,对于工程住宅之类的营造事情您就不必多去操劳,让下人们干干就行了;陛下宫中的美女妻妾也已够多,足够伺候得您满意,请您不要再迷惑于那些番僧所说的天魔女辈,要爱惜龙体!"没想到祁皇后刚说完,元顺帝就大发雷霆:"古往今来哪个皇帝不是这样美女成群,快快乐乐的?!"说完站起来就走了,从此以后有2个多月的时间他就没去过祁皇后宫里。祁皇后终于明白过来了,为了保住自己的地位,也开始在女色上做文章。据说在宫里头她偷偷地养了好多好多高丽小美女,一是用来吸引"公用"老公元顺帝经常光顾自己宫里;二是用高丽小美女对朝廷权臣进行性贿赂,让他们为自己办事。当时元宫上下有个公开的秘密:高丽美女特别擅长服侍男人。一旦哪个男人与高丽美女有过那么一次,日后就会对别的女人感觉索然无味。因此当时北京的女人们最赶时髦的就是要将自己打扮成高丽美女,宫廷上下高丽美女的服饰成为了风行的时尚。(【元】权衡:《庚申外史》卷下)

见此,元顺帝乐不可支,想想自己的快乐,又忽然想起自己大元江山的接班人也应该快快乐乐。有一次在与倚纳(即宫中陪同皇帝一起淫乐的男人)一起大玩美女后,元顺帝颇为关心地指示道:"我的那个皇太子至今还不懂得什么是秘密佛法,秘密佛法令人舒心,也能延年益寿,为何你们不教教我的皇太子?"随即命令经常与他一起玩美女的秃鲁帖木儿即害死脱脱的那个佞臣哈麻的妹婿去教授皇太子爱猷识理达腊。爱猷识理达腊当时还是个少年,体内本身充满着无限的活力,一旦品尝到了男女之愉悦后,便一发不能收,从此也陷入了男女双修的美妙快感之中了。(【元】权衡:《庚申外史》卷下)

对于日益弥漫的元宫淫风,一些正直的人士开始纷纷议论,将矛头直接指向奸佞小人哈麻兄弟。再说自害死脱脱后,哈麻官拜中书左丞相,弟弟雪雪由知枢密院事拜御史大夫,兄弟俩一个成为元廷行政最高机构的领导,另一个是元廷监察最高机构的领导,"国家大柄,尽归其兄弟二人矣"。人生到了这一步,心里应该爽得没得说。可哈麻却发现,事情并非如此,每次上下朝或处理公务时,周围的人看他,那眼神都是怪怪的,这究竟是怎么一回事?仔细看着,认真想着,半年后终于明白了:原来人们都在鄙视自己与弟弟、妹夫密谋干的那些令人不齿的事情——将擅长房中术的番僧推荐给皇帝,让元顺帝不干正务,没日没夜地专干男女之事。不要说了,想起来就让人心跳加速,脸红到耳朵根旁。这怎么办呢?(《元史·奸臣·哈麻传》卷205)

有一天,哈麻在家里,看到周围没什么人,就跟父亲秃鲁说:"我与雪雪现在位居宰辅,理应正面辅佐、引导天子,可我们的妹夫秃鲁帖木儿却以介绍男女之欢有功而受宠于皇帝,天下士大夫都讥笑我们家兄弟姊妹是通过床笫之乐而发达的,这样下去还有什么脸面来面对世人啊!我打算除掉秃鲁帖木儿;况且现在皇上越来越昏暗,这怎么能治理好国家!倒是逐渐长大的皇太子看上去还不错,聪明过人,我想将当今天子奉为太上皇,立皇太子为帝!"哈麻讲得过瘾,没想到自家妹妹在暗中都偷听到了,想着天天陪着皇帝玩又能"荣宗耀祖"的好丈夫即将要被自家哥哥暗害了,她下定了决心,要将这个绝密信息告诉给自己的丈夫秃鲁帖木儿听。当秃鲁帖木儿得到妻子的告密后,一下子呆掉了:这原本是我们郎舅三人合伙干的,现在哈麻兄弟似乎要将责任全推在我一个人头上。当然,这还不是最为要害的。从未来朝廷发展的走势来看,倒是皇太子这一派还不能不考虑,他逐渐长大,一旦登基即位了,那我秃鲁帖木儿这个专门为他皇帝父亲找乐而使其不务正业的宠臣肯定没有好下场。与其这样,倒不如先下手为上。第二天,当来到宫中准备与元顺帝一起找美女大玩性游戏时,乘着人们不注意间,秃鲁帖木儿将哈麻暗中策划,打算将皇太子奉上帝位,让元顺帝退居"二线"的阴谋诡计偷偷地告诉了大元天子,并添油加醋地讲:"哈麻说陛下您年老了,不太中用了!"就是不提宫中大玩美女之事,以免引起过大的反应和负面影响。果然,事情正像秃鲁帖木儿所精心设计得那样,当元顺帝听完了告密后,大惊失色地说道:"朕头发还没白,牙齿也没松动、脱落,怎么就说朕老了呐!"想想便火气腾腾,随即就与秃鲁帖木儿讨论起除掉哈麻兄弟的计策来了。(《元史·奸臣·哈麻传》卷205)

　　计策定好后,秃鲁帖木儿赶紧藏匿到大都的尼姑庵里去,装作什么事都与他无关。第二天早上,本来想出门上朝的哈麻兄弟突然接到元顺帝的圣旨,让他俩不用去上朝了,在家待着,等候皇帝新的谕旨。元廷上下谁都知道如今是哈麻兄弟当道,突然间皇帝不要他们来上朝了,"猴精"御史大夫搠思监看出问题的端倪来了,立即上奏,弹劾哈麻和他的弟弟雪雪,说他们祸国殃民,罪恶滔天。元顺帝接到弹劾奏章后并没有立即做出处置,而考虑了一下,跟人这样说:"哈麻、雪雪兄弟二人虽然有罪,但侍候朕也有很长一段时间了,况且朕弟懿璘质班皇帝还与他们同在一个奶妈那里吃的奶,因此朕想姑且减缓一下对他们兄弟俩的处罚,命令他们领兵出征!"可中书右丞相定住、平章政事桑哥失里等却轮番出来弹劾哈麻、雪雪兄弟。元顺帝顺应"民意",命令哈麻兄弟出城受诏,哥哥哈麻发配广东惠州安置,弟弟雪雪发配肇州安置。兄弟上路后,走到半道上,皇帝又有新诏令下来,即刻杖杀之。(《元史·奸臣·哈麻传》卷205)

　　佞臣哈麻兄弟除去后,元顺帝任命御史大夫搠思监出任中书省右丞相,辽阳行省左丞相太平为中书省左丞相。太平原名贺惟一,汉人,为人正派,他与脱脱都算得上是元末浑浊元廷中的"清醒人"。正因为如此,他一上来就遭受别人的排挤,先是右丞相搠思监挟制着他,后来搠思监因贪污受贿被贬,终于让他有个出头施展才能的机会了。可没想到元顺帝的二皇后奇氏(即祁氏)与皇太子却找到门上来,想让他一起胁迫元顺帝提前"内退",由皇太子来当皇帝,太平没答应。为此皇太子恨上了太平，打击太平，最终迫使他辞去相位。至正二十年(1360)元顺帝重新任用搠思监为中书省右丞相，后"搠思监因诬奏之，安置土蕃，寻遣使者逼令(太平)自裁。太平至东胜，赋诗一篇，乃自杀"。(《元史·太平传》卷140)

太平死后，元顺帝更加腐朽昏愦，元廷各利益集团之间的倾轧也愈演愈烈，帝国统治力量大大削弱。这在客观上便利了各地包括朱元璋军在内的反元起义队伍的发展和壮大。

○ 哀鸿遍野、"父子相食"、京城出现"万人坑"和北方三大义兵武装的出现

而偏偏在这个时候，元帝国各地频频发生的天灾与日益严重的饥荒，无疑给反元起义烈火上浇了一桶油。据史料记载，自至正十一年元末红巾军大起义爆发后，各地的天灾水旱等一直不断，伴随之蝗灾又频频袭来，中原大地和江淮流域赤地千里。朱元璋当年活不下去的家乡及其周围地区在经过数年的战乱后，情况更加糟糕。曾经几次擢升朱元璋的龙凤皇帝小明王兵败被围安丰时，城中曾出现了"人相食"的惨状，到了后来能吃的活人越来越少，只好去挖下葬了的死人，有的死人已经腐烂了，没法立即烧了吃，有人就想着用井底里的烂泥和着，做成丸子，用人油油炸了再吃(【明】钱谦益：《国初群雄事略·宋小明王》卷1引俞本《皇明纪事录》)。饥荒还蔓延到了元帝国中心大都及其周围地区。元政府大司农司曾在河北的雄州、霸州等地实行屯田种植，目的是确保京城的粮食供给，当时称为"京粮"(《元史·顺帝本纪七》卷44)。但在至正十四年大都还是发生了大饥荒，同样上演了"民有父子相食"的人间惨剧(《元史·顺帝本纪六》卷43)。四年后，灾荒、水患和蝗灾再次交相袭来，大都"民大饥"。至正十九年，山东、河东、河南、关中等处蝗飞蔽天，"人马不能行，所落沟堑尽平，民大饥"(《元史·顺帝本纪八》卷45)。中原大饥荒爆发后，大都北京的情势就更糟了，那时"京师大饥，民殍死者几百万。十一门外各掘万人坑掩之，鸱鸦百群，夜鸣至晓，连日乃止"。(【元】权衡：《庚申外史》卷下)

面对灾荒与饥民，历朝历代都有一定的紧急应对经验，归纳起来大致有两大者：第一，政府出面赈济灾荒和救济饥民，但这个举措要想得以推行，就必须有个大前提，那就是帝国政府掌握着相当的粮食储备或经济实力，问题是当时的元顺帝政府早就捉襟见肘，寅吃卯粮，就连首都人民都成批成批地饿死，哪拿得出什么东西来赈灾救民呐！史书记载说，"当元统、至元间，国家承平之时，一岁入粮一千三百五十万八千八百八十四石，而浙江(实际应指江浙两省，本书作者注)四分强，河南二分强，江西一分强，腹里一分强，湖广、陕西、辽阳总一分强，通十分也"。这就是说元帝国政府的税粮收入40%～50%来自江浙，20%来自河南，10%来自江西，

10%来自腹里,10%来自湖广、陕西、辽阳。可浙东地区发生了方国珍起义、苏松等浙西地区被张士诚攻占了,河南、山东蝗灾遍地,陕西等地也发生天灾……由此"京师索然"(【元】权衡:《庚申外史》卷下)。第二,官府招兵,荒年招兵是解决灾荒和饥民、流民的最好办法。由于历代帝国的兵政制度存在着一定的弊端,俗话说:好人不当兵、好铁不打钉,普通民众一般情况下都不愿意去当兵。但在荒年可不一样了,饥民们饿到了父子相食的地步,即使当兵再不好,但还是能避免这样的惨事发生。其次帝国政府可以通过招募饥民与流民为兵的手段,既能熄灭饥民或流民当中燃起的反政府起义烈火,也可调集这些组织起来的饥民或流民来对付其他地区的反政府起义,真可谓一举两得。不过这项措施要想实施,说到底还是取决于帝国政府有没有财政经济实力。而从元顺帝统治中晚期的实际来看,大元帝国这口经济大灶几乎到了断炊的地步了。

经济枯竭,熊熊的反元烈火又四处燃烧,为了挽救大元帝国行将覆灭的命运,至正十五年(1355)元顺帝终于迫不得已下诏:"听富民愿出丁壮义兵五千名者为万户,五百名者为千户,一百名者为百户,仍降宣敕牌面"(《元史·顺帝本纪七》卷44)。百户、千户和万户都是元朝的中下级官职,而元顺帝的这项诏令向世人表明:不仅原先大元帝国连刀剑等武器都不让百姓摸一摸的极端军事专制制度到了这时候终于迫不得已开了口子,而且连一直死水一潭的蒙古贵族政治寡头职官制度也在面向社会开放了,甚至在实际操作中还予以了更多的优惠,譬如许多组织起"义兵"武装的头头们是否真的要分别拥有元朝政府所规定的100、500和5 000人头数以上的,才可分别称为百户、千户和万户呢?也不见得那么刚性。那时只要有谁能拉起一支队伍来,爱怎么称呼全由自身的实力说话,元朝政府一般不会过问,就是"王"一类不能乱称。当时人们最喜闻乐见和最时髦的称呼就是元帅,就像今天的经理、老板、老总一类,满大街都是。那时的"元帅"也特别多,有几个"弟兄",拥有几支烂枪,就称元帅了。在全国各地大大小小的大元帅、元帅和准元帅中,有二个人后来比较有名,他们是答失八都鲁、察罕帖木儿和李思齐。

答失八都鲁是蒙古贵族的后裔,以世袭万户镇守罗罗宣慰司,曾出征云南,升为大理宣慰司都元帅。至正十一年,元廷特别授予他四川行省参知政事,令其率本部探马赤军3 000人,跟随平章咬住征讨荆襄地区农民起义军。答失八都鲁曾招募襄阳官吏及土豪,得义丁20 000人,编排部伍,组织训练,使其成为四川地区镇压农民起义的凶悍义兵武装力量。鉴于答失八都鲁所建立的功勋,至正十四年,元顺帝擢升他为四川行省平章政事,兼知行枢密院事,总荆襄诸军,即总负责指挥荆襄地区各路义兵,共同镇压农民起义。(《元史·答失八都鲁传》卷142)

察罕帖木儿,畏兀儿人,曾祖阔阔台,元初跟随大军进驻河南,从祖父乃蛮台和父阿鲁温起,察罕帖木儿家就安在了河南颍州沈丘,所以很多书上都说他是沈丘人,也没错。据说察罕帖木儿从小就十分好学,还曾参加过元朝的进士科考试,"常慨然有当世之志"。至正十一年,刘福通等领导的红巾军大起义爆发,"江淮诸郡皆陷"。第二年察罕帖木儿在沈丘组织义兵,专门对抗红巾军,曾与信阳之罗山人李思齐合兵,在罗山成功地偷袭了刘福通起义军。消息传到元廷,元顺帝授他为中顺大夫、汝宁府达鲁花赤,李思齐为汝宁知府。后来察罕帖木儿率领他的义兵武装转战中原,成为元末北方地区农民起义军最为危险的敌人。(《元史·察罕帖木儿传》卷141)

尽管像答失八都鲁和察罕帖木儿的义兵武装十分凶狠,也非常危险,但从那时的全国整体形势来看,各地的义兵武装,一来都处于刚刚创立阶段,规模小,力量弱,构不成对反元起义军很大的危险;二来他们之间互不买账,谁也统辖不了谁,而且还会时不时地相互攻略,这样的局面恰恰有利于各地反元起义军势力的日益壮大和发展。

○ 北方红巾军的东征、西征和三路北伐,牵制了元主力军南下

在各地反元起义军中最先发动起义和最有力地打击元朝统治的当数刘福通领导的北方红巾军。龙凤元年(1355)年初刘福通迎立小明王韩林儿为帝,在江淮地区的亳州建立起宋政权。消息传开,元廷震惊。鉴于高邮大战中大元帝国失去了最后的军事"大家底"——百万大军之现实,元顺帝急调曾经成功镇压荆、襄红巾军的义兵武装头领、四川行省平章政事兼知行枢密院事答失八都鲁迅速领兵开赴汝宁、安丰等地,对刘福通红巾军发起猛烈进攻。

刘福通闻讯后毫不畏惧,诱敌深入,在河南许州长葛击败了答失八都鲁部队。三个月后,即该年九月,他又在中牟成功地偷袭了答失八都鲁军营,弄得这位堂堂的元朝省长大人在慌乱之中将儿子孛罗帖木儿也给弄丢了,好不狼狈。要不是另一支元军武装刘哈剌不花及时赶来救援,恐怕连他的小命都不保。为此,答失八都鲁恨死了刘福通,随即从各处调集了大量的兵力,围攻龙凤政权的都城亳州。(《元史·答失八都鲁传》卷142;【明】钱谦益:《国初群雄事略·宋小明王》卷1)

为了有效地打击元朝势力,当时刘福通曾命部将赵明达率兵攻取葛、汝、洛阳。起义军一路顺风,直抵怀庆路,黄河北岸震惊。按理说此时的形势对起义军十分有利,哪知道赵明达在黄河边作战时遭遇了河南地区另一支极为凶狠的义兵武装即前面提到的察罕帖木儿部队的袭击,随即惨败。这样一来就剩下刘福通方面单线

作战,答失八都鲁领军向着亳州步步紧逼。见到情势不妙,为了救主,刘福通急忙率军前去阻击,这样两军便在太康展开了激战。激战结果偏偏是起义军方面失利,无奈之下,刘福通只好带了韩林儿退避安丰。

龙凤二年(1356)三月在安置好小主子后,刘福通又赶回去重新布置军队,与答失八都鲁在亳州展开大决战。这场大决战十分激烈,双方刀对刀、枪对枪,不知打了多少个回合,就是一直分不出输赢,从上午九十点一直打到下午四五点,太阳快要下山了,还是没分出胜负来。就在这个时候,可能是岁数大了的原因,正在战阵中指挥的答失八都鲁突然间从马背上掉了下来,儿子孛罗帖木儿赶紧前来扶他,抢回军营。元军主帅病倒,老天在关键时刻帮了起义军一把,亳州城顿时转危为安。(《元史·答失八都鲁传》卷142;【明】钱谦益:《国初群雄事略·宋小明王》卷1)

亳州危机虽然解除了,但答失八都鲁和儿子孛罗帖木儿率领的部队就驻守在离亳州不远的陈留,元朝方面还调集了其他几路人马从更大的范围开始向亳州围拢过来。针对这样的情势,刘福通采取了主动出击的策略,派出部将进行西征和东征,以此减缓元军对亳州的军事压力。

龙凤二年(1356)九月,刘福通命令李武、崔德率军进行西征,破商州、克潼关,震慑元军。这样一来,来自西线的军事压力顿时有所减轻;十月,曾经在濠州城内与郭子兴等斗得像乌眼鸡的永义王赵均用攻占苏北淮安,接受龙凤政权领导。刘福通随即调赵均用部将毛贵率军开始东征,由今天江苏连云港东海出发,乘船航海,攻打胶东半岛上的元朝势力。

李武、崔德西征和毛贵东征,两路军都取得了很大的胜利,这就从根本上打破了元军大范围围逼亳州红巾军的困局。在这样有利的形势,龙凤三年(1357)六月刘福通决定派出三路大军进行北伐,自己则亲率人马向北挺进。七月占领归德,打通北渡黄河的通道;八月攻下大名卫辉路,又骤然回师山东曹州,大败元军,杀死元将达理麻失理,"达达诸军皆溃"。一直以剿灭红巾军为己任的答失八都鲁见到这样的战势,吓得直退。而恰巧这时元廷又有人在怀疑他拥兵自重、错失战机,接二连三地派出特使前往山东前线来催促他。刘福通看出了其中的名堂,来个将计就计,伪造了答失八都鲁通敌议和文书,故意遗忘在路上,让元廷使者捡到,这下好戏上演了。敌阵内相互算计,答失八都鲁每每想到这些,寝食难安,忧愤不已,不久就一命呜呼。(《元史·答失八都鲁传》卷142)

答失八都鲁死后的第二个月也就是龙凤四年(1358)正月,元廷令其子孛罗帖木儿承袭父职河南行省平章政事(至正十五年六月元廷正式任命的),总领答失八都鲁旧部。敌军主帅新旧交替,少不了有一段时间工作磨合和缓冲,刘福通利用这样有利的间隙发起了大规模的进攻,先克卫辉,再进逼汴梁。恰巧这时汴梁发生了大饥荒,刘福通抓紧时间组织围攻,汴梁元将竹贞眼见情势不妙,立即弃城逃跑,红巾军轻轻松松地进驻汴梁城。五月,刘福通自安丰迎小明王入居北宋皇城,并以此为都,震动四方,由此将北方红巾军起义声势推向了高潮。(《元史·顺帝本纪八》卷45;【元】权衡:《庚申外史》卷下)

不过刘福通并没有满足于眼前的这些胜利,他还抓住机遇组织三路大军进行北伐,构成了对元大都北京的包抄阵势。东路军由毛贵率领,攻下山东大部分地方,龙凤四年(1358)二月,占据济南,"立宾兴院,选用故宫姬宗周等分守诸路,又于莱州立三百六十屯田,每屯相去三十里,造大车百辆,以挽运粮储,官民田十止收二分,冬则陆运,夏则水运"(【明】钱谦益:《国初群雄事略·宋小明王》卷1)。在稍作一番调整之后,东路军继续北上,攻占清州、沧州,进据长芦镇,在南皮县的魏家庄斩杀了元军悍将董抟霄兄弟。而后又向前挺进,攻下潮州枣林,打死元枢密副使达国珍。三月,东路军前锋部队进抵到了柳林,距离元大都北京只有120里。元廷闻讯,"中外大骇,廷议迁都以避之"(《元史·太平传》卷140),但中书省左丞相太平(当时还没被贬)力主坚守北京,并恳请元顺帝立即下诏,急调元朝官军与地方义兵入京勤王。而就在这时,东路军遭遇到了元朝同知枢密院事刘哈剌不花所部的突然袭击,损失惨重,最后不得不退回山东济南。(【明】钱谦益:《国初群雄事略·宋小明王》卷1)

中路军由关先生、破头潘即潘诚、冯长舅、沙刘二(人称扫地王)、王士诚率领,主要进攻山西和河北。龙凤三年(1357)由曹州越过太行山,攻入山西,先后占领了临汾、绛县、沁州、太原、大同等地,攻略云中、雁门、代郡等,"烽火数千里"。原计划再进入河北境内,与东路军会合。不料这时元廷已调察罕帖木儿进入山西,在南山伏击中路军,中路军由此遭受了很大的打击(【明】钱谦益:《国初群雄事略·宋小明王》卷1)。但他们以顽强的毅力冲破敌人的重重阻挠,强入河北,然后再北上,进攻山西大同,一直打到塞外。龙凤四年(1358)十二月,中路军攻入元帝国上都开平,"焚宫阙,留七日,转略往辽阳,遂至高丽"。(《元史·顺帝本纪八》卷45)

西路军由白不信、大刀敖、李喜喜率领,主要进攻目标为关中地区,援助先期西征的李武和崔德。龙凤三年,西路军攻占兴元即今天的陕西汉中,随后北上攻入凤翔,在那里遭到了察罕帖木儿和李思齐义兵武装的多次打击,后被迫转入四川。虽然后来西路军又攻入了秦陇,占据巩昌,但在进攻凤翔时再次遭挫,李喜喜率领残部不得不又退入四川。(《元史·顺帝本纪八》卷45)

○ 南方红巾军的再次勃兴与张士诚军抢占中华帝国财税中心

从龙凤政权的东征、西征和三路北伐以及刘福通挺进宋朝旧都汴梁等一系列重大军事行动来看,北方红巾军几乎已经横扫了整个北中国,吸住了元朝的有生力量,这在客观上有利于南方红巾军的发展与壮大。

自至正十五年、治平五年(1355)徐寿辉手下大将倪文俊在鸡鸣汊打败元威顺王宽彻普化水军后,士气大振的天完军连连出击,先后攻克了襄阳路、中兴路(即湖北江陵)、武昌路、汉阳路、宣州等,随后起义军打出湖北,攻入湖南岳州路和江西饶州路。治平六年(1356)正月,倪文俊建都汉阳,位居丞相,迎天完皇帝徐寿辉入居。而后天完军相继攻占襄阳、常德路、澧州路、衡州路、岳州路。治平七年(1357)又占据峡州,破辘轳关;这时徐寿辉的另一部将明玉珍率军西进,攻下川蜀诸郡(【明】钱谦益:《国初群雄事略·天完徐寿辉》卷3)。换句话来说,到1358年初为止,大约花了3年的时间,南方红巾军已经拥有了湖北、湖南、江西、安徽、四川和浙江等广大地区,有力地打击了长江中游地区的元帝国统治力量,客观上声援了其他地区的反元起义军。

而在这个过程中,长江下游地区的反元起义又有了新发展。至正十四年十二月,由于元顺帝为首的中央朝廷的"英明领导",百万元军突然溃散,这不仅使得高邮城内的起义军绝处逢生,反败为胜,而且也让张士诚名扬天下。不过话得说回来,长时间的围困和猛烈的打击,也让张士诚起义军伤透了元气,在高邮大战后一年多的时间里,这支队伍几乎一无进取。转眼到了至正十六年(1356),张士诚终于开始重新发威。那年年初他命令三弟张士德率兵由通州渡江进取福山港,由此攻占常熟。二月,占领平江路,遂改平江路为隆平府,以苏州承天寺为宫室,国号大周,废除元朝历法,改用明时历,以李行素为丞相,三弟张士德为平章,李伯昇为司徒,蒋辉、潘原明为左右丞,史文炳为同知枢密院事。而后受降昆山、嘉定、崇明和松江等元军,相继攻克无锡、常州、湖州等地。(【明】钱谦益:《国初群雄事略·周张士诚》卷6)

到至正十六年(1356)七月攻占杭州为止,张士诚用了半年不到的时间抢占了大一统帝国的财税中心地区,从而使得他在后来的诸路豪杰争雄中拥有了最为浓厚的经济实力基础。

● "叫花子"发威应天　朱元璋地盘迅速扩大

○ 东吴、西吴对立的开始——当盐贩子遭遇叫花子和一封不该发出的信函

张士诚军渡江是在元至正十六年年初,相比于朱元璋渡江晚了半年,不过他渡

江后发展势头却极为迅猛,用了一个月不到的时间就定都隆平府即苏州,再用四五个月的功夫扫平江南腹心地带苏、锡、常、杭、嘉、湖等地。与之相比,朱元璋则显得比较迟缓,至正十五年六月渡江,至正十六年三月才攻占集庆,并以此为都,花了9个月的时间,是张士诚工作耗时的一倍,且晚了张士诚定都一个月。更有不利的是,朱元璋抢占的地盘尽管也是江南地区,但谁都知道,南京、镇江直到安徽当涂这个地区属于江南丘陵地带,远没有镇江以东的苏锡常杭嘉湖那一带富饶,两者经济实力也不可同日而语,即使600年后的今天依然如此。我们换个角度来说,随着军事战争的节节胜利和个人魅力效应的不断扩大,正做着日益膨胀的皇帝梦的朱元璋绝不可能限于眼前的既得利益,他要发展,他要扩张,就像他娶了郭子兴义女马氏后,还要占有义父的宝贝千金郭美眉,还要拥有算命先生郭山甫女儿,渡江后耐不住寂寞又在太平娶了部下孙伯英的妹妹孙氏……就如刘备所言,女人好比是衣服,想要的时候就拿来服用,多多益善么。

  对于自己控制的地盘,当然也拥有这样的欲望,问题是占据应天后该向何处拓展呢?向北,更大的范围来看是自己的顶头上司小明王的地盘,由他"老人家"在那里挡住元兵主力的南下,这是求之不得的大好事,干吗要破坏这样的和谐局面?向西,渡江过去就是和州、滁州,原本就是自己的地盘。再从范围大一点角度来看,西边倒是有股势力再次腾升起来了,那就是徐寿辉天完政权的军队正在不断地攻城略地,向南、向东发展着,不过与自己的西部领地和州、滁州等还有一段距离,中间夹杂元朝的地盘,还没到急着争夺的地步;向东,自己尽管急速攻占了镇江,与同为苦孩子出身的张士诚做起了邻居,但这个邻居对自己的到来却并不欢迎。龙凤二年六月,镇江占据后没多久,有个已经投降了的"黄包头军"(因军中兵士头扎黄巾而为人所名)头领叫陈保二的,因不堪朱元璋军中将官暗中敲诈勒索而裹胁詹、李两个将官,投降了张士诚(《明太祖实录》卷4)。朱元璋知道后认真考虑了一番,想到自己在南京、镇江刚刚立住脚跟,并不想与这位曾玩命于百万元军的东方邻居张士诚发生边衅,于是就亲自提笔修书一封,让才投靠自己的集庆城名士杨宪到苏州去送信给张士诚。信是这样写的:"近闻足下兵由通州,遂有吴郡,昔隗嚣据天水以称雄,今足下据姑苏以自王,吾深为足下喜。吾与足下东西境也,睦邻守国,保境息民,古人所贵,吾甚慕焉。自今以后,通使往来,毋惑于交构之言,以生边衅。"(《明太祖实录》卷4)

  再说张士诚接到信后很不开心,谋士告诉他:南京那个叫花子出身的将你比作隗嚣,此人在东汉时期算不上什么正派人物,先是投降了更始皇帝刘玄,没多久又投靠了东汉开国皇帝刘秀,再后来叛降于四川地区割据称王的公孙述。为此刘秀很恼火,最后把他给杀了。张士诚听完解释后心里更是不舒服了:"我跟你谁先占地盘?都是'大父母'元顺帝的'财产',谁要想占有,总有个先来后到吧。现在可好,明明你打到我眼皮底下了还要我说'没关系,你打好了!'你臭要饭的也太能说话了,你把自己比作光武帝,而把我比作隗嚣,你为皇帝,将我作小人,让我归附做你的臣民!"越想越气,张士诚一怒之下,就把朱元璋的信使杨宪给扣了起来。随即下达两道王令:一是命令刚刚投降过来的陈保二率领水军,去攻打被臭要饭抢先占有的镇江,可没想到这个叫陈保二的还没到镇江,就在镇江与常州之间的龙潭被徐达军打得惨败;二是命人去攻打宜兴,朱元璋守将"耿君用以铠腾栅,中槊死",宜兴随即归给了张士诚。(《明太祖实录》卷4;【清】谷应泰:《明史纪事本末·太祖平吴》卷4)

○ **常州争夺战(1356.7～1357.3)——争夺江南霸主的关键性战役**

朱元璋听到消息后一下子来火了,令人带上他的手谕赶往镇江,交予徐达,告诉他:"张士诚盐贩子出身,谲诈多端,现在他来打我镇江,这就表明他没有与我通好之意。为今之计,为了不使我们的镇江被动挨打,依我看,你迅速率领一部分人马向他常州挺进,先机进取,挫败他的阴谋。"徐达接令后立即率兵东向,快要到达常州时,朱元璋又增派了一支30 000人的队伍,赶来协助徐达攻城。

再说来到常州近郊的徐达立即吩咐将士们扎营城西北,同时命令汤和扎营城北,张彪扎营城东南,这样一来,就形成了四面包围之势,常州危急!张士诚闻讯后连忙派遣文武双全的三弟张士德率领数万大军前去增援。徐达一听说是张士德前来救援常州,顿时就一怔,心想:今天可谓棋逢对手啊,看来要想取胜,还真不能硬拼,只能智取和巧取。想到这里,他立即下令,在距离常州城的18里的地方设下伏兵,等待张士德上钩。再说张士德自从通州渡江来到江南后一路凯歌,心里荡漾着无比的喜悦,今日救援常州,可哥又让自己带上了几万军队,加上常州城里的原驻军,里外夹击,哪有什么徐达的活路了,所以当他赶到常州城外时,就没多大留意。忽然间见到前方有几个穿了红衣的铁骑将领冲着自己的队伍猛扑过来,张士德是个见过大世面的人,哪会在乎这种无名之辈的雕虫小技,命令将士们组织好阵营,沉着对抗,不一会儿,那几个铁骑似乎败下阵去。见此,已经来气的张士德哪受得了,这分明是你徐达来取笑我!下令赶紧追!这时迎面而来的正是徐达,两军由此交上了手,一场厮杀开始了。正厮杀着,徐达事先布置好的由总管王均用率领的铁骑突然闯入了张士德军阵中,左砍右杀,一下子就将队伍给弄散了。张士德眼看今天情势不对劲,赶紧跑!可没走几步,突然间又伏兵四起,张士德一下子坠落马下,

当场被活捉。(《明太祖实录》卷4;《明史·张士诚传》卷123;【明】刘辰:《国初事迹》)

◎ 盐贩子说:我已经尽力了。叫花子说:就给这一点点,还不够塞我的牙缝!

张士德是张士诚的三弟,在兄弟几人中就数他文武俱佳,苏州张氏集团之所以拥有今天这番天地,张士德可能有着一半以上的功劳。听到三弟不幸被俘,张士诚顿时瘫坐在椅子里。张母听说老三被活捉了,急着赶到老大那里,一把眼泪一把鼻涕,说什么也要让做哥哥的想个办法,将弟弟给弄回来。张士诚本是大孝子,看到母亲这个样子,一下子把心给横了下来,一面命令常州守军严防死守,一面派了孙君寿带了他的书信上应天去送求和书,提出愿意以每年输送20万石粮食、黄金500两、白银300两作为条件,交换回张士德,双方就此弭兵,各守自己疆土。朱元璋是什么人?读完张士诚的求和信后,他当即嗤之以鼻,跟在场的谋士说:张士诚占了那么富庶的地方,就拿这一点东西来塞我的牙缝都不够,还想换回自己的兄弟,真是痴心妄想!随后叫人回信给张士诚,要价是至少每年要输粮50万石。张士诚见到对方狮子大开口,根本无法接受,于是双方之间的和谈也就此搁浅了。(《明太祖实录》卷4;《明史·张士诚传》卷123)

其实朱元璋根本就不想和谈,一来他生性贪婪、凶残,二来他处心积虑就想要张士诚手中的常州,但又不好明说,所以在复信张士诚时故意开出天价的和谈条件,这样便使自己强抢人家的常州变得"名正言顺"。而就在这时,他又开始着手追查陈保二叛降之由和进取常州久攻不下之责,下令军中自徐达以下诸军官皆降一级,以示处罚,并督责徐达等人加紧对常州的进攻。但督责之后朱元璋还不放心,又亲自来到镇江督师,企图迅速拿下常州,可谁知常州城还是纹丝不动。一转眼两个月过去了,朱元璋只得给徐达再次增援精兵20 000。但徐达依然没能拿下常州,非但如此,常州前线还出现了不妙的情势。原来围困着常州城四面的朱元璋队伍里,有一支刚刚投降过来的来自长兴的义兵武装,在元帅郑金院等人的秘密运作下,投奔了张士诚,一下子带走了7 000多人。这样一来,不仅使得围城力量减弱了——四面少了一面,而且连围城的战术也不得不作些调整,徐达驻营城南,常遇春扎营在城东南30里外,用作外面攻击。(《明太祖实录》卷4;《明史·张士诚传》卷123)

再说那个郑金院叛降后不久就接到了张士诚之命,让他协助主力向徐达、汤和营垒发起攻击。在这十分关键时刻,驻扎于外围的常遇春、廖永安、胡大海等各自从营垒出发,迅速赶来增援徐达。这下可好了,张士诚将士一下子全成了风箱内的老鼠,两头受气,内外受打,没多一会儿就溃不成军。再说常州城内本想出来呼应援军的守城将士们,见到这等形势,赶紧缩进城去,关住城门,死守不出,常州形势越发严峻。

鉴于此,张士诚决定派出当年一起起义的十八个铁杆兄弟中的一员吕珍率军迅速赶往常州,督兵拒守。但由此也带来了一个问题,常州被围已久,现在又有吕珍增援部队的到达,城内粮饷越发紧张。粮饷一紧张,军中兵士心里就发慌。徐达侦查到了这个情况后立即下令,抓紧时机,猛烈攻城。本来已经坚守了8个月且铁了心死守到底的常州守军,自张士诚铁哥儿们来后就开始动摇了,他们看到徐达将士不要命似地攻城,而吕珍主帅却乘着黑夜逃得无影无踪,且又有传闻:离常州不远的自家军事要地长兴被朱元璋军攻占了,大家心里顿时慌了:张王的铁哥儿们、军中主帅都跑了,我们这些小喽啰又何必要坚守到底呢?还是赶紧逃命吧!至正十七年(1357)三月,常州城终被徐达等攻占。(《明太祖实录》卷4;《明史·张士诚传》卷123)

○ 太湖西部门户长兴的夺得与"长兴侯"耿炳文

常州之战的突然变局,多少出乎人们的意料。而就在常州之战旷日持久胜利遥遥无期之际,至正十七年(1357)二月朱元璋派遣耿炳文和刘成自广德进取长兴。张士诚部将赵打虎率领3 000精兵迎战,双方在城外展开激战。赵打虎败绩,本想通过西门逃回长兴城里去,但见到耿炳文军紧追不舍,觉得逃回城里去也不安全,干脆一走了之,直奔湖州。这样一来,耿炳文等顺顺当当地占领了长兴,当日缴获战船就有300多艘。长兴当地有个叫温祥卿的儒士听到新军队来了,前来探探。耿炳文性格温和,与温儒士一交谈,就觉得这个读书人很了不得,于是留他做军中参谋,"用其策分兵据要害,设战具为守御计"。(《明太祖实录》卷5)

长兴位置十分重要,它位于太湖西岸,北临宜兴,南由湖州,而宜兴、长兴和湖州原本连成一体的,为张士诚所有,现在突然在宜、湖之间的长兴被朱元璋军夺去了,这对于张士诚来说,就好比是在卧榻上被人按下了一颗扎人的钉子,所以无论如何也得要想办法将钉子拔掉。而对于朱元璋来说,长兴的占领,西则可以连贯自己已经攻占的广德和计划中即将拿下的宁国府与徽州府,东可以进入太湖,直捣张士诚的老巢隆平府附近地区。所以当听说长兴被攻占的消息后,朱元璋简直就乐不可支了,随后下令,将长兴州改为长安州,立永兴翼元帅府,以当时只有23岁的耿炳文为总兵都元帅、刘成为左副元帅、李景元为右副元帅。(《明太祖实录》卷5)

长兴占领后没几天,有消息传来:常州也被攻下。至正十七年(1357)三月壬午日,朱元璋下令,升廖永安为行枢密院同佥、俞通海为行枢密院判官、常遇春为中翼大元帅、胡大海为右翼统军大元帅,宿卫帐下。7天后又下令设置毗陵翼,以汤和为枢密院同佥、总管,张赫为元帅守之,命镇抚孙继达浚治城隍;并改常州路为长春府,以高复暂理知府事。但不久又将长春府改为常州府、晋陵县为京临县、武进县为永定县。(《明太祖实录》卷5;《明史·张士诚传》卷123)

○ 朱元璋亲临攻打宁国前线

从进攻常州开始到顺利进取长兴,朱元璋的东扩虽说有所收获,但获得也不容易。而从张士诚角度来说,现在的形势已不比渡江之初了,西边的那个叫花子很凶,且很厉害,自己丢了常州、长兴两座十分关键的城池不说,就连文武双全的三弟也当了人家的俘虏,想来实在让人郁闷不已。张士诚元气大伤,想要得以恢复,看来还要稍稍歇歇。朱元璋抓住这个机会,将目光聚焦于大本营应天的南大门。虽说在上一年,邓愈等人已经打败了那里的元军,攻占了广德,但因忙于东扩领地,导致了对于广德周围的元朝势力还来不及予以很好地清扫。龙凤二年年底,宁国长枪军元帅谢国玺率兵进犯广德,邓愈立即予以反击,并进取武康和安吉等地。不过,就整体而言,那时南线战事还不能也不敢过于拓开。现在好了,东线战事暂时可以歇一歇,刚好腾出精力将应天南大门及其周围地区的问题一一解决掉。

至正十七年(1357)四月即攻占常州的第二月,朱元璋下令,将徐达与常遇春从常州调回,派往南线进取宁国。长枪元帅谢国玺听到消息后弃城而逃,但宁国守臣别不华、杨仲英等则闭城拒降。徐、常多次发动进攻,但都未能取得成功,更糟糕的是,常遇春还在作战中中了流箭,虽然他十分勇敢,拔出箭后继续战斗,可最终还是没能拿下宁国。朱元璋听说后火急火燎地赶往宁国前线,登高一望,不由得叫了起来:"小小宁国,宛如斗大,我就不信攻不下来!"随即下令建造飞车,前面编上密密麻麻的竹子作屏障,然后将这些飞车排成一列又一列,随着一声令下,诸车一起向着宁国城冲撞过去。元守臣杨仲英等从未见过这样的进攻武器,也没见过这样勇猛的将士,心想:这回可能真的要守不住了,算了,降了吧!于是下令,打开宁国城门。徐达军随之入城,生擒守城元帅朱亮祖,得其军士10余万,马2 000余匹。不久宁国属县太平、旌德、南陵、泾县等也相继被收服。(《明太祖实录》卷5)

朱元璋费了劲攻取宁国,这么大的动作,连远在北边隆平府即苏州的张士诚也曾听说了,他思忖着:乘着这个濠州来的叫花子正在宁国督战之际,争取以最快的速度夺回长兴,将西太湖的这个重要出口通道给重占了,免得遗患无穷。五月初一日,他派了左丞潘元明、元帅严再兴率部进兵长兴,屯军上新桥,伺机攻城。长兴城内朱元璋守将耿炳文看到了这种情况,估摸着敌方可能因为上次被打怕了,想攻城又不敢,正在驻足观望,倒不如我给他们打个措手不及。想到这些,他立马召集人马,快速出城,直扑潘元明军。潘军将士还没弄清是怎么回事,人头已经落地,军阵顿时大乱,主将潘元明见此,赶紧逃跑,从而捡得了一条小命。"自是(张)士诚不敢犯长兴者四年"。(【清】谷应泰:《明史纪事本末·太祖平吴》卷4)

○ 盐贩子一不小心,马迹山、江阴、常熟3个军事要地全给叫花子"叼走"
浙江混混方国珍趁火打劫进攻昆山

　　朱元璋知道后十分高兴,乘着长兴保卫战胜利之势,命令江淮分枢密院副使张鉴、佥院何文政从镇江渡江北上,直攻张士诚的老根据地泰兴。张士诚听说后赶紧派兵前去增援救助,可谁知,又晚了一步,守将杨文德被捉,泰兴让朱元璋军给占领了。(《明太祖实录》卷5)

　　一眨眼的工夫,自己的老根据地又丢了一块,想想就来气,可接下来连续发生的三件事情更让张士诚目瞪口呆了。

　　第一件事情是至正十七年五月,朱元璋手下将领、枢密院判俞通海率领水师突然进攻西太湖水域里的张士诚守军驻地——马迹山。马迹山守军将领钮津等猝不及防,当即投降。这样一来,俞通海水师几乎进入了不设防区域,船舰一路东向,直驶苏州近郊太湖东洞庭山,即今苏州吴县或称吴中区的东山。张士诚闻讯后十分震惊,立即派出老哥儿们吕珍率兵火速赶往东洞庭山阻击。再说俞通海手下将士因为一路打了胜仗,多少有点得意,面对突如其来的吕珍军的打击,顿时就纷纷退却。见此,俞通海大声喊道:"将士们,敌人人多,我们人少,要是大家再退却的话,他们会聚集更多的人马,占据各个险要的地方,时不时地出击我们,到那时哪有我们活着回去的可能,倒不如大家一起努力,与他们干一场,绝处逢生啊!"说完,他带头冲向敌阵,不料在激战中,右眼下方中了一箭,可俞通海根本没顾得上,直到别人穿上他的盔甲代替指挥后,他才去包扎伤口。由对不要命的朱元璋军,吕珍队伍慢慢开始溃退了,最终竟然大败。(《明太祖实录》卷5;《明史·张士诚传》卷123)

　　一场本来胜券在握的战斗就在自家的家门口竟然败得这般莫名其妙,想起这些,张士诚就郁闷不已。可就在这时,忽然又有人来报,江阴被攻陷了!这是怎么一回事?

　　原来,在东洞庭山开战后10天左右,朱元璋又命令长春(即常州)枢密分院判官赵继祖、元帅郭天禄、镇抚吴良等率兵攻打江阴。当时江阴的张士诚守军驻扎在秦望山,居高临下,每一次朱元璋军将士发起进攻都被打了回来。但有一天巧了,正在作战时,突然狂风大作,电闪雷鸣,暴雨骤下。张士诚军将士一见到这样的恶劣天气,仗也不打了,赶紧跑吧! 就这一刹那间,秦望山被攻占,第二天,江阴城被拿下。朱元璋下令吴良驻守江阴,此人后来被封为了"江阴侯"。(《明太祖实录》卷5;《明史·张士诚传》卷123)

这就是张士诚惊诧不已的第二件事。第三件事是:江阴攻克后又是10天左右,朱元璋再次采取声东击西的策略,命令徐达率军进攻宜兴。可不论你怎么打,宜兴还是岿然不动。这时朱元璋突然改变主意,让徐达放下宜兴,急速行军,直奔江阴东边,攻取常熟。常熟张士诚守军没想到朱元璋军隔了那么远会突然来打自己,只好仓促应战。战斗中张军又在虞山西北的湖桥中了赵德胜的埋伏,顿时大败,随即常熟被占领。(《明太祖实录》卷5;《明史·张士诚传》卷123)

至此,张士诚这位一方豪杰,在西面邻居朱元璋来到集庆城后的一年时间里,几乎还处在迷迷糊糊当中相继丢失了长兴、常州、泰兴、江阴和常熟等几个关键性的城池。想当初,这位泰州、高邮出来的英雄"北有淮海,南有浙西长兴、江阴二邑,皆其要害。长兴据太湖口,陆走广德诸郡;江阴枕大江,扼姑苏、通州济渡之处"。可现在西失长兴,西出通道被切断,徽州、宣州之争夺也就没了他的份;北丢江阴和常熟,南北通道被堵塞,西北拓展就此戛然而止。

可倒霉的事情还没完,至正十七年(1357)八月,已经投降元朝的浙东起义军头领方国珍接受元廷诏令,派50 000水师进攻昆山。昆山距离隆平府苏州很近,张士诚立即意识到事态的严重性,赶紧派了大将史文炳和吕珍率领70 000水师迎战,双方就此在昆山奤子交上了手。按理说,张士诚军不仅有着人数上的优势,而且占了天时地利上的便宜,可令人一头雾水的是,居然在昆山奤子之战中,张士诚军一败涂地,方国珍反而七战七捷,甚至还将其军队开到了昆山城下。(《明太祖实录》卷88)

◎ 有人欢喜有人愁——张士诚、方国珍降元

面对这一系列的失败,已经英雄不再的张士诚最终采纳了三弟张士德"遗书"中的建议——张士德被俘后一直被关押在应天南京,哥哥张士诚曾开出很高的价码想换回他,但都被朱元璋拒绝了。据说朱元璋十分看重张士德:"张士诚谋主士德,其人有智勇,被我擒之。张氏之事成败可知矣。"(【明】刘辰:《国初事迹》)朱元璋对他优礼备至,本想通过他来劝降张士诚,但没想到失败了。张士德不仅很有骨气,而且眼光也十分锐利,在朱元璋劝降过程中他看到了常人所没看到的,暗地里托人捎信给哥哥(实际上就是他的遗书),大致是说:哥哥啊,你要是实在支撑不下去的话,宁可归降元朝,也决不要投降朱元璋! 办完这事后,他绝食而亡。(【明】刘

辰:《国初事迹》;《明史·张士诚传》卷123)张士诚每每想起这位了不得的弟弟就会心痛不已,如今大势所迫,真到了弟弟所说的那般田地了,算了,就投降元朝吧!再说苟延残喘的元帝国政府听说张氏归降当然高兴咯,原本在南粮北运线路上弄得自己心惊肉跳的"反贼"现在乖乖地投降了,这绝对是件大好事啊,随即授予张士诚为太尉,张士信为淮南行省平章政事。而在促使张士诚归降这件事上立有大功的方国珍也被元朝政府授予了太尉、江浙行省左丞相之职,且被赐予了衢国公印,让他兼领庆元、温州和台州三郡。(《元史·达识帖睦迩传》卷140;【明】宋濂:《宋文宪公全集·方公神道碑铭》卷19)

○ 扩宽应天南大门视野——攻取徽州、池州,新辟北大门——扬州

与张士诚厄运连连相反,朱元璋这一边却是捷报频传,尤其是至正十七年(1357)东线战场硕果累累:二月得长兴、三月得常州、五月得泰兴、六月得江阴、七月得常熟;南线也不赖,先是四月徐达军攻占宁国,活捉猛将朱亮祖。随后,元帅邓愈、胡大海等率军相继攻取了绩溪、徽州、休宁、黟县和婺源等皖南重地。在徽州攻下后,朱元璋设立了军政管理机构,改徽州路为兴安府,管理皖南徽州等地区,同时设立雄峰翼元帅府,命邓愈守之。(《明太祖实录》卷5)

徽州地区往西拓展就是池州府,往南就是江西,江西曾是西线红巾军的地盘,而那时池州也是西线红巾军的势力范围了。从朱元璋军打到徽州府后的动态意向来看,他们似乎并不想马上再向外拓展了,这倒不是因为叫花子他们有多高的阶级觉悟,不打同为反抗元朝黑暗统治的阶级兄弟,而是顾忌着一个人,他就是先前巢湖水师头领赵普胜。想当年朱元璋这个"大忽悠"将巢湖水师10 000个兄弟"忽悠"到了自己帐下,作为水师头领的赵普胜无论如何也咽不下去这口恶气,更让他没想到的是"猪腰子脸"的"大忽悠"脸不改色心不跳地将与自己同为巢湖水师主要领导的李普胜捆了手脚扔进了长江里。昭然若揭的魔鬼兽性,赵普胜算是领悟得早,走得快,投奔了西线红巾军天完皇帝徐寿辉,从而免遭不测,而受命镇守池州。

对于这样的一段历史,朱元璋比任何人都清楚,如果攻占徽州后自己的军队再进行西扩,势必要与赵普胜交上手了,可人家赵普胜是江湖上赫赫有名的"双刀赵"(《明太祖实录》卷5),那双刀舞起来,就像飞转的法轮似的,没人敢对垒,因而强攻肯定不成;那么智取?人家赵普胜上过当了,且上得还是大当,怎么可能还会来上当送死呐!为此,朱元璋一筹莫展。正困惑着,忽然元朝铜陵县令罗得泰、万户程辉等前来归降,要求派人前去接管。朱元璋一想,铜陵距离池州府治还有一段距离呐,危险不大,于是就派遣常遇春率军进驻铜陵。巧了,刚刚接管铜陵,天完政权池

州路总管陶起祖也主动来降了,并报告说池州城内守军不多,正是进攻的好机会。常遇春随即派了兴国翼分院院判赵忠、元帅王敬祖等率兵前去进取。可就在赵忠与王敬祖前往的途中,与一路赶来阻击的赵普胜手下将士激战于青阳县城外。王敬祖巧使骑兵冲散了敌人队伍,众人乘势冲击,进而攻入了青阳县城。也仅此而已,尽管心里痒痒的,但因畏惧骁勇善战的赵普胜镇守在前方的池州而不敢再挪前一步了。

一转眼五个月过去了,初冬十月的一天,"双刀赵"接到命令,出征安庆。朱元璋、常遇春闻讯后欣喜若狂,赶紧点兵出发,直捣池州府治;等"双刀赵"知道时,池州已在朱元璋的手里了。这也是朱元璋军与西线红巾军之间首次小冲突。(《明太祖实录》卷5)

拿下池州,上可逆流而上攻取安庆,下可顺水北向规取铜陵和太平。对此,徐寿辉方面岂可甘心,所以后来徐寿辉部将陈友谅进攻朱元璋大本营应天也不是没有一点依据和道理的,"真理"让胜者为王的说了600年。

就在上游长江南岸城池池州被攻占后没几天,有人来向朱元璋报告说,下游长江北岸城池扬州乱成一锅粥了,将镇江和扬州打通成一条线正当时。为什么这么说?这就要从朱元璋的一个大老乡张明鉴说起。张明鉴,淮西人,1355年乘着天下大乱的有利形势,在家乡聚众起兵,用青布裹头,故名"青军",人称"一片瓦";又因为张明鉴及其手下人善用长枪,故又名"长枪军"。但这支队伍很烂,军纪极差,烧杀掳掠,无恶不作,其所经之地含山、全椒、六合、天长和扬州等地,人们一旦提起它,无不为之色变。(《明太祖实录》卷5)

当时元朝镇南王孛罗普化镇守在扬州,看到各地起义和动乱,心里慌得很,很想弄支队伍来扬州维护秩序,但他又没有仔细查查底细,就随随便便地将这支"长枪军"给召来了,张明鉴被封为了濠泗义兵元帅,驻扎在扬州。灾难从此就开始降临这座美丽的历史名城。别看"长枪军"成员个个都是"边角料",但他们的野心倒不小,在扬州城有吃有喝还不满足。有一天,元帅张明鉴找到镇南王,跟他说:"如今各地都发生了动乱,朝廷远隔千里之外,眼下时势还真不好说。最近听说我们扬州城内缺粮,这粮一缺,人心就慌。镇南王殿下,您是元世祖的后裔,应该承继大位,做我们的主子,出兵向南进取,打通粮道,以此来救济饥荒。不然的话,人心必变,祸将不测!"镇南王不傻,听懂张明鉴的话中话,仰天哭着说:"你们难道不知道君臣一类的大义吗?要是真像你所说的那样,我还有什么脸面去见家族宗庙里头的祖宗啊!"张明鉴一听,简直就是"对牛弹琴",算了,说也白说了,没得用,赶紧采取点措施吧!想到这里,他朝手下的那些恶棍、流氓使了个眼色。众人一哄而上,打的打,撵的撵,没一会儿,就将镇南王给赶出了扬州城。可怜镇南王,无处可去,算了,投奔淮安赵均用吧,没想到去了那里就被赵均用杀了。再说那个张明鉴,自从撵走了镇南王后,自己当上了扬州城里的土皇帝,住着镇南王王宫里,想干什么就干什么,"凶暴益甚,日屠城中居民以为食",扬州百姓正在地狱里煎熬!(《明太祖实录》卷5)

朱元璋听说这样的情况后,立即任命缪大亨为统帅,领兵攻打扬州。扬州的那些乌合之众怎能经得起作战,一下子就被缪大亨打垮了,随后扬州被占领,朱元璋又得了数万"义兵"、2 000匹战马。不过昔日繁华的扬州此时已经被糟蹋得不成样子了,据说后来人口统计时全城百姓只剩下18户人家。但鉴于扬州位于长江下游和南北交通的特殊位置,即使人口再少,朱元璋还是觉得很有必要设立军政管理机构,几天后令人挂牌淮海翼元帅府,"以元帅张德林、耿再成等守之。改扬州路为淮海府,以李德成知府事"。(《明太祖实录》卷5)

这样,经过两年左右的不懈努力,到龙凤三年(1357)年底为止,以应天为中心的朱元璋集团不仅巩固了应天府、太平府、江淮府(后改名为镇江府)和广兴府(即后来的广德府)等江南4府地区,而且还抢占了常州、江阴、常熟、宁国、徽州、婺源、池州、扬州等重要的军事据点。随着地盘逐渐扩大,占据了虎踞龙蟠之地的朱元璋走向帝皇宝座的脚步也变得日益急促,中华大一统帝国的重建过程也由此开始加速。

下章
先陈后张　统一南方

自渡江前后起朱元璋就有着占据虎踞龙蟠之地、效仿汉高祖刘邦、争做传统中华帝国专制帝王的强烈欲念和切实有效的实际行动。而传统的中华帝国有两大最为显著又相融相合的特征：一是君主专制，二是大一统。因此当朱元璋逐渐走向权力之巅时，中华帝国传统"大一统"再建"工程"也由此而始了。

在20多年的"大一统"帝国再造过程中，与以往历史上的"大一统"王朝所经历的由北向南的统一过程有所不同的是，大明这位奇特的开国君主以应天即南京为中心，不断地巩固与拓展自身的"疆土"范围，先统一南方，最终走上了一条奇特的由南向北的统一道路。那么，这究竟是怎么一回事？

中国历史奇特风景　大明统一自南北进

中国历史上大一统帝国很多，正像我们教科书中用口号似的语言所描述的那样：统一是主要的，是历史的主流。如果详细地罗列一下中国历史上的统一王朝的话，恐怕我们每个中国人都会如数家珍似地说一通：周、秦、汉、西晋、隋、唐、宋、元、明、清等；如果有人要追问一下：这些历史上的大一统帝国的统一进程之走势有何规律？我们大概可以用这样的话语来概括：中国历史上大一统帝国的建立过程之一般走势都是由北向南，或者是由西向东。比方说中国历史上第一个大一统绝对专制王朝秦帝国，就是通过由西向东不断地拓展而建立起来的，汉朝也是以关中为中心再由西向东逐渐扩大的。西晋开始，大多数统一王朝的统一进程都选择了由北向南的统一方式，以后的唐、宋、元均是如此，包括明朝之后的清朝也是这样，惟独明朝选择了由南向北的统一方式，这是中国历史上一道奇特的风景。

中国历史上大一统帝国统一进程大势简表

统一王朝	大一统帝国都城	大一统帝国重建过程之大势
秦朝	咸阳	从西向东
汉朝	长安(今西安)、洛阳	从西向东
西晋	洛阳	从北向南
隋朝	长安(今西安)	从北向南
唐朝	长安(今西安)	从北向南
北宋	汴梁(今开封)	从北向南
元朝	大都(今北京)	从北向南
明朝	应天(今南京)	从南向北
清朝	北京	从北向南
民国	南京	从南向北

前面我们讲过朱元璋攻入江南后,以应天即南京为中心,不断地发展壮大。但如果从历代大一统帝国的重建过程来看,这还仅仅是个起始点——其基本上局限于应天四周,不具备严格意义上的"大一统"。而这样的格局自1358年开始逐渐有了变化,那一年朱元璋在完成了自身政权和根据地巩固的前提下,派遣军队越出应天四周范围,远距离进攻浙东,且在走向帝皇宝座和重建"大一统"的过程中有了一定理论指导,即著名的"九字方针"。由此我们认为:朱元璋重建传统中华帝国"大一统"的历史活动应该从那时开始的。

蚕食鲸吞统一浙东　朱刘问对恰似"隆中"(1358～1359)

自打下宁国、徽州后,朱元璋就将很大一部分兵力布置在皖南,并稍稍作了休整,至于接下来向着何处发展,就考虑得很谨慎。自起兵以来,自己经历的大小战斗数也数不清了,虽说现在拥有这番天地,但毕竟来之不易啊。不过在这么久的战争生涯中,他也逐渐看出来了,要说最容易打败的敌人就是曾经不可一世的大元帝国官军。龙凤三年(1357)亲临宁国督战,朱元璋对皖南及其临边地区有了进一步的了解:皖南西边池州以西,多为西线红巾军占据的地盘,就暂时维持现状吧;东边如果延伸过去就是浙东地区(《明太祖实录》卷5),那里还存在一些分散、孤立的元军据点,而这些元军又与大都元朝本部处于隔绝状态,几乎音信不通,力量也相对比较弱小,这正是攻打他们、统一南方两浙地区的绝好时机!所以从那时起,朱元璋就留心将兵力重点逐渐转移到东南方向去,并开始形成了他统一过程中第一阶段的作战策略:巩固东西两边,重点出击元军相对薄弱的东南地区,步步推进,占领浙东。

● 浙东战场开辟的"前兆之战"——昆山石牌偷袭战

其实在这样的作战策略中最不能确定的因素,就是东边邻居张士诚不知什么时候会发起攻击或骚扰。对此,朱元璋采取以攻为守的策略,命令手下将领时不时地对张士诚发起进攻,给对方制造紧张气氛,确保东南战事的顺利进行。

至正十八年(1358)正月初一日,一纸军令从应天传出,枢密院同佥廖永安(当时还没被俘)、判官俞通海、桑世杰率领水师对石牌的张士诚军队发起了突然袭击。石牌今尚有其名,是昆山阳澄湖边上的一个小镇,当年隶属于江阴。问题是这么一个小镇怎么突然会引起从淮西过来两年左右的农民政权领袖朱元璋的注意?

事情的原由是这样的:石牌有个叫朱定的地方上混混,因为生活无着,冒着杀头的风险去贩卖食盐。在贩盐过程中他诡计多多,巧取豪夺,最终脱贫致富,挤入了当地的"富人圈"。可这样的人及其所做的事情在普通人眼里都是令人不齿的,石牌当地就有个赵姓的大款,从来不曾正眼看过他。为此,朱定十分恼怒,纠集了社会上的一些闲杂人员,袭击了赵大款家。赵大款奋起反击,朱定眼看自己要吃亏了,就投降了官府。(《明太祖实录》卷6)

由于精于钻营,他被元朝授予了江阴判官,端起了大元帝国地方公务员的饭碗。可干了没多久,又嫌官小,捞不到什么好处,拍拍屁股走人,重新混迹于江湖。元朝地方官府听说后十分恼怒,派了江浙参政纳麟哈刺率领兵士前来征讨。朱定一看,这下可完了,娄子捅得太大了,怎么办?不想想办法只能坐以待毙,想啊想,突然想到了:不是最近人们老在议论:高邮那里有个叫张士诚(当时还没有渡江到江南来)的最了不得,堂堂大元百万大军也没能把他怎么的。想到这些,朱定立即派人渡江到苏北去,邀请张士诚上苏南来。由此张士诚军由通州渡江到常熟,再下平江。(《明太祖实录》卷6)

等隆平政权在苏州落定后,张士诚想起了当初的引路人朱定,通知他到隆平府即苏州来当个叫参政的朝官。至于位于阳澄湖边上的那个石牌小镇,张王也没忽视,派了元帅栾瑞戍守在那里。

从当时的形势来说,石牌还看不出来有多重要。但当常熟被朱元璋军攻占后,其通往昆山路上的石牌地理位置的重要性一下子凸显出来了。朱元璋命令廖永安、俞通海和桑世杰3人率兵在大年初一对石牌发起了突然袭击。没想到石牌守将栾瑞早已有所准备，立即组织反击。双方战斗打得十分激烈，原巢湖水师头领桑世杰在作战中阵亡，最终朱元璋军花了很大的代价才拿下石牌，栾瑞投降。（《明太祖实录》卷6）

消息传到隆平府即苏州，张士诚听后简直就要气疯了，不错，石牌是个小镇，但它是我隆平政权京师附近要地昆山的北部门户，你们将它给占了，岂不是卡住我的脖子！更让人无法接受的是，住在应天城里的那个叫花子连大年初一也不让人休息，做他的邻居真是倒了十八辈子的霉！张士诚恨得牙根咬得咯咯响，发誓一定要出出这口气，随即下令，让人领兵前去攻打常州，想给朱元璋来个声东击西。可没想到遇上的常州守将汤和是个拥有"革命工龄"比朱元璋还要长的"老革命"，张士诚军不仅偷袭没成，反而损兵折将。后来他又发兵去攻常州和江阴，但始终都没能将它俩夺回。双方打打停停，停停打打，张士诚的男儿血性也在这过程中逐渐地被消磨掉了。（《明太祖实录》卷6）

⦿ 从徽州打开通往浙东的门户——攻取建德路

叫花子朱元璋逐渐摸透了盐贩子张士诚的脾气了，石牌之战后的第二月即至正十八年（1358）二月，他擢升领军舍人朱文忠为帐前总制亲军都指挥使司左副都指挥，兼领元帅府事，令其与邓愈、胡大海等人筹划进取浙东事宜。朱文忠就是后来的李文忠，即朱元璋的外甥，当时大约20岁。舅舅朱元璋的这番任命有着特别的用意：一来让外甥在战争中得到锻炼，迅速成为自己事业的好帮手（另一个亲人好帮手就是朱文正，当时大概与徐达在一起或者说是监视徐达等，后来因为朱文正出事了，明代国史对此多加避讳）；二来，就如朱文正监视徐达一般，让李文忠来监视邓愈和胡大海等将领。不过从史书的记载来看，无论是李文忠还是朱文正，好像都没有朱元璋那般心底阴暗，而且他们的军事天赋也很快地显现出来。

至正十八年（1358）三月，亲军左副都指挥朱文忠即李文忠、行枢密院判邓愈和元帅胡大海率领将士由徽州昱岭东进，向着建德路进军，取道遂安。可当走到离县治还有30多里路时，突然间冒出了一支长枪义兵武装，领头的叫什么余子贞的，挡住了去路。邓愈、李文忠和胡大海三人都是以快速反应而威震军界，如今进军碰到此等街头混混一般的义兵，哪会将他们放在眼里，操起兵器，舞了几下，就把余子贞的喽啰们全给吓跑了。邓愈等一路追赶过去，追到了淳安县城。元军闻风崩溃，淳安城一下子就给占领了，还有3 000多号元军兵士当场被俘获。消息传开，遂安守将洪某率领5 000名兵士赶来救援，却遭到了胡大海的痛击，又有400多人、30匹战马当场被俘获。而后邓愈、李文忠和胡大海三人率领队伍继续浩浩荡荡地向建德路进发。再说淳安大捷的消息早就传遍了,建德路守将元朝参政不花、院判庆寿、长枪元帅谢国玺、达鲁花赤喜伯都刺和总管杨瑀等现在又听说,邓愈等三将正领兵前来攻打建德,想想自己不是他们的对手,保命要紧,跑吧!就这样,建德城不费吹灰之力让邓愈、李文忠军给占领了。(《明太祖实录》卷6)

随后朱元璋将建德路改为建安府,立德兴翼元帅府。元朝江浙行省左丞杨完者听说建德被占,不甘心失败,带了数万名溪洞兵前来讨战,想要夺回城池,没想到被邓愈等打得一败涂地,有30 000多人当了俘虏。朱元璋闻讯后,喜上眉梢,立即下令擢升邓愈为同佥行枢密院事,胡大海为行枢密院判官,李文忠留下镇守建德,并命改建安府为建德府(《明太祖实录》卷6);四年后的至正二十二年(1362)建德府又改名为严州府。(《明太祖实录》卷10)

杭州事变:赶走恶狼迎来一只饿虎——张士诚乘机控制杭嘉湖

建德路位于朱元璋军占领地徽州东部,是通往浙东的门户。建德路被拿下,浙东门户洞开,其前方所在即为四通八达的浙东重镇婺州(即金华)。当时受江浙行省左丞相达识帖睦迩之邀率军入驻浙省府治杭州的苗军元帅杨完者看到情势不妙,婺州危机,就连位于婺州北边的杭州安全也受到了威胁,他赶紧指挥将士前往徽州,想通过釜底抽薪的手法,端掉朱元璋军进攻浙东的前线大本营。可没想到他的苗军一到徽州,就遭到了驻守在那里的胡大海军的沉重打击。但苗帅杨完者还不甘心,随后又屡次率领将士去偷袭建德,梦想夺回,可每一回都以失败而告终。这样的战事延续了好几个月,到了那年的六月,左副都指挥李文忠率兵攻下婺州北部的浦江县,形成了从侧面包抄婺州的架势,眼看婺州就要唾手可得了,突然间杭州城内发生的一场内讧顿时改变了局面。(《明太祖实录》卷6)

读者朋友可能要问了:杭州内讧跟婺州前线有什么关联?

事情原委是这样的:朱元璋攻占集庆那年的春天,张士诚军迅速渡江进取苏州。而苏州与杭州距离不远,加上张士诚来到苏南后发展速度极快。当时江浙行省左丞相(大致相当于江浙联省的省长)达识帖睦迩(《明实录》中作"达识铁木儿",《元史》中作"达识帖睦迩")对此十分恐惧,听说从广西杀出了一支"义兵"队伍,人称其为"苗军",十分善战,曾在湖广诸地屡屡进攻西线红巾军,后转战于江西、安徽之间。达识帖睦迩也不打听打听对方底细,就来了个病笃乱投医,邀请杨完者统帅的苗军来杭州,维护地方安全。可苗军到了杭州后,达识帖睦迩就叫苦不迭。杨完者手下的军纪很差,山里人到了天堂杭州,大开眼界,大街上店铺里有好东西就拿,有漂亮的杭州姑娘就抢,奸淫掳掠,无恶不作,杭州城里民怨鼎沸。当时有民谣:"死不怨泰州张(指张士诚),生不谢宝庆杨(指杨完者)。"(【元】陶宗仪:《南村辍耕录·纪隆平》卷29;【元】姚桐寿:《乐郊私语》))

这时省长大人达识帖睦迩也后悔不已,因"苦其逼己",就与张士诚暗中相约,设套给杨完者。张士诚因为过去自己的军队在嘉兴与杭州等地几次被杨完者打败过,还没来得及报仇,听到达识帖睦迩有这样的想法,真是求之不得,于是两人就一拍即合,开始行动。七月,达识帖睦迩以收复被朱元璋军占领的建德为名,让杨完者出兵。杨完者是个武夫,没什么脑子,接到命令后想都没想,就把主力军派了出去。苗军主力前脚一走,张士诚派出部将史炳文部队后脚便到杭州城北,乘着杨完者不注意,突然包围了他的军营。双方激战了10天左右,最后杨完者兵败自缢而亡。主帅杨完者死讯传出,部将员成、李福、刘震、蒋英等带了30 000多名苗军,驻扎在桐庐,他们派人向李文忠请降。李文忠不敢做主,请示舅舅朱元璋。朱元璋自从定远发迹起,这一路过来,老当"捐客"或"大忽悠",捞足了便宜,一听说有这么多的苗军将士投降,当然要了。他立即传令给李文忠,做好抚慰工作。九月李文忠赶往桐庐,接受苗军的请降。(《明太祖实录》卷6)

杭州事变后,令人万般诅咒的苗军之患确实被除掉了,但事变的主角浙省省长大人达识帖睦迩却也从此徒有虚名,因为事变的另一主角张士诚军控制和左右着杭州与嘉兴,并欲将其势力往外发展,这就影响了朱元璋军队在浙东地区的发展。

● 讨债的都一起来了:赵普胜攻占池州、郭天爵"谋反"、张士诚俘获廖永安

意想不到的事情还不至于此,就连西线、东线甚至朱元璋"家"里都发生了一些意想不到的变故:

○ 余阙安庆殉国与赵普胜从朱元璋军手中夺回池州

自夺取池州后,朱元璋在西线整体上采取了守势的策略。但没想到就在发动对浙东地区攻取战争时,西线红巾军高层领导发生了巨大的变化。至正十七年(1357)九月,丞相倪文俊被部将陈友谅所杀,陈友谅挟持了天完皇帝徐寿辉不断南下、东进,1358年初攻取了池州上游的沿江城池安庆。安庆上扼汉阳,下规池州,

军事地理位置十分重要,是长江上的一大要塞,元朝政府对此十分重视,派了淮南行省左丞余阙驻守在那里。

余阙,蒙古唐兀氏,世代居住河西武威,父沙剌臧卜在庐州(今安徽合肥)做官并定居在那里,于是他就成了庐州人。余阙少年丧父,就以教书来侍奉母亲。元顺帝元统元年他考中进士,被授予同知泗州事,后被召入朝廷,曾任中书省刑部主事,参加过《辽史》《金史》和《宋史》的编撰,当过翰林修撰、监察御史,后又改为中书礼部员外郎,外放为湖广行省左右司郎中。

红巾军大起义爆发后,元廷设立淮东都元帅府,余阙被委任为佥都元帅,率兵驻守安庆。5年后的至正十七年升任淮南行省左丞,可能相当于省长秘书,上任没几天,就接到警报:陈友谅率领的西线红巾军正朝着安庆方向一路杀了过来,直捣安庆上游的小孤山。当地守军与陈友谅军血战了4天4夜,最终还是失守了,由此安庆告急!至正十八年正月,江西饶州天完守将祝宗、西线红巾军统帅陈友谅、赵普胜全面包围安庆,"金鼓声震地",余阙率领部下拼死作战,虽身负十余处刀枪之伤但依然坚持着,直到城破,在万般无奈的情势下,引刀自刭,他的妻子与一双儿女皆投井,安庆城里共有1 000来号兵民自焚而亡,演绎了元末为元王朝殉葬最为壮烈的一幕。(《元史·余阙传》卷143)

安庆虽然被攻下了,但西线红巾军也受到一定的损伤,经过两个多月的休整,至正十八年(1358)四月初一,陈友谅派遣赵普胜自安庆路的郴县出发,一路顺流东下,以排山倒海之势直冲下游的池州。当时池州朱元璋军守将为枢密院院判赵忠,听到陈友谅军来攻,他赶紧组织人马抵抗,可无论论武艺还是本领,赵忠哪是眼前这位江湖上赫赫有名的"双刀赵"的对手,双方一交手,赵忠这边就兵败如山倒,瞬时间,池州给赵普胜占了。不是冤家不碰头,朱元璋真没想到,西线战事竟然会如此,真是一筹莫展!(《明太祖实录》卷6)

○ **好一个义女婿吸干了岳丈的所有养分,还让他断嗣——郭天爵谋反?**

窝心事还不止于此,有人向朱元璋密报说:"你的小舅子要造反!"什么?他要造反?多大的胆子啊!朱元璋的舅子有3个,老大叫郭大舍,早年战死于战场;老二叫郭天叙,就是当年不服朱元璋窃取父王军权,郭子兴死后被小明王授予都元帅的那一个,他与舅舅张天祐在领兵攻打集庆的战斗中让人给暗算了;老三叫郭天爵,父亲郭子兴、二哥郭天叙死时可能他的岁数还不大,没形成气候,尽管他对借了父亲平台发展起来的义姐夫朱元璋深为不满,但也是敢怒而不敢言,一直屈居下位。(《明史·郭子兴传》卷122)

这样的事情在当时是地球人都知道的,北方红巾军龙凤皇帝韩林儿听说以后,晋升郭天爵为中书右丞,以此来安慰郭子兴的旧属,但事后又可能考虑到实际掌握大权的朱元璋心里会有想法,就晋升他为平章政事。平章政事相当于副丞相或言主持日常工作的副丞相,而中书右丞最多也就是丞相府的秘书长一类的官职,这下郭天爵的心里可不平衡了。原本入赘我们老郭家的义姐夫现在可不得了了,还真不把自己当作外人,且大有吞噬我们老郭家一切之势,就连父王万般疼爱的少不更事的小妹妹也让他给强占了,郭天爵当然有怨言了!有怨言还不能乱说,现在到处都有"猪腰子脸"或"鞋拔子脸"提拔起来的人,于是他就经常找父亲的老部下"诉诉苦"。(《明史·郭子兴传》卷122)

郭子兴的老部下也有"苦"要诉,如今都是"猪腰子脸"的人,我们这些"老革命"都靠边站了,能不怨吗?!但正视严峻的现实,这些人时不时地偷偷在一起发发牢骚,可他们忽视了现在当权的"猪腰子脸"的心计和手段。那时朱元璋实际上已经使用上了特务,曾让特务夏煜到宁波去"看望"方国珍(《明太祖实录》卷8),在与"明敌"争斗中用上了特务,那么在与"暗敌"角逐中又何妨不用?所以"失职怨望"的郭天爵最终被人告发为谋反。(《明史·郭子兴传》卷122)

小舅子要"谋反",义姐夫该怎么办?无毒不丈夫,当朱元璋听到西线池州失守的信息后,就十分悔恨当初只对巢湖水师头领李普胜下手了,而对另一个头领赵普胜略微"仁慈"了一下,稍稍迟缓了一步,这才酿成了今天的苦果。想到这些,他立即下令,处死小舅子郭天爵,并对相关人员进行了清查和追究。至此,从正统角度来讲,当年朱元璋的大恩人郭子兴断嗣。(《明史·郭子兴传》卷122;【明】钱谦益:《国初群雄事略·滁阳王》卷2)

不过有人认为,郭家并没有断嗣,郭子兴除了大奶、二奶生了几个儿女外,还曾纳过一个姓李的姨太太,姨太太为他生了一个儿子,叫郭老舍。可能是外室所生的缘故吧,郭老舍从小就比较自卑,对政坛之事不怎么感兴趣。大明开国之际,朱元璋亲属们竞相分享胜利果实,郭老舍却主动要求回老家。皇帝姐夫朱元璋这番说道:"说与郭老舍,再三留你不在,实要回乡守祖。你旧有二所庄田,我就赐与你耕种,教户部官开除粮草。"朱皇帝的这番指示换成现在话是这么说的:我再三留你,你却还是不愿留在朝,回乡做个富翁也好,我朱元璋不仅同意你这么做,还叫相关衙门照顾你一点。后来这个郭老舍在老家的主要工作就是守护祖上的坟茔,至于郭子兴的王位与爵号就没人来继承了。从中国传统继嗣法角度来讲,郭子兴确实断嗣了(【明】郑晓:《今言》卷2和卷4)。当然还有人说,郭子兴不是有个小女儿嫁给了朱元璋,生了蜀王、谷王和代王三条龙仔,有后代呀?那是我们现在人的理解,按照古人的说法,这已经不属于郭家了。郭子兴,这个曾经的恩人在被义女婿朱元璋吸干了所有的养分和利用完了所有能利用的价值后落到这步田地,想来也让人为之悲叹不已。

○ 小小宜兴城打了一年多终于打下了,廖永安一激动却当了张士诚的俘虏

不过在政治场上角斗的人们可千万不能有什么怜悯与同情之心,相反得出手快、出招猛,否则的话,你就有可能成为被怜悯与同情者。从地狱边缘一路混来的朱元璋熟稔此道,在刚刚结束对小舅子"叛乱"事件的平息过程中,不就很好地展示了自己,且他还清楚:在对敌斗争中,只有一直拥有这样的心理素质,才会使自己永远立有不败之地。这不,最近手下人不断来报告,说东邻张士诚派兵偷袭了常州、江阴和常熟等地,虽说在常熟福山港和江阴城下两次都被打败了,但看来不给那个盐贩子一点颜色看看,还真不能确保东邻边境的安宁。

至正十八年(1358)九月,朱元璋派遣使者,前往西太湖宜兴前线,告诉在那儿领兵作战的主将徐达和邵荣说:"宜兴是个小县城,城小防御起来方便,不太可能有什么空隙和漏洞,加上它的后方补给又源源不断,这就是我军自去年七月开始进攻一直到现在,已经一年零三个月都未能拿下的主要原因。听说宜兴城西通太湖口,张士诚军的粮饷通道就在此,我们应该集中兵力先将他的这条饷道给截了,让城内的粮饷发生紧张,然后再发起攻城,宜兴城必破!"徐达、邵荣依计行事,分拨一部分兵士封绝太湖口。果然,没到一个月,即那年的十月初九日,宜兴城内的张士诚军投降。

打了一年多终于攻下这座城池,将士们可高兴啦,同知枢密院事廖永安更是得意忘形,下令水师将士们迅速出发,去攻打太湖里的张士诚军。但人家张士诚毕竟还是一方豪杰,哪那么容易说打就能被打烂的。廖永安进入太湖没多久,就让张士诚手下大将吕珍给活捉了。在押往苏州后,张士诚因为爱惜这位巢湖水师将领的才能与勇猛,想让他投降,可廖永安誓死不从,在苏州坐了8年监狱后,最终死在了牢里。朱元璋为了表彰他的忠勇,遥授他为光禄大夫柱国、江淮等处行中书省平章政事,追封楚国公,赐号"开国辅运、推诚宣力武臣"。(《明太祖实录》卷6;15;20)

● "高筑墙、广积粮、缓称王"九字方针与朱元璋亲征浙东轻松拿下婺州

在上述三个方面突发事件处理得差不多的时候,朱元璋终于缓过神来,想起应该加快南线战事的进度呀,否则不知道又会生出什么变数来。至正十八年(1358)

十月,他下令给刚刚攻下兰溪县的枢密院判胡大海,让他整顿当地秩序,设立闽越翼元帅府,分兵扼守其要害,然后抓紧时间,迅速从兰溪出发,向婺州城即金华挺进。(《明太祖实录》卷6)

○ 朱元璋亲征婺州与朱升提出的"高筑墙、广积粮、缓称王"九字方针

兰溪就在婺州的边上,它的东北方浦江又给李文忠攻下了,按照常规来看,攻取婺州不说是囊中取物,但也应该是指日可待,但没想到的是,胡大海军队在婺州城下打了整整两个月,就是没能拿下它。朱元璋闻讯后决定亲征,他要集中优势兵力,尽快将敌人力量相对薄弱的浙东地区给占了,构成对张士诚政权的南、西、北的三面包围,同时又能堵住西线红巾军陈友谅的东进之路,打破他的步步紧逼策略,为自己的统一大业走好关键性的第一步。

为了走好这一步,十一月三十日,朱元璋从宜兴前线调回徐达,让他与李善长一起留守应天,并任命毛骐代理中书省事,自己则带上亲军副都指挥使杨璟等,率领100 000大军向南进发,途经宣州和徽州时曾作短暂停留,"*召故老耆儒访以民事*"。(《明太祖实录》卷6)

当时徽州地区有名的儒士如唐仲实、姚琏等闻讯后纷纷前来拜见。朱元璋说:"自元朝失政以来,老百姓流离失所,早已厌倦这种兵荒马乱的日子,十分渴望安定下来,这样的情形可能比干渴的人们渴望喝水还要厉害,我朱某人不是不知啊!"唐仲实说:"自主公您的大军到来后,我们老百姓踏实多了。"朱元璋问:"邓愈元帅征发民众修筑城池,老百姓有没有怨言?"唐仲实说:"怎么没有?很多啊!"朱元璋大惑不解:"筑城是为了保护老百姓,老百姓怎么还会有怨言?"随后他又这样说道:"一定是邓愈做事太急躁,催促太急迫,这才导致了怨言四起,那可不好,失人心的啊!"说完,他叫人去通知邓愈:马上停止筑城。朱元璋又问:"据说唐先生博通今古,想必清楚古往今来的成败之道,'若汉高祖、光武、唐太宗(应该是唐高祖,可能朱元璋文化程度不高的缘故吧——本书作者注)、宋太祖、元世祖,此数君者平一天下,其道何如?'"就是问这几个大一统王朝的开国君主靠什么来平定天下,统一华夏? 唐仲实说:"您所说的这几位君主都是因为不滥杀人,所以他们能统一天下!主公英明神武,剪除祸乱,未尝滥杀,征收军用也差不多在合理的范围,开创之初,超于前代。但从现在的徽州的情况来看,老百姓生活虽然有了安定,可还不能休养生息。"朱元璋说:"老先生所言极是,我积蓄少花费多,向老百姓收取一点,也是迫不得已啊! 而且都花费在军事上,从没将一分一厘用于个人享受。老百姓的疾苦,我时时刻刻都想着,总考虑如何让他们能真正地休养生息,哪敢忘记啊!"唐仲实

说:"如果真像主公所讲的那样,那么百姓们的安定生活就有希望了。"朱元璋说:"你们说说看,还有什么治政举措不到位或有弊端的?"唐仲实等一一列举,朱元璋不停地点头称是。(《明太祖实录》卷6)

据说在徽州逗留期间,元帅邓愈曾向朱元璋推荐了一位在当地十分有影响的名儒朱升。朱升,徽州休宁人,元顺帝至正四年登乡贡进士第二名,曾任池州学正。红巾军大起义爆发后,他弃官隐居石门山,读书不止。朱元璋老早就听说过朱升的名声,现在到了徽州,又有邓愈推荐,无论如何也得向这位老先生请教一番。于是他就模仿当年刘备三顾茅庐的做法,造访朱升,向他请教夺取天下、统一全国的计策。朱升回答说:"高筑墙,广积粮,缓称王。"意思是说搞好自身根据地建设,增加自身实力;发展生产,多多储蓄军粮;不过早地称王称帝,这样可以避免招惹别人攻击。朱升的这九字谋略其实在朱元璋那里早就使用或言部分使用了,只不过草根、泥腿子不会总结,如今让老先生说得茅塞顿开,当即"命(其)预帷幄密议",而这九字方针从此以后也就成为朱元璋统一天下的根本性的理论指导。(【明】朱升:《朱枫林集·翼运绩略》卷9;《明史·朱升传》卷136)

○ 朱元璋设计巧取浙东重地婺州(即金华)

从徽州出来,朱元璋就领着100 000大军取道兰溪,大约在十二月中下旬之间到达了婺州。婺州位于建德府(后改名为严州府)东边,介于建德府与台州府之间;台州府是浙东方国珍割据势力的范围,其南临处州府,北接绍兴府,而绍兴府正是张士诚的势力范围,因此说,朱元璋要想夺取浙东,婺州之战事关大局。想当初胡大海进攻婺州之所以久攻不下,关键性的原因就在于:第一,进攻婺州的军事力量薄弱,虽说当时婺州北部的浦江已被李文忠占领,但浦江之北的诸暨却是张士诚的军事据点,因此说浦江守军不能轻易出动,剩下的就只有胡大海部队了,力量显得很单薄;第二,驻守婺州的元军主将叫石抹厚孙,他的哥哥石抹宜孙是元朝的参知政事,在元末那个时代里他算得上是个不错的军事人才了,当时正驻守在婺州南面的处州。石抹兄弟南北呼应,老母亲又居住在婺州城里,所以弟弟石抹厚孙这边有点什么事,做哥哥的石抹宜孙会格外关注。朱元璋来到婺州城下先摸了一下底细,然后下令将士们围城。在处州的石抹宜孙听到这个消息后很为母亲与弟弟着急,急忙召来手下谋士胡深与章溢商议对策,几个人商量后决定:叫婺州的石抹厚孙按兵不动,处州这边连夜制造数百辆狮子车,用以装载兵士,然后由胡深等率领,偷偷地急速赶往婺州,援救石抹厚孙;以此同时,石抹宜孙自己则率领10 000精兵从处州北部临近婺州的缙云出发,北向应援。(《明太祖实录》卷6)

朱元璋派人侦查了敌方的军事意图后分析：石抹宜孙还属于比较会打仗的，碰他这一路，似乎不太明智，应该寻找薄弱环节。后来听说胡深率领的这路援军打松溪山路过来，朱元璋一下子就来劲了，情不自禁地跟将领们说道："就在这里做文章！"众将听了一头雾水，朱元璋解释说："松溪这路过来的援军走的多是山路，山多路窄，车行肯定不便。如果我们派一支精兵在这路上设下埋伏，就一定能将这路援兵给打败。援兵一败，婺州城里的人还有什么心事坚持下去？"众人一听齐声叫好。朱元璋当即命令胡大海养子胡德济率领一支兵马，在松溪那一路援军到达的前方设下了埋伏，随即便将其打败了，领头的胡深逃回了处州。

援军在来的路上就被消灭了，孤立无援的婺州城内元军听到消息后顿时就恐慌起来。原本城内的台宪官与将领们划界分守，号令不一，这本身就是兵家之大忌，现在大家见到形势愈发不妙，援军都被干掉了，守下去何日是个尽头，算了，投降吧！枢密院同金宁安庆与都事李相等就这么想着，且他们还付诸行动，令人打开婺州城门，婺州当即被朱元璋军占领，南台侍御史帖木烈思、院判石抹厚孙等地方高官相继归降。(《明太祖实录》卷6)

● "圣人"创立模范"特区"，稳固浙东统一前哨根据地

婺州攻占后，朱元璋的心里爽透了，不过他并没有为眼前的胜利冲昏了头脑，为了拓展更多的领土和谋求更大的利益，除了军事征讨之外，还必须要收揽人心。为此，自进入婺州城那天起，他就在以下几个方面大做文章，试图将婺州打造成"王师"模范"特区"：

第一，设立江南等处行中书省分省，构建和完善地方军政机构。

至正十八年(1358)朱元璋在婺州设立的地方性行政机构级别很高，是江南等处行中书省的分支行省，亦称浙东行省，以此作为未来"收复"浙江全省的行政管理基础，调中书省左、右司郎中李梦庚、郭景祥为分省左、右司郎中，中书省都事王恺为分省都事，中书省博士夏煜为分省博士，中书省管勾栾凤为分省管勾，以汪广洋为照磨，儒士王祎、韩留、杨遴、赵明可、萧竞章、史炳、宋冕为掾史；并立金华翼元帅府，以袁贵为元帅，吴德真为副元帅。除了建立分支行省机构外，朱元璋还十分重视婺州府县级管理机构的构建，改婺州路为宁越府，任命当地有着一定名望的儒士王宗显为知州；宁越府下分列诸县，由帐前总管(可能相当于警卫军总负责人)陈从贵兼知东阳县事，领兵300戍守东阳；义兵元帅吕兼明兼永康知县；帐前总管王道同为义乌知县，杨葛为武义知县，等等。(《明太祖实录》卷6)

这样的机构构建不仅使婺州地区的日常生活与社会秩序得以迅速有效地管理与控制,而且从朱元璋任命的这些地方官吏来看,不是从应天大本营调去的"老革命",就是跟随他南征北讨的警卫军心腹。以军官来代理行政官僚,在那个非常年代里,还是有着相当的积极意义,或者说,虽然浙东远离应天南京,但它与朱元璋心理的距离还是相当近的。换个说法,自此以后,朱元璋牢牢地掌控着浙东地区。

第二,继续尊奉小明王的龙凤政权为正统,打出红巾军反元旗号,赢得人们的心理认同。

浙东地区在至正十一年至十二年间曾经是红巾军起义的活跃地区,"弥勒降世""明王出生""反元复宋"这一类思想在当地民众中有着相当的市场。朱元璋十分聪明,在运用资源方面,用今天时髦话来说,就是用足、用好。据说当时在江南等处行中书省分省衙门前,朱元璋叫人竖了两面大黄旗,上书:"山河奄有中华地,日月重开大宋天。"大旗旁边各立一牌,上书:"九天日月开黄道,宋国江山复宝图。"(【明】钱谦益:《国初群雄事略·宋小明王》卷1引俞本《皇明纪事录》;【明】刘辰:《国初事迹》)这样的政治宣传恐怕不仅仅给人感觉:这支军队与以前元军有所不同,而且还是反元的,以"中华"和"重开大宋天"等字样更多地突出这支新来军队和它主子的心愿:恢复中华传统,恢复大宋天下,也就是正统的中原王朝、中华帝国,这在讲究中华与正统的浙东地区很能引发共鸣,尤其在知识分子中,一下子树立了很好的形象。从历史实际来看,当时有一大批的知识分子后来跟了朱元璋。

第三,注意军纪整肃,给当地民众营造一个安定的社会环境。

自渡江以后,朱元璋特别注意自身军队建设,尤其重视军纪问题。可战争时代,既要打硬仗、打胜仗,又要使军纪维系好,这确实不是件容易的事。战场上本领好、敢于玩命的,一般遵守军纪也不会好到哪里去;还有一些权贵因为自身身份特殊也会"无意识"地触犯军纪。譬如朱元璋身边有个姓黄的知印官,自以为是第一人的心腹秘书吧,居然擅自闯入婺州城内百姓家里去抢夺钱财,影响极其恶劣。朱元璋知道后很恼火,下令将心腹黄秘书斩首。当时婺州城内的老百姓还不怎么相信,第一人的心腹秘书就要被开刀问斩了,大家都出来看啊,顿时行刑场上里三层、外三层都是看客。随着黄秘书的人头落地,婺州人终于信了:姓朱的部队确实与众不同,当地秩序很快也就安定下来了。事后朱元璋还告诫将领们:一定要管住自己的兵士,绝不能让他们嗜杀。这还不仅仅是为我们军队获得好名声,给老百姓一个安定的社会环境,而且也是为你们自己的子孙后代积德啊。由人及己,由己及人,说理透彻,对整顿军纪和创造和宁的浙东社会环境起到前瞻指导和规范的作用。

(《明太祖实录》卷6)

第四，打开官仓，发粮赈济贫民，下令禁酒。

元末各地灾荒不断，即使是富庶的江南地区也未能幸免。朱元璋进入婺州城后，发现贫困百姓正嗷嗷待哺，他当即下令，打开元朝官府的仓库，取出粮食，赈济贫民。同时，针对江南地区长期存在的民间酿酒习惯，他发出了禁酒令，以减少粮食的消耗(《明太祖实录》卷6)。禁酒令下达后，枢密同金胡大海的儿子却偏偏犯了禁令，朱元璋为之十分恼怒，打算依法行事。可都事王恺却不这么认为，他说：胡大海是军中大将，眼下又率兵正在绍兴前线作战，你把他的儿子抓起来给杀了，万一胡大海听到消息后有什么想法或叛逃了，那可麻烦大了。但朱元璋却斩钉截铁地说："宁可使大海叛我，不可使我法不行。"说完，他亲自动手把犯事者给杀了(《明史·胡大海传》卷133；【明】刘辰：《国初事迹》)。执法必严，违法必究，而执法必自贵近始，中国传统社会"法治"理想在那时的朱元璋政权那里得以部分实现。由此下来，婺州等浙东根据地渐趋稳固，朱元璋也愈发得民心。

第五，延聘与任用地方名士与世族，争取更多知识分子和社会有产阶层的支持。

朱元璋自身没文化，吃足了没文化的苦头。但自从遇上冯国用兄弟起，他就开始尝到了拥有知识分子相助与支持的甜头。婺州是闻名遐迩的历史文化名城，人称小邹鲁，涌现了一大批著名的学者，这些人不仅在浙东地区乃至全国都有一定的影响，如果能赢得他们的支持，那么无疑对于自己的统一大业和走向帝王宝座都有莫大的帮助。朱元璋老早就不是朱重八了，他的眼光与视野越来越宽、越来越广。进入婺州城后，他召见了许元、叶瓒玉、胡翰、吴沉、汪仲山、李公常、金信、徐孳、童冀、戴良、吴履、张起敬、孙履等地方名流，"会食省中，日令二人进讲经史，敷陈治道"，即让这些儒士每天在浙东行省会餐，由两人轮流为他讲解经书与中国历史。(《明太祖实录》卷6)

当时有两个儒士很另类，一个叫范祖干，一个叫叶仪，他们都是捧着朱熹注释的《四书》前来面见朱元璋，且指着其中的《大学》篇说道："治理天下之道说到底都逃不出这本书！"朱元璋听到这话，觉得十分好奇，就让范祖干讲讲这里边的道理。范说："帝王之道，自修身齐家出发，乃至治国平天下，说来说去，就是要各安其位，各司其职。只有这样了，天下才有可能达到'治'的地步啊！"朱元璋听后似乎很有体悟："圣人之道，可用作万世之法啊。我自起兵以来，军纪号令、奖赏刑罚都力争整齐划一，否则，你想，怎么能让大家心诚悦服呢？！武定祸乱，文致太平，治乱之理大概也是如此吧！"从范老先生所说的来看朱元璋所对答的，两人其实并不完全吻合，或者说范老学究所要的是天下大乱之后的社会秩序，而朱元璋可能考虑到的是对方的社会名声,即使自己懵懵懂懂,但也想留下对方为自己服务,当即命范祖干和叶仪留下,任军中谘议。可叶仪说自己身体不好,范祖干以家中老母要侍奉为名,一一推辞不干。朱元璋也没怪罪他们,任由他们回家,后还曾旌表范祖干的孝行,命其所居之所为"纯孝坊"。(《明太祖实录》卷6)

朱元璋在婺州还曾礼聘了3大名士,一个叫许瑗,江西乐平人,元末流寓到婺州,在元朝科举考试中名列地方贡举头名,相当于现在的地方高考状元。他曾跟朱元璋说:"非广揽英雄,难以成功!"朱元璋听后很有启发,让他做了谘议参军,后许瑗出任太平知府,与朱元璋侄儿朱文正一同主持太平保卫战,最后殉难于任上。(《明史·忠义一·花云传附许瑗传》卷289)

第二个名士叫王冕,浙江诸暨人。出身于一个十分贫穷的家庭里,小时候父亲叫他去放牛,就在放牛时,他听到附近官学里的学生在读书,很好奇,于是就偷偷地溜进了学校,跟着那些学生一起读起书来。读着读着,竟然忘了自己出来干什么的,直到太阳下山时,他才突然想起自家的牛还在外头,赶紧出去找。牛不见了,回到家里被父亲好好揍了一顿,本该长个记性了,可王冕对读书的痴迷依然不改。母亲看到儿子这样,就跟丈夫说:"我家这个儿子既然这么喜欢读书,我们何不任其自然吧!"王父依了,从那以后就不再过问儿子的事。白天干活,夜晚因为家里穷得点不起灯,王冕就跑到庙里去,坐在佛腿上,借着寺院里的长明灯夜夜苦读。附近有个儒学大师叫韩性的,听说了王冕好学之事后十分感动,就收了他为弟子,王冕一下子成了当地闻名的通儒。韩性死后,弟子们一致推举王冕为他们的学术领袖。但就这样的学术领袖在元朝的科举考试中却屡屡不中,后来他干脆放弃不考了,在北京进行了一次愉快的旅游。有个蒙古官宦听说了王冕的故事后,曾想推荐他到元廷中去出任翰林之职,却遭到了他的拒绝。通过自身的科考磨难,王冕看到了当时常人所看不到的"历史前景":腐败的元王朝寡头统治长不了!回到家乡后,他带了妻儿隐居到九里山,建起住宅,过着简朴的生活,并在自家的屋子周围种植了数千株梅树,加上他又喜欢画梅花,人称其为梅花屋主。据说王冕曾模仿《周官》体例,写了一部书,并跟人说:"我这本书一定得献给明主,伊尹(商朝开国勋臣)、吕尚(即姜太公,周朝开国勋臣)事业就不难实现了!"朱元璋攻占婺州后,听人说起了奇人王冕,不免动了心,将他召来,留在幕府中做参谋,即授予谘议参军。可惜王冕没福气,当了个幕僚官没多久就病死了。(《明太祖实录》卷7;《明史·文苑一·王冕传》卷285)

朱元璋在婺州礼聘到的第三大名士就是明初朝廷上下无人不晓的大文人宋濂。当婺州城被攻下时,宋濂正在龙门山隐居着。朱元璋早就听说了文化大名人宋濂,更想请他出来做事。刚好那时婺州新开了郡学,宁越知府王宗显延聘儒士叶仪、宋濂来郡学任教师,专授《五经》,戴良为学正,吴沉、徐原等为训导,各个名士各有具体的教学与教务工作,底下会聚了一批的学员。就这样,在众多儒士们的努力下,当然更多的是由于朱元璋的重视与支持,浙东地区的地方官学在那一派杀伐声中正式开启,琅琅读书声传向四方,朱元璋重视文化人的美名也开始为世人所熟知了,"始闻弦诵之声,无不忻悦"。(《明太祖实录》卷7)

除此之外,在婺州时朱元璋还十分重视地方有产阶级力量,争取他们对新政权的支持。他曾选用婺州七县的"富二代"充当自己的警卫兵,名曰:御中军,以示对他们及其家族的重视与肯定,这对笼络地方经济实力派有着不可小觑的作用。浙江浦江有个姓郑的大家族,自宋代以来世代聚族而居,且家族中很多子弟出入官场,据说当年政府曾旌表郑家为"义门"。可在元末大起义爆发后,"郑义门"阖族"携家避入诸暨"。朱元璋知道后"遣帐前先锋率民二千,护其家归浦江"。(【明】宋濂:《宋文宪公全集·郑都事墓志铭》卷24)

第六,布置浙东地区新战略,稳固新开创的模范"特区"。

婺州(1360年改名为金华)占领后,尽管朱元璋对各个层面都予以了重视,但在战争年代里军事胜利才是根本。为了确保战争的顺利进行,正确的策略就显得格外重要。早在应天时就已拟定了浙东地区的攻守方略,但亲临婺州等地后,朱元璋获悉了许多新的信息,根据实际对于原本的攻守方略有必要作些修正,确立婺州三面不同的斗争策略:对于实力并不强大的南面元军控制下的处州和西南衢州,采取引而不发的战略;对于北部的张士诚,仍继续使用猛烈打击的手段;对于控制着东部和东南部的方国珍割据势力则运用招抚和拉拢的手法。

● 凤阳"大忽悠"朱元璋居然被浙江"混混"方国珍给"忽悠"了

龙凤四年、至正十八年(1358)年底,朱元璋乘着自己军队占领婺州、声势压顶的大好势头,派出主簿蔡元刚、儒士陈显道和中书分省典签刘辰出使庆元(后来改名为宁波),招降方国珍。(《明太祖实录》卷6)

方国珍在元末几支有名的反元割据势力中可能是力量最为薄弱的一支,但他起义时间最早,且十分狡猾,反复无常,就连元朝朝廷也被他耍得团团转。至正八年(1348)发动反元起义后,方国珍和他的哥哥方国璋、弟弟方国瑛、方国珉等聚集了数千人劫夺元朝海运漕粮,拘押元朝官吏。元政府命令江浙行省参知政事朵儿只班率兵前来征讨,没想到"贼寇"没讨成,朵儿只班反倒当了俘虏。(《明史·方国

珍传》卷123)

这下可好了,方国珍有了跟元朝政府讨价还价的资本,要求元方封他为官。元朝政府担心:如果不答应的话,自己的海上漕运线就得被掐断;但如果就按照方氏的要求给封了官,这岂不是鼓励大元帝国臣民都起来造反吗?就在这两难之际,元方最终作出了这么个抉择,封方国珍为庆元定海尉。中国人向来官为本,有了一张狗官皮就变得十分了不得了。方国珍就是这样的一个典型,尽管忙乎了半天只捞了个类似乎县人武部部长的职务,但他还是充分发挥自己"盐商"的聪明才智,以元朝授予的官职头衔回到家乡黄岩招兵买马,扩充势力。(《明史·方国珍传》卷123)

北方红巾军领袖刘福通发动颍州起义后,元政府命令江浙行省招募水师,驻防长江。方国珍看到形势不妙,赶紧带了弟兄们逃亡海上。台州当地官府台州路达鲁花赤泰不华率领小股水军航海前去招降,方国珍把泰不华给杀了,将死尸扔入大海里喂鱼。这下惹得元朝官方一片震怒,江浙行省派出大股水师征讨方国珍。方国珍一看:情况不对劲,不要说还手打了,就官方水师人数的绝对优势也足够将方氏势力吞噬,好汉不吃眼前亏,有奶就是娘,奸商的奸智在方国珍身上可谓发挥得淋漓尽致,他派人到元大都北京去活动,贿赂了元廷中央领导,并表示自己愿意招安。(《明史·方国珍传》卷123)

元廷又信了,任命方国珍为徽州路治中(职位比以前提升了不少),但有个条件:必须要他交出所有的船只,并遣散部众。这样的苛刻条件岂不是要了方国珍的命么,听到消息后,他立即又开始了反元,率领1 300多条海船,迅速封绝了海上通道,并连连攻陷台州、温州和庆元诸路,也就是控制住了整个浙东沿海区域。(《明史·方国珍传》卷123)

至正十六年年初,张士诚南下,攻占江南地区。元廷无奈之下再次低下高贵的头颅,体面的说法:招降方国珍,授予他海道运粮漕运万户兼防御海道运粮万户,他的哥哥方国璋为衢州路总管兼防御海道事,条件是方氏为元朝解决海上漕运问题。第二年,元廷晋升方国珍为江浙行省参知政事,条件是叫他去攻打曾经击退元朝百万大军的张士诚。当时张士诚在西线遭受"猪腰子脸"的屡屡打击,几乎没有过多考虑东线原本无冤无仇的方国珍来个突然袭击,据说在昆山与太仓交界的奤子,方国珍军七战七捷,弄得走投无路的张士诚最终也归降了元朝,方氏这才撤军昆山。

就这么一个毫无道德操守的人渣、恶棍、无赖在那时候却特别吃香,官也越做越大,方氏一家的兄弟子侄在元朝那里都当上了大官,掌控着浙东沿海的渔业和盐业大利,成为割据浙东沿海地区的一大恶霸。曾经有个叫张子善的同乡人劝方国珍以浙东为根据地,进窥江东,然后伺机北上中原,争取成就一代霸业。方国珍听

后还算有自知之明地这般说道:"吾志始不及此!"(《明史·方国珍传》卷123)

对于这样的无赖、泼皮,昔日长期混迹于此类人中的朱元璋何尝不知,因为他们的内心深处有些部分还是相通的。所以在攻下浙东婺州后,他就马上派人致信方国珍,劝他主动归降。方国珍接到信后,一边用好酒好菜还有妖艳美女来招待刘辰等使者,想以此来拉人入水,但没想到遭到刘辰等人的叱责;另一边他召集兄弟与部将,讨论如何回应朱元璋的劝降信,讨论来讨论去,最后觉得:"江左(指应天朱元璋)号令严明,恐不能与抗。况为我敌者,西有吴(指苏州张士诚),南有闽(指福建割据势力陈友定)。莫若姑示顺从,藉为声援以观变。"(《明史·方国珍传》卷123)随后回信并派出使臣去见朱元璋,并奉上黄金50斤、白金100斤、金织文绮100匹,表示愿意与朱元璋合兵共灭张士诚。(《明太祖实录》卷7)

朱元璋看了方国珍的回信后,又派了浙东行省都镇抚孙养浩上庆元去,告诉方国珍:我们知道了!其他什么话也没说。方国珍琢磨着:这什么意思?看看婺州及其周围的形势,从濠州来的这个叫花子的架势还真不能小瞧,怎么办?再忽悠他一回?想到这里,方国珍狡黠地笑了。

龙凤五年、至正十九年(1359)三月,他再次派遣郎中张本仁来到婺州,面见朱元璋,主动提出愿意献出温州、台州和庆元即宁波三郡,并以次子方关作为人质。方国珍割据势力的范围也就是上述三郡,现在他说要献出三郡,岂不成了光杆司令,要是真这样他还不如前来婺州归降呐,可问题是他没来。这说明了什么?方国珍在耍人,或者说忽悠人,"大忽悠"朱元璋一下子就看出来了,但也不好点得太明,虽然自己在婺州是取胜了,但前有处州元军,后有张士诚军,一旦方国珍那一头逼得太急了,弄毛了,兵戎相见,难料有谁乘机从中渔利呐,所以聪明的办法就是稳住方国珍,他来忽悠我,我何不再来忽悠他呢!于是当着方氏使臣的面故意这样说道:"古代的时候,由于担心别人不按约定的去做,搞了什么盟誓。盟誓要是变了,就交换质子,这都是衰败之世的事情,我们又何必要模仿呐!凡是盟誓和交换质子的,都是由于相约者之间不能相互信任而导致的。现在方君既然能诚心归降,我朱某人当以推诚相待,就如青天白日一般清澈明亮,何必要相互怀疑、互为质子呢?!"说完,下令厚赏方国珍次子方关,并让他随同使者一同回去。(《明太祖实录》卷7)

方国珍见到使臣与儿子一同回来,高兴得几乎要跳起来,自己的一个小伎俩居然能将江湖上广传的"大忽悠"给忽悠过去,这不是天大的好事!于是就继续游走于元朝与朱元璋两边,哪一边对自己有利就站哪一边,"阴持两端"。

这样的日子方国珍过了半年,到了龙凤五年、至正十九年(1359)八月左右,常遇春军攻克衢州,朱元璋在浙东地区的统治更加稳定、势力范围更加扩大的情势下又开始"惦记"起方氏"老伙计",派了博士夏煜上浙江去,任命方国珍为福建等处行中书省平章政事,方国璋为福建行中书省右丞,方国瑛为福建行中书省参政,方国珉为枢密分院佥院,"各给符印,仍以本部兵马戍守,俟命征讨",并令其尊奉龙凤为正朔。(《明太祖实录》卷7)

自鸣得意了几个月的方国珍没想到朱元璋还有这一手,见到特使夏煜,一下子就慌了神,想不接受吧,前番自己已经说得那么满了,赖也赖不掉了;接受吧,这不等于自己做媳妇找个婆婆来管管自己,没事吃饱了撑着!怎么办呢?最后实在想不出什么好的借口,就说自己有病,做什么福建等处行中书省平章政事之官职,方某人无法接受就任,至于那枚平章政事的官印还是会好好保管的。方氏兄弟除了老小方国珉任枢密分院署事外,其他几个谁也没有将朱元璋的任命当回事,更不奉龙凤正朔。(《明太祖实录》卷7)

为防止朱元璋采取过激措施,方国珍还给出了这样的答复:"当初我要奉献出温州、台州和庆元给明公,就是为了这三郡百姓的生命与财产利益考虑,私下里以为你会发兵前来接管。现在看来你不但不发兵来,反而要我尊奉龙凤政权为正朔,这可不是弄着玩的。我的左邻右舍张士诚和陈友定都是元朝的走狗,他们仇视反元起义政权龙凤小明王,一旦我奉行龙凤为正朔,他们还不得发兵来打我!一旦来攻打了,援兵又没有,那么情况就相当危险了。所以我想啊,还是以继续尊奉元朝为正朔,免得让人揍。再说想当年我方国珍第一个出来反元,元朝人实际上恨死了我,之所以能招抚我们四兄弟,授予大官职,那也是他们迫不得已啊,要是我们实力不行的话,那他们非得把我们吃了!总而言之,明公,您要是用上我方某占有的这三郡,没得说,您多发起些兵马来戍守,我见到大军,当即交出三郡,然后国珍我领着哥哥弟弟一同上应天去,听候明公的命令与指派。只是任职一事,明公也知我方某已经领受了元朝的任命,既然早就做个人家的官职,如果我再来接受明公您的任命,这岂不首鼠两端?"方国珍的这封信写得还蛮有水平的,核心精神就是巧妙地对朱元璋说:"不!"朱元璋何等人,当然清楚方氏的奸诈,由于考虑浙东形势整体格局的复杂,最终决定先忍一忍,等灭了老与自己作对的张士诚,回头过来再收拾方国珍,他说:"且置之,候我克苏州,虽欲奉正朔则亦迟矣。"(【明】刘辰:《国初事迹》)

● 朱元璋军攻占衢州与处州,统一浙东大部分地区

朱元璋将婺州东边的方国珍这一头放一放,可对北边的张士诚与南边的处州元军那两头却不仅没放,反而抓得更紧。

○ 从张士诚嘴里叼走诸暨和张士诚报复的失败

至正十九年(1359)正月底,朱元璋任命耿再成为行枢密院判官,令其率兵屯驻缙云县黄龙山,为攻取处州做好前期军事准备。与此同时,命令行枢密院同佥胡大海率兵攻打近邻婺州的绍兴府西南重镇诸暨。张士诚守将华元帅战败宵遁,诸暨随即被占领。朱元璋下令将诸暨改为诸全州,以帐前元帅张彪为统军元帅兼知州事,王玉为副元帅兼本州岛同知,浙东行省照磨汪广洋为军储总负责人,并命大将胡大海率兵继续北上,攻打张士诚控制下的绍兴。数日后在诸全州设立枢密分院,置明海翼元帅府,擢升谢再兴为院判,王玉等为元帅,驻守诸暨。(《明太祖实录》卷7)

好端端的诸暨一眨眼的工夫由盐贩子手中转到了叫花子那里,张士诚听到浙东前线的军事急报后气不打一处来,自从遇上淮西来的这个叫花子后,我诚王只有挨打、受罪的份。张士诚越想越气,咬牙切齿一定要报这个仇。新年二月初一,他下令给将士们去攻打被叫花子先前夺去的江阴,出其不意地给他后院放一把火。据说当时张士诚发足了狠劲,派出了大量的水师,那水师战舰的帆布几乎将江阴的江面都给盖住了。江阴守将吴良看到这等架势,命令将士们守城勿出,然后叫上弟弟吴祯率领一支偏师从北门出城去迎战。张士诚军看到吴祯人数少,猛打猛攻,正得意间,冷不丁地后面遭遇到了吴良派出的元帅王子明率领的几十号壮士的袭击,一下子军阵大乱,连主将陶元帅和裨将宋贯都给俘虏了,"溺死者甚众"。(《明太祖实录》卷7)

张士诚不甘心啊,而后几次调兵遣将对于李文忠镇守的建德府也发起了进攻;差不多同时又令降将陈保二进攻宜兴,李伯升进攻婺源,还有一路进攻常州,但这一系列进攻都以失败而告终,最臭的是领兵进攻宜兴的将领陈保二还给俘虏了,常州之战中1 000多人、40多条战船给汤和俘获。如此连续性的失败和打击使得张士诚后来越来越颓废。(《明太祖实录》卷7)

张士诚越来越颓废,朱元璋要的就是这个效果。在东抚北打双拳出击下,浙东战事局面逐渐进入了诸方角逐相对平衡状态。鉴于如等局势,朱元璋决定再对浙东战事做个布置后,迅速赶回应天去,自己出来毕竟已有半年多了。临走前他将进攻绍兴受挫的大将胡大海召回,当面告诉他:"宁越为浙东重地,必得其人守之。吾将归建康,以尔为才,故特命尔守其衢、处,绍兴进取之宜,悉以付尔。宋伯颜不花在衢州,其人多智术;石抹宜孙守处州,善用士;绍兴为张士诚将吕珍所据。数郡与宁越密迩,尔宜与同佥常遇春同心协力,俟间取之。此三人皆劲敌,不可忽也!"接

着又任命左右司员外郎侯原善、都事王恺、管勾栾凤综理钱粮军务事，协助浙东军事进攻。(《明太祖实录》卷7)

○ 朱元璋返回应天

朱元璋之所以要急忙赶回应天，是因为他一向采取守势的西线战场那时出现了新变化。胡大海进攻绍兴受挫的那些日子里，徐达与俞通海组织军队，乘着陈友谅东进轻敌的良机，冷不丁地杀了回马枪，夺回了被西线红巾军悍将赵普胜占领的池州。消息传到朱元璋的耳朵里，可把他给高兴坏了，当即下令擢升徐达为奉国上将军、同知枢密院事，俞通海为佥枢密院事，又立枢密分院于宁越府，以常遇春为镇国上将军、同佥枢密分院事守之。(《明太祖实录》卷7)可喜事过后没多久，不好的消息又传来，俞通海在攻打赵普胜军时再次受阻。"旧愁"加"新恨"，对赵普胜恨得牙根都要发痒的朱元璋顿时来了灵感，设局害死了赵普胜。本以为赵普胜死后，西线军事形势会有所缓和，没想到陈友谅大军竟然绕过池州，直赴太平，太平距离南京很近，冥冥之中朱元璋感觉到：自己与陈友谅之间的一场恶战不久就要开始了，而一旦开始，军事上最为忌讳的就是两线甚至多线作战。想到这些，朱元璋立即派人上浙东去，敦促前线将领尽早发起新一轮进攻，一来确保浙东根据地的拓展与稳固，二来壮壮自身军队的声势。

○ 常遇春"上天入地"拿下浙南衢州

再说此时的浙东战场，经过一两个月的努力与发展，形势已有了很大的变化。先是将进攻衢州遭受失败的陆仲亨给换下来，由枢密院同佥常遇春率兵攻打。衢州元朝守臣廉访使宋伯颜不花等悉力备御。常遇春看到今天棋逢对手了，一时难以攻下，赶紧令人在衢州城的6个城门外建起奉天旗，竖立栅围，围住城门，同时建造吕公车、仙人桥、长木梯、懒龙爪等登城工具，将它们造得与衢州城一样的高度，以方便将士们登城。除此之外，还在大西门、大南门城下挖掘地道，准备用于地下攻入，真可谓"上天入地"，无所不用。宋伯颜不花也厉害，你来吕公车，我叫将士们用成捆的干燥芦苇浇上油，投到你的吕公车上，烧死你们；你来什么懒龙爪，我叫人造千斤秤来钩拉你们；你们用登城木梯，我叫将士们用大斧头去砍断你们木梯的腿……双方相持不下好久，最终还是反应灵敏的常遇春发现：衢州南门防御有疏，立即派出奇兵突入南门瓮城，毁掉敌人的石炮，命令将士们加紧进攻，大约打了两个月，一直到了九月中旬时，衢州城内的元枢密院判张斌等终于受不了，密约常遇春，打算投降，并打开了城门。常遇春军顿时蜂拥而入，迅速占领了衢州，并俘虏了宋伯颜不花及院判朵粘等,缴获粮食 8 000 石。衢州随即改名为龙游府,以武义知县杨苟知府事,并立金斗翼元帅府,以唐君用为元帅,夏义为副元帅,朱亮祖为枢密分院判官,宁越分省都事王恺兼理军储,常遇春还宁越。(《明太祖实录》卷7)

○ 胡大海等攻占处州,浙东地区基本统一

衢州被攻下后,浙东南部就剩下一个处州了(方国珍势力范围除外)。对于处州的军事进攻准备早在朱元璋亲临婺州时就已经开始进行,当时派了耿再成进驻处州北部的缙云黄龙山,谋取处州。元朝处州守将石抹宜孙看到这样的军事架势,也开始了以防御为主旨的军事布防,派遣元帅叶琛屯兵桃花岭,参谋林彬祖屯兵葛渡,镇抚陈仲真、照磨陈安屯兵樊岭。另外还派了元帅胡深驻守处州西部的龙泉,防止朱元璋军抄他们的后路。

从双方这样的布兵对垒来看,这无疑是一场旷日持久之战了。问题在于当时浙东地区元军势力日渐减损,元朝地盘越来越小,石抹宜孙手下将士心里都清楚:现在元朝在浙南能否继续保持统治地位的所有希望就在他们这些人身上,那么多的部队,那么多的武器,到现在都到哪里去?大家都心照不宣,识时务者为俊杰,原先积极对抗朱元璋军的元帅胡深此时首先起了变化,他带了手下人抄小路前来归降,且告诉说"处州兵弱易取"。胡大海听说后高兴得不得了,立即下令,部队迅速出发,到达樊岭与耿再成部会合,然后再对石抹宜孙军发起进攻,连拔桃花岭、葛渡二寨,一下子将军队开到了处州城下。石抹宜孙一看大势已去,与浙东名士叶琛、章溢一起逃往建宁,处州和属下七县随即被胡大海、耿再成等占领。

朱元璋听到喜讯后,下令改处州路为安南府,以义乌知县王道同知府事,并立安南翼元帅府,以朱文刚为元帅,李佑之为副元帅,耿再成为枢密分院判官,驻守处州,分省都事孙炎总理军储。(《明太祖实录》卷7)

◉ 刘基为首的浙东"四先生"出山与明代版的"隆中对"

○ 朱元璋升任江南等处行中书省左丞相

处州的攻占,标志着朱元璋浙东战争取得了阶段性的成功,也是他发动地区性统一战争的胜利。人们常说:好事成双。这不,就在浙东战场攻占处州的捷报到达之前的龙凤五年(1359)五月,"老领导"宋小明王颁发诏谕,擢升朱元璋为仪同三司、江南等处行中书省左丞相【明】钱谦益:《国初群雄事略·小明王》卷1引叶子

奇《静斋文集》），也就是说尽管当时朱元璋雄踞一方，且不断地发威动武，甚至还蚕食鲸吞浙东地区，但他的公开名分却是小明王龙凤政权下江南行省的最高行政领导、一把手。宁愿做人"小"，与一开始就公开称王的浅薄政敌陈友谅、张士诚等人相比，这位从淮西一路杀过来的红巾军分支领袖倒不是自身具有多么高尚的优秀品质和深厚学养，而是他在韬光养晦，不断努力，争取更大的利益和实现更加宏远的目标，那就是重建中华传统大一统帝国，做天下第一人。这样的情结早在淮西起兵不久的朱元璋心里就已经朦胧拥有。随着以应天为中心的根据地的巩固与扩大，它变得愈发强烈，冯国用、李善长、陶安、叶兑、唐仲实直至朱升，他们都在不同时期和不同程度上为朱氏江山统一事业做了指引，也让原本半文盲的朱重八充分领悟到了知识与知识分子的重要了。当大将胡大海带了婺州名士儒士许瑗来见时，朱元璋高兴地叫了起来："我取天下，正要读书人！"（【明】刘辰：《国初事迹》）

○ 朱元璋："我取天下，正要读书人！" 浙东"四先生"出山

不过在投奔朱元璋集团的知识分子中，真正对朱氏统一事业有着重大影响的除了同来自淮右地区的李善长等人外，还有就是浙东文人圈或言浙东"四先生"，尤其是浙东四先生中刘基的出山则赋予更多的传奇色彩。

刘基，字伯温，处州青田人，从小聪明绝伦，读书过目不忘，且有勤学的好习惯，因此小小年纪就成为当地有名的"神童"。14岁那年刘基中了元朝的秀才，16岁中了举人，17岁到石门书院去苦读经史诸书，据说他的兵法之术也是在这个时候得益于神人的指点和石屋神授兵书，当然今人看来这样的说法纯属无稽之谈。不过刘基好学这倒是真的，也正因为他特别好学，天资又聪颖，年纪轻轻就考上了元顺帝至顺四年的进士。（《明太祖实录》卷99；《明史·刘基传》卷128）

先天条件的优越，学业与功名进取的顺遂，这一切对于一个自小就树立以齐家治国平天下为人生奋斗最高境界的传统儒士刘基来说，无疑得他对现实充满了美好的遐想，也使得他在早年人生中孜孜不倦地在现实生活中努力实现儒家的理想目标。中举以后，按照历代的惯例，新科进士要授予七品知县级以上的领导职位，但武夫当国的元朝政府却极端歧视汉人，蔑视儒士。刘基中举后在家吃了3年闲饭，才被授予低于七品的县级小官高安县丞。（《明太祖实录》卷99；《明史·刘基传》卷128）

元朝当权者不仅看不起读书人，而且还在官场上排挤、打压文人学士，他们所重用的是除了蒙古贵族、色目人外，还有就是那些粗通文墨的衙门胥吏，这些人常常来源于元朝领导干部身边的车夫、秘书和奴才，等，毫无道德操守，因此刘基的入

仕等于金子掉入了沙坑里,不给埋没了才怪。再说刘基在高安任上,无法施展才能,空余时间经常干干自己喜欢的"本专业",尤其热衷于堪舆、天文和术数之学。当时有个进贤人邓祥甫的,精通天文术数之学。刘基听说后就上门求教,拜邓为师,学得了很多的天文术数本领。可不久,因为得罪了地方上的豪强权贵,刘基无法立足,只得辞官回家。(《明太祖实录》卷99;《明史·刘基传》卷128)

刘基辞官没多久,江西行省省衙里有人听说了这事,觉得这样的人才应该用起来啊,于是聘请刘基到行省去当掾员。县衙黑,省衙其实更黑,刘基去了看不惯,没待多长时间,又辞官回家了。

刘基的两度辞官都是因为看不惯官场之黑,当然官场中也不是一个清廉一点的官员都没有。有人听说刘基的故事后很受感动,向有关部门推荐,让他出任江浙行省儒学副提举,可能相当于行省教育厅副厅长兼考试院副院长。但又没多久,还是因为刘基看不惯官场黑暗而辞职回家。(《明太祖实录》卷99;《明史·刘基传》卷128)

元顺帝至正八年(1348)方国珍在海上发动反元起义,元朝江浙行省左丞朵儿只班前去招降,反被方国珍俘虏了。正当江浙行省官员束手无策时,有人推荐了刘基,让他出任浙东元帅府都事,协助浙东宣慰副使石抹宜孙驻防台州,专门从事对付浙东地区的反元起义。当时刘基提议:抓紧时间在庆元等城修筑城墙与工事,以便用于对付方国珍军的进攻。但元朝官府中以左丞帖里帖木儿为首的当政者却不主张用武力讨伐方氏。刘基为此很不以为然,据理力争,劝说道:方氏兄弟为天下首乱者,不杀他们不足以惩戒天下之人。这话不知怎么后来传开来了,方国珍听到后很害怕,令人带了很多的金银布帛前往刘基处,想让他保持沉默,但遭到了拒绝。见到贿赂刘基不成,方国珍发挥了他的商人聪明灵活劲,改派手下人上元大都去贿赂中央朝廷官员。不久皇帝诏旨下来,招抚方国珍兄弟,并授予各人一定的官职;而竭力主张镇压反元起义的刘基则被按上"伤朝廷好生之仁,擅做威福"之罪名,发配到绍兴去羁押起来。(《明太祖实录》卷99;《明史·刘基传》卷128)

自己一心忠于朝廷、时刻惦记着报效国家,没想到竟然落到这般田地!刘基该醒醒了!没有,传统的愚忠思想束缚着他,影响了他的所言所行。不久浙东发生了"山寇"吴成七的叛乱,腐败无能的元朝政府顿时又手足无措,无奈之下,不仅解除对刘基的羁管,而且还提升他为行枢密院经历,与参知政事石抹宜孙驻守处州。后来元朝经略使李国凤巡抚江南,到了浙江后听说了刘基的才能和他平定几起反元起义的"功绩",就上书给朝廷,要求元廷重用这样的有用人才。可腐败的元廷执政者没把它当回事,只授予刘基处州路总管府判官。这次刘基可火了,自己做出那么

大的贡献，居然弄了这么个破官，还不管军事的，想想就来气，最后一气之下，又回青田老家去了。(《明太祖实录》卷99)

刘基回老家处州青田时，正值朱元璋来到浙东婺州。虽说早就听说了有关"浙东四先生"的故事，但毕竟都是传闻，他很想得到这些文化名人对他事业的支持和帮助，为此在攻下婺州时特别留意自身"重文"的形象，开办郡学，礼聘儒士，但最终仅得"四先生"中一员宋濂，另外三人尤其那个传说中上知天文下知地理的刘基还在元军占领区，不说向他请教，就是见个面也不可能啊。于是在自己返回应天前特别交代给婺州前线总指挥胡大海，要他十分留意刘基、章溢、叶琛和胡深等人的去向。至正十九年年底，处州被攻占，胡大海弄了一份礼聘刘基等人的推荐书，派了专人上应天去上报给了朱元璋。朱元璋为之大喜，马上派了樊观为特使，带上礼品由应天赶往处州。与此同时，曾与胡大海一起接受朱元璋特别嘱托的处州总制孙炎已开始行动，先是几次三番派人上青田去，后来自己又亲自跑到刘基家去拜访。(《明史·忠义一·孙炎传》卷289)

孙炎本是江南一带名士，朱元璋攻入集庆城时，他与杨宪等江南儒士一同出来迎接，因此很受朱元璋重视，加上他本人很有学问，情商又高，所以很快就在朱元璋集团中站住了脚跟。但孙炎先天硬件不行，身高只有六尺。古时候六尺可能相当于现代的一米五六左右，且皮肤很黑，其貌不扬，甚至有些丑陋。但这些都不是主要问题，问题的关键还在于他是个瘸子。这样的人要是生在宋朝，要是与武大郎互为邻居的话，恐怕武家那位漂亮娘子潘金莲就不会埋怨鲜花插在牛粪上了。按照普通人的眼光，这个孙炎也够不幸的，什么不好的全让他给赶上了。可人家却一点也不自卑，而主动"出击"，要会会天下闻名的"大神人"，为新主子朱元璋极尽犬马之劳。

据说孙炎先是派了手下人去了刘基老家，一回、两回、三回，说一遍、两遍、三遍都没用，刘基就是不肯出山；但也觉得人家孙炎够热心的，有点过意不去，故而让孙炎的信使带了一把宝剑，那是他们老刘家的传家宝，意思很明显：我宁愿把传家宝给你，我也不去做这个官。孙炎十分聪明，见到刘家的传家宝，赶紧将它封好，并作了一首《宝剑歌》，其大致意思是："您的意思我懂，您是想说你甚至连你们老刘家的传家宝都献出来，就是不愿意出山，只想安然地过过田园生活。可是，我却认为：'宝剑当献天子，斩不顺命者，人臣不敢私！'"(《明史·忠义一·孙炎传》卷289)

孙炎的执著和充满智慧的诗歌及其回信终于将刘基给打动了，据说当孙炎亲自来到青田武阳村时，刘基主动出门相迎，并在家中设宴款待。再说孙炎，尽管是个残疾人，但十分自信，且满脑子都是智慧。与刘基喝酒聊天时，他故意天南海北，说个滔滔不绝,让人一下子感觉到,来者才识过人。其实刘基心里也清楚朱元璋派遣孙炎等来当说客的潜台词:瞧,也许在你看来,这样一个貌不惊人的瘸子都有这么高的水平,告诉你:我朱元璋身边有的是仁人志士在为我效力,做人不要太傲气,如今我派孙炎来当说客,你都不为所动,这也太倨傲清高了吧?

刘基的顾虑不是没有道理,自己是元朝的臣子,理应为元王朝尽忠甚至殉职,现在这些都未能做到,反而要背叛,这就好比是一个女人嫁了出去,尽管丈夫很没用,甚至很坏很恶劣,但他还没死,她就要改嫁,这叫什么?不忠不要说了,就是失节!那是遭受天下人耻笑和谩骂的呀!再说,如今天下大乱,拣几根烂枪,占个山头,就称王称帝,几个能长久?现在屡次派人来青田老家奉劝自己出山的那个朱某人,听说还不赖,志向远大,礼贤下士,在婺州兴办郡学,礼聘了一批儒士,更有在应天云集了一批天下英才,看来他还真是个人物,难道我的治国平天下的愿望在他那里有可能实现?正当刘基思想发生变化时,从应天派出的特使樊观也来到了青田,传达了朱元璋对刘先生的敬重敦请之意,同时还捎上了陶安、李善长的劝说诗信。刘母看到儿子的犹豫不决也出来劝慰道:"你担心上了应天后家里不知怎么办,其实没必要这样。如今天下大乱,要不是辅佐真主,平定祸乱,即使你一直待在家里,这个家也很难一直保全下去的呀!"至此,刘基终于被说动,在做了一番家事安排后,他就跟朱元璋使节一同上路了。(【明】刘基:《诚意伯文集·诚意伯刘公行状》卷1;《明太祖实录》卷8)

与刘基一同上路前往应天南京的还有他的几位朋友:龙泉章溢、丽水叶琛、金华宋濂等。宋濂早期人生是在教书与治学当中度过的,章溢、叶琛和胡深等则与刘基有着相似的经历,其中章溢与胡深还是同乡和同学,崇奉理学家王毅。至正十二年,西线红巾军起义之火燃烧到浙东地区,章溢、胡深、叶琛和刘基等都各自组织武装,结寨自保。后在石抹宜孙的麾下联合起来,共同镇压反元起义。至正十八年朱元璋亲征婺州时,刘基刚好辞职隐居在家,章溢把自己的义兵队伍交给儿子章存道统领,自己隐居匡山,剩下的只有叶琛与胡深继续在石抹宜孙旗下任职元帅,保护处州。可让他们没想到的是自己竭力尽忠的大元帝国却是那样的不堪一击,处州之战还没正式开始,元军已经出现了不稳的迹象,颇识时务的胡深赶紧归降了朱元璋军大将胡大海。胡大海将他送到了应天去,在那里他受到了朱元璋的隆重礼遇,被授予左司员外郎,受命回处州,招纳旧部,联络朋友。就这样,原本对于朱元璋有着几分警惕又有几分敌视的浙东"四先生"中的刘基、章溢、叶琛改变了先前的态度,与先前归降的宋濂一起来到了应天。(《明太祖实录》卷8;《明史·章溢传》卷128;《明史·叶琛传》卷128;《明史·胡深传》卷128)

○ 明代版的"隆中对":先西后东或先陈后张、先南后北,统一全国

浙东"四先生"到达应天的当天,朱元璋就迫不及待地予以召见,开口便说:"我为天下屈四先生,今天下纷纷,何时定乎?"这段话的前一句是客套话,后面才是朱元璋所要问的核心主题:如今天下纷争,狼烟四起,什么时候才能天下重新一统、社会安定?章溢当即回答道:"天道无常,惟德是辅,只有不嗜杀的仁德之人才能统一天下。"(《明史·章溢传》卷128;《明太祖实录》卷8)

尽管上述对话在明代国史的记载中极为简洁,同时也充满了阿谀的色彩,但朱元璋的问话与"四先生"中章溢的"抢答"来看,多少让人感觉有点答非所问。朱元璋是个绝对功利主义者,他的问话含有有何良策迅速平定天下的意味,但章溢的回答怎么看都有点"迂"。什么是德?尽管他解释了"惟德是辅,惟不嗜杀人者能一之",可这样的解释能否让一个没什么文化甚至是个半文盲的人完全理解呢?只有天知道了。还有浙东"四先生"名声很大,到底拥有什么样的杰出才能,能不能给我发挥好呐?一向疑心病十足又似懂非懂的朱元璋在召见"四先生"后偷偷地将自己早期心腹辅臣陶安找来回话:"陶先生,你以为这四个浙东人怎么样?"陶安十分谦虚地说:"论谋略臣不如刘基,论学问臣不如宋濂,论治民本领臣不如章溢和叶琛。"(《明史·陶安传》卷136)听了这样的评价,朱元璋终于心里有谱了,随即任命宋濂为江南等处儒学提举,后来兼任朱标的老师;章溢为金营田司事,"巡行江东、两淮田,分籍定税,民甚便之"(《明史·章溢传》卷128);叶琛也被授予营田司金事,后升为洪都知府,辅佐大将邓愈镇守南昌,最终殉难于保卫战中(《明史·叶琛传》卷128)。只有刘基被留在朱元璋身边,参与高层事务的讨论与决策,即任后来人们所说的军师。

但一开始似乎朱元璋还是没有完全意识到刘基的才能和本领。有一次他正在用餐,有人来报,刘基求见,朱元璋立即招呼,赶快请他进来。二人见面后,先是一番嘘寒问暖,比如身体可好,老母亲怎样,等等。待到谈话进入正题时,朱元璋问:"刘先生平常读什么书?能作诗吗?"刘基当即回答:"做诗啊,是知识分子最基本的基本功。哎,雕虫小技,怎么不会?"此言一出,不是狂妄就是大气魄。这时朱元璋手里正拿着筷子,就要求刘基即兴作一首。刘基看了一下那双筷子,发现筷子上竹节斑痕,乍一看就像是泪痕。筷子是竹子做的,灵感来了,开口诵上:"一对湘江玉并看,二妃曾洒泪痕斑。"朱元璋一听,直蹙眉头,原来天下人人称奇的刘先生居然这么儿女情长,这么酸气,他顺口就说:"太秀才气了!"哪想到,他话音刚落,刘基又吟上一首了:"汉家四百年天下,尽在留侯一借间。"(【明】蒋一葵:《尧山堂外纪·国

朝》卷78；【明】戴冠：《濯缨亭笔记》）这诗是说，汉朝四百年江山的根基，就是张良与刘邦两人用筷子比划而定的。朱元璋听到这里，连说三声"好！好！好！"峰回路转，不得不称奇啊！大有相见恨晚，激动中的朱元璋随即问起了平定天下之策，刘基后陈《时务十八策》，分析道："（张）士诚自守虏，不足虑。（陈）友谅劫主胁下，名号不正，地据上流，其心无日忘我，宜先图之。陈氏灭，张氏势孤，一举可定。然后北向中原，王业可成也。"（《明史·刘基传》卷128；【清】毕沅：《续资治通鉴》卷215）

这就是被人称为明代版的"隆中对"。刘基高瞻远瞩地把握了当时的时势，对于全国实力诸方做了大略的描述，这里边告诉了朱元璋全国实力派决斗主要在于江南三雄和北方的元王朝了。而在这样的形势下，朱元璋面临最为危险的敌人，不是他一直欺负的张士诚，而是西线过来咄咄逼人的陈友谅。他认为眼下的张士诚已经失去了当年的那副英雄气概了，仅仅是"自守虏"而已，不太可能构成对朱元璋政权的很大威胁；倒是剽悍轻死的陈友谅很有可能主动发出攻击，而他的实力又是几倍于朱元璋，一旦处理不好，不仅不能实现统一大业，就连自身政权是否能存在下去都可能成为问题。因此刘基的战略思路是先设法打败一路不断东进的陈友谅，歼灭西线敌人，回过头来收拾张士诚，然后再北伐中原，统一全国。

醍醐灌顶调整方向　生死血战汉陈友谅（1360～1364）

　　这个明代版的"隆中对"与朱元璋以前的战略思想有着很大的不同。可能是淮西过来的"饿死鬼"的本能所决定，朱元璋与他的将士们过去更多看重的是张士诚占据的浙西和元军控制的浙东富庶地区，也可能是"老太太吃柿子"心理的作用，他们专挑软的捏，多少让人有一种不上路子的感觉，弄得人家堂堂也是一方豪杰的张士诚灰头土脸的。自从有了这个西部邻居后，张士诚觉得只有挨打的份，想还一下手，结果被打得更惨，难怪后来他那般颓废。而刘基的统一策略并不是同情张士诚，只是将战略进攻的次序作了更加吻合实际和更加合理的调整，后来的事实也充分证明了刘基的战略思想是正确的。从此以后，在朱元璋的统一战争过程中来了个战略性的大转变。

● 朱元璋统一策略开始调整："先西后东"或言"先陈后张"

　　如果说从1356年到1359年朱元璋以应天城为中心的江南红巾军政权打击的

主要对象是元朝在江南地区的军事势力的话,那么从 1360 年起到 1367 年大明帝国建立前夕这六年多的时间里朱元璋主要进攻的对象已作改变,矛头转向了同为反元大起义"阵营"中的起义力量。因为经过多年的战争,元朝在江南地区的军事力量已基本上被消灭,长江下游地区实现了局部性的统一。大约自 1360 年起,在刘基等知识分子的影响下,朱元璋的统一运动进入了第二阶段,即实行战略性大调整,采取了先西后东的策略,将原先作为经常性攻击对象的张士诚暂时放一放,集中精力对付西线的陈友谅,最终花了大致 4 年的时间,消灭了南方各起义军中拓地最广、实力最强的一支武装力量,实现了长江流域大部分地区的统一。

那么,陈友谅是何许人?他怎么会跑到朱元璋政权势力范围的西边的?

要想解答清楚这些问题,我们就必须首先回顾一下西线红巾军起义、发展和壮大。

● 西线红巾军发展:外地和尚、布贩子和"刀枪不入"的"烧香军"

前面讲过,西线红巾军起义或言南方红巾军的最早发动者是一个叫彭莹玉的江西人,他是个和尚,因为痛恨元朝的黑暗统治,偷偷地加入了白莲教组织,并很快成为当地组织的骨干和领导。元顺帝登基没几年,他就在江西的袁州发动起义,但遭到了政府的残酷镇压。理性而言,袁州起义还没到火候,这是一个硬摘的果子,所以彭莹玉没来得及也没办法吃上,就被迫亡命天涯。他来到了湖北麻城等地,那时这一带连年发生灾害,正是组织和发动起义的好时候,他专门给底层穷苦人宣传白莲教,什么"明王出世"、"弥勒下凡",一个光明的世界即将到来,等等,如此教旨对于底层人民特别有号召力。麻城打铁匠邹普胜和湖北罗田布贩子徐寿辉成为了彭莹玉最先发展的"对象",他们经常在一起秘密组织白莲教徒进行反元宣传,暗地里集结力量,寻找机会发动起义。(【元】权衡:《庚申外史》卷上;【明】钱谦益:《国初群雄事略·天完徐寿辉》卷3)

○ "布贩子"天生帝王相——徐寿辉当皇帝

1351 年,刘福通为首的北方白莲教组织在颍州发动红巾军起义,并迅速占领了江淮好多地方。就在这样的情势下,邹普胜、徐寿辉等人在湖北蕲州也发动起义,响应刘福通为首的北方红巾军,他们奋勇作战,攻克了蕲水县城,并以此作为起义政权的都城。(【明】钱谦益:《国初群雄事略·天完徐寿辉》卷3)本来这一带起义的主要的组织者和发动者是彭莹玉,加上他早年的反元经历,足够堪任起义军的领袖。但令后人一头雾水的是彭莹玉并没有被推到起义军首领的位置上,大家推举徐寿辉当头头,这是为什么?

第一,西线红巾军最先起义地是在湖北的蕲水,起义的主要成员是湖北人,在传统中国外乡人常常会受到本土人的歧视与排斥。彭莹玉是江西人,当然在湖北人当中没了"市场";

第二,西线红巾军在湖北蕲州起义时,彭莹玉正在江淮地区进行反元宣传和斗争,闻听徒弟们起义了,赶紧赶往蕲水。可这时起义军组织构建已基本上完成,加之,彭莹玉本身又比较谦让和务实,甚至某种程度上来说他有着一定境界的人。(参见【元】陶宗仪:《南村辍耕录·刑赏失宜》卷28)

第三,早期湖北组织起义的首领们中就数徐寿辉长得特别好,据说他不仅长得帅气,而且也吻合中国传统的相学中天地人三格要求,即我们民间经常挂在嘴边的"天庭饱满,地格方圆",是个地地道道的"帝王相";在那个年代,这样的长相很吃得开。即使在现代,虽然没人会干这么傻的傻事,仅凭一张脸就推他为领袖,但长得帅的男人还是挺受女人喜爱的,同样女人长得漂亮也很受男人青睐,甚至还能得到一些意想不到的福分。徐寿辉就凭着脸蛋得了做"皇帝"的大便宜。(【明】钱谦益:《国初群雄事略·天完徐寿辉》卷3)

第四,比较传统的说法:有一次徐寿辉在盐塘水中洗澡,周围的人忽然发现他身上有一道道金光发出,顿时惊诧不已,以为他是神人,后来就立他为帝了。(【明】钱谦益:《国初群雄事略·天完徐寿辉》卷3)

○"天完"与刀枪不入的"烧香军"

其实徐寿辉这个人实在是没什么大本事,本人出身倒是没有朱元璋那样苦大仇深,但他也算得上是穷孩子,年纪轻轻就干起了贩布的活,所以人们私下里就叫他"布贩子"。彭莹玉来到他家乡组织起义时,可能是做生意的缘故吧,徐寿辉头脑活,又敢于冒险,所以就早早地加入了"地下组织",与邹普胜等酝酿和发动白莲教起义。蕲水起义成功后,一不留神他被人推举为起义军的领袖,以蕲水为都城,建立西线红巾军政权或言南方红巾军政权,建元治平,国号天完。关于天完国号作何解释?现在有两种比较流行的版本:一种说法是取"天赐完美之国"的含义;另一种说法是通过拆字来解释,"天完"两字各自去掉头上的"帽子"就变成了"大元",所以有人说这是徐寿辉他们通过拆字"讨个便宜"来进行反元宣传,"大元"头上扣顶帽子,把它压下。粗看看还真有几分道理,其实不然。因为西线红巾军早期这些领导人当中,几乎都是文盲出身,哪来那么高的拆字本领。相比较而言,我倒认为还是第一种解释"天赐完美之国"比较吻合历史实际。因为西线红巾军尊奉白莲教或称明教的"明王出世，弥勒降生"一类的信条，明王即将出世，弥勒马上降生，上天也就要赐予芸芸众生一个完美的国家，因为元朝太黑了，老百姓受不了了。正因为他们笃信白莲教或称明教的说教，所以西线红巾军战士的身上都写一个大大的"佛"字，据说写上这个大大的"佛"字后，将士们便可刀枪不入，因而西线红巾军很能作战，起义后一年左右就占领了湖广、江西、浙江和福建等省份的大部分地区。(【元】权衡：《庚申外史》卷上)

虽然在至正十三年(1353)天完政权遭到了元朝毁灭性的打击，连都城蕲水也被攻占了，但这些西线红巾军将士的信念却没有动摇，后来辗转到了湖北黄梅山和沔阳湖等地，一路西行，集结力量反击元军。至正十五年、治平五年(1355)正月，天完大将倪文俊率领将士攻下沔阳，然后进逼武昌，攻占汉阳，建都于此，并迎天完皇帝徐寿辉入居，自任丞相，改年号为太平。但太平年号并不意味着它政权下的人们就能过上太平生活了。事实上自从取了"太平"年号后，西线红巾军压根儿就没一天过过太平日子。不太平的原因还不仅仅是元朝的军事围攻，更主要的是起义军领导层的内讧。(【元】权衡：《庚申外史》卷上)

●既要江山又要美人的陈友谅三次政变与西线红巾军再次东扩

○ 螳螂捕蝉，黄雀在后

天完皇帝徐寿辉实在是个窝囊废，自己没什么本事，拣了便宜你就买个乖呗，可他不。西线红巾军中还有个重要人物叫邹普胜，早期也跟彭莹玉一起组织起义，很有力气也很能打仗，能耐可比徐寿辉强，威望也在徐寿辉之上，可就是没当上皇帝，从内心角度来讲，他是看不起徐寿辉的，不过他还挺讲江湖义气，与猛将丁普郎和傅友德等人关系都不错。综合起来看，西线红巾军也是人才济济(至少武将是如此)。但天完皇帝徐寿辉素质不高，又没能耐，让邹普胜等人很瞧不起。而徐寿辉呢，自从坐上皇帝宝座后，就处处看邹普胜不顺眼，总觉得他倚老卖老，对于自己的皇帝谕旨非但不听从，有时还横加干涉，甚至拆台。于是他就想起后起之秀、天完政权复兴"大功臣"丞相倪文俊来了，希望他能与自己合作，将邹普胜给除掉。当倪文俊听完徐寿辉的一番抱怨之后，心里很不痛快。因为从骨子里自己也是瞧不起眼前这位天完皇帝的，总觉得他没什么本领，又没经过什么沙场的洗礼，就轻而易举地当上了皇帝，所以当听完徐寿辉的抱怨时他从内心深处自然而然地产生了极度的鄙视,只不过今天当着面,自己也总得表表态。可哪知道由于一时的激动,将本来要奉承的话给说歪了:"是啊,又有多大的本事呢?没什么能耐还占了个位子!"倪文俊本来想表面上数落一下已经升为太师的邹普胜,但在出口时居然夹枪带棒地冲着徐寿辉而来了。

徐寿辉能力差,但还不至于弱智到了连别人的话也听不懂的地步啊,当场就想:"这话怎么是冲我来的啊?"顿时脸色大变。倪文俊从徐寿辉变化的脸色上读懂了对方内心深处的转变。原本找倪文俊来,是想要跟他合谋,除掉邹普胜,而现在,徐寿辉的内心更急切想要把这个当面给他难看的丞相倪文俊给干掉。

倪文俊也不傻呀,开始内心盘算起来:"与其像待宰羔羊一样让人家干掉,倒不如先下手为强!"打定主意,他就开始琢磨起手下哪些人可以值得信赖的,能帮助自己倒戈的。这么一想,倒是想起了过去老在自己眼鼻子底下晃悠、鞍前马后跑腿而今已升任为军中领导的领兵元帅陈友谅来。太平二年(1357)九月倪文俊在谋害徐寿辉不成的情况下,偷偷地找自己的老部下陈友谅。当他将自己的密谋全盘托出时,陈友谅立马表现出一副侠胆仗义和赴汤蹈火的架势,说:"丞相您放心,我为您肝脑涂地,也在所不辞!"随后两人便开始阴谋策划如何将徐寿辉扳倒的具体步骤。(【元】叶子奇:《草木子·克谨篇》卷3)

螳螂捕蝉,黄雀在后。就在倪文俊认为一切安排就绪,踌躇满志地等着坐上皇帝宝座的时候,局势却急转直下,让他始料不及。陈友谅就在这时发动了第一次政变,把丞相倪文俊给杀了。那么陈友谅何许人?他为什么要杀倪文俊?

○"非常之人非常之事"——陈友谅的第一次政变

陈友谅,湖北沔阳玉沙县人,出身贫寒,父母都是渔民,本身也是一个处于社会底层的人。在陈友谅的家乡,有个会看命相的先生看了陈家祖坟的风水后就留下三个字:法当贵,意思是说,依照中国古代的风水相术的理论法则,陈家将来要出大富大贵之人。自从听得此言后,陈友谅就一门心思要干出一番大事业来。(《明史·陈友谅传》卷123)

然而现实却又有"三座大山"挡在了前面,不得不让陈友谅觉得自己低人一等:第一,陈友谅家本姓谢,因祖上入赘到了陈家,后就改姓陈了。中国古代对赘婿十分歧视,秦始皇时将赘婿与囚徒放一起,发配到边疆地区去戍边。以后历代帝国政府尽管没有过多类似于秦朝的赘婿歧视和迫害政策,但传统社会中对于赘婿的偏见却从来没有消除掉。所以自陈友谅出生起,邻里周边的人都瞧不起他和他的家人。第二,陈友谅从小就与父母干抓鱼捕虾活,而渔民在中国古代社会中一直到明清很多都属于"堕民"与"贱民",也就是士、农、工、商编户齐民以外的"另类",很让人瞧不起。第三,在投身起义之前,陈友谅为了改变自己与家族的命运,曾混迹于官场,在家乡的县衙门里当个跑跑腿的小吏。胥吏也是历来让人瞧不起的,所以干了几年,没有什么出息,也在情理之中。(《明史·陈友谅传》卷123)

但陈友谅还不死心,仍然很有雄心壮志,总惦记着他家祖坟那块宝地的风水三个字"法当贵"。听到各地红巾军起义爆发的消息后,他回到了家乡,与弟弟陈友仁、陈友贵等聚众起义,因为他身材魁梧、力大无比,又有一身好武艺,所以起义后迅速地取得了成功,并占据了汉沔之地。元朝官军闻讯前来镇压,陈友谅率众投奔了徐寿辉的起义军,在徐寿辉部将倪文俊手下当簿书掾,因为辅佐倪文俊攻陷诸州郡有功,遂被提升为领兵元帅。(《明太祖实录》卷13;【元】叶子奇:《草木子·克谨篇》卷3;《明史·陈友谅传》卷123)

其实,当时的"元帅"可能就是军队中的中下级小军官而已,对于急着要大富大贵的陈友谅来说显然不会满意眼前的这个结果,他想要用非常之手段来达到非常之目的。这是有关陈友谅为什么发动政变的一种说法,更有民间流传一种英雄爱美人之说。

○ 突然倒戈为哪般?只因美女在等候啊!

据说陈友谅看中了倪文俊的一个小老婆。那还是在没有当上"元帅"时,他在宰相府上充当文书,经常进出倪文俊的私人府第。有一次邂逅了美若天仙的倪文俊小老婆。有一种说法是说,那时的陈友谅已经三十多岁了,却从来没有接近过女色,自从见到自己领导的绝色小老婆后,他的魂全给了那个美女勾去了。而这个丞相府里的美丽不可方物的女人却似乎对他也有那个意思,这就一下子使得政治场上"野兽"的角力掺入了对雌性交配权的争夺。因此当倪文俊与徐寿辉"翻脸"后,来找陈友谅帮忙一起打算干掉徐寿辉时,这个昔日的老部下就开始活动活动心眼了,趁着倪文俊还没有反应过来时,就突然发动了政变,杀了"老领导"。

政变之后陈友谅做的第一件事情就是直奔丞相府,抱得美女归。而此女也非等闲之辈,对陈友谅一直是真诚相依。日后陈友谅在鄱阳湖大战中败于朱元璋,那时,有多少将士投降了,独独这个小女子誓死不降,最终为陈友谅殉情,着实让人大跌眼镜。(参见《帝国政界往事·大明王朝纪事》,李亚平著,北京出版社2005年10月出版)

不过正史中可没有这样的英雄美人相爱殉情的动人故事记载,只说倪文俊谋弑徐寿辉之事败露后,逃亡至黄州,投奔老部下陈友谅,不料被陈友谅因乘衅袭杀。

而后陈友谅自称宣慰使,没多久又称平章政事。(《明太祖实录》卷13)

○"新仇"加"旧恨"——池州、安庆争夺战

通过第一次政变,从一个几乎名不见经传的普通"元帅"一下子上升为天完国的第一功臣。陈友谅的官是当大了,出任天完国的平章政事,即代理丞相或者说是主持丞相工作者。但通过政变这种小人手段上来的总让人瞧不起,尤其是在西线红巾军中享有很高威望的邹普胜、赵普胜、丁普郎等人对陈友谅的行为很是看不惯的;不过这几位农民军军事骨干还算识大体,尚能以全局为重,因此尽管西线红巾军发生了一次规格层次较高的内讧,但在整体上还没有太大的影响,他们不断地拓疆拓土,由湖广向江西、安徽和浙江等地迅速地发展着。

至正十七年、龙凤三年(1357),朱元璋攻取徽州、向着浙东发展之际,西线红巾军在陈友谅的带领下向着东南方向大力推进,并于该年年底,进军到了安庆上游的小孤山(今江西省彭泽对岸),与当地元军展开血战,并最终将它给攻占了。由此顺流而下,至正十八年、龙凤四年(1358)正月到达了安庆城外,在那里陈友谅与江西饶州的天完守将祝宗合兵起来,援助正在围攻安庆的赵普胜,元朝安庆守军外无援军内无粮草,最终只得打开城门,守将余阙自尽殉职。陈友谅军当即占领了元军在长江中游的最后一个据点,随后又乘胜攻克了江西的龙兴、瑞州、吉安、抚州、建昌、赣州、信州和福建的汀州、浙江的衢州等,声势十分浩大。(《明太祖实录》卷8;《元史·顺帝本纪八》卷45;《明史·陈友谅传》卷123)

当时在长江中下游地区的另一大枭雄朱元璋看来,西线红巾军东扩和沿着长江顺流而下,对自身政权势力已构成了一大威胁。尤其是当陈友谅兵锋直指他渡江后建立的第一个根据地——太平府的上游池州时,朱元璋愈发迫切地感觉到:天完国军队的军事胜利意味着灾难即将降临到自己的头上,于是他马上派遣徐达和常遇春赶往池州,由此双方有了第一次正式的"零距离接触"。池州争夺战打得很激烈,互有胜负,弄到后来还是让朱元璋军队给占领了。可天完国的代理丞相陈友谅却不甘心池州之失,随即亲帅水师来攻池州,意欲夺回,但被徐达打得落花流水。至正十九年、龙凤五年(1359)四月,陈友谅派出天完国猛将赵普胜攻略池州一带,再次打算收复去年的失地。

这个赵普胜就是前面讲过的曾经被朱元璋忽悠到半路上醒悟的巢湖水师头领,江湖上赫赫有名的"双刀赵",他格外剽悍威猛,打起仗来实在不含糊,一到池州前线,就三下五除二地将池州给拿下了。朱元璋听到消息后,直拍大腿,悔不该先前将大将朱文正、徐达等人调走而派了一个叫赵忠的偏将来守这么重要的地方,现

在池州又丢了，赶紧派遣朱文正、徐达去夺回来。朱文正、徐达和俞通海等到达池州前线时，刚好赵普胜外出拓展军事地盘去了，留下守卫池州的也是一员偏将，徐达、俞通海等抓紧时间发起猛攻，一下子又将池州给拿下了。当时朱元璋正在浙东婺州，听到喜讯后，立即擢升徐达为奉国上将军、同知枢密院事，俞通海为佥枢密院事。(《明太祖实录》卷7；【明】钱谦益：《国初群雄事略·天完徐寿辉》卷3)再说赵普胜听说池州丢了，岂肯善罢甘休，立马组织反击，但棋逢对手，一时难以夺回。赵普胜就在池州附近骚扰敌军及其驻地，弄得朱元璋军队十分被动，就在这时，陈友谅乘机占领了池州上游的安庆。(《明太祖实录》卷7)

陈友谅占领安庆后，朱元璋又反应过来了，安庆这个地方太重要了，它在池州的上游，让天完国军队给占了，这岂不是喉咙被人卡了，无论如何得将安庆给夺下来。这时，可能陈友谅意识到了安庆局势的严峻，怕自己守不住，就叫赵普胜到安庆去。赵普胜到了安庆没多久，朱元璋派出的徐达与赵普胜昔日的把兄弟俞廷玉等也赶到了安庆郊外，随后便开始了攻城战。但在与赵普胜交战后，俞廷玉等都感觉到，自己根本没办法打赢。史书记载说，朱元璋军队里的将领见了赵普胜的"双刀"心里就直哆嗦。这事传到应天，朱元璋的心里对赵普胜恨啊，恨不得抓了他，剥了他的皮，喝了他的血。想当年，你在巢湖一带与我现在几员大将俞廷玉、廖永安、廖永忠等是拜把兄弟，人家带了水师队伍乖乖地听着我的"忽悠"，说白了就是为我卖命。就你精明，来了却又改投那个没出息的布贩子徐寿辉。投就投吧，现在还要与我朱"圣人"作对，真让人恨死了！老谋深算，阴鸷歹毒，只要火候差不多，多少年前的烂芝麻陈谷子的事，他都要跟人算算账。近来与天完国之间争夺池州、安庆还不是这个讨厌的赵普胜老在坏自己的好事，新"仇"加旧恨，朱元璋将牙齿咬得格格响，发誓一定要让赵普胜不得好死！(《明太祖实录》卷6~7；【清】谷应泰：《明史纪事本末·太祖平汉》卷3)

○ 朱元璋：借刀杀人，除掉赵普胜；陈友谅第二次政变帮了冤家对头的忙

朱元璋脑子一转，鬼点子有了。人们不是在说现在赵普胜的顶头上司陈友谅是通过政变上来的，没有什么大的真本事，远远比不上赵普胜么，而赵普胜可是个有能耐的猛将，肯定内心瞧不起陈友谅，由此看来双方之间必然存在着矛盾。再有，听说陈友谅生性多疑，对了，我就要用上一计，叫做借刀杀人。

朱元璋要借谁的刀去杀赵普胜？陈友谅。陈友谅与朱元璋不是敌对的两个军事势力？难道他们之间有着什么不可告人的秘密或默契？陈友谅自己没什么大的战功居然还要冒天下之大不韪"借刀"给朱元璋来杀天完国的第一战将赵普胜？这

到底是哪门子的事？

原来,自丞相倪文俊被杀后,天完国朝中将领中威望最高的可能就要数赵普胜了。对,是赵普胜,不是邹普胜。人家邹普胜现在已升为太师,日子好着呐,铁早就不用打,他改行当太师了,什么都不用操心,享享清福。这可忙坏了天完国真正的大能人、第一战将赵普胜,他出生入死,驰骋疆场,屡立战功,很得皇帝徐寿辉的赏识,一直也很受重视。可陈友谅看在眼里就不服气了,心想:凭什么你徐寿辉对赵普胜那样好,我才是你天完国的第一功臣,没有我陈友谅,这个天完国皇帝的宝座早就不是你的了,甚至连你想回家再去当布贩子的机会也没了。再说你徐寿辉,现在还有什么,不就靠着赵普胜么。赵普胜,你能力再强、本事再大,不还在我的手下么？我真不信找不到你什么岔子。陈友谅就这么琢磨着,在人们不知不觉中他将内部斗争的矛头指向了天完国军事大能人赵普胜,算计着如何除掉赵普胜,陈友谅几乎拿了放大镜在给他找差池。可人家赵普胜能力强,品质也不错,与将士们一起同生死共患难,深得大家的爱戴,尤其他的那几个铁哥儿们,什么丁普郎、傅友德等,个个都是不怕死的英雄好汉,正人君子。陈友谅一时还真找不到他们的什么毛病,但他又不甘心:小样的,你们还不是我陈丞相手下当差的,我就不信这个"邪"。

正当陈友谅苦于给自己的部下找不到什么差池时,有人帮了他一把。谁啊？朱元璋！

朱元璋当时就听人说,赵普胜老打胜仗是因为身边有个高人——谋士,这个谋士精通数术,谋划事情来十有八九能成,赵普胜对他极为倚重。朱元璋鬼点子多,就这么脑子一转,一个金点子"迸"了出来,给赵普胜的那个重要谋士写了封信,写得相当之亲热,好像是一直在联系和通信往来似的。信写好后,他叫人送出去,但没有送给谋士,而是故意直接错送给了赵普胜。赵普胜见到信后,心里直犯嘀咕:怎么回事？可他还没有想出结果来,有人来报告说:谋士跑了,且跑到了朱元璋那边去。这又是哪门子的事？

原来朱元璋早就听说赵普胜这个人有勇寡谋,他的信一寄"错",赵普胜马上就会对谋士起疑心。而谋士呢,怕死啊,就怕赵普胜知道了,自己浑身是嘴也说不清,干脆就弄假成真,去投奔朱元璋了！(《明太祖实录》卷7;《明史·陈友谅传》卷123)

朱元璋听到赵普胜的谋士投靠来了,顿时心里就乐开了花,马上下令准备美味佳肴好生招待,礼节之重可把那位谋士感动得连话也说不出来了。朱元璋说:你现在一路奔波过来已经十分疲惫,就不急于跟我讲什么军事,住下后慢慢再讲吧！谋士还真住下了,然后一五一十地将他所知道的天完国军事机密全部说给了朱元璋听。朱元璋听罢，就叫手下人准备了很厚重的礼物与金银钱财送给谋士，叫他回去，不过不是回赵普胜那儿，而是跑到陈友谅那儿去，在陈友谅军营里如此这般地说。

再说谋士到了陈友谅的军营后，到处就讲：赵将军赵普胜与朱元璋军中俞廷玉、廖永安、廖永忠等原本都是把兄弟，现在我们天完国小人当道，赵将军立了那么大的功劳居然还不讨好，听说他早就很不满了，已跟俞廷玉、廖永安等把兄弟暗中约好了……另外朱元璋还派人自称是俞廷玉的部下，到陈友谅的部队里去大放厥词，说赵普胜跟俞廷玉、俞通海等人的交情甚笃，现在他很不得志，不久就要跟随俞将军，也去投靠朱元璋了。（《明太祖实录》卷7；《明史·陈友谅传》卷123）

这种话在两军交战的时候是很要命的。虽然赵普胜自己也听说了一点，但总认为自己做人坦坦荡荡，没什么好怕的，所以最终也就不去理会这些流言蜚语，更没有专门去跟自己的上级领导徐寿辉等人作解释。但是有句古话说得好，"我本将心向明月，奈何明月照沟渠"。总以为自己坦荡荡无须辩解，但问题就在于你赵普胜自己认为不容怀疑，可别人早就"惦记"着你，早就开始怀疑你。别人说那些谣言可以不信，问题是你的谋士怎么也在说了？这个老"惦记"赵普胜的人就是生性多疑的陈友谅。陈友谅听到了这些眉梢眼角的消息后，就开始动起了歪脑筋，他本来找不到碴儿来收拾收拾这位现在的徐寿辉的红人。

危机四伏，可赵普胜全然不知，每逢陈友谅派人来询问军情，赵将军总要向来者表白一下自己的功劳与苦衷。他越这么说，陈友谅就越怀疑，越怀疑就越下定决心要除掉赵将军。（《明太祖实录》卷7）

至正十九年（1359）九月的秋天里，陈友谅派人通知赵普胜：自己马上要到安庆前线来了，双方所带部队在安庆会师，讨论一下军务。赵普胜是个正人君子，而正人君子往往不会多长一个防备小人的心眼。到了约定的时间，赵普胜很隆重地摆开了会师喜宴，等候陈友谅及其队伍的到来了。

可他万万没想到，就在刚刚见到陈友谅离船登岸，大家正欢迎相聚的那一刻，"咣当"一声闷锤砸过，赵普胜什么也没说上，就被人从后脑勺击中，当场身亡。不过《明实录》等书中说，赵普胜是被陈友谅抓住后杀掉的。（《明太祖实录》卷7；《明史·陈友谅传》卷123）

但不管怎么说，一位叱咤风云的天完国大将军没有死在敌军的刀枪下，却反而莫名其妙地死在了自己"上级领导"的阴谋中，这样的天完国不完才怪了！不过人家天完国的丞相陈友谅可不这么认为，他可乐着了呐，赵普胜麾下部队由此全归自己的了。还有，现在在皇帝徐寿辉面前，我陈友谅可是"真正的第一能人"啊！

可陈友谅千算计、万算计，却怎么都没算计到，这"第二次政变"为他日后的鄱阳湖大战种下了极其严重的苦果。

○ 徐寿辉本想迁都龙兴府沾点龙气没想到却成了"光杆司令"

杀了赵普胜，陈友谅兼并了他属下的全部部队，一下子成为天完国的"军事第一人"。从此他就更加无所顾忌，个人野心越加肆意膨胀，军事进攻全面展开。至正十九年（1359），出兵江西，攻占龙兴府，后又攻占瑞州；派遣康泰、赵宗、邓克明等出兵福建，攻打邵武等地，与福建的地方军事势力陈友定交上了手，但没占到什么便宜，反被陈友定打败了；他曾自己领兵去进攻江西抚州；八月，出兵攻占建昌；九月，进取赣州；十一月，攻占福建汀州……随着军事上的一系列胜利，陈友谅变得愈发不可一世，总觉得自己当个天完国丞相实在是太憋屈了，最好再升升。可没想到的是，自己的上级领导天完皇帝徐寿辉实在是个"拎不清"的主子，不但不给我陈友谅升官加爵，反而还要出来添乱。

徐寿辉听说自己的军队攻下了龙兴府（即江西南昌），就向丞相陈友谅提出要想迁都龙兴的打算。龙兴府可不是什么普通地方，那是帝王伟业兴盛的宝地，能占了这个地盘不仅在军事上据有了很大的优势，而且还能助成自己的帝王宏图伟业啊。陈友谅可喜欢它了，怎么能让那个怎么看都不舒服的布贩子领导给占去呐！于是就找了个借口，婉言拒绝了徐寿辉的迁都要求。可徐寿辉不死心，过了些日子，又派人上陈友谅那里，重提旧事。这一次他可好了，还不仅仅说说，而且还行动起来，这可能是当年贩布经历的直觉告诉他的：该出手就出手，说走就走，由汉阳出发，一路东行。这下可把陈友谅给急坏了，如何是好？还不如自己主动去"迎驾"，至少说把他迎来了，也能免得这个布贩子到处乱跑，给我丢人现眼。想到这些，陈友谅就派人上江州（今九江）江边"静候"皇帝徐寿辉的大驾光临。再说徐寿辉本来东行的目的是要到龙兴府定都的，可丞相陈友谅那样客气地派人到江州江边来迎驾，不能辜负了人家的一片好心！于是他改变了原先的行程计划，选择陈友谅迎驾的江州作为登岸点。可哪知道，刚登岸，"静候"迎驾的人突然间个个都变成了凶神恶煞，将自己从汉阳带来的手下随从和武士全给干掉了。由此，徐寿辉一下子变成了"光杆司令"。这下倒好，也省得啰唆，至正十九年（1359）十二月，陈友谅在江州自称汉王，设立汉王府官署，并宣布迁都于此。（《明太祖实录》卷8；《明史·陈友谅传》卷123）

○ 池州、九华山之战——1360年

至正二十年、天定二年（1360）五月，陈友谅亲率舟师10万，挟持天完皇帝徐寿

辉,顺流东下,进窥池州。朱元璋听到西线急报,连忙从浙东调回常遇春,让他火速奔赴池州,与徐达一起共同抵抗陈友谅的进攻。事后,朱元璋想起事情这样安排得还不够妥帖,于是又派遣特使上徐达、常遇春军营,告诉他们:"陈友谅的军队白天不来,夜里必到,你们应该留5 000人守城,另外派遣10 000人埋伏在九华山脚下,等到陈友谅军队来攻城时,池州城内的军队扬旗鸣鼓,实施猛烈打击;而与此同时城外九华山脚下的埋伏队伍乘机发起进攻,这样一来,天完国军队就没有不败的。"徐达与常遇春依计行事,果然在九华山脚下大败了陈友谅军,生擒3 000多人,斩杀10 000多个陈军将士。(《明太祖实录》卷8)

○ 太平失守:花家落难公子与婢女的传奇故事

说实在,陈友谅搞内讧倒是个"行家",可在外部的军事行动上却实在不怎么样。这时,九华山之战已让他心惊肉跳了,池州太硬,啃不动,换个地方下嘴。他想着,要报复那个饿不死的叫花子朱元璋:你抢了我的池州,杀了我10 000多士兵,这还不说;我那3 000多名士兵投降了,谁想到还是被你手下的那个常遇春杀剩下了300个(徐达报告了朱元璋,朱元璋马上下令制止,可常遇春刀下已有2 700多个冤死鬼了,故有人说常遇春是个杀人魔王,我看差不多)。陈友谅发誓一定要给叫花子点颜色看看——去抢他的太平。(《明太祖实录》卷8)

这下太平就不太平了。陈友谅这样"跟着感觉走"的战术确实让朱元璋他们一下子懵了。因为他们正集中注意力在太平的上游池州和安庆,没想到陈友谅这么快就杀向了太平城。这时镇守太平的将领是朱元璋早期最为勇猛的大将枢密院判花云,花将军组织城中仅有的3 000名将士奋力抵抗。打了整整3天,陈友谅始终拿不下太平。元至正二十年(1360)闰五月初一日,陈军改用自己的大船作为凭借的"高地",猛攻太平城的西南角。士兵们沿着翘起的大船"尾巴"爬上了太平城的城头,由此杀入城内,活捉了猛将花云。花云被人五花大绑,但他骂声不断,乘人不注意,挣断了绳子,夺过看守卫兵手中的大刀,连杀6人。这下可把陈军将士给气疯了,大家一拥而上,将花云死死地按住,再次捆了起来,然后绑到大船的桅杆上,万箭齐发,将花云给活活射死了。(《明史·忠义一·花云传》卷289;《明太祖实录》卷8)

花云死得十分惨烈,但他的妻子郜氏也不含糊,眼见太平城将要被攻破,她将家里人召集起来,领着3岁的儿子花炜先祭了一下家庙,然后对大家说:"太平城将破,我家官人(古时候女人称自己丈夫为官人,今江南民间还有这样的称呼)必定要为国捐躯。他死了,我一个妇道人家活在这个世上还有什么意思。只是我们花家的这根独苗苗麻烦你们好生照料了。"说完,她就投河自尽。有个姓孙的奴婢当场领着花炜,想逃出太平城去避难,不料在途中被陈军将士俘获了。作为战利品,他们打算将这一仆一主送到陈友谅临时都城江州去。可花炜当时只有3岁,一路折腾下来可给吓坏了,哭个没完。陈军将士讨厌小孩子哭闹,有人提出:将他活埋!奴婢孙氏听后急坏了,乘人不注意偷偷地将小花炜带出,在附近找了一户渔民家,并把自己随身穿带的耳环、簪子等首饰都给了他们,委托他们照料好小花炜。后来陈友谅在应天吃了败仗,孙姓婢女稍稍放心一点,出来四处寻找当初寄养的那户渔民,好不容易找到了,她背着小花炜打算回去,可白天不敢走,只能夜行,有时实在累了,就在荒野里找个墓穴睡一会儿。后来终于来到了一个渡口,孙氏出钱雇了条船,正打算渡河,哪料到从前线败退下来的陈军兵士横冲直撞,一下子把雇船给强占了。孙氏还没来得及跟他们理论,就被揪住了头发连同花云之子花炜一起给扔到了河里。河水湍急,眼看快要被淹死了,恰好漂来了一块碎木头。孙氏抱着花炜,紧紧地抓住木头,在河中芦苇荡里待了7天7夜,采莲子充饥。到了第8天,有个老乡刚好经过,看到了这对落难的主仆,很是怜悯,随后便将他们带到了朱元璋那里。当朱元璋见到大难不死的花云之子时,高兴地将他放在自己的膝盖上,不停地说:"将军的种啊,将来一定也是个将军啊!"《明史·忠义一·花云传》卷289;《明太祖实录》卷8)

太平沦陷时,与花云同时殉难的还有朱元璋养子朱文逊,江南名士、太平知府许瑗等。(《明太祖实录》卷8)

○ "天完"国真完了——陈友谅第三次政变

再说在太平打了胜仗后的陈友谅就更加意气风发,不可一世了,他集结部队,气势汹汹地杀向太平北方的采石矶。采石矶是个小地方,拿下它,那是不费吹灰之力。这个时候陈友谅精神爽透了,心可比天还高,天下还有谁?我天完国不就是还有那个布贩子废物,嗨,他居然还在我的头上,留了他碍手碍脚,算了,把他也给做了!于是陈友谅开始了第三次政变。

陈友谅最近打得很顺手,作为皇帝的徐寿辉一路虽被挟持着,但也目击了这一切,无话可说。自己现在成为别人手上的玩偶,悔不该当初信他杀了倪文俊,原来全是忽悠我的,可又能怎么办?太师邹普胜本来就与自己不一路;赵普胜是最可信任的,但也没了。没了,天完国真的全完了,天也完了,能活一天是一天啊。

至正二十年(1360)闰五月初三日,有人来报,说是"汉王"陈友谅派部将要向他这个傀儡皇帝汇报战事。徐寿辉正纳闷:这太阳打西边出来了,这个自封的"汉王"

居然还想着我这个皇帝？这会不会……徐寿辉还没想明白这到底是怎么一回事，"汉王"的人已经到了眼前，他正想张口问事，只觉得"砰"一下，就什么也不知道了。徐寿辉确实什么都不会知道了，因为陈友谅找的这几个壮士已经用铁槌击碎了他的脑袋。(《明太祖实录》卷 8；《明史·陈友谅传》卷 123)

○ 皇帝是杀人杀出来的——陈友谅采石矶即位登基

徐寿辉死了，皇帝没有了。国可不能一日无君，中国人最怕的是自己没人管，实在没人管也要推举一个人出来管一管；在喝酒这样娱乐的时候也不能不讲政治，不能没大没小的，一定要选个桌长。到了睡觉了也不行，要选个室长，不能有无政府主义，有人曾经专门写了文章，反对无政府主义，就连你做梦也要归领导管一管。至于国家大事，那就更不用说了，即使以无数的生命为代价换来的所谓真命天子横空出世，中国人也乐此不疲地跟着大唱伟大领袖、真龙天子如何地开天辟地和引领一个新时代。中国就是这样，强权就是"真理"。陈友谅就是这么一个唯我独尊的绝对自我为中心的"真龙天子"，不过他没有后来朱元璋那般装腔作势，假模假样，而是来得直截了当，或者说是直奔主题。

杀了徐寿辉，陈友谅就在采石矶的五通庙排场开来，将五通庙的佛神全都请出来，自个儿即位称帝，改国号为"汉"，年号"大义"。什么"天完国"全完了，一个红彤彤的新时代开始了。要行我陈友谅的"大义"于天下——胜者为王，败者为寇么，这是自古以来的铁钉的真理！至于那个"老"太师邹普胜可以不动他，他也蛮听话的，故仍以邹普胜为太师、张必先为丞相、张定边为太尉。再以下的诸官员谁要是不听，我大汉皇帝就要收拾你们！大汉国官员已经见多了，大汉皇帝什么样人啊？！所以全国臣民热烈拥护新皇帝的当选，争取与新中央朝廷保持高度的一致。由此说来，大汉国就没有人不听话了。既然大家都听话，那就都以旧官就任吧，免得多动人事，闹出什么矛盾来，可让人烦心哪！(《明太祖实录》卷 8；《明史·陈友谅传》卷 123)

不过还是有人不怕强权，敢于说："不！"谁呀？这么大的胆？天！那天，老天就不听陈友谅，且不仅不听，还与他作对。陈友谅在五通庙皇帝的宝座上屁股刚刚落下，群臣们三呼"万岁，万岁，万万岁！"喊完了，正准备举行庆典礼仪时，这老天还真不开眼看看这是什么时候，居然下起了倾盆大雨，弄得人家大汉国的大臣个个都成了落汤鸡似的。骂吧，天听到了也不会反骂，不骂白不骂。反正皇帝陈友谅已经登基了！(《明太祖实录》卷 8；《明史·陈友谅传》卷 123)

称帝了就得要天下人们都臣服于己，可那应天城里最近几年才来的叫花子却老与我陈友谅对着干,看来不给他点颜色看看,他还真不知道自己几斤几两,还真不知道我大汉皇帝的厉害。想到这些,陈友谅立即下令,集合队伍,做好准备,向应天城进发。

● 陈友谅与朱元璋第一轮大交锋:应天大捷、安庆争夺、江州大捷、龙兴府的得失(1360～1362)

陈友谅在采石矶弑主篡位后的第二天,就派了使臣前往平江苏州,约张士诚一起出兵,灭了朱元璋,自己则亲率战舰数百艘、兵将数十万顺江而下,浩浩荡荡地杀向应天(南京)。

当时陈友谅的军队有几十万人,而朱元璋只有十来万,敌我力量悬殊。听说陈友谅不仅占领了应天城外围的西南门户太平和采石矶,而且还在不断地向北杀来,应天城里一片恐慌。朱元璋把文武群臣找来,讨论如何应对。有人提出,先集中力量收复太平,从外围上牵制陈友谅;有人说马上逃跑,免得让陈友谅那厮逮着了可就麻烦了;有人说跑到紫金山上去。只有刘基瞪眼不说话,朱元璋将他召入内室,就问:"刘先生,你看该怎么办?"刘基分析说:张士诚现在没有多大的进取心了,成了个图安逸的人,况且他的脑子转得没那么快,未必能看清现在的局势,所以我们要利用他的这个弱点,暂时将张士诚放一放,眼下不会有太大的麻烦。而陈友谅就不同了,他是个阴谋家,而且野心很大,我们设法智取,速战速决,将他一举消灭了。(《明太祖实录》卷8;《明史·刘基传》卷128;【明】童承叙:《平汉录》)

○ 应天大捷或称龙湾之战

就此,应天城里的将领们开始讨论具体的作战方案。讨论到最后,朱元璋拍板:首先从大的方面来讲,为了避免东西两面夹击、腹背受敌的狼狈局面出现,原则上宜用速决战术,乘东西方的张士诚与陈友谅还没有联合好,就先给陈友谅迎头痛击,以此来震惊和吓退张士诚;其次,派胡大海去捣捣陈友谅的后方门户信州(今江西上饶),以此来牵制陈友谅,让他在应天跟我们作战时心神不宁(【明】高岱:《鸿猷录·克陈友谅》卷3);再次,为了适用速决战,眼下得派一个跟陈友谅有过交情的我方人员给大汉军"引引路"。这么思路引下来,大家马上想到了康茂才。

◎ 陈友谅喜出望外:老同事来信了!

康茂才这人之前是元朝的官员,朱元璋打下集庆时,他是当时元朝的集庆军事总指挥福寿的得力助手。福寿死后，朱元璋想尽办法将他劝降了，所以说他是"贰臣"。在古代这种贰臣的身份往往很尴尬，投降了新主子，新主子不一定信任，别人也会另眼相看。朱元璋本身疑心病就很重，不过这个时候他的这个性格特征被抑制了，他要用人啊。但在用人的过程中，还处处体现出这种心理的潜影。在应天城里建立政权时，朱元璋就让康茂才带了一支队伍在应天郊外开荒垦田，垦田过程中顺便留作为军队的后备军，以备调遣。

大敌当前，到了考验康茂才作为贰臣是否忠心的时刻了。朱元璋找来康茂才，说："听说你曾经跟陈友谅同过事，现在我们应天城很危险，需要你写一封信给陈友谅，把他迅速地诱入进来，免得时间一长，他与张士诚勾结在一起，那我们麻烦可大了。眼下也只有你才能救我们十万大军和应天全城人的性命啊！"至于康茂才何时跟陈友谅共过事，我查了一下《明实录》和《明史》，都没有直接的记载，但在其他史料上有这样的说法：康茂才曾经在蕲水附近一带当过小官吏，后来又聚集了一些人组建义军，而陈友谅也是那段时间在元朝地方衙门里混着，且也自己组织起义军，所以极有可能就是在那时候康、陈曾做过同事。

朱元璋让康茂才写信，可真是一箭双雕。一方面，他考验一下康茂才是否忠心；另一方面，正好可以引诱陈友谅进入埋伏圈。

这封信我们是没法看到原文了，因为历史上没有留下来。但大致的意思被人记载下来了，信里是这样写的：我康茂才带领部队投靠朱元璋并非真心，实属无奈。现在既然你老兄已经打到了应天城外，作为曾经共过事的老朋友，我的心自然是向着你的。你进城来，我们里应外合，打他朱元璋个措手不及，今天特地叫人来送信，希望我们的合作早日成功。

信写好后，康茂才喊来了一个曾经服侍过陈友谅的老门房，叫他驾着小船日夜兼程赶赴陈友谅的军营。(【明】宋濂：《宋文宪公全集·蕲国康公神道碑》卷4)

而此时的陈友谅正一筹莫展，不知如何攻打应天。他曾写信给张士诚，可张士诚一直也没回音，他心里暗暗地骂道："这盐贩子就是盐贩子，到死都改不了他那小家子气。"但骂归骂，眼前该怎么办，自己是远道而来的，两眼一抹黑，要是进入了敌人的埋伏圈，那就麻烦了。正发愁时，底下有人来报，说："有个老头自称是伺候过您的老门房，他说他有急事要见您。"陈友谅听后当即盼咐，叫老人快快进来。

招呼入座，寒暄几句，老门房掏出了康茂才的信。陈友谅一看到信，顿时心里就乐开了花，这下可解了燃眉之急了。于是下令好生招待老门房，随后又跟老门房聊了起来。陈友谅问了："康公在应天城里什么位置，我们接头有什么暗号？"

老门房说：康茂才的部队位于应天城的江东桥，那是一座木桥。具体位置呢？

就在大胜关附近。老门房又说:"康将军反复叮嘱,如果您带兵打过去,到了江东桥附近,就喊暗号:'老康!老康!'这样康将军就知道你来了,他会马上行动起来,跟您里应外合,双方汇聚成一股劲,给朱元璋来个阵前倒戈,打他个措手不及。"

兴许是攻取应天的心情太过于急切了,一向狡猾的陈友谅被即将来临的胜利欲火烧昏了头,经常阴谋搞人的人这次被人搞了。只见他带了混江龙、塞断江、撞倒山、江海鳌等100多艘巨舰和几百条战舸浩浩荡荡地沿着长江一路下来,很快地就杀到应天城外。

朱元璋听了送信回来的老门房所描述的一切,知道陈友谅上钩了,就按照事前的部署有条不紊地进行着,为陈友谅准备着一个接一个的"惊喜"。(【明】宋濂:《宋文宪公全集·蕲国康公神道碑》卷4;《明太祖实录》卷8;【清】谷应泰:《明史纪事本末·太祖平汉》卷3)

◎ "老康!老康!你怎么还不出来?"

面对黑云压城之势的陈友谅数十万大军之进逼,朱元璋部署了几道关卡,打算每道关卡都让陈友谅吃尽苦头。

第一道关卡,设在从板桥过来的必经之路上,也就是大胜关。此地在元末明初时被叫做大城港,是从长江的上头(安徽当涂、马鞍山过来)到下头(应天城)的一个必经关卡。从大胜关开始,水域变得狭窄,所以在此设下伏兵,是极其好的战略位置。因为一旦到了这里,原本几条并行的大战船不能一起走了,只能解开绳索套,分开行驶。这样一来,从船上对岸上进行攻击的战斗力就会大大减弱。朱元璋派了杨璟率领兵士在此"等候"陈友谅的"光临"。事实上是后来陈友谅真的到了大胜关解开了几条并行大船的绳索,这就失去了他们自身的水军优势,而一旦再往前就进入了第二个关卡了。

第二个关卡,就是江东桥。按照老门房事前留给陈友谅的口信,这个桥是条木桥。但朱元璋下令让李善长连夜赶修成了铁石桥。而陈友谅一到江东桥,本以为是木桥,但眼见是铁石桥,一下子心里就慌了,一头雾水,弄不懂这是怎么回事。而心慌恰恰是在战术上很不利的。随后第二个问题又出现了,到了江东桥按事前的约定,陈友谅大声喊了:"老康!老康!"多少遍,都没人应,这下他心里是彻底慌了,知道自己上当中了别人设下的埋伏了,赶紧下令军队船只掉头,可是为时已晚,早就隐蔽在两岸的伏兵瞬时向他们发起了进攻。(《明太祖实录》卷8)

第三个关卡,龙湾即今日南京下关。为了躲避两岸射箭的夹击,陈友谅只得下令放弃船只登岸,直奔前面的龙湾,顿时在龙湾有万余名陈军将士立栅为营,一时间龙湾陈军阵营蔚为壮观。但陈友谅根本不知道周围已经布下了天罗地网了:"冯国胜、常遇春率帐前五翼军三万人,伏于石灰山(即今天南京幕府山)侧,徐达军于南门外(今南京中华门外雨花台),杨璟驻兵大胜港,张德胜、朱虎帅舟师出龙江关(今南京下关)外",朱元璋则率兵潜伏在卢龙山(即今天南京狮子山),以旗帜作为指挥信号,山左偃伏黄旗,山右偃伏红旗,敌军来到时举红旗,伏兵杀出时举黄旗,各路军严阵以待。(《明太祖实录》卷8)

卢龙山在南京城内的西北方,站在峰巅上,今日南京尚能一览无遗,更何况没有什么高层建筑的600年前了,朱元璋隐伏在那里,陈军的一举一动全在他的眼皮底下,只是觉得还没有到痛击陈军的时候。而南京自古就有火炉之称,农历的闰五月即平常年份的六月,相当于现在公历的7月,正是"火炉"发威的时候,将士们个个都汗流浃背,有的甚至等不及了,想冲去杀个痛快;但朱元璋非常笃定,因为他听刘基算过了,今天再过一会儿,就会下起瓢泼大雨。(《明太祖实录》卷8)

◎ 龙湾之战

可士兵们看到天空中阳光灿烂,哪有一片云啊!于是就埋怨起刘老先生胡说八道。埋怨归埋怨,主帅不发令,大家还得等啊。半个时辰过后,天色突然开始变了,风起云涌,雷声滚滚。还没让人们全反应过来,应天城已经浸淫于雷雨之中了。再看在龙湾的陈友谅队伍中的将士们个个像落汤鸡,这时朱元璋发起总攻命令,陈军将士哪还有心思打仗,个个逃命都来不及,到处乱窜,但大多逃到下关江滩上。(《明太祖实录》卷8;【清】谷应泰:《明史纪事本末·太祖平汉》卷3)

陈军没想到,刚逃到下关江滩上,从应天城内的石灰山、卢龙山以及聚宝山三座山上俯冲下来的朱元璋军队死死地"咬住"了自己。早已成了落水狗的将士们哪有什么战斗力,唯一能做的就是拼命逃到停泊在附近的大船上。可不巧的是,正赶上退潮,在下关江滩边用于逃命的大船,载人多了,潮水一退,大船就搁浅了,于是陈军将士只好找小船逃命,慌不择路,狼狈不堪。

几十万的大军就这样倏地一下溃不成军了。被杀的、溺水而死的不计其数,据说当时下关码头一带全被鲜血染红了,光俘虏就有20 000多人。之前陈友谅花了好多本钱建造的特大型战船如混江龙、撞断山等百余巨型战舰全扔在了下关,白白地送给了朱元璋。朱元璋走进了刚刚被丢弃的陈友谅所乘的大宝船里,居然在他所睡的船舱中发现了自己与康茂才合谋杜撰的那封信,不无嘲讽地说:"嘿,这个家伙竟然愚蠢到了这个地步,实在是让人嗤之以鼻!"(《明太祖实录》卷8)

这就是历史上著名的"应天大捷",又称为"龙湾大战",它是陈友谅和朱元璋的第一次大交锋,以陈友谅的失败而告终。

不过朱元璋却并没想就此罢手,而是乘胜追击,甚至打算彻底消灭陈友谅。但陈友谅毕竟家底深厚,拥有湖广和江西等地好大一个地盘,在应天之战以前,明显是他的势力要远远强于朱元璋好几倍;应天大捷后,朱元璋想翻盘,却没想到即使是失败了的陈友谅还是那么"经打",双方战争又前后持续了4年的时间。

○ 安庆争夺战朱元璋升任吴国公及其对军队领导权的强化——大都督府

龙湾之战后,陈友谅手下有相当数量的能够独当一面的将领,如张志雄、梁铉、俞国兴、刘世衍等人投降了朱元璋,为朱元璋的反攻指点引路。其中张志雄,勇敢善战,人称"长张"。虽然他是赵普胜的部将,但两人关系好得跟亲兄弟似的,所以当赵普胜无端被杀,张志雄不胜悲痛;陈友谅发动战争攻打应天,他无时无刻不指望打败仗。应天大捷后他告诉朱元璋:此次陈友谅东进时所调的是安庆方面的军队,龙湾大战,死伤无数,投降了2万,安庆本来就空虚,加上现在新败,陈友谅回去后肯定不得安宁。朱元璋听到这等重要的军事情报后,马上派遣徐达、冯国胜、张德胜等人迅速追击陈军。(《明太祖实录》卷8)

再说陈友谅边退边战,幸亏手下有个猛将,人称"黑旋风"的张定边十分勇敢,保护着主子一路平安地撤退。原先大汉军一路占领的地方如采石矶、太平、池州、信州、广信等,如多米诺骨牌倒下似地相继失陷,不久安庆也被朱元璋军占领。但陈友谅深知安庆的重要性,绝非其他城市可比,于是就调集兵力,由猛将张定边挂帅,发起了凶猛的反扑,最终花了很大的力气才夺回了安庆。(《明太祖实录》卷8~9)

其实陈友谅这一次军事冒险的恶劣后果还不至于此,就在他们败退到安庆时,原先接受朱元璋密令,打算猛捣陈友谅后方军事据点的胡大海已经顺顺当当地拿下了信州。见此,当地的鄱阳大财主刘昺就向浮梁守将、徐寿辉的旧部于光进言道:"现在我们江西境内军政不一,依我看,倒是金陵那边很有生机,且兵强马壮,很有可能将来会成就大业,将军莫如现在就活动一下,或许以后还能……"于光没等刘昺把话说完便插话道:"我也在想这个问题啊,要不,麻烦您为我走一趟金陵?"刘昺说是为人考虑,可更多的是为自己着想,当于光发话叫他充当特使时,他头磕得像捣蒜似的,连连说:"好!好!"再说刘昺来到应天后,不仅转达了于光的想法,而且也说出了江西当地"边塞城池军力",并告诉朱元璋:"江西有可图之机。"(【明】刘昺:《春雨轩集·自序墓志铭》卷9)朱元璋一听到这话,顿时就特别来劲,随即安排了相关事宜。至正二十年七月,接受徐寿辉旧将于光献土浮梁(包括景德镇);九月接受徐寿辉另一旧将欧普祥献上袁州（《明太祖实录》卷8）。差不多与此同时，曾受命于徐寿辉，率兵进攻四川的另一位部将明玉珍，在获悉主子被陈友谅杀害的消息后，不胜悲愤地跟人说："与友谅俱臣徐氏，顾悖逆如此！"随即他"命以兵塞瞿塘，绝不与通。立寿辉庙于城南隅，岁时致祀。自立为陇蜀王，以刘桢为参谋"（《明史·明玉珍传》卷123），大汉国众叛亲离。

与陈友谅大汉国分崩离析、"疆场日蹙"的窘迫状形成鲜明对比的是，朱元璋却是展疆拓土、硕果连连，且还福星高挂，官运亨通。至正二十一年、龙凤七年（1361）正月开春，"老"上级小明王韩林儿在屡屡接到南方捷报后，为了表彰朱元璋取得的辉煌战果，特封他为吴国公。（【明】钱谦益：《国初群雄事略·宋小明王》卷1）

不过，这在当时日益做大做强皇帝梦但又"缓称王"的朱元璋看来，国公不国公的，没多大意义，所有的关键在于枪杆子说话，在于军事上的胜利，而军事胜利有个最为至关重要的事情，那就是千万不能像徐寿辉和小明王那样，当个挂名的"主"，必须要将军权牢牢地掌控在自己的手中。地盘越来越大，底下将领各人手中都有一部分军事力量，如果不进行有效军事管理，不仅无法确保日后的军事胜利，弄不好还可能成为徐寿辉第二。想到这些，心思缜密又能含而不露的朱元璋在接到小明王御旨后的第三个月，就开始对自己政权中的军事行政最高机构及其人事做了调整，改枢密院为大都督府，任命亲侄儿朱文正为大都督，节制中外诸军事；参议李善长兼司马事，宋思颜兼参军事，前检校谭起宗为经历掾史，汪河为都事；并对相关的军事做了布置和准备。（《明太祖实录》卷9）

朱元璋在准备，已斗红了眼又不愿服输的陈友谅也在准备，且日思夜想来一次大翻盘。至正二十一年（1361）五月，当听到攻占信州的朱元璋手下猛将胡大海离开江西前往浙东的消息后，他当即决定，派部将李明道火速赶往江西，偷袭信州。信州守将胡大海养子胡德济见到敌军几倍于自己，顿感情势不妙，赶紧派人前往浙东，通报胡大海。胡大海立即率兵赶回信州，当来到信州郊外时，胡德济组织人马由城内往外打，胡大海由外围往城内打，一时间夹在中间的李明道手下将士成了风箱里的老鼠，两头受气受击，没一会儿就溃不成军，主将李明道和宣慰王汉二并部卒千余人被俘。胡大海将他们带往浙东金华，交给李文忠。李文忠又将他们送到应天去，交给了朱元璋。（《明太祖实录》卷9）

朱元璋问李明道："陈友谅怎么样？"李明道说："友谅自弑徐寿辉，将士皆离心，且政令不一，擅权者多，骁勇之将如赵普胜者，又忌而杀之，虽有众，不足用也！"（《明太祖实录》卷9）听到这样的信息，朱元璋十分激动，立即调集兵马战舰，亲率徐达、常遇春等各领舟师，又特竖了一面大大的旗帜，上书："吊民伐罪，纳顺招降"，然后浩浩荡荡地从应天的龙湾出发，一路西行。大约花了20天的时间，抵达了安庆，随即对安庆城发起了猛烈的进攻，可没想到却是屡战屡败。朱元璋军队最擅长的是步兵战，因而平日里并不太注重使用水师。不过，当多次陆战努力都不成功的情势下，大家都想到了水师。于是朱元璋下令，让刚刚投降过来的张志雄部会同廖永忠的水师，一起发动攻击。而陈友谅似乎总看老黄历，认为朱元璋的水师不怎么样，所以在自己水域防御方面未曾加强，这下可让敌人钻了空子。在张志雄和廖永忠的数次打击下，安庆水寨被攻破，朱元璋军队随即进入安庆城，100来条陈军水师战船又留给了朱元璋作为了见面礼。(《明太祖实录》卷9)

安庆城被攻下后，朱元璋乘胜追击，追到安庆附近的长江天险小孤山时，陈友谅守将丁普郎和傅友德率部归降。这两位将领对于后来朱元璋的发展起到了极其重大的作用，其中的傅友德在明军南征北战中成了无往而不胜的"常胜将军"，为大明帝国的开创与巩固立下了汗马功劳。(《明太祖实录》卷9；【清】谷应泰：《明史纪事本末·太祖平汉》卷3)

○ 江州大捷——1361.8

再说陈友谅，自从出了应天城以后，这一路上几乎还没有胜过人，就安庆争夺战还差强人意，但现在安庆又失守了，他只好沿着长江逆流而上，逃到了他过去的老根据地江州(今九江市)。这个时候的陈友谅犹如惊弓之鸟，见到朱元璋的军队就想逃，因为被打怕了。安庆失陷后的第四天，陈军在江州的湖口出江侦察情势，冷不丁地碰到了朱元璋手下的猛将常遇春。这个常遇春见了陈友谅军队就不要命似地打，打得对方实在招架不住就往江州方向撤。

在江州城里的陈友谅听到手下的紧急报告说："朱元璋的军队已经到了我们江州了！"陈友谅想：没有这么快，会不会还真有什么天兵天将来了？再说，要来就打呗。于是他就组织军队仓促应战。在应天大战时做好了准备尚且打得那么惨，更何况现在是仓促应战，那简直是不堪一击。朱元璋将舟师分为两翼进行夹击，大败江州军，又缴获了敌人战船100多条。现在陈友谅唯一的出路只能是逃了，这逃也逃得太没脸面了，大白天他不敢，乘着夜间天色昏暗，带了妻子溜出了江州城，一路上大气都不敢喘，拼命往武昌方向逃去。朱元璋军顺势占领了江州城。(《明太祖实录》卷9；《明史·陈友谅传》卷123)

○ 洪都得失与拓土江西、湖广 1361.12——未熟透的果子吃了会肚子疼的

陈友谅在江州这一败，损失可不比在应天惨败时少，最糟糕的是，自己本来是

想消灭朱元璋的,但最终弄得偷鸡不成蚀把米。原来自己的地盘已有江西、湖广等好大一块,可应天之战后,那个凤阳乡下出来的饿不死的"叫花子"却发了疯似地,拼了命紧追不放,从应天、采石矶、太平、安庆、江州这一路追来,实在是太疯狂了,弄得人家"大汉"皇帝只好回"老家"武昌了。最可恨的还不是这个凤阳"和尚",而是这一路上的地方官吏,太可恶了,地地道道的墙头草。想当年,"大汉"强盛时,他们投降了"大汉";现在朱元璋来了,他们又纷纷投降了朱元璋,什么蕲州、黄州、黄梅、广济、兴国、南康、抚州等,都投降了。如今那个凤阳叫花子的地盘可大了,不仅拥有江浙徽州,而且还占有江西、湖广等大部分地区。相比之下,大汉皇帝陈友谅的势力范围可小多了。

江西与湖广那些朱元璋行军经略之地,地方官纷纷出降似乎还有三分理由,但最让陈友谅昏闷和不解的是:当朱元璋刚进驻江州城时,八竿子打不着的远在上百里外的龙兴府江西行省丞相胡廷瑞与平章祝宗等人商议,却要将龙兴府献给朱元璋。胡廷瑞这个丞相是江西行省的地方丞相,说白了,就相当于江西省"省长"。元朝体制中行省作为中央朝廷中书省的派遣机构,它的设置是模仿朝廷中书省的,所以某些官衔(例如丞相)也就是对中央的行政设置相应的一种称呼。

胡廷瑞要率领江西的文武官员向朱元璋投降,但同时又提了一个很苛刻的条件:"我要保持我的军队,亦要保持我的下属。"带着这等要求,胡廷瑞的使者就向朱元璋详细地说明了情况。朱元璋一听,胡廷瑞的意思很明白嘛!就是说,在归降以后,他所率领的军队以及官员设置是不能动的。而且听这使者的话意,胡廷瑞的潜台词也在那搁着:你要是不答应我这条件,我就誓死也不投降,拼了这把老命也要跟你干到底!朱元璋这么一琢磨,不免有点怒火中烧:"呦呵!这小子居然敢叫板我!你区区一个行省丞相,只是陈友谅的一个手下,还来跟我谈条件!你也不看看,你们的最高领导陈友谅已经被我打得落花流水了,你作为他的部下还有什么能耐的不成?!"正欲拍案而起,刚好刘基在后面,他马上踢了踢朱元璋坐的椅子。经这么一踢,朱元璋马上领悟到:"刘基踢我的椅子,肯定是让我改主意啊!"于是他立即换了一种口气:"行行行,什么样都可以,就按他说的办吧!"(【清】毕沅:《续资治通鉴》卷216;《明史·刘基传》卷128)

朱元璋不仅答应了胡廷瑞的要求,唯恐不周还给他写了一封回信:"大丈夫相遇,磊磊落落,一语契合,洞见肺腑。故尝赤心以待之,随其才而任使;兵少则益之以兵,位卑则隆之以爵,财乏则厚之以赏,初无彼此之分。此吾待将士之心也,安肯散其部属,使人自疑,而负其来归之心哉?且以陈氏诸将观之,如赵普胜骁勇善战,以疑见戮,若此,事竟何成?近建康龙湾之役,予所获长张(张志雄)、梁铉、彭指挥诸人,用之如故,视吾诸将恩均义一,无有所间。及长张破安庆水寨、梁铉等攻江北,功绩茂者,并应厚赏。此数人者,其自视无复生理,尚待之如此,况足下不劳一卒以完城来归者耶?然得失之机,间不容发,足下当早为之计。又闻彼守御诸将,相持累岁,彼此之际,各怀嫌疑,不能自安。书至,宜以昔日相疑之心一时解释,同其和好,作磊落大丈夫,岂不可以保全富贵、光荣祖宗、贻及子孙哉?若各持己见,不察事机是非同异,焉能免祸?足下具审之。"(《明太祖实录》卷9)

朱元璋在信中大致是这么说的:我啊,对四方来的豪杰都十分尊重,不说不去分散他原来的部下,而且还委以重任。你们放心,我们大丈夫说话做事,一言九鼎;谁来了我这里缺什么,就尽管开口,缺钱,我给钱,缺粮,我给你粮,不分先来后到,不分亲疏远近,凡我部队将士一律一视同仁。你们要是不信,就去打听打听,也是你们大汉国的将领张志雄他们刚刚在龙湾投降过来,我就委以重任,让他领兵去攻打安庆这样的军事要地。机不可失,时不再来,所以我倒认为,趁早大家早日相聚。这样你们也可不费吹灰之力就能封官晋爵,光宗耀祖,福贻子孙。但当断不断,将事情给拖了,会夜长梦多的,难免你们守将之间相互会有什么怀疑和不愉快的,弄得不能自安,那就不好了。(《明太祖实录》卷9)

朱元璋的信写得滴水不漏,哪个人看了都会动心。但江西方面本来丞相胡廷瑞就与平章祝宗意见就不一,枢密同佥、胡廷瑞的外甥康泰也没有完全认同舅舅胡廷瑞的投诚主张,所以接到信后他们的反应并不是一致看好。换言之,龙兴府归降是个未熟透的果子,谁吃了就会肚子不舒服。可对于这一切,当时还在江州的朱元璋并不知道。至正二十二年(1362)正月,胡廷瑞派了外甥康泰从龙兴赶往江州,向朱元璋表达投诚的决心。朱元璋连忙出发前往龙兴,当见到胡廷瑞率领江西的文武百官早早地在龙兴府城门外列队欢迎时,他已激动得无法言语了。随后在城北搭了台举行了隆重的庆祝大会,高度地表扬了胡廷瑞弃暗投明的"英雄远见",并宣布改龙兴府为洪都府,以叶琛为洪都知府,邓愈为江西省参政留守,胡廷瑞跟随朱元璋回应天去。至此,江西全境和湖广大部分地区归入了朱元璋的管辖范围。(《明太祖实录》卷10)

○ 祝宗、康泰发动的洪都之乱——1362.3

朱元璋虽然拿下了江西、湖广,但并不意味着从此就可以高枕无忧。就说这个龙兴府是个未熟透的果子,由于胡廷瑞"硬摘",送给了朱元璋吃,可是吃下没多久,朱元璋的麻烦就来了。胡廷瑞跟了朱元璋到了应天,他的部下与同僚们大都留在洪都,尤其是平章祝宗和枢密同佥、胡廷瑞的外甥康泰本来就不同意投靠朱元璋,可能他们听说了或者看出了朱元璋品行中的某些使他们难以接受之处，但迫于胡廷瑞的情面，在"献"出龙兴府时他们并没有发作。而胡廷瑞呢，人跟着朱元璋走了，可他的心里却一直没底，洪都会不会出事，越想越觉得害怕，忍不住就跟朱元璋说了这个事。朱元璋什么人？他是眼睛里揉不得一点沙子的铁腕人物，也顾不得先前白纸黑字写给胡廷瑞他们的"保证书"，马上派人到洪都去，命令原来江西"投诚"过来的平章祝宗和枢密同佥、胡廷瑞的外甥康泰等所属之部立即离开洪都，发往湖北前线，听从徐达调遣。(《明太祖实录》卷11)

祝宗和康泰一行人被迫远行，一路上怨言不断，行军到了女儿港时碰到了一只贩布的商船，当即抢了这个船，将船上的布扯起当作旗子，公开反叛，并杀回洪都。洪都城里一时被搞晕了，还没有安定几天，就又有人要杀人了，知府叶琛战死，将军邓愈因仓促应战，寡不敌众，最后外逃。叛军很快占领了洪都城。(《明太祖实录》卷11)

徐达在湖北前线听到祝宗、康泰之乱的消息后，立即带领军队开赴洪都，迅速平定叛乱，杀了平章祝宗，枢密同佥康泰因为是胡廷瑞的外甥，被押往应天，听候朱元璋处置。朱元璋顾及了胡廷瑞的面子，放了康泰。(《明太祖实录》卷11)

洪都之乱后，朱元璋感到"洪都重镇，屏翰西南，非骨肉重臣莫能守"(《明史·诸王传三》卷118)，于是任命自己的侄儿大都督朱文正统领元帅赵德胜、参政邓愈等一起镇守洪都，又以阮弘道为郎中、李胜为员外郎、汪广洋为都事前往佐政，程国儒知洪都府事。朱文正到达洪都后，"增浚城池，严为守备"。(《明太祖实录》卷11)

● 平定内外五次叛乱与活用"功狗""母狗"理论

应天大捷、安庆争夺、江州大捷和龙兴府自动归降，从至正二十年(1360)闰五月到至正二十一年(1361)年底，这一年半的时间对于朱元璋来说既是惊心动魄，又是旗开得胜，好运连连，收获多多。但随着至正二十二年(1362)新年的到来，这样连续性的好运好像走到了头。前文已述，新年开春没多久，江西行省枢密同佥康泰(江西行省丞相胡廷瑞外甥)和平章祝宗发动叛乱；而在这之前，浙东地区也发生了两起性质相似又互相勾结的叛乱事件。

○ 蒋英、刘震发动的处州苗军之乱——1362.2

叛乱事件的主谋是当时金华苗军元帅蒋英、刘震、李福等人。说起这几个人，读者朋友可能觉得很熟悉,好像前面讲过。对,他们就是当年江浙行省左丞相达识帖睦迩邀请到杭州去担当军事防卫工作的苗军统帅杨完者的部下。因为杨完者被达识帖睦迩、张士诚合谋搞掉了,这些苗军丧家之狗一时恐慌,就投靠了朱元璋,在大将胡大海帐下听命,但骨子里他们还是原来的那个样。苗军军纪之差在元末是臭名昭著的,这些苗军将领平时吃也吃惯了、玩也玩惯了,没想到投入朱元璋军中后处处受限制,尤其胡大海治军,可能比其他将领还要严格些。想当初他的亲生儿子就是因为贪酒不守纪律、破坏了朱元璋的禁酒令而被杀的,所以蒋英、刘震和李福等苗军将领到了胡大海那里后就感觉浑身不舒服,好在胡大海待他们不错,看到他们骁勇善战,甚为器重,留置麾下,用之不疑。但时间一长,他们还是觉得这样的日子不好受,于是就密谋起叛乱的事情来了,开始仅仅是几个人嘴上说说而已,碍于胡大海待他们不薄的情面上,迟迟没有付之于行动。但有一天,那个叫李福的苗将跟其他几个说:"胡参政胡大海待我们确实不错,但我们的兵权全在他那里啊,不杀他这个主将,我们的事密谋一百年也成不了。再说举大事者,哪能顾得了个人私恩啊!"众人一听,觉得李福讲得很有道理,当场就叫人写了一封书信,送往衢州、处州一带的苗军统帅贺仁德、李佑之那里,约定他们二月初七日一起举兵反叛。(《明太祖实录》卷10)

可能是语言不通的缘故吧,对于苗军将领的这些蝇营狗苟事情,主将胡大海似乎一无察觉。转眼就到了二月初七,那天,蒋英很早就来到浙东行省署衙外,说是邀请胡大海一起上八咏楼去观看苗军将士的射箭比赛。这样的军事活动在战争年代是必须要提倡和积极鼓励的,胡大海想都没想就走出了行省署衙,来到了自己的坐骑前,正想跨上马背,突然有个叫钟矮子的苗军兵士跪倒在马前,十分恐惧地向胡大海求救:"蒋英要杀我,胡参政救救我啊!"胡大海丈二和尚摸不着头脑,愣了一下,然后转头过去,想问问身后的蒋英:这到底是怎么一回事?还没开口,蒋英已将大铁锤砸在了他的脑门上,当场脑浆四溢,胡大海惨死。蒋英随即将他的首级给割下来,挂在马上,然后对着浙东行省署衙大喊:"胡参政已经死了,你们赶快投降吧!"目的是想叫同金宁安庆、院判张斌等乖乖地"归顺"过来,但浙东行省的官员个个都是好样的,根本没人去理睬。气急败坏的蒋英等暴徒逮住了胡大海儿子胡关住、郎中王恺、掾史章诚等,并将他们一一杀害。(《明太祖实录》卷10)

就在叛乱发生期间,有个叫李斌的典史乘人不备,带上浙东行省省印(相当于省政府公章)偷偷地爬上了城头,放下了绳子吊出城去,然后立即逃离严州城(此时建德府刚刚被改名为严州府),向李文忠军营狂奔。李文忠听完了李斌的描述后,立即遣元帅何世明、掾史郭彦仁等率兵火速赶往严州。大约走到兰溪时,蒋英等已经得到了消息,李文忠大军来了,好汉不吃眼前亏,赶紧溜吧,去投靠张士诚!不,走前还得好好在严州城里多抢些美女,人们都说金华产美女,我们多搞些,一路上带着,弟兄们也好多乐乐,这些日子被胡大海管着,大家都要快憋死了。

蒋英之乱很快被平定了,李文忠带领的后续部队随即也赶到严州,安抚军民。应天城内的朱元璋获悉后,派遣左司郎中杨元杲前往金华来代领胡大海之职,总理军储诸事。(《明太祖实录》卷10)

○ 李佑之、贺仁德发动的处州苗军之乱——1362.2~7

就在蒋英等作乱严州的同时,衢、处苗军将领贺仁德、李佑之在处州也发动了叛乱,杀了浙东行枢密院院判耿再成、元帅朱文刚、知府王道同,并占据了处州城。不知怎的,这个消息传到应天时已是三月初一。朱元璋闻讯后感觉头疼,按照自己原先的设想,浙东不会有什么大事的,即使有的话,也有自己的亲外甥李文忠在那里总看管着。可现在的问题是:不仅严州而且连同其南部的处州也发生了叛乱,怎么办?叫李文忠去平定处州之乱?他刚刚安定严州金华,又马上要离开,显然很不合适,但浙东的事态已经十分严重,非得要派一员高级别猛将才能镇住,派谁?朱元璋想到了邵荣。(【明】刘辰:《国初事迹》)

邵荣,朱元璋的同乡,《明实录》说他俩同起兵于濠梁。依我看,很有可能邵荣参加革命要比朱元璋早,加上骁勇善战,在红巾军中享有很高的威望。《明史》说:"先是,太祖(指朱元璋)所任将帅最著者,平章邵荣、右丞徐达与遇春为三,而(邵)荣尤宿将善战。"(《明史·徐达传》125)史书将邵荣列于"徐、常"之前,不仅说明当时邵荣的地位确实很高,而且也意味着他的才能是超一流的。所以当朱元璋面临浙东危局时,首先想到的是邵荣,让他"领参军胡深等军马"前往处州去,迅速平乱。(《明太祖实录》卷11;【明】刘辰:《国初事迹》)

但从调军、会聚再开往浙南处州,不是一时半会儿所能完成得了的。而处州叛乱的消息却像长了翅膀似地迅速飞到了隆平府苏州,张士诚听说后一下子来了精神,立即调吕同金去攻打被朱元璋部将谢再兴占领的诸暨。(《明太祖实录》卷11;【明】刘辰:《国初事迹》)

诸暨虽属于绍兴府,但其位置十分偏南,恰恰在严州北境边上。一直将严州作为浙东大本营的李文忠听说后左右为难:严州本来就兵力不多,现在又刚刚平定了叛乱,加上紧邻张士诚地盘,这里的军队万万不可动;那么调派临近的衢州、信州军队呢?江西就会失去应援保障了,到底该怎么办?李文忠与都事史炳反复讨论,最后觉得:军事上假假真真,虚张声势有时还真不可少,不是兵法有言:先声而后实。

现在诸暨的谢再兴告急,我们又救不了他,倒不如将第一猛将邵荣即将到来的阵势宣传出去,弄不好还能震住敌人一阵!(《明太祖实录》卷11;【明】刘辰:《国初事迹》)

李文忠和史炳两人议定好后,就派人混入古朴岭,那是诸暨张士诚军队重兵驻营地,挂帅的是张士诚弟弟张士信,这可是个王八蛋将军,军队弄得乱哄哄。忽然间古朴岭的人们发现,大街小巷到处都有告示,告示中说:平章政事(相当于副宰相)邵荣领兵50 000,目前已出江西,右丞(比平章政事地位要低一点点)徐达也领兵50 000,现已进军徽州,他们相约在金华碰头,然后杀向诸暨城外敌军。张士信手下将士看了告示后议论纷纷:邵荣、徐达都是如雷贯耳的大将,我们待下去等他俩来了,还不是送死!大家说着说着,心里就慌了起来。(《明太祖实录》卷11;【明】刘辰:《国初事迹》)

再说诸暨城内守将胡德济和谢再兴得到这个情报后,在当天夜里就令人打开城门,大声喊杀,并将军鼓擂得震天响。睡梦中的张士信将士还不知道是怎么一回事,误以为邵荣、徐达率领的军队杀上门来了,顿时慌不择路,抱头鼠窜。自相蹂躏者,不计其数。天亮时,诸暨城外,横尸满野,可哪有什么朱元璋军队的鬼影子啊。这样等到邵荣军队赶到浙东时,那一路进军顺遂得没得说,加上邵荣又特别能打仗,一到处州,就将城池给拿下了。苗军叛乱首领李佑之缢死,贺仁德逃跑到了缙云,被当地的农民抓获,送给了邵荣。七月,邵荣回应天复命时将其带上,交给了朱元璋。朱元璋当即下令,处死贺仁德,至此,处州之乱完全平定。(【明】刘辰:《国初事迹》;《明太祖实录》卷11)

○ 朱元璋在忙什么?经济建设、增添"二奶"、监视军队领导、学察天文占卜

从祝宗、康泰之乱到蒋英、刘震之乱再到李佑之、贺仁德之乱,至正二十二年(1362)新年丌启后的两个月内连续发生了3起影响较大的叛乱,无论从哪个角度来讲,都不能算作是偶发事件吧。那么为什么会连连发生叛乱?对于这样的问题当时似乎没人去追究责任,人家"第一领导"正在忙着呐!那么这段时间内朱元璋在忙什么?笔者汇总各种史料,发现那时的朱元璋正热衷于做四个方面的事情:

第一,进行经济建设,精确一点来说,就是想办法把老百姓管起来,不让他们乱跑,这样就有了稳固的赋役征发对象。据《明实录》的记载,朱元璋西征远行回来后就一直待在应天,没有外出,叛乱发生前后他似乎一直在忙于抓经济建设:在南京周围搞屯田,组织流亡百姓返回家园,开垦荒地,恢复生产;派人勘查田地、户口,建立赋税制度;令李善长等制定盐法、茶法和钱法等(《明太祖实录》卷9),目的就是

为他强烈意念中的帝国"一统"大业提供可持续性的物质支撑。

　　第二，满足个人感官的愉悦。对于朱元璋的私生活层面，尽管明代官书予以极度的粉饰，但是私人笔记或书籍中还是有所披露：从渡江到平定江西、浙东三地之乱，朱元璋在这6年中至少"娶"了3个美女为妾，一个就是攻占太平后与陈埜先交战时新娶的孙夫人（【明】钱谦益：《国初群雄事略·滁阳王》卷2引俞本《皇明纪事录》），另一个也姓孙，永乐时期出任北京刑部侍郎刘辰记载说：听人讲常州孙姓府判的女儿长得特别漂亮，朱元璋花了很多心思，托了好多人，最终将她弄到了手。（【明】刘辰：《国初事迹》）

　　差不多同时，朱元璋还听说老家有个胡姓寡妇非同一般。胡寡妇原本是濠州人，因为丈夫短命，使得她年纪轻轻就开始守寡。俗话说：寡妇门前是非多。这不，当时濠州有好多人就听说了胡寡妇的美艳，动足了脑筋想抱得美人归，可胡寡妇的母亲不同意啊。也不知怎么搞的，这事被已经远走他乡在南京城里做着日益膨胀的皇帝梦的朱元璋知道了，他可是人世间顶级"采花人"，现在又是一方枭雄，要个把女人那是小菜一碟。于是朱元璋就托人去说媒，没想到胡寡妇母亲一口拒绝。不久胡寡妇及其母亲因避战乱逃离了老家濠州，随军到了淮安，成了寄寓在那里的"流民"。朱元璋听说以后二度派出媒妁说客上了淮安，这淮安地盘上的"父母官"平章赵君用可听朱元璋的话了，当媒妁说客来到淮安向赵君用说明来意时，赵大人二话没说，也不管胡寡妇母亲同意不同意，就动用官差将流寓在淮安的美艳胡寡妇及其母亲一同"送"到了应天朱元璋处，随即胡寡妇就被朱元璋占有，据说后来被立为妃。（【明】刘辰：《国初事迹》）

　　朱元璋渡江前已经拥有了正妻马氏和"新娶"的两个郭美眉，也就是说当时为朱某人提供性服务的已有3人，现在又增加了3人，这下他可忙了。

　　第三，调整和加强对各地军事要地的监视。美眉多了，自然要忙，不过再忙，对于自己的"主业"朱元璋还是极度上心的。从要饭的叫花子到今天称雄一方的霸主，朱元璋最清楚不过的道理是：有了枪杆子就能拥有一切！为了将枪杆子牢牢地掌控在老朱家，他沿用过去传统的养子制度，至少收了二三十个养子，如今这些养子逐渐长大了，也该叫他们做事了。战争年代最忙碌的事情莫过于军事攻守，养父为军事头领，养子们自然而然也就在军旅生涯中学到了许多，不过最佳的学习途径莫过于让他们到自己的军事据点上去历练历练。除此之外，收养养子还有个常人不大意识到的好处，那就是叫他们为养父去监督那些驻守一方的军事领导。当时朱元璋在各军事据点上几乎安排了养子，"与将官同守"，应天附近的镇江用周舍即沐英，宣州用道舍即何文辉，徽州用王驸马（原名不可考，但既然是朱元璋的女婿,那就不用担心了),严州用保儿即李文忠,婺州用徐司马,处州用柴舍即朱文刚、真童,衢州用金刚奴、也先,太平用朱文逊,等等(【明】刘辰:《国初事迹》;《明史·何文辉传》卷134)。有这么多的养子在为自己看着各地军事重镇,这下朱元璋可放心多了,"我太祖举义濠梁,得徐达、常遇春及廖、康、汤、耿等,举称名将巳,足以辅翊圣君,攻克城池,勘定祸乱,而况兼用心腹之义子,与将同事,一时云集,分疆固守,反顾无虞,而一统规模可以预卜矣"(【明】刘辰:《国初事迹》)。将这段话说得简洁直白点,那就是说,按照当时的朱元璋政权架构的态势,君主专制集权的大一统帝国的再建只是个时间问题。可即便如此,朱元璋还是急不可待地要这个最终的结果。

第四,观象占卜,算计着未来可能要发生的事件。有句古话叫欲速则不达。或许由于造物弄人的缘故,朱元璋越是急着想要结果,结果越是迟迟不出现,且还一波三折:江州大捷后,进攻湖广受挫,祝宗、康泰叛乱,蒋英、刘震叛乱,李佑之、贺仁德叛乱……虽说后三者都被迅速地摆平了,但此时的朱元璋却特别想念一个人来,他就是军师刘基。刘基出山后,曾运用自己的"专业特长"为朱元璋算了几卦,应天之战能不能打赢?刘基一算,行!后来果然将陈友谅打得落花流水;至正二十二年远征湖广好不好?刘基说:"一去便得,然得不得,直到正月尽间二月内可得。"果然在湖广进兵时遇到了陈友谅手下将领的诈降,后他们坚壁不出;刘基回老家处理母亲下葬事宜之前曾反复嘱咐:"陈友谅、张士诚目前一时半会儿不会有什么大举动,倒是浙东的苗兵和江西洪都新附降将要多留心!"四个月后果然这几个地方都一一出事了……前后几次占卜看相预言皆应验,刘基"神人"之美名越来越响。尽管当时还有秦从龙、陈遇和王冕等占卜大师,但在朱元璋的内心似乎更倾向于刘军师,甚至几乎将刘军师的预测作为自己重大行动的指南。(【明】刘基:《诚意伯文集·御名书》卷1)

其实从星象占卜研究角度来讲,朱元璋也不完全是个门外汉,曾经学过。那是当年亲征婺州经过兰溪时,大将胡大海推荐了一个精通此术的老和尚叫孟月庭,他就拜了这个月庭和尚为师,在婺州浙东行省署衙东建造了一个观星楼,夜夜登楼观察天象。最关键的还在于,他深得月庭大师的指授,这本身就是件很不一般的事情。因为天文占卜在古代被人们视为观察天机、天象的最佳通途,是掌握"天人合一"秘密的不二法宝,因此此类活动一般都由帝国皇家所专控,民间人士不得私习。而朱元璋想要夺取帝位、统一天下,这在当时人们看来就必须要"看懂"天象,但在民间草野懂天象的人少之又少,所以当月庭大师教授他天文占卜之学时,着实将他激动了一番,甚至还想叫月庭和尚还俗娶妻,可月庭和尚不干。朱元璋没法强求,

但没忘了在回应天时,将月庭和尚给带上,"待之甚厚"。(【明】刘辰:《国初事迹》)

这可能是朱元璋学习天文占卜拜的第一个老师,后来他身边的天文大师越来越多了。老师越多,学生应该学得更好。可问题是这个"学生"本身就没什么文化,没文化的人要读懂"天书",那就比登天还难,唯一可行的捷径就是让老师们给这个特殊学生多"看看"、多"算算"。而在这个看看、算算过程中,天文占卜学中的中国传统文化的模糊性、不确定性和多元性决定了各人的判词各不相同。据说当时刘基、铁冠道人张中与月庭和尚的"卜辞"有很多都不合,最为要命的是,天文占卜学不仅对于在位的统治者而且对于像朱元璋这类潜在的帝国统治者来说,都十分忌讳下人们学习和随意流播的,可就在这样大是大非问题上,月庭和尚却犯了大忌,被朱元璋发配到了和州去劳改,后来听说他在劳改地又口出狂言,诽谤"朱圣人",最终被"朱圣人"派遣的校尉给杖杀了。(【明】刘辰:《国初事迹》)

○ 老哥儿们、"老革命"邵荣发动的三山门未遂政变——1362.7

月庭和尚一死,剩下的就是"懂大局"、合口味的"老师"了,他们的一言一语常常引起那位特殊学生朱元璋的重视,尤其刘基的预言在至正二十二年新年过后没多久都一一应验,这就使得朱元璋对于天文观象和堪舆算卦越发痴迷,动辄让人上青田去向刘基请教,而刘基尽心尽力,有问必答。在那年的六七月大事预测中,刘基曾这样答复道:"六月、七月间举兵用事,不利先动。当候土木顺行、金星出现则可。"这几句话的意思是:出兵、打仗诸事都不宜率先发动,要静观事变,这样做事情才会吉利。尽管半文盲的朱元璋不一定全懂这些话中话,但大致还能明白意思,随后他算计起未来将会发生什么事,想了好多次,想了很多种可能,但总觉得各方面都已做得很妥帖了。那究竟是怎么一回事?既然刘军师明明白白地讲了六月、七月间有潜在的危险,那我还是小心为好吧!

七月初一,按照事先的安排,该是检阅军队的日子,检阅地就在应天城西的三山门外。

看到那虎虎生威的将士和气吞山河的军阵,朱元璋心中微启久违了的愉悦涟漪。突然间一阵大风吹来,用来装点"伟大领袖"检阅军队大场面的那面大旗"唰唰唰"地拍打起来,直打旗下的朱元璋耳光和身上。莫名其妙地挨了耳光,怎么说心里总是不舒服,原本就生性多疑的朱元璋这时又突然想起了军师刘基的预言与警告,随即就站了起来,以换衣为名提前离开,在亲军护卫下没进三山门,而从另一条道回了自己的吴国公府。

"第一领导"还没等军队检阅结束就走了,这意味着什么?当时有个领兵元帅叫宋国兴的顿时就吓坏了,随即向朱元璋自首并告发了惊天大案——邵荣、赵继祖谋反。

邵荣,对,就是那个刚刚平定了浙东处州之乱的大将,位居朱元璋一人之下,徐达、常遇春之上的平章政事邵荣。宋国兴首告:自己与邵荣、赵继祖等人密谋并作了布置,在三山门内埋下了伏兵,等今天朱元璋阅兵结束回府经过时进行行刺,没想到……听到这里,脸已经铁青的朱元璋不等宋国兴说完,就恶狠狠地下令:"立即逮捕邵、赵等谋逆之徒!"(《明太祖实录》卷11)

愤怒归愤怒,但一旦稍稍静心下来,朱元璋纳闷:像邵荣这样的高官——平章政事居然也要造反,这究竟是怎么一回事?百思不得其解。

再说邵荣与赵继祖被逮后,两人给锁在一根链条上。朱元璋让人送去了酒菜,并与老哥儿们边喝边聊,曾问邵荣:"我们都是一起在濠州起兵的,指望大业有成,共享富贵,你我也不失为一代君臣,你为什么背叛我要谋反呢?"邵荣说:"我等成年累月在外拼死拼活,攻城略地,多受劳苦,你倒好,为了你的一己私欲,将我们的妻儿老小质押在你的眼皮底下,弄得大家夫妻分离,骨肉不能团聚。迫不得已啊,我们才起来造反!"说到这里,伤心地哭了起来。朱元璋听了,也动情地掉了几滴"鳄鱼泪",不过"忽悠"大王的这一招在老战友、老兄弟们面前却并不很灵验,赵继祖当即对邵荣说道:"你要是早听我的话,就不会出现像今天这样猎狗死于床下了。事到如今,死就死了,还有什么说头的!"说完,端起酒碗一饮而尽。(【明】刘辰:《国初事迹》)

不知是良心发现,还是自己确实做了什么伤天害理的事情,事后的朱元璋只想永久囚禁邵荣和赵继祖。为此,他还召集诸将讨论,跟大家这样说道:"我没做什么对不起邵荣的事情,可他为什么要这样对待我呢?各位将军,你们看看,该怎么处理?"(《明太祖实录》卷11)

诸将沉默不语,此时的朱元璋多希望有人出来说几句顺心话!嗨,你还真别说,时称朱元璋政权"三杰"(即邵荣、徐达、常遇春)的末尾将领常遇春突然发言了:"邵荣等人的谋反要是得逞了,哪能留下我等性命,我们的妻子儿女都要被没为奴婢。上位(指称朱元璋)吉人天相,上苍保佑,也幸亏他们的阴谋没得逞,实际上这是老天在惩罚他们啊!现在您要是留下他们,这是违背天意的啊,也会给某些居心叵测者留下了日后仿效的对象!再退一步来说,纵使上位不忍心杀他们,我常遇春也誓死不与这样的人共生于天地之间!"朱元璋企盼的就是常遇春这般说辞,看来常将军不仅打仗快速,而且在政治上也能快速地与中央保持高度的一致,从此以后,人们不难看到,常遇春在朱元璋那里炙手可热。(《明太祖实录》卷11)

而朱元璋呢,即使到了这一步,也要做得"有情有义",因全国臣民的一致强烈要求,我朱元璋不得已才要杀邵荣与赵继祖啊!他边抹眼泪边与要谋害他的"恶逆"话别,然后下令行刑处决,并籍没了邵、赵两家的家产和妻小。(【明】刘辰:《国初事迹》;《明史·徐达传》125)

有关邵荣、赵继祖谋反事件及其处理的经过大致如此,但实际上问题还是没有解决:位居一人之下万人之上的高官邵荣到底为什么要造反呢?民间有个说法:朱元璋利用邵荣在外领兵打仗的机会,调戏并奸污了他家刚刚成年的女儿,一个含苞待放、花蕾一般的少女。邵荣知道后震怒,于是就发动了叛乱。有人认为这个故事流传于民间和私人笔记中,不足为信,那么试问历代官方记载的又有多少真正可信的?就如现代革命烈士张志新临刑前被惨无人道地割断了喉咙,当时的官方说法是,因为怕张志新"反革命分子"临刑前呼喊反革命口号。我们小时候都信了,但事实是,现在档案解密出来了,张志新是在临行前遭到了办她案子的"领导"的强奸,那人怕她说出真相,居然丧心病狂地干起这种法西斯才干得出的罪孽。其实这也没有什么新鲜的,600年前的朱元璋就是他们的祖师爷,难怪在出事后他跟诸将说了这样一番此地无银三百两的话:"吾不负邵荣,而荣所为如此,将何以处之?"(《明太祖实录》卷11)

既然自己不负邵荣,邵荣却反自己,依照"朱圣人"在大恩人郭子兴身后的做法:将郭家舅子一一除个干净,岂会不忍心去杀一个谋害自己的"叛逆者",如正像明代官史所说的那样,要么是当时朱元璋的脑袋被驴踢了,要么是我们后人弱智得读不懂明代官史背后的内容了。

○ 心腹做生意被当做间谍、女儿被作为慰问品送人,谢再兴被逼降敌

其实对于邵荣谋反的真实缘由,事后朱元璋还是略知一二的,军人么,大老粗,一般不会想得那么多,邵荣等长期在外作战,军纪要维系好,当然不能随便碰女人咯。以邵荣事件为鉴,朱元璋想起了"三杰"中的另外两人,徐达和常遇春,忽然间有一件事勾起了他沉睡已久的回忆:记不得具体时间了,徐达曾跟自己说过,部将谢再兴家的二闺女长得没得说的。对啊,右丞徐达将军不是看中了人家的闺女么,我怎么老没意识到呐。想到这些,朱元璋再也不敢"马虎"了,来个特事特办,下令下去,将谢再兴的女儿直接许配给徐达。至于谢姑娘的父亲即那位还在诸暨前线作战的谢再兴,凭我这个"第一人"的身份与地位,还不就是一句话就能把他给搞定了。于是,谢再兴夫妇俩含辛茹苦一手扯大的黄花闺女顿时成为了朱元璋犒劳手下大将的慰问品。(【明】刘辰:《国初事迹》;【明】钱谦益:《国初群雄事略·周张士

诚》卷7)差不多与此同时,还有一些连名字也没留下的平头百姓家的女孩也被"第一人"当做高级奖赏品,送给了常遇春,以慰问和奖励这位紧密与自己保持高度一致的快速反应将军(【明】王文禄:《龙兴慈记》)。女人么如衣服,这是朱元璋崇拜的偶像、平民皇帝刘邦子孙刘备的名言,想送人就随意送,管她是谁家的,只要不是我朱某人的骨肉就行,朱元璋就是这么心安理得地做事的。

可能令他万万没想到的是,这样的无本生意做多了,居然会引发一场叛乱。那是江西重镇洪都发生重大危机后的第三天,即至正二十三年四月初四,几乎与女婿徐达差不多岁数的"老丈人"诸暨守将谢再兴叛降张士诚。谢再兴是淮右旧将,早年跟随朱元璋闹革命,渡江后任中翼右副元帅,曾同元帅赵德胜、总管刘贞等一起率兵在宣州石埭县与西线红巾军打过仗,取得了一些军事战果。至正十九年(1359)与胡大海等人领兵攻占诸暨,任枢密院诸暨(后改名诸全)州分院院判,也就是说,他差不多是当时诸暨州地方上的最高军事行政长官。(《明太祖实录》卷7)

从现存极为有限的史料中,我们大致可以推断出,虽然谢再兴军事才能与战果比不上邵荣、徐达和常遇春等人,但他也算得上是朱元璋手下的一员重要干将,且为人很宽厚。也正因为如此,一不小心,他的部下就犯事了,"(谢)再兴用部将左总管、糜万户为腹心,二人常使人贩鬻于杭州。上(指朱元璋)知其阴泄机务,擒二人诛之"。(《明太祖实录》卷12)

这是明代留下的官方定论性的记载,说得直白一点,就是谢再兴心腹左总管和糜万户时常派人到张士诚地盘范围内的杭州等地去做生意。朱元璋派出的锦衣卫老前辈们偷偷地侦查到这些情况后,上报了上去,左、糜二人随即被逮且遭杀戮,罪名是暗中向张士诚泄露机密。换个角度来讲,左、糜被杀的罪名很勉强,同时代的刘辰在笔记中干脆就说:左、糜"尝以违禁物私往扬州(与《明实录》中记载略微有异)易卖,太祖恐泄国事",即说朱元璋疑心病发作,害怕谢再兴部下到了敌占区去后会泄露秘密,以极端的小人之心来推测和杀害左、糜二人,谢再兴知道后当然会不开心了。可事情发展到此,还仅仅是开了个头,骨子里恶透了的朱元璋尚不满足,事后还叫人将左、糜两个死人人头挂到谢再兴的办公室去。当时正值江南初夏闷热季节,谢再兴的办公室及其周围地区到处都是死人人头的恶臭。(【明】刘辰:《国初事迹》;【明】钱谦益:《国初群雄事略·周张士诚》卷7)

即使到了这一步,朱元璋还不肯罢休,又下令叫谢再兴迅速回应天听命,实际上就是让谢再兴接受两个残酷的事实:第一,女儿已作为"朱圣人"的慰问品送给了徐达;第二,"遣参军李梦庚往节制军马,令(谢)再兴还听调遣。"谢再兴终于愤怒了:你朱重八太恶了吧,无端要搞死我!我的女儿嫁人连我这个做父亲的也不通知一声,这等同于你将她当做俘获的女奴,任意配给人;现在倒好,又派李梦庚来总管诸暨全方位军事事务,还有我的那两个心腹没犯什么事,你怎么能这样对待我的部下?!谢再兴越想越气,终于在返回诸暨后,与知府栾凤等人一起发动政变,逮捕李梦庚、元帅王五、陈刚,然后带了诸暨全城军马北上绍兴,投降了张士诚。(【明】刘辰:《国初事迹》;【明】钱谦益:《国初群雄事略·周张士诚》卷7)

谢再兴被逼叛逃,当时在浙东前线执掌全局大权的李文忠尽管年轻,但十分稳重,没有像舅舅朱元璋那样极端偏激,只是派遣胡大海养子胡德济屯兵五指山,做一些军事防御,对于镇守余杭等地的谢再兴弟弟谢三、谢五等人也采取了十分冷静的策略。用今天官话来说,将这一切视为"人民内部矛盾"。可谁知朱元璋穷追不舍,不停地咆哮:"赶紧出兵,拿下叛贼!"后来李文忠兵围余杭,并把城池围得水泄不通,只等谢三、谢五出来投降。谢五在余杭城头上说:"只要保准不杀我们兄弟俩,我们就投降!"李文忠心想:这个要求很低啊,有什么不好答应的,于是当着数万将士的面指天发誓:"我是总兵官,在此发誓,保准不杀你们!"古时候人不像现代人那样唯物,指天发誓是十分严肃的誓言和保证。本来并没有什么反意的谢三、谢五看到李文忠这般真诚,就爽快地打开城门,投降了。

朱元璋听到谢三、谢五投降了,立即下令给李文忠,将谢家兄弟俩解送到应天。李文忠怕自己的誓言得不到实现,赶紧给舅舅朱元璋上奏,说:"我答应了人家不杀他们,人家才投降的。要是我们失信了,以后恐怕没人愿意投降我们了!"朱元璋看了外甥的上呈书信后依然怒不可遏地说道:"谢再兴是我亲家,他的长女嫁给了我大哥家的朱文正,二女嫁给了徐达,恩意甚厚,谁知他竟然反叛我,降了张士诚,情不可恕!"随即下令处死谢五等人。常言道:杀人也不过头点地,可残忍无比的恶魔朱元璋居然下令,将降将谢五等人给凌迟处死!(【明】刘辰:《国初事迹》;【明】钱谦益:《国初群雄事略·周张士诚》卷7;参见《明太祖实录》卷12)

○ 活用"功狗"与小母狗理论的"行家"

从至正二十二年(1362)二月到至正二十三年(1363)四月,一年多的时间里朱元璋政权内发生了5次叛乱或言政变,平均每两个多月就发生一次。这到底是为什么?在笔者看来:

第一,朱元璋处置不公。尽管叫花子出身的"伟大领袖"常常巧舌如簧,谎话连篇,忽悠,再忽悠,直至目的达到,但靠忽悠手法做事,只能糊弄人们一时,绝不可能做到永远。譬如,朱元璋常将自己打扮成公平、正义的化身,其实根本不可能、也没法做到。没法做到也就罢了,关键还在于朱元璋十分容不得带点"刺儿"的人,一有机会就要将那"刺儿"给除掉。搞人、整人,朱重八绝对是个好手。至正二十二年三月,江西洪都发生祝宗和康泰之乱,守将邓愈战败逃亡。按照当时朱元璋定的规矩:一旦发生军事争夺战,将士们就必须与城池共存亡,否则就依法严处。可由于他个人的偏爱,邓愈逃亡后并没有受到应有的惩处。与此情形相反,半年前的至正二十一年(1361)七月,陈友谅悍将张定边发动了对安庆的猛烈攻击,守将赵仲中抵挡不住,败逃回了应天,立即被朱元璋赐死。虽然他的军中官职由弟弟赵庸来接替,但有着自己独特思维的人或言"带刺儿"的人们就恐怕不一定会咽下这口气吧。(【明】钱谦益:《国初群雄事略·汉陈友谅》卷4)

　　第二,朱元璋从小家境贫寒,当过小和尚、要过饭,后来又"倒插门"……整个他的人生早期基本上都处于社会边缘状态,受尽了社会的歧视,个人的生存需求、生理需求和尊重需求(马斯洛的人类七种基本需求)等几乎无从谈起,因而造成了他内心的极度自卑。极度自卑的人一旦成功了常常会表现出极度的自尊、绝对的自我。这种绝对的自我体现在对待自己部将或女人不忠行为的处置上尤为明显。说白了,残忍成性的朱元璋压根儿就没把别人真正放在眼里:部下的,都是我的,谁要是不同意,挑战我的权威,哪怕是有一点点的不满,就有你好果子吃了。谢再兴就是这么一个例子,而邵荣更是一个典型。在朱元璋的内心深处,邵荣是我的部下将领,这是官场上好听一点的称呼,实际上还不就是我朱某人的一条走狗,用朱元璋时时比照的老同乡、流氓皇帝刘邦的直白话来说,就是一条"功狗"么。我朱元璋占有你邵荣的女儿,不就是弄条小母狗来乐乐,这是我看得起你,有什么稀奇。同理,将谢再兴家大女儿娶到朱家,配给朱文正做媳妇,将二女儿做慰问品,送给徐达,这是"天生圣人""恩意甚厚"啊,你谢再兴不要不领情!

　　不过对于早年一起战斗过的老哥儿们、老兄弟邵荣、谢再兴等人来说,他们却不买这个账,什么天生龙种,还不是一个臭要饭的和尚出身,所以邵荣、谢再兴都敢反,他俩是挑战权威的悲剧英雄,而挑战权威是要有资本的,邵荣资本不够,只好英雄地"走"了;谢再兴资本也不够,只好投敌了,"朱圣人"随即杀了他的全家,谁叫你们来挑战我"朱圣人"的权威?! 当然你邵荣拎得清,不再揭短,我朱元璋就留你全家活口,包括那只已经被我朱某人强行"性福"过的"小母狗"。对于这一点,与邵荣一起谋反的赵继祖看得更清楚、说得更透彻:"若早为之,不见今日猎狗在床下死,事已如此,泣何益? 惟痛饮而醉。"(【明】刘辰:《国初事迹》)

　　第三,朱元璋个性偏激使得很多平常化问题迅速激化。在五次叛乱中,谢再兴的反叛实属无奈。朱元璋一而再再而三地逼迫谢再兴,简直没把人家部将当做人看待,谢家闺女在"朱圣人"的眼里也不过是与邵家少女同为小母狗吧了,配给徐达将军快乐快乐,这是他谢家十八辈子修来的"福分"!也是小母狗的造化!最为极端的做法是,魔鬼兽性的朱元璋还将左、糜两个死人人头挂到了谢再兴的办公室,这是激怒人家造反啊!十分可惜的是,我们后人看到的明代国史将这些"朱圣人"的"杰作"都给讳忌掉了。由此,笔者想到,历代所谓的正史又有多少是可靠的?回归正题,事实上从明初整个历史来看,朱元璋的这种偏激个性带来的祸害与灾难至此还仅仅是开了个头,随后发生的安丰救主、大都督亲侄儿朱文正"反叛"以及开国后大明历次政治运动都能很好地证明"朱圣人"偏激个性里所隐含的致命缺陷。十分可惜的是,同时代他的政敌们恰恰没有抓住时机,发起击中命门的打击。

● "防火墙"倒塌了朱元璋"暗送秋波"与元顺帝"怀春""怀孕"

就实而言,当时的朱元璋日子并不好过,用内忧外患来形容的话一点也不过分,内忧就是前面讲过的五次叛乱,那外患呢?自龙湾之战后陈友谅像是一只被猎鹰追赶的兔子一样,一路狂奔,循着来时的老路,回到了家。这次一回去,他就在武昌的"老家"待了近一年的时间没有出来过,给人的感觉是,好像压根儿就没有这一路"诸侯豪杰"似的;而东线那个经常被朱元璋欺负的张士诚也被打怕了,窝在苏州城不出来。那朱元璋的外患到底在哪里呐?

○ 北方红巾军败亡——朱元璋的"防火墙"倒塌了

北方,确切地说是北方那堵"防火墙"没了——大宋红巾军政权土崩瓦解。这怎么可能,不是前面讲过刘福通主力军挺进汴梁,随即将大宋小明王政权的都城迁到了那里,并派出了毛贵、李武、崔德等将领率领大批人马进行了声势浩大的北伐,威震元廷。是的,这一切都是真的。可就在这个过程中,北方红巾军犯了一些致命性错误。

首先,发展过快,占领的地盘过大,尽管也建立了地方政权,但都没有一套严密、完整的政治、经济与社会等方面的制度与措施相配套,因而占领的地盘很不稳定。除了东路北伐军占领的山东搞得比较好外,其他地方都是"数攻下城邑,元兵亦数从其后复之,不能守"。(《明史·韩林儿传》卷122)

其次,北方红巾军虽然组织了规模浩大的三路北伐,但事先刘福通并没有制定全盘、缜密的行动计划,北伐开始后又未能很好地进行各路协调作战,东、中、西三路人马各打各的,这就容易给敌人分割包围,各个击破。尤其是中路军与西路军流动作战,进展过快,缺乏应有的后援,所以后来都一一失败了。(《明史·韩林儿传》

卷122)

再次,北方红巾军组织性、纪律性很差,"兵虽盛,威令不行",诸将在外作战,不听约束和指挥的比比皆是,弄到后来即使是总指挥刘福通也不能节制他们。更为恶劣的是,诸将之间一旦有什么不和的,常常兵戎相见,相互厮杀,这就从根本上毁损了自身的有生力量。(《明史·韩林儿传》卷122)

元帝国统治者正是利用了北方红巾军的这些致命弱点和严重失误,对他们发起了疯狂的反扑。

至正十八年、龙凤四年(1358)刘福通派出的东路军挺进河北,攻占清州、沧州,进据长芦镇。元顺帝大惊,急调察罕帖木儿北上,屯兵河北涿州。与此同时,中路军攻占晋宁、冀宁、大同,大同向东几十里路程便是元大都北京。察罕帖木儿听到这个消息顿时就急坏了,赶紧调集兵力,设卡太行山,成功地阻挡了北伐红巾军的中路军与东路军的会合。见此,这年五月,元顺帝任命勤王有功的察罕帖木儿为陕西省右丞,兼陕西行台侍御史,同知河南行枢密院事,令其驻镇冀宁,"守御关陕、晋、冀,抚镇汉、沔、荆、襄,便宜行阃外事"(《元史·察罕帖木儿传》卷141)。概言之,元廷让察罕帖木儿负责中原及其相关数省的军事保卫,这样一来便挡住了北方大宋政权北伐军对大都北京地区的围攻。

而就在这短暂的势均力敌之际,一个意想不到的人物又开始活跃了。龙凤五年(1359)初,被朱元璋打怕了的张士诚乘着北方红巾军主力北上的空隙,派兵进攻淮南红巾军赵均用。赵均用抵挡不了,只好北走山东,投靠从河南受挫南撤的北伐东路军。因为东路军统帅毛贵原是他的老部下,所以赵均用去了后很自以为是,没多久就与毛贵吵翻了。吵就吵了,气度狭小的赵均用实在放不下,竟然袭杀了毛贵。毛贵部将续继祖听说后,从辽阳领兵返回益都,又杀了赵均用,"遂与其所部自相仇杀"。(【明】钱谦益:《国初群雄事略·宋小明王》卷1)经过这番内讧,北方红巾军遭受了巨大的损失。

北方红巾军窝里斗斗得正欢,凶恶的敌人察罕帖木儿一直在旁冷冷地看着。龙凤五年(1359)五月,他调集各路人马,对防守薄弱的北方红巾军政权都城汴梁发起了凶猛的围城攻击战。刘福通率领将士们拼死抵抗,但始终未能突破包围。八月,汴梁保卫战进行到了第四个月,察罕帖木儿派人侦查得知,城内弹尽粮绝,于是他就来了更猛的一招,命令各路将领"各分门而攻。至夜,将士鼓勇登城,斩关而入,遂拔之"。刘福通率领数百骑保护着小明王由东门冲出,逃往安丰,但小明王的妻子、母后等数万人以及5 000多名龙凤政权官员全给俘虏了,随后河南行省全境为察罕帖木儿控制。(《元史·察罕帖木儿传》卷141;【明】钱谦益:《国初群雄事

略·宋小明王》卷1)

河南行省内的北方红巾军失败后,山东境内的北伐东路军孤掌难鸣。至正二十一年、龙凤七年(1361)六月,察罕帖木儿又调集了各路人马,大举进攻山东。山东好多郡县被攻陷,东路军将领如花马王田丰、扫地王王士诚等相继降元,到八月时只剩下了陈猱头坚守的益都。面对十分恶劣的形势,陈猱头不屈不挠地坚持斗争,并策划已经投降元朝的田丰、王士诚等反水,刺杀了当时元廷镇压红巾军起义最为得力的将领察罕帖木儿。元顺帝获悉后下诏封察罕帖木儿养子(实际上是外甥)扩廓帖木儿(汉名王保保)为银青荣禄大夫、太尉、中书平章政事、知枢密院事,并令其"袭总其父兵",即继承养父军中之职,节制各路义军,加紧围攻益都红巾军。(《元史·察罕帖木儿传》卷141;【明】钱谦益:《国初群雄事略·宋小明王》卷1)至正二十二年(1362)十一月,北方红巾军在山东境内的最后据点益都被攻破,陈猱头等200多人被俘,且被押往大都,扩廓帖木儿"取田丰、王士诚之心以祭其父,余党皆就诛"。(《元史·察罕帖木儿传》卷141)

北方红巾军政权和主力军土崩瓦解了,这么多年来朱元璋之所以能够在南方地区发展得如此迅猛,一个十分重要的原因,那就是北方红巾军成了他的"防火墙",阻挡住了元朝主力军的"火力进攻",使他从容地发展势力。"天命有德,真人龙兴,定鼎建业,处汉、吴二强寇之间,东西扫荡,从容指挥。元之不能以匹马、只轮临江左者,以有宋为捍蔽也。"(【明】钱谦益:《国初群雄事略·宋小明王》卷1)可现在北方红巾军这道"防火墙"没了,那可怎么办呢?

○ 朱元璋"暗送秋波",元顺帝"怀春""怀孕",这下可怎么办?

说到朱元璋与他的北方"防火墙"之间的关系,前文已述,他们之间可不是一般的伙伴关系,而是上下级关系,犹如现在的分公司与总公司的关系。当北方红巾军"总公司"发生危机时,朱元璋的"分公司"理应主动前去救援,可事实上压根儿就没这事。作为一个绝对合格的政治家,过去他吸干了岳丈家所有的"有益养分",就连岳丈的"掌上明珠"也不放过,小姑娘年纪小,没关系,只要能做男女之事就行;至于岳丈留下的那些不仅"没什么用"而且还会时不时地出来捣乱的郭家血脉,则想着法子、巧妙地送他们一一上西天去。用一句现在时髦话来说,将资源用足、用好,做大做强。同理,对于北方红巾军政权,"天生圣人"(朱元璋自诩)也一直在利用,至于那种分公司与总公司的关系则随时都可以解除,北方"总公司"快支撑不下去了,自己分公司应该尽早做好打算、找好出路,这才是明智的选择。政治家就应该绝对灵活,世界上没有永恒的敌人,也没有永恒的朋友,朱元璋心里就这么想的。

早在至正十九年、龙凤五年(1359),察罕帖木儿攻占宋小明王政权都城汴梁时,朱元璋就预感到北方红巾军失败后,自己的"防火墙"没了,很可能就要与察罕帖木儿相互为邻了。想想自己东邻张士诚、西邻陈友谅,个个都成了敌人,一旦再与北边的察罕帖木儿不"处好",那就得三面临敌,这可是十分危险的事情。想到这些,朱元璋就派了文臣杨宪等前往汴梁,主动向察罕帖木儿"示好",至于自己原本是反元的,现在突然变得"友善"了,元朝人会不会嫌弃?只要看看当今元廷的处境就知道了。这时的元帝国政府自顾不暇,哪有挑肥拣瘦的机会啊,再说民间不是有化敌为友的说法么。至正二十一年、龙凤七年(1361),鉴于察罕帖木儿的声势越来越大,不仅控制住了河南,而且也差不多摆平了山东,朱元璋赶紧再次派遣手下人汪河等,前往北方求和"结援"。(《明太祖实录》卷12)

可过了些日子,见到北方还没有回音,朱元璋就琢磨起事情来,或许自己这样的求和方式"不妥",应该找个跟元廷说得上话的人,这时一个人进入了他的脑海——方国珍。朱元璋打定主意,派上千户官王时,以买马为名,带了3 000两银子上浙江去找方国珍。方国珍早已几次投降了元朝,且每一次投降后元朝给他的官位都会升一升,看来昔日曾被自己吓得不轻的方国珍在元廷那里还是个"红人",托他办事还说不准真能办成了。

而方国珍这个人也很贱,欺软怕硬,对于受人欺负的张士诚他敢打,对于元朝他大耍流氓和无赖手段,而对于"老江湖"朱元璋交办的事还真不敢马虎,因为这个"猪腰子脸"太凶了。想当年高邮大战中堂堂的反元英雄张士诚被他打得像只缩头乌龟,还有前些年他打到浙东来,那架势够吓人的,方国珍想起这些,心里就有种莫名的恐惧。忽然念叨,我帮这个"猪腰子脸"办了这事,反正自己也不会吃什么亏。他这么想着,随即派了一条海船,由姓吴的都事官陪同王时,一起北上元大都,"体探元朝及李察罕、李思齐等军马事情"。(【明】刘辰:《国初事迹》;【明】钱谦益:《国初群雄事略·宋小明王》卷1)

频频示好、暗送秋波,对于朱元璋的真实用意,作为北邻的察罕帖木儿也是个"老江湖"了,他何尝不知!至正二十二年、龙凤八年(1362)六月,也就是在与平定浙东处州之乱差不多同时,朱元璋先前遣使北上主动献媚的事儿忽然有了回音,察罕帖木儿派了使臣来到应天南京,对朱元璋说:"我已经把你的请求向朝廷作了上奏,朝廷决定授予您行省平章政事(相当于朱元璋渡江之初小明王授予的官衔)。"但比"老江湖"察罕帖木儿还要老辣的朱元璋看到自己先前派出的特使并没有随同这些北方使者一起回到应天,就开始怀疑起察罕帖木儿是在"打太极",随即跟身边的臣僚说"予观察罕书,辞婉而媚,是欲唉我,我岂可以甘言诱哉?况徒以书来而不

返我使者，其情伪可见"。(《明太祖实录》卷11)

就在这时宁海儒士叶兑上书给朱元璋，说："愚闻取天下者，必有一定之规模。韩信初见高祖，画楚、汉成败；孔明卧草庐，与先主论三分形势者是也。今之规模，宜北绝李察罕，南并张九四。抚温、台，取闽、越，定都建康，拓地江、广。进则越两淮以北征，退则画长江而自守。夫金陵，古称龙蟠虎踞，帝王之都。藉其兵力资财，以攻则克，以守则固，百察罕能如吾何哉？江之所备，莫急上流。今义师已克江州，足蔽全吴。况自滁、和至广陵，皆吾所有。非直守江，兼可守淮矣。张氏倾覆可坐而待，淮东诸郡亦将来归。北略中原，李氏可并也。今闻察罕妄自尊大，致书明公，如曹操之招孙权。窃以元运将终，人心不属，而察罕欲效操所为，事势不侔。宜如鲁肃计，鼎足江东，以观天下之衅，此其大纲也。"(《明史·叶兑传》卷135)

叶兑的上书说得简单些，就是告诉朱元璋：北方察罕帖木儿没什么了不得的，现在的形势犹如当年的三国初期，如果你朱元璋投降了察罕帖木儿，就等于投降给了当代的曹操；你要学的是鲁肃的做法，以江东为重心，图谋进一步的发展，重建大一统帝国。据说朱元璋接到上书后，极为赞赏叶兑的主张，"奇其言"，想留下他，但叶兑却说什么也不干，朱元璋只好"赐银币袭衣"。恰恰这时，北方又传来消息：察罕帖木儿遇刺，养子扩廓帖木儿接替爵位后遭遇到了困顿与挫折。朱元璋立马改变了原先热衷降元的态度，对于前番来到应天的察罕帖木儿特使的劝降"未暇与较，姑置不答"。(《明太祖实录》卷11)

你不答，但你以前向人家频频暗送秋波，人家可怀春了，不，还不仅仅是怀春，而且是"怀了孕"了。大元朝廷似乎还特别认真地讨论了给当年的叫花子、如今的南方一霸封个什么官呢？最后决定授予朱元璋荣禄大夫、江西等处行中书省平章政事。这样的名称很拗口，我们给它通俗一点，元廷封朱元璋为江西行省副省长。既然是副省长，封官现场肯定要很风光的，携带元朝皇帝诏书的官员级别和主持授官仪式的档次都不能低，这几个条件要满足的话，元廷最终决定：派户部尚书张昶、郎中马合谋和奏差张琏等，带上皇帝御赐的御酒、八宝顶帽和宣命诏书等，通过海路，来到庆元方国珍处。方国珍原本就是朱元璋与元顺帝之间的"红娘"，见到元廷使者的到来，他相当开心，心想终于做成一件双赢的"大好事"，于是就赶紧派了检校燕敬到应天去通报给朱元璋。(《明太祖实录》卷11)

○ 无法启齿的政治家成功秘诀之一——"二皮脸"

再说这个叫燕敬的检校到了应天后，一直在等朱元璋的回话，这样才好回去复命。可左等没消息，右等没回音，最后实在等不及就回去了。当他将自己在应天长时间空等的事情说给主子听时，方国珍立马感觉到：坏了，办了一件吃力不讨好的事。这就好比是做红娘，让一对男女相亲，相得女方肚子里的孩子都有了，突然男方翻脸说："我不知道你肚子里的孩子是谁的。"这个时候最为尴尬的莫过于"红娘"方国珍了，怎么办？元廷特使就在我这儿，退回去吧，元朝人要找我的麻烦；直接送张昶等上应天去吧，"猪腰子脸"突然翻脸，吃不了兜着走。这下如何是好？天晓得！一晃张昶等人在庆元住了一年多，最后方国珍想到了，将他们送到元朝福建平章燕只不花那里，燕只不花又把他们送到了江西铅山。当时左丞王溥听说了这事，派人向朱元璋做了汇报，朱元璋命令王溥把张昶等元廷特使招待好，同时派遣符玺郎刘绍先到广信去迎候。接到后，带到南京。张昶因为精通元朝典章制度，为朱元璋所看中，后被移花接木地保留了下来，另外两个元廷特使郎中马合谋和奏差张琏可倒了霉，让朱元璋押往南京雨花台给处决了。（《明太祖实录》卷11；【明】刘辰：《国初事迹》）

前后二皮脸，过去几乎哭着吵着要跟人家好，现在又翻脸不认人，那么如此判如两人的朱元璋真的对北方有把握了？没有，因为就在这时，察罕帖木儿被刺，北方元朝义军总兵官由察罕帖木儿养子扩廓帖木儿继承，而这个新上台的扩廓帖木儿面临的形势很严峻，最为头疼的还不是南方的这些红巾军，而是中原地区为争夺地盘经常与自家养父大打出手的宿敌孛罗帖木儿。为了稳固自己的地位，他不得不对养父时期的某些做法作些改进，譬如，一上台就派了尹焕章由海路到应天来通好，送还了被其养父察罕帖木儿扣押的朱元璋求和特使，并赠送马匹。朱元璋更是积极示好，表示"自今以往，信使继踵，商贾不绝，无有彼此，是所愿也"。（《明太祖实录》卷12）

虽然最后拒绝了元朝的招降，但朱元璋的这种首鼠两端的行为实在令人不齿。这或许也是政治家与平常人相异的"伟大之处"，为了个人的目的，可以不择手段，可以不顾一切。等到自己成功了，历史就成了胜利者的历史，"光荣"的历史，"伟大"的历史。

◉ 陈友谅与朱元璋第二轮大交锋：洪都争夺战、鄱阳湖大战、武昌围城之战（1363～1364）

不过话得说回来，朱元璋的这种处理手段对于其事业的成功还是大有裨益的，稳定北邻，至少可以免除腹背受敌的隐患，腾出精力对付南方劲敌。事实证明，"朱圣人"的这番心机没白费。就在外患内忧一系列事情刚刚处理完毕之际，有个想不到的告急文书送到了应天——安丰危急,北方红巾军领袖刘福通请求朱元璋迅速率兵北上救主!

○ 朱元璋又接连犯下两大错误:安丰救主、庐州"恋战"——错!错!错!

安丰在哪里?就在今天的安徽寿县一带,是当时东线或称北方红巾军剩下的仅有几个地盘中的一个。至正十九年、龙凤五年(1359)八月,从汴梁突围出去的刘福通保护着小明王退守安丰,自此安丰又成为奄奄一息的北方红巾军政权的临时首都(【明】钱谦益:《国初群雄事略·宋小明王》卷1)。至正二十三年、龙凤九年(1363)年初,元朝两大义军主力扩廓帖木儿与孛罗帖木儿为争夺地盘开始了相互间的厮杀。见此,自被朱元璋打得缩得像乌龟似的张士诚一下子又来劲了,不愧为盐贩子出身的,商品意识特别浓,最好花最小的成本能取得丰厚的回报。看到北方红巾军的衰败和扩廓帖木儿、孛罗帖木儿两只大狼狗相互撕咬,无暇南顾之机,张士诚反复地琢磨着,怎样从衰败的北方红巾军那里讨个便宜。只是他没有想到却因此做了件蠢事,因为北方红巾军是最先起义的,无论从理论上还是名义上它是红巾军系统的"主",如果与北方红巾军为敌,很容易招惹别的红巾军的仇恨,这样就将自己的敌人队伍给扩大了。再说如果你张士诚想开疆拓土的话,即使你正儿八经地打,可能不一定能打得过强悍的西边邻居朱元璋,但你可以智取啊,譬如偷袭。但不知张士诚怎么考虑的,他居然不去偷袭距离很近、战略地位又十分重要的应天南京,却在这时偏偏选择攻打安丰。为了拿下安丰,他铆足了劲儿,派了大将吕珍带领10万人马,绕道而行,又令弟弟张士信领兵继后。(【明】钱谦益:《国初群雄事略·宋小明王》卷1;【清】谷应泰:《明史纪事本末·太祖平吴》卷4;【清】夏燮:《明通鉴·前编》卷2;【清】毕沅:《续资治通鉴》卷217)

安丰告急!刘福通赶紧派人到应天向朱元璋报急求援。朱元璋听到北方红巾军危在旦夕,几乎不加考虑地表态:救!之所以这么爽快,或许是这时的朱元璋出于以下几个方面的考虑:第一,北方小明王政权尽管日薄西山,但它的存在多少能挡挡北方过来的敌人,再说真让张士诚攻占了安丰,自己就会东、北两边都与张士诚为邻,到那时情势更不妙;第二,自己尊小明王为主,官职还是小明王授予的,布告行移文书也以龙凤为年号,且军队还一直打着北方红巾军的旗号,这是当时地球人都知道的,如果不救,则有愧于忠义大节,日后还怎么去教育和要求手下将士与臣民?第三,打张士诚几乎每次都能赢,所以朱元璋一听说安丰求救,立即表现出极度的热忱;第四,朱元璋早期要过饭,正可谓出身江湖,江湖义气伴随了他的一生。

但此时已经回到应天的刘基却并不赞成,他说:"主公,你这样贸然派兵去救,真的是自找苦吃。假若救下了,他小明王是你的主子,打个比方说,你是媳妇,找个婆婆来管着你,这不是吃饱了没事撑着!再说,就算救下了,你能把小明王放在哪里呐?"(【明】刘辰:《国初事迹》)刘基的话是很有道理的。然而朱元璋却不听,说:"安丰一旦真的给攻破,张士诚的势力岂不强大了,我们不能不救!"于是他带了徐达、常遇春等得力将领,率领大军渡江北上,火速赶往安丰。

再说安丰,至正二十三年(1363)二月初被围告急;三月初,朱元璋大军抵达那里,可惜晚了一步,张士诚部将吕珍已经拿下了城池。刘福通没等到这一天就战死了。朱元璋命令手下人铆足劲,与吕珍军展开了大战,三战三捷。可就在胜利在望之际,庐州义军头领左君弼突然间出来横插一杠子,想帮助吕珍打垮朱元璋军,顺便捞点便宜,没想到反被打得落花流水,抱头鼠窜。朱元璋随即领兵进入安丰城,救下了小明王。而后他命令徐达、常遇春追赶左君弼,自己则带了部分队伍打算回应天去了。可走在半道上时,他突然想起刘基老先生说的话实在有道理啊,论岁数,小明王比自己还小;论地位,他可是我的主子,我现在将他带回应天,每天向他小"老人家"早请示、晚汇报,真是没事撑着找事做,弄个婆婆来管管;扔吧,救下来了还扔,还不如不救,想来想去,眼不见为净,干脆就将小明王放在滁州吧,让他"小老人家"就像俺义岳丈郭子兴当年那样享享清福。想到这里,他下令在滁州为小明王建造宫殿,将他养在那里,当然不会忘记:将他周围的宦官全给换上自己的心腹,实行严密的监视。说到底,小明王从此以后就成了朱元璋手中的傀儡。(《明太祖实录》卷12;【明】钱谦益:《国初群雄事略·宋小明王》卷1引俞本《皇明纪事录》)

安丰危机化解了,龙凤皇帝得救了,龙凤九年(1363)三月十四日小明王韩林儿为了表彰朱元璋救驾功勋,特颁制书,追封朱家祖孙三代,封赠朱元璋"曾祖考九四公资德大夫、江西等处行中书省右丞、上护军、司空、吴国公,曾祖妣侯氏吴国夫人;祖考初一公光禄大夫、江南等处行中书省平章政事、上柱国、司徒、吴国公,祖妣王氏吴国夫人;考五四公开府仪同三司、上柱国、录军国重事、中书右丞相、太尉、吴国公,妣陈氏吴国夫人"。(【明】钱谦益:《国初群雄事略·宋小明王》卷1引《龙凤事迹》;【明】郎瑛:《七修类稿·国事类·朱氏世德碑》卷7)中书右丞相、太尉、吴国公,这些头衔都是皇帝之下人臣的最高职位了,由此可见当时的朱元璋在大宋小明王政权中的地位了。

朱元璋安顿好小明王后回了应天,留下徐达、常遇春等率领的主力军去攻打安丰之战中出来捣乱的左君弼。左君弼原本也属于红巾军系统,但后来投靠了元朝。问题焦点还不在此,在那个有枪便是草头王的年代,哪个人都不会有长久的道德操守与政治立场,就连朱元璋也多次派出特使向元朝主动"献媚示爱",只不过我们今天看到的《明实录》中的相关内容被粉饰得很漂亮了。因此说朱元璋派徐达等人去攻打庐州左君弼,绝不是什么政治立场问题,而是报安丰之战中他出来捣乱的新仇。庐州,即今天安徽合肥。庐州城三面环水,进攻起来很不方便,所以徐达和常遇春到那里尽管使足了劲,但就是没能将庐州给拿下。

有一天,像乌龟一样一直缩在庐州城里不敢露脸的左君弼突然出现在城头上,好像是在叫人搭建吊桥。城外的徐达远远望见,就跟手下人说:"左君弼被我们追赶得像老鼠钻洞似地'消失'了好多天,今天怎么突然出现了。会不会今夜有什么行动?传令下去,各部门做好准备,防止今夜敌人劫营。"嗨,果然不出徐达所料,当天夜里,左君弼派人乘着人们熟睡时开始劫营,刚刚接近营地,没料到徐达军早已有所准备,将士们万弩俱发;劫营者什么好处也没捞到,反而死了不少人,但徐达与常遇春军也无法攻入庐州城内,双方就这么耗着,长达3个多月。(《明太祖实录》卷12)

以上便是明史上有名的"安丰救主"和"庐州恋战"。从农民运动来讲,朱元璋的这一应急义举实在是值得人们大书特书;但从个人军事与事业的发展角度来看,他却因此犯了个大忌或者说是严重的军事失误。为什么呢?

○ 85 天龙兴府(洪都)生死大争夺

虽说安丰之围是解了,朱元璋至少赢得了很大的政治资本,但为捞取这个政治资本而所冒的风险太大——应天城却因此空虚了一个半月,如果加上徐达、常遇春率领的主力军困顿在庐州城下3个多月的话,那朱元璋政权统治中心的军事空虚时间就要长达4~5月。这正是刘基最担心的事情。假如这个时候西线的陈友谅,伙同东线的张士诚乘虚而入;或者说不用双方部队的合攻,只派一支偏师包抄过来,那应天城就危矣!也许整个中国历史却因此而改写。谁知,与朱元璋走的这两着险棋相比较,此时的陈友谅却走了一步愚蠢得无以复加的臭棋:我们不妨把历史的镜头拉到陈友谅的老巢,看看这位曾经不可一世的"大汉皇帝"在这段时间都在忙些什么?

陈友谅这段时间也没闲着,且忙得不可开交,正在武昌、九江一带拼命地打造战船,似乎是铆足了劲儿要报应天大战之仇。

◎ 陈友谅率领中世纪世界上最大水师舰队围攻龙兴府,错失进攻应天之良机

经过近一年的休整、造船、养兵蓄锐,陈友谅终于做好了反攻的准备。据说他

造的战舰实在庞大,有人干脆就称其舰船是中国古代最大战船。当时特制数百艘大型战舰,每舰高有数丈,分为上、中、下三层,每层之间说话都听不见,有人认为可能是防止军事上的失利所带来的军心混乱。更有每层上都设走马棚,最下面的一层建有板房,里面放了几十支大橹,每支橹都用铁皮包裹着,大概是生怕橹被箭射坏,而整个船只外涂红漆,十分扎眼。陈友谅的这支船队可以堪称当时世界上最大的水师舰队。其船到底大到什么地步?据史料记载:每艘大型舰船可容载3 000人,中型舰船可容载2 500人,小型舰船也可容载2 000人。不仅如此,陈友谅还采取"篷合法",即"三丁抽一为军",也就是讲,凡是有三个成丁(男人)的家庭抽一丁来当兵,就此在湖广地区强征了大批的民夫百姓,组建大军,号称60万,然后率领他们浩浩荡荡地从长江中游,杀奔东边来。(【明】钱谦益:《国初群雄事略·汉陈友谅》卷4;《明太祖实录》卷12)

这个时候陈友谅如果乘风破浪、日夜兼程地往应天赶的话,徐达和常遇春率领的主力军还没法立即从庐州围城战中解脱出来,说不准就能将朱元璋打得措手不及。不知造化弄人还是人自扰,在这个弱肉强食的群雄争霸节骨眼上,这位"大汉国"皇帝居然又一次严重犯错了:不打应天府而去攻打龙兴府(朱元璋将其改名为洪都,也就是今天南昌),真让人费解啊!

有的学者认为,陈友谅此举的想法有四种可能:第一,从战略地形上考虑,也许他认为如果要消灭朱元璋,首先要将其周围的那些据点和爪牙除掉,以解除后顾之忧,遂先攻打南昌。第二,在陈友谅看来,南昌曾经是他们真刀真枪好不容易攻下来的,但后来却被那些窝囊废"献"给了朱元璋,这次发兵就是要收拾收拾那些投降的小人。第三,当时南昌又名龙兴府,顾名思义也就是真龙天子开基立业之地。陈友谅是个十分迷信的人,认为如果在攻打应天之前先攻下龙兴府,则预示他的一统天下大业就会成功。第四,他"昧于强弱之势,眩于先后之机"(【清】谷应泰:《明史纪事本末·太祖平吴》卷4),即错误地吸取了上次进攻应天的教训,先来吃小的,吃成了再吃大的。那么小的龙兴府,陈友谅能打下吗?

龙凤九年(1363)四月下旬,陈友谅统帅的大军到达龙兴府即洪都。根据上一次洪都之战的经验,陈军将士熟门熟路地来到了洪都西南方,想套用老方法,凭借自身船只"尾巴"翘得高的优势,直接从船艄攀附到城墙上,打开入城的"缺口"。可没想到到达那里时一下子傻眼了。

原来这个洪都城位于赣江下游的赣北平原上,经由赣江向北穿过鄱阳湖可通达长江,因此说其军事地理位置十分重要。老龙兴府西南方就紧靠在赣江边上,上一次陈友谅军就是利用了该地理特征,乘着水涨船高而突入城内。胡廷瑞主动归降后,朱元璋曾下令对龙兴府进行了改建,将城池的西南城墙作了往后的推移,这样一来离江空间就多达 30 步(古时的计量单位),东南城墙也向前拓展了 2 里多(《明太祖实录》卷 10)。鉴于洪都位置的重要,祝宗、康泰之乱平定后,朱元璋认为:"以洪都重镇,屏翰西南,非骨肉重臣莫能守。"于是就任命亲侄儿朱文正为大都督府左都督,"节制中外诸军事",镇守江西,又命儒士郭子章、刘仲服等辅佐参谋(【明】刘辰:《国初事迹》)。到任后"(朱)文正增城浚池,招集山寨未附者,号令明肃,远近震慑"。(《明史·诸王三·靖江王守谦》卷 118)

所以说陈友谅这次进攻朱元璋,以洪都作为突破口本身就有问题。这样一来,当他们来到洪都"故地重游"时,顿时就傻眼了,原本具有绝对优势的自身巨舰现在派不上用场,只好改用云梯攻城。殊不知数十万军队局促在 30 步范围内无论怎么也发挥不了大作用,但即使这样,陈友谅这次出来毕竟带了 60 万大军,而当时洪都守军满打满算也不会超过 1 万人,以 1 万守军来应对 60 万大军的进攻。由此可想,洪都保卫战的惨烈与艰难程度了。(【明】刘辰:《国初事迹》;【明】高岱:《鸿猷录·克陈友谅》卷 3;【清】谷应泰:《明史纪事本末·太祖平汉》卷 3)

◎ 朱文正采用"联产承包责任制"方式,率领将士们死守洪都城

再说当时具体负责洪都及江西等地军事方面的总指挥大都督朱文正,虽然是朱元璋侄儿,不过他能当上大都督倒不全是因为自己与朱元璋之间有着那种特殊血缘关系的缘故,"自渡江以来,克太平,破陈也先,营取建康,(朱文正)多有战功"(【明】刘辰:《国初事迹》)。换句话来说,朱文正在当时朱元璋政权中算得上是一员久经沙场的年轻"老将"了。面对 60 万陈友谅大军如黑云压城似地压过来,他镇静自若地指挥洪都城内的将士英勇抵抗,也不愧为安徽农民的祖先,他很快想到了很绝的一招:搞了个类似农村联产承包责任制式的作战模式,将洪都城的抚州门等四个主要城门分给邓愈、赵德胜等四个部将承包,让他们各自负责据守一座城门,而他自己居中间调度和节制各军,并率领 2 000 名精兵随机支援。嗨,600 年前的这种联产承包责任制作战方式还真管用,纵使陈友谅下再大的力气,洪都城还是岿然不动,陈军将士拼死拼活拼了好长一段时间,却仍然只能在洪都城外打转。当然对于城内朱元璋军队将士来讲,那可是用宝贵的生命和不屈不挠的精神来谱写洪都保卫战的壮美一曲。

猛将赵德胜当时近 40 岁,但打起仗来却毫不含糊。在战斗中,以一当十,奋勇杀敌。据说赵德胜人长得很黑,可浑身有着使不完的劲,臂力尤其过人,舞起兵器来没人敢上去对阵,人称"黑赵"。可这样一位威猛无比的优秀将领却最终"中流矢

死"。(《明太祖实录》卷12)在倒下之前,他将身上中的箭拔了出来,那箭头已经深入腰腹足有五六公分之深,只听得他长叹道:"吾自壮岁从军,伤矢石屡矣,无重此者。丈夫死不恨,恨不能扫清中原耳!"言毕而绝,时年39岁。(《明史·赵德胜传》卷133)

还有徐明、邓愈等一批英勇的将士,不屈地坚守着这座英雄的城市。

但是,陈友谅的将士实在是太多了,打退了又上来,洪都随时都有沦陷的危险。尽管后来朱文正也亲自上阵了,但洪都城的将士却还是越打越少。这怎么办呢?唯一的办法就是赶紧派人突围出去,给应天城内的朱元璋报信,请求紧急救援。

◎ 张子明讨救兵反倒成了满身是箭的"刺猬"

朱文正派的这个求援特使叫张子明,是个领兵千户。鉴于洪都城早已被里三层外三层地围得水泄不通,张子明只得利用黑夜乘着小渔舟从水关口偷偷地潜出,看到到处都是陈友谅的将士与耳目,他昼伏夜行,走走停停,大约花了半个月的时间才赶到应天南京,那时已经是六月份。当张子民将洪都城的危急形势作了简单介绍后,朱元璋便问起了对方陈友谅的兵势,张子明说:"汉军虽然兵力甚多,但战死了也不少。现在江水逐渐小了,江水一小,汉军那些巨舰作战就会不灵,且听说他们的粮饷也不多了。现在只要发一支援军过去,准能打败他们!"可这时朱元璋的主力军还在庐州,由徐达、常遇春率领屯扎于城下,打算消灭了左君弼后再班师应天,所以说根本无军可援洪都。于是"大忽悠"只好跟张子明说:"你回去跟我侄儿朱文正讲,再坚守一个月,我当亲自来解洪都之围。"(【明】童承叙:《平汉录》;《明史·张子明传》卷133)

"大忽悠"朱元璋真会忽悠,无军可援了就叫侄儿再坚守一个月,说的全是废话。张子明听明白了,讨救兵无望,那怎么办呢?只有回去再说了。可当他走到湖口时却被汉军逮个正着。陈友谅知道他是被派往应大去讨救兵的,心里琢磨着如何利用这个没讨到救兵的倒霉蛋,使对方的军队迅速地土崩瓦解,从而一举攻入城去。

再说张子明被俘虏后,并没有受到半点皮肉之苦。陈友谅还好酒好菜地招待着,要他归降。张子明"答应"了,但陈友谅还要求他:"待到了洪都城外,向城内大喊,救兵不来了,你们快点投降吧!"并保证日后绝不会亏待他。张子明连声地应允说好。陈友谅当即喜上眉梢,事不宜迟,马上带着他上洪都城外前线阵地,正准备下令……没想到张子明张嘴便喊:"弟兄们!好好地守城!咱们的救兵很快就要到了!"话音刚落,说时迟那时快,万箭齐发,顿时张子明全身插满了箭,几乎一点空隙也没有。洪都城墙上守城的兄弟们看到全身插满了箭宛如刺猬却又巍然不倒的张子明,纷纷流下眼泪,男儿有泪不轻弹啊！这下他们化悲愤为力量,双方的交战由此进入了白热化。(《明太祖实录》卷12;《明史·张子明传》卷133。注:《明史》说张子明被汉军用槊杀死,《明实录》笼统说"杀之",明代笔记较多说射杀)

○ 鄱阳湖大战——中世纪规模最大的水上战争——1363.7~8

张子明走后,朱元璋终于幡然醒悟！想起先前刘基的忠告,觉得实在有道理,于是迅速调回在庐州前线拼死作战的徐达、常遇春统帅的主力大军,并传令应天各军事部门做好出征准备。

◎ 康郎山之战 & 朱元璋第一次遇险和韩成代死

龙凤九年(1363)的七月初六,朱元璋带领右丞徐达、参知政事常遇春、帐前亲军指挥使冯国胜、同知枢密院事廖永忠、俞通海等著名将领各率将士,总计20万舟师,会聚龙江,行祭纛旗,然后浩浩荡荡地出发,逆流而上,向着前方江西进发。当时陪侍朱元璋的儒士有刘基、陶安、朱升和夏煜等也一同随军出征。(《明太祖实录》卷12;【清】夏燮:《明通鉴·前编》卷2)

舟师行驶了9天,过了安庆的小孤山,江流湍急,一阵大风刮来,帐前亲军指挥使冯国胜乘坐的船只把控不住,一下子给弄翻了。众人竭力抢救,事实上也并无大碍,但迷信十足的朱元璋却觉得很不吉利,命令冯国胜立即返回应天,不用上前线了。

出行的第10天即七月十六日,朱元璋队伍来到了长江与鄱阳湖交界处的湖口。湖口在鄱阳湖的东北岸,而先前派张子明到应天求救的朱文正镇守的洪都正位于鄱阳湖西南方的平原上,也就是说要想到现场直接援救朱文正他们,还有一大段路要走。就在这时,朱元璋下令,立即停下,派指挥戴德率领一支军伍屯守在泾江口(安徽宿松);另外派一支队伍驻扎在南湖嘴(湖口西北),这样一来就将陈友谅的归路给切断了;另外再派人去调集信州守军守住武阳渡(江西南昌东),防止陈友谅向西逃跑。(《明太祖实录》卷12)

从这样的军事战术布置来看,朱元璋来了一招"围魏救赵"或言"关门打狗",确实要比陈友谅棋高一筹。陈友谅东进时只顾"头",不顾"尾",自己从武昌过来,鄱阳湖湖口等是必经之路,却居然没有设兵把守,这就等于将机会让给了敌人。

再说此时在洪都城下已经"逗留"了85天的陈友谅,听说朱元璋大军前来救助了,瞧着眼前这座城池一时半会儿又拿不下来,心里变得更加焦躁不安了,万一"猪腰子脸"从后方包抄过来，自己的军队就会在洪都城外处于腹背受敌的尴尬状态，弄不好还会全军覆没。这可如何是好？想来想去，只有一条路可走，那就是赶紧撤军！

陈友谅带的是水师，走的是水路，从洪都城下撤军最为便捷的方法就是沿着来时的水路，先东撤到鄱阳湖里，然后再回到长江里。可当他们从洪都撤退且开始东向行军时，鄱阳湖里迎面而来的恰好是自己的宿敌朱元璋军。而此时朱元璋正以逸待劳，给广大将士们做战前动员："两军相斗勇者胜，陈友谅久围洪都，今闻我师至，而退兵迎战，其势必死斗。诸公当尽力，有进无退，剪灭此虏，正在今日！"（《明太祖实录》卷12）

七月二十日，两军相遇康郎山（即今鄱阳湖内康山），当时陈友谅的汉军大约有60万，船大且处于上流。望见黑压压的军阵，朱元璋心里清楚，就自己带的这些军队哪能抵挡得对方，但战场上主帅千万不能怯阵，战斗更重要的是士气，而士气就来自于主帅的鼓励或言"忽悠"。想到这里，他就跟诸将说："你们别看陈友谅人多势众，船只也比咱们强，但实际上这些大船相互连着不利于作战啊，进也不方便，退则更困难，我看我们就能打败他们。"随后下令，将水师分为11队，每队配以火器、弓弩，按序排列，在接近陈友谅船只时一起先发火器，再射弓箭，等到够得着敌舰时再爬上去，展开短兵相接的格斗。（《明太祖实录》卷12）

第二天也就是二十一日，徐达、常遇春、廖永忠等各自率领军队冲入敌阵，展开激烈的拼搏。一时间，"呼声动天地，矢锋雨集，炮声雷，波涛起立，飞火照耀，百里之内，水色尽赤"（【明】童承叙：《平汉录》）。徐达身先士卒，奋勇杀敌，仅他一人就杀了1 500个敌人（战乱中不知这数字是如何统计出来的，笔者怀疑明朝官方在吹牛），还缴获了一条陈军战舰。俞通海接着跟上，利用顺风发射火炮，焚毁敌舟20多艘，杀死或溺死敌人无数。

可陈友谅军中的火炮也不是吃素的，他们立马进行对射，好多好多朱元璋的船只被轰得粉身碎骨，元帅宋贵和陈兆先等相继阵亡。徐达正在搏斗格杀时，乘坐的战船突然起火了，且火势迅速地蔓延开来，这下他可忙坏了，一边救火，一边还要杀敌。朱元璋见状，急忙命令援军赶赴过去救援。徐达乘着援军到来的有利时机，从内往外杀，援军从外往内杀，这下终于将敌兵给杀退了。而就在这期间，陈友谅骁将、太尉张定边经过观察后，终于发现了朱元璋乘坐的指挥船——"白海"船，随即他迅速地靠拢过来。朱元璋一看大势不好，赶紧溜吧，可哪知"白海"船搁浅了，动弹不得。（《明太祖实录》卷12）好家伙，这下可以逮住"猪腰子脸"了！听到张定边的"惊人发现"后，陈友谅命令船舰从四面八方靠拢过去，形势十分危急。

这时有个指挥叫韩成的急匆匆地来到了朱元璋的指挥舱内,噗通一声跪了下来,叩了一个响头,然后声泪俱下地说道:"主公,我跟随您这么多年,您对我恩重如山,我无以回报。现在您有难,该是我尽忠的时候了,您就让我来代您指挥一阵吧!"据说当时朱元璋很犹豫,说是不忍心在这么危险的时刻让手下代替自己,说白了就是替死。而人称这个韩成长相酷似朱元璋,也就是"猪腰子脸",只要他坐在指挥船上,肯定能吸引敌人的注意力,这样就给主公朱元璋创造了逃生的机会。朱元璋当场被感动得热泪盈眶,想想也没有别的办法可以让自己脱险了,只好含泪将袍服冠冕跟韩成换了。再说易装之后的韩成站在船头上,一会儿挥动左臂,一会儿挥动右臂,假模假样地指挥起军队来了,过了一阵,看看自己周围的汉军越来越多,最终他投河自尽了。(【明】郎瑛:《七修类稿上·国事类》卷13;【明】吕毖:《明朝小史·洪武纪》卷1)

张定边将士目睹了这一幕,还真以为是朱元璋死了,开心地齐声高呼,攻势顿时松懈下来。这时常遇春刚好赶来救主,见到张定边,拉开弓箭便射。中箭后的张定边立马开始撤退,而就在这个时候俞通海率领水师将士也赶到了,真是无巧不成书,一直被搁浅的朱元璋乘坐的船只恰巧遇到一个大浪,船舰终于能启动了。众将保护着朱元璋,边战边退。而廖永忠则率领一路水师,拼命追赶张定边,乱箭齐发,陈军将士死伤一大片,就连主将张定边也身中了百箭,最后捡了条小命,溜回了大本营。

再说逃离险境的朱元璋忽然发现猛将常遇春不见了,叫人赶紧回去找找。手下人说:"主公,不用找了,常将军刚刚救您时一不小心将自己的船舰也给搁浅了。"朱元璋下令立即回头去救。可搁浅的大船没有大水,来再多的人也没有用啊。正在大家一筹莫展时,从上流漂流下来的败退战船又恰巧撞上了常遇春的船只,一下子将它撞出了浅滩,这样一来反倒使得常遇春也脱险了。不过此时天色已经昏暗,战斗了一天的双方将士都精疲力竭了,只得鸣金收兵,欲想分出输赢,只能等待明日再战了。(《明太祖实录》卷12;【明】钱谦益:《牧斋初学集·太祖实录辨正》卷101;【明】朱善:《皇明文衡·安定侯程忠愍公神道碑》卷72)

◎ 徐达回守应天　张志雄、丁普郎英雄鄱阳湖

虽然明代流传下来的官史上说,朱元璋军将士如何勇敢,杀敌无数。但从朱元璋、徐达和常遇春等核心人物的屡屡遇险和宋贵、陈兆先等高级将领相继战死的情势来判断,鄱阳湖大战的前几天是陈友谅军占了绝对的优势。正因为如此,当夜幕降临时,心急火燎的朱元璋召集诸将开会,再次申明军纪,并以生死利害关系劝说

将士誓死作战。可愁人的事情还不至于这眼前的,朱元璋"拳拳以根本(指南京,本书作者注)为虑"(【明】高岱:《鸿猷录·克张士诚》卷4),想起此次出征时草草就出发,应天城内虽然留下了颇有能耐的李善长主持日常工作,加上一个走了一半路程被退回去的冯国胜,一个善于行政,对于军事并不娴熟,另一个威望不足。要是这时候平江城里的那个盐贩子来偷袭的话,后果不堪设想。想到这里,朱"圣人"几乎是一身的冷汗,当即下令徐达连夜赶回应天,以防后方大本营被人偷袭。

在做好这等准备后,朱元璋又迎来了吉凶未卜的新的一天,即七月二十二日。这一天朱元璋一大早就让人吹起了号角,集中队伍,布阵对敌。不一会儿,陈友谅军队来了,双方立即又展开了殊死的厮杀。由于陈友谅的船舰造得十分高大,连在一起就能摆成一个巨阵方形,像一座巍峨的高山堵在朱元璋军将士的面前;而朱元璋船只偏小,显得势单力薄,很不利,但将士们并不气馁,相反表现出视死如归的英雄气概。院判张志雄原是陈友谅的老部下,那天他乘坐的船只一开始就遇上了倒霉事,桅杆断了,在水域里碰到这样的事情就等于是束手待毙了。陈军将士一见到过去的"老哥儿们"如等窘迫,立马将船只围拢过来,将张志雄围死在里头,然后几十条长枪乱扎起来,张志雄拼命抵抗,最终实在是无力还击了,自刎身亡。(《明史·赵德胜传附南昌康郎山两庙忠臣传》卷133)

丁普郎,原先也是陈友谅的部下,后来成为了朱元璋底下的一员杀敌猛将,陈友谅终于尝到自己种下的苦果了。在发动第二次政变中,他使用极为卑鄙的手段将西线红巾军中德高望重的大将赵普胜给杀害了,这种不仁不义的丑恶行径为当时军中很多将领所不齿。其中就包括赵普胜的好兄弟——丁普郎。丁普郎与赵普胜情同手足,有福同享,有难同当。赵普胜被暗害后,丁普郎便怀着对陈友谅的刻骨仇恨,乘着陈军在龙湾、安庆等一系列军事惨败之机,率部下投靠了朱元璋,并立下誓言:有朝一日,一定要为赵普胜报仇!

今天终于等到了为哥儿们报仇的机会了,丁普郎抱着视死如归的态度,豁出命来跟陈友谅拼个鱼死网破。只见得他身中10多处枪伤,却还在没命地砍啊、杀啊,据说在杀死了多名陈友谅大将后,突然间他的头被人一刀给砍了下来,但手里的武器还在不停地挥动着,且身体久久不倒。见此,陈友谅的部下都给吓坏了,心里直犯嘀咕:我的妈呀,这到底是人还是鬼神啊!?由此可见,丁普郎至死心中还有一团仇恨的火在熊熊地燃烧着。除此之外,还有余昶、陈弼、徐公辅等一批优秀将士都是在那天战死的,他们谱写了鄱阳湖大战极为悲壮的篇章。(《明史·赵德胜传附南昌康郎山两庙忠臣传》卷133;《明太祖实录》卷12)

◎ 朱元璋军血战鄱阳湖的"止血药"——火攻

尽管朱元璋军将士作战相当勇敢,但还是没能抵挡住陈友谅军的强大攻势。看到自己的队伍不断退却,朱元璋来火了,将几个领头的队长给杀了,可没想到军队还继续往后缩,一连杀了10多个队长都不管用。这时部将郭兴(又名郭子兴)跟朱元璋说:"主公,不是我们将士不听命令,而是敌我船只大小太过于悬殊,陈友谅的大船高达几丈,而我们的小舟就漂在水面上,一旦'冲锋'起来,即使大家都得仰着头,但还是见不到敌人在哪儿,你说我们怎么个'冲'法?现在惟一的办法是用火攻了!"朱元璋当即采纳建议,命令常遇春等人调用了7条渔船,装满了芦苇等易燃品,再放上火药,船上还用稻草扎成一个个"稻草人",给它们穿上甲胄,"手"里绑上兵器,然后再叫敢死队成员扶住"稻草人"。这7条船的后边都系上一只小小的小船,用来点火后逃跑用的。

一切都准备妥当了,只等待有利的风向了。那日下午申时即下午3点到5点,先前还和风万里的天气,突然间风向转变,东北风大起。陈友谅军一下子由上风转为了下风。朱元璋看到火候到了,下令敢死队出发。7条装满火药的船只如离了弦的箭,直冲陈友谅的大船,没过多久,火苗四处燃起,大风呼呼地吹着,顷刻间火势弥天漫地,庞大威猛的陈友谅军战船乱作一团,数百只船舰被大火吞噬,只见得"烟焰涨天,湖水尽赤,死者大半",陈友谅的弟弟陈友仁、陈友贵及其平章陈普略等都被一一烧死。朱元璋见此情形,立即指挥将士们追杀敌军,当天仅被杀的敌人就有2 000多。尤其是那个外号叫"五王"的陈友仁,非常了得,尽管只有一只眼,但骁勇善战,与张定边等人一起,被陈友谅视为左膀右臂,让人没想到的是,他在这场大火中也被活活烧死了,陈友谅"为之丧气"。(《明太祖实录》卷12)

◎ 借粮1万石 朱元璋第二次遇险和刘基救主 陈、朱两军对峙的开始

以上是明代官方的说法,但从鄱阳湖大战的第四天即火攻后的第二天战场实际形势来看,陈友谅的汉军依然十分凶猛,不仅没有退却,反而步步紧逼,好似在作最后的一赌。朱元璋乘坐的"白海"船一露面就遭到了陈军将士的围攻,形势很不利。尽管将士们都拼死作战,但一天下来,双方还是没能决出胜负来。就在这时,儒士朱升向朱元璋进言道:"主公,陈友谅倾国而来,可能他的家底全用上了,人是多了,可粮饷需求也多啊。你想他60万大军每日光军饷消耗也够他受的了,我估计他现在可能开始缺粮了。我军既然已在南湖嘴布下了军队,绝了他的归路,只要他粮饷发生危机了,我们再发起总攻,不可能摧不垮他的。"朱元璋听后叹了口气,

然后说："先生的主意很不错，可惜我军的粮食也没多少了。"朱升听说是这样的情况，赶紧献计："离这里100里左右有建昌、子昌、天保和刘椿四户大户人家，家里有的是粮食，主公应该赶紧派人去向他们借，免得让陈友谅给抢先了。"朱元璋一听，觉得朱老先生的主意不错，立即派人出去办理，共弄到粮食10 000石。(【明】朱升:《朱枫林集·翼运绩略》卷9)

那天夜里朱元璋一人坐着，回忆起近日发生在眼前的一幕幕，突然间想到：自己在大白天老被陈友谅军给盯上的原因，就是乘坐的那条指挥船是白色的，特别显眼。想到这里，他马上吩咐手下人通知相关人员，连夜突击，按照自己坐的指挥船的模样，将将士们乘坐的所有船只的桅杆和船身全部漆成白色，这样一来，上了战场，陈军将士就不容易辨别出哪一条船才是指挥船了。

在做好上述准备工作后，朱元璋又满怀信心地投入了第二天即七月二十四的战斗。这天战斗还是十分激烈，尤其是上午9点到11点近午时刻，上演了令人唏嘘不已的惊险一幕：陈友谅正坐在他的高档楼船船舱中观察着敌阵，忽然看到了一条白色大船上有人在手舞足蹈地比划着什么。不用说，那肯定是朱元璋了，于是吩咐手下人让将士们将炮口调向白船，准备轰击。而此时正在出神入化地指挥作战的朱元璋却对死神的临近全然不知，恰巧刘基也在观察战阵，忽然发现陈军炮口在转向主公朱元璋了，说时迟那时快，他立即跳到那白船上，拉了朱元璋就走。当两人刚刚跳到另外一只小船上时，陈友谅的炮弹已经击中了那只白船，把它打得稀巴烂。看到眼前惊险的一幕，朱元璋倒抽了一口冷气。再说此时的陈友谅看到朱元璋坐的白船被打得粉碎，当即欣喜若狂，但过了一会儿发现"老冤家"没死，正坐在另一条船上指挥着，不觉得大惊失色。(《明史·刘基传》卷128)

这时俞通海、廖永忠、张兴祖、赵庸等将领率领6艘小型战船闯入了陈军船队，陈军巨舰想联合起来驱赶他们，可一会儿时间怎么找也找不到他们了。再说朱元璋与手下人凝视着远方许久，也见不到自家的船只，心想:坏了，又给陈军打沉了。正当大家绝望之际，6艘小型战船犹如游龙一般从陈军巨舰尾部缓缓绕出，这下可把朱元璋军将士给乐坏了，顿时大家勇气倍增，纷纷全力奋击。据说当时杀声震天响，鄱阳湖中浪涛弄得几丈高，就连太阳也差一点给遮没了。这时陈友谅临时抽丁而来的"蓬合"军士气低落到了极点，本身他们又没有经过好好地训练，好多人连兵器都不会用，不会用兵器就往湖里扔，顿时旗鼓器仗漂得满湖面都是，陈军大溃。幸好这时悍将张定边及时出来收拾残局，他边战边退，保护着陈友谅一直退到了鞋山(今鄱阳湖中的大孤山，位于湖口南)，原本打算从这里经由湖口逃入长江，没想到已让朱元璋又占了先，只好敛舟固守。(《明太祖实录》卷12)

你陈友谅免战，人家朱元璋可来劲了，派人数次上前挑战，陈友谅都置之不理。既然无法今日做个了断，那就在敌军近距离范围内先扎下营盘再说吧，于是朱元璋带领将士们来到距离陈军军营5里左右的柴棚临时扎营。一扎下营，朱元璋还不死心，又派人到陈军附近去挑战，可陈友谅如王八吃了秤砣似地铁了心不上当。这样一来，好多将领出来向朱元璋提议，士兵们都累了，反正现在仗也打不成，不如撤军休整一番。朱元璋说："这怎么行，两军相持，谁先退谁倒霉。"可水师将领俞通海却不同意这样观点，不过他说话比较委婉："主公，这里湖水较浅，不利于作战，不如我们将船只开往可控的上游去。"这时刘基也在暗中劝说，移师湖口，择日再战，朱元璋终于松动了，当晚将军队驻扎到了鄱阳湖东岸边上的左蠡（今江西都昌）。陈友谅见到敌方移营了，顿时心里也松了一口气，移泊鄱阳湖西岸潴矶（江西星南）。就这样，面对着面，双方远距离相互对视着。（《明太祖实录》卷12）

◎ 斗智又斗勇：朱陈两军相持鄱阳湖半个月

朱、陈两军在鄱阳湖里相持对峙了3天，陈友谅有点耐不住了，向手下部将征询对策。右金吾将军提议：要想摆脱目前的僵局，最好是焚舟登陆，往西南方向去，进入湖南，图谋东山再起；可左金吾将军却认为，战争打到了这一步，就差那么一点点就可决出胜负了，为什么还要撤退？陈友谅听听两人讲得都有道理，但最终还是决定采纳右金吾将军。左金吾将军看到自己的建议没被采纳，怕陈友谅怪罪他尽出馊主意，干脆来个脚底下抹油——溜了，投奔了朱元璋。右金吾将军听说左金吾将军投降了，感觉自身阵营力量大减，跟着陈友谅已没什么出息了，也偷偷地跑到朱元璋这边来了。这样一来，陈友谅的兵力更加削弱了，他想想原来那么强大的军事力量尚未取胜，更何况现在这个样，算了，还是登陆跑吧！就在这时，手下有人来报：朱元璋派人送来一封信。陈友谅赶紧将信拆开，只见上面写着："方今取天下之势，同讨夷狄以安中国是为上策，结怨中国而后夷狄是为无策。曩者公犯池州，吾不以为嫌，生还俘房，将欲与公为约从之举，各安一方，以俟天命，此吾之本心也。公失此计，乃先与我为仇，我是以破公，江州遂踪，靳黄、汉沔之地因举，龙兴十一郡奄为我有。今又不悔，复启兵端，既困于洪都，两败于康山，杀其弟侄，残其兵将，损数万之命，无尺寸之功，此逆天理、悖人心之所致也！公乘尾大不掉之舟，顿兵敝甲，与吾相待，以公平日之狂暴，正当亲决一战，何徐徐随后？若听吾指挥者，无乃非丈夫乎？公早决之。"（《明太祖实录》卷12）

没等读完信，已如斗牛场上红眼公牛的陈友谅立即将朱元璋的来信撕得粉碎，并下令将其信使扣押起来，把战俘们一一押上来，让手下大嗓门的扯开了嗓子，每杀一俘虏就喊几句劝降话,想以此来震慑朱元璋军将士。结果适得其反,大家都对他的杀俘行为深恶痛绝。不过这时的陈友谅也明白,发火归发火,现在还不能跟朱元璋硬拼,只能寻找时机,争取赶回武昌去,日后再来报这个仇!

见到陈友谅如此谨慎,朱元璋则来得更加小心,不仅不杀陈军俘虏,将他们全给放了,有伤的治伤,甚至赐予药物,再遣送他们回家,而且还假模假样地在军中祭奠起战斗中死难的陈友谅兄弟和他军中将领,弄得人人都说朱元璋仗义,有人情味。陈军战俘们一旦回去了,就自然而然地给朱元璋充当义务宣传员,这下陈友谅军的军心动摇得可厉害了。

双方相持了半个多月,陈友谅局促在鄱阳湖船舰上无法外出;而一直在不远处死死看住他的朱元璋则利用这样间隙,一边派兵攻占"大汉国"控制的蕲州、兴国等地,一边亲自坐镇湖口,封死鄱阳湖进入长江的通道,等待陈友谅不战自降。(《明太祖实录》卷12)

时间一天天地过去,陈友谅开始吃不消了,最头疼的是军中粮食快要没了。怎么办?有人给他出主意,到鄱阳湖周围地区去抢啊!陈友谅听后觉得这个点子不错,当即派了500艘船只上鄱阳湖东岸的都昌等地抢劫了一通。就在满载而归时,不曾想到被洪都城拉锯战中的老对手朱文正给发现了。这"小杆子"大都督可绝了,命令手下人偷偷地追赶过来,把陈军抢来的粮食一把火给烧个精光。(《明太祖实录》卷12)

◎ 汉军突围:由湖口改为泾江口　朱元璋第三次遇险和陈友谅败亡

日益穷蹙的陈友谅听到消息后顿感五雷轰顶,上天无路入地无门,继续困在鄱阳湖里只有死路一条。在这万般无奈的情势下,八月二十六日他率领百余艘楼船开始冒死突围,想通过南湖嘴进入长江,再退回武昌去。前文说过,在鄱阳湖大战之前,朱元璋就在南湖嘴一带设兵防守,所以当陈友谅行军到湖口时就遭到了朱元璋舟师的猛烈打击,双方战斗异常激烈。从上午8点左右一直打到下午6点左右,虽然谁也没有赢了对方,但对于想要突围的陈友谅军来说显然是不利的,或至少说从湖口逃生肯定是走不成了,只得改向泾江口。可到了泾江口,战斗则更加惨烈,据说朱元璋当时冒着雨点般的流矢亲自坐在胡床上指挥作战,喊杀震天动地。就在这时随军老书生朱升偷偷出来观察战势,忽然发现主子朱元璋坐的那胡床光秃秃的,没什么遮挡,十分危险。他顾不得多说,一把将朱元璋推进了船舱,刚进船舱,一支飞箭射中了胡床,好险啊!(【明】朱升:《朱枫林集·翼运绩略》卷9)奇妙的历史镜头同样出现在敌方,就在这个时候,陈友谅正趴在船窗上笑着张望,眼疾手快的朱元璋舅子郭英拉弓搭箭，"嗖"的一声，飞箭直穿陈友谅的右眼，箭心直达脑颅，44岁的大汉皇帝当场就一命呜呼。(《明太祖实录》卷13；《明史·陈友谅传》卷123，【明】郎瑛：《七修类稿·郭四箭》卷24，但也有人说不是郭英射的)

　　大汉皇帝死了，底下将士们哪有什么斗志了，太子善儿、平章姚天祥、陈荣、参政鲁某、枢密使李才、"小舍命"、王副枢、贾金院及指挥以下，共计有50 000人马投降了朱元璋。但太尉张定边却对陈友谅十分忠心，一边下令手下人拼死抵抗，一边抓紧时间，料理陈友谅后事，将其尸体及其儿子陈理用小船偷偷运出，连夜逃回武昌，随后立陈理为大汉皇帝，改元"德寿"。(《明太祖实录》卷13)

　　至此，惊天动地的鄱阳湖大战以陈友谅的惨败而降下帷幕。鄱阳湖大战前后经过了40天，双方共投入了大约80万的兵力(朱元璋20万，陈友谅60万)，因此人们常说它是中国甚至是世界中世纪史上规模最大的一次水上战争。交战双方的死伤人数都很大，但并无精确的死亡数字。据有关资料上讲，鄱阳湖大战到了后来湖面上到处都漂着死尸，鄱阳湖水都被双方战士的鲜血染红了。有些书上甚至讲到：几十年后鄱阳湖周边的人们都不敢下去捞鱼摸虾，因为一不留意还会碰到死人的尸骨。(李亚平著：《帝国政界往事·大明王朝纪事》，北京出版社2005年10月版)另据著名明史专家黄云眉先生的考证："鄱阳湖之战，《实录》及诸书过于夸饰，不足尽信。"——黄云眉：《明史考证》第1册，P10，中华书局1979年9月第1版)

○ 朱元璋3次亲征"大汉国"　武昌围城战与陈理投降——1364年

　　张定边带着陈理逃走时，朱元璋军诸多将士建议，迅速追打，直捣陈友谅老巢武昌。可朱元璋并不赞成，他认为若乘胜追击，"覆巢之下，有完卵乎"？更何况兵法有言："穷寇莫追！"追急了，"彼必死斗，杀伤必多"。(《明太祖实录》卷14)其实朱元璋只说了一个原因，还有一个原因就是他"心忧建康，恐张士诚乘虚入寇"(【明】高岱：《鸿猷录·克陈友谅》卷3)。因此在鄱阳湖大战结束时，只派了一支小股部队继续追踪张定边，而他自己则率领将领们直接回了应天。想起这惊心动魄的40天鄱阳湖大决战，朱元璋唏嘘不已，百感交集，跟随身的军师刘基曾这样说道："我不当有安丰之行。使陈友谅乘我之出，京师空虚，顺流而下，捣我建康，我进无所成，退无所归。友谅不攻建康而围南昌，此计之下者，不亡何待！"(【明】刘辰：《国初事迹》)

　　说实在的，这次大战朱元璋打是打赢了，但也打得精疲力竭，该是休整一番了。

　　大约经过半个月的休养生息，到了九月十六日，朱元璋再次集结队伍，统帅常遇春、康茂才、廖永忠和胡廷瑞等将领，带领一大批将士，开始第二次亲征"大汉国"。十月初,朱元璋水陆大军到达武昌城下,鉴于相隔了半月之余,大汉国肯定经过了一番调整,硬攻绝非是上策,朱元璋决定采取围而不攻的策略,命令常遇春等在武昌城4个主要城门外竖立木栅,建起围城工事,又在长江里将一艘艘船舰连起来,组成长寨,断绝武昌城的进出通道。与此同时,又派出部分将士去攻打"大汉国"的汉阳、德安等州郡。"大汉国"最近可惨了,死了"爹娘老子"陈友谅,各地臣民成了"没爹没娘"的"孩子",这些"孩子"很听话,来了个新的"大救星",大家纷纷来投奔。因此,武昌城周围几乎不费什么力气,就让朱元璋给占领了。(《明太祖实录》卷13)

再说武昌城自十月初被围后,陈理与张定边一直坚持不降。一晃两个月过去了,年关即将到来,作为一方领袖的朱元璋惦记着应天城里的那些事,他决定先回去一趟,于是下令由常遇春任武昌前线军事总指挥,然后语重心长地告诉常将军:"张定边与陈理现在就好比是笼子里的狐狸,关久了自然而然会驯服的。我不在时,他们要是出来进攻、挑衅,不要去睬他们,你们只要坚守好营栅,我就不信他们会不投降!"说完他就回了应天。(《明太祖实录》卷13)

朱元璋回应天呆了近两个月,处理了一些政事后,发现武昌还没有传来捷报,不免又开始有些着急了。二月初一,在做了一些简单准备后,他开始了第三次亲征"大汉国"。半个月后的二月十七日,到达武昌,忽然有人来报:洪山附近发现一股部队正在陆陆续续往这边过来。朱元璋赶紧问常遇春:怎么一回事?常遇春说:"据我军谍报人员侦察到的情报来讲,数天前的一个晚上,陈理与太尉张定边利用月黑风高的夜间,派人从观音阁那头城墙处吊着绳子逃出武昌城,前往岳州,向那里的守将丞相张必先求援,估计现在洪山一带的那部分部队就是张必先的。"听到这里,朱元璋立即命令常遇春带上5 000精兵前往洪山去迎战。

常遇春向来以快速闻名,洪山附近的部队还没有集结好,忽然遭受意想不到的打击,顿时队伍稀里哗啦全散了,主将张必先也糊里糊涂地当了俘虏,被逮到了朱元璋面前。朱元璋随即展开了对他的劝降工作,张必先是个爽快人,一下子就答应了,这事影响很大。张必先在陈友谅政权中很有地位,且骁勇善战,人称"泼张",本来张定边与陈理指望他从外围进攻,打垮朱元璋军,从而解救武昌城。现在倒好,连"泼张"也给俘虏了,而且这个"泼张"还充当起朱元璋的义务说客,只见他站在武昌城下,扯开了嗓门喊着:"主公(指陈理)、太尉(指张定边),我张必先今天落到这步田地,看来我们的事情是成不了。太尉老兄,你们还是应该为自己多考虑考虑,赶紧投降了也好!"张定边听到张必先的喊话,当场给气晕过去,事后仍坚持不降。(《明太祖实录》卷14)

怎么办？朱元璋叫人观察四周的地形地貌。忽然有人来报，说："这武昌城外东南方向有座高冠山，要是能登上高冠山，武昌城内的一草一木尽收眼底。"听到这里，朱元璋随口便喊："谁能夺下此山？"只见傅友德一个箭步上前作揖："主公，末将不才，愿意效力！"朱元璋说："好啊，那就辛苦你啦！"只见傅友德蹬腿上马，带了100来个兄弟飞也似地往着高冠山方向去了。不到半个时辰，有人回来报告说："高冠山已拿下！"朱元璋立即来到山巅，俯视武昌城，看到城里一片萧条。5个月了，怎么会不萧条呢？再不拿下武昌城，不知还会有多少草民要受罪啊！想到这里，他将陈友谅的降臣罗复仁叫来，让他到武昌城里去好好劝劝。罗复仁说："主公仁爱百姓，我们都知道，只是陈友谅的遗孤陈理最好能保全。主公您答应了，我老罗就不会食言，也算对得起以前的主子，死也无憾啊！"朱元璋听后大笑说："我倒以为什么呐，原来就这个要求，我答应您老罗。其实你也看到了，不是我军队没这个实力打下武昌，实在是不忍心伤害无辜的生灵，在武昌城下驻扎了这么久，就是想让陈理与张定边自愿归降。现在你可以放心去，我绝对恪守我们之间的诺言！"

（《明太祖实录》卷 14）

只见罗复仁颤颤巍巍地来到了武昌城下，一把眼泪一把鼻涕，呜呜地边哭边说着，武昌城头的卫兵见此报告了陈理。陈理一听是老爸的老臣，爷爷级别的"老罗"，赶紧让他进来。此时此刻，一老一少，"君臣"相见，抱头痛哭，哭累了坐下来休息一下。老罗说起了朱元璋，说起了他的劝降优惠政策及其诺言，陈理最终被说动了，答应投降。

而后便举行受降仪式，只见陈理衔璧袒肉，带了太尉张定边等走出武昌城，来到朱元璋军门前，跪在地上。朱元璋十分"仁慈"地上前扶起陈理，接受了投降。历时 6 个月的武昌围城战至此结束。（《明太祖实录》卷 14）

○ **南京总统府所在地汉府街地名是怎么来的？**

之后朱元璋将陈理带到了应天，封他为汉王，大概是因为他父亲陈友谅自称"大汉皇帝"而降了一格吧。据说朱元璋还给了陈理一个府邸，让他住在如今南京长江路边上的汉府街。这样看来，待他可真不薄啊！然而史书记载说，陈理因所封"汉王"地位低微而心怀怨言，结果后来连汉王也没有当成，而是被发配到了朝鲜去。那么这件事情是否可信呢？

我们不妨思考一下，琢磨一下。

翻阅史料，我们综合各种因素大概可以这样认为，有的书上讲，陈友谅 30 多岁都没有碰过女人，在他遇到倪文俊的小老婆之后，两人结婚也好姘居也好，反正生了个小孩。从那时到陈友谅死,也不过10年光景。换句话来说,之后被带到应天来的陈理,当时还只是个10岁左右的娃娃。一个娃娃被封了王,他能有什么怨言呢?我想是不会有的。10岁的孩子顶多也就懂得吃、懂得玩吧。这样想来,无非是朱元璋为了剪除可能的潜在后患——对敌人的遗孤信不过,所以找了个借口,说他心怀怨言,这样才有冠冕堂皇的理由将他发配到朝鲜去。

但《明实录》和《明史》是这么说的:陈理最初被朱元璋带到应天封的不是什么汉王,而是侯,叫归德侯。(《明太祖实录》卷14)洪武五年,陈理与另一个农民起义领袖明玉珍儿子归义侯明升一同被迁往高丽(即今天的朝鲜),并赐高丽王的服饰冠冕,大概是叫他们当"客家"朝鲜王。这就是历史上第一任汉王的命运。

除了这第一任汉王,明朝历史上还曾有过两个"汉王",然而这三个汉王就像无形当中中了咒语一般,他们的命运都不佳。

第二个汉王就是朱元璋的第十四个儿子,封了没有多长时间就改封为肃庄王,有学者专家考证说,他在应天并未建造过王府。

第三个汉王就是明成祖朱棣的二儿子朱高煦,这可不是个省油的灯!可他却正儿八经地在应天开府的,建了自己的花园、宅子,规模还挺大。今天我们看到在汉府街煦园一带的建筑,据说不少就是那时候保留下来的,就连"煦园"的名字也是因为朱高煦建造而得来的。宣德元年朱高煦因发动叛乱被逮,让侄儿皇帝朱瞻基放在铁板上火蒸,最终给活活蒸死了。(【清】谷应泰:《明史纪事本末·高煦之叛》卷27)

南京汉府街明代汉王的命运大致如此,不过当过汉王的陈理后来总算还得了个善终,迁徙到朝鲜,客死异国。但实际上当年陈理投降时,"大汉国"尚未彻底完蛋,潭州的陈友谅哥哥陈友才和左丞王忠信以及赣州、江陵与韶州等地的守将张秉彝等人,仍然迟迟不肯归降。朱元璋派遣徐达、常遇春、邓愈和杨璟等将领分路进讨,直到1365年正月,韶州、南雄的守将张秉彝、孙荣祖等"各籍其兵粮米降"为止(《明太祖实录》卷14~15),陈友谅的"大汉国"地盘才全归朱元璋所有。

● "大一统"帝国再建之雏形——南京吴王政权

打败了陈友谅,灭了"大汉国",湖广、江西地区尽归朱元璋掌控,长江中游地区实现了统一,朱元璋在重建"大一统"帝国的过程中又成功地跨上了一个台阶。就在这时,应天城里以李善长、徐达为首的文官武将纷纷上表劝进,请求朱元璋登基称帝,但遭到了拒绝。朱元璋之所以拒绝,不是因为他不想做皇帝,有人说,我们中

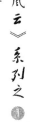

国人个个都想当皇帝,我看也差不多。但当皇帝要讲究天时地利人和等诸多条件,而事实上自从南略定远那时起,在冯国用兄弟、李善长、陶安等一系列文人儒士的影响下,朱元璋的帝王梦正在不断地做大做强,什么虎踞龙盘,什么"高筑墙、广积粮、缓称王",说白了就是当年的朱重八现在要做"大一统"帝国历史上的第二个平民皇帝。虽然攻灭了陈友谅,统一了长江中游地区,但北方还有残元,东部还有张士诚,东南还有方国珍和陈友定,等等。综合起来看,"火候"还没到,朱元璋摸准了,于是跟大家说:"戎马未息,疮痍未苏,天命难必,人心未定,若遽称尊号,诚所未遑。"那么到什么时候可以称帝了呢?他接着解释:"等到天下大抵平定时,我再称帝也不迟啊!"(《明太祖实录》卷14)

　　称帝这样惊天动地的事情暂缓,但并不意味自己的政权建设和统治秩序一切照旧,事实上完全可以以实验性的形式对未来大一统帝国的管理秩序作个大致建构,一来为下一阶段的统一进程做个准备;二来对于近些年来做出巨大贡献的文官武将作个适当的职位晋升,不能以老一套将就着,弄得大伙儿都没积极性;三来自己被封为吴国公也有些年头了,也不能老称"公",就连平江城里的那个称王的盐贩子都不如,那我接下来还怎么能去讨伐他?所以最终朱元璋来了个折中的做法,于龙凤十年(1364)正月在应天城称吴王,建百司官属,置中书省,以左、右相国为正一品,平章政事为从一品,左、右丞为正二品,参知政事为从二品,左、右司郎中为正五品,员外郎为正六品,都事、检校为正七品,照磨、管勾为从七品;参议府参议为正三品,参军、断事官为从三品,断事、经历为正七品,知事为正八品,都镇抚司都镇抚为正五品,考功所考功郎为正七品。任命李善长为右相国(明代以前尚右,所以右相国职位要高于左相国)、徐达为左相国,常遇春、俞通海为平章政事(相当于副相国),汪广洋为右司郎中,张昶为左司都事,等等。(《明太祖实录》卷14)

　　看了上述这般建制,熟悉中国历代典章制度的读者朋友肯定会觉得:朱元璋的这般中央官职设置已非昔日的行省机构同日而语了,简直就是一个地区性统一帝国的雏形。不过朱元璋的聪明就在于他当时不称帝,而称王,且这个王还是小明王的一个臣属,就连发布公文与命令也没忘了将那个在滁州供养着的小明王放在前头:"皇帝圣旨,吴王令旨",表示他仍尊奉龙凤为正朔(【明】祝允明:《九朝野记》卷1;【明】陶安:《陶学士文集》卷5),这样做至少有三大好处:第一,尽可能减少受人攻击的把柄,与朱升提议的"缓称王"精神暗合;第二,"尊奉"小明王,将他捏在自己的手里,可以"挟天子以令诸侯"。现在还需要就把你小明王放在滁州养着、供着,将来不需要时就可以随心所欲地处置——废了或暗中搞掉都可以,事实上后来朱元璋称帝前夕就派人到滁州去"接"小明王,手下人巧妙地帮他解决好了问题(详见

《大明一统》);第三,北方红巾军失败了,西线红巾军也没了,好多老红巾军将士心里确实不太好受。不是明教讲的:天下大乱,马上就要"明王出世,弥勒下凡"么?谁是明王?不就是小明王么!他"老人家"被朱元璋安排得有吃有穿,生活悠闲得像弥勒佛一般。这就充分表明了朱元璋政权依然是红巾军系统的,这样可以抚慰军中占据了很大比例的红巾军战士,让他们为自己的帝王事业拼命。所以说从这样角度来看,朱元璋确实做得比陈友谅要聪明得多,也比张士诚要强得多。

以上这些都是准中央级别的行政、军事机构的设置。事实上在军事机构设置方面,1361年三月朱元璋就已经做过一次改制,将枢密院改为了大都督府,任命自家侄儿枢密院同金朱文正为大都督,节制中外诸军事。(《明太祖实录》卷9)

打败陈友谅后他主要针对各翼统军元帅府以下的军制进行了统一性改革。朱元璋军队在前期战争中沿用了元代或龙凤政权的做法,在枢密分院下设各翼统军元帅府,1364年三月起,"悉罢诸翼而设卫",当时设有武德、龙骧、豹韬、飞熊、威武、广武、兴武、英武、鹰扬、骁骑、神武、雄武、凤翔、天策、振武、宣武、羽林十七卫亲军指挥使司(《明太祖实录》卷14);并开始推行部伍法,规定:"今诸将有称枢密、平章、元帅、总管、万户者,名不称实,甚无谓。其核诸将所部,有兵五千者为指挥、满千者为千户、百人为百户、五十人为总旗、十人为小旗"。(《明太祖实录》卷14)由于朱元璋崇尚火德,遂"以火德王色尚赤,将士战袄、战裙、壮帽、旗帜皆用红色。头目马用大黑领答罕、大黑蠹头,以壮军容"。(【明】刘辰:《国初事迹》)

在进行中央军政机构构建的同时,朱元璋还着手开始地方行政机构的建设。朱元璋政权地方行政机构最初是沿用了元代的做法,设立行省、府、州、县等地方建置。就从行省角度来讲,龙凤四年(1358)设立的浙东行省是朱元璋政权建立的第一个地方性省级行政机构,龙凤十二年(1366)废置,改立为浙江等处行中书省;龙凤八年(1362),设立第二个地方性省级行政机构——江西等处行中书省(《明太祖实录》卷10);龙凤十年(1364)二月消灭"大汉国"后设立湖广等处行中书省(《明太祖实录》卷14);龙凤十年(1364)七月攻克庐州后,设立江淮等处行中书省。(《明太祖实录》卷16)

从地盘的迅速扩大到地方政权的增多,改称吴王后的朱元璋应天集团对于各级官员的需求缺额还是相当大的。为了解决好这个问题,除了继续礼聘文人学士外,朱元璋还号召人们荐举。荐举是其一贯使用的用人途径,为确保自己不断取胜,朱元璋在进行统一战争过程中常常礼贤下士,优待降人和文臣儒士——这跟他立国后的做法判若两人。"先是上(指朱元璋)聘诸名儒集建康(即应天南京),与论经史及咨以时事,甚见尊宠"。1363年在南京吴国公府边上盖起了礼贤馆,礼贤馆里云集了一批全国一流的知识分子,如刘基、章溢、宋濂、苏伯衡、陶安、王祎、许元、王天锡等(《明太祖实录》卷12)。不过朱元璋并不以此满足,还不断地下令,让大家荐举,甚至在吴元年时传谕中书省告示各地,实行科举,分设文武两举。不过这样的理想官僚人才选拔制度得以真正实行还在全国大致统一后。

以上种种举措表明:消灭陈友谅军事集团后,在重建"大一统"帝国过程中,以应天为中心的朱元璋集团又跨出了很重要的一步,即为下一个阶段的统一行动做好了充分的准备。

先翦羽翼再取苏城　三部曲东灭张士诚(1365~1367)

● 无声的战争与不自信的张士诚改称吴王

按照先前与刘基商议制定的统一全国的策略:先西后东或称先陈后张,先南后北。龙凤十年(1364)开始,在西线陈友谅势力被翦灭的情势下,朱元璋将统一战争的进攻目标作了根本性的转向——东灭张士诚。

○ 对形势的正确把握与无声的"外交"战争

那年四月朱元璋在与孔克仁等侍臣谈论前代成败之事时这般说道:"当今天下,拥有相当实力的军事集团势力屈指可数,在北方的河北有孛罗帖木儿,河南有扩廓帖木儿,关中有李思齐、张良弼;在南方就我和东邻张士诚了。尽管张士诚十分狡猾,派了不少间谍上我们这边来侦查,但他管理能力很差,以我方数十万的兵力固守疆土,修明军政,同时委派将帅伺机而行,我想东灭张士诚应该不在话下!"(《明太祖实录》卷14)

从这段谈话中我们不难发现,当时朱元璋已经将东灭张士诚提到了议事日程上来了,但他同时又注意到北方几个邻居,尤其是紧邻自己的中原割据实力派扩廓帖木儿,朱元璋对其处置十分谨慎和"友好"。扩廓帖木儿与孛罗帖木儿是当时北方地区两个最大的割据势力,与元廷有着错综复杂的关系,为了争抢地盘和扩大各自的势力,两者经常大打出手。在朱元璋消灭陈友谅时,扩廓帖木儿占据了上风,至正二十五年(1365)九月出任元廷左丞相,但因为得罪了朝廷的权贵势力,只做了两个月的丞相工作,他被迫辞职,外出治军。当时元顺帝封他为河南王,让他统领全国兵马,平定南方之乱。这样一来扩廓帖木儿就回到了河南,驻军彰德(即近代大奸贼袁世凯老家河南彰德),飞檄各处诸侯,声言要会集各路兵马进行南征。可关中地区的军阀李思齐、张良弼等却根本不予理睬,这下可惹恼了扩廓帖木儿,他带兵西进关中,征讨李思齐等。元末军阀混战闹剧愈演愈烈,元顺帝诏令南征之事早就成为了一纸空文。(【元】权衡:《庚申外史》卷下;《元史·察罕帖木儿传》卷141;《元史·扩廓帖木儿传》卷141;《元史·顺帝九》卷46)

中原乱成一锅粥,这就大大便利了朱元璋南方统一运动的开展。为了防止东灭张士诚军事行动过程中可能出现腹背受敌的尴尬局面,从龙凤十年(1364)正月起,"大忽悠"朱元璋继续推行先前的交好北方策略,频频遣使北上,主动"示爱",大打"太极"。龙凤十年年底在给扩廓帖木儿的信中,他对其养父察罕帖木儿大加赞赏,并十分同情地说道:令尊的不幸遇害使得一时豪杰莫不悼惜。接着就歌颂起扩廓帖木儿本人,称赞他"孝切于衷、勇发于义,鼓率愤旅,雪仇耻,以成父志",实乃察罕帖木儿不死英魂之再现。然后再说到察罕帖木儿宿敌孛罗帖木儿如何之不好,称其为"古今大恶",你扩廓帖木儿继承父志,要想战胜宿敌孛罗帖木儿的话,如果需要我,只要派一个使者到我这里说一声便是了。孛罗帖木儿为乱臣贼子,人人得而诛之,又何必分彼此?当今天下为豪杰相遇之际,理当开心见诚,共济时艰!(《明太祖实录》卷15)

扩廓帖木儿本是汉族人,对于传统文化中的"怀柔"之术岂会不懂,更何况早就听说朱元璋是何等样的人了。要真是豪杰相遇之际坦诚相见,那你干吗西进征讨已经毫无威胁且奄奄一息的"大汉国"呢?干吗去欺负东邻张士诚呢?据说此人还算说得过去,投降我大元王朝后也算尽过职,可不像你朱元璋光说别人,自己一点表示都没有。扩廓帖木儿不傻,看懂了忽悠高手的心思,不仅不予回信,而且还将朱元璋的"和平"使者汪河等人给扣了起来。

第二年七月,鉴于几次派出的"示爱"信使都被扣的情势,朱元璋再次给扩廓帖木儿写了封情真意切的"求和"信,信中大致这样说:我以往派出的几位和平信使北上后都没能回来,阁下在与孛罗帖木儿进行军事交火而又胜负未决的情形下,派出了知院郭云、同金任亮等率兵来攻略我湖广的景陵和沔阳,这些地方虽为大元故地,但落入他人之手(指西线红巾军)已经很久了,我是从他人之手而不是从元朝那里获得这些地方的。其潜台词是,你在挑事,我可忍了!接着又从扩廓帖木儿的心事入手说事:"阁下如果真想挟天子令诸侯、创业于中原,那就跟我朱元璋说一声,和睦我们之间的江淮边境!最近阁下派竹昌、忻都等攻略我江淮之地,这可不好。听说张思道、李思齐等都想联合起来对付阁下,又有传闻贵军军中尚有人图谋不轨,阁下正值多虑之秋啊!今特地派人再来告诉阁下您一声,希望您早做准备,也

盼我方以往信使早日能回,这样也不失双方之和气!"(《明太祖实录》卷15)

真真假假,假假真真,朱元璋的几封"示爱"信写得相当有水平,从当时的史实来看,大致他7次致书扩廓帖木儿求和(【清】夏燮:《明通鉴·前编》卷4)。尽管扩廓帖木儿都没有回信,但至少说,他也没有采取大规模的军事行动南进征讨,这就为朱元璋统一南方创造了极为有利的条件。

对北邻的"忽悠"实际上还是起到了作用。与此同时朱元璋又想到了西邻,西邻原来是陈友谅,现在陈友谅灭亡了,西部新邻变成了四川的明玉珍。明玉珍在元末各地割据头领中属于比较迟重的,他之所以走上独立的道路,跟他的忠君观念大相关联。徐寿辉被杀后,弑君凶手、乱臣贼子陈友谅当了"大汉国"皇帝,明玉珍无论如何也不能接受这个事实,于是就乘势独立。朱元璋对此十分清楚,在主动交好明玉珍时,竭力跟明玉珍套近乎,昔日讨好元朝和元朝军阀的应天吴王顿时变脸成反元大英雄、反元同盟军中的一员主将。我们不妨来看看朱元璋的这信是怎么写的:"胡人,本处沙塞,今反居中原,是冠履倒置。足下应时而起,居国上流,区区有长江之险,相为唇齿,协心同力,并复中原。事定之日,各守疆宇,特遣使通好。惟足下图之。"(【明】钱谦益:《国初群雄事略·夏明玉珍》卷5引《明氏实录》)朱元璋竭力掩饰真实意图,将自己打扮成"江湖同道"中人。在元末割据势力当中,明玉珍算得上是个老实人,所以稍稍被忽悠一下,就起作用了。他在回信中说:"夏主皇帝奉书吴王足下。迩者,夷狄运衰,中原气盛,天必降生豪杰,驱逐胡虏,以为生民主,是乃天意之有在也。第以中原人物,解此者少,尚为彼用,殊为可恨。足下应运而兴,目视赤子之涂炭,想亦不忍也。区区人马二十万,北出汉中,东下荆、楚,期尽残虏,以安黎庶。特遣使奉复通好,不敢后约,惟高明亮之。"(【明】钱谦益:《国初群雄事略·夏明玉珍》卷5引《明氏实录》)

从这样的回信中不难看出,在元末群雄中明玉珍的政治权术档次要低一点,人家一忽悠,他就上钩。所以从信使手中接过大夏主的回信后,朱元璋就开怀大笑,进攻张士诚可以放心干!

就在朱元璋发动无声战争的同时,老对手、老冤家张士诚在干些什么?

○ 不自信的张士诚向元朝要官和改称吴王

张士诚这些年表面上看上去似乎还算风光,但其实内心很苦、也很累。至正十七年(1357)八月,在遭受朱元璋和方国珍的双重打击下,通过前江南行台御史中丞蛮子海牙向元朝书面请降,江浙左丞相达识帖睦迩承制令参知政事周伯琦等至平江即苏州招抚。当时张士诚提出的投降条件是要元朝封他个王,可至正十九年

(1359)元朝"批复"下来时,只封他为太尉(《元史·顺帝八》卷45)。太尉属于"三公"行列,一般情况下属于虚衔,距离王还有一大截,张士诚当然很不满意了。但从本质上来讲,他这个人还算老实,至正十九年(1359)接受元廷送来御酒、龙衣以后,就开始尽一个臣子的本分:向元朝输送粮食。由于"开河变钞"引发出的元末农民大起义,使得大元帝国"南粮北运"漕运工程骤然停止,进而造成了大都北京严重的粮荒,就此元朝出面:张士诚负责出粮,方国珍负责运粮。可张、方两人互相猜忌,张士诚害怕将粮食交出后,方国珍私吞了不说,反倒钉一耙说张士诚根本没出粮,而方国珍害怕张士诚扣了他的船只,并乘虚而入进攻他的领地。你防着我,我防着你,什么事也就别想做成了。这时元朝江浙行省左丞达识帖睦迩出面调停、斡旋,最终张士诚交出粮食:至正二十年为11万石(《元史·顺帝八》卷45);至正二十一年依然为11万石;至正二十二年为13万石;至正二十三年还是13万石(《元史·顺帝九》卷46),就在这一年二月张士诚还帮助元朝攻占大宋农民政权的最后一个据点安丰;七月协助元朝江浙行省左丞达识帖睦迩除掉危害一方的苗军元帅杨完者。

按理说当时的张士诚对元朝的贡献还是挺大的,元朝官方理应在他原来的太尉职位基础上再往上给他升升,达识帖睦迩将这个情况上报上去,可元廷硬是不答应。这下可惹怒了张士诚,"(张)士诚假元名爵,实不用其命"(《明太祖实录》卷25),"城池府库甲兵钱谷皆自据如故"(《元史·达识帖睦迩传》卷140)。非但如此,那年北方红巾军三路北伐时,他还派人乘机扩展地盘,将势力范围扩展到了山东济宁和淮西的濠州等地,"亦遣其将李济据之"(【明】吴宽:《皇朝平吴录》上)。

拥有这么大的"功劳",张士诚心中底气似乎更足了,"乃令其部属自颂功德,求王爵"(【明】吴宽:《皇朝平吴录》上)。江浙左丞相达识帖睦迩再次替张士诚上请,可元廷还是根本不予理睬。在向元朝反复请封王爵无果的形势下,至正二十三年(1363)九月,张士诚在隆平府自立为吴王(【明】钱谦益:《国初群雄事略·周张士诚》卷7)。为了与后来朱元璋称的吴王相区别,人们往往将以应天为中心的朱元璋政权称为"西吴",将隆平府的张士诚政权称为"东吴"。可这东吴王实在背运,自己求封王爵老不成,就来个自娱自乐的自称王。可还没开心多久,那个老让他看得比天还高的元廷突然派来了特使户部侍郎博罗帖木儿,要求张士诚做好臣子(元太尉)的本分——漕运粮食上大都。不提便罢,一提到大元朝廷,东吴王张士诚的气就不打一处来,"以违其封王之请,遂不与,海运始绝",他又开始反元了。(《元史·达识帖睦迩传》卷140;【明】吴宽:《皇朝平吴录》上)

○ 张士诚降元——左右都不是人

从至正十四年自称诚王,到后来接受元朝的太尉官职,再到至正二十三年又改称吴王,张士诚这一路走来,可谓是反元、降元、再反元。实际上张士诚还是过去的张士诚,地盘差不多还是原来的地盘,但因此惹下了好多麻烦:

第一,降元行为实际上等于公开地跟整个红巾军叫上了板!元朝灭亡已成定局,张士诚没有审时度势,却主动投怀送抱,这就将全国的反元斗争势力置身于自己的对立面。

第二,张士诚先前反元,接着降元,降元了又感觉不满意,再反元,给人感觉:他是个反复无常的小人,从而失去了江湖人士的期望与信赖,就连他的老乡大文学家施耐庵也对他失望。张士诚几次邀请施耐庵,人家施老先生就是不愿意,怕玷污了名声而躲得远远的。

第三,政治上的公开反复最不利的是给了敌对力量攻击的口实,朱元璋经常骂张士诚为小人,世人也认同这种说法。但实际上张士诚自降元以后,跟元朝之间的"合作"很不尽如人意,本想讨个王做做的也没讨成,叫元朝江浙地方官吏帮着去讨,人家"黄金家族"的子孙们压根儿就没正眼看过他,弄得他左右都不是人,郁闷啊!

● 张士诚集团的腐化与英雄气短

更糟糕的是张士诚作为东吴集团的首脑,在那个弱肉强食的年代里,理应保持着清醒的头脑,胸怀远志,不断进取,励精图治;可此位老兄却是得过且过,甚至还带头腐败。

从现有的史料来看,张士诚的腐败堕落可能跟他弟弟张士德的被俘与遭难大相关联。

○ 张士诚集团的腐败:美女、享受、权力一个都不能少

如果我们要对张士诚的人生轨迹做个数学上描述的话,那么从高邮大战结束到龙凤二年(1356)攻占苏松地区,这几年可以说是张士诚的人生处于抛物线的顶点了。自1356年遇到了克星、凶悍的邻居朱元璋后,他开始像变了个人似的。尤其在常州争夺战中三弟张士德的被俘对他影响很大,"(张)士德,枭鸷有谋,士诚陷诸郡,士德力为多,既被禽(通'擒'),士诚气沮"(《明太祖实录》卷4)。似乎从这一

年开始，他就失去了往日的凌云壮志，其事业也逐渐地走上衰微之路。

在张士诚集团中可以堪用的谋士和大将不多，能文又善武的张士德可算得上是个顶尖人物了。可那么强势的英雄好汉三弟尚且落得这么个结局，想当初我们十八个兄弟起来造反图个什么？不就是荣华富贵么，现在都有了。但要大富大贵、做个元朝"王爷"什么的，人家元顺帝"不批准"，人家朱元璋不同意。嗨，算了，得过且过，不要去招惹是非了，尤其是西边那个凶悍讨厌的饿不死的叫花子，那可碰不得啊。所以，应天之战他没作反应，鄱阳湖大战跟他也没关系，这些都是陈友谅那个渔民不知天高地厚自己招惹的，我诚王，不，现在改称为吴王，还是守好我的一亩三分地——苏松杭嘉湖，小富即安么，也懒得去动什么刀枪，就在宫廷里闭门不出，过着纸醉金迷的生活不是挺好的么。张家小弟张士信对于大哥的心思还是挺懂的，跟手下几个宫廷谋士与将领们酝酿了一番，找了几个绝色美女供哥哥享用。人生就一回，能享受干吗不享受？！

元末浙西地区奢靡成风，通过枪杆子做到了人上人的张士诚兄弟"骄侈淫泆，懈于政事"（《明太祖实录》卷25）。在元末群雄中，张士诚并不是个霸道的人，他沉默寡言，言行迟重，"似有器量，而实无远图"（《明史·张士诚传》卷123）。用今天话来说，表面看上去他很稳重，不急躁、也不武断，是个下人们很喜欢的"好领导"。这样的"好领导"要是在和平年代里还说不定能步步高升，但在那个群魔狂舞的岁月里，他却为人欺了，尤其是手下的那些奸吏们。

前面说过元朝以吏治国，吏可能是轿夫、可能是车把手，也可能是粗通文墨的秘书，用朱元璋的话来说：这等人心术不正，什么坏事都做得出来——坏事做不出来，自己怎么能上去？上级领导怎么会喜欢呢？可张士诚偏偏良莠不分，"权为文吏所窃"。除此之外，张氏兄弟都有"好士"的名声，开设弘文馆，搜罗故元文人与旧吏充斥机构，"士之至者，不问贤与不肖，辄重赠遗，舆马居室，无不充足"，就是说凡是读书人、文化人来投奔，不问好坏，不分贤愚，东吴王都要赠金送银，或赐以豪宅、车马，弄得天底下贪图物质利益的那些读书人都纷纷涌向了苏州，但真正的贤能之士却又得不到重用，好的建议更是得不到接受和采纳。（《明太祖实录》卷25）

有个昆山文人叫郭翼的，看到张士诚不思进取，很为着急，他上书进言："明公风驰电掣地来到我们江南，一夜之间数十个城池望风请降，这是为何？不就是江南人民苦于元朝暴政已久了。过去那些官吏贪暴残酷，不顾百姓死活，也不会考虑国家的安危，所以民心离散是理所当然的事情。你说这样的城池还能守得久吗？如今明公如能反其道而行之，不断进取，帝王霸业还是有望能实现的；倘若贪图安逸，自戏逸乐，在这个四方豪杰并起、群雄纷争的年代里，即使你想闭门自守，恐怕也难免国势日蹙。更何况我们江南地区向来为诸雄必争之地,不是你想保就能保得住的!"(【明】刘凤:《续吴先贤赞·文学》卷9)张士诚不仅听不进郭翼的金玉良言,反而恼羞成怒地要杀他。

江南名士杨维桢,张士诚久闻其大名,一直想请他出山来装点一下自己的门面。可杨维桢早就耳闻张氏兄弟的腐败与堕落,才不愿意趟这浑水呐。但张士诚一次次地派人上门厚币礼请,弄得杨维桢不得不出来应付一下。他来到姑苏时,刚好元朝招降张士诚,遣人赐送御酒。张士诚将其赏与杨维桢共饮,杨当即赋诗一首:"江南岁岁烽烟起,海上年年御酒来。如此烽烟如此酒,老夫怀抱几时开。"(【明】钱谦益:《国初群雄事略·周张士诚》卷7引《张氏事迹》)张士诚听完后默然无语许久,最终还是没有强留杨维桢。杨维桢之所以执意要离开,据说他曾给张士诚"把过脉",说他犯了"六冲":"动民力以摇邦本,用吏术以括田租,铨放私人不承制,出纳国廪不上输,受降人不疑,任忠臣而复贰。"并指出:"六者之中,有其一二,可以丧邦,阁下不可以不省也……身犯六畏,衅阙多端,不有内变,必有外祸,不待智者而后知也。阁下狃于小安而无长虑,此东南豪杰又何望乎!"(【元】贝琼:《清江贝先生文集·铁崖先生传》卷2)

杨维桢诟病张士诚统治集团可谓十分到位。既然有这样集团领导核心,底下就好不到哪里去了,甚至还会更糟糕。

潘元绍是张士诚的女婿,此人十分好色,又酗酒嗜杀。自娶了张士诚的宝贝女儿后尚嫌满足不了,干脆一口气又娶了数十个美女,日日淫乐。其中有个姓苏的才情美女醉酒后不小心得罪了潘元绍,没想到这位潘驸马不仅将她给杀了,而且还将其人头装入金盘里,作为菜肴上桌招待客人。此等恶棍最终让朱元璋诛杀在南京台城,人头被扔入厕所内。杨维桢有诗:"昨夜金床喜,喜荐美人体。今日金盘愁,愁荐美人头。明朝使君在何处?涧中人溺血骷髅。君不见,东山宴上琵琶骨,夜夜鬼语啼箜篌。"(【明】钱谦益:《国初群雄事略·周张士诚》卷7引铁崖《乐府》)

比起潘元绍,张士诚的四弟张士信拥有的美姬美妾更是多达数百号人,人人珠光宝气。平时一空下来张丞相就与她们寻欢作乐,间隙又去后花园游园一番,而游园又是极其奢侈。采莲舟谁都知道应该由普通木材就可打造了,但苦孩子出身的张士信却下令,要用名贵的沉香檀木制造。再说说吃的,这位丞相宴会一次就得花费上千石米。而"诸公自谓化家为国,以底小康,大起第宅,饰园池,蓄声伎,购图画,唯酒色耽乐是从"。(【明】长谷真逸:《农田余话》卷上;【明】钱谦益:《国初群雄事略·周张士诚》卷7)

糟糕的是,这样腐败无能之人居然出任一国的主要领导。自三弟张士德"走"

后,张士诚就将国家的大小事情全部托给了四弟,封他为丞相。这个丞相老弟可比不上他的两个兄长了,尽管也是苦孩子出身,但压根儿就是"公子哥儿",谁要是顺着他,他就提拔谁,立马使你荣华富贵;谁要出来规谏,小心脑袋搬家。他"疏间旧将,夺其兵柄,由是上下乖疑,不肯用命";一旦任命将领,将领们居然可以躺在家里不去赴命,张士信不得不要用官爵和美宅良田作为要挟的条件。而真正上了前线打仗的将领即使丧师失地,张丞相也不会怪罪,因为他自己就是一个常败将军。

张士信是个离不开女人的人,轮到出外领兵打仗时,他要将美女们带在身边,开战前要欣赏美人们的美体——叫美女们跳类似于今天的脱衣舞,以壮壮自己的勇气和雄气,平时最喜欢的如蹴鞠(类似于今天的足球)一类游戏活动在军中照常进行。因此史书说:"(张)士信愚妄,不识大体,人颇嗤之。"有这样的一个"千夫指"出任一国的总理,这个国家不完蛋才怪呐。(《明太祖实录》卷 25)

最为要命的是诚王府与丞相府每天穿梭在眼皮底下的,还有三个不学无术只会拍马屁的小人:"黄(敬夫)、菜(蔡彦夫)、叶(德新)。"这三个人一天到晚嘴巴像涂了蜜一样,给张士诚兄弟灌足了迷魂汤。说什么天下太平,说什么诚王功德无量,哪有人敢来冒犯;而对下呢,他们则胡作非为。当时老百姓中广泛流传着这样一首民谣:"丞相做事业,专用黄菜(蔡)叶。一朝西风起,干瘪!"(《明太祖实录》卷 25;【明】刘辰:《国初事迹》;《明史·五行志》卷 30)

○ 反元英雄的颓废与东吴政权衰亡之兆

不过,如果将张士诚及其东吴集团全说成是酒囊饭袋和奸佞群小之徒,似乎也失之偏颇,好歹人家张九四可不是什么天生的"贵二代"和"官二代",而是由"苦二代"通过自我奋斗上来的,没有一点铁血精神也就成就不了一方诸侯。自打朱元璋来到应天、东进镇江起,本来两个都是苦大仇深的"穷二代"就此交上了手,尽管张士诚屡屡受到欺负和打击,但他并没有彻底屈服。至正十八年(1358)升始,朱元璋在攻占长兴、常州、江阴等江南军事要地的基础上,发动了对宜兴、诸暨、杭州、绍兴的进攻,而就在这些关键性军事争夺中,张士诚也不全是一败涂地,尤其是杭州和绍兴的保卫战还多少彰显出一方豪杰的英雄本色。不过话得说回来,东吴集团败亡的不祥之兆也在这个时候显露出来了:

第一,政治集团的全方位腐败。正如前些年人称"平民宰相"的朱镕基所说的:上梁不正下梁歪,中梁不正倒下来。虽说东吴集团的人都不怎么坏,远没有朱元璋那么凶残、阴险、恶毒,但识大体、懂大局的正人君子却实在少之又少,大多陶醉在歌舞升平的梦幻之中,几乎再现了南宋奢靡衰败的亡国之景:"山外青山楼外楼,西湖歌舞几时休;暖风熏得游人醉,直把杭州作汴州。"

第二,苦孩子出身的张士诚在苏州称王时,也曾想干好一些"政治工程""亲民工程"和"惠民工程",譬如为了有效抵御朱元璋的军事进攻,他曾下令修筑杭州城,但又疏于管理自己属下的"公务员",结果造成"督事长吏复藉之酷敛,鞭扑棰楚,无有停时,死者相望"。最终工程是完成了,可费用也大得吓人,"凡费数十百万"。(【元】姚桐寿:《乐郊私语》)

在浙西地区张士诚还不合时宜地疏浚白茆港,白茆港今又名白茆塘,总长为90里,宽为36丈,在今天苏州市辖的常熟境内,当时征发了军士和民夫10万人进行修浚。这是一项应该在和平年代进行的"惠民工程"却被提前开启了,张士诚征调了"吴中一十二郡良家儿"前去劳作。为了赶进度,官方督民甚急,民夫苦不堪言,"层冰凿凿堕血指,北风猎猎吹单衣。父母不得见,儿寒妻啼饥。巡烽入夜急,羽檄流星驰。纵劳里正裹粮食,长年苦役家亦瘵"。可令人啼笑不得的是,这么赶急的一项基本建设到张士诚政权垮台时,还没有修浚完成,当时有民谣:"好条白茆塘,只是开不全,若还开得全,好与西师歇战船(指朱元璋灭东吴)。"(【明】钱谦益:《国初群雄事略•周张士诚》卷7)本旨"亲民""惠民"工程最终成了害民工程,这就叫好人办坏事,在当时激化了官民矛盾。而从历史长远来看,白茆塘至今还为苏州境内的百姓所使用,由此说来苏州人民没忘张士诚还是有几分缘由的。

第三,张士诚集团的战略眼光和军事胆识也是很有问题的。陈友谅两次发动对朱元璋的大规模进攻,正是联手剿灭或单独军事偷袭老冤家的好时机,张士诚却因不愿意进行军事冒险而一次次地错过;剩下的就是发挥他自小就培养起来的底层商人的小聪明,做些"小买卖",占点小便宜,乘人之危或不备,攻占对他自身并无多大意义的安丰和山东济宁。在江南地区他发动对长兴和诸暨的争夺战,尤其是后两者耗费了他近10年的功夫与精力,而这10年恰恰是老冤家朱元璋消灭一个又一个的臆想与现实的敌人,逐渐发展壮大的关键时期。等到收拾完了西线陈友谅后,留给东线张士诚的只能是凶残又野心勃勃的老冤家上门来索命了。

● 三部曲东灭张士诚　大体统一中国南方

老冤家要来索命,再强横,他毕竟不同于陈友谅那个笨蛋。想当年自己想当皇帝,陈友谅毫无理由、也不做任何声明就把自己的主子徐寿辉给干掉了。朱元璋可会做人了,也很会说话,他想打你,首先让人感觉你是一个十分可恶的人渣;他想杀你,首先会让人知道你是一个该受千刀万剐之人;即使他全无理,也会说得头头是道,否则怎么会空手套白狼,智取驴牌寨,否则怎么会"帮助"巢湖水师最终却把人家忽悠到自己的手里……攻灭了陈友谅,该是收拾张士诚了,理由很"充分",就长兴和诸暨等地争夺战中"以(张)士诚兵屡犯其境,卒欲取之"。(【明】吴宽:《皇朝平吴录》上)

而当时张士诚的势力地盘也不算小:南至绍兴,与方国珍接境;北有通、泰、高邮、淮安、徐、宿、濠、泗;又北至济宁,与山东相邻。(《明太祖实录》卷18;【明】钱谦益:《国初群雄事略·周张士诚》卷8)

对此,龙凤十一年(1365)十月,朱元璋制定的灭吴策略方针为"先取通、泰诸郡县,翦士诚羽翼,然后专取浙西"(《明太祖实录》卷18)。具体步骤为:第一,翦其羽翼,攻取淮东即相当于现在的苏北;第二,断其两臂,攻取湖州和杭州;第三,攻其腹心,围取平江即苏州城。

○ 第一步:翦其羽翼,攻取淮东(即今日苏北等地)

十月十四即大军出发前三天,朱元璋下达讨伐张士诚令:"王者征伐,应天顺人,所以平祸乱而安生民也!张士诚假元之命,叛服不常,天将假手于我,是用行师以致天讨。况士诚启衅多端,袭我安丰,寇我诸全,连兵构祸,罪不可逭。今命大军致讨,止于罪首!在彼军民,无恐无畏,毋妄逃窜,毋废农业!已敕(告诫)大将军约束官军,毋致掳掠,违者以军律论罪!布告中外,体予至怀。"(《明太祖实录》卷18)

这一段令旨主要讲了两个方面内容:首先,朱元璋把自己打扮成正义的化身,上天的代言人;将自己的军队说成是王者之师,正义之师,征讨的是叛服无常的小人,这是讨伐张士诚的第一个理由。第二个理由是张士诚屡兴边衅,袭击我方安丰,骚扰我诸全(即诸暨),至于自己去打了别人,抢了别人的城池,甚至强占了别人的老婆(史载:武昌攻破后陈友谅的美妾阇氏被强制送入应天的吴王宫),这些在农民运动"英明的伟大领袖"看来都是英雄豪壮之举,即使有点瑕疵也可权作小数点后面之数字,忽略不计。其次是强调军纪。

在做好舆论宣传与发动的基础上,加紧进行战前军事准备。十月十七日,朱元璋命令中书左相国徐达、平章常遇春、胡廷瑞、同知枢密院冯国胜、左丞华高等,率马步舟师,水陆并进,规取淮东泰州等处,正式打响统一运动中又一大关键性的战争——东灭张士诚。(《明太祖实录》卷18)

◎ 攻克张士诚事业起始地泰州

徐达率领大军出发后的第五天来到了泰州,为方便后续的水师,徐大将军当即下令浚通河道。苏北当地的张士诚军见到西吴军的这等架势,完全明白其目的,想乘其立足未稳之际予以迎头痛击,可没想到自己的水平太臭,偷鸡不成反而蚀把米,3 000匹军马、200多艘船只全让西吴军给掠去了,并眼睁睁地看着徐达驻军海安坝上,但就是不敢上前交手。

徐达领兵进攻泰州的消息传到隆平府,张士诚顿感头疼,就靠自己淮东即苏北的军队恐怕很难吃得住,于是下令急调淮北军队前来援救泰州。可又让人大跌眼镜的是,本来指望着来救援的淮北军走到泰州新城时让徐达军给打垮了,这下张士诚可气恼了。怎样来解除泰州危机呢?他想到了先前经常使用的"围魏救赵"之计,随即命令手下人率领舟师400艘开进长江,驻扎在江阴东面的范蔡港(今张家港市境内),另外出动小舟游弋于孤山(即现在江阴顾山)水域,做出一副要进攻江阴的架势。(《明太祖实录》卷18)

当时江阴西吴水寨守将康茂才见到后很不理解,张士诚到底要干什么?看样子是要进攻江阴,江阴要是被偷袭或攻下了的话,镇江与应天就会告急。这事还挺不好处理的,于是他赶紧派人上应天去向朱元璋作汇报。朱元璋听后立即派人上泰州去告诉徐达:张士诚已派出部分水师出没于江阴附近水域,做出想进攻、逆流而上的态势。我估计他是虚晃一枪,造成江阴这边形势吃紧,让你分出兵力前来救援,这样他在泰州及其附近的军事势力便可乘虚反攻,击败你们在那里的军队,最终不就解了泰州之围?(《明太祖实录》卷18)

为了谨慎起见,朱元璋还亲自跑到江阴康茂才水寨去,通过观察,证实了自己的判断。随即他命令徐达不要做过多的行动,除了叫廖永忠率领小部分水师增援江阴外,其余大部队继续留在泰州前线作战。

经过这样一布置,本来就不想冒险进攻江阴的张士诚见到无机可乘,也就将计划束之高阁了。可怜泰州守军就像没了爹娘的孩子,任人捶打和凌辱。闰十月,在徐达、常遇春军的猛烈进攻下,泰州被攻克,东吴军将领严再兴、夏思忠、张士俊等94人,兵士5 000人,战马160余匹,船只40余艘全被俘获。徐达派了一个姓屠的千户押送5 000多号战俘上了应天。朱元璋听说张士诚对待手下将士比较宽厚,怕这5 000多号人(实际上远不止,妇女、儿童未计入内)在应天城不安分,会惹出什么祸端来,当即下令将他们集体发往湖广行省的潭州、辰州等地去。(《明太祖实录》卷18)

◎ 攻克张士诚事业腾升之地高邮

再说苏北战场,泰州被攻克后,徐达派了黄旗千户刘杰带领部分兵马去进攻兴化。张士诚守将李清出城迎战,交了几次手,看看打不过,就退回城里去,坚守不出。再说此时徐达也亲率兵马去攻打张士诚事业的腾升之地高邮。由于高邮在张士诚政权中有着非同寻常的地位,因此攻克它是件不容易的事。徐达领军在高邮城下转悠了几天,也没找到下手的机会。有人将此密报给了应天城里的朱元璋,朱元璋派人告诉徐达:现在深入敌境,你作为大将,应该懂得持重,进师攻取,宜加审察;如果一旦不能策应诸将,后果不堪设想。因此建议你马上退回去,驻守泰州,让同知冯国胜率所部节制高邮诸军,说白了就是由冯国胜来负责攻打高邮,你就全方位负责统筹,顺便图取淮安、濠州和泗州等。(《明太祖实录》卷18)

朱元璋的慎重是很有道理的,徐达马上接受。没多久,江南陆续传来警报:张士诚派兵攻打宜兴、安吉和江阴等地。徐达接到朱元璋的调兵令,立即率兵渡江救援,留下冯国胜围取高邮,常遇春驻守海安,遣别将守卫泰州。可能是命运真的开张士诚的玩笑吧,宜兴、安吉和江阴三地的进攻没有一个打赢,听说冯国胜在进攻自己的"龙兴之地"高邮,他心里特别急,派了左丞徐义由海路入淮援救高邮。没想到平时看上去十分忠诚的徐义走到太仓时就不走了,在那里溜达了三个月,埋怨张士诚让他上高邮去送死。就这样,高邮成为苏北第二个"没爹没娘的孩子"了。(《明太祖实录》卷18)

当时高邮守将俞同佥看看救援无望,想想也只有靠自己了。冯国胜攻城甚急,俞同佥派人跟他说:"你不用那么着急,我们泰州地区都被你们占了,高邮迟早还不就是你们的了。这样吧,我将城内做些准备,某月某日你们来接管吧!"冯国胜听了很高兴,觉得不用打了,看来张士诚的将士都被我们吓破了胆,于是决定派当年发动洪都之乱后被免罪的胡廷瑞外甥康泰等数百人先入城接管。约定接管的那一天,俞同佥早早地来到了高邮城的城楼上,看到冯国胜军中走出一大拨子人马,走向城门口,眼见最后一个人进了城门,他立即下令收起吊桥,关闭城门。这下可好了,数百号西吴军将士一下子全成了俞同佥的刀下之鬼。朱元璋听到高邮前线受骗的信息后甚为愤怒,急召冯国胜回应天,打了他几十大板,然后又命令他步行回前线。龙凤十二年(1366)三月又羞又怒的冯国胜一瘸一拐地回到了高邮,这下他可发了疯似地猛冲猛攻。刚好徐达在宜兴救援战取胜后也赶来助战,两军合成一股劲,"四门齐上,一鼓而破之",俞同佥被俘。(【明】刘辰:《国初事迹》)

高邮之战后,徐达军乘胜对淮安等地发起了攻击。淮安守将右丞梅思祖,副枢密唐英、萧成开城投降,朱元璋一下子得了粮食40 000石,将士10 000多人,战马1 500匹,民众4 000余户,官员500余人。到该月底为止,兴化、宿州、邳州、安丰和濠州等都被一一攻克,整个淮东地区纳入了西吴集团的统治范围,标志着朱元璋东

灭张士诚第一阶段已圆满地画上了句号。(《明太祖实录》卷20)

○ 第二步：断其两臂，攻取杭嘉湖

攻取淮东或言苏北，从整个东灭张士诚战略上来讲还是属于外围阶段，用朱元璋的原话就是翦其羽翼，而随后步骤就是要攻克东吴政权的主干浙西地区。为了争取民众的支持，朱元璋在龙凤十二年(1366)五月发布了著名的《平周榜》或名《谕周榜文》，其文如下：

"皇帝圣旨，吴王令旨，总兵官准中书省咨，敬奉令旨，予闻伐罪救民，王者之师，考之往古，世代昭然。轩辕氏诛蚩尤，殷汤征葛伯，文王伐崇侯，三圣人之起兵也，非富天下，本为救民。近观有元之末，主居深宫，臣操威福，官以贿成，罪以情免，台宪举亲而劾雠，有司差贫而优富。庙堂不以为虑，方添冗官，又改钞法，役数十万民湮塞黄河，死者枕藉于道，哀苦声闻于天。不幸小民，误中妖术，不解偈言之妄诞，酷信弥勒之真有，冀其治世以苏困苦，聚为烧香之党，根据汝、颍，蔓延河、洛。妖言既行，凶谋遂逞，焚荡城郭，杀戮士夫，荼毒生灵，无端万状。元以天下兵马钱粮大势而讨之，曾无功效，愈见猖獗。然事终不能济世安民，是以有志之士旁观熟虑，乘势而起，或假元氏为名，或托乡军为号，或以孤兵自立，皆欲自为，由是天下土崩瓦解。

予本濠梁之民，初列行伍，渐至提兵，灼见妖言不能成事，又度胡运难与立功，遂引兵渡江。赖天地祖宗之灵及将相之力，一鼓而有江左，再战而定浙东。陈氏称号，据我上游，爰兴问罪之师。彭蠡交兵，元恶授首，父子兄弟面缚舆榇，既待以不死，又封以列爵，将相皆置于朝班，民庶各安于田里，荆襄湖广尽入版图，虽德化未及，而政令颇修。

惟兹姑苏张士诚，为民则私贩盐货，行劫于江湖，兵兴则首聚凶徒，负固于海岛，其罪一也；又恐海隅一区，难抗天下全势，诈降于元，坑其参政赵琏，囚其待制孙㧑，其罪二也；厥后掩袭浙西，兵不满万数，地不足千里，僭号改元，其罪三也；初寇我边，一战生擒其亲弟，再犯浙省，扬矛直捣其近郊，首尾畏缩，又乃诈降于元，其罪四也；阳受元朝之名，阴行假王之令，挟制达丞相，谋害杨左丞，其罪五也；占据江浙，钱粮十年不贡，其罪六也；知元纲已坠，公然害其江浙丞相达失帖木儿(即《明史》上的'达识帖睦迩')、南台大夫普化帖木儿，其罪七也；恃其地险食足，诱我叛将，掠我边民，其罪八也。凡此八罪，又甚于蚩尤、葛伯、崇侯，虽黄帝、汤、文与之同世，亦所不容，理宜征讨，以靖(拯)天下，以济斯民。爰命中书左相国徐达总率马步舟师，(水陆)分道并进，攻取浙西诸处城池。已行戒饬军将，征讨所至，歼厥渠魁，胁从罔治,备有条章。

凡有遁逃臣民,被陷军士,悔悟来归,咸宥其罪。其尔张氏臣寮,果能明识天时,或全城附顺,或弃刃投降,名爵赏赐,予所不吝。凡尔百姓,果能安业不动,即我良民,旧有田产房舍,仍前为主,依额纳粮,以供军储,余无科取,使汝等永保乡里,以全室家,此兴师之故也。敢有千百相聚、抗拒王师者,即当移师剿灭,迁徙宗族于五溪、两广,永离乡土,以御边戎。"(【明】祝允明:《前闻记》;【明】吕毖:《明朝小史·洪武纪》卷1;【明】吴宽:《皇朝平吴录》中;【明】王世贞:《弇山堂别集·诏令杂考》卷85。注:各史料记载个别之处略异)

在《平周榜》里的开头,朱元璋痛斥了元末帝国统治的黑暗,阐述了官逼民反的质朴理论,但随后话锋一转,竭力诋毁弥勒教和红巾军大起义,好像他自己是凭空出世的大救星、大圣人。这就是过去人们争论不休的朱元璋有没有蜕化变质的"关节点",也是一些所谓"正统史学研究者"一向奉为圭臬的朱元璋背叛农民革命的有利证据。坦率而言,权威高势能者打出的旗号漂亮不漂亮并不太重要,关键要看他干了什么,是不是对老百姓有利,所以我们大可不必为一个没有多少意义的口号去争得不可开交。不过这篇榜文倒是折射出了一个重要信息:那就是起自于红巾军或称香军的叫花子现在变成了一方强势统治者,随着日后统一进程的加快和大一统帝国的重建,昔日用于反抗现世统治的理论都将要成为不可触及的禁区。

在《平周榜》第二段中朱元璋向人们介绍了自己的前天、昨天和今天,提出了元朝天运大限之说,告诉人们:改朝换代的时刻到了,弥勒教徒、白莲教徒都难以成事,唯独他是全国人民未来的"大救星",老百姓要是支持他上台,那么日后便能翻身过上好日子。之所以这么肯定地说,是因为他朱重八得到了"天地祖宗之灵"和"将相之力",尤其前者将中国传统的"天人感应"之说给偷偷地用上了。谁能不信?否则西吴政权为什么会越来越强大?!(【明】王世贞:《弇山堂别集·诏令杂考》卷85)

以如此天地之间神灵感应引发出一个潜在的话题:那就是朱重八是天神的代表,讨伐谁也是代天而行。否则金陵怎么会改名为应天的?否则怎么会取得一个接着一个的革命胜利?转入第三段(榜文正题)讨伐张士诚也就成了"正义"之举了。他列举了张士诚的八大罪状:什么杀害元朝官员,什么侵犯我西吴的领土疆域,反正现在谁的枪杆子硬谁就是真理的化身。最让人纳闷的有三者:其一,张士诚聚众反元被列为首宗大罪,他朱元璋反元成为天神的化身,这是中国历朝历代权威高势能者惯用的强盗逻辑。你不服,我有枪杆子叫你服。否则怎么会有枪杆子里出"真理"之说呢?

其二,将张士诚在苏州称王时"兵不满万数,地不足千里"(《平周榜》中列举的"罪二")也作为一大罪状,想来让人不得不晕。以朱元璋的逻辑:只有达到了他定的标准才可以称王。但要知道他那个西吴王也是自封的,小明王只不过事后"补认"了一下,而在元朝官方那里压根儿就不承认这个"山寨王",不知道是叫花子出身的文化水平有限呢,还是真的觉得游方僧要比盐贩子天生就高几个档次?

其三,连张士诚年轻时当过私盐贩子也成为一大罪状(上述《平周榜》中的"罪一"),想来也让人百思不得其解。一个人出身在某种特殊的或低贱的家庭或自身年轻时从事过某种特别的职业,居然都被说成是一种罪过。我们的传统政治文化中就有这么一种奇怪的逻辑:当一股政治力量及其领袖要去讨伐或进攻他们的敌对政治势力时,往往将对方的十八代祖宗都给骂上。三国时的陈琳曾经为袁绍起草了一篇讨伐曹操的檄文,好多人都说它好,我可能水平有限,除了觉得它文学水平高以外,看不到它的政治文化价值到底几何?将曹操的"不端"行为和"滔天"罪行揭露一下也就够了,干吗要说人家是"阉竖"之家出身,一个人出身低贱并不是什么罪孽。现在朱元璋在《平周榜》里居然如法炮制,数落张士诚私盐贩子出身,反元成了一大罪行。以此逻辑,那么试想你朱元璋要饭岂不有碍于观瞻、影响市容整治和破坏安定团结的大好局面?

正因为《平周榜》满纸谎言,所以明朝建立后官方的文书中就不再予以收录(留下了岂不羞煞人),大不了权当当年朱重八在政治野兽场角斗时亟须的应急之作。政治家的话向来不能信! 不过这个朱重八,不,大名朱元璋还不仅仅是个政治家,而且是个实干家,他当然不会停留在嘴巴上过过瘾,发布一个什么《平周榜》,喊几句口号,还要细致入微地问及徐达、常遇春等大将讨伐张士诚的具体战斗方案。快速将军常遇春回答说:"驱逐枭鹰,必定先将它们的巢穴给翻倒;驱赶老鼠,必定先用烟或火去熏老鼠的窝。此次出征应该先直捣隆平府,隆平府被攻下了,张士诚的其他地方军事势力也会自动归降。"朱元璋听后大不以为然,甚至认为如果先攻隆平府,万一张士诚用什么绝招,那就很难取胜了。进而他分析道:张士诚与手下的张天骐、潘原明等原本是一起贩运私盐起家的,且都是些强悍之徒,一旦张士诚有难,他们必定奋力相救。四周援兵汇合,打下隆平府可就难了。尤其这样,倒不如先攻湖州的张天骐和杭州的潘原明等,即使他们之间相互救援,也疲于奔命,我们加紧进攻,不日就可将他们一一歼灭。这样一来,隆平府不就成了一座孤城了,打下它可就容易多了。应该说朱元璋的分析是很有见地的,可常遇春听不进,执意要先攻隆平府。朱元璋的脸马上晴转多云,跟他论起了战前谋略责任追究,说:"若先攻打湖州而最终使整体战局失利,我负责任;若先攻打隆平府而失利,那我绝不饶

恕你!"话说到这个分上,常遇春终于不敢多说什么了。(《明太祖实录》卷21)

而朱元璋呢,似乎将话说得太满了吧?不,朱元璋不愧为朱元璋,他将徐达、常遇春等核心人物偷偷地叫在一起,讲出了自己打算实施的一出反间计:"最近我观察了从陈友谅军中投降过来的一个部将叫熊天瑞的,他似乎心神不宁,估计我军一旦出发去攻打张士诚,他就会叛逃投敌,你们就如此这般……"面授计策后,龙凤十二年(1366)八月初四,大将军徐达、副将军常遇春统帅20万西吴大军浩浩荡荡地从应天出发,东灭张士诚,统一江南的战争开始了。走前,朱元璋反复告诫将士们:"城下之日,毋杀掠,毋毁庐舍,毋发丘垄。士诚母葬平江城外,毋侵毁。"(《明史·太祖本纪一》卷1)

再说西吴大军由龙江开拔后,一路上大张旗鼓地宣传要去攻打隆平府的张士诚。这时候,那个叫熊天瑞的陈友谅降将乘着大家"不注意",偷偷地从西吴军中溜了出去,然后马不停蹄地跑到了隆平府,将朱元璋军要进攻隆平府的消息提前告诉了张士诚。而此时徐达、常遇春派出的部分先锋部队已经进入了太湖,与张士诚部队交上火,隆平府东边的昆山等地首先被朱元璋军攻占。张士诚一看形势不好,真以为西吴军要来进攻大本营了,立即调集兵力保卫隆平府。(《明太祖实录》卷21)

谁知张士诚军在东太湖边严阵以待了很久,就是见不到大股的西吴军。而恰恰这个时候徐达、常遇春率领的西吴大军已神不觉鬼不知地抵达了南太湖边上的湖州城外三里桥。八月二十五日,眼见敌军到了家门口的湖州张士诚守将张天骐,分兵三路,出城迎敌。徐达马上将队伍也分三路予以出击,快速将军常遇春在南路首先发起了攻击且取得了大捷,其他几路张士诚军听说后不敢再战,迅速退回城中。徐达乘势指挥军队立即包围了湖州城,湖州危矣!

张士诚赶紧派遣司徒李伯升率领部分军队前来支持张天骐。援军到了湖州近郊时发现形势十分严峻,整个湖州城都被徐达军围住了,怎么进城救援?有人告诉李伯升:湖州城东有一条荻塘又名荻港的小河直抵城中,但一般外人都不知道。李伯升立即下令乘坐船只由荻塘进入湖州城。这样一来,城是进了,可外面徐达军围得依然是死死的,照这样下去,迟早是要完蛋的,该怎么办?城内的张天骐、李伯升在着急,数十里外隆平府内的张士诚可谓更急。湖州、杭州是他的左臂右膀,一旦失去了,自己就等于一个废人,赶紧派了平章朱暹、王晟、同金戴茂、吕珍、院判李茂及第五子人称"五太子"张虹等率兵6万兵马,号为"30万",火速赶往湖州救援。(《明太祖实录》卷21)

朱暹、吕珍等率领的援军到达湖州城东的旧馆,构筑5个营寨,等候徐达军"光临"。徐达、常遇春和从常州赶来支援的汤和等分兵在东阡镇南姑嫂桥连扎10个营垒,将湖州城外的旧馆援军给挡在了外头,随后又派兵上乌镇去,乘着黑夜偷袭了旧馆吕珍的外围援军。乌镇守将张士诚女婿潘元绍玩女人是个高手,可打起仗来实在差劲,半夜三更听到有人来攻营,吓得弃甲远遁。在外围基本搞定后,徐达下令将湖州城外的小河小渠全给填满,这样一来,进入湖州城的水上暗通粮道给堵上了,城内由此开始慌乱起来。这时隆平府的张士诚更是坐不住了,亲自率领兵马赶赴湖州,在城郊的皂林之野遭遇了徐达军队,这位张姓东吴王哪是徐达的对手,一交手便败,当场就有3 000多号将士被俘。(《明太祖实录》卷21)

忙乎了这么一大阵子,损兵折将不说,救援也泡汤了,留下的是湖州、旧馆两个孤立无援的据点。更糟糕的是,这时候的老冤家朱元璋另派李文忠带领一支水师进取浙北东部,迅速攻占了富阳、余杭等,最后兵围杭州。而与此同时,湖州与旧馆之间升山的张士诚军也开始遭受徐达、常遇春的猛烈打击。张士诚的"五太子"张虹实在受不了这口气,从旧馆出兵迎战徐达,结果也被打得惨败。吕珍、张虹等眼看无望了,只好率领60 000旧馆援军投降了徐达。(《明太祖实录》卷21)徐达将吕珍等人带到了湖州城下,叫他们劝降李伯升。十一月初六,张天骐、李伯升出城投降,湖州为徐达军占领。大约10天后,李文忠进逼杭州,杭州张士诚守将潘原明投降,20 000多名将士和210 000石粮食被俘获。随后,南浔、吴江、绍兴、嘉兴、海宁等地相继归降(《明太祖实录》卷21;【明】高岱:《鸿猷录·克张士诚》卷4;【清】谷应泰:《明史纪事本末·太祖平吴》卷4)。至此为止,隆平府外围的杭嘉湖地区全归给了朱元璋,东灭张士诚的第二步军事行动宣告完成。

○ 第三步:攻其腹心,围取隆平(即苏州)

龙凤十二年(1366)十一月底开始,朱元璋军队陆陆续续到达隆平府。明初几乎所有的名将此时都出现在隆平府的几个大门口,围剿张士诚。徐达守葑门,常遇春守虎丘,郭兴守娄门,华云龙守胥门,汤和守阊门,康茂才守北门,王弼守盘门,张温守西门,耿炳文守城东北,仇成守城西南,何文辉守城西北,等等(《明太祖实录》卷21)。这种攻城法据说还是龙凤八年时宁海儒士叶兑教给朱元璋的,叫锁城法。具体做法是:围绕城池,在其外面筑起一圈长长的围城,命令将士们在各个城门外扎营驻守,断绝城池内外的一切联系,甚至不妨设官分治所属州县,垦荒种田,收粮征税,供养军队。时间一长,该城池就不战而降(【明】高岱:《鸿猷录·布衣叶公兑传》卷116)。现在隆平府被围得铁桶似的就是运用了这种锁城法。方法是不错,但什么时候能攻下呢?徐达他们想尽了办法,甚至想到了架"木塔",木塔搭了三层,足与隆平府里的佛塔一样高。站在这个木塔上可以鸟瞰隆平府,故其又名"敌楼"。徐达他们再在木塔或称敌楼的每一层安放弓弩、火铳,架上襄阳炮,向城里发炮轰击,但就是军队没法攻入城去。(《明太祖实录》卷21)

与此同时,朱元璋手下另一位名将俞通海率领水师一路东进,攻取太仓,张士诚守将陈仁献城投降。随后,昆山、崇明、嘉定、松江等地"闻风即降"。(【明】高岱:《鸿猷录·克张士诚》卷4)

◎ 张士诚的两次突围与火烧齐云楼

与其相比,隆平府却依然纹丝不动。从龙凤十二年(1366)八月朱元璋军队开始进攻隆平府东边外围起,一直到第二年即吴元年(1367)九月,在这一年多的时间里,张士诚始终坚守不降。不过这种旷日持久的对垒,对于被困城内的人来说面临最大的问题就是粮草供给。在被围困的后期,隆平府(苏州)这个一直被人们美誉为"天下粮仓"的地方居然发生了严重的饥荒,困窘到什么地步呢？真是让人不敢相信的是,城内的官兵、百姓只能靠吃草、吃老鼠来活命。后来老鼠也被捉得越来越少了,据说一只老鼠当时在城内都值一百钱。再到后来就连老鼠都捉不到了,将士们只好将脚下的靴子脱下来,把上面的革皮与草和着煮了吃。(【明】杨循吉:《吴中故语》)

就在城内叫苦一片,大周或称东吴政权被围困到山穷水尽的时候,张士诚却突然醍醐灌顶一般地觉醒了,恢复到了最初的那种勇闯天下的精神状态,于是这最后的决战仿佛又成了他人生的一个分水岭。他走出宫门,带领了苏州全城百姓和官兵奋起抗击朱元璋军。吴元年(1367)六月,张士诚集中优势兵力在胥门发起进攻,企图以此作为突围的突破口。不巧的是碰到了朱元璋军中最为凶猛的快速将军常遇春,可即使这样,张士诚将士还是打得相当不错,眼看常遇春就要吃不住、缺口即将打开了,令人万万没想到的是,张士信那颗"扫帚星"正在巡城,看到胥门激战,他立即大呼:"将士们辛苦啦,辛苦啦,大家休息一下!""哐,哐,哐!"鸣金收兵,本来可以的突围一下子全泡汤了,张士诚不败也败。

再说这个猪心猪肺猪脑子的张士信不仅没意识到自己犯下了弥天大罪,反而照常在隆平府的城墙头与参政谢节等坐在银椅里,品着不知从哪里弄来的美味,优哉游哉。忽然间从朱元璋军中飞过来了一个炮弹,不偏不倚,正好打在张士信的头上。哥哥下不了手,"老天爷"可能实在看不下去了,送他去见阎王。(《明太祖实录》卷24)

据说张士诚后来还组织过一次较大规模的突围,那是在万寿寺东街一带,他率领两三万官兵发起了从城内往外的猛烈冲锋,但同样也遭到了朱元璋军队的疯狂阻击。

弹尽粮绝，曲终人散，到了作出最后抉择的时候了。张士诚从从容容地回到了自己与妹妹们曾经日日耳鬓厮磨的后宫里头，为了避免遭受朱元璋军将士的蹂躏（朱元璋军攻下高邮时就曾大肆蹂躏高邮城内的妇女），跟妻妾们这样说道："你们假如愿意随他们去，我任由你们；要是想干干净净地做人，那么就现在做个了断?!"妻子刘氏当即表示："夫君不必担忧，臣妾一定不会对不起您的！"一时间，宫廷里哭声一片，美女们念叨这些年诚王对她们好的情分上，纷纷说，愿意一起殉难！张士诚叫来养子张辰保，在齐云楼堆了一堆的木薪，然后让美姬们上楼与他一起自尽——命养子在楼下放火焚烧。但好多书上说，他当时打算一个人上吊自尽的。(《明太祖实录》卷 25;《明史·张士诚传》卷 123)

目前有关张士诚与他的宫女们的最后结局有几种不同的说法：一个版本说得很绝对，说他们统统烧死了。另一个版本是说他们并未全部被烧死，而是只烧死了一半，之后张士诚去上吊，却又没有死成，被奉命前来劝降的现在可是朱元璋部下的李伯升给解救了下来，进而当了朱元璋的俘虏。(《明太祖实录》卷 25;【明】钱谦益:《国初群雄事略·周张士诚》卷 8;【清】谷应泰:《明史纪事本末·太祖平吴》卷 4)

◎ "另类英雄"的宁死不屈与南京朝天宫的大香炉

张士诚自从被俘虏那一刻起就闭目不说话，在被带往应天的路上仍然不言不语。到了应天后不仅不吃不喝，还天天躺着不起来——用现在话来讲就是绝食抗议。后来被抬到了中书省，由李善长负责审问。然而，在审问的过程中，张士诚却表现得相当有气概。李善长刚想开口问他："你坚守了这么多年……"话还没有说完，张士诚突然打断他："你不要狗仗人势，一副得意的样子，说不准你……"李善长忍不住也破口大骂，审问顿时变成了双方的漫骂。后来朱元璋亲自出来审问："如今兵败被俘，你有何感想?"张士诚答曰："有什么可说的，天日照尔不照我而已。"朱元璋恼恨不已，下令将其处死。据说张士诚是被乱棒打死的，死时体无完肤，惨不忍睹。他死后，被葬在了南京竺桥附近一个叫大香炉的地方。至今这个地名依然在使用。为什么叫这个名字呢？因为张士诚死后，朱元璋觉得尚不解恨，恨他至死仍桀骜不驯，于是便在他的葬身之地压了很多的大石板、大香炉等沉重的东西，这么做的寓意就在于，不让张士诚的邪气有机会冒出来。这就是南京大香炉地名的由来(【明】钱谦益:《国初群雄事略·周张士诚》卷 8 引俞本《皇明纪事录》)。但也有书上说：张士诚后来是自缢而死的(《明太祖实录》卷 25;《明史·张士诚传》卷

123);还有的书上说他是被赐弓弦自尽的。(【明】徐祯卿:《翦胜野闻》;【清】查继佐:《罪惟录》)

张士诚死后,东吴政权的属地通州与无锡也相继归降,至此张氏政权彻底覆灭。

朱元璋在灭了张士诚以后,把张士诚改名的隆平府再改名为苏州府(原来元朝时称为平江路),将张士诚及其部将家眷和杭嘉湖苏松等地的官吏家眷等共计20余万人押往应天监控起来(《明太祖实录》卷25)。至此,长江中下游地区或言南中国大体统一在朱元璋政权底下。

● 600年前谜案:苏州人为何不忘张士诚?朱元璋为何重赋江南?

张士诚虽然最终失败了,但他曾经是个不畏强暴的反元英雄。这颗元末政治舞台上的闪耀的明星,虽然最后成为一颗流星,但历史却永远记住了他。尽管朱元璋在攻克苏州以后,肆意毁灭诚王宫,想把他从苏州人民的记忆中永远地抹去,只当这个苏北盐贩子从来也没来过苏州,甚至到此一游也没有。但是苏州的老百姓却不买朱元璋的账,反而更加怀念起这位有情有义的诚王。每逢七月三十这一天,苏州老百姓就要烧一种"九四香",托名烧地藏香,点地灯祭奠,据说就是为了纪念张士诚。张士诚的小名叫做张九四,而七月三十正是他的生日(【清】袁景澜:《吴郡岁华纪丽·七月晦日地灯》卷7;【民国】柴萼:《梵天庐丛录》)。这样看来,苏州老百姓对张士诚还真是念念不忘啊!

○ 苏州人为什么会对张士诚念念不忘?

第一个原因,张士诚在苏州称王期间,轻徭薄赋,不过分盘剥与欺压老百姓。这与后来朱元璋开创的大明帝国重赋于江南、重赋于苏松形成鲜明的反差,洪武之后五六百年的历史中,苏松地区人民胸口上一直压着大一统帝国的1/2甚至有时会高达2/3的沉重的经济重石。就从这一点来讲,怎么不让老百姓怀念张士诚呢?

第二个原因,张士诚在苏州城被攻破之前,想自我了断,曾下令放火烧毁自己的府邸,但特别嘱咐底下人,千万不要烧毁其他的房屋和建筑,要保住老百姓的生命财产。苏州百姓知道后自然万分感激,尊称他为"张王""诚王"。这样一个诚王,在自己的性命危在旦夕之际,还能时刻将老百姓的生命、财产放在心上,能不让人惦记吗?(【明】杨循吉:《吴中故语》;【明】徐祯卿:《翦胜野闻》;【明】祝允明:《九朝

野记》卷1)

第三个原因,张士诚在临被俘之前,曾下令把征收赋税和金派徭役的土地册与户口簿全部烧毁,使得朱元璋进入苏州后成了聋子和瞎子。由于没有留下征收赋税和金派徭役的簿册,朱元璋只好从头再来,这样苏州的百姓们可少纳了不少时间的赋税。大家当然会感激有情有义的诚王张士诚了。

虽然只是一本本土地册和户口簿被毁,可就是这一本本土地册和户口簿造成了历史上持续争论了600多年的一个疑案:明清两代苏(州)松(江)地区沉重的赋税到底缘何?这与朱元璋、张士诚的恩怨究竟有何关系呢?

○ 600年的疑案:苏松重赋是朱元璋政治报复江南人民?

我们不妨从政治和经济两个方面来看看苏松地区重赋的原因到底是什么。

先来说说政治原因。历史上很多学者认为,苏松地区之所以重赋,就是因为朱元璋实在太恨苏州地区老百姓对张士诚的念念不忘,恨他们不识时务,由此就加重该地区的赋税,实施报复。

其中还有一段传闻,说苏州被攻陷以后,苏州居民被迁到南京来。有一位苏州老太太用苏州话对他们家的老伴说:"老头子,你看看现在南京的这个老头儿对老百姓凶得不得了,哪像我们的诚王那么好啊!"(注:苏州老太太说的南京城里的这个老头子指的是朱元璋)据说,恰巧朱元璋微服私访,听到了这段话,恨得牙根都痒痒的,越想越恼火,甚至产生一种冲动,要将苏松地区的百姓全部杀光。李善长和刘基出来劝阻:"陛下,此事万万不可,否则的话,您将会成为千古罪人!"据说朱元璋最终并没有当真杀光苏松百姓,但是为了一解心中之怨恨,就加重了苏松地区的赋税。至于这个重赋重到了怎样的地步?有的书上说,明初开始江南苏松地区的赋税要比大一统帝国的其他地区重十几倍甚至几十倍。(《明史·食货志二》卷78)

重赋这是不争的事实,江浙人民的重赋之苦只有江浙人自己知道。不过将朱元璋开始的重赋归结于他一次微服私访,这似乎不大说得过去。就拿前面那个传闻故事来说,纵然是朱元璋私访民间"偷听"到苏州老太太的牢骚,但这里有个严重的文化常识性的缺陷问题。大家都知道,南京、镇江往南或往东南方向过去,就是我们通常所说的苏锡常杭嘉湖地区,这一带人通常所讲的是"吴方言"。一般来说,"吴方言"只有苏锡常杭嘉湖地区的人才能听懂和沟通,它与长江以北的语系完全不一回事。要知道朱元璋是淮河流域一带出身的,打下南京时他已经30来岁,灭掉东吴张士诚时已经40岁,40岁的人一般是处于语言接受的封闭状态,更何况南京人讲的不属于"吴方言",所以我认为朱元璋是听不懂苏州话的,上述传闻只能当作饭后的谈资而已。更有一个现实的依据,即使600年后南北方几度大交融了,有多少个北方人能听懂南方的"吴方言",我本人就是苏州人,来宁交往中经常"开国语",否则我周边的朋友们会听不懂,有人戏称我们苏州人说的是鸟语。碰巧的是我的朋友中有一位就是来自朱元璋家乡一带的,我们已经交往多年,但他根本听不懂"吴方言"。因此我进一步地确信上述有关朱元璋"偷听"苏州老太太家中说话纯属无稽之谈。

但我个人认为导致重赋江南的原因中政治因素一点没有似乎也不可能,理由是朱元璋在建立大明帝国前后几次将苏州的所谓"豪民"迁徙到南京或濠州一带,如:吴元年(1367)九月,打败张士诚后,朱元璋下令"凡获其官属平章李行素、徐义、左丞饶介、参政马玉麟、谢节、王原恭、董绶、陈恭、同金高礼、内史陈基、右丞潘元绍等所部将校,杭湖、嘉兴、松江等府官史、家属,及外郡流寓之人,凡二十余万,并元室神保大王黑汉等,皆送建康"(《明太祖实录》卷25);吴元年冬十月"徙苏州富民实濠州"(《明太祖实录》卷26)洪武七年(1374),"徙江南富民十四万田濠州,以(李)善长总理之"(《明史·李善长传》卷127;《明史·俞通源传》卷133)。这就足以说明他对这一带的人至少说是没好感或者说带有敌视的眼光。故《明史》中的相关论断还是颇有道理的:"初,太祖定天下官、民田赋,凡官田亩税五升三合五勺,民田减二升,重租田八升五合五勺,没官田一斗二升。惟苏、松、嘉、湖,怒其为张士诚守,乃籍诸豪族及富民田以为官田,按私租簿为税额。而司农卿杨宪又以浙西地膏腴,增其赋,亩加二倍。故浙西官、民田视他方倍蓰,亩税有二三石者。大抵苏最重,松、嘉、湖次之,常、杭又次之。"(《明史·食货志二》卷78)

除了政治因素以外,经济因素是一个更重要的方面。苏松地区之所以后来成为大一统帝国经济重赋的主要承担者,这跟宋元时期完成的大一统帝国的经济重心转移有关。秦汉时期,中国的经济重心在北方——关中和中原地区,而从唐末开始,中国经济重心逐渐南移。南宋时的版图连唐朝的一半都不到,但是,南宋的财政收入却是唐朝的2～3倍。这是怎么一回事呢?主要是因为南宋时南方经济得到了进一步的开发与提高,其实际水平已经远远超过了北方。除此之外,还有一个重要方面就是南宋时期海外贸易十分发达。

总之,宋元以后,中国的经济重心和中心毫无争议地转移到南方了。这其中跟环境的变化也是密切相关的。秦汉以后,我国的西北地区逐渐地走向沙漠化。一般我们的观念中,河西走廊向来是环境恶劣,沙漠一片,戈壁乱石。但是假若你花点工夫去深入探究的话就会发现,其实历史上的原貌并非如此。大概在上世纪70

年代,我国的考古工作者就发现了河西走廊一带曾经繁盛的城市古迹。比如汉武帝时期的"朔方"三郡,司马迁的《史记》中就有记载,朔方郡是汉代北方一个相当发达的城市,不单如此,还是一个"生态城市"。但随着汉武帝中晚年汉匈战火的蔓延,随着汉族跟少数民族之间冲突的加剧,这个地方逐渐开始了沙漠化,再也见不到往日的繁荣,这不能不说是一大历史的遗憾。往后中原大地经常性地成为战争的灾难区,随之而来这一地区的经济逐渐走向萧条。由此大一统帝国的经济重心就不可避免地发生了南移,而南移后的经济重心主要位于长江中下游——江南地区的苏松和杭嘉湖,这就是史书中所说:"天下财赋出于东南。"(【明】丘浚:《大学衍义补·备规制 都邑之建》卷85)

如此看来,重赋于江南既有历史的必然也有经济重心的转移两方面的因素,并非仅仅是朱元璋政治报复的结果。

苏松重赋是朱元璋政治报复张士诚治下的江南人民也罢,是中国历史经济发展的无奈选择也罢,不论何种,有一点不容置疑,那就是朱元璋在统一江南后获得了巨大的经济支撑,更有东灭张士诚后,朱元璋政权的军民上下斗志高扬,统一全国的事宜自然而然地被提到了议事日程上来了。

吴元年(1367)九月,平吴之师回到应天,朱元璋在戟门召集右相国李善长、左相国徐达、平章常遇春、都督冯宗异、平章汤和、胡廷瑞、右丞廖永忠、左丞华高、都督康茂才、都督副使张兴祖、梅思祖、参政薛显、赵庸、曹良臣及各卫指挥千、百户等,进行论功行赏,封李善长为宣国公,徐达为信国公,常遇春为鄂国公;赐予徐达彩缎表里十一匹,常遇春十匹,胡廷瑞、冯宗异各九匹,汤和、曹良臣各八匹,廖永忠、华高、康茂才各七匹,薛显、赵庸、张兴祖、梅思祖各六匹,指挥人五匹,千户人四匹,百户人三匹;军人米一石、盐十斤。朱元璋现场告谕大家:"今论功行赏,以报劳绩……然江南既平。"但大家"毋狃于暂安而忘永逸,毋足于近功而昧远图,大业垂成,更须努力"!"当北定中原,以一天下!"(《明太祖实录》卷25)

从上述训谕中不难看出,从政治家、军事家和战略家的角度朱元璋告诉人们:江南已平,南方大体统一,虽然浙江尚有方国珍、福建尚有陈友定、两广尚有何真、四川尚有明玉珍和云南尚有元朝梁王政权,但他们都偏于一隅,不足为敌,底下最为紧要的就是"北定中原"——换成后来他在《北伐宣言》里所说的,那就是:"驱逐胡虏,恢复中华",这才是当务之急。如果这个问题解决了,重建大一统帝国之历史重任也就差不多完成了,而在传统中国社会中"大一统"帝国的重建,往往也是君主专制帝国的再造。历史在此交汇重叠,朱元璋建都南京,开创大明,重建大一统帝国的统一运动进入一个新阶段。

大明帝国皇帝世系表

（18帝，1368—1645年，共计277年）

	①明太祖	朱元璋	洪武三十一年	戊申	1368年
懿文太子 朱 标	↓				
	③明太宗（明成祖）	朱 棣	永乐二十二年	癸未	1403年
②明惠帝 朱允炆 建文四年 己卯 1399年	④明仁宗	朱高炽	洪熙一年	乙巳	1425年
	⑤明宣宗	朱瞻基	宣德十年	丙午	1426年
⑥明英宗 朱祁镇 正统十四年 丙辰 1436年 →	⑦明代宗	朱祁钰	景泰八年	庚午	1450年
	⑧明英宗	朱祁镇	天顺八年	丁丑	1457年
	⑨明宪宗	朱见深	成化二十三年	乙酉	1465年
	⑩明孝宗	朱祐樘	弘治十八年	戊申	1488年
⑪明武宗 朱厚照 正德十六年 丙寅 1506年 →	⑫明世宗	朱厚熜	嘉靖四十五年	壬午	1522年
	⑬明穆宗	朱载垕	隆庆六年	丁卯	1567年
	⑭明神宗	朱翊钧	万历四十八年	癸酉	1573年
	⑮明光宗	朱常洛	泰昌一年	庚申	1620年
⑯明熹宗 朱由校 天启七年 辛酉 1621年 →	⑰明思宗	朱由检	崇祯十七年	戊辰	1628年
	⑱明安宗	朱由崧	弘光 年	乙酉	1645年

《大明风云》系列之 ❶ 乱世枭雄

注释：

①明朝第二位皇帝是朱元璋的皇太孙朱允炆，建文四年时，他不仅被"好"叔叔朱棣从皇位上撵走，而且还被"革除"了建文年号，改为洪武三十五年。

②明朝开国于南京，从正宗角度来讲，很难说迁都是朱元璋的遗愿。因此，大明的覆灭应该以国本南京的沦陷作为标志，弘光帝又是大明皇帝的子孙，他称帝于南京，应该被列入大明帝国皇帝世系表中。

③上表中↓↙表示皇位父子或祖孙相传，→表示皇位兄弟相传。

④明安宗朱由崧是老福王朱常洵的庶长子，明神宗万历皇帝朱翊钧之孙，也是明熹宗朱由校、明思宗朱由检的堂兄弟。

后　记

　　2013年12月平安夜的钟声敲响时，我的10卷本《大明帝国》竣工了，想来这400多个不眠的夜晚，真可谓感慨万千。在这个浮华的年代里，就一个人靠着夜以继日地拼命干，想来定会让象牙塔里带了一大帮子弟子的大师们笑弯了腰，更可能会让亦官亦民的××会长们暗暗地叫上"呆子"的称号……是啊，十多年了，在我们的社会里什么都要做大做强，什么都要提速快行，什么都要搞课题会战工程，而我却是孤独的"夜行人"和迟缓的老黄牛，无论如何都无法跟上这个时代的节拍。好在已到知天命的年龄，什么事都能看得淡淡的，更何谈什么学会、研究会的什么长之诱惑了。秉承吾师潘群先生独立独行的精神，读百家之书，虽无法做到"究天人之际，通古今之变"，但至少能"成一家之言"，管他春夏与秋冬。

　　不管世事，陶醉于自我的天地里，烦恼自然就少了，但不等于没有。自将10卷《大明帝国》书稿递交后，我一直在反问自己道："有何不妥？"在重读了出版社发来的排版稿后，我忽然间发现其内还有诸多的问题没有彻底讲清楚或无法展开。譬如，尽管我专辟章节论述了大明定都南京、建设南京的过程及其历史影响，从一般意义角度而言，似乎很为周全，但细细想想，对于已经消失了的南京明故宫和明都京城之文化解读还没有完全到位。理性而言，南京明皇宫与南京都城在中国历史文化进程中所占的地位尤为特别，如果要用最为简洁的词语来概括的话，我看没有比"继往开来"这个成语更合适了。"继往"就是在吸收唐宋以来都城建筑文化精华的基础上，将中国传统的堪舆术与星象术巧妙地结合在一起，使其达到前所未有的完美境界，用明初朱元璋开国时反复强调的指示精神来说，就是"参酌唐宋"和"恢复中华"，即在继承先人传统的基础上整合和规划南京明皇宫和大明都城建设，于最核心部分构建了象征紫微垣的宫城，宫城之外为象征太微的皇城，皇城之外为象征天市的京城，环环相套，中国传统文化中的"法天象地"、"天人合一"思想在南京明皇宫和大明都城建设布局中得到了充分的体现；"开来"就是指明初南京明皇宫与都城建设规制深刻影响了后来的明清皇城与都城建设布局。

　　同样的例子还有南京明孝陵、凤阳明皇陵、盱眙明祖陵，等等。

对于诸多的不尽如人意之处，最好的办法就是在原书稿基础上直接添加和补充，但问题又随之而来了。原书稿规模已大，《洪武帝卷》100多万字，分成了3册，每册都是厚厚一大本，如果再要"补全"，那就势必要另辟一册。这样对于图书销售会带来更多的不便。思虑再三，只好暂时先以原书稿的规模出版，等以后有合适的机会再作重新规划和布局。

可没想到的是，我的苦衷在今年新书上市后不久让广大的读者和东南大学出版社的朋友一下子给解决了。本来按照图书规模而言，3卷本100多万字的《朱元璋卷》应该是很难销的，但让人始料未及的是，它上市没多久就销售告罄。在纸质图书销售不景气的今天，能有这样的结果，真是莫大的欣慰。更让人兴奋的是，东南大学出版社的谷宁主任、马伟先生在上请江建中社长、张新建总编等社领导后决定，在原10卷《大明帝国》基础上，让我重新修订，分册出版。当时我正在研究与撰写大明正统、景泰两朝的历史，听到这样喜人的消息后，立即放下手中的事情，开始对原10卷《大明帝国》逐一作了梳理，调整章节，增补更有文化含金量的内容，使原《大明帝国》变得更为系统化，考虑到新书内容已有很多的变化，为了与以前出版的相区别，本想取名为《明朝大历史》，但考虑到这是普及性极强的读物，最后与马伟先生合计，取名为《大明风云》。

经过数月的不眠之夜，《大明风云》前8卷终于可以交稿了。回想过往的日日夜夜，看到眼前的这番收获，我要衷心感谢的是中共南京市委宣传部叶皓部长、徐宁部长、曹劲松副部长，南京广电集团谢小平主任，中共南京市委宣传部网控中心的龚冬梅主任，中央电视台池建新总监，安徽电视台禹成明副台长，原南京电视台陈正荣副台长、新闻综合频道傅萌总监，原江苏教育电视台张宜迁主任、薄其芳主任，东南大学出版社江建中社长、张新建总编，东南大学马克思主义学院袁久红院长、袁健红副书记，南京市政协副主席余明博士，南京阅江楼风景区管理委员会韩剑峰主任，新华报业集团邹尚主任，南京明孝陵博物馆张鹏斗馆长，南京静海寺纪念馆原馆长田践女士，南京阅江楼邱健乐主任，南京市社科院李程骅副院长与社科联陈正奎院长、严建强主任、顾兆禄主任，南京市新闻出版局蔡健处长，南京市档案局徐康英副局长、夏蓓处长，江苏省社科联吴颖文主任，福建宁德市政协主席郑民生先生、宁德市委宣传部吴泽金主任、蕉城区统战部杨良辉部长等领导的关怀（**特别注明：本人不懂官衔大小，随意排列而已，不到之处，敬请谅解**）；感谢中央电视台裴丽蓉编导、徐盈盈编导、戚锰编导，江苏电视台公共频道贾威编导、袁锦生编导，江苏教育电视台苍粟编导、夏恬编导、赵志辉编导，安徽电视台公共频道制片人张环主任、制片人叶成群、舒晓峰编导、唐轶编导、海外中心吴卓编导、韩德良编导、张曦伯编导、李静编导、刘小慧编导、美女主持人任良韵，南京广电集团王健小姐，南京电视台主持人周学先生、编导刘云峰先生、李健先生、柏新民先生、卞昌荣先生，南京电视台十八频道主持人、我的电视节目老搭档吴晓平先生，江苏广播电视总台吕凤华女士、陆正国先生，新华报业集团黄燕萍女士、吴昌红女士、王宏伟先生，《现代快报》刘磊先生，《金陵晚报》郑璐璐主任、于峰先生，金陵图书馆袁文倩主任和郁希老师，南京静海寺纪念馆钟跻荣老师，东南大学出版社刘庆楚分社长、谷宁主任、彭克勇主任、丁瑞华女士、马伟先生、杨澍先生、丁志星女士、张万莹女士，南京明孝陵向阳鸣主任、王广勇主任和姚筱佳小姐，江苏省侨办《华人时刊》原执行副主编张群先生，江苏省郑和研究会秘书长郑自海先生和郑宽涛先生，北京师范大学教育学院孙邦华教授，南京大学王成老师和周群主任，南京理工大学人文学院李崇新副教授，南京财经大学霍训根主任，江苏经贸学院胡强主任和吴之洪教授，南京总统府展览部刘刚部长，南京出版社卢海鸣社长，南京城墙办朱明娥女士，南京图书馆施吟小姐，福建宁德三也农业开发有限公司董事长池致春先生，原徐州汉画像石馆馆长武利华先生，无锡动漫协会会长张庆明先生，南京城市记忆民间记录团负责人高松先生和篆刻专家潘方尔先生以及倪培翔先生等朋友给我的帮助与关怀。（至于出版界朋友对我的帮助，那实在太多了，怕挂一漏万，干脆就一个也不谢了）

  当然还要感谢吾师王家范老师、刘学照老师、黄丽镛老师、王福庆老师、杨增麒老师等曾经对我的谆谆教诲与帮助，也衷心祝愿诸位师长健康长寿！

  除了国内的师友，我还要感谢 United Nations（联合国）Chinese Language Programme 何勇博士、美国 Columbia University（哥伦比亚大学）王成志主任、美国 Stanford University（斯坦福大学）Visiting Scholar Helen P. Youn、Stanford University（斯坦福大学）的 Hoover Institution Library & Archives（胡佛研究院图书馆及档案馆）主任 Thu-Phuong Lisa H. Nguyen 女士和 Brandon Burke 先生、美国纽约美中泰国际文化发展中心总裁、著名旅美艺术家李依凌女士、美国（CHN）总监 Robert KO（柯伊文）先生、泰国国际书画院院长李国栋、日本关西学院法人代表阪仓笃秀教授、世界报业协会总干事马英女士和澳门基金会理事吴志良博士、澳门《中西文化研究》杂志的黄雁鸿女士等海外师长与友人对我的关心与帮助。

  在此我要特别感谢美国 University of Pittsburgh（匹兹堡大学）名誉教授、海外著名国学大家许倬云先生。许先生年逾古稀，身体又不好，但他经常通过 E-mail 关心与肯定我的研究与写作，令我十分感动；特别感谢老一辈著名明史专家、山东大学教授黄云眉先生的大作《明史考证》对我的启迪以及他的海内外儿孙们对我的抬爱；特别感谢我的学业导师南京大学潘群先生和师母黄玲女士严父慈母般的关

爱；特别感谢慈祥的师长、我的老乡原江苏省委宣传部常务副部长王建邦先生对我的关怀与帮助。

  我还要感谢的是我的忠实"粉丝"与读者朋友，这些朋友中很多人可能我都未曾见过他们的面，譬如安徽六安有个年轻朋友曾给我写来了热情洋溢的信函；还有我不知其地址、只知其 QQ 号的郭先生，等等。他们不断地给我来信，帮助我、鼓励我。但由于我是个"单干户"，无当今时兴的"小秘"代劳，因而对于广大读者与电视观众朋友的来信，无法做到一一回复，在此致以万分的歉意，也恭请大家海涵！

  顺便说明一下：本著依然采用史料出处随后注的方法，做到说史绝不胡说、戏说，而是有根有据。本书稿原有所有史料全文，后考虑到篇幅太厚和一般读者可能阅读有困难，最终决定将大段古文作了删除，大多只保留现代文。也承蒙东南大学出版社朋友尤其谷宁主任、马伟先生和张万莹女士的关爱，本系列丛书拥有现在这个规模。如读者朋友想核对原文作进一步研究，可根据书中标出的史料出处一查便是。最后要说的是，下列同志参与了本书的图片收集、资料整理、文稿起草等工作，他们是马宇阳、毛素琴、雷扣宝、王鲁兴、王军辉、韩玉华、林成琴、熊子奕、周艳梅、舒金佳、雷晟等人。

马渭源

于南京大明帝国黄册库畔

2014 年 11 月 16 日

电子邮箱：mwynj@sina.com

大明风云

系列之
大明一统

马渭源 著

东南大学出版社·南京

图书在版编目（CIP）数据

大明风云 / 马渭源著. —南京：东南大学出版社，2019.1

ISBN 978-7-5641-8034-8

Ⅰ.①大… Ⅱ.①马… Ⅲ.①中国历史-研究-明代 ②朱元璋（1328-1398）-传记 Ⅳ.①K248.07 ②K827=48

中国版本图书馆CIP数据核字（2018）第229083号

大明风云系列之② 大明一统

出版发行	东南大学出版社
出 版 人	江建中
社　　址	南京市四牌楼2号 （邮编：210096）
经　　销	全国各地新华书店
印　　刷	南京京新印刷有限公司
开　　本	700 mm ×1000 mm　1／16
印　　张	120.5
字　　数	1928 千字
版　　次	2019年1月第1版
印　　次	2019年1月第1次印刷
书　　号	ISBN 978-7-5641-8034-8
定　　价	398.00元（共8册）

（本社图书若有印装质量问题，请直接与营销部联系，电话：025-83791830）

序

马渭源教授的17卷本《大明风云》就要出版了,这是继他2014年推出10卷本《大明帝国》后的又一大系列专著。数日前,他来我家,邀我写个序,我欣然应约了。因为他与日本关西学院校长、国际明史专家阪仓笃秀教授是老一辈著名明史专家黄云眉先生的第二代传人,这是2011年年底海内外眉师儿孙们云集一堂,经过反复研究、讨论,最后作出的慎重决定。作为眉师的第一代传人,我感到责无旁贷要做好这样的事情。

马教授在2012年就应邀去美国做讲座,北美三大华文报刊《世界日报》《星岛日报》和《侨报》对此都曾做了专门的报道,其中《世界日报》称誉马渭源教授为著名的明史专家;稍后中国大陆媒体称他为"第一位走上美国讲坛的明史专家"。

另据海外媒体所载,马渭源教授的《大明帝国》系列专著得到了美国匹兹堡大学名誉教授、海外著名国学大家许倬云先生的赞许与推介,并为哈佛大学、哥伦比亚大学、普林斯顿大学、斯坦福大学等世界一流的高等学府和美国国会图书馆、澳大利亚国家图书馆等西方诸国国家图书馆所收藏,真乃可喜可贺!

最近中央级大报《光明日报》刊载文章说:"世界上SCI检索影响力较大的2 000种期刊中,中国期刊只有5种;排在本学科前3位的世界顶级期刊中,没有一本中国期刊。"(《光明日报》2013年11月30日第7版"科教文新闻")与此相类或者说更不尽如人意的是,中国虽是当今世界上头号出版大国,但中国出版的各类专著为西方国家收藏的却不到20%,社科类不到10%,历史类更是凤毛麟角。而马教授的著作能被这么多的西方著名高等学府所珍藏,并得到了大家许倬云先生的肯定与称许,实属不易!

其实这些年在国内马渭源教授早已是南京电视台、南京广电、江苏教育电视台、安徽电视台、中央电视台和福建网站等公共媒体上家喻户晓的历史文化讲座主讲人和电视节目的常任嘉宾,而他的著作则更是深受广大读者的喜爱。据说有一次在上海展览馆举办他的签名售书活动,原定活动时间为半小时,结果因为读者太多了,主办方不得不延长了一个小时,但还是未能满足广大读者的需求。而最近又传来好消息,国内外知名的网络运营商如亚马逊、中国移动、苏宁易购等都与马教授签订了电子书出版合同,广大读者尤其年轻的读者只要按按手机上的键钮就能轻松阅读他的电子版著作了。

马教授之所以能取得如此的成就和拥有这样的影响力，在我看来，最为根本的原因就在于他扎扎实实地深入研究，以渊博的知识来解释历史，并用通俗流畅的语言表述出来，但绝不戏说，由浅入深，做到既通俗易懂又让人回味无穷，这是十分难能可贵的啊！

就以本次出版的《大明风云》系列之①～⑤为例，该5卷本主要是讲述大明洪武朝的历史。有关洪武帝朱元璋的传记目前为止，有好几个版本，最早的可能要数吴晗先生的《由僧钵到皇权》，那是民国三十三年十月由在创出版社出版，当年我在书店里买到了就读。五六十年代吴晗先生对原书进行反复修改后出版了《朱元璋传》（三联书店版）。据说当时有好多政治人物都读过，但它毕竟是那个时代的产物，里边有不少阶级斗争的内容和特定意识形态的标签，今天年轻人读来可能有种隔世的感觉。后来陈梧桐教授和吕景林教授也分别写了有关朱元璋的传纪，如今书店里可能还能买到。

马渭源教授在2007年时就撰写了《奇特的开国皇帝朱元璋》上、下册，尽管该书在2008年1月出版后很受读者喜爱，发行量急剧攀升，且远销海内外，但马教授对自己的著作却很不满意，多次在我面前说，那是电视节目的讲稿，时间太仓促，很不成熟，遗憾多多。为此，这些年他不断地收集和整理史料，打算重写。2014年1月他的最新力作《大明帝国》系列之《洪武帝卷》终于问世，比原书整整多出了一倍，多达100多万字。不过随后他又感到意犹未尽，特别是洪武时期的许多事情都未能说个淋漓尽致，为此，在已经修订过的《大明帝国》系列之《洪武帝卷》基础上，他再作努力，分册详尽阐述，这就是现在人们见到的《大明风云》系列之①～⑤《乱世枭雄》《大明一统》《明基奠立》《洪武"运动"》《治隆唐宋》。

本书为《大明风云》系列之②《大明一统》，主要叙述朱元璋在攻灭东吴张士诚政权后定鼎南京、开创大明以及"驱逐胡虏、恢复中华"再造大一统帝国的艰苦历程。

全书分为两大章，上章阐述了朱元璋开国南京的历史过程与明都南京布局规制及大明帝国定都南京的历史意义和深远影响。在此特别要指出的是，马教授花了大量的笔墨，对以往论者少有涉足的明初"三都"规划与相关建设问题进行了详尽的考察，尤其是面对断垣残壁和芳草萋萋的明故宫，他从《明太祖实录》和《南京都察院志》等明代官书与文人笔记入手，结合地面与地下考古资料，不仅为人们重塑了一代帝都的英姿雄貌，而且还深度解密了明故宫的文化密码，这是十分难能可贵，也是明清史研究领域前所未有的。

本章另一个值得称道的是,马教授对于朱元璋以南扫北、以火克水、以明克元的思想文化内涵和大明初立时的边疆客观形势予以充分考量,肯定了洪武定都南京的历史之举,应该说这是有着相当充实的说史论理依据的。

有关大明到底是定都南方还是定都北方好呢?历史上有着一定的讨论。明末大思想家黄宗羲曾一针见血地指出定都北京之弊:"有明都燕不过二百年,而英宗狩于土木,武宗困于阳和,景泰初京城受困,嘉靖二十八年受围,四十三年边人阑入,崇祯间京城岁岁戒严,上下精神敝于寇至,日以失天下为事……江南之民命竭于输辇,太府之金钱靡于河道,皆都燕之为害也。"(黄宗羲:《明夷待访录·建都》)

黄宗羲说的都是事实,可惜的是这位大思想家之后却再无人进行翔实的研究与阐述,即使有论者在讲述明朝开国史时不得不提到这个问题,但也往往肯定定都北京而否定南京,且罗列出一大堆定都南京的不是。那么实际情况真是这样吗?恐怕问题没那么简单。

有幸的是,马渭源教授专辟一节予以详尽的探讨。在进行一一深度考察和指出定都南京之弊后,他又十分辩证地肯定了它的可取之处,并阐发了大明帝国定都南京的重大意义:①第一次将大一统帝国的都城建在了南京,开创了大一统帝国南北中心的多重选择的新局面,也为世界大国政治、经济、文化多重中心创立了历史先例。②建都南京,大一统帝国的政治、经济和文化三重中心合一,顺应自然地奠定了中国传统社会后期发展的基本格局,解决了南粮北运带来的许多劳民苦众的社会大问题,同时也开启了中国历史上"南北之争"的先河。③奠定了南京600年历史发展的基本格局,确立了南京在大一统帝国中的经济和文化中心与重心地位,提升了南京在大一统帝国中的地位甚至国际名望。④基本确立了南京南北混合的地域文化风格。

如此广角视野下的探讨与论述在以往明史研究中还从来没有过。据我所知早在七八年前马教授就对大明帝国定都问题进行了开拓性的专门研究。可能也是从那时开始,他不断地受邀江苏省委宣传部"江苏人文讲坛"、南京市委宣传部"市民学堂"、南京电视台、江苏教育电视台、安徽电视台、福建网站等机构与单位,主讲"大明王朝在南京""大明风云人物"等系列历史讲座。他的讲座论文《大明帝国与古都南京》曾被江苏省委机关报《新华日报》和南京市委机关报《南京日报》等权威报刊全文刊载,如今在网上还广为人们所引用。据说这些年,北京、四川、陕西、湖北、河北、山东、广东等省市还将马教授的史论当做高考历史素材题。原本一笔带过的明史研究"荒地"经由他的研究与深度拓荒如今已变成了妇孺皆知的"熟地",由此可见其影响是何等之广泛!

本书下章"驱逐胡虏 恢复中华",主要是讲朱元璋君臣进行的统一运动,即南征与北伐等"多管齐下"。而北伐后明朝有着相当长的一段时间与北方元军进行的斗智斗勇到底算什么?也称北伐?似乎历史上还没有这么个说法,还有双方交锋了多少次?结果如何?过去人们往往泛泛而谈,谁也没有说清楚。马教授从《明太祖实录》《皇明诏令》等明代文献资料入手,深度考察了洪武年间大明与北元之间的历次战争,发现当年有过一个比较固定的说法,叫"清沙漠"。其首次出现在洪武四年朱元璋诏令里头:"朕起农业……重荷上天眷佑,平群雄,一天下,东际辽海,南定诸番,西控戎夷,北清沙漠"(《明太祖实录》卷65),以后经常使用"永清沙漠"(《明太祖实录》卷71)、"肃清沙漠"(《明太祖实录》卷185)、"扫清沙漠"(《明太祖实录》卷226)等。因此说,使用"清沙漠"一词最能概括当时的那段历史,还原于历史本来面目。随后马教授又将他对这一段历史的研究做了提炼,制成《明初洪武年间大明帝国10次清沙漠情况简表》,让人一目了然,有利于了解明初朱元璋确立重点打击"北虏"之国策的正确性和大一统帝国再造的艰巨性,弄清了明太祖与明成祖在北疆问题策略上的优劣——用他的话来说,就是小朱皇帝比起老子来要差多了,绝非如《明太宗实录》等当年官史所吹嘘的那般。这样一来,将一部真实的明朝开国统一史展示在广大读者面前。

本章另一大突破就是高度颂扬洪武年间的统一运动,将朱元璋领导汉民族为主体的推翻异族统治与"恢复中华"正统有机地融在一起,视为洪武朝立纲陈纪等建国纲领内涵的重中之重,这无疑是将明史研究深化了。昔日论及明初开国、北伐与推翻元朝统治往往泛泛而谈,或用红巾军为主干的农民阶级起义推翻以元顺帝为首的元朝地主阶级的黑暗统治来说事,不是给人隔世的感觉,就是让人难以领悟到当年朱元璋提出"驱逐胡虏,恢复中华,立纲陈纪,救济斯民"的北伐与建国纲领的真正含义,更无法理解500年后以孙中山为首的资产阶级革命派提出"驱除鞑虏,恢复中华,创立民国,平均地权"(田桐:《同盟会成立记》,《胡汉民自传》,《辛亥革命史料选辑》上,P94,P170)的革命纲领为什么与朱元璋政治主张有着诸多契合之妙了。

马渭源教授在书中首先指出:朱元璋的那16字北伐与建国纲领充满了以汉民族为主体的"中华民族"的自信。随即他强调:这里的"中华民族"之所以要加引号,那是指的历史概念,不应该与现代意义上的"大中华"概念完全画上等号。"古代的'中华'概念可能更多指的是以汉民族为主体的传统文明,'中华'后面当时可能没有直接加上'民族'两字——那是近代的概念,但并不等于说当时就没有'中华民族'的文化认同感。而作为民族之林中的老大哥汉民族由于自身文明的先进性而拥有一定的自傲感也没什么过错,更何况在汉民族建立的历代帝国政权中少有或几乎没有过分的民族压迫和民族残暴统治,倒是文明相对落后的少数民族一旦占据了统治地位就会不遗余力地推行愚昧又落后的民族压迫政策,元朝是如此,后来的清朝也是如此。"接着他就解释了朱元璋16字纲领的涵义。

第一层涵义即前面四字"驱逐胡虏",就是要推翻以蒙古人为主体的元朝统治。说到这里,我们社会中一直有着动机不良的"老左分子",他们动不动就上纲上线。其实"胡虏"这个称呼首先是个历史概念,既然现在说历史,为什么就不能说历史概念呢?再说作为民族的加害者当年的蒙古统治者和后来的满族统治者,曾疯狂地屠杀我们汉族同胞,如"扬州十日""嘉定三屠",甚至摧毁我们汉民族传统与自尊,如蒙古人霸占江南姑娘的初夜权、满族人实施"留发不留头"和"留头不留发"……如此暴行好像都被当今某些人给忽略不计了,反而在媒体上还大谈异族入侵和民族屠杀是如何的"历史进步",怎么啦?某些人得了"猥亵症"抑或失忆症?再来看600多年前的蒙古人是如何地肆意凌辱汉民族的,进而激发和唤醒了当时最为低等的"南人"和"汉人"的民族斗志与民族自信。随后马教授列举了元朝人犯下的令人发指的罪行:西僧嗣古妙高等人"尽发宋(帝)诸陵之在绍兴者及大臣冢墓,凡一百一所,窃其宝玉无算"(【明】戴冠:《濯缨亭笔记》卷1;《明太祖实录》卷53),且将宋朝皇帝头颅割下来当做饮器(一说被当做溺器)。而后他指出:在传统社会里,汉族皇帝就是汉族人的"大父亲""老祖宗",连他们死后都不得安宁,还要受到如等奇耻大辱,这样的汉民族情感伤痛恐怕是难以用言语来表达的。所以说朱元璋提出"驱逐胡虏,恢复中华"这样的口号,至少说在以汉民族为主体的受压迫民族当中具有极大的战斗号召力,或者说引发巨大的共鸣,也为汉民族找回了民族的自尊心与自信心。从这样的角度来看,朱元璋无疑是汉民族的民族英雄。马教授说得合情合理,令人拍案称绝。

第二层涵义为"恢复中华"。这里不仅仅包括了要恢复汉民族统治,重建传统帝国王朝,还隐含着要恢复元朝以前的中华传统文明,洗涤元蒙"胡俗陋习","参酌唐宋之制而定之"(《明太祖实录》卷36)。唐、宋是中华古典文明发展史上的经典时代,尤其使得古代中国成为世界公认的四大文明古国的几项十分显著的"文明标杆"——"四大发明"最终都是在唐、宋时代完成的,而随后的蒙元时代绝对称不上对中华民族传统文化的传承有着多大的积极贡献,恰恰相反,它的"横加插入"倒是使得传统文明遭受了突然打断,甚至是对传统社会价值体系的严重摧毁:废长立幼,以臣弑君,以弟酗兄,弟收兄妻,子烝父妾……父子、君臣、夫妇、长幼之伦,淫乱之至!(《明太祖实录》卷26)因此说朱元璋的"恢复中华"绝对称得上是历史的进步,我们绝不能低估。

第三层涵义为恢复以汉民族为主体的大一统帝国统治秩序,实行帝国境内各民族基本平等。朱元璋明确宣布,对于少数民族"有能知礼义愿为臣民者,与中夏之人抚养无异"(《明太祖实录》卷26下),这就是告诉人们:我朱元璋建立的大明帝国绝不会像元朝人那样搞什么民族压迫和民族歧视,而是实行民族平等政策!要知道在遭受异族入侵、饱受异族歧视与压迫长达百年的情势下,提出这样的民族平等口号与施政精神,需要何等之勇气和度量!

第四层涵义为"立纲陈纪,救济斯民"。这主要表明朱元璋在即将开创的大明帝国中要以中华传统为模板,建章立制,将蒙元"冠履倒置"予以重新摆正,恢复我们中华传统的典章礼仪与法律制度以及社会秩序,将处于水深火热中的元帝国子民给解救出来,即"拯生民于涂炭,复汉官之威仪"。以这样的口号来吸引和激发深受元朝黑暗统治之苦的广大人民的斗志和信心,由此说来,这8个字也是与当时的北伐直接相关联的。至此,我们可以进一步地肯定,朱元璋当年发布的这个"北伐宣言"是很了不得的新帝国施政大纲。

通过以上论述,马教授抓住了历史时势的本质,运用与解读了当时人们所用的术语,客观地还原了当年真实的历史境遇,说事透彻,鞭辟入里,有理有节,读来令人振聋发聩。这样的深度探索是至今为止明史研究中所从未有过的!

总之,全书精彩迭现,观点新异可靠,读之既如品尝陈年美酒,又似沐浴和煦春风。作为年过八旬的垂垂老者,我倍感欣慰,"黄学"后继有人啊!也愿马教授不断努力,推出更多的新作!

权作为序。

南京大学中国思想家研究中心常务副主任、教授

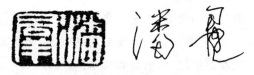

2014年11月12日

《大明风云》系列之 ❷
大明一统

目录

上章　建都南京　开创大明

- "千呼万唤"称帝南京　洪武朝廷"奉天承运" …………………… 1
  - 架起"三驾马车"与小明王遇上"交通事故"了 ………………… 1
  - 千呼万唤始出来——朱元璋称帝 …………………………………… 4
  - 南京朝天宫与北京朝天宫 …………………………………………… 4
  - 南京明皇宫的开国大典与大明帝国的建立 ………………………… 5
- 两京三京最终归一　洪武建都南京之谜 …………………………… 7
  - 魔鬼的咒语：在南京建都的朝代寿命都不长？ …………………… 7
  - 南京成为大一统帝国都城的亮点：号称虎踞龙蟠当真不能成为都城吗？ ……………………………………………………………… 10
  - 洪武时期大明帝国定都南京的五大缘由 …………………………… 12
  - 都城决胜"大比拼"，南京"力挫"诸雄 …………………………… 14
  - 朱元璋要以老家作为天下之都　明初两京变成三京　凤阳：从中立府到凤阳府 …………………………………………………… 16
  - 人算不如"天算"——听从老天安排，定都南京 ………………… 27
- 依稀可见最大都城　第一皇宫迷雾层层 …………………………… 29

1

- 明皇宫的四个谜团 …………………………………………………… 30
- 解谜——皆因迷信"龙气"好风水 ……………………………… 31
- 明代南京城与皇宫的四大奇特之处 ………………………………… 35
- 朱元璋营建明皇宫与南京城的三大宗旨 …………………………… 37

● 南京明皇宫荡然无存　北京故宫"前世今生" ……………………… 41
- 明皇宫的内城——宫城 ……………………………………………… 41
- 明宫城的4道主门和10道小门 ……………………………………… 45
- 明宫城主要建筑：以纵轴为主"前朝五殿两楼"和"后廷三宫六院" …… 49

● 故宫外面修筑皇城　纵轴彰显专制灵魂 …………………………… 54
- 午门外御道两侧的重要建筑：太庙和社稷坛 ……………………… 55
- 南京御道街与明皇宫的端门 ………………………………………… 55
- 南京的承天门——北京的天安门 …………………………………… 56
- 外金水河、外五龙桥和长安街 ……………………………………… 57
- 明皇城四方位四主门与"马娘娘梳妆台" ………………………… 57
- 洪武门——北京的中华门 …………………………………………… 60
- 明皇城的纵轴线与绝对君主专制主义的灵魂 ……………………… 61

● 西洋人利玛窦见证　最大皇宫最大皇城 …………………………… 62
- 为明故宫"翻案"——利玛窦见证：明都南京和明皇宫是世界最大的城市与最大的皇宫 …………………………………………………………… 62
- 明故宫"跑"到哪里去？——明故宫遭受的三场浩劫 …………… 64
- 南京明皇宫建筑设计与布局中的文化密码 ………………………… 67

● 明都城第三层京城　最大城墙最大都城 …………………………… 83
- 明代南京城墙——中国目前现存的规模最大的古代城墙 ………… 83
- 南京城墙已经经历了600多年的风风雨雨，但它却巍然屹立，为何？ …………………………………………………………………………… 85
- 明代南京京城十三城门和城楼 ……………………………………… 86

- ◉ 清末与民国时期直到现在新辟的南京14道"小"城门 ⋯⋯⋯⋯ 96
- ◉ 现今南京保存完好的10多处城门和城垣 ⋯⋯⋯⋯ 97

● 外廓十八环绕南京　众星捧月拱卫朝廷 ⋯⋯⋯⋯ 97
- ◉ 明代南京城外的护城河 ⋯⋯⋯⋯ 98
- ◉ 明代南京城外的外廓城修建 ⋯⋯⋯⋯ 99
- ◉ 明代南京外廓城的18道门 ⋯⋯⋯⋯ 101

● 分类区域规划都城　六百年后依然可认 ⋯⋯⋯⋯ 102
- ◉ 高干富人区 ⋯⋯⋯⋯ 102
- ◉ 手工业、商业集中区——南唐皇城四周 ⋯⋯⋯⋯ 103
- ◉ 文化与宗教区 ⋯⋯⋯⋯ 106
- ◉ 军事区——大小教场、马群、首蓿园 ⋯⋯⋯⋯ 108
- ◉ 皇家陵园区 ⋯⋯⋯⋯ 109
- ◉ 风景区 ⋯⋯⋯⋯ 109

● 建都南京意义非凡　定名大明缘由何在 ⋯⋯⋯⋯ 109
- ◉ 大明帝国定都南京的意义 ⋯⋯⋯⋯ 109
- ◉ 定都南京的大明帝国为何取名为"大明"？ ⋯⋯⋯⋯ 117

下章　驱逐胡虏　恢复中华

● 兼顾南方重在北伐　三路大军同时出发 ⋯⋯⋯⋯ 121
- ◉ 朱元璋最终实现大一统帝国重建战略思路：兼顾南方，重在北伐 ⋯⋯ 122
- ◉ "先南后北"战略中最终东南统一战争的开启——扫平浙东方国珍 ⋯ 123
- ◉ 一日连发三道军令：兼顾南征　重点北伐　齐头并进 ⋯⋯⋯⋯ 127

● "驱逐胡虏 恢复中华"　颠覆元廷 声震华夏 ⋯⋯⋯⋯ 137
- ◉ 朱元璋的"北伐宣言"与"驱逐胡虏,恢复中华" ⋯⋯⋯⋯ 137
- ◉ 稳扎稳打三步北伐　颠覆元廷声震华夏 ⋯⋯⋯⋯ 143

● 十"清沙漠"除去"尾巴"　横扫割据 统一天下 ⋯⋯⋯⋯ 162

- "大尾巴"、大后患的凸显与朱元璋的北平之行 …………………… 162
- 《克复北平诏》与太原夜袭、山西平定(1368.12) …………… 164
- 剪除余房、夺取关陇——朱元璋:我忽悠你们的呀,现在可来真格的啦！
  ……………………………………………………………………… 166
- 十"清沙漠",南平川滇,横扫割据,天下一统 ………………… 171
- 第一次"清沙漠"行动——全宁之战、大兴之战、开平大捷、大同之战、太原之战——洪武二年六月~八月 ………………………………… 178
- 第二次"清沙漠"行动——洪武三年(1370)正月~十一月 …… 180
- 第三次"清沙漠"行动——洪武五年(1372)正月~十一月 …… 184
- 第四次"清沙漠"行动——大同大捷、猫儿庄之捷、三角村之捷——洪武六年(1373)春季~年底——近边 …………………………… 193
- 第五次"清沙漠"行动——兴和之捷 高州大石崖之捷 氈帽山大捷——洪武七年(1374)四月~七月 ………………………………… 196
- 第六次"清沙漠"行动——亦集乃路大捷 洪武十三年(1380)二月
  ……………………………………………………………………… 196
- 第七次"清沙漠"行动——傅友德:灰山大捷 沐英:公主山长寨之捷——洪武十四年(1381)正月~四月 ………………………… 199
- 平定天府之国,统一西南四川 ……………………………………… 201
- 平定彩云之南 实现完整意义上的南中国统一 …………………… 207
- 第八次"清沙漠"行动——洪武二十年(1387)正月~六月 …… 213
- 第九次"清沙漠"行动——洪武二十年(1387)九月~洪武二十一年(1388)五月 …………………………………………………… 221
- 第十次"清沙漠"行动——洪武二十三年(1390)正月 ………… 225

大明帝国皇帝世系表 ………………………………………………… 231

后记 …………………………………………………………………… 232

上章
建都南京　开创大明

东灭张士诚后,西吴政权开始势如破竹的北伐战争。就在北伐凯歌声中,公元1368年正月初四,那位无人不晓无人不知的、长相奇特、老南京俗称为洪武爷的朱元璋在南京城里的明故宫与御道街一带举行了开国大典;也就是正月初四这一天,一个影响中国历史长达600多年的新兴的政权——大明帝国宣告诞生。那么朱元璋为什么要将大一统帝国的都城定在南京?又为什么要给自己开创的新帝国取名为大明?大明建都南京有何影响?

"千呼万唤"称帝南京　洪武朝廷"奉天承运"

吴元年(1367)下半年以前,随着以应天为中心的西吴政权逐渐扩大,且有不日即将一统天下的趋势,有好多文官武将,纷纷向朱元璋进言,请其早日称帝,以顺天意、慰民心,但每一次都被婉言谢绝了。随着1367年下半年的到来,尤其是以李善长为首的大臣们发动的那次大劝进,终于使得朱元璋开始活动活动心眼了:是啊,该改改了,改什么?此时的朱元璋已经消灭陈友谅、张士诚,统一了长江中下游地区——全国经济文化的中心地带,并以排山倒海之势挥师北上,一路势如破竹,剑指大都,颠覆元廷指日可待。要改称的级别肯定要比原来自称的吴王肯定还要高,那么就是皇帝了。

至此人们不禁要问:为什么大臣们先前发动的多次劝进都被拒绝了,唯有这一次朱元璋居然同意?

● 架起"三驾马车"与小明王遇上"交通事故"了

其实从前面讲过的朱元璋统一过程中我们看到,自来到南京起,朱元璋就日思

夜想要称帝,要消灭群雄,重建大一统帝国,但在1367年下半年以前各方面的条件还不十分成熟:

第一,朱元璋周边的主要割据势力没有被消灭,过早地称王称帝容易招惹是非,不是人们常说的叫树大招风么。所以朱元璋一直牢记朱升老先生的"缓称王"的教诲,始终很低调(《明史·朱升传》卷136)。而这方面的问题一直拖到1367年东灭张士诚以后才可说是基本解决了,因为这时在群雄中能与朱元璋一争高低的已为数甚少了,所以这时称帝问题不大。

第二,朱元璋想称帝,除了军事上的胜利这个最为基本的前提外,还必须得先建构新兴帝国的统治秩序,或言进行基本的政权架构与制度建设。虽然在称吴王前后,朱元璋曾建百司官属,置中书省,又设大都督府,形成了属下行政机构与军事机构并驾齐驱的格局。不过这个时候他的政权建设毕竟还处于草创时期,最为明显不足的就是军事机构领导人、军队官长过多兼任行政机构的领导,客观上造成了属下权力过大或言权力过于集中的局面。这可不是什么好事,想当年徐寿辉手下人倪文俊、陈友谅都是因为他们手中的权力过大才导致西线红巾军领导层政变不断。

为了防患于未然和迎接新形势的到来,迅速取代大元帝国的统治,朱元璋仿照了元朝的做法,在彻底平定张士诚势力后的第二月即吴元年(1367)十月,设置御史台及各道按察司,加强对属下的机构与权力监察,任命汤和为左御史大夫,邓愈为右御史大夫,刘基、章溢为御史中丞,文原吉、范显祖为治书侍御史,安庆为殿中侍御史,钱用壬为经历,何士弘、吴去疾等为监察御史。同时还将过去沿袭元朝尚左的百官礼仪改为尚右,令李善长由左相国改为右相国,徐达由右相国改为左相国,"余官如之"(《明太祖实录》卷26)。这样一来,加上过去已作了变革的军事机构大都督府,明初以中枢"三大府"为主体的政权架构与内政建设渐趋完备。对此,朱元璋不无得意地说道:"国家新立,惟三大府总天下之政。中书,政之本;都督府,掌军旅;御史台,纠察百司,朝廷纪纲尽系于此。"(《明太祖实录》卷26)换言之,一人之下万人之上的帝国政权"三驾马车"开始正式并行,明初立国基础架构大体完成。

以上是针对国家权力的管理,那么对于全社会?就在健全"三大府"为主体的权力机构的当月,朱元璋"命中书省定律令,以左丞相李善长为总裁官,参知政事杨宪、傅,御史中丞刘基,翰林学士陶安,治书侍御史文原吉、大理卿周祯、少卿刘惟敬,大理丞周浈等为议律官,制定律令"。这就是明代历史上最早的一部法律——吴元年律令(《明太祖实录》卷26)。该年十二月编定而成的《律令》刊布天下,新兴帝国的开国形势渐趋成熟。

第三,朱元璋一直尊奉龙凤为正统,将小明王奉为自己的主子。既然这样,要是自己升格为皇帝了,那么小明王应该升格做什么?太上皇?可小明王比自己岁数还小,还从来没听说过太上皇比皇帝还年轻。这是一个令朱元璋十分头疼的事。但在龙凤十二年(1366)十二月冬天"很巧"地发生了一起交通事故,小明王死了——它"帮助"了朱元璋解决了这个令人头疼的问题。事情的大致经过是这样的:

1366年隆冬时节,随着对张士诚战争的节节胜利,大功快要告成了,朱元璋"想念"起在滁州被他奉养着的小明王。因为不要说是称了王的朱元璋,就是一般老百姓的子女一旦发了,也要将自己的父母长辈接到身边来享享福啊,否则不仅良心上过不去,而且还要受到舆论与道德上的谴责。朱元璋当然不是那种愿意让人谴责的人,所以他就吩咐手下的一位水师将领廖永忠带了一些人到滁州去,将那个"大宋"国的小明王韩林儿接到南京来。朱元璋实在是细致之人,派别人去接还不行,只有廖永忠最合适,这是为什么?因为那时从滁州到南京的交通不便,要过河过江,这可不是一般的活儿,非得要水上功夫特别好,又十分贴心的将领才能担当此任;而接小明王不是接一般的人,万一有什么闪失,那就不好说了。所以朱元璋要挑选精通水上功夫的顶尖人物。还是廖永忠最好,他原本就是巢湖水师的一个头领,当年一起投奔过来的水师头领不是战死了,就是被俘虏了。现在剩下的廖永忠几乎成为水师"男一号",不派他去还派谁呐?再说廖永忠把小明王接到以后,也十分认真地对待着,呵护有加。他们一路顺行,来到了今天南京六合长江瓜步渡口,准备渡江。开船时还好好的,谁知船到了江中心时,突然遇到了大风浪,廖永忠他们控制、控制、再控制,最后就没有控制住,船翻了,一船的人全部翻入了江里。廖永忠等人"奋力营救",可小明王最后还是淹死在长江里了。(【明】钱谦益:《国初群雄事略·宋小明王》卷1引《通鉴博论》)本来想叫小明王来应天享福的,谁知这风也不长眼睛,哪天都可以刮大点,就偏偏不应该在人家朱元璋迎"主"这天刮得那么大,足足将一船的人都刮到江里去。除了怪天刮大风,还能怪谁呢?这是天意啊!可朱元璋还表现得极为痛心,他臭骂了廖永忠一顿,"罚"他回前线打仗(廖本来就是前线的主将之一)。(《明史·廖永忠传》卷129)

事情到此还没完,后来朱元璋大封功臣时,将廖永忠封了个侯,并对廖说:"本来朕是想封你与徐达一类的公,可你小子当年渡江接小明王时没接好,又密使儒生窥察朕意,只能封你个侯!"(《明史·廖永忠传》卷129)以廖永忠的军事才能和军功来说怎能跟徐达等人相比,徐达封了公,廖最多也只能封个侯。朱元璋这番说辞,无非是表白自己对小明王的死很"在乎","念念不忘"。其实廖永忠做了件"双赢"事情,朱元璋马上要称帝了,可他顶头上司怎么安置?进老干部局去?可他的年龄比朱元璋还小很多了,只能让大风"吹翻船"了。

● 千呼万唤始出来——朱元璋称帝

既然现在小明王已经永久地"安置好"了,那么朱元璋称帝也就没什么顾忌了吧?

有。自古以来吾国就有礼仪之邦和文明古国之美称,而吾民向来以谦虚作为一种美德。在国人中如果你能干某件事情,可千万不能当众说自己如何如何行,你得谦虚,说我可以试试;否则就会被人骂,一点谦虚精神也没有,太傲了,太没有涵养,人们往往会对你侧目而视,弄不好还会众叛亲离,适得其反,本来想干且能干好的事最终也干不成了。尤其当国家领导人,那就得更要谦虚。据说中国三皇五帝时代流行的禅让制就是这么一回事,即使舜有大德于天下,众望所归了,但在舜接替尧的领袖位置时不知推了多少次,最后人们硬是把舜推上领袖的大位。尧、舜是中国古代理想帝王中的"极品",如果成不了尧舜,起码也得学习他们的精神,否则就是一种无德浅薄的表现。因此当你要登临大位时,无论如何也得要推辞一番,当人们"哭着""闹着"非得请你出来,甚至说上"国可不可一日无君"的狗屁话时,你还不能马上坐上大位,还得要发表一番美丽动听的"就职演说":"既然全国人民非要我……,那我就代天行事了。"只有这样,大家才会觉得这样的领导有德、谦让、品行好,是上天安排的"真龙天子"。这是中国传统政治的一大"精髓"与"法宝"。

对于这样的法宝,朱元璋当然知晓。但光知晓是没用的,还得要将戏演好,演得越真其效果就越好。他假模假样地推了好几次以后,作秀也做够了,到了1367年下半年时觉得时机也差不多了,千呼万唤始出来的时刻到了——正式开国称帝。(《明太祖实录》卷28)

开国称帝可是件天大的事情,1367年下半年朱元璋一面积极进行军队整顿、筹集军需、探讨作战方略,准备北伐,一面与李善长、刘伯温等人商议和落实举行开国大典的事宜。

● 南京朝天宫与北京朝天宫

开国就得举行开国大典,那是有着十分繁琐的、级别极高的礼仪程序,这对于那些即将成为新兴帝国的大臣们来说,学会如何规范地运用皇家礼仪那可不是一件容易的事。因为他们大多是贫贱的泥腿子出身:朱元璋自己以前是要饭的,徐达、常遇春都是庄稼汉出身,李文忠也近似于盲流,沐英生下来不久就成为孤儿,廖永忠等最初是水上"义军"(过去平常人们称呼其为"强盗"),更不用说定远收编的打家劫舍的义军头领缪大亨及其"兄弟"们,那可是地地道道的"山大王"出身……

因此，除了宋濂、胡翰、苏伯衡、王冕等是读书人出身，在元朝做过官，还有刘基、危素、张以宁、秦裕伯等算是见过大世面的先生以外（《明史·文苑一》卷285），总体上来讲，这些即将成为大明王朝的"新贵们"大多数是"土包子"或说"大老粗"。他们哪懂得那些程序刻板、等级森严的繁文缛节呢？

这下可愁坏了朱元璋，后来他想到了个主意，找来那些投奔过来的懂得宫廷与官场礼节的儒士与旧官僚，让他们充当"教师"，给泥腿子们上礼仪课，演练开国大典上的种种仪式。为此，他专门下令，盖了一群宫观院落，让土包子们在这里进行礼仪的学习与演练。比如见了皇帝如何朝拜，如何喊；见了皇后、太子怎样称呼，怎样喊；大臣们之间如何作揖、如何称呼，等等，这一系列礼仪规矩都要认真学习，反复操练。由此，这个专门用来演习朝贺礼仪的地方，就叫朝天宫，南京朝天宫由此而产生。后"以其制度未备"，洪武十七年（1384）七月，朱元璋下令重建朝天宫于金陵古城内的冶城，正式赐名朝天宫。朝天宫主要用途有二：其一，"凡正旦、圣节、冬至群臣习朝贺礼于其中"；其二，"设道录司于内"，即将道教管理机构设在其中，做法事。不过这些都是洪武中后期的事情了。（《明太祖实录》卷163；《明太祖实录》卷243）

明都北迁后，朱元璋四儿子朱棣模仿南京朝天宫的规制与式样，在北京也修建了朝天宫（《明太宗实录》卷169）。这就是北京朝天宫的由来。

⊙ 南京明皇宫的开国大典与大明帝国的建立

开国大典总要选一个黄道吉日啊！朱元璋就找刘伯温商议。刘伯温在经过一番天象观察和仔细掐算后，料定吴元年（1367）年底之前几乎都没有什么好日子了，最后给出结论：只有到了洪武元年（1368）正月初四这一天，才是个实实在在的好日子。朱元璋初听将信将疑，真的到年底之前一天好日子都没有吗？然而历史为证，吴元年下半年，特别是农历九月之后，天气着实很怪异。尤其是十二月二十到大年三十这些天，一直就没什么好天气，大雨大雪就没有歇停过。眼看吴元年年底就到了，天气都没有好转的迹象，大臣们都焦躁死了，即将登位的未来新天子则更急，生怕刘基算得不够准，不能够在一个吉时登基。这时刚刚搬到新宫——南京明皇宫的朱元璋默默地向上天祷告说："假若您觉得我适合当皇帝的，到了正月初四那一天，就给我来个阳光普照大地；若否，尽可刮风下雨！"（《明太祖实录》卷29）

这下人们开始翘首期待，正月初一，雨雪虽然停了，但天气仍不见转晴；初二天空仍然一片阴霾；初三白天还是阴沉沉的，但到了傍晚开始渐渐好转了。初四早上，阳光灿烂，普照大地。有人说，这阳光中有几分神祇的光芒在闪耀。神奇乎？

这确实是个奇迹。(《明太祖实录》卷29)

由此,不仅即将登基当上皇帝的朱元璋受到万民景仰,甚至军师刘基在民间的传说中也成了一个无所不能、无所不知的神仙。

明洪武元年正月初四日即公元1368年1月23日早上,朱元璋命令群臣沐浴斋戒,然后在明皇宫前集合。由开国大典司仪引路,朱元璋率领他的文武大臣们在喧嚣的锣鼓声、钟鼎乐声中,浩浩荡荡地直奔南京的南郊天地坛(后来明清帝国将天地日月四神位分坛而祭,朱元璋时四神位是同坛而祭的),举行祭天大典。紧接着祭天大礼后,朱元璋换上一身衮服(绣着日月山川与龙的龙袍),头戴皇冠,在天地坛的南面即皇帝位。李善长率领文武百官和南京城里的父老,向北面朝朱元璋行跪拜大礼,山呼:"万岁,万岁,万万岁!"这就是即位大礼,表示由上帝批准的皇帝朱元璋正式登上大位,定国号为"大明",建元"洪武"。(《明太祖实录》卷29)朱元璋也由此被人称为"洪武皇帝",死后庙号为"太祖",谥号为"高帝"。

即位大礼结束,又由朱元璋领队,带了皇子皇孙们,手里写着他们朱家祖宗名字的木牌即所谓的神主,从南京南郊赶回,来到今天午朝门公园东南方向的太庙(在今天南京航空航天大学内),进行祭祖大典,祭告列祖列宗,感谢他们神灵的保护,朱家才出了这么个不同凡响的"非常之人";然后就对朱元璋四代祖父母、父母进行追封,并献上追封玉玺与玉册;接下来就是朱元璋带队,行叩拜之礼。

祭祖结束,朱元璋回到明皇宫的奉天殿,正式接受百官朝贺,由李善长宣读贺表,带领文武群臣集体跪拜,随即就开始封官加爵。又由李善长代表皇帝念读封册,封马氏为皇后,世子朱标为太子,李善长为左丞相,徐达为右丞相,文武百官一一加官晋爵,再接下来就是大家集体跪拜谢恩。到此为止,开国登基大典才算全部结束,一个影响中国历史长达600多年的新兴的政权——大明帝国就此宣告诞生了。(《明太祖实录》卷29)

第二天,朱元璋下令颁发即位诏,诏告天下:"朕惟中国之君,自宋运既终,天命真人起于沙漠入中国为天下主,传及子孙,百有余年。今运亦终,海内土疆,豪杰分争。朕本淮右庶民,荷上天眷顾祖宗之灵,遂乘逐鹿之秋,致英贤于左右。凡两淮、两浙、江东、江西、湖湘、汉沔、闽广、山东及西南诸部蛮夷,各处寇攘,屡命大将军与诸将校奋扬威武,已皆戡定,民安田里。今文武大臣、百司众庶,合辞劝进,尊朕为皇帝,以主黔黎,免徇于情。于吴二年正月四日,告祭天地与钟山之阳,即皇帝位于南郊,定有天下之号曰'大明',以是年为'洪武元年';追尊四代考妣为皇帝、皇后,建大社、大稷于京师;立妃马氏为皇后,长子标为皇太子。布告天下,咸使闻知。"(《明太祖实录》卷29)

同时朱元璋还下令,从今以后,将元朝皇帝诏书首语"上天眷命……"改为"奉天承运……"。他认为"上天眷命"的语气很不礼貌,好像上天一定要眷顾地上人君似的,只有奉应天道的人才会得到上苍的垂青,而人君不应该傲慢上天,在上天面前永远是小学生、乖儿孙,"奉若天命,言动皆奉天而行,非敢自专也"。因此南京明皇宫三大殿的第一殿就叫奉天殿,那可是"奉天承运"的大明天子办公的正式大殿(《明太祖实录》卷29)。这样一改,朱元璋这个凤阳乡下放牛娃当皇帝也就是奉行天命的正宗天子了。您能不信吗?!

两京三京最终归一　洪武建都南京之谜

建立新的王朝,除了开国大典这些场面上的事情,在何处定都更是要考虑的头等大事。那么朱元璋会把都城定在哪儿呢?

我们不妨先来看看历代大一统帝国都定都在哪里?秦朝在咸阳,西汉在长安,东汉在洛阳,隋唐在长安;后来宋朝定都时,将都城往南移了一点,定在了开封;到了元朝又到了北方。所以不难看出,明朝以前的大一统帝国的都城都毫无例外地定在了关中或中原地区。

● 魔鬼的咒语:在南京建都的朝代寿命都不长?

朱元璋起自于南方,很长一段时间里将南京作为自己逐鹿天下的大本营,因此大明的定都从一开始就不同于历史上以往的大一统帝国,朱元璋当然首先会将眼光投在南京。然而,定都可毕竟不同于平常老百姓安个家,要从大一统帝国的全方位角度来周密地考虑都城所在的利弊。我们先不妨随着朱元璋当年的眼光与思绪来一起看看定都南京的利弊。

定都南京的不利因素,大略有五个方面:

第一,宿命论。这种"说法"听起来似乎有几分滑稽,定个都城与宿命论有何关联?但过去甚至现在我们民间的好多人还是信这个的。我们不妨来追溯一下,历史上在南京定都的王朝:东吴从孙权称帝到孙皓出降前后是58年,东晋自317年司马睿在建康称帝到420年刘裕代晋总计为103年;但随后的宋、齐、梁、陈四个朝代总的来说,寿命几乎是一个比一个短,平均寿限在50年左右。所以民间有一种说法:南京不适合做都城,将南京作为都城的王朝都会短命。这其中还真有几分事实依据——至少说朝代短寿,这是个不争的事实,包括后来的南唐,也是个短命王国。"以六朝所历年数不久"好像是魔鬼咒语似地一直缠绕着朱元璋及其大明的开国大臣们。(【明】刘辰:《国初事迹》)

但我个人认为朝代的长短跟某个地方本身没有直接的、必然的联系,朝代寿命的长短自有其主观和客观两个方面的原因,不可一概而论。说南京这个地方命里注定是不适合成为都城的,这是地地道道的唯心主义的宿命论。

第二,皇气破坏说。这一点似乎与第一点有时还联在一起。有人解释了为什么在南京建都的朝代寿命都很短,其说法是原本虎踞龙蟠的帝王之都金陵之皇气被秦始皇破坏了。

秦始皇统一天下,当时六国的旧贵族心怀怨恨,时时伺机复国。所以秦始皇总是隔三差五带着大批人马出行,大概就是为了摆给六国的那些不服气的人看看,我就是当今一统天下的皇帝,你们谁敢动呢?但从真实的内心角度来讲,恐怕秦始皇还是有着阵阵的恐惧,就怕有人夺他的天下。有一次,秦始皇出行至山东一带,底下有人说:"东南方向有皇气!"秦始皇一听,立即下令寻找所谓的王气所在地,这一找还真找到了,就在金陵南京。于是他要破坏金陵的王气,怎么破坏?就是把淮河水引进金陵及其四周的山脉水系,由此开凿疏通了一条河,这就是如今在南京城内外蜿蜒流淌的秦淮河。这个民间的迷信说法传了千余年,一直传到了明朝,也传到了今天,它同样成为当年朱元璋选择建都南京时所必须考虑和面对的咒语。(参见【清】吕昭燕:《江宁府志》;《金陵志》;【晋】陈寿:《三国志·吴书·张纮传》第8)

第三,历史经验。从中国历史上定都北方的朝代来看,它们的寿命一般都比较长,其有个明显的优势特征就是定都北方。这样更有利于对构成中原王朝最大威胁的北方游牧民族加强军事控制与武力应对,从而能保证大一统帝国的长治久安。

熟悉中国历史的读者都知道,在历史上中国北方少数民族明显地比南方少数民族要好斗,带有更大的攻击性。它们常常"不安分"地从游牧区南下侵扰到农耕区,譬如秦汉时期的匈奴族,隋唐时期的突厥族,宋朝时的女真族,宋金对峙时的蒙古族,等等。这些马背上的民族,在冷兵器时代的战斗中显得格外英勇善战(冷兵器时代指的是刀和剑为主要武器的战争时代,而与之相对的是火药、弹药等热兵器。热兵器作为主要的作战武器在中国真正推广开,那是到了明朝末年才开始的)。生猛的北方游牧民族经常地从北方非农业区南下侵入中原地区,给当时的大一统帝国王朝带来了无尽的烦恼与痛苦。可以这么说,中国历史上的好多王朝都曾受到北方少数民族的南下骚扰,一旦发生战事,相对而言,建都北方势必将大一统帝国的政治和军事重心投了在北方,就可以迅速地就近调集军事力量来应对,这比建都南方要更具优势。所以从这个角度来讲,汉唐明(迁都北京)清之所以长寿,不能不说与此存在着一定的关联。

第四,地理位置不利。这一点不难想象,因为南京相对于大一统帝国的版图来说,有些偏东南了。不管是从国家的事务管理上来讲,还是从战略位置上来说,都不是太方便。一方面,北方人尤其是西北人假若有什么事情要来一趟京城南京真够远的了(地理学上讲,中国版图最为中心的地区应该是在西安和兰州这一带),而假若将都城设在中原一带,这样的问题就不凸出了;另一方面,就是上面提到的定都南京对抵御北方游牧民族的南下侵扰,颇有鞭长莫及和有力使不出来的缺憾。洪武六年三月,朱元璋在中都城隍神主安置祝文中就曾这样表述:"朕今新造国家,建邦设都于江左(指建都南京),然去中原颇远,控制良难。"(《明太祖实录》卷80)

第五,没有军事要隘。虽说南京北有长江天堑,东南有紫金山,东北有幕府山,西北有狮子山,西南有聚宝山即雨花台,相对于南方其他地区来说,它确实说得上是虎踞龙蟠,形势险要;但若将它与北方的那些层峦叠嶂的高山峻岭相比,那简直是小巫见大巫了。因为南京周围的这些山岭都不高,即没有相对很可靠的自然屏障,所以如果以南京作为大一统帝国权力中心的都城,就没有什么可以很靠得住的军事要隘了,当然除了长江天堑以外。对此,朱元璋曾说过这样的话:"当大军初渡大江之时,臣(朱元璋自称)每听儒言,皆曰有天下者,非都中原不能控制奸顽。"(【明】朱元璋:《高皇帝御制文集·中都告祭天地祝文》卷17;【明】袁文新:《凤阳新书》卷4)

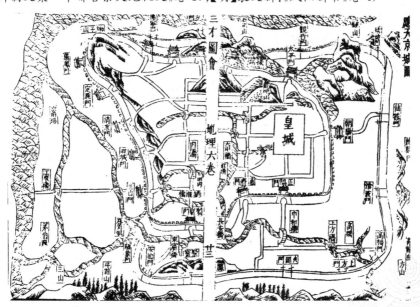

明代南京应天城图(明代版画)

● 南京成为大一统帝国都城的亮点：号称虎踞龙蟠当真不能成为都城吗？

非矣！

首先，从财政经济方面来看，我前面已经提到过，宋元时期中国的经济中心和重心已经逐渐南移了。史书对当时的情况有记载："天下财赋出于东南，而金陵为其会。"（【明】丘濬：《大学衍义补·备规制 都邑之建》卷85）就是说天下的赋税，即国家的财政经济收入，一大半出自东南地区——主要指江浙两省，这里既有"天下粮仓"之称的长江三角洲大谷仓，又有全国棉纺织业中心——松江、全国丝织业中心——苏州、杭州和盐业中心——扬州，而这些如星星捧月似地都"围在"了南京的周围，南京成为这些物资的集散地。所以说，南京是当时东南与南方各省经济的枢纽，也是全国经济的重心，甚至可以说就是全国经济的中心。有这么得天独厚的物质基础为背景，南京作为大一统帝国的都城就绝不会有物质经济之忧，这是定都北方所绝对无法比拟的。

其次，除了经济因素以外，文化因素也是不可忽视的。

宋元以后，中国的文化中心也已经转移到南方来。元末时期的很多著名的文人画家、戏曲家、艺术家等等大都出自南方，比如元代著名的戏曲家关汉卿是江西人、著名的画家赵孟頫是浙江湖州人，元四家几乎都是南方江浙人或祖籍是江浙的，还有文学家和大儒宋濂、王祎是浙江人等。由此可以看出，南京及其江南地区文化氛围浓厚，人杰地灵。相对来说，当时北方的文化却在走下坡路，没多少文化氛围。我们不妨来看看下列《从洪武到建文大明定都南京甲科进士及第人员名录与籍贯表》，或许会发现其更能说明问题。

明初洪武三年（1370）五月，朱元璋正式下诏开科取士。但不久他就发现：通过科举考试选拔上来的儒士实际从政能力欠缺了点，于是立即喊停。这一停就停了10多年，直到洪武十七年再次恢复并予以成式，以后每3年举行1次。通盘算起来，洪武朝31年共开了6科，实际上相当于5年开一次，加上建文朝4年开了1次，总计明初35年开了7科。

从洪武到建文大明定都南京甲科进士及第人员名录与籍贯简表

	会试第一名会元	殿试第一名状元	殿试第二名榜眼	殿试第三名探花
洪武辛亥科	浙江仁和俞友任	江西金豁吴伯宗	山西壶关郭翀	浙江丽水吴公达
洪武乙丑科	江西分宜黄子澄	福建建阳丁显	江西新淦练子宁	浙江仁和花纶
洪武戊辰科	南京常熟施显	湖北襄阳任亨泰	福建闽县唐震	浙江宁海卢原质
洪武辛未科	南京贵池许观	南京贵池许观	福建宁化张显宗	福建邵武吴言信
洪武甲戌科	陕西凤翔彭德	浙江定海张信	甘肃真宁景清	浙江奉化戴德彝
洪武丁丑科	江西泰和宋琮	福建闽县陈㢮	江西泰和尹昌隆	浙江山阴刘谔
血色南榜后北榜		山东武城韩克忠	山东长清王恕	江西乐平焦胜
建文庚辰科	江西崇仁吴溥	江西吉水胡广	江西吉水王艮	江西庐陵李贯

（史料来源：【明】谈迁：《国榷·部院下·甲科》卷首4；《明太祖实录》）

由上表我们不难看出以下几个特点：

第一，从洪武到建文，大明定都南京期间总共举行了常规性的7次全国科举考试（洪武丁丑年第二科属于非常规，不计算在内），录取了会元和状元、榜眼、探花"三鼎甲"总数为28人，其中江南籍的有25人，占了总数的约89%，北方只占了约11%。由此进一步说明了当时全国顶级的文化才子都出自南方，尤其是江南。

第二，在全国文才云集江南的情势下，明清科举史上首次出现了"三元及第"者，即洪武辛未科中明代南京贵池许观（后恢复本家姓黄，故又名黄观）。有明一代总共两度出现了"三元及第"的千古佳话，一位中选者就是明初洪武年间的黄观，另一位中选者则为明朝中期浙江淳安的商辂，他俩都是江南地区人。

第三，在由洪武到建文中式的会元和状元、榜眼、探花"三鼎甲"总数为28人中，其中历史文化名人就有20人，分别是吴伯宗、黄子澄、练子宁、花纶、任亨泰、唐震、卢原质、黄（许）观、张显宗、张信、戴德彝、宋琮、陈㢮、吴溥、胡广、王艮、李贯、尹昌隆、景清等，约占其总数的71%，他们都自来南京四周的江南（景清除外，他是北方籍的）。

第四，除了会元和状元、榜眼、探花"三鼎甲"外，队伍蔚为壮观的三甲三等中也有好多江南籍的优秀人才，譬如建文庚辰科中不仅有吴溥、胡广、王艮等顶级文才，还有众所周知的《永乐大典》总主编解缙，有趣的是被人誉为"大明第一大才子"或言"东南第一大才子"的解缙却在当年科举考试中只位列三甲三等。

第五，从洪武到建文，定都南京的35年中大明帝国总共举行了常规性的7次全国科举考试，其中洪武乙丑科、戊辰科、辛未科、丁丑科和建文庚辰科5次录取的会元和状元、榜眼、探花"三鼎甲"顶级文才全是南方籍的,而北方籍考生却5次"剃了光头"。

就此不难看出,元明之际全国优秀文才大都出自南方,中国文化重心和中心已经完全转移到南方了。

● 洪武时期大明帝国定都南京的五大缘由

这样看来南京作为都城还是有不少亮点的。眼看帝国建立迫在眉睫,在何处定都却实在是个不容忽视的问题。朱元璋经过再三斟酌,还是决定定都在南京。对于定都南京的不利因素,朱元璋心中非常清楚。然而是什么原因让他毅然舍弃或者说是忽略了这些不利因素的影响呢?我想大致有以下五个方面的原因:

第一个方面,财力不够。大明刚刚开国,百废待举。从最为现实的角度来讲,当时的国家财力并不是非常雄厚的,如果折腾一番到别处大兴土木去建都,无疑是要耗费很大的物力、财力,这对刚刚建立的帝国不啻是一项沉重的负担。吴元年(1367)正月即洪武开国前一年,朱元璋曾跟中书省大臣描述他所看到的社会现状:"予亲历田野,见人民凋弊(通'敝'),土地荒芜,失业者多,盖因久困兵革,生息未遂。"(《明太祖实录》卷22)既然如此,底层出身的新皇帝要是脑子不被驴踢了的话,是绝不会去做过度劳民伤财的事情了。

第二个方面,感情因素。从攻占集庆到建立大明帝国,朱元璋在南京前后已经待了十二年。在这十二年中,为了守住这一方"虎踞龙蟠"之地,他着实花了一番心血、应对了很多劫难。这期间在世人百姓中他的称呼也发生了改变,从最初被称为江南等处行中书省平章(【明】钱谦益:《国初群雄事略·宋小明王》卷1引《龙凤事迹》)到江南等处行中书省左丞相(【明】钱谦益:《国初群雄事略·小明王》卷1引叶子奇《静斋文集》),从吴国公(【明】钱谦益:《国初群雄事略·宋小明王》卷1)再到后来的吴王(《明太祖实录》卷14),如今已成了声名显赫、威震四方的"大明皇帝",个中酸甜苦辣外人恐难体会。可以这么说,南京是朱元璋打天下的中心根据地和大本营,同时这块热土也见证了他一路的艰辛和丰功伟绩。

第三个方面,应天根基。虽说朱元璋很节俭,但从攻占集庆那天起到考虑定都,前后也有好些年头。这些年,朱元璋在南京城内外也还是陆陆续续搞了很多城池建筑,即类似于我们现在术语中所讲的"城市建设"。

朱元璋来南京最初是居住在南京城南的富户王彩帛宅里,虽说是富户府第,但毕竟是私人住宅,条件有限。所以后来随着政权的扩大,他迁入了元朝江南"行御史台"办公地(《明太祖实录》卷18)。龙凤十年(1364)正月,朱元璋自称为吴王,这里便改称为吴王府,其位置大致在今天南京城南内桥王府园一带,即后来人们熟知的吴王府。在当年吴王府边上南京城至今还有一条街,名字就叫"王府大街"。过了两年即龙凤十二年(1366)八月,朱元璋下令"拓建康城。初建康旧城,西北控大江,东进白下门外,距钟山既阔远,而旧内在城中,因元南台为宫稍庳隘。上乃命刘基等卜地,定作新宫于钟山之阳,在旧城东、白下门之外二里许,故增筑新城,东北尽钟山之趾,延亘周回,凡五十余里,规制雄壮,尽据山川之胜焉"。(《明太祖实录》卷21)

这是说,朱元璋嫌原来的吴王府宫殿又低又小,决定扩大应天旧城,并建造吴王新宫于紫金山的南面,到1367年九月完工,这就是朱元璋称帝前的新吴王宫。出于军事上的考虑,他又在南京周围搞了些城防建设。所以南京作为未来皇城已具雏形,真可谓"麻雀虽小,五脏俱全"了。如果舍弃这些现成的建设到别的地方建都,朱元璋这么节俭的人肯定是舍不得的。

第四个方面,中坚反对。朱元璋身边的这些开国大臣们,大多来自淮右的凤阳、定远乡下,原本世代为农,他们来到南京,心理上觉得已经很不错了。而且这时他们的岁数大都在不惑之年,人上了年纪可不像年轻人还有闯劲,假如执意要让他们到北方去当官,定然不接受。由于自己已经不再年轻了,妻儿老小都在南方,这么地背井离乡去了北方,吃也吃不习惯,住也住不舒服。谁愿意啊?总之在考虑迁都时,大臣们反对声一片。不说这些淮西乡下农民或盲流出身的人,就连后来朱元璋的儿子朱㮵被分封到了北方的开封,有空没空也老往南方凤阳等地"溜达溜达"。(《明史·诸王一》卷116)

第五个方面,儒士影响。用一句今日时髦话来说,朱元璋政治上开窍最早恐怕是在经略定远时遇到冯氏兄弟后,冯国用的一席话让他茅塞顿开:"金陵龙蟠虎踞,帝王之都,先拔之以为根本。然后四出征伐……天下不足定也。"(《明史·冯胜传附冯国用传》卷129)朱元璋听后"大悦"。后来陶安等人义多次强调定都南京的重要性:"金陵,古帝王之都,龙蟠虎踞,限以长江之险。若取而有之,据其形,胜出兵以临四方,则何向不克?"(《明太祖实录》卷3)大明开国前几年,为朱元璋所倾心的宁海儒士叶兑也曾进言道:"夫金陵,古称龙蟠虎踞帝王之都。借其兵力资财,以攻则克,以守则固,百察罕能如吾何哉(即说一百个察罕帖木儿又能将金陵朱元璋奈何)?……(为今之计)宜如鲁肃计,鼎足江东,以观天下之衅,此其大纲也。"(《明史·叶兑传》卷135)对于定都南京的重要性经由儒士们的反复强调,朱元璋及其统治集团核心圈内影响决策的关键人物不能不受影响。洪武三年定宴飨乐章,其中有一曲就叫"三奏《安建业之曲》，名《庆皇都》"，其中的歌词为："虎踞龙蟠佳丽地，真主开基，千载风云会……"（《明史·乐志三·乐章二》卷63）歌中南京"虎踞龙蟠"，是三国时代著名政治家、军事家诸葛亮最早提出的，已为世人所熟知；"真主开基"即指朱元璋在南京开创大明，实乃千年历史中难得的风云际会。换言之，定都南京建立大一统帝国，朱元璋为第一人。这话一点也不过分！

● 都城决胜"大比拼"，南京"力挫"诸雄

但在正式确定定都南京之前，朱元璋和大明帝国大臣们还曾有过许多其他的建都选项。那么究竟有哪些建都选项？为何这些地方最终都落选了呢？

选项一：洛阳。大约在大明开国的第二年八月，山西、陕西等地被北伐军攻下，这样，除了塞外，整个北方地区都归入大明帝国的版图。就在这时，有人向朱元璋提出了以洛阳为帝国都城的主张，"或言洛阳天地之中，四方朝贡道里适均"，即认为洛阳才是全国的地域中心，天下四方来洛阳朝贡距离相等，而且在中国历朝历代中定都洛阳的朝代很多，有几个朝代的寿命还挺长的，朱元璋也曾为之心动过。但考察下来发现，洛阳当时也已经破败不堪，如果在这样的废墟上从头开始，花血本给它做做"包装"，无疑要耗费百姓巨大的物力和财力（《明太祖实录》卷45）。这是天下初定时最为犯忌的事情。

选项二：长安。从地理位置来讲，长安（即今日西安）倒是真正位于大一统帝国版图的中心，地势又险要，是历代中原王朝理想的定都地方。"或言关中险固，金城天府之国"（《明太祖实录》卷45）。但问题是当时关中地区的经济已经衰退，定都于此必然面临两大难题：第一，要重新兴建都城，原本汉、唐长安城基本上都在战火中被焚毁，必须另起炉灶，从头再来；长安又在洛阳的西边，而要用从全国最富庶的江南提供过来的物资财力来支撑这里的都城建设，那可更加费神费力；第二，定都长安，粮食物质还得依赖于江南，漕运线路可比汴梁和洛阳还要远，这就更要加重人民的负担。对人民剥削得太厉害了，他们活不下去就会起来造反，这是朱元璋切身体验到的。当时他就说："建都长安，'漕运艰难，且已之'。"（【明】刘辰：《国初事迹》《明太祖实录》卷45）。于是长安作为大明帝国的都城又被排除了。

选项三：北京。徐达北伐军是洪武元年（1368）八月攻克元大都北京的，这时距离朱元璋开国仅仅过了8个月，也就是百业待兴的大明帝国定都北京不是没有这种可能，且当时还有人提出过，对此洪武帝是这样答复："若就北平要之宫室，不能

无更作,亦未易也。"(《明太祖实录》卷45)

选项四:汴梁。最初北伐军由徐达统一带领,按照朱元璋制订的作战计划,非常顺利地拿下了山东、河南,从而成功地进驻中原重镇——汴梁。汴梁就是现在的开封,这个城市曾经引起了朱元璋的高度重视。朱元璋对汴梁的最早认识,可能来自于他当年参加起义时红巾军当中喊出的一句响亮口号:"山河奄有中华地,日月重开大宋天。"(【明】刘辰:《国初事迹》)红巾军口口声声要恢复大宋天下,而大宋帝国最早就以汴梁作为自己的都城。这个汴梁曾经盛极一时,有一幅中国古代名画——《清明上河图》为证。现在好多学者认为,十一世纪时汴梁可能是个突破百万人口的大城市。如果将它与同时期西欧正在兴起的中世纪著名城市,如法国的巴黎、英国伦敦相比,那么北宋的汴梁简直就是国际超级大都市了(巴黎与伦敦当时的人口都不到10万)。然而这么一个繁荣发达的国际超级大都市,随着金兵的南下却在一夜之间烟消云散了。

○ 南北两京诏——南北两京制

250年后,随着北伐大军的一路顺利进军,尤其占领汴梁的消息传到应天南京,有人进言:"君天下者宜居中土,汴梁宋故都"(《明太祖实录》卷32),劝新皇帝定都于此;有人说:"汴梁亦宋之旧京","就之可省民力者"(《明太祖实录》卷45)。为此,朱元璋踌躇满志地来到了汴梁,但现实却与心中的美好理想形成了极大的落差,展现在新皇帝面前的是:昔日繁荣不再,剩下的只是一片瑟瑟萧条的景象。由于金兵南下抢掠和北方红巾军与元兵长期交战,黄河水又时常泛滥为害,整个汴梁及其周围地区满目疮痍,民不聊生;另外,军事上汴梁也确实没什么险要的自然屏障可据,一旦敌人来犯,四面受敌,无险可守。换句话来说,从军事地理形势角度来看,它还不如南京。(【明】刘辰:《国初事迹》)北宋就是这样一夜之间被金兵灭了,因此,以汴梁作为都城确头也不妥。

但有人又提出这样的观点,汴梁是宋朝旧都,漕运方便;又有人说汴梁地处南北适中,定都于此处理事务各地都便捷,所有这些着实给朱元璋出了一道难题:"朕观中原土壤,四方朝贡,道里适均,父老之言,乃合朕志,然立国之规模厚重,而兴王之根本不轻。"于是从大一统帝国全方位角度出发,他模仿中国古代两京之制,洪武元年(1368)八月,颁发南北两京制诏书,其中说道:"朕惟建邦基以成大业,兴王之根本为先,居中夏而治四方,立国之规模最重。自赵宋末世夷狄入主中国,今百有余载,其运乃终,群雄分争,未有定于一者,民遭涂炭亦已极矣!朕以布衣当扰攘之际,拔身行伍,率众渡江,荷天地眷佑、祖宗积德、臣下宣忠,将士用命,西平陈友谅、东灭张士诚、南靖闽广、北有中原,武功大定,混一之势已成。十七年间,凡粮饷军需百物科征,民无休息,而江左一方烦劳尤甚,遂收天下平宁之效。今观汴梁位置居中,四方朝贡,道里适均,其以金陵为南京、大梁(即汴梁)为北京,朕于春、秋往来巡狩。播告尔民,便知朕意。"(《明太祖实录》卷34;《明史·太祖本纪二》卷2)

朱元璋说:"他打算在一年当中春秋两季来回南北两京轮流巡狩'办公',这样可弥补地域上的不足,同时也为当时徐达为首的北伐军进入关中和西北地区设置了一个北方军事补给基地。"(【清】张廷玉:《明鉴纲目》)但在后来的北伐中,徐达的军队一路顺遂,而与此同时,南方消灭东南割据势力的战斗也在进行,加上在南京城里建立起来的已经初具规模的帝国政权也不能长时间地离开这位君主,于是朱元璋就返回应天南京了。

这一南一北两京方案从理论上确实是解决了好多问题,但在具体的操作中又带来的新的疑难:天下尚未全定,中国经济中心已转移到南方,要营建汴梁为北京,势必要让全国最为富庶的东南地区"出资"、天下百姓出力,这是很不划算的,弄不好会劳民伤财;再说汴梁本身就有北宋的历史前鉴,所以朱元璋对定都问题还是没有很好地落实下来。

● 朱元璋要以老家作为天下之都 明初两京变成三京
凤阳:从中立府到凤阳府

选项五:濠州(凤阳)

鉴于在北方建都有如此多的困难,朱元璋曾经提出这样的一种构想:南京以长江为天堑,龙蟠虎踞,为"江南形胜之地,真足以立国",可以作为都城,但在地域上偏向了东南,"去中原颇远,控制(北方)良难"。为解决南京这个地域上的"缺陷",他在南京的北边临近中原的地方考虑建个都城,来补救定都南京的不足。此时首先想到的是自己的家乡临濠府(原名濠州,吴元年改名临濠,后又改名为凤阳),临濠距离中原较近,南临长江,北濒淮水,运输方便。如果以此为都,就能解决定都北方带来的交通运输不便问题。(《明太祖实录》卷45)

就此,他召集众臣征询意见,"上(指朱元璋)召诸老臣问以建都之地,或言关中险固,金城天府之国,或言洛阳天地之中,四方朝贡道里适均,汴梁亦宋之旧京;又或言北平元之宫室完备,就之可省民力者。上曰:所言皆善,惟时有不同耳。长安、洛阳、汴京,实周、秦、汉、魏、唐、宋所建国,但平定之初,民未苏息,朕若建都于彼,供给力役,悉资江南,重劳其民;若就北平,要之宫室不能无更作,亦未易也。今建业,长江天堑,龙蟠虎踞,江南形胜之地,真足以立国;临濠则前江后淮,以险可恃,以水可漕。朕欲以为中都,何如?"(《明太祖实录》卷45)

以李善长为首的一大批跟随他龙飞淮甸的文臣武将自然都表示赞成,只有刘基等极少数几个大臣反对。在心理上有个专门术语叫"合群思维","合群思维"往往发生在决策过程中,由于某个领袖人物个人的威望所产生的巨大的影响力,人们在讨论决策时往往以领袖的个人威望来取代了对被决策事情的理性判断,个人自觉或不自觉地服从多数,从而影响了决策的本身理性思考。洪武君臣以临濠为中都进行决策讨论就是合群思维占据绝对优势的一个典型例子,没人能够或愿意听从刘基等几个人的微弱的反对声,一拍脑袋就上马了。

洪武二年(1369)九月,朱元璋正式下诏以临濠为大明的中都,命令有关部门开始"建置城池宫阙为京师之制"(《明太祖实录》卷85),同时将临濠府改名为中立府,"取中天下而立,定四海之民之义也"。(【明】柳瑛:《中都志》卷1)意思是以天下之中的临濠立为都城,来管理全国。由此,明初两京变成了三京。洪武七年(1374)朱元璋又将中立府改为凤阳府,并将临淮县的太平、清乐、广德、永丰四乡等地划为一个特殊行政区,名为凤阳县(《明太祖实录》卷92),"以在凤凰山之阳,故名"。(《大明一统志·中都·凤阳府·凤阳县》卷7)

○ 朱"和尚"读歪经:历代皇帝圣人定都都会定在自己家乡?

自洪武二年九月下诏建造中都那一刻开始,朱元璋心里爽透了,尽管有不和谐的声音,但这又算得上什么呢?在中国自古以来权位高势能者天生就是"圣人",全知全能,不仅是政治角斗场上的英雄,又是学术领域内学科带头人、攻关健将,否则怎么现在满大街的大学校长个个都是博导、专家学者;至于"人民公仆"的学历那更是不得了了,就连大学校门在何处都不知道就能轻轻松松地拿到该大学的博士文凭,弄到最后正儿八经进大学门、专心苦读的人反而学历最低,也就成了最没文化的了。朱元璋这个600年的前"圣人"尽管是文盲或半文盲出身,尽管"诚实"得十分可爱,也没什么学历文凭,但他的学问却是顶尖一流的。为了证明自己建都家乡的合理性,除了胡说八道凤阳的"地理优势"——"临濠,则前江后淮,以险可恃,以水可漕"(《明太祖实录》卷45)之外,还专门进行了历史学术考证,在御制《阅江楼记》中这样写道:"朕闻三皇五帝下及唐宋,皆华夏之君,建都中土。《诗》云:邦畿千

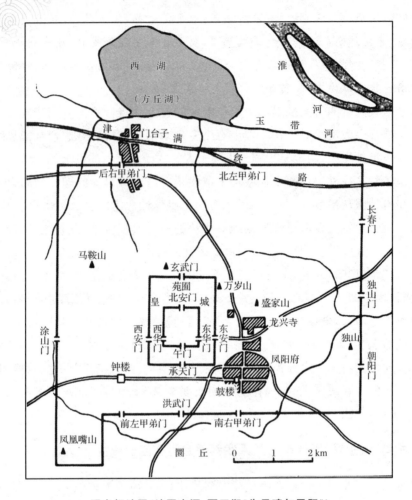

明中都地图（地图来源：夏玉润《朱元璋与凤阳》）

里，然甸服五百里外，要荒不治，何小小哉？古诗云：圣人居中国而治四夷，又何大哉？……且如帝尧之居平阳，人杰地灵，尧大哉圣人，考终之后，舜都蒲坂，禹迁安邑。自禹之后，凡新兴之君，各因事而制宜，察形势以居之，故有伊洛陕右之京。虽所在之不同，亦不出乎中原，乃时君生长之乡，事成于彼，就而都焉，故所以美称中原者为此也。孰不知四方之形势，有齐中原者，有过中原者，何乃不京而不都？盖天地生人而未至，亦气运循环而未周故耳。"（【明】朱元璋：《阅江楼记》，《全明文》第1册，上海古籍出版社1992年第1版，P173，以下省略版本，只标页码）

　　这一段文字讲的什么意思呢？朱元璋引经据典，说尧虞舜以至于唐、宋的历代君主中没有一个不是以天下之中作为首都的，这就是中国传统"圣经"中《诗经》里所说的"圣人居中国而治四夷"。那么尧、舜、禹他们的都城都不在一个地方是怎么一回事呢?朱元璋发现这些"圣人"的家乡各不相同,所以他们的都城也就不在同一个地方了,尧都平阳、舜都蒲坂、禹迁安邑,但都是以各自的家乡作为天下之都!这就是"乃时君生长之乡,事成于彼,就而都焉,故所以美称中原者为此也"。由此引申出:朱"圣人"出自濠州,建天下之都在此于史于经都相吻合,就差一点说,这是历史的必然选择,是中国人民最强烈的愿望,代表着先进的理念,代表着先进的阶级……如此"圣人"考证,弄得从事历史研究者都没饭吃了,弄得能掐会算的"大神人"灰溜溜地回家"待岗"了。洪武四年刘基就建都临濠作最后一次进谏:"中都曼衍,非天子居也。"(【明】谈迁:《国榷》卷4)朱元璋哪听得进,临濠是"圣人"出生的地方,无论如何要打造成天下最为光彩夺目的华丽之都,要做大做强。

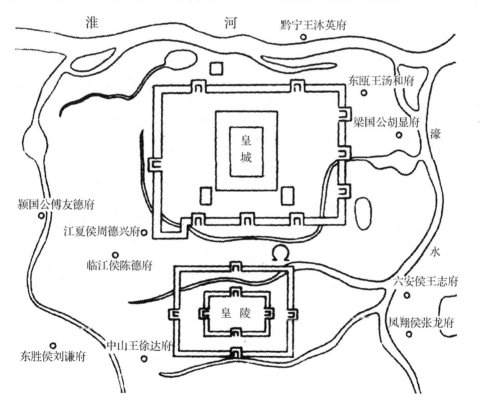

朱元璋在凤阳为开国功臣建造的府邸示意图(图片来源:夏玉润《朱元璋与凤阳》)

当时凤阳专门设立了一个"行工部",具体负责中都城建,由提前"内退"的宰相李善长、将军汤和、吴良和工部尚书薛祥等督工,建造在临濠府治西南20里的凤凰山正南方。由于洪武皇帝已经发布指示:"(中都)建置城池、宫阙,如京师(指南京)

之制。"(《明太祖实录》卷45)因此凤阳中都工程建设规模浩繁,耗资惊人,进度也就十分缓慢。洪武六年六月,中都皇城(皇城是指皇帝居住的地方,明以前称宫城,明初改称皇城,万历时期又改称宫城)建成,城"高三丈九尺五寸,女墙高五尺九寸

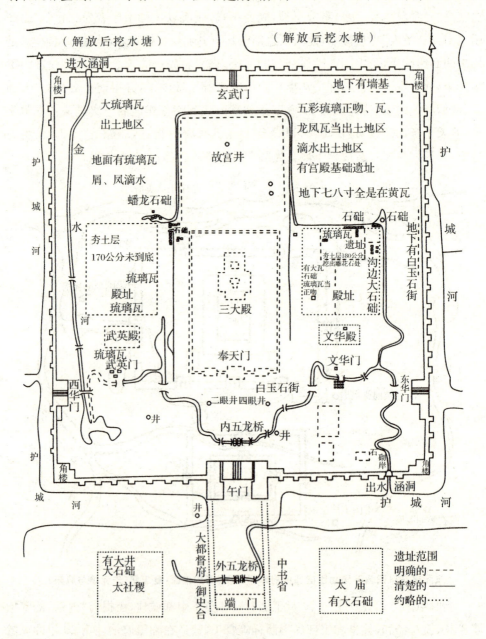

明中都皇城遗址图(图片来源:夏玉润《朱元璋与凤阳》)

五分,共高四丈五尺四寸五分,午门、东华门、西华门城楼台基俱高五尺九分,午门东南、西南角楼台基与城楼台基同,玄武门城楼台基高五尺九寸五分,其东北、西北角楼台基亦与城楼台基同。御道踏级文用九龙四凤云朵,丹陛前御道文用龙凤、海马、海水、云朵,城河坝砖脚五尺,以生铁镕灌之"。(《明太祖实录》卷83)

　　这还仅仅是宫城,按照后来京师南京的规制,宫城之外还有皇城、京城,甚至外廓城,等等,这样算下来,中都建设在洪武六年时仅仅完成了一部分,朱元璋多次下令催促,甚至还要亲自回去瞧瞧。就在洪武八年(1375)四月那次视察后,他突然下令停工。当时已建工程有皇城(实为宫城)、皇陵、宫殿、太庙、太社稷、圜丘、方丘、日月山川坛、城隍庙、开国功臣庙、历代帝王庙、钟鼓楼、大都督府、御史台、中书省、会同馆、国子监、百万仓、观象台、六公二十七侯府宅、十王四妃墓、禁垣等。花了六年的物力、财力和劳力却最终未能按照事先的设想全部造好,以朱元璋力求完美的心理特征来说,绝对不应该出现这样子的"半拉子"工程。那么为什么在中都凤阳的都城建设中却发生了?主要原因有三个:

○ 中都凤阳为什么是个"半拉子"工程?

　　第一,大明帝国的主要谋臣刘基的竭力反对。刘基认为中都这个地方军事地理形势与汴梁很相像,没有什么很好的险要形势可作凭借,建都于此,军事上很不保险,不适宜作为帝王之都。但当初朱元璋哪儿听得进啊,可刘基还是不断地进谏。洪武四年(1371)三月,朱元璋从中都建筑工地上视察回南京,刘基提出告老还乡,临别前再次规劝道:"凤阳虽说是陛下您的家乡,可不是建都的地方啊。现在已经在建了,但绝不适宜皇帝陛下您去居住!"朱元璋还是听不进,由此君臣之间弄得很不愉快。(《明史·刘基传》卷128)

　　第二,发生了"厌镇法"事件。尽管刘基多次竭力反对兴建中都凤阳,可朱皇帝还是一意孤行,并乐此不疲地往来南京与凤阳之间溜达、视察。洪武八年(1375)四月的一天,朱元璋到中都"验功赏劳"(《明太祖实录》卷99),无意间发现好像有人拿了兵器在敲击宫殿的殿脊。当即就问凤阳中都建设的"总指挥"李善长、薛祥,李善长解释说:"发生这样的事情,是有一些做工的工匠在用'厌镇法'表示不满。"这种"厌镇法"也叫"厌胜法"或"压镇法",是古代方士们常用的一种巫术,通常是以诅咒等方式来达到将所憎恶的人或物制服的目的。朱元璋一听是这等事情,当时就来火了,打算将与"压镇法"有关的所有人员全部处死,但被在场的工部尚书薛祥等官员劝阻。薛祥等人说:"为了营建中都,中书省的工部已将其所辖的"将近九万"

的工匠(【明】朱元璋:《御制大诰三编·工匠顶替》第 30,P716)几乎全部都安排到凤阳来做工了。另外,还有几十万军士、罪犯和民夫也被征发到了凤阳工地从事工程建设,所以说,当时凤阳工程建设总计劳动者可能要达 20 万人左右。朱元璋要将与"压镇法"有关的人全杀了,中都凤阳岂不血流成河! 而之所以发生"压镇法"事件,完全是由于中都建设者命运悲惨,"多以疲死,盖盛暑重劳,饮食失节,董其役者又督之太急,使病无所养,死无所归"。(《明太祖实录》卷 75)

　　了解了事情的前因后果后,朱元璋受到的震动很大。元朝亡国之鉴就在眼前,从一定程度上来讲,没有元末近 20 万军民修治黄河,进而引发红巾军大起义,哪来朱元璋现在的大明天下? 而老百姓之所以要冒杀头和灭族的风险起来造反,就是因为徭役赋税太重,活不下去了。这下朱元璋清醒多了,意识到这样建都下去,后续问题愈发严重。

　　第三,"压镇法"事件引发了朱元璋对中都建设的反思,回想起整个中都营建决策过程中,几乎赞成的都是淮右地区出身的文臣武将。刚巧回到南京后没几天,又听说军师刘基死了,且据小道消息讲:刘基是被淮右功臣勋贵集团中的中坚骨干胡惟庸害死的。由此他马上联想到,如果在凤阳继续营建都城,不仅使得当地社会不得安宁,更大的隐患还在于,一旦正式在那里建都了,淮右功臣勋贵们就会如鱼得水,利用家乡盘根错节的宗族、乡里关系,拼命扩大其个人势力,从而构成对皇权的巨大威胁。想到这些,朱元璋几乎吓出一身冷汗,马上下令停止中都建设,放弃定都凤阳的计划。为此他还祭告天地,特地向皇天后土请罪。(《明太祖实录》卷 99)就这样整个凤阳都城建设成了一个半拉子的工程。

　　这个"半拉子"工程后来怎么收摊呢? 洪武十六年四月,朱元璋下令将剩下的石材、木料等建筑材料就近兴修一座寺庙,这就是后来有名的凤阳大龙兴寺。大龙兴寺是在原于皇寺的基础上兴建起来,只不过地址稍稍搬远了一点(相距 15 里)。寺院建好后,洪武皇帝赐名曰"大龙兴寺"。当今天子是从这里走出来的,这里不是龙兴之地,还有哪里是呢? 龙兴寺在当时可谓威风八面,佛殿、法堂、僧舍等总计 281 间,洪武皇帝朱元璋还从扬州等地选录了高僧前去当住持。从此,凤阳龙兴寺闻名天下。(《明太祖实录》卷 156)

　　以上讲的是建筑材料的"收摊",那么那些在中都工程建设中服苦役的劳作者后来怎么"收摊"的? 前面讲过,至少有 20 万军士、罪犯和民夫在凤阳工地上玩命,现在因为工程停工了,大部分人被转到南京都城工程建设上去,但还有较大部分服徭役的"凤阳移民"怎么办?

○ 500多年前的流行歌曲"凤阳花鼓"与凤阳难民

　　洪武时期为了打击敌方"新贵"和豪强富民，构建"和谐"的等级社会，朱元璋迁徙了许许多多豪门富户和狭乡无地农民到濠州（即后来的凤阳），尤其是江浙地区与张士诚和方国珍有关的权贵富民被迁徙的特别多。据《明史》记载：仅洪武七年，从江南地区迁往濠州的富民就达14万(人，史书未注明，笔者推测后加上的，见《明史·俞通源传》卷133；《明史·李善长传》卷127)加上其他几次移民，估计当年总计不会少于20万的外地人被强制迁到了凤阳等地。凤阳中都工程建设进行时，他们得按照大明赋税徭役政策缴税纳粮和提供工程"义务劳动"。现在中都工程建设项目喊停了，已经入了当地户籍的这些外地人不得再离开，他们身处异乡他地，耕种大明新贵和凤阳当地人挑剩下来的不毛之地，开始了艰难的生活。历史上有名的凤阳难民由此而生，而随着凤阳难民的四处漂泊，"凤阳花鼓"也就逐渐风靡大江南北，至今上了年纪的国人恐怕还能哼上几句：

　　　说凤阳，道凤阳，凤阳原是个好地方；
　　　自从出了朱皇帝，十年倒有九年荒。

　　"说凤阳，道凤阳，凤阳原是个好地方"，前面这几句凤阳花鼓词是在颂扬凤阳；但后面的味道一下子就变了，"自从出了朱皇帝，十年倒有九年荒"，把朱元璋给扯了进去，这岂不是在骂朱皇帝吗？谁有这么大的胆量居然骂起了大明开国皇帝？他们为什么要骂朱元璋？

　　这些都是相当复杂的问题，我们不妨从最简单的问题入手，逐一进行考察：

◎ 凤阳是不是个好地方？

　　明代的凤阳府下辖9州18县，多为今天安徽省境内淮河流域各县。那么凤阳花鼓词中所唱的凤阳到底是不是个好地方？

　　第一，地理位置：凤阳位于江淮之间，北边紧靠淮河，钟离为县治时有一条濠水穿城而过，而后来新建的凤阳城略微向南移了一点，这样濠水就在凤阳城的东面了。除此之外，凤阳之西北古为大泽所隔，南至长江较远。因此说凤阳是个相对比较封闭的丘陵地区，没有江南那么好的平原与肥沃土地，地理条件并不好。

　　第二，自然条件：由于地理形势不佳，自然条件也好不到哪里去（两者往往是连在一起的）。因为凤阳地理位置上相对比较封闭，所以当地的老百姓世世代代主要是以传统的农业为生。农业是靠天吃饭，这在传统社会中哪个地方都这样。但是农业发展还有个重要的条件——水利。按理说淮河穿越凤阳府而过,当地人应该感谢上天的眷念,但凤阳人不仅没享受到这份大自然的"恩赐",反而深受其害。因为淮河自古以来就是一条害河,从三国起,它就经常淹堤坝,漫良田,给当地两岸几十万人民带来了深重的灾难。

第三,军事位置:凤阳位于长江与黄淮两大经济文化中心区域的中间地带,没有高山峻岭等军事要隘可守,在兵燹纷起的年代,往往成为两不管的缓冲地带,太平保不了,守住也不易,因此常常成为战争的后患地带,最终形成了人烟稀少、土地荒芜的局面。朱元璋在《大明皇陵碑》中做了如实的描述:"昔我父皇,寓居是方。农业艰辛,朝夕彷徨。俄尔天灾流行,眷属罹殃。……值天无雨,遗蝗腾翔。里人缺食,草木为粮。"(【明】朱元璋:《大明皇陵碑》,《全明文》第1册,上海古籍出版社,1992年第1版,P171)20年后"红太阳"升起时,凤阳又是如何一番景象?称帝前夕已经大红大紫的朱元璋回了一次凤阳老家。从老家出来,他跟南京城内的大臣描述了自己的所见所闻:"吾往濠州,所经州县,见百姓稀少,田野荒芜。由兵兴以来,人民死亡,或流徙他郡,不得以归乡里,骨肉离散,生业荡尽……"(《明太祖实录》卷20)由此可见,凤阳依然是个土地荒芜、人口稀少、灾疫频仍的穷地方,无论如何也谈不上是个"好地方"。

既然凤阳不是什么好地方,那"凤阳花鼓词"里怎么唱"凤阳原是个好地方"?

◎ 为什么人们那么唱"凤阳原是个好地方"?

"凤阳花鼓词"里唱道的"凤阳原是个好地方",这个说法没有错。自从朱元璋当了皇帝后,为了能使得家乡迅速脱贫致富,他动足了脑筋,利用大一统帝国的君主最高权力抬升家乡、建设家乡、美化家乡。

在政治上他提升凤阳的规格档次,建造新宫新城,并欲让它做大明帝国的都城。凤阳本来是没有什么名气的乡间旮旯,但自从洪武二年定为大明中都后,它迅速地升格为帝国的又一大政治中心,并开始集中全国物力、财力和人力进行中都凤阳城的建设;到洪武八年突然叫停为止,凤阳新都城初具规模,与明都南京相差不大,有宫殿、宗庙、国子学、历代帝王庙、会同馆、鼓楼、钟楼等。现在除城墙和钟楼保留下来外,绝大部分都已不存在了。前些年听说凤阳地方政府出于高度的历史责任感,开始修缮凤阳的明城墙,而最为滑稽的一幕又出现了,这座历经了600年风风雨雨的明城墙不修反倒没事,现今修了反而没几天就倒了。(2007年8月15日《新浪网》消息)不过倒了也好,或许有利于专业的考古工作。最近有人对明代三都南京、北京和中都凤阳进行了专门的考古后跟媒体说:"以石雕为例,南京明故宫午门石须弥座上只有少量的纹饰,高30厘米,深度只有1厘米左右,其余部分都没有雕饰;北京故宫午门只有门洞南北两端的左右有少量的雕饰。两者石雕精细和华丽的程度,也远远比不上中都午门石刻。从石雕题材上来看,北京宫殿的题材主要是以龙凤为主,不像中都石雕那样丰富多彩。中都宫殿石础大概达到2.7米见方,可以清晰地看到浮雕,浮雕以精美的蟠龙为主。而北京故宫太和殿的石础仅为1.6米见方,没有任何雕饰。"(2013年8月1日《南京日报》A12版)

由此我们可以设想600年前凤阳城该是何等的豪华与宏伟!这不仅仅是朱元璋浓烈的乡土情结所导致的"欲久居凤阳"的最大成果吧,更为重要的恐怕还是为整个凤阳增添了不少的色彩和光环!明朝除了凤阳还真找不出第二个这样偏僻的乡间旮旯一夜成为帝国"明星"的例子吧。

在经济上朱元璋竭力扶持和发展凤阳地方社会经济。这一点,前面我们已经讲过了,大约不会少于20万的外来人口被大明帝国强制迁徙到了凤阳,从事垦荒屯田与建设。如此大规模的移民垦荒与发展农业经济,对凤阳和整个皖东地区的农业生产的恢复和社会经济的发展、繁荣都起到了积极的推动作用。除此之外,朱元璋还对凤阳采取了特殊的优惠政策。洪武十六年三月他告诉户部大臣:"凤阳,朕故乡,皇陵在焉。昔汉高帝生于丰,起于沛,既成帝业,而丰沛之民,终汉世受惠。朕今永免凤阳、临淮二县税粮、徭役,宜榜谕其民,使知朕意。"(《明太祖实录》卷153)凤阳,全国只有一个,老百姓种田不用缴税,又可不服劳役,大明天子对凤阳真是又宠又爱。朱皇帝还是个苛求完美的人,唯恐不周,还派了专员到凤阳去督导农事,兴修水利,一旦遭遇什么灾荒,大明帝国立即给予特别的赈济。

总之,朱元璋对家乡的特殊照顾和经济特惠,最终使得凤阳社会经济得到了迅速的恢复和发展,并朝着"好地方"的目标迈进。

既然如此,那为什么"凤阳化鼓词"里还要唱道"自从出了朱皇帝,十年倒有九年荒"?

◎ 为什么有人还要唱"自从出了朱皇帝,十年倒有九年荒"?

据清人记载,清朝乾隆年间的凤阳花鼓词是这样唱道的:

"家住庐州并凤阳,凤阳原是好地方;

自从出了朱皇帝,十年倒有九年荒。

大户人家卖田地,小户人家卖儿郎;

唯有我家没得卖,肩背锣鼓走街坊。"(【清】赵翼:《陔余丛考·凤阳丐者》卷41)

但据近人考证,上述花鼓词是明朝中后期形成的,最早的凤阳花鼓词现在无法知晓了。以朱元璋对家乡的特殊情感和特殊照顾角度来讲,凤阳这个"朱圣人"出生的地方再怎么也不会变为"十年倒有九年荒"的。那么,问题出在何时?

大约是永乐北迁都城后,大明帝国君主们就逐渐逐渐地对老家凤阳的眷恋与照顾少了。由于这时的"红太阳"不再在凤阳出升,人们也就渐渐地不大记起来了。明朝中期,凤阳开始厄运连连,先是黄河东流改道,侵夺了淮河作为入海通道,这下淮河两岸的人民可遭殃了。凤阳就在淮河边上,自然在劫难逃。而明朝中期以后,北京城里的皇帝爷荒唐得忙不过来,成化帝正在"姐弟恋",嘉靖帝忙于"成仙",万历帝20来年不上朝正跟郑家美眉耳鬓厮磨、如胶似漆着……他们哪有心思管什么老家的那些"陈芝麻烂谷子"的"破事"。皇帝不管,地方官员可"管"着!不过,这些地方官员管的倒不是什么赈济救灾,而是搜刮百姓,一直刮到泥皮上,老百姓活不下去了,赶紧出去逃荒要饭吧。因为经常有灾,又无法解决,这就造成了"十年九荒"的局面。

凤阳本地活不下去,人们只好外出要饭。要说这要饭啊,自洪武年间起,凤阳一带本地人外出"要饭"的本事还不如外来移民们呐。这是为什么?前面讲过,在洪武年间凤阳一带有一大批被强制迁徙而来的江浙人,这些江浙人想当年在家乡都是有头有脸的富豪、大款或小资等社会中产阶层以上的人物,他们被朱元璋强制性、惩罚性地迁徙到了凤阳,如果稍有不满就要被砍头,虽然最终他们无可奈何地在凤阳定居了下来,但内心却充满了对朱元璋的仇恨;还有一些江浙人原本在老家是受人"尊敬"的"老爷""少爷",到了凤阳却成了"孙子",受到了当地人的欺凌,于是他们愈发思念起自己的故乡来。想念家乡就免不了要回去看看,可朱元璋不同意。聪明的江浙人就学起了当年朱元璋的模样,一身衣衫褴褛外出要饭,从凤阳一路出来,成群结队、扶老携幼,要饭要到南京,顺路去看看同样落难的南京亲戚,少不了要问起家长里短,也会问及风俗习惯什么的,凤阳的江浙人很自然地将凤阳花鼓词唱上几段:"散入村落间乞食,至明春二三月间始回。"(【清】赵翼:《陔余丛考·凤阳丐者》卷41)

后来时间长了,这些凤阳的江浙人及其后代也学乖了,年年他们要回乡去扫墓,而自己在凤阳的家境又不好,从凤阳出来一路回苏松杭嘉湖,可受罪了。你想爬火车,对不起,那时还没有火车,他们只好一路乞讨回乡。乞讨也要有技巧,光说好话还不行,来一段"凤阳花鼓词"很能吸引人们的同情心与注意力。于是他们一边唱一边乞讨回乡,唱着唱着,聪明人将原来的凤阳花鼓词给改了。因为极端仇恨朱元璋,他们即使饿死了也要将已经死去的朱元璋作个垫背的,于是"凤阳花鼓词"中就有了"自从出了朱皇帝,十年倒有九年荒"。凤阳的江浙人世代不忘回乡扫墓,也不忘朱元璋带给他们的灾祸,于是,"凤阳花鼓词"从淮河流域一直唱到太湖之滨、西湖沿岸和大江南北。(【清】赵翼:《陔余丛考·凤阳丐者》卷41)

更为滑稽的是不仅凤阳的江浙人开始传唱这样的凤阳花鼓词,后来就连凤阳本地人也跟着唱了。难道凤阳本地人也恨朱元璋的不成?事实恰恰是如此。朱元璋对家乡人民确实是"恩宠有加",但他那种做法中隐含了另外的一层负面影响,这叫好心办了坏事,如营建凤阳中都,光宗耀祖的是你朱元璋自己啊,可凤阳当地的百姓为此承担了无比繁重的劳役;还有,自从这里出了"朱圣人",全国每年有多少人要来此"公干",要来此参观学习,这些迎来送往的费用在抠门的朱元璋那里是没人敢提"报销"的,那只有摊派到老百姓的头上。于是凤阳本地人对朱元璋也产生了不满、怨恨的情绪,跟着凤阳的江浙人后代一起唱,反正现在(指明朝中期以后)北京城里的皇帝正忙于哥啊妹啊、情啊爱啊,哪有什么心思来管这反动的"流行歌曲";更何况凤阳"十年九荒,非旱则雨"(乾隆:《凤阳县志·宜楼记》卷14)。经常性的外出要饭,人们见多了也烦,倒不如在歌词里加上"朱皇帝",以无人不晓的"猪腰子脸"皇帝的名声、重量级的名人来吸引施舍者的注意,这样更有利于行乞。于是,"凤阳花鼓词"从明朝一直唱到了清朝,从民国一直唱到了现在,成为中国历史上可能生命力最强的一首流行歌曲。

下令兴建和罢停中都凤阳工程,一定程度上催生出了凤阳花鼓词,这恐怕是当年"朱圣人"所不曾料到的吧!

既然幡然醒悟凤阳不宜建都,那都城的事情还得要好好落实到位啊,经过反复思虑,朱元璋最终将目光与精力投入了应天即南京的都城建设上来。洪武十一年(1378),他下诏罢北京汴梁,恢复开封府旧名,仍以南京为都城,改南京为京师(《明史·地理志一》卷40;《明史·地理志一》卷42)。至此,踌躇了十年的都城定于何方的问题又回到了原点上,而洪武初年大明都城两京制抑或三京制,最终也就变成了一京制。

● 人算不如"天算"—— 听从老天安排,定都南京

尽管朱元璋一一放弃了定都汴梁、洛阳、长安、北平和凤阳的打算,但在南京建

都的朝代寿命不长之类的咒语还时不时地萦绕在他的心头。到了洪武二十四年(1391),大明帝国已经建国20余年了,社会经济与百姓生活已经得到了恢复并开始步入了正常的轨道,国家的财政经济也显得富有了。就在这时,朱元璋又为都城的事情"折腾"了——他想迁都,迁哪里呢?长安,即今天的西安。怎么会相中这个地方?主要缘由可能有两个:

第一,在洪武初年的都城之选中,有人比照了北方数处建都的优劣,其中监察御史胡子祺的说理最为透彻:"天下胜地可都者四:河东高厚,控制西北,然其地苦寒,士卒不堪;汴梁襟带江淮,然平旷无险可守;洛阳周、汉尝都之,然嵩、邙诸山,非崤、函、终南之固、、伊、洛,非泾、渭、灞、浐之雄;故山河百二,可耸诸侯之望,系宗社之久,举天下莫关中若也。"(【明】谈迁:《国榷》卷4)胡子祺对长安情有独钟,引发了朱皇帝的共鸣。但因为当时刚刚开国,统一战争尚未完全结束,精力、财力都有限,所以朱元璋只好暂时割舍。洪武晚期,国家安定下来了,过去未能完成的宏愿也可开始考虑起来。

第二,在朱元璋内心深层之处,中国历代帝王中,自己与汉高祖刘邦不仅出身相似,而且在个性上也有雷同。刘邦定都长安,汉朝江山国运享有400余年,这对于殚心竭虑要使大明帝国长治久安的朱皇帝来说是不能不正视的。为了能再好好地权衡作为国都的长安之利与弊,年近古稀的朱元璋想到了他的太子——朱标,打算让他代替自己到关中去实地考察一下。在当时的洪武皇帝看来,代劳此等大事没有人比太子更为合适的了,因为他打下的江山基业迟早是要交给太子的,所以何不借此机会让他去磨砺一番!

洪武二十四年(1391)八月,朱标就以犒劳前线将士、询访民情为名,前往关中地区(《明太祖实录》卷209)。然而朱标太子跟他老子可不一样,朱元璋早年有着八年要饭流浪生活,再加上后来十几年的战火洗礼,摸爬滚打,练就了一身的好身板。可朱标太子自小吃苦不多,师从有名的儒士宋濂学习儒家经典。据说书读得还不错,但就是没有很好地在外锻炼,更没受过他父亲所经历的那般地狱煎熬与历练,身子骨本来就虚弱。这回去一趟西安,一路车马劳顿,不曾想到,回来以后便一病不起,第二年(1392)四月就病死了(《明史·太祖本纪三》卷3)。朱元璋悲痛欲绝,真叫人算不如"天算"。就是这样的偶然因素让迷信的朱元璋彻底打消了迁都别处的念头。

太子死的当年年底,朱元璋在《祭光禄寺灶社文》里伤心地说:"本来还想迁都的,但现在考虑到自己实在年老了,经不起这番折腾了,又不想太劳民,就以南京为都吧!希望上苍保佑大明帝国和他的子孙们。"

但朱元璋毕竟是朱元璋，中晚年时针对定都南京有可能带来的负面问题，他做了相当程度的调整和补救，尤其是对于北方蒙元残余势力时不时地南下骚扰问题，除了组织人马进行军事打击外，还在自西北经正北再向东北的大明帝国北疆上构筑三道严密的战略防线。尤其值得注意的是，洪武时期以北方边境军事防务为中心，沿着长城一线进行分封藩王，东北的有辽王、宁王，华北的有燕王、晋王，西北的有秦王、肃王，等等，这就是明初历史上有名的"塞王"。让诸子塞王来保卫大明帝国的北部边疆，辅佐中央皇室，并规定："凡王国有守镇兵，有护卫兵。其守镇兵有常选指挥掌之。其护卫兵从王调遣。如本国是要塞之地，遇有警急，其守镇兵、护卫兵并从王调遣。"甚至还强调，地方镇守军的调动除了要有皇帝的御宝文书以外，还必须要有该镇守军所在地的藩王的命令："凡朝廷调兵须有御宝文书与王，并有御宝文书与守镇官。守镇官既得御宝文书，又得王令旨，方许发兵。无王令旨，不得发兵。"(《皇明祖训》，"兵卫条")这样一来，到朱元璋临死时，大明北疆地区的军事领导权由原来的开国功臣勋将手中完全转移到了与大明皇帝有着血脉相连的藩王手中，完成了传统中国人津津乐道的"家国一体化"，出现了"打架亲兄弟，上阵父子兵"的理想格局。由自己的亲骨肉来守住国门，这下大明帝国可安全了。

可让朱元璋万万没想到，就是这个看似万无一失的万全之策却埋下了巨大的祸根。在他死后一年不到的时间里，这些领兵驻守的藩王个个不是什么省油的灯；尤其那个自称最类父皇、自诩父皇最为喜爱的四儿子燕王朱棣在"父皇"尸骨未寒之时就开始起来造反，后来用了四年的时间打到了南京来，将侄儿皇帝朱允炆从皇位上赶了下去，最终又将大明帝国的都城迁到了他的藩王大本营北平，后改名为北京。（有关定都问题，是定在南京好还是定在北京好，明清文人学者有过讨论，详见笔者《大明帝国》系列⑧《永乐帝卷》下）

依稀可见最大都城　第一皇宫迷雾层层

疑惑不解的问题是：如果您留心中国地名的话，就会发现在中国版图上只有"两京说"，即南京与北京，而且往往是南北两京对称性的意味很浓。到了北京外地人最感兴趣的要去看看天安门和故宫。在参观游览之余，您可曾想过北京城里的雄伟庄严的天安门和故宫是来自哪里？有人说："这还用问吗？造的呗。"没错，是造的。问题是它是由谁造的？是为什么而建造的？这样雄伟的古代建筑艺术精品就那么容易造出来？它有没有原来的模型或图纸一类什么东西？

对于上述这些问题，我们用比较简洁的话来回答：那就是北京的天安门和故宫其实都是南京明皇宫的复制品或者说是克隆的产物。问题又来了，按照这样的说法，南京的明皇宫是北京故宫的"亲生父母"或者说"原件"了。但到了南京，好多人会发出这样的疑问：都说南京明皇宫很大，甚至有亲历明代南京城的外国人说它是中世纪世界上最大的宫殿；南京是中世纪世界上最大的城市。可是在今天怎么见不到明皇宫的影子？除了部分完好的古城墙外，就是一些断垣残壁与砖头瓦块。由此人们更会发出这样的质疑：南京曾经真有规模宏伟的皇宫？或许一些老南京人会告诉你：如今的明故宫遗址就是当年大明帝国开国时的皇宫之所在，它是在填了前湖的基础上建造起来的。后来明故宫被人毁了。那么被谁毁了？什么时候给毁的？还有如果你留心考察中国历代大一统帝国都城和都城中的皇城的建造规制，你就会发现大明帝国都城南京城的规制很特别，它不是中国传统都城的规则方形而是呈不规则形。这到底又是为什么？

我们先来谈谈南京的明皇宫，然后再说明京城。

● 明皇宫的四个谜团

600多年前的洪武元年（1368）正月初四，朱元璋举行大明帝国开国大典前的几个月，一座崭新又气派的皇宫在古老的南京城里偏东南角的地方落成了。这座新皇宫到底怎么样？我们不妨来听听其主人朱元璋自己对这座新宫的评价。洪武二十五年（1392）也就是朱标太子死的当年，65岁的朱元璋说了这么一番话："朕经营天下数十年，事事按古有绪。唯宫城前昂后洼，形势不称。本欲迁都，今朕年老，精力已倦。又天下新定，不欲劳民。且废兴有数，只得听天！惟愿鉴朕此心，福其子孙。"（【清】顾炎武：《天下郡国利病书·江南》卷13）他说自己经营天下这么多年，样样事情都是按照古人的规矩来办。只是皇宫建造得实在是不怎么样，前面高后面低，地势很不对称。接着就把皇宫的不好似乎归结于建都的地方，他想要迁都，但因为岁数大了，精力不济，天下又是刚刚太平，真不忍心让刚从战争痛苦中熬过来的百姓再次受罪。他认为王朝的兴衰成败自有天命，只求老天念在他一片赤诚之心的分上，造福他的子孙后代吧！

朱元璋说这番话是在祭神时诚恐诚惶地表达自己真实的内心想法和祈求。从这段"内心独白"中，我们不难看出他对定都南京似乎还是颇有微词，而对建造的新皇宫——南京明皇宫更是充满了遗憾。问题是：这样一位精明、强干又务求完美的强势皇帝为什么会弄出这等事情来？还有在民间有一种说法，那就是明皇宫的地势是前高后低，假若按照中国古代的风水术来说，后面低，意味着祖先靠自己，没什么根基可凭借，这倒是吻合朱元璋自身的经历；前面高，则意味着对未来的儿孙大业不利，这倒又吻合了后来在南京即位的两位大明天子朱允炆和朱棣的皇位争夺事实。能有这么巧的谶纬之语吗？对于明皇宫我们可以这么形容，它简直就是一团团紧套在一起的谜圈或称谜团：

谜团1：600多年前大明帝国开国时所建的"新宫"地址竟然位于南京城里的一片低洼地，汪汪的燕雀湖中。这在中国历代皇都皇宫的选址和建造当中是独一无二的，而且极富主见、个性独特的朱元璋居然接受了。这是为什么？

谜团2：明皇宫的选址偏于整个南京城垣的东部。这与中国古代宫城的位置选择有着很大的相悖之处。从周公、召公为周成王卜定洛邑以降，取"天下之中"营都建宫，几乎成为古代帝王建都思想的定制；而"第一号高参"刘基将朱元璋的宫室卜定于城垣的东隅，也有违于古制。这究竟又是为什么？

谜团3：南京城突破了中国古代都城采取方形的规则，宫城位于都城中部偏北的旧制，且因地制宜，根据实际地理形势和防守需要筑城，使全城呈南北狭长、东西略窄的不规则形状。自古以来，几乎所有的宫城建得都是四方形的，有着很多例子，比如西安、洛阳旧时的皇城都是四方形的，而偏偏南京明皇宫的皇城却是个不规则形。从地图上我们可以看到，明南京城起于最上头的狮子山，延伸过来，是中央门，然后由玄武湖绕过来就是明皇宫，再过来是光华门，然后到中华门。这个都城的形状乍看起来，就像朱元璋那张奇特的鞋拔子脸。甚至有人干脆就说，明代南京城就是按照朱元璋的脸型设计建造的。真的是这样的吗？

谜团4：从朱元璋一生作风与作派来看，新建宫城、皇城规模很大，气势恢弘，这似乎也与朱元璋节俭的宗旨相悖和矛盾。那又是为什么？

● 解谜——皆因迷信"龙气"好风水

对于上述四个谜团中前三个，我个人认为：明代南京都城建设突破了历来的古制，别出心裁、独辟蹊径。这种奇特看似费解，其实都源于朱元璋迷信。换句话来说，600多年前大明帝国的开国皇帝朱元璋为占尽所谓的"龙气"，通过堪舆占卜而特地将新皇宫选定在紫金山南面所谓龙头的地方——燕雀湖，更通俗地说，一切都是迷信"惹的祸"。至此可能有人要问了：有依据吗？

从中国传统风水学角度来说，有！风水学在学术界被人称为"堪舆学"。据古人解释："堪"为地面突出之处；"舆"为地面低洼之处。又，"堪，天道；舆，地道"。由此古人所说的"堪舆"之学即为研究"天地之道"也。（【东汉】许慎：《说文解字》第13）可为什么堪舆之学又被人称为风水之学？因为研究风水的根本目的就是要研究"气"。"气"在古人那里是一种特殊的物质，《难经·八难》和《皇帝内经》都说："气者，人之根本。"

那么"气"与风水又有什么关系？我们的先人认为："气乘风则散，界水而止。古人聚之使不散，行之使有止，故谓之风水。风水之法，得水为上，藏风次之。"（【晋】郭璞：《葬书》）清代人解释说："无水则风到而气散，有水则气止而风无，故风水二字为地学之最。而其中以得水之地为上等，以藏风之地为次等。"（【清】范宜宾：《乾坤法窍·〈葬书〉辩证》）既然风水似乎都是大自然之物，那跟我们人类有何相干？《易经》曰："星宿带动天气，山川带动地气，天气为阳，地气为阴，阴阳交泰，天地氤氲，万物滋生。"而《黄帝内经》则说："（人之）宅者，阴阳之枢纽，人伦之轨模，顺之则亨，逆之则否。"

这就告诉人们应该顺应自然之气，由此在中国传统社会里也就形成了各式各样讲究"气"的学问。中医学讲究"气色""血气"；佛家讲求"浩然正气"；道家强调养生练功的"丹田之气"；戏曲界追求的是"润气"；书画领域探求的是"凝神静气"；文学界讲究的是"文以气为主，气之清浊有体，不可力强而致"（【三国】曹丕：《典论·论文》）。那么中国古代建筑界呢？则更是万般寻求好"风水"与和顺的"自然之气"。中国传统社会后期的清代人曾这么认为："人生最重是阳基，却与坟茔福力齐。宅气不宁招祸咎，骨埋真穴贵难期。建国定都关治乱，筑城置镇系安危。"（【清】范宜宾：《乾坤法窍·阳宅》）

众所周知，清承明制，而明制就是由朱元璋开创的。草根出身的朱皇帝为了寻找到自身统治的"合法依据"而格外注重"自然之气"或言"风水之术"。开国前建造南京吴王新宫，他委派堪舆大师刘基等勘察择址；洪武初年开建凤阳中都，他又带上精通风水之术的鸿儒名士王祎、许存仁和李思迪等回老家去"逛逛""瞧瞧"（《明太祖实录》卷12）。而就是这个叫王祎的风水高手曾对当时的"风水之术"做过这样的描述："后世言地理之术者分为二宗：一曰宗庙之法，始于闽中，其源甚远，至宋王伋乃大行。其为说主于星卦，阳山阳向，阴山阴向，不相乖错。纯取五星八卦，以定生克之理。其学浙闽传之，而今用之者甚鲜。一曰江西之法，肇于赣人杨筠松、曾文迪,及赖大有、谢子逸之辈,尤精其学。其为说主于形势,原其所起,即其所止,以定方向,专注龙、穴、砂、水之相配,其它拘忌,在所不论。其学盛于今,大江南北,无不尊之。"(【明】王祎:《青岩丛录》,见【清】余嘉锡:《四库提要辨正》卷13)

　　上引史料是说:元末明初时风水之术主要有两派:一派是尊奉曾隐居福建松源镇(今松溪县)的宋代堪舆家王伋为祖师爷的福建派。该派学说以宗庙理气为主,故又被人称为理气法或宗庙法。另一派则是尊奉唐末活动于江西的风水大师杨筠松为祖师爷的江西派。该派的学说以山峦形势为主,故被人称为峦头法或形势法。福建派侧重于室内室外之方位格局的确立,江西派主要讲究择址选形,而元末明初大受强势权力新贵阶层推崇的是讲究择址选形的江西派或称峦头派。峦头派讲究择址选形有五大步骤:觅龙、察砂、观水、点穴、取向。其具体要求是龙要真,砂要秀,水要抱,穴要方,向要吉。而在元至正二十六年(1366)八月应天南京吴王新宫选址过程中,大名鼎鼎的堪舆大师刘基就是运用了这样的风水之术来为朱元璋选定新宫地址的(《明太祖实录》卷21)。"觅龙",不用多说,那条"龙"就是紫金山或称钟山,在江南地区属于主龙;"察砂",主要察看环抱应天城的前后左右群山之势有没有隶属于主龙钟山的。应天城之南是聚宝山、西有三山、西北乃为卢龙山(狮子山)、东北竖立着幕府山,即使是主龙钟山附近还有富贵山和覆舟山等,群山环绕,符合"察砂"上品;"观水"主要是勘察定都之地有没有水系相抱。中国传统风水学认为,在千山万岭的中华大地上,西部昆仑山脉是祖山,为真龙。它由西向东绵延,而由北至南的黄河、长江两大水系将这条真龙一分为三,形成了南、北、中三大行龙,即黄河以北的北龙,黄河与长江之间的中龙,长江以南的南龙。刘基曾说:"昆仑山祖势高雄,三大行龙南北中。分布九州多态度,精粗美恶产穷通。"(【明】刘基:《堪舆漫兴》)应天南京正好处于南龙之地,北有长江、南有秦淮河相抱,吻合观水之法;"点穴"就是要找准龙穴,即后来刘基等人选定的紫金山南麓燕雀湖;至于"取向",那就是选址时要注意吉向,且应留心背有靠,前有案。

　　按理说应天古城在最后两个方面很欠缺,历代定都南京的皇宫中心主要在今天的中华路到汉府街一带,而将这个地方定为"龙穴",本来就很不恰当:一来南京城位于长江之南,属于阴地,阴地上建造皇宫,难怪南京建都的王朝都不长寿;二来明朝以前定都南京的王朝都城中心与皇宫重地距离紫金山主龙距离较远,龙脉之气接不上;三来明朝以前历代定都南京的王朝不断开挖建造皇宫,弄得旧城内的地脉泄尽,王气四散。(参见夏玉润:《朱元璋与凤阳》,黄山书社2003年12月第1版,P155～164)所以综合起来考虑,堪舆大师刘基和他的主子朱元璋等人最终决定将未来新皇宫——"龙穴"选定在钟山之阳的紫金山龙脉龙头上。这样既可以避开了应天古城阴地建都不吉和历代乱挖所造成的王气四散的弊端,又能占尽"虎踞龙蟠"之吉气。不仅如此,朱元璋、刘基等洪武君臣还特别留意保护南京紫金山龙脉龙气,甚至可以说是痴迷到了不惜一切代价之地步。"龙膊子"的保全就是一个典型的事例。

○ 南京紫金山"龙膊子"在哪里?

南京自古以来就有"虎踞龙蟠"之称,所谓"虎踞"指的是南京城里三山(后被开挖掉了,今无存)像一只蹲伏的老虎,而"龙蟠"就是指钟山像一条巨龙盘桓在南京城的东南。旧时的燕雀湖就是所谓的龙头所在,在其不远之处的富贵山就是所谓的龙尾。而在太平门附近有一个地名叫"龙膊子"。所谓龙膊子,就是龙的胳膊,它处于钟山与富贵山(旧称龙尾山、龙光山等)之间的山凹处。朱元璋的迷信尤其是对所谓的龙气的迷信是相当厉害的。

○ 都是迷信"惹的祸"

为了保住龙膊子这一带的得天独厚的龙气,朱元璋甚至不惜以南京城池的安全为代价。

大家知道,古时候建造城池时,为了防止外来入侵,往往在城墙外加挖城壕沟或护城河。城壕沟有宽有窄,一般来说挖得越宽就越安全。为什么这么说呢?假若有敌军来袭,没有这城壕沟,他们就很容易搭个云梯从城墙外蜂拥而上,很快就能攻入城来。所以在中国古城建设当中,在古城外加挖一圈城壕沟和护城河,就能有效地保护城池,即使敌人来攻要架云梯,但由于护城河的阻隔,云梯就无法够着城墙架起来了。朱元璋沙场征战了十几年,这个道理自然熟稔于心。然而当年在建造南京城时,整个南京城外围都加挖了城壕沟或利用了原有的自然湖泊,几乎到了百密而无一疏的地步,但"疏忽"了这一段,在太平门附近的龙膊子地带没有加挖城壕沟。为什么?城池的牢固和安全固然重要,可是朱皇帝惟恐在这里加挖壕沟会挖断"龙膊子"的龙气!由此可见他对所谓的"龙气"的痴迷已经到了不可救药的地步了——宁愿牺牲大明帝国都城的安全。

明城墙外的这段"龙膊子"由于没有加挖护城壕沟,这就给南京城的安全留下了一个巨大的隐患,只不过大明帝国都城在南京也仅经历了洪武、建文、永乐三朝,后来就北迁了,所以在明代这个隐患也就没机会暴露出来。但不可忽视的事实是,太平门附近的"龙膊子"这一段确确实实成了战争中南京城防守方不折不扣的"软肋"。清朝后期，太平天国运动爆发，后定都南京。同治元年，清军为了占领太平军都城天京（即南京），投入了重兵想从龙膊子这一"软肋"攻入。太平军则采取从城墙上往下扔石头、火攻等手段进行抵御，但都无明显成效。后来清军想到这么个主意，即从"龙膊子"挖地道，由地道攻入城内。谁知不久就被太平军发现了，他们从城内的那一边挖地道，再用烟来熏另一头的清军。总之，他们围绕这一段"龙膊子"进行了一场旷日持久的较量。最后清兵还是从"龙膊子"突破，攻入了天京。史书留下了这样的记载："（同治元年）六月，（清方）诸军番休进攻，贼（清人诬称太平军）死拒，杀伤相当。臣典（清军将领）侦知贼粮未尽，诸军苦战力渐疲，谓（曾）国荃（曾国藩弟弟）曰：'师老矣！不急克，日久且生变。请于龙膊子重掘地道，原独任之。'遂率副将吴宗国等日夜穴城，十五日地道成，臣典与九将同列誓状。翼日，地雷发，臣典等蚁附入城，诸军毕入。下令见长发者、新薙发者皆杀，于是杀贼十馀万人。"（《清史稿·李臣典传》卷414）

这个"龙膊子"突破口之祸，就是因为当年朱元璋对龙气、皇气的迷信而留下的。

所以我们说，朱元璋为了占尽金陵的皇气，不惜将皇宫建在了南京城东南一隅的湖泊上，至于违不违历史上皇宫建设规制与建都原则，那就显得无足轻重。另外顺便说一下，朱元璋原本就是农民出身，农民的朴素等传统美德在他身上也时不时地得到弘扬光大。譬如在南京的京城城防建设中，对于那些自然屏障，他能用则用，节省开支，如此下来，就使得明代南京城成为不规则形。至于有人说明代城建造得与朱元璋的脸型相似，或者说是按照朱元璋的脸型建造南京城，那是没有事实依据的，如有1%的相像，那也只能说是1%的巧合了吧，而事实上我们也看不出其有多大的相像。

● 明代南京京城与皇宫的四大奇特之处

解开了上面三个谜团之后，我们来解开第四个谜团：

由于出身贫贱，朱元璋从小就养成了简朴的生活作风，然而对于都城南京的建设，他却舍得花了一大笔的财力、物力，倾力打造气势非凡的世界第一京城和第一皇宫。这是为什么？

这跟朱元璋建造皇宫的另一个原则有关——稳固，或者换句话来说，稳固才是他建造明皇宫的第一原则。为了稳固大一统天下之中心，就必然会将稳固放在明皇宫与明都城建设的首要位置。只有在牢牢稳固的前提下，才能贯彻俭朴的宗旨。

从叫花子、盲流到大明天子，打下江山不易，而守住天下更紧要。这一点朱元璋可能比历史上任何其他出身的皇帝和他的朱家后代子孙更有切身的感受。所以在立国、建国及治国的过程中，他特别注重大明帝国长治久安。而欲得长治久安，首先得让他的皇宫与京城固若金汤。所以朱元璋在规划与建造皇宫与京城的过程中，总是以"稳固"作为第一原则。(《明太祖实录》卷101)

朱元璋修建南京城大致可分为四步：

第一步就是他刚到南京时就开始的，在今天南京城的中华路王府园这一带，利用南唐旧城，在江宁府城东面加上一个方形皇城，然后再在皇城外修葺城墙，加固城池。这大概是朱元璋对南京城建的最初贡献吧。

第二步就是修筑加固"后湖城"，构成今天玄武湖（那时称为后湖）南岸的"台城"。当年修造的后湖城墙就有443丈（《明太祖实录》卷163），后湖由此也就成了大明都城东北方的护城湖，南京城不规则方形特征至此更加凸显。

第三步那就是后来在南京城东填掉浩瀚的燕雀湖，盖起新的明皇宫，南京城发展到了东边的紫金山麓。

第四步就是沿着下列走向修筑高大坚实的南京城墙，将南京周边的自然制高点渐次收入南京城的范围内：向东主要扩展到钟山西麓；在东北与北边将富贵山、覆舟山、鸡笼山等几个制高点都圈入南京城内；向西北延伸到狮子山，在西南边将马鞍山和清凉山等几个山也纳入南京城，在南边以外秦淮河为自然屏障，加固聚宝门城防，由此构成的明代皇城和京城可以说比历史上任何定都南京的朝代都要稳固。占有天然制高点，一旦在战争发生时那绝对是占据上风的。由此我们说朱元璋建造南京城是以稳固为根本，在稳固之下才能谈节俭了。

综观上述内容，我们可以用四组关键词来概括：明皇宫建在湖中；明故宫偏隅城东；都城不规则形；宏伟、稳固但又简朴。这既是明初明故宫和南京城设计建造的四大谜团，也可以说是它们的四大奇特之处。那么如此奇特的明皇宫皇城就如前文所述的由刘基等人来选定位置和设计建造的？

明代官书记载："建康旧城西北控大江（即长江），东进白下门外，距钟山既阔远，而旧内在城中，因元南台为宫稍庳隘，上（指朱元璋）乃命刘基等卜地定，作新宫于钟山之阳，在旧城东白下门外二里许，故增筑新城，东北尽钟山之趾，延亘周迴凡五十余里。"(《明太祖实录》卷21)

明朝嘉靖时代苏州名士陆粲和万历时代南京籍状元焦竑分别在《庚巳编》和

《玉堂丛语》中记载道:明皇宫是由"诚意(指刘基)及张铁冠择建宫之地,初各不相闻,既而皆为图以进,尺寸若一"。(【明】陆粲:《庚巳编·诚意伯》卷10;【明】焦竑:《玉堂丛语》卷8)

确切地说,明皇城与明皇宫的建设是朱元璋在刘基、张中等人占卜的基础上最后定夺的。

由朱元璋最后拍板确定大明帝国皇宫的"最佳位置"之后,余下的就是进行皇宫建设与南京城的城市建设了。那么朱元璋营建明皇宫与南京城的宗旨是什么?

● 朱元璋营建明皇宫与南京城的三大宗旨

我们用六个字来概括,那就是:"宏伟、节俭、坚固。"有何依据?据史书记载,当刘基勘定选址、朱元璋拍板后,明皇宫的建设进入了工程设计阶段,后来工程设计者将宫殿图样一一绘好,再呈送朱元璋过目定夺。洪武八年,改建大内宫殿时,朱元璋告诉廷臣:"唐虞之时,宫室朴素,后世穷极侈丽,习尚华美,去古远矣。朕今所作但求安固,不事华丽,凡雕饰奇巧,一切不用,惟朴素、坚壮,可传永久,使吾后世子孙,守以为法。至于台榭苑囿之作,劳民费财,以事游观之乐,朕决不为之,其饬所司如朕之志。"(《明太祖实录》卷101)

从这段"训言"中,我们可以看出朱元璋不仅在营建明皇宫上而且在其他大明工程建筑包括南京城的建造中贯穿的宗旨就是六个字:宏伟、节俭、坚固。

我们不妨来看看明代南京城和明故宫建造的这三大宗旨:

○ 宗旨之一:宏伟

南京城和明皇宫建成之后,究竟有多大呢?

参观和游览过北京故宫的读者朋友肯定为北京故宫的宏伟而惊叹不已,因为它是目前世界上现存的最大的古代皇宫。但绝不是我给大家扫兴,而是本着实事求是的态度来告诉大家:北京的故宫曾是"二流"的,600年前它的"父母"或言"原件"南京明皇宫比它还要大,"延亘周迴凡五十余里,规制雄壮,尽据山川之胜焉。"(《明太祖实录》卷21)有读者朋友可能要问:能不能换成现在的数据?

能。目前权威部门公布的北京故宫占地面积是72万平方米,而据有关资料记载,南京明皇宫的占地面积为100万平方米,整整比北京故宫大出28万平方米。

我们再来看明代南京城到底有多宏伟?

南京明城墙最高处为 26 米，一般高度也在 14～20 米之间，其周长号称为 96 里(【明】陆容：《菽园杂记》卷 3；《明史·地理志一》卷 40)。即使是 600 年后的今天，我们还能实测到它的长度是 68 里，即 35.267 公里，现在基本完好段 25.091 公里，遗址占 10.176 公里，护城河全长 31.159 公里(杨新华：《南京明城墙：神秘的浩瀚史书》，叶浩主编：《走进市民学堂⑥》，江苏文艺出版社，2008 年 4 月第 1 版，P110)。在这样规模宏大的城市，总计生活着一百多万人口，它比起当时西欧"大城市"巴黎和伦敦还要大出十多倍。所以有人说，明皇宫是中世纪世界上最大的宫殿，南京是中世纪世界上最大的城市，一点也没错。

由此我们可以想象当年明皇宫和明代南京城的恢弘雄伟的气势了。然而朱元璋的明皇宫尽管很雄伟，但是丝毫没有透露出金碧辉煌的气息，用我们现代话来说没有显露出"暴发户"那种到处披金戴银的痕迹。

而在这个方面尤其要归功于朱元璋的尽心关注：在装饰内宫墙壁的时候，朱元璋刻意让建筑工人避免用七彩鲜艳的颜色去粉刷装饰，而让工匠在上面画了巨幅的中国历代帝王兴亡图。这一举动不仅独树一帜，而且用心良苦。这幅巨型壁画给后代作了个警示钟，人们可以经常在壁画中看到各朝各代是如何兴盛、又如何由盛及衰，最终彻底消亡的。

○ 宗旨之二：节俭

如上所说，在建造明皇宫时，除了追求必要的雄伟气势外，朱元璋坚决摒弃那些奢华和铺张的摆设。洪武九年，在谈到宫殿建筑时，他提出了"三不主义"，即"不事华饰，不筑苑囿，不建台榭"。(《明太祖实录》卷 106)

其实早在新内城建造时朱元璋就提出并贯彻"朴素三不主义"。吴元年九月看到刚刚建造的内城的走廊、两庑壁间空荡荡的，他就叫文臣熊鼎等人编撰古人行事可作借鉴的，将它们写在墙壁上，又让侍臣们将《大学衍义》抄在两庑壁间。为此，他解释道："前代宫廷里多绘制图画。我叫你们抄那些东西上去，就是为了能够早晚都能看看，岂不比画画更胜一筹！"(《明太祖实录》卷 25)

朱元璋的俭朴精神在官场上有人却不以为然，做领导的哪个都会作秀一下，别看他道貌岸然的样子，骨子里不知想什么。哪个人不喜欢住宅漂亮、居住环境舒适呢？想到这里，自以为精通洪武皇帝心理的那位官员上言："瑞州产一种奇石，上面有好多花纹，将它们磨平后铺砌地板，非常好看。"用今天话来说，这个官员向朱元璋建议，可能就是用大理石一类的装潢石材来装潢明皇宫。朱元璋一听就火了，立马训斥道:"你不能以节俭的美德来影响我,反而引导我要奢华,你安的什么心?"这下可把那位官员吓得不轻啊。(《明太祖实录》卷25)

看到这里,读者朋友可能要问:为什么朱元璋要以这样的宗旨来建造明皇宫呢?

我想大致有以下几个方面的原因:

第一,节俭是朱元璋一生始终遵循和坚持的生活作风。

不仅宫殿的建设上不铺张浪费,朱元璋平时的衣食住行也很简单。有一次,他一个人在宫中用餐,用着用着,突然间哭了起来。大家都感到莫名其妙,美味佳肴您吃着,哭什么劲儿啊?殊不知,他是想起了小的时候所过的那种颠沛流离、风餐露宿的生活,想起和家里人饥一顿饱一顿地过生活,他能不唏嘘感慨么?(《明太祖实录》卷23)

有一年夏天,朱元璋在办理公务,因为天气太热,没一会儿的时间全身衣服湿透了。手下人赶紧给他换上干衣服,换了好几次。边上有个叫宋思颜的大臣惊讶地发现:这位最高领导居然没有一件是新的,都是洗了好多遍的旧衣服。他不由得连声称赞:"真可以示法于子孙也!"(《明太祖实录》卷9)

从这些微不足道的例子中,我们可以看出,因为自小贫穷,朱元璋养成了俭朴的生活作风,即使富贵之至了还极力反对讲究排场阔气。

有一次,江西行省官员拍马屁,将一张陈友谅用的镂金床送给了朱元璋。朱元璋仔细瞧瞧,然后跟侍臣说:"这东西跟五代十国时期那个奢靡之极的蜀国末代君主孟昶的七宝溺器有何两样?床么,简简单单用来睡觉的,要花那么多的金子和那么多的人工去打造它,何苦呐?由此我们明白了,陈氏父子穷奢极靡,焉得不亡!"随即下令将镂金床给砸了。(《明太祖实录》卷14)

正因为俭朴惯了,所以在明皇宫的建设当中,朱元璋依然秉承这种作风。至正二十六年、龙凤十二年(1366)十二月,负责建造新皇宫的官员向朱元璋进呈《宫室图》(可能相当于现在的建设工程图纸),朱元璋见到上面"有雕琢奇丽"的,都一一"砍"去,然后跟中书省官员说:"宫室但取其完固而已,何必过为雕斫?昔尧之时,茅茨土阶,采椽不斫,可谓极陋矣!然千古之上称盛德者,必以尧为首!后世竞为奢侈,极宫室、苑囿之娱,穷舆马、珠玉之玩,欲心一纵,卒不可遏,乱由是起。夫上能崇节俭,则下无奢靡。吾尝谓'珠玉非宝,节俭是宝'!有所缔构,一以朴素,何必极雕巧以殚天下之力也?"(《明太祖实录》卷22)

第二,1366年朱元璋着手开始建造南京的明皇宫的时候,徐达等大将正领兵在外征战。也就是说朱元璋忙于两手抓,一手在搞今天大家习惯所称的"城建",一手在忙于统一战争,而打仗可是要花大钱的啊!不停地扩充军士,不断地供给前方的粮草,财力上就很容易捉襟见肘,因此说当时朱元璋搞宫廷建设在经济上并不太宽裕,所以建造时自然要节省点。那要是有人不够注意节俭怎么办?

洪武十五年五月,同属于京城一部分的新太学建成了(《明太祖实录》卷145)。朱元璋前去视察,发现新太学造得太侈费,当场就火冒三丈,下令将督造官叫来,严加痛斥,最后还将其活埋在太学边上的天文观察台下面。见此,当时谁也不敢吭一声。直到成化年间,有个年轻人进入国子监读书。据说有人看见他偷偷地上天文观察台那边去祭祀,就问他:"你祭谁?"他说:"我祖上因为搞国家工程建设用钱用物太铺张了,被高皇帝活埋在这里啊!"由此可见朱元璋节俭搞建设还是真正落到实处的。(【明】祝允明:《九朝野记》卷1;(【明】吕毖:《明朝小史·洪武纪·埋晷台下》卷2)

第三,跟朱元璋的审美取向有关。从小出身于农民家庭,曾经掉到了社会最底层,一步一步地通过自我奋斗登上了帝国社会的巅峰。朱元璋的审美观很可能就是自小在农村和社会底层生活与挣扎过程中形成的,因此他的审美价值取向就不可避免地带着浓厚的底层劳苦民众尤其是农民所喜好的简朴、稳固、实在、气派的印记。如果真正按照所谓的上流社会的艺术标准来看,朱元璋是没有什么审美情趣的,也不太懂美的内涵。何以为据?我们不妨来看一看明初和明朝前期宫廷画的主流"浙派"。中国绘画史上"浙派"的特点是山水刚劲有力,棱角分明,万物色彩浓烈;可实际上在元末明初文人与上流社会中推崇的是南方知识分子倡导的"文人画"。也许因为长期受到元朝的压抑,"文人画"多显现婉约隐含、淡雅秀气。可朱元璋就根本无法欣赏这些画作,认为它们看上去都是灰蒙蒙的一片。因此每回见到南方文人画家进献的"文人画",他就勃然大怒:你们这些画家总是一派荒凉的笔触,这岂不是污蔑我大明帝国治理得不好吗!故而当时很多不能迎合朱皇帝审美情趣的"文人画家"因此受了惩罚,有的甚至还丢了性命。(【明】陆容:《菽园杂记》卷14)朱元璋具有这样的审美情趣,他的皇宫与京城还能"奢华"和"高雅"?

○ 宗旨之三:坚固

朱元璋在治国过程中一贯坚持要使大明帝国长治久安的原则,这一点在宫城和京城建设中也有所体现。举个例子说吧,明皇宫开建前曾填了燕雀湖,怕在此基础上建造的宫殿不牢固,他曾下令在上面打上密密麻麻的木桩,然后再用大条石压上去,这下可就使得皇宫无比牢固了。至于后来宫城倾斜那是由于当时技术所无法预料和解决的问题。洪武九年五月,朱元璋在跟工部即相当于建设部官员谈到宫殿建设相关问题时,再次强调:"今所作宫殿,但欲朴业坚固,不事华饰。"(《明太祖实录》卷106)

在修筑南京城墙时朱元璋也十分注意城墙的牢固,坚决推行"责任制",从城砖的烧造、运输直到城墙的构筑都落实到具体的人。即使640年后的今天,我们只要登上明城墙细细观看的话,就会发现一块块明城砖上都有相关的责任人的名字!除此之外,朱元璋还十分重视工程完工前后的质量检查,"帝筑京城用石灰秫粥锢其外,时出阅视,监掌者以丈尺分治之。上(指朱元璋)任意指一处,击视皆纯白色,或稍杂泥土,即筑筑者于垣中,故金陵城最固"。(【明】吕毖:《明朝小史·洪武纪·金陵城》卷1;【明】祝允明:《九朝野记》卷1)

正因为如此严格要求,层层认真把关,640年了,尽管由于清兵的破坏和日本鬼子的践踏,个别城墙段已经没了,但大部分南京明城墙犹如历史巨人一般,依然屹立在古都南京城中。

南京明皇宫荡然无存　北京故宫"前世今生"

在解开明代都城南京和明皇宫的一系列谜团之后,我们看到了明代南京的种种奇特景观:明皇城建在湖中;明皇宫偏隅城东;都城呈不规则形;宏伟、稳固但又简朴。然而遗憾的是如今您到南京来,除了能见到宏伟的明城墙外,明皇宫早就"消失"得无影无踪。这究竟是为什么?有人说,北京故宫就是南京明皇宫的"复制品",真的是这样的吗?600多年前南京城里的那座被外国人称为世界第一大皇宫究竟是怎样的一番景象呢?

我们不妨借用历史文献的记载来"还原"一下明皇宫的本来面目:明皇宫分为两大部分:宫城与皇城,我们先从最里头的宫城讲起:

● 明皇宫的内城——宫城

○ **明宫城的位置**:朱元璋将家安在南京城东的燕雀湖上?

明皇宫已毁了,好多书上都没有说清楚南京明代宫城的确切位置。现在许多人认为,明宫城就是今天的明故宫遗址公园;还有的人认为,明宫城除了今天的明故宫公园以外,外加午朝门公园的一部分。这些观点正确吗?

不够正确。以本人在南京的实地考察和参考历史文献资料,结合前辈师长们的考证,认为明代南京宫城所在的位置应该是在今天南京城偏东南的明故宫公园,外加马路对面的整个午朝门公园。原本这两个地方是连在一起的,近代时被辟出的中山东路中间横穿了,两者合在一起这才是历史上明宫城所在的位置,即南起今天午朝门公园南门的午门城基,北到今天明故宫公园的北门(靠后宰门那一头),东自今天南京东华门西侧,西至西华门东侧。从平面角度来看,明宫城整体上呈正方形状。

这个地方在明朝建造明宫城以前原本是一片湖泊,这个湖泊名叫前湖,为什么叫前湖?

如果我们仍以古人极其推崇的满是龙气的钟山为"参照物"的话,我们可以看到,所谓的"前湖"正好位于钟山西南,临近明京师城垣东北角。因为在钟山的南面,按照传统农业社会人们居住方位的习惯——南面就等同于前面,故名"前湖"。相对而言,今天称为玄武湖的位于城之北,同样的习惯称呼,北面就是后面,因此玄武湖过去被称为"后湖"。换句话来说,钟山的一个角——朱元璋时代人们称之为"龙头"(燕雀湖)的北面山冈将"前湖"与"后湖"中间"隔开"了,使得南京城里曾经最大最美的两个"姐妹"湖泊遥遥相望。

○ 燕雀湖为什么又叫太子湖?

明代建国前,前湖湖水很深又很广,可能与玄武湖差不多大小,它的确切位置应该在今天的南京城的东部:南自午朝门公园中部以南一点,北至后宰门街,东起紫金山脚下,西到黄埔路。它贯通秦淮河和青溪,不仅是古代南京城的主要的水利通道,也是南京城的主要的风景名胜。每逢春秋佳节,达官贵人、文人骚客莫不趋之若鹜,都想一睹前湖的美丽容姿。"前湖"又有一名叫"太子湖"或"燕雀湖"。那么到底为什么"前湖"又叫"太子湖"或"燕雀湖"?这里有一段凄婉而美丽的典故。

在历史上六朝时期的梁武帝是以当和尚当得出了名。他一生中多次把自己"舍"给了庙里,将国事弄得一塌糊涂。但据《穷神秘苑》所载:尽管作为皇帝的梁武帝不咋样,可他的太子萧统却是一个恭谦好学的聪明之人,且才华横溢,文质彬彬,笃信儒佛,又爱好文学。他曾经召集当时的好多文学家在一起,将中国先秦以来的一些文学佳作选编成册,这就是中国文学史上的第一部精品集——《文选》60卷。

萧统什么都好,就是身体比较羸弱。有一次,他到玄武湖边游玩,一不小心,掉进了湖里去,虽说没有被淹死,但也因此受凉又受了惊吓,一下子就病倒了,且还病得不轻,不久之后就病死了。死后被人谥为"昭明",世人称之"昭明太子",他所主编的《文选》被称为《昭明文选》,他生前在南京、常熟等地读书、编书的地方,被人称为"昭明太子读书台"。

太子萧统死后,梁武帝非常痛心,下令将太子厚葬于"前湖"边上。可没想到昭明太子死了还不得安宁,宫里有个太监老早就觊觎昭明太子墓中的珍宝,他乘人疏忽之际盗墓。谁知刚把宝物挖出来,正准备喜滋滋地往回走时,突然间也不知道从哪儿飞来了漫天的燕雀,直往太监身上啄,让他寸步难行。这下可引起了看墓官员的注意,他们从太监身上搜出了被盗的宝物,并把他押解到梁武帝跟前,交予梁武帝处置。

梁武帝思念太子萧统,下令将宝物赐给了太孙,且让人重修了昭明太子之墓。传说在重修太子墓时,又飞来了数万只燕雀,它们非常有灵性、嘴里衔了泥和稻草之类的东西来帮助人们修葺太子的墓地。当时在场的人都大受感动,从此人们就将前湖叫做太子湖,又称燕雀湖,以此来歌颂这些燕雀对太子的可歌可泣的真情。

(【明】焦璐:《穷神秘苑》又名《搜神录》)

○ 朱元璋将田德满扔进了几十万平方米的燕雀湖,燕雀湖"填得满"了?

燕雀湖因美丽而引人驻足,因凄婉而使人牵肠,六朝时燕雀湖因昭明太子的故事又多了几分厚重。因此无论是作为割据江南的小朝廷都城还是成为大一统帝国的地方政权官衙所在,南京城里的达官显贵和文人缙绅每逢时令佳节都会前去燕雀湖饱览美景,燕雀湖成为古都南京的一大名胜,更有一些贪婪的官员在湖畔筑有别墅,宽广的燕雀湖以它的博大的胸怀接纳了历代各色的人群。但是,到了元末明初,燕雀湖这个美丽的湖泊被人瞄上,这个人不仅要占有她,而且要使她永久地窒息,那就是朱元璋填湖盖宫殿。

前面我们讲过,朱元璋为占住钟山"龙头"的皇气,下令调集几十万民工(有的书上说有20万),开始填湖。但由于燕雀湖的湖面实在宽广,整个地势低洼,填湖填了好久都未能填满,那怎么办呢?当时有人传言南京南郊的江宁县有个老头叫田德满(谐音"填得满"),朱元璋是个十分迷信的人,听说有田德满(谐音"填得满")的,就派人去找了。您还真别说,果真找到了这么一个叫田德满的人。老汉被找来以后,开始被当做神一样。朱元璋煞有介事地举行了一些祭祀的仪式,还将田德满封为"湖神"。一切停当之后,最终把他给绑了起来,然后活活扔到湖里去,据说不久燕雀湖还真的被填满了。所以老南京有一种说法叫做"湖神田德满",如果真有这么个人,他可真够倒霉的。

这是传说,但据有关资料讲,由于填湖工程确实太大了,死了不少民工,耗费的土石不计其数,所以老南京有这样的说法"移三山填燕雀",大概就是说将南京城西的三山铲平了才填满了燕雀湖。(【明】陈沂:《金陵古今图志·国朝都城图考》;【清】甘熙:《白下琐言》卷4;【清】陈作霖:《上元江宁乡土合志》)最后不知何故留下了今天南京城中山门外北面明城墙边的小湖泊——过去燕雀湖的一角。我个人认为,很可能朱元璋觉得这个填湖工程实在太大了,只要他的宫殿可以营造,留下这水域一个角也不碍什么事就行了。

燕雀湖被填,南京城东的水域青溪就失去了水源,以后逐渐地淤塞,最终消失了。由此,南京城原本的水域生态环境受到了巨大的破坏。为了大一统帝国的长治久安,牺牲个把河流甚至死些小蚂蚁般的小民又算得上什么呢?这就是历代大一统专制君主的政治逻辑!

○ **填湖建造的明皇宫后来被毁了,是不是因为当年也是一项"豆腐渣"政绩工程所导致的?**

这湖是填满了,在这填平压实的燕雀湖上密密麻麻地打桩,同时开始构建地下水道,再在要砌墙的墙基下全部铺上巨石,接下来才是建起异常雄伟的大明帝国的宫殿。那么,这座靠填湖打桩建造起来的皇宫,质量能有保障吗?明皇宫后来毁了是不是因为当年也是一项炫耀政绩的"豆腐渣"工程所导致的?对于现代技术都很难解决的抗沉降问题,当年明皇宫建造能克服么?

显然不能!从事后的实际情况来看,明皇宫建成后,地基就开始下沉,主要原因有两个:

第一,明宫城所在的位置正好是人造出来的燕雀湖湖心,它本身的地基牢固程度就不够,纵然填湖又打桩,但其地质结构毕竟比不上自然地质那般结实,地基下沉是不可抗拒的。明代历史学家谈迁曾说:"六朝旧址,俱近秦淮,都城东自白下桥止。圣祖(指朱元璋)拓城东及钟山之麓,填前湖,立大内,规制虽宏,属在东偏,又地势中下,清溪外流。圣祖晚悔之,虑改建病民。"(【明】谈迁:《国榷·洪武元年》卷3)

第二,进了明皇宫,皇宫内的三大殿——奉天殿、华盖殿、谨身殿这些高大宫殿建在原先的"湖中",重力太大又不均衡。问题就在这里,如果将明皇宫整体布局调个个,不是坐北向南,而是坐南向北,那么,就可以把皇宫三大殿的重力压在了今天午朝门公园南边的自然地质结构的土地上,也就不大可能会出现上述那种严重的地势下沉事情了。当然我们现代人仅仅是假设,且朱元璋是个很迷信的人,他根本不可能违背中国传统的风水术与建筑习惯及皇家宫殿建造的根本准则的,所以最终只能是任由明皇宫下沉。晚年朱元璋从午门进入皇宫后,一路往家里走,越走越低。因为整个皇宫地势呈南高北低的趋势,用他的话来讲就是"宫城前昂后洼,形势不称"。宫城前昂后洼,在十分迷信风水的朱皇帝看来,是一种不祥之兆,隐含着对大明江山社稷和后代极为不利之意。于是他就萌生了迁都的念头,找个风水更好的皇气十足的宝地——长安,接着就派了太子朱标出使陕西,考察长安地势。谁知,老天不长眼,似乎有意在作弄人,朱元璋没"走",朱标太子倒是先"走"了。这时年事已高的朱元璋已经没有精力再去张罗迁都事宜,只能听天由命了。(《明史·太祖本纪三》卷3;【清】顾炎武:《天下郡国利病书·江南》卷13)

●明宫城的4道主门和10道小门

虽然明皇宫的选址存在着一些问题,但其宏伟的气势还是为世人所称道。那么,这座曾经辉煌过的明皇宫,它的结构究竟是什么样的呢?

○ 南京"紫禁城"曾是世界上最大的皇宫

到过北京的读者朋友都知道北京的紫禁城,但几乎很少有人知道南京紫禁城,其实北京的紫禁城就是南京紫禁城的"复制品",而在明朝人们习称紫禁城为"大内",也就是宫城。那么,人们为什么要把宫城称为紫禁城呢?

因为中国古代天文学家根据对天体的观察,认为北极星(又称紫微星)是恒居在中天,而这个地方正是天帝所居住的地方——天宫,由此人们往往将天宫称为紫微宫或紫宫,在传统中国文化中就有"紫微正中"之说。根据"天人感应说",人世间的皇帝就是天宫里天帝的儿子,即我们经常讲的皇帝是真龙天子。既然皇帝是天帝的儿子,与此相对应,地上皇帝所居住的皇宫应该是地上的紫宫,明代人就是这么认为的:洪武三年九月,大明定朝会宴享乐舞之数时有一曲叫《凤凰吟》的,其中

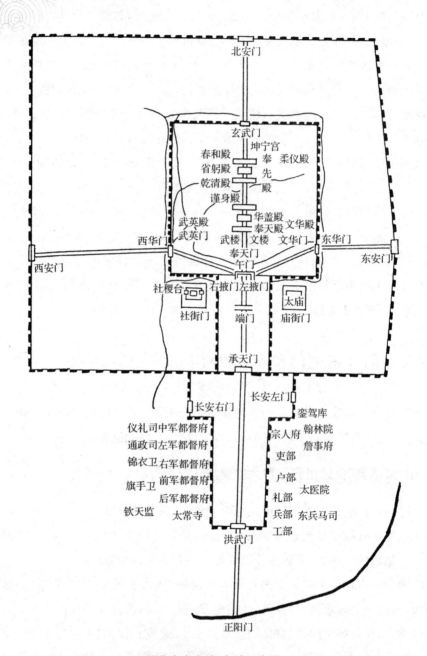

明代南京宫城、皇城示意图

有词:"紫微华盖拥蓬莱,圣天子帝图……"(《明太祖实录》卷56)而皇宫又是禁地——一般人被绝对禁止入内。紫宫与禁地合在一起,便有"紫禁城"之称。南京紫禁城即宫城总占地面积约为 100 万平方米,今天北京紫禁城的总面积只有 72 万平方米,也就是说北京紫禁城比南京紫禁城要小 28 万平方米。因此说,如果没有被毁,那么南京的"紫禁城"是现今世界上最大的皇宫了。

○ 紫禁城内最大的门——午门(午朝门)

南京紫禁城呈正方形,即四周长度约 2 里,一共开 10 门,其中规格级别最高的门座就是午门,俗称午朝门。因为北京的故宫是南京明皇宫的复制品,所以尽管我们今天已经看不到南京明皇宫午门的原貌,但我们能从北京紫禁城的正门——午门的气势上可见一斑。据现有的文献资料和南京午朝门公园南面那高大的午门城座来看,有同志认为南京明皇宫的午门应当比今天北京故宫的午门还要高和还要大。如今只要走到午朝门公园的南门,我们还能看到 600 年前那宏伟的午门建筑架势。原本它下面还有一个凹形的城台,城台下宽上窄,雄伟壮观,古朴稳重,四周用红大理石砌成须弥座。台基之上雕刻精美的图案花纹,城台上曾有五道彩楼,俗称"五凤楼",它们都是黄瓦金顶、重檐彤饰。午门的正面是一座九间重檐庑殿顶的门楼,也称主体楼,门楼辉煌,蔚为壮观。门楼的两边各有钟楼、鼓楼,沿着钟楼、鼓楼向南两侧排开,形如雁翅,也称雁翅楼。在东西雁翅楼的南北两端各有阙楼一座。这样整个午门共计有五道彩楼,气势十分恢弘。每日正午时分,午门上钟鼓齐鸣,响彻天空,整个南京城到处都能听到,故有午门之称。但也有人认为午门之名不应该是这样的来历,他们认为:在中国传统文化里,子为北,午为南,午门正处于皇宫的正南位置,故称"午门"。

明皇宫午门共由 5 道门组成,主要门洞开在倒凹字的底部,一排三个门洞、倒凹字内部左右两侧分开了两个门洞。也就是说,所谓的午门是一个"大概念",从正面看好像就只有三个门,而在它们旁边还有左右两个掖门,即史书所说:"翼以两观中三门,东西为左、右掖门。"(《明太祖实录》卷 115)可惜南京午门的左右掖门已被拆毁了。

正门宽畅而雄伟,北连奉天门、南接洪武门和门内的"千步廊",它广阔又平坦。一般来说,午门正门只有皇帝一人才能出入;即使是贵为皇后一生也只能经过一次,那就是皇帝大婚之时,皇后坐着由人抬着的轿子经过午门正门;还有就是在宣布科举殿试结果后荣登第一甲前三名的状元、榜眼、探花等"天子门生"有幸经过此门,入内向皇上谢恩。

○ 真有"推出午门外斩首"吗?

说到这里,读者朋友可能要问一个问题,就是我们经常在电视剧里听到的"推出午门外斩首",难道午门真是杀人的"法场"吗？

非也！在皇家午门前处决犯人或者罪臣,基本上没那回事。因为将人杀死在午门口,这个午门不就到处都有鬼了,在那唯心的年代里当然被视为很不吉利的,毕竟午门还是属于宫城的一部分嘛,所以通常所说的"推出午门外斩首"是在人多的地方——闹市区或菜市场进行处决的,这样方能够起到警示世人的作用。而在明代的南京城,若要处决犯人通常是拉到太平门外,先由三法司会审,然后打入刑部天牢或押到闹市区去执行。因此说在南京明故宫午门外处决"犯人"实属罕见,整个明朝在以南京为都的65年(含大明开国前的16年和弘光帝的1年)中唯有发生两起午门口处决犯人事件,一次是洪武年间,朱元璋杖毙朱亮祖父子；另一次就是靖难之役后,燕军疯狂屠杀建文朝的大臣,方孝孺因不肯为篡位者朱棣起草登基诏书而被杀于午门。据说今天午朝门公园内丹墀上的血迹石,就是当年方孝孺被杀时颈血溅染而成的。不过这事情有争议,有史书说方孝孺最终是在菜市场被凌迟处死的。(《明史·方孝孺传》卷141；【明】李贤：《古穰杂录摘抄》)

○ 宫城4道主门与皇城的横轴线

除了正门午朝门外,这么雄伟的宫城自然还有其他的城门。整个宫城共有4道主门、8道小门,它们分别是：相对正南面的午门,宫城正北的门为玄武门(《明太祖实录》卷25)。我现在讲的明皇宫的玄武门,可不是现在南京玄武湖公园那儿的玄武门,这是两码事。相对应的北京故宫北门原来也叫玄武门,清康熙时因避讳康熙名字"玄烨"而改神武门。玄武门名称来历显然又与中国传统的堪舆文化有关,在堪舆学中,南为朱雀,北为玄武,所以宫城的北面正门叫"玄武门"。从玄武门到北安门大道的两侧有两道小门,它们是北上东门、北上西门。

宫城东门为东华门(相对应的北京故宫也有东华门),从东华门至东安门大道两侧有两道小门,它们是东上南门和东上北门；宫城西门为西华门(相对应的北京故宫也有西华门),从西华门至西安门大道的两侧有两道小门,它们是西上南门和西上北门。如果我们仔细观察的话,就会发现这个东、西华门设计的"准则"与南北的午门、玄武门设计准则——正中开门不一致,东、西华门设计的位置不在宫城东、西两侧城垣正中而偏向午门一侧,这是与宫城总体设计规划有很大关系。(《明太祖实录》卷25)

当时的宫城分外朝和内廷两部分,外朝由武英殿、奉天门、文华殿构成贯穿外朝的主体横轴,东、西华门分处于轴线的东西两端。这样一连串的门与殿位于同一横轴线上,便于在外朝活动和使用,也可减少外面对内廷生活的干扰。同理,由西华门、武英殿、奉天门、文华殿和东华门一线构成了宫城的主体横轴线。

如果我们再将视野放宽一点,从皇城的西边大门前的玄津桥(今南京市逸仙桥稍南处)出发,从西安门进入皇城,一直笔直前走的话,沿途就会先后经过西上南门、西上北门、西华门、奉天门、东华门、东上南门、东上北门、东安门及京城正东门朝阳门,这就是我们经常讲到的横贯皇城东西的横轴线,它与皇城纵轴线(正阳门、洪武门、承天门、午门、玄武门、北安门一线)形成"十"字形轴线,构成了明故宫建筑群分布的主体框架。

● 明宫城主要建筑:以纵轴为主"前朝五殿两楼"和"后廷三宫六院"

○ 内金水河和内五龙桥

进入午门就算是进了皇宫了,这时有一条渠水横在前头(今天我们在午朝门公园内还能见到这条小沟渠)。其水源源自城东朝阳门外护城河,由东安门、经东上南门、东上北门、东华门、左掖门蜿蜒流入皇宫到此地,再到右掖门、西华门,出了西华门以后向南流,在午门西侧的社稷台附近与外金水河西段会流,然后再南向流入大中桥。这条横穿宫城内的水系叫内金水河,内金水河象征天上的银河,既然天帝的居所是跨越银河,那么在地上的天帝的儿子皇帝总不能不搞个地上银河来。内金水河上面有五座正对着午门的并行石桥,这五座石桥上都雕着龙,故而被称为内五龙桥。它们与外金水河上的外五龙桥相对称。

○ 奉天门——北京故宫的太和门

走过了内五龙桥,我们就能看见与午门等处于同一中轴线上的奉天门,奉天门是横卧前面的气势恢宏的第一座大型建筑。明皇宫的奉天门在今天南京午朝门公园的北门口不远处。奉天门名为"门"实际上是一座宏伟的宫廷建筑,它是皇帝朱元璋及其子孙每天上朝听政的地方(《明太祖实录》卷25)。朱棣北迁后,克隆了南京的明皇宫,连奉天门的名字也没改,清朝时改名为太和门。奉天门两侧有两道门,东侧的叫东角门,西侧的叫西角门,西角门是明代皇帝临时听政的地方。

一般来说,一个新皇帝上台,在奉天殿举行登基仪式的同时,还要到奉天门颁发登基或称即位诏书,诏告天下:又一个大一统专制皇帝登基了。

○ 奉天殿(金銮殿)——明皇宫里最大的宫殿——北京故宫的太和殿

过了奉天门朝北依次为三大殿:奉天殿、华盖殿、谨身殿。这三大殿合在一起往往被人们称为前朝或者叫外廷。前朝是皇帝举行重大仪式,接见外国使节和处理政务的地方。前朝诸殿中奉天殿最宏伟,整个大殿高达11丈,是皇宫的正殿,俗称金銮殿。明初朱元璋建明皇宫正殿,开始时就叫奉天殿,大概是"奉天承运"的意思。史书记载说:明大内"正殿曰奉天殿,上御之以受朝贺"(《明太祖实录》卷115),"大宴群臣"(《明太祖实录》卷224),即说奉天殿是皇帝接受群臣朝贺和设宴招待属僚的地方。朱棣迁都北京,克隆南京皇宫,还是叫它奉天殿。清朝时改名为太和殿。顺便说一下,明皇宫的奉天殿所在的位置是在今天南京明故宫公园南入口不远。(参见《明太祖实录》卷25)

尽管奉天殿是明皇宫里最大的宫殿,但它一点也不豪华,只是雄伟。这要归结于苦孩子出身的朱元璋舍不得浪费钱财。不过,要说朱元璋真的土到了一点点品位也没有的地步,那也不见得。相传奉天殿盖好后,朱元璋看见大殿内墙壁光滑如镜,心想这么好的殿壁,一片空白也不好看,来一点实在的,那画些什么呢?美女?不行,美女可使人堕落;神仙鬼怪?这皇宫里画神仙鬼怪还是帝国宫殿的正殿吗?岂不成了庙宇道观了!对,应该作一些激励人们奋进向上的绘画,于是他想到了大明江山一统了,应该叫人将它画出来,让子孙后代也能经常见到祖先创下的"基业"。他马上叫人将当时江南地区较有名气的文人画家周玄素叫来,让周来完成这幅画作。周玄素接到谕旨后,心如小兔那般跳,因为在他之前有好多位文人画家都因为绘画不合朱元璋的口味而被杀头,这次轮到他了,而且这次画作的题材太大,太有政治风险了。大明江山什么样子?恐怕只有今日人们利用飞机和航空技术才能正确把握好,而在明代哪有这种科学技术。那就随意画?这可万万使不得?朱元璋什么人?稍一不慎,就给你满门抄斩。周玄素一边跟着宫中来使,一边怀着忐忑不安的心情反复地思索,如何应对眼前的这场劫难。(【明】徐祯卿:《翦胜野闻》)

周玄素是苏州人,天生拥有苏南人特有的灵巧与智慧,脑筋一转,想出主意来了。当来到奉天殿面见朱元璋时,他拼命地磕头。在朱元璋说明了召他来的本意后,周玄素马上机敏地回答说:"小民来自偏僻的乡下旮旯,孤陋寡闻,没有机会饱览大明帝国美好的江山。大明江山是皇上您横枪跃马、南征北战一手打下来的,这大明江山图还是皇上最好御绘一幅草图,小的再进行艺术加工一下。"朱元璋一听,觉得周玄素讲得在理啊,于是拿起了笔按自己的想象在殿壁上画了起来。不久草图成了,叫周玄素修改润色。谁知,这时周玄素又扑通一下子跪下了,拼命磕头谢罪:"陛下已经将草图绘制好了,小的更不能动笔修改了!"这下朱元璋火了,心想:这个巧舌如簧的滑头,竟敢忽悠到皇帝老子的头上,真是胆大包天。当即命令手下人,要将周玄素拉出去砍了。谁知周玄素却不慌不忙地说:"皇上要杀小的还不方便?! 只是小的有几句话要讲,您让小的把话讲完了再杀也不迟。"朱元璋不语,周玄素继续说道:"大明帝国江山是皇上您定的,其他人怎么能改动呢?若改动了,那就不吉祥了!"听到这话,朱元璋立马转怒为喜,心想:对啊,大明江山是我定的,我是大明帝国之主,这大明江山图除了我朱元璋还有谁能动,谁能改?于是他笑着离开了奉天殿。所以有人说,明代南京明皇宫奉天殿里曾留下了朱元璋的真迹——《大明江山图》,是真是假,明皇宫已毁,无法实地考证了。(【明】吕毖:《明朝小史·洪武纪·山河已定》卷1;【明】徐祯卿:《翦胜野闻》)

○ 文楼与武楼——北京故宫里同样也有文楼与武楼

奉天殿前面是个广场,很宽广。在这广场的东西两侧,有两座楼阁式的建筑,东侧的那个叫文昭阁,简称为文楼;西侧的那座叫武成阁,简称为武楼。(《明太祖实录》卷25)

○ 华盖殿——北京故宫的中和殿

过了奉天殿,就是前朝三大殿中第二大殿华盖殿,因为它方檐圆顶,犹如一座华盖,故名华盖殿。从结构意义上讲,华盖殿与其后面的谨身殿是奉天殿的辅殿。因为在传统中国思想文化中,"三位一体"是一个理想的数字与结构。华盖殿的功能就在于:皇帝朱元璋要到奉天殿去出席大朝会,先驾临华盖殿,接受重要大臣和侍卫们的行礼。(《明太祖实录》卷25)

朱棣北迁都城克隆南京明皇宫时,华盖殿还是原名,后来才改名叫中和殿。这就是大家现在游览北京故宫所能看到的中和殿。

○ 谨身殿——北京故宫的保和殿

如果说奉天殿是鲜花的话,那么华盖殿与谨身殿就是绿叶。正因为谨身殿也是奉天殿的附殿,所以它实际上也是起到对主殿的辅助作用。皇帝的除夕宴是在奉天殿的附殿谨身殿举行的。在谨身殿里皇帝朱元璋要宴请外藩王公、文武官员,与他们共度良宵(《明太祖实录》卷25)。朱棣北迁都城,北京明皇宫还沿用南京明皇宫的规制与名称,谨身殿还叫原来的名字。清时又改名为保和殿。

○ 文华殿和武英殿——北京故宫里同样也有文华殿和武英殿

在明皇宫中三大殿是前朝的重心所在,在三大殿的东南部与西南部分别有两座具有文化功能性的宫殿,那就是与奉天殿处于同一纬度上的外朝东南部的文华殿与西南部的武英殿。

从《明实录》的记载来看，文华殿和武英殿建造得相对比较晚。

文华殿是东宫皇太子"视事之所"，后演变为文官入朝经东华门至此候旨。武英殿不仅与文华殿在位置上相对称，而且在形制上与文华殿也是一致的。武英殿是皇帝朱元璋"斋戒时所居"的地方（《明太祖实录》卷115），后演变为武官入朝候旨、休息之处。朱棣北迁后，武英殿还叫武英殿。

奉天殿、华盖殿、谨身殿三大殿和文楼、武楼在大明开国前夕就已建好了（《明太祖实录》卷25）。文华殿与武英殿是后来建的，完成于洪武十年九月。（《明太祖实录》卷115）

至此我们将前朝的宫殿全部合在一起来算，一共是"五殿两楼"；这当中以奉天殿、华盖殿、谨身殿作为主体躯干，南与午门，北与玄武门横卧在明皇宫的中轴线上，而作为附殿的文华殿和武英殿是前朝三殿的"羽翼"。

○ 后廷"三宫六院"——游龙戏凤

中国古时候有一种称法是很有道理的，所谓朝廷，即前朝后廷。有前朝必有后廷，后廷则是皇帝就寝、皇后妃子们居住和游龙戏凤的地方。

◎ 乾清门——后廷与前朝的"分界线"——男人的禁地

在明皇宫的中轴线上位于前朝的最后一个殿是谨身殿，换句话来说，前朝到这里"结束"，再往北就是朱元璋和他的后妃们及其他的子孙们（未分藩之前）的家——"后廷"，或称"后宫""内廷""禁地"。古代中国后廷除了皇帝一个人以外，对男性的绝对的禁入是从东汉开始的，这种禁入是为了确保皇帝对后宫女性的绝对占有权和控制权，以确保皇帝子女血缘的纯正性。乾清门的主要功能是供皇帝御门听政和作前朝、后廷的分界线。

◎ 乾清宫——北京故宫里同样也有乾清宫

如果说奉天殿是明皇宫的正殿，那么乾清宫则是皇帝家的正室，是皇帝的寝宫和处理日常事务的重要地方。明朝南京紫禁城内的乾清宫大致位置应该是今天明皇宫公园内的东头那一边。从这里到后宰门这一带为当年朱元璋的整个后宫的地方，或者说这是当年朱元璋与六宫粉黛玩耍与睡觉的地方。那么有人要问了，为什么叫乾清宫？乾清宫的主要寓意是皇帝遵循上天的法则，永清海内。乾清宫是后宫中最大的宫殿。（《明太祖实录》卷25）

◎ 省躬殿——北京故宫的交泰殿

既然乾清宫是明朝皇帝的"主卧之处",那么皇后主卧在哪里呢?有人见这样的问题似乎觉得好笑,难道皇帝与皇后不睡在一起,还分居不成?这不是皇帝与皇后夫妻关系好不好的问题,关键问题是,皇帝太忙了,还有好多嫔妃等待他播撒雨露呐,所以,很对不起,皇后就只有另行安排住处了。皇后的寝宫就是坤宁宫。不过在皇帝寝宫乾清宫与皇后寝宫坤宁宫之间还有一个附宫,后来定名为交泰殿。这个宫殿在朱元璋时代还没有,到了明朝第二代皇帝建文帝朱允炆在位时,在"乾清、坤宁南北二宫之间,建退朝燕居殿",取名为省躬殿(【明】姜清:《姜氏秘史》卷2)。至于交泰殿的名称是后来才有的,它的形制与前廷的华盖殿很相近,是后宫三宫中体积最小的一个。交泰殿的名字的来历大概取自皇帝(乾清宫)与皇后(坤宁宫)男女相交,阴阳相和,万物遂顺,国泰民安的意思吧。交泰殿主要是后宫主子——皇后管理后宫事务与后宫嫔妃宫女、女官的主要场所。

◎ 坤宁宫——北京故宫里同样也有坤宁宫

坤宁宫是后廷三宫中的最后一个宫殿,它是大明皇后的寝宫。这里必须强调,从明皇宫的整体来看,坤宁宫和省躬殿、乾清宫构成的后三宫,它们与前朝的三大殿都建在皇宫的南北走向的中轴线上,是明皇宫中最重要的一系列宫殿,是整个皇宫中的主干。(《明太祖实录》卷25)

◎ 御花园

出了坤宁宫后的坤宁门就是皇家花园——御花园,不过明初朱元璋时代似乎还没有御花园之说。那到底有没有御花园?史书没说,很可能实际上有这样的皇家花园,但无御花园之名。既然如此,那明皇宫内的"御花园"(姑且用其名)又在什么地方呢?大概是在后宰门、玉带河这一带,位于宫城的西北方向。北京的故宫虽然在结构上基本都跟南京的明皇宫相一致,但在御花园的设计与位置上却略有不同,北京故宫的御花园在宫城即紫禁城的正北面。

◎ 东西六宫——皇帝的嫔妃们的住所

乾清宫、省躬殿和坤宁宫构成明皇宫的后廷三大宫,在这些正宫两侧有奉先殿、柔仪殿、春和殿的3个辅殿。其中奉先殿位于乾清宫之左,"以奉(祖先)神御,每日焚香,朔望荐新节序及生辰,皆于此祭祀,用常馔,(皇家)行家人礼"(《明太祖实录》卷59)。除此之外,还必须提到的是老百姓平时口头经常讲起的"三宫六院"。"三宫"前面已作了介绍了,指的是乾清宫、坤宁宫和省躬殿。"六院"其实确切的说法不应叫"六院",应该喊"十二宫"或称"东西六宫"。相对于后廷三大宫,东西六宫已不在中轴线上,表示它们是从属的、辅助的地位,正像各个宫的主人一般,只有皇后是正宫,其他的嫔妃地位再高,也高不过皇后,因此她们即使脸蛋再漂亮、皇帝再宠爱,在皇后前还是从属地位的"二奶、三奶……N奶",这是由传统专制帝国等级制本身所决定的。这里强调一下:洪武时期不称"三宫六院",后宫整体性概称为"六宫"。"六宫"美眉多了,正如钱钟书老先生所说的:鸭多的地方粪多、女人多的地方话多、是非多。那怎么管理好这一堆堆女人呢?朱元璋很奇特,除了让马皇后统摄外,还在后宫设立六尚局宫官,"以职六宫,斯列圣相继之道也,近年精选民间淑德入宫者数人,使兼六尚事"。这就是明史上的女官制度(《明太祖实录》卷198)

○ 南京明宫城的城壕

在讲完明宫城内部后,我们再来看看紧挨着宫城的外部建筑与设计。出于对宫城安全与宫中用水的考虑,在南京明宫城筑成时,不仅围绕宫城的四周修建了厚厚的宫城城墙,而且还在城墙的外围加挖了一圈的城壕,至今南京宫城城墙已经基本上见不到了,但宫城的城壕在南京还遗有东、北、西三面的遗迹,南面城壕就剩东、西两侧一段了。现存城壕所包含的面积大约为东西宽850米(东西间)×807米(南北间)。

故宫外面修筑皇城　纵轴彰显专制灵魂

刚刚我们介绍完了明皇宫最核心的宫城。但是,按照中国古代都城的建制,宫城外部还有皇城,那么当年南京的皇城到底是怎样的呢?它究竟有多大范围?

南京明皇城主要由宫城城墙外围开始算起,到明皇城城墙加上御道街这一条。它的独特之处就在于整个皇城的形状从上空俯视来看,呈倒"凸"字形;南北长5里,东西宽4里,周长9公里,共有6道门,前后左右各自对称,包括宫城,一共大概有500万平方米。

讲了这么多,可能读者朋友可能还是觉得比较笼统。我们不妨做个比较:明初南京皇城周长为9 000米,北京元大都皇城周长为1 026丈(《明太祖实录》卷34),即3 420米,换言之,南京明皇城是大约元大都皇城的3倍,完全可以说是当时世界上最大的皇城。

我们来看看这个世界上最大皇城的整体布局与结构。

◉ 午门外御道两侧的重要建筑：太庙和社稷坛

午门外御道两侧各有一个建筑，左侧即今天南京午朝门公园南门的东南面，原有太庙（遗址在今天南京航空航天大学校园内），它是皇帝祭祀祖先的地方。午门的右侧即今天南京午朝门南门的西南面原有个社稷坛。明代官书记载说："社稷坛在宫城之西南背北向，社（指祭土地神的坛）东、稷（指祭谷神的坛）西，各广五丈，高五尺。四出陛，每陛五级。坛用五色土，色各随其方，上以黄土覆之。坛相去五丈，坛南各栽松树。二坛同一壝，壝方广三十丈，高五尺，甃以砖，四方有门，各广一丈，东饰以青，西饰以白，南饰以赤，北饰以黑。瘗坎在稷坛西南，用砖砌之，广、深各四尺。周围筑墙开四门：南为灵星门三，北戟门五，东、西戟门各三，东、西、北门皆列二十四戟。神厨三间，在墙外西北方，宰牲池在神厨西。社主用石，高五尺，阔二尺，上锐微立于坛上，半在土中，近南北向；稷不用主。"（《明太祖实录》卷24）洪武十年改建"社稷坛于午门之右，其制社稷共为一坛，坛二成，上广五丈，下如上之数，而加三尺，崇五尺四，出陛筑以五色土，色如其方，而覆以黄土"（《明太祖实录》卷114）。朱棣迁都北京后，北京皇宫的规划上似乎有所调整，社稷坛和太庙都向前挪了位，今天我们见到北京故宫的社稷坛不在午门前，而是位于天安门前方的西侧。社稷坛祭祀社、稷神祇，社是土地神，稷是五谷神。帝国皇家的社稷坛是帝国政权的象征，它的档次很高，一般来说，在坛中央竖有一方形石柱，为"社主"，又名"江山石"，象征帝国江山永固万代（《明太祖实录》卷24）。很遗憾，历经600年的沧桑，南京明皇宫午门外左右侧的太庙和社稷坛都早已不存在了。

◉ 南京御道街与明皇宫的端门

在太庙与社稷坛的中间有一条北起午门、南至洪武门、正阳门并与明皇宫中轴线重合在一起的宽阔大道，即今天南京城里有名的御道街。因为这一条特制的道路是当年皇帝的专用道，御道就是御用的专门之路，任何人都不能在这条御道上走，否则就要被治罪。当时洪武帝即有令：直驰中道（即御道）者，罪之。（《明太祖实录》卷64）

就在这条御道上，大约与太庙与社稷坛正南面几乎平行的一直线上，曾经建有明皇城一个比较重要的建筑——端门。端门的形制大体与承天门相同。为什么叫端门？有人说，在明皇城的承天门与明宫城正门之间加造这个端门，隐含了这样的意思，即前往皇宫的人们从这里开始要注意和保持庄重的仪表和肃然的心境，当然不能大声喧哗，不能衣冠不整……否则就要犯"大不敬"——对皇帝的不敬，那就是不忠不孝，此等恶徒还有什么用，杀！还有种说法来自中国古代天文学："太微，天子庭也……南蕃中二星间曰端门。"（【唐】房玄龄：《晋书·天文志上》卷11）详见下文。

端门还有两个用途：其一，用于考察各地荐举来京的人才，如：洪武十四年正月朱元璋"命吏部凡郡县所举诸科贤才至京者，日引至端门庑下，令四辅官、谏院官与之论议，以观其才能"（《明太祖实录》卷135）；其二，朱元璋诸子藩王回藩国时在端门行祭祀礼，如：洪武二十六年十月丁丑，"定诸王来朝及还国祭祀礼，其礼于端门，用豕一、羊一、荤素各一坛，不用制帛……"（《明太祖实录》卷230）

● 南京的承天门——北京的天安门

过了端门，沿着御道继续向南，大致在这御道全长1/3的地方曾建有一座十分气派的建筑，它就是承天门。至于承天门的名字来历，基本上还是传统的老一套说法，表示皇帝秉承上天之使命，代天帝治平天下的意思。朱棣北迁克隆南京明皇宫时，不仅同样建造了承天门，而且连名字也没改。明亡清兴，顺治八年（1651）改承天门为天安门。（《清史稿·世祖本纪二》卷5）

承天门是皇城的正南门，它是皇城的象征。据载洪武晚期，承天门、端门上各加盖了五楼，因此其气势十分雄伟（《明太祖实录》卷223）。承天门正因为是皇城的正门，因此说，出入承天门的不是阿猫阿狗都可以，一般来说，只有"贵不可言"的人才有资格进出，那就是皇帝了。除了皇帝，真的没有第二人经过了吗？那也不是这么绝对。一般来说，下列人员是可以出入承天门的，他们是：大婚当日的皇后；被皇帝召见的京官与外官，上任前来谢恩的官员；经常上朝的朝廷高官；科举考试中参加殿试的进士，等等。承天门在洪武时期主要用于皇家喜事或显示皇恩浩荡的恩赐活动：其一，由专门官员主持在承天门外进行新钞换旧钞（《明太祖实录》卷205）；其二，朱元璋的龙子龙孙迎亲队伍在承天门集合办事（《明太祖实录》卷224）；其三，在承天门举行开读皇帝诏赦仪式。（《明太祖实录》卷228）

十分可惜这么重要又气势非凡的南京承天门早已被毁得无影无踪了。

◉ 外金水河、外五龙桥和长安街

出了承天门继续向南,不远前面就有一条横河,叫外金水河。它的水源来自东面皇城外护城河,西向流去,汇入到玉带河,然后南向,流到大中桥。外金水河上有五座都刻上龙的并联着的石桥,故称"外五龙桥"。这外金水河、外五龙桥(至今尚存在御道街上)与午门内的内金水河和内五龙桥形成横向对称,反映出设计者构思的精巧与很高的建筑艺术审美情趣。

外五龙桥前有一条东西横街即长安街,可直达大中桥那个地区。

◉ 明皇城四方位四主门与"马娘娘梳妆台"

前面说过,明皇城的正南门就是承天门,除此之外,其他几个方位的城门有:东长安门、西长安门、东安门、东上门、东上南门、东上北门、西安门、西上门、西上南门、西上北门、北安门、北上门、北上东门、北上西门等。如果加上刚刚讲过的端门和承天门,整个皇城共有16道门。由于皇城是直接事关朝廷安全的第一大关防,所以洪武十年时朱元璋就下令,16道皇城门中各门皆设立正、副门官,负责进出皇城的具体安全工作,其中正职门官门正为正七品,相当于县处级领导干部;副职门官门副,为从七品,相当于副县副处级领导干部。(《明太祖实录》卷116;《明太祖实录》卷175)

而在16道皇城门中,除了前面讲过的"第一门"——承天门外,还有3道很重要的门:

皇城的东门为东安门——北京皇城东门也叫东安门。

皇城的西门为西安门——北京皇城西门也叫西安门。

皇城的北门为北安门——北京皇城北门也叫北安门。

这几个特别重要的皇城门当时都有专业部队负责守卫,洪武时期曾设立了专门的仓储,专供守御军士,其中设官仓副使一员。(《明太祖实录》卷236)

东安门现在南京也没了,其遗址大致在东华门与中山门之间,即地铁苜蓿园站附近;西安门大致在南京军区总医院附近;北安门就是如今的后宰门,明皇城后宰门的位置在今天南京富贵山下的佛心桥附近。后宰门原名为"厚载门",取之于《易经》的《象辞》:"地势坤,君子以厚德载物。"和《易经》的《象辞·坤》:"坤厚载物,德合无疆。""厚载门"之名据说在明朝后期犯了皇帝的圣讳——明世宗嘉靖皇帝名讳厚熜,其子穆宗隆庆皇帝名讳载垕,故改名为"后宰门"。明皇城的后宰门可能是宦

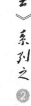

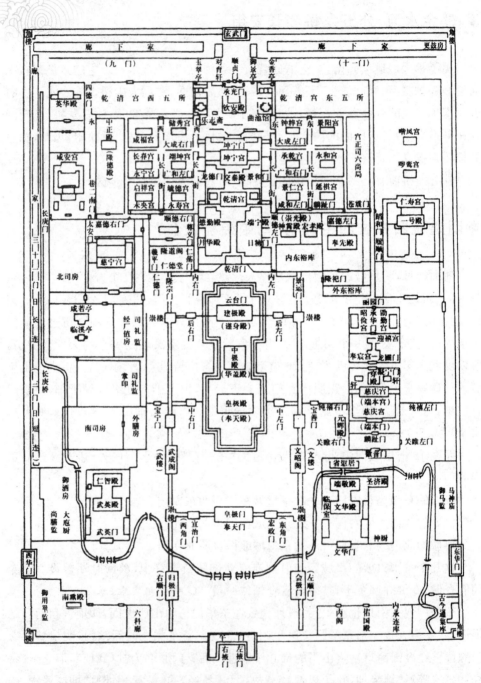

明成祖迁都后建造的北京紫禁城示意图（图片来源：夏玉润《朱元璋与凤阳》）

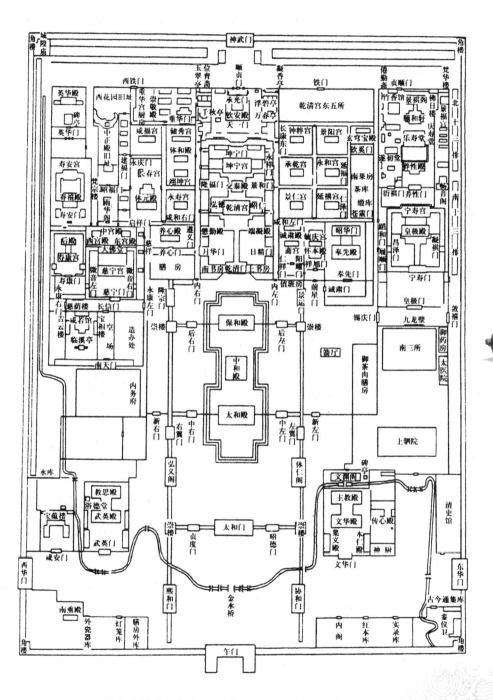

《大明风云》系列之 ❷

大明一统

清代紫禁城示意图（图片来源：夏玉润《朱元璋与凤阳》）

官衙署所在地，前些年在该地发现了一些当年宦官衙署监管的石作厂丢弃的栏杆和雕刻着龙、凤、云纹的石柱及螭首等石雕；而在玉带河的西边也发现一些明代瓷器。因此有学者认定后宰门附近就是当年朱元璋的御厨房所在。这一地方还曾发现了由铜砖砌成的御厨房的炉灶，另外还有一个明初遗迹——一座堆石垒起的假山，南京人俗称它为"马娘娘梳妆台"。

虽说南京明皇城北门后宰门也已荡然无存了，但是南京后宰门的地名至今还在使用。

◉ 洪武门——北京的中华门

前面讲过南京明皇城呈倒个的"凸"字形。如果从明皇城"规则"四方形图案来说，它的正南面应该就以奉天门一线为界，如果这样设计、建造的话，那么在皇城里代表专制皇权下的中央主要权力机构衙门就无法合适地"安置"，明皇宫设计的精巧就是在这里。过了奉天门和外五龙桥，沿着与明宫城、明皇城中轴线重合的御道街，在其两侧分别"安置"了专制皇权下的中央主要权力机构——六部和五军都督府；沿着这条御道穿过六部和五军都督府，继续向南走到御道的南端，那就是明皇城正南门——洪武门（今光华门内稍北处），是皇帝、宗室参加重要庆典和特别重大活动出入之门。史料记载说：早在洪武元年这里就设立了千户所，由此可见它是明皇城门中的重点之重点。（《明太祖实录》卷35）

洪武门正对着都城的正阳门（即今天的光华门），是皇城最南端的一个很气派的大门。很可惜，洪武门今已不在了，洪武门当年是什么样的？我们现在无法完整地了解它。有人说，不是说朱棣北迁后复制了南京的明皇城，我们不就可以把北京的"复制品"做个参照了吗？话没错，我们来看看北京的那个复制品在哪儿？当年朱棣北迁时，仿制洪武门建造大明门，造好以后朱棣还叫大学士解缙题了门联："明光天德，山河壮帝居。"这大概是北京大明门的名称之来历。还有一种观点认为，大明门是沿用元大都宫门的名称，因为元代宫中有主殿叫大明殿，殿前就有一个大明门，明永乐建北京皇城时就沿用大明门的旧称了。大明门在清代时改名叫大清门（《清史稿·地理志二》卷55），民国元年大明门又改名为中华门，保存还是完好的，1954年因扩建天安门广场而被拆除，1976年在其遗址上修建了毛泽东纪念堂。

◉ 明皇城的纵轴线与绝对君主专制主义的灵魂

南京明皇城的布局仍然以宫城纵轴线及其南延为主干——皇城的御道,至此可以说南京的明宫城、皇城都是以这条自北而南的中轴线为全城的主干,即北起北安门,甚至还可以北延到都城的太平门,中经玄武门、奉天门、午门、端门、承天门、洪武门,再往南延伸直到都城正阳门,城内的三大殿及其附殿、三大宫及其辅助宫殿、主要的门楼和专制主义中央集权政府机构都被排列在这条中轴线上;形成了地方以中央(专制君主所在的都城为标志)为核心,都城以皇城为核心,皇城以宫廷为核心的专制主义中央集权的结构形态布状。

当时的大明帝国的中央政府衙门也紧密地与御道这一中轴线相联在一起,御道左右两侧设立的都是当时专制主义中央政府权力机构。在御道的左侧有国家主要的五大行政部门,从北向南它们依次为吏部——专门管官吏的部门;户部——专门管老百姓的户口税粮的;礼部——相当于现在的民政部与外交部两者结合在一起的行政部门;兵部——相当于现在的国防部;工部——相当于现在的建设部。(《明太祖实录》卷223)与这五部同处东侧的还有最北端的宗人府,它主要是负责管理皇室的各种事务。这么说来,人们常说的六部衙门只有五部位于这御道东侧,剩下的一个部"跑到"哪儿去呢?

这剩下的一个部正是主管审理罪犯以及给他们判刑的刑部。古代中国人很迷信,过去人们普遍认为,审犯人以及给人判刑这都是阴损的事情,是一种不积德的行为,会折寿的。既然大家有着这样的迷信,那么自然不会将专门处治罪犯的刑部放在代表皇家威权以及福祉的皇宫前,而是把刑部放在了都城的北门太平门一带。这是吻合中国传统的"天人感应"的思想和阳德阴刑的刑法理论——中国从汉代董仲舒起正式形成了完整的阳德阴刑的理论,认为国家行法要顺阴阳,则五行,合天时,以德教为尚为本,以刑法为辅;因此刑绝不能占于正面的阳的地位,而只能处于从属的阴的位置。由此以后逐渐定型中国处死犯人要在秋杀之时,刑部当然不能居南了,只能是放在北边(属于阴的方位)去了。(【明】张瀚:《松窗梦语·东游纪》卷2)

了解了御道的东侧,我们再来看西侧,御道的西侧是当时朝廷里的最高军事指挥机构——五军都督府(《明太祖实录》卷223)。哪"五军"呢?从北到南依序来排:中军都督府、左军都督府、右军都督府、前军都督府、后军都督府。五军都督府的最南是太常寺,主管礼仪。(《明太祖实录》卷223)

西洋人利玛窦见证　最大皇宫最大皇城

以上是明皇宫和明皇城的主要建筑和规制，如此规模宏大、气势非凡的明皇宫是前后花了20多年的时间才最终建成的。讲到这里，读者朋友可能会产生这样的疑问：你讲的这些我们现在都看不到了，你能不能将明皇宫在今天的南京城内的大致范围作个描述呢？

据考证，南京明皇宫比较确切的占地范围应该是，东起中山门以内南京博物院一带，西至今竺桥、逸仙桥一带，南至光华门一线，北至今佛心桥一带，它绝非今天的明皇宫公园那一小块，而是范围广阔，殿阁崇伟，气势恢宏，堪称中国宫殿建筑史上的第一建筑。有人可能不同意我的这种观点，认为后来的北京故宫要比南京的明皇宫大。这似乎成为历史上的一个无头案了，因为一个还在而另一个早已给毁了。怎么能比较得出呢？

● 为明故宫"翻案"——利玛窦见证：明都南京和明皇宫是世界最大的城市与最大的皇宫

在明故宫已毁、目前有关明故宫史料缺失不全的情况下，外国人的记载我们不妨做个补充甚至可以进行历史的纠正。明故宫建成200多年之后的明朝万历年间，已经走过半个地球的西方传教士利玛窦来到明都南京(前后共计3次)。他参观了明故宫，曾发出赞叹："我还没有见过世界上哪个国家的皇宫像南京的明故宫这样雄伟！"

至于南京城有多宏伟？利玛窦在他的《利玛窦中国札记》里这样写道："它为三重城墙所环绕。其中第一层和最里面的一重，也是最华丽的，包括皇宫。宫殿依次又由三层拱门墙所围绕，四周是壕堑，其中灌满流水。这座宫墙长约四五意大利里。至于整个建筑，且不说它的个别特征，或许世上还没有一个国王能有超过它的宫殿。第二重墙包围着包括皇宫在内的内墙，囊括了该城的大部分重要区域。它有十二座门（实际上是十三个城门，不知这位老外当年见到时哪个城门被封闭了，可能少算了一个。本书作者注），门包以铁皮，门内有大炮守卫。这重高墙四围差不多有十八意大利里。第三重和最外层的墙是不连续的。有些被认为是危险的地点，他们很科学地利用了天然防御。很难确定这重墙四围的全长。当地人讲了一个故事：两个人从城的相反两方骑马相对而行，花了一整天时间才遇到一起。这座墙将可提供该城如何庞大的一些概念，同时城是圆形，所以比其他任何形状都容有更大的空间。这重墙内，有广阔的园林、山和树林，交叉着湖泊。然而城中居民仍然占有它的绝大部分。如果不是目睹,人们简直难以相信它,然而仅仅该城的警卫就有四万名兵士。该地位于经线32度,从数学上计算它的纬度,它几乎正在全国的中央。前面提到的那条河流(指长江,本书作者注),沿着城的西侧流过。人们不禁疑问,它的商业价值对于该城,是否比它秀美的装饰更加是一笔资财。它冲刷着城岸,有几处流入城内,形成运河,可以行驶大船。这些运河是现在居民的祖先所开凿的,费了艰巨和长期的劳动。此城一度是全国的都城和几百年来古代帝王的驻跸地,尽管皇帝由于前面提到的理由已移位北方的北京,南京仍然没有失掉它的雄壮和名声。即或是失掉,那一事实也仅只证明它从前比现在更加了不起。"(利玛窦、金尼阁,著;何高济、王遵仲、李申,译,何兆武,校:《利玛窦中国札记》,中华书局1983年3月第1版,P287～288;裴化行:《利玛窦司铎和当代中国社会》第1册,王昌社,译,土山湾印书馆,P283有相类的说法)

有人可能会发问:这个老外的话能信吗?

我个人认为应该可信,第一,利玛窦是从大西洋岸边来的西方人,一路走过了差不多有半个地球,在当时中国范围内可说是见识最广的人。第二,利玛窦跟后来来中国"旅游"或"公干"的其他老外不同,他是以一种"超然"的理性态度来看待中国的,较少带有后来跟随列强一同来到中国进行思想文化侵略的传教士那种个人和民族的偏见。事实上利玛窦前后来了三次南京,但都不是很愉快。因为当时中日之间正在进行战争,南京地方官知道,将一个不知其来自何国的大胡子"夷人"留在南京将会带来巨大的政治风险,于是就拼命地撵利玛窦离开南京。因此说,要讲利玛窦对南京有感情来夸大明故宫和南京城的宏伟似乎不可能,也没有这个必要。第三,利玛窦写他的这部《利玛窦中国札记》时,离开南京已近十年,一直居住在北京故宫边上,跟明朝万历帝倒有很多的联系,甚至有段时间还成为北京故宫里的常客。他教太监们调试西洋自鸣钟,展示西洋绘画(可详见笔者:《论明清西画东渐及其与苏州"仿泰西"版画的出版、传播》,澳门《中西文化研究》2007年12月,第?期)。由此万历帝不仅奖赏了利玛窦,而且在他死后还赐地北京故宫的边上,让这位西洋友好使者长眠于此。如此之举在中国历史上极为罕见。所以说,论情感,利玛窦对北京的感情要比对南京深得多了,可是在他有生之年尚未全部完成的《利玛窦中国札记》里却不停地赞美明故宫和南京城,要知道这《利玛窦中国札记》原本是写给他的罗马教皇宗主看的,没有必要讨好什么中国官员。但非常有意思的是,他在书里居然很少提到北京故宫的雄伟,而是浓墨重彩地渲染明故宫和南京城的宏伟、壮观,就此我们可以这么说,利玛窦是在对照了南京、北京的皇宫后做出的如实的、客观的评价(利玛窦、金尼阁,著,何高济、王遵仲、李申,译,何兆武,校:《利玛窦中国礼记》，第三卷第9、10章和第四卷第1、2章，中华书局1983年3月第1版）。之所以后人认为北京故宫要比南京故宫要大、要好，无非是篡位者朱棣捣的鬼，很可能他篡改了南京的史料，这已不在本书讨论的范围，详见笔者《大明帝国》系列之⑦、⑧《永乐帝卷》。

● 明故宫"跑"到哪里去？——明故宫遭受的三场浩劫

然而历史老人却跟人们开了个不大不小的玩笑：这座被外国人称为世界第一宫殿的明故宫在五六百年后今天的南京城里居然荡然无存，只剩下一些令人无限感伤的断壁残垣。那么这里面究竟发生了什么事情使得南京城里的明故宫遭受了如此惨烈的灭顶之灾？

让我们穿过历史时空的隧道，一起来考察明故宫的盛衰吧！

昔日里雄伟恢弘的明故宫之所以会荡然无存，主要是它先后遭受了三次大劫难：

○ 明故宫遭受的第一场大浩劫——明成祖迁都北京

虽说明故宫在洪武晚期已经出现了沉降的问题，但这不足以将整个明故宫给毁了。换句话来说，下降了些不是明故宫毁灭的主要原因。事实上作为一个基本的框架，明故宫在历史上至少存在了近两百多年，否则在明万历年间来南京的外国传教士利玛窦，是看不到那么雄伟的宫殿建筑的，也绝不会留下那么多的对南京明故宫的美好又真实的历史记忆。遗憾的是无论是外国人还是我们本国人都没能零距离地接触明故宫——那是皇家重地。事实上当时的明故宫已经遭受了一次"浩劫"，只留下一个宏伟的空架子了。那么究竟是谁最先使得世界第一皇宫蒙受如此大的"劫难"的呢？说出来好多人都不敢相信，就是那个口口声声说父亲朱元璋最喜欢的四儿子朱棣干的"好事"。

朱元璋死后一年不到，朱棣就公然造反，发动"靖难之役"，将自己的侄子朱允炆从皇位上赶了下去，自己当皇帝，即永乐帝。然而一直自称"高皇帝好儿子"的永乐帝上台以后对父皇朱元璋苦心经营与建造的南京明皇宫却视如敝屣，其所作所为可以称得上是地地道道的败家子！虽说是在南京登了基，可南京城里建文朝大臣都与他不合作，加上他童年失母，留下了巨大的心理创伤，以及江南人对他的敌视或言冷漠（详见笔者《大明帝国》系列之⑦、⑧《永乐帝卷》），终使他不愿也不敢在南京久留，从永乐元年起就着手迁都老巢北平即后来改称的北京。迁都就迁吧，朱棣也真想得出,一方面克隆南京明故宫建筑设计格局,在北京大搞基本建设;另一方面,对南京明故宫及其相关设施进行拆卸。按理说,北京周围到处都是山,营造皇宫需要的巨型石料最便捷的方法就是就地取材,但也不知出于何种真实的想法,朱棣却要这样干。这是南京民间的一种说法。明代自永乐后的历帝都是朱棣的祖孙,当然他们不会在官书里头保留这种有损于祖先"光辉形象"的记载了,但在只言片语里头却也透露出明成祖迁都北京破坏南京的蛛丝马迹:洪熙元年四月,朱棣儿子明仁宗朱高炽下令"修南京皇城"(《明仁宗实录》卷9)。怎么修法? 他降敕给南京守备太监王景弘,说:"朕以来春还京(指南京,本书作者注)。今遣官匠人等前来,尔即提督,将九五殿各宫院,凡有渗漏之处,随宜修葺,但可居足矣,不必过为整齐,以重劳人力。"(《明仁宗实录》卷9)

从洪熙元年朱高炽下达的这项敕谕来看,当时南京明皇宫九五殿各宫院似乎都有渗漏,且不便居住,才多长时间就出现这样的破败相? 众所周知,朱棣是在永乐十九年才正式迁都北京的,在这之前,朱高炽一直留守在南京,住在明皇宫。而永乐一共当政了22年,这样算下来到朱高炽洪熙元年时连头带尾不超过5年。5年时间明皇宫就不能住人了,除了人为破坏,自然风化总不会这么快吧。由此反倒印证了朱棣迁都时极可能对南京明皇宫进行过破坏。有幸的是明仁宗当政期间它得到了一定程度的修复,但似乎没有完全修好,新上台的洪熙帝之子宣德帝又一反老子的做法,拒绝还都南京。从此以后,南京和明故宫基本上成了没有皇家关注的"弃儿"(详见笔者《大明帝国》系列⑨、⑩《洪熙、宣德帝卷》)。虽然在以后南京还是陪都,也设有六部机构,也有国子监,也有都察院,等等,一如北京建制,但今非昔比了,皇家已经不在这里,皇宫无人精心看管、打理,明朝中期前后发生了大火灾,明故宫的前朝三大殿、内花园等先后遭火而毁。利玛窦来中国时,从时间上来看,很可能他没见到明故宫原貌,但肯定还是有一些大宫殿存在,譬如乾清宫、坤宁宫等后廷三宫及文华殿、武英殿等还没有被毁。明末南逃的福王朱由崧就是在武英殿即临国之位,建立南明弘光政权的。(【清】计六奇:《明季南略》卷2;钱海岳:《南明史》本纪1)

○ 明故宫遭受的第二场大浩劫——明末清初的清军肆意破坏

明末清初,天崩地裂,中国传统社会又经历了一次大劫难,位处南方政治中心的南京自然在劫难逃。清军铁骑疾风般地南下,不仅占领了明朝陪都南京,而且还肆意践踏明故宫。清军在明故宫午门前,筑起八旗兵驻防城,把将军、统二署设在明故宫。这些清军"大兵"们在里头爱怎么折腾就怎么折腾,军队重地、禁地,"闲人"、"外人"概莫能入,无法问及,也不敢问及。康熙年间,清方又取明故宫石料雕件修建普陀山庙宇。于是一代皇都的皇城、宫阙顿时成了"废都""废宫"。

明末清初,天崩地裂,中国传统社会又经历了一次大劫难,位处南方政治中心的南京自然在劫难逃。清军铁骑疾风般地南下,不仅占领了明朝陪都南京,而且还肆意踩躏明故宫。清军在明故宫午门前,筑起八旗兵驻防城,把将军、都统二署设在明故宫。这些清军"大兵"们在里头爱怎么折腾就怎么折腾,军队重地、禁地,"闲人、外人"概莫能入,无法问及,也不敢问及。康熙年间,清方又取明故宫石料雕件修建普陀山庙宇。于是一代皇都的皇城、宫阙顿时成了"废都""废宫"。

清代南京名人甘熙记载道:"明故宫为今驻防城。昔之五凤楼,文华、武英殿基不过识其处而已,惟紫禁城内正殿旧址,阶级犹存。右偏有高阜,呼为圪垯山,乃叠石而成,玲珑可爱,指为梳妆台遗址。午门外左有土阜,坦平如砥,长可数十丈,两旁亦然,阶石柱础错落其间。其右有石坊,四面屹立,乃庙社之遗迹也。"(【清】甘熙:《白下琐言》卷2)

除此之外,清兵的驻扎与浩劫给南京留下的还有带着阵阵隐痛和颇多无奈的一些地名,如在今天南京城东南的御道街南端有蓝旗营、蓝旗街(清军八旗中的蓝旗营的驻地),在明故宫西北处有"马标"("马"字就骑马、骑兵的意思,"标"是清末军制单位,相当于后来的"旅")、"炮标"(清末"新军"的炮兵团驻扎营地)。好端端一座南方历史文化名城,在野蛮武夫们的刀光剑影下度过了近300年,明故宫及整个南京城不被破坏才怪呐。

○ 明故宫遭受的第三场大浩劫——清朝同治年间的太平天国运动

虽然说清军驻营南京,使得明故宫遭受了灭顶之灾,但还没有到毁坏殆尽的地步。清朝末年太平天国运动爆发,太平军进攻南京,与驻扎在明故宫的驻防清军进行激烈的战斗,一代明宫成为双方交火的战场,明故宫遭受的第三场浩劫开始了。后来太平军占领了南京,为了修建天王府和其他各王府,被人万般歌颂的太平天国领袖们来了个就地取材,上明故宫见什么拿什么,能拆得动的,能搬得动的,石材、石料全部都给搬走了。那么,他们新建的天王府和各个王府现在在南京却也见不到了,它们会"跑"到哪里去了呢?事实上它们没"跑",而是被清军一把火给烧了。(《清史稿·曾国荃传》卷413)

明故宫在历经三次大的浩劫后,只剩下了断垣残壁。

近代中国民主革命领袖孙中山先生逝世后的1929年,国民政府将他的遗体从北京运往南京,准备安置在现在的中山陵。但由于中山先生的灵车要从南京新街口一路东行,而前往东郊之交通又不畅,所以当时的国民政府就斥资筑路即今天的中山东路。而正是这条路恰好将满目疮痍的明故宫一分为二,即今天的午朝门公园和明故宫公园。如今南京明故宫公园内基本上是空旷一片,令人无比感伤。午朝门公园里仅有一块精美雕镂的大石壁、鳞次栉比的奉天殿前奉天门石柱础遗物和宫城东门、皇城西门、午门及其附近的城垣等极少一部分遗迹尚存。

说到这里,有人可能要发出这样的感慨了:看来当时明成祖朱棣迁都北京还是对的,南京作为帝国王朝的都城怎么说都不吉祥啊!真是这样的吗?那我们来看看迁都后北京明皇宫的命运。

清代有名学者赵翼曾做了史料收集和统计:永乐五年,始建北京宫殿。八年,(朱棣)北征还,即受朝于奉天殿,是奉天殿先成。十八年,各宫殿皆落成,诏改京师为南京,北京为京师。十九年四月,奉天、华盖、谨身三殿灾。二十年,乾清宫亦毁。自后未尝营葺,故仁宗即位,将还南京,诏改北京诸司悉称行在。直至正统四年,始修建北京宫殿。六年十一月,乾清、坤宁二宫及三殿俱告成,乃定都北京,诏文武诸司不得称行在。正德九年正月,乾清宫灾,遣使采木于湖广,因工作大加天下赋一百万。十六年十一月,乾清宫始造成。嘉靖三十六年,三殿又灾。四十一年九月,三殿告成,改奉天曰皇极,华盖曰中极,谨身曰建极。万历二十四年,乾清、坤宁两宫灾。二十五年,皇极、中极、建极三殿灾。三十年,重建乾清、坤宁二宫。三十二年三月,乾清宫成。天启六年九月,皇极殿成。七年八月,中极、建极殿成。崇祯十七年四月二十九日,宫殿又为流贼李自成所毁。(【清】赵翼:《二十二史劄记·明宫殿凡数次被灾》卷32)

从上述史料中我们不难看出,从永乐十九年(1421)迁都起,到崇祯亡国,总计二百多年,其间北京明皇宫在没有发生南京那样大动乱的和平年代里,至少发生了6次莫名的天灾大祸,平均每37年就发生一次。最有讽刺意味的是朱棣魂牵梦绕迁都北京,迁去了才4个月,一把大火就把奉天、华盖、谨身三殿烧个精光(《明太宗实录》卷236),近一年后乾清宫也被烧了——永乐皇帝永远不会快乐起来了,因为他的安乐窝让老天爷给端了。就此而言,怎么也不见得比定都南京吉利!所以那种定都北京比定都南京吉利之说纯属无稽之谈,愚昧之至!

●南京明皇宫建筑设计与布局中的文化密码

以上我们讲述了南京明故宫的曾经沧桑,如今当人们来到明故宫遗址时虽然迎面而来的不是断垣残壁,就是衰草连天。不过笔者提醒大家,千万别低估了它曾应有的历史地位与深刻影响,也千万忽视了这座中世纪世界上第一大皇宫所曾隐含的中国传统文化之密码。

○ "师法自然" 注重实际

前文说过,从中国传统风水学出发,针对"虎踞龙蟠"之地的古都南京的具体特征,为了占尽紫金山龙气,朱元璋、刘基君臣在选定"龙穴"时将新宫地址往应天古城东南方向作了移动,可这样的做法恰恰与中国传统的皇都帝宫中心主义相悖了。《诗经·集解》曾云:"帝王所都为中,故曰中国。"而后《吕氏春秋》更明确地说:"古之王者,择天下之中而立国,择国之中而立宫,择宫之中而立庙。"(《吕氏春秋·慎势·审分览第五》)。十分明显,朱元璋君臣的做法已经游离了古制。为了弥补这一大缺憾,开国后的洪武帝一方面模仿《诗经》里所说"圣人居中国而治四夷"的做法,"以金陵为南京、大梁(即汴梁)为北京"(《明太祖实录》卷34;《明史·太祖本纪二》卷2),并以自己的家乡临濠为中都,打算巡回办公(《明太祖实录》卷45);另一方面为了节省开支和不破坏金陵帝王之气而灵活地遵循中国传统文化经典《易经》中的"师法自然""崇尚自然"的"自然主义"价值取向,承袭中国传统建筑活动中"工不曰人而曰天,务全其自然之势"和"因其自然之性"的做法(《三国》管辂:《管氏地理指蒙》),将明皇宫周边附近的富贵山、覆舟山、鸡笼山、狮子山、马鞍山和清凉山等一系列金陵制高点收入了南京城的范围,并以外秦淮河为屏障。这样不仅节省了都城城防建设的大量开支,而且还充分利用了南京天然屏障来增强城市的防御能力(至少说在那冷兵器时代是如此),更加注重实用性和安全性。由此也就决定了南京都城和南京明皇宫在整体布局方面打破了中国传统帝国王朝都城对称性格局,将皇城置于城东,呈现出倒"凸"字形,实为中国王朝都城建筑史上的一大创举。

○ "三垣"相套 天人合一

除了上述"师法自然、注重实际"外,南京明皇宫和明都城的建筑布局中还有一种很重要的"天人合一"思想理念,那就是古人说得神乎其神的"三垣"之说。"三垣"之说最早见于隋唐时代,那时的人们将星空划分为三垣二十八宿,三垣是太微垣、紫微垣和天市垣的合称;二十八宿又称为二十八舍或二十八星,是古人观测天象时为了比较日、月、五星运动而选择的二十八个星官,或视为相对停宿的星座。其中分为东方七宿:角、亢、氐、房、心、尾、箕;北方七宿:斗、牛(牵牛)、女(须女或婺女)、虚、危、室(营室)、壁(东壁);西方七宿:奎、娄、胃、昴、毕、觜(觜觿)、参;南方七宿:井(东井)、鬼(舆鬼)、柳、星(七星)、张、翼、轸。此外,还有与它们关系密切的一些星官紧贴在附近,被称为辅官或附座。辅官或附座加上二十八宿,总共有星182

颗。唐代天文学家李淳风在撰写天文历书时将神宫一列为尾宿的辅官,因而在古代中国人看来天体恒星总数为183颗。

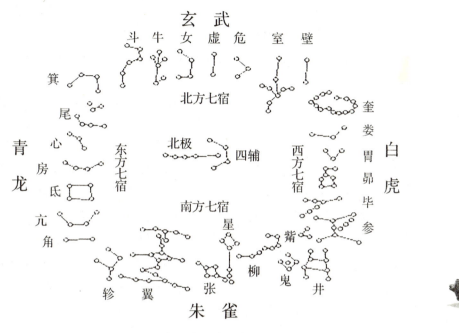

三垣二十八宿示意图

这183颗恒星或称二十八宿不均匀地分布,簇拥在三个主体天区,即三垣。

"三垣"中最为核心的可能要数紫微垣。紫微垣又名紫宫垣,"紫宫垣十五星,其西蕃七,东蕃八,在北斗北。一曰紫微,大帝之座也,天子之常居也,主命主度也"。(【唐】房玄龄:《晋书·天文志上》卷11)这段话说得很明白,紫微垣是天帝之座,是天子常居之所,主命主度。换句话说,紫微垣是象征皇权的星垣,也称为禁垣或大内。

紫微垣之外为太微垣,太微垣位于北斗之南,轸、翼之北。唐朝人认为:"太微,天子庭也,五帝之座也,十二诸侯府也。其外蕃九卿也。一曰太微为衡。衡,主平也。又为天庭,理法平辞,监升授德,列宿受符,诸神考节,舒情稽疑也。南蕃中二星间曰端门。东曰左执法,廷尉之象也。西曰右执法,御史大夫之象也。执法,所以举刺凶奸者也。左执法之东,左掖门也。右执法之西,右掖门也。"(【唐】房玄龄:《晋书·天文志上》卷11)

我们将上述这段话做个概述与推演:与天区天子庭太微垣相对应的应该是地上人间皇帝之坐所,其南面正中处应该是端门,正大门午门的两侧应该是左掖门和右掖门。按照天帝天庭之布局,在南京明皇宫建筑中人们都能给它们来个一一"对号入座"。就此而言,皇帝之坐所,太微垣之所在也,还有谁能否认大明开国皇帝朱元璋不是天帝的儿子？

"三垣"中最外面的一垣就是"天市垣"。《史记》中说"东北曲十二星曰旗。旗中四星曰天市。"(【汉】司马迁：《史记·天官书第五》卷27)唐人张守节解释道："天市二十三星，在房、心东北，主国市聚交易之所，一曰天旗。"从这样的叙述来看，主国市聚交易的天市二十三星位于太微之外侧，其相应位置应该在人间皇帝居所皇宫之外。这也就是人们较为熟悉的南京明皇宫外围的京城百姓、商贾云集的地方。

紫微、太微、天市"三垣"理论在唐代初步形成，至宋代大发光彩，由此形成了象征天上"三垣"的北宋都城东京"三环相套"的城市结构布局，即象征紫微垣的里城或称阙城、象征太微的皇城和象征天市的外城。

明初朱元璋开国时一再强调"参酌唐宋"和"恢复中华"，在继承先人传统的基础上整合和规划南京明皇宫和大明都城建设，于最核心部分构建了象征紫微垣的宫城，宫城之外为象征太微的皇城，皇城之外为象征天市的京城，环环相套，中国传统文化中"法天象地""天人合一"思想在南京明皇宫和大明都城建设布局中得到了充分的体现。从此以后，象征天区"三垣"层层相套的布局成了明清皇宫与都城构建的固定模式，我们现在看到的北京故宫最初就是明成祖复制了南京明皇宫而来的。(《明史·地理志一·京师 南京》卷40，志第16)

○ 堪舆术与星象术结合　法天象地

自宋元至明，理学大行，天地人三者合一思想为人们所极力推崇，反映在都城建筑设计与布局方面就是堪舆术与星象术相结合，法天象地。主要做法就是以《周易》为主干内涵，配以阴阳、五行、干支、二十八宿、北斗与星象分野等，构成一个完整的天、地、人对应体系。朱元璋一再强调"参酌唐宋"，其中一个重要的内涵即在吸收唐宋以来都城建筑文化精华的基础上，使堪舆术与星象术的运用达到前所未有的完美境界。其主要表现有：

第一，阴阳。

《周易》中对于阴阳理论有过这样的论述："一阴一阳之谓道。继之者善也，成之者性也。"即讲阴阳相合称之为道，"乾"发此道、开创万物，"坤"承此道、孕育万物。(黄寿祺、张善文，撰：《周易译注·系辞上传》卷9，上海古籍出版社1989年5月第1版，P538)由此可见，阴阳之道是世间事物对立统一与转化的自然规律，不可偏废。从这样的观念出发，南京明皇宫和都城之布局与建设贯彻了阴阳理论。

圜丘是用来祭天的，属于阳，故建"在京城东南正阳门外、钟山之阳"(《明太祖实录》卷24)。遵循中国传统的"天圆地方"之说，圜丘建筑物形状为圆形；与此相对,方丘是用来祭地的,属于阴,故建"在太平门外、钟山之北"(《明太祖实录》卷24)。因为古代中国人认为地是方的,所以方丘建筑物为方形。圜丘与方丘相对应,合于天:圆、南、阳;地:方、北、阴的风水阴阳观。

朝日坛是用来祭日的,属于阳,"筑于城东门外,高八尺";夕月坛是用来祭月的,属于阴,"筑于城西门外,高六尺"(《明太祖实录》卷48)。朝日坛与夕月坛相对应,合于日:阳、城东即左;月:阴、城西即右的风水阴阳观。

国子监是大明帝国培养人才的最高学府,为生,为阳,居鸡鸣山之南;而历代帝王庙是祭祀历代死去帝王的地方,为死,为阴,居国子监之北的鸡鸣山上。(《明太祖实录》卷193)国子监与历代帝王庙南北相对,合于阳:生、南;阴:死、北的风水阴阳观。

第二,五行。

早在中华元典创作时代,我们的民族文化中就有五行思想。《周易·乾卦》中《象》曰:"天行健。"(黄寿祺、张善文,撰:《周易译注·乾卦第一》卷1,上海古籍出版社1989年5月第1版,P8)这是说:自然的运行刚强劲健,就像金、木、水、火、土五行相生相克运动变化着那样。

中国传统文化中五行分类简表

五行	水	木	火	土	金
方位	北	东	南	中	西
季节	冬	春	夏	长夏	秋
五气	寒	风	暑	湿	燥
五味	咸	酸	苦	甘	辛
五色	黑	青	赤	黄	白
五音	羽	角	徵	宫	商
五志	恐	怒	喜	思	忧
五脏	肾	肝	心	胃脾	肺
五窍	耳	目	舌	口	鼻
五体	骨	筋	脉	肌	皮

由传统的五行理论出发,南京明皇宫和都城的建筑设计与布局渗透了这样的思想:

前文已述,南京明皇宫御道左侧设立的中央政府权力机构为五大行政部门:吏部、户部、礼部、兵部、工部。(《明太祖实录》卷223)这些机构属于文治、文化方面的建筑,从木,从春,故而将它们设在了御道的东侧即左侧;而五军都督府等机构属于兵政、武备方面的建筑,从金,从秋,因而将它们设在了南京明皇宫御道西侧即右侧。(《明太祖实录》卷223)

太庙与社稷坛的布局按照《周礼·考工记》中的规制应该为"左祖右社",朱元璋建都南京时在明皇宫午门左阙门前之左建造大明太庙(在今天南京航空航天大学内),在午门右阙门前之右设立社稷坛(与今南京航空航天大学隔个御道街相对的地方)。太庙主要用于祭祀先祖,祈福保佑子孙繁衍不息、香火不绝、大明国祚永享,因此说它主生化,从木,位居东方即左方;而社稷坛为国家、社会之神,国家与社会承载着臣僚子民,主收,从"金",位于"宫城之西"即右方。(《明太祖实录》卷24)

在南京明皇宫众建筑中最能体现中国传统五行思想的当数由五色土等建筑而成的社稷坛了,"(社稷)坛用五色土,色各随其方,上以黄土覆之"(《明太祖实录》卷24)。这五色土在洪武初年的中都社稷坛建造中也用过,它们是北平等进献的黑土,两广、福建进献的赤土;湖广、陕西进献的白土;山东进献的青土;直隶应天等地进献的黄土(《明太祖实录》卷55)。将全国各地的五色土集中于南京社稷坛,不仅象征着以南京为首都的朱元璋政权拥有"普天之下,莫非王土"的绝对皇权中心主义,而且也是天地"全息"之模型。尤为值得人们注意的是,社稷坛五色土与中国传统的五行之说还有着很大的关联。其中的涵义为,天下万物是由金、木、水、火、土相生相克而成,人体内部是由肾、心、肝、肺、胃、脾组成,大明天下是由东、南、西、北、中诸方位相聚南京而成,于是,南京社稷坛上的五色土就是大明帝国统一天下之象征,也是中华民族统一之象征。

第三,四象。

南京社稷坛除了隐含上述特殊意义外,还有一个极富个性化的建筑文化特征,那就是它"四方有门,各广一丈,东饰以青,西饰以白,南饰以赤,北饰以黑"(《明太祖实录》卷24)。我们将上面史料换一种说法:左青龙、右白虎、南朱雀、北玄武,这就与代表了四方二十八宿相吻合了。青龙、白虎、朱雀、玄武在中国传统堪舆星象文化中被人称为"四象"(四种动物形象),四象运用于建筑上开始得很早,记载秦汉时期三辅城池、宫观、陵庙、明堂、辟雍、郊畤等建筑文化专著的《三辅黄图》曾这样说道:"苍龙、白虎、朱雀、玄武,天之四灵,以正四方,王者制宫阙殿阁取法焉。"换句话说:至少在两汉之际我国已有在建筑宫阙殿门时取四象定四方的做法了。明朝开国皇帝朱元璋一向十分注意"恢复中华"传统文化,在都城与皇宫建造中更是着意使用传统的堪舆星象术,南京明皇宫的宫"城之门南曰'午门',东曰'东华门',西曰'西华',北曰'玄武'"。(《明太祖实录》卷25)

这里的午门在传统意义上又被称为五凤楼,据说当年南京明皇宫午门上还真有五凤楼,后毁于战火。不过另有一说,"五凤"即凤凰五至,汉代班固在《两都赋·序》中写道:"神雀五凤、甘露黄龙之瑞,以为年纪。"同时代的学者应劭解释说:"先者凤凰五至,因以改元。"【梁】萧统:《文选》上,《四库全书精品文存》⑧,团结出版社,P7)而凤凰在中国传统社会里又往往被人称为朱雀,所以说南京明皇宫宫城正门午门理所当然也可称为朱雀门。

与午门即朱雀门相对应的南京明皇宫宫城正北门就叫玄武门(《明太祖实录》卷25)。至于东华门和西华门之名的来历,那是由于朱元璋为了突出自己君权天授——天子居中当阳,四方位正,东西都有日月光华的意思。

南京社稷坛、明皇宫都"贴"上隐含天意所归的青龙、白虎、朱雀、玄武等天之"四象"了,朱元璋尚嫌不足,为了进一步证明自己政权的"合法性"和绝对权威性,他还在都城南京祭天之坛和明皇宫建筑设计上采用了"九宫八卦"的布局。

第四,九宫八卦。

伏羲先天八卦图

后天文王八卦图

相传上古时代,洛阳东北孟津县境内的黄河里出现了背负"河图"的龙马,它将"河图"献给了当时的"圣主"伏羲。伏羲以此演绎成八卦,这就是人们常说的"先天伏羲八卦"。又有一传说,大禹时代,洛阳西洛宁县洛河里浮出了一只神龟,它背驮"洛书",后将其献给了大禹。大禹以此治水,且大获成功。商末周初,周文王以"洛书"推演出另一种八卦顺序和六十四卦,人称其为"后天文王八卦"和六十四卦。《周易》中所说的"河出图,洛出书,圣人则之"(黄寿祺、张善文,撰:《周易译注·系辞上传》卷9,上海古籍出版社1989年5月第1版,P556),指的就是这两件事。

至于"九宫",有人又称之为"九宫格",它是由纵横皆"三"格所组成,其总数为"九"。而"九"在八卦中为最高的阳数,俗称老阳,在中国传统文化中有许多带"九"的最大、最尊贵的名称和习语,如九州、九方、九五之尊等。根据中国传统的说法,虽然九宫图是由洛书与后天文王八卦演绎而来的,但它是按照上天意志而做出这样完美布局的。

根据"九宫八卦"理论,南京明皇宫外围祭祀诸路天神之坛做了如下设计:

乾为天,方位在南,故而朱元璋在京城东南正阳门外设立专门用于祭天的圜丘,后世俗称为天坛;坤为地,方位在北,朱元璋将专门用于祭地的方丘(后世俗称其为地坛)设置在了太平门外、钟山之北(《明太祖实录》卷24);离为火,方位在东,故明初在城东门外设立朝日坛,专门用于祭日;坎为水,方位在西,故明初在城西门外设立夕月坛,专门用于祭月(《明太祖实录》卷48);巽为风,方位在西南,故明初在城之西南设立山川坛,专门用于祭祀风、雷、雨、电、太岁、五岳、五镇、四海等诸神;中央方在五行中属土,因为居中,所以明初朱元璋将代表国家权力象征的社稷坛设立在了祭祀诸路天神之坛(圜丘、方丘、朝日坛、夕月坛和山川坛等)的当中。

《周易》八卦理论是这样的:"帝出乎震,齐乎巽,相见乎离,致役乎坤,说言乎兑,战乎乾,劳乎坎,成言乎艮。万物出乎震,震东方也。齐乎巽,巽东南也;齐也者,言万物之絜齐也。离也者,明也,万物皆相见,南方之卦也;圣人南面而听天下,向明而治,盖取诸此也。坤也者,地也,万物皆致养焉,故曰致役乎坤。兑,正秋也,万物之所说也,故曰说言乎兑。战乎乾,乾西北之卦也,言阴阳相薄也。坎者,水也,正北方之卦也,劳卦也,万物之所归也,故曰劳乎坎。艮东北之卦也,万物之所成终而所成始也,故曰成言乎艮。"(黄寿祺、张善文,撰:《周易译注·说卦传》卷10,上海古籍出版社1989年5月第1版,P620)

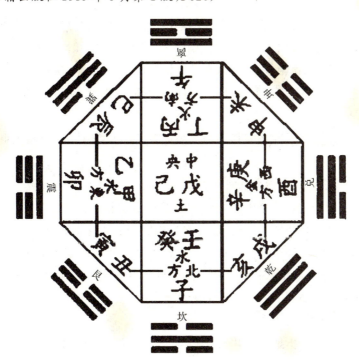

九宫八卦图

根据《周易》八卦理论,南京明皇宫做了如下设计与布局:

震：东方，万物由此萌生，主未来之希望，从木，从春，故在明皇宫正大殿之东侧设东宫和文华殿，东宫为皇太子居所，文华殿为文治与文化宫殿，合乎震卦从木从春之义理。

巽：东南方，万物生长整齐，从木，从春夏之交，明皇宫在这里设立文渊阁、文楼，文楼可能是收藏文化典籍的机构，文渊阁相当于皇帝的秘书班子，他们主要从事帝国万事的秘书工作，合乎巽卦的万物絜齐之义理。

离：南方，万物都旺盛而纷相显现，主光明，从火，从夏，故在这里设为明皇宫正门——奉天门和内五龙桥。奉天门是文武百官早朝之地，有时也是皇帝接受朝拜与处理政事之处，即"御门听政"，合乎离卦的"圣人南面而听天下，向明而治"之义理。

坤：西南方，万物都致力养育于大地，从土，从夏秋之交。据杨宽先生的考证，这里当为武楼。（杨宽：《中国古代都城制度史研究》，上海古籍出版社1993年12月第1版，P520）

兑：西方，象征正秋时节，万物成熟欣悦于此时，因此从秋，从收获。这里设有西宫，为妃嫔养儿育女之地；又建有武英殿，从金，从秋，为"万物之所说也"。

乾：西北方，象征西北阴方，说明阴阳在此交相潜入应和。从人生角度来讲，属于收势尾声阶段，设立后宫西宫，为太后太妃居住之地，从金，从秋冬之交。

坎：北方，是水的象征，主藏，从水，这里设有后宫正宫，为皇帝、皇后寝居之地，为"万物之所归也"。

艮：东北方，万物于此成就其终而更发其始，所以说最后成功而又重新萌生于艮——太上皇让位于皇帝，新旧权力完成交替，老皇帝退居二线，居住于此，从土，从冬春之交，故在此方位设立后宫东宫。

以上八卦分别代表八个不同方位各自建有合乎其义理的宫廷"八方建筑"，也可视之为"八宫格"，在这"八宫格"环绕的当中"一格"即主土的中央龙穴建有明皇宫三大殿，即奉天殿、华盖殿和谨身殿。至此明皇宫设计的"九宫八卦"得以完美结合，达到了风水学与星相术相结合的最高境界和最佳选择。（参见夏玉润：《朱元璋与凤阳》，黄山书社2003年12月第1版，P258～260）

第五，法天象地，天人合一。

"法天象地"就是指地上山川万物总与天上星象感应相通。天上有东方苍龙、西方白虎，地上就有东岳泰山、西岳华山；天上有云河天河，地上就有长江、黄河；天上有紫微星宫，地上就有南京明皇宫；天上天宫太微垣"南蕃中二星间曰端门"，地上明皇宫正大门午门前也有端门……这样天地感应和天人合一思想在传统中国社会中大有"信众",即使是贵为"九五之尊"的大明开国皇帝朱元璋也不例外。1366年在兴建吴王新宫即后来的南京明皇宫时,朱元璋就跟手下人这样说道:"天道微妙难知,人事感通易见,天人一理,必以类应……下修人事,上合天道……上下交修,斯为格天之本。"(《明太祖实录》卷21)

"上合天道,下修人事,天地感应,天人合一",这就是朱元璋一贯的思想。

天上有紫微、太微、天市三垣,大明都城南京有层层相套的宫城、皇城和京城;天上紫微垣分别排列北极五星,地上皇帝宫殿应有五门对应五星,中国传统文化典籍之一的《周礼》曾规定:天子五门。为此,南京明皇宫中轴线上从里到外先设了五门:路门—乾清门、应门—奉天门、库门—午门、雉门—洪武门、皋门—正阳门,明皇宫五门象征与对应的就是天上紫微垣中的五星。五星对应中国五方大地,代表五方诸侯,也代表全中国人民;五星总是聚集在帝王身边,这表示五方臣民拥戴帝王。后来朱元璋下令增修南京城时,于洪武十年十一月又修了端门和承天门(《明太祖实录》卷116),这样一来五门变成了七门,以象征北斗七星。

更绝的是朱元璋让人制定的明皇宫《正旦朝会仪》中仅仪仗队伍就有如下让人眼花缭乱的旗帜名目:"……列旗仗于奉天门外之东、西;龙旗十二,分左右,用甲士十二人;北斗旗一,蠹一(居前),豹尾一(居后),俱用甲士三人。虎、豹各二,驯象六,分左右,左右布旗六十四:左前第一行,门旗二;第二行,月旗一、青龙旗一;第三行,风云雷雨旗各一,天马、白泽、朱雀旗各一;第四行,木、火、土、金、水五星旗各一,熊旗、鸢旗各一;第五行,角亢氐房心尾箕旗(各一);第六行,斗牛女虚危室壁旗各一。右前第一行,与左同;第二行,日旗、白虎旗各一;第三行,行江、河、淮、济旗各一,天禄、白泽、玄武旗各一;第四行,五岳旗各一,熊旗、麟旗各一;第五行,奎娄胃昴毕觜参旗各一;第六行,井鬼柳星张翼轸旗各一。每旗用甲士五人,一人执旗,四人执弓弩。"(《明太祖实录》卷35)

上述史料中直接提到的大明皇宫内大朝仪从里到外列阵的旗帜名有龙、北斗、青龙、朱雀、白虎、玄武和"角亢氐房心尾箕"等东方苍龙七宿、"斗牛女虚危室壁"等北方玄武七宿、"奎娄胃昴毕觜参"等西方白虎七宿、"井鬼柳星张翼轸"等南方朱雀七宿。乍看一下,不了解内涵的人还可能以为这是天庭大聚会呐。龙、北斗都是天帝的象征,以其命名的旗帜位列于前,紧挨着天帝之子——大明皇帝与皇太子;以青龙、朱雀、白虎、玄武等天之四象及二十八宿命名的旗帜渐次列位,外绕北斗星旗,恰似天庭之象被"搬"到了明皇宫。有谁还能否定朱元璋不是上天的儿子?

除了天宫天庭之象外,明皇宫仪仗旗帜上还有长江、黄河、淮河、五岳等相应的地象,就连木、火、土、金、水与日、月等阴阳五行和自然之象也被一一用在了仪仗旗帜上。

至此,我们不难看出,朱元璋君臣定都南京、建造布局明皇宫完全是以"仿效宇宙星象"与地象进行的,充分利用了唐宋以来风靡全国的风水术和易学、阴阳五行术、星象术,法天象地,将天道、地道和人道三者完美地沟通、融合。因此,从中国传统文化角度来看,南京明皇宫和都城的布局设计在中国历代都城建设中堪称完美成熟之典范,也可以说是中国传统文化在建筑上巧妙融合与集中的体现。

○ 独一无二的中轴线　体现绝对皇权专制主义

其实上述这等法天象地、天人合一的精心设计与布局并非是朱元璋君臣一时所为,而是在我国有着相当悠久的历史。早在上古时代,我们的先民就以特殊的方式探索和表达天地人之间的易理关系。《周易》曰:"《易》有太极,是生两仪,两仪生四象,四象生八卦,八卦定吉凶,吉凶生大业。是故法象莫大乎天地;变通莫大乎四时……"这段话的意思是,《周易》创作之先有(混沌未分的)太极,太极产生(天地阴阳)两仪,两仪产生(太阳、太阴、少阳、少阴)四象,四象产生(天、地、雷、风、水、火、山、泽)八卦;八卦(的变化推衍可以)判定吉凶,判定吉凶就会产生盛大的事业。所以说,仿效的对象没有比天地更广阔的了,变化会通没有比一年四季更大的了。(参见黄寿祺、张善文,撰:《周易译注·系辞上传》卷9,上海古籍出版社1989年5月第1版,P556~557)

正因为太极如此玄妙,汉晋以后它就被人直接呼之为天宫和仙界。三国时阮籍有诗:"时路乌足争? 太极可翱翔。"(【曹魏】阮籍:《咏怀》之72)晋代道家大师葛洪在《抱朴子》里写道:"园囿拟上林,馆第僭太极。"宋代道教类书《云笈七签》直接说:"太极有元景之王,司摄三天之神仙者也。"(【宋】张君房:《云笈七签》卷8)

与此同时,用来指代人间天宫、仙界的帝国皇家宫殿——太极殿也随之诞生。曹魏青龙三年(235)魏明帝"大治洛阳宫,起昭阳、太极殿,筑总章观"。(【曹魏】陈寿:《三国志·魏书三·明帝本纪》卷3)直至隋唐,几乎历代王朝都要建造太极殿,以示自身政权的神圣性与权威性。唐武德起,太极殿成为天帝之子——皇帝代天理政的正殿。(参见梁思成:《中国建筑史》,百花文艺出版社1998年2月第1版,P96)

太极观念被皇权利用,在大朝仪礼的启示下,它与中国自古就有的崇中观念相融合,并被用到了都城与宫廷建设与布局之中,这就是后世人们熟知的王朝都城与宫廷中轴线。

说到中轴线,人们自然会联想到那整齐划一、"一竿子到底"的北京明清皇宫与都城布局设计,其实那是中国近世500年的事情,在这以前却并非完全如此。以中华传统文明经典时期——隋唐两朝为例,那时的宫廷建筑布局较分散,这在一定程度上倒是与君权几分、受制的政治氛围大相呼应。从宋代起君主专制主义有所加强,与之相伴,帝国皇家宫殿也出现了相对集中的趋势;但从整体上来说还是缺乏全面的规划,以至于它们并不严格占据都城的正中位置,这就使得当时的都城中轴线与皇宫及政府权力机构等未发生必然的联系。

元朝时君主专制主义中央集权得以强化,反映在都城与皇宫建筑设计中首次实现了中轴线的高度重合。从元大都南面丽正门向北,经棂星门、周桥、崇天门、大明门、大明殿、寝殿、宝云殿、延春门、延春阁、清宁宫、厚载门,直达大都城正中心的中心台,一条重合的帝国都城和大元皇宫中轴线贯彻始终。(参见夏玉润:《朱元璋与凤阳》,黄山书社2003年12月第1版,P222)

明初朱元璋开始将中国传统社会君主专制主义中央集权发展到登峰造极的地步,由此沿袭元帝国都城及其皇宫设计布局的那条独一无二中轴线更加体现出绝对皇权专制主义。具体说来,有如下几大方面:

第一,南京明皇宫中轴线上的建筑无一不是皇权之象征,尤其突出以帝国皇家"正穴"——奉天殿为首的三大殿的地位。

从很早起朱元璋君臣在南京就择好了"正穴",并不惜一切代价予以全面建设,即前文所说的"移三山填燕雀"(【明】陈沂:《金陵古今图考·国朝都城图考》)。大约到吴元年(1367)下半年时,一座崭新又气派的皇宫终于矗立在南京城的东南方。史书记载说:那年九月,"新(大)内成。正殿曰'奉天殿',前为'奉天门',殿之后曰'华盖殿',华盖殿之后曰'谨身殿',皆翼以廊庑。奉天殿之左、右,各建楼,左曰'文楼',右曰'武楼'。谨身殿之后为宫,前曰'乾清宫',后曰'坤宁宫',六宫以次序列焉"。(《明太祖实录》卷25)

奉天殿是明皇宫三大殿的第一大殿,"奉天"两字朱元璋很早就开始使用,1366年八月庚戌日,"以伐张士诚告祭大江之神曰:'惟神奉天明命,主宰大江,察鉴无私,代天行令'"(《明太祖实录》卷21)。洪武元年(1368)正月朱元璋在诏告天下的即位诏书中将自己打扮成"奉天承运"的真命天子:"奉天承运,庶见人主,奉若天命,言动皆奉天而行,非敢自专也。"(《明太祖实录》卷29)洪武元年八月已卯日,朱元璋在大赦天下之诏书中再次唠叨:"天生民而立之,若君者奉天而安养斯民者也。"(《明太祖实录》卷34)……

如果要追问下去:这样的"奉天"概念最初又来自何方圣典?据目前我们所能查阅的史料来看,恐怕最早出自上古时代的《书经》里头:"惟天惠民,惟辟奉天。"

(《尚书·周书·泰誓中》)这话是说:只有顺承天意、惠爱斯民的人君才能拥有天下;凡顺承天意的人君,必得民心。为什么这么说呢?同为上古时代的典籍《周易》中《谦卦》有辞:"谦,亨。天道下济而光明。"这是说:谦虚,亨通。天的规律是下降济物而天体愈显光明。(黄寿祺、张善文,撰:《周易译注·谦卦第十五》卷3,上海古籍出版社1989年5月第1版,P137)因此说,在上天面前,人们只有谦虚得不能再谦虚,才能万事亨通。人君理当如此,也只有这样,才能真正秉承天命,才能真正拥有天下。

由这样的逻辑出发,朱元璋一改元朝皇帝诏书首语"上天眷命……"为"奉天承运……",就连他做皇帝所执大圭上的刻字也改成了"奉天法祖"。那么皇帝大朝会之正殿、皇宫第一大殿理所当然要改为奉行天命了。至此人们不难发现,朱元璋确定明皇宫第一大殿名为奉天殿的良苦用心就是为了彰显或言标榜自己的所作所为均以天理、天意和天道为准绳,体现的当然是天道。

奉天殿之后是明皇宫三大殿中的第二大殿——华盖殿。华盖本是中国古代天文学中属于紫微垣里头的星官,其形如伞盖,故名。古人详细描述道:"钩陈口中一星曰天皇大帝,其神曰耀魄宝,主御群灵,执万神图。抱北极四星曰四辅,所以辅佐北极而出度授政也。大帝上九星曰华盖,所以覆蔽大帝之座也。"(【唐】房玄龄:《晋书·天文志上·中宫》卷11)覆蔽大帝即天帝之座的华盖被人间所仿造,制成那华丽无比的伞盖,大多用在君王出行时张盖在头顶上或车上。又因其宽大被人比作为大地,而大地之道在于刚柔相济。先秦儒家典籍《周易》就这样说:"昔者圣人之作《易》也,将以顺性命之理。是以立天之道曰阴与阳,立地之道曰柔与刚。"这话的意思是:从前圣人创作《周易》的时候,是要用它来顺合万物的性质和自然命运的变化规律。所以确立天的道理有"阴"和"阳"两个方面,确立地的道理在于"柔"和"刚"。(参见黄寿祺、张善文,撰:《周易译注·说卦传》卷10,上海古籍出版社1989年5月第1版,P615～616)既然立地之道在于"柔"和"刚",而大地又是那么的广阔无垠,朱元璋用"华盖"作为南京明皇宫第二大殿的殿名无非是要向人们表明,他的统治不仅上承天命,而且还是公平而无私,甚至也会刚柔相济,体现的当然是地道。

华盖殿之后就是明皇宫第三殿谨身殿。"谨身"之说最早可能来自中国古代儒家的伦理学著作《孝经》:"用天之道,分地之利,谨身节用,以养父母,此庶人之孝也。"(《孝经·庶人》)这是作为普通人应当谨身的缘由,那么对于帝王来说为什么要谨身?洪武三十年三月,天象出现异相:荧惑侵入太微垣。从天人感应视角来看,人世间当在楚王府那边要出问题了。朱元璋急派特使前去告诫楚王朱桢:"自古至今有土有众者,务谨身心、观天道、察人事,不敢自眦、自逸。刘向云:'人君候五星出入所舍,何分进退休咎,务必知之。'盖人事作于下,则天道应于上,可不谨哉?"(《明太祖实录》卷251)老朱皇帝的话大致意思是:人世间的事情上天都张大眼睛看着呐,要是地上人事有什么不好的,上天定会做出某种反应。因此说朱元璋将明皇宫前朝第三殿取名为谨身殿,就是要向世人表明:他谨身地以"天道""天意""天理"为指向,务求代天治民之正道,即为其为人之道。

总之,首先确立于明皇宫中轴线上的以"正穴"——奉天殿为首的三大殿之营造与命名所要体现的,不仅仅是朱元璋所持有的天道、地道与人道之理念,更隐含着向天下人表白:大明君主治国遵循天道、地道和人道,光明正大,公平无私,克己奉公,与天地共存,与日月同辉。

第二,南京明皇宫中轴线上及其两侧的建筑无一不是服务、从属至高无上之皇权。

除了上述的三大殿外,南京明皇宫中轴线及其两侧还有一系列的殿、阁、门按照一定的规制组建成具有特殊涵义的建筑群。

三朝五门:"参酌唐宋"是朱元璋建国前后经常挂在嘴边的口号,以唐宋时人们的说法:"古者,天子三朝:外朝、内朝、燕朝。外朝在王宫库门外,有非常之事,以询万民于宫中。内朝在路门外,燕朝在路门内。盖内朝以见群臣,或谓之路朝;燕朝以听政,犹今之奏事,或谓之燕寝。"(【宋】叶梦得:《石林燕语》卷2)由外、内、燕三朝蕴意发展而来的南京明皇宫中轴线三四个对应的宫、殿、门就被赋予了特殊的意义与功能:承天门似乎是朱元璋君臣特意加出的,其原意是"承奉天道",来自传统经典《周易》:"至哉坤元,万物资生,乃顺承天。"这卦辞是说:"美德至极啊,配合上天开创万物的大地!万物依靠它成长,它顺从秉承上天的志向。"(参见黄寿祺、张善文,撰:《周易译注·坤卦第二》卷1,上海古籍出版社1989年5月第1版,P25)既然大地都是顺从秉承上天的志向,那么作为大地上的人间之主大明皇帝当然应该要大张旗鼓地秉承天道,且唯恐不足,还要将"承天"之名写在自家皇宫大院落的正大门即承大门上;承天门之后是午门,明初午门的政治功能大致对应于古代天子三朝中的外朝,主要用于颁发时宪历书仪式、献俘和廷杖罪臣;午门之后是奉天殿,明初奉天殿的政治功能大致等同于古代天子三朝中的内朝,主要用于举行大朝会、大礼仪;奉天殿往里与古代天子三朝中的燕朝大体对应的当数乾清宫,乾清宫是皇帝的正式寝宫和召见臣工的地方。至于天子五门,诚如前文所言:最初南京明皇宫即吴王新宫有乾清门对应路门、奉天门对应应门、午门对应库门、洪武门对应雉门、正阳门对应皋门,后来为了对应上天北斗七星,才增修了端门和承天门。这样一来,大明天子"奉天法祖"与君权神授色彩就变得更加浓烈了。(《明太祖实录》卷116)

为了进一步彰显"奉天法祖"与君权神授的理念,朱元璋除了"法祖"建立三朝五门外,还曾沿袭中国古代传统的"前朝后寝"建筑布局思想,严格规整南京明皇宫的前朝后廷。

中国古代很早起就确立了"前朝后寝"或言"前堂后室"的建筑形制,前堂即前面建造正堂,后室就是正堂之后建有寝居之室。据说商周时代王侯公室已有分工较为明确的前朝后寝两座建筑。到了隋唐两宋时期,这样的规制有了进一步的发展,不过从整体角度来讲,它们还是显得布局分散,不在同一中轴线上。元大都建造时开始改变这种局面。南京明皇宫兴建之初就确立了严格的同一中轴线上的"前朝后寝"或言"前朝后廷"制度,前朝为"大内正衙",其范围是以奉天、华盖、谨身三大殿为中心,包括奉天门、东西两侧的文华殿、武英殿、文楼和武楼等建筑,是皇帝与百官臣僚举行典礼和政治活动的地方;后廷为皇帝与妃嫔们游龙戏凤之处,其包括后宫正宫、东宫、西宫和后宫东宫、后宫西宫(参照凤阳中都皇宫)。若从主次关系来讲,后廷为辅,前朝为主,后廷依附于前朝,而前朝又以坐落在中轴线上的"真龙天子"之"正穴"奉天殿为根为本。

有意思的是,沿着奉天殿—奉天门—午门等一路中轴线继续向南的御道两侧上分布着帝国政府衙门,其设计理念中除了前文已述的阴阳五行成分外,还含有天人合一的奇思妙想。根据中国古代天文学说法:"太微,天帝南宫西"和其"西,将;东,相;南四星,执法;中,端门"。(《史记·天官书第五》卷27),朱元璋将直接听命于自己的最高军事机构五军都督府置于御道西边,即右侧;将原本属于中书省宰相府、后改为直接听命于自己的最高文治机构六部(除刑部外实际为五部)置于御道东边,即左侧,其中间一段夹有坐落在中轴线上的端门。如等设计简直就是将天帝南宫太微垣搬到了南京城里来,谁还能否认朱元璋这位大明天子之君权不是来自上天呢!

第三,中轴线上皇帝御用的宫或殿突出绝对君权的"九五之尊"。

中国人自古以来就特别讲究礼数和理数,先秦时的儒家经典《周礼》和《礼记》曾记载道:"天子之堂九尺,大夫五尺,士三尺。"这些阳数设计中的不同数理代表不同社会地位与等第,换句话来说,从群体规划到建筑设计甚至是建筑构造具体细部都必须要严格遵循此等数理,其中"九五"合数隐含最高等第,它的理念可能来自《周易》。《周易·乾卦》有辞:"九五曰'飞龙在天,利见大人'。"翻译成现代文:九五爻辞说:"巨龙高飞上天,利于出现大人物。"(参见黄寿祺、张善文,撰;参见《周易译注·乾卦第一》卷1,上海古籍出版社1989年5月第1版,P15)这里的"九"是八卦中阳爻的最高数;"五"是第五爻,指卦象自下而上的第五位,是变卦中最大的阳爻。"九五"合数往往指最高地位的皇帝,皇帝也因此被人称为"九五之尊"。由此出发,朱元璋令人在南京明皇宫中轴线上建造的御用宫或殿皆以阔九间、深五间,含有九五之数。除此之外,南京明皇宫还有九龙椅、九龙壁、大门八十一颗门钉(纵九、横九),皇宫屋顶五条脊、檐角兽饰九个等,无一不突出绝对君权的"九五之尊"。因此说南京明皇宫的中轴线本质上就是专制主义皇权之象征。(夏玉润:《朱元璋与凤阳》,黄山书社2003年12月第1版,P213~265)

总之,从"师法自然"、注重实际到"三垣"相套、天人合一,从堪舆术与星象术相结合到法天象地,中国传统文化的阴阳、五行、三垣、四象、九宫八卦等各种思想通过精妙的建筑布局设计等特定的语言表达了出来,南京明皇宫宛如宇宙之缩影,城市形、数匹配,形似涵盖天地的八卦巨阵,达到了天地人三者高度合一的境地。这是一座绝对君主专制主义的皇宫,又是一座隐藏中国传统文化密码和凝结古代中国人丰富思想的宝库。南京明皇宫的建造是中国古代皇城史上的一次变革,深刻影响了后来的明清皇城与都城建设布局。

明都城第三层京城　最大城墙最大都城

确切地说,明代南京城应该来说由宫城、皇城、京城、外廓城等四层组成。但习惯上人们所称的南京城,一般是指京城,即都城而言。朱元璋时代为抗击陈友谅的入侵曾于至正二十年(1360)"筑龙湾虎口城"(《明太祖实录》卷8),但这仅仅是应急偶尔为之之举。真正南京城的营建开始于至正二十六年(1366),至洪武二十五年(1393)而成,中间有过中断,断断续续地持续了20多年。它将历史上南京的古城或遗址如石头城、六朝建业城和建康城、南唐江宁府城及西州城、东府城、丹阳郡城等全部包括在城内,并将南京城四周的所有制高点全收入了其中,形成了一座北至后湖(玄武湖)、南面聚宝山(雨花台)、东起紫金山、西到长江边的空间广袤、规模宏伟壮观的世界最大的古代砖城。

● 明代南京城墙——中国目前现存的规模最大的古代城墙

明代南京城的城垣也就是我们通常说的明城墙,它是明朝南京京城范围的"标志",呈不规则形,其周长号称有96里,而实测长度为67里,换算成今天的计量单位为33 500米。那么南京明城墙有多高呢?据有关部门实地测定,城墙高度的最高处为26米,准确地点是在琵琶湖一带,而一般高度在14~20米之间;至于城墙的宽即厚度,最宽的城墙有 19.75 米,在西干长巷一带;最窄的也有 2.6 米,在富贵山西侧,一般城墙宽也有 14 米左右(杨新华:《南京明城墙:神秘的浩瀚史书》,叶浩主编:《走进市民学堂⑥》,江苏文艺出版社 2008 年 4 月第 1 版,P124)。因为明城墙最主要的作用是防备外来进攻,于是作为守护方自然在南京城墙上设计了好多应对外来入侵的"机构",其中建有"反攻城"的防守的雉堞(垛口)13 616 个和屯兵窝棚就有 200 座。据有关部门统计,整个南京明城墙共有城砖 3 亿 5 千万块,这在中国城墙建筑史上是亘古未有的。因此我们说,明代南京城墙是我国目前现存的规模最大的古代城墙。

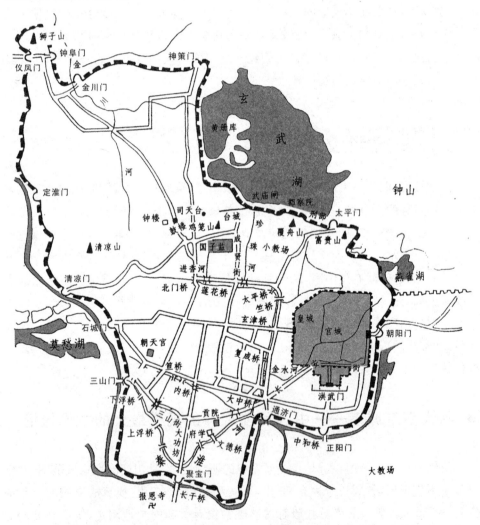

明代南京京城示意图

那么这么一座气势恢宏的明城墙是如何建造的呢？据说，整个南京明城垣都用巨大的花岗岩或石灰岩条石来砌成城墙的基座，在这个上面用一块块巨砖砌城墙内外两壁，然后在这内外壁之间倒入砾石、碎砖、黄土等物，接着将这些碎物夯实，倒入糯米浆等黏合物进行加固，砌到城墙的顶部时铺上平整的石板。如今在中央门附近的神策门、进入紫金山山区的琵琶湖等地段都有保存完好的明代城墙。

● 南京城墙已经经历了600多年的风风雨雨，但它却巍然屹立，为何？

每当听到各地频频爆出的"豆腐渣工程"消息时，人们就会情不自禁地要问：规模宏大、气势非凡的南京明城墙为什么在历经600年风雨却巍然屹立？

第一，南京明城墙选材讲究，质量可靠。明城砖都是用优质黏土或白瓷土烧制而成的，朱元璋底层出身，对于这等建筑活儿比历史上任何皇帝都"精"。明朝初年在明城墙建筑材料——城砖的烧造任务的下派上就相当有讲究，朱元璋主要动员了江苏、江西、安徽、湖南、湖北5省152个州县的民众干这活儿，因为这是优质黏土和白瓷土地区。他没有"动用"北方的沙土地区，这是十分有见地的。

第二，南京城墙砖潜在的科学性。明城墙砖的砖长在40厘米～44厘米之间，宽20厘米～22厘米，厚10厘米～13厘米（杨新华：《南京明城墙：神秘的浩瀚史书》，叶浩主编：《走进市民学堂⑥》，江苏文艺出版社2008年4月第1版，P118），重约在20斤～40斤之间。如果太大了，人们搬不动，太小了压不住城墙，而且抗压强度也会受影响，只有在上述标准范围内城砖最为合适。经过有关人员运用现代物理技术对这些当年烧制过关的明城砖进行检测，发现已经经历了600年风雨的明城砖的抗压强度为每平方厘米100千克～150千克之间，这可比当代砖的强度还要高得多。

第三，建造工序质量的讲究。南京明城墙在砌砖时，采取统一的工序——在砖与砖的间缝里灌上由糯米汁、石灰、桐油混拌而成的"夹浆"。这个"夹浆"一旦凝固了，其坚固程度可能胜过现在的普通水泥（据说现在水泥的寿命为80年）。

第四，推行与贯彻责任制，实行层层严格管理与质量监督。明廷制定一定规制下发到地方，由此烧制成城砖，然后运往京师南京。整个制造与运输都很有讲究，每块城墙砖上都一律打印上烧制者的姓名、地址及时间等，除此之外，还要打印上烧制者的监管领导、运输者的姓名及相关信息，如果发现城砖不合格那就要立即退回重烧；在筑成时采取了分段分层包干的形式，责任到人。如果发生倒塌，相关人员就要被治罪。明代文人笔记记载说:"太祖筑京城,用石灰秫粥锢其外,时出阅视。监掌者以丈尺分治,上任意指一处击视,皆纯白色,或稍杂泥壤,即筑筑者于垣中,斯金汤之固也。"(【明】祝允明:《九朝野记》卷1)

尽管这样令人悲愤的记载并不见于正史,但事实上在中国历代的工程与手工制作中,责任制是一直存在的,而且在中国古代法制中也有对违规者和玩忽职守者的责任追究,但像这等严密的责任制也只有到了明太祖朱元璋时代才真正出现并落实于实际。也许是安徽人的悠久传统和相近的基因吧,600年后,又是安徽的小岗村的农民率先偷偷地搞起了土地承包责任制,由此又成为中国当代农村改革的模板。这两者之间是否有种必然(一笑)?

从历史事实来看,朱元璋时代建造的明城墙还是经得起600年岁月的考验,就目前南京城而言,尚有三分之二的南京城垣仍然保存完好。那么还有三分之一的城墙到哪里去呢?不是被战火摧毁了就是给城建给搞没了。近年听说朱元璋老家凤阳明城墙也已经历尽600多年都没倒,而有关部门一修就倒了,如今的豆腐渣工程与朱元璋时代修建的明城墙之间反差,何其巨大!

● 明代南京京城十三城门和城楼

如果你打开标有南京古城墙的现代南京市地图来看的话,就会发现南京古城与其他古城相比,有着明显的不同,它呈不规则形,整体上像一个中文字的"甲"左上方加了一点。老南京人解释说,这是按照朱元璋的脸型设计的,甚至有人最近在网上撰文摆出了几个推断理由。我们不去讨论文章的是与非,但我们说南京的城墙平面成形确实是不规则形,这是南京明城墙的第一个特征;南京明城墙设计与建造的第二个特征是,打破了中国古代城门设计讲究的距离对等、方位对称的规制,而是因地制宜根据实地需要设置城门,充分体现了朱元璋建造明都的节俭实用为本的宗旨,于是出现了中国自古以来甚至到了后来京城北迁后北京城的建设也不类于它的独特现象;第三,南京明城墙共计布置了13道城门,每道城门上都设计建造了巍峨的城楼,每道城门都有用铁皮包裹的大木门和千斤闸各一道,目前能见到此景的,据我了解,可能只有神策门了。这是讲的13道城门的普遍的设置,但若处于军事要冲的城门那可要增设数道瓮城,像中华门、三山门、通济门等地理位置很重要的都曾建造瓮城。这又一次体现朱元璋建造明都的宗旨——实用、恢宏与牢固。

如此不规则的城墙,绕了一圈,共开了13道城门,而且这13道城门规模都很宏大,国内没有一个城市可以与之媲美。那么当年这13道城门又都分布在南京城的哪里?朱元璋究竟是出于何种意图设置了这些城门?今天它们又都在哪里呢?

让我们还是先从南京城南面的三个城门说起。

○ 南面有3道门:聚宝门、通济门、正阳门

先讲聚宝门。聚宝门相当于现在的中华门,位于今天中华路的最南端。据民间的传说,是由于城门下埋有江南首富沈万三传家之宝——聚宝盆,才得此名。

说到沈万三,有关他的故事与传说可以说是一摞摞。尽管历史已经过去了600年,但在今天的南京,沈万三依然是一个被传得神乎其神的传奇人物。据说他在元末明初时就是闻名遐迩的江南首富,除了苏州等地外,在京城还拥有巨大家产,现在南京城南的马道街、油坊巷、堆草巷、白酒坊等地原来都是沈家的故宅后院,今天中华路(原来名为南门大街)上曾有的650多楹廊房也是沈万三家的,还有玄武湖(后湖)中的陆地与太平门等地是沈家的后花园(【明】黄瑜:《双槐岁钞·刘学士》卷2)。明人记载说:"国初,南都沈万三秀者,甚富,今会同馆是其故宅,后湖中地是其花园。"(【明】郎瑛:《七修类稿·国事类》卷8)清人也记:"太平门外,沿湖有堤,名曰孤凄埂。志称:明初,沈万三故园在其处。"(【清】甘熙:《白下琐言》卷2,P30)

关于江南富豪沈万三和聚宝门的民间传说实在太多,我做了一下归类,大致有以下几种:

◎ 传说之一:强借聚宝盆,活埋戴鼎成

据说当年聚宝门开始建造的时候不知道什么原因,建了好多次都不成,建了就塌。朱元璋知道以后,派了刘基到聚宝门去看看。刘基看了以后,也感到无可奈何。有一次,他从聚宝门返回皇城的途中,听到有几个小孩在唱一首童谣,细听之下,是这么唱的:"金陵城、金陵城,金陵有个聚宝盆,找到聚宝盆,再找戴鼎成,戴鼎成头戴聚宝盆,埋在城墙根,城门笃定能盖成。"刘基默默地记下了这几句童谣,回到皇宫以后,就向朱元璋复述了一遍。再说朱元璋正为这聚宝门老建不成而发愁呢,听到刘基这般说法,犹如真的找到了解决问题的方法了,随即派人到处打听谁家有聚宝盆。一打听就打听到了,江南首富沈万三家就有这宝物,否则他怎么会成为江南首富呢?朱元璋马上叫手下人到沈家去借。

再说聚宝盆本是沈家的宝贝,沈万三听说有人来借,说什么也不肯啊!但是问题是现在来借的是当今的皇上,皇命不可违,否则的话就会落个"抗旨不遵"之罪,

那可不是一般的罪名,要杀头的。尽管沈万三一万个不愿意,最后也只好乖乖地将这聚宝盆奉献了出去。

有了聚宝盆还不行,按照童谣里所唱的,朱元璋还得叫人去寻找一个叫戴鼎成的人。找啊找,终于在南京城南找到了一个叫戴鼎成的平民。朱元璋把他叫来,让手下人将他给绑起来,再给他头上戴上聚宝盆,然后一把将他推到聚宝门的城墙根地基里,随即在上面盖土。盖着盖着,人们发现,真是神了,过去老塌陷的地基,现在工程却一路顺风,最终那聚宝门也建成了。只是可怜那个叫戴鼎成的人莫名其妙地被朱元璋绑了给活埋了,这冤鬼一做就做了600年了。

◎ 传说之二:"白衣天子"都因嘴巴惹的祸?

从1366年开始朱元璋在进行南京城与明故宫兴建时,还派出了徐达等几路人马在外作战,几头并进,财政经济一下子吃不消了。但从小就机灵的朱元璋主意多,财力不够可不难,马上找到了富甲一方的沈万三,向他提出了"经济"要求,相当于我们现在社会中政府找企业家来"赞助"。据说当时沈万三一口就答应了,自觉自愿承担了从水西门至正阳门(光华门)这一段筑城的工程及其费用,并与朱元璋讲好进行筑城比赛。朱元璋叫工部(相当于现在的建设部)挑了城北的太平门直到鸡鸣寺附近原本由台城等古代城墙围起来的并有很多天然屏障"基础"这一块,也就是说修造起来花费得要小、代价要少;而沈万三负责修建的城南洪武门到水西门一地带除了南唐留下来的一些城墙以外,可利用的现成资源很少,几乎都要从头建起。但既然讲定了,就不好反悔,君子一言,驷马难追。双方约定同时开工,看谁先完工。令朱元璋意想不到的是,最终在双方规定的时间范围内,沈万三比工部提前了三天完成筑城!这让朱元璋心里十分佩服,并对他大加赞赏,呼为"白衣天子",还把太平门外的一块地赐给他做后花园。(【明】郎瑛:《七修类稿上·国事类》卷8;【明】皇甫录:《近峰闻略》)

沈万三心醉了,在那么多的荣誉光环下不知不觉有些飘飘然。有一次,到明皇宫里喝酒,皇上朱元璋半开玩笑半当真地问他:"我将要去犒劳军队,你要不要也一起去,顺便表表你的意思?"言下之意,就是朱元璋在向沈万三要第二次赞助。沈富豪不假思索地回答:"好啊,只是不知陛下您有多少军队?"朱元璋说:"一百万!"沈万三听后爽朗地笑了起来:"我倒以为有多少呐,没问题,犒劳军队,每个士兵一两银子。"这样折算下来,沈万三拿出百万白银作军中犒饷,眼都不眨一下,可见其何等富有!(【明】郎瑛:《七修类稿上·国事类》卷8;【明】皇甫录:《近峰闻略》)

说者无心,听者有意,沈万三不假思索的慷慨却为自己埋下了不曾料想的祸患。

听了沈富豪的慷慨许诺以后,朱元璋嘴上没说什么,心里却极度的不舒服。他回到后宫里就跟马皇后说了如此这般,并发出狠话:"沈万三这个人富可敌国,且目中无人,我一定要把他给杀了!"听到这里,马皇后赶紧制止:"皇上,你可杀不得他,就为他要犒劳你的军队,你还要杀他,实在说不过去呀!再说法律是用来制裁不法的,不是用来惩治不祥的。平头百姓富可敌国,这本身就不祥了。不祥之民,老天自然会惩治他的,陛下您又何必要去杀他呢!"经过反复劝说,朱元璋基本上听从了马皇后的话,没要沈万三的脑袋。但沈万三最终也难逃出厄运,全家被发配到云南,他的女婿余十舍家被流放到广东潮州。(《明史·孝慈高皇后传》卷113;【明】郎瑛:《七修类稿上·国事类》卷8;【明】皇甫录:《近峰闻略》)

◎ 传说之三:沈万三在南京修建苏州街,到底是谁在"谋心"?

在被发配之前,沈万三一直乐善好施,不仅资助了大明皇家城建,犒劳了帝国军队,还为老百姓做了许多好事,比如:在南京城里开展慈善活动,修桥补路。但就这些好事而言,朱元璋也给他找到了瑕疵。沈万三在修路的时候,用茅山的石头来铺街道,最后修建成了一条街,叫苏州街。然而朱元璋琢磨着这事儿,茅山石头铺的街心啊,什么意思?据说凤阳人把"茅"读成"谋",因此在朱元璋那里,茅山石头铺的街心一下子就变成"谋心","谋心"还不是谋反之心,那可是一项重罪啊!

虽然这种说法有些牵强。但是天子若说你有错儿,你又能奈何呢?

沈万三被流放以后,他在南京的后湖(今玄武湖)里的沈家花园被没收,改为储存大明帝国全国钱粮户籍的"黄册库"。沈万三在市区的府邸也被大明帝国给占了,改为接待外宾的会同馆(相当于国宾馆)。有史记载,明朝永乐年间,渤泥国的国王率领妃子、弟妹和陪臣150余人来到南京朝拜大明天子,他们便被安排住在原本沈万三府邸的会同馆里。用沈家府邸当做接待外国宾客的宾馆,由此可见当年沈万三的富庶实在令人咋舌,而所谓沈万三"谋心"之罪的真相也昭然若揭,不是沈万三有"谋反之心",而是朱元璋有谋心,"谋"沈万三巨额财产之心,后"以兵围其家(指沈万三家),尽抄擒之家财入官"。(【明】孔迩述:《云蕉馆纪谈》)

◎ 传说之四:儿媳争胜赛公公——南京赛虹桥的来历

南京赛虹桥的由来,据说不仅沈万三本人乐善好施,他家有个儿媳妇,虽然没留下名字,但人们传说她也是一个菩萨心肠的人。看到公公做了不少好事,自己也想学学公公的或者说跟公公来个比赛,于是沈家儿媳妇在南京城南门外西南护城河上造了一座桥,那桥造得气派得没得说,俨然不比她的公公做的公益事业差,于是人们干脆就把这桥叫做赛公桥。赛公桥在几百年的历史发展中,渐渐地被南京市民演变成了如今的"赛虹桥"。另外有人说,这赛公桥还不是造在南京,而是在苏州郊区吴江的平望。(【明】孔迩述:《云蕉馆纪谈》)

关于江南富豪沈万三更为确切的情况,我们不得而知。但是通过这些民间传说,可以折射出,明初的这个超级富翁或者说大慈善家,确实为当时的南京城建设作出了巨大的贡献。

◎ 朱元璋仇视沈万三为哪般？

朱元璋之所以三番五次要杀沈万三,即使是在无罪的情况下,最终还是将他发配到偏远的云南去,个中原因很复杂,现在我们对其作一下剖析。

第一,有人说沈万三曾经和其他吴中富豪以财力支持过张士诚来抗衡朱元璋。这是很有可能的,而朱元璋到了中晚年心胸狭窄的毛病日益彰显,逮住机会就会尽力报复。

第二,有人说,沈万三曾和胡惟庸、蓝玉有着密切的往来,后来胡惟庸"谋反",朱元璋也就对沈万三心存罅隙。但是关于这种说法,我却不能够完全认同,在《明史·胡惟庸传》等重要史料中,关于这样的事情没有任何蛛丝马迹,所以不足为信。倒是吴江方志上对于沈万三女婿顾学文与蓝玉案的关联有所记载。顾学文当上了粮长后,利用职务之便,引诱别人家女人。这家女人的公公在朱元璋身边当官,怕自己的儿子被戴绿帽子,就诬告顾学文与蓝党有关,进而株连无辜。(弘治:《吴江志·杂记》卷12;详见本书第8章)

第三,沈万三多次在皇帝面前露富、斗富,表示自己的富有超过皇帝,这就触犯了朱元璋作为皇帝的尊严。首先,童年时代的贫困经历与苦难遭遇曾给朱元璋留下了极大的心理创伤,在当上皇帝之后,原以为贵为天子就可以摆脱处处不如人的痛苦景况了。不曾想到,沈万三如此富有,竟然超过了我,这也许使得朱元璋内心产生了一种不能言明的屈辱,由此引起了内心的极度不平衡。其次,在中国人传统的思维中,如果贵为天子了,就得要处处显得超越于常人,样样都能第一,假如某人原本是个目不识丁的一介武夫,经过拼杀当上什么将军或者是皇帝,你就不能再说人家没文化,而要讲人家天下第一,连文章也是天下第一,要是他没有什么硕士、博士文凭,那么高校就送他一张纸不就得了。用孔子的漂亮话来讲"为尊者讳",这几乎成了中国社会里人们普遍认同的一种潜意识,也是我们民族心理中深层次的思维定式。所以说,朱元璋既然当了皇帝,还不如一个商人富有,自然会心生仇恨。

第四，朱元璋仇视沈万三还有几个深层次的原因，即以朱元璋为代表的中国底层人或多或少都有仇富心理。

第一个仇富原因，可以理解为暴富的原罪形态。具体说来，就是有些人的富裕是在一夜之间暴富起来，而不是理性的富裕。所谓理性的富裕，是在理性的法律制度下，慢慢地进行资本的原始积累，逐渐地发展壮大，这样形成的富裕才是理性的。恰恰相反，一夜暴富通常是通过官商勾结等非法手段来获取的，所以在普通大众的内心自然就形成了一种鄙视甚至是仇富的心理。但自古以来中国社会中官商勾结一夜暴富的事情屡见不鲜，事实上好多官商勾结的肮脏交易，还是有人知道的，之所以没有被揭露，一个是中国始终都存在着权大于法的现实，人们怕官；另一个就是我们民族价值取向问题，说到底我们民族的普通人价值取向是功利主义。过去人们常常将读书与科举连在了一起，读书就是为了科举做官，地地道道的功利主义。现在读书就是为了高考，弄个文凭，找个好工作，"考证"也是如此。"没有用"的知识精神追求在好多现在人看来，是没有用的；在经济领域里，我们经常听到人们会问"某人发了没有？"当有人真的发了，人们就会发出这样的"赞美"："某人就有本事"，但一般不问其中的过程，也就是暴富是否有"原罪"。这就造成了中国社会普遍存在的一个事实，那就是笑贫不笑娼。可一旦理性下来，就会产生出仇富的心态。

第二个仇富的原因，主要是由于为富不仁的现象过于常见。比如有些人通过官商勾结而一夜暴富之后，为了保全财产或者扩大财富，对官府更加献媚，从而有足够的实力欺行霸市，盘剥百姓，甚至欺男霸女。前文提到的沈万三女婿顾学文就是这么一个花心的"富二代"，想勾引人家"官二代"的漂亮媳妇，没想到最终将自己的小命也给搭了进去。再说沈万三儿子沈文度也是个"为富不仁"的"富二代"，《明史》记载："吴中故大豪沈万三，洪武时籍没，所漏赀尚富。其子文度蒲伏见纲，进黄金及龙角、龙文被、奇宝异锦，愿得为门下，岁时供奉。纲乃令文度求索吴中好女。文度因挟纲势，什五而中分之。"（《明史·纪纲传》卷307）

第三个原因，是由于中国人没有多少宗教意识。其实宗教并非完全是一种迷信，它同时还存在着人与人之间、个人与自己内心之间的对话，这种对话中存在着精神的内敛，比如：宗教中有一个很重要的仪式，就是要人们学会忏悔。信奉宗教的人会忏悔我的财富中有无通过不正当、不合法的渠道获得的，或者说我富有之后是否应该更多地施予他人，帮助弱势群体。然而，由于传统中国人普遍没有多少宗教意识，富人也鲜有忏悔，他们对待弱势群体的态度通常都是穷凶极恶的。所以弱势群体一旦登上了权力中心以后，就会发疯似的报复。这样的事情在中国历史上有很多，比如太平天国定都南京后就是这么干的，朱元璋也是这样。

综上，正由于潜意识里的这些因素，这才导致了朱元璋对富豪沈万三的猜忌与仇恨，进而将他流放到云南。

但南京人民始终记得沈万三，因为他对南京城的建设作出了实实在在的贡献。不过聚宝门的名称来源于聚宝盆的传说在史料中并无记载，所以不足为信。那么这聚宝门到底是如何得名的呢？

◎ 南京中华门——中国现存规模最大最完整的古城堡

聚宝门所在的位置原本是南唐都城的南门，因此明初修建聚宝门是在利用了南唐都城的基础上加筑了城堡与楼阙等，这样就形成了气势雄伟的聚宝门。聚宝门的名字来历有案可据是因为该城门正对聚宝山（今雨花台），从而得名聚宝门。

据史书所载：“（聚宝门）东至通济门界，西至三山门界，九百五十三丈五尺，垛口一千二百零二座。”（【明】施沛：《南京都察院志·职掌17·巡视门禁职掌·里十三门事宜》卷24）现在我们能看到的中华门（未改名前就叫聚宝门）已经被毁坏了一部分，但大致还保留着。聚宝门共由四重城墙组成，3个瓮城和4道拱门，在其内部环环相扣，相互贯通；如果从上空俯瞰，整个城门就像汉字"目"。这4道拱门每道门券有门两重，外门则与南京城的其他12道城门一样，建有可上下启动的用铁皮包裹的"千斤闸"。如果你从城门内向上望去，一目了然，城门两侧有两道宽敞的缓坡，那是供军马上城头专用的。

最为独特与精巧的设计是在整个聚宝门内的瓮城上下和内外城壁共建了27个"藏兵洞"（杨新华：《南京明城墙：神秘的浩瀚史书》，叶浩主编：《走进市民学堂⑥》，江苏文艺出版社2008年4月第1版，P115）。这些藏兵洞有大有小，大的藏兵洞可容纳千人，而小的也可以容纳百人以上，当然这些藏兵洞还不完全用于藏兵，还有用于储备军事物资。如果全部用于藏兵的话，那么整个聚宝门可藏兵3 000人，故聚宝门有"藏兵三千不见影"之称。由此可见，此门规模之大和设计之精巧了。聚宝门平面图形呈长方形，东西宽为118.5米，南北长为128米，城高达21.45米，总面积为15 168平方米（据杨新华先生的考证为16 512平方米）。所以说，它是中国现存规模最大最完整的古城堡。1928年聚宝门被国民政府改名为中华门。

◎ 通济门、正阳门

紧挨着聚宝门的还有两座城门，它们与聚宝门一起组成了南面三门。

在聚宝门的东边是通济门，秦淮河水由此入城。所谓通济就是通河流，通济门由此而得名。据史书所载："（通济门）东至正阳门界，西至聚宝门界，长五百一十一丈七尺，垛口七百四十四座。"（【明】施沛：《南京都察院志·职掌17·巡视门禁职掌·通济门》卷24）通济门是南京13座城门中规模最大的一座城门。明代"神机火器，俱由通济、双桥二门出入"。通济门原来是南唐时的上水门，它也有3个瓮城和4道拱门，类似于我们如今可以看到的中华门，但它不像中华门呈"目"字形而是呈船形，这在中外城墙建筑史上独树一帜。十分可惜的是，上世纪50年代时，该城门被拆除了，不过它的地名我们南京人一直在使用。

城南三门的最后一座就是正阳门，即今天的光华门一带。由于修建时它与皇城的洪武门正对着，处于同一条南北中轴线上，是皇城最南面的正面朝阳的城门，所以叫做正阳门。据史书所载："（正阳门）东至朝阳门界，西至通济门界，长九百零八丈，垛口一千三百二十六座。"（【明】施沛：《南京都察院志·职掌17·巡视门禁职掌·正阳门》卷24）

正阳门一直未曾受到重大的破坏，所以到了民国时，它基本上还是完好的。国民政府为了纪念辛亥革命时江浙联军攻克南京这一历史事件，于1931年将正阳门改名为光华门，即光复中华之意。上个世纪40年代，光华门及左右一段城墙被拆除，但是城门名依然沿用。

○ 西面共5道门：三山门、石城门、清凉门、定淮门、仪凤门

三山门：南京城的西边由南向北来的第一个城门是三山门，原本是南唐时候的下水门，明初在此进行扩建修筑，因此门南眺三山而得名三山门，又因内外秦淮河水从这里穿过，故俗称水西门。据史书所载："（三山门）南至聚宝门界，北至石城门界，共长七百一十五丈，垛口八百六十四座。"（【明】施沛：《南京都察院志·职掌17·巡视门禁职掌·三山门》卷24）城下南面建有水关一座，即有名的西水关，门形与通济门相似。上世纪50年代，三山门券及右侧沿界城墙被拆除，但城门名一直在沿用。

石城门：三山门之北就是石城门，这里在南唐时被称为大西门。因为此门与三山门同处于南京城的西边，但没有像附近的三山门那样有河流穿过，故俗称为"旱西门"，又因此门遥望北边一里左右的著名的石头城，所以人们也叫它石城门。据史书所载："（石城门）南至三山门界，北至清江门界，共长三百九十九丈，垛口六百五十四座，铁窗棂水洞一座。"（【明】施沛：《南京都察院志·职掌17·巡视门禁职掌·石城门》卷24）1929年改名为汉西门。1931年国民政府在石城门侧旁开辟了汉中门后，老的石城门遂废。现有两个券门及瓮城之台尚属完好。近几年大搞城

建,城西干道和汉中门广场建成,但是历史古迹汉中门(原石城门)却因此而被拆除。

清凉门:石城门的北边就是清凉门,因为该门位于清凉山的西麓,故名清凉门。又因该门前有清江河,所以它又名为清江门。据史书所载:"(清江门)东至石城门界,西至定淮门界,长七百二十五丈,垛口一千零五十座。"(【明】施沛:《南京都察院志·职掌17·巡视门禁职掌·清凉门》卷24)由于此门位处幽僻之处,人们很少经过使用,所以在明朝永乐年间就封闭了。也幸而它被封闭不再使用,方能使得如今清凉门门券及部分城墙保存得相对完善。

定淮门:这西边第四个门为定淮门,在清凉门以北,古平岗西头,最早被人们称为"怀远门"。由于城外的秦淮河由此开始节流并流入长江,故名为定淮门;又因洪武时期其临近城内的马鞍山,故又名马鞍山门。据史书所载:"(定淮门)南至清江门界,北至仪凤门界,共长一千七十五丈,城铺三十五座,旗台五座,垛口五千七十座,水洞四座。左有磨旗山,右有全家山。"(【明】施沛:《南京都察院志·职掌17·巡视门禁职掌·定淮门》卷24)定淮门及南侧城墙在南京一直被保存了600年,上世纪60年代被拆除。

仪凤门:南京城西边最北的一个门,就是下关的仪凤门。据史书所载:"(仪凤门)南至定淮门界,北至钟阜门界,长五百八十丈,垛口八百座,城下水洞两座。"(【明】施沛:《南京都察院志·职掌17·巡视门禁职掌·仪凤门》卷24)仪凤门位于定淮门以北,紧靠狮子山,明清时代出入长江此地为必经之路。1931年改名为兴中门。上世纪40年代被拆除,但左右两侧城墙保存相对完好。近年南京市政府又重修了仪凤门。

○ **北面共4道门:钟阜门、金川门、神策门、太平门**

明朝南京城北面共有4道门,那么这4道门如今在南京城还有没有遗迹呢?

钟阜门:由西往东来,在南京明城墙的西北角,是钟阜门。钟阜门位于狮子山东侧,因为它正对南京城东南方的紫金山,紫金山又名钟山、钟阜,所以该门得名为钟阜门。据史书所载:"(钟阜门)南至金川门界,北至仪凤门界,长五百一十四丈零五寸,垛口七百五十座,城铺十七座,旗台二座,水洞二座,把总官厅五间,内官厅六间,军余直房四间,锁匙一副。"(【明】施沛:《南京都察院志·职掌17·巡视门禁职掌·钟阜门》卷24)因地处荒僻,该城门得以完好保存。它面向东方,为了与东门相区别,南京人俗称钟阜门为小东门。

金川门:南京城北边由西向东的第二个门很有名,即金川门,它的位置应该是在萨家湾的北边。金川门的得名是由于金川河穿过此地。据史书所载:"(金川门)东至神策门界,西至钟阜门界,长七百三十五丈,垛口一千零五十座。"(【明】施沛:《南京都察院志·职掌17·巡视门禁职掌·金川门》卷24)朱棣发动靖难战争打到南京,由于内奸的帮助,顺利入城篡夺大明皇位,金川门由此而为人所熟知。但因当年地处偏僻,与钟阜门都属于封塞状态(【明】陆容:《菽园杂记》卷3,P25)而未遭破坏。清末建宁省铁路(市内火车道),曾从下关铺设铁路轨道穿越金川门进城,20世纪30年代被国民政府改名为"三民门"。现荡然无存。

神策门:南京城北边的第三个门叫做神策门。神策门位于今中央门广场东南,玄武湖的西北部。据史书所载:"(神策门)西至金川门界,东附后湖小门界,长九百九十五丈,垛口一千五百五十九座。西有方垛六十四座,以镇后湖下沙;瓮城上方垛一百零八座,以映北固山。"(【明】施沛:《南京都察院志·职掌17·巡视门禁职掌·神策门》卷24)此门位置僻静,砖砌不通。清初清军曾经在此大败郑成功,故一度更名为"得胜门"。1931年,国民政府将其改名叫和平门,取意为民国政府所倡导的"和平、民主"。上个世纪50年代起神策门为军管区,现已还给了南京地方政府,此地辟为"神策门公园"。神策门算得上是南京城门里保存尚佳的一个,现尚存一个瓮城及一个券门,还有谯楼一座。

太平门:这北面最后一个门就是太平门了。它地处城东北紫金山南麓、玄武湖东南。据史书所载:"(太平)东至朝阳门界,西至后湖小门界,长八百四十五丈,垛口一千三百二十七座,本门券上城头实砌垛口三十一座。"(【明】施沛:《南京都察院志·职掌17·巡视门禁职掌·太平门》卷24)之所以被称作"太平门",正是由于此处是明朝的"三法司"(刑部、大理寺、都察院)专门审理、处决犯人的地方,有很多犯人都在此处受刑,传说明朝时太平门附近的老百姓总是在夜半时听到里边犯人因忍受不了酷刑而大声哭闹,为了让这里太平安稳些,遂取名为"太平门"。不过正规的说法却不是这样:"太平门内有各院执法之台。外临贯城谳狱之境,玄武湖册室贮天府之图籍,神列山形胜表金陵之龙蟠,龙广乃陵寝之余脉,覆舟系鸡鸣流沙。司法森列于重地,四境宴然,山湖依险于要关,一方保障。"(史料出处同上)太平门为紫金山通往城里的最近的通道,历来为兵家必争之地,洪武时期曾设立千户所。

1931年国民政府将太平门改名为"自由门",上世纪四五十年代,该门被全部拆除。

在13道城门中最后一个介绍的也是后来名声最大的一个门就是东面的朝阳门。

○ 东面的朝阳门——中山门

这东边的城门面朝着太阳升起的地方,故名朝阳门。据史书所载:"(朝阳门)南至正阳门界,北至太平门界,长七百五十四丈五尺,垛口二千零五座,城下水关一座。"(【明】施沛:《南京都察院志·职掌17·巡视门禁职掌·朝阳门》卷24)朝阳门位于明皇城东西走向的横轴线上,紧靠着明皇城、明宫城所在地,又是前往明孝陵的必经之路,因此过去该处曾被列为"禁地",一般人是不能靠近的,用得很少,遭到的破坏也就较小。

1929年民国政府举行奉安大典,将孙中山先生的棂柩奉安中山陵,由于朝阳门相对狭小,中山先生的灵车无法通过,所以在朝阳门的北边修了一个三拱形的券门。这就是我们现在很熟悉的中山门。

关于明朝南京城的13道城门就介绍到这里。这么多的城门一般人不容易记住,为此,聪明的南京人将它们编成了一个朗朗上口的顺口溜:"神策金川仪凤门,怀远(定淮)清凉到石城,三山聚宝连通济,洪武朝阳定太平。"这里就少了一个钟阜门,如果将它加入顺口溜中,那就是南京民间通常所说的"内城13门"。但是如今来看,南京的城门似乎远不止这些。那么多出来的城门都有哪些?它们又是如何来的呢?

● 清末与民国时期直到现在新辟的南京14道"小"城门

这"新内城14道门"分别为:1908年在清凉门与定淮门之间开草场门;在太平门与神策门之间开丰润门,1928年改名为玄武门,即今天玄武湖公园的西大门;1909年在神策门和钟阜门之间开了小北门(1950年拆除),清末主要开的就是这三道门。1921年在定淮门与仪凤门之间开海陵门,1931年又将海陵门改名叫挹江门;1929年在中华门和通济门之间开了武定门(20世纪50年代被拆除,今在重建);1929年在正阳门北边开出中山门;1931年在清凉门与石城门之间开辟汉中门;在神策门左侧开中央门;1931年在中华门城堡两侧开中华东门和中华西门,1955年中华东门和中华西门又被拆除,今又在重修;1934年在金川门与钟阜门之间开新民门;1936年在中华门与武定门之间开雨花门,1950年雨花门被拆除;1952年在玄武湖鸡鸣山后山东增开解放门。除此之外,还有挹江门与定淮门之间的华严岗门和上浮桥与下浮桥一带的集庆门等都是近期才开的。至此,南京应该共有27道城门。

● 现今南京保存完好的 10 多处城门和城垣

从明代到民国与现代,南京共有城门 27 座,但目前保存基本完好的,却并不多,它们是中华门城堡、中山门门券、集庆门、华严岗门、挹江门门券及城楼、神策门门券及城楼、玄武门门券、解放门门券、清凉门门券和石城门门券、仪凤门(重修)、武定门(重修)。

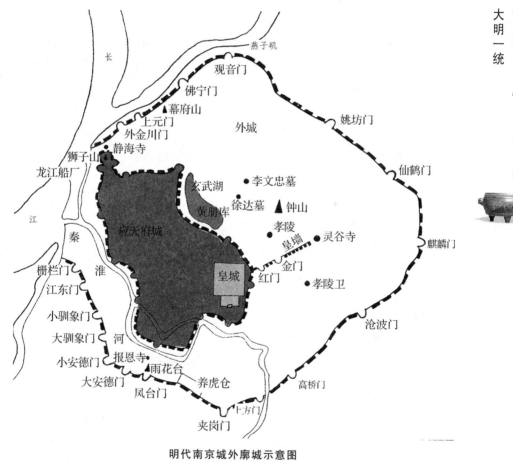

明代南京城外廓城示意图

外廓十八环绕南京　　众星捧月拱卫朝廷

今天如果您走到这 10 多处城门前,看到历史沧桑的痕迹,不知有何感想?对南京城门之多,老南京会向你脱口说出"里十三,外十八"的城门名。"里十三"前面我们已经讲过,那么这"外十八"指的又是什么呢?这"外十八"指的就是明朝外廓的十八座城门。那么朱元璋为什么要修筑外廓城?外廓城的这十八门又叫什么呢?

● 明代南京城外的护城河

在20多年的大明帝国都城建设过程中,另一项与此相配套的确保南京城池安全的外护城河工程也在紧锣密鼓地进行。如果说城墙与宫殿可能因为战争或火灾等因素将它们给毁了,而这个外护城河也能毁了不成?很遗憾,由于种种原因,明都南京的外护城河确实在今天南京城已经不能见到它原有的全貌。但我们大致还能辨认出其原来的模样。

大明都城南京南面的护城河是利用了南唐时的外秦淮河,只不过将它拓宽到了120米,现在的外秦淮河依然很宽,至于是否还有120米,就留着地质部门去实测吧。明代南京城的东南由于没有自然河流与屏障可以利用,所以朱元璋只得下令人工开凿一条从朝阳门(今中山门)到通济门的壕沟,这条壕沟南连外秦淮河,北通燕雀湖的旧址处,今中山门外东北方向还有一段燕雀湖未被填埋的河域;城东北面往北由前湖(燕雀湖)、琵琶湖、玄武湖等这些地理上的屏障形成的护城河,是经过了加工才形成的,完成时间在洪武六年前后(《明太祖实录》卷86);南京的西北方向,有着长江天堑为屏障。这样一圈下来,整个南京城的四周都有了或天然或人工的城濠护围,应该来说,安全系数大为增加了。

南京城的这条外护城河加上明故宫皇城外的护城河——人们一般称之为内护城河,中间又有坚固的城墙,"铜墙铁壁"的南京城终于形成了。这正是当年朱元璋所要的效果,可以想象当年朱元璋应该对这样的杰作满意了吧?!

○ 荒唐定罪牛首山,杖击一百成笑话

可有人认为,朱元璋尽管力求完美,将南京城建造得"铜墙铁壁",但他还是留下很大的一处败笔——没有将南京的南大门口的牛首山以及雨花台划归南京的城建范围之内。那么做事万般"细致"与苛求完美的朱元璋为什么会留下这么一个大的缺憾呢?

南京民间有人这么解释:朱元璋在进行南京城建规划的时候,观察了南京的山川风水,见到几乎所有的山岭都像星星捧月一样面朝着京城,而独独城南的牛首山之双峰向着外部,朝着安徽的马鞍山方向。朱皇帝非常来气,认为牛首山吃里爬外,于是下令对牛首山进行惩罚——杖击一百!并给它定了罪,还一气之下将它从

南京的"山川户籍"内除了名,划归了当时太平府,排除在南京城建规划外!（【明】周晖:《金陵琐事·牛首解嘲》,南京出版社2007年9月第1版,P108）

当然这是后人编成的一个笑话。诚然将牛首山和雨花台划归南京的城建范围之外,很有道理。但我们如果从当时朱元璋所处的实际情况与条件来看,真把牛首山以及雨花台这一带融合在一起作为南京城南的屏障,也许会耗费更大的财力物力。我们不妨想一下,当时大明帝国刚刚建立,国力有限,尤其在建设南京的城墙时,朱元璋就几次三番向沈万三寻求"赞助",就连正史里也记载说:"吴兴富民沈秀者,助筑都城三之一。"（《明史·孝慈高皇后传》卷113）虽说朱元璋这样做多少带有劫富的色彩,但是有个不争的事实是,当时大明军队仍在外征战,确实也没有那份实力;如果再退一步来考虑,即使是从军事角度来看,南京明都城已经建有天下第一城堡——通济门、聚宝门（中华门）等,外面又有外秦淮河作为安全的护城河,在那个基本上还属于冷兵器时代拥有这样的军事屏障已经足够了,如果再去耗费精力、物力和财力去规整牛首山以及雨花台这一带,在当时也没有这个必要。因此说,朱元璋在南京规划上并没有什么大的疏漏。

但有人就不这么认为了,甚至认为南京城的这等营建简直是将明皇宫置身于随时都可能被炮击的危险目标中。这人是谁?朱棣!

● 明代南京城外的外廓城修建

朱元璋在建好南京都城以后,曾亲自带领儿孙们和亲近的大臣一同欣赏他的杰作,然而四儿子朱棣的一番话,却使他和军师刘伯温之间产生了严重的冲突。这又是怎么回事呢?

○ 朱元璋赐橘子,马皇后赐桃子,刘伯温却不敢吃,他要逃命。这是为什么?

传说朱元璋携儿孙、大臣们登临紫金山巅,俯瞰着南京城,一时间意气风发,志得意满,对儿孙们感慨道:"我自幼贫苦出身,如今辛苦半生,有了这骄人的江山,再看看这都城建造得怎么样?!"听到这席话,儿孙与大臣们纷纷表示赞同,并附和说这南京城修建得如何雄伟庄严、如何稳固牢靠。朱元璋听了心里舒服透顶。

就在这时,14岁的四儿子朱棣却乌鸦嘴说了一句:"这南京城是谁帮您设计的?是不是军师刘先生刘伯温?父王您仔细看看,如果在这紫金山上架了一门炮,还不是炮炮都可击中紫禁城啊!"闻听此言,朱元璋脸色大变。朱棣确实是乌鸦嘴,但他也道出了南京都城规划建设中的缺陷。（参见杨新华:《南京明城墙:神秘的浩瀚史书》，叶浩主编：《走进市民学堂⑥》，江苏文艺出版社 2008 年 4 月第 1 版，P116）就现有都城来说，东有钟山，南有聚宝山，北有幕府山，等等，这么多的重要制高点都规划在南京城外，对都城的军事城防极为不利啊！想到这里，朱元璋几乎是一身冷汗。由此他对全面负责筹划和修建南京城的刘基产生了极大的愤恨，甚至是恨极了，原来这个刘老先生竟然这般居心不良。回宫以后，他马上命太监给刘基送去一盘橘子。刘基看了，立马明白了皇上的意思。我们平常吃橘子还不都是剥皮抽筋地吃啊，刘基知道皇帝送他橘子的意思，是要将他剥皮抽筋。他急啊，这怎么办？忽然间他想到了马皇后，因为大臣们都知道，当今皇帝只有跟原配马皇后一直敬如宾，平日什么人的话都可能听不进，只有马皇后劝解几句或许还有用。可在向马皇后求救之后，刘基没想到马皇后也没有说什么，只是差人送来了一篮子桃子。刘军师多聪明啊，立马明白马皇后的意思，叫我快逃（"桃"的谐音）！于是，刘基连夜逃往镇江茅山去当道士了。

对于这样的民间传说，我们该信几成呢？我们不妨来分析一下故事的可信度。

传说这事是在朱棣 14 岁时发生的，而朱棣出生于 1360 年，这么说来，这件事就应该是在 1374 年发生的。可这故事又据说发生在南京城建成以后，我们都知道南京城建成是在 1386 年以后的事。这样看来，第一个漏洞：时间上的冲突就出现了。

其次，如果按照史料记载南京城建好的时间——1386 年，彼时的刘伯温在哪里呢？这时的刘伯温早已不在人世了，《明实录》和《明史》都记载说：洪武八年（1375）四月，"诚意伯刘基卒"（《明太祖实录》卷 99；《明史·刘基传》卷 128）。所以怎么可能在死后 11 年他再次被赐死呢？

那为什么民间会有这样的故事流传呢？我认为有这么两方面的原因：

其一，是为了美化朱棣。在这个故事中，朱棣说的炮炮都能打中紫禁城，明显地是在渲染朱棣从少年时候起就比他的打天下的父亲更加有眼光、更有胆识，似乎是为了说明朱棣的"伟大"——自古英雄出少年么。因此我认为，之所以有这么一个"故事"，不排除这样的可能，即朱棣在当了皇帝之后，找了几个文人墨客为自己杜撰一些"故事"，这样就能显现他篡位皇帝天生就是"非凡之人""千古一帝"。

其二，为朱棣的败家子行为寻找开脱的借口。朱棣篡位登基后，着手迁都北京，将南京明皇宫视为敝屣，败了祖宗的基业，好端端的南京城里的"朱家"开始散在他的手里。这不是败家子行为还是什么呢？而子孙败家在中国传统社会里是人人都切齿痛恨的不耻行为，既然败了家，朱棣当然要想方设法寻找理由和借口，为自己辩白；而在这个传说里，恰恰巧妙地为他败家行为找到了开脱的借口：这明皇宫你们建得不好啊！所以我就不想要了，我要迁都。

● 明代南京外廓城的18道门

我们否定了朱棣挑出明初南京城建设的瑕疵之说,并不是讲朱元璋在位时对自己建造的南京已经十分的满意。事实上,我在前面已经讲过,朱元璋的童年与青少年时代的苦难与缺憾太多了,造成了他成年以后内心深处一直有着强烈追求完美的心理。由此而言,大明都城建成以后,或许真有如前面传说中所讲到的朱棣那样具有真知灼见的高人,给朱元璋指点了迷津,也许朱元璋自己反复琢磨出来都城可能存在的隐患,所以在洪武二十三年(1390),朱元璋又下令在南京京城外面建造外廓城。外廓城主要利用南京城外的黄土丘陵依山傍水筑成,只在附廓险隘之处才用城砖砌墙开门,其余皆以山埂培土夯成,俗称土城头。外廓城周长号称180里(【明】顾起元:《客座赘语》卷6;《明史·地理志一》卷40),实际周长为120里,其中砖砌部分约40里,占整个外廓城总长的1/4不到。土城一般高约8米,上宽7米左右,最早筑有15~16座城门。洪武二十三年有驯象门、安德门、凤台门、双桥门、夹岗门、上方门、高桥门、沧波门、麒麟门、仙鹤门、姚坊门、观音门、佛宁门、上元门、(外)金川门,"凡十五门"(《明太祖实录》卷201);洪武二十四年,置京城外十六门,并置千户所,各铸印给之(《明太祖实录》卷207)。洪武二十八年时的外廓十六门为麒麟门、仙鹤门、姚坊门、高桥门、沧波门、夹岗门、上方门、凤台门、大驯象门、小驯象门(陆容笔记中载为"双桥门")、大安德门、小安德门、江东门、佛宁门、上元门、观音门(《洪武京城图志》;【明】陆容:《菽园杂记》卷3)。

南京外廓城十八城门最早出现似乎是在明英宗时代,正统四年(1439)九月,"命修南京驯象等十八门外城,以夏秋久雨浸颓故也"(《明英宗实录》卷59)。但即便如此,南京外廓城的十八城门似乎与后世南京民间流传的并不完全相同。

由于"外十八"主要是由土堆和高丘构成,自身有问题,加上岁月的流逝和战争的破坏,南京外廓城十八门至今已荡然无存了。但它们曾存在过,那么南京外廓城到底有哪十八门?

东面6门,它们分别是:姚坊门,也就是如今地名尧化门;仙鹤门,如今此地名仍然沿用,在仙林一带;麒麟门、沧波门、高桥门、上方门,这几个地名如今也都在用。

南面6门:夹岗门、凤台门、大安德门、小安德门、大驯象门、小驯象门,这些地名我们如今都还常常听到。

西面有2门:江东门和栅栏门。江东门这个地方现在是南京大屠杀纪念馆所在地,地名的存在自不消说;但是栅栏门却几乎没什么人知道了,常用的地图上也不一定找得到。

北面4门中的外金川门、上元门、观音门都成了耳熟能详的地名,只是佛宁门没多少人知道了。

以上就是南京民间所说的"外城门十八"。至此,整个南京城从里到外,一共有四层,还有两条护城河,即皇城外的内护城河与京城外的外护城河,南京四周东面钟山、南面聚宝山、北面幕府山和西面清凉山等所有制高点全部纳入了都城南京的范围内,城墙又厚又坚,真正称得上是铜墙铁壁了。如此规模,堪称世界都城之最。

分类区域规划都城　六百年后依然可认

南京本是一座历史古城,朱元璋定都南京,不仅在城市建设方面将南京打造成世界第一都城,而且也曾给古城南京带来社会经济的"繁荣"。明初南京人口急剧增加,由原来的几十万人口的中型城市不久就激增到了拥有百万人口的国际超级大都市。那么,如此国际超级大都市到底是怎样区划与分布的?

大体来讲,明初南京市区大致可以分为高干富人区、手工业和商业区、宗教文化区、帝国军事区、帝国政治权力中心区、皇家园陵区和风景游乐区等。

● 高干富人区

○ 常府街(花牌楼)、信府街、邓府巷

当时的高干富人区主要集中在内秦淮河两岸,也就是从镇淮桥到下浮桥一带和北新街南北地带。尤其是从镇淮桥到下浮桥这一地区是明初公侯将相、达官贵人云集的高干区。当时有个诗人写了首诗生动地描述了淮右新贵云集南京的空前盛况:"马上短衣多楚客,城中高髻半淮人。"(【元】贝琼:《贝清江先生诗集·秋思》卷5)淮河流域在春秋战国时代属于楚国,朱元璋及其家乡出来的功臣勋贵们出身于淮河流域,所以诗中的楚客和淮人就是指的这批凤阳人、定远人等,他们一下子云集在南京,占据了半个南京城(城中高髻半淮人),由此可见当时新来的淮右新贵之多了。这些高官显贵依仗自己特殊的功勋或与皇帝朱元璋特殊的亲缘关系,相对集中地生活在南京城南这个特定的区域,名噪一时,使得他们的府邸在南京城留下了极深的印记,或将府邸作为标志的街道名而流传数百年,或者留下了官邸的遗址,让后人叹为观止。比如曾在今天南京市杨公井一带开府的开平王常遇春曾经的府邸虽然经过岁月的洗礼早已不存在,可常府街却因此成为了那一带的地名;常遇春府邸前还曾有朱元璋特别恩赐允许修建的花雕牌楼,南京人称之"花牌楼"。今"花牌楼"已不在了,但这花牌楼地名沿用至今。而信国公汤和,后被追封为东瓯王,他的王府就在信府街一带,可惜的是也只留下了地名,让我们遐想当年的荣华景象;同样情况的还有宁河王邓愈的王府,在今天的邓府巷一带。

○ 南京夫子庙的瞻园、徐达中山王府和白鹭洲公园

由于种种原因,明初众多高官府邸现在只留下了一个个沧桑的地名,但有一处除外,那就是魏国公徐达的中山王府。徐达王府就在如今城南瞻园路一带,地名就叫大功坊。当时的魏国公府范围大致在今中华路东,夫子庙西,建康路南,瞻园路北,秦淮河之右,其宏伟气势可见一斑。如今我们在夫子庙还能看到的瞻园,仅仅是魏国公府的一个西花园罢了。其实在魏国公府邸的东边还有一个花园,它紧邻夫子庙,叫遂初园,后来败落了。魏国公府除了府内有东西花园以外,它的府外还有一座十分漂亮的花园,那就是魏国公府的东花园——今白鹭洲公园。这"白鹭洲"的名字据说来自李白诗句:"三山半落青天外,二水中分白鹭洲。"可见其当时的秀美风景。因位于魏国公府第的东侧,所以人们一般就称它为东花园。

魏国公府是皇帝朱元璋恩赐给大明第一大将军徐达的,徐达死后,其长子徐辉祖及其子孙继承爵位,世代居住于此。徐家还有一人获得大明公爵爵位名号的,那就是徐达第四子徐增寿。此人在建文朝当官,却暗地里为姐夫朱棣"打工",将建文朝廷的机密泄露出去,最终被建文所杀。朱棣"靖难"成功后,追封他为定国公(《明太宗实录》卷9)。永乐二年,明太宗朱棣命徐增寿之子徐景昌继承父亲的公爵爵位(《明英宗实录》卷31)。但今人已无法弄清楚当时的定国府在南京何处。

● 手工业、商业集中区——南唐皇城四周

○ 明代南京城里手工业、商业分布地区——《南都繁会图卷》

除了秦淮河两岸的高干富人居住区,南京城的城南一带也是明初比较繁华的手工业、商业集中区,中心地带应该在过去的南唐皇城内,也就是今天中华路的王府园附近,确切位置是南起聚宝门以内,北达北门桥(今珠江路北),东大中桥,中为镇淮桥,西到三山门(今水西门)。其中以南唐的御街三山街尤为繁华,内桥东南

的承恩寺一带也相对比较发达。明代人这样记载道："南都(指南京)大市为人货所集者,亦不过数处,而最终为行口,自三山街西至斗门桥而已,其名曰'果子行'。"(【明】顾起元:《客座赘语·市井》卷1)

今天中国历史博物馆里珍藏着一幅巨画《南都繁会图卷》(长3.5米),真实地"记录"了明朝南京城南地区商品经济繁荣的状况。经过专家、学者的考证,这画描绘的正是当年的三山街到升州路和建邺路一带街市繁华的景象,画上有着109种店铺招牌和1000多人物,有人称之为明代的《清明上河图》,其时南京城南地区工商业一片繁荣跃然纸上。

当时南京城做生意的主要有下列四种"商人":

第一种商人——外地商人开"铺行"。当时大明帝国在都城南京的商业街道两侧都建有"官廊"或称廊房。洪武十九年十二月,朱元璋下"诏中军都督府督造通济、聚宝、三山、洪武等门,……新筑……六部围墙并廊房街道,并以罪人输作"(《明太祖实录》卷179)。这种官修的廊房可租也可买下使用,之所以如此,一来是由于大明帝国为了占有商业利润,二来是为了便于管理。也正因为帝国政府对商业进行有序的管理,于是在明初南京城里很快就形成了众多的专业一条街,例如聚宝门一带,因糖坊廊而出名;三山街上遍布着书铺廊、裱画廊、绸缎廊;朝天宫附近因红纸廊而闻名;今城中新街口西南有明瓦廊,至今这些地名还在沿用。

第二种商人——本地匠户做"住商",即南京本地的军、民、匠户。他们既是专门的手工业者,又是兼职的商人。

○ 评事街和七家湾地名的由来　南京云锦

由于明初定都于此,那时南京的手工业发达程度居全国之首。明初从全国各地调集了20多万的手工业匠户进行"城建"与劳作,客观上繁荣了南京的工商经济,当时南京的小手工业已然发展成了三百六十行!

有人认为,明朝初年,南京七家湾一带居住着很多的外地人,其中以西域人为众,他们擅长的手艺很独特,比如我们如今吃的牛皮糖、芝麻糖等就是通过这些西域人传授了西北少数民族的制作工艺。这些西域人居住在评事街上,他们中的好多人都从事皮革加工制造,由此形成了评事街上皮革专业"一条街",被人们叫做"皮市街""皮作坊"。时日久了,来的外地人多了,大家将它口讹为"评事街"。清人曾记载说:"评事街亦名皮作坊,……今由打钉巷抵七家湾,攻皮者比户而居,夏日污秽不可近,尚沿旧习。而转东一巷名曰皮场,盖亦皮作坊之所。"(【清】甘熙:《白下琐言》卷6,P103)与评事街呈丁字型的七家湾,也是当时皮革加工制造的专业街,据说其中有七家人家的皮革最负盛名,所以人们将那个地方称作"七家湾"。这是南京"七家湾"地名来历的民间另一种版本。

朱元璋定都南京和明初南京工商业的繁荣,促使明代南京手工织造精品——云锦迎来了历史的辉煌。云锦很早就有了,但在明代以前南京云锦在全国并不"畅行"。明初定都南京,朱元璋政权的新贵们就地取材,他们按照一定的规制穿用云锦服饰,由于整个大明帝国中的官方有着相当大的需求和上流社会的热衷追捧,南京云锦由此开始走向了全国、甚至走向了世界,也开始走向了自身历史发展的辉煌时代。

第三种商人——城乡农户赶集忙。明朝南京经商的第三种人就是城乡农户,他们主要是在城乡结合地区进行交易买卖,即古制中的"市",这个"市"绝不能理解为现代意义上"城市"的"市"。中国古代通常将定点但有时间性限制的贸易场所叫做"市",也就是类似于今天农民赶集的地方。明朝初年都城南京的市主要在石城门、三山门和聚宝门等大的城门外边。

第四种商人——官商从中渔"利"。至于官商,中国历朝历代都有,而且都很强大,有时甚至垄断了很多的经济领域,这种官商类似于国营垄断企业。

○ 听说过没有:官妓也是官商经营的一类"行业"?

明朝的官商主要从事下列几类"行业":

第一,廊房。前文已经提及,据说当年仅在上新河一带就一次性建了数百间廊房。其实除了朝廷衙门有廊房外,似乎当时的军队也有(待研究)。洪武三十一年五月庚申条的《明实录》记载道:"羽林右卫军丁以遗火烧廊房六十余间,法司请治其罪。上曰:彼非故为也,释之。"(《明太祖实录》卷257)

第二,塌房。"初,京师(指南京)军民居室皆官所给,比舍无隙地。商货至,或止于舟,或贮城外,驵侩上下其价,商人病之。(洪武)帝乃命于三山诸门外,濒水为屋,名塌房,以贮商货。"(《明史·食货志五》卷81)这是说,朱元璋下令在三山门外,靠在水边建了一座座"塌房",类似于现在中转仓储地,"塌房"专供商人们中转存货,以方便在此经商;而政府从中收取一定的管理费用、税收等。

第三,酒楼。朱元璋下令在江东门、聚宝门、三山门、三山街等商业来往最繁忙的通道上建造了南市楼、北市楼、讴歌楼等16座大型国营酒楼。明人记载了其中南市楼的繁华境况:"国初,知县揭公轨有《宴南市楼》诗云:'帝城歌舞乐繁华,四海清平正一家。龙虎关河环锦绣,凤凰楼阁丽烟花。金钱赐宴恩荣异,玉殿传宣礼数加。冠盖登临皆善赋,歌词只许仲宣夸。'观此诗,当时之盛可知矣。"(【明】周晖:《续金陵琐事·宴南市楼诗》上卷,P196)

第四，官妓。有了酒就要有美女作陪，这样喝酒才能越喝越有味。既然官方办了这么多的酒楼，当然不能忘了酒楼的特殊娱乐消费形式——狎妓与嫖妓（朱元璋时代是禁止公务员嫖妓，但对非公务员不禁止），这样就有了官商第四种形式——官妓。明初国营酒楼中有 6 家专供官妓的：朱元璋时"特于京师聚宝门外，建官妓馆六楼以安远人。一曰来宾，一曰重译，一曰轻烟，一曰淡粉，一曰梅妍，一曰柳翠"。(【明】吕毖：《明朝小史·洪武纪》卷2)

除此之外，官妓主要集中在教坊司下属的富乐院，富乐院大致位于今日江南贡院河对岸。"明初设教坊司，立富乐院于干道桥"，后来因为一场大火灾烧了，朱元璋下令将其移至武定桥(【清】甘熙：《白下琐言》卷6，P104)，自此以后秦淮妓院声名渐起。官妓的主要来源是犯罪者的女眷们，她们因父亲或老公等亲人犯罪而被罚到了教坊司当风尘女子，以此来为官方挣钱赎罪。明初南京青楼中最为悲惨的就要数建文朝大臣的妻女了，对此有人抨击道："靖难诸臣（指建文朝大臣）妻女，多入教坊，风教沦丧，至文皇（指朱棣）而极，真从古未闻。"(【清】甘熙：《白下琐言》卷6，P104)

● 文化与宗教区

○ 秦淮河两岸的世俗文化区——夫子庙风俗文化与青楼文化

直到今日，每年元宵节声势浩大的夫子庙灯会不知吸引了多少南京人的眼球。这灯火通明洋溢着民俗气氛的灯会之所以如此繁盛，还应该归功于明太祖朱元璋对它的"助力"与倡导，就连秦淮河上那么多、那么大的画舫也跟朱元璋有关。事实上，明初在夫子庙前的秦淮河上画舫并没有这么多、这么大。据说有一天，朱元璋携马皇后去游览夫子庙，见到那些小画舫在河里摇曳而过，朱元璋顿感大煞风景，随口就说了句："要是大一点就好了！"说者无心，听者有意，随从官员赶紧吩咐手下人开始着手建造又大又漂亮的画舫，类似于我们现在经常在那里见到的画舫或称游艇，从此在秦淮河泛舟也成了别有趣味的一项游览节目。

至于夫子庙的灯会，在明代以前已经繁盛起来了，但是灯会的时间很短，只在正月十四日前后。朱元璋定都南京以后，时不时地来夫子庙"逛逛"。他喜欢灯会，但总感觉这个夫子庙灯会有些美中不足，时间短了点，也许是为了彰显明都盛世繁华美景，他下令将夫子庙的灯会时间延长，从正月初八开始一直到正月十八才结束，这样一来，热闹的节日就可持续十天左右。明代南京灯会远不止夫子庙一处，但以夫子庙、笪桥、评事街一带的灯会最为热闹，由此造就了秦淮河两岸夫子庙地区世俗文化的繁荣。

明朝夫子庙地区还是教育、考试重地。夫子庙在洪武初年曾经还被当作国子监（后被迁到鸡鸣山南面），考试重地——贡院就坐落在它的边上。

而夫子庙对面、秦淮河南岸连同夫子庙和江南贡院附近原本还是风化区，但集中地是在秦淮河的南岸。来这里风流的举子很多，这些"才子"自然要找"佳人"来相伴，由此明清时代这里的青楼文化十分兴盛。

○ 以雨花台为中心的社会忠义教化区

南京城南雨花台是明代社会忠义教化集中区，那里埋葬着众多的忠魂义骨，建有历代忠义祠："聚宝门外诸祠：曰二忠祠，祀宋丞相文公天祥、建康府判杨公邦乂……曰海公祠，祀明南京都御使海忠介公瑞；曰王公祠，祀明应天府尹王公爖……曰方公祠，祀明文学博士方忠文公孝孺……曰景公祠，祀明御史大夫景忠壮公清；曰先贤祠，祀吴泰伯一下诸人……"到清代时"合而为十三祠。"【清】甘熙：《白下琐言》卷6，P113)

○ 以鸡笼山为中心官方主创的宗教文化区和南京五大名寺

明初官方设置的宗教文化区主要是在鸡鸣寺和国子监（今东南大学）这一带。以鸡笼山（今鸡鸣山）南麓为中心原本是六朝时期的御花园——华林园。陈朝灭亡后，华林园被毁。宋元之际，这一带才逐渐恢复起来。洪武十四年四月，朱元璋下令在鸡鸣山下南面建造大明帝国的最高学府——国子监（《明太祖实录》卷137）。鸡鸣山上原有藏传佛教僧人星吉监藏修行布道，洪武十八年十二月，朱元璋诏令在宋、元时期的法宝寺基础上修建鸡鸣寺，"以祠梁僧宝公，命僧德瑄住持"，星吉监藏移至寺西。（《明太祖实录》卷176）

◎ 明代南京钦天山上曾有最为先进的国家天文台

就在鸡鸣寺的不远处的原六朝司天台旧址上，元代曾建有观星台。朱元璋建都南京后的洪武十八年下令在先前遗址基础上修筑钦天监观星台，而原在雨花台的天文台则成为回回钦天监观星台（《明太祖实录》卷176）。观星台由大明帝国专门掌管观察天象、推算节气、历法的国家官署——"钦天监"管辖的，由此观星台也就被人们称作为"钦天台"。"钦天台"所在的鸡笼山随之被称为钦天山。为了加强钦天山上的天文观察研究，明初朱元璋还下令将元帝国所有的国家级天文仪器从北京运到南京，安装在鸡笼山观象台上，且新造了一批天文仪器，这下鸡鸣山上的钦天台成为了拥有当时中国人视野里最为先进的仪器设备的国家天文台,它的建造比英国格林尼治天文台还早300年。鸡笼山观星台一直沿用至清初,康熙时南京观星台所有仪器被全部运往北京。

◎ 鸡笼山上的十庙剩一庙,进香河成了"进香河路"

明朝时鸡笼山南麓修建了好多庙,有纪念历代开国皇帝的帝王庙、纪念汉秣陵尉蒋忠烈侯的蒋子文庙、东晋忠臣成阳下忠贞公的卞壶庙、南唐大将刘忠肃王刘仁瞻的刘越王庙、北宋大将济阳曹武惠王的曹彬庙、元卫忠肃公的福寿庙;还有祭祀主管南京城池之神的城隍庙等;明朝为了使人们永远记住徐达、常遇春、邓愈、汤和、沐英等21位开国功臣(没犯错的)而特地又在鸡鸣山麓建立了"功臣庙";洪武二十七年正月,将汉寿亭侯关羽庙迁至鸡鸣山南坡,这样算下来共计有十余座庙宇,因而当时人们称之为"十庙"。朱元璋"命应天府每岁以四孟月及岁除祭,功臣日致祭,岁以为常"。(《明太祖实录》卷186)

在明朝初年,百姓经常要到鸡鸣山上的这十庙去上香,鸡鸣山南麓对面是一条南北走向的潮沟,那是三国时孙权定都南京时开挖的,主要用来运送粮食。南朝覆灭后,该河流渐渐堵塞。明朝初年,为了方便百姓来到鸡鸣山上进香祭祀,大明帝国花了大力气,疏浚此河,并且就此取名为进香河。很可惜,后来明王朝迁都北京以后,来此进香的人越来越少,这条河也就淤积了。上世纪80年代,索性就将这条河直接铺成了路,这就是现在的进香河路。

◎ 明初南京五大名寺

其实除了鸡笼山为中心官方主创的宗教文化区外,明初洪武时期最有名的寺庙还有天界寺、天禧寺、灵谷寺、能仁寺(《明太祖实录》卷229)和永乐时期的大报恩寺等,其中大报恩寺为大明皇家寺院(永乐开始)。但按照明代文臣学者葛寅亮的划分,明代南京有8大寺。其中钟山灵谷寺、凤山天界寺、聚宝山报恩寺为金陵三大刹;摄山栖霞寺、鸡笼山鸡鸣寺、卢龙山静海寺、天竺山能仁寺、牛首山弘觉寺为金陵五个次大刹。(【明】葛寅亮:《金陵梵刹志》卷3,卷16,卷31;卷4,卷17,卷18,卷32,卷33)

● 军事区——大小教场、马群、苜蓿园

明初军事区分成这么几块:鼓楼以北,分布着庞大的禁卫军的营房驻地;军队训练场地,主要位于南京城东,小九华山以南。明代将这里辟作军事教练场,曾名小教场,老百姓俗呼小营;而京城的大教场位于京城的东南方向,至今也还有这个地名的存在,是以前南京的飞机场;城外麒麟门至观音门一带是军队的牧马区,"明初牧马皆在外廓门以内,如麒麟门至观音门一带地方,有黄马群、青马群、红马群、白马群。朝阳门外东二十里,有马房山,为枣骝群,又有马巷口,皆其所也"。(【清】甘熙:《白下琐言》卷4)后来人们索性称那一带为马群,城东的"马群"这个地名由此沿用下来;朱元璋曾"命户部释淮南北及江南、京畿间旷地,遣军士种苜蓿饲马"(《明太祖实录》卷208)。今南京城东苜蓿园大街一带曾有很大一片空地,因响应朱皇帝的号召,广植苜蓿,人们由此将其称为苜蓿园。

● 皇家陵园区

南京的城东钟山被朱元璋设置为皇家陵园区,这里也就是明孝陵与东陵的所在地。

● 风景区

至于狮子山、秦淮河两岸、莫愁湖、清凉山、城南凤凰台等地则是当年有名的风景区。(参见高树森、邵建光:《金陵十朝帝王州·南京卷》,中国人民大学出版社1991年5月版;《南京古代道路史》,江苏科技出版社,1989年10月第1版)

以上便是大明初年对南京区域规划的大致情况,由此可见当年明太祖朱元璋花了一番心思、费了很多的神。从后来历史的发展以及当今生活中我们不难发现,明初的这种区域规划对南京城后来的社会经济与文化发展有着深远的影响。当然大明帝国定都南京的意义与影响远不止于此,接下来我们将作详细讨论。

建都南京意义非凡 定名大明缘由何在

● 大明帝国定都南京的意义

○ 第一次将大一统帝国的都城建在了南京,开创了大一统帝国南北中心的多重选择的新局面,也为世界大国政治、经济、文化多重中心创立了历史先例

南京作为一个王朝的都城,无论是六朝,还是南唐,都不过是偏安一隅的局部

性割据政权。从明朝开始,南京才第一次成为全国性政权的首都,真正意义上的大一统王朝的帝国首都,全国的政治、经济、文化中心。

明朝洪武元年(1368)八月,朱元璋下了一份诏书:"朕观中原土壤,四方朝贡,道里适均……其以金陵为南京,大梁(开封)为北京,朕以春秋往来巡狩。播告尔民,使知朕意。"(《明太祖实录》卷34)这段话的意思是说:"朕综观中国的疆土,四方臣民属国前来我大明朝贡,以路途较为合适的——应该以金陵作为我大明帝国的南京;以大梁(开封)为我大明帝国的北京,朕每年的春秋时节在南、北两京之间来回巡视办公。今告诉你们的百姓,使他们知道朕这样定都的一片良苦用心。"朱元璋将金陵为南京,大梁(开封)作北京(后废止),中国历史上南北京之称由此而始。用今天话来说,朱元璋从巩固大一统帝国全方位的角度,主张设置南北两京制度。

"两京制"古已有之,周代有两个都城:镐京(西安)和雒邑(洛阳),隋唐时期也有两京:长安和洛阳。这是大一统帝国治理过程中的一个创制,但历史上的这些"两京"都局限在关中地区或北方中原地区。从大一统帝国全方位角度来说,这种两京制有明显的缺点,那就是厚此薄彼,重北方而轻南方。明代改变了这种格局,它是顺应南方经济与社会文化的后来者居上的态势,因此我认为这种"南北两京制"本身就是一个历史的"创制",中国的经济与文化中心从北向南转移不是从明代才开始的,而是在宋元;但宋元都没有及时适应历史发展之势而从政治上予以调整,但明代做到了,因此其历史功绩与深远影响不容低估。它第一次将大一统帝国的都城建在了南京,开创了大一统帝国南北中心的多重选择的新局面,也为世界大国政治、经济、文化多重中心创立了历史先例。

○ 建都南京,大一统帝国的政治、经济和文化三重中心合一,顺应自然地奠定了中国传统社会后期发展的基本格局,解决了南粮北运带来的许多劳民苦众的社会大问题,同时也开启了中国历史上的"南北之争"之先河

明代以前,中国历史上的大一统帝国的政治中心一直在北方,尤其是宋元之际,中国传统社会的经济重心由北方转移到了南方,由此给大一统帝国带来了极为头疼的经济问题——北方政治中心及其政治性的高密度人口所亟须南方粮食等经济物质支撑。为了解决这个问题,大一统帝国政府采取了南粮北运的措施与国策,具体的做法为漕运与海运。但漕运与海运这两根大一统帝国政治中心的经济生命"输氧管"却极为脆弱。一旦发生什么变故,整个大一统帝国的经济秩序就会被打乱,甚至陷入瘫痪状态,元末就是这种情况。这是经济中心与政治中心相背离所引发的严重后果之一。

严重后果之二是：大一统帝国实行了南粮北运，其支付的经济成本相当之昂贵。我们不妨以永乐迁都后的情势做个对比：

明代前期学者陆容曾这样记载道："苏州自汉历唐，其赋皆轻，宋元丰间，为斛者止三十四万九千有奇。元虽互有增损，亦不相远。至我朝止增崇明一县耳，其赋加至二百六十二万五千九百三十五石。地非加辟于前，谷非倍收于昔，特以国初籍入伪吴张士诚义兵头目之田，及拨赐功臣，与夫豪强兼并没入者，悉依租科税，故官田每亩有九斗八斗七斗之额，吴民世受其患。洪武间，运粮不远，故耗轻易举。永乐中，建都北平，漕运转输，始倍其耗。由是民不堪命，逋负死亡者多矣。"（【明】陆容：《菽园杂记》卷5）

永乐年间江南地区老百姓大多逃亡的缘由是政府赋税太重，那么究竟重到什么地步呢？陆容又记载说："永乐间，平江伯陈公瑄把总海运粮储，共一百万石。时未有总兵之名。十三年，里河漕运（即大运河漕运——笔者注）加至五百万石，统各处一百七十余卫。后以湖广、浙江、河南、山东各都司所属茶陵、临山、彰德、济南等卫地远，省之，每岁上运四百万石。"（【明】陆容：《菽园杂记》卷9）

永乐初年尚未迁都，北运漕粮100万石，永乐十三年大运河完全通畅后，朱棣加快了迁都的步伐；也就从这年起大明帝国差不多每年要从南方地区吸血500万石粮食，但因湖广等地不便运输，于是从苏南北运400万石粮食成了铁定的规制。明代文人张瀚记载说："国朝岁供军储四百万，大抵取给江南。"（【明】张瀚：《松窗梦语·宦游纪》卷1）但实际上这400万石运往北京的粮饷还仅仅是官粮和军粮，民粮根本不在其中，"天下岁运米至京师者有四百余万，民粮不在其数"。（【明】陆钶：《病逸漫记》）

额定北运粮为400万石，其实这当中还不包括"损耗"与人力费用，明代中后期文人学者说，南粮北运的成本费用大约是额定北运粮的100%。也就是说江南人民不仅要负担400万石的"爱国粮"本额，还要承担400万石粮食北运的成本费，两项总计高达800万石，是永乐初年的800%，这是何等残酷的剥削！

与苏南连在一起的还有个难兄难弟——浙江，"浙江银课，洪武间岁办二千八百七十余两，永乐间增至七万七千五百五十余两，宣德间增至八万七千五百八十余两"。（【明】陆容：《菽园杂记》卷11）

浙江银课增长率在100%左右，受剥削的灾难程度要比苏南轻多了，可即使这样，浙江人已经受不了，镇守地方的官员不断上请，要求予以减免。（详见【明】陆容：《菽园杂记》卷11）而赋税负担增加了800%的苏南人民可就更没什么活路了。明朝文人陆容说得好，"地非加辟于前，谷非倍收于昔"，而赋税负担却增加了

800%，江南人民还怎么活？所以最终"民不堪命，遗负死亡者多矣"。因此说迁都北京对传统中国社会经济尤其是对江南地区经济的发展简直就是灾难。京杭大运河作为帝国的吸血管，源源不断地吸吮着江南人民的鲜血，摧残了江南地区社会经济的发展，加重了江南人民的苦难，这绝对不像某些官僚政客和走狗文人所吹嘘的那般。就连永乐死后他的亲儿子明仁宗朱高炽也曾痛心疾首地说道："南北供亿之劳，军民俱困，四方向仰咸（属）南京，斯亦吾之素心。"(《明仁宗实录》卷10)

明清之际大思想家黄宗羲站在明代近300年的历史角度，这样评述迁都北京的："江南之民命竭于输挽，大府之金钱靡于河道，皆都燕之为害也。"(【清】黄宗羲：《明夷待访录·建都》)

严重后果之三是：社会成本无限加大。"南粮北运"带来的最直接的"丰硕成果"就是大运河经济的"繁荣"。如果留心观察我们一直引以为傲的世界第一大人工开凿的运河——京杭大运河在元、明、清三代的经济生活中的状况，你就会发现它似乎特别"活跃"。这到底是为什么呢？京杭大运河不是元朝起才有的，早在隋炀帝时就已经开凿通行了，但在随后的七八百年里大运河似乎并不怎么引人注目，或者说用处并不大。可在元、明、清三代却特别热闹，主要是由于大一统帝国官方主持的"南粮北运"所造就的。从大一统政治出发，树立"漕本思想"，畅通"南粮北运"，由此带来运河沿岸经济的"发达"，促进了商品经济"病态的"繁荣。说到底，这是一种建立在非理性基础之上的病态经济，是由无所不能的绝对专制皇权倾力打造出来的美丽无比的肥皂泡。

而建都南京，大一统帝国的政治、经济和文化三重中心合一，这就顺应自然地奠定了中国传统社会后期发展的基本格局——全国经济中心的南移，解决了南粮北运所带来的诸如劳民苦众、社会成本无限加大等一系列社会大问题，同时又能与宋元时期已经开启南移的中国文化中心相重合；无论是从理论还是从实际的角度都是属于一种比较理性的选择。然而它也带来一个无法回避又十分严峻的问题，中国自古以来就是一个多民族的国家，中华各民族不仅在地域分布上很不均匀，而且各民族的个性特征也有很大差异。但从总体角度来看，北方少数民族不像南方少数民族那样温顺，他们比较剽悍、好斗，时常南下与中原王朝发生冲突。定都北方的大一统帝国的中央政权似乎便于就近调集军事力量，对付游牧民族的侵扰，而且中国北方诸如北京、西安等地都有很好的自然屏障作依托，临危尚可应急，这就是我们昔日津津乐道的定都北方最有利的证据和理由。笔者曾经也认同过，但在深度研究思考后却发现了问题。

就以明代而论，定都南京的洪武朝31年间大明帝国不仅没有京都之危，而且还一再北伐和"清沙漠",重创元蒙残余势力;相反,迁都北京以后的第29年即明正统十四年,朱棣的玄孙明英宗朱祁镇在位时不仅没能抵御住北疆蒙古人的入侵,反而堂堂的大明天子还当了俘虏,写下了大明帝国历史耻辱的一页。对此,明末三大思想家之一的黄宗羲曾一针见血地指出:"有明都燕不过二百年,而英宗狩于土木,武宗困于阳和,景泰初京城受困,嘉靖二十八年受围,四十三年边人阑入,崇祯间京城岁岁戒严,上下精神敝于寇至,日以失天下为事……江南之民命竭于输挽,大府之金钱靡于河道,皆都燕之为害也。"(【清】黄宗羲:《明夷待访录·建都》)

根据黄宗羲所列举的明成祖迁都以后近200年的时间里发生的六七次君主受困与京城被围大危机,我们来个平均折算,大约每30年左右北京及其周边地区就会出现一次大危机或军事大告急,而这样的危局在朱元璋定都南京时却不曾出现!

由此看来,迁都或定都北方并没有如某些人吹得天花乱坠,全是优势。自洪武定都南京和永乐迁都北京起,600年间中国人关于南北都城之争几乎一直没有中断过,谁是谁非,自有公断。

○ 奠定了南京600年历史发展的基本格局,确立了南京在大一统帝国中的经济和文化中心与重心地位,提升了南京在大一统帝国中的地位甚至国际名望

朱元璋定都南京,对南京城的历史发展及其在大一统帝国中的地位和国际声望都有着深远的影响。这里面包含有三个方面的内容:

第一,朱元璋在明朝开国之前就开始着手进行南京城的建设,整个建设工程断断续续持续了20余年。史载:元至正二十七年(1367)二月,"拓都城(南京)讫工"(《明太祖实录》卷22);洪武六年六月,"修筑京师城周一万七百三十四丈二尺(约35 780米),为步二万一千四百六十八有奇,为里五十有九。内城周二千五百七十一丈九尺(约8 570米),为步五千一百四十三,为里十有四。"(《明太祖实录》卷83)洪武十年九月,"改作大内宫殿成"(《明太祖实录》卷115)……由此建成了明朝南京京城,其范围大致是:东北到紫金山;北部紧靠玄武湖,将鸡笼山(今鸡鸣山)和九华山都包括在内;西北抵达狮子山;东南濒临秦淮河。我们不妨看一下《洪武京城图志》和《明代应天城图》(明版画),便知南京城在明朝洪武以后的600年的时间内没有什么大变化。换句话来说,明初建成的南京城,奠定了南京城市600年发展的基本格局。

第二,明初定都南京,确立了南京在大一统帝国中的经济和文化中心与重心地位,也扩大了南京的国际名望。

从明朝初年起,南京一直是全国的经济、文化的中心和重心。洪武开国时,应天府(相当于现在的南京市)人口数约为10万。洪武四年闰三月,"应天府奏:核实

关厢军民官吏人户,凡二万七千一百五十九,民二万一千五百六十七户,军一千八百九十六户,公侯族属一千一百九十七户,官吏二千四百九十九户"(《明太祖实录》卷63)。这段史料是讲,当时南京城的户数为27 159户。我们以古时候每户人家平均人数5人来计算,估计当时实际人口大约在10万。但随着定都南京、建设南京各项活动的开展,南京人口数开始急剧地增长,仅洪武二十四年一次迁徙江浙富民到南京的就有5 300户(万历:《上元县志·人物志二》卷10),即为26 500人,外加在京的京卫军士、文武官员及其家眷、国子监生、在京服役的轮班工匠和坐班工匠等,到洪武二十六年时,南京市(当时称为应天府)户数为163 915,人口为1 193 620(梁方仲:《中国历代户口、田地、田赋统计》,上海人民出版社1980年8月第1版,P340)是全国人口最多、最密集的城市。

与同时期的西欧的"大"城市法国的巴黎与英国的伦敦相比,中国南京的人口是它们的十几倍,简直是超级大城市,难怪明代中叶以后来华的西方传教士利玛窦,在看到南京城的宏大与繁荣时,极其惊叹地写道:"……论秀丽和雄伟,这座城市超过世上所有其他的城市;而且在这方面,确实或许很少有其他城市可以与它匹敌或胜过它。它真正到处都是殿、庙、塔、桥,欧洲简直没有能超过它们的类似建筑。在某些方面,它超过我们的欧洲城市。这里气候温和,土地肥沃。百姓精神愉快,他们彬彬有礼,谈吐文雅,稠密的人口中包括各个阶层;有黎庶,有懂文化的贵族和官吏。后一类在人数上和尊贵上可以与北京的比美,但因皇帝不在这里驻跸,所以当地的官员仍被认为不能与京城的相等。然而在整个中国及邻近各邦,南京被算作第一座城市。"(利玛窦、金尼阁,著,何高济、王遵仲、李申,译,何兆武,校:《利玛窦中国札记》,中华书局1983年3月第1版,P286~287)

南京的国际名望的赢得也是在明朝的初年。朱元璋洪武年间和朱棣永乐年间,东亚的日本、朝鲜和东南亚诸国纷纷遣使到南京来向明王朝朝贡。这个时候东亚、东南亚国家不仅知道了南京,了解南京是一个大一统帝国的都城,而且还派遣留学生到南京国子监来留学。对此大明朝廷给予极大的关怀,如洪武二十五年八月,朱元璋下令"赐琉球生日孜每阔八马等罗衣各一袭及靴袜衾褥"(《明太祖实录》卷220);洪武二十六年四月,又"赐国子监琉球生云南生夏衣靴袜,其傔从之人亦皆有赐"(《明太祖实录》卷227)。甚至还有外国人来南京参加洪武年间的科举考试,洪武四年三月殿试时,"高丽入试者三人,惟金涛登第,授东昌府安丘县丞"。(《明太祖实录》卷62)

永乐时期中外官方交往更为活跃,特别是郑和下西洋以南京作为最初的出发点,由此南京的国际地位得到进一步提高。这是南京历史上从来没有的。据史料所载:永乐朝相继有6个海外国家9个国王来华朝贡通好,虽说后来永乐迁都北京了,但有一半以上的外国国王到了南京,其中有个浡泥国国王麻那惹加那因水土不服,加上突然患病,死于南京,被大明朝廷礼葬于安德门外。明人这样说道:"按当时之夷没葬于中国者,如浡泥、苏禄、麻剌共三人焉。非我朝德威远被,乌能使海外遐陬倾心殒身如此哉!"(【明】严从简:《殊域周咨录·苏门答剌·麻剌》卷9)

第三,文化教育方面,南京在明清500多年的历史中一直居于大一统帝国的重心和中心地位。

从明朝初年起,整个明清500余年的历史中,科举中试者包括状元,南京及其周围的苏松地区出身的占压倒性的优势;明清时期的科学家、思想家、文学家和能工巧匠等,也是南京及其周围的苏松地区出身的占了绝对的优势。

明朝初年南京建起了全国性的国立第一大学——国子监,拥有全国最大的科举考场,即后来人们所称的江南贡院,明末有名的科学家徐光启曾来南京参加科举考试,并展开了他的社会活动。西方著名传教士利玛窦也曾三次来南京,参观了明故宫、北极阁的天文台,并制作了天文仪器。南京曾经一度成为中西文化交流的重要据点。

在绘画艺术方面,明初在南京城里文人画家云集,明中期在南京绘画艺术界活跃着一支集南北画之长的"浙江画派"和带有明显江南地方特色的"吴门画派"——其中坚文征明、唐伯虎及明末有名的松江画派的领袖董其昌、娄东画派的主要领袖与骨干大多以南京作为人生事业与仕途的起点站而走出来。

文学方面更是人才云集,高手如林。明初由于朱元璋的高压,文学自由创作受到极大抑制,但是具有雍容气象的台阁体文学却大行其道。活跃在南京历史舞台上十分有名的宋濂、刘基、高启和方孝孺不仅是当时众望所归的文坛领袖,而且也是擅长写作台阁体文学的高手,他们一起服务于朱元璋、朱允炆政权。(《明史·宋濂传》卷128;《明史·刘基传》卷128;《明史·文苑一·高启传》卷285;《明史·方孝孺传》卷141)

至明朝中晚期,南京的文坛进入了真正的黄金时代,文学成就斐然,出现了顾璘、陈沂、王韦"金陵三俊",其后宝应出了个文学人才朱应登,人称"四大家"(《明史·文苑二》卷286)。明清之际文坛大家钱谦益较长时间在南京任职,《桃花扇》的作者孔尚任就是长期寓居南京的文学家,《水浒传》的作者施耐庵、《儒林外史》的作者吴敬梓都曾在南京参加科考,吴敬梓还长期寓居南京,《红楼梦》的作者曹雪芹是出生与生活在南京。所以从某种程度上讲,南京是培养文学家的摇篮。

不仅如此,南京也是培养思想家的温床。明朝中后期有名的思想家焦竑就是南京人，明代著名的思想家李贽也曾寓居在南京，与焦竑和利玛窦等进行了中西思想大交流。

南京周边地区的能工巧匠也很多，南京明故宫、明代北京故宫、天安门的设计者与建设者好多就是出身于南京或南京周边地区的。

○ 基本确立了南京南北混合的地域文化风格

尽管由于明永乐年间、明清之际和清末的太平天国三次大破坏，最令现代人心驰神往的明故宫如今却空空如也。但南京曾经作过明朝的首都，明代建筑之类的物态文化还是有相当一部分地保存了下来，如南京明城墙、明孝陵等。但问题是这些官方修建的庞然大物主要是从政治角度出发的，承继了中国传统的皇都文化与皇权政治文化，不足以反映地方文化的特征。我个人认为，最能反映南京明代地方文化的要数南京城南秦淮河一带的徽派建筑，因为南京城南的秦淮河一带曾是明初的"高干区"。反映在语言与风俗习惯上，由于明朝初年，社会主流群体中很多直接从要饭的、种地的等社会极下层中上来的，他们将一些低俗的语言带入了南京城市市民社会里，这是历史上朝代更替所带来的必然结果。

问题是这样低俗语言之类的亚文化一般是随着社会经济的发展与政治主导群体自身素质的提高而不断地影响或有意或无意地进行矫正，但偏偏是在明初第三位皇帝时，大明帝国将都城从南京迁往了北京。这样一来，社会低俗亚文化来不及矫正，而重礼节的北方风俗和讲气派的皇家味却被留了下来，由于曾经是皇朝的政治中心，南京人喜欢谈政治，说话比较直接，相对不太注重细致入微的事情。

明初朱元璋强制迁徙了许多江南富民豪强到南京，直接将他们置于皇帝的眼皮底下，加强了政治控制，但同时也繁荣了南京地方的经济和文化，因此在南京的南方人也占一定比例。明代南京学者顾起元曾记载道："高皇帝定鼎金陵，驱旧民置云南，乃于洪武十三年等年，起取苏、浙等处上户四万五千余家，填实京师，壮丁发各监局充匠，余为编户，置都城之内外，名为'坊厢'。"(【明】顾起元：《客座赘语·坊厢始末》卷2)四万五千余户人家，相当于20万人，占据了当时南京人口的1/5。其实何止江浙人，洪武年间江西、福建、湖广、山东等省份都有大量的人口移至南京，甚至还有西域人。如有个叫金大车的人，"其先西域默伽国人也，太祖时以归义，授鸿胪寺卿，赐是姓，遂为金陵人"(道光：《上元县志·艺文》卷16)。从洪武晚期南京人口已经超过百万大关来看，当时的外地人在南京占据了绝对的优势，南北混合的地域文化特征日益凸显出来。

明末清初南京又经历了一次大动乱，不少北方官僚与军队南下来宁，甚至居住下来，他们自然将北方的饮食风俗等文化带到了南京。加上南京原本在六朝时代就形成了北方士族为主流的文化导向，所以南京的地方文化整体上偏向北方，譬如饮食中带辣但又不重、适量面食、碗大等这些南北方交汇的特征。

● 定都南京的大明帝国为何取名为"大明"？

在中国历史上朝代或帝国的取名大致是这样的："三代以下，建国号者多以国邑旧名：王莽建号曰新，亦以初封新都侯故也；公孙述建号成家，亦以据成都起事也；賨人李雄建号大成，盖亦袭述旧称也。金太祖始取义于金之坚固，遂不以国邑而以金为号。（按金志：太祖以国产金，且有金水源，故称大金。）然犹未用文义也。金末宣抚蒲鲜万奴据辽东，僭称天王，国号大真，始有以文义为号者。元太祖本无国号，但称蒙古，如辽之称契丹也。世祖至元八年，因刘秉忠奏，始建国号曰大元，取大哉乾元之义，国号取文义自此始。其诏有曰'诞膺景命，奄四海以宅尊；必有美名，绍百王而纪统。肇从隆古，匪独我家。且唐之为言荡也，尧以之而著称；虞之为言乐也，舜因之而作号。驯至禹兴而汤造，互名夏大以殷中。世降以还，事殊非古。虽乘时而有国，不以义而制称。为秦为汉者，著从初起之地名；曰隋曰唐者，因即所封之爵邑。是皆徇百姓见闻之狃习，要一时经制之权宜，概以至公，不无少贬。我太祖圣武皇帝，握乾符而起朔土，以神武而膺帝图，四震天声，大恢土宇，舆图之广，历古所无。顷者，耆宿诣庭，奏章申请，谓既成于大业，宜早定于鸿名。在古制以当然，于朕心乎何有？可建国号曰大元，盖取易经乾元之义。'云。命世之君，创制显庸，必有以新一代之耳目，而不肯因袭前代，此其一端也。然如唐之为荡，虞之为乐，则五帝以来，原以文义建号，其说见尚书传注及史记正义。"（【清】赵翼：《二十二史劄记·元建国号始用文义》卷29）

《大明风云》系列之 ❷ 大明一统

我们将上述这段文字再作个整理，看看中国历史上朝代或帝国的取名规律：

第一，以自身的民族为王朝或帝国的名字。如夏朝、商朝、秦朝，还有"一代天骄"成吉思汗建立大蒙古国时就是以自己的民族来命名帝国名字的。

第二，以祖先或开国皇帝的封地为王朝或帝国的名字。如汉朝的"汉"来自开国皇帝刘邦的封地。隋、唐、宋都是以祖先或开国皇帝的封地名为自己的朝代或帝国的名字的。

第三，以儒家经典中的关键语句来为王朝或帝国取名。如元朝国号的来历就是属于这种情况，忽必烈建立元朝时，取的国号就来自中国儒家经典《周易》中"大哉乾元"，也是从"大元"王朝开始，中华帝国王朝的名号前有"大"，后来的"大明"、

"大清"等都是如此。但现在娱乐界在拍历史剧时取名却几乎一概冠以"大",这是不符合历史的,是误人子弟的"戏说"。

那么我们现在讲的这个"大明帝国"的国号到底是怎么来的呢?

由于历史上朱元璋在给自己的"大明帝国"取名时没有直接解释为什么叫"大明",所以后人通过对现存史料进行分析研究,认为"大明"国号的来源主要有以下三个方面:

○ 来源于明教的"明王出世"之宗教信条

明代人说"大明"国号是当年刘基给朱元璋出的主意(【明】祝允明:《九朝野记》卷1),沿袭了"明王出世"说,"明王出于《大小明王出世经》。《大小明王出世经》为明教经典,明之国号实出于明教"(吴晗:《明教与大明帝国》,《读史札记》,三联书店1956年2月第1版,P237)。朱元璋是通过参加元末红巾军起义而起家,随后逐渐发展壮大,最终走上了统一全国的道路。而元末红巾军起义的思想武器与理论工具就是元末民间盛传的白莲教。白莲教又被人称之为"明教",它宣扬"弥勒佛降生""明王出世"之类宗教信条。元末红巾军就是打出这样的口号来号召人们起来斗争。明王是谁?宗教的神秘性就在这里——含糊性,红巾军领袖韩山童死后,他的儿子韩林儿就被尊为小明王。韩山童自称为北宋徽宗的第八代子孙,北方红巾军政权的国号就叫"大宋"。朱元璋政权的发展一直是打着北方红巾军"大宋""龙凤"政权"小明王"的旗号。在攻占浙东时,他就叫人在江南等处行中书省浙东分省衙门前树了两面大黄旗,上面写着"山河奄有中华地,日月重开大宋天"(【明】钱谦益:《国初群雄事略·宋小明王》卷1引俞本《纪事录》;【明】刘辰:《国初事迹》)。"明王"就是"小明王"?可"小明王"天不保佑,溺死于南京长江里了。既然过去一直使用龙凤年号,尊小明王为主。现在小明王没了,朱元璋开创新帝国,取国号没有比"大明"更合适了,因此说,"国号大明,承林儿小明王号也"(【明】孙宜:《大明初略》卷4)。这样至少有三个好处:第一,"明王出世"现在真的出世了,连名字也一样,只是加了一个"大"字,人世间好日子开始了;第二,明王已经出世在人间了,也只此一家,别无分店,换言之,其他要有出现的话,都是赝品,大家不要相信;第三,老红巾军将士和广大百姓盼到的明王就是时下称帝的"大明"天子,他可是北方宗主一脉下来的,故而老红巾军将士和广大百姓比较容易接受这个新兴帝国的"大明天子"。用"大明"作新国家的名号,正是朱元璋为了争取自己手下将士们和广大群众的信任和支持。

○ 吻合中国传统儒家经典学说

"大明"国号如果按儒家的学说来解释也很微妙,明是光明,是火的意思,谁不喜欢光明而喜欢黑暗?又,如果将"明"字折开了,那就是"日"和"月"两个字。从古代先秦时代就已经形成的礼制来看,祭祀"日月"和祭祀"大明"是儒家主张的礼制中的正祀,又是后世朝廷的正祀,无论是列作郊祭或特祭,都是历代皇家所重视的(吴晗:《朱元璋传》,三联书店1965年2月第1版,P142)。所以取名"明"是吻合儒家经典的礼制规范,合乎正统的文化。

○ 符合中国传统阴阳五行学说

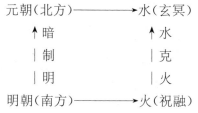

按照中国古代的阴阳五行之说,南方属火,由火神祝融执掌,属阳;北方属水,由水神玄冥执掌,属阴。在阴阳五行的相生相克中,水被火所克,水属于阴,方位上处于北方;而克水的火属于阳,方位上处于南方。暗示:朱元璋起兵南方,北伐中原,攻克元大都,推翻了北方的元朝,就是以火克水,以阳克阴,以明克暗,完全吻合阴阳五行学说所解释的朝代相克相替的规律。

明代人认为:"(朱元璋)本姓朱,本祝融。祝融,帝颛顼子,为帝营火正,有大勋于天下,故别为祝融。在国臣(柯)仲炯言:'……太祖定鼎金陵,则祝融之故墟也。……故建国号大明,其有祖也。夫祝融大明,容光必照。……所以我太祖以大明建国,亦以大明光天,中天下而立,定四海之民,所重民历,以示三纲五常,以昭日用,以引趋光而避凶,此皇明治天下,潜移默化之大旨,所以四海来朝,亦以是赐之耳。知此道者,其可以语我太祖取号大明之秘义乎。故汉德若水,我皇明其德如日月之代明,汉得地道,我皇明得天道,三统之义,皇明统于天矣。"(【明】袁文新:《凤阳新书·太祖本纪》卷1)

将大明定都的南京说成是祝融的故墟,南京属于南方,南方主火,北方北京主水,以火制水,以南京的大明克住、制服建都北平的元朝及其残余,所以在攻占北京元大都皇宫后的洪武元年,朱元璋立即命令工部主事萧洵捣毁元故宫(【明】萧洵:《元故宫遗录》,《中华野史》第1册,P25)。哪来如一些御用文人所推测的那样:老朱皇帝偏爱北京,偏爱说不清道不明其来路的四儿子朱棣?(详见笔者《大明帝国》系列⑦《永乐帝卷》上,第2章)还有一方面的典型例子,明初曾跟随朱元璋闹革命的刘辰曾说:"太祖以火德王色尚赤,将士战袄、战裙、壮帽、旗帜皆用红色。"(【明】刘辰:《国初事迹》)无需赘言,明太祖朱元璋尚南、尚火、尚红色,红彤彤的江山才是"大明"呐!

　　因此说,朱元璋以"大明"为国号,重建大一统帝国,不仅"应验"中国民间宗教的教义和"满足"了中国底层普通百姓对美好未来的追求,也是吻合中国传统社会的正统思想,赢得了广大人民和正统儒家知识分子的拥护和支持,其意义深远。更有中国传统阴阳五行之说中的以火制水、以火克水和以南克北等理论依据,为大明彻底颠覆元朝统治提供了历史的隐喻:推翻蒙元异族统治,恢复中华正统;套用朱元璋的原话,那就是"驱逐胡虏、恢复中华"。

下章
驱逐胡虏　恢复中华

《大明风云》系列之 ② 大明一统

100多年前在南京诞生了中国历史上也是亚洲历史上第一个民主共和国——中华民国,当时的临时大总统孙中山先生率领南京临时政府的官员们一起拜谒了城东的明孝陵,并在随后的一次紫金山行猎途中表示:"百年之后,愿向国民乞此一抔土以安躯壳。"即他发愿:死后葬于南京明孝陵旁。那么孙中山先生为什么要这样做?更有意思的是,如果你仔细观察的话,就会发现100多年前的中国同盟会纲领竟然与600年前的朱元璋"北伐宣言"几乎一模一样,这到底又是为什么?难道是朱元璋指导了孙中山?明初这个的"北伐宣言"到底隐含了什么内容?当年朱元璋又是如何贯彻这个"北伐宣言"的精神?

兼顾南方重在北伐　三路大军同时出发

东灭张士诚、筹备称帝南京和开创大明之际,朱元璋政权的势力范围已经"东连沧海,西抵峡口,南有湖湘,北有两淮,兼跨中原"(《明太祖实录》卷26),拥有了江浙、安徽、江西、湖广等大一统帝国的经济心脏地区——长江中下游流域或言中国南方大部分地区。但就全国形势而言,东南尚有浙东方国珍、福建陈友定、两广何真,西南尚有四川明昇、云南元朝宗室梁王把匝剌瓦尔密等地方割据势力;而在北方,大元帝国虽然仍维系着以元大都为中心的半壁江山,且在其名下也有几股强悍的军事势力,如中原与关中地区的扩廓帖木儿、李思齐、张思道(又名张良弼)等,但这些打着大元帝国官方牌子的割据势力,为了各自的利益,互不相让,大打出手,争得你死我活,如等情势反倒有利于朱元璋正在着手进行的统一大业。而此时的他已将目光和精力投向了大一统帝国的全局,且紧锣密鼓地筹划起全国性的统一战争。用那时的正式文字表达,那就是"驱逐胡虏,恢复中华"(《皇明诏令·谕中原橄》卷1);体现在军事行动上,即为扫平东南割据势力,北伐中原,统一天下,实现明代版"隆中对"中所确立的"先南后北",全国"一统"的战略目标。

●朱元璋最终实现大一统帝国重建战略思路:兼顾南方,重在北伐

吴元年十月"因姑苏班师诸军日集金陵,皆言中原、广西、福建扰攘未已,民有倒悬之急"(《明太祖实录》卷26),朱元璋觉得,应该因势利导,一鼓作气,乘着刚刚攻灭东吴,军队士气高涨的大好形势,迅速地将统一运动推向全国,尤其要着重解决掉自己的真正对手——北方残元帝国。想到这些,他就跟身边的侍臣给事中吴去疾等人这样说道:"我原本是个平头百姓,两手空空起兵到现在拥有这般天地,大约已有15个年头的光景了。李相国李善长、徐相国徐达、汤平章汤和都是我的老乡,我们老家相距不过百里,君臣相遇,做成大事,绝非偶然啊!现已扫灭了江南群雄,拥有了长江中下游广阔的区域,有人说这是全国土地最肥沃、物产最丰富、人口最密集、经济最发达的地区,谁都想争着要,可我占了它却心里老不安。常言道:人心难安而易动,事机难成而易坏。如果治理不当,处置失宜的话,动乱很可能就会再次产生。更令人寝食不安的是,北方中原地区尚未平定,我怎么能安心坐守一方而忘了未来的远大谋划?正应该练兵选将,扫平东南割据残余,北伐中原,彻底推翻元朝统治。说到这事,我倒想起来了,诸将中能小心忠谨、不折不扣地执行我命令的,唯徐达一人也,他可堪任北伐中原的主将;常遇春果勇有为,可作副将;其余的或为偏将、裨将,或为守城,都是一些可用之才。要是老天帮忙的话,我看就这些人组建的团队足够北伐了。"吴去疾等臣僚听懂了主子的话中之意:他在征求我们的意见,于是赶紧回答道:"知臣莫若君,主公您这般知人善任、知人善使,尤其是让第一大将军领衔北伐,重点在平定中原。以小臣之见,主公您统一全国之宏愿不久就能实现!"(《明太祖实录》卷26)

从上述谈话中不难看出,一路凯歌的朱元璋此时信心十足,打算重拳出击,派出徐达、常遇春为首的主力军进行北伐,同时兼顾对南方几个割据势力的征讨。其实早在东灭张士诚克复平江城前夕的吴元年(1367)九月初,朱元璋已派出参政朱亮祖率领浙江衢州、金华等卫马步舟师,挺进浙东,进攻方国珍,扫灭东南割据势力的残余。(《明太祖实录》卷25)

●"先南后北"战略中最终东南统一战争的开启——扫平浙东方国珍

方国珍在元末大起义中应该说是起义最早的一个(起义时间为1348),他与张士诚倒是有一点相同,都是盐丁出生。但他的人品、素质等各个方面却都远远比不上张士诚,是个地地道道的反复无常的小人。反元、降元、又反元、又降元……可以说,他是元末群雄中最为无耻的人。方国珍的势力范围主要在庆元(今宁波)、台州、温州等地,一生最大的本事有两个:一个是变色龙似地改换门面,哪个强,他就投靠哪个,地地道道的奸商性格,有奶就是娘,什么道德、骨气、人格都一文不值;另一个本事就是,能跟你打,就打两下,打不过,对不起,老子不陪你玩了,赶紧就往海上逃,且逃得远远的,让"旱鸭子"们站在岸上拼命骂娘,他只当什么也没听到,反正奸商的脸皮特别厚。

朱元璋与方国珍正式打交道是从至正十八年(1358)攻下浙东婺州后开始的,当时他派了主簿蔡元刚、儒士陈显道前往庆元(今宁波)招谕方国珍(《明太祖实录》卷6)。方国珍当即召集兄弟与部将进行讨论,鉴于浙东地区大军压阵,大家都觉得"姑示顺从,藉为声援,以观其变",于是就遣使向朱元璋请降,奉上黄金50斤、白金100百斤等,随后又派"郎中张本仁以温、台、庆元三郡来献,且以其次子(方)关为质"。(《明太祖实录》卷7)

"老江湖"朱元璋一看对方来了这么一手,当场就明白:自己大忽悠今天碰到了大滑头。方国珍割据地盘就温州、台州、庆元三郡,要是他真心请降,还不得亲自前来,何必要拿次子做人质呢?考虑到自己军队在婺州地盘上刚刚取胜,且前有处州元军,后有张士诚军,最后朱元璋还是"大度"地处理了,不仅将方关等人放回去,而且还厚赐了一番。随后又封方国珍为福建等处行中书省平章政事,将其视为自己的藩属。可方国珍表面上对朱元璋称臣,背地里却向元廷讨好,以求自身利益的最大化。那时他大造海船,每年替元朝海运粮食10余万石。元朝人也不亏待他,将他封为江浙行省左丞相、衢国公、开府庆元。对此,朱元璋很恼火,派人前往庆元,予以严斥。方国珍一看自己的小聪明不顶用,让人给戳穿了,赶紧派人上应天去,奉上以金银珠宝镶嵌的马鞍绺子,向朱元璋请罪。朱元璋拒收礼物,但因忙于西线战事而无暇深究,最终不得不又一次"大度"地放了方国珍一马。为此,方国珍甚为得意了一阵子。(《明史·方国珍传》卷123)

西吴军大举进攻张士诚那阵子,方国珍终于明白了唇亡齿寒的道理,一方面不断地派出间谍前往西吴境内侦查动向,另一方面暗地里派人北通扩廓帖木儿、南交福建陈友定，目的是想形成犄角之势，来抵御朱元璋的进攻。

可这等蹩脚小把戏岂能瞒过从濠州一路混出来的老江湖，向来将谍报工作做得有声有色的朱元璋获悉后，马上派出特使前往庆元，让方氏交上23万石粮食赎罪，且降书严斥："你先前答应我，只要我军打败杭州的潘原明，你就献出温、台、庆元三郡，归降于我。这大概是你周围的那些为了共保富贵的人出的好主意吧！可你却怀奸挟诈，阳降阴叛，一次次地愚弄我。请别忘了，你的领地与张士诚相连接着，张士诚已被我们打得落花流水，难道你我们就不能打吗？之所以我们至今尚未动手，你还真以为我们的实力不够吗？说得更透彻一点，你能安处东南海滨一隅，坐享富庶的温、台、庆元三郡之洪福，还不是我朱某人网开一面！你的所作所为已经自取不祥了，你的背信弃义最终会将你自己给害了，真不知道你怎么会这么糊涂！今天我明明白白告诉你：我大军攻下姑苏后，即刻南下，来取你的温、台、庆元三郡，水陆并进，到时候你想挡都没法挡。由此说来，以我看倒不如你识趣点自动归降算了，做好这样的小事，成全了人间的大义，不仅你自己可以终身拥有荣华富贵，而且连子孙后代和下人们都能沾上好处！如不然，那你就集中三郡兵力，与我一决胜负，这倒也不失为男子汉大丈夫所为！要是这也不干，丢下温、台、庆元三郡百姓不顾，偷生怕死，自顾自扬帆海上，流窜于海岛之间，我想到时候恐怕你就会为子女、老婆和金银细软所拖累，你乘坐的海舟中就不会有人惦记着你那么多的金银珠宝、那么漂亮的妹妹？不要日后为天下豪杰所讥笑啊！非分的恩赐，不能样样都得到，希望你仔细考虑考虑！"（《明太祖实录》卷24）

方国珍接信后大惊，没想到"大忽悠"朱元璋将自己看得这么透，一时慌了神，赶紧将兄弟子侄和诸将找来，一起商议解决办法。郎中张本仁说："江左西吴军队正在围攻姑苏，姑苏张士诚是西吴的一大劲敌，国富兵强，城高池深，如果怀有必死之心的话，东西吴之间谁胜谁负很难料定。朱元璋写这信来也就吓吓我们，难道他能飞越千里之地来攻打我们？不太可能吧！"左丞刘庸随即说道："江左朱元璋军多的是步骑兵，步骑兵善于陆路作战，用在海上不顶用，他们能将我们海舟如何？"听到这里，方氏家族的人纷纷表示，刘左丞说得有道理。只有谋臣邱楠持反对意见，他说："张郎中和刘左丞所说的都没有将主公的福祉考虑进去，常言道：惟智可以决事，惟信可以守国，惟直可以用兵。如果朱元璋军队一旦攻下姑苏，马上出兵南向，乘胜进军我地，责怪我等背叛之罪，他们可理直气壮呐，且军队又强，我等将以谁作为外援呢？没了外援，一败涂地就不用说了。倒不如遣使奉书，向朱元璋明确表示：我们顺服归降，这样不仅可以解纷息兵，免除战乱之祸，而且主公您也能得永久之富贵，甚至还可能恩惠子孙；要是不这样的话，灾祸用不了几天就会降临！"方国珍听了两种截然不同的意见后顿时就没了主意,但说白了一点,谁都想当鸡头而不愿做凤尾啊!方国珍说是拿不准主意,不过有一点很清楚,赶紧将自己积聚的金银财宝往海船上搬,免得给那个"不识货"的凤阳叫花子看到后给糟蹋了。他命令手下人日夜忙碌着,做好泛舟出洋的准备。(《明太祖实录》卷24)

忙碌准备泛舟出洋的方氏还没落得歇一歇,朱元璋派出的统一东南先锋部队——浙东衢州、金华等地的朱亮祖队伍已于吴元年(1367)九月下旬向台州发起了进攻。方国珍眼看大势不好,这凤阳叫花子怎么说打就打了,不像以前仅仅吓唬吓唬人而已,怎么办?他还是想起唇亡齿寒的道理,赶紧派人上福建去,向陈友定求救。陈友定接到告急文书后,当即回答:不救!干吗不救人家?人家方国珍灭亡了,接下来保不准就轮上你陈友定啊!可陈友定是个死心眼的人,说啥也不肯,理由很简单:方国珍手下人曾经误杀了几个陈友定的海上戍卒,不成朋友,便成陌路人,干吗要救呢?所以方国珍讨救兵等于白忙乎了一场,最终只能靠台州守将方国珍弟弟方国瑛自己来抵挡住朱亮祖的进攻了。可这一个守城、一个进攻,不是一个等量级的,朱亮祖向以"勇悍善战"著称(《明史·朱亮祖传》卷132),方国瑛哪是他的对手,加上手下将士多怀"惧战症",纷纷逃亡,最后他自己驾着巨舰,带了妻儿老小,乘着黑夜由海上逃亡到黄岩。朱亮祖乘势攻取了台州,随即攻下附近的仙居诸县。(《明太祖实录》卷25)

台州之捷的喜讯传到应天,朱元璋心里乐开了花,因为几乎与此同时,平江围城战也取得了决定性的胜利,双喜临门,能不开怀欢乐!不过欢乐归欢乐,朱元璋还是十分清醒地意识到,现在该是从平江前线调集些兵力,对付浙江东南的那个"小喽啰""变色龙"方国珍的时候了。吴元年十月癸丑日,他任命刚从平江前线凯旋的御史大夫汤和为征南将军、金大都督府事吴祯为副将军,率领常州、长兴、宜兴、江阴诸军,赶赴庆元,进剿方国珍老巢。(《明太祖实录》卷26)

方国珍一听说濠州来的叫花子又派了一路人马来攻自己的老窝庆元,顿感不妙,台州已被朱亮祖攻占了,温州也岌岌可危,自身难保,看来庆元之危无人能救了,于是连忙指挥将士们上海船,来个扬帆入海。等汤和大军赶到庆元时,只有副枢方惟益和元帅戴廷芳稍稍抵挡一下,随即就归降。汤和仔细查看了一下,发现情势不对,投降的全是小喽啰,赶紧与水师头领吴祯率军继续往海边追赶,可惜没来得及追上。汤将军还师庆元,略定定海、慈溪等地;吴祯则率领水师出海再追,终于在海上一个叫盘屿的小岛上追上了方国珍,双方干了一场,没想到一辈子以海为生的方国珍居然输得相当之惨,狼狈到了只带上老婆等几个人逃脱,躲到另外一个海岛上,将大量的战船和辎重都"送"给了吴祯。吴祯高高兴兴地率领水师将士们回到了庆元。恰巧这时,另外一路由黄岩进兵温州的朱亮祖军在温州城南的太平寨也打了一个大胜仗,大败方国珍的部将,并迅速地占领了温州城。至此,方国珍割据三郡全为朱元璋军所占领。(《明太祖实录》卷26)

这时漂浮于海上的方国珍又听到了另外一个坏消息:朱元璋派了中书平章廖永忠为征南副将军,带领另一路水师会合汤和部队,开始了海上大规模追剿,方氏亲属部将方国瑛、方明善、徐元帅、李金院等纷纷投降。走投无路的方国珍只好派遣儿子方明完、方明则、从子方明巩等,带上省院及诸司银印、铜印26枚,外加白银10 000两、铜钱2 000缗,于吴元年十二月上汤和军营里乞降。(【明】钱谦益:《国初群雄事略·台州方谷真》卷9)

朱元璋对反复无常的方国珍很恼火,本来要杀他的,但见了方氏乞降表后却改变了主意。那么这个降表里都说了什么?

降表首先将朱元璋与天地并列,说当皇帝的人应该是体天法地,无所不容。朱元璋出身贫贱,找不到其他天资"凭证",就将自己好运归结于天运,自己行为举止归结为体天法地,奉天而行,就连新王朝正式的办公大殿也叫奉天殿。这方国珍降表里的话说到了马上登基的新皇帝心坎上。随后方国珍将自己与手下人大骂了一通,并把自己现在归降于朱元璋类比于犯错的儿子向父亲认罪,甘愿小杖则受,大杖则走。最后解释说,本来想亲自到朱元璋面前来请罪的,但就是怕盛怒之下的君父动用斧,这样一来,天下之人和后世子孙就不知道有个叫方国珍的人罪孽是那么的深重,进而大家还可能误以为君父朱元璋没有度量呐!

摇尾乞怜,极尽肉麻,难怪朱元璋看了降表后顿生怜悯之心,并回复道:"你早就违背了我的好意,没有及时来降,还跑到海上去,辜负我太多了。现在你穷途末路了,说话也变得哀求、诚恳了,我就当你这一回是认真的、诚恳的。你来降吧,也不要再犹豫不决了!"(《明史·方国珍传》卷123)

方国珍接到朱元璋的回音后,连滚带爬地赶往应天,然而像狗一样地趴在朱元璋跟前,不停地叩首求饶。朱元璋笑着说:"你来得何其晚啊!"听到这话,方国珍头叩得更响了。

没过几天就是新年,大明帝国开国了,昔日排排坐的"诸雄"中的"一大枭雄"朱元璋荣登皇帝大位。为了显示自己的言行是体天法地,自己的气量是无所不容,洪武皇帝不仅赦免了方国珍的所有罪过,而且还给了他一个与元朝给的相近的官衔——广西行省左丞。官职辖地在广西,不在浙江,不过没关系,新皇帝很体贴人,叫方国珍"食禄不之官",即光拿工资不用上班,并且在应天还给他建造了千步廊宅百间新家,让方左丞优哉游哉地度过人生的最后岁月。没过几年,方国珍就突然病

逝在应天。(《明史·方国珍传》卷123)

与主子终享富贵命运有着迥然不同的方氏下属刘庸等可惨了,他们被强制迁徙到了临濠即后来的凤阳(《明太祖实录》卷28),当起了大明帝国的"二等臣民"、凤阳难民。这恐怕是朱元璋对那些怂恿主子进行变相对抗的狗奴才们所采取的一种惩罚手段吧!至此,东南一股割据势力被彻底铲除。

● 一日连发三道军令:兼顾南征　重点北伐　齐头并进

就在方国珍集团土崩瓦解之际,吴元年(1367)十月二十日,朱元璋召集各路将领,实施兼顾南征与重点北伐、齐头并进的策略,同日命令三路大军进发。(《明太祖实录》卷26)

○ 第一路南征福建陈友定——(吴元年十月~洪武元年正月)

第一路大军由中书平章胡廷瑞任征南将军,朱元璋养子江西行省参政何文辉任副将军,率领安吉、宁国、南昌、袁州、赣州、滁州和无为等地的卫军,由江西出发,湖广参政戴德随征,进攻对象为福建割据势力陈友定。(《明太祖实录》卷26)

◎ 这个上门女婿可比凤阳那个厚道,但人生事业也就那么一点了

陈友定,福建福清人,与朱元璋、方国珍、张士诚、陈友谅一样,都是苦孩子出身。自幼父母双亡,孤苦伶仃,没法子只能给人当雇工糊口。因为家贫,没有姑娘愿意嫁给他,后来经人凑合,他当了人家的上门女婿,这段经历跟朱元璋如出一辙。不过他可能没有朱元璋那么聪明,倒插门后学做生意和跑买卖都不行,老亏本,最后只好洗手不干,投到明溪驿站去当驿卒。用今天话来讲,干驿卒这个工作基本上算得上是捧着国家饭碗了,可这个国家饭碗也是最低档次的,不过生活还好有些保障,适合于陈友定这实在人。【明】钱谦益:《国初群雄事略·福建陈友定》卷13)若不是元末大起义的风暴席卷到了东南沿海,陈友定或许一辈子也就吃着驿卒这碗饭了。

至正十二年(1352)天完红巾军又称西线红巾军迅猛向外发展,尤其是"祖师爷"彭莹玉等人领导的队伍一路势如破竹,往着浙江、福建方向推进。当时福建宁化有个叫曹柳顺的人,集结了不少福建当地人响应西线红巾军起义,攻打明溪。正在明溪当最低国家公职人员的陈友定组建起了一支500人的"义兵"队伍,对抗并打败了曹柳顺的起义军。这在元末国家一片腐败的情势下,陈友定一下子变成了"呆若木鸡"的大元官场中的"仙鹤",随即被汀州府判蔡公安提升为黄土寨巡检,可能相当于黄土寨公

安派出所所长,从此陈友定也渐渐地在当地出了名。(《明太祖实录》卷29)

当时汀州、延平、建瓯和邵武等地正在闹红巾军,福建金都元帅吴按滩不花想去征讨,但就不知带谁去为好,大元帝国已经彻底腐烂了,军队里的人都不会打仗,思来想去,毫无办法。这时,有人推荐,带上陈友定说不定能打胜仗。吴按滩不花没有选择了,带了陈友定等就上路。嗨,后来果然取胜了,陈友定也因为征战有功而被授予清流县主簿,可能相当于清流县的县长助理,不久就升为县尹,即县长。至正十八年至二十一年间,西线红巾军再次勃兴大发展之际,陈友谅曾派了康泰、邓克明和胡廷瑞等数次进攻福建,但都被陈友定打败了。元朝福建行省为此授予陈友定为汀州路总管。至正二十二年(1362)陈友定收复汀州后,又被晋升为福建行省参政。(《明太祖实录》卷29;【明】钱谦益:《国初群雄事略·福建陈友定》卷13引《八闽通志》)

那时刚好降元的张士诚与方国珍两人吵翻了,原来元朝协调的由张士诚出粮、方国珍运粮之间的合作破裂,京师大都粮食供应再次岌岌可危。就在这时,陈友定自愿担当起了元大都粮食供应的"输血者","独能运粮至京师,由是京师民始再活"(【元】权衡:《庚申外史》卷下)。《明史》也说:"是时张士诚据浙西,方国珍据浙东,名为附元,岁漕粟大都辄不至。而友定岁输粟数十万石,海道辽远,至者尝十三四。"(《明史·陈友定传》卷124)元朝也没有亏待陈友定,在至正二十六年(1366),提升他为福建行省平章政事,即相当于福建行省副丞相,后又置分省于延平,进陈友定为参知政事,"于是,闽中八郡,皆其所守"。(《明太祖实录》卷29;《明史·陈友定传》卷124)

◎ 冤家易结不易解——两个上门女婿之间的恩恩怨怨

陈友定原本与朱元璋不搭界,朱元璋扩张到浙东婺州,就开始与陈友定相互为邻了。开始几年双方之间还算和宁,至正二十五年、龙凤十一年(1365),陈友定扩展地盘,进攻处州,为朱元璋手下将领参军胡深所败。胡深乘胜追击,由处州追到了闽北蒲城、松溪一带。随后他便向朱元璋报告说:"近来我军攻克了松溪,俘获了陈友定手下将领张子玉,其余的人都逃亡到了崇安。"并建议朱元璋:"调集广信、抚州、建昌等地兵马,三路进攻,规取八闽,指日可待!"(《明太祖实录》卷17)

朱元璋接到喜讯后,十分高兴地跟人说:"张子玉是陈友定的骁将,如今为我军所俘获,想必他们已经吓破了胆,我们应该乘势追击,一定会所向披靡。"他当即接受了胡深的建议,命令广信卫指挥朱亮祖由铅山、建昌左丞王溥由杉关开进福建,会合胡深军,攻取当时福建省城延平。(《明太祖实录》卷17)

朱亮祖一路进军十分顺利,江西铅山稍稍往南走一点,就进入了福建的崇安,崇安再往南就是建阳,建阳往南就是战略重地建宁府了。朱亮祖进军到建宁城下,与胡深军会合后,打算连续作战,一举攻克建宁。但胡深认为时机还不成熟:就建宁城内陈友定守将阮德柔坚守城池、顽强抵抗不说,他还派了一支40 000人的兵马出其不意地绕到了胡深军的背后安营扎寨,战势顿时变得扑朔迷离。可朱亮祖一介武夫,简单粗暴,一味催促胡深:"我们大军已经来到人家的城墙根下了,时机怎么会变得不成熟?那你说到底什么时候才算成熟?"胡深浑身是嘴也无法跟这样的武夫说明白,被逼无奈,只好出兵,攻占了阮德柔两个营寨,没想到就此陷入了敌人重重包围之中。胡深率领将士们拼死作战,打了整整一天,就是没法突围出去。眼看天色越来越暗,四周渐渐安静下来了,好像敌人都回营休息了。胡深作最后一次努力,带着将士们想往外冲,不料阮德柔设下的伏兵顿时从地里"冒"了出来,杀声四起。战马受惊,胡深一不小心从战马上掉了下来,当场被活捉。阮德柔将他"送"给了陈友定。陈友定本身也不是什么凶恶顽徒,自己大字不识几个,对于文武双全的胡深十分敬重。但不巧的是,那时刚好有元朝的使者在延平,蒙古人可狠了,一味叫杀,陈友定尊奉元朝为主,最后被逼急了,只好下令将胡深给杀了。就此,陈友定与朱元璋之间的脸皮给彻底撕破了。当听到胡深被害的消息后,朱元璋心里极其恼火,但迫于其他各路形势,他只好将福建这一路的战事暂时给放一放。(《明太祖实录》卷17)

一转眼两年过去了,朱元璋统一运动旗开得胜,捷报频传,尤其是平江围城战胜利在望之际,军中有人提议,发兵攻灭福建割据势力陈友定。朱元璋没有接受,他说:"吾固知之,然方致力姑苏,而张氏降卒新附,未可轻举。且陈友定据闽已久,积粮负险,以逸待劳。若我师深入,主客势殊,万一不利,进退两难。兵法贵知彼知己,用力不分,此万全之策,吾前计之审矣,徐而取之未晚也!"(《明太祖实录》卷23)

可能是由于上次胡深被害事件深刻教训的缘故吧,朱元璋南征陈友定一直要等到东灭张士诚后的吴元年(1367)十月才开始。这也就是他在十月二十日一天内连发三个进兵征讨令中的第一令——胡廷瑞为征南将军、何文辉为副将军率领江西等方面军进军福建。之所以作出这样的安排,朱元璋跟胡廷瑞说:"你原是陈友谅属下的江西行省丞相,对江西、福建一带形势比较熟悉,又跟随了我这么多年,忠实可靠,从未犯过什么错,所以我任命你为总兵官,负责进攻福建事宜。我的义子何文辉为你的副手,湖广参政戴德也听从你的调拨,这两个人都是我的亲近之人,但你千万不要因为这个缘故而坏了军中之事。凡是军中纪律号令,无论谁都得要遵守;谁要是违反了,军法从事!我刚当兵那时,看到部队里的将领不会领兵管理,从心底里瞧不起他们。后来我当军官了，曾领一军，都是刚刚归附过来的兵士。有一天我带他们出外进行野战训练，就有两人违反军令，当场就让我给斩了，顿时军中一片惊怵，没人不听我的指挥。人有志向，有什么事做不成的呐！我听说你过去领兵常去攻打福建，想必你对当地的地理环境、山水险峻都很熟悉吧。现在你总领大军再往福建，凡攻围城邑，一定要选择方便有利的地方下手，这样进退不会失宜。南征凯旋，全靠你啦！"(《明太祖实录》卷26)

◎ 福州之战与延平（南平）之战　门里头大虫宁死不屈

胡廷瑞大军出发后，一路进兵相当顺利，十一月越过杉关，随后相继攻克邵武、建阳，向着建宁方向挺进。十二月，浙东方国珍投降，在明州的汤和、廖永忠、吴祯军队接到朱元璋的命令后，迅速开拔，从海路进兵福建的福州，声援胡廷瑞的南征大军；与此同时，朱元璋还采纳章溢的建议，命令外甥李文忠率军由浙江境内出发，经闽北蒲城，南下进攻建宁（《明史·李文忠传》卷126）。一时间三路大军从西、东、北三面向着福建进逼。

此时陈友定正坐镇在延平（今日南平），而在布阵上却以延平与福州作为重点，尤其在福州城外密密麻麻筑了一大堆的堡垒，且每隔50步建一个瞭望台，这样一来与精兵驻守的福建分省驻地延平互为犄角，本以为牢不可破。可没想到从明州过来的汤和军到达福州后稍稍发起了几次攻击，福州守将曲出就感觉吃不住了，参政袁仁赶紧派人偷偷上城外汤和军营里去求和。汤和一下子明白了福州城内的局势，下令将士们猛烈攻城、登城。守将曲出发现形势不对，赶紧带着妻儿逃跑。参政袁仁率军投降汤和。汤和随即派他上兴化（今莆田）、漳州、泉州诸路去招降，并分兵进取尚未拿下的福宁州。随后三路大军开始向着陈友定镇守地延平合围过去。（《明史·汤和传》卷126）

汤和可能是南征军中资格最老的一个"老革命"，见的世面也广，像陈友定这样处境人，正可称得上是瓮中之鳖，一般来说，顽抗到底，鱼死网破，无益于事，常见的"聪明人"往往会自动缴械投降。汤和想到这些，马上叫人给陈友定写了一封劝降信，然后就喊来一个手下亲信，让他充当特使，上延平去，将劝降信送给陈友定。

陈友定接到信后当场什么也没说，照常宴请诸将和宾客。正要开喝时，他命令手下人，将汤和派去的劝降使者给杀了，并将其血全部倾入酒坛子里头，然后分予将士们共饮，慷慨誓师："我们这些兄弟十几年来生死与共，蒙受元廷厚恩，誓死保卫我们的家园，绝不妥协。谁要是不能以身报国，我就分他的尸体，杀他的全家！"陈友定这一招，果然能在一时解决了城内人心不稳的问题，但时日稍稍长了些，延平城内的人还是开始惊恐恍惚了,甚至有军队里的兵士乘着黑夜偷偷地越过延平城防,来到汤和营中求降。半个月后的洪武元年正月二十九日,不知怎么的延平城中军仗库突然发生了火灾。这下可不得了,军仗库里头有的是炸药,噼噼啪啪响个没完没了。汤和获悉后立即下令,乘乱迅速攻入延平城内。

陈友定听到城池已被攻破的消息后,知道生还无望,当即服毒自杀,但被快速攻入的明军救下。值逢大雨,陈友定让大雨给淋醒了,没死成,连同自家儿子一起被押往了应天。朱元璋亲自审问他:"元朝灭亡已成定局,你这样顽抗到底又是何苦?"陈友定说:"事到今日,说什么都晚了,不必再说了,了不得也就是一个死吧!"陈友定至死不降,朱元璋很为恼火,下令将他与儿子一起弃市。这时,征南将军胡廷瑞和何文辉率领的大军也早已攻下了建宁等地,兴化、漳州、泉州诸路闻风而降,到洪武元年年初时,福建全境被平定。(《明太祖实录》卷29;【明】钱谦益:《国初群雄事略·福建陈友定》卷13;《明史·陈友定传》卷124;《明史·汤和传》卷126;《明史纪事本末·太祖平闽》卷6)

○ 第二路南征两广何真等——(吴元年十月~洪武元年七月)

福建平定后,南征第一路大军接到朱元璋的命令,迅速南下,增援南征第二路大军。这南征第二路大军就是当初朱元璋同时发出三路大军出发命令中征讨两广的那一路,即由湖广平章杨璟、左丞周德兴和参政张彬率领的武昌、荆州、益阳、常德、潭州、岳州、衡州等地的湖广卫军。大约在吴元年年底时杨璟等人带领军队由今天湖南的衡阳出发,第二年即洪武元年(1368)正月时进军到永州(今湖南零陵),而就在这里杨璟大军遭到了元军的顽固抵抗,经过近3个月的艰苦作战,最终才攻克零陵,然后再往南方偏西的广西全州、靖江(桂林)方向继续推进。(《明太祖实录》卷29;《明太祖实录》卷31)

◎ 东莞作秀高手何真玩大了:将前来领赏的奴才扔进了沸腾的锅里

这时大约已经是四月份了,进攻福建、平定陈友定割据势力的南征第一路大军早就出色地完成了使命。朱元璋看到进攻两广的杨璟一路进军速度缓慢,便将南征第一路大军调过来,并对其军事前线指挥做了一番调整,把御史大夫汤和等人给换下来,让他上明州(今宁波)去督造海舟,漕运军饷,支援徐达主力军北伐,确保统一战争重心目标的实现;而任命了廖永忠为征南将军、朱亮祖为副将军,由福建福州出发,从海上进攻广东(《明太祖实录》卷30);另外派遣赣州卫指挥使陆仲亨、副使胡通等人率领他们在江西的本卫和广东西北的南雄、韶州等地的卫军,由北而南，进攻广东的德庆，这样一来，与早先出发进攻广西的杨璟军形成了犄角之势，围歼两广境内的元朝残余与亲元割据势力。其实元朝统治南方地区的军事力量并不强大，这也是朱元璋等南方起义军迅猛发展、所向披靡的一个重要原因。就当时两广境内而言，最为强大的就要数广东何真割据势力了。(《明太祖实录》卷30)

何真，广东东莞人，曾任河源务副使、淡水盐场管勾(可能相当于现在的城管或菜市场负责人)，后来弃官居于东莞圆头山。元末农民起义爆发后，岭南地区有人举旗响应，焚掠州郡。至正十五年(1355)，东莞发生了王成、陈仲玉起义。何真上当地的元朝元帅府去告状，元帅受贿，反而要逮捕何真，幸亏他跑得快，才没被逮着。随后何真跑到乡间去，组织义兵对抗起义军。有一次在作战中，他十分幸运地逮住了起义军的一个头领陈仲玉。另外一个起义军头领王成可不好对付，他修筑了很多的营寨，派人日夜巡哨。何真让弟弟何迪和部将黄从简等带了好些兵前去征讨，但久无成效，最后何真想到重赏之下必有勇夫的策略，给出高价，只要谁能逮住王成，我何真就重重地奖赏他！告示贴出后没多久，有人就把王成给绑来了。一问是哪位勇士干的？前来领赏的人自称是王成的奴才。这下可把何真给惹怒了，二话没说，就让手下人将那狗奴才给绑起来，然而当着众人的面宣布他的罪行——卖主求荣，数落完了，令人将那无耻的小人扔到沸腾的锅里煮了，并向众人解释说："要想背叛主子的奴才们，请想清楚点！"为此，元朝江西行省主管领导还替何真特地向元廷请功呐。(《明史·何真传》卷130)

至正十六年(1356)惠州爆发王仲刚起义，下级将领黄常发动兵变予以响应，两军联合起来攻占了惠州。何真闻讯后率领武装前去镇压，杀了王仲刚，撵走了黄常，夺回了惠州，随即被元朝政府授予惠阳路同知、广东都元帅，驻守惠州。不久广州传来消息，有个叫邵宗愚的人率领了一大帮子"海寇"乘着天下大乱之势，强占了广州城。何真又领兵前去平乱，赶走了邵宗愚，夺回了广州。元廷为了嘉奖何真的"忠勇"，又特别提拔他为广东分省参政，后又擢升其为右丞，可能相当于广东省省长助理这一类的官职。不久元朝将江西、福建两省合二为一，何真也由此升任为江西、福建等处行省左丞。时值中原大乱，两广等南方地区与北方隔绝，有人劝何真仿效西汉赵佗的做法，独立建国。可何真不接受，通过海路不断地派人北上朝贡，孝敬元顺帝。众叛亲离的元顺帝见到广东那么远的地方还有这么一个"孝子贤臣"，顿时心中乐开了花，一高兴就封何真为资德大夫。有了元朝的合法外衣，何真这条元朝人的走狗心里就踏实多了，练兵居险，雄踞一方。(《明史·何真传》卷130)

◎ 原以为铮铮铁骨却是一个见风使舵的软蛋——何真投降啦！

何真与朱元璋之间原来隔着个陈友定，听到陈友定受到大明军三路的进攻，何真顿时也慌了手脚,坐立不宁,心想:下一个就轮到我了,我得赶紧想个应对救急的好办法!好办法还没想出来,人家朱元璋派出的新征南将军廖永忠率领的大军已由福州航海到了潮州。昔日慷慨陈词痛恨奴才卖主求荣的何真此时顾不上自己"伟丈夫"的光辉形象了,赶紧派手下人都事刘克佐上潮州廖永忠的军门,奉上印章与其所辖郡县户口兵粮图籍,奉表请降。廖永忠立即向朝廷奏报,很快从应天降下的诏书被送达广东。诏书中朱元璋高度表扬了何真:"朕听说古时候真正的英雄豪杰都是保境安民,等待有德之人来接管。像东汉的窦融、隋唐间的李勣(即徐懋功)等,他们拥兵据险,角逐于群雄之间,不是真命天子,还不肯归附呐。汉唐这样的名臣今日还真不多见。你何真管辖岭南数郡,不费我朝一兵一卒,保境安民又能来归附我,即使像汉唐窦融和李勣那样的名臣所做的也不过如此而已。"原来历史在政治家那里成了可以随意打扮的小女孩,朱元璋为了自己的利益不惜歪曲历史,在抬高断了脊梁的元朝癞皮狗何真的同时,也将自己着实给提升了一下,刚刚在应天城里称孤道寡的凤阳和尚就此自行挤入了历史上明君和"有德之人"的行列。也难怪我们时常会听到某些人一直在吹自己永远先进、永远正确。这就叫什么?与时俱进!何真的"聪明"就在于他能及时地抓住"时代的脉搏",当好新时代的奴才。当然其新主子也不会亏待他,朱元璋立即给了个江西行省参知政事的官职,后来又擢升他为浙江右布政使、湖广左布政使,最后将他封为东莞伯。(《明太祖实录》卷189;《明史·何真传》卷130)

　　由于何真的主动投降,广州及其附近州县很快就让朱元璋政权给接管了。再说进攻广东的北路军,即陆仲亨率领的那一支队伍也在洪武元年四月间连下英德、清远、胥江、连州、肇庆和德庆等郡县,元朝守将张鹏程等驱众弃城遁逃,陆仲亨等领兵前往广州,与廖永忠军会师,至此广东全境为朱元璋军所控制。(《明太祖实录》卷31)

　　廖永忠在接管广州等地后留下部分人马维护秩序,自己则率领大部队继续西进,攻占广西梧州、郁林、滕州等地,向着广西重镇靖江(今广西桂林)方向推进。再说此时从湖广过来的杨璟、周德兴率领的南征军也在此时赶到了靖江,一时间数路南征军会师象鼻山下,然后从四面八方将靖江路给团团包围。双方"相持凡二阅月",元军守将也儿吉尼被围得实在没法子了,最后驱赶手下将士出城死战,被明军杀得丢盔弃甲,四处逃窜。也儿吉尼眼见情势不对,赶紧缩回城内死守。六月,杨璟通过内应攻入了城内,也儿吉尼仓皇出逃,靖江城终被明军占领(《明太祖实录》卷32)。接着南宁、柳州、郴州、象州等地相继归附。到洪武元年七月时,广西全境被明军平定。也就是从这个时候起,两广才全部纳入大明帝国的版图。(【清】谷应

泰：《明史纪事本末·平定两广》卷7）

至两广统一为止，除了四川、云南等地区外，南中国已为朱元璋所统一。这不仅使得初创的大明帝国有着更加广阔的统治区域，而且还为朱元璋北伐中原战争提供了人力、物力和财力等方面的支持。

○ 第三路即主力军北伐中原——（吴元年十月～洪武元年八月）

实际上早在吴元年十月二十日那天朱元璋连发三道进兵征讨令中的最为重要的一道，就是北伐中原，这也是当时朱元璋政权进行全国统一战争的最大关键。

◎ 北伐问计问出个骄傲来　战前做好思想统一工作

还在东灭张士诚军事行动接近尾声之际，朱元璋就开始谋划起北伐战争的事宜。吴元年九月的一天，他跟太史令刘基、学士陶安这样说道："张氏集团已被剿灭，南方大体统一。现在我们应该将精力重点投到北方中原，统一全国。你们两位对这样的战略决策有何看法？"刘基当即回答："主公您的疆土越来越广阔，属下的民众也越来越多，以目前的态势来讲，我方可席卷天下！"从底层一步步爬上来的朱元璋可小心了，听了刘基的话却并不认同他的观点："疆土甚广但不可以此恃强，属民甚多可也不能以此恃壮。我自起兵以来，与诸雄豪杰作战，凡是遇上小敌，就当做他是大敌，所以每每都能取胜。现在帝王大业即将建成，唯中原地区动荡不已，我等岂能小觑？历史上功败垂成的例子可多了，我们难道就不应该从中吸取些教训？"刘基解释道："张士诚刚刚被灭，想必北方也已经听说了吧，说不准还会不寒而栗。我方应该乘着这个大好形势，迅速北伐，长驱中原，谁能抵挡得了我军？这就是所谓的'迅雷不及掩耳'！"朱元璋却不同意这种说法："凡事只有深层次研究各个方面，方知通盘应变之策略。北方官军扩廓帖木儿、张良弼等各处一方，形成掎角。我军北伐开始，一旦他们醒悟到了问题的严重性，并纷纷出动，相互声援，到那时候，我们很可能动弹不得，还怎么个长驱直入？所以我想啊，先打好一场漂亮的大战役，然后利用这股破竹般的声势，扫平北方劲敌。要是真能长驱直入取得天下的话，别人早就抢去了，还会等到今天我们去？且我仔细观察了一下，北方元人早有败亡之兆，我们久有必胜之道，不过还得要小心谨慎，想个万全之策，怎么能骄傲大意，进而遭受不测之祸害？"（《明太祖实录》卷25）

与刘基、陶安之间的谈话中，朱元璋敏锐地觉察到：全国性的革命胜利在望，但人们心中的骄傲轻敌思想却在滋长。连没有直接参与军事行动，就在应天城内掐着指头算算的刘军师尚且这样，更何况取得累累硕果的军中将领们。为了统一思想,给一路飙升的"长驱直入"和"做大做强"的发热头脑降降温,吴元年(1367)十月十六日,不久将要登临皇帝宝座的新帝国主人将信国公徐达、鄂国公常遇春等北伐预定主要军事领导找来议事。众人刚刚落座,他就开说:"自元失政以来,君昏臣悖,兵戈四兴,民毁涂炭。我与诸公仗义而起,最初也就是为了图谋活命,希望能有人出来安定天下秩序,让黎民苍生能活下去就行了。哪料到战乱一个接着一个,没完没了。指望不上谁,我就在众人的拥戴下,先干干再说,于是就率领大家渡过长江,上江南来发展,与群雄角逐,西平陈友谅,东灭张士诚,南定闽广,胜利在望。南中国大致统一了,现在我十分挂念的就是扰攘的中原,那里饱受战乱之苦的人民还过着地狱般的日子。而就此大势来看,山东有王宣父子,狗偷鼠窃,反复无常;河南有扩廓帖木儿(汉名王保保),此人虽然蛮会打仗的,但他政治操守可能有问题,名义上打着元朝的旗号,实际上却专为自身势力发展而谋利,专横跋扈,根本没将他的元廷主子放在眼里,但也不会有什么大花头的。就他的那支军队势力而言,也不见得有多么的了不得,上疑下叛,迟早要出事;关陇地区尚有李思齐、张思道等几支队伍,还算说得过去,但他们之间又彼此猜忌,势不两立,且与扩廓帖木儿构成嫌隙,明争暗斗,没完没了。看来啊,元朝灭亡差不多也就在这个时候了。今天我召集诸公,想好好讨论一下北伐大计。各位,畅所欲言!"(《明太祖实录》卷26)

朱元璋话音刚落,"快速将军"常遇春马上接上话头,来了个快人快语:"如今南中国大体扫平,我们兵强马壮,直捣元大都,以我百战之师去攻打那些安逸懒散之军,大伙儿挥挥长枪就能将他们给搞定了,元大都岂不就归咱们的啦!既然元大都拿下了,我们就以破竹之势,乘胜长驱,歼灭元军残余就如囊中取物!"朱元璋听到这话,心想:我要的就是常遇春这样的说法。军事胜利一个接一个,人们的骄傲情绪也在不断地滋长,今天借着这个机会给讲一讲,泼点凉水,让大家都能保持着清醒的头脑。于是他提高了嗓门说道:"常将军讲得不无道理,不过我要提醒大家:元朝在大都盘踞了百年(差一点点,实际上为97年),他们的都城一定建得很牢固,城防也很严密。如果按常将军的作战思路,我们长驱直抵大都,孤军深入,可万一又不能破城,困顿在城下,后方的粮饷接济不上,这时元军从四面八方合拢过来,我军进进不了,退又没地方退,这下该如何是好呢?"(《明太祖实录》卷26)

◎ 制定北伐中原的"三其"战略

说到这里,朱元璋将目光盯在了常遇春身上,此时"快速将军"再也不快速了,哑口无言。朱元璋乘势继续说:"以我之见,出于保险角度考虑,我军不妨在元大都的山东屏障、河南羽翼和潼关户槛上做好文章,这叫做先取山东,撤其屏蔽;移师河南,断其羽翼;拔取潼关,据其户槛。这样下来,天下大势尽在我们的掌控范围了。然后我们再进兵元大都,到那时,已成为光杆司令的元廷势孤援绝,用不了多少时间就会不战而降。元大都一搞定,我军立即西进,云中、太原以及关陇等地便可席卷而下!"听到这里,众将莫不叫好。(《明太祖实录》卷26)

  这个"三其"方略就是当年明初有名的北伐战略。朱元璋通过循循善诱的阐述与告诫及时地将自己稳妥的战术思想贯彻到北伐主要将领那里,余下就是进行战前的具体军事准备了。四天后的十月二十日,在发出两路大军南征福建、两广军事命令的同时,朱元璋着力在北伐中原上,任命中书右丞相、信国公徐达为征虏大将军,中书平章掌军国重事的鄂国公常遇春为征虏副将军,率甲士25万,"由淮入河,北取中原"。(《明太祖实录》卷26)

◎ 朱元璋对北伐军将领的再三嘱托

  即使到了这一步,朱元璋还不怎么放心,就在十月二十日这一天发出三道南征北伐令的同时,他再次训谕诸将:"发动征讨战争应该是奉行天讨,平戡祸乱,安抚百姓,故而任命将领率兵出征贵在选对人才。现在我军诸将中不乏勇敢善战的,但若论能带好军队、持重、守纪律又能打胜仗、处事得体的,恐怕没有谁能赶得上大将军徐达;若论面对敌人百万之众,能率先勇往直前、摧锋陷阵、所向披靡的,恐怕也没有谁能赶得上副将军常遇春的。说起常将军,我倒不担心你不能打仗,反倒为你的轻敌而担惊受怕!想当年进攻武昌时,我亲眼所见,常将军绕过了好几个骑兵,不顾一切地追赶敌人。陈友谅手下的骁将张定边赫赫有名,可哪是我们常将军的对手啊!可当时常将军你是攻城指挥者,身为大将,却与军中小校争功显能,这可不是我所希望看到的啊,今后无论如何都要引以为戒!此次北伐,倘若遇上大敌,常将军一定要领前锋开道。如果敌势甚强,那么常将军就与参将冯胜分为左右两翼,各自率领精锐发起攻击;右丞薛显和参政傅友德都是勇冠三军的优秀将领,你们两位可以各自领一军,独当一面;如果遇上孤城小敌,只要派遣一员有胆识的偏将,交给他总制指挥权,不用费什么力气就能搞定了。徐大将军,你就专门负责中军,调兵遣将,运筹帷幄,决胜于千里之外,就是不能轻举妄动。古人云:将在外,君主不予干涉就能打胜仗。我想你们都懂这话的含义!"(《明太祖实录》卷26)

  说到这里,朱元璋稍稍停了一下,然后转过头去,面对着徐达说道:"大军出了应天城,一切事宜我皆托付给你啦。大将军,此次北伐非同小可,你一定要从山东入手,依次攻克河南与潼关,再围拢过去包围元大都。不过话得说回来,就第一步攻取山东也不容易。山东,古人称之为'十二山河之地'。你们进军时,一定要军纪严明、步调一致,众志成城,这样才能做出合理的进退决定,实施合乎事宜的军事举措,使得战必胜,攻必取!倘若我军虚弱,敌人力量很厚实,那就先规避一下再说;倘若我军充实敌人空虚时,那就抓紧时间打击敌人。前敌主将,就是三军总司令,你得注意:发出的命令一定要有威信,一定得注意自己的军势。威信高了,下级与兵士们自然会听命;军势重了,敌人自然会害怕而不敢来犯。我经常回忆起自己与诸路豪杰的角逐过程,发现他们的失败几乎无一例外都是由于威信不立、威势不重所造成的。所以说你要引以为戒,谨慎之谨慎啊!"(《明太祖实录》卷26)

就在这一天,朱元璋还亲自跑到应天城北门的七里山设坛祭告天地,然后又召集出征将士,申明军纪:"今命尔诸将各率所部以定中原,汝等师行非必略地攻城而已,要在削平祸乱,以安生民!凡遇敌则战,若所经之处,及城下之日,勿妄杀人,勿夺民财,勿毁民居,勿废农具,勿杀耕牛,勿掠人子女!民间或有遗弃孤幼在营,父母、亲戚来求者,即还之。此阴骘(zhì,安定)美事,好共为之。"诸将一致表示服从命令,随后各自率领大军,浩浩荡荡地从应天城出发,踏上了北伐中原之路。(《明太祖实录》卷26)

"驱逐胡虏 恢复中华" 颠覆元廷 声震华夏

在做好一系列北伐军事准备后,朱元璋想想还有事情没做妥当。北伐,自古以来有几次是成功的?每当朝代更替时,北方几乎都成为历史反动的大本营,可北方中原子民无罪啊!为了分化北方阵营,朱元璋于北伐军开拔后的第三天即吴元年十月二十三日檄谕齐鲁、河洛、燕蓟、秦晋之人,即明初有名的《谕中原檄》,也可称之为《北伐宣言》,其文如下:

● 朱元璋的"北伐宣言"与"驱逐胡虏,恢复中华"

"自古帝王临御天下,皆中国居内以制夷狄,夷狄居外以奉中国,未闻以夷狄居中国治天下者也。自宋祚倾移,元以北狄入主中国,四海内外,罔不臣服。此岂人力,实乃天授。彼时君明臣良,足以纲维天下,然达人志士,尚有冠履倒置之叹。自是以后,元之臣子,不遵祖训,废坏纲常,有如大德废长立幼,泰定以臣弑君,天历以弟酖兄,至于弟收兄妻,子烝父妾,上下相习,恬不为怪,其于父子、君臣、夫妇、长幼之伦,渎乱甚矣。夫人君者,斯民之宗主;朝廷者,天下之根本;礼仪者,御世之大防,其所为如彼,岂可为训于天下后世哉!及其后嗣沉荒,失君臣之道,又加以宰相专权,宪台报怨,有司毒虐,于是人心离叛,天下兵起,使我中国之民,死者肝脑涂地,生者骨肉不相保。虽因人事所致,实天厌其德而弃之之时也。古云:'胡虏无百年之运。'验之今日,信乎不谬。当此之时,天运循环,中原气盛,亿兆之中,当降生圣人,驱逐胡虏,恢复中华,立纲陈纪,救济斯民!今一纪于兹,未闻有治世安民者,徒使尔等战战兢兢,处于朝秦暮楚之地,诚可矜悯。方今河、洛、关、陕虽有数雄,忘中国祖宗之姓,反就胡虏禽兽之名以为美称,假元号以济私,恃有众以要君,凭陵跋扈,遥制朝权,此河洛之徒也;或众少力微,阻兵拒险,贿诱名爵,志在养力,以俟衅隙,此关陕之人也。二者其始皆以捕妖人为名,乃得兵权。及妖人既灭,兵权已得,志骄气盛,无复尊主庇民之意,互相吞噬,反为生民之巨害,皆非华夏之主也!

予本淮右布衣,因天下乱,为众所推,率师渡江,居金陵形势之地,得长江天堑之险,今十有三年。西抵巴蜀,东连沧海,南控闽越,湖、湘、汉、沔、两淮、徐、邳,皆入版图,奄及南方,尽为我有。民稍安,食稍足,兵稍精,控弦执矢,目视我中原之民,久无所主,深有疚心。予恭天承命,罔敢自安,方欲遣兵北逐群虏,拯生民于涂(涂)炭,复汉官之威仪。虑民之未知,反为我仇,挈家北走,陷溺尤深。故先谕告:兵至,民人勿避。予号令严肃,无秋毫之犯,归我者永安于中华,背我者自窜于塞外。盖我中国之民,天必命中国之人以安之,夷狄何得而治哉!予恐中土久污膻腥,生民扰扰,故率群雄奋力廓清,志在逐胡虏,除暴乱,使民皆得其所,雪中国之耻,尔民其体之。如蒙古、色目,虽非华夏族类,然同生天地之间,有能知礼义愿为臣民者,与中夏之人抚养无异。故兹告谕,想宜知悉。"(《明太祖实录》卷26;《皇明诏令·谕中原檄》卷1;【明】程敏政:《皇明文衡·谕中原檄》卷1)

这篇出自名儒宋濂之手的檄文便是当年朱元璋"北伐宣言"的全部内容。说起这个"北伐宣言",我们社会当中的一些政治过敏者往往会将其贴上"反动""落后"的标签,甚至要进行大批判。但如果摒除既定的概念、置身于当时的社会实际而仔细阅读全文的话,你或许会发现这是一篇极为难得的反异族压迫的解放宣言和新帝国的施政大纲。何出此言?

○ 重新解读"驱逐胡虏,恢复中华,立纲陈纪,救济斯民"

第一,全文除了个别地方使用不妥词语如"胡虏""禽兽"之外,整个宣言充满了汉民族为主体的"中华民族"的自信。这里的"中华民族"之所以要加引号,那是指的历史概念,而不应该与现代意义上的"大中华"概念完全画上等号。我们现代意义上的中华民族概念是1902年梁启超先生在《论中国学术思想变迁之大势》中率先提出的,是指生活在中华大地上所有民族及海外华人的统称。古代的"中华"概念可能更多指的是以汉民族为主体的传统文明,"中华"后面当时可能没有直接加上"民族"两字,但这并不等于说当时就没有"中华民族"的文化认同感。而作为民族之林中的老大哥汉民族由于自身文明的先进性而拥有一定的自傲感也没什么过错啊,更何况在汉民族建立的历代帝国政权中少有或几乎没有什么民族压迫和民族残暴统治,倒是文明相对落后的少数民族一旦占据了统治地位就会变本加厉地推行愚昧又落后的民族压迫政策,蒙元是如此,后来的清朝也是如此。所以说,要想客观地评价这篇"北伐宣言",我们必须站在全面、客观的角度,而不是响应什么政策、什么政治来个"与时俱进"。

第二,整篇"北伐宣言"的核心精神为"驱逐胡虏,恢复中华,立纲陈纪,救济斯民"。这十六字中至少又有四层涵义:

第一层涵义即前面四字"驱逐胡虏"。这里的"胡虏"指的就是元朝人,有人说应该讲蒙古人,但我们的主流媒体不允许这么说,说了怕影响民族关系。其实我们的国人很累,动不动就有人上纲上线。"胡虏"这个称呼首先是个历史概念,可现在要是有人说了"胡虏",人们可能以为他是神经出了问题。既然"胡虏"是历史上的称呼,我们说历史时为什么就不能说呢?其次,民族文明发展有快有慢,即使同一个民族内的人由于分布区域的不同、人们视角的不同,也有地方的人被所谓先进地方的人称为"蛮、夷、狄"等。譬如江南人和岭南人,历史上就被中原人称为南蛮子,直到今天人们还有这么个称呼,但我还从来没听说过江南人或岭南人对此称呼觉得有什么不妥或反感的。由此反观历史时我们又何必要对600年的那种称呼拥有那么高度的政治敏感呢?再次,作为民族的加害者——当年的蒙古统治者和后来的满族统治者,曾疯狂地屠杀我们汉族同胞,如"扬州十日""嘉定三屠",甚至摧毁我们汉民族传统与自尊,如蒙古人霸占江南姑娘的初夜权、满族人实施"留发不留头"和"留头不留发"……如此暴行好像都被当今某些人给忽略不计了,反而在主流媒体上还大谈异族入侵是如何的"历史进步"。怎么啦?某些人得了"猥亵症"抑或失忆症?再来看600多年前的蒙古人是如何地肆意凌辱汉民族的,进而激发和唤醒了当时最为低等的"南人"和"汉人"的民族斗志与民族自信:

元初至元年间,有个西僧嗣古妙高不好好地念经修行,反倒动起了一夜暴富的歪心思。他看到杭州城外(今属于绍兴市东南35里处宝山)建有好多的宋朝皇帝陵寝和大臣的冢墓,想着这里头肯定藏有很多的财宝。要是将这些汉族老祖宗留下来的"财富"给开发出来的话,肯定要比在当今咸阳阿房宫上建什么纪念馆来钱来得快!嗣古妙高算计好了,但这还不行,必须得请示上级主管领导的批准,否则就成了非法的盗墓贼。于是他就如此这般地跟当时元朝江南总摄杨辇真加说了,按理说这种令人诅咒的疯狂念头是对民族的犯罪,无论怎么说都应该予以坚决的打击。可令人想象不到的是,元朝地方大员不仅同意了这位地方"兼职企业家"的"开发计划",居然还上报给了中央朝廷。元廷也批准了"开发",这下可好了,"尽发宋(帝)诸陵之在绍兴者及大臣冢墓,凡一百一所,窃其宝玉无算"(【明】戴冠:《濯缨亭笔记》卷1)。可怜宋朝列祖列宗,连死后还不得安宁,尸骨横七竖八地散落于荒野之中。可能是怕阴魂缠绕,元朝的地方"兼职企业家""合法的盗墓贼"最终还是将死人骨头集中起来,瘗埋于杭州的宋故宫,在其上面建了一座佛塔,据说是用来镇镇邪气,搞个什么佛教旅游人造景点,以此来掩盖其犯下的滔天罪行。在这过程中最令人发指的是,西僧嗣古妙高还将宋朝皇帝宋理宗的头颅给割了下来,搞掉里头的脑浆等物,然后作为日常生活饮器,一天到晚拎在手里。"天下闻之,莫不心酸"。(《明太祖实录》卷53;【明】戴冠:《濯缨亭笔记》卷1)

　　堂堂汉族人的皇帝死后都不得安宁,人间之主头颅被人割下来当做饮器(一说被当做溺器),这是令人何等心酸和愤懑的事情!所以当年朱元璋听说此事后,叹息良久,随后跟侍臣危素这般说道:"宋朝南渡后列帝果然不怎么样,但与蒙元不是世仇啊!元朝是乘着南宋衰弱之势才灭了人家的,这已经是最为严厉的处罚了,何至于要将人家'老祖宗'头颅用做饮器呢?真是肆虐残暴到了极点啊!"(《明太祖实录》卷53)

　　在传统社会里,汉族皇帝就是汉族人的"大父亲""老祖宗",连他们死后都不得安宁,还要受到如等奇耻大辱,这样的汉民族情感伤痛恐怕是难以用言语来表达的。所以说朱元璋提出"驱逐胡虏,恢复中华"这样的口号,至少说在汉民族当中具有极大的战斗号召力,或者说引发巨大的共鸣,也为汉民族找回了民族的自尊心与自信心。从这样的角度来看,他无疑是汉民族的民族英雄。

　　第二层涵义为"恢复中华"。这里边不仅仅包括了要恢复汉民族统治,要重建传统帝国王朝,而且还隐含着要恢复元朝以前的中华传统文明,洗涤蒙元胡俗陋习,"参酌唐宋之制而定之"(《明太祖实录》卷36)。唐、宋是中华古典文明发展史上的经典时代,尤其使得古代中国成为世界公认的四大文明古国的几项十分显著的"文明标杆"——"四大发明"都是在唐宋时代完成的,而随后的蒙元时代绝对称不上对中华民族传统文化的传承有着多大的积极贡献,恰恰相反,它的"横加插入"倒是使得传统文明遭受了突然打断,甚至是对传统社会价值体系的严重摧毁:废长立幼,以臣弑君,以弟酖兄,弟收兄妻,子烝父妾,……父子、君臣、夫妇、长幼之伦,渎乱之至!(《明太祖实录》卷26)因此说朱元璋的"恢复中华"绝对称得上是历史的进步,我们绝不能低估。

第三层涵义为恢复汉民族为主体的大一统帝国统治秩序,实行帝国境内各民族基本平等。朱元璋明确宣布,对于少数民族"有能知礼义愿为臣民者,与中夏之人抚养无异"。这是告诉人们:我朱元璋建立的大明帝国绝不会像元朝人那样搞民族压迫和民族歧视,而是实行民族平等政策!要知道在遭受异族入侵、饱受异族歧视与压迫长达一百年的情势下,提出这样的民族平等口号与施政精神,这需要何等之勇气和度量!同样,500多年后的1895年孙中山等人创建的革命团体香港兴中会时,将入会誓词定为"驱逐鞑虏,恢复中国,创立合众政府"(转引自李新主编:《中华民国史·中华民国创立》(上)第一编,全一卷,P99,中华书局1981年9月第1版);1905年中国历史上第一个统一的革命政党中国同盟会在日本东京成立,选举孙中山为总理,中国同盟会纲领定为"驱除鞑虏,恢复中华,创立民国,平均地权"(田桐:《同盟会成立记》、《胡汉民自传》、《辛亥革命史料选辑》上,P94,P170,湖南人民出版社1981年9月第1版;章开沅、林增平:《辛亥革命史》中册,P35,人民出版社1980年12月第1版)。这也充分表明了孙中山为首的革命党人具有非凡的度量与胆识,继承了朱元璋的民族平等融合精神(详见马渭源:《论辛亥革命定都南京的过程及其历史影响》,澳门《中西文化研究》2011年6月总第19～20期)。我们绝不能套用现在的价值观与政治观来过高地要求古人。再说所谓的各民族绝对平等,即使600年后的今天或许还不一定能做到,譬如为什么汉族人孩子高考不能加分、少数民族为什么能享受特殊的生育政策?等等,郁闷的今人何必要去苛求古人呢?

第四层涵义为"立纲陈纪,救济斯民",这主要表明朱元璋在即将开创的大明帝国中要以中华传统为模板,建章立制,将蒙元"冠履倒置"的状况给重新摆正,恢复我们中华传统的典章礼仪与法律制度以及社会秩序,将水深火热中的元帝国子民给解救出来,即"拯生民于塗(涂)炭,复汉官之威仪"(《明太祖实录》卷26)。以这样的口号来吸引和激发深受元朝黑暗统治之苦的广大人民的斗志和信心,由此说来,这八字也是与当时的北伐直接相关联的。至此,我们可以进一步地肯定,朱元璋当年发布的这个"北伐宣言"是很了不得的新帝国施政大纲。

第三,朱元璋提出的这十六字"北伐誓言"中的民族平等精神不仅仅是当时政治宣传或言"口头秀",在统一北方和后来大明帝国的治国理政中他还确确实实地做到了。

○ 朱元璋首创中华民族大家庭供奉列祖列宗的超级太庙——历代帝王庙

洪武六年八月即元朝被推翻后的第六年,历代帝王庙在南京建成,这是祭祀历代正统王朝帝王的神圣殿堂。按照唐宋旧制,被列入帝王庙中的祀主都是中国传统社会里的汉族正统王朝的帝王,少数民族政权的帝王一概不在其内。可明朝从开国起就来了个"大变革",根据朱元璋的指示精神,南京历代帝王庙内按照"先祖居中,左昭右穆"的次序排列,将正殿分为五室,"中一室以居三皇(伏羲、炎帝、黄帝,本书作者注,以下略),东一室以居五帝(少昊、颛顼、帝喾、唐尧、虞舜),西一室以居夏禹、商汤、周文王,又东一室以居周武王、汉光武、唐太宗,又西一室以居汉高祖、唐高祖、宋太祖、元世祖"(《明太祖实录》卷84);且规定"每岁止以仲秋月遣官祭之"。(《明太祖实录》卷196)

　　将中华民族公认的"最早的老祖宗"三皇列为居中位置,将五帝与历代大一统帝国的开国帝王分列左右。如此一来,历代帝王庙就成了祭祀中华民族大家庭的列祖列宗的超级太庙了!这既突出了中华、汉民族大一统王朝开国帝王的主体地位,同时也认可了少数民族——蒙古族建立的大元帝国为中华正统,让元世祖忽必烈享有同祀尊崇的地位,这是前所未有的。因此说朱元璋的政治视野远比元朝及其以前的统治者要宽广,政治境界也高出多得多。正如有学者指出的:"他(指朱元璋)第一次用庙宇祭祀的形式,彰显了中华一统帝系的历史传承,也体现了对蒙元王朝的民族包容。"(许伟:《历代帝王庙的来龙去脉》,《光明日报》2013年8月12日)

　　当然有人见此可能要说,就祭祀祭祀还不就是搞搞形式主义,糊糊人的。真的是这样吗?我们不妨再看看历史事实,洪武三年四月,朱元璋诏告天下:天生斯民,族属姓氏各有本源。古之圣王尤重之,所以别婚姻、重本始,以厚民俗也。朕起布衣,定群雄,为天下主,已尝诏告天下,蒙古诸色人等皆吾赤子,果有材(通"才")能,一体擢用。(《明太祖实录》卷51)也就是说朱皇帝向全国各族人民再次明确表态:他绝不搞民族歧视与种族压迫,实行民族平等,一视同仁,只要是人才,不管他是什么民族的,我都要予以重用。

　　见此有人可能还是觉得不能相信,这朱皇帝口头秀秀得很多,实际做的却是另一回事。想当年洪武开国前后他猛烈抨击刘邦滥杀功臣,可到了洪武晚期他自己却几乎将开国元勋杀得一个都不剩;他号召大臣们进谏,可人家真的赤胆忠心地进谏了,他又受不了,将直言者给剁了。不过我倒觉得,在与政治领域内诸多说归说做归做相比较而言,朱元璋对于大明帝国的民族平等工作做得还是相当不错的。

　　北元丞相咬住、蒙古贵族忽哥赤是元朝灭亡后长期与大明帝国对抗的死顽固分子,洪武晚期降明后,朱元璋分别任命他俩为大明都察院右副都御史和工部侍郎(《明太祖实录》卷204);有着相似情况的还有安童,洪武二十三年朱元璋"以鞑靼

指挥安童为刑部尚书"……(《明太祖实录》卷199)

回过头来再说说当时北伐开启之际,朱元璋首先做出姿态,将张士诚拘留在平江的元宗室神保大王及黑汉等9人送回元大都去(《明太祖实录》卷25)。就是在以后清沙漠军事战争取得重大胜利的情势下,对于俘获的元顺帝孙子买的里八剌等元朝宗室贵戚不仅不虐待、不摧残,反而将其封为崇礼侯等,最终还尊重他们的个人意愿,送回北方去。这与元朝拿了宋朝皇帝的头颅当做饮器岂不形成天壤之别!(《明太祖实录》卷53)

不错,朱元璋的这等做法里头不乏"政治秀",目的也就在于分化北方阵营,争取最大程度上的北方各界民众的支持。史实也确实如朱元璋集团所希望的那样,由于政策正确,军事进攻策略得当,徐达北伐军从渡江开始就进展顺遂,一路势如破竹。

● 稳扎稳打三步北伐　颠覆元廷声震华夏

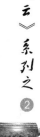

○ 先取山东,撤其屏蔽

朱元璋是个细致谨慎之人,凡事都得提前准备。早在大军攻占平江城的第二天,他就派了虎贲左卫副使张兴率勇士1 000人奔赴淮安,做好北伐的前哨准备,同时又命令在濠州练兵的平乡山寨军来淮安会师,打算从山东的胶州和登州、莱州等处入手。(《明太祖实录》卷25)

◎ 解决元朝山东沂州守将王宣父子

元末明初的山东地盘很大,北面还包括辽东,南部就是今天的山东。山东是南北交通的必经之路,从北京到南京或从南京到北京路经山东主要有两条路可走,一条路在西边,我们姑且称其为西路,由今江苏的徐州(明代属于南京的徐州府)出发,进入山东,主要路段依次为济宁、东平、东昌(今聊城)、济南、益都,济南再往西北一点就是有名的德州府(临近北京——明代大北京概念)。走这条路线的最大好处有两点:第一,南北两京之间的距离最短。第二除了陆路外,水陆也很方便,著名的京杭大运河几乎与其平行或重合。因此历史上发生南北战争时,这条路线成了兵家必争之地,30多年后朱棣发动"靖难"战争走的就是这条路。朱元璋下令北伐时,元朝守护这条路线的主要是由坐镇益都的山东东西道宣抚使普颜不花统筹负责,或言由他屏障京畿元大都的安全。另一条路在山东东部,我们姑且称其为东路，由南京（明代概念的南京相当于今天江苏、安徽两省）的江淮北出发，进入山东不久就能到达沂州，沂州径直向北就是益都。在山东境内这条路算得上是南北走向最近的了，当时由沂州守将王宣和王信父子领兵镇守着。（《明太祖实录》卷20）

王宣，扬州兴化县长安乡人，元末为司农掾。黄河大决口那年，朝廷下令各地推荐才干能人，让他们组织百姓修治黄河。王宣感到自己的人生机会来了，就来了个毛遂自荐。元朝官府任命他为淮南淮北都元帅府都事，并给了一些公款，让他出去招募民众。王宣回老家扬州一带一下子就招募了丁夫（青壮劳动力）30 000人，然后带了他们去修治黄河。没多久徐州"芝麻李"起义爆发，王宣被元朝任命为招讨使，率领修治黄河的丁夫跟随总兵知枢密院也速前去镇压起义。因镇压有功，被授予淮南淮北义兵都元帅，驻守山东马陵。后移镇山东益都。王宣的儿子王信曾跟随察罕帖木儿镇压田丰起义军，因立有军功而被授官。朱元璋大军北伐前，王宣父子位居沂州守将。（《明太祖实录》卷20）

但对此王宣父子并不安分，在那个变化莫测的年代里，关键在于人的眼光要锐利。王家父子由北看到南，北方元顺帝就那个样了，亡国是个时间问题；南方那个叫花子出身的朱重八还真不可小觑，大有一统天下的架势，可惜他是以下犯上的"作乱者"，名不正，言不顺，怎么办？父子两人想了好久，最终决定：先到朱重八那里"挂个号"，写封信，大灌迷魂药，什么"虽在苍颜皓首之际，犹望阁下鼓舞群雄：殪子婴于咸阳、戮商辛于牧野，以清区宇！"一句话，将朱元璋吹捧成改朝换代的真命天子一般。可骨子里压根儿就没当回事，乘着朱元璋军东灭张士诚忙碌之际，王宣父子派遣军队偷袭了海州（今连云港）、宿迁等地，可事后又派人上应天去谢罪。朱元璋看穿了王家父子的本质，让徐达北伐时先解决沂州问题。（《明太祖实录》卷24）

吴元年（1367）十月二十四日，也就是"北伐宣言"发布的第二天，徐达大军来到了淮安，与朱元璋先前安排的张兴小股部队会师，然后派人上山东沂州去诏谕王宣父子。王宣父子没想到朱元璋军队这么快就到了，自己的军备还没来得及完全准备好。怎么办？大军压阵，打是肯定打不过，先缓一下再说，来个诈降，"外虽请降，内实修备"。这事不知怎么地给应天城里的朱元璋知道了，他马上派人给徐达送去密信，提醒大将军："王信父子反复，不可遽信，宜勒兵趋沂州，以观其变。"（《明太祖实录》卷26）

当时徐达进军到下邳，派遣张德胜养子张兴祖率领分支队伍前往徐州，做好进攻山东的先遣准备。突然间有人来报：王宣父子反叛！徐达立马领军前往山东沂州，分兵把守北门和南门等重要的出入口，将沂州死死地围住。就在这个过程中，王宣乘人不备,派儿子王信外出募兵。可募兵这事不是一时所能解决的,王宣天天在城内盼望着儿子募兵的到来,可左等等不来,右等等不来,沂州城危机日益加重,徐达围城也越来越厉害。最让王宣心跳不已的是,朱元璋手下有名的冯胜将军太绝了,他叫人打开了沂州城郊的水坝,引水灌城。王宣终于熬不住了,打开城门投降了徐达。徐达叫他立即写信给在外募兵的儿子王信,让王信也赶快来降。王宣写好信后,徐达派手下镇抚孙惟德携信去找王信,没想到王信不但不听父亲召唤,拒绝投降,反而将镇抚孙惟德给杀了,随即带了他的哥哥逃亡山西去。徐达听说后十分恼火,下令杖击王宣,并把他处死。消息传开后,周围郡县的地方官与守将皆闻风丧胆,泽州右丞赵蛮子、莒州周斅、海州马骊及沭阳、日照、赣榆等县相继不战来降。(《明太祖实录》卷27)

◎ 徐达、张兴祖等东西两路进攻,迅速拿下山东

朱元璋听说徐达大军攻下沂州后,随即派人火速赶往山东,送去了一封急信,信是这样写的:"听说大将军已经拿下了沂州,就不知你们现在行军到何处?如果由沂州笔直北向上益都去,以我之见,应该派遣精锐将士前往黄河扼冲之要去驻守,切断敌人的援兵,使他们外援进不来,里边的人出不去,困死在里头,我军稍稍加点力,便能拿下山东重镇益都;如果你们还没有兵向益都,那就应该将部队转向西路,因为东路上在接近益都的南部地区有座大岘山,古称济水之天险,很难攻克。与其这样,倒不如转向西线,攻取济宁、东昌、济南等,然后再东向进军益都。攻下益都,山东境内元朝势力就没什么的了,其他地方会不攻自降。"

徐达接信后立即派遣韩政率领部分精兵扼守黄河要冲,令张兴祖带领部分人马沿着大运河进攻济宁、东平,而他自己则领着主力军去攻打益都。益都守将就是前面讲过的平章普颜不花,他倒是铁了心,坚决抵抗,可其他的部将毫无作战之心,又听说黄河边的援军被"卡"住了,感觉对抗北伐军是徒劳的,于是纷纷投降。最终普颜不花战死,益都被攻克。徐达乘胜占领寿光、临淄、昌乐、高苑等县,以及潍胶、博兴等州。十二月攻克济南、莱阳、登州。与此同时,张兴祖也攻下了运河沿线的济宁、东平等地,到洪武元年二月常遇春攻克东昌、茌平等军事要塞时,整个山东大体上给搞定了。那年三月,北伐军肃清了山东境内的元军残余,征虏大将军徐达等上报山东战果:"所下山东州县,凡获卒三万二千余人,马一万六千余匹,粮五十九万七千余石,盐五万三千七百余引,布绢八万七百余匹。"(《明太祖实录》卷31)

○ 旋师河南,断其羽翼

攻占山东,按照朱元璋事先制定的步骤,徐达大军由山东转入河南境内。那

时，南方统一战争也进行得相当顺利，在攻占福建后，朱元璋将汤和给换了下来，让他回明州去督造海船，为徐达北伐军运输粮饷；同时命令康茂才率兵北上，支援徐达，又令征戎将军邓愈率领襄阳、安陆、景陵等卫军，攻取南阳以北地区，牵制元军，策应徐达大军进攻河南。（《明太祖实录》卷29）

◎ 北伐军不费一兵一卒占领了河南重镇汴梁

再说徐达在山东取得一系列军事胜利后，顾不上休息，马上由益都北部的乐安掉头转向济宁，在济宁西北的郓城转入黄河泛道，逆行而上，进入河南。

洪武元年（1368）三月，北伐军来到了汴梁东北的陈桥。元朝汴梁守将李克彝闻讯后十分着急，赶紧将左君弼、竹昌等手下部将找来商讨应对策略。他眼睛盯着左君弼，说："左公过去跟朱元璋他们交过好几次手，听说当年还在庐州（即合肥）城下将徐达大军困住了好久，想必您也熟悉他们的战术套路。如今徐达大军打上门来了，我就授予左公您前线作战指挥大权，我在后面相机行事，乘虚发起攻击。您看怎么样？"左君弼一听是这等差事，你叫我打头阵，去送死啊，再说我跟朱元璋、徐达他们过去是有过过节，可他们对我还是不错的。想当年家中老母让他们大军给俘获了，但最终还是给送了回来，就冲着这个情义我也不能再跟人家翻脸了。不过这样的话不能说出口，于是左君弼换了一种说法："主将错爱了，我左君弼实在也没什么本事，见了朱元璋大军，两腿就发软，不说打仗，就是逃跑恐怕也逃不成。你想，当初我要是干得过他们，我还会来投奔你们吗？更何况那个叫徐达、常遇春什么的，打起仗来都不要命似的，所向披靡，我左君弼怎么敢与他们玩命！"李克彝听了，觉得也没什么可说的了，不过心里总有这样一个念头：打仗打不赢，但我也不能让你们北伐军占什么便宜！于是当夜乘着天黑，他下令将汴梁府的军民全部赶往河南府（洛阳）去。左君弼和竹昌没走，投降了徐达，北伐军不费一兵一卒就占领了河南重镇汴梁。（《明太祖实录》卷31）

◎ 攻克洛阳和河南全境

汴梁占领后，徐达将它交给部将陈德戍守，自己则与常遇春率领北伐军追赶逃跑的李克彝。大约在洪武元年四月初八日追到了虎牢关以西的河南塔儿湾，在那里遭遇到了元将詹同、脱因帖木儿的阻拦——元方两将领了50 000兵马列阵于洛水之北十五里处迎战。人称"常百万"的常遇春见了这拨子人马，压根儿就没放在眼里，单骑直闯敌阵，看到敌人一前锋正出来迎战，他搭起弓箭便射，可怜那先锋还没来得及伸胳膊就命赴黄泉。此时的徐达率军紧紧跟上，杀声震天。巧不巧就在这节骨眼上,"南风骤发,兵尘涨空,呼声动天地"。元兵还没有弄清楚是怎么一回事,脑袋就搬了家,活下来的赶紧逃命啊!足足逃了50里,脱因帖木儿收集散卒向着陕州方向流窜。据说此时的李克彝也西向陕西。徐达率军追了过去,到达河南府即洛阳城时,北伐军驻军北门。洛阳城里的元朝官员眼见官军溃败到了这般田地,知道大势已去,识时务者为俊杰,赶紧出来投降吧。于是,河南行省平章梁王阿鲁温,遣其副枢夏仲良送款徐达军门,表示愿意归降。

至此,又一个河南重镇洛阳被北伐军占领,徐达命左丞赵庸守城,派遣员外郎高瑞抚谕各处山寨,指挥任亮招谕嵩州,河南西北部各地相继归附。到四月底为止,整个河南差不多全归朱元璋所有。(《明太祖实录》卷31)

○ 拔取潼关,据其户槛

河南战局无惊无险,北伐军轻轻松松地占领了中原腹地,不过也留下了"尾巴",脱因帖木儿和李克彝都向着陕州方向逃去,而那边前面讲过的活跃着像李思齐、张良弼等元朝地方官军,要是他们合在一起可就麻烦了。朱元璋的军事天赋就在于他常常看到了别人所没看见的。早在北伐开启时他就想到了西边一路的军事应对,除了命令征戎将军邓愈率领襄阳、安陆、景陵等卫军进兵南阳以北地区外,他还曾派了一个重量级的将领都督同知冯宗异(后改名冯胜)西取陕州。再说那个犹如惊弓之鸟的脱因帖木儿刚刚逃到陕州,还没喘上口气,有人来报:朱元璋手下的冯胜将军率领兵士前来攻营!脱因帖木儿本能反应:碰到这些不要命的北伐军,赶紧跑!陕州顿时被冯胜占领。冯胜随即领兵西向,进逼潼关。元朝潼关地区的军事将领李思齐、张良弼也没想到朱元璋北伐军来得这么快,招架不住,撤兵逃往关中。冯胜乘胜占领潼关,然后再向西进逼华州,元朝地方守军纷纷望风而逃。

就在这时,朱元璋给冯胜来了道紧急谕旨,提醒他:"你的任务是配合徐达北伐,所以一旦攻克潼关后,就不要再一味向西进军了,'今大军方有事,北方宜选将留兵守关,以遏其援兵。尔日率师回汴梁,朕将躬往议之'"(《明太祖实录》卷32)。冯胜接到谕旨,赶紧领兵回了潼关。至此,朱元璋的"拔取潼关,据其户槛"的军事目的又实现了,剩下的就是下一步目标如何攻取元大都。

○ 直捣北平,颠覆元廷

上面说了这么多,细心的读者朋友可能会发现,元朝末期有个很关键的军事大人物扩廓帖木儿(汉名王保保)到了哪里去了?大元朝廷快要完蛋了,作为臣子,他无论如何都应该出来有所表示呀?要想说清楚这些事情,我们还得从1363年扩廓帖木儿与孛罗帖木儿的争斗说起。

◎ 两个"帖木儿"、两个佞臣和一个皇太子

朱元璋在南方大发展,西击陈友谅,东灭张士诚之际,扩廓帖木儿与孛罗帖木儿也斗得像乌眼鸡似地,两者争夺的主要对象是晋、冀之地,今天你打我,明天我找个机会来报复你,没完没了。他们的上级领导元顺帝拿他们没辙,只能发发谕旨,说:"你们争来争去,争的地方都是我大元王朝之地盘,争的百姓都是我大元王朝之子民,有什么好争的?"可这两个"帖木儿"压根儿就把元顺帝的谕旨当做耳边风。当时资政院使朴不花与丞相搠思监沆瀣一气,乘机大发国难财,他们只看扩廓帖木儿和孛罗帖木儿哪个人给的钱多就为哪个人说话办事,如果扩廓帖木儿给的钱多,他们就说皇上有密旨,叫你去灭了孛罗帖木儿;若孛罗帖木儿给的钱多,他们就说皇上有密旨,叫你孛罗帖木儿去灭了扩廓帖木儿。由此两个奸臣发足了财,两个"帖木儿"打得不可开交。(【元】权衡:《庚申外史》卷下)

有个监察御史叫傅公让的实在看不下去了,率领群僚一起弹劾资政院使朴不花与丞相搠思监。殊不知奸臣后面有着很硬的后台,资政院使朴不花受到弹劾后就向奇皇后(有书上写祁皇后)哭诉。奇皇后将皇太子爱猷识理达腊找来,跟他说:"朴不花是我资政院老火者(老宦官),我看他家也不富,怎么监察御史们老说他贪污受贿,是想要除掉他吧!这些监察御史也太无情了,太子你可不能不为我做主啊!"爱猷识理达腊的皇太子之位在相当程度上是由奇皇后出力弄来的,所以今天皇后老妈一开口,他当然得听进去了,马上表态说:"阿婆(不知元朝人怎么将皇后老妈叫做阿婆的)放心,我自有办法!"(【元】权衡:《庚申外史》卷下)

第二天皇太子下了道命令:将傅公让弄到吐蕃去,其他几个一起弹劾朴不花的监察御史也给贬到外地去,只留下一个叫老的沙的人仍在御史台,然后又调了一些人到御史台充任监察御史。没想到这些新监察御史刚刚上任又在一个叫陈祖仁的领头下,集体上奏,弹劾资政院使朴不花与丞相搠思监。皇太子爱猷识理达腊又利用手中的权力,将他们一一撵走,再换上一些新人担任监察御史。这下可好了,整个御史台的所有监察官都自发地拧成一个劲,非要弹劾搞垮朴不花和搠思监。皇太子听说后简直就要气疯了,不过静心想想,头绪出来了:新来的监察御史怎么会知道朴不花和搠思监的事情,御史台每次人员变化就一个叫老的沙的人没动过,莫非是他指使的?想到这些,皇太子就开始布置,除掉老的沙。不料有人将秘密给泄露了出去,老的沙闻讯后顿感形势不妙,赶紧跑啊。跑到哪里去?满朝都有太子的人,朝廷与京师大都肯定都不能待了,那上哪儿去?对,上孛罗帖木儿那里去!

(【元】权衡:《庚申外史》卷下)

◎ 18功臣家子孙冤案

李罗帖木儿一见到老的沙,就大致猜出,又一个冤大头来了。当听完老的沙的诉苦后,他就更加坚定了自己的看法,将老的沙藏在自己的后院寝室里头。这样朝廷特使来要人,李罗帖木儿便以不知其下落为名搪塞过去,弄得堂堂大元皇太子也束手无策。

再说资政院使朴不花见到这般状况,就去找丞相搠思监密议,他说:"既然现在老的沙不在了,危险也相对少了些。只是元大都还有一些潜在的隐患,那就是18功臣家子孙,他们朝夕在皇帝身边,对于朝廷上下所发生的事情知道得一清二楚,我想朝廷秘事就是他们泄露出去的。过去那些该死的御史弹劾来弹劾去,弄得沸沸扬扬,现在朝堂上只要头脑正常的都可能知道了,这可对咱们不利啊!"搠思监听后深有同感地说道:"18功臣家子孙都是老的沙的同党,既然现在老的沙被李罗帖木儿藏了起来,估计他们一定是想要用军队打入京师来。如果真到了那个时候,恐怕这18功臣家子孙就会做老的沙的内应,社稷都不保,还有你我的性命吗?"(【元】权衡:《庚申外史》卷下)

两人密议到此,随即决定马上动手,利用手中的权力将18功臣家子孙抓起来,送到朴不花一手遮天的资政院,审讯他们谋害皇太子的罪行。晴天霹雳,冤案骤生,18功臣家子孙哭天喊地,就是一个字:"冤!"朴不花不怕大家不服,加重用刑,这下可好,18人全说是谋害太子的主犯了,进而都被打入了大牢。可没多久,巧了,皇太子得了咽喉疾,且病得还挺厉害的。身边人看不下去,乘机劝导道:"放了那18个被冤枉的人,太子您的病自然也就会好了!"丞相搠思监听说后,赶紧将那18人安排到外地去。有的不幸死在路上,有的行贿了,才免遭活罪,留在了大都。

(【元】权衡:《庚申外史》卷下)

◎ 秃坚帖木儿犯阙兵谏,除去朴不花和搠思监两佞臣

一起大冤案尚未了结,又一起冤案在被制造着。知枢密院秃坚帖木儿早些年与丞相也先不花都曾在西方领兵过,相互有过往来,较为熟悉。与秃坚帖木儿不同,也先不花很有野心,且在秃坚帖木儿面前有所表露过,但事后想起又有点害怕,就怕秃坚帖木儿泄密,于是就利用自己升任丞相的权位优势,让元顺帝下了道诏书,指派五府官上军营去逮捕秃坚帖木儿。秃坚帖木儿被激怒了:"我有何罪,居然要让五府官来逮我?!"当即命令手下将士反将五府官给逮了起来。按照那时的规

制,这种行为属于反逆,对抗朝廷命官,要是真处置起来,受罚是相当之重的。秃坚帖木儿做都做了,但下一步怎么办,顿时没了主意,他跑去问孛罗帖木儿:"当今朝廷佞臣当道,即使在皇帝那里也没法说什么,我想领兵上大都去问问,到底这世上还有没有公道,你看去问谁? 皇帝还是皇太子?"孛罗帖木儿没想到秃坚帖木儿会这样做,一时也没了主意。(【元】权衡:《庚申外史》卷下)

可呼啦啦的军队里人多嘴杂,密议之中的事情不知怎么地传到元大都去了。朴不花、搠思监听说后很为惊慌,对外宣称皇帝有诏书,并说皇上已定性:孛罗帖木儿与秃坚帖木儿一同谋反,削除孛罗帖木儿的兵权。诏书到达时,孛罗帖木儿连看都没看,就将它撕得粉碎,并囚禁了朝廷使者,这下事态越来越复杂了。

再说秃坚帖木儿那时已经举兵进入京师,皇太子爱猷识理达腊见势不妙,赶紧溜到古北口宜兴州去避风头。秃坚帖木儿派人给元顺帝上奏说:"我从来没有对不起国家,可国家怎么能那样对不起我的。今天我来不是想犯阙,只想除去搠思监和朴不花两奸臣而已。"元顺帝被逼无奈,只好将两人交给秃坚帖木儿。秃坚帖木儿当即将两个奸臣关押在军营里头,然后再上奏元顺帝,一请宽恕自己执缚朝廷大臣之罪;二请宽恕自己称兵犯阙之罪。无计可施的元顺帝只好一一答应。秃坚帖木儿得到了皇帝的赦免回音后,来到元廷,朝见君主,当面哭谏:"陛下受左右佞臣蒙蔽已非一日,祸害了很多的忠良大臣,倘若因循不改前非,大元江山将会怎么样,我就不用多说了。我现在抓了这两个奸臣,希望陛下您能悔过自新,多听听正人君子的意见,不能再让奸臣邪说所迷惑了。只有这样,我大元天下才有望保住,祖宗基业才可巩固!"元顺帝听后一味说好。秃坚帖木儿不敢久留宫廷,说得差不多了,就走出了元宫,押着朴不花、搠思监两个奸臣来到了孛罗帖木儿的军营。(【元】权衡:《庚申外史》卷下)

◎ 孛罗帖木儿领军进入大都"清君侧"

到了军营后,秃坚帖木儿将两个奸臣交给孛罗帖木儿。孛罗帖木儿并没有马上开审他们,而是让他们静思了三天,然后开始审讯。见了搠思监,孛罗帖木儿劈头就问:"我以前送给你的七宝数珠一串,今天你怎么还不想还我?"搠思监只好通知家人,马上送来了六串数珠,可他贪污得太多了,家人也搞不清到底哪一串是孛罗帖木儿送的。再说孛罗帖木儿拿到六串数珠后,仔仔细细地反复察看,居然没有一串是自己所送的,于是就继续追问,直到最后拿到了那串七宝数珠才罢休。不过那时的孛罗帖木儿已经相当愤怒了,他说:"你身在皇帝边,竟然贪婪到了这般田地,我怎么能不管呢?"说完令人将朴不花、搠思监两奸臣拉出去砍了,然后举兵向

着大都进发,旗号是"清君侧"。(【元】权衡:《庚申外史》卷下)

至正二十四年(1364)七月二十五日,孛罗帖木儿与老的沙、秃坚帖木儿等领着军队来到了元大都,封死了城门,然后派人上奏给元顺帝,说:"国家所用之人都是软弱贪婪之徒,哪能治理得好国家啊?愿陛下召回贤臣也速,任其为右丞相,我孛罗帖木儿为左丞相,秃坚帖木儿为枢密知院,老的沙为中书平章,我们几个人同心竭力,整治庶政。"元顺帝见到兵临城下,没法不依,只好一一照办。至此,孛罗帖木儿还仅仅是开个头,随后命人将朝廷中逸佞大臣、元顺帝大玩性乐游戏的9个"好伙伴"一起抓起来杀了,教授元顺帝床上秘戏功夫的西番僧都被赶出了宫廷,宫中工程建设一律喊停,就连奇皇后也被撵走了后宫,屏居于厚载门外。(【元】权衡:《庚申外史》卷下)

◎ 孛罗帖木儿偷情奇皇后,还要高丽美女,奇皇后不吃醋,居然还给了。怪?

奇皇后是个了不得的女人,人长得很漂亮,功夫也好,即使是半老徐娘了,可风骚不减当年,更重要的是,她的心机特别多。虽然被撵出了后宫,但她知道原本对自己早已不感兴趣的共用丈夫元顺帝自身难保,要想挽救命运,就得靠自己的手法和功夫了。听说当今元大都的真正第一人孛罗帖木儿有个夜间巡警的习惯,她马上动起了心思:夜间巡警不可能不到皇城的厚载门呀,而厚载门毕竟不是后宫大院,连个公苍蝇也不让飞进,也不是我们女人露胳膊、露腿的禁区呀。想到这些,她就吩咐仆人外出打听孛罗帖木儿来厚载门巡警的大致时间,而就在这段时间里她将自己打扮得花枝招展,弱光底下,哪看得出是个老女人啊?再说孛罗帖木儿本是部队里的粗人,碰到皇后级别的妩媚女人,一下子就没了魂,情不自禁地跟着去,"至(皇)后所留宿",最终成了一对野鸳鸯。(【元】权衡:《庚申外史》卷下)

大凡女人主动跟男人套近乎,可不仅仅是为了做对野鸳鸯,要么你娶了她,要么她有事求你办,奇皇后就属于后一种。自从与孛罗帖木儿好上后没多久,奇皇后又搬回宫中去住,恢复了昔日的一切待遇。孛罗帖木儿当然也不是傻子,之所以"放"了这个翻云覆雨的半老徐娘,是因为他们之间有着秘密约定:几乎打了一辈子仗的"老土"孛罗帖木儿此次兵进大都,总算人生没白活,体验到了高丽美女所带来的舒适服务,而当时大元帝国上下谁都知道高丽籍的奇皇后是高丽美女"批发公司"的总经理,朝廷权臣只要有她看中的,求他办事的,奇皇后就会奉送几个高丽美女。孛罗帖木儿早就听说了,就是一直没机缘,现在跟奇皇后"好上"了,还不赶快向她要!奇皇后倒也是个爽快人,且一点也不吃"小妖精"们的醋,更没有说"露水丈夫"孛罗帖木儿是个花心大萝卜,而是竭尽全力为他张罗物色高丽美女。(【元】权衡:《庚申外史》卷下)

一转眼就是至正二十五年(1365)的新年了,望眼欲穿的高丽美女怎么还没送来,孛罗帖木儿找上门去问奇皇后:"不是我们讲好新年成婚的,你赶紧得将美女送过来呀,总不会忘了这事吧?"奇皇后不紧不慢地回答:"丞相之事岂敢忘记,美女我早就准备好了。只是美女到您府上,我总得给她们准备些嫁妆吧,就这嫁妆办起来特费时。"孛罗帖木儿听了不耐烦,说:"嫁妆晚一点没关系,不送也不要紧,只要美人早点来就行!"奇皇后算计不过,只好将美女交出。孛罗帖木儿得了美人后等不到预定的"结婚"日子,就急吼吼地行事了。

据说当年孛罗帖木儿曾经拥有40多个美人日日相伴,早上40多个美女跟她们的共同"丈夫"一起吃早餐,晚上一起共寝;共同"丈夫"出门办事,40多个小美女集体相聚,每人敬一杯酒,天天这么伺候着,大约一年的光景,孛罗帖木儿体力严重透支。看来干这等"活",自己确实还没有上级领导元顺帝有经验,应该先多学学房中术啊!(【元】权衡:《庚申外史》卷下)

正当孛罗帖木儿身体每况愈下时,有人来告诉说:皇太子爱猷识理达腊从宫中逃出后,跑到了扩廓帖木儿那里,并将扩廓帖木儿大军搬到了元大都的城外,兵分三路,封住了京城。其中有个叫白琐住的领军驻扎在通州,很猖狂。孛罗帖木儿听后当即暴怒,命令部将姚一百前往通州去,将白琐住给灭了。可哪知姚一百的水平太臭,根本不是白琐住的对手,仗还没怎么打,自己让人给俘虏了。孛罗帖木儿听到消息后简直就要气疯了,赶紧穿上盔甲,领了些人马直奔通州。到达通州时,首先进入孛罗帖木儿将军眼帘的不是白琐住和他的军队,而是一个乡间的美人。嗨,美人,要啊,他命人将美人给绑起来,带回大都去好好享受!至于征讨白琐住的军事战斗,早就给扔到了爪哇岛上了。(【元】权衡:《庚申外史》卷下)

◎ 丞相问皇帝:你的宝贝女人能否给我用用?

其实孛罗帖木儿之所以敢如此大胆和肆意妄为,依仗的就是自己的枪杆子。至于围在大都城外的扩廓帖木儿,孛罗帖木儿将军跟他和他的养父察罕帖木儿之间已经打了好多好多年的仗了,谁都心知肚明对方想的是什么,谁都清楚对方的套路,大家还不就是相互抬着混,再说以资格辈分而言,自己还是围城者扩廓帖木儿的叔叔伯伯辈的,量这个"小侄儿"也不敢怎么的。

孛罗帖木儿的这等想法是很有道理的,再说这扩廓帖木儿围城围了好久了就不动真格。由此孛罗帖木儿更加胆大包天,确切地说是色胆包天了。有人跟他说:元顺帝身边有个寸步不离的美女,这才是世界顶级尤物,只要是正常的男人见了她,没有不掉魂的。那面似桃花、柳眉细腰的美人胚子,不是天上的仙女下凡,就是王昭君、貂蝉或者说是杨贵妃再世，男人要是得了这么个美女，一辈子什么女人都看不上眼了，就是为她去死都乐意。孛罗帖木儿被说得心里痒痒的，找了个机会，开口向元顺帝要那美女。这下可把皇帝大人气得半死，等孛罗帖木儿走后，他还怒气冲冲地说道："欺我至此耶！"（【元】权衡：《庚申外史》卷下）

◎ 孛罗帖木儿被刺

或许说者无心，听者却有心，有个秀才叫徐施奋的听后觉得自己长久的愿望有望实现了。徐施奋是个汉人，在蒙元帝国时代，汉人本来就不受重用，加上元朝讲究出身，非蒙元红彤彤家世，你就别想有什么出头之日。自己之所以现在能在元顺帝朝廷里当个待制的"破官"，还不是因为这大元帝国折腾到了几乎无人能治理的地步，才迫不得已用些底层汉人呐。我得利用这个机会，设局将这个腐烂的帝国彻底给搞垮。所以当看到元顺帝对孛罗帖木儿发出那般愤怒时，他就感觉到，机会来了，于是就如此这般地跟皇帝大人说了。

元顺帝听后感觉徐待制的主意不错，随即密令洪保保、火儿忽答、上都马、金那海、和尚、帖木儿不花6个心腹侍卫在各自的内衣里藏好短刀，外面都穿上宽松的衣服，当元顺帝听政时就让他们侍立在延春阁东古桃林内。（【元】权衡：《庚申外史》卷下）

有一天早上，孛罗帖木儿朝见天子后，用过早餐，也没什么大事，他就打算回府去。按照元朝的规制，丞相出门，皇家禁卫要做好侍卫工作，其中有一个侍卫应该先奔到丞相的坐骑前恭候着，其他的侍卫跟着丞相一同出来。当丞相骑马回去时，所有的侍卫就要骑着高头大马护卫着丞相一起走，直到丞相平安回家为止。每一个步骤都安排得相当严密，环环相扣。可那一天因为皇帝的心腹侍卫的内衣藏刀不宜快奔，看到孛罗帖木儿起身要回去，大家面面相觑。徐施奋看了心里急啊，脱口而出："还没结束啊！"大家没明白这是怎么一回事，忽然平章失烈门匆匆赶到孛罗帖木儿跟前，说："丞相慢行，我们有好消息要向皇帝陛下去报告。"孛罗帖木儿一听有好事要上报，再怎么说也应该去啊。于是就跟着失烈门一起来到了皇帝听政的延春阁外头。由于两人一路匆匆走来，没在意周围环境，突然间孛罗帖木儿感到自己的官帽被什么东西给戳了下来，抬头一看，是一根杏树枝"捣的蛋"，也就没当回事。这时平章失烈门已经将顶头上司孛罗帖木儿的官帽给捡了起来，刹那间有个彪形大汉闯到了孛罗帖木儿跟前。孛罗帖木儿一惊，随即喊道："平章（即指失烈门），这人很面生，怎么会……"话未说完，那人便用短刀砍向丞相的头部。孛罗帖木儿本能性地举手挡刀，同时喊道："我的带刀侍卫在哪儿？"他这一喊，更多的谋杀

他的带短刀者一拥而上,当场就将他给活活砍死了。(【元】权衡:《庚申外史》卷下)

◎ 元大都宫廷政变的胜利者是谁?

就在这时,由于内应的帮助,扩廓帖木儿军队已经悄悄地占领了皇宫。与孛罗帖木儿一起在朝廷出任高官的老的沙被人当做同党而砍伤,幸亏他跑得快,逃出皇宫,捡了条老命。孛罗帖木儿将士在外见了老的沙就问:"里边怎么啦?我们的长官为什么好久都不出来?"老的沙只顾自己逃命,随口编了句话:"你们的长官又发酒疯了,还砍了我一刀。"边说边拼命往外跑,可孛罗帖木儿兵士还不罢休,追着问:"到底怎么啦?好像宫里头乱透了!"老的沙回头看看,发现没什么危险,就跟将士们实话实说:"你们的头儿被人杀了,扩廓帖木儿大军已经占领了西宫。"听到这个消息,孛罗帖木儿军队一下子全乱了套。

这时,躲藏在地下密室里的元顺帝正在焦急地等待消息。按照原先的约定,一旦除掉孛罗帖木儿,政变者就给他放鸽子,所以当时大元皇帝正焦急地等待着。正等着,鸽子还真的飞来了,原本惊恐万状的元顺帝一下子就来了精神,撇着嘴,昂着头,趾高气扬地走出地下密室,随即发令:凡是见到孛罗帖木儿川军将士的,人人都可得而诛之!这道谕令可算下得"及时",扩廓帖木儿军和元大都的老百姓齐动手,川军将士没来得及跑的,一个个都成了肉饼。大都街头满是横七竖八的尸体,甚至有的巷子塞得全是川军死尸。见此,元顺帝却十分得意,因为他又能"安稳地"坐回了自己的龙椅了。(【元】权衡:《庚申外史》卷下)

再说老的沙一路跌跌爬爬,好不容易回到孛罗帖木儿大营。这时川军将领已经做出决定,不管老的沙同意不同意,立马与死去的长官孛罗帖木儿的"老伙伴"秃坚帖木儿军合兵在一起,以便共同对敌。秃坚帖木儿知道大势已去,见到老的沙就说:"事情到了这一步,也不能全说是意外。当今皇上是个脓包,那皇后就会风骚,皇太子乳臭未干,岂是国器!不如我们一起去投奔元宗室赵王,推他为帝,我们岂不成了大功臣了?!"

再说元宗室赵王听了两人的游说后动了心思,但转而又怕事情做不成,反而遭来杀身大祸,于是就好酒好菜"热心"招待老的沙和秃坚帖木儿,等两人喝得差不多了,他就招呼手下人,将他们给捆得严严实实,然后再送往元大都去,交给元顺帝处置。至此,孛罗帖木儿势力大体上被铲除,发动铲除孛罗帖木儿政变的那6个皇家侍卫都受到了皇帝的重赏,但就是政变的策划者徐施奋怎么找也找不到,因而元顺帝也就无法对他进行好好地行赏了。立有平乱和保护皇太子大功的扩廓帖木儿护送着皇太子回到了大都,他被元顺帝晋封为河南王,授予太傅、左丞相之职。元末两大强悍军事集团——孛罗帖木儿与扩廓帖木儿的长期交锋,夹裹着宫廷势力斗争,最终以孛罗帖木儿被杀、扩廓帖木儿的胜利而告终。(【元】权衡:《庚申外史》卷下)

◎ 朱元璋北伐军快打来了,被迫出京的河南王却与关中军打起了内战

经过这一系列的内讧,元帝国朝廷内外已经虚弱不堪,理应好好休整一番,励精图治。可一个行将灭亡的政权即使是神仙下凡,也难以将其起死回生。

扩廓帖木儿出任元廷左丞相时,丞相府的头把交椅右丞相却仍由蒙元贵族出身的伯撒里把持着,因此他做什么事都得要看看有着红彤彤血统又愚蠢不堪的蒙元贵族的颜色;倒过来,在蒙元贵族看来,扩廓帖木儿是个"非根脚官人"(即没有蒙元高贵血统之人),因而他们常常轻视他、排斥他。扩廓帖木儿护送皇太子回宫,按理说,他与帝国皇家的皇位继承人之间有着相当不错的关系,可谁料到这位太子爷也不是什么省油的灯,回宫后就与奇皇后一起,想让扩廓帖木儿支持他效仿唐肃宗的做法,自立为帝,逼迫老爷子元顺帝提前退位,哪知有着极强忠君思想的扩廓帖木儿不赞成。这下可好了,扩廓帖木儿处处不讨喜,在朝廷上快快不乐。左右谋士看出后劝他:既然如此,还不如回咱们的军营里开心、自在,当这样的中央朝廷的破官,实在也没什么意思。

至正二十五年(1365)闰十月,仅仅当了2个月丞相的扩廓帖木儿向元顺帝提交了辞呈,要求外出治兵,南平江淮。元顺帝居然批准了,下诏封他为河南王,让他统率大元全国兵马,代皇太子出征。(【元】权衡:《庚申外史》卷下)

扩廓帖木儿不傻,我立了这么大的功劳,你大元朝廷从上到下还是看不起我——"非根脚官人",得了,你们这红彤彤的江山就让你们这些有着高贵血统的"根脚官人"来保护吧,什么国事、你皇帝家的破事,关我什么屁事。至正二十六年(1366)二月,他回到了河南。当时朱元璋已经灭了陈友谅,正在发动对张士诚的战争,按理说,这是攻伐朱元璋的良机,可扩廓帖木儿压根儿就不愿往这方面去多考虑,到了河南后迟迟没有行动。元廷耐不住了,开始不断地催促,他就以养父三年大孝尚未服完为名,拒绝举兵南下。左右谋士如孙翥、赵恒等人见此劝说道:"将军心思我们都懂,不过非常时期要有非常举动。老以服丧未完为借口可不怎么好。将军可否记得:皇帝陛下给你的头衔与权限中有一项很重要——受天子命,总天下兵,肃清江淮。就前面这两句,将军可做大文章啊。兵法有言:欲治人者,先自治。如今李思齐、脱里白、孔兴、张思道四军坐食关中,累年不调。将军您现在以皇命在身为名,调他们四路军与我军会师,然后合力渡过淮河,进行南征。倘若关中四路军中有不听指挥的,我们就征讨他们,随即就占据关中,这样我们的地盘不就越来

越大,我们的军队人数不就越来越多。"扩廓帖木儿听到这里,当即拍案而起:这主意太妙了,马上开始行动!(【元】权衡:《庚申外史》卷下)

再说关中诸路所谓的元朝官军将领接到扩廓帖木儿的调兵文书后,当场就很恼火,自己的这个家底都是拼死才得来的,凭什么你扩廓帖木儿就要夺去呢?张思道、脱里白、孔兴俱不受调,李思齐则反应更为强烈,破口大骂:"乳臭小儿,娘胎里出来的黄发可能还没有褪掉,居然想来调遣老子!想当年老子跟你养父察罕帖木儿同乡里,你父亲给我敬酒,尚且要拜三拜,我才会喝下那碗酒呐。你臭小子要是在我面前的话,连个立足之地都不会有,现在你公然自称总兵官,想来调遣我的军队,这不是痴人说梦话!"随即下令:"各部队注意了,谁也不要动,要是扩廓帖木儿来攻咱们,咱们就联合起来剿灭他。"李思齐嘴上很凶,可人家扩廓帖木儿军事上更凶,还真的打上门来了,进兵关中。李思齐号令大家一起对抗,由此双方打得难解难分,前后百战,胜负未决,相持了一年。而恰恰是这一年多的时间,朱元璋大体上完成了东灭张士诚,统一长江流域的关键性的步骤。(【元】权衡:《庚申外史》卷下)

◎ 怨天尤人的元顺帝敢骂艳后母子、体罚皇太子,就是不敢动河南王?

再说扩廓帖木儿军与关中四军打了一年多的内战,谁也赢不了谁,最后还是这位河南王想起来了,自己的大本营河南不能长期空虚啊,听说那个濠州出来的叫花子最近特别活跃,南方长江流域全让他给占了。照此发展下去,河南不久就可能要成为他的进攻目标。想到这些,他下令将大军由怀庆移屯彰德,随即在彰德囤积粮草10万,坐食观望。

扩廓帖木儿的如此举动,他的上级领导元顺帝看在眼里不能不有所想法了。有一天,他在宫中跟左右近侍这样说道:"扩廓帖木儿当年吵着闹着要外出治兵,肃清江淮。可江淮压根儿他就没去,而是带了军队跟关中军干了一年,可也没干出什么名堂来。现在倒好,移兵彰德,莫不是想窥视我朝廷?"说着说着,元顺帝越来越生气了,尤其气的是奇皇后和皇太子,他说:"过去孛罗帖木儿举兵犯阙,如今扩廓帖木儿尾大不掉,大有称王称霸之势,天下很不太平,你们母子俩害我害得不浅啊!如今我大元疆土分裂,坐受危困,都是你们母子俩干的好事!来人呐,给我拿家伙来,我要好好地教训教训我家的这个孽障!"说完他操起廷杖,"噼噼啪啪"一顿乱打,将皇太子打得鬼哭狼嚎似的。皇太子边挨打边活动活动着心眼:看来今天的这个情势不对劲,再不逃走的话,就会被父皇打死。赶紧吧,乘着间隙,来个脚底抹油,溜了。再说元顺帝火归火,不过话得说回来,眼下只怪艳后和皇太子也无济于事啊,当务之急就是设法解除眼前的危局。想到这里,元顺帝开始不断地下诏,派

人送往彰德去,催促扩廓帖木儿赶紧南下进剿。(【元】权衡:《庚申外史》卷下)

面对接二连三的催剿皇诏,扩廓帖木儿实在也没法再拖了,不得不要表示一下。至正二十六年年底,他派遣同母兄弟脱因帖木儿及部将貊高、完仲宜等领兵进驻山东济宁、邹县等地,对外宣称是为了保障山东安全,阻挡朱元璋军队的北进,并以此上报给朝廷,说自己正准备大举南下江淮。可暗地里却根本没把这些事放在心上,他的心目中挂记的是如何收拾关中那些不听他话的割据势力,想来想去,只想到一招:增兵关中。关中的李思齐、张思道见到大事不妙、敌人援兵不断,心想:再不想办法,真的要被扩廓帖木儿吃掉了。于是马上派人上大都去,向元顺帝朝廷哭诉。朝廷随即派了左丞袁涣及知院安定臣和中丞明安帖木儿前去调停,令双方息兵罢战,各率所部,共剿江淮。(【元】权衡:《庚申外史》卷下)

◎ "理直气壮"内讧,居然无法取胜,只好调兵增援,没想到引来兵变

见到朝廷这般诏旨,扩廓帖木儿不知所措,问计谋士。谋士孙翥秘密进言:"将军,我们的事情快要成功了,不能误听息兵的诏旨。再说此次朝廷钦差中领头的那个袁涣本是个贪贿之人,这里边就有文章可做了。我们叫安插在京城的人去给袁涣家送礼,袁涣一拿到好处就会为我们说话,事情不就好办了么。"扩廓帖木儿一听有道理,马上叫人去办。果然不出所料,那个叫袁涣的一收到礼物就开始改口了,说什么:"关中军不听话就应该打,不除李思齐、张思道,扩廓帖木儿将军就没法安宁。"这下可好了,进攻关中更加"理直气壮"了。

可没想到的是,扩廓帖木儿军队打了几个月的仗,还是没能打败李思齐、张思道的关中军,这下可怎么办?他将孙翥、赵恒两谋士找来问问看。孙、赵说:"关中四军中惟李思齐军最强,李思齐军败了,其他三军不打自服。现在我们在关中作战的军队人数恰好与他们相等,劳师费财,相持不决。以我们俩之见,关中军最怕的可能就是貊高统领的部队。"扩廓帖木儿听到这里,插话道:"貊高驻守山东邹县一带,目的确实是为了挡住朱元璋军队的北上,一旦将他们调走了,岂不危险了?"孙翥、赵恒说:"以目前的形势来看,朱元璋军队还没这么快北上,再说即使他们很快来了,沂州的王宣父子也能抵挡一阵。我们马上抽调貊高军队,令他们快速从河中(地名)渡过黄河,直捣凤翔,将李思齐的老巢给毁了,如此下来渭北之军不战而自降,这就是当年唐庄宗攻破汴梁的计策啊。关中一定,回过头来我们再来抵挡朱元璋军,估计时间还来得及。"扩廓帖木儿一听,来精神了,马上派人上貊高军中去调兵。(【元】权衡:《庚申外史》卷下)

◎ 貊高兵变　　元廷设立大抚军院,图谋恢复军事指挥统一大权

　　貊高部队接到调令后就出发,一路西行,走到彰德南面的卫辉时,出人意料的事情发生了。这支队伍里多数成员来自孛罗帖木儿军,老上级孛罗帖木儿死于宫廷政变,政变的幕后主使就是当今天子,对此大家无话可说。但是皇帝之所以能做成这事,还不就是你扩廓帖木儿在为他撑腰,带了那么多的军队将整个皇宫都给占了,所以说杀害孛罗帖木儿的真正凶手应该就是你扩廓帖木儿!大家只是没有说出来而已,但心里却早已憋着一股子怨气。如今又要风风火火地赶往关中去,谁也不是傻子,去干吗?打关中军,为扩廓帖木儿抢地盘!有人抱怨了:"我们是元朝官军,扩廓帖木儿为我们的总兵官,他叫我们去攻打南方造反者朱元璋军尚且说得过去,可现在却让我们星夜飞驰,渡河西趋凤翔,干掉李思齐部队。那李思齐军队也是官军呀,怎么能以官军攻杀官军呢?"有人附议:"是啊,这仗还怎么打啊?"议论者越聚越多,河西平章张知院等人乘势说:"大伙儿不用多说了,今夜五更以后,我们一起共扶貊高为咱们的总兵官,脱离扩廓帖木儿,谁要是不同意就杀了谁。"兵变由此发生,貊高一下子成了兵变叛军的头领。不过在他们看来,自己却不是什么叛军,而是"正义"的化身。貊高派了首领兵胡安之火速赶往大都,报告最近发生的情况,同时命令手下将领谢雪儿率领精骑北进,攻取扩廓帖木儿的大本营彰德;还派遣沙刘带领精骑西向,夺取怀庆。(【元】权衡:《庚申外史》卷下)

　　貊高派往彰德的人数少,那时刚好扩廓帖木儿不在那里,彰德守将为范国英。范将军并不知道发生兵变了,看到是自家人来,就让他们进了城,哪知道这下可引狼入室了。范国英被杀,彰德城被占领。而上怀庆的人多,见到大队人马,驻守怀庆的扩廓帖木儿部将黄瑞发现不太对劲,赶紧关上城门,攻取怀庆失败。不过此时貊高在最高当局那里的活动却已取得了成功,首领兵胡安之到了元廷一说军变之事,元顺帝顿时大喜,升貊高为知院兼平章,总领河北军队,同时诏令扩廓帖木儿率领潼关以东军队迅速拿下淮南;李思齐等关中四军出武关,拿下襄、汉;貊高率领河北军与也速及脱因帖木儿、完者仲宜等兵向淮东,诸路共挡朱元璋的北伐军。

(【元】权衡:《庚申外史》卷下)

　　再说脱因帖木儿是扩廓帖木儿的弟弟,看到叛逆者貊高居然在朝廷那里受到了那般重用,心里就火气十足,临离开山东时,下令将当地劫掠一空,然后满载着各类财物西向卫辉;与此同时,扩廓帖木儿统辖下的河洛地区军队与百姓北渡怀庆。而貊高听说脱因帖木儿带了人马向卫辉过来,怕扩廓兄弟来个两面夹攻,于是也劫掠卫辉当地百姓与牲畜往北赶,前往彰德去。整个中原大地乱成一锅粥,而大元朝

廷却对此又无可奈何。(【元】权衡:《庚申外史》卷下)

这时有三个谋士帖临沙、伯元臣、李国凤给皇太子出主意:"过去各路军队只要接到诏令,就按照指示行军进兵,不需要立什么大将军和总兵官的,现在看来这样不行。古时候有过这么一种做法:皇太子在朝时监国,外出时巡抚大军。太子殿下,您何不上奏皇上,设立大抚军院来统一管理军事。凡是出征大战、调兵遣将,都由大抚军院统一规划。这样一来,军事权统一了,自内而外,大事可为,但对于心向朝廷的貊高那支队伍要予以特别的关照。"爱猷识理达腊一听,觉得这个主意不错,马上上报给父皇元顺帝,在大都设立大抚军院,专制天下兵马,省台部院皆受其节制;以表彰首倡大义为名,给予貊高军中全体将士忠义功臣的名号;同时还采取分化瓦解扩廓帖木儿阵营的做法,引诱其部将李景昌、关保等归附朝廷,授予国公称号。如此强有力的挤压,迫使扩廓帖木儿放弃先前占有的怀庆,退据山西泽州。至正二十八年(1368)初,在泽州待了没多久的扩廓帖木儿又被迫退据山西平阳。(【元】权衡:《庚申外史》卷下)

极度混乱的军阀内讧和强有力的军事好手扩廓帖木儿被挤出河南、山东,这在客观上大大方便了朱元璋军的北伐。所以人们看到,徐达率领的北伐军自进入山东境内起,几乎步入了无人之境,一路进展出乎人们意料的顺利。

○ 明代"北虏南倭"边防问题中的"北虏"的最早由来

洪武元年(1368)四月,徐达北伐军攻占河南重镇汴梁后,河南诸郡相次降附。备受打击和抑制的元朝河南王扩廓帖木儿这时又被迫退守到了山西太原。五月下旬,朱元璋满面春风地来到汴梁,将汴梁路改为开封府。当然新即位的朱皇帝之所以急匆匆地赶往开封来,绝非是为了改个地名,他还有两大重要的工作要做:第一,考察在开封建都是否可行;第二,召集徐达、常遇春、冯胜等诸路北伐将领,听取他们的军事情况汇报,研究下一阶段的战略部署。当朱元璋问及下一步将如何进攻时,徐达说:"现在中原地区基本上都给我们大明军占领,只剩下扩廓帖木儿部队占据的山西太原和元大都了,因此我们应该立即进攻元大都。"(《明史·徐达传》卷125)朱元璋听后指着地图做了作战布置,最后提到了一个问题:"我大明军包围元大都时,元顺帝他们会不会不战而降?"徐达反问:"陛下,我们进攻大都时,元顺帝要是向着他们祖上的北方老巢逃去,那必将是后患无穷,我们要不要派军队追击?"朱元璋说:"成败都是天意,如果他们真是能够逃回蒙古老家去,上天都会讨厌的,他们不用我们去收拾,也会自取灭亡的。你们啊,就不必去追赶了!但他们出塞之后,我们大明军得加固边境的城池与守卫,防止他们来侵扰!"朱元璋的这番指示,

说白了就是把蒙元赶走就行了,即"驱逐胡虏",叫他们回到自己祖先的地方就够了。(《明太祖实录》卷32)

大明帝国开国君主的这个北方战略思想不但决定了明军北伐最终的方针大计,而且还影响了有明一代北疆边防的大体格局。正因为此次北伐留下了一个大"尾巴",后来这个"北虏"问题一直困扰了明王朝,它与南方的"倭寇"并称,号为"北虏南倭",成为大明帝国最为头疼的边防问题,与大明王朝的寿命相始终。

○ "驱逐胡虏" 推翻元朝统治——1368.8

大明北伐军在做紧急部署、直捣元廷的军事准备时,面对行将覆灭命运的元廷统治集团却还在乐此不疲地内讧着。至正二十八年、洪武元年(1368)五月,元顺帝下诏进剿扩廓帖木儿,令关保与貊高合势攻其东,张思道、李思齐、脱里白、孔兴合军攻其西,元朝官军大内战的活丑闹剧在中原大地上再度上演了。徐达抓住机遇发起了猛烈的进攻,闰七月一日,北伐军自中滦渡过黄河,三日,平定卫辉,五日平相州,七日平广平,八日平顺德。(【元】权衡:《庚申外史》卷下)

◎ 元顺帝树立的两个"新时代标杆"全在内讧中当了俘虏

而就在闰七月初二日这一天,受元顺帝之命攻打太原扩廓帖木儿的朝廷新宠臣貊高,见到太原久攻不下,他想出来观察观察军阵。由于出来时走得急,没带上几个人,走了一大圈就想回去了。忽然太原边上的扩廓帖木儿部将毛翌看到了貊高在巡阵,顿时就来了灵感,他马上叫人将自己的军营旗帜给换下来,将貊高军旗给扯了上去,周围人不解地问:"干吗要这么做呢?"毛翌说:"你们别问得那么多,等一会儿看好戏!"(【元】权衡:《庚申外史》卷下)

再说那个巡阵的貊高转了一大圈,头都转晕了,想回营,往哪里走?反正往着竖有自己军旗方向走,总没错。就这样,没多一会儿,他就自觉自愿地走到了毛翌的军营里了。毛翌当即下令,将这个背叛主将的小人给绑起来,留着后用。

与貊高一起成为元廷新宠的关保,原本也是扩廓帖木儿的部下,这次受到朝廷派遣,前来征讨太原,又与貊高同时扎营在太原城西。毛翌逮住了貊高后,将其绑在了高高的战车上,然后令人推车出去,又让军中嗓门大的大声叫喊:"赶快投降吧,你们的主帅貊高被我们抓住了,马上就要开刀问斩了,只要不抵抗,我们什么人都能宽恕!"这一喊可不得了,不仅貊高部队全跑光,就连关保部队也一同散伙了,关保当场被捉。元顺帝树立的两个"新时代标杆"一刹那间全当了俘虏。(【元】权衡:《庚申外史》卷下)

◎ 徐达北伐军打上门 大元将军扩廓帖木儿想看好戏

元朝官军内斗得越激烈，徐达北伐军进军就越顺利。七月，就在貊高被捉那阵子，徐达大军到达了山东的临清，他派人上东昌去通知张兴祖、上东安去通知华云龙，让各路水陆大军一起在临清会合，然后再水陆并进，直上元大都去。与此同时，他派傅友德率领步骑兵打前阵，令顾时疏通运河，方便水师运行。

闰七月，徐达北伐大军从临清正式出发，经德州、长芦（河北沧州）、直沽，直抵通州，一路上元朝守军将士望风而逃。七月二十日，北伐军攻克永平，元将也速逃窜，檀、顺、会、利、大兴等处，依次降附。

与此同时，配合北伐军进军的西路军在攻克潼关后，又打败了张、李、脱、孔四军。

消息传到元廷，元顺帝几乎瘫倒在地，起不来了。在稍稍平静后，他立马下诏，撤销大抚军院，杀伯元臣、李国凤等，归罪皇太子，恢复扩廓帖木儿一切职务与爵位，并派哈完太子来到扩廓帖木儿军营，督察军事，让扩廓帖木儿率军火速前往大都，勤王御敌。

扩廓帖木儿接诏后什么也没说，率领大军往着距离大都更远的云中方向去。有人不解地问："将军率师勤王，理应出井陉口，向着真定方向去，与河间（河北境内）也速军会合，这样才可以挡住朱元璋的北伐军；现在您却领兵前往云中（今内蒙古境内），距离元大都越来越远啦，这是干嘛呀？"扩廓帖木儿毕竟是见过大世面的，面对这样的责问，他不紧不慢地回答道："我带军队往云中，然后偷偷地从大都北部的紫荆关进入京师，出其不意，难道这也不可以吗？"说得问者哑口无言。不过他的部下赵恒、矗元辉倒是说出了实话："朝廷开设什么大抚军院，一步一步要逼杀我们大将军。现在倒好，又想起我们啦，要我们去勤王，我军驻扎到云中去，慢慢看看好戏再说吧！"（【元】权衡：《庚申外史》卷下）

◎ 元顺帝"顺利"北逃与元朝统治被推翻 "胡房"被逐

好戏果然在后头，七月二十七日，徐达北伐军抵达元大都近地通州。惊恐万状的元顺帝连夜召集太子和三宫六院的美眉们，一起商议弃城北逃事宜。第二天他在清宁殿召见文武大臣时公开表达了自己打算北逃的想法，知枢密院事哈喇章首先出来反对，他说："通州已失，倘若陛下再一走，我元大都马上就完了。大都一旦被攻占，我大元帝国还会存在吗？所以当务之急是，陛下您应该死守于此，等待各地的勤王兵和援军。"元顺帝哀叹道："也速也败了，扩廓帖木儿远在太原（他还不知道这位河南王已经往云中去了),还哪里有援军啊!"随即命令淮王帖木儿不花、丞相庆童留守大都。当天夜里三更时分,元顺帝带领皇太子与后宫美眉等100多人,开建德门,出居庸关,逃往上都。

元顺帝逃走后的第五天即八月初三日,徐达大军来到了元大都的齐化门外,开始了对大元帝国统治中心的最后一战,将士们填濠登城,"一鼓而克全城",监国宗室淮王帖木儿不花及太尉中书左丞相庆童、平章迭儿必失朴赛因不花、右丞张康伯、御史中丞满川等中央朝廷高贵全部被俘处斩,明军"并获宣、让、镇、南、威、顺诸王子六人及玉印二、成宗玉玺一,封其府库及图籍宝物等,又封故宫殿门,令指挥张焕以兵千人守之"。至此为止,大元帝国统治正式被推翻。(《明太祖实录》卷34;【元】权衡:《庚申外史》卷下)

十 "清沙漠" 除去"尾巴" 横扫割据 统一天下

● "大尾巴"、大后患的凸显与朱元璋的北平之行

徐达北伐军攻占元大都时,朱元璋已在南京称帝半年多。腐败无能的元廷被推倒,这本是件欢天喜地的大好事。就此而言,是不是意味着朱元璋梦寐以求的传统中华大一统帝国重建工作完成?显然不是。洪武初年,除了西南明玉珍的夏国和元宗室梁王把匝剌瓦尔密拥有几十万军队割据的云南外,中国北方地区尚有几支强劲的故元势力:元河南王扩廓帖木儿活跃在华北;李思齐、张良弼、孔兴和脱列伯等控制着关陇地区;西北"小西域"为察合台后王所掌控;东北则由元太尉纳哈出为首的残元势力盘踞着,其军队人数达二十多万;而北逃的元顺帝"旋舆大漠,整复故都,不失旧物"。更为严峻的是,当时北元军事还是有着相当的实力,"引弓之士,不下百万众也,归附之部落,不下数千里也,资装铠仗,尚赖而用也,驼马牛羊,尚全而有也"。(【清】谷应泰:《明史纪事本末·故元遗兵》卷10)

那么当时朱元璋政权的军事实力如何?我们现在没有洪武初年的直接史料依据,不过《明实录》中记载了洪武二十五年大明帝国在南京的军队人数为206 280人,在外地的军队人数为992 154人(《明太祖实录》卷223),两者相加,可知当时全国军队总人数为1 198 434人,接近120万,即发展了20多年大明军队人数才与洪武初年的北元"引弓之士,不下百万众也"大致相当,这就充分表明:尽管当初元廷被颠覆了,但朱元璋统一全国的任务还十分艰巨。故而明清时期的史学家曾这样

说道："元亡而实未始亡耳"。换言之，当初在进攻北京时徐达"恐其北奔，将贻患于后"(《明太祖实录》卷32)，即担心不采取"关门打狗"的战术会留下的一个难以除去的大尾巴、大后患。不幸的是，这一切都让徐达当初给言中了。因此，攻克大都、颠覆元廷仅仅标志着朱元璋提出的十六字北伐与建国宗旨和目标的部分实现，即"驱逐胡虏"做到了，但距离恢复传统意义的"中华"还远着呐。为此在接下来的20多年的时间里，朱元璋君臣作出了不懈的巨大努力。

洪武元年(1368)八月辛巳日，大将军徐达派遣的特使到达南京，进献《平元都捷表》，即报告北伐军平定元大都、颠覆元廷的大喜讯，当天整个南京城乃至全国陷入了欢乐的海洋中。一百年了，受尽了蒙古人欺凌与压迫的汉族兄弟姐妹如今终于昂起头来了，不，还不仅仅是这一百多年，自从北宋初年契丹族强占幽云十六州以来，300多年的异族统治终于在朱元璋、徐达等人的努力奋斗下给推翻了，至少说在关内"恢复中华"了，人们能不高兴吗？朱元璋，在后世人们的解读中给人更多的印象是暴君，但他还曾是可敬的汉民族英雄，这一点绝不能忽视和低估。所以说洪武开国时，大明朝堂上下为何人才济济，英雄辈出，纵然原因很多，但有一点我想应该予以强调的是，曾经饱受压迫、歧视和侮辱的汉民族尤其是勤劳又聪明的"南人"们再也不猥琐了，大家扬眉吐气，都向往着美好的新未来。这也就是北伐喜讯传来普天同庆的主要原因吧。

与全国人民同样快乐的当然还有大明君主和他的大小臣工们，只不过各人对成功的喜悦表达方式有所不同而已。草根出身的新皇帝保持着谦虚谨慎的态度，除了第二天举行庆贺活动外，他一如既往地做好北伐后续之事。洪武元年八月壬午日即接到喜讯的第三天，朱元璋下诏，改大都路为北平府，命令徐达将元朝故官送往京师南京。也就在一天，他从南京出发，"复幸北京"，并下令给徐达置燕山等六卫，保卫北平。徐达接令后将飞熊卫改为大兴左卫、淮安卫改为大兴右卫、乐安卫改为燕山左卫、济宁卫改为燕山右卫、青州卫改为永清左卫、徐州五所改为永清右卫。(《明太祖实录》卷34)

朱元璋的此次北行由八月上旬出发，到十月初十日回来，前后共有两个月的时间，对于百废待兴、日理万机的新帝国和新皇帝来说，两个月的"真空"简直是不可思议。那么朱元璋到底到北平干什么？

长期以来，由于人们沿袭了朱棣篡位后的说法，凸显北平的重要，说什么朱元璋开国之初就看中了北平，从而将其封给了"最为喜欢"的四儿子朱棣，甚至还曾考虑建都北平。那么历史真相到底如何？据《明实录》记载：在徐达大军攻克大都的前两天即洪武元年八月己巳日，朱元璋下诏以金陵为南京、大梁为北京(《明太祖实录》卷34),也就是说在朱皇帝北上之前就已经决定了以南京和开封为南北两京。虽然定都问题在以后的岁月中有过反复,但在朱元璋的眼里或者说在当时主流官方看来,北平应该是被"克"的地方,发源于北方的元朝不就被南方兴起的明朝给"克"掉了,明朝主火,应该定都于南方的南京,这似乎是当时人们的普遍认同,包括明初的大明第一人朱元璋都拥有这样的看法。由此说来洪武元年八月大明新皇帝匆匆北上的真实目的可能不在这里,那么他到底要到北平去干什么?

部署对北元的作战步骤,计划彻底割除前阵子北伐留下的"大尾巴"。(《明太祖实录》卷35)

●《克复北平诏》与太原夜袭、山西平定(1368.12)

鉴于北平已被攻占,朱元璋"命徙北平在城兵民于汴梁(当时称北京)"(《明太祖实录》卷35),并决定留下30 000兵马,由都督副使孙兴祖、佥事华云龙负责戍守就足够了,命令大将军徐达、副将军常遇春率领北伐主力大军进兵山西。考虑到山西是故元重兵屯驻之地,他再调副将军冯胜和平章杨璟跟随徐达一同征讨(《明太祖实录》卷34)。刚好这时负责打造海舟运送粮饷上北方的汤和,因为夏季海上多有飓风,暂时空闲下来了,朱元璋让他出任偏将军,火速赶来,协助徐达北伐军攻取山西。

至此,明朝初期有名的开国将领齐集起来,虎虎生威。看到这番阵势,朱元璋才满意地离开北平,回到南京。就在回到南京的第二天,他为大明北伐军攻占北平而专门诏告天下,即明史上有名的《克复北平诏》。

在这篇诏告天下文中,朱元璋表达了四层意思:第一,"海宇既同,国统斯正,方与生民共此安平之福",即说蒙元统治已被推翻,我们实现了"驱逐胡虏"的奋斗目标,天下从此可以太平,百姓可以安居乐业了。第二,我朱元璋说话算数,大明帝国不搞民族压迫和民族歧视,天下百姓与各族人民归附后,"各安生理",我大明官府定会"常加存恤";凡我子民,一视同仁;故元或称残元将领由于种种原因还没来归降的,我们不分时间先后,一律欢迎,除个别顽抗到底的死顽固分子外,只要来降了,只要是人才,不论你是什么民族,我都"一体量才擢用"。第三,元主父子指元顺帝和爱猷识理达腊只要"衔璧来降",我朱元璋保证以最隆重的礼仪来迎接你们,将你们当做我家的宾客一般优待。第四,委婉地讲到:尽管我们驱逐了胡虏,颠覆了元廷,但没有完全做到"恢复中华",我们行将继续努力,希望社会各界支持我们的统一战争。(《明太祖实录》卷35;《皇明诏令·克复北平诏》卷1)

应该说这篇檄文写得相当有水平,当然绝不会是半文盲的朱皇帝亲自所为,但进一步充分表达了朱元璋"驱逐胡虏,恢复中华"和建立多民族和平相处的大一统帝国的信心和决心。

不过说到底,这些都是属于政治宣传,枪杆子才是硬道理。就在朱元璋回南京之前,按照他的指示,明初两位极为有名的"快速将军"常遇春和傅友德率领的先遣部队已于九月下旬自北平出发,连连攻克保定府、中山府、真定府;十月初七,另一路由右副将军冯宗异(即冯胜)、偏将军汤和率领的部队在河南渡过黄河,进抵怀庆,故元平章白琐住等弃城逃跑,躲入山西泽州城。冯胜和汤和领兵追到泽州,故元平章贺宗哲、张伯颜等望风而逃,泽州随即被占领。扩廓帖木儿部将平章韩札儿、毛义等听说大明北伐军已经攻入山西,形势十分严峻,赶紧率领兵马前来迎战,大明平章杨璟、参政张斌等听说扩廓帖木儿军来了,也火速赶往前方去增援,这样双方在韩店展开大战,最终明军失利。不过他们并不气馁,因为他们知道,自己的任务不是拿下什么韩店,而是与常遇春、傅友德的另一路大军相互形成掎角之势,配合徐达主力军,攻下扩廓帖木儿当时在山西的大本营——太原。(《明太祖实录》卷35)

那么这时徐达主力军在哪儿?按照事先的约定:十一月徐达率领主力大军离开北平,在河北真定与常遇春、傅友德军会合后,再做了一些调整,然后分兵进攻山西太原。

太原不是扩廓帖木儿的大本营,难道这位残元名将就这么束手就擒?没有,说来也巧合,那时的扩廓帖木儿还不在山西,正在外面执行他的老上级元顺帝下达的任务。

却说元顺帝在北逃上都的途中思前想后,觉得要想挽救大元帝国的残局,目前也只有扩廓帖木儿或许能帮他翻盘,于是就派人前去传旨,令扩廓大帅率领军队出雁门关,由保安州经居庸关,从北部发起进攻,夺回元大都。扩廓帖木儿接旨后迟疑了很久,但想到北伐军真的将天全翻过来了,自己也没什么好处,加上从小就培养起来的忠君思想在这个时候起了大作用了,最终他接受了元顺帝的指示,领兵从太原出发,向着东北方向进军。(《明太祖实录》卷37)

扩廓帖木儿这么一走,山西"家"里就空虚了,再说那么一大群的部队北向行军怎么不会让人知道呢?大明北伐军侦察兵将情况报告给了徐达,有人在边上听到后很为着急:"扩廓帖木儿在元朝将领中以善战著称,且现在他的主力大军前去征剿北平,北平方面的大明守军会不会吃不住?"徐达听后笑道:"扩廓帖木儿率师远出,太原必虚。北平由都督副使孙兴祖和金事华云龙率领六卫将士足够镇守抵御了。我们应该乘着扩廓帖木儿不在'家'时,立即进抵太原,将他的老窝给端了,让他进又不能跟我们打,退连个老窝都没了,这在兵法上叫做'批亢捣虚'。倘若他回头来救太原,我们正好以逸待劳'恭候'他,让他进退都失利,乖乖地当我们的俘虏!"诸将听了徐达的分析后个个点头称是,随即大军朝着太原方向快速前进。

(《明太祖实录》卷37)

再说此时的扩廓帖木儿正走到元顺帝诏令中指定的保安州,忽然听说徐达大军前往太原,顿时心里就慌了神,当即下令部队转向,回救老巢,并怒气冲冲地扑向徐达、常遇春行军地,大约在距离太原70里的龙镇卫口子临时扎营过夜。(【元】权衡:《庚申外史》卷下)

常遇春听说后,跟徐达讲:"我军骑兵都已集合好了,可步兵速度慢,很多人还在路上赶路呐,要是以现在的这个样子与急速赶来的扩廓帖木儿军交战的话,恐怕对我军会不利啊!倒不如今天夜里休息时,我们派一支精兵队伍,给扩廓帖木儿来个意想不到的半夜闯营。我想到那时他的大军必定会乱作一团,说不准主将都让我们给逮住了。"徐达听后觉得这个主意不错,当场同意就此实施行动。也许好运真是照着大明,就在徐、常决定实施非常计划时,扩廓帖木儿部将豁鼻马派人偷偷地来到北伐军营中,约定适时归降,且表示愿做内应。

当天夜里正当人们快要入睡时,徐达派出的军中精锐突然间如飓风一般"卷"入元军中。扩廓帖木儿正点着蜡烛坐在营帐里看书,两个童子侍立在边上,突然间听到军营中一下子乱哄哄的,伴随着喊杀声和呼救声,他顿感情势不好,我们可能受人夜袭了!慌乱之中他下地穿靴,只穿上一只,还有一只怎么也穿不上,算了,只好一只脚光着,跑到营帐的后面,也管不了是不是自己的宝马,拉来就骑,结果骑了一匹骡马,一颠一颠地往着大同方向逃去,随从只有18个骑兵跟上。

天亮了,豁鼻马派了儿子来徐达军中通报,徐达随即率兵进军太原城西,豁鼻马带了大批的将校兵士来降。当时北伐军共俘获了40 000元兵,40 000多匹马。徐达在忙碌着受降,常遇春也没闲着,听说扩廓帖木儿往大同方向逃去,他立即率领人马拼命追赶,追到忻州时还没追上,眼看也没什么希望了,算了,回营吧!可犹如惊弓之鸟的扩廓帖木儿却听说有人在追赶,大同他也不敢去,算了,要逃就逃得远一点,一口气跑到了甘肃(今甘肃省张掖)。(《明太祖实录》卷37)

扩廓帖木儿这一跑,山西境内元军阵营如多米诺骨牌一般地倒塌了。就此北伐军占据整个山西。

● 剪除余虏、夺取关陇——朱元璋:我忽悠你们的呀,现在可来真格的啦!

山西平定后,按照事先的设计与规划,下一个进攻目标就是关陇地区的几股残元势力。

◎ 增援北伐军，转向关陇

洪武二年（1369）正月，朱元璋派人给太原的北伐诸将送来敕谕，说："御史大夫汤和等平定浙东、福建，平章杨璟等进剿湖湘地区、平定广西，都已班师回朝复命了，但论功行赏之事尚未举行，就等大将军你们北伐彻底取胜的喜讯了。前阵子我派了一些将领前来增援你们，以汤和为偏将军，杨璟听用。杨璟可带领一部分人马由泽州出发，经潞州，直接西向，进攻关中残元部队。虽说人数可能少了些，但战场上就要看你们怎么用兵的了。这些兵家常事，当然就不用我多说什么了。太原之捷得之于用兵之巧，岂不是一大奇事！今天我叫人来，主要是通知你徐大将军：右副将军冯胜位居常遇春之下，偏将军汤和位居冯胜之下，偏将军杨璟位居汤和之下，以此排序，希望你们能协力同心，即行西进，攻取关中，剪除余虏，完全实现我们恢复中华之宏愿。不要以为细小的事务我会怎么看，倘若我有什么安排处置不当的、调度不周的，你们发现后就得谨慎行事；不要以为是我定的事情，就不可作一丝一毫的修正与改动，你们更应该谨慎又谨慎啊！"（《明太祖实录》卷38）

该敕谕与北伐前朱元璋的那番说法似乎有着很大的差异，除了对北伐军将领做了新的排序外，赋予了身临战争现场的徐达等军事将领更多的灵活机动权。那为什么先前极度自信、"自我感觉优秀"的朱皇帝一下子变得谦虚起来了呢？

以笔者来看，很可能那时的朱元璋发现：先前自己定的攻打元大都的具体战术出了小纰漏，徐达曾提出"关门打狗"的策略是相当正确的，可惜当场被否定了。朱皇帝决策的不足就在于：看高了元朝的实力和军事作战能力，缺乏对瞬息万变的战争局面做出及时正确的反应，留下了无穷的后患。不过那时的朱元璋有个十分可贵之处：一旦发现错误，及时地加以纠正和弥补。现在大明北伐军要去攻打关中了，这是首次交锋的对手，究竟怎么个打法，只有徐达等亲临战场的人才清楚，所以说朱元璋的这份敕谕下得还是很有水平，也很及时。而徐达呢，对于凡事都要过问的老领导之脾性太清楚不过了，尽管在敕谕里头皇帝没有也不可能直接地说"上次我错了"，但在只言片语中就透露出了这样的意思。知错能改就好，昔日我们是哥儿们，可现在他是君，我是臣，我还是做好臣子的本分！想到这里，徐达立即叫来千户刘通海，让他带了朱皇帝的敕谕上陕西潼关去，找都督同知康茂才、都督佥事郭兴，告诉他俩："潼关是三秦门户，两位将军领兵扼守在此，就等于是把控住了老鼠洞口，李思齐、张思道等就如洞中老鼠一般，我们不用多少力气就能制服他们。不过，倘若近期他们来进攻，你们就不要理会，战场上的事情最让人捉摸不透，胜败谁也说不清，你们最为重要的任务是守好关口，厉兵积粮，严为守备，等到我们大军一

到,诸军合力,共歼顽敌,夺取关陇。"(《明太祖实录》卷38)

在做好布置后,徐达于洪武二年(1369)二月命令常遇春、冯胜等带领大军率先西向渡河,直趋陕西,自己则于三月带领主力大军经栎阳(潼关北)直抵鹿台,进攻奉元路(即西安)。当时元朝官军在陕西奉元路一带的布置情况是这样的:元行省平章李思齐据凤翔,副将许国英、穆薛飞等守关中,张思道与孔兴、脱列伯、李景春等驻鹿台,三路军从三个不同的方向拱卫着奉元。要说这三路军在当年也说得上是远近闻名,不过他们的闻名却不怎么光彩,是因为与中原的扩廓帖木儿打内战打出了名。原本起兵时,他们都因大元国家有难,响应元顺帝的号召,组织义兵来对付如火如荼的反元起义。后来各地反元起义军相继被镇压了,就剩下南方的朱元璋等几支反元军事势力,元廷要求他们督兵南进,与扩廓帖木儿一起进剿,但他们个个都是猴精,谁也不乐意。正因为这些大元帝国的地方军事大亨们格外的"矜持",客观上"帮助"了朱元璋实现了南方的统一。(《元史·顺帝本纪十》卷47)

◎ 关中军阀:原来朱元璋是忽悠我们的!北伐军攻占关陇重镇奉元即西安

吴元年(1367)十月中旬朱元璋在正式下达北伐命令之前,曾派人上关中去给李思齐、张思道等元将大亨送上"劝慰"书信。朱元璋在信中大搞"统战"工作,软硬兼施,先将李思齐、张思道两大军阀拉一拉,捧一捧,然后告诫他们要顺应天命,通时务,识大体,要审时度势,息兵养民,尊奉"可尊者"——潜台词是你们尊奉的那个"主"是什么货色,值得你们那么去为他卖命吗?信中朱元璋还说:"二公当揣其福德、威力足慰民望者,推一人为尊,抚定关中",这不明摆着叫他们互不买账,整出个是非出来。尽管李思齐、张思道两人并没有就此翻脸,但对于各自的内心而言,朱元璋的书信还真挠到了他们的"痒处",更有什么"吾若以用兵争强之事相告,使二公彼此角力以决雌雄,是秦民未有休息之日"明显带有威胁性的口吻,等于是告诉他俩:请你们不要来惹我,我也不碰你们(《明太祖实录》卷26)。还真别说,朱元璋这等手法十分管用,徐达率军北伐中原时,这两大关中势力就持观望的态度。

可不久让李思齐、张思道两位内讧好手没想到的是,"大忽悠"朱元璋仅仅是"忽悠""忽悠"他们,哪会真的"你不犯我,我不犯你"呐。再说中国还有句古话,叫做"卧榻之侧岂容别人酣睡",更何况"驱逐胡虏,恢复中华"还是当时朱元璋的建国纲领和大明北伐军的奋斗目标!而现在中原地区的"胡虏"已被驱逐出去了,北伐军自然就要转过身来收拾李、张为首的关中地区的"胡虏"帮凶与爪牙。

要说关中地区的这些"胡虏"帮凶和爪牙,过去与扩廓帖木儿搞内斗还十分在行,但面对秋风扫落叶似的大明北伐军,他们却个个闻风丧胆。听说过去的老冤家扩廓帖木儿与大明北伐军尚未正式交手,就给吓得只穿了一只靴子逃跑的传闻后,李思齐和张思道连继续待在原地的勇气都没了。洪武二年三月,徐达军先锋都督佥事郭兴攻进奉元路,张思道听到消息后赶紧出逃,一口气跑到奉元北面上百里外的庆阳,元平章王武率领当地官属和父老千余人 开城归降,徐达整师入城,随后改奉元路为西安府。(《明太祖实录》卷40)

北伐军进入关中时,正值当地闹饥荒,老百姓嗷嗷待哺,鉴于十分严峻的形势,徐大将军上请皇帝朱元璋同意,给每户人家发米一石。可每户一石大米怎么也解决不了眼前的活命问题,而当地的粮食又特别紧张,朱皇帝听说后,下令给徐达,让他从河南孟津等地调集大量的粮食,运往关中,给每户人家再发二石米。这下可救了百姓们的命,由此民心"大悦"。(《明太祖实录》卷40;【明】高岱:《鸿猷录·勘定关中》卷5;【清】谷应泰:《明史纪事本末·略定秦晋》卷9)

◎ 轻轻松松占领凤翔与临洮大捷

在安定百姓的同时,徐达命令耿炳文驻守西安,常遇春、冯胜则率军继续西进,征讨凤翔的李思齐。李思齐原先屯兵在潼关,洪武元年四月,冯胜率领先遣部队开始闯关时,李思齐丢盔弃甲逃往到了凤翔(今宝鸡东北),在那里待了一年左右。(《明太祖实录》卷32)现在听说徐达派人来攻打凤翔了,这位打内战的老手充分发挥了自己的另一个特长——逃跑,率领10多万部众一路没命地向西逃窜,唯恐不安全,一直逃到数百里外的临洮才算停下了脚步,由此凤翔府轻轻松松地给常遇春和冯胜占领了。(《明太祖实录》卷40)

占领凤翔后,陕西南部的军事重镇全都掌握在北伐军手中,形势实在喜人。不过令人遗憾的是,让李思齐和张思道两个老牌军阀给溜了。如果不对其进行乘胜追击的话,必将会留下巨大的后患。为此,北伐军前线总指挥徐达在凤翔召集诸将,讨论彻底消灭关中地区残元军事割据势力的作战方案。多数将领认为:北逃庆阳的张思道才能不如西逃临洮的李思齐,且庆阳没有临洮那么坚固,因此主张先由豳州攻取庆阳,然后再由陇西西向进攻临洮。可徐达不这么认为,他说:"张思道军中兵士多剽悍,且占据的庆阳城又十分险要,不容易迅速攻下。而临洮之地,西通番夷,北面是黄河与湟水,我军一旦攻下它,'其人足以备战斗,其土地所产足以供军储'。况且从目前的形势来看,逃亡临洮的李思齐只要我军再逼一逼,他要么乖乖地献出临洮城,要么再向西逃往胡虏地界。不论哪一种,临洮城就是咱们的了。西北重镇临洮一旦被攻下,其他城池就会不战而降。"听到这里,诸将个个点头称是。徐达当即决定,命令御史大夫汤和守卫营垒、辎重,指挥金兴旺偕余思明等驻

守凤翔,自己则亲率大军开赴西北陇州。(《明太祖实录》卷41)

当时有军事情报说,北元大将也速率军偷偷南下,想利用大明北伐军西征的间隙,袭击北疆要地通州。朱元璋获悉后立即派出特使火速赶往西北,急调常遇春率师奔赴北平和通州,对付南下的北元军。于是,西征之事就由大将军徐达独当一面。(《明太祖实录》卷41)

再说徐达大军一路进兵非常顺利,第二天就攻取了凤翔西边军事要地陇州(陕西陇县),没几天又攻下了巩昌(甘肃陇西,临洮东边不远的一个军事要地)。在巩昌,徐达稍稍做了一下休整,命令都督佥事郭兴守城,然后兵分两路:一路由右副将军冯胜率领的天策、羽林、骁骑、雄武、金吾、豹韬等卫的精锐将士前去征讨临洮;另一路则由都督副使顾时、参政戴德各将本部兵进攻兰州。其实大明军进攻到巩昌时,临洮、兰州就在眼前了。两地的元军听到大明军一路所向披靡,早就吓破了胆。四月十三日,当顾时与冯胜分别发起对兰州和临洮的攻城战时,两城元军将士毫无作战之心,乖乖地举手投降。势穷力蹙的李思齐看到这般情形,也只好归降大明军。徐达随即将其送往京师南京,皇帝朱元璋相当高兴,任命李思齐为江西省左丞,享受着大明帝国省部级"老干部"的待遇,又不必去上班,美哉! 美哉?! (《明太祖实录》卷41)

◎ 庆阳围城战与陕西的平定

李思齐问题解决后,大明军西征的下一个目标就是占据陕北庆阳的张思道割据势力。对此,远在千里之外的皇帝朱元璋予以了高度的重视,在获悉临洮大捷的喜讯后,他专门遣使诏谕大将军徐达:"将军提师西征,攻必克,战必胜。现在李思齐归降了,下面要攻取庆阳与宁夏,不知将军有何打算? 占据庆阳的张思道兄弟多谲诈,倘若他们来降,将军要特别谨慎处理,千万别中了他们的诡计!"(《明太祖实录》卷41;【清】谷应泰:《明史纪事本末·略定秦晋》卷9)

徐达接到朱皇帝谕旨后集合大军,由临洮出发,兵向东方,连连攻克安定(甘肃定西)、会州(甘肃会宁)、靖宁(甘肃静宁)、隆德等要塞,然后翻越六盘山,来到了开城、红城,东出萧关,遂下平凉。由此开始兵分两路,一路由指挥朱明克率领攻取东北方向的延安;另一路则由他亲自带领进逼正北的庆阳。(《明太祖实录》卷41~42)

而此时庆阳城里已经发生了变化,关中大军阀张思道听到大明北伐军攻克西北重镇临洮的消息后,顿感情势不妙,赶紧拿出自己的看家本领——逃跑。逃跑前他将庆阳城交给了他的弟弟张良臣与平章姚晖镇守,自己则向北流窜到宁夏,为先到那里的扩廓帖木儿所不容,与"金牌张"等部将一起被抓。

这时徐达已攻下了平凉,正谋取庆阳,派了御史大夫汤和攻打泾州(甘肃泾川)

以及别遣指挥张焕率领骑兵侦逻庆阳。张良臣眼见这等情势,心里十分紧张,恰恰就在这时从北传来消息:哥哥张思道被老冤家扩廓帖木儿给抓了起来,顿感无路可走了,面对大明北伐军的强大攻势和频频招降,忽然间他灵机一动,派了手下属官参政花某赶往徐达军营里,主动献上庆阳城军民人数清册等,表示愿意整城归降。徐达当然很开心,派了右丞薛显带领骑兵5 000人、步兵6 000人随同张良臣特使李克己等一同赶赴过去,打算接管庆阳城。到了庆阳时,有人快速入城通报给了张良臣。张良臣随即率领庆阳官员匍匐在道路的左侧,表示归附大明。等到夜晚来临时,乘着赶了一天的路程已经疲惫不堪的大明将士们入睡时,他突然间发起了袭击,大明指挥张焕被抓,薛显受伤后拼死作战才得以逃脱。(《明太祖实录》卷42)

见到受伤的薛显,徐达不由得感慨万分,跟身边的将领说道:"皇帝陛下万里之外早已看出了张氏兄弟的奸诈,今日所发生的事情,与圣上所讲的真是一模一样啊!张良臣自以为聪明,殊不知这般逆行是在加速自己的灭亡啊!我们大家齐心合力,攻取庆阳,除掉这个奸诈的小人!"众将齐声称好。徐达随后亲率主力大军疾趋泾州。就在这时,远在临洮的右副将军冯胜和参政傅友德听说了徐达军的遭遇后,立即赶赴过来增援,御史大夫汤和也率部前来会师。至此,关中地区的大明北伐军主要将领基本到齐。徐达当即做出严密的作战安排:平章俞通源带领精骑守住庆阳城的西面,都督副使顾时守住北面,参政傅友德守住东面,都督佥事陈德守住南面,整个庆阳让大明北伐军给团团围住了,出入不得。

眼看就要被困死在城内了,张良臣几次派出求援特使,梦想北向向扩廓帖木儿求救,可不是被大明军给杀了,就是给俘虏了;而扩廓帖木儿此时好像也"回心转意"了,几次派了救兵想来增援庆阳,可全让徐达、冯胜军给击败了。如此下来,庆阳城内外音讯不通,粮饷乏绝,最后到了煮人肉汁和泥充饥的地步。八月下旬,已经坚守了4个月的庆阳城再也支撑不下去了,受张思道委托守城的另一部将姚晖带了熊左丞、胡知院、葛八等人打开城门,投降了明军。徐达率军入城,张良臣父子眼见大势已去,又走投无路,只好投井自尽。不料被迅速入城的大明军将士给捞了出来,徐达下令将其处斩。(《明太祖实录》卷44)

自此,陕西大体平定。九月,徐达与汤和接受洪武皇帝之令,返回京师南京,留下右副将军冯胜守卫庆阳,总制各镇兵马。(《明太祖实录》卷45)

● 十 "清沙漠",南平川滇,横扫割据,天下一统

陕西的平定,不仅标志着洪武开国、统一全国运动进入了新阶段——大明实现

了全国大体上的统一(除川滇等以外),而且也意味着朱元璋北伐军西征使命的完成,大家可以好好地休整一番。

可就在这时,逃亡塞外的元顺帝为首的蒙元权贵组织残元军事势力,对故都北平和大明北疆等地发起了猖狂的反扑,图谋恢复大元帝国。如此严峻的形势表明:当初朱元璋否定徐达的"关门打狗"战术,采取了"纵其北归,天命厌绝,彼自澌尽,不必穷兵追之"(《明太祖实录》卷32)的不恰当倒元策略所产生的负面影响和贻患越来越大、越来越明显,残元这个"大尾巴"开始变成大麻烦、大后患。或言之,洪武君臣当年提出"驱逐胡虏,恢复中华"的北伐宗旨与重建大一统帝国的奋斗目标从完整意义角度来讲还没有实现。

○ 北元组织反攻与大明"清沙漠"运动的开启

洪武元年(1368)八月,元顺帝率三宫后妃、皇太子、皇太子妃和百官扈从者左丞相失烈门、平章政事臧家奴、右丞定住、参知政事哈海、翰林学士承旨李百家奴、知枢密院事哈剌章、知枢密院事王宏远等百余人从大都北逃后,一路狂奔,来到了上都开平,在那里歇住了脚,召见群臣,"询恢复之计"(【元】刘佶:《北巡私记》),并继续使用大元国号,史称"北元"时期开始了。

面对大元帝国败亡之残局,元顺帝没有也根本不可能进行彻底的整顿,能做的就是给那些残元军政头领们加官晋爵,搭起了塞外朝廷的架子,任命太尉、辽阳左丞相也先不花为中书省左丞相,代替不久前病逝的失烈门,以纳哈出为辽阳行省左丞相,并封扩廓帖木儿为齐王,不久又升其为中书省右丞相,封中书省右丞相也速为梁王。齐王和梁王的册封倒不是因为元顺帝有多喜欢他们,也不是因为他们有多大的军事功劳,而是为了军事反攻的需要。当时北元主元顺帝下诏,让藩属国高丽提供兵源,并将残存的军事主力集结在这样的几个军事着力点上:东起大宁(今内蒙古宁城西)、西至上都开平,中经红罗山(今小凌河上游),北至全宁(今内蒙古翁牛特旗),构成了一个尖山形或称三角形——这是一种比较保险和牢固的军事作战与防守的布阵,"庚申帝(指元顺帝)在上都,红罗山在东南,也速(和皇太子爱猷识理达腊——笔者根据《北巡私记》补充之)驻兵在焉。上都恃有红罗山为之藩篱,红罗山恃上都为救援而不设备"。(【元】权衡:《庚申外史》卷下;【明】佚名:《北平录》)

○通州守将曹良臣大唱"空城计",智退北元40 000精骑

据军事史专家研究,三国时代的军事家诸葛亮和司马懿在战争中就经常运用三角形军阵。现在元顺帝在塞外也用起了它,目的就是想恢复已经失去的大元江山。

当听说曾经让他魂飞魄散的大明北伐军西征关中的消息时,萎靡了一生的游乐皇帝顿时来了精神,觉得这是收复元大都和中原的绝佳机会,洪武二年(1369)二月,他命令梁王也速率领40 000精骑南下(【元】刘佶:《北巡私记》),进犯北平近郊的通州。

当时北平守军势单力薄,通州城中亦不满千人。可南下的也速一下子吃不准明军的底细,他来到白河扎下了大营后并没有立即发起攻击,而是在寻找进攻的时机。

这时通州的大明守将平章曹良臣对手下将士们说:"我军现在人数甚少,根本不能出战;敌人虽然人多,但是亡国之军,屡次遭受我军打击,犹如惊弓之鸟,只要我们略用巧计,定能智退敌兵。"说完,他秘密派遣指挥佥勇等在沿河一只船上各插上3面红旗,绵延10多里,再叫上一些力气大的兵士拼命击钲擂鼓,声响震天动地。

驻扎在白河上的也速听到后出来查看阵势,见到红旗的海洋,误以为自己中了大明军的埋伏,立即领兵向北撤退。就在这时,大明通州守将曹良臣率领城中精骑渡过白河,一路追击。追到蓟州时,看看实在追不上了,这才下令返回通州。(《明太祖实录》卷39)

一个半月后的四月初一,北元主元顺帝得到情报:大明北伐军还在西征,北平及其附近地区的军事守护势力依然十分薄弱。为此他专门诏令晃火帖木儿、也速"分道讨贼(指明军),恢复京师"。没想到数天后,当晃火帖木儿和也速领着蒙元精骑来到滦州时,遭到了"恭候"在那里的大明军的迎头痛击。(【元】刘佶:《北巡私记》)

这就怪了,不是说大明北伐军主力在关中作战,北平及其附近地区明军守备力量薄弱,怎么会冒出这么多的明军将士?

原来自第一次北平、通州危机的消息传到南京后,朱元璋立即予以高度重视,专门派了特使前往关中军事前线,从徐达那里调走了"快速将军"常遇春,让他火速从凤翔领兵东向,回师北平,征讨"迤北余寇",由此开启了大明帝国历史上"清沙漠"或言"平沙漠"或言"征沙漠"(《明太祖实录》卷48)运动。

○ 北"清沙漠",南平川滇,双管齐下,主次分明

"清沙漠"一词不是笔者臆想出来的,而是当年明朝人针对军事打击北元残余势力的专门说法,也是朱元璋君臣实现"驱逐胡虏,恢复中华"宏愿的最后努力。我们现在国人之所以不熟悉是因为过去没人专门论述过。其实"清沙漠"一词至迟在洪武初年已经出现,洪武四年五月乙亥日,朱元璋在"免两浙秋粮诏"中就这样说道:"朕起农业……重荷上天眷佑,平群雄,一天下,东际辽海,南定诸番,西控戎夷,北清沙漠。"(《明太祖实录》卷65)但在这之前的洪武三年正月,朱元璋发起北征军事行动时却用了"征沙漠"一词(《明太祖实录》卷48),以后"征沙漠"与"清沙漠"交

替使用。

其后在朱皇帝的敕谕中出现"永清沙漠"(《明太祖实录》卷71)、"肃清沙漠"(《明太祖实录》卷185)、"扫清沙漠"(《明太祖实录》卷226)等多种说法,但意思都一样,即要清除漠北蒙元残余势力。从时间跨度来看,这样的词语从洪武初年一直沿用到了洪武晚年,前后长达20多年,总计进行了10次打击北元的重大军事行动。为还原历史的本来面目,我们就将其称为"十清沙漠"。见下表:

明初洪武年间大明帝国10次清沙漠情况简表

	时间	明军主帅	明军兵力	主要战斗	目标地	行动结果	史料出处
第一次清沙漠	洪武二年(1369)六月~八月	北伐军副总兵官常遇春(在战争将结束时突然薨世)、平章李文忠为偏将军	总计10万步骑兵	全宁之战、大兴之战、开平大捷、大同之战、太原之战	元上都开平	明军攻占元顺帝逃亡地上都;元顺帝再次北逃,前往应昌;俘获元宗王庆生及平章鼎住等高官及将士与战车各10 000;关中老牌军阀脱列伯被俘,孔兴被杀	《明太祖实录》卷43;《明史·鞑靼传》卷327
第二次清沙漠	洪武三年(1370)正月~十一月	右丞相信国公徐达为征虏大将军、浙江行省平章李文忠为左副将军、都督冯胜为右副将军、御史大夫邓愈为左副副将军、汤和为右副副将军	数十万(仅东路军就有10万)	●西路:兰州保卫战、定西沈儿峪大捷、河州大捷 ●东路:兴和之捷、骆驼山之捷、应昌大捷	西北:定西扩廓帖木儿营地	●西路徐达军:俘获北元郯王、文济王及国公阎思孝、平章韩扎儿等官1 865人,将校士卒84 500余人,马15 280匹。扩廓帖木儿携妻儿仓皇逃往和林 西路邓愈军:自临洮进攻河州,招谕吐蕃诸酋,大明开始收服西北 ●东路李文忠、冯胜军:俘获元主嫡孙买的里八剌并后妃、宫人,暨诸王、省院达官等,共计俘获了元军民50 000多人;只有元太子爱猷识理达腊和几十个精骑得以逃脱	《明太祖实录》卷48~51;【清】谷应泰:《明史纪事本末·故元遗兵》卷10;《明史·徐达传》卷125;《明史·鞑靼传》卷327)

续表

	时间	明军主帅	明军兵力	主要战斗	目标地	行动结果	史料出处
第三次清沙漠	洪武五年（1372）正月～十一月	●徐达为征虏大将军，出中路；中路中有能征善战的骁将蓝玉 ●曹国公李文忠为左副将军，出东路 ●宋国公冯胜为征西将军，出西路	大明此次出兵总计15万人	●中路：蓝玉取得了刺河大捷；明军展开杭爱岭血战；断头山之战 ●东路：应昌大捷、哈剌莽来之捷、阿鲁浑河大战 ●西路：傅友德七战七捷——西凉、永昌、忽剌罕口、扫林山、集乃路、别笃山口、瓜沙州	●中路：和林；●东路：应昌；●西路：甘肃	●徐达中路大军在杭爱岭中了蒙古人的埋伏，数万明军将士命丧漠北荒原；汤和兵败断头山 ●李文忠东路军在土剌河中了蒙古人的埋伏，但在阿鲁浑河大战中取得了胜利，"获人马以万计"；进军至蒙古称海折回 ●冯胜、傅友德西路军总共打败了北元军十几万人，俘获牛羊车马无数	●【明】陈仁锡：《明世法录·徐中山王世家》卷84；【明】王世贞：《弇州史料·徐中山世家》前集卷19 ●《明太祖实录》卷74 ●《明太祖实录》卷74
第四次清沙漠	洪武六年（1373）春季～年底	大将军徐达、左副将军李文忠、右副将军冯胜	史书未载兵力数	大同大捷、猫儿庄之捷、三角村之捷	扩廓军侵扰晋冀边境	●打退扩廓帖木儿军对山西、河北等北部边境的侵扰 ●在这过程中，朱元璋加紧对北疆军队卫所机构的建置，自辽东、北平直到宁夏、甘肃一线，筹建辽东、北平、山西、陕西等总计10个都司和行都司（相当于现在的大军区），构成灵活机动的边疆军事作战体系，不过这项工作的完成大致要到洪武晚期了	《明太祖实录》卷86；《明史·鞑靼传》卷327

《大明风云》系列之 ❷ 大明一统

175

续表

	时间	明军主帅	明军兵力	主要战斗	目标地	行动结果	史料出处
第五次清沙漠	洪武七年(1374)四月~七月	左副将军李文忠、都督佥事猛将蓝玉等	史书未载兵力数	兴和大捷、高州大石崖大捷、毡帽山大捷	北平周围北元军	●兴和之战中北元国公帖里密赤等60个高官被俘;大石崖之战,斩故元宗王朵朵失里,擒其承旨百家奴;毡帽山之战斩故元鲁王、司徒答海俊,俘获元平章把剌、知院忽都、鲁王妃蒙哥秃等 ●洪武八年元末名将扩廓帖木儿卒于哈剌那海之衙庭;洪武十一年,元昭宗爱猷识理达腊病卒,子脱古思帖木儿继位	《明太祖实录》卷91;《明史·鞑靼传》卷327;《明太祖实录》卷100
第六次清沙漠	洪武十三年(1380)二月	西平侯沐英	史书未载兵力数	亦集乃路大捷	西北亦集乃路	沐英"经宁夏,历贺兰山,涉流沙",历经七天七夜,奔袭亦集乃路,当场俘获了国公脱火赤和枢密知院爱足等,后又抓获了平章完者不花等,以乌萨哈尔汗、脱古思帖木儿为首的北元新领导班子受到了重创,但让叛服无常的北元国公乃儿不花给溜掉了	《明太祖实录》130;《明史·鞑靼传》卷327
第七次清沙漠	洪武十四年(1381)正月~四月	魏国公徐达为征虏大将军,信国公汤和为左副将军、颍川侯傅友德为右副将军	史书未载兵力数	傅友德在灰山大获全胜;沐英在公主山长寨取得战斗胜利	河北北疆地区	大将军徐达率诸将出塞,灰山大捷,大明"获其部落人畜甚众";公主山长寨大捷,大明军"歼其戍卒,获全宁四部以归";但最终又让叛服无常的北元国公乃儿不花给溜掉了	《明太祖实录》卷137~138

续表

	时间	明军主帅	明军兵力	主要战斗	目标地	行动结果	史料出处
第八次清沙漠	洪武二十年(1387)正月	宋国公冯胜为征虏大将军，颍国公傅友德为左副将军，永昌侯蓝玉为右副将军，南雄侯赵庸、定远侯王弼为左参将，东川侯胡海、武定侯郭英为右参将	大明出兵20万	蓝玉取得应州大捷；冯胜等率大军兵围金山(今天东北双辽附近的辽河北岸)，逼降纳哈出	纳哈出军所在地金山	招降纳哈出部20余万人，"羊、马、驴、驼、辎重亘百余里"；大明都督濮英断后，不幸被俘，"绝食不言，乘间自剖腹而死"；六月甲寅日，冯胜率军驻扎金山亦迷河时，曾俘获北奔达军士遗弃车辆44 963辆，并马数千匹，伤残虏军24 229；洪武二十年七月，接受了纳哈出所部营王失剌八秃与与云安王蛮吉儿的、郡王桑哥失里和尚国公等故元高官的归降	《明太祖实录》卷182～183；《明史·鞑靼传》卷327
第九次清沙漠	洪武二十一年(1388)五月	永昌侯蓝玉为征虏大将军、延安侯唐胜宗为左副将军、武定侯郭英为右副将军、都督佥事耿忠为左参将、都督佥事孙恪为右参将	总计出兵15万	蓝玉率军远征极北地区的捕鱼儿海(今贝尔湖)	漠北胡虏余孽逃亡地	北元主脱古思帖木儿和太子天保奴、知院捏怯来、丞相失烈门等几十人乘着混乱逃跑；大明军俘获北元次子地保奴、妃子等64人，故太子必里秃妃并公主等59人，詹事院同知脱因帖木儿、吴王朵儿只、代王达里麻平章八兰等2 994人，同时俘获的还有军士男女77 037口、宣玺、图书、牌面149，宣敕照会3 390道、金印1枚、银印3枚、马47 000匹、骆驼4 804头、牛羊102 452头、车辆3 000余辆。几天后，蓝玉又破故元将哈剌章营，获其部下军士15 803户，马和骆驼48 150余匹	《明太祖实录》卷190；陈建：《皇明资治通纪》卷3；【明】焦竑：《国朝献征录·武定侯郭公英神道碑铭》卷7；《明史·鞑靼传》卷327

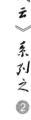

续表

时间	明军主帅	明军兵力	主要战斗	目标地	行动结果	史料出处
第十次清沙漠 洪武二十三年(1390)三月	颍国公傅友德为征虏前将军、南雄侯赵庸为左副将军、怀远侯曹兴为右副将军、定远侯王弼为左参将、全宁侯孙恪为右参将,听从燕王朱棣、晋王朱棡指挥	史书未载兵力数	偷袭迤都山(今内蒙古二连浩特东北)	漠北迤都	●洪武二十一年十月,与元主忽必烈有着争位过节的忽必烈的弟弟阿里不哥的后裔也速迭儿袭杀北元主脱古思帖木儿和太子天保奴。故元国公老撒、知院捏怯来、丞相失烈门于耦儿千地遣右丞火儿灰、副枢以剌哈、尚书答不歹等率其部3 000人至京,进马乞降。北元名存实亡 ●大明心腹之患故元太尉乃儿不花、丞相咬住、忽哥赤,知院阿鲁帖木儿等被活捉,并归降了大明 ●自脱古思帖木儿后,部帅纷挈,五传至坤帖木儿,咸被弑,不复知帝号。有鬼力赤者篡立,称可汗,去国号,遂称鞑靼云	《明太祖实录》卷193～194;《明太祖实录》卷200～201;《明史·鞑靼传》卷327

伴随着"十清沙漠"行动,大明在此期间还发动了对西南明氏夏国和残元云南梁王等割据势力的统一战争。大约到了洪武中晚期时,朱元璋才在完整意义上完成了"驱逐胡虏,恢复中华",重建大一统多民族国家的历史使命。由此可见"清沙漠"行动是当时大明帝国进行的全国统一战争的主线,我们就此详述如下:

● 第一次"清沙漠"行动——全宁之战、大兴之战、开平大捷、大同之战、太原之战——洪武二年六月～八月

仔细考量洪武二年(1369)上半年两次北平周围危机的缘由,纵然有着大明北

伐主力军西行远征关陇,从而在客观上造成北平地区军事力量薄弱等不利情势,但如果我们悉心留意元大都即明北平与当时元顺帝塞外大本营上都开平之间的距离,就会发现其与北平到东部重镇蓟州之间的距离大致相等。换句话来说,元朝虽然被推翻了,但元朝的主子尚在元故都北平不太远的地方时刻窥视着。如果不加以打击和彻底清除的话,大明就永无宁日。对此,开国皇帝朱元璋似乎早已意识到了自己先前决策的不足和北疆形势的严峻,在北伐军西征关陇尚未取得完全胜利的洪武二年六月,他就下令抽调了北伐军副总兵官常遇春迅速赶赴北平,并以平章李文忠为偏将军,共率步兵80 000、骑兵10 000,发动了明朝历史上的第一次"清沙漠"行动,最终目标是力捣元顺帝老巢开平。

常、李率领90 000大军从北平出发后,途经三河、鹿儿岭、惠州(河北平泉南),直趋东北重镇大宁。就在这时,原本受命南下骚扰的北元梁王也速听到了大明军北上清剿的消息后,立即领兵北返,在全宁追上了明军,在此双方就干了起来。本来在北元称得上是能征善战的猛将也速,这回在常、李两位将军面前却成了不堪一击的草包,交手没多久,他便大败遁去。常、李大军随之继续行军,进取大兴州。

可到了那里一看,顿时就傻眼了,四周空无一人,这是怎么回事?李文忠跟常遇春分析道:"常将军,在末将看来,北虏一定是逃跑了。鉴于这里地势很重要,我想在这里设下埋伏,等候逃跑的北虏路过时,我们一举将其歼灭。"常遇春当即批准了这个军事方案,将兵士分为八屯,埋伏在大路的两旁。当天夜里果然有逃亡的蒙古将士一拨子一拨子地路过,常遇春与李文忠看到火候差不多了,突然发起了攻击,大败北元军,俘获丞相脱火赤等。随后两将军领兵向着开平方向进发。

这时正在开平的北元主元顺帝早就得到了消息:明军两位快速将军领兵打过来了!怎么办?溜吧! 就此,明军顺利地占领了开平。

常遇春和李文忠听说元顺帝一行向北逃跑的消息后,立即组织人马前去追赶,可追了几百里也没追上,最终只好返回开平。不过,这次追击收获也不小,宗王庆生及平章鼎住等北元高官,因为没来得及逃跑,都被明军一一俘获,后遭斩杀;同被俘获的还有人约10 000名蒙元将士,10 000辆战车、3 000匹马和50 000头牛。由此,"蓟北悉平"。(《明太祖实录》卷43;《明史·外国八·鞑靼传》卷327,列传第215)

再说落荒而逃的元顺帝来到开平东北的应昌(内蒙古克什克腾旗达里诺尔西南)后,很快就与北逃的关陇地区军事割据头领脱列伯、孔兴等取得了联系,随即命令他俩迅速率军南下,进攻山西大同,搅乱大明北疆局势。

而就在这时大明第一次"清沙漠"主将常遇春暴卒,副将李文忠接到皇帝朱元璋的命令，赶赴关中，支援当时正在围攻陕北重镇庆阳的徐达大军。当走到山西太原时，他突然得到消息：脱列伯和孔兴正在围攻大同，形势十分危急。李文忠跟随行的左丞赵庸说："按照当今圣上的圣旨，我们本该立即赶往关中去。但现在大同告急，如果等到朝廷谕旨下来，那就来不及了。将帅统兵在外，只要对国家有利，便可自行做主。我们赶紧去救援大同，机不可失！"说完他率领大军立即转向，由代州出雁门关北上，来到了距离大同大约50里的白杨门驻营。他一边派人偷偷上大同去通报给那里的守城明军：外援已到，大家安心守城就行了；一边设计诱惑围攻大同的元军来战，然后乘其不备，生擒元将脱列伯，俘获兵士10 000多人。孔兴听到消息后顿时吓坏了，赶紧逃往绥德，不料到了那里又被手下部将所杀。至此，关中地区曾经称雄一时的几大军阀都有了归宿。元顺帝听到消息，"知事不济，无复南向矣"。(《明太祖实录》卷44)

应该说第一次"清沙漠"行动的收获还是挺大的，不过大明在此行动快结束时也付出了一大代价，那就是40岁的常遇春将军在驻军柳河川时暴卒。洪武皇帝朱元璋闻听噩耗，"大震悼"，当常遇春遗体运往龙江(今南京下关)时，他亲自出来迎接与祭奠，并追赠常遇春为翊运推诚宣德靖远功臣、开府仪同三司、上柱国、太保、中书右丞相，追封开平王。(《明史·常遇春传》卷125，列传第13)

● 第二次"清沙漠"行动——洪武三年(1370)正月～十一月

第一次"清沙漠"行动尽管收获很大，但还是留下了一大遗憾，让北元主元顺帝又给溜了。元顺帝之所以能两次溜走，很大程度上借助了"地利"——对于汉族来说令他们头痛不已的可能是漠北地区的天气与地理条件；至于"人和"，说不上来；但不容忽视的还有"天时"(姑且用此词，因为元顺帝与北元军政重臣之间的关系一向不咋样)。当时北元地区还残存着几支军事武装支持着这个亡国之君，其中最有威胁性和最有影响力的要数退居在甘肃(今张掖)的扩廓帖木儿。

扩廓帖木儿是朱元璋的"老相好"，自东灭张士诚前后起，朱元璋不厌其烦地一次次给他写信示好，但都没有得到扩廓帖木儿的回音，就连派去的信使与和平使者也如肉包子打狗似的，有去无回。著名明史专家黄云眉先生曾一针见血地指出："使者多被拘留，解传言'多被杀'，似被杀得实，《实录》盖讳之。"(黄云眉：《明史考证》第4册，中华书局1984年8月第1版，P1181)但即使如此，大明开国后，朱元璋还是"满腔热情"地继续给扩廓帖木儿写信，说尽了好话，摆足了道理，一股劲地劝降，可扩廓帖木儿还是置之不理。

○ 兰州保卫战

关陇平定后的洪武二年十二月,朱元璋调大明北伐军将领徐达、汤和等回朝。扩廓帖木儿获悉后派出大队人马迅速赶赴兰州,打算乘机一举拿下这个西北重镇。当时大明驻军指挥张温看到城下如蚂蚁一般的元军,立即召集诸将校,这样说道:"敌众我寡,对打是不可能了。但大家别忘了,敌人是远道而来的,不太可能知道我军的底细。等天黑以后,我们组织人马出城去偷袭营地,杀杀他们的威风。要是他们还不退兵,我们就只有固守城池,等待救援了。"

当天夜里,张温命令将士依计行事,对元军发起了突然袭击。扩廓帖木儿部队受惊,稍稍往后退了些。可到了天亮时分,等张温收兵回城后,元军又开始里三层外三层地将兰州城围得个水泄不通。正如张温先前所料的那样,除了固守和等待救援外,别无他法。(《明太祖实录》卷47)

就在这危急时刻,驻守在兰州东南方巩昌府的鹰扬卫指挥于光听到消息后,立即率军赶来救援。可没想到的是,当他们赶到兰州外围马兰滩时,却遭到了扩廓帖木儿精锐部队的猛烈打击,连于光本人也给俘虏了。这下扩廓帖木儿可来精神了,押着于光前往兰州城下,让他对着城头喊话:"张温将军出来投降吧,我已经被俘获了,没人能救你们啦!"于光点头称好,可等到了兰州城头,他却这样喊道:"我不幸被敌人俘获了,张温公,你们得坚守住啊!徐总兵(指徐达)率领的大军马上就要到了!"这下可将扩廓帖木儿等给气坏了,他们按住了于光的身体,左右开弓,不停地给他扇耳光,打得他头部都要烂了,还不解恨,最后将他给杀害了。

再说,听了于光的喊话,目睹了元军的暴行,城中张温将士们更是铁了心坚守兰州城。而困顿在城下的扩廓帖木儿见到这样一无所获地耗下去,要是真的徐达大军赶来救援,麻烦可就大了,于是只好下令撤军。(《明太祖实录》卷47)

○ 定西沈儿峪大捷——洪武三年(1370)三月

兰州之围虽然解了,但于光之死震惊了大明将士,更使得一直耐住性子"赔笑脸"的朱元璋终于收起了原来的音容笑貌,将对扩廓帖木儿的招抚策略改为军事打击。洪武三年(1370年)正月初三,他任命右丞相信国公徐达为征虏大将军,浙江行省平章李文忠为左副将军,都督冯胜为右副将军,御史大夫邓愈为左副副将军,汤和为右副副将军,"往征沙漠"。(《明太祖实录》卷48)

出师前朱元璋召集诸将,问道:"北元主迟留塞外,扩廓帖木儿近来进犯我兰州,其目的是想乘机捞点便宜,但已构成我大明心头之患,不灭这厮可不行啊!我现在让你们出征清沙漠,诸位看,从哪儿先下手?"诸将回答:"扩廓帖木儿侵犯边境,是因为他的主子元顺帝还在。倘若我们出兵端了元顺帝的老巢,并将他给俘获了,那么扩廓帖木儿就同丧家之犬,不战而降。"朱元璋听后不以为然,这样说道:"听说扩廓帖木儿现在还在我西北边疆上活跃着。如果我们不去征讨他,反倒去追剿北元主,这是舍近求远,有失轻重缓急之宜。这可不是什么好战略啊!我的想法是,兵分两路:一路由大将军徐达率领,自潼关出西安,直捣定西,将扩廓帖木儿给逮住;另一路由左副将军李文忠等率领,出居庸关,进军漠北,追击北元主。两路军同时进行。这样一来,无论是北元主还是扩廓帖木儿都只能顾自己,彼此无法相互支援。更何况元顺帝远居漠北地区,可能一直以为我们汉族军队不太会赶到那么旷野的地方去追赶他。如果我们现在给他来个突然袭击,就好比是野猪突然遇上了老虎,这野猪还不成了老虎的美餐呐。如此下来,可谓一举两得!"众将听到这里,不由得个个叫好,随后率军北上,开始了大明历史上的第二次"清沙漠"行动。(《明太祖实录》卷48)

　　按照朱元璋的部署,徐达率领的西路大军走了一个多月的路程,大约在三月底时到达了定西。扩廓帖木儿听说徐达大军这下真的来了,赶紧将自己的军队退屯在车道岘。徐达进兵沈儿峪,并派了左副副将军邓愈直抵扩廓帖木儿军附近,立栅为营。这时的明军与北元军就隔了一条深沟对垒布阵,随后双方展开了一场数十万人参与的大战。大战数日,彼此仍分不出胜负来。这时,扩廓帖木儿灵机一动,派了一支千余人的小股部队,偷偷地从东山穿过小道,绕到明军东南营垒,突然发起了攻击。守营明将胡大海养子胡德济和指挥赵某等猝不及防,手下士卒立即溃散。徐达眼见情势不妙,亲率兵士猛烈出击,打退了敌人,然后杀了指挥赵某和将校数人,将胡德济押送京师治罪,军中混乱局面立即得到了控制。

　　第二天大明军与北元军在深沟北面的乱坟场又展开大战,明军取得了胜利,俘获了北元郯王、文济王及国公阎思孝、平章韩扎儿、虎林赤、严奉先、李景昌、察罕不花等官1 865人,将校士卒84 500余人,马15 280余匹,以及大量的骆驼、骡、驴等牲口。

　　这下可苦了北元主帅扩廓帖木儿了,他输得比一年前的太原之战还要惨。上次还有18个警卫跟着,一路上多少有个照应,可这次除了老婆孩子几个人外,就是他自己了。一家人从古城一路北逃出去,来到了黄河边,想找一条船只渡河,可怎么也看不到船的影子。正当绝望之际,忽然间从黄河上游漂来了一块不大不小的木头,一家几口也顾不上什么你我辈分礼节,各自趴了木块一方,喝足了黄河水,任凭木头漂流,漂啊漂,终于漂到了河对岸的宁夏。到那里一打听才知,自己的主子已逃往和林,于是急急忙忙向和林方向奔去。(《明太祖实录》卷50～51;【清】谷应

泰;《明史纪事本末·故元遗兵》卷10;《明史·徐达传》卷125;《明史·鞑靼传》卷327)

○ 应昌大捷　俘获北元主嫡孙买的里八剌等——洪武三年(1370)五月

再说李文忠率领的东路军10万人在洪武三年二月越过野狐岭(河北张家口西北)后,经兴和,俘虏北元守将,进师察罕脑儿(河北沽源北),擒获元平章竹贞,一路进军十分顺利(《明太祖实录》卷49)。五月时来到了白海子的骆驼山,在那里又打败了元太尉蛮子,平章沙不丁、朵儿只八剌。然后进抵开平,俘获元平章上都罕。(《明太祖实录》卷52)

在开平,李文忠听人说,北元主在应昌,于是他命令军中将士昼夜兼程往应昌赶去。就在距离应昌不到一百里的地方,他们遇上了北元报丧信使,得悉元顺帝已于前几天即四月二十八日病死了,于是李文忠下令全速前进。

在快要到达应昌城时,大明军突然遭遇了敌军,双方展开了激战,元兵大败。李文忠随即下令,将应昌城四面围住,第二天发起了攻击战,并一举将它拿下,俘获了"元主嫡孙买的里八剌并后妃、宫人,暨诸王、省院达官、士卒等,并获宋、元玉玺、金宝一十五、宣和殿玉图书一、玉册二、镇圭、大圭、玉带、玉斧各一,及驼马牛羊无算",这就是明初历史上有名的"应昌大捷"。(《明太祖实录》卷52;《明太祖实录》卷160)

当时只有元太子爱猷识理达腊和几十个精骑得以逃脱,李文忠立即率领骑兵追赶,追到北庆州时,发现实在找不到所要追赶目标的影子了,只得返回。而就在返回途中,路过兴州时,元将唐国公江文清等率军民36 900人前来归降;路过红螺山时,元将杨思祖率16 000人来降。这样一来,李文忠的东路军共俘获北元军民50 000多人,真可谓战果辉煌!(《明太祖实录》卷52;《明太祖实录》卷160;《明史·外国八·鞑靼传》卷327,列传第215)

○ 河州大捷　轻轻松松招抚西番——洪武三年五月、六月

其实这第二次"清沙漠"行动的胜利收获还不至于此。就在李文忠东路军取得应昌大捷的同时,西路军中的左副副将军邓愈受大将军徐达的派遣,自临洮进攻河州(甘肃临夏),河州再往西过去一点,就是当时人们所说的西番或西蕃或吐蕃地区,也就是我们今天通常所称的藏区。邓愈在攻占河州后,曾派人招谕吐蕃诸酋。(《明太祖实录》卷52)

差不多与此同时,皇帝朱元璋命令陕西行省员外郎许允德招谕吐蕃、十八族、

大石门、铁城、洮州、岷州等处少数民族。在大明军强大的军事进攻态势面前,西番等地的少数民族上层人士来了个"与时俱进"。洪武三年六月,故元陕西行省吐蕃宣慰使何锁南普等带上元朝授予的金银牌印、宣敕,来到左副副将军邓愈军门前,表示归降大明;接着故元"镇西武靖王卜纳剌亦以吐蕃诸郡来降"(《明太祖实录》卷13),"于是河州以西,甘朵、乌思藏等部皆来归,征哨极甘肃西北数千里始还"。(【清】谷应泰:《明史纪事本末·故元遗兵》卷10)

正因为朱元璋的战略得当,措施得力到位,西番这个在历史上向来不易收复的地区在大明军"清沙漠"运动的间隙给轻轻松松地搞定了。这充分说明了当时朱元璋实行的民族政策还是十分恰当、妥帖的,当然这里边也离不开徐达、邓愈和李文忠等洪武开国大将们的正确执行。

正因为如此,洪武三年十一月,当徐达与李文忠的东西两路"清沙漠"大军班师回京时,为了表彰这些在"驱逐胡虏,恢复中华",实现大明统一过程中做出卓越贡献的开国元勋们,大明开国皇帝朱元璋决定大封功臣,"进李善长韩国公,徐达魏国公,封李文忠曹国公,冯胜宋国公,邓愈卫国公,常遇春(已死)子茂郑国公,汤和等侯者二十八人"。(《明史·太祖本纪二》卷2;《明太祖实录》卷58)

● 第三次"清沙漠"行动——洪武五年(1372)正月～十一月

尽管第二次"清沙漠"行动硕果累累,但还是留下了遗憾:无论是西路军征讨的扩廓帖木儿,还是东路军追击的北元主,最终都无一归降或被歼灭,这就意味着大明跟北元之间的猫抓老鼠的游戏还没完。对于这一点,恐怕在当时大明帝国君臣上下都是具有一致的认识。在洪武三年十一月初六日,征虏大将军徐达率诸将上表通报第二次"清沙漠"战况时就说得很明白,其表文名称就叫《平沙漠表》(《明太祖实录》卷58),而没叫《清沙漠表》。那么,何时能"清沙漠"或言在完整意义上实现"驱逐胡虏,恢复中华"? 恐怕当时的洪武君臣谁都说不上来。

○ 优礼北元新主爱猷识理达腊之子买的里八剌,敬祭薨世的元顺帝,并为其加谥;大打政治"统战"牌

不过令洪武帝朱元璋十分欣慰的是,此次北征"清沙漠"行动逮住了以元顺帝嫡孙买的里八剌为首的北元重量级人物。当左副将军李文忠遣人将其送抵京师时,文武百官们纷纷向朱皇帝祝贺,中书省左丞杨宪甚至提议,举行献俘典礼,这实际上是对被俘者及其民族的一种侮辱与伤害。朱元璋断然予以拒绝,他说:"元虽夷狄入主中国,百年之内,生齿浩繁,家给人足。朕之祖父亦预享其太平,虽古有献

俘之礼,不忍加之。"是不是真的"不忍"举行献俘之礼？洪武时期朱元璋杀人如麻,皇帝他"不忍"了吗？关键在于立国之初那阵子朱皇帝深谋远虑着呐。他以相当的礼仪优待买的里八剌,让他穿上本民族——蒙古族的服装来明皇宫朝见,朝毕后又赐予汉族衣冠,并"赐第宅于龙光山（今南京富贵山）,命优其廪饩",还封其为崇礼侯。事后洪武帝甚至跟人这样说道："朕见前代帝王革命之际,获其后、妃,往往不以礼遇,欺孤虐寡,非盛德所为,朕甚不取。今元脱忽思后在此,北狄但知食肉饮酪,且不耐暑,其饮食居第,务适其宜。若其欲归,当遣还沙漠。"（《明太祖实录》卷53）

相比于元朝的民族歧视与民族迫害政策,相比于元朝人悍然盗挖汉族皇帝的祖坟,甚至将死者的头颅割下来当做饮器,洪武朝的相对民族平等政策不知要高出多少倍！当然这里边不排除朱元璋政治上作秀,再说白点,他打着政治"统战"牌,告诉元朝的遗老遗少们：只要你们来归降我大明,我朱某人绝不会亏待大家的！

其实这样的政治"统战"牌朱元璋已经打了好多年,扩廓帖木儿就是他曾经"统战"的重点对象,甚至元顺帝也成为他"统战"发展的目标。洪武三年之前,朱元璋曾两次致信元顺帝,但都没有得到回音,就连派出的信使也是有去无回。定西沈儿峪战役后,他再次致信元顺帝,说尽好话,甚至奉劝其"奉天道、顺人事,遣使通好,庶几得牧养于近塞,藉我之威,号令其部落,尚可为一邦之主,以奉其宗祀"。（《明太祖实录》卷51）

朱元璋的这番说辞换成国人耳熟能详的话来说：只要你承认我是中华帝国新君主,什么都可以谈！应该说洪武帝开出的"和谈"条件已相当优厚了。可对于出身红彤彤的黄金家族的元顺帝来说,堂堂大元君主竟然要与一个昔日底层要饭的叫花子、如今的造反头头进行"和谈",这是无论如何都不能接受的,自己宁可一辈子在漠北当"北漂族",也不愿意低三下四地"议和"。因此对于朱元璋的"和谈"与"统战",他压根儿就不予理睬。可朱皇帝却"热情"不减,甚至"情意浓浓"。洪武三年六月,当获悉元顺帝死讯时,他就觉得应该"敬其主则其臣悦"。意思是说,如果以礼敬祭已经死去的元顺帝,就能笼络住他的臣民们。于是这位大明开国君主就"以元主不战而奔、克知天命",为其上谥号"顺帝"（《明太祖实录》卷53）,甚至还遣人致祭,并亲自作祭文,其中说道："今闻君殁于沙漠（即漠北,塞外）,朕用恻然"；而对于被俘的元顺帝嫡孙买的里八剌则更是优渥有加,封其为只有大明功臣勋旧才能享有的爵位——侯爷,真是隆遇之至！【清】谷应泰：《明史纪事本末·故元遗兵》卷10）

○ 洪武"统战"效果两极化：故元宗室部落臣民纷至沓来归降；北元新主爱猷识理达腊一行坚持漠北"守望"

至此，事情还没有打住，洪武三年六月中旬，洪武帝还遣使招谕元宗室部落臣民："自古天生圣人主宰天下，立法创制以安生民。三代、汉、唐之君姑置不言，且以近代论之：若宋创业之君，能行善政，其民乐生，故天祐之。厥后子孙微弱，疆土日削，故天命尔元世祖代之。至妥欢（懽）帖木（睦）儿为君，荒淫昏懦，不思政理，不恤民艰，故奸凶并起，天下大乱，生民无主。朕实不忍荼毒，于是起兵救民，豪杰之慕义者相率来归。剪暴除残，平定四海，乃推戴朕为皇帝，国号大明，此天佑朕躬，故成功之速若是也。朕即位之初，遣使往谕交阯、占城、高丽诸国，咸来朝贡、奉表称臣，唯西北阻命逋师，朕未遣使降诏者，以庚申君（指元顺帝）尚拥众应昌故耳。乃者命将西征，直抵土蕃，偏师北伐，遂克应昌。元君既殂，太子爱猷识理达腊知天命既去，人力难为，望风遁逃，遂获其孙买的八剌至京。朕怜帝王之裔，爵封为侯，俾与其母、妃同居，赐以第宅，给以衣食，以奉元祀，超乎臣民之上。今又遣官寻访爱猷识理达腊，若能敬顺天道，审度朕心，来抚妻、子，朕当效古帝王之礼，俾作宾我朝。其旧从元君仓卒逃避者，审识天命，倾心来归，不分等类，验才委任。直北宗王、驸马、部落臣民，能率职来朝，朕当换给印信，还其旧职，仍居所部之地，民复旧业，羊马孳畜，从便牧养。朕有天下物产之富，贡赋之入，军国爵赏之费，取用不竭，岂需尔沙漠荒落之地哉？特以元君之子孙流离失所，一有不虞，则朕恐失古人兴灭继绝之意，俾尔人民无所归往，故遣使遍谕朕意。朕既为天下主，华、夷无间，姓氏虽异，抚字如一，尔等无或执迷，以贻后悔。其边塞鞑靼百姓，因元丧乱，征繇（谣）繁重，供亿劳苦，朕甚悯焉。诏书到日，悉安所居，无自惊扰，以废耕牧。"（《明太祖实录》卷53）

我们将上述朱元璋开出的招抚条款做个概括与梳理，其大致是说：北元新主爱猷识理达腊即买的里八剌的父亲要是能来归附的话，"朕当效古帝王之礼，俾作宾我朝"；要是北元官吏能来归降的话，我大明当"不分等类，验才委任"；要是元朝宗室、藩王、驸马以及部落臣民能来归降的话，我朱元璋就给你们换个大明的印信图章，仍保留你们原来的职位，你们的待遇不变，生活不变，居住地也不变，"仍居所部之地，民复旧业，羊马孳畜，从便牧养"。（《明太祖实录》卷53）

洪武三年十月，朱元璋又专门致书北元新主爱猷识理达腊，信中说道："君之将扩廓帖木儿自太原奔溃后，以乌合之众犯我兰州，大军进讨，追至定西。今年四月七日，大败其众，斩馘无算（算），生擒严奉先、韩扎儿、李景昌、察罕不花等，惟扩廓帖木儿遁去，已命将追捕，旦夕必就擒。近绥德卫擒送平章彻里帖木儿，问之为君旧用之人，特令赍书致意，进退之宜，君其审。"

见到爱猷识理达腊不搭理,过了些日子,洪武帝再次"满怀深情"地给他去信:"今年夏偏师至应昌,遇君之子买的里八剌及宫眷诸从人马,遂与南来。因念令先君审察天命,不黩兵战,委顺北归,其知几者欤,奋弃沙漠,深可悼悯,适《元史》告成,朕以为三十余年之主不可无谥,以垂后世用,谥君先君曰'顺',已著为纪。君之子买的里八剌亦封崇礼侯,岁给禄食。及其来者与之同居无恙,但不知君之为况何如?北方诸部人民亦果能承顺如往昔乎?去年冬二次遣官赍书遗令先君,使者久而未还,予故以此为令先君之失计也。前事之失,兹不必较,今再致书,以尝告令先君者告君,君其上顺天道,遣使一来,公私通问,庶几安心,牧养于近塞,藉我之威,号令部落,尚可为一邦之主,以奉其宗祀;若不出此,犹欲以残兵出没,为边民患,则大举六师,深入沙漠,君之退步,又非往日可比,其审图之,毋贻后悔,余不多及!"(《明太祖实录》卷57)

朱元璋的这封信写得实在漂亮,先是巧妙地通报自己的"统战进展",告诉北元新主:我是礼遇你们元朝的,并客观对待元朝的历史地位,就连流传于后世的《元史》我也叫人修好了,当然包括令尊在位的那三十多年。令尊能"审察天命,不黩兵战,委顺北归"、"奋弃沙漠,深可悼悯",所以我给他加了谥号叫元顺帝。至于与我们大明军一起回南京(回避了"俘获"等刺激神经的词语)的令郎及其一行人一切甚好,有吃有喝,优哉游哉,令郎买的里八剌还被我封为崇礼侯。现在美中不足的是我们之间一直没有正常的官方往来,去年令尊在位时我曾两度致信,可派出去的信使至今还没有回来。这是令尊之失啊!当然过去的,就让它过去吧,我也不是什么计较之人。今天再次致信给您,就是想以曾经奉劝令尊之言来告诉您:应该上顺天道,遣使来往,公事、私事都可以谈谈。这样一来,你与你的臣民也好放下心来,在我大明北疆近塞放牧生息,甚至你还可以借我大明的威势,去号令诸部落,成为北疆塞外真正的一"邦"之主;倘若你还执迷不悟,带着残兵败将出没、骚扰我大明北疆,那么到时候就别怪我朱某人不够意思了。一旦我大明军六师北向,深入沙漠,你想退可能也没什么地方可退,后悔恐怕也要来不及了,望你三思!(《明太祖实录》卷57)

恩威并施,柔中带硬,洪武帝确实是个了不得的政治家与谈判高手。可自恃黄金家族高贵血统的元顺帝之子北元新主爱猷识理达腊却怎么也不愿正视昔日祖宗的臣民、如今造反成功了的大明开国君主,对于洪武帝的来信,他压根儿就没睁眼看一下。

不过对于许许多多北元臣民来说,大明的"统战呼唤"与劝谕还是起到了很大的作用。自洪武三年六月洪武帝招谕元宗室部落臣民的诏书下达后,一些较有影响的故元势力开始不断地归降大明。

洪武三年九月，故元宗王扎木赤、指挥把都、百户赛因不花等11人自官山来降。朱皇帝下诏，让中书省厚加燕劳，立官山等处军民千户所，以把都为正千户，赛因不花等3人为百户，赐以文绮银椀衣物有差，就大同给赐田宅。(《明太祖实录》卷56)

洪武四年正月，西番十八族元帅包完卜乩、七汪肖遣侄打蛮及各族都管哈只藏卜，前军民元帅府达鲁花赤、坚敦肖等来朝。朱元璋下诏：以包完卜乩为十八族千户所正千户，七汪肖为副千户，坚敦肖为岷州千户所副千户，哈只藏卜等为各族都管，各赐袭衣靴袜。(《明太祖实录》卷60)

洪武四年正月，故元枢密都连帖木儿等自东胜州(内蒙古托克托)来降，洪武帝下诏：设置失宝赤、五花城、干鲁忽奴、燕只、瓮吉剌等千户所，以都连帖木儿、刘朵儿只丑的为千户，并对相关人员进行了厚赏。(《明太祖实录》卷60)

洪武四年二月，故元辽阳行省平章刘益以辽东州郡地图、并藉其兵马钱粮之数，遣右丞董遵、佥院杨贤奉表来降。朱元璋下诏，特置辽东卫指挥使司，授予刘益为同知指挥。(《明太祖实录》卷61)

……

由此不难看出，西起西番，东至辽东，大明北疆、塞外漠北的北元阵营日趋土崩瓦解。

朱元璋的这番优待北疆及边地少数民族的政策与措施对解决周边民族关系产生了很大的影响。在此以后，蒙元残部、新疆和西藏等许多少数民族地区归入了大明帝国的版图。

○"宣光中兴"与四大王之乱及其相关的故元降官旧将叛乱事件

面对朱元璋的这等"攻势"，北元新主爱猷识理达腊却依然不理不睬，尽管自己的北元政权势力范围日渐萎缩，已从原来的长城一线北撤到了应昌与和林往北，但他坚守着漠北的"瞭望"地。

元顺帝死后，作为皇太子爱猷识理达腊顺理成章地继承了大位，不过其大位尊号改了，爱猷识理达腊称必力克图汗，年号新定为宣光。必力克图汗任命扩廓帖木儿为中书省右丞相，重用也速、哈剌章、蛮子和纳哈出等一批北元名臣。如等所作所为颇有中兴元朝之兆，因而有些故元人士将其美誉为"宣光中兴"。(【元】王逢：《梧溪集·秋感六首》卷3)

那么被人誉为"宣光中兴"的君臣们通过什么来"中兴"已经土崩瓦解了的大元

帝国？从史料来看，他们主要是联合各路负隅顽抗的故元势力，进行扰边反明活动。与其相呼应，一些隐匿在边疆地区、山林之中的故元残部（如元四大王）也蠢蠢欲动，还有一些已经归附大明的元宗室、臣僚和遗民相继开始谋乱。

洪武三年五月，山西忻州官安时敏、静乐县丞谭章等，私通元四大王，将大明军中秘密泄露给敌人，打算里应外合，发动叛乱。因被人及时发现告发，才没有酿成大患。（《明太祖实录》卷52）

洪武三年六月，逃入太原静乐岢岚山中的元四大王对大同武州发动突然袭击，劫杀人民。四大王是元朝宗室，大明北伐军攻克大都时，他们逃往山西，隐匿于静乐岢岚山中。洪武三年五月听说李文忠率领的"清沙漠"大军远征漠北应昌，四大王乘机发动对大明北疆城池的偷袭。而后又时不时地出来打家劫舍，造成了极为恶劣的影响。太原卫指挥桑桂与指挥郑亨闻讯后，迅速率兵前去征讨，终使四大王之乱很快得以平息。（《明太祖实录》卷53）

除此之外，从洪武四年三月起，大明帝国境内还曾爆发了四起故元降官旧将的叛乱事件：

洪武四年三月，故元降官院判刘原利、副枢张时用、平章郭伯通等听说四大王准备进攻山西太原的消息后，三人合谋：一人潜入太原城内，两人在外做外应，打算配合四大王的进攻，一举端掉太原城。不曾想到被军士林旺等人发觉，立即上报给了指挥桑桂。桑桂火速带领兵士逮捕了刘原利等人，及时平息了一场未遂内乱（《明太祖实录》卷62）；四月，故元降将知院白文显在华亭县发动叛乱，平凉卫指挥秦虎率兵迅速前去平乱（《明太祖实录》卷64）；七月，故元降官大同官山千户所百户速哥帖木儿、捏怯来等声称扩廓帖木儿将进兵上都开平，并发动叛乱，杀了千户把都等，但不久被赶来的大明军镇压了下去（《明太祖实录》卷67）；十一月，故元降官知院小保、司丞蛮子在忻州发动叛乱，大明随即动用了地方军队才将其平息下去。（《明太祖实录》卷68）

○ "录天下官吏"与洪武君臣武楼定计"第三次"清沙漠

尽管这些故元降官旧将的叛乱先后都被一一镇压了，但它们给当时新兴的大明帝国君主却造成了很大的心理压力，连同这一系列叛乱事件之前的吴元年（1367）六月张昶事件和内地士人王逢撰写怀念前朝诗，朱元璋"敏锐"地感觉到，有一大批故元旧官混入了我革命队伍里，潜伏在各地各个部门，形势十分严峻，由此看来很有必要在我大明境内发动一场官僚队伍大整顿、大清除，以此来确保帝国的长治久安，这就是洪武四年（1371）的"（甄）录天下官吏"运动。不过对于时不时出来捣乱的境外北元势力,当时洪武皇帝似乎还真没有什么特别好的招数。

洪武五年(1372)正月下旬,朱元璋专门为北疆事务在南京明皇宫武楼召集诸将进行讨论。中书省右丞相魏国公徐达首先发言:"现在天下大定,百姓安居乐业,北虏归降者络绎不绝。只有扩廓帖木儿时不时地出没我大明北疆边境,最近又逃到了北虏的和林,保护着新主爱猷识理达腊。臣愿率将士们,直捣虏廷,扫清沙漠,永宁海内。"朱元璋听后却并不以为然,说道:"扩廓帖木儿这些北虏是朔漠一方的穷寇,终当绝灭。但目前来看,他们刚刚战败溃退在一起,远处绝漠,以死自卫,就好比是困兽,逼急了还要咬人呐,更何况这是一群穷寇,我看还是暂时放一放吧!"可诸将不同意朱皇帝的观点,除了刚刚过去的洪武四年有人西征重庆明氏夏国舒展舒展了胳膊腿外,大多数人已经憋了一年多没打仗,武夫不打仗,还干嘛?!于是纷纷请示道:"扩廓帖木儿狡猾狙诈,此贼不灭,终必为寇。末将请命,永清沙漠!"(《明太祖实录》卷71)

看到将帅们如此高昂的斗志,朱皇帝动心了,随口便问:"你们一定要去扫清沙漠,估计要多少兵力?"徐达说:"10万够了。"朱元璋说:"10万?少了点,必须得15万,兵分三路向北推进。"随后他任命徐达为征虏大将军,出中路;曹国公李文忠为左副将军,出东路;宋国公冯胜为征西将军,出西路。

大军出发前,朱元璋亲自做了战略部署:"今兵出三道,大将军由中路出雁门,扬言趋和林,而实迟重,致其来击之,必可破也;左副将军由东路自居庸出应昌,以掩其不备,必有所获;征西将军由西路出金兰取甘肃,以疑其兵。令虏不知所为,乃善计也。卿等宜益思戒慎,不可轻敌。"并令靖海侯吴祯率舟师运粮至辽东,给北征军做好粮饷运输工作。大明帝国历史上第三次"清沙漠"行动由此开始。(《明太祖实录》卷71)

○ 中路军:乱山之捷、土剌河之捷、杭爱岭鏖战与断头山重创

按照上述作战思路,徐达中路军扬言要进攻和林,但实际真实的目的是引诱北元军出来,在大明北疆近边地区将其歼灭。这仅是理论上的一种设计,可实际情形又将是如何呢?

洪武五年二月,大将军徐达率中山侯汤和等来到山西。而这时先锋猛将都督蓝玉已出雁门关,在野马川碰上了蒙古兵。蒙古兵一见到大明军赶紧就溜,蓝玉立马拼命追击,追到乱山时,成群成群的蒙古兵顿时冒了出来。蓝玉是谁?是"快速将军"常遇春妻弟,年轻力壮,反应敏捷,力气又大,由他做先锋,这仗打得爽。蒙古兵想引诱、包围蓝玉,没想到还没来得及下手,就让蓝玉给打败了。(《明太祖实录》

卷72)

　　随后蓝玉领军来到了土剌河(外蒙古土剌河),在那里碰上了扩廓帖木儿。人称扩廓帖木儿如何知兵善战,可碰上蓝玉,稍稍交锋了一下,很快就败下阵来了,且如受惊的兔子一般,拼命远遁。蓝玉本想追击,但又想到会不会是敌人设下了埋伏,于是就停下来等候后面徐达率领的中路军主力上来了再说。(《明太祖实录》卷73)

　　当徐达听完蓝玉的报告与分析后,反倒宽慰地说道:"这里不可能有什么埋伏和圈套。"看到跑得比兔子还要快的战场上老对手,想起一年前定西战役中那个丢盔弃甲的扩廓帖木儿的那个熊样,徐大将军感觉到"永清沙漠"的时机就在眼前,于是传令大军,全速前进,追赶扩廓帖木儿。

　　可当大明军追赶到杭爱岭北时,等待他们的是北元军布下的十面埋伏,恶战由此开始,双方打得天昏地暗。扩廓帖木儿发动了几十次进攻,但徐达毕竟是个久经沙场的老将,能顶住,一次次地打退了敌人的围攻。都督蓝玉也在战斗中表现出未来大将的风范,多次组织大明军进行有序地撤退。不过就整个战场而言,此次战役不仅没有消灭北元的有生力量,反而使得数万大明军将士命丧北荒。(【明】陈仁锡:《皇明世法录·徐中山王世家》卷84;【明】王世贞:《弇州史料·徐中山世家》前集卷19)

　　倒霉的还不止于此,七月,殿后的汤和部队在断头山又遭遇了蒙古兵的重重打击,连军中主要干将、平阳左卫指挥同知章存道(明初名臣章溢之子)也战死在这漠北战场上。(《明太祖实录》卷75)

○ 中路军:应昌之捷、哈剌莽来之捷 土剌河中计、阿鲁浑河鏖战 称海撤兵

　　再说说东路军"清沙漠"的情况。按照朱元璋事先的设想,东路军"清沙漠"的目标依然是北元朝廷。这里面不排除朱元璋有意让自家人李文忠多立功,将来可将红彤彤的江山牢牢地掌控在自家人的手中;再说李文忠本身就是个优秀的军事人才,因此说朱皇帝如此安排,不仅用心良苦,而且也是有着相当的道理。

　　但古话说得好:人算不如天算,原本以为胜券在握的大明"清沙漠"东路军却在北征过程中出了意外。主将李文忠是当时大明军中久经沙场的年轻"老将",战场经验十分丰富,战果累累,尤其是洪武三年的"清沙漠"行动让他出足了风头,就连大将军徐达也不如他那般光彩夺目、万人敬仰——俘获了元顺帝嫡孙。相隔一年,年轻的"老将"又要大放光彩了,也格外引人注目。

　　洪武五年六月,李文忠率都督何文辉等来到了内蒙古的口温。北元军听说那

个年轻的快速将军又来了,连"夜弃营遁去"。李文忠下令迅速追击,追到应昌,大败了元军。接着进兵哈剌莽来,"虏部落惊溃"。就这样,东路军一路顺利进军到了胪朐河(外蒙古克鲁伦河)。李文忠命令部将韩政等看守辎重,其他将士每人随身带上20天的口粮,兼程急进,拼命追赶逃跑的北元军残余。眼看着与上次一样的辉煌又要出现了,李文忠心里可美啊!但追到土剌河时,突然发现北元军士不逃了,在主将蛮子、哈剌章的组织下,所有的骑兵都渡过土剌河,摆出一副决战的架势。李文忠立马明白,不好了,自己中计了,不过毕竟是年轻"老将",见的世面广,他立即拉开阵势与北元军展开大战,战了好几个回合,北元军才稍稍退却。(《明太祖实录》卷74)

李文忠下令全军继续推进,一直来到了阿鲁浑河,这时才发现,敌人如蚂蚁一般涌了上来。怎么办?打呗,惨烈的阿鲁浑河大战由此开始,双方实力大致相当,决出胜负尤为艰难。不说普通士兵了,就是主将李文忠那么年轻力壮、武艺高强,却也身陷敌阵,连自己的坐骑都让敌人给射死了,他只得下来用短兵器与敌人开展拼搏。就在这个紧急关头,随从刘义发现军中首长有危险,他立即用自己的身体将李文忠给遮挡起来。指挥李荣看到自己的领导竟然到了徒步战敌的地步,赶紧杀了过来,将自己的坐骑让给了李文忠。李文忠坐上马背,策马横槊,大声高喊,奋勇杀敌!噼噼啪啪,整个战场打得更加激烈,明军将士个个临危不惧,舍命死战,最终取得了阿鲁浑河战役的胜利,"获人马以万计"。(《明太祖实录》卷74)

再说战败了的北元兵这下可好好领教了李文忠军的厉害了,赶紧跑吧,不跑就要没命了。北元军一跑,李文忠心想:原来你们伏击我们也就这个水平,我还有什么可怕的,追!一直追到称海(外蒙古科布多东),发现"虏兵又集"。这时李文忠彻彻底底明白了:原来这一路北元军专门是来诱敌深入的。怎么办?还打?将士们死伤得太厉害了;撤退?这个时候千万不能撤,一撤全完了。灵机一动,他下令全军将士就地挑险要据点扎营,营盘内外摆出日常生活的模样,再将从北元军那里俘获来的马牛一类牲畜放牧出去,装出一副闲暇的样子,一连三日。北元军将领派人侦察了几天,始终都不敢发起攻击,怕中埋伏,总觉得无机可乘,最终算了,跑吧!(《明太祖实录》卷74)

北元兵一撤,李文忠悬着的心终于落了地,这才下令全军撤回。屋漏偏逢连夜雨,就在回来的路上,可能由于心理上的紧张,也可能由于漠北实在荒野,大明军走错了路,走到了桑哥儿麻。这时军中将士已经很久很久没喝到水了,口渴难忍。忽然间马嘶惊空,将士们注目而视,发现马蹄底下有一泓泉水,这才救了将士们的命啊!

这次东路军的"清沙漠"行动虽然在关键性的几次战斗中都取得了胜利,且斩获敌人数万,但远没有达到预先设想的"直捣虏廷"的目的。更为可惜的是大明军中的一些能征善战的优秀将领,如宣宁侯曹良臣、骁骑左卫指挥使周显、振武卫指挥同知常荣、神策卫指挥使张耀等却都死在了漠北战场上。(《明太祖实录》卷74)

○ 西路军:跑龙套的反倒成了亮点　傅友德"七战七捷"

冯胜率领的西路军,按照朱元璋的作战思路,主要是迷惑和牵制故元西北诸王,配合徐达中路军作战。换成老百姓的话来说,这一路军队专门干捣乱的活。不过这个捣乱是捣敌人的乱,混淆敌人的军事视线,配合徐达和李文忠消灭北元军。使人没想到的是,就是这支本来充当配角的西路军中却杀出一匹"黑马"——傅友德。

洪武五年五月,冯胜率领西路军来到兰州,傅友德"先率骁骑五千直趋西凉,遇元失剌罕之兵,战败。至永昌,又败元太尉朵儿只巴,于忽剌罕口,大获其辎重牛马,进至扫林山,胜等师亦至,共击走胡兵。友德手射死其平章百花,追斩其党四百余人,降太尉锁纳儿加平章管著等,至是上都驴知大将军至,率所部吏民八百三十余户迎降,胜等抚辑其民,留官军守之,遂进之亦集乃路,元守将卜颜帖木儿全城降,师次别笃山口,元岐王朵儿只班遁去,追获其平章长加奴等二十七人及马驼牛羊十余万,友德复引兵至瓜沙州,又败其兵获金银印、马驼牛羊二万而还"(《明太祖实录》卷74)。这就是人们常说的明初名将傅友德取得的"七战七捷"。在短短几个月里,这位曾在明玉珍、陈友谅那里被闲置的军事天才创造了大明军事史上的神话,总共打败了北元军十几万人,俘获牛羊车马无数,最后使得北元军见到傅友德的队伍就躲,造成后来西路军无仗可打的局面,这才收兵还朝。

也正因为冯胜、傅友德率领的西路军取得了一系列的军事胜利,扫荡了甘肃行省境内的故元势力,威震西北。这不仅为当时大明第三次"清沙漠"行动中中路军的失利、东路军的困顿挽回了面子、扳回些局势,而且还为以后西北地区残元势力的归附创造了有利的条件。

● 第四次"清沙漠"行动——大同大捷、猫儿庄之捷、三角村之捷——洪武六年(1373)春季~年底——近边

从整体来看,大明第三次"清沙漠"行动非但未清了"沙漠",反而损兵折将(除了西路军傅友德部外)。那么,究竟为何会出现这样的局面?兵法有云:知己知彼,

百战不殆。"清沙漠"行动说到底就是要扫清漠北荒原的故元残余,在完整意义上实现当年洪武建国与北伐时树立的伟大目标:"驱逐胡虏,恢复中华。"因此说,这个任务本身就十分艰巨,尤其是要清扫的对象现在退居到了有着数百年根基的祖地,游牧与农耕两种不同质的民族文化之间的差异与冲突更加凸显出来。北元军善于骑兵战、旷野战,大明军善于步兵战、攻城战;北元以天地为屋、逐草而居,大明定居种植,安土重迁;北元军士生长于北国,习于北方水土;大明军多南方将士,北征途中两眼一抹黑,只要一走岔道,不说别的,就连喝口水都成了问题——李文忠撤军时不就遇到了这样的事情!当然这样的差异不是绝对的,在昏聩的元顺帝统治下,北元军在漠北祖地上进行军事行动时自身优势或许不能很好地发挥出来。但在洪武三年这位大元帝国末代君主死后,继承北元主大位的皇太子爱猷识理达腊却有着较为清醒的头脑,其军事情势也有所改观。

爱猷识理达腊自幼在元末名相脱脱家长大,而脱脱可能是大元帝国集团中接受汉民族先进文化影响最深的一位蒙古贵族,因而小时候的爱猷识理达腊受到的汉文化熏陶甚多,或言他娴熟汉民族农耕文化的特征。有一则故事多少说明些问题:据说6岁还宫的爱猷识理达腊有一天跟小玩伴脱脱的儿子哈剌章在元宫里玩游戏,这个游戏有点像猪八戒背媳妇。先是哈剌章背着爱猷识理达腊绕殿墀走三圈,走的时候还要发出乌鸦叫声。三圈走下来了,该是对换了,也就是要爱猷识理达腊背着哈剌章绕殿墀走三圈了,可哈剌章死活也不干,并说:"我哈剌章是奴婢(谦称),太子您是使长。奴婢怎么敢叫使长背着?"爱猷识理达腊发火了,打了哈剌章,哈剌章当即呜呜地哭了起来。小孩子哭又没数,声音很大,传到了元宫偏殿里头。刚好元顺帝与奇皇后在里边正"恩爱"着,忽然听到了外面的哭声,就叫下人出去看看究竟是怎么一回事,谁在哭?为什么哭?下人一会儿回来了,如此这般地一说,元顺帝不由地感慨道:"哈剌章真不愧为贤臣脱脱的儿子,忠贤有加!"(【元】权衡:《庚申外史》卷上)

还据说爱猷识理达腊有两大喜好:读书与练习书法,尤其是书法。当初他当皇太子时就临摹了众家字帖,后来渐渐地喜欢上了"瘦筋书"。"瘦筋书"是北宋亡国之君宋徽宗的书法字体,有大臣看到后劝解道:"宋徽宗是个亡国之君,他的书法字帖不值得太子殿下您学啊!"没想到爱猷识理达腊却这样回答道:"我但学其笔法飘逸,不学他治天下,庸何伤乎?"(【元】权衡:《庚申外史》卷上)

由此可见,作为蒙古人的后代爱猷识理达腊对于"彼"——汉民族文化还是相当娴熟的。过去老爸元顺帝在时,他曾想提前接班,但没成功。现在老爸终于走了,可大元江山被他老人家折腾得也差不多了。爱猷识理达腊脑子清醒,一即北元主之位,就将扩廓帖木儿这类忠于元朝且又能干的汉族人,包括自己的蒙古族能人都一一用起来。尤其是扩廓帖木儿过去曾经还与自己有着很深的矛盾,但爱猷识理达腊即位后不但不计前嫌,反而大胆信任重用他,这是"内"的方面;在"外"的方面,他不断地派人与云南的元皇室梁王和元属国高丽取得联系,打破了北元被大明封闭、隔绝的尴尬局面,使得行将就木的北元出现了起死回生的迹象。对此北元主爱猷识理达腊在给高丽王的诏书中曾得意地说道:"顷因兵乱,播迁于北,今以扩廓帖木儿为相,几于中兴。"(【朝鲜】郑麟趾:《高丽史·恭愍王世家》卷44)

就一年的功夫,北疆外发生了很大的变化。而朱元璋君臣对此却似乎并没有及时地意识到,尤其是徐达和李文忠等都在翻着老黄历北上"清沙漠",知己却未知彼,失利实属难免。

可事态的发展更出乎大明君臣意料之外的是,就在徐达率领的"清沙漠"大军返回后没几天,即洪武五年八月底,北元军开始反攻,进攻云内州城(在内蒙古呼和浩特西南),云内同知黄里和他的弟弟黄得亨率领当地军民与北元兵展开激战(《明太祖实录》卷75);十一月北元辽阳行省丞相纳哈出出兵寇略辽东,洗劫牛家庄,烧掉仓粮十万余石,俘获明军兵士5 000多人(《明太祖实录》卷76)。随后北元军对辽东的绥中、永平,河北的怀柔,山西的蔚州、弘州、武州、忻州、朔州、岢岚,陕西的保安、庆阳,甘肃的会宁、兰州和河州等地相继发动了一系列的进攻,并重新占领了兴和、亦乃集和甘肃北部等地区。(《明太祖实录》卷79,82,83,83,85,86)

面对日益严峻的北疆形势,朱元璋开始十分理性地思考北疆问题的对策,并将原来猫抓老鼠似的主动出击方式,调整为积极防御、辅以在临近北疆边关进行"清沙漠"军事打击战略。具体地说分为两个方面:

第一个方面,下令将"清沙漠"大军调回山西、北平等地,屯守在北疆边关,进行军事训练,加强北疆沿边要冲的军事机构建置,自辽东、北平直到宁夏、甘肃一线,筹建了辽东、北平、山西、陕西等总计10个都司和行都司(相当于现在的大军区),构成了灵活机动的边疆军事作战体系(不过这个工作大致要到洪武晚期时才全面完成);与此同时,朱元璋还命人修建城池关隘,推行边关屯田,将边民迁徙到内地,实行坚壁清野政策,使得北元军南下骚扰无利可图。

第二方面,组织、发动北疆近边地区的"清沙漠"行动,只要你北元军来了,我们大明军逮住机会就组织围歼,从根本上消灭北元的有生力量。这样的战斗比较大的有4次:

洪武六年(1373)春,徐达和李文忠在北疆练兵备边。北元军进犯山西武州、朔州,徐达派遣部将陈德、郭兴等火速赶往过去,将敌兵击破;"时元兵先后犯白登、保德、河曲,辄为守将所败,独抚宁、瑞州被残",朱元璋随即下令将该两州边民迁往内地,让北元军什么好处也捞不到(《明史·外国八·鞑靼传》卷327,列传第215)。十一月,大将军徐达自朔州返还,走到代县时,听说扩廓帖木儿将领兵前来攻打大同,他当即与左副将军李文忠、右副将军冯胜等率领大军赶往山西,在大同北一举将北元军击溃。然后继续追赶溃散的敌兵,大致在猫儿庄俘获了故元平章邓孛罗帖木儿,立即盘问,获悉在河北的怀柔尚有北元骑兵千余人,又马上组织3 000人马赶往过去,在三角村擒获故元武平章康同金,缴获战马八十余匹。(《大明太祖实录》卷86)

这是明初历史上的第四次"清沙漠"行动。

● 第五次"清沙漠"行动——兴和之捷 高州大石崖之捷 氈帽山大捷——洪武七年(1374)四月~七月

自第三次"清沙漠"行动结束后,北元军组织了反攻,夺取了北平西北重镇兴和等地。兴和到北平的距离大致等于北平到天津的距离,因此说,兴和的丢失对于大明北疆的军事防御造成了巨大的威胁。为此,洪武七年四月,大明派了都督佥事猛将蓝玉和林霁峰等领兵前去夺回。当时驻守兴和的北元守将脱因帖木儿听到消息后,可能认为蓝玉、林霁峰是名不见经传的裨将,也就没多大在意,派了国公帖里密赤出来迎战。哪知帖里密赤根本不是蓝玉的对手,三下五除二,就被蓝玉打得没了军队的踪影,就连国公帖里密赤本人也当了俘虏,同时俘获的还有59个北元高级领导。

这时主将脱因帖木儿听到败讯,一下子就惊呆了,没想到……赶紧溜吧,否则自己的小命可能要没了。就此,兴和城被蓝玉等轻轻松松地拿了回来。(《明太祖实录》卷88)

兴和大捷后不久,左副将军李文忠率师发动了对高州大石崖的军事进攻,并一举攻克,斩故元宗王朵朵失里,擒其承旨百家奴,北元军中跑得快的全溜了。李文忠派遣指挥唐某率兵追击,追到氈帽山时,刚好碰上故元鲁王正在山下扎营,那鲁王听到自己队伍里突然间一阵阵嘈杂,还没有反应过来到底是怎么一回事,脑袋就已经被砍了下来了。同时被杀的还有司徒答海俊、平章把剌知院忽都,鲁王妃蒙哥秃等被大明军俘获。(《明太祖实录》卷91;《明史·外国八·鞑靼传》卷327,列传第215)

● 第六次"清沙漠"行动——亦集乃路大捷 洪武十三年(1380)二月

从第四、第五次"清沙漠"行动来看,朱元璋已改变了过去大明军长驱直入,在漠北到处寻找作战目标的不利战术,而将军事打击的重点放在了大明北疆线近距离范围内,有针对性地歼灭"来犯之敌",抓得准,打得很。与此同时,继续开展强大的"统战"攻势,大打"温情牌",瓦解以爱猷识理达腊为首的北元集团阵营。老于世故又精明透顶的洪武帝十分清楚,爱猷识理达腊之所以现在变得牛气逼人,是因为很大程度上依靠了善于用兵的扩廓帖木儿为其支撑。因此说大明要想搞定北元,扩廓帖木儿就是一个十分重要的"统战"对象。于是在发动新一轮"清沙漠"行动的同时,这位奇特的大明开国君主煞费苦心又"热情洋溢"地给老对手扩廓帖木儿写信劝降。

扩廓帖木儿在逃亡和林之前,洪武皇帝朱元璋曾给他写过七封信,他"皆不答"。不答没关系,人家要饭出身的"朱圣人"脸皮厚,会继续写第八封信。写完信后觉得还不保险,又一厢情愿地与老对手扩廓帖木儿结亲家。怎么个结法,人家理都不理啊!这就是你我平民百姓的思维了,人家伟大领袖有的是本事。扩廓帖木儿战败时,家眷被大明军俘虏,朱皇帝打听清楚了,被俘的家眷中有个妙龄女子尚未婚配,据说她还是扩廓帖木儿的妹妹。这下可好了,大明皇帝一道圣旨,将她立为朱家龙仔中的老二朱棣的秦王妃。这样一来,你扩廓帖木儿不就成了我大明的皇家亲家了么。既然是皇家亲家,你扩廓帖木儿还好意思来打我们吗?!然后老朱皇帝再派人去漠北招抚亲家,可扩廓帖木儿还是"不应"。(《明史·扩廓帖木儿传》卷124;《明太祖实录》卷68)

这怎么办?急死人的事,朱皇帝苦思冥想,最终想到了一个"绝招"。大明军北伐前,关中军阀李思齐不是与扩廓帖木儿经常打内战的老冤家吗?这是知其一,大家还应该知其二:李思齐曾经也是我大明北伐的重要对象啊,要说他与扩廓帖木儿在某种程度上来说还真是一对活宝又是"难兄难弟"。对了,就让这位投降过来"吃白食"的李将军李思齐上一次北方去劝劝,来个"弃暗投明"的现身说法,岂不妙哉!

再说扩廓帖木儿是什么人,李思齐一到,他就立马猜到了老冤家不请自来的目的了,于是好酒好菜热情相待。李思齐该说的都说了,但最终还是不见扩廓帖木儿有什么明确的表态。算了,皇命完成了,事情成不成,那得要看老天了。他住了几日,就要求回去。

扩廓帖木儿听说老冤家要回去,就令骑士"热情"相送。走到边界时,骑士说:"扩廓总兵有令,请李将军留物做纪念!"李思齐惊讶地回答:"我为公差远来,无以留赠。"骑士恶狠狠地说道:"那就留下一只胳膊!"此时已经无路可走的李思齐只得忍受巨大的疼痛砍下一只胳膊,给了骑士,然后回朝复命,可他到了南京不久后就死了。(【明】钱谦益:《国初群雄事略·汝宁李思齐》卷10引俞本《皇明纪事录》)

无论是优渥有加的政治招抚还是猛烈残酷的军事打击,扩廓帖木儿至死都不肯投降朱元璋。晚年他跟随北元主爱猷识理达腊迁徙至金山(今阿尔泰山)。洪武八年八月,他卒于哈剌那海之衙庭,其妻毛氏亦自经死。(《明太祖实录》卷100)

其实除了对扩廓帖木儿,朱元璋还时不时地对北元最高统治者进行"统战"劝降。

诚如前面所言,元顺帝在世时,朱元璋曾四次致信招抚;爱猷识理达腊继位后,朱皇帝更是大打"太极"。洪武七年九月,他派遣归降了的故元宦官咸礼、袁不花帖木儿护送在应昌大捷中俘获的元顺帝嫡孙、爱猷识理达腊之子买的里八剌返回漠北,让北元主父子团聚,并致信爱猷识理达腊,这样说道:"若能悟我所言,必得一族于沙漠中暂尔保持,或得善终。何以见之君之祖宗有天下者,几及百年养育之久,生齿之繁,以此知运虽去,而祀或未终,此亦天理之常也;君若不悟,不效古人之事,他日加兵于彼,祸有不可测者矣。昔君在应昌所遗幼子南来,朕待以殊礼,已经五年,今闻奥鲁去全宁不远,念君流离沙漠,无宁岁,后嗣未有,故特遣咸礼等,护其归,庶不绝元之祀,君其审之。"(《明太祖实录》卷93)

洪武帝说得有情有理且滴水不漏,不过从小就在政治漩涡里长大的爱猷识理达腊压根儿就不吃这一套。黄金家族的子孙们岂能向昔日的底层臣民低下高贵的头颅呢?他依靠扩廓帖木儿等人,继续与大明对抗。可在朱元璋变化战略的军事打击下,北元又开始不断地损兵折将。扩廓帖木儿死后,北元西路和中路的军事力量大为削弱。就在这时的洪武十一年(1378)四月,北元主爱猷识理达腊病卒,谥号元昭宗。他的大位由儿子脱古思帖木儿继承,称乌萨哈尔汗,改元天元。(《明史·太祖本纪》卷2,本纪第2;《明史·外国八·鞑靼传》卷327,列传第215)

经过此等变数,故元残余势力更加衰落,基本上不能南下深入内地进行骚扰了。这在客观上使得当时的大明北疆有了五年的安宁生活(洪武八年、九年、十年、十一年和十二年)。

可这样的局面到了洪武十三年时又有了变化。经过新旧领导人的交替与新班子的磨合,洪武十三年初,北元丞相驴儿、蛮子、哈剌章,国公脱火赤,平章完者不花、乃儿不花,枢密知院爱足等在应昌、和林等地集结了数万部众,"时出没塞下",即经常南下大明北疆长城边塞骚扰。朱元璋屡赐玺书招抚,但终无成效。(《明史·外国八·鞑靼传》卷327;《明太祖实录》卷130)

就在这样的情势下,洪武十三年二月,老朱皇帝任命西平侯沐英率领陕西部队北上,进讨北元,开始了大明历史上的第六次"清沙漠"行动。

沐英先在当时属于陕西行省的灵州(今宁夏银川南面的灵武)集合各路兵马,

然后派遣人前去侦察敌情,发现北元国公脱火赤等领着大股人马驻扎在亦集乃路。于是他下令全体将士横渡黄河,"经宁夏,历贺兰山,涉流沙",一路拼命往北赶,历经七天七夜,终于来到了北元的亦集乃路境内。(《明太祖实录》卷130)

在距离敌营大约50里的地方,沐英先将大明军队分为四路,然后命令将士们夜间行军。为防止发出响声惊动敌人,他让所有人衔枚而进,最终神不知鬼不觉地将敌人围了驻扎营地,当场俘获了国公脱火赤和枢密知院爱足等,还有上万人的部曲,真可谓大获成功。那年冬天,沐英等又抓获了平章完者不花等。至此,北元政权新领导班子受到了重创。(《明太祖实录》卷130;《明史·外国八·鞑靼传》卷327,列传第215)

不过在这第六次"清沙漠"行动中也留下了一大遗憾,即让那个叛服无常的北元国公乃儿不花给溜掉了。

说起乃儿不花,朱元璋君臣几乎个个都恨得咬牙切齿。这是怎么回事?

● 第七次"清沙漠"行动——傅友德:灰山大捷　沐英:公主山长寨之捷——洪武十四年(1381)正月～四月

原来这个叫乃儿不花的蒙古贵族在洪武初年经常领人骚扰大明边关。在朱元璋君臣多次"清沙漠"军事打击和强烈的"统战"攻势下,许多北元人南来归降,乃儿不花也在洪武七年八月派人到山西大同,表示有意归降,但又怕大明追究他昔日扰边之罪。大同当地官员不敢做主,便向皇帝朱元璋做了汇报。朱皇帝是何等人?当即遣使赍书,劝谕乃儿不花:"古代贤君治理天下,务以百姓安居乐业为己任,哪会怀私泄愤!况且你等本是元朝大臣,你们的新主流离沙漠(指漠北),余气尚存,你们也不得不听他的。前日犯边,各为其主,你何虑哉!"一句话,我朱元璋欢迎你们来,且保证既往不咎。最后没忘再次提醒对方,要"懂大局、识大体"。(《明太祖实录》卷92)

乃儿不花接到朱元璋的回复与保证后,于洪武八年三月正式投降了大明。以当时乃儿不花在北元位居国公的地位来讲,大明接受他后给他安排的职位也不能太低,否则会影响"统战"工作的未来和安定团结的大好形势。为此,朱元璋动足了脑筋,任命他为官山卫指挥使司指挥同知。(《明太祖实录》卷98)官山卫隶属于大同都卫(相当于一个军区),如此职位安排的妙处就在于既给你大官做,又不能不防着点。可朱元璋的老辣碰上了这个反复无常的北元国公全不管用,归降一年后,乃儿不花叛变北逃沙漠。(《明太祖实录》卷98)

乃儿不花叛逃时，在官山卫附近担负起牵制和监视职责的大同卫指挥使周立听到消息后，立即率领大同和振武等卫的兵士前去追赶。可是以步兵为主体的大明军怎么也赶不上北元骑兵。周立追到白寺塔滩时，只捡到一些蒙古骑兵的辎重，乃儿不花早就逃得无影无踪了。（《明太祖实录》卷150）

逃亡的乃儿不花在经历了北元新旧主子更替等一系列变故后的洪武十三年十一月，与故元平章完者不花等搞在了一起，带了数千骑兵干起了"老本行"——骚扰大明边疆，入桃林口，寇略永平，掠民赀畜。

当地大明驻军指挥刘广听到警报后，立即率领兵士进行抵御。可那时的大明军还是有着这样的兵种缺陷：步兵甚多、骑兵尚少。对此，刘广只好做出如此安排：自己率领40多名骑兵先行，后面大股的步兵急速跟上。大约走了几十里路程后，这40多人的先遣骑兵来到了距离永平城30里的蔡家庄，突然间遭遇到了上千人的北元骑兵，且一下子给围了上来。40多人怎么也打不过1 000人呀，刘广的坐骑被射杀了，左右将士多战死，千户官王辂被打成了重伤，下去包扎包扎。就在这时，后面的大股步兵赶到了。王辂命令一部分人迅速赶往北元军归途的必经之路迁民镇去，设下埋伏；另一部分人上燕河，一同夹击敌人。

经过一阵紧张、忙碌的增兵布阵和拼命厮杀后，北元兵渐渐开始不支和退却了。这时王辂带领大明军将士们奋不顾身地冲入了敌阵，见了北元兵就砍。北元兵没想到大明军这么勇敢，人死得那么多了，可活着的还这么玩命，算了，早点跑吧，跑晚了自己要没命的。可当他们跑到迁民镇时，大明军伏兵四起，故元平章完者不花当场被活捉，只可惜那个让大明君臣恨之入骨的乃儿不花又给溜走了。（《明太祖实录》卷134）

乃儿不花等叛服无常，屡屡扰边。为了清除大明北疆的这等心头大患，洪武十四年正月，朱元璋任命魏国公徐达为征虏大将军，信国公汤和为左副将军、颍川侯傅友德为右副将军，率领大军北上，征讨乃儿不花（《明太祖实录》卷135；《明史·外国八·鞑靼传》卷327，列传第215）。这就是明初历史上的第七次"清沙漠"行动。

自洪武五年第三次"清沙漠"失利以来，大明第一大将军徐达已经有十个年头未曾亲自挂帅远征漠北了。十年间中小型的"清沙漠"行动间歇性地进行，而大规模的就要数现在的洪武十四年了，这似乎表明当时的朱元璋很想就此彻底解决拖沓已久的北疆大患。但这么多年的经验与直觉提醒着他，对于十分复杂的北元问题还得要冷静对待！于是在徐达大军出发后的三月，洪武帝朱元璋专门派人上北征大营去，告诉征虏大将军魏国公徐达、左副将军信国公汤和、右副将军颍川侯傅友德等:"今年夏天和秋天,北元骑兵一定会在我大明北疆近边地带设下埋伏,等待我们中计。所以你们此次北征'清沙漠'时,如果碰上要追击敌人了,一定得多考虑考虑这个问题,派人探一探虚实,看一看能不能进兵,哪怕先派上三四百人上他们的地界去,然后再以精锐骑兵跟进;要是碰上有人来投降,就好好地询问情况。一旦有伏兵,我军尽早撤退,最好能引诱他们追击。等到他们远离了老巢,就来个突然反击,打他们个措手不及;倘若他们没有设伏,那我军则可以精锐骑兵直捣虏廷!"(《明太祖实录》卷136)

可令朱元璋大跌眼镜的是,此次他又失算了。徐达率诸将出塞后,右副将军傅友德率军做开路前锋,直插北黄河。到那里时,毫无防备的北元兵吓得丢盔弃甲,四处逃命。随后傅友德集合部队,挑选了一批精锐,在一个月黑风高的夜里,偷袭了灰山北元兵营,"获其部落人畜甚众"。与此同时,西平侯沐英等袭击了元军公主山长寨,"歼其戍卒,获全宁四部以归"。(《明太祖实录》卷137)

这大概是第七次"清沙漠"行动中取得的最大战果,至于那只让大明君臣痛恨之至的塞北"硕鼠"乃儿不花不说没逮着,压根儿就不知道他跑到什么地方去了。玩了七八个月的猫抓老鼠游戏在无奈中降下了帷幕。八月,大将军魏国公徐达等领军南还。(《明太祖实录》卷138)

虽说从第三次"清沙漠"行动起到第七次"清沙漠"行动,大明都没能实现预先设想的目标,但并不意味着没有什么大收获。在这十多年间,除了取得一些军事战斗胜利和积累一定的"清沙漠"经验外,为了孤立和打击北元势力,朱元璋还时不时地派人前往中国西南边陲,劝降那里的故元梁王。结果出人意料的是,那梁王不仅不降,反而与北元勾结,遥相呼应,图谋"光复大元"。朱元璋忍无可忍,最终决定对云南动手,完成了对南中国的全部统一。

● 平定天府之国,统一西南四川

故元梁王治下的云南与朱元璋的大明起初并不接壤,中间隔了一个明氏政权——夏国。

夏国是由一个名叫明玉珍的人开创的。明玉珍,湖北随州人(【元】佚名:《玄宫之碑》),世代以农为业(【明】杨学可:《明氏实录》),当过元朝巡检司弓兵牌子头(【元】叶子奇:《草木子·克谨篇》卷3上)。在那个年代里,能当上巡检司弓兵牌子头的,一般都是来自殷实之家,因此有人认为明玉珍出身于农村小康家庭。既然如此,明家的日子应该很好过,大可不必像朱元璋和张士诚那样,苦孩子活不下去了,不得不起来造反。可明玉珍的命运却似乎有三次迫不得已。

○ 明玉珍三次"迫不得已",结果却当上了大夏国皇帝

第一次迫不得已是在元至正十一年(1351),那年元末红巾军起义爆发,西线白莲教徒在蕲水推举徐寿辉为主,并迅速地向周围地区发展红巾军势力。当时明玉珍在家乡听到消息后,集合乡里壮勇,组织义兵队伍,屯于青山,结栅自固,因为性格刚直、大方,被众人推举为屯长。徐寿辉红巾军攻占荆湖诸郡时,听说了明玉珍组织义兵队伍这档子事,就派人前去传话:"想富贵,就早点来一起干大业;要是不来,我们大军开到时就开始一一问斩!"明玉珍害怕了,随即投靠了徐寿辉,被授予统兵征虏大元帅。虽说是个大元帅,但元朝时的大元帅就好比现在满大街的"老总"一般很不值钱,明玉珍头衔变了,隶属关系上归倪文俊管辖,但他领的兵却还是原来自己山寨时代的哥儿们弟兄。最初受命镇守沔阳,与元将哈林秃在湖中展开决战,不幸被元将一箭射中右眼,从此就成了"独眼龙"。(《明太祖实录》卷十九)

至正十五年(1355),明玉珍受命领兵10 000多人,驾斗船50艘前往四川夔州(今奉节)"掠粮",因为军纪严明,颇受当地百姓的拥护。刚巧那时元四川行省右丞完者都和左丞哈林秃上重庆募兵,义兵元帅杨汉听说后,率领兵士5 000人自西平寨来到重庆,屯兵江北,然后单骑入城,拜谒元朝地方省级领导右丞完者都。但没想到的是,完者都听说来见者是个拥有较厚兵力的义兵元帅,顿时起了歹念,想利用酒宴款待之机将杨汉灌醉,并杀了他,然后再吞并他的兵力。可人算不如天算,被灌了老酒的杨汉根本就没醉,他发现上级领导要害自己,当即心生一计,乘着对方不注意时偷偷地溜回了自家的军营。

当手下军士听完了杨汉的描述后,个个怒火中烧,发誓要与完者都好好地干一仗,甚至有人驾着军中船只直接向着重庆方向驶去,却在峡州时遇上了明玉珍。明玉珍不明就里,便问怎么一回事?杨汉手下一五一十地说了,且告诉明玉珍:"重庆城中元兵势单力薄,哈林秃与完者都两个领导又不相和。倘若这时有人出其不意地攻城,取重庆易如反掌!"但明玉珍听后却犹豫不决。(《明太祖实录》卷19)

这时军中有个万户官叫戴寿的出来说道:"机不可失啊,我们不妨将收集到的粮食一分为二,一半用船只运回沔阳大本营,还有一半用船只向西运输,图谋攻取重庆。事情要是成了,就不用说了;要是不成,我们在重庆捞一票就走人,有何损失?"明玉珍听了觉得很有道理啊,于是下令:兵发重庆。这是明玉珍人生中第二次迫不得已了。出于他意料的是,西进果然捞了个大便宜。兵至重庆时,元朝地方官与军政领导皆闻风而逃;明玉珍轻轻松松地占据了这个西南重镇,并被徐寿辉授予

陇蜀右丞。自此以后"蜀中郡县相继下,玉珍尽有川蜀之地"。(《明太祖实录》卷19)

至正二十年(1360)闰五月,陈友谅发动政变,杀了西线红巾军首领徐寿辉而自立为帝。明玉珍闻讯后非常气恼,跟人说:"我与陈友谅同为徐氏臣子,陈氏杀主自立,罪恶滔天,我当整兵前去征讨!"随即命令手下大将莫仁寿领兵守夔关,表示与陈友谅决裂,立徐寿辉庙于城南,春秋奉祀,并自称"陇蜀王",以刘桢为参谋。

刘桢,四川泸州人,中过元朝进士,当过大名路经历,后罢官在家。明玉珍立足重庆时,刘桢被人举荐出来,当了陇蜀王参谋。他见到当时的形势十分微妙便向明玉珍进谏道:"今天下大乱,中原无主,西蜀形胜之地,东有瞿塘,北有剑门,沃野千里,所谓'天府之国'。大王抚而有之,除去盗贼,养其伤残之民,用贤治兵,可以立业。于此之时,不称大号,以系人心;部下将士,皆四方之人,恐其思乡土,各散而去,大王谁与建国乎?"明玉珍听后大喜,第三次"迫不得已"地做出决定,自立为君。(《明太祖实录》卷19)

至正二十二年(1362)正月初一(《玄宫之碑》载为1363年,此处据《明太祖实录》),明玉珍在重庆称帝,国号"大夏",纪年"天统",立子明升为太子。仿周制设六卿,以戴寿为蒙宰,万胜为司马,张文炳为司空,向大亨、莫仁寿为司寇,吴友仁、邹兴为司徒,刘桢为宗伯。明玉珍为人宽厚,崇尚节俭,对四川人民轻徭薄赋,还"置翰林院,拜牟图南为承旨,史天章为学士,内设国子监,外设提举司教授所。府置刺史,州曰太守,县曰令尹。设科举,策试进士。去'释老教'而专奉'弥勒法'"。可以这么说,他是元末各路反元起义军中唯一一个反元至死不渝的领袖级英雄与勇士!可惜的是他的远谋韬略似乎欠缺了一点,故而明氏夏国发展不快,地盘不广。当然也有老天不帮忙的因素,至正二十六年(1366)时年仅36岁的明玉珍就匆匆地踏上了黄泉之路,留下了一个不足10周岁的娃娃皇太子明升继承皇位。(《明太祖实录》卷19;【元】佚名:《玄宫之碑》)

○ 大明军南北两路夹击,攻伐大夏国

可能鉴于形势的需要,明玉珍临死前一年变化了朝中人事机构与军事布置,"更六卿为中枢省枢密院,以戴寿为左丞相,万胜(即明玉珍义弟明二,笔者注)为右丞相,向大亨、张文炳为知枢密院,邹兴为平章守成都,吴友仁为平章守保宁,莫仁寿为平章仍守夔关,邓元亨为平章守通州,窦英为参政守播州,荆玉为宣慰守永宁,商希孟为宣慰守黔南"(《明太祖实录》卷19)。但从实际来看,明玉珍死后,明升继位时,夏国朝中大权却掌握在大将吴友仁手中,此人肆意贪渎,"私家倍于公室,仓

弊空虚"（【明】杨学可：《明氏实录》）。明升之母彭氏虽然在名义是垂帘听政，可一个妇道人家老没什么主意。于是夏国政出多门，国势日衰。

国弱就有外人欺，巴蜀之地，西南一隅，又不是什么交通要冲，有谁会动着这样的念头？说来大伙儿可能不信，他就是夏国开创者明玉珍的"老朋友"朱元璋。

朱元璋本来与明玉珍关系一直"不错"，他每次发动大的军事征讨之前，总要写信给明玉珍，用老百姓的话来说，就是打声招呼：没你明玉珍和大夏国什么事，我朱元璋去打别的坏蛋。明玉珍是个老实人，也就信了。

转眼就到了洪武二年（1369）七月，大明军平定关陇，统一中原和北方。消息传到西南地区，大夏国左丞相戴寿觉得形势不对劲，便跟娃娃皇帝明升这般说道："大明遣将用兵，所向无敌，中原王保保（即扩廓帖木儿）、李思齐那般强悍都未能抵挡得住，我在为我们大夏国担忧啊！一旦他们真的举兵西向，我们该怎么办？"控制着朝中大权的大将吴友仁正上下其手，贪污得起劲呐，满脑子都是歌舞升平，对于戴寿的"庸人自扰"，觉得实在有点好笑，当即跟冲龄天子说："蜀地非中原可比，万一有急，据险可守，我们军资又充足。明军即使将勇兵强，又能将我们奈何？为今之计不如派人上南京去，与大明主动交好，迷惑敌人，赢得时间；而我们则抓紧时机，内修武事，以备来犯之敌！"明升当即采纳了吴友仁的建议，遣使与明修贡通好，弄得朱元璋一时找不到武力下手的借口。（《明太祖实录》卷43）

找不到借口慢慢再找啊。洪武二年十月，朱元璋派遣湖广行省平章杨璟上四川去招谕明升，威逼利诱，什么都说了，但大夏国大臣就是不同意投降（《明太祖实录》卷46）。最终弄得杨璟灰头土脸似地回了南京，向朱元璋一股脑地鼓吹"举兵取之"。但朱元璋没有同意，他说："兵之所加，必贵有名。"就是说你要打人家，得有个什么名目吧！人家孤儿寡母的，够可怜的了，又没招你惹你，你干吗去打人家呀？所以灭夏之事只能搁一搁。（《明太祖实录》卷47）

不过，朱元璋毕竟是朱元璋，他要做的事总能找到"合适"的借口、"合适"的做法。洪武三年（1370），老朱皇帝派遣使臣上重庆，向大夏国索要名贵楠木，但遭到了左丞相戴寿的拒绝。随后朱元璋又借口要去攻打云南的故元梁王，向大夏国提出假道进军。大夏国君臣可清醒着，你大明军说是假道打云南，走到蜀地境内时突然对我们动手，我大夏国岂不就此完了。傻子都明白这个理，于是两个字回答："不借！"从此"明夏竟绝和好"。（【明】杨学可：《明氏实录》）

"竟绝和好"也没关系，夏、明各自头上一方天，各有各的江山社稷，可朱元璋君臣却不这么认为。洪武三年五月，徐达率领的大明北征军在取得定西沈儿峪战役胜利后，突然兵向南方，攻打当时还是由故元残余势力控制的兴元（陕西汉中)。兴元再向南就是四川北部重镇广元,因此说,攻占兴元就等于打开了进攻四川的门户。消息传到重庆,夏国君臣为此十分着急,明升急调吴友仁率领30 000人马迅速北上夺取兴元,随即又令镇守瞿塘的平章莫仁寿出兵攻打归州(湖北秭归南)。可能夏国将领水平太臭,两路进攻都未能得手,反被明军打得一败涂地,这下又给了朱元璋进兵的借口。(《明太祖实录》卷52,54;【明】高岱:《鸿猷录·夹攻西蜀》卷5)

洪武四年(1371)正月丁亥日,朱元璋任命中山侯汤和为征西将军、江夏侯周德兴为左副将军、德庆侯廖永忠为右副将军、营阳侯杨璟、都督佥事叶升率京卫、荆、襄舟师,由瞿塘趋重庆;颍川侯傅友德为征虏前将军、济宁侯顾时为左副将军,暨都督佥事何文辉等率河南、陕西步骑,由秦陇趋成都,南北两路夹击,攻灭夏国。(《明太祖实录》卷60)

大明主将出发前,朱元璋发出告谕:今天下大定,四海奠安,惟川蜀未平耳。朕以明玉珍尝遣使脩(修)好,存事大之礼,故于明昇(升)闵(悯)其稚弱,不忍加兵,遣使数加开谕,冀其觉悟。昇(升)乃惑于群言,反以兵犯吾兴元,虽败衄而去,然豺狼之心终怀啮噬,不可不讨。今命卿等率水陆之师,分道并进,首尾攻之,使彼疲于奔命,势当必克。但师行之际,在肃士伍、严纪律,以怀降附,无肆杀掠。昔王全斌之事,可以为戒,卿等慎之!(《明太祖实录》卷60)

朱皇帝的这份告谕明白无误告诉了世人:什么明升这个不对,那个不是,说到底,现在大明已经基本上拥有了中华故地,就你们四川西南一隅能抵挡得了我大明的统一之势?再说白一点:卧榻之侧岂容别人酣睡?

当然这些都是军事征讨的战前宣传,战争胜负的关键还得要靠战场上的军事战果来说话,而当时大明的西征军尤其是北路军将帅确实不赖。

北路是由名将傅友德率领,一路进军相当顺利,从陕西东的陈仓进兵,直趋四川北部,向南连连攻克阶州、文州、青川、昊阳、江油、章明、龙州、绵州(即绵阳),然后再向着四川重镇成都北边的门户汉州(今四川广汉)进逼,真可谓一路凯歌。(《平蜀记》)

与北路相比,南路大明军进攻可迟缓了。之所以如此,主要有两大原因:第一,明玉珍君臣在开创大夏国时就是由南路长江一线进军重庆的,因而他们在这一线一直布防了很强的军事力量;第二,大明选择伐蜀的时间不好,夏季正是长江流域黄梅多雨和洪水高发季节,且不说大明军在长江里逆流而上了,就是在和平年代这时河水暴涨、山洪滑坡也司空见惯,这确实令人十分头疼。所以当时汤和、杨璟等人率领的南路军进兵相当之缓慢,杨璟的队伍自归州出发,闰三月(实际就是四月份)才来到夔州(今重庆东部奉节)的大溪口,开始进攻瞿塘关。瞿塘峡之险世人皆知,当时大夏国先派了莫仁寿用铁索横断关口,后来又增派了戴寿、吴友仁等将领率兵前来支援,因此大明军要想从正面迅速地拿下瞿塘关几乎是不可能的。先锋杨璟费尽了心思多次想发起进攻,可都失败了,不得不退回归州。(《明太祖实录》卷63)

五月,汤和、周德兴、廖永忠率领的南路水师来到瞿塘关,面对奔腾的长江和咆哮的山洪,诸将只能是望水兴叹,"欲俟水平进师"。可这时南京城里的朱皇帝可等得不耐烦了,听到傅友德北路军一路势如破竹,他马上降敕给汤和、廖永忠等得,责问道:"何怯之甚也!"(《明太祖实录》卷66)

○ 夏国灭亡,四川全境归给大明帝国

接到诏书后,廖永忠决定马上领兵硬攻,可汤和还在迟疑,忽然间从汉江上游传来"军事情报"——原来傅友德为了瓦解敌人的阵营,将其攻克阶州、文州等近10个四川北部城池的名称与时间一一写在木牌上,然后扔进汉江里。这不仅起到震慑夏国军士的作用,而且也传递了军事情报。汤和得悉后不得不与廖永忠等开始筹划,设法强渡瞿塘关。

他们派了精兵小分队,绕到上游去,先渡长江,然后顺流漂下,由廖永忠率兵突然杀到夏军兵营。守关的夏国军士没防备到明军来这么一手,顿时就乱了套,瞿塘关一下子就被攻占了。随后明军攻克夔州。第二天,汤和率军来到夔州,与廖永忠军会合,然后分道共进,约定在重庆会师。(【明】佚名:《平蜀记》;【明】黄标:《平夏录》;【明】高岱:《鸿猷录·夹攻西蜀》卷5)

大约一个月后的六月十八日,廖永忠率领的水师抵达了重庆东郊的铜锣峡。夏国朝廷上下一片恐慌,右丞刘仁认为:形势危急,关键在于天子得保住,留着青山在,不怕没柴烧,因此他主张小主子马上逃往成都去避避风头。可明升母亲彭氏却哭着这样说道:"事情已经到了这一步,逃亡成都也不过延缓一下覆亡的时间,又有何益?"刘仁说:"那你看怎么办?"彭氏说:"大明军势如破竹,我们重庆城内兵民加在一起虽说也有数万人,但大家都被吓破了胆,哪个还敢出来奋战?再说即使抵抗了,也逃脱不了覆灭的命运,且还会累及众多无辜。算了,不如早点投降了吧!"乖乖孩明升听从了母亲的意见,随即派人上廖永忠军营里去说话,表示愿意投降。(《明太祖实录》卷66)

三天后,主帅汤和率大军到达重庆,正式接受了明升的降表。又过了四天,受朱元璋之命前来增援的永嘉侯朱亮祖也率大军赶到了重庆。然后诸将兵分几路,进攻

四川各地。(【明】钱谦益:《国初群雄事略·夏明玉珍》卷5)

而此时傅友德率领的北路军早已攻下了汉州,向着天府之都——成都进攻。成都等地本来守备力量并不强,因为傅友德命人写的木牌"军事捷报"由汉江上游漂到了下游,让夏国左丞戴寿和权臣吴友仁等人也给捡到了,他们顿时发现成都等地形势吃紧,于是立即率军赶赴重庆西北方向的成都、保宁等地去增援。可夏国的这些武将哪是大明名将傅友德等人的对手,还没交上几次手,七月负责成都军防的戴寿和向大亨投降了大明。洪武四年八月庚子日,受汤和之命西进的江夏侯周德兴等攻下保宁,活捉夏国大将、权臣吴友仁,"械送京师,蜀地悉平"。(《明太祖实录》卷67)

至此,夏国灭亡,明升等被押往京师南京,受封为归义侯;后因与陈友谅儿子归德侯陈理"居常郁郁不乐,颇出怨言"而最终被安置到了高丽,当起了客家侯爷。(《明太祖实录》卷71)

◉平定彩云之南　实现完整意义上的南中国统一

攻灭夏国、统一四川后,原本并不挨边的云南随即成了大明下一个统一的目标。不过洪武皇帝朱元璋并没有马上对它动武,而是"拖"了整整十年。之所以如此,一来是由于大明开国之初的主要危险来自北方的故元残余势力,朱元璋将军事重点与打击目标锁定在北方,这无疑是十分正确的;二来是由于云南地处边陲,暂时把它搁在边上,不但没什么大碍,反而有利于集中大明精力打击北元;三是由于云南地形极其复杂,"明师平四川,天下大定,(然)太祖以云南险僻,不欲用兵"。(《明史·把匝剌瓦尔密》卷124)即说,大明不到和平"统战"工作进入绝境,就不会轻易动武,以免付出沉重的代价;四是由于云南历史比较特别:"云南古滇池地,南控交趾,北接吐蕃,西拥渚甸,东以曲靖为门户,与蜀、黔错壤,丽江、松潘、乌蛮、沾益,如犬牙然。战国时,楚威王使将军庄蹻将兵循江上,略巴蜀、黔中,西至滇池,以兵威定,属楚。归报,会秦击楚,巴、黔道塞,遂以其众王滇,变服从其俗以长之。汉武帝元狩元年,彩云见南方,遣使迹之,起于洱河,因置云南郡,谕滇王入朝。宣帝遣王褒求金马、碧鸡之神。蜀汉建兴三年,诸葛亮南征雍闿,斩之,封其渠龙祐那为部长,赐姓张氏,渐去山林,徙居平地,建城邑,务农桑,诸部于是始有姓氏。隋开皇中,为史万岁所破。唐武德、贞观间,张氏弱,逊位蒙氏,号南诏。天宝七年,阁罗凤反,败节度使鲜于仲通西洱河。后段氏有其地。段氏之先,武威郡人,改国号大理。宋太祖立,王全斌下四川,请取大理,鉴唐之祸,以玉斧画大渡河曰:'此外非吾有也。'由是云南不被兵,段氏得长世焉。元世祖自临洮过大渡河,经山谷二千里,至金沙江,乘革囊以济,获段兴智,灭其国,乃以其(第五)子忽哥出为云南王镇之,仍录段氏子姓守其王(实际上在元史中称为总管)。忽哥出死,封其子松山为梁王。(元顺帝)至正时,把匝剌瓦尔密嗣位……"(【清】谷应泰:《明史纪事本末·太祖平滇》卷12)

○ 洪武前期朱元璋对云南故元梁王屡次招抚的失败

一句话,无论是在地域上还是在历史上云南都是一个"特区",既然是"特区",那么"特区"的事情就得特办。大明开国后的洪武二年(1369)二月和洪武三年(1370)六月,朱元璋两次遣使招谕云南(《明太祖实录》卷39;卷53),其中说道:"自古为天下主者,视天地所覆载、日月所照临,若远若近,生人之类,无不欲其安土而乐生,然必中国治安而后四方外国来附。近者元君妥欢(懽)帖木(睦)儿荒淫昏弱,志不在民,四方豪杰割据郡县,十去八九。朕悯生民之涂炭,兴举义兵,攘除乱略,天下兵民尊朕居皇帝位,国号大明,建元洪武。前年克取元都,四方以次平定,其占城、安南、高丽诸国俱已朝贡。今年遣将巡行北边,始知元君已殁,获其孙买的八剌,封为崇礼侯。朕仿前代帝王治理天下,惟欲中外人民咸乐其所,又虑汝等僻在远方,未悉朕意,故遣使往谕,咸使闻知。"(《明太祖实录》卷53)但云南方面却对此依然不予理睬。

洪武五年(1372)正月,朱元璋又派了与宋濂名声相当的古文大家、翰林待制、承直郎兼国史院编修官王祎偕同苏成赍诏招谕云南。苏成是故元云南梁王匝剌瓦尔密派往漠北的特使,在前往北方的途中被大明北平守将给俘获了。朱元璋决定将他送回云南去,顺便让他带上王祎等人,一起去劝说梁王匝剌瓦尔密归降大明。(《明太祖实录》卷71)

梁王匝剌瓦尔密是元朝开国君主忽必烈第五子忽哥出的后代,与大元皇室有着较为密切的血缘关系,换言之,他十分忠于元皇室,所以一直不肯投降明朝。但善于文辞的王祎反复劝谕,以陈友谅、张士诚、方国珍、陈友定、明玉珍和扩廓帖木儿的相继败亡之事实,阐明了当前的大势,并告诉梁王"朝廷以云南百万生灵,不欲歼于锋刃。若恃险远,抗明命,龙骧鹢舻,会战昆明,悔无及矣!"梁王听后十分惊讶,并有了归附的意向。(【清】谷应泰:《明史纪事本末·太祖平滇》卷12)

谁料这时北元毕力克图汗爱猷识理达腊派遣的"征梁王粮饷"使者脱脱也来到了云南,听说王祎等明朝劝降特使已在昆明,他就威逼梁王匝剌瓦尔密交出人来。

仇人相见分外眼红,脱脱一看见王祎,就要他跪倒在地行大礼。有着大儒风范的王祎岂会在这样的礼节上有失呐,他当即大义凛然地斥责道:"上天惠顾你们大元之运已经到限了,我大明取而代之,实为天命所归。你们现在仅仅是爝火余烬,竟敢与日月争明?!何况你我都是使臣,怎能让我为你下跪!"脱脱哪听后恼羞成怒,正欲发作,有人出来劝解:"王祎是当今名儒,德高望重,对他我们万万不可乱来!"已被怒火冲昏了头脑的脱脱哪听得进旁人的意见,当即咆哮:"眼前就是孔圣人,我也要杀了他!"王祎不慌不忙地整整衣冠,回头扫了一眼梁王,随即掷地有声地说道"你们杀了我,我朝天兵不久就到。用不了多久,你们便大祸临头了!"说完他英勇就义。(《明史·忠义一·王祎传》卷289,列传第177)

听到自己的特使王祎被害,洪武皇帝朱元璋尽管十分恼怒,但最终还是抑制住了火气。因为这时大明重点所要对付的还是北方蒙元残余势力,所以对于云南故元梁王的所作所为只能忍一忍,随后便开始了新一轮的招抚活动。

洪武七年(1374)八月,洪武帝派遣故元威顺王子伯伯赍诏前往云南,招谕梁王,结果还是遭到了拒绝。(《明太祖实录》卷92)

洪武八年(1375)云南梁王派遣使者铁知院等20余人出使漠北,途中因遭遇大明"清沙漠"队伍而被俘。朱元璋决定再次使用招抚策略,释放铁知院等人,条件是让他们将大明新的劝降特使吴云一起带往昆明去,铁知院等人答应了。

吴云,常州宜兴人,"仕元为端本堂司经,改翰林待制"。洪武元年,大明军攻克元大都时,吴云与众多元朝官员一同被俘,后被送往京师南京,授予弘文馆校书郎,"历渭南县丞、刑部郎中磨勘司令、刑部尚书。出为湖广参政,坐事被逮"。因大明天子朱元璋爱惜他的才华而最终特宥其过,并委以云南劝降特使之职,让他与铁知院一行人同行。(《明太祖实录》卷110)

但同行的未必就同心,铁知院一行人原本是出使北元的,可现在使命没完成却要回云南去了,那如何向梁王交差?就这样,以铁知院为首的梁王使团一路走一路内心纠结着。这时有人偷偷地出了个主意,让梁王从未见过面的大明劝降使吴云假扮成北元特使,胡服辫发,再将大明皇帝朱元璋的劝降御书给"修改"一下,不就可以"蒙混过关"了!可现在的问题关键是要让那个吴云协助唱好这出戏。于是铁知院就去找吴云商议,没想到当场就遭到了拒绝。这时候,铁知院等人顿悟:不好,"天机"已经泄露,吴云又那么刚烈,怎么办?一不做二不休,他们干脆就在云南的沙塘口将吴云给杀了;然后回到昆明,编了一些瞎话,糊过了梁王。梁王信啊,对于吴云的死,他觉得很好办,令人将其尸骨送到已被朱元璋政权控制的四川给孤寺给葬了,不就没事了!(《明太祖实录》卷110)

○ 洪武中期傅友德、蓝玉等率领大明军南征云南

有事没事不是单方面说了算,朱元璋前后派了五六批劝降特使,你梁王不答应

也就罢了,干吗要一而再再而三地杀害我大明劝降特使?是可忍孰不可忍!洪武十四年(1381),在大明北疆大体安宁的情势下,忍无可忍的大明君主朱元璋最终决定对云南实行武力统一。

九月初一日,朱元璋任命颍川侯傅友德为征南将军,永昌侯蓝玉为左副将军,西平侯沐英为右副将军,统率将士往征云南。

云南在元末明初之际范围很大,大致包括现在的云南和贵州两个省(永乐十一年,贵州才独立成省)。若从政治与地理方面来讲,当时的云南分为三大系统:一是直属于蒙元皇帝、以昆明为中心的梁王集团;二是政治上隶属于元朝,但有着很大自主权的以大理为中心的白族土酋段氏集团;三是上述两大集团外的少数民族地区,也称土司地区。在这三大集团系统中最先归附朱元璋政权的当数云南地方土司。

元至正二十五年(1365),朱元璋大败陈友谅,兵威远震。贵州东北方与湖广接界的元朝思南宣慰、思州宣慰率先归附。当时朱元璋正忙于南方的统一战争,对于不费一兵一卒就能收服思南、思州等地当然乐意了,随即他命令这两地的故元宣慰使继续照当他们的"土司官";平定夏国后,四川纳入了大明的版图,和四川接界的贵州宣慰、普定府总管也归附了朱元璋。这样一来,云南北部、贵州一半以上的土司地区成了明朝的属地。换言之,原本元朝云南的东与北两面失去了屏障,因此大明进攻云南最容易入手的就是从这两面开始。(谭其骧:《中国历史地图集》第七册,P21~22和64~65;吴晗:《朱元璋传》,三联书店1965年2月第1版,P147)

大明军出发前,朱元璋曾仔细研究了云南的地图,并向许多了解云南情况的人打听山川地貌,制定了既周全又严密的作战方案:"取之之计,当自永宁(四川叙永)。先遣骁将别率一军以向乌撒(贵州威宁),大军继自辰(湖南沅陵)、沅(湖南芷江),以入普定,分据要害,乃进兵曲靖。曲靖,云南之喉襟,彼必并力于此,以拒我师。审察形势,出奇取胜,正在于此。既下曲靖,三将军(指洪武十四年朱元璋任命的征南将军颍川侯傅友德、左副将军永昌侯蓝玉、右副将军西平侯沐英,笔者注)以一人提劲兵趋乌撒,应永宁之师,大军直捣云南(指昆明)。彼此牵制,彼疲于奔命,破之必矣。云南既克,宜分兵径趋大理。先声已振,势将瓦解。其余部落,可遣人招谕,不必苦烦兵也。"(《明太祖实录》卷139)

再说征南将军颍川侯傅友德领命后统领了130 000人的大明军从南京龙江出发,逆江而上,进入湖广。在那里,按照皇帝朱元璋的指示精神,兵分两路,一路由都督郭英、胡海和陈桓率领的50 000人马,从四川永宁进兵,直趋乌撒;另一路则由他自己和蓝玉、沐英带领,从湖广辰、沅一路西行,进入贵州,攻占普定(今名为安

顺)、普安等州,"罗、鬼、苗、蛮、犵、猪闻风而降"。明军大举西进,攻入云南曲靖。(《明太祖实录》卷140)

○ 昆明之战　大理大捷　云南归附大明

　　故元梁王把匝剌瓦尔密听说曲靖东边的普定被明军攻占,顿时心里十分着急,赶紧派遣司徒平章达里麻率100 000精兵屯守曲靖,打算阻截明军。这时右副将军沐英向傅友德提议,采取出奇制胜的战术来打败达里麻。傅友德接受了建议,从军中抽调人员另行组织奇兵,从白石江下游偷偷地渡江,绕到敌人背后,自己则与沐英组织正面的渡江作战。达里麻发现情势不对,但为时已晚,明军正从两面发起猛击的夹击,惊恐不已的元军一下子大败,达里麻和10 000多将士当场被活捉,"(傅)友德悉抚而纵之,使各归其业。夷人见归者,皆喜慰,而军声益振,遂平曲靖"。(《明太祖实录》卷140)

　　占领曲靖后,傅友德将队伍一分为二,一路由自己率领,北上乌撒,支援郭英、胡海;另一路则由蓝玉、沐英率领继续西行,进攻昆明。(《明太祖实录》卷140)

　　昆明是当时云南三大系统中直属于蒙元皇帝的梁王府所在地,与政治上隶属于元朝但有着很大自主权的白族土酋段氏集团所在地大理一起,构成了那时云南东西两大政治中心。梁王与段氏虽有矛盾,但在整体上过去两者关系还算过得去。后来因为梁王对大理第九代总管段功"以疑杀之",从此双方就成了见死都不救的冤家。(《明史·把匝剌瓦尔密传》卷124,列传第12)

　　洪武十四年(1381)十一月庚午日,失去大理援助的故元梁王把匝剌瓦尔密听到达里麻兵败被擒的消息后,估摸着自己的昆明也将守不住了,于是就与左丞达的、参政金驴一起逃往罗佐山。两天后,惊恐万状的梁王带了妻子、小妾和奴仆以及左丞达的等又逃往到了普宁州忽纳砦。绝望之中,他"焚其龙衣,驱妻子赴滇池死",然后夜入草舍中,自缢而亡。(《明太祖实录》卷140)但《滇云历年传》说:梁王也是投滇池而自尽的。(《滇云历年传》卷6)

　　梁王死后的第二天,征南左副将军永昌侯蓝玉、右副将军西平侯沐英率领明军来到昆明的板桥,后驻营东郊的金马山。元右丞观音保等出降,故梁王阉竖也先帖木儿献出金宝,昆明就此归附大明。蓝玉"整师入城,戒戢军士,秋毫无犯,吏民大悦"。(《明太祖实录》卷140)

　　占领昆明后,蓝玉派遣曹震、王弼和金朝兴等率20 000多人由昆明南下,进攻临安(今云南通海)等地;沐英等则率军直接北上乌撒,援助傅友德。

　　其实进攻乌撒的战斗打得也比较顺利,最先由郭英率领的大明北路军攻入了乌撒府地界,在赤水河边突然遭遇了元右丞实卜率领的元军,还没有开战,刚巧傅友德的援军赶到了。明军两路夹击,将女土司官实卜打得惨败,"斩首三千级,获马六百匹","遂城乌撒,得七星关,以通毕节,又克可渡河",附近的"东川、乌蒙、芒部诸蛮震警,皆望风降附"。(《明太祖实录》卷140;【清】谷应泰:《明史纪事本末·太祖平滇》卷12)

云南捷报频频传到南京,洪武皇帝朱元璋高兴极了,立即颁敕嘉奖明军将士,同时下令在云贵设立军政统治机构。洪武十五年(1382)正月,置贵州都指挥使司和云南左、右、前、后,普定、黄平、建昌、东川、乌撒、普安、水西、乌蒙、芒部、尾洒等14卫指挥使司。(《明太祖实录》卷141);二月置云南都指挥使司,设立卫所,屯兵驻守,并改中庆路为云南府,实行郡县制和邮驿制,恢复生产,安定秩序。(《明太祖实录》卷142)

在上述这些一一安排妥当的基础上,朱元璋又下令给傅友德等率军向西挺进,进军大理。

大理是云南段氏的统治中心,而那时的段氏尊奉元朝和北元为正朔,拒绝归降明朝。(《南诏野史》卷下)洪武十五年闰二月,征南左副将军永昌侯蓝玉、右副将军西平侯沐英率军对大理发起了猛烈的进攻。

大理城倚点苍山,西临洱河,形势极为险要。当时大理总管段世听到明军来攻,连忙调集兵力扼守下关。下关是唐朝时南诏王皮罗阁所筑的龙尾关,形势险峻,一夫当关万夫莫开。蓝玉等来到大理附近的品甸后,就派了定远侯王弼率军由洱水东向进抵上关,自己则领兵前往下关,由此形成掎角之势。蓝玉还下令打造攻城工具,派了都督胡海洋在后半夜时从石门抄小路渡河,绕出点苍山后,攀木援崖而上,将大明军旗插在了山上。等到天亮时,进攻下关的明军将士一眼望见,大家都高兴得快要跳起来了,而段氏军士却由此开始慌乱。

这时沐英身先士卒,策马渡河。河水很深,几乎要将渡河的高头大马淹没了,可将士们却争先恐后地下水,奋不顾身地向前冲杀,最终攻克了下关。

山上明军将士看到后更是信心倍增,立马也发起了进攻。段氏军队顿时腹背受敌,没过多长时间就全线溃散。明军随即攻占大理,活捉段世。而后"分兵取鹤庆、略丽江、破石门关、下金齿(今云南保山),由是车里(今云南西双版纳)、平缅(今云南德宏)等处相率来降"。(《明太祖实录》卷143)

至此,云南被平定,大明实现了完整意义上的南中国统一。

○ 沐英家族世代统兵云南

可这样的统一刚刚完成,乌撒、东川和芒部的彝族土司就发动了反明叛乱。朱元璋命令傅友德迅速调集兵力,予以坚决镇压。后为防止叛乱再起,洪武帝决定让征滇大军继续留守云南,直到洪武十七年(1384)三月,征南将军颖川侯傅友德、左副将军永昌侯蓝玉等才班师回京。(《明太祖实录》卷160)

与此同时,为了铲除云南段氏的割据立国基础,朱皇帝还下令"故元云南平章段世、宣慰段名随侍齐王,给千户禄"。(《明太祖实录》卷161)可即使到了这一步,他还觉得不放心,又令自己的义子沐英留守云南,且为永制,从此沐氏家族世代统兵在云南。(《明史·沐英传》卷126)

云南的统一,意义重大,不仅使得大明帝国的统一运动又向前迈进了一大步——实现了南中国的真正统一,而且还为北中国的统一消除了后顾之忧。自此以后,大明可以集中精力专门对付北方故元残余势力。正是在这样的背景之下,朱元璋发动了第八次"清沙漠"行动。

● 第八次"清沙漠"行动——洪武二十年(1387)正月~六月

前面我们讲过洪武前期的七次"清沙漠",其主要打击对象为大明帝国最为危险的敌人——漠北故元残余势力。其实自从元顺帝出逃起,北方故元残余大体分为西、中、东三路军,西路军即扩廓帖木儿那一支,中路军以北元主为核心,东路军为东北的纳哈出割据势力。

○ 义释元朝开国名将、被称誉为"四杰"之一的木华黎后代纳哈出

纳哈出,蒙古札剌亦儿部人,蒙古开国名将、被称誉为"四杰"之一的木华黎的后代。元末时官太平路万户。至正十五年,朱元璋军攻下安徽太平时,纳哈出被俘。尽管受到很大的优待,但纳哈出还是一天到晚闷闷不乐。细心的朱元璋观察到后就把他昔日的同事、同为降将的万户黄俦叫来,如此这般地做了交代。黄俦随即去找纳哈出,说:"主上(指朱元璋)这么厚待你我,你难道还有什么不满意的?"纳哈出叹了一声气,然后回答说:"承蒙主上不杀之恩,我纳哈出无以为报。不过,黄俦你也知道,我们木华黎家可是大元帝国的世代忠臣,我……心里想着北方啊!"黄俦回头就向朱元璋做了汇报。朱元璋听后感慨道:"忠臣后代啊,我猜想他可能就是为这事而纠结的。"随后他又跟徐达说:"纳哈出,元之世臣,心在北归。现在我们强留下来他,也不是办法,还不如将他送还北方去。"徐达听后觉得不可理解:"这些蒙古人的心很难让人捉摸透,假如我们现在将他给放了,恐怕要为将来留下后患吧,不如将他给杀了。"可朱元璋不同意,他说:"纳哈出已经投降我们了,而我们

现在又要杀他,总得有个合适的理由啊,无故杀人,不义啊!我已经想好了,就放他走吧!"而后朱元璋将纳哈出和降臣张御史等召在一起,跟他们说:"作为臣子,各为其主,我能理解。况且你们都有自己的父母、妻子、儿女,谁不想与亲人们在一起,其乐融融!现在我放你们回去,你们爱干啥就干啥。"说完,令人拿出一些钱来,送给纳哈出等。纳哈出感动万分,随即辞谢北归。(《明太祖实录》卷3)

纳哈出回到北方后,继续为元顺帝效力,被授予元太尉、署丞相和开平王,镇守辽东。"久之据金山,有众二十余万,孳畜富于元,三分其部,曰榆林,曰养鹅庄,曰龙安—秃河。元主官之太尉,(辎重富盛,畜牧蕃息)不预朝会。"(【清】查继佐:《罪惟录·纳哈出传》列传卷8;《明史·外国八·鞑靼传》卷327;《明太祖实录》卷182)

○ **朱元璋恩威分别施于故元残余:军威→北元主;德惠→纳哈出等**

金山在今天东北双辽附近的辽河北岸,当时纳哈出控制的范围大致为,南起今通辽市,北至长春市附近的饮马河(当时称亦迷河),地域非常宽广。金山向南重要的军事据点分别为开元(今辽宁铁岭以北的开原)、沈阳、辽阳等。在这几个据点上均有北元政权中重量级的人物掌管着,"其元平章高家奴固守辽阳山寨,知院哈剌张屯驻沈阳,古城开元则有丞相也先不花之兵,而金山则有太尉纳哈出之众,彼此相依,互为声援"。(《明太祖实录》卷66)

更令大明君臣头疼的是,以纳哈出最为强大的东北地区割据势力与北逃到上都开平的元顺帝中路军和扩廓帖木儿为首的西路军遥相呼应,对大明北疆构成了三路钳制的态势,而在三路军中最为危险的是中路军和西路军。因此洪武初年,朱元璋发动了多次的"清沙漠"行动,其打击的主要目标也就在此。至于东路军,洪武帝则更侧重于采取招抚政策即所谓的"德惠"策略。譬如,洪武二年四月,在听说纳哈出拥兵据辽阳为边患时,他十分强硬地致信给元顺帝说道:"朕今为君熟计:当限地朔漠,修德顺天,效宋世南渡之后保守其方,弗绝其祀,毋为轻动,自贻厥祸!"(《明太祖实录》卷41)而在给纳哈出的信函中却来了个一百八十度的大转弯:"将军昔自江左辞还,不通音问十五年矣。近闻戍守辽阳,士马强盛,可谓有志之士甚为之喜。兹因使通元君,道经营垒,望令人送达。"(《明太祖实录》卷41)

这信让人看了感觉朱皇帝与纳哈出之间好像是感情笃深的好朋友。大明君主这样"多情",既有离间北元主与纳哈出之间关系的用意,又有笼络这位东北掌舵"老哥儿们"的意味。因为纳哈出一旦接到信后,多少会考虑考虑当年朱元璋对他的不杀之恩,要是自己做得太过头了,以后还怎么能在江湖上混呐!更有一层含义,那就是洪武朝廷始终没放弃对纳哈出政治招抚的策略。老谋深算的朱元璋知道:像纳哈出这样的忠臣后代要么不肯归附,一旦真归附了,他会死心塌地为我朱皇帝所用。正因为出于这样的考虑,他才一而再再而三地给纳哈出写信"问好",极力劝谕。而纳哈出呢?却似乎并不领情,不仅不予回信,反而还不时地带着一大拨子蒙古兵到大明边关去骚扰。对此,朱皇帝似乎并不生气,自洪武三年元顺帝薨世起,他就曾多次派遣纳哈出昔日同事、故元降臣黄俦等前去劝降,甚至将对纳哈出归降的优惠条件开到了"将军若能遣使通问贡献,姑容就彼顺其水草,自守一方",但还是遭到了拒绝。(【清】谷应泰:《明史纪事本末·故元遗兵》卷10)

○ 招降东北故元势力,攻克大宁、全宁,切断北元主、高丽和纳哈出的联系

与纳哈出形成巨大反差的是,其他故元军政官员却不断前来降明,其中在东北地区影响最大的可能就要数洪武四年二月带了辽东州郡地图和兵马钱粮之数图册前来归降的故元辽阳行省平章刘益了(《明太祖实录》卷61)。刘益归降后,朱元璋感到机会来了,下令在得利嬴城设置辽东卫,以刘益为指挥同知(《明太祖实录》卷66);七月,在辽阳设置定辽都卫指挥使司,以马云、叶旺为都指挥使(《明太祖实录》卷67);洪武八年十月,将定辽都卫改为辽东都指挥使司(《明太祖实录》卷101),作为当时大明在辽东地区的最高军事机构和统一辽东的前哨基地……通过不断地设置军事机构和充实大量军力,大明将纳哈出的南扩空间给堵了。

与此同时,朱元璋还积极招抚辽东地区的女真各部:洪武十六年四月,招抚了故元海西右丞阿鲁灰(《明太祖实录》卷153);洪武十七年六月,招抚了兀者野人酋长王忽颜哥等(《明太祖实录》卷162);洪武十八年正月,招抚了海西故元官属完者图等(《明太祖实录》卷170)……朱元璋对于归附的女真族也进行有效管理,相继设立了东宁、南京、海洋、草河、女直等五千户所,在这基础上,洪武十九年又设立东宁卫。(《明太祖实录》卷178)

辽东女真族所在的位置刚好处于纳哈出割据势力中心金山东面,在故元属国高丽的西北方。朱元璋的如等招数使得金山的纳哈出、漠北的北元政权与尊奉北元为正朔的高丽之间的交通线给大明彻底地切断了,故元辽阳行省和纳哈出所面临的东部形势越来越不利。那么其西部情况又是如何?

洪武初年大明军进行"清沙漠"时,朱元璋君臣发现,北元主与辽东的纳哈出相互声援甚为方便,其主要通过漠北老哈河流域,东西之间直接往来,不必经过南方地区,所以大明军北征"清沙漠"往往就像小孩子捉迷藏似的,搞不清敌人的动向。要是我大明在老哈河这个中间地区设立军事卫所等机构不就能卡住敌人的脖子了!

机会往往是给有心人准备的。洪武四年故元辽阳行省平章刘益降明后,北元阵营里头渐生降明潜流;洪武十一年,北元主爱猷识理达腊病死后,残元阵营内又有一批故元旧臣降明;元顺帝孙子脱古思帖木儿即位时,由于威信不足,实力更衰了,堂堂北元主竟然上人烟稀少的胪朐河(蒙古克鲁伦河)去驻牧,对于手下的大臣,"孱弱不能制,纳哈出、哈剌章、蛮子、阿纳失里诸将又各相猜忌,拥兵自重,势孤援绝"(《明太祖实录》卷168)。这是发动军事进攻即实施武威的绝佳时机,洪武十二年六月,朱元璋命令都督佥事马云统兵攻取老哈河南端的大宁(《明太祖实录》卷125);洪武十四年四月又命大将军徐达率诸将出塞,远征并攻占了老哈河西部的全宁(今蒙古翁牛特旗)(《明太祖实录》卷137)。这样一来,北平以北与辽东连接在一起的北元势力被清除。洪武十九年十二月,朱元璋又让宋国公冯胜"于大宁诸边隘,分兵置卫,以控制之"(《明太祖实录》卷179)。至此,纳哈出的东路军与北元主的中路军之间的联系给完全切断了。

东、西、南三面全让大明给堵住或切断了,金山纳哈出的东路军顿时陷入了十分尴尬的困境。就在这样的情势下,洪武君臣再次实施武威,即发动第八次"清沙漠"行动。

○ 对纳哈出进行军事威逼——大明第八次"清沙漠" 庆州大捷

洪武二十年(1387)正月初二,朱元璋任命宋国公冯胜为征虏大将军,颍国公傅友德为左副将军,永昌侯蓝玉为右副将军,南雄侯赵庸、定远侯王弼为左参将,东川侯胡海、武定侯郭英为右参将,前军都督商暠参赞军事,率师20万大军北伐。又命曹国公李文忠之子李景隆、申国公邓愈之子邓镇、江阴侯吴良等皆随征。并敕谕冯胜等:虏情诡诈,未易得其虚实。汝等慎无轻进,且驻师通州,遣人觇其出没。虏若在庆州,宜以轻骑掩其不备;若克庆州,则以全师径捣金山,纳哈出不意。吾师之至,必可擒矣!(《明太祖实录》卷180)

数日后,冯胜等统帅的20万大明军来到了北平东边的通州,按照朱皇帝的指示,先派遣精骑出松亭关侦察敌情。在听说有支蒙古军队屯扎在庆州的消息后,冯大将军马上派了以快捷闻名的右副将军蓝玉为首的先锋部队,迅速赶往那里,袭击北元军。(《明太祖实录》卷180)

蓝玉接令后立即出发,不分白昼黑夜拼命地赶路,就在快要到达时,天不帮忙,没命地下起了大雪。这可怎么办?蓝玉当机立断:乘着这样雪天恶劣天气敌人不注意时,先下手为强,打他个措手不及!将士们听到蓝将军下达的进攻命令后,个个如下山的猛虎,直扑敌营,左砍右杀,没多一会儿,就杀了个够,连敌将平章果来

也被当场杀死,其子不兰奚被俘。这就是明初历史上数次"清沙漠"行动中有名的庆州大捷。(《明太祖实录》卷180)

庆州之捷为大明军北征辽东(即第八次"清沙漠")迎得个开门红,中青代猛将蓝玉名气越来越大。(《明太祖实录》卷180)

就在这时,大将军宋国公冯胜等率领的大队人马照着朱皇帝的指示继续向前推进,在三月初一时到达了北元中路军与纳哈出东路军之间的中间地带,即老哈河南端的军事要地大宁。大宁早在前几年已被大明拿下,有军队驻扎,但就是一直没有像样的城池。为了有效地打击北元中、东两路军,接济后方供给,冯胜依照朱皇帝的谕旨精神,下令修筑大宁、宽河、会州、富峪四城,遂提兵驻守大宁。(《明太祖实录》卷181)

五月初,冯胜再次下令:留下50 000兵马戍守大宁,主力大军则继续向前,直趋金山(《明太祖实录》卷182)。大约在六月上旬时冯胜大军来到了辽河附近,辽东一渡河故元将高八思帖木儿、洪伯颜帖木儿等见到浩浩荡荡的大明军顿时就吓坏了,赶紧率领部众前来归降(《明太祖实录》卷182)。六天后,大军进至辽河之东,获纳哈出屯卒300余人、马40余匹,遂进师驻扎在金山之西。(《明太祖实录》卷182)

○ 朱元璋"德惠"策略的巨大收效——逼降纳哈出东路军,收服辽东

就在大明军猛烈推进的同时,朱元璋并没有放弃对纳哈出的政治招抚攻势。冯胜大军出发前,朱皇帝召见了纳哈出的老部下乃剌吾,让他带上诏书,到纳哈出、毛阔撒里达温蛮子、晃失台和尚伯兰等"老领导"那里去招谕。按理说作为降将回去招谕,等于是告诉"老领导":"我是叛徒,今天回来……"不用说,风险特别大。但乃剌吾乐意啊,人家洪武皇帝待他特别好。金州被俘后,明军诸将都竭力主张杀他,可朱皇帝不同意啊,不但不同意杀他,而且还给他镇抚官做。过了一段时间,发现这个蒙古军官一人在军中挺孤独的,洪武皇帝金口一开,予以美妻美妾,外加田宅,这下着实把乃剌吾感动得热泪盈眶。你说今天朱皇帝要他回去找找"老领导"说说话,能不去吗?!

再说乃剌吾离开了京城南京,在蛮子、张允恭等人的陪同下,一路北行,大约与冯胜大军进至辽河东岸差不多同时的六月,他们来到了松花江,找到了"老领导"纳哈出。纳哈出见到乃剌吾,惊讶得一时说不出话来,过了好长时间两人才开始细细聊天。纳哈出问:"我们都以为你死了,怎么他们没杀你?嗨,今天我们能再次见面,还真是老天帮忙啊!"他边说边双手紧紧地握住乃剌吾,嘘寒问暖。这时早已对

朱元璋佩服得五体投地的乃剌吾开始向纳哈出大讲洪武皇帝的德惠(《明史·冯胜传》卷129;《明太祖实录》卷180),顺便呈上恩人皇帝所交托转递的信件,信是这样写的:

"昔者天更元运,华夏奋争。朕自甲辰春亲定荆楚,归遣诸将东平吴越。洪武初遂命中山武宁王(即徐达)、开平忠武王(即常遇春)率甲士渡江越淮,以定中原。元君北奔深塞,于是息民于华夏。诸夷附者,莫不奠安,今二十年矣。唯尔纳哈出等聚兵,愈出没不常,意较胜负。由是乃剌吾留而未遣,今有年矣。朕推人心,谁无父母之念、夫妇之情?故特命其生还,以全骨肉之爱。且闻其善战,今遣北归,更益尔战将,他日再较胜负,尔心以为何如?呜呼,天之改物,气运变迁,果人事之必然耶,抑天道之使然耶?兹命仪礼司官、前金院蛮子、镇抚张允恭送乃剌吾抵尔所在,使者未审可还乎?余不多及。"(《明太祖实录》卷180)

纳哈出看完信后什么也没说,但内心的防护大堤已经开始松动。俺当过朱元璋的俘虏,承蒙不杀,给放了回来,自己非但不好好地报答,反而率领兵士们经常给他捣乱。现在人家朱元璋又来信劝谕归降,会不会是圈套呢?再说俺是蒙元忠臣的后代,不能做出不忠不孝的事情啊!纳哈出就这么纠结着,花了好长时间才理出点头绪来,然后出令:派遣左丞刘探马赤和参政张德裕以送使者张允恭等回冯胜的大明军营为名,打探虚实;另一边派人将乃剌吾送到漠北去,交给北元主去处置。北元主对乃剌吾的叛降很恼火,本来想杀他的,但左右大臣都出来劝阻,这样才使得乃剌吾免于一死。而后,他又回到了"老领导"纳哈出那里。"老领导"没杀自己,北元新主子也没杀自己,本来"失节"的乃剌吾这下反而变得更加理直气壮了,"备以(洪武)朝廷抚恤之恩语其众,由是虏众多有降意"。(《明太祖实录》卷182)

就在纳哈出处于左右摇摆和犹豫不决之际,大将军宋国公冯胜看懂了其中的玄机,他立即下令给全军将士,翻越金山,驻扎在女直(即女真)苦屯,直逼纳哈出军队。纳哈出部将观童眼见情势不妙,赶紧出降。(《明太祖实录》卷182)

这时冯胜又派了一个姓马的指挥前往纳哈出那里去劝谕,纳哈出答应考虑考虑,回头也派上使者前往大明军营去,约谈归降之事,实际上是进一步摸摸对方的底细。再说那使者在大明军营里转了一圈,见到人山人海的大明将士,顿时就吓坏了,回去跟纳哈出一说,纳哈出不由得感叹道:"天不复与我有此众矣!"随后带了数百个骑兵,来到了大明先锋队伍蓝玉的军营里约降。(《明太祖实录》卷182)

○ 喝酒喝出来的误会——草包"官二代"常遇春之子常茂闯祸　翁婿反目

猛将蓝玉听说纳哈出自动上门了,当场就乐坏了,马上下令,摆开酒宴款待纳哈出。军中之人一般都好酒，且很多讲哥儿们义气。纳哈出与蓝玉尽管是初次见面，但一喝酒就马上成了"好"哥儿们了。喝得高兴，纳哈出酌酒酬谢蓝玉，蓝玉说："将军请先干了这一杯。"纳哈出一饮而尽，随即又倒了一杯，请蓝玉干杯。蓝玉虽说是个粗人，但粗人也有细心的时候，出于好心，可能是怕纳哈出受凉吧，他脱掉了自己身上的大衣，将它递给了纳哈出，且说道："你把这大衣给穿了再喝！"可纳哈出误以为是蓝玉在侮辱他，叫他穿汉人服装，于是就死活也不肯穿。而粗人蓝玉呢，粗就粗在这里，他还以为这是平时军队里喝酒呐，当场就对纳哈出说："你不穿这大衣，我便不喝你的酒！"由此双方僵了起来。

纳哈出看到这样僵着也不是件事，就把酒浇在地上，随即跟随行的部下说："我们走吧，算了！"他说的是蒙古语，当时郑国公常遇春之子常茂在场，他的部下赵指挥可懂蒙古语，赶紧将纳哈出的话翻译给常茂听。常茂当即就冲到纳哈出跟前。纳哈出惊起，拉了旁边的一匹战马就想走。没想到常茂上前就是一刀，一下子把他的一只胳膊给砍伤了。情势顿时变得更加紧张。幸好在场的都督耿忠反应快，马上招呼身边的士兵，簇拥着纳哈出一路外出，前往大将军冯胜的军营。（《明太祖实录》卷182）

再说那时驻扎在松花江北的纳哈出部众听到自己的主帅被人砍伤了，大多惊恐万状，纷纷溃散。没逃散的"勇士"们想冲进冯胜的军营，解救自己的主子。就在这万分危急时刻，冯胜做出决定：以隆重的礼节接待纳哈出，并多加慰谕，还让都督耿忠与他同吃同睡，体贴有加；与此同时，又委派刚刚归降过来的蒙元故将观童前往松花江北去，招抚已经溃散的纳哈出部众，向大家解释事情的原委，最终招降了20余万人，就"羊、马、驴、驼、辎重亘百余里"。纳哈出有两个侄儿不肯来降，冯胜派人反复劝谕，后来"折弓矢掷于地，亦来降"了。（《明太祖实录》卷182；《明史·外国八·鞑靼传》卷327）

至此，大明大体上收服了辽东，第八次"清沙漠"行动胜利告终，大将军冯胜下令班师回朝，并令都督濮英等率3 000骑兵殿后。可让人没想到的是，这殿后的3 000人在途中遭遇了逃散的纳哈出部众的袭击，全部壮烈牺牲。濮英被俘后"绝食不言，乘间自剖腹而死"（《明太祖实录》卷182）。不过明军主力返回时也有意外收获，六月甲寅日，冯胜率军驻扎在金山亦迷河时，曾"俘获北奔达达军士遗弃车辆四万四千九百六十三，并马数千匹，伤残番军二万四千二百二十九人"（《明太祖实录》卷182）；洪武二十年七月，接受了纳哈出所部营王失剌八秃与云安王蛮吉儿的、郡王桑哥失里和尚国公等故元高官的归降。（《明太祖实录》卷183）

南京城里的朱元璋听到东北捷报后，喜不自禁。九月初一，纳哈出及哥列沙、国公观童及故官帖木儿不花等来到南京，洪武帝"抚慰甚至，赐以一品服，封为海西侯"，食禄二千石，且世传子孙。纳哈出的部将们也各有封赏，乃剌吾因为劝降有功，被授予千户，仍赐以金帛(《明太祖实录》卷185)。他们居住在京城南京，享受着优厚的生活待遇，优哉游哉。而朱皇帝呢，觉得自己做得还不够，又隔三差五地宣纳哈出入朝聊天、领赏。洪武二十一年五月他让蓝玉派些将校，把这些蒙古爷们的家眷护送到南京来，让他们夫妻团圆。据说，光送来的妻子们就达934人，真可谓名副其实的"娘子军"。(《明太祖实录》卷190)

再说说那些统兵北征的将领们后来的结局：郑国公常遇春之子常茂因为鲁莽行事，当场就被大将军又是自己的老丈人冯胜给抓了起来。冯胜与常茂本来的翁婿关系就很不好，常茂可能是个草包，而冯胜是儒将，所以老丈人很看不起这个草包女婿，常常在众人面前数落他的不是。为此常茂十分恼怒，常常与老丈人对着干。小辈的对于长辈的出言不逊，冯胜能不恨这个女婿吗？！此次金山出事，冯胜就以常茂犯了"惊溃虏众罪"，将其当场逮捕，装入囚车，并派人押送至南京，交由皇帝朱元璋处置。朱元璋因为非常喜爱常遇春，看在死去老哥儿们的份上，以其功劳大为名，赦免了常茂的死罪，将他发配到了广西龙州去安置。四年后的洪武二十四年九月，常茂死于广西谪所。(《明太祖实录》卷184～185)

说实在的，"官二代"常茂绝非是什么好鸟，做事胡来暂且不说，就人品而言也十分差劲。就在自己被老丈人械送至南京明皇宫时，他就向皇帝朱元璋检举揭发老丈人冯胜的"罪行"，说他如何如何不好。人家朱皇帝正在为这些功高震主的大将军们的去处而发愁了，"刚好"有人出来告发冯胜"窃取虏骑"、强"娶虏有丧之女"、指挥大军返回时失当，致使濮英等3 000多人全部殉难。朱元璋当着犯人常茂的面说道："如尔所言，(冯)胜亦不得无罪。"随即下令收回冯胜手里的大将军总兵官印，罢了他的官职，而令永昌侯蓝玉行总兵官事。出征将士一个也不赏，省了朱皇帝一大笔开支。(《明太祖实录》卷184)

○ 洪武帝特惠海西侯，结果让纳哈出丢了命　沈阳侯

再说降明后的纳哈出平时也没什么事可做，生活的优裕、日子的舒适并不能取代他告别军旅生涯所带来的空虚。本来就嗜酒如命的他此时喝得更加厉害了，常常一人猛喝烧酒，一旦喝得过度了，那体内火辣辣地烧着实在难受，他便取来冷凉井水往身上浇，尤其是夏天，这冰凉的井水浇在身上可舒服了，但病根也就此落下了。时间一长，纳哈出病倒了。皇帝朱元璋听说后十分心疼，叫上太医给他治病，并勒令他戒酒。

大病初愈,听说征南将军颖国公傅友德等要上云南去打仗,好久没有动动腿脚的纳哈出急着向朱皇帝上请,要求一起南行。朱元璋想想也是的,你纳哈出过去天天在马背上生活着,现在过着这种安逸日子还真可能过不惯,既然你要上云南去舒展舒展筋骨,那就去吧!洪武皇帝一批准,纳哈出可高兴了,跟着傅友德等迅速上路,一路走一路又喝开了。在京城时由皇帝管着,可在这行军路上哪个敢管海西侯喝酒啊?就这样,喝到武昌时,纳哈出终于病情恶化,死于舟中。皇帝朱元璋闻讯后十分悲伤,"诏归其柩于京师",葬于南京南门外的雨花台(《明太祖实录》卷192)。后令其儿子察罕继承爵位,并改海西侯之名为沈阳侯。(《明太祖实录》卷193)

● 第九次"清沙漠"行动——洪武二十年(1387)九月~洪武二十一年(1388)五月

逼降纳哈出,轻轻松松地收降了200 000名蒙古兵,大明的这次北征"清沙漠"行动实在是收获巨大,意义非凡:

第一,纳哈出的归降,使辽东地区纳入了大明的版图。至此,大明完成了传统意义上的全国性统一,洪武皇帝朱元璋的"驱逐胡虏,恢复中华"之宏愿也在大体上得以实现。

第二,200 000名蒙古兵的归降不仅增强了大明军事势力,而且在很大程度上还完善了大明军中兵种结构,使得原来以步兵、水师为主干的大明军变成了步兵、水师和骑兵三兵种混合体,大大增强了大明军的作战能力。

第三,东北故元势力的收服,既使得北元损失了很大一部分军事和经济力量,又使得它失去了东部屏障,北元汗廷就此开始直接暴露在大明军的兵锋之下。

○ 建立以大宁与全宁为中心的"清沙漠"前沿基地军事防御体系

这正是巩固"驱逐胡虏,恢复中华"胜利成果的最佳时刻,朱元璋及时地抓住时机,于洪武二十年(1387)九月起发动明初历史上的第九次"清沙漠"行动。

洪武前期的"清沙漠"行动尽管在很大程度上取得了胜利,但在这一系列进攻漠北蒙元骑兵的军事战斗中,也暴露了大明军及其战略上的弱点与短处。每次进攻除了奇迹般地偷袭外,最终都不免让剩余的漠北敌兵给溜走了,以致出现了这样既滑稽又尴尬的局面:你从东边打来我向西边跑,你从西边打来我向东边跑,大玩躲猫猫、捉迷藏游戏或言猫抓老鼠游戏。说得更直白一点:蒙古骑兵发挥他们的自身优势,让你们中原泥腿子们站在蒙古荒原上干瞪眼、直跺脚,就是无可奈何。对此,聪明的朱元璋经过反复研究,终于在洪武中期起形成了自己的独特战争方略。

鉴于北元蒙古骑兵的流动性,朱元璋于洪武十二年和洪武十四年分别令都督佥事马云和大将军徐达率军攻取漠北老哈河南端的大宁和老哈河西部的全宁,并以大宁为中心,建立大明军北征"清沙漠"的前沿基地。(《明太祖实录》卷125;《明太祖实录》卷137)

逼降金山纳哈出后的洪武二十年九月,朱元璋又下令设立"大宁都指挥使司及大宁中、左、右三卫,会州,木榆,新城等卫,悉隶之,以周兴、吴泂为都指挥使,调各卫兵二万一千七百八十余人守其城",又"诏左副将军傅友德编集新附军且令简练精锐于大宁屯驻,以防北虏寇抄"。(《明太祖实录》卷185)这样一来,相当于后世一大军区的大宁都指挥使司突兀在大明北疆之上,将北元残余势力的核心头目北元主的东逃之路给堵了。然后自河间、景州至永平、抚宁县设立马驿22个,吴桥至通州水驿8个;又自遵化至喜峰口里、滦阳口外设立富民、宽河、柏山、会州、新城、大宁等7个马驿,加强大宁同后方之间的联系。(《明太祖实录》卷185)

○ 第九次"清沙漠"行动的开启

在做好了这一系列准备后,洪武二十年九月底,朱元璋下诏任命永昌侯蓝玉为征虏大将军、延安侯唐胜宗为左副将军、武定侯郭英为右副将军、都督佥事耿忠为左参将、都督佥事孙恪为右参将,率领150 000人马发起明初历史上的第九次"清沙漠"行动(《明史·外国八·鞑靼传》卷327,列传第215)。朱皇帝满怀深情地嘱咐道:"胡虏余孽未尽殄灭,终为边患。宜因天时率师进讨,曩谕克取之机,尚服斯言,益励士卒,奋扬威武,期必成功,肃清沙漠,在此一举,卿等其勉之!"(《明太祖实录》卷185)

再说蓝玉接受皇命后就开始调兵遣将,做大军出征的准备。等这些工作做得差不多时,天气开始转冷了,北方的农历十月可能就是南方的隆冬季节,地处寒带的蒙古草原的游牧民族早早就藏起来过冬了。蓝玉感觉这时候再出征,哪会找到什么北虏,于是就向皇帝朱元璋请示:"'天气尚寒,胡人歛(敛)迹,大军久屯塞上,徒费馈饷。'恳请陛下恩准:一部分人马戍守大宁、会州等处,大军分回蓟州,近城屯驻,'俟有边报,然后进军'。"(《明太祖实录》卷186)洪武帝朱元璋同意了,不过他转而又想到:何不利用大军出征前的空当,加强一下东北的安全防御工事及其与内地的联系。于是他于洪武二十年十二月下令设置辽东三万卫指挥使司(《明太祖实录》卷187),随后又诏令大明左军都督府自山海卫至辽东设置14个马驿,"驿各给官马三十匹,以赎罪囚徒为驿夫,驿百二十人,仍令田其旁近地以自给"(《明太祖实录》卷183),后又诏令自山海至辽东、遵化至大宁设置马驿15个(《明太祖实录》卷188)。这样下来,大宁与辽东、辽东与内地都能联通起来了。

面对如此强劲的军事态势,故元大将信童、司徒阿速同其子哈麻儿等相继归降了大明,就连昔日遁入岢岚山又时不时地出来搞破坏、令朱元璋君臣十分头疼的四大王也赶来投降了。(《明太祖实录》卷188~189)

○ 捕鱼儿海大捷

就在这样的大好形势下,朱元璋又获得情报:北元"虏心惶惑,众无纪律,度其势不能持久",于是立即派人前往大宁,通知蓝玉:时至三月(指洪武二十一年三月)春季,天气转暖,敌人内部混乱,时机难得,"宜整饬士马,倍道兼进,直抵虏庭,覆其巢穴"(《明太祖实录》卷189),并诏令申国公邓镇、定远侯王弼、南雄侯赵庸、东川侯胡海、鹤庆侯张翼、雄武侯周武、怀远侯曹兴等前往大宁,跟随蓝玉一起北征,肃清沙漠。(《明太祖实录》卷189)

蓝玉接令后率领大军由大宁出发,向着庆州方向疾行。因为听人说及,北元主脱古思帖木儿在那里,所以大明军一点也不绕道,直奔过去。

可到了庆州一打听才知,脱古思帖木儿已不在那儿了,好像是往一个叫什么捕鱼儿海的地方去了。蓝玉立即下令,全军抄小路全速前进,追赶北元主。

但走了一个月左右,大明军还是没碰上一个北虏兵,几乎是白白地在漠北荒原上漂了一个月,人马走累了不消说,最令人难以忍受的是缺水。据说有一次大军来到一个叫游魂南道的地方驻扎了下来,大家都渴极了,但就是找不到水源,只得苦苦地忍吧!到了半夜左右,有人听到"啵啵"的声音,好像是远方的炮声,蓝玉十分警觉地起来了,派人外出侦察一下,发现原来是一起北征的蒙古军官观童军营旁的小山上有股泉水正在不断地冒出水来。这下可有救了,人马都美美地痛饮了一番。但这样的幸运又有几回呢?!(《明太祖实录》卷190)

大军继续向前进发,就是见不到北虏的鬼影子,这怎么办?现在大家要是去,还得要考虑日后的回呐!当队伍来到了一个叫百眼井(实际上距离捕鱼儿海仅40余里)的地方时,蓝玉将前哨侦察兵叫来,问问看情况。侦察兵说:"我们已经侦察了好几遍了,都没有发现这里有什么北虏兵啊!"蓝玉听后正打算下令全军返回。这时,跟随在他边上的定远侯王弼说:"吾等受朝廷厚恩,奉圣主威德,提十余万众,深入虏地,今略无所得,遽言班师,恐军糜一动,难可复止,徒劳师旅,将何以复命?"蓝玉随即说:"是啊,你说得没错。"于是他改令:全军将士就地挖土灶烧饭吃,灶坑挖得越深越好,不要让北虏看到我们的炊烟,以免让他们再溜了。"(《明太祖实录》卷190;《明史·外国八·鞑靼传》卷327,列传第215)

吃饱了喝足了,大军继续开拔,大约在四月下旬时来到了捕鱼儿海南饮马即捕鱼儿海哈喇哈河岸时,有人前来报告说:"脱古思帖木儿的汗帐就在捕鱼儿海东北方向80里的地方"。蓝玉立即命令王弼率领先锋部队迅速出击,自己则统领大队人马随后跟上。

再说王弼率领的轻骑急速前进,没多一会儿就来到了脱古思帖木儿的汗帐边上。当时北元将士普遍认为,现在水草缺乏,明军无法深入,所以也就没有设防;加上那天发生了大沙尘暴,大风扬沙,天昏地暗,对于大明军的一步步靠近,北元主及其将士们居然毫无察觉。等到发觉时,明军已在眼前了,太尉蛮子慌忙领兵作战抵抗,没几下就被打得大败,蛮子被杀,他的手下全部投降了大明军。

北元主脱古思帖木儿和太子天保奴、知院捏怯来、丞相失烈门等几十人乘着混乱之际,慌忙上马,拼命逃窜。蓝玉率领部分精骑立即追赶,追了一千多里,最终还是没能追上,只得返回。

但就此而言,大明军已经收获多多,俘虏了北元主次子地保奴、妃子等64人、故太子必里秃妃并公主等59人,詹事院同知脱因帖木儿、吴王朵儿只、代王达里麻、平章八兰等2 994人,同时俘获的还有军士男女77 037人、宝玺、图书、牌面149、宣敕照会3 390道、金印1枚、银印3枚、马47 000匹、骆驼4 804头、牛羊102 452头、车辆3 000余辆。几天后,蓝玉又破故元将哈剌章营,获其部下军士15 803户,马和骆驼48 150余匹。(《明太祖实录》卷190;陈建:《皇明资治通纪》卷3;【明】焦竑:《国朝献征录·武定侯郭公英神道碑铭》卷7;《明史·外国八·鞑靼传》卷327,列传第215)

捕鱼儿海大捷后,征虏大将军蓝玉派遣特使向皇帝朱元璋上表奏捷,表文曰:"覆载之间,生民总总,有君则安,无主乃乱。故天命有德,历世相承,而顺天者昌,逆天者亡,所以运有短长,国有兴衰,此古今明鉴也。钦惟皇帝陛下天锡勇智,德合乾坤,当元之季,海内失驭,故天革元命,全付所有于陛下,今二十年于兹矣。近者,胡主遗孽倔强塞外,不肯归德。陛下复命臣率马、步十数万,与诸将并力进讨,臣等既踰大碛,复度黑山,入敌境而烟火不惊,饮将士而水泉自涌,以四月十二日勒兵至捕鱼儿海,直抵穹庐,覆其巢穴,夷虏之众悉来降附,此皆陛下圣德神威被于四表,故不费寸兵,以收奇效。臣等本无御侮之才,过受阃外之寄,仰膺神算幸底成功,尚思宣布皇仁辑安余众,边庭无警,万方仰中国之尊,华夏奠安,兆姓享承平之福。"(《明太祖实录》卷190)

朱元璋拿到蓝玉的表文后，读了又读，喜不自胜，当廷跟群臣这样说道："戎狄之祸，中国其来久矣。历观前代受其罢弊，遭其困辱，深可耻。今朔漠一清，岂独国家无北顾之忧？实天下生民之福也！"群臣听说大明军获得这么大的军事胜利，看到洪武帝这般兴奋，当即齐刷刷地跪下，顿首称贺。此时皇帝朱元璋更开心了，下令遣使赍敕慰劳蓝玉，敕文如下："周秦御胡，上策无闻；汉唐征伐，功多卫李。及宋遭辽金之窘，将士疲于锋镝，黎庶困于漕运，以致终宋之世，神器弄于夷狄之手，腥膻之风污浊九州，遂使彝伦攸斁，衣冠礼乐，日就陵夷。朕用是奋起布衣，拯生民于水火，驱胡虏于沙漠，与民更始，已有年矣。近胡虏聚众，复立王庭，意图不靖。朕当耆年及今弗翦，恐为后患，于是命尔等率十余万众北征，去年夏游骑至金山之左。尔玉亲拘纳哈出来降。今兹复能躬擐甲胄，驱驰草野，冲冒风露，穿地取饮，禁火潜行，越黑山而径趋追蹄踪而深入，直抵穹庐。胡主弃玺远遁，诸王、驸马、六宫后妃、部落人民悉皆归附。虽汉之卫青、唐之李靖，何以过之？今遣通政使茹瑺、前望江县主簿宋麟赍敕往劳，悉朕至怀。"（《明太祖实录》卷190）而后朱元璋犒劳北征将士，晋封第九次"清沙漠"功臣永昌侯蓝玉为梁国公（《明太祖实录》卷194），后军都督府都督佥事孙恪为全宁侯（《明太祖实录》卷193），等等。

● 第十次"清沙漠"行动——洪武二十三年（1390）正月

尽管第九次"清沙漠"行动获得了巨大的成功，但美中不足的是，最终还是让北元主脱古思帖木儿等给溜了，这就给大明军的"肃清沙漠"行动留了尾巴。不过这个北元主自打这次捕鱼儿海被袭后犹如惊弓之鸟，到处躲藏。人在倒霉的时候，什么样的厄运都可能会降临到头上来，脱古思帖木儿就是这样的一个倒霉蛋。

○ 北元主脱古思帖木儿及太子天保奴被杀，"北虏"归降者纷至沓来

从捕鱼儿海逃脱后，他率领余众向西逃窜，本想逃回到和林，依附于丞相咬住。没想到走到半路上在一个叫土剌河的地方遭到了自己部下也速迭儿的袭击。那么，这个叫也速迭儿的为什么要袭击自己的"最高领导"？

原来也速迭儿是元朝开国皇帝忽必烈的弟弟阿里不哥的后裔，当年阿里不哥与忽必烈为汗位问题展开过一场角逐，最终还是败下阵来了。时隔百年，阿里不哥的子孙也速迭儿见到日暮途穷的忽必烈子孙脱古思帖木儿如此狼狈，顿时就有了为祖先和家族复仇的想法，他率领部下，在土剌河袭击脱古思帖木儿，当场就将其人马给打散了。脱古思帖木儿逃得快，与知院捏怯来等16人拼死冲出了混乱的军

阵，往着和林方向奔去。幸好这时丞相咬住、太尉马儿哈咱率领3 000人马前来迎接，这下可让脱古思帖木儿有了救，于是他就随着丞相咬住来到了和林。(《明太祖实录》卷194；《明史·外国八·鞑靼传》卷327，列传第215)

可没多久，脱古思帖木儿听说东边阔阔帖木儿人马多，上那里去更安全、更保险，于是就带了太子天保奴等上路了。但没想到的是，走在半道上时天开始没命地下雪，且一连下了整整三天，弄得他们动弹不得。而就在这时，也速迭儿派了大王火儿忽答孙、王府官孛罗等追了上来，活捉了脱古思帖木儿，并用弓弦缢杀了他，同时被杀的还有太子天保奴。(《明太祖实录》卷194；《明史·外国八·鞑靼传》卷327，列传第215)

北元主脱古思帖木儿父子的被杀，对于当时北元阵营来说是个致命的打击，人们普遍感到真的没希望了，于是归附大明的北元文臣武将成群结队，纷至沓来。洪武二十一年八月，"纳哈出故部属行省平章朱高、枢密院同知来兴、陕西行省右丞阿里沙、岭北行省参政孛罗、辽阳行省左丞末方、河南行省左丞必剌秃、甘肃行省右丞哈剌、中政院使脱因、宣政院使脱怜、太史院使邦住、省都镇抚完者秃、太常礼仪院使台里帖木儿、翰林院学士哈剌把都儿、行枢密院知院纽怜、将作院使梁三保奴、通政院使扯里帖木儿、太府监卿忾都古、都护府都护速哥干、宣徽院同佥灰里赤、行宣政院同知忾古里不花、千户朵儿秃秃甲、千户爱马忽鲁答、司农司丞孛罗不花兴和路府判哈剌帖里温海西、宣慰司同知剌八蒸、太仆寺少监末里赤、内政司丞蛮歹、大宁路同知张德林、中瑞司卿李不颜、内史金院哈剌曲赤、山东宣慰司同知也提、河东宣慰司同知帖木儿不花、大都督府总管失列门、太医院同知忻都、长秋司丞失兰歹、御史帖木儿等一千余人自辽东来降"(《明太祖实录》卷193)；洪武二十一年十月，经历了弑主风浪的故元国公老撒、知院捏怯来、丞相失烈门于耦儿千地派遣右丞火儿灰、副枢以剌哈、尚书答不歹等率其部3 000人至京，进马乞降(《明太祖实录》卷194)；洪武二十一年十一月，故元辽王阿札失里、命宁王塔宾帖木儿也归降大明……至此，北元名存实亡。(《明太祖实录》卷194)

○ 影响有明一代北疆史的"朵颜三卫"的最早由来

对于来降者，洪武帝朱元璋往往立即予以大量的赏赐，并授予相应的官职，很多故元部将官员就在原地或就近担任职务。如洪武二十二年四月，大明新立全宁卫，洪武帝任命跟随北元主的故元知院捏怯来为指挥使，丞相失烈门以下皆授以武职有差(《明太祖实录》卷196，《明史·外国八·鞑靼传》卷327，列传第215)；也有在原来的基础上稍作调整组合，仍以北元故官担任新组建机构或群体的"领导职务"。譬如,洪武二十二年五月,朱元璋新设朵颜三卫时,就任命了一些故元旧官为新建羁縻卫的军职领导,其中以阿札失里为泰宁卫指挥使、塔宾帖木儿为指挥同知;以海撒男答溪为福余卫指挥同知、脱鲁忽察儿为朵颜卫指挥同知,"各领所部,以安畜牧"(《明太祖实录》卷196)。这就是影响有明一代北疆史的"朵颜三卫"的最早由来。

其实在这么多的来降者中,有的是诚心归附,有的是政治投机,更有的是为形势所迫而勉强来降或来凑凑热闹的,尤其是后两者,那就比较危险了,一旦有什么风吹草动,他们就立即背叛。曾跟随北元主脱古思帖木儿的故元丞相失烈门就是这类人中的典型。降明不久,他就勾结也速迭儿势力,杀害了诚心归降的故元知院、大明全宁卫指挥使捏怯来。当时降服无常者还有许多,如北元丞相咬住、知院阿鲁帖木儿和辽王阿札失里等,他们在归降后不久就与故元太尉乃儿不花勾结在一起,成为大明帝国新的北疆骚扰者和破坏者。

○ 赋予新含义的大明第十次"清沙漠"行动开启

为了彻底确保北疆的安宁,朱元璋再次组建人马,发动了明初历史上的第十次"清沙漠"行动。

与历次"清沙漠"行动相比,此次"清沙漠"从一开始就具有两大显著特征:第一,昔日北征主要清剿的是以北元主为核心的对象,而此次是北元主"后时代"的残余势力,"以故元丞相咬住、太尉乃儿不花、知院阿鲁帖木儿等将为边患"(《明太祖实录》卷199)。"将为边患"四字隐含了为未来创造一个安宁的北疆之含义,这就给洪武年间"清沙漠"行动一个新的含义;第二,指挥千军万马进行"清沙漠"行动的大明总兵官,不再是从枪林弹雨中一路过来的"老革命",而是朱皇帝一门心思要培育成才的皇家龙仔,当时主要有两个,一个是藩邸在北平的燕王朱棣;另一个是燕王的三哥晋王朱棡。初生牛犊果然不怕虎,但精明透顶的老朱皇帝总不会让自己的龙仔去玩那危险的军国之战吧?其实我们平头百姓想到的,人家"天生圣人"老早就算计好了。洪武二十二年十二月,他派仪礼司丞古里哥、舍人火儿忽答孙等出塞,寻访大明军即将要征讨的对象——故元丞相咬住、太尉乃儿不花等人的藏身处,打算来个一抓一个准。(《明太祖实录》卷198)

在做好类似的一系列准备后,洪武二十三年(1390)正月,皇帝朱元璋正式任命颍国公傅友德为征虏前将军、南雄侯赵庸为左副将军、怀远侯曹兴为右副将军、定远侯王弼为左参将、全宁侯孙恪为右参将,齐集北平,训练军马,听从晋王朱棡、燕王朱棣指挥。明初历史上的第十次"清沙漠"行动由此开始。(《明太祖实录》卷199)

按照朱皇帝的历来做法,军事大战之前往往先来个政治"统战"招抚,这第十次"清沙漠"行动也不例外。洪武二十三年正月辛卯日,朱元璋派遣都御史铁古思帖木儿赍敕,往谕故元丞相咬住、太尉乃儿不花、知院阿鲁帖木儿等,其敕文说道:"前岁脱古思帖木儿北行,闻至岭北,祸生不测,和林以南,消息不知,以此尝遣使入沙漠寻访。近闻尔等所在,再遣都御史铁古思帖木儿往谕,汝等元朝气运已终,汝等领散亡之众,在草野无所归,度日甚艰,然不敢南来者,意必谓尝犯边境,故心中疑惑,且如纳哈出在辽东,前后杀掠守御官军二万余人,及后来降,封以侯爵,大小将校悉加官赏。朕何尝以为譬也?但边境宁静,百姓安乐,即是好事。已令和尚国公干因帖木儿、平章晓以朕意,想知之。汝等勿疑,领众而来,必择善地,使汝安居,各遂生息,岂不美乎?若犹豫不决,坐事失机,大军一至,恐非汝之利也。丞相忽客赤、怯薛官人阿怜帖木儿、太尉朵歹不花、国公宁兰奚、司徒把秃、平章卜颜帖木儿、贵力赤、知院脱欢答里牙赤八山葩剌八十卜颜帖木儿、哈剌兀失贵刀札剌儿台捏兀台干罗不花等,悉令知朕此意。"朱皇帝苦口婆心,说尽道理,可故元丞相咬住、太尉乃儿不花等压根儿就不理。(《明太祖实录》卷199)

不理也不要紧,人家大明皇帝早已发兵关外,并做好了进军作战准备。

○ 大明军事行动领导指挥权变更到小龙仔手中——迤都之捷

三月,大明军出古北口,小龙仔朱棣对诸位将领说:"我与诸将军接受皇命,'提兵沙漠,扫清胡虏'。可眼前茫茫一片,连个鬼影子也见不着,哪来什么北虏啊!听说这北虏人居无定所,逐草而居,由此而言,一旦他们住下的地方一定是空旷千里。我们这么大的军阵队伍开拔过去,北虏人老远就能望见,并早早地逃得无影无踪了。依我看,只有先派些精于骑射的侦察兵,侦察一下虏情,再作行动。"众将齐声说好。朱棣随即派活,没过多长时间,那些侦察兵回来报告:"在迤都发现有北虏兵的营帐,据说太尉乃儿不花等北元高官就在那里头。"朱棣一听,来劲了,乃儿不花等是当今父皇咬牙切齿要逮住的头号北虏,无论如何我得要小心行事,做好这"清沙漠"的活儿,这样至少在父皇心中占有了一定的地位。想到这里,他立即下令,迅速进兵迤都。(《明太祖实录》卷200;《明史·外国八·鞑靼传》卷327,列传第215)

可老天不帮忙,就在这个节骨眼上,忽然下起了鹅毛大雪,且一下子在地上积起了数寸之厚。据说有将领提出:是不是今天就不要前进了,估计人家北虏也在休息,等天好了我们再加快行军。但"天才军事家"朱棣说:"不行,正因为天下大雪,人家北虏人才不会料想我军会突然到达的,我们应该乘着大雪加速前进,给北虏人来个措手不及。"于是大明军继续快速向前,来到了迤都附近的一个沙漠堆旁,朱棣立即叫来一同出征的北元故官指挥观童。此人在大明军逼降东北纳哈出时曾立过功,对明朝很忠诚,且与乃儿不花还有着较深的交情。朱棣如此这般地在观童耳朵边言语了一番,观童就出发了,来到了迤都乃儿不花的庐帐。

乃儿不花突然见到老朋友,真是喜出望外,紧紧地抱着且哭了起来。一番嘘寒问暖后,他才想起应该问问老朋友呐:你今天怎么到这里来?这几年过得怎么样?对于类似的问题,观童都能一一道来。两人正聊着,忽然外面一阵骚动,大明军早已包围了迤都,北元兵惊慌失措,四处奔窜。乃儿不花等终于发现,情况不妙,今天老朋友可真不够朋友啊,还没来得及想明白,觉得赶紧逃命要紧啊!他想逃,老朋友观童说话了:"你们全被包围了,往哪里逃?再说今天我们来,是当今皇帝的儿子领的队,这说明大明君主对于你们归降一事十分重视……"观童还没说完,乃儿不花已经服软了,表示愿意归降。观童立即带他去见燕王朱棣。朱棣高兴啊,立即招呼手下人,摆上酒宴,与乃儿不花等当场喝了起来。而后悉收其部落及马驼牛羊而还,并遣人报捷京师南京。(《明太祖实录》卷200;《明史·外国八·鞑靼传》卷327,列传第215)

据说朱元璋听到喜讯后高兴地跟大殿上的群臣说道:"清沙漠者,燕王也!朕无北顾之忧矣。"(《明太祖实录》卷210)

有关上述史料是否真实,我们不得而知,因为《明太祖实录》已被修改了3次,最终就是在永乐皇帝朱棣当政时定稿的。朱棣篡改历史是个好手,与他个人有关的很多历史都被篡改得面目全非了,所以我们现在不得而知当时第十次"清沙漠"行动的真实情况。至于这次"清沙漠"行动后,对来路不明的四儿子并不喜欢的洪武皇帝朱元璋是否真的说过上述那句赞美朱棣的话,我们不妨来看看第十次"清沙漠"行动后的相关事情或许能发现一些问题的端倪了:

洪武二十三年闰四月,朱元璋下诏任命故元太尉乃儿不花为留守中卫指挥同知,阿鲁帖木儿为燕山中护卫指挥同知,咬住为副都御史,忽哥赤为工部右侍郎,各赐纱帽金带钞锭,寻升乃儿不花、阿鲁帖木儿等为指挥使(《明太祖实录》卷210)。但不久朱棣等人举报说,乃儿不花有逆谋。老朱皇帝下令将其处死。(《明太祖实录》卷227;《明史·外国八·鞑靼传》卷327,列传第215)

因此说,从第十次"清沙漠"行动的实际及其所要达到的效果来看,通过这次军事行动,大明北疆军事总指挥权已经归给了朱元璋的龙仔,开始实现朱皇帝津津乐道的"家国一体化",出现了"打架亲兄弟,上阵父子兵"的理想格局。可从理性角度而言,此次"清沙漠"行动的战果并不大,除了叛服无常时时扰边的故元太尉乃儿不花、丞相咬住、忽哥赤、知院阿鲁帖木儿等高官被活捉外,没有什么将士被俘人数的记载,这才有了洪武后期几次规模不大的"清沙漠"后续行动。

洪武二十四年(1391)三月,故元辽王、明泰宁卫指挥使阿札失里率领部众扰边,朱元璋命颍国公傅友德率武定侯郭英等前去讨伐,重新征服朵颜三卫。(【清】谷应泰:《明史纪事本末·故元遗兵》卷10)

洪武二十五年(1392)八月,朱元璋令总兵官都指挥使周兴率军"清沙漠",进军漠北蒙古腹心之地斡难河,转至兀古儿札河,寻找经常扰边的安达纳哈出(即杀害脱古思帖木儿的也速迭儿之部将)藏身之处,一路追踪到兀者河,"得空车百余辆,将还,适永平卫百户汪广报言,哨遇胡兵与战,败之,追奔八十余里,胡兵弃辎重溃去。兴乃遣燕山左护卫指挥谢礼率轻骑疾追之,至彻彻儿山又大败之,生擒五百余人,获马驼牛羊及银印、图书、银字、铁牌等物"。经过这次对朵颜三卫和漠南的再度打击,也速迭儿和安达纳哈出"不敢近边者十余年"(【明】李贤、彭时等纂修:《大明一统志·鞑靼》卷90)

至此我们可以说大明洪武年间"清沙漠"行动已经取得了很大的成功,辽东与漠南大部分地区统一到大明帝国的版图内,大明实现了真正意义上的统一。

综观洪武20多年的"清沙漠"行动,我们看到,由于当初朱元璋伐元战术的不完密性等原因,整个洪武年间,北方残元势力一直是朱元璋政权的心头之患。大明的"北虏"问题由此开启,并与大明帝国近300年的历史相始终。但通过北伐与10次"清沙漠"行动,到朱元璋晚年时,大明帝国的版图已从中原北部拓展到了关外的游牧地区和少数民族地区,这是历史上正统王朝所不曾有过的,这不仅标志着多民族的大一统帝国再建过程的圆满完成,而且还在较为完整意义上实现了"驱逐胡虏,恢复中华"的历史宏愿,朱元璋君臣功莫大焉!

不过从更严密意义的角度来讲,"恢复中华"还不仅仅靠着疆域版图上的"大一统",或许更复杂、更艰巨的还在于"立纲陈纪"或言"立法定制"和"使厚民生"……

大明帝国皇帝世系表

（18帝，1368—1645年，共计277年）

	①明太祖	朱元璋	洪武三十一年	戊申	1368年
懿文太子 朱　标	③明太宗（明成祖）	朱　棣	永乐二十二年	癸未	1403年
②明惠帝 朱允炆 建文四年 己卯 1399年	④明仁宗	朱高炽	洪熙一年	乙巳	1425年
	⑤明宣宗	朱瞻基	宣德十年	丙午	1426年
⑥明英宗 朱祁镇 正统十四年 丙辰 1436年 →	⑦明代宗	朱祁钰	景泰八年	庚午	1450年
	⑧明英宗	朱祁镇	天顺八年	丁丑	1457年
	⑨明宪宗	朱见深	成化二十三年	乙酉	1465年
	⑩明孝宗	朱祐樘	弘治十八年	戊申	1488年
⑪明武宗 朱厚照 正德十六年 丙寅 1506年 →	⑫明世宗	朱厚熜	嘉靖四十五年	壬午	1522年
	⑬明穆宗	朱载垕	隆庆六年	丁卯	1567年
	⑭明神宗	朱翊钧	万历四十八年	癸酉	1573年
	⑮明光宗	朱常洛	泰昌一年	庚申	1620年
⑯明熹宗 朱由校 天启七年 辛酉 1621年 →	⑰明思宗	朱由检	崇祯十七年	戊辰	1628年
	⑱明安宗	朱由崧	弘光一年	乙酉	1645年

《大明风云》系列之 ❷ 大明一统

注释：

①明朝第二位皇帝是朱元璋的皇太孙朱允炆，建文四年时，他不仅被"好"叔叔朱棣从皇位上撵走，而且还被"革除"了建文年号，改为洪武三十五年。

②明朝开国于南京，从正宗角度来讲，很难说迁都是朱元璋的遗愿。因此，大明的覆灭应该以国本南京的沦陷作为标志，弘光帝又是大明皇帝的子孙，他称帝于南京，应该被列入大明帝国皇帝世系表中。

③上表中↙↓↘表示皇位父子或祖孙相传，→表示皇位兄弟相传。

④明安宗朱由崧是老福王朱常洵的庶长子，明神宗万历皇帝朱翊钧之孙，也是明熹宗朱由校、明思宗朱由检的堂兄弟。

后　　记

　　2013年12月平安夜的钟声敲响时,我的10卷本《大明帝国》竣工了,想来这400多个不眠的夜晚,真可谓感慨万千。在这个浮华的年代里,就一个人靠着夜以继日地拼命干,想来定会让象牙塔里带了一大帮子弟子的大师们笑弯了腰,更可能会让亦官亦民的××会长们暗暗地叫上"呆子"的称号……是啊,十多年了,在我们的社会里什么都要做大做强,什么都要提速快行,什么都要搞课题会战工程,而我却是孤独的"夜行人"和迟缓的老黄牛,无论如何都无法跟上这个时代的节拍。好在已到知天命的年龄,什么事都能看得淡淡的,更何谈什么学会、研究会的什么长之诱惑了。秉承吾师潘群先生独立独行的精神,读百家之书,虽无法做到"究天人之际,通古今之变",但至少能"成一家之言",管他春夏与秋冬。

　　不管世事,陶醉于自我的天地里,烦恼自然就少了,但不等于没有。自将10卷《大明帝国》书稿递交后,我一直在反问自己道:"有何不妥?"在重读了出版社发来的排版稿后,我忽然间发现其内还有诸多的问题没有彻底讲清楚或无法展开。譬如,尽管我专辟章节论述了大明定都南京、建设南京的过程及其历史影响,从一般意义角度而言,似乎很为周全,但细细想想,对于已经消失了的南京明故宫和明都京城之文化解读还没有完全到位。理性而言,南京明皇宫与南京都城在中国历史文化进程中所占的地位尤为特别,如果要用最为简洁的词语来概括的话,我看没有比"继往开来"这个成语更合适了。"继往"就是在吸收唐宋以来都城建筑文化精华的基础上,将中国传统的堪舆术与星象术巧妙地结合在一起,使其达到前所未有的完美境界,用明初朱元璋开国时反复强调的指示精神来说,就是"参酌唐宋"和"恢复中华",即在继承先人传统的基础上整合和规划南京明皇宫和大明都城建设,于最核心部分构建了象征紫微垣的宫城,宫城之外为象征太微的皇城,皇城之外为象征天市的京城,环环相套,中国传统文化中的"法天象地""天人合一"思想在南京明皇宫和大明都城建设布局中得到了充分的体现;"开来"就是指明初南京明皇宫与都城建设规制深刻影响了后来的明清皇城与都城建设布局。

　　同样的例子还有南京明孝陵、凤阳明皇陵、盱眙明祖陵,等等。

对于诸多的不尽如人意之处,最好的办法就是在原书稿基础上直接添加和补充,但随之问题又来了。原书稿规模已大,《洪武帝卷》100多万字,分成了3册,每册都是厚厚一大本,如果再要"补全",那就势必要另辟一册。这样对于图书销售会带来更多的不便。思虑再三,只好暂时先以原书稿的规模出版,等以后有合适的机会再作重新规划和布局。

可没想到的是,我的苦衷在今年新书上市后不久让广大的读者和东南大学出版社的朋友一下子给解决了。本来按照图书规模而言,3卷本100多万字的《朱元璋卷》应该是很难销的,但让人始料未及的是,它上市没多久就销售告罄。在纸质图书销售不景气的今天,能有这样的结果,真是莫大的欣慰。更让人兴奋的是,东南大学出版社的谷宁主任、马伟先生在上请江建中社长、张新建总编等社领导后决定,在原10卷《大明帝国》基础上,让我重新修订,分册出版。当时我正在研究与撰写大明正统、景泰两朝的历史,听到这样喜人的消息后,立即放下手中的事情,开始对原10卷《大明帝国》逐一作了梳理,调整章节,增补更有文化含金量的内容,使原《大明帝国》变得更为系统化。考虑到新书内容已有很多的变化,为了与以前出版的相区别,本想取名为《明朝大历史》,但考虑到这是普及性极强的读物,最后与马伟先生合计,取名为《大明风云》。

经过数月的不眠之夜,《大明风云》前8卷终于可以交稿了。回想过往的日日夜夜,看到眼前的这番收获,我要衷心感谢的是中共南京市委宣传部叶皓部长、徐宁部长、曹劲松副部长,南京广电集团谢小平主任,中共南京市委宣传部网控中心的龚冬梅主任,中央电视台池建新总监,安徽电视台禹成明副台长,原南京电视台陈正荣副台长、新闻综合频道傅萌总监,原江苏教育电视台张宜迁主任、薄其芳主任,东南大学出版社江建中社长、张新建总编,东南大学马克思主义学院袁久红院长、袁健红副书记,南京市政协副主席余明博士,南京阅江楼风景区管理委员会韩剑峰主任,新华报业集团邹尚主任,南京明孝陵博物馆张鹏斗馆长,南京静海寺纪念馆原馆长田践女士,南京阅江楼邱健乐主任,南京市社科院李程骅副院长与社科联陈正奎院长、严建强主任、顾兆禄主任,南京市新闻出版局蔡健处长,南京市档案局徐康英副局长、夏蓓处长,江苏省社科联吴颖文主任,福建宁德市政协主席郑民生先生、宁德市委宣传部吴泽金主任、蕉城区统战部杨良辉部长等领导的关怀(特别注明:本人不懂官衔大小,随意排列而已,不到之处,敬请谅解);感谢中央电视台裴丽蓉编导、徐盈盈编导、戚锰编导,江苏电视台公共频道贾威编导、袁锦生编导,江苏教育电视台苍粟编导、夏恬编导、赵志辉编导,安徽电视台公共频道制片人张环主任、制片人叶成群、舒晓峰编导、唐轶编导、海外中心吴卓编导、韩德良编导、张

曦伯编导、李静编导、刘小慧编导、美女主持人任良韵、南京广电集团王健小姐,南京电视台主持人周学先生、编导刘云峰先生、李健先生、柏新民先生、卞昌荣先生、南京电视台十八频道主持人、我的电视节目老搭档吴晓平先生,江苏广播电视总台吕凤华女士、陆正国先生、新华报业集团黄燕萍女士、吴昌红女士、王宏伟先生,《现代快报》刘磊先生,《金陵晚报》郑璐璐主任、于峰先生,金陵图书馆袁文倩主任和郁希老师,南京静海寺纪念馆钟跻荣老师,东南大学出版社刘庆楚分社长、谷宁主任、彭克勇主任、丁瑞华女士、马伟先生、杨澍先生、丁志星女士、张万莹女士,南京明孝陵向阳鸣主任、王广勇主任和姚筱佳小姐,江苏省侨办《华人时刊》原执行副主编张群先生,江苏省郑和研究会秘书长郑自海先生和郑宽涛先生,北京师范大学教育学院孙邦华教授,南京大学王成老师和周群主任,南京理工大学人文学院李崇新副教授,南京财经大学霍训根主任,江苏经贸学院胡强主任和吴之洪教授,南京总统府展览部刘刚部长、南京出版社卢海鸣副总编、南京城墙办朱明娥女士、南京图书馆施吟小姐、福建宁德三也农业开发有限公司董事长池致春先生、原徐州汉画像石馆馆长武利华先生、无锡动漫协会会长张庆明先生、南京城市记忆民间记录团负责人高松先生和篆刻专家潘方尔先生以及倪培翔先生等朋友给我的帮助与关怀。(至于出版界朋友对我的帮助,那实在太多了,怕挂一漏万,干脆就一个也不谢了)

当然还要感谢吾师王家范老师、刘学照老师、黄丽镛老师、王福庆老师、杨增麒老师等曾经对我的谆谆教诲与帮助,也衷心祝愿诸位师长健康长寿!

除了国内的师友,我还要感谢 United Nations(联合国)Chinese Language Programme 何勇博士、美国 Columbia University(哥伦比亚大学)王成志主任、美国 Stanford University(斯坦福大学)Visiting Scholar Helen P. Youn、Stanford University(斯坦福大学)Hoover Institution Library & Archives(胡佛研究院图书馆及档案馆)主任 Thu-Phuong Lisa H. Nguyen 女士和 Brandon Burke 先生、美国纽约美中泰国际文化发展中心总裁、著名旅美艺术家李依凌女士、美国(CHN)总监 Robert KO(柯伊文)先生、泰国国际书画院院长李国栋、日本关西学院法人代表阪仓笃秀教授、世界报业协会总干事马英女士和澳门基金会理事吴志良博士、澳门《中西文化研究》杂志的黄雁鸿女士等海外师长与友人对我的关心与帮助。

在此我要特别感谢美国 University of Pittsburgh(匹兹堡大学)名誉教授、海外著名国学大家许倬云先生。许先生年逾古稀,身体又不好,但他经常通过 E-mail 关心与肯定我的研究与写作,令我十分感动;特别感谢老一辈著名明史专家、山东大学教授黄云眉先生的大作《明史考证》对我的启迪以及他的海内外儿孙们对我的抬爱;特别感谢我的学业导师南京大学潘群先生和师母黄玲女士严父慈母般的关

爱；特别感谢慈祥的师长、我的老乡原江苏省委宣传部常务副部长王建邦先生对我的关怀与帮助。

我还要感谢的是我的忠实"粉丝"与读者朋友，这些朋友中很多人可能我都未曾见过他们的面，譬如安徽六安有个年轻朋友曾给我写来了热情洋溢的信函；还有我不知其地址，只知其QQ号的郭先生，等等。他们不断地给我来信，帮助我、鼓励我。但由于我是个"单干户"，无当今时兴的"小秘"代劳，因而对于广大读者与电视观众朋友的来信，无法做到一一回复，在此致以万分的歉意，也恭请大家海涵！

顺便说明一下：本著依然采用史料出处随后注的方法，做到说史绝不胡说、戏说，而是有根有据。本书稿原有所有史料全文，后考虑到篇幅太厚和一般读者可能阅读有困难，最终决定将大段古文作了删除，大多只保留现代文。也承蒙东南大学出版社朋友尤其谷宁主任、马伟先生和张万莹女士的关爱，本系列丛书拥有现在这个规模。如读者朋友想核对原文作进一步研究，可根据书中标出的史料出处一查便是。最后要说的是，下列同志参与了本书的图片收集、资料整理、文稿起草等工作，他们是马宇阳、毛素琴、雷扣宝、王鲁兴、王军辉、韩玉华、林成琴、熊子奕、周艳梅、舒金佳、雷晟等人。

马渭源
于南京大明帝国黄册库畔
2014年11月16日
电子邮箱：mwynj@sina.com

爱;特别感谢慈祥的师长、我的老乡原江苏省委宣传部常务副部长王建邦先生对我的关怀与帮助。

  我还要感谢的是我的忠实"粉丝"与读者朋友,这些朋友中很多人可能我都未曾见过他们的面,譬如安徽六安有个年轻朋友曾给我写来了热情洋溢的信函;还有我不知其地址、只知其QQ号的郭先生,等等。他们不断地给我来信,帮助我、鼓励我。但由于我是个"单干户",无当今时兴的"小秘"代劳,因而对于广大读者与电视观众朋友的来信,无法做到一一回复,在此致以万分的歉意,也恭请大家海涵!

  顺便说明一下:本著依然采用史料出处随后注的方法,做到说史绝不胡说、戏说,而是有根有据。本书稿原有所有史料全文,后考虑到篇幅太厚和一般读者可能阅读有困难,最终决定将大段古文作了删除,大多只保留现代文。也承蒙东南大学出版社朋友尤其谷宁主任、马伟先生和张万莹女士的关爱,本系列丛书拥有现在这个规模。如读者朋友想核对原文作进一步研究,可根据书中标出的史料出处一查便是。最后要说的是,下列同志参与了本书的图片收集、资料整理、文稿起草等工作,他们是马宇阳、毛素琴、雷扣宝、王鲁兴、王军辉、韩玉华、林成琴、熊子奕、周艳梅、舒金佳、雷晟等人。

马渭源

于南京大明帝国黄册库畔

2014年11月16日

电子邮箱:mwynj@sina.com

大明风云

系列之
明基奠立

马渭源 著

东南大学出版社·南京

图书在版编目(CIP)数据

大明风云 / 马渭源著. —南京:东南大学出版社,
2019.1
 ISBN 978-7-5641-8034-8

Ⅰ.①大… Ⅱ.①马… Ⅲ.①中国历史-研究-明代
②朱元璋(1328-1398)-传记 Ⅳ.①K248.07
②K827=48

中国版本图书馆CIP数据核字(2018)第229083号

大明风云系列之③ 明基奠立

出版发行		东南大学出版社
出 版 人		江建中
社 址		南京市四牌楼2号 (邮编:210096)
经 销		全国各地新华书店
印 刷		南京京新印刷有限公司
开 本		700 mm ×1000 mm 1/16
印 张		120.5
字 数		1928 千字
版 次		2019年1月第1版
印 次		2019年1月第1次印刷
书 号		ISBN 978-7-5641-8034-8
定 价		398.00元(共8册)

(本社图书若有印装质量问题,请直接与营销部联系,电话:025-83791830)

序

马渭源教授的17卷本《大明风云》就要出版了,这是继他2014年推出10卷本《大明帝国》后的又一大系列专著。数日前,他来我家,邀我写个序,我欣然答应了。因为他与日本关西学院校长、国际明史专家阪仓笃秀教授是老一辈著名明史专家黄云眉先生的第二代传人,这是2011年年底海内外眉师儿孙们云集一堂,经过反复研究、讨论,最后作出的慎重决定。作为眉师的第一代传人,我感到责无旁贷要做好这样的事情。

马教授在2012年就应邀去美国做讲座,北美三大华文报刊《世界日报》《星岛日报》和《侨报》对此都曾做了专门的报道,其中《世界日报》称誉马渭源教授为著名的明史专家;稍后中国大陆媒体称他为"第一位走上美国讲坛的明史专家"。

另据海外媒体所载,马渭源教授的《大明帝国》系列专著得到了美国匹兹堡大学名誉教授、海外著名国学大家许倬云先生的赞许与推介,并为哈佛大学、哥伦比亚大学、普林斯顿大学、斯坦福大学等世界一流的高等学府和美国国会图书馆、澳大利亚国家图书馆等西方诸国国家图书馆所收藏,真乃可喜可贺!

最近中央级大报《光明日报》刊载文章说:"世界上SCI检索影响力较大的2 000种期刊中,中国期刊只有5种;排在本学科前3位的世界顶级期刊中,没有一本中国期刊。"(《光明日报》2013年11月30日第7版"科教文新闻")与此相类或者说更不尽如人意的是,中国虽是当今世界上头号出版大国,但中国出版的各类专著为西方国家收藏的却不到20%,社科类不到10%,历史类更是凤毛麟角。而马教授的著作能被这么多的西方著名高等学府所珍藏,并得到了大家许倬云先生的肯定与称许,实属不易!

其实这些年在国内马渭源教授早已是南京电视台、南京广电、江苏教育电视台、安徽电视台、中央电视台和福建网站等公共媒体上家喻户晓的历史文化讲座主讲人和电视节目的常任嘉宾,而他的著作则更是深受广大读者的喜爱。据说有一次在上海展览馆举办他的签名售书活动,原定活动时间为半小时,结果因为读者太多了,主办方不得不延长了一个小时,但还是未能满足广大读者的需求。而最近又传来好消息,国内外知名的网络运营商如亚马逊、中国移动、苏宁易购等都与马教授签订了电子书出版合同,广大读者尤其年轻的读者只要按按手机上的键钮就能轻松阅读他的电子版著作了。

马教授之所以能取得如此的成就和拥有这样的影响力,在我看来,最为根本的

原因就在于他扎扎实实地深入研究，以渊博的知识来解释历史，并用通俗流畅的语言表述出来，但绝不戏说，由浅入深，做到既通俗易懂又让人回味无穷，这是十分难能可贵的啊！

就以本次出版的《大明风云》系列之①～⑤为例，该5卷本主要是讲述大明洪武朝的历史。有关洪武帝朱元璋的传记到目前为止，有好几个版本，最早的可能要数吴晗先生的《由僧钵到皇权》，那是民国三十三年十月由在创出版社出版，当年我在书店里买到了就读。20世纪五六十年代吴晗先生对原书进行反复修改后出版了《朱元璋传》（三联版）。据说当时有好多政治人物都读过，但它毕竟是那个时代的产物，里边有不少阶级斗争的内容和特定意识形态的标签，今天年轻人读来可能有种隔世的感觉。后来陈梧桐教授和吕景林教授也分别写了有关朱元璋的传纪，如今书店里可能还能买到。

马渭源教授在2007年时就撰写了《奇特的开国皇帝朱元璋》上、下册，尽管该书在2008年1月出版后很受读者喜爱，发行量急剧攀升，且远销海内外，但马教授对自己的著作却很不满意，多次在我面前说，那是电视节目的讲稿，时间太仓促，很不成熟，遗憾多多。为此，这些年他不断地收集和整理史料，打算重写。2014年1月他的最新力作《大明帝国》系列之《洪武帝卷》终于问世，比原书整整多出了一倍，多达100多万字。不过随后他又感到意犹未尽，特别是洪武时期的许多事情都未能说个淋漓尽致，为此，在已经修订过的《大明帝国》系列之《洪武帝卷》基础上，他再作努力，分册详尽阐述，这就是现在人们见到的《大明风云》系列之①～⑤：《乱世枭雄》《大明一统》《明基奠立》《洪武"运动"》《治隆唐宋》。

本书为《大明风云》系列之③《明基奠立》，主要论述洪武开国后在从事统一运动的同时对于新兴帝国的经济、政治、军事、法律、教化和社会道德等多个领域进行的建章立制，由此奠定了明朝近300年的统治根基。

全书分为上、下两章，上章为"立纲陈纪，关注民生"，马教授分别从朱元璋政权的屯田制、开中法、黄册制、鱼鳞册制、三等人户徭役金派制度等这些过去人们研究不太经意的经济制度入手，逐一考察了它们的历史流变，并一语中的地指出：这些经济制度所贯彻的核心精神为"右贫抑富"（《明史·食货志一》卷77）。朱元璋这等做法可谓一箭数雕，既解决与稳固了自身政权的经济基础，又缓解了当年紧张的社会矛盾，打压了地方上的豪强富民，强化了君主专制主义中央集权。由于洪武皇帝本人来自草野，深知权力的魔力与民生之不易，因此明初新帝国天子不断地发出"最高指示"，构建"政治绿色通道"，鼓励老百姓造贪官污吏的反，营造"宽民"环境；建立养济院、漏泽园和预备仓制等，构建常规性救济通道，对弱势群体实施有效救济；政治上管教官吏爱民，营造关心农民疾苦的氛围。这些举措彰显了一代开国君主的平民情结，这大概也是数年前马教授在出版朱元璋传记时冠其书名为"奇特的开国皇帝"一大原因吧。虽然在这次出版中,可能是为了系列丛书的格调统一,他将书名做了修改,但这些独特的精彩叙述他却依然保留了下来,让人读来有种耳目一新的感觉。

将洪武朝治政定格在"平民情结",再看朱元璋参酌唐宋,损益元制,立纲陈纪,构建新体,精制狠招,直指"三农",四服"猛药",力解顽疾,以良治良,首创粮长,构建农村自治,建立公平有序的工商秩序,崇本抑末……不难看出,朱元璋的每一招每一式都在试图实现他童年的那个梦想——创造一个"公平的"社会,保护弱势群体、宽待民生,或言"使厚民生"(《明太祖实录》卷40)。因此人们不难看到:尽管洪武年间运动不断、大案要案迭出,官员成批受惩、知识分子遭清洗,功臣勋旧被杀戮殆尽,但大明帝国社会还是比较稳定,因为占据当时人口90%以上的农民与普通平民的基本生活还过得去。让人十分惊叹的是,马教授在书中根据《明实录》《明史》等第一手史料精心制作了《洪武时期主要几次大规模移民简表》《洪武时期修筑的大规模水利工程与水利设施简表》《洪武时期每年新增垦田亩数》《洪武时期天下官民田增长数据与增长率》《洪武时期与元朝岁征粮食数据比较表》《洪武时期与元朝鼎盛时期全国人口数据比较表》等数十张表格,这不仅反映出他读书之精细、论述之谨慎、史论之严肃与客观——全面正确地把握好了洪武朝的历史实际,而且还颇有创见,说理透彻,甚至可以说是入木三分。

除了上章外,本书的下章"躬自庶政,高度专制",虽说是马教授为了照顾一般读者而作了通史性的叙述,但他处理得不错。实际上这类典章制度的研究与论述很不容易,也很难说得明明白白。数年前阪仓笃秀教授来宁,我就跟他讲起:明代政治类典章制度向来涉足者甚少,是明史研究的一大薄弱环节。他回国后花了数年的心血,终成《明王朝中央统治机构之研究》。马渭源教授尽管未作这方面的专论著作,但他在这部《大明风云系列·明基奠立》的鸿篇巨制中花费了巨大的心血,通过讲述一个个惊心动魄又妙趣横生的历史故事,分别从朱元璋"废除地方行中书省,实行'三司分立制衡';废除中书省宰相制,相权六分君主统摄;大都督府'一分为五','兵权三立'君操军伍;精筑五道监察大堤,分权制衡确保君体;制定'公务员'标准化,严惩官吏贪暴腐化;专制渗透穷乡僻壤,四处布下天罗地网;《大明律》与《大诰》并行,礼法结合屈法伸情;水银泻地无孔不入,特务统治无处没有;君主淫威无限张扬,时常当殿滥施廷杖"等9个方面详细考察明初政治制度的"前世"与"今生"及其对未来的影响,这就大大深化了该专业领域内的研究,带有极大的开拓性。

譬如讲到朱元璋"制定'公务员'标准化,严惩官吏贪暴腐化"那一节,马教授在充分注意明朝领导干部入口处的七种回避制度,即官员资格标准化、大明"公务员"工作规范化与公务标准化的同时,对当时"公务员"公款吃喝规范化、标准化——明赐公宴节钱,地方"公务员"朝觐费用补贴规范化、标准化,官吏8小时以外的行为规范化——尤其对官员嫖娼宿妓的处罚,大明"公务员"工作检查、考核标准化——考察与考满,以及大明"公务员"物质生活待遇规范化、标准化进行了深度的考察,并予以浓墨重彩的描述,开拓性研究了明朝"公务员"等级工资配套化及其生活住房配套化、标准化,首次在学术界提出了明代官员样板房问题——事实上是文官制下的"官邸制",他不仅从正史中找到了历史依据:"洪武十八年三月壬戌朔,(朱元璋)命工部增造京官居舍。时京官员多有与民杂处者,礼部主客郎中曾伯机以为言。上命增造房舍凡百余所。"(《明太祖实录》卷172)《明史》中则说得更为详细:"初,京师军民居室皆官所给,比舍无隙地。"(《明史·食货志五·商税》卷81)而且还从明代文人笔记中找到补充与注解,"太祖南都建文官开济等宅,甚宏丽,因呼为样房,至今犹呼品官房"(【明】皇甫录:《皇明纪略》;【明】叶盛:《水东日记·洪武大臣赐第》卷6)。最终他这样写道:从"至今犹呼品官房"几个字来看,大约到明中叶时,大明帝国品级官员中似乎依然实行国家住房配给制,或者说更像海外国家普遍实行的"官邸制"。因此从这样的角度来说,明朝"公务员"尽管实行底薪制,但他们的实际生活还是有所保障的,这也可能就是当年朱元璋反腐倡廉、严格要求大明"公务员"言行标准化的一大充足理由吧!(详见下章)说理透彻,有根有据,既拓展了明史研究的"荒地",又全面客观地评价了洪武朝治政严厉的合理内核。由此可见马教授的见解确实不一般!当然这样的例子还有许多、许多,在此不再一一赘述了。

总之,全书精彩迭现,观点新异又可靠,读之既如品尝陈年美酒,又似沐浴和煦春风。作为年过八旬的垂垂老者,我倍感欣慰,"黄学"后继有人啊!也愿马教授不断努力,推出更多的新作!

权作为序。

南京大学中国思想家研究中心常务副主任、教授

2014年11月13日

《大明风云》系列之 ③

明基奠立

目录

上章　立纲陈纪　关注民生

- 乱世渐定大明新立　洪武治国宽猛相济 ········· 1
  - 以元亡为鉴,欲行宽猛相济之政,解决民生问题 ········· 1
  - 草根皇帝"使厚民生"或言关注民生的缘由 ········· 2
  - 洪武宽猛相济治国思想内涵:阜民之财、息民之力　禁贪除暴、立纲陈纪 ········· 5
- 参酌唐宋立纲陈纪　损益元制构建新体 ········· 8
  - 朱元璋说:"国家新立,惟三大府总天下之政" ········· 9
  - 整饬与改革吏员制度,严防奸吏坏政害民 ········· 12
  - 简明立法,颁布中国最早的普法教材——《律令直解》········· 14
  - 严肃大明后廷制度,开创一代宫闱"新貌" ········· 15
  - 重振纲常礼法　洗涤蒙元胡俗陋习　构建等级秩序 ········· 19
  - 洪武时期立纲陈纪重建等级秩序的历史意义 ········· 23
- 雄主力治"三农"问题　下"猛药"除民生之疾 ········· 29
  - 不遗余力经营农业问题 ········· 31
  - 殚精竭虑解决农民问题 ········· 50
  - 别出心裁实行"农村自治" ········· 76
- 明代的乡村基层组织——里甲制度 ········· 77
- 以良治良创设粮长　君权延伸乡村四方 ········· 84

- 中国历代基层赋役征收的利弊与传统社会中央集权的盲点 ……… 84
- 朱元璋为什么想到要搞粮长制？ ……… 85
- 明初粮长制究竟是怎么一回事？ ……… 89
- 粮长制的历史影响 ……… 96
- 粮长制的异化 ……… 100

● 工商有序和谐公平　崇本抑末宽厚生民 ……… 101
- 重建有序与平和的工商经济秩序——轮班制与不与民争利、不劳民 ……… 101
- 建立严控有序的商业秩序 ……… 106
- 改革币制，推广"大明通行宝钞" ……… 110

下章　躬自庶政　高度专制

● 纵观元亡横看现状　躬览庶政唯此为纲 ……… 115
● 废除地方行中书省　实行"三司分立制衡" ……… 121
- 第一个层面：将故元的地方省级"集权"机制改为地方省级"三权分立"制 ……… 121
- 第二个层面：将元朝的地方四级行政制精简为三级行政制 ……… 124

● 废除中书省宰相制　相权六分君主统摄 ……… 125
- 元明以前的"三省制度"与相权分立 ……… 125
- 朱元璋废除中书省宰相制的主要原因 ……… 131
- 为了这一天，朱元璋苦苦等了一二十年——终结千年宰相制度 ……… 135
- 洪武帝废除中书省宰相制、实行政治制度变革之影响 ……… 136

● 大都督府"一分为五"　"兵权三立"君操军伍 ……… 140
- 行枢密院"变脸"大都督府和朱家人独居大都督之位 ……… 140
- 将大都督府改造成五军都督府的三大缘由 ……… 141
- 最高军事机构"一分为五"：五军都督府的设立及其意义 ……… 148

● 精筑五道监察大堤　分权制衡确保君体 ……… 150
- 将御史台改为都察院，建立范围最广的监察系统 ……… 151
- 建立以六科给事中为主体的无所不察的皇帝近侍监察官系统 ……… 158
- 创设以通政使司为主干的集谏官和监察于一体的宫廷内外通政渠道 ……… 161
- 建立地方权力制衡监察机制：分巡道与分守道 ……… 162

- 制定"公务员"标准化　严惩官吏贪暴腐化 …… 166
  - 明朝领导干部可不好当,入口处至少有七种回避制度——资格标准化 …… 167
  - 大明"公务员"工作规范化与公务标准化 …… 172
  - 大明"公务员"工作检查、考核标准化——考察与考满 …… 178
  - 大明"公务员"物质生活待遇规范化、标准化 …… 194
- 专制渗透穷乡僻壤　四处布下天罗地网 …… 199
  - 建立以黄册制、鱼鳞册制为纵坐标,里甲制为横坐标的户籍网络 …… 199
  - 路引制度与巡检制度——锁定动态小民 …… 201
  - 高皇帝教导大家:提高警惕,严查奸民、游民、惰民与逸夫 …… 203
- 《大明律》与《大诰》并行　礼法结合屈法伸情 …… 206
  - 大明法制建设:《律令》《大明律》与《大诰》之诞生 …… 206
  - 大明法制建设的宗旨——强化君主专制主义 …… 211
  - 司法救济与司法公正 …… 222
  - 礼法结合　执法原情 …… 227
- 水银泻地无孔不入　特务统治无处没有 …… 240
  - 朱元璋为什么会想到要建立锦衣卫特务机构? …… 240
  - 赫赫有名的锦衣卫特务前辈们各自有着不同的"归宿" …… 241
  - 锦衣卫的组建与人事机构组织——明初特务机构内的秘密 …… 245
  - 无孔不入的锦衣卫与大明步入"特务帝国"的轨道 …… 246
  - 五毒俱全的锦衣卫狱废弃与高皇帝"好儿子"对"祖制"的破坏 …… 254
- 君主淫威无限张扬　时常当殿滥施廷杖 …… 255
  - 唐朝大臣坐着议事、宋朝大臣站着议事 …… 255
  - 元明皇帝给不听话大臣"打屁股"——中国特色的君主专制主义创举 …… 256
  - 中国特色的"打屁股"很有讲究 …… 257
  - 明代两次最为"壮观"的"打屁股" …… 257

大明帝国皇帝世系表 …… 259

后记 …… 260

上章
立纲陈纪　关注民生

就在大明军北伐一路凯旋的喜讯不断传来之际，已在南京城里称孤道寡的朱元璋并没有进入极度亢奋状态，相反他表露出格外的凝重与矜持。自古以来，"得天下易，守天下难"的格言时时提醒着这位草根出身的农民皇帝。以前朝兴亡为鉴，摒弃元蒙胡俗，"立纲陈纪"，立法定制，"使厚民生"或言"救济斯民"，那么凤阳出来的这位和尚皇帝到底是如何做的？

乱世渐定大明新立　洪武治国宽猛相济

一度掉到了地狱边缘而"骤然"起死回生并最终隆升为王为帝的朱元璋，曾经参加和领导了元末农民大起义，亲历了元王朝的败亡。这些青少年时代的人生经历与磨难及其心理阴影影响着洪武朝的建章立制，原本一个穷困潦倒的凤阳乡下化缘和尚或言乡野混混因为时势的"垂爱"而终使他有缘登上了人间之巅。面对偌大的残元天下，先前还是一介文盲的朱重八朱元璋又将如何治理？

明朝在南京开国的第二年也就是洪武二年（1369）正月，新皇帝朱元璋忽然想到了一个问题：元朝到底是怎么灭亡的？作为亲历者中的一员，朱皇帝看到的是社会底层面。那么元朝人或言元朝的亡国之臣是怎么看待这事的？一贯做事干练的洪武皇帝下令将已经投降自己的元朝旧臣召来问问。

● 以元亡为鉴，欲行宽猛相济之政，解决民生问题

听了朱皇帝的这等疑问，元朝旧臣马冀应对道："大元拥有天下是因为实行了宽厚的仁德举措，而它的败亡也是因为为政太过于宽懈了。"朱元璋听后大惑不解

了:"元朝因为开国时实行宽政而拥有了天下,这个我倒是听说过的。但刚才你说的元朝因为为政太过于宽懈而失去了天下,这可是闻所未闻。病了的人走起路来容易跌倒,脉象弱到了不能再弱了,这个人也活不了,对老百姓如果实施急政、严政了,大家都感觉活不了就要起来造反了。所以说作为帝国的统治者应该懂得这样的道理:为政应该宽仁。只听说为政宽仁而拥有天下,我真还没听说过为政宽厚了会失掉政权。元朝君臣沉溺于淫逸作乐,'前腐后继',终使沉沦灭亡,其失天下在于纵弛,而不是什么真的宽厚啊!'大抵圣王之道,宽而有制,不以废弃为宽;简而有节,不以慢易为简,施之适中,则无弊矣!'"(《明太祖实录》卷38)

朱元璋的这番"最高指示"所涉及的治理天下主要是指治理老百姓,治政的精神是"宽而有制""简而有节"和"施之适中",我们将其再概括一下即为"宽猛适中"。这样的治政思想在洪武年间施政过程中朱元璋还予以多次表达。譬如洪武七年三月,兵部尚书刘仁、刑部主事郑九成被朝廷委派为广东行省参政,两人上任前在南京明皇宫向洪武皇帝道别,朱元璋颇有兴致地这么指示道:"广东等岭南地区在京师南京数千里以外,朝廷委派到那里治理的地方官必须是得体的重臣,这样才能安辑一方的生民百姓。今朕特地任命两位爱卿前往广东担任重职,寓意就在这里啊!'凡政事之施,宜恩威兼济。若为政一以恩而无威,则宽而无制,事不立矣;若徒以威而不仁,则严而无恩,民不堪矣。惟恩不流于姑息,威不伤于刻暴,则政事自举,民生自遂。'(《明太祖实录》卷88)如果布政司以下的府、州、县也能做到这样,不说岭南,就是在天涯海角,我朝廷还有什么可担忧的呢!"

上述这番训谕里头洪武皇帝再一次谈了治理百姓的核心精神,就是要恩威兼济或言宽猛相济。"宽"在朱元璋看来就是要宽待民生,或言"使厚民生"(《明太祖实录》卷40),用今天时髦话来讲就是要解决好民生问题。洪武皇帝之所以提出这样的治政理论,大致有以下四个方面的原因:

● 草根皇帝"使厚民生"或言关注民生的缘由

第一,朱元璋草根出生,与广大的底层草根有着千丝万缕的天然联系。

因为自己是草根出身,在登基称帝后朱元璋对昔日的穷困乡邻或帮助过自己的草根恩人表露出极为不常见的"仁厚"与热心。据说朱元璋当年在乡下时有个邻居王妈妈的,她看到朱家穷得实在没法过了,一发善心,救济了朱家人。为此朱元璋一生都记得王妈妈的好,在南京登基即位后,他令人到凤阳乡下去召王妈妈一家人来叙叙旧。可乡下人土里吧唧的不说,简直就从来没见过什么世面,到了南京,见到高大宽敞的明皇宫,王妈妈与她的儿子就不走了,直犯迷糊:这是古庙呐还是别的什么殿堂?奉命来请她娘儿俩的皇帝特使不停地向他们作介绍,且连哄带骗终于将他们带到了皇帝朱元璋跟前。谁知,这娘儿俩一见到猪腰子脸的朱皇帝不仅不叩首,还直呼"朱重八"之名,弄得整个朝堂上的人都为他娘儿俩捏一把汗。没想到一向讲究名分和贵贱等级的朱皇帝这回脾气特好,笑眯眯地看着、听着,等到王妈妈娘儿俩惊讶够了、唠叨得差不多了,他就招呼来者坐下,然后家长里短地问个不歇。完后朱皇帝还命令大明工部为王妈妈家盖起了宽敞的大房子,并让王妈妈的儿子在大明朝做官。时人见此不无感慨地说道:"现在世上的人一旦自己发达了、富贵了,就将旧时的邻居、伙伴或朋友忘得一干二净,哪顾得上知恩图报,只当今圣上天纵英明,不忘旧情,难得啊!"(【明】王文禄:《龙兴慈记》)

见此,有人可能要说,这是朱元璋在作秀!真的吗?我们不妨再看一个例子:朱元璋发迹后曾让手下人到凤阳乡下为他的父母亲重修陵墓——这就是明朝历史上有名的明皇陵。朱家当年十分穷困,朱元璋父母的下葬之地还是仁厚财主刘继祖发善心给的,墓地之小可想而知。可如今要重新建造皇帝父母的陵墓,少不了要拆迁一番,腾出地方来。洪武皇帝朱元璋听说后很不高兴,他说:"我家父母坟墓及其周围地区都是我们朱家的老邻里,没必要搬迁啊,任由他们自由出入,春秋祭祀节日,适时祭扫。"(【明】陆容:《菽园杂记》卷3)

不仅如此,朱元璋有时还要回老家凤阳看看,而一旦回去,凤阳地方上的父老乡亲都会不约而同地热情相迎。见到乡亲,朱元璋一反南京城里的凶神恶煞之相,笑容可掬地向他们嘘寒问暖,还极为大方地酒宴宽待大家。酒会上朱皇帝谆谆教导家乡的后生们要积德行善,甚至会关照:滨淮诸郡尚多寇兵,不宜远出!做皇帝的能做到这样,恐怕只有乡下出生的本色农民或言草根才会如此啊!(【明】皇甫录:《皇明纪略》)

第二,朱元璋亲历元末大起义,直接感受民众力量的伟大,也鉴于元朝末年统治者不关心民生而迅速败亡的历史前鉴。

洪武元年七月的一天,朱元璋与近臣们讨论起创业艰难问题,他不无感慨地这番说道:"朕是依靠诸位将帅的奋力作战,扫除祸乱,最终才成就大业的。如今天下逐渐平定了,说实在的,朕怎么就不想好好地休养生息、快活一番啊!但朕害怕天,也害怕民。一个君主的所作所为有什么不当的,那就上悖天意,下失民心,发展下去,最终会招致天怒人怨,哪有不灭亡的道理啊!'朕每念及之,中心惕然'"。(《明太祖实录》卷32)

洪武皇帝的这番高论中说到的天意即民意,如何解释之?洪武三年(1370)朱元璋在给北逃的元顺帝劝降书中大致这样说道：你元顺帝与我谁来当皇帝，这都是天命所定。什么是天命？天命就是民心！然后他引用了唐朝流传下来的格言："民犹水也，君犹舟也，水能载舟，亦能覆舟。"这就明确地表达了朱皇帝心目中民众力量的伟大！（《明太祖实录》卷51）

洪武中晚期，在与侍臣的一次有关民众治理的谈话中，朱元璋讲得更加透彻："治民就好比是治水，治水就要遵循水性规律，同样治民也得摸清人之常情。大凡人之常情莫不好生恶死，所以作君主的应该注意到省刑恤罚，尽可能减少战争，这样就会使得老百姓的生命有所保障；大凡人之常情莫不喜富厌贫，所以作君主的就应该重视农时，轻徭薄赋，这样就会使得老百姓的生活有了保障；大凡人之常情莫不好逸恶劳，所以作君主的就应该省工罢役，或者说是减少大工大役，这样就会使得老百姓的生活有所安定。假如不顾农时役使百姓，不顺民情之道而任意搜刮、敛财，任凭威武一味地抑制他们，任凭暴力一味地强迫他们，勉为其难，只图眼前他们的服从，那么这就好比是逆着水性治水，迟早要被水所吞没。"（《明太祖实录》卷177）

这显然是朱皇帝目击与亲历了元末农民起义和借鉴于元朝末年统治者不关心民生而迅速败亡的历史经验得出的结论。洪武九年的一天，朱元璋跟侍臣论及天下安危时曾这样说道："淡泊能养心，勤俭能养德，纵欲就坏事，所以说那些奇技淫巧、花花草草一旦多了，心就会累，德性也会受损，仙山琼阁，酒池肉林，这个君主的天下也将要完了；卑宫陋室，勤俭节约，爱民如子，这个君主就是圣君，就能兴邦。朕回顾元朝历史，开国之主元世祖在位时，躬行俭朴，最终实行了天下一统；到了元末时，元顺帝骄淫奢侈，荒淫无度，暴殄天物，终致人神共怨，败家亡国。这些都是不久以前发生的事情，可作为我们的明鉴啊！朕也经常拿它来教育皇子们，让他们有所警戒，这样也可确保我大明朝长治久安！"（《明太祖实录》卷106）

第三，从当时的实际形势来看，经过元末大动乱，社会经济遭受了严重破坏。如果新上台的统治者只知道享乐胡为、任意搜刮，而不顾国力民生，那么用不了多久就会引发新的社会动乱。对此，由元末社会大动乱中一路走来的大明开国皇帝朱元璋有着十分清醒的认识。

有一次，朱元璋跟朝中重臣这样说道："朕一旦忙完政事空下来了，就会想到天下之事，从来没有一天安宁自逸。治理天下就同整理蚕丝，一丝不整理好，则众丝皆紊乱。治国也一样，凡遇到事情，必须得先考虑清楚然后再作出行动。怕就怕在这中间有什么漏洞，让奸顽之徒钻了空子，祸害我子民，所以说朕自即位以来从未有过片刻的安逸。再说那刑法，朕也尤为操心，当然这也不是一两个人所能把控得好的，需要你们诸位爱卿一同用心，只有这样，我大明才会民无冤抑，刑狱清省。"就在同一天,来自全国各地的府州县官在南京明皇宫向洪武皇帝陛辞,朱元璋语重心长地跟大家这样说道:"天下初定,百姓财力俱困,譬犹初飞之鸟,不可拔其羽;新植之木,不可摇其根。要在安养生息之!"(《明太祖实录》卷29)

由此而言,明初帝国统治者对于国计民生欲行休养生息政策,不是因为他们人有多慈善,而是那时的形势迫使其不得不如此!

第四,朱元璋不仅懂得民众力量的伟大,而且更懂得底层人最不可缺失的是什么。

自身草根出身,借助元末农民起义的良机,使原本徘徊于地狱边缘的化缘和尚或言乡下混混骤然间发迹。

想当年自己要不是快活不下去了,断然不可能去干造反这等杀头灭族的玩意!因此说当皇帝的要想自己的江山社稷稳固势必要十分认真地关注民生,民生问题解决了,天下也就稳定了。用朱元璋的话来说:"得天下者得民心也!"

那是洪武元年七月,大明军北伐正在进行着,朱元璋不仅关注着北方战事动态,而且还十分留意中原"草根"百姓的生存状况,他找来中书省官员问话:"中原战争后满目疮痍,鳏夫、寡妇、孤儿以及贫穷无力者往往会流离失所,你们中书省应该着手派人前去赈济、抚恤啊!"没想到中书省官员却这样回答:"陛下,赈济、抚恤是应该的,可我们现在国库里没钱啊!"朱元璋听后很不高兴,随即极为认真地说道:"得天下者得民心也!老人是老百姓的父母,小孩是老百姓的子女。抚恤了老人,那么天底下做子女的都会高兴;赈济了小孩,那么天底下做父母的也都会开心。天下的老人、小孩都高兴了,还有谁会不愿归附于我大明呐!如果任由他们穷困潦倒,不加抚恤,那么老百姓就会失望地说:那个老发号施令又不体恤我们的人是谁呀?我们才不要这样的君主!所以说体恤、救济贫穷的人,不在于有没有钱,而在于有没有这心!而真正拥有这样的心思来为政治国,还用担心天下不能大治!"(《明太祖实录》卷32)

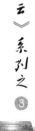

● 洪武宽猛相济治国思想内涵:阜民之财、息民之力 禁贪除暴、立纲陈纪

正因为拥有这样的认知,朱元璋提出了"君民一体"论。他说:"善治者视民犹己,爱而勿伤,不善治者,征敛诛求,惟日不足,殊不知君民一体,民既不能安其生,君亦岂能独安厥位乎?"(《明太祖实录》卷76)朱元璋的这个"君民一体"论有人解释为"君民一家",给人感觉好像皇帝是全国臣民的意志的代表,或者就像有人大言

不惭地宣称:全国人民叫我再干几年!其实专制魔头朱元璋的"君民一体"论,绝无现代西方元首、人民平等意识,恰恰相反,他的君民论中充满了极端的贵贱等级思想。在流传至今记载着朱皇帝思想的明代文献中,专制魔头眼里的君民关系就是主子与奴才的关系,他说:"食禄之家与庶民贵贱有等,趋事执役以奉上者,庶民之事。若贤人君子既贵其身,而复役其家,则君子野人无所分别,非劝士待贤之道。"(《明太祖实录》卷111)"为吾民者,当知其分,田赋力役出以供上者,乃其分也,能安其分,则保父母妻子,家昌身裕,斯为仁义忠孝之民,刑罚何由而及哉。"(《明太祖实录》卷150)

既然趋事执役和供奉田赋是小民的本分,那统治者就只管享受?朱元璋却不这么认为,他说:"治理天下百姓就好比是驾驭马匹,如果一味地快马加鞭,只顾前进速度而不顾马的死活,那么这个骑在马背上的人就很容易摔下来,既然摔下来了,人还会不受伤?"(《明太祖实录》卷76)后来朱元璋回忆起自己苦难的童年、少年时代,那时元朝统治者只知道穷奢极欲,只知道横征暴敛,不顾人民死活,弄得天下百姓没有生活,于是就天下大乱了。(《明太祖实录》卷176)

朱皇帝还曾跟手下的军中武臣们这样说道:"且如人家养个鸡狗及猪羊,也等长成然后用。未长成,怎么说道不喂食,不放?必要喂食看放有条理,这等禽兽畜生方可用。如今军官全家老小,吃着穿着的,这见受的职事,都是军身上来,这军便似他家里吃饭的锅子一般,便似仓里米一般,又似庄家种的田一般。……似他这般害军呵,却便似自家打破锅子要饭吃么道?却似露天地里放着米,眼前吃一顿,别的都烂了,明日再要米吃,有也无?却似庄家种田,本是一百亩,足本家食用,内卖去十四五亩,荒了数亩,尚且要饱饭吃,得也不得?……害得军十分苦楚,望长远受用,如何能勾?"(【明】朱元璋:《御制大诰武臣》序,《全明文》第1册,上海古籍出版社1992年第1版,P729~730,以下省略版本,只标页码)

一句话,在朱元璋看来老百姓生计都没了,你这个皇帝还能当下去吗?因此他主张对于民生问题要宽厚一点,否则的话,就等于是杀鸡取卵,败亡是迟早的事情。就此而言,朱元璋的"宽仁"还不是一般意义上的宽仁,而是有着特定的含义。

洪武元年正月即大明开国的当月,朱元璋与刘基等近臣一起讨论治国之道。朱元璋说:"过去群雄角逐,生民涂炭,死亡的太多了,即使休养一下也难以恢复啊!现在国家大势已定,各地割据势力也会被大明军一一平定,你们说说看,日后我大明应该采取什么样的休养生息之道?"刘基说:"休养生息之道的关键点就在于宽仁……"听到这话,洪武皇帝朱元璋似乎觉得刘大臣讲得还不够贴切,他立马插话:"治国理政采取休养生息之道,不给老百姓来点实惠而泛泛而言宽仁,这是没用的。

'以朕观之,宽仁必当阜民之财而息民之力。不节用则民财竭,不省役则民力困,不明教化则民不知礼义,不禁贪暴则民无以遂其生。'如果像这样的话讲宽仁,那是徒有其名而老百姓一点实惠都没得到啊!所以说宽仁养民,必须要务本,从根本上做起,就好比是种树的一定得从根基培植做起!"(《明太祖实录》卷29)

由此可见,阜民之财、息民之力、节用、省役、明教化……这才是朱元璋治国指导思想中的"宽"的真正含义。但"宽"还不是洪武帝治国指导思想的全部,他还主张"宽猛兼济"或言"宽猛相济"。

洪武十八年七月的一天,朱元璋在处理完政事后问身边的近臣:当今天下如何?左春坊左赞善老学究刘三吾立马应对道:"托皇帝陛下您的福,当今天下四方无虞,盗贼屏息,五谷丰登,百姓安逸幸福。"朱元璋听后很不以为然,他说:"天下这么大,老百姓那么多,怎么敢说他们都能安逸幸福?身为天下之主,朕常常挂记着天下黎民苍生,惟恐他们流离失所,所以时不时地加以询问,几乎没有一天会忘记的。"刘三吾回答说:"圣心拳拳,陛下您的洪恩仁德早已泽被民众,且相当之深了!"听了刘三吾的这番话,朱元璋还是觉得其中有问题,他马上纠正道:"君主的洪恩仁德不应该是一般的泛泛而言,就像圣医扁鹊给人治病,如果他不用药,那病人的病会好吗?就像木匠之祖公输班给人做木器,如果他不用绳墨,那木材能被纠直吗?就像尧舜那样的君主治理国家,如果不实施纪纲法度,只是一味地讲讲洪恩仁德,那也是徒劳之仁善,不足以为政!"(《明太祖实录》卷174)

其实朱元璋的这种"宽猛相济"的治国思想早在大明建国前后就已经形成且表达出来了。至正二十四年、宋龙凤十年(1364)在南京城里称吴王没多久的朱元璋就向左相国徐达等人发表了这样一番治国"宏论":"建国之初,当先正纪纲。元氏昏乱,纪纲不立,主荒臣专,威福下移,由是法度不行,人心涣散,遂致天下骚乱。"(《明太祖实录》卷14)

洪武元年朱元璋在给刘伯温的手书中再次表示:"胡元以宽而失,朕收平中国,非猛不可!"(【明】刘基:《诚意伯文集》卷1,《四部丛刊初编》第317册,P64)

由此看来,在朱元璋的治国指导思想中"猛"是断然不可缺少的,这是鉴于元朝末年纪纲不立、法度不行,终致人心涣散,天下大乱而得出来的经验教训。那么,怎么"猛"?洪武帝认为,当务之急就要"立纲陈纪"或言"立法定制"。(《明太祖实录》卷49)

"立纲陈纪"最早是朱元璋在《北伐宣言》中提出的:"驱逐胡虏,恢复中华,立纲陈纪,救济斯民!"(《明太祖实录》卷26)后来这样的建国理政的指导思想成为洪武君臣的共识,并贯彻于洪武朝的始终。如洪武元年八月大将军徐达在上《平元都捷表》中就首先重述了朱皇帝的"立纲陈纪"的治政精神,歌颂当时的大明"治具毕张,发政施仁,民心大悦"(《明太祖实录》卷34);洪武二年八月中书左丞相宣国公李善长等在进表中也竭力歌颂大明"立纲陈纪,用夏变夷,肆宏远之规模,成混一之基业"(《明太祖实录》卷44)。而朱皇帝更是时不时地将其挂到了嘴边上:洪武十一年正月己卯日在进封中山侯汤和为信国公的赐诰里,洪武十三年八月丁未日在向全国郡县守令的诏戒中,洪武二十四年三月和洪武二十七年三月策试礼部会试中式举人的制策中,他一而再再而三地强调"立纲陈纪"(《明太祖实录》卷117;卷133;卷208;卷232),那么究竟如何立纲陈纪?

参酌唐宋立纲陈纪　　损益元制构建新体

　　"立纲陈纪"或言"立法定制",换成今天话来说就是建章立制,也就是给新王朝建立一整套新的典章礼仪和法律规章制度。洪武皇帝从小就是元朝的子民,后来以反元起家,夺得了元朝的江山,因此他最熟悉的当然是元朝的典章礼仪和风俗习惯了,其接手和继承的"遗产"当然也就是这些了。但元朝是以马背民族入主中原而建立起来的王朝帝国,以绝对少数实行对绝对多数的军事统治,加上它的风俗礼仪迥异于汉民族,又实行残酷的民族压迫政策,这样就使得原本以儒家理论为指导思想的居于世界领先地位的中华帝国农耕文明,受到了前所未有的大挑战,甚至是大颠覆。于是就出现了一个个社会畸形怪胎:"中国衣冠坏于胡俗","僧道之教……男女溷杂,饮酒食肉自恣","豪强之家多以他人子阉割役使",最令人诟病的是大元帝国"本末倒置",时人记载说:"我大元制典,人有十等:一官、二吏,先之者,贵之也;贵之者,谓有益于国也。七匠、八娼、九儒、十丐,后之者,贱之也;贱之者,谓无益于国也!"(【元】谢枋得:《叠山集》卷6;【元】郑所南:《心史·大义略叙》)"儒"即今天所说的知识分子,大元帝国社会居然将脑力劳动者或言精神文明的创造者置身于社会的末端,与乞丐同埒,这样的帝国王朝再怎么说也好不到哪里去。因而当朱元璋通过参加和领导红巾军起义进而建立自己政权以后,就不无感慨地对元帝国统治秩序发出了"冠履倒置之叹"。(《明太祖实录》卷26)

　　说元朝人将帽子穿到了脚上,将鞋子当做帽子戴到了头上。虽说这样的说法有着很大的夸张,但元帝国统治对中华帝国传统农耕文明的冲击所带来的社会秩序紊乱这是不争的史实。那么怎样激浊扬清、正本清源?

　　洪武元年(1368)十一月甲子日,朱元璋在"诏定乘舆以下冠服之制"中首先正式提出了"参酌唐宋之制而定之"的口号。(《明太祖实录》卷36)随后在洪武四年四月制定皇太子纳妃礼仪和洪武五年六月定内命妇冠服制以及洪武九年五月议定

宫廷丧服之制时，朱元璋君臣多次予以强调。(《明太祖实录》卷64；卷74；卷106)

"参酌唐宋"即以中华文明经典时代——唐宋时期的典章礼仪与规章制度为根本，适当地做一些变通。这样的例子在洪武五年制定宫廷命妇冠服制操作过程中再典型不过。当时遵循朱皇帝"参酌唐宋"精神制礼作乐的礼部官员说："唐制贵妃一品、昭仪二品、婕妤三品、美人四品、才人五品，冠服并用花钗翟衣；宝林六品、御女七品、采女八品，冠服同尚宫等，并佃钗礼衣。宋内命妇贵妃一品、太仪二品、婕妤三品、美人四品、才人五品、贵人无视品，冠服并用花钗翟衣，自国夫人县君及充司、簿司宾者，并赐冠帔。今内命妇增设贵人一等、才人二等，参酌唐宋之制，自三品以上，宜用花钗翟衣，贵人视四品，才人视五品，并同尚宫等用山松特髻大衫，以为礼服。于是以贵人为三品，以后妃燕居冠及大衫霞帔为朝会礼服，珠翠庆云冠鞠子褙衣缘襈袄裙为常服"(《明太祖实录》卷74)，朱元璋当即予以准允。

因为唐宋规制并不完全一样，朱元璋君臣对此没有过于刻板，而是适当地做了一些变通。所以有人说朱元璋是个绝对保守的君主，看来还不能完全肯定地那么说。那么对于眼前的一切直接"遗产"，早就对元朝深恶痛绝的洪武君臣就完全抛弃了？也不见得！洪武十三年朱元璋在"讲求官制"的诏书中还是委婉地表达洪武初年开国建章立制继承了元朝的很大一部分"遗产"的："远稽汉唐，略加损益，亦参以宋朝之典，所以内置中书省、都督府、御史台、六部，外列都指挥使司、承宣布政使司、都转运盐使司、提刑按察司及府、州、县，纲维庶务，以安兆民。"(《明太祖实录》卷129)"内置中书省"一语就有很大问题，唐宋时代中央实行的是"三省制"，绝不是元朝的中书省"一省"，朱元璋在洪武初年实际上很大部分继承的是元朝的典章礼仪制度，这个过程用朱元璋的话来说也叫"立纲陈纪"，那么在洪武开国之初朱元璋君臣又是如何"略加损益"地"立纲陈纪"、构建新体的？

南京开国时的大明帝国是以先前朱元璋的吴政权机构为基础的，而吴政权又是以龙凤政权的地方分支权力机构发展而来的。有意思的是，龙凤政权又是基本上抄袭了元朝的体制结构。因此说洪武初年的大明官僚权力机构在很多方面采用了元朝体制，但又没有完全照搬，而是有所损益。

● **朱元璋说："国家新立，惟三大府总天下之政"**

○ 中书省——以总天下之文治(《明太祖实录》卷129)

元至正二十四年(宋龙凤十年，1364)朱元璋在南京称吴王，"建百司官属，置中书省:左、右相国为正一品,平章政事从一品,左、右丞正二品,参知政事从二品……"(《明太祖实录》卷14)这套体制在1368年洪武开国时大体上继续照用。当时御史中丞刘基、学士陶安就向朱元璋上奏说:"中书省和都督府官员曾议论,按照元朝旧制,我朝中书省应该设个中书令,恳请皇帝陛下任命皇太子朱标出任中书令一职!"(《明太祖实录》卷29)

元朝中书省就是古人所称的丞相府衙,其左右丞相之上还设有中书令,即第一宰相,"典领百官,会决庶务,太宗以相臣为之,世祖(始)以皇太子兼之"(《元史·百官志一》卷85)。但皇太子要是与皇帝不一心,那就问题多了,元末朝廷中元顺帝与皇太子爱猷识理达腊之间的关系就是这么个情况。

朱元璋似乎看到这个毛病,当有人提出要设立中书令时,他是这样回答的:"建章立制取法于前朝古制,一定要有所选择,凡是好的我们就继续实行,要是不好的而又盲从,就像登高要望远但你又有恐高症,想横渡长江但你又不会用船桨,你说怎么能指望天下得以大治?元朝人做事不向古人学好,设官建制不以任人唯贤,而是唯我族类,名不副实,威信不服众人,怎么能治好天下?我们又怎么能照学他们呀?再说朕的皇太子现在年纪还小,学识不广,经历的事情也少,还需要多多学习,博通古今,识达机宜。今后凡是军国重务都向他报告报告,让他知道一下该如何处理就行了,何必一定要模仿元制设立中书令呢?"(《明太祖实录》卷29)

明初不设中书令,中书省的丞相就成为了政府最高的行政长官了。而中书省之下则设立负责具体行政事务的六部,洪武元年八月大明正式开始设置吏、户、礼、兵、刑、工六部之官。(《明太祖实录》卷34)

而在地方上洪武初年则继续推行朱元璋称吴王时抄用元朝的行中书省制,行中书省以下地方上设立府和直隶州,再以下就是县一级的地方行政机构,相比于元朝少了路一个行政级。(参见《明太祖实录》卷11—卷50)

○ 御史台——以振朝廷之纪纲(《明太祖实录》卷129)

有行政官僚就必须设立官僚监察机构,这是汉唐以来中国古代政治文明的一大特征。明初开国时曾注意到了这方面问题。洪武初年朱元璋开创大明时沿用了吴元年十月设立中央御史台制度和地方按察司制度,"御史台设左、右御史大夫,从一品;御史中丞,正二品;侍御史,从二品;治书侍御史,正三品;殿中侍御史,正五品;经历,从五品;都事,正七品;照磨、管勾,正八品;察院监察御史,正七品。各道按察司按察使,正三品;副使,正四品;佥事,正五品;经历,正七品;知事,正八品;照磨,正九品"。(《明太祖实录》卷26)

中央除了实施御史台监察制度外,洪武六年三月,朱元璋又下令设定六科给事中制度,"定设给事中十二人,秩正七品,看详诸司奏本及日录旨意等事,分为吏、户、礼、兵、刑、工六科。每科二人,凡省、府及诸司奏事,给事中各随所掌,于殿庭左右,执笔纪录,具批旨意可否,于奏本之后仍于文簿内注写本日给事中某钦记,相同以防壅遏欺蔽之弊,如有特旨,皆纂录付外施行,铸给事中印一,推年长者一人掌之;置钦录簿三,中书省一文职官录之,大都督府一武职官录之,御史台一监察御史录之,凡奏本用厚白纸楷书纸,后必书纸若干,并字若干起某字止某字背书,该吏并书写人某于皇太子、亲王前,谓之启本,其式皆同,但易奏为启;若系边报及钱粮、机密重事不待朝会合奏闻者,于给事中处报知引奏,省、府、台各置铜匮,凡所录旨意文簿收贮于内,以凭稽考"。(《明太祖实录》卷80)

六科给事中是朱元璋建国立制的一大创举,它与御史台相并立,两者相互监察、相互制约又相互补充,明代的官僚监察大为加强。

○ 大都督府——以统天下之兵《明太祖实录》卷129

与中书省、御史台一起被洪武皇帝称为"三大府"的另一个中央机构叫大都督府。大都督府在朱元璋政权"三大府"中设立得可能最早。元至正二十一年、宋龙凤七年(1361)朱元璋将仿制元朝的枢密院改为大都督府,任命原枢密院同佥朱文正为大都督,节制内外诸军事。该年年底,增置大都督府左右都督、同知、副使、佥事、照磨各一人,大都督府机构才渐趋完整(《明太祖实录》卷9)。元至正二十四年、宋龙凤十年(1364)定大都督府衙门官制:大都督从一品,左、右都督正二品,同知都督从二品,副都督正三品,佥都督从三品,经历从五品,都事从七品。(《明太祖实录》卷14)

明朝地方都司、卫所不仅掌管军事事务,而且还要兼管卫所辖地的行政事务,这是明代地方上军事机构的一大显著特征。在内地和沿海地区,人口稠密,卫的辖地一般都比较小,大致相当于一个县的范围。但在明朝西南边疆和从东北到西北的整个北疆,卫所辖地范围就很大,要远远超过内地的州县。因为大明帝国在卫所辖地不再另外设立行政管理机构,所以说当时的卫所本身就是军政合一的管理机构,管理辖区内不仅仅有军事和军屯,还有民屯和民事。这样一来,从中央到地方,明朝军事组织自成一大系统:大都督府——都指挥司(简称都司,包括行都指挥司、直接隶属于大都督府的卫)——卫(包括直接隶属余都司的守御千户所)——千户所——百户所。与此相对应,从中央到地方,明朝行政管理则为另一大系统:中书省——行中书省(简称行省,包括直隶府和直隶州)——府(直接隶属于行中书省的州)——县。在这两条垂直管理系统中间还有一大系统,那就是监察管理系统:中央御史台……(明初御史台似乎不直接领导地方上的按察司)提刑按察司——提刑按察分司。

在这三大系统中,军事、行政两大垂直管理系统可谓蔚为壮观,相对而言监察系统无论中央还是地方似乎都直接听命于皇帝朱元璋,因此在洪武十三年前后的大明"废相改制风暴"中改动最大的也就是这两大系统,监察系统动得不多。不过,这些都是后来的事了,大明开国时期的朱元璋还不这么看,当时的他对于三大系统还寄托着厚望,"国家新立,惟三大府总天下之政。中书,政之本;都督府,掌军旅,御史台,纠察百司,朝廷纪纲尽系于此"。(《明太祖实录》卷26;【明】《大明会要·职官五·都察院》卷33)

当然除了三大府外,洪武开国前后还曾构建了其他一些官僚机构,譬如吴元年十一月确定盐运司官制,"盐运司使为正三品,同知正四品,副使正五品,运判正六品,经历正七品,知事正八品,照磨、纲官正九品,盐场司令从七品,司丞从八品,百夫长省注"。(《明太祖实录》卷27)洪武二年(1369)四月,朱元璋诏令中书省编撰《祖训录》,制定诸王分封制和官属制(《明太祖实录》卷25);洪武四年确定用宝金牌制度(《明太祖实录》卷65~67)和新式吏员制度等,其中最有新意和影响的可能就要数新式吏员制度的建立。

● 整饬与改革吏员制度,严防奸吏坏政害民

吏员,用今天话来说就是衙门里的非领导职务的普通工作人员。在中国古代文明的经典时期,官是官,吏是吏,官和吏有着很大的不同。官相当于现代所称的领导干部,一般由科举出身的人担任,所以说那时的官一般都很有文化水平,甚至有的还是学术领头人,他们一般都不具体管事,掌握大局和方向;具体管事的是衙门里的吏员,他们做的都是具体事务,含金量不高,所以不必有多少文化,只要略通文墨的人就能担当。唐宋之际中国古代文明进入黄金时代,在政治制度文明中尤为注意官和吏的区别。

可随着契丹和女真等少数民族的入侵和辽、金政权的建立,只会弯弓射大雕的军事征服者哪儿懂得官、吏不同治的深远意义,于是以吏代官成为了这几朝官僚政体的政治时尚。元朝攻灭宋朝后继承的正是"尚吏治而右文法"的辽、金弊政,他们以吏治国,将国家治得一塌糊涂。元朝的吏十分吃香,那时官僚体系中吏员出身的占据了官员总数的85%(【元】姚燧:《牧庵集·送李茂卿序》卷4),甚至出现了"虽

执政大臣亦以吏位之"。(【元】余阙:《青阳集·杨君显民诗集序》卷4)

元朝吏员吃香还有一个重要原因,那就是整个元朝都没能制定出一部像样的帝国法律,其执政实践中"取所行一时之例为条格而已"(《明史·刑法一》卷93)。就是说定罪量刑和执法行政主要依据的是皇帝临时颁布的单行敕令,而这样的敕令条格又极其繁杂重出,公文堆积如山,一般人们难以摸得着头脑,即使"吏非积岁,莫能通晓,欲习其业,必以故吏为师,凡案牍出入,惟故吏之言是听",从而造成了"觚文繁词多为奸利"(《明太祖实录》卷126)与吏治愈来愈糟的不堪局面。这加速了元王朝覆灭的进程。

大明开国时军事战争尚未取得完全胜利,国家百业待举,尤其在建章立制时官员奇缺,洪武政权不得不暂时沿袭元朝的一些旧制,"进取不拘资格,有掾吏而置身青云者"(【明】徐𤏳:《徐氏笔精》卷3)。吏员充斥大明各级政权机构,但曾经是大元子民的朱元璋还是充分领教了元朝吏治腐败所带来的切肤之痛。衙门中的官即所谓的领导干部不懂业务、也不管业务,管事的是正吏,"自正吏外主之者,曰主文,附之者曰贴书、曰小书生……"(《明太祖实录》卷126)没有多大的文化修养与道德自律的吏员一多,问题就来了,"奸吏得以舞法,为害滋甚"。从洪武四年(1371)开始朱元璋着手整顿吏员制度。

首先他禁止诸司滥设贴书等吏员,规定内外诸司衙门视政事之繁简而定掾史、令史、书吏、司吏、典吏等吏员的数额;倘若有滥设贴书等吏员的,依律治罪。(《明太祖实录》卷65)

其次,制定案牍减繁式样,颁示诸司,减少奸吏舞弊的可乘之机。鉴于元朝官府文移案牍甚为繁冗,奸吏们上下其手,百姓们深受大害,洪武十二年八月朱元璋"命廷臣议减其繁文,著为定式,镂版颁之,俾诸司遵守"(《明太祖实录》卷126)

复次,坚决打击奸吏舞弊,加强法礼治理。洪武九年九月一天,中书省官员向洪武皇帝朱元璋请示:"福建参政魏鉴、瞿庄在惩治一个舞弊奸吏时一不小心将人打死了,陛下您看这事该怎么了结?"朱皇帝毫不犹豫地"赐玺书劳之"。在玺书中朱元璋做出这样的指示:"福建两参政惩治舞弊小吏,干得好!朕观自古天下之治乱就在于君臣能不能驾驭下面,如果君主能以礼法驾驭臣下,臣下又能以相应的礼法驾驭胥员小吏,那么这个国家就能大治;要是做不到这样,国家就会乱了。有人说就那么些小吏哪来那么大的能量?此话差矣,'吏诈则蠹政,政既蠹矣,民何由安?'朕曾三令五申'上官驭吏,动必以礼,而严之以法',就是要用礼法来治理胥员小吏,倘若为官理政没一点礼法章程去驾驭、约束吏员,那么什么事也别想办成;倘若驾驭得法,威立令行,则没什么事办不成的。"(《明太祖实录》卷108)

为了实行以法礼来治理吏员的目标，除了因事制宜限定吏员数额和坚决打击奸吏舞弊外，朱元璋还制定了吏员人士管理、考核与升迁等一系列相关的制度。在人士管理方面，吏员统一由大明吏部即国家人事部掌管，按照吏员享受的"薪水"多少分为大二石五斗、大二石、大一石、小二石和小一石五等，然后再按这样的级别转拨到一品衙门、二品衙门……九品衙门任职。这九品衙门又分为两等，一等叫有出身衙门，二等叫无出身衙门。一等有出身衙门相对地位要高，在那里供役或任职的吏员如果表现好，在役期期满后可升为官员行列；二等无出身衙门地位就比较低，在那里工作的吏员如果不犯错，期满后要先转到一等有出身衙门，然后再依次升迁。吏员供役每三年考核一次，九年考满，考满时确实不错，由吏部审核后再授予一定的官职，这样的考核方法与大明官员考核是相一致的。(《吏部职掌·检讨·实拔》;万历《大明会典·吏部·吏员》卷7;《明太祖实录》卷179;卷256)

通过这一系列的制度构建，加上科举制的成式化与常规化，到洪武末年时，随着大明新的吏治制度的完善，因袭元朝以吏代官和以吏治国的不堪局面终于得到了改变，大明帝国正朝着相对理性的文官制方向前行。

◉ 简明立法，颁布中国最早的普法教材——《律令直解》

贯彻参酌唐宋损益元制精神，洪武初年立纲陈纪中还有一项突出的制度建设，那就是删繁就简编撰《大明律》。吴元年年底朱元璋以中书省大臣为班底组织人马开始编撰律令，并做出了这样的指示："渔网过分细密，那么打渔时就不可能会打到大鱼；法网过于繁密，那么我朝百姓就不太可能有守法的子民了。所以说立法贵在简当，法律条文应该简洁明了，使得人人都能明白；如果法律条文过于繁多，一种罪行有两个量刑标准，可轻也可重，这岂不给奸贪之吏狼狈为奸、营私舞弊创造了机会？岂不是以盗贼视为良民，将良民当做了盗贼？故而立法'务求适中，以去烦弊'"。(《明太祖实录》卷26)

务求适中不仅仅反映在法律条文的制定上，而且体现在法律制定的程序上。在《大明律》修撰、颁行前，国家治理总不能没有法律纲纪，于是朱元璋令人撰著简约易行的《大明令》，"国初未制律之前，首著为令，以颁示天下"(《大明律·杂犯篇·违令条》卷26)。不过事后朱元璋想想还是有所不妥，律令条文专业，老百姓要是一时不知法意，或误犯律条那可怎么办？草根皇帝马上将大理卿周祯等人找来，做出这样指示："我朝制定律令就是为了让大家不犯法，但乡间田野草民一般不太懂法意，要是有人误犯了，赦免他罪行吧，就等于废弛了我朝法令；要是严格执行法律呢,那就可能见不到不犯法的子民了。你们以前编撰的律令,除了礼乐典章制度和钱粮选法之外,凡是涉及民间所行之事,将它们单独理出来,译成通俗的口语,按类汇编,然后下发到各地府、州、县,使得老百姓家喻户晓。"这就是明初通行的简明法律文书《律令直解》。(《明太祖实录》卷28)

不仅如此,"法贵简当"的精神还体现于后来的多次修订的《大明律》中。从流传至今的《大明律》来看,它的"篇目一准于唐",但条例又简于唐律,精神严于宋律,贯彻了朱元璋立纲陈纪中的"参酌唐宋"的指导思想。

构建以三大府为主干的新王朝官僚机构,厘定新式吏员制度,制定简洁明了的大明律令……洪武初年这些立纲陈纪的着力重心在于外朝,那么对于向来有"外朝内廷"合称中的内廷构建又将如何?

● 严肃大明后廷制度,开创一代宫闱"新貌"

"明太祖鉴前代女祸,立纲陈纪,首严内教"(《明史·后妃一》卷113)。有一次朱元璋在朝中与侍臣们谈话,总结前朝的亡国因素,发现其不外乎女宠、宦官、外戚、权臣、藩镇、夷狄之祸。有个侍臣说:"自古以来凡是亡国失天下的末代君主,没有不栽在这些祸根上的。女宠之祸常常开启于干预政事,外戚之权常常开始于怙恃君恩,宦官之威又往往起始于其掌握了兵权,权臣之专常常起始于蒙蔽君上……汉唐以来这样的例子可谓多得不能再多了,最终都导致了亡国,实在是令我等后人作为借鉴啊!"朱元璋听后这般说道:"树木一定是自身有了蛀虫蛀损,遇到大风后一吹才会折断;人的身体一定是自身很虚弱才会使得疾病得以侵入,国家之事也是如此啊。假如汉朝没有外戚、阉宦专权,假如唐朝没有女宠之祸、藩镇割据和夷狄作乱,何至于最终亡国?我看古往今来,这样的历史覆辙着实让我们引以为鉴啊!不过话得说回来,对付这样的祸源不是没办法,假如做君主的不受美色的迷惑,严格宫闱之禁,贵贱有体,恩不掩义,女宠之祸,从何而来?假如做皇帝的治国理政,不带个人好恶情感,仕人唯贤,发现有外戚干政的苗头或事情,一断于公,那么外戚之祸又能从何而来?宦官本是刑余之人,供职于内廷,干些洒扫庭院一类的活儿,假如不让他们有机会接触到军事、掌握兵权,哪来什么宦寺之祸?至于朝廷政治,要是建章立制时就能做到上下相维,大小相制,既能防耳之壅蔽,又谨威福之下移,哪会还有什么权臣专权之患?"(《明太祖实录》卷110)

○ 宫中美眉再漂亮至多也就为皇帝提供性服务,因为朱元璋颁有《女戒》……

正是出于这样的认知,洪武皇帝朱元璋在开国初就命令翰林儒臣撰修《女戒》,

并敕谕学士朱升等人说:"治天下者,修身为本,正家为先。正家之道,始于谨夫妇。皇后与妃嫔虽说在名分上是母仪天下,但不可让她们干预国家政事;至于嫔嬙以下的宫中美眉,说白了不就是让她们陪皇帝睡个觉、提供一些私密服务罢了,如果做皇帝的对她们太过于宠爱,其必定会骄恣起来,超越自己的本分,这样一来,上下等级就失序。我仔细考量了历代王朝的宫闱与政事,发现国家政事决策一旦由内廷发出,没有不会引起祸乱的!后宫美人诱惑人君,其危害甚于剧毒药物啊!只有贤明的君主能洞悉其祸端,一般人君没有不被这些美眉弄得鬼迷心窍的。你们这些大臣为我撰修了这部《女戒》和汇集了古代一些贤妃的良德美事,这就很好,为我朝后宫提供了学习、处事的典范与规则,也应该要让我们后代子孙们世代坚持遵守!"(《明太祖实录》卷 31;《明史·后妃一》卷 113)

鉴于元朝后期宫禁松弛所造成的乱象:后宫妃嫔美人与外臣暗中勾结,贿赂猖獗,或者对和尚、道士大施金银财帛,或引入藏传佛教僧人到宫中做法事,施行戒礼,或有奸佞大臣物色美貌贵妇人进献宫廷,专为皇帝提供性服务,以至于元宫淫渎亵乱,礼法荡然,最后招致大元帝国的覆亡。洪武三年五月开国皇帝朱元璋刊著严禁宫闱令典,其中规定:皇后虽拥有天下妇人最高地位,但她只管内宫嫔妇之事,宫门之外即使再细微的事情也不得参与;内宫中自皇后、妃嫔以下直至嫔侍女仆所有的衣食起居花费、金银钱帛器用等,统统由尚宫局负责先奏请,而后再由内使监覆奏,取得同意后才可赴相关部门去领取、分发;尚宫局要是不及时上奏而随随便便叫内官去办了,内使监主管事务官员要是不覆奏而擅自去领取财物的,都按照死罪论之;倘若有人私下出具书面单据,不走正常程序的,也以死罪论处。宫中嫔以下美眉一旦生病了,即使是医生也不能直接入内为皇帝专用的女人看病诊断,内宫相关人员可根据医生听闻病人病情而开出的药方出去抓药,回宫给病人治病。外廷臣僚家的命妇即贵妇人只有每月初一、十五按例入宫朝见皇后,其他时间,没有什么特殊缘由,不能屁颠屁颠地老往宫里跑,皇帝也没有接见外廷朝臣家贵妇人之必要。皇帝及皇帝的龙仔亲王之配偶即皇后、妃嫔等,一定要从良家女子中谨慎选择聘娶,不能接受大臣私下进献的女人,以防止他们内外勾结,狼狈为奸,亵渎与危害国家朝政。"至于外臣请谒寺观烧香禳告星斗之类",更是属于严厉禁止和打击的范围了。(《明太祖实录》卷 52)

为防患于未然,朱元璋还严格限制提供性服务的后宫美人人数,位居后宫上层的妃子"位号亦惟取贤、淑、庄、敬、惠、顺、康、宁为称,闺房雍肃,旨寓深远",他甚至命令"工部制红牌,镌戒谕后妃之词,悬于宫中"。明代自永乐开始虽然后宫美女急剧增加,大有可能突破 10 000 人大关,但后宫之禁却一直没被破坏,后宫干政的历史之祸没有重现，应该说朱元璋功不可没。故《明史》高度评价说："是以终明之代，宫壸肃清，论者谓其家法之善，超轶汉、唐。"（《明史·后妃一》卷113）

不过话得讲回来，后宫美人不是从地里长出来的，她们有爹妈，有七大姑八大姨，这就是人们常说的外戚。外戚干政为祸在历史上也屡见不鲜，不处理好就会导致王朝的覆灭，对此，朱元璋严厉禁止外戚干预政事，对于皇后嫔妃亲族要么赐予金银财帛，要么拨地让他们做大财主，就是不让他们掌权干预政事。朱元璋外祖父陈公和马皇后父亲马三在洪武初年就被追封为扬王和徐王，因为他们两家都绝后了，外戚没有气候，明初形成的这等格局一直为后世所沿袭。对此清初史学家曾赞叹道："明太祖立国，家法严。史臣称后妃居宫中，不预一发之政，外戚循理谨度，无敢恃宠以病民，汉、唐以来所不及。"（《明史·外戚传》卷300）

○ 洪武开国严抑宦官——宫中竖有铁牌："内臣不得干预政事，犯者斩！"

消除了后宫与外戚干政之患果然令人欣喜，但与此相伴的另一大烦恼也得予以解决。美女能带来无比的快乐，可光有美女还不行，美女"集中营"后宫中还有不少粗活要男人来干，而皇帝的美人归皇帝专门享用，绝不允许任何别的男人染指，否则就要乱套了。为此我们的老祖宗很早起就聪明地"发明"了解决此类烦恼的"绝招"，那就是将男人阉割。男人一旦被阉割，活下来的那些不男不女者既没有男人的骚味，也就没有染指宫中美眉的能力，但又能干起那些女人所干不了的重活、粗活，真可谓一举两得。如此祖宗遗产从上古流传到了明代，每朝每代人们都乐此不疲地使用着。但阉割后的男人有时也叫人不省心，带来的祸害绝对不亚于后宫与外戚。对此，一向主张"参酌唐宋，损益元制"的朱元璋有着充分的认识。洪武元年四月他跟侍臣说："我看历史上有着赫赫威名又曾相当长寿的汉、唐两朝，后来都是因为宦官祸害而一发不可收拾，不能不为之扼腕叹息啊！要说宦官这类人，他们常常伴随在君主身边，时间一长，就有可能取得君主的赏识和信赖，他们小心谨慎又能吃苦耐劳，像吕强、张承业一类的还真不少。只是君主开国立制时就得特别留心，宦官一类的小人绝对不可重用，这也是自古以来圣人们所殷切告诫的啊！阉割之人服务于宫中，只能让他们干些洒扫一类的粗活或其他重活，或者叫他们跑个腿，传递一下消息等，但无论怎么也不能让他们参与政事和接触军事！汉唐之祸虽说是宦官做的孽，但也是人主宠爱宦官、姑息养奸而最终酿成大祸的啊。假如不能让宦官参与政事和接触军事，我看他们即使想作乱，也不可能办到！"（《明太祖实录》卷32）

后来朱元璋又跟大臣们一再强调："阉寺之人，朝夕在人君左右，出入起居之际,声音笑貌日接乎耳目,其小善小信皆足以固结君心,而便辟专忍其本态也;苟一为所惑而不之省,将必假威福窃权势以干与(通"预"),政事,及其久也,遂至于不可抑,由是而阶乱者多矣。"(《明太祖实录》卷112)宦官"此辈自古以来,求其善良千百中不一二见,若用以为耳目,即耳目蔽矣,以为腹心,即腹心病矣!驭之道,但常戒敕,使之畏法,不可使之有功,有功则骄恣,畏法则检束,检束则自不敢为非也"。(《明太祖实录》卷44)

  正因为出于这样清醒的认识,从开国起朱元璋就严格宦官之禁。首先从人数上控制宦官。洪武二年八月他命令大明吏部为内侍诸司制定官制,将有头有脸的当官宦官人数定在200人以内(《明太祖实录》卷44)。后来可能宫中美女多了,与为朱皇帝提供更多性服务的相关附带服务也要求增加,朱元璋就令人在宫中设置女史,"皆选良家女充之",让她们分担一部分宦官的工作,同时担当起后宫扫盲教育的职责,洪武五年六月朱皇帝命令礼臣议定宫官女职之制。鉴于汉朝设立内官14等,总计人数达数百人,唐朝设立六局二十四司,内官人数190人,女史50多人,朱元璋亲自裁定设立六局一司,六局为尚宫局、尚仪局、尚服局、尚食局、尚寝局、尚功局,一司为宫正司,品秩皆为正六品,"每局领四司,其属二十有四,而尚宫总行六局之事。戒令责罚,则宫正掌之"。内官即有头有脸的内官为75人,女史18人,比起唐朝内制减少了140余人,"凡以服劳宫寝、只勤典守而已"。(《明史·后妃一》卷113;《明太祖实录》卷74)

  整个洪武年间宦官品秩与人数略有变化,但从总体上来看,宦官队伍控制在数百人的范围,宦官最高品秩不超过三品,月薪在1石米左右。朱元璋还立制:从严治理宦官,不许宦官读书识字,不许宦官穿戴外廷官员的衣服、帽子,不许宦官兼任外廷文武各类官职,不许宦官干预朝廷政事,洪武十七年铸造一块铁牌,放置宫门口,上面刻着:"内臣不得干预政事,犯者斩!"不许内官监与外廷各衙门有公文往来,并敕令内外诸司严格执行,等等。(《明史·职官志三》卷74)

  要是有人违反了,那将会受到极为严厉的处置。按照洪武五年六月制定的宦官禁令,"凡内使于宫城内相骂詈,先发而理屈者,笞五十;后骂而理直者,不坐;其不伏本管钤束而抵骂者,杖六十,内使骂奉御者,杖六十。骂门官、监官者,杖七十。内使等于宫城内斗殴,先斗而理屈者,杖七十,殴伤者加一等;后应理直而无伤者,笞五十;其有不伏本管钤束而殴之者,杖八十;殴伤者加一等;殴御奉者,杖八十;殴门官、监官者,杖一百,伤者各加一等;其内使等有心怀恶逆、出不道之言者,凌迟处死;有知情而蔽之者,同罪;知其事而不首者,斩;首者,赏银三百两"(《明太祖实录》卷74)。之所以要这么严厉甚至可以说是严苛,朱元璋的目的是"使之(宦官)畏

法,不可使之有功,有功则骄恣,畏法则检束,检束则自不敢为非也",进而也就遏制住宦官之乱。(《明太祖实录》卷44)

从洪武时期的实际来看,朱皇帝的目的达到了,明朝的这般良好的祖制到了第二位君主建文时还能严格执行,可到了自诩为高皇帝"好儿子"篡位皇帝朱棣时就开始大肆破坏了。我们将在《大明帝国》系列⑦《永乐帝卷上》中再作详述。

● 重振纲常礼法　洗涤蒙元胡俗陋习　构建等级秩序

内廷、外朝建章立制,新兴帝国政权日趋完备,不过在那个时代的人们看来,上述这些活动与传统意义上的开国建邦和"立纲陈纪"还有一点的距离。因为自古以来我们中国人常常将礼法纲常规制也纳入了治国之本。大明开国皇帝朱元璋就曾说过:"纪纲法度,为治之本。"(《明太祖实录》卷28)那么,为什么讲礼法纲常是治国的根本?开国前朱元璋就曾这样表达:"礼立而上下之分定,分定而名正,名正而天下治矣。"(《明太祖实录》卷14)"礼法,国之纪纲,礼法立则人志定、上下安。"(《明太祖实录》卷14)建国后朱元璋跟手下大臣又这般说道:"'礼者,国之防范,人道之纪纲。朝廷所当先务,不可一日无也'。元朝统治近百年间,中国原有的纲常礼教几乎被破坏殆尽。现在朕开创了大明,日日夜夜就想重振纲常礼教,以此来洗涤元蒙胡俗陋习。"(《明太祖实录》卷80)正因为以传统纲常礼教的"救世主"而自居,从洪武初年起朱元璋就投入了很大的精力,开展拨乱反正与重建纲纪的工作。

"明太祖初定天下,他务未遑,首开礼、乐二局,广征耆儒,分曹究讨。洪武元年,命中书省暨翰林院、太常司,定拟祀典。乃历叙沿革之由,酌定郊社宗庙仪以进。礼官及诸儒臣又编集郊庙山川等仪,及古帝王祭祀感格可垂鉴戒者,名曰《存心录》。二年,诏诸儒臣修礼书。明年告成,赐名《大明集礼》。其书准五礼而益以冠服、车辂、仪仗、卤簿、字学、音乐,凡升降仪节,制度名数,纤悉毕具。又屡敕议礼臣李善长、傅瓛、宋濂、詹同、陶安、刘基、魏观、崔亮、牛谅、陶凯、朱升、乐韶凤、李原名等,编辑成集。且诏郡县举高洁博雅之士徐一夔、梁寅、周子谅、胡行简、刘宗弼、董彝、蔡深、滕公琰至京,同修礼书。在位三十余年,所著书可考见者,曰《孝慈录》,曰《洪武礼制》,曰《礼仪定式》,曰《诸司职掌》,曰《稽古定制》,曰《国朝制作》,曰《大礼要议》,曰《皇朝礼制》,曰《大明礼制》,曰《洪武礼法》,曰《礼制集要》,曰《礼制节文》,曰《太常集礼》,曰《礼书》"。(《明史·礼志一》卷47)

洪武年间制定的礼乐规范可谓是包罗万象,什么都有。归纳起来大致在以下几个方面:

○ 整肃朝廷礼仪，凸显君主、朝廷、皇家、帝国和京师南京的尊贵地位

明朝开国前后朱元璋就命李善长等制定了一系列的朝廷礼仪，有皇帝登极仪、大朝仪、常朝仪、皇太子亲王朝仪、诸王来朝仪、诸司朝觐仪、中宫受朝仪、朝贺东宫仪、大宴仪、上尊号徽号仪(《明史·礼志七·嘉礼一》卷53)、册皇后仪、册妃嫔仪、册皇太子及皇太子妃仪、册亲王及王妃仪、册公主仪、皇帝加元服仪、册皇太子皇子冠礼、品官冠礼、庶人冠礼(《明史·礼志八·嘉礼二》卷54)、天子纳后仪、皇太子纳妃仪、亲王婚礼、公主婚礼、品官婚礼、庶人婚礼、皇帝视学仪、经筵、日讲、东宫出阁讲学仪、诸王读书仪(《明史·礼志九·嘉礼三》卷55)、颁诏仪、迎接诏赦仪、进书仪、进表笺仪、藩王朝贡礼、遣使之藩国仪、藩国遣使进表仪、品官相见礼、庶人相见礼等。(《明史·礼志十·嘉礼四》卷56)

通过制定与推行这一系列礼仪制度，整肃朝廷礼仪，凸显君主、朝廷、皇家、帝国和京师南京的尊贵地位。可这样的重建纪纲工作在实际执行过程中并不尽如人意，首先碰到的一个问题是朱元璋与他淮右地区出来的农民兄弟本身就是草根、大老粗，哪能懂得那么多的礼仪规制？除了像开国大典那样的特别重大礼仪活动中稍加留心外，平日里朱元璋君臣似乎并不太注意这些方面。

当时大明百废待兴，为了掌握各部门的具体信息和各地的民情、政情，了解历史典章礼仪制度，原本几乎为文盲又无所不能的朱元璋，即使想参加神效的硕士班、博士班或CEO培训速成班也来不及了。于是他就大体上沿袭以前自己当农民领袖时代的做法，凡是有人来议事或汇报工作什么的，不论其官大官小，皆可直接上殿，来个近距离对话。

到了洪武三年时，或许由于儒臣提醒，或许草根皇帝顿悟上下贵贱等级礼制的重要性，他发出了这样的最高指示："朝廷之上，礼法为先，殿陛之间，严肃为贵。以前朕为了多多了解情况才不计较众臣觐见论事礼仪，但仔细想想，这样做就使得朝纲班序失次了。现在朕宣布整肃朝仪，自今开始，文武百官入朝，除侍从、中书省、大都督府、御史台、指挥使、六部尚书和侍郎等高品秩官员仍然可以上殿外，其余五品以下的文武官员就并列于大殿之外的丹陛左右，谁要是再违反了，监督礼仪的官员有责任将他纠察过来。"(《明太祖实录》卷48)

可朱元璋政权中的大多开国将帅们实在太土了，很多人过去与朱皇帝一样草根出身，斗字不识一个，要他们知礼守礼还真不是件容易的事。这时有个叫袁凯的监察御史看出了朱皇帝的烦恼，于是便上奏说："我大明荡平四方，全靠了这些出生入死的将帅们。如今我朝已开国三年了，各地大的战事基本上也没什么，将帅们大

多都在京师,他们可都是精悍雄杰之士,虽然人人都十分聪明,但对于君臣之礼恐怕没时间研究过吧。因此小臣恳请陛下下令,每月的初一、十五早朝结束后,在都督府大堂上将将帅们集中起来,由3～5个挑选出来的通经学古之士给将帅们讲讲儒家经典、中国历史和礼仪规制等,这样一来既培养了他们忠君爱国之心,二来也能让他们懂得不能胡来和全身保家的重要,天长日久,他们会知礼守分的。即使有个别不知天高地厚的小人图谋不轨,稍稍治他一下也不费什么事。至于那些老成将帅,如果长期接受文化教育,即使一不小心犯了错误,只要陛下您宽恕他一下,他也会自觉惭愧,而后更加卖力地为我大明冲锋陷阵,保家卫国。到那时人才辈出,岂不乐哉!"朱元璋一听完袁凯的话,当即不停地夸赞他的主意好,随后敕省台官员延聘儒士上明皇宫午门,为将帅们讲述经史礼仪,明朝历史上十分独特的高级干部扫盲工作由此开展起来。(《明太祖实录》卷57)

○ **以品秩高低确立等级秩序,规范人们言行举止,强化"官为本"传统观念**

洪武开国那一年朱元璋就祀典和官民服制、服色和房屋住宅等方面的等第对中书省大臣做出这番指示:"自古以来,凡是帝王治理天下,必会制定礼制,用以辨贵贱、明等第。想当年汉高祖刘邦建立汉朝时,就有服色等级和军事级差等方面的规制,后来历代沿袭。只是到了近代以来,风气逐渐变坏,奢侈盛行。街头巷尾、乡间地头的小民们穿的、吃的和住的几乎与公卿权贵没什么两样,贵贱无等,僭越礼制法度没了分寸,这就是元朝败亡的主要原因啊。你们中书省应该将官民房舍、服色这一方面的等第列出来,明立禁条,颁布天下,使各色人等遵守执行,以此来正天下名分"。(【明】宋濂:《洪武圣政记·定民志》第6)

朱皇帝的谕旨就是要在新兴的大明帝国中,对元朝遗留下的紊乱社会秩序做个全面的整顿,以品秩高低为准绳,确立等级秩序,规范人们的言行举止,"凡揖拜、序立、行走、回避",都有严格、细致的规制,违反者将会受到严惩。(万历:《大明会典·礼部·官员礼》卷59)譬如官员揖拜,洪武二十年定制:"公、侯、驸马相见,各行两拜礼。一品官见公、侯、驸马,一品官居右,行两拜礼,公、侯、驸马居左,答礼。二品见一品亦如之。三品以下仿此。若三品见一品,四品见二品,行两拜礼。一品二品答受从宜,余品仿此。如有亲戚尊卑之分,从行私礼。三十年令,凡百官以品秩高下分尊卑。品近者行礼,则东西对立,卑者西,高者东。其品越二、三等者,卑者下,尊者上。其越四等者,则卑者拜下,尊者坐受,有事则跪白。"倘若因为公事而官员相见,那么就以官员的品级次序而坐立;倘若相见官员品秩相同,那么就以其所在的衙门等级而定坐立次序;倘若王府官与朝官相会,也以品级次序定坐立。(《明史·礼志十·嘉礼四》卷

56)就连官员外出时随带的随从与乘用的交通工具都作严格的规定:公爵外出可带随从10人,侯爵外出可带8人,伯爵外出可带6人,一品官到三品官外出可带6人,四品官到六品官外出可带4人,七品官到九品官外出可带2人。(《大明会典·舆服·百官仪从》卷23)官员外出乘用交通工具也以官品而论,三品以上官员乘轿子,四品以下官员乘马,"在外自大使以下皆乘马,武官勋戚也如之,惟年老公侯及拜三公者,赐轿然后得乘"。(【清】赵翼:《陔余丛考·官府乘轿》卷27)

官员之间如此等级森严,那么官民之间呢?就更加讲究贵贱有别了。洪武初年朱元璋令人制定了庶民相见与官民相会之礼,其规定:凡民间没有官位的士、农、工、商各色人等平时相见或年底欢宴聚会,在所行谒拜之礼时应该是卑幼者先行礼,坐在次位,尊长者后还礼,坐上位。要是有官员退休回乡了,与当地百姓相遇施什么礼呢?洪武十二年规定:退休官员在家族内行家人礼,在家族外的筵宴或乡饮酒礼上,当地人应该为该退休官员另行设立坐席,不得坐在无官平民的下位。要是退休官员之间相会了,那么就以他们的爵位定座次;要是他们的爵位相同,就以年龄大小来定座次;老百姓要是与退休官员相见,则以官礼拜谒,不得凌辱退休官员,否则就要按律论处。洪武二十六年又规定:"凡民间子孙弟侄甥婿见尊长,生徒见其师,奴婢见家长,久别行四拜礼,近别行揖礼。其余亲戚长幼悉依等第,久别行两拜礼,近别行揖礼。平交同。"(《明史·礼志十·嘉礼四》卷56)

○ 以尊卑贵贱为准绳,为人们服饰、饮食、房舍、器用等方面制定等级规范

构建尊卑贵贱等级社会除了在人们日常言行举止上予以严格规范外,还在官民服饰、饮食、房舍、器用等方面作出等级限制。譬如服饰,上自皇帝下至黎民百姓洪武时期对其颜色、式样、图饰都有极为繁琐的规定。百官冠服就有三种:第一种叫朝服,一般是在朝廷举行重大活动、过节、皇帝颁诏和向皇帝进表等时候才穿;第二种叫公服,公服是每日早晚朝奏事及侍班、谢恩、见辞时百官穿服;第三种叫常服,"以乌纱帽、团领衫、束带为公服",一般在常朝视事时穿服。官品不同,冠服有别,就连冠服上的服饰也有很大的区别。以官员常服上的腰带为例,其腰带"一品玉,二品花犀,三品金钑花,四品素金,五品银钑花,六品、七品素银,八品、九品乌角"。(《明史·舆服志三》卷67)

而老百姓的冠服又不同于官员了,"洪武三年,庶人初戴四带巾,改四方平定巾,杂色盘领衣,不许用黄。又令男女衣服,不得僭用金绣、锦绮、纻丝、绫罗,止许䌷、绢、素纱,其靴不得裁制花样、金线装饰。首饰、钗、镯不许用金玉、珠翠,止用银。六年,令庶人巾环不得用金玉、玛瑙、珊瑚、琥珀。未入流品者同。庶人帽,不

得用顶,帽珠止许水晶、香木。十四年令农衣䌷、纱、绢、布,商贾止衣绢、布。农家有一人为商贾者,亦不得衣䌷、纱。二十二年,令农夫戴斗笠、蒲笠出入市井不禁,不亲农业者不许。二十三年,令耆民衣制,袖长过手,复回不及肘三寸;庶人衣长去地五寸,袖长过手六寸,袖桩广一尺,袖口五寸。二十五年,以民间违禁,靴巧裁花样,嵌以金线蓝条,诏礼部严禁庶人不许穿靴,止许穿皮札(鞜),惟北地苦寒,许用牛皮直缝靴"。(《明史·舆服志三》卷67)

就连房屋住宅在洪武时期起也有严格规定:"明初,禁官民房屋不许雕刻古帝后圣贤人物及日月、龙凤、狻猊、麒麟、犀象之形。凡官员任满致仕,与见任同。其父祖有官,身殁,子孙许居父祖房舍。洪武二十六年定制,官员营造房屋,不许歇山转角,重檐重栱,及绘藻井,惟楼居重檐不禁。公侯,前厅七间、两厦,九架。中堂七间,九架。后堂七间,七架。门三间,五架,用金漆及兽面锡环。家庙三间,五架。覆以黑板瓦,脊用花样瓦兽,梁、栋、斗栱、檐桷彩绘饰。门窗、枋柱金漆饰。廊、庑、库从屋,不得过五间、七架。一品、二品,厅堂五间,九架,屋脊用瓦兽,梁、栋、斗栱、檐桷青碧绘饰。门三间,五架,绿油,兽面锡环。三品至五品,厅堂五间,七架,屋脊用瓦兽,梁、栋、檐桷青碧绘饰。门三间,三架,黑油,锡环。六品至九品,厅堂三间,七架,梁、栋饰以土黄。门一间,三架,黑门,铁环。品官房舍,门窗、户牖不得用丹漆。功臣宅舍之后,留空地十丈,左右皆五丈。不许那移军民居止,更不许于宅前后左右多占地,构亭馆,开池塘,以资游眺。三十五年,申明禁制,一品、三品厅堂各七间,六品至九品厅堂梁栋只用粉青饰之。"至于老百姓的房屋规制那就"级别"更低了,"洪武二十六年定制,不过三间,五架,不许用斗栱,饰彩色。三十五年复申禁饬,不许造九五间数,房屋虽至一二十所,随基物力,但不许过三间"。(《明史·舆服志四》卷68)

甚至连日常器用也做了严格的等级限定:"洪武二十六年定,公侯、一品、二品,酒注、酒盏金,馀用银。三品至五品,酒注银,酒盏金,六品至九品,酒注、酒盏银,馀皆瓷、漆。木器不许用朱红及抹金、描金、雕琢龙凤文。庶民,酒注锡,酒盏银,馀用瓷、漆。百官,床面、屏风、槅子,杂色漆饰,不许雕刻龙文,并金饰朱漆。军官、军士,弓矢黑漆,弓袋、箭囊,不许用朱漆描金装饰。建文四年申饬官民,不许僭用金酒爵,其椅棹木器亦不许朱红金饰。"(《明史·舆服志四》卷68)

● 洪武时期立纲陈纪重建等级秩序的历史意义

如果仅仅从洪武时期的这些立纲陈纪的制度层面和冷冰冰的戒条来看,我们不能不对那时人们所经历的要倒抽一口冷气，这也是长期以来朱元璋威猛治国为人所诟病的部分层面。不过如果我们站在历史的理性角度来看待这一切的话，恐怕事情就没那么简单了。在笔者看来，朱元璋的如此举措还是有着积极意义的。

○ 洪武初年立纲陈纪，稳定了新兴大明帝国，奠定了明朝近300年的根基

洪武初年朱元璋立纲陈纪所面对的形势很特别：除了四川的明氏夏国和云南元皇室梁王政权等尚未归附大明外，北方尚有强劲的顽敌即故元残余势力，仅其"引弓之士"就"不下百万众"(【清】谷应泰：《明史纪事本末·故元遗兵》卷10)。对此，洪武君臣前后进行了10次"清沙漠"军事打击，但与此同时又对其展开了政治"统战"，其根本目的就在于缓解建国之初大明所面临的紧张民族关系，减缓外在压力，以便将精力放在对帝国内部整顿与根基稳定上来。以当时朱元璋的决策思路来看：稳定新兴的大明帝国根基，做好与故元劲敌长期作战的准备。历史证明，朱皇帝这种的判断与应对举措是正确的。大元帝国之所以覆灭果然有着许许多多的原因，譬如，将军队重兵放在西北，对付元皇室"老冤家"察合台帝国，以致元末农民大起义在各地爆发时，元朝军队应接不暇。但从根本上来说，元朝灭亡的关键性因素还在于整个大元帝国内部上下腐败、奢靡成风，终致民不聊生，激发了民变。

元王朝灭亡了，但它那个时代形成的奢靡时尚与腐败之风却并没有因此戛然而止。在大元废墟上新兴帝国如果不加以全面整治、立纲陈纪和拨乱反正的话，很可能会重蹈前朝的覆辙。这样的事情在历史上有着很多的前例，譬如唐亡后，五代十国的统治者几乎没一个好好地加以整治，于是那50来年时间内，王朝与皇帝如走马灯似地更换不歇。朱元璋没文化，但他身边汇聚了很多的鸿儒硕士，经常听讲历史文化，所以从很早起他就十分看重道德礼法和注意立纲陈纪。

◎ 严惩违制娶"小三"的"第一大学"校长和奢靡的"富二代"

有个叫许元的文臣曾经很为朱元璋喜欢，出任国子监祭酒即校长。有一次朱元璋听说许元有个愿望：好几年没回乡，连做梦也想回家去扫扫墓。大臣有这样的孝心，朱元璋当即就准许了，并加以厚赏。太子朱标听说后，也对许校长赏赐了一番。哪知这个许校长回到浙江老家后，顿时就逍遥快活起来，家里置办了象牙床。象牙床得有佳人睡啊，否则多没劲！许校长有的是办法，有的是钱财与精力，他立马娶了一房美人小妾，乐哉乐哉！当时南京城里的朱元璋还不知许校长的这等"好事"，可负责当地监察的浙江按察佥事孔昭知道后却一点也不含糊，马上将事情上奏上去。朱元璋获讯后十分恼火，觉得这许校长太无耻、太没章法了，本来批准他

回去祭祖扫墓的,按照规矩,尽孝期间不说娶妾,就与原配一起乐乐都是违制的。现在倒好,他干出这等事来,这还了得!当即朱元璋下令将许元许校长全家发配到南雄去。好几年后皇帝发出大赦天下的诏书,许元回到了浙江老家,这事本来也就过去了。谁知浙江有个官员受命祭祀胡大海后上南京去向朱元璋汇报,顺便说到他在浙江看见了许元。朱元璋一听就火了:"朕大赦天下,许元属于发配中最严重的一种——安置,那就是永久居住在那个地方的,怎么现在他回来了?来人,给我上浙江去,捉拿许元来京!"许元被押到南京后关在牢里,最终死在狱中。(【明】刘辰:《国初事迹》)

违制娶了个"小三",最终落得个"安置"和瘐死狱中的结局,大明开国前后对于这样的腐化整治还有许多的例子。

洪武初年有个叫沈瑢的浙江地方官到南京来汇报工作,朱皇帝询问他杭州地方上治理得怎么样?沈瑢说:"不太好,一些做生意家的'富二代'整天不干事,穿着花花绿绿的衣服,招摇过市,出入官府衙门,使银子花钱,结交官吏,坑害百姓。"听到这里,愤怒的朱元璋当即这样说道:"浙江等直属的府、州、县市民商人不是有钱摆阔吗?叫他们出钱去购买马匹,让他们的'富二代'上北方当官府衙门里的养马倌去!"(【明】刘辰:《国初事迹》)

洪武年间这样的整治奢华腐败的例子还有许多许多,通过刚性皇权的运行和一系列的立纲陈纪,元末明初的奢靡风气得到了遏制,败坏的道德礼法逐渐被修复,社会空气得以净化,加上洪武中期起朱元璋重拳出击,严厉治贪,这就扩大和巩固了大明立国的民众基础,也为大明帝国近300年历史奠定了良好的根基。

○ 从"驱逐胡虏,恢复中华"到"立纲陈纪",朱元璋给汉民族找回了自尊

元朝以前我们中华帝国虽然有着民族之间的冲突与碰撞,但像异族入主中原,全方位变易汉风的,元朝头一回。我们坚决反对民族歧视或民族偏见,但又不能不从理解历史的角度来看待元帝国统治下的人民究竟是处在一个怎样的生存状态。有一段史料很容易引起争议,即描述元帝国统治下的社会各阶层:"一官、二吏、三僧、四道、五医、六工、七匠、八娼、九儒、十丐。"(【元】谢枋得:《谢叠山全集校注·送方伯载归三山序》卷2)但元朝将全国各族人分为四等:即蒙古人、色目人、汉人和南人,推行民族压迫政策,这是不争的史实。

元世祖忽必烈建立元朝时立制:"官有常职,位有常员,其长则蒙古人为之,而汉人、南人贰焉。于是一代之制始备,百年之间,子孙有所凭借矣。"(《元史·百官志一》卷85)被人称为元朝治世之君的元成宗在大德八年十一月时居然发出了同

罪异罚的诏令:"内郡、江南人凡为盗黥三次者,谪戍辽阳;诸色人及高丽三次免黥,谪戍湖广……"(《元史·成宗本纪四》卷21)元顺帝在至元三年四月发布诏令,规定元帝国中央权力机构长官只用蒙古人与色目人,禁止汉人与南人染指,甚至还禁止汉人、南人学习蒙古、色目文字。(《元史·元顺帝本纪二》卷39)

这样的民族歧视与民族压迫还渗透到了社会底层,例如,不许南人夜里点灯、不许习武、不许举办大型庙会与娱乐活动等等;最让汉族人感到耻辱的可能是,元蒙统治者在"城乡遍设甲主,奴人妻女,有志者皆自裁"(【元】徐大焯:《烬余录》),南方汉族人家里的妻子、女儿成为元朝统治者任意玩乐的对象,我想有心有肺的汉族人都会感到羞辱难当!就如眼下有人弄得村村或家家都有"丈母娘"一样,引发民怨是再正常不过了。

所以当朱元璋当年在《北伐宣言》中打出了"驱逐胡虏,恢复中华,立纲陈纪,救济斯民"16字口号和方针时,他实际上是喊出了汉民族的心声,喊出了汉民族的自尊!

前面说过,"驱逐胡虏"就是要用军事手段推翻元朝蒙古人的统治,而"恢复中华,救济斯民"则就不仅要使我们汉民族从社会底层的奴仆地位走上自主自立的道路,而且还要洗涤"胡俗陋习"、恢复中华传统道德礼法文化,这在当时的朱元璋看来最好的方法就是立纲陈纪,才能"救济斯民"。

正因为出于这样的认知,就在大明军一路北伐的同时,朱元璋君臣在"参酌唐宋"和"斟酌损益"的前提原则下,开启了恢复中华礼仪纲纪活动:"初元世祖起自朔漠以有天下,悉以胡俗变易中国之制:士、庶咸辫发,椎髻,深襜;胡俗,衣服则为袴,窄袖,及辫线腰褶。妇女衣窄袖短衣,下服裙裳,无复中国衣冠之旧。甚者易其姓氏、为胡名、习胡语,欲化既久,恬不知怪,上(指朱元璋,本书笔者注)久厌之。至是,悉命复衣冠如唐制:'士民皆束发于顶,官则乌纱帽、圆领袍、束带、黑靴,士庶则服四带巾、杂色盘领衣,不得用黄玄,乐工冠青卍字顶巾,系红绿帛带。士庶妻首饰许用银、镀金,耳环用金、珠,钏、镯用银,服浅色团衫,用丝绫罗绢,其乐妓则戴明角冠、皂褙子,不许与庶民妻同。不得服两截胡衣,其辫发、椎髻、胡服、胡语、胡姓,一切禁止。斟酌损益,皆断自圣心,于是百有余年胡俗,悉复中国之旧矣!'"(《明太祖实录》卷30)

"于是百有余年胡俗,悉复中国之旧矣",有人认为这是朱元璋保守的体现,其实不然。一个民族有一个民族的礼法道德标准与审美情趣,如果一个民族压迫着另一个民族时,除了政治、法律、经济、军事方面实行绝对专制外,在道德礼法方面也对其来个脱胎换骨的话,那么这就更大程度上是伤害或羞辱了被压迫民族的自尊。因此说朱元璋当年的16字方针和洪武初年的立纲陈纪活动,给我们汉民族找回了自尊、自爱的灵魂,影响着后世的人们。

○ 倡导廉洁朴实的社会时尚,力矫奢靡堕落与腐烂的元朝遗风,移风易俗

大明是在元朝废墟上建立起来的,因而当时的帝国上下还弥漫着元末遗留下来的奢靡、堕落和腐烂的社会风气,生活在那个时空里的人们往往会习以为常,即使是"天生圣人"朱元璋似乎也不例外。譬如说嫖娼,本是件说不出口或言绝非能登大雅之堂的事情,民间一直流传朱元璋年轻时曾嫖过娼,还与沐英他妈私通(【明】黄景昉:《国史惟疑·洪武·建文》卷1)。正因为有着如此经历,朱元璋在荣升吴王后的相当一段时间,似乎对于这类问题还是没有很高的政治认识。

为了配合徐达大军围攻东吴张士诚,朱元璋特地派遣指挥傅友德带领军马300人火速北上,绕道到张士诚苏北势力的北方,发起突袭,顺便警告一下中原的割据势力。傅友德出色地完成了任务,朱元璋心里乐开了花,赐宴傅友德,并命令徐达手下的一员中高层军事领导干部叶国珍作陪,还叫上了10多个歌妓在酒宴上助兴,让两位从死人堆里爬出来的军中领导边饮酒边品美色。但疑心病特重的朱元璋却在暗中又派了几个贴身宦官偷偷地观察两位军中英雄的反应。(【明】刘辰:《国初事迹》)

按照当时的风俗,正儿八经地嫖嫖妓女可能不算什么,可哪想到那个叫叶国珍的军中英雄,见了穿了黑短衫、戴了黑帽子的歌妓,觉得看不过瘾。于是命令歌妓脱去黑衣黑帽,穿上耀眼、性感的华丽衣服,然后叫她们坐到自己的身旁,这样他就方便地左搂右抱,顿时浪声四起,淫语不断。(【明】刘辰:《国初事迹》)

看到这激动人心的一幕幕,宦官偷偷地赶回去作了汇报,朱元璋听到竟然有这样的事情,顿时就火冒三丈,堂堂军中将领、战斗英雄岂能与妓女一般贱人同坐饮酒作乐,成何体统?于是下令将叶国珍与妓女一同锁到马坊去,你叶国珍不是喜欢妓女美色,我现在让你时时刻刻都能看到什么叫美,朱元璋令人将妓女的鼻子给割了。

再说酒醒后的叶国珍见到自己与没鼻子的妓女给关在了一起,顿时感到奇耻大辱,开始骂骂咧咧:"死就死,何必要将我与这等贱人丑八怪关在一起?"朱元璋回答他:"你没记性,不遵我制定的贵贱有别的规章,所以我要将你与贱人丑八怪关在一屋,以此来羞辱你,让你长长记性。"事后朱元璋还没放过叶国珍,对他实施了鞭刑,再将他发配到瓜州去做看坝人。(【明】刘辰:《国初事迹》)

朱元璋当初惩治叶国珍倒不是因为叶有嫖娼的嫌疑,而是因为叶不知贵贱等

级羞耻,但人欲横流所带来的社会空气霉变似乎在日后的生活中也让"天生圣人"朱元璋给觉察到了。洪武开国后,朱元璋将南京城里的妓女集中到了城南的乾道桥,单独设立了一个叫富乐院的性爱欢乐场所。为了防止淫风蔓延和性工作者挑逗正常男人,朱元璋规定:专门负责拉皮条的妓院"龟孙子"(打手与跑腿一类的男人)头戴绿帽子、腰缠红搭膊、脚穿带毛猪皮靴,让人们一看便知其为绿帽龟孙子,绿帽龟孙子要是上街办事什么的,朱皇帝规定其不准在大街中央行走,只能走道路的左右两侧,说到底就是要让人们知道:从事性服务行业是令人不齿的。那么对于妓女呢,朱皇帝规定:妓女严禁穿红戴绿,更不能捋胳膊露腿,挑逗男人的底线,而是要头戴黑帽子、身穿黑褂子。(【明】刘辰:《国初事迹》)

富乐院开业后生意火红,可惜的是有一夜不知怎么的发生了火灾,火势很大,局面迅速失控,火一直烧到了沿街店面,前来救火的人发现了这里男欢女爱的一些脏物,并上明皇宫作了汇报。朱元璋听后大怒,下令将相关男女一律治以重罪,同时还考虑位于乾道桥的富乐院太接近明朝开国功臣生活区,时间长了会腐蚀我大明栋梁的,于是决定将富乐院迁往武定桥等处。同时下令将全国各地的官府掌控的妓女全部集中到南京,以免继续污染地方风气,同时规定只许商贾和外国使臣出入妓院,而"禁文武官及舍人不许入院"。(【明】刘辰:《国初事迹》)因此说,最近网络上疯传有关朱元璋鼓励或默许官员嫖娼之说完全没有什么依据,或者说是胡说八道。

朱元璋集中管理妓女、禁止大明官员嫖娼的原因虽然不能完全确定,但其目的则可以肯定,那就是营造新帝国的良风美俗。试想一个社会淫风四起,大伙儿都想去嫖娼,不说性病蔓延,就是经济开支也够大的,你要是没钱就进不了那个大门的,于是做什么事都会向钱看,这岂不有害于道德法纪!

由男女之事就让人想到了婚丧嫁娶,朱元璋原本是元朝的子民,目击了元末这类风俗的弊端,洪武五年五月他在下发的诏书中就一针见血地指出:近世以来,我们民间婚嫁风俗大为变质,婚姻本来是家庭未来的根本,可现在人们老将眼光盯在聘礼钱财上,相互攀比,越来越奢侈;丧葬礼俗也有相似的特点,本来家里有了丧事,生者当以哀悼为本,葬祭所用量力而行。可现在富有人家越来越摆阔,贫困人家不甘落后,借了债务也想迎头赶上,或者相信什么迷信,陈年累月停尸不葬,甚至还有连尸首都暴露在外,但就是不肯下葬,这是恶俗,非得整治一下不可!(《明太祖实录》卷73)

由死再说到生,朱皇帝讲:道教、佛教,都以修身养性与清静无为为本,但自元朝以来每每举办斋荐法会时,人们却男女杂居一处或一室,喝酒吃肉毫无顾忌,这哪是做法事?还有南方省份,尤其是福建、广东一带的富民豪贵常常将别人家的男孩子阉割了做使唤，名为火者。所有这些统统给我禁止，违者严厉治罪，特别是将别人孩子私自阉割的，一旦发现，官府将他也给阉割，再没官为奴！(《明太祖实录》卷73)

朱元璋如此移风易俗，力矫奢侈、堕落与腐烂的元朝遗风，倡导廉洁朴实的社会时尚，为新兴的大明帝国营造了一个良好的统治秩序与社会生态环境。

○ 参酌唐宋、构建新体，为洪武时期"使厚民生"提供了一定的保证

在洪武初年的立纲陈纪或言建章立制过程中构建起来的中书省、御史台和都督府三大府新体制发挥着重要的作用。虽说朱元璋自建国起没多久就对中书省产生了反感、甚至恶感，并最终在洪武十三年宣布废除丞相制，但不可否认，明初的立纲陈纪、关注民生的许多举措，都是通过中书省贯彻实施下去的；而御史台和各省按察司在这个过程中的作用也不容忽视。譬如，洪武年间对官员出外乘用的交通工具曾做了限制规定，但在实际执行过程中会产生什么问题呢？日理万机的洪武皇帝当然不会很快了解到，但有一位监察官就向他讲述了官用轿子带来的危害。草根出身的朱皇帝听后深有感触地说："虽说人有贵贱之分，但身体都是肉做的。从今以后有使者与官客来往，一般情况下，只准用2人轿夫。负责省里监察的按察司官和出使外国的官员，虽说为了体现我大明朝廷的威势与颜面而要用轿，但也只能用4人轿子，且其轿夫雇佣费要由田粮多的富户出，我大明官府绝不可擅自奴役普通百姓，劳其筋骨，妨碍农事；至于老百姓谁要是愿意受雇，拿钱做事就行！"(【明】刘辰：《国初事迹》)

都督府为首的大明军队在洪武初年的建章立制中所起到的作用那就更不用说了。一方面大明军不断北伐和"清沙漠"，追击元朝残余，扫清地方敌对势力，为洪武初年的立纲陈纪创造了安定的环境；另一方面利用和平休整时机，大明军还参与到了地方清丈土地等经济秩序构建当中去。(【明】刘辰：《国初事迹》)

就此而言，以三大府为主干的大明新体构建、政治秩序重组与政治环境净化以及社会风尚之改变，为洪武时期"使厚民生"或言关注民生提供了相当程度上的保证。

雄主力治"三农"问题　　下"猛药"除民生之疾

"使厚民生"最早是明太祖朱元璋在开国之初就提出的："上帝命为天下生民主，任以司牧，使厚民生，惟恐弗胜，日怀忧惧。"(《明太祖实录》卷40)整个这段话

的意思是:"承蒙上天老人家您看得起,让我出任天下之主,并任用官吏来进行管理,这就要使得天下黎民苍生的生活能够得到很好的保障。惟恐不能担当此重任,我日夜忧虑着。"从这段话的语境来看,朱元璋所说的"使厚民生"就相当于今天所讲的"宽厚民生"或言关爱民生。

看到这样的字眼,可能有朋友不禁要问了:有没有搞错啊,一向尚武尚刑的"暴君"洪武大帝朱元璋会"宽厚民生"?

○ 天旱了,草根皇帝不敢碰美眉们,却带了她们同吃草蔬粝饭昼夜求雨

其实这里边就存在着历史的误读,朱元璋不是对所有的社会阶层都充满了敌视并大开杀戒的,尤其是对中国社会中占据人口98%以上的农民兄弟,还是充满了"阶级感情"的。之所以如此,这就恐怕首先要归结于朱皇帝的草根出身了。

洪武二年入春后久旱不雨,本来与此并无直接关联且可安逸享乐的洪武帝朱元璋却焦灼不安,前后长达10多天都未曾睡过一个安稳觉,与宫中美眉们一起吃"草蔬粝饭",祭祀先祖与父母,代民祈雨。在祈文中朱皇帝这样说道:"去年各地都发生了严重的旱灾,老百姓衣食不保。谁想今年开春以后又连连干旱,要是再这样持续下去的话,恐怕子民们的生活就更加艰难了。朕想起少年时那场大灾荒,父亲、母亲大人那么拼命忙活,可最终还是食不果腹,一家人饿得实在撑不下去,只得弄些野草,拌几粒米充充饥,日子过得好不艰难啊!现在朕尽管富有天下,但逢上如此天灾,我子民百姓又有什么罪过,或许是朕得罪了上苍?因此朕决定与后宫妻子们一起来斋戒素食,与民共渡艰难,以此来回应上苍对朕的责罚!"(《明太祖实录》卷40)

○ 朱元璋认为:"保国之道,藏富于民","四民之业,莫劳于农"

"触景生情",这样的事情常常发生在草根皇帝身上,《明实录》中有着许多的记载。尽管当年的朱元璋不可能知道500多年后的现代人本主义心理学大师马斯洛的人类七种基本需求理论——生理需求、安全需求、归属和爱的需求、尊重的需求、认知需求、审美需求和自我实现的需求(马斯洛:《人性能达到的境界》,1972年英文版,第316页,见刘恩久主编:《社会心理学简史》,江苏教育出版社1988年5月第1版,P180~181)。但对于曾经徘徊于地狱边缘的他来说,人类最为基本的生理与安全的需求,可能比任何权位高势能者都有切身的感受。他曾跟侍臣说过这样的话:"朕经常想起早年苦难岁月,兵荒马乱,饿殍遍野,日食藜藿。现在虽然贵为天子,富有天下,但从未有过一天忘记过去,所以宫室器用一切从简,吃的穿的也就

普普通通,惟恐过奢,糟蹋了钱财又伤害了百姓。"说到底,朱元璋由己及人,想到了老百姓最为基本的生存需求若得以满足,也就如他当年一样,有饭吃了,就不会起来造反。由此,他提出了"藏富于民"的理论:"保国之道,藏富于民,民富则亲,民贫则离,民之贫富,国家休戚系焉。"(《明太祖实录》卷176)

朱元璋的"藏富于民"理论提出有个反面例子,那就是以元亡为历史之鉴,"自昔昏主恣意奢欲,使百姓困乏,至于乱亡"。那么有没有正面的好例子?朱皇帝也找到了,"自昔先王之治,必本于爱民,然爱民而无实心,则民必不蒙其泽,民不蒙其泽,则众心离于下,积怨聚于上,国欲不危难矣。朕每思此为之惕然"。(《明太祖实录》卷231)

想到老百姓得不到实惠就会上下离心,终致天怒人怨,国家岌岌可危,朱皇帝就惴惴不安,因为他十分清楚"军国之费所资不少,皆出于民"(《明太祖实录》卷19),而"民贫则国不能独富,民富则国不至独贫"(《明太祖实录》卷253);"大抵百姓足而后国富,百姓逸而后国安,未有民困穷而国独富安者"。(《明太祖实录》卷250)为了使得百姓即当时所称的"四民"富和足,那就首先得解决农民以及与农民相关的问题,因为在他看来:"四民之业,莫劳于农,观其终岁勤劳,少得休息,时和岁丰,数口之家犹可足食,不幸水旱,年谷不登,则举家饥困。朕一食一衣,则念稼穑机杼之勤。"(《明太祖实录》卷250)百姓之中最为辛苦的就数农民,国家财税收取最大的源头也是农民,加上自身本来就与农民有着一种不言而喻的天然感情,因此朱元璋在立国前后就开始想方设法解决农民及其相关问题,由此他也成为了中国历代真正致力于解决"三农"(农业、农村、农民)"顽症"的第一皇帝。

朱元璋解决中国传统社会的"三农"问题可以用这样的几个词语来概括:不遗余力经营农业问题;殚精竭虑解决农民问题;别出心裁实行"农村自治"。

◉ 不遗余力经营农业问题

朱元璋认为"为国之道,以足食为本"(《明太祖实录》卷19),再说开来,那就是作为天下之主,你就一天也不能不拥有天下子民。而要拥有天下子民,你就不能不让那些子民们吃饱穿暖,"君天下者不可一日无民,养民者不可一日无食"!(《明太祖实录》卷53)由此而言,"今天下初定,所急者,衣食!衣食给,而民生遂……(而)足衣食者,在于劝农桑"。(《明太祖实录》卷26)"农桑,衣食之本"(《明太祖实录》卷77)。换言之,"农为国本"(《明太祖实录》卷42),即洪武皇帝将农业视为了立国的"国本"。

农民出身的朱元璋十分清楚:解决农业问题最为重要的就是要首先解决好土地问题和农业税收问题。土地是农业的命根子,土地没有了,什么农业都成了一句空话;而有了土地,国家税收又很重或者是无休止地敛财摊派,再好的农业也要被窒息。所以从洪武立国起,朱元璋就开始不断地下发诏令和文告,免征受灾各地农民的赋税,密切关注农民疾苦,努力解决农业问题。综合起来看,洪武帝在大明帝国建立前后采取了如下几个方面的措施医治元末战争创伤,恢复农业生产:

○ **调整土地关系——根据实际耕种能力重新"分配"土地**

经过元末大动乱,明初土地关系发生了很大的变化,重新"分配"土地成为当时解决农业问题的当务之急。朱元璋下令,根据实际耕种能力重新"分配"土地:第一种情况,凡遗弃的田土即无主田地,谁垦种了就归谁所有,但不可以无休止地占有土地,要以自己的耕种能力作为占有的条件。第二种情况,如果以前田主回来,那么所谓的遗弃田土就得要"还"给原来田主,全还? 不是的,总该有个标准吧? 也是以原田主的人丁多少与耕种能力为标准。第三种情况,如果以前田主回来,但田主家的人口又在这几年中增长了,回来后成了田多人少的"困难户",那怎么办呢? 政府允许田主占据荒地,不过也不许多占,也以耕种能力为限。(《皇明诏令·大赦天下诏》卷1;《皇明诏令·正礼仪风俗诏》卷2;万历《大明会典·户部田土》卷17)

◎ 将"狭乡"之民迁徙到"宽乡"

上述政策是针对全国的,但中国领土太广了,各地情况差异又很大,理论上说战争后留下了好多无主地、荒地,这种情况可能对本来就田多人稀的北方更适合;而中国南方自宋元以来由于经济大发展,人口密度大大超过了北方,尤其是江南苏松地区是有名的地狭人稠的"狭乡",要让这个地区的老百姓都有农业生产最基本的物质资料——土地,似乎不容易做到,于是朱元璋强令将"狭乡"之民迁徙到"宽乡"。哪里是"宽乡"? 朱元璋老家凤阳一带以及北方地区。明初这类移民对象大致分为两种:第一种是"狭乡"的无地之民,如洪武三年(1370),朱元璋下令将苏、松、杭、嘉、湖等两浙五郡狭乡中无田的农民4 000多户迁到临濠去垦荒,明政府发给耕牛、种子和粮食等,帮助他们迁徙,并免除其3年的赋税(《明太祖实录》卷53)。洪武二十二年四月,朱元璋再次下令将杭、湖、温、台、苏、松诸郡无田的农民迁往淮河迤南滁州、和州等地垦种,官府给予每户人家配备农具和30锭的钞币,免除其3年的赋役(《明太祖实录》卷196);另一类是占有大量田产的"豪强富民",如吴元年十月朱元璋下令,"徙苏州富民实濠州"(《明太祖实录》卷26);洪武七年,大明"徙江南富民14万(人)田濠州,以善长总理之"(《明史·李善长传》卷127;《明史·俞通源传》卷133)。当然后一种移民还带有政治色彩,因为这些江南豪强富民过去或明或暗地支持过朱元璋的敌对势力张士诚或方国珍,他们盘踞当地,是大明帝国长治久安的心腹之患。朱元璋意识到解决这个问题的最好办法就是"迁徙豪民",来个连根铲除,这在很大程度上又缓和了"狭乡"地区的人地矛盾和社会矛盾,且使得地荒人少的"宽乡"地区的经济也得到恢复和发展。

◎ 鼓励农民垦荒,承认荒地开垦者的土地所有权

朱元璋在解决"狭乡"问题时,又对"宽乡"地区的人地矛盾问题相当重视并予以解决。"宽乡"主要是在北方,将"狭乡"之民迁徙到"宽乡"是能解决一些问题,但后遗症也不少,主要是"狭乡"之民不太愿意到风俗和生活习惯与南方有着很大差异的北方地区去,这就带来了一些社会问题。最好的办法是就地垦荒。洪武元年朱元璋下诏:"各处荒闲田地,许令诸人开垦,永为己业,与免杂泛差役三年,后并依民田起科税粮。"(《皇明诏令·大赦天下诏》卷1)洪武三年朱元璋定制,对于"宽乡"的北方地区实行鼓励垦荒政策。具体的办法是:在北方郡县的荒芜之地,每户分配给15亩种庄稼,另给2亩种蔬菜;如果家有余力,可以多占荒地,不限田亩数,政府还进行奖励,奖励办法是免除三年的租税,"其马驿、巡检司、急递铺应役者,各于本处开垦,无牛者官给之,守御军屯远者亦移近城。若王国所在,近城存留五里,以备练兵牧马,余处悉令开耕"。(《明太祖实录》卷53)洪武二十八年,朱元璋又"令公侯大官以及民人,不问何处,惟犁到熟田,方许为主。但是荒田,俱系在官之数,若有余力,听其再开"。还"令山东概管农民,务见丁著役,限定田亩,著令耕种,敢有荒芜田地流移者,全家迁发化外充军"。同年朱皇帝又令山东、河南等地开垦荒田,"永不起科"。(万历:《大明会典·户部田土》卷17)

朱元璋下令奖励垦荒的政策,不仅对于农民开荒种植、恢复和发展社会经济具有很大的促进作用,而且还在很大程度上承认荒地开垦者对土地的所有权,使得明初自耕农数量激增。大明帝国的财税收入有了更加广泛的来源。

○ 减免租税,赈济灾民

理性而言,中华大一统帝国占据的地理位置不算好,地理跨度大,自然条件不算优。中国历史上的灾变时有发生,而历代的帝皇们总免不了要表表姿态,体恤天下苍生,什么免除灾变地区百姓的租税,赈济灾民,等等。但中国历史上几乎没有哪个帝皇像朱元璋那样心系天下苍生,做得那样真诚。

洪武二年五月南京"火炉"正当时，朱元璋从紫金山回来，远远望见"热气腾腾"中有几个农民正弯着腰、曲着腿在田地中艰难地抓什么。农民出身的朱皇帝边看边走，从紫金山的独龙阜一直走到了淳化门，虽然已经汗流浃背，可他浑然不觉，最终看明白了，原来远方田地里的农民正在冒着酷暑耘耕水稻呐！少年时代的生活刹那间仿佛又出现在眼前，朱元璋指着远方的农民，十分感慨地跟随从说："农业是国家的根本，国家开支都要取自于农业。农民们如此辛苦，有关管理职能部门的官员能对他们动恻隐之心吗？你们说说看，我们大家都是爹妈生的，身居富贵的却不知道贫贱者的艰难。古人常有这样的训诫：当你穿上衣服的时候就应该想到织女的勤苦，当你吃到米食的时候就应该想到农田中耕夫的辛劳，朕就不知不觉动了恻隐之心了！"（《明太祖实录》卷42）

○ 天下大旱，朱元璋在南京城南暴晒整整三天代民祈雨，不全是作秀吧？

洪武三年，即公元1370年，天下大旱。时值农历的六月，天空中骄阳似火，南京城内热浪滚滚，好像要把地上一切人与物都得烤焦了。可谁也没想到，大明开国皇帝朱元璋却在此时率领所有的皇子，经过斋戒沐浴后，穿上素衣草鞋，步行来到城外的山川坛，在六月的烈日下暴晒了整整三天，就连夜里也不回宫，将草席铺在地上，累了就在那上面坐坐，夜卧于地，衣不解带，祈盼老天降雨。同时他还命令马皇后，率领所有宫中妃嫔下厨，用野菜糙米制作斋戒之食，供宫内宫外之人一同食用。朱皇帝的此番举动着实感动了上苍，五天后天降大雨，大明旱情迅速得以缓解。（《明太祖实录》卷53）

或许有人认为这是朱皇帝自编自导的一出作秀"闹剧"，但我认为并不全是。领导干部要是作秀的话，一天走过场也就够了，何必要一而再、再而三呢？朱元璋之所以能做得如此"动之以情"，不仅因为他自己早年悲惨的生活遭遇，而且还在于他亲自参加并领导了元末农民大起义，深知绝望中的底层百姓一旦真正行动起来，其发出来的能量是无比巨大的。所以为了大明帝国江山的长治久安，即使是"作秀"，他也必须这么做。

除此之外，他还要拿出更多的实际行动，为天下苍生"做主"。他时常蠲免遭灾地区的税粮，并对灾区加以赈济。于是一个个免税赈济诏谕不断地从南京明故宫里发出，传到了大明帝国的四面八方……（《明太祖实录》卷231等）

朱元璋的减免租税、赈济灾民的政策绝不仅仅停留在口谕或官样文件上，他还有几招有力的措施相配套：

第一，确立有司飞奏灾异制度和先赈济后奏报制度。

大明开国之初，各地官员时常奏报祥瑞，其真实的目的无非是对上拍马屁，好皇帝君临天下，各地才会不断地出现祥瑞。不断接到各地祥瑞的报告，大明礼部向洪武皇帝请求，是否要颁布一个祥瑞奏报办法。但草根出身的朱皇帝很实在，他对臣下说："你们只谈祥瑞，不及灾异。殊不知灾异是上天对地上人间的惩戒，其关系尤为重大。你们下文下去，告诉地方官员：今后各地只要发生灾异，不论大小，一定得飞速快奏！"(《明太祖实录》卷45)

灾异是坏事情，人的本能都喜欢听好话，如果不是从"动之以情"角度出发，朱元璋绝不会"自找"这种苦茬吧！

还有一种情况，地方发生了灾荒，上面与中央朝廷闻讯后往往要先派出专门官员前去核实，然后再发放救济粮。朱元璋认为，这样做速度太慢，会饿死人的，要简化程序，急速赈济。洪武三年正月，陕西西安、凤翔两府发生大灾，灾民代表宋升直奔南京求救。洪武皇帝命令大明户部迅速派人前去赈济，可户部官员接命后十分为难，他们告诉朱皇帝："陕西那一带早就没什么余粮了，要想赈济灾荒，只有通过水路从别的地方运过去了！"朱元璋一听这话，心里就很不舒服，当即指示："灾民们嗷嗷待哺，日日夜夜盼望着我们去救济，就好比是干涸河里的鱼儿盼望河水一般，如果等到我们那慢悠悠的水路运送过去时，不知他们还有几个活着了。赶紧启动驿道运输，马上赈济！"听到皇帝这般急促的命令，户部当即派出主事李亨驰驿陕西，给每户灾民赈济1石粟，共发放赈济粮36 889石(《明太祖实录》卷48)。洪武二十六年，朱元璋命令户部通告全国："自今凡遇岁饥，则先发仓廪以贷民，然后奏闻，著为令。"(《明太祖实录》卷227)

第二，设定"坐视民灾"之罪，严惩报喜不报忧的地方官吏。

在专制主义政治下官吏的个人前途取决于"上面"，因此他们可以毫不关心百姓的死活，只要糊好"上级领导"，照样可以升官发财。因此专制底下常见的"政治景观"是官吏们为了个人的升迁往往不择手段，有时甚至是丧尽天良，譬如发生灾难了，捂盖子；死了人，不报或少报死人数；政府发了赈灾款、赈灾粮、扶贫款等被官员们中间截留。但洪武年间，在朱元璋的重刑治国下，很少有官员敢于这样胡为。洪武二十七年(1394)，河南祥符、阳武、封丘三县连续三年发生水灾，当地地方官吏为了个人的仕途拼命地捂盖子，不上报。朱元璋知道以后，立即派出了"工作组"，进入河南进行实地调查核实，最后不仅免去了受灾三县老百姓的田租，而且还给三县官吏定了一个"坐视民灾"之罪，按律论处，并告示天下(《明太祖实录》卷234)。朱元璋还规定了"旱伤州县，有司不奏，许者老申诉，处以极刑"。(《明史·食货志》卷78)

地方发生灾荒,官员捂盖子固然十分可恶,但在中国传统社会生活中还有比这更加可恶的政治"景观"——克扣与私分赈灾款。对于这样性质极为恶劣的官场腐败,朱元璋又是如何处置?洪武十五年、十六年、十七年河南府连续三年发生严重水灾,洪武皇帝朱元璋闻讯后前后两次敕令驸马都尉李祺、梅殷负责赈灾。两位皇帝女婿干得十分认真,非常到位,三年水灾期间河南府百姓们有惊无险、有灾不困。转眼到了洪武十八年,老天似乎还是与河南府百姓过不去,再次发生了大水灾。皇帝朱元璋接报后命令户部派专员带了救灾款前往河南,会同当地布政司、按察司和地方府州县等衙门官员一起讨论救灾方案。可就在这年的年底,从河南不断传来凄惨的消息:张三家卖儿子、李四家卖闺女、王五家卖妻子……洪武帝感到十分纳闷:前三年赈灾后没发生这样的事情,怎么今年特别?想到这里,他立即派人奔赴河南进行秘密调查,终于查明了真相,原来中央朝廷下发的赈灾款被地方父母官们克扣、私分了。郑州知州康伯泰分得赃款1 100贯,原武县丞柴琳200贯,布政使杨贵700贯,参政张宣4 000贯,王达800贯,按察使知事谢毅500贯,开封府同知耿士能500贯,典史王敏1 500贯,钧州判官弘彬1 500贯,襄城县主簿杜云升1 500贯,布政司令史张英1 500贯,张岩500贯。朱元璋获悉真相后极度愤怒地说道:"贪匿之后,天寒地冻,其严凝之气御非其宜,则有堕指裂肤。其灾民腹饥,被体之衣且薄,更兼日无可炊之粮,老幼艰辛,未免号呼于天。其贪婪之徒,岂不天讨有罪乎!"最终他下令,除了参政张宣等因为是"老干部"的后代免死充军外,其余涉案官员一律处死。(【明】朱元璋:《御制大诰续编·克减赈济》第60,P660)

洪武九年湖北荆州、蕲州等地发生大水灾,洪武帝闻讯后任命户部主事赵乾前去赈济。不料赵乾磨磨蹭蹭,从上一年的年底出发一直弄到第二年的五六月才到达湖北灾区,当时已经有好多的灾民给饿死了。朱元璋闻讯后火冒三丈,令人迅速逮捕赵乾,以"坐视民灾"之罪将其处死,并颁敕给中书省,说:"发生自然灾害了,老百姓饥寒交迫,做君主的不救济,这是君主的不仁,罪责在上;官员接受君命后不及时向灾民传输君主的恩德,那么这样的官员就犯有'坐视民灾不救'之罪。朕杀了赵乾,就是给那些不体恤百姓的官员作个警戒。"(《明太祖实录》卷112)

朱元璋对漠视百姓疾苦的官吏处罚实在到位,绝没有来个不痛不痒的什么行政处分,或调离原地前往他地继续为官。朱元璋大有"谁与我的老百姓过不去,我就让他一辈子不好过"之架势。

○ 推广屯田制度,恢复与发展农业生产经济

朱元璋体恤百姓之苦是实实在在的。早在战争年代,为了减轻百姓的负担,同

时也为了保证军队的粮食供应,朱元璋实施了屯田政策,让军队自行解决军饷问题。由此,也就开启了明朝的屯田史。

明朝屯田有三种:军屯、民屯与商屯,以军屯历史最悠久。

◎ 明代的"建设兵团"——军屯

朱元璋攻下南京后不久,为了解决军饷不足问题,就任命了康茂才等军中将领率领部分兵士,在南京郊外的龙江等地进行屯田。从当时领导屯田的几个将领来看,只有康茂才这一支取得的成绩最大,宋龙凤八年(1362)康茂才屯田收获谷子15 000石,充作军饷8 000石后,尚余7 000石。朱元璋十分高兴,号召大家向康茂才学习。鉴于当时战争尚在进行,"民无宁居,连年饥馑,田地荒芜",朱元璋申明将士屯田之令,也就意味着他将屯田之法在军中推广开来。(《明太祖实录》卷12)

不过当时的军屯还不是职业性的,将士们"且耕且战",即遇有战事立即投入战斗,一旦空闲下来就下地干活。随着明朝的建立,原来的军屯形式发生了变化。洪武元年,朱元璋下令在凤阳、滁州、和州和庐州等开设屯所,规定军士70%屯田,30%守城,以50亩作1分,设都指挥1人具体负责,就此开始了大明朝新军屯。同年在北平府设置北平都指挥司,统领燕山诸卫,又于兀良哈地设立大宁都指挥司,各置屯田所,推行新军屯。(万历:《大明会典·户部·屯田》卷18)

这样一来明朝的军屯由南方地区逐渐地推行到了北方地区,范围不断在扩大。洪武三年,郑州知州苏琦给洪武皇帝上奏说:"我大明开国后陆续平定了各地割据势力,海内晏宁,唯独西北蒙古残余势力尚未完全歼灭,而我大明现在北疆关辅、平凉、北平、辽右一线又与他们接壤,一旦战火燃起,急调兵力和军饷,恐怕都来不及啊!因此小臣敬请皇帝陛下在北疆边线地区实行'屯田积粟,以示久长之规'。"(《明太祖实录》卷50)

朱元璋当即采纳了苏琦的建议,命令中书省官员"参酌行之",于是大明北疆地区开启军屯。洪武四年,明廷为已行屯田的河南、山东、北平、陕西、山西及直隶、淮安等府制定相关的屯田规章制度,其中规定:"凡官给牛种者请十税五,自备者十税三,诏且勿征三年,后亩收租一斗。"(《明太祖实录》卷69)随后军屯又逐渐地向其他边地推广开来,大约到洪武中晚期时,军屯差不多已经覆盖了大明帝国所有的边疆地区。

不过当时各地军屯实行得好差不一。针对如此情势,洪武二十一年九月,洪武皇帝朱元璋向大明最高军事领导机构五军都督府发出了指示:"养兵而不病于农者,莫若屯田。今海宇宁谧,边境无虞,若但使兵坐食于农,农必受弊,非长治久安之术。其令天下卫所督兵屯种,庶几兵农兼务,国用以舒。"(《明太祖实录》卷193)

即要求各地进一步落实做好军屯工作,并于第二月命令五军都督府更定屯田法,完善军屯制度。(《明太祖实录》卷194)。洪武二十六年朱皇帝再次下发圣旨:"那北边卫分都一般叫他屯种,守城军的月粮,就屯种子粒内支。"(【明】陈子龙、徐孚远:《明经世文编·潘简肃公文集·请复军屯疏中引》卷198)这就向北疆卫所守军提出了明确的要求:军饷必须自给自足!

那么明初这种军屯制度的实行到底效果如何?洪武时期对全国人口进行了分类登记编册,即人们熟知的明代"黄册"制度,屯田军人被编入"屯田黄册"。一般来说,屯田军士取得屯地一分50亩(各地并不太一致,也有20亩、30亩、70亩、100亩等等),由正军屯种,但也有余丁屯种。按照明代的军政制度,每一军户由1名正军和户下余丁1名组成,正军与余丁都是拖家带口,正军屯田生产、甚至打仗,余丁随营辅助,供给正军费用。也就是说一分50亩地不是一家人家耕种,而是至少由两户以上人家一同耕种,这样下来劳动力问题还是基本上能够得到解决的。但也有地方的余丁与正军一同领种一分屯地,如福州府"明初之制,一军一余,各受三十亩而耕"(【清】顾炎武:《天下郡国利病书·福建》卷91)。这样的话,劳动力就显得相对紧张些了。因为明初荒地较多,官府"给予"土地时显得很"大方",有时还会发放农具和耕牛等生产资料来扶持军屯。

当然,这些都不是白给的,屯田军士必须要承担政府规定的许多义务。在这些义务中最为主要的就是缴纳屯田子粒,即人们俗称的屯粮。那么军士要交多少屯田子粒?军屯实施初期一般是免征的,后来稍稍适当变相征一些,例如洪武三年,明廷就"命内外将校量留军士城守,余悉屯田。其城守兵,月给米一石,屯田者减半,在边地者,月减三斗,官给农器、牛种"。(《明太祖实录》卷56)总的来说,洪武前期还是以免征或少征来鼓励军士屯田。后来大明帝国规定,从洪武七年起屯田税粮征收标准为"亩收租一斗"(《明太祖实录》卷69)。但实际上洪武时期各地征收军队屯田税粮不至这个数额,全国军屯平均在每亩3斗左右,这个赋额要远远高于地方民田,但军屯兵士不承担徭役了。所以从整体上来讲,其大体与民相当。

大明军屯税粮统一征收标准一直到了永乐二年朱棣当政时才制定出来,不过这个暴君制定的标准很高,每军田一分要缴纳12石,"其军除余粮至十二石入仓而复有余者,听其自用"。(《明太宗实录》卷27)军屯税粮从洪武时期的3～4石之间在历经10年左右时间后一下子跳到了12石。不知那些摇头晃脑大唱永乐赞歌的所谓学者专家对此又有何解释?说到底,军屯制本身就是一种落后、残暴的农奴制度,老朱皇帝或许看出了其中的弊端,所以他定的税粮标准比较低。相比之下,小朱皇帝就显得格外的浅薄与凶狠了。

以上我们讲的是1个军户,由100个军户组成的军事屯田单位就叫"屯"(《明太祖实录》卷236),明朝设立"屯田百户所"来管理,这可能相当于后世的"建设兵团"。那么,屯守将士中到底有多少人守城、多少人屯田呢?从明代留下的史料来看,洪武时期全国屯守将士的比例还不一致,一般为三七开,"军士三分守城,七分屯种,又有二八、四六、一九、中半等例,皆以田土肥瘠、地方冲缓为差"(万历:《大明会典·户部·屯田》卷18)。从军屯在全国范围的分布来讲,几乎各地都有。有这么多的军队在搞屯田,国家的收获肯定很可观?目前为止我们缺乏确切数字的史料依据,但老朱皇帝得意洋洋地跟人说的一席话倒是给我们道出来个大概:"吾京师养兵百万,要令不费百姓一粒米。"(【明】陆深:《俨山外集·同异录》卷34;【清】傅维鳞:《明书·戎马志》卷70)

百万大军的军饷不要老百姓来出,这当然算得上是洪武皇帝惠民的一大善政了,还有其更深远的意义那就是促进了各军屯地区农业经济的发展,巩固了大明的国防,开发了帝国的边疆。

◎ 被强制迁徙的国家农奴——明代民屯"主流"

与军屯有着一定相似的洪武屯田中还有民屯。《明史》列举了明代民屯的三种形式:"其制,移民就宽乡,或召募或罪徙者为民屯,皆领之有司"(《明史·食货志一》卷77)。我们在前面的土地关系调整中讲到的将狭乡之民移向宽乡为明代最为主要的一种民屯形式,这种形式是由明政府组织强制迁移。详见《洪武时期主要几次大规模移民简表》

洪武时期主要几次大规模移民简表

时　　间	移出地	移入地	史　料　摘　要	史料来源
吴元年(1367)十月	苏州	濠州	徙苏州富民实濠州	《明太祖实录》卷26
洪武元年(1368)九月	北平	汴梁	命徙北平在城兵民于往汴梁	《明太祖实录》卷35
洪武三年(1370)	江南	临濠	令苏、松、嘉、湖、杭五郡民无田产者四千余户往临濠开种,就以所种田为己业,官给牛种舟粮以资遣之,仍三年不征其税	《明太祖实录》卷53
洪武四年(1371)三月	陕北	北平	徐达令都指挥使潘敬左、傅高显徙顺宁、宜兴州沿边之民皆入北平州县屯戍……计户万七千二百七十四,口九万三千八百七十八	《明太祖实录》卷62

续表

时间	移出地	移入地	史料摘要	史料来源
洪武四年(1371)六月	沙漠	北平	魏国公徐达驻师北平,以沙漠既平,徙北平山后之民三万五千八百户,一十九万七千二十七口散处卫府,籍为军者给以粮,籍为民者给田以耕……又以沙漠遗民三万二千八百六十户屯田北平府管内之地,凡置屯二百五十四,开田一千三百四十三顷	《明太祖实录》卷66
洪武五年(1372)七月	河北长城边	北平附近	撤妫川、宜兴、兴、云四州,徙其民于北平附近州县屯田	《明太祖实录》卷75
洪武六年(1373)八月	朔州	内地	大将军徐达等师至朔州,徙其边民入居内地	《明太祖实录》卷84
洪武六年(1373)九月	山西北边	中立府(临濠府)	上以山西弘州、蔚州、定安、武、朔、天城、白登、东胜、澧州、云内等州县北边沙漠,屡为胡虏寇掠,乃命指挥江文徙其民居于中立府,凡八千二百三十八户,计口三万九千三百四十九	《明太祖实录》卷85
洪武六年（1373）十一月	绥德庆阳	内地	绥德、庆阳之境胡寇出没无常,民多惊溃。迁民入内地,听其耕种,有胁从诖误者招抚之	《明太祖实录》卷86
洪武六年（1373）十二月	瑞州抚宁	滦州洋河西	以瑞州逼近虏境,宜罢州治,迁其民于滦州,徙抚宁县治于洋河西,民之近边者皆徙内地	《明太祖实录》卷86
洪武七年(1374)四月	山西	塞内	大将军徐达招致河曲府山谷军民二千九十二户,计五千九百八十八人,徙居塞内	《明太祖实录》卷88
洪武七年(1374)	江南	濠州	徙江南富民十四万田濠州,以善长总理之徙江南豪民十四万田凤阳	《明史·李善长传》卷127;《明史·俞通源传》卷133
洪武九年（1376）十一月	山西真定	凤阳	徙山西及真定民无产业者于凤阳屯田,遣人赍冬衣给之	《明太祖实录》卷110
洪武十一年(1378)	甘肃	平凉	徙甘肃故元降人一千九百六十口于平凉府,给粮赡之	《明太祖实录》卷117

续表

时间	移出地	移入地	史料摘要	史料来源
洪武十三年(1380)	江南	京师	起取苏、浙等处上户四万五千余家填实京师,壮丁发给各监局充匠,余编为户,置都城之内外,爰有坊厢	【清】顾炎武:《天下郡国利病书·江南》卷14
洪武十五年(1382)九月	番禺、东莞、增城	泗州	迁广东番禺、东莞、增城降民二万四千四百余人于泗州屯田	《明太祖实录》卷148
洪武十六年(1383)九月	清远县	泗州	广东清远县猺民起义,降贼众一千三百七人被送京师,命给衣粮,发泗州屯田	《明太祖实录》卷156
洪武二十一年(1388)八月	山西	河南	迁山西泽、潞二州民之无田者往彰德、真定、临清、归德、太康诸处闲旷之地,令自便置屯耕种,免其赋役三年,仍户给钞二十锭,以备农具	《明太祖实录》卷193
洪武二十二年(1389)四月	江南	淮河迤南滁、和	命杭、湖、温、台、苏、松诸郡民无田者,许令往淮河迤南滁、和等处就耕	《明太祖实录》卷196
洪武二十二年(1389)九月	山西	大名、广平、东昌	山西贫民徙居大名、广平、东昌三府者,凡给田二万六千七十二顷	《明太祖实录》卷197
洪武二十五年(1392)二月	崇明	江北	命徙苏州府崇明县滨海民之无田耕种者二千七百户于江北屯种	《明太祖实录》卷216
洪武二十五年(1392)二月	登州莱州	东昌	徙山东登、莱二府贫民无恒产者五千六百三十户就耕于东昌	《明太祖实录》卷216
洪武二十五年(1392)	山西	彰德等七府	山西无地或少地庶民迁徙彰德、卫辉、广平、大名、东昌、开封、怀庆七府者,凡五百九十八户	《明太祖实录》卷223
洪武二十七年(1394)二月	崇明	昆山	迁苏州府崇明县无田民五百余户于昆山开种荒田。时昆山县民上言,其邑田多荒芜而赋额不蠲,故有是命。复虑其重迁乏费,命本处卫所发军船递之	《明太祖实录》卷231
洪武二十八年(1395)闰九月	湖南靖州	大同	徙靖州会同县蛮洞民常通猺贼者往戍大同,计男女一千二百五十二人,各赐衣三件	《明太祖实录》卷242

民屯第二种形式为罪徙屯田。罪徙屯田开始于洪武八年,那年二月朱元璋敕令大明刑部:"自今凡杂犯死罪者免死,输作终身;徒流罪限年输作;官吏受赃及杂犯私罪当罢职役者,谪凤阳屯种;民犯流罪者凤阳输作一年,然后屯种。"(《明太祖实录》卷97)朱皇帝这道命令发出后一年左右,在凤阳屯田的犯有笞罪以上的劳改官员就达 10 000 人以上(《明史·韩宜可传》卷139),真可谓发展迅猛;不过在凤阳劳改的有些犯罪官员有时碰到朱皇帝发善心,还能回来继续当官。例如洪武九年正月,梅圭等580名在凤阳渠象屯屯田的劳改官员受命回京,听由大明人事部吏部重新安排工作,不过大多数犯罪官员可没这么幸运了,有的可能终身服役甚至老死于凤阳。(《明太祖实录》卷103)

与上述两种强制性屯田有所不同的第三种民屯形式,那就是招募老百姓屯田。洪武时期政府利用赐钞或免去多年赋役为条件公开招募流民或无地、少地百姓前往宽乡地区去屯种,譬如洪武二十九年山西沁州百姓张从整等116户就是响应政府号召,自告奋勇地上北平、山东和河南等地去屯种。朱元璋闻讯后十分高兴,厚赏了张从整等人,还令人给他们安排了屯种的土地。(《明太祖实录》卷197)在这以后不久,还有一些山西狭乡无地农民也应募来到山东东昌、高唐等宽乡地区进行屯种,朱元璋免除了他们四年的租税。(《明太祖实录》卷253)

但从洪武时期整体来看,招募生产这种形式在民屯中不占主导,民屯中占据大头的还是前两种,即将狭乡之民移向宽乡和罪徙屯田。因此说洪武时期的屯田带有极大的强制性,所谓"有旨遣贫民无田者至中都凤阳养之,遣之者不以道,械系相疾视,皆有难色"(【明】胡翰:《胡仲子集·吴季可墓志铭》卷9)。洪武法制又严酷,一般被强制迁移的百姓到了迁徙地后就永世不得回去,他们被编入了当地的里甲,即所谓"迁民分屯之地以屯分里甲"(一屯等于一里,下有十甲)。首先碰到的问题是当地"社民先占亩广,屯民新占亩狭,故屯地谓之小亩,社地谓之广亩"(《明史·食货志一》卷77),即经济上受到当地人的挤压,其次还有当地人的歧视与欺负,可他们又不能回老家。因此明中叶后发泄对明洪武不满的凤阳花鼓曲首先在朱皇帝的老家逐渐地流行起来了。

不论洪武时期的民屯遭到多少诟病,有一点不容忽视,那就是朱元璋通过移民屯田,一定程度上调整了全国不同地区土地与劳动力的关系,使得一些荒芜的土地得到了开发,农业经济得到了恢复发展。就拿当时北方山东宽乡东昌等地来说,洪武末年在那里的屯田移民就达 58 124 户,向国家上缴租税 3 225 980 石,棉花 2 480 000 斤;河南宽乡彰德屯田移民 381 屯,缴纳税粮 2 333 319 石,棉花 5 025 500 斤。由此可见,民屯成效还是十分显著的。(《明太祖实录》卷243)

◎ 在治边过程中用活"国企"这盘棋——明代商屯与开中法

洪武屯田中还有一种形式叫商屯。要想讲清楚商屯,就必须要从"开中法"说起。

尽管洪武时期边疆地区普遍推行军屯,但军队里的兵士除了屯田,还有繁重的战守任务,加上军屯的产量一般都不高,所以要完全做到军饷自给自足还真不那么容易。碰到这样的情况,明廷只好拿出大笔钱来就近购买粮饷,以满足军队之需求。但即使这样,还是有问题呀,一来政府花费太大,譬如洪武四年北方、山西、北平一带缺饷,朱元璋命人去购置,花费白金30万、棉布10万匹(《明太祖实录》卷67);二来军饷买到后还要运输到边疆军队所在地,由于路途遥远,运输不易,来个二次"消费"不说,还往往耽误时间。

针对这样的问题,洪武政权在经过一番调查研究后决定,利用宏观调控的经济手段——食盐专卖法着力予以解决。具体的做法是,商人将粮食运到政府指定的边疆粮仓后,政府就按照该商人运粮的数量与远近距离发给一定数量的盐引,这个盐引大致相当于我们上世纪计划经济时代的粮票、布票一般,由国家专控。商人取得盐引后上官府指定的国营盐场去支取食盐,然后再到官府指定的地区去贩卖,以此获利,这就是明代经济史上的"开中法"。较早的开中法行之于洪武初年的大明北疆,鉴于"大同粮储自陵县、长芦运至太和岭,路远费重",明政府"令商人于大同仓入米一石,太原仓入米一石三斗者,给淮盐一引二百斤,商人鬻毕,即以原给引自赴所在官司缴之"。(《明太祖实录》卷53)

可能是开中法试行的效果不错,没多久明政府就将其逐渐推开来。为解决陕西、河南军粮储备问题,洪武三年九月朝廷下令:"凡河南府一石五斗、开封府及陈桥仓二石五斗、西安府一石三斗者,并给淮浙盐一引。河东解盐储积甚多,亦宜募商中纳(商人运米输送至陕西或河南支边,然后回河东解州领取盐引)。凡输米西安、凤翔二府二石,河南、平阳、怀庆三府二石五斗,蒲、解、陕三州三石者,并给解盐一引。"(《明太祖实录》卷56)

由于运输终结地不同,运输难易程度也不同,商人运粮到边疆取得的盐引及其所换取的食盐数量也不同。为了使得开中法能够顺利实施,洪武四年二月,大明户部颁布淮浙山东中盐之例,明确制定出了每一盐引在各地输粮的具体标准,大约在1~5石。(《明太祖实录》卷61)

可即使这样,边疆运粮这活还是不易干好。为此明朝政府不断降低运输边粮的定额标准,洪武二十年十一月,明廷户部在云南毕节卫招募商人纳米中盐,"每米二斗给浙盐一引,三斗给川盐一引"。(《明太祖实录》卷187)

而从商人角度来讲,无论政府怎么降低运输边粮的定额标准,要从外地运输到指定的边疆军需粮储地总得要花去不少的费用;最为节省成本的做法就是在边疆军需粮储地附近招募各色人等进行开垦种地,这样收获来的粮食可以就地入仓换取盐引,明朝历史上商屯也由此而生。

商屯的出现贡献很大,不仅对大明帝国的边疆国防粮饷供给而且还对边疆地区的开发与经济的发展都起到了积极的促进作用;更有其潜在的影响,那就是减缓了人民的负担,增添了大一统帝国国库的经济血液。由此而言,朱元璋治国确实奇特。

○ 兴修水利,疏通农业命脉

水利是农业的命脉,作为老农民的儿子朱元璋比谁都懂。洪武五年五月,朱元璋外出祭祀皇地刚回明皇宫中的乾清宫,马皇后与妃嫔们都来向他问候与慰劳。可他全然没听到,木木地坐在龙椅里,且说了一些让所有宫中女人们都没有想到的话:"已经五月了,天气又热又干旱,好久都没下雨,秧苗还没有插到田里,甚为堪忧啊!"众美眉无言以对。朱皇帝也不管这些,他下令从今以后后宫的美眉们跟他一起吃素,真诚地向上苍求雨。直到求到雨为止。巧了,据说当天夜里天就降了大雨。(《明太祖实录》卷73)

如果我们摒弃旧史中的天人感应成分,理性看待的话,就不难发现:朱元璋确实是心系天下农民——住在雄伟气派的明皇宫里本来可以衣食无忧乐哉乐哉的一代雄主却时时刻刻挂记着农业,这实在是难能可贵!更令人敬佩的是朱元璋对农作物的用水之"论述"十分精到,他真不愧为农业水利行家。

"明初,太祖诏所在有司,民以水利条上者,即陈奏"(《明史·河渠志六》卷88)。这是说明初朱元璋曾颁下诏令:大明官府一旦接到老百姓有提议兴修水利的"报告",随时奏报给朝廷,不得延误。洪武中晚期,朱皇帝又"特谕工部,陂塘湖堰可蓄泄以备旱潦者,皆因其地势修治之",并"分遣国子生及人材(通"才"),遍诣天下,督修水利"(《明史·河渠志六》卷88)。也正因为有着这样一位懂农、喜农和爱农的草根皇帝,洪武时期的大明农业水利取得了很大的成就,详见下表:

洪武时期修筑的大规模水利工程与水利设施简表

修筑年份	水利工程名称	用工情况	工程范围	史料出处
洪武元年(1368)	和州铜城堰闸		周回二百余里	《明史·河渠志六》卷88
洪武四年(1371)	兴安灵渠		为陡渠者三十六	《明史·河渠志六》卷88
洪武六年(1373)	上海胡家港	发松江、嘉兴民夫二万	自海口至漕泾千二百余丈,以通海船,且浚海盐澉浦	《明史·河渠志六》卷88
洪武六年(1373)	开封府18水闸河道疏通	计工二十五万	河南开封府自小木至陈州沙河口一十八闸淤塞者六十三处	《明太祖实录》卷86
洪武八年(1375)	泾阳洪渠堰		溉泾阳、三原、醴泉、高陵、临潼田二百余里	《明史·河渠志六》卷88
洪武九年(1376)	彭州都江堰		彭州都江堰地区	《明史·河渠志六》卷88
洪武十二年(1379)	宁夏汉唐旧渠		引河水灌田数万余顷	《明太祖实录》卷245
洪武十四年(1381)	浙江海盐海塘		浙江海盐地带	《明史·河渠志六》卷88
洪武十七年(1384)	磁州漳河决堤		磁州漳河流域	《明史·河渠志六》卷88
洪武十九年(1386)	福建长乐县海堤		长乐沿海地带,使长乐田无斥卤之患,而岁获其利	《明太祖实录》卷178
洪武二十三年(1390)	修崇明、海门决堤	发淮安、扬州、苏州、常州四府民丁二十五万二千八百余人	修筑崇明、海门堤岸二万三千九百三十三丈	《明太祖实录》卷203;《明史·河渠志六》卷88

续表

修筑年份	水利工程名称	用工情况	工程范围	史料出处
洪武二十四年(1391)	通州并海圩岸	苏州府长洲、常熟、吴县民丁三万八千余人	通州并海圩岸	《明太祖实录》卷207
洪武二十四年(1391)	绍兴上虞县海堤	计工万六千一百六十	上虞县海堤四千丈及改造石闸	《明太祖实录》卷207
洪武二十四年(1391)	浙江宁海海堤 浙江奉化海堤	宁海用工凡七万六千；奉化用工凡五千六百	宁海堤：三千九百余丈 奉化堤：四百四十丈	《明太祖实录》卷208
洪武二十四年(1391)	定海鄞县东钱湖疏通		东钱湖周回八十里，灌田数万顷	《明太祖实录》卷208
洪武二十五年(1392)	疏凿溧阳县银墅东坝河道	计役嘉兴等府州民丁三十五万九千七百人	银墅东坝河道四千三百余丈	《明太祖实录》卷221
洪武三十一年(1398)	泾阳县洪渠堰		洪渠堰一十万三千六百六十八丈	《明太祖实录》卷256

除了大型水利设施之外，洪武时期还修筑了许多中小型水利工程，在朱元璋及其派遣的国子监生以及各级官吏的督促下，各地兴起了兴修水利的热潮。到了洪武二十八年(1395)时，全国总计共开修河道4 162处，陂渠堤岸5 048处，塘堰40 987处，陂渠堤岸5 048处。(《明太祖实录》卷243)

水利工程的广泛兴建，不仅提高了农田抵御水旱灾害的能力，而且还将许多被海潮、洪水淹没的荒地变成了良田，扩大了耕地面积。这就为明初农业经济的恢复与发展创造了极好的条件。

○ 奖励种植经济作物，搞好农民的钱袋子

也不愧为老农民出身，朱元璋对农业经济可谓花足了心思，甚至不厌其烦；在努力解决农业生产的同时,他极为周全地为农民设计经济生活,鼓励农民种植经济作物。朱元璋说:"如今天下太平,你们老百姓除了按照自己的本分交公粮和当差之外,并没有什么其他的麻烦。因此,你们务必要用心打理好自己的事情,做到丰衣足食。每户务必要按照国家号令,栽种桑树、枣树、柿子树和棉花。这样可以每年有蚕丝和棉布,可以丰衣;枣、柿子可以卖钱,遇到歉收年景也可当作粮食。做好这些事情对你们老百姓有好处,乡村里甲老人务必要经常监督检查。若胆敢违背者,家迁化外,即流放到边疆去!"(正德:《大明会典·州县二》)

当时大明帝国为每户农民所必须种植的桑、麻、柿、枣及棉花等农业经济作物的比例与数量都作出了硬性规定。洪武元年朱元璋重申他在宋龙凤十一年(1365)的命令:"凡农民田五亩至十亩者,栽桑、麻、木绵各半亩,十亩以上者倍之,其田多者率以是为差。有司亲临督劝,惰不如令者有罚,不种桑使出绢一匹,不种麻及木绵使出麻布、绵布各一匹。"并规定其起科额数:麻每亩征收 8 两,棉花每亩征收 4 两,种植桑树的 4 年后起科收税。但即使这样,还是有农民嫌政府定的科额太高了一点,于是到了洪武十八年时,朱元璋再次下令:"今后以定数为额,听从种植,不必起科。"(万历:《大明会典·户部·农桑》卷17)到了洪武二十七年三月时,朱皇帝又一次命令大明工部即相当于建设部劝谕百姓,利用空隙之地,种植桑、枣,"又令益种绵花,率蠲其税",官员在尽到监督作用,年底要向朱皇帝汇报具体的种植数额。(《明太祖实录》卷232)

正因为如此,明初棉花等类的经济作物种植有了广泛的推广。除此之外,朱元璋还提倡利用空地种植一些在今天看来并为人所看重的经济作物,这或许得益于他一次不经意的京郊巡视。

洪武二十四年初朱元璋上南京东郊巡视回来,走到朝阳门即今天的中山门时,忽然发现那里怎么会有那么一大块空地,农民出身的他顿时觉得这样浪费土地资源实在可惜,于是令人在那里种桐、棕、漆树五十余万株,以此作为造船所用(《明太祖实录》卷207)。一年后的洪武二十五年,朱皇帝下令给大明军事最高领导机构五军都督府:"天下卫所分兵屯种者,咸获稼穑之利。其令在屯军士,人种桑、枣百株,柿、栗、胡桃之类随地所宜植之,亦足以备岁歉之不给。尔五府其遍行程督之。"(《明太祖实录》卷215)而后他又下令在全国范围内广泛推行空地种植桑、枣、柿、胡桃、苜蓿等多种经济植物。用朱元璋的原话来讲:"朕深知民艰,百计以劝督之,俾其咸得饱暖……但有隙地,皆令种植桑枣,或遇凶歉,可为衣食之助。"(《明太祖实录》卷232)

草根皇帝的理由是这类经济作物种好了,好处多多,一来可以解决农民的钱袋子——零花钱问题,二来是如果遭遇灾荒,像柿子和枣子之类的作物还可以直接充饥度日。由此我们就想到朱元璋早年要饭时快饿死了,就是一棵柿子树救了他的性命。朱元璋以自己底层的生活经验为现在处于底层的人民设计了如此详尽的生产与生活方式,这恐怕在中国历代帝王中也是绝无仅有的,也只有底层出身的平民皇帝朱元璋才会进行如等详尽地设计并予以制度上的保证。

而从洪武时期推行督劝、奖励种植经济作物政策的实际效果来看，成绩还是相当明显。洪武二十八年十二月，湖广省向明廷上奏说：省内各地种植的果树如桑、枣、柿、栗、胡桃等总计有 84 390 000 株（《明太祖实录》卷 243）。如果以此作基数，我们大致可以测算一下，当时大明帝国共有 12 个布政司即省（不含直隶南京等地），全国果树应该在 10 亿株，这是何等的规模！

○ 洪武时期大明帝国农业方面取得的成就

其实除了果树数目蔚为壮观外，洪武时期其他经济数据也令人振奋，请看下表：

表 1　洪武时期每年新增垦田亩数（洪武十六年后史料缺）

当年纪年	公历纪年	田地种类与所在地	垦田数目	史料来源
洪武元年	1368 年	天下州县垦田	77 000 亩	《明太祖实录》卷 37
洪武二年	1369 年	天下州郡县垦田	89 800 亩	《明太祖实录》卷 47
洪武三年	1370 年	山东、河南、江西府州县垦田	213 520 亩	《明太祖实录》卷 59
洪武四年	1371 年	天下郡县垦田	10 662 242 亩	《明太祖实录》卷 70
洪武六年	1373 年	天下垦田	35 398 000 亩	《明太祖实录》卷 86
洪武七年	1374 年	天下郡县垦荒田	92 112 400 亩	《明太祖实录》卷 96
洪武八年	1375 年	直隶、宁国诸府山西、陕西、江西、浙江各省垦田地	6 230 828 亩	《明太祖实录》卷 102
洪武九年	1376 年	天下垦田地	2 756 027 亩	《明太祖实录》卷 110
洪武十年	1377 年	垦田	151 379 亩	《明太祖实录》卷 116
洪武十二年	1379 年	开垦田土计	27 310 433 亩	《明太祖实录》卷 128
洪武十三年	1380 年	天下开垦荒闲田地	5 393 100 亩	《明太祖实录》卷 134
洪武十六年	1383 年	垦荒田	126 544 亩	《明太祖实录》卷 158

（笔者注：本表的数据来自《明太祖实录》，但垦田数目已经折算成亩数，也可参考梁方仲：《中国历代户口、田地、天赋统计》，上海人民出版社 1980 年 8 月第 1 版，P331）

表2　洪武时期天下官民田增长数据与增长率

当年纪年	公历纪年	天下官民田数	数据来源	增长率
洪武元年	1368年	180 394 729亩	据表1洪武1年到13年总计数	
洪武十四年	1381年	366 771 549亩	《明太祖实录》卷140	与洪武元年相比增长了103%
洪武二十四年	1391年	387 474 673亩	《明太祖实录》卷214	与洪武元年相比增长了114%
洪武二十六年	1393年	880 462 368亩	《后湖志·黄册事产》卷2	与洪武元年相比增长了388%

表3　洪武时期与元朝岁征粮食数据比较表

当年纪年	政府征收天下税粮数	史料来源	增长率
忽必烈中统年间	12 114 780石	《元史·食货志一》卷93	
洪武十四年	26 105 251石	《明太祖实录》卷140	与元朝全盛时相比增长115%
洪武十八年	20 889 617石	《明太祖实录》卷176	与元朝全盛时相比增长72%
洪武二十三年	31 607 600石	《明太祖实录》卷206	与元朝全盛时相比增长160%
洪武二十四年	32 278 983石	《明太祖实录》卷214	与元朝全盛时相比增长166%
洪武二十六年	32 789 800石	《明太祖实录》卷230	与元朝全盛时相比增长170%

表4　洪武时期与元朝鼎盛时期全国人口数据比较表

当年纪年	户数	人口数	史料出处	增长数	增长率
元世祖中统年间	11 632 281户	53 654 337口	《元史·食货志一》卷93		
洪武十四年	10 654 362户	59 873 305口	《明太祖实录》卷140	6 218 968口	与元全盛时相比增长11%
洪武二十四年	10 684 435户	56 774 561口	《明太祖实录》卷214	3 120 224口	与元全盛时相比增长5.8%
洪武二十六年	10 652 870户	60 545 821口	《诸司职掌·户部·民科》	6 891 484口	与元全盛时相比增长12.8%

　　洪武时期之所以能取得如此辉煌的农业经济成就,原因很多,不过有一点是绝

不可忽视的,那就是与农民有着天然情感联系的草根皇帝朱元璋不遗余力苦心经营农业、发展经济。

● 殚精竭虑解决农民问题

大凡中国历史上经过农民战争以后登上皇帝宝座的开国皇帝一般都会比较注意立国之初推行轻徭薄赋和与民休息的政策,这或许主要是出于帝国王朝的长治久安的考虑,朱元璋当然也不例外。但曾经在地狱边缘踯躅、且有着极度苦难经历的洪武皇帝与历朝列帝有所不同的是,他对于底层的农民与弱势群体却赋予了更多的同情心。因此在建国之初,朱元璋及其大臣就确立了大明帝国的当务之急为"阜民之财,而息民之力"。(《明太祖实录》卷29)

"阜民之财"就是要使老百姓有余钱余粮,日子好过,"息民之力"就是要减轻老百姓的赋役负担,具体内容为:

第一,关注农民弱势群体,爱惜民力。

朱元璋曾经这样生动而形象地描绘了农民的辛苦与勤劳:"农夫寒耕暑耘,早作夜息,农妇缫丝绩麻,缕积寸成,及登场下机,公赋私债索取交至,竟不能为己有。食惟粗粝(通"粝"),衣惟垢弊。"中国有句古话叫"高处不胜寒",作为帝国金字塔塔尖的皇帝,要不是来自社会底层和受过极度苦难的,如何能这样透彻地了解弱势群体与农民的这般生计呢?朱元璋曾告诫臣下:"天下一家,老百姓与君主本该是一体的。要是他们中有谁吃不饱、穿不暖和没地方住,我们做官员的就得要好好地考虑如何解决问题!昔日我在民间时曾看到饥寒交迫的鳏寡孤独、老弱病残,心里常常会产生一种厌世的心情,恨不得能够马上替他们去死。战乱年代常遇到这种情形,也只能徒生恻然之心!所以最终我就决定'躬提师旅,誓清四海,以同吾一家之安'。如今,我已代天治民十余年了,倘若天下还有流离失所的人,那就不但有悖于自己拯救百姓的愿望,而且也没有尽到代天的责任。所以说你们务必要体谅我的心情,要好好地安置那些贫苦无靠之人,不可使天下任何人流离失所,生活无着!"(《明太祖实录》卷96)

第二,节省政府开支,减轻农民负担。

洪武初年为了及时了解各地的民情事务与经济发展情况,朱元璋曾规定:"天下府州县官一岁一朝"。就是说各地州县官及其主要衙门吏员每年都要上一次南京,去向朱皇帝汇报工作与地方情况,就这一项规定不知要增加老百姓多少负担!朱元璋后来发现了问题的严重性,随即做出规定并以此为定制:自洪武十五年起,各地州县官赴京汇报工作不用每年一次,改为三年一次;来京时州县官必须各自带上地方上的纪功图册文移藁簿,到吏部即组织部先去接受考核,考核完了再到明皇宫来朝见天子。地方衙门主要吏员就不必一起来京了,他们的考评工作由各省的布政司和按察司两个衙门共同组织进行。(《明太祖实录》卷173)

发现制度有问题及时改正,要是发现机构有问题呢?不用说也立即予以调整。洪武八年,有人向朱元璋报告了四川行省所属的州县里有好多人吃干饭不做事,因为四川地处相对偏僻,行政事务比较少也属于正常。可朱元璋听后却不这么认为,多个国家公务员就多一个吃干饭的,也就多一份百姓的负担,于是下令给四川,淘汰冗官29人(《明太祖实录》卷96)。洪武二十三年十月,兵部官员向洪武皇帝朱元璋报告说:"太仆寺丞李秉彝等官员上班不做事,混日子,请皇帝陛下将其治罪。"太仆寺是专门为皇帝养马的机构,据说朱皇帝当年十分喜欢它,但管理养马的中央朝廷官员可用不天天忙的——一旦各地养马机构建立了,余下就是可问可不问,所以说这样的机构设置养了一大帮子闲人,岂不增加百姓的负担么?朱元璋听了兵部奏报后,觉得这太仆寺确实人浮于事,干脆来了个机构大减肥,一次性"罢(李)秉彝等官及汰监群官王道安、江治等四十三人"(《明太祖实录》卷205),另作工作安排。

第三,严厉打击贪官污吏,除暴安良。

在朱元璋看来,解决民生问题的一个重要条件是"严明以驭吏,宽裕以待民"(《明太祖实录》卷54),即严厉禁止官吏的贪暴,用今天时髦话来说,就是要管好干部,才能名副其实地做到对老百姓的宽仁。这是朱元璋解决国计民生的关键,也是他的治国理念的核心所在。

说实在的,这样的理念不仅务实而且还十分精到。但光有理念是治理不好国家的,还必须要通过相应的制度执行下去。为此,朱元璋花足了心思,制定了一个个奇特的政策与措施:

○ 开出四服猛药力除历代顽疾,从制度上入手确保对农民的轻徭薄赋

在中国传统社会里,农民最大的负担莫过于赋税、徭役及摊派。这三个名字实际上包含了五项农民负担,下面我们分别做个简单的介绍:

◎ 历代压在中国农民头上的"五座大山"

先讲第一项赋税。赋税,用今天话来说就是农民要缴纳的土地税、财产税及人口税。在这三项中,如果从单项来看,在中国历史上可能没有一个朝代的赋税是重的。比如,被历代统治者一向吹捧的"文景之治",光从"赋税"中的"税"即土地税而

言,是相当之轻的。汉高祖刘邦时是十五税一,即在土地收入中缴纳1/15的土地税,比起重税的秦朝来说简直是轻了好几倍。文帝、景帝时进一步降低土地税,实行三十税一,甚至有段时间还不收土地税,得实惠的当然是老百姓了。这里顺便说明一下,汉代缴的都是实物税。

以上所讲的仅仅是"土地税"一项,除了它还有"赋税"中的"赋","赋"又分为"算赋"和"口赋"。汉代以后不怎么分清楚了,反正我们就统称它们为"人头税",这是最没有道理的一项税收。帝国政府不管你家有没有土地和其他财产,反正你家只要有人,就得上缴人头税。或许有人说,我们家既没有什么收入,也没有土地资料进行再生产,实在没钱缴人头税。那可不行,这人头税天下人人都得要缴。那么人头税要缴多少呢?各个朝代不一样,各个皇帝也不一致,即使是一个皇帝统治前期与统治后期也有可能不一致。文景之治时大约每人每年要缴120钱,这叫成丁(成年人)算赋。或许有人说,我家有个上了岁数的老爷爷,什么也干不了,天天叫人伺候着,那老爷子也得要缴人头税?要缴!要是有人说,我家有小孩还没成年,小孩也要缴人头税?也要缴!只是老人与小孩减半而已。

中国老百姓的第三项大负担就是财产税。这是从汉代开始新征收的税收。汉代财产税的税率大约为1.27%;有人说,还好啊,不重。可问题是收了土地税又来收财产税,重复性收税,即使是有土地的农民,日子也不会好过啊!

中国传统社会中农民第四项大负担就是徭役。现在人好多都不懂这一项是什么?我打个类似的比方,这个徭役就好比德国、日本法西斯当年抓劳工去筑城池、修工事,国家只供应不饿死你的粮食吃,其他就不会管你了。这种徭役的强盗性就在于帝国君主想要搞什么工程,按"规制"到民间去找丁力抓来"义务劳动",就有点像皇帝到民间去选美女,可没那么多的美妙爱情故事,什么乾隆爱上某某江南女子,如何缠绵悱恻,爱意浓浓,其实全是狗屁文人为了迎合专制君主的口味而杜撰出来的。说白了,皇帝选美就是掠色,而帝国征发徭役就是一种掠"力",不要有什么理由,叫你干就得干。你说我不行,家中有农活,家中有孩子,家中有老母,统统地滚到一边去,皇命如山,你必须去服徭役,从事无偿劳动。有人说那要是在服徭役时出了工伤怎么办?活该!不是有孟姜女哭长城么,孟姜女为什么要哭长城?不就是她新婚丈夫被抓取服徭役,累死在长城根底下。孟姜女又找不了秦始皇去评理,搞个什么工伤赔偿,专制底下,百姓人命如草芥。所以明末清初大思想家黄宗羲就极为愤慨地抨击道:君主为"天下之大害者"(【清】黄宗羲:《黄宗羲全集》第1册,P3,浙江古籍出版社1985年第1版)!

除了上面四项法定的义务外,中国传统社会历来还有一项说不清道不明的负担——杂役、摊派,用时髦话来讲就是官府"创收"。这更是一种强盗似的掠夺,只要上面想到,有时有个名目,有时连名目也不需要,父母官们会派出一些如狼似虎的衙役来到你家,开口就向你要这要那。你要是不给,他们就抢。

上述这五项负担中,最不合理的就是人头税和摊派。不管有地没地,不管有财产没财产,都要交人头税和完成摊派,这样一来就造成一个严重后果,那就是既没有土地也没有财产的贫困农民只好外出流浪,成为"流民"。这就给大一统帝国社会统治秩序带来极大的动荡甚至王朝的覆灭。

◎ 中国历代王朝的"绝症"

因此,出于长治久安的考虑,历代帝国政府尤其是每个王朝的开国君主一般都十分注意调整土地关系,力求解决农民等社会阶层的生计问题。也有尝试废除人头税,专以土地税和财产税作为国家向农民征收的主要税收收入。唐朝中后期的两税法就是这样的一种税收改革尝试。但说实在,在两税法实行时并没有彻底根除人头税,加上在征收土地税和财产税时遇到了阻力与困难,帝国政府官员往往与占有大量土地与财产的地主豪民们相勾结,将税收转移到老百姓的头上,没地的农民在政府的花名册上一下子变成了有地者。所以,即使人头税名义上被取消了,但实际上还存在着。尤其到了王朝的中后期,常常出现这样的一种局面:占有帝国人口10%的富民豪强承担了帝国微不足道的税收负担,而占据人口80%~90%的无地或少地农民却支撑了帝国80%~90%的财政负担。社会已经滑向了严重的财富分配不平衡和经济崩溃的边缘,重税底下的农民活不下去,只得起来造反。

对于这样的社会现实,来自社会底层的朱元璋可能比中国历史上任何一个皇帝都看得清楚。中国历代王朝的"绝症"之症结所在,就像现在医院里的医生能查出癌症病人的病症,却无法铲除癌症病人的病根,最多也就给病人进行化疗化疗,让他在世上多活几天罢了。朱元璋就是这么一个王朝帝国的白衣天使,他当然懂得此类病症不除,就意味着传统中国社会的主体人群——农民的民生问题就得不到解决。从农民起义中起来的朱皇帝甚至更清楚,农民的民生问题得不到解决所产生的社会后果将是什么。因此他在纵观中国历代王朝的"癌症"病相以后,将病症诊断为:田产不均、赋役不匀(《明太祖实录》卷163)。为此,他开出了四服猛药想根除帝国王朝的"癌症",从而在制度上确保对农民的轻徭薄赋,用一句时髦话来讲,就是"减轻农民负担"。

①编定"黄册"与"青册",建立纳税服役相对合理的依据。

因为来自民间,当上皇帝后的朱元璋就十分清楚社会不安定因素的一个关键,就在于贫富不均。不过这是现象,是历代王朝"癌症"病发的一大症状,而要想医治这种病症就得要找到"病根子"。其实这"病根子"就是历代帝国税收政策的"劫贫济富"。这就产生了一种"悖论":明明是有钱人却反而少交甚至不交"赋税",而少地甚至没地的平民百姓却成为了"税收大头"。朱元璋看得懂这其中的奥妙,不就是官吏与豪强富民勾结作弊么。于是他就运用绝对皇权,对贪官污吏和使奸耍滑的豪强富民予以严厉的甚至可以说是残酷的镇压,这在前面已经讲过,在此不再赘述。那么对于豪强富民隐匿田产怎么办呢?朱元璋在借用中国历代帝国政府的经济政策基础上,加大国家控制的力度,强制推行户籍登记和人口管理。这就是明初的户帖制度和"黄册"制度。

◎ 户帖制度

朱元璋对户口管理一向就十分重视。洪武元年,徐达大军攻克北平,朱元璋当即就下令收集元朝帝国政权掌控的典籍和户口版籍,且宣布"其或迷失散在军民之间者,许赴官送纳"(《皇明诏令·克复北平诏》卷1;《明太祖实录》卷35)。洪武二年,朱元璋又下令:因战乱等因素脱漏户籍者要及时到官府去自首,并向全国做出规定:凡军、民、医、匠、阴阳诸色户,许各以原报抄籍为定,不许妄行变乱;违者治罪,仍从原籍。(万历:《大明会典·户部·户口》卷19)可能就在这个时候,南方宁国知府陈灌在当地首先试行户帖制,试行下来的效果不错,皇帝朱元璋就将它逐渐地推广开来。(《明史·循吏·陈灌传》卷281)

洪武三年十一月,朱元璋下令给中书省官员,核定天下户籍人口,由"户部制户籍户帖,各书其户之乡贯、丁口、名岁,合籍与帖,以字号编为勘合,识以部印,籍藏于部,帖给之民"(《明太祖实录》卷58)。这就是说由户部向地方下发统一的"户籍户帖"或称"由贴",再由地方政府进一步落实到户。当时规定:"户籍户帖"到户时就必须如实填写本户的户主、人口数、各人的籍贯、名字、性别、岁数、事产等等,然后按号字编为勘合,加盖骑缝章。户帖发还给老百姓自己保存,户籍则收藏在南京的户部。朱皇帝明确说了:"如今天下太平了也,止是户口不明白哩,教中书省置天下户口的勘合文簿、户帖。你每户部家出榜,去教那有司官将他所管的应有百姓,都教入官附名字,写着他家人口多少,写的真。著与那百姓一个户帖,上用半印勘合,都取勘来了。"(【明】李诩:《戒庵老人漫笔·半印勘合户帖》卷1)

由户帖制度的实施情况来看,倒是类似于当今的户口普查和家庭财产收入登记。这种制度在明朝以前的历史上早有了,像隋代的"大索貌阅"和"输籍定样",即类似的人口与财产普查,那时还将人的长相都写在"户口簿"上。但实际上隋代搞得很不理想，因为好多官僚与豪强富民勾结起来作弊，而这样的历史丑象在中国历代都有。朱元璋吸取了历史经验教训，从严执行，他下令："我这大军如今不出征了，都教去各州县里下著，绕地里去点户比勘合，比著的，便好百姓，比不著的，便拿来做军。比到其间，有司官吏隐瞒了的，将那有司官吏处斩；百姓每自躲避了的，依律要了罪过，拿来做军。"（【明】李诩：《戒庵老人漫笔·半印勘合户帖》卷1）叫军队去乡间地头一户一户地核对户籍人口，发现户帖记载与哪家人家的实际情形不相吻合的，就把这家人抓起来，送去当兵；要是有官吏从中舞弊的话，朱皇帝说了，要砍他们的头。（也可参见《续文献通考·户口考》卷13；谈迁：《枣林杂俎》卷1《逸典·户帖式》）

◎ 黄册制度——"稳定压倒一切"的中国人上代祖宗的情结

毋容否认，洪武做事确实严酷了点，但就此建立起来的户帖制度，为大明帝国徭役佥派和赋税征收提供了相当可靠、准确的依据。不过从当时户帖制度所涉及的社会阶层来看，主要还是农民，加上赋役不均问题没有得到根本性解决，于是在推行了10年后的洪武十三年，朱元璋君臣就酝酿推出新的户籍管理与赋役制度，当时出任宫廷四辅官之一的范敏提议："百一十户为里，丁多者十人为里长，鸠一里之事以供岁役，十年一周，余百户为十甲。"（《明史·范敏传》卷138）综合先前实施的户帖制度、小黄册制度（下文笔者将述）和范敏的意见，朱元璋在洪武十四年（1381）正月下令给全国，在建立基层里甲制度的基础上编造《赋役黄册》。由此开始全面推行比户帖制更为详密、涉及范围更为广泛的黄册制度。（《明太祖实录》卷135）

黄册制度仍以一家一户作为单位，要求每户如实填写《清册供单》，其包括户主籍贯、姓名、年龄和全家丁口以及所谓的"事产"即房屋、土地、山林、河塘等不动产的面积和动产牛、羊等牲畜数，应该缴纳的税粮数，等等。其中事产与丁口两栏里头又分为四项：上次登记之数额叫"旧管"，上次登记后增加的叫"新收"，上次登记后减掉的叫"开除"，现有的数额叫"现在"。内容极为详尽，政府看了这个《清册供单》，便可将天下小民状况完全掌控起来。各户供单填好后交给甲首，甲首在核实无误后交里长，里长在核实无误后将一里的供单集中起来，开始编订成册，每册开篇有一张里甲人户总图，鳏夫、寡妇、孤儿等不能承担国家赋役的，则被列在总图后面，成为"畸零"。成册后，一式四份，然后里长将其呈送给当地的县衙，县衙留下一册保存，将其余三册连同该县里的丁口、事产统计总册一同交到上一级衙门——府里头，以此类推，府、布政司直至中央户部，各衙门各自保存一册。每本黄册长宽为40厘米,重约2千克,内有1里110户。地方政府的那几份"黄册"的封面是用青纸包起来的,所以有人喊它为"青册",但习惯上我们将之与中央户部的那份一起统称为"黄册"。送中央户部的那一份户籍册是用黄纸做册面的,所以叫做"黄册",或者叫"户口黄册",用今天话来表达,那就是"户口簿"。黄册是大明帝国向人民征收赋役的最主要依据,所以又被人们称为"赋役黄册"。(《明太祖实录》卷135;《明太祖实录》卷203;【清】乾隆敕修:《续文献通考·田赋考》卷5)

正因为黄册的编造关系到大明帝国的人口管理、赋役佥派和百姓的生计,所以洪武皇帝朱元璋对此极为重视。他曾下令:每户的《清册供单》必须由各户自己填写,当时叫"亲供",不许别人包揽。那要是有人说:我不识字怎么办?就本户自报,请人代写,填写好了以后,有关衙门的官吏进行核查,确认无误后收缴起来装订成册。绝不允许弄虚作假,各户也不能隐瞒人口与田产。如果发现有官吏私通人户作弊,官吏一律处死,人户家长也处死,其余户内之人迁往边疆地区。当时朱皇帝是这样说的:"若官吏、里甲通同人户,隐瞒作弊,及将原报在官田地,不行明白推收过割,一概影射,减除数额者,一体处死;隐瞒人户,家长处死,人口迁发化外。"(万历:《大明会典·户部·黄册》卷20)

其实编造黄册不仅仅涉及人口管理和赋役佥派,而且还事关大明帝国子民的谋生职业与社会稳定问题。按照黄册制度的要求,除了卫所现役将士之外的所有人都应该被编入里甲,其大致分为民户、军户、匠户、灶户等,在册籍上一一注明每户的户类,也就是该户谋生的职业,说白了这是户口赋役总册。如果按照职业分类的话,当时还编造了各种不同户类的专业户口簿,交给对口的上级主管部门保管,如军户的专业户口簿叫军籍册,叫大明兵部保管,匠户的专业户口簿叫匠籍册,交大明工部(相当于建设部)与内官监保管,灶户的专业户口簿叫灶籍册,交盐运司保管,只有民户没有再造册。民户中除了当时社会群体主干农民外,还包括儒、医、阴阳等户,军户中又分校尉、力士、弓、铺兵;匠户中分厨役、裁缝、马船等,"濒海有盐灶"(《明史·食货志一》卷77)。这种分类有点像当今我们的户籍管理,不过不像现在户籍管理大致将人分为两大类:农业户口和非农业户口,而是分成了许多种类。

明代黄册户籍管理中有个很特别的,那就是军队专业化。而军队专业化主要体现在军籍世袭化与勾补定向化。为了说明清楚问题,我们就从明朝军队卫所中的军士来源讲起。朱元璋是以造元朝的反而起家的,因此其军队中最早一部分人马就是当初的"从征"将士,即跟随他造反闯天下的那部分人;第二类为"归附",就是收编元朝投降部队和各地割据势力队伍;第三类"籍屯田夫为军":譬如洪武十一年四月,朱元璋下令将先前没有田粮而被强制迁徙到凤阳进行农业生产的屯田夫,全部落籍为军,并将其发往湖北黄州卫补充军力(《明太祖实录》卷118);第四类为"谪发",即"以罪迁隶为兵者"(《明史·兵志二》卷90),说得白一点就是将罪犯罚作军士,譬如,洪武二十七年四月朱元璋就曾"诏兵部,凡以罪谪充军者,名为恩军"(《明太祖实录》卷232)。罪犯不作别的处罚,充入军队当兵,这是皇帝的恩赐,所以命名其为恩军或"长生军"(【明】陆容:《菽园杂记》卷8),但由此也可以反观明代军士地位之低了。地位低,战争一旦发生还要死人,可军队人数可不能少啊,于是就出现了第四种军士来源"垛集",也就是我们今天话讲的征兵。那么征兵怎么个征法?

明初规定:民户中3户人家合为1个垛集即征兵单位,其中1户为正户,其他2户为贴户,即起到候补作用。正户出正军1名,承担军役,一旦该正军参军,便被编入军籍,与民籍分立。入了军籍就不能轻易变动,除非当上兵部尚书才可脱离军籍;那么要是军士死了,就由该军士儿子替补;要是军士没儿子或逃亡了又该怎么办?必须马上补上,要是逃军的话,政府着力追捕,要是死了没法补时,官府就到军士原籍追补其家属;如果该军户户下只有1丁,那么就得上另外两个有丁的贴户内追补,这就是明史上有名的"勾军"。(《明太宗实录》卷15;万历《大明会典·兵部·勾补》卷154)

不过这"勾军"可有名堂了,一旦卫所队伍中缺失军士,就差人上缺失军士原籍去勾补。

但因为明代军士地位实在低下,应该承担军役的有钱人家往往会买通前来勾补的军队人士,军队人士收了人家的钱就到别的人家那里去乱勾补,这样就会引起地方百姓的骚动。鉴此,洪武二十一年八月,朱元璋下诏规定:"自今卫所以亡故军士姓图籍送兵部,然后照籍移文取之,毋擅遣人。违者坐罪。"军队卫所乱来的源头治理了,但地方军士候补一头却还是存在问题,于是朱元璋又下令:"天下郡县以军户类造为册,具载其丁口之数,如遇取丁补伍,有司按籍遣之;无丁者止。"(《明太祖实录》卷193)

军队卫所的兵籍送到兵部,要有勾军也得由兵部等机构核实后下文下去,另外派人专门勾军,地方衙门专门编造军户户口册。到了该年的十二月,朱元璋又命令大明兵部置军籍勘合,专门设计了一种军籍户由,可能就相当于民籍中的《清册供单》,然后派人拿了这种军籍户由上各地的军队卫所中去,叫士兵们如实填写:从哪里来当兵的,调补何卫何所,这都是什么时间的事情,还有在营中的丁口数,等等,"如遇点阅,则以此为验,其底簿则藏于内府"(《明太祖实录》卷194)。这就是明史上的军籍黄册,简称其为军黄或军黄册;而相对的其他专业黄册如匠籍册、灶籍册等则被称为民黄或民黄册。

与编造专业黄册相配套,大明政府规定:"(各)人户以籍为定","以其业著籍"(《明史·食货志一》卷77)。即使民户等因灾荒、贫困和役重等因素而被迫逃亡外乡的,"所在有司必穷究所逃去处,移文勾取赴官,依律问罪,仍令复业"(万历《大明会典·户部·黄册》卷20)。就是说你一旦落籍后不可随便更改户籍职业,否则的话要被处以严厉的责罚。《大明律》中就有这样的律条:"凡军、民、驿、灶、医、卜、乐诸色人户,并以籍为定。若诈冒脱免,避重就轻者,杖八十;其官司妄使脱免及变乱版籍者,罪同。"(《大明律集解附例·户律·户役》卷4)

◎ 黄册与南京玄武湖里的湖神庙

黄册制度的实施与推行,使得大明对帝国各地各色人群的统治和帝国社会的稳定得以了强化。不可否认,其带有一定的冷酷性,但同时也给帝国政府征收赋税和佥派徭役提供了比较精确又相对合理的依据。正因为如此,自黄册编订起明朝政府就予以高度的重视,黄册编好后送到中央户部,户部将它们存放在有着严密看守的南京玄武湖。玄武湖在明代时还是叫后湖,湖域很大,比现在的玄武湖要大多了,它的北边与东北原来都是水域。玄武湖位于明南京城北,只有湖中有几个"洲"是陆地。明洪武二十四年(1391),全国第一次黄册编造工作结束,当时的黄册库就在旧洲(今玄武湖的梁洲)等地开始建造。但南京民间有个说法,后湖原来是由一些渔民在此居住并以打鱼为生,朱元璋要在后湖建造黄册库,这就等于要将后湖的渔民从自己的家园赶走,渔民们一下子急了起来,他们一起去找同在后湖打鱼为生的一个德高望重的毛姓老人商议怎么办?毛老人想了一下,决定去找朱元璋说说。他见了朱元璋不说后湖里渔民不同意造黄册库,而是机智地"启发"朱元璋,他说:"皇上,您要在后湖里造什么册,就是放那账本,不合适啊!"朱元璋惊奇地问:"为什么?"毛老人说:"我们世代在后湖生活,皇上你有所不知,这后湖的老鼠特多,你要将什么账册放在后湖还不叫老鼠天天饱餐一顿!"朱元璋一听,觉得老人的话也很有道理,但要放弃人们说的后湖这块风水宝地,朱皇帝还真舍不得,他转了一下脑筋,然后皮笑肉不笑地对毛老人说:"老人家,这就不难啦,有劳你老人家帮忙了!"毛老人不解地问:"我怎么能帮你的忙?"朱元璋说:"你不是姓毛?这'毛'还不就是那个'猫',留你在后湖不就可以镇住老鼠啦!"毛老人还不怎么理解,朱元璋又说了:"老人家,你辛苦一辈子,也没享过一天的福,今天我就封你一个黄册库总监当当!"说完就命令手下人将毛老人抓了起来,关到梁洲的地窖里去,然后让士兵们赶走所有的后湖渔民,并随即在梁洲等地建造黄册库。造着造着,朱元璋忽然想起了梁洲地窖里还关着那个毛老人,他可好几天没人管了,会不会饿死?想到这儿,立即叫人去看看。果然不出所料,那毛老人早就饿死了。朱元璋突发慈悲,心想这毛老人一辈子也没做什么坏事,就这么死啦,不免有点可惜。于是他下令叫人在梁洲盖一座庙,多多上香,让毛老人在地下管好那些老鼠。从此以后南京后湖上就多了一个"毛老人庙"。"毛"成为"猫","猫"不仅镇住老鼠,也要吃湖里的鱼,于是毛老人庙就变成了神祠,以后又改名为湖神庙。(【明】郎瑛:《七修类稿上·国事类》卷9)

◎ 南京玄武湖的黄册库——曾是世界上户口簿存放最多的地方

不过也有人说,这个民间传说丑化了朱元璋,真实的情况不是这样的。朱元璋与毛老人好得很,原因就是在建造黄册库时,毛老人出了金点子,他要朱元璋将黄册库的房子造得与一般的房子的朝向不同——东西朝向,这样就可在旭日东升时就开始将黄册间接地晒晒,太阳西向时又可将黄册间接地晒晒,如此一来黄册就不会发霉变烂,可以保留好久好久(《后湖志·神祠记》)。朱元璋一听这个主意不错,马上予以采纳,并敕令毛老人为后湖的湖工,做起大明"公务员"了。毛老人死后葬在梁洲,朱元璋为了纪念他,下令盖了一座神祠,祠旁建一个方台(【明】郎瑛:《七修类稿上·国事类》卷9)。据说前些年在梁洲还发现了毛老人用过的帐钩——铜钩,其旁有一井,就叫铜钩井。湖神庙在梁洲一直存在了500年,清朝咸丰年间被毁,后同治年间重建。民国时它成为南京市政府园林管理处,现为玄武湖金秋菊展的主要展地。

传说归传说,但玄武湖的梁洲最早成为黄册库,这是有史记载的。存放洪武十四年(1381)的黄册53 392本,以后逐渐增加,到明朝中叶时,整个梁洲已经放不下了。明弘治十五年(1502)起,黄册被存放到中洲(今玄武湖的环洲)。到明嘉靖初年中洲又放不下了,自嘉靖十一年(1532)起,黄册库房扩展到了新洲(今樱洲),这个新洲的黄册库里一直储存着直到明代末年崇祯年间的黄册。所以说整个玄武湖的黄册库曾是世界上户口簿存放最多的地方,据史料记载,最盛的时候总共有库房960余间,内藏黄册达170万本以上,而且它还与大明王朝相始终,存世达260多年。

◎ 南京玄武湖存世达250多年的明代户口簿突然被人烧了,为何?

整个明代黄册制度相当受重视,黄册存放地后湖更是被视作禁地,与世隔绝。

大明帝国曾设立"巡湖职役",专门守护和保卫黄册库。不仅如此,还对进出后湖人员及其在黄册库工作的人员进行严格的安全管理。一般人员是根本无法进入后湖的,除非取得特许。但即使被批准进湖的人也不是想进就进的,他必须在一大早赶往太平门外的湖口检阅处,去接受严格的盘查,作好登记,然后乘上指定的班船入湖。一般进出后湖的班船定在逢一、逢六的日子,要是在湖工作人员得了什么急病怎么办?对不起,谁叫你运气不好,要生病也得挑一、六的日子啊!除此之外,黄册库内严禁火烛,即使是晚上,人们也不许点灯。那怎么办?早早给我睡觉呗。有人可能要说,库内工作人员总要生火烧饭吃?那也得将厨房建在没有册库的荒洲上。

后湖黄册库由于管理这么严格,所以在 260 多年的历史中从来也没有失火的事情。但祖宗再努力,碰上了不肖子孙,再多再好的遗产也会给毁了。明末福王南下,在南京建立弘光政权,他们只顾自己方便,开始将后湖黄册当作"造甲点火药"的原料,黄册开始遭受劫难。清军南下,数百万的黄册毁于熊熊战火之中。(李朝润:《玄武新志》,南京出版社 2006 年 6 月版)

我们再回头来看看,自朱元璋建立严格的黄册制度起,整个大明王朝征收赋税、佥派徭役就有了比较准确的依据了。黄册十年造一次,这倒也符合实际,人口有增减、田产也有变化,十年造一次,大一统帝国还是能比较及时地掌握社会经济信息(万历:《武进县志·钱谷》卷 3)。以朱元璋的初衷,编定黄册是基础,"右贫抑富"(《明史·食货志一》卷77)、"均工夫"(《明太祖实录》卷26)才是目的,最终是为了在制度上确保对农民的轻徭薄赋,解决好民生问题。

明初洪武年间,黄册编定和黄册制度的推行产生的影响很大,成果也明显。洪武二十四年大明帝国更造黄册完成,全国总计人口数 10 684 435 户,56 774 561 口(《明太祖实录》卷214),比元朝最盛时的人口总数增加了 3 120 224 口。这一方面反映了明初黄册制实行卓有成效——国家掌握的户口数量有了显著的增加,另一方面也反映了明初社会经济已开始得到了恢复与发展。

②编定"鱼鳞图册",建立"富者多出,贫者少出"的纳税服役依据。

朱元璋在编定黄册之后并没有住手,他还要编造全国性的"土地簿"。见此有人可能要说,有这个必要吗?不是有那户口、事产极为详尽的黄册,政府就可按图索骥似地收税了。那可不行,尤其像前面讲过的压在农民头上五座大山之一的人头税断然不可再收了,不说现在不可再收了,就是 500 年前唐朝中后期统治者就已经开始觉得,按照人头收税确实很容易做到,一抓一个准;但抓住了人,人家确实是个穷光蛋,什么也没有,最多也就罚他去当兵,发配他去服苦役。但国家的税收还是没有落实啊!怎么办?当时有个宰相叫杨炎的人很聪明,他"发明"了两税法,大致的意思是，不论你家人多人少，国家就按照你家的财产来收税，一年分夏粮和秋收两次来征收，故名"两税法"。尽管两税法后人头税没有彻底被根除，并时有"隐现"，但在一般王朝的大经大法之"正典"上，人头税是上不了台面的。朱元璋来自民间，对此十分了解，他当然不会搞这么糟糕的税收政策。这倒也不是朱皇帝心慈，而是他怕第二个、第三个、第四个、第 N 个早年的"朱元璋"活不下去起来造反，所以人头税绝对不能收。但国家总得收税啊，否则大明帝国从上到下的"人民公仆们"吃什么？朱元璋想想还是唐朝定的法子好，就按"两税法"去收税。但这个两税法从唐朝、经宋朝再到元朝，用了 500 来年，好像老百姓的日子并没有好过，照样有农民活不下去，朱元璋自己就是活不下去才去参加农民起义的。在纵观历代王朝所患过的"绝症"后，洪武皇帝终于开出了第二服医治中国历代王朝"绝症"的良药，并把它作为解决民生问题的一把好钥匙，那就是严格、准确地编定"鱼鳞图册"即土地簿。

说到这里，有人可能要问了，鱼鳞图册什么时候开始编订的？怎么编的？又为什么叫它鱼鳞册？

要想说清这些问题，我们就势必要追溯元末明初那些事。宋龙凤四年(1358)朱元璋军队攻占安徽徽州，随即号令徽州境内的老百姓"自实田"；龙凤九年，朱元璋又"使民自实田，集为图籍，核盈朒，验虚实，而定科徭"(【明】宋濂：《宋文宪公全集·端木府君墓志铭》卷19)。就是让老百姓自报家里的田产状况，然后集中起来绘制成图册。这图册中记载每块土地的方圆四至、田主姓名、亩数等信息，由于绘制成的图册上土地一块又一块地紧挨着，形状好似鱼鳞一般，故当时就被人称为鱼鳞图册或鱼鳞册。

洪武元年(1368)正月刚刚称帝没几天的洪武皇帝朱元璋跟中书省大臣这般说道："历经多年战乱后，各地的户籍图册大多亡佚，田产赋税不可能不有所增损。如果我们按照'老黄历'去向人征税，人家老百姓肯定要叫苦不迭。所以说从现在开始，我们要从源头上给理一理，不能瞎收税，也不能重赋丁民。这就是人们常说的'善政在于养民，养民在于宽赋'啊！"随后朱元璋派遣周铸等 164 名大明国子监生奔赴浙西地区去核实土地田亩之数(《明太祖实录》卷29)，同往浙西的还有济宁府教授成彦明等受命"分履松之三十八都二百一十五图，阅岁终，鱼鳞图册成"(【明】杨维桢：《东维子文集·送经理官成教授还京序》卷1)。与此同时，浙江地方官员也"钦承旨意，檄命新具图籍"(【明】郑真：《荥阳外史集·赠昌国典史马君德明序》卷28)。所有这些可视为明王朝在全国范围内大规模开始清丈土地的开始。

◎ 乡里骗县里，县里去骗州里，州里骗省里，省里去骗"中央"

清丈土地，说白了类似于当今网民们强烈要求的官员富豪晒晒个人财产，这项举措的最直接"受害者"当然就是那些占有大量土地的富豪与官僚。据相关史料记载：江南巨富沈万三"亩产遍吴下"（【明】董谷：《碧里杂存·沈万三秀》卷上），义乌富民楼士祥赀产无数（【明】方孝孺：《逊志斋集·楼君墓志铭》卷20），镇江丹徒豪民曹定占地"万亩有奇"（【明】朱元璋：《御制大诰·妄告水灾》第63）。一户人家占有如此多的地产财富岂会老实巴交地任由政府来清丈，循规蹈矩地交税纳赋？就如当今的"房姐""房嫂"和"房祖宗"那般，总想方设法逃避或消极对抗国家政策，于是历史丑剧一幕幕地上演了。

第一类舞弊手段叫"铁脚诡寄"，就是富民们通常将自己的田产诡托亲邻佃仆，七拐八绕，造成自己不是"大户"，而是一般普通平民的假象；第二类舞弊手法叫"通天诡寄"，就是富民们用金钱开道，"结交"官吏甚至基层领导。他们从里甲贿赂起，往上一级级地用钱财作弊，造成了乡里骗县里，县里去骗州里，州里骗省里，省里去骗中央朝廷，最后弄出来的全都是一笔"鬼账"，出现了"富者愈富而贫者愈贫"的不堪局面。（《明太祖实录》卷180）

◎ 明代"大学生们"的功绩——"鱼鳞图册"

朱元璋知道后很生气，但他不可能将所有的官员全杀了。最后他采取一个奇特的办法，用今天话来说，就是叫更多的大学生们到农村去，与当地的政府官吏一起搞鱼鳞图册的编定工作。朱元璋不是一次而是多次派国子监生会同政府官员到全国各地去丈量土地，核实田亩。以清丈土地作为征税依据的方法在历史上有过，北宋王安石变法中"方田均税法"就是这么做的。但王安石搞了一段时间搞不下去了，为什么？因为在官场上混的那些官员个个都是老奸巨猾，他们往往与被清丈的富户豪民相勾结，营私舞弊。后来王安石发现了，他想用学校里的学生来参与变法工作，可为时已晚，他不久就被罢相了。王安石为什么会要想撤换官员而用上一无经验的学生呢？一是因为学生年轻，心灵比较单纯，没有官场上的官吏那么污浊、黑心；二是在校学生受到社会污染比较少，他们接触的就是儒家圣人的教诲，并对未来充满了憧憬——要实现圣人提出的理想。因此说，让学生来参加这类官方活动不仅仅是学生的政治实践与锻炼，也为大一统帝国提供了准确的经济信息和课税的依据。朱元璋究竟怎么会想到这么个高招，今人不得而知，但事实是国子监的大学生们"躬履田亩以量度之，图其田之方圆，次其字号，悉书主名及田之丈尺四至,编类为册",干得相当之认真;他们将丈量的土地画好,写上田主姓名及土地丈尺四至,依次排号,然后编成一本本鱼鳞图册。(《明太祖实录》卷180)

鱼鳞图册制度的确立意义重大:

第一,鱼鳞图册制度的实施与推行,表明了大明帝国对当时已有土地所有权的确认。

第二,由帝国政府全力编造的鱼鳞图册是大明征收税收的最主要的依据。据《明太祖实录》《明史》等史料记载:洪武二十四年(1391),全国官民田数已达到3 874 746顷73亩,洪武二十六年(1393)经过核实,全国的耕地为8 507 623顷(《明史·食货志一》卷77)。这是大明帝国277年历史中见于记载的耕地数额最多的一次,它远远超过了汉朝和宋朝的耕地数,但它没有超过隋唐和元朝,因而有人认为可能还有较多的豪强隐匿田土没有被清丈出来。我认为这种观点是值得商榷的,有个事实我们不能忘记了:洪武时的版图没有隋唐和元朝那么大,甚至还没有朱元璋的儿子朱棣永乐年间版图那么大。所以我认为上述数字应该是比较精确的,这也充分地说明了洪武年间的鱼鳞册制度执行得卓有成效。

第三,通过鱼鳞图册制,在很长一段时间内大明帝国可以"按图索骥"地征收税收。这既可避免豪民富户偷税漏税,同时也可减轻一般农民的负担,较大程度上起到了限制滥肆摊派的作用。这是确保对农民实行轻徭薄赋和解决民生问题的重要依据。

③沿袭两税法,确立"富者多出,贫者少出"的税收体系。

黄册有了,鱼鳞图册也有了,大明帝国征收赋税、佥派徭役的相对合理的依据找到了。那么,大明真的就按照这个为当时法律所认可的依据来建构其自己的赋税徭役体系吗?

是的,不过大明帝国在洪武年间实行的赋税徭役制度比以后的哪个时候都要认真。我们先来讲讲明代的赋税制度。

首先得说明代赋税制度的依据——鱼鳞图册,它比较准确,不仅运用传统的表达方法——文字,而且使用了地图,让人看了一目了然,标好某户田土的四至和它的"邻居"。这样就比较有效地抑制了土地诡寄之历史顽疾的"复发",不仅使得大明帝国的财政收入有了可靠保障,而且也使得大多数普通农民的赋税负担保持在一定的合理范围内。

明代的赋税制度主要沿袭了唐朝以来的两税法,以征收田赋为主体形式,一年分两次征收,夏税不超过八月,秋粮不超过第二年的二月。农民缴纳田赋以米麦为"本色",以丝绢和钞折算缴纳为"折色"。朱元璋开国之初以实物地租为主,"洪武九年,天下税粮,令民以银、钞、钱、绢代输。银一两、钱千文、钞一贯,皆折输米一石,小麦则减直十之二。棉苎一疋(匹),折米六斗,麦七斗。麻布一疋(匹),折米四斗,麦五斗。丝绢等各以轻重为损益,愿入粟者听"。洪武三十年重定税额折算比例:钞一锭,折米一石;金一两,二十石;银一两,四石;绢一疋(匹),石有二斗;棉布一疋(匹),一石;苎布一疋(匹),七斗;棉花一斤,二斗。(《明史·食货二》卷78)

朱元璋时期的田赋率是:凡官田亩税五升三合五勺,民田减二升,重租田八升五合五勺,没官田一斗二升(《明史·食货二》卷78)。据此,我们来看看当时民田的税率:官田五升三合减二升,即为三升三合,这倒与历史上闻名的"文景之治"时期的三十税一很接近了。因此说朱元璋对待农民还是很宽厚的。当然这种"宽厚"对象是有一定的范围,并不是针对全体人群,有三类人群可没这么幸运:

第一类为租种官田的农民。他们上缴的田赋税额就比较重,就以上面所引的《明史》记载来看,租种官田的农民比自耕农每亩要多交二升。不过有人认为:明初租种官田的农民会得到官府的生产扶持,如农具、牛车等均由官府提供资给,还会减免一部分差役。因此这样算下来,其大致与民田百姓上缴税额比例相当,不能算重。(【清】阎若璩:《潜邱札记》)

第二类为富民豪强。对于他们来说,因为拥有土地多,缴纳的赋税也应该多,这就是明初赋税制度的精神核心——"富者多出,贫者少出甚至不出"。

第三类为江南地区的子民。朱元璋优惠了大一统帝国的其他地方的农民,唯独对江南地区的老百姓很苛刻,这当中苏、松尤其倒大霉。"惟苏、松、嘉、湖,(朱元璋)怒其为张士诚守,乃籍诸豪族及富民田以为官田,按私租簿为税额。而司农卿杨宪又以浙西地膏腴,增其赋,亩加二倍。故浙西官、民田视他方倍蓰,亩税有二三石者。大抵苏最重,松、嘉、湖次之,常、杭又次之。洪武十三年命户部裁其额,亩科七斗五升至四斗四升者减十之二,四斗三升至三斗六升者俱止征三斗五升,其以下者仍旧。时苏州一府,秋粮二百七十四万六千余石,自民粮十五万石外,皆官田粮。官粮岁额与浙江通省埒,其重犹如此。"(《明史·食货二》卷78)

史学家们对朱元璋时期苏松地区的重赋进行了专门研究,得出了这样的结论:明初苏州府(下辖七个县)每年要向大一统帝国交纳290万石左右的税粮,约占了全国的10%,"苏州之田居天下八十八分之一弱,而赋约居天下十分之一弱"(【清】顾炎武:《日知录·苏松二府田赋之重》卷4);与苏州成为一对难兄难弟的是松江府,松江府的辖地大致相当于今天的上海市,包括其附近的郊县在内。据史料记载,南宋绍兴年间,松江税粮18万石,洪武年间一下子"涨"到了98万石,其纯增长率约为45%。有人将其他杂费也加在一起通算,那么洪武年间松江上缴的税粮总计要达到120多万石,其纯增长率约为57%(【明】谈迁:《国榷》卷7)。换句话来说,就仅下辖两个县的一个松江府,它要承担大一统帝国的4%的税收,苏州府要承担大一统帝国的10%的税收,两者合在一起,苏松这个在大一统帝国的版图上所占不到2%的地区,承担了14%的重赋,高出其他地方赋税的100%～200%。这就为后世大一统帝国开创了重赋于江南的恶例,严重地摧残了宋元以来快速发展的江南地区社会经济,来个全国性大平均,挫伤了江南地区人民发展经济的积极性。

至此,有人可能就要问了:朱元璋如此重赋于苏松,苏松人民如何生计的?说来这也挺滑稽的,朱元璋重赋于江南,造成了江南经济只有"死路一条"。但聪明的苏松人民"钻了朱元璋政策的空子",或者说是将朱元璋"给的政策用足用宽了",那就是勤劳的江南人民向棉纺织业和丝织业方向发展。这恐怕是当初朱元璋主张农业经济结构多样化的"歪打正着"的效果吧!

◎ 棉花种植的推广,惠及明清帝国500余年——睡到暖被窝想到朱元璋?

在农学史上,棉花是何时传入中国的?从哪些路线传入的?至今在学术界尚未取得一致意见。有的说是魏晋南北朝时棉花就已经传入中国,有的说是隋唐时代,还有的说是两宋时期。之所以出现这么大的时间分歧,原因固然很多,但有一个很重要的因素或者说是事实,那就是棉花种植在中国一直没有推广开来。也正因为如此,有关棉花的传入线路也有几种说法,有的说是从新疆即当时所讲的西域地区传入内地的;但目前更多的研究者倾向于从海外传到了海南岛,从海南岛再传到了江南的松江等地区。

从这条线路的传入来讲,我们得首先归功于元朝时江南松江女纺织家黄道婆。黄道婆,松江乌泥泾人,童养媳出身,因为不堪忍受公婆的殴打虐待而外逃,误搭了元朝的外贸商船,途经海南岛时,被商船上的人撂在了海南岛,就此她有机会从海南黎族人民那里学到了棉花种植和棉纺织技术。年老时黄道婆返回了家乡松江,从此棉花种植和棉纺织技术随着黄道婆的回乡就率先在松江"落户",不过似乎当时还没推广开来。换句话来说,黄道婆在松江传播棉花种植和棉纺织技术时,中国其他地方还是以麻布作为主要衣料,遇上数九寒冬季节,有钱、有地位的北方人主要穿着用毛皮所制的裘衣来过冬,而南方人则要用丝绵袍御寒。棉布衣被至少说在黄道婆之前是相当珍贵的,有人说它比羔羊皮、狐狸皮还要珍贵,以至于只有蒙元大汗与皇帝这样九五之尊的人才能穿得起。(《元史·英宗本纪二》卷28)

元代除了松江地区外,其他地方只有零星的棉花种植试验。据《农桑辑要》所载,元朝从中西亚地区引进了棉花种子进行了试种,但到元朝灭亡时还没有在全国真正推广开来。到了明初,出于那朴实的民本思想,朱元璋大力提倡农业经济结构的多样化,鼓励棉花种植,当时规定:"益种绵花,率蠲其税。"(《明太祖实录》卷232)。这样一来,洪武重赋之下压得几乎无法喘息的松江农民有了新的生机,头脑本身就灵活的松江人开始"钻朱元璋政策的空子",你皇帝不是说多种植棉花不收税么,我们大家就来个大力种植,发展棉纺业。如此下来,在很大程度上舒缓了松江府人民由于重赋所带来的苦难,使得当地的社会经济滑向崩溃之势得到一定的遏制,松江逐渐成为了全国的棉纺织中心,以至于出现了松江"衣被天下"的局面。(【明】徐光启:《农政全书·木棉》)

与松江同为难兄难弟的苏州可没这么幸运。那里的棉纺织业发展不够快速,重赋之下的苏州人民只好背井离乡,流落四方,国家直接掌控的自耕农数量急剧减少,如:苏州府下属的太仓州洪武二十四年编造黄册时,在籍户数为8 986户,到了宣德七年时只剩下1 569户。(《明宣宗实录》卷6,可详见笔者的《大明帝国》系列《洪熙、宣德帝卷》下)

不过从全国范围角度来讲,由于朱元璋大力提倡植棉,各地的棉花种植和棉纺织业也有了一定的发展。棉布、棉衣、棉被等棉纺织品逐渐普及,甚至可以说是给大明帝国的子民们"送"来了价廉物美的"温暖"品。过去贫穷的人现在在寒冬季节也能睡在暖融融的棉被里了,当然,知道这是朱元璋客观上做了一件大好事的人恐怕就不太多了。此外,还有明初推广植棉所产生的一个潜在影响,那就是在一定程度上活跃了农村经济,增加了农民的收入。由于棉花种植的推广和棉纺技术的提高,棉织品不再是"昔日王谢堂前燕",而是纷纷进入寻常百姓家。更远的意义在于,它不仅影响到了明清帝国500多年农业经济发展的基本格局,而且对中华帝国后期社会经济格局的变化起到了关键性的作用。

在顺便讲了朱元璋推广植棉所带来的歪打正着的效果与潜在的影响后,我们还是回归到前面讲的明初洪武年间贯彻赋税征收政策的核心宗旨,那就是"富者多出,贫者少出甚至不出",因此,在一些人看来,朱元璋的这种赋税制度倒是颇似当代税收累进制(李亚平:《帝国政界往事·大明王朝纪事》,北京出版社2005年10月版)。但还有人认为,这样的类比是将古人拔高了。但不管怎么说,我们都应该看到,明初的这种赋税制度不仅仅是朱元璋推行黄册和鱼鳞册的最为主要的目的之一,而且更是体现了洪武皇帝对广大农民实行轻徭薄赋的"爱民"之精神。

④创立三等人户法,确立"富者多出,贫者少出"的徭役金派制度。

其实,朱元璋的这种"富者多出、贫者少出甚至不出"的"爱民""均平"思想不仅体现在大明赋税制度里头,而且还贯彻于徭役制度中。明初徭役制度的演变分为两步:第一步叫"均工夫役",第二步就是确立"入户三等徭役佥派"制度。我们先讲"均工夫役"。

明初徭役分为三类:第一类叫均工夫役。这种徭役一般来说都用于国家比较大的工程建筑项目,譬如像明初修筑南京城墙就搞了许许多多的"均工夫役"。但这种徭役佥派方式最早萌芽于元末,那时元朝有些地方官员看出了"赋役不均"的弊端,就开始试行按照田地亩数额来佥派徭役。朱元璋攻占江南时就曾在徽州、婺州等地试行了此法(【明】宋濂:《宋文宪公全集·行中书省王公墓志铭》卷5)。吴元年(1367)徐达大军攻占松江等地,并传"檄各府验民田,征砖甃城",有人将其视为朱元璋政权实施均工夫役的开端。(《明太祖实录》卷23)

《明史》对朱元璋开国建立法度的精神吃得很透,说他"惩元末豪强侮贫弱,立法多右贫抑富"(《明史·食货志一·户口 田制》卷77)。大明开国后制定的徭役制度当然也不例外。

洪武元年(1368)二月,洪武皇帝命令中书省制订了"均工夫"的役民办法,即明朝最早规范的徭役制度。该"均工夫"法规定:以家中拥有的田地作为出役的依据,田1顷出丁夫1人,田2顷出丁夫2人,以此类推。可世界上的事情总不会这么巧吧,有的人家田地不满1顷,那么就以其他人家的田土合起来算,只要满1顷就得出1个丁夫,这就叫"均工夫"。(《明太祖实录》卷30)

洪武三年,朱元璋又令直隶、应天等十八府州及江西九江、饶州、南康三府,按照田土的分布,先绘制出《均工夫图册》,然后按照"均工夫"的原则进行征调役夫。每年农闲时征调役夫到南京来"义务劳动"30天,然后放回去。田多但丁夫少的人家,就叫他家的佃户来代替田主充作役夫,田主出米一石作为其代充役夫的费用。如果代替充作役夫的人不是佃户的话,那么每亩出费用米二升五合,百亩出米二石五斗。(《明太祖实录》卷54;《明史·食货志》卷78)

这种按田亩来计算进行佥派徭役的做法即人们俗称的"验田出夫",充分体现了朱元璋关注农民、"右贫抑富"的平均主义思想理念。但这种方法核算起来过于"精确",而为它服务的《均工夫图册》又编得比较草率,加上当时大明帝国尚未全国统一,所以最终无法大规模、大范围地推广,只能在南京和江西等江南地区实施。

第二类叫杂役。名目繁多,譬如像水上码头、马站、驿站、递运所、急递铺等类似于今天的公共服务机构所需的劳力,包括衙门里伺候官员的祇候、看监狱的禁子、兵马司与巡检司当差的弓兵等等,十分庞杂,故也被称为杂泛。洪武开国后对于杂役佥派实行的与"均工夫役"一样的原则,也是按照田粮的多少来点当的,只不过前者叫"验田佥差",后者叫"验田出夫"。目前能看到的史料中较早出现"验田佥差"的是洪武元年正月,大明在各地设置水驿、马站及递运所、急递铺等公共机构时确立"验民田粮出备"的原则,然后征发百姓来服役。其中规定水驿"每船水夫十人,于民粮五石之上、十石之下者充之,不足者众户合粮并为一夫",水递运所力夫"皆选民粮五石以下者充之",陆递运所力夫"选民粮十五石者充之;如不足者,众户合粮,并为一夫"。(《明太祖实录》卷29)驿站马夫"必以粮富丁多者充之"。(《明太祖实录》卷76)

第三类叫正役,也名里甲正役。里甲正役说得通俗一点就类似于上世纪60～80年代初人民公社时代的大队与生产队领导,这些领导是不拿钱为国家催办税粮和维护地方治安的。因此出任里甲长领导的必须家底要好,否则就得喝西北风了。

明代的里甲制度最早行使于南方地区,"洪武三年为始,编置小黄册,每百家画为一图,内推丁力田粮近上者十名为里长,余十名为甲首。每岁轮流,里长一名,管甲首十名,甲首一名,管人户九名,催办税粮,以十年为一周"(《永乐大典·湖州府·田赋》卷2 277)。从明代永乐时代编撰起来的类书记载来看,里甲正役也是以丁力田粮多寡来作为是否服役的前提,这就与"验田出夫"的均工夫役和"验田佥差"的杂役佥派是一脉相承的,所以我们今人完全可以"均工夫役"来概称或代称明初的徭役。

洪武初期的均工夫役为代表的徭役佥派原则果然很好,但再好的政策也要靠人去执行,在这个执行过程中难保不出问题,尤其那丁粮最多人户的评定可没那么简单,还在大明天子的眼皮底下,"应天府民间乡司专与乡村书算田粮,增减诡寄,躲避差役",朱元璋知道后十分恼怒,下令将舞弊者抓起来,处以黥刑即脸上刺字,用黑墨涂黑,再来除去示众(【明】刘辰:《国初事迹》)。可朱皇帝发泄完愤怒后,问题还在那里呀,小黄册制度必须要有所改革。洪武十八年(1385)正月,朱元璋"命天下府州县官第其民户上、中、下三等为赋役册,贮于厅事。凡遇徭役,则发册验其轻重而役之,以革吏弊"。(《明太祖实录》卷170)

根据朱皇帝的最高指示而制定的新徭役佥派法核心精神就是按照丁粮多少将民户划分为三等,故又被称为"三等人户法"。其具体划分标准是:"其如有父子三丁以上,田粮十石以上,或虽止一、二丁,田种不多,而别有生理,衣食丰裕,以仆马出入者,定为上丁;其有三丁以上,田种五石上下,父子躬耕足食,及虽止有一、二丁,田种不多,颇有生理,足勾衣食者,为中丁;其有一、二丁,田种不多,力耕衣食不缺,辛苦度日,或虽止单丁,勤于生理,亦勾衣食者,为下丁;若其贫门单丁,或病弱不堪生理,或佣工借贷于人者,为下下丁。"(【明】陈子龙、徐孚远:《明经世文编·胡

端敏公奏议·为定籍册以均赋役疏》卷134)

上述的这种划分法,我们作个现代诠释,很类似于上世纪五六十年代将农民划分为地主、富农、上中农、下中农、贫农五个等级,不过朱元璋没有将三个等级直接与阶级斗争联系起来。"三丁"中的第一等是"上丁",上丁户人家应该是家中有3丁以上(成年男人),田粮10石以上;或者是家中只有1~2丁,田粮也不多,但可能是经营商业或手工业等,就是说有其他经济收入的,穿用阔绰,出入都用车马并有仆人相随的,这些人户都应该定为"上丁",这就大概相当于当年的地主和富农;第二等叫"中丁",中丁人家应该是家中有3丁以上,田粮在5石上下,自给自足,丰衣足食,就可定为"中丁",大约相当于中农;第三等叫"下丁",下丁人家应该是家中只有1~2丁,田也不多,尽力耕种但仍衣食不足,或者是家中只有1丁,辛勤劳动,勉强维持生计的,这些都叫做"下丁",大概相当于下中农或贫农。至于"下下丁"那就根本不在佥派徭役所要考虑的范围了,相当于雇农。

8年后的洪武二十六年洪武皇帝下令定制:"凡各处有司,十年一造黄册,分豁上、中、下三等人户,仍开军、民、灶、匠等籍,除排年里甲以次充当外,其大小杂泛差役,各照所分上、中、下三等人户点差。"(万历《大明会典·户部·赋役》卷20)

从朱皇帝的这道命令来看,除了里甲正役外,洪武前期实施的以"验田出夫"为原则的均工夫役、以"验田佥差"为原则的佥派杂役都被"三等人户"徭役佥派法代替。自从有了三等人户法后,各地都以此作为依据,编定好赋役册。这赋役册就收藏在全国各地的府、州、县之衙门,而各地官府以此作为征发役夫服徭役的依据。(《明太祖实录》卷170)

洪武时期创立的这种根据人户、丁口和产业的多少来编定的三等人户徭役佥派制度,既用上了黄册制、鱼鳞图册制和里甲制,又参照了人户的经济与生活的实际。因此说,它是相对比较客观和公正的佥派徭役依据和标准。不仅如此,朱元璋还规定在佥派徭役具体"任务"时也要贯彻"富者多出,贫者少出甚至不出"的"右贫抑富"的精神。

当时官府是根据民户的"丁粮多寡"来佥派徭役"任务"的,丁粮多的,徭役就重。譬如充任马驿的马夫就是一个重役,因为服马夫徭役,就得要自己准备马匹、鞍辔、毡衫(雨具)等各项费用,可能相当于现在买得起高级轿车那一类档次的家庭才能堪任,不过当时的说法是佥点粮数百石以上的人户去充当。按照朱元璋的逻辑:谁叫你富裕的,你富了就叫你多出点"血"。有人说我富裕,但我家人力少,身体又不好,怎么办?朱元璋就会叫你掏钱雇人代役。丁粮中等的,徭役也是中等,像水驿的水夫就是中役。丁粮少的,徭役就轻了。像府州县的皂隶、祗候、禁子等是轻役,即在附近地方州府县里当个跑腿的差使,应由征纳税粮二石至三石的人户来承当。(《明太祖实录》卷203;万历:《大明会典·兵部·皂隶》卷157)

将上面全部换成现在人的说法,那就是地主、富农、资本家、老板、大款、总经理、董事长你们就得出钱多、干重活。有老板说,我人胖干不了活。对不起,大明帝国就叫你去请人代干,也有人开着"宝马"向官方哭穷说没钱,朱元璋肯定会先把"宝马"给没收了再说;也有董事长说,我的产业全是别人的,不信的话,他会翻出一大堆人包括他的二奶、三奶在内的股份公司花名册,对此朱元璋就可能会找人在牢里跟他谈谈话;至于中农、中等收入者、普通白领阶层,朱元璋就会叫他们出钱不多不少,干不轻不重的活;而对于占了人口大多数的下中农、贫农、下岗工人、农民工、刚毕业的大学生等,朱元璋也是讲道理,会叫这些弱势群体出钱最少,干最轻的活。因此有人认为明初朱元璋实行的这种以"富者多出,贫者少出""右贫抑富"为核心思想的以黄册制、鱼鳞图册制为基础的赋税制和三等人户徭役佥派制度颇有些当代税收累进制的味道。

总之,黄册制、鱼鳞图册制、两税制和三等人户徭役佥派制度,这四服朱元璋开出的医治大一统帝国历代王朝"癌症"的良药,确实找对了历代大一统帝国的病因——田产不均、徭役不匀。尽管这四服良药的处方在明朝以前已经断断续续地有人开过了,但历史上还没有任何朝代任何人设计得如此环环相扣、周密细致,不可否认它们是套在人民头上的一道道锁链,但同时也对豪强富民隐瞒土地、规避赋税徭役起了很大的限制与打击作用。正如明末清初大思想家顾炎武所说的:自此以后,"凡百差科,悉由此出,无复前代纷更之扰"(【清】顾炎武:《天下郡国利病书·浙江》卷87)!

顾炎武的话讲得到位,朱元璋开出的四服猛药更大的影响还在于,从洪武开始较长的一定时期内,大明帝国绝大多数农民的赋税徭役负担得到了极大地减轻。

在这里,还要特别强调的是,朱元璋的"富者多出,贫者少出甚至不出"或言"右贫抑富"的赋税、佥派徭役制度,不仅体现了中国传统社会中普通底层老百姓的"劫富济贫"的平均主义思想,而且在某种程度上具有相当的合理性。如果我们将其徭役所涉及的范围扩大到整个国家与社会的公共事业的话,那么"富者多出,贫者少出甚至不出"的思想无疑是一种极其先进的理念。

○ 构建"政治绿色通道",鼓励老百姓造贪官污吏的反,营造"宽民"环境

来自社会底层的朱元璋可能比其他历朝历代的皇帝都知道,哪个朝代开国时候所确立的规章制度不是好的?可执行了一个阶段以后,就不对劲了。王朝的制

度明明说官吏不准贪污、不准敲诈勒索、不准欺男霸女……可是官场上的人有几个照此执行的？尤其是在天高皇帝远的广大农村地区，那些口含天宪的地方官吏，要是在大官面前个个都会把腰弯得像拉满的弓似的，口口声声说是"爱民如子"，可是真要见了老百姓，却都是凶神恶煞、活阎王和魔鬼。朱元璋从小见过，甚至还可能被那些活阎王欺凌过。所以，朱元璋比中国历史上任何一个皇帝的伟大之处，就在于他敢于为天下农民为主体的弱势群体做主，采取非常规措施，构建政治"绿色通道"，鼓励老百姓造贪官污吏的反，以此来确保农民等弱势群体的权益。这就是朱元璋在《大诰》中发布的在当时具有法律效率的三项指示：严禁官吏下乡、鼓励百姓进京上告、捉拿滥设政府衙门机构的官吏。换成现在话来说，即发动群众运动，肃清地方贪官污吏。于是在洪武年间出现了中国历史上从未见过的老百姓扬眉吐气地惩治贪官污吏的奇特景观。

◎ 老朱皇帝发布"三项最高指示"，构建"政治绿色通道"

洪武十八年(1385)朱元璋在《大诰》中指示："凡布政司、府州县耆民人等赴京面奏事务者，虽无文引(相当于现在的特别通行证)，同行人众，或三五十名，或百十名，至于三五百名，所在关津把隘去处，问知面奏，即时放行，毋得阻当。阻者论如邀截实封罪"。(【明】朱元璋：《御制大诰·文引》第46，P606)

朱元璋大致是这样说的："为了清除民间的祸患，自今以后，乡里德高望重者或年长者，可以百来人，或者五六十人，或者三五百人，或者千余人，年底到京城南京来向本皇帝当面奏明，对好坏地方官吏都可以说说。好的我要表扬、要奖励，不好的要处罚，该发配的发配，该杀头的杀头！"看到这里，有读者朋友可能要为进京告御状的老百姓有可能遇到的麻烦与安危担忧了：会不会地方政府专门成立什么工作组，专门开着车子到处寻找进京告御状者及做其家属"思想工作"？或专门给这些"刺儿"找茬儿？或将他们整成"疯子"，关他们几年？或在他们上南京告御状的路上，地方官吏相互勾结，设路卡、不放关，围追堵截上告人员？请你们放心，人家草根皇帝就是想得周到，朱元璋命令各地关津、隘口的守关人员及地方官员："你们只要问清是赴京面奏的，即使没有通行证也要立即放行，不得阻挡。如果谁胆敢阻挡，阻挡者以'邀截实封罪'(即扣押弥封奏章罪)加以论处。"(【明】朱元璋：《御制大诰·耆民奏有司善恶》第45，P606；《御制大诰·乡民除患》第59，P612)

朱元璋还严禁官吏擅自下乡，如果有谁胆敢违反禁令，地方耆老可以率领乡村青壮年将其绑缚起来，押赴京师南京，朱皇帝必将对其严加惩处。(【明】朱元璋：《御制大诰续编·民拿下乡官吏》第18，P633)

在朱元璋鼓励老百姓"造反"的三项指示中最令人叫绝的可能要数：捉拿滥设政府衙门机构的官吏。中华帝国自古以来就有这么一个"治国法宝"，头疼医头脚疼医脚，王朝刚建立时气象万新，官场比较清正，机构也比较简洁。但稍稍过了一段时间，问题就纷至沓来，而政府也随即架屋叠床地增设机构，且美其名曰：加强管理，为民服务！有人搞腐败，官衙就成立整风廉政办公室；有人欺行霸市或占道经营，官衙就组建"城管"；有人向农民乱摊派，官衙就成立清理农村三费办公室；有人盗印书籍或贩卖春宫画，官衙就成立"扫黄办"；有人乱倒垃圾与渣土，官衙就成立"渣土办"……不过这样的事情在洪武时代行不通，人家草根皇帝心系百姓，老鼠窝似地成立了那么多的机构岂不增加我大明子民的负担，于是朱皇帝发出最高指示："诸司衙门官吏、弓兵、皂隶、祗禁，已有定额，常律有规，滥设不许。"谁要是违反此令，坑害百姓的，当时乡村良民豪杰可以组织群众将这些害人者给抓起来，押赴京城。本皇帝要好好地奖赏你们，抓一人，我就赏你们大明宝钞20锭（可能相当于现在10 000元）；抓2人，赏40锭；抓3人，赏60锭，最好将这些害人虫全扫除了。（【明】朱元璋：《御制大诰续编·滥设吏卒》第16，P632）

◎ 常熟农民陈寿六捆绑县吏顾英到南京告御状

朱元璋的"最高指示"发出后不久，在京城南京东面四百里左右的常熟就出现了这么一出历史上从没有上演过的"好戏"：常熟有个叫陈寿六的农民带领了自己的弟弟和外甥，一共3个人，将"害民甚众"的常熟县吏顾英捆绑起来，并把他带到了南京，向洪武皇帝告御状。

朱元璋当时高兴啊，在南京城里大张旗鼓地表扬了陈寿六3人，并赏给陈寿六钞20锭（有人对此进行了折算，说这20锭钞大约相当于今天的1万多元人民币），同时还赏给3个人各两件衣服，免除他三年的一切杂役。陈寿六一下子成了全国子民中敢于造贪官污吏反的积极分子和样板。见此，有人可能要担心了，这个陈寿六会不会遭到与被捆绑县吏顾英的同僚、同事、亲属或其他看不顺陈寿六这类"刁民"的官吏的"报复"与加害呢？人家平民皇帝就是想得细致、周到，为防止日后的不测，朱元璋发布谕旨：今后要是有谁胆敢无事生非地给陈寿六找茬或迫害的话，本皇帝就杀他的全家全族！换言之，陈寿六是农民等弱势群体的代表，谁要是与这些弱势群体过不去，朱皇帝就与他过不去！（【明】朱元璋：《御制大诰续编·如诰擒恶受赏》第10，P630）

如果说上述这个案子是农民响应皇帝朱元璋的号召，多少还是让人感觉狗拿耗子多管闲事的味道的话，那么下面这个也是在朱元璋的《大诰》中记载下来的案

件却是地地道道的弱势群体农民在遭受不法侵害后,借助官方特殊的"救济"通道,采取非常规措施维护自身权益的典型案例

◎ 河北乐亭农民赵罕辰等人捉拿主簿汪铎押送到南京

　　明初北平布政使司(即后来的北京)下辖的乐亭县(即今天的河北省所属的乐亭县)的主簿汪铎(可能相当于县委办公室主任)在"金派徭役"时没控制住自己的私欲,乘机捞了一把,不曾想招来了大麻烦。按照大明规制,县主簿的工作是具体落实和布置上级下派的工作,因此说,这是个很敏感、焦点很突出的工作岗位。如果你做人坦荡荡,即使再复杂的工作、再复杂的人脉关系,总不会引起官场大地震吧。问题就出在汪铎自己不正,前面已经讲过明代的三等人户徭役金派制度,那是一项极其复杂的工作。从朝廷的政策来看,徭役金派就是按"上丁、中丁、下丁"不同户等分别派遣到不同的地方从事"重役、中役和下役"的徭役,问题出在:第一,"上丁、中丁、下丁"不同户等定出来谁能说是百分之百的正确。譬如介于"中丁、下丁"之间的人户给定了"中丁",就好比上世纪五六十年代的一户"富农",它原本介于"中农"与"富农"之间,可最后定成分时给他家定了"富农",结果在后来的政治运动中倒大霉了,人家能对你官方的人不反感吗？第二,在户等成分本身定得不容易合情合理的前提下,再派这些不同成分的农民去从事对应的徭役,就会出现很多状况。譬如这些农民中本身家境不好却因定了高户等,无法去完成徭役,或者家中不能走掉这个"丁"即青壮年人,或者这个"丁"最近身体不适,等等,各种非正常情况有时很可能都集中在一起。大明帝国也有规定,如果自己应服徭役但又无法应役,那就出钱雇人。但雇人是由官府出面去雇的,各地价格不一,即使是同一个县不同时间段的雇价也不一样,一般就由县主簿去操作;问题的第三个焦点出现了,乐亭县的主簿汪铎是个贪婪的人,想乘机捞一把,于是就作出了这样的"价目规定":凡是自己不能去服役的农民,每人要交纳5匹绢的费用。这5匹绢按照当时洪武年间的官方银、绢、粮折价的话,就相当于大约6石米,而当时一个知县(正七品)的每月工资收入有人折算下来大致是7.5石米,县主簿这个当时最低级别的公务员每月工资也只有5石米。乐亭主簿汪铎贪就贪在这里,要每个不能服徭役的农民缴纳相当于他们一年甚至几年的收入和积蓄,这些面朝黄土背朝天的农民怎么能一下子拿得出来呢？人们愤怒了,在一个叫赵罕辰的耆老带领下,乐亭县三四十个农民一起行动起来,将主簿汪铎为首的几个贪官污吏捆了起来,押送京师南京。在走出乐亭县城40里地时,汪铎终于后悔了,他向赵罕辰求饶:"我从14岁开始读书,十年寒窗好不容易考了出来,当了个最小的公务员,你们这么一搞,我这一生全给

毁了,你们就饶了我这回吧。"但长期受气结怨甚深的赵罕辰等农民岂肯买账,他们坚持将汪铎等八九个贪官污吏押赴到了南京,交予朱元璋处理。(【明】朱元璋:《御制大诰三编·县官求免于民》第17,P708)

可以这么说,洪武年间在朱皇帝的倡导与支持下,通过采取非常规措施,构建特殊的政治"绿色通道",鼓励大家造贪官污吏的反,从而使得农民等弱势群体的权益得以确保和维护,大明也由此出现了相对的"宽民"环境。毋庸置疑,这是中国历史上罕见的政治奇景。

○ 构建常规性救济通道,对弱势群体实施有效救济

洪武时期朱元璋还构建了其他一些常规性的救济通道,对社会弱势群体进行官方的、有效救济,其主要有以下四种:

第一,设立养济院,"收养鳏寡孤独废疾贫民",官府置房给他们住,每月还供给他们粮食。这倒很像现代的收容所和救济站。(《明太祖实录》卷93)

第二,在京师设立漏泽园,地方府、州、县建义冢,专门收葬孤苦伶仃的老人、穷人。洪武三年朱元璋跟大明礼部官员说:"元朝胡俗:人死了一把火烧了,然后再将骨灰投到河水里头,弄得活人喝的全是死人的水,又伤风败俗。古人有言:入土为安,人死了不安葬,弄得到处都是孤魂野鬼。你们礼部下令下去,各级官府衙门选择靠近城镇的空闲之地,设立义冢,专门收葬那些无依无靠的贫穷者;要是有人当官客死外乡,当地衙门应该及时给他就地安葬。"(《明太祖实录》卷53;《明英宗实录》卷168)

第三,建立预备仓制度,救济受灾民众。朱元璋在全国范围内建立了两种预备仓:一种叫军储仓,主要设立在京师南京(20所,后增至41所)、中都临濠、北平等天下重镇地方以及边境要地。军储仓,顾名思义就是满足军队需要。社会意义更大的就是后一种叫预备仓,它纯属为救济灾民而设置的。这种预备仓在全国各地都设置,但在各个省(当时叫布政司)设立的预备仓主要是供支付官吏俸禄之用的,而只有四散在全国各州县乡村的预备仓,才是真正专业的救济灾民的仓储府库。"洪武间各府州县皆置东、西、南、北四仓,以贮官毂,多者万余石,少者四五千石,仓设老人监之,富民守之"。(《明宣宗实录》卷91)

这种仓储举措很像我们上个世纪70年代农村中普遍设立的椭圆屯粮仓库制度,其最早可能是由一个叫张致中的工部当差者在洪武十年提议的,朱元璋当即予以接受,并开始了实施,到洪武二十七年时全国各地的预备仓救济体系已经十分完善。生怕官衙里的官吏乘机中饱私囊,朱元璋要求各地在置办预备仓仓储粮时要

特别注意:在丰年粮食低价时由地方百姓推选德高望重的耆民出去买粮,粮食买回入仓后还要看护,那就得由地方富民来负责(《明太祖实录》卷111;《明太祖实录》卷231)。这样一来就减轻了大多数普通百姓负担,一旦遇到灾荒,开仓赈济,使"民得足食,野无饿夫"。朱元璋的这项工作做得很到位——各地都有,也很有成效,洪武二十六年(1393),就湖广德安府孝感一个县的预备仓粮就达 11 000 石。(《明太祖实录》卷227)

第四,实行大灾害中央直接救济制。洪武年间对于各地大的自然灾害往往采取随时紧急救济,蠲免赋役或发放粮食、布帛、钱钞等等,朱元璋甚至要对遇灾不报的官吏进行严厉处置,而且对延误救灾的官吏也要实行处罚。上文已讲,在此不再赘述。

第五,在各地府州县设置惠民药局。药局主管领导在府叫"提领",在州、县叫"官医","凡军民之贫病者,给之医药"。(《明太祖实录》卷53;《明宣宗实录》卷40)

洪武时期遍布全国的惠民药局的设立,倒是很像我们大陆内地上个世纪实行的公费医疗与农村合作医疗、赤脚医生制度。所不同的是朱元璋要求这种公费医疗服务对象不是当官人、也不是开着"宝马"哭穷的富翁,而是没钱看病的穷苦人。

总之,洪武年间朱元璋充分运用了皇权的巨大能量,采用了正常和非正常的措施,对以农民为主的弱势群体进行了有效的救济,其"爱民如子"之心彰显无疑。它使得社会弱势群体的生存权和生命权等权益得到了有效的保护。

○ 政治上管教官吏爱民,营造关心农民疾苦的氛围

洪武皇帝自己出身农民,心系农民,除了上面说到的方方面面,他还在政治上管教官吏爱民,营造关心农民疾苦的氛围。

◎ 听说地方官巧立名目科敛百姓,朱元璋愤然说道:害民之奸,甚如虎狼!

浙西本来就在南京的边上,现在只需几个小时的路程,600年前虽然交通远没有现在发达,但即使这样的路程,以当时最常见的运输工具与交通工具——船舶来看,一天的路程也就差不多了。就这么点路程,当时浙西的官吏借着押运官粮赋税的机会捞"油水",各衙门官吏巧立名目,向农民收取什么车脚钱 300 文,什么水脚钱 100 文,什么口食钱 100 文,仓库经办者索要什么办验钱 100 文,什么竹篓钱 100 文、蒲篓钱 100 文,沿江过路要祭祀神灵,还得向农民们要神佛钱 100 文,就差点没要治安费和卫生费了。如此名目繁多的"费"加在一起,浙西的一石粮运到南京就要花四石的运费,也就是说运费高达 400%。朱元璋知道后非常同情农民之苦,于是同意浙西将粮食改换成钞。当时粮与钞的换算是一石米折钞二贯,原来一个县

的税粮现在只要几个人拿了麻袋什么的装一下就可上南京了,由此先前运输带来的所有"费"也该统统废了。但事实上并没有,地方官府照着运粮的办法向农民苛敛,有人挖苦说总不至于拿了蒲篓钱用来买蒲篓装大明宝钞吧!但牢骚归牢骚,农民们的各种费还得照缴不误,朱元璋听说后痛心疾首地说:"害民之奸,甚如虎狼",其"罪可宥乎!"他下令严查贪官污吏。(【明】朱元璋:《御制大诰·折粮科敛》第41,P603)

◎ 军队里的领导勾结地方官吏害民,朱元璋一下子处死了28人

朱元璋确实比其他皇帝对农民倾注更多的感情。洪武二十一年(1388),朱元璋在《大诰武臣》中讲个这么一件事情,有个叫耿良的人被朱元璋派到广西去做都指挥(即相当于广西军区司令员)。这个耿良你是管军队的,与地方有多大的关联?嗨,他还真喜欢"凑热闹",与广西官场上的"哥儿们"搅在一起,共同欺压百姓,肆意科敛。广西的老百姓活不下去,起来造反。朱元璋一边派兵镇压,一边差人到广西去查问,这一查就查出了耿良等涉案省部级领导干部28人。28人被处决后,广西"叛乱"自然平息。闻讯后朱元璋感慨道:"那(哪)是百姓每要反,则是被他逼凌得没奈何了,所以如此!"(【明】朱元璋:《御制大诰武臣·耿良肆贪害民》第3,P732)

在大明帝国社会各阶层中,朱元璋关爱最多的是农民、甚至可以说偏爱最多的也是农民。他一直要在大明帝国的官场上营造出关心农民疾苦的氛围。但有时他所表现出来的是一种蛮不讲理的急切心态。有两个州县的学政、教谕到南京去朝见大明天子,朱元璋就问起他们地方上的农民生活怎么样?庄稼长得如何?这两位仁兄是主管教育的教官,学政、教谕可能类似于我们现在的县教育局局长之类,可不是什么主管农业的"副县长"或农业局"局长",所以当朱皇帝问起农民之事时,他们答不上来。这下可把朱皇帝给激怒了。以他的逻辑:哪有长期居住在民间而不知民间事情的道理呐?眼前这两个地方官分明就是不称职的糊涂官。于是,朱元璋随即命令"来人啊,将这两个文教官员给革职,并发配到边疆去服役。"(《明史·门克新传》卷139;《明太祖实录》卷219)

尽管读到这样的史料时,我们的心情怎么也轻松不起来,不过从中也能看出洪武皇帝朱元璋关爱农民的急切心态了。

● 别出心裁实行"农村自治"

明初开国皇帝朱元璋不仅在农业、农民问题上的解决方法与举措极富特色,而且在农村建设问题上也别出心裁。农村问题的解决,朱元璋首先是在构建农村基

层组织里甲制的基础上进行的。

明代的乡村基层组织——里甲制度

○ **里甲制度——主要负责农村税粮征收与徭役佥派工作**

　　前文已述,里甲制度最早是洪武初年在南方一些地区试行,后来才逐渐推广开来。洪武十四年,大明帝国在编造黄册时对农村基层组织的构建做了统一的规定:"以一百一十户为里。一里之中推丁粮多者十人为之长,余百户为十甲,甲凡十人。岁役里长一人,甲首十人,管摄一里之事。城中曰坊,近城曰厢,乡都曰里。凡十年一周,先后则各以丁粮多寡为次,每里编为一册(黄册)。册之首总为一图,其里中鳏、寡、孤、独,不任役者,则带管于一百一十户之外,而列于图后,名曰畸零。"(《明太祖实录》卷135)

　　我们将其通俗化一点,里甲制度大致是这样构建的:由110户人家编为1里,1里之中挑选丁粮最多的10人为里长,其余100户人家编为10甲,1甲共有10户人家组成。每年由10个里长中推1人为轮值里长,甲首10人也如此,里长甲长轮值时管一里之事。城市中的基层单位为坊,城市附近的城乡结合地区叫厢。由于明代的城与厢"紧邻",后人不再分得清楚城市与近郊的区别,往往就将城市叫城厢了。乡的经济文化与集市贸易中心叫都。以10年为1周期,以丁粮多少为次序,将每里内的人户编造成册。在10年为1个周期编造黄册的差役中,当年轮到编造差役的就叫"见役",依次轮上编造黄册差役的叫"排年"。(【明】丘浚:《大学衍义补》卷31;《明史·食货志》卷77)

　　里甲制度之妙处就在于,它首先将基层的一切人户都编制到里甲之中,然后在此基础上编定黄册。有了黄册,帝国政府就通过它来征收赋税和佥派徭役。因此说,里甲制度是大明帝国推行黄册制度的组织保证,也是明王朝征收赋役的最为基层的组织结构。(汤纲、南炳文:《明史》,上海人民出版社2003年4月版)

　　那么,作为中国社会最为基层的组织单位——里甲制度到底具有什么样的功能?

　　第一,完成帝国政府下派到基层的"差役"。这"差役"是里甲最为主要的工作,

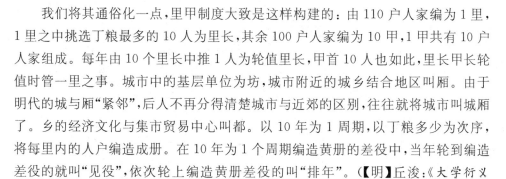

其范围很广,如编定黄册(户口簿)、协助编定鱼鳞图册(土地簿)、接待上面下来的官员、上各家各户去催租逼粮、调解和处理乡间甲里的民间纠纷与争斗及勾摄公事等等。因此有人说,明代里长和甲长之职责相当于现在的行政村主任和乡长,可惜的是他们没有现在乡长、村长那么舒服,也没有出门都要坐豪华小汽车的现代村长那么神气(至少南方地区是如此),因为其从事的"公共事业"都是义务劳动。也正因为是义务劳动,所以朱元璋规定:选里甲长时就要选那些丁粮多的人户,也就是说只有家底殷实的人户才能承担,"凡其一里之中,一年之内,所有追征钱粮,勾摄公事,与夫祭祀鬼神,接应宾旅,官府有所征求,民间有所争斗,皆在尔役者所司"。(【明】丘浚:《大学衍义补》卷31;《明史·食货志》卷77)

第二,督促生产的责任。"凡里长部内,已入籍纳粮当差,田地无故荒芜,及应课种桑麻之类而不种者",里长都要受到责罚。(万历:《大明会典·户律》卷163)

第三,组织基层宗教祭祀的义务。自古以来我们中国人的宗教意识不浓,因而始终没有形成一神教。换言之,一般中国人的宗教信仰范围极其广泛,各地都有自己的地方神、土地神等。对于这些地方性的鬼神祭祀,一般来说也由里甲长组织进行。

第四,组织合作社。洪武二十八年二月洪武帝朱元璋接受南京上元县典史隋吉的建议,命令户部通告全国各地成立乡村(合作)社。关于成立合作社的缘由,隋吉在上朱皇帝的奏章里讲得很明白:农民一家一户受田百亩或四五十亩,碰上春夏农忙时节,要是丈夫不幸染病卧床,做妻子的就得给他喂汤吃药,这样一来农务就得给耽误了,土地也易荒芜,弄不好最终会出现这样不堪的局面:不仅国家的税粮缴不上了,就连家里的老人、小孩也养不活,穷困潦倒。鉴于此,朱皇帝通令全国各地乡村,由里甲长牵个头,一里之间的农民20来家或40家、50家组成一社,凡是遇到婚丧嫁娶和生老病死之类的事情,一社的人家通力合作,有钱的出钱,有力的出力,即使是农忙季节一家无力,百家相助了,一切问题便可迎刃而解(《明太祖实录》卷236)。两年后的洪武三十年,洪武帝再次下令:"民凡遇婚姻、死葬、吉凶等事,一里之内,互相赒给,不限贫富,随其力以资助之,庶使人相亲爱,风俗厚矣。"(《明太祖实录》卷255)

从上述中我们可以看出,里、甲尽管是大明帝国最小的基层组织单位,但其在基层的权力与义务之范围却极为广泛,涉及行政、生产、治安、宗教等方方面面。里、甲长虽然是选出来的,但选举要件是人户中丁粮最多者充当,也就是说经济上他(们)是"大户"。这些"大户"一旦被选出来当上了里、甲长以后,还是有着一定的权势,对于嗜好集权的朱元璋来说当然不喜欢了,而中国的版图又这么大,不可能每个乡里皇帝都派亲信去管理,即使派了,这笔开支也不小。于是朱皇帝就想到了"就地取材"的原则,在各地基层将"人力资源"充分地运用起来,形成了另外两套与里、甲长权力并行的"机制",即为乡间里老制度与粮长制度,构建了很有中国特色的"乡村自治"。

○ 耆老与教化制度——主要解决乡村教化问题

确切地说,洪武年间与里、甲长权力有所重叠的是粮长(粮长制主要实行于南方地区,我们将在下文中详述),而与其权力并行的则是以"教化"为主要职能的乡间里老或言老者。里老主要负责如下事情:

◎ 击铎劝谕

洪武三十年朱元璋命令户部通告全国:各地每个乡村都要置办一个木铎,然后选出一个耆老或瞎子,黄昏时刻拿了那个木铎在道路上边敲边走边喊着口号:"孝顺父母,尊敬长上;和睦乡里,教训子孙;各安生理,毋作非为"。这样的事情每月要进行6次。(《明太祖实录》卷255;《教民榜文》;【明】董谷:《碧里杂存·铎角》下卷)

说到这里,现在50岁以上的人可能都会想起上个世纪60年代的"喊口号"与之有点类似。不过明初这个口号只是一个老人喊的,按规定一个月要6天这样喊口号,其目的就是把皇帝的最高指示传达到乡村每个角落,甚至是每个人,教化人们在家为孝子,出门做顺民。

◎ 丽谯画角

朱元璋还令人制作一种叫画角的乐器。大约在五更天的时候(凌晨3～5点间)让人在城楼上吹起这哀厉高亢的乐器,伴随之有人喊着:"为君难,为臣又难,难也难;创业难,守成又难,难也难;保家难,保身又难,难也难。"据说"其声甚悲",无非是要人们谨始慎终,居安思危,以免不慎而饱受颠沛之苦(【明】董谷:《碧里杂存·铎角》下卷)

◎ 鸣鼓劝农

朱元璋规定:全国各地每个村庄都要备置一个鼓,由一位老人负责擂鼓。擂鼓不是一年四季都擂的,否则人人天天心惊肉跳,弄不好要得神经病的,而是在每年的春秋农忙季节,由那位公推的老人在每天清晨五更左右开始擂鼓。听到鼓声,全村成年男人都要到田野,及时劳作。按朱元璋的理论:勤能致富,懒惰就会变穷。

那有人说：我家的事不碍别人，我几时起床，几时下地，都是我个人的私事。可在朱元璋看来不是的，要是有人成为懒汉，荒废了田地，最终变贫，生活无着落，从而偷鸡摸狗甚至走上违法犯罪的道路的话，一旦被官方逮住，就要追究那老者的"失职"之罪。(《明太祖实录》卷255；【明】吕毖：《明朝小史·洪武纪·村鼓劝农》卷1；正德《大明会典·州县二》)

◎ 南京的"打春"与"春饼"

上述讲的朱元璋采取的方法主要是"劝农"。除此之外，他还倡导"打春"等民间活动，目的也是劝农。洪武年间，朱元璋在南京的郊区邂逅了一次民间的"打春"活动。这个"打春"就是三五成群，"鸣锣跳唱"，用今天话来说，就是在立春期间举行的小型民间欢娱会，人们说说唱唱、吹吹打打，欢迎一个新的春天的来临，同时也提醒人们：新的一年春耕开始了，故名为"打春"。皇帝朱元璋见了这等民间农家娱乐活动，顿感其亲切且寓意深刻，回宫后便叫翰林院按照旧的曲调填上新的词，命令南京城里人人传唱。由于皇帝的推崇，一般在京师南京及周围地区从立春前十来天起就要举行"打春"活动，到了立春那天，应天府尹(相当于南京市市长)就要率领官员前往郊区烧香"接春"，接过有人事先准备好的"五花棒"(用五色纸裹的假的芦梗)来鞭打"春牛"。这个"春牛"并不是真正的耕牛，而是用泥塑成的泥牛，应天府尹棒打泥牛表示官方重视农业，春耕开始了，所以也有人认为"打春"应该是这么来的。棒打泥牛结束，"五花棒"散落，鼓乐齐鸣，迎春、打春活动进入高潮，有人将"春牛"抬往南京城里的闹市去，供大家赏悦，这叫"送春"。

整个立春期间，打春活动很是热闹，南京老百姓家里要举行"拜春"，就是小辈的要向长辈行拜谒礼，表示全家和睦康乐；拜谒礼完后全家团坐吃一种里边包了冬笋肉丝等、外面用面粉制成的"薄如蝉翼"的"春饼"，这叫"咬春"。这是南京地方风俗，后来流传到其他地方去。整个"打春"活动由于大明天子朱元璋的倡导，在南京历经600多年未辍，至今还在南京郊县高淳等地流行。

朱元璋之所以积极倡导"打春"之类的民间娱乐活动，最主要的目的还是劝导人们积极劳作，不误农时，搞好农业，做好大一统帝国忠君之顺民。

◎ "旌善亭"与"申明亭"制度

朱元璋还要求大明帝国府、州、县及乡之里社即各地每个角落每个乡村都要建两个"亭子"：一个叫"旌善亭"，一个叫"申明亭"。旌善亭是专门用来表扬村里所发生的好人好事，即所谓"善人义举"，主要是由乡村的"老者"负责，将那些好人好事和大明礼部选录的循官良吏比较突出的事迹都摹写在亭中,鼓励人们积极向善(《明太祖实录》卷172)。而"申明亭"正好相反,它是要求村里的"老者"将乡村中所发生的"坏人坏事"和刑部选录的全国各地官吏违法犯罪影响比较大的事情都摹写在亭中,以达到警醒人们不要重蹈覆辙。(《明太祖实录》卷72;《明太祖实录》卷147)

"申明亭"还是一个处理村里民事纠纷和轻微刑事的场所,"若户婚、田宅、斗殴者,则(耆老)会里胥决之"(《明太祖实录》卷232)。这就是说,民间发生了田产纠纷、订了婚的姑娘不嫁了(赖婚)、有人小偷小摸、有人恶语骂人、有媳妇不孝公婆、有人毁土地庙或偷了庙里的东西等等,凡是此类民事纠纷和轻微刑事案件都由村中年高望重者会同里长等一起出来予以仲裁和处理。对于轻微犯罪的就要加以体罚,"老者"一般有权用荆条或竹条对案犯进行抽打,但村里不许设监狱。有些案子审起来挺费时的,那就白天审,夜晚将案犯放回去,第二天接着再审。但这类刑事审案只适应于轻微犯罪,就地审案,教育意义可能更深远。而对严重的刑事犯罪就不适用了,一般都要由县级官衙来处理。有一个现代人不可理解的、在今天看来是属于道德范畴的问题——通奸,尤其在不同辈分男女之间发生性关系在古时是严重的犯罪,只要有人告官了,一般是不能在乡村申明亭处理的。(《明太祖实录》卷255;《教民榜文》)

◎ "乡饮酒礼"制度

朱元璋强化乡间教化还有一种做法,那就是推行乡饮酒礼制度。乡饮酒礼在中国历史上的周代时就已经盛行。明朝开国后参酌唐宋之制,兼"采周官属民读法之旨"而定乡饮酒礼。

洪武五年四月,朱元璋诏告天下举行乡饮酒礼,其具体的做法是:"在内应天府及直隶府、州、县,每岁孟春正月、孟冬十月,有司与学官率士大夫之老者,行之于学校;在外行省所属府、州、县亦皆取法于京师,其民里社以百家为一会,粮长或里长主之,百人内以年最长者为正宾,余以序齿坐,每季行之于里中,大率皆本于正齿位之说,而宾兴贤能《春秋》、习射亦可通行焉。所用酒肴,毋致奢靡,若读律令,则以刑部所编申明《戒谕书》,兼读之其武职衙门,在内各卫亲军指挥使司及指挥使司,凡镇守军官每月朔日亦以大都督府所编《戒谕书》,率僚佐读之,如此则众皆知所警,而不犯法矣。"(《明太祖实录》卷73)

后来明朝农村乡饮酒礼仪式大致演变成这样:每村每年举行两次全村集体会餐,其中一次在正月(春耕即将开始),有点像是新年全村迎春会,还有一次是在十月（秋收之后），这十月份的"乡饮"倒是很像我们现在的单位年终团聚会。不过明朝的这种乡饮酒礼团聚会没有现在这么轻松，而是充满了严肃的政治色彩。

　　首先由一个年高望重者主持，在就餐前他要宣读最新颁布的法令文件，发表训词，对于一年内发生的好人好事进行表扬和鼓励；对于坏人坏事要进行严肃的批评和教育。如有屡教不改者或态度恶劣者，那就会被当场宣布为"顽民"。一旦被"定"为"顽民"，后果是极其可怕的，"顽民"本人将被扭送到官府去，接着他本人与全家将要被发配到人烟稀少的边远地区去。所以，这样的"团圆酒宴"一点也不好喝，要是有人被宣布为"顽民"，赶紧得跟着老去说说情，都是本乡本土的，网开一面，得饶人处且饶人，不发配了。有人讲这样的乡饮酒礼也不用办了，那可不行，假如被推举出来的"老者"不好好地履行职责，他很可能要受到惩罚，严重失职的将会被发配到边疆去。(《明太祖实录》卷255；《教民榜文》)

　　里、甲长选出后"轮流坐庄"，德高望重的老者选出后实施教化，粮长负责税粮征缴……这大概算得上是大一统帝国下的"乡村自治"。一提到乡村自治，有些人特别兴奋，这是中国农村民主改革么，是吗？我们从上文可以看出：里甲长、耆老和粮长确实是选出来的，但那是帝国政府圈定的范围，譬如要丁粮多的人户才能"当选"里甲长，丁粮特多的"当选"粮长，"当选"了以后也不是自己可以推行"施政纲领"，而是要以皇帝的诏谕等作为行动的指南，所以说没有实质意义上的地方自治。这里有一个问题似乎一直被人们忽视了，那就是家族势力。在朱元璋的"乡村自治"中没有过多地依靠中国历代王朝一直所倚重的地方家族势力。我的看法是朱元璋对他们似乎很"感冒"，一些地方大家族、豪门世家是洪武年间的打击对象，所以朱元璋不可能过多去依靠他们。

○ 朱元璋致力的"乡村自治"之多轨制

　　还有一个问题，这些"自治的乡村"要是"铁桶"一般，自己搞自己的一套，那怎么办？朱元璋是个细致之人，他对农民、农村和农业的关怀真可谓"无微不至"。他还曾设计出乡村自治的多轨制，什么意思呢？就是"乡村自治"中的许多事情，地方官府都不干涉，他们只做旁观者，然后将看到的或听到的如实向皇帝朱元璋汇报；如果地方官员肆意干涉"乡村自治"和乡村事务，乡村的里甲长、粮长和"老者"都有权力和义务向皇帝直接汇报，皇帝再将这些肆意干涉地方乡村自治的官员抓起来治罪。这就是明初"乡村自治"中的多轨报告机制。

　　里甲长、粮长和耆老各司其事，权力并行，地方官府监督，中国乡村自治的"分权与制约"的合理因素初露端倪，这大概是朱元璋致力于"乡村自治"的最大"功绩"

吧。不可否认这种在专制主义皇权下的"乡村自治"尽管存在"分权与制约"的成分,但它的前提是以专制主义的皇权为依托、为宗旨、为终极目标的,且这种"乡村自治"是要将中国每个乡村角落里的农民都有效地固定在大一统帝国的机器上,充当君主专制主义机制下永不懈怠的劳作机器、生育工具和专制君主所极易驾驭的愚夫顺民。

农业问题、农民问题和农村问题等中国历代王朝中一直无法治愈的"顽症",经过朱元璋三十余年精心出招、痛下猛药的认真治理后似乎出现了逐渐好转的迹象。洪武年间大明帝国的农业不仅从战争创伤中恢复过来,而且走上了稳健的发展之路,譬如耕地数量的增加就是一个很有说服力的例子。

《明史》沿袭了万历版《大明会典》的记载,说洪武二十六年(1393)全国的耕地为 8 507 623 顷(《明史·食货志一》卷 77);而明代的《诸司职掌》则记载为 8 496 523 顷,《后湖志》记载为 8 804 623 顷,但三个数据中无论哪一个都创造了大明帝国近 300 年历史中的最高纪录。(参见梁方仲:《中国历代户口、田地、田赋统计》,上海人民出版社 1980 年 8 月第 1 版,P185~199)

朱元璋以其出身为思维的原点,充满了对农民兄弟的同情之心,通过采取非常规措施,构建特殊的政治"绿色通道",鼓励大家造贪官污吏的反,营造相对"民宽"的环境,以及建立常规性救济通道,对弱势群体实施有效救济……这些都使得洪武年间农民的生活有了很大的改善。人口的增长是最能说明问题的,据吴晗先生的考证,洪武二十四年全国总人口数为 56 774 561 人,这个人口数比起元朝最盛时的人口数增加了 600 余万口(吴晗:《明初社会生产力的发展》,《历史研究》1955 年第 3 期)。试想,农民生存状态要是出了问题,即使多生育了,人口也不会有这么大的增长吧。

朱元璋出身农民,对农村了如指掌,他别出心裁地构建"乡村自治",推广教化,大明帝国的"新乡村建设"开展得有声有色,以至于有人揶揄地说:"朱元璋把自己指导下的乡村建设推到了极致,在某种时刻,会令人油然想起那遥远世代的梦想,那日出而作、日落而息、鸡犬之声相闻、老死不相往来的田园诗般的理想画卷。"(李亚平:《帝国政界往事·大明王朝纪事》,北京出版社 2005 年 10 月版;李治亭、林乾:《明代皇帝秘史》,山西人民出版社 1998 年 1 月版)

但必须指出的是,朱元璋"三农问题"的解决是建立在"一朝天子一朝政"的高度专制君主制为其原动力的基础上的,又以大一统帝国中央集权为其贯彻执行的权力依托,这种格局的最大的好处是充分运用了专制皇权的刚性,在较短时间内就能取得比较明显的成效。但刚性的另一面就是脆性,也就是不可持久性。随着朱元璋洪武朝的谢幕和"后朱元璋时代"的到来,大明帝国的"三农"差强人意了。到了明朝中期起,历代"顽症"在大明帝国的机体上又迸发了,且一发不可收。朱元璋没有也不可能彻底根治"三农"的"病根"!

不过,我们也不能因此而忽略了朱元璋创造性贡献的价值。如果将当年朱皇帝精心出招、痛下猛药力治"三农"问题的历史遗产做个整理的话,仍会感觉受益良多,尤其值得一提的是朱元璋别出心裁地实行"富者多者,贫者少出甚至不出"的农村政策和"农村自治",其合理内核不能不令人叹服。现不妨将上述洪武时期"农村自治"的有关内容作个简化性归纳:

①里甲制度——主要负责农村税粮征收与徭役佥派;

②耆老制度——主要解决乡村教化;

③地方官府——主要负责引导与监督。

如等架势颇有专制底下三权或多权分立的意味,这就不能不引起人们对中国历代基层管理的理性思考。其实朱元璋的贡献远不止于此,他还通过绝对皇权推出奇招,强化了自唐后期以来中华帝国社会一直存在的基层管理盲区的治理,这就是上文提到的影响有明一代的粮长制。

以良治良创设粮长　君权延伸乡村四方

● 中国历代基层赋役征收的利弊与传统社会中央集权的盲点

现代西方思想家马克斯·韦伯曾一针见血地指出:中华帝国高度中央集权制最直接的后果是,国家无法提供必要的公共产品,特别是无法保障个人的产权;这在中国农村尤其突出——对于广大农村地区直接有效的控制和统治,始终是中国传统社会中央集权的一大盲点。

中国的政治行政官职设置制度的变化以唐朝的安史之乱作为一个历史分水岭。从秦汉开始至唐朝"安史之乱"之前,中国有政府认可的属于国家行政级别最低的乡村"公务员",历史上称之为"乡官",其有两类:大乡的叫"有秩",一般由郡来委任,管理5 000户人家,负责刑事案件审判和征收赋税,年俸禄为100石;小乡的乡官叫啬夫,一般由县来委任,负责的也是刑事案件审判和征收赋税,年俸禄100石以下。(【汉】班固:《汉书·百官公卿表上》卷19)

唐朝前期100户为1里,5里即500户为1乡。1个里设里正1人,1个乡设乡长1人。里正、乡长所从事的工作也是刑事案件审判和征收赋税,因此说他们是那时享有俸禄的国家行政级别最低的乡村"公务员"。(【唐】杜佑:《通典·食货》卷3)

总之,从秦汉到隋唐,中国乡一级和乡以下(村、里、社等)的刑事案件的审判和征收赋税的主管是属于"有秩""啬夫"或"里正"之类的乡官。这类"乡官"是有官秩和俸给的大一统帝国正规"公务员"。

但从唐末至元末,这类"乡官"的职能逐渐为县衙门的"差役"所替代了,而这些"差役"是衙门里金派来服徭役的,官府衙门当然不会给他们发薪水了。如此下来"差役"们只有靠自己"创收"了,因而其身份和地位都远赶不上唐朝以前的乡官。宋朝承继唐朝后期做法,不单独设立"乡官",其目的很明确,就是不让地方长官拥有基层官员的任命权,防止他们搞地方割据分裂,于是宋朝就开始采用差役制,后来又改为募役制,最后确立为义田助役制。专制主义中央集权确实得到了加强,而中国基层的"乡官"也随之"消失"了,或言"乡官"已与衙门里的胥役混合不分了。(【元】脱脱:《宋史·食货志》卷177～178)

元朝是由经济、文化落后的少数民族贵族建立起来的政权,自登台起,蒙古人可能压根儿就没搞清楚"官"和"吏"的区别,故而他们就一直沿用宋朝乡村管理的做法,以衙役来兼任"乡官"。"乡官"没了,可中国基层的行政管理与财税的催征可得继续呀,于是衙役成了大一统帝国乡村管理的"万能胶"了。自身低贱又没素质加上没有官俸的衙役们乘此机会,大搞"创收",肥了自己,苦了百姓,社会基层矛盾激化,最终还得由大一统帝国自己来买单——元末农民活不下去了,就只有走上起义的一条路了。

朱元璋生在元末,长于乡下,对于中国基层乡村衙役的横行不法,不仅亲眼目睹,而且深受其害,但又无可奈何。如今他登上大明君主之位了,拥有绝对的权力,该是对基层管理盲区下手的时候了,这就是朱元璋独创的粮长制,实现"农民治国"的理想。至此,读者朋友可能会好奇了:朱元璋为什么不去恢复唐朝以前的乡官制度或构建其他的制度而"奇思妙想"地创建和推行粮长制?

● 朱元璋为什么想到要搞粮长制?

○ 从理想出发,消灭役吏为患这颗"毒瘤"

元末明初的朱元璋所直面的中华文化遗产很厚重,但自身武夫出身又没有多少文化涵养,自然也就无法真正地接受和很好地加以传承。不过生活于此方土地又悟性甚高的"天生圣人"还是有所感受,甚至有时还有着强烈的反应:在洪武十八年颁行的《大诰》中,朱元璋就曾这样说道:"胡元入主中国(指中原,本书作者注)非我族类,风俗且异,语意不通,遍任九域之中,尽皆掌判。人事不通,文墨不解,凡诸事务,以吏为源。文书到案,以刊印代押,于诸事务,忽略而已,此胡元初治焉。三十年后,风俗虽异,语言文墨且通,为官任事者,略不究心,施行事务,仍由吏谋,比前代贤臣,视吏卒如奴仆,待首领官若参谋,远矣哉。朕今所任之人,不才者众,往往蹈袭胡元之弊,临政之时,袖手高坐,谋由吏出,并不周知,纵是文章之士,不异胡人。如户部侍郎张易,进以儒业,授掌钱谷,凡诸行移谋出吏,己于公廨袖手若尸。入奏钱粮概知矣,朕询明白,茫然无知,惟四顾而已。吁!昔我中国先圣先贤,国虽运去,教尤存焉,所以天命有德,惟因故老,所以不旋踵而雍熙之治,以其教不迷也。胡元之治,天下风移俗变,九十三年矣。无志之徒,窃效而为之,虽朕竭语言,尽心力,终岁不能化矣。呜呼艰哉!"(【明】朱元璋:《御制大诰·胡元制治》第 3,P587～588)

◎ 由官员原籍回避而引发乡官"海选"

虽说在这段最高指示中,草根皇帝很不文雅地将自己提拔的财政部副部长骂做活死人,但他痛恨吏害顽疾的心情却是再明白不过了。其实早在大明开国之初,"天生圣人"就已经意识到吏患了。洪武四年在《蠲两浙秋粮诏》中他就表明了自己的态度,要"除奸蠹,更用善良,革旧弊而新治道,以厚吾民"。(《明太祖实录》卷65)

鉴于地方官吏腐败,当时南京城里的朱元璋和廷臣商议解决方案。廷臣们认为,要遏制地方上吏治的腐败,须继续沿用东汉以后中国历朝历代的规制——地方长官原籍回避,即地方上的长官不能由本地人担任,否则的话,官府衙门就成了这个本地人他家的"自留地""责任田"。更为可怕的是,他一旦与家族势力相勾结的话,不仅会出现父亲是县令,儿子或外甥是县丞(县政府办公室主任)的"家族店铺",而且还会引发地方割据称霸的潜在危险。由此大明官僚任职制度内设有一条最为根本的底线,即地方长官必须本籍回避!但这样会带来另一个问题,由外地人来到本地当了"一把手"后,这个"一把手"很可能不熟悉本地情形,甚至刚开始时连语言都不通,因此他就很容易受手下办事员、秘书一类统称为胥吏的蒙蔽,吏胥乘机作弊,利用到农村去催缴税粮敲诈勒索,中饱私囊。为了除去这个社会毒瘤,大家认为:地方治理者只有从广大农村中"海选"出来。因为三个选项中:官不熟悉本地,吏害民又坑国家,剩下的也只有民了。但"海选"起码也得有个要求么?大家认为:他必须是个"良民",否则的话,不就是赶走了恶狼又迎来一只饿虎;他必须要有一定的经济实力为政府做事。用朱元璋的话,最终达到"此以良民治良民,必无侵渔之患矣"的理想目的。(《明太祖实录》卷68)

○ 大户管小户,利官又便民

朱元璋设立粮长制用最简洁的一句话来表达,那就要在某个产粮地区由一个缴纳税粮最多的大户来当粮长,让他自掏腰包来负责中、小户税粮的征缴,朱皇帝管它叫"大户管小户"。如此做法有三大优点:

第一,在制度上将衙役胥吏挤出国家税收队伍,根绝了衙役胥吏借着征收税粮机会进行贪污——明明收到了税粮,有的衙役说他没收到,或说还差多少多少。

第二,粮长自掏腰包负责税粮征缴纳,省去官府层层收缴的劳务费用。

第三,"便于细民"。自古以来,中国老百姓怕官和官衙里的人。现在帝国政府就在农家周围设粮长,农家人不必远赴县府,尤其对那些经济实力差的畸零附户特别受用,人们可就近直接向粮长缴纳税粮,细民小户也免得与官府打交道,方便又实惠。

用朱元璋的话来说:"往为有司征收税粮不便,所以复设粮长。教田多的大户管着粮少的小户。想这等大户,肯顾自家田产,必推仁心,利济小民……"【明】朱元璋:《御制大诰续编·水灾不及赈济》第86,P674)

○ 打击并取缔税粮揽纳户,根绝"空手套白狼"的惰民现象

在粮长制实行之前,帝国政府将税粮标准下发下去,原意是让农民自己缴纳税粮,但是中国广大农村里的好多农民可能一辈子也没有走出过他们的家乡。于是官府就派出衙役下乡征缴税粮,可好多农户却不愿意与这些如狼似虎的衙役打交道,即使有人不怕衙役,也不愿意与衙役打交道。衙役们下乡催征税粮一般不会一家一户上门收取,往往在村口或某一地方设个点,然后命令村上人主动前去缴纳。可是不是每家每户都有劳动力和运粮工具,譬如李寡妇家有田、有工具,但一个妇道人家干不了了;王老五家薄地有几亩,但没有缴粮的运输工具,怎么办?有人打起了主意,专门做这种生意,谁?"税粮揽纳户"或称"揽纳户"。"揽纳户"有两种:一种是只单纯上门为粮户收粮,然后代粮户纳粮给政府,他们往往自己备些运输工具,向粮户收取一定的劳务费和运输费;另一种是一边为粮户承办代纳税粮,另一边两只眼睛瞄准农村市场,在丰年以低价将粮食买进,等到荒年再高价抛出;或者

将粮食倒卖到发生灾荒的地方,赚取高额利润;还有人趁着农户有难放高利贷。

从表面来看,现代人可能觉得上述这两种形式都说得过去,甚至感觉他们还为农村"困难户"解决了难题,这是问题的一面。问题的另一面,这些税粮揽纳经营者往往是社会上的地痞、流氓和无赖,他们什么事都干得出来。一种情形是他们上门收了税粮,回头就将税粮全部给倒卖了,根本没交给政府(【明】朱元璋:《御制大诰·籍没揽纳户》第37,P603);还有一种情形,有的税粮揽纳户大放高利贷,农户还不上,他们就抢农户家的田产,田产不够,就抢人,于是欺男霸女的事情出现了。

这样的事情从两宋到明初一直存在着,它不仅使得广大农户遭受了沉重剥削,也扰乱了农村的正常经济秩序和社会治安。对此朱元璋极为"感冒",下令制定相关的法律法规,严厉打击揽纳税粮者。当时有令:"凡揽纳税粮者,杖六十,著落赴仓纳足,再于犯人名下追罚一半入官。若监临、主守揽纳者,加罪二等。"(《大明律例集解·附例》7)。情节恶劣者甚至还要被处死,家产被没收。但事实上税粮揽纳户始终没有被根绝。问题主要在于基层税粮征缴环节出现了"真空",由此洪武皇帝朱元璋决定要搞粮长制,凡是粮长"管辖区"内的征收税粮事务都由粮长负责。这样就可消除了税粮揽纳户,根绝"空手套白狼"的惰民现象。

○ 拉拢一部分乡村大户,巩固大明帝国对农村统治的基础

朱元璋开创的大明帝国初期,有许多文人知识分子、地方经济实力人物、乡村"大户"、故元遗民耆老等,不愿意出来为新政权服务。比如广信府贵溪县有个儒生叫夏伯启,他与叔叔一起故意将各自的左手大拇指给截了,不料给人告官。夏家叔侄随即被逮到了南京,朱元璋亲自审问:"以前天下大乱时,你们在哪里?"夏伯启回答说:"红巾军起义时,我们逃到了福建、江西交界处去避难了。"朱元璋问:"你们一家全去?"夏伯启说:"侍奉着父亲一起逃难。"朱元璋又问:"既然你们是带着老父亲一起逃难的,少不了要爬山越岭什么的,总要用手扶持吗?"夏伯启回答说:"那自然要用手了。"朱元璋又问:"那再以后你们居住在什么地方?"夏伯启说:"我们回了家乡重操旧业。"朱元璋问:"再以后干什么?"夏伯启说:"教教书,维持生计而已。"朱元璋又对夏伯启说:"现在天下太平了,你就不必担心有武力来凌辱你,也不用担心你家中财产被人抢掠,你靠的谁呀?还不是我大明天子。可你倒好,将自己的手指给截了,目的就是不让我使用,这是违背我的教令,真是罪该万死!我要将你斩首示众,抄没你的全家,以此来猛杀狂人愚夫的仿效之风!"(【明】朱元璋:《御制大诰三编·秀才剁指》第10,P702~703)

这是朱元璋在《大诰》中自己讲的一段故事,从这个事情的前因后果来看,秀才

想以剁指的形式来逃避大明的征用,谁知最后却被枭首、籍没全家。朱元璋如此严酷地对待不合作的知识分子,其目的就是杀杀当时的那股社会风气。由此也可看出洪武年间一部分知识分子的不合作态度了。

◎ 儒生剁手指,不肯合作,朱元璋想起了理想的"人才库"

连乡村里的知识分子都有不合作的,胥吏下三滥,根本不能用;马上办教育,开科举,培养人才,又谈何容易,古人云:十年树木,百年树人。这些朱元璋都明白,但大明帝国政权刚刚建立,亟须大批的经世之才,怎么办?他很自然地将目光投向了自己十分熟悉的广阔天地——农村。中国广大的农村真是资源丰富,包括人力资源。元朝长期停开科举制,造成明初尤其在乡村积压了大批的没有"名分"的"隐逸之士",他们大多出身"耕读之家",有知识有文化素养,又有基层生活经验与社会阅历,这倒是一个较为理想的"人才库"。朱元璋最终打定主意就在这个"人才库"里寻找。

在粮长制快要建立的前夕,洪武帝朱元璋就与大臣们多次讨论,准备征召"遗逸"和启用"业农而有志于仕,才堪任用者"(《明太祖实录》卷64)。从后来朱元璋启用的这些粮长的社会阶层来看,他们是地主,更确切地说应该是属于中等收入以上的乡村地主,因为就当时大明对粮长的经济要求来看,一般平民及其以下的穷苦人是断难以"胜任"的。朱元璋出身贫寒,对豪门富户有着一定的偏见,因而其治国方略就贯彻了十分浓烈的"右贫抑富"之宗旨。不过话得说回来,洪武治政又离不开经济大户的支持,于是在对待农村大户的问题上洪武帝朱元璋表现出极端的两极:对于曾经对抗或有碍于自己的大户,他利用洪武年间的大案要案予以坚决地镇压和打击,还有就是迁徙豪强富民;对于那些愿意合作的大户他还是竭力地加以利用和保护,尤其是对中等以上的地主以笼络为主,把这些原本在大元帝国时代"闲置"了的社会阶层的积极性调动起来,叫他们充作粮长,由此使得大明帝国在农村地区的统治基础得以巩固。

● 明初粮长制究竟是怎么一回事?

洪武四年(1371),朱元璋下令开设粮长制度,主要实施于浙江、直隶(指南京)、湖广、江西、福建等省。有人认为,明初粮长制并未普行全国,但也有人认为曾经在全国实行过,只不过在其他地区的效果不好,似乎在江南地区有一定的影响。

按照洪武四年九月设立粮长制的朝廷指令规定:凡是纳粮一万石或接近一万石包括数千石的地方划为一区,在这区内由政府指派一个田地最多的大户充当粮长，一区只设一个粮长(《明太祖实录》卷68)。这项朝廷规定我们在史料中找到了实例印证，洪武四年年底的《明实录》记载说：那年浙江行省共有民1 487 146户，缴纳税粮933 268石，设立粮长134人(《明太祖实录》卷70)。浙江省缴纳税粮93万石，粮长134人，万石粮区设1粮长，看来大致相当。粮长制运行两年后，朝廷发现粮长设1人根本就忙不过来，于是在洪武六年九月又下令，允许在粮长之下增设知数(计算员)1人、斗级(也称门斗，是指用容器或衡器来检验米谷及其等级的人)20人、运粮夫1 000人(《明太祖实录》卷85)。洪武十年五月开始在粮长之下增设副粮长1人(《明太祖实录》卷112)，洪武三十年七月，洪武帝又下令，各地"更置粮长，每区设正副粮长3名，以区内丁粮多者为之，编定次序，轮流应役，周而复始"。(《明太祖实录》卷254)

粮长从1名增到3名正副粮长，可见粮长的职责工作之繁重了。那么粮长到底有哪些职责？

按照原本设立粮长制的宗旨，就是要粮长负责好税粮的征收与解运，但粮长的活动经费得由自己解决。因此说，最初的粮长制是一种本着民收民解精神而建立起来的税粮委托、代办制度；换句话来话，也是中国历史上的一种税收委托代理制度。从这个角度来看，粮长的性质应该是私人身份的粮长受政府委托办理公务，因此他又属于半公职人员。

○ 粮长的工作流程

第一步：到南京领取勘合：每年的七月二十日以前，各地的粮长必须要到京师南京的内府户科去领取勘合。所谓勘合，就是一种二联单式的文册，在两联中间的骑缝的地方加盖官府的公章，使用时撕剪下来，双方各执一纸；日后粮长工作完成时就拿了被剪下来的那一联，与户科校"勘"对"合"。

第二步：回乡催办春秋粮：粮长从南京户科领得勘合以后，便回乡催办秋粮。他会将本粮区的任务分派给粮区内的各个里长，里长接着又把本里内的税粮任务分派给里内的各个甲长，甲长又会将本甲内的税粮任务分派到本甲内的各个粮户，这叫催征，这是自上而下的过程；接着就是"汇解"，什么意思呢？就是各家各户按照指派的任务将税粮汇解到甲长那里；各甲长又将本甲内的税粮汇解到里长那里；各里长又将本里的税粮汇解给粮长，由粮长负责保管；再接下来就是"开始解运"了。开始解运不是让粮长一个人或粮长自费垫付本粮区内所有税粮的运费，而是由各粮户各掏自己的腰包解决运费与人力。具体的做法是这样的：运费包括雇船、雇车的费用及运输路上的费用等，运费不是平摊到户的，而是按照一定的比例，即各粮户再拿出自己税粮总数30％作为运费。前提是税粮额度不能少,然后公推几人作为"领队",粮长作为总领队,带了他们一起起运税粮。

第三步:解运税粮:粮长率领解运税粮的目的地有远有近,近的叫"存留",即存留在本地,供地方政府开支所用;远的叫"起运",主要是运往本地以外的地方。比如苏州的某粮长,将税粮运到苏州府衙的就叫"留存";运出苏州,即使运往近在苏州边的上海金山卫,这样的解运也叫"起运"。"起运"又分为两种:运到京师南京的,叫"京运";拨运到其他府州县或拨运到军队卫所作为大明军粮的,统称为"对拨"(《明太祖实录》卷200)。在所有的起运中以"京运"最为重要,粮长必须亲自押送。征缴税粮分为两种:以春秋两季粮食收获米麦来上缴的,叫做"本色";以金银绸缎或他物来折合米麦之价而上缴的,就叫"折色"。本色上缴仓,折色上缴库。

第四步:通关与注销:各粮长将税粮解运到官府指定的仓库后,各仓库验收和清点税粮,然后粮长拿出从户科领到的"勘合",各仓库负责人在勘合上填写并盖印,证明其粮数已交足,这叫"通关"。接着粮长拿着"通关"后的"勘合"到南京内府户科去注销,如此下来,粮长的一个周期工作就算完成了。但有的粮长却不能完成,如查出粮长拖欠,勘合不完整,那就要追究他的责任了。(万历:《大明会典·征收》卷29;《明太祖实录》卷141)

在所有这些工作中最为重要的、也是最麻烦的是秋粮之解运京仓(简称"京运")。因为当时的交通运输主要是水运,所以朝廷对各地京运相当重视。当时大明帝国的税粮重点地区在江南,即我们平常所说"苏(州)、松(江)、杭(州)、嘉(兴)、湖(州)",苏南的苏州与松江京运相对问题不大,倒是浙江尤其是浙东南地区往南京运粮可不太方便,起初有两条运输线:一条是浙江人在本地雇船,将税粮运到镇江丹阳,再走陆路,用车辆转运到南京,"转输甚艰";另一条路是先运达太湖流域,然后绕到外江,溯流而上,往西到南京,但一路上多有"风涛之险,覆溺者多"。如果能开凿一条贯通两浙地区的运河,那么上述这些困难便可迎刃而解了。而要"西达太江,东通两浙,以济漕运",只有从南京的南边入手开河,这才是最近的路线。洪武二十六年(1393)八月,朱元璋任命崇山侯李新到南京南郊县溧水去督开那里的胭脂河。(《明太祖实录》卷229;《明史·李新传》卷132)

◎ 李新督开南京胭脂河

关于李新这人,在大明开国史上,他的地位似乎不突出,可能是当时将星如云的缘故吧。他倒是朱元璋正宗的老乡,也是安徽凤阳人,早年他跟随朱元璋参加反元战斗,应天大捷、攻伐陈友谅、消灭张士诚他都有功劳,大明开国后的洪武十五年，他被朱元璋封为崇山侯(《明太祖实录》卷150)。其间他负责营建了明孝陵，在鸡笼山改建帝王庙。李新似乎很有建筑工程方面的天赋，每个大工程都干得很好，赢得了朱皇帝的多次赞誉。洪武二十四年，李新告老引退。洪武二十六年，朱元璋要在南京南郊开河运粮，找了一圈人，还是没有找到满意的，突然想起了已经退休的老乡崇山侯李新。李新受命后就奔赴南京溧水，在一个叫胭脂岗的山冈上开河，花了很大的代价，最终这河开好了，但作为有功之臣的李新却被朱元璋给杀了。这是为什么？

◎ 南京溧水美丽的胭脂河与"江南小三峡"

我们先讲李新花了巨大代价开凿的胭脂河。胭脂河位于南京溧水县南边的"十里高岗"，总长度约为五六华里，深达30多米。在600年前中国爆破施工技术缺乏的情况下，开凿这么一条"大河"可以说是工程技术上的一个奇迹。那么李新是怎样进行开凿的？据史料记载说，他主要是采取前人"火烧水激"的传统工艺。先在高岗岩石上凿缝，将麻嵌入石缝中，浇以桐油，点火焚烧，待岩石烧红，然后再用冷水浇上去，即运用我们今天物理学上讲的热胀冷缩的原理，最终逐渐使巨石开裂，然后再令河工开凿。为此好多河工死于开凿工程之中，有的书上说总共死了一万多人。最后这条河终于开成了，在山冈上挖了一个隧道似的，让新开凿的胭脂河流淌而过。因为是在山冈"挖"出的河流，人们就将那保留在山冈上跨越河流的一大石块叫做"天生桥"，意思是这桥颇似天生的，也因为此，这胭脂河也被叫做"天生桥河"。天生桥河南接洪蓝埠，通往石臼湖，北连秦淮河的沙河口。它的开凿成功，解决了两浙税粮的运输困难，也便利了南京与两浙地区的经济往来。由于胭脂河蜿蜒于十里高岗叠阜之间，船行于其中，如入"小三峡"之中，故有人将其称为"江南小三峡"，风景优美、独特。即使是600年后的今天，人们前去观瞻和游览，也莫不为之望而兴叹，它已被列为金陵新四十景之一。

◎ 督开胭脂河的退休老头李新为什么被杀，是因为接受了"性贿赂"？

但问题是督开了这么一条利民利国的人工山冈运河的李新最终却被朱元璋处以极刑，这似乎讲不过。《明史》记载李新"以事诛"，但没说具体什么事(《明史·李新传》卷132)。《明实录》也说得十分简单，洪武二十八年九月，"崇山侯李新有罪伏诛"(《明太祖实录》卷241)。那么，李新到底为什么被杀呢？目前关于李新被杀的原因有两种说法：

第一种说法，就是说李新被杀与督开胭脂河有关。民间传说，李新在开胭脂河的选址时舞弊了,原本可以在胭脂岗东边的平地上直线开河,这样工程量可以节省30％以上;但胭脂岗东边的这块良田是当地一个严姓大财主家的,严大财主听说以后,急坏了,要是真在胭脂岗东边的平地上开河的话,我老严家的田产岂不全给糟蹋了!严大财主舍不得地,但他舍得将自己的黄花闺女让人糟蹋,"以女贿李"。什么意思?即相当于现在的"性贿赂",叫女儿当了崇山侯的"小三"。李新满意了,将河道改行在十里高岗即胭脂岗上,因此死了很多的民工,也花费了巨大的钱财。对此,老百姓怨言四起,朱元璋微服私访,得知其事后杀了李新。(【清】查继佐:《罪惟录·启运诸臣列传中·李新传》卷8中,P1433;《溧水县志》;《高淳县志》)

第二种说法是明末查继佐所编的《罪惟录》中记载说,李新被杀是因为被牵连到蓝玉谋叛案中去。(【清】查继佐:《罪惟录·启运诸臣列传中·蓝玉传》卷8下,P1441)

我个人的看法是:从整个洪武末年的大杀功臣的形势来看,杀红了眼的朱元璋多杀几个也无所谓;再说李新还真可能干了什么缺德事,否则的话,他为溧水和高淳等地的人民做了大好事,怎么最终反被当地老百姓误传呢?

但不管怎么说,明初为了方便两浙的税粮解运而开凿的胭脂河,至今还是南京南郊重要的运输通道和美丽风景。这一点恐怕是当年仅为解决粮运问题的朱元璋所不曾想到的吧。

○ 粮长工作范围的扩大与粮长的待遇——没有官服和官府编制的"乡官"

刚开始实施时,粮长的工作范围大致就是上述这"四步骤":领取勘合、回乡催办春秋粮、解运税粮、通关与注销等。洪武皇帝朱元璋原本是想用粮长来取代为非作歹的衙役胥吏,初步施行下来发现其效果不错,于是就加大授予粮长的工作范围:他要求粮长们带领粮区内的乡民开荒;参加赋役黄册与鱼鳞图册的编制工作(事后朱皇帝会适当给点费用);利用空闲之际集合乡里中的"长者",宣传中央与地方政府的"爱民"思想;劝谕豪强富民遵纪守法,行仁义讲信用;及时向皇帝报告粮区内的荒地与灾情,如实举报粮区内抗粮顽民,经皇帝批准后,将顽民迁往边疆地区,等等。(【明】朱元璋:《御制大诰续编·粮长妄奏水灾和议让纳粮》P46,P78)

粮长的工作范围越来越大,而且这些工作几乎都是自费的,干一回两回人们可能还乐意,要是干长了,有哪个大傻子愿意呢?洪武帝也懂得人们的心思,于是就在利用粮长展开工作的同时给予他们较高的待遇。什么待遇?

第一,政治上大明皇帝给粮长们大官做。

明初粮长制规定,粮长领取勘合时要直接面见皇帝,聆听皇帝教谕;缴销勘合时,粮长又必须亲自到南京去办理,这些规定表明了粮长是直接对皇帝负责。由此,历史上少有的奇特景象出现了:粮长们解运税粮至京师南京时,朱皇帝往往会在百忙之中予以召见,一来他想听听乡间民情与农事;二来他要对粮长们进行"训谕"。要是粮长中有人回答得体、办事精干并为朱皇帝赏识,他就马上被超擢为高官。(《明史·食货志二·赋役》卷78;万历《大明会典》卷29)

浙江乌程有一个粮长叫严震直的,被朱元璋看中后,一夜之间由一介布衣擢升为通政司参议,三年后又当上了尚书(《明史·严震直传》卷151;【明】吴宽:《鲍翁家藏集·尚书严公流芳录序》卷43);上海有一个粮长叫夏长文的,也是由平头百姓擢升为监察御史,后在洪武二十三年又超升为左佥都御史(相当于监察部副部长)(《明太祖实录》卷204)。洪武年间粮长当官且当大官的还真不少,就洪武三十年八月一次录用粮长为省部级高官的就有7人,"以税户人才汤行为吏部右侍郎、严奇良为户部左侍郎、潘长寿为都察院右佥都御史、王聪为左通政、丘显为右通政、沈成为湖广左布政使、盛任为山东左布政使"(《明太祖实录》卷254)。洪武皇帝的这般做法在社会上产生了很大的影响,人们在教育子女时,不是让儿孙们好好读书去考科举,而是要争取将来去当个粮长。由此可见,明初粮长多神气!(【清】顾炎武:《天下郡国利病书》)

第二,经济上皇帝给粮长们发奖金。

当然上述这种政治待遇不是人人都能"摊"得上的,有的粮长嘴笨说不来,那就"运气"不好了。可朱皇帝没有忘记这些没当上官的粮长们,他往往采取经济上补偿的办法予以安慰——赐钞,即今天讲的发奖金。洪武十四年(1381)二月,浙江、江西两省1 325名粮长输粮到南京,受到了朱皇帝的亲切接见,当场"赐钞为道里费"(《明太祖实录》卷135)。洪武十九年六月,鉴于各地粮长在编造赋役黄册中所作出的很大贡献,朱元璋下令赐钞,凡编造黄册5 000户以上的,赐钞5锭,其余"随其户之多寡而加损"。(《明太祖实录》卷178)

第三,法律上皇帝给予粮长们法外特权。

起初洪武皇帝给粮长们的法外待遇就很优厚,只要不是与粮长本职工作有关而犯下的罪行(古称"杂犯"),从最严厉的死刑到流刑都可以换成杖刑(俗称叫打屁股);但后来拟定成文时竟规定:粮长"杂犯"任何等级的罪行都可以用钱来赎罪。(《明太祖实录》卷102)

但要不是"杂犯",即在粮长本职工作范围内违法犯罪的,那么朱皇帝就会毫不留情地予以严惩。在洪武十九年颁行的《御制大诰续编》中,朱元璋给全国臣民讲了两个科敛害民粮长被处置的故事。朱皇帝说:"设立粮长,就是为了便于官方征粮,其次也为了方便良民。所以当初设立粮长时,就定下规矩,只有家底殷实的人才能当粮长。而每次粮长们来南京领取勘合时，朕总是当面教谕，再三叮嘱他们不要科敛害民。去年颁行的《大诰》中也已经讲得十分明白，岂料各地的粮长中还是有人阳奉阴违，利用自己的工作机会，上下其手，害我良民。譬如嘉定县有个粮长叫金仲芳的，还有两个同伙，三人狼狈为奸，巧立名目向粮户收取额外费用，居然多达18种，有定船钱、包纳运头米、临运钱、造册钱、车脚钱、使用钱、络麻钱、铁炭钱、申明旌善亭钱、修理仓廒钱、点船钱、馆驿房舍钱、供状户口钱、认役钱、黄粮钱、修墩钱、盐票钱、出由子钱等等，真是挖空心思，无奇不有。这等粮长哪是什么良民，分明比恶徒还要可恶，朕已经下令严刑处置。"(【明】朱元璋：《御制大诰续编·粮长金仲芳等科敛》第21，P634)

随后朱皇帝又讲了一个科敛害民的粮长故事："上海县粮长瞿仲亮，被纳户宋官二连名状告，科敛太重，纳粮既毕，拘收纳户各人路引(通行证)，刁蹬不放回家为农。致令告发，差人拿至。朕谕粮长瞿仲亮曰：汝除尖跌斛外，更科使用神福钱10 000贯，尔如何使用？对曰：神福钱，其纳户密迩近拜。问粮长，又是支吾，各各当面对奏。官二等粮起松江，本府烧愿一次，至苏州一次，无锡一次，皆是官二等自备。直至出江，方才照船俵钞，每船6贯。朕谕粮长：余钞何用？曰：船钱用。纳户曰：官二等117石，葛观1(石)、黄观二二户各10石，皆系自挑赴仓。呜呼！当面的对如此，为纳户所艰，支吾不行，惟俛首而已。呜呼！既已富豪，朕命办集钱粮，为朕抚恤细民，无生刁诈，广立阴骘，以待子孙绵远，岂不善哉！何本户该纳粮储，众户已行包纳，犹且无厌，巧立名色，需索百端，以致告发，身亡家破。临刑却乃神魂仓皇，莫知所知，惟唏嘘而乞免。可免乎！"(【明】朱元璋：《御制大诰续编·粮长瞿仲亮害民》第22，P635)

不过像上述这样的不法粮长在洪武年间还不算多，那时大明政治严酷，绝大多数粮长都能遵纪守法，勤于"本职"，因而他们也就享受到了很多的特权与利益。

也正因为拥有许多的法外特权，所以平日里粮长们在乡村里十分威风，简直就与官儿差不多，当时的地方豪民富户都争先恐后要当粮长。所以说，粮长是没有官服和官府编制的"乡官"。当然，朱元璋更为精明，他将这些原本是基层的有浓厚经济实力的"良民"的积极性给调动起来了，国家的税收就可无忧了。

◎ 惨！8岁的女儿诸娥滚钉板为哪般？

高回报意味着高风险。朱元璋给予粮长们这么高的待遇，其目的无非是要粮长们做好"征缴税粮"的本职工作。但一旦皇帝认定某粮长玩忽职守了，那么不仅该粮长本人，就连他的家族可都要倒大霉。《明史·烈女传》中就记载了这么一件事:山阴县有个粮长叫诸士吉,因为上粮户家催粮,碰上了个粮户是无赖。无赖不仅百般推延不缴税粮,而且还来个恶人先告状。这下可害惨了粮长诸士吉一家,诸士吉本人被处死,他的两个儿子也被株连罹罪,家中只剩下一个8岁的女儿诸娥。好端端的一个家庭刹那间家破人亡,8岁的诸娥不分白天黑夜,号啕大哭。她的舅舅陶山长实在看不下去,就带了小诸娥前往京城南京告状诉冤。根据当时的法令规定:定了死罪的要翻案的话,上告者(一般是死罪案犯的直系家属)要滚钉板,这是一项极其残忍的规定,但小诸娥为了要让父亲回家——一个8岁女孩再简单不过的要求,却付出了极为惨重的代价,真的滚起了钉板。冤狱上告成功,案件改判,可年仅8岁的小诸娥因流血过多而亡。(《明史·列女一·诸娥》卷301)

◎ 杨粮长狂妄的代价:"霎时便到"变成了"杀时便到"——朱元璋杀富翁

高回报意味着高风险,在粮长制的实施过程中还表现为中国人常说的"伴君如伴虎",也就是说,粮长们出不得半点差池。浙江金华首富杨粮长,是个迅速致富的新贵。暴富者最大的一个心理特征就是喜欢表露出自己的富裕,且十分狂妄。杨粮长就是这么个暴富新贵,他曾狂语:"皇帝征收万石税粮,还不及我一个田庄的收入。"这话传到朱元璋的耳朵里,可就惹上了大麻烦。因为平时太狂妄了,杨粮长总不太注意细节。有一次,解运税粮上南京,税粮船还在后头,杨粮长自己却先进了南京城。洪武皇帝听说金华首富来了,马上予以召见,并开口问了:"听说你是金华首富,好啊,你的税粮呢?"杨粮长回答说:"霎时便到!""霎时"这个词在浙江金华方言里可能是马上的意思。谁知,朱元璋听后却"哼"了一声,随即反问:"杀时便到吗?"马上吩咐手下人,将杨粮长拉出去砍了。听到杨粮长被杀,金华杨家人赶紧逃命,其家产顿时被人抢劫一空。(【明】佚名:《九朝谈纂》卷1,引《冶城客论》)

朱元璋在对待粮长"本职"工作的要求上还不仅仅是"严格"两字所能概括,有时简直到了不近情理的苛刻地步。据说,有一次他做了个梦,梦见100个没有人头的人在阶下跪着求饶。几天后,刚好有100个粮长解运税粮到南京,而在这100个粮长中,有的解运税粮不足额,有的属于延期交纳,暴怒之下的朱元璋下令,将他们全给杀了。据说朱元璋一次最多杀粮长有160人。所以我们说粮长既是一项高回报又是一项高风险的"职业"。

● 粮长制的历史影响

朱元璋实行粮长制的目的无外乎两个:第一,保证大一统帝国的财税收入;第二,实现"以良民治良民"的治国理想,加强对乡村基层的管理。为了实现这两个目标,自洪武四年起朱皇帝就不遗余力地推行粮长制。那么,粮长制到底产生了什么样的影响呢?

○ 粮长制的推行给大明帝国的经济收入带来了最大化

粮长制最大的"亮点"就在于政府不掏钱,由粮户与粮长自筹经费为政府办公事。难怪有人说,洪武皇帝朱元璋抠门抠到家了。当然,羊毛出在羊身上,即使是国家掏了腰包,可最终还得由老百姓来买单,这是无疑的。所以草根出身的洪武皇帝朱元璋从减轻老百姓的负担角度出发,推行粮长制,无疑是一项善举。其内还隐含潜在的理性成分,叫粮户与粮长自己掏钱运粮,肯定要比政府行为省多了,因为粮长与粮户们在操作过程中总会追求成本最小化,由此也就带来了大明帝国经济收入最大化。

○ 粮长制的实施在一定程度上减轻了广大南方地区农民(尤其江南地区人民)的负担

朱元璋设立粮长的本意,就要将国家的税收负担让有实力的中等以上的富户来解决,这倒是部分地实现了自古以来中国底层百姓"劫富济贫"的理想。也与洪武开国后实行"右贫抑富""富者多出,贫者少出"的赋役国策精神相吻合。因此,从根本上来讲,粮长制的推行减轻了中低层百姓的负担。我们以元、明两代的京运为例做个对比:元代定都大都,其粮食完全依赖于江南,元顺帝元统以后,大元帝国每年海运粮食额数增至300万石以上,当时"公私俱困,疲三省(江浙、江西、湖广)之民力,以充岁运之恒数……有不可胜言者矣"(《元史·食货志》卷97)。因为是官方负责运输,其费用自然全由普通百姓一起负担了。按照南粮北运100%的运费来计算的话,300万石南粮运往北京,起码还得花上300万石运费,这样实际用粮可得花去600万石;而明初开始推行粮长制,粮长、纳粮户自掏腰包,"富者多出,贫者少出甚至不出",政府行为的乱化费得到有效制止,加上明初定都南京,税粮京运相当之短,比起元朝运往北京,可能要节省几十倍甚至上百倍的开支。因此说,明初粮长制下,广大底层农民尤其是江南地区人民的负担在很大程度上减轻了。

○ 粮长制的实行是对中国乡村建设的一次有效的尝试

朱元璋对政府衙门里的衙役胥吏深恶痛绝,但国家的税收又不能不派人去征收。乡村中的"老者"已被朱皇帝布置了好多"教化"任务,且老者中既老又有财力的有几个?所以不能再派任务给他们了。里、甲长本身就有不少工作了,忙是一

因素，但朱皇帝也怕他们权力太大，进而会危害一方，所以也不叫他们去完全承担税收重任。而地方官府本身权力已大，管一个县的知县老爷够忙的了，不能再给他增加职能。还是老农民儿子的朱皇帝最熟悉农村，自己苦孩子出身，叫穷苦的阶级兄弟去干那些自己掏腰包的公家差使，一来于心不忍，二来不切实际，所以绕了一大圈，他就想到了，富户豪民也不全是坏蛋啊，想当年我朱元璋要饭时还曾受到富民郑大户的热情款待呐。再说，要"大户"出点"血"，也是天经地义的，谁叫你是大户呢？也正因为是大户，办坏了皇差税粮，我朱元璋找你赔，也有那个家底在呀；进一步说下去，你们这些地方大户，场面上都是当地社会的头面人物，但实际上还是乡下人，与小民们天天生活在一起，是因为要缴纳税粮才来京城的。我朱元璋在南京城里忙得很，没办法到乡下去到处转转，有你们来我这里，我也好问问。所以朱皇帝最终认定，粮长是中央与各地乡村最为便捷的连接通道，通过接触、控制粮长，进而也就控制了广大的农村地区，历代的盲区就会变为了非盲区。

正因为拥有这样的认知，在推行粮长制后不久，洪武皇帝就不断地增加粮长们的职责：按时上缴税粮、带领乡民垦荒、拟订田赋科则、编制鱼鳞图册、申报灾荒蠲免成数、检举不法官吏和逃避赋役的"顽民"、附带劝导和教化老百姓，甚至默许其拥有对乡村诉讼案件的审理权，等等。如此下来，粮长几乎成了没有"官服"但又直通朝廷的"大官"，或言成为皇帝维护中央集权统治与基层社会秩序的有力助手。进一步说开来，粮长制还是朱元璋实行"抑制豪强"和"许拿下乡官吏"政策之延伸，其实施目的就在于消除政府官员们假借税粮鱼肉百姓的一切可能性，用"来自民间之良民"的粮长来监督地方官吏和豪强，劝导与治理地方良民百姓。因此可以说，朱元璋实行粮长制是对中国乡村制度建设的一次有效的尝试。不过其最终的结果却不尽如人意，甚至后来发生了严重的异化。为什么？因为一开始朱元璋在制度设计上的指导思想就有逻辑错误：胥吏坏，官员腐败，里甲长权力太大，让人不放心……只有找"良民"，"以良民治良民"。换句话来说，用老百姓管自己人。表面看来似乎没错，还很前卫。但理性而言，逻辑上出了大问题，世界上没有哪个阶层天生就是坏蛋，没有制约的权力在魔鬼手里当然会作恶，在"良民"或"先进阶层"那里同样也会作恶，这就是权力的"魔力"。所以人们不必大惊小怪，某人没当官还是个"人"，现在当官了就不是"人"啦！

○ 朱元璋的粮长制在政治上给粮长大官做，客观上进一步混淆了"官"与"吏"的差别，以权位高势者的个人意志为价值取向，践踏了已经逐步理性化的官僚制，以吏作官，以吏任官，加剧了中国政治文化向着不良的负面方向恶化

中华传统文化在唐宋时代达到了空前绝后的鼎盛，中国政治文化中的"官"、

"吏"之别不仅仅是行政级别的差异问题,而是隐含了丰富的政治与法制文明的智慧。"官"是领导干部,要主持一个衙门的工作,所以对其知识与文化素养方面的要求也高。由这两者所决定:"官"是断然不能从"吏"当中选拔出来的,只能从熟读儒家经典的知识分子中考选出来。这样的格局是权利与义务对等,儒生十年寒窗最终考出来做官时,岁数也不小,总不能再叫他从"吏"干起。因此从儒士的最终仕途去向来看,应该实现了"投入与产出"相对应的关系。"吏"作为低级的办事员,进入衙门的门槛就很低很低,只要不是智商低能儿,谁都能混,因此对他的要求也低,最终他获取的也不可能高。这就体现了一种公平的原则,也是另一种权利与义务的对等关系。

正因为唐宋时代的传统文化中有如此多的合理成分,那时的人们尤其是知识分子的积极性空前地被调动起来,他们才创造和完成了四大发明,将中华传统文明推向了顶点。

前文已述,自辽、金、元入侵并入主中原以后,情况大变,传统的中华政治文明就不再有昔日的那般辉煌了。尤其那个年代的"官""吏"不分,以吏代官,以吏取官,以吏任官,以吏治国,在中华政治文化史上开了一个极坏的恶例。中国官员的素质从此大大地降格,昔日的文书、秘书、司机甚至伙夫等,只要会拍马屁的、只要会迎合上级领导的,都可以摇身一变,成为领导。而这些低素质、没品位的"吏"一旦进入官场,占据了原本是"官"的岗位,不仅将饱读经书的知识分子的出路给断了,而且还给中国官场政治带来了极坏的风气。如果读者朋友稍稍留意一下辽、金、元三代历史的话,就会发现其有这么一个历史特征,即政治上都不清明,开国没多久就急剧腐败。辽、金、元三代立国寿命都不长,就是与此大相关联。

当然辽、金、元的社会政治快速腐败与短寿的原因还有很多,但吏的地位上升无疑是一大公害。因为吏本身就没有素养,他们也不像由"儒士"考出来的"官"那样,不仅拥有相对比较好的素养,而且还有一定的道德操守。吏什么也不讲究,没有信念与理想价值,往往认定有奶就是娘,曲意迎合权位高势能者,于是中国政治权力领域的马屁文化、奴才哲学到处弥漫;在经济领域,以吏代官所带来的直接后果就是国家赋税征收领域极度腐败。这就是朱元璋开创大明帝国时所直接面对的现状。

在明初朱元璋口口声声要摒除元朝的"胡风",参酌唐宋,恢复古制。就实而言,他搞了一些,如严抑吏员、开科举、建学校等等。如此举措似乎表明,大明正在向传统的理性官僚制逐步走近。但滑稽的是,或许是朱元璋本身素养有问题,乡下和尚功力不深的缘故吧,在开始重建理性官僚制的同时,他又将官僚制的对立面

"吏制"或者说是"类吏制"引入了政治文化权力圈。粮长原本由政府委派民间富户担任,论其地位与职务实际上与传统意义上的"吏"十分接近,与"官"反倒相去甚远,因此粮长制的盛行造成了明初的政治局面十分尴尬:"进取不拘资格,有掾吏而置身青云者。"(【明】徐㪿:《徐氏笔精》卷3)。这就客观上进一步混淆了"官""吏"的差别,以朱元璋个人喜好任意擢升近似于"吏"的粮长为高官,在事实上强化了以权位高势者的个人意志为官场政治的价值取向。这虽然加强了君主专制主义的中央集权,但同时也践踏了已经逐步理性化的官僚制,加剧了中国政治文化向着马屁文化、奴才哲学等负面方向恶化,并长期影响了以后的中国社会。

◉ 粮长制的异化

洪武时期的粮长们一般来说都能够洁身自好,在许多地方往往几十年内粮长固定在某家族的某族长身上或在某一家族里父子兄弟之间"流转"——这就是人们常说的"永充制"(主要是以丁田来计算)。粮长一当便好几十年,且有子孙相承,如昆山石浦乡周南家任粮长就达百年(【明】吴宽:《鲍翁家藏集》卷62);又如苏州长洲县沈孜,他的曾祖、祖、父三代接着当粮长,"世掌田赋于乡"(【明】吴宽:《鲍翁家藏集》卷62;卷63)。但到了永乐皇帝朱棣迁都北京后,粮长"永充制"发生了异化。

大明国都北迁,税粮运输路程大为延长,其全程长达5 000余里,江南税粮运输成本高达被运税粮价值的100%,两项总计高达800万石,是迁都之前的800%(参见本书第4章)。负担如此之重,有哪个傻子愿意一直干粮长?再有,洪武中晚期开始,科举逐渐恢复并成式化,粮长入仕之途逐渐被堵塞;加上永乐以后的官场政治逐渐腐败对永充粮长制造成了致命的破坏。譬如编派粮长的主持人一般是地方行政长官和耳目胥吏、里老人等,在洪武年间政治清平的情势下,无论哪一方,大多都能依法执行公务。但随着明朝政治的逐渐腐化,各阶层的人员都能做到不贪赃枉法吗?这是应该重重打上问号的。比如洪武十三年就有规定,只有功臣之家才可免充粮长,而一般官宦家庭却是不能免役的(《明太祖实录》卷134)。但实际上多数地方官都怕得罪豪门巨室,进而也就不将他们编为粮长之列。既然大户碰不得,那只有碰"小户"。由于国都北迁,当粮长花费太厉害,厉害到什么地步呢?我们不妨给大家举个例子,正德年间,苏州长洲县有个退休的二品大官尚书刘缨,因为与本县知县郭波有仇,郭知县就将刘缨一家7个人全编为粮长,最终刘缨被搞到身亡家破。(【明】朱国祯:《涌幢小品·编役连拜》卷13)

一个朝廷二品大员尚且被人搞得家破人亡,更不要说一般百姓了。因此,自正德(1506～1521)以后，永充制已沦为了轮充制。因为当粮长实在是负担太重了，豪门富民有门路的可以免当粮长，剩下只有没有门路的普通粮户当粮长了，但细民小户人家干一年可能还能撑撑，连干几年肯定要破产了。于是就有了这样的做法，以数户轮流充当粮长，这就是历史上的"轮充制"。但"轮充制"实行了一段时间后，由于明朝中后期赋税以外的摊派太多，一年一换的"轮充制"下的粮户独自维持一年也吃不消了，于是就出现了众户集合来供应粮长一役的"朋充制"。(参见梁方仲：《明代粮长制度》，上海人民出版社2001年7月版)

明初一项利国利民的国策逐渐异化成了害民制度，不知已经长眠于南京明孝陵的朱元璋知道了会有何想法？

工商有序和谐公平　崇本抑末宽厚生民

事实上在基本解决"三农"问题和初步实现"以良民治良民"之理想的同时，大明开国皇帝朱元璋又开展对工商业的大力整顿，以期解决好国计民生的大问题。不过，或许是因为自己出身于农家，或许是因为当时中国社会中的工商经济实在是"微不足道"，朱元璋在面对它们时全然找不到感觉，只能借助中国传统社会里长期存在的、但在那时已经开始不再吻合时代发展要求的传统做法：那就是建立君主专制帝国官府控制下的工商"有序"的经济秩序。

● 重建有序与平和的工商经济秩序——轮班制与不与民争利、不劳民

经过元末农民战争，明初社会经济全面萧条。中国本来就是个农业大国，朱元璋又是从农家出来的。几十年的战争生涯或许使他长了不少见识与智慧，但在对待战后工商业的恢复与秩序重建的问题上，朱元璋出招就显得极为简单甚至是笨拙了。

明朝开国建都南京，为了营建明皇宫、京城、明孝陵等，朱元璋先后从全国各地征发了大量的手工工匠和农民工。那么这些手工业者和农民工来南京后的劳动和生存状态如何？

○ 600年前的"农民工"兄弟生存状态好吗？

《明史》对征集到南京进行劳作的工匠有所描述："明初，工役之繁，自营建两京

宗庙、宫殿、阙门、王邸、采木、陶甓、工匠造作，以万万计。"(《明史·食货二·赋役》卷78)万万是个什么概念？就是我们现在所说的上亿。真的有这么多人在两京干活吗？第一，古代中国人一般对数字概念不太讲究精确，即使现在我们国人还有这么一个习惯，张三对李四说："我们过两天再联系。"要是李四在两天后苦等张三的话，在很多国人看来，那简直就是大傻子；第二，"万万"可能是指人很多，但也不是一下子从全国征发过来的，很有可能是十几年总计在一起算的，那就比较合乎实际了。不过，不管怎么说，朱元璋征发工匠与"农民工"来南京为他与大明帝国服役的确是很多很多。那么这些"农民工"兄弟来了南京后的劳动与生活状态好吗？从明初的史料记载来看，朱皇帝起初似乎并不太清楚，直到有一天，他目击了揪心的一幕。

那是洪武五年冬季，朱元璋在南京城里视察"农民工"们修浚城濠，一路走着一路看着，并没有什么引起他特别注意。当走到三山门时，他看见一个"农民工"光着身子，扑通一下跳进了冰冷的水里，来了个裸游，本以为农民工兄弟是冬泳，但看了一阵子，朱元璋发现不对劲，那个"农民工"好像不是在冬泳，他一会儿一会儿地往水里钻，像是找什么东西。洪武帝终于忍不住了，派了手下的人去问工地上的监工小吏："那裸游者是在找什么东西？"小吏说："锄头弄到水里去，找不到了。"朱元璋叫人从别处取来一把，问那小吏："这水中要找的是不是这样的锄头？"小吏说："有点像，但那把要比你手里这把好，还要短些。"一听是这样，朱元璋就命令壮士下水去，帮着寻找那把丢了的锄头。找啊找，最后壮士终于找到了水中的锄头。朱元璋将两把锄头放在一起，仔仔细细观察了一遍，发现果然如小吏所讲的那样，但他心中气还没消，瞪着眼跟小吏说："农夫来这里服役一月多，手脚都冻裂开，这已经是相当劳苦和疲惫了，你怎么还忍心加害于他？"话音刚落，他立即吩咐随行警卫，将那小吏抓起来，痛打一顿。随后他回过头去，跟右丞相汪广洋说："今天我们都是穿了厚厚的裘皮出来的，可直到现在还感到浑身发冷。何况这些役夫本身就贫困无衣，他们所受的苦和遭的罪是说也说不出来的啊！"说到这里，洪武帝立即下令，叫农民兄弟停止应役，只留下临濠的那些窑冶及烧石炭工匠，其余工匠役夫全部放回家去！(《明太祖实录》卷77)

自从三山门农民工裸泳事件发生后，应役工匠的生存状况更多地引起了朝廷的关注和重视。洪武八年(1375)十月，朱元璋命令中书省："今后凡是有工匠死亡的，官方一律给予棺木，送他回老家，并免除他家三年的徭役。"(《明太祖实录》卷101)

当时大明定都南京，营造宫殿和修筑城池工程非常浩繁，工匠们吃得不好，生活待遇差，有好多人因忍受不了繁重的劳作而死于非命。洪武九年五月，朱元璋命令工部即建设部，给死难者购置椁椟，再让大明国子监生将死难者的灵柩护送回家,赐以钞币,抚恤下葬,并蠲免死者家三年的徭役;与此同时,对于活着的现役工匠,朱皇帝则大发奖金,当时共发了宝钞60 360余锭。(《明太祖实录》卷106)

这样的事例还有不少,尽管在工程事故或"过劳死"发生后洪武帝不惜厚金予以抚恤、安慰或奖励,但从整体上来看,当时大明的工匠与"农民工"兄弟的生存状况还是很不好的。这样的格局一直延续到了洪武十九年(1386)南京宫殿、城池建设得差不多时才有了根本性的改变。

○ 将工匠的坐班制改为轮班制

那年朱元璋对手工业工匠做了一件大好事,那就是改革工匠的服役制度。

洪武初年,朱元璋沿袭了元朝的工匠制度。元朝工匠另立户籍即匠籍,人称"系官人匠"。他们没有人身自由,就连婚姻也不能自主,往往子孙相袭,没有官府的放免,不得脱籍。更为可怕的是,他们在官府的严格监视下从事繁重的劳作,其得到的收入微乎其微,大概每人每月只能领到3斗米、半斤盐,其家属只能获得4口的口粮,多出人口官府不给;一般来说,大口每月获得官府口粮2.5斗,小口1.5斗,勉强维持生命。即使这样,还经常遭受官吏克扣,于是不少工匠只得卖儿鬻女,生活十分悲惨。(《通制条格·工粮则例》卷13)

明初朱元璋一开始大体上沿用了元朝的工匠制度,不过在使用当中他不断地加以改善。首先他没有像元朝人那样将工匠当做奴隶一般,其次他改变了些工匠的生活与经济待遇,上文已述。洪武十一年(1378)五月,朱元璋又下令给工部:"凡在京工匠赴工者,月给薪米盐蔬,休工者停给,听其营生勿拘。"(《明太祖实录》卷118)。这段最高指示的意思是工匠们除了上京城服役要听从官府的安排外,其余时间可以自己支配,也就是说,工匠们有了自主营生的自由。这无疑是民生的改善与社会历史的进步。洪武十九年(1386)四月,大明正式确立工匠轮班制度。其具体内容为:全国各地工匠"量地远近,以为班次,且置籍为勘合付之。至期赍至工部听拨,免其家他役","定以三年为班,更番赴京,输作二月,如期交代,名曰轮班匠"。(《明太祖实录》卷178)

我们将上面这段话说得更加直白一点:打开黄册,哪家是工匠,一目了然,政府就根据他们的丁力状况,规定3年为一班,定期到京师服役,以住地远近排班次;政府制定勘合(类似于用工状况证明)为凭,工匠按期领了勘合到南京的工部去报到,听从工部的具体用工安排,从事劳作。服了役的工匠,他家的其他徭役一律给免了。这就是经济史上人们常说的"轮班制"。

轮班制的优点显而易见,一来它不像元朝的坐班制——工匠几乎是官府的奴仆,没有什么人身自由;轮班制三年轮一次,干完了,泥瓦匠还可以在老百姓家造房起屋,赚钱养家糊口,木匠也这样,所以工匠们的经济生活就有了改变;二来轮班制下的工匠人身是自由的,这样就一改以前几乎一直处于被支配的地位,使得工匠们低下的身份有了一大提升。

但三年一轮班开始实施后不久,意想不到的问题冒了出来:工匠一律三年轮班服役3月,各地工匠按期风尘仆仆地赶往京师。可到了京师却发现没那么多的工役要做呀,无奈之下,各地工匠只得返回。这一来一回无端造成了浪费。鉴于此,明廷于洪武二十六年十月改进轮班制,制定工匠轮班勘合制度,"令先分各色匠所业,而验在京诸司役作之繁简,更定其班次,率三年或二年一轮"(《明太祖实录》卷230)。工部根据各部门工役的实际情况与行业特征确立了五种轮班制度,即五年一班、四年一班、三年一班、二年一班和一年一班,并给全国62种行业的232 098名工匠重发了勘合(万历:《大明会典·工部·工匠》卷189)。这样就"使赴工者各就其役而无费日,罢工者得安家居而无费业"(《明太祖实录》卷230)。轮班制终于成为当时一项名副其实的"惠民""厚民"工程了。

除了轮班匠,朱元璋还对住坐匠的生活与经济状况做了改善。据明末清初大思想家顾炎武的记载:洪武十三年,朱元璋"起取苏、浙等处上户四万五千余家填实京师,壮丁发给各监局充匠,余编为户,置都城之内外,爰有坊厢"(【清】顾炎武:《天下郡国利病书·江南》卷14)。这些被发给各监局充匠的壮丁即为住坐匠。住坐匠的存在实际上可视为元朝工匠奴隶制的延续,这些人在明初归内府内官监直接管理,但他们的匠籍和用工之类的事情却归工部主管。从地位与自由角度来讲,住坐匠不如轮班匠,但在洪武晚期他们受到了些政策"实惠":"例应一月上工十日,歇二十日,若工少人多,量加歇役。"(万历《大明会典·工部·工匠》卷189)。由此可见,住坐匠的地位也比元朝时的匠户要高多了。

总之,明初洪武皇帝改革工匠制度,给近似于奴隶的工匠以相当程度的松绑,使得他们有更多的时间自由劳动、营业,也有利于技术的交流与改进。所有这些,都是历史的大进步。

○ 洪武时期工矿业开发原则:不与民争利,不劳民,够用就行

除此之外,洪武时期还对工矿业的开产实行"不与民争利,不劳民,够用就行"的实用主义经济国策,其影响甚为深远。明初工矿业的经营主要有两种形式:民营和官营,当时民营力量单薄,唱主角的还是官营即我们现代人俗称的国营。就明初官营而言,朱元璋主要限定在金银之类的贵金属开产和食盐、火药火器等生产领

域,而对于其他行业基本上是放开来的。老百姓在取得官府批准后只需要交纳一定的税金就可开产营利了。之所以如此,关键还在于洪武年间朱元璋比较注意与民休息和"藏富于民"。

洪武十五年五月,河北广平府吏员王允道上奏说:"河北磁州临水镇产铁,元朝时就曾在此设置铁冶都提举司,征发了15 000户人丁开矿冶铁,当年铁的年产量就达100多万斤,恳请皇帝陛下在此置炉冶铁。"朱元璋听后十分生气,随后这样说道:"朕闻治世天下无遗贤,不闻天下无遗利,且利不在官则在民,民得其利,则利源通,而有益于官,官专其利,则利源塞而必损于民。今各冶铁数尚多,军需不乏而民生业已定,若复设此,必重扰之,是又欲驱万五千家于铁冶之中也。"(《明太祖实录》卷145)说完,朱皇帝就令人将上言与民争利和驱民牟利的王允道施以杖刑,然后再将他流放到海外去。

这样的事情在洪武年间还不止发生一次。洪武二十年,府军前卫老校丁成上奏说:"河南、陕州一带原有银矿,前朝都曾在此进行开采,每年收入颇丰。可惜现在已经被荒弃了,恳请皇帝陛下下诏重置机构,实行开采,也好增添一些国家费用资本。"洪武皇帝读完奏章后,跟近侍大臣说:"君子好义,小人好利。好义者以利民为心,好利者以戕民为务。故凡言利之人,皆戕民之贼也。朕尝闻故元时,江西丰城之民,告官采金,其初岁额犹足取办,经久民力消耗。一州之人,卒受其害。盖土地所产,有时而穷民,岁课成额征取无已。有司贪为己功,而不以言朝廷。纵有恤民之心,而不能知此可以为戒,岂宜效之?"(《明太祖实录》卷180)

从上面朱元璋的两次讲话中,我们不难发现,这位奇特的大明开国皇帝对于工商业总的态度是:言义不言利,不与民争利,不劳民,够用就行。这样的工商治政管理思想反映在洪武年间治国实践中最为典型的例子,那就要数冶铁业的开采了。

明朝开国初期,百废待兴,各地官营铁矿纷纷开工、生产。经过十多年的发展,到了洪武十八年时,铁矿生产已经满足了官府的需要,朱元璋下令给各地布政司罢停"煎炼铁冶,以其劳民故也"(《明太祖实录》卷176)。两年后的洪武二十年三月,由于制造兵器所需大量的特种生铁——山西云子铁,洪武朝廷下令重设太原府交城县大通铁冶所,开矿冶铁(《明太祖实录》卷181);五年后的洪武二十五年,鉴于国库内现存的生熟铁日渐减少,朱元璋又不得不下令给各地"复置冶煎炼,以供国用"(《明太祖实录》卷231);洪武二十八年闰九月,大明国库内的储铁已经相当丰盈,多达3 743万余斤,洪武皇帝再次"诏罢各处铁冶,令民得自采炼,而岁输课每三十分取其二"。(《明太祖实录》卷242)

帝国政府需要了就开采,开采的数量满足需要了,便要停止。开开停停,停停开开,洪武年间的如此举措是与朱元璋的"藏富于民"、不与民争利和不劳民等"使厚民生"国策指导思想相一致的,也是朱元璋"宽猛相济"的治国策略中"宽"之层面一项具体的外在体现,十分有利于明初社会经济的恢复和民生的舒缓。遗憾的是,"美妙佳境"在明初洪武年间并没有立即完全显现出来。随着社会与经济的发展以及专制皇权控制的逐渐松弛,人们才真正地感受到了明初朱元璋制定国策的"实惠"。这倒应了民间的一句俗话:祖上种树,子孙乘凉。

之所以出现如此局面,原因固然很多,但有一个重要因素不可忽视,那就是洪武时期的手工业政策的进步带有一定的局限性。除了前面讲过的保留了住坐匠外,朱元璋着力构建手工工匠与其他社会人群所组合起来的社会是一种静态下的秩序体系,具有阻碍社会发展的副作用。由于草根皇帝接受的是中国传统农业社会制度的理想,并以此作为他的治国理念——士、农、工、商"各守本业","各安其生"(《明太祖实录》卷178),由此带来了洪武立国中工商业整体被放在大一统帝国的"末业"位置。虽然工匠从坐班制改为了轮班制,一定程度上解放了手工业生产力;帝国政府原则上又不与民争利,不劳民,够用就行,这确有宽民与藏富于民的积极意义。但他们又在十分紧要的盐业、金银等行业实行绝对的国家专控垄断制度,这就在原点上将工商业挤压到了十分不利的地步;加上朱元璋的理念中工商"言利"性行业被视为有悖于民安、国安的非正业,原则上不予提倡,只是大一统帝国需要时才可适度地开采一下。诚然这种观念对于保护民族自然资源和生态环境不无合理成分,但问题是朱元璋时代,我们的民族在工商业方面的开发尚处于萌生和刚刚起步阶段,洪武皇帝却如此地"保守"和抑制。这对一个民族的工商业勃兴可谓极为不利。

因此说,朱元璋的工商业国策是不适合宋元时期以来中国工商贸易发展的整体态势与客观实际的。与其说是朱元璋想在工商业方面有什么大的建树,毋宁说他是在修复宋元以来已经局部破坏了的传统自然经济结构,重建士、农、工、商各级"有序"的社会秩序。

◉ 建立严控有序的商业秩序

作为帝国最高统治者的朱元璋,他的治国经济思想基本上还是传统的自然经济主义,对工商业的要求首先是服务于君主专制下的大一统帝国的需要;其次是保持社会安定。这种思想也反映在他对待商业经济政策上。

商业比起手工业来说具有更大的流动性,而流动性对于一个以农业为本的传统治社会和农耕经济来说构成了巨大的潜在威胁。因此,中国历代的统治者基本上都奉行"崇本抑末"的国策,而大明帝国的开国皇帝朱元璋对其尤为热衷,甚至可以说到了痴迷和癫狂的地步。明朝初年对商业的管理可谓是到家了:做生意的商人要有官方颁发的商引,没有商引就要以奸盗论处;做贩盐生意的要有盐引,做卖茶生意的要有茶引,否则皆以走私论,处以死刑。总而言之,凡是有可能赢大利的都被官方垄断了、控制了,"×引"说白了就是帝国政府搞的"计划票",盐引相当于盐票,茶引相当于茶票(《明太祖实录》卷56;《明太祖实录》卷9)。商引也称"关券""路引""物引"(【明】丘浚:《大学衍义补·征榷之税》卷30),相当于"商票",就差一点当时没发肉票、粮票和布票了。

○ 现在的房地产商要是碰上洪武皇帝恐怕要去"建设祖国边疆"了

但帝国政府不可能将一切商业经济活动都"包"了,都给"占"了,事实上这也是不可能的事。那么,对于民间日常的普通的商品经济活动,朱元璋又是怎样管理的?

洪武元年十二月,他下诏给中书省,命令"在京兵马指挥司并管市司,每三日一次校勘街市斛斗秤尺,稽考牙侩姓名,平其物价。在外府州各城门兵马,一体兼领市司"。(《明太祖实录》卷37)

这就是说朱皇帝让在南京和外地的各兵马指挥司兼管市场,规定军队中的大兵们每三天到市场上转一圈,校勘街市斛斗秤尺,查处短斤缺两的奸商,考察记录经纪人的姓名,标定合适的物价。所以说,生活在朱元璋时代,尤其怕小贩短斤缺两的大爷大妈们上菜市场去可省心了,根本就不用自己带电子秤,也不用担心有注水肉和有毒奶粉,因为朱皇帝派人冷不丁地来查了。一旦查到,洪武皇帝他老人家可不会不痛不痒地处罚呐。所以有人怀念洪武时代,不能不说这其中还真有些道理。

不过可能也有人还是十分好奇:那真要是奸商犯法了,老拿"鬼秤"来害人,除把他抓起来,还有没有别的什么方法处置?当时的《大明律》对奸商的行为是有界定和处罚标准的:私造斛、斗、秤、尺,并在市场上使用了,要杖六十即打六十下屁股,事情至此还没有完,朱元璋的"除恶务本"的思想在此又一度体现了——为奸商私造度量衡工具的工匠也要问罪,也是打六十下屁股。

《大明律》还规定:"凡诸物(牙)行人评估物价,或贵或贱,令价不平者,计所增减之价,坐赃论。入己者,准窃盗论,免刺……受财者,计赃以枉法从重论。"商业中经纪人与行内人相互串通,故意虚抬物价或者压低物价,要按贪赃罪来论处;要是

相互串通作假,自己又从中拿了"好处费",要按盗窃罪来论处。(《大明律例·户律·市廛》卷10)

洪武三年朱元璋下令严禁牙侩(即经纪人),规定全国各地市场不许设有官牙和私牙,一切商品货物只要照章交纳税收后,听由商人自由交易,"敢有称系官牙、私牙,许邻里坊厢拿获,以凭迁徙化外。若系官牙,其该吏全家迁徙"(万历:《大明会典·户部·商税》卷35)。洪武三十年三月,朱元璋再次"命户部申明牙侩胶剥商贾私成交易之禁"。(《明太祖实录》卷251)

我在想,现在有好多所谓的古董鉴宝"大师"与古玩商店一起作假,虚抬古董价或者作贱古董,还有地方官员炒地皮、房地产商虚抬房价。这类人要是碰到了朱元璋治国,那么他们不仅仅要蹲大牢,而且极有可能全家被发往边疆,成为新的一代"上山下乡"。正因为洪武时期对待不法奸商与贪官污吏处置十分严厉,那时的商业秩序治理得很好,物价比较平稳,市场有序和社会安定,老百姓得到了实实在在的实惠。

○ 收税高手要是晚生几百年可能要当上税务局局长了

朱元璋对商业活动的第二个方面的有利政策是适度地征税,反对重税。这主要表现如下:

第一,规定商税为三十税一,超过者以违令罪处置。

洪武开国后,朱元璋对于宋元以来繁琐的关市之征做了整顿,规定商税为"三十而取一,过者以违令论";还有"农具、书籍及他不鬻于市者"也勿征税(《明史·食货志五·商税》卷81)。相对而言,明初的商税还是比较轻的;因此说经商者尽管在社会地位上比较低,但他们的生活却不难过。

第二,反对将官吏考核与收税指标挂钩。

洪武九年(1376),山西平遥县主簿(办公室主任)成乐,因为任职满期进京入朝,当时地方州政府给成乐写的评语是"能恢办商税",就是今天所说的收税有他的一套。吏部(人事部)向朱元璋奏报了这件事,大家都以为这样的人才难得,可是朱元璋却不这么看,他说:"一个地方所产的东西不是无限的,总有个常数。官府从中所取也应该有个合适的定数,不能今天要这些,明天再加。商税自有定额,为什么要等到一个县主簿去办理呢?如果额外加税,一定得不剥削老百姓?再说,主簿的职责应该是辅佐县长,处理一个县的地方政事,安抚百姓,怎么能以善于办理收税作为官员的一项政绩来上报?而且这个主簿的评语上没有其他方面的政绩,是他的失职,还是州政府失察?"(《明太祖实录》卷106)说完,朱元璋命令吏部"移文讯之",即向山西发公文,问问这个叫成乐的主簿收税人到底用的是什么方法?算成乐活该,要是他晚生几百年保不准当上税务局局长。可惜他早生了几百年,因为洪武时期反对重税于民。

第三,反对什么都征税。

朱元璋认为:"贾,以通有无。"(《明太祖实录》卷178)也就是说他肯定了商业的地位,因此他主张保护合法经商,对于商业活动不要苛取税收,坚决反对什么都征税。可自古以来中国的地方"父母官"就擅长阳奉阴违,非要搞出点地方政绩来给上级领导看看,这样就好迅速地升官发大财!彰德府税课司的领导就是这么一些"挺有本领的人民公仆",当时他们向农民们征收瓜果税、蔬菜税、柿子税、枣子税、畜牧税、饮食税,等等,无奇不有。朱元璋听到后非常愤怒地说:"古人说聚敛之臣比强盗还要凶残,说的就是像彰德府税课司里的这等官员啊,来人啊,派人上彰德去,将税课司的那批人给逮来好好问问罪!"(《明太祖实录》卷88)

第四,保护纳税后的商业活动。

洪武八年三月,南雄有个商人带了一批货想贩到南京来赚一笔,不料就在南京边上的长淮关被守关官吏给扣住了。商人交了税,但守关官吏还没将没收的货物还给他,且一扣扣了一个月,货物也快坏了。商人没办法,只好向官府告状。刑部受理了这个案子,最终判定守关官吏有罪,应该记过处分。皇帝朱元璋认为处理得太轻了,既然人家把税都交了,就应该给人家做生意啊。可守关官吏将货物一扣扣了一个月,货物全变质了,应该得狠狠处罚。于是他就命人对守关官吏施以杖刑,并将他的工资也给扣了,作为对商人的补偿。(《明太祖实录》卷98)

第五,撤销全国各地好多税务局。

朱元璋不仅主张适度征税,藏利于民,而且还积极做到轻税。洪武十年,户部(财政部)向洪武帝上奏说:全国共有178个税课司局(即税务局)征税没有达到原定的定额指标,恳请皇帝陛下派人前去核实。朱元璋随即派了太监和国子监生以及朝廷部分官员等前往各地去一一核查,最后做出决定:今后这178个税课司的征税数额就以不足额的数据为新定额,废弃原来的高数额税收(《明太祖实录》卷111)。洪武十二年正月,朱元璋又下令将全国共计364处税收额不超过500石米的税课司局都给撤销了(《明太祖实录》卷129)。同年六月,在与户部大臣讨论减税问题时,洪武帝不无深情地这般说道:"过去我大明奸臣当道,肆意聚敛,深为民害啊。诸位不妨想想,我们的税收遍及天下,就连纤细之物也没放过,朕想起来就觉得羞愧万分啊。从今以后,不仅书籍、农具一类免税,就是'军民嫁娶丧祭之物,舟车丝布之类,皆勿税'。"就此大明取消了元朝以来一直实行的嫁娶丧葬等物类的不合理收税。(《明太祖实录》卷132;《明史·食货志五》卷81)

朱元璋严控商业秩序、适度收税、轻税和免税等政策使得广大的老百姓享受到真正的实惠,也有利于明初社会经济的恢复和发展,促进了社会的稳定与大明帝国统治的巩固。当然朱元璋的这些政策所围绕的核心还是他的那个士、农、工、商等级"有序"的社会秩序,控制和限制工商业的发展,使士农工商各守其业了。洪武十八年他跟户部大臣这般说道:"朕思足食在于禁末作,足衣在于禁华靡。尔宜申明天下四民各守其业,不许游食。庶民之家,不许衣锦绣。庶几可以绝其弊也。"(《明太祖实录》卷175)

在洪武帝看来,大概只要做到上述那般,这大明帝国才会稳如磐石。因此说,朱元璋的经济政策的本质比起历史上的其他朝代和皇帝带有更强重农抑商之精神,这是不合时代发展潮流的。

● 改革币制,推广"大明通行宝钞"

农业、工商业的发展与人们的日常生活都离不开货币,明初朱元璋在恢复社会经济的基础上,对大明帝国的币制也曾做了一定的改革尝试。不过,他没成功,原因很简单,就是洪武时代大明帝国最高阶层的"精英们"都不懂货币的经济规律。现在我们就来看看明初发行的两种主要货币及其命运:

○ 明初铜钱流通不畅,大明朝为什么一直用"通宝"而没有"元宝"?

在货币制度方面,很奇怪的是,明朝推翻了元朝,应该继承元朝比较先进的纸币制度,但大明开国前后似乎对纸币并不"热情"。这是为何?

我认为其原因是这样的:元朝末年农民大起义的直接导火线是"开河变钞","开河"就是修治黄河,前面讲过了;"变钞"就是元顺帝时变更了忽必烈时的"中统宝钞",实际上是学了点货币皮毛知识就开始改革了,最终招致了亡国。因此纸币"钞"在元末明初的名声很不好,而草根出身的朱元璋和他的淮右集团的重臣们压根儿就不懂得纸币的内在规律性;另一支朱元璋谋臣系列浙东文人圈全是书生,也没有精通经济的。所以说从元末明初的实际来看,确实也没人出来指点货币"迷津"。朱元璋与他的智囊们只好抱着祖祖辈辈传习下来的"宝贝"——跟着感觉走,反正元朝亡国一半亡在这个该死的"纸币"上,所以大家都不愿走元朝的老路,宁愿效法唐宋。

1361年朱元璋在今天南京杨公井附近的"钱厂桥"一带设置宝源局,专门铸造"大中通宝"铜钱,与历代的铜钱一同流通使用,以此来代替日益贬值的元朝纸币。

(《明太祖实录》卷9)

大明开国后的第三个月即洪武元年(1368)三月,朱元璋下令铸造、发行"洪武通宝"铜钱,其分为5等:"当十钱重一两,当五钱重五钱,当三钱重三钱,当二钱重二钱,小钱重一钱。"(《明太祖实录》卷31)与此同时他诏令全国各布政使设立宝泉局,与中央户部的宝源局一起铸造铜钱,严禁民间私铸,"凡私铸者,许作废铜送官,每斤给官钱一百九十文。诸税课内如有私钱,亦为更铸"。(万历:《大明会典·户部·钱法》卷31)

说到这里,细心的读者朋友可能发现了:无论是"大中通宝"还是"洪武通宝",明朝使用的货币好像都叫"通宝"。这不是朱元璋君臣一再表示要效法唐宋的,而唐宋的铜钱上"写"的是"××元宝"。为什么明朝要将"元宝"改成"通宝"?这主要是从明初开始实行对开国皇帝朱元璋名字的避讳,所以整个明朝一直是在用"通宝"而没有用"元宝"。

既然元末明初的"大中/洪武通宝"是应运而生的,那它们必将很受欢迎?

实际上恰恰相反,铜钱铸造与发行一段时间后,朱元璋君臣发现人们并不欢迎铜钱,时"以鼓铸铜钱,有司责民出铜,民间皆毁器物以输官,鼓铸甚劳而奸民复多盗铸者,又商贾转易钱重,道远不能,多致颇不便"(《明太祖实录》卷98)。因此大家宁愿沿用元代之旧钞,而多不用洪武铜钱。为此,朱元璋很为恼火,但也觉得铜钱确实不方便使用,于是决定改革币制。"钱法既绌,于是又转而承元之钞法,以为元代用钞百四十年,其制可因也。"(吴晗:《记大明通行宝钞》,载《读书札记》,三联书店1956年2月第1版,P303)

○ 没有金银本位的"大明宝钞"

洪武七年(1374)九月,朱元璋下令建置宝钞提举司(类似今天的中国人民银行),设提举(行长)、副提举(副行长)等官职,着手进行大明纸币的印制,即后来人们熟知的"大明宝钞"(《明太祖实录》卷93;《明史·食货志五》卷81)。纸币有纸币的优点,如携带方便;但也有它的缺点,如有高手的话,更容易伪造,纸币还易磨损,用不了多久就坏了。即使600年后我们的科学技术很先进了,人民币一旦忘在衣服口袋里,要是放到洗衣机里洗了,恐怕也好不到哪里去。更何况600年前我们的造纸技术就那个水平,连不易磨损的牛皮纸还不会造,怎么能造出好的、易磨损的纸币?据说洪武皇帝朱元璋为此操碎了心,就是想不出个好办法来。

◎ 600年前的"教材"循环使用朱元璋要挖秀才心肝,马皇后说你搞错了

有一天夜里,朱元璋做了个梦,梦见一个神仙。神仙指点说:你要是用秀才的

心肝造币的话,就能造出好纸币来。第二天朱元璋醒来后,一直在想,怎么用秀才的心肝来造币?但就是想不通,于是他就把昨夜的梦说给了马皇后听。马皇后一听,心想:坏了,丈夫已杀了那么多人,现在又要杀书生了,这是作孽啊!但他那股臭脾气,还不能直接劝。于是,聪明的马皇后这般说道:"神仙所说的秀才心肝,你当真是用一个个书生的心?怎么也弄不出来的!你想想,这些读书人的心肝宝贝是什么?还不就是他们读的课本,没了课本,读书人什么也没有了。"朱元璋一听到这儿,顿时恍然大悟,马上下令:每年都把学校里学生读过的课本送到上级部门来造币。后来明朝有个规定,就是国子监的学生按季度上交课业簿(【明】祝允明:《九朝野记》卷1;【明】董谷:《碧里杂存·贤人心肝》上卷)。如果我们要找一个世界之最的话,这下又有了。如今欧美发达国家不像我们国家这么大方——每年都要有几亿人民币的教材与教辅进入废品收购站,反正现在中国有的是钱,GDP年年往上跳;人家老外就抠门,居然实行教科书循环使用。不过在这方面他们落后于我们又有几百年了——因为我们的祖先在明初时就已经注意到了教材与课业本的"循环使用了"。

以上是有关朱元璋造纸币的民间传说,不足为信。但自明洪武七年(1374)朱元璋下诏设宝钞提举司起,明朝的经济却实实在在地进入了纸币时代。洪武八年即1375年大明中书省在今天南京的"钞库街"一带正式印制"大明通行宝钞",并发行于全国使用。

◎ 为什么"大明通行宝钞"不值钱?

"大明通行宝钞"上下高1市尺,左右宽6寸左右,底色为青色,外为龙形花纹边栏,上面横额写有"大明通行宝钞",其内栏两旁又刻有篆文"大明宝钞"和"天下通行"八字,中图钱贯状,十串为一贯,下方块图内有:"中书省奏准印造,大明宝钞与铜钱通行使用,伪造者斩,告捕者赏银二百五十两,仍给犯人财产。"纸币如此之大,创中国印钞史之最。明初印制的"大明通行宝钞"面额有六种:1贯、500文、400文、300文、200文、100文。(《明太祖实录》卷98)

据洪武九年的《明实录》记载:大明宝钞与其他货币财物的换算是这样的:1贯=铜钱1 000文=白银1两=1石米,1两黄金=4贯=4两白银(《明太祖实录》卷105)。但明朝洪武时期是禁止使用金银的,"违者治其罪,有告发者就以其物给之,若有以金银易钞者听。凡商税课程钱钞兼收,钱什三,钞什七,一百文以下,则止用铜钱"(《明太祖实录》卷98)。因此上述换算仅限于民间与缴纳租税时使用。明初官方大力提倡用"钞",洪武十八年开始,全国所有官员的禄米都以宝钞来支付,大

约换算是这样的：二贯五百文（2 500 文）折米一石。(《明太祖实录》卷 176；《明史·食货志五》卷 81)

但明朝的纸钞使用得很不尽如人意,洪武八年(1375)开始发行,到洪武二十三年(1390),15 年间大明宝钞贬值到了面额(即规定可兑铜钱数)的 1/4,到洪武二十七年(1394)即将近 20 年的时间,贬值到面额的 1/6 以下。永乐元年(1403),官兵俸米 1 石已可折支纸币 10 贯,当时米价 1 石不足 1 贯,则纸币贬值已到了面额 1/10 以下。洪熙元年(1425),1 石俸米可折支纸币 25 贯,贬值程度较前又加倍了,约为 1/25；景泰元年(1450)官兵俸银每两折支纸币 500 贯,当时铜钱 1 贯可兑白银 1 两有余,则可知这时纸币贬值已到面额的 1/500 以下；弘治元年(1488),官兵俸银每两折支纸币又达 700 贯,约为 1/700,纸币 1 贯这时大约只能兑铜钱 1 文了；到万历四十二年(1614),"海军士给钞数百贯,计值不过数十文"(【明】程开祜:《筹辽硕画》卷 8,李汝华:《权时通变酌盈济虚疏》)。纸币 10 贯纸钞才能兑 1 文铜钱,贬值已达面额的 1/10 000,也就是相当于一堆废纸了。(汪圣铎:《中国钱币史话》,中华书局 1998 年 4 月版)

那么为什么明朝的纸币贬值这么快？关键在于朱元璋君臣及其子孙们对货币经济一窍不通,我们不妨来看看洪武皇帝他老人家是如何认识纸币的:"钞无古制,始宋用元,兼行子母,大利天下。然制造之法不难,欲人无犯,岂不艰哉！所以不难者,一蔡伦之工,于今之时,孰不为之？国之用行天下,改色饰文,禁民勿伪,故设抄纸局。"(【明】朱元璋:《明太祖集·抄纸局大使敕》卷 9;《全明文·朱元璋九》卷 9,P133)

吴晗先生诊出了洪武君臣在宝钞制度上的毛病:"(朱元璋君臣)顾仅承其制度(指元钞)之表面而忽其根本:元钞法之通以有金银或丝为钞本,各路无钞本者不降新钞;以印造有定额,量全国课程收入之金银及倒换昏钞数为额,俭而不溢,故钞尝重；以有放有收,丁赋课程皆收钞,钞之用同于金银；以随时可兑换,钞换金银,金银换钞,以昏钞可倒换新钞；以钞与金银并行,虚实相权。且各地行用库之颁发钞本也,以行用库原有金银为本,新钞备人民之购取,金银则备人民之换折,故出入均有备,钞之信用借以维持。其坏也以无钞本,以滥发,以发而不收,以不能兑换,以昏钞不能倒换新钞。明太祖及其谋议诸臣生于元代钞法沮坏之世,数典忘祖,以为钞法固如是耳,于是无本无额有出无入之不兑现钞乃复现于明代。行用库之钞本成为无本之钞,不数年而法坏。又为剜肉补疮之计,禁金银,禁铜钱,立户口食盐钞法、课程赃罚输钞法、赎罪法、商税法、钞关法等法令,欲以重钞,而钞终于无用。"(吴晗:《记大明通行宝钞》,载《读书札记》,三联书店 1956 年 2 月第 1 版,P303～304)

我们今天将其再说得直白一点,那就是朱元璋君臣及其子孙光注意了大明宝钞的面值与防伪,但是没有像元世祖忽必烈时代的精英们看到了货币背后的无形之手。纸币的发行是以一个国家的金银储备量为基准,不能滥发,一旦发行出去,就得考虑它们是否能以金银或丝兑换过来;要是发现兑换有困难了,就得赶紧刹车,否则就成了滥发纸币,最终导致纸币的彻底贬值,废纸一堆。但明初数朝的君臣们就是一直没弄懂这些,与他们十分讨厌的政敌元顺帝一个水准,所以到了明英宗时大明已经实在没办法使用"大明通行宝钞"系统了。天顺四年(1460)朝廷公开解除钱禁,但铜钱并没有就此复兴;因为当时明朝统治者不愿废了纸币,那可是祖宗的规制呀。明英宗时代还解除了银禁,使得白银逐渐成为了明朝的主要货币。由此宝钞在流通领域的作用就越来越弱。

不过话得说回来,明朝中后期的这些不是,我们不能全怪罪到朱元璋的头上。理性而言,洪武时期的大明帝国老百姓的生活还是过得去的,就以上述讲到的洪武20多年间大明宝钞的贬值率1/6为例,这个16%是由洪武八年开始首先发行大明宝钞到洪武三十一年总计23年时间内的总通货膨胀率,我们给它平均折算一下,得出洪武时期每年的通货膨胀率大致在7‰,这7‰在日常的生活中简直就可以忽略不计。再看我们现在的通货膨胀率:据网上报道:中国2010年的通货膨胀率在4%~5%,全年居民消费价格指数(CPI)涨幅在3%左右(360网站搜搜问问)。这样的专业术语,我们普通老百姓都不懂,来点通俗的,即我们现在的实际通货膨胀率等于(4%~5%)+3%,也就是在7%左右。相比于当今天价房价和每天都在攀升的菜价,可以推想洪武时代应是物价平稳,大明帝国的子民们恐怕早就过上了小康日子了吧?

回想洪武开国起,朱元璋参酌唐宋,损益元制,立纲陈纪,构建新体,精制狠招,直指"三农",四服"猛药",力解顽疾,以良治良,首创粮长,构建农村自治,建立公平有序的工商秩序,崇本抑末……不难看出,朱元璋的每一招每一式都在实实在在地落实他的"宽猛相济"的治国理念;也不难看出,在朱元璋的治理下,大明帝国的子民们生活逐渐稳定,社会经济有了发展。这一切更多地体现了洪武治国"宽厚民生"或言关注民生的精神。不过在当年朱皇帝的眼里,治国理政光有"宽"还不行,必须得"猛"。那么朱元璋在对待民生和顺民"宽厚"的同时又在哪些方面施予"威猛"了呢?请看下章。

下章
躬自庶政　高度专制

中华传统政治文明发展到唐宋时代应该说已臻于完全成熟状态，而元以后尤其明清时期则属于过分成熟或曰烂熟阶段。这就好比植物过分成熟或烂熟都属于不正常。洪武皇帝朱元璋在承继元朝政治遗产的基础上竭力推行高度中央集权的君主专制主义，由此传统中国进入了君主极权主义强化的非理性时代。这对以后的历史产生了深刻的影响。

纵观元亡横看现状　躬览庶政唯此为纲

洪武三年（1370）十二月戊午日（应为农历腊月初三），这是个普通得不能再普通的日子，虽说数九腊月里的南京城天寒地冻，勉强温饱的首都人民大多都猫在了家里不愿出门。而就在这城的东南方紫禁城里，大明开国皇帝朱元璋却与往常一样，天不亮就起了床，在马皇后的精心安排下，吃着凤阳口味的早餐，然后进入一天的常规工作流程：临朝、听政、朝议、批阅奏章……批着批着，朱皇帝心里一惊：刑部有个"熟悉"的奏章，请求处死154名松江"反贼"钱鹤皋余党（《明太祖实录》卷59）。钱鹤皋这个名字太熟悉了，不，对于朱皇帝来说应该有咬牙切齿的恨。

那是三年前，也就是大明开国前夕的吴元年（1367）四月，大将军徐达率领的明军势如破竹地横扫苏松大地，张士诚东吴政权行将垮台。东吴松江知府王立中眼见大势已去，赶紧归附徐达。徐达命令被占领的江南诸府"验民田，征砖甃城"（《明太祖实录》卷23）。用今天话来讲，就是根据各家各户田地的多少出人力修筑本地府治的城墙。"富者多出，贫者少出甚至不出"是朱元璋政权一向的徭役政策，松江尽管新近归附，但富民钱鹤皋等老早就已经听说了，不过以前仅仅听说，如今真落到了自己的头上了，钱大款有点受不了了。钱大款受不了，他的富人圈里的"哥儿们"

也深表同感，几个人凑在一起合计合计，钱大款钱鹤皋就说了："我们这些人要去修筑城墙，怎么也完成不了上面指派的任务，完成不了任务就要被处死。你们没听说南京城里那个长得'鞋拔子脸'的凶吗？所以说为今之计，倒不如我们起来反了，反倒是能求得一条生路，弄不好还能跟'鞋拔子脸'一样弄个无限的荣华富贵！"众人一听，这主意好是好，但就松江我们几个人怎么搞啊？最后大家商议决定，联合张士诚故元帅府副使韩复春、施仁济等。这下子可好了，一刹那间就聚集了 30 000 多人，浩浩荡荡杀奔松江府治去，并在那里建立起了临时政权，钱鹤皋自称"行省左丞"，在竖起的义旗上写上一个大大的"元"字，来不及找玉石就将就着找了块砖头，刻了些字，当作政权的印章。他随即封姚大章为统兵元帅，张思廉为参谋，施仁济、谷子盛为枢密院判，并派上自己的儿子钱遵义率领数千人走水路直趋苏州，想以张士诚作为自己的后援。(《明太祖实录》卷 23)

此时徐达重兵还在江南，听到松江发生叛乱的消息后，他马上派遣手下骁骑卫指挥葛俊率军前往平乱。大致在连湖荡，葛俊遭遇了手拿镰刀、锄头、扁担一类农具作为武器的钱遵义草莽队伍，一举将他们打得落花流水，并继续前进，直取叛乱据点松江。松江叛军本是乌合之众，哪是明军对手，三下五除二就给打败了，头目钱鹤皋也被捕杀。只有张士诚故元帅府副使施仁济率领 5 000 多人成功突围出去，前往浙江嘉兴府，攻打当地已被明军控制的军械库，引发了当地很大的震动。海宁卫指挥孙虎会合守御指挥张山和知府吕用明，一起布兵设卡，阻击施仁济，最终击败了乱军残余，擒获了施仁济等。至此，松江之乱才算最终平定。

叛乱平定后，明骁骑卫指挥葛俊曾想对松江府治华亭进行屠城，但为原华亭知县冯荣所劝，遂罢。不过自此以后在松江及其周围地区清查与擒拿"反贼"钱鹤皋同党的搜捕行动却一直在进行着，当时一下就查得了钱鹤皋同党"数十百人"(《明太祖实录》卷 23)。这本来是大明帝国开国前夕的事情，但为了能"除恶务尽"，松江地方性政治清查工作持续了好多年，直到大明开国三年后才最终结束，共计查得钱鹤皋同党 154 人。按照当时大明法律规定，首倡或附议谋反者不仅"犯罪者"本人论死，就是他们的家人也要被处置。根据当时的法律程序，刑部官员将该案件上呈于朱元璋，请求大明天子予以最终的裁定。(《明太祖实录》卷 59)

此时的朱元璋心情很好，开国已经三年了，明军南征北讨，捷报频传。洪武元年前后汤和攻克延平，活捉陈友定，随即又率水师南下，攻下广东，俘获元朝守将何真；杨璟一路进军也不赖，下宝庆、全州、靖江，震惊广西；而几乎与此同时，徐达率领的北伐军更是一路凯歌，先下益都、汴梁，后攻占大都及其周围地区，犹如尖刀一般插入了元帝国的心脏。为了彻底摧垮北元残余势力，洪武二年，大明组织了第一次"清沙漠"行动。在明军强大的军事打击下,元宗王庆生、平章鼎住等高官及将士10 000多人投降,关中老牌军阀脱列伯被俘,孔兴被杀;就连昔日的大元君主元顺帝也被明军追打如丧家之狗,连个喘息的机会也没有,连滚带爬地逃亡到了蒙古人老根据地应昌。洪武三年朱元璋又组织了第二次声势浩大的"清沙漠"行动,打败了残元扩廓帖木儿的西路军,俘获了北元郯王、文济王及国公阎思孝、平章韩扎儿等1 865高官显贵以及近14万人的将校士卒。最令人兴奋的是,元顺帝嫡孙买的里八剌和元宫后妃都当了大明军的俘虏。(《明太祖实录》卷43;48~51)

捷报频传,朱元璋乐得合不拢嘴。不过草根出身的大明天子脑子一直很清楚,眼前的胜利并不能代表永久的胜利。正所谓:"安不忘危,天下宁有不致太平者哉!此后王所当法也。"朱元璋十分喜欢唐代诗人李山甫的《上元怀古诗》:"南朝天子爱风流,尽守江山不到头。总是战争收拾得,却因歌舞破除休。尧行道德终无敌,秦把金汤可自由。试问繁华何处有,雨苔烟草石城秋。"于此可见朱元璋心态之一斑。(【明】姚福:《青溪暇笔》卷上)

为了不使自己的江山社稷重蹈南朝之覆辙,除了自身与后代子孙注意不能腐化外,还不能像秦朝那样一味任刑重罚,而应该多学学尧舜仁君那般德义天下。这样的道理,朱元璋几乎每年、每月甚至每天都曾想过,尤其在这洪武三年捷报频传和除旧布新的大喜日子里。洪武帝想到这些,眼前顿时一亮,刑部呈上来的松江钱鹤皋余党案不能再拖了,已经查了四年,该了结的已经了结了,该杀的"元恶大凶"都已杀得差不多了,眼前呈上来的154名钱鹤皋"余党",估计也只是小鱼小虾,再杀他们,怎么能宣扬我朱元璋有着尧舜一般的"仁德"之心呢?算了,宽大为怀吧。想到这里,他拿起笔,刷刷地在奏章上批上:"贼首既诛,此胁从者,俱贳其死,谪戍兰州。"(《明太祖实录》卷59)

这事很快就过去了,一转眼就是洪武三年十二月的十五日。尽管平民百姓都忙着准备过年了,可身为"天生圣人"的大明天子朱元璋却根本不用操那小民才操的心,他还是按部就班地重复他每日的工作。这一天上朝按理说没什么特别的,就是例行公务,俗套一番。退朝后,洪武帝来到西阁,开始阅读臣下的奏章,读着读着,有个叫严礼的书生写的奏章引起了朱皇帝的特别注意,他看了好一阵子,又想了一下,然后转过头去问身后的侍臣:"你们几个都是'知古今达事变'之人,今天各人给我讲讲看元朝最初为什么能得天下,而最后为什么会失天下?"有侍臣说:"元朝得天下是因为当初他们的大元开国皇帝元世祖十分贤明,所用的大臣都是些忠臣;而元朝失天下主要是因为元顺帝昏暗,所用的大臣都是阿谀奉承的奸佞之臣。"也有侍臣说:"元朝得天下是因为当初他们的大元开国皇帝元世祖十分节俭,而元朝失天下主要是因为末代之君元顺帝奢侈腐化……"朱元璋一一听着，最后忍不住发话了："你们所说的都有点道理，但都没有说到要害上去。元朝之所以能得天下，固然有元世祖的雄武，而元朝最终亡国关键还在于元末君主'委任权臣，上下蒙蔽'啊！现在这个叫严礼的书生上奏章给朕，说什么我大明'不得隔越中书奏事'，就是说凡有国事都要由中书省来过问处理，这正是元朝国政最大的弊端啊！'人君不能躬览庶政'，大臣才得以专权胡为，最终弄得天怒人怨。现在我大明帝国才刚刚建立，正是各式各样的民间下情需要上达朕这里的时候，你们说怎么能叫朕去学元朝人的那种做法呢？"(《明太祖实录》卷59)

这是明代史料记载中第一次出现朱元璋对沿用元朝中书省等结构体制的不满，我们将上述朱皇帝的表述作个浓缩：为了使帝国江山能够长治久安，大明君主就必须躬览庶政。

心理学研究表明：遭受巨大人生挫折和心理创伤的人在日后遇到极大刺激以后，有意或无意地勾起对昔日的回忆，进而导致他思维与行为的偏执。

朱元璋，一个曾经的山野草莽最终成为大明帝国的天子，一个濒临于生与死边缘的游方僧人经过无数的血与火的洗礼终于登上九五之尊的宝座；当他拥有大一统帝国巅峰的权力时，童年、青少年时代的心理潜影、昔日的某种理想，自觉或不自觉地体现在他所制定的治国国策当中。

我是谁？我怎么过来的？怎么坐上大明帝国第一把交椅的？洪武中晚期的朱元璋心态似乎已经变形，不过早期的他还算正常，且还有几分诚实的可爱。

大明开国前的1366年四月，离家可能有10余年的朱元璋忙里抽空回了一次濠州(即后来的凤阳)老家。家乡人听到庄上走出去的大贵人回来了，都争相前来奉承奉承，有个叫经济的老者就带了全庄的男女老少早早地等候。见到乡亲们这么热心，昔日无人理睬、濒临于生死一线间的朱元璋顿时眼中布满了泪水，与经济等父老唠叨个没完没了，而后下令设宴招待家乡父老。席间朱元璋跟经济说："我与你们已经好久好久没见面了，今天回到家乡，看到村庄上还是破破烂烂，我的心里好不难受。这都是那该死的战争作的孽啊！"经济说："濠州饱受战争之苦，我等乡人一直也没能安安静静地生活一段时间。现在全仗主上您的威德，总算有了片安宁，也劳烦主上您操心了！"朱元璋说："濠州，我的故乡，我的父母坟茔就在这里啊，我怎么能忘啊！"越说越激动，濠州的乡亲们看到朱大贵人这般亲切，心里像喝了蜜一般甜。而朱元璋更没忘特别关照家乡父老："教导子弟为善，立身孝悌，勤俭养生……喔，对了，乡人下地干活不要走得太远，我们周围的淮河流域还有许多割据势力，若不注意的话，弄不好要被他们掠去了，那就

麻烦了……"沐浴着红巾军中升起的"红太阳"这般温暖,经济等父老乡亲的心也醉了。(《明太祖实录》卷20)

阔别重逢,衣锦还乡,昔日自卑的朱元璋此时心理有了极大的满足,但并没有无休止地膨胀。因为他还没有扫平群雄,鹿死谁手尚未可知,更有在家乡人面前,自己是什么,几斤几两,还是十分清楚的。四天后,在拜谒父母坟茔回来的路上,朱元璋跟随身博士许存仁等人这般说道:"当年我在乡下没投军时,就经常自己问自己将来能做什么? 说实在,当时只能说:'终身田野间一农民耳!'后来遇上战争,投入军伍,也只不过是为了保全自己、糊口饭吃吃,没想到后来做大做强了,也不意于今日成此大业……"(《明太祖实录》卷20)

行将开国的朱元璋在看望家乡父老时感慨万分,在拜谒父母坟茔后又真实地感触了一回自己的过去,随即就说了一段大实话:我没走出家乡时就是一颗小小草,我也想过自己的未来,不过就是'终身田野间一农民耳','不意今日成此大业!'如果再追问下去,那今天的大业怎么来的? 不就通过在死人堆里爬啊、打啊、杀啊! 靠谁去打啊、杀啊? 就朱重八、朱元璋一个人? 显然不可能! 靠的是无数条鲜活的生命去换来的。既然换来了这实在难得的大明江山,那就得好好地守住,就好比穷苦人家富起来了死命也得要保护好自己的财富一般,因为它得来太不容易了。

朱元璋这样"忆苦思甜"在史籍中有着很多的记载。忆苦是回忆过去的艰辛困苦,思甜就是要看看今天的幸福怎么来的。不说也罢,说起来、想起来就要一身冷汗。远的不提,就说洪武三年十二月十五日处理的那起钱鹤皋余党案件中的首逆钱鹤皋,虽说是个倒霉蛋,但他若是成功了,能有我朱元璋的今天吗? 再看眼下虽然是太平了,但能保障没有第二个钱鹤皋吗? 要是有了,就像咱当年红巾军起来时,君主被中书省、行中书省的丞相等臣下给蒙蔽了,一发不可收,我这个君主将如何是好? 因此说,为了保护好今天来之不易的江山社稷,就得以前人为鉴。既然元朝人最终亡在君主不能躬览庶政上,既然人臣会欺君胡为,那我就得十分甚至百分认真地注意着,且得好好有所为。从那一刻起,朱元璋就开始酝酿对明初沿用的元朝政制实施大改革。

改革从何入手? 就从中书省开刀? 明初以丞相李善长为首的中书省大臣是朱元璋立纲陈纪或曰立法建制的左膀右臂,这是不能乱动或者说眼下还不能动的。朱元璋是个心思极度缜密的人,自己的这份"家业"从何而来? 不就是当年借寄在郭子兴的帐下,由小兵一步步干起的。后来老丈人死了,不仅他老人家的队伍全被我朱元璋收了,就连他的宝贝女儿也做俺的"压寨小夫人"(《明太祖实录》卷2;《明

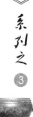

太祖实录》卷53）。再说大一点，自己当年攻占金陵，"以元御史台为公府，置江南行中书省"（《明太祖实录》卷4）；也不就打了韩宋政权的旗号，使用龙凤纪年，再以韩宋江南行中书省的丞相名义发号施令，做大做强，"然事皆不禀其节制"（【清】谷应泰：《明史纪事本末·太祖起兵》卷1），即自己做事几乎从不上报给小明王批准。要是当初小明王政权不是模仿元朝政制，建立什么中书省与行中书省等制度，我朱元璋能那么顺利地发展壮大？就此而言，早在大明开国前后洪武皇帝就已经清醒地意识到了这个问题。

洪武二年二月在大明北伐军攻占大都、收集元帝十三朝《实录》和大量经世大典的基础上，朱元璋决定组织人马，编撰一部《元史》。当即诏令中书左丞相宣国公李善长为监修，前起居注宋濂、漳州府通判王祎为总裁，并从各地征集了大批的文人学士在南京天界寺开局编书，当时洪武皇帝还发表了一番"宏论"："自古以来每朝每代，建章立制，都行事于当时，而是非功过却昭示于后世，所以说'一代之兴衰必有一代之史以载之'。元朝统治了我们将近百年，起初他们的君臣还算得上朴实、厚道，政事也比较简略，实行与民休息政策，故而元初之时曾被人称为'小康'之世。但到了后世子孙那儿就不对劲了，'昧于先王之道，酣溺胡房之俗，制度疏阔，礼乐无闻，至其季世，嗣君荒淫，权臣跋扈，兵戈四起，民命颠危'。"（《明太祖实录》卷39）

元朝灭亡的原因很多，究而言之，有君主的昏荒，有机制崩溃的问题，更有权臣利用制度漏洞专横跋扈，肆意胡为。这样的教训太深刻了，太多了，就说权臣跋扈吧，朱元璋在开国前后就不时接到奏报，自己政权中中书省某大臣拉帮结派，排除异己，某出征将领在外骄横胡来。别说这些重量级的文臣武将，就讲尚书郎某也因为仗着与中书省丞相李善长铁哥们关系，居然也敢"放肆奸贪"。朱元璋实在恼火，毫不含糊地下令将他给宰了，并叫人抄了他的家。好家伙，抄家抄出来的全是他老家父亲、哥哥以及亲戚朋友请托他谋私利的信件。这下朱皇帝更坐不住了，立即派遣胡惟庸赶往杭州尚书郎某老家去，照着那些写信请托人的名单一一逮问，最后以重罪论处。（【明】刘辰：《国初事迹》）

文臣这般奸贪，那武将呢？更是不得了了。华云龙是明朝开国前后有名的猛将，攻下大都北京虽说是徐达担任总指挥，但华云龙的功劳也不小啊，尤其后来徐达主要致力于"清沙漠"全局指挥，长期不在大都，守护大都北京主要还是靠了华云龙。嗨，就这个华云龙，不在君主的眼皮底下了，什么事都干得出来。他擅自做主，搬到故元宰相脱脱大宅里去逍遥；这还不算，又命令被俘的蒙古、色目、畏吾儿、女直等诸族兵士为他修缮故元太长公主府，劳师害民。这还了得，大都是新收复之地,又处北疆前沿,一旦处置失措,后果不堪设想。洪武六年朱元璋降下敕令,严斥华云龙:"尔住脱脱大宅不足,又去修太长公主府,劳苦军士。存留蒙古、色目、畏吾儿、女直(即女真,本书作者注)做军在部下,此等有父兄在沙漠,若起反心,为患不小。胡人遗下妻妾不起发,主何意?坐视制书,大不敬。如今着何文辉去代替管领军马。"(【明】刘辰:《国初事迹》)

废除地方行中书省　实行"三司分立制衡"

幸好当时的华云龙已经重病在身,还没等到回南京就一命呜呼,也免了秋后大算账。不过对于当时的洪武皇帝来说,华云龙虽死,但他的心里一点也不轻松。想想很悬,华云龙敢住到脱脱府第,想做中书省丞相?想做第二个朱元璋?我朱元璋不也是由中书省派出机构行中书省的丞相起家的?想到这些,朱皇帝心里的气没得说。对大臣的肆意胡为,对元朝沿袭下来的制度的不满,就以自己偏执型的个性来讲,应该早就出手了,但朱元璋考虑再三,一忍再忍。直到洪武九年,大明帝国内外局势已比较平稳,他开始着手削弱地方权力,加强中央集权的政治制度改革,以防止地方势力与臣下权力坐大,这即是后人熟知的洪武年间地方行政机构和制度改革。这一改革,主要有两个层面:

● 第一个层面:将故元的地方省级"集权"机制改为地方省级"三权分立"制

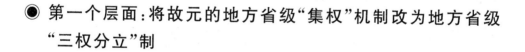

纵览中国历代政治制度之发展演变,细心的人们就会发现,中国历代王朝发展有这样一道"风景":那就是总体来说,后一王朝往往比前一王朝更趋强化中央集权,越到中国传统社会后期,中央集权的强化就越厉害(极个别特例除外)。

明朝开国,百废待举,制度初立,政治体制上大体沿袭了元朝旧制,有的甚至连名称都基本上沿用。但问题是元朝是一个少数民族建立起来的大一统帝国,这是一个经济文化落后的民族对经济文化发达的民族的征服后出现的尴尬又无奈的结果,而蒙元帝国恰恰是汉化——实际上是先进文明化做得很不成功的。元朝统治近百年,到末代皇帝元顺帝时,大多蒙古贵族连汉语都不会说,更不要说是吸收以汉民族为主体的传统文化精华,他们充其量只学了点汉文化的皮毛。所以元朝政治体制的一个重要特点即是沿袭了部分蒙古族原始部落贵族制的政治要素。

蒙元时代将唐宋中央行政制度中"三省分立"的丞相制变成了实际上一省制——中书省。中书省尽管设立了左右丞相、平章政事、左右丞、参知政事等许多官职，尽管这些职官的地位不等、职权不同，但其中的右丞相的地位与职权却特别大，毫不夸张地说近似于"二皇帝"，分享皇帝的权力。

同样，元朝地方行政机构的设置也颇为独特。元朝除了中书省直接管辖的地区——"腹里"外，全国其他地方都设立了行中书省。行中书省，顾名思义就是在某地行使中央中书省的权力，是中央中书省的派出机构。既然这样，地方行中书省的机构与官员设置也与中央的中书省相对应，地方行省中均设有左右丞相、平章政事、左右丞、参知政事，掌管一方军政、民政、财政大权，史载"行中书省，凡十一，秩从一品。掌国庶务，统郡县，镇边鄙，与都省为表里……凡钱粮、兵甲、屯种、漕运、军国重事，无不领之"。(《元史·百官志七》卷91)

可以这么说，元朝政治体制中，地方的权力极大。尤其是作为行省一把手的丞相总揽一个省的军政刑名等大权，权力集中，很容易造成地方上一把手一手遮天，腐败横行；同样，这种制度也容易造成地方坐大，对抗中央，中央号令不行。所以元顺帝后期面对大规模农民起义时，中央朝廷就不能号令地方一致行动，最终使得农民起义之火成燎原之势。元朝为什么亡得很快，与地方"一把手"制度的设置不无关系。假如元顺帝不亡国，元朝的这种地方行中书省制很容易演化为严重的地方割据。

由此可以说，朱元璋对行省制与丞相制的深恶痛绝，并不完全是由他的个性猜忌与独断所导致的。更重要的是，行省制和权力甚大的丞相制与中国传统皇权帝制有着内在的冲突。所以，洪武初年沿用元朝的地方行政体制本身就有很大的问题。这对于有着"非凡经历"和极强权力欲的朱元璋来说自然是最不能容忍了。

洪武九年(1376年)五月，朱元璋下令，改地方行中书省为承宣布政使司，"设布政使一人，正二品；左右参政各一人，从二品；改左右司为经历司，设经历一人，从六品；都事检校各一人，从七品；照磨管勾各一人，从八品；理问所正理问，正六品；副理问，从七品，提控案牍省注。"(《明太祖实录》卷106)

布政使名称的来历，《明史》说得很明白："布政使掌一省之政，朝廷有德泽、禁令，(通过布政使)承流宣播，以下於有司"，即意为"秉承皇帝圣意、宣扬皇帝美德而布政于天下"(《明史·职官志四》卷75)。当时全国各地布政司管辖范围的划分，大致仍沿袭了元朝各行省所辖地区，除南京直辖外，共设12个布政使司，它们是北平、山西、陕西、河南、山东、浙江、江西、福建、广西、四川、广东、湖广。洪武十五年，增置了云南布政司，这样就变成13个布政使司(《明太祖实录》卷143)。永乐十一年又增置贵州布政使司。由此而言大明帝国应该有14个布政使司，但明朝历史上压根儿就没有过14个布政使司的说法，明朝永乐时期定制就是13个布政使司，那么还有1个布政使司"跑"到哪儿去了？

要解答这个问题我们就要首先讲讲南京与北京的建置。南京建置是在洪武元年，是将今天江苏的苏南、苏北和上海、安徽皖南、淮北等地区单独划了出来，共计是15府和3州，它们分别是徐州、淮安府、扬州府、镇江府、应天府、常州府、苏州府、松江府、凤阳府、滁州、和州、太平府、庐州府、广德府、宁国府、池州府、安庆府、徽州府等。因为这些地区在朱元璋看来特别重要，一则安徽淮北和皖南是朱元璋的"龙兴之地"；二则江南地区是全国首屈一指的粮仓，素有"苏湖熟，天下足"之说，所以朱元璋将它们划为大明天子直辖的南京范围。再进一步说下去，明都具体所在地即今天南京及其附近的江宁、上元两县，朱元璋给它定名为应天府，意思为"上应天命"(《明太祖实录》卷4)。那时的南京是京畿地区，当然不与其他地方布政司同列，它要高于其他地方的布政司。因此从洪武到建文年间，明朝地方维持13个布政使司的建置。永乐十一年增置贵州布政司，但后来永乐帝迁都北京，正式确立与稳定南北两京制，这样一来，原本的北平布政司从省级布政司中"提升"出来，但又增进了一个贵州布政使司，刚好维持了原本的13布政使司建置。自此以后整个明代地方省级布政司一直维持这样的建置格局。

同时，在布政司之外，朱元璋还在地方上设立了其他两司，它们共同形成了地方权力的"三司分立"。"三司"就是指地方上最高的三个并行权力机构，它们的长官就是人们俗称的封疆大吏。"三司"具体是指：承宣布政使司，设左右布政使各一人，正二品，掌管一省的民政和财政；提刑按察使司，以提刑按察使(简称按察使)为长官，"掌一省刑名按劾之事，纠官邪，戢奸暴，平狱讼，雪冤抑，以振扬风纪，而澄清其吏治"(《明史·职官志四》卷75)，即负责一省的刑狱诉讼与监察；都指挥使司，以都指挥使为长官，"掌一方之军政，各率其卫所以隶于五府，而听于兵部"(《明史·职官志五》卷76)，即主管一省的军事。都指挥使司除了设立前面说到的13个布政司地区外，明朝还在边疆少数民族地区广为推广。

这样一来，原本由一个衙门——行中书省长官总揽的大权现在被朱元璋分拆到了三个平起平坐衙门的三四个长官手中，它们各司其职，互不统属，互相牵制，又各自直属中央朝廷。一旦遇到重大事情，必须在布、按、都三司长官会议上讨论，上报给中央有关的部院。这样地方官的权力大为削弱，中央集权得到了加强。(《明

史·职官志》卷72；《明史·职官志》卷75）

明代地方"三司"分权示意图

明代行省"三司" ｛
- 承宣布政使司——民政、财政
  （左右布政使各1人，相当于省长）
- 提刑按察司——刑狱、诉讼与监察
  （按察使1人，相当于省高院、检察院和公安厅一把手）
- 都指挥使司——军事
  （都指挥使1人，相当于省军区司令）
- 提举学政（明英宗时增设）——教育、科举

明代第二级地方政权机构是府，府的长官叫知府。还有一种与府地位相同的机构，叫直隶州，名称的意思是直属布政使司的州，其长官叫知州。

明代第三级地方政权机构也就是中央政权直接管辖到的地方最底层的一级权力机构就是县，其长官叫知县；还有一种与县地位相同的一般州（也叫属州），其长官也叫知州。（《明史·职官志四》卷75）

府、州、县因为管辖的范围相对比较小，朱元璋没有必要担心它们有多大危险，所以一般来说地方上的行政、司法与钱谷等都由地方长官一把抓。明代这两级地方行政机构基本上没有什么"创制"，大致沿袭了中国数千年的政治传统机构罢了。

● 第二个层面：将元朝的地方四级行政制精简为三级行政制

从精简行政层级这个层面来说，朱元璋的改革其实也没有多大的新意。中国历史上早已有过许多这样的先例。大凡在王朝中后期，中央政权对地方的管辖力和渗透力日益减弱。为了加强中央集权，许多王朝中后期往往增设地方行政级制以加强对地方的管理。例如汉朝后期就在原来的郡县两级制的基础上再加上"一顶帽子"州这一最高的地方行政机构，但实际行政效率反而变得更差了；因为王朝中后期往往是政治腐败，上梁不正下梁歪，行政效率低下不是靠增设行政机构来解决的。这是中国历代王朝发展中的"通病"，而且这个"病"一般都病得不轻，无法靠自我反腐、自己治疗来解决的，必须通过农民大起义或政治大动荡之类的大手术来彻底进行"清淤解毒"，使社会更新——新王朝的建立。这可视为中国历代王朝通常出现的第二道"风景"。

中国历代王朝发展的第三道"风景"，那就是新王朝立国稳定后，总是借鉴前一朝的成败之教训，对原先直接沿用的前朝行政体制进行针对性的简化或改革。当

然这样做的中心宗旨是为了加强君主专制主义中央集权。元朝的地方行政实行行省、路、州和县四级制。朱元璋时将"路"这一级行政机制废除了，简化成地方省、府（州）和县三级地方行政建制，传达与执行政令更加便捷了，行政效率相对提高了。从此明清帝国地方行政一直维系三级建制的基本格局，直至现在已经有600多年了，我们今天依然实现的是地方三级行政级制（现在的地方行政级制比较复杂，按宪法规定是三级省、县、乡，实际上是四级，省、市、县、乡）。由此可见朱元璋行政体制改革对后世的深刻影响。

元代与明代地方行政级制对比

废除中书省宰相制　相权六分君主统摄

● 元明以前的"三省制度"与相权分立

　　在对地方行政机构和制度实施大改革后，按照朱元璋的个性，理应立即动手解决自己早已深恶痛绝的中书省丞相制。可实际上朱元璋又忍了3年多，这究竟为何？在笔者看来，大致有三个方面的原因：第一，地方行政机构大"变脸"了，中央连着马上改，这样从地方到中央很容易引起官场"大地震"或"大动荡"；先改地方，看看情势，稳定一段时间后再解决中央的中书省，这样的权谋法术，老政客朱元璋精通得很；第二，洪武前期大明军北伐、"清沙漠"运动一直在进行着，而中书省等中央机构担负着十分重要的职责，如果这些机构过早变动，极有可能造成政局的不稳；第三，宰相制度在中国历史上已经存在了1 500多年，如果洪武立国之初一下子就将中书省宰相制给废了，不仅仅在当时人们的心理上不认同，而且还会使人怀疑朱元璋政权"恢复华夏"的正统性和"参酌唐宋"的可信性。所以大明开国以后，朱元璋尽管不断地表示出自己对宰相制度的不满，但又不得不一忍再忍。

中国自古以来就是个以农业立国的传统社会,尊奉祖先传统是历朝历代的"通行法则"。朱元璋上台前后特别标榜要"恢复古制,参酌唐宋",而唐宋时代的宰相制恰恰又是中国传统社会政治文化发展过程中最为成熟和最为典型的形态。话说到这个份上,有朋友可能要问,既然如此,那一直叫喊要"参酌唐宋"的朱元璋究竟又为什么要废除宰相制?是不是这位来自凤阳乡野、仅仅摸了摸佛经的和尚皇帝读歪了经?或者说他口是心非?

要想说明清楚这些问题,我们势必要从中国传统社会宰相制度的发展规律与特征说起。

○ 中国传统社会宰相制度的发展规律与特征

自从秦朝正式确立丞相制度起,中国历史上上演的皇权与相权之间的争斗就一直没有停止过。其发展趋势和斗争规律呈现如下特征:

第一,如果从皇权与相权之间相互关系的整体上来看,皇权基本上一直处于优势状态,但有时相权也会压倒皇权,这主要发生在隋唐以前的中国传统社会前半期。例如西汉的霍光、东汉末年的曹操、三国末年的司马懿父子、东晋的桓温和刘裕等等,都是以相权压倒了皇权。

第二,每逢改朝换代时,皇权与相权的势力范围总有一定程度的调整,其总的趋势是皇权不断地上升,相权逐渐地削弱。因为每个有远见的开国帝王为了长久保存他的帝国家业,总要废除前朝一些有碍于皇权的条文与制度,不断地扩大皇权的势力。尤其是从宋朝开始,从整体上来说,相权逐渐萎缩,到了明初朱元璋手里最终连宰相制度也给废除了。

第三,如果单从中国历代宰相权力演变这个层面来描述的话,那么我们就会发现,其权限变化呈两头大中间小的走势。更为确切地说,在宰相制度的确立与初步发展的秦汉时期,宰相的权力是相当大的;从魏晋南北朝到隋代,宰相权力逐渐缩小、逐渐分权;在中国传统社会的黄金时代——唐宋,"三省制度定型",宰相权力"三分"甚至 N 分;但到了元朝和明初由原来的宰相权力三分又归于一省,集于一人,最终被不容对皇权有所侵夺的明太祖朱元璋所彻底废除了。

这大概可以说是在中国历史上存在了 1 500 多年的宰相制度发展演变的规律特征吧。

○ 唐宋时代是中国传统社会宰相分权制度的理性成熟阶段

大约从两汉魏晋南北朝开始,中国宰相分权制度逐渐走向完善;在隋唐时代中国传统社会的宰相分权制度发展到成熟阶段,其典型形态应该是"三省六部制"的定型。宰相权力的三分、政府权力的三分具有经典意义。

隋唐时代具有经典意义的三省制度

皇帝
- 尚书省——最高行政管理机构（尚书令—左右仆射、左右丞） 六部
  - 礼部——民政部、外交部、中央办公厅
  - 户部——财政部
  - 吏部——人事部、组织部
  - 兵部——国防部
  - 工部——建设部
  - 刑部——司法部
- 中书省——中枢决策、最高出令机构（取旨、起草诏令）——后定政事堂
  （中书令—中书侍郎、中书舍人、右散骑常侍、右补阙、右拾遗）
- 门下省——参谋、制约机构（审核、封驳）——初设政事堂（"中书门下"印）
  （侍中—门下侍郎、给事中、左散骑常侍、谏议大夫、左补阙、左拾遗）

上面的示意图简明地将隋唐时代由宰相权力三分而形成的具有经典意义的三省制度做了最为直观的描述。但很多人可能要问了:宰相权力三分了,宰相到底有几个?其权限是如何划分的?

按照唐朝制度层面上的设计,唐帝国的宰相至少应该要有 4 个以上,他们分别是上面示意图上的三个"省"长官,尚书省长官尚书令 1 人,中书省长官中书令 2 人和门下省的长官侍中 1 人,光这三个"省"的"一把手"宰相就有 4 人。有宰相必定还有副宰相,尚书省的副宰相 2 人即主管礼、户、吏三个部的左仆射 1 人和主管兵、工、刑三个部的右仆射 1 人;中书省的副长官即副宰相中书侍郎 2 人;门下省的副长官即副宰相门下侍郎 2 人。三省中的副宰相就有 6 人,唐朝时的宰相与副宰相加在一起总数不会少于 10 人,这比隋唐以前就两三个宰相来说,绝非是增加了中央高级别的官员队伍,而是分权精神的落实。这还仅仅是制度设计的层面,而实际运行情况及其所带来的影响却极为深远。

第一,唐朝时的三省制度的设计宗旨就是将原来过于集中的宰相权力进行"三分":中书省是中枢决策和最高出令机构,主要负责从皇帝那里取旨、起草诏令;门下省是参谋、制约的机构,主要是审核中书省所草拟的诏敕,如果有异议就有权封驳中书省所拟。换句话来说,凡是军国要政,都由中书省预先定策,并草拟好诏敕,交给门下省审议并向皇帝复奏,然后交付给尚书省颁发执行,这是从上到下的权力运行中的分权机制;倒过来,从下到上呢,如果地方上或中央各部门有事要上奏章,重要的就必须要先通过尚书省再交给门下省去审议,门下省认为可以的,才可送中书省呈请皇帝批阅或草拟批答;门下省如果认为批答不妥,有权驳回修改。(【宋】黎靖德:《朱子语类》卷128)可见在唐朝就从制度的设计与运行来看,原先辅佐皇

帝总领天下大政的宰相之权力已经被划分为三大块,其组织较为完备,分工较为明确,运行有条不紊地进行,是中国传统政治制度发展到了成熟与相对理性的阶段。这是我们民族一份宝贵的历史遗产。

第二,唐朝尚书省、中书省和门下省的三个"省"的一把手即四五个或更多的宰相,他们一般都是朝中的二品大员,6个以上的副宰相都是从二品或三品,可谓是品高位重,但往往不实授。譬如尚书省的尚书令,唐太宗李世民在即位前曾任过此职,所以后来唐朝的臣子都避而不居尚书令一职,由从二品的仆射为尚书省的长官,与门下侍中、中书令号称为宰相。即使这样,唐朝皇帝还常常以其他官员来兼作宰相之职,譬如唐太宗时就叫秘书监的魏征来参与朝政。唐朝中期以后,更多的是以"参议得失"或"参知政事"或"同中书门下三品"之衔的其他官员来担当实际宰相之职,相似的还有"同中书门下平章事"也成为皇帝任命的宰相(《旧唐书·李钰传》卷173)。这样就更不可能造成宰相专权了。唐朝尚书省、中书省和门下省的三个"省"的一把手一般是上午在政事堂议事,下午回省里办公,因为宰相人数很多,议事体现了集思广益的特征,可以视为中国传统政治中一种比较独特的"民主性"。当然,在许多宰相中还有一个领头议事的,叫做"执政事笔",唐玄宗时奸相李林甫、杨国忠就是依仗皇帝的恩宠而长时间地霸占"执政事笔"之位,从而形成了宰相"专权"的局面。安史之乱后,唐肃宗有鉴于此,做了改革,开创宰相们10天一秉笔的制度,就是宰相们轮流转,每人值班10天,这样谁也不可能有机会专权了。(【宋】司马光:《资治通鉴·唐肃宗至德元载》卷219)

第三,唐朝三省中的尚书省虽说是执行机构,但他们的长官既要到政事堂去参与议定国家大事,又要回省具体执行朝议的决策,实际权力还是很大。所以唐朝在防止尚书省长官专权的制度设计上就有一定的考虑,首先,设立尚书省左右仆射各1人,规定各领3部。其次,在六部尚书的任职上做"文章",六部尚书的品级是三品,低于他们的主管领导,因此六部的"部长"往往由其他的高官权臣来兼职。这样,尚书省本身就有2个宰相,名义上的六部的长官又由高官兼领,说白了等于是在尚书省宰相的权力范围内搞几个"看门人",掺沙子,这就使得尚书省的宰相没有专权的机会和可能。

第四,更为难能可贵的是贞观年间唐太宗曾经明确地告诉群臣:"中书诏敕或有差失,则门下当然驳正。人心所见,至有不同,苟论难往来,务求至当,舍己从人,亦复何伤!比来或护己之短,遂成怨隙,或苟避私怨,知非不正,顺一人之颜情,为兆民之深患,此乃亡国之政也。"(【宋】司马光:《资治通鉴》卷192)这段话的意思是说:"中书省诏敕有误,门下省应该予以驳正。每人所思虑的不同,观点当然也不同,摒弃自己错误的观点,尊重别人正确的意见,这又何妨呢?如果一味地护己之短,固执己见,或者是看一人的脸色办事,这是亡国之兆啊。"从唐朝贞观和开元年间的政治实际来看,皇帝特别注重集体领导的作用,中书、门下两省协助皇帝制定和决定国家大政方针,又防止了个人的专断。这也许是中国传统政治中最为人们所称道的。

所以说,以唐朝三省制为典型的中国传统政治制度中的分权意识是具有积极意义的。中国传统社会政治文明以唐朝作为历史的巅峰,不能不说与这种分权意识的三省制的典型形态的出现与分权精神的贯彻存在着很大的关联。当然,以唐朝三省制为代表的中国传统社会中宰相权力三分尽管有着很多的合理成分,但从根本上来讲,它是以巩固皇权专制主义和服务专制主义为其终极目标,其积极意义不应过多地夸大。

既然在中国传统社会的黄金时代——隋唐,宰相制发展成为一种比较完善且具有典型意义的三省"分权"制度,而且对皇权也有着一定程度上的制约,以维护大一统帝国的"和谐"和稳定。那么,隋唐时代的三省制传承下来了吗?如果传承下来了,后来朱元璋废了中书省,还有两省"跑"哪儿去了?

富有积极意义的隋唐的三省六部制到了宋代发生了变异。从表象来看,宋朝承继唐朝的传统,在中央权力机构的设置方面是一如唐制,唐朝有三省,宋朝也有;唐朝时三省的一把手宰相叫尚书令、中书令和侍中,宋朝连名字都没变一并照用;唐朝有六部,宋朝也有六部……但实际情况却不完全如此。宋代的中书省的长官虽然还是中书令,但实际是有名无实;副长官也叫中书侍郎,但往往不大管本省的实事,而另外委派一名品级较低的中书舍人任"判中书省事"(《宋会要辑稿·职官二之二》),真正掌管中书省的职权。此时的中书省所管之事更多与礼仪、科举之类有关,军国要政已非其重心了。宋朝门下省的长官名义与唐朝一样,也叫门下侍中,但整个宋朝都很少真正委任过此职位,实际上也是有名无职;副长官也叫门下侍郎,但也不大管事,管事的是另外指定的一名给事中任"判门下省事"(《宋会要辑稿·职官二之一》),他才是真正掌管本省职权的人。宋朝门下省的职权范围也大为萎缩,主要管理皇家的大朝会、官员的考课等。宋朝的尚书省一如唐名,长官也叫尚书令,但从不委任;副长官也叫左右仆射,但他们都不是尚书省管事的,皇帝另外派一个三品以上的官员任"权判尚书都省事"。(《宋会要辑稿·职官二之二》)

宋代尚书省的职权也是管六部:吏部相当于"人事部",但它的权力已经被分割,皇帝另外设立磨勘院,后又分为审官院和考课院,负责官吏的考核;户部相当于

"财政部",但其财政大权已被宋朝在中央设立了"三司"所侵蚀;礼部相当于"民政部""外交部",宋朝礼部的权限已大为缩小,中央设立了礼仪院,侵夺了礼部的礼仪职权,因此宋朝礼部主要是管理科举一类的事情;兵部在宋朝时候权力萎缩得更加严重,主要是管理皇帝的仪仗、武举等,由枢密院侵夺了它的军事政令权;刑部原来是主管全国的刑政,拥有对大理寺所定的重大案件的复审权,但到宋太宗设立审刑院后,刑部的复审权也被收走了;工部相当于"建设部",它的很多权力被划给了"三司"。三省中尚书省原有的六部权力被严重侵夺与分割,宋代的这种分散中枢机构权力的做法目的就是为了强化皇权,其造成的后果是尚书省逐渐地走向衰落,趋于名存实亡的地步。

再说门下省,原本掌管封驳之大权,它与出令定策的中书省紧密相连,宋代将行政的重心交给了中书省,门下省似乎成为一个闲散的机构,宋代后期干脆将门下省并入了中书省。这样,隋唐时代宰相制度的一种理性形态——三省六部制逐渐地向一省制走近。

那么宋代的宰相有几位呢?他们的权限有多大呢?由于宋代将国家的行政、军事、财政三大权力分割到了三省中的中书省、枢密院和三司,这样就形成了宰相、枢密院长官枢密使和三司长官"计相"三司,使他们三者之间的事权不相上下,不相统摄。而在宰相的设置上,一来宋朝往往设置了好几个宰相,二来在设置唐朝意义上的三省长官为相的同时,宋朝还设立了"参知政事"作为副宰相,来分割宰相的权力。应该来说,宋朝的宰相制度是一个重要的变化时期,宰相设置的几度变化体现了皇权的强化,但宋代多人出任宰相和副宰相这种根本的分权精神还是保留了下来。虽然宋朝的三省从制度上的最初并存,到南宋中后期逐渐地演化成一省了,但这时的宋朝已经快寿终正寝了。(陈茂同:《历代职官沿革史》,华东师范大学出版社 1988 年 3 月第 1 版,P330~353)

两宋时期变异的三省制度

```
          ┌ 尚书省——最高行政管理机构         ┌ 礼部
          │        (尚书令—不参与朝政)      │ 户部
          │                                  │ 吏部
          │                           六部 ┤ 兵部
          │                                  │ 工部
          │                                  └ 刑部
   皇帝 ┤ 中书省——中书令——不预朝政
          │        (中书侍郎、中书舍人、右散骑常侍、右补阙、右拾遗)
          │ 门下省——侍中——不预朝政
          │        (门下侍郎、给事中、左散骑常侍、谏议大夫、左补阙、左拾遗)
          │ 中书门下——实际宰相——中书门下章事2~3人
          └          副宰相——参知政事
```

纵观宋代的三省六部制与宰相制的发展演变,虽然有制度层面的三省到最后有走向一省之趋势,也就是说从制度演变的形势上有着分权走向集权的趋势。但在实际上它是以加强皇权为根本目的,而且还设置多个宰相而不主事,给副宰相"参知政事"实际的主政之权,即以带有临时差遣性质的中枢职官的特殊设置,来达到分权于宰相的目的。因此如果从分权意识角度来说,宋朝还可以称得上唐朝相权分立意识的延续与推进。

● 朱元璋废除中书省宰相制的主要原因

○ 明初继承的元代历史遗产有问题:忽必烈把珠宝当成了石子,扔了。

元朝初年,很多降元的汉族官僚都向元世祖忽必烈提出建议,主张继续实行中国传统的三省制,但有人出来反对。至元七年,元廷再次讨论三省制的恢复设置问题,其中有个叫高鸣的人很得忽必烈的信任,他上奏说:"臣闻三省设自近古,其法由中书出政,移门下,议不合,则有驳正,或封还诏书;议合,则还移中书;中书移尚书,尚书乃下六部、郡国。方今天下大于古,而事益繁,取决一省,犹曰有壅,况三省乎!且多置官者,求免失政也,但使贤俊萃于一堂,连署参决,自免失政,岂必别官异坐,而后无失政乎!故曰政贵得人,不贵多官。不如一省便。"(《元史·高鸣传》卷160)这段话的意思是,三省制度是近世实施的,由中书省预先定策,并拟出诏敕,交给门下省审议;如果门下省认为不可行,就反驳回去,一直到合理可行了,才交到尚书省去;尚书省再下发给下属六部和各地郡县去执行。现在我大元天下这么大,事情这么多,设一省尚且会出现行政壅塞,更何况设了三省,不知会怎么样了!设了三省,多设几个官员,大家济济一堂,共议国事,目的还不就是为了防止国家政事之失么,三省集体议政、决政,一旦所决之事有所失误,官员个人可以集体的名义作为借口将自己的责任推得一干二净。所以说也不见得怎么好,国家的政事决策与执行得好不好关键在于是否"得人"——用合适的人才,不在于官多。总之,三省还不如一省方便。元世祖忽必烈十分赞赏高鸣的观点,最终确立以中书省一省代替三省。从此,帝国中枢机构由三省制正式转为了一省制。(《元史·高鸣传》卷160)

元朝开始三省制变为一省制——明初沿用

皇帝 {
　　尚书省——（唐宋设立，元朝废弃不设）
　　　　　　办公场所"政事堂"
　　中书省——中书令——皇太子兼领——六部 { 礼部　户部　吏部　兵部　工部　刑部 }
　　　　　　左右丞相
　　　　　　平章政事
　　　　　　左右丞
　　　　　　参知政事
　　门下省——（唐宋设立，元朝废弃不设）
}

从上述元朝君臣的一番高论中，似乎我们找不到什么破绽，都讲得合情合理，但问题也就出在这里。这种言论与认知中最大的失误就在于没有看到隋唐政治文明中极其宝贵的精神财富——分权与制约意识。尽管这是针对宰相的，但它的积极意义绝不能被忽视。而元初占据政治优势的决策者偏偏选择了没有多少分权与制约意识的一省制，将中华民族原本的优秀传统给丢弃了。我们一般的书上都说忽必烈是如何的"汉化"，但我个人认为忽必烈的"汉化"是浅层次的，就像他在中原称帝时，从上到下穿着的都是蒙古服饰，其内心深处有多少中原王朝传统政治与文化底蕴，只有天才知道。但大元帝国官僚系统中饱读中国传统文化经典的汉族官僚还是有不少，在传统观念的支配下他们至少发起了三次恢复"三省制"的提议，其直接影响是在元世祖和元武宗时期大元帝国三次设置了尚书省等机构。(《元史·世祖本纪四》卷7；《元史·武宗本纪一》卷22)尚书省等机构的设立无疑是对中书省权力的有力牵制与制衡，可元朝当政的权贵们嫌其不便，最终还是将其彻底给废弃了。这样一来元朝的中枢就剩下一个中书省，换句话来说，近似于秦汉时代的宰相府了。

在元初宰相制中，中书省的长官仍叫中书令，中书令以下设有左右丞相、平章政事、左右丞、参知政事等。因为元朝就设中书省一省为权力中枢，所以中书令的位置显得特别耀眼，一般是由皇太子兼领，但皇太子常常不到职视事，由此左、右丞相就成了中书省宰相府的正副一二把手了。尚书省最终也没有了，原本属于尚书省主管的六部很自然地转到了中书省那里，自此而始元朝中书省宰相的权力已经大到了与秦汉时期宰相相差无几的地步了。

朱元璋继承或者说直接"拿来"沿用的恰恰是元朝这种已经背离了中国正统的有"问题"的历史遗产。元末明初中书省宰相府的权力过多过大，自然要与皇权发生冲撞了。

○ 凤阳来的和尚在南京城里读歪经——将元朝已经严重变异的宰相制度说成是民族传统中的缺陷

朱元璋说:"昔秦皇去封建,异三公,以天下诸国合为郡县,朝廷设上、下二相,出纳君命,总理百僚。当是时,设法制度,皆非先圣先贤之道。为此,设相之后,臣张君王之威福,乱自秦起。宰相权重,指鹿为马。自秦以下,人人君天下者,皆不鉴秦设相之患,相从而命之,往往病及于国君者,其故在擅专威福。"(【明】朱元璋:《高皇帝御制文集·敕问文学之士》卷10;【明】黄佐:《南雍志·谟训考 下》卷10)

在朱元璋看来,设立宰相以后,出任宰相的大臣之威势超过了他的主子——皇帝,这种君臣位置错乱甚至出现了指鹿为马的怪现象是极不应该和极不正常的。自秦朝以后,凡是君临天下的历代皇帝都不以秦朝设置宰相制度所带来的祸害作为历史的前鉴;相反,他们因循而置这个本身弊端百出的制度。这样就常常出现了宰相制度祸害到了君主自身身上,而造成这种危害的根本原因就在于宰相擅权,作威作福。

从高皇帝的一番"高论"中不难看出,秦朝二世时赵高异化相权的事情在他的眼里被无限地放大,无限地上纲上线,并且一叶障目。秦汉宰相权力过重,在后来的历史中,帝王们已经注意到了这个问题,尤其是在隋唐时代出现了中国特色的相权"三分"的理性格局。除了皇权以外,中书省是中枢决策、出令的机构,但它还有制约机构即门下省,门下省对中书省的决策有审核、封驳的权力;通俗一点来讲,发现不对,退回中书省重议,这两个省将决策事情搞定了,再交由尚书省去执行,尚书省下面又设立了六个部级衙门,专管执行国家大事大政。这体现了"决策者不执行,执行者不决策"的分权精神,防止相权过重,防止国家与社会利益偏于社会某些群体,最终起到了防止相权超越皇权的作用。

但从元朝起中国的宰相制度由权力的"三分"或"多分"又走向"归一"的局面,原本权力三分的相权又一度集权了。

元朝是由少数民族建立起来的背离中国传统轨道很远的特殊朝代。这是一个极不正常的朝代,元朝统治者就学到了中华帝国政治的"一鳞半爪",将那有着严重瑕疵的遗产当作了宝贝,或言将珠宝当做了石头。而朱元璋不知是否真的是认知上出了问题,还是他的文化底蕴不够所导致的(下面我们要讲到朱元璋连常用字都认不全,读白字)。他当了皇帝就认为老子样样天下第一,包括对传统制度"解读"的正确性也应该是天下第一的。正因为这个凤阳乡下来的和尚读起了歪经,将元朝已经严重变异的宰相制度说成是中国民族传统中的宰相制度。因而,也就将自己在政治实践中发现的元朝版的宰相制度的缺陷说成了中国传统政治制度的缺陷，且大加挞伐："委任权臣，上下蒙蔽故也。"(《明太祖实录》卷59)

文化传统包括制度设计都有优和劣两面，就像中国科举制最终被废了，也是当时人们看到它的不合理的一面。制度设计无论怎么说都不能一开始就是完美的，也不可能在运行中不出一点问题。问题的关键就是取决于对待制度问题的决策者本身之文化素质、传统底蕴及是否具有价值中立与理性客观的态度。

○ **朱元璋自己就是由红巾军韩宋政权下的行中书省丞相一路上位的，过去他只嫌自身权力不够，等到了自己登上"九五"之巅时反过来防别人权力太大。在明初政治实践中他反复调换中书省宰相府的长官，但均不理想，逐渐地他对丞相制产生了质疑，到最终失望，进而从制度上予以彻底地废除**

明朝开国之初，尽管朱元璋在立纲陈纪和立法定制方面做出了许多的努力，但在中央行政机构的设置层面主要还是沿袭了红巾军韩宋政权那一套政制——实际上就是元朝政制。中央设立中书省，由左、右丞相总揽一切事务，这本身权力就很大。而明初的第一任宰相李善长就是利用这种机构设置上的缺陷，大肆收受贿赂，独断擅权；后来为相的胡惟庸本身人品与素质都有问题，通过"跑官"而登上了中书省的相位。他野心大，贪欲强，结党营私，专权独断，"生杀黜陟，或不奏不迳行"(《明史·胡惟庸传》卷308)。这对于权力欲极大、一直想要按照自己的理念来治理天下的朱元璋来说是绝对不能容忍的。还有不可言及的是，那时的朱皇帝更怕中书省丞相也像他当年那样，一路飙升起来，最终谋得了君主之位。为了自己九死一生换来的大明江山能够长治久安，他就不得不"明察秋毫"，将危险消除在萌发状态。

洪武九年(1376)五月，大明废除行中书省制度，实行地方"三权分立"，集权中央。但就当时实际而言，地方的行政、财政、司法和军政主要集中到了中央的中书省，由此丞相的权限迅速增大。四月后的洪武九年闰九月，朱元璋不露声色地"打起了太极"，一面诏定左、右丞相为正一品，以高官厚禄加以"抚慰"；另一面取消中书省平章、参知政事等官职，"惟李伯升、王溥等以平章政事奉朝请者仍其旧"(《明太祖实录》卷109)。这样做的真正目的就在于削弱已经初露异己端倪的中书省实力。8个月后洪武十年(1377年)五月，朱元璋又命李善长与李文忠共议军国重事，规定："凡中书省、都督府、御史台悉总之，议事允当，然后奏闻行之。"(《明太祖高实录》卷112)。

如此狠招至少折射出两个信息：第一，让李善长和李文忠两人共同管理中书省、大都督府、御史台。朱元璋的猜疑对象广泛,不仅对中央的行政、军事、监察三个机构的长官不信任,而且连他派去总理三机构的李善长和李文忠也不信任,如此两人"并联"任命,无非是叫"两李"之间也相互监督。第二,借元勋重臣压制中书省等中央要害机构的权力。当时中书省实际官长就剩下了右丞相胡惟庸、汪广洋和右丞丁钰等,但皇帝朱元璋还不放心。同年九月,他故伎重演,一面升胡惟庸为左丞相、汪广洋为右丞相,另一面将佐官右丞丁钰调任御史大夫,不露声色地将中书省衙署内的佐理官员"清理一空"。几乎与此同时,朱元璋还大造舆论,甚至指桑骂槐,对洪武初年沿用的元朝中书省制度竭力挞伐。他曾跟礼部官员这般指示道:"人君深居独处,能明见万里者,良由兼听广览,以达民情。胡元之世,政专中书(省),凡事必先关报然后奏闻,其君又多昏蔽,是致民情不通,寻至大乱,深可为戒。大抵民情幽隐,猝难毕达,苟忽而不究,天下离合之机系焉,甚可畏也。所以古人通耳目于外,监得失于民,有见于此矣。尔礼部其定奏式申明天下。"(《明太祖实录》卷117)

● 为了这一天,朱元璋苦苦等了一二十年——终结千年宰相制度

真真假假,假假真真,朱皇帝真实的目的要干什么?他对中书省官员很不满意?就在人们猜测不已之际,洪武十二年(1379)正月,从明皇宫内又有一道圣旨传出:"定丞相、御史大夫等官岁禄之数,刻石官署,中书省左、右丞相、御史台左右大夫每岁各给二千五百石。"(《明太祖实录》卷122)。中书省左、右丞相是文官,在洪武"右武抑文"的年代里,这样的圣旨几乎还从来没有过,丞相年薪达到 2 500 石,这是个什么样的概念?当年朱元璋所喜爱的养子(一说私生子)沐英的年俸禄也就 2 500 石(《明太祖实录》卷115);洪武皇帝要求在中书省旨署衙门前刻上此道圣旨,这也就意味着告诉人们皇帝对中书省丞相(们)的重视与恩宠,谁还能说高皇帝"右武抑文"?谁还说当今圣上对中书省和丞相(们)很不满意?

可令人大跌眼镜的事情随即又发生了,洪武十二年正月过后不久,朱元璋又"命奏事毋关白中书省"(《明史·太祖本纪》卷2)。这道谕旨就是直截了当地要求臣下奏事不经中书省,有什么军国大事不告诉丞相府。由此,中书省就变成了一个有名无实的空架子了,相权与皇权的明争暗斗自此进入了白热化状态。

据说当时中书省一把手胡惟庸不甘心束手待毙,就暗中与人密谋造反:"主上

鱼肉旧臣,何有我耶,死等耳,宁先发,毋为人束,死寂寂"(【明】焦竑:《国朝献征录·胡惟庸》卷11)。谁料到朱元璋还没到胡丞相发难,就以迅雷不及掩耳之势粉碎了这起大明开国以来最大的"谋逆案"。洪武十三年(1380)正月初二,洪武皇帝在接到有人告发胡惟庸谋反的奏疏后,马上组织朝廷大臣对胡惟庸等人进行廷审,然后以谋危社稷的罪名诛杀了胡惟庸为首的一大批奸人及其家族。(《明太祖实录》卷129)

丞相胡惟庸被杀的第二天,即洪武十三年正月初七,洪武皇帝朱元璋宣布一项重大的政治制度变革决定:"朕自临御以来十有三年矣,中间图任大臣,期于辅弼,以臻至治,故立中书省,以总天下之文治,都督府以统天下之兵政,御史台以振朝廷之纪纲。岂意奸臣窃持国柄,枉法诬贤,操不轨之心,肆奸欺之蔽,嘉言结于众舌,朋比逞于群邪,蠹害政治,谋危社稷,譬堤防之将决,烈火之将然(燃)有滔天燎原之势。赖神发其奸,皆就殄灭。朕欲革去中书省,升六部,仿古六卿之制,俾之各司所事,更置五军都督府,以分领军卫。如此则权不专于一司,事不留于壅蔽。"(《明太祖实录》卷129)

◉ 洪武帝废除中书省宰相制、实行政治制度变革之影响

第一,宣告了在中国历史上延续了1500多年的宰相制度被正式废除。宰相之职由皇帝朱元璋自己来兼任,君权与相权集于一人之手,君主专制主义达到了历史新高,直接影响了近世中国五六百年的政治格局。

按照常理来说,丞相胡惟庸被诛,中书省宰相制被宣布永久撤销,事情差不多就应该告一个段落了。不过在当时的人们包括大明天子朱元璋看来,事还没完。李善长,这位大明帝国第一任宰相尚健在,人们尽管知道宰相制没了,但大家还是将李善长称为"老宰相",甚至将他看作宰相制的"活化身"。而这个老宰相实在是树大根深,这些年朱元璋也充分领教了李善长的厉害:原本中书省都是他和胡惟庸的世界。胡惟庸死了,他一点也不收敛、不检点,胡惟庸通倭、通北房,李善长都"有份";胡惟庸谋反,他不仅不告发,反而最后也参与进去。这个"策事多中"的老宰相要真有那么一天"谋"了什么事,我朱元璋可吃不了兜着走,不仅皇帝当不成,甚至连老百姓也做不了。或者说,要是哪天朕不幸比他早归天了,他可是第一功臣、前宰相,大明帝国还不掌控在他的手中?所以必须清除这个讨厌的老宰相,最好能连根拔起,才能解除这种潜在的危险。大明帝国的宰相中前有汪广洋后有胡惟庸被杀了(详见下文),但人们的心里似乎还断不了这念头,老称那讨厌的家伙为"老宰

相",看来要真正地在人们的心目中根除宰相制,还必须从李善长身上开刀,且范围越大越好,使全国臣民都知道。而现实的结果是,洪武二十三年(1390)李善长最终被灭族,钦定"胡、李逆党案"最终牵连了多达30 000人,让人们一想到前任几位宰相的结局,想当宰相的人自然会不寒而栗,即使有人提出让他当宰相,量他也没这个胆量。这样一来,对皇权的最大威胁——相权也就无从谈起了。

但是即使做到这一步,朱元璋觉得还不保险:要是自己的子孙不肖,甚至愚蠢地听从"奸佞之臣"的"谗言",复设宰相制,我大明江山岂不危矣。因此为了大明帝国的长治久安,他想到了将自己的统治心得勒为《洪武宝训》和《皇明祖训》,其中特别规定:"自古三公论道,六卿分职,并不曾设立丞相。自秦始置丞相,不旋踵而亡。汉、唐、宋因之,虽有贤相,然其间所用者多有小人,专权乱政……以后子孙做皇帝时,并不许立丞相。臣下敢有奏请设立者,文武群臣即时劾奏,将犯人凌迟,全家处死。"(《皇明祖训·祖训首章》;《明史·职官志一》卷72)

高皇帝要求他的子子孙孙敬谨遵循,谁要是复设宰相制就是不孝,不配掌管大明江山;哪个大臣要是再提出恢复宰相制的,他本人凌迟,他的全家处死。这样不仅使得从制度上确保皇权的稳固,而且还在人们的心理上根除复设中书省宰相制度的念头,让大家一想起宰相两个字就浑身毛骨悚然。

从制度上将宰相制废弃,从思想上将它清除,朱元璋确实都做到了。从此以后,大明帝国再也没有设立宰相制。清承明制,也没复设宰相制。这样,在中国传统社会里延续1500多年的宰相制正式退出了历史舞台。朱元璋不愧为朱元璋,正是他,这个奇特的开国皇帝将自"千古一帝"秦始皇起所确立的宰相制度清除出了中国传统政治体制,其影响极为深远。中国传统社会也自此步入了君权专制主义的顶峰时期。

第二,进一步强化了君主专制下的分权意识。

君主专制下的分权意识早在中国唐宋时代就已经确立,且具有传统的经典意义——那时的宰相制对君权具有一定的制约影响。而朱元璋废除中书省、宰相制深远的意义就在于进一步强化了君主专制下对于臣下权力的分权意识。有人见我这么说,可能不同意,认为这是以西方政治文化中的"三权分立"思想来套用中国传统政治的研究。其实这是一种肤浅的观点。要知道西方政治文化中的"三权分立"思想来自于何方?一部分是西方古代和中世纪的传统,一部分是传统的东方文化,主要是传统中国政治文化。而传统中国的政治文化在明代洪武中期就有一大变,其中一个就是确立臣下分权意识。朱元璋废除中书省宰相制,将原本宰相的权力切割为两块,一块"主要权力"收到皇帝的手中;另外一块"非特别重要权力"又分割成至少六"小块"——六部。原来一人之下万人之上的宰相,仅次于皇帝的帝国第二号权力中心人物,现在什么也没有了。其权力被六分,六部直接对皇帝负责,六部的实际地位得到了提高,但同时六部的权力相互平等、相互制约,谁也无法专权。

朱元璋如此聪明的"创造"为明清五六百年的皇帝制构建了一个良好的、安逸的、舒适的君主专制主义的制度环境,但同时也使得中国传统社会进入了僵化阶段。当然祖先的遗产好与坏并不太重要,关键在于看子孙如何地继承,关键在于看它对一个家族或民族的发展是否有促进作用。很遗憾的是,我们民族的"政治精英"甚至"文化精英"似乎只看中了朱元璋设计的君主专制那一面,世世代代乐此不疲;而对于分权与制约这一层面似乎毫无兴趣,只是到了明清交替之际有个大思想家黄宗羲在他的名著《明夷待访录》中才有所"涉足",但没有多大新意,只是停留在对过去历史的"追踪"与"回味"上。而与中国相反,大约在朱元璋死后200多年,以利玛窦为首的一批批西方传教士来到了朱元璋开创的大明帝国,他们将朱元璋的聪明"创造"与中华文明介绍到了西方。从此在西方形成了持续100来年的"中国热"和以后的"启蒙运动",中国的"分权与制约"的政治文化思想在西方思想家与法学家那里找到了"知音"。法国启蒙运动思想家、法学家孟德斯鸠充分吸收了中国"分权与制约"的政治文化思想的有益养分,立足于西方传统基础上,写就了《论法的精神》这部划时代的名著。他的三权分立思想后来成为美国建国的精神核心纲领与美国宪法的灵魂。

第三,既做皇帝,又做丞相,朱元璋实在忙不过来,就找几个"老秘"来帮忙,由此无意间萌发了后世内阁制。

朱元璋废除宰相制后,最初是将中书省权力分拆给吏、户、礼、兵、刑、工六部,并提高了六部的品秩。六部尚书即部长由原来的正三品一下子升为正二品,六部侍郎即副部长由原来的正四品升为正三品,尚书与侍郎在当时被人称为"堂上官"。其下属郎中为正五品,员外郎从五品,称为"属官"或"司官";还有主事、司务各四人,为首领官,有主事印。(《明太祖实录》卷129;《明史·职官志一》卷72)如此下来,原先中书省一省权力很多被六部所替代,成为六个替皇帝总理政务的全国最高的行政机构。

六个最高行政机构,遇到事情需要统一协商,最终都汇集到皇帝朱元璋一个人头上,或者说原本主管六部的宰相制被废了,六部该向谁负责?皇帝朱元璋啊!这个主管整个天下的人他管得过来吗?行,或者说开始时还行!朱皇帝可是老农民出身,从小的农村劳动"锻炼"了他的好身体,多年的叫花子生涯"磨难"出他的一副好身板,加上他老人家不嫌烦,每日都乐此不疲地处理各式各样的公务。大约忙了半年多一点,洪武皇帝终于感到实在力不从心,再加上遇到大事、难事也无人商量,"又念密勿论思不可无人",于是就在洪武十三年(1380)九月设立四辅官,由户部尚书范敏推荐,以王本、杜佑、龚敩为春官,杜敩、赵民望、吴源为夏官。至于秋官和冬官因一时找不到合适的人选,就由王本等兼任。(《明太祖实录》卷133)

四辅官名称是模仿了儒家经典《周礼》中的理想职官设置,以春夏秋冬四季命名。朱元璋这样做的目的是为了进一步标榜自己尊奉所谓的商、周圣王之制,并为铲除丞相制找到更加有利的诠释与历史依据。原本由儒家理想化和虚拟化的四辅官现在一下子设置起来了,那么究竟要这些人干什么活?接手丞相的工作?那岂不是朱皇帝吃饱了撑着找事做或者说他脑子进水。当王本等乡野老儒来到明皇宫后,洪武皇帝"屡赐敕谕,隆以坐论之礼,命协赞政事,均调四时"(《明史·安然传》卷137)。"协赞政事"说白了就是要对国家政事提出自己的看法甚至拿出自己的决策主意。这岂不是干政?王本他们即使吃了豹子胆也不敢,所以最多他们也就与朱皇帝讲讲治国的大道理;再有就是与部院官一起谈论一些重大事务的处理意向。当刑部官要判决案件时,四辅官与谏院官员一起再次审核一下案件,没什么问题就上奏给皇帝最终裁定、执行,要是发现有什么疑问,就退回给刑部重审。各地推荐人才来到南京后,四辅官与谏院官一起去瞧瞧,评点一番哪个人有才。这大概就是当年四辅官的主要职责吧。(《明太祖实录》卷135;《明史·安然传》卷137)因为四辅官的来源都是些长期居处乡野的老儒,"惇朴无他长",加上他们岁数又大,来到南京任上没多久,不是病死,就是老眼昏花干不了什么事,根本起不到"协赞政事"之责,最后在洪武十五年时被废了。

四辅官被废后,洪武皇帝又感觉不方便,毕竟连打打下手的"老秘"也没有,想了好一阵子,他终于想到了一招,模仿宋朝殿阁大学士制度,建立皇帝秘书班子。洪武十五年设置华盖殿、武英殿、文渊阁、东阁诸大学士,以礼部尚书邵质为华盖大学士,检讨吴伯宗为武英殿大学士,翰林学士宋讷为文渊阁大学士,典籍吴沈为东阁大学士,"又置文华殿大学士,征耆儒鲍恂、余诠、张长年等为之,以辅道太子。秩皆正五品"。当时这些殿阁大学士所干的工作就是"详看诸司奏启,兼司平驳",所起的作用也仅仅"特侍左右,备顾问而已"(《明史·职官志一》卷72)。再说白一点,就是说找几个书生"老秘"帮着看看奏折、文书一类,而整个帝国的大权则全在朱元璋的掌控之中。自此起中国君主专制主义中央集权得以空前地极度强化。

不过即使这样,洪武时期的老秘班子也不稳定,人数、职责范围等也都没有具体的说法。到了永乐时代起,朱棣逐渐将其稳定下来,这就是影响明清两代的著名的内阁制。因此说明代内阁制虽确立于永乐,但发轫却是在洪武。

以上就是洪武皇帝废除宰相制度、改革中央行政体制所引发的影响。其实在洪武十三年那年的政治"大变脸"中,除了中书省宰相制被废革外,同时被"动手"改造的还有当时全国军事最高机构——大都督府。

大都督府"一分为五" "兵权三立"君操军伍

最初朱元璋政权的最高军事机构不叫大都督府,而是叫行枢密院。行枢密院的设立是在1356年,也就是朱元璋军队攻下南京时,但大都督府地点却不在南京,而在安徽太平即今当涂,以总管花云为院判(《明太祖实录》卷4)。当年七月,朱元璋在南京城里称吴国公,以元御史台为公府,置江南行中书省,任命李善长、宋思颜、李梦庚、郭景祥和陶安等人出任行中书省属官;与此同时,设立江南行枢密院,以元帅汤和摄同佥枢密院事,并置帐前总制亲兵都指挥使司,以冯国用为都指挥使。(《明太祖实录》卷4)

● 行枢密院"变脸"大都督府和朱家人独居大都督之位

这个行枢密院可谓是当时朱元璋政权中的最高的军事机构,由朱元璋小时候的玩伴汤和负责具体事务,但似乎没有十分稳定的岗位。后来由于军事战争的不断胜利,许多立有军功的将领纷纷被充实到行枢密院的领导机构中去,如1357年,朱元璋"升廖永安为行枢密院同佥、俞通海为行枢密院判官、常遇春为中翼大元帅、胡大海为右翼统军大元帅,宿卫帐下"(《明太祖实录》卷5);再后来邓愈、耿再成、徐达、常遇春等将领也被安排在行枢密院担任领导之职(《明太祖实录》卷5)。1360年九月,朱元璋的亲侄儿、亲军左副都指挥朱文忠被任命为同佥枢密院事(《明太祖实录》卷8)。1361年正月,佥院邓愈被任命为中书省参政,仍兼佥行枢密院事,总制各翼军马(《明太祖实录》卷8),也就是说那时具体负责朱元璋政权军事最高机构的是邓愈。这样的格局仅维系3个月,到那年三月,朱元璋改变了仿制元朝的做法,将枢密院改为大都督府,任命亲侄儿、枢密院同佥朱文正为大都督,节制内外诸军事;同时决定,以枢密院同知邵荣为中书省平章政事,同佥常遇春为参知政事。同年十月,增置大都督府左右都督、同知、副使、佥事、照磨各一人,大都督府

机构才渐趋完整。(《明太祖实录》卷9)

从《明实录》的记载来看,尽管当时大都督府职官设了左右两个都督,但实授到职位的也就朱文正一人。因为他的叔叔朱元璋命令他节制内外诸军事,即总负责最高军事机构。吴元年(1367)十一月乙酉日,朱元璋定大都督府及各卫官制,大都督府左、右都督正一品,各由一位将领担任(《明太祖实录》卷27)。洪武前期左都督是曹国公李文忠,右都督为宋国公冯胜(《明太祖实录》卷58),明代尚左,说白一点左都督能管着右都督。大明开国前的大都督朱文正是朱元璋的亲侄儿,而开国之际的左都督李文忠呢,又是朱元璋的亲外甥,也就是说朱元璋政权最高的军事机构的第一把交椅始终是由朱家人或朱家直系亲属坐着。但即使这样,到了洪武十三年废除中书省宰相制时,大都督府也同样面临着机构改造的命运。那么究竟是什么原因促使朱元璋要改造大都督府?

◉ 将大都督府改造成五军都督府的三大缘由

第一,自朱元璋政权起步、发展时期起,大都督府就与中书省等机构"混"在一起,没有实行很好的行政与军事相分离。自古以来,中国的某些特殊"精英"阶层有着非凡的本领,他们既能文又能武,既是官场上的官儿混混,又是学术带头人、博士生导师……君不见,管理计划生育的女干部一夜之间被调任为银行行长,管了大半辈子农田水利建设的专业技术人才转眼之间被调任为副县长……这些身边事足以使我们醍醐灌顶,更何况600年前的国人呢。因为自从来到这个世上起,"精英"们就拥有了我们平民百姓所不曾拥有的高贵血统与基因。6世纪前的明朝人也是这样。

1361朱元璋把枢密院改为大都督府时,就曾调枢密院同知邵荣为中书省平章政事,枢密院同佥常遇春为参知政事。(《明太祖实录》卷9)管军事的一夜之间变成了行政机构的领导,他们能干好了吗?我们不说邵荣,因为他后来反叛朱元璋,没得善终。就讲万人歌颂的常将军常遇春,他当上了中书省参知政事后一直在外面领兵打仗,所干的行政之事唯一能使人们想起的,恐怕就是邵荣被控"谋反"后,他强烈要求朱元璋处死排名在他前面的中书省平章政事邵荣。(《明太祖实录》卷11)

既然军事将领管不了行政机构,那大明建国以后就得变变,将军事与行政严格地分开来?《明实录》记载:"洪武三年十一月壬辰日,征虏大将军、中书右丞相、信国公徐达,左副将军、浙江行中书省平章李文忠等师还至龙江。"(《明太祖实录》卷

58)。洪武十年五月,洪武皇帝朱元璋任命"太师韩国公李善长、曹国公李文忠共议军国重事"(《明太祖实录》卷112)。由此看来,当时的军事与行政还没有实行很好的分离。洪武十三年发生"胡惟庸谋反"惊天大案,朱皇帝废除最高行政机构中书省,十分自然地要牵动到断了骨头连着皮的大都督府。

第二,大明开国前后的最高军事机构的两任领导大都督朱文正、左都督李文忠让洪武皇帝心堵,雄猜之主"不得不"要下手改造大都督府。

○ 年轻军事家的荒唐男女事与广西桂林靖江王府

朱文正是朱元璋哥哥家的孩子,即亲侄儿,想当年朱重八要饭流浪时,连自己能不能活命下去都成了问题,哪管得了侄儿什么。朱文正是由他妈妈王氏一手拉扯大的,等到叔叔朱元璋开始发迹,叔侄相见时,朱文正已经是个小杆子了。因为当时朱元璋与妻子马氏久婚不育,眼看自家的血脉没得延续,也为了自己开创的事业后继有人,当时朱、马两人就收了朱文正为养子,让他读书识字,空下来上军营去练练家伙,增长军事知识与本领。

据说朱文正的脾气很爆,别人惹不得他。朱元璋看到自己的事业越来越做大做强,曾试探朱文正:"你想在这儿当个什么官呀?"没想到少年朱文正落落大方地回答说:"如果不对众将进行封官赏赐而急吼吼地想到自家亲族,这怎么能取得众人的信服与尊重呢?叔叔将来要是真能大贵大富了,侄儿我还用担心没份吗?"听到这话,朱元璋从心底喜爱这孩子。(《明太祖实录》卷16;《明史·诸王传三》卷118)

朱元璋称吴王时,就任命朱文正为大都督府一把手大都督,节制中外诸军事。江西被攻下后,朱文正被派往到那里去,镇守洪都南昌,由此发生了惊心动魄的南昌保卫战。在与陈友谅60万大军的交战中,处于军事绝对劣势的朱文正表现了杰出的军事天赋与非凡的才干,苦苦坚守南昌85天,最终等到叔叔朱元璋亲率大军的救援,大败陈友谅,顺势收复了江西。故史书说:"江西之平,文正功居多。"这一点也不过分。问题是不知到底出于什么原因,后来朱元璋在论功行赏时,对于立功的将领什么人都赏了,尤其对常遇春、廖永忠及诸将士的赏赐特别丰厚,却偏偏没有朱文正的份,这下可把小杆子给"惹"怒了。自己拼死打了整整85天,叔叔连个表扬也没有,朱文正想起来就控制不住。在底下一些人的"劝诱"下,正值"奔腾"年龄的朱文正"喜欢"上了,不,简直是痴迷上了美眉。人生空得很,要是在那85天中有那一刹那老天不长眼,自己就命赴黄泉了。说来也真丢脸,到阎王爷那里去报到,他老人家问问我朱文正:女人什么滋味,我还真讲不出来!算了,还是尽早玩玩

美眉吧！(《明史·诸王传三》卷118)

既然大都督有如此爱好，找个把美眉还不方便么。掾史卫达可等小人摸透了朱文正的心理，一天到晚在南昌及其周围地区转悠，窥视哪家黄花闺女漂亮，就抢来给大都督乐乐。别看朱文正年纪轻，玩起美眉来还真有一套，一般来说玩个美眉就玩数十天，不用了就令人将她扔到井里头，为此好多好多如花似玉的姑娘被这个朱"衙内"给毁了。(【明】刘辰：《国初事迹》)

这期间朱元璋派出了一些人到江西来办公事，惟恐这些公差回南京向叔叔汇报自己的荒唐事，朱文正就授意掾史卫达可等，用金钱收买京城来的公差，这样一来，大都督的荒唐事给隐瞒了好一阵子。直到有一天有个叫凌说的人到江西来出任按察佥事(《明史》上说是江西按察使李饮冰)发现了事情真相，并向上做了奏报。(【明】刘辰：《国初事迹》)

朱元璋知道后顿时就暴跳如雷，立即命人火速赶往江西南昌，将大都督朱文正及其周围一行人逮到南京来问罪。大都督府元帅郭子章等三人因不规劝大都督而被诛杀，其部下随从、头目50多人都被挑了脚筋。最终问罪朱文正，按照当时盛怒中朱元璋的主张：立即杀了朱文正。可朱文正的婶婶马氏即后来的马皇后不同意，她跟丈夫朱元璋说："文正这孩子就脾气不好，骄傲自大，但你看到他的军事功劳吗？我们渡江以来，他立下了许许多多的战功，就南昌保卫战那样恶劣的战斗，他都能坚守得了。要是没他，换了别人，还真不知道现在江西在谁的手里呢！更何况文正是咱的亲侄儿，纵然有罪，也应该按照法律上的'亲亲'条律予以宽宥赦免。"经马氏这么一说，朱元璋动了心，改了主意，立即令人将朱文正给放了。(【明】刘辰：《国初事迹》；《明史·诸王传三》卷118)

不久朱元璋派遣大都督朱文正上湖北荆州去整顿军队，完成任务后朱文正回到了南京。因当时叔叔朱元璋没给他指派新的工作，闲居了一段时间，他受不了了，出言不逊。小年轻不曾想到自家叔叔是猜疑心极重的人，他部署的秘密特务到处都有，前面提到的那个江西按察佥事凌说本来就是秘密特务，连江西南昌都安上秘密特务，更何况政权中心南京呐。所以朱文正暗中骂叔叔的几句话，很快就长了翅膀，飞到了朱元璋的耳朵里，这下可把"鞋拔子"给激怒了。他怀疑侄儿朱文正心怀不轨，要废了他。马氏听说后又赶紧出来劝说丈夫："文正就是脾气太刚烈了点，要说他有不轨之心？不可能有吧！再说他妈妈还健在，念他妈妈是你的嫂子的份上，也应该赦免他吧！"朱元璋再次听从妻子马氏的劝谏，虽宽宥了朱文正，但也不让他继续履行大都督等军事之职了，派他上濠州老家去专业祭祀祖宗。

这下火烈脾气的朱文正更加恼怒不已,到了濠州,边祭祀祖宗,边抱怨叔叔的不是,甚至还与身边随从谈论起其他军事势力领导来。如此下来可真将祸闯大了,叔叔朱元璋的顺风耳可听得"一清二楚",当即决定废了朱文正。(【明】刘辰:《国初事迹》)

1365年朱元璋罢免了朱文正大都督之职后(距离朱大都督岳丈谢再兴叛逃也就3年时间),将其关押在桐城。就这样,堂堂的第一任最高军事机构大都督府大都督朱文正最终被关押至死。不过,很多书上说他是被叔叔朱元璋处以廷杖刑而亡。(吴晗:《朱元璋传》,三联书店1965年2月第1版,P208)朱文正被关押或言被处死时,他的儿子朱铁柱当时只有4岁,朱元璋后来大行分封藩王时,念及朱文正的功劳与血缘亲情,最终封朱铁柱(后改名为朱守谦)为靖江王(《明太祖实录》卷16;《明史·诸王传三》卷118),靖江王府邸在今天广西桂林市的广西师范大学校内。

○ 李文忠因为带妓女回家淫乐,皇帝舅舅朱元璋就与他产生了芥蒂？

朱文正被废后,大都督职位一直空着,朱元璋似乎也没有重新安排人选的打算。大明开国前一年大都督府正式确定官职,设立左、右都督各一人。洪武前期,左都督为李文忠、右都督为冯胜。再说开来,朱元璋政权的军事机构的最高领导始终是由朱家人及其亲属来担任。那么这位后继的大都督府一把手李文忠与朱元璋的关系如何？最终结果又是怎么样的呢？

李文忠,朱元璋姐姐的孩子,即外甥。元末天下大乱之际,与舅舅朱元璋等失去联系,跟随父亲李贞流浪。朱元璋开辟滁州根据地没多久,姐夫李贞带了小孩李文忠前来投奔。那时朱元璋与妻子马氏做了多年无用功,不见小崽子产出,就认了李文忠、朱文正、沐英等为养子。据说李文忠小时候脑袋瓜很灵,一学什么就会,尤其读书很好,为此很得朱元璋夫妇的喜欢。后来渐渐长大了,他帮助舅舅朱元璋南征北讨,立下了赫赫战功。洪武初年他被皇帝舅舅朱元璋封为曹国公、大都督府左都督,实际上就是接替了朱文正掌管最高军事机构大都督府。自此李文忠似乎一直在此职位上任职,直至洪武十七年猝死。(《明太祖实录》卷160)

按照《明太祖实录》中《李文忠传》的说法,李文忠与皇帝舅舅的关系一向不错,但在《马皇后传》中却有着这样的记载:"李文忠守严州,郎中杨宪言其不法。上召文忠至移守扬州,后谏曰:'严州,边临敌境,文忠素信于人,易文忠而用他人,人心不服。'上悟后言,遂仍令守严州,卒成克杭之功。"(《明太祖实录》卷147)

可早年跟随李文忠南征北战的明永乐朝北京刑部左侍郎刘辰在他的笔记《国

初事迹》中却记载着另外一种说法:李文忠镇守严州时,将一个年轻貌美的妓女带回了自己的家里,天天作乐。哪料到远在千里之外的舅舅朱元璋听到了外甥的风流事后十分恼怒,迅速派人去严州,将妓女韩氏给宰了,然后宣读令旨:李文忠迅速赶回南京,等候舅舅定罪处置。眼看自己将要大难临头了,李文忠顿感绝望。就在这时,他的舅妈也就是朱元璋发妻马氏出来"救驾"了,她跟丈夫说:"严州正是敌我交界的地方,文忠这孩子向来对人很和善,也容易相信人,但他没什么坏心眼。你现在将他给治罪了,马上必须得换上别人上严州去镇守,一时半会儿恐怕很难取得人们的信服啊!"朱元璋听后,觉得妻子马氏讲得相当有理,于是就宽宥了李文忠的罪行,让他迅速返回严州。(【明】刘辰:《国初事迹》)

回到严州后,李文忠惊魂未定。有两个读书人,一个叫赵伯宗,另一个叫宋汝章的来到了军帐里,跟他这样说道:"这次大帅去了南京还能回来,要是下次再叫你去的话,就恐怕回不来了,希望大帅您早早想想法子!"李文忠听后沉默了好一阵子,最后决定派读书人赵伯宗偷偷上杭州去,联系张士诚的部下。没几天那个叫赵伯宗的读书人回来了,事情办得很有眉目。李文忠就与部下郎中侯原善、掾史闻遵道拟定了一份给杭州方面的议降书,可议降书还没来得及发出,有人来报:京城里的舅舅朱元璋派人送来的亲笔家书已到了军营门口。当接到家信时,李文忠的心提到了嗓子口。但读完信件后他顿时狂喜:原来舅舅写了一封十分普通的家信,没什么大不了的,信中还表示对他十分关爱。李文忠很受感动,按照舅舅的指示,立马动身赶回南京。(【明】刘辰:《国初事迹》)

到了南京,除了商量军事公务外,舅舅朱元璋还对李文忠赏赐了好马与银子,并抚摩着他,嘱咐道:在外打仗要多留心,要多保重!李文忠被震撼了,回到严州后,就将郎中侯原善、掾史闻遵道找来,当场训斥道:"你们差一点误了我啊!那事该怎么处理?要是一旦泄露出去的话,我还有什么脸面再去见我的舅舅啊!"听到主帅这般说话,郎中侯原善吓得赶紧跪地求饶:"大帅饶命!那事应该有个处理的办法,就是要花卜重金收买人,然后再叫赵伯宗和宋汝章那两个读书人永远也不能开口说话……"李文忠听后觉得很有道理,当即就写了封信,邀请赵伯宗和宋汝章赴宴,为他俩上杭州继续深化双方关系之事饯行。不明就里的赵伯宗和宋汝章听到李大帅邀请他们,嘴咧得像撬开的木鱼,来到宴席地,一顿暴饮,没一会儿就倒在了自己的座椅上。李文忠立即示意手下人宣使俞也先将烂醉如泥的赵伯宗和宋汝章一一弄到船上去,然后开船到一个叫大浪滩的地方。另外有一个叫泼舍的下人在那里接应,船一到,泼舍跳了上来,与船上的俞也先等人一起将醉死的赵伯宗和宋汝章两人给严严实实地捆住,然后再用绳子系上

一块大石头,使尽力气将两个出谋划策的读书人给扔到了湍急的河水之中。(【明】刘辰:《国初事迹》)

更有《明史》记载说:"(李)文忠器量沉宏,人莫测其际。临阵踔厉风发,遇大敌益壮。颇好学问,常师事金华范祖干、胡翰,通晓经义,为诗歌雄骏可观。初,太祖定应天,以军兴不给,增民田租,文忠请之,得减额。其释兵家居,恂恂若儒者,帝雅爱重之。家故多客,尝以客言,劝帝少诛僇,又谏帝征日本,及言宦者过盛,非天子不近刑人之义。以是积忤旨,不免谴责。十六年冬遂得疾。"(《明史·李文忠传》卷126)

《明史》的这段说法很隐晦,李文忠于洪武十六年十二月得病,到第二年开春不久就死了。死时他46岁,正值壮年。那究竟是什么不治之症使得这位正值壮年的大明大将军、左都督死得如此之快?《明史》留下这么一段话,很有意思:"(洪武)帝亲临视,使淮安侯华中护医药。明年三月(李文忠)卒,年四十六。帝疑中毒之,贬中爵,放其家属于建昌卫,诸医并妻子皆斩。"(《明史·李文忠传》卷126)即说朱皇帝看到自己的外甥生病了,专门派了淮安侯华云龙之子华中负责医护患病的李文忠。可谁也没想到,正值壮年的李文忠染病不久就医治无效,一命呜呼。洪武帝怀疑是有人毒死了李大将军,随后华中"坐贬死。二十三年追论(华)中胡党,爵除"(《明史·华云龙传》卷130)。问题是继承了老子的爵位且有吃有喝还有美眉泡泡的"官二代"小年轻淮安侯华中与大明大将军之间到底有着怎样的过节而要置人于死地?

明代史学家王世贞的记载为我们解开了这个谜:因为李文忠喜欢与知识分子打交道,"多招缙绅士人(于)门下",引发了皇帝舅舅的猜忌,后来他又劝谏皇帝舅舅裁减宦官。朱元璋暴怒,认为这是外甥要削他的羽翼,进而怀疑李文忠所作所为都是那些门客士人唆使的,于是下令尽诛其门人,李文忠由此大受惊吓,"得疾暴卒"(【明】王世贞:《弇山堂别集·史乘考误》卷20;【明】钱谦益:《牧斋初学集·太祖实录辩证5》卷105)

至此,我们可以看出,无论是亲侄儿,还是亲外甥,坐在大明军事最高机构大都督府领导岗位上的两位领导不仅最终都年轻轻地"夭折"了,而且在他们担任最高军事机构领导时似乎都曾有过"不轨""不法"之言之行,也难怪雄猜之主最终要下手。对于亲人都要下手,何况一个自己开创出来政权下的一个军事机构呢?!这恐怕是朱元璋在洪武十三年要对大都督府动手改造的第二大原因吧。

第三大原因,明朝开国前后的军事体制确实也存在着一定的问题。

朱元璋是农民起义起家的,自己原来素养差,对军队的管理一开始并不很到位,编制和称呼都很乱。"初,上(指朱元璋)招徕降附,凡将校至者,皆仍其旧官,而名称不同。"在南京立稳脚跟的第五个年头,即龙凤十年(1364年)四月,朱元璋创立了"部伍法"。为此,他作了特别的训令:"为国当先正名,今诸将有称枢密、平章、元帅、总管、万户者,名不称实,甚无谓(无法说)。其核诸将所部,有兵五千者为指挥、满千者为千户、百人为百户、五十人为总旗、十人为小旗。"(《明太祖实录》卷14)

朱元璋的话大致是这么说的:过去我们的队伍里的称呼与编制都很乱,从今开始作个规范:带兵5 000的称为"指挥",带兵1 000人的就叫"千户",带兵100人的就叫"百户",带兵50人的叫"总旗",带兵10人的叫"小旗"。这样的军队建制一直维系到大明开国。洪武初年,刘基奏立军卫法。(《明史·刘基传》卷128)

鉴于前朝军队人数老是虚而不实,刘基建议朱元璋采取军卫之政。具体做法是:京师与外省都设置卫和所。1个卫统辖10个千户,1个千户统辖10个百户,1个百户统辖2个总旗,1个总旗统辖5个小旗,1个小旗领军10人。这样一级级,到底有多少军士,一目了然。但这里边也有毛病,就以1个卫来说吧,如此算下来至少要有上万人,一旦有什么人想干点不轨之事,君主就不易控制。所以这套军卫法在试用了一段时间后,朱元璋决定进行调整。洪武七年八月,大明正式确立卫所制度:1个卫比原先缩小一半,为5 600人,长官为指挥;千百户、总旗、小旗所领军士人数仍然与以前相同,1个千户统兵1 120人,长官就叫千户;1个百户统兵112人,长官叫百户;1个总旗仍是领5个小旗;1个小旗统兵10人。同时还规定:"遇有事征调,则分统于诸将;无事则散还各卫,管军官员不许擅自调用,操练、抚绥务在得宜,违者俱论如律。"(《明太祖实录》卷92)

军队的卫所布置也很有讲究,在军事上重要的地方设卫,次要的地方设所。明初朱元璋的军队这等军队布置至今还留下了不少地名,如南京的孝陵卫、上海的金山卫、天津的天津卫等等。卫所"大小联比以成军"(《明史·兵志二》卷90),由此形成了地方上的最高军事机构——都指挥使司(简称都司)。换成通俗的说法,这种指挥使司相当于现在的"省军区"。而全国卫所、都指挥使司的领导权归属于大明帝国的最高军事领导机构大都督府,类似于今天的"中央军委",这是一个十分要害的部门。朱元璋在最初时任命自己的亲侄儿朱文正为大都督,节制中外诸军事。大明开国前大都督府内开始设置左、右两个都督,作为最高军事长官。(《明史·兵志一》卷89)

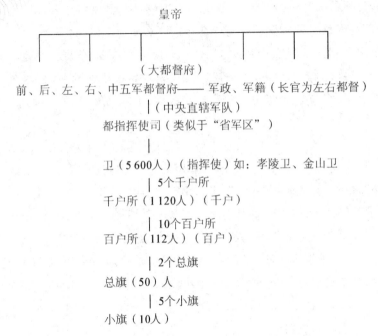

从洪武初年大明军队的机制建置来看，由一个大都督府掌握着全国的军事大权确实是不太稳妥，至少说存在这样一个隐患：如果大都督府的头头大都督要有什么"想法"了，那可是不得了的事情啊！因为他手里拥有几十万甚至上百万的军队指挥权。朱元璋心目中，大都督亲侄儿靠不牢，左都督亲外甥也有异心，不仅仅要对他们下手，还应该从制度上予以彻底地解决。这就有了洪武十三年的大都督府大改造一事。

● 最高军事机构"一分为五"：五军都督府的设立及其意义

洪武十三年新年伊始爆发了所谓的"胡惟庸谋反案"，朱元璋立马将全国的最高行政管理机构中书省给废了，并从此彻底清除了丞相制。与此同时，老辣的朱皇帝又将眼光盯上了让他"牵肠挂肚"的大都督府，干脆也来个"了断"，将大都督府一分为五，设中、左、右、前、后五军都督府。这五个都督府的权力是平等的，谁也号令不了谁。在朱元璋的内心深处：原来大都督府只有左、右2个都督长官，现在五军都督府中的每一都督府都设有左右2个都督长官，一共10个，各自领着统属的都司、卫、所军队。这样一来，中央最高军事机构的权力就被分散开了，万一有1~2个都督有异心或不臣之心，还有8~9个都督稳定着呐。

洪武十三年改制的大明中央最高军事机构五军都督府组织简表

左军都督府	右军都督府	中军都督府	前军都督府	后军都督府
下领	下领	下领	下领	下领
在京卫所	在京卫所	在京卫所	在京卫所	在京卫所
浙江都司	陕西都司	中都留守司	湖广都司	北平都司
山东都司	四川都司	河南都司	福建都司	北平行都司
辽东都司	广西都司	在外直隶扬州卫等	福建行都司	山西都司
	云南都司		江西都司	山西行都司
	贵州都司		广东都司	北平三护卫
			在外直隶九江卫	山西三护卫

（注：本表资料来源：①《明史·职官志五》卷76；②吴晗：《明代的军兵》，《读史札记》，三联书店1956年2月第1版，P96）

即使到了这一步，朱皇帝还是觉得不保险，于是他做出进一步规定：五军都督府只管领兵和兵籍管理，没有调兵权；兵部只管军官的铨选与军令；调兵权由皇帝直接安排，"征伐则命将充总兵官，调卫所军领之，既旋则将上所佩印，官军各回卫所"（《明史·兵志一》卷89）。明代人将其概括为"兵部有出兵之令，而无统兵之权，五军有统兵之权，而无出兵之令……合之则呼吸相通，分之则犬牙相制"。（【明】孙承泽：《春明梦余录·五军都督府》卷30）

这就是说，一旦有战事，某个被任命为总兵官的将领，凭着皇帝的谕令与兵部的手续证明，到都督府下属的卫所去领兵、出征。战争结束时，该总兵官将军队归还给卫所，将印奉还给皇帝。要是没有皇帝的命令，任何领兵的卫所都不能将部队作任何的调动。这样大明的军队始终掌握在皇帝的手中，由此以皇帝为首的中央集权得到了大大的加强。

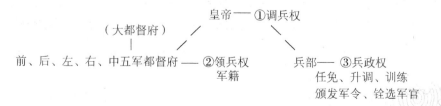

朱元璋在大明帝国初期对军队系统进行改革的同时，对全国性的军事也做了布置。洪武二十六年（1393），全国"共计都司十有七，留守司一，内外卫三百二十

九，守御千户所六十五"(《明史·兵志》卷 90)。内地除了京师南京(洪武年间 48 卫,有军士 20 余万人)作为军事布置的重点以外,其他内地地方上相对布置的军事力量要小,只在军事要隘地方设立卫或所,而边疆地区则是重点布兵的对象,尤其是大明北疆。

明朝洪武年间的军队人数:洪武二十五年(1392)统计,全国共约有军队 120 万人;洪武二十六年(1393)统计,全国共约有军队 180 万人,以后还在不断增长。弘治十四年(1501),全国共约有军队 270 万人。(《明孝宗实录》卷 80)军队是巩固大一统帝国君主专制主义中央集权的强大武器,大明帝国的天子们始终牢牢地掌控着,直到明亡。

中国传统社会军事制度在宋代发生了一次大变革,皇权专制主义渗透到军事领域,领兵权、调兵权和军政权三者开始分离。虽说宋帝国积贫积弱,但它终于杜绝了以往历代王朝中后期频频出现的军事割据局面之再现,由此享国 300 余年,位列中华帝国长寿王朝之前列。朱元璋开创大明帝国时"参酌唐宋",吸收了宋朝军事文化遗产,推行军卫之政,创建五军都督府制,实行军事"三权分立"或言"兵权三立"与相互制约,贯彻极权君主专制主义。自此而始,有明一代消除了军事割据与军事叛乱的隐患,大明天子始终将帝国军事大权牢牢地掌控在自己的手中,不仅使得大明帝国存世了将近 300 年,而且还及时有效地抵御外来入侵,捍卫了中华民族独立自由的尊严(整个明朝没有和亲、割地和赔款等丧权辱国的事情),朱元璋功劳莫大焉!

精筑五道监察大堤　分权制衡确保君体

大都督府、中书省和御史台,在吴元年年底也就是大明开国前夜曾被朱元璋称为"总天下之政"(《明太祖实录》卷 26)的三大府中的两大,由于"胡惟庸谋反案"的案发而被一一端掉,只剩下了一大府御史台。不过,这个御史台也没有存活多久,四个月后的洪武十三年(1380)五月。南京明皇宫里突然降下谕旨,"罢御史台及各道按察司"。(《明太祖实录》卷 131)

● 将御史台改为都察院,建立范围最广的监察系统

这样自吴元年(1367)十月起设置的御史台及各道按察司(《明太祖实录》卷26)只存在了13年时间,比1364年朱元璋在南京称吴王起时就设立的中书省还短寿了3年。没有任何理由,也没有任何前兆,朱皇帝说罢除就罢除。御史台与各道按察司都没了,从中央到地方整个御史台监察系统被叫停了整整两年零五个月。到了洪武十五年(1382)十月时,洪武皇帝又突然下令:"更置都察院,设监察都御史八人,正七品,以秀才李原明、詹徽等为之;设浙江、河南、山东、北平、山西、陕西、湖广、福建、江西、广东、广西、四川十二道监察御史,正九品,其文移则都察院故牒各道监察御史,监察御史呈都察院。"(《明太祖实录》卷149)。洪武十六年(1383)六月,"改都察院为正三品,设左、右都御史各一人,正三品;左、右副都御史各一人,正四品;左、右佥都御史各二人,正五品;经历司经历一人,正七品;知事一人,正八品;各道按察司为从三品;按察使一人,从三品;副使二人,从四品;佥事,从五品,多寡从其分道之数;经历司经历一人,从七品;知事一人,从八品。"(《明太祖实录》卷155)洪武十七年正月,"升都察院为正二品,左、右都御史正二品,左、右副都御史正三品,左、右佥都御史正四品,经历一员正六品,都事一员,正七品。"(《明太祖实录》卷159)

说到这里,细心的读者朋友可能会产生这样的疑问:一向极度重视监察的洪武皇帝当年为什么要对御史台与各道按察使司下达叫停令呢?且一停停了两年多才开始重新构建呢?

在回答问题之前,我们不妨先来回顾一下开国初期大明御史台监察系统的"前世今生"。

明朝以前的中国传统社会政治文明中不乏很好的官僚监察传统。从秦汉起,中国就确立了御史监察制度,并且在以后的岁月里不断地进行制度上的完善。到了元朝,虽说这个少数民族在其他方面学习中原先进文化不咋样,半生不熟,但在承继御史监察制度方面还是学得惟妙惟肖的。唐宋时期这类监察机构叫御史台,元朝也给它取名叫御史台,就连御史台下属官僚即监察纪检干部的官名也取法于唐宋,也有什么御史大夫、御史中丞、监察御史等等,一一搬用唐宋旧名,唯恐人们不认同它的政权的"正统性";甚至元朝还走出历史上很重要的一步,在地方上建立起御史台的地方派出性机构——行御史台,这是专门针对具体的地方官僚进行监察而设立的。

可令人百思不得其解的是,元朝的吏治之差在中国历史上也算是出了名的。

朱元璋从小在元朝统治下受尽了凌辱,看够了元朝官场与社会的黑暗,现在他开创新政权可不能走元朝的老路,要以其为鉴。元朝设立的那套御史监察系统肯定出了问题,否则元朝官吏不会那么黑、那么乱。可从大明建国前后的实际情况而言,当时天南海北的军事征讨正在进行,朱元璋绝对日理万机,加上其自身人文素养也十分有限,治国理政很大程度上是跟着感觉走。于是人们不难发现:洪武初期大明帝国中央监察机构几乎完全克隆了元朝的建制,就连名称都一模一样,也叫御史台,下设御史大夫、御史中丞等官职,一如元朝旧制。(《明太祖实录》卷26)

但洪武十三年正月发生的大明帝国历史上的惊天大案——"胡惟庸谋反案"却改变了这一切。十分耐人寻味的是,该案件最先是由御史台的长官御史中丞涂节突然告变而引发的。接着又有一个已经被贬到中书省任属吏的前御史中丞商暠也出来揭发胡惟庸的不轨阴事。事情发展颇具戏剧性的是,揭发胡惟庸有谋反之心的御史中丞涂节后来也被案件牵连了进去,朝中大臣"检举"他原本就与胡惟庸同党,因后来发现谋反情势很不妙了,他才突然出来检举同伙的。这下涂节涂御史中丞可不能再开口检举人了,因为朱皇帝很快也将他给宰了。(《明太祖实录》卷129)

但如果我们查一下《明史》的话就会发现,涂节还不够格被列入胡惟庸、陈宁等人的《奸臣列传》中,可能清人修《明史》时手中的资料已经证明或部分证明了涂节是被冤杀的。谋反罪是一项大得不能再大的罪项,御史台长官涂节下手确实狠了点,但也不排除皇帝朱元璋曾经有过什么暗示呀。可处于对立面的丞相府一伙人也不是吃素的,胡惟庸为相多年,案发时朝中受到实惠的既得利益者中不免有什么高人想到这么个损招,将御史台长官涂节涂大人也给聪明地牵连进去。问题是朱元璋信啊,他杀了涂节,一了百了。由御史中丞涂节"参与谋反"又"突然反水",让人不得不联想起对整个御史台监察系统的重新审视,于是在处死胡惟庸和涂节等人的三四个月后的洪武十三年五月,朱元璋下令罢除御史台监察系统机构。随后经过两年多的细致调查与全面审视,终于于洪武十五年开始,朱皇帝决定重新构建以都察院为核心的大明监察系统。原来的御史台名称现在改为都察院,其下面还是设置十二道监察御史,地方上还是设立按察司,等等。(《明太祖实录》卷149)因此有人认为:大明这次监察系统改造仅仅是中央监察机构换换名字而已。如果真是这样的话,那就你太小瞧了朱元璋了。

○ 创建别具一格的都察院为首的大明监察系统

洪武十五年开始连续三年的监察系统大改造之关键在于:

第一，将原来沿用的元朝不轻易授予人的御史台长官御史大夫干脆给废了不用，将正二品的御史中丞1人任职，改为同为正二品的2人任职，官名叫左、右都御史，也就是说对中央监察机构的一把手进行分权，免得他一个人像涂节那样背后又要耍什么阴谋。元朝御史台御史中丞下面有两个都是从二品的属官，叫侍御史和治书侍御史，朱元璋将他们2人的职权改分给4个官员，他们是正三品的左、右副都御史和正四品的左、右佥都御史。也就是说，原来御史台1人负责主持工作的类似于监察部部长与2个副部长或部长助理现在改为整个都察院2个正职（类似于部长）、4个级别低一点的副职或称下属（类似于2个副部长及2个部长助理），中央最高监察机构的领导权力一下子被分了好几块。都察院的长官为左、右都御史，与六部长官尚书品级相同，职权并重，人称之为朝廷"七卿"。（《明史·七卿年表一》卷111）

都察院的长官"都御史以总其纲"（《明太祖实录》卷168），"职专纠劾百司，辨明冤枉，提督各道，为天子耳目风纪之司。凡大臣奸邪、小人构党、作威福乱政者，劾！凡百官猥茸贪冒坏官纪者，劾！凡学术不正、上书陈言变乱成宪、希进用者，劾！遇朝觐、考察，同吏部司贤否陟黜。大狱重囚会鞫于外朝，偕刑部、大理谳平之。其奉敕内地，拊循外地，各专其敕行事"。（《明史·职官志二》卷73）

以都察院为核心的大明帝国监察系统

御史台——（1382）改为都察院
　　左、右都御史　　　御史兼管地方行政、民政，即为巡抚
　　左、右副都御史　｝御史兼管地方军事等事务，即为提督
　　左、右佥都御史　　御史兼管地方行政、民政、军事，即为总督
十三道监察御史——出使巡按——巡按御史（七品）

第二，元朝御史台下设殿中司和察院两个机构，殿中司由殿中侍御史统领，主要是纠察朝廷百官；察院下设若干个监察御史，他们主要"司耳目之寄，任刺举之事"，说白了也是纠察百官的。元朝如此架屋叠床的机构设置，朱元璋十分讨厌，在都察院的机构中他只设置十三道监察御史，以一布政司为一监察道，故名十三道监察御史，他们直属于都御史领导。

监察御史监察的范围则比历史上任何朝代都要广泛，"纠内外百司之官邪，或露章面劾，或封章奏劾"。因为每个布政司设一个道，每道设7～11人，所以总计监察御史为110人。这110个监察御史中每道又分为两类：一类叫守道监察御史，即在南京负责本道事务的，掌一枚本道印章，印章上刻有"某某道监察御史印"；另一类出巡本道管辖的地方的监察御史，叫巡按监察御史，其印章上刻有"巡按某某道

监察御史印"(《明太祖实录》卷203)。因此说京城内外、地方十三省的大小事务都有监察御史盯着，他们什么都要说、什么都要管。"在内两京刷卷，巡视京营，监临乡、会试及武举，巡视光禄，巡视仓场，巡视内库、皇城、五城，轮值登闻鼓；在外巡按，清军，提督学校，巡盐，茶马，巡漕，巡关，攒运，印马，屯田。师行则监军纪功，各以其事专监察……按临所至，必先审录罪囚，吊刷案卷，有故出入者理辨之。诸祭祀坛场，省其墙宇祭器。存恤孤老，巡视仓库，查算钱粮，勉励学校，表扬善类，剪除豪蠹，以正风俗，振扬纪。凡朝会纠仪，祭祀监礼。凡政事得失，军民利病，皆得直言无避。有大政，集阙廷预议焉。盖六部至重，然有专司，而都察院总宪纲，惟所见闻得纠察。诸御史纠劾，务明著实迹，开写年月，毋虚文泛诋，评拾细琐。出按复命，都御史覆劾其称职不称职以闻。"(《明史·职官志二》卷73)

上述这段话大致是讲：在京城里，监察御史巡视皇城、京营、仓场、内库、监临科举考试——乡试和会试，等等；出使到地方，他们监察地方官僚、提督学校、茶马、巡关、巡漕，到部队有军事行动时他们监军记功，等等。虽然自身官阶品级不高，只有正七品，与县太爷同品级，但由于监察御史出使地方常常带"代天子巡狩"的名分，其权力就相当大，所到之处，"大事奏裁，小事立断"(《明史·职官志二》卷73)。因此即使是地方上从二品的省长布政使之类的封疆大吏，一旦遇到正七品的监察御史没有一个不怕的，有时这些监察御史出巡时会微服私访，这就更使地方官僚害怕了。

我们不妨将御史所拥有的监察权力作个归纳：①对内外百司之官的监察权，②战时特殊时期的监军权，③某特定事项的纠察权，④重大案件的司法会审权。尤其这个司法会审权，人们可能更熟悉的是另一个名字，那就是三法司会审。三法司会审是指都察院长官或监察御史与刑部、大理寺长官等在接受皇命后，共同审理一些特别重大的疑难案件。刑部的设立很早，我们在前面已经讲过，大理寺的设立则相对晚了些。洪武十四年(1381)即"胡惟庸谋反案"案发后的一年，为了加强对刑事案件判决的审核，朱元璋下令增设最高司法复审机构大理寺，其长官为大理寺卿，"掌审谳平反刑狱之政令"，副官为少卿、寺丞等，规定："凡刑部、都察院、五军断事官所推问狱讼，皆移案牍，引囚徒，诣寺详谳。"这就是说刑部、都察院、五军断事官所审结的案子，都要上交给大理寺复审；如果上述三个法司部门审结的案子不交大理寺复核，那么这样的案件是不能作为司法审判的最终结果而予以实施处罚的。(《明史·职官志二》卷73)

第三，尽管以都御史为首的都察院长官领导着整个都察院监察系统的工作，管着部下监察御史等，用俗话来说叫以上管下。倒过来，明朝也能以下管上、以小管大，这在历史上还真不多见。

我们先来说说以小管大。洪武三年正月，朱元璋曾下令定"内外风宪官与其属官依品级行礼"之制，其中规定：监察御史、按察司佥事如出巡，当依品级拜知府、知州；知府、知州有罪，监察御史、按察司官按问得实，则于市中依律断罪。这话是说：品级较低的监察御史、按察司佥事如果出巡到地方上，遇上品级比他高的知州、知府，就得行下官拜见上官之礼。如果知州、知府违法犯罪了，监察御史、按察司佥事在调查清楚、核实到位后，就在集市贸易中心公开审理知州、知府违法犯罪案件，让大家都知道不论当官不当官，一旦犯法了，就得接受法律的公正审判。（《明太祖实录》卷48）

这些举措倒是很像20世纪60年代的"开批斗会"，不过那时的"批斗会"不能以下犯上地侮辱上官。之所以要这么做，当年朱皇帝曾这么解释的：风宪官按品级行了下官之礼了，表示他"不敢凌辱有司，有司官既受风宪官礼，自知羞耻、畏惧，不敢干犯法度。此法虽异前代，然亦激劝之道也"。（《明太祖实录》卷48）

讲清了以小管大，我们再来说说以下管上。洪武二十三年发生了一件事情很特别，有个叫夏长文的监察御史上奏给皇帝朱元璋，弹劾自己的上级领导左副都御史袁泰，说他家里人犯有很多不法之事，像这样的连家都治不好的人还配当领导吗？朱元璋接奏后十分赞赏夏长文不阿权贵的气节，立马升他为都察院左佥都御史。（《明太祖实录》卷204）

有人见此可能要说，这算不上什么，夏长文不就是那个曾经很受朱皇帝喜欢的上海粮长，皇帝特别喜欢的人当然皇帝要为他做主了。但事实并非完全如此，请看另一个案例：洪武三十年，有个都察院御史上告说："我们的上级领导一把手左都御史杨靖杨大人营私舞弊，他家乡有个仇家，因为一个案子的牵连被逮捕入狱。杨大人利用自己的职务之便将仇家的案卷文书偷偷做了改动，增加了好多莫须有的罪行，致使仇家被定为死罪，现在那个仇家的家人已到皇宫前敲登闻鼓喊冤。杨靖身为我们都察院领导，知法犯法，理应按律论罪！"朱元璋接奏后开始还不以为然，因为他喜欢杨靖，杨靖很有才气，"资性明敏，有识善敷奏，理刑平恕"，朱皇帝多次表扬和奖励了他，还曾叫他充当皇帝特使，出使安南（今越南），回来后即授予左都御史之职。没想到竟有这样的事情，洪武帝实在舍不得才子杨靖被问罪。但御史们一个接一个地上奏弹劾，最终弄得朱元璋不得不下令，赐死杨靖。（《明太祖实录》卷254）

朱元璋用以小制大的办法既避免了任用高级别监察官容易造成尾大不掉的不良后果，又能钳制、监察到了千里或万里之外的臣僚，真可谓一箭双雕。

○"权力与责任"对等——高学历、高要求与高风险的大明监察御史

正因为御史的权力这么大,他们要是"走偏了点",问题就严重了,所以明代对御史的要求特别高。

第一,出任御史的必须是进士、举人出身——这是洪武以后定制的。也就是说,明朝的纪检、监察干部必须具有大学的硕士、博士之类的学历,最低的也应该有个本科学士文凭。为什么要这样做呢?朱元璋和他的子孙们恐怕都拿不出一张小学毕业证书,为什么对他们纪检、监察干部提出这么高的要求?我想至少有四个方面的原因:首先,真正做好纪检、监察工作,其所要求是要高于一般常人的智慧与知识,否则就很难做到洞察秋毫,很难为皇帝看好"家"的。其次,明代开始科举考试程序复杂化,大致要经过七次较大的考试,才能达到举人或进士。古人云:十年寒窗图破壁。实际上何止十年?所以这样一来,一般家庭等到家中有人中举时,往往家徒四壁。对于举子来说,他会很珍惜这来之不易的官位与名利,会顾及得比一般人多,不大容易明目张胆地干起违法乱纪的事来;即使他们中有些败类也会跟着官场上的腐败分子做坏事,但一般都比较隐蔽,客观上这一群体的形象比其他群体要好得多,所以皇帝也乐意用他们。再次,这些大明帝国的"硕士""博士"们从小读的都是儒家的经典,朱元璋与他的子孙们甚至规定科举考试的标准答案都只能以宋儒朱熹等人的解释为依据,所以不用担心他们是否偏离儒家的正统,而这类人一旦出来当官了,一般也都能以儒家的理想治国理念来帮助君主"平天下"。最后,历史上常常有着这么一个现象,越是知识程度高的知识分子越不太容易改变他的信念,越不太容易改变他的道德操守。因此说明朝皇帝用进士、举人来当纪检、监察干部,应该来说是种最佳的选择。

第二,明朝对御史的违法乱纪的处罚也比一般官吏要重,其中规定"凡御史犯罪,加三等,有赃从重论"(《明史·职官志二》卷73)。这样的规定倒是做到了"权力与责任相对等"。正因为对御史的要求很严,所以明代的御史一般来说素质都比较高。他们也忠于职守,为大明帝国的稳定和吏治的澄清起到了十分重要的作用。

御史制度好是蛮好的,皇帝有他们在监察着帝国的每个角落,他可放心多了。但世界上的事情往往是这样,当你品尝鲜鱼的美味时,就得小心鱼刺卡了你的喉咙。我们讲的那位大明帝国的开国皇帝朱元璋正在为他设计出来的都察院御史制度的美妙而偷着乐时,一不留意他就被自己的"杰作"鱼刺给扎了。

○ 奇闻：唯我独尊的洪武皇帝居然要向七品小官认错？

有一天，朱元璋在明皇宫里待腻了，闷得慌，忽然想到应该娱乐娱乐，就叫太监出宫门去，到南京城南找些女乐来乐乐。女乐就是民间常说的戏班子，不过，这戏班子里的主角全是女的，用今天话来讲就是娱乐圈内的女演员、女歌星。古代这种女乐、戏子什么的是社会的另类，属于贱民阶层，他们可能做梦也没有想到今天他们的"子孙后代"扭个屁股、搞成野草一般的头发、涂成像《聊斋》里的画狐一样的脸蛋，光出场费也能弄个几十万、几百万什么的。老祖宗们可"低贱"了，在国家的法律中女乐被列入"贱民"阶层，而且世代为业。太监找到了女乐，说是皇帝要她们去"娱乐娱乐"，这是看得起她们，赶紧就去吧！别让那洪武爷等急了，他可不是好说话的，一发怒就要人头落地。太监带了女乐们正急匆匆地往明皇宫里去，走过了午门，来到了奉天门，正要往大内里赶。(《明史·周观政传》卷139)

这时，来了个专门巡视皇城的巡城御史周观政，突然挡住了他们的去路。因为根据大明内宫制度的规定，女乐这类贱民是不准进入大内这样"高贵神圣"的地方的。可领头的太监没把周观政的阻拦当回事，顶了他一句："我有圣旨在身！"其潜台词是皇帝叫我这么干的，你要找麻烦去找皇帝去！哪知道巡城监察御史周观政就不信这个邪，死活也不让女乐进宫。太监没办法，只好将女乐留在原地，自己跑到宫中去向朱元璋禀报了所发生的事。(《明史·周观政传》卷139)

朱元璋听了心想：今天我想放松放松，看来是弄不成了，于是苦笑地对太监说："传我的口谕，女乐娱乐活动不搞了，叫她们回去吧！顺便跟巡城御史周观政说一下，就说他干得好，回去好好休息吧！"朱元璋这样做，一方面表明自己奉行制度办事，有错就改；同时对御史工作也予以肯定。用平常人的思维：这个正七品的小小御史，皇帝也已经给足了你面子，你也该歇歇了。可是历史上好多正直的御史往往是讲原则而不通融的科举出身的知识分子，他们认准了一个理，就是不放松，咬到底！这个周观政就是死活都不走，一定要皇帝朱元璋亲自出来与他"对话"。朱元璋深知御史的"厉害"，只好穿上朝服走出宫门，与周观政"对话"。朱元璋先是自我批评，表示对刚才找女乐的事情很后悔，同时又好好地表扬了一下周观政，说他做得对。这时的周观政才放心地回家休息去。(《明史·周观政传》卷139)

贵为九五至尊的天子，就连人臣之极的过去宰相哪一个不怕的皇帝朱元璋，现在居然怕起一个只有芝麻官那么大的御史，这实在让人匪夷所思。

其实，中国自古以来一直就有言官制度的传统。所谓的言官就是诸如御史一类的专门给皇帝提意见、给百官"找毛病""挑刺"的监察官。中国历史上形成了一个传统:只要不是特别的昏庸无道之君,一般皇帝即使被言官说了甚至骂了,都是不杀言官的。不过,要是碰上皇帝硬要杀那"批评"他的言官,又会怎么样呐?那肯定要冒舆论与传统及道德方面的风险,被史官作为昏君而记载于史,被臣民视为无道之君。朱元璋多精明,他才不会干这种傻事了,没什么大不了的,我就让你说吧。实在受不了,先忍一忍,让你言官过过嘴瘾,过几天把你从言官位置上给挪走,看我怎么来收拾你!

不过,事后监察御史周观政并没有被收拾的记录,这倒不是因为朱元璋的心底有多善良,而是因为他对自己苦心打造的大明新型监察系统太重视了。

● 建立以六科给事中为主体的无所不察的皇帝近侍监察官系统

其实除了以都察院为核心的大明监察系统外,朱元璋从长治久安的角度出发,在洪武开国前后和洪武十年还分别创造性地设计出另外两套言官体系,那就是六科给事中制度和通政司制度。由此在大明朝廷中央"构筑"起三道防护大堤,建立了三套权力制衡的监察机制。

上文中我们已对以都察院为核心的大明监察系统作了介绍,下面着重讲讲六科给事中制度和通政司制度。

六科给事中制度究竟是什么时候建立起来的?无论是《明实录》还是《明史》都没有讲出具体的时间,即使是当今专门研究政治制度史的专业研究者也没给出一个明确的说法。

查《明太祖实录》,六科给事中制度的构建有着一段时间。最早设置给事中官职的是在至正二十四年(1364)(《明太祖实录》卷14),具体干什么工作,没有记载,只是将它与起居注记在一起,起居注为皇帝近臣,给事中也应该是处理皇帝宫廷要事一类的官职。明开国前的吴元年年底,给事中被定为正五品(《明太祖实录》卷27),到了洪武四年定为正七品(《明太祖实录》卷64)。洪武六年(1373)明廷定制:给事中12人,秩正七品,分为吏、户、礼、兵、刑、工六科,每科2人,职责为检查诸司奏疏和每日记录皇帝旨意,具体地说,"凡省、府及诸司奏事,给事中各随所掌,于殿庭左右执笔记录,具批旨意可否于奏本之后,仍于文簿内注写本日给事中某钦记,相同以防壅遏欺蔽之弊,如有特旨,皆纂录付外施行……若系边报及钱粮、机密重事不待朝会合奏闻者,于给事中处报知引奏;省、府、台各置铜匮,凡所录旨意文簿

收贮于内,以凭稽考"。(《明太祖实录》卷80)

从当年的《明实录》的这些记载来看,洪武时期的给事中所干的工作倒是很像永乐以后宫廷内使所干的活,这也吻合实际;因为明太祖绝对禁止宦官干政,也不让宦官识字,但总得要有人干那些最为机密的朝廷公务,而从当时的实际来看,很大程度上主要由给事中来承担。洪武后期,明廷增设都给事中,作为给事中的领导。二十四年,"更定科员,每科都给事中一人,正八品(后又定为正七品);左、右给事中二人,从八品(后又定为正七品);给事中共四十人,正九品(各科分设员数)"。(《明史·职官志三》卷74),并对给事中的相关规定做了一些调整,从此以后形成了比较完善又有个性特色的明代另一套言官监察系统——六科给事中。

明代"六科,掌侍从、规谏、补阙、拾遗、稽察六部百司之事。凡制敕宣行,大事覆奏,小事署而颁之;有失,封还执奏。凡内外所上章疏下,分类抄出,参署付部,驳正其违误……凡日朝,六科轮一人立殿左右,珥笔记旨。凡题奏,日附科籍,五日一送内阁,备编纂。其诸司奉旨处分事目,五日一注销,核稽缓。内官传旨必覆奏,复得旨而后行。乡试充考试官,会试充同考官,殿试充受卷官。册封宗室、诸蕃或告谕外国,充正、副使。朝参门籍,六科流掌之。登闻鼓楼,日一人,皆锦衣卫官监莅。(洪武元年,以监察御史一人监登闻鼓,后令六科与锦衣卫轮直。)受牒,则具题本封上。遇决囚,有投牒讼冤者,则判停刑请旨。凡大事廷议,大臣廷推,大狱廷鞫,六掌科皆预焉"。(《明史·职官志三》卷74)

以六部为重点监察对象的六科给事中独立监察系统

```
                    ┌ 礼部——民政部——礼科给事中1人、左右都给事中各1人
                    │ 户部——财政部——户科给事中1人、左右都给事中各1人
皇帝—(中书省)—六部 ┤ 吏部——人事部——吏科给事中1人、左右都给事中各1人
                    │ 兵部——国防部——兵科给事中1人、左右都给事中各1人
                    │ 工部——建设部——工科给事中1人、左右都给事中各1人
                    └ 刑部——司法部——刑科给事中1人、左右都给事中各1人
```

洪武中后期,朱元璋强化给事中的监察功能可能更多的是针对六部。因为自中书省废除后,六部的职权有了明显增大,朱皇帝很不放心,通过调整六科给事中的工作范围,将其监察视点更多地落在了六部身上。六科给事中的工作流程是这样的:凡是六部不能做主,要向皇帝请示或要皇帝审批的事情,必须首先要在给事中处登记、审查,审查通过后才能转上皇帝,要是审查后认为不妥,可以驳回到六部重来;凡是皇帝要六部执行的事情,也必须在给事中那儿先登记,以便日后检查执行情况时有案可据。

因此说六科的工作较多是针对六部。譬如说,洪武二十二年(1389),朱元璋看到朝廷赏赐开支相当之大,而每一次赏赐后就要到户部再去领取,有时甚至一次赏赐还没结束,而赏赐钱财就不够了。这很像我们老百姓送礼,本来要想送1 000元人情礼,一掏钱包忽然发现只有500元,你总不能说:"对不起,我到银行去取了再来给你。"这多丢脸!为此,洪武皇帝就叫户部即财政部从国库中拖一些大明宝钞等财物到宫殿里来,存放在手头,一旦要赏赐了,马上就可以取到。但这样做的话可带来了另外一个问题:户部管钱物的,拿到了宫中来了,叫谁来值守这些财物呢?还叫户部的人?不行,那太容易舞弊了。朱元璋就叫上户科给事中和礼科给事中相继去看护值守,每年年底再由户部去统计、盘点,且规定以此为常例。这样就做到了管钱物的不管出入,管出入的不管盘点统计,"你中有我,我中有你",实际上起到了互察的作用。(《明太祖实录》卷195)

但在更多的情况下,六科给事中并不限死监察范围,有时户科给事中可能要管起兵部的事务,工科给事中可能要管起刑部、礼部的事务等,不一而终。譬如洪武二十八年(1395),工科给事中陈洽等人向洪武帝上奏说:"有的朝廷大臣犯了重罪,因为皇帝陛下您的大恩大德,他(们)得以宽宥,仍与我们一起上朝;但无论如何这些犯了重罪的大臣再也不应该仍站到自己原来的上朝班序行列里,而应该叫他们另外站出去,这样才能对违法犯罪者有所惩戒啊!"朱元璋一听,觉得讲得十分有理,马上下令:让那些犯了重罪又被宽宥的大臣在上朝时站到八品、九品的上朝班序之后。(《明太祖实录》卷239)

其实给事中的监察范围何止这些,他们还可以越出自己的"六科范围",管起另一个监察系统都察院,甚至有时还能将都察院的领导给扳倒。洪武三十年就曾发生过这么一件事,署佥都御史邓文铿、刘观、景清等人在一个奏本上署上自己的名字后,突然想起那本子上有差错,于是3人带上都察院的图章跑到六科办公所去,将上面的错误给改了过来,并重新加盖了图章。哪知刚好被值班的给事中给逮着了,这还了得,马上上奏给皇帝,朱元璋下令将邓文铿等3人逮捕下狱,后3人被贬黜到陕西去监察茶马。(《明太祖实录》卷253)

六科给事中有时还接受皇命,充当皇帝钦差,巡抚地方,甚至还干起清理军伍、军籍等监察御史的工作。譬如洪武十六年(1383),给事中潘庸等一行人就曾接受朱元璋的旨意:"分行天下都司、卫所,清理军籍。"(《明太祖实录》卷156)。洪武十九年,河南等地发生水灾,给事中宫俊、御史蔡新接受朱元璋委派,前往河南"检核被水人民,有赈济不及者补给之"。(《明太祖实录》卷178)

由此看来,六科给事中与监察御史的职责有着很大的重叠,几乎无所不察。尽管他们品秩都很低,被他们监察的官员中任何一个都可能比他们的官位要高,但因为他们有着"稽察六部百司"的权力,又处于皇帝近侍的位置上;所以其监察功能十分强势,可视为大明帝国中央朝廷的第二道监察防护大堤。

● 创设以通政使司为主干的集谏官和监察于一体的宫廷内外通政渠道

朱元璋创造性地构建了独特的大明帝国官僚监察系统中第三道监察防护大堤,那就是以通政使司为核心的宫廷内外通政渠道。

通政使司创立于洪武十年(1377)七月,机构设置通政使1人,正三品,左、右通政各1人,正四品;左右参议各1人,正五品;经历1人,正七品,知事1人,正八品,"掌出纳诸司文书、敷奏、封驳之事"。(《明太祖实录》卷113)

通政使司官制创立时,皇帝朱元璋特别注重其职官人选,找了一大圈都没能找到合适的,后来突然想起了刑部主事曾秉正和应天府尹(相当于首都南京市长)刘仁或许能胜任这类新型职务,但他们都有了职务。曾秉正刚刚被委任陕西参政(相当于陕西省副省长或省长助理),只是他人还没离开南京,于是朱元璋马上令人去将曾秉正与刘仁叫到皇宫里,当面予以训示:"朕决定新设一个官僚衙门,叫通政使司。自古以来国家政治的变乱萌发于言路的壅蔽,一旦言路壅蔽了,奸佞小人就会乘机耍奸。所以说国家要治理好,就必须要设立喉舌之司,'以通上下之情,以达天下之政'。今朕任命你们官职,其名为'通政'。打个比方吧,国家政务就好比是水,一定要经常性的通畅而无壅堵,所以朕任命你们任职的这个官衙就叫做'通政使司',你们的官名就叫'通政','卿其审命令,以正百司,达幽隐以通庶务,当执奏者勿忌避,当驳正者勿阿随,当敷陈者无隐蔽,当引见者无留难,毋巧言以取容,毋苛察以邀功,毋逸间以欺罔,公清直亮,以处厥心,庶不负委任之意'。"朱元璋要求他们:"你们要根据朕的谕旨命令来对照规正百官的言行,要将那些被隐蔽或深藏的事情及社会普通民众的小事都能及时上报上来,让朕知道;还有应当奏请朕拿主意的,你们就不要有什么顾忌;应当予以驳正的,你们也千万不要随声附和;应当向朕汇报的,你们千万不能隐瞒;应当引见的人,你们也不能留难……"(《明太祖实录》卷113)

从上面这段话中我们可以看出,朱元璋设立的通政使司,哪像是个简单的"通政"衙门,简直是一个集谏官和监察于一体的重要政治机构,又有点像情报和新闻部门。当时规定无论什么官署上奏,都必须经过通政使司,由此可见,通政使司权力之大了。

通政使司的长官通政使"掌受内外章疏、敷奏、封驳之事。凡四方陈情建言,申诉冤滞,或告不法等事,于底簿内誊写诉告缘由,贵状奏闻。凡天下臣民实封入递,即于公厅启视,节写副本,然后奏闻。即五军、六部、都察院等衙门,有事关机密重大者,其入奏仍用本司印信。凡诸司公文、勘合辨验允当,编号注写,公文用'日照之记',勘合用'验正之记'关防之。凡在外之题本、奏本,在京之奏本,并受之,于早朝汇而进之。有径自封进者则参驳。午朝则引奏臣民之言事者,有机密则不时入奏。有违误则籍而汇请。凡抄发、照驳诸司公移及勘合、讼牒、勾提件数、给繇人员,月终类奏,岁终通奏。凡议大政、大狱及会推文武大臣,必参预"。(《明史·职官志二》卷73)

正因为通政使有着这样重大的职责与权力,所以他的品秩在当时就被定得很高,位于大明朝廷七卿之下的最高档次了,因而与六部尚书、都察院长官和大理寺卿合称为"九卿"。

从皇帝朱元璋提出"卿其审命令以正百官"的要求和通政使"掌受内外章疏、敷奏、封驳之事"的职责来看,十分显然,洪武开创大明通政使司系统,不仅使得皇帝直接了解内外实际情况,而且还在客观上也有起到监察诸司百官的作用。

其实无论是监察阵容最为庞大的都察院监察官系统,还是以六科给事中为主体的无所不察的皇帝近侍监察官系统以及集谏官与监察于一体的朝廷重要机构——通政使司,三者的职权范围都是大致相当的,除了监察诸司百官外,它们之间也可以互察,完全可视为相互之间谁也管不了谁的三个独立平行的监察系统。朱元璋之所以如此不厌其烦地在朝廷精心设置一个又一个监察系统,无非是为了将任何有可能危害到皇权的因素扼杀在萌芽状态,以此来确保大一统君主专制主义统治的稳固。对于这样多重平行监察与分权制衡的机构重建,晚年朱元璋不无得意地说道:"我朝罢相,设五府、六部、都察院、通政司、大理寺等衙门,分理天下庶务,彼此颉颃,不敢相压,事皆朝廷总之,所以稳当!"(《明太祖实录》卷239)

● 建立地方权力制衡监察机制:分巡道与分守道

事实上,除了上述中央朝廷建立的三套相互权力制衡的监察机制或言监察大堤外,朱元璋还在地方上建立了两套相互平起平坐的权力制衡监察机制或言监察大堤,这在历史上尚属独创。

明朝地方监察提刑按察司系统设置得很早，洪武开国前，朱元璋就在其控制的地盘上模仿宋元旧制设立各道按察司(《明太祖实录》卷6~29)。建国后定制按察使，正三品，按察副使，正四品，按察佥事，正五品。但在洪武十三年的"胡惟庸谋反案"爆发后没过五个月，各省按察司与中央的御史台一同被朱元璋废除(《明太祖实录》卷131)。后经过近一年的清理、整顿，洪武十四年(1381)三月，朱元璋下令复置各道提刑按察司(洪武末年除京师南京外，全国总计有13道提刑按察司，笔者注)，"并定各道按察分司"。(《明太祖实录》卷136)

明代提刑按察司长官提刑按察使"掌一省刑名按劾之事。纠官邪，戢奸暴，平狱讼，雪冤抑，以振扬风纪，而澄清其吏治。大者暨都、布二司会议，告抚、按，以听于部、院。凡朝觐庆吊之礼，具如布政司"。(《明史·职官志四》卷75)

用今天话来说，各省的提刑按察使是总体负责一个省区——按照监察系统的术语来讲应该称"道"——内的违纪、违法与犯罪等类事情的监察，纠劾官吏的不轨、不法言行，除暴安良，平反冤狱，维护地方稳定；碰到特别重大事情，他必须得与布政使、都指挥使一同商议，如果刚好碰上有巡抚或巡按出使该省份的话，还得告知这位朝廷钦差。

提刑按察使的佐官叫副使、佥事，他们主要从事分道巡察。什么叫分道巡察？洪武十四年朱元璋在复置按察司的同时，"并置各道按察分司"(《明史·职官志四》卷75)。洪武十五年(1382)九月，朱元璋又"特置天下府、州、县提刑按察分司，以儒士王存中等五百三十一人为试佥事人。按治二县，期以周岁"。(《明太祖实录》卷148)就是讲在每个省即按察司系统的一个道内又划分出了好几个按察分司，当时洪武皇帝一下子派出了以王存中为代表的儒士531人到各省各分司去担任见习佥事，每2个县权作一个按察分司(《明太祖实录》卷148)，"凡官吏贤否、军民利病，皆得廉问纠举"。这种按察分司的划分在洪武中晚期有所变化，洪武二十九年，全国按察分司为41(分)道——这就是明史上有名的"分巡道"。(《明史·职官志四》卷75)

与"分巡道"对应的叫做"分守道"。什么叫"分守道"？明代在布政司(省)与府之间设立监察区叫"道"，这些"道"是自成体系，它们不以行政区的划分为界限的。一般来说，一个布政司(相当于省政府)里要划分出好几个监察区"道"来，而一个"道"有可能要管辖与监察好几个府。通常来说，凡是由布政使司里的左右参政、参议等佐官分管与监察几个"道"的钱谷粮税之类的，这类专业的"道"叫"分守道"；凡是由提刑按察使司(相当于现代省检察院或省法院)里的副使、佥使等佐官分管与监察几个"道"里的刑狱之类的，这类专业的"道"叫做"分巡道"。"分巡道"和"分守道"并不重合，各自自成一体，譬如浙江境内的分巡道有4个：杭严道、宁绍道、嘉湖道、金衢道；分守道也有4个，但它的划分与分巡道不一样，它们是：杭嘉湖道、宁绍台道、金衢严道、温处道。(《明史·职官志四》卷75；《明太祖实录》卷136)。可以说"分巡道"和"分守道"是根据"专业"分别对"道"辖区内的官僚从事相关对口"专业"活动进行监察。譬如省级布政司的佐官左右参政要检查辖区某"道"内的粮税上缴情况，但对于"道"内的打官司或人命冤案是不管的，即使在工作中拔出萝卜带出泥，已经弄清个是非来了，他还不能管。这些人命案件要由提刑按察使司里的副使、佥使来监管。这样的机构设置与专业管理有着两个方面的作用：

第一，专业对口管理与监察，便于对行政官僚的管理与对地方官吏的腐败起到监察与遏制作用。一个人要成为通才似乎是要求太高了。明代的这种专业对口管理与监察从制度的设计角度来讲还是理性的。你叫布政使和他的佐官去监察道里的什么人命案件，即使按照常理能看出个子丑寅卯来，但要运用《大明律》何条何款，对不起，我得回"省城"去查好了再来告诉你们，这不成了笑话；同样如果叫提刑按察使司里的副使、佥使等佐官去监察"道"里的钱粮税收什么的，这些省检察院或省法院的"领导同志"恐怕连账本也不一定能看懂。所以专业对口管理与监察应该来说对于提高行政官僚的管理水平与遏制地方官吏的腐败起到了积极的作用。这说明明代中国的政治文明已经达到了很高的水平。

第二，专业对口管理与监察，除了对防止地方府、州、县官吏的腐败与不作为或乱作为有监管作用以外，中央控制和掌握省里的布政司和提刑按察使司等衙门，又实行其衙门佐官直接监察下辖的道。这样对布政使司和提刑按察使司等衙门里的长官布政使和提刑按察使实际上起到了一定的分权与制约的作用，同时加强了中央对地方的控制。

明代独创的地方监察系统

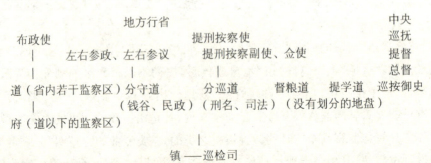

在明朝还曾设立了督粮道和提学道等专业的道，不过它们没有专门地盘的专

职道员,有时也有被临时指定的监察地区。

○ 巡抚、巡按与提督、总督

地方上通过"重新划分"监察区,设立"分巡道"和"分守道"监察系统,地方中下层的监督加强了。但地方分权也好,监察也吧,所造成的格局是各司其职,遇到地方发生大事,尤其是省与省之间发生了事情,谁也指挥不了邻省一起行动,原本出于良好愿望而设计出来的地方管理与监察机制这时暴露出问题了。于是在洪宣以后就出现了巡抚、巡按与提督、总督等从临时差遣到最终定制的地方管理与监察的官僚机制。

洪武年间皇帝朱元璋就派出亲信或其他比较可靠的官僚出去"巡抚"地方省份,"巡抚"的名称很好听,即巡视地方、抚慰苍生。洪武中叶朱元璋曾命令大明第一大将军徐达巡抚北疆,训练士卒(《明太祖实录》卷157),洪武二十四年派遣宋国公冯胜、颍国公傅友德等巡抚山西塞上(《明太祖实录》卷236),同年又叫太子朱标"巡抚陕西地方,巡抚之名,始见于此"(【明】沈德符:《万历野获编·督抚》卷22)。永乐年间"巡抚"逐渐走向制度化,明宣宗时基本上固定下来。起初一般中央派出的是一些尚书、侍郎、都御史等高级官员,到各处边境腹地去巡视巡视,办完事后回到朝廷复命。这样出巡的官员就叫"巡抚",这是一种临时的官差和官职。巡抚一般无权管地方上的军务。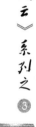

巡抚又略微不同于"巡按",巡按洪武初年就有了,《明实录》记载:洪武二年朱元璋派遣监察御史谢恕巡按松江(《明太祖实录》卷43)。一般来说,巡抚是指中央朝廷派遣监察御史巡视地方省份,似乎在官阶上,巡按要比巡抚略低些。要是出来的巡抚加上军务管辖头衔的,就叫做"提督";有时形势需要,要动用几个省的钱谷与兵力,巡抚要兼理地方军务加提督,往往以尚书、侍郎总理地方军务,并兼任都御史,他才有权动用几个省的力量,人们往往称他为"总督"。

但无论巡抚还是总督,在明代前期都是属于临时性的差遣。明朝中后期,地方事务增多,一个巡抚或总督往往干了好多年也没"走",逐渐成为固定的地方长官了。(详见笔者《大明帝国》系列⑨《洪熙、宣德帝卷》上)

巡抚、巡按、提督、总督都是中央派出的官员,一般代表皇帝巡视天下,即使是仅仅正七品的监察御史外出巡视,比他高出四五品级的地方省长(布政使)等封疆大吏也对他畏惧三分,府、州、县的地方官甚至行跪拜之礼。一来这些外巡中央官员代表了皇权,二来他们有监察地方百官的权力。所以我们经常在古典小说中读到,地方百姓盼星星、盼月亮地盼清官,清官也就是"巡抚"来的中央官员。不可否认，在皇帝不昏庸、政治清平的情势下，巡抚、总督制度还是在一定程度上和一定范围内起到了监察地方、"为民做主"的积极作用，可惜这样的时候太少了。

从朝廷中央的都察院监察御史、六科给事中、通政使司到地方上的提刑按察司、分巡道与分守道，朱元璋绞尽脑汁精心设立了一套又一套分权制衡的官僚监察机制，以此消除来自于中央与地方对皇权的任何危险，确保绝对君主专制主义中央集权大一统帝国的长治久安——用明代大思想家王阳明的话来说就是维护"君体"（[明]王守仁：《传习录》卷上）。这些举措果然十分有效。但话得说回来，如果光有监察，不给官僚们制定言行规范准则和奖惩机制的话，一切都无从谈起。为此，洪武开国以后，朱元璋不断下达诏敕谕令，为大明官吏制定了一系列言行规范准则；用通俗话来说，就是实行"公务员"标准化，严惩官吏贪暴腐化。

制定"公务员"标准化　严惩官吏贪暴腐化

明代的官即为我们今天习惯称呼的"公务员"中的领导干部，自步入官场的入口处起，洪武皇帝就为他们制定了一系列的行为规范与标准，这些行为规范与标准大凡有两个方面：第一个为"软件"方面，重建传统儒家的标准仪礼，革除蒙元陋习，构建等级秩序。譬如，洪武二年八月朱元璋征集天下儒士修纂《礼书》，书成后正式取名为《大明集礼》。这是朱元璋"参酌唐宋"、恢复传统的礼仪大典，为当时社会各个阶层的人们所必须遵守，其中就包含了官僚阶层（《明太祖实录》卷44~56）。后不断修订，到洪武二十年十月时，终于诞生了洪武时期最为齐全的大明官吏言行举止规范准则条例《礼仪定式》。《礼仪定式》共有26条，朱元璋对此十分重视，"命在京公侯以下，在外诸司官员，并舍人、国子生及儒学生员民间子弟，务在讲习遵守，违者问如律"（《明太祖实录》卷186）。按照我们现代人的理解，礼仪属于"软件"建设层面，道德范畴。但在古代人看来可不是这样的，朱元璋曾叫刘三吾等儒臣将儒家经典篇章《洪范》写在明皇宫御座之右的墙体上，并专门为此做了这番指示：朕看那《洪范》，讲的都是帝王为治之道，都是等级仪礼之类的大经大法，礼仪"叙彝伦，立皇极，保万民，叙四时，成百谷，本于天道"，朕要每日早晚都能看到，并以此反复深思。（《明太祖实录》卷180）

由此可见洪武帝对包括大明官吏在内的各阶层仪礼等"软件"建设层面的重视了；与此相对应的另一个层面为官吏队伍的"硬件"建设，套用我们老百姓的一句俗语就是"硬杠杠"，你要当官首先必须要达到某个"硬杠杠"。明初洪武早中期，大明帝国对于文官的学历要求并不强调(后文我们将专门论述)，入仕大致有两途：一为荐举，二为科举，包括学校学生应急应事入仕。科举过关的人不用说他的学历文凭等"硬杠杠"了，关键在于前者荐举有没有"硬杠杠"？从洪武年间朱元璋多次下达荐举旨令来看，其强调荐举人才的标准不外乎为有才干、有知识。那么怎么样才能算是有才干、有知识？千人千面，不一而足。所以最终朱元璋绕了一大圈，还是回到原点上，洪武十七年他颁布诏令，确立科举成式化。由此大明帝国确立了以科举作为入仕的主渠道，读书人拥有举人以上的学历逐渐成了大明官僚队伍准入的第一大"硬杠杠"。(《明太祖实录》卷160)

● 明朝领导干部可不好当，入口处至少有七种回避制度——资格标准化

通过了这道"硬杠杠"，你就可进入大明"公务员"队伍的入口处。不过在此洪武皇帝又设立了一道"硬杠杠"，即官员任职回避制度。中国自从汉朝就有相对比较完善的官吏任用回避制度，以后逐渐发展。到了明代，中国官吏任用的回避制度已经达到了很成熟的地步，这首先得归功于大明开国皇帝朱元璋，因为在他当政期间对明朝官吏任用的回避制度做了根本性的规范。具体地说，明朝官吏任用有七种回避基本上都定制于洪武年代。

○ 第一种叫官吏亲族回避

宋代时就规定：有亲缘关系的官员不能出任有相互利害关系的官位，或者说当领导的不能在你的衙门里安排自己的亲戚。(《庆元条法事类·职制门》卷1)

应该说宋朝的这类规定还是比较严密的。但朱元璋认为它们还不具体、不精到，洪武元年他进一步地作出更加细化的规定："凡是有父亲、伯伯、叔叔或哥哥等直系亲属在六部等中央重要衙门为官的，他(们)的儿子、侄子、兄弟等都不能安排到重点以六部为监察对象的六科去任科道官，必须与同品级的其他部门的职位对调。"

洪武皇帝这样规定的目的是防止出现叫儿子去监察老子，侄儿去监察叔叔或伯伯，兄弟去监察哥哥这种令人啼笑皆非的尴尬局面。如果不这样做，即使制度上有监察这一环节，但实际上还是成了聋子的耳朵——摆设。朱元璋还规定："中央与地方的各衙门官员中如果存在父子、兄弟和叔侄关系的，由做小辈的依制进行回

避。"这就好比说,父亲当了知县(县长),儿子就不能在该县当县尉(类似于现在的县人武部长、县公安局长)等下属,否则这个县衙成了他们家的父子店了,因此必须要进行任职回避。

○ **第二种叫官员籍贯回避**

洪武开国起,关于大明官员任职籍贯要求,朱元璋制定了十分严格的南北大对调,即南人北官和北人南官,"是时吏部铨选南北更调,已定为常例"。可相当多的官员不乐意接受,"往往以南籍改冒北籍,以北籍冒南籍"(《明太祖实录》卷70),朝廷下令严厉禁绝。洪武十三年正月,朱元璋制定更为详细的南北官员互调之法:"以北平、山西、陕西、河南、四川之人于浙江、江西、湖广、直隶有司用之;浙江、江西、湖广、直隶之人于北平、山东、山西、陕西、河南、四川、广东、广西、福建有司用之,广西、广东、福建之人亦于山东、山西、陕西、河南、四川有司用之。考核不称职及为事解降者,不分南北,悉于广东、广西、福建、汀漳、江西、龙南、安远、湖广、郴州之地迁用,以示劝惩。"(《明太祖实录》卷129)五年后的洪武十八年,南北互调之法使用范围由官员扩大到了吏员:时"天下役满,吏员凡千八十人宜避贯用之。如湖广人用于江西、四川,江西、四川人用于湖广,其福建与浙江、广东与广西、直隶与山东、河南与陕西、北平与山西皆互相迁用"。(《明太祖实录》卷174)

看了上述明初官场任职籍贯回避,给人感觉头都要晕了。我们将其简化一下:南方人要到北方去做官,北方人只能到南方来当官。

官员籍贯回避制度是中国古代政治文明中的一大亮点,尤其值得称道的是它产生于自古以来就特别讲究血缘家族与复杂的裙带关系的中国传统社会土壤里。这对于规避执法与行政中明的、暗的执法不公、行政偏私等许多弊端提供了先天的制度保证,同时也给大一统帝国带来了极大的好处:保证政令的畅通和行政、执法的有效。对于官员及其家族来说,客观上也减少了他们串通犯案、干涉国家与地方事务的机会。用现在话来讲,实际上起到了爱护干部、保护好干部家属的作用。

给大家举个例子说事,洪武前期曾出任中书省右宰相的江苏籍汪广洋,很早就参加了革命,投奔了朱元璋,可他一旦外放就在北方外省的山东、山西等地任职。后来他出事了,连带被处罚的也就是被他私纳的一个小妾,没有牵涉到什么七大姑八大姨老鼠窝式的。(参见《明史·汪广洋传》卷127)

所以我们看到,除去那时法律制度上的连坐与族诛以外,一般来说,在汉唐宋明官员籍贯回避执行得比较好的朝代里,血缘关系性质的窝案并不多见。因此可以这么说，官员的籍贯回避制度在历史上所起的作用实在是功不可没。

洪武中后期朱元璋对于唐宋以来的官员籍贯回避——主要回避本省籍贯又有了发展，原先在距离本籍300里以外的外省就可以任职当官了；但在朱元璋看来，这还不够，300里距离还是近了点，难保在这300里内有什么亲戚朋友的，万一发生亲友干涉官员正常公务工作，岂不挖了大明帝国的墙角？于是他决定实行南北官员互调之法，不过在推行了一段时间后却发现：这么大的范围内官员大互调，漏洞是被堵住了不少，但随之产生的问题也令人很头疼。南北方差异很大，从遥远的地方来到本乡的外乡官，想要了解本乡本土实在费劲，这就很容易造成外乡官好多年还不熟悉本乡本土的尴尬局面，也便利了"本地产"的衙门胥吏从中作弊耍奸。再说，宋元以后中国的经济、文化中心转移到南方，就人才而言，南方多出文人，北方逐渐呈现出后继乏力的趋势，要想做到南北方完全"对调"几乎是不可能。所以后来明廷在这一国策上作了一些修正，不再死守南人北官、北人南官"硬杠杠"，但还是规定了只有学官可在本省充任，其他官员均不得在本省任官，这是大明帝国为官任职的一道底线。《明史》对此总结道："洪武间，定南北更调之制，南人官北，北人官南。其后官制渐定，自学官外，不得官本省，亦不限南北也。"（《明史·选举志三》卷71）

说到这里，我就想起一个很有名的历史人物，明朝中叶大清官海瑞，他的籍贯为广东海南。考中举人后，他先后在福建、浙江、北京和南京等地任职，转了一辈子，转了一大圈，直到死后他才被运回海南。海瑞之所以能这么清正，有他自身恪守正统儒家知识分子的操守与道德理想的原因，也与明代官员籍贯回避制度给他营造的相对有利的条件有关。试想：要是海瑞回到了他家乡海南去当官，那些叔叔、伯伯或小姨、大婶能保证不去找这个海家小辈办个什么事？海瑞要是不办，就会落个六亲不认、众叛亲离的恶名；要是办了，他还是那个流芳百世的海瑞吗？（《明史·海瑞传》卷226）

清承明制，也规定任官回避：汉官不得在本省任职。即使接壤在500里以内者，都理应回避。凡应回避而不回避者，或降级或去职。

○ 第三种叫官员职务回避

这种回避专指在中央的户部官，不能由苏松、江西、浙江等地江南籍贯的人士任职。洪武二十六年，朱元璋下令规定："浙江、江西、苏松人毋得任户部。"（《明史·职官志一》卷72）。从这条规定来看，朱元璋做得实在过头了，每每读到这里就让人想起他贼喊捉贼似地说过：天下苍生都是我的子民，手心手背都是肉，但他就是偏心眼——至少说事实上是这样，重赋于江南，却又不让江南人在户部任职，唯恐江南人到户部任职后，袒护自己的家乡，做出什么"亏空"大明帝国经济财税的事来。

朱元璋的心虚已经到了家，几乎没有什么可操作性，要知道宋元以来，江南不仅成为全国的经济中心，而且也是文化中心和人才辈出之地，江南地区很少出武将猛士，却以文化、思想、艺术、经济等方面见长的人才特多。朱元璋想绕过这道坎，实在让人难以理解。建文帝在这方面就比他爷爷聪明，建文二年二月朱允炆下令："苏、松人仍得官户部。"(《明史·恭闵帝本纪》卷4)

○ 第四种叫监察回避

监察官与被监察者之间存在师生关系、亲嫌关系、同乡同年等关系也应回避。这一条没什么新意，只是沿用以往朝代的传统而已。不过在明代文人的笔记里头却记载着这样一件事，说朱元璋怕文官御史与文官御史住在一起，会彼此打哈哈，为了防止同类、同行或称同事之间相互"包容"，进而坏了大明"公务员"队伍的监察建设，于是做出特别规定："御史与校尉同居官舍，重屋，御史在上，尉在下，欲其互相察纠也。"大明监察确系强化了，但由此带来的事情也让人啼笑皆非。

据说，有个御史眼睛不太好，时间一长，大家都以为他是瞎子，连家里人也这么认为。由于该"瞎子"御史与一个官职为校尉的武官同住一起，时间一久，那个精力特别充沛的校尉与"瞎子"御史的老婆偷偷地好上了，并经常乘着"瞎子"御史外出，"偷耕"他家的"自留地"。有一天，"瞎子"御史外出后突然回家，走到自己的房间时，听到"咚！咚！咚！"的脚步声，他假装什么也不知道，什么也没听到，就问刚偷完情的妻子："什么声音啊？"妻子说："可能是猫跳楼吧！"御史听后什么也没说，只是打了个哈哈。很多年以后，御史归老家乡，原本不太好的眼睛突然间变好了。有一天他与老妻发生口角，老妻不讲理，耍泼，御史不得不甩出杀手锏："你都忘了当年猫跳楼的事情呢？"这下可羞死了老妻，当天夜里，老妻上吊自尽了。([明]祝允明:《九朝野记》卷3)

上述故事虽说不一定是真的，但洪武帝为了杜绝御史同行间的"包容"，而将其与武官安排住在一起，这样的监察"到位"在历史上也极其少见。

○ 第五种叫科场回避

宋代中国科举制发展到完善阶段，科场回避也做得很好；一般来说，主考官一律不能到他的原籍去主持科举考试，实行籍贯回避。朱元璋觉得宋朝人做得还不到位，于是决定对明代科场的回避范围作了扩大：凡从事考务工作的有关人员同考生存在亲属关系、师生关系等都应予以回避。这样回避的范围不仅包含了主、副考官,而且还覆盖了从事一般性的考试事务的无官无权的普通工作人员。其目的无非是防止他们串通起来作弊,加上明初规定:"两京乡试,主考皆用翰林;而各省考官,先期于儒官、儒士内聘明经公正者为之,故有不在朝列累秉文衡者。"(《明史·选举志二》卷70)。这样一来,科场舞弊案确实大为减少了。

但再好的制度还得要靠人去严格遵守,如果有人只想从谋私利的角度去面对科举考试的话,那么即使是世界上最为严密的考试选拔制度也会被击垮。

明朝中后期政治腐败,朝纲紊乱,科场规避这个祖制的外壳虽被保存了下来,但隐形舞弊层出不穷。"神宗初,张居正当国。二年甲戌,其子礼闱下第,居正不悦,遂不选庶吉士。至五年,其子嗣修遂以一甲第二人及第。至八年,其子懋修以一甲第一人及第。而次辅吕调阳、张四维、申时行之子,亦皆先后成进士。"(《明史·选举志二》卷70)。堪称绝唱,宰辅的儿子们居然个个都成了科场高手,正应了一句老话:龙生龙凤生凤,老鼠儿子去打洞。大凡国家出现如此境况,离灭亡也就一步之遥了。

○ 第六种叫司法回避

这一条也没什么新意,只是沿用以往的唐宋两朝的传统而已。进一步区分大致有两类:第一类叫审讯回避,唐时称为"换推制度",意思是司法官与当事人之间存在着师生关系、亲属关系、仇嫌关系以及曾在本地区任过刺史、县令等地方长官的人,都应该实行回避;第二类叫法官回避——司法官与被告存在亲嫌关系或科举同年同科关系的,都例应实行回避。还有司法官之间,以及同一案件的后审官与前审官如有亲嫌关系,也须回避,等等。应该来说,从制度本身来讲已经是很科学、很严密了,洪武帝在大明帝国的建设中一一照用。不过据明代人笔记来看,洪武九年八月,朱元璋还曾颁布了一项十分奇特的司法行政回避诏令:"凡在官者,其族属有丽于法,听其解职还乡里。"这是讲,官员家属一旦犯法了,该官员就得辞官还乡。那时刚好江阴县令饶玄德家人犯了点事,按照洪武皇帝新近下达的诏令,饶县令不得不向有关部门辞官回乡。(【明】李诩:《戒庵老人漫笔·在官有族犯皆去职》卷1,中华书局1982年2月北京第1版,P36)。无独有偶,《明实录》中也有这样一段记载:洪武九年七月丙辰日,朝廷"免刑部侍郎顾礼官,以亲属极刑循例免也"。(《明太祖实录》卷107)

官员家属犯罪,该官员也得要罢官。如果你自己不辞职,政府会让你"主动辞职"。之所以要让家属犯法的官员辞职,我想其至少出于两个方面考虑吧:第一,告诉官员们管好你家的公子哥、把好"枕头风"、关好"拉链门"，净化官场风气；第二，减少司法、公务干扰，以求司法、公务公平、公正。很可惜，后来大明在朱元璋"好儿子"永乐皇帝那里这样的好传统似乎全弄丢了。

○ 第七种叫王府官回避

这是一种特殊的回避制度，洪武年间是否贯彻不见正史记载，在《万历野获编》卷四中记载了这样的规定。笔者认为这很可能是明永乐开始为防止地方藩王势力坐大，杜绝藩王的潜在危险而实施的一项规定：王府官"终身不得他迁"。（张晋藩：《中华法制文明的演进》，中国政法大学出版社1999年11月版）

● 大明"公务员"工作规范化与公务标准化

以上是明代官场实施的回避制度，根据任职回避制度，吏部（相当于现在的组织部、人事部）对人才进行铨选，最后由洪武皇帝出面授职。在一些情况下，皇帝朱元璋如果对某个官职有中意的人选则直接予以授职，吏部只是象征性补办一下具体的手续，就如我们民间所说的先上车后买票，先同居后恋爱。这样的事情也很正常，因为皇权高于一切嘛，其他任何人、任何事都是服务于皇帝，都是为皇帝"打工"的。不过明初官员"打工"可不好打，不好混，因为他们的帝国大雇主可不是一般人，他是从地狱边缘起死回生后开创一代江山的奇特的开国皇帝。虽说是做了皇帝了，但童年、少年时代的苦难经历及心理潜意识时不时地影响他的治国理政甚至国策的制定。

洪武二年（1369）二月，朱元璋在朝堂上与群臣们谈到授官任职时曾这样说道："朕……尝思昔在民间时，见州县官吏多不恤民，往往贪财好色、饮酒废事，凡民疾苦，视之漠然，心实怒之。"（《明太祖实录》卷39）

洪武十八年（1385）七月，看到来自全国各地赴阙请留循官良吏的耆老们，洪武帝又跟近侍大臣颇为感慨地这般说道："朕向在民间，尝见县官由儒者多迁而废事，由吏者多奸而枉法，蠹政厉民，靡所不至，遂致君德不宣，政事日坏，加以凶荒，弱者不能聊生，强者去而为盗，此守令不德其人故也。"（《明太祖实录》卷174）。终其一生，朱元璋心目中的官吏形象从未改变。

正因为如此，朱元璋对官员之考核及政务规范化、标准化制定了一系列严格的规章制度，从严治官，防治官员营私舞弊。

○《授职到任须知》——工作职责及须知

洪武年间,各级地方官吏从被委任授职的第一天起,就必须得遵守一套严格的工作规范与职责标准规定——《授职到任须知》。

这个《授职到任须知》由皇帝朱元璋亲自制定并颁行天下,分为祀神、制书榜文、吏典、印信衙门、狱囚、起灭词讼、田粮、仓库、会计粮储、各色课程、鱼湖、金银场、窑冶、盐场、系官房屋、书生员数、耆宿、官户、境内儒者、好闲不务生理、犯法民户等31项,并逐项开出地方官员所应承担的责任和所应该注意的事项。而在每项中朱皇帝又列出具体的要求,譬如狱囚项内,你不仅得了解在押犯人有多少,已经审结的案件有多少,而且还得了解犯人们何时入狱,所犯之罪是轻还是重,怎么来证明,怎样审结,等等。一旦违反或不遵守,那得接受严厉处罚。(万历:《大明会典·吏部·关给须知》卷9)

○ 地方诸司衙门的《责任条例》及政务记录簿

在官员被任命到岗那一刻起就给划定一个职责范围,用今天话来讲,就是官场行政工作所必须做到的"死"规定。规定是"死"的,可人是活的,即使你皇帝老子规定了,我可不执行,你又不能一天到晚盯在我屁股后面。对于这样的情况,朱元璋有何良策呢?

洪武二十三年(1390)他为地方府、州、县诸司衙门制定《责任条例》,随即颁行各地实施,"令刻而悬之,永为遵守"。

《责任条例》规定:所有的官府衙门必须设置一个文簿,对其衙门里所办过的事情不论大小一律逐项记录下来,每个季度派一员吏典将本衙门的文簿送交给上级衙门查考备案,有点类似于我们现在的"工作记录簿"或"工作日志"。这样一来好处可多了,上级官员来到下级部门监督检查时,有案可稽;如果有人跟你有仇隙,将你任上所做的工作说歪了,这空口白牙的说不清楚,不妨拿出那本"工作记录簿"来,用事实说话;如果上级部门来考察,他们不可能天天蹲在你的衙门,要考察你和你的衙门日常都干了些什么工作,有没有违犯或不遵守《授职到任须知》,那么也拿出"工作记录簿"说话。因此《责任条例》不仅是地方官吏的工作准绳,而且后来也成为上级衙门甚至中央派出的巡按御史监督地方官的制度依据。

朱皇帝还曾下令:"布政司考府,府考州,州考县,务从实效,毋得诳惑繁文,因而生事科扰。每岁进课之时,布政司将本司事迹,并府、州、县各赍考过事迹文簿,赴京通考。敢有坐视不理,有违责任者,罪以重刑。"(万历:《大明会典·吏部·责

任条例》卷12)

○ 中央六部衙门的《六部职掌》

对地方诸司衙门官吏的工作职责划好了范围,并规定了责任追究制度,那么对于天子眼皮底下的中央各部门官吏,洪武皇帝则更加重视,在大明开国之初的洪武五年六月就制定与颁行了六部衙门工作权限与职责范围,那就是《六部职掌》。其中规定:"吏部掌天下官吏选法封勋考课之政"、"户部掌天下户口、田土、贡赋、经费、钱货之政"、"礼部掌天下礼仪、祠祭、燕享、贡举之政"、"兵部掌天下军卫、武选、厩驿、甲仗之政"、"刑部掌天下刑法及徒隶、勾覆、关禁之政"、"工部掌天下百工、屯田、山泽之政"。六部之内又各自设立3或4个下属机构,且规定好它们的工作职责范围。《六部职掌》颁行后,"岁终考绩,以行黜陟"。(《明太祖实录》卷74)

○ 中央诸司衙门的《诸司职掌》

《六部职掌》出台后,朱元璋又发现不仅六部衙门,中央其他诸司衙门的工作职责范围都得加以规范,于是经过一段时间的磨合后洪武二十六年三月正式颁行《诸司职掌》。

《诸司职掌》"仿《唐六典》之制,自五府、六部、都察院以下诸司,凡其设官分职之务,类编为书",即对中央各部门官员的设置和官员的职责都做了详尽的规定。当官的应该做什么,不应该做什么,一目了然。《诸司职掌》也是对中央五府、六部、都察院等主要衙门里官员进行年终考核和黜陟的主要依据和标准。(《明太祖实录》卷226)

在中央衙门中有一个"群体"很特殊,那就是御史,用今天话来讲,就是纪检干部和监察官一类。朱元璋给这个"群体"定位很特别,品级不高,一般在七品,与地方县太爷平级,但赋予他们的权力很大。皇帝往往让他们巡视与安抚天下,由此给他们一顶名字很好听的"帽子"——监察御史、巡抚御史。正因为权力很大,朱元璋更怕他们胡来,于是在洪武二十六年(1393),专门为监察御史制定《出巡事宜》27条,初步为御史出巡划定了工作权限,以后大明王朝又不断制定出《巡抚六察》《巡抚七察》等规章制度,进一步完善了御史出巡和监察的职责范围,起到了整肃吏治,净化官场风气,确保大明国家机器有效运行的作用。

除此之外,朱元璋还对大明"公务员"工作之外的言行实施规范化、标准化,其中有:

○ "公务员"公款吃喝规范化、标准化——明赐公宴节钱

通俗地说,洪武初年起,大明朝廷就制定了官场公宴费用标准,严禁官员肆意公款吃喝,这在历朝历代中尤有个性。在中国这样一个讲究"人情"的国度里,官员们的吃喝与交游不可避免,毫无节制的公款吃喝往往耗费公帑,加重百姓负担。草根皇帝比历史上任何一个君主都明白这个道理,对公款吃喝这个问题与其视而不见,不如制定标准,有章可循。对此,他制定了前所未有的官员吃喝规定,即类似于我们后世所说的公费吃喝标准。

洪武二十三年(1390)九月丑癸日,朱元璋对礼部左侍郎(相当于礼部副部长)张衡、左都御史(相当于监察部部长)詹徽等人下了道谕旨,对解决公款吃喝问题提出了自己的想法,他说:"以往官方举办公宴往往规模很大,常常惊扰百姓。自今以后,就由我们大明帝国官府来支付'大明宝钞',由省级布政司领 1 000 贯,以下衙门酌情递减,另外详细定出标准。"礼部的副部长张衡等人根据皇帝朱元璋的指示精神,做出更为具体的细则:一年中只有新年正旦、冬至及天寿圣节即皇帝的生日这三个日子可以举行公宴——也就是公款吃喝。除此之外,一律禁止,这三个节日公款吃喝的费用原则上由朝廷下拨支付。公款吃喝的费用标准:"凡布政使司有都司者千贯,府有都司者七百贯,无都司有卫者六百贯;无卫有所者四百贯,无卫所者三百贯;州有卫者五百贯,无卫有所者三百贯,无卫所者二百贯;县有卫者四百贯,无卫有所者二百贯,无卫所者一百五十贯,卫无州县者四百贯,所一百五十贯。"(《明太祖实录》卷204;【明】祝允明:《前闻记·公宴节钱》;【明】祝允明:《九朝野记》卷1)

上述规定的大意为:每一个节日省级布政司也就是省政府可用 1 000 贯,公款吃喝被请的对象是省级衙门所在地的大大小小衙门内的所有官和吏、学校里师生、社会贤达和被皇上赐帛的地方年老长者,还有驻扎在该省级衙门附近的军队卫所或都司(少数民族地区的机构设置)的大小官员,类似我们今天讲的省级地方军民联欢会。以此类推,府的标准为 700 贯(无驻扎军队的府为 600 贯);州的标准为 500 贯;县的标准为 400 贯,等等。府、州、县的公款吃喝的主要参与者与省级布政司相类,都是当地的衙门里的官和吏、军队的大小军官、学校里师生、社会贤达,等等。每年三次公宴的每次的公款消费标准处于何等水平呢?有人以省级布政司的 1 000 贯标准算过一笔账,因为省级参加者众多,有人估算不会少于 5 000 人,这样每人消费也就 0.2 贯。0.2 贯是什么概念?我们满打满算,暂不去计算"大明宝钞"的通货膨胀率,以 1 贯折合成 1 石米来计算,每人消费也就是 0.2 石米价,而制定这个公款吃喝规定细则是在洪武中后期,当时"大明宝

钞"贬值到了面额的 1/5。因此，实际上布政司一级的平均每人消费大约为 0.04 石米价。这么低的公款吃喝消费与节俭的大明天子朱元璋的个人消费"四菜一汤"还是较吻合的。

但即使这样，全国性这么大范围内的公款吃喝，国家也承受不了了。洪武二十七年二月，洪武皇帝下令："罢停在外文武诸司公宴。"(《明太祖实录》卷 231)

○ 地方"公务员"朝觐费用补贴规范化、标准化

朱元璋对官员的俸禄标准定得很低，但他不是不食人间烟火之人。外官定期要进京朝觐，汇报工作，接受吏部考核，这一来一回的盘缠与路费由谁出？洪武初年似乎没有明确的说法。洪武十九年三月发布的《御制大诰续篇》中就有这样的规定："今后每岁有司官赴京，进纳诸色钱钞并朝觐之节，朕已定下各官路费脚力矣。若向后再指此名头科民钞锭脚力物件，官吏重罪。每有司官壹员，路费脚力共钞一百贯，周岁柴炭钱五十贯。吾良民见此，若此官此吏仍前不改非为，故行搅扰，随即赴京申诉，以凭问罪。一、进商税路费脚力钞一百贯。一、朝觐路费脚力钞一百贯。一、周岁柴炭钞五十贯。"(【明】朱元璋:《御制大诰续篇·路费则例》第 61，P661)明代文人笔记也记载说，那时"有司官朝觐每一员给予盘缠钞一百贯，在任岁支柴炭钞五十贯，并后定给引钱，为堂食费"。(【明】祝允明:《前闻记·给有司官钱》)

这个规定是说：地方官到南京朝觐，大明帝国一次性补助每个官员 100 贯，在职官员每年领取柴炭钞即我们现在讲的暖气费 50 贯；另外还对给引钱就是官员的食堂伙食和地方官上任的路费及其家属给衣料费，等等，都作了详细的开支标准规定。其细心到了无微不至的程度，当然朱元璋这么做的目的就在于，怕底下臣僚想方设法地捞钱，或揩公家的油，与其这样，还不如我来给；如果我定了标准给了你了，你再胡来，就于情于理都说不通，那将"天地不容"——杀贪官。另外一层含义，我大明帝国定出公款开支与官员"补贴"的标准与项目，超出了这个范围则属于贪蠹与不当得利了。

○ 规范官吏 8 小时以外的行为，尤其重视对官员嫖娼宿妓的处罚

官吏的日常行为尽管与大明帝国的政治没有太多的、直接的关联，用我们今天的话来说，纯粹属于这些"公务员们 8 小时以外"的个人私事。可朱元璋不这么看，他极其"关心"官员们 8 小时以外的事，在家夫妻和美不和美，对待长辈孝敬与否，他都要管。汪广洋在中书省任职时被人告发，说是伺候"母亲不周"，立即遭到

朱元璋的斥责与贬官;还有官员8小时以外的两性生活,朱元璋也十分重视,并把它提到了很高的高度。元朝后期的中国"繁荣娼盛",到了明初,社会上狎妓成风,而官员狎妓更是被视为官员身份和地位的象征,这是唐、宋、元以来的遗风。官员们往往"广种博收",正所谓"家中红旗不倒,外面彩旗飘飘"。但朱元璋就不信这个"邪",他认为作为一个大明帝国的臣僚,你的身份就不同于一般的商人或平民。官员要嫖娼,一个最基本的条件就是要有钱,而我们说朱元璋提倡节俭,实行低薪制,因此官员们一般都收入不高,如果想要嫖娼宿妓,就必然是"靠山吃山,靠水吃水",进行暗箱操作,引发贪污;另外,官员嫖娼,出入烟花风月之地,也容易沾染不良习气,时间一长,就会带坏官场风气。于是朱元璋下令:"禁文武官吏及舍人,不许入(妓)院,止容商贾出入院内。"(【明】刘辰:《国初事迹》)

洪武严禁官员嫖娼宿妓到了什么地步? 当时规定:无论是官员还是一般的衙门办事人员,只要是"公务员"嫖娼(宿娼),一旦被抓住或被人告发又被证实,不是付了"5 000元"治安罚款就马上可以回家,更不是与"联防队"或"公安"说说好,使使银子,就万事大吉,过后照样当你的"公务员"和领导干部,照样在公堂上衣冠楚楚地吃三喝四;而是"罪亚杀人一等","我太祖尽革去之(指官妓之制)。官吏宿娼,罪亚杀人一等;虽遇赦,终身弗叙。其风遂绝"。(【明】王锜:《寓圃杂记·官妓之革》卷1)即说将该嫖娼官员的劣迹罪行几乎等同于杀人罪,犯事被处罚后即使遇到皇帝大赦天下时,可以赦免他的罪行,但这样的官员在大明帝国的官场上,绝不是挪个窝换个衙门再任用,而是终身不再叙用。由此带来了洪武年间相当好的官场风气与社会风气。

从《授职到任须知》《责任条例》到《六部职掌》《诸司职掌》,从规范"公务员"公款吃喝、规范地方"公务员"朝觐费用补贴、到从严管理官吏8小时以外的行为……由此下来,自县、州、府至省级布政司再到中央诸司衙门,各级官吏的工作责任范围、公务活动和个人行为及其所应该承担的责任都有了明确又严格的规定与要求。(《明太祖实录》卷247)

按照现在十分时髦的说法,就是实行标准化,进而也就要使得每个级别、每个工作岗位的官员都成为君主专制主义大一统帝国机器上的那颗永不生锈的螺丝钉。只有这样的每颗螺丝钉按照标准化的章法工作着,大明帝国这台君主专制主义的机器才能正常有效运行。而螺丝钉会生锈,也会松动,对于这样的隐患,大明开国皇帝自有他的对付手段——定时检修,即对官吏进行定时定量考课。

● 大明"公务员"工作检查、考核标准化——考察与考满

朱元璋从小就被抛到社会的最底层,饱受凌辱,对于元朝吏治的腐败及其对老百姓所造成的灾难深有体会。随着大明帝国的开创,朱元璋对于腐败的认识也有了深化:元朝吏治腐败不是因为它没有比较像样的官僚政治体制,而是因为官员素质低下和规章制度执行不到位与举措不力——要么是武夫当道,要么是文盲或半文盲执政,他们没有很好地监督官僚和执行法规。因此在精心设计和构建好大明帝国君主专制主义集权的官僚政治体制的同时,洪武帝更加重视和加强对制度主要执行者——官吏的考核。

朱元璋在治国的实践中,不断地探寻和总结整顿与考核官吏的方法和经验。到了洪武末年,大明帝国已形成了较为完善的官吏考核体系,将中国古代政治文明中的官吏考绩制度推向了新的高峰。见我这么说,有读者朋友可能要发问:如此说法是不是评价过高了?

没有。我们先来看看朱元璋经常挂在嘴边的一句话:"参酌唐宋。"那么朱元璋要追及的历史上的唐宋时代,它们的官僚考核制度究竟又是如何的?

在中国古代政治文明的发展中,应该说,唐代时的官僚考核制度已经是达到了比较完备的地步。考核官吏由专门管"干部人事"的吏部考功司来主持,但吏部考核官吏的权力有限,只能考核到四品以下的官员,三品以上的高官要由皇帝亲自考核。考核时限分为两种:一种叫小考,每年考一次,故又称为"岁课",一般由本部门、本衙门的长官来主持;另一种叫大考,每四年一次,称为"定课"。宋代开始时大体沿用唐代的官僚考核制度,但后来又有了发展,官僚考核由考课院专门负责。

(【宋】司马光:《资治通鉴》卷 194)

○ 大明"公务员"既要"考察"又要"考满"

明代官僚的考核制度在承继唐宋传统的基础上,跨上了一个新的台阶。当时官吏考核一般是由吏部和都察院(后来增加了内阁)主持进行,更具体地说,内阁大臣、六部和都察院的长官都要经过廷推合议,而其他官员则都由吏部进行会考。考核分为两种形式:

明朝官员考核制度

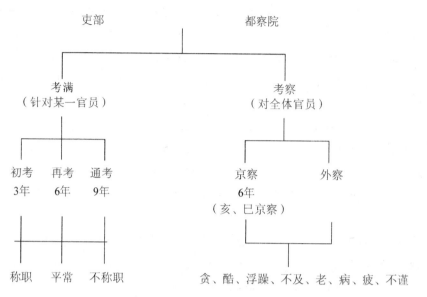

第一种考核叫"考满"，这是针对每个官员自身任期内的状况进行的考核。无论你是京官还是外官，每任满三年就要考核一次，叫做初考，任满六年又要考核一次，称为再考；任满九年要再考核一次，称为通考。这时方才可以叫做"考满"。考核的依据是朱元璋亲自过问后制定的《诸司职掌》和《责任条例》等。考核分为三个等级，即称职、平常、不称职。（《明史·选举志三》卷71）然后根据考核出来的等次，确定官员们的黜陟。当然，如果有人认为考察结论不当的话，本人可以申辩，主管机关如果考察不实的话，也要受到处分。

这个考核之法定于洪武十四年十月，具体规定如下："在京六部五品以下及太常司、国子学属官，听本衙门正官察其行能，验其勤怠，定为称职、平常、不称职；五军各卫首领官俱从监察御史考劾，各三年一考，九年通考黜陟；其四品以上及通政使司、光禄司、翰林院、尚宝司、考功监、给事中、承敕郎、中书舍人、殿廷仪礼司、磨勘司、判禄司、东宫官，俱为近侍，监察御史为耳目风纪之司，太医院、钦天监及王府官不在常选，任满黜陟，俱取自上裁；直隶有司首领官及属官，从本司正官考劾，任满从监察御史覆考；各布政使司首领官及属官并从提刑按察司考劾；其茶马司、盐马司、盐运司、盐课提举司并军职首领官，任满俱从布政使司考劾，仍送提刑按察司覆考；其布政使司四品以上、按察司、盐运司五品以上，任满官黜陟，取自上裁；内外入流并杂职官九年任满给由，赴吏部考劾，依例黜陟，果有殊勋异能超迈等伦者，取自上裁；所司事繁而称职无过者，升二等；有私笞公过者，升一等；有纪录徒、流罪一次者,本等用;二次者降一等;三次者降二等,四次者降三等;五次以上杂职内用;繁而平常无过者,升一等;有私笞公过者,本等用;有纪录徒、流罪一次者,降一等;二次者降二等;三次者降三等;四次以上杂职内用;简而称职与繁而平常同;简而平常无过者,本等用;有私笞公过者,降一等;有纪录徒、流一次者,降二等;二次者杂职内用;三次以上黜之;其繁而不称职,初考降二等;简而不称职,初考降三等;若有纪录徒、流罪者,俱于杂职内用;九年之内,二考称职,一考平常,从称职;二考称职,一考不称职;或二考平常,一考称职,或称职、平常、不称职各一考,皆从平常。其繁简之例,在外府以田粮十五万石以上、州以七万石以上、县以三万石以上,或亲临王府、都司、布政使司、按察司并有军马、守御、路当、驿道、边方、冲要、供给之处,俱为事繁;府粮不及十五万石,州不及七万石,县不及三万石及僻静之处,俱为事简,在京诸司俱从繁例。"(《明太祖实录》卷139)

洪武十七年八月,定考绩法。无论对京官还是外官,再次肯定适用"三年一考,九年通考"的考绩之法,"惟钦天监、太医院、光禄司等官不入常选,其余受任三年曾经考核者,各遵前例;四品以上黜陟,取自上裁;五品以下,考核称职无过,升二等;有公过而私罪轻者,升一等;有纪录罪至徒、流一次,本等用;二次降一等;三次降二等;四次降三等;五次以上于未入流内用;平常无过,升一等;有公过而私罪轻者,本等用;凡犯纪录徒、流罪者,俱于未入流内用;其通政使司、翰林院、尚宝司、谏院、五军、十卫、参军府、考功监、给事中、承敕郎、中书舍人、仪礼司、磨勘司、判禄司、东宫官俱为近侍,监察御史乃耳目风纪之司及王府官属俱不入常选,任满黜陟,取自上裁,如才德出众与谨守官职,夙夜奉公,特蒙升擢者,难以例拘"。要是碰上京官有缺,由大臣推荐,从内外同品官考核称职者中谨慎选择,最终交由皇帝定夺。做到内外官相参,"以杜权党",强化皇权。(《明太祖实录》卷164)

第二种考核叫"考察"。洪武四年朱元璋命工部尚书朱守仁廉察山东莱州诸郡官吏;洪武六年,又令御史台御史及各道按察司察举有司官有无过犯,奏报黜陟,这可视为明代考察的开始。(《明史·选举志三》卷71)后来逐渐推向全国。

考察是针对全体官员实行考核,以定奖惩升降。考察又分为两种,一种叫京察,最初并没有固定多长时间举行一次,大约到了明中叶弘治年间才定下期限为六年,常常是在亥、巳年进行大考核,因为举行地点在京师南京(后增加北京),故名"京察"之称。

京察的对象主要是在京的京官。四品以上的官员自己述职,即由个人对自己任期表现进行一个总结鉴定。但去留还得等皇帝与朝廷的裁定;对五品以下的官员,经过各个衙门考核,对不称职的、不合格的即作出"退休"、降级外调、冠带闲住为民等几种处分,有贪污舞弊行为的要被革职或刑事处罚,但一定要造好文册向上奏请。那么,哪些类型可称为不称职呢？明史上有所谓的"丽以八法"：即贪、酷、浮躁、不及、老、病、疲、不谨,只要你被定性为"八法"之一,那就是属于不称职官员类型了。一般来说,凡被列入八法的官员,要么被降级,要么被罢免。如果你是京官的话,还要被调出京城。(《明史·选举志三》卷71)

　　另一种与京察对应的叫"外察",它是对外官的考绩,一般是州县官每月对自己工作和辖区内的事务进行统计综合,然后上报到府里。府官不仅每月要对自己工作事务进行总结,而且还要对下属的州县官进行考核,然后再上报给省里的布政司。"国初凡有司庶务,若户口、钱粮、学校、狱讼之类,或每季或每月具其增损见在之数,书于册,县达于州,州达于府,府达于行省,类咨中书,吏牍烦碎,而公私多糜费,又有司决狱笞五十者,县决之杖八十者,州决之一百者,府决之其徒罪。以上具狱,送行省,由是州、县或受赂减重从轻,省、府或弄法加轻入重,文移驳议,囚系淹连。"鉴此,洪武六年九月更定有司申报庶务法,"革月报为季报,以季报之数,类为岁报。凡府、州、县轻重狱囚,即依律断,决不须转发,果有违枉,从御史、按察司劾,令出天下便之。"(《明太祖实录》卷85)

　　省级考核更加严密,先是由布政司进行考核,将其所管辖的事务与官员之功过表现等情况,按照朝廷的要求进行一一考察。满三年由巡抚或按察司对布政司考核过的该省官员情况材料进行复核,然后再分别造册,上送给朝廷。对于地方上不合格官吏的处分与京察相同,也有"致仕、降调、闲住为民者"几个等第。(《明史·选举志三》卷71)

　　外察最初开始于洪武初年,由监察御史、按察司官随时考察,及时上奏。作为被考察的对象——各地地方官员还得要每年上京城南京去朝觐皇帝,当面述职和接受吏部的考核。那么地方官走后,各地政务由谁来暂时掌管呢？是由衙门里衙役或秘书、轿夫什么的代为处理？就如当今某些特殊材料组成的"精英"们为了拿到心仪的名牌大学高学历文凭而进入高校,进修 MBA、EMBA 或博士,但又没时间去听课和考试,就让小车司机去替代一般？不,在洪武时代这样"做大做强"的事情才不会发生呐。洪武九年七月,鉴于"各处有司为考校钱粮簿牒至京",朱元璋下令：以监察御史王偁等一百二十三人为知府、知州等官有差,暂时代管地方政务。(《明太祖实录》卷107)洪武九年(1376)十二月又规定："知府每年朝觐一次,知州、知县每3年朝觐一次。"(《明太祖实录》卷110)但实际上并没有形成正式定制,很多地方还是知州、知县每年朝觐一次,直到洪武十八年(1385)五月,考虑到"天下府州县官一岁一朝,道里之费得无烦劳",朱元璋正式下令给吏部：自今定为三年一朝,赍其纪功图册文移薰簿,赴部考核。吏典二人从其布政司、按察司官亦然,著为令。这样,就形成有明一代外官三年一朝制度。(《明太祖实录》卷173;《明史·太祖本纪》卷3)

但即使这样,朱元璋也没有采取僵化的做法,对于在外从事军事、经济等方面工作的官员还是令其每年朝觐一次,以此来确保君主能及时掌控帝国的军事、经济等方面的信息。

还有从减轻老百姓负担的角度,他规定:减少外官来京人数,原则上只让地方上的一把手或实际主持工作事务的官员来京朝觐,其路上交通盘缠等费用必须由官府开支,不得就此扰民。极为边远的云南等省份诸司衙门可免来朝。

洪武二十年(1395)八月,朱元璋又下令:"每司止令正官、首领官吏各一人来朝,盐运司官亦令其来,皆以所行事迹开具纪功、图簿、隔眼、草薰、亲赍奏考,俱期以岁终,到京舟车之费,官给与之,禁毋驰驿扰民。其云南道远者,不必来朝。"(《明太祖实录》卷184)

外官三年来朝一次,后来就正式定制,以辰、戌、丑、未为朝觐之期(《明史·选举志三》卷71)。朝觐可不是让大家来看明皇宫里的那张猪腰子脸的,而是为了激浊扬清,整肃吏治。洪武十一年三月各地官员朝觐考绩,朱元璋指示吏部:"考绩之法所以旌别贤否,以示劝惩。今官员来朝,宜察其言行,考其功能,课其殿最,第为三等。称职而无过者为上,赐坐而宴;有过而称职者为中,宴而不坐;有过而不称职者,为下,不预宴,序立于门,宴者出,然后退。庶使有司知所激劝。"(《明太祖实录》卷117;【明】皇甫录:《皇明纪略》)

考绩下来为优秀的官员,朱皇帝赐宴;有错误但成绩合格的官员,也有资格品味皇帝恩赐的美味佳肴,不过只能站着吃;而既犯了错误又考核不合格的官员,那就得站到门外去,等品尝完宴席的官员出来后,才可离去。朱元璋考核官僚、整饬吏治确实奇特。

洪武二十六年(1393)正式规定:各地布政司、按察司、盐运司、府、州、县和少数民族地区的土官衙门的流官等,必须在入京朝觐前一年的年底,依照《授职到任须知》中规定编造文册,然后将其与原领敕谕、《诸司职掌》等文簿一起带到京师,以凭考核。各地外官不论路远路近,既不能预先离职,也不能逾期迟到,都必须于当年的十二月二十五日来南京。第二年的元旦朝见皇帝,朝见结束,吏部会同都察院一起对官员进行考察,考察结果上请皇帝圣裁。政绩优异的不仅要被褒扬和奖励,而且很多时候还会升官;一般的被留任,他们往往先被带到皇帝御座前,脱去官帽,伏地等候朝命。这时科道官和刑部官员出来对他进行指责或弹劾,最后由皇帝宣布赦免还任,并赐予一道敕书,以申戒饬;贪暴异常的官吏通常被交由法司部门处理,追究其罪责。(万历:《大明会典·吏部·朝觐考察》卷13)

以上是外察也称大明朝觐考察制度的大致内容。外察与京察在那时十分受人重视,人称其为"大计"。如果官员在大计中受到了处分,这是在官场最丢脸的,且"不复叙用,定为永制",即终身不再被叙用。(《明史·选举志三》卷71)

由明代官员考核制度的整体来看,它至少有以下四个方面值得称道的:

第一,从考核的主持衙门来看,过去唐宋时期集中在吏部的考功司,尽管有了人事主管部门主掌考核,但这种做法往往使得官僚的命运掌握在一个部门,难免失偏。明代在官僚考核机构方面增加了都察院,后来甚至内阁辅臣也参与,这样一来,考核机构的权力得到了相互制约,从而使得官吏考核相对更加公正、客观。

第二,从被考核者层面来看,唐宋时期只有全体性的一年一小考,三四年一大考,没有"考满"这种形式。明代一大创造或者说创新,针对每个官员进行分年考核,有几分类似于我们现在一直在呼吁要建立的官员离任考核审计制度,这对于监督官员洁身自爱和促进官僚政治体制良性运行不无裨益。

第三,有了繁复的"考察",又有"考满",两者互存互补,在政治清明时期能够有效发挥积极作用,澄清吏治,缓解官民矛盾。当然,官僚考核制度执行得好坏最终还得取决于当时的国家政治。如明初洪武年间,政治清明,官僚考核工作开展得有声有色,做到了名副其实的"考核"。洪武十八年(1385)正月,吏部上奏说:各地布政使司、按察司及府、州、县朝觐官共有4 117人,经考核,政绩称职的(相当于现在人讲的优秀档次的)435人,平常的(相当于现在的合格以上的)2 897人,不称职的471人,贪污的171人,昏暗的143人。朱元璋下令:"称职者升,平常者复其职,不称职者降,贪污者付法司罪之,阘茸者免为民。"(《明太祖实录》卷170)

从这条史料来看,当时优秀官员约占被考外官总人数的10%,合格官员约占了70%,不称职的约占了10%,贪污阘茸的约占了10%。众所周知,洪武政治严厉,合格以上者占了80%,可见朱元璋从严治国,整饬吏治还是相当有成效的。

第四,朱元璋建立和完善大明官员考核制度,营造忠君爱民、清正廉明的政治风气,奠定了明朝近300年的政治、社会根基。

○ 营造忠君爱民、清正廉明的政治风气

朱元璋治政向来十分严厉,甚至有很多时候还很苛刻,但对于有能力又有品质的官员,他却不拘一格予以大胆任用。

王兴宗，江宁人，仆隶出身，在当时来说几乎与贱民相差无几了。但他品质很好，又有才干。朱元璋打下南京时，王兴宗来投，被安排在"猪腰子脸"身边，当个亲兵即警卫兵，很为朱元璋器重。浙东婺州即后来的金华被打下，当时缺知县，朱元璋马上想到了王兴宗。但李善长、李文忠听说后却认为不可，因为王兴宗出身太低贱了。可朱元璋却坚持自己的观点，他说："兴宗跟随我很久，我了解他。他勤廉能断，一般的儒生、法吏没人比得上他的。"即认为用人不在于他出身如何，关键要看他的才干与品性，因此最终朱元璋还是将王兴宗安排到了金华任知县。

果不出所料，王兴宗在金华干了3年，政绩突出，远近闻名，升为南昌通判，后又升迁为嵩州知州、怀庆知府。在出任怀庆知府时，王兴宗碰上了大计，各地官员纷纷到达南京，等候吏部一一考核。唯独对于王兴宗，朱元璋做了这番指示："此公廉明勤恳不贪，你们就不必考他了。"洪武十年五月王兴宗被提升为直隶苏州知府(《明太祖实录》卷120)，后又被提为河南布政使。(《明史·王兴宗传》卷140)

李仁，唐州人，最初为陈友谅政权的招讨使。常遇春率军征战湖广时，李仁归降，被朱元璋授予黄州府知府。因政绩突出，洪武三年被调任为朝廷给事中、吏部侍郎，一年后又被升为吏部尚书。后来因为受牵连被降谪为青州知府。又因为"在郡多善政""政最"，再次被朱元璋破格提升为户部侍郎。(《明太祖实录》卷138；《明史·李仁传》卷138)

从五六品的外官黄州知府调为京官给事中、吏部侍郎，再到二三品的吏部尚书，李仁只花了1年多的时间；后又因为他在青州政绩突出，考核下来为优秀等第，再次被破格提升为户部侍郎。由此可见，对能干又忠于职守的优秀官僚，洪武皇帝朱元璋是相当之重视。

张琬，鄱阳人，洪武初年参与大明朝廷会试，因成绩优异，被朱元璋授予言官给事中，后又改为户部主事，相当于财政部的司局级领导干部。上任没多久，张琬就将户部的情况搞得一清二楚。有一天，洪武帝突然间问起：如今我大明财赋收入有多少，户口与人口数有多少？诸大臣不知所措，一时答不上来。只见张琬不慌不忙地走上大殿正中，慢条斯理地一一应答，"口对无遗"。洪武帝听完后顿时龙颜大悦，当即提拔张琬为户部左侍郎，即财政部副部长。后来明皇宫的谨身殿遭遇了雷击，按照当时人的认知：这可是了不得的大事，上天之所以要雷击谨身殿，肯定是地上人事出了大问题，而作为代天而治的人世间的人主皇帝就应该要好好修修人事。还没等洪武帝朱元璋反应过来，这个张琬就切中时弊地上奏说："陛下，上天之所以要雷震谨身殿，那是因为我大明天下好多好多地方发生了饥荒，恳请陛下赶紧下诏，蠲免百姓赋税，赈灾济民。"由于脑子好，反应快，能力又强，张琬在位时一直很

受洪武帝的喜爱,可这个才子良吏没活到30岁就匆匆地去了,"时人惜之"。(《明史·张琬传》卷138)

王观,字尚宾,祥符人。"性耿介,仪度英伟,善谈论。由乡荐入太学,擢知苏州府,公廉有威。黠吏钱英屡陷长官,观捶杀之。事闻,太祖遣行人赍敕褒之,劳以御酒。岁大浸,民多逋赋,部使者督甚急。观置酒,延诸富人,劝贷贫民偿,辞指诚恳,富人皆感动,逋赋以完。朝廷嘉其能,榜以励天下。守苏者前有季亨、魏观,后有姚善、况钟,皆贤,称'姑苏五太守',并祀学宫。"(《明史·王观传》卷140)

周祯,江宁人,元末天下大乱时流寓湖南。明军平定武昌后,周祯归顺了朱元璋,被发现有才干,一夜之间,由一介布衣授予了江西行省佥事,后又升迁为大理寺卿,与李善长、刘基、陶安、滕毅、刘惟谦、周浈等一起编修《大明律令》。因工作出色,很受朱元璋赏识。洪武元年,大明设立刑部,主管全国的司法,周祯出任刑部尚书即司法部部长,后调任为监察部的治书侍御史。当时天下初定,各地方主要领导岗位空缺甚多,周祯受命出任广东行省参政,即相当于副省长或省长助理。

周祯前往广东上任时的形势很不乐观。元末明初,满目疮痍,社会混乱,政府衙门里的吏治更是腐败不堪,当官的能捞一票就拼命地捞,底下衙门胥吏能从百姓那里搜刮一点是一点,毫无积极进取、体恤于民的政治正能量。正当周祯一筹莫展时,治下香山县即今天的中山县县丞(可能相当于公安局局长)冲敬过劳死于自己的任上。冲敬是那时实在难得的一位好官,香山县周围无人不晓得他的嘉德善行,可就是这么一个好官却匆匆地走了。周祯闻讯后十分郁闷,不过随后他想到了一招:写了一篇感人肺腑的祭文,召集治下官员,一起隆重祭奠小官冲敬,大大地颂扬他,使得在场的人没有一个不感动的。由此开始,周祯不断地树立正面的形象、扶持与释放正能量,用今天官方语言来讲,就是时时弘扬政治主旋律。在此不断影响与感染下,向来不太为人们所重视的广东地方政治面貌焕然一新,涌现了雷州同知余骐孙、惠州知府万迪、乳源知县张安仁、清流知县李铎、揭阳县丞许德、廉州知府脱囚、归善知县木寅等一批循官良吏。通过细致的考察与考核等形式,周祯将他们的杰出政绩一一上报给了朝廷。对于周祯取得的如此工作政绩,皇帝朱元璋十分高兴,洪武三年提升他为大明御史台一把手御史中丞。(《明史·周祯传》卷138)

据当时的情势而言,除了周祯外,还有一大批既能胜任京官朝臣又能干好方伯之任的循官良吏或言能官直臣,仅洪武朝刑部而言,"为刑部者亦几四十人",就有周祯、周浈、刘惟谦、杨靖、端复初、李质、黎光、刘敏等近10位忠于职守的能官直臣闻名于世。而这些能官直臣当中以杨靖最为出名,也最为皇帝朱元璋所欣赏。

(《明史·周祯传、周浈传、刘惟谦传》卷138)

杨靖，山阳人，洪武十八年进士，被授予选吏科庶吉士。因为人极其聪明，工作能力又强，很快就被朱元璋看重。入仕的第二年即洪武十九年，杨靖被提升为户部侍郎。从庶吉士一下子跳了好几级，直接当上了三品官的财政部副部长，由此可见朱元璋对忠于职守的杰出人才的喜爱了。3年后杨靖升任户部尚书即财政部部长，第二年也就是洪武二十三年，因朱元璋规定京官任职3年以上的要调换衙门，于是杨靖与刑部尚书赵勉对换职位，干起了全国司法部部长的工作。(《明史·杨靖传》卷138)

本来就对杨靖有着很好印象的洪武皇帝在杨部长就任新职时做了特别指示："愚民犯法就像吃饭喝水那样随便，如果一味地用刑罚来加以制止的话，恐怕犯法的人会越来越多。倘若推行仁义礼教，或许还真能感化他们。所以从今以后只有那些犯了'十恶'重罪和杀人罪的要处死外，其余的能宽免就宽免，让他们运粮到北疆去，以此来代替刑罚处置。"说到这里朱皇帝似乎意犹未尽，随即又指示道："在南京监狱里的囚犯，你们刑部官要好好地审核一下，朕将再次决狱，惟恐有什么闪失。外省各地审定的案件也未必审核得当，你们刑部应该再认真查查案宗，有疑案不清的，立即派专员前去复查核定。"杨靖领旨后带领刑部衙门的工作人员从头做起，复核案件，平反了好几起冤狱，由此赢得了一向主张严厉治国的洪武皇帝的高度赞美。(《明史·杨靖传》卷138)

有一次，明皇宫门卫从一个进出宫门的低级武官身上搜出了一枚大"宝珠"，当即将其上报上去。贪污、行贿或偷盗，无论哪一种都属于刑部管辖的事务，当时有人就将案件转到了杨靖那里。杨靖拿到大"宝珠"后仔细端详，然后一字一句地说道："这颗所谓的大宝珠其实是颗假宝珠，宝珠哪有这么大的！来人呐，将这赝品给敲碎了，免得以后再让居心不良者去害人！"一个看似十分复杂的行贿受贿案件在杨部长的手里瞬间被搞定了，刑部官员们没有一个不惊讶的。消息很快传到了明皇宫廷里头，皇帝朱元璋听后赞叹不已："杨靖此番举动十分了得：一来将宝珠给敲碎了，免得小人以此来进献本皇帝，取悦君欢；二来不穷追献宝珠者；三来不奖励门卫，杜绝了小人侥幸；四来那么大的一颗宝珠到了手里，杨靖居然没动心归自己，而是迅速作出粉碎它的处置，可见杨靖的才干非同一般啊！"(《明史·杨靖传》卷138)

正因为杨靖聪明过人，才干杰出，所以3年后的洪武二十六年他又被洪武皇帝朱元璋授予太子宾客，食禄二份，即一人拿两份工资。可没想到好景不长，因一个案件的牵连，杨靖被一抹到底，成了一介平民，不过他那杰出的才干却一直镌刻在

洪武皇帝的脑海里。(《明史·杨靖传》卷138)

刚好那时大明南疆地区发生了龙州赵宗寿之乱，大明调集军队前去镇压，并打算派出专员前往安南，带去洪武皇帝的敕谕，要求安南就近运粮给龙州前线的大明军，以此来确保明军军事战斗的胜利。那派谁出使安南？朱元璋头脑中一下子闪现出了一个人——杨靖，于是立即下令让杨靖赶赴安南去宣读皇帝圣谕。(《明史·杨靖传》卷138)

当时安南国的国政掌握在国相黎一元手中，此人十分狡黠，看到洪武皇帝的敕谕，心里打起了小九九：你大明平定龙州之乱，叫我安南来掏钱？你这朱皇帝也太会算计人了，我才不干呐！但他又怕得罪朱元璋，怕惹上大麻烦，于是找借口说："我们安南运粮到龙州，这山路崎岖不平的，实在不好运啊！"杨靖多厉害，一下子就看出了黎一元的心思，反复予以劝说，最终还承诺：只要你们安南肯运粮过去，陆路不便，可走水路，而我大明境内的水上交通为你们提供一路的方便。说得黎一元无话可说，最终还不得不发运20 000石粮食到了龙州，为明军的军事胜利提供了物质上的保障。

洪武帝闻讯后非常高兴，立即下令将已经贬为平民的杨靖升为都察院左都御史即最高检察院的检察长。这时的杨靖可谓达到了人生的巅峰时刻，加上他自身"忠有智略，善理繁剧，治狱明察而不事深文"，因而也就深得洪武帝朱元璋的喜欢，史书说杨靖"宠遇最厚，同列无与比"。(《明史·杨靖传》卷138)

但福兮祸之所伏，或许正因了这句古语，洪武三十年，杨靖因"坐为乡人代改诉冤状草，为御史所劾"，最终被朱元璋赐死，当时只有38岁。(《明史·杨靖传》卷138)

王兴宗、张琬、周祯、刘惟谦、杨靖、端复初、李质、黎光、刘敏……洪武年间这样的循官良吏或言能臣才子还有很多很多。如果仅从《明史·循吏传》中所列的102位循吏(包括其附传)中进行认真寻找比对的话，我们就会发现洪武时期的循吏多达24名(还不包括《明史》卷136~140中列举的50来位能臣、直臣和谏臣)被记载其中(《明史·循吏传》卷281)，约占明代循吏总人数的24%(即约1/4)，洪武治国总计31年，约占大明帝国277年历史的1/10，而循吏人数约占大明帝国历代循吏总人数的1/4。因此说洪武年间的吏治应该相当不错或者说是整个明朝政治治理最好的时期。

在这段时期内，大明官员考核制度、监察制度得以确立、巩固和完善，政治场上的清正廉明的风气已成为了时代的主旋律。明朝近300年的政治、经济与社会等方面的根基也由此而奠定。

但明清以来对洪武政治却也有诸多的非议与诟病,究其根本,恐怕最为主要的原因就是洪武政治过于严酷。就以上述洪武年间的这些能官直臣为例,他们中约有半数人最终均未得以善终,或其身后子孙因事牵连而被处刑。

曾秉正,江西南昌人,洪武初年被举荐为海州学正,大约相当于海州学校教育总管。洪武九年发生了严重的异常天象,向来天不怕地不怕的朱皇帝这下可吓得不轻,赶紧下诏给天下群臣,要求大家向上提意见,看看有什么人世间的事情没做好。曾秉正积极响应朱元璋的号召,洋洋洒洒写了数千字的上言书,中心意思就是告诉洪武帝:天下新定,只有坚持休养生息为本,才适应上天之变和符合民众之望。据说朱元璋接到曾秉正的上书后相当之高兴,连连说好,并传令下去,召见曾秉正,升其为思文监丞。没多久,又将他改为刑部主事,相当于中央司局级领导干部。

曾秉正为官十分清廉,工作能力又强,在中央朝廷工作了一年,就被洪武皇帝提升为陕西参政即相当于副省级领导干部。就在他即将前往陕西赴任时,朝廷开设通政使司,朱元璋找了一大圈,发现能干又能直言的唯有曾秉正最合适,于是赶紧令人将其改任。可曾秉正书生出身,政治经验相当有限,甚至连伴君如伴虎的真谛有没有懂得都是值得怀疑的。而那时的朱元璋对于刚开设的通政司寄予厚望,说白了正处于他心情好的时候,所以曾秉正的直谏很得时宜,朱元璋"颇优容之"。但时间长了,老是破乌鸦嘴叫个不歇,本来就刚愎自用的洪武帝无论如何也忍受不了了,曾秉正最终落得个忤旨罢官的下场。(《明史·曾秉正传》卷139)

因为为官正直清廉,突然间的"失业"使得曾秉正陷入了生活困境之中,无奈之下,他将自己的4岁女儿给卖了。不料刚卖了没多时,皇帝朱元璋就知道了,盛怒之下他居然下令将曾秉正处以唐宋以来早就废弃的酷刑——阉割腐刑,惨!(《明史·曾秉正传》卷139)

如果说曾秉正的最终悲惨结局多少还有一些自身过错的话,那么下面这位考绩得了最佳的地方知府被杀却使人感到格外的莫名其妙。

魏观,蒲圻人,元末天下大乱时他隐居在蒲山。明军攻下武昌后,魏观归顺了朱元璋,被授予国子监助教,后迁为浙江按察司佥事,相当于浙江省检察院副检察长。吴元年升任为两淮都转运使,后又被调入朝廷任起居注。曾与吴琳等人受命访求天下遗贤,即为新兴的大明帝国招聘天下英才。洪武元年朱元璋在南京明皇宫内开办顶级家教,设立大本堂,延聘宋濂、魏观等人教授他的龙子龙孙。没多久,魏观与文原吉、詹同、吴辅、赵寿等文臣被派往各地访求天下遗才。洪武三年,魏观转为太常卿,考订诸祀典。因为工作出色,被改任为侍读学士,后又升为国子监祭酒,即大明第一大学校长。洪武四年因为考订祭祀孔子之礼没有及时向皇帝朱元璋做汇报,被贬为龙南知县,但没多久又被召回,出任礼部主事。当时大明帝国首都南京边上的苏州不太安宁,知府陈宁十分苛刻残暴,老百姓怨声载道——称陈宁为"陈烙铁",朝廷正物色能臣前去抚恤大明的中心粮仓苏州。洪武五年经朝臣推荐,魏观出任苏州知府。(《明史·魏观传》卷140)

魏观上任后一改陈宁的严刑酷法,以明教化、正风俗为根本,兴办学校,延聘周南老、王行、徐用诚,整顿礼仪,注重德化礼教,在老百姓中推行乡饮酒礼。据说没多久苏州便政化大行,天下官员大考时,魏观得了优秀地方领导的称号。洪武朝廷闻讯后,升调魏观出任四川行省参知政事(相当于四川省副省长)。哪料到消息一传出,苏州的百姓扶老携幼纷纷出来上奏朝廷,要求留任魏观。朱元璋治国最重视的是地方官在百姓中的威望,当苏州百姓要求留任魏观时,他当即予以批准。(《明史·魏观传》卷140)可没想到的是苏州百姓这一上奏,可把魏观送上了不归路。那么究竟是什么原因让好官魏观最终死于非命?

魏观再度出任苏州知府时,发现府治所在地地势低洼,容易积水,江南地区尤其到了春夏之交,这雨水多得让人十分头疼,于是魏知府就想着将府治迁到地势高一点的地方去。转了一大圈,最终决定将苏州府的衙门搬到张士诚时代的旧宫那儿,为此他还下令将苏州的水系做了整治,浚疏了锦帆泾等。(《明史·魏观传》卷140)

没想到有人就此大做文章,在朱元璋前面进谗言,说魏观之举是兴造已经被湮灭了的张士诚旧宫地气,居心叵测。本来就疑心病十足的朱元璋听后十分不爽,派了一个叫张度的御史偷偷上苏州去"考察"。张御史在苏州转了一下,回南京汇报说:情况属实!就这样一个在天下官吏大考中得了优秀,又深受百姓喜爱的地方知府,就因为一个谁也说不清的"过失"而被冤杀了。(《明史·魏观传》卷140)

不过话得讲回来,朱元璋毕竟不是历史上的昏君,据说魏观被杀后,他也曾后悔不已。这样的例子还有许多,如有个叫青文胜的人,洪武初年出任洞庭湖边上的龙阳县典史,可能相当于县衙里的公安局局长,有时在县里没有县丞、主簿的情况下,担当起县令的助手。就这么一个连芝麻官也称不上的"小人物"在洪武年间"积极向上"的政治氛围感染下,做起了为民请愿减除弊政的大好事。(《明史·青文胜传》卷140)

龙阳县因为地处洞庭湖边上,每年汛期来临之际,洞庭湖水泛滥,龙阳深受其害,数十万农田顿时成为泽国,由此当地拖欠大明国家税粮多达几十万石。老百姓交不出税粮,地方官政绩上不去,于是催租逼粮、严刑拷打、卖儿鬻女等,一幕幕人间惨剧不断上演。很有良知的县典史青文胜实在看不下去了,思前想后,最终决定豁出去,直接到南京,上书给洪武朝廷,请求宽免龙阳税粮。没想到自己的上书如同泥牛入海,但他并不灰心,随即又上书,可还是没音信。这时的青文胜内心冰凉透顶,不停地叹息道:"我还有什么颜面回去面对龙阳父老!"最终,他决定,写好第三份上书,随即走到明皇宫大门口前,猛击登闻鼓。登闻鼓是大明专门用于有特殊冤情的人们喊冤用的,青文胜去猛击登闻鼓,似乎有点文不对题。在那个洪武苛政时代,这种文不对题的事情,一旦查下来,重罪处罚少不了,弄不好还要丢命呐。不过青文胜早就想好了。只见他掏出老早就准备好的绳子,在登闻鼓边上一挂,打好扣子,然后自己的脖子往里一伸……

这下可把明皇宫里的上上下下都惊得目瞪口呆了,朱元璋听到这样怪事后十分震惊,竟然有人以死进谏,为民请命,难能可贵啊!尽管有着几分恼火,也有几分悔意,但他还是下令宽宥了青文胜的莽撞之举,同时降敕蠲免龙阳 24 000 多石税粮,并以此作为定制。龙阳父老听到青文胜的如等壮举后莫不感动得热泪盈眶,在县里许多地方都建起了纪念青文胜的祠堂。洪武朝廷听说后也大为震动。据说,青文胜死后,他的妻子一无所靠,朝廷特地规定以公田 100 亩的收入来供养青文胜遗孀。(《明史·青文胜传》卷 140)

青文胜的个人悲剧我们暂且不说,就以他的以死相谏之举而言,在向来唯我独尊的洪武帝眼里不啻为忤逆,依照他的常规做法,即使忤逆者不在世了,但还得要严厉处置其家人和族人,轻者戍边,重者灭族。可朱元璋这次却没有追究下去,相反还厚待了青文胜的遗孀,这确实令人大跌眼镜。那么究竟为什么会这样?

○ 大明模范"公务员"——循官良吏的两大必备标准

其实在朱元璋的眼里,作为一位称职的大明"公务员",其言行举止必须符合两个标准:第一,无论主观的还是客观的,都不得与专制君主意志发生偏差,更不用说违背了;第二,不得与普通百姓的意志相违背。前者如上文所述的曾秉正、魏观等人在朱皇帝的眼里至少是很有问题的,所以要严加处置;后者如《明史·循吏传》中所列的 24 位循吏,这 24 人都具有一个共同的特征,那就是在自己治理的辖区与范围内很有声望,赢得了民众的支持与拥护,即使一不小心有点误差,即使是被皇帝逮起来了,但只要民众赴阙请愿,朱元璋还是最终顺应民意,释放被逮官员,或予以官复原职或予以擢升调任,详见下表:

《明史》中所列洪武时期的 24 位地方上循官良吏情况简表

姓 名	官 职	主 要 事 迹	最终结局
陈灌	大都督府经历、宁国知府	发展地方教育;访问疾苦;禁豪右兼并;创户帖以便稽民。帝取为式,颁行天下。灌丰裁严正,而为治宽恤	洪武四年召入京,病卒
方克勤	济宁知府	与民约,税如期。区田为九等,以差等征发,吏不得为奸,野以日辟。又立社学数百区,葺孔子庙堂,教化兴起。为民请罢农时徭役,抚恤过境犯罪官僚。视事三年,户口增数倍,一郡饶足	为属吏程贡所诬,谪役江浦,复以空印案连,逮死
吴履	南康县丞、安化知县、潍州知州	居数月,摘发奸伏如老狱吏,则皆大惊,相率敛迹。履乃改崇宽大,与民休息。劝谕将领不要扰民;与潍州百姓沟通,劝说其改税牛羊为税粮,官民两便	会改州为县,召履还,潍民皆涕泣奔送。履遂乞骸骨归
廖钦	河内县丞、吴江县丞	以廉能称。(居河内)八年后调吴江县丞。后坐事谪戍。久之,以老病放归。道河内,河内民竞持羊酒为寿,且遗之缣,须臾衰数百匹。钦固辞不得,一夕遁去	以老病放归
周舟	兴化县丞	以绩最,特擢吏部主事	民争乞留,乃遣还之
高彬	归安丞	治理地方很有威望	坐事,以部民乞宥,复其官
刘郁	曹县主簿	治理地方很有威望	坐事,以部民乞宥,复其官
纪惟正	衡山主簿	治理地方很有威望	坐事,以部民乞宥,擢陕西参议
杜濩	沾化典史	治理地方很有威望	坐事,以部民乞宥,复其官
高斗南	四川定远知县、新兴知州	洪武中,由荐举授四川定远知县。才识精敏,多善政。二十九年因事与知府永州余彦诚等并坐事,先后被征。其耆民奔走阙下,具列善政以闻。太祖嘉之,赐袭衣宝钞遣还。既还任,政绩益著。寻举天下廉吏数人,斗南与焉,列其名于《彰善榜》《圣政记》以示劝。九载绩最,擢云南新兴知州,新兴人爱之不异定远	居(新兴)数年,以衰老乞归,荐子吏科给事中恂自代,成祖许之

续表

姓　名	官　职	主　要　事　迹	最终结局
余彦诚	永州知府	初知安陆州，以征税愆期，当就逮，其父老伏阙乞留。太祖赐宴嘉赏，遣还，父老亦预宴。久之，擢知永州府，终河东盐运使	复其官。卒于河东盐运使任上
郑敏	齐东知县	常坐事被逮，部民数千人守阙下求宥。帝宴劳，复其官，赐钞百锭，衣三袭。居数年，考满入朝。部民复走京师，乞再任，帝从其请。及是，再获宥	复其官。终老于任上
康彦民	青田、仪真、巴陵、天台等地知县	洪武二十七年进士。先知青田，调仪真，后历巴陵、天台，并著名绩。永乐初罢归。洪熙元年，御史巡按至天台。县民二百余人言彦民廉公有为，乞还之天台，慰民望。御史以闻，宣宗乃用其为江宁县丞	复其官。终老于任上
苏亿	怀宁县丞	洪武二十九年，与知府永州余彦诚等并坐事，先后被征。其耆民奔走阙下，具列善政以闻。太祖嘉之，赐袭衣宝钞遣还。明年复以事当逮。县民又走阙下颂其廉勤，帝亦释之	复其官。终老于任上
孟廉	当涂知县	洪武二十九年，与知府永州余彦诚等并坐事，先后被征。其耆民奔走阙下，具列善政以闻。太祖嘉之，赐袭衣宝钞遣还。明年复以事当逮。县民又走阙下颂其廉勤，帝亦释之	复其官。终老于任上
赵森	当涂知县	洪武二十九年，与知府永州余彦诚等并坐事，先后被征。其耆民奔走阙下，具列善政以闻。太祖嘉之，赐袭衣宝钞遣还。明年复以事当逮。县民又走阙下颂其廉勤，帝亦释之	复其官。终老于任上
王佐	岳池知县	洪武二十九年，与知府永州余彦诚等并坐事，先后被征。其耆民奔走阙下，具列善政以闻。太祖嘉之，赐袭衣宝钞遣还	复其官。终老于任上
范志远	安肃知县	洪武二十九年，与知府永州余彦诚等并坐事，先后被征。其耆民奔走阙下，具列善政以闻。太祖嘉之，赐袭衣宝钞遣还	复其官。终老于任上
甘镛	休宁知县	洪武二十九年，与知府永州余彦诚等并坐事，先后被征。其耆民奔走阙下，具列善政以闻。太祖嘉之，赐袭衣宝钞遣还	复其官。终老于任上

续表

姓 名	官 职	主 要 事 迹	最终结局
周荣	灵璧知县	初为灵璧丞,坐累逮下刑部,耆老群赴阙下称其贤。帝赐钞八十锭,绮罗衣各一袭。礼部宴荣及耆老而还之。无何,擢荣灵璧知县。洪武二十九年,周荣与宜春沈昌等并坐事逮讯,部民为叩阍。太祖喜,立擢其为河南知府,亦有声。后建言称旨,擢河南左布政使	擢其为知府。后又升其为布政使。终老于任上
沈昌	宜春知县	洪武二十九年,与知县灵璧周荣等并坐事逮讯,部民为叩阍。太祖喜,立擢其为南安知府	擢其为知府。终老于任上
于子仁	昌乐知县	洪武二十九年,与知县灵璧周荣等并坐事逮讯,部民为叩阍。太祖喜,立擢其为登州知府	擢其为知府。终老于任上
叶宗	新化县丞	洪武二十九年,与知县灵璧周荣等并坐事逮讯,部民为叩阍。太祖喜,立擢其为黄州知府	擢其为知府。终老于任上
史诚祖	汶上知县	洪武末,诣阙陈盐法利弊。太祖纳之,授汶上知县,为治廉平宽简。永乐七年,成祖北巡,遣御史考核郡县长吏贤否,还言诚祖治第一	终老于任上

(注:上表资料主要来源于《明史·循吏传》卷281)

从上表我们不难看出,即使是循官良吏,只要稍稍有点闪失或差池,还得要被洪武皇帝逮捕问罪。换句话来说,作为大明"公务员",你就是大明帝国这台大型机器上的一颗"螺丝钉",你得按照朱皇帝制定的言行标准来严格规范自己的工作与言行,不得有丝毫的偏差与松懈,更不能"生锈",否则的话,就让你吃不了兜着走,洪武年间兴起的一股又一股的惊天政治大浪就说明了一切。"洪武四年录天下官吏,十三年连坐胡党,十九年逮官吏积年为民害者,二十三年罪妄言者,大戮官民……"(《明史·周敬心传》卷139)

朱元璋之所以要对大明"公务员"的工作与言行实施如等严厉的"标准化"、规范化,我想不外乎三个方面的原因:

第一,朱元璋童年、青少年时代的心理阴影——官员不是什么好东西,这是一种朴素的平民情结。而随着时间推移,朱元璋内心的这一情结却几乎没什么大变。

不论你承认与否,自古以来,中国民间一直有着"仇官"和"仇富"心理。朱元璋来自草野,青少年时代尝尽了人间苦难,目睹了贪官墨吏的恶行,在内心深处有着十分强烈的仇视与痛恨"不轨"官吏的心态,某种程度上他的所作所为代表了中国平民的愿望。过去他曾是一棵小小草,而当成为大明第一人后,他就有这样的权力也有这样的机会来实现普通民众所无法实现的夙愿。(《明太祖实录》卷39)

第二,朱元璋原本是濒临生死之间的人,由于时势的突变,通过枪杆子夺得了天下,最终登上了人世间的巅峰宝座,这样的发家史如同今天的暴发户一般。从表面来看,暴发户好像什么都不在乎,大把地花钱,穿金戴银,惟恐人们不知他富了。但若你仔细观察的话,这些都是假象。暴发户炫富就是为了彰显自己"翻身"了,挤入富贵圈了,而从根本上来讲他还停留在原本的认知上,为了防止失去这来之不易的"幸福",他可能会十分吝惜,十分抠门,尤其对待他的企业员工会极度的苛细,极度追求稳妥与完美,以防出现万一之万一。朱元璋就是这么一个暴发户,大明的官僚就是他的这个企业的员工,所以我们不难理解他对大明官僚的标准化苛刻要求的背后心理动机——将任何潜在的危害大明帝国稳固的因素降低到最低的程度,以确保君主专制主义中央集权的绝对统治。

第三,在洪武皇帝的眼里,我是君主,是代天而治的天子,是超级大企业的头号老板,创建这么大的家业,养活了那么多的人,容易吗?开国之初,他就曾对身边的儒臣这般说道:"人主职在养民,但能养贤与之共治,则民皆得所养。"(《明太祖实录》卷40)以此逻辑推论下去,那就是作为雇员的大明官僚,你们就得按照我洪武皇帝的标准做事,因为我还为你们配备了标准化的生活待遇,怎么还有不满足?

● 大明"公务员"物质生活待遇规范化、标准化

洪武年间大明"公务员"的生活待遇规范化、标准化向来不为人们所重视。笔者在阅读明代史料时也是无意中发现的:要说有人十分喜欢夸赞国有等级供给制有多少多少的优越性,殊不知600年前的明朝人或至少说那时的国家"公务员"已经充分领受到了。据说洪武开国后,每天早朝结束时朱元璋就让大臣们免费享用早餐。不过这免费早餐也有标准化的规制:皇帝在奉天门或华盖殿、武英殿上用餐,公侯和一品官侍坐在门内用餐,二品至四品及翰林院等官坐在门外用餐,五品以下官只好在丹墀内吃了;且规定文官在东,武官在西。吃前要唱歌,唱完后要叩首谢恩,依次落座。这时大明皇家光禄寺才将早餐一一端上来,供大家享用。吃完后百官还得要再次叩首谢恩,然后才可退去。这种等级规范化早餐制度一直延续了近30年,到洪武二十八年时,礼部官向洪武帝上奏说:"朝廷上下管事的官越来越多,吃的时间也长了,实在'供亿为难',再这样吃下去不得了啊!"朱皇帝接受建议,及时喊停。(【明】朱国祯:《涌幢小品·视朝赐食》卷1)

○ "公务员"等级工资配套化

吃有标准化的规制,那么大明"公务员"的工资收入呢?朱元璋在洪武初年就为他们制定等级工资制(当时称俸禄制),洪武十三年二月大明重定内外文武官岁给禄米、俸钞之制,并勒于石。"其制以岁计,正一品禄米千石,从一品九百石;正二品八百石,从二品七百石;正三品六百石,从三品五百石;正四品四百石,从四品三百石,皆给与俸钞三百贯;正五品二百二十石,从五品一百七十石,俸钞皆一百五十贯;正六品一百二十石,从六品一百一十石,俸钞皆九十贯;正七品百石,从七品九十石,俸钞皆六十贯;正八品七十五石,从八品七十石,俸钞皆四十五贯;正九品六十五石,从九品六十石,俸钞皆三十贯。"(《明太祖实录》卷130)

明代职官文人记载说:"国初定制百官俸给皆支本色,如七品官月支本色米七石,足以养廉。后改四品以上三分本色,七分折色,五品以下四分本色,六分折色,又改外官月支本色米二石,余皆折色。折色以钞为准,米一石折钞十五贯或二十贯。钞法不行不值一钱。布一疋(匹)值银不过五钱,折米二十石。京官折俸四五年不得一支,外官或通不得支。其何以养廉,其何以使之不贪!"[明]皇甫录:《皇明纪略》)

洪武二十五年(1392),大明再次重定内外文武官岁给禄俸之制,除了正一品官的年禄有了点增长,其他各级别官员的年俸禄都有所下降,但大致上与洪武十三年的相差不大。(《明史·职官志一》卷72)

除了对内外文武官员即官僚队伍中的领导干部制定薪水标准外,洪武十三年(1380)二月,大明还对官僚衙门中的"办事员"即当时称吏员的月俸做了规定:"一品、二品衙门提控都吏,月俸二石五斗,掾史、令史二石二斗,知印、承差、典吏一石二斗;三品、四品衙门令史、书吏、司吏二石,承差、典吏一石;五品衙门司吏一石二斗,典吏八斗;六品至杂职司吏一石,光禄司等典吏六斗。"(《明太祖实录》130)

明朝洪武开国后实施了一项对于中华民族文化教育事业有着很大影响的举措,那就是在全国各地推广与发展学校教育。鉴于历代学校教育制度中的弊端,朱元璋下令将大明帝国学校教育纳入官方渠道,由此教师有个明确的"身份"——教官。洪武十三年(1380)二月壬子日,"礼部奏以新定官禄勒石,乃言天下教官则有学政、教谕、训导,首领官则有提控、案牍、吏目、典史,近以教官、首领官未入流品,例称杂职。今宜以教官、首领官列于杂职之外,庶不混淆。于是教官、首领官、杂职官列为三等,亦勒之于石。教官之禄,州学正月米二石五斗,县教谕月米二石,府、州、县训导月米二石；首领官之禄，凡内外衙门提控、案牍、州吏目、县典史皆月米三石，杂职之禄，凡在京并各处仓库、关场、司局、铁冶，各处递运、批验所大使月米三石，副使月米二石五斗，河泊所官月米二石，牐坝官月米一石五斗"。(《明太祖实录》130)

看了上述一堆的数字，读者朋友可能要头晕。我们作个简化类比，明代主要教官州学正和县教谕以及府、州、县训导的月薪大致在2~2.5石米之间，这样的月收入待遇可能相当于大明从四品到正五品官员之间，也就是知府那个级别官员的收入待遇。由此可见明代教育工作者或言教育领域里主管领导待遇之高了。

有"品位"的领导干部、有品级衙门里的一般办事员——吏员和从事教育工作的教师、没品级不入流的行政事务官都一一制定了工资标准，大明帝国"公务员"们都有了生活的根本保障，事情到此为止应该说很好了？不过在洪武皇帝看来，这还不行，"关爱干部"要从根本上做起，工资薪水用于日常生活开支，而在日常生活开支中还有一个大头，那就是当今国人每每谈起就会血压升高的话题——房子。不过600年前的朱皇帝也真为大家想到了，他可是中国历史上最早在较大范围内推广国家住房配给制的一代"圣主"。

○ "公务员"生活住房配套化、标准化——样板房、"官邸制"

大明"公务员"生活住房实行配套化究竟始于何年？今日无从考起，但史料留下了这样的一段记载：洪武中起，为了表彰徐达大将军的特殊功勋，洪武皇帝朱元璋下令在今天南京中华路一带建造"大功坊"。那大功坊造得还真不赖，巍峨、挺拔，凡是路过的人没有不称赞的。据说当时南京城有两个人听说了这个消息后很不舒服，他们是江阴侯吴良、靖海侯吴祯，兄弟俩当年是跟随朱元璋一同起来闹革命的，与徐达从军几乎同时，但他俩没徐达那样好学，十几年枪林弹雨倒是经过了不少，就是文化知识没什么长进，依然是半吊子草包，听说叫"大功坊"，搜肠刮肚就是想不出为什么叫这个名字，于是就问左右随从："你们说说看，为什么那个高高大大的建筑叫什么大功坊？"随从回答道："那是当今皇上为了表彰魏国公徐达大将军的特殊功勋而令人建造的。"吴良听完后低头不语，过了好一阵子才挪动身体，叫人拿来酒咕咚咕咚地喝了起来。喝着喝着，吴良就两眼发花，脚步踉跄，左右随从赶紧前来扶持，但都被吴良给推倒在地。那武夫有的是力气，一旦犯了牛脾气，谁也挡不住。只见他高一脚低一脚地来到大功坊边，两眼一动不动地盯着那美轮美奂的大功坊的额署，然后抡起拳头一阵猛捶，可怜那大功坊造好没几天，就被江阴侯吴良给砸坏了额署。(【明】吕毖：《明朝小史·洪武纪》卷2;【明】祝允明：《九朝野

记》卷1)

大功坊是朱皇帝为徐达造的,现在有人砸了大功坊的额署,徐府上下都惊呆了,但因徐达治家甚严,众人一般都不敢轻举妄动。可徐府外很多人都看到或听到了:江阴侯吴良砸坏了大功坊额署。消息很快就传到了洪武皇帝的耳朵里,因为那时已经是夜里了,朱皇帝倒没什么反应。(【明】吕毖:《明朝小史·洪武纪》卷2;【明】祝允明:《九朝野记》卷1)

第二天早上,发了一夜酒疯的吴良醒了,尽管心里十分后悔、也十分害怕,但还是与弟弟吴祯一起来到明皇宫,例行公事似的朝见天子朱元璋。朱元璋一见到吴良兄弟顿时就来火:"你干吗砸我令人造的大功坊?"此时的吴良不知哪来的胆量,突然间与洪武皇帝论起理来了:"陛下,想当年我们兄弟跟随你一起出来闹革命,与徐达没什么差别呀,徐达立了功,我们也立了功,而今独独给徐达造了那么高大、漂亮的府宅,还称其为'大功坊',陛下您心里可安吗?"听到这话,朱元璋什么都明白了,原来这吴良兄弟是为这事不服气!想到这里,他笑呵呵地走下殿来,一边走一边说:"你们兄弟俩也太心急了,朕还正准备给你们这些出生入死的英雄们每人造一套高级的府宅呐!"(【明】吕毖:《明朝小史·洪武纪》卷2;【明】祝允明:《九朝野记》卷1)

君无戏言,后来朱元璋果然下令在江阴地盘上建造了两座特大的豪华府宅,一座给吴良,一座给吴祯,吴良府宅在前,吴祯府宅在后,直到明朝中期,苏州文人祝允明等还曾见过呐。(【明】祝允明:《九朝野记》卷1)

当然有人可能要说,上述史料来自于野史,不能作数。那我们不妨再来看看正史有没有这类记载呢?《明实录》说:洪武五年十一月癸亥,朱元璋"诏建公侯第宅于中都,韩、魏、郑、曹、卫、宋凡六公,中山、长兴、南雄、德庆、南安、营阳、蕲春、延安、江夏、济宁、淮安、临江、六安、吉安、荥阳、平凉、江阴、靖海、永嘉、颍川、豫章、东平、宜春、宣宁、河南、汝南、巩昌凡二十七侯"。(《明太祖实录》卷76)又,洪武二十一年六月,与朱元璋从小一起玩耍的老伙伴汤和提出了告老还乡的请求,迅速获得了洪武皇帝的赞许,"时公、侯皆在京师(南京),见(汤)和之请,亦次第以为言。上(指朱元璋)嘉之,各赐钞万锭,俾建第于凤阳"。(《明太祖实录》卷191)

洪武二十一年六月蓝玉案还没爆发,朱元璋大杀功臣尚未进入高潮。换言之,大明多数开国功臣尚健在,从小就机灵的汤和率先提出告老还乡,诸将领碍于面子也跟着鹦鹉学舌,没想到洪武皇帝十分慷慨地赐予各人万锭钞币,用于将军们在中都凤阳建造自己的府宅。换一种说法,那就是洪武时期官史有两次明确记载:大明国家住房配给制在凤阳推开来了。

那么在当时京师南京有没有搞过这样的国家住房配给制？过去这样的问题也一直没人注意到。笔者在《国榷》中找到了这样的记载：洪武十八年三月丙子日，朱元璋"命工部增造京官私第"（【明】谈迁：《国榷·太祖洪武十八年》卷8）；《明实录》也记载道："洪武十八年三月壬戌朔，（朱元璋）命工部增造京官居舍。时京官员多与民杂处者，礼部主客郎中曾伯机以为言。上命增造房舍凡百余所"。（《明太祖实录》卷172）《明史》中则说得更为详细："初，京师军民居室皆官所给，比舍无隙地。商货至，或止于舟，或贮城外，驵侩上下其价，商人病之。帝乃命于三山诸门外，濒水为屋，名塌房，以贮商货⋯⋯准南京例，置京城官店塌房。"（《明史·食货志五·商税》卷81）

南京的房子都由大明帝国国家来掌控，而开国将领们都到凤阳去造豪华住宅了，那偌大的南京城中房都由谁来住、谁来用？"京师军民居室皆官所给，比舍无隙地"，这话是说，当时不仅当官的就连老百姓的住房都是由国家配给的，房屋造得多得连空地都没有，这是何等繁荣之城市！

有关武官国家配给住房，前面我们已经做了考察，其主要集中在凤阳，但在南京的秦淮河两岸到今天的新街口等地当时都有大明开国功臣的京师府第，至今为止我们南京还保留了那段带有特殊历史印记的地名，如邓府巷、常府街、花牌楼、大功坊，等等，这都是武官的。那对于文官，大明有没有实行国家住房配给制？

明英宗时代进士、后官至吏部左侍郎的昆山人叶盛在他的《水东日记》中这样记载道："明太祖曾经与大臣合计，想建造一些像样的府宅给朝廷大臣居住，高皇帝挂在嘴边的一句话：'大官人必得大宅第。'当时刑部尚书开济很得宠，高皇帝令人给他最先造了一座十分宽敞、漂亮的府第，人称'样房'或称'样板房'。我前年经过南京时还曾看到过那房子。开济后来出事了，这'样房'几易其手，如今是刑部尚书、前左都御史萧公住在那里。想想当年高皇帝以开济'样房'为标准，为大臣们造了一大批的房子，祖宗对待臣下真可谓仁厚啊！"（【明】叶盛：《水东日记·洪武大臣赐第》卷6；【明】吕毖：《明朝小史·洪武纪》卷2）

明前期高官叶盛的最后那句感慨，我们不一定认同，但洪武时期为文官建造'样房'看来还真有那么一回事。因为除了叶盛的记载，比其稍后的弘治年间苏州进士皇甫录在他的笔记中也曾记载说："太祖南都建文官开济等宅，甚宏丽，因呼为样房，至今犹呼品官房。"（【明】皇甫录：《皇明纪略》）

从"至今犹呼品官房"几个字来看，大约到明中叶时，大明帝国品级官员中似乎依然实行国家住房配给制，或者说更像海外国家普遍实行的"官邸制"。因此从这样的角度来说，明朝"公务员"尽管实行底薪制，但他们的实际生活还是有所保障的,这也可能就是当年朱元璋反腐倡廉、严格要求大明"公务员"言行标准化的一大充足理由吧!

总之,从公务活动、工作职责到8小时以外的言行举止、日常生活,凡是种种,朱元璋都给大明"公务员"们制定了规范。其终极目标就是要将大明帝国的每个岗位的"公务员"都锤炼成绝不松懈又永不生锈的标准化"螺丝钉",以此来保障绝对君主专制主义大一统帝国的长治久安。

这是对待那个时代国家"栋梁"们的要求与规制,而对于普通民众呢?奇特的开国皇帝朱元璋又有什么"高招"?

专制渗透穷乡僻壤　四处布下天罗地网

在朱元璋的眼里,除了帝国"栋梁"们,社会各个层面的芸芸众生也不可小觑,因为自己曾经是其中的一员,如今登上了帝国的最高峰,其一路走来何等之艰辛,何等之不易,还有帝国安危与小民们之间的关系等一系列事情,没有谁比他更清楚了。换个角度来讲,朱元璋明白:治理好了小民,帝国统治也就大体上没什么大问题了。那么怎么才能治理好小民们?洪武十九年四月,洪武皇帝曾敕令户部:"古先哲王之时,其民有四曰:士、农、工、商,皆专其业,所以国无游民,人安物阜,而致治雍雍也。朕有天下,务俾农尽力畎亩,士笃于仁义,商贾以通有无,工技专于艺业,所以然者,盖欲各安其生也。"(《明太祖实录》卷178)

从上述的最高指示中我们可以看出,朱元璋意识到了民众有所物质依靠、各司其业了,那么国家治理也就大体上说得过去了,这恐怕就是洪武皇帝实施"使厚民生"国策的最为根本的动因吧。不过,除此之外,为了帝国的长治久安,朱元璋认为,还必须得采取各种手段,加强对民众的控制,甚至是镇压,把全国民众都置身于由他精心编织的天罗地网之中。

● 建立以黄册制、鱼鳞册制为纵坐标,里甲制为横坐标的户籍网络

前面我们介绍了洪武年间实施的黄册制度、鱼鳞册制度和里甲制度,黄册制度说白了就是户籍赋役制度,鱼鳞册制度说到底就是那时的财产税收制度,而里甲制度说穿了就是相当于20世纪上半叶的保甲制度或50～70年代的生产大队、生产

小队建制。如果想查阅某个人在某地某村某户,从事何种职业,有何财产,你可以上户部那里,去查阅黄册、鱼鳞册等,这种查阅我们不妨将其视为纵向查阅。还有一种就是通过行政管理,查到某人所在的基层某个具体地方,询问当地与其朝夕相处的里甲长,很快就能获悉某人的最新状况,这样的查阅我们不妨将其视为横向查阅。学过数学的人都知道,通过纵向坐标和横向坐标的精确数字,我们就能十分正确地确定某个点。明朝开国皇帝朱元璋尽管不一定懂数学,但他的治理民众的方法中似乎很有近代数学的函数定位精神。

这样的定位有个根本性的前提,那就是民众相对固定在某个点上,而要使民众固定在某个点上,就必须使其有恒业或恒产,这样的思想显然来自于中国农耕文明的传统。洪武八年十月,为了笼络天下富民,朱元璋决定让户部从天下缴纳税粮多的富户中,挑选一些品行好、知书达理者来朝廷当官,为此他专门跟主管户部的中书省大臣这样说道:"古人立贤无方,孟子曰:'有恒产者有恒心'。"(《明太祖实录》卷101)这话说白了就是有恒产、恒业的人不会乱来,不会轻举妄动。22年后,人之将终的朱元璋再次表达了这样的思想。洪武三十年(1397)四月,他跟户部尚书郁新、吏部侍郎张迪等说:"人有恒产,斯有恒心。今天下富民,生长田里之间,周知民事,其间岂无才能可用者,其稽诸户籍,列名以闻,朕将选用焉。"(《明太祖实录》卷252)

一次次地选富民当官,一次次地表达"人有恒产,斯有恒心"的理念,以上这些足以表明朱皇帝对恒产、恒业的重视了。其实朱元璋心目中的恒产、恒业并不仅仅限于所谓的富民范围。当然恒产、恒业越多,心理包袱就越重,想当年朱重八起来闹革命时,全部家当加起来也就一身勉强遮住自己隐私部位的破袈裟。一穷二白,穷得越彻底,革命越坚决。朱皇帝是过来人,深知自己过去曾经8年草野流浪所带来的社会杀伤力,只是无论如何也不能说出口而已,因而他特别重视失去恒业即固定职业的"游民"所隐含的巨大危害,在整个洪武时期都不遗余力地予以坚决打击与严厉惩治。

不过话得说回来,即使有恒产、恒业,要是组织不好、管理不善,还是起不到恒心永固的作用。而要使恒心永固,就必须有合适的稳定组织,只有这样,才能管理好,经营好。

在传统社会里,血缘家族是那时的最好也是最自然的组织,我们中国人可能是世界上最关心家和家族的民族了。朱元璋在这个问题上看得很透,洪武元年(1368)三月大明开国才两个多月,他就跟朱升等大臣说:"治天下者,修身为本,正家为先。"(《明太祖实录》卷31)而"正家"在传统社会里就是要稳固传统的家长制,对此，洪武君臣将这等治国思想贯彻于大明帝国的大经大法——《大明律》之中。

《大明律》规定：家长继承以嫡长子为原则，如果废嫡立庶，家长就得处以杖刑八十的刑罚；如果家中嫡妻50岁以上又没生育儿子，在这样的情况下，家长才可以立庶子为继承人，且庶子中也只能是庶长子，否则就与废嫡立庶同罪。从经济角度来讲，《大明律》赋予家长绝对的家庭财产处置权，卑幼辈即小辈使用家产要取得家长同意，不得擅自做主，更不可"别籍异财"，否则将要受到严厉处置；在家政方面，《大明律》同样赋予家长绝对的权威，卑幼辈包括儿孙们都得无条件接受家长的命令与训诫，包括婚配。如果卑幼儿孙辈违背了家长的意愿，则往往被视为"不孝"。而"不孝"是当时"十恶"重罪之一，一旦认真处置起来的话，轻则受到笞杖，重则丢命。当时规定：子孙违反祖父母、父母教令或奉养有缺者，要杖刑一百（《大明律集解附例·刑律·诉讼》卷22）；如果子孙骂詈、殴打祖父母、父母，或妻妾骂詈、殴打丈夫，或弟妹骂詈、殴打兄姊者，要受斩刑、绞刑或凌迟刑等轻重不等的刑罚。（《大明律集解附例·刑律·斗殴、骂詈》卷20、21）

总之《大明律》确保传统家庭中家长的绝对权威，其根本点就是将家庭视为大明帝国永固的最小单位。无数个家庭稳固了，大明帝国自然也就长治久安了。因此在赋予传统家长诸多权力的同时，《大明律》也规定了家长应尽的义务与责任，不仅全家的赋税钱粮和徭役需要他负责，而且对国家、社会的义务等方面也要其承担主要的责任，甚至连家属犯罪都得要连坐他。譬如，家人共犯某事，法律只追究家长责任（《大明律集解附例·名例律》卷1）；家属冒名使用他人的路引想偷渡关津，一旦被巡检司等官府衙门发觉，就得罪坐家长。（《大明律集解附例·兵律·关津》卷15）

● 路引制度与巡检制度——锁定动态小民

开国之初，朱元璋曾下令建立路引制度，与家长制、里甲制等相配合，以此来全面约束民众的行动自由，防止游民滋生祸害。那么什么叫路引？路引就相当于现在人所说的通行证或身份证。朱元璋曾下令："自京为始，遍布天下。一切臣民，朝出暮入"，都要检查路引。（【明】朱元璋：《御制大诰续编·辨验丁引》第4）

路引是由使用者向自己所在地的官府衙门提出特殊的申请，有点类似于我们现在的出国护照申请，申请手续相当严格，必须填写明白干什么用？到哪里？做什么事？何时回来？等等，违者将会受到严厉的处罚。一般来说，军民走出百里之外，都要持有路引，即使你走在大路上或大街上，也要带好路引，否则查到了，吃不了兜着走。

洪武六年七月,常州府吕城巡检司看到有人急匆匆地在赶路,连忙上去检查路引。哪知那位仁兄没带,这下可好了,一下子将事情搞大了,由常州地方上押送到了京师南京,尽管这位忘了带路引的仁兄不断地叫屈,但大明法司部门可不管这些,想按律论处,最终案件弄到了朱皇帝手里。这天"鞋拔子脸"可能心情不错,十分耐心地问了:"你干什么事急匆匆又不带路引?"常州仁兄说:"陛下有所不知,小民奶奶生病了,想请远方的一个郎中要给她治病,因为心急一时竟忘了带路引了。"朱元璋听到这里,顿时乐了,心想这不是一个孝子贤孙么,万万不可治罪啊,放了他,给全国人民树个好榜样。(《明太祖实录》卷83)

忘了带路引或言没有路引,就要被治罪。那怎么治罪?明朝人祝允明曾记载了他祖先的一件事:祝允明的祖先叫祝焕文,洪武年间参加南京溧水胭脂河开凿工程建设。该工程量很大,难度也高,死了不少的民工兄弟。祝允明的祖先祝焕文很幸运地活了下来,正打算高高兴兴回苏州老家了,没想到一掏口袋,发现路引没了,顿时感觉天旋地转。按照当时的规定:"偶失去路引,分该死,莫为谋。"就是说即使你是无意识丢失了路引,也要被处死。祝焕文呼天喊地,就不知道接下来该怎么办。幸好那位百户职位的监工官人还算不错,他跟祝焕文说:"事情已经发生了,再后悔、懊恼也没什么用。当今皇上还是讲道理的,我来带你去面奏他老人家,说不定还有救呐!"果不出监工官所料,当朱元璋听明白了事情的原委后,当即宽宥了祝焕文的过失。事情到此还没打住,洪武皇帝看到祝焕文蛮老实的,还在大殿上当面恩赐他20贯大明宝钞。20贯宝钞,又是皇帝恩赐的,这是多大的荣耀!据说祝焕文回到苏州后,讲述了自己的幸运经过,可将苏州当地的百姓给羡慕死了。(【明】祝允明:《前闻记》)

祝焕文可谓实在幸运,但在那洪武苛政年代里,这样的事情、这样的巧合能有多少呢?为了执行好路引制度,大明帝国还推行了相关的配套举措,如在全国各地建立巡检司机构。

巡检司机构设置开始于洪武初年,最先可能是在广西靖江、平乐、南宁和象、宾、郁林等府州地接猺獞的冲要之处试行,"以警奸盗"(《明太祖实录》卷45),后来逐渐推向了全国各地。在各府州县的关津要害之处建立数千个巡检司机构。巡检司机构内设立巡检、副巡检,下领差役、弓兵——这些是当地百姓应服的徭役的一种。巡检司主要负责"缉捕盗贼,盘诘奸伪"和"警备不虞"(《明史·职官志》卷75)。因为巡检司机构深入到了各地的乡、镇甚至穷乡僻壤,所以它对民众百姓的侦察、辨奸的功能可能比任何政府衙门都要厉害。由此可见,明代洪武时期起君主专制主义的强化已经深入了社会的基层领域里了。

◉ 高皇帝教导大家：提高警惕，严查奸民、游民、惰民与逸夫

有了分布全国各地的实实在在的天罗地网——军队、巡检司等机构，大明官府衙门就几乎有了逮捕一切"奸民"的可能了。一般来说，凡是军民要想过关口、码头等，都得要向相关地方衙门申请路引。只要这样，才能通过关津；否则的话，巡检司就会立马捕人。

过了关津，有时在路上还时不时地要接受检查。晚上来不及赶回家，你得住旅店，那得再次接受路引检查。朱皇帝教导全国人民："市井人民舍客之际，辨人生理，验人引目。"（【明】朱元璋：《御制大诰续编·辨验丁引》第4）说得通俗一点，用句耳熟能详的套话来讲：提高阶级觉悟。那怎么提高阶级觉悟？朱皇帝说了，察看路引时要十分注意："生理是其本业，引目相符而无异，犹恐托业为名，暗有他为。虽然业与引合，又识重轻巨微贵贱，倘有轻重不伦，所贵微细，必假此而他故也，良民察焉。"（【明】朱元璋：《御制大诰续编·辨验丁引》第4，P625）

洪武皇帝教导大家：在察看路引时要注意观察路引持有者模样、神色与其路引上所开列的内容等是不是吻合，有时看看都没什么问题了，但还得要继续仔细观察这个路引持有者的所言所行，是否有什么不轨、不法或秘密等问题。有些人虽然看上去模样与路引上所开列的没什么两样，但他身边带的东西、穿着什么的是不是与其职业、身份相吻合？如果不相吻合，那就说明他是有问题或说有鬼的。良民们，你们一旦发现有情况，就得立即报告政府！

如此一来全国臣民个个都要成为破案高手，人人都要有阶级觉悟，大明还有什么隐患？不，在朱皇帝看来，做到这样还不行，之所以要推行路引制度和巡检制度，除了及时察觉"奸民"的不轨之举、将祸乱消除在萌芽状态外，还有很重要的一条，那就要使得"四民"各司其业，安土重迁。洪武十九年四月朱元璋命令"户部即榜谕天下，其令四民务在各守本业，医、卜者、土著不得远游。凡出入作息，乡邻必互知之，其有不事生业而游惰者，及舍匿他境游民者，皆迁之远方"。（《明太祖实录》卷178）

同年洪武皇帝在发布的《御制大诰》中对百姓相互知丁又作了规定："诰出，凡民邻里，互相知丁，互相务业，俱在里甲。县、府、州务必周知市村，绝不许有逸夫。若或异四业而从释道者，户下除名。凡有夫丁，除公占外，余皆四业，必然有效。"具体地说："一，知丁之法，某民丁几，受农业者几，受士业者几，受工业者几，受商业者

几。且欲士者志于士,进学之时,师友某氏,习有所在,非社学则入县学,非县必州、府之学,此其所以知士丁之所在。已成之士为未成士之师,邻里必知生徒之所在。庶几出入可验,无异为也。一,农业者不出一里之间,朝出暮入,作息之道,互知焉;一,专工之业,远行则引明所在用工州里,往必知方。巨细作为,邻里采知,巨者归迟,细者归疾,工之出入,有不难见也。一,商本有巨微,货有重轻,所趋远近,水陆明于引间。归期难限其业,邻里务必周知。若或经年无信,二载不归,邻里当觉(报告)之,询故本户。若或托商在外非为,邻里勿干。"(【明】朱元璋:《御制大诰续编·互知丁业》第3)

四民中农民相对固定性最强,除了服徭役外,其他的时间基本上都会在家,但也得要邻里之间相互知根知底;如果是读书人的话,就得要人相互知道他什么时候进学?拜何人为师?在哪儿学习读书?社学还是县学、府学、州学?都应该让人周知。做老师的也应该让人周知,所教何人?家在何方?父母是谁?手工业者外出上州府服役,工程量大小,回乡早晚虽然不可预知,但路引上都得注明具体服役地及其工程名,归乡早晚外人不可知,可他的邻居早晚还是能看到的;商人做生意虽然有大有小,归乡也有早有晚,但路引上必须得开列清楚其所走的路线,是水路还是陆路,等等。虽说归乡时间难以确定,但他的邻居还是能知道的,倘若有人在外两年不归,邻居应该去报官,官府再询问本户;如果做到这样了,即使有人在外从事不轨或非法活动,也与邻居无关;否则的话,一旦案发,案主处死,四邻和地方基层里甲长等一律流放至边远荒野之地。(【明】朱元璋:《御制大诰续编·互知丁业》第3)

朱元璋的这项大诰主要打击的是流动人口和无业游民潜在的隐患,因为自己原本就是这样的人,通过武装斗争推翻了元朝的统治,于是生怕别的游民或流民模仿自己,图谋推翻朱家江山社稷,也怕他们逐渐瓦解大明帝国的社会整合。因此在洪武皇帝眼里,这类社会边缘人群必须得严厉惩处、重重打击。凡发现游民、逸夫、惰民,众人包括四邻都有义务将其绑缚至官府。洪武皇帝说:"若或不遵朕教,或顽民丁多,及单丁不务生理,捏巧于公私,以构患民之祸,许邻里亲戚诸人等拘拿赴京,以凭罪责。若一里之间,百户之内,见诰仍有逸夫,里甲坐视,邻里亲戚不拿,其逸夫者或于公门中,或在市间里,有犯非为,捕获到官,逸夫处死,里甲四邻,化外之迁。的不虚示。"(【明】朱元璋:《御制大诰续编·互知丁业》第3)

真是皇帝洪武,《大诰》天下,杀气腾腾,足以威服全国臣民。但朱元璋心理还是没底,洪武十九年五月,他再次申明游民之禁,"命户部板刻训辞,户相传递,以示警戒"(《明太祖实录》卷178)。随即发动了一场全国性的"清除社会惰民逸夫运动"详见《大明风云系列》之《洪武运动》。洪武二十四年四月,当听说地方上有逃民久年招抚不还时,朱玩璋再次恶狠狠地下令:"今逃移之民,不出吾疆域之外,但使有田可耕足以自瞻,是亦国家之民也,即听其随地占籍,令有司善抚之;若有不务耕种,专事末作者,是为游民,则逮捕之。"(《明太祖实录》卷208)

除了颁布诏令、《大诰》和发动全国性的群众运动外,明王朝还在《大明律》中制定相关的法规,严惩逃民、私渡关津者和逃军。其中对私渡关津的处罚为:"凡无文引私渡关津者,杖八十;若关不由门、津不由渡而越度者,杖九十;若越度缘边关塞者,杖一百,徒三年;因而出境者(即相当偷越国境线),绞!"(《大明律集解附例·兵律·关津》卷15)对于逃军的惩处为:"凡军官、军人从军征讨,私逃还家者,绞!……各处守御城池军人在逃者,初犯,杖八十,仍发本卫充军;再犯并杖一百,俱发边远充军;三犯者,绞!"(《大明律集解附例·兵律·军政》卷14)

不难看出,朱元璋的这些举措,就是要将全国臣民的一言一行、一举一动都纳入皇权的控制下,营造出无私无欲的人们"日出而作,日入而息,鼓腹而歌","是农是工,各守本业",永不闲惰的传说中的远古田园社会(【明】朱元璋:《御制大诰续编·科敛驴匹》第56;《御制大诰续编·松江逸民为害》第2,P658);或者说在朱皇帝的眼里:小民们就应该是只知劳作与尽本分而浑然无知无觉的劳动机器和生育工具。

洪武十年正月,他就曾对中书省大臣说道:"食禄之家,与庶民贵贱有等,趋事执役以奉上者,庶民之事也。"(《明太祖实录》卷111)这句话的大概意思是说,缴纳税粮、供输徭役、当兵参军,凡是种种都是小民们应尽的本分,没什么可多说的。五年后的洪武十五年十一月,朱元璋再次这样说道:"为吾民者,当知其分,田赋力役出以供上者,乃其分也,能安其分,则保父母妻子,家昌身裕,斯为仁义忠孝之民,刑罚何由而及哉?……苟或不悛,则不但国法不容,天道亦不容矣!"(《明太祖实录》卷150)

总之,通过黄册制、鱼鳞册制、里甲制、家长制、路引制、巡检制……朱元璋逐步强化社会基层管理,加密专制主义天罗地网,其终极目标就是要稳固"富者富安,中者中安,下者下安"(【明】朱元璋:《御制大诰·民知报获福》第47)的金字塔形的君主专制主义大一统帝国统治,让大明江山传之朱家万代。

问题是上述方方面面举措万一有个什么闪失与疏漏,那怎么办?朱元璋还想到了另外一招,即不断修订《大明律》,接二连三颁发《大诰》,制造严密的君主专制主义统治法网。

《大明律》与《大诰》并行　礼法结合屈法伸情

在元末农民大起义与群雄角逐中，朱元璋的队伍可谓是异军突起，一路上凯歌高旋，最终问鼎中原，成就帝王之业。之所以能取得这么大的成功，原因很多，但有一条极为重要，那就是军纪严明。大明建国后，朱元璋更是注重国家的法律和纲纪。因为他深知，治国毕竟不同于治军。更是由于自己生逢乱世，从草莽中走出来，目睹元朝的败亡，他才明白这样的道理：元朝之所以很快覆灭，很大程度上是由于纲纪废弛，政治腐败，以致起义军风起云涌，元帝国迅速地土崩瓦解。鉴于此，在建国前后朱元璋就着力进行法制建设。

● 大明法制建设：《律令》《大明律》与《大诰》之诞生

洪武四年（1371）六月的一天，朱元璋与吏部尚书詹同在南京明皇宫的奉天门谈论帝王为治之道时，詹同建议，不妨以唐虞三代为效法的榜样，奉行德礼为治国之本。朱元璋听后却不以为然，他说，三代以上，人心淳朴，国家治理就以人心为根本，施仁义行道德；可三代以后，世风日下，人心不古，国家治理就应该以法律为根本，参用权谋等统治术。而大明帝国尤其应该以元朝法制的败坏为戒，摒除"蒙元遗风"，"参酌唐宋"作为修律的依据，以此来构建新型的大明法制。（《明太祖实录》卷66）

正由于这样的认知，自攻占集庆建立吴政权起，朱元璋就一直十分重视法律的制定与法制建设。从明朝初年的法制建设来看，大明帝国的法律主要是由这么三大块组成：第一块就是《律令》；第二块是《大明律》；第三块就是《大诰》。这三大块中最早问世的是《律令》。

○ 吴元年十二月制定完成《律令》——《大明律》的草稿和《律令直解》

《律令》的制定工作开始得很早，据《明史》记载：至正二十四年（1364），朱元璋"平武昌，即议律令"。也就是朱元璋在消灭了陈友谅、尚未灭掉张士诚之前，就与徐达、李善长等大臣开始讨论制定法律的事情。可能是忙于战争，朱元璋政权的制律工作一直到吴元年（1367）才正式启动。该年的十月，朱元璋下令由中书省牵头编定律令，以左丞相李善长为总裁官，杨宪、刘基等20多人为议律官共同参与编定，并向诸制律官提出了"立法贵在简当，使言直理明，人人易晓"和"务求适中，以去烦弊"的立法原则。（《明太祖实录》卷26；《明史·刑法一》卷93）

在修订《律令》的一二月里,朱元璋经常在西楼召见议律官和儒臣,心平气和地讲论律义,力求使得《律令》精当。他对起居注(专门记载皇帝日常活动的记录官)熊鼎说:"吾适观群臣所定《律令》,有未安者,吾特以一己意见决之,而众辄以为然,鲜有执论。盖刑法,重事也!苟失其中,则人无所措手足,何以垂法后世?"(《明太祖实录》卷28)

此时的朱元璋尚未平定天下,只是在南中国取得了军事上的胜利,他为人还比较谦逊,心态也较为平和,虽然重视纲纪立法,但更注重的可能是人心的向背,因而表现得十分的谦卑——当群臣讨论律令争论不下时,他就会发表一下自己的观点。众多制律大臣听到主子表态了,也就不再争论,都认为主公的意见提得好。但朱元璋却不以为然,并表示出深深的忧虑,他说:"立令制法中的刑法,是天底下重大的事情。如果不注意,制定出来的刑法会失'中',畸轻畸重,那么人们就会手足无措。这样的法律怎么能传之于世呢?"起居注熊鼎回答:"主公,您啊,可以充分地参考群臣们所议的观点,然后您自己拿定主意,大臣要是真有讲得不错的,等《律令》修订成后,将好意见交予大臣们一起讨论讨论,可行了,就颁布实施。"朱元璋觉得熊鼎的意见不错,于是就采纳了。(《明太祖实录》卷28;《明史·刑法一》卷93)

奇怪的是,从史料上来看,朱元璋命令中书省主持的此次修律从吴元年的十月开始,到这年的十二月二日就将《律令》一书编定而成。也就是说,整个一部未来的大明帝国法典只花了2个月不到的时间就编成了。那么这是怎样的一部法典?史书记载,它参照《唐律》为标准,适当进行了增减,"去繁就简","重从轻者",最后议定,共计《令》145条,《律》285条,也就是基本上贯彻朱元璋的"就简明了"的立法要求。所以《律令》修成后,朱元璋就下令将它刊布天下,并对李善长等制律官大加赏赐。(《明太祖实录》卷28;《明史·刑法志一》卷93)

由于朱元璋的积极倡导与关注,《律令》的制定与颁行得以迅速进行。不过出身并长期混迹于草野的朱元璋毕竟太清楚底层社会了,就连他自己也可能面临这样的问题:法律条文是用严密又简洁的语言来表达,而普通的老百姓一般都不识字,更不用说知晓和理解这些严密、简洁但实际上寓意深奥的语言。那怎么办?朱元璋想到了一个办法——普及律令,即类似今天的"普法教育"。吴元年十二月十六日,他下令编定律令的大臣和儒臣再编一部解释《律令》的《律令直解》,这是中国历史上第一部普法教材或普法教科书。(《明太祖实录》卷28;《明史·刑法志一》卷93)

○《大明律》——一部实际使用将近600年的法典

《律令》编成以后,从洪武元年一直用到了洪武六年,这中间人们发现毛病还真

不少。之所以有这么多的毛病,我想主要有以下几个方面的原因:

第一,《律令》编定时间太仓促。从吴元年的十月甲寅日即初十,朱元璋指定由中书省牵头,李善长负全责的制律工作正式启动,到十二月二日,《律令》制定工作完成,真是神速,满打满算52天时间就编定了一部帝国的大经大法,似乎是太过于草率了。

第二,从西周时期起,统治者提出"刑新国用轻典""刑乱国用重典"(《周礼·秋官·司寇》)的立法原则,强调"明德慎刑",但什么样子的才叫新国?什么样子的又叫乱国?根据当时朱元璋的实际行动,不断让人减轻刑条来看,他对吴元年的《律令》重典是不满意的,认为现在刚开国就是新国要用轻典。

第三,吴元年修订的《律令》"以《唐律》为准",《唐律》是唐朝时代的大经大法,距离明代已经六七百年了。时代在发展,《律令》还抄袭《唐律》,由此带来了很多的问题,于是从洪武六年起,朱元璋就先颁布《律令宪纲》,接着就下诏让刑部尚书(司法部部长)刘惟谦仍以《唐律》为准,详定《大明律》的篇目,然后以《律令》为基础,重新编定大明帝国新的法律。其"采用旧律二百八十八条,续律一百二十八条,旧令改律三十六条,因事制律三十一条,掇《唐律》以补遗一百二十三条,合六百有六分为三十卷,其间损益务合轻重之宜,每成一篇,辄缮写以进。上命揭于两庑之壁,亲加裁定。及成,翰林学士宋濂为表以进,命颁行天下"。(《明太祖实录》卷86;《明史·刑法志一》卷93)这就是洪武七年通行天下的洪武七年律。

但洪武七年律通行后,朱皇帝犹觉得有些地方刑罚还是偏重了点。洪武九年(1376)他跟中书左丞相胡惟庸、御史大夫汪广洋等大臣说:"国家立法,贵得中道,然后可以服人心而传后世……今观律条犹有议拟未当者,卿等可详议更定,务合中正,仍具存革者以闻。"胡惟庸、汪广洋等领旨后又详加考订厘正,"凡十有三条,余如故,凡四百四十六条"。(《明太祖实录》卷110;《明史·刑法志一》卷93)

这就是人们俗称的洪武九年律,从洪武年间的五六次修律活动来看,此次修律与洪武七年修订的《大明律》相比较,显得宽了点。但没多久就爆发了"胡惟庸谋反案",内外情势变得越发紧张,这大概是当时朱元璋理解中的乱世到来了,于是他让儒臣们再次修订《大明律》,其中洪武十六年,"命尚书开济定诈伪律条"(《明史·刑法志一》卷93)。到洪武二十二年(1389)时,"比年律条增损不一,在外理刑官及初入仕者,不能尽知,致令断狱失当"。鉴于此,朱元璋"命翰林院同刑部官取比年所增者,参考折衷,以类编,附旧律。《名例律》附于断狱下,至是特载之篇首,凡三十卷四百六十条……书成,命颁行之"。(《明太祖实录》卷197)

这洪武二十二律是在非常时期制定出来的,比起前两次修律来说,明显加重了刑罚。在这期间朱元璋又不厌其烦地不断颁发《大诰》(也称《御制大诰》)系列,权作《大明律》的补充,为"法外之法",其时重刑主义、恐怖主义弥漫着洪武帝国的上空。

但到洪武晚年,一系列大规模的政治运动逐渐走向尾声,朱元璋也感到自身君主专制主义统治下的江山社稷差不多稳固了,很有必要对正在通用的重典之法做些修改。于是在洪武二十八年他就宣布:过去对于奸顽刁诈之徒的法外加刑只不过是"权时处置,顿挫奸顽,非守成之君所用常法"(《明太祖实录》卷239;《皇明祖训·祖训首章》)。在他的首肯支持下,皇太孙朱允炆改定"畸重者七十三条"。朱元璋曾语重心长地跟朱允炆说:"吾治乱世,刑不得不重;汝治平世,刑自当轻,所谓刑罚世轻世重也。"(《明史·刑法志一》卷93;《明史·恭闵帝本纪》卷4)

洪武三十年(1397),朱元璋"命刑官取《大诰》条目,撮其要略,附载于《(大明)律》,凡榜文禁例悉除之,除谋逆并《律》《诰》该载外,其杂犯大小之罪,悉依赎罪之例论断",终成《大明律诰》,"刊布中外,令天下知所遵守"。(《明太祖实录》卷253)

经过30年的风浪与磨合,就朱元璋亲自出面修改了7次,《大明律》终于定型。对此,行将就木的洪武皇帝予以极端重视,就在他留下的《祖训》里还不忘谆谆告诫:"凡我子孙,钦承朕命,勿作聪明,乱我已成之法,一字不可改易。"(《明太祖实录》卷82)若"群臣有稍议更改,即坐以变乱祖制之罪"。(《明史·刑法志一》卷93)

一代法典终于告成问世,一代法典也从不被改动地使用了近300年。

清承明制,《大清律例》基本上抄袭了《大明律》。因此可以这么说,朱元璋时代制定的《大明律》实际上使用了将近600年。

○《大诰》系列——凌驾于《大明律》之上的皇帝钦定"案例法"

在中国历史上类似于朱元璋这样奇特的皇帝还真找不出第二个来,除了我们上面讲的这些以外,朱元璋还是一个极为重视以"法"治国的皇帝。他的这种重"法"在历史上有过,譬如唐太宗就曾亲自过问《唐律》的修订,但朱元璋做了历史上可以说是任何皇帝都没有做过的"重法"事情——即亲自编订《大诰》系列"案例法",以此来教育他的臣民们要守"法"。

洪武十八年(1385)十月和洪武十九(1386)年三月、十一月,朱元璋分别钦定颁发《大诰》《大诰续编》和《大诰三编》三书,通行全国;洪武二十年十二月又颁发《大诰武臣》。这四本《大诰》所包含的内容都是发生在洪武年间的官民犯法事情以及严惩官民贪污罪犯的"峻令"(【清】沈家本:《明大诰峻令考》)。朱元璋在亲手编订《大诰》时搞了一个重大的"发明",就是采用判例法的形式进行普法教育:一个案件,配以判决与处罚,例子生动,有名有姓,读来让人感到真实可信,好像就发生在自己的身边；另外一方面，配上判决与处罚，尤其是那种酷刑，读来让人毛骨悚然。这种恐怖主义教育的最终目的就是要大一统帝国的臣民都变为顺民、奴仆。(《全明文》卷29～卷32,上海古籍出版社1992年第1版,P586～747)所以说这种"普法"的理性实质是几乎为零，但独创一帜的奇特的"普法"手段和形式即使是在600多年后的今天我们也不得不为之"折服"和"惊叹"。

○ 学习洪武皇帝"语录"的高潮——全国性的普法运动

朱元璋的普法工作一向是有声有色，大明即将开国之际搞了《律令直解》，就是将法律条文直白地解释出来。不过，这还是小儿科。现在朱元璋要搞的普法工作，就是首先将自己钦定的《大诰》系列颁行天下。但最后他又觉得这样做还不够，于是再次下令将《大诰》《大诰续编》《大诰三编》三书"皆颁[州县]学宫以课士，里置塾师教之"(《明史·刑法志一》卷93)。就是说将《大诰》颁发落实到各地方州、县的学校里，以此作为学校考试选拔人才的依据，就连乡间私塾里也要配置老师讲授《大诰》。有这样多读书人在读《大诰》，朱元璋就想那些不识字的老百姓也就有机会学习《大诰》啦。你不识字，你边上的"先生"有的是，他们可全都读过的，而且是必读、精读而不是泛读。过了段时间朱元璋觉得自己做的普法工作还是不够好，于是在洪武二十四年十一月又下令，对民间百姓子弟能背诵《大诰》的要好好地进行赏赐(《明太祖实录》卷214)，甚至还规定：谁要是犯了罪，只要家中藏有《大诰》的，可以罪减一等。按照《大明律》的规定：刑罚共分笞、杖、徒、流、死五等。打个比方，张三犯了死罪，但在最终判决执行时，法官们要到张三家去看看家里有没有《大诰》，要是有了，就该改判为流罪，以此类推；要是没有，那只能到阎王那里去报到了。

朱元璋通过这样的特殊手段进行"普法"，果然起到了奇效。洪武三十年五月己卯日，"天下讲读《大诰》师生来朝者，凡十九万三千四百余人，并赐钞遣还"(《明太祖实录》卷253)。也就是说洪武三十年五月的己卯那一天来到南京汇报学习朱元璋《大诰》精神心得的师生达到了近20万人，整个南京成为学习的海洋了，全国掀起了学习《大诰》的高潮。

有人描述了当时学习皇帝"语录"的景况："天语谆谆祸福灵，风飞雷厉鬼神惊，挂书(指《大诰》，笔者注)牛角田头读，且喜农夫也识丁。"【明】谢应芳：《龟巢集·读大诰作巷歌》卷8)"千里长江万斛船，飞刍挽粟上青天，田家岁晚柴门闭，熟读天朝《大诰》篇。"【明】谢应芳：《龟巢集·周可大新充粮长》卷7)

《律令直解》、法律通俗化、反复修订《大明律》、不断推出特殊案例法《大诰》系列、号召全国人民学习《大诰》、推广普法教育……说到底,朱元璋所做的这一切,都是为了贯彻一个中心宗旨,那就是强化君主专制主义。

◉ 大明法制建设的宗旨——强化君主专制主义

朱元璋开创大明帝国以后,采取许多奇特的措施与国策,加强君主专制主义统治。这不仅体现在政治、经济、社会管理和思想文化方面,而且深刻地反映在大明的法制建设当中。从此以后,世界五大法系(中华法系、大陆法系、英美法系、伊斯兰法系、印度法系)中的中华法系出现了许多前所未有的君主专制主义强化的法律法规,主要体现在以下几个方面:

○ 空前加重对谋反、谋大逆者的处罚

早年的朱元璋身处中国社会的最底层,乘着元末天下大乱之势,投身于红巾军造反者行列。造反者,用我们现代人的习惯语言来讲,就是起义者。但在古时候那就是"反逆",这儿的"反",指的是"谋反",即图谋推翻国家政权;"逆"指的是"谋大逆",即图谋毁坏君主国家的宗庙山陵和宫阙——这是中国传统社会中专制君主之居所和顶级权力之中枢的象征。由于专制君主制底下的中国传统社会里家国不分,所以说,所谓的图谋毁坏宗庙山陵和宫阙,也就是图谋推翻君主制的政权统治。而君主专制统治又是中国传统社会统治的最为核心和关键之所在。因此从严格的意义上来说,"反逆"之核心所在就是要推翻现行的专制君主统治,其直接危及了国家的君主专制统治与至高无上的皇权,触犯了纲常名教和贵贱尊卑秩序。

对此,中国历代的统治者都会不遗余力或者说是穷凶极恶地将"反逆"这类的行为定性为"十恶不赦"中的"十恶"之首,不仅在传统中国人的心理上定论为无以复加的罪恶,而且还在刑法中处以最为惨无人道的刑罚。即使是以"宽平"著称于世的《唐律》也将"反逆"为首的"十恶"之罪列为最严重的犯罪。《唐律疏义》中就这么说:"五刑中,十恶尤切。亏损名教,毁裂冠冕,特标篇首,以为明诫。"为"宽平"的《唐律疏义》所切齿痛恨的"十恶"是"常赦所不原"之大罪,因此一旦有人触犯了或被人告发说是触犯了,"犯者"不是被处死,就是被处以刑罚很重的流刑,且不管你是平头百姓,还是享有特权的皇亲国戚和达官贵人,一旦被"认定"犯有"十恶"大罪,那么你既不能用钱用物来赎,也不得向皇帝"请议"来免除处罚。而在"十恶"当中,尤其以"谋反、谋大逆和谋叛"之罪最为严重,处罚也最为残酷。

如果我们再换位到元朝统治者的角度来看,当年走投无路的朱元璋参加了元

末农民大起义,这本身就触犯了"十恶"大罪之"首"罪,一旦被元朝统治者逮住,就要被满门抄斩。但历史却是朱元璋胜了,那么,作为曾经的"反逆"者(即起义者),当他登上中华帝国的权力顶峰时,能否像对待弱势群体给予更多的"政策性"倾斜那样,对"反逆"者也来个法律上的"宽平"或照顾呢?

事实恰恰相反,朱元璋在建立明朝、开创大明法制时,大大地加重和扩大了对造反者——谋反、谋大逆的处罚和株连范围。我们不妨以中国传统社会中素有"宽平"著称的《唐律》与洪武时期制定完成的《大明律》作一对比,就不难发现:

(1)《大明律》扩大了"反逆罪"惩处的范围,加重处罚力度

《唐律》中规定,凡犯有"反逆罪",罪犯不分首从,都要被处以最高刑——斩刑,罪犯的父亲与年满16岁以上的儿子,都要被处以绞刑,15岁以下的及母亲、女儿、妻子、小妾、祖父、孙子、兄弟、伯叔父、兄弟之子及笃疾、废疾(残废)者,可不处死。但在《大明律》中却是这样的规定:凡犯有"反逆罪"的,不仅犯罪者不分首从,都要被凌迟处死,而且他的亲族中凡是年满16岁以上的男子,如祖父、父亲、儿子、孙子、兄弟、伯叔父、兄弟之子,不限籍之异同,也不论笃疾、废疾都要处斩,就连异姓同居者,如外祖父、丈人、女婿、奴仆等也要同处斩刑。(《大明律例集解附例·刑律·贼盗》卷18)

不仅在量刑上而且在刑罚的力度上,《大明律》明显要重于《唐律》。《唐律》对"反逆罪犯"处斩,而《大明律》却处以最最残酷的凌迟,即人们常说的千刀万剐;《唐律》对"反逆罪犯"直系亲属仅是罪犯的父亲和罪犯的儿子处以绞刑,而《大明律》则对其处以斩刑;绞刑和斩刑虽都为死刑,但古代中国人对于它们之间的区别还是相当明确的,那时的人们很迷信,斩刑的刑量要远远高于绞刑,因为斩刑使得人犯身首异处,而绞刑毕竟使人犯保留了一具完尸。所以说这是两种不同等的死刑。而在对"反逆罪犯"的株连范围上,《大明律》也明显重于《唐律》。唐律仅对"反逆罪犯"的上一代——父亲和下一代——儿子(年满16岁)才处死;而《大明律》不仅要对"反逆罪犯"的所有直系亲属中的男性(16岁以上),而且连异姓亲属甚至包括奴仆在内,都要处以斩刑。这就大大地扩大了对"反逆罪"的惩处范围。(《明史·刑法志一》卷93;《大明律例集解附例·刑律·贼盗》卷18)

(2)《大明律》不分情节轻重,只要是犯有"反逆罪",一律处以斩刑

中国传统法制"经典"——《唐律》中对犯有"反逆罪"作了情节上的区别,因而其处罚也有所不同,如"词理不能动众,威力不足率人者",即犯罪者的言辞不足以煽动人们,个人威望也不够来率领大家起来造反;而《唐律》规定:只对犯罪者本人处以斩刑,而他的父亲和儿子都可以不处死,祖父、孙子等更不在牵连的范围内;如果"口陈

欲反之言,心无真实之计者",即说犯罪者嘴里说要造反,但心里却没有真实的谋反计划与措施,那么依照《唐律》规定:只对犯罪者本人处流刑2 000里的处罚。

但到了明初朱元璋制定《大明律》时却作出这样的规定:不问情节之轻重,只要是犯有"反逆罪",一律处斩刑。而且《大明律》还这样规定:"凡是遇到'谋反'、'谋大逆'的罪犯,'知情故纵、隐藏者,斩!有能捕获者,民授以官,止给财产;不首者,杖一百,流三千里'。"(《大明律例集解附例·刑律·贼盗》卷18;《明史·刑法志》卷93)

可见《大明律》不仅重重处罚"反逆罪"的已然状态,而且还加大力度处罚"反逆罪"的未然状态和知情不告者,这一方面反映出明清君主专制统治的刚性与脆弱性;另一方面使得明代以后的中国人生活在极端君主专制的恐怖时代。

那时往往出现一案突发,数族株连灭绝,乡里为墟;或稍有不慎,立即招来杀身大祸或灭顶之灾。洪武十三年爆发了所谓的"胡惟庸谋反案"就是一个典型案例,其"词所连及坐诛者三万余人"(《明史·胡惟庸传》卷308)。当然,有人可能认为这个还不能算数,因为胡惟庸直接参与了相权与皇权之间的争夺,为此朱元璋特别恼火,最终才深究不已,算不上典型案例。

那我们不妨再来看看朱元璋末年对待一起普通的"谋反案"是如何处置的吧。洪武后期,四川平茶洞长官杨抵纲死了,他的嫡子杨再隆、杨再兴、杨再德三人相继代理老爸的职务,但没多久又一一先后去世。这时,杨再兴、杨再德的儿子正贤、玄坛保等还小,杨抵纲的第四子(庶子)杨再胜代理起平茶洞长官之职,因为是庶子,一旦亡父杨抵纲嫡孙长大了,就得要把洞长官之职"归还"给杨正贤等人。这可是杨再胜最不乐意做的事。为此,他活动活动心眼,忽然眼睛一亮,计上心头,逼嫂子单氏即杨正贤的母亲为自己的小妾,这样自己就可以孩子叔叔、"亚父"的名义当上平茶洞长。虽然事情进展得十分顺利,但杨再胜还没有满足,因为自己算计了半天,侄儿杨正贤等正逐渐长大,自己还得让位,这叫什么事?于是他就开始密谋,准备杀害杨正贤及另一个洞长杨通保。可人算不如天算,自己还没行动,消息走漏,机灵的杨正贤小小年纪冒着生命危险,不远万里赶赴京帅南京,向洪武皇帝告御状,揭露叔叔的不轨之谋,且还指控叔叔杨再胜与景川侯一起谋反。听到谋反两个字,朱元璋毫不犹豫地下令:立即逮捕杨再胜。匆匆审理后,族诛了杨氏家族,而杨正贤因为洪武皇帝的特赦而未被追究,事后还承继了父祖的平茶洞长官之位。(《明太祖实录》卷233)

◎ 李白"参与"了"永王谋反",却没有被杀,究竟为何?

我们再来看看唐朝的一起谋反案是如何处置的。著名大诗人李白曾与唐肃宗

的弟弟永王李璘之间有着密切的往来,后来永王在江陵发动了"谋逆"叛乱,不久兵败被杀。唐朝官方从永王府邸处不仅查出了李白写给永王的颂扬诗,甚至还发现了永王拟定的给李白的官职文书。按照《唐律》规定,李白便可定为永王叛乱的从犯,当然也可不定为"协助"谋反,因为毕竟李白没有直接参与到永王叛乱当中。但从事后李白的命运来看,他是被按照"谋逆"从犯之罪行而遭受了处罚——流放,这就是说,当时并没有完全按照《唐律》中"凡犯'反逆罪'之罪犯不分首从皆处斩"的规定进行责罚。这其中有个重要的因素,案发后李白遇到了郭子仪等"贵人"的"营救"。有人帮着说话,这果然不假,但唐朝法律相对比较"宽平",那才是根本,不像明朝那样对于任何形式的所谓侵犯专制皇权的"谋逆"案件深究不赦。

○《大诰》中增设"诽谤法"等,加重对亵慢和触犯皇权尊严的言行之处罚

中国传统社会早期秦汉时代,曾有过"诽谤之法",即说了一些不该说的话,或发表一些对现实的不满,就要被定罪处罚。但自西汉文帝上台废除之后,中国历代法律大典中似乎再也没有设立这项令人窒息的律条,可到了朱元璋时代,在《御制大诰》中却再次设立了"诽谤之法",并以此进行了残酷的追究。

江宁知县高炳"以《唐律》作流言以示人","妄出谤言","获罪而身亡家破"。用今天话来说,江宁的县长高炳跟人谈起《唐律》的宽平,对严酷的洪武政治颇有微词,就此却招来了杀身毁家之大祸。(【明】朱元璋:《御制大诰三编·作诗诽谤》第11,P703~704)

福建沙县罗辅等13人因事被处以断手指的酷刑后,失去了劳动能力,经常聚在一起闲聊。有一天有人这样说:"如今朝廷法度好生利害,我每(们)各断了手指,便没用了。"就这么一句话,被人告发了。朱元璋下令,将这13人逮到南京当殿审问,最终将其"押回原籍,枭令于市,阖家成丁者诛之,妇女迁于化外"。(【明】朱元璋:《御制大诰续编·断指诽谤》第79,P670)

浙江金华府县官张惟一等看到洪武皇帝派遣的钦差舍人来到当地,可能是自己心虚,怕有把柄被钦差逮住,就偷偷叫手下人给钦差送去银两钞币和高档衣服等。没想到这位钦差大人不仅拒收钱物,反而还要将那送礼人捉拿起来。这可急坏了县官张惟一,也不知是谁给他出了个馊主意:在钦差离开金华地界时,派出皂隶王讨孙等冒充街头恶棍,追赶钦差,将其暴打一通。没想到就此闯下大祸,案件很快就查清,皂隶王讨孙等被断手,县官张惟一也被处以重刑。(【明】朱元璋:《御制大诰·皂隶殴舍人》第18,P593)

有个叫沈仪的人假冒千户官,伪造了皇帝的御宝文书,打着皇差的旗号想到苏

州府属各县去诈取一番。按照当时的规制，凡是有公差来，都要核对和填写相关的勘合，即所谓的"关防"，相当于后世的公文证明；但苏州知府张亨和知事姚旭两位官老爷都粗心，根本没有认真辨认沈仪等4人手中文书的真伪，就以类似于"红头文件"的形式下发给了下属诸县，要求各地认真接待沈仪等人，协助办好皇差。碰巧巡按御史雷升和百户戴能看出了其中的破绽，并迅速地羁押沈仪等人，然后再将案情上报给了皇帝朱元璋。朱元璋闻讯相当恼怒，最后下令："假千户沈仪并伴当4名，人各凌迟处死，（苏州）知府、知事枭令"，罪名为张亨、姚旭"视朕命如寻常，以关防为无事"。【明】朱元璋：《御制大诰续编·不对关防勘合》第63，P661～662）

以打击亵渎和触犯皇权尊严为核心的明代"诽谤之法"到了永乐篡位之后更加猖獗，明仁宗上台后才下令停止。

○ 增设"奸党"罪，严惩臣下结党和内外官交结

鉴于历代王朝臣下结党营私，削弱皇权，导致国亡民乱的教训，朱元璋在大明帝国建立之初就开始了防范。他不仅在政治制度上废除中书省、丞相制，营造绝对君主专制底下的权力制衡的政治生态环境，构建地方"三权分立"的政治体制，而且在法律层面上，明确规定国家文官武将的人事权专属皇帝。"若大臣专擅选用（官员）者，斩"；"若大臣亲戚非奉特旨不许除授官职"，违者亦斩；凡大臣不得滥设官职，不得擅自录用下官属吏，违者，从严处置；守御官军镇抚以上官职有缺，"若先行委人权管，希望实授者，当该官吏各杖一百，罢职役充军。"（《大明律集解附例·吏律·职制》卷2）如果下官有司私设职位，任用社会上的"二流子"催租逼粮，祸害百姓的，那将被凌迟处死。

洪武十九年三月颁行的《大诰续编》中就有这样的规定："今后敢有一切闲民，信从有司，非是朝廷设立应当官役名色，而于私下擅称名色，与不才官吏同恶相济，虐害吾民者，族诛。若被害告发，就将犯人家财给与首告人，有司凌迟处死。"【明】朱元璋：《御制大诰续编·闲民同恶》第62，P661）甚至连地方官府擅自派遣下属离职办差，朱皇帝也要以"乱政"罪名将其处斩："十二布政司（未将云南计算在内）及诸司去处仓场、库务、巡检、闸坝等官，各有职掌，暂时不可离者。前十二布政司及府州县官，往往动经差使仓场、库务、湖池、闸坝、巡检等司官员离职办事。罪得乱政之条，合该身首异处。前事已往。今后敢有如此者，比此罪而昭示之，其各官擅承行者如之。"【明】朱元璋：《御制大诰续编·擅差职官》第19，P633）

总之，凡是大明臣子都得无条件地绝对服从朝廷的命令、服从皇帝的旨意。对此，《大明律》还专门规定：在朝官员接到皇帝调令和差遣时不得以任何理由和借口

拖延不行或缓行,也不能擅离职守,就连新迁任职都不得无故延期,否则均以重罪论处。任何国家大事都要奏请皇帝裁定,"凡军官犯罪,应请旨而不请旨,及应论功上议而不上议,当该官吏处绞。若文职有犯,应奏请而不奏请者,杖一百,有所规避,从重论。若军务、钱粮、选法、制度、刑名、死罪、灾异及事应奏而不奏者,杖八十;应申上而不申上者,笞四十。若已奏已申不待回报而辄施行者,并同不奏不申之罪"。(《大明律集解附例·吏律·公式》卷3)

清代法制史学家薛允升对此曾这么评述道:从职官犯罪处置角度来讲,唐律多重于明律;而上述该律则明显为明律重于唐律,皇帝"总系猜防臣下,不使稍有专擅之意"。(【清】薛允升:《唐明律合编》卷10)

薛允升的评述无疑点到了要害,为了不使大臣稍有专擅之意,更为了严禁臣下结党和内外官交结,洪武开国时,大明法律中特别增设了前所未有的"奸党"罪。

○ 将历史上的朝纲"疑难杂症""一网打尽"的"奸党罪"

什么叫"奸党罪"?《大明律》中对其有所界定,但界定的概念相当宽泛:"凡奸邪进谗言,左使杀人者"属奸党,处以斩刑;"若在朝官员交结朋党、紊乱朝政者,皆斩,妻子为奴,财产入官";"若刑部及大小各衙门官吏不执法律,听从上司主使,出入人罪者,罪亦如之"(《大明律集解附例·吏律·职制》卷2)。"若犯罪,律该处死,其大臣小官巧言谏免,暗邀人心者,亦斩";"若有(下官小吏)上言宰执大臣美政才德者,即是奸党,务要鞫问,穷究来历明白,犯人处斩,妻子为奴,财产入官";"若宰执大臣知情,与同罪"。(《大明律集解附例·吏律·职制》卷2)

以上是《大明律》中有关奸党罪的几项界定,我们将其作个总结:第一,在朝官员交结朋党,紊乱朝纲,这一条是历朝历代都曾出现的"常景",朱元璋立法禁止。那有人说,我们都在朝为官,交个朋友,一旦官场上有难,相互援助一下,其实这也是我们当官人的交友,人家农民有农民朋友,叫花子有叫花子的朋友,难道我们在朝当官的就不允许相互做朋友?对,最好相间少来往,你们这样在老百姓那里叫得可难听了——"官官相护",别犯了朱皇帝的忌:吉安侯陆仲亨、平凉侯费聚有事没事老往宰相胡惟庸家跑,不就跑出事来了,"胡党大狱"出来了。

第二,如有人犯罪,按律要处死的,当官的你给我听好了,千万不要为这种犯了死罪的人胡言乱语,开脱罪责。

第三,司法部门和各个地方的州府县一把手,你们是国家的司法主干,国家的法律能否公正地贯彻执行,就看你们按不按《大明律》条执行了。如果你们听从你们的上司的暗示而任意乱判案件,本皇帝将要以"奸党罪"论处你们。

第四，巧言令色或进献谗言从而使得上司杀错了人，那也得按"奸党罪"论处。

第五，大臣不向皇帝举荐人才，而擅自提拔任用下官属吏的，也以"奸党罪"论处。

第六，下官上言赞美主政大臣，用今天话来说，就是下面的官员上表为自己的上司歌功颂德，这不仅不允许，而且还要被治以"奸党罪"。

一旦被定为犯有"奸党罪"，受到的处置那将是十分严厉。洪武时期，奸党罪名列十恶大罪中"谋叛"之后，罪犯本人处斩，家产没官，亲属为奴。(《明太祖实录》卷190)而从《御制大诰》的记载来看，实际处置还要严厉："江浦县知县杨立，为钦差旗军到县追征胡党李茂实盐货事，知县杨立每日于各里长家饮酒。其江浦去京止隔一江，本官并不以为公务为重。及见旗军催督追盐，本官先与给事中句端面约，故不答应，却用掌记书写事情，差皂隶送至给事中句端家。句端接入房内，备写缘由，仍令皂隶将回，传递消息。别无上司明文，却称我于给事中处讨得分晓来了，如令不要追盐，每引止折钞四贯。如此结交近侍，欺罔朝廷，事发，凌迟示众。"(【明】朱元璋：《御制大诰三编·臣民倚法为奸》第1,P680)

由"奸党罪"再延伸，虽没被列入奸党罪名下，但其行为也属于严禁行列。凡是上级官员及其所派遣的官吏路过，或按察司官、监察御史出巡到当地，所在地方上的各衙门官员都不得出城迎送，违者一律处以杖刑九十；违者上司或监察官员默认或知情不纠的，处以相同的刑罚。(《大明律集解附例·礼律·仪制》卷12)

朱元璋之所以要这样严处，就是怕臣下交结朋党、混淆视听，就是要为大明清平政治创造良好的生态环境。

○ 洪武祖制：不准宦官干政，严禁"内外交结"。违者，斩！

所有历史上的朝纲"疑难杂症"经过设定的"奸党罪"似乎可以"一网打尽"了，但还有一个君主专制政治的特殊顽症——宦官干政。明朝以前的汉唐是宦官势力最为炙热的巅峰时刻，朱元璋鉴于历史的教训，在制度上和法律上对宦官干政作了严厉的限制。洪武元年(1368)，他下令"不许寺人干预朝政"(【清】夏燮：《明通鉴》卷6)。洪武五年(1372年)，定宦官禁令："有心怀恶逆，出不道之言者，凌迟处死；有知情而蔽之者同罪，知其事而不首者斩！"(【清】沈家本：《沈寄簃先生遗书·律令》9)洪武十年朱皇帝再次下令立法："寺人不过侍奉洒扫，不许干与政事！"(《明太祖高实录》卷112)

应该说洪武帝对宦官的制抑已经是相当严厉的了，且还很有远见。更有远见的是，他在洪武十七年(1384)还"敕内官毋预外事，凡诸司册与内官监文移往来"

《明太祖实录》卷163；【清】谷应泰：《明史纪事本末·开国规模》卷14）。甚至在《大明律》中设有专门的法律条款,严惩内外官交结："各衙门官吏如果与宦官及皇帝身边的近侍人员相互交结,泄露机密,通同作弊。凡是犯下这类事的,本人处于斩刑,家中妻儿流放2 000里安置。"（《大明律集解附例·吏律·职制》卷2）

◎ "好儿子",败家子

朱元璋的这等良苦用心最终所要实现的是朝纲独断,君主专制主义得到空前的强化。可祖宗将制度设计得再好、将法律规定得再严密,要是碰到了败家子子孙不遵守、不执行,那就等于一张废纸。内官之禁在明朝第三个皇帝、那个口口声声自称为高皇帝好儿子的朱棣时就开始变了。永乐帝不仅派出郑和屡下西洋,还派其他的内使到地方上去搞监察,甚至还监军,内官之禁形同虚设。从此以后大明的宦官势力扩张日甚一日,内外交结也就见怪不怪了。不过这些都是后话,读者朋友如有兴趣,请看笔者的另一拙著《大明帝国》系列⑦、⑧《永乐帝卷》。

○ 皇帝录囚制、请奏上裁制和厂卫"听记"制

平民出身的开国皇帝朱元璋目睹了元朝末年政治的腐败和司法的黑暗,深知司法公正在社会控制与国家治理当中的重要性。也许自己曾经是从死亡边缘幸存下来的缘故,也许是青少年时代亲情缺失和社会经历动荡所造成的内心猜忌之缘故……朱元璋在构建大明法制秩序时,比起历史上的任何朝代的任何帝王,他更多地将专制主义"龙须"触及帝国司法制度的每个角落,甚至还常常不厌其烦亲自录囚,架屋叠床地设置锦衣卫北镇抚司,"专理诏狱",其每招每式都渗透了君主专制主义灵魂。当然也不可否认这里面含有刺察实情以免发生冤假错案的有益成分。

◎ 皇帝录囚制

事实上从汉朝武帝起,中华法制史上就有了皇帝亲自录囚的成例,美其名为体恤民情、纠察冤情,是"仁君""德政"的一大体现。这样扬名的"好事",朱元璋当然不会放弃不干的。综观整个明朝,可能也就这个奇特的开国皇帝亲自录囚的事情最多了。据史料记载,洪武初期,朱元璋每"有大狱必面讯","多亲鞫,不委法司"。（《明史·刑法志二》卷94）

按照《大明律》的规定,明代地方上的司法权很有限,府州县只能判决笞、杖、徒、流、死五刑中的流刑以下的案件,死刑案在地方上需经按察司、在京师须经监察

御史严格审核后,拟出处理意见,然后上报中央朝廷;中央朝廷则组织刑部、大理寺和都察院等三法司官员集体会审、判决,判决后还不能马上执行,必须要上报皇帝钦定裁决。(《大明律集解附例·刑律·断狱》卷28)

将死刑案件的终审判决权收归到中央朝廷,明代的这一司法规制,一方面反映出君主专制主义对司法领域的渗透,另一方面也体现了对生命的重视。这或多或少也不能不说是中华法制文明进程中的一个亮点,也或多或少将一些濒临地狱大门的冤魂屈鬼给挽救回来了。

洪武二年(1369)六月,监察御史谢恕到松江去巡视监察,发现当地很多人都有隐瞒官税的嫌疑,于是就将190多个偷税漏税"嫌疑犯"逮到京师南京。但谁知这些"嫌疑犯"中好多人都在喊冤,谢恕的上级领导、御史台治书侍御史(御史台副职)文原吉获悉后就将情况上奏给了洪武皇帝。朱元璋立即叫人去将松江"嫌疑犯"带几个来亲自审问,一下子就弄清了事情的原委,随后便责备谢恕:"你身为朝廷御史,皇帝的耳目,却不能为老百姓申冤,反倒将无辜的百姓给坑害了,朝廷的耳目靠不牢还能靠谁?"于是他当即下令,将那些被冤枉的松江人全给放了,并处理了那个姓谢的"纪检干部",褒奖了文原吉。(《明太祖实录》卷43)

大案要案,不用多说,洪武皇帝要管;官员失职,冤屈百姓,朱皇帝也要管;老百姓造了地方不良官吏的反,进京告御状,朱皇帝更认真过问……最让人觉得不可思议的是,日理万机的洪武皇帝不仅会关注起臣下属官的两性生活,而且还在《大诰》中专门设"条"教育人们。

有3个读书人,他们分别叫王默、易聪和洪文昌。3人英年聪慧,前两者在科举考试中崭露头角,后者自学成才,闻名遐迩。朱皇帝爱才,将他们分别擢升为给事中和宫廷序班,目的就是要发挥他们各自的专长。可哪知正值"奔腾"年龄的3英才在南京工作时结识了一个军妇,即我们现在所称的军队女家眷或称军嫂。这个军嫂因为老公长期在外,十分饥渴,3个"奔腾"小伙子也饥渴,于是你需要我满足的事情就一一发生了。这样的事情在现代人看来,连"扫黄"都说不上,即使在当时也至多算是平常得不能再平常的案件——通奸案。可朱皇帝精力旺盛,亲自过问案情,发现其"通奸不已,败常乱俗",为此在颁发《大诰》中作专门指示,以此来教育全国臣民。(【明】朱元璋:《御制大诰续编·奸宿军妇》第64,P662)

洪武帝亲自过问刑案和亲自录囚的事情还有很多、很多,他的这般做法为大明帝国天子录囚开创了历史的先河,以后的永乐、宣德等好多皇帝都坚持了这种体现君主"仁爱"之心的录囚制度。不可否认,在一定程度上它纠正了司法领域内的部分偏差。但这也不是绝对的,因为洪武年间朱元璋大案小案都要过问,他自己又不是什么专业的"科班"出身,于是逾越《大明律》的各种各样的钦定判决都会在朱皇帝的瞬间感情之间产生了。

会稽县应该上缴渔业税为六千零六十七贯二百文,河泊所官员张让等在书写时将一贯换成了一千文,故在填写渔业税时写成了"六百六万七千二百文",实际为同一个数字,一点也没错,结果却被洪武皇帝说成是"广衍数目,意在昏乱掌钞者"的罪名治以重罪。(【明】朱元璋:《御制大诰续编·钱钞贯文》第58,P659)

江浦县知县刘进等不知怎么的鬼使神差,在该县公祭时偷了一些冥币;巩县知县饶一麟等在该县举行公祭时可能是肚子饿,也可能是没有太多留意的缘故吧,竟然在祭礼还没结束时就享受起祭品,代神吃肉;闻喜县县丞将祭神用的活鹿送人作宠物,用死动物肉代替活鹿来祭祀山川社稷神……此类在世人看来没什么了不得的过失,即使对照《大明律》条的话,也够不上重罚的档次,却都被朱元璋定为重罪。(【明】朱元璋:《御制大诰·祭祀不敬》第57,P611)由于皇帝意旨高于一切,在《大明律》那里,罪行只够徒刑的囚犯,最终却被朱皇帝族诛了,有的甚至只够杖刑100的,结果被朱元璋以凌迟处死了。(【清】沈家本:《明大诰峻令考》)

轻罪重判、无罪枉判和重罪轻判,什么可能都有,体现了司法领域里的皇权专制主义的肆虐,在一定程度上又破坏了理性的法制建设。不过朱皇帝可管不了这些,通过录囚,他可以大大强化司法系统的君权专制主义。

◎ 从"请奏上裁制"到"三复奏与五复奏"制

与皇帝亲自录囚制度比较相近的还有"请奏上裁制"。"请奏上裁制"是指司法部门对于一些特别重大的案件或者是一些涉及特别人物的案件最终裁判权必须要上请皇帝,由皇帝最终作出裁定。

本来刑部、大理寺和都察院三法司是中央最高审级,但朱元璋规定:三法司对重大案件无权作出最终判决,其判决还必须上呈给皇帝批准。朱元璋精神好,什么事都要事必躬亲,所以"请奏上裁制"在洪武时代并不限于大案,碰到小案子,只要有时间和有精力,朱皇帝也会过问过问,最终发出"圣裁"。(《明史·刑法志一》卷93)

洪武十六年正月,洪武皇帝朱元璋向刑部尚书开济、都御史詹徽等做出指示:自今凡有论决,必再三详谳覆奏而行,毋重伤人命(《明太祖实录》卷151)。洪武十九年十二月,朱元璋又"诏自今诸司应死重囚,俱令大理寺覆奏听决,著为令"(《明太祖实录》卷179)。这可视为有明一代"三复奏或五复奏"制度的开启。

到了永乐时期,大明中央司法系统逐渐形成了重大死刑案件的"三复奏与五复奏"制度,即对一些重大的死刑案件要上奏皇帝3次、后来发展为5次,最终取得皇帝的"圣裁"后方可发落，或是开刀问斩。(《明史·成祖本纪三》卷7)这一方面体现了对生命的重视，是时代的进步，但另一方面也反映出明朝皇权专制主义在司法领域中的渗透与强化。

◎ 厂卫"听记"制——皇帝特务渗透到司法领域

但皇帝他老人家实在太忙了，这么大的一个中国，连从各地农村来的粮长和捆绑扰民官吏来宁告御状的农民模范都要亲自接见，所以他不可能对天下所有大案要案个个都能明断是非，了如指掌。那怎么办？洪武皇帝有的是"锦囊妙计"，将过去经常保护他安全、掌握天下第一号机密的锦衣卫给"激活"起来。我朱元璋只有两只眼睛，锦衣卫有无数双眼睛，我朱元璋只有两只耳朵，锦衣卫却有无数只耳朵，于是乎厂卫"听记"制度横空出世。

厂卫"听记"制度是明代洪武与永乐两朝当中逐渐形成的特殊的司法监察制度。对于中央一些重要的案件，因为就在皇帝的鼻子底下，是非曲直很容易查清。但在大一统帝国如此广袤的土地上发生那么多的案件，皇帝老爷尽管日理万机，但还是忙不过来，于是他就派出"十三道监察御史"去"清天下狱讼"，即凡是地方各省府审录重大案件的罪囚，都由皇帝下诏指定的监察御史一起会审，且由监察御史主持会审录囚工作。整个过程中皇帝还要派出他的特务锦衣卫到场"听记"或"坐记"，直接参加审判。会审结束，整个会审记录都要直接上奏给皇帝，不过，这时不仅地方司法官衙要盖印，监察御史也要用印，就连听记的锦衣卫也得签字，只有这样，才算程序合法，最终由监察御史领衔奏报给大明皇帝。(《明史·刑法志三》卷95)

地方司法官、监察御史、锦衣卫三方相互监督、相互制约，直接对皇帝负责。尤其是"厂卫"组织(锦衣卫、东西厂)，本是皇帝的特务机构，不是司法机关，却也被皇帝特令赋予巡察缉捕，还专理"诏狱"之权。君主专制主义在司法领域内大为强化。

平心而论，尽管"厂""卫"两个都是坏蛋，但相比较而言，锦衣卫的素质比后来的东、西厂要好多了，因为后者是由心理变态的宦官和社会渣滓所组成。他们代表皇帝，在地方会审中享有"听记""坐记"权力，加强皇权不假，但皇权被极度异化，大明司法遭受践踏。

○ 以严刑酷罚来钳制人们的思想言论

朱元璋在《大明律》的制定中没有固定给他的思想专制主义定出明确的条规，但他实在是继承了中国传统君主专制主义的"光荣"传统，且还将它们推向了极端。

整个洪武朝文字狱迭起，被杀者并不一定是知识分子，凡是臣下与平民一旦有笔误或口误，或者什么也不误，但在朱皇帝看来已经触犯了大忌，那就该杀。在《大明律》中有关文字狱的法律条文还真没有精确的界定，相反十分含糊："凡奸邪进谗言，左使杀人者，斩"；"上言大臣德政者，斩"；"凡造谶纬妖书妖言及传言惑众者，斩"；"收藏禁书与私习天文，杖一百"（《大明集解附例·刑律·贼盗》卷18），等等。既然法律上没有精确的界定，按理也就不好定罪，但明代从朱元璋起专制主义大为加强，在思想文化领域中体现出的一大特征就在于，随君主心意而定，任意地法外定罪用刑，说你有罪就有罪，谁叫你"胡说八道"与"胡思乱想"的。朱元璋不仅要做人们政治上的集权皇帝，还要做人们精神领域内的专制皇帝。由此开创了明清帝国近600年专制君主屡兴文字狱的先例，以严刑酷罚来钳制人们的思想与言论，对以后的中国社会产生了极为恶劣的影响。

● 司法救济与司法公正

综上所述，我们不难看出，洪武皇帝在治国过程中确实实行了严刑峻法。不过，来自社会底层、受过官府欺凌的草根皇帝朱元璋，可能比中国历史上的任何其他皇帝更加清楚统治者与被统治者的"和谐"之理。如果一味地重刑峻法不仅治不了国，弄不好还会引发新的农民起义。所以大明开创时期，为了帝国江山千秋伟业的稳固与长久，朱元璋在制定和建设大明法制时，不仅竭尽全力贯彻一个中心——加强极端君主专制主义，而且也十分注意确立和落实"司法公正"和礼法结合的基本精神，由此影响了中华法系的近世进程。

○ 分级申诉制

从宏观来讲，明代的司法制度的设计与历代没有大的变化。有人要打官司，起诉就要有起诉书（状子），古时候的老百姓大多不识字，一般找人代写，即为书面诉状。书面诉状应该包括案情发生的时间、起诉人与代写人的姓名、地址、籍贯、案件情况，最后别忘了画押。书面诉状写好了，就向县衙呈递，起诉人要跪举诉状，口喊"××青天大老爷……"。接下来就是知县审案了，如果知县审不了，或者审出的结果对于起诉人来说不满意，或不能接受，那么起诉人可以上告到知州或知府那儿，直到地方最高审级省里。但到了省里就与地方州、府、县审判机构不同的是，省里审判机构不是省长衙门布政使司，而是提刑按察使司，即相当于我们现在的"省高院"，这是地方上的审判程序。而军队里有另外一套审级程序：军户向所、卫、都指挥司逐级呈告。

《大明律》规定：原则上不允许"越诉"即越级起诉。如一个乡下农民要起诉，就得先起诉到县里。有人说他不能起诉到县里，因为他的那个案子中的被告是县太爷的亲戚。如果真有人说这样的话，那就说明说话者不懂中国传统政治文化。因为从汉朝起中国就实行地方官籍贯回避制度，这样的地方官籍贯回避制度，一定程度上确保了行政和司法公正。否则的话，县衙门就成了夫妻店、父子店，舅舅审外孙的案子，甚至法院院长为三陪"小姐"弄个法官当当，在中国这个极讲人情人脉关系的社会里，什么样的怪事都会有了。因此说，地方官籍贯回避制度应该是中国古代政治文明的一大成就，也应该使人放心，除非地方官受贿外。既然如此，故而明朝的法律一般是禁止"越诉"的。你县衙不找，直接跑到府里或省里去告状打官司，那是不允许的，且得接受责罚。(《明史·刑法志二》卷94)

大明帝国司法审判的分级申诉制与直诉制

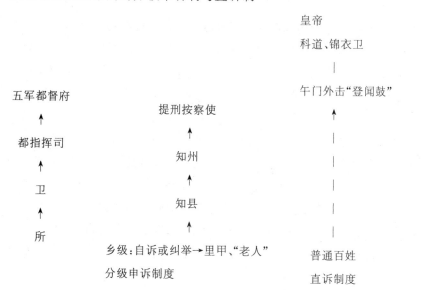

○ 直诉制：击登闻鼓、邀车驾讼和赴通政使司诉状

但在正常的分级申诉制度外，明朝初年朱元璋还曾沿用了中国历史上的直接向皇帝申诉的直诉制度和唐宋以来的邀车驾讼的司法救济制度。

洪武元年(1368年)朱元璋下令在南京明皇宫的午门外设置登闻鼓，每天派一个监察御史和一名锦衣卫专门看守这"鼓"。当然不是仅为一个"鼓"，而是关注是否有特别的冤情要申诉。那有人想：会不会有人没事偷着乐——去敲敲那个登闻鼓？那可不是好玩的，洪武皇帝脾气可不好了，千万没事不要去玩，否则，不仅仅要被打一通,而且皇帝老爷还很会关心人,问你干么?你说没事玩玩。朱元璋最讨厌没事瞎折腾的"游民",还专门给了个名字,叫"逸民"或"闲民"。逸民无事生非,杀!逸民家人与邻居,迁往边疆!洪武皇帝可是个严肃之人,大明法律也严肃规定:"凡民间词讼,自下而上或府州县省官及按察司不为伸理,及有冤抑重事不能自达者,许击登闻鼓,监察御史随即引奏。敢阻告者,死!"(《明太祖实录》卷37)只有碰到如等情况才可击那登闻鼓:老百姓去地方县、州、府衙打官司,衙门八字开,有理没钱莫进来;还有就是地方衙门倒是进了好多次,家里的资产耗得也差不多了,但官司还没打赢,直理得不到伸张,这种时候便可去击那登闻鼓。遇到有人击登闻鼓,值班的监察御史就得当即引奏,谁敢阻挠告状者,死!(《明太祖实录》卷37;《明史·刑法志二》卷94;【清】孙承泽:《春明梦余录·刑部》)

洪武时期第二种直诉通道为"民赴通政使司诉状",即老百姓直接上大明通政司去告状。(《明太祖实录》卷169)

直诉制度中还有一种风险很大、饱受皮肉之苦的"迎车驾讼"或称"邀车驾讼"。(《明太祖实录》卷169)这种直诉,读者朋友在电视剧里可能见过,一个弱女子被欺负了或父亲或丈夫被人害了,找人写了一个状子在地方衙门里告不了,到处都是"高俅老贼"的子子孙孙,于是弱女子举了状子,等待皇帝老爷或皇帝的钦差大人出来,半道上拦住车驾,皇帝老爷会"亲切"地关怀:"什么事?有谁欺负了你呢?"其实这全是娱乐片把整个痛苦的邀车驾讼给"戏说"了,拦住皇帝的车驾要冒多大的风险?禁卫军误将直诉者当做坏蛋,投入大牢里者,有之;当场被禁卫军乱棍打死者,有之,或者至少打了一通——生怕有人行刺皇帝啊,结果打得半死不活再"从实道来"者,也有之。有人说这大概是后世"清道"或"交通管制"的最早来源吧?!

不过话得说回来,无论是登闻鼓直诉还是邀车驾讼,毕竟也是一种司法救济的渠道。这在一定程度上纠正了司法偏差,遏制了官场上的司法腐败,部分地实现了司法公正。

可能是由于自己草民出身的缘故吧,朱元璋不仅积极地鼓励民间百姓直诉,而且经常过问相当普通的案子。洪武八年正月,淮安府山阳县有人犯罪当杖,他的儿子请求以身代父。朱元璋知道后就对刑部大臣说:"父子亲情是人类的天性,亲人遭罪而坐视不管,那才是不孝不肖之辈!现在这个做儿子的要求自己来代父亲受罪,出于至情啊!我要为这样的孝子屈法,以此来劝勉天下的人多注重孝道,你们把他们父子俩都给放了!"(《明太祖实录》卷96)

正因为如此,当时到南京来直接向皇帝告状即越诉的越来越多。时间长了这也是头疼的问题啊。一方面直诉的太多,朱元璋忙不过来;另外一方面,直诉造成的司法后果——侵夺了下级司法机关的职权范围。洪武十五年（1382年），朱元璋敕令刑部，申明越诉之禁："凡军民诉户婚、田土、作奸犯科诸事，悉由本属官司自下而上陈告，毋得越诉，辄赴京师，亦不许家居上封事，违者罪之。"（《明太祖实录》卷149；【明】王圻：《续文献通考·刑考》卷2）上述敕令就此规定：只有重大而又迫切需要解决的案件，才允许越级申诉。

为了防止越诉，严格审级管辖，洪武二十七年（1394）四月，朱元璋又下令，"命有司择民间耆民公正可任事者，俾听其乡诉讼。若户婚、田宅、斗殴者，则会里胥决之；事涉重者，始白于官，且给《教民榜》，使守而行之"（《明太祖实录》卷232）。"若不由里老处分而径诉县官，即谓之越诉"（【清】顾炎武：《日知录》卷8）。同时在《教民榜文》中也做出明确规定："民间词讼，已令自下而上陈告，越诉者有罪。……今后敢有仍前不遵者，以违制论的决。"（【明】户部《教民榜文》第38条）"顽民不遵榜谕，不听老人告诫，辄赴官府告状，或径赴京越诉，许老人擒拿问罪。"（【明】户部《教民榜文》第23条）如果乡间里老"不能决断，致令百姓赴官紊烦者，其里甲、老人亦各杖断六十；年七十以上者不打，依律罚赎，仍着落果断"。（【明】户部《教民榜文》第2条）

明律关于惩罚越诉的规定，主要着眼于稳定司法管辖秩序，发挥地方司法机关的职能，防止所谓刁民缠讼。但问题又产生了，如果严惩"越诉"，直接的后果莫大于下层的好多冤案得不到及时的纠正；同时"越诉"通道也随着明王朝的政治清平局面的逐渐退化而慢慢地堵塞，原本的司法救济制度之积极意义消失无存。

○ 中央司法"三权分立"

明初在中央的司法制度设计上还是承继和光大了中国经典的君主专制下的中央司法"三权分立"的传统精神，实行司法审判、司法复核和司法监察三者分离原则。与前朝相比，明代的司法监察权仍然在御史手里，所不同的是明朝以前的御史所在的机构叫御史台，明代改名为都察院；明代中央司法制度第二个不同于前朝的，就是其大理寺不负责审判（唐宋时的大理寺是当时的最高审判机关），而专掌司法复核；唐宋时代的刑部是不审案件的，而专门负责司法复核，但从明代开始，刑部名副其实地掌管了刑事与司法的最高审判事宜。由于审判权归给刑部，因此从明代开始，刑部的组织机构相当庞大。最初刑部下设四司，后来扩充到十二清吏司（后扩展到十三清吏司），分别受理地方十二个省（后扩展到十三个省）的上诉案件，以及审核地方上的重案和审理中央百官的案件。（《明史·职官志一》卷72）

明代对死刑案件相当重视，一般都要上奏皇帝批准，否则不能行刑。对于死刑核准的重视反映了对生命的重视,明代法制文明中这些可贵之处到今天还值得我们借鉴。听说我们近期才将地方上的最高法院的死刑终审权收归到中央,惜乎,太晚了一点吧!

明代无论是刑部审判或大理寺复核,都须受都察院纠劾和监察,凡"大狱重囚(都御史)会鞫于外朝,偕刑部、大理寺谳平之",目的就是防止司法偏差。(《明史·职官志二》卷73)

从洪武中期起明朝就形成了中央级的刑部最高级别审案、大理寺复核、都察院监察的"三法司"三权分立的司法架构,最终告于皇帝,取决于上裁(《明太祖实录》卷167),即皇帝成了最高司法权的实际最高掌控者,这就有利于加强君主专制主义;同时"三法司"三权分立,也有利于相互监督、相互牵制,防止冤假错案的发生,应该来说具有一定的进步意义。

○ 建立和完善会审制度

朱元璋对中国法制建设还有一个贡献,那就是完善了中央的会审制度。

明朝三法司会审最早可能开启于洪武中期。洪武十五年(1382)十月,朱元璋"命刑部、都察院断事等官审录囚徒",并指示:"凡录囚之际,必预先稽阅前牍,详审再三,其有所诉,即与辨理,具实以闻。"(《明太祖实录》卷149)此次会审中中央司法部门的主干为刑部和都察院,似乎没有提到大理寺也参与,但从会审结果的处理程序来看,还是符合后来三法司会审制度的精神,即会审后的判决三法司无权做出最终决定,要上报奏请皇帝朱元璋最后裁决。因此我们完全可以将此视为有明一代"三法司会审"制度的开启。

洪武十七年(1384),朱元璋又"诏天下罪囚,刑部、都察院详议,大理寺覆谳后奏决"(《明史·太祖本纪三》卷3)。"会官审录之例,(正式确)定于洪武三十年"。(《明史·刑法志二》卷94)

以后明代在会审制度上不断地深化,发展出了九卿会审、"热审"、"圆审"和"朝审"等,影响了明清近600年的司法审判制度。20世纪90年代曾在中国大陆老百姓中颇受欢迎的电视剧《杨乃武与小白菜》,其中的小白菜最后告状告到了西太后那里。西太后命人进行会审,清代的这个会审制度就是从明代演化而来的。而在明代会审制度中参加会审的官员级别最高、人数最多的可能就要数"九卿会审"。"九卿会审"一般由吏部尚书、大理寺卿、左都御史、通政使等九卿联合审判死犯翻案大案,又名"圆审"。(《明史·职官志二》卷73)

明代从永乐年间起实行"热审"。"热审"是指天气大热之前,一般在农历小满以后的 10 来天内,皇帝任命太监和南北两京的三法司的官员组织热审庭,审理狱中的囚犯,实际上目的是"清清监狱"。由于许多情况下都会把一些轻度犯罪与死刑犯一起关在牢里,监狱条件恶劣,天热拥挤心燥,容易出事。所以一般的热审是这样处理的:犯了笞罪、杖罪的,打几下就放人;犯了徒罪和流罪及以下的,减等发落;重罪囚犯即被初拟为绞刑或斩刑的,或可矜疑的,要将具体的案件情况写好上奏给皇帝,请旨定夺。热审在正统以后渐渐多起来,明正德开始成为定制。(《明代司法初考》,第 139 页)

明朝从英宗起还发展出一种新的会审形式——秋审。"天顺三年,(明英宗)令每岁霜降后,三法司同公、侯、伯会审重囚,谓之朝审。"(《明史·刑法志二》卷 94)朝审又被称为"秋审",这是因为它发生在每年霜降后的深秋季节,吻合自然界的秋冬百物萧杀之象,当时人们认为审判与处决犯人是"顺应自然"之事,这是"天人感应"的思想在明清时代的延续。清代将秋审制度作为一种常用的司法会审制度,这就是民间"秋后算账"这一成语的由来。

不可否认的是,自朱元璋开始完善的会审制度的推行,有助于大一统帝国法律的统一适用,同时也对司法机关的审判活动起着某种监督作用,在一定程度上和一定范围内确保了司法的公正。著名的"杨乃武与小白菜"案在地方上由于权力的干扰,从县里一直到省里,没有一次审清楚的。可到了中央会审时,由于会审诸方的权力得到了相互牵制,对司法的干扰相对减少,案子马上就审清。只可惜无论是杨乃武还是小白菜,他们人生的青春好年华是在监狱里度过的,悲哉!但毕竟他俩的人命给捡了回来了。

● 礼法结合　执法原情

朱元璋建设大明法制,在强化极端君主专制统治的同时,着重确立和落实了另一个基本精神——礼法结合。这种礼法结合的法制精神中包含了以下几个层面的内容:

○ 法定刑与法外刑相结合——重刑主义渗透大明法治

中国法制史上唐宋是个里程碑,尤其是《唐律》堪称世界五大法系中的中华法系的经典,而《唐律》在中华法制文明中是以"宽平"著称于世。大约从宋朝开始,中国法制文明中的重刑主义开始回复,朱元璋建设大明帝国法制时,从制度上确立和渗透了宋元以来的重刑主义,其主要体现在以下两个方面:

◎《大明律》的法定刑之上增加法外刑

我们现在的刑罚大致分为拘役、有期徒刑、无期徒刑、死刑，这四、五等刑又分为好几个等级。不过它们是舶来品，大致在清末自西方引入。中国传统的刑罚不是这样的，而是非常残酷。以号称最为"宽平"的唐律来看，其刑罚分为五等法定刑：笞刑、杖刑、徒刑、流刑、死刑（绞、斩）。

笞刑，现在人们对它很陌生，笞刑的"笞"原本是以笞竹制成的竹板，以此作为刑具，对犯罪者进行笞击、笞打。笞刑作为独立适用的刑罚第一次出现，是在汉朝文帝时代。当时有个小姑娘叫缇萦，她的父亲犯了罪，按照汉律规定，他要被处以斩止（趾）的刑罚。缇萦看到父亲被逮起来了，自己就跟着一起上了长安，向汉文帝请示，要求代父亲受刑，并动情地说道："人死不能复活，不死受了肉刑，一个人全废了……"汉文帝为小姑娘的一片真情所感动，也为肉刑之事感到不安，于是下令，将肉刑给废除了，代之以身体刑，就是我们现在讲的受刑罚。《汉书·刑法志》载："当劓者（割掉鼻子），笞 300；当斩左止（趾）者，笞 500。"最初用笞竹制成的刑具是不去其节的，但在施刑过程中出现了问题。用不去其节的笞竹打犯人，犯人身体弱一点，往往打到 200 下或 300 下时，就被打死了。汉文帝原意是减轻刑罚，废了肉刑，代用笞刑，现在反而将人打死了，效果适得其反。所以到了文帝的儿子汉景帝时又将刑罚改轻了："减笞 300 曰 200，笞 200 曰 100。"在后世的发展中，笞竹去掉了竹节，长短薄厚也逐步得以规范。那么笞刑时施刑的部位在哪儿？最初在背脊，背脊是人较为重要的身体部位，经络四通八达，弄不好还是要出人命。唐太宗发现了这个问题，所以后来就将施刑的位置改为腿上。唐朝规定：五刑中的最低刑为笞刑，应该是比较轻的。

五刑中的第二等刑为杖刑，杖刑最早起源于秦朝，但在秦汉时代不常用。到了南北朝时，杖刑与鞭刑和笞刑等都是作为处置重刑犯（流、徒以上）的附加刑。隋朝刑罚中取消徒刑的附加鞭刑和笞刑，流刑只加杖刑。唐时杖刑正式作为独立刑。但无论是鞭刑还是杖刑，施刑的位置都是脊背，即所谓的鞭脊或杖脊。唐太宗在读医书时发现背脊实际是人体的要害位置，于是下令改杖脊为杖臀部。宋代的刑制杖刑分为杖臀、杖脊、重杖三种。（宁汉林、魏克家：《中国刑法简史》，中国检察出版社 1999 年 1 月第 2 版）

五刑中的第三等刑为徒刑，这个我们现代人容易理解；第四等为流刑，类似于充军，但要比充军轻点，流刑中按照罪行的大小，也分五等；第五等是死刑，死刑中有两种：一种叫绞刑，一种叫斩刑。

明朝刑罚中的法定刑也沿袭《唐律》中的笞刑、杖刑、徒刑、流刑、死刑（绞、斩）五刑。但除了法定刑外，明初朱元璋开始还发展了源自宋、元的充军刑。充军刑实际上是流刑与笞、杖刑的混合，打了几十大板再充军去。明初洪武时代的充军，主要是将犯人发往边地，起到实边的作用，并没有多少里程的规定，但这本身已经增加了法外刑，且是重刑。自明朝中期起，根据里程的远近，充军刑开始分为六种：极边、烟瘴、边远、边卫、沿海、附近。最远的极边，大致要有4 000里，估计从北京充军一直要充到广东，从上海充军一直要发配到新疆；充军最近也要有1 000里。充军的犯人根据他的身份，有的戍边，有的服劳役，有的充当军士。充军不仅有六等里程之分，而且还有不同的期限："终身充军"为最轻，即被充军的犯人本人身死为止；另外一种可惨了，叫"永远充军"。"永远充军"就是说犯罪者本人死亡了还不算，子孙亲属仍须继续充军，直到"勾尽补绝"，也就是断子绝孙了，才算结束。（《大明会典》卷154；《明史·刑法志一》卷93）

尽管明初朱元璋口口声声反对重刑，但就洪武年间的法制实际来看，他不仅仅是使用了重刑，而且时不时地使用酷刑：挑筋、剁指、刖足（砍掉犯人的脚，这种残酷的肉刑在汉文帝时代就已经被废除了，但元朝人将它恢复了，朱元璋拿来再用）、断手、刑膑（挖掉犯人的膝盖，在战国时代还流行，到了秦朝开始逐渐退出历史舞台，朱元璋居然也拿来再用）、钩肠、去势（男犯人被割掉生殖器，即人们常说的宫刑。自汉代以后该刑被淘汰，但在明初又被使用。广西少数民族发动起义失败后，男的不少就被去势，十分残忍），还有廷杖，这些都是法外刑。就连洪武时期开启的经常使用的充军刑和凌迟刑也"非五刑之正"。（《明史·刑法志一》卷93）

明初朱元璋开创的重刑主义在有明一代基本上是贯彻明王朝的始终，并影响了清代。

◎《大明律》外还有"更高级别的大典"——《御制大诰》系列

从唐宋时代的法制文明发展史来看，大体上可以说是以一本法典为准，尤其是唐朝就以《唐律疏义》为主要的法律依据。而明初除了《大明律》外，还增加了《大诰》《大诰续编》《大诰三编》《大诰武臣》四部《大诰》法律文书，且在洪武、永乐时代这些《大诰》的地位要高于《大明律》。（《明史·刑法志一》卷93）

那么《大诰》到底是部什么样的法律文书？说来还真让人啼笑皆非，它们压根儿就不是什么法律文书，而是"判例法"汇编，进一步说开来，即朱元璋将自己处理的案件汇编成册，一案一例地判决，也是大明帝国的最高判决。可问题是这些"判例法"与大明的"大法"《大明律》之间有着很多的矛盾与冲突之处，而又由于其实际地位要高于"大法"《大明律》，如此下来所产生的直接影响是：一方面大明法制领域内的皇权专制主义得以强化，另一方面又使得正常的大明法治秩序遭受了践踏。

更令人可怕的是，《大诰》不仅在法理上对大明法律构成了破坏，而且还更多地体现在判决后的用刑——重刑。不可思议的是《大诰》中用刑大多是法外刑，有枭首（杀了犯人，将犯人头挂起来）、夷族（灭族）、刺字（一般在脸上刺）等，最残酷的可能就要数凌迟刑了。清末法学家沈家本在《历代刑法志》中说，就洪武一朝判决的凌迟大案多达十几起。凌迟刑，用我们老百姓通俗话来讲就是千刀万剐。据记载，一个合格的凌迟刑刽子手将犯人身上的肉与器官一刀刀地割下来，一共要割上3 000多刀，全身的肉全割完了，犯人气息尚存，真是惨无人道！不过，还有比这更惨，明朝第三个皇帝朱棣上台时创造了法西斯新纪录——灭十族、"瓜蔓抄"、挖祖坟、轮奸女人……

对于明初"二祖"的如此恶行，鲁迅先生曾深恶痛绝地说："自有历史以来，中国人是一向被同族和异族屠戮，奴隶，敲掠，刑辱，压迫下来的，非人类所能忍受的楚毒，也都身受过，每一考查，真叫人觉得不像活在人间。"（鲁迅：《鲁迅全集·且介亭杂文·病后杂谈之余》第6卷，P180～181，人民文学出版社1981年北京第1版）

总而言之，朱元璋、朱棣"父子"推行重刑主义的目的无非是为了加强极端专制主义皇权，重刑、酷刑所起到的直接效果就是要震慑人们不犯法、少犯法。如此法律恐怖主义不仅影响了有明一代，而且还贻害了近世中国社会。

明末著名历史学家谈迁曾说："闻国初严驭，夜无群饮，村无宵行。凡饮会口语细故辄流戍，即吾邑充伍四方至六千余人。诚使人凛凛，言之至今心悸也。"相距近300年了，当说起洪武朝的重刑时，明末人们的心理还充满了极度的恐惧。

清承明制，满清入关后编定的第一部正式法典《大清律》全抄自《大明律》，加上他们入关时尚处于较低文明形态时期，故而有清一代的刑罚也是相当野蛮，决非如某些老者摇头晃脑地大讲清代有多少的文明与进步。实际上清初是加重了近世中国的重刑主义。

中国社会长期处于重刑主义的高压统治下，中国人普遍心理一般都不太愿意见官、打官司，想必其中存在着一定的关联吧！

重刑主义和恐吓主义固然能一时遏制人们不犯法，但绝对不能做到根绝。对于这一点，朱元璋似乎比大明开国大臣中的任何一人都要清楚。于是在重刑主义的依托背景下，洪武皇帝还搞起了礼法结合。

○ 礼法结合——中国特色的传统法制精神

朱元璋推行礼法结合的法制思想主要体现在以下三个方面：

◎ 将服制与刑名进一步结合起来

中国自古以来在法制建设中相当重视"礼",而且还成功地解决了"礼"与"法"的关系。最为典型的例子就是依照服制定罪量刑。具体地说,这种法制建设就是解决中国这个特殊国情下的亲属之间的"法律与伦理"上的问题。所谓的服制就是以一个人的丧服所表示出来的与周围人的亲疏关系。一个人最亲的亲人应该是父母,其次是祖父母,以下是兄弟姐妹,以此类推,共分五等。明代以前就有人将"五服"关系绘制成图,使人一目了然。《大明律》在篇首列出了"丧服图"与"五刑图"等,就充分体现了"礼法结合"的法制思想。

一般来说,大明官员大凡审理有关亲属间的案件,就必须首先查明原告与被告之间是何称呼,是何等服制,以此作为定罪量刑的依据。这样一来,既依法制又合礼制。

◎ 为什么千百年来一直流传着亲生父母大义灭亲的"动人故事"?

具体地反映在法律条文中是这样的:凡亲属之间发生了侵犯与伤害的事情,就依照亲疏尊卑关系来定。打个比方,一个不肖子孙打了他的父母或者是祖父母,这叫卑幼犯了尊长,原则上比普通人之间的人身侵犯要加重处罚,又因为是血缘愈近,处刑愈重,按照《大明律》的条款,这个不肖子孙要被处斩刑;要是他将祖父母、父母打死了,那就要被处凌迟刑。倒过来,尊长杀伤卑幼,血缘愈亲,则定罪愈轻。(《大明律集解附例·刑律·斗殴》卷20)

譬如一个父亲失手将不孝子打死了,最多被官衙逮去了杖刑一番,算是比较严重了;若是这个不肖子孙还有偷鸡摸狗的恶习,甚至为非作歹,危害乡邻,一旦他被自己的父母亲或祖父母失手打死了,往往四周乡邻还会出来作保,说这个不肖子孙的父母或祖父母大义灭亲,为民除害。那么,这个不肖子孙死了也白死,地方官一般也就不会过问,有的甚至还要送来旌旗表彰。中国社会长期的这种特殊"礼法"构制造成了好多小辈或下属、奴仆等人的生命权得不到保障,甚至至今为止,我们还能听到有的地方发生了父母亲手杀死孽子为民除害的"动人故事",由此可见其影响之深远。

◎ 年龄不是问题,身高不是距离,关键在于辈分

"礼法结合"反映在亲属之间的两性关系上,不分尊卑长幼,凡是亲属关系愈亲,一旦发生了通奸、强奸的事情,惩罚起来就愈重,这是中国人的传统。汉代时就

发生了一个王爷与他祖父的小妾通奸的事情，被人告发后，不管王爷不王爷，最终都被处死。对于现代人来说，这样的事情简直是不可思议，即使发生了不当的男女两性关系之事，至多受到良心和道德上的谴责，甚至在某些人眼里连谴责也没有。不是有句流行语："年龄不是问题，身高不是距离么。"可古时候人讲究的倒也不是年龄，也不是身高，而是辈分。由于中国古代社会一般不限于一夫必须是一妻，所以好多家庭中的父亲或祖父六七十岁了还要纳妾，用老百姓的俗话来讲，就是娶个"二奶"或"三奶"什么的，而"二奶"或"三奶"的年龄往往要比大奶小得多，甚至有的还比自己年老丈夫的儿孙还要小，于是年龄代沟和生理距离出现了。这个"二奶"或"三奶"与家庭中的公子们反倒合得来，天长地久，"乱伦"发生了，说不定孙子跟应该称为奶奶的女人发生了关系，这种阴事往往是家族中最丑的事，一般不告官，族长或家长会自行处置。但一旦告官了，只要有证人，通奸者必死无疑，因为《大明律》和《大清律》甚至前面的《唐律》都这么规定的。

"礼法结合"反映在亲属之间的财产侵犯上，关系愈近刑罚愈轻，一般减等治罪。原则上《大明律》不支持家庭成员间的"析产"（即分割家产），但一旦发生了财产侵犯，如果亲属关系越亲，则处罚越轻。（《大明律集解附例·刑律·诉讼》卷22）

打个比方，一个孙子如果从一个外人李四那儿偷了10两黄金，可能要被处以流刑。但这个孙子如果偷了自家爷爷的10两黄金，可能最多被地方衙门逮去打一顿屁股。中国人的这种法制思想影响深远，直到现在，我们还经常听到有些子女没有征得父母的同意，就将存折上的钱给取了，将父母的房产私自占了。在当今中国人看来，做父母亲的碰到了这样的儿女，大多能忍就忍了，家丑不外扬，很少去主张自己的权利。原本历史也悠久啊！

◎ "明刑慎罚"——弄清案情，区别君子与小人

朱元璋推行礼法结合的法制思想体现在第二方面，那就是"明刑慎罚"。

朱元璋讲究礼法结合，这个礼有时被拓展到了人世间的大"理"，其外延更为广泛。用朱元璋的话来讲，叫"明刑慎罚"，就是用刑首先须弄明白事情曲直是非，将原委给弄清楚，处罚起来要慎重。朱元璋将有了过失的人分为两种，即君子与小人，典型的中国式的人才观，不是好人就是坏蛋，因而处理结果也各不相同。他还专门引用古人的话说："礼义以待君子，刑戮加于小人。"理由是君子犯错很可能是出于过失、不周，因而也就情有可原，对待这样的君子，就要用礼义而不能用刑罚；而小人本身就心术不正，奸诡百端，没什么坏事干不出的，所以对于这样的小人，绝

不能心慈手软,要用刑罚狠狠地惩治。(《明太祖实录》卷79)鉴于这样的认知,朱元璋还真铆足了劲区别小人与君子,在"明"与"慎"上均下了工夫。

◎ 朱元璋认为捞钱不是偷钱

洪武八年(1375),浙江湖州府有人将300余万官钱运往南京,船行到长江里时,不幸发生了翻船事故,一船的钱有一半掉进了江水里去了。洪武帝严法众所周知,遭受翻船之难的浙江仁兄算是"拎得清",官钱一半丢在长江里,只好自己代赔,这事也就很快过去了。但不久有人到司法衙门上告,说有些军队士兵在那个浙江人丢钱的地方捞钱,且还真捞到了不少。司法官员调查了这事,发现上告属实,于是便认定这些军队士兵在发不义之财,并要对其施以杖刑。洪武皇帝朱元璋听说后不同意,他说:"军队里的士兵得钱是从长江里捞的,不是去偷,也不是去抢,没什么不合理的。"随即下令,将捞钱的官兵给放了。(《明太祖实录》卷96)

把捡钱和盗钱混为一谈,实为审案不明,所以最终朱元璋没支持司法官的杖罚决定,可称得上"明刑慎罚"。

◎ 为了个人仕途而隐瞒海难事故的军官被朱元璋严厉处置了

洪武七年(1374),定辽卫都指挥使马云等运粮12 400石,出海时不巧遇上了大风,结果有40余条船只被大海吞没,717名士兵葬身于大海,还有4 700石米粮损失。马云的顶头上司金吾卫指挥佥事陆龄一看部下出了这么大的纰漏,想到自己的锦绣前程就此会大受影响,于是就隐瞒了海难。洪武皇帝朱元璋听说后,既为海难的军士悲伤,又对隐瞒事故真相的军队领导陆龄十分愤怒,当面斥责道:"你这个人对上欺瞒皇帝,对下欺压与阻堵兵士,事故死难的将士死得不明不白,就连他们家属也没法沾一点皇恩。这样看来,你平日里是不会体恤兵士的。来人啊,将陆龄逮起来按律论处!"(《明太祖实录》卷90)

在上述两个案件中朱元璋都处理得相当得体,从关爱生命的角度和是非曲直之理出发,将事情先弄清,明案情,慎刑罚。不过即使这样,我们也不能完全肯定朱元璋的"明刑慎罚"一定正确。因为他立论的大前提"君子"与"小人"之分本身就有问题,什么叫君子?什么叫小人?中国传统社会争了几千年一直都没争清楚。既然君子与小人之间的区别都没有客观的标准,何来真正的"明刑"与"慎罚"?或者说即使能做到"明刑慎罚",但也是极其有限的。

◎ 执法原情——政治场上"秀一秀"?

朱元璋的"明刑慎罚"还有一个重要的思想内涵,那就是屈法原情或者说是执法原情。

洪武年间南京发生了一起亲生母亲连杀2个亲生儿子的恶性案件。案件发生后，南京人没有一个不惊讶的。皇帝朱元璋闻讯立即下令，将那个负有2条人命的"毒母亲"给抓起来讯问，再按照《大明律》条，将其处刑。可当"毒母亲"被逮来审问后，事情出现了180度的转向。

原来这个"毒母亲"长得特别漂亮，年轻轻的就嫁给了一个姓史的生意人，可不知怎么的，小两口一直没有生育。史某有个生意场上的朋友，因为做生意的缘故，经常到史某家去，发现史某家里竟有这样一个貌若天仙的尤物，心里别提有多痒痒！但就是不好开口向史某说："你将美人让给我吧！"于是他就开始盘算着如何能占有这个天生尤物。有一次，他跟史某说，某地有某生意可做，我们俩不妨去看看？史某没多想，就跟着一起去了。途中遇上了大水灾，史某被溺死，就剩下这朋友一人回来。他来到史某家，向史妻即那美人汇报了途中的不幸，美人随即为夫举丧、守制。一晃丧期过了，一直在帮助美人忙前忙后的那个史某朋友突然间向她"求爱"，守了很长时间寡的美人荷尔蒙分泌很正常，根本没有多想，就与他圆了房。随后，两个活泼可爱的小子先后来到了世上，日子也就在不知不觉中过去了。(【明】陆容：《菽园杂记》卷3)

有一天，突然下起了瓢泼大雨，且下个没完没了，将整个屋子庭院全给泡了。有一只蛤蟆受不了雨水浸泡，十分吃力地爬到了较高的台阶上。美人生的一个小子走了过去，用棒将它拨落了下去，蛤蟆顿时淹没在雨水之中。史某朋友即那美人的后夫见到此番景象，不由自主地说了句："史某死的时候也是这样！"说者无心，听者有意，美人听到这话，觉得十分蹊跷，于是追问不息。后夫意识到自己失口了，竭力掩饰，但美人妻子还是不依不饶地追问。最终没能过得了美人关，在美色柔情下他一五一十地将自己怎么杀害史某的经过说了出来，且对天发誓：这一切都是为了他对她的爱！(【明】陆容：《菽园杂记》卷3)

当天夜里美人没说什么，也不吵不闹，好像什么事也没发生似地。第二天，等到后夫出门后，她将自己与后夫所生的2个儿子给杀了，然后到官府去自首。

一个女人连杀2个亲生儿子，且是明目张胆杀人，应天府不敢定案，只好将案件向上呈送。朱元璋闻讯后亲自审理，在弄清了案件的来龙去脉后，随即判定：逮捕杀害史某的凶手——美人后夫，将其绳之以法；至于美人连杀两人之罪，则免于追究，洪武皇帝还特地下令，旌表美人的刚烈气节。(【明】陆容：《菽园杂记》卷3)

◎ 曾经的床上好伴侣转眼间成了杀害自己的凶手？

这样类似的案件还有，洪武时期有个校尉娶了一个美女为妻，因为工作繁忙，经常一大早就出门,深更半夜才回家,家里长时间就美妻一人空守着。美妻闲得慌,常常穿得花枝招展,靠在自家的门上,张望着家门口那条街道上来来往往的行人。有个小青年有两次路过校尉家门口,似乎总感到有双火辣辣的异性眼神在看着自己,不由得回头望望。这下可好,四目相遇,没有语言,没有表白,一切都在不言不语之中。天黑以后,少年偷偷地来到校尉家,一推,嗨,居然那美人还给留了门。这下可好了,少年、美女好好地云雨一番。正当欢愉得差不多了,少年想走,校尉突然回来了,这下可急坏了少年,美女示意他躲到床底下。怎么办呢?事到如此,只能待在人家的床底下,任凭人家折腾,自己只有乖乖地静候时机,脱离这个是非之地。大约熬到五更天时,校尉丈夫又起床出门去了,少年正想从床下出来,忽然听到那熟悉的校尉脚步声回来了,于是只好继续待着,但调整了一下自己身体的姿势,从下能够看到上面的一番活动。只见那校尉回到美妻的床边,轻手轻脚地将衣被拉正,将美妻四周拥塞好了,才依依不舍地向外走去。少年等了好长一阵子,估摸着那校尉也不会回来了,他就从床底下钻了出来,一下子跳到了美女的被窝里了……干柴烈火燃过后,少年十分好奇地问美女:"你丈夫平日里经常这样爱你吗?"美女如数家珍般地开始述说他们夫妻之间的恩爱。男孩子听着,嘴笨,也说不了什么,干事倒不含糊。终于到了分别的时候,两个偷情男女依依不舍,美少妇约少年某月某日我老公更可能长时间不在家,你来我家……(【明】陆容:《菽园杂记》卷3;【明】祝允明:《前闻记》)

再说那少年记忆可好了,按照美少妇的约定,那天来到校尉家。美少妇笑逐颜开地迎了上去,两人刚一接触,少年迅速从身上拔出一把短刀,猛地刺向美少妇的喉咙,边刺边说:"你丈夫待你那么情深,你却还要偷人……"刹那间,曾经给自己带来无比快乐的美少妇软绵绵地躺在血泊之中,少年拔出短刀,扬长而去。(【明】陆容:《菽园杂记》卷3;【明】祝允明:《前闻记》)

后来有人发现了美人的尸体,就报告了校尉。再说那校尉回家后,看到心爱的美妻被人捅死了,顿时号啕大哭。等定下神来,感觉这里边不太对劲,于是赶紧前往官府去报案。官府接案后就问校尉:"你们家有仇家吗?"校尉说:"有,张三、李四……"官府说:"将张三、李四等都给一一逮来,然后严加拷问。"这下可好,哭喊声响成一片。其中有一人受不了刑罚的折磨,自诬为凶手,案件就此一下子给定了。按照当时大明法律规定:杀人者要抵命,更何况还是通奸害命案,自诬者死罪是逃不了了,但死刑案件的最后核定权还要上报中央。就在这个过程中,自诬者不停地喊冤,由此案子在南京城里闹得沸沸扬扬。(【明】陆容:《菽园杂记》卷3;【明】祝允明:《前闻记》)

真正的奸夫凶手听到人们的议论，内心不断地受到震撼，最终他走进了官府自首，原原本本地将奸事与杀人经过给说了出来。官府的人不解，反问："你小子占了人家美女的便宜，还杀人家，这似乎太讲不过了？"少年说："我本来就没有这个杀人的念头，但见到她的丈夫那么爱她，她却还要一枝红杏出墙来。你说这样的女人留在世上岂不是个祸根？"官府最终还是不敢判定案件，由中央法司部门一直上呈到皇帝朱元璋那里。洪武皇帝接案后，阅读了案卷，觉得很有教育意义，随即作出指示："做妻子的应该要对丈夫忠心。少年杀了这样没心没肺的荡妇，杀得好，他不应该成为杀人犯。我们要屈法伸情，将他给放了！"(【明】陆容：《菽园杂记》卷3；【明】祝允明：《前闻记》)

◎ 儿子冒死救父亲与父亲冒死救儿子

洪武十八年，朱元璋下令：将历年来祸害百姓的地方官吏捉拿到京师来修筑城墙。当时福建福州知府朱季用才刚刚上任，因为有人告发福州衙门的官员害民，上班没多少天的朱季用也被逮捕起来了，当时他在生病，且病得还不轻。当儿子朱煦来到他的身边时，朱季用气若游丝地说："我是因为公务事情被逮起来的，看样子免不了要一死了。我死之后，你就将我这把老骨头入殓归葬家乡吧！"朱煦听到父亲这般说话，顿时吓坏了，从那一刻起，他就片刻不敢离开父亲，并时时想着怎么才能救父亲免于一死。当时洪武法令严酷，凡是上诉者都没有好结果，有3个上诉的被处以远戍极边（最远的边疆），4个上诉者被处以极刑即死刑。可少年朱煦却管不了这些，他跟父亲朱季用说："现在不去上诉，就等于等死；要是万一上诉成了，父亲大人说不准还能免罪了。至于儿子我万一被杀了，虽死也无恨！"说完，朱煦也不管父亲同意不同意，就直接带了诉状来到南京明皇宫，向朱元璋诉说冤情。朱元璋为朱煦的一片孝心所感动——天底下有这样的好儿子，冒着被杀戮的危险为父上诉，顿时萌生了怜悯之情，来了个屈法伸情，宽宥了朱季用，令其官复原职，同时还下令，不对孝子朱煦进行越诉追究。(《明史·孝义传一·朱煦传》卷296)

有个人因为家里的儿子犯法，论罪当死，救子心切的他居然想到了向执法官员行贿的傻主意，没想到自己刚把钱拿出去，就被监察御史给逮住了。按照当时的大明律条，那父亲即行贿者也将受到严厉的处置。洪武皇帝听说后却不以为然，随即做出了这样的指示："儿子按律当死，做父亲的救子心切，这也是合乎人情的啊！这样吧，只追究那家儿子的罪行，至于他的父亲我们就赦免他吧！"(《明史·刑法志一》卷93)

还有一家刚好倒过来，做父亲的心术不正，犯了诬告罪，被有关部门查处。他的儿子直接跑到南京的刑部大堂,为父喊冤。刑部便把那犯了诬告罪的人的儿子也抓了起来,按律追究其"越诉"之罪。朱元璋闻悉后说:"子诉父枉,出于至情,不可罪。"意思是说,做儿子的给父亲喊冤,出于人之常情,不可加罪。刑部官员听到皇帝的金口玉言后,便将那个人的儿子给放了。(《明史·刑法志一》卷93)

◎ 奇闻:一个即将被处死的16岁少年转瞬之间当上了朝廷重臣监察御史

洪武年间这样的小事还真不少,皇帝朱元璋一开始对于如此案件往往网开一面。不过时间一久,他的疑心病又犯了,总怀疑这些案件的涉案者会不会藏有什么不轨之奸心。

有个16岁的江宁少年叫周琬,他的父亲曾是滁州的地方长官,在任期间因事连坐,按律当死。16岁的周琬很懂事,听说父亲将要被处死,就心急火燎地跑到法司衙门去,要求代父受刑,用今天话来说,就是替父顶罪。皇帝朱元璋听说后很为惊讶:16岁的少年不应该懂得这么多啊!难道是受人指使?想到这里,他便下令,将周琬抓起来,斩了!谁料少年周琬听到洪武皇帝的这般命令却镇定自如,面不改色心不跳。皇帝朱元璋这回总算长了见识了,心想这孩子还真是个大孝子啊,要不然,他不会这样坦然处之!于是就改了金口:周琬父亲免除死刑,改为远戍边疆!没想到朱皇帝刚刚说完话,那个叫周琬的少年可不干了,向皇帝再次请愿说:"戍与斩,均死尔。父死,子安用生为,顾就死以赎父戍。"周琬是讲:戍边几乎与处斩没有什么大的差异,都是死路一条(实际上是有一定的差异的,笔者注)。父亲死了,做儿子的怎么能安心活着?所以我愿意以自己的生命来抵偿我父亲不再受戍边的苦刑。这下可把洪武帝给"惹怒"了,一声令下,几个现场听命的刽子手马上将周琬给绑了起来,并押往了菜市口,准备开刀问斩。而此时的周琬却显得十分高兴,毫无惧色。皇帝朱元璋听说后,立马改了主意,下令放了周琬。为何?因为在朱元璋看来:只有像周琬这样真正的大孝子才会真心实意地为父而死,否则哪个人会面对死亡而面不改色的?洪武皇帝要好好地利用这样的事情,来宣传他的"礼治"精神,随后亲笔御题"孝子周琬"之御屏,赐给了周琬。没过多久,朱元璋又任了16岁的周琬为兵科给事中,相当于一个县处级的"监察干部"。(《明史·孝义传一·周琬传》卷296)

一个被无端猜疑又将要被处死的少年在短短时间内发生了戏剧般的人生变化,真让人惊叹不已。

洪武时期急功近利的"礼治"几乎是毫不掩饰的"政治秀",朱元璋成功地导演了一出出执法原情的闹剧。我们从中不仅可以看出其"执法原情"的政治功利性与虚伪性,同时也可看出在绝对君主专制下人命如草芥,法律成为橡皮泥,所有这些都是专制人治的必然结果。

◎ 推行教化与法治相结合——宽严相济

在大明帝国法制建设中朱元璋的礼法结合思想还有一个体现,就是推行教化与法治相结合。在这个方面,朱元璋最大的"贡献"就是利用乡社里间社会力量建立"第一审级机构"。大明初年,朱元璋就下令,在里长之外设置"年高为众所服者"的老人,用以"导民为善,平乡里争讼"(【清】嵇璜、刘墉:《续通典·食货》7)。在确立乡间里甲、老者、粮长们的教化职能的同时,洪武皇帝还赋予他们社会基层审判的权力。《教民榜文》中规定:"民间户婚、田土、斗殴相争,一切小事,不许辄便告官,务要经由本管里甲、老人断理。若不经由者,不问虚实,先将告人杖断六十,仍发回里甲、老人理断。"(【明】户部《教民榜文》第1条)

这样的措施有个最大的优点,原本朱元璋的乡村建设的设计中的旌善亭制度和乡饮酒礼制度更多侧重以教化为其主要功能,但教育不是万能的,所以朱元璋还注意其配套之措施——申明亭制度的构建。即使做到这样了,朱元璋似乎还嫌不够,即不够树立乡间里老的权威——保障教化,所以他将乡间的社会基层审判的权力也赋予了他们,让他们来处理和审判一些简单的民事案件与轻微刑事案件。洪武二十七年,朱元璋下令,"命有司择民间耆民公正可任事者,俾听其乡诉讼,若户婚、田宅、斗殴者,则会里胥决之"(《明太祖实录》卷232)。如此之举,一来解决了基层法治问题。二来渲染了礼教。因为这些里老往往是礼教的忠实维护者,利用他们在乡间的个人威望也能起到教化的作用。三来由这些乡间里老出面审判所谓的"小事细故",更多的结果是中国人至今为止仍然津津乐道的"私了",所谓的"乡亲之礼"得到了维护,"息讼"成为时尚。这种"巧妙"的礼法结合方式治理乡村,固然能为中国社会基层带来一定程度上的安定,但其最大的后患是"息讼"成风,人们应有的权力得不到主张和保护。长期以来中国人的法律意识淡薄与此存在着极大的关系。

◎ 从劳改犯中选官,听说过吗?

朱元璋在推行教化与法治相结合的过程中的另一个"杰作"那就是劳教罪犯,实行宽猛相济。从洪武五年九月起,朱元璋就开始注意,将杂犯死罪的罪犯免死,"发临濠输作"(《明太祖实录》卷76)。这样,一方面建设了自己的家乡凤阳,另一方面使得罪犯受刑相对减轻,劳改了罪犯。而几乎与此同时,朱元璋还注意到从劳教干部中重新选拔官员、委任官职。当然这不是无原则、无条件的,即从那些劳改中"已历艰苦,必能改过"的官吏群内,挑选"其年及四十之上,材堪任用者复用之;年未及者仍留屯田;若年四十以下,原犯公罪及已经宥免者亦复录用"(《明太祖实录》卷94)。这样就给了劳改干部一丝希望,让更多的罪犯好好改造。朱元璋实在是"聪明绝顶",既维护了法制,将人们改造成驯服的顺民奴臣,又能起到教化人们的作用,真是一箭双雕!

总之,朱元璋的礼法结合、明刑慎罚、宽严相济和执法原情等法治措施,对推动大明帝国初年的政治安定、社会经济发展都起了一定的作用,造就了明初祥和、富庶的繁荣局面。

以朱元璋的极端君主专制主义强化和着重确立和落实"司法公正"和礼法结合为基本精神而建立起来的大明法制,加强了大一统帝国的中央集权,完善了司法监察制度,整顿了吏治,调整了中央和地方的关系,维护了国家的统一,有力地促进了明初社会经济的恢复和文化教育的发展,为大明帝国近300年的历史奠定了牢固的基石。

不仅如此,以《大明律》为代表的明代法制文明在中国法制的发展史上占据独特的地位。它上承唐宋,下启清朝,甚至影响到中国以外的东亚和东南亚各国的法制文明。朝鲜太祖李成桂时编定的《经国大典》《续大典》和《大典续录》中的《刑典》和《刑法大全》之主要内容直接取自《大明律》;越南阮世祖时修订的《嘉隆皇越律例》、宪祖阮福暶时的《钦定大南会典事例》也有许多法律内容搬用了中国的《大明律》条文;日本直到明治时制定的《新律纲领》《改定律例》还有部分地参用明律的条文。由此可见,大明律在中华法系中的地位与影响了。(参见张晋藩:《中华法制文明的演进》,中国政法大学出版社1999年11月版,P522)

同时我们还必须看到,朱元璋在制定和建设大明法制时,虽然着重确立和落实"司法公正"和礼法结合的这两个基本精神,但这一切都是服务于极度强化的君主专制主义这个中心。从法理学角度来看,权力的失衡就会导致法制秩序的紊乱。明代君主专制主义的恶性膨胀所造成的权力的滥用本身就是明代法制破坏的元凶,重刑主义的泛滥、特务机构的干扰、皇权的异化者宦官对法制秩序的践踏,这一切随着大明朝历史的演进而逐步地摧毁了明初大明法制建设的所有努力与贡献。这是人治的必然,也是专制的必然。不过这些都是后话。

其实,无论是《大明律》还是《大诰》,无论是法定刑还是法外刑,无论是执法原情还是礼法结合……如果从大明帝国治理臣民的形式角度来讲,这些都属于明的一手;为了保障自己的江山社稷稳如磐石、万古长存,朱元璋还绞尽脑汁使用暗的一手,即建立与完善秘密警察——锦衣卫制度,以此强化绝对君主专制主义统治。

水银泻地无孔不入　特务统治无处没有

说起锦衣卫特务统治,我们中国人可能没有一个不知道的,尤其电影《锦衣卫》上映以后,朱元璋开创的秘密警察制度顿时为当代国人所熟悉,那跌宕起伏的离奇情节、缠绵悱恻的爱情故事和飞檐走壁的锦衣卫校尉迅速成为街头巷尾人们热议的焦点。好奇的人们不禁要追问:锦衣卫到底是群什么样的人?他们有着怎样的秘密使命与绝活?明朝开国前后,朱元璋已经建立了稳定的皇家安保体系,干吗还要架屋叠床地建起锦衣卫秘密警察制度?或者说,朱元璋为什么会想到这么"奇特"的绝招?

● 朱元璋为什么会想到要建立锦衣卫特务机构?

第一,朱元璋出身贫贱,当过和尚、要过饭,濒临过生死之边缘,其生命微不足道到了草芥都不如。如此经历造成了他极度的自卑心理,同时又使得他对官员和士大夫甚至一般社会阶层的相对优越的社会地位充满了无比的仰慕,进而形成了暴虐、恶搞的强烈意念,以求得内心的平衡。这种心理潜意识在他当上皇帝掌握国家大权后就有了"表述"的条件和机会了。

第二,青少年时代的悲惨生活给朱元璋的人生投下了巨大的阴影,且极度的贫困、极度的卑微和亲友的缺乏,使得他在成年以后尤其是其个人威望与权力的日益提高后而变得极度的自尊,极度自尊背后往往是极度脆弱、极度敏感,其内心深处充满了对别人的狐疑:"别看那一个个在我面前装得像孙子一般,谁知道他们背后怎么骂我?"于是他就派出特务去暗中查个究竟。

第三,战争的残酷和战争中敌对方的瞬息变局,也使得朱元璋变得异常的敏感,任何一点对自己的不恭或漠视都有可能隐含着重大的杀机或潜在的危险。这样的思维惯性一直延续到朱元璋的人生暮年。

自家亲侄儿朱文正因为恶搞江西姑娘而被责罚了,居然心怀不满,闹出了谋反这等忤逆恶事来,对于本来就疑神疑鬼的朱元璋来说打击太大了。朱皇帝的亲人大多都在瘟疫中死了,朱文正是仅有几个亲人当中的一个,竟然他也要谋反,能信谁呢?侄儿朱文正"拎不清",外甥李文忠呢?曾经也是朱元璋的"义子",想当年朱文正出事后,舅舅朱元璋最为依赖、托付的也就是他了,可他鬼使神差地与一些耍耍嘴皮子的儒士搞在一起,带了妓女回家乐乐……最可气的是这个曾经的"义子"现在恢复为外甥身份的李文忠也老跟舅舅洪武皇帝"过不去",动不动就出来提意见——进谏,弄得当今大明第一圣人朱皇帝很没面子,据说他在背后还有不轨……(【明】刘辰:《国初事迹》;【明】王世贞:《弇山堂别集·史乘考误》卷20)

本家人都靠不牢,不听话,更何况外姓的战友邵荣、谢再兴等,他们个个在表面上"太平无事",可一转屁股就要准备"起事",太可怕了!为防患于未然,必须先侦察侦察这些勋臣武将和其他大臣们,所以在大明开国前,朱元璋就建立了特务机构锦衣卫的前身"拱卫司"。这是明代最早的特务机构,拱卫司的"特务们"主要是侦察臣僚的私下言行。

● 赫赫有名的锦衣卫特务前辈们各自有着不同的"归宿"

锦衣卫的前身拱卫司是什么时候建立的?自吴晗先生的《朱元璋传》问世后,一般人们都沿用了吴元年的说法,其实拱卫司在1364年即朱元璋开国前四年就已经建立。明代官史《明太祖实录》记载说:"甲辰(1364)十一月乙卯,置拱卫司,以统领校尉,属大都督府,秩正七品。"(《明太祖实录》卷14)只不过当时的"拱卫司"名义隶属于大都督府,没有独立,且品级也不怎么高,但他们行动上直接受命于朱元璋。如果再进一步追问下去,朱元璋到底什么时候开始使用特务统治的?明初副部级领导刘辰记载说:"太祖于国初立君子、舍人二卫为心腹,选文官子侄居君子卫,武官子侄居舍人卫;以宣使李谦、安子中领之,昼则侍从,夜则直宿,更番不违。"(【明】刘辰:《国初事迹》;【明】孙宜:《大明初略》卷4)这里的国初就不一定指的是明朝开国那时,而是应该包括更早时候了。君子、舍人既然为朱元璋的心腹,那办一些绝对机密的事情成了他们义不容辞之责了。

1358年,朱元璋军队攻下婺州(今浙江金华),可能是由于军事上的考虑,在婺州被攻下的头几个晚上,朱元璋很不放心地外出"溜达溜达"。有个人呼小先锋的近侍卫士张焕贴身"伴驾",两人高一脚低一脚地走着,忽然被巡逻的军士给逮着了:"干吗的?"张焕反应灵活:"是我军主帅大人!"巡逻的才不吃这一套,因为朱元璋治军很严,哪个人玩忽职守就得受到严重的责罚,所以这个巡逻的也不含糊:"我才不管什么大人不大人的,只知道凡是犯了夜禁的就得逮起来!"朱元璋一看今天碰到人了,就与张焕一同解释,解释了半天才算解释清楚。事后他不仅没责怪那个巡逻的,反而还赏赐他米2石。(【明】刘辰:《国初事迹》;【明】孙

宜:《大明初略》卷4)

　　这事过去没多久,有个近侍跟朱元璋反映:"有个叫张良才的乐人(可能相当于民间的文艺工作者),过去曾给主公您说过书,他的评书说得不赖。可哪知这等人就是下贱,现在居然经常给人写着'省委教坊司'帖子,贴在门柱上。"朱元璋一听就来火了,给我朱圣人说书,那是看得起你,你怎么堕落到了街头算命先生一般地步?想到这里,他愤愤地说道:"贱人小辈,不宜宠用。"说完,就与小先锋张焕耳语一番。张焕接命后火速来到张良才那里,不由分说,将张说书给绑了个严严实实,然后几个人抬着,把他扔到了河里去。与他一起从事文艺工作的,随即都被发配为穿甲匠(大概是朱元璋军队中制造盔甲的工匠),每月每人领取五斗米作劳动报酬。(【明】刘辰:《国初事迹》;【明】孙宜:《大明初略》卷4)

　　小先锋卫士张焕还曾被朱元璋派作特使,经常到军事前线去传达命令和刺察军事。吴元年(1367)十月,有人密报:前方有个摩尼教徒。朱元璋马上派上小先锋张焕传令徐达,把那摩尼教徒捉来。(【明】王世贞:《弇山堂别集·诏令杂考》卷86)洪武元年八月,徐达北伐军攻占元大都,"封故宫殿门,令指挥张焕以兵千人守之"。(《明太祖实录》卷34)

　　早期还有一个精干的特务,也是朱元璋的帐下卫士,他叫何必聚。1359年,为了攻取江西袁州,朱元璋曾派他去侦察。没想到这个叫何必聚的出去没多久就回来了。朱元璋很惊讶,单独召见他,问了:"你到了袁州?"何必聚说:"到了!"朱元璋又问:"你去了袁州,留下什么记号作为凭证?"何必聚回答:"我到了那里侦察到当地的守将欧平章年老昏花,不堪一击。至于我留下的凭证,有呀,在欧平章府前大门口有一对石狮子,我将它们的尾巴尖给弄断了。"后来朱元璋军队攻下了袁州,一看欧平章府前那对石狮子果然给断了尾巴。(【明】钱谦益:《国初群雄事略·汉陈友谅》卷4,引俞本《皇明纪事录》)

　　由此可见明代锦衣卫的老鼻祖们一开始就出手不凡。不过,这些负有特殊使命的"秘密使者"的名分最初好像"漂泊不定",用得较多的可能就如前面所述的帐下卫士,大约到了1361年时才有了后世闻名的专业特务的名称"检校"(《明太祖实录》卷9)。这些检校的主要职责是"察听在京大小衙门官吏不公不法及风闻之事,无不奏闻"。(【明】刘辰:《国初事迹》)

　　明初特务中比较有名的检校有文官高见贤、夏煜、杨宪、凌说和武将丁光眼、靳谦和毛骧等,他们专门告发人家阴事。兵马指挥丁光眼在街头巡逻时经常寻事,凡是发现没有路引的,统统抓起来充军,所以当时人们听到丁光眼这个名字没有不害怕的。高见贤通过暗查后发现:在京的那些犯了赃罪的官吏虽然已被判刑,但他们的内心还是充满着极大的怨望,于是向洪武皇帝建议:"如果这些人不从京城弄出去,会冒出什么事来,谁也说不清,倒不如将他们与在外省犯下赃罪的官吏一起发落到江北和州、无为等地去劳改。那里荒地很多,每人拨 20 亩开垦。这样不仅官府可以收取田租税粮,而且还能让这些人做些苦差,改造改造,一举两得。"朱元璋一听这主意不错,马上任命参军郭景祥主管此事。(【明】刘辰:《国初事迹》)

朱元璋治国理政有"硬道理",即要求臣僚们对他绝对的忠心耿耿,决不允许有丝毫的隐瞒或不满、不忠。那怎么才能知道臣下真实的那一面?朱元璋派出的那些特务"以伺察搏击为事"(《明史·宋思颜传》卷 135),即要求特务们侦察臣僚们私下的一言一行。用朱元璋的话来说:"惟此数人,譬如恶犬,则人怕。"(【明】刘辰:《国初事迹》)说白了,运用农村里所常用的看家护院的"恶犬"来警惕、刺探臣僚们的一举一动。朱元璋也不愧为老农民的儿子,他对农民生活理论如此熟稔,信手拈来用于治国政治之中,实在令人毛骨悚然。

尤其是当朱元璋在逐渐登上大明帝国的权力之巅时,他对属下的极度猜忌和异常敏感又被无限制地张扬,终于转化为一项史无前例的极端专制主义国策——实行特务统治,并在以后大明王朝内不断地强化。

大将胡大海在外作战,不用说他会受人监视。可谁也没想到,他的老婆住在南京城里却也没少受人"关注"。据说有个女僧人引诱华高和胡大海妻子敬奉藏僧,"行金天教法。太祖怒,将二家妇及僧投于河"。(【明】刘辰:《国初事迹》)

北平被大明军攻占后的第三年(1370),被派往北平的特务们侦察到了好多当地的隐情。朱元璋接报后马上给徐达发去了手令:"如今北平都卫里及承宣布政司里快行,多是彼土人民为之。又北平城里有个黑和尚,出入各官门下如常,与各官说些笑话,好生不防他。又一名和尚系江西人,秀才出身,前元应举不中,就做了和尚,见在城中与各官说话。又火者一名姓崔,系总兵官庄人。本人随别下波皮高丽黑哄陇,问又有隐下的高丽,不知数。遣文书到时,可将遣人都教来,及那北平、永平、密云、蓟州、遵化、真定等处乡市旧有僧尼,尽数起来,都卫快行、承宣布政司快行,尽数发来。一名太医,江西人,前元提举,即目在各官处用事。又指挥孙苍处有两个回回,金有让孚家奴也,教发来。"(【明】王世贞:《弇山堂别集·诏令杂考》卷86)

南京与北京相差 2 000 多里,在那个信息交通不发达的年代,呆在明皇宫里的朱元璋对远方北京城里的一些细微事情、社会边缘的可疑人物居然了如指掌。这实在让人想起来就要不寒而栗。

远方的情报掌握得如此精确,那眼鼻子底下呢?就更不用说了。只要你们那里哪个官员、哪个衙门有一点的闪失，就立马有你好看的了。京城南京各部皂隶（可能相当于打杂的临时工）原本都戴有漆巾，各衙门原本都有门额。但据说有一天礼部当值的一个皂隶犯困睡午觉，被朱皇帝派遣的暗查者给逮着了。暗查者可有人性了，没去打扰午休睡懒觉的皂隶，而是将他头上的漆巾给取走，再交给皇帝朱元璋。兵部有一个晚上没安排人值夜，不料也被巡逻暗查者逮个正着，巡逻者当即取走了兵部的门额。兵部有个小吏随后发现情况不对，赶紧去追，没追着。再说朱皇帝接报后迅速追查兵部当日的值班官与吏，并将他们都给杀了。从此以后，大明礼部没了漆巾，兵部没了门额，说得难听一点，就是衙门的"脸面"也没了，但谁也不敢去向高皇帝朱元璋要回呀，由此这就成了大明的典故。（【明】陆容：《菽园杂记》卷3；【明】祝允明：《九朝野记》卷1）

像这样的秘密特务——当时称"检校"实在厉害，也实在风光，什么样的大人物，他们都敢检举，当然除了皇帝朱元璋以外。杨宪、凌说、高见贤、夏煜等曾联合向洪武皇帝进谏，说："大明开国六公之首的韩国公李善长无相才。"当时对李善长还没有深恶痛绝的朱元璋听后当场回答："李善长虽无相才，但他与我是同乡，我刚起兵时，他就来投奔我，后来历尽艰辛，不容易啊！现在我成一国之主，他出任宰相，功臣勋旧也得要用起来，你们以后就不要再说了。"（【明】刘辰：《国初事迹》）

也正因为这些特务们对什么人都要侦察，什么事都要说，由此他们得罪的人也特多。有句哲言说得好：知道的秘密越多，就越有危险。早期为朱元璋看家护院的这几条叫得很凶的猎狗最终结局似乎都不佳。据说杨宪因指使刘炳弹劾汪广洋，被李善长上书指控为"排陷大臣，放肆为奸"（【明】刘辰：《国初事迹》），最终让火眼金睛的朱皇帝给看出来了，随即被处死（《明史·刘基传》卷128）。高见贤先是被杨宪举劾，说他曾接受句容王主簿送的豹皮等赃物。朱皇帝知道后顿时勃然大怒，下令将高见贤发配到和州去种田劳改。颇有戏剧性的是，先前高见贤为朱皇帝出的整人金点子——劳改犯罪官员，如今整到了自己的头上。当秘密警察标兵高见贤被发配到和州时，那些先前被发配来的犯罪官员一窝蜂地围了上来，不停地嘲笑着："当年的秘密警察标兵，没想到吧，请君入瓮，今天开始你也可以尝尝金点子产生的好果子了，这叫什么？报应啊！"（【明】刘辰：《国初事迹》）后高见贤被处死。夏煜、凌说等也因犯法先后被杀。先前连朱元璋最亲信的元勋李善长等都害怕的丁光眼因"害民事发，胡惟庸问招明白，太祖命诛之"。（【明】刘辰：《国初事迹》；《明史·刘基传》卷128）

武官特务毛骧是朱元璋早期幕僚毛祺的儿子，从舍人起家，逐渐取得了主子的信任，成了心腹，曾与耿忠等前往江浙地区去察访吏治与民间疾苦，似乎一时很合朱元璋的口味,很快就升到了都督佥事,掌管后来的锦衣卫,但终因胡惟庸党案的牵连而被杀。耿忠虽然也曾一路官运亨通,一直做到了山西大同卫指挥使,但最终也因案发(据说是贪污案)而被处死。(【明】刘辰:《国初事迹》;《明史·毛骐传》卷135)

除了文武官员充当检校特务外,朱元璋还委派自己早年的同行和尚充当"秘密使者"。南京灵谷寺僧吴印、瓦官寺僧华克勤就是这些和尚特务中的"佼佼者",很得和尚皇帝朱元璋的喜爱。华克勤还俗做官一直做到山西布政使(相当于山西省省长),吴印还俗做官一直做到山东布政使(相当于山东省省长)。这几个特务的命运似乎要比前面提到的那几位同行要好,他们不仅官做大了,而且最终还得善终,在那个血色洪武年代还真不容易啊!(参见《明史·李仕鲁传》卷139)

● 锦衣卫的组建与人事机构组织——明初特务机构内的秘密

秘密特务检校虽说厉害得不得了,但在明朝开国前后他们的行政编制上还隶属于正七品的拱卫司领导,而拱卫司又隶属于都督府领导。从那时的史料来看,检校还有个同义或相似的名字叫校尉。大致在明初拱卫司改为拱卫指挥使司,秩正三品,后又改为都尉司。洪武三年六月朱元璋设立亲军都尉府,直接领导检校、校尉特务,"管左、右、中、前、后五卫军士",下设仪鸾司。(《明太祖实录》卷53)

洪武十二年四月,鉴于仪鸾司人数少,朱元璋派了仪鸾司典仗陈忠上浙江杭州诸府,招聘民间良家子弟为校尉,优惠政策为"免其徭役",这次一共招到1 347人,充当仪鸾司下属的特务。(《明太祖实录》卷124)

从"惜墨如金"的《明太祖实录》记载来看,那时的仪鸾司还隶属于拱卫司,以此推论,下属的仪鸾司人数已经扩大到了1 300多号人,估计当时它的上级机关——拱卫司人数也不会少于1 300人。两者相加,当时肩负秘密使命的特务最少要有3 000来号,且这些事情恰恰又发生在洪武十二年,也就是所谓的"胡惟庸谋反案"案发前半年,这说明朱元璋已经做好了别人谋反的应对准备。难怪后来有人出来一告发,胡惟庸案不是铁案也成了"铁案"。

更有意思的是,胡党案不查则已,一查就发现:残存的和隐蔽的胡党分子越来越多。为了更好地对付具有谋反企图的胡党分子和一切隐藏着的阶级敌人,朱元璋在洪武十五年四月干脆就将原来的仪鸾司等作个大整顿,正式改名为锦衣卫,"秩从三品,其属有御椅、扇手、擎盖、幡幢、斧钺、銮舆、驯马七司,秩皆正六品"(《明太祖实录》卷144)。洪武十七年三月"改锦衣卫指挥使司为正三品"(《明太祖实录》卷160)。洪武十八年五月朱元璋又征召"天下府、州、县金民丁充力士者万四千二百余人至京。命增置锦衣卫中左、中右、中前、中后、中中、后后六千户所,分领之,余以隶旗手卫"。(《明太祖实录》卷173)

如果我们将这次洪武十八年大征召的14 200多人,加上前面提到的征召3 000多名,总计起来算,到洪武十九年为止,朱元璋直接掌控的锦衣卫特务不会少于20 000名。由此看来,真可谓蔚为壮观。

这么多人怎么组织、领导?或言之,锦衣卫的内部组织机构到底是怎么个模样?

明代锦衣卫属于皇帝直接领导的秘密特务机构,一般人对其情况都不太清楚。从现存的明代史料来看,其大致状况如下:

锦衣卫的大头目叫指挥使(1人,正三品),下面设有同知(2人,从三品)、佥事(3人,正四品)、镇抚(2人,从四品)、十四所千户(14人,正五品)、副千户(从五品)、百户(正六品)。这些都是锦衣卫的高级官员,所统有将军、力士、校尉,掌侍卫、缉捕和刑狱等事;在下面也有中层"干部"直到底下的喽啰。这些人晚上不睡觉,到处闲逛和转悠,跟踪和窃听他们想要了解的人物及其他的交际圈子和生活圈子,有时还会占个便宜、捞点外快。这些特务来源很复杂,但大多数"政治面貌"必须是家庭清白、社会关系不复杂,本人没有犯罪的前科。这些人互相不认识,只受皇帝调遣。朱元璋处心积虑地废除丞相制,得心应手地处置胡惟庸、李善长,手起刀落杀了蓝玉……大明帝国的每一个大案要案都有锦衣卫的特殊功劳。

锦衣卫下设主要机构有:经历司,主要掌管公文往来与案宗;镇抚司,掌管本卫刑名,兼带管理军匠,这就是我们民间通常所称的"诏狱",也称"锦衣卫狱"。"古者狱讼掌于司寇而已。汉武帝始置诏狱二十六所,历代因革不常。五代唐明宗设侍卫亲军马步军都指挥使,乃天子自将之名。至汉有侍卫司狱,凡大事皆决焉。明锦衣卫狱近之,幽系惨酷,害无甚于此者。太祖时,天下重罪逮至京者,收系狱中,数更大狱,多使断治,所诛杀为多。"(《明史·刑法志三》卷95)

◉ 无孔不入的锦衣卫与大明步入"特务帝国"的轨道

从设立拱卫司到亲军都尉府,再到锦衣卫的正式开府,朱元璋花了近20年的时间终于完成了大明特务政治制度的构建。而这些特务们也"确实不赖",他们不负皇恩,在旭日东升似的大明帝国内,"侦破"了一件又一件的大案要案,制造出一个又一个人间地狱惨剧。

锦衣卫特务权力特别大,想抓谁就抓谁。他们为皇帝到处打探消息,平时穿着打扮与普通人没什么两样,到商人阶层里他们会穿上商人的服装,到农民那里他们也会装成农民的样子。他们的武艺与功夫(指后来的武官)也十分了得,可能比李小龙还要厉害,好多人还会飞檐走壁,爬到你家的屋子上看你在家干什么。他们还会说黑话,打入黑社会、宗教团体,侦查人们是否有不臣之心和谋逆之心。他们还会深入部队,看看部队的军官与士兵在干什么,想什么。总之,他们是皇帝无孔不入的最主要耳目与鹰犬。换个角度来讲,即使是没有半点违法犯罪嫌疑的大臣,只要皇帝朱元璋有一天"惦念"起了,那么他的一举一动就立即处于锦衣卫特务的聚焦范围。从中也可以看出明代君主专制主义得到了空前的强化。

○ 国子监祭酒宋讷为什么在家里发火?

明初国子监祭酒(相当于国立第一大学的校长)宋讷本是朱元璋在文化教育战线上的一面"旗帜",他忠实地执行朱元璋的军事化或者说是"法西斯式"的治校宗旨,对国子监的监生实行政治高压和奴化驯服。但即使是这么一个忠实的"文教战线"上政治可靠的中央高层领导,朱元璋对他也不怎么放心。

有一天有个学生给宋讷敬茶,一不小心绊了一下,把茶具给摔坏了。当时宋讷看在眼里,心里十分恼怒。按理说,这是再普通不过的事情了。可宋讷做梦都没想到,第二天上朝时,皇帝朱元璋突然间问他:"昨晚为什么发火?"宋讷一听皇帝这样的问话,心里真是吃惊得说不出话来,心想:"我在家里发火,他怎么知道的?"但宋讷更清楚,跟洪武皇帝只能是顺而不能逆,于是他就将自己发火的原因一五一十地说了出来,朱元璋听了很是满意。这时,宋讷逮住了机会,好奇地反问:"陛下,您怎么知道昨天夜里我在家里发火呢?"朱元璋拿出一幅画有宋讷发火的画像出来给他看。宋讷看看还真像自己,冷不丁地暗暗倒抽了一口冷气。(《明史·宋讷传》卷137;【明】祝允明:《九朝野记》卷1;【明】祝允明:《前闻记》)

○ 洪武皇帝居然有顺风耳:"钱宰,我并没有'嫌'你迟啊!"

朱元璋的这些锦衣卫不仅偷窥与偷画能力强,而且他们的偷听能力也十分了得。有个叫钱宰的文人,比较有学问,朱元璋听说后就派他编订《孟子节文》——作为明朝科举与教育的"钦定样本",用今天话来说,找些文人编写古代圣贤的"语录"。而这个钱宰实际"职务"可能相当于政府政策办公室的"研究员",但按中国古代规制,他是属于朝官,天天要到明皇宫的朝堂上"上班报到"——朝见天子,这就是"早朝"。朱元璋是个"不要睡的人",早朝往往在天不亮的时候就要开始,大臣们得后半夜就起来准备,早点到午门外恭候。可作为文人的钱宰或许是只"夜猫子",夜里读书什么的,弄得很晚,没睡多少时间,就要起来去早朝,心里很不乐意。但洪武皇帝无孔不入的特务统治他不是没听到过,所以也就不敢口语不满或发牢骚了,只是情不自禁地做起打油诗来。早朝结束后他"由衷而发":"四鼓咚咚起着衣,午门朝见尚嫌迟;何时得遂田园乐,睡到人间饭熟时?"可谁也没有想到,第二天在文华殿宴毕时,朱元璋突然问起了钱宰:"听说你昨天做了首好诗,但我可以告诉你,我可并没有'嫌'你迟啊,为什么不把那个'嫌'字改为'忧'字呀?"钱宰一听到皇帝这样发问,顿时吓得魂飞魄散,自己一个人自言自语的打油诗,居然全被皇帝的耳目听到了,麻烦大了,赶紧趴在地上拼命地磕头谢罪。朱元璋这回可没多大在意,派人送钱宰回老家去,说:"朕今放汝去,好放心熟睡矣。"(【明】叶盛:《水东日记·钱子予》卷4;【清】朱彝尊:《静志居诗话·钱宰》卷3)

○ **太子的老师、出了名的老实人宋濂究竟请了哪些客?**

　　宋濂是东南名儒,尤以他的文采为世人称誉。其实宋濂还是有名的"老实人",他比刘基大一岁,但不像刘基那样咄咄逼人。所以在大明朝廷中树敌甚少。宋濂身为太子的老师,长期居官于朝廷,也算得上政权舞台上的重要人物,但因他处事谨慎,待人接物温和,所以从未有什么人攻击过他。宋濂将自己的居室命名为"温树"。有一次,家里来了个客人,问起了他有关宫中的事情,宋濂没有直接回答,而是指着居室名"温树",委婉地拒绝了客人的提问。由此可见,宋濂是个多么谨小慎微的人啊!

　　皇帝朱元璋似乎也知道宋濂是个老实人,但有时朝中大臣你争我斗,弄得当天子的也搞不清谁是谁非,于是就将宋濂叫来,叫他来评论一番。宋濂就将好的几个大臣说了,朱元璋听了半天,正想听"下文",可宋濂不说了。朱元璋当即就问宋濂:"你说的都是几个好的大臣,那么坏的大臣是哪几个?"宋濂回答道:"我啊,只和好的几个大臣交往、做朋友,所以我能知道他们,至于其他不好的,我就不知道了。"朱元璋听后十分高兴,后来几次在朝堂上称誉起宋濂来了:"我听说最最上等的是圣人,其次才是贤人,再次是君子。宋濂跟随我19年,从没有说过一句假话,也从没有说过一句别人不好的话。19年啊,始终如一,这绝非仅仅是君子,大可称得上贤人啊!"(《明史·宋濂传》卷128)

　　朱元璋为什么会得出这么一个结论?原来他经常派遣锦衣卫特务在暗中跟踪宋濂这样一个谦谦君子,就连他的一举一动都观察得仔仔细细。有一次,宋濂与客人一起喝酒,这喝酒有什么看的?嗨,皇帝就有这个兴趣,他派人在暗中监视着。

第二天上朝他问宋濂:"昨天你喝酒了没有?与你一起喝酒的客人是谁?吃了什么酒菜?"宋濂一一如实回答。朱元璋笑道:"与我掌握的情况真是一模一样,你果然是个老实人,没有欺骗我啊!"(《明史·宋濂传》卷128)

洪武皇帝管大臣管到这个份上,居然还乐此不疲,这样的心理可以用四个字来概括:专制、变态。做专制君主的大臣如此之累,连隔天吃了什么酒菜都得像小学生背书一样一字不差地背出来,岂止一个累字了得?这还是对待自己口口声声称誉为最最老实人的做法,那么还有那些在朱皇帝眼里为"近似于老实人"和"次老实人"的日子想必也就不好过吧,尤其是那些"聪明人"在朱元璋看来简直就是"滑头",他们一不小心可要倒大霉了。袁凯就是这么一个倒大霉的倒霉蛋。

○ 朱元璋在琢磨:袁凯这个"滑头"真的疯了吗?

在朱元璋的血腥高压下,几乎天天都有冤魂屈鬼出现。出于动物的最基本的生存需要,好多被冤屈的大臣与文人都在充分运用自身智慧来"规避"洪武屠刀,袁凯就是这些倒霉蛋中的一个聪明"蛋"和幸运"蛋",他运用了装疯的手段巧妙地活了下来。那么有人要问了:袁凯为什么要装疯?他到底干了些什么事?

袁凯,元明之际松江华亭县人(即今天的上海市人)。元末时袁凯曾在元朝地方政权中出任过府吏;洪武三年(1370)被人推荐给了朱元璋,因为他博学多才,脑子活络,观察问题敏锐,口才又好,朱元璋就叫他做御史。御史干什么的?前面我们讲过了,御史是专门监察百官和向皇帝进谏的,这本是一个高风险的工作岗位,弄不好就不仅仅是下岗,有可能还将自己的小命都搭上。袁凯当了御史就发现,大明帝国与元朝不一样,做事很实在,讲效率,重实际,很有朝气。但同时他也发现,朱元璋手下的大臣们普遍文化素养不高,尤其是那些武将们言语粗俗甚至低下,恃功骄恣。于是就找了机会向上进谏:"如今天下大致已定,但武将们普遍都恃功胡为,原因就在于他们没有什么教养,不懂君臣礼节,所以恳请皇上让都督府聘用精通儒家礼仪之士,给这些军官们补上文化教养的基础课,即相当于文化扫盲。这样或许能改掉他们的不良行为。"朱元璋被说动,随后就下令让全体武臣们都到午门去听讲课。(《明史·文苑一·袁凯传》卷285;【明】徐祯卿:《翦胜野闻》;【明】杨仪:《明良记》)

经过这件事情,洪武皇帝发现袁凯这个人果然眼光厉害,脑子转得快。有一天他接到刑部上报上来的一批拟将处罚的犯人名单,当场就拿起朱笔批下,全部处死。批好后,他把袁凯叫来,叫他将朱批名单送往皇太子朱标处复审。朱标主张仁德宽大,结果将犯人全改为免死,皇家父子之间有着很大的观念冲突。当拿了刑部材料从太子那里回来向朱元璋如实汇报后,袁凯心想:"这下可好了,跑腿任务完成,也不用受夹板气了。"正想退去,朱元璋开口问了:"太子与我各有各的主张。袁凯,你看哪个正确?"袁凯心想:这下麻烦了,两边我都不能得罪,一个是当今的万岁爷,一个是未来的万岁爷,他们是亲父子,我怎能说哪个对,哪个不对呢!他眼珠一转,当即就想出了一个两全齐美的办法应答道:"微臣愚见,陛下主张全杀,这是严格执法;太子主张减刑,这是太子的心慈。"说完正得意着:我这样回答,可以两头都不得罪,多好!谁知,朱元璋一听到这话马上就发火,大骂袁凯是个滑头,首鼠两端,随即下令,将袁凯关进大牢里去!袁凯冤啊,你们父子之间意见不一致,冲我撒气,我当了你们的冤大头了。他在狱中绝食了几天,朱元璋也听说了,几天后气也消了点,下令将袁凯给放了。出狱后的袁凯以为自己的一大劫难总算给躲过去了,谁知他上朝时,洪武皇帝一见到他就说:"这个就是首鼠两端者!"袁凯一听这话,马上意识到压根儿就没有自己想得那么天真,人家朱皇帝天天记挂着他。事情不妙,大祸将临头,怎么办?(《明史·文苑一·袁凯传》卷285;【明】徐祯卿:《翦胜野闻》;【明】杨仪:《明良记》)

冥思苦想,他终于想出了一个活命的办法来——装疯,于是袁凯披头散发,胡言乱语,到处乱走。袁凯的家人也传出话来,说他家老爷疯了。朱元璋不信,叫锦衣卫去查实一下。锦衣卫回来说,袁凯确实是疯了!朱元璋还是不信袁凯真的疯了,想检验检验其真假。古时候没有精神鉴定中心,更没有精神病医院。怎么办?朱元璋听人说,有一种方法可以检查出一个人是否真的疯了——用木椎子捶"疯人"身上,要是真是疯子的话,他就不说痛。于是洪武皇帝就叫人如此"检测"袁凯。(《明史·文苑一·袁凯传》卷285;【明】徐祯卿:《翦胜野闻》;【明】杨仪:《明良记》)

再说袁凯,明知这关的重要,他紧咬牙关,强忍着撕肺裂胆的痛苦,却不喊一声"痛"。这下朱元璋还真有点相信:袁凯疯了!算了,叫一个"疯子"留在朝里,这不丢人现眼。大明难道真的就没人了?于是洪武帝下令,叫袁凯家人来说话,说是允许袁凯"提前内退"回老家。其实袁凯清楚着呢,他跟家人做了安排,皇帝诏令一下,他们就回到上海华亭乡下老家去住,这样就远离政治中心,免得万一露馅,全家都要倒大霉。

袁凯回到上海乡下后,继续装疯卖傻,常常将铁链子拴在自己的脖子上,像狗一样到处溜,故意天天将自己弄得蓬头垢面,简直像个鬼。据说,后来朱元璋也派了锦衣卫特务前来偷偷看,结果发现袁凯确实"疯得不像样"。算了,从此以后朱皇帝也就不怎么惦记袁"疯子"了。(《明史·文苑一·袁凯传》卷285;【明】徐祯卿:《翦胜野闻》;【明】杨仪:《明良记》)

这样过了好多年,后来朱元璋想要抓文化教育建设,下令在各地兴学崇儒,突然间他又想起了儒士出身原本脑子灵活的袁凯来了,于是派人到华亭乡下去看看那个"疯子"袁凯到底怎么样了。谁知那个袁凯还是那么疯疯癫癫,一点也不见好,且有愈演愈烈之势,居然在乡饮酒礼上对着皇帝派去的使者唱什么"月儿弯弯挂天上,小妹子房中想念郎……",唱着唱着,一会儿又奔起来、跳起来,一会儿又爬下去,爬啊爬,一直爬到了篱笆墙边,拣起篱笆墙边的"狗屎"吃了起来。当然,这"狗屎"是事先袁凯家人用炒面拌糖稀做成,然后偷偷地将它们放在那里。不知情的朱元璋使者看到这样的情景:袁凯连狗屎也吃,不说心里有多恶心,但肯定会将上海地方老爷招待的美味佳肴全部给吐了出来,还给了上海人。

再说,朱元璋听人回报袁凯已经疯到了这样的地步,也只好从此作罢。袁凯终于躲过了一场杀身大祸,最后终老于上海乡下老家。(【明】徐祯卿:《翦胜野闻》;《明史·文苑一·袁凯传》卷285;【明】杨仪:《明良记》)

○ 有一天朱元璋惦记起:"人事部长"吴琳退休回老家了在干什么?

朱元璋对在职官员不放心,要派锦衣卫去盯梢,那么对于已经退了休的官员呢?他也不放心。有一天,他想起了老的吏部尚书(就相当于人事组织部部长)吴琳在干什么?在他当人事组织部长时,多少官员在他的手里得到了升迁,他们会不会还结集起来?想到这里,洪武帝就派锦衣卫跑一趟湖北。

再说吏部老尚书吴琳告老后,就回了他的湖北老家,闭门谢客,干起祖上的老本行——务农。

有一天,有一个打扮得像当地农民样子的人,向一个满脸都是皱纹、头戴斗笠、身穿蓑衣正在田间拔秧的老农问路:"请问,这里是不是有个大明以前的吏部尚书吴琳吴老先生?"田间老人赶紧向来者拱手作揖答话:"小老儿便是!"问路者回到南京后如实向皇帝做了汇报,朱元璋这才对吴琳放了心。(《明史·吴琳传》卷138)

从上面讲的几个事例中我们不难看出,锦衣卫侦查手段十分绝妙、高超,当然也有失误——比如袁凯之事。其实,锦衣卫不仅办案技术绝妙高效,而且处理事情的手段也很残忍,当然这主要是由于他们秉承了主子的旨意才敢如此的。下面讲的这件事就可以说明问题了。

○ 南京常府(街)主人常遇春爱美女但不能碰——"性骚扰"悲剧

常遇春是大明帝国开国功臣中仅次于徐达的军界第二号人物,他参加朱元璋的起义军要比徐达晚一点,但在渡江战役中崭露头角并迅速崛起。常遇春与徐达相比,各有千秋。徐达以稳出名,常遇春以猛和快为人所熟知,有人甚至说常遇春的部队是快速反应部队,似乎并不为过。常遇春与徐达优势互补,常常协同作战,一正一副率军攻伐,人称"徐常"。可以说明朝初期的江山很大部分是徐常联合打下来的,而且常遇春对朱元璋忠心耿耿,所以在洪武初年的大封功臣中的六公之中已经不在人世的常遇春也位列其中,爵位由他的儿子常茂领封继承。朱元璋对常遇春甚为喜爱,据说曾赐予他一座坐落于今天南京常府街上十分气派的住宅,常府街名由此而来。虽然现在我们在那街上已见不到当年常遇春家的深深庭院了,但常府街的名字却一直保留至今。

据明代的正史记载:洪武二年(1369)七月,常遇春北征蒙元,暴卒于军中。(《明太祖实录》卷43)朱元璋闻之恸哭:"失我长城之将!"但明代文人笔记却记载说,常遇春是因为癫痫病发作而暴卒的,有意思的是他的癫痫病恰恰是由朱元璋"给"的。这到底是怎么一回事?

据说常遇春虽然是个勇冠三军的猛将,可回到常府街的家里他就会变成地道的"妻管严"。常妻是个妒悍成性的女人,类于河东狮子,只要看见丈夫常遇春与别的女人说上话,她就会醋劲大发,大吵大闹,弄得堂堂的常大将军只有一个女人。就像现在某些发达人一样的心态——成功男没有妻妾成群太没有脸面了,也太没本事了,让人看低!还是皇帝朱元璋善解人意,送了两个十分漂亮的女子给他。常遇春将两个美女领到常府街的宅院里,但就是不敢有一点的"非分"行为,因为他始终被一只"母老虎"盯着,于是两个美女就被当作花瓶一样在家里放着。可没坚持多久,常遇春"偷腥"了。有一天早上,常大将军起来洗脸,其中的一个美女端水伺候着,乘着家里的"母老虎"不注意,常遇春就在那漂亮的美女手上摸了一把,并说:"好白的手啊!"他有想法,但就是不敢再动了,后来有事就出了门。

谁也没有想到,那天晚上常遇春回到家里时,那只常府"母老虎"一下子变得特别柔情,还送给了常将军一个精致的礼盒。常将军虽说是个武夫,但也是有着十分本能的男欢女爱。当他打开柔情似水的"母老虎"赠送的礼盒后一看,顿时就吓得魂飞魄散。礼盒里装的就是早上伺候他的那美女的一双玉手。

自此以后,常遇春常常魂不守舍,愣头愣脑。皇帝朱元璋派出锦衣卫到常府街去一打听,什么都明白了。对待皇帝的赏赐,竟然敢如此不恭,按照《大明律》问罪,这等事叫做"大不敬",是属于"十恶"大罪之列,要满门抄斩的。但朱皇帝念及常遇春的功劳没有这么做。

随后有一次,常遇春因事上明皇宫里去面见皇帝,朱元璋发现他脸色不对,就问他发生了什么事,常遇春不敢说,朱元璋再三追问,且这样说道:"你脸色很不对劲,要不是发生了什么事,那就是你想谋反?"听到"谋反"两字,常遇春顿时吓坏了,赶紧趴在地上不停地叩头谢罪,并一五一十地将事情的原委说了出来。朱皇帝听完了常将军的叙述后顿时就放声大笑:"我倒以为什么事呐?不就是美女没了,这样吧,朕再送你两个。来,来,我们君臣一起去喝酒去!"朱元璋边招呼常遇春喝酒,边轻声与身边的锦衣卫耳语一番。锦衣卫力士毫不含糊,没多大一会儿工夫就将常遇春之妻给宰了,且还分成好多块,然后按照皇帝的意旨,将煮熟了的常妻之肉装在一个个精美的盒子里,分发给每个大臣,上书"悍妇之肉"。

再说常遇春回家后不见妻子,只见精美小盒子,打开一看,顿时癫痫病发作,且十分厉害。不久就暴卒于北征蒙元的归途中。此为民间野史所载,不全是事实,但朱元璋和锦衣卫的残忍却是历史上不争的事实。(【明】王文禄:《龙兴慈记》;【明】沈节甫:《纪录汇编》卷 13)

几乎连大臣家里的床笫之欢都要被侦察,这下朱皇帝心里总该满足了吧?不,还没有呐,有时朱元璋觉得特别"想念"起某人来,还会自己亲自跑出去"微服私访"。

○ 洪武帝突然造访,差一点把"老实罗"吓得从梯子上掉下来

有个大臣叫罗复仁,原本是陈友谅政权的编修,后来投奔了朱元璋。朱元璋挺会用人,任命罗复仁为弘文馆学士,与"大神人"刘基同位。很有意思的是,同位的罗、刘两人都比较直,或者说罗复仁可能比刘基还要直一点,他操着一口江西口音,一见到朝政有什么得失,他就会马上在朱元璋面前直接指出。当时大明刚开国,朱元璋也比较谦虚,还能听得进去一些,他直呼罗复仁为"老实罗"。就这么一个"老实罗",有一天朱皇帝在明皇宫里突然"想念"起他,随即带上几个随从,出了午门,直接跑到南京城外,穿了好几个旮旯胡同,来到了罗复仁家。罗复仁确实是个老实人,不会一点点耍滑,更不会利用工作机会"创收"。当时大明帝国可能还没有实行住房配给制,罗复仁住在近郊又破又矮的房子里很久,看到房子坏得不像样了,只好自己动手修修弄弄。洪武皇帝微服私访时,他刚巧正趴在梯子上粉刷墙壁呐。听到皇帝突然大驾光临,他一骨碌地从梯子上爬了下来,想叫妻子找个像样的凳子让皇帝坐坐,可怎么找也没找到好的。朱元璋看到这番情景,觉得很对不起"老实罗",当场就这般说道:"大贤人怎么能住这样的破房子啊?!"随后下令,在南京城中赐予罗复仁一座很大的府宅。(《明史·罗复仁传》卷 137)

对于大臣是如等"关心",那么对于普通老百姓呢?朱元璋也没忘记嘱咐他的秘密使者们睁大了眼睛盯着点。洪武十九年,浙江处州丽水县发生一起上告谋反案,皇帝朱元璋闻讯后十分重视,派了锦衣卫千户周原率领人马火速赶往丽水,准

备捕人。这时的丽水县令倪孟贤可是个有名的循吏，听到自己管辖的地盘上冒出什么谋反案来，顿时就十分着急，他偷偷召集了当地父老，了解真相。原来这完全是件子虚乌有的事情，有个算命的成天在外混饭吃，见到富有的大户人家，就想用算命来诈他们一下，没想到那几个大户不吃这一套。算命的就恼羞成怒，跑到官府去诬告，说是当地大姓陈公望等57人，聚众谋乱。倪县令了解事情的原委后还不敢马虎，又自己偷偷地查看陈公望等人家，发现他们家家户户，男耕女织，哪有什么谋乱的迹象，于是就上奏朱元璋，请求皇帝同意，让丽水当地的乡亲父老到南京去说明情况。就这样，一起玄之又玄的大冤案由于知县倪孟贤的快速反应，总算在锦衣卫施暴之前给及时地化解了。而那个卖卜的算命先生在锦衣卫的"亲切关怀"下，一改昔日的奸猾，一五一十地将诬告之事给吐了出来，最终被处以诬告罪。（《明太祖实录》卷178）

● 五毒俱全的锦衣卫狱废弃与高皇帝"好儿子"对"祖制"的破坏

本来狡黠无比的算命先生之所以能吐露真情，史书没有记下详细的缘由，但那时锦衣卫刑狱的酷烈却是臭名昭著的。一旦有人进入锦衣卫北镇抚司的狱门（俗称"诏狱"），10个人犯能有1个活着出来就算不错。诏狱里头"五毒备尝，肢体不全。其最酷者，名曰琶，每上，百骨尽脱，汗下如水，死而复生，如是者二三次。荼酷之下，何狱不成"。（【清】傅维鳞：《明书·刑法志》卷73）

明末名将瞿式耜这样描述："往者魏崔之世，凡属凶纲，即烦缇骑。一属缇骑，即下镇抚。魂飞汤火，惨毒难言。苟得一送法司，便不啻天堂之乐矣。"（【明】瞿式耜：《瞿忠宣公集·陈政事急疏》卷1）

就是讲，一旦"人犯"从锦衣卫大牢里出来转到外廷的法司部门去的话，那简直就是进入了天堂。故《明史》说："自锦衣镇抚之官专理诏狱，而法司几成虚设。如最等小过耳，罗织于告密之门，锻炼于诏狱之手。旨从内降，大臣初不与知，为圣政累非浅。"（《明史·刘济传》卷192）

锦衣卫狱之毒之黑是"与生俱来"的，它是洪武年间朱元璋大搞"政治运动"的极好的"整人"与杀人工具。洪武晚期，随着大明政局的日渐稳定，出于长治久安的需要，朱元璋决定废弃锦衣卫狱。"（洪武）二十年，以治锦衣卫者多非法凌虐，乃焚刑具，出系囚，送刑部审录，诏内外狱咸归三法司，罢锦衣狱。"（《明史·职官五》卷76；《明太祖实录》卷180）洪武二十六年，朱元璋"申明其禁，诏内外狱毋得上锦衣

卫，大小咸经法司"。(《明史·刑法志三》卷95；《明太祖实录》卷228)

这是讲，洪武后期，鉴于锦衣卫狱大多非法用刑，不是将人搞残就是将人折磨死这样残酷的事实，朱元璋终于下令废除锦衣卫狱，焚毁刑具，将关押在锦衣卫大牢里的囚犯送到刑部去，交由刑部审理，并诏令天下，今后大明帝国一切刑狱都归口到三法司（都察院、大理寺和刑部）去。至此，令人毛骨悚然的洪武时期锦衣卫狱被扫进了历史的垃圾堆里。

本来这是洪武末年可以称得上积德的大好事，却在人们一向称颂的"改革开放"皇帝朱棣篡位上台再次恢复，不仅如此，心理同样有着极度变态的永乐皇帝不厌其烦地增设新的特务机构——东厂，由此再度将大明推入了"特务帝国"的轨道。(详见笔者《大明帝国》系列⑦《永乐帝卷》上)

以上我们对锦衣卫的侍卫、缉捕、刑狱等"一条龙服务"作了较为详细的介绍。其实在锦衣卫的职责范畴中还有一项重要的工作，那就是实施廷杖，这也是明代君主专制主义强化的又一项特别有影响的举措。

君主淫威无限张扬　时常当殿滥施廷杖

● 唐朝大臣坐着议事、宋朝大臣站着议事

明朝廷杖制度主要针对的是朝中的大臣，一些地方上的小官小吏还不够资格"享受"。廷杖，老百姓俗称叫"打屁股"，可能就是由古时杖刑中演化而来的。不过，它不像家长打小孩子的屁股那样做做样子，起到教育作用就行了，明代开始盛行的杖刑可有讲究了。有人做了考证，说中国历史上的廷杖行刑最早是在唐朝，不过那时很少"运用"。说实在的唐朝时大臣的地位要比明代高多了，一般议事时，唐朝的大臣是可以坐着的。(《宋史·范质传》卷249)

可到了宋代就有所变化，主要是发生在开国皇帝宋太祖赵匡胤时期。赵匡胤发动陈桥兵变时，范质是后周的宰相，也是周世宗的托孤大臣，在后周有着很高的威望。因为陈桥兵变来得突然，当时范质等后周重臣一无所知，也一无准备。当赵匡胤的队伍包围了宰相府署时，范质正打算吃早饭呐，没想到早饭没吃上，赵匡胤率领将领王溥、魏仁浦和军校罗彦瑰、罗彦环等闯了进来。由于那时的谋反是天底下头号大罪，赵匡胤即使胜券在握，也不得不要装装样子，表示自己是不得已被人拥戴当皇帝的，于是对着一脸惊讶的范质呜呜地假哭了起来，诉说自己的无奈。见

此，范质越发糊涂，不明白这到底演得是哪一出戏。正当范宰相发愣时，军校罗彦环将军刀举向范质，赵匡胤假装发火，喝退了罗彦环。愣了半天的范质后来终于明白过来了，归降了赵匡胤。

范质等人一归降，后周的其他朝臣也纷纷跟着"倒戈"到赵匡胤这边，一下子这些人成了赵宋王朝的开国勋旧。再说范质降宋后也不赖，向赵匡胤献计献策，立有很多的功劳，加上他岁数又大，宋廷对他很尊重，每当范质来到宫廷议事时，宋太祖赵匡胤就沿用唐朝的宰相议事规制，赐茶赐坐，然后宰相范质开始侃侃而谈。可时间一长，军伍出身的赵匡胤怎么感觉范老宰相来宫中议事，好像是老先生教私塾学生一般，别提心里有多别扭！有一天他命令宫中内官将那宰相"专座"给撤了。等到范质再来议事时，开始时并没有发现，但就想坐一会儿时却突然发现，宫中已经没有他的"专座"了，儒士出身的范质顿时就明白了究竟是怎么一回事，从此他就更加恭谨。据说，也就从那时起，宋朝的大臣与皇帝议事时都是站着的。(《宋史·范质传》卷 249)

可到了元明开始，大臣们到了朝堂上与皇帝议事不仅要跪着、趴着，弄不好还要饱受一顿廷杖。

● 元明皇帝给不听话大臣"打屁股"——中国特色的君主专制主义创举

吴晗先生认为，廷杖实始于元朝，元史中就有元朝中书省的长官在殿廷受杖的记载。而明代从朱元璋开始建立起更加普遍使用的廷杖制度。亲族侄儿朱文正、勋臣永嘉侯朱亮祖父子、大臣工部尚书薛祥、部曹茹太素等都先后被洪武皇帝朱元璋廷杖而死。(吴晗：《朱元璋传》，三联书店 1965 年 2 月第 1 版，P208)

而从实施廷杖的实际情况来看，基本上没有什么章法可言。也就是说，只要皇帝不高兴，大臣说了不上路子的话或办事不合皇帝意思，等等，都有可能被"赐予"廷杖。《大明律》中并没有廷杖的规定，所以它是一种法外刑，只取决于皇帝的个人意志。皇帝说打，行刑官就动手了。行刑地点可以是在朝堂上，更多的是在午门口。廷杖制尽管没有什么"领刑"的条件或参考的标准，但行刑的过程倒是程式化。

据明代人的记载，廷杖大致是这样的行刑过程：一般来说，尚书或侍郎以上的高级官员接受廷杖时，一般都要有皇帝或代表皇帝的宦官头头高坐中央监刑。洪武年间因为严抑宦官，高级官员接受廷杖，都是皇帝朱元璋在场。这个皇帝很勤勉，有时还会自己动手，朱亮祖父子就是被他亲自打死的。皇帝的两边陪坐着的是其他高级官员。再往两边过去一点,左边有 30 来个小宦官站着,右边有 30 来个锦衣卫站着。廷下站着 100 来个行刑狱吏旗校,他们穿着短裤,手拿木棍,时刻准备行刑。一旦皇帝诏书下,也可能是口谕下来,"犯了事"将要被行刑的大臣就被行刑官拖到众目睽睽的行刑地上,趴着。有一个行刑官用麻布袋将他从肩膀以下给套住、绑着,防止他左右转动;同时另一个行刑官用绳索将他的两只脚给捆住;然后由四人四面牵曳,只露出屁股与大腿部分,接受廷杖。因为受刑大臣面向着地,一顿暴打下来,大臣满口都是灰土,相当残忍,好多人胡须全被磨脱了。(【清】魏禧:《虞初新志·姜贞毅先生传》卷 1)一般行刑时,每打 5 下,就要换 1 棍,即换一个行刑官。每次开棍时都要吆喝,吆喝声震殿堂,受刑大臣痛苦的呻吟顿时被淹没在吆喝声中。强壮一点的大臣大致能坚持到 80 下,满 100 杖就要出人命了,即使没被打死,也要剜去几十碗的烂肉,治疗起码半年以上才可痊愈。(《明史·刑法志一》卷 93;【清】魏禧:《虞初新志·姜贞毅先生传》卷 1)

● 中国特色的"打屁股"很有讲究

而行刑者一般都是锦衣卫的"打手",他们是经过专门训练的,先在一块砖头上打,打出本领了,在砖头外面包上薄薄的宣纸,再练功夫,练到怎样才算功夫到家呢?就是一棍下去,砖头碎了,宣纸没坏,所以当时好多官员都被活活打死。再说用棍也有讲究,如果你得罪了行刑者,或没钱去贿赂,他们锦衣卫就用在水里长时间浸泡的杖棍来行刑,这一棍棍打下去,棍棍催人命,表皮看看是紫黑色,有时皮也没烂,但里边的肉全烂了;要是贿赂了行刑者,那么他们就拿没放在水里的干杖来打,打得受刑者哇哇叫,皮开肉绽,但不会伤及性命。不过这些都是明中后期的事情,洪武年间似乎还没有这么多的黑门道,甚至可以说那时的锦衣卫还不敢乱来。譬如洪武二十八年八月,温州府乐清县有个人被一个锦衣卫给诬告了,此人给逮到了南京,他向有关部门申诉了自己的冤情,最终事情给弄清楚,确系冤枉。朱元璋知道后毫不含糊地下令处死那个锦衣卫诬告者。(《明太祖实录》卷 234)

● 明代两次最为"壮观"的"打屁股"

不论洪武皇帝如何"明察秋毫",但他建立廷杖制常态化本身就开了一个极坏的恶例,以后大明帝国君主只要不顺心,就可以拿大臣去撒气。明武宗是出了名的荒唐皇帝,他曾经数次南北"巡幸",在正德十四年提出了南巡的想法,遭到了兵部侍郎黄巩等大臣的竭力劝谏。但他就是不听,于是大臣们集体伏阁,等待皇帝收回成命,结果荒唐皇帝龙颜大怒,下令让翰林撰修舒芬等107人在午门外罚跪5天,且各"领刑"30~50杖,一时间北京明皇宫午门口血肉横飞,哭喊声震天响。(《明史·武宗本纪》卷16)

不过,这还不是最大的廷杖场面。明朝嘉靖年间,因大臣杨廷和等人反对明世宗不合祖制的"礼仪",嘉靖帝一怒之下罢了杨廷和等人的官职,引发了230多个朝中大臣的集体抗议,他们跪在皇宫的左顺门请愿,要求皇帝"改正"。嘉靖帝可能继承了祖上的偏执型心格,就是不认错,反将200来号大臣处以集体杖刑,这下可是创造了大明帝国廷杖之最了。200多号大臣被打得魂飞魄散,被打得血流满地,这哪像个国家的朝廷,简直是个行刑场。(《明世宗实录》卷41;《明史·世宗本纪一》卷17)

这种廷杖制度不仅使"忤逆"皇帝的大臣的肉体上遭受巨大的创伤,而且在心理上足够摧毁了大臣的人格尊严,进一步确立了君主专制主义的绝对淫威。

从废除行中书省制度,实行地方"三权分立"、废除中书省宰相制,集权于上分权于下、改造大都督府机构,分拆为五军都督府,到精筑四道监察大堤,贯彻分权制衡理念,制定"公务员"标准化,严惩官吏贪暴腐化、强化社会基层管理,四处布下天罗地网,并行《大明律》与《大诰》,屈法伸情礼法结合、建立廷杖制常态化和当廷宣泄君主淫威……洪武皇帝的每一招每一式都在贯彻一个核心精神,那就是强化君主极权专制主义。其实朱元璋的"杰作"远不止这些,他还发动了一场又一场全国性的政治运动,"破获"了一起又一起的大案要案,实行科举程式化、考试标准化和人才奴才化,尊孔崇理,发展和推行标准化教育,制造莫名其妙的文字冤狱……这究竟是个什么样的年代?请看下卷本《洪武"四清"八场风暴》和《思想一统 科举"隽永"》。

大明帝国皇帝世系表

（18帝，1368—1645年，共计277年）

		①明太祖	朱元璋	洪武三十一年	戊申	1368年
懿文太子 朱　标		③明太宗（明成祖）	朱　棣	永乐二十二年	癸未	1403年
②明惠帝 朱允炆 建文四年 己卯 1399年		④明仁宗	朱高炽	洪熙一年	乙巳	1425年
		⑤明宣宗	朱瞻基	宣德十年	丙午	1426年
⑥明英宗 朱祁镇 正统十四年 丙辰 1436年 →		⑦明代宗	朱祁钰	景泰八年	庚午	1450年
		⑧明英宗	朱祁镇	天顺八年	丁丑	1457年
		⑨明宪宗	朱见深	成化二十三年	乙酉	1465年
		⑩明孝宗	朱祐樘	弘治十八年	戊申	1488年
⑪明武宗 朱厚照 正德十六年 丙寅 1506年 →		⑫明世宗	朱厚熜	嘉靖四十五年	壬午	1522年
		⑬明穆宗	朱载垕	隆庆六年	丁卯	1567年
		⑭明神宗	朱翊钧	万历四十八年	癸酉	1573年
		⑮明光宗	朱常洛	泰昌一年	庚申	1620年
⑯明熹宗 朱由校 天启七年 辛酉 1621年 →		⑰明思宗	朱由检	崇祯十七年	戊辰	1628年
		⑱明安宗	朱由崧	弘光一年	乙酉	1645年

《大明风云》系列之 ③ 明基奠立

注释：

①明朝第二位皇帝是朱元璋的皇太孙朱允炆，建文四年时，他不仅被"好"叔叔朱棣从皇位上撵走，而且还被"革除"了建文年号，改为洪武三十五年。

②明朝开国于南京，从正宗角度来讲，很难说迁都是朱元璋的遗愿。因此，大明的覆灭应该以国本南京的沦陷作为标志，弘光帝又是大明皇帝的子孙，他称帝于南京，应该被列入大明帝国皇帝世系表中。

③上表中↓↙↘表示皇位父子或祖孙相传，→(表示皇位兄弟相传。

④明安宗朱由崧是老福王朱常洵的庶长子，明神宗万历皇帝朱翊钧之孙，也是明熹宗朱由校、明思宗朱由检的堂兄弟。

后 记

　　2013年12月平安夜的钟声敲响时,我的10卷本《大明帝国》竣工了,想来这400多个不眠的夜晚,真可谓感慨万千。在这个浮华的年代里,就一个人靠着夜以继日地拼命干,想来定会让象牙塔里带了一大帮子弟子的大师们笑弯了腰,更可能会让亦官亦民的××会长们暗暗地叫上"呆子"的称号……是啊,十多年了,在我们的社会里什么都要做大做强,什么都要提速快行,什么都要搞课题会战工程,而我却是孤独的"夜行人"和迟缓的老黄牛,无论如何都无法跟上这个时代的节拍。好在已到知天命的年龄,什么事都能看得淡淡的,更何谈什么学会、研究会的什么长之诱惑了。秉承吾师潘群先生独立独行的精神,读百家之书,虽无法做到"究天人之际,通古今之变",但至少能"成一家之言",管他春夏与秋冬。

　　不管世事,陶醉于自我的天地里,烦恼自然就少了,但不等于没有。自将10卷《大明帝国》书稿递交后,我一直在反问自己道:"有何不妥?"在重读了出版社发来的排版稿后,我忽然间发现其内还有诸多的问题没有彻底讲清楚或无法展开。譬如,尽管我专辟章节论述了大明定都南京、建设南京的过程及其历史影响,从一般意义角度而言,似乎很为周全,但细细想想,对于已经消失了的南京明故宫和明都京城之文化解读还没有完全到位。理性而言,南京明皇宫与南京都城在中国历史文化进程中所占的地位尤为特别,如果要用最为简洁的词语来概括的话,我看没有比"继往开来"这个成语更合适了。"继往"就是在吸收唐宋以来都城建筑文化精华的基础上,将中国传统的堪舆术与星象术巧妙地结合在一起,使其达到前所未有的完美境界,用明初朱元璋开国时反复强调的指示精神来说,就是"参酌唐宋"和"恢复中华",即在继承先人传统的基础上整合和规划南京明皇宫和大明都城建设,于最核心部分构建了象征紫微垣的宫城,宫城之外为象征太微的皇城,皇城之外为象征天市的京城,环环相套,中国传统文化中的"法天象地""天人合一"思想在南京明皇宫和大明都城建设布局中得到了充分的体现;"开来"就是指明初南京明皇宫与都城建设规制深刻影响了后来的明清皇城与都城建设布局。

　　同样的例子还有南京明孝陵、凤阳明皇陵、盱眙明祖陵,等等。

对于诸多的不尽如人意之处，最好的办法就是在原书稿基础上直接添加和补充，但问题又随之而来了。原书稿规模已大，《洪武帝卷》100多万字，分成了3册，每册都是厚厚一大本，如果再要"补全"，那就势必要另辟一册。这样对于图书销售会带来更多的不便。思虑再三，只好暂时先以原书稿的规模出版，等以后有合适的机会再作重新规划和布局。

可没想到的是，我的苦衷在今年新书上市后不久让广大的读者和东南大学出版社的朋友一下子给解决了。本来按照图书规模而言，3卷本100多万字的《朱元璋卷》应该是很难销的，但让人始料未及的是，它上市没多久就销售告罄。在纸质图书销售不景气的今天，能有这样的结果，真是莫大的欣慰。更让人兴奋的是，东南大学出版社的谷宁主任、马伟先生在上请江建中社长、张新建总编等社领导后决定，在原10卷《大明帝国》基础上，让我重新修订，分册出版。当时我正在研究与撰写大明正统、景泰两朝的历史，听到这样喜人的消息后，立即放下手中的事情，开始对原10卷《大明帝国》逐一作了梳理，调整章节，增补更有文化含金量的内容，使原《大明帝国》变得更为系统化，考虑到新书内容已有很多的变化，为了与以前出版的相区别，本想取名为《明朝大历史》，但考虑到这是普及性极强的读物，最后与马伟先生合计，取名为《大明风云》。

经过数月的不眠之夜，《大明风云》前8卷终于可以交稿了。回想过往的日日夜夜，看到眼前的这番收获，我要衷心感谢的是中共南京市委宣传部叶皓部长、徐宁部长、曹劲松副部长，南京广电集团谢小平主任，中共南京市委宣传部网控中心的龚冬梅主任，中央电视台池建新总监，安徽电视台禹成明副台长，原南京电视台陈正荣副台长、新闻综合频道傅萌总监，原江苏教育电视台张宜迁主任、薄其芳主任，东南大学出版社江建中社长、张新建总编，东南大学马克思主义学院袁久红院长、袁健红副书记，南京市政协副主席余明博士，南京阅江楼风景区管理委员会韩剑峰主任，新华报业集团邹尚主任，南京明孝陵博物馆张鹏斗馆长，南京静海寺纪念馆原馆长田践女士，南京阅江楼邱健乐主任，南京市社科院李程骅副院长与社科联陈正奎院长、严建强主任、顾兆禄主任，南京市新闻出版局蔡健处长，南京市档案局徐康英副局长、夏蓓处长，江苏省社科联吴颖文主任，福建宁德市政协主席郑民生先生，宁德市委宣传部吴泽金主任、蕉城区统战部杨良辉部长等领导的关怀（特别注明：本人不懂官衔大小，随意排列而已，不到之处，敬请谅解）；感谢中央电视台裴丽蓉编导、徐盈盈编导、戚锰编导，江苏电视台公共频道贾威编导、袁锦生编导，江苏教育电视台苍粟编导、夏恬编导、赵志辉编导，安徽电视台公共频道制片人张环主任、制片人叶成群、舒晓峰编导、唐轶编导、海外中心吴卓编导、韩德良编导、张曦伯编导、李静编导、刘小慧编导、美女主持人任良韵,南京广电集团王健小姐,南京电视台主持人周学先生、编导刘云峰先生、李健先生、柏新民先生、卞昌荣先生、南京电视台十八频道主持人、我的电视节目老搭档吴晓平先生,江苏广播电视总台吕凤华女士、陆正国先生、新华报业集团黄燕萍女士、吴昌红女士、王宏伟先生,《现代快报》刘磊先生,《金陵晚报》郑璐璐主任、于峰先生,金陵图书馆袁文倩主任和郁希老师,南京静海寺纪念馆钟跻荣老师,东南大学出版社刘庆楚分社长、谷宁主任、彭克勇主任、丁瑞华女士、马伟先生、杨澍先生、丁志星女士、张万莹女士,南京明孝陵向阳鸣主任、王广勇主任和姚筱佳小姐,江苏省侨办《华人时刊》原执行副主编张群先生,江苏省郑和研究会秘书长郑自海先生和郑宽涛先生,北京师范大学教育学院孙邦华教授,南京大学王成老师和周群主任,南京理工大学人文学院李崇新副教授,南京财经大学霍训根主任,江苏经贸学院胡强主任和吴之洪教授,南京总统府展览部刘刚部长,南京出版社卢海鸣社长,南京城墙办朱明娥女士,南京图书馆施吟小姐,福建宁德三也农业开发有限公司董事长池致春先生,原徐州汉画像石馆馆长武利华先生,无锡动漫协会会长张庆明先生,南京城市记忆民间记录团负责人高松先生和篆刻专家潘方尔先生以及倪培翔先生等朋友给我的帮助与关怀。(至于出版界朋友对我的帮助,那实在太多了,怕挂一漏万,干脆就一个也不谢了)

  当然还要感谢吾师王家范老师、刘学照老师、黄丽镛老师、王福庆老师、杨增麒老师等曾经对我的谆谆教诲与帮助,也衷心祝愿诸位师长健康长寿!

  除了国内的师友,我还要感谢 United Nations(联合国)Chinese Language Programme 何勇博士、美国 Columbia University(哥伦比亚大学)王成志主任、美国 Stanford University(斯坦福大学)Visiting Scholar Helen P. Youn、Stanford University(斯坦福大学)的 Hoover Institution Library & Archives(胡佛研究院图书馆及档案馆)主任 Thu-Phuong Lisa H. Nguyen 女士和 Brandon Burke 先生、美国纽约美中泰国际文化发展中心总裁、著名旅美艺术家李依凌女士、美国(CHN)总监 Robert KO(柯伊文)先生、泰国国际书画院院长李国栋、日本关西学院法人代表阪仓笃秀教授、世界报业协会总干事马英女士和澳门基金会理事吴志良博士、澳门《中西文化研究》杂志的黄雁鸿女士等海外师长与友人对我的关心与帮助。

  在此我要特别感谢美国 University of Pittsburgh(匹兹堡大学)名誉教授、海外著名国学大家许倬云先生。许先生年逾古稀,身体又不好,但他经常通过 E-mail 关心与肯定我的研究与写作,令我十分感动;特别感谢老一辈著名明史专家、山东大学教授黄云眉先生的大作《明史考证》对我的启迪以及他的海内外儿孙们对我的抬爱;特别感谢我的学业导师南京大学潘群先生和师母黄玲女士严父慈母般的关

爱；特别感谢慈祥的师长、我的老乡原江苏省委宣传部常务副部长王建邦先生对我的关怀与帮助。

我还要感谢的是我的忠实"粉丝"与读者朋友，这些朋友中很多人可能我都未曾见过他们的面，譬如安徽六安有个年轻朋友曾给我写来了热情洋溢的信函；还有我不知其地址、只知其QQ号的郭先生，等等。他们不断地给我来信，帮助我、鼓励我。但由于我是个"单干户"，无当今时兴的"小秘"代劳，因而对于广大读者与电视观众朋友的来信，无法做到一一回复，在此致以万分的歉意，也恭请大家海涵！

顺便说明一下：本著依然采用史料出处随后注的方法，做到说史绝不胡说、戏说，而是有根有据。本书稿原有所有史料全文，后考虑到篇幅太厚和一般读者可能阅读有困难，最终决定将大段古文作了删除，大多只保留现代文。也承蒙东南大学出版社朋友尤其谷宁主任、马伟先生和张万莹女士的关爱，本系列丛书拥有现在这个规模。如读者朋友想核对原文作进一步研究，可根据书中标出的史料出处一查便是。最后要说的是，下列同志参与了本书的图片收集、资料整理、文稿起草等工作，他们是马宇阳、毛素琴、雷扣宝、王鲁兴、王军辉、韩玉华、林成琴、熊子奕、周艳梅、舒金佳、雷晟等人。

马渭源

于南京大明帝国黄册库畔

2014年11月16日

电子邮箱：mwynj@sina.com

大明风云

系列之
洪武"运动"

马渭源 著

东南大学出版社·南京

图书在版编目（CIP）数据

大明风云 / 马渭源著． —南京：东南大学出版社，2019.1
 ISBN 978-7-5641-8034-8

Ⅰ．①大… Ⅱ．①马… Ⅲ．①中国历史-研究-明代 ②朱元璋（1328-1398）-传记 Ⅳ．①K248.07 ②K827=48

中国版本图书馆CIP数据核字（2018）第229083号

大明风云系列之④ 洪武"运动"

出版发行		东南大学出版社
出 版 人		江建中
社　　址		南京市四牌楼2号　（邮编：210096）
经　　销		全国各地新华书店
印　　刷		南京京新印刷有限公司
开　　本		700 mm ×1000 mm　1 / 16
印　　张		120.5
字　　数		1928千字
版　　次		2019年1月第1版
印　　次		2019年1月第1次印刷
书　　号		ISBN 978-7-5641-8034-8
定　　价		398.00元（共8册）

（本社图书若有印装质量问题，请直接与营销部联系，电话：025-83791830）

序

马渭源教授的17卷本《大明风云》就要出版了,这是继他2014年推出10卷本《大明帝国》后的又一大系列专著。数日前,他来我家,邀我写个序,我欣然答应了。因为他与日本关西学院校长、国际明史专家阪仓笃秀教授是老一辈著名明史专家黄云眉先生的第二代传人,这是2011年底海内外眉师儿孙们云集一堂,经过反复研究、讨论,最后作出的慎重决定。作为眉师的第一代传人,我感到责无旁贷要做好这样的事情。

马教授在2012年就应邀去美国做讲座,北美三大华文报刊《世界日报》、《星岛日报》和《侨报》对此都曾做了专门的报道,其中《世界日报》称誉马渭源教授为著名的明史专家;稍后中国大陆媒体称他为"第一位走上美国讲坛的明史专家"。

另据海外媒体所载,马渭源教授的《大明帝国》系列专著得到了美国匹兹堡大学名誉教授、海外著名国学大家许倬云先生的赞许与推介,并为哈佛大学、哥伦比亚大学、普林斯顿大学、斯坦福大学等世界一流的高等学府和美国国会图书馆、澳大利亚国家图书馆等西方诸国国家图书馆所收藏,真乃可喜可贺!

最近中央级大报《光明日报》刊载文章说:"世界上SCI检索影响力较大的2000种期刊中,中国期刊只有5种;排在本学科前3位的世界顶级期刊中,没有一本中国期刊。"(《光明日报》2013年11月30日第7版"科教文新闻")与此相类或者说更不尽如人意的是,中国虽是当今世界上头号出版大国,但中国出版的各类专著为西方国家收藏的却不到20%,社科类不到10%,历史类更是凤毛麟角。而马教授的著作能被这么多的西方著名高等学府所珍藏,并得到了大家许倬云先生的肯定与称许,实属不易!

其实这些年在国内马渭源教授早已是南京电视台、南京广电、江苏教育电视台、安徽电视台、中央电视台和福建网站等公共媒体上家喻户晓的历史文化讲座主讲人和电视节目的常任嘉宾,而他的著作则更是深受广大读者的喜爱。据说有一次在上海展览馆举办他的签名售书活动,原定活动时间为半小时,结果因为读者太多了,主办方不得不延长了一个小时,但还是未能满足广大读者的需求。而最近又传来好消息,国内外有名的网络运营商如亚马逊、中国移动、苏宁易购等都与马教授签订了电子书出版合同,广大读者尤其年轻的读者只要按按手机上的键钮就能轻松阅读他的电子版著作了。

马教授之所以能取得如此的成就和拥有这样的影响力,在我看来,最为根本的原因就在于他扎扎实实地深入研究,以渊博的知识来解释历史,并用通俗流畅的语言表述出来,但绝不戏说,由浅入深,做到既通俗易懂又让人回味无穷,这是十分难能可贵的啊!

就以本次出版的《大明风云》之①~⑤为例,该5卷本主要是讲述大明洪武朝的历史。有关洪武帝朱元璋的传记目前为止,有好几个版本,最早的可能要数吴晗先生的《由僧钵到皇权》,那是民国三十三年十月由在创出版社出版,当年我在书店里买到了就读。20世纪五六十年代吴晗先生对原书进行反复修改后出版了《朱元璋传》(三联书店版)。据说当时有好多政治人物都读过,但它毕竟是那个时代的产物,里边有不少阶级斗争的内容和特定意识形态的标签,今天年轻人读来可能有种隔世的感觉。后来陈梧桐教授和吕景林教授也分别写了有关朱元璋的传纪,如今书店里可能还能买到。

马渭源教授在2007年时就撰写了《奇特的开国皇帝朱元璋》上、下册,尽管该书在2008年1月出版后很受读者喜爱,发行量急剧攀升,且远销海内外。但马教授对自己的著作却很不满意,多次在我面前说,那是电视节目的讲稿,时间太仓促,很不成熟,遗憾多多。为此,这些年他不断地收集和整理史料,打算重写。2014年1月他的最新力作《大明帝国》系列之《洪武帝卷》终于问世,比原书整整多出了一倍,多达100多万字。不过随后他又感到意犹未尽,特别是洪武时期的许多事情都未能说个淋漓尽致,为此,在已经修订过的《大明帝国》系列之《洪武帝卷》基础上,他再作努力,分册详尽阐述,这就是现在人们见到的《大明风云》系列之①~⑤《乱世枭雄》、《大明一统》、《明基奠立》、《洪武"运动"》、《治隆唐宋》。

本书为《大明风云》之④《洪武"运动"》,主要论述洪武时期发生的一系列全国性的大运动,是《明基奠立》一书的"升级版",同时又是迄今为止明史研究中所从未有过的洪武"运动"系统专论。

大凡学过明史的人谁都知道,洪武年间政治严酷,大案连连,"运动"一场接一场。那么朱元璋究竟搞了多少场"运动"呢?其真相又到底如何呢?至今为止似乎没人说得清楚。

马教授从研读清朝学者历经百年修订的《明史》和黄云眉先生的《明史考证》入手,比对《明实录》,以此作为基础,再参用著名史学家谈迁的《国榷》和明代文人笔记史料,尤其重视对洪武年间政治、经济与社会领域"大风暴"的部分"实录"——朱元璋御制《大诰》系列的深度挖掘,从中发现:整个洪武朝31年间,除了北伐、"清沙漠"行动和立纲陈纪或言立法定制,加强集权君主专制主义外,朱元璋至少还发动了8场全国性的"大运动"或言"大风暴",即洪武四年录(甄别)天下官吏,洪武八年或九年清查空印案(也有说是洪武十五年),洪武十三年起连坐"胡党",洪武十八年起追查郭桓案,洪武十九年逮官吏积年为民害者,洪武十九年前后清除社会惰民逸夫,洪武二十三年罪妄言者,洪武二十六年二月开始的深究"蓝党"……这是何等严酷的政治啊！马教授一下子抓住了"洪武"的主题涵义,"恢复"历史本来面目,随之展开一一考证和论述。如此深入系统研究在明清史学术领域里还从来没有过,这又不能不说是马教授的一大学术贡献！

尤其值得注意的是,马教授在具体历史问题的处理上并没有照搬前人的研究成果,而是从历史表象背后去发现问题,并寻找解决问题的方案。因此读了他的书会让人感到受益多多。

譬如,反腐治贪问题,最近有个作家在网络上十分肉麻地称颂道:"翻阅《二十四史》,当今反腐治贪为历史上所未有的。"马教授观后曾十分感慨地跟我说:"说这样话的人到底有没有读过《二十四史》？"

是啊,纵观中国历史,朱元璋的严厉治贪才将中国反腐史推向了巅峰。无论是明初三起大案要案还是它们的余波,我们都可以看到明朝开国皇帝朱元璋惩治贪污腐败的决心之坚定、手段之刚硬,甚至可以称为残忍。那么朱元璋惩治贪污腐败的手段残忍到了什么地步呢？"马教授在书中列举了洪武治贪的一系列酷刑,如剥皮实草、刷洗、秤杆、抽肠、锡蛇游、墨面文身、挑脚筋、挑膝盖、刖足、刹指、膑刑、断手、荆、阉割、斩趾枷令、常号枷令、枷项游历、枭首、凌迟、族诛、全家抄没发配边地,等等【明】朱元璋:《御制大诰》、《御制大诰续编》、《御制大诰三编》、《御制大诰武臣》;【明】吕毖:《明朝小史·国初重刑》卷1),并对它们做了一定的考证与诠释,然后将话题转到了严刑重典能不能彻底根治腐败的问题上,他说:"治国要不要用重典？对于老百姓来说,朱元璋重典治贪主要针对的是官吏之整治。这里就涉及官员的政治风险问题。商人做生意有赔本和破产的风险,农民种地有天灾的风险,士大夫考科举也有十年寒窗到头来一无所获的风险,那么为什么当官的就可以进入保险箱似地毫无风险呢？朱元璋治国尽管有滥杀无辜的失误,但他的治国理念中不论有意还是无意都包含了从政为官所必须应当承担一定风险的意识,这在一定程度上对中国政治文化不啻为一人震醒；另外,他的重典反贪中更有一层含义:让贪官污吏们一旦出事就得倾家荡产,换句话来说,就是告诫官员:在你要下手前,该多计算计算犯罪的成本。从这样的角度出发,我们再看看现代社会里贪官污吏贪污了几千万甚至几个亿,大不了自己进去了,判个死缓甚至死缓都判不了,而他的家人们从此以后几代人就可不劳而获,不是有人揶揄:'牺牲一个人,幸福几代人！'从朱元璋的重典治国的理念中我们不应该读到点精神价值来吗？"（当然我们不认同其残忍性）马教授说理透彻,读后让人深思。

再如"胡逆之狱"和"蓝党之狱",在清人撰写《明史》时已大致搞清楚了,但在这两起大案要案中死了多少人？追查"逆党"运动到何时才结束？明朝官史闪烁其辞,清人撰写《明史》时也没有彻底弄明白。

马教授为此查阅了黄云眉先生的《明史考证》、明代人王世贞的《弇山堂别集·高帝功臣公侯伯表》、钱谦益的《牧斋初学集》和清人赵翼的《二十二史劄记》和查继佐的《罪惟录》等文献资料,发现:"'胡党之狱'有1公、14侯、13位将军被杀,株连处决30 000人(【清】赵翼:《二十二史劄记·胡蓝之狱》卷32);《明世法录》等书中说'蓝党之狱'有1公13侯2伯和几十位将领被杀,株连被杀者20 000人"(【明】陈仁锡:《明世法录》卷85;【明】谈迁:《国榷》卷9;【清】查继佐:《罪惟录·列传》卷8下;【清】谷应泰:《明史纪事本末》卷13)。最后他写道:两案合起来与明代文人笔记中所说的"牵连戮者十万人"差不多(【明】王文禄:《龙兴慈记》)。这样的多方位考证不仅显得十分严谨,而且说得合情合理。因为在中华大帝国范围内政治运动的平息并不是随着某个特定政治人物宣布结束就能马上结束的,正如当年追查"蓝党",洪武二十六年二月朱元璋处死蓝玉,随后7个月里大明各地兴起了清除"蓝党"分子运动。洪武二十六年九月,杀人杀了7个月的朱元璋十分大度地下诏宣布:"清除逆党'运动'结束,蓝贼为乱,谋泄,族诛者1.5万人;自今胡党、蓝党概赦不问。"可实际上这场运动远没有停止,马教授引用了方志资料,发现直到洪武末年时大明地方上还在不断地进行清查"蓝党"分子,原本与"蓝党"毫无关系的江南首富沈万三之女婿陈学文等就是在这时被扣上"蓝党分子"的帽子而被处死的(乾隆十二年《吴江县志·旧事》卷5、6)。

这样的纵深研究使得人们对原来的历史大案与洪武朝的政治有了更加清晰与全面的了解与认识。

总之,全书精彩迭现,观点新异又可靠,读之既如品尝陈年美酒,又似沐浴和煦春风。作为年过八旬的垂垂老者,我倍感欣慰,"黄学"后继有人啊!也愿马教授不断努力,推出更多的新作!

权作为序

南京大学中国思想家研究中心常务副主任、教授

2014年11月18日

《大明风云》系列之 ❹ 洪武"运动"

目录

上章　洪武"四清"　政坛"先行"

- 太学生上书"泄天机"　洪武默认系列"清洗" ·············· 1
- 云谲波诡大明新立　雄主甄别天下官吏——洪武四年（1371） ·············· 3
  - 昔日同为"天涯沦落人"，今朝"相煎何太急"？ ·············· 4
  - 尴尬的元朝遗民：是"节妇"、"剩女"还是"潜伏"者？ ·············· 7
  - 朱元璋敏锐地感觉到：深挖革命队伍里的潜伏敌特分子很有必要 ·············· 45
  - 全国官吏大甄别、大清理风暴："录天下官吏"运动 ·············· 46
- 一举粉碎"谋反胡党"　深究牵出前任宰相——洪武十三年～洪武二十三年（1380～1390） ·············· 48
  - 朱元璋与"淮右功臣勋旧"之间关系的发展和变化 ·············· 49
  - 洪武皇帝与淮右集团核心人物、大明宰相李善长之间的是是非非 ·············· 56
  - 非淮右集团第二位悲剧大臣刘基及其浙东文人圈 ·············· 64
  - 洪武皇帝与李善长为首的淮右集团之间的矛盾升级 ·············· 73
  - 淮右集团权势巅峰时刻的到来——明代第三任宰相胡惟庸"独相" ·············· 77
  - 扑朔迷离的胡惟庸"谋反"案之突发 ·············· 88
  - 深挖政界最大的潜在威胁——淮右集团核心人物李善长 ·············· 94
  - 淮右集团核心人物李善长的大限——洪武二十三年（距胡案10年） ·············· 96
- 穷追猛打"蓝玉逆党"　兔死狗烹　鸟尽弓藏——洪武二十六年（1393） ·············· 107
  - 洪武帝再出三招，限制与防范军中功臣勋旧 ·············· 107
  - 中青代顶级军事人才蓝玉及所谓的"蓝党谋反"案 ·············· 109

1

- 洪武帝双重亲家、大将军傅友德杀子案——洪武二十七年(1394) ……… 150
- 明初唯一的真正儒将冯胜私埋兵器案——洪武二十八年(1395)……… 153
- 大明第一大将军徐达到底是怎么死的? ……… 156

下章　严惩贪渎　"运动"深入

- "歪打正着""空印大案"　永革旧习长治久安——洪武八年(1375),《明史》记载为洪武十五年(1382) ……… 164
  - 洪武开国后为何大明频频爆发腐败大案? ……… 164
  - 明初政治与社会局势由乱到治的复杂性及朱元璋生性多疑——"空印案" ……… 167
  - "空印案"到底是不是腐败案件? ……… 168
  - 这是一起明显的"冤案",朱元璋为什么要"一错再错"地深究与严惩? ……… 169

- 精明识破"郭桓大案"　除贪务尽洪武犯难——洪武十八年(1385) ……… 173
  - 人性的丑陋——贪欲恶性膨胀——"郭桓案" ……… 173
  - "郭桓案"定性与量刑正确吗? 此案中到底有多少人被杀? ……… 175
  - "盗用军粮10万石"的户部尚书滕德懋死后怎么会肠子里全是粗粮草菜? ……… 176
  - 朱元璋严刑酷法惩治贪腐,创造中国反腐史之巅峰 ……… 177
  - 朱元璋残忍治贪的根本目的是什么? ……… 179
  - 朱元璋为什么会那么残忍地治贪? ……… 180
  - 洪武帝困惑犯难:重典为什么不能根治贪污腐败? ……… 181
  - 朱元璋难题与阿克顿定律 ……… 189

- 尽逮积年害民官吏　全面清除政界"垃圾"——洪武十八年~洪武二十年(1385~1387) ……… 191
  - 逮积年害民官吏的界定 ……… 192
  - 开展清除形形色色的"积年害民官吏"运动 ……… 193
  - 洪武帝不仅鼓励大家要造贪官污吏的反,尽除民害,而且还对阻挠清除"积年害民官吏"者予以严厉的处罚 ……… 202
  - 捉拿"积年害民官吏"运动的升级与异化 ……… 219

- 清除社会逸夫惰民　以求每方寸土安宁——洪武十九年(1386)前后 ……… 231
  - 社会逸夫、惰民的界定——宽泛概念 ……… 232
  - 松江捉拿害民衙吏案中案——清除社会逸夫惰民运动的"导火索" ……… 232

- ● 清除社会逸夫惰民运动的指导性"文件"——御制《互知丁业》等 …… 234
- ● 形形色色的逸夫惰民害民害人 …… 235
- ● 为何"与官府有关系"的逸夫、惰民害民害人事件屡屡发生？…… 236
- ● 洪武帝对害民逸夫惰民惩治的升级 …… 237

● 运动深化罪及妄言　清除潜在舆论危险——洪武二十三年(1390) 237
- ● 洪武酷政奇观 …… 238
- ● 洪武禁止人们"胡说八道"——"罪妄言者"运动 …… 240

● 整肃秩序澄清国度　轻松解决豪民巨族 …… 245
- ● 整顿秩序，澄清国度，影响后来的大明帝国 …… 245
- ● 巧妙地解决了有着一定隐患的豪强世族，稳固帝国社会、经济秩序 …… 245
- ● 严刑重典造成明初数十年思想文化的凝固，影响了帝国文化发展 …… 252
- ● 加强了绝对君主专制主义统治，为官僚制的全面推行创造了条件 …… 253

大明帝国皇帝世系表 …… 254

后记 …… 255

上章
洪武"四清" 政坛"先行"

"洪武"本是朱元璋在位时期的年号,按照字面的意思就是"大武"、"尚武",换言之就是崇尚"铁血",就此而言明朝这位开国皇帝比他的"好儿子"永乐皇帝要诚实得多。朱棣的年号为"永乐",意思是让天下人永远快乐。可在那个魔鬼施虐的22年间,除了他以外,还有谁会快乐?明初"二祖"丑陋的人性实乃一丘之貉,但相比假面"圣君"朱棣,老皇帝朱元璋似乎要坦率、诚实得多,在他治理下的31年时间里,大明帝国实行了"四清",相继爆发了八场全国性的大运动、大风暴。在那血雨腥风的洪武年间,在那噤若寒蝉的岁月里,在人们不经意间,一代"圣祖"朱元璋及其相关人士记下了部分内容,只是我们后人一直没有充分意识到而已……

太学生上书"泄天机" 洪武默认系列"清洗"

洪武二十五年即公历1392年,这是个极为普通的年份,那年四月丙子日,洪武皇帝的接班人皇太子朱标薨世(《明史·太祖本纪三》卷3;《明太祖实录》卷217)。4个月后的洪武二十五年八月庚申日,朱元璋下令"祔葬皇太子于孝陵之东"(《明太祖实录》卷220)。除了皇家个别野心家、阴谋家如燕王朱棣有所惊觉甚至是亢奋外,那时大明帝国上下似乎谁也没有注意到又一场围绕皇权政治的特大清洗"风暴"或言"运动"正在积聚和酝酿着。在昔日红巾军头领的血色高压下生活了25年的大明子民们早已习惯了"运动",也能大致明白当今朝廷取用"洪武"年号到底有着怎样的一番含义。明哲保身可能是中国专制社会中尤其生活在那"运动"迭起、"风暴"不断岁月里的人们生存下去的最佳选择了,不过也有"愤青"例外。

那年"天生圣人"高皇帝朱元璋下诏,征集天下知晓历数(即天道国运)的高人。

有个太学生叫周敬心的洋洋洒洒给洪武皇帝上疏进谏，指摘洪武二十五六年间的种种弊政和坏政："臣闻国祚长短，在德厚薄，不在历数。三代尚矣，三代而下，最久莫如汉、唐、宋，最短莫如秦、隋、五代。其久也以有道，其短也以无道。陛下膺天眷命，救乱诛暴。然神武威断则有余，宽大忠厚则不足。陛下若效两汉之宽大、唐、宋之忠厚，讲三代所以有道之长，则帝王之祚可传万世，何必问诸小道之人耶？"接着他又说："方今力役过烦，赋敛过厚。教化薄而民不悦；法度严而民不从。昔汲黯言于武帝曰：'陛下内多欲而外施仁义，奈何欲效唐、虞之治乎？'方今国则愿富，兵则愿强，城池则愿高深，宫室则愿壮丽，土地则愿广，人民则愿众。于是多取军卒，广籍资财，征伐不休，营造无极，如之何其可治也？臣又见洪武四年录天下官吏，十三年连坐胡党，十九年逮官吏积年为民害者，二十三年罪妄言者。大戮官民，不分臧否。其中岂无忠臣、烈士、善人、君子？于兹见陛下之薄德而任刑矣。水旱连年，夫岂无故哉！"（《明史·周敬心传》卷139）

这哪像是上疏言事，简直是对洪武暴政的愤怒控诉。但不知为什么这份能够彰显一代"圣君"纳谏如流、"宽大胸怀"的上疏却在《明太祖实录》中没被收录？也不知道为什么周敬心连追查胡党这样敏感又危险的话题都敢说，却偏偏没提洪武中前期株连无辜甚广的空印案和郭桓案？也不知道为什么本来就心胸狭隘的朱元璋在接到这样言辞激烈的"控罪书"后却能平静地"报闻"（《明史·周敬心传》卷139），而没有暴跳如雷或严惩"妄言者"周敬心，所有这些说明了什么？

参照《明史》中解缙等人在洪武晚期的上书进言，我们可知周敬心上书中所说的都是洪武年间实实在在所发生的，而一向暴戾无常的朱元璋最后也默认了，或者说十分老到地对没"品位"的太学生周敬心不予理睬，再进一步说开来，他没做出什么过激的举措，所有这些能说明什么？就在周敬心上书后的一年不到的时间里，大明帝国又兴起了一场极为惨烈的特大"风暴"——追查与清除蓝玉党案，几乎将洪武朝开国勋臣一网打尽。

至此，如果参考一下开国皇帝朱元璋亲自撰写的《大诰》系列，再对周敬心上书提到或没提到的洪武年间的大风暴和随后发生的清查蓝玉党案等一系列"运动"做个综合统计的话，我们就不难发现：为了加强极权君主专制主义的统治，整个洪武31年间，除了北伐、"清沙漠"和立纲陈纪或言立法定制、统一思想及使厚民生外，朱元璋还至少发动了8场全国性的"大运动"或"大风暴"，即洪武四年录（甄别）天下官吏，洪武八年或九年清查空印案，洪武十三年起深究"胡党"，洪武十八年起追查郭桓案，洪武十九年尽逮官吏积年为民害者，洪武十九年前后清除社会惰民逸夫，洪武二十三年罪妄言者，洪武二十六年二月开始的追究"蓝党"……

一个皇帝在位31年,发动了不少于8次全国性的"大运动"或言"大风暴",平均4年不到就来一次,这是何等严峻的政治啊！对于这样一场又一场的大运动、大清洗,作为后代人,我们已经很难"复原"它们的原貌,但可以做些梳理。如果仔细比对和认真考量的话,就不难看出当年洪武皇帝主要搞了4类大清洗:即清洗政治危险分子、清洗经济腐败分子、清洗各级害民官员胥吏、清洗社会危险分子,我们不妨将其称为"四清"。(见下表)

洪武年间朱元璋发动的八场全国性"四清"大运动简表

运动发起或高潮时间		当年运动名称	运动类型	史料主要来源
洪武四年	1371	录(甄别)天下官吏	清洗政治危险分子	《明史·周敬心传》卷139
洪武八年	1375	清查空印案	清洗经济腐败分子	【明】谈迁:《国榷·太祖洪武九年》卷6
洪武十三年	1380	连坐"胡党"	清洗政治危险分子	《明太祖实录》卷129～202
洪武十八年	1385	追查郭桓案	清洗经济腐败分子	【明】谈迁:《国榷》卷8
洪武十八年	1385	尽逮天下官吏积年为民害者	清洗各级害民官吏	《明史·孝义一·朱煦传》卷296、卷139；【明】朱元璋:《大诰续编》、《大诰三编》
洪武十九年前后	1386	清除社会惰民逸夫	清洗社会危险分子	【明】朱元璋:《大诰续编》、《大诰三编》
洪武二十三年	1390	罪妄言者	清洗社会危险分子	《明史·周敬心传》卷139
洪武二十六年	1393	追查"蓝党"	清洗政治危险分子	《明太祖实录》卷225～243

而在这一系列"四清"中最先发生和最为惊心动魄的就数清洗各种敌对的和潜在的政治危险分子。

云谲波诡大明新立　雄主甄别天下官吏——洪武四年(1371)

洪武开国前后,大明帝国内外形势不容乐观。在草根皇帝朱元璋看来至少得面对三大类政治危险势力或言危险分子:

● 昔日同为"天涯沦落人",今朝"相煎何太急"?

第一大类就是昔日与朱元璋"同为天涯沦落人"的贫苦兄弟和普通民众。按照朱元璋的想法与说辞:过去元朝政府腐败、残暴,我朱圣人率领将士们浴血奋战,"驱逐胡虏,恢复中华,立纲陈纪,救济斯民",让大家过上了太平日子,你们就应该做好你们的本分——贡赋服役,由此也就过上了"幸福"的生活。但"民有不知其报,而恬然享福,绝无感激之心"(【明】朱元璋:《大诰·民不知报》第31,《全明文》第1册,上海古籍出版社1992年第1版,P599,以下省略版本,只标页码);更有一些愚蠢的小民们不仅不领"大救星"朱皇帝的情,有着"好日子"不过,反而走上了对立、反抗的道路。洪武元年五月,"昌国州兰秀山盗入象山县作乱";七月,"南海贼冯简等作乱"(《明太祖实录》卷32);洪武元年八月,温州南溪人董孟怡等"聚众作乱"(《明太祖实录》卷34);洪武三年正月,沂、邳二州山民"作乱"(《明太祖实录》卷48);最具有讽刺意味的是那年三月,在"红太阳"升起的地方(民间一说:凤阳之名有丹凤朝阳之义)边上六安州龙泉乡民胡永兴、潘文友"作乱",杀了判官朱谟,"焚劫英山县"……(《明太祖实录》卷50)

那小民们为什么要起来"作乱"呢?

第一,朱皇帝的威望还不够。尽管洪武初年朱元璋在全国绝大部分地区拥有了绝对优势的军事势力,但草根出身当皇帝的,除了刘邦、刘裕等极个别几例外,还说不上来。凭什么你那个鞋拔子脸的和尚能当皇帝,不就是靠了刀枪一类的军事武装,你可以造反,难道我们就不能吗?皇帝轮流做,明年到我家!

第二,尽管洪武初年朱元璋采取了好多措施,赈灾减租,休养生息,使厚民生。但在普通民众看来,新王朝的赋役依然沉重,很多人忍受不了了。洪武三年,有人报告说,贫瘠的陕西省原定征收民田税粮为1斗,可随后又加征了盐米6升,即政府言而无信,一下子将税率提高了60%,老百姓当然要受不了。皇帝朱元璋闻讯后也承认:"陕西民田既输税,复征其盐米,是重敛以困民也。"最后下令:"自今止收正粮,除其盐米。"(《明太祖实录》卷56)相比于陕西,江南苏松人民可没这么幸运,朱皇帝痛恨这个地区的老百姓过去支持张士诚,将当地的赋税加到了每亩1石多(黄云眉:《明史考证》,第1册,中华书局1979年第1版,P55),即相当于陕西的10倍。这就使得江南人民没法活下去了,只能逃亡。明宣宗时,苏州下属的太仓当地百姓逃得只剩下738户(《明宣宗实录》卷6)。江南人乖巧、听话,没法活了就逃,但并不是所有的国人都像江南人那样,他们有可能选择起来武装反抗。

第三,明初小民们起来反抗、"作乱"还有一个至关重要的原因,那就是官府衙役与豪门富户双重剥削与挤压。这里所说的豪门富户实际上是两种人,一种人为原业主,即我们过去经常在大批判中所说的地主阶级,但按照当时的称呼应该为原业主或称原田主。元末天下大乱时,许多的业主死于非命,他们的田宅也就变成了无主业产,为贫困者所占有。但也有一些业主在战乱中幸存了下来,按照明初"凡威取田宅者归业主"的国家政策(【明】宋濂:《宋文宪公全集·岐阳经历熊府君墓铭》卷31),他们在战后重新拥有了田产屋宅。如明初浙江诸暨大田主赵淑走出深山穷谷,"持田籍以辨,卒以完"(【明】宋濂:《宋文宪公全集·周节妇传》卷33);义乌财主王某战乱后夺回了田产,不到几年就"积谷至数千斛"(【明】王绅:《继志斋集·王处士传》卷2);浙江巨富楼士祥的家产更是多得数也数不过来,光门下养的食客就达几十人(【明】方孝孺:《逊志斋集·楼君墓志铭》卷20);江南头号大富翁沈万三"赀巨万万,田产遍吴下"(【明】董谷:《碧里杂存·沈万三秀》卷上)。据明代官方史书所载:苏州府纳粮2 000石以上的富户就有554户,每年缴纳国家的税粮达150 184石,约占当时苏州民户纳粮总数1 000 000石的15%(《明太祖实录》卷49)。由此可见,当时土地财富集中问题还是十分严峻。

这样的富户除了在地方上有着举足轻重的地位外,有时还会影响大明帝国官府衙门,即时人所说的"上足以持公府之柄,下足以钳小民之财"(【明】陈子龙、徐孚远:《明经世文编·方正学文集·与友人论井田》卷9)。换言之,受气的和最容易受到伤害的当然是平头百姓了,这是一重挤压。

另一重挤压平头百姓的就是大明朝新贵们,即朱元璋政权的主要支撑——功臣勋旧和皇亲国戚等。洪武三年十一月,朱元璋对李善长、徐达等文武功臣勋旧进行了第一次大进封,共封6公28个侯(《明实录》中有3个侯给忌讳了)。不过对于这些新贵来说,光有名气与政治地位还不够,我们中国人向来就讲究实惠,洪武皇帝也想到这些了,第二年也就是洪武四年三月,他下令"赐韩国公李善长等六国公、延安侯唐胜宗等二十五侯及丞相左、右丞、参政等临濠山地六百五十八顷有奇"(《明太祖实录》卷62)。接着闰三月又命令"赐功臣守坟人户。韩国公李善长、魏国公徐达、郑国公常茂、宋国公冯胜各一百五十户,卫国公邓愈、延安侯唐胜宗、吉安侯陆仲亨、淮安侯华云龙、济宁侯顾时、临江侯陈德、长兴侯耿炳文、靖海侯吴祯、都督孙恪、郭子兴各一百户"。(《明太祖实录》卷63)

从当时赐予功臣土地的地理位置来看,主要还是在朱皇帝老家凤阳等相对荒凉的地方。但随后赐给龙子龙孙的田地可不这样了,它们一般都位于中国经济的黄金地带——江南,如洪武五年四月朱元璋就赐秦王、晋王、燕王苏州吴江良地各100顷,六月又赐吴王(后改为周王)、靖江王、楚王、潭王吴江田地各100亩;甚至

到了后来连那些年幼得无法分封的龙仔亲王也赐地各100顷。(《明太祖文集》卷49；卷55)

伴随着如此大规模的赐地,朱元璋又规定"红彤彤"的家族享有优免徭役权,"自今百司见任官员之家有田土者,输租税外,悉免其徭役"(《明太祖实录》卷111)。即规定现任大明"公务员"家除了纳税外,免除一切徭役;后来扩大到退休官员家在该官员在世时徭役全免,甚至再后来连岁数大的、被赐予里士、乡士和社士等爵位的富民家杂役也给免了。(《皇明诏令·存恤高年诏》卷3)

不断地赐地,等于是在不断地剥夺了帝国普通民众的土地生活资源,又加重了有地百姓的赋税负担,与此同时徭役豁免范围的不断扩大,实际上是在加深普通人的应役苦难。而明初恰恰又"征伐不休,营造无极",为了响应洪武皇帝的"伟大号召"和完成好帝国指派的"光荣使命",更是为了自己的锦绣前程和不可言喻的利益,大明公务员和"准公务员"们往往擅权枉法,巧取豪夺,荼毒生灵。洪武三年出任苏州知府的佞臣陈宁"督粮欲事速,集令左右烧铁烙人肌肤,人甚苦之呼为'陈烙铁'"(《明史·魏观传》卷140)。就这么一个被苏州人诅咒的佞臣酷吏,在"天生圣人"洪武皇帝朱元璋眼里却成了大能人、优秀的领导干部,且不断地得到提拔,一直当到了朝廷数一数二的高官御史大夫。要不是洪武十三年胡惟庸出事,"陈烙铁"被检举为同伙的话,还不知道有多少人会受到他的祸害!(《明太祖实录》卷129)再说那些豪强富民,他们往往通同官吏,害之州里。"君差不当,小民靠损",以至于"怨嗟愁苦之声,充斥国邑"。(【清】黄宗羲:《明文海》卷47)

由此看来,明初各地民众起义此起彼伏纯属正常,就像当初朱元璋老家凤阳等地的起义一样,是被逼出来的。幸运的是当年朱重八们遇到的对手元末统治者太腐败、太无能,从而使得起义烈火越烧越旺,最终将整个大元帝国都给烧没了。而明初各地起义者所面对的最高统治者就是当年的朱重八,苦孩子出身且经历了人间地狱的锤炼,他脑子可清晰啦,又有能耐,下起手来特别狠、特别快。一旦地方上发生起义了,他立即指派部队予以不遗余力的镇压。即使像靠近朱皇帝老家的六安英山县突发的那场民众起义,地方部队不在附近,一时半会儿够不着,但也由于六安知州陈铭善指挥有方,其子陈真率领小股武装及时应对,进而使得态势没有恶化。消息传入朝廷,朱元璋立马调集蕲州卫军事力量,火速开赴英山境内,镇压起义。事后又大大地嘉奖了陈铭善、陈真父子,赏赐白金100两,文绮、帛2匹;同时对立有平乱大功的当地人鲍文才等赏赐白金500两,文绮6匹。(《明太祖实录》卷50)

明初还有一种民众起义与草根皇帝朱元璋的人生之路密切相关的,那就是有人继续利用白莲教、明教等组织,以"弥勒降生"、"明王出世"为口号,秘密酝酿和发动起义。对此,朱元璋更是予以绝对的坚决打击。譬如当年南方西路红巾军老根据地湖广罗田县就有一个叫王佛儿的,"自称弥勒佛降生,传写佛号,惑人欲聚众为乱"。明朝官方当局获讯后迅速调集官军,毫不含糊地"捕斩之"(《明太祖实录》卷81)。几年后,四川广安州山民,"有称弥勒佛者,集众惑人",同样也遭到了明朝官方的无情镇压。(《明太祖实录》卷138)

无论哪一种缘由引发的民众起义,无论起义者是来自和尚皇帝的昔日同行还是曾经同为天涯沦落人,在明初草根皇帝朱元璋看来,这些已经起来或正在密谋组织起来造反的人着实危险,一旦他们的起义扩大或成功了,自己恐怕连回凤阳老家重操旧业的机会都没有。不过好在这些地方上的起义尽管十分危险,但它们犹如山中野火,星星点点,形不成大气候——这恐怕也是当年朱皇帝下令严禁民众远游、推行巡检制度和路引制度所产生的一个直接结果吧。

● 尴尬的元朝遗民:是"节妇"、"剩女"还是"潜伏"者?

明初朱元璋面对的第二大类政治危险势力或言潜在危险分子是故元残余势力和前朝遗民。故元残余势力主要集中在塞外,比较明显,相对而言,只要军事上发挥好,还是比较容易对付的;最难对付的是在暗处的那些比较特殊的人们——前朝遗民耆老。要说泛指的前朝遗民,那就应该将朱皇帝自身在内的元末明初之人都算在内。但在朱元璋为首的新帝国领导核心集团看来,除了芸芸众生外,前朝遗民耆老就是一股特殊又尴尬的人群。事实上这样"尴尬的人群"在中国历史改朝换代之际都会有过,新帝国统治者能不能放心地接纳这样"尴尬人群"中的所有人?每朝每代各有自己的特色。就实而言,"尴尬人群"中的大多数能够拥有一亩三分地老婆孩子热炕头这般生活待遇就算知足了,哪来那么多的讲究?但有部分士大夫则不同,面对新旧朝代交替,他们有着不一样的反应,大致具有三种情形:

○ 尴尬的元朝遗民① 守身如玉的"节妇"至死不让"新夫"碰一碰

第一种情形:既然为前朝遗民,那就该像守身如玉的节妇一般,生为夫人,死为夫鬼。前朝垮台了,自己坚决不与新朝合作。这类人中比较有名的有丁鹤年、戴良、张宪、高明、王逢、姚闰、王谟、夏伯启、顾德辉和倪瓒等10多位遗民。

◎ 守身如玉"节妇"似的10多位遗民

丁鹤年,元末明初回回人后裔,著名诗人。"自以家世仕元,不忘故国,顺帝北遁后,饮泣赋诗,情词凄恻。晚学浮屠法,庐居父墓",直到明永乐时才辞世,但他始终与新王朝保持距离。(《明史·文苑一·丁鹤年传》卷285)

戴良,浙江浦江人,精通经、史百家暨医、卜、释、老之说,可以称得上是当时一部"活着"的百科全书,因而在士大夫与当地百姓中有着很高的名望。朱元璋指挥军队攻下金华后,曾命令戴良与胡翰等12位文化名人轮流为自己讲授经史之学和治政之道,后又让戴良与宋濂等人一起教授地方府学生。但戴良却不忘元朝故主,等到朱元璋一离开金华,就找了个机会弃官遁去。曾避难到了吴中,投奔张士诚。张士诚政权即将垮台时,他带了一家人偷偷地乘船北上,想投奔元朝将领扩廓帖木儿,但在山东登州、莱州一带登陆后,由于道路阻梗,只得在昌乐住下生活。明朝开国后戴良又带了一家人偷偷地南还,变换姓名,隐居四明山。后被朱元璋侦得,召到了南京,"命居会同馆,日给大官膳,欲官之"。可戴良不愿意,就以自己年老身体不好为由加以婉拒,没多久,暴卒。(《明史·文苑一·戴良传》卷285)

张宪,浙江山阴人,元末文化名人杨维桢最为得意的学生,"负才不羁,尝走京师,恣言天下事,众骇其狂"。南还后入富春山,托钵佛门,但又放荡不羁,常常语出惊人。有一天他将自己关系不错的几个人叫在一起,关照他们说:"大祸即将来临,我们赶紧跑啊!"三天后那里果然发生了兵乱,当地有500多户人家死于战火之中。后来张宪投靠了东吴政权,张士诚拜他为枢密院都事。苏州被攻陷后,张宪始终不忘张士诚的知遇之恩,隐姓埋名,"寄食杭州报国寺以殁"。(《明史·文苑一·张宪传》卷285)

高明,浙江永嘉人。元顺帝至正五年进士,授处州录事,辟行省掾。元末天下大乱时,方国珍起兵温州,曾想让高明在自己手下为官任职,却遭断然拒绝。明初朱元璋耳闻高明之大名,曾派人前去征召。但高明却以自己年老有疾为名,加以婉拒,最终老死于家中。(《明史·文苑一·高明传》卷285)

从上述几位坚决不与新朝合作的前朝文人耆老的最终结局来看,似乎还都能得个善终,但接下来要讲的有着相同政治操守的前朝遗民士大夫可就没那么幸运了。姚闰和王谟是元末明初苏州当地有名的儒生,朱元璋在南京开创大明王朝后曾下令征召各地儒学文人入朝任职,有人推荐了姚闰、王谟,但谁知这两人压根儿就不愿意在新朝做官。恼羞成怒的朱元璋不仅下令将他俩枭首,即砍头示众,而且还"籍没其家",甚至事后在《大诰》中还振振有词地说:"寰中士夫不为君用,是外其教者,诛其身而没其家,不为之过。"(【明】朱元璋:《御制大诰三编·苏州人材》第13,P706)广信府贵溪县儒士夏伯启叔侄因不愿意出来为官,各自截去左手大拇指。朱元璋获悉后,将他们逮到了南京,当面拷问,最后也处以枭首和籍没其家。(【明】

朱元璋:《御制大诰三编·秀才剐指》第10,P702)

顾德辉,昆山人,家世素封,轻财结客,豪宕自喜。大约到了30岁时,顾德辉似乎猛然醒悟,开始拼命读书,由于家底深厚,他不惜重金收藏各类古书、名画、彝鼎和秘玩等,并在昆山东边的太仓茜泾西盖了一座房子,取名为"玉山佳处",招待天下文人墨客,置酒赋诗。当时与他经常来往的文化名人有河东张翥、会稽杨维桢、天台柯九思、永嘉李孝光,方外之士张雨、于彦、成琦、元璞,等等,由此"玉山佳处"的"园池亭榭之盛,图史之富暨饩馆声伎,并冠绝一时"。(《明史·文苑一·顾德辉传》卷285)

顾德辉曾多次被人举荐出仕,但他都没有上任。张士诚割据江南时曾派人来延请他出来为官,谁知顾德辉闻讯后立即逃走,隐居于嘉兴合溪。后来母亲死了,顾德辉没办法只好葬母于家乡,这样一来就暴露了自己。张士诚知道后又派人来邀请他出山为官,顾德辉什么也没说,就在母亲的庐墓旁将自己的头发给剪了。东吴政权明白了他的意思,自此再也没有为难他。明朝开国后,顾德辉依然保持着独立的人格与操守,但由于儿子顾元臣曾经当过元朝的水军副都万户,顾德辉也因此被元朝封为武略将军、飞骑尉、钱塘县男等称号,洪武初年父子两人被发配到了濠梁即凤阳,并老死于那里。(《明史·文苑一·顾德辉传》卷285)

◎ "元四家"与元末明初以诗意化、书法化来抒发隐逸之情的文人画

与顾德辉相比,有着相似气节与操守的元末明初另一大文化怪杰倪瓒可算幸运多了。倪瓒在历史上与黄公望、王蒙、吴镇一起被人誉为元代山水画坛四大杰出代表人物,简称"元四家",但也有人将倪瓒与赵孟頫、高克恭、黄公望、吴镇和王蒙合称为"元六家"。元朝武夫当道,儒士很没地位,斯文扫地,因此绝大多数文人采取归隐林泉、抒怀书画的寄情避世态度,从而形成了以表达意境、抒写情趣为主的写意画风,倪瓒、黄公望、吴镇和王蒙是这股画风中的杰出代表,甚至还有人将赵孟頫视为元代这股画风的奠基者。这是很有见地的,因为赵孟頫的人生遭际、政治地位及书画艺术影响相当之特殊。

赵孟頫是宋太祖赵匡胤的第11世孙、秦王赵德芳的嫡系子孙。曾任南宋户部侍郎兼知临安府浙西安抚使。宋亡后,他归居故乡浙江吴兴,赋闲于家。也正因为他是宋朝皇室的后裔,元初统治者为了笼络汉人,装点一番朝廷门面,忽必烈令集贤直学士侍御史程钜夫于至元二十三年(1286)"搜访遗逸于江南",将赵孟頫等人给"搜访"了出来,让他出任元廷的集贤直学士(从四品),后又调其为济南路总管府事。忽必烈去世后,赵孟頫受命于元成宗朝廷,参与编撰《世祖实录》,一度还为后

来出任元廷宰相的太平之老师。元廷对其"累赠师垂集贤侍读学士,希永太常礼仪院使,并封吴兴郡公,与集贤大学士,封魏国公"。(《元史·程钜夫传》卷172;《元史·赵孟頫传》卷172)

除了政治地位显赫外,赵孟頫在文化艺术方面也曾有着很大的影响。他诗文、书法、绘画、金石、律吕等无所不通,尤其是在书画方面取得了相当高的成就,开创了元代新画风。史载:赵孟頫所著,"有《尚书注》,有《琴原》《乐原》,得律吕不传之妙。诗文清邃奇逸,读之使人有飘飘出尘之想。篆、籀、分、隶、真、行、草书,无不冠绝古今,遂以书名天下。天竺有僧,数万里来求其书归,国中宝之。其画山水、木石、花竹、人马,尤精致。前史官杨载称孟頫之才颇为书画所掩,知其书画者,不知其文章,知其文章者,不知其经济之学。人以为知言云。"(《元史·赵孟頫传》卷172)

《元史》对赵孟頫的评述颇为精到,在元代的画坛中,赵孟頫无疑是无冕之王。不过对于后人来说,知道他的恐怕也就是其书画艺术了。旧史官说赵孟頫之才为书画所掩,这就有些倒果为因了。赵氏一边当官一边搞艺术,看似"官艺双馨",其实他大有苦衷啊。元朝定鼎中原征服南方后,为了稳固其统治,不得不装装样子,"重用"几个汉族著名人士,但在实际上却实施了民族压迫、尚武抑文和贬损儒士之国策。因此从内心真实角度而言,赵孟頫仕元为官颇为无奈、昏闷。为了排泄胸中的不满和抒发内心的情怀,他将更多的精力投入了书画等文化艺术创作当中。赵孟頫提出以古意出发,以晋唐为鉴,力反宋以来文人画的墨戏态度,将传统绘画中的钩斫、渲淡、丹青和水墨、重墨、重笔等有机地结合在一起,做到师古和创新、高逸的士大夫气息与散逸的文人气息融合于一体,使得中国传统书画的"游观山水"向着"抒情山水"转化,同时又使造境与写意、诗意化与书法化在绘画中得到调和与融洽,为后来的黄公望、王蒙、吴镇和倪瓒等"元四家"以诗意化、书法化来抒发隐逸之情的逸格文人画的出现开辟了新路径和奠定了坚实基础。

"元四家"中常常被人冠以首称的当数黄公望,尤其是近年来由于电视、电影的渲染与网络等媒体的炒作,黄公望的《富春山居图》"立体地"走进了大众的视野中,人们趋之若鹜。那么黄公望究竟是怎样一个人?他的作品艺术与思想价值到底如何?恐怕知之甚少。

黄公望,常熟人,元代画家。本姓陆,名坚。后因过继给永嘉府(今浙江温州市)平阳县黄氏做义子,黄氏年九十无子,忽然有了这个嗣子,高兴地说道:"黄公望子,久矣!"于是改陆坚为黄公望。黄公望年轻时做过小官,其职相当于现在一些"人民公仆"或老总身边的"老秘",可绝对没有时下"老秘"那么吃香,过不了几年就能弄个大官当当。当年的黄公望可惨了,当个书吏一当就是十余年,直到45岁左右才在一个叫做张闾的官僚手下做椽吏。椽吏地位比书吏略微高一点,但黄公望干了没多久,顶头上司张闾犯了贪污罪,将底下跑腿的黄椽吏也给牵连了进去。这下他可算是好好地见识了一番元朝官场的丑态,出狱后便绝意仕途,加入了主张儒、释、道三教合一的全真教,改号一峰、大痴(中国绘画史上的黄大痴之名就是这么来的),放浪形骸,游走江湖,以教授弟子为生。因经常浪迹山川,黄公望对大自然中的江河山川产生了浓厚的兴趣,观察于自然,寄情于山水,运笔于纸墨间,忘我地创作了一批优秀作品,如《九峰雪霁图》《天池石壁图》《溪山雨意图》《剡溪访戴图》和《富春山居图》《富春大岭图》等,抒发内心之情怀。元代有人说黄公望"颖悟明敏,博学强记。画山水宗董(源)、巨(然),自成一家,可入逸品。其所作《写山水诀》,亦有理数"。(【元】陶宗仪:《南村辍耕录·写山水诀》卷8)

黄公望的画作特色是山川深厚,草木华滋。著名的《富春山居图》是他晚年花了7年的时间创作出来的,因他常常"卧青心,望白云",深入到了大自然中观察体悟,形成了自己独特的"气清质实,骨苍神腴"之艺术风格。他的画作中往往是中锋、侧锋兼施,尖笔、秃笔并用,长短干笔皴擦,湿笔披麻,浑然一体,但整个画作观后稍稍品味,一种平淡简远和苍凉悲愁的感觉油然而生。

与黄公望同为一个时期的元代著名文人画家吴镇则有着另外一种"风味"。吴镇,浙江嘉兴人,字仲圭,号梅花道人,生卒年代刚好处于忽必烈开国至元顺帝上台之间,一生绝仕元朝,过着隐居生活。因此在吴镇的作品中,以描述渔夫和隐逸生活的题材为多,寄托了他避世隐遁、以诗文书画自娱的情怀。其传世作品有《渔夫图》《秋江渔隐图》《芦花寒雁图》《水村图》等。

与黄公望画技不同的是,吴镇着墨很多,甚至多用湿笔来表现山川林木郁茂景色,墨气沉厚,笔力雄健,山水苍茫沉郁。而与此相对,吴镇在绘画渔翁与小舟时,往往用细笔勾勒,这样一来正好与湿笔大点大染的山石树木形成了鲜明的对比,再配以遒劲潇洒的草书《渔夫辞》,诗书画相得益彰,艺术品格得以升华。由此而言,吴镇的书画十分珍贵,加上他性格特别孤傲,所以人们一般很难得到他的画作。时人曾说:"仲圭为人抗简孤洁,高自标表,……从其取画,虽势力不能夺,惟以佳纸笔投之案格,需其自至,欣然就几,随所欲为,乃可得也,故仲圭于绢素画绝少。"(【明】孙作:《沧螺集》卷3)

比起吴镇要年少28岁的王蒙是"元四家"中岁数最小的一个,他是元朝大书画家赵孟頫的外孙,浙江湖州人,字叔明。年轻时王蒙就很聪明,善于写宫词。有一次他刚把宫词写好,随口念了几句,让一个叫俞友仁的杭州读书人给听到了,当场大加夸赞道:"此唐人佳句也!"随即以自家的妹妹许配给了王蒙。其实王蒙真正有才还不在此,可能受到外祖父赵孟頫的影响,他自小起就对绘画十分痴迷,"工画山水,兼善人物"。(《明史·文苑一·王蒙传》卷285)

王蒙的传世之作中以《青卞隐居图》《夏日山居图》、《春山读书图》最为有名,其个人绘画特点是善画江南林木丰茂的景色,湿润华滋,意境幽远;在画技方面,王蒙喜用焦墨渴笔,点缀细碎苔点,画面充实繁密,山水树木多至数十层与数十种,千岩万壑,山峦重叠。

由于生活在特别的年代,不像黄公望与吴镇等元代著名画家那样生卒于黑暗的元朝,看到的仅是漆黑的一片,王蒙还曾目睹了砸烂旧世界的红巾军暴力革命,目睹了大明红色江山开创的整个历程,所以原本在画意中透露出对旧世界绝望(如《太湖秋霁画图》)和对未来新世界怀着美好憧憬(如《太白山图》等,其画面繁密,富有生机,充满了对未来的无限渴望)的他在明初出仕了,"知泰安州事"(可能就相当于当个泰安市长的官职)。不仅如此,王蒙还积极地与新中央朝廷保持一致,尤其是跟当朝宰相胡惟庸走得很近,甚至还多次私谒胡府,"与会稽郭传、僧知聪观画"。可他哪知道自己无形之中却犯了两个大忌:第一,胡宰相是洪武皇帝心目中潜在的谋反首逆;第二,王蒙在大明开国之前曾出任过元朝的理问官(掌某地司法),后又投奔了张士诚,当过长史。这本来也没什么,可在新帝国最高统治者看来,他是属于"历史不清白者"。因此说,两个大忌中无论哪一个都足以将王大画家送上不归路。洪武十三年胡惟庸"谋反案"突发,王蒙"坐事被逮,瘐死狱中"(《明史·文苑一·王蒙传》卷285)。

与王蒙政治上的幼稚相比,元末明初另一位名列"元四家"的大画家倪瓒则相对要显得老道多了。

◎ 走向抒情写意传统文人画最高峰的无锡"土豪"倪瓒

倪瓒,字元镇,又字玄瑛,号云林子、幻霞子、荆蛮民、朱阳馆主、沧浪漫士、曲全叟、海岳居士等,其中用得最多的是"云林子"和"元镇"。他生于无锡梅里祇陀村,祖父是当地"土豪","家雄于赀",富甲一方。可美中不足的是倪瓒早年丧父,好在兄长与母亲对他关爱有加。因为同父异母长兄倪昭奎在元朝那里还担任过道教(有人说是全真教)地方领袖之闲职,所以说倪家在当地不仅有钱而且还很有威望,倪瓒就是在这样无忧无虑的环境中长大的。

大约自倪瓒懂事起,长兄倪昭奎就请来了一个名叫王仁辅的道教"真人",做倪家的家庭教师。道教主张"无为",讲究的是个人修炼,这就与儒家的入世"有为"之理念相左,加上家庭生活条件十分优越,倪瓒自小就养成了清高孤傲、洁身自好和

不问政治的人生态度与性格特征，一天到晚浸习于美文诗画之中，尤其"工诗，善书画"。（《明史·隐逸·倪瓒传》卷298）

"土豪"倪家有的是钱，有钱人家就要显摆显摆，买好车让"富二代"飙一下，或让漂亮美眉在床上"晒晒"。古时候的有钱人家可没现代那些暴发户那般"贫"，他们往往会收藏一些古籍经典与琴棋书画，以此来提高家族人的文化艺术素质。倪家几代人都是隐士，对于这类的积累十分在意，到倪瓒时，家有藏书成千上万卷。没书不行，可书要是太多了，管理不善或利用不好，那也是个麻烦，为此，倪瓒将家中书画一一"手自勘定，古鼎法书，名琴奇画，陈列左右。四时卉木，萦绕其外，高木修篁，蔚然深秀，故自号云林居士"（《明史·隐逸·倪瓒传》卷298）。有人说，倪瓒的这个书屋就叫"清秘阁"。"清秘阁"有三层楼那么高，屋内除了各类书籍经典外，还藏有历朝书法名画，如三国时钟繇的《荐季直表》，宋代米芾的《海岳庵图》、董源的《潇湘图》、李成的《茂林远岫图》和荆浩的《匡庐图》，等等。倪瓒对它们格外钟情，朝夕把玩，潜心临摹，品味其中的神韵气质。与此同时，他还经常外出游览，看到动心的自然景物随即将其描绘下来，以天地为吟诗作画的对象，师法自然；另一方面他又学习与继承中国传统的书画技法，博采众家之长。据说他曾向已经加入全真教的黄公望请教，又与年幼自己的王蒙切磋画技，时间一长，画技愈发精湛，"求缣素者踵至"。（《明史·隐逸·倪瓒传》卷298）

倪瓒中年以前的绘画很明显承袭了董源和巨然等南方山水画派鼻祖的风格，如《水竹居图》布局较繁，笔墨柔润，景物细密，重在写景。中年时期由于长兄倪昭奎突然病故，随之嫡母邵氏和老师王仁辅相继去世，在遭受了接二连三的亲人离去之打击，加上自身家族隐逸淡泊传统基因的作用或受加入全真教的黄公望之影响，倪瓒内心愈发悲怆、荒凉和幽淡，反映在绘画上他逐渐地脱胎于董源与巨然，在作山水画时常将董源柔和笔性和关全折带笔法相融合，创造了"折带皴"，其画法疏简，一河两岸，土坡枯树，格调幽淡天真，作品多数取材于他中晚年经常漫游的太湖地区。元亡明兴之际，原配蒋氏病逝，长子早丧，次子又不孝，倪瓒再次遭受打击，内心更加孤独、烦闷，他更多地借助手中的笔墨来抒写自己的情怀。因此说，从中年起倪瓒的绘画艺术进入了"情景相融"的巅峰时刻。在此时期，他创作了《松林亭子图》《渔庄秋霁图》《怪石丛篁图》《汀树遥岑图》《江上秋色图》《虞山林壑图》等一系列力作，其画面整体格调为萧瑟幽寂，寒林浅水，"有意无意，若淡若疏"，萧疏一片，但又简中寓繁，小中见大，"似嫩而苍"，高逸深远。有人评述，倪瓒"创造了简淡高逸的画风，将中国古代文人画推向一个新阶段，为明清董其昌、沈周、徐渭、朱耷、石涛等文人画的兴盛开启了有益法门"。（周积寅主编、黄廷海著：《中国画派

研究丛书·南方山水画派》,吉林美术出版社,2003年1月第1版,P142)

明代绘画艺术大家董其昌曾这样论述倪瓒与"元四家"的:"倪迁(指倪瓒)早年书胜于画,晚年书法颓然自放,不类欧柳,而画学特深诣,一变董源、巨然,自立门户,真所谓逸品,在神妙之上者。""元之能者虽多,然禀承宋法,稍加萧散耳。吴仲圭(指吴镇)大有神气,黄子久(指黄公望)特妙风格,王叔明(指王蒙)奄有前规,而三家皆有纵横习气,独云林古淡天真,米颠(癫)后一人而已。"由此,我们不难看出倪瓒在传统文人画家中的地位——"元代山水画可谓山水画史上抒情写意一路的最高峰。元画又以高逸为尚,放逸次之,高逸的画,又以倪云林最为典型"。(顾丞峰主编、万新华著:《中国绘画流派与大师系列丛书·元代四大家》,辽宁美术出版社,2003年10月第1版,P114)

◎ 文人画坛奇才倪瓒的"三大怪"

以上我们讲的是元末明初绘画大师倪瓒的第一大奇异之处,与此相映成趣的是,这位艺术大师还有第二大奇异"怪状"——洁癖。倪瓒的洁癖旷世罕见,自古以来就留下了很多有趣的段子。

据说倪瓒有个朋友,姓徐,住在苏州郊区的光福,"光福之西五里有西崦,周遭皆山。中有一水,其景绝类杭之西湖,然地僻,而游者甚少。山有泉曰七宝,莹洁甘饴,素不经浚凿,纯朴未散其味,迨过于惠山、虎丘也"(【明】王锜:《寓圃杂记·七宝泉》卷6)。但就这泓品质超越无锡惠山、苏州虎丘的泉水却一直没什么名气,只是当地人知道而已。有一天,倪瓒光顾老友徐某,徐某想招待但也没什么好招待这位"土豪"画家朋友,于是就带了他上光福的西崦去,饱览山景美色,品味当地光福山茶。

两人一到山上就对饮开来,哪知对于茶道有着十分讲究的倪大画家喝到用当地的七宝泉水泡制的茶水后不停地夸赞道:"好水,好水!"徐姓朋友听后十分高兴,心想人们都说这位画家朋友生活如何如何讲究,哪知就这样的一个癖好,这还不方便吗,让家人天天上七宝泉去挑水,以此来招待倪瓒。而倪瓒也乐意在徐家多住些日子,可就在这过程中,奇怪的事情发生了。徐姓朋友发现,倪瓒有个特点:每天在徐家人挑水回来时他就开始盯着水桶看,然后用前面水桶里的水来泡茶,用后面水桶里的水来洗漱,徐姓朋友于是十分好奇地问了:"画家朋友,你干吗这样?"倪瓒一脸正经地回答道:"你家距离七宝泉起码得四五里吧,从那里挑水到你家,挑水者中间不会放屁?!你想,他要是放了屁,水桶在后的就不会让屁给污染了?!所以我就用后面水桶里的水来洗漱,而只有前面水桶里的水没被污染,我才会用来泡茶。"

(【明】王锜:《寓圃杂记·云林遗事》卷6)

患有这般洁癖的倪瓒平日在家可更是"盥濯不离手",据说他每天要洗头,而洗一次头就要换水十几次。好不容易洗漱完了,穿上衣服了,他又要反复拂整几十次。对于家中用具,大画家更是有着极度的清洁要求,他"性好洁,文房拾物,两童轮转拂尘,须臾弗停"。人是俗界高级动物,说到底还是有着动物的属性,那么对于动物属性部分倪瓒又将如何处理?

《云林遗事》记载说,倪瓒上厕所与我们平常人不一样,有着十分的讲究。他让人建了一座高的楼,楼内下面铺了一条条木格,木格中间再铺上一根根鹅毛。这样设计作什么用?一旦倪大画家上厕所,排泄出来的污物落了下去,那底下的鹅毛就会马上将其盖住。侍候在他边上的童子立即将沾有污物的鹅毛拿走,这样一来有两大好处:一是倪大画家的屁股不会被污水溅着;二是没什么臭味。看来这位大画家完全可以上瑞典去领取诺贝尔物理奖了!

那么对于个人生理需求怎么解决呢?在倪瓒的眼里,一般的人都是俗不可耐,只有他及周围圈子里的几个,才是"高逸"、"清洁"的。不过在与女人相合的问题他恰恰就没有脱俗。

传说有一次倪瓒看中了一个美艳的歌妓,内心顿时充满了无限的欲火,思量一番,决定将她带回家好好地"欣赏欣赏",享受享受。但他又怕歌妓不干净,在上床之前就叫她去洗洗。歌妓从头到脚好好地洗了一番,便来到了床头。倪瓒开始在她身上的每个地方每个角落都仔细瞧瞧,寻找有没有不干净的。看了还不算,随即他又用鼻子闻,从头到脚闻个遍,发现有异味,就叫歌妓去洗。这样一遍又一遍,歌妓洗了四五遍,倪瓒还是觉得她不干净,性趣索然,这时"东方既白,不复作巫山之梦"。(【明】顾元庆:《云林遗事》)

其实作为高级动物的凡人,我们不仅有着动物的本能,而且还有喜爱群居或言交往与认同的需求,倪瓒再孤傲说到底也脱不了这个俗。不过他与人交往是有着相当的讲究,且还与他的洁癖密切相联。有个叫赵行恕的宋朝宗室后裔,他常常听人说起倪大画家如何之"高逸",想前来看看他到底是何等模样。倪瓒听府中下人说,亡国了的汉族皇帝家的族人来访,身为汉民族子民没理由不接待他,于是招呼童子前引客人入内,呈上"清泉白石茶"。

再说这个叫赵行恕的宋朝宗室后裔可能一路赶来太渴了,见了端上来的"清泉白石茶"拿起来便喝。这下可把倪大画家给惹怒了,当场他就开始嘟囔:"我以为你是王子公孙,没想到居然是这般模样。好茶是用来品的,哪能像你这样牛喝水,你真是世间一大俗物!"自此以后他再也不与赵行恕来往。

你嫌别人俗,但以往你到了别人那里,人家好吃好喝招待你;现在别人来看望你,也算还礼,你大画家总不能不接待吧?就前面讲过的那个苏州徐姓朋友有一天忽然想起了这个特别逗人的大画家来,专程从光福赶往无锡来看望他。倪瓒命家人安排他住下,徐姓朋友以为自己与倪瓒关系非同一般,当即提出了一个要求:能不能让他进入倪家那座著名的清秘阁里头去看看?倪瓒想想:朋友一场,毕竟自己当年吃喝在人家家里那么长时间,再怎么也不好意思拒绝,于是就同意了。

再说那个徐姓朋友进入清秘阁后,左瞧瞧,右看看,东摸摸,西碰碰,还真不把自己当外人,忽然间他感觉喉咙里有口痰堵得慌,想马上吐掉,但转而又想到:我这个朋友有洁癖,我可不能随便乱吐痰,怎么办?他灵机一动,推开了清秘阁的窗子,往外大声一吐,然后继续欣赏清秘阁内的琴棋书画与诗书典籍。没想到他的朋友倪瓒听到吐痰声立即命人楼上楼下到处在寻找那一口痰究竟吐在何处,找啊找,找了好久,就是没找着。倪瓒火了,但碍于朋友面子没有大声发作,而是自己绕着清秘阁一一仔细地打量着,最终在一颗老桐树根部找到了。他立即叫来下人,让他们扛水来洗涮树根,一遍、两遍、三遍……据说最后倪瓒认为洗得差不多了,叫人停下,可那颗桐树从此也就被洗死了。由此看来,倪瓒的洁癖几乎到了不近人情的地步!(【明】王锜:《寓圃杂记·云林遗事》卷6)

正因为有着这样奇异的性格与怪癖,倪瓒真正能交往得来的朋友相当之少,而元末明初被称为"神仙中人"的著名文化人杨维桢就是少之又少的倪瓒朋友中的一个。他们俩既孤芳自赏又惺惺相惜,杨维桢有诗《访倪元镇不遇》:"霜满船篷月满天,飘零孤苦未成眠。居山久慕陶弘景,蹈海深惭鲁仲连。万里乾坤秋似水,一窗灯火夜如年。白头未遂终焉计,犹欠苏门二顷田。"倪瓒也有诗《寄杨廉夫》:"吴松江水春,汀洲多绿琰。弹琴吹铁笛,中有古衣巾。我欲载美酒,长歌东问津。渔舟狎鸥鸟,花下访秦人。"杨维桢将倪瓒比作古代高士鲁仲连与陶弘景,倪瓒则通过诗意将杨维桢善吹铁笛过着桃花源人般的生活巧妙地勾勒了出来,表明两者之间心灵互通。但就这样的好友后来也因各自的怪癖而闹翻了。

据说杨维桢十分喜好美色,且这样的喜好呈现出一种变态的情势。有一天,倪、杨两人在朋友家里喝酒,喝着喝着,杨维桢心猿意马,"思维错乱",竟将身边陪酒歌妓的鞋子给脱了下来,放到了酒杯中,然后叫在座的客人相互传着喝酒,还美其名曰"鞋杯"。倪瓒见之顿时大怒,打翻了酒席,嘴里不停地骂道:"太龌龊,太龌龊,真不像话!"然后拂手而去。(【明】顾元庆:《云林遗事》)

尽管上述这些故事不一定真实,但倪瓒的洁癖确实自古以来就有名,这是他的第二大怪异。他的第三大怪异就是拥有独特的智慧,看到常人所看不到的,反映在政治上他一向不媚权贵，我行我素。元顺帝当政之初，"海内无事"，人们都沉睡于太平梦乡之中，倪瓒却将自己的亲族都召来，当面将自家的家产尽散给人。当时大家都觉得倪家出了一个不可理喻的大傻子。更让众人没想到的是，这个大傻子搞完了家产后，不待在家里了，却驾着扁舟，戴着蓑笠，往来于太湖区域的震泽、三泖、苏州、无锡等地，与渔樵僧道为伍。而恰恰在这时，元末大动乱爆发，好多豪门富户遭受大难，唯独倪家"不罹患"。（《明史·隐逸·倪瓒传》卷298）

张士诚在苏州建立诚王政权后，为了笼络文人，曾几次三番地派人带上黄金白银上倪瓒那里，想邀请他出来当官，但都被拒绝了。后来倪瓒干脆驾了一叶渔舟，遁迹于江湖之间，弄得人家诚王张士诚最终也就没了耐性再叫他出来当官了。可张士诚弟弟即那个草包丞相张士信却不这么考虑问题，他附庸文雅，想通过弄到大画家倪瓒的大作来装点一下自家的门面，就好比现在一些"人民公仆"那般有文化似的——通过收受一些所谓名家佳作的"雅贿"来提高自身文化素养的档次，唯恐让人怀疑他们的高学历文凭也是做了假。而当年那个张士信比起当今某些"为人民服务"的公务员要笨得多，他不懂得将权力用足、用好，而是让人十分客气地将银子送给倪瓒，请他作画。哪料到不知好歹的倪大画家却当着人家张丞相使者的面发起大火来，把画画的绢撕了，将银子也给扔了回去。可人家诚王"御弟"张丞相就是不死心，一门心思要当倪大画家的"超级粉丝"，于是权力不用过期作废的信条开始起作用了。

有一天，有人向张士信报告：据探子们说，倪瓒有可能在一条湖里的渔舟上。张士信听完后立即率领兵马前去搜寻，可到了那里，一下子傻眼了，除了茫茫湖水外，还有的就是一望无际的芦苇和篙草，到哪里才能找得到倪大画家？正当大家绝望时，忽然间从前方远处飘来了一股幽香。有人赶紧跟张士信说："倪瓒很有可能就在前方的芦苇荡里！"张士信不解地问道："何以见得？"底下人说："倪瓒这个人不仅仅有洁癖，而且平日里还喜欢在自己身上涂香抹粉。"听到这里，张士信立即来了精神，令人前行搜索，最终在一条渔舟中将倪瓒给搜了出来。这下，张士信既得意又气恼，大声吆喝着："给我恨恨地打！"话音刚落，一根根军棍重重地落在倪大画家身上。张士信是个无知小人，什么样的事情都可能做得出来，边上的人一看这番情势，赶紧出来劝解道："丞相爷，其实倪瓒没什么了不得，他就是茅坑里的一块石头，又臭又硬。你打死他了，他也不会喊一声。再说就因为他不肯为丞相您画画，您就将他打死了，天下人听到了，都以为是您丞相的不对。"张士信听后觉得有道理，赶紧喊停。可这时倪瓒已经被打得奄奄一息，有人看了，心里实在不解，问道："你被打得这个样子，干吗不喊一声？"倪瓒回答说："我喊了，岂不也变俗了！"（《明史·

隐逸·倪瓒传》卷298）

后来张士诚政权被朱元璋军给攻灭了,年近古稀、"黄冠野服"的倪瓒虽说是"获得了解放",但他也由此被编入"氓"(底层人)的行列,享受不了元朝时全真教界人士的特殊待遇。晚年倪大画家的生活很为凄苦,"往游江阴,有习里夏氏馆之,所奉大不如意,因染痾,秽不可近"。即说倪瓒生命走向终点这几年主要是在江阴给夏家当私塾先生,私塾先生的待遇不高,勉强度日。不幸的是,那时他又得了痢疾,最后不治而亡。据说死时一生洁癖又高逸的倪大画家满身都是臭味。

不过也有人说倪瓒不是这样死的,朱元璋在南京开创大明帝国后,为了扩大自身的统治基础,曾派人上无锡去延聘倪瓒来朝为官。但一向视世间万物为俗的大画家哪会接受,加上当时人们暗中传言:朱元璋薄恩寡义,过河拆桥,所以倪瓒当即予以一口拒绝。恼羞成怒的朱元璋本想把倪大画家抓起来砍了,可当听人说及他有洁癖软肋之后就突然改了主意,令人将他给绑起来,投放到厕所里,或言放在粪桶边上,最终倪瓒让粪坑里的臭气给活活熏死了。不过也有人说,这是谣传。倪瓒死时74岁,死后就葬在了江阴。(【明】王锜:《寓圃杂记·云林遗事》卷6;《明史·隐逸·倪瓒传》卷298)

○ 尴尬的元朝遗民② "节妇"可以为"新夫"办些事,但就不能碰我"贞操带"

与上述第一种情形有着较大相似的第二种不与新朝合作的前朝遗民,在他们的眼里,既然身不由己地当上了遗老遗少了,但自己的政治操守可不能放弃。面对极度强势的新王朝,他们感觉到了自身的微弱与渺小,于是就不与其形成正面的冲突,在适当的时候作些妥协。这类人中比较有名的有陶宗仪、杨维桢、陈基、陈遇和杨恒等,最为典型的人物数杨维桢与陈遇。

◎ 杨维桢跟朱元璋说:"一个老太婆行将就木,哪有再嫁人的道理啊?"

杨维桢,浙江山阴人,自小好学,父亲筑楼于铁崖山上,在里边收藏了数万卷图书,杨维桢一旦进入就不想再出来,用不了几年,他就成了饱学之士,并自号铁崖。元朝泰定四年,杨维桢参加了科举考试,中了进士,被授官名天台县尹,但实际任职为钱清场盐司令。由于生性耿直,当了10年的小官一直就没能进步些。元顺帝时,宰相脱脱当政,主修辽、金、宋三史,杨维桢自撰《正统辩》千余言,提出了许多有价值的观点,但不被当权者所用。不过总裁官欧阳元功倒是十分欣赏杨维桢的才识,向朝廷推荐了他,可又未获成功。后来杨维桢平调为建德路总管府推官,干了一阵子,被擢为江西儒学提举即主抓江西省教育之官,还没等他上任,就发生了红

巾军大起义。(《明史·文苑一·杨维桢传》卷285)

　　文化人碰上天下大乱除了无奈,还能做什么?当时的杨维桢先亡命富春山,可没待多久就转徙到了杭州,那里可是东南一杰张士诚的地盘。张士诚听说杨维桢来到杭州避难的消息后,就派了弟弟张士信前去造访,想叫他出来为官。杨维桢洋洋洒洒写了数千言的《五论》,对张士诚的治政等方面提出了批评。张士诚阅后很不愉快,但也没有过多地为难他。由于后来得罪了当地权贵,杨维桢只得再次迁徙,直接迁往张士诚政权的腹心地带松江即今日上海,从此松江的杨府成了东南名士的聚集地。那时不管有事没事,文化名流们总喜欢在杨维桢处相聚闲聊,天南海北,无话不说。据说杨维桢也好客,对待来客总以酒宴相待,每当喝到差不多时,他会颤颤巍巍地站起来,泼墨挥毫,奋笔横书;或戴上华阳巾,披着羽衣,坐在船屋上,吹起他的那支特殊的笛子——铁笛,一曲《梅花弄》不知醉倒了多少人;或叫上僮仆,唱起《白雪》歌,边唱边弹凤琶琴。听到美妙的歌声与琴声,杨府的宾客们往往会情不自禁地蹁跹起舞,真是歌舞人生,梦幻世间,大家都将杨维桢看做神仙中人。(《明史·文苑一·杨维桢传》卷285)

　　可这一切随着东吴政权的覆灭与洪武开国,冷酷的血腥现实展示在"神仙中人"面前。明朝建立后的第二年,朱元璋要儒臣们制礼作乐,编订礼乐诸书。有人提出非得要请前朝博学之士杨维桢参加进来,洪武帝觉得讲得有理,也耳闻杨维桢大名,于是就命令翰林学士詹同带上钱币,前往松江去礼请。可没想到杨维桢压根儿就没那心思,不过他说得还比较委婉:"你们这样做叫我如何是好?一个老太婆行将就木,哪有再嫁人的道理啊?"第一次礼请没成功,朱元璋不死心,第二年又派了有关官员前往松江杨府。杨维桢写了一首《老客妇谣》,叫人转呈上去,并捎话给朱元璋:"皇帝陛下是想用好小民的知识才能?但您能不能不要强迫小民做不曾想做的事情呐?否则的话,小民我只能跳入东海啦!"朱元璋明白杨维桢的话,说开来了就是他不愿意当官,但愿意来南京一起编书,于是就叫人备车上松江去,将杨维桢接来,在明皇宫大殿上召见了他。杨维桢也拎得清,在南京待了大约110天,拼命工作,很快就将礼书一类的大纲编写完成,然后提出归山的请求。看到杨维桢去意坚定,朱元璋权衡再三,最终决定仍用安车送杨维桢回去。巧合的是杨维桢回家没多久便卒,终年75岁。(《明史·文苑一·杨维桢传》卷285)

　　如果仅从表象来看,朱元璋对待不肯出山为官的杨维桢似乎是网开一面,或者说洪武帝对于不为所用者还是比较尊重的。真是这样吗?非也,朱元璋不杀杨维桢可能主要出于两个考虑:第一,自己在南京开创大明仅仅两三年,北方蒙古残余势力尚未肃清,"安定团结"为第一要务;第二,杨维桢是个名声地位都要盖过浙东文坛领袖宋濂与刘基等人的一代名流,杀了这样的文化界精神领袖,又是一个即将入土的老头,不划算。元末明初,杨维桢在文化界的地位看来还是很高的,当朱元璋最终同意他回家时,可以堪称大明第一号文臣宋濂居然赠诗欢送他:"不受君王五色诏,白衣宣至白衣还。"宋濂的谨慎在洪武朝时是出了名的,一个在前朝当过一定官职如今却不肯在新朝任职的老者居然让一向谨慎的宋学士动情作诗欢送,由此可见其在当时文人中的地位之高了。更有史料为证,杨维桢的诗歌自成一体,名擅一时,号铁崖体,"与永嘉李孝光、茅山张羽、锡山倪瓒、昆山顾瑛为诗文友,碧桃叟释臻、知归叟释现、清容叟释信为方外友……"(《明史·文苑一·杨维桢传》卷285)。如此看来,杨维桢确实不能轻易杀掉,更何况杨维桢也不是那么生硬死板,他曾给朱皇帝面子,到南京来了,也做了该做的事了,就是最终不愿像老太婆再嫁人——丢丑。无论从情理还是操守角度,都讲得合情合理,所以朱元璋最后也就没有再为难他了。

◎"官二代"陶宗仪能引领娃娃们诵读《大诰》,但至死不愿入仕

与杨维桢声望十分接近的元末明初还有一位文坛名流,他叫陶宗仪。陶宗仪,浙江黄岩人,出身于世代业儒的家庭,从小好学,诗文书法无所不精,其作《南村辍耕录》为元末明初有名的笔记文集,一直流传至今。陶家上几代似乎都没有做过什么大官,只是到了陶宗仪的父亲陶煜时,才当上了元朝福建、江西行枢密院都事,即相当于省军区秘书长之职。父亲在地方很有地位,"官二代"似乎成了自然而然的事。但陶宗仪却无心于宦海,几次被人推荐出仕,都让他给谢绝了。元末天下大乱,割据江南的张士诚因为仰慕陶宗仪的大名而派人前来延聘,但他就是不肯出山。朱元璋开创大明初年,曾多次下令征召,陶宗仪就以身体不适等为由加以婉拒。洪武末年,可能出于更多的考虑,陶宗仪曾率地方县学学生来南京参加礼部考试,读《大诰》,接受洪武皇帝的赐钞,最后终老于家中。(《明史·文苑一·陶宗仪传》卷285)

陈基,浙江临海人,性格耿直,元末出任经筵检讨,曾为人起草上疏谏章,力陈元顺帝朝政之失,由此而惹祸。为了躲避元顺帝治罪,陈基找了个机会逃回了南方家中。后奉母入吴,参太尉张士诚军事。张士诚称王时,众人纷纷称赞,唯独陈基反对,惹得张士诚火冒三丈,要杀他,因众人劝阻才未酿成悲剧。张士诚政权垮台后,陈基被召入明廷,参与编撰《元史》,书成后要求归老家乡。皇帝朱元璋出奇爽快地答应了,并赐他好多的钱币,送他回乡。(《明史·文苑一·陈基传》卷285)

◎ 不为人们所熟知的朱元璋随身高参陈遇

　　陈遇,字中行,金陵人,祖籍为山东曹县,高祖陈义甫在南宋王朝那里当翰林学士,陈家由此迁徙到南京。陈遇天资过人,笃学博览,精通象数之学。元末时他曾出任过温州教授,目睹了政治的黑暗与社会的乱象,没干多久就辞官归隐治学,将学问搞得很不错,在学术界享有很高的地位,人们尊称他为"静诚先生"。

　　朱元璋派遣大军攻下镇江后,听人说起元江南行台侍御史秦从龙才器老成,很有本领,就把他请了出来,"事无大小悉与之谋。尝以笔书漆简,问答甚密,左右皆不能知"(《明太祖实录》卷18;《明史·秦从龙传》卷135)。秦从龙看到新主子求贤若渴,爱惜人才,就向他推荐了金陵才子陈遇。朱元璋高兴透顶,马上予以召见,"礼之甚,称先生而不名。日侍帷幄,坐久必赐宴,命厩马送归。车驾凡三幸其第。先生竭心摅悃,所献替悉保国安民至计。"(【明】张燧:《千百年眼·陈遇今之子房》卷12)

　　朱元璋称吴王后,曾想让高参陈遇担任供奉司丞官,哪知人家就是不要。不要,是不是意味着陈高参嫌官小、职位不好?知识分子就那个德性,凡事表达得很含蓄。朱元璋是个细致之人,看在眼里,记在心里。一转眼就到了大明开国,朱重八彻彻底底地改行并"升级换代",当起了皇帝,他想起了为自己出谋划策但什么都不要的陈高参,于是让人将他给找来,当庭任命他为翰林学士。翰林学士虽说只有正五品,与知府官品秩相等,但它是皇帝身边近侍文官,又位居翰林院诸学士官之首,拥有无限的荣耀与发展前途,一般人想要都要不着!可谁知皇帝金口刚开,陈高参又说不要。朱元璋心想:人们常说高人就是高人,哪像普通人那样浅薄,一任命就答应了。于是他二次、三次地找陈遇谈这事,想让他出任翰林学士官。可陈遇说啥也不干,弄得人家朱皇帝不知如何是好,最后想到了一招,专门赐一顶轿子给陈遇,让他乘坐,并配给10个卫士随其出入,以示荣宠。(《明史·陈遇传》卷135)

　　洪武三年,陈遇受命前往浙江廉察民隐,因回朝奏报称旨而受赏,但当要被授予中书左丞(可能相当于副丞相或丞相助理)之官时,他说什么也不干。洪武四年,朱元璋决定发动对西南地区的统一战争,为了能在舆论宣传上赢得更多的优势,他令人将陈遇召到华盖殿,当即表明了自己的想法。只见陈遇操笔成章,立就《平西诏》,这下可把朱皇帝高兴得嘴像敲开的木鱼似的,随后他就任命陈遇为礼部侍郎兼弘文馆大学士。可出人意料的是,这么高的官衔都未能打动陈遇,弄得人家朱皇帝最后只好作罢。后来西域进贡了一批良马,陈遇援引汉代之先例向上进谏。洪武帝知道后大为感动,认为陈遇进谏得好,理应以高官作为赏赐,于是当场就任命他为太常少卿,可陈遇还是不干。朱皇帝只好再做他的思想工作,但劝了不知多少次就是不起作用,最后实在没辙了,他忽然又想到:会不会陈遇还嫌官小?于是下令让他担任礼部尚书。礼部尚书为正二品,正二品是当时文臣当中的最高品秩了。可陈遇听后还是不接受,弄得朱皇帝几乎手足无措,沉默了好久好久,终于不了了之。但就内心而言,朱皇帝就是不相信,天下竟会有人不愿意当大官?不愿意家族荣华富贵?

有一天,利用处理公务之暇朱元璋跟陈遇聊天,从国事聊到了家事,随后他颇为关心地问道:"陈先生一直不愿为官,我能体谅先生的苦衷!这样吧,我就给先生的三个公子任命一些官职?"哪知皇帝话音刚落,陈遇立马叩首力辞:"犬子们尚小,三个皆未成年,还在进学呐,至于他们当官的事情,等以后再说吧!"朱元璋听后无语良久,自此以后,他再也没有让陈遇及其儿子出来为官的想法了。(《明史·陈遇传》卷 135)

而陈遇呢,虽然自己不当大明朝的官,但你朱皇帝有什么事要办的,有什么疑难问题要问的,他总是竭尽全力予以做好和解答好。朱元璋定鼎之初曾问:"保国安民至善之计为何?"陈遇回答:"以不嗜杀人,薄敛,任贤,复先王礼乐为首务。"

不仅不求回报,尽心尽力,献计献策,而且陈遇还时刻关心大明朝的事。每当朝中大臣因有一些小过失而遭受苛全责备的朱元璋重罚时,陈遇总会出来劝解、解释,竭力予以保全。他的"计画多秘不传,而宠礼之隆,勋戚大臣无与比者"。也正因为如此,尽管他一直不肯当大明朝的官,但朱元璋却并不为难他,最终还是让他成为了高逸之士。洪武十七年,陈遇病逝,葬于南京钟山。(《明史·陈遇传》卷 135)

对此,明人将他比作汉代的著名谋臣高逸之士张良:"陶弘景称张良古贤无比,盖自况也。然梁武功业,视汉高何如,而以子房自待耶?李韩公(即李善长)、刘诚意(刘基),勋庸茂矣,而不免于祸。独先生言行本朝,而爵不得加其身,功济苍生,而史不得泄其谋,岂直一时之冯翼哉,谓今之子房可也。"(【明】张燧:《千百年眼·陈遇今之子房》卷 12)

◎ 元末明初浙江诸暨出了个陶渊明式的隐逸高士杨恒

差不多与陈遇同时,浙江诸暨也出了个隐逸高士,他叫杨恒。杨恒小时候就很聪明,但家里太穷了,没法供应他读书。刚好外族有个姓方的义士在当地办起了义塾,招徕四方学士住馆传经讲学,杨恒这才有机会接受正统的教育,并很快地掌握了儒学精神要旨。他写起诗文来刚劲凝练,行为举止很有分寸,在当地享有很高的声望。

诸暨距离浦江不远,浦江有个九世同堂的大家族——郑氏家族,郑氏十分注重传统教育,听说了严格恪守儒家道德说教的杨恒之美名后,派人上诸暨,延聘他为师。杨恒就此在浦江郑氏家族教了10余年的私塾。后来他退居附近的白鹿山,戴着棕冠,披着羊裘,带上儒家经籍,耕读于烟雨笼罩的山野之间。累了,他拿起随身携带的箫或笛子吹一阵,自娱自乐,过着"采菊东篱下,悠悠见南山"的快活日子,由此,他自号"白鹿生"。(《明史·隐逸·杨恒传》卷298)

元末天下大乱时,"白鹿生"杨恒不为时势所扰,继续过着他的日出而作日落而息的生活,也正因为如此,他的"白鹿生"高士名声越来越大。朱元璋军攻下浙东后,栾凤被任命为当地的知州。那时的浙东饱受战火蹂躏,百废待举。朱元璋尽管自身没什么文化,但他对学校教育还是相当重视,临离开浙东时,嘱咐手下人一定要抓好浙东地区的学校教育。栾凤是当地的知州,自然不敢不按照自己上司的要求去做。当听人说起当地有个品行高尚、学问精深的"白鹿生"时,他马上派人上门礼聘杨恒为州学老师。可没想到的是,杨恒说啥也不干。栾凤不能将他硬逼来,只好叫州学里的学生上白鹿山去,向他当面请教。有时州里有什么政务事情拿不准主意的,栾凤也让人带上书信,向"白鹿生"咨询。就这样,过了几年,"白鹿生"的名声越来越大,但他就是不肯出山。

后来有个叫唐铎的官员出任绍兴知府,绍兴在诸暨的北面,唐知府上任后为了提高自己的政治知名度与向心力,想延聘杨恒出来当他绍兴知府的佐官。可当他刚刚开口提及此事时,就让杨恒给婉言谢绝了。大明开国之际,国子监发展速度很快,监学里的老师有着相当的空缺,当时翰林学士宋濂就想起了自己的浙江老乡"白鹿生"杨恒,正打算向皇帝朱元璋作推荐,忽然听人说及这个"白鹿生"是个避世的高士,说什么也不会出来当官的,于是只好作罢。

但"白鹿生"杨恒并不是不食人间烟火的"怪物",对于同道的,他言无不尽,且往往"出肺肝相示";而对于干犯纲常名教义理的,他会严厉斥责和大加挞伐。虽然自己家里很穷,但一旦遇到别人有困难,他会毫不犹豫地将自己仅有的资财拿出来救济别人,"乡人奉为楷法焉"。(《明史·隐逸·杨恒传》卷298)

○ 尴尬的元朝遗民⑶ "剩女"情结:好不容易找到个"好老公",没想到……

同上述两种情形相反的第三种前朝遗民,他们对新王朝表现出相当程度的合作,绝大部分人还在那里担任一定的官职,比较有名的有苏州十才子:高启、王行、徐贲、高逊志、唐肃、宋克、余尧臣、张羽、吕敏、陈则和浙东"四先生":宋濂、刘基、章溢、叶琛以及胡翰、苏伯衡、危素、张以宁、徐一夔、袁凯、孙蕡、王蒙、张昶,等等。

◎ 元末明初知识分子：本以为咸鱼翻身了，结果把自己的小命给弄丢了

元亡明兴，久受异族统治和极度受压制的文人士大夫们顿时有了一种咸鱼翻身的幻觉，当朱元璋"诚邀"大家前来"参政议政"时，绝大多数的文人士大夫们都没能抵挡住日夜憧憬的美好未来之诱惑，纷纷加入到了大明帝国的"公务员"或"准公务员"行列中去。相比于一些年老的官宦士人，中青代文人则更多地表现出建设新帝国的热情。可他们的最终结局却几乎都不佳。

高启，字季迪，因曾避难隐居于吴淞青丘，故又号青丘子，苏州长洲人，"博学工诗"，其诗清新超拔，雄健豪迈，尤擅长七言歌行，清人在《四库全书总目提要》中赞誉他："拟汉魏似汉魏，拟六朝似六朝，拟唐似唐，拟宋似宋，凡古人所长，无不兼之。""明初，吴下多诗人，（高）启与杨基、张羽、徐贲称四杰，以配唐王、杨、卢、骆云"。（《明史·文苑一·高启传》卷285）

高启年少时常住在外公家，其地在吴淞江边的青丘。那里是元末张士诚割据势力的范围，高启可能不大看得起张士诚，所以也就没有入仕东吴政权。洪武二年二月，他和谢徽、胡瀚、宋禧、陈基、赵埙、曾鲁、赵汸、张文海、徐尊生、黄箎、傅恕、王锜、傅著等山林遗逸之士被人举荐，出任大明翰林院国史编修官，在南京天界寺编撰《元史》（《明太祖实录》卷39）。书成后他被调任为教官，专门教授诸王。洪武三年秋，朱元璋忽然想起人们经常提到的苏州"十才子"之首：高启与谢徽，随即令人将他俩召到明皇宫的阙楼上，当面问了几个问题，觉得挺合胃口的，于是马上就口头任命高启为大明户部右侍郎，谢徽为吏部郎中。没想到皇帝刚说完，高启"噗通"一声跪倒在地力辞，理由是自己是个普通文人，除了写诗、教书，其他什么本领都没有，对于出任户部副职领导所应有的财政经济知识一窍不通，加上年轻没什么经验，所以不敢接受皇帝委之大任！谢徽也随着说了相似的话。皇帝朱元璋听后觉得这两个小年轻讲得蛮有道理的，也就不再勉为其难了。最后他问："你们俩接下来有什么打算？"高、谢两人齐声回答："想回苏州去！"洪武帝当时心情好，立即同意将其放回，且还送了一些银子给他们。（《明史·文苑一·高启传》卷285）

◎ 苏州"十才子"之首高启写诗却被人告发为影射洪武皇帝嫖娼，惨遭腰斩八段

高启回乡后仍住青丘故居，以教书为生，过了一段清平又安逸的生活。后来苏州换知府了，来了个著名的循吏魏观。魏观上任后力改前任知府陈宁的严刑酷法，以明教化、正风俗为根本，兴办学校，延聘周南老、王行、徐用诚，整顿礼仪，注重德

化礼教,在老百姓中推行乡饮酒礼。据说没多久苏州便政化大行。高启与魏观老早就相识相交,现在居然老朋友来苏州当知府,岂不是上苍赐予他俩更多的你来我往之机会!而就在这过程中,从南京传来了小道消息:堂堂大明天子在后宫拥有数百号的绝色佳人尚不解渴,竟然还偷偷地跑到南京的花街柳巷,寻找妓女作乐。大诗人高启百思不得其解,在《题宫女图》时赋诗一首:"小犬隔花空吠影,夜深宫禁有谁来?"没想到这种诗人随性而作的诗文却长了翅膀似地飞到了老朱皇帝的耳朵里。老朱皇帝虽说没什么文化,但高大诗人这诗的意境所要讽刺的不正是自己不可告人的隐私癖好吗?该死的,立即将他逮来,剁了?不,要是这样的话,岂不将本皇帝不雅的一面告诉了世人!领袖就是领袖,他能忍,心底暗忖:小样的,我就不信找不到治你的机会!

洪武六年,高启好友苏州知府魏观发现府治所在地地势低洼,动不动就一片汪洋。为了根治这个顽疾,最终他决定将府治衙门搬到张士诚时代的旧宫那儿。房子快造好时,作为好友的高启前去祝贺,撰写《郡治上梁文》,其中有句"龙盘虎踞"。朱元璋认为高启居心叵测,随即将其逮到南京腰斩,截为八段,时年三十有九。好友魏观也被御史张度污为"兴灭王之基,开败国之河"而遭斩杀。(《明》祝允明:《九朝野记》卷1;《明史·魏观传》卷140;《明史·文苑一·高启传》卷285)

坐知府魏观事,与高启一起被杀的还有个叫王彝,他可也是个名士。王彝,字常宗,王家祖籍四川,因王父在元朝时出任昆山县学教授而迁徙到了嘉定,成了半个上海人。其实王彝出身并不好,父亲当个教官没挣到什么钱就撒手尘寰了,留下个无依无靠的小王彝,幸好有个机会让他在浙江天台山读了书,"师事王贞文,得兰溪金履祥之传,学有端绪"。当时浙东学派很有声势,王彝又得了兰溪金履祥的真传,所以在他的眼里世上没几个人是真正有学问的,就连元末明初东南文坛"领袖"杨维桢也受到了他的诟病与诋毁。年少气盛,加上满腔的有为之志,王彝在当时被人视为了"文妖"。不过这个"文妖"还没有真正成妖,他在等待着有为呐。(《明史·文苑一·王彝传》卷285)

盼星星盼月亮似地终于盼到"新帝国"开创,王彝受命编修《元史》,也就是过一过太史令官瘾。可就这短短的太史令官宦生活让王彝看到了以往所没看到的,理想与现实形成了极度的反差,当编撰完《元史》后,王彝回到嘉定家中休养了一段时间。不久,大明朝廷又来人了,让他出任翰林院官,可王彝说什么也不乐意。不过台面上的说辞可不这样,他以老母年老无人赡养为名,请求归乡。朱元璋没有阻拦,一下子就同意了。洪武六年苏州知府魏观案发,一直与魏观、高启频繁往来的王彝当然也就在劫难逃了。(《明史·文苑一·王彝传》卷285)

◎ 王行，因在"蓝党首逆"家教书而被打成蓝党分子，最终被处死

高启年轻时居住在苏州城北（长洲县内），而与长洲县隔壁的吴县有个叫王行的人学问可了不得，但他还仰慕高启之才学，干脆就搬到高家的隔壁住下了。当时还有徐贲、高逊志、唐肃、宋克、余尧臣、张羽、吕敏、陈则等都相继来到苏州城北，他们一起谈诗论道，舞文弄墨，人称其为"北郭十友"，又称"十才子"。在这十才子中王行与高启算得上是"领头雁"了。

其实比起出身来，王行可能要比高启差。王家似乎没什么田地，主要经济收入就是靠王行父亲做些药材买卖。那时候的医药商哪有现在的那么神气，不说当今西药商动辄千万上亿包个飞机，弄几个前凸后翘的性感洋妞满世界乱跑，性福一下"公仆们"和"柳叶刀"，轻轻松松地搞得金盆银满；就说现在的中药药材商也是令人刮目相看，原本几毛钱的草药到了他们手里一倒腾，贴上一些露得不能再露的美女像，顿时就能挣上成千上万的利润。可当年的小王行父亲王中药商才惨呐，到处兜售他的宝贝药材，可就是没几个人要。

不过苏州城里倒是有个姓徐的人家对王家药材很感兴趣，隔一段时间就要进一批货。王父去多了，儿子王行尽管小小年纪还得帮着父亲去打理，自然也就成了徐大财主家的常客。徐大财主家的女主人徐老妇人可能岁数大了，一天到晚就好听讲各色各样的稗官野史与小说。小王行每次去徐家，总能听到一些好听的故事，随即他就将它们记下来，一下子记了好几个本子。每当徐老妇人要想回听一下以往的稗官野史，小王行立即取出本子，念给她听。这下可把徐老妇人给乐坏了，她不停地在老公面前夸赞小王行如何聪明、如何了不得。徐老爷子听后也觉得这个叫王行的小子真不赖，就是家里穷了一点，不过穷一点没关系，我们徐家有钱，就让他在徐府先念念《论语》。好家伙，眼前这位小伙子还真是个人才，他头天学的到了第二天就能背了。徐老爷子十分惊诧地打量着王行，而后十分慷慨地许诺，徐家的所有书籍都对他开放，王行想读什么就自己拿，"遂淹贯经史百家言"。（《明史·文苑一·王行传》卷285）

利用徐家丰富的藏书，没过几年，王行就通读了诸子百家，随即告别了徐家，开始独立生活。尽管当时还没有成年，但他很有志气，在苏州城北的齐门开馆授徒。由此，王行好学、博学及励志之美名也随之在苏州城内外传开了，许多名士富户听说后纷纷前来齐门，与王行结交成好友。江南首富沈万三耳闻王行美名后，专门派人到齐门，将他延聘到沈家去当私塾老师，除了支付正常的报酬外，沈万三还向王行许诺：你每写一文，我就付给你20两白银。这在绝对贫困的当年完全可以称得

上是"天价论文报酬"了。哪知王行听后十分气愤地说道:"假如富有能永久保留的话,那么以前富人肚脐眼上被点天灯的惨祸就不会发生了。"说完,他就气呼呼地走了。(《明史·文苑一·王行传》卷285)

转眼就到了大明开国,朱元璋大办官学教育。有人推荐了王行,让他出任官学里的教官。可教书教了没多久,王行就不干了,一个人隐居到苏州郊区的石湖,想当个隐士。而要当隐士首先得六根清净,可王行偏偏又不是这样的人。那时他有两个儿子在南京服役,舐犊之情迫使他放弃了隐居生活,风尘仆仆地赶往京城,想看看两个宝贝儿子到底累成什么样子了。而洪武时期法纪严酷,不是你想见谁就能马上见到的。王行家本身条件就不好,出门带的盘缠又不多,在京城没住上几天就发现兜里没钱。文人挣钱最好的手段不是舞文弄墨就是教书授徒,王行不知通过哪个通途来到了凉国公蓝玉家教书,且一教教了好长一段时间。

再说凉国公蓝玉尽管是个武夫,但他对美名远扬的王行能在自己府上授徒还是感到十分得意的,于是就几次利用自己与皇帝近距离接触的机会推荐了王行。朱元璋听后也予以了召见,但不知为什么就是没有好好地将他用起来。洪武二十六年二月,蓝玉"谋反"案突发,王行父子连坐,随即被处死。不过有人认为王行之死有着更深层次的原因:"始吴中用兵(指朱元璋攻灭张士诚),所在多列炮石自固,(王)行私语所知曰:'兵法柔能制刚,若植大竹于地,系布其端,炮石至,布随之低昂,则人不能害,而炮石无所用矣。'后常遇春取平江,果如其法。行亦自负知兵,以及于祸云。"(《明史·文苑一·王行传》卷285)

◎ 徐贲,一个旧时代的读书人当到省长,因不及时犒劳大明军被朱元璋下狱瘐死

除了王行、高启外,一同被称为苏州城北"十才子"之一的徐贲也是元末明初人们啧啧称美的文化名人。徐贲,字幼文,其先蜀人,徙常州,再徙平江即苏州。相比于其他人,徐贲可算是个"全才",他琴棋书画诗文无所不通,而尤"工诗,善画山水"。正因为如此,徐贲在苏州的名声特别大。张士诚在苏南建立政权后,就派人邀请他到诚王府出任僚属。深受儒家积极有为思想熏陶的徐贲没推辞就上任了,可到任没多久他却发现:这哪是治国平天下的"用武之地"! 于是辞官离去。朱元璋军攻下苏州后,徐贲因历史问题"谪徙临濠",在那里度过了六七年的劳动改造生活。(《明史·文苑一·徐贲传》卷285)

洪武七年他被人推荐到南京,接受"伟大领袖"的亲切接见。两年后接受皇命,出使外省,廉访山西、河北等地。回来后有人偷偷地检查了他的行李,发现除了他

在路上写的几首诗以外,什么都没有。听说"钦差"徐贲这般廉洁,甘守清苦,皇帝朱元璋顿时龙颜大悦,立即授予他给事中的官职,但随后又觉得似乎授得太低了,改其为监察御史,巡按广东。没不久朱皇帝又听人说起,徐贲将广东的监察工作搞得有声有色,心里暗暗高兴,看来自己没用错人,且这样的人才应该用到我朝廷上,于是他金口一开,徐贲被调回南京,出任大明刑部主事(可能相当于司法部司局级官员)。后来因广西省衙缺官,朱元璋想了半天,最终觉得还是徐贲前去任职比较合适,因为他在广东干过,广东与广西连在一起。想到这里,洪武帝下令,擢升刑部主事徐贲为广西参议(可能相当于省长助理吧)。后徐贲又"以政绩卓异,擢河南左布政使"。(《明太祖实录》卷108)

一个旧时代的读书人在新朝居然能当上省部级正职高官,徐贲心里不知有多甜美!正当他想更积极要求进步时,一场灾难却正悄悄地降临他头上。洪武十二年正月,有人上报朝廷,西番发生叛乱。朱元璋当即任命曹国公李文忠、西平侯沐英等率领大军增援岷州、洮州等西北大明守军。大军从南京出发后一路北上,路过河南时,省长大人徐贲正在忙事,没能及时前去犒劳,被"下狱瘐死"。(《明史·文苑一·徐贲传》卷285)

◎ 浙东才子"会稽二肃"(唐肃与谢肃)虽都曾出任过大明官僚,却最终都没得好死,为何?

与徐贲瘐死差不多同时,苏州"十才子"中有着与徐贲相似的多才多艺的唐肃也在淮北凤阳的劳改农场被折磨而死。

唐肃,字处敬,越州山阴人,精通经史,兼习阴阳、医卜、书数,换成现代人的说法,就是上懂天文下知地理。年少时的唐肃在家乡是出了名的才子,与上虞谢肃齐名,人称"会稽二肃"。元顺帝至正壬寅年,唐肃参加了元朝难得举行的科举考试,并中了举人。作为正统儒家知识分子,中举入仕乃为正途,可哪知元朝这个不正统的朝代却是那么的不正经。唐肃考中了举人,左等右等就是等不到一个入仕的机会。

一转眼几年过去了,唐肃的岁数也变大了,怎么办?刚好苏北有个豪杰叫张士诚的,率领了一帮子弟兄打到了江南来,在苏州建立诚王政权。新政权初立,正需要用人,唐肃被任命为杭州黄冈书院山长,后升迁为嘉兴路儒学学正,可能相当于嘉兴路儒学校长。(《明史·文苑一·唐肃传》卷285)

在教官职位上干了近十年,张士诚政权垮台了,唐肃作为"伪政权"的官员被俘押往南京,等候新帝国政府的发落。就在这时,会稽老家传来消息,父亲死了,唐肃赶紧上请,在征得同意后回家守制。一晃三年过去,大明帝国正风风火火地开展着各项建设,在家守制结束后的唐肃被人推荐给朝廷,参编礼乐之书,因工作出色被擢升为应奉翰林文字,与魏观同事。洪武三年大明首开科举,唐肃被任命为分考官,可不知什么原因后来他被免官放回了老家。三年后的洪武六年,"谪佃濠梁",并最终卒于那流放地。(《明太祖实录》卷54)

与唐肃齐名的谢肃,虽然在洪武年间做官做到了福建佥事,却不免"坐事死"。(《明史·文苑一·唐肃传》卷285)

◎ 明明帮朱皇帝撰写了老丈人碑文,却被人告发为居心不轨,书画家张羽崩溃了

在苏州"十才子"中,有一个人的命运与唐肃有着极度的相似,他叫张羽,字来仪,更字附凤,原籍江西浔阳。元末时因父亲在元江浙行省任职,小年轻张羽从九江老家出来探亲,不想战火纷飞,让他前进不得,后退无门,只好在苏州城北投靠好友徐贲,暂时落个脚,两人相约在浙江湖州定居。就在这时,张羽受人推荐,当上了安定书院山长。可没干多久他就迁回苏州去居住。张士诚政权倒台后,张羽与唐肃等"旧文人"同样面临新帝国重新发落的命运。洪武四年四月庚子日,朱元璋在南京明皇宫召见陕西儒士赵晋和流寓苏州的儒士张羽,因赵晋"入见所言深合上(指朱元璋)意,诏赐袭衣,授秦府说书(官)",而张羽却因"应对不称旨,遣还。"(《明太祖实录》卷64)

洪武十三年,大明发生了特大案件——胡惟庸谋反案,所涉官员甚多,朝廷内外官职空缺了一大批。这时四辅官王本等人向朱皇帝推荐了张羽,说他文章精洁有法,尤长于诗,且能书画,而其书法学的又是宋代大书法家米芾米颠(癫)子的,这岂不是书法中的极品!(《明太祖实录》卷134)朱元璋听说后很高兴,叫人先将张羽写的文章拿来看看,发现果然不错,于是任命他为太常司丞。太常寺官员主要负责皇家祭祀一类工作,张羽被委以太常司丞,朱元璋是想叫他妙笔生花,写好老丈人郭子兴的碑文,可张羽不晓得郭子兴有哪些"光辉业绩"呀,不用急,人家洪武皇帝给你一一道来。朱皇帝说完,张羽也记得差不多了,接下来就是再润色,并制成滁阳王庙碑。

这事很快就过去了,可没多久有人出来检举揭发,说隐藏在"革命队伍"里的旧文人官僚张羽居心不轨。朱皇帝听后仔细查了,发现举报"属实",于是"坐事窜岭南",即因事牵连发配到岭南(充军)。皇恩浩荡,一心想积极有为报效国家的张羽听到这样的结果,再看看昔日的文友下场,自己反倒十分踏实地上路了。可哪知道

走出南京城没多久,就听人说皇帝有最新指示,让他马上返回。发配有罪之人途中突然被召回,明初右宰相汪广洋不就是这样在途中被赐死的么,还有更厉害的是追查他过去的一切。想到这里,张羽把心一横,投入边上的龙江之中……(《明史·文苑一·张羽传》卷285)

◎ 苏州"四杰"之一的杨基因"个人历史"问题沉浮不定,最终还是为之送命

就在张羽投江之前,与其及高启和徐贲并称为吴中"四杰"的杨基也在罪犯改造地劳作而卒了。杨基,字孟载,其先祖居四川嘉州,大约是他爷爷这辈人因为在苏州等地当官而全家迁徙至吴中,因此说到杨基出生时,杨家人已算得上是苏州人了。江南自古多出文化俊才,杨基可能受到苏州当地的环境影响,加上自身之天赋,从小起他就表露出极佳的文才,"九岁背诵《六经》,及长著书十万余言,名曰《论鉴》"。

元末大起义爆发后,杨基家躲避到吴中赤山。张士诚攻占苏州后,听人说起杨基的文才美名,派人将他给找了出来,任命他为丞相府记室,即相当于丞相府秘书。诚王政权的丞相是谁?就是那个只配到大街上当个流氓混混的张士信。从小就饱读儒家诗书的杨基哪能受得了这样的"人渣"来当自己的领导,干了没几天就向上递交了辞职报告,然后扬长而去。(《明史·文苑一·杨基传》卷285,列传173)

自丞相府辞职后,杨基怀着满腔的热情想积极"有为"于世,可茫茫世界到哪里才能"有为"?忽然间他想起了这么个人来,他就是饶介,元末著名文人、书法家。此人在元末明初也颇为尴尬,先是由元廷翰林应奉出金江浙廉访司事,累升至淮南行省参政。张士诚建立政权后,总想罗列些名士在自己的麾下,像饶介这样的名人,他当然不会轻易放过。可派出去的人回来说,不谈饶介愿不愿意出来当官,压根儿他就不让我们进他的家门。张士诚的脾气可比朱元璋好多了,自己没文化总不能自身政权里就没个把文化名人呀,想到这里,他动身前往饶府亲自去请。饶介没料到张士诚来这一手,就冲着诚王的情面出山了,担任张氏政权淮南行省参知政事,该官职比元朝给他的淮南行省参政高一级。

对于这一切,在那瞬息万变的年代里,刚从苏州城里出来的杨基可并不清楚,他只想投奔个有着志趣相合的人。再说饶介,看到人称苏州"四杰"的杨基来投靠自己,当然开心透顶,两个人一老一少,一唱一和,吟诗作画,只恨日子过得太快了。(《明史·文苑一·杨基传》卷285,列传173)

一眨眼工夫,朱元璋军攻灭了张士诚,作为张士诚政权的主要官僚饶介被押往

南京处决。而依附于饶介的杨基也在劫难逃,"安置临濠,旋徙河南",即在凤阳与洛阳两地劳改了3年,直到洪武二年才被放回。

没多久,朱元璋听人说起,杨基很有才,觉得废弃他不用,实在有点可惜,于是就起用他为荥阳知县。可干了没多久,杨基因事"谪居钟离",即再上凤阳进行劳改。或许杨基有着相当的活动能力,或许明初缺官太厉害了,就在凤阳劳改时,有人向皇帝朱元璋推荐杨基,让他出任江西行省幕官,谁知没干多长时间,因为行省官有罪,杨基再次遭到落职。

就在对于早年"积极有为"理想产生绝望之际,洪武六年又有人出来推荐了杨基,叫他奉使湖广。杨基逮住难得的机会踏实工作,终于赢得了上层的肯定,朱元璋将他召回南京,让他担任兵部员外郎,半年后又擢升他为山西按察司副使(《明太祖实录》卷89),旋又升他为按察使,相当于山西省最高检察院的检察长。一个原本还在劳改的读书人没几年的工夫就当上了省部级高官,杨基的心里荡漾起美好的遐想。哪知就在这个关键时刻,有人出来检举揭发他"不堪回首"的人生历史,终"被谗夺官,谪输作,竟卒于工所",即说杨基最后死在了劳改所。(《明史·文苑一·杨基传》卷285,列传173)

由上不难看出,杨基、张羽,还有前面讲过的高启、王行、王彝、徐贲、唐肃,这六七个江南才子几乎人人都憋足了劲,想在新朝中大显身手,不曾想到最终却没有一个得以善终的。综观元末明初的苏州"十才子"或言苏州文人圈,除了宋克、吕敏、陈则和余尧臣等少数几人外,大多数与元朝或张士诚政权或多或少都有些关系的苏州文化名人都没有什么好结局。有人说:这有什么奇怪的,想当年朱元璋征讨诸路豪杰时,就数割据苏州的张士诚最有骨气,最够爷儿们,坚守了一年之多,即使城陷了还不肯投降,宁死不屈。你说朱元璋能不恨苏州人或与苏州有关的人吗?当然包括文人在内咯。

其实这样的看法或许太过于偏窄了,就在明初苏州"十才子"或言苏州文人圈里文化名人大受煎熬和备尝苦难之际,江南其他地方甚至全国范围内的知识界名流也在炼狱中挣扎,其最终结局也不见得好到哪里去。

◎ 皖南才子郭奎也因辅佐朱文正不力而遭受诛杀

郭奎,字子章,巢县人,曾跟随元朝有名的学问家余阙学习儒学,专治经学,大受老师称赞。俗话说:名师出高徒,年纪轻轻,郭奎在江南地区尤其是皖南一带就很出名。朱元璋建立吴王政权后,深受儒家积极有为思想浸染的郭奎前来南京,投奔了朱元璋。朱元璋让他担任吴王府的幕僚,即视之为心腹机要人员。后来大都督府建立了,朱元璋为了牢牢掌握军中大权,不仅让自己的侄儿朱文正担任大都督府的大都督,还让郭奎前往南昌去,帮助朱文正处理军中事务。由此可见,才子郭奎在那时还是相当吃得开的。可谁知后来朱文正出事了,背着叔叔瞎玩女人不说,还在背地里大发怨言,并有"不轨"之举。叔叔朱元璋终于忍不住了,收拾了小杆子朱文正。与此同时,皖南才子郭奎也因辅佐不力而遭受诛杀。(《明史·文苑一·郭奎传》卷285)

◎ 江阴才俊张宣因"坐事谪徙濠梁",死于途中

张宣,字藻重,江阴人,自小起就饱读儒家诗书,一心憧憬实现齐家治国平天下之宏愿。洪武初年,科举尚未正常化,张宣"以考礼征",开始入仕朱元璋政权,曾参与《元史》的编撰。在耄耋硕儒云集的元史馆里,当时还不到30岁的张宣格外扎眼,一个小年轻能参加传世之作的编撰工作,可见他的学问不浅啊!

皇帝朱元璋发现后将他叫到明皇宫大殿上,当庭询问了一些问题,没想到张宣都不假思索地一一回答上来了。朱皇帝顿时大喜,当场即授予他翰林编修。翰林编修这个官职尽管级别不算高,但它的位置很重要,经常能与帝国"伟大领袖"保持着"零距离"的接触。由此可见当时的朱元璋是何等喜欢文臣小年轻张宣啊,每回见了不喊他的名字,就叫"小秀才",还经常嘘寒问暖地过问他的个人之事。当获悉张宣年已30岁却尚未成婚的信息后,朱皇帝立即下诏,让他去找个姑娘,迎娶成亲。这样的恩遇在明初文人中是很少见的。

就这么一个在朱皇帝心目中占了极大比重的年轻俊才却在明廷供职了三四年后,最终将小命也搭上了。洪武六年,张宣因"坐事谪徙濠梁",就在谪徙途中,他突然死了。(《明史·文苑一·张宣传》卷285)

◎ 宁波年轻才俊傅恕当官后因同僚工作出事而"坐累死"

傅恕,字如心,鄞人。自小好学,精通经史,与同郡乌斯道、郑真等少年英才齐名。同明初其他才子相比,傅恕的入仕机遇要差些,或者说在宋濂、刘基、胡瀚、苏伯衡等浙东名儒大家辈出的背景下,小年轻才俊傅恕相对显得黯然失色或言无足轻重了。不过从小就被灌输了儒家的积极有为思想还是让傅恕最终在洪武二年走出了自己的家乡,上南京去,"诣阙陈治道十二策",即向明皇宫里的朱皇帝提出了十二策,其纲目为"正朝廷、重守令、驭外蕃、增禄秩、均民田、更法役、黜异端、易服制、兴学校、慎选举、罢榷盐、停榷茶"。(《明史·文苑一·傅恕传》卷285)

朱元璋反复阅读,觉得傅恕讲得很有道理,当场就接受了,随即让傅恕参与《元

史》的编撰工作。《元史》成书后,朱皇帝没忘记才子傅恕,让他出任博野知县。在博野知县任上,年轻文才傅恕正打算好好地干一场,哪知工作中有人出了点纰漏,将他也给牵连了进去,"后坐累死"。(《明史·文苑一·傅恕传》卷285)

◎ 浦江英才张孟兼因纠察省长大人违规而遭来杀身大祸

张孟兼,浦江人,名丁,以字行。洪武初他受人举荐,参与《元史》编撰工作。书成后,被授予国子监学录,历任礼部主事、太常司丞。与上述的傅恕相比,张孟兼的机遇可要好多了,"大神人"刘基就对他很欣赏,曾向明太祖做了推荐:"要说当今天下文章,宋濂居第一,臣基居第二,我们的老乡张孟兼可算得上是第三了。"朱元璋听后微笑着,并点了点头。

这事不知怎么后来传到了张孟兼的耳朵里。张孟兼自小就聪明,聪明有才的人往往都很傲气,一般不把别人放在眼里。你不把别人放在眼里,别人可在意了。不久,张孟兼"坐累谪输作",大致是说他被别人连累了去劳改。劳改结束后他官复原职,这是洪武帝的一片厚恩,作为臣子张孟兼应该要上明皇宫大殿去谢恩。就在谢恩时,老乡大学士宋濂也在皇宫大殿上,朱元璋看到张孟兼走过来,便问宋濂:"他是你们的门人弟子?"宋濂说:"不是的,是我们的同乡人。陛下可记得,刘基刘先生曾在陛下面前说起过他,他很有才气啊!"听到这番话后,朱元璋仔仔细细地打量着已经来到眼前的张孟兼,随即这样说道:"张孟兼,从骨相来看,你还是很浅薄的。当官,应该慢慢来,甚至要从基层磨炼起才行。"这事过后没多久,朱元璋就把张孟兼调任为山西佥事,即相当于山西省检察院分院负责人。(《明史·文苑一·张孟兼传》卷285)

再说张孟兼上任山西后刚正廉洁,不阿权贵,疾恶如仇,一旦感觉某人耍奸使滑,他就立即予以纠察与揭发,并令其交代出何人唆使。这样一层层往下查,一件小事逐渐被弄大,牵引的人也越来越多,有时多达几十人。当时山西衙门内外的人只要听到张佥事张孟兼在查案子,没有不害怕的。洪武朝廷听到消息后很以为然,随即擢升张孟兼为山东按察司副使,即相当于山东省检察院副检察长。这时候的张孟兼内心充满了对美好未来的憧憬,根本没有在意周围环境的变化对自己所带来的影响,甚至是危险。(《明史·文苑一·张孟兼传》卷285)

那时的山东布政使即省长大人叫吴印,此人从表面来看,话语不多,面带三分笑,见了谁都说好。因为他曾是出家人,出家人讲究的就是积德行善么,而吴印还会"礼贤下士",甚至主动"拜谒"自己的下级。这不,人家张孟兼张大才子刚刚到山东上任,吴大省长就上门来了。衙门里串个门,人模狗样地客套一番,这是常有的事。不过洪武年间也有规定,就说这个进门规矩:一般来说,只有领有皇命或朝廷指示的人才可以走衙门正门,其他的只能走边门。吴印是什么人?不就是山东省省长大人吃,省长找人闲聊、客套,理所当然就应该走边门。可哪知吴省长偏偏不走边门而是走了正门。饱读儒家之书的张孟兼张大才子知道后十分恼怒,等吴省长走后找来守门人,问他到底是怎么一回事?守门的说:"我也不知道吴省长要走正门,既然他要走,我一个看门的能怎么办?再说吴省长还曾是洪武爷跟前的红人……"张孟兼听到这里更加来气了,令人将守门的好好地揍了一顿,让他记住自己的职责。

俗话说,打狗还要看看主人,虽说山东省按察司衙门里那看门的不是吴省长吴印的什么人,但他的被打就是因为吴省长自己"走错了门"才导致的,好一个张孟兼,你是冲我吴印来着?!人与人之间要是结下了梁子,什么样的"做大做强"都有可能了。不久之后,张孟兼因为工作上的一件事再次"冲撞"或言得罪了吴省长,不过他可不太清楚眼前这位吴省长的底细:尽管是和尚出身,但他一直是洪武皇帝眼里的红人,且还是高级秘密特务,一旦什么地方有什么事情,吴印就通过他的渠道秘密上奏给皇帝,所以说朱元璋尽管天天待在南京,却能对吴印密察到的山东等地知道得一清二楚。(《明史·文苑一·张孟兼传》卷285)

再说吴印听说了张孟兼的所作所为后很不舒服,当即添油加醋地给洪武帝打了个秘密报告。朱元璋接到报告后马上下令,逮捕张孟兼,实施笞刑,即用笞竹板打屁股,这是五刑中最轻的一种,一般用于教训教训人,不过在官场上领受此刑,也是一种耻辱啊!从小就心高气傲的张孟兼哪受得了这番"待遇",屁股刚刚受过刑,就开始上班工作,马上令人将那个替吴省长写奏疏的衙门秘书给逮捕起来,准备找个罪名,将其好好地惩治一番。哪知道读书人自以为是的小聪明在老政客吴省长看来简直是不值得一提。他又秘密地给洪武帝上书,说张孟兼领刑后心怀不满,构陷衙门文书,伺机报复……朱元璋接到吴省长的密疏后,顿时暴怒不已,大骂张孟兼:"竖儒,竟敢与我对着干!来人呐,拿了朕的圣旨上山东去,将那个不知天高地厚的竖儒给我逮到南京来!"

张孟兼被逮到南京后,洪武帝依然怒气未消,恶狠狠地说道:"将张孟兼押赴出去,斩首示众!"(《明史·文苑一·张孟兼传》卷285)

清代学者在研究明初洪武时期这段非常历史后曾这样说道:那时"文人学士,一授官职,亦罕有善终者:宋濂以儒者侍帷达十余年,重以皇太子师傅,尚不免茂州之行……苏伯衡两被征,皆辞疾,寻为处州教授,坐表笺误死。郭奎参朱文正军事,张孟兼修史成,仕至佥事,傅恕修史毕,授博野令,后俱坐事死。高启为户部侍郎,已放归,以魏观上梁文腰斩。张羽为太常丞投江死。徐贲仕布政,下狱死。孙蕡仕经历,王蒙知泰安州,皆坐党死。其不死者:张宣修史成,受官谪驿丞。杨基仕按察,谪输作。乌斯道授石龙令,谪役定远"。(【清】赵翼《二十二史劄记·明史》卷32)

我们换个角度来看,大致在洪武早期作古的前朝遗民或官僚,其家族与后人尚能平安无事;要是在洪武时期活得稍稍久了一点的话,几乎没人不出事的。哪怕你有再大的名声与影响,也在劫难逃。这儿举两个不同类型的例子:胡翰与苏伯衡。

胡翰,浙江金华人,从小就聪颖玲珑,好学上进。7岁时曾在路上拾到金子,他就在原地坐下,一直等到失主找回到原地,将金子交还后才离去。胡翰不仅人品道德高尚,而且文章也写得很好。当时金华地区的黄溍、柳贯两人因为道德文章漂亮而名噪一时,但他俩见了胡翰的文章后却称羡不已。稍长一些,胡翰因事来到了元大都,因为少年成名,北京城里的公卿显贵争相与其交往。当时武威余阙、宣城贡师泰已是元末相当著名的文人高官,当他们认识胡翰后,都觉得此后生前途无量,并对他称誉不止。有人就此奉劝胡翰留在大都发展,但没想到被他一口拒绝了。

胡翰回到南方时,天下已大乱,到处都闹哄哄的。胡翰赶紧躲进南华山,两耳不闻窗外事,一心只读圣贤书,由此道德文章更上一个层次,有人评述他的著作与浙东名士宋濂、王祎不相上下。

朱元璋攻下金华时,下令召见胡翰。胡翰来后,朱元璋喜上眉梢,并在行中书省的衙门里设宴招待他。两人边吃边聊,好不亲切。后来朱元璋回南京,没过多少时间,他就下令征召胡翰赴京。当时前线正在打仗,伤亡甚多,将领们不断向朱元璋告急,要求征兵补充。朱元璋想起自己亲自攻下的金华,随即下令在那里另立军籍,补充兵源。胡翰听说后马上进谏:"金华人好文不擅武,上位在金华立军籍、补兵源,这是白白浪费钱财啊!"朱元璋一听,觉得言之有理,马上下令停止,并授胡翰为衢州府教授。洪武初年,胡教授参与《元史》编撰工作,书成后提出告老还乡。朱元璋不仅爽快地放他走,而且还好好地赏赐他一番。再说胡翰回家后过了一段时间的舒坦生活,大致到了75岁时才辞世。(《明史·文苑一·胡翰传》卷285)

与胡翰同为文化名流的元末明初金华学者苏伯衡因在洪武年间"存活久"了而遭遇了不同的结局。苏伯衡的父亲苏友龙在元朝政府那里当过萧山令、行省都事等官职,因此可以说苏伯衡比起同辈的文化人来说,他的政治地位要相对优势,加上他博览群书,道德文章也漂亮,所以在浙东地区很早就出了名。

◎ 浙东名儒苏伯衡因拒绝朱皇帝聘请其为"老秘"而最终死于狱中

元末天下大乱,福建陈友定曾在当地建立起政权,苏伯衡的长子就在陈友定手下当了个官。后来朱元璋军队攻下了浙江与福建,苏伯衡因长子仕闽的缘故而被发配到了滁州去劳改。当时丞相李善长发现苏伯衡十分了得,多次上请朱元璋授予他官职,但都让苏伯衡给婉言谢绝了。后来朱元璋在南京开设礼贤馆,苏伯衡被召入其内。没多久,他被改任为国子学录、国子学正,而后又被人举荐为翰林编修。可能当时苏伯衡已经看清了新帝国新君主的问题,所以他不肯就任,力辞乞归。(《明史·文苑一·苏伯衡传》卷285)

洪武十年,翰林学士、洪武朝头号老秘宋濂退休,朱元璋很为着急地请教宋老先生:"谁可接替你的工作与职位呢?"宋濂脱口而出:"臣之老乡苏伯衡,他'学博行修,文词蔚赡有法'。"朱元璋马上下令,召苏伯衡入朝觐见。可当苏伯衡来到明皇宫大殿上,听到朱皇帝要任用他为"老秘"时,心理一万个不乐意,不过他没直说,却以年老、身体有疾为名,加以婉拒。当时朱元璋也没为难他,相反还赐予了衣服和钱钞等,让他回家养老。(《明史·文苑一·苏伯衡传》卷285)

洪武二十一年,有人举荐苏伯衡出任大明会试主试官。对于一生从事文化教育工作的苏伯衡来说,这样的主试官职无论如何也不能找出什么借口来加以拒绝。但主试会试一结束,他就再次提出请求,回家养老。洪武皇帝又"心软"地批准了他。

洪武晚年,大明大办教育,文教职官缺口很大,苏伯衡第三次被朱皇帝想起,并被委任为处州教授。可上任没多久,因坐表笺误,被逮捕入狱,最终死于牢中。苏老先生的两个儿子苏恬、苏怡也因父之故而被双双处死。(《明史·文苑一·苏伯衡传》卷285)

为什么是这样?或言这一切到底意味着什么?至今为止,传统史学界给出的解释是"明祖惩元季纵弛,一切用重典"(【清】赵翼《二十二史劄记·明史》卷32),所以聪明的和目光深邃的士大夫压根儿就不愿参政议政。

可问题是你不愿意来参政议政,朱皇帝就要杀你及你的全家,正如前面讲的有着十分悲惨结局的第一种类型士大夫,如夏伯启、姚闰和王谟等那般。由此人们不仅要追问,问题的症结到底出在哪儿?

○ 朱元璋"尽举取天下之人而尽杀之"和不允许降臣有二次"不洁"行为

在笔者看来,明初之所以"尽举取天下之人而尽杀之"(【清】赵翼《二十二史劄记·明史》卷32),关键还在于大明开国皇帝那种不可言喻的畸形人格心理所造成的。

前文讲过青少年时代的悲惨生活给朱元璋的人生投下了巨大的阴影,极度的贫困、极度的卑微和亲友的缺乏,使得他形成了极度的自尊,极度自尊背后往往是极度脆弱、极度敏感,其内心深处充满了对别人的狐疑和完美的苛求。朱元璋这样的心理特征早在刚刚发迹的战争年代就已经显现出来,具体反映在对投诚、归顺过来的元朝将领、官僚和文人问题上,他的内心充满了鄙薄与警惕。

1356年朱元璋军队攻下集庆即后来的南京,俘获了元军林元帅。出于军事与安抚人心角度考虑,朱元璋当时不仅没杀林元帅,反而让他官复原职。哪知这个林元帅一点也不领情,朱元璋一放他,他就偷偷逃往杭州去。有人发现不对劲,想去追赶,却让朱元璋给拦住了,他解释说:"林元帅不忘自己的主子,这本身就没什么错,算了,让他去吧,你们也不用追了!"就这样,一个打了败仗且当了俘虏的元军中高层领导不慌不忙地进入了杭州城。没多久元朝政府知道了,就任命林为广西平章,即相当于广西的副首长一职,负责主持广西地方事务。

几年后,朱元璋发动了统一南方军事战争,派廖永忠进攻广西,毫无军事能力的林元帅再次成了明军的俘虏。当廖永忠押着林元帅回到南京时,朱元璋一下子就来劲了,他召集百官,开始数落林元帅:"你身为元朝臣子,丢了城池又当了俘虏,我当初没杀你,你却背我而去,我能理解,那是你为了自己的主子。现在你又把广西给弄丢了,无论从哪个角度来讲,你都应当以死来报答你的主子,可没想到有你这样厚脸皮的人居然来投降我们,如此不忠不义之徒,还能留在这个世上吗?来人呀,将他拉出去,砍了!"(【明】刘辰:《国初事迹》)

见此,有人可能要说,就此一例?孤证不能算数。那我们不妨再看:1358年朱元璋亲自指挥大军进攻婺州,与此同时,为了减少自身军力的消耗与损伤,他还派了椽史周德远前往衢州官府衙门去招降那里的元朝地方政府领导廉访使宋伯颜不花,可宋伯颜不花压根儿就不理睬。朱元璋没办法,只好下令让常遇春领兵猛攻,好不容易最终将婺州给拿下了,那个叫宋伯颜不花的元朝衢州廉访使也就当了俘虏,被押往了南京城。朱元璋见到他,火就腾腾地上来,当即数落道:"你既然为元朝守城,城破就当殉职。可你偏偏不死,这哪像是个人臣啊!况且婺州老百姓有什么罪过啊,让他们跟着你一起受罪。来人呐,给我鞭笞三十!"打完宋伯颜不花,可能出于政治角度考虑,朱元璋还是重用了他为提刑按察使,即地方省级监察领导。在当地方监察官时,宋伯颜不花碰到了一桩棘手的案子。有个叫邓福的人被人告了,但当衙役去逮他问罪时,这个邓福老是喊冤,这如何是好?宋伯颜不花在元朝当官当久了,官场上官官相护那一套他懂得很,什么邓福,小蚂蚁一只,冤死了也没人去追查。主意打定,宋伯颜不花就以邓福上告诉冤不合衙门规矩为由,追究起他的法律责任。

就在邓福行将被治罪之际,朱元璋派出的密探侦查清楚了事情的原委,案情由此发生了180度的转弯。宋伯颜不花当即被逮捕,朱元璋亲自审问:"你曾经是我的俘虏,我宽宥了你,想给你一个机会。可我现在发现我错了,你不仅不忠于你的主子,而且还将你们元朝官场中的那些污泥浊水引到我这里来了,枉害无罪之人。这样不忠不正之人,留着何用?!"随即一声令下,杖杀了宋伯颜不花。(【明】刘辰:《国初事迹》)

以上我们讲的是朱元璋对待投诚过来的军队领导干部的态度,那么对于归顺过来的元朝官僚文人和士大夫,他又将如何处置?"太祖于国初所克城池,令将官守之,勿令儒者在左右论议古今。止设一吏管办文书,有差失罪独坐吏"(【明】刘辰:《国初事迹》);"太祖所克城池,得元朝官吏及儒士尽用之,如有逃者处死,不许将官擅用"。(【明】刘辰:《国初事迹》)

这是当年跟随朱重八闹革命、后来官至北京刑部左侍郎刘辰的记载,应该说是史料价值很高。刘辰明确记载说,朱元璋不准手下将领擅自留用元朝官僚和文人,对于逃避不应诏的前朝文人遗民一律处死。这是何等的霸道,何等的猜忌!

○ 元廷尚书张昶当了朱元璋政权的副宰相后却成了潜伏的"敌特分子"?

当然也可能有人见此要说,这样的记载是给"天生圣人"泼脏水,人家朱皇帝可不这样呐,甚至有人举出了朱元璋重用元朝户部尚书张昶为平章政事即副宰相的例子来说事。好,我们不妨就来说说这个叫张昶的人和他的那些事。

◎ 疯狂:三个"死囚"两个被处死,另一个一眨眼的工夫却当上了宰相府秘书长

前章我们讲过张昶,张昶是元顺帝末年的户部尚书,即相当于财政部长。大元帝国一向不让汉人执掌军国大权,张昶之所以能拥有这样的权位完全是由于元末统治者不得不采取的权宜之计。那时元廷为了挽救濒临覆灭的命运,尽一切可能地抓住救命稻草,并开始注意和"重用"张昶等少数汉人官僚,且在军事上调兵遣将,令察罕帖木儿等加紧对南方红巾军的进攻。

"时(1362)陈友谅据上江,双刀赵扼安庆,张士诚据平江","太祖(指朱元璋)闻李察罕帖木儿下山东,江南震动,遣使通好"。对此,元廷当局在综合各方面的因素后做出决定:派"遣户部尚书张昶、郎中马合谋,奏差张琏赍龙衣、御酒、八宝顶帽、荣禄大夫江西等处行中书省平章政事宣命诏书",来江南开展议和招抚(【明】刘辰:《国初事迹》)。可谁知,当元廷特使来到浙江庆元(后来改名为宁波)方国珍处时,朱元璋已经改主意了,对于元廷的招抚,他不理不睬;对于张昶等人的到来,他先是装聋作哑,直到一年后才派出了符玺郎刘绍先到广信去迎接,并将他们带往应天南

京。(《明太祖实录》卷11)

当走到南京近郊外时,刘绍先突然喝令停下,随即指使手下人将张昶等几个元朝使臣的衣服全给扒了,并戴上枷锁,慢悠悠地从南京城的南门进入。

堂堂大元帝国使臣被人扒光了衣服在南京城里走了一回,这多丢脸啊!当张昶等人被带到吴王宫时,朱元璋也可能觉得自己做得太过、太损了,于是命令手下人赶紧给元朝使臣穿上衣服。但与张昶同行的马合谋、张琏两人却因受不了羞辱,一见到朱元璋就开始破口大骂,说他简直就是恶棍加无赖。极度自尊的朱元璋哪受得了这番刺激,当即咆哮:"将这三个鞑靼走狗绑缚起来,押到聚宝门外斩了!"令下后,刀斧手们立即行动起来。

再说此时的张昶一言不发,而与他同来的马合谋却抗争不已。刀斧手们强拉着、拽着,骂声与吆喝声混在一起,推推搡搡,好不容易将"人犯"弄到聚宝门外时,天色已晚。这时的朱元璋已经平静了情绪,白天元朝三使臣的不同"表现"一一印在了他的脑海里。忽然间他想到了一个主意,令人立即从死牢里拉出一个死囚来,火速押往聚宝门外,与马合谋、张琏等一同砍头。然后又叫人将这三个人的人头送往闽浙地界,挂起来示众。等这一切都做得差不多了,回过头来又突然间下令将监刑官都事韩留也给杀了。一时间人们都在说,元朝三使臣死了,监刑官都事韩留也死了,但就不知道这究竟是为什么?(【明】刘辰:《国初事迹》)

过了好长一段时间,忽然有一天朱元璋笑眯眯地跟文臣谋士刘基和宋濂说:"元朝送一大贤人与我,尔等可与议论。"刘、宋两人好不奇怪:你将元朝使臣都杀了,早就得罪了元廷不说,还说什么人家送个贤人过来,这岂不是痴人说梦吧?但他俩又不敢直说,正好奇地想知道主公说的大贤人到底是谁?只听得朱元璋拍拍手,一个熟悉的身影出现在眼前了,这,这……不是那天说已经被处死了的张昶吗?原来他没死?朱元璋看到刘、宋两人惊讶状,就如此这般地将那晚偷梁换柱的经过给说了一遍,随即命令刘、宋与张昶好好共事,并让张昶留在中书省工作,当时给他的职务是中书省都事,可能相当于中书省的秘书长之职。(【明】刘辰:《国初事迹》;【明】钱谦益:《国初群雄事略·宋小明王》卷1)

◎ 张昶犹如被迫改嫁的女人,再努力也没讨新丈夫的欢喜,郁闷啊!

经过这番折腾,张昶似乎也服了眼前这个"鞋拔子"脸的怪人啦。身不由己地来到了南京,莫名其妙两个元廷同事给斩了,又糊里糊涂地当起了元廷敌人的中书省都事,这一切变化得太突然、太快了。不知不觉,屈指一算,自己在南京待了快两年。1364年朱元璋称吴王,李善长、徐达等政权要员都官升一级,张昶也跟着升迁,由中书省左司都事升为中书省参政。一切都那么的不可思议,一切又那么的不知不觉。

有一次,朱元璋与文臣詹同在一起谈论《周礼》中的"五辂"之礼,一个游方僧人出身,一个乡野村夫发迹,两个草野里来的人怎么会见过天子祭天的大礼呐?但他们俩却又装得很懂的样子,你一言我一语地说了起来。在旁的张昶听着,实在忍不住冒了一句:"木辂,戎车也,不可以祀天。"一语点醒梦中人,由此朱元璋对张昶更是刮目相看,将他提升为中书省参知政事。(《明太祖实录》卷14~20;【明】钱谦益:《国初群雄事略·宋小明王》卷1)

再说张昶这人确实也有才,尤其他的口才特别好,很善于辩论,智识明敏,又熟悉元朝的典章制度,而这些恰恰是处于开国立基阶段的朱元璋政权所亟须要参照解决的,于是"凡国家建置制度,多出(张)昶手,裁决如流,事无停滞"。(《明太祖实录》卷24)

而从张昶角度来讲,其处境还是十分尴尬的。走吧,使命没完成,回去怎么向元顺帝交代?况且深入"敌国","敌国"头目朱元璋又不让他走。张昶的这番心思让朱元璋给看了出来,他叫中书省的领导们去多多关心这位北方来的"大贤人"。要说当时的中书省还真不乏有一些"好"领导,像明史上很有名的李善长、杨宪、胡惟庸等都在那里主持或分管具体的工作。而在这些领导中,张昶与杨宪和胡惟庸关系处得最好。有时人的情绪不好了,找个人倾诉倾诉,张昶首先想到的就是上述这两个最好的同事。作为元臣不仅不能完成朝廷指派的使命,反而自己在这儿当了这么多年的官,这叫什么事啊!看来自己日后少不了要让人诟病了,想起这些,张昶就无比地惆怅、郁闷。

一个十分偶然的机会,张昶听说元廷下属的扩廓帖木儿部队好像打了什么胜仗,元大都还在元顺帝手里,他顿时就来了精神,随口跟中书省"要好"的同事说:"我要是能回北方去的话,仍不失荣华富贵啊!"

说归说,现实还得面对,看到自己中书省同事们对朱元璋的那副恭敬和献媚的样子,张昶也悟出道理来了。有一次乘着自己兴致给朱元璋上书,委婉地表达了自己的人生感慨:岁月如流,人生苦短,应该及时行乐!朱元璋拿到张昶的上书后十分震惊,跟太史令刘基说:"这个张昶平时我还真没看出来,他写的是什么东西啊!是叫我像秦二世那样,及时行乐,那他就是奸臣赵高!"刘基听后赶紧回应:"上位所说极是,只是小臣觉得这里边会不会有人在诱导张昶啊?"朱元璋听后骂了几句,随后沉默了一阵,最终将张昶的上书给烧了。当时大明即将开国,制律工作已被提到议事日程上来了。至于制定什么样的法律,朱元璋政权的大臣们各抒己见,有人主张以重典治乱世,也有人主张以轻典治新世,偏偏张昶赞成前者,而这恰恰又是当时朱元璋所反对的。当张昶发现自己始终未能跟中央朝廷的第一人保持高度一致时,内心充满了无比的恐惧和郁闷。(《明太祖实录》卷24;【明】钱谦益:《国初群雄事略·宋小明王》卷1)

◎ 一封家书牵出"潜伏"的前朝故官张昶"泄漏兵机"案?

恐惧阴云压着尚未散去,愧疚之情又突然袭上心头。一个偶然的机会,张昶听人说起:当元顺帝听到张昶一行三人全给朱元璋砍头的消息后,马上给他们追赠官谥,并擢升了张昶儿子。无法面对昔日的君主啊,愧疚!愧疚!除了自责和愧疚,作为文臣,自己又能做什么?还有,家人可安否?日夜的焦灼伴随张昶,老天开眼,忽然有一天送来了一个机会。朱元璋手下大将李文忠攻下杭州,俘获了杭州元朝平章长寿丑的等高官,并把他们押到南京。朱元璋对于不肯投降的敌方头领一般不强留,攻心为上,好言相劝,送他们回去。这个叫长寿丑的被劝了几天,没用,只好放他走。听说长寿丑的要被放回北方去,张昶马上来劲了,写了一封家书,给儿子报个平安,顺便也说了这边的一些杂事,然后就托长寿丑的带回去。

一切都办好了,可能是极度焦虑的缘故吧,张昶突然病倒了。张昶一病倒,他的中书省最"要好"的同事杨宪十分"关心"地上门来探望。杨大臣东看看西瞧瞧,忽然两眼发亮,原来张昶书写家书的草稿在这儿!乘着病中的张昶不注意,杨宪偷偷地将张昶家书草稿藏在怀里,然后溜出了张府,直奔朱元璋那里。(《明太祖实录》卷24;【明】钱谦益:《国初群雄事略·宋小明王》卷1)

本来就猜忌成性的朱元璋得到杨宪的告密后,顿时就勃然大怒,指派大都督府领导冯国胜和文官杨宪共同审理张昶"叛敌罪"。不用说,一逮一个准,家书草稿为"铁证",最终张昶被判处极刑。可令人没想到的是,张昶面对死亡却大义凛然,拿起笔写下了绝命八字:"身在江南,心思塞北。"

朱元璋获悉后气得咬牙切齿,当场就跟丞相李善长这样说道:"我被他侮弄了这么多年,太可恨了。叫人先将他的骨头打碎,然后再扔到河里去!"(【明】刘辰:《国初事迹》;《明太祖实录》卷24)另一说张昶被凌迟处死。(【明】钱谦益:《国初群雄事略·宋小明王》卷1)

已经归顺了的元朝故官张昶到底有没有通敌泄露军事机密呢?当朝人刘辰在笔记中说张昶被处死的原因是"心怀旧主,以国事通"(【明】刘辰:《国初事迹》);钱谦益引的俞本《纪事录》所载为"潜以书通元朝,泄江南兵机"(【明】钱谦益:《国初群雄事略·宋小明王》卷1)。两说同指张昶给儿子信函的草稿一事,那么这草稿中到底有没有暗通与泄露机密?永乐时期第三次修订的《明太祖实录·张昶列传》中是这样记载的:"昶乃阴托长寿丑的奉表于元,且寓书其子询存亡"(《明太祖实录》卷24),随后在《杨宪列传》中干脆就定论性地记载道:"(张)昶尝闲暇与宪言:'吾故元臣也,勉留于此,意不能忘故君,而吾妻、子又皆在北方,存亡不可知。'宪因钩摘其言,谓昶'谋叛',且出昶手书讦之,昶遂坐诛"(《明太祖实录》卷54)。也就是说,压根儿就没有张昶"通敌谋叛罪"这回事。其实就在张昶被处决后的第二天,朱元璋跟杨宪说的一番话中已经揭开了史实的真相:"任官不当,则庶事不理;用刑不当,则无辜受害……"杨宪当时不是法司官,朱元璋大谈这些又有何意?更有意思的是就在张昶被杀后的第三年,风华正茂的杨宪也死了,且死得很惨。这究竟又是怎么一回事?

○ 游走于刀尖上的大帅哥杨宪——最早被抛弃和"冤杀"的大臣

杨宪,太原阳曲人,年少时就跟随做官的父亲来到集庆即后来的南京居住。1356年朱元璋军队攻下集庆,意气风发的杨宪主动找上门,介绍自己。朱元璋对眼前这个小伙子印象不错,当即就留他下来,让他与李善长等人一起处理公府政务。

再说杨宪自身天资甚好,长得一表人才,用今天话来说,是典型的大帅哥。帅哥很多都是绣花枕头、大草包,可杨宪不同,他对传统的经史典籍很精通,说起来滔滔不绝,加上口才好,所以当时没几个人在他眼里的。朱元璋自身长得一副猪腰子脸,够丑的,但他十分喜欢美男子。外甥李文忠儿子李景隆是个大帅哥,朱元璋每次上朝都要多看他几眼,杨宪是个大帅哥,朱元璋有事没事都要找杨宪来坐坐、聊聊,有时还要托付他一些重任。1356年六月朱元璋派杨宪通好张士诚,因用词不当,张士诚发怒,软禁了杨宪。杨宪不辱使命,坚决不降,后得释回到南京,就被朱元璋提为博士厅谘议,后又擢升为江南行省都事(相当于江南省秘书长)。那时正值朱元璋军事作战繁忙时节,军国大事成堆,日常公务文书雪片一般飞来,但杨宪却能裁决明敏,干脆利索,从不拖沓,所以当时衙门上下没有一个不佩服他的。(《明太祖实录》卷54)

但杨宪个性中有个致命的缺陷:气度小,对人猜忌得很,只要有什么事,你不称他的心,他就会攻击你。所以在江南行省工作了不多时,好多人都与他处不来了。可一把手朱元璋还是挺喜欢他的,从爱护年轻干部的角度出发,将他调到了浙东行省去任郎中之职。在浙江任职期间,杨宪曾受命出使方国珍处,出色地完成使命,回来后被朱元璋提升为提刑按察使,不久又被擢升为中书省参议。再后来杨宪又被调往江西出任参政，没过多少时间又让朱元璋调回南京，先任司农卿，后参政中书省。张昶出事时，他大概就是出任参政此职。

从张昶事件本身的来龙去脉来看，并不复杂，复杂就复杂在杨宪这个人的真实身份上。杨宪当时是中书省参政，张昶是中书省的参知政事，相当于副宰相，十分明显，杨宪是张昶的下属。一个下属居然能将顶头上司送上了不归路，没有最高首领的首肯或特殊交代，量杨宪也没这个胆，由此可以说明杨宪与朱元璋之间的关系十分微妙，说得直白一点，杨宪是朱元璋的秘密看家狗，换言之，他属于明代锦衣卫特务开山祖一辈。但从前面所引《明实录》记载的对张昶事件的最终定性来看，所谓的张昶泄露机密和投敌罪都很勉强或言不成立；说到底，最终根子就出在朱元璋的疑心病上，杨宪是顺着主子意思办事的，且事后并没有得到什么好处，相反，不久之后他的官职改为了河南行省参政。虽说官职品位大体相当，但这样的变动属于京官外放，实际地位反而是降了。(《明太祖实录》卷54)

朱元璋在南京开国之际，满朝文武一片歌舞升平，弹冠相庆，但就没有杨宪的份。直到洪武元年年底他才被擢升为御史台御史中丞(《明太祖实录》卷37)，可到了洪武二年又被外调，出任山西省参政。由于当时朱元璋不满李善长专权，尽管弄了个汪广洋主持中书省事务，但总感到力度不够，非得要找个非淮系的鹰派人物来制衡一下淮系势力。

就在这个当口，朱元璋想起了杨宪，把他从山西调回了南京，让他出任中书省右丞，后升为左丞，可能接近于副宰相。那时的形势对于杨宪来说应该十分有利。在中书省主持实际事务的右宰相汪广洋脾气好，处事不霸道，凡事不与人多争高低，所以说尽管杨宪出任中书省左丞，位于汪广洋之下，但实际上好多事务还是掌握在杨宪这个左丞的手里。因为朱元璋一时找不到合适的宰相人选，安排相对懦弱的汪广洋与相当霸气的杨宪同在一个中书省宰相府任事，两人还共处了好一段时间，搭档得还算过得去。杨宪精明能干，通晓典籍，处事又雷厉风行，所以一般人都不大敢得罪他。

但时间稍稍一长，杨宪就越发霸气了，总感到中书省的一切都要来个变化。为了使得自己能尽快当上中书省的一把手，杨宪变着法子来试探手下的人是否听话、顺从。据说他创造了一种叫做"一统江山"画押批答公文的方法，示范给他的下属看，谁要是跟着做了，杨宪就越级提拔他；谁要是拎不清、不学，杨左丞就想着法子让你滚蛋。至于杨宪为什么会"创造"这种"一统江山"画押批答公文的方法？好多人都不明白。

有一天，翰林编修陈铿来到中书省办事，杨宪兴致勃勃地演示给陈翰林看，如何"一统江山",没想到老翰林还没看完,就连连叫好,并点评道:"押字大贵,所谓只有天在上,更无山与齐者也。"杨宪听后别提有多高兴,几天后他找了个机会上奏给洪武皇帝,说翰林编修陈樫如何劳苦功高,理应晋升为翰林待制。据说皇帝朱元璋不假思索地同意了,这下更把杨宪给乐癫了,也使得他的个人野心越发膨胀。此时在他的眼里,中书省顶头上司右丞相汪广洋成了多余的了,于是他就指使侍御史刘炳、鄙某等劾奏汪广洋"事母不孝",即不好好伺候母亲,犯了不孝之罪。(《明太祖实录》卷53;《明太祖实录》卷54)

不孝是古代"十恶"之中的一项大罪,尤其是担任大明公务员的头面人物岂能不孝,否则朱皇帝何以治天下?所以当刘炳一劾奏,本来对汪广洋唯唯诺诺的样子就不满意的皇帝朱元璋当即罢除了汪广洋的右宰相之职,且一抹到底,让他免官还乡,一天到晚专职伺候老母亲。

可这样的结果让杨宪还不满意,他怕汪广洋会东山再起,会影响了自己未来宰相的锦绣前程,于是又指使刘炳找了名目劾奏汪广洋,并向洪武帝提议将其迁徙到海南去。可这回朱元璋没同意。杨宪还联合了秘密特务同行凌说、高见贤、夏煜等,轮番向洪武帝进谏,说:"李善长无宰相才。"朱元璋回答说:"善长虽无宰相才,与我同里,我自起兵,事我涉历艰难,勤劳簿书,功亦多矣。我既为家主,善长当相我,盖用勋旧也,今后勿言。"(【明】刘辰:《国初事迹》)恰恰在这时,刘炳劾奏的另一件事给人查明了:所谓朝中重臣刑部侍郎左安善冤枉好人,将无罪者定为有罪之说根本就不成立。本来就多疑的皇帝朱元璋下令立即逮捕刘炳,审问事情的真相。酷刑底下昔日十分牛气的侍御史刘炳再也没有神气起来,相反像倒豆子一般,将有关事情的真相说了出来。这时平日里与杨宪关系不错的太史令刘基也"发其奸状及诸阴事"。据说朱元璋听后顿时大怒,命令立即逮捕杨宪,并让群臣一同来审问他。没多久案情审"清",杨宪、刘炳被处死。(《明太祖实录》卷54)

那么杨宪到底犯了什么罪非得要处死?《明实录》中提到的较为明确的说法有四条:

第一,与刘炳勾结,耍奸,诬害朝廷大臣。典型事例为诬陷刑部侍郎左安善入人罪。

第二,杨宪出任司农卿时认为江南富庶,为了增加国家税收,将当地税粮每亩增加到了二三石,使得"民不堪其苦,皆怨之"。

第三,妒忌张昶的才干超过自己,"构害之"。

第四,排斥异己,"专恣日盛,下视僚辈,以为莫己……喜人佞己徇利者,多出其门下"。(《明太祖实录》卷54)

其实除了第一条罪证有些影子外,其他三条纵然属实,当朝"天生圣人"洪武皇帝完全有可能也可以立马改正,譬如第二条,将江南苏松地区的税粮增到了每亩二三石,一道圣旨下来不就得了,可在洪武年间压根儿就没有发生过这样的事(直到好皇帝朱允炆当政时才将其改轻,可到了魔鬼朱棣篡位上台后又恢复了重赋江南);还有第三条罪状:对元朝降官的诬害,平反昭雪不就行了,不,皇帝永远不会有错,错就错在下面出了奸臣,杨宪就是这样一个奸臣,你看他"喜人佞己徇利者,多出其门下",我大明朝岂不成了他杨家店?再说张昶事件到底真相如何?在雄猜之主朱元璋看来,杨宪的告密还是有用的,张昶一类的降官以及在各衙门任职的前朝故官、文人士大夫有几个可信?他们中很多人极有可能是混进我革命队伍里的坏分子啊。

● **朱元璋敏锐地感觉到:深挖革命队伍里的潜伏敌特分子很有必要**

就在朱元璋疑心病日益加重之际,洪武三年六七月间从北方传来消息:元顺帝薨世,元太子爱猷识理达腊即位(《明太祖实录》卷56)。按理说已经北逃了的残元君位更替对于大明帝国本无太大影响,但在洪武皇帝朱元璋看来却不是这样:我大明是在元朝废墟上建立起来的,这里有数不清的前朝故官降将和遗民耆老,他们对此又有什么反应?

洪武四年(1371)新年过后开始,大明帝国境内相继爆发了四起故元降官旧将的叛乱事件:三月,故元降官院判刘原利、副枢张时用、平章郭伯通等闻及故元四大王打算进攻山西太原的消息后,三人合谋:一人潜入太原城内,两人在外做外应,配合四大王的进攻,一举端掉太原城,不料被人发觉,当地驻军指挥桑桂带领兵士们立即逮捕了刘原利等人,及时地平息了一场未遂内乱(《明太祖实录》卷62);四月,故元降将知院白文显在华亭县发动叛乱,平凉卫指挥秦虎率兵前去平乱(《明太祖实录》卷64);七月,故元降官大同官山千户所百户速哥帖木儿、捏怯来等声称扩廓帖木儿将进兵上都开平,并发动叛乱,杀了千户把都等,后遭镇压(《明太祖实录》卷67);十一月,故元降官知院小保、司丞蛮子在忻州发动叛乱,大明动用地方军队才将其镇压下去……(《明太祖实录》卷68)

虽然这些故元降官的叛乱先后都被一一镇压了,但给当时新兴的大明帝国却带来了很大的压力。恰巧这时,有人报告说:就在京师南京不远处的江阴有个潜伏着的元朝铁杆忠臣,他在听到北元宫廷变故后居然写起怀念诗来,诗的作者叫什么？王逢！朱元璋听到这个名字,就想起了他是怎么一个人。

王逢,元至正中,因作《河清颂》,被元朝台臣推荐出仕,但不知为什么他最终没有出山,据说是身体不好。后来张士诚占领苏州,建立东吴政权,曾派了自己的弟弟张士德前往江阴,访求王逢。王逢为张氏出计:北降元朝,以此来共同对付凶狠的西吴朱元璋,为此他很得张士诚的喜爱。朱元璋攻灭张士诚后,曾想延聘王逢为官,可谁知他却坚卧不起,而后又偷偷跑到上海乌泾隐居起来。朱元璋令手下人花了很长时间秘密侦察到后,以征召文学之士为名,想再次召王逢入朝为官。可王逢又以父亲岁数大了,需要有人照顾,不能背负不孝之名为由,叩头泣请,婉拒出山。力主"孝义天下"的朱元璋觉得他讲得合情合理又情真意切,于是也就没有再为难他了。可谁曾想到:王逢在听到元顺帝薨世,太子爱猷识理达腊即位和改元宣光的消息后居然作诗,表达自己对前朝的怀念:"本是宣光中兴日,腐儒长夜泣遗编","心自隐忧身自逸,几时天马渡滹沱。"(【元】王逢:《梧溪集·秋感六首》卷3;《明史·文苑一·陶宗仪传》卷285)

这是地地道道的反诗,不得了了。朱元璋"敏锐"地感觉到,在大明帝国内的前朝故官降将和遗民耆老还真有股"反动势力",他们潜伏在各地各个部门,而这样的"反动势力"中最危险的就是杨宪所告发的如张昶一类的潜入我"革命队伍"里来的"反动分子"。形势告诉我大明:很有必要在我大明境内发动一场官僚队伍大整顿、大清除,以此来确保帝国的长治久安,这就是洪武四年(1371)的"(甄)录天下官吏"。

● 全国官吏大甄别、大清理风暴:"录天下官吏"运动

其实大明开国后就一直没放松自身官僚队伍的建设与整顿,除了前章所述的立纲陈纪和加强专制君权外,洪武帝还在建国的当年就开展了一场官僚队伍的"大整治"。

○ 洪武奇观:大明官员成群结队地上凤阳去劳改,又一批一批地被赦免……

说起这场"大整治",今人看了可能觉得不可思议。那年夏天到秋天有好几十天不下雨,新朝开国不久就碰到这样的事,不吉利不要说了,最令朱元璋双眉紧锁的就是老百姓干渴难熬,于是他不停地催促国家气象局、皇家祭祀部门赶紧祭天。可这老天爷也奇怪,不管地下人们如何虔诚、也不管贡品如何丰盛,天老爷就是不肯降下一滴雨。天老爷不降雨,天老爷的儿子天子朱元璋可来气了,不过上天是不能责怪的,要怪就是人世间的事情没做好。那么什么人世间的事情没做好?天子是"天生圣人"不会有错,要错就错在下面这些官员身上,他们中很大一部分人很可

能是混入我"革命队伍的坏分子",洪武皇帝下令了:让在京法司及在外巡按御史、按察使认真监察,将隐藏在革命队伍中的"坏分子"给一一揪出来。(【明】刘辰:《国初事迹》)

坏分子给揪出了不少,可天老爷还是不下雨,这下朱皇帝更火了:"看来是在京法司及在外巡按御史、按察使冤枉了好人,以至于老天爷老不下雨。来人呐,给我将京畿巡按御史何士弘等统统集中在一起,好好地审问一下,他们到底冤枉了多少好人。"随后洪武帝觉得还不过瘾,干脆下令将那一大批监察官给捆起来,绑到马坊里去,让他们好好反省反省。(【明】刘辰:《国初事迹》)

可谁知老天爷还不肯下雨,这时候,大明天子终于想到:是不是自己有什么过失?于是命令中书省、御史台及都督府三大府官员上言直谏,指出本皇帝的过失。负责御史台工作的刘基首先响应皇帝的号召,进谏三事:"第一,作战阵亡或生病而逝的军士之妻目前已达数万,全都住在寡妇营里,不人道啊,年纪轻的就让她们再找男人嫁了,否则的话,阴气郁结多了,很不好;第二,在我京师南京做工的工匠死了好多,他们的尸首暴露在野外,没人去给他们入殓下葬,这也不应该啊;第三,张士诚政权的头面人物杀了,一般投降过来的中小头目也就不要充军了,否则打击面太大。"刘伯温一讲完,朱元璋当即表态,全以刘先生所言赶快行动,接下来就是等待老天爷降下雨来了。可等啊等,又等了十来天还不见一滴雨降下来,这下朱皇帝更来火了,下令:"大明监察系统第一号领导刘基还乡为民,其余的监察官包括监察御史、按察使全都自备船只上汴梁开封安置,即在那里接受劳改;先前被监察官们问罪的那些官员们一律赦免还职!"

一批监察干部上路去劳改了,先前劳改的那批领导干部由于洪武皇帝的特赦又回来,总算大明帝国衙门一直有人办公就行了。可世界上的很多事情往往出人意料之外。洪武元年徐达大将军派人来报:攻下大都(北京),并俘获了元朝大批的官员(《明太祖实录》卷34)。这样的喜讯意味着在北方地区需要一大批的大明公务员,这一大批的大明公务员从何而来?朱皇帝下令将在汴梁开封劳改的那一大群监察官免罪还朝,然后再往北方去任职。(【明】刘辰:《国初事迹》)

○ 在菜市场批斗和审判犯事的官员与"录(甄别)天下官吏"

成群结队地处罚"有问题"的官僚,又成批成批地宽宥他们的"罪过",这在开国时期百业待举之际说到底还是挺误事的,那么如何做到既不误事又能整治好官僚队伍呢?除了建立一系列的监察制度外,洪武皇帝经常号召大家要以皇帝最高指示与儒家圣人的教诲来严格要求自己,自律自爱。可过了一段时间似乎效果并不大,朱元璋发现了问题的严重性,怎么来解决?他绞尽脑汁终于又想到了奇特的一招,给不守规矩、不自尊自爱的官员"于市中依律断罪"。(《明太祖实录》卷48)

洪武三年正月,朱元璋下达指示:中央监察御史、地方监察官按察司佥事在监察时,如果发现比自己职位、品秩高的知府、知州等官员有问题或犯了罪的,一经查实,便在当地的闹市区对其公开进行依律断罪。

让犯事的知府、知州在自己管辖的地盘上公开受审,一来让他们知羞、畏法,以后就不敢随意冒犯法度;二来等于发动了广大的底层群众,检举揭发(但当时规定:不能以下犯上侮辱上官),由此我们看到后世群众批斗会的雏形。

洪武治官确实奇特,但即使这样,在朱元璋看来,还远远没有解决问题。"胡元入主中国,非我族类,风俗且异,语意不通,遍任九域之中,尽皆掌判。人事不通,文墨不解,凡诸事务,以吏为源。文书到案,以刊印代押,于诸事务,忽略而已,此胡元初治焉。三十年后,风俗虽异,语言文墨且通,为官任事者,略不究心,施行事务,仍由吏谋,比前历代贤臣,视吏卒如奴仆,待首领官若参谋,远矣哉。朕今所任之人,不才者众,往往蹈袭胡元之弊,临政之时,袖手高坐,谋由吏出,并不周知,纵是文章之士,不异胡人。"(【明】朱元璋:《御制大诰·胡元制治》第3)鉴于元朝的长期积弊和明初鱼目混珠的官僚队伍,朱元璋又在洪武四年(1371)发动一场"录天下官吏"运动,即对天下官吏进行大甄别、大检查、大整顿,将一些害民的、有问题或疑似有问题的官员,尤其带有很大危险性的潜伏着的故元官吏清除出去。(《明史·周敬心传》卷139)

有关"录天下官吏"运动的具体情况,因为史料的缺失,我们无法知道其全部,但就从"录天下官吏"五字的字面来理解,这是一场全国性的政界大清理、大清除,也是明初四五年间一系列政治举措中可能涉及面最大的一场运动。

通过这样的政治运动,洪武帝彻底解决了政治危险势力或言潜在危险分子吗?显然没有,因为就在他发动"录天下官吏"运动时,第三大类潜在的政治危险势力已在积聚,并不时地向朱皇帝发出了潜在危险的信号。为此他耐性等待、精心策划,共计花费了近30年的时间逐步将其一一解决,即清除洪武政权自身内的新生异己政治危险势力或言潜在危险分子。

一举粉碎"谋反胡党" 深究牵出前任宰相——洪武十三年~洪武二十三年(1380~1390)

那么这些新生的异己政治危险势力或言潜在危险分子究竟是谁?在朱元璋的

视野里,他们就是跟随他一起闹革命、打天下的功臣勋旧,换言之就是淮右集团。淮右集团?这怎么可能?他们不是朱元璋打天下的铁杆支持者、奉献者,怎么会成为潜在的敌人?事情还得从头说起。

● 朱元璋与"淮右功臣勋旧"之间关系的发展和变化

朱元璋家乡在淮右的濠州,起来闹革命时跟随他一起干的也都是淮右地区的人,其中以农民最多。在传统社会里,农民的乡土观念、宗族观念可能是最为浓烈。反映在朱元璋身上,在战火纷飞的年代里,他率领家乡的父老子弟冲锋陷阵,生死与共,由此他们之间结下了深厚的感情;而从另一方面来看,朱元璋队伍的壮大确实也靠了淮右家乡父老的积极参与才不断地做大做强,因此自然而然在朱元璋政权中淮右地区出身的人成为了主干。

1356年朱元璋攻下集庆后,小明王韩林儿升他为"江南等处行中书省平章,以故元帅郭天叙弟天为右丞,经历李士元(改名善长)为左右司郎中,以下诸将皆升元帅"(【明】钱谦益:《国初群雄事略·宋小明王》卷1引俞本《皇明纪事录》)。也可以这么说,朱元璋政权的淮右集团的班底在这个时候差不多形成了。当时有个诗人叫贝琼的,写诗生动地描述了南京城里淮右人的天下:"两河兵合尽红巾,岂有桃源可避秦?马上短衣多楚客,城中高髻半淮人。"(【元】贝琼:《贝清江先生诗集·秋思》卷5)朱元璋后来尽管拥有了整个天下,但政权队伍中的核心主干还是淮右地区出来的那些功臣勋旧,再说得白一点,朱元璋是靠着淮右集团为核心的文臣武将的不断进取才夺得了天下。正如清代大史学家赵翼所说的"明祖借诸功臣以取天下"。(【清】赵翼:《二十二史劄记·明史·胡蓝之狱》卷32)

○ 淮右"草根"出来的全成了大明皇家权贵显戚

对此,原本一无所有、挣扎于地狱边缘的朱元璋在其发迹早期还能充分意识到。1366年八月,侍臣王祎等进讲(相当于给朱元璋进行文化补习)。朱元璋问:"汉高祖刘邦与唐太宗哪个人更好?"文臣魏观在旁听到后随即作答:"唐太宗虽然文武双全,但做起好事来未免给人一种假假的印象;而汉高祖刘邦豁达大度,规摹弘远,换句话来说,他站得高看得远,因此比较下来那肯定是汉高祖要更胜一筹了。"可令在场的所有人没想到的是,那时还没学多少文化知识的朱元璋却发表了自己独特的一番高论:"汉高祖豁达大度似乎大家都这么说,但他却是很记仇的,嫂嫂早年弄得他难堪,他后来封她的儿子为羹颉侯,就这个名字也够难听的了;雍齿有负于他,他可一直记得,更有他内心多有猜忌,诛杀功臣,看来啊,汉高祖的气度远没有他的眼光那般广远了;而唐太宗就不同,虽说他权谋规划不如汉高祖,但他能很好地驾驭群臣,各为己用,等到大业定了,又能保全大臣,这样看来还是唐太宗要胜出一筹了!"(《明太祖实录》卷21;《明太祖宝训·评古》卷4)

那时候的朱元璋不仅在思想上有着与共同打天下的淮右功臣勋旧同舟共济、励精图治与共享安乐的想法,而且还体现在他的实际行动上。大明在南京开国后,朱元璋曾一度想以凤阳作为天下中心之都,即后来所称的中都,与淮右功臣勋旧们一起荣归故里,为此他不断地赐土地给他们,将一个个"上无片瓦下无立锥之地"的穷光蛋都打造成超级富翁。但光富还不行,朱元璋知道富一定要跟贵连在一起。洪武开国大典后没过几天,他下令"银青荣禄大夫、上柱国、录军国重事、中书左丞相、宣国公李善长兼太子少师;银青荣禄大夫、上柱国、录军国重事、中书右丞相、信国公徐达兼少傅;银青荣禄大夫、上柱国、录军国重事、中书平章、鄂国公常遇春兼少保;银青荣禄大夫、大都督府右都督冯宗异(即冯胜)兼右詹事……"(《明太祖实录》卷29)洪武三年十一月大封功臣,"进李善长韩国公,徐达魏国公,封李文忠曹国公,冯胜宋国公,邓愈卫国公,常遇春子茂郑国公,汤和等侯者二十八人"(《明史·太祖本纪》卷2),后洪武十二年、洪武十七年、洪武二十一年和洪武二十三年朱元璋又相继封了一批公、侯、伯。

整个洪武年间封公的总计有11人,除了上述提到的李善长、徐达等6人外,尚有信国公汤和、颖国公傅友德、凉国公蓝玉、梁国公胡显(胡显的封公仅《国榷》中有此一说,笔者查阅《明实录》与《明史》等均无记载。11公中常遇春被封为鄂国公,但他死于洪武二年,似乎鄂国公之爵自动消亡了。洪武三年十一月大封功臣中常茂之所以一下子被封为郑国公,就是因为朱元璋考虑到了常遇春的功勋才这么做的。本书作者注)和开国公常升,他们几乎全是淮右人;封侯的总计有57人,其中6人封侯是象征性恩赐给战败者的一种荣誉封爵,没什么实权和地位,如承恩侯陈普才(即陈友谅父)、归德侯陈理、归义侯明升、崇礼侯买的里八剌、海西侯蒙古纳哈出、沈阳侯察罕(纳哈出之子),其余51人中仍是淮右籍占了绝对的优势(51人中除曹兴、陆聚、张温、朱寿等4人的籍贯无法查明及沔阳胡美、睢州韩政、江夏黄彬、夏邑梅思祖、开州周武等5人非淮右籍外,其他42人全是来自淮右地区或言安徽地区,约占据总数的82%);洪武年间封的伯只有6人,忠勤伯汪广洋、诚意伯刘基、徽先伯桑敬、东莞伯何真、归仁伯陈友富、怀恩伯陈友直【明】谈迁:《国榷·勋封》卷首2)。这6个几乎都不是淮右籍的,且他们人数少,在朱元璋政权中不占主导地位。欲知详情可见本书132~143页《洪武年间朱元璋封赏的公爵、侯爵和伯爵及其最终结局之简表》。

除了赏赐、封爵与授官以外,朱元璋还通过传统联姻的手段,把淮右功臣勋旧笼络起来,想以此永远"为我所用"。他聘开平王常遇春女儿为长子朱标的皇太子妃,中书省右丞相大将军徐达的大女儿为四子朱棣燕王妃,二女儿为十三子代王妃,卫国公邓愈女儿为二子秦王妃,广西都指挥使谢成女儿为晋王妃,宋国公冯胜女儿为吴王妃,大都督佥事王弼女儿为楚王妃(《明太祖实录》卷64,84,102,103,113,117;《明史·诸王传一、二》卷116～117)。当然朱元璋家也有"输出":大女儿临安公主下嫁左丞相李善长长子李祺(《明太祖实录》卷107),长孙女即朱标太子的长女江都公主下嫁长兴侯耿炳文的儿子耿璿(《明史·耿炳文传》卷130),等等。

○ 星星捧月亮,月亮防星星

通过这一系列的手段,当年苦大仇深的泥皮草根——贫下中农们一下子成为了皇家亲戚,开国勋臣们成了帝国达官显贵。他们如星星捧月一般,围绕着朱元璋家这一个中心转,构成了金字塔形的新帝国最高权力阶层。

就在优渥、隆升淮右功臣勋旧的同时,朱元璋又采取了另一手来防范着他们。之所以要这样,我想不外乎三个方面的原因:第一,战争年代的多次政局变化尤其是1362年发生在自身阵营里的淮西骁将邵荣、赵继祖的谋反和谢再兴的谋叛给了朱元璋很深的负面影响。第二,朱元璋草根出身,没有一点儿的家底,也没有什么"天生圣人"、"真命天子"的神秘光环,大家都是光屁股一起长大的,靠的就是家乡淮右地区的大老粗兄弟拼死博弈才最终取得了成功。皇帝是打出来的,"真理掌握在有权人的手里",凭什么你朱重八可以当皇帝?还不是我们大家的功劳!朱元璋最怕的也就是淮右老兄弟中冒出第二个朱重八来,所以要在柔柔的"温情"下对他们严加防范。第三,朱元璋心理有着严重的创伤,极度的贫困、极度的自卑,好不容易博得了眼前的宏伟事业,但仔细想想,不堪回首,自己输不起啊!从输不起角度出发,就得要防止别人蹿到自己头上去,那谁会干这种突发性的谋变?根据他以往的经验,就是与他一起舍命打江山的大老粗兄弟和功臣勋旧最容易做出这等事来,所以说无论如何也要对他们防之又防!

朱元璋对一起打江山的大老粗兄弟和功臣勋旧的防备开始得很早,花样也很多,总结起来,大致有如下几个方面:

第一,收养干儿子,等他们大一点了就派往部队中去,实际担当监军作用。"养异姓为子,始于唐之宦官,其后朱全忠、李克用、李茂贞、王建等亦用以创国。盖群雄角立时,部下多易于去就,惟抚之为家人父子,则有名分以相维,恩谊以相浃,久之,亦遂成骨肉之亲,以之守边御敌,较诸将帅尤可信也。明祖初起,以匹夫举事,除一侄(朱文正)、一甥(李文忠)外,更无期功强近之亲,故亦多养异姓子,幼而抚之,长即命偕诸将分守,往往得其力。"(【清】赵翼《二十二史劄记·明史》卷32;【明】郎瑛:《七修类稿上·国事类》卷十)

第二,四处安插特务进行秘密监察。这在上文中我们已经讲过。朱元璋安插对象似乎没有固定的,凡是怀疑到某人,即使你的地位再高,即使你与他关系再铁,只要他"惦记"着你,就有你好看的了。就说那个故元降官张昶本身就没谋叛,但他身边的"好朋友"同事杨宪就是一个特务,所以他的结局再怎么说也好不到哪里去。再说张昶任职的中书省,尽管说是由朱元璋的老搭档李善长主管着,但他一直受到杨宪、夏煜等特务的暗中监察和谗毁。(【明】刘辰:《国初事迹》)

第三,运用传统礼法严加约束。明初开国朱元璋在立纲陈纪的过程中制定了各种礼制和法令,按理说应该对于大明帝国每个人都有约束力,朱皇帝也要求大家包括功臣勋旧严格遵守,用今天时髦话来说,就是自律。但自律能有多大的效率?特殊人群特殊地位的人就能做好自律?恰恰相反,这样的有权有势者是纲纪的头号破坏者。自律不行,有人监察,朱元璋也搞了,但那些闹革命的"大老粗"连自己的名字都不会写,哪儿管得了那么多的礼和法?为此,洪武三年(1370)十月朱元璋采纳监察御史袁凯的建议,让中书省和御史台延聘儒士在午门给诸将讲授经史和君臣之礼,即相当于文化知识补习,用今天话来讲就是省部级高官研讨班。按照朱元璋君臣的理想,通过这样的学习,"庶几忠君爱国之心,全身保家之道,油然日生而不自知也"。(《明太祖实录》卷57)

○ 糖衣裹着的"炮弹"——明代"铁券"制度

与此差不多同时,朱元璋还通过赐予功臣铁券的手段,糖衣里边裹着"炮弹",劝诫功臣勋旧遵纪守法。据说明初朱元璋为了搞这种功臣铁券,还专门打听历史上到底是怎么搞的。后来有人告诉他:浙江台州有个叫钱允一的,他是吴越忠肃王的后代,祖上钱镠曾受过唐昭宗赐予的铁券。朱元璋知道后就将其借来,仿制成大明功臣铁券。该铁券外形看上去像片瓦,正面刻上功臣历次立功受奖的记录,中间刻上功臣犯事、皇帝宽免和减禄的数目,"以防其过"。副面铁券一式两份,一份给功臣,一份藏在皇宫内府,一旦有事,拿出来核对。(《明太祖实录》卷45)

从铁券上刻写的内容来看,相对多的是该功臣的过失甚至犯罪之事,即使今人看了也不得不要为该功臣觉得脸红,但对于当年"大老粗"的功臣勋旧来说,似乎这样做的效果还是不大。为此洪武皇帝又经常采取了一些说古道今、软中带硬的说教,来劝谕那些功臣勋旧尊礼守法。譬如洪武三年十二月的一天退朝后,朱元璋将汤和等大将叫在一起,闲聊打仗一类的事情,他顺势讲道:"朕赖诸将,佐成大业。今四方悉定,征伐休息,卿等皆爵为公侯,安享富贵,当保此禄位,传之子孙,与国同久。然须安分守法,存心谨畏,则自无过举。朝廷赏罚,一以至公,朕不得而私也。"(《明太祖实录》卷59)

话说到了这个份上,已经十分明白了,但洪武帝知道自己带出来的这些淮右功臣勋旧文化程度不高,跟他们说话要直截了当点,不能转弯抹角,于是他就进一步解释说:"隋亡唐兴之际,有一回李世民正势单力薄地迎战王世充手下众将,眼看就要招架不住了。突然间尉迟敬德单枪匹马风驰电掣地闯入敌阵,力战悍将单雄信,不顾一切保护着李世民,由此立下了大功。李世民即位后有一次大宴群臣,尉迟敬德等一大批功臣勋旧理所当然地成了主宾,君臣欢聚一堂,吃着喝着,大家高兴啊。忽然间一阵狂吵声压过了一切,人们不约而同地静了下来,这才发现原来是尉迟敬德与任城王李道宗在争谁的功劳大,一时过激,尉迟敬德竟然将对方的眼睛快要打瞎了。这下可把唐太宗李世民给惹火了,当场就将要尉迟敬德绳之以法,要不是在场的大臣们力谏,明君唐太宗难道会真的因为念叨尉迟敬德昔日的功劳而枉法不问其罪?还有那长孙无忌,你说他的身份高贵吧?还真没得说,他是唐太宗夫人长孙皇后的亲弟弟。这人也不知怎么的,有一次居然身上佩了刀直入皇宫禁门,而看门的也没有觉察到,直到后来进入皇宫了才被人发现,这下可好了,严重犯禁。长孙皇后深明大义要求按律论处,唐太宗看在贤惠夫人的面子上最终还是宽宥了小舅子的过失。你们看,即使是贵为皇帝的姻亲,一旦犯罪了,尚且还要追究,更何况其他人啊!朕希望'卿等能谨其所守,则终身无过失矣'。"(《明太祖实录》卷59)

○ 洪武帝给功臣勋旧设了"红杠杠"——《铁榜申诫公侯》(洪武五年六月)

故事讲得娓娓动听,直白明了,让武夫们一下子就能弄清楚:千万不能胡来,否则"国法无情"。即使到了这一步,朱元璋还是觉得做的似乎欠缺了点,想来想去,最终在洪武五年六月想到了一招,制作《铁榜》,明确申诫公侯,即明明白白地告诉大家,哪些事是不能做的,而且内容还不能多,多了,这些大老粗们记不住。

朱元璋一共列了9条:"其一,凡内外各指挥、千户、百户、镇抚并总旗、小旗等,不得私受公侯金帛、衣服、钱物,受者杖一百,发海南充军,再犯处死;公侯与者,初犯再犯免其罪附过,三犯准免死一次,奉命征讨,与者受者不在此限;其二,凡公侯等官非奉特旨,不得私役官军,违者初犯再犯免罪附过,三犯准免死一次,其官军敢有辄便听从者,杖一百发海南充军;其三,凡公侯之家,强占官民山场、湖泊、茶园、芦荡及金、银、铜场、铁冶者，初犯再犯免罪附过，三犯准免死一次；其四，凡内外各卫官军非当出征之时，不得辄于公侯门首侍立听候，违者杖一百，发烟瘴之地充军；其五，凡功臣之家管庄人等，不得倚势在乡欺殴人民，违者刺面、劓鼻、家产籍没入官，妻子徙至南宁，其余听使之人，各杖一百及妻子皆发南宁充军；其六，凡功臣之家屯田佃户、管庄干办、火者、奴仆及其亲属人等，倚势凌民，夺侵田产、财物者，并依倚势欺殴人，民律处断；其七，凡公侯之家，除赐定仪仗户及佃田人户，已有名额报籍在官，敢有私托门下、影蔽差徭者，斩；其八，凡公侯之家，倚恃权豪，欺压良善，虚钱实契，侵夺人田地、房屋、孳畜者，初犯免罪附过，再犯住支俸给一半，三犯停其禄，四犯与庶民同罪；其九，凡功臣之家，不得受诸人田土及朦胧投献物业，违者初犯者免罪附过，再犯住支俸给一半，三犯停其禄，四犯与庶人同罪。"（《明太祖实录》卷74）

这九条可视为明代公侯不可逾越的天条。事情到此，应该差不多了，可事后朱元璋发现还是做得不到位，于是于洪武八年二月又御制了《资世通训》，直截了当地告诫臣僚要"勿欺勿蔽"，要忠君、勤俭、仁敬。(《明太祖实录》卷97）

○ 朱元璋聚焦淮右功臣勋旧的"俱乐部"、"大本营"——中书省

对于昔日老哥儿们的一而再再而三的劝谕、警告甚至是威胁，洪武开国功臣们会有什么反应？说实在的，他们中没有几个听得进去，将其当回事，更没有充分意识到：现在的朱元璋不是当年的朱重八，更不是过去的"山上大哥"，而是正儿八经的一国之君，其立足点是整个帝国。在他们看来：现在该是我们淮右功臣勋旧的天下了，昔日提着脑袋闹革命，出生入死，图的是什么，不就是今天的大富大贵和为所欲为。本身贫穷"大老粗"，没文化、没素质，自然也就没什么礼法在眼里了。即使是李善长、冯国用、冯国胜等少数几个"喝过墨水"的，但他们的文化素养整体来看还不是很高，加上这些淮右功臣勋旧起兵前长期居住在农村，眼光狭窄、短浅，乡土观念浓烈，同乡甚至同村、同口音、同品位，加上姻亲关系，自然而然让他们走在了一起，形成了蔚为壮观的淮右集团。

在这个集团当中，朱元璋原本是与他们一伙的，但随着大明帝国的开创和大一统帝国的再建，为了江山社稷的长久安稳和朱家帝业的万代相传，他不得不放眼于全局和全国。朱元璋之下的头号人物，本来应该是徐达，他军功卓著，无人可比，但老徐似乎玩政治并不擅长。由此下来就是李善长了，他很早就参加起义军，且为非常时期入伙的，并与朱元璋长期保持着默契的合作，他运筹帷幄，决胜于千里之外，是明代的萧何，无形之中也就成了淮右集团或言淮右功臣勋旧的核心人物。不过

在明初日益增多的违法乱纪的功臣勋旧中,李善长既不是第一个,也不是最为明显和最为严重的一个。说到这里,有人可能要提出这样的问题了:随着大明全国逐渐统一和帝位日趋巩固,朱元璋在与淮右功臣勋旧之间矛盾日益激烈的情势下,为什么偏偏要拿老搭档李善长和他的亲信胡惟庸及其长期工作的中书省宰相府最先开刀?

在笔者看来大致有以下三方面原因:第一,尽管淮右地区出来的那些农民新贵多有不法之事,但在洪武前期与中期,大明统一运动尚未全部完成,大规模的军事行动还时不时地进行,直到洪武晚期才结束。所以说,那时在皇帝朱元璋看来,尽管老乡新贵很无礼,甚至有时还会做出出格的事情来,但只要不太过分,能忍则忍,暂时留着他们还有用。第二,淮右功臣勋旧纵有诸多不法之事,但大多都不发生在皇帝朱元璋眼皮底下或身边。相比之下,淮右集团的核心人物李善长及其所在的中书省宰相府的工作,却几乎天天要与洪武皇帝打交道,这样一来,出岔子的概率也相对要多得多,很容易使得皇帝朱元璋将对淮右功臣勋旧的气撒到李善长与中书省头上。第三,比较而言,明初中央主要权力机构三大府中的中书省以及中书省一把手给朱皇帝的印象:潜在危险最大。

从明朝开国前后的政权机构运行实际来讲,当时中央权力机构最为关键的就是朱元璋惯称的三大府:中书省、御史台和大都督府。(《明太祖实录》卷26)大都督府长官先是朱元璋亲侄儿朱文正,后来是外甥李文忠,从当时的情形来看,军事机构权力一直掌握在朱家人的手里,后来又分左右都督,军权被分散了,危险不是太大;御史台是监察机构,尽管说它很重要,但再重要毕竟不是到了万万不可缺少的地步,相对于天天要操办行政和应对纷至沓来政务的中书省,它就相对显得那么的无足轻重了,所以当初同样有着强烈乡土观念的朱元璋就把主持监察的御史台工作交给浙东文人圈的重量级人物刘基等人。刘基为人正派,"慷慨有大节"(《明史·刘基传》卷128)。如此一来,御史台反而相对落得干净,剩下的就是中书省了。

明初中书省来源于小明王政权下的江南等行中书省,而江南等行中书省又是从朱元璋、李善长等人为核心的军队兼管地方政务的机构直接演化过来的。由于战争年代的朱元璋忙于军事,打理日常行政与内务的事情都落在了李善长的头上,由此而言,李善长变成了江南等行中书省、中书省的实际上第一号人物,加上他又善于编织人脉关系网和拥有浓烈的乡土观念,自然就使得其长期工作的中书省变成了淮右新贵人事"俱乐部"和活动"大本营"。朱元璋后来处心积虑要彻底废除中书省宰相制,固然有着他躬览庶政、大权独揽的霸气和专制,更有其清除淮右集团危险分子的深刻用意。而所有这一切似乎从洪武初期朱元璋对宰相府四任宰相的人事变动中就能窥豹一斑了。

● 洪武皇帝与淮右集团核心人物、大明宰相李善长之间的是是非非

明初朱元璋先后任用了李善长、徐达、汪广洋、胡惟庸四人担任大明帝国的宰相,从担任宰相的这4人来看,基本都具有以下几个特点:第一,大多原来的级别不低,或者说是朱元璋集团的核心人物。第二,这几个宰相基本上都是朱元璋的安徽老乡即早期投奔朱元璋、来自淮右地区的人(汪广洋为苏北人,从严格意义上来讲,算不上是朱元璋的老乡,但他流寓于安徽境内,并在那里早早地投奔了朱元璋)。第三,除徐达以外都是文人,但实际上徐达是个儒将,又长期在外作战,因此完全可以这么说,宰相府是个最高级别的中央文臣官府。第四,这几个宰相如果按最终的生命终结时间来排序(汪广洋、胡惟庸、李善长)的话,似乎一个比一个死得惨(除徐达外)。那么,为什么明初出任过宰相的人最终命运一个比一个惨呢?

○ 明初第一任宰相、淮右集团的核心人物李善长的功劳

李善长是安徽定远人,与明朝开国元勋徐达是同一个县,与朱元璋的家乡是隔壁县,因而他们在心态上与情感上很容易走近。从《明史·李善长传》和《明实录》等史书所记载的情况来看,李善长具有以下几种特点:

第一,李善长"少读书有智计,习法家言,策事多中"。这是说李善长少年时代起就熟读中国传统经典,尤其是法家之书,足智多谋,算计、策划事情多能成功。这是一枚币的正反两个面,如果有人这么想:战争年代他帮了朱元璋,朱元璋成功了;如果和平年代他起了反心,或帮了别人或自立,事情就复杂了;又说李善长"策事多中",同样也有两个面,关键就在于他为谁策事了,要是和平年代再策事,那就不好了。所以说《明史》对《李善长传》写得很到位,作者吃透了有关资料,以李善长的个性与特长作为切入点,首先提醒人们李善长个人可能隐藏着巨大的人生危险。(《明史·李善长传》卷127)

第二,《明史》记载说李善长"其为里中长者",这说明他社会经验丰富,个人有威望,精通人事关系,善于调节人际关系;谙于人际关系的另外一面也就是容易编织人际网络,拉帮结派,后来他与朱元璋结为儿女亲家了,却又和胡惟庸结成亲家,社会背景深厚。

第三，史书说李善长在元末时曾避匿山中，预测世事。这说明他有独特的政治头脑，对局势把握得较准，应该来说是个不错的政治家。

第四，当朱元璋的军队攻占滁州时，李善长身着儒服，亲自跑到朱元璋军驻地去拜见新主，不像刘基那样是被人家请出山来的——进退有据，而是迫不及待地自己送上门（《明太祖实录》卷1）。这不仅说明他有积极的或者说是强烈的入世心态，而且还很容易因为一味地"进取"，最终导致进退失据；史书又说他喜欢"习法家言"，这就进一步说明了他有极强的功利主义。说实在，法家在中国传统社会中的名声可不咋样，甚至可以说是声名狼藉。人们普遍认为法家薄恩寡义，一般儒士都不愿往法家边上靠，但李善长不仅公然学，而且还练就这样的人格，形成了"外宽和，内多忮刻"的性格特征。所以他与正人君子刘基不能处好，反而与小人胡惟庸关系密切。李善长的这种为人处世性格特征隐藏着一个潜在的负面影响，初次相识的人还以为他是好好先生，但时间一长，人们就看穿了他，所以经常一起在朝为官的同僚对李善长实际上都不怎么样。一旦他有难了，真正为他说话、解围的人就很少。过多的入世、无法超然，往往会贪图美色和财物，这也是李善长致命的缺陷。

第五，《明史》说李"善长明习故事，裁决如流，又娴于辞命"。遇事裁决如流，在战争年代具有无比的优越性，免得朱元璋前线后方应接不暇，省了主子不少心思。但到了和平年代就显得独断和专权了，因此与同样独断的朱元璋相处，两者之间的冲突是迟早的事情。冲突的结果就要看谁占的位置显要和谁拥有更大的权力。朱元璋一开始就以"主"的面目出现，而李善长起初就以宾的身份"入伍"，李善长没有朱元璋那般家底，也没朱元璋那般独特的手段，因此败也是迟早的事。（《明史·李善长传》卷127）

第六，李善长与朱元璋的关系就好比刘邦与萧何的关系，即非同一般的共患难同生死的亲密战友加哥儿们情谊在一起。不仅仅李善长，整个淮右集团的主干都具有这样"天时地利"等方面的优势，这是朱元璋政权的另一个组成部分——以刘基、宋濂为首的浙东文人圈所无法企及的，所以我们也就不难理解，朱元璋后来在考虑宰相人选时，尽管谋士刘基对其一一否定，但他还是一一照用。这除了反映出朱元璋刚愎自用的个性特征外，更多地折射出他对淮右集团的一种天然情感倾斜。还有一种潜在的因素，那就是朱元璋政权中浙东文人圈都是儒士，他们与淮右集团的农民新贵具有不同的价值取向、审美取向甚至生活习性，就朱元璋个人而言，他与浙东文人圈的儒士们最多是在空间距离上走得很近，而不可能在心理上真正贴近。但他与淮右集团则是由于相同地方出生、相同或相似的家庭背景，又是早早一起闹革命，具有相同的价值取向、相同的审美取向以及相同的生活习性，朱元璋眼里有的是老乡。

这也难怪朱元璋,因为他们曾生死与共过,徐达曾作为人质质押在冲突对方,换回朱元璋;再说李善长,无论是在战争年代还是在大明帝国初创时期,他在朱元璋的心目中的地位是相当高的,可谓是亲密战友,这种亲密无间的关系从两件事情可以体现出来。

第一件事情是在最初李善长投奔时,朱元璋先是以礼相待,后来就留下了他为军中的"掌书记",相当于军事参谋与军事秘书一类的官职。(《明太祖实录》卷1)

当时朱元璋对于自己未来的发展有些迷茫,他就找来李善长问:"四方战斗,何时定乎?"李善长奉劝他,要他仿效祖上邳县老家的汉高祖那样,"法其所为,天下不足定也",做第二个平民皇帝。李善长的鼓舞坚定了朱元璋进取的信心,这是朋友加兄弟般的最大支持,朱元璋能不感激吗?更何况李善长作为军机秘书和参谋总是尽职尽责,忠心耿耿地留在朱元璋的身边,帮助他、辅佐他。

朱元璋不断地取胜,个人威望也日益提高,这不能不引起朱元璋当时的顶头上司郭子兴及其周围僚属的不满与猜忌。

郭子兴身边也不全是酒囊饭袋,有人帮郭子兴出了很狠的一招:打算将朱元璋的兵权给剥夺了,并将李善长等人给调离,叫他辅助自己。按照当时的官位级别来说,郭子兴与朱元璋是上下级关系,上级郭子兴要调李善长,一来说明李善长有本事且名声在外,到高一层发展可能更加有利;二来即使到了郭子兴那里不升官平调一下,但也不同于在下属部门朱元璋那里。中国有句古话叫"宰相门前六品官",郭子兴不是什么宰相,但毕竟是一军之帅。但令常人看不懂的是,李善长听到调令后不是高兴地与人道别,而是哭,且哭得很伤心。有人问他为什么哭,他说就是不愿意离开朱元璋。朱元璋听到后感动得几乎也要掉眼泪了。我想这种哭是很难装得出来的,一来当时朱元璋不仅没有大富大贵,相反他还仅仅是造反起义的一支农民军中的下属将领,取天下是个未知数,李善长没有必要装什么哭来拍朱元璋的马屁。第二,李善长毕竟也是个读书人,又是"里中长者",可以说是算得上有点脸面的人物。什么人才会哭,小孩与女人才会哭,成年的男人一般都不会哭的,俗话说,男儿有泪不轻掉。但李善长却确确实实地哭了,哭得朱元璋也被感动了,这足以表明他肯定是发自内心的真诚,由此可见李善长与朱元璋之间的关系是非同一般。自此以后,朱元璋倍加重用李善长,信任李善长,依靠李善长。而李善长也能勤勉自持,毫不倦怠。(《明史·李善长传》卷127;《明太祖实录》卷1)

第二件事情就是发生在和州城攻下以后,为了巩固根据地,朱元璋率军在外拓展,留下一个空虚的大后方和州城,让李善长守着。不料这件事走漏了消息,元朝军队逮住机会前来偷袭,当时和州城很危险,外无救兵,内为老弱病残,怎么办?李善长最终想出了一个办法,设下埋伏,将来势汹汹的元军引入了事先设好的埋伏圈,接着,依靠着城内剩余的这些老弱病残兵力发起猛烈攻击,结果大败元军。朱元璋回来以后,看到和州不仅安然无恙,而且还挫败了元军,巩固了后方根据地,由此对李善长更是充满了由衷地佩服,由敬佩到感激,也就更加欣赏李善长的非凡的能力。(《明史·李善长传》卷127)

当然李善长对朱元璋政权做出的功绩还远不止这些,在建立大明王朝前后,李善长的贡献在人臣中鲜有人能及。

第一,不仅做好后勤保障和军粮筹划工作,而且还当好军事参谋、人事参谋。

以往人们对李善长的研究,都注意到了他在朱元璋政权中的军粮筹划与后勤保障,而忽视了这样一点,《明史·李善长传》中还这么说李善长"从下滁州,为参谋,预机画,主馈饷,甚见亲信";"太祖威名日盛,诸将来归者,善长察其材,言之太祖。复为太祖布款诚,使皆得自安。有以事力相龃龉者,委曲为调护"(《明史·李善长传》卷127)。这一段史料说明李善长与朱元璋关系十分亲密,李善长不仅是军中的军事参谋、后勤部长,而且还是"人事部部长"或"人力资源部部长"。凡归顺诸将,他都协助朱元璋予以妥善安顿,诸将之间有不合而发生矛盾的,他极力劝解调和,也使朱元璋威名大振。可这样一来就有了个问题,那就是李善长掌握了大量的军事机密和人事机密,无形之中也就使得他成为了淮右集团中除朱元璋以外的核心人物。在战争年代,军务繁杂、敌我斗争你死我活,朱元璋相对少有精力来怀疑自己的"亲密战友",反而越发青睐他。但到了和平年代,知道机密事情越多并不是一件好事了。朱元璋强渡长江,攻克太平,直指南京,就是他与李善长等人一同谋略并取得成功的。朱元璋为太平兴国翼大元帅时,李善长出任帅府都事(《明太祖实录》卷3),即相当于元帅府里办公室主任或者是参谋长的角色。在夺取镇江以后,朱元璋被诸将奉为吴国公,他就提升李善长为中书参议。军中机务,进攻或防守,赏罚规定,等等,十之八九都由李善长裁定。李善长也十分得意,他经常把朱元璋比作刘邦,而自比萧何。在朱元璋眼中,李善长是辅佐朝政的得力功臣,拜之为右相国。(《明太祖实录》卷14;《明史·李善长传》卷127)

第二,参照元朝的制度,将元朝的弊政剔除出去,制定了盐法、茶法、钱法、渔法等,帮助朱元璋恢复和重建社会经济秩序,为大明帝国的经济好转作出了很大的贡献。

第三,与刘基等共同编定《大明律》,建章立制,健全大明王朝的礼仪制度,构建有序的等级社会。

1368年朱元璋在南京称帝，任命李善长为大礼使，兼任太子少师，凡是朝中的一切册典、郊社宗庙之祭礼，天下岳渎神祇之名号，封建藩国及功臣之爵赏、六部尚书以下的官制，官民丧服之制，朝臣大小服色之俸赐，三师朝贺东宫的礼仪，死亡的开国将领遗孀与孤儿的抚恤，元史的监修，祖训的编制，等等，用今天话来说，凡是帝国民政礼俗文化和宫廷中礼仪规制等，不论事情的大小，都由李善长牵头，会同其他的朝中儒士商定；他还与御史中丞刘基、右丞杨宪等人参照《唐律》，起草与制定《大明律》，协助朱元璋重建有序的等级社会秩序。(《明太祖实录》卷26；《明史·李善长传》卷127)

　　一句话，李善长在大明帝国建立的前后是个仅次于朱元璋的淮右集团核心人物。

○ 淮右集团核心人物李善长被封为第一功臣与第一人臣，是喜还是忧？

　　正因为如此，在以农民新贵为主干的一个新兴帝国政权即将呼之欲出之时，1367年(吴元年)，朱元璋在建设吴政权时尤其没有忘记功勋卓著的老战友、老哥儿们李善长，将他封为宣国公(《明太祖实录》卷25)，并改官制尚左，李善长出任左相国即正宰相。(《明太祖实录》卷26)

　　1368年大明帝国开国，李善长顺应就成为大明帝国的第一任宰相。此时李善长在朱元璋心目中所占据的位置是无人能企及的，何以为据？

　　1370年即大明帝国建立的第三年，朱元璋在南京大封功臣，李善长位居功臣第一，就连早早参加起义军、曾经救过朱元璋性命、后来又出生入死南征北战打下大明几乎半壁以上江山的徐达都位居李善长之后，当时好多人不理解啊。如何对李善长的功劳作出评价和对他进行封官晋爵呢？朱元璋是这么说的："善长虽无汗马劳，然事朕久，给军食，功甚大，宜进封大国"(《明史·李善长传》卷127；《明太祖实录》卷58)。在他看来，李善长虽然没有冲锋陷阵的勇士们那样的功劳，但他跟随我的时间相当久，我们军粮供给全靠了他张罗，他的功劳相当大。于是朱元璋就给李善长极高的政治荣誉、经济待遇和最高的行政官职："乃授开国辅运推诚守正文臣、特进光禄大夫、左柱国、太师、中书左丞相，封韩国公，岁禄四千石，子孙世袭。"(《明史·李善长传》卷127；《明太祖实录》卷58)

　　细细说来，李善长位极人臣，拥有三项特殊待遇，既为行政级别最高的左丞相，又被封为韩国公。"时封公者，徐达、常遇春子茂、李文忠、冯胜、邓愈及善长六人。而善长位第一，制词比之萧何，褒称甚至"(《明史·李善长传》卷127)。真是风光至极，政治地位与待遇之高是大明帝国开国之初所有功臣中少有的，这是李善长第一项特殊待遇。

不仅如此,经济收入也相当可观,仅岁禄就有4 000石。明初一般宰相的年收入约1 000石,大臣中最高收入的要数开国的六公,而李善长位列六公中第二(徐达最高),但他是文职官员中俸禄最高的一个。在明初普遍低薪制的状态下,他不仅位近人主,而且可以说是文职官僚阶层中的第一大富豪。这是李善长第二项特殊待遇。(《明太祖实录》卷58)

李善长享受的第三项特殊待遇是,朱元璋恩准他的子孙们世袭爵禄,"予铁券,免二死,子免一死。"这是法律上的特殊待遇。(《明史·李善长传》卷127)

应该来说,李善长可以满足了,如果他头脑稍稍清醒、理性一点的话,这么高的"收效"并不都是好事,功高会盖主,功大会震主,物极必反。他似乎忘了中国传统文化中道家的教导:"福兮,祸之所伏。"他自比萧何,只记得萧何如何如何,不记得文种和韩信的悲剧,不记得"狡兔死,走狗烹"的历史明鉴。因此我们说,李善长的悲剧终结只不过是个时间问题了。

○ 大明第一人与第一大臣的无语之争——相权与皇权的冲突

在南京建都以后,随着全国性的统一战争的不断胜利,大明王朝迎来了全国性的由战乱走向和平建设的大好形势,同时统治阶层的矛盾也逐渐凸现了出来。李善长与朱元璋关系即相权与皇权之间的冲突也就逐渐明化。这里面既有朱元璋这个中国历史上少有的以雄猜著称的强势皇帝方面的原因,也有李善长个人性格和处世等方面的原因。具体地说有以下几个方面:

第一,在天下未定的情况下,李善长的个性与才干是很让人刮目相看的,他多谋善断,勇于任事,这对于忙于战争与统一大业的朱元璋来说,正是求之不得的;但到了和平年代,对于已经没有战事忙乱的帝王朱元璋来说,李善长的迅速、果断、干练等优点则更多地表现出一种难以容忍的缺点,那就是对皇权的漠视与侵犯。

第二,朱元璋是中国历史上少有的以雄猜著称的强势皇帝,由于他童年和少年时代极度的卑微,饱受了人们的鄙视;在成年以后他就表现出极度的自尊,当登上至高无上的权力巅峰时,他的这种极度自尊到了无以复加的地步;加上历代相权与皇权相争经验与教训的明鉴,朱元璋从保护他的朱家基业万世永存的角度去考虑,当然会表现出对相权的讨厌甚至是厌恶。这一点可能是李善长所没有料到的。

第三,李善长有能耐,这没错。但是李善长很贪婪,什么都要。从现有的资料来看,当初他拿了胡惟庸的多少好处(费)就为他"说官",这就不得而知。但史书记载说:胡惟庸由一个小小的宁国知县,通过李善长的推荐,一下子被擢升为京官太常寺少卿,"(胡)惟庸以黄金三百两谢之"(《明太祖实录》卷202),这可有正史明确记载的;与朱元璋结为儿女亲家了,还"让"侄儿娶胡惟庸的侄女,为了李氏家族的利益,他也太不自足了;晚年即使胡惟庸惊天大案爆发了,作为荐主的他没被处理,居然还精神矍铄地盖府宅花园,等等,这一切就充分暴露了李善长贪婪的本性。(《明太祖实录》卷202)

第四,中国自古以来就有"共患难易,同富贵难"的说法,这在历代君臣中屡见不鲜:范蠡、文种与勾践,韩信、萧何与刘邦,等等。朱元璋尤其是以雄猜著称于历史,所以明初位于权力中心仅次于皇帝的宰相兼淮右集团核心人物李善长自然就成为权力斗争的主角。

由于政治形势和权力中心人物心态都已发生了变化,而洪武初年作为帝国权力中心的第二号人物左丞相李善长恰恰又没有及时看清时势变化,在心态、工作作风与行事态度等诸方面作相应的调整,而是依然如故,甚至有时有过之而无不及。原本敢于任事、当机立断等优点此时变成了目中无人、擅自独断的缺点,这就使得身居大明帝国最高权力宝座的朱元璋显得"无关紧要",同时这也是相权对皇权的不恭或侵夺,至少在朱元璋看来是这样。一次两次,尚可宽容,但一旦次数多了,就难以容忍了。加上李善长为人处世"外宽和,内多忮刻",参议李饮冰、杨希圣稍微侵犯了他的权限,他马上奏请皇上,罢免了他们的官职;御史中丞刘基在立法问题上同他有了不同意见,他就破口大骂,毫不容人。(《明史·李善长传》卷127)

由此看来,李善长这个人很霸道,也很阴险,是一只"笑面虎"。凡是他觉着看得不顺眼的人,或者冒犯他的人,他绝不宽恕,予以无情的打击,议定个罪名,上奏朱元璋予以黜除。因此我们说,李善长的官场人缘关系并不好。这些被他罢免的人或与他有矛盾的人并不会善罢甘休,也会有人到朱元璋面前"哭诉"。"哭诉"的人多了,在所难免让朱元璋产生了一种印象:李善长霸道、专权,甚至可以说是一手遮天,于是他要对李善长有所限制。但朱元璋也清楚:李善长权高望重,更何况其周围还活动着一大帮子淮右老乡新贵;如果对他处置不当,会引发很多的不良后果。所以朱元璋只能先"忍"着,等待合适的机会,同时又表现出一些对李善长的疏远。

○ 非淮右集团第一个悲剧大臣杨宪之死的背后

对此,李善长也有所感觉:皇帝对自己没有以前那么亲热与信任了。最为明显的事情就是皇帝不断地派人到中书省丞相府任职,王溥、胡美、杨宪、汪广洋、丁玉、蔡哲、冯冕、陈宁等一些非淮右集团的人士分别被任命为平章政事、左、右丞和参知政事等(《明史·宰辅年表》卷109)。而在这些非淮右集团的人士中,尤其那个杨宪最为狂傲,压根儿就没把我李善长放在眼里,听人说他还与凌说、高见贤和夏煜等曾向皇帝进谗,说我李善长根本就不是一块宰相的料。虽然皇帝没听他们的,但由此说明,杨宪这个人够危险的,为今之计最好是除掉他,但怎么除呐?

世界上的事情有时很滑稽,当你还不知道怎么除掉敌人时,敌人却跑到你的"门"上来了。

洪武二年年底,李善长身体不适,告了一段时间病假。皇帝朱元璋采取了变通办法,在保留李善长宰相之位的前提下,任命自己的"老秘"汪广洋为中书省右宰相,再将在外地任职的杨宪调入朝内,担任中书省右丞。明眼人一看就明白,这是洪武皇帝在给宰相府"掺沙子"呐。按照朱元璋的设想:让"老秘"出身的谨小慎微的汪广洋暂时负责主持中书省全面工作,让精明能干的杨宪当他的助手,这样就使得宰相府在没有李善长在时,照样能把工作处理好。

再看那杨宪,还真让人刮目相看,尽管他年轻,但工作起来却十分利索、老道,处理事情井井有条。为此很得皇帝喜欢,据说皇帝朱元璋还打算以杨宪为相呐。

以杨宪为相? 那可不是过去的"掺沙子"了! 就为这样的谣传,李善长等淮右新贵们的心像小鹿一样猛跳。再看入省后杨宪的那副样子,简直就没把顶头上司汪广洋放在他的眼里,且还要"尽变易省中事:凡旧吏一切罢去,更用己所亲信"(《明太祖实录》卷54)。这着实急坏了淮右集团的人,李善长的亲信胡惟庸急着跑到老宰相府去告状,并发出这样的悲叹:"杨宪为相,我等淮人不得为大官矣!"(【明】刘辰:《国初事迹》)不过,姜还是老的辣,李善长耐住气,示意淮右集团的人先让着,静观事变。当杨宪颐指气使,专断决事,咄咄逼人,又不断获取胜利时,李善长为首的淮右集团骨干分子睁大眼,甚至拿了放大镜在找杨宪的岔子。终于在杨宪唆使刘炳弹劾汪广洋和刑部侍郎左安善时,老宰相逮住了机会,突然上书皇帝,指控杨宪"排陷大臣、放肆为奸"。刚巧刘炳弹劾刑部侍郎左安善职务过失之事又不属实,由此局势发生了180度大转向,原本处于上风的杨宪与刘炳刹那间让皇帝朱元璋给收拾了。(【明】焦竑:《国朝献征录·资善大夫中书左丞阳曲杨宪传》卷11)

利用皇帝好猜忌的个性,轻轻松松地搞掉了危险分子杨宪后,李善长等又将矛头指向了敢于公开向淮右集团说"不"且有"潜在危险"的另一个重量级人物——浙东文人圈领袖刘基。

● 非淮右集团第二位悲剧大臣刘基及其浙东文人圈

朱元璋在南京开创大明帝国前后,尽管手下人才济济,但从领导核心来讲,最主要由两部分人组成,即以李善长和"后起之秀"胡惟庸为核心的淮右集团和以刘基、宋濂为首的"浙东文人圈"。作为皇帝的朱元璋与李善长为核心的淮右集团之间的关系,前面我们已经讲过,那么他与刘基、宋濂为核心的"浙东文人圈"的关系又是如何的呐?

○ 朱元璋与"浙东四先生"

前文说过,朱元璋最早接触到浙东文人圈应该是在攻下婺州和处州后,"初上(指朱元璋)在婺州,既召见宋濂,及克处州,又有荐基及溢琛者。上素闻其名,即遣使以书币征之"。1360年总制孙炎向朱元璋提出,延聘"浙东四先生"来南京,朱元璋当即下令让他上浙江去聘请。刘基、宋濂、章溢、叶琛等就是这样被请"出山"的。(《明太祖实录》卷8)1363年朱元璋在南京城里盖起了礼贤馆,将刘基等安排在那里任职(《明太祖实录》卷12)。"浙东四先生"中的叶琛后来出任洪都南昌知府,上任没多久就死于江西省丞相胡廷瑞外甥康泰等人的叛乱之中;章溢曾被朱元璋任命为浙东按察副使等地方官职,长期远离政治中心,直到大明开国时才与刘基并拜为御史中丞,但后来又被外派,因此说他基本上也是远离朱元璋政权的领导核心;再说宋濂,虽然他是一代名儒,但出山后主要担任朱标太子的老师、《元史》总裁官、翰林院学士等文职官,说白了,也没有真正进入大明帝国的核心领导阶层。(《明史·刘基、宋濂、叶琛、章溢传》卷128)

所以说,"浙东四先生"或言"浙东文人圈"自出山后实际上已经被朱元璋"拆散"了,只有刘基才算得上是真正进入到了朱元璋政权的核心,他曾任朱元璋的军师,两人关系曾经好得跟一个人似的,但最终他却也不得善终,这是为何?

○ 为什么无所不能的"大神人"军师刘基没有出任大明宰相?

事情还得从刘基出山后说起。话说刘基出山后的"表现"还真不俗,连连正确无误的军事前瞻和决策,不仅使他赢得了"神人"军师的美誉,而且也提高了自身在朱元璋政权中的威望。

应天大捷之前刘基料定张士诚眼光短浅,不会与陈友谅合伙进攻南京,于是他向朱元璋提出速决战略,诱敌深入,痛击陈友谅,使朱元璋军事被动转为军事主动;安丰告急,朱元璋要去救小明王,又是刘基及时地作了提醒,只是朱元璋没听进去,走了一着险棋,终因对手愚蠢,这才没有铸成大错,这一切都让事后的朱元璋唏嘘不已;更为惊险的还要数鄱阳湖上刘基救驾了……(《明史·刘基传》卷128)

这一切不仅显示了刘基的超人胆识和机智,而且也充分展现出刘基杰出的军事谋略和远见,换句更为直白点的话来讲,就如民间所传扬的刘基在军事上特别能神机妙算。

要说刘基的杰出才能还远不止于他在军事决策上拥有了常人所没有的"超前的意识",在堪舆学和天文学方面他同样也有杰出的天赋。大明帝国建立之前,明皇宫的选址就是由刘基等人来卜定的,虽然后来建在燕雀湖上的明皇宫出现了部分下陷,但那是洪武中晚期的事情,刘基已经作古了。而在大明建国之际,在迷信十足的朱元璋眼里,明皇宫占尽了紫金山的龙气,刘基理所当然是世界上数一数二的堪舆学家了;更为人们所惊叹的是刘基在天文学上也"身手不凡",大明开国大典的佳日良辰也是由刘基来选定的,神乎?这些都给自称是"天生圣人"和"命定天子"的朱元璋增添了无数的神秘的光环,刘基说出了许多朱元璋想说而不知如何说的话,做了许多朱元璋想做而没办法做的事,对此,朱元璋能不喜欢他吗?!于是君臣两人关系进入了"蜜月期",好得跟一个人似的。(《明史·刘基传》卷128)

史书记载说,刘基长相不错,身材高大伟岸,性格直爽,慷慨大方,说起民族前途与国家安危时,往往是一脸的正经和严肃。朱元璋看到这位老先生对他一片至诚之心,就将他当作自己的知己与心腹。每次找刘基议事,往往叫周围和手下的人都退下,他们两人低声密语好一阵子。刘基感慨自己碰到了朱元璋,真是难得一遇好主子,所以常常想到什么就讲什么,遇到十分紧急为难的事情,他敢于面对,及时筹划应对策略与计谋;要是一旦有了空闲的功夫,便向朱元璋讲讲"王道"之术,而朱元璋每次都能恭恭敬敬地倾听刘基的,并尊称其为"先生",而不呼其名,甚至还将他比作为汉高祖刘邦身边的谋士张子房张良,由此可见朱、刘君臣关系已非同一般。(《明太祖实录》卷99;《明史·刘基传》卷128)

但有件事情很奇怪,尽管朱刘两人关系已到了亲密无间的地步,但刘基的政治待遇似乎并不算太高。吴元年,他被任命为太史令;朱元璋登基称帝后,他被拜为御史中丞兼太史令。御史中丞是御史台——后来改名为都察院的长官,刘基任职的御史中丞实际上就相当于监察部部长,而掌握大明帝国政府大权的中书省宰相府却始终与他无缘,换句通俗话来说,刘基充其量当个部长,却一直没有当总理的份。这到底是为什么?

第一,刘基出山时,朱元璋已经在南京站稳了脚跟了,他的政权里已经有个"大能人"李善长,每当朱元璋忙于前线军事战务时,李善长十分称职地担当起后方总指挥的角色。不可否认,李善长的才能也是一流的,总不能因为刘基来了,就要将李善长这样的一流人才给换下来,这是不恰当的。再说,刘基再聪明,要接替李善长这个类似于宰相的角色也要有时间。

第二,朱元璋是个很聪明的人,他对人才的观察比任何人都仔细,刘基的长处是"能掐会算",留他作军师与参谋最合适,这叫知人善任。如果不是这样,将刘基换到李善长的位置上,刘基或许能干好,但李善长的老部下不一定会买刘基的账,所以最好还是不动"人事"。

第三,从应天大战前夕高层决策时刘基对"投降派"怒目而视的细节来看,他这个人很正、很直,不大绕弯子,所以朱元璋在大明开国前后让刘基出任御史中丞兼太史令,去搞天文堪舆、监察和修订法律,这也叫用人所长。做宰相要有很好的"内功",俗称叫"宰相肚里能撑船",刘基明显不合适,还是叫表面"一团和气"的李善长继续做宰相更为妥当。

第四,尽管朱元璋表现出对刘基很好,但刘基来到他身边毕竟时日不长,而朱元璋偏偏又是个猜疑性很强的人,他不会用自己不太了解的人到最为要害的岗位上。(参见《明史·刘基传》卷128)

第五,朱元璋叫花子出身,又是安徽人,他与刘基、宋濂这些"大儒"毕竟不是"同类项",真正达到"神合"似乎是不可能的,加上语言上浙江方言也是一大问题。与此相比较,朱元璋倒与李善长、徐达、胡惟庸他们更合得来,都是安徽同乡,习俗、语言甚至审美情趣都十分接近,加上情感上,他们之间有着更长的"情义"了,所以说,明初的宰相人选只能是在李善长为首的淮右集团内而不可能是刘基为首的浙东集团的了。

○ 由"管天"到"管地"、管监察、管法律,可刘基最终还没能管得了自己?

刘基没有出任大明帝国的宰相,朱元璋老早就叫他去当太史令,专管天文历法的推算——主管大统历的修订,换句话来说,有点类似于现在的国家气象台的气象观测与研究。不过,刘基可没有600年后的现在气象预报员那么神气,在电视屏幕上一站,拿了根棒棒指指点点,一夜之间就成为家喻户晓的"气象超男"。话得讲回来,当了太史令,刘基还挺忙的,他不仅要管天象,而且还要管"地象",因为古代中国人相信"天人感应",天降灾异,必定是地上人们有什么地方得罪了"上天",一般的"明君"就要广纳谏言,检查自己治国理政的得失。所以说太史令工作的本职是"管天",而它的下延自然就是"管地"了。吴元年上半年,南方大旱,人们纷纷议论。刘基认为这是因为天下有太多的冤案、错案,所以上天才会以大旱来惩罚当政者。

于是朱元璋就派刘基去重新审理那些冤假错案,神奇的是,平反工作才结束,雨从天降,不管是民间还是朝廷内外,就此都把刘基奉为神仙。刘基借着这种机会又向朱元璋进言,要求编定法律,为日后执法与定罪量刑提供依据。(《明史·刘基传》卷128)

这事过了没多久,有一天,有人传言说,不知是什么原因,朱元璋要处决一批人。刘基听后心急火燎地赶往朱元璋那里,想问个原因。朱元璋告诉说:他做了梦,梦见了什么什么,刚开始不理解梦里的事情,现在听人报告是某某人触犯了天条,所以就下令将这些人抓起来了,正要开刀问斩,你老先生来了。刘基连忙劝阻:"您说的梦里的那些事情啊,是好事! 这是得天下得民心的预兆啊,万万不可滥杀无辜啊!"果不其然,三日之后,海宁被打下来,并适时归降了。这下可把朱元璋给乐坏了,他立即下令,将那些本来要被砍头的"犯人"全部交给了刘基处置,刘基当即予以全部释放。(《明史·刘基传》卷128)

可以这么说,在朱元璋登基称帝前后,刘基不仅为朱元璋运筹帷幄,决胜于千里之外,而且帮助他立纲陈纪,为大明帝国的开国奠基做出了极大的贡献。此时二人的关系非常和顺,为了表达对刘基的感激和对他工作的肯定,朱元璋没忘给他加官晋爵,拜他为御史中丞兼太史令。不仅如此,还要追封刘基的祖上三代。而此时的刘基并未利欲熏心,一方面由于自己到了知天命的年纪,看透了人间世事,另一方面,他深谙儒家思想和道家理论,因而也就没有像李善长那样贪婪,更不可能像胡惟庸那般胡作非为,面对如此的名利与殊荣,他婉言谢绝了。好在朱元璋并未强行,而是在核定天下粮税时,尽管重赋江南却对刘基家乡青田的税收实行减半,目的是想让人们世代记住刘基的恩泽。(《明太祖实录》卷99;《明史·刘基传》卷128)

如此看来,虽然朱元璋没让刘基出任宰相,但在大明开国前后,朱刘关系还是相当不错的,那么,后来究竟发生了什么事情让他们之间发生了隔阂呢?

○ 能掐会算的刘军师与无所不能的朱皇帝之间的矛盾来自何方?

朱元璋与刘伯温关系恶化主要来自三大事件:

◎ 刘基与朱元璋之间关系的第一次缝隙——明初"李彬案"

第一件事情——明初"李彬案"。大明开国的洪武元年年中,徐达率领大明军北伐节节胜利,皇帝朱元璋赶赴汴梁,去考察那里作为都城的可行性,走前将南京城托付给了刘基和李善长共同管理。其中由李善长来管理日常的政务,刘基负责监察官场不正之风。鉴于"宋、元宽纵失天下,今宜肃纪纲",刘基下"令御史纠劾无所避,宿卫宜侍有过者,皆启皇太子置之法,人惮其严。"(《明史·刘基传》卷128,

列传 16)

可就在这个档口,中书省都事(相当于宰相府秘书长)李彬将李善长搬进新宰相府后空出来的老宰相府改造成了一个高档的娱乐休闲场所,再把从张士诚那里俘来的娇姬美眷充当"三陪"小姐,并进行权色交易和买官卖官。这个案子在历史上被称作"李彬案"。若从案件的表象来看并不复杂,台面上的主角就是中书省都事李彬,但实际背景很复杂,李彬与李善长家公子关系很铁,又是李善长的心腹,且跟李善长的红人胡惟庸关系也很亲密,换句话来说,他是李善长为首淮右集团的中坚人物。

尽管台前人物李彬买官卖官做得很隐蔽,但还是给暗中监察的刘基手下的得力干将知道了(一说杨宪侦知),将此事报告给了刘基。刘基决定一查到底,并把侦查的结果发加急书信,向正在北方视察的朱元璋汇报了此事,并请示如何处置。朱元璋下令:"杀!"就在这个节骨眼上,大明第一人臣、淮右集团核心人物李善长从幕后走了出来,为李彬"打招呼"。刘基向来严格执法,刚正不阿,绝不通融,李善长只好另想办法。当时南京城及其周围地区出现了大旱,这在今天人们的眼里是件很普通的事情,但在相信天人感应的古代人看来,那可是异常的天象,人间肯定有什么地方不对劲,对罪了上苍。李善长就以此作为理由,请求刘伯温暂缓对李彬行刑。可刘基绝不买账,坚持按法执行,处决李彬。(《明史·刘基传》卷128)

李彬还挺讲哥儿们义气的,至死也没说出腐败窝案中的其他任何人,这对李善长为首的淮右集团来说真是天大的好事,关键人物死了,大家都可以躲过一劫了;相反,这事对案件的主管人刘基和杨宪等人来说却十分不利,他俩从此与丞相李善长为首的淮右集团结下了梁子(后来杨宪被李善长置身于死地,刘基被胡惟庸毒死,都充分地说明了问题);同时通过这个案件充分表明了以丞相李善长为核心的淮右集团在新兴的大明帝国中占据绝对的优势和拥有相当大的影响。说实在的,在这个新兴帝国政权中,就连皇帝朱元璋本人跟淮右集团也有说不清道不明的关系。据《明史》记载,朱元璋回南京后,淮右集团的人不断地向他告状,一股脑地说刘基如何不好,如何霸道,假借皇帝的名望,任意胡为。告状的人多了,朱皇帝也就分不清是与非,但有一点他是肯定的,那就是绝不容忍底下人的权力超过他。于是人们看到,回到南京后的朱元璋不是去深查李彬案的背景,而是做了件令人一头雾水的事情:严斥刘基的不是。(《明史·刘基传》卷128)

以上是刘基与朱元璋之间关系第一次出现的缝隙或言隔阂。我们中国人最讲究人际关系,最难处理好的也就是人际关系的失和。因为一旦失和、翻脸了,就很难弥补和愈合,尤其是君臣关系,那就更不好处理了。而就在朱、刘之间第一次出现缝隙尚未来得及愈合之际,第二次缝隙或言隔阂又不期而至了。

◎ 第二次缝隙出现与隔阂的增大——刘伯温第一次"天灾人事"预言失验

第二次朱、刘缝隙或言隔阂起源于刘基的预言失验。朱元璋叫刘基任太史令,确实也是任人所长,刘基对自己的"专业"不仅很热衷,而且常常是乐此不疲。问题也就出在这里,朱元璋很迷信,尤其相信天人感应,而刘基也特别自信,相信自己的每次推算都能很正确、很灵验。殊不知这是一种反科学的高级迷信罢了,谈不上什么正确率,但有一定的巧合性,如果有一两次应验也属正常,但时间一长,自然会毛病百出,预说者与听者之间也不免会引起误解与矛盾。

明朝刚开国那几次灾害都让刘基给"算"准了,但对接下来的这次旱灾,刘基的推测就没那么运气了。却说当时天下大旱,朱元璋再次找到刘基,要他看看究竟是怎么回事。在经过一番观测与推算后,刘基禀告说:"这次旱灾的起因有三个:第一,死亡将士的妻子们全被另行关着,人数约有几万,阴气郁积得很厉害;第二,南京城的工匠死亡得太多,至今他们的遗骸大多还没有入殓;第三,东吴张士诚手下投降过来的将士不该编入军户,否则有违于天下和气!"朱元璋一向很佩服刘基的"神测妙算",这次听完"大神人"的指点后就一一纠正前失,该抚恤的就抚恤,该放回的就放回。

该做的都做了,但过了许多时日,老天还是照样大旱,未曾下过一滴雨水,这下可将朱元璋"逗"火了。而恰恰在这时,刘基得罪过的那些人又乘机蠢蠢欲动,逮住机会在皇帝面前拼命攻击刘基,由此刘基与朱元璋的隔阂更加增大了。(《明史·刘基传》卷128)

◎ 第三次缝隙出现与隔阂的增大——"营建中都"的争议

自洪武元年"李彬案"中无意间与淮右集团交上了手,刘基在大明朝廷内的处境并不佳,用今天话来说,他处于绝对劣势的少数派行列,在朱元璋政权中没有多少的亲和力。作为熟读经史之籍的著名文人,刘基不是不知道这一点,加上皇帝朱元璋对他的态度也大不如以前。文人的敏感性使得刘基本能地反应——及早地脱身朝廷这个是非窝。碰巧洪武元年(1368)八月,近60岁的刘基家中妻子过世了,他借口回家安葬,顺便向朱元璋提及,想从此归隐青田老家。从史书的记载来看,朱元璋似乎也没有执意要强留他(《明太祖实录》卷34)。刘基心里到底如何,我们不得而知,想必也不会太好受。不过他这个人就是耿直,对大明帝国忠心耿耿。行前,向朱元璋道别,顺便不忘规劝皇帝,提醒要他注意两件事:第一,"凤阳虽帝乡,然非天子所都之地,虽已置中都,不宜居";第二,明军在与元朝残余交战时千万不可轻视了扩廓帖木儿即王保保的部队(《明太祖实录》卷99)。但志得意满又刚愎自用的朱元璋哪儿听得进去,就在刘基离开南京之际,他还送给刘基一首诗:"妙策良才建朕都,亡吴灭汉显英谟。不居凤阁调金鼎,却入云山炼玉炉。事业堪同商四老,功劳卑贱管夷吾。先生此去归何处?朝入青山暮泛湖。"意思很明白,就是叫刘基在青田老家"朝入青山暮泛湖",不要多管闲事。

再说回家后的刘基心灰意冷、情绪格外低落,下葬了妻子后,就在家里过了几天清闲的日子,本以为就此可以安度余生了。没想到几乎是要将自己撵回老家的洪武皇帝却突然间又急吼吼地召他回京。朱元璋之所以要急着召回刘基:一来是由于他在营造中都的事情上出了麻烦(前面讲的工匠"厌镇法");二来是由于徐达率领的明朝军队在与元朝残余扩廓帖木儿即王保保交战的过程中骄傲轻敌,吃了败仗。在这样非常的时刻,朱元璋如梦初醒,发现眼前所发生的一切,都让老军师刘基事先给说着了,于是越发觉得刘老先生了不起,随即发出手谕,让刘基迅速返回朝廷。

刘基回到了南京后,皇帝朱元璋不仅对他好生招待,赏赐甚厚,而且还给他加官晋爵,甚至要追封刘家上两代为永嘉郡公,但这一切都让刘基给一一谢绝了。(《明史·刘基传》卷128)

○ 祸从口出——关于宰相人选的君臣对白

适逢此时皇帝朱元璋对淮右集团核心人物丞相李善长极为不满,想罢他的相位,于是就跟刘基探讨起继任宰相的人选。刘基听后极为公正地评价李善长,分析了李善长为相多年来所取得的政绩,认为他作为开国元勋,善于调和朝廷内外的各种矛盾,能力很强又能服众,是不可多得的人才。朱元璋听后十分耐人寻味地说道:"李善长曾多次想加害于你,而你刘先生却如此公正无私地说出这番话?我实话告诉你,我想找个合适的人才接替他的相位。"刘基听后回答道:"这换相如同屋子上换柱子啊,必须得用大木头,如果弄根小木头凑合地用,那房子肯定要倒塌的。"刘基的话太直露了,明白告诉朱元璋,若想镇住天下,必须找一个有大器之才的人来当宰相,否则是镇不住的! 话已说到这个份上,但朱元璋是个极有个性的人,他最终还是将李善长的宰相之职给罢免了,想立杨宪继任为相,于是又征询刘基的看法了。虽然刘基与杨宪的个人关系不错,但当听说皇帝要拜杨宪为相时,他立马规劝道:"这万万不可,虽然杨宪有当宰相的才能,但他却没有宰相的器量。做宰相的要有像水一样平的心态来看待一切事和人,要以国家的大义大理作为为政的根本,而自己又不能有什么偏心与私心啊,杨宪就不是这样的人。"朱元璋接着询问:汪广洋是否合适?刘基说:"这人的肤浅完全超过了杨宪。"换句话来说,汪广洋还不如杨宪。接着朱元璋又询问起他心目中的第三个人选胡惟庸如何?刘基做了一个比喻,他说这人就像一只小牛犊,他有的是力气,给他一辆马车,他会奋力往前拉,直到把马车给毁坏掉。意思是说,胡惟庸功利心太强,什么样的事情都会做得出来,不可信任和重用。朱元璋接着又说了:"我大明朝的宰相人选还真是没有人超过你刘先生!"刘基不假思索地说:"我啊,不行,我这个人疾恶如仇,又不能忍受那种繁复的工作细务,如果叫我做宰相,恐怕要辜负了皇上您的一片圣恩了。不用担心天下没有人才,只要圣上您认真用心去寻找,总会找得到的。不过,目前这几个人真的都不是相才啊!"(《明史·刘基传》卷128)

从这历史性的君臣对话中折射出如下的信息:

第一,朱元璋对刘基还是挺信任的,否则怎么会与他商议丞相人选?

第二,朱元璋知道刘基与李善长他们不是一条道上的,却竟然说什么"李善长曾经多次想加害于你"之类的话,由此看来,皇帝出卖了李善长,同样他也有可能卖刘伯温。作为君主最起码的素质连一般"君子"水准都达不到,大明难有安宁!

第三,朱元璋向刘基透露了李善长的阴损,说明当时朱元璋对尽管罢了相(洪武四年)的淮右集团核心人物李善长所拥有的潜在实力及其影响还是有着充分认识的。

第四,尽管刘基看人的目光很准,说事论人也很公允,但最终洪武皇帝还是没听他的劝告。由此说来,朱元璋真正信任的还是淮右集团,压根儿就没把刘基的话当作一回事。接下来一个接一个的宰相变换没有一个是刘基认为合适的,事实上他们确实也差那么一点点。

第五,朱元璋曾想让刘基出任宰相,没想到遭到了谢绝。而刘基说话似乎也太过头了点,什么我这个人疾恶如仇,就算你的老冤家李善长被罢相了,朝中还有恶人和坏人啊?难道我大明朝就你刘基一个人是君子……就连今人听到这番言论也会往这个方向去想,更何况朱元璋是历史上有名的雄猜之主,刘基的话肯定不会给他留下太好的印象,而事后刘基的运气似乎一直都不佳,处境更为不妙。

○ 刘基心冷隐退与青田知县的"热心"造访

这些靠感觉出来的气息,作为敏感人群的知识分子本来就比一般人要强多了,更何况刘基是文人中的精英了。事实上在洪武三年(1370)十一月明初大封功臣时,刘基的受封待遇就不高,他是弘文馆学士,兼任开国翊运守正文臣、资善大夫、上护军,被封为诚意伯,俸禄240石(《明史·刘基传》卷128)。而相比之下,一样是朱元璋的左膀右臂的李善长却被封为公,公的级别自然在伯两等之上,且李善长的俸禄是4 000石,几乎是20倍于刘基的俸禄。刘基当然会有自知之明,这也许是李彬事件,也许是他与朱元璋关于宰相人选的那一番谈话,得罪了李善长为首的淮右集团,他们在皇帝面前竭力诋毁自己。刘基为人比较低调,通常遇到这样的境况,就选择归隐乡里。洪武四年春他写了一份辞呈,请求皇帝批准他告老还乡。奇怪的是皇帝朱元璋居然又同意了,这至少说明自己的直觉还是对的,隐退自保应该说是一种最佳的选择了。

可事实上这回刘基又想错了,或者说他帮别人算了一辈子,却没有算到自己晚年的境遇。当他十分低调地在青田老家准备颐养天年,不问朝廷是非之时,却突然遭人陷害。

刘基自从归隐老家后,格外谨慎地处理自己周围的一切关系。皇帝朱元璋有什么天象方面的问题要问,就写好专门的书信叫人送到青田的刘家,刘基一条条地详细解答。不过此时他的心里还是惦念着国家和民族的命运,于是就借着回答天象问题的机会,经常在给朱元璋的回信中表达出这样的意思:"凡是霜雪之后,一定是艳阳高照的好天气。现在大明国威已建立起来了,眼下应该是以宽仁来治理天下啊!"在信上是这般表达,但在行动上他却极端低调、谨慎。每日粗茶淡饭,喝酒下棋,从不以功自居,也不再过问国事。可即便如此,或许是他给朱元璋回信中的借题发挥所招惹的,或许是朱皇帝本身疑心病太重了,于是出现了青田知县多次想要拜见他的"怪事",但都被刘基婉言谢绝了。(《明史·刘基传》卷128)

有一天晚上很晚了,刘基正在家中洗脚,听说有一个乡野村夫来刘家要拜见刘老先生。听说是"乡野村夫",刘基未加思索地叫人将他引入自家的茅屋里去,真诚地招待他。"乡野村夫"大受感动,如实相告:自己就是青田知县某某某。刘基一听到来访者真实身份是朝廷命官青田知县,顿时就连滚带爬,跪地直呼:"小民刘基叩拜知县大老爷!"(《明史·刘基传》卷128)

送走青田知县后,恐惧之心久久不能平静的刘基更加谨慎了,一直不见外人。可即使这样,最终还是没能逃脱别人的暗害。

那么,究竟是谁害死了"大神人"刘基刘伯温?说来可能大家都不敢相信,他就是淮右集团骨干主将、被刘基称为"小牛犊"的胡惟庸。胡惟庸?他怎么会有那么大的能量来害死皇帝朱元璋的军师?

要想说明清楚这个问题,我们还得要从明朝第一任宰相李善长"内退"前后大明中书省宰相人士变动说起。

● 洪武皇帝与李善长为首的淮右集团之间的矛盾升级

前文已述,自从秉公处理李彬案、得罪淮右集团后,刘基与皇帝朱元璋之间的关系整体上都不怎么样,弄到后来连刘基回家了都不得安宁;这里边当然有刘基的误测天机、误判时势人事等因素,但更为主要的是由于皇帝朱元璋的极度猜忌和李善长为首的淮右集团的"捣糊",前者无须赘言。后者即淮右集团的"捣糊"对于极度精明的洪武皇帝来说,难道真的没有一点觉察出来吗?也不见得!自洪武三年杨宪被杀后,皇帝朱元璋似乎也逐渐看出了一些名堂,自觉或不自觉地流露出对李善长及其中书省宰相府的不满与疏远。

○ 李善长"提前退休"和出任中都宫殿建造总指挥

对此,李善长也有所感觉,为了证实自己的第六感觉的判断,洪武四年(1371),李宰相生了一次病,有好多天未到丞相府——中书省上班,心中有些不安,如何表达呢?老谋深算的李善长上疏恳请致仕即申请退休,其目的有两个:第一,多日不上班,有负于皇恩,心中很为不安;第二,借口身体不好,申请提前"内退",以此来试探一下皇帝朱元璋对自己的恩宠是否衰退了,这也是历代大臣惯用的伎俩。以李善长当时的估测,凭着他的杰出的才干和他与朱元璋这样的"黄金搭档",自己一上书,朱元璋极有可能会下诏谕,予以挽留。但这次李善长大大地算错了。当朱元璋收到李宰相的"申请内退"的奏疏后,立即批准了"申请"。这着实是李善长所始料未及的,无疑头上挨了一闷棍。(《明史·李善长传》卷127)

朱元璋"同意"李善长"提前退休"的深刻用意在于:第一,让李善长"退休养病"离开中书省,这样可以减少自己与李善长之间的摩擦,从而能保全他;第二,让李善长"退休养病",明白地表示出皇帝对他的恩宠已经衰微,以此来警示他不要再恣意妄为,也只有这样他才可得以善终,或至少能保持晚节。

洪武四年,李善长被批准"内退"后,皇帝朱元璋将临濠(后改名为凤阳)的若干顷田地赏赐给李善长,并配给他守冢户150家,佃户1 500家,仪仗士20家。到了洪武五年新年到来时,李善长身体"好了",朱元璋就命他在临濠担任中都宫殿建造的总指挥。因当地人口有限,皇帝又下令强迁所谓的"江南富民"14 000(户)到濠州去安家落户,由李善长对他们进行管理。

朱元璋做出这样的处置有两个目的:一是让李善长远离政治中心,以免产生不必要的是非,而从朱元璋角度来说,他可以排除李善长的干扰,好好地对大明帝国政治做些布置;二是李善长不在南京,朱、李碰不到头,这样可以免除双方遇上了尴

尬与不快,让时间来慢慢地抚平双方关系的裂痕吧。(《明史·李善长传》卷127)

○ 朱元璋对老宰相的"打打揉揉"

不过这样一来就引出了另外一个问题:洪武皇帝在开国之初毕竟那么高度地评价过李善长,让他位居明初分封的六公之首。如今李善长毕竟也没犯什么大的过错,一下子让他"走人",似乎显得过于薄情,或者说近于毒狠,在旁人看来也会感觉心寒。朱元璋是个心细之人,很快意识到这一处置的问题及缺陷,为了弥补缺陷,他不仅在经济上给予李善长优厚的赏赐,而且还将李善长的弟弟李存义提拔为太仆丞,就连李存义的儿子李伸、李佑也都给封了一定的官职(洪武七年)。至此,洪武皇帝还没停歇,随后又利用儿女婚姻来向世人表示,作为皇帝的他对老宰相李善长是特别的有情有义。洪武九年(1376),朱元璋将自己的长女临安公主下嫁给李善长的长子李祺,李祺一下子成为位于伯爵之上的驸马都尉,李家也随之成了皇亲国戚。皇恩甚隆,双方关系似乎比以前更加密切了。(《明太祖实录》卷107)

但就在朱、李两家这个当时南京城里第一、第二大家的大喜过后没几天,皇帝朱元璋大病一场,据说病得还不轻,有十几天没上朝。而同属社会顶尖阶层又是皇亲家的李善长居然不闻不问,作为驸马的李善长长子李祺居然对皇帝丈人一病不起的事似乎也漠不关心,他6天不上朝。后来被叫到大殿上时,还没有意识到自己所犯之罪,御史大夫汪广洋、陈宁上奏皇帝朱元璋,要治李善长父子"大不敬"之罪。(《明太祖实录》卷108)朱皇帝虽说最终并没有按汪广洋、陈宁所拟的罪名来处罚李氏父子,但还是将李善长的岁禄4 000石削成2 200石;不久又命令李文忠与李善长一起总揽中书省、大都督府、御史台,共同商议军国大事。

朱元璋的这一举措明显是冲着李善长而来的,提拔自己的亲外甥李文忠,兼管起原来李善长的"大本营"中书省,这无非是在老宰相"大本营"里掺点沙子,同时也起到消除其潜在影响的作用。当然,在表面上洪武皇帝还是做得非常圆滑,没叫李文忠、李善长只管中书省一个机构,而是同时兼管三个重量级的大摊位,让人不大觉得这事是直接针对淮右集团核心人物李善长而来的,于理于面子都讲得过去。(《明史·李善长传》卷127;《明太祖实录》卷112)

○ 夹气板:明初第二任宰相汪广洋

朱元璋虽然以"同意内退"的方式稳妥地处置了第一宰相李善长,但同时又不得不对中书省宰相府的领头人空缺问题加以认真和周全的考虑。在他看来,中书省宰相府之所以对皇权构成侵犯和威胁,关键在于淮右集团核心人物李善长居功恣肆；如果换上一个小心谨慎的大臣可能不会这样，而且这个人的资历还不能太老，这样他就无功可居，所有的问题也就迎刃而解了。那么具备这样条件的宰相候选人究竟是谁？朱皇帝看中了秘书出身的汪广洋！

汪广洋，字朝宗，江苏高邮人，少年时拜元末大学问家余阙为师，广学博览，精通诗书，后流寓到安徽太平。朱元璋渡江时，汪广洋被召为元帅府令史，这是一个相当于参谋兼秘书的职务，因此说汪广洋是朱元璋的老部下，先后在江南行省内任行枢密院掾史、江南行省提控、正军都谏司等职。（《明太祖实录》卷128）

《明史》对汪广洋是这么评述的：说他"淹通经史，善篆隶，工为歌诗"，"廉明持重"和"剖繁治剧"（《明史·汪广洋传》卷127）。换句话来说，汪广洋精通经史，擅长篆书和隶书，诗歌也写得不错。一句话，他是一个地地道道的文人；接着《明史》又讲起了汪广洋的性格特征，说他遇事很能深思，心细又精明，善于处理烦琐的细务工作。因此说，他是一个典型的秘书型人物，不可称之为人才。但即使这样，汪广洋还是很为朱元璋所赏识。问题也就出在这里，秘书出身的人往往没多大的主见，重用这样的人，其好处就在于听话，在领导的眼里他是个好干部、未来的红苗子。故而汪广洋在朱元璋心目中还是占据了一定的地位。

◎ 谨小慎微的老实人也会遭人害

汪广洋在干了几年元帅府秘书后，被朱元璋提升为江南行省都事，类似于江南行省的秘书长。再后来就被提拔为中书右司郎中，又被"外放"为江西行省参政（可能近似于副省长）。洪武元年，北伐军攻占山东后，他被朱元璋任命为山东行省参政，"抚纳新附，民甚安之"（《明史·汪广洋传》卷127；《明太祖实录》卷128）。也就是洪武元年十二月汪广洋被召入了宰相府，任中书省参政，这是汪广洋第一次"入政"中书省，但时间很短。洪武二年汪广洋又被"外放"为陕西参政。洪武三年，宰相李善长一度病假，中书省长官空缺，皇帝朱元璋采取变通办法，任命汪广洋权领中书省右宰相事，即主持宰相府工作，这是汪广洋第二次进中书省工作，其职务有了明显的提升（具体实务则更多的是由精明能干的右丞杨宪去处理）。可令汪广洋没想到的是，自己回中书省工作不到半年，就让野心勃勃的手下人杨宪给撵回了高邮老家。杨宪撵走汪广洋的由头是，说他赡养老母不周到，也就是有"不孝"的犯罪嫌疑。可就在汪广洋回到老家不久，戏剧性的事情又发生了，"撵人者"杨宪突遭身首异处的不堪结局。那么究竟是谁与杨宪有着这么大的过节而要下这么狠的毒手？淮右集团核心人物李善长！（《明太祖实录》卷128）

◎ 杨宪被杀的警示

因为杨宪曾经上奏皇帝朱元璋，说李善长不是一块宰相的料，又因为杨宪想利用自己在位主持工作之际，对整个中书省宰相府做了大手术、大改造，这就等于要砸烂淮右集团的"大本营"！无形之中也就冒了天下之大不韪了，其结果毋庸赘言。（《明太祖实录》卷54）

杨宪的悲剧告诉当时的人们：谁要想在淮右集团的"大本营"中书省宰相府头上动土，那你得首先掂量掂量自己。而在这场实力角逐和斗智斗勇中，基本上一直躲在幕后的淮右集团核心人物李善长在人们不经意间轻轻松松地赢了个大满贯。什么叫借刀杀人？想必那时的淮右集团的人都会会心一笑。杨宪被杀了，下令杀人者是皇帝，那么当时朱元璋是否意识到这表象背后的种种玄机？似乎还没有，不过他倒是想起被杨宪劾奏的"老秘"汪广洋或许是受了冤枉了。

◎ "老秘"汪广洋政治人生顶峰时刻的开始与终结

就在杨宪被诛杀后，汪广洋被皇帝召回。洪武三年十一月，他被朱元璋封忠勤伯，食禄360石。朱元璋在诰词中高度评价汪广洋为"划繁治剧，屡献忠谋，比之子房、孔明。"（《明史·汪广洋传》卷127；《明太祖实录》卷58）可能这是汪广洋一生享受到的朱元璋给予的最高评价。洪武四年正月，李善长以病去位，朱元璋就正式拜汪广洋为右丞相。这是汪广洋第三次入中书省，也是他在中书省任职时间最长的一次（整整在那里工作了三年），且还是独相，即以副宰相身份主持宰相府工作整整三年。

这三年对于很有创见的人来讲，应该是极易发挥个人才干，搞出一些像样的工程与政绩，让人们刮目相看；可对于谨小慎微的汪广洋来说，这三年却过得不容易啊！

汪广洋与李善长原先都是朱元璋的旧人，且在元帅府里共事过。但他俩个性差异很大，也可能不投缘，两人之间似乎往来并不多。因此说皇帝拜汪广洋为右相，实为用心良苦：

第一，李善长为相时很独断，宰相府中的人员基本上都是他安置的。在这个"铁桶"一般的宰相府里安排一个与李善长来往不密切、不属于淮右集团的人容易发现问题。

第二，汪广洋谨小慎微，没有李善长那样张扬、揽权，由他来出任宰相府官长，相权与皇权也就不容易冲撞。

对于朱皇帝的这番良苦用心，作为他的老部下又以心细著称的汪广洋当然会心领神会；而对于前任宰相下台的原因及其背后的潜台词，他也看得一清二楚：第一，不能独断专行，要多向皇帝请示；第二，皇帝朱元璋对老宰相李善长已经不太"感兴趣"了。于是以谨慎为其职业首务的"老秘"汪广洋上来后主动地疏远李善长这个"下台"干部。

　　汪广洋这样做，很得皇帝朱元璋的赞赏。但不久麻烦来了。疏远了老前辈李善长，汪广洋在工作上很不顺畅，中书省大多数人都是李善长提拔的，你汪广洋对他们的"大恩人"如此不恭敬，他们当然会在工作中不配合，于是汪广洋麻烦不断，烦恼多多。对上即朱元璋，由于他谨慎小心，廉明持重，常常向皇帝请示、汇报，刚开始时，朱元璋认为这是自己慧眼识才，很为得意，但时间长了，终于厌烦了汪广洋："大小事情都要向我汇报，我还要你这个宰相来干什么？！"终于洪武六年（1373）正月，因为"无所建白"，汪广洋被朱皇帝降为广东行省参政。（《明史·汪广洋传》卷127；《明太祖实录》卷128）

● 淮右集团权势巅峰时刻的到来——明代第三任宰相胡惟庸"独相"

　　汪广洋因为"无所建白"——说白了就是因为窝囊、抖抖豁豁而被罢相，这时大明帝国的中书省又缺少了领头的长官，相比于汪广洋的无能，朱元璋倒是想起了"老战友"、"能人"李善长来了。李善长虽说致仕居家，但他对政务的影响力依然很大，且中书省的属员，如左丞、右丞、参知政事等官，都是他一手提拔、安置的，他人虽去职，但声威仍在，很有遥控政柄的作用。要跳过他有时候还很困难。再说李善长尽管独断，但能见利害于机先，决成败于庙堂，一个宰相应有的基本条件，他都具备了，就是有个令人无法容忍的大毛病——他太贪权了。要是既不让他当宰相，又能将国家大事处理得很好，这样的万全之策该有多妙啊！于是朱皇帝就有了这样的想法：李善长毕竟没有明显的大错，一下子那样处置，似乎也过分了点，再说有些事连我这个做皇帝的自己也拿不准主意，还得要请教请教他老宰相呐。如此做法，也好显得我朱元璋如今虽然贵为天子，但绝非是薄恩寡义之徒。朱皇帝拿定主意后经常上李善长家跑跑，多咨询咨询，如此下来，表明皇上对老宰相的眷恋与恩宠依旧。而汪广洋办事乏力，皇帝朱元璋就往李善长那儿跑得更勤。对于这一点，李善长也看出来了：皇帝对汪广洋已经失望，他就因利乘便地向朱元璋推荐起与自己亲厚的人进中书省，这个人就是胡惟庸。（《明太祖实录》卷60）

○ 600年前的"跑官"高手、淮右集团的中坚骨干——胡惟庸粉墨登场

胡惟庸,安徽定远人。当年朱元璋军队打到安徽和州时,他前来投奔,被授予元帅府奏差——跑腿的低级官吏。不久,被提拔为江西宁国知县。后来又迁为吉安府通判、湖广按察佥事等官职,可胡惟庸还不满足,他朝思暮想要当大官,要尽快扩大自己的权势。

吴元年胡惟庸想到了一个很有权势的老乡——李善长(也是定远人),于是就到处打听这位朱元璋政权第一权臣的个人爱好,用卡耐基的话来说,就是寻找人性的弱点来。胡惟庸费了很大的劲,最终摸清楚了:这个老乡虽然贵为第一权臣,但与常人没有什么两样,个人爱好就是贪财好色。既然他有所好,就不信"打不倒"!胡惟庸想好了,就从这儿下手,找了个机会,携带了300两黄金,去拜见他的老乡。李善长本是"里中长者",娴于辞令,明习事故,他当然明白这位小他好多岁的老乡胡惟庸前来拜见的用意,否则他带300两黄金总不会为见一面吧!不过还有一说,胡惟庸跑官跑成后,为感谢李善长的栽培之恩而奉送了300两黄金。(《明太祖实录》卷202)

不管何种说法,奉献300两黄金在明初那个物价低廉、人们收入普遍不高的年代里绝对算得上是巨额的投入,其所产生的回报也肯定令人羡慕不已。事隔不久,胡惟庸再也不用在地方上"混"了(知县、通判之类),被调入南京朝廷内任职,破格提升为太常寺少卿,后又被擢升为太常寺卿,即相当于中央正部级领导干部。(《明太祖实录》卷129)找对了人,胡惟庸连连高升,就连当时的中书省都事李彬(前面提到过的)也对他尊敬有加,为了讨好这颗一夜之间闪亮登场的朝廷政坛新星,李彬将自己弄到的东吴张士诚雕龙金床送给了胡惟庸,胡惟庸又转送给了李善长,李善长又将它献给了皇帝朱元璋。可没想到是,朱元璋见了这种奢侈之物就发怒,顿时把它砸了个稀巴烂。不过,从这个酷似蚂蚁搬运大军"搬运"雕龙金床的过程来看,以李善长为核心的、以胡惟庸为中坚骨干的淮右集团早已形成,一张覆盖面甚广且背景十分复杂的关系网也已铺开了。

洪武元年发生的"李彬案"实际主谋很可能就是胡惟庸或李善长,所幸的是当时的主犯李彬一人扛了下来,没有供出更多的大人物,甚至与李彬关系密切的胡惟庸也没有涉及,更没牵到李善长。对此,洪武皇帝是否知道真相,因史料的缺失,我们不得而知。但从洪武元年到洪武六年胡惟庸官职连连高升的事实来看,似乎是当时的朱元璋还并不太清楚。

洪武三年,胡惟庸晋升为中书省参知政事(类似于副宰相或者说是宰相助理);

洪武六年七月，也就是汪广洋在中书省第一次为右丞相的最后半年，胡惟庸被任命为中书省的右丞相。(《明太祖实录》卷83；卷129)自从投靠了李善长以后，胡惟庸真可谓官运亨通。一个后来者居然与一个"老前辈"同为右丞相，这实在是不合乎常规的。以历来的规例而言，汪广洋早早就入中书省，资历在前，理应升为中书省左丞相，胡惟庸后来者就任右丞相，这样两人一左一右，稍见轩轾，才吻合官场之常理。但现在的局面很蹊跷，两人同为右宰相，虽说没有职位高下之分，但明眼人一看就明白，皇帝朱元璋对汪广洋的恩宠已衰，汪丞相将不能久居其位了。

而对早已从宰相位置上退下来的李善长来说，他之所以这么卖力地推荐胡惟庸，是不是因为当初收受了对方300两黄金？恐怕事情没那么简单。综合起来看，李善长青睐胡惟庸可能有着三个方面的考虑：

第一，收人钱财，予人办事——地道的贪官。既然胡惟庸来李府拜见，一出手就是300两黄金的厚礼，这说明此人"有魄力"，见面会，懂规矩。

第二，随着胡、李交往的增多，相互之间的"友谊"也日渐深厚，双方家族成员也更加熟识，结为儿女亲家似乎是再自然不过的事了，胡惟庸把自己的侄女儿许配给了李善长弟弟李存义的儿子李佑。如此下来，胡家在官场上不仅有个"知音"，而且有儿女亲家罩着。你说李善长不帮胡惟庸家还会帮谁？(《明太祖实录》卷129)

第三，胡惟庸也确实是个精明干练的人物，李善长把他推荐到中书省去可以说是"一箭三雕"：一来自己中书省的那些旧属们都会帮胡惟庸，我李善长可以落个慧眼识才、举贤不避亲的美名；二来可以及时掌握政府的动态，有这样精明且对自己恭敬有加的"耳目"在中书省做事那是再有利不过了，同时还可以遥控政柄；三来现在的那个皇帝"老秘"汪广洋——一个小字辈人物居然当了右宰相后对我李善长敬而远之，这实在让我气愤不已。乘着这个时候皇帝朱元璋对他日渐不满之际，我李善长赶紧推荐这个精明干练的胡惟庸，将那该死的"老秘"踢下去，最好能一脚踢出中书省，免得他老窝在我淮右集团"大本营"里头，碍手碍脚。想到这些，李善长就乘着机会不断地向皇帝推荐胡惟庸。

再说胡惟庸确实也有些才干，他不仅文字功底深厚，而且工作起来十分干练，属于精明能干型的干部；加上老宰相推荐，他一被皇帝拜为右宰相，中书省内李善长的老部下们立马意识到，这个新任的右宰相背景深厚，前途无量，他不仅是老领导李善长"线"上的人，而且还是儿女亲家呢！所以胡惟庸一当上右宰相，工作起来就得心应手，凡事都搞得头头是道，一下子就把同为右宰相的汪广洋给比了下去。本来半信半疑的朱元璋这下也感到：汪广洋确实不是一块宰相的料。洪武六年正月，"以(汪广洋)怠职左迁广东行省参政"。(《明太祖实录》卷128)

○"小牛犊"胡惟庸独相中书省

再看胡惟庸,刚开始任右宰相时他确实不错,小心谨慎又精明干练,所以给人感觉:他既没有像李善长那样遇事往往专断,又没有像汪广洋那样过于谨小慎微而大小事情都得请示。胡惟庸处理事情很有分寸,该汇报的就汇报,不该汇报的就自己处理。在那时朱元璋的眼里,这正是集李善长与汪广洋两人之长而又无两人之短,实在是个理想的宰相人选。

但时间一长,情况就有所不同了,胡惟庸逐渐变了。胡惟庸变化的原因大致有三个:

第一,他觉得皇帝对他工作是肯定的,甚至是信任的,否则怎么会将同为右宰相的汪广洋给撵走,留下他一人为相?由此,自己也就大可不必像以前那样事事倍加小心了。

第二,同样为右相的汪广洋被撵走后,中书省少了一个碍手碍脚的人在那里看着,自己作为淮右集团的中坚骨干完全可以在中书省这个淮右集团的"大本营"里放开手脚好好干干。

第三,胡惟庸不是通过正常的"组织程序"一步步上来的,而是通过"跑官"跑出来的。跑官者对升官的窍门自然是心领神会,那就是说,绝不靠长期的脚踏实地地实干干出来,而是通过搞些形象工程,一时取悦于关键的当权者就行了。因此从长时间的角度来讲,胡惟庸的尾巴迟早是要露出来的。

当然跑官这种丑恶现象并非明朝有,也绝非古代才有,只要社会政治体制是专制主义的人治,那么,跑官永远不可能绝迹。综观专制政体下的跑官事实,我们不难发现跑官者具有如下几个特征:第一,他有主见,同时野心也很大,有用的,他跑,没有用的,他不跑;第二,跑官者脸皮特别厚,万一跑错了,被人骂出来,他也不会在乎,心理调节功能强;第三,跑官者一般以金钱或美女作为武器,也就是今人常说的"财贿赂"和"性贿赂";第四,跑官者一般都能跑成,跑成后,拼个命地捞钱,堤内损失堤外补;第五,跑官者眼光独特,善于观察人、琢磨人;第六,跑官者对上"会办事",表面上做得漂漂亮亮,对与自己不利的,能隐瞒则隐瞒,对下盛气凌人,独霸一方。

胡惟庸就是这么一个典型的人物。当他的层层"画皮"退去的时候,精明、心细又雄猜的皇帝朱元璋通过自己特殊渠道和方式及时地掌握了一些胡惟庸的情况:第一,贪婪好利、遇事隐瞒、专断,甚至比李善长还有过之而无不及;第二,胡惟庸与李善长是穿连裆裤的,他们早就勾结在一起,胡惟庸在中书省台前干着,李善长拿着遥控器在后面指挥着。为此,皇帝朱元璋十分光火,他逐渐回想起了胡惟庸刚刚被拜为中书省右丞相时,与汪广洋同省主事的那番"美景",由此联想起:汪广洋在中书省时虽然办事不力,但毕竟多汇报,甚至可以说快成了皇帝的耳目了。现在可好,汪广洋不在,自己反倒成了"瞎子"和"聋子",想想自己过去对待汪广洋似乎过了点?无论怎么说,他毕竟没有什么大错,将他斥之千里之外是否太冷酷了?

○ 汪广洋在广东准备了3年的反击

皇帝朱元璋在想汪广洋,身为广东参政的汪广洋也在想皇帝,他不仅在想皇帝,而且还在琢磨皇帝将他逐出南京城的根本原因。汪广洋是这么想的:过去自己之所以能入值中书省,还不是因为皇帝圣明,再说皇帝是神圣的,绝对不容置疑。自己之所以最后被贬黜出中书省,主要是胡惟庸来了的那半年处处表露出他比我汪广洋强,硬是把我给挤出中书省。可恨的胡惟庸!不,最关键的还有他"后台老板"李善长,他才是真正的主谋。汪广洋从南京城一路出来,主意就逐渐拿定,擒贼先擒王,我要出气就要从胡惟庸的后台李善长身上入手。所以说尽管汪广洋人在广东,却心一直在南京。通过关系,他收集整理到了不少李善长干下的不法阴事,随即开始第二步行动,与曾经一起同事过的御史大夫陈宁联合起来奏疏,参劾李善长,罗列了许多李善长的不法罪行,安了一个"十恶"重罪中的"大不敬"的罪名,将疏本上呈给了皇帝朱元璋。(《明太祖实录》卷108)

○ 朱元璋对中书省人事的重新安排

朱元璋接到疏本后十分高兴,但并没有按照"大不敬"的罪名去治罪李善长,他有自己的想法:本来么,汪广洋就与胡惟庸、李善长不同路的,如今这疏本不就明白地说明了一切。对了,应该将汪广洋调回朝廷,给胡惟庸、李善长多设一道障碍,也给本皇帝多添置一个耳目,免得他们淮右集团骨干分子老串通一起。主意打定,洪武七年(1374)三月,皇帝朱元璋下令"召广东参政汪广洋入为左御史大夫"。(《明太祖实录》卷88)

而后朱元璋又对中书省的正副宰相的人事安排作了精心的设计:将左御史大夫汪广洋再次调入中书省,考虑到他的能力相对有限但还算忠心,于是又一次委任他为右宰相,用他来监视胡惟庸;而对胡惟庸的办事能力,皇帝朱元璋也不得不信服,他要依靠他来办事,虽说3年是胡惟庸独相的3年,但也是他的职位原地踏步的3年,现在如果不给他升格,还要把曾经被贬黜的汪广洋调回来,与他平起平坐做右宰相,无论怎么说都是欠妥的。于是朱元璋最终想到:将胡惟庸升格为左宰相,以此来宽慰他;同时又将谨小慎微的汪广洋调回中书省,官复原职,作为皇帝的耳目。如意算盘打好，洪武十年(1377)八月，朱元璋下令，"命中书右丞相胡惟庸为左丞相，御史台左御史大夫汪广洋为右丞相，右御史大夫陈宁为左御史大夫，中书右丞丁玉为右御史大夫"。(《明太祖实录》卷115;《明史·汪广洋传》卷127)

○ 汪广洋第二次出任右相和朱元璋对淮右集团中坚骨干的最后忍耐

可这回朱皇帝的如意算盘又打错了。汪广洋调回中书省后更加谨小慎微，在广东时的锐气早就随着他从南国北上南京的一路颠簸而化为乌有。汪广洋之所以如此，原因恐怕有四：

第一，他本来就是一个谨小慎微的人，当年被贬黜出南京城时满腔愤怒，将所有的恨都集中在胡惟庸和李善长身上，所以后来才会壮大了胆、铆足了劲向皇帝朱元璋上疏，状告胡、李的不法行为。而如今已经官复原职，总算上天给了个公道了，中国有句古话说得好：得饶人处且饶人！穷追猛打、不依不饶是不合"君子之道"的！

第二，在汪广洋看来，想当初自己和陈宁都是省部级领导干部，还不是一般的七品御史，联手起来参劾李善长，可最终都没把他怎么的，或者说丝毫影响也没有，可见李善长的根基有多深！淮右集团势力有多强大！如果再去参劾他(们)，似乎也太不明智了，或者说自不量力啊！

第三，汪广洋过去在中书省与胡惟庸共过事，虽说受过胡的抑制、排挤，但对他的干练办事能力还是蛮佩服的。胡惟庸点子多，汪广洋自感不是他的对手，现在调回来了两人还得要继续共事，还是息事宁人为上。

第四，在汪广洋的心里，他这次调回南京全赖皇帝的圣眷。不过，当今圣上对胡惟庸也不错，让他独相了这么多年，现在又将他升职为左宰相，这说明胡惟庸等淮右集团骨干分子还是很得皇帝的认可，甚至是信任的，而胡的后台老板李善长受到那么大的指控，居然还能纹丝不动，识时务者为俊杰，还是知趣点吧！

正因为有了这样的认知，所以汪广洋在第二次回中书省任右宰相时，对胡惟庸、李善长等人敬而远之，也就是说，既不走近他们，也不给他们找麻烦，虚与委蛇，"和平共处"。但他的内心却是极其痛苦，史书说："广洋颇耽酒，与惟庸同相，浮沉守位而已。帝数诫谕之。"(《明史·汪广洋传》卷127;《明太祖实录》卷128)

而对于胡惟庸来说，皇帝朱元璋为什么要把汪广洋调回来，他是心知肚明的，开始时当然不怎么愉快，但在最终宣布人事安排时，皇帝给他升了格——左宰相，这在他的眼里，皇帝还是挺"在乎"自己的。想到这些，胡惟庸心里就宽慰了许多；至于对汪广洋重回中书省，他压根儿就没多大在意，自己过去曾作为新手在中书省与汪广洋同为右宰相时，尚且没把他放在眼里，如今自己地位又要明显高于他，那就更不会正视这位老当右宰相的老同事了。由此,胡惟庸更加放肆,汪广洋愈发怯弱,皇帝朱元璋的所有算计全都落空。

由汪广洋的日益畏缩、胡惟庸的愈发放肆,回想起李善长的独断,此时皇帝朱元璋心目中对宰相制存在的合理性产生了严重的质疑。他正酝酿撤销中书省、废除宰相制的具体步骤。因为宰相制在中国历史上至少已经存在了1500多年,"存在的就是合理的"。要使它不存在就首先得证明它的不好。朱元璋忍耐着,寻找机会为废除丞相制铺垫——经常斥责相臣,数落他们的不是。而所有这些都没有引起人们太多的重视与注意。尤其是作为新任的中书省第一把手的"小牛犊"胡惟庸,还真以为皇帝朱元璋非常看重他的能力与才干,所以他愈加趾高气扬,忘乎所以,最后到了不知天高地厚和任意胡为的地步了。

○ **淮右集团权势巅峰时刻——"小牛犊"胡惟庸的最后的疯狂**

第一,独断专行。"自杨宪诛,帝以惟庸为才,宠任之。惟庸亦自励,尝以曲谨当上意,宠遇日盛,独相数岁,生杀黜陟,或不奏径行。内外诸司上封事,必先取阅,害己者,辄匿不以闻。"(《明史·奸臣传·胡惟庸传》卷308);"由是四方奔竞之徒,趋其门下。及诸武臣谄侫者多附之,遗金帛、名马、玩好不可胜数。"(《明太祖实录》卷129)

这是说,胡惟庸为相期间控制和垄断着大明朝政。凡是上奏的折子,一定要经他先过目,如果发现对己不利的,他就把奏折给隐匿起来而不上报。这样一来,各处仕途不顺的文武官吏争先恐后地前去贿赂他。他在这些年里收受的金银珠宝、名马和玩物多得数不胜数。

◎ **"大神人"刘伯温是被胡惟庸杀害的吗?**

第二,杀害异己。最著名的案例就是毒害刘基。由于刘基为人过于耿直,之前曾经在皇帝朱元璋面前说过胡惟庸作为宰相的不妥。胡惟庸知道后一直想要报复刘基,甚至想要置其于死地而后快,但就是没找到合适的机会。嗨,你还别说,说到机会,有时说来就来了。

自从刘基与皇帝朱元璋之间弄得不愉快回家后,一直低调行事,就连家乡父母官造访也予以婉言谢绝,这才有了前面讲的青田知县夜晚扮作村夫前来探访一事。即使这般谨慎,但刘基最终还是没能逃出政治是非漩涡,真可谓树欲静而风不止。

话说刘基回乡,时间一长,对周边的事情了解也多了。有一天他听人说起,就在青田不远处有个叫谈洋的地方,因为地处闽浙交界,元末天下大乱时,这里成了官府严厉打击的私盐贩子聚集的一个据点,这些私盐贩子后来投靠了方国珍,长期作乱,老百姓深受其害。即使大明开国了,但天高皇帝远,谈洋仍为私盐贩子的乐土,社会治安成了当地的一个严重问题。刘基虽说告老还乡,但不能对这样的事情视而不见听而不闻呀,于是他就上书给洪武皇帝,说明这里的情况,请求朝廷在此设立巡检司,加强社会治安管理。朱元璋批准了他的请求,命令地方有司着手办理。谁料当地的一些老百姓不干了,有人说这个谈洋地属温州府管辖,是民田,不是无主空地。如此一搅和,设立巡检司一事就泡汤了,地方治安依然如故。刘基实在看不下去,就赶写了个奏折,向皇帝做了详细的说明。写好以后,他反复叮嘱长子刘琏直接送给皇帝朱元璋,奏明此事,千万不能让中书省胡惟庸他们知道。

再说刘琏到达南京时,正是淮右集团中坚骨干胡惟庸主持中书省工作之际,一个曾经在皇帝面前说过自己"坏话"的仇人之子莫名其妙地来南京,必定有什么紧要事情,胡相胡惟庸赶紧派人侦查,很快就获悉:刘琏好像代父来朝奏请什么事的,且他还想跳过中书省,直接向皇帝朱元璋奏报。这下胡惟庸发怒了,命令下属的刑部衙门,迅速将刘琏抓起来,随即来个恶人先告状,向皇帝朱元璋说,谈洋这个地方有王气,刘基之所以要这样做,就是要把这里据为己有,以便百年之后留作他的墓地。可当地老百姓不答应,他才写了这本折子。朱元璋听了以后虽然没有立即给刘基定罪,但十分震怒,下令剥夺刘基的俸禄。而刘基虽然非常冤枉,却被迫以衰颓之身再次回到南京,引咎自责,并且从此再也不敢说回老家去了。(《明太祖实录》卷99;《明史·刘基传》卷128)

此次来到南京,目睹了淮右集团中坚骨干、"小牛犊"胡惟庸所言所行,已经风烛残年的刘基不无担忧地说:"但愿我说的关于胡惟庸当宰相之后的国家命运的预言不要应验,那将是天下苍生的福气了!"忧愤之中,他疾病发作,且每况愈下,最终病倒了,且还病得不轻。作为大明朝的开国重臣、昔日朱元璋智囊的刘基本是个极受人们关注的"公众人物"。他这一病,不要说整个朝廷,就是南京城里的人都知道了。皇帝朱元璋知道后就派宰相胡惟庸带了医生前去探望病中的刘基,这也实在是耐人寻味。"帝遣(胡)惟庸挟医视(刘基)",即派了病人的老冤家去看病人,胡惟庸"遂以毒中之"(《明史·奸臣传·胡惟庸》卷308)。据说胡惟庸乘着这么一个"好"机会,叫医生给刘基开了一服药。刘老先生吃了药后,顿感腹中有巨块堵着,连喘气都成了问题,病情愈加恶化(《明太祖实录》卷99)。洪武八年三月,皇帝朱元璋派人护送刘基回了老家。到家一月之余,刘基便告别了人世。弥留之际,他将自己一生在天文学上的造诣写成的心血之作交给长子刘琏,让他日后好生保管;同时交给次子刘璟一个奏折,说:"我本来是想将此作为遗表上奏给皇帝,可现在看来已经来不及了。我要奉劝皇上修德省刑,注重礼仪教化,少些严厉处罚,只有这样我大明朝才能永享天命。治国理政当以宽猛相济，天下各显要地势的守护，应该与京师南京连同在一起考虑。我死之后，皇上必定会问起，要是他一旦问了，你就把这个奏折秘密地呈上去！"

一代风云人物、能掐会算的大"神人"刘基就此抱憾而亡，享年65岁。(《明太祖实录》卷99；《明史·刘基传》卷128)

刘基走了，第二位敢于向淮右集团说"不"的大明朝廷重臣终于以悲剧告别了人世。不过，淮右集团的中坚骨干胡惟庸等并没有就此歇手。刘基死后，他的长子刘琏"为惟庸党所胁，堕井死"。(《明史·刘琏传》卷128)

第三，异想天开。胡惟庸自以为是，不知天高地厚。他不仅明目张胆地扩充自己的势力，而且还"制造"出上天眷恋和垂青于他的种种"祥瑞"。一会儿说他定远老家的宅子里的那口老井里突然出奇地长出石笋，这石笋居然高出水面好几尺；一会儿又说他家的祖坟上每天晚上都有火光，火光烛天。人们纷纷议论开来了，这是非凡的"祥瑞"啊！胡惟庸听后更是沾沾自喜，自负不已，私下里开始密谋造反了。(《明太祖实录》卷129；《明史·胡惟庸传》卷308)

第四，陷害同僚。胡惟庸为相时，通过大明科举考试而崭露头角的新科状元吴伯宗很得宠，洪武皇帝朱元璋"赐（吴伯宗）冠带袍笏，授礼部员外郎，与修大明日历"。但因为吴状元不肯屈从胡惟庸而被"坐事谪居凤阳"(《明史·吴伯宗传》卷137)。更为悬乎的是，胡惟庸还想对洪武皇帝的亲家、被誉为"大明第一大将军"的徐达下手。由于徐达为人正派，不为胡惟庸的淫威所吓倒，经常在皇帝朱元璋面前揭发其龌龊行为。为此胡惟庸恨得咬牙切齿，一直伺机报复。经过反复观察后，他打算收买徐达家的一个叫福寿的门人来共同"揭发"徐达的"不轨"行为，不曾想到自己看走了眼，这个福寿对徐达忠心耿耿，非但没被利用，反而将他蝇营狗苟的行为给揭发了出来。(《明太祖实录》卷129；《明史·胡惟庸传》卷308)

第五，结交"犯错误"的同僚，行为不轨。吉安侯陆仲亨从陕西办完公事后回南京，按照当时的规制，他是不能随便启用大明帝国驿道的。可陆仲亨就是不遵守规定，擅自乘用。皇帝朱元璋知道后相当恼火，狠狠地斥责他："中原战争刚刚结束，百废待兴，老百姓才开始恢复家园，政府按照户籍让他们几家凑合起来购买良马，从而建起了驿站，畅通了驿道，多不容易啊，多苦啊！假如官员们都像你这样，那老百姓都得要卖儿鬻女！"随后，朱元璋责罚陆仲亨上代县去抓强盗。

另一个叫费聚也是个人物，他的爵位是平谅侯，曾奉皇帝朱元璋之命去苏州抚恤百姓。可是当他看到苏州美女如云时，顿时就起了淫心，也不顾自己的身份和大明的法纪，擅自将看中的美貌女子强占为己有。有了美女，加上美酒，平凉侯费聚简直是掉进了蜜缸里了。皇帝朱元璋知道了后,非常生气,下令让平凉侯费聚到西北去招降蒙古残余势力,戴罪立功。

可无论是吉安侯陆仲亨还是平凉侯费聚最终都无功而返,皇帝朱元璋为此大发雷霆,严加斥责。见此,两个侯爷害怕起来,就怕皇帝万一降罪下来,那就自己小命也不保了,怎么办?这急啊!整天急得像狗一样团团转。而这一切全被胡惟庸暗中观察到了,胡宰相以利害关系来"开导"两个侯爷。要说这两个侯爷向来以"戆勇"著称,说白一点就是脑子不会转弯的。他们看到胡惟庸是当朝的第一宰相,对他们俩这么"好",不像皇帝朱元璋那样,高高在上,薄恩寡义,对比下去两人顿时都喜欢起胡宰相来了。而胡宰相也适时邀请他俩上胡府去喝喝酒。酒过三巡,正在兴头上,突然胡宰相叫周围的人全部退下,然后对两侯爷说:"我们这些人做的事情多是国法所不容的,你们有没有想过,如果事情一旦败露怎么办呢?"两人听了这话,一下子慌了神,纷纷请求胡丞相指点迷津。于是胡惟庸就趁机告诉他们,迅速收集兵马,暗中扩张自己的势力,以做谋反准备。(《明太祖实录》卷129)

◎ 朱元璋"先扒皮再抽筋"

对于淮右集团中坚骨干胡惟庸的如此行为,一向不容别人与其争权和猜忌成性的洪武皇帝有何反应?据现有的史料来看,当时可能并不全知情的朱元璋也采取了一些"外围"手段,来限制与削弱淮右集团的"大本营"中书省宰相府的权力。

洪武九年正月,他命令中书省右丞丁玉与中山侯汤和、颍川侯傅友德、金都督蓝玉、王弼等一起带领军队前往陕西延安去防边(《明太祖实录》卷103),巧妙地支走胡惟庸的下属;同年闰九月,在诏定中书省、大都督府和御史台三大府长官品秩时,虽然将中书省的左右宰相品秩定为正一品,但同时取消了中书省副宰相平章政事、参知政事等官职,"惟李伯升、王溥等以平章政事奉朝请者仍其旧"(《明太祖实录》卷109)。这样一来,整个中书省主持日常工作的就剩下右丞相胡惟庸一个长官了。洪武十年五月,朱元璋令太师韩国公李善长和曹国公李文忠共议军国重事,节制中书省、都督府、御史台三大府。(《明太祖实录》卷112)

洪武十年六月,洪武帝冠冕堂皇地跟中书省大臣胡惟庸等人说:"清明之朝,耳目外通;昏暗之世,聪明内蔽。外通则下无壅遏,内蔽则上如聋瞽。国家治否,实关于此。朕常患下情不能上达,得失无由以知,故广言路,以求直言。其有言者,朕皆虚心以纳之,尚虑微贱之人敢言而不得言,疏远之士欲言而恐不信,如此则所知有限,所闻不广,其令天下臣民,凡言事者,实封直达朕前。"(《明太祖实录》卷113)至此,内功极好的朱元璋还没有直说不要中书省宰相府的人指手画脚,而借着说官民上书之事,要求"实封直达朕前";与此几乎同时,他又命令六部及其所属诸司"奏事毋关白中书省"(《明史·太祖本纪二》卷2)。这样一来几乎将胡惟庸的中书省与六部诸司以及地方衙门的往来联系给切断了,使其成为一个空架子。

再说"小牛犊"胡惟庸看到洪武皇帝的如等招数,心有不甘,"主上鱼肉勋贵旧臣,何有我耶,死等耳,宁先发,毋为人束,死寂寂"(【明】焦竑:《国朝献征录·胡惟庸》卷11)。随后他决定要与"主上"搏一搏,借着自己在中书省任一把手的有利条件,将右宰相汪广洋冷在边上,叫上御史大夫陈宁等一同策划谋反。

◎ 真真假假的胡党骨干陈宁

御史大夫陈宁,茶陵人,通经有治才。元末为镇江小吏,朱元璋在南京建立政权时,他前来投奔,很受器重,擢升为江南行省掾史,后升任广德知府和枢密院都事,再改提刑按察司佥事、浙东按察使。一年后又被擢升为中书省参议,但任职一年未到,因事牵连被降职为太仓市舶令。洪武元年,入朝为司农卿,不久升任兵部尚书。洪武二年,出任松江知府,不久又升为中书省参政。(《明太祖实录》卷129)

从陈宁的早期经历来看,尽管宦海沉浮不定,但主子似乎很喜欢他。洪武三年,皇帝朱元璋赐名他为陈宁,哪知道又没多久,因坐事而外放为苏州知府。在苏州为官期间,陈宁为了自己的政绩,竟然不顾大明重赋江南的残酷现实,拼命催促手下人抓好税粮的征缴工作,要是有谁缴不出的话,他就让人将拖欠税粮者抓起来,用烧好的烙铁去烫,苏州老百姓都恨死他了,叫他为"陈烙铁"。可即使这样的一个酷吏,在洪武皇帝的眼里却成了可信赖的好官,苏州人再骂,朱元璋最多将"陈烙铁"给挪个窝,将他调往浙江去,担任那里的布政司参政,相当于省长助理吧。而陈宁野心又很大,不想老被外放,做外官做到老死也做不大,可又不敢直接说出来。正当他十分为难之际,胡惟庸出来推荐,让他担任御史中丞,后升任为御史大夫,由此两个佞臣走在了一起,且好得跟一个人似的。(《明太祖实录》卷129)

陈宁本来与皇帝朱元璋关系不错,但后来发生了变化。至于为什么会发生变化?《明实录》说:陈宁的儿子陈梦麟看到父亲为政处事十分严酷,几次提出了劝诫,哪知道残忍成性的陈宁不仅不听,反而将自己的亲生儿子给活活打死了。皇帝朱元璋听到这个悲惨的故事后,曾愤愤地说:"陈宁对待儿子尚且如此,作为大臣,他对待君主也好不到哪里去!"据说陈宁听到皇帝的这番感慨后十分恐惧,就与胡惟庸"黏"在一起"通谋",他们在中书省里私自翻阅大明帝国的军马籍册,并叫都督毛骧收罗卫士刘遇贤及亡命之徒魏文进作为自己的心腹,并关照说:"我将来可要大用你们啊!"(《明太祖实录》卷129;《明史·胡惟庸传》卷308;《明史·陈宁传》卷308)

● 扑朔迷离的胡惟庸"谋反"案之突发

就在中书省左宰相胡惟庸、御史台御史大夫陈宁等越发不能自已,而右宰相汪广洋又明哲保身、沉醉于酒香温柔梦中时,南京城又发生了一些突发事件直接引发了胡惟庸案的爆发。

也就是从这里开始,《明实录》和《明史》以及其他一些史料对胡惟庸事件的爆发之记载出现了紊乱,那么为什么会出现这种史料上的紊乱?

我想很可能是由于胡惟庸事件的突发与处置得过快所造成的,就像现在所讲的"从速从快",否则不足以平民愤,即先定性,再判案。中国历史上的许多冤假错案就是这样形成的——证据链出现了问题,头脑一发热,只要领导一定性,下面的人就开始判案了。事实上,胡案定性处理十来年后才找到了所谓的证据,包括前面提到的所谓真实发生的"史实",都是由定性后相关案犯在严刑逼供下供出来的供词所组成。因此说,胡惟庸案件本身是个证据不明的钦定"逆案"或言"糊涂案"。按照当时的记载,接下来有一系列事情直接引发了胡惟庸事件的爆发,而其中的第一件事情,就是洪武十二年的占城朝贡事件。

○ 占城朝贡事件——第一种说法

占城是明朝时期越南中南部的一个小国,以盛产占城稻出名。在洪武十二年九月,占城的外交使节来南京向大明王朝朝贡,这是国家外交上的大事,一般来说,外国或属国来朝,皇帝要对他们进行恩赐。如果说皇帝朱元璋是代表大明帝国的话,那么中书省丞相府则是代表了政府,都应该予以一定规格的外交上的招待和进行礼仪活动。但是中书省一把手胡惟庸压根儿就没把这件事情禀报给皇上朱元璋。可是世界上有些事情就是巧,真叫无巧不成书,拜见过中书省大臣的占城来使刚好被皇帝身边的宦官从后宫出来时看到了,宦官马上将这事禀报给了洪武皇帝。朱元璋顿时就勃然大怒,中书省分明是一手遮天了,连这等外交上的大事居然都不让我知道,哪是什么人臣所为?更可能他们私吞进贡之物!真是狂妄透顶,太可恶了!于是下令,将中书省左丞相胡惟庸、右丞相汪广洋找来问罪。两位宰相大人在捶胸顿足地谢罪的同时,又把过失责任推诿了主管朝廷礼节的礼部,而礼部又像踢皮球一样把这事的责任踢回给了中书省。皇帝朱元璋忍无可忍,"尽囚诸臣,穷诘主者",即说他最终将与这件事情有关的官员全部逮了起来治罪。(《明史·奸臣传·胡惟庸传》卷308)这时突然出现了御史中丞涂节告变之事,直接引出胡惟庸谋反案来了。(《明太祖实录》卷126)

除此之外,关于胡惟庸案件的爆发,还有另外的说法,这就与刘基死因调查有关。

○ 朱元璋暗中调查刘基死因引出汪广洋"二奶"事件——第二种说法

刘伯温死后,人们一直在传言,是胡惟庸下了毒,害死了刘伯温。这个流言传了4年左右,突然在"(洪武)十二年十二月,中丞涂节言刘基为惟庸毒死,(汪)广洋宜知状。"(《明史·汪广洋传》卷127)朱元璋突然之间想起了它的价值。至于朱元璋为什么要等上4年的时间才去查一个连死得骨头都可能散了架的人命案?

第一,刘伯温晚年与朱元璋处得很不好,或者说朱元璋对刘伯温很有"看法",刘是掌握机密的大臣,死了反而使得朱元璋更加"省心"。

第二,有一种观点认为,刘伯温生病了,是朱元璋让胡惟庸去看望他,"帝遣惟庸挟医视,遂以毒中之。"(《明史·胡惟庸传》卷308)所以,有人认为,很可能是朱元璋暗示胡惟庸杀了刘老先生。(吴晗:《由僧钵到皇权》,在创出版社,1944年版)若是,胡惟庸也就死定了,只是时间问题。中国古代检验中毒的法医学很发达,像毒死之人,短时间内很容易辨认出来,骨头呈黑色;等上几年的时间再查,毒死之人就连骨头也难以辨认。朱元璋要的就是这个效果。

第三,朱元璋调查刘基死因案件的切入口本身就有问题。他首先找的是汪广洋,刘死于洪武八年(1375),汪广洋于洪武六年(1373)正月"以怠职左迁广东行省参政,逾年召为左御史大夫,十年复拜右丞相。"(《明太祖实录》卷128)也就是说,汪广洋是在刘基死后两年左右才与秘密杀害刘基的犯罪嫌疑人胡惟庸再次成为中书省同事的。但皇帝朱元璋的逻辑是:胡惟庸与汪广洋同处一个府衙,两人有过过节,尤其是汪广洋对胡惟庸的后台老板李善长恨之入骨,从汪广洋那儿一问一个准。于是就将汪广洋召入宫中秘密加以询问,"上(指朱元璋)问广洋,广洋对以无是事。上颇闻基方病时,丞相胡惟庸挟医往候,因饮以毒药,乃责广洋欺罔,不能效忠为国,坐视废兴,遂贬居海南。"(《明太祖实录》卷128)

朱元璋本来是想从汪广洋那里至少能听听人们是怎么议论胡惟庸毒死刘老先生的,但没想到对方的回答实在令人失望。要说这个汪广洋,还真算得上是个君子,一生持正以身,做事一板一眼,不愿捏造事实,入人以罪。再说他的回答确实也是事实,但作为君子的汪广洋这回大大的失误就在于,不善于在不同的形势下巧妙地周旋和自保,或许他是B型血的人,不善于捕捉对方的心理反应。由此,当他做出这般回答后,不仅没有化解洪武皇帝对他"恨铁不成钢"的怨尤,反而招惹了朱元璋对他朋欺的指控,悲剧由此而生。

朱元璋在这个时候特别恨汪广洋,给他定了一个"朋欺"(庇友欺君)之罪名,把他贬往广南(有的书上写"海南")。过了一阵,朱元璋还是怒火未消,想想自己精心设的局全给这个该死的汪广洋给毁了。我将他从万里之外调回南京来就是叫他看住胡惟庸的,可他现在居然与胡惟庸合伙起来蒙蔽我。朱元璋回忆思绪之闸门一打开,就一发不可收。他想起了,侄儿朱文正在南昌胡为乱来时,汪广洋正出任江西行省参政,就在朱文正身边,他却坐视不管,事后也不报告;杨宪在中书省结党营私,作为杨宪的上级领导,汪广洋却默不作声,也不揭发其奸佞行径……真是有负圣恩,罪不容诛!想到这里,朱元璋一下子改变了主意,派出一行专使,捧着赐死诏书,拼命追赶汪广洋,追到安徽马鞍山南边当涂——当时称太平,终于将乘船的汪广洋给追上了,就地"正法"了汪广洋。(《明史·汪广洋传》卷127;《明实录》对朱元璋赐死汪广洋进行了极度掩饰,说汪广洋因恐惧而自尽,见《明太祖实录》卷128)

说实在的,汪广洋做"老秘"还不错,而要他做宰相确实不是这块料。但他没做什么坏事,更谈不上要赐死他。理性而言,汪广洋的死确实很冤。对此,清代学者认为:汪广洋"为人宽和自守,与奸人同位而不能去,故及于祸"(《明史·汪广洋传》卷127)。换句话来说,汪广洋当了别人的出气筒。其实这话只说对了一半,我认为,他成为专制君主发泄淫威的牺牲品或言是胡惟庸等为中坚骨干的淮右集团走向坟墓的殉葬品,包括涂节在内,也是这样。后来涂节首告胡惟庸谋叛,如果他也参与了,绝不可能出来告发胡惟庸毒死刘基这样的大事来的。因为既然参与了谋叛,按照古时候的法律,即使是最先告发者,但最终还是要被处罚的。

◎ 由汪广洋的"二奶"事件引发出中书省的大恐慌

汪广洋被赐死之后,给胡惟庸的震动很大。朱元璋对胡惟庸和中书省越发不满,由过去的旁敲侧击的警告发展到现在公开性的经常斥责。随之,围绕胡惟庸、汪广洋及整个中书省的所有人和所有事的秘密调查也紧锣密鼓地进行。不久,有人查出与跟随汪广洋从死的美妾陈氏,曾经是获罪官员陈知县的女儿。按照当时的规矩:官员获罪,妻女没官,配给军队的功臣,文官无权享用,但汪广洋贪恋美色,先自己"笑纳"了。这事查出后,洪武皇帝更加恼火,甚至可以说是震怒,他说:"没官妇女,止给功臣家。文臣何以得给?"敕令法司部门彻底追查此事,"于是(胡)惟庸及六部堂属咸当坐罪"(《明史·奸臣传·胡惟庸传》卷308;但《明实录》却不这么记载)。但皇帝朱元璋似乎还没有迅速逮捕胡惟庸,而是经常性地训斥他,就连他的左右甚至下人都惶惶不安。

在这个节骨眼上,一向家教不严的胡公子在南京城里闯出了大祸,直接引发了胡惟庸案。

○ 胡公子命案追责——第三种说法

胡惟庸的儿子是当时南京城里的有名的纨绔子弟,甚至可以说是恶少,由于父亲胡惟庸品行不端,疏于管教,胡公子就成了京城中的一大恶霸。一般人见到他上街,都纷纷地躲避开来,惟恐一不小心碰到了他而招致大祸。可有一天可能是胡公子喝了酒,歪歪斜斜地坐上马车后,就嚷着叫马车夫快速加鞭,想以此飙车一回。马车夫不敢违命,猛抽马鞭,马车顿时飞箭似地在街上飙了起来,忽然间马车夫发现前方有人,赶紧拉住马缰绳,来个紧急刹车,不曾料到惯性作用,将马车上的胡公子给颠了下来,且很不巧当场就给颠下来摔死了。胡惟庸听到自己宝贝儿子死了,顿时就怒不可遏,叫人将马车夫给绑来,随即将其活活打死。

皇帝知道后大为震怒,胡惟庸马上派人送给死者家里好多的金银绢帛作为抚恤,意思也就是让他们不要再上告了。可朱元璋不依不饶,坚持要按法办事,这下胡惟庸真的害怕了,于是决定铤而走险,与御史大夫陈宁、中丞涂节等"谋起事,便遣人阴告四方及武臣之从己者"。(《明太祖实录》卷129;《明史·胡惟庸传》卷308)

○ 胡宅祥瑞与云奇告变——第四种说法

还有一种广为流传的说法,据《明朝小史》和《明史纪事本末》等书所载:就在胡公子出事前,胡惟庸家已经"祥瑞"不断光顾,定远老宅的旧井里忽然长出石笋,高出了水面好几尺。胡家祖坟上夜夜冒红光,这可是大吉大利的瑞兆啊。于是,胡惟庸愈发异想天开,未来的皇帝梦越做越多。不曾想到儿子飙马车给飙死了,皇帝朱元璋不仅不为他说话,一点情谊与面子都不讲,反而为下等的马车夫之死深究不歇,胡丞相越想越火,顿时就有了这样的念头:没什么大不了的,看看你我到底谁厉害,于是就策划了一起杀害朱元璋的大逆不道的阴谋。

洪武十三年(1380)正月有一天,胡惟庸气喘吁吁地来到明皇宫,向皇帝朱元璋报告说:他南京家中的水井里出怪事了,老在冒醴泉,就是我们平常讲的甜蜜的美酒。按古时的讲法,这是皇帝将天下治理得好才会引来上苍的"奖励"与肯定,是非同一般的瑞兆啊,包括皇帝在内,天下都得重视,甚至应该要好好地庆贺一番。(【明】郎瑛:《七修类稿》卷74)

据说,朱元璋听说后,也觉得十分好奇,决定前往胡宅去看个究竟。他叫上随从,走出皇宫,正走到西华门时,一个太监名叫云奇的,直冲到他的车马前,拉住了马缰绳,想说什么,可他的舌头像是被夹住似的,就是急得说不出话来;加上这个叫云奇的宦官本是南奥人，说话时常常含含糊糊，不知道他在说些什么。而直撞皇帝的御驾，在那时可是一项大罪，更何况冲撞者是低贱的"刑余之人"。当时皇帝朱元璋一下子就火冒三丈，命人将宦官云奇拿下，叫武士们好好地教训教训他，让他懂点事。武士们还真不含糊，三下五除二，一顿暴打，将云奇的右臂也给打断了，就差一点要了他的命。但这个云奇却忍着剧痛，手指胡惟庸家的方向。这时皇帝朱元璋似乎明白了什么，马上命令返回皇宫，登上宫城城楼向胡宅望去，只见胡惟庸家里黑压压的一片，墙道间处处都埋伏着士兵。一切都明白了，皇帝立即发动御林军，包围胡宅，逮捕胡惟庸。(【明】吕毖：《明朝小史·洪武纪·臂折犹指》卷1；【明】郎瑛：《七修类稿》卷74；【清】谷应泰：《明史纪事本末·胡蓝之狱》卷13)

但这段"故事"在清朝就有人进行翔实的考证，考证出来的结论是"凿空说鬼"。那么真实的情况到底是如何呢？

○ 扑朔迷离的特级大案要案

胡公子出事后，洪武帝没将胡惟庸怎么的，但更多的是严厉斥责。朱元璋不显山不露水地敲山震虎，目的就在于以威慑来促使胡惟庸"叛逆奸党"内部土崩瓦解，其中的胆小者最先会动摇，甚至是告密。朱元璋是老"运动员"了，在经历了无数生与死的炼狱生活后，他很有自己的一套。果然，洪武十三年(1380)正月初二，御史中丞涂节最先出来告发，说"左丞相胡惟庸与御史大夫陈宁等谋反，及前毒杀诚意伯刘基事"。接着另一个被贬为中书省属吏的原御史中丞商暠也出来揭发胡惟庸众多的不轨阴事。(《明太祖实录》卷129)

朱元璋在接到告发后，马上组织朝廷大臣对胡惟庸案进行廷审，凡是审究出来的"谋叛"人员，立即予以逮捕。由于政治高压，用刑也猛，涉及的人员越牵越多，到后来就连首先告变者涂节和另一个曾经与汪广洋共同疏劾李善长的御史大夫陈宁都给扯了进去，朝中廷臣认为："节本预谋，见事不成，始上变告，不可不诛。"(《明史·胡惟庸传》卷308)

正月初六，胡惟庸为首的一大批"奸党"分子及其家族被全部处死，不过在《明实录》中对朱元璋做了美化，说他赐死胡惟庸与陈宁等人。(《明太祖实录》卷129)

四天时间就处理完了"谋反"这么一个大案，实在令人惊讶和狐疑！谋叛本是一项特别大的罪名，属于传统社会中所谓的"十恶"大罪中的首恶之罪，而所被告发的又是当朝的在职的左宰相，一人之下，万人之上，这绝对可以称得上是明初特大要案，非同小可。按常理，办理这类事情绝不能操之过急，而是慢条斯理地穷本溯源，这样才能将其一网打尽。但在这件事上洪武帝似乎做得相当马虎草率，这也有违于他的一贯做派,令人费解。

对此史学界有截然相反的两种观点:第一种观点认为:朱元璋之所以要这么急急忙忙地处理"胡惟庸谋反案",其真实的意图是想保全李善长。李善长既是谋叛"逆党"胡惟庸的亲家,又是当今皇帝的亲家,这是京师南京甚至全国人民都知道的事实。就从这一点上来讲,深追下去,肯定会牵连到李善长,所以还是这样快速了结此案吧。

第二种观点正好与此相反,认为在粉碎"谋逆"胡党、废除丞相制后,朱元璋感到对自己有着潜在威胁最大的依然是已经"出局"了的老宰相李善长。李善长树大根深,他背后还有一大批淮右功臣勋贵,不是你想要除去,就能一下将他除掉的。而胡惟庸被人告发谋反,这事本来就证据不足,当时皇帝朱元璋公开宣布胡惟庸等人的罪行为"窃持国柄,枉法诬贤,操不轨之心,肆奸欺之蔽,嘉言结于众舌,朋比逞于群邪,蠹害政治,谋危社稷。"(《明太祖实录》卷129)认真比对一下《大明律》,上述没有一条可以完全对得上号的,或言之,胡惟庸等人有犯罪意图,而无犯罪确实证据。如果深究下去,很有可能就连胡惟庸也定不了死罪,到时候那就更难牵连到李善长等具有重大潜在危险的淮右功臣勋贵了。所以说尤其这样倒还不如现在迅速地将胡惟庸等定为"谋反"死罪,立即执行。这样就造成了"铁定"的事实。至少说它有两大好处:第一,将那贪婪和胡作非为的淮右集团中坚骨干分子胡惟庸给办了,顺便将他的走狗、朋党迅速地收拾了,造成钦定的谋反大案要案,杀一儆百;第二,处死了"谋反"首犯,连坐同党,甚至连坐到告发者,造成死无对证。日后若再需要,就只要将他们往这个"钦定铁案"上扯,任何讨厌的政敌和潜在的危险分子都可以收拾了。

就在胡惟庸为首的一大批"谋危社稷"分子被处死的第二天,即1380年正月初七,皇帝朱元璋宣布进行一项重大的政治制度变革,废除已经存在了约有1500年的宰相制度(《明太祖实录》卷129)。也由此开始,大明朝的"勋臣不与政事"(《明史·郭英传》卷130),就是说从洪武朝的那个时候起形成了一条不成文的规制:功臣勋旧除了继续领兵打仗外,基本上都不再让他们担任行政领导了。(参见陈梧桐:《洪武皇帝大传》,河南人民出版社,1993年6月第1版,P470)

废除存在了1500多年的宰相制度,清除淮右集团中坚骨干胡惟庸为首的"谋反逆党",摧毁对于君权有着相当隐患与威胁的淮右集团的"俱乐部"——中书省,如此下来,君主专制主义统治得以强化与稳固。至此,洪武皇帝朱元璋总该感觉安全和满足了?没有,在他的潜意识里头,这样清除威胁君权的政治运动还仅仅开了个头;因为虽然捣毁和废除了很有潜在危险的淮右功臣勋旧的文职行政系统"大本营"——中书省和宰相制度,但具有相当隐患与威胁的淮右集团的核心人物还在,他像幽灵一般游荡着、活动着。只要他存活着,那股潜在的威胁君主统治的势力随时都有发动颠覆大明君位的可能。那么如何清除这"幽灵"和"幽灵"势力呢?就如从速从快地处决胡惟庸等人那般,将人给抓了,把刀按在脖子上,像切西瓜似地切下去?事情远没有这般简单。千万别忘了,这个"幽灵"可是淮右集团的核心人物,他与那些握有兵权在外作战的淮右功臣勋旧到底有着多深的关系?这将是拭目以待!

● 深挖政界最大的潜在威胁——淮右集团核心人物李善长

胡惟庸案突发时,有人曾将其与"后台老板"李善长之间的密谋阴事给揭发了出来,说"太仆寺丞李存义者,善长之弟,(胡)惟庸之婿父也,以亲故往来惟庸家,惟庸令存义阴说善长同起",而李善长先是惊诧,经劝慰、诱惑后转变为默认,到最后还参与到了密谋当中。由此朝廷群臣强烈要求洪武皇帝立即逮捕和处死李善长,可朱元璋实在"不忍心"杀老哥儿们、老搭档,在明皇宫大殿上他当场做了"忆苦思甜",核心意思是在我艰难时刻,李善长投奔了我、帮助我,我怎么能忍心杀他呢?(《明太祖实录》卷129)

○ "外松内紧"地对淮右集团核心人物李善长外围的调查

皇帝朱元璋不仅"不忍心"杀老哥儿们,而且在胡惟庸案处置后不久还将"以年老养疾"(《明太祖实录》卷130)的老宰相、太师李善长给请了出来。当时专门负责监察的朝廷监察机构御史台正缺少领导,因为御史大夫陈宁参与了胡惟庸的谋反,御史中丞涂节的嘴巴惹了祸,都给一一处死了。洪武十三年五月,皇帝朱元璋就让李善长去管理御史台。李善长的能力是相当强的,做宰相管理中书省那么大的一个摊子都给他收拾得井井有条,现在让他去管理御史台,这还不是小菜一碟,顿时御史台的工作开展得有声有色。(《明太祖实录》卷131;《明史·李善长传》卷127)

更让人看不懂的是,"犯了那么大的事"的李善长不仅没有遭受胡惟庸案件的半点"冲击",反而受到了皇帝朱元璋的这般恩宠,而且连李善长的弟弟、那个与胡惟庸结为儿女亲家的李存义,李存义的儿子、胡惟庸的侄女婿李佑都给留在朝中继续做官,这实在是让当时的人们坠入云里雾里。

朱元璋毕竟是朱元璋,要饭时的饥饿他忍过来了,乞讨时被辱他忍过来了,死亡的威胁他也忍过来了,人生还有什么不能忍的?想当年开国初我朱元璋还将李善长誉为汉代的萧何，话已说得够满了，太师李善长的功劳也太大了，看他那个处世之道，满朝文武似乎多少都与他有些关系，这可了不得，不能轻易动他，对于这种潜在的危险可不能像农田里割草那样，一刀下去，发现没割干净，再来第二刀。在政治上这叫幼稚，这叫打草惊蛇，弄不好李善长他们真谋叛起来，那将得不偿失。我朱元璋过去可吃过谢再兴、邵荣他们谋叛之苦了，还是从长计议吧。

所以胡案以后，洪武皇帝朱元璋并没有穷追猛打，而是表现出对潜在的危险分子的出奇"大度"，于是出现了表象上的政治宽和，亲如一家。但事实上在胡惟庸案子"了结"后，他充分发挥了当时的特务组织——拱卫司的作用，暗中加紧对胡案的深层调查。为了加强皇帝自身"耳目"的力量，在胡惟庸被处决后的第3年即洪武十五年（1382），朱元璋终于作出决定，创造性地健全专业特务机构——锦衣卫。这是一个以专门刺探文武百官臣僚的言行为使命的皇帝直接掌控的特务系统，其下设镇抚司，拥有自身独立的监狱和法庭，侦查、逮捕、审问、判刑等"一条龙服务"到底，由此侦办的案件称为"诏狱"（《明史·刑法志三》卷95）。朱元璋这样做无非是让锦衣卫的奴才们在暗地里对诸如胡惟庸谋反等案子的那些漏网分子盯紧点。换句话来说，在胡惟庸案了结后，李善长及其家族表面上的平静维持了5年的时间，实际彻底清除胡党的暗流一直在涌动着。而所谓的平静，只不过是当时一般人们包括"胡党分子"诸如李氏家族成员都没有意识到罢了。经过五六年的暗查，到了洪武十八年时，朱元璋开始对李善长家族动手了。

○ 李善长的"冷漠"和朱元璋的"不爽"

洪武十八年（1385），有人再次出来告发，说李善长的弟弟李存义，不仅是胡惟庸的亲家，而且实际上还是胡惟庸谋逆案的同谋，不能让他们再逍遥法外，理应也治罪。这个罪名可大了，按律，伙同谋反，不仅伙同者要治以死罪，就是他的族人也要受到株连。但令人们再次没想到的是，皇帝朱元璋又一次网开一面，对李善长亲族们的处置范围特别小、发落特别轻，仅下诏说：皇恩浩荡，李存义、李佑父子免死，全家发配到崇明岛闲住。（《明史·李善长传》卷127；《明史·奸臣传·胡惟庸传》卷308）而李善长不仅毫毛未损，没受到任何牵连，且纹丝不动，继续管理他的御史台。朝中好多大臣看到这种情势，纷纷议论：李善长功高望重，深得帝心，什么事也都不会影响到他这位老宰相的。从过去的常例来讲，家族里发生了参与"谋逆"这样大的事，皇帝对你李善长真是格外的"恩宠"，李善长理应立即上表谢主隆恩，先行自责一番，什么家门不幸，管教不严，终成大祸。即使自己及家族没有半点错，也应该这么做，因为皇帝永远不会有错。接着就要演一出戏，引咎辞职，以慰帝心，以平众怨。但李善长压根儿就没有这么做,好像家族里发生这么大的事与他真的毫无关系。

对于李善长的"冷漠",有一个人极为不悦,谁?皇帝朱元璋!至于李善长为什么要这么"冷漠",目前有三种解释:第一种:认为李善长疏忽了。但以李善长的精明干练来看,似乎说不过去。第二种:认为李善长这样做,主要表明他与朱元璋之间亲密无间的君臣关系,正因为非同一般关系,免得俗套,何必多此一举。但问题是李善长并不清高,而且还是个俗不可耐之人。第三种:认为李善长年纪大了,倚老卖老,只想安度晚年,不想多说什么了。但如果李善长真的以为自己老了,那他为什么还要出来管理御史台?

李善长真实想法到底是什么?我们现在无法解答,只有去问他本人了。

但李善长的"冷漠",使得朱元璋大为不爽(《明史·李善长传》卷127),更要命的是死神正朝这位淮右集团核心人物李太师一步步地走来。

○ 南倭——林贤通倭事件突发——胡惟庸死后6年才暴露

洪武十九年(1386),就是李善长弟弟家出事的第2年,又有人出来揭发了一件谋反大案——明州卫指挥林贤通倭。通倭在那年代可是件大案了,所以一定要严加审查。而审查下来的结果正合洪武皇帝的"口味",林贤通倭是奉了丞相胡惟庸之命进行的。(《明史·奸臣传·胡惟庸传》卷308;《明太祖实录》卷129)这下可乐坏了朱元璋,朱元璋是这么想的:人们都认为胡惟庸被处死时,实际上他谋反的证据不充分,阴谋还没有全部暴露。朕早就看穿胡惟庸不是什么好东西,要谋反啊,这下怎么说,"铁证"如山了!此时距离胡案爆发已经6个年头,表面看来林贤通倭直接指向的是已经满门抄斩的胡惟庸,但胡家已经什么都没有了,灭族的灭族,流刑的流刑,所以实际指向的应该是胡惟庸步步高升的引路人、淮右集团的核心人物李善长。等上6年才逐渐切入"正题",朱元璋要的就是这个效果,他过去什么都能忍,难道就忍不住这么几年吗?

从此开始,李善长厄运连连。

● 淮右集团核心人物李善长的大限——洪武二十三年(距胡案10年)

无论从哪个角度来讲,即使是从世界史范围来看,洪武二十三年即公历的1390年并不是什么特别的年份,但对于当时大明帝国来说,这一年却似乎笼罩在更多的云雾和雷电之中,那时的前宰相李善长,身体还算硬朗,精神也很好,可大明人主和中央朝廷上下似乎都不约而同地讨厌这个77岁还活着的老头,李善长的大限到了。

李善长的第一道"催命符"实际上是自己下的。这道"催命符"的名称依照史书上的说法叫"耄不检下"。什么意思?就是古稀之年也不"检点"自己的行为。那么李善长干了什么事得了这么个"催命符"?

○ 李善长"自找"的第一道"催命符"——私借营卒扩建造府宅案

综观史书记载:李善长一生言行有两大特征:第一,十分注意人生享乐。前文已述,就在大明开国前夜,已经位近人主的李善长几乎什么都不缺,却在胡惟庸前来"跑官奉献"时,一次性笑纳了300两黄金(《明太祖实录》卷202)。由此看来,这人很贪婪。要这么多的钱财干吗?花呗。否则的话,无法解释他要这么的钱财到底有何用处?钱是好东西啊!更何况人生苦短,还是及时行乐吧!至少说,直到洪武二十三年(1390)年初的李善长还是这么想的,也是这么做的。这一年,李善长已经77岁了,在那个年代里,这个年龄绝对算得上是古稀之上的老寿星了。老寿星精神矍铄,还想要好好地度过"夕阳红"的每时每刻,于是便想到了要增添一些院落,嬉戏人生暮年。

而就在这时候,李善长个性的第二大特征被无限地放大,那就是对周围环境不敏感。他要增修府第,但条件不足,人手少。不过,这样的小事是难不倒曾经运筹帷幄决胜千里之外的淮右集团的核心人物李善长的,他向老乡、同事、据说又是朋友的信国公汤和借些人手。一般民间借贷也就"小来来",可人家李善长曾经是大明帝国的宰相,是个见过大世面的人,所以也就"大手笔",一开口就向武将汤和要借营卒300人。以营卒为工役在传统中国包括明朝在内原本是个平常事,不过要借300个营卒,这么大的数字可将在淮右功臣勋旧当中以胆小怕事、谨小慎微而著称的信国公汤和给吓坏了。(《明史·汤和传》卷127)

这个汤和何许人也?他是朱元璋小时候一起长大的小玩伴,当今皇上朱元璋之所以有今天,还不是因为汤和的那封信所起的作用么。不仅如此,尽管汤和驰骋疆场,九死一生,什么也不怕,但他打小就"服"一个人,谁啊?朱元璋!大明建国时,汤和被封为信国公,历经明初数次"政治运动",最终成为大明帝国中为数极少的几个保全功臣之一。汤和之所以能善终,关键点不在于他与皇帝朱元璋之间的关系有多"铁",而在于他尽管是一介武夫,但对皇帝百分之百的恭顺与忠心,为人处世特别之小心谨慎,多一步路也不敢乱走。所以,当李善长向他借300个警卫兵时,汤和的心就像小兔子一般猛跳着,随之聪明劲上来了:既然人家前帝国宰相又同是老"高干"、老同乡,无论从哪个角度都应该借;但这个前帝国宰相李善长的恩遇早已衰颓,换句换来说,他现在实际上是个皇帝不喜欢的人——这事就连京师南京大街上的人都知道,如果真的将300个警卫兵借给一个皇帝并不喜欢的人,皇帝会不会怪罪下来?而且所借的是警卫兵——武装力量,什么都可以借,就是这种借是最危险的"借",要是借了以后,皇帝不高兴,这岂不自己也有危险了。这叫借了不是,不借也不是,最后他想到了一个万全之策,如数照派300个警卫兵给李善长;与此同时,他在暗中向皇帝朱元璋奏明了此事。在做好两面工夫以后,汤和觉得心安理得了,至于他是否等于向皇帝朱元璋告了密——李善长正聚集兵力,他可管不了那么多了。而事实是以猜忌著称的皇帝朱元璋知道以后,自然而然地充分发挥起自己的猜忌特长,李善长"自找"的第一道"催命符"就这样催生出来了。(《明史·李善长传》卷127;【明】焦竑:《国朝献征录·中书省左丞相太师韩国公李善长传》卷11)

○ 李善长"自找"的第二道"催命符"——丁斌徙边案

也许洪武二十三年真该是李善长的大限年份,他不仅"自找"了第一道"催命符",且接着又为自己找了第二道"催命符"——丁斌徙边案。

就在汤和向朱元璋密报李善长"暗中借兵"一事不久,凑巧又发生在李善长身上的一件在中国历代官场上最为常见的"打招呼"事件,就此将他置身于十分尴尬的境地。

事情的原委是这样的:当时京师南京城里有一批因事连坐的罪犯要移向边塞去实边——朱元璋把一些可杀可不杀的罪犯"留"下来,发配他们到边荒地区去开荒,这就叫做实边。在这些罪民中有个叫丁斌的人,是李善长家的亲戚,他也在被发配的行列。丁斌家人得到信息后,立马去找李善长出面"打招呼",这也是中国历代官场上极为常见的一件普通事情,是中国特色的国情使然。而这样的事情在被洪武皇帝封为大明第一功臣的李善长看来,只不过是件区区小事;再说他向来对自己的亲戚和周边的人很关照,这也是历朝历代培植私人势力最为常见的有效手段。所以当丁家人向他"求救"以后,李善长就几次三番出面为丁斌说情求免。也许真的是大限到了,李善长不出面倒也没什么大不了的,而一出面却惹出大祸来了。由于皇帝朱元璋对他越来越狐疑和恼怒,不但不允他的请求,反而命令:立即将丁斌拿问,交由法司严加审讯——让他供出他所知道的李氏家族所做的一切不法事情。这个丁斌起初还够哥儿们的,就是不说,但他再硬也硬不过朱元璋可能也曾参与设

计的酷刑,到后来就像倒豆子似地将一些人们所不知的阴事全给倒了出来。(《明史·李善长传》卷127)

原来这个丁斌不仅是李家的亲戚,又与胡惟庸家关系非同一般。曾被李家推荐给胡惟庸,在那里做过事,所以他耳闻目睹了不少李、胡两家相互往来的事情。但在重刑之下,这些李、胡两家相互往来的事情便迅速转为了反叛的阴谋密议,既然已经被处决的胡惟庸"定性"为谋反,那么与他家密切来往的李家人能不参与吗?更何况又有这个对胡、李两家密切关系有深度了解的丁斌的"口供",这下就首先坐实了胡惟庸的亲家李存义、李佑父子伙同谋叛的罪状。朱元璋知道后,立即下令,将李存义、李佑父子从发配地崇明岛拘捕回京师南京,重新对他们进行审讯论罪。(《明史·李善长传》卷127)

○ 李善长"自找"的第三道"催命符"——李存义、李佑父子的口供

原本是为"丁斌徙边案"打招呼的一件极为普通的事情,却引出了坐实胡惟庸的亲家李存义、李佑父子伙同谋叛的惊天大案来,这对李善长将获重咎来说,简直是火上浇油,更加速了他祸事的爆发。

大家知道,家庭血缘关系一直是中国社会当中最为坚韧和最为基本的社会关系的纽带,比起西方人,中国自古就特别重视家庭家族伦理与家族结构等级秩序的建设,所以很多学者认为,在中国一直没有独立的人格和自由的人,所谓的中国人实际上都是大集体或言血缘家族里的人。因此中国历史上经常出现这样的家族发展变化规律:一荣俱荣,一损俱损。想当年李存义、李佑父子为什么能与大明帝国当朝宰相胡惟庸结为亲家,还不就是因为李存义有个可以荣耀的、位近人主的哥哥李善长。现在李存义父子倒大霉了,中国历代家族发展变化规律再次起作用。

由于这是皇帝钦定的案子,法司部门绝不敢有半点马虎,而事实上他们工作得不仅特别的认真,而且还"成绩斐然"。因此,李存义父子从崇明押回南京重审时,很快就供出了许多惊天"秘密":亲家胡惟庸曾要求李存义做一件大得吓死人的事情,劝说哥哥李善长一同谋反。在一个上蹿下跳的亲家和"策画多中"的哥哥面前,李存义就显得有点弱智了。当他跟哥哥说及此事时,李善长的第一反应是极度的震惊和恼怒,随之叱呵弟弟道:"你说你们想做什么?看看你们所密谋的事情,那要灭九族的!"在哥哥面前碰了一鼻子灰后,李存义又回去告诉亲家胡惟庸。可胡惟庸还是不死心,又找了李善长的老朋友、铁哥们杨文裕去劝说,并许诺:"若谋反事情成了,就封李善长李太师为淮西王。"听到这样的诱惑,李善长不免有所心动,但内心还是充满了极度的恐慌,所以也就没同意谋反的主张。这时"小牛犊"胡惟

庸已经看出李善长"松动"了,于是就亲自去李府劝说,可是李善长还是没同意。就这样僵了好久,最终胡惟庸又派自己的亲家李存义去劝说他的哥哥,李善长听后叹道:"我已年迈了。等我死了以后,你们自行其事吧!"(《明史·李善长传》卷127;《明太祖实录》卷129)

上述"事实"如果是由别人说出的,尚有怨仇之嫌,而由绝对有恩于自己的亲弟弟说出,谁会不信这是真的!所以说,李存义父子的被捕及其所作的口供,对于李善长来说是致命的。我们完全可以将它看作为李善长"自找"的第三道"催命符"。但事情至此还没完,从根本上来说,要给这个"罪大恶极"的老家伙、"策画多中"的老狐狸李善长定罪还不是时候,在政治斗争的大风大浪中不断胜出的人主朱元璋比任何人都清楚,应该怎么掌握好处理这等人这等事的火候,他还要深挖其"罪大恶极"之根源与网络,最好还能搞出更多案中案来。

○ 案中案——李善长"自找"的第四道"催命符"——私放北虏降臣封绩案

在再度深挖胡惟庸党案运动紧锣密鼓进行之际,又有人出来告发了:李善长前年犯下的一起案子:洪武二十一年(1388),大将军蓝玉率领明军北征沙漠,打击蒙古,在捕鱼儿海逮到了一个"奸人"封绩。封绩是元朝的旧臣,后来投降了明军。据说他经常往来于蒙汉之间,曾经为宰相胡惟庸送过勾结元嗣君的书信,在书信里胡惟庸不仅对元嗣君称臣,而且还请北元嗣君派兵作为他谋反的外应。(《明太祖实录》卷202)

上述说辞本身就漏洞百出:第一,胡惟庸本是很精干的人物,他与北元嗣君连面也没见着就冒冒失失地写这样的书信,这似乎是说这位前大明帝国的宰相原本是个意念狂想症者或是个不折不扣的"二百五"。第二,胡惟庸在书信中对元嗣君称臣,若是真的,那肯定也是他神经错乱了。要知道胡惟庸在大明帝国中的地位已经到了一人之下,万人之上了,他现在要谋反,即使成了,仍要称臣,冒那么大的风险还在官位"原地"踏步,只有神经错乱的人才会这样胡来。但问题是这些都不重要,反正胡惟庸死了,死了就好,死无对证。要命的是上述这些封绩的供词都是他再次被捕(洪武二十三)时才审出来的。蓝玉初次捕到封绩时,也不知怎么的,李善长不仅"匿不以闻",就说没有将此事汇报给皇帝朱元璋,而且私自将封绩给放了。两年后的洪武二十三年(1390),这个封绩第二次被捕入狱,一审居然就审出了这么多的"花头"来,这是李善长"自找"的第四道"催命符",也许李善长该活到头了。(《明太祖实录》卷202;《明史·李善长传》卷127)

○ 李善长的第五道"催命符"——天怒人怨——不杀不行!

洪武皇帝朱元璋要的就是这个效果,大明帝国的大臣们谁都看出来了现在的形势,负责监察工作的御史们更是不遗余力地尽其所能,"闻风奏事"。中国历史上常常出现这样奇特的政治风景:每当某个大人物倒台时,不说他的同僚,就是他昔日的"朋友"、"亲人",甚至是服侍他的下人们都会表现出高度的政治觉悟:揪出那些叛逆分子,揭发他(们)"不忠不孝"的罪行,最好再能踏上一脚,叫他(们)永世不得翻身。李善长"赶上"的正是这样的"好光景"。

洪武二十三年五月,监察御史劾奏太师韩国公李善长罪状。李善长的家奴卢仲谦等人一夜之间提高了政治觉悟,与洪武朝廷中央保持高度的一致,出来检举说:大约十年前,在胡案爆发前的某天,丞相胡惟庸亲自造访李府。尽管李府大家长李善长先前已经几次委婉地表示,拒绝参与谋反,但胡惟庸开出的条件也实在太诱人了。所以当胡丞相再次光顾李府时,李善长就明白了他的来意,立即屏退了身边的人员,同他凑在了一起,窃窃私语,时而又频频点头。而后不久,李善长又接受了胡惟庸派人送来的稀世珍宝——西域古剑、玉刻蛟龙蟠桃卮(古代一种盛酒器)、白玉壶等贿物;作为答谢,李善长派出了家奴耿子忠等40人,帮助胡惟庸谋反。从此李、胡之间的关系更加密切,李给了胡谋反的一切支持。(《明太祖实录》卷202)

事情至此,胡惟庸谋反案背后的"真相"所有的指向都对李善长极为不利,说得更为直白一点,不仅李善长对胡惟庸谋反案知情不告,甚至最终还"参与"了进去。案件查到这一步,差不多可以了结了。最终认定:胡、李二人伙同谋反,胡惟庸私通倭寇,准备里应外合,图谋社稷;李善长则竭力外饰周旋,交通关节。身为开国元勋和皇亲国戚,事先知晓胡惟庸谋反,却知情不告,狐疑观望,首鼠两端,最终还参与到"谋反活动"当中去,李善长犯下了大逆不道的滔天罪行。(《明太祖实录》卷202)

满朝文武官员无不愤慨,大家纷纷表示,杀了李善长以谢天下,而不杀李善长就不足以平群愤。不过此时的大明天子朱元璋却似乎表现出极度的"不忍心",他没有立即下令处决李善长及其家人。(《明史·李善长传》卷127)

皇帝是"仁慈"的,是"爱惜"开国功臣的,问题是李善长为首的开国功臣实在是大逆不道,坏事做绝,弄得人言鼎沸,群情激愤,这就应了人们常挂在嘴边的"人怨"说法。还有"天怒"吗?有,你别急,马上就来"天怒"了。

这个"天怒"说来就来了,当时主管大明帝国天文历法的官员出来说话了,他发现天上有星变。星变就星变,这是自然现象,跟人间又有何关联!这是现代人们的科学自然观。可过去人们不这么看,不仅不这么看,还有另外一番说法:星变喻示着上天对地上所发生事情不满意而发出的警告。而不听上天的警告,则会有大麻烦甚至大灾难降临。你看那皇帝老子,什么人间的事都是他永远正确,但在上天面前,他却表现出无以复加的恭敬。既然现在上天发怒了,怎么解救即将到来的上天降临的灾难?据说只有折伤大臣,说白了就是处死得罪了上天的大臣,这个大臣是谁呢?李善长啊!现在大明帝国就连3岁小孩都知道,这个引起"天怒人怨"的罪大恶极的"坏蛋"就是李善长!于是李善长最后的一道催命符已下达,还有什么可说的。(《明史·李善长传》卷127)

○ 洪武皇帝的"仁慈"与不忍之心

但大明帝国的人主朱元璋实在是"仁慈","不忍"下令处死这个大明第一功臣、如今已经古稀之年的老太师李善长。将群臣召集到明皇宫奉天殿上,对李善长的案件进行廷议,洪武帝朱元璋表现出"痛苦不堪",说起了当初与李善长一同创业艰难之艰辛和功成名就后的今天这等境况,说着说着就"泣不成声"了。皇上实在实在是不忍心啊,临行到右顺门时,他终于从牙缝里慢慢地挤出了如下"感人肺腑"的话语:"李太师已经年逾古稀了,但天命不可违啊!只将李太师的侄子李佑、李伸下狱,其他不问,以此来宽慰老太师之心!"大明洪武皇帝是何等之"仁慈",他不忍杀戮开国第一功臣啊!(《明太祖实录》卷202)

可大明帝国的大臣们似乎更讲原则、讲政治、讲正气,李善长平时的为人处世"外宽和内多忮刻"终于在今天得到了报应。大臣们认为,胡惟庸谋反,李善长的弟弟李存义结交胡惟庸,奔走于胡、李之间,往来劝说哥哥李善长参与谋反,罪从谋反;而李善长身为大明开国元勋和皇亲国戚,在知道胡惟庸策划谋反时不仅不上告,反而还派了家奴参与到了谋反当中去,"反状甚明",且收受谋反首逆胡惟庸的贿赂,实在是大逆不道;更有大臣直截了当地说:"李善长不自爱,多方受贿,参与谋反,且反迹明显,理应绳之以法!皇帝陛下,李善长过去是我们大明的第一功臣,您的老哥儿们,这个我们大家都知道,但您千万不能因此偏私而不讲原则啊!"

听到这里,目击大殿之上义愤填膺的群臣,皇帝朱元璋表现出极度的"无可奈何",叹息道:"犯了谋反罪,按律是要灭族的,法是这样,朕又能怎么办呢?"于是依照群臣所议,朱元璋立颁严敕,将李善长父子(除了长子一支以外)、妻女、兄弟、侄子等整个李氏家族中70余口人全都定成了死罪,统统诛杀。(《明史·李善长传》卷127;《明太祖实录》卷202,不过《明实录》美化了朱元璋,说李善长自尽而亡)

当然,洪武皇帝朱元璋还是相当"仁慈"的,他对有着自己血缘关系的女儿一家不杀——李善长家长子李祺因为娶了皇帝的长女临安公主,他与他的儿子李芳、李茂等人因而得到恩免,但是他们全被逐出南京城,迁徙到江浦去居住了(就连临安公主也一起被迁徙)。皇帝的"仁慈"还表现在他对李氏女家眷格外开恩——实际上按律没官,但李善长60多岁的妻子却被送到教坊司去做妓女,为大明帝国"创收"(非正史记载了此事)。朱元璋如此"仁慈"与"精心"地对待和处置他的潜在政治敌人,实在是中国历史上的一大"创造"。无独有偶,更为人们惊讶的,高皇帝的这些"聪明"之举在他的"好儿子"——篡位皇帝朱棣那里得到了完全的传承,甚至是发扬光大。"靖难之役"后,魔鬼朱棣在大开杀戒的同时,将黄子澄、齐泰等建文朝文臣之妻女送到南京城南风化区去接客,或送到自己燕军中去,让打了四年内战的燕军将士一起好好地"性福性福"。(详见笔者《大明帝国》系列⑦《永乐帝卷上》)

就在李善长一家遭受灭顶之灾的同时,过去与胡惟庸过从甚密的吉安侯陆仲亨的家奴封帖木等人的政治觉悟也突然"提高"了,他出来告发说:吉安侯陆仲亨、延安侯唐胜宗、平凉侯费聚、南雄侯赵庸、荥阳侯郑遇春、宜春侯黄彬、河南侯陆聚等,他们过去与谋反逆首胡惟庸经常往来,共谋叛乱(《明太祖实录》卷202)。洪武皇帝朱元璋发怒,"顺藤摸瓜",牵连蔓引,又追根刨底,坚决肃清"谋反逆党"的党羽,案子如滚雪球一般,越来越大,"词所连及坐诛者三万余人"(《明史·胡惟庸传》卷308),即说供词牵连和定死罪被斩的达30 000余人。活着的"逆党分子"理所当然是不可宽宥的,那么那些已经死去的,如营阳侯杨璟、济宁侯顾时等也不得安宁,他们也被列入了追坐的范围之内。(《明史·李善长传》卷127;《明史·胡惟庸传》卷308)

由所谓的胡惟庸谋反案"案发"到"胡案逆党"的肃清,在这十余年的时间里,皇帝朱元璋一再表露出他对李善长之辈开国功臣的"仁慈"与"不忍之心"。正因为有了洪武皇帝的"不忍",从而使得淮右集团核心人物李善长多活了十年;正因为有了朱元璋的"仁慈",从而使得胡惟庸谋反案的最终清查了结时,总计有30 000余人搭进了生命,更有数万人在人间炼狱里煎熬。在被杀的人当中有头有脸的,除了前面讲过的韩国公李善长、宰相胡惟庸、御史大夫陈宁、中丞涂节外,还有吉安侯陆仲亨、延安侯唐胜宗、平凉侯费聚、南雄侯赵庸、荥阳侯郑遇春、宜春侯黄彬、河南侯陆聚、靖宁侯叶升、临江侯陈德之子陈镛、申国公邓愈之子邓镇、毛骐之子大将毛骧、张士诚降臣李伯升、丁玉和朱皇帝老秘宋濂之孙宋慎等;被追坐胡党,革除爵位的有营阳侯杨璟、济宁侯顾时、宣德侯金朝宗、靖海侯吴祯、永城侯薛显、六安侯王志、汝南侯梅思祖、南安侯俞通源、巩昌侯郭兴、淮安侯华云龙、永嘉侯朱亮祖等,这就是明史上有名的"胡党之狱"。(《明史·李善长传》卷127;《明史·胡惟庸传》卷308;【明】钱谦益:《牧斋初学集·太祖实录辨正3、4》卷103～104;【清】赵翼:《二十二史劄记·胡蓝之狱》卷32)鳄鱼的眼泪也挤出来了,戏也该收场了。可大明帝国的开国雄主觉得问题远没有这么简单地了结了,他还要继续做下去。那么他到底还要做什么?

○《昭示奸党三录》——"该死"的,全死了,可事情没完,还须清算……

杀了30 000余人,尤其是京师南京几乎成了屠宰场,不过这个屠宰场屠宰的不是牲口,而是大明功臣勋旧及其牵引出来的无辜的生命,可以说当时的南京城里到处都弥漫着血雨腥风,这绝对说得上是一出人间大惨剧。

"该死"的全死了,可事情没完,还须彻底清除"谋反"逆党的恶劣影响。为了严正视听、统一思想,让全国臣民紧密地团结在洪武皇帝为首的中央朝廷的周围,同时又为了警示人们,教育臣民,在处理"胡、李党案"之后,朱元璋还把李善长及其从犯的供词编为一本名为《昭示奸党三录》的书籍,印刷了好多好多册,发往全国各地,让全国臣民都知道案件的"真相"。(《明史·李善长传》卷127;《明史·胡惟庸传》卷308)

洪武帝这样做的目的至少有两个:第一,昭示胡惟庸、李善长等"谋反者"的"滔天罪行"。在《昭示奸党三录》中,他列举出"首逆"分子胡惟庸的罪行可多了,罪恶可重了,什么"窃持国柄,枉法诬贤,操不轨之心,肆奸欺之蔽,嘉言结于众舌,朋比逞于群邪,蠹害政治,谋危社稷"和"私通日本、蒙古",等等。(《明太祖实录》卷129)这样做的一个最为直接的效果——让全国臣民都知道洪武帝的一片苦衷:他已经晓之以理、动之以情,甚至到了仁至义尽的地步,但这些可恶的"谋反逆党"分子却是怙恶不悛,在谋逆的道路上越走越远,所以皇帝才不得不杀他们,而他们是罪有应得。第二,晓谕臣民,使他们知道哪些是该做的,哪些是不该做的,哪些是必须惧戒的,防止以后谋逆事件的再次发生。

○ 600年的历史疑案——李善长死得冤不冤?

从洪武十三年诛杀淮右集团中坚骨干胡惟庸、端掉和彻底废除淮右集团"大本营"中书省和宰相制,到洪武二十三年最终消灭宰相制度的"活化身"、淮右功臣勋贵核心人物李善长,前后断断续续共持续了10多年。在这场清除"胡、李谋逆党案"中,洪武朝先后诛杀了30 000余人,旁及无辜,不计其数。惨!惨!惨!尤其是淮右集团核心人物李善长最终被处死时,尽管满朝文武几乎个个喊说要杀他,但当政治狂啸吹拂而过和一切尘埃落定之际,理性最终使得人类区别于野兽,人性本能的善终究还是起了作用。有良知的人们往往会重新审视这段已经过去但充满了血腥的历史。

淮右集团核心人物李善长的最终结局确实很悲惨,也很令人同情。但可怜之人必有可恨之处,《明史》在评述李善长的为人处世有着这么的概括:"外宽和而内多忮刻",换成现代话来说,李善长外表很随和,给人一种宽和的感觉,但其实内心很尖刻,胸襟并不宽敞,因而他的人缘并不算好。所以我们不难看到,当他倒霉的时候,几乎人人都喊杀。而朱元璋杀李善长用的罪名似乎也并不怎么确切,换句话来说,皇帝用了一个很勉强的罪名杀了他,即说他协同胡惟庸谋叛。(《明史·李善长传》卷127)就这么个罪名不仅使得李善长个人被杀了,而且还被灭了族。细细想想实在是太冤了。可是当时满朝文武居然没人站出来为他"打抱不平"或鸣冤或"解解围",可见李善长"做人"也做得"到家"了。

○ 大胆的小官为李善长鸣冤

但自古以来中国就不乏不怕杀头、不怕坐牢而敢于说真话的人,这是中华民族的脊梁。对于李善长之死是否为冤,最终还是有人出来说了真话,不过,这不是发生在李善长"案发"时,而是在李善长被处决后的第二年。当时大明帝国君臣上下正在轰轰烈烈地展开清除"胡惟庸谋叛逆党"运动,四处搜捕,一片杀伐,血腥和恐怖依然笼罩着大明帝国的天空。就在这种绝对"血色"恐怖政治的形势下,有个虞部郎中叫王国用的人,居然大胆地给皇帝朱元璋上书,为李善长诉冤。

王国用在上书中首先说到李善长的功劳及其所取得的荣耀,接着他从四个方面指出了李善长之死实在是个冤案。王国用说:

第一,想当初,李善长与您皇帝陛下齐心协力,多次冒着生命的危险,历经了无数次磨难,最终才取得了天下,开创了大明帝国。李善长位居开国功臣之首,有生之年被封为公爵,死后按制当追封为王,他的长子娶了皇上您的宝贝女儿临安公主,李家亲属都被封了官。从做臣子的分上来看,李善长已经达到所有臣子的最高点了。除非他想自立为帝,似乎还说得过去;而现在说他竟想辅佐胡惟庸谋反,自己再做勋臣,这实在是太难让人相信了。(《明史·李善长传》卷127)

第二,人世间的亲情啊,莫不如此:一个人爱自己的儿子一定胜过爱他兄弟的儿子,能平安地享受万无一失的荣华富贵的人,一定不会抱着侥幸心理去追求那只有一丝希望的富贵。李善长与皇帝您的关系是直接的亲家关系——李善长的长子娶了朱元璋的女儿,而他与胡惟庸之间的亲家关系是间接的——李善长的侄儿娶了胡惟庸的侄女,由此说来李、胡两家彼此之间的关系隔了一层,相距已经远点,哪来与您皇帝这边亲啊!李善长是个精明之人,总不会糊涂到了连亲疏都分辨不

清的地步,除非他脑子进水了。(《明史·李善长传》卷127)

第三,假如李善长辅助胡惟庸谋反真的成了,他充其量也不过拥有现在这样的地位:封为第一功臣、太师、国公和死后封王,等等,难道还有比现在他更高的臣子位置吗?没有了!放着现成的福不享,却要冒着危险去追求最多与现在人臣之极相同的地位与福分,这可能吗?更何况李善长难道不知道,天下是不能靠侥幸来取得的。想当年元末天下大乱,一心想成就帝王之业的人何其之多,但最终能保住性命的有几个?李善长亲历目睹了这一切,现在却要以耄耋之年的衰倦躯体再次去尝试一下,这可能吗?要这么做的话,一定有着深仇大恨或重大的激变——这就到了几乎不得已的地步,以至于有可能父子之间相互挟持来摆脱眼前的灾祸。但现在的事实是李善长的儿子李祺娶了陛下您的亲骨肉,他们家庭和美,没有半点不睦,他也没有什么理由要那样辅助别人谋反,这是何苦呐?(《明史·李善长传》卷127)

第四,如果以天象有变为名,说什么当杀大臣来应星变,这尤为不可取。若是这样,小臣担心,天下之人听说后会这么认为,像李善长拥有这么大功劳的人尚且落得这般下场,其他人更不敢想象了,四方闻之都会纷纷解体。现在李善长已经被处死了,说了也没法使他复活。小臣惟一的愿望是陛下以此作为未来治国的借鉴。(《明史·李善长传》卷127)

○ 朱元璋的精明与老辣

王国用的上书可以说鞭辟入里,它将李善长冤案的迷雾抽丝剥茧似地一一拨开,说得有理有节,丝丝入扣,简直是无懈可击。但在那杀人如麻的岁月,这样逆鳞上书不知会招来多大的灾祸,当时满朝文武有好多官员都为这个胆大的小官捏了把汗,有的甚至将心都悬到了喉咙口。但这回使人万万没想到的是,王国用上书后,暴怒无常、残忍成性的朱元璋居然什么也没说,什么也没做。王国用还是像没上书之前一样,平平安安地上班,平平安安地回家。(《明史·李善长传》卷127)这着实使人大跌眼镜。那么,这到底是为什么?

有人认为:朱元璋多精明啊,他也清楚,处死李善长的罪名很勉强,整个案子也漏洞百出。要是理睬了王国用,就会有争辩,这一争辩不就把讹误与漏洞告知了天下之人!沉默是金,这是最聪明的办法,也是他最为老辣的表现。

王国用的上书将明代的特级大案要案的冤情大白于世人,只不过当时没有官方的正式认定而已。朱元璋没这么做,事事都要打着"祖制"旗号的朱子朱孙们当然也不会改变祖宗的既定做法了。至于朱元璋为什么要将十年前的一个案子与李善长牵强附会地连在一起,其真实的目的是什么?

我们不妨回忆一下：洪武十三年淮右集团中坚骨干胡惟庸被诛,朱元璋马上宣布撤除淮右集团"俱乐部"中书省和永久性地废除宰相制。但淮右集团核心人物李善长尚健在,他可是大明帝国的第一任宰相,人们尽管知道宰相制没了,但还是将李善长称为"老宰相",甚至将他看作宰相制的"活化身"。而这个老宰相实在是树大根深,这些年朱元璋也充分领教了他的厉害:原本中书省都是以他为核心的淮右集团的世界,而大明朝廷上下也都有他的爪牙势力。胡惟庸死了,他一点也不收敛、不检点,胡惟庸通倭通虏,他"有份"——私放封绩;胡惟庸谋反,他不仅不上告,最后还参与了进去,这个"策事多中"的老宰相要真有那么一天"谋"了什么事,我朱元璋可吃不了兜着走,不仅皇帝当不成,甚至连老百姓也可能做不了。你看他向淮右猛将汤和借兵,文臣要兵干吗?修房?他已经77岁了,修了能住几年?肯定是为了造反做准备。还有为丁斌说情,到处他插手,到处都是他的人,这个老宰相实在是可怕。要是哪天朕不幸比他早归天了,这位第一功臣、前宰相同时又是淮右集团的核心人物还不把我大明玩得团团转?再说那些淮右新贵们有几个能像汤和那样真正有脑子的?造反、打仗,没得说的,但要是有那么一天,一旦让他们的核心人物李善长给"点拨到位"了,我大明帝国主人还会姓朱?所以说,必须要清除这个讨厌的老宰相、淮右集团的核心人物,最好还能连根拔起。只有这样,才能打击桀骜不驯的淮右集团,才能解除来自自身政权内部的那股潜在的巨大危险势力。

穷追猛打"蓝玉逆党"　兔死狗烹　鸟尽弓藏——洪武二十六年（1393）

前后持续10多年的胡惟庸党案之狱终于在洪武二十三年年底告个段落。尽管大明行政机构中淮右功臣勋旧的"俱乐部"早被彻底摧毁,淮右集团中坚骨干胡惟庸、核心人物李善长都被一一送上了西天,但在军事系统还有不少具有潜在危险的淮右功臣勋旧在边防上领兵戍守,担负起保卫大明边疆的重任。对此,洪武皇帝也很不放心,就在株连和杀戮李善长为首的所谓"胡党"余孽的同时,他采取了三项措施,限制和防范军队系统中的淮右功臣勋旧。

● **洪武帝再出三招,限制与防范军中功臣勋旧**

第一,将诸王分封到北疆去当塞王,以此来对北疆上领兵打仗的功臣勋旧进行严密监视和节制。"是时,(洪武)帝念边防甚,且欲诸子习兵事,诸王封并塞居者皆预军务……大将如宋国公冯胜、颍国公傅友德皆受节制。"(《明史·诸王一》卷116)

第二,鼓励淮右功臣勋旧"告老还乡",远离南京政治中心。洪武十八年(1385)八月,朱元璋颇有深意地跟大明礼部官员这般说道:"虽说功臣们在京师南京都有自己的府宅,可他们年纪大了,回到老家颐养天年,却没有合适的居所,这不仅从礼仪上讲不过去,而且在情理上也说不通啊!这样吧,我大明朝廷拿些钱出来,赐给功臣们,每人都有份,让他们回老家去盖些漂亮的府第,以便日后能快乐地安享晚年。再说百年之后,这些气派的府宅传给了他们子孙,也可算作是我大明朝廷优待功臣的礼数见证吧!"随即给每个公侯各赏赐10 000锭,且做了说明:专款专用,让大家专门用于还乡造房的。(《明太祖实录》卷174)

这样的事情后来再次发生了:洪武二十一年六月,朱元璋小时候的玩伴、信国公汤和提出告老还乡,"时公侯皆在京师,见(汤)和之请,亦次第以为言。上(指朱元璋)嘉之,各赐钞万锭,俾建第于凤阳。"(《明太祖实录》卷191)

第三,给淮右功臣勋旧配备"铁册军",加强对他们进行监视。洪武二十三年六月,也就是淮右集团核心人物李善长被杀后的第二个月,朱元璋下诏给礼部,"制公侯伯屯戍百户印及敕赐铁册。先是上以公、侯、伯于国有大勋劳,人赐卒百十有二人为从者,曰奴军。至是以公侯年老,赐其还乡,设百户一人,统率其军,以卫护之,给屯戍之印,俾其自耕食,复赐铁册……于是魏国、开国、曹国、宋国、信国、颍国、凉国诸公,西平、江夏、长兴、江阴、东平、宣宁、安庆、安陆、凤翔、靖宁、会宁、怀远、景川、崇山、普定、鹤庆、东川、武定、沈阳、航海、全宁、西凉、定远、永平诸侯,皆给以兵,时号'铁册军'"。(《明太祖实录》卷202;【明】沈德符:《万历野获编·铁册军》卷17)

洪武皇帝是这般设计的,即便淮右功臣勋旧"告老怀乡"了,在凤阳的高级别墅里悠闲着也得要受到本皇帝"恩赐"的"铁册军"的监视,其宗旨就在于力图将潜在的巨大危险势力置身于自己的掌控之中。

但即使做到了这样,那些淮右功臣勋旧中还是有人会时不时地越轨"犯事",甚至干出些犯法乱纪的事情,例如:会宁侯张温,洪武二十年秋,"帅师讨纳哈出余众,从北伐,皆有功,后以居室器用僭上。"(《明史·张温传》卷132)

景川侯曹震家有个叫"喜奴"的"小美眉",洪武二十六年二月初蓝玉谋反案发后,她被锦衣卫带去审讯,道出了曹震与蓝玉密议之事。就这个名叫"喜奴"的小美眉当时年仅15岁,"云南白人子人氏,系景川侯妾。"(【明】朱元璋:《逆臣录》卷1)这是由明太祖钦定的官方文书上明确记载的,我们暂且不说喜奴证词的可信度有多少,单说她当时的身份与年龄问题。15岁的花季正是人生开始梦想的美好时刻,让人不得不怀疑的是,这个叫喜奴的小美眉那么小的年龄就懂得人世间的那件事?

要不是被曹震将军强占,她会心甘情愿地当"N奶"?

再如郑国公常茂,朱元璋曾在《大诰》里这样说,"他是开平王(常遇春)庶出的孩儿。年纪小时,为他是功臣的儿子,又是亲上头(皇太子朱标的舅子),抚恤他,着与诸王同处读书,同处饮食,则望他成人了,出来承袭。及至他长成,着承袭做郑国公。他却交结胡惟庸,讨他母亲封夫人的诰命,又奸宿军妇(军队女家眷),又奸父妾,多般不才。今年发(应该为'罚'字,朱皇帝写白字了)他去征北,他又去抢马,抢妇人,将来降人砍伤,几乎误事。他的罪过,说起来是人容他不得。眷恋开平王上头,且饶他性命,则发去广西⋯⋯"(【明】朱元璋:《大诰武臣·常茂不才》卷2,P731)

要说最为严重、恶劣影响最大的就数凉国公蓝玉了。

● 中青代顶级军事人才蓝玉及所谓的"蓝党谋反"案

○ 洪武年间中青代顶级军事人才——蓝玉

蓝玉,定远人,开平王常遇春的小舅子,大老粗出身,但上苍对他还算不错,让他长得又高又大,虎头虎脑,膂力过人。虽然最初在姐夫常遇春手下当个小小兵,但因武艺高强,很快就显山露水了。在两军交战时,蓝玉常常是勇不可当。比起徐达、常遇春、傅友德这些"老将",蓝玉的岁数要小,应该属于大明军中"少壮派"。洪武初年他曾经跟随傅友德去攻伐四川明玉珍儿子明升的割据政权,取得了成功;后又跟随徐达北征,讨西番,多次立功。洪武十二年,被封永昌侯,食禄2 500石,超过了当年朱元璋的军师刘基的年俸禄。不仅如此,他还被赐予了免死铁券。(《明太祖实录》卷127)洪武十四年,蓝玉又随颍川侯傅友德远征云南,"擒元平章达里麻于曲靖,梁王走死,滇地悉平,玉功为多",皇帝朱元璋给他"加薪水",将年俸禄加到了3 000石,甚至还将他的女儿选为自己的儿媳妇——蜀王妃,真是皇恩浩荡!(《明史·蓝玉传》卷132)

洪武二十年(1387)正月,朱元璋任命冯胜、傅友德、蓝玉等率明军200 000人,出关进兵辽东,讨伐元朝东北的残余势力纳哈出。蓝玉率轻骑冒着大雪,夜袭盘踞庆州的北元军,取得了令人意想不到的战果。接着他配合大将军冯胜合围东北金山的纳哈出,迫使纳哈出出降,从而使明军取得了重大胜利。就在这时有人告发大将军冯胜私自藏匿北征中所获的良马,皇帝朱元璋下令收回大将军印,将冯胜召回。冯胜走后,大明军队没了主将,怎么办?朱元璋就把屡次战功显赫的蓝玉拜为大将军,总领明朝的北征军,移屯蓟州。至此可以说,蓝玉的人生达到了巅峰时刻。
(《明史·蓝玉传》卷132)

第二年即洪武二十一年(1388)三月,朱元璋又命蓝玉率领150 000大军一路追击北元主——元顺帝之孙脱古思帖木儿。蓝玉以极快的速度穿越了人间极地——北方沙漠与严寒地带,在捕鱼儿海几乎全歼了北元军,创造了大明军事史上的奇迹。洪武皇帝闻讯后十分激动地跟大臣们说:"戎狄之祸,中国其来久矣。历观前代受其罢弊,遭其困辱,深有可耻。今朔漠一清,岂独国家无北顾之忧?实天下生民之福也!"听到这里,朝堂上的大臣们立即顿首称贺,朱元璋遣使赍敕书慰劳蓝玉等,其文曰:"周、秦御胡,上策无闻;汉、唐征伐,功多卫、李。及宋遭辽、金之窘,将士疲于锋镝,黎庶困于漕运,以致终宋之世,神器弄于夷狄之手,腥膻之风,污浊九州,遂使彝伦攸斁,衣冠礼乐,日就陵夷。朕用是奋起布衣,拯生民于水火,驱胡虏于沙漠,与民更始,已有年矣。近胡虏聚众,复立王庭,意图不靖。朕当耆年及今弗翦,恐为后患,于是命尔等率十余万众北征,去年夏游骑至金山之左。尔(蓝)玉亲拘纳哈出来降。今兹复能躬擐甲胄,驱驰草野,冲冒风露,穿地取饮,禁火潜行,越黑山而径趋,追蹄踪而深入,直抵穹庐。胡主弃玺远遁,诸王、驸马、六宫后妃、部落人民悉皆归附。虽汉之卫青、唐之李靖,何以过之。今遣通政使茹瑺、前望江县主簿宋麟赍敕往劳,悉朕至怀。"(《明太祖实录》卷190)简言之,朱元璋派人前往蓝玉军中慰劳,将蓝玉比作汉朝的卫青和唐朝的李靖。(《明太祖实录》卷190;《明史·蓝玉传》卷132;【清】谷应泰:《明史纪事本末·胡蓝之狱》卷13)

　　但让人看不懂的是,就在这年年底,洪武帝对蓝玉进封,原准备封他为梁国公,可最后却封成了"凉国公"。那为什么朱元璋要将"梁国公"改为"凉国公"?难道要饭出身的他当了这么多年皇帝还是个"梁"、"凉"不分的文盲或半文盲?还有,立有如此赫赫战功的大将军凉国公蓝玉最终为什么会被高度赞誉他的皇帝朱元璋所杀呢?(《明太祖实录》卷194)

○ 不断"犯错误"的蓝大将军

　　主要问题就在于蓝玉大将军在不断立下赫赫战功的同时,又在不断地"犯错",其主要"错误"如下:

　　第一,奸污元主妃子,有损大明形象。洪武二十一年,明军在捕鱼儿海大俘获后,大老粗出生的蓝玉想起女人来了。可沙漠和极寒地带哪来什么女人?有啊!一直在被北元主消受和享用的元主妃,这可长得如花似玉,让男人见了没有不掉魂的,蓝大将军控制不住自己,"碰"了这个不该碰的女人——奸污了她。元主妃羞愤难当,自缢而亡。皇帝朱元璋听到后十分恼火,怒斥道:"没想到蓝玉这样无礼,这难道是一个大将军所做的事吗?!"并告诫蓝玉"率德改行"。(《明太祖实录》卷

192;【清】谷应泰:《明史纪事本末·胡蓝之狱》卷13)

第二,捣毁喜峰口关,私自提拔军中将士。

蓝玉北征取得了大明朝空前的军事胜利,班师回来,已是后半夜了。喜峰口关的守关官吏早已安顿休息,蓝玉就叫手下人去叩门,守门官吏还没来得及打开城门,蓝大将军就发怒了,命令手下士兵毁关,让大军进驻城里去。更为严重的是,蓝玉还碰了"高压线",居然不按大明军中规矩,私自提拔军中将士,对犯了错的军士也私自进行刑罚处置,在军士脸上黥刺。(《明太祖实录》卷225)

第三,蓄养数千庄奴假子,纵容儿子霸占民田。

蓝玉老农民出身,底层人暴富起来的常见心态,无非是炫耀炫耀。但这世上还真有不少"墙头草",认蓝玉为义父。蓝玉是一介武夫,一喝酒,什么都好说。恐怕连他自己都不太清楚,到底认了多少个义子? 史书说他"蓄养庄奴假子数千人"。有这样不内敛、没修养的老子,就会有不知天高地厚专门欺压百姓的儿子。蓝玉儿子仗着老子的威势,强占了东昌(今山东聊城)的民田。御史依法问罪,蓝玉不仅不责备自己儿子,反而拿了"家伙"捶打驱逐御史。(《明太祖实录》卷225;《明史·蓝玉传》卷132)

第四,侵夺民利,沮坏盐法。

明代沿袭历代传统,实行盐业国家专控。要想从事盐业买卖,就必须要获得国家专控的"盐引",有了"盐引"就会获利多多。蓝玉利用权势,在拿到国家"计划票"盐引10 000条后,就让家人到云南有司衙门直接兑换支取,获取高额暴利。皇帝朱元璋听说后十分愤慨地说道:"这是侵夺民利,沮坏盐法啊!"随即下令对蓝玉等功臣家非法获取的盐引进行了没收。(【明】刘辰:《国初事迹》)

第五,受封不公,口无遮拦。

西征回师时,朱元璋晋升蓝玉为太子太傅。以当时蓝玉的功劳可以说完全超过同时西征的宋国公冯胜和颍国公傅友德,但在晋封官爵时他却位居在冯、傅之下。为此,蓝大将军牢骚满腹:"上位取我回来,着我做太师,如今又着别人做了。"这样口无遮拦,朱元璋隔墙有耳,听到了当然会很不舒服,所以每次上朝时,凡是蓝玉所奏之事,皇帝都嫌他粗俗无礼,不愿意多听。次数一多,即便蓝玉是个粗人,也能看出来了,于是他就更加怏怏不满。(《明史·蓝玉传》卷132;【明】宋端仪:《立斋闲录》卷1)

对于朱元璋的警告,蓝玉置若罔闻,一无所改。西征北元回来又连连肇事,所以洪武皇帝最终在封爵时就改了主意,将梁国公改封为凉国公,并将他的过错镌刻于铁券上。更有蓝玉在觐见皇帝时,语言傲慢,毫无人臣之礼,这就愈发引起朱元

璋的反感。(《明太祖实录》卷194)

第六,违诏出师,越礼犯分。

就在蓝玉西征回来没多久,四川西部的建昌地区发生了叛乱。朱元璋心中十分清楚,到建昌去平乱,除了蓝玉这样的军事天才还真找不出第二个能稳操胜券的人来,因为这时大多数大明开国老将要么死了,要么连自己走路都嫌累,在"少壮派"中只有蓝玉最有军事才干、最合适。虽然这时蓝玉又犯了可以说是潜在的但也足以致命的错误,那就是"违诏出师,擅作威福"。这是君主专制下最为犯忌的,尽管朱元璋恨得牙根都痒痒的,但没有"动手",就是因为四川那边不太平,要用兵!在洪武二十五年(1392)年初,朱元璋将蓝玉召到明皇宫里,任命他为西征大将军,并想单独面授出兵计宜。当时蓝玉想都没多想,就随身带了几员重要的将领一同去觐见皇帝。皇帝一见蓝玉这样的来头,心中顿感不快,但他还是想把作战出兵计宜单独授给蓝玉,于是就示意其他人退下。可谁知,与蓝玉一起来的几个将领,像木头一样还竖在原地。这时大老粗蓝玉倒是反应过来了,向几个将领挥了挥手,几个将领这才退了下去。这件事对朱元璋的触动太大了。一支军队连皇帝的命令都不听了,只听他们大将军的,这还了得!

据《明实录》记载,蓝玉被处死后的第三年,洪武朝廷君臣又道出了蓝玉的一大罪状:"越礼犯分,床帐、护膝皆饰金龙,又铸金爵以为饮器,家奴至于数百,马坊、廊房,悉用九五间数。"换句话来说,作为臣子的蓝玉已经僭越到了几乎要与大明天子一般的规格档次。(《明太祖实录》卷243)

○ "狗急跳墙"似的蓝玉"谋反"背后

就在洪武中晚期大明君臣关系到了十分微妙的关键时刻,蓝玉还卷入了朱棣与朱标太子之间的纷争漩涡之中,他曾提醒自己的外甥女婿朱标:"臣又闻望气者言,燕地有天子气。殿下宜审之!"太子朱标说:"燕王事我甚恭谨?!"最后蓝玉还是没忘这样叮嘱:"殿下问臣,臣不敢隐,故尽其愚恳耳,惟密之!"(《明太宗实录》卷1)本来就不是东西的朱棣知道了自然从心里恨死了蓝玉。据说,朱标死后,朱棣入朝多次向父皇朱元璋提醒:"诸公侯纵恣不法。"这是官方记载下来的,至于朱棣单独跟朱元璋说了什么,我们不得而知,反正不会说蓝玉如何如何好吧。蓝玉不恰当的掺和,朱棣拼命的反击,使得本来就对蓝玉大为不满甚至感觉可恨的洪武帝最终下定了决心除掉蓝玉。(【清】夏燮:《明通鉴》卷10)

不过当年明朝官书却对朱元璋诛杀蓝大将军进行了全力的掩饰与美化,它说:洪武二十五年八月,在听到自己的亲家、靖宁侯叶升以"交通胡惟庸"罪名被逮的消息后,蓝玉就怀疑叶升可能熬不住酷刑而招出了他是胡党分子,担心皇帝朱元璋会对他猜疑,他说:"前日靖宁侯为事,必是他招内有我名字。我这几时见上位(指皇帝朱元璋)好生疑忌,我奏几件事,都不从。只怕早晚也容我不过,不如趁早下手做一场。"(【明】朱元璋:《逆臣录》卷1)蓝玉认为洪武帝岁数大了,"病缠在身",且皇太子朱标死后新立的皇位继承人朱允炆"年纪又小",现在"天下军马都是我总着",倒不如下手好好干一场。于是就秘密派上亲信,暗中联络鹤庆侯张翼、普定侯陈桓、景川侯曹震、舳舻侯朱寿、东莞伯何荣等以及自己的老部下,将他们召到凉国公府来进行秘密策划,"谋收集士卒及诸家奴,伏甲为变"(《明太祖实录》卷225)。蓝玉狗急跳墙似煽动着:"如今天下,不用老功臣。以前我每(们)一般老公侯都做了反的,也都无了,只剩下我每(们)几个,没来由,只管做甚的,几时是了?"(【明】朱元璋:《逆臣录》卷1)诸将听后很有同感,随即分头行动,做好造反的准备,打算在洪武二十六年二月十五日皇帝朱元璋外出藉田时动手。二月初一,蓝玉对担任谋反主力的府军前卫百户刘成下达谋反命令:"我想二月十五日上位出正阳门外劝农时,是一个好机会。我计算你一卫里五千在上人马。我和景川侯两家收拾当家人,有二三百贴身好汉,早晚又有几个头目来,将带些伴当(档),都是能厮杀的人,也有二三百通些,这人马尽匀(够)用了。你众官人好生在意,休要走漏了消息。定在这一日下手!"(【明】朱元璋:《逆臣录》卷2)

可十分奇怪的是,明朝国史《明实录》对于高祖皇帝钦定的如等大案要案的事发经过却寥寥数语,这就使得我们后人不得不要将研究的目光放在更加宽广的视野之中。

洪武朝钦定的《逆臣录》中说:蓝玉二月初一下达起事命令,想发动突然袭击,搞掉皇帝朱元璋。可恰恰是明朝国史《明实录》中却记载着这样一件事情:洪武二十六年二月丁丑(初二),即所谓蓝玉下达起事命令的第二天,"上(指朱元璋)命晋王总宋国公冯胜等所统河南、山西马步军士出塞,胜及颍国公傅友德、开国公常升、定远侯王弼、全宁侯孙恪等驰驿还京,其余将校悉听晋王节制。"(《明太祖实录》卷225)在这些被召回南京的边关大将中,王弼、孙恪等人后来被洪武朝廷定为蓝党分子而遭受杀戮。既然以蓝玉为首的蓝党要发动政变,那么高瞻远瞩的高皇帝还要十万火急地将蓝党分子叫回南京城来,岂不是帮助蓝党造反吗?若是,高祖皇帝朱元璋不是白痴,就是精神出问题了。

○ **毫无准备的蓝党"密谋造反"与"蓝党之狱"——两天内处死了大将军**

事情真相应该是这样的:朱标太子的突然薨世,使得洪武皇帝朱元璋最终痛下决心,除尽蓝玉为首的具有巨大潜在危险的功臣勋旧。洪武二十五年四月,寄予无限希望的朱标太子突然驾鹤西去,洪武帝悲恸欲绝。(《明太祖实录》卷217)五个月后的九月十二日,他立了朱标的儿子16岁的朱允炆为皇位继承人,可这位皇太孙比起他的父亲皇太子朱标还要柔弱。(《明太祖实录》卷221;《明史·刘三吾传》卷137)在朱元璋的眼里,他老头子在世时,像蓝玉这类武夫就已经桀骜不驯了;等他一升天,叫柔弱的皇太孙来当大明帝国之主,还不等于将羔羊扔进了狼群里。所以必须要除掉这群狼,必须清除掉来自朱家之外一切可能潜在的威胁。再说现在天下也太平了,没什么战事,狡兔死、走狗烹,飞鸟尽,良弓藏么。当然,除恶要务尽,老朱皇帝是苛求"完美"的人,宁可错杀一千,也不可使一个漏网。于是一张大网正在张开,一场政治大屠杀就在眼前,一触即发,关键是由谁来点燃这根导火索的问题了。

对此,大将军蓝玉却几乎一无察觉。洪武二十五年年底,建昌平叛胜利,蓝玉率领明军回朝。洪武二十六年正月初十日,蓝玉一行回到了南京。不久就到明皇宫里报到,开始上班,在南京待了前后20来天;二月初八,又是上班期间,早朝快要结束时,锦衣卫指挥蒋瓛突然出来控告,说蓝玉谋反。蓝玉当场被逮捕,居然一点反抗的准备也没有。(《明太祖实录》卷224;卷225)

蓝玉是个粗人、俗人,粗俗到了有时跟动物差不多,大块吃肉、大碗喝酒,体内骚热,随便找个女人就解决问题,哪想过什么造反?奋勇作战,只不过想立立功,炫耀炫耀自己而已。但自进入锦衣卫的大牢里可说什么也没有用了,什么皇帝发的免死铁券统统作废,反正后来蓝玉脑子也"清醒"了,"交代"了许多,"想"起了自己的姻亲,去年因为被查出是"胡惟庸案"的涉案漏网分子而被处决的靖宁侯叶升就是自己的同党,老亲家被杀,他蓝玉既不满又害怕,于是就萌发出叛逆之心。(【明】朱元璋:《逆臣录》卷1)由此一来,就"坐实"了蓝玉的谋反之事?按照古代的法制与办案程序,还要别的证人,到哪里去找蓝玉谋反案的证人呢?其实这最好办了,蓝玉是大将军,底下有的是将士;又是凉国公,这么一个高官,豪门宅院,家中妻妾成群,奴仆扎堆,将他们找来"问问话",顺便让他们"见识见识"大牢里的刑具。于是一切就顺理成章了,案件与供词大致都很"清楚"了:蓝玉西征回南京,见了皇帝朱元璋后,发现自己已经处于危险的境地,于是决定铤而走险,他经常对亲信们说:"以前胡党案发,多少当官的被杀了。我可不想束手就擒,还是早早下手。"供词似乎说得有鼻子有眼睛:蓝玉与大家约定好,二月十五日"伺上出劝农时举事",就是乘朱元璋出皇宫去祭祀先农神时,事先埋伏好武装,举兵叛乱。(【明】朱元璋:《逆臣录》卷1;《明太祖实录》卷225)

二月初八"先知先觉"的锦衣卫领导蒋瓛及时出来揭发惊天大阴谋,于是蓝玉突遭逮捕。隔了一天,二月初十,蓝玉被磔于市,即在闹市区被千刀万剐。事情到此仅仅开了头,洪武皇帝要彻底追查"蓝案逆党分子"。于是,所有的侯爷、文武大臣直到偏裨将卒,只要与蓝玉或所谓的蓝党分子有点关联的统统要被抓起来,一一过堂,最终被处死。

○ "蓝党"大狱到底冤不冤?

那么蓝玉周围及其相关的人如何被扯上"蓝党"的?而所谓的"蓝党"大狱到底冤不冤?

我们不妨来看看当年由洪武帝钦定的《逆臣录》及官方编定的国史中所记载的已经勘查坐实了的所谓罪犯"犯罪事实":

以洪武帝为首的中央朝廷首先将蓝玉锁定为胡党余孽:"(蓝玉)初与胡、陈之谋"(【明】朱元璋:《御制逆臣录·序》),"胡、陈之反,(蓝)玉尝与其谋"(《明太祖实录》卷225)。这类话用耳熟能详的语言来表达,即说蓝玉是深藏在革命队伍里的反革命分子,长期以来他一直从事反对、分裂和颠覆洪武朝廷中央的罪恶活动。皇帝朱元璋洞察秋毫,"数加诫谕,(蓝玉)略不知省,反深以为责辱,遂生怨怒,乃同曹震、朱寿、祝哲、汪信等合谋,阴诱无知指挥庄成、孙让等,设计伏兵,谋为不轨。"(【明】朱元璋:《御制逆臣录·序》)《明实录》则描述得更为具体些:"当是时鹤庆侯张翼、普定侯陈桓、景川侯曹震、舳舻侯朱寿、东莞伯何荣、都督黄辂、吏部尚书詹徽、侍郎傅友文及诸武臣尝为(蓝)玉部将者,玉乃密遣亲信召之,晨夜会私第,谋收集士卒及诸家奴,伏甲为变,约束已定,为锦衣卫指挥蒋瓛所告。(洪武帝)命群臣讯状具实,皆伏诛。"(《明太祖实录》卷225)

至此,所谓的蓝党谋反之事被演绎有声有色又惊心动魄。那么其犯罪证据又在哪里呢?

◎ 酷刑下蓝玉的儿子、哥哥、侄儿及家中下人都说蓝大将军要谋反,但就不见其有实质性的行动,怪否?

翻遍《逆臣录》,再查《明实录》,十分奇怪的是,"首恶"主犯蓝玉居然没供词留下。这怎么可能呢?犯下如此滔天罪恶、涉及数万条生命的惊天大案之主犯最终却什么也不留下,这让天下人如何信服?洪武帝朱元璋是个了不得的政治家,同时也是细致之人:既然首犯没有或言留下了不便公之于世的"供词"与证据,那么就从主犯周围最为关键的人群入手。

蓝闹儿,又名蓝碧瑛、蓝大舍,蓝闹儿是他的小名,蓝玉长子,蓝党谋乱一旦成功了的新帝国王朝太子,他的证词应该是很"重要"的。我们不妨来看看他招供了什么?

洪武二十六年正月二十八日,蓝玉邀请了军中许都督、孙都督、徐都督、周都督等到蓝府"饮酒议事"。四五天后的二月初二日,蓝玉又邀请了府军前卫孙指挥、刘指挥、孙百户到自己家里喝酒,喝酒间蓝大将军说:"借马鞍七十副、马四十三匹,我要商量作些事。"("我要商量作些事",做什么事? 酷刑之下的蓝闹儿居然没说。本书作者注)为了能够在审讯过程中得到供词,坐实蓝玉与昔日胡惟庸谋反案有关,审讯人员动足了脑筋,用尽了刑罚,终于得到了蓝闹儿的这样的供词:就在喝酒时,蓝玉又说道:"小孙指挥,你父日前与我在胡丞相(胡惟庸已经被杀了十三四年,骨头可能都开始烂了。笔者注)家商量的话,你年小不理会,我使儿子去(你们)庄子上取军去了(即要些兵马人手)?"小孙指挥回答:"怕上位(指皇帝朱元璋)得知不好。"蓝玉说:"有我不妨。我自有主张,事成便着你做大官人。"小孙指挥听到这里立即拜谢。(【明】朱元璋:《逆臣录·蓝玉男蓝闹儿》卷1)

除了向小孙指挥(即孙让),蓝玉还向府军前卫刘指挥、石千户等借军马。蓝闹儿供述:洪武二十六年正月里,具体哪一天他不记得了。只记得刘指挥、石千户等来到蓝家,蓝玉叫火者添受拿出两件红普鲁袄子送给刘、石两人,然后跟他们说:"上位如今老了,不管事了。你卫里有多少军马?"刘指挥回答道:"军都上直(通假字'值')了!"(此话的意思是我卫中的兵士都给调到外面去)蓝玉不甘心,又问:"刘指挥,你随我不肯?"刘指挥很好奇,反问:"什么事?"蓝玉说:"我如今要做事,使家人李清取马去了。"刘指挥听说后当即说道:"只怕上位得知。"蓝玉拍着胸脯给他壮胆:"有我在,你怕什么!"刘、石两军官听到这里,齐声说好。(【明】朱元璋:《逆臣录·蓝玉男蓝闹儿》卷1)

不过即使到了这一步,蓝玉还不放心。为了使底下军官们能与他一起造反,他还对刘指挥、孙指挥、武指挥、严百户等部下不断进行引诱,甚至威逼相加:"我征西征北受了多少苦,如今取我回来,只道封我做太师,却着我做太傅,太师到着别人做了。你每肯从我时便好,若不肯时,久后坏了你。"众将领听后没有不害怕的,随即应允了,齐声回答:"大人要借马用,我到二月初七送将马来。"(【明】朱元璋:《逆臣录·蓝玉男蓝闹儿》卷1)

从酷刑底下蓝闹儿"逐招"供词来看,要说蓝玉与军中将领密谋造反,好像有那么一回事,但又不能不让人感到有点勉强,且孤证难以令人信服。大家别急,深刻领悟大明帝国伟大领袖指示精神的锦衣卫力士、校尉们很快就寻找到了新的"突破口"——蓝荣的供词。

蓝荣是蓝玉的亲哥哥,从情理来讲,如果真有所谓的"蓝党",那么这个蓝荣应该属于蓝党的核心成员,我们不妨来看看他的供词:

《逆臣录》记载:"一名蓝荣,年六十三岁,凤阳府定远县人,系蓝玉兄。先任府军右卫指挥,为因年老,将男蓝田替职,调江北权管英武卫事。荣致仕在闲。"蓝荣"状招洪武二十六年正月二十九日,有侄蓝闹儿到家,对(蓝)荣言说:'父亲教请伯伯来说话。'是(蓝)荣应允,就同闹儿前去见弟。蓝玉留歇至夜,饮酒间,蓝玉对说:'我想胡党事公侯每(们)也废了多,前日靖宁侯为事,必是他招内有我名字。我这几时见上位好生疑忌,我奏几件事都不从,只怕早晚也容我不过,不如趁早下手做一场。我如今与府军前卫头目每(即"们")议定了,你可教蓝田知道,着他也收拾些人接应。'是(蓝)荣允从,回说:'我明日写信去,教儿子自来商量。'说罢至初三日,是(蓝)荣使人前去唤男蓝田,为因本卫有事,未曾来到。不期事发,取问罪犯。"(【明】朱元璋:《逆臣录·蓝玉兄蓝荣》卷1)

案件审理到这里,似乎有了眉目,矛头指向的是蓝党核心成员蓝荣之子即蓝玉的侄儿蓝田。那么蓝田怎么供述的?

"一名蓝田,凤阳府定远县人,系蓝玉侄男。自兵革以来,于和州在城十字街住坐。有父蓝荣,先任府军右卫指挥,年老,令田替职。洪武二十五正月内,钦调江北权管英武卫事。状招洪武二十六年失记的日(具体日记不记得了),有父令妹婿许升送信前来任所,报说:'叔父征进回还(征讨回来),因见亲家靖宁侯胡党事发,生怕连累,唤你过江说话,准备些人马伺候。'是田依允,就对妹婿言说:'你且回去,对老官人说,这个不是小可的事,我随后自来商量。'不期叔父蓝玉事谋未成败露,提问罪犯。"(【明】朱元璋:《逆臣录·蓝玉侄蓝田》卷1)

至此,有关蓝玉谋反的惊天大案似乎可以坐实了,犯罪动机:第一,受封不公,皇帝朱元璋原来说要封蓝玉为太师的,结果却封了他做太傅,矮了一截;第二,蓝玉是胡党余孽,这从他跟小孙指挥的谈话内容可以看出。既然胡惟庸是"铁定"的谋反首逆,那么胡党余孽蓝玉就是潜伏着的谋乱者;第三,亲家靖宁侯叶升是胡党余孽,且已被处置了,而蓝玉自己又曾参与了胡惟庸谋反,由人及己,无论从哪个角度来讲,蓝玉谋反赌一把,总比束手待毙要强;第四,皇帝朱元璋已经怀疑蓝玉有不轨之举。

从上述口供所涉及的四个层面来看,蓝玉首倡谋逆造反有着充分的动机,那么其依据或言行为证据又在哪里?蓝荣说弟弟蓝玉让他去叫蓝田准备接应,蓝田口供也证实了他父亲的口供。似乎一切都说得有鼻子有眼,但细细想想就是没什么过硬的铁证。那怎么办？锦衣卫的人有的是"本领"，他们从蓝家的下人火者（应该是指宦官，待研究，笔者注）中找到了一个叫赵帖木儿的出来作了"关键"之证："一名赵帖木儿，高丽人氏，系蓝玉家火者。逐招于后：一招洪武二十六年二月初八日，有凉国公差令火者董景住前去临清取马15匹，真定取马15匹，前来骑用。有火者董景住对赵帖木儿说：本官（指蓝玉）要谋反，就领着府军前卫参随，他的旧马军胜子余等100名都是好汉，一个当5个，在西华门听候，等上位茶饭时一同下手。"又"一招洪武二十六年二月初五日，有蓝玉安排酒，请景川侯。吃酒中间，有蓝玉言说：'我（们）每到处出征，回来别人都做大官人，我后头才封我做太傅。上位每日长长怪我。'蓝玉又说：'景川侯你每（们）各自收拾些军马下手。'景川侯回言：'是好。我心里也如常想着。要收拾些旧根的伴当（档），一同捡好日便下手。'不期事谋未成败露，到官，取问罪犯。"（【明】朱元璋：《逆臣录·赵帖木儿》卷1）

凉国公要造反，派了家中火者董景住到山东临清去取了15匹马，真定也取了15匹马，而就是这个叫董景住的凉国公"特使"还对同为下人的火者赵帖木儿说：主子蓝玉已着手进行造反准备，计划乘皇帝朱元璋御用茶饭之际，从明皇宫西华门开始下手。看到这样的说辞，人们似乎可以认定蓝玉造反确有其事，真的吗？我们不妨想想：为什么蓝玉造反想乘皇帝朱元璋御用茶饭之际，从明皇宫西华门开始下手？这些极度机密与关键性的信息在蓝玉儿子蓝闹儿和哥哥蓝荣的供词中没有，却偏偏是让蓝家下人之间相互通报呢？第二，蓝玉造反既然是密谋，火者董景住为什么还口无遮拦地直言相告于火者赵帖木儿，这还叫密谋吗？第三，蓝玉派董景住到山东临清、河北真定各取马15匹，一共加起来才30匹，这么个数字的马匹用来给所谓的蓝党分子骑着出去旅游旅游还差不多。若蓝玉等真是要谋反的话，那得要上多少个地方去凑足足够的军事力量？要是到全国各地都去走走，一一调集人马，这岂不是告诉全国军民：我蓝玉要造反！这可能吗？

◎ 蓝党核心成员景川侯曹震儿子说的蓝党谋反时间要比钦定的蓝党谋乱时间迟两个多月，这到底是怎么一回事？

不论蓝府下人们的说辞逻辑有多荒唐，但有一件事还是说得蛮到位的，那就是军官武夫蓝玉经常在府中与景川侯曹震等人一起喝酒、喝茶、说事。案件审理到此，就涉及景川侯曹震等人了，那么我们来看看蓝玉的这个哥儿们到底为何会与洪武后期的这起特大谋反案搅和在一起的？曹震及其家人又有何等"说辞"？

"曹震，濠人。从太祖起兵，累官指挥使。洪武十二年，以征西番功封景川侯，禄二千石。从蓝玉征云南，分道取临安诸路，至威楚，降元平章阁乃马歹等。云南平,因请讨容美、散毛诸洞蛮及西番朵甘、思曩日诸族。诏不许。又请以贵州、四川二都司所易番马,分给陕西、河南将士。又言:'四川至建昌驿,道经大渡河,往来者多死瘴疠。询父老,自眉州峨眉至建昌,有古驿道,平易无瘴毒,已令军民修治。请以泸州至建昌驿马,移置峨眉新驿。'从之。二十一年,与靖宁侯叶升分道讨平东川叛蛮,俘获五千余人。寻复命理四川军务,同蓝玉核征南军士。会永宁宣慰司言,所辖地有百九十滩,其八十余滩道梗不利。诏震疏治之。震至泸州按视,有支河通永宁,乃凿石削崖,令深广以通漕运。又辟陆路,作驿舍、邮亭,驾桥立栈。自茂州,一道至松潘,一道至贵州,以达保宁。先是行人许穆言:'松州地硗瘠,不宜屯种。戍卒三千,粮运不给,请移戍茂州,俾就近屯田。'帝以松州控制西番,不可动。至是运道既通,松潘遂为重镇。帝嘉其劳。逾年复奏四事:一,请于云南大宁境就井煮盐,募商输粟以赡边。一,令商入粟云南建昌,给以重庆、綦江市马之引。一,请蠲马湖逋租。一,施州卫军储仰给湖广,溯江险远,请以重庆粟顺流输之。皆报可。"(《明史·曹震传》卷132)

从《明史》的这段撰述来看,曹震尽管是早期一起跟随朱元璋打天下的"老革命",但在明初猛将如云的行列里,他的军事战功与才能算不上什么,因此在洪武三年的第一次大封功臣中就没他封爵的份儿。曹震那个景川侯的爵位是在洪武十二年的第二次大封功臣中与蓝玉等其他11个人一起获得的,对此《明实录》有着较为详细的记载:"洪武十二年十一月甲午朔,(朱元璋)封大都督府佥事仇成为安庆侯、蓝玉为永昌侯、谢成为永平侯、张龙为凤翔侯、吴复为安陆侯、金朝兴为宣德侯、曹兴为怀远侯、叶升为靖宁侯、曹震为景川侯、张温为会宁侯、周武为雄武侯、王弼为定远侯,皆赐铁券。"(《明太祖实录》卷127)

在这次封爵的12个功臣中,宣德侯金朝兴于洪武中期跟随傅友德远征云南,洪武十五年七月卒于会川,后"追封沂国公,谥武毅"(《明太祖实录》卷146)。安陆侯吴复在远征云南时身负重伤,两年后的洪武十六年因"金疮发,卒于普定。追封黔国公,谥威毅"(《明史·吴复传》卷130)。安庆侯仇成于洪武二十一年七月因病退居二线。皇帝朱元璋"赐内酝,手诏存问。卒,赠皖国公,谥庄襄"(《明史·仇成传》卷130)。除了这早逝的3人,其他9个侯爷基本上都很健朗,且还屡立战功,成为洪武中后期大明帝国军事上的中流砥柱,尤其是永昌侯蓝玉迅速崭露头角,挤入了明初名将冯胜、傅友德等大将军的行列。那么在这三位大将军之外,洪武中后期大明军界要说较为突出的人才,恐怕就要数景川侯曹震了。

曹震的军事功劳大概有三:从征西番;从蓝玉征云南;经营四川军事。史书说:"(曹)震在蜀久,诸所规画,并极周详。蜀人德之。"(《明史·曹震传》卷132)而从个人之间的交往与友情来看,由于曹震较长时间是跟随蓝玉出征的,战场上的生死考验早已将他俩连在了一起。所以当蓝玉出事了,曹震是接下来第一个被人算计到的,"论逆党,以(曹)震为首"(《明史·曹震传》卷132)。那么这位景川侯曹震对于这场所谓的逆党叛乱留下了什么口供?

翻遍《逆臣录》和《明实录》,与凉国公蓝玉一样,曹震居然没有一句供词留下来,我们现在所能看到的就是他的儿子曹炳和5个火者、3个"二奶"的口述检举揭发。

"一名曹炳,年三十八岁,系景川侯男。状招洪武二十六年二月初七日,有父(指景川侯曹震)在凉国公直(值)房内吃酒,带醉至晚回家,与(曹)炳言说:'我每(们)同许都督三人在凉国公家饮酒,商议如今天下太平,不用老功臣似以前,我每(们)一般老公侯都做了反的也都无了,只剩得我每(们)几个没来由只管做甚的,几时了?原跟(跟)随我的府军前卫孙指挥、武指挥,还有些旧头目都是些好汉,等今年四五月间,问他卫家收拾些好人马,我每(们)再去各处庄子上也收拾些家人仪仗户等。今年上位年老不出来,我每(们)预备下,伺候做事业,务要成就。'所招是实。"(【明】朱元璋:《逆臣录·曹震男曹炳》卷1)

这样的供词与前面提到的蓝闹儿、蓝荣和蓝田等人供词大同小异,唯一让笔者觉得有价值的是,所谓蓝党谋逆核心层面的曹震之子曹炳在洪武二十六年二月被他捕后说他父亲要"等今年四五月间,问他卫家收拾些好人马,我每(们)再去各处庄子上也收拾些家人仪仗户等"。这就不得不让人发问:所谓的蓝党谋乱时间到底定在哪个时候?是曹炳供词中所说的洪武二十六年四五月间,还是前面提到的洪武二十六年二月十五日"伺上出劝农时举事"?见此有人可能要说,会不会人家曹炳记错了日期?问题是这可能吗?上面供词记录中说,曹炳当时38岁,正值壮年,对于密谋造反这种弄不好要杀身灭族、大得不能再大的事情,他会轻易记错时间——相差了两个多月?这似乎太离谱了。

可更为离谱的还在后头,景川侯府上有三四个20~30岁之间的火者供述:主子曹震分别让他们出去取几副铠甲、兵器什么的。就几副铠甲、兵器,够造反用吗?难道朱元璋开创的大明帝国是纸糊的?让人忍俊不禁的还有,曹震平日十分疼爱的"二奶"们在这个十分关键时刻却一点也不顾共同夫君的颜面与生死安危,相反她们从昔日的"被压迫者受苦"的角度和高度的政治责任感出发,划清界限,揭发蓝党骨干分子曹震的"罪行"。这几个"二奶"分别是24岁四川籍的张回奴、28岁北平籍的金氏、15岁云南籍的喜奴,其中最小的喜奴供述如下:

"一名喜奴,年一十五岁,云南白人子人氏,系景川侯妾。逐招于后:一招洪武二十六年二月初七日,有景川侯在直(值)房和蓝大人吃酒后回家,对老夫人说:'蓝大人请我同吃酒,教我同他起意。我只道好意请我吃酒,原来叫我说这等话。'老夫人言说:'你却不要依着他,那蓝家胡子却不是人,你若依着他,我便寻死去,你快去窨上躲了他便罢,你不躲时,我便(上)皇孙殿下处说去。'系喜奴递茶听得。"(【明】朱元璋:《逆臣录·曹震妾喜奴》卷1)

由喜奴的供词来看有两点值得我们注意:第一,蓝玉"起意"不得人心,否则曹家老夫人怎么会骂他'蓝家胡子却不是人';第二,曹家老夫人有着十分清醒的头脑,坚决反对谋反和分裂中央朝廷的叛乱。至此,问题聚焦到了关键点:老夫人供词在哪里?没有啊!翻遍《逆臣录》都找不到。而十分有趣的是,像凉国公、景川侯这样的公侯家里的人,似乎地位越高脑子记忆越不好,反倒那些越是底层的"受压迫者"越能提供蓝党分子阴谋叛乱的确切信息:

"一名汤日新,凤阳府定远县人,系景川侯家佃户。状招洪武二十六年正月内,因送粮到于景川侯府内,拜见本官了当。至当日晚,本官赐酒吃饮,言说:'如今凉国公征进回来,要谋大事,他与我每(们)众公侯并府军等卫头目每都商量摆布下人马了,早晚便要下手。你明日快回去说与你一般佃户每(们),也要安排伺候着。若这里下手时,我便差人来叫你每(们)来接应。若事成时,都有大官人做。'日新明知所说系干谋逆,自合随即赴官首告,却不合要得进用,辄便应允,拜辞回还,与一般佃户邓姚保、李旺经、驴儿、李来保、穆佛奴、穆四等说知前因。各人允许,常去听候谋逆。不期事发,罪犯。"(【明】朱元璋:《逆臣录》卷1)

检举揭发者汤日新为曹震凤阳老家的佃户,像这样的佃户对于一个侯爷府来说是根本算不上什么的。佃户交租,充其量管家出场算是了不得了。现在可好,不仅本家老爷景川侯曹震赐酒,而且还要这个佃农回去与其他佃农一同说定,时刻准备好跟随主人一起造反。统帅过千军万马的景川侯难道会弱智到了不懂得什么叫密谋?难道一辈子在军中混的人,曹震想谋反却调不到自己的部下而要去叫只会使用农具进行劳作的农民远道来接应?这岂不是向皇帝朱元璋报告或宣战了:我们正开始准备造反了! 这样的证据简直是荒唐透顶。不过再怎么荒唐,有人认为可信啊。谁?朱元璋及其那些办案人员。那有人要说,难道朱元璋没看出其中有什么不对劲的?

◎ 奇怪:退休了两三年且远离京城的鹤庆侯张翼居然也参加了突发性的蓝党谋乱?!

其实在政治场上就根本没有什么真正的真理与真相可言的,揣着明白装糊涂,利用大案要案不断地做大做强,将政界与军中一切潜在的危险分子消灭殆尽,这才是政治家制胜的一大法宝！朱元璋何尝不是这么想呢，所以军中在职的高层人物如普定侯陈桓、景川侯曹震、舳舻侯朱寿、东莞伯何荣、都督黄辂等都让他给一一收拾干净。那么对于退居二线且与蓝玉并无多大往来的高级军事将领如鹤庆侯张翼一类的，该如何处置？我们不妨来看看相关史料：

"张翼，临淮人。父聚，以前翼元帅从平江南、淮东，积功为大同卫指挥同知，致仕。翼随父军中，骁勇善战，以副千户嗣父职。从征陕西，擒叛寇。擢都指挥佥事，进佥都督府事。从蓝玉征云南，克普定、曲靖。取鹤庆、丽江，剿七百房山寨。捣剑川，击石门。十七年论功封鹤庆侯，禄二千五百石，予世券。"（《明史·张翼传》卷132）

蓝玉一案发生前三年，晋升为鹤庆侯没几年的张翼退居二线，且回了老家河南汝宁府遂平县定居，远离了是非之窝京城（详见下文他的供述）。按理说，他与蓝党谋反案没什么关系，可洪武朝廷却不这么认为。《逆臣录》记载：

"一名张翼，系河南汝宁府遂平县人，任鹤庆侯，逐招于后：一招洪武十一年不记月日，为见胡惟庸行事，好生有权。是（张）翼不合纠同延安侯、李太师（指李善长）、吉安侯、南雄侯、靖宁侯、普定侯、景川侯、会宁侯等，时常前去本官家往来，饮酒结交，商议谋反事情。不期洪武十三年胡党事发，已将各官节次伏诛了当。是（张）翼一向侥幸，不曾败露。后至洪武二十三年间，为因年老，钦蒙放回原籍，致仕去讫。至洪武二十五年正月内，因庆贺到京，有婿王信、兄王礼任龙虎卫前所镇抚，本官前来拜望，就留宿歇。当晚备酒吃饮间，是（张）翼将左右伴当（档）喝退，对王礼并婿王信言说：'比先我与延安侯、李太师、吉安侯、南雄侯众人结交胡丞相，商量反事，也不曾成得，到（倒）杀了些好公侯。如今止是存留得靖宁侯、普定侯、景川侯、会宁侯与我，托赖祖宗福荫，不曾有人招出我每（们）名字。不知久后下场头如何？昼夜忧心，为这件事不曾下怀。如今只愿我得一场病死，到免得（连）累了一家老小。'说罢酒毕，各歇了当。至本月内，回还原籍去讫。至本年十二月内，有婿王信到于汝宁府家，是（张）翼分付本婿言说：'如今凉国公差人到这里说他要谋反，料想我久后为胡党事也熬不出去，莫若随顺他做一场到（倒）好。你快回去与你哥哥说得知道，我这里庄上收拾些好汉伺候接应。凉国公教你兄那里也寻些人听候着。你去蓝家时常讨分晓，下手时快差人来教我得知。'有王信听允，至次日回京。至洪武二十六年二月内，一向不见信息回报。是（张）翼又令侄张勇并家人张锁儿前去探消息。不期蓝党事发，已将各官问决了当，幸不招出。至三月初八日，有旨宣（张）翼到京，为见王礼亦为党事败露，提送锦衣卫收问。是（张）翼惧本官招出前项情由不便，又对婿王信言说：'你可自去出首，也免得我一家老小性命。'有王信依听前来出首，不期就行拿问，招出前情在官。"（【明】朱元璋：《逆臣录》卷1）

从上述退休高干、老革命张翼的供词中我们发现至少有三个方面信息值得注意：

第一，张翼与胡惟庸谋反有关，洪武早期他"时常前去本官（指胡惟庸）家往来，饮酒结交，商议谋反事情"。这样就一下子将这个退休高干、老革命锁死在胡惟庸谋反案上，即使他真没参与蓝党谋逆活动，那也必死无疑。

第二，张翼被牵连到蓝党谋逆一案中更大的可能性就是他的女婿王信及其哥哥王礼的"不当言行"。因为张翼曾经跟随蓝玉等远征云南，两人原是上下级关系，倘若真有蓝党谋反一事，张翼作为洪武后期幸存的为数不多的几个侯爷，他的老上级、老领导蓝玉不会不想到他，不会不去告诉他或征求他的意见，由此反倒证明蓝玉谋反或许正是子虚乌有。

第三，张翼供词"不期蓝党事发，已将各官问决了当，幸不招出。至三月初八日，有旨宣（张）翼到京，为见王礼亦为党事败露，提送锦衣卫收问"。这是讲在洪武二十六年三月初八日，当张翼被人提送到南京锦衣卫审问时，所谓的蓝玉谋反案的核心骨干人物凉国公蓝玉、景川侯曹震等已经被处决了，但大肆捕杀蓝党分子还仅仅是开了个头。

◎ 清除所谓的蓝党分子实际上就是对遍及全国各地的大明军中中高层领导进行了一次大清洗

由此看来，当时真实的情形应该是，只要与蓝玉、曹震等所谓的蓝党有关系的军中人士统统都要被逮捕、审查，随即予以处死。具体地说，有如下有头有脸的军中人物被卷入了这场所谓的谋反大案之中：

金吾前卫指挥姚旺、金吾后卫指挥李澄、羽林左卫指挥戴彬、羽林右卫指挥严麟、府军卫指挥李俊、府军前卫指挥武威、府军左卫指挥轩兴（【明】朱元璋：《逆臣录》卷2）、府军右卫指挥袁德、府军后卫指挥龚广、虎贲左卫指挥赵祥、锦衣卫指挥陶幹、旗手卫指挥潘荣、神策卫指挥孟德、豹韬卫指挥陆寿、武德卫指挥张杰、沈阳卫指挥魏杰、沈阳右卫千户张伟（【明】朱元璋：《逆臣录》卷3）、蒙古左卫指挥法古、蒙古右卫指挥司敏、水军左卫指挥徐礼、水军右卫指挥刘麟、虎贲右卫指挥王敬、骁骑右卫指挥梁谦、鹰扬卫指挥王贵、龙骧卫指挥黄忠、留守左卫指挥潘显、留守右卫指挥刘钺、留守中卫千户邵永、留守后卫指挥顾胜、江阴卫指挥徐兴、龙江左卫千户沈文、龙江右卫指挥周兴、兴武卫指挥董翰、龙虎卫指挥刘本、横海卫指挥缪刚、广武卫指挥时清、应天卫指挥邓雄、广洋卫指挥陈佐、飞熊卫百户郑子才、镇南卫指挥彭让、天策卫薛贵、中都留守司指挥周原、湖广都司指挥陈镛、四川都司指挥周助男周鉴、成都左护卫指挥刘渊男刘义、成都中护卫千户张忠（【明】朱元璋：《逆臣录》卷

4)、武昌中护卫指挥陈幹、武昌右护卫指挥姜昺、武昌左卫指挥田胜、岳州卫指挥草里不花、海宁卫指挥陈春、河南中护卫指挥鲁威、河南左护卫指挥张玙、河南右卫百户石贵、陕西中护卫指挥刘荣男刘泓、兖州护卫指挥徐华、滁州卫指挥胡炳、安庆卫指挥蔡海、皇陵卫指挥许亮、留守中卫镇抚王覆、凤阳中卫指挥朱和、怀远卫百户李春、凤阳右卫百户刘杰、长淮卫千户田胜、庐州卫指挥王义、镇江卫指挥戴复、扬州卫百户张宽、泰州卫百户侯世杰、大河卫指挥袁荣、颍州卫指挥吴彬、颍昌所百户凌进、九江卫指挥陆旺、镇海卫指挥沙保、永宁卫指挥孟麟、清平卫指挥蒋义、蒙化卫千户刘宽、营州屯卫充军指挥沈谅、达达指挥乃儿不花，等等。(【明】朱元璋:《逆臣录》卷5）

由此我们不难看出，当年清除所谓的蓝党分子实际上就是对遍及全国各地的大明军中中高层领导进行了一次大清洗。

◎ 本来是清洗军中有可能存在的危险势力，但朝中两个重量级的文臣——吏部尚书詹徽、户部侍郎傅友文却也被卷入其中，这是为何呀？

通览当年的明代官方文书，在这场全面清除蓝党分子的大运动中，追捕、杀戮与大将军蓝玉谋反案有关的军中人士多少让人感觉似乎还有那么一点点的由头。可令人大感不解的是，在这场大运动中还有两个重量级的文臣——吏部尚书詹徽、户部侍郎傅友文也被卷入其中。这是为何呀？

詹徽，湖广黄州府黄冈县人，秀才出身。洪武十五年十月出任刚刚改组的大明都察院监察都御史，正七品(《明太祖实录》卷149)。詹徽出仕时50岁，人生经历很丰富。但他的人品不咋样，常常观风使舵，竭力迎合主子心思而行事，故而他被提升得相当快。在出任监察御史一年不到的时间里，詹徽就被任命为都察院左佥都御史(《明太祖实录》卷155)，可能相当于最高检察院实习副检察长，四个月后被授予实职(《明太祖实录》卷157)。又数月后，詹徽升为都察院左都御史(《明太祖实录》卷169)，即大明都察院第一把手。这时距离他入仕为官大约只有3年时间。一个"秀才"花了3年的时间当上了大明文职事务官中的最高官僚，由此可以说，詹徽这个人实在不简单。

詹徽的"不简单"不仅反映在当官上平步青云，扶摇直上，而且还能紧跟大明第一人，力做洪武皇帝的好臣子、好学生。洪武中期爆发胡惟庸谋反大案后，朱元璋尽管一再声称用刑要宽严适中，但实际上他所推行的还是严刑峻法。对此，詹徽心领神会，每当用刑施法时，他总是就重不就轻。朝中很多大臣为之侧目，而皇帝朱元璋对他却"情有独钟"，曾向人这般解释道："都御史詹徽刚断嫉恶，胥吏不得肆其贪，谤讪满朝。"(《明史·唐铎传》卷138)

正如民间俗话所说的：真的假不了，假的真不了。詹徽真实面目在许多同事眼里还是一清二楚的。都察院二把手右都御史即詹徽的副手凌汉就是一个正人君子，他很看不惯两面派的领导，两人常常"论议不合，每面折（詹）徽，徽衔之"。朱元璋似乎看出了其中的道道来，随后将凌汉"左迁刑部侍郎，改礼部"。可即使到了这一步，詹徽还是不依不饶，不断弹劾凌汉，直到最后皇帝将其降为左佥都御史才罢休（《明史·凌汉传》卷138）。直臣茹太素也因看不惯詹徽的小人样，几次向皇帝朱元璋直谏，不料被詹徽所知，"谪御史，复坐排陷詹徽，与同官十二人俱镣足治事。后竟坐法死"（《明史·茹太素传》卷139）。大才子解缙出于满腔的正义之气，"尝为王国用草谏书，言韩国（李善长）事，为詹徽所疾，欲中以危法。伏蒙圣恩，申之慰谕，重以锡赉，令以十年著述，冠带来廷。"（《明史·解缙传》卷147）

比起其他佞臣来，詹徽的小人之举就在于他在人们不经意间向主子进谗言，不露声色地耍奸使坏，以争取自身利益的最大化，因而即使像朱元璋这样屡经风浪的"老江湖"却也一直未发现他有什么不轨之举，相反，还不断地奖赏他，提升他：洪武十六年九月辛酉日，"赐刑部尚书开济、都察院左佥都御史詹徽罗衣人一袭"（《明太祖实录》卷156）；洪武十六年十一月，"赐礼部侍郎朱同、佥都御史詹徽、左通政蔡瑄等十二人袭衣"（《明太祖实录》卷158）；洪武二十三年闰四月壬辰日，朱元璋"命都察院左都御史詹徽署通政使司事"，即让他一人兼任两个中央部院的第一把手（《明太祖实录》卷201）；洪武二十三年六月，又"命左都御史詹徽兼吏部尚书"（《明太祖实录》卷202），也就是说至此为止，詹徽同时担任了大明朝廷中央三部院的一把手，这是有着何等权势的大官啊，谁能企及？！洪武二十五年十二月甲戌，洪武帝"以宋国公冯胜、颍国公傅友德兼太子太师，曹国公李景隆、凉国公蓝玉兼太子太傅，开国公常升、全宁侯孙恪兼太子太保，詹徽为太子少保兼吏部尚书，茹瑺为太子少保兼兵部尚书，任亨泰为詹事府少詹事兼翰林院修撰，杜泽、楚樟为詹事府丞，徽等以下兼官者并给其俸"（《明太祖实录》卷223）。换言之，到蓝玉党案爆发时，一介书生出生的詹徽已经位列为大明江山冲锋陷阵立下汗马功劳的宋国公冯胜、颍国公傅友德、凉国公蓝玉等功勋将帅同垤的"师保"之伍，真是风光无限！

◎ 洪武宠臣詹徽突然变成了蓝玉谋反集团的核心骨干，这究竟是哪门子的事？

就在詹徽人生达到辉煌之巅时，凉国公蓝玉谋反案突发，原本文武官僚并不多大搭界，作为文职官的主管领导詹徽却被牵连到武夫谋反的大案之中，冤不冤呢？到底有没有什么依据？我们不妨来看看当年詹徽的供词：

"一名詹徽，年六十岁，湖广黄州府黄冈县人，任吏部尚书，逐招于后：一招洪武二十六年正月内失记的日，因见凉国公征进回还，权重，不合要得交结，同男詹绂前去凉国公宅内拜见，留于后堂。吃茶毕，本官对说：'如今朝中无甚么人了，老官人你常来这里走遭，有一件紧要的话商量。'是（詹）徽依允回还。""一招常于直（值）房内与凉国公商量谋事。至二月初二日，有男詹绂传凉国公言语对说：'本朝文官那（应为"哪"）一个有始终，便是老太师（指李善长）、我亲家靖宁侯也罢了。如今上位病得重了，殿下年纪小，天下军马都是他掌着，教说与父亲讨分晓。'（詹）徽回说：'知道了。'朝退，至长安西门见何尚宝（应指东莞伯何荣弟弟何宏，其任尚宝司少卿），是（詹）徽对说：'前日凉国公谋的事，上位知觉了，早是我当住两日，未拿下。你便去对哥哥（应指东莞伯何荣弟弟何贵，其任镇南卫指挥）说，教他上紧下手，莫带累我，就报与凉国公知道。'""一招本年正月内失记的日，是（詹）徽对男言说：'我与崊都督说了，许我一匹马，你可去取来用。'有男依听前去本官宅内讨马一匹，回家听候谋逆。""一招本年二月内，是（詹）徽令男到祝都督家要马一匹，又行分付：'你去上覆都督官人，叫他明日自来说话。'有男依允前去，牵到黑色马一匹，回家备用。""一招本年二月二十一日申牌时分，有金吾前卫指挥姚旺前到部内。是（詹）徽问说：'你今日怎么得暇？'本官回答：'上直（值）守卫，来望大人。'彼时就留姚指挥于后堂内，茶话间，是（詹）徽因与本官心腹，将伴当喝退，潜对本官言说：'凉国公造反不曾谋成，倒把各卫头目都废了。'姚指挥又说：'我一卫的指挥都拿尽，止存得小人一个，好歹也是数里的人。'（詹）徽应说：'我也这般忧虑。近日见上位好生疑我，必是连我也拿下。'言罢各散。"（【明】朱元璋：《逆臣录·吏部尚书詹徽》卷1）

从上述詹徽及其儿子和其他相关人员的口供来看：第一，詹徽与蓝玉之间的交往并不太多，可能就是同僚间的一般性拜会应酬而已，所以当詹徽带了儿子詹绂前往蓝府拜谒时，尽管蓝玉说了些颇有水平的煽动造反之言之语（假如这是真的话），但詹徽当场并没表态认同。事后蓝玉托詹徽儿子詹绂回家追问老子时，詹徽就说了句模棱两可的话："知道了！"说到底他还是没认同，更不用说去直接参与其中了。第二，从詹徽在长安西门对自己儿子詹绂的上级领导尚宝司少卿何宏所说的"教他上紧下手，莫带累我"那番话来看，詹徽根本没有参与蓝党谋反活动，只想保持荣华富贵的现状，甚至还担忧起眼前即将降临的大祸——"近日见上位好生疑我，必是连我也拿下"。第三，詹徽尽管在朝堂上表现得似乎很清正，但骨子里却十分贪婪、也很奸诈，向崊都督要了一匹马，又向祝都督要了一匹马。要马就等于造反？若是这等逻辑，那就太荒唐了！

詹徽的这种供述在他的儿子詹绂、詹三保和户部侍郎傅友文的口供中也得到了几乎完全相同的佐证，因此说将詹徽牵进蓝党一案，确实有点冤了！但又可以说不怎么冤,理由是:第一,如果蓝玉之乱属实的话,那么詹徽的儿子詹绂似乎参与或认同了蓝党叛乱:大明尚宝司少卿何宏招供:"洪武二十六年正月十三日,有凉国公晚朝到尚宝司闲坐,是(何)宏同詹尚宝向前作揖。有蓝大人对宏说:'你尚宝司正管着被甲的金牌,可取出 200 面来。我明日教府军前卫孙指挥来领。'宏听允,常同詹尚书于南厨内取出'礼'字号金牌 200 面、'信'字号金牌 100 面,在北厨顿放,伺候谋逆。不期凉国公奸党败露,伏诛了当。今因事发,被马黑黑指出,提问罪犯。"(【明】朱元璋:《逆臣录·尚宝司少卿何宏》卷1)第二,取出被甲的金牌就凭蓝大将军一句话,尚宝司主管领导何宏、詹绂也够听谋逆首恶的话了,想想这事不得不让人一身冷汗。就此而言,朱元璋也不会放过詹徽父子。第三,詹徽平日里耍奸使滑,害了一批人,积怨甚深,又兼任朝廷中央三部院的一把手,权势太大了。臣下权力过大,朱皇帝最为不放心。第四,前文所言,詹徽随口向两个军中都督要了两匹马,两匹马应该是什么价值? 就相当于我们现在两辆进口豪华轿车的价值。大明人事部部长詹徽索贿够大胆的! 朱元璋一向注重反腐倡廉,没想到平日看上去还不错的詹尚书是这等人,不杀不行! 所以说将詹徽卷进大案里头,且把他杀了,似乎还真不怎么冤。

要说蓝玉党案中真正有着大冤的朝中文职大臣,就数傅友文了。

◎ 什么事也没有的户部侍郎傅友文却被扣上了蓝党谋乱首恶分子的帽子而被处死,冤否?

傅友文,陕西巩昌府陇西县人,洪武二十二年六月,由户部主事升为试右侍郎,后转而实授。(《明太祖实录》卷 196)明代正史对他的记载相当之少。我们现在只晓得,傅友文在当户部侍郎时,他的上级领导就是户部尚书赵勉。赵勉是翰林学士刘三吾的女婿,洪武二十五年闰十二月他因犯贪赃罪而被逮捕入狱,后被处决(《明太祖实录》卷 223;《明史·刘三吾传》卷 137)。这样一来,户部尚书一职暂时空缺,该部实际工作由傅友文主持着。

由上述傅友文的简单经历介绍来看,作为一个管粮管钱的中央财政部副部长怎么说都与军队搭不上多大的界,那么他是如何被卷入蓝党大案的? 我们还是来看看当年傅友文被诛杀前的口供记录吧:

傅友文供述:"洪武二十六年正月内失记的日早,行至吏部直(值)房前,见詹尚书对说:'凉国公回来了,我与你去望他一遭。'是友文应允,一同本官前到凉国公直(值)房内。拜见毕,本官请坐吃茶,因话间问道:'傅侍郎你一向如何?'是友文回说:'托大人福荫。'本官又说:'我日同你根(应为'跟')殿下(指懿文太子朱标)到陕西时,见你好生志诚,常切想你。我因亲家靖宁侯为事之后,时常虑念。又见赵尚书为事,只怕(连)累了你,幸得公且无事。你如今把钱粮掌得清着,我已与詹公计定,若早晚事成,便要粮储接应。'是友文回说:'大人放心,动手时我与詹尚书两个自有分晓。'言罢各散。在后是友文时常到于本官并景川侯宅内往来,商量谋逆。又蒙景川侯赐马一匹,与友文骑坐。不期本官奸党败露,今被尚书詹徽招出前情,罪犯。"(【明】朱元璋:《逆臣录·户部侍郎傅友文》卷5)

从酷刑底下傅友文交代的内容来看,他与蓝玉关系并不怎么密切,甚至可能还不如詹徽与蓝玉之间的关系呐。大老粗蓝玉关心傅友文,担心的就是赵勉事件将他给牵进去,但实际上却没有,由此反倒可以看出,傅友文处事还是蛮谨慎的——赵勉是在洪武二十二年由刑部尚书之职与杨靖任职的户部尚书互换(《明史·杨靖传》卷138),到洪武二十五年年底出事,赵勉与傅友文一起共同工作了3年左右。3年左右两人中1人因贪赃出事,而另一人却无事,在苛繁暴政的洪武年代,傅友文可谓不易啊! 至于所谓蓝玉谋乱要他做好财政上的准备,傅友文似乎没有正面回答,只说:"大人放心,动手时我与詹尚书两个自有分晓。"而上文提到的詹徽也是这样回答蓝玉的,且在实际行动中是持反对的态度,所以要说傅友文参与密谋叛乱,伏甲为变(《明太祖实录》卷225;《明史·蓝玉传》卷132),纯属无稽之谈。

那么朱元璋到底为什么要将傅友文也牵进蓝玉谋反大案? 倒是蓝玉给傅友文说的一句话给了我们一些启示:"我日同你根(跟)殿下到陕西时,见你好生志诚,常切想你。"原来洪武二十四年七月皇太子朱标巡抚陕西(《明史·太祖本纪三》卷3)是由蓝玉、傅友文这两位重量级的文武大臣一路陪伴的,可回来后的洪武二十五年(1392)四月丙子日,朱标却突然薨世了。这样一来,昔日所有对接班人的准备和努力顷刻之间化为乌有(《明太祖实录》卷217)。当了20多年"朱白劳"的朱元璋终于为此病倒了,"几将去世"。(【明】朱元璋:《周颠仙人传》)

一文一武两个大臣陪同太子到了一次陕西去,回来后太子很快就没了,而两个大臣却活蹦乱跳好得很,尤其是那个蓝玉还蹦跳得让已经垂垂老矣又雄猜狐疑的洪武皇帝感觉到极度难受:他跟傅友文说的那句:"我日同你根(跟)殿下到陕西时,见你好生志诚",到底什么意思? 这是说他蓝玉早就不"志诚"? 只有不"志诚"者才会胆大妄为! 由此而言,蓝玉必须死! 既然蓝玉必须死,那么与其相关的那个一同上陕西去的傅友文也得要死。以此推演,任何潜在的危险分子与危险势力必须得清除干净,我大明帝国江山社稷才会长治久安! 这恐怕就是生藏不露又满腹狐疑的朱元璋晚年大肆杀戮功臣勋旧、屡兴全国大运动的真正思维逻辑!

或许正是出于这样的逻辑思维,朱元璋发动清除蓝党大运动格外快捷、格外威猛，只要与蓝党分子有所关联的，不管是谁，统统都要逮捕、审讯，直至最终处死他们。在这样规模空前的政治大清洗中，有相当一部分人既不来自军队，也不是蓝党分子在朝廷中的同僚，仅仅因为工作、生活等方面的因素，他们与所谓的蓝党及蓝党相关的人有所来往、联系而被扣上了蓝党分子的帽子，遭到了无辜的杀戮。苏州"十才子"王行（前文已述）、广东顺德文人画家孙蕡、苏州粮长顾学文等人就是这样一类的倒霉蛋。

○ 文人画家孙蕡因为蓝玉家的画题了几个字竟成了蓝党分子而被杀

孙蕡，字仲衍，广东顺德人。自小机灵聪明，喜好读书，诸子百家，各类书籍，无所不读，因此成年后的孙蕡可谓是学富五车、才高八斗，每每写诗作文，援笔立就，词采灿然。除此之外，孙蕡还特别讲究人的德行，凡是发现志不同、道不合者概不交往。

元末天下大乱，何真割据岭南，自成一方势力，他曾下令开府辟士，即征召天下有志之士来广东当官做事。可能由于长期处于元朝抑制下无法施展自己才华的缘故，也可能是由于当时礼贤下士的政策诱惑，孙蕡与王佐、赵介、李德、黄哲等数位当地文化名人一起受聘于何真，人称其为"五先生"。朱元璋派遣廖永忠统帅大军南征两广时，何真眼看大事不妙，决计投降，孙蕡为其起草降表。可能是文才出彩的缘故吧，孙蕡很快在投降的岭南文臣中崭露头角，为廖永忠"辟典教事"。洪武三年大明首开科举，孙蕡参加了该年的考试，并一举成功，被授予工部织染局使，后迁虹县主簿（可能相当于虹县办公室主任吧）。

当时大明刚刚建立，各地战事尚未了结，虹县地处淮河边，那里自元末起一直是兵燹动乱之地。孙蕡上任后十分注意与民休养生息，"劳徕安辑，民多复业"，恢复发展当地经济。可能是干得比较出色的缘故，一年后皇帝朱元璋将他调入朝廷，任翰林典籍，参与编修《洪武正韵》，"九年遣监祀四川。居久之，出为平原主簿。坐累逮系，俾筑京师望都门城垣。"（《明史·文苑一·孙蕡传》卷285）

一个文化人当了几年官，当着当着当到了做犯人的活——筑城墙，这事搁在一般人身上都无法舒心，甚至有可能抬不起头来。可孙蕡却不是这样，他性情乐观，多才多艺，不仅擅长诗文，而且还会将其与岭南乐曲相融合，并美妙地唱出来。城墙修筑管理者常常为孙蕡所唱的粤语歌曲所陶醉，有一天在明皇宫汇报工作时，他就跟洪武皇帝说起了这事。没想到朱元璋听说后立即叫人将孙蕡找来，让他在宫殿大堂上来一曲。当孙蕡将那一曲唱完时，朱皇帝早已龙颜大悦，令城墙修筑管理者立即放了他。洪武十五年苏州府衙缺个经历官，朱元璋想到了孙蕡，随即下令让他前去赴任。可没多久，"复坐累戍辽东"。（《明史·文苑一·孙蕡传》卷285）

就在孙蕡戍边辽东时,蓝玉党案爆发,随即全国各地兴起了彻底清查蓝党分子的大运动,有人出来检举揭发:孙蕡曾为蓝玉家收藏的画题了字,其应被视作为蓝党分子。由此孙蕡遭受逮捕、审讯,最后论死。临刑前,作诗长讴:"鼍鼓三声急,西山日又斜。黄泉无客舍,今夜宿谁家。"

孙蕡被杀后,有人上南京去将孙大才子的临终诗上呈给了洪武帝。朱元璋读完后不停地赞叹道:"好诗,好诗!孙蕡临终还能写出这样的好诗,监斩官为什么不上报?"随后下令将监斩官给宰了。据说孙蕡还曾写过一首令人拍案叫绝的好诗《又访驸马不遇》,题壁云:"踏青驸马未还家,公主传宣坐赐茶。十二阑干春似海,隔窗闲杀碧桃花。"(【明】董穀撰:《碧里杂存》上卷)除此之外,他曾留下了很多著作,如《通鉴前编纲目》《孝经集善》《理学训蒙》及《西庵集》《和陶集》,多佚不传。番禺赵纯称其究极天人性命之理,为一时儒宗云"(《明史·文苑一·孙蕡传》卷285)。可惜,这么一个多面手才子却在彻底清查蓝党分子的大运动中被稀里糊涂地冤杀了。

◎ 花心"富二代"陈学文勾引美少妇,没想到却把自己"送"上了不归路

更为荒唐的是,有人借此清查蓝党的机会,挟私报复,居然也能将"仇家"弄得家破人亡、妻离子散。吴江同里镇有个姓陈的人,在洪武朝廷当个礼仪小官序班,虽说官小,可占据的位置十分重要,能与大明"红太阳"保持着零距离接触,所以他的家势在吴江地方上算得上显赫了。可美中不足的是,陈序班家中有个儿子生得呆戆,只会吃喝玩乐,老爷子陈序班绞尽脑汁给他取了一个如花似玉的妻子,指望将来能有个虎虎神威又一表人才的孙子,可不知什么原因,就是见不着陈家第三代的降生。陈序班的戆儿子可能智商、情商都有问题,但瞎玩绝对没问题,有时玩得几天几夜都不回家,这下可把家中有着国色美姿的妻子梁氏给晾在了一边。幸好梁美女知书达理,喜好琴棋书画,对于瞎玩丈夫从不过问,自己独守空室,作诗弄画,聊以度日。(弘治:《吴江志·杂记》卷12)

当时洪武皇帝推行粮长制,专门在税粮大户、富民大款中挑选出粮长来。距离同里镇不远的周庄镇上有个富户叫顾学文的很有名,他是江南首富沈万三的女婿,因为特别富,被当地人推为粮长。那年头当粮长是个很累的差事,自己家弄些船,来往"辖区"内的各家农户,催促大家赶紧备粮上缴,所以当粮长的一天到晚奔波在外,辛劳就不用说了。不过辛苦归辛苦,当粮长的也有好处,咱不说皇帝老爷看中了给个官当当,就天天泡在外面,各地小码头都熟悉,各路人马都认识。顾学文到陈序班家几次,发现了这么个情况:家中男主人好像老不在,这是一个什么样的家庭?顾学文一打听,邻居就说了:这是陈序班家,他家儿子……但他家儿媳妇却长

得倾国倾城之貌,只可惜鲜花插在牛粪上!邻居这么一说,顾学文更好奇了,他想要好好看看那个梁氏到底长得有多美,于是找借口到陈家去。有时说是天热找水喝,有时说天热找个地方乘个凉,有时说要借个坑上个厕所,目的只有一个,就是看看梁氏的美貌。而梁氏呢,一天到晚也闷得很,听到是大富翁出来催粮,也想看看江南首富家的女婿到底长成啥模样的。一个有情,另一有意,眉来眼去,双方心有灵犀一点就通了,只等得有合适的机会。(弘治:《吴江志·杂记》卷12)

机会是要创造的,这个道理对于天天在外跑的粮长顾学文来说太娴熟了。于是他找了机会,将同里镇上的无赖找来,给了不少钱,让他们专门找陈序班的儿子一起去玩,没日没夜地在外瞎玩,与此同时,顾粮长又买通了镇上能说会道的妇人带上稀奇古怪的妇女首饰上陈序班家去,给梁氏摆弄,惹得梁氏十分眼馋,但又无力购买,只能唉声叹气。这时镇上妇人就说了:"我是受顾粮长委派而来的,那大款没得说的,出手就大方,他说这些首饰全送给你,不过顾粮长有个小小的要求……"梁氏急不可待地问:"什么要求?只要奴家做得到,你尽管说。"妇人说:"其实也没什么的,他就是想要夫人您的一首美人诗!"梁氏听完不好意思起来,过了一会儿,终于挥笔书写了。(弘治:《吴江志·杂记》卷12)

有了美人诗,这不明摆着美人春心已动了,接下来就是抓紧双方之间进一步的密切往来。顾学文想好了,就以酬谢梁氏美人诗为名,登堂入室,奉上自己的诗作,趁着美人不注意时捏捏手,四目对视……一来二去,两人就有了十分的默契。但顾学文再胆大也不敢在陈序班家来真的,于是双方依依不舍,只好再约相聚了。

顾学文走后,梁氏读着超级富翁的情诗,两脸通红,心跳得如小鹿一般,读读后来就不能再读了,放了下来。过了几天她将那诗稿纸头捻置灯檠下,想从此不要再过多地心跳不已了。不过梁氏与顾学文的这一切,却没逃脱得过一双眼睛,他像猎犬一样一直在暗中死死地盯着,他就是陈序班的哥哥陈缩头。虽说陈序班家父子常不在,但这个陈缩头却天天蹲守着。看到顾学文走了,看到侄媳妇魂不守舍的样子,陈缩头就把自己的小孩子叫来,让他到梁氏的房间里去看看有没有什么纸,他要用。小孩子可什么都不懂,到了梁氏房间就翻这翻那,一会儿就将顾学文的情诗给翻走了。陈缩头拿到了顾学文的情诗后,偷偷地将它寄给了在南京工作的弟弟。陈序班接到哥哥寄来的情诗,顿时就明白家中可能出事了,但这属于家丑啊,捅出去这脸往哪儿搁?再说即使说成顾学文与自家儿媳妇通奸,也不一定会判他们死罪啊,牙齿咬得咯咯响的陈序班最终拿定主意:忍,等待合适机会再出手!(弘治:《吴江志·杂记》卷12)

洪武二十六年蓝党案发,追查蓝党分子运动在全国各地风风火火地开展起来了,只要脸上不写字的,每个人都有可能被打成蓝党分子。陈序班找了机会,当着皇帝朱元璋的面直接上奏说:"臣本县二十九都正粮长顾学文出备钱粮,通蓝谋逆。"竟然有这事,无比惊讶的洪武皇帝下令马上逮捕蓝党分子顾学文。随后顾学文父亲顾常、弟弟顾学礼、顾学敬,妻子娘家即沈万三家的沈旺、沈德全、沈昌年、沈文规、沈文矩、沈文衡、沈文学、沈文载、沈海等,统统都成了蓝党分子而遭受杀戮。

(弘治:《吴江志·杂记》卷12)

○ "蓝党之狱"一共杀了多少人? 100 000 人?

从洪武二十六年(1393)二月初十蓝玉被处死,到五月初一日,一共80天的时间里,大约有1 000名"蓝党"骨干分子遭受杀戮。自此,从京城南京到各地的军府、卫所的中高级以上官员和将领差不多全被杀光了。被杀的主要人物除了前面讲过的凉国公蓝玉外,还有开国公常升(一说常升未被杀,这段历史很模糊,笔者注)、景川侯曹震、鹤庆侯张翼、舳舻侯朱寿、东莞伯何荣及其弟弟何贵和何宏、吏部尚书詹徽、户部侍郎傅友文、宣宁侯曹良臣之子曹泰、会宁侯张温、普定侯陈桓、怀远侯曹兴、东平侯韩敬之子韩勋、全宁侯孙兴祖之子孙恪、西凉侯濮英之子濮玙、海西侯纳哈出之子沈阳侯察罕、徽先伯桑世杰之子桑敬以及都督黄辂、汤泉、马俊、王诚、聂纬、王铭、许亮、谢熊、汪信、萧用、杨春、张政、祝哲、陶文、茹鼎等;被追坐蓝党、革除爵位的有航海侯张赫、定远侯王弼、颍国公傅友德、宋国公冯胜等(《明史·蓝玉传》卷132;【明】王世贞:《弇山堂别集·高帝功臣公侯伯表》卷37;【明】钱谦益:《牧斋初学集·太祖实录辨证5》卷105;【清】赵翼:《二十二史劄记·胡蓝之狱》卷32)。这就是明史上有名的"蓝党之狱"。

洪武年间朱元璋封赏的公爵、侯爵和伯爵及其最终结局之简表

	受封爵位	受封者	籍贯	受封情况、享用俸禄及最终结局	史料出处
1	魏国公	徐达	濠州	5 000石。吴元年九月,朱元璋封徐达为信国公。洪武三年十一月改封为魏国公。洪武十八年二月徐达卒,传闻吃了朱元璋赐予的蒸鹅发病而亡。长子辉祖嗣爵;次添福授勋尉,早世;次增寿擢右军都督府左都督,次膺绪中军都督府都督佥事。增寿在建文朝时因吃里爬外而被杀,朱棣上台后追封其为定国公,子景昌嗣爵	《明太祖实录》卷25;【明】谈迁:《国榷·勋封》卷首之2;《明太祖实录》卷171;【明】徐祯卿:《翦胜野闻》;《明史·徐达传》卷125;《明太祖实录》卷171;《明太宗实录》卷9;《明太宗实录》卷32

续表

	受封爵位	受封者	籍贯	受封情况、享用俸禄及最终结局	史料出处
2	韩国公	李善长	定远	4 000石。吴元年九月，朱元璋封李善长为宣国公。洪武三年十一月改封为韩国公。洪武二十三年五月，监察御史劾奏太师韩国公李善长罪状，"会有言星变，其占当移大臣。遂并其(指李善长)妻女弟侄家口七十余人诛之"，李家几乎被灭尽。爵除	《明太祖实录》卷25、卷58、卷202；《明史·太祖本纪三》卷3；《明史·李善长传》卷127；【明】谈迁：《国榷·勋封》卷首之2
3	鄂国公	常遇春	怀远	4 000石。吴元年九月，朱元璋封常遇春为鄂国公。洪武二年七月常遇春军次柳河川，因疾而卒。洪武三年大封爵时朱元璋将常遇春子常茂封为郑国公	《明太祖实录》卷25、卷43；【明】谈迁：《国榷·勋封》卷首之2；《明史·太祖本纪二》卷2；《明史·常遇春传》卷125
4	曹国公	李文忠	盱眙	3 000石。洪武三年十一月朱元璋封李文忠为曹国公。洪武十七年三月李文忠卒。长子李景隆嗣爵。永乐初年礼部尚书李至刚等奏劾：李景隆兄弟图谋不轨。朱棣下令，"夺景隆爵，并增枝及妻子数十人锢私第，没其财产"。嘉靖时以性续封为临淮侯，世禄1 000石	《明太祖实录》卷58；《明太祖实录》卷160；【明】谈迁：《国榷·勋封》卷首之2；《明史·李文忠传》卷126；《明太宗实录》卷32；《明世宗实录》卷127
5	卫国公	邓愈	虹县	3 000石。洪武三年十一月朱元璋封邓愈为卫国公。洪武十年西征回途中卒于寿春。长子邓镇嗣，改封申国公，因其妻为李善长外孙女，善长败，坐奸党诛，爵除。嘉靖时以继坤续封为定远侯，世禄1 000石	《明太祖实录》卷58；《明史·邓愈传》卷126；《明太祖实录》卷116；【明】谈迁：《国榷·勋封》卷首之2；《明世宗实录》卷127
6	郑国公	常茂	怀远	3 000石。洪武三年十一月朱元璋封常遇春子常茂为郑国公。洪武二十年，"坐前惊溃房众罪"，安置于广西，并死于那里。爵除。嘉靖时以玄振续封为怀远侯，世禄1 000石	《明太祖实录》卷58；《明太祖实录》卷185；《明世宗实录》卷127；《明史·常遇春传》卷125

续表

	受封爵位	受封者	籍贯	受封情况、享用俸禄及最终结局	史料出处
7	宋国公	冯胜	定远	3 000石。洪武三年十一月朱元璋封冯胜为宋国公。"太祖春秋高,多猜忌。胜功最多,数以细故失帝意。蓝玉诛之月,召还京。逾二年(即洪武二十八年),赐死,诸子皆不得嗣"	《明太祖实录》卷58;【明】谈迁:《国榷·勋封》卷首之2;《明史·冯胜传》卷129;《明太祖实录》卷236
8	信国公	汤和	濠州	3 000石。洪武十一年正月,进封中山侯汤和为信国公。二十八年八月汤和卒。长子鼎从征云南,道卒。少子醴积功至左军都督同知,征五开卒于军。鼎子晟,晟子文瑜,皆早世,不得嗣。嘉靖时以六世孙绍宗续封灵璧侯,世禄1 000石	《明太祖实录》卷117;《明太祖实录》卷240;《明史·汤和传》卷126;【明】谈迁:《国榷·勋封》卷首之2;《明世宗实录》卷127
9	颍国公	傅友德	宿州	3 000石。洪武十七年四月,论平云南功进封颍川侯傅友德为颍国公。子忠尚寿春公主,女为晋世子济熺妃。二十五年,友德请怀远田千亩。帝不悦后除。二十七年被赐死。爵除	《明太祖实录》卷161;《明史·傅友德传》卷129;【明】谈迁:《国榷·勋封》卷首之2
10	凉国公	蓝玉	定远	3 500石。洪武二十一年十二月,进封永昌侯蓝玉为凉国公。洪武二十六年二月,蓝玉谋反冤案发。"狱具,族诛之。列侯以下坐党夷灭者不可胜数。"爵除	《明太祖实录》卷194;《明太祖实录》卷225;《明史·蓝玉传》卷132;【明】谈迁:《国榷·勋封》卷首之2
11	开国公	常升	怀远	3 000石。洪武二十一年十月洪武帝命开平王常遇春子常升袭封开国公,"升之没,《实录》不载。其他书纪传谓,建文末,升及魏国公辉祖力战浦子口,死于永乐初。或谓升洪武中坐蓝玉党,有告其聚兵三山者,诛死。"爵除	《明太祖实录》卷194;【明】谈迁:《国榷·勋封》卷首之2;《明史·常遇春传》卷125
12	梁国公	胡显	临淮	3 000石。建文二年革爵。永乐三年,除凤阳卫指挥同知	【明】谈迁:《国榷·勋封》卷首之2,但其他史书未见有载

续表

	受封爵位	受封者	籍贯	受封情况、享用俸禄及最终结局	史料出处
1	延安侯	唐胜宗	濠州	2 500石。洪武三年冬封延安侯。二十三年坐胡惟庸党诛,爵除	《明史·唐胜宗传》卷131;【明】谈迁:《国榷·勋封》卷首之2
2	吉安侯	陆仲亨	濠州	2 500石。洪武三年冬封吉安侯。二十三年,治胡惟庸逆党,家奴封贴木告仲亨与费聚、赵庸皆与通谋,下吏讯。狱具,帝曰:"朕每怪其居贵位有忧色。"遂诛仲亨,籍其家。爵除	《明太祖实录》卷58;《明史·陆仲亨传》卷131;《明太祖实录》卷202;【明】谈迁:《国榷·勋封》卷首之2
3	江夏侯	周德兴	濠州	2 500石。洪武三年十一月封江夏侯。《明实录》:洪武二十五年八月,江夏侯周德兴以帷薄不修,伏诛,命收其公田。《明史》:二十五年八月,以其子骥乱宫,并坐诛死。爵除	《明太祖实录》卷58;《明史·周德兴传》卷132;《明太祖实录》卷220;【明】谈迁:《国榷·勋封》卷首之2
4	淮安侯	华云龙	定远	2 500石。洪武三年十一月封淮安侯。镇北疆,威名甚著;建燕邸,增筑北平城,皆其经画。洪武七年,有言云龙据元相脱脱第宅,僭用故元宫中物。召还,命何文辉往代。未至京,道卒。子中袭。李文忠之卒也,中侍疾进药,坐贬死。二十三年追论中胡党,爵除	《明太祖实录》卷58;《明史·华云龙传》卷130;【明】谈迁:《国榷·勋封》卷首之2;《明太祖实录》卷90
5	济宁侯	顾　时	濠州	2 500石。洪武三年顾时进大都督同知,封济宁侯。十二年卒,葬钟山。子敬,十五年嗣侯,为左副将军。二十三年追论胡惟庸党,榜列诸臣,以时为首,敬坐死,爵除	《明太祖实录》卷58;《明史·顾时传》卷131;《明太祖实录》卷127;【明】谈迁:《国榷·勋封》卷首之2
6	长兴侯	耿炳文	濠州	2 500石。洪武三年,封长兴侯。永乐初年被劾"衣服器皿有龙凤饰,玉带用红鞓,僭妄不道"而自杀。爵除。子璇尚懿文太子长女江都公主,永乐初杜门称疾,坐罪死;次子瓛与弟尚宝司卿瑄,皆坐罪死	《明太祖实录》卷58;《明史·耿炳文传》卷130;【明】谈迁:《国榷·勋封》卷首之2;《明太宗实录》卷35

续表

	受封爵位	受封者	籍贯	受封情况、享用俸禄及最终结局	史料出处
7	临江侯	陈德	濠州	2 500 石。洪武三年，封临江侯。十年还凤阳。十一年卒。追封杞国公。子镛袭封。洪武二十三年，追坐陈德胡惟庸党。爵除	《明太祖实录》卷58；《明史·陈德传》卷131；【明】谈迁：《国榷·勋封》卷首之2
8	巩昌侯	郭兴	临淮或言濠州	2 500 石。洪武三年，封巩昌侯。洪武十七年卒，赠陕国公，谥宣武。洪武二十三年追坐胡惟庸党，爵除	《明太祖实录》卷58；《明史·郭兴传》卷131；【明】谈迁：《国榷·勋封》卷首之2
9	六安侯	王志	濠州或言临淮	2 500 石。洪武三年，封六安侯。十九年卒。子威嗣侯。后坐事谪安南卫指挥使。卒，无子，弟嗣，改清平卫，世袭。志亦追坐胡惟庸党	《明太祖实录》卷58；《明史·王志传》卷131；【明】谈迁：《国榷·勋封》卷首之2
10	平凉侯	费聚	临淮或言五河	2 500 石。洪武三年，封平凉侯。二十三年自云南召还。李善长败，语连聚。帝曰："聚曩使姑苏不称旨，朕尝詈责，遂欲反耶！"竟坐党死，爵除	《明太祖实录》卷58；《明史·费聚传》卷131；【明】谈迁：《国榷·勋封》卷首之2
11	江阴侯	吴良	定远	2 500 石。洪武三年，封江阴侯。洪武十四年卒。子吴高嗣侯，建文时抵抗"靖难"军。永乐八年被夺爵，后戍海南	《明太祖实录》卷58和卷140；《明史·吴良传》卷130；【明】谈迁：《国榷·勋封》卷首之2
12	靖海侯	吴祯	定远	2 500 石。洪武三年，封靖海侯。洪武十二年得疾卒，子忠嗣侯。二十三年追论祯胡惟庸党，爵除	《明太祖实录》卷58；《明史·吴祯传》卷131；【明】谈迁：《国榷·勋封》卷首之2
13	南雄侯	赵庸	庐州	2 500 石。洪武三年，封南雄侯。洪武二十三年，以左副将军远征古北口，降乃儿不花。还，坐胡惟庸党死。爵除	《明太祖实录》卷58；《明史·赵庸传》卷129；【明】谈迁：《国榷·勋封》卷首之2
14	德庆侯	廖永忠	巢县	2 500 石。洪武三年，封德庆侯。洪武八年三月坐僭用龙凤诸不法事，赐死。子權十三年嗣侯。后坐逆党，爵除	《明太祖实录》卷58；《明史·廖永忠传》卷129；【明】谈迁：《国榷·勋封》卷首之2

续表

	受封爵位	受封者	籍贯	受封情况、享用俸禄及最终结局	史料出处
15	南安侯	俞通源	巢县	2 500石。洪武三年，封南安侯。洪武二十二年卒。子祖，病不能嗣。逾年，追论胡党。子祖坐党诛，爵除	《明太祖实录》卷58；《明史·俞通源传》133；【明】谈迁：《国榷·勋封》卷首之2
16	广德侯	华高	含山	600石。洪武三年，封广德侯。洪武四年卒于琼州。以无子，纳诰券墓中。爵除	《明史·华高传》卷130；【明】谈迁：《国榷·勋封》卷首之2
17	营阳侯	杨璟	合肥	2 500石。洪武三年，封营阳侯。洪武十五年八月卒。子通嗣爵。二十三年，诏书坐璟胡惟庸党。爵除	《明太祖实录》卷58；《明史·杨璟传》卷129；【明】谈迁：《国榷·勋封》卷首之2
18	蕲春侯	康铎	蕲州	2 500石。洪武三年，康铎以父康茂才功封蕲春侯，后卒于远征云南军中。其子康渊坐法，爵除。弘治末，录茂才后为世袭千户	《明太祖实录》卷58；《明史·康茂才传》卷130；【明】谈迁：《国榷·勋封》卷首之2
19	永嘉侯	朱亮祖	六安	2 500石。洪武三年，封永嘉侯。十二年出镇广东，因诬奏害死道同，被皇帝杖死。二十三年追论亮祖胡惟庸党，次子昱亦坐诛。爵除	《明太祖实录》卷58；《明史·朱亮祖传》卷132；【明】谈迁：《国榷·勋封》卷首之2
20	临川侯	胡美	沔阳	2 500石。洪武三年，封豫章侯。十三年改封临川侯。洪武十七年坐法死，二十三年追坐胡党，爵除	《明太祖实录》卷58；《明史·胡美传》卷129；【明】谈迁：《国榷·勋封》卷首之2
21	东平侯	韩政	睢州	2 500石。洪武三年封东平侯。洪武十一年卒，帝亲临其丧。追封郓国公。子勋袭。二十六年坐蓝党诛，爵除	《明太祖实录》卷58；《明史·韩政传》卷130；【明】谈迁：《国榷·勋封》卷首之2
22	宜春侯	黄彬	江夏	2 500石。洪武三年封宜春侯。黄彬原系西线红巾军将领，后归降朱元璋。洪武二十三年坐胡惟庸党死，爵除	《明太祖实录》卷58；《明史·黄彬传》卷131；【明】谈迁：《国榷·勋封》卷首之2
23	宣宁侯	曹良臣	寿州或言安丰	900石。洪武三年封宣宁侯。洪武五年跟随副将军文忠北征，战死于阿鲁浑河。子泰袭侯，后坐蓝玉党死，爵除	《明太祖实录》卷58；《明史·曹良臣传》卷133；【明】谈迁：《国榷·勋封》卷首之2

续表

	受封爵位	受封者	籍贯	受封情况、享用俸禄及最终结局	史料出处
24	汝南侯	梅思祖	夏邑	2 500 石。洪武三年封汝南侯。洪武十五年卒于云南任上。赐葬钟山之阴。二十三年追坐思祖胡惟庸党,灭其家,爵除	《明太祖实录》卷58和卷149;《明史·梅思祖传》卷131;【明】谈迁:《国榷·勋封》卷首之2
25	河南侯	陆 聚	不明	2 500 石。洪武三年,封河南侯。曾与信国公和练兵临清。寻理福建军务。洪武二十三年坐胡惟庸党死,爵除	《明太祖实录》卷58;《明史·陆聚传》卷131;【明】谈迁:《国榷·勋封》卷首之2
26	永城侯	薛 显	萧县	2 500 石。洪武三年,封永城侯。曾跟随冯胜远征金山纳哈出,洪武二十年卒。二十三年追坐显胡惟庸党,爵除	《明太祖实录》卷59;《明史·薛显传》卷131;【明】谈迁:《国榷·勋封》卷首之2
27	荥阳侯	郑遇春	濠州	2 500 石。洪武三年,进同知大都督府事,封荥阳侯。后曾受命驻临濠开行大都督府。坐累夺爵。寻复之。二十三年坐胡惟庸党死。爵除	《明太祖实录》卷58;《明史·郑遇春传》卷131;【明】谈迁:《国榷·勋封》卷首之2
28	西平侯	沐 英	濠州	2 500 石。洪武十年受封,二十五年闻皇太子薨,哭极哀而卒。子春、晟、昂皆镇云南。昕驸马都尉,尚成祖女常宁公主。传闻英为高皇帝私生子,沐家后来世镇云南,俗称"云南王"	《明史·沐英传》卷126;【明】谈迁:《国榷·勋封》卷首之2;【明】黄景昉:《国史唯疑·洪武建文》卷1
29	安庆侯	仇 成	含山	2 500 石。洪武十二年十一月,封大都督府佥事仇成为安庆侯。二十一年七月因疾而卒,赠皖国公,谥庄襄。子正袭爵。后绝	《明太祖实录》卷127;《明史·仇成传》卷130;【明】谈迁:《国榷·勋封》卷首之2
30	永平侯	谢 成	濠州	2 000 石。洪武十二年十一月,封谢成为永平侯,世指挥使。二十七年坐事死,没其田宅。爵除	《明太祖实录》卷127;《明史·谢成传》卷132;【明】谈迁:《国榷·勋封》卷首之2
31	凤翔侯	张 龙	濠州	2 500 石。洪武十二年十一月,封张龙为凤翔侯。洪武三十年以老疾卒。子麟尚福清公主,授驸马都尉。永乐初,失侯	《明太祖实录》卷127;《明史·张龙传》卷130;【明】谈迁:《国榷·勋封》卷首之2

续表

	受封爵位	受封者	籍贯	受封情况、享用俸禄及最终结局	史料出处
32	安陆侯	吴复	合肥	2 500石。洪武十二年论功封安陆侯。十六年征云南，金疮发，卒于普定。子杰嗣。建文时吴杰战白沟河，失律，谪南宁卫指挥使。爵除	《明太祖实录》卷127；《明史·吴复传》卷130；【明】谈迁：《国榷·勋封》卷首之2
33	宣德侯	金朝兴	巢县	2 500石。洪武十二年论功封宣德侯。十六年征云南，进次会川卒。长子镇嗣封。二十三年追坐朝兴胡惟庸党，降镇平坝卫指挥使	《明太祖实录》卷127；《明史·金朝兴传》卷131；【明】谈迁：《国榷·勋封》卷首之2
34	怀远侯	曹兴	不明	2 000石。从沐英讨洮州羌有功，洪武十二年，封怀远侯。理军务山西，从北征有功。后数年，坐玉党死。爵除	《明太祖实录》卷127；《明史·曹兴传》卷132；【明】谈迁：《国榷·勋封》卷首之2
35	靖宁侯	叶升	合肥	2 000石。洪武十二年西征有功，封靖宁侯。二十五年八月，坐交通胡惟庸事觉，诛死。爵除。凉国公蓝玉，升姻也，玉败，复连及升，以故名隶两党云	《明太祖实录》卷127；《明史·叶升传》卷131；【明】谈迁：《国榷·勋封》卷首之2；【明】朱元璋：《逆臣录》卷1
36	景川侯	曹震	濠州	2 000石。洪武十二年，以征西番功封景川侯蓝玉败，谓与震及朱寿诱指挥庄成等谋不轨，论逆党，以震为首，并其子炳诛之。爵除	《明太祖实录》卷127；《明史·曹震传》卷132；【明】朱元璋：《逆臣录》卷1
37	会宁侯	张温	不明	2 000石。洪武十二年论功封会宁侯。二十年秋帅师讨纳哈出余众，从北伐，皆有功。后以居室器用僭上，获罪，遂坐玉党死	《明太祖实录》卷127；《明史·曹温传》卷132；【明】朱元璋：《逆臣录》卷1
38	雄武侯	周武	开州	2 000石。因跟随沐英西征有功，洪武十二年封雄武侯。二十三年卒，爵除。子兴世龙江右卫指挥同知	《明太祖实录》卷127；《明史·周武传》卷130；【明】谈迁：《国榷·勋封》卷首之2
39	定远侯	王弼	定远或言临淮	2 500石。因跟随沐英西征有功，洪武十二年封定远侯。二十六年从北方练兵处召还，被指为蓝党赐死。爵除	《明太祖实录》卷127；《明史·王弼传》卷132；【明】谈迁：《国榷·勋封》卷首之2

续表

	受封爵位	受封者	籍贯	受封情况、享用俸禄及最终结局	史料出处
40	普定侯	陈 桓	濠州	2 500 石。因远征云南有功,洪武十七年封为普定侯。二十年同靖宁侯叶升征东川,总制云南诸军。后召还,坐玉党死。爵除	《明太祖实录》卷 161;《明史·陈桓传》卷 132;【明】谈迁:《国榷·勋封》卷首之 2
41	东川侯	胡 海	定远	2 500 石。洪武十七年,论功封东川侯。二十四年七月,病疽卒。长子斌都督同知,征云南战殁。次玉,坐蓝党死。次胡观,尚南康公主	《明太祖实录》卷 161;《明史·胡海传》卷 130;【明】谈迁:《国榷·勋封》卷首之 2
42	武定侯	郭 英	临淮	2 500 石。郭兴之弟,朱元璋小舅子。因远征云南有功,洪武十七年封为武定侯。子孙世袭。洪武末年,诸公、侯且尽,存者唯炳文及武定侯郭英二人	《明太祖实录》卷 161;《明史·郭英传》卷 130;【明】谈迁:《国榷·勋封》卷首之 2;《明史·耿炳文传》卷 130
43	鹤庆侯	张 翼	临淮	2 500 石。与父张聚一起老早就参加朱元璋军。后因跟随蓝玉征云南有功,洪武十七年封鹤庆侯,予世券。二十六年坐玉党死。爵除	《明太祖实录》卷 161;《明史·张翼传》卷 132;《明史·蓝玉传》卷 132
44	崇山侯	李 新	濠州	1 500 石。洪武十五年以营孝陵,封崇山侯。二十六年,督有司开胭脂河于溧水,西达大江,东通两浙,以济漕运。二十八年以事诛。爵除	《明太祖实录》卷 150;《明史·李新传》卷 132;【明】谈迁:《国榷·勋封》卷首之 2
45	东胜侯	汪兴祖	巢县	1 500 石。汪兴祖为早期名将张德胜养子,洪武四年跟随傅友德征蜀,战死。洪武四年十二月,追封东胜侯。子又疾卒,爵除	《明太祖实录》卷 70;《明史·汪兴祖传》卷 133;【明】谈迁:《国榷·勋封》卷首之 2
46	航海侯	张 赫	临淮	2 000 石。洪武二十年十月,以屡涉风涛之险,服勤漕运以给辽之军而受封为航海侯,前后往来辽东十二年。病卒。子荣以蓝党受迫害,爵除	《明太祖实录》卷 186;《明史·张赫传》卷 130;【明】谈迁:《国榷·勋封》卷首之 2

续表

	受封爵位	受封者	籍贯	受封情况、享用俸禄及最终结局	史料出处
47	舳舻侯	朱寿	不明	2 000 石。转战南北,积功晋升都督佥事。洪武二十年十月,以屡涉风涛之险,服勤漕运以给辽东之军而受封为舳舻侯。坐玉党死。爵除	《明太祖实录》卷186;《明史·朱寿传》卷132;【明】谈迁:《国榷·勋封》卷首之2
48	全宁侯	孙恪	濠州	2 000 石。洪武二十一年八月因念孙兴祖之功和其子孙恪随蓝玉北征捕鱼儿海有劳,封孙恪为全宁侯。赐第中都。后恪坐蓝玉党死。爵除	《明太祖实录》卷193;《明史·孙兴祖传》卷133;【明】谈迁:《国榷·勋封》卷首之2
49	西凉侯	濮玙	合肥	2 500 石。濮英随征纳哈出被俘,绝食不言,后自尽。为表彰忠义,洪武二十一年八月,朱元璋封濮英儿子濮玙为西凉侯。洪武二十六年,濮玙坐蓝玉党,戍五开死	《明太祖实录》卷193;《明史·濮英传》卷133;【明】谈迁:《国榷·勋封》卷首之2
50	越巂侯	俞渊	巢县	2 500 石。俞通海、俞通源、俞渊三人为俞廷玉之子。俞通源既坐党,太祖念廷玉、通海功,洪武二十五年封渊越巂侯。二十六年坐累失侯,遣还里。建文元年召复爵。随大军征燕,战没于白沟河。次子靖嗣官	《明史·俞通海传附俞通源、俞渊传》卷133;《明史·蓝玉传》卷132;【明】谈迁:《国榷·勋封》卷首之2
51	永定侯	张铨	定远	1 500 石。洪武二十三年十月,封右军都督府都督佥事张铨为永定侯,世指挥使。《国榷》载:后爵除	《明太祖实录》卷205;《明史·张铨传》卷130;【明】谈迁:《国榷·勋封》卷首之2
52	承恩侯	陈普才	沔阳	陈普才系陈友谅父。朱元璋平武昌后封陈普才为承恩侯(象征性的)。《国榷》载:后爵除	《明史·陈友谅传》卷123;【明】谈迁:《国榷·勋封》卷首之2
53	归德侯	陈理	沔阳	朱元璋平武昌后俘获陈友谅儿子陈理,封其为归德侯。后因陈理居(武)昌郁郁不乐,颇出怨言。徙之高丽	《明太祖实录》卷14、卷71;《明史·陈友谅传》卷123;【明】谈迁:《国榷·勋封》卷首之2

续表

	受封爵位	受封者	籍贯	受封情况、享用俸禄及最终结局	史料出处
54	归义侯	明升	随州	洪武四年明军攻灭夏国,俘虏明玉珍儿子明升,封其为归义侯。徙之高丽	《明太祖实录》卷67;卷71;《明史·明玉珍传》卷123;【明】谈迁:《国榷·勋封》卷首之2
55	崇礼侯	买的里八剌	蒙古	洪武三年大明第三次"清沙漠",俘获元顺帝孙子买的里八剌,封其为崇礼侯。洪武七年九月朱元璋遣人将其送回漠北	《明太祖实录》卷53、卷93;《明史·鞑靼传》卷327;【明】谈迁:《国榷·勋封》卷首之2
56	海西侯	纳哈出	蒙古	2 000石。洪武二十年冯胜率领大明军逼降纳哈出,朱元璋随即封纳哈出为海西侯。后其随傅友德等往征云南,行至武昌,疾复作,卒	《明太祖实录》卷185、192;《明史·冯胜传》卷129;【明】谈迁:《国榷·勋封》卷首之2
57	沈阳侯	察罕	蒙古	2 000石。洪武二十一年八月癸丑,命故海西侯纳哈出子察罕袭爵,改封沈阳侯。洪武二十六年四月,察罕坐蓝玉党伏诛	《明太祖实录》卷193、227;《明史·冯胜传》卷129;【明】谈迁:《国榷·勋封》卷首之2
1	归仁伯	陈友富	不明	陈友富为陈普才长子,陈友谅长兄。朱元璋攻灭大汉国后封陈友富为归仁伯。后爵除	《明史·陈友谅传》卷123;【明】谈迁:《国榷·勋封》卷首之2
2	怀恩伯	陈友直	不明	陈友直为陈普才二子,陈友谅二哥。朱元璋攻灭大汉国后封陈友直为怀恩伯。后爵除	《明史·陈友谅传》卷123;【明】谈迁:《国榷·勋封》卷首之2
3	忠勤伯	汪广洋	高邮	360石。洪武三年十一月,汪广洋被封为忠勤伯。洪武十二年,洪武帝"责广洋朋欺,贬广南。舟次太平",皇帝改主意,诛杀之。爵除	《明史·汪广洋传》卷127;《明太祖实录》卷128;【明】谈迁:《国榷·勋封》卷首之2
4	诚意伯	刘基	青田	240石。洪武三年十一月,刘基被封为诚意伯。洪武八年夏四月刘基卒。嘉靖时禄九世孙瑜嗣爵,世禄700石	《明太祖实录》卷58、99;《明史·刘基传》卷128;【明】谈迁:《国榷·勋封》卷首之2

续表

	受封爵位	受封者	籍贯	受封情况、享用俸禄及最终结局	史料出处
5	东莞伯	何真	东莞	1 500石。洪武二十年七月朱元璋封广东割据势力头领、时湖广布政使致仕何真为东莞伯。子荣嗣。与弟贵及尚宝司丞宏皆坐蓝党死。真弟迪疑祸及己，遂作乱。广东都司发兵讨擒之，伏诛。爵除	《明太祖实录》卷183、《明太祖实录》卷225；《明太祖实录》卷230；《明史·何真传》卷130；【明】谈迁：《国榷·勋封》卷首之2
6	徽先伯	桑敬	无为	1 700石。洪武二十三年，朱元璋封早期名将桑世杰之子桑敬为徽先伯。后敬坐蓝党论死。爵除	《明太祖实录》卷204；《明史·桑世杰传》卷133；【明】谈迁：《国榷·勋封》卷首之2

（注：①洪武时期大封功臣大致有三四次：洪武三年、洪武十二年、洪武十七年、洪武二十一年。②本表中的公侯伯爵俸禄参照《明实录》《明史》和《国榷》等综合而定。③表中的陈普才几乎很少有书提到他，《明史》中只有一处记载道："陈普才五子：长友富，次友直，又次友谅，又次友仁、友贵。友仁、友贵前死鄱阳。太祖平武昌，封普才承恩侯，友富归仁伯，友直怀恩伯，赠友仁康山王，命所司立庙祀之，以友贵祔"（《明史·陈友谅传》卷123）。④表中的公侯伯之籍贯在《明史》与《明实录》等史料中的记载并非完全一致，这可能是由于明初朱元璋建立凤阳府"特区"而造成了原来县级区划上的部分"紊乱"，或是由于这些公侯伯早年生活动荡带来了记忆上的混淆，现笔者尽可能地将诸说并存。)

"胡党之狱"有1公、14侯、13个将军被杀，株连处决30 000人（【清】赵翼：《二十二史劄记·胡蓝之狱》卷32）；据《明世法录》等所载，"蓝党之狱"有1公13侯2伯（可参见上面《洪武年间朱元璋封赏的公爵、侯爵和伯爵及其最终结局之简表》），几十位将领被杀，株连被杀者20 000人（【明】陈仁锡：《明世法录》卷85；【明】谈迁：《国榷》卷9；【清】查继佐：《罪惟录·列传》卷8下；【清】谷应泰：《明史纪事本末》卷13。而《明史·蓝玉传》卷132引洪武二十六年九月洪武帝诏中所言的"族诛者万五千人"）。两案合起来人称其为"胡蓝之狱"，当时官方的说法共计杀人45 000人；但明代文人笔记中说两案"牵连戮者十万人"。（【明】王文禄：《龙兴慈记》）

○ 洪武皇帝钦定《逆臣录》——清查"蓝党"运动一直持续到洪武末年

到了洪武二十六年（1393）九月，大规模杀人杀了七个月的朱元璋十分大度地下诏，宣布大规模清除蓝党运动结束："蓝贼为乱，谋泄，族诛者15 000人；自今胡党、蓝党概敕不问"（《明史·蓝玉传》卷132）。但实际上运动并没有结束，从方志的记载来看，直到洪武末年大明地方上还在进行清查"蓝党"分子。（见下文，史料

来源：乾隆十二年《吴江县志·旧事》卷5、6）

在当时的朱皇帝看来，他不仅要搞垮、整死"蓝党"分子，而且还要将其"批倒"、"批臭"，让他们在天地人间和地狱里都永世不得翻身，于是就亲自上阵作序，专门将蓝党分子的名单及其"罪行"（近千人在酷刑底下的口供）公告天下——《逆臣录》诏示全国。

在开篇《御制逆臣录·序》中，朱元璋这样说道："朕观自有载籍以来，乱臣贼子何代无之，然未有不受诛戮而族灭者云何？人君开创基业，皆奉天命，故遣将出师，无征不克，无坚不摧。其乱臣贼子，初无他意，因奉君命，总数十万精锐以出战，将不下数千百员，所向成功，皆战将与士卒之力也。及其功成，归之大将，见其若此，以为己能，遂起异谋。孰不知君奉天命则昌，臣奉君命则胜，若违君命，逆天心，安有不灭亡者乎？呜呼！朕本布衣，因元纲不振，群雄蜂起，所在骚动，遂全生于行伍间，岂知有今日者邪。继而英俊来从，乃东渡大江，固守江东五郡，日积月增，至于数十万，修城池，缮甲兵，保全生齿，以待真人。此朕之本意也。奈何皇天眷命，兵威所加，无坚不摧，疆宇日广，为众所推，元归深塞，遂有天下。自乙未渡江，至今洪武癸酉，已有三十九年矣。即位以来，悖乱之臣，相继叠出。杨宪首作威福，胡、陈继踵阴谋，公侯都督鲜有不与谋者。赖天地宗庙社稷之灵，悉皆败露，人各伏诛。今反贼蓝玉，又复逆谋，几构大祸。其蓝玉，幼隶开平，数从征伐，屡有战功。初与胡、陈之谋，朕思开平之功及亲亲之故，宥而不问，累加拔擢（应为'擢'）。因诸将已逝，命总大军，号令所加，孰不听其指麾，故所向有功。蓝玉见其若此，自以为能，殊不知此乃皇天后土福佑生民，眷顾我朝及将士之力所致。设使不授以命，不与士卒，纵有勇力能敌几乎？此等愚夫，不学无术，勇而无礼，或闲中侍坐，或饮宴之间，将以朕为无知，巧言肆侮，凡所动作，悉无臣礼。及在外，非奉朝命，擅将官员升降，黥刺军士，不听诏旨，专擅出师，作威作福，暗要人心。朕数加诫谕，略不知省，反深以为责辱，遂生忿怒，乃同曹震、朱寿、祝哲、汪信等合谋，阴诱无知指挥庄成、孙让等，设计伏兵，谋为不轨。其公侯都督皆系胡、陈旧党，有等愚昧不才者，一闻阴谋，欣然而从；有等无义公侯，虽不为首，谋危社稷，任他所为，坐观成败，欲为臣下之臣，岂期鬼神不容，谋泄机露，族灭者族灭，容忍者容忍。其容忍者，若能知感，省躬自责，则必永远无患，与国同久。特敕翰林，将逆党情词辑录成书，刊布中外，以示同类，毋得再生异谋。洪武二十六年五月朔日序。"（【明】朱元璋：《逆臣录》卷首）

通览上文，我们作个解读，在这近千字的"最高指示"中，洪武皇帝向全国人民讲述了如下几大问题：

○ 批倒批臭"蓝党"，踏上一脚，叫他们永世不得翻身——明史的睁眼瞎

第一，自古以来乱臣贼子为什么没有不受身戮族灭的？

朱元璋解释说：因为人君开创江山基业，都是敬奉了天命而行，所以一旦遣将出师，往往战无不胜、攻无不克，所向披靡。而在这过程中，乱臣贼子并无什么不轨的想法，他们往往承奉君命，统领数十万精锐大军，就连跟着跑龙套的将帅手下也得要有数百上千个兵士，你说这仗能不打赢？其实说到底，军事胜利是战将与士兵们拼死努力的结果，是由于朝廷中央的正确领导啊！但在某些将帅看来却不是这样的，一旦功成了，他们往往将之归结于自己，总以为自己如何如何有能耐与本领，遂生不轨之心，殊不知君主是敬奉天命而使事业兴旺的，臣下只不过是尊奉了君命而取得胜利的。倘若他们违背君命，也就是逆天而行，那么这样的乱臣贼子哪有不灭亡的！【明】朱元璋：《逆臣录》卷首）

第二，我朱元璋为什么会当皇帝？告诉你们：我是奉天承运，可不是犯上作乱的乱臣贼子！

我朱元璋原是淮北乡下的一个普通农民，时值元朝纲纪不振，群雄蜂起，我们连一个安身度日的地方都没有，我当初是没办法才去当兵的，不曾想到会有今天。再说我当兵以后，天下豪杰络绎不绝地前来投奔我，我就率领大家一起东渡长江，来到了南京，坚守江东五郡，日积月累，将队伍发展到了数十万人。即使到了这一步，我还号令大家修筑城池，整缮铠甲，训练兵士，制造武器，保全百姓，等待上苍派出真人来作万民之主，这是我的本意！不曾想到皇天眷命于我，我军出征无坚不摧，无城不克，疆土日益广阔，而我又被众人所推戴，恰好蒙元人识趣地逃回了他们的漠北老巢，我这才君临天下啊！（【明】朱元璋：《逆臣录》卷首）

在这里，朱元璋讲述自己帝王事业经历一大半为真，譬如他起兵、渡江与建都南京，等等，这大体上与历史相符，但在四个节骨眼上他施了"障眼法"：第一，红巾军起义如何打击与牵制元军主力，便于郭子兴、朱元璋队伍发展。第二，朱元璋自己如何在郭子兴那里发家，最终取而代之？如何搞得郭子兴断子绝孙的？第三，朱元璋如何费尽心机开创、发展以应天为中心的江南地区政权？第四，朱元璋如何冒着生命危险指挥军队进攻对他及应天地区毫无威胁的浙东元军和侵犯并无多大攻击性的东邻张士诚，如此不常之举又仅仅是为了保全自身政权下百姓生命？说到底，这些个个都是致命的话题，决不能提及，巧舌如簧的朱元璋就来个大而化之，含糊其辞。"看不见"的就说成是"皇天眷命"，这样一来为自己"枪杆子里面"打出来的帝国政权涂上了一层天命的神秘色彩；看得见且为全国人民都知道——"鞋拔

子"脸自己在应天城里称帝,那就将它说成是"为众所推",换成耳熟能详的话来讲,那就是全国人民共同愿意的必然选择,不信、不服? 我们有的是枪杆子! 这就是中国传统社会里那些嘴巴大的权位高势能者所竭力唱响的主旋律。用朱元璋那美妙说辞来讲,就是"奉天承运,庶见人主,奉若天命,言动皆奉天而行,非敢自专也"(《明太祖实录》卷 29 上)。而这样的"天命"不仅仅体现在皇天眷命我朱元璋开创大明,而且还反映在它保佑我大明朝廷粉碎了一次次犯上作乱的阴谋活动。

第三,自我大明开国以来历次政治阴谋为何会破产? 就是因为"天命"不佑!

朱元璋在回顾自己的"伟大"创业史时曾这样说道:自从 1355 年我率领大家渡江定鼎南京,至今已有 39 个年头,从我即位称帝算起到今年也有 26 个年头,虽说以前大明外面战事不断,但我朝廷内外也不见得安宁呀,悖乱之臣,相继迭出。先是杨宪擅权,作威作福;随后又是胡惟庸、陈宁谋反,朝廷敕封的公侯、都督几乎没几个不参与的。再说眼下的反贼蓝玉同党案犯不以前车为鉴,一意孤行,谋逆作难,差一点就要构成大祸,幸亏我宗庙社稷神灵保佑,也承蒙上苍眷顾我大明,这些政治阴谋都一一破产了。大家知道这是为何呀? "天命"不佑他们啊! (【明】朱元璋:《逆臣录》卷首)

"天命"一词可能是朱元璋公开说辞中使用频率很高的词汇,《明实录》中最早可见的记载是在滁州根据地面临危险,朱元璋率兵东向救援六合起义军时使用了该词(《明太祖实录》卷 1)。1363 年朱元璋与陈友谅血战鄱阳湖时又使用了(《明太祖实录》12),吴元年朱元璋攻灭东吴张士诚政权时再次大量使用该词,(《明太祖实录》卷 24);随后在指挥徐达大军开启北伐时重复使用"天命"之说(《明太祖实录》卷 26),……洪武十三年正月粉碎"胡党"、废除丞相制时洪武帝再次这样说道:"朕膺天命,君主华夷"(《明太祖实录》卷 129),云云。

由此可见,在感到自身事业与命运到了重大转折时,朱元璋往往要将自己打扮成"天命所归者",也就是我们平常所说的正确路线的代表,以看不见、摸不着的"天命"之使者自赋,君权神授色彩更加浓烈,无形之中告诉人们:你们中任何人都没法与我朱某人相比,包括你这个不知天高地厚的蓝玉,你想谋反,不先自己照照镜子,看看自己是什么模样! 随即朱皇帝开始将话题转入编辑出版《逆臣录》的真正主旨、专讲蓝玉。

第四,蓝玉真有那么大的功劳? 大明军出征的胜利是我朝廷内外集体努力的结果啊!

蓝玉年轻时是开平王常遇春手下的一员战将,因为经常跟随出征,屡有战功。洪武十三年胡惟庸、陈宁谋反案爆发,有人举报说蓝玉也是"胡党"分子。当时朕有所顾忌:一来他是开平王的内弟,看在立有不世之功的开平王常遇春份上,我也不能不有所考虑;二来蓝玉是我皇太子朱标的妻舅,虽说皇太子现在不在了,可开平王之女、蓝玉之外甥女常氏为太子妃,这可是铁定的事实,遵循自古以来儒家'亲亲'的原则,我也不能不对蓝玉网开一面,并屡次予以擢升。考虑到洪武中期,诸位老将相继去世,朝廷军队总得要有人领班吧,我就任命了蓝玉统领大军,众将士就此开始听命他的指挥,南征北伐,所向披靡。可蓝玉见此却以为都是他自己有能耐,有本领,沾沾自喜,殊不知这是皇天后土福佑我朝百姓,殊不知这是我朝廷与将士们共同努力的结果啊!假设当初我不授命你蓝玉那么大的军事指挥权,不让你带兵,纵使你蓝玉再有本领、再有能耐,就你一个人能抵挡几个敌人?(【明】朱元璋:《逆臣录》卷首)

第五,我为什么要摧垮与清除蓝党?蓝党有何罪状?

我们再来看看蓝玉有着何等德性。他不学无术,莽撞无礼,简直就是一介愚夫。平日里要是有所闲暇或者在喝酒时,他往往巧言肆侮,所行所语,毫无臣礼,还以为我都不知道这一切。在外时,他擅自升降将校,黥刺军士,甚至违诏出师,恣作威福,暗地里又在收买人心,或挟制下属(《明太祖实录》卷225)。对此,我曾几次予以告诫和劝谕,可他置若罔闻,依然我行我素,不但不懂得自我反省,反而以为我的责怪是对他的侮辱,由此从心底里恨上了我,遂与曹震、朱寿、祝哲、汪信等人合谋,偷偷地引诱无知指挥庄成和孙让等,设下伏兵,图谋造反。在这些图谋造反的蓝党骨干成员中,公、侯和都督原本都是胡惟庸、陈宁的旧党,有的愚昧不堪,一听说蓝大将军要谋反了,他们就欣然加入;有的虽没有这般积极主动地参与,但相当无政治头脑,面对那些阴鸷的坏蛋谋危社稷,颠覆朝廷,他们却任其所为,坐观成败,甚至还有人想做易主之臣。可让他们没想到的是,天地鬼神不容此!于是蓝党阴谋暴露,灭族的已被灭族,这叫什么?天命啊!(【明】朱元璋:《逆臣录》卷首)

第六,解决"蓝党"问题的原则是什么?为什么要公布《逆臣录》?

朱元璋不厌其烦地对"天命所归"与蓝玉及其蓝党的"罪恶"做了一番简单介绍后,随即转入了另一个话题:全国范围内解决"蓝党"问题的原则是什么?灭族的已被灭族,未杀容忍的暂时容忍。不过朕希望他们有所感知朝廷的仁情厚意,省躬自责。倘若真能这样,那么他们将永远无患,与国同久。今天我让翰林院文臣们将蓝玉逆党分子的供词辑录成书,刊布朝廷内外,目的就是要让那些与蓝党分子有着相同忤逆之心的人赶紧断了这种念头,毋得再生异谋!否则的话,就不怕灭族?!(【明】朱元璋:《逆臣录》卷首)

以上便是《御制逆臣录·序》的主旨,而《逆臣录》的正文大致是讲,大约有

1 000个蓝党骨干分子在蓝玉回南京后的20多天的时间里陆陆续续前往蓝府,密谋造反。笔者给它算了一下,20多天一天都不拉下,平均每天大约要有40~50人到凉国公府去(【明】朱元璋:《逆臣录》卷1~5),这样的阵势还叫密谋吗?那简直就是去开会,或者告诉南京城里的人,在凉国公府我们大家正在集会,准备谋杀皇帝朱元璋。这可能吗?有可能,除非这些蓝党分子个个都是精神病人。

更为不可思议的是,《逆臣录》正文中还有大量蓝党分子讲述的如何协助谋反的精彩故事,譬如前文提到的江南首富沈万三女婿顾学文就曾这么供述:"一名顾以成,即学文,系苏州府吴江县北周庄正粮长。状招因见凉国公总兵多有权势,不合要得投托门下。洪武二十五年十一月内,央浼本官(指蓝玉)门馆先生王行引领,前到凉国公宅内。拜见蓝大舍之后,时常馈送礼物及异样犀带,前去往来本府(蓝府)交结,多得意爱。洪武二十六年正月内,有凉国公征进回还,是学文前去探望。本官正同王先生在耳房内说话,言问:'这个是谁?'有先生禀说:'是小人乡人沈万三秀女婿。'本官见喜,赐与酒饭吃饮,分付(应为'吩咐',后相同)常来这里说话。本月失记的日,又行前到凉国公宅内,有本官对说:'顾粮长,我如今有件大勾当对你商量。'是学文言问:'大人有甚分付?小人不敢不从。'本官又说:'我亲家靖宁侯为胡党事发,怕他招内有我名字,累了我。如今埋伏下人马要下手,你那里有甚么人,教来我家有用。'是学文不合依听,回对一般纳粮副粮长金景并纳户朱胜安等说知前因,俱各喜允,前到本官宅内随从谋逆。不期败露到官,取问罪犯。"(【明】朱元璋:《逆臣录·豪民顾以成等》卷5)

"故事"讲得很"精彩",也很形象,但假如你细细再读一遍的话,或许会发现问题了。蓝玉密谋要造反,但似乎手里兵力不够,所以第一次见到沈学文时就迫不及待地向对方打听:"你那里有什么人,教来我家有用"。姑且不谈别的,仅就这一件事的叙述来看,存在着两大漏洞:第一,蓝玉是武夫,但绝不是白痴,他想谋反,总不至于跟一个第一次见面的人就讲:我在密谋一个天大的阴谋——造反;第二,蓝玉行事鲁莽,可能不假,但脑子不可能有问题,否则的话他怎么能指挥千军万马取得那么大的军事胜利。但据上面的顾学文供词所述,蓝玉要他准备些造反人手或言辅助军事力量,这吻合逻辑吗?顾学文是江南富户、粮长,若向他要些钱粮作赞助,尚且讲得过去,而向他要帮忙造反的人手或言辅助军事力量,这叫什么?牛头不对马嘴,痴人说梦。

当然有人可能不这么认为,因为顾学文毕竟是粮长,手下有粮户,那么我们再来看看下面两个土得快要掉渣的蓝党分子的供词:

"一名蒋名富,凤阳府定远县凤停乡人,原系蓝玉家打鱼网户。状招洪武二十六年正月内,为见本官征进回来,是名富自备酒物鱼鲜等项前来本家拜望。彼时赐与酒食。吃饮间,有凉国公言说:'老蒋你是我的旧人,我有句话和你说知,是必休要走了消息。如今我要谋件大事,已与众头目每(们)都商量定了,你回去到家打听着,若下手时,你便来讨分晓,久后也抬举你一步。'是名富就便拜谢出府。回家听候谋逆间,不期前党事发,诛除了当。今被同乡民人尹大等二名首发,罪犯。"(【明】朱元璋:《逆臣录·蒋名富》卷1)

"一名徐改安,应天府句容县民,状招洪武二十六年正月内,在京(做)买卖,因与凉国公家仪仗户李三相识,前去相探本人。茶话时,李三密说:'如今家里大人(指蓝玉)在四川回来,已与各卫头目商量定了,要谋大事。你那里若有好汉,收拾得些来出气力,久后也得些名分做。我如今就带你去拜见他。'是改安明知谋逆,要得相从,当即根(跟)随本人前去拜见。本官问说:'这是甚么人?'李三禀说:'这是我相识(即认识的熟人),句容人。'当有本官叫李三:'你去办些酒食与他吃,就分付他去,着他寻些人来听候。'当即回到李三家,饮酒间,有本人亦将前事密说。改安当即应允回家,与同周关关等议说前事。各人又回说:'想当初,指望胡丞相做得成时,带挟我每(们)。不想犯了,争些害了我每(们)。久后也不知如何?既如此时,我每(们)再去收拾些人,听候接应他。'当令戎梅保前去京城凉国公门首打听消息,不期党事发露,致被力士将本人拿获,招改安等在官,提问罪犯。"(【明】朱元璋:《逆臣录·徐改安》卷5)

从上面供词的表象来看,所谓的蓝党分子包藏祸心,蠢蠢欲动,唯恐天下不乱。但细心琢磨一下,问题就来了:

第一,蒋名富和徐改安等所谓的蓝党分子做了有罪供述,似乎表明蓝玉谋反的触角早已延伸到了京城以外的大江南北,形势十分严峻啊! 但大家不要忘了,蒋名富是个渔民,徐改安是个做生意的小商人,说到底一个就是打打鱼的,一个就是做做小买卖的,叫他们一起来谋反? 想必读者朋友看到这里肯定要喷饭,蓝大将军手下缺人总不至于缺成这样吧!

第二,蓝玉第一次认识句容小生意人徐改安,就跟他说密谋造反的事情,这可能吗? 除非是蓝玉的脑子不正常了。

第三,蓝玉阴谋造反,托徐改安回句容去"寻些人来听候",这岂不是要徐改安去组织发动乡民? 这还叫密谋造反吗?

《逆臣录》正文中这类荒唐的供词比比皆是,数不胜数。一句话,洪武后期所谓的蓝党谋反一案纯属子虚乌有,蓝玉及数万条生命都是被冤杀的。

蓝玉包括蓝党分子是被冤杀的,这在清朝初年人们已经为之平反了。在张廷玉主编的《明史》中蓝玉的地位已被"扶正",他没有像胡惟庸那样"背",一直被列在"奸臣传"里,而是放到了功臣武将一栏,这基本上是公允的和客观的。但话要说回来,蓝玉被杀多少让人有一点"罪有应得"的感觉,但下面的两个大将军、公爵的被杀,实在是让人愤懑不已。

● 洪武帝双重亲家、大将军傅友德杀子案——洪武二十七年(1394)

在明朝开国的功臣勋旧中,一个是徐达,一个是傅友德,他们俩在生前可以说是荣华之至。这不仅是因为两个人都曾被封为公爵,而且他们俩都是皇帝朱元璋的"双重亲家公"。能与皇帝攀上"双重"亲家,在人们的心目中该是多么荣耀的事!有人说,那不一定,说不准是小两口两情相悦而木已成舟了,做父母的来个顺水人情,那是600年后的现代社会里才会发生的事情。再说,我们民间经常说及这么一个长相遗传规律:儿子像母亲,女儿像父亲。我在想,朱元璋那个猪腰子脸要是他的几个公主女儿长得像他了,那肯定可以在超级国际美女大赛中获奖。但皇帝女儿再丑也不愁嫁不出去。俗话不是说,皇帝的女儿不愁嫁么,朱元璋几个女儿嫁的都是开国功臣儿子或极其体面的上层人物,被洪武帝誉为"大明开国第一功臣"的李善长之子得了一个,现在我们讲的傅友德的儿子也得了一个;更有傅友德的女儿还被选聘为洪武皇帝三子晋王朱㭎世子朱济熺的妃子(《明史·傅友德传》卷129)。朱元璋是一个苛求"完美"的人,能与这样苛求"完美"的皇帝结上双重亲家,可以肯定地说,这个人在朱元璋心目中的地位是非同一般。那么,傅友德到底是怎么一个人呢?

○ 倒霉蛋傅友德遇到了"知音"

一般的历史书上都大讲徐达、李善长、蓝玉等,不知出于什么原因,都不大提到傅友德。据有关史料记载,傅友德祖籍是安徽宿州人,后来迁徙到了安徽砀山。傅友德早年运气一直很背,到哪里,哪里都不重用他。他最先参加了元末北方红巾军,曾经跟随刘福通的部将李喜喜进军四川,不料李喜喜军被打败。傅友德就投靠了已经入川的徐寿辉部将明玉珍,可一只眼瞎了的明玉珍果然眼力不佳,没看出傅友德的才干,于是傅友德只好改投别的军队。刚好那时陈友谅在武昌声势正壮,傅友德就投靠他。可这个陈友谅尽管眼睛比明玉珍好,但看人的本领却与明玉珍一个水准。这样一来,傅友德相当郁闷:难道天底之下就没有重用我傅友德才干的地方吗?幸好还是生在乱世,这山不容可以跳到那山,要是生在"和平"年代,像傅友德这样连连跳槽者可能早就遭到那些"老总"们集体封杀了。对于当时傅友德来说,乱世的好处就在于,只要人不死,机会还是多多的。朱元璋进攻九江小孤山时,傅友德投奔了他。史载:"帝(指朱元璋)与语,奇之,用为将。"就是说,当时谁也没有料到,这么一个倒霉蛋后来成为大明开国前后仅次于徐达的重要大将,看来还是心细的朱元璋发现了他,又一个杰出的军事人才终于在这个纷乱的年代里横空出世了。(《明史·傅友德传》卷129)

○ 傅友德大器晚成

但命运之神似乎跟傅友德还是开了个玩笑,当他来到朱元璋军中时,周边的"压力"很大,徐达、常遇春等一批猛将和军事奇才早已闻名遐迩了,所以他来后并没有马上冒出来,而是作为偏将参与到每次重大的军事行动当中去。由此,在洪武三年大封功臣时,傅友德也仅被封为颍川侯,年俸禄1 500石。从中我们看到,傅友德在明初名将林立时代里并不突出。但在随后的大明统一战争中,他开始出足了风头。洪武四年,与汤和等率明军西征,攻灭明升政权,立下赫赫战功,朱元璋在制《平西蜀文》中,"盛称(傅)友德功为第一"。(《明史·傅友德传》卷129)

洪武五年(1372)正月,大明帝国发动第三次"清沙漠"军事行动,傅友德出任冯胜西路军的副将,也就是这次"清沙漠"让傅友德在明朝名将徐达、李文忠面前树立了自己的威信。由于当时徐达与李文忠的中路、东路军都先后中了埋伏,很大程度上损兵折将,唯独西路军在傅友德的率领下,在五个月的时间里总共打败了北元军十几万人,七战七捷,最后使得北元军见到傅友德的军队就躲,造成后来西路军无仗可打了,这才收兵还朝。(【明】陈仁锡:《明世法录》卷84;《明太祖实录》卷74;《明史·傅友德传》卷129)

洪武十四年,傅友德出任大将军,率领沐英、蓝玉等南征云南,攻取大理,基本上荡平了云南,将南部中国的最后一个省份归入大明帝国的版图。洪武十七年傅友德晋封为颍国公,享用年俸禄3 000石,并得到了皇帝颁发的免死铁券。在这前后,傅友德还主帅或配合冯胜等多次北征蒙元,又取得了重大胜利,被晋封为大将军、太子太师等衔,至此可以说是傅友德的人生顶峰时刻。(【明】陈仁锡:《明世法录》卷84;《明太祖实录》卷74;《明史·傅友德传》卷129)

洪武二十六年蓝玉被杀后,傅友德与冯胜虽然都年事已高,但还是大明军中数一数二的人物了。更难能可贵的是傅友德为人处世低调,可能是他人生前期经历了太多的磨难吧,也可能是本身的性格因素使然,即使贵为大将军,但傅友德还是爱兵如子,平日里沉默寡言,战场上常常是身先士卒,据说他身上的刀剑伤痕不下百余处,是个地地道道从死人堆里爬出来的英雄。

功成名就时,他依然保持着端正的品行,内敛自重,丝毫没有蓝玉的跋扈,也没有李善长的贪婪,更没有胡惟庸的狂妄,正因为有着如此优良品质和他为大明帝国立下的那么多的卓越功勋,朱元璋十分喜爱他,竟将自己最最喜爱的女儿寿春公主嫁给了傅友德的长子,特赐吴江肥田120余顷,年收地租8 000石,超过了任何一个公主的陪嫁,是其他公主陪嫁的几倍。(【明】王世贞:《弇山堂别集》卷36)由此可见朱元璋对寿春公主和傅友德家的喜爱。

傅友德共有儿子四个,老二过继给了自己的弟弟,老三是朱元璋皇家卫队的军官,老四不幸死在战场上。因此,虽然傅友德有四个儿子,但到了后来实际上只剩下两个儿子了,即老大驸马爷和老三皇家卫队军官了。因为老二过继给人,在古代的时候就算作别人的孩子了。可能傅友德自己早年的磨难太多,也可能四子实际只剩下两个儿子的缘故,反正傅友德晚年对两个儿子十分的怜爱,这是当时人都知道的事。可让所有的人都没有想到的是,最终作为老亲家和老上级的朱元璋居然要逼他杀子自裁。那么究竟是什么原因促使朱元璋要痛下如此狠的心呢?

○ 傅友德自裁到底为何?

《明史·傅友德传》说洪武二十五年,傅友德向皇帝朱元璋要一块在怀远的田地,这地有一千亩。为此朱元璋相当不开心,就跟傅友德说:"我给你的俸禄不薄啊,你还要侵夺老百姓的利益,到底安了什么心?"从历史记载来看,傅友德一直很内敛,现在竟然狮子大开口,似乎不太吻合他的个人性格。再说,就算这个记载是真实的,那傅友德毕竟是向皇帝要,没有像蓝玉儿子那样,来个先占为上!朱元璋不给就不给,批评也批评了,但人家傅友德毕竟没有其他不轨和违纪犯法的事啊。谁也没想到洪武皇帝最后还是下手了。对此,《明实录》中"洪武二十七年十一月乙丑"条就记载7个字:"颍国公傅友德卒"(《明太祖实录》卷235);《明史》则用2个字"赐死"。那么傅友德到底为什么死的?怎样死的?都没有说清楚,倒是另外有一些史料作了补充:

洪武二十七年十一月二十九日,南京明皇宫里举行宴会。众人刚落座,皇帝朱元璋就莫名其妙地向傅友德发难了,说傅家三儿子即那个皇家卫队军官傲慢无礼,值班时不佩戴"标准化"的锦囊,目无君上。傅友德一听皇帝的话不对头,马上就站起来,连忙替儿子赔罪。没想到朱元璋脸一板,厉声说:"我说你儿子呀,你站起来干什么?是谁让你站起来的呀?"皇帝的厉声责问,犹如一闷棍直打在傅友德的心口,作为臣子,碰到这样的君主,还有什么话可说的呀,于是就闷闷地坐下了。可又没想到傅友德屁股刚一落座,朱元璋再次发难了:"去!把你的那两个儿子给我叫来!"皇帝开口了,做臣子的哪有不遵之理!傅友德只好站起来叫儿子了,可他刚到门口时,皇帝朱元璋又发话了:"不要叫人啦,把两个人的首级给我带来就可以了!"说完将一把宝剑递了过去。傅友德心如刀绞,整个人几乎都要崩溃了,自己怎么走出宫门的,怎么杀两个儿子的,几乎一概不知。当他提了两个儿子的人头回到皇帝宴会处时,已经什么也说不出了,傻傻地站在朱元璋的面前。朱元璋见了发呆的傅友德,厉声斥责道:"你这个人怎么这么残忍,连自己的儿子也杀了?要不然就是怨恨我?"傅友德终于爆发了,发疯似地吼道:"你不就是要杀我们父子三人吗?今天我就遂了你的心愿!"说完他就在朝门外援剑自刎。【明】张岱:《石匮书·冯国用、冯胜、傅友德列传》卷71;【清】查继佐:《罪惟录·启运诸臣列传上·傅友德传》卷8,浙江古籍出版社1986年5月第1版,P1392)

朱元璋没想到傅友德这么刚烈,居然当着他的面自杀了,越想心里越恼火,越想心理越变态,最终下令,除了自己的外孙以外,整个傅家全部抄没,发配到由傅友德率领的明军经过浴血奋战而夺得的云南等地(朱元璋自己的女儿在案发时早已去世了)。【明】张岱:《石匮书·冯国用、冯胜、傅友德列传》卷71;【清】查继佐:《罪惟录·启运诸臣列传上·傅友德传》卷8,浙江古籍出版社1986年5月第1版,P1392)

● 明初唯一的真正儒将冯胜私埋兵器案——洪武二十八年(1395)

朱元璋杀傅友德时,似乎不要有什么理由,"君要臣死,臣不得不死"!傅友德就是这样一类的悲剧大臣,他死得很无奈,死时的场面令人撕肺裂胆。老朱皇帝已经杀红了眼,只要想起还有哪个功勋和名将的存活可能还会隐含哪怕是一丝的危险,就必须要将他送到地狱里去。蓝玉党案几乎将军队中高层将领一网打尽了;与"蓝党"没办法扯上关系的傅友德,杀子后又自杀;还有一个很能打仗、曾经指挥几十万大军的大将军还活着,他的存在总归是一个危险,朱元璋"忍无可忍",最终还是拿他开刀了。他就是大将军中最后一位被杀者冯胜。

○ 儒将冯胜的荣与辱

冯胜也是定远人,与徐达、常遇春都是同县同乡,与朱元璋是"大同乡"。冯胜投奔朱元璋时,朱元璋还在借助着老丈人郭子兴的那份家底进行创业呐,但他已经很有野心,想进一步发展,可又苦于肚子里没有"墨水",武略尚可,就是"文韬"差了点。就在这个节骨眼上,冯国用、冯国胜(后改名叫冯胜)兄弟俩前来投奔。哥哥冯国用似乎很有政治眼光,一来就给朱元璋指点迷津:攻取帝王之都金陵,然后以此为根据地,进取天下。后来朱元璋的统一战略没有出其右,因此说,冯国用应该是朱元璋的第一个政治启蒙老师。朱元璋对他也很信任,曾任命他为亲军都指挥使,相当于中央禁卫军的头头。但不幸的是,冯国用寿命不长,早年就病死于朱元璋的军营中。(《明史·冯胜传》卷129)

冯国用死时儿子很小,所以由弟弟冯国胜来继承哥哥的官职——亲军都指挥使。冯胜这个人政治上没哥哥那么厉害,但他喜欢兵法、兵书,看多了心中就有了个谱,在那个战争年代,还真管用。早年冯胜一直跟着别人后面跑跑"龙套",也犯过"错误",曾跟随徐达在苏北作战,误中敌计,损失1 000多名兄弟的生命,让朱元璋召回南京,廷杖一通,最后被罚步行回到苏北。他立即改了自己轻敌的毛病,与诸将合力打败了张士诚军。(《明史·冯胜传》卷129)

严格来说,在名将辈出的大明帝国的早期,冯胜的那些军事才能算不上什么,但与名将在一起,他的"龙套"也认真跑,所以不断地得到提升。洪武三年大封功臣时,冯胜被封为宋国公,食禄3 000石。从当时朱元璋对他的诰词来看,皇帝还是挺喜欢他的。否则怎么会在功勋并不突出的情况下,让他成为大明帝国建立之后第一批被册封的六大公爵之一呢!也许明初的名将太集中了,所以冯胜的军事才干与军功并不像其他几位公爵那样光彩夺目。但到了洪武中晚期,在以徐达、常遇春、李文忠等为代表的一代名将或病亡或因罪被处罚,同时以蓝玉为代表的新生代尚未真正成长起来的这种新老交替之际,他与傅友德等人刚好起到了承上启下的作用。洪武二十年(1387)正月,大明发动第八次北征蒙古"清沙漠"时,冯胜被皇帝朱元璋任命为征虏大将军,统帅大明军,围攻东北蒙元残余势力,逼降了纳哈出200 000人大军,取得辉煌的胜利。朱元璋闻讯后喜不胜收,七月,遣使赍敕谕大将军冯胜等曰:"近捷书至,喜动神人,朝野欢庆。自古汉胡相攻,至元未已。及天革元运,朕命中山武宁王、开平忠武王攘之塞外,远者数千里,迩者数百里。二王既往,余虏常为边声,由是命尔等率马步屯驻大宁,审势进讨。今得所奏,即有征无战,非尔等诚格于天,忠义服人,何若是之,易邪!然自古至今,凡为将功成名遂,千万岁不磨者,不过数人。盖摧坚抚顺之际,机奇而仁布,处之有道,故也。今纳哈出心悦来归,当抚绥以诚,务安其众,毋致惊扰。胡虏生计,惟畜牧是赖,犹汉人资于树艺也。若少(通'稍'字)有侵渔,则众心生怨,易变难安,不可不慎!前二王功成名遂,由严号令于诸军,不苟取于来降,以致偃兵华夏,功烈昭于后世。今二王已位,尔等能继靖房庭,成此奇勋,则可以追踪二王,同垂不朽,岂不伟与!"(《明太祖实录》卷183)

极度兴奋中的洪武帝将冯胜与明初最为杰出的军事统帅中山武宁王徐达、开平忠武王常遇春相提并论,并几乎视其为继二王之后的大明军界第一人。而就在这样关键的时刻,冯大将军冯胜第二次犯"错误"了,"多匿良马,使阉者行酒于纳哈出之妻求大珠异宝,王子死二日强娶其女,失降附心,又失濮英三千骑,而茂(冯胜女婿、常遇春儿子)亦讦胜过"。皇帝朱元璋知道后大发雷霆,收了他的大将军印,并说:"(冯)胜自是不复将大兵矣。"(《明史·冯胜传》卷129;《明太祖实录》卷236)

但朱皇帝似乎很快就忘了自己对冯胜的"制裁",在第二年又派他远征云南曲靖,取得了军事胜利。洪武二十五年,冯胜"(受)命籍太原、平阳民为军,立卫屯田。皇太孙立,加太子太师,偕颍国公友德练军山西、河南,诸公、侯皆听节制",此时的冯胜可以说是风光无限。(《明史·冯胜传》卷129;《明太祖实录》卷236)

○ 冯胜自动隐退,但朱元璋也没有放过他

但冯胜毕竟肚子里有"墨水",功成名就后便在家养着,看看他喜欢的兵书,几次冤狱与"屠杀"似乎都与他毫无关联,这也是中国人津津乐道的明哲保身的"好方法"。可洪武晚期杀红了眼的朱元璋什么都不管了,《明史》说他要杀冯胜,什么理由也没给,就两个字"赐死"。但在《罪惟录·冯胜传》中讲到了这么一件事:冯胜晚年确实也不问政治了,就在自己家读书养性。但几十年的战争生活现在突然戛然而止了,心里老觉得痒痒的;于是他就在家不远的旷野里埋了一大堆的小口大肚子瓦瓮,然后跨上马背,快马加鞭,在那上面驰骋,其后面拖着战车,那战车轱辘压过埋着的瓦瓮,发出"咚咚"响声,好似战鼓一般。这事用今天话来说,至多算是高级游戏。可谁也没想到,冯胜就因此而丢命。洪武二十八年(1395)正月春节过后,冯胜有个亲戚与冯家吵起架来了,这个亲戚也真做得出,居然向皇帝朱元璋诬告,说冯胜仰望天象,颇有不乐之色,私埋兵器。洪武皇帝正愁着找不到借口杀冯胜呐,这下可好了,省事了,就以"私埋兵器罪"将冯胜赐死了。据说朱元璋赐酒给冯胜后,还此地无银三百两地说道:"朕不问!"冯胜喝完御酒,回家就死了。【清】查继佐:《罪惟录·启运诸臣列传上·冯胜传》卷8,浙江古籍出版社1986年5月第1版,P1388)

至此,大明洪武年间所封的11个公爵只剩下1个信国公汤和。那时的朱元璋

之所以没对汤和下手,不仅是因为他第一个交出兵权,而且这个时候的汤和已中风了,只会流口水,什么也不知道了。57个侯爵只剩下2个没被杀。"及洪武末年,诸公、侯且尽,存者惟(耿)炳文及武定侯郭英二人"。(《明史·耿炳文传》卷130)

由此可见,为了朱家的天下,朱元璋已经不惜一切代价要将任何可能潜在的"危险人物"送进地狱,越到后来越是直白,杀你就杀你,什么理由也没有,真是机关算尽,毒事做绝,功臣杀光。

在讲完朱元璋大杀功臣时我们一直没讲朱元璋最要好的哥儿们、亲家,大明开国军事第一人——徐达是怎么死的?有人说徐达也是被朱元璋杀害的,那么事实真相到底如何?

● 大明第一大将军徐达到底是怎么死的?

从朱元璋滥杀大将勋臣的时间顺序来看,徐达之死绝不是最后一个。我将他放在最后来讲,主要是由于徐达这个人在大明帝国开国前后的特殊地位和他与朱元璋之间的特殊关系:

第一,徐达是朱元璋政权中最早参加起义军的一个大将军。徐达本人是农民出身,史书说他家世代为农,大体可以想象徐达的遗传基因中起码具有这样的优点:朴实、肯干和本分。徐家似乎没有迁徙的历史记录,不像朱元璋的祖上到处漂,到处漂的农民就不一定本分了。朱元璋祖上在镇江交不起租子就来个人间蒸发,头脑也够活的;而到了朱元璋的少年时代,由于家庭的不幸和天灾,他到处流浪要饭,这确实是苦难,但也"培养"了他灵活的或者说是狡猾的心态。狡猾的人猜忌心很重,狡猾的人因为自己狡猾了,就很希望别人是老实的,所以朱元璋见到徐达的老实、本分,就一下子喜欢上他了,且在以后的几十年战争生涯中两人之间的友谊日益笃厚。

○ 南京莫愁湖边使君莫愁与胜棋楼

朱元璋中年丧妻,心里受到的打击相当大,于是经常去找徐达,在今天南京莫愁湖边上下棋娱乐。为此,他还下令在莫愁湖边盖了阁楼,专门用于两人品茗对弈。据说朱元璋的棋艺很臭,但他与徐达对弈时每回都能赢,有人就说这是徐达故意让着朱元璋的,人家是皇帝,你不能让他出来散散心的时候还受气啊。朱元璋似乎也听到这样的传言,心里挺受不了的。有一次,他又来到莫愁湖边,与徐达摆开"战局",但这次朱皇帝有话在先:"今天下棋,你不妨将真本领拿出来给我看看,你要是真赢了我,我就将这个楼送给你了!"徐达本来话就不多,只是遵命而已。于是他俩从上午一直下到下午就是没分出什么胜负来。再往后,朱元璋连吃了徐达两个子,徐达却迟迟没有动,此时的朱皇帝很为得意,就阴阳怪气地问了:"大将军为何迟迟不动呀?"谁知徐达说:"皇上,请您细细观看全局!"朱元璋闻言就开始端详起棋盘局势了,嗨,这个徐达不得了,已将棋子巧妙地布成了"万岁"两字。此时的朱元璋从内心由衷地佩服老朋友的高超棋艺。高兴归高兴,皇帝说出的话是金口玉言,于是当即就兑现,将那莫愁湖旁下棋的楼赏给了徐达,后人就将此楼取名为"胜棋楼"。(参见叶皓主编《金陵文脉》,南京出版社,2006年9月第1版,P62～63)

当然也有人说,根本没那回事,明初莫愁湖还没有完全形成,仅是一泓湖水,皇帝总不至于到水沟边上去盖楼,再找个人下棋消磨时光吧!我们不去考证这胜棋楼到底是不是这么来的,但有一点可以肯定,朱元璋中晚年心目中的徐达还是最为忠实的伙伴,否则,会经常找一个看了就来气的人对弈吗?

第二,朱、徐两家关系也非同一般。据有关史料记载,朱元璋曾经跟徐达约定过,咱俩是最早一起打天下的哥儿们,亲如兄弟,今后我们两家的儿女大了,就互相许配为婚。后来徐达的大女儿嫁给了朱元璋的第四个"儿子"朱棣,这就是明代第三位皇后——文皇后;次女为代王妃;又次女为安王妃。可以这么说,徐达的女儿几乎全嫁给了朱元璋的儿子(据南京民间所传和文人笔记所载:徐达尚有一幼女后来为姐夫朱棣所逼迫,出家当了尼姑),这不是一般的皇亲国戚了,应该说是皇亲国戚的N次方了,这在大明王朝当中绝无仅有。(《明史·徐达传》卷125;《明太祖实录》卷171)

第三,徐达在大明开国前后的军事上可以说是功高第一人。

朱元璋当初那点本钱,怎么得来的?徐达最清楚,其中也有他的一份。可徐达这个人就是厚道,从不向朱元璋伸手要他的那个"股份"或"股权",继续保持着他老徐家世代为农的朴实本质,实实在在地干;进攻集庆(今南京)、激战陈友谅、消灭张士诚、北伐中原、攻占元大都(今北京),等等,明朝开国前后每一次重大的军事行动,几乎都离不开徐达,大明帝国版图大半以上都是由他率领和指挥的军队打出来的。正因为徐达如此战功卓绝,皇帝朱元璋对他也就格外喜爱,曾拜他为太傅、中书右丞相、征虏大将军,晋封为信国公,后改封为魏国公。而后徐达又多次受命,率军北征蒙元,为大明帝国的统一和巩固战斗到自己生命的最后。因此,可以这么说,大明帝国开国武将中没有一个人能超过徐达的,徐达是大明开国前后军事功勋第一人,是大明帝国的一根擎天柱。(《明史·徐达传》卷125;《明太祖实录》卷171)

第四,徐达谨慎为臣,正直做人,作风正派,尊上爱下。

在大明帝国的开国将领中,徐达虽然是功高第一,但他自始至终谨慎为臣,从不骄傲胡为。"每岁春出,冬暮召还,以为常。还辄上将印,赐休沐,宴见欢饮,有布衣兄弟称,而(徐)达愈恭慎。"据说在皇帝朱元璋面前,徐达"恭谨如不能言",从未有过半点的懈怠。但史书又说徐达"言简虑精,在军,令出不二,诸将奉持凛凛",这是讲,他在军队中很是威严,平时与部下将士同甘共苦,因为自小就喜欢读书,虽然没有机会成为科举状元,但他身上的书卷气还是挺浓的,是一个比较典型的儒将。徐达爱护部下将士,将士们也很愿意听从他的命令,战斗中特别地卖命,因此徐大将军率领的军队常常是战无不胜,攻无不克,其"所平大都二,省会三,郡邑百数,闾阎井晏然,民不苦兵"。最难能可贵的是,徐达在成功和胜利面前保持着朴实的本质,"归朝之日,单车就舍",他没有像冯胜那样乘着胜利之际捞点小外快,收藏点个人爱好,更没有像蓝玉那样,胆大妄为,不仅要拿,而且要抢,甚至还要强占(元主妃)。所以朱元璋对徐达很是喜欢,高度评价他:"受命而出,成功而旋,不矜不伐,妇女无所爱,财宝无所取,中正无疵,昭明乎日月,大将军一人而已。"(《明史·徐达传》卷125;《明太祖实录》卷171)

○ 南京吴王府与大功坊

同是功臣,同为皇帝亲家,徐达比起傅友德还要好的是,傅友德会开口向皇帝要田要地,可徐达不仅不开口要,而且连人家皇帝主动要给他,他还不要。《明史》记载了这么件事:鉴于徐达为大明江山立下那么大的功勋,皇帝朱元璋总觉得再怎么行赏他也不为过,同时也为了试探试探徐达是否居功自傲甚至有什么非分之想。有一次他到南京城南徐达府(即今天夫子庙瞻园一带)去,看到徐府不够宽大,就跟徐达说:"徐大将军功劳那么大,可在京城里还没有一座像样的府第。这样吧,朕将原来的吴王府送给你算了。"朱元璋说的倒也是事实,自从他搬入明都新皇宫后,原先他称吴王时住的吴王府一直空置着。算了,也不给徐达盖新的了,节俭为本,就将吴王府赏赐给徐达。徐达闻听此言,赶紧跪下,说什么也不敢要这吴王府。洪武皇帝被徐达万般推辞搞得实在没办法,人家不敢要,硬给也不行,后来他就改主意了,要考验考验徐达对自己的恭谨和忠诚是否是始终如一?(《明史·徐达传》卷125)

有一天,朱元璋邀请徐达上已经好久不住的吴王府去喝酒。喝着喝着,徐达发现自己快要不行了,他想不喝,可皇帝还是一味地拼命劝酒。最终徐大将军不胜酒力,醉倒了,什么也不知道。等到醒来时,猛然间发现自己居然斜躺在吴王府的御床上,身上还盖着只有皇帝才能用的盖被,他顿时吓得一身冷汗,连滚带爬下了床。

惊魂甫定,徐达忽然发现有人在暗处嗤嗤发笑,仔细一看,是皇帝朱元璋!这下他更吓坏了,赶紧磕头谢罪:"臣罪该万死,罪该万死,醉酒失态……"见此,朱元璋满心欢喜,走了过去,将徐大将军慢慢扶起,又拍了拍他的肩膀,说:"我知道你对我一片忠心,我要将吴王府送给你,你执意不要。这样吧,就在这吴王府的边上,我给你建个大功坊,以示你徐达大将军的卓越功勋!"随即洪武帝下令,让有关部门在吴王府旁盖个像样的府第,并在牌坊上写上"大功"的字样。这就是南京中华路一带的"大功坊"由来,如今大功坊虽已不在了,但其名尚存。(《明史·徐达传》卷125;【明】徐祯卿:《翦胜野闻》)

上述故事既见于正史,倒也颇为吻合徐、朱两人的个性,今存录与读者朋友共赏。不过,我认为徐达不是真的什么也不要,洪武三年大封功臣时,徐达被授予开国辅运推诚宣力武臣、魏国公,食禄五千石,他不是要了吗?甚至还看中人家同事、战友谢再兴的女儿,想必谢大姑娘长得太美了吧,否则,见多识广的徐大将军怎么会有想法呢?而朱元璋为了笼络徐达,也乐意将人家的姑娘硬配给可以喊伯伯的人做二奶或三奶或N奶。(【明】刘辰:《国初事迹》;【明】钱谦益:《国初群雄事略》卷7)

不过从整体上来看,徐达是个谨慎、正直的人,作风正派,尊上爱下,在大明朝很有威望,就连不知天高地厚的胡惟庸也怕他三分。"胡惟庸为丞相,欲结好于(徐)达,达薄其人,不答,则赂达阍者福寿使图达。福寿发之,达亦不问;惟时时为帝(指朱元璋)言惟庸不任相。后果败,帝益重达。"(《明史·徐达传》卷125)

但就是这样一个忠心耿耿、颇具威望的功臣勋旧,在大明帝国行将功德圆满的洪武中晚期却突然地"走"了。那么徐达到底是怎么"走"的?

至今为止,大致有两种说法:第一种说法是被朱元璋害死的。这种说法以民间野史为主体。我前面讲过,并不是所有民间野史都不可信,也不是正史都可信,问题要看证据和证据链及其合理性。民间野史中说起徐达之死时是有血有肉,绘声绘色。事情经过大致是这样的:

○ 南京鼓楼岗一片火海——徐达哀求似地说:"皇上真的一个都不留啊?"

大明帝国建立以后,军事上一路凯歌,帝国大一统的期望行将实现。皇帝朱元璋下令在南京鼓楼岗的山坡上建造了一个功臣楼,打算在此为凯旋的勇猛将帅们举行庆功大典。

庆功大典的日子定下来了,大家都翘首以待好日子的早早到来。可谁知,军师刘基却突然向朱元璋告辞,说要回老家青田养老。朱元璋同意了,刘基走前没忘与老同事徐达道个别。徐达很吃惊:"干吗?你不参加庆功大典了?"刘基只说自己身体不好,想老家也想得太久了,所以就不参加庆典了。临别时,刘基关照徐达:"庆功大典那天,你要一直跟着皇帝陛下,千万不能离开他半步!"徐达听了觉得不对劲,但又不好多问,最后十分感伤地送别了刘基。

  不久就到庆功大典的日子,那天鼓楼岗一带喜气洋洋,人山人海,尽是些达官显贵。庆典正式开始,人们激动啊,欢呼啊,能与皇帝零距离地共度美好的时光,该是多快乐啊!也正因为自己是功臣,才有这个资格参加这么盛大辉煌的庆典,这是多么的荣耀啊!不过在这人群中有一个人闷闷不乐,他就是大明第一大将军徐达。只见他一直焦虑地注视着皇帝朱元璋的一举一动。庆功宴吃到一半时,皇帝忽然离席走了,徐达马上跟了上去。朱元璋似乎也发现了有人在跟着,回头一看是徐达,就问:"大将军为何也离席呀?"徐达回答:"特来护驾。"朱元璋说:"不必不必了,大将军请回席吧!"徐达哀求似地说:"皇上真的一个都不留啊?"朱元璋一怔,但什么也没说,看了看徐达。徐达抖抖嗦嗦地又说:"皇上执意要臣回席的话,臣也不敢不遵命,只是臣家中老小还有赖于皇上照顾了!"说完转身就要回去。朱元璋喊住他:"大将军跟我来吧!"君臣两人一前一后,刚走出鼓楼岗数百米,只听见"轰隆"一声巨响,整个鼓楼岗一片火海,功臣楼顿时灰飞烟灭,所有功臣都被送了西天。

○ 朱元璋反复琢磨:天下都太平了,徐达在读兵书干吗?

  徐达受惊了,不是一般的受惊,他经常郁郁不语,寝食难安,不久身上就长出一个背疽,俗称"发背",形似大疖子。"发背"是中医中比较难治的疾病,有个俗话叫"病怕无名,疮怕有名",徐达得的正是有名的疾病。徐达一病倒,作为老朋友、老兄弟、老亲家的朱元璋即使现在贵为天子,岂有不来探望之理!皇帝来看病中的徐达,少不了一番惊动,但因为君臣两人曾经是非同一般的关系,所以朱元璋在做足场面的应付后,就在徐达卧房内与老哥儿们聊开了,边聊边环视着周围,没过多久,他就要起身告辞,忽然间发现徐达床上有一本卷了页的兵书,不用说徐大将军最近还在读兵书,当时朱元璋的脸就阴沉了下来。

  与徐达告辞后,朱元璋在返回明皇宫的路上反复琢磨:天下都太平了,这徐大将军还在读兵书,要干吗?莫非是有异心,要造反的不成?朱元璋越想越觉得可怕,他既然能帮我打下天下,也能帮助别人或自己单挑夺天下,留着这样的人后果不堪设想。于是心一横,一个歹毒的念头上来了。(【明】徐祯卿:《翦胜野闻》)

○ 徐达是吃了朱元璋给的蒸鹅死的吗?

  再说徐达在家养病,由于请的都是很好的医生,经过调理后,背疽逐渐小了点。忽然有一天他听到有人在外面喊:"皇上派人来看望徐大将军!"徐达赶紧起身拜迎。只见宫中内监使臣手中拎了一个箪篮,里面有一个大的盘子,盘子里盛装着一整只蒸鹅。内监取蒸鹅盘子边跟徐达说:"皇上天天挂念着徐大将军的病情,特地叫御厨做了只蒸鹅,请大将军务必趁热将它给吃了。"徐达见着蒸鹅,心如刀绞,他什么都明白了,中医上有说法:得了背疽的病人最忌讳吃蒸鹅,一吃蒸鹅,病就发。而眼前的一切不是明摆着,皇帝要他的命啊,真的一个都不留了!再说此时的宫中内监在旁不断地催促,要他吃完了,方可回去复命。徐达一阵酸楚,不禁潸然泪下,强忍内心痛苦,将蒸鹅吃下,不久病发而亡。(【明】徐祯卿:《翦胜野闻》)

除去上面的鼓楼岗炸死功臣勋将的故事外,主张徐达被毒死的还真有不少人。著名的明史专家吴晗先生在《朱元璋传》中就这么说:"徐达为开国功臣第一,小心谨慎,也逃不过。洪武十八年病了。生背疽,最忌蒸鹅。病重时皇帝却赐蒸鹅,只好流着泪,对着使者吃了。不多日就死了。"还有国内当代明史专家汤纲、南炳文两先生也是持这种观点。

第二种说法是以《明史》编撰者为代表,主张徐达是病死。(洪武)十七年,太阴星犯大将,对于这样的天文现象,皇帝朱元璋知道后心里十分不快。不久从北平传来消息,徐达在北平生了背疽病,后经过医治和调理,稍稍好了些。朱元璋立即派了徐达的长子徐辉祖带了皇帝问候前往北平去慰劳,不久徐大将军回南京休养。第二年二月开始病情突然加重,不久就逝世。闻听噩耗,"(皇)帝(朱元璋)为辍朝,临丧悲痛不已。追封中山王,谥武宁,赠三世皆王爵,赐葬钟山之阴,御裂神道碑文。配享太庙,肖像功臣庙,位皆第一"(《明史·徐达传》卷125)。后来皇帝朱元璋又对群臣们发表这番讲话:"朕起自徒步,大将军为朕股肱心膂,戮力行阵,东征西讨,削平群丑,克济大勋。今边胡未殄,朕方倚任为万里长城之寄,而太阴屡犯上将,朕不意遽殒其命,一旦至此大故,天何夺吾良将之速!朕夜来竟夕不寐,欷歔流涕。思尽心国家为社稷之重,安得复有斯人?今欲有以报之,无所用其情耳。但著其勋烈宣于金石,永垂不朽,使后世知斯人,为开国之元勋也。"(《明太祖实录》卷171;《明史·徐达传》卷125)从这样的历史记载来看,徐达是在北平突然生病的,至于他到底是死在南京还是北京,似乎正史没有讲得太清楚。

○ 朱元璋没有必要去杀徐达

我个人认为徐达是病亡的,而不是被朱元璋毒死的,依据是:

第一,尽管朱元璋到了中晚年对大臣们已经杀红了眼,杀蓝玉开始朱元璋还要那块遮羞布遮遮盖盖,但杀到傅友德和冯胜时已经不要什么理由,叫你去见阎王就得去!但大家应该注意的是,这个时候大明帝国北疆上的元朝残余势力已经被解决,北元后来花了好大的力气和好长时间才恢复元气。换句话来说,蓝玉、傅友德、冯胜这些"走狗"应该是到了"烹"的时候了。而徐达死时是洪武十八年即1385年,那时南疆最后一个割据地区云南已归入大明帝国,但北疆上的蒙元势力尚存,且还很有实力,一股是东北的纳哈出,还有一股是北元主即元昭宗的儿子元顺帝的孙子脱古思帖木儿,他们都在伺机反扑。徐达是个久经沙场的老将,朱元璋要想解决北元问题,最好的人选非徐达莫属,一来他是老将,作战相当有经验,又屡次与蒙元交过手,临死前还在北方的前线北平,因此说派徐达解决北元问题是再合适不过了;二来朱元璋已经多次考验了徐达,而徐达始终忠心耿耿,没有半点违法乱纪的行为和不臣之心,没有必要杀他,留着他还有用。这才有朱元璋在徐达死后痛心疾首地哭说道:"今边胡未殄,朕方倚任为万里长城之寄,而太阴屡犯上将,朕不意遽殒其命⋯⋯"(《明太祖实录》卷171)

第二,从洪武帝晚年肆意屠杀功臣勋旧的最为主要动机来看,就是要消除任何潜在的危险势力,保护红彤彤的朱家天下,而那时他的心理状态已经极度扭曲了。洪武二十五年四月朱标太子的突然薨世,几乎将算计了几十年的朱元璋置身到了精神崩溃的边缘,差不多从那时起,大明也没有什么大的军事行动需求,杀戮功臣勋旧是为保住朱家天下的"必需"之举,而徐达死时,朱标太子还好好的,朱元璋还没有到了丧心病狂的地步,所以从常理上来讲,也没有必要去杀掉徐达。

第三,徐达毕竟救过朱元璋的命,朱元璋似乎还很看重早年的几个关键的人物,譬如马皇后在他心目中就很有分量,别人话他都听不进去,马皇后讲了,他还是能听的,为什么?不就是当年他被郭子兴关禁闭时马皇后救了他。朱元璋的为人确实很阴险,但在对他没有危险的前提下,不能全说他知恩图报,但至少说他还是讲点情义的。

第四,从朱元璋一口气为三个儿子娶的三个媳妇来看,确实是他对徐达家很有好感,否则要是发现不好,干吗要这样;再说徐达死时,朱元璋还没有到精神变态状态,更没必要去杀徐达。而从徐达死后的情势来看,魏国公子孙后代嗣封不替,两个被封为公爵,两个任都督府都督和都督佥事等高官,可以说是簪缨不断。有明一代,洪武诸功臣中惟徐达最为朱元璋信赖,这才有了后来徐家的近300年相继不替的荣华富贵。(《明史·徐达传》卷125;《明太祖实录》卷171)

综上所述,徐达之死并非朱元璋暗杀所致的。徐达死时,大明全国性的政治运动虽已如火如荼地展开着,尤其清除胡党、株连功臣勋旧运动正在紧锣密鼓地进行,这也就是朱元璋杀戮功臣勋旧的第一波高潮,借着"胡惟庸案",诛杀了几万人,但杀的是以文臣和不太重要的武将为多;而洪武二十六年开始的第二波杀戮功臣勋旧高潮则是借着蓝玉案,诛杀以军队里的武将为主,也就是说第一波大杀功臣勋旧时,朱元璋还是留下些老底的,像蓝玉、傅友德和冯胜等一些有名的功臣武将不仅没被杀,还颇受重用,但到了第二波大杀功臣勋旧时,则几乎来了个诛杀精光(可参见《洪武年间朱元璋封赏的公爵、侯爵和伯爵及其最终结局之简表》)。

下章
严惩贪渎 "运动"深入

就在开展一场又一场政治大运动,消灭各种潜在政治危险势力的同时,朱元璋又在国家各级行政机构内兴起了严惩贪渎、清除经济腐败蠹虫的大风暴。而随着这样的大风暴之蔓延,洪武帝又发现了大明帝国上下还存在着许许多多的隐患与积弊,于是自洪武中期开始至洪武末年他相继发动了"尽逮天下官吏积年为民害者"、"清除社会惰民逸夫"、"罪妄言者"等一系列运动。就此而言,洪武"运动"在全国各地和各个领域得以深入开展和全面升级。

"歪打正着""空印大案" 永革旧习长治久安——洪武八年(1375),《明史》记载为洪武十五年(1382)

洪武中期起在国家各级行政机构内刮起严惩贪渎、清除经济腐败蠹虫的大风暴在历史上相当有名,这就是人们所熟知的洪武惩贪。其中以洪武八年清查"空印案"和洪武十八年深究"郭桓案"最为著名。如果我们将洪武元年那起高官腐败案——"李彬案"算在一起的话,那么到洪武十八年为止一共发生了三起清除腐败大案。

● **洪武开国后为何大明频频爆发腐败大案?**

细心的读者可能会好奇地问了:不是说朱元璋在明初大明帝国的创建过程中,建立和创制了一系列以加强君主专制主义为核心的、以分权与制衡为基本精神的行之有效的官僚机构体制吗?既然是行之有效了,政治又严酷,那怎么会在大明开国的短短的十八个年头里居然还发生了三起腐败大案呢。这到底是为什么?

○ 明代实行的普遍低薪制——一个监察部长死了连口棺材也买不起

明朝在中国历史上是以低薪出了名的,而这一切都起始于朱元璋开国时的规制。有人以明初宰相的年薪与宋代宰相的年薪作了一下对比:发现宋代宰相的年薪折合成人民币大约为 1 800 000~2 000 000 元;而明代宰相的年薪折合成人民币大约为 10 000~20 000 元(转引自李亚平:《帝国政界往事·大明王朝纪事》,北京出版社,2005 年 10 月第 1 版,P95),也就是说明代"最高公务员"的收入比宋代"最高公务员"的收入要少十几倍,即相当于我们现在苏南地区一个科级公务员一年的正当收入。

有人看到这里,也许会说,够了,100 000 元够宰相一家三口开销了。真的是这样吗?问题就在于过去我们传统观念里多子多福,生不到儿子,再娶二房、三房……更有一个观念在现在人看来是不可思议的,中国传统社会一向倡导大家族生活方式和社会组织形式,反对"分家析产",并且写入了法律条文里,你要是不信,不妨就去查一下《唐律》《大明律》或《大清律例》。家族越大表示遵循传统道德规范越好,成为人世间的楷模。所以政治性的人物一般家族都很大。官越大,家族就越大,人口也就越多,佣人自然也多,开销当然也多,但国家给的"工资"不够,这就要想办法解决了。

有读者可能认为我的说法太玄,选的案例中人物级别太高。我换个例子来说事,明代的正七品知县,这个芝麻官我们老百姓"接触"的最多了,自然也就最熟悉了。那么明朝这个芝麻官的年收入(年薪金)有多少?我们现在缺少第一手直接的资料,有人找到了明代中期的"芝麻官"的实际年收入资料,约估 24 两银子还不到,平均每月收入在 2 两银子还不到点!有些读者还是不信,这怎么可能呢?

我再给大家举个史书确切记载下来的例子。明朝中期有个"古怪的模范官僚"(著名美籍华人学者黄仁宇先生语,见黄仁宇:《万历十五年》,三联书店,1997 年 5 月版,P138)叫海瑞,我们老百姓都亲切地喊他为"海青天",这似乎与黄仁宇先生对海瑞的"定位"不符。其实这不过是人们看海瑞时的视角不一样。喊海瑞为"海青天",是侧重海瑞刚正不阿、敢于与政治腐败势力斗争,为民做主,为民请命;喊海瑞为"古怪的模范官僚",只是从理解历史学出发,看到常人所没有看到的——海瑞在明朝中期官场上的处境很尴尬,他忠实地遵照大明帝国的规章制度,廉洁奉公,恪守职责,成为事实上的模范。但你千万别当真的,在那个逐渐走向黑暗与腐败的明代政治中,正因为海瑞太过于认真地按照规章来办事,在普遍腐败趋势下,他鹤立鸡群,若要评什么模范与先进,大伙儿不会去选他、不会去评他,用现代人的话来说,海瑞情商太低,否则怎么会格格不入的?所以有人就说他是"古怪的"官僚。

从上述对海瑞的两个"定性"中,我们不难想象海瑞当年是如何忠实执行大明帝国自朱元璋起制定好的"祖制"规章。海瑞科举出身,在福建南平当过教谕和在浙江淳安当过知县等地方官。嘉靖帝死后,他被隆庆帝委任为右佥都御史,巡抚应天府;万历时改为南京吏部右侍郎,后又升任为南京右都御史,相当于监察部副部长,正二品。这么一个高干,由于他两袖清风,从不贪污受贿,就靠大明朝廷给的"死工资",一辈子下来不仅没有什么财产积蓄,连自己死后下葬都成了问题。"(海瑞)卒时,佥都御史王用汲入视,葛帏敝籝,有寒士所不堪者。因泣下,醵金为敛"(《明史·海瑞传》卷226)。这是说海瑞死时穷到了连贫寒的读书人都不如,他的同事王用汲看到海家一贫如洗,直掉眼泪,最后他掏钱与海瑞女婿(海瑞无儿)一起将海瑞入殓安葬。由此可见明代实行公务员薪金之低了。

法国启蒙思想家卢梭曾说:"人性的首要法则,就是要维护自身的生存,人性的首要关怀,是对自身所应有的关怀。"(【法】卢梭:《社会契约论》,商务印书馆,2003年版,P5)明初开始实行低薪制,容易使人捉襟见肘,官员们不为生计考虑,那才怪了,这是明代官僚贪污腐败的一个直接诱因。

○ 大明法制尚处创建当中,有一个熟知、执行到遵守的过程

大明建国初期不到20年的时间就爆发了"腐败三大案",这样的情况似乎在中国历史上是并不多见的。诚然,官员工资收入太低是导致腐败的一个直接的"诱因",但这里边还有一个不容忽视的事实,那就是大明法制、法规尚处创建当中,有一个熟知、执行到遵守的过程。洪武元年的"李彬案"就是在这样的背景下爆发的。前面我们已经讲过了明初"李彬案",它发生在洪武元年(1368),而大明帝国的治国大典——《大明律》草创在1367年,"更定于洪武六年(1373),整齐于二十二年(1389),至三十年(1397)始颁示天下"。(《明史·刑法志一》卷93)

也就是1368年就发生了高级别的腐败案,应该说那时天下尚未太平,国家法律尚在修定当中,还未被人们所熟知,哪来那么多的人知晓和遵守。因此从最后的处理来看,生性多疑、"除恶务尽"和做事狠绝的朱元璋似乎很宽容,就杀了一个主犯李彬了事,没有深追下去。因此,史书对此记载也就寥寥几笔,但这个腐败案之影响不容忽视。诚如前文所言,由于刘基等人秉公处置了淮右集团的一员得力干将李彬,导致了李善长为首的淮右集团直接将目光集中到了刘基的身上,双方由此开始"交上了火",影响了明初政局的动荡。

有读者可能觉得这不可思议,洪武初年的第一大案"李彬案"就处理得那么草

率,会不会是冤枉了李彬?没有。《明实录》和《明史·刘基传》都记载得很清楚。那么到底为什么朱元璋没有深究呢?这是否与朱元璋后来无端猜疑、肆意攀牵和大肆杀戮的作风大相径庭?

其实在我看来,主要可能不是朱元璋对李彬案网开一面,而是当时初创的大明帝国军事形势处于北伐这个大前提下,大批的杀伐和不断的深究会引起人心的不安。因此说,李彬案处理得一点也不冤,甚至可以说是一个应该深查而没有深查、草草了之的腐败案。要说真正冤的倒是明初第二大案——"空印案"。

● 明初政治与社会局势由乱到治的复杂性及朱元璋生性多疑——"空印案"

"空印案"发生在洪武八年(1375)(《国榷》说是洪武九年,《明史》说是洪武十五年),那么明初的"空印案"到底是怎么一回事?

洪武初年规定,各地布政使司(省)、府、州、县每年都要派专管钱谷的官吏到京城南京的户部(相当于今天的财政部)来,呈报本地所有的钱粮数量和收支账目。而所有钱粮和军需等款项都得先层层上报,由县报给府,府报给布政司,布政司报给户部。到了户部,户部官员就要进行比对审核,其所掌握数字必须与各地布政司收支款项总和数字完全相合,而各布政司必须与其下辖的各府收支款项总和数字完全相合,这样才能结账。如果不一致,哪怕是分毫的数字差错,怎么办?对不起,中央户部老爷可不会专门伺候你的,你得回到你来的地方官府去,重新造好账册,然后加盖好地方官府的官印再送到中央户部来。(《明史·刑法志》卷94;《明史·郑士利传》卷139)

当时大明帝国的都城在南京,从南北方位角度来看大致处于中间,可从东西方位角度来说,南京明显是偏东了,所以史书说"省府去部远者六七千里,近亦三四千里"。但不管怎么说,这种无聊又严酷的"对账"要求即使是一万个不合理,也得执行,这就是传统中国人的思维定式:政府的政策不合理、臣民想不通,没关系,但必须执行,这是中国特色;随之第二个中国特色,就是中国人特别"聪明"——上有政策,下有对策。当时有人想出一个既方便又省事的方法:就是在上南京去呈报钱谷账册时,顺便携带好由本地政府加盖了官印的空白账纸,如果到南京,户部的官员说又错了,不急,拿出从地方政府那里盖了官印的空白账纸来,按照户部"正确"的数字抄一遍,多省事啊!这样既可免去往返路途的颠簸,又能节省大量时间,更为硬气的是还有地方官府的印章,"合理又合法",这就是人称的"空印"。类似于过去人们用的"介绍信",先从原单位携带出盖好单位公章的介绍信,到了具体要办事单位时就将对方单位的名称一字不漏地抄下来,正确、高效。(《明史·刑法志二》卷94;《明史·郑士利传》卷139)

问题是形式的合法不等于程序的合法。传统中国人向来讲究形式,讲究效率与功利,对程序的合法不合法是不怎么感兴趣的。"空印"小聪明发明以后,很快就悄悄地流行起来,凡是这个行当的人都知道这个"潜规则",即使是中央主管部门户部也知道,但谁也不愿冒什么风险多说什么,于是"空印"一直流行了好多年。(《明史·刑法志二》卷94;《明史·郑士利传》卷139)

直到洪武八年,因为要"考校钱谷册书",朱元璋发现了这么个"秘密",不过他可没有仅仅从表面去理解,而是从深层次去挖掘,认为肯定是相关部门与官员上下舞弊,共同贪污才这么干的,于是大发雷霆,咆哮道:"如此作弊瞒我,此盖部官容得私,所以布政司敢将空印纸填写。尚书与布政司官尽诛之!"(【明】刘辰:《国初事迹》)

其实就那个样,贪污什么的说不上来,不就是上下图省事么,但皇帝朱元璋偏要严令追查。这一查,能查到什么?不就是各级地方政府的主印官及在空白文书中署上名字的官员,都被逮捕,关入御史监狱,"系郡国守相以下数千百人狱,劾以死罪"(【明】方孝孺:《逊志斋集·郑处士墓碣铭》卷22)。最终,户部尚书周肃、各地方衙门长官和主印官全都坐以欺诈罪而被处死,佐贰官副手处以杖刑一百,发配边远地区。(【明】王世贞:《弇山堂别集·户部尚书表》卷48;《明史·刑法志二》卷94)

● "空印案"到底是不是腐败案件?

"空印案"爆发后,明眼人一看便知这案件里边的是非曲直,但当时正值洪武皇帝朱元璋的火头上,即使是位近人君的丞相和专门以"言事进谏"为职责的御史们,谁都知道空印本无什么大问题的,但就是没人敢进谏。

当然,自古以来,在我们中国不怕杀头、不怕坐牢的正直之士就一直不绝于史。就在这个噤若寒蝉的日子里,有个在湖北地方任职的名叫郑士元的官员,也是因为空印事件被牵连了进去,并被投到了监狱当中。郑士元有个弟弟叫郑士利的,就为此案及自己的哥哥打抱不平。他借着洪武九年皇帝下诏求言的机会,洋洋洒洒写了数千字,直接上书给洪武皇帝朱元璋,为"空印案"辩白。(《明史·郑士利传》卷139)郑士利主要讲了三个方面内容:

第一,皇上要严惩空印案的人,本来的出发点是好的,是害怕如果不制止这种官衙中的"潜规则",就会有奸吏以空印文书作为正式官方文件用来坑害老百姓了。正式的官方文件传递前必须要加盖官印方才有效。现在我们用正式官方文件的行文程式来对照一下"空印案"中所用的钱谷账册，这钱谷账册是有骑缝章的，它不同于只需盖一个官印的一张空白官方文书。拿了盖了骑缝章的一半官印的空印文书除了专门到户部去办事，其他地方是没有用的。

第二，钱谷等数字必须是府里与省里相符合，省里与部里相符合，而在地方上人们是很难预先确定好正确的数字，只有到了户部"对账"了才能定下来。但问题是省、府离南京城里的户部相距甚远，远一点的就有六七千里，近的也有三四千里，因此一旦到了户部被驳回后，地方官府相关官员就得回去重新核对填写，文书成册后才能加盖官印，做了再到户部来，这样往返没有一年的时间是办不好的，因此人们就预先盖好印，携带在身边，到了户部对账后再填写数字。这也是一种权宜之计，且由来已久，没有什么值得重重地加罪处罚的！

第三，国家应该是先立法明示天下，而后如果有人犯法了，就以法论罪，这就是人们常说的明知故犯。但是自大明开国以来，从来也没有听说过有什么"空印之律"，各级官府一直在沿用"空印"，也从来不知这是有罪的。而现在皇上您突然要问罪这事，被问罪者岂能无话可说。而且这些被问罪者都是地方郡守、知府什么的，他们中不少还是正人君子。现在他们要被开刀问斩了，要知道杀人不同于刈草。刈草的话，刈了还会重新长出来，人被杀了，可就什么也没了。（《明史·郑士利传》卷139）

郑士利抽丝剥茧地剖析了"空印案"犯不能获其罪的几个方面的理由，最后向朱元璋呼吁："皇上您为什么要用不成为其犯罪的罪名，来毁掉这些堪用之才呢？"

郑士利的上书为空印案的无辜者说了几句公道话，也有想到他的哥哥郑士元虽已被逮捕入狱了，但他并不是主印官，大不了受一顿杖刑的皮肉之苦就可出狱了，而他自己则做好了承担一切后果的准备。但最终的结果是，皇帝朱元璋见到奏书后大发雷霆，不仅不给空印案件一个复查的机会，而且还要深究郑士利的幕后主使。郑士利视死如归，慷慨激词："我哪有什么主使，我所做的一切都是为了国家！"（《明史·郑士利传》卷139）

最后朱元璋将大胆上书者郑士利和郑士元一同处罚，将他们贬谪到江浦，罚作终身劳役。还有一位与郑士利有着相同做法的上书者给事中方征也被朱元璋贬谪为沁阳驿丞。（《明史·郑士利传》卷139；【清】夏燮：《明通鉴》卷6，第1册，P349）

● 这是一起明显的"冤案"，朱元璋为什么要"一错再错"地深究与严惩？

第一，对"空印案"的严惩，用今天话来说，就是朱元璋挑战社会与官场的潜规则。在中国社会里,经常有这样见怪不怪的事情,这种事情往往是拿不到桌面上来,但人们在实际生活中又在默默地遵守或仿效着,即使法律要追究,一般也是罪不罚众,下不为例。明初官场上"空印"就是这档子事,它实际上沾不上什么腐败的边。但偏偏遇上的大明开国皇帝朱元璋是个敢于向潜规则开刀的强势君主。至于朱元璋为什么要这么做,我想主要还是由于他童年和青少年时代有着太多的缺憾和苦难,造成了他在成就自己事业与大明千秋大业时力求完美、甚至可以说是尽善尽美。洪武十九年十二月他在《大诰续编》中就曾这样说道:"朕所设一应事务,未尝不稳,一一皆尽的当。"(【明】朱元璋:《御制大诰续编·臣民倚法为奸》第1)这反映在明初财政经济方面则务求无比正确性。

第二,朱元璋是个敢于挑战"旧习"的强势君主,明代时历史学家朱国桢、谈迁都曾认为,朱元璋向来"深恶旧习",也就是我们今天说的挑战"潜规则"。但两位史学家都没有说明朱元璋为什么有这样的心理。我个人认为,主要因为朱元璋从小起就饱受元朝官场腐败政治与社会"陋习"或言"潜规则"之苦。比如官吏贪污、公开索贿是当时社会的公开秘密,其最大的受害者和牺牲品当然是社会底层的老百姓了,他们也自然会恨死腐败官僚和"潜规则",而自来社会底层的朱元璋内心深处就有这样的思维。对此,《明史》作者十分精辟地论述道:朱元璋"惩元政废弛,治尚严峻"。(《明史·太祖本纪三》卷3)

第三,朱元璋是个权力欲极强的君主,洪武年间,凡事不论大小,必须要向他奏请,才可以执行。官员们一旦背了他去做事,后果不堪设想。对此明代后期史学家朱国桢解释说:"粮税空印,虽行之已久,然高皇深恶旧习,事无小大,必经奏断,方与施行。今未尝奉旨,一发势在必诛。"(【明】谈迁:《国榷·太祖洪武九年》卷6,第1册,P542)

第四,从大一统帝国的长安久治来说,非重典严刑和重重打击,是不能铲除这些"潜规则"的,长此以往,一个国家的章法就有被搅乱的危险。明朝史学家谈迁曾这样评价朱元璋对"空印案"的处置的:"空印事诸主吏虽无他,然弊不可长,朝廷深惩之未为过。"而朱国桢的论述则更为肯定:"于是(自'空印案'后)每岁用御史查刷,其法至精,而空印事迹迄今永革。当日上下相沿之习,非此一怒不能撤而去也。"这就是说,大明官场自此以后不搞空印之事了,照样还是将核实钱粮的工作做得好好的。(【明】谈迁:《国榷·太祖洪武九年》卷6,第1册,P542)

无论空印案的查究有再多的可取之处,但有一个十分关键性的问题,那就是,这个案件完全是一个捕风捉影、定性错误的冤案。诚然,国家管理是要有法度和"规矩",但在君主专制中央集权的政体下,法律与规章的缺失并不该是为下者之错吧！问题是在传统中国社会中，只有下面的错，没有上面的错，上级领导永远都是正确的。这是专制体制下的任何臣民都应该永远要记住的生存之道。可郑士利不这么认为，所以他要上书，为他的哥哥郑士元鸣冤。这个郑士元着实是个好官，案发时正出任湖广按察使佥事，他聪明好学，刚直廉洁，深受当地百姓的爱戴。当时湖北荆、襄等地的军队胡作非为，经常出来掳掠妇女，带回军营里去玩，当地地方官吏都不敢出来制止。正是这个郑士元，他站了出来，去找当地军队卫所的军官，叫他们把掳掠的民妇全部给放了。还有湖北安陆这个地方曾经发生了一个冤狱，这个本该属于御史主管的职责范围，但当时的御史们都不出来说真话，还是这个郑士元冒着触怒御史台领导的风险，上书平反。很可惜，就是这样一个有口皆碑的好官因为莫名其妙的空印案而被处罚了。(《明史·郑士利传》卷139；【清】夏燮：《明通鉴》卷6，P349)

当然因为这个案件而蒙冤的远不止郑氏兄弟了。我们再举个例子，建文朝有名的大臣方孝孺的父亲方克勤，也是个难得的好官，很可惜，在清查"空印案"中他也被莫名牵连了进去。

○ 好官方克勤因"空印案"而被冤杀，客观上"成就"了对君主极权专制主义反思的思想家——方孝孺

方克勤，字去矜，浙江宁海人。元朝末年台州地方上发生水上动乱，吴江同知金刚奴尊奉浙东行省之名招募水师，打算前去镇压。从小就饱读儒家诗书的方克勤由传统知识分子所具有的普通情怀——齐家治国平天下的角度出发，给地方当局出谋划策，不料却遭冷遇。随即爆发了元末大动乱，作为书生的方克勤遇到这样的岁月只能扶老携幼避至山中，但他积极有为的济世拯民之理想却始终没变。大明开国之初，百业待举，方克勤被人举荐出来，当了一段时间的县学训导，后因家中母亲年老不得不辞官归乡尽孝。洪武四年，方克勤再次为人所荐，上京师南京，参加吏部举行的官吏选拔考试，因成绩优异，名列第二，特授山东济宁知府。(《明史·方克勤传》卷281)

在方克勤看来，朝廷做出这样的任命决定，是当今皇上对他的非常之恩，作为臣子，自己一定要干好，否则的话就辜负了皇上的厚望。但方克勤到济宁时正值大明立国没多久，战争的创伤尚未愈合，各地抛荒现象十分严重。对此，朱元璋曾多次下令，鼓励百姓垦荒，甚至规定，老百姓以自己的能力为限，尽可能地开垦荒地，政府在百姓垦荒的最初三年内免收税收。可在实际生活中官员们可没这么好的耐心，要等上三年，自己的官位不就原地踏步了，于是他们就不顾朝廷的规定，擅自

到垦荒百姓那里不管三七二十一就要收税。这样一来,地方政绩好看了,"形象工程"做大做强了,唯独苦的就是老百姓,他们纷纷抱怨大明朝廷没有信用,皇帝诏令就好像是废纸,于是再度弃田抛荒。

方克勤到了济宁后了解了事情的真相,他与百姓们相约:以大明朝廷的诏令为准,济宁府绝不食言;与此同时,他将济宁的田地分为九等,按照等级高低分别差派徭役,拥有和耕种农田等级高的农户收效好,应服的徭役要重一点;拥有和耕种农田等级差的农户收入少,应服徭役就相对要轻一点。以此为准,衙门里胥吏不得使猾耍奸。除此之外,方克勤还下令,在济宁地区广立社学,修葺孔子庙堂,大行教化。(《明史·方克勤传》卷281)

高温盛夏季节,济宁的地方守将为了完成上级指派的任务,竟然不顾百姓死活,征发他们修筑城墙。方克勤见后十分不爽,当即说道:"老百姓一年忙到头,耕耘不止,好不容易在盛夏农闲季节稍稍歇歇,怎么又在这样炎热的盛夏将他们征集起来干如此繁重的苦力?!"为此,他专门上书给朝廷中书省,请求暂停盛夏筑城这种苦役。当时丞相制还没被废除,中书省官员接到方克勤的奏折后,觉得他讲得十分有理,就批准了他的请求。

有一年,济宁发生大旱,方克勤带领百姓向天祈雨。或许是上苍被他的爱民如子之心所感动,后来老天居然真的下起了大雨。济宁百姓为此高兴地唱道:"孰罢我役?使君之力。孰活我黍?使君之雨。使君勿去,我民父母。"(《明史·方克勤传》卷281)

方克勤在济宁任知府的初年(1371),济宁户口3万户,年税1万余石;到方克勤离任前一年(1375),济宁户口增加到了6万户,年税增到了14万石。也就4年的时间,济宁府的户口净增率为100%,年税净增率为130%。由此出现了野无饿殍,民有积蓄,社会安宁的良好局面。

方克勤治政以道德教化为本,不喜欢急功近利,沽名钓誉。他曾这样说道:"为政者如果是通过好大喜功来博取美名的话,那么必然会殃祸百姓,我实在是于心不忍啊!"

见此,今人很有可能会发出这样的感慨:作为官员,大多不就是口头上秀一秀,做足了文章,然后背地里贪污腐化、男娼女盗,这是我们当今社会中见怪不怪的常见官场"好风景"和"好公仆"。可当年的方克勤却不是这样,虽然自己已经当了地级领导干部,可他还是坚持过着简朴的生活,一件布袄穿了十年都舍不得扔掉,一天内如果有一顿是吃了肉的,那么接下来他就再也不吃荤了。洪武初年朱元璋以猛治国,好多文官学士一不小心就遭罪被谪。这些受难的人一旦路过济宁,方克勤总要给予他们一定的周济和抚慰。

永嘉侯朱亮祖曾率领船队远赴北平,路经济宁时,不巧碰上了北方的枯水季,船队无法通行,朱亮祖强征5 000名役夫来浚河开道。方克勤阻止不了,只好代替这些服苦役的役夫向上苍祈雨。说来也奇怪,还真的下起了滂沱大雨,积水有好几尺深,这下可好了,朱亮祖的船队一下子就通行过去了,老百姓再也不用做苦役了,为此,济宁当地人都将方克勤当作神。山东省内官府考绩,济宁府名列山东各府之首。(《明史·循吏·方克勤传》卷281,P4804)

方克勤的好官名声逐渐远扬,就连南京城里的皇帝朱元璋后来也听说了,他十分欢喜。洪武八年,方克勤上京师南京觐见,受到了洪武皇帝的赞赏和表扬,一向"小气抠门"的朱元璋还特地赐宴招待了方克勤。

但没多久,政绩斐然与美名远扬的方克勤却遭到了同僚的暗害,被贬谪到广东江浦去服役,干了近一年时间,将要被释放时,一场更大的灾难降临到了他的头上。

洪武九年(1376)"空印案"爆发(《国榷》说是洪武九年,《明史》说是洪武十五年),地方各州府县的主印官和主政官无一幸免遭受株连或杀戮,曾经的济宁知府方克勤也因此被牵连"逮死"。(《明史·循吏·方克勤传》卷281,P4804)

好官循吏方克勤虽因"空印案"被冤杀了,但在客观上"造就"了对君主极权专制主义进行深刻反思的思想家——方孝孺,我们将在《建文帝卷》中详述。

精明识破"郭桓大案" 除贪务尽洪武犯难——洪武十八年(1385)

如果说空印案的定性为明初"腐败三大案"中最冤的一个,那么又过了十年发生的郭桓案从性质上来看,倒是地地道道的腐败大案。有人可能要问,为什么会发生这样的惊天大案?笔者认为,最主要的原因是人性的丑陋——贪欲恶性膨胀。

● 人性的丑陋——贪欲恶性膨胀——"郭桓案"

洪武十八年(1385)三月初,监察御史余敏、丁廷举等上奏洪武皇帝,揭发当时主持大明户部日常工作的户部侍郎(相当于财政部副部长)郭桓、胡益、王道亨等犯下盗窃官府粮食七百多万石的罪行。朱元璋怀疑北平二司里赵全德、李彧等官吏与郭桓狼狈为奸,共同舞弊,于是下令法司部门对其进行严加拷问。这些省长大人平时里与中央的部长大人们可好了,用今天的话来讲,就是官场上的哥儿们。可在严酷的刑具下就顾不上什么哥儿们了,他们倒豆子似全倒了出来,这样供词牵连到了工部侍郎麦志德、刑部尚书王惠迪、兵部侍郎王志和礼部尚书赵瑁等中央部级高官,再往下追查就发现:当时全国省级布政司共有12个,12个布政司个个都与这个腐败案件有关联,重灾区在南京应天、太平、镇江、宁国、广德五府州和浙西四府。(【明】朱元璋:《御制大诰·重科马草》第42,P604;【明】谈迁:《国榷·太祖洪武十八年》卷8,P653)按《明史》上的说法:自六部左右侍郎到各省的布政司、州、府、县等衙门官员都没能幸免。(《明史·刑法志二》卷94)

当然朱皇帝最终也没有忘了给那位具有"超前意识"的财神爷所贪污的钱粮核算出一笔经济账,在《御制大诰》中这样写道:"其所盗仓粮,以军卫言之,三年所积卖空。前者榜上若欲尽写,恐民不信,但略写七百万(石)耳。若将其余仓分,并十二布政司通同盗卖见在仓粮,及接受浙西四府钞五十万张(贯),卖米一百九十万石不上仓,通算诸色课程鱼盐等项,及通同承运库官范朝宗偷盗金银,广惠库官张裕妄支钞六百万张(贯),除盗库见在宝钞、金银不算外,其卖在仓税粮,及未上仓该收税粮,及鱼盐诸色等项课程,共折米算,所废者二千四百万(石)精粮。"(【明】朱元璋:《御制大诰·郭桓造罪》第49,P607～608)

朱元璋说:郭桓等一共盗卖官粮700万石,加上其他的粮食损失总计有2 400多万石,实际上他们贪污之数还远不止这些,但考虑到长期以来官场上盛行的不断做大做强"数字游戏"——层层为了表功,层层虚报数字,所以我就将那些水分挤一挤,将就一点,粗估一下,总共朝廷损失2 400多万石粮食。

洪武皇帝的奇特之处就在于,不仅像历史上明君清官那样不依不饶揪出贪官,而且还要追赃,寻找弥补损失的办法。这确实表现出他的过人之处,依照他的逻辑:既然户部接受了省里布政使们的贿赂而舞弊,那么就追查省里布政使们贿赂的来处——府里,由府里追查到县里,一级一级地往下查,一直查到基层的大户们——这些也往往是勾结官府的腐败者的配角或帮凶,所以朱元璋要求一查到底。(【明】朱元璋:《御制大诰·问赃缘由》第27,P598)不仅如此,他还要涉案人员将国家的损失给补上。这样下来,案件定论后,不仅六部尚书侍郎,省级布政使,府、县老爷等,都被牵连了进去,而且连地方上如浙东、浙西等地区的一些豪门望族和故家巨室大多因罪而倾家荡产。

因此说,整个案件株连范围甚广,打击面极大,许多官僚和地方豪强也生怕再继续下去会殃及自己而纷纷上告;当然他们不敢公开明说买卖官粮是应该的、合法的,而是将指斥和攻击的矛头指向了处理这起案件的御史和法官们,且表示出很大的不满和恐慌,并说"朝廷罪人,玉石不分"。朱元璋解释说,有人说我们朝廷"玉石不分",这种话固然是很有道理,是君子之心,恻隐之道,可以称得上为至仁。对于君子,行仁、行恻隐之道是可以的,而对于小人就不能这么做!(【明】朱元璋:《御制大诰·朝臣优劣》第26,P597)

朱元璋坚持认为自己没做错,而且还要继续做下去。顿时朝廷上下舆论沸腾,局势变得复杂、严峻。这时主管"言事"的御史余敏、丁廷举等人向皇帝汇报了朝廷内外的不安情势。朱元璋感到有些被动,还是御史余敏等人最懂皇帝的心,当即进谏道:"郭桓等人胡说牵引,诬指乱咬,这都是主审法官们为了自己能立功而对案犯进行刑讯逼供,从而造成了不少冤案!"朱元璋叹气道:"朕原本是想要除去奸人,没想到今天反而又生出奸人来搅乱朕之臣民。如果今后再有这样的奸人,即使遇赦但也绝不能宽宥到他们头上!"于是他一面下令将郭桓等人处死并把他们的罪行张榜告示全国,辨明是非,说明反腐惩贪的必要性,一面又下诏将审刑司原审法官右审刑吴庸等人处以磔刑。(【清】夏燮:《明通鉴》纪8;【明】朱元璋:《御制大诰·朝臣优劣》第26,P597)

可怜右审刑吴庸等人可能至死也不明白,自己肩负皇命、领悟圣意怎么会落得个"以谢天下"的悲惨结局。因为在专制政体下,判断事情的正确与否不是客观的真理,而是谁的权力大,"真理"往往就掌握在权力大的那一边。因此说君主永远永远是"正确的",只有将吴庸等"奸人"处死,才能给"圣明"君主作最好的注解,才能平息这场到处散发出杀人血腥味的大案要案所引发的社会不安。

●"郭桓案"定性与量刑正确吗？此案中到底有多少人被杀？

从洪武元年的李彬案到洪武八年或者九年的空印案,再到洪武十八年的郭桓案,明初18年的时间里先后发生三起大案要案,在这三个大案要案中,明初第一案李彬案可能是死的人最少的一个。至于空印案先后到底杀了多少人,至今没有一个确切的数字。《明史》和《明太祖实录》中都没有说出到底死了多少人。好多史书就将空印案与郭桓案联系起来,笼统地说,两案一共杀了几万人,至今为止笔者所看到的最大的一个数字是王春瑜先生主编的《简明中国反贪史》中所说的80 000多人。

空印案是一个完全定性错误的冤案,那么郭桓案属于什么类型？从案件主从犯犯罪的手段与犯罪的性质来看,这是一起地地道道的贪污腐败大案。据朱元璋在《大诰》中所公布的主犯郭桓所贪污的数字来看,仅700万石官粮在明初普遍贫穷的历史形势下绝对可以说是一个天文数字,而且罪犯们的犯罪手段又极端卑鄙。

为了掩盖罪行,腐败分子居然在因贪污而亏空的官仓粮食里掺水,致使数百万石官粮到案发时全部发霉腐烂。就此而言,大明帝国蒙受的损失是相当巨大的,所以最终判处主犯们极刑,于情于法都是正确无误,量刑似乎与《大明律》上的规定的条款大致相符。问题是这个案件涉及的人数太多了,朱元璋曾在《大诰》中说:"洪武十八年,户部试侍郎郭桓事觉发露,天下诸司尽皆赃罪,系狱者数万,尽皆拟罪。"(【明】朱元璋:《御制大诰·朝臣优劣》第26,P597)皇帝都说了,有几万人因为此案而被关进了监狱。史学家谈迁说:"株累天下官吏,死徙数万人,寄染徧天下,民中豪以上皆破家。"(【明】谈迁:《国榷·太祖洪武十八年》卷8,P653)这确实是打击面太广了。

就算说中央六部尚书和侍郎、各省布政使、佐官和府县地方官老爷个个都有问题,全部合计在一起也不会超过20 000来人;如果将空印案中被枉杀的那些从中央到地方的所有各级官僚也算作20 000人,我们以王春瑜先生主编的《简明中国反贪史》中所说的两案被杀人数多达80 000人来计算,估计至少有60 000人是被枉杀的。(王春瑜主编:《简明中国反贪史》,四川人民出版社,2002年7月版)

● "盗用军粮10万石"的户部尚书滕德懋死后怎么会肠子里全是粗粮草菜?

由于明初短短的十八年中接二连三地爆发了大案要案,这就使得本来就生性多疑的朱元璋对于臣僚保持着高度的"警惕"与敏感,发展到了后来几乎到了神经质的地步,只要怀疑上某个官员有问题,就立即将他抓到大牢里来,甚至干脆杀头了事。洪武年间许多所谓的"腐败"冤案就此而形成。

譬如洪武十年,苏州知府金炯认为,他所治辖区内官田和民田的税粮之间存在的差异太过于悬殊,理应将它们摊平。应该说,这样的想法还是比较客观和公正的,因而迅速得到了中央户部尚书滕德懋等有识之士的支持。滕德懋因为出生在苏州,家乡父老的重负,岂能不知?他也觉得朝廷的政策不太合理,但自己身为户部尚书,提出这样的建议似乎有偏袒家乡的嫌疑,而现在这种观点由出任家乡的父母官——苏州知府金炯提出,这岂不是更合情又合理?!于是他认为应该采纳金炯的建议,将苏州官民田的税粮平摊了。可谁也没想到却因此招来了杀身大祸。

朱元璋接到奏书后就开始琢磨:要将苏州官田的税粮降低到与民田一样的地步,我大明帝国的国家收入岂不要损失多了。他还想到这个户部尚书滕德懋不是讲了一口苏州话么?!对了,他可是苏州人,而那金炯就是滕尚书家乡的父母官,我也听人讲过,这个滕尚书是很赞同金炯的奇谈怪论的,他们俩会不会另有图谋？……于是就派人先去暗中调查金炯的情况。这不查不要紧，一查还真查出"名堂"来了，原来金炯家的民田就比官田少，官田多意味着上交税粮也多。朱元璋听到这样的调查结果后，牙根都咬得"咯咯"响，找了个罪名"挟私自利、罔上不忠"，翻译成现代文，就是说表面上大谈公家事情暗地里却挟带私利，欺骗皇上，实为不忠，下令处死金炯！事情到这还没有完，又牵涉到了户部尚书滕德懋，皇帝朱元璋马上下令将滕德懋关到大牢里，后又以"盗用军粮一十万石"的罪名将他给处死。(【民国】:《吴县志·杂记》卷78)

又一个冤案产生了，事情应该就此划上个句号？没有，朱元璋听人说了，户部尚书滕德懋盗用军粮多达10万石，那这么多的军粮会放到哪里去？一定要查个水落石出，于是又派人暗中潜行到苏州滕德懋的老家，去侦察一下滕家人的动向。滕德懋的妻子正在家里纺麻，有人来到了滕家，告诉滕妻："你家大官人滕尚书因为盗用军粮10万石，已被皇上处死了！"一般的妇道人家听到这样的消息通常是大哭且会不断地喊冤，可谁知这个滕德懋的妻子却非等闲之辈，她镇定自若，一边继续纺她的麻，一边冷冷地说："该死啊，我家大官人偷盗了国家那么多的粮食，却从不带回一粒来赡养我们一家妻儿老小，还要靠一个妇道人家纺麻度日啊！"这里注明一下，作为财政部长的滕德懋"贪污"了这么多，又没有拿回家，人们自然会想到现代"清廉"外表下的腐败官员最为喜欢做的事情，那就是包二奶或称"小三"。那么这个滕德懋怎么样？《明史·滕德懋传》明确记载说：滕德懋是个清廉之士，使各位很扫兴——滕部长绝没有时下的一些官员那般时髦，没包二奶，谁叫他早生了600多年！(【民国】:《吴县志·杂记》卷78)

前去苏州暗查的官员见到滕家这般清苦和滕妻如此辛勤劳作，顿时心里十分惊诧。回到南京后赶紧向皇帝汇报，朱元璋听后更不敢相信了，这怎么可能？不是审讯下来，有人汇报说他盗卖了10万石官粮？怎么滕家会一贫如洗？于是又派人去检查滕德懋死尸中的肚肠，这一查，让在场的所有的人都惊呆了：滕尚书的肚肠里面全是粗粮草芥。这下皇帝朱元璋也不由地叹息道：滕德懋原来是个大清官啊！不该冤杜啊，但人都死了又没办法复活，皇帝下令让人买口棺材，给滕德懋收尸入殓，送回苏州老家安葬。(【民国】:《吴县志·杂记》卷78；另一说，滕德懋被免职但未被杀)

● 朱元璋严刑酷法惩治贪腐，创造中国反腐史之巅峰

纵观中国历史，可以这么说，朱元璋的反腐败达到了中国反腐史之巅峰。无论上述的明初三起大案要案还是它们的余波，我们看到明朝开国皇帝朱元璋惩治贪

污腐败的决心之坚定、手段之刚硬,甚至堪称为残忍。那么朱元璋惩治贪污腐败的手段残忍到了什么地步呢?我给大家列举一些朱元璋的治贪酷刑:

第一种叫剥皮实草。当时他规定:官吏贪赃银子达60两以上的,就要处以枭首示众和剥皮实草之刑。具体的做法是把贪官抓起来,先将人头给砍了,挂出去示众,这叫枭首示众;然后将贪污犯的人皮给剥下来,再用稻草之类的东西填满,这叫实草;最后把它悬挂在官府公堂座位的旁边,以警示后来继任者。因为有这么一项规定,当时在一般的府、州、县、卫衙门的左边都曾设有一个土地庙,不过这土地庙不是专门用来祭祀土地神的,而是用以剥贪官的人皮的,所以那时候的土地庙也被人们叫做"皮场庙"。(【清】赵翼:《二十二史劄记·明史·重惩贪吏》卷33;【明】祝允明:《九朝野记》卷1;【明】吕毖:《明朝小史·国初重刑》卷1)

第二种叫刷洗刑。如果国际上设有奇刑酷法吉尼斯纪录的话,我看大明天子朱元璋至少是榜上有名。不仅如此,而且他还可以拿个什么最具有讽刺性质的设计奖。也许是朱元璋这么认为的:天底下贪官污吏因为贪污了,他们全身都不干净,所以这位奇特的皇帝设计了一种奇特的刑罚叫刷洗刑。你贪污了,身上挺脏的,我大明天子帮你洗洗干净。其步骤是这样的:先将人犯放在大铁床上固定住,随即将不断沸腾着的开水浇在案犯的人体上,然后再用铁刷子刷案犯的身体,"洗刷刷","洗刷刷",一直刷到最终只剩下一具白森森的骨骸,这下贪污犯就不脏了。(【明】祝允明:《九朝野记》卷1;【明】吕毖:《明朝小史·国初重刑》卷1)

第三种叫秤杆刑。朱元璋经常教导底下的百官们,要以"仁爱之心"廉洁奉公,爱民如子,云云。百官们在写给上级领导的"总结报告"里人人都说自己如何两袖清风,管辖区内的百姓安居乐业。朱皇帝听惯了,甚至耳朵里也长出老茧了。不过他清楚,这些天天自我表扬的人没有几个是好官,他也特别恨这样的官员,要想尽办法来惩治他们。于是就形成了这样的逻辑:你不是说如何如何按照孔圣人所教导的以"仁爱之心"去"爱民如子"么,怎么忍心去搜刮如此多的民脂民膏?我要让天下之人都来看看你的心到底是什么样的?于是他就创设了秤杆刑——用铁钩将贪污犯的心脏钩住,然后吊起来示众,直到风干为止。(【明】祝允明:《九朝野记》卷1;【明】吕毖:《明朝小史·国初重刑》卷1)

第四种叫抽肠刑。这种刑罚设计没有太多的创意,如果谁目睹了,可能连隔夜吃的冷饭都会呕出来。它的做法是,将铁钩从案犯的肛门处进入,将肠子勾住并抽出,直到将内脏掏空为止,然后再将犯人尸体吊挂起来。(【明】祝允明:《九朝野记》卷1;【明】吕毖:《明朝小史·国初重刑》卷1)

第五种叫锡蛇游。按照朱元璋的理论:你搞贪污不就是贪这种白花花的东西吗?得了,我再送你一点,让你去见阎王时也能"风风光光"地去——将熔化的锡水灌进贪污犯的嘴巴,直到灌满肚子为止。(【明】祝允明:《九朝野记》卷1;【明】吕毖:《明朝小史·国初重刑》卷1)

除此之外,洪武年间为了严厉治贪等还恢复了在中国古代唐宋时代已经废弃的好多酷刑,如墨面文身、挑脚筋、挑膝盖、剕足、刴指、膑刑、断手、剉刑、阉割、斩趾枷令、常号枷令、枷项游历、枭首、凌迟、族诛、全家抄没发配边地,等等。(【明】朱元璋:《御制大诰》《御制大诰续编》《御制大诰三编》《御制大诰武臣》;【明】吕毖:《明朝小史·国初重刑》卷1)在此顺便说明一下:洪武时期这些酷刑并不仅仅用于惩治贪污犯,也不偶尔用之。著名明史专家黄云眉先生曾说:"(洪武晚期)太祖(规定)不许后嗣用黥刺剕劓阉之行刑,则可知彼常用之矣。"(黄云眉:《明史考证》第1册,中华书局,1979年9月第1版,P46)

历史上先秦时代用来对付奴隶与战俘的残酷刑罚,朱元璋把它们从历史的废墟中全部给找了回来(实际上元朝时已酷刑多多);历史上没有的酷刑,朱元璋乐此不疲地"创制"了许多,令人触目惊心,不寒而栗,集古今之酷刑,用重典治贪,朱元璋的如此做法,创造中国反腐史之"巅峰"。

● 朱元璋残忍治贪的根本目的是什么?

说到这里,人们不免要问这样的问题,历朝历代都有贪污和反贪污,但为什么朱元璋的治贪手段如此奇特、残忍,他究竟要达到怎样的目的?

朱元璋严厉治贪的目的大致可以分为三个方面:

第一,体恤民情,缓解官民矛盾,这是最为主要的一个目的。

朱元璋是从社会最底层上来的,他亲历了元末农民起义,对贪污腐败所造成危害的认识可能比一般人都要深刻。实际上中国老百姓很老实,一般都能逆来顺受,只要能够活得下去,那是绝不会起来造反的。由于中国历代统治者对于造反者的处罚极其残酷与野蛮——杀头灭族,而中国传统文化中又有"重生不重死"的观念,所以,我们经常听到周围人们所说的"好死不如赖活着"。正因为有着这两个方面的因素,所以我们看到,中国普通老百姓对自身生活要求并不高,只要有口吃的、能够活下去,就基本满足了。因此,自古以来中国人就没什么人权意识。当大明帝国一个个如温顺羔羊似的臣民山呼"万岁,万岁,万万岁!"时,英国的臣民却正在争取一部影响他们子孙后代长达600年的权利"宪法"——《大宪章》。中国的老百姓们可连这样的梦都不曾做过;而这时大明帝国的官僚中不少人却在盘算着,如何在这新建的大明帝国大锅里偷偷地挖它一勺子,至于经过元末长期战乱后那些可怜的细民小户是否能生存下去,他们可不管,死了也白死,谁叫他们没本事,不当官的。至于那些为民做主、心系天下的事情,那都是书呆子们才干的。郭桓不正是这样想的和做的吗?他一个人至少贪污了700万石粮食,而当时一般知县的月收入可能2两银子都不到,一个知县尚且活得这么不容易,百姓生活可谓更加艰难;可郭桓这等贪官如此黑心,慷国家之慨,祸国殃民到了无以复加的地步,如果不将这等腐败毒瘤清除掉,新兴大明帝国很可能重蹈元朝的覆辙。所以说朱元璋治贪不仅很有必要,而且还很有远见的。

第二,净化社会环境,构建和谐的社会秩序。

一个从旧的社会废墟上诞生起来的新政权,很可能出现这样的情况:这个新兴政权"无意识"地复制了旧时代的基因,譬如贪污在元朝是司空见惯的。而大明的开国功勋们都是在元末出生长大的,不论是有意还是无意,他们身上都会"残存"着这些旧时代的基因。贪污,这个毒瘤无时无刻都会"迸发出来",如果不及时地清除,它会迅速地毒化社会与官场风气,进而侵蚀整个新兴大明帝国。在这个问题上朱元璋是看得很准、很远的。只有反贪并严厉治贪,澄清吏治,才能构建起社会和谐的秩序,才会使得官民矛盾得到缓和,大明帝国才会长治久安——这也是朱元璋的理想治国理念的核心精神所在。

第三,铲除前朝陋习,警示后来者。

明末历史学家谈迁在谈到明初洪武年间查办的那些大案要案时大致是这么说的:"帝素恶元法之颓,最加意兵食,而当时死徙徧天下,一空印,一盗粮,祸至溢矣。盗粮至七百万未尽,计臣或符籍稽误,沿之大僇(即戮),盖狃元习而不之戒也,然自是法日详,奸民少戢矣。"【明】谈迁:《国榷·太祖洪武十八年》卷8,P653)这是说,洪武年间朱元璋严厉治贪,不仅清除官员腐败和缓解官民矛盾,还有更深的一层含义,那就是朱元璋要坚决铲除前朝陋习,要创造一个崭新的社会。因为朱元璋最痛恨沿袭元朝恶习——这种恶习既是元朝亡国的一个重要原因,又曾经是底层穷苦人朱元璋等遭受苦难的祸根,至少在朱元璋看来是这样的。(《明太祖实录》卷39)因此只有用重典严厉治理,才会使全国臣民引以为戒。事实证明朱元璋的想法还是有道理的,他的做法还是有成效的,后来大明帝国内的元朝残留的陋习清除了好多,官僚们开始大为收敛,空印案后空印也没有了,虚报数字的也减少了。

● 朱元璋为什么会那么残忍地治贪?

我认为,这要从朱元璋早年的人生经历中去寻找他的反贪的"心理潜影"。朱元璋从小就生活在社会的最底层,这是中国历代帝王中所少有过的。他对贪官污吏的恨是咬牙切齿的恨,主要是来自童年和青少年时代所受到的贪官污吏的侵害而形成的潜在的心理创伤。这种创伤在登上大明帝国皇帝宝座的第二年即洪武二年(1369)二月他向群臣发表一番高论中有所表露,他说:"以前朕在民间的时候,经常看见地方州县官吏不体恤百姓,往往贪财好色,见了百姓有好的东西他们就抢,见了美女他们就要占有,还经常饮酒作乐,把国家公事全给废了。凡是民间的疾苦,他们视而不见;凡是民间冤屈,他们充耳不闻,朕当时就从心里恨透了这样的贪官污吏。现在我大明帝国建立了,立法一定要严,凡是遇到官吏贪污蠹害百姓的,我们绝不能宽恕!"(《明太祖实录》卷39)这是一个帝王的"心理潜意识",不同于一般的人,其产生的能量往往是无限的——因为君权无限,所以洪武严酷治贪,一切都在情理之中。

第二,朱元璋重刑治贪还有社会历史环境的因素——元朝统治的残暴。我们现代人似乎不太愿意讲元朝人残暴,甚至有些老左分子会扯出民族问题。其实历史归历史,我们后人都应该尊重历史。蒙古人建立元朝前的社会形态还很落后,他们到处杀人,有的地方人口被灭绝。建立元朝后,蒙古人稍稍改变了些,但处刑还极端残忍,史料记载说:"元世祖籍阿合马家有人皮一张,符后诛阿合马之子阿散,亦剥其皮。是元代已有此非法之刑。"(【清】赵翼:《二十二史劄记·明史·重惩贪吏》卷33)由此从历史的惯性与传承而言,我们对朱元璋剥贪官的人皮就不会感到意外了吧!

第三,朱元璋严酷治贪还有个文化心理因素,那就是他接受和承继了中国传统的刑法理论:乱世用重典。朱元璋曾跟皇位继承人朱允炆说道:"吾治乱世,刑不得不重。汝治平世,刑自当轻,所谓刑罚世轻世重也。"(《明史·刑法志一》卷93)

那么在元末明初这个乱世,朱元璋不断地更新和加重使用刑罚,用今天话来讲,就是从重从严,从而根绝了贪污腐败吗?没有。这就使得朱元璋大惑不解。

● 洪武帝困惑犯难:重典为什么不能根治贪污腐败?

郭桓案爆发后,几万人被杀,一些罪行轻一点的"案犯",即使没有被杀,但也受到了肌体残害的处罚。按照一般的思维,这样的刑余之人应该洗心革面,重新做人了。事实真是如此吗?

○ 因贪污被墨面文身、挑脚筋去膝盖的康名远居然还要贪污,究竟该怎么惩治这等凶顽之徒?

在南京龙江卫有个小仓官名叫康名远的,伙同户部侍郎郭桓盗卖官粮,因为是属于从犯,他被"墨面文身、挑筋去膝盖",只留下一条狗命,形貌丑陋不堪,不仅在肌体上受到极大的残害,而且还留下永世的残疾,在普通人看来简直就是"怪物"一个,其内心应受到巨大的震撼而有所悔悟。可就在康名远受刑半年不到的时间里,有个进士到龙江卫仓库去放粮,早上他发出了 200 根筹码,到了晚上去收时却收到了 203 根,也就是说有 3 根筹码的官仓粮食被接筹的小仓官康名远给浑水摸鱼地"贪污"了,他将偷出放粮筹码转卖给大约半年前同样一起受过刑的"难兄难弟"小仓官费祐,用来盗支官仓粮食。(【明】朱元璋:《御制大诰·刑余攒典盗粮》第 69)

这是一起典型的狼狈为奸的监守自盗。也很容易理解,因为我们中国人已经见惯了这种"靠山吃山,靠水吃水"的行为了,直到上世纪 80 年代我们耳边还一直萦绕着这样的"豪言壮语"呐。问题是龙江卫这两个小仓官半年前刚刚受过酷刑,身上的伤疤可能还没有完全愈合好,可他们的贼心又蠢蠢欲动,并伸出了贼手。当时那位去龙江卫放粮的进士实在气愤不已,当场斥责了他们的奸顽恶行,并把它给揭发了出来。

无所不能的朱元璋听说后顿感哭笑不得,最后颇为无奈地说:"呜呼!当是官、是吏受刑之时,朕谓斯刑酷矣,闻见者将以为戒。岂意攒典康名远等肢残体坏,形非命存,恶犹不已,仍卖官粮。此等凶顽之徒,果将何法以治之乎?"(【明】朱元璋:《御制大诰·刑余攒典盗粮》第 69,P618)

朱皇帝大致是这么说的:"我用的刑罚已经够残酷了,听到的或看到的人都应该引以为戒了。可谁能想到,康名远这等奸顽小人面目给毁了,肌体残疾了,从外表看上去哪像个正常的人,我就饶了他们的狗命。可他们的恶行还是没改,还在盗卖官粮!对于这样的凶顽之徒,我还有什么法子去惩治他们呢?!"

○ 镇江丹徒县丞李荣中、应天府吏任毅等 6 人因贪污而被"各断十指","流血呻吟",但在戴罪工作中却又肆意贪渎,"见利忘生"

发出这样无奈感慨的还不止一次。洪武十九年十二月也就是"郭桓案"发生后的第二年年底,朱元璋在新编《大诰》中给全国人民这般说道:"古人制刑,所以禁奸止暴,使人视之而不敢犯。今有等奸贪顽恶之徒,视国法如寻常,受刑宪如饮食,虽身被重刑,残及肢体,心迷赃私,恬不自畏,愈造杀身之计。"(【明】朱元璋:《御制大诰三编·戴刑肆贪》第 38,P723)

接着他讲了这么一个故事:镇江丹徒县丞李荣中、应天府吏任毅等 6 人的工作职责是负责各自辖内的徭役签派,而徭役签派是以各家各户资产与人丁多寡为依据的,这就是明初开国之际的一项重要立国精神——"右贫抑富"(《明史·食货志一》卷77)。通俗地说,官府根据民户的"丁粮多寡"来签派徭役"任务",丁粮多的,也就是劳动力与收入多的,徭役就要重一点;丁粮中等的,徭役也是中等;丁粮少的,徭役就是轻的。(《明太祖实录》卷203;万历《大明会典·兵部·皂隶》卷157)。除了农民外,还有那些手工业者也要服徭役,其签派原则精神与上述相同。不过实际操作起来就比较复杂了。譬如有人家里很富,身体也没什么问题,就像现在的"富二代"和"官二代",他们就是不愿意干活服徭役,那怎么办?出钱让地方官府去雇人代服徭役!像上面提到的镇江丹徒县丞李荣中、应天府吏任毅等6人就是官府里专门干这类工作的人,他们在操作过程中会碰到各式各样的人与事,譬如说,某大款家里的人不愿服徭役,给官府1 000贯钱,可官府里如李荣中一类的工作人员转了一大圈回过头来说,1 000贯钱没人愿意干,最好加一点。要是大款给了,官府里的人便在中间截留一部分归自己;要是大款不给,那就准备好去坐牢;要是不想坐牢,那就得听从衙门里李荣中一类的徭役签派人员的"指挥"。

　　据说当年镇江丹徒县丞李荣中、应天府吏任毅等6人就是利用这样的工作机会卖放均工人夫1 265名,收受赃款575贯。按照明初的货币换算:1贯=铜钱1 000文=白银1两(《明太祖实录》卷105),那么575贯赃款就相当于白银575两,这575两白银若为6人贪赃所得之总数,平均下来每人贪赃也要接近100两了。"案《草木子》记,明(太)祖严于吏治,凡守令贪酷者,许民赴京陈诉,赃至六十两以上者,枭首示众,仍剥皮实草,府州县卫之左,特立一庙以祀土地,为剥皮之场,名曰皮场庙,官府公座旁各悬一剥皮实草之袋,使之触目警心"(【清】赵翼:《二十二史劄记·重惩贪吏》卷33)。不过当时朱元璋对于"法司鞫问,情罪昭然,死不可逃"的李荣中和任毅等6人并没有按此标准予以"剥皮实草"的惩处,而是专门命令法司部门将这6人"各断十指",押回原处,让他们将原来卖放掉的那些人夫重新给找回来,同时也使犯赃者"流血呻吟,备尝苦楚。若果起到原卖人夫,岂不余生可存"。可让朱元璋万万没想到的是,李荣中等6人还挺讲"贪赃职业道德"的,拿人钱财与人消灾,先前那些送了自己钱财的人夫万万不可以再去惊扰他们,那么皇家徭役所需人夫怎么解决呢?李荣中、任毅等人聪明得很,"羊毛出在羊身上",丹徒、应天的徭役还是让丹徒、应天的人自己来承担,于是这两地原本应该免服徭役的铺兵、弓兵、军户等几百家人家都被"勾拿动扰",甚至连学校里的学生,当时称为生员的也不放过。当然有谁脑子拎得清反应灵敏的话,送些钱财给李荣中他们,那么服徭役的事情也就可以免了。可被"勾拿动扰"到的那些没钱人不干了,他们觉得这些贪官污吏实在可恶,弄得我们老百姓没法好好活了,于是来到南京向朱皇帝告状。朱元璋听后顿感哭笑不得,随后在《大诰》中发出这样的一番无奈感慨:"呜呼!见利忘生,怙终不改,有如此耶?使其因受刑责,翻然改图,将前所卖人夫一名名从实勾解赴工,岂不复延余喘于人世。"最终他不得不下令"顾乃恃刑肆贪,自速其死,枭令之刑,宜其然乎!"(【明】朱元璋:《御制大诰三编·戴刑肆贪》第38,P723)

就在同一编《大诰》里,朱皇帝还曾讲述这样的一些事:"自郭桓掌户部之时,天下钱粮金银匹帛,不半年余其桓弊盈寰宇。其贪婪之徒闻桓之奸,如水之趋下,半年间弊若蜂起,杀身亡家者,人不计其数。出五刑以治之,挑筋、剁指、刖足、髡发、文身,罪之甚者欤。君子厌闻,贤人恶听,智者格非。庸庸无籍之徒,轻生如此。如黥刺者,发充军遐荒,往往带黥刺而中途在逃。有等押解者,亲睹罪囚黥刺形状,又不以为寒心,接此囚钱物,特意纵放,中途在逃。为《大诰》一出,邻里亲戚有所畏惧,其苏、松、嘉、湖、浙东、江东、江西,有父母亲送子至官者,有妻舅、母舅、伯叔、兄弟送至京者多矣。朕见亲戚不忍罪囚再犯逃罪遭刑,亲送出官,凡此等类,不加刑责,送着原发地所。其有亲戚影射,四邻擒获到官者,本人枭令,田产入官,人口发往化外,如此者多矣。有等邻里亦行隐藏,不拿到官,同其罪者亦多矣。所在巡检、弓兵,受财纵放越境而逃者,同其罪者不少。呜呼!不才无籍有如此耶。且如守边军士,辟土开边,功非浅浅,就留戍边,永不敢回,孰敢违命而自由。其犯法囚徒,不揣开边之功如此,犯法充军,何幸得此。累恶不悛,初则本身犯罪,往往中途在逃,二次三次者有之,终不自省,直至家破,人口流移化外,本身受杀而后已。"(【明】朱元璋:《御制大诰三编·逃囚》第16,P707~708)

对于贪官污吏,洪武帝深恶痛绝,"出五刑以治之,挑筋、剁指、刖足、髡发、文身,罪之甚者欤",弄得他们"杀身亡家者,人不计其数"。即使侥幸活下一条狗命,发配去充军,但这类奸贪之徒又往往收买押解人。为此,朱元璋发动群众,检举揭发逃囚,一旦发现惯犯,本人枭首示众,其家庭迁往化外。由此可见,洪武朝治贪猛烈程度可谓是空前绝后。那么就此根绝贪污腐败了?没有。

就在朱元璋公布《御制大诰三编》前夕,就在洪武帝的眼鼻子底下又接连发生了三起贪污腐败事件:"工匠顶替案"、"库官收金案"和"相验囚尸不实案"。

○"工匠顶替案":打着国家建设用工旗号,浑水摸鱼,获利多多

我们先讲第一起贪污腐败事件——"工匠顶替案"。根据朱元璋在《大诰》中所述,开国前后将近30年间,大明经常性用工(指工匠)大约为90 000人,"工作人匠,将及九万,往者为创造之初,百工技艺尽在京城(指南京,本书作者注),人人上不得奉养父母,下不得欢妻抚子,如此者二十六七年"。洪武中晚期,由于各类工程营造大体完成,大明役使的工匠人数理应也作大幅度减少。可工部即建设部的官

员却不这么想,他们尽做些省工表面文章,本质上依然如故。今天以建造某个建筑为名,明天又以营建某军事工事为由,不断地从各地征调做工人匠到南京来。若仅从人数来看,比起以前90 000工匠,现在每次下文只征调1 000~2 000人,确实少了许多。但这一批批1 000~2 000工匠来了南京后,工部又不马上安排所服的工役,有的工匠待上半个月,有的待上一个月,甚至有的要等上几个月才被安排上工。若按照下发的公文规定来看,工部应该支付给这些工匠自征调之日起的安家费和伙食费等,这可是一笔不小的开支费用。但工匠们实际上只拿到自己做工期间的那一小部分钱,在京少则待上半个月,多则待上一个月甚至数月的那笔费用在工部财物开支造册中有记载,但就是没到工匠们的手里,那么它们到了哪里去了呢?就在这个运作的过程中让工部相关官吏给贪污了。(【明】朱元璋:《御制大诰三编·工匠顶替》第30,P717)

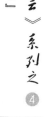

工匠做完工按理可以回家去了,可工部官员又不马上给他们放归文书(相当于放归证明),任由工匠们漂泊在京师南京。这样一来,时间一长,工匠们本来所得无几的安家费和伙食费就在京城花销殆尽。对此,"脑筋活络一点"的工匠开始贿赂工部官吏,贿赂得越多,工部官吏开出放归证明越快。就此伎俩,大明建设部的"公仆"们又能大大地捞一票。最近有人说,工部用工更加"灵活"了,一旦有个小工程或根本就没什么工程,他们就到处征调工匠。工匠给了钱财,他们就放人,不用再到京城来走一趟;要是你不识相,或因家里穷给不起钱财,那你就是经常被征调的对象。由此出现了这样的一幕幕:工匠们服完役回到家里半个月不到,工部的征调公文又到了当地衙门里,连亲友们好好团聚一下还没顾得上,他们又得急急忙忙起程,赶赴南京来服役。一旦给工部官吏送上钱财了,那你就太平无事了。全国九万工匠,被如此这般玩弄下来,工部官贪污了多少?只有天知道!更为恶劣的是,"九万工技之人,年年在途在京在家,皆无宁息,上废朝廷之供,下殃百工技艺,惟工部官吏肥己为奇。智人君子深察至此,岂不恨哉!"朱元璋了解了事情的真相后,任命进士出身的秦逵为工部侍郎,进入建设部,详细调查和严肃处理乱用工匠之事,惩治贪官污吏。(【明】朱元璋:《御制大诰三编·工匠顶替》第30,P717)

朱元璋的这个任命是十分聪明的,任用刚刚读过圣贤书的进士相对比较可靠,因为书呆子身上少有乌七八糟的社会流弊污染,而秦逵也不负洪武帝的厚望,经过一番艰苦的工作努力,终于查明了事情的真相:要说工部用工一点缘由都没有,那就失之偏颇,毕竟还有一些营造工程尚未全部完成,但用工人数绝对不需要九万人那么多。一下子全征调来了,朝廷财政浪费,工匠劳累,为此最好的办法就是实行轮班制。轮班制就是先按照各种工种进行搭配,组成一个个班,每班不超过5 000

人,5 000人在京服役,其余85 000人"尽皆宁家",综合其他因素,大致每四年轮上一班。(【明】朱元璋:《御制大诰三编·工匠顶替》第30,P717)

按理说,这样的轮班制是相当惠民的,可在它运行一段时间后,有人发现了其中的奸弊。第四班人匠在服役时不能按时完成工程,这是怎么一回事? 经明察暗访终于查清,有一个207人工匠组合,其中就有204个"老羸不堪、幼懦难用"者顶替了本该来服役的工匠正身,只有3人是工匠本人。那么这204个"老羸不堪、幼懦难用"者是怎么给混进来的?关键还在于工部及其相关部门的官吏收受了贿赂,朦胧行事。洪武帝知道后下令严厉处置,最终连涉案的"幼丁老者"也"尽发广西充军"。(【明】朱元璋:《御制大诰三编·工匠顶替》第30,P717)

这就是洪武中晚期的"工匠顶替案",而就在工部官吏不断地贪污耍奸铸成"工匠顶替案"时,户部后院里头"掌管金帛"的承运库官李庭珪也没闲着,在大明天子的眼皮底下,做成了一桩"库官收金案"子。

○ "库官收金案":前任因贪污丢官丢命,新任国库主管领导表面上引以为戒,却在暗中使用"鬼秤"称黄金,在人们不经意间他一个人"笑纳"了

李庭珪原本是专门负责大明朝政流通之衙门通政司的一个吏员,"考满得授承运库官"。皇帝朱元璋之所以要做出这样的任命决定,主要是从两个方面考虑问题:一是李庭珪在通政司衙门任职时表现不错,"终一考吏役,并无赃私,得升承运库官";二是前承运库官"范潮宗等偷盗库藏财物,身被刑责"。承运库官说白了就是国库"守护神",其最为根本的素质要求就是必须清廉,不得有半点私心杂念。而原通政司吏员李庭珪居然能在9年考满时得了个"无赃私"的评语,应该说这个人还算比较清正的。但为了防止万一,朱元璋在任命李庭珪为承运库官的同时,又将涉及前承运库官范潮宗等偷盗库藏财物案中的一些非主要人员施予残酷的肉刑(该案主犯早就被处死了),随后让他们血淋模糊地回国库继续工作,目的就是让后来继任者能够天天看到贪污所要付出的代价。用朱元璋的原话来说:"吾见不才者贪心不已,施五刑而不拘常宪,法外不忍见闻者犹若干刑,死者已死,刑余不死在库以示再任者三人,想必见者寒心,必无犯者。"(【明】朱元璋:《御制大诰三编·库官收金》第35,P720)

可让朱元璋大跌眼镜的是,事情恰恰往着他所设想的相反方向发展。就说这个新承运库官李庭珪,他的职责就是把好国库里财物进出之大关。可吏员出身的人,没有经过十年苦读、科举考试的艰辛跋涉,靠着与领导搞好关系爬了上来,所以一般来说,这类人根本就没有什么道德操守与自尊自爱可言。看到每天进进出出

的金子、银子,李庭珪的心思活跃着。金子,多珍贵啊,现在我天天来这里上班,要是每次都能弄到一点点,一点点谁也不在意,时间一长,我岂不发大了!想到这些,李庭珪的内心就如小鹿一般狂跳。那怎么下手呢?当过领导身边的秘书等服务人员——吏最大的本领就是先观察,再下手,从"奴隶到将军"吆。

经过一段时间的眼观四方,李庭珪终于摸出了一套"脱贫致富"的快捷方式:每次有人来国库缴纳金子时,每10两的多称他5钱,5钱一点点,一般人不易觉察出来。以100两金子来算,就有5两金子进入自己的腰包;以1 000两来计算,就有1锭金子被贪污了,"其所折之金,何下数千百两。若终收不犯,其所贪者正该几何"?
【明】朱元璋:《御制大诰三编·库官收金》第35,P720~721)

可名叫"贪欲"的潘多拉魔盒一旦被打开,往往就无法再关上。就像我们当今社会里的许多贪官那样,起初贪污数千、数万,到后来几百万、几千万和几个亿。与此同时,对美色的贪欲也是这样一步步升级的,据说江南某省会一车管所所长最先拥有一两个情妇,后来发展到五六个、十来个,在被抓前已经发展到了十二个,并戏称其为"十二钗"。小官小贪、大官大贪、高官高贪,据说现在有些"人民公仆"发展的情妇美女已经多达几百人,玩了一般美女还不行,越玩要求越高,什么电影明星、电视台美女主持,甚至同为"人民公仆"行列的女下属、女干部都成为其玩伴。更有绝版的是,有人将电视台美女主持人"娶"到了家里——至今被称为最大的"老虎"就是这么干的。想当年那个叫李庭珪的承运库官大概也是这样不断晋升自己的贪欲,有了几百两、上千两金子后,他还不满足(不过他还没有现在某些"人民公仆"那样无耻——以找美女乐乐为主业)。如等几近病态的人格发展到了后来,只要有一点点的机会,他就肆无忌惮地贪渎。洪武中后期针对有些地方的特殊情况,朝廷允许那里的粮长们来京缴纳黄金,不必运粮过来了。有个粮长叫包贤的,可能听到过有关李庭珪的什么风言风语,他在缴纳金子前留了个心眼,不仅将每块金子都做足,而且在总量上也多称了三五两。可谁知到了承运库官李庭珪那里过秤时却还是出了问题:每10两黄金少了1厘5毫,这样一来,总量也就不足了。这下粮长包贤不干了,明明自己多称的,怎么会到了承运库时变得少掉呢?他直接上明皇宫去,向皇帝告御状。

朱元璋听后也觉得很蹊跷,决定查个清楚,先将承运库的那杆秤取来,当着李庭珪、包贤等人的面,将包贤所缴纳的金子放在上面一称,果然少了1厘5毫。这到底是怎么一回事?朱元璋让人取来另一杆秤,复称包贤的金子,这下刚刚好"达标",没少1厘5毫;随后朱皇帝又让人将李庭珪先前收纳的金子取来一一过秤,结果发现每10两就多出5钱。这下朝堂上的人都明白了这是怎么一回事了。再看此时的洪武帝脸色铁青,牙根咬得咯咯响,最终嘴里蹦出了这样的话来:"来人呐,

将承运库奸贪之官李庭珪拉下去,处以极刑!"(【明】朱元璋:《御制大诰三编·库官收金》第 35,P720~721)

○"相验囚尸不实案":司法部受贿者被皇帝砍了脚,半月不到他们的同事也收受贿赂,让囚犯装死越狱,没想到……

建设部的官吏打着工程用工的旗号,肆意贪渎;户部官吏利用工作之便,来个"近水楼台先得月",这些贪腐说起来都可能与工作上有油水可捞存在着一定的关联。那么像刑部即司法部这类本该惩恶扬善的"清水衙门"里的官吏该不会那么"前腐后继"?恐怕未必!

洪武十九年三月十四日,司狱(可能相当于现在的监狱长)王中向洪武帝举报:刑部有人受贿作弊。朱元璋立即奔赴太平门外的三法司衙门进行调查、核实,发现"刑部子部总部、司门二部郎中、员外郎、主事、都吏等官吏胡宁、童俊等,恣肆受财,纵囚代办公务,书写文案……",其大致的做法是,对于一些在押的不太重要、不太引人注目的囚犯,胡宁、童俊等司法部的官员在接受其家属贿赂后,伪造文书或该囚犯犯罪不充分的证据,再到监狱中出示给监狱管理人员看,为囚犯办理出狱手续。朱元璋了解到了事情真相后顿时火气冲天,"将各官吏棰楚无数,刖其足",即说不仅将涉案的官吏痛打了一通,而且还把他们的脚给砍了,其情景惨不忍睹!不过事后朱皇帝想想,这样做还是不能完全起到应有的教育警戒作用,于是他下令将受了刖刑的贪渎者"发于本部昭示无罪者",即留着贪官污吏的狗命,让他们拖着残躯回刑部继续工作,这就给那些未犯罪的同僚树立了一面警示之镜。对此,朱元璋曾得意地说:"以此法此刑,朕自观之,毫发为之悚然,想必无再犯者。"(【明】朱元璋:《御制大诰续编·相验囚尸不实》第 42,P647)

可大大出乎洪武帝之料的是,不到半个月,也是刑部即司法部内的都官员外郎李燧、司务杨敬等开始受贿舞弊,具体怎么操作呢? 当时监狱里死了一个囚犯,囚犯死了不是由某个人说了算,而必须要由监狱主管会同医生、狱典、狱卒等共同验尸、确认。但不管怎么说,监狱里死了个囚犯在同一个监狱中算得上是件大事,监狱方多少也有不可推卸的责任,有时它还会表现出一定程度上的"宽仁"。有个叫张受甫的囚犯及其同监的狱友闻听此讯后顿时就来了灵感,两人通过监狱"内线",将消息传递到了各自的家里。家里人迅速开展活动,上上下下打点一番。这时监狱里马上又出现了 2 具"尸体",即张受甫及其同监的狱友"死"了。"死"了,没关系,医生、狱典、狱卒等共同验尸,"确认无误",主管相关事务的司法部员外郎李燧、司务杨敬等官员下令,将其抬出去处理后事。谁料到就在抬尸体过程中有人发现,3 个"死人"中 2 个还活着!朱元璋听说后当场差一点气晕过去,随后下令严刑审讯相关人员,最终发现:员外郎李燧、司务杨敬、医生、狱典、狱卒等统统受贿,构成了一根腐败链,共收受贿赂480贯,相当于明初诚意伯刘军师刘基的2年年薪。(【明】朱元璋:《御制大诰续编·相验囚尸不实》第42,P647)

时不时见到官吏贪污如此"前仆后继",朱元璋愤愤地说:"前诛血未干,尸未移,本人已造杀身之计在身矣";"呜呼!人心之危,有若是耶!吁!以此观之,世将安治?"(【明】朱元璋:《御制大诰续编·相验囚尸不实》第42,P647);"本欲除贪赃官吏,奈何朝杀而夕犯!今后犯赃者,不分轻重皆诛之!"(【明】刘辰:《国初事迹》)即说:"我想铲除腐败,可为什么早上杀了贪官污吏,到了晚上又有人出来犯了!从今往后凡是犯贪赃罪的,不分轻重一律处死!"

● 朱元璋难题与阿克顿定律

从洪武年间朱元璋重典治国铲除贪污腐败的政治实践来看,贪污腐败问题无法从根本上予以解决,真的是这样吗?我认为,对于这样的问题要分四个方面进行讨论:

○ **治国要不要用重典?** 从老百姓角度来说,朱元璋重典治贪主要针对的是官吏的整治。

这里边就涉及一个官员的政治风险问题。商人做生意有赔本和破产的风险,农民种地有天灾的风险,士子考科举也有十年寒窗到头来一无所获的风险,那么为什么当官的就可以进入保险箱似地毫无风险呐?朱元璋治国尽管有滥杀无辜的失误,但他的治国理念中不论有意还是无意都包含了从政为官所必须应当承担一定风险的意识,这在一定程度上对中国政治文化不啻为一大震醒;另外他的重典反贪中更有一层含义:让贪官污吏们一旦出事就得倾家荡产,换句话来说,就是告诫官员:在你要下手前,该多计算计算犯罪的成本。从这样的角度出发,我们再看看现代社会里贪官污吏贪污了几千万甚至几个亿,大不了自己进去了,判个死缓甚至死缓都判不了,而他的家人们从此以后几代人就可不劳而获,不是有人揶揄:"牺牲一个人,幸福几代人!"从朱元璋的重典治国的理念中我们不应该读到点精神价值来么?(当然我们不认同其残忍性)

○ 有人认为明朝之所以一开始就出现了惊天动地的反贪大案要案,完全在于大明从建立起就实行了普遍低薪制,低薪制导致了官员贪污。以此作为出发点,时下某些权威高势能者热衷于高薪养廉。那么高薪真的养廉吗?

从历史上来看,宋代实行的是高薪制,宋代公务员的收入大约是明代公务员收入的 10 倍。但宋代官员的贪污在历史上也是出了名的。因此从历史的角度来看，高薪并不能养廉！再从现代社会来看，西方国家和我们中国香港、新加坡等地都普遍实行高薪制，由此杜绝了贪污腐败？——没有！人们公认的香港公务员基本上没有大的贪污腐败，关键不在于高薪，而在于这些"人民公仆"的权力受到了有力的制约以及廉政公署的有效监督和广大公民强有力的参政议政。所以说，无论古今还是中外，我们看到，高薪绝不是养廉的关键与灵丹妙药！

○ 既然朱元璋那样狠下猛药都没有根治住贪污腐败，那么腐败是不是没办法根治？

这里首先要讨论一个问题就是为什么会产生贪污腐败？找到了病源，医病就不难了。我个人认为产生贪污腐败的原因不外乎两个方面：

第一，人性问题：人性是好是坏，已经讨论了几千年，我们不去饶舌。近代生物学自达尔文的《物种起源》问世后，人是从古猿进化而来的观点已被全世界学习科学知识的人们所接受了。既然人是动物进化的最高级形态，那么人就具有两面性：人性与兽性、理性与非理性。换句话来说，人是复杂体。欲望人人都会有，非分的念头从来不曾有过是骗人的鬼话。由此，我们就说靠一个人完全的自律是不可能消除贪欲的，更不是学学哪种理论、读读哪位圣人的著作就能解决贪污问题，如是，那就是痴人说梦。所以说，只要人类存在，就会有人类的欲念，有欲念，就会有贪欲存在的危险。由此来回听一下 600 年前朱皇帝为不断滋生的腐败发出无奈的哀叹："朝治而暮犯，暮治而晨亦如之，尸未移而人为继踵，治愈重而犯愈多。"（【明】朱元璋：《御制大诰续编·罪除滥设》第 74）我们是否释然？

第二，机制的缺憾。在君主专制中央集权政体下，皇帝位于全国权力金字塔的塔尖，其座基是由千万个皇帝专制权力的化身在支撑着，或者说是由一个个从大到小的百官所组成。他们分布在大一统帝国的每个权力岗位上，在地方上县级是县太爷一个人说了算；在州府里知州、知府们说了算，在省里是布政使说了算；到了中央各个部院都由它的尚书说了算；直到帝国权力的顶峰皇帝说了算；这样一来，中国就形成了一人说了算，一支笔签了就行的局面。

法国有名的启蒙思想家、法理学家孟德斯鸠曾说："一切有权力的人都容易滥用权力，这是万古不易的一条经验。有权力的人们使用权力一直到遇到有界限的地方才休止。"（【法】孟德斯鸠：《论法的精神》上册，P154，商务印书馆，1982 年版）

中国特色的人治恰恰是权力集中在一个人的手中，平级是没有多少制约力的，只有上级才有权制止或管理，所以在传统中国权力场形成的权力链是上下关系的，因此中国人习惯于对上而不对下负责，形成了绝对的集权与专制。英国著名的政治思想家阿克顿勋爵对这样的权力结构有着精辟的阐述：All power trends to corrupt, and absolute power corrupts absolutely. 译文应该为：所有的权力本身就会腐败，绝对专制绝对腐败。这也就是著名的阿克顿定律。（【英】阿克顿：《自由与权力》，商务印书馆，2001年1月版，P342，原中文版译文不确切，在此已作修改，笔者特注）

第三，根治贪污腐败的根本出路——法治。

世界上没有圣人，不可能有没有"欲望"的人，有了欲望就有正当与不正当的做法，而正当与不正当之间有时是很难自己区别和把握好的。因此反腐靠自律或严刑峻法都不是根本出路，根本出路就在于真正法治和真正的公民监督！

当然将这些应该是我们现代人完成的使命安到600年前的朱元璋君臣头上，这似乎太过头了。应该看到600年前的朱元璋运用重典，惩治贪污腐败，尽管没有根治，但还是取得了相当大的成效。洪武年间中国底层的老百姓相对来说，生活上所受到的官府的盘剥与压榨比其他时期要轻；从吏治角度来讲，洪武朝的官场也由此廓然一新。建文近臣方孝孺曾这样记载道：那时"郡县之官虽居穷山绝塞之地，去京师万余里外，皆栋心震胆，如神明临其庭，不敢少肆。或有毫发出法度，悖礼仪，朝按而暮罪之。"（【明】方孝孺：《逊志斋集·送祝彦芳致仕还家序》卷14）

即使这样，面对层出不穷的贪污腐败，追求绝对完美的洪武帝还是十分无奈地悲叹道："似这等愚下之徒，我这般年纪大了，说得口干了，气不想接，也说他不醒！"（【明】朱元璋：《御制大诰武臣·序》）

就在为根治"前仆后继"的官吏腐败说得口干舌燥、上气不接下气之际，已经一大把年纪的朱元璋忽然又发现，要惩治的还不仅仅是官吏的经济腐败，而是有着宽泛意义的害民恶行。于是当时已经58岁的洪武皇帝又发动了一场全国性大运动——尽逮积年害民官吏运动。

尽逮积年害民官吏　全面清除政界"垃圾"——洪武十八年～洪武二十年（1385～1387）

洪武时期尽逮积年害民官吏运动至今为止从来没人专门研究和论述过，明史专家吴晗先生在《朱元璋传》中一笔带过，陈梧桐先生在他的专著中也是如此处理（陈梧桐：《洪武皇帝大传》，P435）。但从当年洪武晚期太学生周敬心的上书进谏和朱元璋的认账来看，这场运动竟与洪武十三年开始的全国性的连坐"胡党"一类相提并论，可见那也是一场全国性的大规模运动，所以我们很有必要加以研究与讨论。

● 逮积年害民官吏的界定

尽逮积年害民官吏,按照《明史》上的说法为"逮官吏积年为民害者……大戮官民,不分臧否"(《明史·周敬心传》卷139),我们遵循现代汉语的语法习惯将其改称为"尽逮积年害民官吏"。那么这场全国性的运动开始于哪年?当年进展情况如何?由于《明实录》的刻意缺载,《明史》也仅寥寥数语,所以长期以来很不为人注意;但笔者在阅读朱元璋钦定的《大诰》中却发现了很有意思的一段"最高指示":"积年民害官吏,有于任所拿到,有于本贯拿到。此等官吏,有发云南安置充军者,有发福建、两广、江东、直隶充军者,有修砌城垣二三年未完者。这等官吏,皆是平日酷害于民者,且如勾逃军,卖正军,解同姓。朝廷及当该上司,勾拿一切有罪之人,卖正身,解同姓。朝廷著追某人寄借赃钞,皆不于某人处正追,却于遍郡百姓处,一概科征代陪,就中克落入己,不下千万。其余生事科扰及民间词讼,以是作非,以非作是,出入人罪,冤枉下民,衔冤满地。其贪婪无厌,一时笔不能尽。此等之徒见在各处,军者军,工者工,安置者安置。设若潜地逃回,两邻亲戚即当速首,拿赴上司,毋得容隐在乡,以为民害。敢有容隐不首者,亦许四邻首。其容隐者同其罪而迁发之,以本家产业给赏其首者。"(【明】朱元璋:《御制大诰·积年民害逃回》第55,P610)

这段高皇帝"最高指示"载于洪武十八年十月颁示天下的《大诰》一编中,从字里行间所透露出信息有以下几个方面:

第一,朱元璋在进行重典反贪的同时,就已开始尽逮积年害民官吏,否则怎么会说"有修砌城垣二三年未完者",这是洪武十八年他说的话,以此推论,至少说在洪武十五六年时大明帝国就已经开始了尽逮积年害民官吏运动了。

第二,这场运动的名称就叫"逮积年民害官吏",这与《明史》所记的太学生周敬心上书中所述的相符合。

第三,从高皇帝的这段"最高指示"意思来看,"逮积年民害官吏"或"逮积年害民官吏"在洪武十八年仅仅进入运动的阶段性总结。最高统治者只是将过去一个时期内抓获的"积年害民官吏"向全国臣民做个"表白",说明我朱元璋没有那么残暴,都是这些个害人虫逼我这么干的;而且还要臣民们提高警惕,捉拿潜逃回乡的积年害民官吏,并发出了狠话,"敢有容隐不首者,亦许四邻首。其容隐者同其罪而迁发之,以本家产业给赏其首者"。由此看来这场运动那时正走向高潮呐,所以太学生周敬心将"尽逮积年害民官吏"说成洪武十九年也未尝不可,只是时间的界定概念上不够精确。

治思想家阿克顿勋爵对这样的权力结构有着精辟的阐述:All power trends to corrupt,and absolute power corrupts absolutely.译文应该为:所有的权力本身就会腐败,绝对专制绝对腐败。这也就是著名的阿克顿定律。(【英】阿克顿:《自由与权力》,商务印书馆,2001年1月版,P342,原中文版译文不确切,在此已作修改,笔者特注)

第三,根治贪污腐败的根本出路——法治。

世界上没有圣人,不可能有没有"欲望"的人,有了欲望就有正当与不正当的做法,而正当与不正当之间有时是很难自己区别和把握好的。因此反腐靠自律或严刑峻法都不是根本出路,根本出路就在于真正法治和真正的公民监督!

当然将这些应该是我们现代人完成的使命安到600年前的朱元璋君臣头上,这似乎太过头了。应该看到600年前的朱元璋运用重典,惩治贪污腐败,尽管没有根治,但还是取得了相当大的成效。洪武年间中国底层的老百姓相对来说,生活上所受到的官府的盘剥与压榨比其他时期要轻;从吏治角度来讲,洪武朝的官场也由此廓然一新。建文近臣方孝孺曾这样记载道:那时"郡县之官虽居穷山绝塞之地,去京师万余里外,皆栋心震胆,如神明临其庭,不敢少肆。或有毫发出法度,悖礼仪,朝按而暮罪之。"(【明】方孝孺:《逊志斋集·送祝彦芳致仕还家序》卷14)

即使这样,面对层出不穷的贪污腐败,追求绝对完美的洪武帝还是十分无奈地悲叹道:"似这等愚下之徒,我这般年纪大了,说得口干了,气不想接,也说他不醒!"(【明】朱元璋:《御制大诰武臣·序》)

就在为根治"前仆后继"的官吏腐败说得口干舌燥、上气不接下气之际,已经一大把年纪的朱元璋忽然又发现,要惩治的还不仅仅是官吏的经济腐败,而是有着宽泛意义的害民恶行。于是当时已经58岁的洪武皇帝又发动了一场全国性大运动——尽逮积年害民官吏运动。

尽逮积年害民官吏　全面清除政界"垃圾"——洪武十八年～洪武二十年(1385～1387)

洪武时期尽逮积年害民官吏运动至今为止从来没人专门研究和论述过,明史专家吴晗先生在《朱元璋传》中一笔带过,陈梧桐先生在他的专著中也是如此处理(陈梧桐:《洪武皇帝大传》,P435)。但从当年洪武晚期太学生周敬心的上书进谏和朱元璋的认账来看,这场运动竟与洪武十三年开始的全国性的连坐"胡党"一类相提并论,可见那也是一场全国性的大规模运动,所以我们很有必要加以研究与讨论。

● 逮积年害民官吏的界定

尽逮积年害民官吏,按照《明史》上的说法为"逮官吏积年为民害者……大戮官民,不分臧否"(《明史·周敬心传》卷139),我们遵循现代汉语的语法习惯将其改称为"尽逮积年害民官吏"。那么这场全国性的运动开始于哪年?当年进展情况如何?由于《明实录》的刻意缺载,《明史》也仅寥寥数语,所以长期以来很不为人注意;但笔者在阅读朱元璋钦定的《大诰》中却发现了很有意思的一段"最高指示":"积年民害官吏,有于任所拿到,有于本贯拿到。此等官吏,有发云南安置充军者,有发福建、两广、江东、直隶充军者,有修砌城垣二三年未完者。这等官吏,皆是平日酷害于民者,且如勾逃军,卖正军,解同姓。朝廷及当该上司,勾拿一切有罪之人,卖正身,解同姓。朝廷著追某人寄借赃钞,皆不于某人处正追,却于遍郡百姓处,一概科征代陪,就中克落入己,不下千万。其余生事科扰及民间词讼,以是作非,以非作是,出入人罪,冤枉下民,衔冤满地。其贪婪无厌,一时笔不能尽。此等之徒见在各处,军者军,工者工,安置者安置。设若潜地逃回,两邻亲戚即当递首,拿赴上司,毋得容隐在乡,以为民害。敢有容隐不首者,亦许四邻首。其容隐者同其罪而迁发之,以本家产业给赏其首者。"(【明】朱元璋:《御制大诰·积年民害逃回》第55,P610)

这段高皇帝"最高指示"载于洪武十八年十月颁示天下的《大诰》一编中,从字里行间所透露出信息有以下几个方面:

第一,朱元璋在进行重典反贪的同时,就已开始尽逮积年害民官吏,否则怎么会说"有修砌城垣二三年未完者",这是洪武十八年他说的话,以此推论,至少说在洪武十五六年时大明帝国就已经开始了尽逮积年害民官吏运动了。

第二,这场运动的名称就叫"逮积年民害官吏",这与《明史》所记的太学生周敬心上书中所述的相符合。

第三,从高皇帝的这段"最高指示"意思来看,"逮积年民害官吏"或"逮积年害民官吏"在洪武十八年仅仅进入运动的阶段性总结。最高统治者只是将过去一个时期内抓获的"积年害民官吏"向全国臣民做个"表白",说明我朱元璋没有那么残暴,都是这些个害人虫逼我这么干的;而且还要臣民们提高警惕,捉拿潜逃回乡的积年害民官吏,并发出了狠话,"敢有容隐不首者,亦许四邻首。其容隐者同其罪而迁发之,以本家产业给赏其首者"。由此看来这场运动那时正走向高潮呐,所以太学生周敬心将"尽逮积年害民官吏"说成洪武十九年也未尝不可,只是时间的界定概念上不够精确。

第四,"逮积年民害官吏"的概念相当广。尽管朱元璋在《大诰》中列举了4类应该抓获的害民官吏:勾补逃军过程中的犯罪官吏、追究腐败案件里赃款、赃物下落过程中的犯罪官吏和生事科扰小民的官吏以及出入人罪冤枉下民的官吏。在这4种分类中,前两者定义还比较明确,后两者的外延则相当宽泛。那么这场运动当年进展情况到底如何呢?

● 开展清除形形色色的"积年害民官吏"运动

因为朱元璋开国时对军民户籍进行分立,而军队中的士兵地位低,待遇差,几乎成了军官的奴隶。因此有些胆大一点的军士逮住机会就逃跑,由此一来逃军问题逐渐凸显出来。

○ 严厉打击勾取逃军中的官吏害民行为

对此,明政府一方面加紧追捕逃军,另一方面从逃军的原户籍中勾出候补军户来填补逃军的缺额,以确保大明军中士兵人数。而就在勾取逃军的过程中,军队或地方官府的相关官吏却利用手中的特权,中饱私囊,坑民害民。为此,洪武十八年朱元璋在发布的《大诰》中专门列条,严厉打击勾取逃军过程中的官吏害民行为:

"十二布政司、按察司、州府县官,为兵部勾取逃军,或有顽民犯法,各部勾取。其布政司、府州县贪图贿赂,不将正犯解官,往往拿解同姓名者。因赃迷惑其心,止知己利,不知良善受害,无可伸诉。若将犯罪受刑之苦,以己推之,岂有贪赃害于良善者?且罪人受刑,罪重叠则枷项杻手,夜则系项铃足;轻则铁索牵行,父母妻子悲啼。送程仓卒,一时催起,路无盘费。是后父母妻子收拾盘缠,意在往供,有可刁蹬,不与引行。既而买引,沿途追赶,有中途病死者,有饮食不节而负病者。所勾之人,惟恐违限,日加棰楚,虽有微命,犹在几死之间。若决司审理不明,即作真犯拟罪。若上官既明,吏不枉法,方得放归,其苦万端。当时法司肯将此苦量推于己,岂有良善受害哉?然有司因此无辜于良善,天鉴不远,一旦发露,罪及身家。如此者数数开谕,每每加刑,曾有几人而省此祸殃!"(【明】朱元璋:《御制大诰·勾取逃军》第21,P594)

尽管洪武帝三令五申甚至使用了恐吓的手段,严禁追补逃军过程中的不法行为,但总有一些逃军和军户想着法子来规避政府的追逃和勾补。

○ 贪图钱财,"移花接木"勾取逃军,害民害人,最终还是将自己给害了

就在当年"红太阳"出升的地方临淮县有个逃军叫陈宝仔的,因为实在不想再

当兵了，就将家中所有的钱财都拿出来贿赂当地专门负责勾补军士的凤阳府临淮县衙里的官吏。知县张泰、县丞林渊、主簿陈日新、典史吴学文等还算有良心，或至少说要比600年后睡了人家女人、诈了人家钱财居然还要搞死性伴侣的北方某省信访局局长要强多了，他们在接受了陈宝仔的钱财后，就想了个"变通"的办法，将原本是民户的管伍、管歪兄弟俩充作军户，顶替了陈宝仔等人。但管氏兄弟一万个不乐意，到了部队还不依不饶地吵着、闹着，结果将事态越弄越大。几乎与此同时，河南嵩县知县牛承、县丞毋亨、主簿李显名、典史赵谷安等在接受了逃军赵成的钱财后，也导演了一出"移花接木"勾取逃军的把戏。结果这些事情都先后——败露，皇帝朱元璋知道后下令，将"此两县官员尽行典刑"。（【明】朱元璋：《御制大诰·冒解军役》第73，P620）

差不多同时，同样的闹剧在杭州又上演了，"永平卫所镇抚冯保，他本卫差他去仁和县勾逃军沈福七、谢福二两名。他到那里，勾到沈福七亲兄沈福六。他接受本人银10两、钞40贯、白绫袄子1件、绵布2匹，将本军脱放，却拿里长施一代他解官，又将百姓谢一打要招做逃军谢福二解官。事发，贬去金齿卫充军。他本等的正军，将脱放了，却将好百姓拿去替他做军。如此害人，着百姓每埋冤（应为'怨'，朱皇帝又写白字了，笔者注）负屈，你怕他这等人能勾长久？"（【明】朱元璋：《御制大诰武臣·勾军作弊》第25，P744）

上述三案中害民官吏最终被严刑处置，多少让人感觉罪有应得，谁叫他们贪赃？不过下面要讲的这个官吏害民案例却是与钱财无关。

○ 娃娃亲老公死了，这女人应该归谁？大明司法部长还没弄清……

洪武年间发生的山西史灵芝"归属"案件，本是一起情节并不复杂的犯罪未遂案，但由于从地方到中央都是"糊涂官"乱判"糊涂案"，导致了一个良家妇女的"归属"成了一大悬案。

事情的经过是这样的，有个在镇江服役的军人叫唐闰山，可能是因为家中条件差，一直没有娶到女人，岁数越来越大，想女人想得越来越厉害。忽然有一天他想起了家里小时候就死去的哥哥曾订过一门娃娃亲，女的叫史灵芝，可哥哥没福气享受，早早地过世了。由此，那门娃娃亲之婚约也就自动解除了。但唐闰山却不这么认为，他来到了自己部队的上级领导那里告状，说老家山西洪洞县有个叫姚小五的，其妻子史灵芝本该是他的老婆，因为他是军户，不在地方上待了，妻子也就被别人占有了，他要求归还。

部队哪里弄得清这等事情，于是就将情况上报到了兵部（相当于国防部）。兵部也没有进行调查核实,却下公文到山西洪洞县,命令已为人妻且生育了3个儿女的史灵芝到镇江去,与"娃娃亲丈夫"团聚。这下可急坏了史灵芝丈夫姚小五,他来到县衙,说明情况。县老爷虽已明了事情的来龙去脉,但鉴于当时洪武帝实行右武国策,最终还是判定史灵芝上镇江去,理由是朝廷有文件下来,不敢不遵照执行。史灵芝一家听到判决后就是不服,事情由此拖着。据说当时兵部下的文件就有几十个,但事情还是没有进展,最后实在没办法,就将案件送到了刑部去。

刑部尚书王峕接手案子后分别派人上山西、镇江去,将姚小五、史灵芝和唐闰山等涉案人一一捉拿到案,录下口供,然后又派人上山西去查史灵芝3岁时订的娃娃亲婚约书。这下可将事情弄大了,好多人都成为涉案人员。皇帝朱元璋听说后认为,王峕所为"动扰良民,持权妄为,有乖治体",用现代话来说就是滥用特权,破坏安定团结,沽名钓誉,且有"增减情辞,故行出入,每每不当"之嫌,于是下令让御史唐铎来重新审理史灵芝"归属"案件。

没想到王峕听到这个消息后顿时就脸上挂不住了,当着重新审案的御史唐铎的面冷嘲热讽,指桑骂槐,什么唐朝武则天时代的酷吏来俊臣怎么怎么重新审案,入人罪行啊;什么"你入我罪,久后少不得请公入瓮"!唐铎将这情况汇报给洪武皇帝,朱元璋随即处置了王峕。(【明】朱元璋:《御制大诰·刑部追问妄取军属、尚书王峕诽谤》第7、8,P589～590)

○ 触目惊心的各地害民官吏

中央部级领导干部工作粗糙,扰民害民,要抓;那地方省级领导、府州县衙官僚扰民害民,毫无疑问,也抓。如:"陕西布政司、按察司官,府州县官王廉、苏良等,害民无厌,恬不为畏。造黄册、科敛于民;朝觐,可敛于民;买求六部宽免勘合限期,科敛于民;征收二税促逼,科敛于民;造上中下等民册,科敛于民。其赃官赃吏实犯在狱,招出民人官吏,指定姓名,各寄钞银、甎衫、甎条、甎褥、甎幟、头疋等项,各照姓名坐追。其布政司、府州县闻此一至,且不与原指寄借姓名处追还,却乃一概遍府州县民科要,平加十倍。如此害民,其心略不将陕西百姓于心上,蹉蹋民人苦楚。且如西凉、庄浪等处,河州、临洮、岷州、洮州军人缺粮,著令民人趱运。地将盈雪尺余,深沟陡涧,高山峻岭,庄农方息,老倦未甦,各备车辆,重载涉险,供给军储。中路军颓牛死者有之,人亡粮被盗取者有之。若牛死车存,人在中途,进退两难,寒风凛冽,将欲堕指裂肤。上畏法度,谨遵差期,虽死不易,苦不胜言。设若到卫交纳,淋尖跌斛,加倍输纳,无敢妄言。如此艰辛,布政司、府州县官,按察司官,果曾轸念于民?为此法所难容,各科重罪。"(【明】朱元璋:《御制大诰·陕西有司科敛》第9,P590)

无独有偶,与陕西毗邻的山西也发生了相类的事情:"山西布政司、按察司、州府县官关贤、武宣等,赃贪无厌,视民岂如禽兽。且如泽、潞等州、平阳等府,粮饷北供,山高风猛,地概溜冰,雪盈川野,冷切人骨,寒逼牛心,中途车摧牛死,虽有人存,进退两难。且纳粮之难,犹颇少苦;其纳草之艰甚矣,一车之草,比度雁门,止足泽、潞车牛之用。民人负细软,诣大同、蔚、朔、雁门等处,易草输纳。有司欲取民财,实难言语,故行刁蹬,必欲本处载去。致使民人转运艰辛,不胜之苦,惟天可知。呜呼哀哉! 有司食天之禄,岂有天灾人祸不至者耶! 今之所犯,法所难留!"(【明】朱元璋:《御制大诰·山西运粮》第10,P591)

洪武中晚期,朝廷曾想调集大军23万,开往北疆去,当时计划征发民夫10多万。皇帝朱元璋是这样合计的,2个兵士合用1头驴,所用驴夫1人,因此23万大军全部开往北平,至少要征用民力11.5万。但由于种种原因,实际能开往北平的军队只有10多万人,能征发的驴夫民力也只有5万多。听到手下人的这般报告后,洪武帝心里很不愉快,本想迅速对蒙古人发动大规模军事进攻了,但眼下的这般情况还真让他头疼不已。而每当要举行重大的军事活动时,他总是习惯地观察一下天象,看看是否可行,这一次当然也不例外。不过当观察到天空呈象不利于军事用兵时,朱皇帝马上发出指示:"兵归各卫,驴留北平,命布民间,各户分养,甚便于民。"农民出身的人当了天子可能会更多地从农民生计角度考虑问题,按照洪武爷的想法,就让北平郊县的农民前来认养这些官府征集的毛驴,然后各自带回去就地牧养,这样就不会太扰民害民,更不会有草料费用等开支。可北平布政司经历董陵云以及郊区的府州县等官员却不这么认为,要是让老百姓各自领养了毛驴,政府官员还能有什么"作为"呀! 于是他们几个人合计了一下,决定实行圈槽喂养毛驴,让各家各户出钱,专门雇佣驴夫在官府指定的地方养驴,一来可以在运作过程中捞到好处;二来上级领导要是到我北平来检查工作,看到这样蔚为壮观的养驴场面,肯定会大大地褒扬咱们,这叫做"一举两得"。于是他们下令,发动群众踊跃缴纳"爱国驴费"。不多时就在北平当地将一个个驴场做大做强了。

听说北平地方官员竟然这般自作聪明,扰民害民,朱皇帝气得几乎要吐血。时隔一段时间了,他在御制《大诰》中还极其愤怒地说道:"呜呼苦哉! 为民父母,当方面者及牧守一方者,不能造民福而造民祸,有若是耶! 且驴在野,各户分养,草料不费,人工不妨。役令圈槽,每驴妨夫一名,出城取草,归家取料,往复艰辛。且又设计于民,科敛棘针,擅盖牢墙,其奸计亦如溧阳科荆杖同。患民之殃,不可胜数。其官吏董陵云等恬然不以民为艰,取财肥己,岂有天灾人祸不至者耶! 事觉,枭令之。见者戒之,推己以及人,毋蹈此非!"(【明】朱元璋:《御制大诰三编·圈槽喂驴》第

24,P713～714)

北方地方官这般明目张胆地害民,南方的会好一点吗?朱元璋在《大诰》中同时给我们讲了好多南方官场上的稀奇百怪的事情。

○ 歙县吴庆夫当了乡间收税官,可神气了,科敛重税,危害一方,最终让朱皇帝给废了!

徽州歙县有个叫吴庆夫的人,本是个平头百姓,但他脑子活络,看到衙门里的人个个牛气冲天,就萌生了当官的念头。可在那个年代里要想当官是很不容易的,不像现在社会中即使是个没人看得上眼的"三陪服务人员",只要她能交上个有权有势的露水"好老公"、"好干爹",或者只要是"我爸为某某局长、市长",转瞬之间就能捧上人人羡慕的金饭碗,甚至连高中都没毕业就可以在官衙里头领到公务员的财政工资,衣食无忧地当起"准公务员"来。洪武中期朱元璋拿定了主意,恢复科举制,所以说若是你要想当官做"公务员",就必须得参加科举考试,且要凭着自己真实的水平去博一场,但这又谈何容易,不是有人这样说的:"十年寒窗无人问,一朝成名天下知。"暂且不说这十年寒窗有没有人问,就说"一朝成名天下知"的又有几何?又到何时?吴庆夫想来想去,觉得走这条路太辛苦、太费时,要么就来个"短平快",来点实实在在的,即使当不了正儿八经的国家公务员,就当个准公务员也相当吃得开啊。想到这些,吴庆夫就将家里的钱财搜罗了一遍,然后通过熟人递给了歙县县太爷。没多久县太爷让人传话过来,叫吴庆夫就地任职家乡的巡阑官。巡阑又可写成巡拦或巡栏,是负责催促一地课税的小吏。虽说他不属于明代地方上正式编制内的"公务员",但毕竟还是官府的人。由此吴家的父亲、儿子、兄弟等个个都变成了"准官府里的人",他们横行乡里,"上持官府之威,下怀肥己之奸"。(【明】朱元璋:《御制大诰三编·巡阑害民》第20,P710)

有个乡民叫程保的因为耕种需要买两头牛,吴家人将此告诉了吴庆夫,吴庆夫一听说此事就赶到了程家,向程保发出缴税的命令。乡间小民程保没见过什么世面,看到同乡"官人"吴庆夫来要钱,心里顿时十分害怕,乖乖地将钱拿了出来。吴庆夫一看只有几百文,哪肯罢休,一再恐吓,从程保那里足足榨取了26贯。依照洪武时期的货币换算:1贯=铜钱1 000文=白银1两=1石米,1两黄金=4贯=4两白银(《明太祖实录》卷105)。26贯钱等于26两白银,也等于26石米,这在明初洪武时期已是相当重的负担了。可吴庆夫却不管这些,拿到钱后将小部分象征性地交给了官府,大头部分则放入了自己的腰包里。

来钱极快、又轻松"自如",权力的魔力简直就让人疯狂。不久之后又有人告诉吴庆夫：最近有人从外地贩了一批干鱼到歙县乡下来，据说生意做得还蛮好的。吴庆夫一听说有这样的事情，随即派出了探子，寻找贩鱼商人，向他征收重重的商税。贩鱼商人说：我刚将干鱼运来，才开始做买卖，没你要的那多税钱。吴庆夫说："钱少不要紧，你缴给我30斤干鱼，作为实物税就行了。"贩鱼商人还想解释一番，但看到吴庆夫那凶神恶煞样，只好遵命而行了。做买卖的要缴纳重重的税收，搞贩运的同样也不得轻松，时间一长，歙县当地人都知道了吴庆夫的恶名，谁也不愿意当冤大头挨宰被坑，于是能少做买卖的就尽可能少做，能不做的就尽可能不做。这下可急坏了吴庆夫，大伙儿都这样，他的收入一下子少了许多。这可怎么办呢？嗨，有了，听人说附近有个村民到山里去砍了些木头，运到了家中，随即将旧屋做些改造。对，就冲着这个名目也上去收税。山区人老实，见到官府的人就乖乖地将手中仅有的80贯钱给了吴庆夫。人们听说后从此再也不敢盖房起屋了。这样一来，吴庆夫也愁啊，到哪里去弄钱？只见他眼珠子一转，鬼主意就有了，叫人通知各家各户，不管现在开店不开店的，也不管有没有门面做生意的，只要是你家做过生意的，就得一律交钱。（【明】朱元璋：《御制大诰三编·巡阑害民》第20，P710）

歙县当地人给坑苦了，幸好那里距离南京不太远，朱皇帝听说后愤怒地说道："呜呼！民人起盖房屋，居在万山之中，木植系土产，又系自己山场，民人乐太平之年，起盖房屋以安家眷。今吴庆夫如此生事搅扰，民何得安。耕牛二只系客商处买来，已有入官文契，又行着要26贯。其卖干鱼客人，步挑至于深山去处，能者挑百十斤，力中者八十斤，力小者六十斤，本人税讫三十斤（指上缴给吴庆夫的），又于遍处乡村，不问有无门店，一概科要门摊。以此观之，如此强豪奸顽，民何生理?！"随后洪武帝下令，让法司部门差人上歙县去，将作恶多端的吴家一行人押到南京来，吴庆夫被凌迟处死，他的弟弟及其他一起为恶者，枭令示众！而后朱元璋在《大诰》中就此告诫人们："今后为巡阑者，倚恃官威，剥尽民财，罪亦如此。三十分中，定例税一（即三十税一），岂有重叠再取者。今后敢有如此者，虽赦不宥！"（【明】朱元璋：《御制大诰三编·巡阑害民》第20，P710）

徽州歙县尽管离首都南京不太远，但毕竟还是有段距离的。俗话说，天高皇帝远，大概就是讲在距离京师远一点或较远一点的地方，皇帝的管控能力要差一点，官吏一旦作恶起来，相对比较容易。其实这也并不尽然，就在大明全国上下开展清除形形色色的"积年害民官吏"运动之际，洪武天子眼鼻子底下的南京郊区也在上演一出出与政府主旋律背道而驰的闹剧。

○ 溧阳官衙里竟有这么一对活宝官吏：合用一个情妇，还坑民害民

溧阳虽处于江苏与安徽交界之处，但在明代它属于应天府（相当于今天的南京

市)管辖。为防止官员的裙带关系干扰和破坏大明政治,开国后不久朱元璋就规定:南人北官、北人南官,就是说来个南北方官员籍贯大回避,南方人到北方去做官,北方人到南方来做官。以此而言,溧阳位于南方,当然就由北方人来当地方长官了。当时有人推荐了一个叫李皋的陕西人,说他如何有能耐,如何在政治上过得硬,洪武朝廷没来得及多考察就直接任命了李皋为溧阳知县。

再说这个叫李皋的,在陕西土生土长,来到溧阳后他顿时傻眼了。人们都说江南好,都说江南人文明,就连说话都柔声细语的,可自己怎么也感觉不到好在哪里。因为这样的南方"鸟语"无论你怎么认真听,就是听不懂,这实在让人头疼不已。连地方话都听不懂,那怎么能处理地方事务?有人要是问这问题,那就要说你是"老外"了,人家当官的千万不可跟人说:我不懂,我不会,那多丢面子啊!君不见,在单位里即使是专家级别的人写了份报告,领导总要拿起他的红笔圈圈、点点、改改,否则怎么能显示出领导高人一等的水平!问题是当地方领导的连地方话都听不懂,该如何处理那里的政务?不急,我们的现实就提供了答案,君不见有好多好多"人民公仆"可能连26个英文字母都认不全,不是照样到世界旅游胜景与高级娱乐场所去考察考察、研究研究,因为这些由特殊材料所组成的特殊人群有着特殊的才能,因为还有鞍前马后拎包的、跑腿的和语言翻译的人,正在时刻恭候着提供专门的服务,所以大可不必像你我草民这般无知无觉又无能。想当年洪武朝廷任命的溧阳知县李皋就是这么个特殊人才,他不懂南方语,有人给他当翻译;他不通溧阳地方事务,有人给他耐心"指点";他没有零花钱,有人及时给他奉上。这样的"热心人"在当时溧阳县地界上很有名,为首的是个皂隶,名叫潘富。潘富没有600年后的某些提供特殊服务的"准公务员"那般幸运——干好了跟着领导在政治上不断取得"进步",那时的潘富们属于大明"公务员"(领导职务)行列以外的衙役,衙役干得再好一般来说到老死也不太可能"转正"为"公务员",只恨那万恶的旧社会制度不好。不过潘富们倒是乐在其中,因为他们知道,跟好了领导,好处就会大大的有。

洪武十八年李皋上任后不久,潘富便向他提议:到乡下去"考察考察","了解"一下民情。李皋听后当场就一惊,随即反问道:"当今朝廷不是不让官员下乡,你怎么叫我下乡去?"潘富听到这话,诡异地一笑,然后这般说道:"皇帝禁止的是官员下乡,可没说不让衙门役吏下乡啊。知县大人,您可以将自己打扮成役吏下乡去,这样不就没事了。"李皋一听,觉得这个主意不错,随即吩咐手下人开始准备。

套上役吏服装,戴上宣帽(役吏经常戴在头上的黑色长帽子),李皋在大群衙役的簇拥下,敲着锣、打着鼓,浩浩荡荡地来到农村。再说农村里的甲长、里长和耆老们都听说了,县上来人啦,那可是不得了的事。因为县衙里的老爷再怎么说也是朝廷的命官,万万不可轻慢,赶紧召唤民众前去迎接,要不然落下个"大不敬"罪名,谁担负得起啊! 众村民在村干部的带领下,来到了村头,然后一起跪倒在地,等候县上的人进村。人们早已听说了,这次县上来的人还不同于往常,据说县太爷也来了。有人正说着,只听得一阵阵锣鼓声越来越近,伴随着吆喝声,有几个胆大的村民偷偷地抬起头,向黑乎乎的县上来的人群瞧去,然后嘀咕起来:"究竟哪个是我们溧阳县的新知县? 都是穿黑色的,搞不清楚!"有个老辈的听后指点道:"从这样的阵势来看,应该是这群皂隶打扮、骑毛驴者中走在最为前面的那个!"众人听后顿时"眼睛一亮",原来就是他! 正当大家窃窃私语之际,村官们已经站了起来,弓着腰,恭恭敬敬地将县老爷们迎进了村子……(【明】朱元璋:《御制大诰三编·递送潘富》第18,P709)

自从到了农村潇洒走一回后,李皋李知县可算是对江南开了点眼界。回到溧阳县城后,他魂不守舍,那楚楚动人的江南美女之倩影老浮现在眼前,至于政务么,全由潘富一拨子皂隶去打理。领导干部呈现这样的境况,八面玲珑的潘富一一都看在眼里,今天给知县李大人出了个"创收"的好主意,明天又拿出个"开源"的金点子,反正有一条"铁定的真理",那就是有权不用过期作废,从众多小民那里挖几勺子,不费多时,就完成了"资本原始积累"。还算有良心,潘富搞到了一定数目的钱财后就跟领导作汇报,并请示该作何种处理? 李知县听后似乎一下子没了主意。潘富想起来了,知县李大人孤身一人来到我们溧阳,又正值壮年,从他平时那色眯眯的眼睛里就能看出,他想女人啦! 怎么办? 去弄吧! 潘富想到这里,就跟李皋低语了一阵子,随即上苏州去。江南佳丽地,处处产美女,但最好的美女据说产自苏州,对于这一点李皋早在陕西时就听人说起过。再说那精干的皂隶潘富自从领会了领导的密意后很快就来到了苏州,没经什么大周折便将一个颇有姿色的小美眉带到了溧阳,送给了知县李大人做临时夫人。

可李大人毕竟读过书,自己来到江南任上没多久就弄了个"夫人",这事传出去多不好啊,怎么办? 就暂时将她寄养在心腹潘富家吧。一旦有生理上的需要,要么上潘富家会会那个小美眉,要么趁着天黑将小美眉接过来,好好消受消受。可从小美眉的角度来说,自己对那个人称其为知县的人太陌生了,除了黑夜间有过亲密接触外,平时大白天实在是难得一见其面,倒不如买自己的潘富那么熟悉、亲切。女人天生就喜欢鞍前马后体贴入微的男人,名义上自己是知县李皋的女人,但说到底眼前这位经常甜言蜜语的"好男人"才是自己有所心动的。自从内心有了这么个变化,天天望眼欲穿的小美眉很快就成了潘富的女人。两个男人合用一个女人,这是多丑的事! 其实这也没什么大不了的,600年后的新世纪,北方某省委副书记就与某石化集团总经理兼中石化股份有限公司董事长共同合用一情妇,三人在青岛合伙做生意,弄得风生水起,财源滚滚,恰似黄河之水源源不断地流入各自的"自留地"里。最令人拍案叫绝的是,两个男人合用一个女人,又能三者相安无事,真是天上人间实在罕见(http://news.qq.com/a/20140228/)。而从最终结果来说,600年前溧阳县令李皋和他的下属潘富合用一情妇远没有那省委副书记大人与央企董事长共同"开发美女资源"所产生的恶劣影响那么大,因为前者中那个被共同开发的美女并不参与经济创收。就县令李皋而言,他毕竟读过书,尚知羞耻,尽管自己的心肝宝贝被人占了,尽管自己是一县之长,但就经济实力与人脉关系而言实在不行啊,养个专供美女,那可不是件轻松的活儿,所以说要想开发好美女,首先得开发好经济和广开财源,这才是"硬道理",才是根本。

那么怎么做好这个根本呢?李皋陷入了深深的痛苦之中。就在这时,又是那个头脑特别灵活的潘富出来给他出主意:我们溧阳县衙里关了好些犯人,这些犯人犯的事都不怎么大,一般来说行杖一番后也就可以把他们给放了。不过最近听说那行刑的荆杖好像是坏了,不如李知县下令,让我们溧阳县的老百姓各自进献一根?!李皋尽管对潘富有着"夺妻之恨",但十分佩服他的好脑筋,听到要让百姓来进献荆杖,他顿时感觉,这是个金点子,随即吩咐手下的人发令下去,让县民们纷纷行动起来。

溧阳位于江南丘陵地区,境内的山都不高但小山头还是挺多的,每家每户弄根把荆杖上贡给县府问题不大,可这荆杖具体有什么要求呢?那就得由县衙里的潘富等衙役说了算。县民们送了一根又一根,跑了县城一次又一次,就是不合县衙里的要求。终于有人开窍了,县老爷老说进贡上去的荆杖不合格,大家被折腾到现在花费也够多了,算了,还不如掏些钱让县老爷他们自己去买。嗨,这一招果然灵验,县民们争相仿效,尽管很多人为之恰似身上脱了一层皮,但总算完成了政府指派的任务,暗自庆幸自己思维转得快。可也有人脑筋不转弯,当今洪武皇帝不是号召要减轻老百姓负担?对于地方官府扰民、害民的,小民们可以拿了皇帝的《大诰》,直接上南京去告状。溧阳就在南京的边上,有个叫黄鲁的县民就是不理溧阳县衙的那一套,直接来到了南京,向皇帝上章奏事。朱元璋获悉后先叫人偷偷地查了一下,发现黄鲁所述属实,随即派人上溧阳去捉拿害民官吏。(【明】朱元璋:《御制大诰三编·递送潘富》第18,P709)

不知怎么的,可能是走漏了风声,当洪武朝廷派出的人来到溧阳时,反应极快又有丰富人脉关系的皂隶潘富不惜花费,开始潜逃,从溧阳逃到安徽广德,又从广德逃到建平,"至建平县,拈踪追捕,建平民王海三等,潜递复回溧阳。溧阳民朱子荣等,暗递至宜兴。宜兴民杭思鼎等,暗递至安吉。安吉民潘海,私递至长兴。长兴民钱弘真等,递至归安。归安民吴清甫等,递至德清。拈踪追及,德清民赵罕仁暗递至崇德。崇德豪民赵真、胜奴,家盈数万赀财,日集无籍之徒 50 余人在家,常川贩卖私盐,邻里相朋者 200 余人。潘富遁于此家,追者至,本户将潘富递入千乘乡僧寺。僧澄寂、周原善却将追捕者,率领 200 余丁终宵困逼,致被追者杀讫 1 名,杀伤 1 名,后天明而解去。"当听完"捉拿害民官吏"者对惊心动魄的追捕经过的描述后,洪武帝从牙缝里蹦出了这样的话来:"将豪民赵真、胜奴并 200 余家尽行抄没,持杖者尽皆诛戮。沿途节次递送者 107 户尽行枭令,抄没其家。"而后在《大诰》中他发出这般除去民害的感慨与号召:"呜呼!见恶不拿,意在同恶相济,以致事发,家亡家破,又何恨欤!所在良民,推此以戒狂心,听朕言以擒奸恶,不但去除民害,身家无患矣。"(【明】朱元璋:《御制大诰三编·递送潘富》第 18,P709)

● 洪武帝不仅鼓励大家要造贪官污吏的反,尽除民害,而且还对阻挠清除"积年害民官吏"者予以严厉的处罚

在开展清除形形色色的"积年害民官吏"运动中,出身于农村的草根皇帝朱元璋特别注意,严厉打击官吏下乡扰民害民。在《大诰续编》中他曾这么讲道:"十二布政司并府州县,往常官吏不时亲自下乡,扰吾良民,非止一端。数禁不许,每每故违不止。洪武十七年,将福建布政司右布政陈泰拿赴京师,斩首于市,敕法司行下诸司,毋得再犯此行。诸司承受禁文,非止一纸,动经五七次,诸司明有卷宗。其无籍杀身之徒,终不循教,仍前下乡扰吾良民。且如洪武十八年、十九年,(安徽)无为州同知李汝中下乡扰民,罪已不赦。湖州府官吏、乌程县官吏易子仁、张彦祥,不将被水灾人户赴京赈济,通同豪猾,当告水灾之时,以熟作荒,以荒作熟,以多作少,以少作多。以多作少者,为其善人被灾本多,当报之际,减灾报数。以少作多者,为与富豪交结,将少作多。以荒作熟亦如之。以熟作荒亦如之。致令乌程县民傍湖者缺食,朕终不能明其数,所以赈不及之。至今慊慊,无可奈何。"(【明】朱元璋:《御制大诰续编·官吏下乡》第 17,P632~633)

朱皇帝还为此下发"红头文件",号召大家行动起来,捉拿下乡扰民或以其他方式害民的官吏:"十二布政司及府州县,朕尝禁止官吏、皂隶,不许下乡扰民,其禁已有年矣。有等贪婪之徒,往往不畏死罪,违旨下乡,动扰于民。今后敢有如此,许民间高年有德者民,率精壮拿赴京来。"(【明】朱元璋:《御制大诰续编·民拿下乡官吏》第 18,P633)

在朱元璋的积极倡导下,常熟县民陈寿六带领他的弟弟与外甥,将害民县吏顾英绑缚到南京,受到了嘉奖。洪武帝不仅免掉了陈寿六三年的差役,而且还特别关照,谁要是无事生非,罗织罪名,诬害了陈寿六,本皇帝灭他的全族,"其陈寿六其不伟欤"!(【明】朱元璋:《御制大诰续编·如诰擒恶受赏》第10,P630)

朱元璋鼓励老百姓造贪官污吏的反,鼓励人们捉拿害民官吏,鼓励人们到京城来向他告御状,这是洪武时代的新时尚,任何人都必须与时俱进!不过社会的复杂性就在于不是所有的人都会有相同或相像的言与行,任何时代总会有人"落伍",或反向而行,甚至"以身试法"就不信那个"邪",明初朱元璋时代也不例外。

洪武十九年三月二十九日,嘉定县民郭玄二与同乡的一个村民约好,带了皇帝的《大诰》上南京去告状,控告嘉定本县首领弓兵杨凤春等人害民。当他们经过淳化镇时,遭到了巡检何添观的"刁蹬留难"。这时有个叫马德旺的弓兵急吼吼地走了过来,阴阳怪气地说道:"什么,上京城去告状,就凭你们两个泥腿子手里拿了本《大诰》,皇帝会接见?以我看你们还不如将钱给我们,我们是政府下属机构,到哪儿都熟悉,派几个人上南京去,代你们告状不就得了,免得你们去了连皇宫大门都找不着……"没想到郭玄二两个农民也是"认死理"的人,他俩认为:既然洪武皇帝下令底层受苦百姓可以直接进京告状,为什么我俩就不可以?既然常熟的陈寿六三人都告赢了,为什么你们巡检所的人不让我们通行?淳化镇巡检所的人见到两个农民那般坚持,也鉴于洪武帝三番五次地鼓励底层百姓"造反",最终他们不得不做出妥协,放郭玄二两人通行。

再说洪武帝听说了郭玄二两人的一路遭遇后十分恼火,当即说道:"如此沮坏,除将各人押赴本处,弓兵马德旺依前《大诰》行诛,枭令示众;巡检何添观刖足枷令。今后敢有如此者,罪亦如之。"(【明】朱元璋:《御制大诰续编·阻挡耆民赴京》第67,P663)

官吏下乡要被人捉拿送往京城,即使不被捉住,但只要其有贪污受贿和害民的把柄,小民们也可以拿了《大诰》赴京告状。在这特别严肃的洪武年间,吃官饭的哪有过去那么自由,简直是"官不聊生"了——过去司空见惯的利好之处触手可及,现在可几乎都无法下手了,怎么办呢?常州武进县邓尚文等官吏在苏南相对发达的商品经济影响下,灵机一动,干起了靠山吃山、靠水吃水的"新"勾当,在征收夏粮税收时将90%的税粮上仓,还有那10%的,他们就偷偷地截留了,但对外却这么说:今年常州税粮没有全部征收到位,为了完成中央朝廷下达的指标,我们就不得不向本地富户大款们开口借了。

皇帝朱元璋知道内幕后十分气愤,说道:"(没想到这些官员)如此害民,既征不足,借于富民,果后以何陪(赔)还? 以此观之,富民不免致害,终无陪(赔)还之意!"随即下令,将这些害民的常州官吏给逮了,重重处罚。(【明】朱元璋:《御制大诰·武进县夏税》第13,P592)

○ 追赔责任制带来的哭笑不得丑剧

　　对于贪赃害民的官吏,洪武皇帝不仅要一一逮尽,要严厉处置,而且还要追查赃物赃款何来何去。他曾下达层层追赃和退赃的指示:"如六部有犯赃罪,必究赃自何而至。若布政司贿于部,则拘布政司至,问斯赃尔自何得,必指于府。府亦拘至,问赃何来,必指于州。州亦拘至,必指于县。县亦拘至,必指于民。至此之际,害民之奸,岂可隐乎! 其令斯出,诸法司必如朕命,奸臣何逃之有哉?"(【明】朱元璋:《御制大诰·问赃缘由》第27,P598)

　　就在洪武皇帝推行追赃"责任制",层层落实,弄清赃款赃物的来龙去脉之际,谁也没想到,跨省作案、上下勾结和浑水摸鱼等类的官吏害民事件又在一一上演了。

　　扬州瓜埠河泊所(可能相当于水上税务机构)拖欠渔业税收钞40 000张。主持户部日常工作的侍郎郭桓(当时他的贪污大案尚未暴露)根据朝廷的指示,下发公文到下面,要求地方税务机构务必将拖欠的渔业税收给补上。扬州知府战慎接到公文后,随即着手解决填补渔业税收拖欠带来的亏空问题。不过,这些大明"公务员们"清楚:既然渔业专业户与他们的分管领导湖官共同拖欠了40 000张大明宝钞,现在再叫他们赶紧来填补漏洞,这简直就是痴人说梦,只能另想办法了。也难怪我们中国人那么看重当官的,因为这些由特殊材料组成的特殊人群特别聪明。有经济亏空,不急,让地界上的富民大款掏腰包。富户大款们哪敢得罪官府,乖乖地拿出了40 000张大明宝钞。

　　再说战慎和郭桓等人不费吹灰之力拿到了这么多钱,顿时就乐坏了,几个人一嘀咕,40 000张宝钞给私分了。可这样一来,扬州瓜埠河泊所拖欠的渔业税收问题还是没有得到真正落实呀,这可如何是好? 不急,有着"超前意识"的郭桓与战慎等人一合计,办法有了! 那个扬州瓜埠河泊所拖欠税收的湖官原籍是江西的,现在他人不见了,根据高皇帝的最高指示精神——层层落实,我们就追赔到他老家江西去。

　　再说江西布政司省长大人见到扬州来的公文和中央户部下发的"红头文件",岂敢懈怠,赶紧下令在江西全省境内平摊40 000张宝钞,平民百姓一概科敛,随即又派人将科敛到的钱送到郭桓与战慎等人手中。可令人万万没想到的是,这些江西百姓血汗钱一到贪官污吏们手中,又马上给私分了。事发后,法司部门进行了彻底追查。当皇帝朱元璋知道案情的全部经过后,气得差一点背过去。(【明】朱元璋:《御制大诰·扬州鱼课》第50,P608)

看了上述案例,可能有读者朋友要说,那是郭桓一批贪官污吏所为,属于非常态。查处这样一类案件,没什么大的普遍意义,甚至还有人认为是朱元璋小题大做。那真是这样吗?我们不妨再来看个案子。

○ 渔税押运专业户与财政部副部长勾结,想私分渔税,没想到中间……

按照明初的税收规制,地方财税一旦收缴完成后就得派遣专人送往南京,交由户部收入国库;户部则出具收讫文书,然后这个地方专员拿了户部的收讫文书回去入账。这是一项比较专业的工作,一般人都不怎么懂这里边的规矩,"业内人"要是有个什么想法和做了什么手脚,问题还真不容易被发现。

安庆府望江县位于安徽省西南边缘,东南与东至县、江西省彭泽县隔江相望,境内河流较多,在那贫穷的当地,渔税可谓是大宗财税收入,其每年上缴国家的渔税就有30 000贯。这样一大笔的渔税由望江县县衙户房指定的业户徐应隆等人专门负责押送到南京,交予户部,年年都如此。就在这过程中,专门押送者徐应隆逐渐地看出了门道:我将渔税送到南京,对口衙门是户部,只要户部官不查问,有谁知道我送了没有呀?!人一旦有了贪念,什么样的坏事都会做出来。徐应隆跑了这么多年南京,虽说自己的身份还是个渔民,但从实际担当的角色来讲,已经是个衙门编制外的皂隶或者说"准官吏"了,就连那户部官看到他时的眼神都与刚开始时大不一样了,尤其是那个叫张易的户部侍郎,你还真没得说的,"可亲又可近"!有一次徐应隆趁着公务完毕之际向张侍郎"汇报"了自己的工作,随之试探性地谈了自己的"想法",没想到这个张副部长并没有大声呵斥。他顿时觉得"有戏"了,临别前暗示对方,下次我押送渔税来南京时就不缴到户部来了,先找个地方把它们藏起来,然后找准机会我们俩平分一下。(【明】朱元璋:《御制大诰三编·安庆解课》第23,P712)

两个怀有不可告人目的的人就此达成了心理默契,谁知不多久,张易张副部长因为别事牵连锒铛入狱。徐应隆听说后顿时害怕透顶,因为自己刚刚将洪武十八年的渔税押运到南京,藏在聚宝门附近一租用民房内,要是张副部长"胡言乱语"了,不仅那块到嘴的肥肉要给挖出来,而且还可能招来大祸啊!可让徐应隆胆战心惊了半年左右,居然最终什么事也没有,可能张副部长贪得太多了,这样的小事一时半会儿都记不起来了。30 000贯渔税,原本还得与张副部长平分,如今可好了,他老人家被抓了,天知地知你知我知,现在只有我知,想到这里,他一阵狂喜。算了,打渔那又累又脏的活也不用干了,就我藏在南京的那些钱够我消受一辈子了。怀着无比激动心情的徐应隆立马来到了南京,取出了其中1 100多贯,然后再回望江老家,好不风光地潇洒了一阵。(【明】朱元璋:《御制大诰三编·安庆解课》第23,P712)

就在这时,有个叫汪诚的望江县吏接管了县衙户房工作。俗话说:新官上任三把火,但要是吏员的话就不可能有放三把火的机会。不过再怎么说,也应该将自己接管的工作弄弄清楚啊,汪诚就是这么一个认真的人。他这么一认真,就发现了问题:怎么从洪武十八年三月到洪武十九年三月上缴国库的渔税税讫没有回单?赶紧去问前任官吏。前任官吏说,这事一直是由业户徐应隆操办的。汪诚找到徐应隆问事,徐应隆当即支支吾吾。看来不用大刑还真不行,汪诚示意衙门里的皂隶们动手,这下徐应隆可老实多了,最终说出了事情真相,并告诉汪诚:30 000多贯宝钞已被他用掉了1 123贯,剩下的还藏在南京聚宝门外秦淮河边的一民房内。汪诚获悉后岂敢懈怠,立即奔赴南京,向洪武帝汇报了案情。洪武帝马上让人上聚宝门一带去寻找那民房,最终找到了那笔早该归入国库的渔税款,并提拔了汪诚为户部司务。而对"徐应隆等尽行治以死罪",随后在颁发给全国的《大诰》中,朱元璋这样说道:"忘生舍死,偃兵息民,辟土开边,如此功归,赏不过二十万文,上者匹不过十表里。今此弊,户部试尚书茹太素首衔,张易公然作弊。若无余罪搅扰被监,设使无事而弊成。张易为之弊首,太素未知何如。呜呼!如许大钱粮,岂有联衔而忘其计者!"(【明】朱元璋:《御制大诰三编·安庆解课》第23,P712)

○ 建设部的窝案——充分利用手中资源,"用足用好"

上述这种官吏贪赃害民属于典型的上下勾结型,而下面要讲的则属于另一种,浑水摸鱼型。有个才子叫韩铎的,因为皇帝喜欢,洪武十五年被提拔为吏科给事中。两年后与同科给事中彭允达、吏部尚书陈敬等"将取到十二布政司儒士与谏院等各官,私下定拟职名,作见行事例,朦胧奏启"。皇帝朱元璋一时疏忽,没有认真细查,就批准了韩铎等人起草的官员任职名单。但没多久法司部门就发觉不对劲,以交结皇帝近侍的罪名,将韩铎等人判处斩刑。但朱元璋还是念及韩铎初犯,下令将其罢职,赋闲回家。可没多久洪武帝又想起了才子韩铎,下令让他到南京来任职。谁也没想到,不多时韩铎又因为工作有失,被发配到云南烟瘴盘江去劳改。几个月后又是洪武皇帝想念他,将他从云南直接调到了朝廷,任工部司务。

再说韩铎到了工部即建设部没多久就发现了秘密:原来这个天天在管造房起

屋、搭桥铺路的工部，比起自己原先任职的六科清水衙门不知要肥了多少倍，除了衙门口的石狮子，整个工部没有人是干净的。韩铎掌握了这些秘密后顿时就有了资本，将谁也不放在眼里，甚至还棰楚辱詈工部领导，而工部的那些领导干部因为自身屁股上不干净，只得忍声吞气。如此下来，本是小官的韩铎在工部的威望却越来越高，没过两个月，皇帝朱元璋就将他提拔为工部侍郎。

领导干部人事顿变，工部的"人民公仆"马上转变工作作风，积极向着新上任的韩副部长靠拢，并不时地给他点拨一些"笑纳"技巧。韩副部长本来是读书人、才子，智商高，现经点拨，情商也急剧提高，小试牛刀后，那心中爽得无法言语。不过时间稍稍一长，就觉得没什么新鲜的了，要不，就来点大的，刺激一点的。(【明】朱元璋:《御制大诰续编·韩铎等遭罪》第24，P636)

洪武十八年，韩副部长开始不断地将手中的"人力资源"转变为实实在在的商品经济：一次卖放木瓦匠顾受四等1 500名、土工孙贵等300名、木匠狄阿演等500名、木舱匠王富二等150名，又与工科给事中杨霖合伙卖放人匠100名，得钞13 350贯，给事中哈安得700贯，侍郎李祯得2 150贯，员外郎陈侃、主事郭升各分得1 800贯，郎中陈恭分得1 350贯，员外郎郝彬、主事邵炳、鲁瞻，各分得300贯，郎中侯恒礼分得200贯，杨霖又分得150贯，韩铎分得4 300贯。又一次，洪武十八年九月二十日，韩铎伙同侍郎李祯、员外郎王大用盗卖芦柴28 000束，得赃款钞14 000贯，侍郎李祯、员外郎王大用各分得3 000贯，主事张凤、司务宋原各分得2 000贯，韩铎分得4 000贯。洪武十八年七月二十七日，韩铎"与工部尚书徐本、侍郎李祯于奉天门奏，大胜关抽分场见在抽分木炭九十万斤，奏旨搬运。为无人夫，未准搬运。后两月余，发放搬运原奏炭数。不期(韩)铎窥俟万几之冗，以为朕必失记，故将前项炭数止存九万，余者尽皆分卖。着令搬运原数，其铎面欺，应对原奏炭止九万斤。知铎大肆奸顽，送法司穷问"。韩铎等人后来招认：贪赃枉法除转移隐匿外，实际舞弊赃款共有30 350贯，木炭810 000斤，侍郎韩铎得了8 900贯，侍郎李祯得了5 750贯，郎中侯恒礼得700贯，郎中陈恭得1 350贯，员外郎陈侃得2 400贯，员外郎郝彬得400贯，员外郎王大用得3 000贯，主事郭升得2 300贯，主事张凤得2 000贯，主事鲁瞻得300贯，主事邵炳得400贯，司务宋原得2 000贯，给事中哈安得700贯，给事中杨霖得150贯。整个建设部几乎成了贼窝，愤怒的洪武皇帝在查清案件后立即下令，将这些内贼一一处死。(【明】朱元璋:《御制大诰续编·韩铎等遭罪》第24，P636)

○ 本来是为洪武帝办事的钦差,到了淮安后却与当地的害民官吏沆瀣一气,贪污腐败,扰民害民

工部官本来是个"肥缺",一旦搞项目建设,就有了上下其手的机会。可有些部门在普通人看来就是个清水衙门,譬如都察院即相当于国家的监察部或者说是纪委,那是专门监察官场作风的机构,说白了,"清汤寡水",没什么油水可捞啊!不过这是你我平民百姓的视野,在有些人看来,监察部门或言纪委可谓是难得的好岗位,关键在于怎样将手中的权力用足用好。

洪武中期有两个国子监生,一个叫刘志仁,一个叫周士良,可能是由于在校期间积极要求进步的缘故吧,他俩一出校门就得到了洪武皇帝的重用,被任命为都察院监察御史,"为追问尅落课程等事前往淮安,暗行体察,明彰追问"。

皇命一下达,有人请吃,有人请喝,并如此这般地"教导"两位书生如何将手中的权力用好、用活。那么高深的文化知识都能倒背如流,这样的人生伎俩只要稍稍一点拨,刘志仁和周士良就心领神会了。只见他们来到淮安后,提取了大河、淮安两个卫的卷宗文档,然后一页一页地仔细查看。突然间映入眼帘的是,这些军方文档中记载着,洪武皇帝所竭力倡导要捉拿的地方害民官吏竟被人送到了这里。没有皇帝的同意,这样的做法是违规的,该怎么办,马上直接上报给洪武帝?不,从南京出发时哥儿们在欢送我们的酒宴上还反复告诫:监察就是整人,整人很危险,弄不好会引火烧身。与其这样,倒不如来个猫头鹰睡觉,睁一只眼闭一只眼,或者慢慢再说。刘志仁、周士良凑在一起,一嘀咕,主意就定了,"将积年害民皂隶人等收补军役"的资料放在了一起,对外放出话来,将要把它们上奏给洪武皇帝,但实际上只是吓唬吓唬两卫军官,"并不以状来闻"。(【明】朱元璋:《御制大诰三编·御史李志仁等不才》第39,P724~725)

可部队中的军官大多是草包,哪会想得那么多,一说到自己工作及工作单位出了问题,他们害怕死了,当今皇帝是什么人啊?到他那里"见上一面",恐怕活着出来的没几个人。那么眼下的这些事该怎么办?有人出主意,好酒好茶天天侍候好那两个朝廷钦差,至少说麻烦不会那么快就到来了,然后再在这两个钦差身上做些文章看看。

再说刘志仁、周士良自从来到军营起天天都有吃有喝,生活快活得赛过天上的神仙。不,还不能这么说,神仙毕竟是神仙,我们可是人,人是从动物演化过来的,因此人就保留了动物的某些本能,譬如男欢女爱啊,而这在现实军营里头就没有,这太乏味了。怎么办?正当刘、周两钦差为了发热的肉体苦恼时,卫所军官们早已

看出了问题,并开始忙活。他们利用军中的权力,将军费开支中的一部分拿来,到淮安城里买几个长得好的歌妓美眉,然后送到两钦差那里,供其消受。有吃有喝又有美女可供享受,刘、周两钦差好不快活。

不过话得说回来,这些快活都是由部队领导"孝敬"来的,而要想长久地享受下去,尤其那美女消费必须得有大钱啊。怎么能弄到大钱?经"高人"一番指点,刘、周两钦差就开始"搞活经济"了。有个叫陈五的当地巡阑(相当于地方上的收税官)利用职务之便,将收受到的税款占为己有。正当他做着大富大贵美梦之际,有人向淮安当地的官府告发了他。由此,到嘴的肥肉被迫吐了出来,陈五也被拘押了起来,等待朝廷派出的钦差来处理。

刘、周两人接受案子后一下子就来了灵感,收税官身上肯定有油水,我们就以他作为突破口。于是两个钦差与一个等候处理的巡阑官达成了默契:后者自此以后从淮安地界上消失,原本被他贪污了的税款由刘、周两钦差保管,天知地知只有那三人知。但这样一来,有个问题还是没有解决,就是那笔已经到了钦差大人腰包里的税款缺额如何向朝廷交差?不愧为高学历、高智商出身的人,刘、周两人一嘀咕,一项钦差大人拟就的"新政"举措在淮安出台了:官方对外公开说辞是,以前的税款缺额之所以很大,完全是由于当地顽民不缴才导致的。因此当务之急就是淮安地方政府要积极协助钦差大人,"帖下乡村,遍邑科扰(敛)"。(【明】朱元璋:《御制大诰三编·御史李志仁等不才》第39,P724~725)

就在再次征收税收过程中,有个叫鞠七的里长认识了刘、周两钦差,淮安当地的有钱人知道后纷纷找到鞠七,让他在钦差面前说说好话,能少缴就少缴一点,私下里另外准备了一笔孝敬朝廷钦差的钱财,通过鞠七送了上去。这样一来,刘、周两人仅经由鞠七就收受贿赂白银150两,黄金34两,宝钞25 200贯。那么对于那些"不听话"的小民,则"棰楚威逼"。有个叫夏良的小民就因为嘴犟被诬指为替害民官吏匿藏赃款而遭逮捕,且全家人都给牵连了进去,受尽了折磨。至此可以这样说,刘、周两钦差不仅没把洪武帝交办的事情给完成好,反而与当地的害民官吏沆瀣一气,将淮安地方上弄得乌烟瘴气,鸡犬不宁。

朱元璋听说后牙根咬得咯咯响,随即派出锦衣卫千户蒋福前往淮安去,捉拿刘志仁等新老害民官吏。刘志仁毕竟在朝廷待过,见到蒋福突然出现在眼前,立即明白,大势不好,事情弄大了,怎么办?在淮安地界上混的这些日子给予了刘志仁特别的启悟:有钱能使鬼推磨!想到这里,他从贪污受贿中拿出了白银70两、黄金4两,宝钞50贯以及棉布(明初棉布很珍贵的)等财物送给蒋福,求他在洪武帝前面多为自己说说好话。朱元璋知道真相后愤怒地说道:"呜呼!既已为恶,事已发露,方用取受之赃转赂于人,欲以求免,其可得乎!当其设计之初,把持军卫,然后肆恶贪淫,自以为不致败露,岂知罪恶贯盈,神人共怒,罪将焉逃!所以刘志仁等凌迟示众,以快吾被害良民之心。凡百有官君子,观之戒之。"(【明】朱元璋:《御制大诰三编·御史李志仁等不才》第 39,P724~725)

○ 县政府办公室主任如此"密切联系群众"……

中央朝廷大官大贪,地方小官也在想着法子利用手中的资源优势拼命地"捞钱"。徐州丰县县丞姜礼就是这么一个拼命"捞钱"的高手。县丞的工作主要是辅佐县令,做好税粮征收、徭役签派等。姜礼就利用这样的工作机会,到辖区内的老百姓家去坐坐、聊聊,"密切联系人民群众"么,谁要给他钱财,他就手下留情,签派的徭役既近又轻;谁家要是拎不清,那就有苦吃了。姜县丞通过这样下基层敛民宝钞的手段,逐渐地走上了发家致富的道路,不过并还不满足,还要向着"小康"努力。当时他在县里分管看押犯人,这人只要动动脑筋,"知识就能转化为经济"。姜礼利用自己工作的机会,经常找犯人谈心。犯人见到这样的"好领导",感动得五体投地,悄悄地将赃钱赃物存放的秘密告诉了姜县丞。姜县丞"主动热情"地帮助他们"保管"起钱物来。不过,钱物一旦到手,他就立即占为己有。这事后来给人捅了出去,姜县丞"为此作积年民害,拿到法司,发付修城"。没多久,他又被释免,降等续用。

就在准备上任新工作岗位之际,姜礼忽然想起了一件事:有个叫朱士廉的丰县人现在在南京宫廷中当值序班,尽管这是个小官,但属于皇帝的近臣,要是哪一天他管不住自己的嘴巴,在皇帝面前"胡说八道",岂不是要将我姜礼第二次作为积年害民官吏送到监狱或劳改处!想到这些,他来到南京,找到了朱士廉,悄悄地送上一沓宝钞,条件是要求对方为自己保守秘密。朱士廉脑子可清醒了,这钱是姜礼害民所得的,我能拿吗?姜礼见到朱士廉不肯收,马上就开导他了:"你现在不收,将来你丰县老家遇到服徭役时可没钱雇人代役了。再说人活一世,也就那么一会儿过去了,你干吗要那么清廉啊!"可朱士廉就是不干,最后还将事情上告了。皇帝朱元璋听后愤愤说道:姜礼自己的罪行刚被宽免,却又教人受赃,这是置人于死地!"愚莫甚于此,奸顽更何以加,遂致己身不免!"(【明】朱元璋:《御制大诰续编·教人受赃》第 26,P638)

在这场持续数年的捉拿害民官吏运动中,尽管许多案件发生在中央朝廷与地方布政司、州府县,但更多的则发生在大明帝国的社会底层。

福建东流江口河泊所官陈克素与辖区内的渔业专业户一起侵吞鱼课 10 000

贯,又勾结东流、建德两县官吏王文质等对外宣称:由于环境变化等因素,东流江口的河鱼随水迁徙,致使当地河泊无鱼可打了。但为了完成朝廷先前定好的渔业课税,"不得不"在东流、建德两县山民中按照人丁数平摊鱼课。最终,他们共敛得宝钞数万贯,随即将其中的 10 000 贯用以填补先前私吞的鱼课,其余数万贯几人偷偷地瓜分了。事情败露后,这些害民官吏都被洪武帝一一处死。(【明】朱元璋:《御制大诰续编·东流鱼课害民》第 34,P642)

○ 打着孝敬皇帝老子的名义乘机捞一票

古代时除了常规税收、赋役外,还有一种地方百姓必须要承担的变相赋税,叫做"解纳诸物"。这是古名,用今天话来说就是征收地方土特产,孝敬皇帝老爷。明初朱元璋为了减轻百姓的负担,规定"解纳诸物"由地方官府自行负责。但由于洪武时期对于官府的财政开支抓得很紧,"解纳诸物"所需的路费与途中盘缠都得由地方官府从百姓身上搜刮过来。这是当时官场上的一个"潜规则",其关键点就在于不要太过分就行了。但洪武初期有许多地方官吏为了个人仕途,就借着"解纳诸物"的机会,从老百姓那里拼命敛财,以便上京城后多住些日子,跟中央领导多沟通,图谋个人发展。为此,皇帝朱元璋特别下令,严加禁止。到了后来他就干脆规定:"解纳诸物"由地方官府派遣具体办事人员解送,并重申禁令,不准借着"解纳诸物"的名义向百姓肆意摊派费用。

但禁令归禁令,既然不允许地方长官亲自押送,又不让借此名义科敛百姓,而"解纳诸物"的费用总得要出啊。于是各地官府就想到了地方上的富户和大款,让他们来为地方政府代劳了。朱元璋听说后义正词严地指出:"这是故意虐吾良民!"为此他特别在《大诰》中指出:"凡在官之物起解之际,须差监临主守者。若是布政司、府州县不差监临主守,故差市乡良民起解诸物,因而卖富差贫,许市乡年高耆宿、非耆宿老人及英壮豪杰之士,将首领官并该吏帮(同'绑')缚赴京。若或深知在闲某人,或刁狡好闲民人教此官吏,一发帮(同'绑')赴京来。有司官吏精目是诰(即《大诰续编》),勿堕此宪,敢有故违,族诛之!何故极刑如是?盖谓此差一行,及至抵京仓库等处,朕一时不知,其不畏死之徒,往往刁蹬留难,动经数月弗得归还,或半载未归者有之,必贿赂而后已。当起解之时,有司诈此名色使用钱,已敛民矣。及其行也,令民自备,为因重复害吾良民。此等官吏,一犯族诛,为其害重也。"(【明】朱元璋:《御制大诰续编·民拿经该不解物》第 55,P657)

朱皇帝不仅放出狠话,要对借着"解纳诸物"名义坑害百姓的官吏灭族,而且还在《大诰》列出安庆龙南莲若湖河泊所官郑德荣等 8 人在洪武十九年三月前犯下贪赃害民罪状,作为全国捉拿积年害民官吏运动的参照或样板。

当然捉拿积年害民官吏还远不止上述这么一层意思,其概念应该是相当广泛。像前面我们讲过的常熟农民陈寿六捆绑县吏顾英到南京告御状、河北乐亭农民赵罕辰等人捉拿主簿汪铎押往南京,交与朱皇帝审判,等等,都应该算作是这场运动中的一个个好案例。

○ 皇家警察到常州出差,竟在当地娶妻、搞创收,过起甜蜜的小夫妻生活

除此之外,还有一些特别的人群所引发的一些特别的案例。

洪武中期朱元璋下令,从民间挑选一些家庭出身清白的"有力壮士"充任锦衣卫校尉,"随驾出入,因见好汉,着令四方打差",即说除了做好皇帝的安全保卫工作外,还让他们办些特别的皇差。朱元璋明确说了,之所以不用官衙里的皂隶、胥吏当跑腿的,就是怕这些社会边缘人群胡为害民。可他哪里想到,这些寄托了他所有希望的锦衣卫校尉,在脱离了皇帝视线下干出了比皂隶、胥吏所干的影响还要恶劣的害民之事来。

有一天,有人上奏说:常州府本该运来的城墙砖怎么老不见送来,我们南京城的城墙建设正等着用呐,应该派人去查查看!朱元璋听后当即派了周金保等8名锦衣卫力士奔赴常州去催促。哪想到周金保们上常州就如肉包子打狗,有去无回。朱皇帝想想:或许常州人正在赶制呐,等等再说吧。一等等了9个多月,他终于耐不住了,又派人上常州去查查看,这不查不要紧,一查简直要把朱皇帝气死!

原来周金保一行人到了常州,这是什么地方?江南富庶之地,那佳丽满街,柔声细语直把秘密警察周金保等魂魄都给勾走了,而要想得到吴人佳丽没有票子可怎么能行呢?此时的周金保顿时感觉金钱尤其珍贵,怎么办?想办法创收!自己既然是来这里催办城墙砖的,就以此作为突破口向没来得及完成任务的老百姓家去要,谁敢不给,就以违抗皇差的罪名加以威胁,小民们哪见过这样的阵势,于是乖乖地把家中值钱的全给了周警官。可周警官还不满足,因为此时他已在常州娶了妻子,成了家,开销大,为此要开辟新财路啊。周警官瞄了一大圈,主意有了,自己是锦衣卫力士,皇帝的特别皇差,多神气!地方上官老爷都怕他,他就假模假样地开始审讯常州府中的囚犯,给钱就放人,这下可让周警官大大地发了一笔,然后回家抱着美妻好好乐乐,且乐癫乐癫。

可就在周警官乐癫得什么都不知道时,皇帝的第二批秘密特使突然来到,将他从温柔乡中给逮了起来,并迅速地处死了他。(【明】朱元璋:《御制大诰续编·力士催砖》第81,P671~672)

○ 牙人——中间经纪人也是洪武年间打击的对象

还有一类在今天看来也是很特别的,那就是朱皇帝号召大家捉拿官牙和私牙,将其绑缚送往南京。这里讲的官牙和私牙是指官府的或私人的生意中间经纪人。在朱元璋看来这样的生意中间经纪人(当时统称为牙人),不像农民或手工业者那样,生产出实实在在的商品,可供交易,牙人买空卖空,会坑民害民,带来社会经济秩序的紊乱,所以下令严加禁止:"天下府州县镇店去处,不许有官牙、私牙,一切客商应有货物,照例投税之后,听从发卖。敢有称系官牙、私牙,许邻街坊厢拿获赴京,以凭迁徙化外。若系官牙,其该吏全家迁徙。敢有为官牙、私牙,两邻不首,罪问。"(【明】朱元璋:《御制大诰续编·牙行》第82,P672)

可我们中国人一向就特别聪明,明代人也不例外。皇帝爷你不是规定不准在"府州县镇店去处"设立牙行么,那么我就来打擦边球,看你洪武爷能拿我怎么着?应天府上元、江宁两县县民刘二、军丁王九儿等14人跑到距离京师100多里一个名叫边湖的小地方去开牙行,按照他们的设想:我们遵循了你洪武皇帝的指示,没有将牙行开在"府州县及人烟辏集村店、马头去处",而是弄在一个乡间旮旯里。好奇的读者朋友可能要问了:开什么商店、牙行不就是为了挣钱,而在乡间旮旯搞什么牙行,岂不是吃饱了撑着?不,人家来自"红太阳升起"地方的人可聪明呐,刘二和王九儿一边在边湖开牙行,一边招募地方上的地痞无赖在交通要道设卡,让来往做生意的人留下"买路钱"。谁要是不听话,他们要么扣押货物不放,要么"刁蹬留难,使客商不得其便"。(【明】朱元璋:《御制大诰三编·私牙骗民》第26,P714)

朱元璋听说后当即下令,将刘二等迅速捉拿到京师来,因为考虑到前番《大诰》中没有提到在乡间旮旯开办牙行、打擦边球该怎么处置,于是叫人给14个"牙行工作者"带上枷号,即在脖子上戴上沉重的方形木质项圈,然后再拉到人口密集的闹市区去罚站示众。一连数月,天天都这样,结果将人给活活"站"死了。"站"死了,活该!但朱元璋还不罢休,为了教育全国人民,他再次下令,将这些刁民家族迁徙化外即边疆地区去,并在《大诰三编》中又一次强调"此诰一出,所在人民,观此以为自戒,倘不奉命,罪同刘二等",即说严禁在任何地方以任何形式开办牙行,贻害商民。(【明】朱元璋:《御制大诰三编·私牙骗民》第26,P714)

○ 令人啼笑皆非又毛骨悚然的军中官吏害军害民之事

看了上述一系列案件,大家或许觉得:从中央到地方,没有一个官府衙门是干净的,正应了拆字先生所言:"什么叫官?官就是头上戴了一顶冠冕堂皇的官帽,多少还像点人,可下面是狼心狗肺、一肚子坏水的重叠僵尸。"对于这样的说法,虽然某些特殊材料所组成的"人群"不一定会认可,但我个人认为大致讲对了,且十分形象、尖锐、到位。中央与地方的官吏不好,常常会扰民害民,那么大明军队里的军官们是否也有这种违法犯罪行为?洪武帝发现:

"大同前卫百户李隆,为要买马,科军人孙德等钞449贯、布4匹、银4两入己。镇南卫百户杨应保科各军钞5贯入己,百户赵忠科各军米16石、钞75贯入己。叙南卫指挥夏晟,科各军茜草100斤做人事送人,又每旗科钉3 000个打船做买卖。宁海卫千户张麟、潘德,为改造铳甲,科各军钞87贯,各分入己。金吾后卫百户于保,为屯种买牛,科各军钞75贯500文入己。金山卫百户张敬,为买墙板,科各军钞30贯入己。莱州卫百户孙骥,为画图本,科各军钞26贯入己。河南卫百户侯显,为盖自己房屋,科各军钞80贯入己。这火(应为'伙',朱皇帝又写白字了)官人如此科敛害军。那小军每一月止关得一担儿(应为'石',朱皇帝写白字)仓米,若是丈夫每(们)不在家里,他妇人家自去关呵,除了几升做脚钱,那害人的仓官又斜面上打减了几升,待到家里,师(可能是凤阳土话,音为伐)过来呵,止有七八斗儿米。他全家儿大大小小要饭吃,要衣裳穿,他那(应为'哪',朱皇帝写白字)里再得闲钱与人。这千百户每(们),直这等无仁心,他关了许大俸钱,倒又去科敛害军。科这穷军每(们)的钞,回家去买酒买肉吃呵,便如将他身上的血来吃一般。吃了这等东西,有甚么长进,神天也如何肯。而今都发去边远充军去了,看他去做军时,果实过活得不过活得?"(【明】朱元璋:《御制大诰武臣·科敛害军》第9,P736)

"抚州千户张邦、董升等,将他自家的鹅鸭放在各门上,却着守门的军人,但有挑担米谷过往的,便去取要米谷来喂养。又但凡有客人出入,便以批引为由,多般刁蹬,有钞与他,才肯放过。他在那里如此害人,也不思量要长久,则是贪财泼做,卒至今日把职事弄坏了。有这等无知的愚夫!"(【明】朱元璋:《御制大诰武臣·守门阻挡》第10,P737)

"襄阳卫千户孙齐克落(即克扣,笔者注)各军月粮(各军士每月的口粮,笔者注)300石入己。千户周铭克落军人盐钞200贯入己。镇南卫百户周原德克落军人月盐33斤入己。福州左卫百户刘义克落军人盐钞22贯500文入己。台州卫镇抚钱兴克落军粮378石入己。绍兴卫百户王伯当克落军人盐钞9贯800文入己。定远卫百户靳允恭克落军粮18石入己。应天卫百户袁思诚克落军人屯种稻谷10石、小麦15石入己。沂州卫百户王仁美克落军人盐钞40贯入己。永州卫百户毛恩盟克落军人盐钞26贯入己。仪真卫百户刘仲贤克落赏军苏木22斤入己。平阳卫百户何敬克落军人赏赐钞100贯入己。事发,都贬去边远充军。那小军每每月关的粮，及关得些儿赏赐，全家儿都望着他，做官的不能抚恤他，倒又去克落了他的东西，也将心去度量一度量，果实过得去不过得去？这等无仁心的人，你怕他得长久，子孙出来怕会长进？"(【明】朱元璋:《御制大诰武臣•克落粮盐》第16,P740)

笔者仅摘自《大诰》中的三段史料，读者朋友看了后或许要哭笑不得。金、银、钞票果然是好"东西"，当官的贪污勒索也在人们的想象当中。但大明军中的军官似乎对士兵们所有的财物或其经手的东西都感兴趣，茜草、钉子、米谷……甚至月粮即士兵口粮，什么都要，一个都不能少，由此可见其贪婪的嘴脸。不过与之相比，下列军官之所作所为则更为可恶了:

"豹韬卫百户王德甫，为失去官木，打死军人任良。府军前卫百户王斌，为撑驾征北船只，打死军人俱德旺。羽林左卫百户阚秋，为领军斫竹，打死军人周添。镇海卫百户侯保，为看守船只，打死军人乔海秀。天策卫千户陈安，为烧砖，打死军人邬仲真。锦衣卫百户万成，为监造营房，打死力士于青。事发，都教偿命了。做军官的，务要抚恤得那小军好。抚恤得好呵，众军每(们)感戴，神天也欢喜。这等有阴骘呵，明日必然会长远，子孙出来也会长进。百户王德甫等，他将小军打死了，若是在阵上违了号令，便打死了也不妨，而今因些小事儿，都将他打死了。这等呵，如何不着他偿命！"(【明】朱元璋:《御制大诰武臣•打死军人》第14,P739)

一不小心，就被军官打死了，虽说事后洪武帝也曾予以明确的说法，一命偿一命，多少也让人们心里有所宽慰。但如些事实都有力地证明了，明代卫所制下兵士们的命运是何等之悲惨，军官坏蛋们是何等之可恶！不过话得说回来，人死了，死了死了，一死百了了，而最令人感到可恨的和最令人难受的可能就要数，当你还活着时当官的就肆意地侮辱你、折磨你。

俗话说得好:人生最大的仇与恨莫过于杀父之仇与夺妻之恨，而大明军中官吏偏偏在这等本不该为的"大是大非"问题上却"有为"了，于是悲剧一一上演。

○ 军队中情哥哥、情妹妹偷情好快活，只恨情妹妹的丈夫一直杀不死……

北平附近有个叫蓟州的地方，明初在那里设立了军队的卫所，有个叫宗聚的人出任该地卫所中的千户，即管1 000来号士兵，可能相当于军中的下级军官。民间有句俗语:官再小也是个官。这话有两层意思:一层是有人当官前还是人，可自当上官了就不再是人了，用老百姓的话来说就是衣冠禽兽;另一层意思是小官即使小到了不能再小的地步，但他还是代表官方的，往往盛气凌人，为非作歹。我现在讲的蓟州千户宗聚就是这么个恶贯满盈的小官。

蓟州地方军队中有个叫王群儿的兵士，其家中有个十分风骚的女人周氏，长得性感,正值风华正茂,男人们每当看到她时总感到有一团火焰在燃烧。开始时大家也就议论议论,谁也没有将它当回事,毕竟人家是我们当兵兄弟家里的人啊!可说者无心听者有心,部队小官千户宗聚听到兵士们的议论后顿时就起了歹念,经常找王群儿说话,让他出差去。王群儿一出差,宗聚就让其妻周氏来到自己家里陪夜。这样的免费性服务一多,原本男女身体需求与生理互慰的落水夫妻逐渐地变成了如胶似漆的生命鸳鸯,一旦有空隙,两人只要互递一个眼色就能快速地进入欲死欲仙的快乐天国。(【明】朱元璋:《御制大诰武臣·因奸杀人》第21,P743)

纸包不住火,时间一长,附近的人们就开始议论纷纷。王群儿即使再忙也总有回家的时候,看到老婆对自己爱理不理的样子,联想到人们的议论与那怪怪的眼神,他就开始审问妻子周氏。周氏尚有几分羞耻,不敢承认。盛怒之中的王群儿操起家伙就往周氏身上扔,随后又逮住她使命地打。被打的周氏一肚子"委屈",当然丈夫在家时她是不敢说的,乘着王群儿外出办事之际,她便溜了出去,直奔宗聚家。

看到泪美人身上青一块紫一块,宗聚心疼地抚摸着,并不停地问:"到底怎么啦?"这时周氏哭得更伤心了,一头栽在宗聚的怀里,不停地抽泣,过了好久才一一道来。说完后她问了:"你说要我,现在我家那个死鬼快要打死我了,你倒说该怎么办呀?"宗聚边抚慰怀中的周氏,边慢吞吞地说:"我说过的话没变,不过目前首要的事情就是要把他给除掉,这样你才可以名正言顺地做我的女人。做了我的女人,有你好衣服穿,有漂亮的金银首饰让你戴,比起做那个穷当兵的女人可不知要强多少倍!"周氏听到这里,觉得浑身上下格外痒痒的,她忍不住又问了:"你说除掉他,怎么个除法?"宗聚说:"你回家后只当什么事也没发生,然后找个空,模仿你丈夫的模样做个泥人,用铁钉把它全身给钉了,再将它埋到你家丈夫睡的床底下。"

周氏回家后依计行事,没多久她的丈夫王群儿就被厌镇病倒了,但过了好久人还没死。这时,一心想投到情哥哥怀里的周氏十分不安,有事没事总找借口外出,去找情夫宗聚商议:"怎么办?我家那个还没死,看他那样子,估计一时半会儿可能还死不了,你总该想个办法呀?"说完,泪如断线珍珠似地从她那绯红的脸腮上滚落了下来。几天没看到楚楚动人的情妹妹,欲火中烧的宗聚决定豁出去了,他告诉她:"你马上回家去,我去弄些毒药来,将那个穷当兵的小命给结束了。"(【明】朱元璋:《御制大诰武臣·因奸杀人》第21,P743)

周氏拿到了情夫给的毒药,将其和在医治丈夫之病的药里头,再叫丈夫喝下。不明就里的王群儿喝了,然后继续睡他的觉。站在一旁等他死的毒妻周氏一下子慌了神,怎么回事?居然丈夫吃了毒药还不死,莫非剂量不够?随后在给丈夫喂药时加大了毒药的剂量,可谁知王群儿吃了还是安然无恙。这下可把周氏给气歪了,这可怎么办呢？她又去找情哥哥宗聚。宗聚这才意识到：自己给假药贩子给骗了，不过眼下不是跟假药贩子算账的时候，关键的关键是要迅速结束王群儿的生命，否则自己与他妻子的事会越来越被动、越来越难堪。想到这里，只见宗聚那三角眼一转，一个更加歹毒的念头蹦了出来。他告诉周氏："你回家继续装作什么事也没有，继续认真侍候丈夫，然后等到他熟睡时，用铁斧去砍他的头部，这下他可死定了。"为情欲所迷甚至可以说是已经走火入魔的周氏居然听从了这样伤天害理的毒主意。但毕竟是女人，可能是力气小的缘故，也可能是由于心里紧张，周氏举起铁斧时将其用反了，以铁斧背对着丈夫头上连敲了两下。这下可好了，着实把她丈夫给敲"醒"了，他大喊救命。四周邻里听到后纷纷赶了过来，救下了王群儿。

这下王群儿彻底愤怒了，病刚好，他带了《大诰》就上路，想到南京去告状。奸夫宗聚听说后立即派出军中小兵兵前去拦截，他们抢了王群儿身上的盘缠，并将其随身携带的《大诰》给烧了。事态越弄越大，皇帝朱元璋知道后这般说道："似这等无理的人，若不杀他呵天也不肯！"（【明】朱元璋：《御制大诰武臣·因奸杀人》第21，P743）

○ 洪武时期大明军中的"西门庆、潘金莲杀人案"

小军王群儿遇上害军官吏宗聚够倒霉的了，不过再怎么说，他还算幸运，被奸夫淫妇3次暗害却都能歪打正着地躲过了，但并不是所有的人都能像他这样"福星高照"。

云南曲靖卫指挥牛麟是个粗人，粗人有粗人的好处，考虑问题简单、直接，尤其在部队里那就相当吃得开，大碗喝酒，上阵玩命。牛麟自从接受上级命令，跟随傅友德等上云南战场后就没少立过功，积功升为卫指挥，相当于军中中高层领导。当了领导没有美人在身边，这可怎么行啊。君不见现在的领导身边美人如云，用不了多久，这些有着非常功夫的美人也当了领导。这是多么值得炫耀的事情，或者至少说明领导有水平、好功夫。想当年牛麟大概也是这类有水平的"好领导"，当大明军打下云南后，动物的本能开始呼唤着粗人迅速出击，在美景似画的彩云之南弄了一个与自己儿女差不多岁数的云南美人，以解决夫妻分居两地带来的性饥渴问题，这在当时明军中可谓比比皆是。不过牛麟这个军中领导比起别人来，他可"牛"的是，自己娶的小美人长得别特漂亮，简直是花中牡丹，可把牛领导美得一天到晚乐癫癫的，出门办公事带上小美人，到茶馆去喝茶也带上小美人，甚至在军中喝酒也要带上小美人。当时云南军中的普遍现象：几乎是喝酒成风，而每当喝酒时，牛领导总要让心爱的小美人同座，其同僚或领导见了军中突然多了个美人，就争先恐后地前来敬酒取乐。不多时牛领导不牛了,撂下小美眉,自个儿进入了甜美的梦乡。(【明】朱元璋:《御制大诰武臣·男女混淆》第22,P743～744)

再说那个云南籍的小美眉见到老夫君睡了,自个儿又要应付那么多老夫君的敬酒兄弟,这不是为难么! 就在这个关键时刻,"英雄救美"的动人故事再次上演了。比牛麟职位大一点的军官柳英前来解围,并在酒宴结束时眉目传情地将她送了回去。一次、两次、三次……小美眉心中有了变化,想想自己天天酣睡的老夫君,再看看眼前这位精明能干、通达心灵的柳领导,我应该……当母狮子处于发情期,只要钟情的公狮一靠近,本来难以搞定或无法想象的事情瞬时就能完成了。而自从与柳领导有了那么一次后,云南小美人的心全给掳走了,甚至有着一日不见如隔三秋的感觉,两人为了天天和时时刻刻都能在一起,最终想到了一个万全之策:由柳英去弄来毒药,让小美眉出面骗牛麟喝下。牛领导从此再也没有一点办法牛了,而柳英与小美人的丑事也随之很快地败露了出来。皇帝朱元璋听说后,对于牛麟的悲剧充满了惋惜之痛:"有这等无知的,妇人家如何着他与男子汉吃酒,吃了一会酒了,自家的性命也被人害了。若是(男女)有分别呵,那(应为'哪',朱皇帝写白字了)里有这等事。"随后他下令,将"指挥柳英与那妇人,都将杀了。今后敢有这等的,拿住一般罪他。"(【明】朱元璋:《御制大诰武臣·男女混淆》第22,P743～744)

贪金、贪银、贪粮、贪草……直至贪色贪欲,弄出人命,如果我们将军中发生的一系列害民害军案件与地方官府里所发生的贪污腐败、扰民害民之事做个对比,就不难发现,其危害程度与负面影响可以说是不分上下,而记载着惩治军中害民害军者的《大诰武臣》恰恰颁发于洪武二十年十二月,那时正是地方上开展的捉拿"积年害民官吏"运动进入了高潮期,由此看来,我们完全可以将军中对害民害军者的惩治视为大明全国性捉拿"积年害民官吏"运动的一部分。但若要从历史实际做个更加详尽辨析的话,那么这两者之间还并不完全合一,甚至有着一定的差别:

第一,地方捉拿"积年害民官吏"运动开始得时间早,至少说在洪武十五六年时已经开启了(详见前文),而军中惩治害民害军者则开始得可能比较晚,大致是在洪武二十年,以《大诰武臣》中所载的第二条《常茂不才》为例,其事件发生在洪武二十年九月,"郑国公常茂坐前惊溃虏众,罪当诛,上念其父开平王之功,释之,安置于广西之龙州"。(《明太祖实录》卷185)

第二,在地方捉拿"积年害民官吏"运动中,要是有人被告发为"积年害民者",哪怕是犯了些鸡毛蒜皮的小事,一旦查实,往往不是被枭首示众,全家迁往化外,就是被处以极其残酷的刑罚:砍足、断指、凌迟甚至灭族。因此从这个角度来讲,洪武帝完全可以称得上是残酷"一帝";而对于惩治军中害民害军者,他则显得无比之宽大。军中贪腐之事一旦案发,害军害民者一般都被处以远边或极边充军,几乎很少被杀头。不过要是闹出人命来了,那朱元璋会毫不客气地下令,一命偿一命,也就此而已,没有像惩治地方"积年害民官吏"那样杀杀一大片。这或许在相当程度上体现出洪武帝"抑文重武"的治国精神吧。

第三,惩治军中害民害军者时,朱元璋没有大搞群众运动,只是将一些做得过分的军官惩治一番,"割割疯长的野草头"。这样做的有利之处就在于稳定军队,不利之处则是军士地位低下、逃军等问题始终得不到很好的解决;与此相比,地方捉拿"积年害民官吏"运动则搞得轰轰烈烈。朱元璋发动人民群众造"贪官污吏"的反,且为底层受害者撑腰,从这样的视野来看,朱元璋也完全可以称得上是"千古一帝"。不过话得说回来,洪武帝发动群众、开展运动从整体上来看毕竟很有限,他所真正依靠的还是他"闹革命"、抢夺江山的"根本"——军队,《大诰武臣》中无意识地向我们透露了这方面的信息:"凡抄劄胡党及提取害民官吏人等,都差军官军人前去。"(【明】朱元璋:《大诰武臣·卖放胡党》第17,P740)但在发现、查抄胡党和害民官吏时,朱元璋除了依靠广大的人民群众外,还实施了制度性的奖励机制:一旦有人发现或受命查抄胡党和害民官吏,那么其罪犯的"家财不问多少都将与他"。(【明】朱元璋:《大诰武臣·卖放胡党》第17,P740)

由此可想,难怪洪武中后期胡党与蓝党分子"层出不穷","源源不断",也难怪捉拿"积年害民官吏"运动不断升级,越来越杂。

● 捉拿"积年害民官吏"运动的升级与异化

洪武十九年十二月《御制大诰三编》颁行全国,朱皇帝十分得意地跟人说:"朕制《大诰》三编颁示天下,俾为官者知所监戒,百姓有所持循。若能遵守,不至为非,其令民间子弟于农隙之时讲读之。"(《明太祖实录》卷182)在这《三编》中朱元璋对以前捉拿"积年害民官吏"运动做了阶段性的总结。该总结首先立足于《大诰》给全国臣民指明了正确的方向,将害民者分为巨恶、中恶和小恶。《大诰》首编一出,全国良善之民就有了指路灯和尚方宝剑,大家纷纷行动起来,那些"设诸不正邪谋之徒","一施(奸恶)即为良善之所擒";《大诰续编》一出,"中恶之徒,将欲迁善而不能。云何?以其恶已及人,盈于胸怀,着于耳目矣,终被良善所擒";可还有那"巨恶之徒,以为不然",因此全国臣民要以《大诰》作为指导,将那些不遵《大诰》、仍有"不善之心"的"凶顽之人"统统逮起来治罪。(【明】朱元璋:《御制大诰三编·序》,P677~678)

随后在《御制大诰三编》中朱皇帝详细开列出了各地应该捉拿的害民官吏:"朕

设府州县官,从古至今,本为牧民。囊者所任之官,皆是不才无籍之徒,一到任后,即与吏员、皂隶、不才耆宿及一切顽恶泼皮,夤缘作弊,害吾良民多矣。似此无籍之徒,其贪何厌,其恶何已,若不禁止,民何以堪!此诰一出,尔高年有德者民及年壮豪杰者,助朕安尔良民。若靠有司辨民曲直,十九年来未见其人。今后所在有司官吏,若将刑名以是为非,以非为是,被冤枉者告及四邻,旁入公门,将刑房该吏拿赴京来。若私下和买诸物,不还价钱(即从老百姓那里'买'了东西不给钱),将礼房该吏拿来。若赋役不均,差贫卖富,将户房该吏拿来。若举保人材,扰害于民,将吏房该吏拿来。若勾捕逃军力士,卖放正身,拿解同姓名者,邻里众证明白,助被害之家将兵房该吏拿来。若造作科敛,若起解轮班人匠卖放,将工房该吏拿来。若民从朕命,着实为之,不一年之间,贪官污吏尽化为贤矣。为何?以其良民自辨是非,奸邪难以横作,由是逼成有司以为美官。其正官、首领官及一切人等,敢有阻当(应为'挡'字,朱皇帝文化水平有限,写白字了,笔者注)者,其家族诛!"【明】朱元璋:《御制大诰三编·民拿害民该吏》第34,P702)

由洪武皇帝御制《大诰三编》序言和内容不难看出,到洪武二十年上半年为止,已经开展了好多年的清除"积年害民官吏"运动已经进入了深化、升级阶段,原本朱元璋经常说要捉拿的是"积年害民官吏",现在这个概念似乎变成了"不才无籍之徒"和不善的恶人,外延越来越宽泛,运动也变得越来越复杂。

○ 县丞将正常办理公务的工作人员当做"积年害民官吏",最终自己却被凌迟处死

江西九江府下属的德安县本是一个并不知名的小县,但在洪武晚期却因为出了个很"牛"的县丞陈友聪而为全国臣民所熟知。当时九江府为了响应朝廷的号召,做好经济作物种植统计工作,先后27次下发公文到德安县,要求德安等县如实统计当时茶树等类的经济作物种植数量与面积。因为种植茶树等在当时要缴纳较重的税课,所以大户人家种植了可都不愿意如实上报,更不乐意别人来当地统计和核实。但上面催得很紧,主管此项工作的德安县丞陈友聪不得不将当地的里长唐祐等人召来,合计着如何应对上面的统计与核实。唐祐等人明白得很,裤子是从下面穿上去的,上面再厉害也不能跳过县衙里眼前的这位老爷,于是他们就给陈友聪送了罗绢布10匹,宝钞80贯。厚礼已送,县丞陈友聪再也不来麻烦他们了。至于上面九江府的27道公文,在陈县丞眼里就等于废纸一堆。(【明】朱元璋:《御制大诰三编·臣民倚法为奸》第1,P681)

再说九江府久久见不到德安县的回音,就派出了府衙陈推官直接上德安县去

催问。哪知道还没到陈推官开问,德安县丞陈友聪早就召集了县里的吏典、弓兵、里长、茶农等30人一下子将九江府衙陈推官给围了起来,暴打一顿,随即将其作为"害民官吏"绑缚起来,收监在县衙大牢,然后给朝廷赶写了一个奏启本,说九江府衙陈推官如何害民。奏启本写好后,陈县丞派了在县衙里当差的易达、马兴等押着被作为"害民官吏"的陈推官等人直接上南京,颠倒是非,来个恶人先告状。

幸亏洪武朝廷没有轻信陈县丞的上奏,在接到奏本后朱元璋派了监察御史上九江去,先会同九江知府黄维清一起合计着怎么处理这件事,最后两人决定一同上德安走一趟再说。可刚到德安县衙,就被陈友聪召集的茶农周鼎等一大帮子人围到了屋子里,软禁了起来。最终陈友聪的恶行还是败露了出来,洪武帝下令将其凌迟示众。(【明】朱元璋:《御制大诰三编·臣民倚法为奸》第1,P681)

○ 嘉定三代村官逼迫同村老实人为害民弓兵……最终落得个枭令示众

因为贪图小财物,将本该做好的本职工作废弃不管,利用和歪曲皇帝《大诰》中的指示——捉拿"害民官吏",德安县丞陈友聪可算得上是大明公务员中绝对的"豪杰",将领袖的指示、中央的政策真正地用足、用活了。不过,对此你千万别大惊小怪,当时不仅有官员会这么做,而且还有普通百姓也在动着这样的歪脑筋。

嘉定县民蒲辛四在洪武皇帝《大诰》颁示前曾充任当地的耆宿,耆宿即所谓的"老者",可能有点类似于现在的生产队长吧。蒲辛四家有些财产,但可能算不上大户,不过他人很精明。因为有些财产,如果按照《大明律》的禁止"分家析产"律条去做,岂不是他们蒲家要多交税粮、多服徭役!为此他就利用自己的社会影响力早早地将家给"分"了,父子三人三个家,这样一来都成了小门小户,不用承担那么多的赋税徭役了。至此,蒲辛四还不满足,又给儿子弄了个里长当当,孙子弄个甲首当当,其实蒲家三代人三个"村官"还在一个锅子里吃饭,可他们一大家子在地方上顿时就牛了起来。(【明】朱元璋:《御制大诰三编·臣民倚法为奸》第1,P682)

当时蒲家附近有个老实人叫周祥二的,可能脑子不太听使唤,或者说是人太老实了。蒲辛四看准了就从他下手,今天向他开口要这个,明天要那个。老实人周祥二看到蒲家三代村官哪敢不给呀。可给了没多久,朝廷《大诰》颁示天下,洪武皇帝号召全国臣民将"积年害民官吏"绑缚起来,送交官府或朝廷处理。蒲辛四见到运动来了,生怕那个叫周祥二的拿了皇帝的《大诰》到南京去告状,于是就来了个先下手为强,父子三人一起将周祥二绑到自己的家里,"用油浸纸撚插于周祥二左足大指、二指两间,逼令招为害民弓兵",接着又将周祥二绑缚到南京。这时已经受尽了折磨的周祥二再也忍不住了,当着大明通政司官的面痛斥了蒲辛四一家为害乡里的罪行,并向朝廷官展示了自己受难的证据——足上火烧疮肿。这下可激怒了洪武皇帝,他当即下令将蒲辛四父子三人"枭令示众",并"籍没其家"。(【明】朱元璋:《御制大诰三编·臣民倚法为奸》第1,P682)

就在机关算尽的嘉定奸民蒲辛四父子三人被"枭令示众"之际,同县乡民沈显二等人也在利用全国兴起"尽逮积年害民官吏"运动的"有利时机",导演了一出出的人间丑剧。

○ 嘉定乡村中真假"积年害民官吏" 玩火者必自焚

沈显二是嘉定农村里的人,农村里人的主要职责是种好那一亩三分地,至于国家政治和什么运动呀,一般来说与其并无多大关系,但这个沈显二可不是这样的"本分人"。他生性奸诈、气度狭窄,动不动就与人结怨,且事后一直耿耿于怀,图谋报复,谁要是摊上他,可倒大霉了。对于一般村民而言,要想避开沈显二这个瘟神尚能做到,可对于村干部里长顾匡来说可难了,国家徭役的签派、夏秋税粮的征缴等一系列的基层准备工作,都得要他一家一家地上门宣传和发动。记不得到底哪件事情,里长顾匡没做到位,让村民沈显二从此怀恨在心了。见到全国性的"尽逮积年害民官吏"运动正在展开,狡黠的沈显二顿时有了灵感,他来到隔壁邻居周官二家"闲聊",说起朝廷正在开展运动,要尽逮积年害民官吏,我们何不乘着这个机会,将平日里老催咱们缴税纳粮的里长顾匡给逮起来,作为"积年害民官吏"送上去。这样,一来从此以后就没人再敢来催逼我们,二来捉拿了"积年害民官吏",朝廷还要好好地奖赏我们,听说我们嘉定北边的常熟有个农民就因为捉拿了"积年害民官吏"而被洪武皇帝奖赏了万元宝钞呐。周官二听到这里,终于被说动了。随后两人一起动手,将当地的里长顾匡给绑了起来,押着他前往南京。(【明】朱元璋:《御制大诰三编·臣民倚法为奸》第1,P682)

同村的耆宿曹贵五等人听说后很为惊讶,虽说朝廷正在开展"尽逮积年害民官吏"运动,可我们村里的里长顾匡还没有什么大的害民行为呀,他出来做些催税纳粮的工作是其本分,也是朝廷要求这么做的。这个沈显二太奸了,一旦真的将顾匡送到了南京,我们这些村干部和村里人就别想再过太平日子咯!想到这里,耆宿曹贵五立即动身,向南京方向拼命赶去,终于在苏州阊门赶上了沈显二等人,并对他们进行了劝导。谁知沈显二却似一根木头,什么也听不进去。耆宿曹贵五只好将带出来的自家钞150贯、绸1匹及银钗银镯等财物奉献出来,沈显二这才同意放了里长顾匡。顾匡是个胆小的人,自己莫名其妙地被当做"积年害民官吏",从嘉定弄到了苏州,这影响够大了,尤其这样没头没脑地回去,倒不如自己上南京去说说清楚。想到这里,他就直接继续往西前行。耆宿曹贵五看到自己劝和了半天得到这样的结果,顿时也感觉问题越来越复杂了。顾匡继续进京,势必要将自己这个劝和人也带去,与其被别人带去,倒不如自己也去说说清楚。于是他就与顾匡商议,一同进京。在旁的周官二看得傻眼了,怎么会一下子变成这样?原来是我的邻居沈显二太奸了,他倒好,拿了耆宿曹贵五的钱物逃走了,我反而也变得说不清楚了,与其这样,倒也不如与曹贵五、顾匡一起上南京去说说清楚。至此,三人"达成一致",共上南京。(【明】朱元璋:《御制大诰三编·臣民倚法为奸》第1,P682)

而就在这时,携带意外之财逃得不远的沈显二听说,3个同村乡民没回嘉定,而是继续西向前行,他顿感不好,事情到了这一步实在是太出乎意料了,我能跑哪儿去?算了,不如也随他们3人一起上南京去说说清楚,说不定我还能被从轻发落呐。想到这些,沈显二也调头向西走,在淳化镇追上了周官二、顾匡、曹贵五3人。不见也罢,见了冤家沈显二,3人气不打一处来,后经一番合计,觉得事情弄到今天这般田地,一切之一切都是由沈显二这个奸人首先做的孽,倒不如我们将他给绑起来,作为"积年害民官吏"给送上去,这样也好解解气。于是最先设局的害人者沈显二瞬时变成了"积年害民官吏",尽管心里火啊,气啊,可没办法,自己已经被人给捆上了,怎么办?就让人给送上去?诬陷乡人、拿人钱财,我都干了,3个证人,即使有一百张嘴我也翻不了这个案子啊,倒不如找个机会逃了算了。

再说周官二、曹贵五、顾匡3人自捆住了沈显二后心里爽透了,喝点酒,好好休息一下,再上大明通政司衙门去告状也不迟。人的身心一旦放松了,往往会将眼前潜在的危险也给忘了。沈显二看到3人都喝得差不多了,就偷偷地磨掉了身上被绑的绳子。就在被押往通政司衙门的路上,他找了个机会,逃了。俗话说:眼睛一眨,老母鸡变成鸭。现在连那只"鸭"也没了,这可怎么办?有人已经在通政司衙门那里通报了,洪武朝廷可不是好糊弄的,动不动就要出人命,这,这,这……3人急得团团转。就在这过程中,周官二和曹贵五相互使了个眼色,然后立即动手,将最先被当做"积年害民官吏"的顾匡给捆了起来,来应付眼前的窘境。这下顾匡可比窦娥还要冤,你说这周围的人哪个是可靠的啊?也容不得他多想了,通政司官衙里的人早就不耐烦,问案开始了。时至今日,顾匡只好豁出去,原原本本将事情的经过给复述了一遍。

一场由"尽逮积年害民官吏"引发的闹剧终于真相大白,洪武帝听了底下人汇报的案情后气得胡子都抖了,当场说道:"民有奸顽者若是,所设计谋,寻常语言说出来,人也早晚不能晓解其计。似此奸顽,四人皆枭令示众,籍没其家!"(【明】朱元璋:《御制大诰三编·臣民倚法为奸》第1,P682)

○ 延安府甘泉县领导真"聪明",将上面催办公务的府衙领导当做"积年害民官吏"给逮了,正做着美梦时,却迎来了死神

看了上述案例,有人可能要这样说:这些案子都发生在当时的京师地区,哪朝哪代京师不是"政治向化"的模范区域?因而大可不必为洪武时期嘉定等地开展的"尽逮积年害民官吏"运动升级与异化而感动惊讶。那么正是仅京师地区才出现这样的情况吗?我看也未必,不妨再看下面例子:

陕西省延安府甘泉县在普通人的概念中肯定很陌生,可洪武中晚期这里发生了一起较大的案件,引发了全国人民的注意。

甘泉县地处比较偏僻,自然条件不好,那里的百姓收入很少,加上出任该县的知县郑礼南是个没有什么道德操守的人,所以尽管当时洪武朝廷一再予以当地税收方面的优惠,但这个县还是拖欠了国家大量的税款。洪武十八年时"尽逮积年害民官吏"运动已在全国各地展开,由于运动概念比较广泛,甘泉县的上级主管衙门延安府不敢马虎,尤其是对长期拖欠国家税收的下属县衙看得特紧,前后48次下发公文到甘泉县去,催促他们赶紧将洪武十八年及其以前的拖欠税款给补缴上来。可哪知甘泉知县郑礼南却置若罔闻,一概不理。被逼无奈的延安府衙主政官员只好派遣府上知事李固特地上甘泉县去看看,到底是怎么一回事,顺便让他暗中调查一下传闻中知县郑礼南贪赃之事,并反复叮嘱:不要直接上甘泉县衙去,防止郑礼南他们以"尽逮积年害民官吏",倒钉一耙。(【明】朱元璋:《御制大诰三编·臣民倚法为奸》第1,P680)

就说知事李固这个人还挺不错的,他忠实执行朝廷与知府大人的指示精神,到了甘泉县境内就歇脚在抚安驿站,然后再派人上甘泉县衙去,通知知县郑礼南和主簿娄本前来问话。

再说甘泉县衙听到来人报告后,知县郑礼南压根儿就没把这事放在心上,吩咐主簿娄本去面对知事李固,他自己则一心继续搞他的经济创收。

要说这个叫娄本的县主簿(可能相当于县委办公室主任)可是个人物,他接受了县老爷的命令后,立即召唤了20多个县里衙役和打手,气势汹汹地冲向抚安驿站,"将知事李固扯去纱帽,揪住头髻,再三揉辱",最后还将他当做"积年害民官吏",关押到了甘泉县衙里。

事情越闹越大,延安府闻讯后上报给了洪武朝廷。朱元璋下令严厉处置甘泉县的真正害民官吏——知县郑礼南与主簿娄本等。(【明】朱元璋:《御制大诰三编·臣民倚法为奸》第1,P680)

正当甘泉知县郑礼南与主簿娄本执导害人闹剧之际,距离其上千里外的夔州府下属的开州,其地方父母官郭惟一也以逮"积年害民官吏"为名,精心设局,害人害民,最终却也害了自己。

○ 开州同知郭惟一讨厌"破坏地方安定团结"的耆老董思文,将他打成"害民官吏",结果弄出了4条人命

郭惟一是开州同知,按照朱元璋早期政权的规制:"州同知视府通判"(《明太祖实录》卷24),因此说郭惟一是开州很有权势的地方副职领导。那时的大明正在建国创业,恢复经济与社会秩序,作为地方副职领导的郭惟一理应协助主政官搞好开州建设,可他"惟务设计脏贪害民"。见此,开州耆宿董思文等看不下去了,几次找机会对他进行劝谕:"同知大人,你看当今朝廷中央已经多次下文,以安民为本;洪武皇帝还亲自御制了《大诰》,将全国各地官吏害民的事情公布于众,这就是要官场上的人们引以为戒,同时也告诉百姓们,遇到官吏侵害时不要怕,拿了《大诰》进京告状。所以以小老二之陋见,大人您就不应该再像过去那样了,要改弦更张,'务要安民'啊!"

"什么,什么,你这个老头,说本官没有安民?来人呐,将这个不知自己几斤几两的乡野村夫给我轰出去!"刚说完,只见衙役们操起了家伙,直往董思文这边打来。董老头哪见过这样的阵势,赶紧跑走。(【明】朱元璋:《御制大诰三编·臣民倚法为奸》第1,P680)

按照洪武皇帝的设计,作为编制外的"半公务员"地方耆老主要是负责地方教化,协助当地官府做好社会治安、税粮征收等工作,也有规诫地方官员之职责。而洪武时期的耆老又大多比较正派,甚至有的还有点迂。董思文就是属于迂的那一类,见到开州同知郭惟一在错误的道路上越走越远,他心急如焚,后来又几次前去规劝,可毫无作用。那怎么办呢?董耆老一根筋到底了,既然洪武皇帝号召大家学习《大诰》,规诫官员,可这官员不听,还在害民,我发现了不去南京举报,这是我的失职啊!想到这些,董耆老带上《大诰》由开州启程,向东边南京方向进发。可他还没走出开州地界,郭惟一就听人来报:"同知大人,大势不好,董耆老要上南京去告御状了!"郭惟一一听后恶狠狠地说道:"嘿,想跟我斗,该死的老头,你有什么呀?小心我玩死你!"随即带上几十号衙役火急火燎地追赶董思文。老人行动慢,没多一会儿,就让郭惟一给追上了,随即被押了回去,当做"害民官吏"收监在禁。

至此,郭惟一还没有从愤怒中缓过神来,你董老头不知好歹,想跟我玩,我不仅要整死你,而且还要将你的一家人也弄得不得好死。不久他下令,将董思文一家四

口全部当做积年害民官吏拘押起来,百般虐待。不多时,活生生的四条人命都给郭惟一"玩"没了。

听到亲人去世的噩耗,董思文的侄儿悲愤交加,但又不敢大声哭诉,只好偷偷地找了个机会,溜出开州,直赴南京明皇宫,将董门惨案原原本本地复述了一遍。朱元璋听后命人立即赶赴开州,捉拿罪大恶极的积年害民官吏郭惟一等,然后将其"枭令示众"。(【明】朱元璋:《御制大诰三编·臣民倚法为奸》第1,P680)

就在西北各地接二连三发生让人哭笑不得的"尽逮积年害民官吏"的事件时,大明东南地区也在演绎着相似的故事,所不同的是故事版本要"高档一点",演绎起来更富戏剧性一点。

○ 原本想诬陷别人为"害民官吏"和逃军,结果自己被凌迟处死

松阳县有个奸民叫杨均育,自小起就不学好,到大了,那就更不用说了,耍奸使滑,坏事做绝,但又不留什么把柄给别人,所以一直能逍遥自在,且愈发猖狂。同为松阳县的一个名叫叶惟宗的县民不知怎么得罪了杨均育,杨怀恨在心,一直伺机报复。洪武中晚期,朱元璋号召全国人民共同行动起来,捉拿"积年害民官吏"。看到运动在各地轰轰烈烈地展开,一个又一个谁也说不清到底是不是"积年害民官吏"的"案犯"被逮捕归案,杨均育顿时来了灵感,我何不利用这样的机会搞死老冤家叶惟宗!想到这些,他的脸上顿时露出了奸笑。

随后一份原告署名为叶惟宗的诉状被递到了县衙里头,所告之事:叶允名系积年害民老吏,叶允槐系逃军。对于积年害民官吏,政府要重点打击;而对于逃军,政府也要竭力追捕。所以松阳县衙接到诉状后顿时觉得案情重大,非地方所能审理清楚,于是派了一位专职人员(官书上称承差人)陪同杨均育到京师南京,直接上法司衙门去告状。而根据明初的司法规制,无论你当是原告还是被告,案件没有审理清楚前都要被拘押起来。原本告黑状的杨均育听人讲过这方面的"常识",所以当他将状子递交上去后,立即找了个机会偷偷地溜了。

没过几天,中央法司部门派了专人到松阳县来提取"案犯"。松阳县衙予以高度的配合,不费多时,就将状子上所写的原告叶惟宗、被告叶允名和叶允槐都给一一逮到了。就在开始审理时,原来接手杨均育告黑状的衙门承办人一脸的惊讶,当初的原告不是这个人呀!更令公堂上人惊诧的是,原告是三兄弟中的老二叶惟宗,被告中的一个是他的哥哥,另一个是他的弟弟,是三兄弟之间打官司?衙门里的人十分清楚,像这种兄弟间打官司一般都是与家族、财产有关,几乎不曾有与政治类相干的。这怎么回事?无论中央法司部门的专员还是松阳县衙的人再怎么努力,

就是弄不清楚这里边到底是怎么一回事。既然案情重大、复杂，最终大家一致决定，将其弄到南京去，慢慢审理吧。(【明】朱元璋：《御制大诰三编·诡名告状》第32，P718）

到了南京，"原告"叶惟宗还是重复在松阳县衙里说过的话："我叶惟宗从小到大还未曾走出过我们那个乡村，根本就没来过京师南京，今天被逮来是第一次来京城，也根本未曾到过什么法司部门告什么状。更为荒唐的是，所谓我要告的人一个是我的哥哥，另一个是我的弟弟，我们三兄弟之间好得很，不需要借用这种下三烂的手段……"法司部门派人核查"原告"叶惟宗所述的，皆一一得到证实，再看看眼前的"原告"叶惟宗老实本分，根本不像是告黑状的奸人。这下案子该怎么了结呢？法司部门上请洪武帝，朱元璋发话：既然这样，就放了"原告"叶惟宗等人吧！(【明】朱元璋：《御制大诰三编·诡名告状》第32，P718）

"原告"叶惟宗虽说是个老实人，但老实人往往有牛脾气，自己莫名其妙地被人暗算了，这到底是怎么一回事？我一定要搞搞清楚，到底谁在暗搞我？于是出狱后他没有马上回松阳去，而是在南京城里暂时租住着，想自己来查实，解决问题。平日里他在大街小巷走走，顺便看看京城里的风土人情，农村人第一回来京师，心里充满了好奇与激动，日子就这么一天天地过去了。

忽然有一天，叶惟宗在大街上邂逅了家乡熟人杨桃儿。杨桃儿顿时露出一脸的惊讶，心想：老实巴交从来不肯走出家乡的叶惟宗怎么会跑到南京来了？当即他就问开了。叶惟宗一五一十地将事情的经过给说了一遍。杨桃儿听完后说："叶惟宗，我告诉你，搞你的人就是我们同乡的杨均育。"叶惟宗惊讶不已，反问道："你怎么知道的？"杨桃儿说："嗨，别说了，我俩摊上了杨均育这个奸人可算是倒大霉了。我原本跟他也没什么联系，有一次经过他家时，刚好看到他将毒药放进了药罐子里。不久之后传来消息，他母亲死了。随后他将毒死母亲的事情赖在我的头上，你说这人命关天的事我能不火吗？于是从那以后我就开始偷偷地跟踪他，想看看他到底想干什么？从松阳出来我一直跟踪他上通政司衙门，就在那衙门之前，我冲了上去，摁住了他，从他身上搜出了一份告状书，落款原告的就是你，所以我知道你被人搞了。但当时我顾不了那么多，就直接上都察院去告杨均育的状，而后他被拿住，囚禁起来。现在案件已经问清且判下来了，那个该死的奸人杨均育被判凌迟处死。"(【明】朱元璋：《御制大诰三编·诡名告状》第32，P718）

被人诡名告状，背上"奸人"恶名的叶惟宗虽然历经了诸多的磨难，但最终尚能还以自身的清白。可在轰轰烈烈的清除"积年害民官吏"大运动中，不是所有的人都能那么幸运的，也不是所有的案子都能水落石出的。

○ 糊涂案：原本我是来检举揭发胡党分子的，怎么被打成了"积年民害"者？

潘行，京师金坛人，国子监生出身，毕业后被朝廷委任为江西乐安知县。金坛与乐安虽然同处于江南地区，但两地距离还是蛮远的。远离家乡的潘行在乐安上任后时间稍稍久了一点就感到有点寂寞，不过好在这时出现了一个对他来说有着很大影响的人物——他的同学周公焕。周公焕也是南京国子监毕业的，毕业后被朝廷任命为太平府同知，但上任没多久，老家乐安就来人报丧。按照那时的规制，即使你当再大的官职，一旦家里有丧，就必须回家守制。就这样，在太平府当领导还没几天的周公焕回到了家乡乐安县。守制是件耗时又枯燥的事情，周公焕料理了老家丧事后就一直干等着。就在这时，有人告诉他：我们县里来了一个新知县，叫什么潘行的，据说还是南京国子监毕业的大学生。周公焕一听就来精神了，潘行就是自己在南京国子监学习时的同班同学，两人关系一向不错。想不到他毕业后来到我的家乡当父母官了，就好像是老天爷安排好似的。周公焕一阵狂喜，老家人都以为他是个书呆子，就他叔叔周德泰知道后没讥笑他，相反反复地询问侄儿：到底是不是真有那么巧的事情——洪武年间官员籍贯回避很严格，很少有亲友在地方衙门里当主政官的。周公焕说："叔叔，咱们讲什么都没有用，改日上县衙去走一趟不就什么都明白了。"（【明】朱元璋：《御制大诰三编·朋奸匿党》第37，P722）

当周公焕带着叔叔周德泰来到乐安县衙时，潘行笑容可掬地迎了出来，老同学又在家乡团聚，激动之情就别提了。作为叔叔的周德泰将这一切都看在眼里，他可是个有故事的人，早些年曾出任太平府旌德县丞，洪武初年因为工作上的事情受到了刺面罚役的处置，可能苦役还没服完，他就找了个机会偷偷地溜回了家乡，并就此隐居了下来。明朝官员俸禄本身就不高，人称七品芝麻官的县令月俸禄大约2石，县丞则更低，周德泰又是在工作中被突然处理的，想必他的俸禄积蓄更是寥寥无几，加上脸上刺过字，做什么事都不方便，只得隐居老家过了这么多年，昔日风风光光的旌德县丞而今早已变得捉襟见肘。不过好在他脑子还算活络，见到侄儿与家乡父母官原来是同学加好友，自己充当官衙中"捐客"的念头油然而生。由于是官场上的老前辈，周德泰说什么在侄儿周公焕和知县潘行面前都很有分量，而原本还是书生的周公焕、潘行有着这样的前辈调教也由"不食人间烟火"开始变得"与时俱进"了，甚至成为了时代的"弄潮儿"。（【明】朱元璋：《御制大诰三编·朋奸匿党》第37，P722）

乐安县有个叫陈添用的人，原本就是个普普通通的老百姓，劳动、吃饭、睡觉就是他一年到头周而复始的"必修课"，有个女人陪陪就算是他前世修来的福分了。就这么一个如同小蚂蚁一般的平头百姓忽然有一天政治觉悟大提高了，眼睛也变得雪亮了,他来到了乐安县衙检举揭发,本县富户罗本中是潜伏着的胡惟庸党人。多少年了?快要10年了,胡惟庸死得连骨头都可能烂没了,居然还有胡党分子潜伏在我们县?这似乎是在讲故事。所以乐安县衙里的官老爷听完举报后,压根儿就没把它当回事。可有人却把它当回事了,且还特别认真地对待。这个人是谁?就是被检举者罗本中。罗本中在乐安当地算是个有钱人,但有钱并不能解决一切,相反常常会招来是非。

早些年就听人说,有个叫廖庆芳的乐安县民到官府那里去告状,说罗本中是胡惟庸的行财人。罗本中害怕极了,说我行贿谋反头目胡惟庸,这岂不是说我也是胡党,这还了得,要灭门的啊!不过转而一想,既然有人说我行贿当年大明一人之下万人之上的丞相胡惟庸,说明上告的人及其周围的"看客"都有相同的情结:"仇富"。想到这里,罗本中就把传闻中的上告人廖庆芳、地面上有影响的人物叶志和及一些邻居共计58人一起请来吃了一顿饭,然后将家中所有积蓄的钱财、谷物什么的统统散发给大家。这样做的目的就是我们中国人经常说的破财消灾,财物生不带来死不带去,再说要是真被扣上胡党分子的帽子,那就不是破财的小事了,而是要被灭族的啊!所以说罗本中这样大散钱财就是为了买个平平安安。

可哪知道这事传开后,人们还在说罗本中是潜伏着的胡党分子,这下可怎么办呢?犹如热锅上蚂蚁一般的罗本中到处找人想摆平这事,可乡村里的人就那么个视野,你越想澄清的事情,他们给你传得越夸张、越神奇。有人讲罗本中最近到了外地去躲起来了;有人说不是的,他没躲起来,是上了一个福建与江西交界的地方去了,听说那里发生了和尚彭玉琳起义,他原来是想请彭和尚派兵来乐安摆平事情的,可不知怎么的,他现在又回来了……流言是可怕的,有时也是致命的。对于说者来说,大多也就过过嘴瘾,而对于听者来说,那就未必是过过瘾了。就在人们议论纷纷之际,乐安县民陈添用一夜之间醒悟了好多好多,听说南京城里的洪武帝最恨的就是胡惟庸什么党人,本县富民罗本中要真是胡党,我检举揭发成了,岂不也就发大财了!(【明】朱元璋:《御制大诰三编·朋奸匿党》第37,P722)

县民陈添用想到的是一个层面,其实还有更深的层面,乐安县要是真有一个潜伏了近10年的胡党分子,那地方官衙里的人就有逃脱不了的罪责啊!所以当陈添用米到乐安县衙里告状时,知县潘行顿时感觉头都大了,这可怎么办?

潘知县潘行把自己的为难之处跟周公焕、周德泰说了,周德泰捋着胡须,表现出一副胸有成竹的样子,然后一五一十地说了他的锦囊妙计。听完后的潘知县一脸惊讶,问道:"这样能行吗?"周德泰拍着胸脯说:"肯定没问题!"既然老同学叔叔、"老革命"都说没问题,那就让他们去操办吧,潘行就此也就不再过多问及了。

随后被指控为"胡党"分子的罗本中被带到了县衙,周公焕、周德泰和潘行向他讲起了事情的来龙去脉。可还没有听完,罗本中已经瘫倒在地了。等到醒来时他问的第一句话就是:"怎么办?这上告者岂不是要将咱们罗家斩尽杀绝啊!"众人纷纷上前规劝与安慰,好在罗本中也是见过世面的人,仔细想想这里面可能还有回旋的余地,否则今天知县老爷干吗不立即逮捕我呢?想到这里,他立即从家里取出好多金银钱财,送给了周公焕、周德泰和潘行等。(【明】朱元璋:《御制大诰三编·朋奸匿党》第 37,P722)

见到火候差不多了,周德泰等就开始向罗本中如此这般地建言献计:"你让你家公子罗伯彰写个状子,状告那个指控你为'胡党'的陈添用,说他'强占有夫妇人'等,然后在状子的落款日期上写前一点,弄好后送到我们县衙里,这样一来,陈添用状告你罗财主为'胡党'分子纯属于妄告或者叫挟私报复,你被指控为'胡党'之罪名不就没法成立了。"听到这里,罗本中竖起了大拇指,不停地赞叹道:"高!高!高!"

经高人指点迷津,罗本中顿感拨云见日似地,回到家后就与自己的儿子开始行动起来,没费什么周折,一份状子弄得差不多了,就少一个证明人——里长的签字。他们找到了本乡的里长。没想到该里长一口拒绝,理由是不愿意做假证。这下可惨了,忙乎了半天,满怀的希望立即变成了绝望。罗本中自己也不清楚是怎么走到县衙的,更不明白来这里下一步要干什么。

见到霜打茄子似的罗本中,周公焕、周德泰立即明白了一大半,叔侄俩嘀咕了一阵,然后找到潘行说:"罗本中的事情看来还真不那么简单,与其求人还不如求己。潘知县,你可想到,这几年来朝廷一直在倡导的政治运动是什么?"潘行说:"除了清除'胡党',还有的就是'尽逮积年害民官吏'。"周家叔侄说:"对啊,朝廷说的'尽逮积年害民官吏',这个概念很宽泛,按照洪武皇帝原话:'尽逮积年民害者',这里边的'民害者'主要是指有权有势的扰民官吏,但也可指危害一方的无赖和恶霸什么的。"还没听完,潘行就惊呼起来:"你们不说,我倒还没联想到这事。"随后他下令:"来人呐,把破坏地方安定团结的陈添用给我抓起来,将他与'积年民害柳召生等共 13 人,枷钉起程',押赴京师!"(【明】朱元璋:《御制大诰三编·朋奸匿党》第 37,P723)

就在押赴京师的路上,可能有高人指点,陈添用什么也不在乎,就是手中一直抓住了一本朱皇帝御制的《大诰》。有人问他:"你都已成了被告了,拿着这东西还要它干吗?"陈添用说:"我们乐安知县不明是非,我要到南京去告御状。"有人将这话告诉了潘行,潘行毕竟是刚刚当知县的年轻书生,特别爱面子,听说县民陈添用要去告御状,他脸上就挂不住了,顿时口出狂言:"让他去告,'上位(指皇帝)如今也绕(饶)我三个死罪,他终不告四状。'"在旁的周公焕、周德泰叔侄听后觉得不太对劲,赶紧示意潘知县不要再说了,而后三人又在一起嘀咕了一阵,此时潘知县觉得可能自己说了过头话,再说将本来来告"胡党"的陈添用反倒打成"积年民害",确实做得让人气不顺啊,人要是有了怒气和怨气,什么样的事情都可能做得出的。想到这里,潘行立即叫来衙门皂隶杨添,让他与周德泰一起火速追赶押解陈添用等人的队伍。还好,毕竟是县衙老爷发话追赶,没多一会儿,在一个土名大岭的地方给追上,当场开释了陈添用。(【明】朱元璋:《御制大诰三编·朋奸匿党》第37,P723)

可意想不到的是,这个叫陈添用的人也是一个犟头,明明我来告胡党的,反倒被你们弄成了"积年民害"者,现在又要放我了,想堵我嘴巴?没门!老子继续上南京去,一定要到洪武皇帝那里去说个清楚!

潘行听说"一根筋"陈添用直接上南京去了,顿时心里害怕透顶。洪武皇帝是什么人?简直是阎王投胎来的。还是赶紧想办法弄个补救方案吧,随即他下令,将原先押送陈添用的弓兵胡士亨等叫到县衙大堂上,如此这般地分析了一下事态的发展。胡士亨毕竟也是经常在外混的人,立马意识到现在问题的严峻性,感觉唯一能做的就是与知县大人一起"同舟共济"。没多一会儿,一份由乐安县衙出具的上告状子写好了,状子主要内容是说:"积年民害陈添用等在被押往京师的途中,路经进贤县的深山老林处,乘着押送弓兵疲惫不备之机,将其反绑在树上,而后打开了枷锁,拼命逃窜,现可能已经逃往京师,倒钉一耙,上告御状……"(【明】朱元璋:《御制大诰三编·朋奸匿党》第37,P723)

其实就在这份由乐安县衙撰写的状子送达明皇宫时,陈添用告御状都已经告完了。朱元璋听后立即派人进行了核查。没多久,又一起所谓的清除"积年民害"事件之真相大白于天下。(【明】朱元璋:《御制大诰三编·朋奸匿党》第37,P723)

由上可见,原本秉着为民、爱民和保民宗旨的清除"积年害民官吏"大运动或言大风暴,至此已经全面开花,且运动层面也越来越广,甚至还发生了如上述那般的异化。而在这个过程中,有一个为过去人们不曾注意到的事实,那就是洪武十九年十一月二十五日后颁示的《御制大诰续编》中出现了大量清除社会惰民逸夫案例,由此不仅标志着清除"积年害民官吏"运动增添了新内涵,而且预示着运动新阶段的到来。

清除社会逸夫惰民　以求每方寸土安宁——洪武十九年(1386)前后

社会逸夫惰民是笔者沿用了当时的官方说法,实际上逸夫惰民就相当于我们现代社会中所说的游手好闲、不务正业者。这样的社会边缘人群往往是社会不安定因素的"制造者",因此在朱元璋眼里也属于重点打击对象。

● 社会逸夫、惰民的界定——宽泛概念

朱元璋在《大诰》里对这些社会边缘人群的称呼并不统一,有时称其为"逸民"、"逸夫",有时称其为"惰民",有时称其为"游食",等等。不过我们从这么多的形象称呼中大致能猜出这些人干什么的,"逸民"、"逸夫"就是一天到晚不干活,坐享其成,这个概念中应该包括懒汉子"惰民",穷得什么都没有又什么也不想干的人。有朋友说还应该将现代社会的"二奶"、"二爷"等也算在内,我看也差不多。"游食"这个名字就更妙了,你想:一个人一天到晚,吊儿郎当,不务正业,走来走去,就像当今"三陪小姐"赶场子那般,甚至连"三陪"都不如,"三陪女"可以"卖笑"混饭吃。可这"游食""卖笑"还不一定有人会要呐,即使有富婆要包养,让他吃软饭,那也是极少数,而大多数"游食"可没那么幸运,更何况古时候女人绝没有现代某些女人那般无耻,所以"游食们"首先要解决的还是"食"的问题;而要使得自己能不劳而获地吃好穿好,且有钱花,就得要动脑筋弄钱呀,于是坑蒙拐骗随处上演。除此之外,还有一种也是游食或说逸夫蒙钱的"好路径",那就是结交官府或想办法在官府里谋个差,哪怕是临时工或没编制的也行,然后狐假虎威地欺负百姓,骗吃、骗喝、骗睡……这类人就是朱元璋开国起便要严厉打击的官衙中的胥吏或言编制外的"准胥吏"。
(【明】朱元璋:《御制大诰》;《御制大诰续编》;《御制大诰三编》)

● 松江捉拿害民衙吏案中案——清除社会逸夫惰民运动的"导火索"

洪武十九年,正当大明全国性的清除"积年害民官吏"运动如火如荼开展之际,松江送来了一批害民胥吏,当时朱元璋命令都察院审理该案。案件一经审理,令人吃惊的事情给曝了出来:尽管洪武开国之初就严格官衙胥吏编制、严禁衙役役民、害民,但地方官府的实际执行状况却令人瞠目结舌。就一个松江府衙编制之外,可能包括临时工一类的胥吏衙役多达近千号人。这些人往往没什么固定的职业,一天到晚游手好闲,给人感觉是像在政府里头帮忙、跑腿。那没编制,他们靠什么为生?"专于衙门阿附役吏皂隶,夤缘害民。吏,其名曰正吏,曰主文,曰写发;皂隶,其名曰正皂隶,曰小弓兵,曰直司;牢子,其名曰正牢子,曰小牢子,曰野牢子。此三

等牢子,除正牢子合应正役外,余有小牢子、野牢子九百余名,皆不务生理,纷然于城市乡村扰害吾民。"(【明】朱元璋:《御制大诰续编·松江逸民为害》第2,P623)

案件审到这里,皇帝朱元璋大为愤慨地说道:"官贪于上,吏卒横加虐害于下,其吾松江之良民,岂不哀怨而动天乎!朕闻之,愈加宵衣,不遑宁处!"于是在颁示的《大诰》中他强调:"于是复诰,再与吾民约:从吾命者,五福备于身家;不从吾命者,五刑备坐于家身。所以约者,里甲要明,户丁要尽。户丁既尽,虽无井田之拘,约束在于邻里。除充官用外,务要验丁报业,毋得一夫不务生理。是农是工,各守本业,毋许闲惰。巨贾微商,供报入官,改古之制,常年守业。消乏不堪,复入官报,更名某业,不许在闲。此诰既出,贤者、良者互相劝勉,乐天之乐。呜呼!诰由此而不遵,未有不刑者也。"(【明】朱元璋:《御制大诰续编·松江逸民为害》第2,P623~624)

要小民们遵命守约,各守本业,毋许闲惰和混迹于官府衙门,目的就是想从根本上消除社会逸夫惰民或言闲散人员。但话得说回来,种子发芽与生长是有一定的土壤、气候等方面的条件,松江之所以有那么一大批社会逸夫惰民或言闲散人员混迹于官府衙门,主要根基就在于官府衙门"容留罢闲,擅便滥设祗禁吏员等"。由松江想到附近的苏州,再扩大就是京师地区和整个南方地区,甚至是全国,朱元璋派人进行了一番明察暗访,结果发现这是带有普遍性的一大政治与社会公害。之所以如此,甚为关键的可能还是各地官府衙门对其危害没有充分的认知,甚至是纵容。由此看来,很有必要对全国范围内各级衙门中已经发现的存在"容留罢闲"和藏污纳垢问题发出严厉警告和实施坚决清理,铲除逸夫惰民混迹于官府衙门的生存土壤。为此,洪武帝在《大诰》中设立"专条",不厌其烦地详述说道:

"容留罢闲,擅便滥设祗禁吏员等项,律已有条。所在诸司往往故违律法,委身受刑,容留此辈,以致剥削吾民。每每加罪于此等官吏,人谁不知?今洪武十九年,有司仍然故犯。一,溧阳县知县李皋,容留闲吏在乡,结党害民,裹狎皂隶潘富等非为。一,苏州府知府张亨等,将屡犯在逃黥刺之吏分付(咐)常熟县参充县吏。黄通等五名在吏在逃数次,一得承行文书,结党下乡虐民,得钱多少,拆字戏云。其云:且如得钱一万,乃呼一方,得钞一个,更称一撒。呜呼!剥吾良民脂膏,不知足而不知惧,拆字终日以为戏尔。是官是吏,其罪可得而免乎?一,长洲县丞吕直等,容积年害民野牢子叶清甫等四十三名营充弓兵;顽民周子能等一十七名把持县事,说事过钱;周继先等十二名专一恃顽,替人出官;逃囚朱璿等六名,纵容在县。如此长恶,罪在不赦。一,嘉定县知县张敬礼等,纵容闲吏陆昌宗匿过,复入衙门,把持官府,以秋粮为由买批下乡,骗诈小民。一,浙江按察司佥事王翰等,故纵绍兴逃军杜康一等一十四名在乡扰民,告发到官,又行迁延不问。宪司本以除恶,乃令纵恶,罪将焉逃?一,高邮州吏顾仲可等并书手一十三名,已经造罪,黥刺回家,仍在州教唆词讼,结揽写发,扰害良法。一,南昌府新建县丞郑宗道,容留罢闲官吏杨杰等在县说事过钱。一,连江县土著猾吏郑世环等三十二名,在乡结党害民,致使本县以状来闻。各吏罪将焉逃?"(【明】朱元璋:《御制大诰续编·容留滥设》第73,P667~668)

见此有人可能要说,社会逸夫惰民游手好闲,骗吃骗喝骗睡,哪朝哪代没有?混迹于官府衙门,包揽词讼,拉大旗作虎皮,扰害良民,历来就没有绝迹过,有必要这样大惊小怪吗?有必要这样严刑峻法、大动干戈吗?朱元璋却不这么认为,在他看来,逸夫惰民、市井之徒,这类人就是国家与社会不安定的制造者和隐伏着的动乱隐患,必须要从根本上加以彻底清除。谁要是不明白、想不通就翻翻我现在下发下来的《大诰》,看看这些逸夫惰民都干了些什么,看看他们的危害有多大,你就会明白本皇帝从严惩治这些无籍之徒的一片苦心了。

"民有不能修福而造祸者,无如苏、松两府市井良民中习顽不良之徒,造祸有如是耶,人皆市井之徒。民有四业,此等之徒,一业不务,惟务好闲,结构官府。此等之类,松江一府坊厢中,不务生理交结官府者1 350名,苏州坊厢1 521名。呜呼!务业者有限,此等不务生理者如许,皆是市井之徒,不知农民艰苦,余业费心。此等之徒,帮闲在官,自名小牢子、野牢子、直司、主文、小官、帮虎,其名凡六。不问农民急务之时,生事下乡,搅扰农业。芒种之时,栽种在手,农务无隙。此等赍执批文抵农所在,或就水车上锁人下车者有之(古时候没有机械或电力抽水,农田灌溉不是牛车拉水就是人力踩踏水车取水,笔者小时候还曾见过),或就手内去其秧苗锁人出田者有之。呜呼!公务有不急者,尚不夺农时,况无事乎!今二府不良之徒,除见拿外,若必欲搜索其尽,每府不下2 000人,皆是不务四业之徒。呜呼!此等之徒,上假官府之威,下虐吾在野之民。野民无知,将谓朕法之苛。野民止知如此,不知此等之徒,上假朝廷,下假官府,朕朝治而暮犯,暮治而晨亦如之,尸未移而人为继踵,治愈重而犯愈多,宵昼不逞宁处,无可奈何。设若放宽,此等之徒愈加昌炽,在野之民,岂得安生,呜呼艰哉!刑此等之徒,人以为君暴;宽此等之徒,法坏而纲弛,人以为君昏。具在方册,掌中可见,其为君者,不亦艰哉!朕除此无籍之徒,诸处不良之徒,见朕是诰,当戒之哉,勿蹈前非,永保吉昌。设否此诰,身亡家破矣。戒之哉,戒之哉!"(【明】朱元璋:《御制大诰续编·罪除滥设》第74,P668)

◉ 清除社会逸夫惰民运动的指导性"文件"——御制《互知丁业》等

至此朱元璋还不放心,随即又发布了《互知丁业》的诰令:要求全国人民互知丁业,用今天话来说,就是发动群众互察,实行群众监督,看看哪家还有逸夫、逸民和游食。一旦发现,邻里或亲戚就必须将其绑缚起来,送到南京,交由皇帝处置;要是邻里或亲戚碍于情面或顾及其他什么的而不敢下手,任由逸夫逍遥自在,或混迹于官府衙门,或作乐于市井之中,一旦发现"有犯非为,捕获到官,逸民处死,里甲四邻,化外之迁。"(【明】朱元璋:《御制大诰续编·互知丁业》第3,P624)

而后洪武皇帝又连续发了三个诰令,对全国各地开展禁绝游民、逸夫、逸民运动做了具体的时间限定,即接到《大诰》之日起的一个月内,"仍前不务生理,四邻里甲拿赴有司(官府);有司不理,送赴京来,以除当所当方之民患";"四邻里甲不能拘拿赴官赴京,此人(指逸夫)或为盗,或帮闲为吏、为皂隶,所为不善,犯之日,四邻里甲同坐其罪。的不虚示。"(【明】朱元璋:《御制大诰续编·再明游食》第6,P626)

● 形形色色的逸夫惰民害民害人

尽管朱皇帝一而再再而三地大诰天下人民共同行动起来,严厉打击游食、逸夫等不劳而获的社会寄生虫,但逸夫害民腐化事件还是时有发生。

○ 嘉兴府逸民组建"山寨版"朝廷催粮队,沿着大运河一路骗吃骗喝……

浙江嘉兴府有7个逸民,以徐戬为首,私下里找刻印者刻了一枚催粮官的印章,装在一个大的印章盒里,再用丝绸布包裹起来,背在身上。每当各地解送税粮上南京时,他们就在沿河岸边走边寻找下手的目标。7人不停地高喊:"催粮,督责!"再说船上解送税粮的人都是从农村里出来的,没见过什么世面,大多也不认识催粮官长成啥样,看到徐戬等7人的派头,就误以为真是朝廷催粮官出来了,一旦对方开口敲诈了,也就任由他们。这样一来,徐戬等7人骗吃骗喝,从嘉兴一路骗到了江都县扬子桥。到了扬子桥,因为考虑到这一带正是税粮转运的中接站,徐戬等逸民就摆出了更大的架势了,占了一间民屋,弄了一张桌子,然后再将那枚伪造的催粮官印特地放在显眼的地方,搁上笔墨纸砚,装作盘点检查税粮的模样。老实巴交的农民们为了能早早地交掉税粮回家去,就毫无保留地按照徐戬等人随意开口索要的缴纳。就为了这个缴纳,当时的税粮船排起了长龙。刚好有个监察御史外出耳闻此事,觉得十分好奇,于是就来到了江都一探究竟,发现原来是徐戬一伙社会渣滓在耍奸害民,当即令人将其抓获,送往京师南京,交由洪武帝处置。(【明】朱元璋:《御制大诰续编·俏家》第23,P635)

○ 本来上滁州去管理军屯的王成却让人家军人妻子轮流陪宿

游民、逸夫或言社会渣滓祸害百姓,一般来说,往往具有这样一个特点:要么他

们依仗官府或当官的,拉大旗作虎皮;要么他们与官府或当官的穿着连裆裤,一同作恶,从中渔利。

有个锦衣卫千户官叫王成的,受洪武皇帝的派遣,上滁州去管理那里的军屯。千户在大官云集的京城南京是相当不为人们所重视的,可到了地方上一下子变成了"大官"。由于远离京城,又没带家小去,时间一久,王成就想起女人来了,怎么解决这个问题?一些跑腿的看出了王领导的内心秘密,顺势介绍军人王和卿、刘信两家的妻子如何如何美艳,直把王千户说得心里痒痒的,让他老想着怎么弄到手。其实这也不难,跑腿的如此这般地一说,王和卿、刘信两家的妻子就开始轮流为王千户提供免费的性服务。

本来是去管理军屯的,一下子皇差变成了找"三陪"的美差。皇帝朱元璋听说后气得直跺脚,咆哮道"似这等不才无籍之徒,如何饶得他",随后下令将其统统重刑处置。(【明】朱元璋:《御制大诰武臣·奸宿军妇》第 22,P743)

● 为何"与官府有关系"的逸夫、惰民害民害人事件屡屡发生?

朱元璋处置逸民、游食或言社会渣滓算是严厉了,一人犯事,不仅全家受罪,就连乡邻也得受到株连。但像游食这类社会渣滓害民事情还是屡而不绝,这到底是为什么呢?我想不妨从三个方面去理解:

第一,逸民、游食历朝历代都有,用我们现在社会中耳熟能详的话语来讲,这些"二流子"要彻底清除干净,那几乎是不可能的。

第二,逸民也罢,"二流子"也罢,说到底,还是社会制度所造成的。英国有人对强奸犯及其子女作了跟踪研究,发现强奸犯没有遗传性,罪犯就是罪犯,罪犯的儿女未必一定成为罪犯。

第三,在中国传统的专制社会里,当农民太辛苦,做手工业者太劳累,做生意风险太大,读书考科举又是何其不易,但只要你与当官的或官府沾个边就会好处多多。你看那当官的出来多威风啊,开车的、拎包的、弓着腰献媚的、还有美女自动送上床的……老百姓最怕的就是那些当官的,你要是有什么事找官府去办,非得掉一身皮不可,非得被折磨得不像人样,由此人们终于"醒悟":尤其让当官的折磨着,倒不如痛痛快快给一些,图个方便;美女们也这么想:不就是让当官的快乐一下,日后再将丑事捅出去,反正他当官的都不要脸,我要脸干吗呢?再说当官的天天喊着自己是最正确的,跟着他们难道还有什么不正确?!因此在中国传统社会里,与官衙能攀上关系这是一本万利的大好事,是前世修来的福分,由此人们就不惜甘冒杀头的危险也要"潇洒走一回"！

◉ 洪武帝对害民逸夫惰民惩治的升级

可当年的草根皇帝似乎不懂这些，反倒认为逸民、游食或言社会渣滓的存在是因为用刑用典不严所造成的。为此，他加大了治理的力度，在《大诰》中再次宣布："今后敢有一切闲民，信从有司，非是朝廷设立应当官役名色，而于私下擅称名色，与不才官吏同恶相济，虐害吾民者，族诛！若被害告发，就将犯人家财给予首告人。有司凌迟处死！"（【明】朱元璋：《御制大诰续编·闲民同恶》第62，P661）

从原先一人犯事，全家与四邻迁徙化外，到后来的一人犯事，全族诛灭，洪武皇帝对逸民为害的处置明显加大了。虽说被处理或言清理的是社会渣滓、边角料，但这样的人群在每个地方、每个社会角落都存在；因此说，清除社会惰民逸夫的覆盖面特别广，如此下来，由原先清除"积年害民官吏"衍生出来的运动中的运动，反倒直接影响了大明帝国基层社会的稳定，有人对于当前的形势与帝国开展的运动发出了"并不和谐"的声音。对此，洪武帝朱元璋又运用绝对专制皇权政治发起了"罪妄言者"运动，即清除胡说八道的舆论危险分子。

运动深化罪及妄言　清除潜在舆论危险——洪武二十三年（1390）

大明开国起运动一场接着一场，先是洪武四年甄别天下官吏，以打击全国各级机构中的政治投机分子和潜伏的政治异己分子为主要对象；洪武八年和洪武十八年爆发了"空印案"和"郭桓案"，朱元璋穷追猛打，清理大明政权内的经济腐败分子；洪武十三年开始追查胡党，清除大明行政系统内具有潜在危险的功臣勋旧以及不太紧要的军界将领。有意思的是尽管主犯胡惟庸早早地被处死了，但这个追查了10多年的胡党大案越查，却越能发现其犯下的罪孽，牵扯到案的人也越多，就连淮右功臣勋旧的核心人物李善长整族人都被卷入其中，惨遭杀戮。而几乎与此同时，洪武帝发动的尽逮天下官吏积年为民害者运动和清除社会惰民逸夫运动又在全国各地如火如荼地开展起来，"诚实的、可爱的"朱元璋亲自制定了《大诰》四编，诰示全国人民，同时也给我们后人忠实地记述了当年运动高潮时期的一些真实的案例，使得我们较为清晰地了解到当年"洪武"的真正含义。通过接二连三的政治大运动和大清洗,将一批又一批被检举、揭露出来的具有潜在危险的异己分子和"大坏蛋"送到阴曹地府中去。"洪武"的概念在"运动"中得到了诠释,"洪武"的精神在严刑重典中得以彰显。

● 洪武酷政奇观

对此,清代学者曾这样说道:"(明)太祖开国之初,惩元季贪冒,重绳赃吏,揭诸司犯法者于申明亭以示戒。又命刑部,凡官吏有犯,宥罪复职,书过榜其门,使自省。不悛,论如律。累颁犯谕、戒谕、榜谕,悉象以刑,诰示天下。及十八年《大诰》成,序之曰:'诸司敢不急公而务私者,必穷搜其原而罪之。'凡三《诰》所列凌迟、枭示、种诛者,无虑千百,弃市以下万数。贵溪儒士夏伯启叔侄断指不仕,苏州人才姚润、王谟被征不至,皆诛而籍其家。'寰中士夫不为君用'之科所由设也。其《三编》稍宽容,然所记进士监生罪名,自一犯至四犯者犹三百六十四人。幸不死还职,率戴斩罪治事。"(《明史·刑法志二》卷94)

据说洪武时期有内官经过仔细观察后,发现了这么个规律:如果在朝堂上皇帝朱元璋把他身上的玉带拉高到了胸口前,这一天他杀的人要少一些;如果把玉带压低到他的肚皮下面的话,那么这一天就有一大批的人头要落地,满朝官员没有一个不把心提到嗓子口的。(【明】徐祯卿:《翦胜野闻》)这样一来,京官们每日清早上朝前,都要与家人妻子诀别,到了晚上能平安回家就阖家欢庆,庆幸又活了一天。(【清】赵翼:《二十二史劄记·明祖晚年去严刑》卷32)

与清代学者所书相比,明代人的记述似乎更加贴近当年的实际。谈迁在他传世名著《国榷》中记述了史学家何乔远说过的一段话:洪武时期"贪墨之吏、奸顽之民,尚未格心,帝(指朱元璋)乃大召天下耆德高年之人,礼于有司,使得执贪吏,禽(通'擒')奸民面奏。奏实者加非常之诛,于是有挑筋、剁指、刖足、断手、刑臏、钩肠、去势(阉割),以止大憝。府州卫所,右廨左庙,名曰'皮场',吏受赇至六十金者,引入场中,枭首剥皮,更代之官设皮坐。造淮清楼,令校尉下瞰城内,有吹弹蹴鞠赌博无作为者,捕置楼中,仅许水饮,游手逋赋之僧,欲地埋躯,以行铲头之会。其他徙边实都,垦田筑城,自赎罪者,不可胜计。于是揭着文武臣民罪由,布于天下,而《大诰》之篇出矣。所以人人惴栗,吏畏民驯"。(【明】谈迁:《国榷·太祖洪武十八年》卷8,P658)

"人人惴栗,吏畏民驯",这样的情势会带来什么样的直接后果?在笔者看来至少有二:

第一,据朱元璋御制的《大诰》四编内容来看,80%以上的案例是针对当官的,朱皇帝还讲了这么一个事实:"自开国以来,惟两浙、江西、两广、福建所设有司官,未尝任满一人,往往未及终考,自不免赃贪。"我们将其换成现代话来表达,就是说,从洪武元年到洪武二十年,在江苏、浙江、江西、两广、福建等广大的江南地区担任地方官的,没有一个人是做到任期满的,往往是未到终考,要么被贬黜,要么被杀头。(【明】朱元璋:《御制大诰续编·松江逸民为害》第2,P623)

如此大规模、大批量地贬黜与杀戮官员,不仅造成了"其时征辟之士,有司督趣,如捕罪囚,仕于朝者,多诈死佯狂,求解职事"等一出出滑稽现象(【明】谈迁:《国榷·太祖洪武十八年》卷8,P658);而且还使得大明帝国官署衙门出现了严重的职位空缺,于是"戴死罪、徒流办事"、"戴斩、绞、徒、流刑在职"(即让判了刑的犯罪官员带着镣铐到公堂上办公或审案)等历史罕见的"奇观"一一呈现在人们的面前。

洪武二十年正月前官员戴罪还职(戴刑办公)举例

官员姓名	官职	所犯之罪及还职(戴刑办公)情况	最终结局
王本道	刑部主事	淹禁无招粮长身死、受赃等罪。3次还职	第4次犯死罪,被处决
罗师贡	监察御史	2次受赃,分别戴流罪、绞罪,2次还职	故出人死罪,最终被处决
刘 幅	光禄寺丞	2次受赃,分别戴流罪、绞罪,2次还职	第3次犯克扣官钞,被剁指书写
陈宗礼	监察御史	1次紊乱朝政,戴所罪还职;1次工作之失,戴斩罪还职	第2次犯死罪,还职监察御史
张 鼍	监察御史	1次受赃,戴砌城安置罪还职;第2次受赃	戴绞罪还职
李 哲	监察御史	1次受钞50,戴流罪还职;1次变乱成法,戴斩罪还职	第2次犯死罪,还职
黄 健	户部主事	1次受钞35,戴流罪还职;1次受钞90,戴绞罪还职	第2次犯死罪,还职
徐 诚	刑部主事	1次受钞37.5,戴徒罪还职;1次受赃银10两,戴绞罪还职	第2次犯死罪,还职
庞守文	刑部主事	1次受钞50,戴斩罪还职;1次受钞90,戴绞罪还职	2次犯死罪,仍还职
凌 铬	汉阳知府	1次受钞10,戴徒罪充书吏;1次搜求楚王细事,戴死罪还职	第2次犯死罪,还职

续表

官员姓名	官职	所犯之罪及还职(戴刑办公)情况	最终结局
孙 矗	嘉定县丞	1次受钞20,银5两,戴流罪降职,1次受赃567.5	第2次犯死罪,该绞追赃
周从善	吴江县丞	1次受钞50,戴流罪还职;1次阻挡耆老进京告状,戴斩罪还职	第2次犯死罪,还职
赵 泰	阜平县丞	1次受钞250,银30两,戴绞罪还职;1次受钞340,银50两,追赃戴罪还职	第2次犯死罪,还职
寒 煜	太平经历	1次受钞30,银2两,戴徒罪读书;1次巧立名目受赃,死罪	第2次犯死罪,罪该枭令
魏安仁	严州同知	1次诈冒丁忧,戴徒罪充书吏;1次故出人罪,降职	第2次犯罪降为翁源典史
盛如英	安乡县丞	1次推荐人才不实,戴杖罪还职;1次科敛钞300,流罪	第2次犯罪,戴流罪还职
徐 敏	万宁县丞	1次为解课受钞110,戴流罪还职	1次犯罪,戴流罪还职
张 翀	太康县丞	1次克扣赈济钞500,戴斩罪还职	1次犯罪,戴斩罪还职
鲁 望	陵水县丞	1次为修船等事受钞100贯,戴绞罪还职	1次犯罪,戴绞罪还职
邓 祐	定襄县丞	1次为进课结交近侍,戴斩罪还职	1次犯罪,戴斩罪还职
……	……	……	……

(注:①本表摘取自洪武年间戴罪还职官员的一些例子,仅为了说明问题,没有将全部罗列进去,单单洪武十九年十二月朱元璋在《大诰三编》中列举的这类事例可能要有数百个;②本表史料出处为朱元璋的《御制大诰三编·进士监生不悛》第2,P685~688)

第二,由于运动接着运动,运动夹裹着运动,受打击的面越来越多,大明帝国臣民们表露出极大的恐慌,于是各种流言与妄言开始流播。对此,无所不能的洪武皇帝予以了高度的重视,随即又发动了"罪妄言者"运动。(《明史·周敬心传》卷139)

● 洪武禁止人们"胡说八道"——"罪妄言者"运动

对于这场"罪妄言者"运动可能出于对领袖伟大形象的考虑,明朝国史《明实录》同样予以了极大的回避,幸好《明史》作了记载,不过太过于简洁了,仅以太学生周敬心的上书点到为止。洪武二十三年高皇帝发动了"罪妄言者"运动,与洪武四年录天下官吏、十三年开始连坐胡党、十九年逮官吏积年为民害者等运动并列,但由此告诉我们这是又一次新政治运动。至于这次运动怎么发起,怎么结束,目前为止史料有限,不得详知。

不过在笔者看来这场运动有个前兆,或言开始发动时间应该要远远早于周敬心所说的洪武二十三年,运动兴起的缘由似乎也由朱皇帝自己在《大诰》中告诉了全国人民了。

在落款为"洪武十九年春三月望日"的《御制大诰续编》和"洪武十九年冬十有二月望日"的《御制大诰三编》里头,朱元璋至少收集了3个严厉打击"妄言者"的案例。

○ 13个被剁了手指的福建沙县人在一起说了句牢骚话,结果全被砍头,家中成年男人遭受诛杀,妇女迁徙到化外

大约是在洪武十八年至十九年交替之际,福建沙县以罗辅为首的13人可能因为没有什么正当的职业,经常在外闲逛。随着全国性轰轰烈烈的清除社会惰民逸夫运动的到来,他们被人告到了官府,随即遭受断指之刑。人一旦没了手指,那几乎等于废人,于是以罗辅为首的13人这下可更加"悠闲"、更加"安逸",他们所能做的也就动动嘴,对于洪武朝廷的严刑峻法不免要私下里发些牢骚:"如今朝廷法度好生利害,我每(们)各断了手指,便没用了。"就这么一句话,有人将它告到了皇帝朱元璋那里,随即这13个被断了指的沙县人全被抓起来枭首示众,他们家里成年男子遭受诛杀,妇女被迁徙到化外。

这样的严酷处置可谓是空前绝后的。为此,朱元璋在《大诰》中以他特有的强盗逻辑对全国人民做了一番解释:"烝民之中有等顽民,其顽也如是,其奸也如是,其愚也如是。呜呼!非顽非奸非愚,盖去古既远,老壮相传,为民之道迷矣。由相代之帝敷教而不精,致令民颇聪明者而作聪明,所以反成至愚。今朕不能申古先哲王之道,所以奸顽受刑者多。洪武十九年,福建沙县民罗辅等十三名,不务生理,专一在乡搆(构)非为恶。心恐事觉,朋奸诽谤,却说:'如今朝廷法度好生利害,我每(们)各断了手指,便没用了。'如此设谋,煽惑良善,以致告发,拿捉到官。朕谓曰:'尔等既断了手指,诸事艰为,安坐无忧凌暴,为何?(罗)辅等默然。呜呼!人皆说人君养民,朕观之,人君宫室、服食、器用皆民所供,人君果将何以养民哉?所以养民者,在申古先哲王之旧章,明五刑以弼五教,使民知五常之义,强不得凌弱,众不

敢暴寡，聚兵积粮，守在四夷，民能从化，天下大安。此人君养民之道也。尔辅等不遵治化，造罪渊泉，自残父母之遗体，是谓不孝；捏词上谤于朝廷，是谓不臣。似尔不臣不孝之徒，惑乱良民，久则为祸不浅，所以将尔等押回原籍，枭令于市，阖家成丁者诛之，妇女迁于化外，以戒将来。吁！朕制法以养民，民乃搆（构）奸而自罪。全家诛之，朕岂得已乎？智人鉴之。"（【明】朱元璋：《御制大诰续编·断指诽谤》第79，P670）

○ 江宁知县高炳以宽平的《唐律》对洪武重典提出了非议，却被朱元璋斩了

有个叫高炳的江宁知县，因为熟读儒家经典被人举荐到南京，出任工部员外郎。员外郎属于六品官，相当于知州级别，比县处级要高。一个读书人一下子跳到了大明公务员队伍中的中层，这在当时人们看来是多么荣耀的事情啊！也可说明当今洪武皇帝如何重视人才啊！不仅如此，有一年专门主管祭天等礼乐活动的最高行政机关大明太常寺缺了副职领导——太常寺少卿，朱皇帝下令各地推荐人才，可来了一帮子的读书人居然没有一个让朱元璋看中的。洪武皇帝精力旺盛，记忆也好，看来看去，最后他想起了一个人，就是前面刚刚提到的高炳，此人雍容之态，言语不多，一开口就能点题。草根出生的皇帝就实在，不要虚的，他决定将高炳调到太常寺去当少卿，专门从事祭天等活动。朱皇帝什么都不怕，就怕上天，所以平时礼节上绝对不能马虎，必须要一个严谨、端庄的人才来代替自己好好祭祀祭祀绝对顶头上司——上天。这样的人事调动在那个年代还不是小菜一碟，随之高炳就到太常寺去上班了。

可这个高炳去了没多久，就"作故而归"，回家去了。五年后巧不巧又碰上洪武朝廷要求各地推荐人才，高炳因为名声在外，这一次又给推荐了出来。鉴于上次的事情，洪武皇帝这次任命高炳为江宁知县，"到任未久，非公而事觉，罪犯徒年"。什么事情？朱元璋在《大诰》中说高炳"妄出谤言，以《唐律》作流言以示人，获罪而身亡家破"（【明】朱元璋：《御制大诰三编·作诗诽谤》第11，P703～704）。高炳究竟说了什么不该说的"妄言"？我们无法获知更多的信息，但将《大诰》标题《作诗诽谤》与"以《唐律》作流言以示人"结合起来看，很可能就是当年高炳对朱元璋接二连三发动政治运动和"做大做强"的做法不满。《唐律》以宽平著称于世，既然朱皇帝说高炳诽谤，那就是说高炳以宽平的《唐律》对洪武严刑重典提出了非议，通过写诗表达了出来。朱元璋说他诽谤其实就讲高炳诬蔑和否定全国大好形势，为了制止这样的妄言者胡说八道，洪武帝最终决定，将原本被判处徒刑的高炳改为"身亡家破"。

○ 和尚皇帝昔日狂念"弥勒佛降生……",现在却不准人们念了

就在大明帝国统治阶层人心惶惶、妄言暗流之际,社会底层民众也有所行动起来。洪武十九年五月,福建有个僧人叫彭玉琳的自称是弥勒佛祖师,他跑到了江西新淦县向当地广大的底层百姓传播弥勒教,烧香聚众,建立白莲会。民众杨文曾(《大诰》中作杨文德)、尚敬等纷纷加入该宗教组织。彭玉琳随即自称晋王,建立官属,改元天定。但不久遭到了明朝官府的镇压,彭玉琳等70余人被押往南京处死。(《明太祖实录》卷178)

按理说事情到此为止可以画上个句号了,但皇帝朱元璋可不这么认为,在洪武十九年年底颁示的《大诰三编》中,不厌其烦地解释了自己为什么要严厉处置妄言"弥勒佛"者。他说:"民有厌居太平而好乱者,考之于汉隋唐宋,此等愚民,累代有之,呜呼惜哉!此等愚民,屡为造祸之源,一一身死,姓氏俱灭者多矣。愚者终不自知,或数十年、数百年,仍蹈前非。且如元政不纲,天将更其运祚,而愚民好作乱者兴焉。初本数人,其余愚者闻此风而思为之合,共谋倡乱。是等之家,吾亲目睹,当元承平时,田园宅舍,桑枣榆槐,六畜俱备,衣粮不乏。老者孝子顺孙尊奉于堂,壮者继父交子往之道,睦四邻而和亲亲,余无忧也。虽至贫者,尽其家之所有,贫有贫乐。纵然所供不足,或遇雨水愆期,虫蝗并作,并淫雨涝而不收,饥馑并臻,间有缺食而死者,终非兵刃之死。设使被兵所逼,仓惶投崖,趋火赴渊而殁,观其窘于衣食而死者,岂不优游自尽者乎!视此等富豪、中户、下等贫难,闻作乱翕然而蜂起,其乱雄异其教,造言以倡之。乱已倡行,众已群聚,而乃伪立名色,曰君曰帅,诸司官并皆仿置。凡以在外者,虽是乱雄,用人之际,武必询勇者,谋必询智,贤必遵德,数等既拔,其余泛常,非军即民,须听命而役之。呜呼!当此之际,其为军也,其为民也,何异于居承平时,名色亦然,差役愈甚。且昔朕亲见豪民若干,中民若干,窘民若干,当是时,恬于从乱。一从兵后,弃撒田园宅舍,失桑枣榆槐,挈家就军,老幼尽行,随军营于野外,少壮不分多少,人各持刃趋凶,父子皆听命矣。与官军拒,朝出则父子兄弟同行,暮归则四丧其三二者有之。所存眷属众多,遇寒朔风凛凛,密雪霏霏,饮食不节,老幼悲啼,思归故里,不可得而归。不半年,不周岁,男子俱亡者有之,幼儿父母亦丧者有之,如此身家灭者甚多矣。如此好乱者,遭如此苦殃,历代昭然,孰曾警省。秦之陈胜、吴广,汉之黄巾,隋之杨玄感、僧向海明,唐之王仙芝,宋之王则等辈,皆系造言倡乱首者。比天福民,斯等之辈,若烟消火灭矣。何故?盖天之道好还,凡为首倡乱者,致干戈横作,物命损伤者既多,比其成事也,天不与首乱者,殃归首乱,福在殿兴。今江西有等愚民,妻不谏夫,夫不戒前人所失,夫妇愚

《大明风云》系列之 ④ 洪武「运动」

于家,反教子孙一概念诵'南无弥勒尊佛',以为六字,又欲造祸以殃乡里。呜呼!设若鼓倡计行,其良民被胁从而被诖误者,甚不少矣。前者元朝驴儿,差僧一名,诡名彭玉琳,又曰无用,其新淦等县愚民杨文德等相从为之。比及缉捕尽绝,同恶之徒被生擒者数百名,所在杀死者又若干,眷属流移他处中途死者又若干。吁,诡名彭玉琳、无用,乃元细作。其新淦等县人民杨文德等轻同恶而相济,累及良民,难于分豁者多矣,至于死地。以此观之,岂不全家诛戮者也。今后良民,凡有六字者,即时烧毁,毋存毋奉,永保已安,良民戒之哉!"(【明】朱元璋:《御制大诰三编·造言好乱》第12,P704~705)

仅就念诵一句'南无弥勒尊佛',堂堂大明天子朱元璋不厌其烦地写上千余言,让人看了不得不觉得有点小题大做,做贼心虚,或者说有点晕。我们不妨将其作个浓缩或概述,其大致是讲:元朝统治果然不好,但你们要晓得,元末天下大乱,生灵涂炭,这种苦难的根源在哪里?就在于当时有人首倡"妄言",说什么弥勒佛降生,天下将换新世,好多好多的人就跟着妄言者起来造反了,原本富者有着富裕的生活,穷者也太太平平地过着,一旦跟随妄言者起来造反了,不仅过去的生活都没了,而且还要将小命搭进去,弄得家破人亡,这实在是太愚蠢了,因此本皇帝要严厉打击妄言者,凡是念"南无弥勒尊佛"六字的就是造祸,大家千万别跟着他们,否则就要杀身毁家!(【明】朱元璋:《御制大诰三编·造言好乱》第12,P704~705)

从朱元璋的这段"最高指示"来看,他的良心全让狗给吃了。想当年他挣扎在地狱门口,是弥勒教徒和白莲教徒的起义"救"了他的一条狗命。现在倒好,反过来大骂救命恩人弥勒教徒和白莲教徒,这与他对帮助他打江山的功臣勋旧大开杀戒如出一辙。

○ 洪武时期连算命先生预测吉凶祸福都不行

其实在政治家那里,人们大可不必较真去寻找他们的良心,因为有了良心就没有黑心,就做不了所谓的"惊天地泣鬼神"的事情,也就不会有广大愚夫愚妇百般称颂的"开天辟地新时代"了。想想朱元璋,要是承认了"弥勒佛降生,天下将换新世"的说法岂不自己在扇自己的耳光,自己鼓励人们造反吗?因此从朱皇帝角度来讲,要想使得大明"安定团结",弥勒教徒这类的起义理所当然要镇压,弥勒教徒的妄言也一定要严厉禁止。而从十九年前后的情势来看,大明开展了那么多的运动,人心在浮动,流言、妄言在暗流,如果不注意加以严禁,其后果不堪设想;因为随即发生的洪武二十三年逮捕与诛杀淮右功臣勋旧核心人物李善长以及彻底清算胡党运动,是一波政治性大运动的高潮曲——自此而始,洪武皇帝已将军队以外的具有巨大潜在危险的势力清除干净的洪武皇帝,可以集中精力对付军中潜伏的危险分子,有谁可知其心?几乎没有,也不允许有,因为朱皇帝最犯忌别人看透他,因此那些妄言者尤其必须得重重地清理一番!就连那些"卜筮者多假此妄言祸福"的也要禁止!(《明太祖实录》卷228)

伴随清理妄言者运动的展开,大明帝国走向了朱元璋时代的晚期,此时"洪武"精神再次发挥了巨大的魔力,逮捕和处死了蓝玉为首的"谋逆者"及其"蓝党"分子,赐死了最后两位大将军傅友德与冯胜,洪武二十八年(1395),大明帝国洪武时代一系列大运动或言运用绝对专制皇权发动的大运动终于开始降下了帷幕。

整肃秩序澄清国度　轻松解决豪民巨族

综观洪武朝31年时间里,大明帝国共计发生了不少于8次全国性的大运动,平均下来4年不到就有一场暴风骤雨。那么这一场场暴风骤雨给大明帝国带来了怎样的影响?

● 整顿秩序,澄清国度,影响后来的大明帝国

尽管有着相当大的偏差以及严重扩大化的问题,但通过一次次的全国性大运动,朱元璋整顿了吏治和一代秩序,澄清了大明国度,清除了元末以来的社会流弊和各种"潜规则",在相当程度上实现了中国传统农业社会治乱世用重典的理想。"明祖惩元季纵弛,特用重典驭下,稍有触犯,刀锯随之……故人皆重足而立,不敢纵肆,盖亦整顿一代之作用也",影响了后来的大明帝国(【清】赵翼:《二十二史劄记·明祖晚年去严刑》卷32)。《明史》作者也颇有见地地指出:朱元璋当政时,"一时守令畏法,洁己爱民,以当上指,吏治焕然丕变矣。下逮仁、宣,抚循休息,民人安乐,吏治澄清者百余年"。(《明史·循吏传》卷281)

● 巧妙地解决了有着一定隐患的豪强世族,稳固帝国社会、经济秩序

豪民巨族相当于现在社会里讲的大富翁和超级富翁。前章中我们讲过朱元璋与超级富翁沈万三较劲的故事,虽然故事不一定全是真实的,但多少反映出朱元璋

对待超级富翁的心态:妒忌、警惕与仇视。其实这样的记载在历史上还有:

洪武三年二月的一天,朱元璋问户部即财政部的官员:"我大明天下哪个地方的老百姓最富?哪个地方的农作物产量最高?"财政部官员说:"以全国的税收来讲,浙西即苏南与上海等地多富民巨室。以苏州一个府来讲,每年缴纳100~400石税粮的富翁平民就有490户;500~1 000石的大富翁就有56户,1 000~2 000石的超级富翁有6户;2 000~3 800石的超超级富民有2户,共计富翁554户,每年缴纳税粮就达150 184石。"朱元璋听后沉默了一阵,然后接着说:"自古以来豪民巨族多出自于富民之中,他们财大气粗。想当年元朝时,那些豪民巨族经常欺负小民百姓,横行乡里,老百姓深受其害啊!这样吧,你们通知有关部门,将这些豪民巨族、大款们、富翁们给我召到南京来,朕要当面跟他们谈谈。"(《明太祖实录》卷49)

后来朱元璋在明皇宫中正式接见了江南富民,并跟他们这样说道:"你们各自在乡村里可是享清福啊,没有意识到么?古人说过:人是有欲望的,要是没了天下之主的话,那就得乱成一锅粥。假如真有那么一天天下没有一国之主的话,那就会出现以强凌弱、以众暴寡的不堪现象,富人们将无法保住自家的生命与财产,穷人们也会活不下去。如今朕为你们的国君,'立法定制,使富者得以保其富,贫者得以全其生,尔等当循分守法,能守法则能保身矣。毋凌弱、毋吞贫、毋虐小、毋欺老,孝敬父兄、和睦亲族、周给贫乏、逊顺乡里,如此则为良民,若效昔之所为,非良民矣'"(《明太祖实录》卷49)!

朱元璋的这段话至少透露出两个信息:第一,大款们、富民们,你们得知足,要不是大明帝国天空中升起了我这颗红太阳来照着你们的话,你们能保有幸福?第二,大款们、富民们,你们得规规矩矩做人,遵纪守法,具体要求有四"毋"等八项。朱皇帝话里边柔中带刚,绵里藏针,骨子中充满了杀气。

其实这样的最高指示精神还不仅仅限于高皇帝口头说说,而是落实到洪武年间大明朝廷对待大款富民们的具体政策实际之中。从大明开国起,朱元璋一方面支持在元末大动乱中逃离家乡的大款富民们重返家园、恢复生产和生活,而另一方面又对大款富民中的豪民世族的经济和势力扩张予以一定的限制和打击。譬如洪武四年,朱皇帝在号召人们开垦临濠荒田时,就发布了这样的命令:"耕者亦宜验其丁力,计亩给之,使贫者有所资,富者不得兼并。若兼并之徒多占田以为己业,而转令贫民佃种者,罪之。"(《明太祖实录》卷62)

朱元璋之所以要对富民豪族的土地兼并实行抑制,主要可能出于三个方面的考虑:第一,超级富翁、豪门世族多了,土地资源过于集中在少数人手中,会引发大批小农土地的流失,最终就会导致国家财税收入的减少;第二,失地农民多了,流民也就多,这就直接影响到大明帝国的社会治安与稳定;第三,农民数量的减少,就会使得明王朝徭役征发对象出现短缺,国家重大工程建设与军事防卫设施建设也就无法及时进行。鉴此,洪武时期皇帝朱元璋极度重视鱼鳞图册制、黄册制和粮长制等制度的推行,坚决打击营私舞弊。

而几乎与此同时,洪武皇帝还对不肯服从帝国法令、损害王朝利益的大款富民或言豪强世族予以无情的打击。由于当时江南地区的大款富民或豪强世族最多,因此江南也就成了洪武帝打击豪强世族的重点地区。

朱元璋打击大款富民或言豪强世族的主要手段有三种:

第一,迁徙豪民。自大明帝国建立前后起,朱元璋就开始推行此项政策。如,吴元年十月,"徙苏州富民实濠州"(《明太祖实录》卷 26);洪武七年,"徙江南豪民十四万田凤阳"(《明史·俞通源传》卷 133;《明史·李善长传》卷 127)。洪武二十四年,仿效汉高祖刘邦的做法,将全国各地 5 300 户富民迁于京师南京。(《明太祖实录》卷 210)

在这些被迁徙的富民中,以苏州地区的为最多,如:"家素饶于财"的郁瑜被迁往了临淮(【明】解缙:《解文毅公集·户部尚书郁公墓志铭》卷 13),昆山大富翁顾德辉父子并徙濠梁(《明史·顾德辉传》卷 285),张士诚旧臣杨基、余饶臣和徐贲等 500 家被迁徙到临濠(《明史·杨基、徐贲传》卷 285)。其次可能就要数松江即今天上海,上海县"以农起家致巨富"的富民黄黻被迁徙到颍上(【明】郑真:《荥阳外史·瀼东耕者传》卷 47),松江谢伯礼、朱孟闻、华亭洪允诚被迁徙到濠梁。(【明】郑真:《荥阳外史·乐胜云间记》卷 10;【明】郑真:《荥阳外史·石庵记》卷 11)

这些大款富民或言豪强世族一旦迁徙他地,其经济与势力必定遭受致命打击。朱元璋曾制定法令,严禁迁徙富民逃亡,规定:"富民私归者有重罪。"(【清】顾公燮:《消夏闲记摘抄》上)由此一来,当年的大款、超级富翁后来就变成了贫民和难民。

那么朱元璋严惩迁徙富民逃亡到底严到什么地步呢?我们不妨来看看下面一个案例:

松江有个叫王子信的人,家里很富,按照皇帝朱元璋的说法:"(王子信)本人田地广有,佃户极多。若将一年分受私租,本分自用。计其人口,丰衣美事,十年不能用尽。"正因为如此,在洪武四年核定田产验明户等时他被定为了上等,并随即签派为当地的粮长。这个王粮长可能类似于现在社会里的"富二代",一天到晚不干正事,到处瞎来。当上粮长后按理说应该收敛一点,可他不,还是我行我素,一不小心触犯了当时的洪武律条,被判死刑;但因为犯的事不大,最后死罪被免去,改为脸上刺字即黥刑,并发配到西河州充军。

公子哥充军,且又是江南一带人,到了西北不说是充军干苦力,就是待上几天也够他受的了。不过好在他头脑活络,到了河西州充军地没多久,他就与当地的军队卫所领导处得相当之"融洽",今天送个金器,明天送个由纯银打造的宝贝。时间一长,充军地好似王粮长自己的家,没一个军队领导不将他当做"自己人"的。就在这样的情形下,王粮长找准时机,两脚开溜,一路不分白天黑夜地往着松江方向赶。

回到了松江后,王粮长万般思虑着如何解决这样一个问题:人们会不会到官府去告状,原本充军者怎么现在突然回来了?不过他头脑好使,没多时就想出方案来了,说到底,只要松江地方官府不追究、不过问,南京城里的朱皇帝怎么会知道这事呐?想到这里,他就开始活动,打点松江衙门里的官吏。俗话说得好:收人钱财予人消灾。松江府里的人自从得了王粮长的好处后,对于眼前发生的一切睁一只眼闭一只眼,只当什么都不知道。按理说这时的王子信就应该深居简出,夹紧尾巴做人。可他偏不,当发现自己已经搞定了松江地方官府后,顿时开始飘了。由于脸上被刺了字,怕人一眼就能认出他是罪犯,王子信将自己打扮成军人,带上四五十个佃户到处闲逛,骗吃骗喝骗睡,"扰害乡民,欺压良善"。不曾想到有人偷偷地将状告到了南京去。洪武朝廷接到状子后,立即派人前往松江,缉拿王粮长王子信。

可屡经风浪的王粮长压根儿也没把朝廷缉拿之事放在心上,等南京特使来了,他就将自己家里的以及从外面骗来的金银宝贝送给了特使,并找出种种理由,迟迟不上路。可南京特使清楚当今皇帝的厉害,没拿到人怎能回去交差?由于自己收受了别人的钱财,只好耐着性子在松江等啊。王子信看看实在躲不过了,最后只好跟着一起来南京了。

南京当时是大明帝国的首都,衙门林立,高官云集,王子信想用打通松江府的老方法来搞定京师衙门,谈何容易!一时间愁死人了,王粮长不愧为江湖上混过来的,没多长时间,他又想到自以为很绝的一招,叫家里的佣人冒充自己的侄儿上明皇宫午门口去击登闻鼓(当时规定:若有冤情,犯人亲属可击鼓鸣冤)。没想到朝廷官员一听说是王子信的什么人在击鼓,没有一个愿意去理睬。王子信不死心,就让人传话给家里,叫妻子前去击鼓鸣冤,还出钱雇了好多人出来为他做假证。可这一切全然不管用,洪武朝廷最终认定:王子信所犯之罪属实,于洪武十九年六月初五日将其枭首示众,"家产入官,田产籍没,人口流移(迁徙)"。

对此,洪武帝在《大诰》中这样说道:"呜呼!如此富豪,以巨富论之,王子信非上上,必上中,不居上下。今无所不为,顽不听教,执迷不化,身亡家破,死而后已。呜呼,富者戒之!"(【明】朱元璋:《御制大诰三编·王子信害民》第25,P714)

第二,任命酷吏出任富民相对集中地区的地方守令。譬如洪武晚期知苏州府的王观就是这么一个以严酷出名的知府。有个府吏叫钱英的耍奸,让刚刚接任知府之位的王观侦查到了,当即就被打死(《明太祖实录》卷178)。朝廷重赋苏松,苏州普通老百姓缴不出税粮,由此当地拖欠的税粮额越来越大。王观将苏州府的富民们都召集到府衙来"谈话",要他们"爱国"、"爱中央朝廷",代替穷困百姓缴纳税粮,完成朝廷下达的任务(乾隆:《江南通志·职官志·名宦》卷114);薛嵓出任镇江知府时,也因为执法甚严,"豪强为之屏迹"。(乾隆:《江南通志·职官志·名宦》卷114)

第三,利用一波又一波的"大运动",株连豪门大族。

洪武年间朱元璋前后发动了8场大运动,而每一场运动中都或多或少地牵连一些大款富民或言豪强世族,尤其是胡惟庸党案和蓝玉党案牵涉的江南富民特别多。

○ 镇江富民李老头花心,结果让淫妇"相好"告发为胡党分子

譬如,镇江新港富民李茂实就是一个潜伏着的"胡党"分子。为什么要这么说呢?朱元璋在《大诰》里讲了这样的一个"故事":应天府上元县有个叫孙才四的人梦想一夜暴富,投靠在胡惟庸的门下。胡惟庸叫他回家去,引诱邻里乡民暗作义兵,打算接应胡党叛乱。哪料到胡惟庸突然被诛杀,孙才四听到消息后,落荒而逃,从南京一直逃到了福建沙县,并在那里住了下来。他刚喘上一口气,就碰上了住店查房的,由于走得急,没有路引(相当于介绍信),当场遭到了逮捕,随即被送到了京师南京。有关部门对他进行了审讯,他说出了实情。孙才四与镇江的李小官原来都是胡惟庸的"党人",因为胡党案发突然,他俩刚好不在京城,躲过了官府的追捕,随后开始潜逃。这些年各自在外一边以做生意为幌子,一边物色好的藏身之地,哪知孙才四刚在沙县立足,就被人识破了。审讯人员没想到审个没有路引的嫌疑犯,居然审出来胡党分子来了,这可不得了的事,怎么办?胡党案发到现在已经有六七年的时间了,到哪里去追捕另一个胡党"逃犯"李小官?审讯人员中有个人特别有才,他说:既然李小官说是在外做生意,他又走得急,估计身边没多少钱,所以他肯定会与镇江家里的人取得联系。对,就上镇江新港李家去查查!可不知去了多少次,也不知蹲守了多长时间,就是找不到一点有关李小官的信息。(【明】朱元璋:《御制大诰三遍·李茂实胡党》第7,P699)

就在案件进入死胡同时,忽然间出现了峰回路转。有一天有个叫严阿周的美艳少妇来到了法司衙门,检举揭发奸夫李茂实是胡党分子,李茂实是谁呀?他就是官府要追捕的胡党分子李小官的父亲。法司工作人员好奇地问:"你严阿周是什么人?怎么知道得这么详细?为什么要等这么久才出来检举揭发?"要说这严阿周还

真不是什么好东西,虽然长得漂亮,但实际上就是淫妇、荡妇,谁要是给了她钱财,她就陪谁睡。李茂实虽然年老,可他的心却年轻着,两个眼睛色眯眯地老盯着美艳少妇严阿周身上,自从两人有了第一次后,老李头就将严阿周当做自己的女人,哪知水性杨花的严阿周才不吃这一套。在她的心里:老李头你花些银子来此吧老牛吃嫩草那没关系,但我严阿周这一枝花怎么也不会插在你老牛粪上!于是露水夫妻之间的战争陡然而起⋯⋯有关淫妇、荡妇严阿周的事情果然动听、吊胃口,但比较起来,抓胡党分子才是最为紧要的!听完了严阿周的买春故事后,正在兴奋劲上的法司官员立即上镇江去,将那个正在做着春梦的老李头李茂实给逮捕归案了。

李茂实起初以为就是因为与淫妇严阿周的那些云雨之事而遭逮捕的,没想到一进大牢看到无数令人毛骨悚然的刑具,顿时便吓坏了。当法司官员询问起有关他与胡惟庸的那些事时,他像倒豆子一般全倒了出来:自己原本就与宰相胡惟庸认识,洪武九年某天(记不住确切时间)因胡府之邀前去喝酒,喝着喝着,自己就醉了,当天夜里就住在了胡府西厅。等到第二天醒来觉得挺不好意思想去致歉时,没想到胡宰相不仅不让谢,反而还叫人送上了"大银130个,用车推赴船所",装运到镇江新港李家。依照胡宰相的设想,让老李头做大商人,倒卖盐引200 000,留作以后谋反时的经费。

那么李茂实、李小官等到底是不是胡党分子?就凭一两个人口供就能坐实了?倒是在《大诰》这一段故事的结束朱皇帝的一番话令人深思:"呜呼!李茂实无知,不守己分,乐天之乐。朕,君也。茂实,富民也。(他)家本不缺用,富且有余,不能报天地阴鸷之恩,犹独舍朕生杀予夺之主而投(胡惟庸)门下,把持官府,欺压良善,恶贯神人,所以出(应该是'除'字,可能是朱皇帝写白字了)幼者皆诛之,是怒及神人也。"(【明】朱元璋:《御制大诰三编·李茂实胡党》第7,P699)

○ 同为洪武十九年,苏州吴县也发现了胡党余孽——富民粮长于友

就在镇江富民李茂实父子被人告发为胡党分子时,非常"巧"的是苏州吴县也发现了潜伏得很深的胡党余孽,且他还是个犯了事的富民——粮长于友。

"苏州府吴县粮长于友本系胡党,数曾犯法,面刺死囚隐送同罪。本人因与胡惟庸通谋,其弟于名,职内藏库官,掌管钱帛,偷盗库藏财物,已发宁夏充军,本人亦发凤阳屯种。后本人将'隐送同罪'四字起去,还乡复业,充洪武十八年粮长。至十九年,本区内里长盛宗欲行赴京陈告本人胡党事,其于友将本人邀回,置礼求免。略得少暇,却率家人及邻里分使胡惟庸钱物者沈革六等二十名,将里长盛宗作害民弓兵帮(绑)缚赴京。朕亲面见,其里长盛宗从前分诉于友为恶缘由,党弊昭然。于

是命法司发回本贯,枭首示众。"(【明】朱元璋:《御制大诰三编·臣民倚法为奸》第1,P684)

○ 江南首富沈万三女婿陆仲和想当"老赖",结果被人扣上"胡党"的帽子……

又是洪武十九年即胡惟庸案发生后第7年,江南首富沈万三的女婿陆仲和(朱元璋在《大诰》中作陆和仲)被人扣上了"胡党"分子的帽子,遭受了满门抄斩。

那么这个叫陆仲和的到底是个什么样的人?民间对门当户对的婚姻形象说法是:鱼找鱼虾找虾,乌龟找王八。陆仲和是元末明初吴江地区的超级富翁,当地方志里记载说陆仲和家"富甲江左,时值荒乱,隐居于此,亭台池圃,辉耀桑梓,建疎柳、饮马二桥,造帐子廊,有南北二马路,明初没为官街,今南称南濠街,北称新街"(嘉庆:《同里志·建置志下·古迹》卷5)。这么一个"富甲江左"的人却在朱元璋洪武年间成了"老赖"。因为当时大明规定财产富裕者充当粮长,连生活的那个城镇都由他造起来的陆仲和理所当然地成为了当地的粮长。但让人不解的是:一个乡村旮旯里的粮长怎么会跟当初大明宰相扯上关系而最终遭受杀戮的?

据朱元璋在《大诰三编》中所言:陆仲和当了18年的粮长,有一年江南发大水,陆仲和等数百个粮长运粮到南京,朱皇帝亲自接见,并告诉他们:回乡后如实勘查地方受灾情况,一一据实上报。有灾田地不仅免除当年的税粮,国家还要实行赈济,不过没灾的还是照常缴纳"爱国粮"的。可这个陆仲和回乡后就开始作弊,"以熟作荒"或"灾已报十分,所灾者止有一分",收买当地官府衙门工作人员。不料机关算尽的陆仲和,却被人告发为胡党分子。这可是吓死人的罪名,陆仲和听到有人三番五次地上告自己,就迫不及待开始活动,以1 000贯去收买首告者沈庆童等3人,又买通苏州府吏杨复,但最终还是东窗事发。陆家被灭时,这位超级富翁已拖欠税粮9 300多石。(【明】朱元璋:《御制大诰三编·陆和仲胡党》第8,P700)

○ 沈家"富二代"和"富三代"想世世代代富下去,结果也被整成蓝党分子

就连皇帝钦定的文献中也没有一丝一毫的证据能证明,沈万三女婿陆仲和就是胡党分子,但最终富甲江左的陆家还是被干掉,说到底是陆仲和太贪惹的祸。富了还要想富,富了还要想世世代代富下去,这是富人们的普遍心理。陆仲和曾这么想过,他的老丈人沈万三家的人也是这么想的。那时的沈万三可能已经不在世了,沈家由儿孙沈德全等当家,即我们现在所说的"富二代"和"富三代"操持着沈家那么大的家业。为了能使子孙后代以后能永葆幸福富裕,沈德全等就通过曾在大将军蓝玉家教过书的苏州老书生王行介绍,结识了蓝玉家的长子蓝碧瑛又名蓝大舍。

不料,才开启双方的"友好"关系,蓝玉党案就爆发了,沈万三子孙随即被定为蓝党分子而被诛杀灭族;沈万三的女婿顾学文及其所居住的吴江富土镇上的其他富民也受到了牵连,朱元璋"并洗富土之民,而夷其室庐"。当时就吴江一县罹难的"不下千家",就连已经在大明朝廷担任户部侍郎的莫礼家也未能幸免。(【清】同治:《苏州府志·杂记》卷146)。

当时洪武朝廷规定:"凡民间有犯法律,该籍没其家者,田土合拘收入官,户部书填勘合,颁行各布政司、府、州、县,将犯人户丁、田土、房屋,召人租赁,照依没官则例收科。"(【明】万历:《大明会典·户部·田土》卷17)史料记载说:财政部副部长莫礼被牵扯到蓝党一案后,死在了南京,但他吴江老家整族却被谪戍到边荒之地,莫家宅第很快成为了废墟(【明】吴宽:《匏翁家藏集·东村记》卷35)。就整个苏州而言,当时"乡人多被谪徙,或死于刑,邻里殆空";"皇明受命,政令一新,豪民巨族,划削殆尽"。(【明】吴宽:《匏翁家藏集·莫处士传》卷58)

通过"大运动"胡乱攀援,朱元璋轻轻松松地解决了自以为有着隐患的豪强世族,由此也增加了大明帝国的经济收入。据史料记载:元朝延祐年间苏州额定税粮为882 100石,明初已升至2 900 000石,纯增长率为229%;松江元朝时额定税粮为660 000石,到明初也升至1 400 000石,纯增长率为112%。(嘉庆:《松江府志·田赋》卷21)

● 严刑重典造成明初数十年思想文化的凝固,影响了帝国文化发展

除了上述几方面以外,洪武年间暴风骤雨与严刑重典所产生的直接后果还有一个,那就是政治恐怖主义造成了明初思想文化领域的万马齐喑的不堪局面。由于运动接着运动,大家都保持着高度的警惕,谁也不敢越雷池一步,在这样的情势下何谈思想文化的发展与繁荣!

不过晚年朱元璋似乎也意识到问题的严重性,随后也做了一些调整,"高帝之意,皆以革元人姑息之政,洗故俗污染之非,非为驯训于后王"(【明】谈迁:《国榷·太祖洪武十八年》卷8,P658)。故而朱元璋在"洪武十八年,诏天下罪囚,刑部都察院详议,大理寺覆谳,然后奏决。二十年,焚锦衣卫刑具,以系囚付刑部。二十八年,又诏曰'朕起兵惩创奸顽,或法外用刑,本非常典,后嗣止循律典,不许用黥刺剕劓阉割之刑,臣下敢以请者,置重典'"。(【清】赵翼:《二十二史劄记·明祖晚年去严刑》卷32)

可惜的是洪武皇帝的如此宽政举措太少太少了,且很多都没落实到位,严酷的政治大风暴虽说在洪武二十八年冯胜自裁后基本过去了,但没有完全退出历史舞台。清代乾隆年间的《吴江县志》记载:"尝见当时抄白原行云:锦衣卫镇抚司镇抚臣刘璋等谨奏党逆事:今将三山案胡蓝党犯人沈德全等取招在官,洪武三十一年二月十八日早将一干人犯引到奉天门下奏,奉圣旨:'正党与户下户丁多着折了臂膊,未出动的小厮不打,且牢着他。供出的田口家财断没了。'钦此。本月二十日早本司卫镇抚臣朱鉴于奉天门下奏,奉圣旨:'正党与户下户丁都凌迟了,十岁已(同'以')上的小厮都发南丹卫充军,十岁以下的送牧马所寄养,母随住;一岁至三岁的随母送浣衣局,待七岁送出来。'钦此。"(乾隆十二年:《吴江县志·旧事》卷5、6)这是说到朱元璋死的那一年即洪武三十一年,江南首富沈万三子孙们在被榨干油水后才被千刀万剐。如等恐怖政治和经济怎能会不影响大明帝国的思想文化发展?!

● 加强了绝对君主专制主义统治,为官僚制的全面推行创造了条件

虽说朱元璋亲自发动了一起又一起的"大运动",尤其是持续了近20年、涉及面甚广的追查"胡蓝党狱",几乎将大明开国功臣勋旧一网打尽,造成了后洪武时代即建文帝时代军事人才后继乏人的不堪局面,客观上大大便利了朱棣的"靖难"造反。不过,这里边有着很多的意外。按照老朱皇帝的设想,通过这一系列"大运动","洪武"以后就是"建文",大明应该实行文治。清代学者赵翼曾这样说道:"(洪武帝)尝与懿文太子出郊,亲指道旁荆楚,谓太子曰'古人用此为扑刑,以其能去风,虽伤不杀人,古人用心仁厚如此,儿当念之。'是帝未尝不慎重刑狱。盖初以重典为整顿之术,继以忠厚立久远之规,固帝之深识远虑也"。(【清】赵翼:《二十二史劄记·明祖晚年去严刑》卷32)

自洪武中晚期起,朱元璋一方面给大明开国功臣勋旧找好了去处——送他们到阎王爷那里去报到,免得这些大字不识、几乎什么文化也不懂的部队干部插手、控制或干涉大明官僚行政,空出位子让给文人英才,从而开启了大明帝国朝着文治方向转向之兆。但即使这样,猜忌成性的朱皇帝对于并没有多大威胁的文才英士也是防之又防,边使用边猜忌,运用绝对刚性皇权,统一思想,打出"尊天、忠君、孝亲"大旗,大力发展教育,实行科举成式,推行标准化考试,加强思想文化领域里的君主专制主义……

大明帝国皇帝世系表

（18帝，1368—1645年，共计277年）

					①明太祖	朱元璋	洪武三十一年	戊申 1368年
					↓			
懿文太子 朱 标					③明太宗（明成祖）	朱棣	永乐二十二年	癸未 1403年
					↓			
②明惠帝 朱允炆 建文四年 己卯 1399年					④明仁宗	朱高炽	洪熙一年	乙巳 1425年
					↓			
					⑤明宣宗	朱瞻基	宣德十年	丙午 1426年
					↙ ↘			
⑥明英宗 朱祁镇 正统十四年 丙辰 1436年 →					⑦明代宗	朱祁钰	景泰八年	庚午 1450年
					⑧明英宗	朱祁镇	天顺八年	丁丑 1457年
					↓			
					⑨明宪宗	朱见深	成化二十三年	乙酉 1465年
					↓			
					⑩明孝宗	朱祐樘	弘治十八年	戊申 1488年
					↙			
⑪明武宗 朱厚照 正德十六年 丙寅 1506年 →					⑫明世宗	朱厚熜	嘉靖四十五年	壬午 1522年
					↓			
					⑬明穆宗	朱载坖	隆庆六年	丁卯 1567年
					↓			
					⑭明神宗	朱翊钧	万历四十八年	癸酉 1573年
					↓			
					⑮明光宗	朱常洛	泰昌一年	庚申 1620年
					↙			
⑯明熹宗 朱由校 天启七年 辛酉 1621年 →					⑰明思宗	朱由检	崇祯十七年	戊辰 1628年
					↙			
					⑱明安宗	朱由崧	弘光一年	乙酉 1645年

注释：

①明朝第二位皇帝是朱元璋的皇太孙朱允炆，建文四年时，他不仅被"好"叔叔朱棣从皇位上撵走，而且还被"革除"了建文年号，改为洪武三十五年。

②明朝开国于南京，从正宗角度来讲，很难说迁都是朱元璋的遗愿。因此，大明的覆灭应该以国本南京的沦陷作为标志，弘光帝又是大明皇帝的子孙，他称帝于南京，应该被列入大明帝国皇帝世系表中。

③上表中↓、↙表示皇位父子或祖孙相传，→表示皇位兄弟相传。

④明安宗朱由崧是老福王朱常洵的庶长子，明神宗万历皇帝朱翊钧之孙，也是明熹宗朱由校、明思宗朱由检的堂兄弟。

后　　记

　　2013年12月平安夜的钟声敲响时,我的10卷本《大明帝国》竣工了,想来这400多个不眠的夜晚,真可谓感慨万千。在这个浮华的年代里,就一个人靠着夜以继日地拼命干,想来定会让象牙塔里带了一大帮子弟子的大师们笑弯了腰,更可能会让亦官亦民的××会长们暗暗地叫上"呆子"的称号……是啊,十多年了,在我们的社会里什么都要做大做强,什么都要提速快行,什么都要搞课题会战工程,而我却是孤独的"夜行人"和迟缓的老黄牛,无论如何都无法跟上这个时代的节拍。好在已到知天命的年龄,什么事都能看得淡淡的,更何谈什么学会、研究会的什么长之诱惑了。秉承吾师潘群先生独立独行的精神,读百家之书,虽无法做到"究天人之际,通古今之变",但至少能"成一家之言",管他春夏与秋冬。

　　不管世事,陶醉于自我的天地里,烦恼自然就少了,但不等于没有。自将10卷《大明帝国》书稿递交后,我一直在反问自己道:"有何不妥?"在重读了出版社发来的排版稿后,我忽然间发现其内还有诸多的问题没有彻底讲清楚或无法展开。譬如,尽管我专辟章节论述了大明定都南京、建设南京的过程及其历史影响,从一般意义角度而言,似乎很为周全,但细细想想,对于已经消失了的南京明故宫和明都京城之文化解读还没有完全到位。理性而言,南京明皇宫与南京都城在中国历史文化进程中所占的地位尤为特别,如果要用最为简洁的词语来概括的话,我看没有比"继往开来"这个成语更合适了。"继往"就是在吸收唐宋以来都城建筑文化精华的基础上,将中国传统的堪舆术与星象术巧妙地结合在一起,使其达到前所未有的完美境界,用明初朱元璋开国时反复强调的指示精神来说,就是"参酌唐宋"和"恢复中华",即在继承先人传统的基础上整合和规划南京明皇宫和大明都城建设,于最核心部分构建了象征紫微垣的宫城,宫城之外为象征太微的皇城,皇城之外为象征天市的京城,环环相套,中国传统文化中的"法天象地"、"天人合一"思想在南京明皇宫和大明都城建设布局中得到了充分的体现;"开来"就是指明初南京明皇宫与都城建设规制深刻影响了后来的明清皇城与都城建设布局。

　　同样的例子还有南京明孝陵、凤阳明皇陵、盱眙明祖陵,等等。

对于诸多的不尽如人意之处,最好的办法就是在原书稿基础上直接添加和补充,但随之问题又来了。原书稿规模已大,《洪武帝卷》100多万字,分成了3册,每册都是厚厚一大本,如果再要"补全",那就势必要另辟一册。这样对于图书销售会带来更多的不便。思虑再三,只好暂时先以原书稿的规模出版,等以后有合适的机会再作重新规划和布局。

可没想到的是,我的苦衷在今年新书上市后不久让广大的读者和东南大学出版社的朋友一下子给解决了。本来按照图书规模而言,3卷本100多万字的《朱元璋卷》应该是很难销的,但让人始料未及的是,它上市没多久就销售告罄。在纸质图书销售不景气的今天,能有这样的结果,真是莫大的欣慰。更让人兴奋的是,东南大学出版社的谷宁主任、马伟先生在上请江建中社长、张新建总编等社领导后决定,在原10卷《大明帝国》基础上,让我重新修订,分册出版。当时我正在研究与撰写大明正统、景泰两朝的历史,听到这样喜人的消息后,立即放下手中的事情,开始对原10卷《大明帝国》逐一作了梳理,调整章节,增补更有文化含金量的内容,使原《大明帝国》变得更为系统化,考虑到新书内容已有很多的变化,为了与以前出版的相区别,本想取名为《明朝大历史》,但考虑到这是普及性极强的读物,最后与马伟先生合计,取名为《大明风云》。

经过数月的不眠之夜,《大明风云》前8卷终于可以交稿了。回想过往的日日夜夜,看到眼前的这番收获,我要衷心感谢的是中共南京市委宣传部叶皓部长、徐宁部长、曹劲松副部长,南京广电集团谢小平主任,中共南京市委宣传部网控中心的龚冬梅主任,中央电视台池建新总监,安徽电视台禹成明副台长,原南京电视台陈正荣副台长、新闻综合频道傅萌总监,原江苏教育电视台张宜迁主任、薄其芳主任,东南大学出版社江建中社长、张新建总编,东南大学马克思主义学院袁久红院长、袁健红副书记,南京市政协副主席余明博士,南京阅江楼风景区管理委员会韩剑峰主任,新华报业集团邹尚主任,南京明孝陵博物馆张鹏斗馆长,南京静海寺纪念馆原馆长田践女士,南京阅江楼邱健乐主任,南京市社科院李程骅副院长与社科联陈正奎院长、严建强主任、顾兆禄主任,南京市新闻出版局蔡健处长,南京市档案局徐康英副局长、夏蓓处长,江苏省社科联吴颖文主任,福建宁德市政协主席郑民生先生、宁德市委宣传部吴泽金主任、蕉城区统战部杨良辉部长等领导的关怀(特别注明:本人不懂官衔大小,随意排列而已,不到之处,敬请谅解);感谢中央电视台裴丽蓉编导、徐盈盈编导、戚锰编导,江苏电视台公共频道贾威编导、袁锦生编导,江苏教育电视台苍粟编导、夏恬编导、赵志辉编导,安徽电视台公共频道制片人张环主任、制片人叶成群、舒晓峰编导、唐轶编导、海外中心吴卓编导、韩德良编导、张

曦伯编导、李静编导、刘小慧编导、美女主持人任良韵、南京广电集团王健小姐、南京电视台主持人周学先生、编导刘云峰先生、李健先生、柏新民先生、卞昌荣先生、南京电视台十八频道主持人、我的电视节目老搭档吴晓平先生、江苏广播电视总台吕凤华女士、陆正国先生、新华报业集团黄燕萍女士、吴昌红女士、王宏伟先生、《现代快报》刘磊先生、《金陵晚报》郑璐璐主任、于峰先生、金陵图书馆袁文倩主任和郁希老师、南京静海寺纪念馆钟跻荣老师、东南大学出版社刘庆楚分社长、谷宁主任、彭克勇主任、丁瑞华女士、马伟先生、杨澍先生、丁志星女士、张万莹女士、南京明孝陵向阳鸣主任、王广勇主任和姚筱佳小姐、江苏省侨办《华人时刊》原执行副主编张群先生、江苏省郑和研究会秘书长郑自海先生和郑宽涛先生、北京师范大学教育学院孙邦华教授、南京大学王成老师和周群主任、南京理工大学人文学院李崇新副教授、南京财经大学霍训根主任、江苏经贸学院胡强主任和吴之洪教授、南京总统府展览部刘刚部长、南京出版社卢海鸣社长、南京城墙办朱明娥女士、南京图书馆施吟小姐、福建宁德三也农业开发有限公司董事长池致春先生、原徐州汉画像石馆馆长武利华先生、无锡动漫协会会长张庆明先生、南京城市记忆民间记录团负责人高松先生和篆刻专家潘方尔先生以及倪培翔先生等朋友给我的帮助与关怀。（至于出版界朋友对我的帮助，那实在太多了，怕挂一漏万，干脆就一个也不谢了）

当然还要感谢吾师王家范老师、刘学照老师、黄丽镛老师、王福庆老师、杨增麒老师等曾经对我的谆谆教诲与帮助，也衷心祝愿诸位师长健康长寿！

除了国内的师友，我还要感谢 United Nations（联合国）Chinese Language Programme 何勇博士、美国 Columbia University（哥伦比亚大学）王成志主任、美国 Stanford University（斯坦福大学）Visiting Scholar Helen P. Youn、Stanford University（斯坦福大学）的 Hoover Institution Library & Archives（胡佛研究院图书馆及档案馆）主任 Thu-Phuong Lisa H. Nguyen 女士和 Brandon Burke 先生、美国纽约美中泰国际文化发展中心总裁、著名旅美艺术家李依凌女士、美国（CHN）总监 Robert KO（柯伊文）先生、泰国国际书画院院长李国栋、日本关西学院法人代表阪仓笃秀教授、世界报业协会总干事马英女士和澳门基金会理事吴志良博士、澳门《中西文化研究》杂志的黄雁鸿女士等海外师长与友人对我的关心与帮助。

在此我要特别感谢美国 University of Pittsburgh（匹兹堡大学）名誉教授、海外著名国学大家许倬云先生。许先生年逾古稀，身体又不好，但他经常通过 E-mail 关心与肯定我的研究与写作，令我十分感动；特别感谢老一辈著名明史专家、山东大学教授黄云眉先生的大作《明史考证》对我的启迪以及他的海内外儿孙们对我的抬爱；特别感谢我的学业导师南京大学潘群先生和师母黄玲女士严父慈母般的关

爱；特别感谢慈祥的师长、我的老乡原江苏省委宣传部常务副部长王建邦先生对我的关怀与帮助。

我还要感谢的是我的忠实"粉丝"与读者朋友，这些朋友中很多人可能我都未曾见过他们的面，譬如安徽六安有个年轻朋友曾给我写来了热情洋溢的信函；还有我不知其地址、只知其 QQ 号的郭先生，等等。他们不断地给我来信，帮助我、鼓励我。但由于我是个"单干户"，无当今时兴的"小秘"代劳，因而对于广大读者与电视观众朋友的来信，无法做到一一回复，在此致以万分的歉意，也恭请大家海涵！

顺便说明一下：本著依然采用史料出处随后注的方法，做到说史绝不胡说、戏说，而是有根有据。本书稿原有所有史料全文，后考虑到篇幅太厚和一般读者可能阅读有困难，最终决定将大段古文作了删除，大多只保留现代文。也承蒙东南大学出版社朋友尤其谷宁主任、马伟先生和张万莹女士的关爱，本系列丛书拥有现在这个规模。如读者朋友想核对原文作进一步研究，可根据书中标出的史料出处一查便是。最后要说的是，下列同志参与了本书的图片收集、资料整理、文稿起草等工作，他们是马宇阳、毛素琴、雷扣宝、王鲁兴、王军辉、韩玉华、林成琴、熊子奕、周艳梅、舒金佳、雷晟等人。

马渭源

于南京大明帝国黄册库畔

2014 年 11 月 16 日

电子邮箱：mwynj@sina.com

大明风云

系列之

治隆唐宋

马渭源 著

东南大学出版社·南京

图书在版编目（CIP）数据

大明风云 / 马渭源著. —南京：东南大学出版社，2019.1
 ISBN 978-7-5641-8034-8

Ⅰ. ①大… Ⅱ. ①马… Ⅲ. ①中国历史-研究-明代 ②朱元璋（1328-1398）-传记 Ⅳ. ①K248.07 ②K827=48

中国版本图书馆CIP数据核字（2018）第229083号

大明风云系列之⑤　治隆唐宋

出版发行	东南大学出版社
出 版 人	江建中
社　　址	南京市四牌楼2号　（邮编：210096）
经　　销	全国各地新华书店
印　　刷	南京京新印刷有限公司
开　　本	700 mm×1000 mm　1/16
印　　张	120.5
字　　数	1928千字
版　　次	2019年1月第1版
印　　次	2019年1月第1次印刷
书　　号	ISBN 978-7-5641-8034-8
定　　价	398.00元（共8册）

（本社图书若有印装质量问题，请直接与营销部联系，电话：025-83791830）

序

马渭源教授的17卷本《大明风云》就要出版了,这是继他2014年推出10卷本《大明帝国》后的又一大系列专著。数日前,他来我家,邀我写个序,我欣然答应了。因为他与日本关西学院校长、国际明史专家阪仓笃秀教授是老一辈著名明史专家黄云眉先生的第二代传人,这是2011年年底海内外眉师儿孙们云集一堂,经过反复研究、讨论,最后作出的慎重决定。作为眉师的第一代传人,我感到责无旁贷要做好这样的事情。

马教授在2012年就应邀去美国做讲座,北美三大华文报刊《世界日报》《星岛日报》和《侨报》对此都曾做了专门的报道,其中《世界日报》称誉马渭源教授为著名的明史专家;稍后中国大陆媒体称他为"第一位走上美国讲坛的明史专家"。

另据海外媒体所载,马渭源教授的《大明帝国》系列专著得到了美国匹兹堡大学名誉教授、海外著名国学大家许倬云先生的赞许与推介,并为哈佛大学、哥伦比亚大学、普林斯顿大学、斯坦福大学等世界一流的高等学府和美国国会图书馆、澳大利亚国家图书馆等西方诸国国家图书馆所收藏,真乃可喜可贺!

最近中央级大报《光明日报》刊载文章说:"世界上SCI检索影响力较大的2 000种期刊中,中国期刊只有5种;排在本学科前3位的世界顶级期刊中,没有一本中国期刊。"(《光明日报》2013年11月30日第7版"科教文新闻")与此相类或者说更不尽如人意的是,中国虽是当今世界上头号出版大国,但中国出版的各类专著为西方国家收藏的却不到20%,社科类不到10%,历史类更是凤毛麟角。而马教授的著作能被这么多的西方著名高等学府所珍藏,并得到了大家许倬云先生的肯定与称许,实属不易!

其实这些年在国内马渭源教授早已是南京电视台、南京广电、江苏教育电视台、安徽电视台、中央电视台和福建网站等公共媒体上家喻户晓的历史文化讲座主讲人和电视节目的常任嘉宾,而他的著作则更是深受广大读者的喜爱。据说有一次在上海展览馆举办他的签名售书活动,原定活动时间为半小时,结果因为读者太多了,主办方不得不延长一个小时,但还是未能满足广大读者的需求。而最近又传来好消息,国内外有名的网络运营商如亚马逊、中国移动、苏宁易购等都与马教授签订了电子书出版合同,广大读者尤其是年轻的读者只要按按手机上的键钮就能轻松阅读他的电子版著作了。

马教授之所以能取得如此的成就和拥有这样的影响力，在我看来，最为根本的原因就在于他扎扎实实地深入研究，以渊博的知识来解释历史，并用通俗流畅的语言表述出来，但绝不戏说，由浅入深，做到既通俗易懂又让人回味无穷，这是十分难能可贵的啊！

就以本次出版的《大明风云》系列之①～⑤为例，该5卷本主要是讲述大明洪武朝的历史。有关洪武帝朱元璋的传记目前为止，有好几个版本，最早的可能要数吴晗先生的《由僧钵到皇权》，那是民国三十三年十月由在创出版社出版，当年我在书店里买到了就读。20世纪五六十年代吴晗先生对原书进行反复修改后出版了《朱元璋传》（三联书店版）。据说当时有好多政治人物都读过，但它毕竟是那个时代的产物，里边有不少阶级斗争的内容和特定意识形态的标签，今天年轻人读来可能有种隔世的感觉。后来陈梧桐教授和吕景林教授也分别写了有关朱元璋的传纪，如今书店里可能还能买到。

马渭源教授在2007年时就撰写了《奇特的开国皇帝朱元璋》上、下册，尽管该书在2008年1月出版后很受读者喜爱，发行量急剧攀升，且远销海内外。但马教授对自己的著作却很不满意，多次在我面前说，那是电视节目的讲稿，时间太仓促，很不成熟，遗憾多多。为此，这些年他不断地收集和整理史料，打算重写。2014年1月他的最新力作《大明帝国》系列之《洪武帝卷》终于问世，比原书整整多出了一倍，多达100多万字。不过随后他又感到意犹未尽，特别是洪武时期的许多事情都未能说个淋漓尽致，为此，在已经修订过的《大明帝国》系列之《洪武帝卷》基础上，他再作努力，分册详尽阐述，这就是现在人们见到的《大明风云》系列之①～⑤《乱世枭雄》《大明一统》《明基奠立》《洪武"运动"》《治隆唐宋》。

本书为《大明风云》系列之⑤《治隆唐宋》，是在承接《大明一统》《明基奠立》《洪武"运动"》三书基础上对朱元璋治国理政的另一大方面——思想文化教育领域中实施的国策做了一个完整的阐述，并随即对其治边、治外和治家三大层面展开了详尽的探讨。

全书分为两章，上章"思想一统，科举'隽永'"，即阐述朱元璋在思想文化教育领域中实施的奇特国策。整个章节几乎都是全新的，以往有人在撰写朱元璋传纪或明朝开国史时，要么根本不提这类内容，要么说了也是三言两语或一鳞半爪。在此我尤其要说的是，据我所知，马教授在本世纪开启之际就开始研究中国科举制——那时全国几乎很少有人进行此类研究。他曾跟我说："朱元璋这个人平民出身，不同于一般的皇帝，他始终有着'公平化'的平民情结。"在书中，马教授首先从洪武帝对科举改革的标准化入手，指出朱元璋搞科举考试标准化不是终极目的，而是为了达到公平化的一种手段。"从朱元璋内心角度而言，搞标准化科举考试，最终目的就是为了实现他童年起朦胧形成的'公平化'社会秩序之理想。而要使科举制公平化,除了运用标准化作为一根标尺来衡量外,很重要的还是要完善科举制度,将以往不合理的制度成分剔除出去,增添更为合理的规章与措施,这就是朱元璋对科举改革的核心灵魂所在的一个方面,即'制度公正化'和'程序公平化'。"在这两者之间,马教授巧妙地插入了中国传统文化的经典时代——唐宋科举文化的十大珍贵遗产和朱元璋君臣的取舍。这样一来,不仅使得读者对中国科举制的发展脉络大致有了一个了解,明白中国科举制的合理内核即为公平化、平等化——这恰恰是后来西方国家模仿中国科举考试推行文官制的精神动力所向,可惜的是,我们的科举到了清末时来了一个"孩子洗澡,一起扔了"。于此马教授颇为诙谐又不无痛心地写道:"令人啼笑皆非的是,当大清帝国宣布废除中国沿用了1 500多年的科举制时,西方欧美国家却争先恐后地学习和模仿中国科举文官考试制,建立起现代的文官考试制度,完善近代西方政治文明。东西方如等巨大的反差,让人想起唐代诗人李商隐的诗:'……东边日出西边雨',不,应该是'西边日出东边雨',喜乎?悲乎?"

  能拥有这样的思想深度和锐利眼光就充分表明了撰述者已非仅仅是一个历史学者,而是一个有着相当睿智的思想家与高度历史责任感的社会文化研究专家。读了这样的著作,难道不觉得有一种对正义和真理之追求的责任感与正能量的积聚?

  更妙的是,马教授在书中,将一个个历史名词用通俗的语言表达了出来。譬如明代科举制中有四大考试:即童试、乡试、会试、殿试。这些名词现在一般人见了都会感觉陌生,如何解释好呢?马教授说,童试就是乡试前的资格考试;乡试相当于现在大学本科考试,考中者即举人,在学历上相当于今天的本科学历,在学位方面就相当于学士学位;会试相当于现在的硕士研究生考试,考中者即贡士,在学历上相当于今天的硕士研究生学历,在学位方面就相当于现在的硕士研究生学位,等等。读来通俗易懂,但又不低俗。让人在轻松中阅读历史,看来他是吃透了历史文化才会这般轻车熟路、信手拈来。

  2007年马教授就应南京市委宣传部主办的"市民学堂"之邀主讲过中国科举制,据说当时南京人民大会堂楼上楼下都是听众与媒体记者,原定两个半小时的讲座因为讲得太生动了而被迫延长。随后马教授的讲座内容及其对科举制的形象比喻"中国古代第五大发明"被《南京日报》《金陵晚报》《现代快报》《扬子晚报》等众多平面媒体和各大网站所转载和援引。这里顺便说一下,从去年起,马教授又屡次受邀南京市委宣传部与南京广电集团开办的新版"市民学堂",全天候主讲《大明帝国之风云》系列。据说仅今年一年内他就讲了五六次,是该栏目出镜率和"回头率"最高的主讲人。通过多频道的广播电台、电视、网络等多种媒介,马教授的历史文化讲座早已"走进"了千家万户,甚至还"走进"了"流动的小屋"——汽车。由此人们称他为大众历史学家,我看差不多,但最好要加个定语,应该为不低俗和有责任的大众历史学家。

本书另一大亮点就是下章"千秋过功,治隆唐宋"。马渭源教授在通读了《明实录》与《明史》以及明代大量文献资料后,从朱元璋治国理政、治边、治外和治家四个层面分别予以了详尽的考察,认为明代鼎盛时代或言黄金时期不是有人美誉的"永乐盛世",而是仁宣时期。要说大明治理得最"好"的时代应该是在朱元璋洪武年间,他援引了明代中期文臣敖英之语来说事:"我朝国势之尊,超迈前古,其驭北虏西蕃,无汉之和亲,无唐之结盟,无宋之纳岁币,亦无兄弟敌国之礼,其来朝贡,则以恩礼待之。其朝鲜、安南、琉球、日本、占城、暹罗、满剌加诸国、乌思藏、童卜韩、胡奴儿于诸司,朵颜、赤斤、阿端、卜剌罕诸卫,奉法尤谨,朝廷待之,恩礼亦有加焉。呜呼,盛哉!"(【明】敖英:《东谷赘言》卷上)如此观点极有道理,当然这还是朱元璋内外治国的效果,那么他的治家到底有着怎样的影响?"终明之代,宫壸肃清,论者谓其(指朱元璋)家法之善,超轶汉、唐"(《明史·后妃传·序》卷113)。由此再看,300年后清圣祖康熙帝在明太祖陵墓前留下的那通"治隆唐宋"御碑文字,还是有着十分深刻的含义,也是对朱元璋一生功绩比较妥帖的注解。不过马教授同时还指出:"我们还应看到朱元璋治理下的另一面:他乾纲独断,事必躬亲,专制集权,滥杀无辜,大搞政治运动,实行文字狱与特务统治……将大明治理成一个令人窒息的国家,严重摧残了商品经济的发展和中外交流,客观上妨碍了思想文化的繁荣。"至此,可以说全书对明太祖的功过有了比较正确的定位,阐发了前人所未发之言,令人耳目一新。

总之,全书精彩迭现,观点新异又可靠,读之既如品尝陈年美酒,又似沐浴和煦春风。作为年过八旬的垂垂老者,我倍感欣慰,"黄学"后继有人啊!也愿马教授不断努力,推出更多的新作!

权作为序。

南京大学中国思想家研究中心常务副主任、教授

2014年11月18日

《大明风云》系列之 ❺

治隆唐宋

目录

上章　思想一统　科举"隽永"

● 治国之要教化为先，教化之道学校为本 1
　◉ 朱元璋教育思想：治国之要教化为先，教化之道学校为本 1
　◉ 朱元璋的教育治国措施 4
　◉ 朱元璋教育国策的历史影响 42

● 科举成式化公平化　人才标准化奴才化 43
　◉ 考试标准化——600年前中国人系下的心结 43
　◉ 朱元璋改革科举制的由来——从对科举制的肯定到否定再到基本肯定 ... 44
　◉ 朱元璋改革科举制的主旨灵魂与洪武十七年的"科举成式" 52
　◉ 朱元璋科举改革标准化 55
　◉ 朱元璋科举改革公平化 66
　◉ 爱恨科举制 89
　◉ 为何科举制成为过街老鼠？"西边日出东边雨"，喜乎？悲乎？ 90

● 无端制造文字冤案　随意打击思想"异端" 92
　◉ 文化大国和文字狱大国之历史 92
　◉ 朱元璋为什么要屡兴文字狱？ 93
　◉ 朱元璋屡兴文字狱的案例分析 98
　◉ 朱元璋屡兴文字狱的恶劣影响 107

下章　千秋过功　治隆唐宋

● 是是非非千秋过功　康熙评述"治隆唐宋" 108

- 威德兼施因俗治夷　华夷归一铜墙铁壁 …… 110
  - 朱元璋"治蛮夷之道"："必威德兼施" …… 110
  - 洪武灵活"德威"南北"夷房" …… 111
  - 因地制宜"德惠"边地少数民族 …… 119
  - 特殊西番国策：诏封藏区僧官、确立军事保障体系和开办茶马贸易 …… 128
  - 华夷归一与北疆三道防线、两个三角形军阵布防 …… 133
- 和平对外厚往薄来　坚决抗倭严厉禁海 …… 141
  - "天朝上国"的"大宗主"奉行睦邻邦交和平主义对外国策 …… 142
  - 重建"四夷宾服"和"万国朝宗"的华夷秩序 …… 143
  - 坚决抗倭与严厉禁海 …… 152
- 雷厉风行旷世勤政　从严治家俭朴一生 …… 160
  - 朱元璋的个人工作作风 …… 160
  - 朱元璋的个人习性爱好 …… 165
  - 朱元璋的个人生活习惯 …… 176
  - 朱元璋的个人朋友交往 …… 181
  - 朱元璋的男女情感世界 …… 182
  - 朱元璋与他的儿女们："天生圣人"优良品种甚少，是"地"有问题？ …… 190
  - 朱元璋临终嘱托与百年归宿——归葬明孝陵 …… 194
- 精心打造明初三陵　终极关怀江山永宁 …… 196
  - 中都凤阳明皇陵——大明龙脉之一 …… 196
  - 泗州（盱眙）明祖陵——大明龙脉之二 …… 215
  - 南京明孝陵——大明龙脉之三 …… 223
  - 世界文化遗产——南京明孝陵的历史影响与文化密码 …… 240

大明帝国皇帝世系表 …… 253

后记 …… 254

上章
思想一统　科举"隽永"

《大明风云》系列之 ❺
治隆唐宋

　　从人格心理学来说,朱元璋的早期生活中有着太多的缺憾,这在相当程度上造成他日后苛求完美的性格特征。就在实行"四清"、相继发动八场全国性大运动的同时,这位有明一代"圣祖"为了确保江山社稷能稳如磐石,又在不断地采取举措,统一思想,培育和选拔完全合乎"口味"的"标准化"人才:他降低大明第一大学——国子监的入学门槛,大力发展中央与地方的官学,将教师纳入了大明"公务员"行列,稳定教师队伍;在全国各地乡村普设社学,推行教化;他尊孔崇儒,钦定"中国圣经",一统思想、实行科举成式、推行标准化考试,甚至还屡兴文字狱……所有这一切几乎都开创了中国文化思想教育历史之最,终使洪武晚期的大明有着向"建文"方向转向之趋势,由此也加强了极权君主专制主义。

治国之要教化为先,教化之道学校为本

　　说起朱元璋教育思想和洪武大办教育,或许有人要觉得好笑,一个叫花子出身的人会有什么教育思想而且还大办教育?

● 朱元璋教育思想:治国之要教化为先,教化之道学校为本

　　历史恰恰如此!尽管出身低贱得不能再低贱的朱元璋从未受过正规的学校教育,但综观洪武年间发布的诏令敕御等,你就不难发现,除了一部分是由文臣学士充当捉刀手外,还有相当一部分是由这位极富个性的草根皇帝自己撰写的。虽说文中时不时地出现错别字,甚至还会文理不通,可也不难看出,从未接受过正规教

育的朱皇帝并非是个彻头彻尾的文盲。

那么草根皇帝是什么时候摘掉文盲帽子的？明代笔记载说："太祖在军中甚喜阅经史，后遂能操笔成章。"（【明】徐祯卿：《翦胜野闻》）淮右地区出来打天下的绝大多数都是土包子，即使像李善长算是有文化的了，但也是粗通文墨。那么到底是谁将叫花子朱重八"教育成才"了？《明实录》"戊戌即元至正十八年（1358）十二月"条记载说：朱元璋军攻占浙东婺州后，"召儒士许元、叶瓒玉、胡翰、吴沉、汪仲山、李公常、金信、徐孳、童冀、戴良、吴履、张起敬、孙履皆会食省中，日令二人进讲经史，敷陈治道"（《明太祖实录》卷6）；又"癸卯春（1363）五月癸酉置礼贤馆"条记载说：先是，上聘诸名儒集建康，与论经史及咨以时事，甚见尊宠。至是，复命有司，即所居之西创礼贤馆处之，陶安、夏煜、刘基、章溢、宋濂、苏伯衡等皆在馆中。时朱文忠守金华，复荐诸儒之有声望者王袆、许元、王天锡至，上皆收用之。（《明太祖实录》卷12）

尽管明代官史竭尽委婉地表述了当年朱元璋文化扫盲一事，什么"日令二人进讲经史，敷陈治道"，什么"上聘诸名儒集建康，与论经史及咨以时事，甚见尊宠"，但从史载的列位帝师许元、胡翰、吴沉……陶安、夏煜、刘基、章溢、宋濂、苏伯衡等等来看，都是当年的学界名流，难怪开国后的朱皇帝不无骄傲地对侍臣说："朕本田家子，未尝从师指授，然读书成文，释然开悟，岂非天生圣天子耶？"（【明】徐祯卿：《翦胜野闻》）

"未尝从师指授"不切实际，也太狂妄了，但从这极度自信的口气中我们似乎也感觉到了"天生圣天子"的到来。那么朱元璋到底有怎样的文化水准？

如果有读者朋友留心南京城东朱元璋御制的中山王徐达墓碑的话，就会发现，那是一篇至今无人读得通的"天书碑"。由此我们不难肯定，朱元璋真实的文化水平应该是个半文盲。

朱元璋的半文盲不是他个人的错，这都是他出生的那个社会惹的祸。从朱元璋的内心而言，他是很痛苦的，天底下有谁愿意没文化而受人欺？受人笑？人生有好多的无奈，打从出世起，人生就有两大无奈：第一，出生时间上的无奈，朱元璋生于乱世，没办法作选择，总不能出来看一看，世道不好，我再回娘胎里去，等世道好了，我再出来。第二，出身家庭的无奈。正如东汉有名的思想家范缜所说的那样，一个人出生于怎样的家庭是没办法选择的，就如同树叶，有飘到高堂上的，就相当于出身在富贵家庭里；若飘到厕所里的，就相当于出身在贫苦家庭里。如果说后来的朱元璋经过个人的选择与努力，把握了机遇，成就了帝王之业，是他所处时代的一种最佳选择和达到的最佳效果的话，那么早年的朱重八在忍受人生煎熬的同时，其内心深处向往富贵、羡慕士大夫、看重文化知识教育,这是不容置疑的。就如我们老百姓经常讲的,越是没知识文化的人往往越重视文化知识,当然除一些妄自尊大的武夫与社会流氓之外。

明初朱元璋重视与发展教育的第二方面原因是出于对大明帝国长治久安之考虑。洪武二年(1369),在下令让孔子后裔孔克仁等教授大明龙子龙孙和功臣子弟时,朱元璋曾直言不讳地说出了自己重视教育的功利性目的:"朕诸子将有天下国家之责,功臣之弟将有职任之寄。教之之道,当以正心为本,心正则万事皆理矣。苟导之不以其正,为众欲所攻,其害不可胜言。卿等宜辅以实学,毋徒效文士记诵词章而已。"(《明太祖实录》卷41)

朱元璋大致是这样对孔博士说的:"我的孩子们将来要担负起统治国家之重任;功臣的孩子们将要出任百官之职。你们教育孩子们要以正心为根本,心正了做任何事情都会合乎于'理'。如果不以正心来教育他们,随心所欲,那么其危害就数不胜数。还有你们得注意,要教孩子们实学真本事,不要学有些读书人那样,尽记忆些花里胡哨的诗词章句什么的,这有什么用!"

洪武帝的这段"最高指示"至少折射出了三个信息:

第一,表露出朱皇帝对大明帝国未来的统治"栋梁们"已作出了限定,就是以他朱家龙子龙孙为领导核心阶层,以功臣子弟作"根本"。

第二,朱元璋可能不懂或者说是不喜欢唐诗宋词,他的这一个不喜欢影响了中国教育和科举的发展走向。从明初开始,学校教育和科举考试中的文学含金量大为降低,中国再也没有出现唐宋那般诗词大盛之壮观场面了。

第三,朱元璋提出了要以"正心"和"实学"来教育他的孩子们。那么什么是"正心"?朱皇帝没有直接讲,但在别的场合他将"正心"换成了另外一个词——"教化"。开国前夕,朱元璋曾跟右御史大夫邓愈等人这样说道:"治天下当先其重其急而后及其轻且缓者。今天下初定,所急者衣食,所重者教化。衣食给而民生遂,教化行而习俗美。足衣食者在于劝农桑,明教化者在于兴学校。"(《明太祖实录》卷26)他认为,治理国家应该有轻重缓急,当今大明行将开国,最为急切的事情是要解决人们的温饱问题,所要做的重要事情就是教化。温饱解决了,民生问题也就解决了;教化展开好了,人们的行为习俗自然也会好的。而解决温饱的关键就在于恢复和发展农业,明教化的关键在于兴办学校。

这段话里朱元璋没有明确将"正心"的内核揭示出来,而是隐喻式地谈到了正心的手段——教化,这样就形成朱元璋的教育治国思想,那就是"治国以教化为先,教化以学校为本"(《明太祖实录》卷46;《明史·选举志一》卷69)和学校"储才以应

科目""科举必由学校"。(《明史·选举志一》卷69)

● 朱元璋的教育治国措施

正因为将教育提高到治国安邦的高度,所以早在朱元璋占领南京、建立地方性政权时就着手开办教育;大明开国之后,朱元璋更是采取了一系列的措施发展教育,也由此奠定了明清六百年中国学校教育制度的基调。因此说,朱元璋对中国传统社会的教育发展是有着相当大的影响的,主要体现在以下几个方面:

○ 放低入学门槛,大力发展中央国学——朱元璋对中国教育普及化的贡献①

中国传统社会两千余年的官学(类似于我们现在讲的公办学校)入学资格限定经过了由窄到宽的历程,而且是随着传统社会教育发展,中国传统官学入学资格条件越来越放宽。例如中国历代的全国最高的高等学府——国子学,在唐代时要求入学的学生必须是三品以上官员及国公的子孙,太学入学的学生必须是五品官员以上及郡县公的子孙。到了宋代则大为放宽:国子学学生为七品以上官员之子弟,太学为八品以上官员之子弟及庶人之俊异者,对学生家庭身份品级的限制有所放宽。

◎ 放低入学门槛、创办世界上最大的大学——国子监和东亚留学中心

大明开国当年(1368),朱元璋命"令品官子弟及民间俊秀通文义者,并充学生"。洪武三年六月,因国子学典簿周循理之请,朱元璋再次下令,重申国子监入学资格放宽的规定:"民间子弟俊秀年十五以上愿入国学者,听复其身,京官子弟一品至九品年十二以上者,皆令入学,且定其出身资格。"(《明太祖实录》卷53)

这样一来,有明一代的国子学入学条件又得到了放宽,教育对象更为扩大。到了后来基本上没有明定几品以上的出身,即使布衣平民子弟也有资格入学。

国子监学生通常称为监生,分两大类:一类为官生,"官生取自上裁"(【明】黄佐:《南雍志·储养考》卷15),即由皇帝指派,包括品级官员子弟、少数民族土司子弟和留学生等;另一类为民生,"民生则由科贡"(【明】黄佐:《南雍志·储养考》卷15),即由地方上向中央朝廷保送一些民间优秀的读书人。民生又分为两种:一种叫贡监,贡监是指府、州、县从各自地方官学中向中央朝廷选派优秀的岁贡生员;另一种叫举监,即指那些在中央会试中落第了被保送到国子监去补习的举人(《明史·选举志》卷69),有人将此类比于今天高考补习生;另外后来还有捐监,即用钱

可捐买国子监生的资格或身份。这些都是继宋代以后将贵族教育进一步地转向平民教育的一个良好开端,所以明初国子学(监)的学生比起历史上的任何朝代都要多得多。按照《大明礼令》的规定:最初官生数额一般在 100 名,民生为 50 名,即官民生比例为 2∶1。但由于官生即公侯子弟和高级品官子弟年轻轻的都有了"出路",公侯子弟直接袭爵做官,高级品官子弟可荫官,也就是说这些红彤彤的"种子"大可不必浪费青春来国子学拿什么文凭,剩下的占据国子学(监)生员人数大头的只有那些没背景的工农子弟了。洪武十三年前后,大案要案频发,不仅功臣勋旧子弟就是一般品官子弟都被牵连进去,官生来源锐减,而民生人数却急剧上升。如洪武二十四年,官生人数为 345 名,民生人数为 1 487 名;洪武二十五年,官生人数为 16 名,民生人数为 1 293 名;洪武二十六年,官生人数为 4 名,民生人数为 8 120 名,两者总数为 8 124 人;到了永乐二十年时,国子监生就达 9 972 人(【明】黄佐:《南雍志·储养考》卷 15),远远超过历史上各朝代,也是当时世界上没有哪个国家哪个大学能与其相比的,因此明初国子学完全可以称为世界第一大学。清代国子监生的对象范围比起明代更加放宽,一般平民子弟都可以贡监入学。这对于一个原本是以血缘身份为基础的具有严格等级制度的传统社会来说,无疑是个巨大的社会进步。(王炳照主编:《中国传统教育》,中南工业大学出版社,1999 年 12 有)

　　正因为放宽了国子学(监)入学的条件,从而造成了明初国子学(监)大规模的扩建与发展。最早创办国子学是在元至正二十五年(1365)九月,当时朱元璋政权还是全国群雄割据中一个很不起眼的地区性军事势力,西刚灭陈友谅残部,东尚未来得及讨伐张士诚,军事上相当吃紧,但朱元璋富有远见地及时开办教育,因地制宜地将位于应天城南夫子庙地区的集庆路学改建为国子学,"设博士、助教、学正、学录、典乐、典书、典膳等官,以许存仁为博士"(《明太祖实录》卷 17)。由于降低了入学门槛,国子学生员数增加迅速,大明开国的第二年即洪武二年,朱元璋不得不下"诏增筑国子学舍",诏书是这样说道:"太学,育贤之地,所以兴礼乐、明教化,贤人君子之所自出。古之帝王建国,君民以此为重。朕承困弊之余,首建太学,招来师儒以教育生徒。今学者日众,斋舍卑隘,不足以居。其令工部增益学舍,必高明轩敞,俾讲习有所,游息有地,庶达材成德者有可望焉。"(《明太祖实录》卷 40)

　　这是洪武时期第一次扩建国子学。四年后的洪武六年,国子学又不够用了,朱元璋"命礼部经理,增筑学舍凡百余间"(《明太祖实录》卷 79);洪武八年三月"置中都国子学,秩正四品,命国子学分官领之"(《明太祖实录》卷 98)。但由于后来国子学学生越来越多,朱元璋不得不第三次考虑国子学的拓展,可夫子庙地区居民密集,商铺林立,不利于国子学校舍的增扩,只得另行择址。在经过一番认真的考察后，朱元璋君臣选定在鸡鸣山下建造新的国子学，并于洪武十四年(1381)四月下令动工建校，到第二年(1382)建成。随后便是搬迁新址，新搬迁的国子学位于鸡鸣山南，正式更名为国子监，而原在夫子庙的国子学旧址则改为应天府学。(《明太祖实录》卷137；卷143；卷145)

新建的明代南京国子监规模很大，它确切的位置在今天南京市的市政府往南直到东南大学内，这个地方就是六朝时代的皇宫中心地区，用今天的地名来表示：北起鸡鸣山南麓，南抵珍珠桥，东迄小教场，西到进香河路。那时的南京国子监由下列几个部分组成：教学建筑区有正堂彝伦堂1座，15间；支堂有率性、修道、诚心、崇志、正义、广业6座，共计105间；藏书建筑1座14间。生活建筑区有三类：第一类是学生的宿舍号房2 000间，留学生宿舍光哲堂1所15间；第二类就是食堂1所——当时称馔堂；第三类就是校医院——当时叫养病房；储藏建筑区有仓库、木磨房、酱醋房、晒谷场及菜圃等，东北方向还有公共活动场所——文庙等，"延袤十里，灯火相辉"。(【明】黄佐：《南雍志·学规本末》卷9；《明史·选举志一》卷69)

但即使是这样的规模，没过两年，由于"天下府州县岁贡生员及四夷酋长遣子入学者凡数千人，学舍(又)不能容"了。洪武十七年四月，朱元璋不得不再次"命增筑国子生房舍五百间于集贤门外，谓之外号房"，这大概是洪武时期第四次大规模扩建国子监(《明太祖实录》卷161)。第五次大规模扩建国子监是在洪武二十一年，朱元璋命令工部"于国子监前造别室一区，凡百余间，具灶釜床榻以处诸生之有疾者，令膳夫二十人给役"(《明太祖实录》卷194)。第六次扩建在洪武二十二年十月，主要是兴建国子监家属宿舍。(《明太祖实录》卷197)

洪武时期南京国子监生人数最多的时候可能要有七八千，但这还不是最为鼎盛的时期。永乐后期，南京国子监学生已达近10 000人，创历史之最。而当时南京的市民人口也只有50万左右，也就是说，那时50个南京城里人中就有1个是国子监的学生，因此完全可以说，明初南京国子监是亚洲乃至世界最大的一所大学。

更为有意思的是，从明朝洪武初年起，高丽(朝鲜的古称)、日本和琉球(近代被日本占领，改为冲绳县)、暹罗(今泰国)都曾派出本国子弟来我大明帝国的首都南京留学，朝鲜留学生金涛还曾参加了洪武四年的科举会试，被朱元璋授予山东东昌府安丘县丞的职务(《明太祖实录》卷62)。由此可见当时南京国子监还是东亚地区国家的留学中心。

◎ 600年前中国最高学府里的大学生是如何学习与生活的？

国子监教官设置是这样的：校长祭酒1人，抓全校工作，从四品；司业1人，可能相当于副校长或教务长,总管全校教务,正六品;监丞1人,相当于政教处主任,总管全校校纪校规,正八品;从八品的典簿1人、博士3人、助教16人和正九品的学正3人以及从九品的学录3人都是担任具体教学工作的,掌馔1人,大概负责是后勤服务的,杂职。(《明太祖实录》卷143)

  国子监校长祭酒每日早上得上正堂,司业、监丞、博士等属官随即按序入堂。校长祭酒正位坐定后,司业、监丞、博士等属官分东西两列,相互作揖,依次落座;然后再是监生们入堂作揖。国子监每天上晨、午两次大课。晨课由校长即祭酒带领属官出席,校长主讲训导,类似于现在的政治学习,由此看来,中国人实在是讲政治,时时不忘政治学习。不过那时的国子监的校长可没现在的校长大人那么忙得见不着人影,这个祭酒得天天出来,上午训导一番,想必他满脑子都是政治细胞,否则哪来那么多的政治教育理论思想,而且政治上还要靠得住,否则就像走马灯似地换个不歇。校长上午训完话,下午学生上午课,由博士、助教、学正和学录等老师来主讲。(《明太祖实录》卷145)

  学生学习的主要课程是"四书""五经"《御制大诰》《大明律令》及书法、算数等。洪武中期,朱元璋忽然发现汉朝刘向编撰的《说苑》一书不错,就跟国子监校长李敬这样说道:"士之为学,贵于知古今,穷物理圣经贤传,学者所必习,若《说苑》一书,刘向之所论,次多载前者往行,善善恶恶昭然于方册之间。朕尝于暇时观之,深有劝戒,至于《律令》载国家法制,参酌古今之宜,观之者亦可以远刑辟。卿以朕命导诸生读经史之暇,兼《说苑》,讲《律令》必有所益。"这样一来,《说苑》也成了国子监生的必修课了。(《明太祖实录》卷137)

  除了上述课程外,国子监生还有体育课,不过那时还不叫这个名字,而是叫习射,即练习射箭。洪武二年六月,洪武皇帝曾对国子监生做出这样的指示:"古之学者,文足以经邦,武足以戡乱,故能出入将相,安定社稷。今天下承平,尔等虽专务文学,亦岂可忘武事?"即要求监生们在读书之余学习武艺。(《明太祖实录》卷43)第二年他又诏令国子监生和郡县生员都要学习射箭。洪武晚年,朱元璋还曾专门下令在国子监内辟地作为监生们练习骑射的运动场。(【明】黄佐:《南雍志·事纪》卷1)

  国子监生每月放两天假,由此看来要比我们现在的大学生苦多了。当时规定对学生要进行定期考核,考核采用积分制,达到一定程度的逐渐升级。级数没有现在大学的大一到大四四个级别,一共才初、中、高三级,但升格要求很严。朱元璋对国子监很重视,管理也十分严格,尤其对国子监的祭酒这个特殊职位的"文官",唯恐书生出生的文人当不好校长,还曾任命军队里的将军——他的外甥李文忠出任过国子监的校长。国子监对学生的学习、作业、生活起居、饮食等方面都有详细又严格的规定,稍有违反,就会受到体罚。所有这些工作与活动都由一个叫监丞的学官总负责监察,"凡教官怠于训诲,生员有戾规矩,课业不精,廪馔、房舍不洁,并从举、惩治"。(《明太祖实录》卷145)

◎ 600年前的太学生待遇与现在大学生一样吗?

不过那时的国子监学生的待遇还是比较优厚,有人形象地比喻为我们国家90年代以前的高等院校大学生、研究生的待遇,但实际上是前者要比后者待遇高得多。我们国家90年代以前的高等院校的大学生、研究生教育的最大特点和优点就是精英教育,当时高考的录取率在3%左右,所以国家养得起。一般来说,国家解决了大学生的生活费用问题(主要是饮食与住宿)。可明代国子监生却是另外一番待遇:他们不仅吃喝拉撒国家全部统包了(包括一年四季的鞋帽、衣裤),而且逢年过节(元旦、元宵诸节)还可以领取帝国皇家的赏赐节钱,甚至连监生的老婆也沾起了大学生老公的光了。(《明史·选举志一》卷69)

明代国子监学生享受到优裕有加的生活待遇首先得感谢朱元璋的正妻马皇后对他们的格外关心与恩典。据说有一次朱元璋到国子监视察回宫,善良的马皇后就问国子监生的生活状况如何?朱元璋大致讲了一下,监生们的生活费用都由国家来解决,衣食无愁。马皇后又问了:"这些太学生的生活解决了,可他们的妻儿怎么办?有衣食来源?"朱元璋无言以对,不久他就下令盖了好多的红板仓,专门储藏供给国子监学生妻儿的粮食就有20多舍,马皇后还亲自出面督办具体的事宜。毕竟是平民出身的皇后想到的虽是些很普通但是很细腻的事儿。已婚监生及其家属问题解决了,而对于未婚的监生,马皇后也给予了一定的关怀。当时南京城里中央各部门有不少历事监生,相当于现在大学毕业生在机关实习的实习生,他们中好多人都未婚,在马皇后的催促、关爱下,许多没有婚娶的监生都可以得到皇家的婚聘赐钱,月米2石,女衣2套。还有些监生在校时间长了,要回乡探望父母、祖父母,学校则给予探亲假,大明皇家甚至还要发给他衣服一套和返乡来回的差旅费。(《明史·选举志一》卷69;《明史·太祖孝慈高皇后传》卷113)

◎ 600年前太学生毕业后干什么?

国子监学生在校学制为4年,考核合格就可毕业。毕业时要进行实习,实习的单位一般都是中央的各部各司。实习主要是熟悉政务与工作流程,时限为3个月。结束时由实习单位对该实习生进行考核,中等以上的就到中央的吏部等候补缺,就是哪个地方有个官位空缺的就从这些较为优秀的毕业生中录用为官;要是考核得不好的实习生那可倒霉了,回国子监继续学习,等于是"回炉"重新加工。(《明太祖实录》卷94;卷252;《明史·选举志一》卷69)

明初国子监在大明帝国的政治生活中扮演了很重要的角色,在科举尚未成为入仕的主渠道时,它是朱元璋政权官吏阶层的主要候补"部队"。这些监生曾积极地参与到了大明帝国初期的社会经济恢复与建设当中去,如鱼鳞册的绘制、编订及出任地方监察等,他们都曾做出了相当的贡献。洪武中期以后,科举制逐渐确立、稳固,国子监又成为科举取士的主要预备场所。

除此之外,南京国子监还搜集、编辑出版了好多图书资料。明代永乐年间编成的《永乐大典》(共22 211卷)就是在南京国子监最早问世的,它是我国古代(明代为止)最大的一部百科全书。(《明太宗实录》卷73)

◎ 南京的成贤街、"四牌楼"和碑亭巷

600年前,南京国子监是中国的最高学府,因此一般来说,明朝初年谁能进入国子监学习既是一种荣耀,又是一种资本。在这里人们熟读儒家的经典,学习治国安邦的理论,个个学生都有可能培养成为像孔孟一样的圣贤。由此,人们就将国子监那边的一条街喊作"成贤街"(今东南大学东边的那条路就叫成贤街)。

明永乐十九年,朱棣迁都北京,大明帝国从此真正形成了南北两都。作为太学的国子监也由此形成了南北两监,也称南北雍,并一直与整个大明王朝的命运相始终。

清兵南下,南京国子监学生纷纷逃散。大约过了七八年以后的清顺治九年(1652),清政府对旧明的南京国子监进行重新"定制",将其降格为江宁府学。但由于明清易鼎的战火,原本的明朝南京国子监校舍部分受损。顺康之际,总督马国柱、于成龙等地方大员对其进行了修缮,尤其是大清官于成龙在江宁府学(即原本的明朝南京国子监)之前修了四座碑亭,使得该学宫增色不少,这四座碑亭在当时引起了世人很大的关注,从此以后人们就把那个地方叫做"四牌楼"。就在它的边上也就是碑亭所在的地方,人们就将其呼为"碑亭巷"。

◎ 明清南京1座武庙、3座"文庙"、3个"江宁府学"和夫子庙

除此之外,朱元璋还在国子监东边(今在南京市政府大院内)建造了儒学先师孔子庙,亦名文庙,祭拜孔子。孔子,春秋末年的大教育家、大思想家,但他一生活得很不得志,用他自己的话来说"累累如丧家之犬"。但恐怕连孔老夫子自己也不会料到,在他死后的500年左右,汉武帝采纳了儒士董仲舒的"罢黜百家,独尊儒

术"的建议,孔子的身价一路开始飙升,几乎成为传统中国社会的教育之神。唐朝立国以后,人们更加敬重先师孔子,纷纷在学府之地设立孔子庙,祭祀这位教育之神。开元年间唐玄宗封孔子为文宣王,由此也就将孔子庙称为文宣王庙,孔老夫子已经完全被神化了。大约到了宋元之际,人们将孔子庙称作文庙。自此以后孔庙与文庙在中国社会里混称。

　　大明建立之前,朱元璋将集庆路学改建为国子学时,里边就有一座孔庙,即今天我们大家都知道的南京城南夫子庙,这是明代或者说是明清时期南京地区的第一文庙。它旁边的国子监改名为江宁府学,这是明清时期第一个江宁府学。洪武十四年朱元璋下令在鸡鸣山前建造国子监,第二年又下令,在新国子监东边新建了一座供国子监师生祭祀孔圣人的庙堂。这是明代或者说是明清时期南京的第二座文庙,即位于今天南京市政府大院内的武庙。那么为什么原来的文庙现在改称为武庙呢?

　　明朝灭亡后,南京被清军占领。清顺治九年,在鸡鸣山前的原明朝国子监被改为江宁府学,这是明清时期第二个江宁府学;与此同时在南京城南的夫子庙——原明朝的江宁府学再次降格为上元县学和江宁县学。清末咸丰年间太平天国定都南京,清军与太平军将南京城作为双方争夺的战场,南京鸡鸣山前的江宁府学和东边的文庙尽毁于战火之中,"遂无寸瓦尺椽之遗矣"。清同治五年,两江总督李鸿章命知府徐宗瀛建造新的江宁府学。因为鸡鸣山前的府学校舍已经全毁,徐知府只好在冶山道院一带即明代朝天宫故址建造新的府学,造了4年才造好。竣工后,江宁府学正式迁到了朝天宫,形成了东、西、中三大建筑群。东边为江宁府学,这是明清时期第三个江宁府学;西边为卞壶祠,中间是文庙,这是明清时期的南京第三座文庙。与此同时人们将虎踞关之北(后移至三元巷以东)的武庙迁到了鸡鸣山东边的原来的文庙基地上,这就形成了今天南京市政府东大院的武庙。

○ 在全国普设各级地方官学——朱元璋对中国教育普及化的贡献②

　　从1365年朱元璋将集庆路学改为国子学,创建了中央最高学府起到永乐十九年(1421),朱棣迁都北京,形成南北两监(原京师国子监改称为南京国子监,北京国子监则称为京师国子监)为止,朱元璋和他的子孙们一直都在积极构建中央官学——实际上明初除南北国子监以外,还曾在中都凤阳设立了国子监,形成了中央官学"三监",即3所中央级高等学府。但中都凤阳国子监规模远比不上南京国子监,且很快就衰落下去,不为人们所重视。洪武二十六年十月,朱元璋下令革除中都国子监,以其师生并入(南京)国子监。因此说有明一代长期并存的只有南北两

监。(《明太祖实录》卷230)

与此同时,朱元璋还十分重视发展地方官学。洪武二年六月,他在与国子学官谈话时提出了治国人材为本与教化为先的思想:"治天下以人材为本,人材以教导为先"(《明太祖实录》卷43)。就在大明中央国子学(监)办得初具规模之际,洪武皇帝朱元璋又开始放眼于全国的人才培养与选拔上。

大明军北伐一路凯歌高旋,大一统帝国重建工程即将告成,社会经济正开始恢复,国家正急需人才。洪武二年(1369)朱元璋向中书省发出特谕:"学校之教至元其弊极矣,使先王衣冠、礼义之教混为夷狄,上下之间波颓风靡,故学校之设名存实亡。况兵变以来,人习于战斗,惟知干戈,莫识俎豆。朕恒谓治国之要教化为先,教化之道学校为本。今京师虽有太学,而天下学校未兴。宜令郡县皆立学校,礼延师儒,教授生徒,以讲论圣道,使人日渐月化,以复先王之旧,以革污染之习。此最急务,当速行之。"(《明太祖实录》卷46;《明史·选举志一》卷69)

中书省在接到朱皇帝的谕令后迅速地将其下发到各地。从此,全国各地府、州、县的官学如雨后春笋般地涌现。

明代地方府州县官学,也称郡学或儒学,是比国子监低一等的中等学校。朱元璋对这样的地方官学也一直很重视,自洪武二年下令各地创办以后,相继采取了许多举措,促进地方官学的发展。譬如,洪武八年朱元璋就命人上国子学去考察,挑选老成端正、博学通经之士,分赴各地,教授郡县生员。针对当时长期战乱的北方"人鲜知学"的严峻局面,他还专门叮嘱御史台官员到国子学去再加精选多闻之士与年长学优者,让他们上北方去支教。后选得林伯云等366人,"给廪食、赐衣服而遣之"(《明太祖实录》卷98;【明】黄佐:《南雍志·事纪》卷1)。后来朱元璋又令人从国子学中挑选"壮年能文者"为教谕,支教其他省份地方官学(《明史·选举志一》卷69)。由于措施得力、到位,洪武时期大明地方官学得到了迅猛的发展。

◎ 明初地方官学(郡学)的普设

明代地方官学"府设教授,州设学正,县设教谕,各一。俱设训导,府四,州三,县二。生员之数,府学四十人,州、县以次减十。师生月廪食米,人六斗,有司给以鱼肉。学官月俸有差。生员专治一经,以礼、乐、射、御、书、数设科分教,务求实才,顽不率者黜之"。(《明史·选举志一》卷69)

当时地方官学建制上是这样规定的:府学设教授1人(即相当于府学的校长),下设训导即相当于教师4人,学生人数规定在40人;州学设学正即州学校长1人,下设训导即相当于教师3人,学生人数规定在30人;县学设教谕即县学的校长1

人,下设训导 2 人,学生人数规定在 20 人。师生每月都由官府供应粮食,每人 6 斗;有关部门还应解决师生的鱼肉等餐用供给。无论府州县学的校长还是老师都被编入"国家公务员"行列,称之为"学官",但有一定的级差,反映在每人的每月俸禄(相当于工资)上各不一样。至于地方官学中的学生称呼与国子监学生(监生)也不一样,他们被叫做生员,生员每人专攻一门经学。学校以礼、乐、射、御、书、数等设科,分别予以教学;同时也有必需的政治学习,学习《御制大诰》和《大明律令》。学生有学业不好的或不听管教的,就要被开除。(《明太祖实录》卷 46)

◎ 朱元璋将中国传统教育推向了顶峰

办教育一定要有经济支撑,否则就成为空中楼阁,而且这教育经费一定要稳定,否则只能使教育时兴时废。更有一个关键性的问题是这钱谁出,怎么样使用?盖高楼,造一些高而大的面子工程和形象工程?朱元璋毕竟是底层穷苦人出身,做事就是细腻,他将地方教育的经费落实到实处。明初开始,根据学校等级与教学规模,比较合理地规定地方学校的经费,共有三等:府学 1 000 石,州学 800 石,县学 600 石,应天府学 1 600 石,由中央政府统一调拨,免得以后学校老出现吃了上顿没下顿,今年解决了明年校长又要出去"化缘"。(《明太祖实录》卷 144)

朱元璋还专门规定:具体的经费由学田收入入官后直接调拨到学校,哪个环节出了问题,就找主管领导问罪,也没什么不痛不痒的"自我反省、异地调动",抓起来把他们杀了。除此之外,在每学还设一名会计员,专门管理官学经费。地方官学内师生每月可领得口粮 1 石,教官俸禄也是如此。如此"坚实"的办学经济支撑和对学校经费合理限定与专门管理都是历史上从未见过的。(《明太祖实录》卷 144)

正因为如此,洪武年间各地的官学办得相当不错。据统计,明初地方教官就达 5 200 余人(边疆卫学及各司儒学的教员尚未统计在内)。这个数字接近于洪武时期一年的全国"公务员"人数。这在整个中国教育史上是从来没有的。因此从学校与学生的绝对数量上来看,明代初年朱元璋大办教育将中国传统教育推向了顶峰时刻,出现了"无地而不设之学,无人而不纳之教。庠声序音,重规叠矩,无间于下邑荒徼,山陬海涯。此明代学校之盛,唐、宋以来所不及也"。(《明史·选举志一》卷 69)

看了上述洪武时期地方官学建制之规定,有读者朋友可能会觉得好笑,朱皇帝太"小家子气"了,这哪是办学,简直是在办幼儿园或托儿所。就以一个堂堂的"府"来说,它相当于我们现在的地级市,府学里连校长加在一起只有 5 个老师,40 个学生,可能就相当于我们现在社会里的一个幼儿园那么大的规模。这有什么了不得的?要知道我们现在大学"遍地开花",原本的府就是现在的地级市,你看哪个地方哪个市都没有"一望无际"的大学城,有的地方还将大学办到了县里去。现在满大街抓一把人去问问,岁数大的不算,年纪轻的除了家境差,还有就是脑筋不听使唤的以外,已都是大学生了。朱元璋玩得那叫什么?小儿科!

其实这种看法是极其错误的。明初朱元璋对地方各级官学的建设贡献太大了,其意义也十分深远,最为主要的有四点:

第一,朱元璋下令,通过地方各级政府设立地方官学,进而形成全国性的地方官学网络体系。这是利用了君主专制主义大一统帝国行政权力的刚性将学校教育渗透到全国各地,无论怎么说都是中国历史上前所未有的,其意义非同一般。

第二,洪武年间社会经济处于恢复阶段,人口数大减,比起我们现在实际人口数可能逾过15亿来说,那简直是连个零头都不到,所以当年府州县官学的那般规制也算合情又合理。

第三,洪武时期运用皇权,采取有力措施,推动大一统帝国落后地区和边远地区文化教育事业的发展。

明初国家一统,但就南北整体大势而言,北方由于少数民族的长期统治与战乱,社会经济遭受了巨大的破坏,文化教育长期处于停滞落后状态。朱元璋这个大家长意识到了问题的严重性,在医治经济创伤的同时,分别采取了"支教"和"送书"北方等措施,恢复和发展北方地区的文化教育事业。

◎ 洪武时期的"送书北方"和"支教北方"

洪武八年三月起,鉴于北方官学没有像样的教师和教官、学生学业由此而废的不堪形势,朱元璋先后命令大明御史台和吏部分别从国子监和南方学官中选调,还有从民间也选拔一些有学行的儒士,不拘人数名额。一旦选上,免除其家中赋税徭役,以此来鼓励学官儒士们到北方去支教,改变那里的文化教育落后面貌(《明太祖实录》卷98;卷186)。此项政策果然管用,执行下去后北方教官教师缺额的局面顿时得到了改观。但不久又有人上报说:北方学校没书可读。朱元璋随即命令,由大明礼部出面,颁行书籍于北方学校,相当于现在的时髦做法"送书下乡"。据说当年有一阵子书籍断货,洪武皇帝就下令,让南京国子监抓紧时间,刻印"五经""四书"及其他子史诸书。还不够的,就让人上福建去采购,然后再送往北方去。如此举措对于北方官学的恢复发展起到了积极扶持和推动的作用。(《明太祖实录》卷209)

除了北方,洪武帝对帝国边远地区的文化教育事业发展也十分关心,不断下令督促驻守边地的军卫机构与各地方衙门兴办官学。由此,一些十分偏远的边地甚至少数民族地区也开始发展起了当地的官方教育。譬如广西庆远府忻成县"山洞猺蛮衣冠不具,言语不通,自古以来宾兴所不及",可就为了响应洪武皇帝的号召,当地也办起了官学。朱元璋听说后很高兴,当即指示"边夷设学,姑以导其向善耳,免其贡"(《明太祖实录》卷197)。洪武时期官学教育普及到了边夷地区,这是历史上所从来没有的。明人皇甫录曾赞叹道:地方州县设立郡学开始于宋仁宗,但像明太祖朱元璋这样大搞官学普及化,"其视前代相去甚远矣"。(【明】皇甫录:《皇明纪略》)

第四,最为重要的是明朝洪武年间开始将地方官学的老师也编入了"公务员"的行列,甚至连学生的衣食问题也由政府买单,这就使得地方教育落到了实处。老师收入稳定,免得他们"不安分",老想"跳槽"。学校由政府解决经费,所以也不用变着法子向学生收钱或搞什么辅导班让家长来掏腰包,甚至更不用绞尽脑汁将家长的血汗钱全部榨干用来缴纳那个什么的培养费、生活费、课本教材费、资料费……相反600年前朱元璋时代的学生生活由政府来买单(饮食一类),这倒与现在西方发达国家的公费教育相差不远了。总之,这样的做法使得地方官学中师生都安心,中国地方教育由此真正开启,朱元璋功不可没。

对于地方官学有激励促进的机制远不止于此,朱元璋还采取了一些相应的针对性措施加速和促进各地教育事业的发展:

第一,将地方办学与教化视为官吏政绩考核的主要指标之一。

洪武五年朱元璋在给中书省的特敕中这样说:"令有司今后考课,必书农桑、学校之绩,违者降罚,民有不奉天时负地利,及师不教导,生徒惰学者,皆论如律。"(《明太祖实录》卷77)

朱元璋重视教育不仅仅停留在发号施令上,更难能可贵的是,他还以是否对地方教育发展有所贡献作为擢黜官员的主要依据之一。洪武九年五月,山东日照知县马亮考满进京觐见,地方州衙门在他的考课评语中这样写道:此人"无课农兴学之绩,而长于督运"。朱元璋知道后十分不爽,随即跟主管人事的吏部官员这番说道:"农桑,衣食之本;学校,风化之原。这两者本是守令们所必抓的主要政务啊,这个叫马亮的倒好,不知要务,却乐此不疲地搞什么长途运输,弃本务末,能算得上称职吗?应该将他黜降,这样也可让其他地方官有所警戒!"(《明太祖实录》卷106)

第二,重视学官选拔,优礼师儒。

在朱元璋看来,"学官所以造就人材,模范后进,非老成笃学之士,莫宜居是"。因此洪武时期特别重视对学官的选拔与任用。洪武十五年,朱元璋让礼部官员下文到各地,命令地方按察司严格考核儒学教官,不通经术的送中央吏部即人事组织部调任他职,而对于那些精通儒家经典且有才能却又被压制的教官儒士,朱皇帝要一一过问,做出好的安排(《明太祖实录》卷149)。洪武二十六年,定学官考课法,专以科举为殿最:"九年任满,核其中式举人,府九人,州六人、县三人者为最。其教官又考通经,即与升迁。举人少者为平等,即考通经亦不迁。举人至少及全无者为殿,又考不通经,则黜降。其待教官之严如此。"(《明史·选举志一》卷69)

至于物质生活等方面优礼师儒,前文已述,这里着重讲洪武朝政治隆遇优秀教官与优秀生员。洪武十四年起朱元璋下令对国子监等官学中的优秀教官进行政治隆升,将国子监助教赵新擢升为山西布政使,马懿擢升为江西布政司左参议,王景擢升为湖广布政司右参政,郝仲诚擢升为陕西布政司左参政,试司业张励擢升为山东布政司右参议(【明】黄佐:《南雍志·事纪》卷1);洪武十五年上海县儒学训导顾彧擢升为户部左侍郎(《明太祖实录》卷150)。助教、试司业、训导都属于大明公务员行列中最为底层的,因为教学工作成绩突出,一跃而上,或为封疆大吏或为中央副部级干部,实在令人叹为观止。

这里顺便说一下,洪武时期这样的情况并不很多。为了稳定教师队伍,一般原则上不到考满不去调动教官,朝廷还曾下令,严禁官府衙门差遣学官。(《明太祖实录》卷140)

国子监生当官从优和当大官的更是俯拾皆是:"洪武二十六年,尽擢监生刘政、龙镡等六十四人为行省布政、按察两使,及参政、参议、副使、佥事等官。其一旦而重用之,至于如此。其为四方大吏者,盖无算也。李扩等自文华、武英擢御史,扩寻改给事中兼齐相府录事,盖台谏之选亦出于太学。其常调者乃为府、州、县六品以下官。"(《明史·选举志一》卷69)

与上述相对应的是,教官与生员要是教与学没搞好,或有违规违纪言行的,那将会受到十分严厉的处置。这些举措都对稳定教学工作和提高教学质量大有好处。

第三,对于书籍出版和笔墨等文具的生产流通实行免税。

这项政策在洪武开国时的《大赦天下诏》中就已经明确公示天下。(《皇明诏令·大赦天下诏》卷1;《明太祖实录》卷34)

第四,考试选拔地方官学中的优秀生进入国子监深造,形成竞争机制。

洪武十六年二月,朱元璋下令实行地方官学岁贡制度,"命礼部榜谕天下府州县学,自明年为始,岁贡生员各一人,正月至京,从翰林院试经义、四书义各一道,判语一条,中式者入国子监,不中者罚之"(《明太祖实录》卷152)。同年十一月,应礼部之请,洪武皇帝令各地岁贡生员中考试优秀者入国子监,次等者入中都国子监继续学习,考试不合格者及其相关的教官、提调官等给予相应的处罚。(《明太祖实录》卷158)

洪武十九年(1386),大明依例在全国范围内的地方官学中进行"优秀生"选拔,当时共选得953人,即明史上所称"中式贡生"。朱元璋下令将其中的683名比较突出的优秀生直接送入国子监学习,其余的270名则送中都国子监。(《明太祖实录》卷178)

但到了洪武二十年开始就改变了做法:那年全国各地共选得贡生1 200人,优秀的975人送入南京国子监,次等的132人送入凤阳中都国子监,还有93名不合格者则单独列出,后送回原籍重读,这对于地方官学教育无疑起到了鞭策的作用。(《明太祖实录》卷187)

从洪武二十一年起,朱元璋又对全国各学校的"岁贡"作出定制:府学每年选拔1名贡生,州学每两年选拔1名贡生,县学每三年选拔1名贡生(《明太祖实录》卷193)。这样的"岁贡"定制使得国子监有了十分充裕的生源,洪武二十六年全国官民贡生总共有8 124名。(【明】黄佐:《南雍志•储养考》卷15)

这里所谓的"贡生",即选拔出来的优秀生首先得在地方上进行考试选拔,在县里由知县主持考试选拔,在州里由知州主持考试选拔,在府里由知府主持考试选拔,但到了省里不是由"省长"布政使而是由提刑按察使主持考试选拔,然后再送到国子监深造。贡生进国子监起初是不用考试直接进的,就像上世纪60~70年代"工农兵上大学"那样,后来制度逐渐完善了,进国子监前得经过翰林院考试合格才能进入。这样就形成由低到高循序渐进的完善考试升学制度。一旦进入了国子监,可以说是半只脚踏入了官宦仕途,因为洪武年间科举制正在恢复与成式之中,朱元璋对国子监的毕业生实行"监生历事"和"吏部候选"制度,任用了大量的国子监毕业生。因此对当时人们来说,从地方到中央层层考试最终能步入官场,除了科举之外,进入国子监可谓是最佳的入仕途径了。(《明史•选举志一》卷69)

洪武中晚期后,科举逐渐走向制度化,凡是国子监监生可不参加地方上那种级别繁多的"童试",而直接参加"乡试"。这样一来,国子监一下子又成为了天下学子们争相挤上的"入仕便捷通道"。至此,从地方上的"岁贡"到国子监监生免去童试直接参加"乡试",部分地实现了朱元璋的学校"储才以应科目""科举必由学校"的理想。(《明史•选举志一》卷69)

○ 在全国各地乡村普设社学——朱元璋对中国教育普及化的贡献③

至此,洪武大办教育似乎应该可以画上一个圆满的句号? 不,从小苦大仇深出身的朱元璋深知,地方教育仅限于县级是远远不够的,与洪武年间实行的中国"乡村自治"和推行的粮长制相配套,这位奇特的开国皇帝还要竭力加强乡村教化。

前章我们说过,朱元璋通过实行里老制度、粮长制度、旌善亭制度、申明亭制度等,部分地实行了乡村社会教化,可他还是觉得缺乏一条对乡村子弟进行学校教化的主渠道,鉴于"京师及郡县皆有学,而乡社之民未睹教化",洪武八年(1375)朱元璋下令:全国各地普设社学,"延师儒以教民间子弟"(《明太祖实录》卷96),"兼读《御制大诰》及本朝律令"。(《明史·选举志一》卷69)

这样一来,从京师到府、州、县以及乡村地区,建立起了学校教育网络。明初学校教育事业的发展,超过了历史上任何一个朝代。

与此同时,明初地方性私学发展迅猛,呈现出如火如荼、遍地开花之势。明代私学教育主要形式是传统的蒙学性质的私学,称为家塾或蒙馆,一般教授15岁以下的儿童。由于明代从开国皇帝朱元璋起就极为重视社会基层的教化,而社会教化的一个重要的内涵就是蒙养教育,明代在社会基层设置了社学等官学来推动社会教化。在这种社会氛围里,又是出于对科举"大业"的憧憬,一般社会民众都会意识到识文断字最起码的蒙养教育之重要。于是大明帝国各地竞相出现了如星星点灯似的地方家塾或蒙馆。

◎ 朱元璋大办教育:一把双刃剑

明初朱元璋普设学校、大力发展教育,其目的笼统地讲是为了培养人才,而学校培养的人才要成为明朝政府的官员,中间要走的途径就是科举考试。随着科举逐渐成为大明帝国官僚选拔任用的主渠道,学校教育与科举相互之间的关系越加密切,"科举必由学校"(《明史·选举志一》卷69),就是说只有接受学校教育、取得出身的学子,才有资格参加科举考试;学校教育的直接目的是为参加科举考试服务。这样,科举以学校教育为基础,学校以科举考试为目的(孙培青:《中国教育史》,华东师范大学出版社,2000年7月版),两者共同为大一统帝国的社会政治服务。至此,原本以教化为目的而创制的学校制度已经异化成大一统帝国政治服务的工具。清承明制,学校制度已经成为强化大一统专制主义政治的"御用"工具了。

○ 行"三教",隆尊儒术——朱元璋真正信的是佛教、道教还是儒教?

朱元璋是个实在人,通过推行教化、建立学校教育网络来发展文化教育事业,其终极目标就是为了培养和选拔帝国所需要的治术人才和忠臣顺民。而这种"人才"必须是彻彻底底地忠顺大一统帝国君主专制的。为此,他采取种种措施,加强意识形态控制,实行思想文化专制统治。

众所周知,明清统治者尊奉程朱理学长达500多年,而这一切是由朱元璋开其大端的。要说这个朱元璋原本是和尚出身,从宗教信仰角度而言,他应该崇奉佛教才是,怎么反而敬孔崇儒起来呢?

◎ 朱元璋信奉佛教?

朱元璋青少年时代披过百衲衣,做过游方僧,而且一干干了八年。这八年里朱元璋信佛?只有天晓得。但有一点可以肯定,在中国思想意识形态领域的三大教中,朱元璋最早接触的无疑是佛教。而从皇觉寺出来投奔农民军的经历来看,什么算命啊、占卜啊,这些已属于中国道家或佛道混一的内容了。从攻占滁州前后起,朱元璋军中的儒生不断增加,由此他对儒家的了解也就越来越多。面对原有的信仰和新接受的思想,他该有着何种精神信仰倾向?

元至正十六年(1356)攻占元朝江南重镇集庆后,朱元璋曾亲自到城南的龙翔寺去听怀信住持说法,当场赞扬怀信大师的德行,并将龙翔寺改名为大天界寺,还派人帮助大天界寺去催讨拖欠的田租。(【明】宋濂:《宋文宪公全集·孚中信公塔铭》卷6)当时南京还有一位高僧叫慧昙,住在保宁寺,朱元璋知道后也曾风尘仆仆地前去拜访交谈,而后让慧昙出任太平兴国寺住持,再以后改主大天界寺(【明】宋濂:《宋文宪公全集·觉原禅师遗衣塔铭》卷15)。由此可以说,在大明开国时朱元璋对佛教还是相当崇信的。

洪武元年正月,即大明开国的当月,洪武帝朱元璋下令设立善世院,"以僧慧昙领释教事",即任命江南名僧慧昙为大明帝国佛教事务总官长(《明太祖实录》卷29)。但随着统一战争的不断取胜,大明帝国的版图越来越大,宗教信徒与宗教事务也急剧增多,原来的善世院机构已经无法满足时代的需要。于是在洪武十五年(1382)朱元璋下令将中央的善世院改为僧录司,掌管天下佛僧之事;在地方府、州、县新设僧纲司等,"分掌其事,俱选精通经典、戒行端洁者为之"。中央"僧录司左、右善世二人,正六品;左、右阐教二人,从六品;左、右讲经二人,正八品;左、右觉义二人,从八品";地方府设僧纲司,掌本府僧教,设都纲一人,从九品;副纲一人,未入流;州设僧正司,僧正一人;县设僧会司,僧会一人,俱未入流。(《明太祖实录》卷144;《明史·职官志三》卷74)

除了政治上关注和重视佛教外,朱元璋还在经济方面保护佛院寺产,不断下令赐以田地、芦场等给寺院,"禁治诸色人等,毋得轻慢佛教,骂詈僧人,非礼搅扰"。(【明】葛寅亮:《金陵梵刹志·钦录集》卷2)

至于佛教传播与佛法弘扬方面,朱元璋则表现出来更大的热情。洪武五年他命人召集天下名僧校勘《藏经》,这就是人们熟知的《洪武南藏》(【明】葛寅亮:《金陵梵刹志·钦录集》卷2),位于明代四部大藏经之首,其他3部分别为《永乐南藏》《永乐北藏》《嘉兴藏》。除此之外,朱元璋还曾命令高僧宗泐和玘太璞等重新笺释《金刚经》《楞伽经》和《般若心经》等。(【明】宋濂:《宋文宪公全集·新刻〈楞伽经〉序》卷22)

  有一则明代流传很广的故事很能够说明洪武中前期朱元璋对佛教的迷恋与纠结。高僧玘太璞专心于禅学,据说《藏经》5 400卷他都能背诵。皇帝朱元璋对他很是尊重,甚至可以说有几分怜爱。有一次他问玘太璞:"一个人做了和尚,后来没做下去,他会受到怎样的报应?"玘太璞回答说:"会永堕阿鼻地狱。"朱元璋听后脸色顿时铁青,花了好长时间才喘过气来,再问:"你的这个说法有佛典出处吗?"玘太璞说:"有啊,在佛典《藏经》第几卷中就有这样的记载。"这时朱元璋的脸色更加难看了,侍臣都御史詹同看在眼里,开始责怪起玘太璞了:"你为什么要这样应对圣上呢,不可转转弯?"哪知道玘太璞也是个一根筋,听完了詹同的抱怨后,一字一句地又说开来了:"我玘太璞皈依佛家,一言一行都不敢违背教义,亦不敢欺骗圣上!"这时朱元璋似乎听到玘太璞与詹同之间的对话了,但他假装不知,让玘太璞再重复一遍。当玘太璞重复完后,朱元璋的脸色瞬间变成死人一般。沉默了好一阵子,他又问玘太璞:"照你的说法,朕应当受到永堕阿鼻地狱的报应?"玘太璞说:"我刚才讲的是凡人,可陛下您是天生圣人,为天下黎民苍生之主,怎么能与凡人相同呢?"听到这里朱元璋顿时龙颜大悦,但严重的疑心病促使他不得不追问下去:"你的这个说法又是出于何部佛典?"玘太璞说:"出自《藏经》多少多少卷。"朱元璋还是不信,叫人去将佛经取来查阅,发现果然有这样的说法。这时他已经喜不胜收,对着大殿上的众大臣侃侃而谈了:"你们各大臣尽管都有才,但佛理经义方面可比不上这位高僧玘太璞啊,还有众大臣对皇帝的忠诚能与玘太璞相比吗?!"(【明】许浩撰:《复斋日记》卷上,笔者按:查《明太祖实录》,詹同只担任过吏部尚书、翰林院学士一类官职,未出任过都御史一职)

  不过从这个故事中我们也不难看出,童年时代的非正常人的生活给朱元璋的人生带来的影响有多大!换言之,朱元璋内心深处一直在纠结着:当和尚未善终会带来何等的报应?正因为有着这样的心理畏惧,洪武开国后,他尤其表现出对佛教的"关爱"。洪武元年秋,诏征江南名僧十余名在南京东郊的蒋山寺举行无遮法会;而后嫌做得不够好,洪武四年又诏征江南名僧在太平兴国寺举办规模更大的广荐法会,法会有1 000多名僧徒参加,总计持续了3天3夜。皇帝朱元璋居然亲自带着文武百官前去礼拜,引发了人们的啧啧称奇。(【明】宋濂:《宋文宪公全集·蒋山广荐佛会记》卷7)

  除了崇信佛教及其礼法外,洪武早中期朱元璋还对一部分佛僧予以相当的信任与关爱。经常有僧人被他召入宫中秘密讲谈,称旨的僧人不仅被赐予金襕袈裟,甚至还有人做起了大明朝的高官。像南京瓦官寺僧人华克勤、灵谷寺僧人吴印就因为受到洪武皇帝的极度赏识而被命令还俗,当起了朱皇帝的秘密特务;由于"功勋卓著",前者被授职为山西布政使,后者被授职为山东布政使(参见《明史·李仕鲁传》卷139)。和尚改行做大官,这实在是当时的一大怪事!也由此说明洪武早中期朱元璋对佛教的态度了。

◎ 朱元璋信奉道教?

朱元璋在崇信佛教的同时,对道教似乎也是兴趣盎然。最早反映出这种佛道皆容思想的是在他离开皇觉寺之前自己的占卜算卦。其实这样的宗教信仰反倒是折射出传统中国人的宗教思想,什么神都信,什么神都拜,只要对自己有好处的,就赶紧"抱佛脚"。

据现有史料来看,朱元璋出道后接触的第一位道教高人当数周颠仙。周颠仙是在朱元璋攻下南昌后两人相遇相知的,朱元璋后来要去西征九江,周颠仙为他预言必胜,这对当时尚处一方诸侯崛起的朱元璋来说起到鼓舞士气的作用。为此朱元璋对其另眼相看,甚至在周颠仙仙去后还亲自为其作《周颠仙传》,宣扬自己夺得帝位是得到了上帝使者周颠仙的青睐与厚爱,以此来证明大明君权神授。(《明史·周颠传》卷299)

另一位重要的道教人物叫张中,那是朱元璋军攻下南昌时,大将邓愈将其推荐出来的。张中又名"铁冠道人",能掐会算,邵荣、赵继祖反叛、鄱阳湖大战时的风向与战况据说都让他给预先算着了,且算准了(《明史·张中传》卷299)。为此朱元璋对他以及对道教都另眼高看。

洪武元年正月,就在设立佛教最高管理机构善世院的同时,朱元璋还下令建立玄教院,以道士经善悦为真人,管理大明朝全国的道教事务。(《明太祖实录》卷29)

同年八月,人们俗称的道教圣地江西龙虎山正一教第42代天师张正常来南京,庆贺朱元璋登基即位。张正常据说是汉朝道教领袖张道陵的第42代子孙,世代居住在仙地龙虎山。元朝时为了笼络南方道教徒,曾封张氏为天师。可就这个天师的封号在朱皇帝看来,与他大明第一人相冲了,于是当着大明朝堂众臣的面这样数落起"天师"封号的不妥:"天地之间唯一的至尊为上天,难道还有比上天更高、更好的什么天师?因此说天师封号已经亵渎了天地之间的至尊,应该改一改称号!"于是将张正常改封为"正一嗣教真人",秩正二品,其僚佐为"赞教"和"掌书",也由此开始朱元璋让张正常接替玄教院经善悦的职位,"领天下道教事",即管理大

明全国的道教事务。(《明太祖实录》卷34;《明史·方伎传·张正常传》卷299)

洪武十五年,朱元璋将玄教院改为道录司,设左右正一2人,正六品,左右演法2人,从六品;左右至灵2人,正八品;左右玄义2人,从八品。在地方府、州、县设道纪司,"分掌其事,俱选精通经典、戒行端洁者为之";"道纪司掌本府道教,都纪1人,从九品;副纪1人未入流";州设道正司,道正1人;县设道会司,道会1人,俱未入流。至此,洪武时期对全国各地的道教管理开始完备起来了。(《明太祖实录》卷144)

除此之外,朱元璋还下令,着力保护道教,多次将田地赏赐给宫观道院,甚至为不知所终的道教高人周颠仙"亲为文勒石纪其事"(《明太祖实录》卷229)以及御注道教经典《道德经》,广行刊布。由此道教势力也得到了很大的发展。(《明太祖实录》卷95)

◎ 从洪武初期的三教并立到洪武中晚期的"一枝独秀"

总之,由于开国前后朱元璋对佛、道两教的大力提倡、青睐或言依恋,导致了洪武早中期佛、道大行其道局面的出现甚至有着泛滥的趋势。据《明史》记载:因为明初朱元璋对吴印、华克勤一类佛僧的格外信任与喜爱,"由是其徒横甚,谗毁大臣,举朝莫敢言",甚至像刘基、徐达、李善长和周德兴一类的勋旧耆德也因此受到猜忌和诽谤,佛教势力日炽;"道教亦然,度僧尼、道士至逾数万"(《明史·李仕鲁传》卷139)。洪武五年,大明首次进行全国性佛、道教徒登记,始行僧道度牒制度,当时就有57 200多个僧尼、道士、女冠提出了申请。礼部官员向皇帝朱元璋请示:是否依照前朝规制,向前来申请登记的僧尼、道士和女冠等收取一定的手续费,美其名曰:'免丁钱?'朱皇帝十分干脆地回答:"不!"(《明太祖实录》卷77)

朱皇帝的这一个"不!"字使得佛道两教势力又有了迅猛的发展,大半年后的洪武六年八月,礼部上奏说:全国各地申请领取僧尼道士资格证书的多达96 328人,几乎比半年前增加了100%。(《明太祖实录》卷84)

◇ 内行整内行,实在在行——和尚皇帝整顿和尚、道士队伍

鉴于佛道教徒越来越多,社会问题也变得越来越复杂,朱元璋开始意识到:对于该两教必须得有所限制。洪武六年十二月,大明朝廷下令:合并天下僧道寺观,地方府州县只允许保留一所,教徒任意选择寺观而居处;倘若有百姓想要脱俗入教,就必须要经过考试,成绩合格且取得官方的度牒后方可出家。民间女子若想出家必须得40岁以上,不到这个年龄的,不许!(《明太祖实录》卷86)

但就一个朝廷指示,要想在广阔无比的大一统帝国内完全贯彻得好,这似乎太

过于天真了,加上那时的朱元璋对佛道教中的"高人"依然十分宠信。所以说当时大明帝国境内的佛道教势力依然在快速发展,尤其"徒众日盛,安坐而食,蠹财耗民"就与大明帝国的财政经济等方面产生了矛盾。终于在洪武十五年四月,朱元璋下令对全国的佛、道等教进行全面整治与加强管理,中央朝廷改制成立僧录司、道录司,掌天下僧道;地方府、州、县始设僧纲、道纪等司,专门管理一方佛道。与此同时,朝廷还命令对各地佛僧、道士一类进行登记造册,详尽记述其相关信息;各地寺观一旦出现住持有缺,由僧道官推荐有戒行和通经典者,送僧录、道录司进行专门考试。成绩合格者由大明礼部出面向朱元璋提出申请,在取得皇帝批准后才可出任住持。僧录司、道录司和僧纲司、道纪司一类的中央与地方宗教机构专门管理相关的宗教事务,严肃教界清规戒律,而各衙门不得妄加插手。只有当教界事务涉及了军士与普通百姓时,各衙门才可过问相关事务。(《明太祖实录》卷144)

从洪武十五年的这次佛道大整治来看,措施还是很得力、很到位的。但实际上当时大明的僧道人数还是"蔚为壮观",所以要想使其迅速减缓下来,看来还是不太可能。

洪武十七年闰十月,礼部尚书赵瑁曾向洪武皇帝上请:僧道二司设立至今三年不到,可全国登记在册的僧道已有20 954人(约为洪武五年的一半),这个数字还不包括没有登记的,如果要将他们也算在内,那规模可更加大了。现在有好多人就是为了逃避官府的差役而申请出家的,如果我们朝廷一改以前每年考试和发放度牒的做法,3年搞一次,这样多少也能限制其过速发展! 朱元璋听后觉得赵瑁讲得十分在理,当即允准。(《明太祖实录》卷167)

但就实而言,尽管赵瑁将人们热衷于当和尚与尼姑的原因说到了点子上,然他开出的治理"药方"却不到位,所以遏制大明佛道势力的发展并没有得到实质性的改观。为此,洪武朝廷在随后的日子不断变化手法,限速发展佛道两教。如洪武二十年,朱元璋下令:天下百姓年龄20岁以上的都不许出家为僧,20岁以下出家者,想要取得度牒,除了参加考试获得通过外,还必须到京师南京各个寺院当3年的实习和尚,再经考核合格的,方可正式进入佛门(《明太祖实录》卷184);而对于那些借着出家为名逃避国家徭役的假僧假道,朱元璋则予以坚决打击。有一年,有道士仲守纯等125人向朝廷申请度牒。当时专门此项工作的大明礼部官员看到仲守纯等人似乎不太像出家人,于是就留了个心眼。在经过一番认真考核后发现,果然全系假冒。皇帝朱元璋闻听后十分恼火,下令将这125个假道士全部逮到锦衣卫去,让他们去罚做国家工奴——工匠。(《明太祖实录》卷227)

◇ 皇帝刀下留人！苏州高僧永隆被活活烧死在雨花台,换来3 000条生命

不过这样的事情在洪武时期是算不上什么的。洪武二十五年有一次度僧,来南京想领取度牒的僧人中居然有3 000号人不娴熟佛教经典,当时就把朱皇帝气得头上直冒青烟,随即他下令锦衣卫,将那3 000号冒领度牒者全给杀了。

这时苏州尹山寺高僧永隆实在看不下去了,请求以自焚来为3 000号冒领度牒者赎罪,朱元璋同意了。

永隆自焚那天,朱元璋特别关照宦官,让他们通知皇家卫士们时刻守住永隆所坐的那具佛龛,抬着它上南京城南的雨花台。到了雨花台,佛龛落地后,只见永隆高僧从佛龛中款款走出,然后面北朝着明皇宫(今明故宫)方向行拜别之礼。礼毕后,他又镇定自若地走进了佛龛之中,然后书偈一首,又取香一瓣,写下"风调雨顺"四字,随即跟守候在身边的朱元璋派来的宦官说:"烦请你们告诉陛下,日后遇上天下大旱之际,就拿着老衲写的这四个字,焚香祈雨,一定会灵验！"说完,他秉炬自焚。

就说那一刻,南京雨花台烟焰凌空,异香扑鼻,一群仙鹤不停地在人们头顶上空盘旋。虽说那永隆高僧被大火烧没了,可他的骸骨却直立不倒。人们赶紧前往火焚之地,敛得舍利无数。

明皇宫中的洪武帝听说了这等奇事后,着实为永隆高僧之言之行所感动,最后下令宽免了那3 000人的死罪。不久以后,大明发生了大旱,朱元璋想起了永隆高僧的临终嘱咐,命人拿了高僧所写的"风调雨顺"四字条幅前往南京城南的天禧寺去祷雨,当夜大雨倾盆,朱元璋不由得感慨道:"此乃永隆雨啊！"(【明】吕毖:《明朝小史·洪武纪》卷2;【明】徐祯卿:《翦胜野闻》;【清】查继佐:《罪惟录·方外列传总论》卷26)

◇ "铲头会"——朱皇帝对待不争气的昔日同行的非常举措

民间还有一种洪武严惩寺观流弊的威猛版本。据说明初之际,佛道寺观内的人常常贪恋女色,吃酒食肉,不持修行。其实这也是元朝以来佛道界流行的"时尚"。想当年朱元璋在皇觉寺出家时,他的师父高彬法师家小就住在佛堂旁,大白天高彬还是圣堂里的戒酒戒色的好信徒,可一旦晚上回家了,"革命小酒天天醉",欲死欲仙任由驰骋。尽管当时朱重八还只有十七八岁,可据明代野史所载,似乎那时的他还挺开窍的,曾经在外和一个已婚妇女做过相好的。因此说对于佛教界的不干不净,想必当了皇帝的朱元璋是不可能忘记的！再说现在,虽然大明新开国,

但元末宗教界的那些诟病却一直没能清洗。尤其是浙西一带寺院里头的出家人很多就与民间女子勾勾搭搭，因酒废事。朱元璋听说后十分恼怒，下令将这些"顽民窜迹缁流"统统抓起来。当时一下子就抓了几十号人，然后将他们押到了南京，掘了一个又一个深坑，再将他们一一推入坑中，在四周填埋泥土，只露出人头，十个或五个一排，然后再命令刽子手用大斧用力"削地"，顿时一个个人头如西瓜一般地滚动着，人称其为"铲头会"。（【明】祝允明：《九朝野记》卷1；【明】王文禄：《龙兴慈记》）

尽管上述故事不一定是真的，但随着洪武晚期的到来，出于对大明帝国的长远考虑，朱元璋对佛、道等宗教的限制和管理越来越严却是不争的事实。

◇ 编造《僧侣周知文册》(≈《天下僧侣花名册》)，颁于天下各寺院

洪武二十五年闰十二月，朱皇帝命令僧录司编造《僧侣周知文册》，又名《周知板册》(【明】葛寅亮：《金陵梵刹志·钦录集》卷2)颁于天下僧寺。这事的起因是这样的，当时京城南京有个寺庙，叫百福寺。寺里有段时间里陆陆续续来了一些不明身份者，要求出家为僧。寺里住持也没有细查就同意了，哪知道这些人出家了没多久就出事了。因为这些人大多数不是囚徒，便是军中逃亡军士，他们出家仅是为了避避风头，等风头一过，就要以化缘为名回乡探亲，不料就在这过程中被官方逮个正着。他们辩称自己是京师百福寺的和尚。何以为证？何以查处呢？【明】葛寅亮：《金陵梵刹志·钦录集》卷2)为此，朱元璋下令给全国佛教管理机构僧录司，要求他们编造全国僧侣周知文册。从京师到外省，以寺院为总纲，寺院下以和尚为目，在每个和尚下面注明和尚年龄、姓名(包括法名与俗名)、辈分、当和尚的起始年月、度牒编号等，一应俱全。然后将编订好的全国寺院《僧侣周知文册》发往各地去，一旦有像当年朱重八那样的游方僧来到寺院，翻开《僧侣周知文册》一查便可知之；要是《僧侣周知文册》没有姓名等信息则可视为不法奸人，所有人都有义务将其扭送官府，押赴京城交由朝廷治其重罪；隐忍不告者，重罪论处。(《明太祖实录》卷223)

◇ 公布《天下僧寺道观(名录)》和《清教录》，从严把控出家，澄清佛道队伍

由此看来整治行业内的不正之风，只有本行业或干过该行当的人来治理，才会治标又治本。早年当过游方僧的朱元璋一旦真出手，老大难的问题顿时就迎刃而解。洪武二十七年正月，他下令给礼部，要他们将全国《僧寺道观名录》和《清教录》公示天下，以防地方擅自增减，从严把控出家，澄清佛道队伍。具体规定如下："凡归并大寺，设砧基道人一人以主差税，每大观道士编成班次，每班一年高者率之，余僧道俱不许奔走于外及交构有司，以书册称为题疏，强求人财。"(《明太祖实录》卷

231)如果有1~2人在崇山峻岭中自行修禅打坐或学全真教的,官府任其自然;如果有3~4人以上一起修行的或自创庵堂的,则不许。游方僧出行必须自备经费,不得向百姓擅自索取,百姓也不得擅自侮慢出家人。凡天下寺院道观一旦碰上游方僧来投宿暂住的,必须认真查阅朝廷颁赐的《僧侣周知文册》,认真比对查阅核实,发现异样,立即报官或将其扭送至官府。僧道一旦娶妻妾的,人人都可以喊打,直到将他们撵走为止。要是有谁为这样的僧道隐瞒事实或真相,一旦发现,与其同罪。如果有出家者想要还俗的,听其自便,任何人都不得以任何理由加以阻挠。严禁收纳老百姓家的儿童为僧,违者并儿童父母皆坐以罪;年龄在20岁以上想出家的,必须取得父母同意,相关官府要向本皇帝奏闻报批,3年后来我南京参加考试,考试合格,发给度牒后方才可正式出家;如果考试不合格,不通佛道经典,要受以杖刑,然后再发回继续为民。如果有人敢称信奉白莲教、灵宝教、火居教和不遵僧道祖风,胡说八道,妄为论议,皆治重罪。(《明太祖实录》卷231;【明】葛寅亮:《金陵梵刹志·钦录集》卷2)

　　这可能是洪武时代朱元璋对佛、道等宗教界下达最为严厉的一道诏令。从诏令的基本精神来看,此时的朱皇帝思想信仰已经完全不在佛道上,而是转移了。那么转移到什么地方?儒教或言儒学!

　　原本是个地地道道的文盲,随着军事战争的不断胜利与大明的开国建制以及身边文臣儒士的日益增多,朱元璋的知识视野有了很大的拓展,文化水平也有了一定的提高,对于中国传统思想界的三大教也随之逐渐有了较高的认识水平:"于斯三教,除仲尼之道,祖尧舜,率三王,删诗制典,万世永赖;其佛仙之幽灵,暗助王纲,盖世无穷,惟常是吉。尝闻天下无二道,圣人无两心,三教之立,虽持身荣俭之不同,其所济给之理一。然于斯世之愚人,于斯三教,有不可缺者。"(《高皇帝御制文集·宦释论》卷10;【明】葛寅亮:《金陵梵刹志·御制集》卷1)在朱皇帝看来:佛教的如来佛叫人苦苦修行,尽管信仰的有千千万万人,可谁都不知道从何"入道"?到何时才能修得止果?而实际上"佛之有经者,犹国著令;佛有戒,如国有律。此皆导人以未犯之先,化人不萌其恶。所以古云:天下无二道,圣人无两心。名虽异,理则一然"。(【明】葛寅亮:《金陵梵刹志·御制集》卷1)道家的老子已经被人们弄得似神似人,大家都不知道他的本来面目到底怎样?朱元璋认为:"其老子之道,(原本为)密三皇五帝之仁,法天正己,动以时而举合宜,又非升霞、禅定之机,实与仲尼之志齐,言简而意深。"(【明】葛寅亮:《金陵梵刹志·御制集》卷1)故而他主张重中之重应该崇奉儒学或言儒教,因为它宣传的纲常伦理,讲的都是些现世社会的事与理,"惟儒者凡有国家不可无"。

洪武十四年九月，袭封衍圣公孔希学死了，朱元璋在诏礼部遣官致祭文中这样说道："三纲五常之道，自上古列圣相承，率修明以育生民，亘万世而不可无者，非先师孔子孰能明之？今天下又安，生民多福，惟先师此道明耳，夫世之大德者，天地不沦没，所以为帝者之师，庙食千万古不泯，子孙存焉。"(《明太祖实录》卷139)

也就是说，在这篇诏令祭文中朱元璋将衍圣公孔希学的老祖宗孔子最为着力倡导的儒学之道视为"亘万世而不可无者"，即说儒学为万古不变的真理，这是何等的高度啊！问题是朱元璋个人思想为什么会发生这么大的转变？我想不外乎四大原因：

◇ 为什么朱元璋会"三教并重"转为"三教归一"？

第一，朱元璋最先信仰的是佛教，但那时他只是个少年，思想没有定型，到他参加起义军也只有25岁。青年人思想转变快，这是常理。

第二，从一个佛教徒转变为血战疆场的勇士、将领与领袖，如果还是"万事皆空"，那朱元璋什么都白忙乎了，为哪般？所以说朱元璋个人人生轨迹转变了，他的思想转变也是必然的。

第三，洪武初期佛、道发展过速，"蠹财耗民"，严重影响了帝国的财税收入(《明太祖实录》卷86)；而佛、道教徒的过快增多又与大明的赋役制度相冲突，很多人就是为了逃避赋役而企图遁入空门的(《明太祖实录》卷227)，这就不得不让朱皇帝在思想国策方面做出理性思考与适度的调整。

第四，不断增多的儒家知识分子的影响，儒家的"正统思想""有为思想""大一统帝王情结"等与朱元璋军事上的不断胜利是再合拍不过了。所以人们不难看到，自占领南京以后，朱元璋就逐渐地走上尊孔崇儒的道路。1356年，徐达率军攻下镇江，朱元璋进入镇江城做的首要事情就是拜谒孔子庙。洪武元年(1368)，大明在南京刚刚开国，朱元璋就诏以太牢祀孔子于国子学，还遣使专门前往山东曲阜阙里致祭孔子，且特别嘱咐道："仲尼之道，广大悠久，与天地相并，故后世有天下者，莫不致敬尽礼，修其祀事。朕今为天下主，期在明教化，以行先圣之道，今既释奠国学，仍遣尔修(修)祀事于阙里，尔其敬之。"(《明太祖实录》卷30)

○ **尊孔崇儒，以儒立国——确立和强化儒家理论为大明全国臣民的指导思想**

朱元璋尊孔有个大前提，就是要将这个已经被人们尊奉了一千来年的孔子牌位为他的君主绝对权力服务，绝不允许有半点的懈怠。一开始朱"圣人"的这等心思不少人还是不怎么懂的，就连历代被捧为智慧化身的孔圣人的子孙也不懂。不仅不懂,甚至还闹出了一些不愉快。

◎ 从"圣人"子孙与新天子的误会到曲阜孔府升格为二品

吴元年(1367)接近年底,徐达北伐军攻下山东,礼请孔府主人出来"为国分忧"。但这个孔圣人的55世孙孔克坚称病不出,派了自己的儿子孔希学到徐达的将军行所去拜谒,徐达随即将孔希学送到南京朱元璋那里。孔希学见到朱元璋君臣对他们孔府的人这般重视,内心很激动,随即向朱元璋奏报了父亲孔克坚不能来南京的原因是有病在身,等稍微好些一定会赶来补上这个叩见大礼的。朱元璋给孔希学父亲孔克坚下了个敕谕,说了一通官样话后,最终加了一句:"闻尔抱风疾,果然否?若无疾而称疾,则不可!谕至,思之!"这本是朱元璋的疑心病经常发作的一种表现形式,但着实把孔家父子吓得不轻。巧不巧,孔家的孔老爷子孔克坚在儿子上南京后不久,他的身体也慢慢地好了。他听人说,儿子早被徐达大将军送到了南京,怎么办?这年头兵荒马乱的,称皇称帝的人多如牛毛,什么人都可以不理,现在就是不能不理朱元璋,因为孔家后继香火者在他手里,于是孔克坚赶紧往南京赶。(《明太祖实录》卷31)

到了南京,朱元璋在明皇宫的谨身殿里接见了他,并对他说:"尔祖明先王之道,立教经世,万世之下,君君、臣臣、父父、子子,实有赖焉!"鉴于孔克坚称病不出又考虑到他是孔子的后代,洪武皇帝最终决定:不烦劳孔老先生了,但给予一定的赏赐和俸禄,让他颐养天年,"俾知进学以振扬尔祖之道,则有光于儒教",数月后朱元璋下诏任命孔克坚的儿子孔希学袭封衍圣公(元朝时的封号),由此开始将尊孔推向了高潮(《明太祖实录》卷34)。其体现在如下几个方面:

政治上不仅让孔希学袭封衍圣公,开府设官,孔府在这层意义上才可以真正称得上是"府"了,而且将其品位由元朝的四品,提高到三品。后来朱元璋又说,既然孔子为"万世帝王之师",那么他的子孙还应褒崇,因此特进二品,赐以银印;孔府族人孔希大及其子孙被命名为曲阜世袭知县。更有,孔希学每年入京觐见,享受特殊的礼遇,"会班亚丞相"。孔希学死后,他的儿子孔讷袭封圣衍公,每次入朝进京都可乘坐大明官府驿车、驿船;在皇帝召见时,他位列文臣之首——那时丞相制已废(【明】王世贞:《弇山堂别集·阙里恩泽》卷3);文化教育上,朱元璋设立孔、颜、孟三氏教授司,并立尼山、洙泗二书院,各设山长一人,配备教授、学录、学司等学官,进行教学;经济上免除孔、颜、孟三氏子孙的徭役,并对山东曲阜孔庙实行专门经济资助,以备其祭祀和修缮孔子庙堂。(《明太祖实录》卷36)

◎ 不仅发"文件"而且还下谕旨，规定政府衙门"一把手"主祭孔子

朱元璋的尊孔还不仅在于给山东孔府做做面子，来个官场上"秀一把"，他要把尊孔推向全国。洪武十五年（1382），南京新国子监在鸡鸣山前落成，朱元璋下令在国子监的东边加盖孔庙，并亲赴新国子监行祭孔的释菜礼。（《明太祖实录》卷145）

堂堂大明天子要拜孔子，这在当时南京大明朝廷里像炸开了锅似，好多大臣都认为不妥；因为大明天子将要拜的这位孔圣人活着的时候是个倒霉蛋，当然这样的话是不能说出口的，人们委婉地劝解皇帝朱元璋："孔子活着的时候只是个人臣，再怎么说也不能让陛下屈尊下跪祭拜啊！"朱元璋引用后周太祖郭威的话来回答："百世帝王之师，敢不拜乎！"他不仅在国子监祭孔大典亲自拜谒孔子、大行释菜礼，而且还将孔庙里祭孔仪式做了规范的仪注，下令颁发到全国各地的府州县学去，让地方学宫也能遵照执行。（《明太祖实录》卷145）

过了段时间，朱元璋又想想光这么下个"红头文件"，就叫地方上尊孔，恐怕会流于形式，一定要落实到实处。于是他又下令规定：今后祭祀孔子，一定要衙门里的正职即衙门里一把手主祭。中央国子监一定要祭酒（校长）主祭，省学一定要"省长"布政使主祭，府学由知府主祭，州学由知州主祭，县学由知县主祭。由此大明帝国的尊孔运动从曲阜转到了南京，又从南京发展到了全国各个地方。（《明太祖实录》卷145）

据当时谏官关贤的奏报说："国朝崇尚儒术，春秋祭享先师，内外费至巨万，尊师（孔）之道可谓隆矣。"（《明太祖实录》卷152）

◎ 大明官场政治学习"快餐"——"儒家经典名著精要"《精诚录》

朱元璋尊孔不仅仅注重形式，还十分留心内容。自身文化水平有限，不过当了皇帝，这样的细小的琐事怎么能难住一个大明天子呐。朱元璋读"四书""五经"读不通，就叫人给他解释，于是出现了史书记载的朱元璋跟元末明初著名儒学大师宋濂读《春秋三传》中的《左传》，跟儒士陈南宾读《洪范》，据说他水平还蛮高的，发现了《洪范》中的讹误，召集诸儒士进行订正，即明代的《御注洪范》。朱元璋读经典，读出了很多的"心得"，将其归纳起来不外乎三点：敬天、忠君、孝亲。皇帝读出心得，就得要群臣也学学经典之"精要"啊，于是指定东阁大学士吴沈等人从儒家典籍中辑录有关内容，于洪武十六年二月编成专书——《精诚录》。这是一本儒家经典精义读物，相当于我们在书摊上经常见到的"经典名著精要"，是地地道道的"快餐文化"，颁发给群臣让大家一起读。为什么要这样做？因为开国功臣勋旧中进过学

堂门的几乎没什么人,现在大明帝国以儒治国,不能连儒家的一点皮毛都不知,这怎么能行,而且儒家"精要":敬天、忠君、孝亲三个方面对朱皇帝与大明帝国的统治极为有利。(《明太祖实录》卷152)

◇ "敬天":这是为何?朱元璋说自己是龙与他老妈神交了才生了他。坑爹!

"敬天"什么意思?古代中国人相信"天人合一""天人感应"和"君权神授"。"天"既可指天上的天、大自然等,也可以指人,不过这个人可不是普通人,而是"天子"即"上天的儿子";所以说"敬天"就是"敬重现在的君主、皇帝",就是朱元璋本人,否则他下的诏书中怎么有这样的话:"奉天承运,皇帝诏曰……"一个农民的儿子打了十几年的仗,现在摇身一变成为天的儿子,岂不伟哉?邪乎?

对于这样"小儿科"问题,"天生圣人"朱元璋自有一番说辞。洪武元年正月丙子日,在诏告天下诏书中,他这样说道:"朕惟中国之君,自宋运既终,天命真人起于沙漠,入中国为天下主,传及子孙,百有余年。今运亦终,海内土疆,豪杰分(通"份")争。朕本淮右庶民,荷上天眷顾、祖宗之灵,遂乘逐鹿之秋,致英贤于左右……今文武大臣、百司众庶,合辞劝进,尊朕为皇帝,以主黔黎,免徇于情。"(《明太祖实录》卷29)

这段话大致是这样的意思:"我中原帝国国运自宋朝灭亡那时起算是终结了,天命眷顾起自于蒙古草原的真人,让他当天下之主,且传承了100来年。如今他们的天运也已到了,我国境内群雄并立,豪杰份争。我本来是淮右地区的一个农家子弟,承蒙上天眷顾和祖宗灵魂的保佑,让我能逐鹿天下……如今文武大臣、百司臣僚纷纷劝进,尊我为皇帝,也就是天子,代天管理着天下黎民苍生,不敢有什么徇私之情啊!"

整个这段话的核心是风水轮流转,今天天命到我家。我朱元璋是代天而治,有谁不敬天?又有谁不敬我这个天子?要讲政治、讲原则、讲思想,谁要不讲,《大明律》十恶大罪中就有对皇帝的不敬的罪名——就叫"大不敬",那是个死罪啊!谁敢不敬?

为了凸显自己是天命眷顾和真命天子,朱元璋自己或让御用文人们编造出天命圣迹和奇异怪事:原本土得掉渣的农民朱五四夫妇俩农闲间的床上逸乐顿时变成了龙降神交,至于坑不坑爹,他可管不着;原本穷得连出生后包被都没有的窘迫不堪境况顿时也变成了附近庙里和尚来送"红罗幛";原本要饭流浪时的病中幻觉在称帝后变成了家喻户晓的紫衣道人一路相送;原本鄱阳湖的险胜也变成了铁冠道人的天命预言……洪武二年朱元璋在颁赐和州城隍庙的封诰中不无得意地这样说道:"帝王受天明命,行政教于天下,必有生圣之瑞,受命之符,此天示不言之妙而人见闻所及耳也。……眷此名城,雄列江右,王师戾止,屡获成功,非神助之,何以臻此也,必有超出于高城深池之外者。"(【明】文林:《琅琊漫抄》)

胜者为王败者为寇,这是中国几千年历史"铁定的真理"。胜利者可以任意解释、任意打扮,就连自己说的废话也可成为愚夫愚妇们必须恪守的真理信条。不信不行啊,枪杆子你怕不怕! 枪杆子里面出政权,枪杆子里面出"真理",为了感谢上天对自己的眷顾,全国人民必须要跟随朱皇帝一起敬天;为了感谢上天对自己胜利的福佑,朱元璋必须得更加认真地敬天,干脆连沿用了 100 来年的皇帝办公用语也给改了。元朝皇帝诏书中首语为"上天眷命",朱皇帝认为这样用语一点也不谦卑。如何突出上天的至尊? 所以必须要改,改什么?"奉天承运,庶见人主,奉若天命,言、动皆奉天而行,非敢自专也",由此"奉天承运"的皇帝诏书用语诞生了,并由此在中国历史上用了 500 多年。(《明太祖实录》卷 29)

除了敬天用语改了,敬天心态也得变得更加谦卑。朱元璋在大明朝廷设立太常寺和钦天监等专门负责祭天和观察天文的机构,经常举办各种各样的祭天祀地的仪式活动,反复告示世人,敬天地不仅要严而有礼,而且还必须"诚敬之心"(《明太祖宝训·敬天》卷 1)。就连朱皇帝自己百年后要永久享用的明孝陵也设计成了仿天上的"北斗星"图。他一反唐宋传统,将神道到墓穴的七个"着力点":四方城、神道望柱、棂星门、金水桥、文武坊门、享殿和宝城建成了地上"勺柄"七星。

◇ 忠君:"君要臣死,臣不得不死?"

"敬天"果然很好,但中国有句古话,叫"敬而远之",我对你皇帝很"敬重",说白了就是小民怕死,才敬重你皇帝大老爷。但皇帝最怕的就是底下的人都"敬而远之",要是真这样的话,皇帝还不就是一介平民么。所以除了"敬天"还远远不够,在传统儒家那里,在"天人合一"思想的引领下,"敬天"按照宋明时代理学的主张就是"敬君"或言"忠君"。什么叫"忠君"? 就是绝对地、无条件地、忠心耿耿地、死心塌地地为皇帝服务、效命,这才有了"君要臣死,臣不得不死"的愚忠,是宋明理学"三纲"中的"首纲"——"君为臣纲"。明初朱元璋就大力提倡和渲染这样的忠君思想。

◇ "危不如象"和"素不如象"

1356 年朱元璋军队攻下集庆即后来的南京城,元御史大夫福寿战死。为了教育手下的将领对主子忠诚,朱元璋当即下令厚葬这位元朝的御史大夫,并在城中为福寿修建祠堂,令人每年祭祀。(【明】刘辰:《国初事迹》)

有个叫郭云的元朝将领在徐达率领大明军北伐时,曾多次对抗,"屡招勿从,数战不屈,势穷援绝,终无异志"。为此朱元璋大受震动,在郭云最终被俘后,"嘉其忠义,抚以生全",特授予南阳卫指挥佥事。后来郭云死了,朱皇帝又让只有13岁的郭云之子郭洪任职飞熊卫指挥佥事(《明太祖实录》卷90)。元朝右丞余阙坚守安庆,在"援绝力穷"的情势下,举家皆死,节义凛然。朱元璋令有关部门给他建祠,供后人瞻仰和祭祀。(《明太祖实录》卷26)

这倒不是朱元璋自己作贱自己,也不是他有多大的气量,而是为了宣传和褒扬忠君思想。与上述正面例子相反,朱元璋对于那些他认为气节上有污点的降臣不是竭尽羞辱就是暗害。

危素是元末有名的文人,曾做过元朝的参知政事、工部侍郎、大司农丞、礼部尚书,主修过《宋史》《辽史》《金史》及注释《尔雅》,因此说他是元末一个位高名重和学富五车的难得的人物。大明军围攻元大都北京时,危素曾跳井想以此殉国,不料被报恩寺里的僧人救起,并受开导:"国史非公莫知。公死,是死国史也。"危素当即被说服,可没想到日后却是受辱连连。被俘之初,朱元璋觉得他还有用,为新帝国编写史书和制定典章制度一类的工作,还真缺少不了危素这样的前朝资深高官,于是就任命他为翰林侍讲学士,后又让他兼任弘文馆学士——实际地位比他在元朝时要低。(《明史·文苑一·危素传》卷285)

而新朝皇帝朱元璋心里却一直看不起他,时不时地找茬羞辱他。有一天朱皇帝坐在东阁侧室的屏风后头,危素不知道,刚好从屏风外头慢慢走过,步履之声清脆响亮,朱元璋听到后随即问道:"谁啊?"危素赶紧答话:"老臣危素!"没想到话音刚落,朱元璋来了一句:"我倒是以为文天祥呐!"(【明】祝允明:《九朝野记》卷1;陆容:《菽园杂记》卷3)

元顺帝宫中有头大象,它被人调教得很听话,且跟元顺帝等人很有感情,每当宫中举办什么宴会时,这头大象都要出来表演一番,助助兴。大明军攻下北京后,大象被运到了南京,本想给朱元璋取取乐。有一天朱皇帝在宫中举办宴会,令人将那头大象赶出来做个现场表演,哪知道这大象趴在地上就是一动也不动,这下可把朱元璋给气歪了,当即下令把大象给杀了。第二天他又令人做了两块木牌,一块上写着"危不如象",另一块上写着"素不如象",然后令人将这两块木牌挂到危素的左右两肩上,着实将危素好好羞辱了一番。(【明】黄溥:《闲中今古录摘抄》卷1)

至此朱元璋还没放过危素,几乎将他当做不洁之物。当时有个御史叫王著,看出了洪武帝的心思,上了个奏本,说危素是亡国之臣,"不宜列侍从"。朱元璋随即下令将危素贬谪到和州去居住,具体工作就是看护他昔日同朝同事余阙之庙。受

尽了侮辱的危素到了和州,大约生活了一年就抑郁而死。(《明史·文苑一·余阙传》卷285)

洪武时期像危素这样的贰臣最终命运还算好的了,有的人甚至被杀了还是糊里糊涂。张士诚政权下有个高官司徒李伯升,投降后朱元璋先是仍保留其旧官衔级别,后进升为中书平章同知詹事府事、征南副将军,最终莫名其妙被扣上蓝党分子的帽子而遭受杀戮。(《明史·张士诚传》卷123)

朱元璋要求臣民"忠君",树立正反两面例子不算,还不时地逮住机会大肆渲染绝对忠君思想。吴元年二月也就是大明开国前一年,大将军徐达派人向朱元璋请示,朱元璋逮住机会向军中武夫们说道:徐大将军"今克期来所请事,悉欲禀命而行,此贤臣事君之道,吾甚嘉之"!(《明太祖实录》卷22)

武将要忠君,文臣也应该忠君。洪武十九年四月,大约有14位国子监生被选拔为六品以下官。在他们上任前,皇帝朱元璋除了作些任职须知之类的训谕外,还十分严肃地说道:"事君之道,惟尽忠不欺;治民之道,惟至公无蔽。"(《明太祖实录》卷177)在这里朱元璋解释了什么叫"忠君",就是要臣民们对待君主尽忠不欺,这也是"三纲五常"之首"君为臣纲"的最为核心的内容。至此我们就不难以理解,为什么朱元璋那般热衷、追捧"三纲五常之道……(为)亘万世而不可无者"(《明太祖实录》卷139)。换个角度来说,朱元璋将忠君视为最高的道德行为准则,以此来衡量每个臣民的一切言行。

◇ 皇帝的生活秘书瞬间当上"民政部部长",怪否?

曾经有个整容匠叫杜英的人,专门从事皇帝朱元璋的个人生活服务,用今天时髦话来说就是朱皇帝的"生活秘书"。有一次他帮朱元璋修甲,修完以后,杜英认认真真地将剪下来的手指甲和脚趾甲等废物包起来,放在自己怀里。就在这时,朱元璋注意到了这些细节,于是就好奇地问了:"你包这些东西干吗?将要把它带到哪儿去?"杜英赶紧回答:"回陛下,小人认为圣体之物岂能乱扔?小的要拿回家好好地收藏起来。"朱元璋更好奇了:"那以前从我身上剪下来的指甲都到哪儿了?"杜英说:"小的一直供奉在家中的佛阁里。"听到这里,朱元璋越发好奇了,更是不信有这样的事,于是命令杜英留下来,然后派人专门到杜英家中去看,果然在佛阁里发现了一只漂亮的朱漆盒子,打开一看里边全是剪下来的指甲。事情得到了验证,朱皇帝当场开怀大笑,并不停地夸赞杜英"忠君""诚谨知礼"。而后为了表扬杜美容师的一片"忠心",朱元璋下令,将杜英由一个低贱的下人一下子提升为太常寺卿(掌管宗庙祭祀之事的长官,正三品,可能相当于"民政部部长")。一个下人火箭式地当上"部长",洪武帝大加宣传,以示人们多向太常寺卿杜大人学习。(【明】祝允明:《九朝野记》卷3;【明】吕毖:《明朝小史·洪武纪·整容匠》卷2)

朱元璋是个实在人,在他眼里光提倡和宣传忠君思想是不够的,还必须使得广大臣民们对于伟大领袖的忠诚年年讲、月月讲、天天讲。为此,他规定全国所有的儒学每年正月十五、十月初一举行"乡饮酒礼"时,必须由学官司正宣教"为臣尽忠,为子尽孝,长幼有序,兄友弟恭"(《明太祖实录》卷157);而在教育领域内的教材里,朱皇帝规定以贯彻"三纲五常"为核心精神的明代版"五经""四书"和宋儒朱熹等理学家的注释书籍是每人必读之物;贯彻绝对君主专制主义思想的《大明律》与《大诰》又是当时的必修教材。朱皇帝实在奇特,忠君教育别具一格。

◇ "孝亲":1 000人的"天下第一家"治家秘密——不听老婆话。

朱元璋认为儒家经典"精要"的第三个方面就是"孝亲"。"孝亲"的概念很广,大致是要倡导"父慈子孝""兄友弟恭""夫妇和顺"等思想,这就是三纲中的"父为子纲"和"夫为妻纲"。儒家认为"君子之事亲孝,故忠可移于君","其人也孝悌,而好犯上作乱者鲜也",就是说一个以孝将家治理好的君子,他很自然地会将忠心用于君主身上。"忠孝"是治国的基础,一个个家治好了,国家也就自然治好了。朱元璋曾这样说道:"人情莫不爱其亲,必使之得尽其孝,一人孝而众人皆趋于孝,此风化之本也。"(《明太祖实录》卷49)看来他是完全精通倡导孝道的绝妙好处了,"齐家治国,其理无二。使一家之间,长幼内外各尽其分,事事循理,则一家治矣。一家既治,达之一国,以至天下亦举而措之耳。"(《明太祖实录》卷175)

正因为具有这样的认知,朱元璋竭力倡导"以孝治天下"。在全国推广乡村教化和"击铎劝谕"制度时,他规定村中老者每月要喊的口号中的头两句就是"孝顺父母,尊敬长上"(《明太祖实录》卷255),在《御制大诰》中所强调并要求臣民遵照执行的,也是"事君以忠""长幼有序""夫妇有别"和"朋友有信"一类的"三纲五常"之信条。(【明】朱元璋:《御制大诰续编·明孝》第7)

◇ 有一对夫妻步行300里为梦中掉进河里的亡母化冰,着实感动朱皇帝。

除了政治说教外,在实际生活,朱元璋还大张旗鼓地对天下"孝行"进行褒扬。例如:仅洪武二十七年五月甲寅日这一天内,朱元璋就旌表了两户人家,一户是河北易州涞水县的李德成家;另一户是苏州长洲县张德家。

李德成母亲早亡,想起慈母,做儿子的李德成就会情不自禁地流泪。后来他想到了一个纪念母亲的好办法:捏了土,铸一个母亲的塑像,每日祭奠,就连一日三餐也照常侍候着"泥"母亲,就像对待活人一般。

有一天晚上,李德成梦见自己的母亲掉进冰河里去了,赶紧想拉她,可为时已晚。第二天醒来后,李德成将自己的梦境告诉了妻子王氏,两人一合计,觉得梦中之境很像300里外的一条大河。当时正值隆冬季节,李德成顾不得天气的恶劣,与妻子王氏一起步行300里,赶到那条与梦境中一样的大河边,看到厚厚的冰雪,夫妻俩二话没说就脱掉衣服,用身体开始暖冰,整整暖了7天7夜,冰终于被融化了。周围的乡亲闻讯后纷纷赶来,不停地夸赞着李德成夫妇的孝行,由此李德成也就成了"孝行"名人。(《明太祖实录》卷233)

地方官府知道后以孝廉的名义向朝廷举荐了李德成,李德成随即被擢升为光禄司署丞,迁太常寺赞礼郎,寻升尚宝司丞,一路真可谓官运亨通。至此,好运还没有打住,皇帝朱元璋闻听了李德成的动人故事后,下诏旌表李家为"孝行之门"。(《明太祖实录》卷233)

当天朱皇帝还对25岁开始守寡的苏州长洲县张德之妻进行了旌表。张妻高氏在丈夫死后奉养婆婆,竭尽孝道,又教子有方,终身守节。为此,朱元璋诏表其门为"贞节之门"。(《明太祖实录》卷233)

对于那时各式各样的孝行及其皇帝旌表,大明国史《明实录》和其他的文献都有着详尽的记载。不过在这过程中,要说影响最大的孝行忠君的事情莫过于发生在浙江浦江的"江南第一家"中了。

◇ 洪武帝不解:浦江郑义门1 000多人一起吃两个梨子,怎么吃法?

浦江郑义门是个大家族,家门口前额上镶了一块匾,匾上写着"天下第一家"。有人好事,将之告诉了朱元璋。朱元璋一听很不高兴,因为他认为天下第一家应该是皇帝家才是。这朱元璋一不高兴就要行动,派人到郑家,将郑家的家长逮捕起来,押到了南京,皇帝亲自讯问:"为什么你们家要称天下第一家?"郑家的家长说:"回陛下,我们郑家是个很大很大的家,一共有八九代人合住在一起。我们那个地方官老爷为了鼓励我们孝亲治亲、推进乡村教化,就给我们家挂了那个匾,并且还立了牌坊,小民哪敢私自乱来啊!"朱元璋听到这里,大致明白了事情的原委,但他还是好奇地问下去:"你们家一共有多少个人?"郑家长说"1 000多个"。朱元璋听完后颇有感慨地说:"1 000多人生活在一个家里,同吃同住,天下少有,真可称得上是天下第一家了!"于是下令将郑家长给放了。(【明】梁亿:《遵闻录》)

刚将郑家长给放了,马皇后出来说:"刚才我都听到了,这么一个大家庭够不容易的。想当年陛下一人举事,到如今拥有天下,不容易啊! 不知郑家这么多人是怎么做事的?"谁知朱元璋听成"郑家这么多人要怎么举事(旧时称起义的隐语)",于是马上下令再将郑家长逮来盘问。可怜郑家长莫名其妙又给带到了南京明皇宫里了。皇帝朱元璋见了他便问:"你们这么大的一个家族怎么治理?有什么秘密?全是你一个人说了算?"郑家长说:"秘密倒是有的,那就是每个小家庭都不听老婆的话。女人一多,事情就变得复杂了。"听到这里,朱元璋哈哈大笑,说:"我倒还以为有什么秘密,原来如此!"就在这个时候,有个地方官上贡了一种"香梨",朱元璋正在兴头上,随手就赏了两个香梨给郑家长。郑家长开开心心地拿了两个皇帝赏的香梨,施完礼后三步并作两步地赶回家去了。

再说郑家长刚走,皇帝朱元璋马上派了一个锦衣卫紧跟在他后面,想去看看这个家长到底是怎样治家的。只见郑家长回到家后,将一大家族人全部召集在一起,说明了这两个梨的来历,然后叫人弄了两大缸的水在前面,他把两个梨捣碎,再将两个捣碎的香梨放进了两缸水中,随即便开始依次每人喝梨水,秩序井然。喝完梨水后,全族人集体向北即南京方向跪拜,以谢皇恩。朱元璋听了锦衣卫的汇报后,大加赞扬了郑家为孝义人家。(【明】梁亿:《遵闻录》)

当然朱元璋大力提倡的儒家经典三"要义",说到底就是要天底下的人都做忠顺愚民,这也是他大力提倡礼教、推行教化的核心所在。虽然洪武年间民风淳朴,道不拾遗,夜不闭门,基层社会一片安宁;但这种教化的后果同样是要付出沉重的代价,那就是社会已经僵化与凝固化,任何创新与变化都是不可能的,这对民族发展有益吗?

○ 钦定"中国圣经",强化思想文化专制主义

尽管原本是个文盲,但当上皇帝的朱元璋拥有得天独厚的优势,可以跟着当时硕儒名士读儒家经典。而儒家经典到了明代时已经有很多,但最为基本的就是今天我们耳熟能详的"四书"和"五经"。其实按照历史发展进程来说,应该说成是先有"五经"或言"六经",后有"四书",那么"五经"或言"六经"指的是什么?

◎ 是"五经""六经""七经",还是"九经""十一经""十三经"?

"五经"在不同的朝代指的范围还不太一样。最早指的是先秦儒家学派的创始人孔子亲自编定的《诗经》《尚书》(又名《书经》)《周礼》《易经》(又名《周易》)和《春秋》五部儒家经典。但有的人认为最早的儒家经典应该是"六经"而不是"五经"。"六经"应该是指上述"五经"基础上再加上一部《乐经》,据说也是孔子编定的,但也有人考证出来说,那是汉朝人假托孔子之名而写成的。还有人说,原本孔子所作的

就是"六经",在秦始皇"焚书坑儒"时,一把大火将《乐经》给烧没了,从此《乐经》就失传了。(但在明洪武时期就有"六经"之说,详见《明太祖实录》卷20;卷34;卷46;卷159)

西汉武帝"罢黜百家,独尊儒术"时,所立"五经"博士的"五经"就是先秦儒家的那"五经",不含《乐经》,汉代开办太学,就是将"五经"作为培养人才的教科书。汉代还有一种"七经"之说,即《诗经》《尚书》《周礼》《易经》和《春秋》"五经",加上一部《论语》和一部《孝经》,共计七部儒家经典,故名"七经"。但到了后来,"七经"概念又不相同了。唐朝儒家经典有"九经",即为大经:《礼记》《春秋左氏传》,中经:《诗经》《周礼》《仪礼》,小经:《尚书》《易经》《春秋公羊传》《春秋穀梁传》(《新唐书·选举志上》卷44)。它们是唐朝教育与科举考试的主要教材,《孝经》与《论语》是基础课,每人必通的,所以没有被列入"九经"内。宋代时的儒家经典变为"十三经",它们是《诗经》《尚书》《周礼》《礼记》《仪礼》《易经》和《春秋左氏传》《春秋公羊传》《春秋穀梁传》等,即由原来唐朝的"九经",再加《孝经》《论语》《尔雅》和《孟子》。从"五经"到"十三经",似乎儒家的经典在不断地增多,但最为根本的其实还是先秦时代的那"五经"。(庞朴:《中国儒学》第4卷,P59,东方出版中心1997年1月版)

◎ 中国《圣经》——"四书"与"五经"

宋代流传的"十三经"尽管经书部数很多,但它们都是儒家文化的基本著作。如果将它们进行分类的话,那么《诗》《书》《易》《礼》《春秋》五部经典可以称为传统意义上的"经",这是儒家的基本典籍,而《论语》《孟子》《礼记》《孝经》等则属于"记",是儒家思想的核心所在,《春秋左氏传》《春秋公羊传》《春秋穀梁传》的"三传"属于《春秋》经的"传",是由《春秋》"衍生"出来的;《尔雅》是汉代儒家经学大师的训诂之作。所以说整个"十三经"最为核心的典籍应该是"经"与"记"。

但在"十三经"中就是没有单列的《大学》和《中庸》,《大学》和《中庸》原来是《礼记》中的两篇文章。南宋大儒朱熹认为,《大学》是孔子讲授"初学入德之门"的最为重要的典籍;《中庸》则是"孔门传授心法"之书,它们与《论语》《孟子》合在一起,最能表达儒学正统的主要思想,也是研治儒学的最重要的文献。于是他就把这两篇文章从《礼记》中单独抽出来,与《论语》《孟子》合订成"四书",并为之作注,即成《四书集注》。朱熹为"四书"作注时既融会了前人的学说,尤其是北宋理学家程颢、程颐兄弟的理学理论,又发挥了自己个人的独特见解,即巧妙地将后人常说的"程朱理学"融入儒家的正统经典之中。而经过朱熹的这一集注作解,原本不宜为一般人读通的"四书"顿时变得比较通俗了,南宋以后逐渐为人们所认同和接受。朱熹死

后,南宋朝廷开始将朱熹编定且注释的"四书"审定为官方教科书,随即便在帝国内推广开来。(《宋史·理宗本纪五·赞》卷45)

到了元代,程朱理学得到大力提倡,元帝国甚至将科举考试出题的范围限定在"四书"之内,"四书"一下子超越了原先的"五经"的地位(《元史·选举志一》卷81)。因此,后世人们往往将朱熹所著的《四书章句集注》作为儒家经典演变的时代标杆。有人说,汉唐是"五经"时代,而宋以后是"四书"时代。

明代以前中国历代"四书""五经"演变简表

朝代	经数	中国历代"圣经"所指经书具体名称
先秦	"五经"	《诗经》《尚书》《周礼》《周易》《春秋》
先秦	"六经"	《诗经》《尚书》《周礼》《周易》《春秋》《乐经》
西汉	"五经"	《诗经》《尚书》《周礼》《周易》《春秋》
东汉	"七经"	《诗经》《尚书》《周礼》《周易》《春秋》《论语》和《孝经》
唐朝	"九经"	《诗经》《尚书》《周礼》《周易》《礼记》《仪礼》《春秋左氏传》《春秋公羊传》《春秋穀梁传》+《孝经》与《论语》
唐宋之际	"十三经"	《诗经》《尚书》《周礼》《周易》《礼记》《仪礼》《春秋左氏传》《春秋公羊传》《春秋穀梁传》+《孝经》《尔雅》《论语》《孟子》
宋元	"四书""五经"	《论语》《孟子》《大学》《中庸》《诗经》《尚书》《周礼》《周易》《春秋》

(本表资料来源:①《新唐书·选举志》;②《宋史·选举志》;③《宋史·理宗本纪》;④《元史·选举志》;⑤《明太宗实录》;⑥庞朴:《中国儒学》第3、4卷,东方出版中心1997年1月版)

从上述明代以前的"四书"与"五经"的演变来看,无论称呼在各朝代不尽相同,但朱元璋在开创大明帝国时,"四书"和"五经"一直是大一统帝国官方所竭力倡导天下人应该熟读的正统儒家经典,如果将其与西方文化相类比的话,那么,"四书""五经"完全可以称得上是中国《圣经》或者说是东方《圣经》。

◎ 朱元璋为什么要大骂孟子?

那么面对世代流传下来的中国《圣经》,这位奇特的开国皇帝朱元璋又是怎样看待它的?

朱元璋似乎对其他的经典尚未有过多的非议,就是对孟子和《孟子》一书极度感冒,他大骂孟子,说:"使此老在今日,宁得活也?"意思是说,孟夫子这老头要是现在活着的话,我是绝不会轻饶他的!(【明】梁亿:《遵闻录》;【清】全祖望:《鲒埼亭集·辨钱尚书争孟子事》卷5)他下令将国子学孔庙中孟子配享的牌位给撤了,并规定:有谏者以大不敬之罪论处,且让皇家卫队的射箭高手来施刑。

可没想到"最高指示"一发出,刑部尚书钱唐就来个抗疏入谏,自己敞开着衣服,冒死恳请皇帝收回诏令。朱元璋哪受得了底下大臣这般与自己对着干的,当即就命令卫士把钱唐给绑在了宫廷柱子上,然后就开始射箭。皇家卫士何等出身?没有绝活是干不了这项工作的。可怜钱唐就因为自己要为孟夫子争个说法却身中数箭,鲜血汩汩地往外直流,染红了宫廷柱子,可他嘴上还不饶人,说:"臣得为孟轲死,死有余荣。"(《明史·钱唐传》卷139)朱元璋看到一个文弱大臣为了死了不知多少年的死人配享问题却不顾自己的生命,着实内心大受震撼,赶紧令人将钱唐从柱子上解下来,扶持到太医院去医疗箭伤(【明】吕毖:《明朝小史·洪武纪》卷2)。孟夫子的配享在一年后也得以恢复。(《明史·礼志四》卷50)

那么究竟是什么原因让这位大明开国君主对一个死去了千余年的孟老夫子大为光火呢?

原来朱元璋在跟着儒士读经典时读到了《孟子》中的"民本思想",刺痛了神经。

《孟子》一书是由战国时代的儒家学派的另一个重要人物、后世人们称之为"亚圣"的孟子或孟子的弟子编撰而成的。从整体上来说,《孟子》一书是在崇尚孔子的"尊礼""尊君"的前提下阐发了"民本"思想、"邦本思想",这也是先秦儒家最为精彩的亮点。例如,《孟子》的《尽心篇》在谈到民与君的关系时就说:"民为贵,社稷次之,君为轻。"这是讲,在一个国家里老百姓是最为重要的,一个国家连老百姓也没了,哪来什么国家与君主呐?所以孟子认为一个国家的老百姓应该处于首位。正因为从这样的角度出发来审视君主与百姓、君主与大臣之间的关系,《孟子》的《梁惠王篇》中就说:"国人皆曰贤,国人皆曰可杀。"《离娄篇》中又讲:"桀、纣之失天下也,失其民也。失其民者,失其心也。"孟子在评述夏商末代君主桀纣亡国的原因时,将其总结为失掉了民心,一旦一个国家失掉了民心,这个国家也就快完了。后世将这个说法倒个序来讲,"得民心者得天下也"。那么作为臣民对于自己的君主应该抱有什么样的态度?《孟子·万章篇》中这样说道:"君有大过则谏,反复之而不听,则易位";"闻诛一夫纣矣,未闻弑君也";"君之视臣如草芥,则臣视君如寇仇"。孟子说这番话是有前提的,那就是竭力主张遵循儒家创始人孔子的"尊礼"和"尊君"原则,如果万一都不成,君主要是像夏商那两个末代君主那样无可救药时,那么孟夫子就开出了救国济民的良方——"易位""视如寇仇"。但如果孤零零地看这两句话,一般人往往将孟子作为中国民本思想的伟大先驱。孟子是说君主有大的过错,做臣子的就应该劝谏,反复劝谏,但君主还是置若罔闻,那就将他从君位上赶下去；君主如果将臣民看得像芥草一般贱，那么臣民就将君主当做仇敌一般来看待。

◎ 朱元璋钦定"中国《圣经》"，做中国最大教主和最高精神领袖

孟子讲得够猛的，嗜好大权独揽的朱元璋读到这样的圣人"语录"时，当然就会火冒三丈。这岂不是教臣民与自己对立为敌？这岂不是叫臣民起来造反？于是他命令老儒刘三吾等对"中国《圣经》"——"四书""五经"进行"清理"，将上述那些"极其出格"的"混账话"清除出去，仅一本《孟子》共删去85条"反动透顶"的言论，只剩下170余条，也就是说原来的《孟子》被朱元璋删了约1/3，《孟子》一书也就不能再叫《孟子》，改名为《孟子节文》。

这样明初的"四书""五经"经过朱元璋的"钦定"后，才可刻板颁行全国学校。但朱元璋尚嫌做得不够好，于是又下令规定：删除部分"课士不以命题，科举不以取士"(【明】刘三吾：《孟子节义题辞》)。那课士即平常学校里学生考试和科举的命题依据是什么？朱元璋规定《御制大诰》和钦定后的"四书""五经"都是全国生员的必读之书，当时《学规教条》中也有这样的要求："诸生每三日一背书，日读《御制大诰》及《本经》、'四书'各一百字，熟记文词，精解理义，或有疑难，则谦恭质问，务求明白。"(《明太祖实录》卷254)因此说，"科举岁贡人员，俱(以此)出题试之"，官学的学官们要"严督诸生熟读讲解，以资录用，有不尊者，以违制论"。(【明】黄佐：《南雍志·事纪》卷1)

对《孟子》一书的删节和"中国《圣经》"的钦定以及考试出题范围的限制，足以表明朱元璋的思想文化专制统治了。

但在朱元璋看来，即使做到了这样，还远远解决不了问题的根本，于是开始对儒家"圣典"的诠释做出规定，不许人们"胡乱"解释。在竭力推崇程朱理学的前提下，他下令：学者讲学"一宗朱子之学"，"非濂、洛、关、闽之学不讲"，当然更不能用儒家以外的什么诸子百家来进行解释了；至于"国家取士，说经者以宋儒传注为宗"。到了明成祖永乐十三年时，朱棣学起乃父，对中国传统儒家"圣典"及其注释进行了钦定，命令翰林学士胡广等编纂《四书大全》《五经大全》和《性理大全》，作为钦定的学校教科书，颁行天下(《明太宗实录》卷186)。于是程朱理学成为天下士人研习的基本内容，入仕显身的敲门砖(主要途径)。此外，明朝统治者还表彰程朱门人。例如，景泰七年(1456)，令朱熹门人黄干、蔡沈、刘钥、真德秀陪祭孔庙，以此来提高程朱理学的社会地位(《明英宗实录》卷270，《废帝郕戾王附录》即《明景帝实录》卷88)。清代基本上沿袭了明代的做法，由此将中国思想文化教育专制主

义推向了顶点。

从春秋战国的百家争鸣，可读百家书，到汉朝的"独尊儒术"，只读一家书了。而到了朱元璋开始通过绝对皇权强硬规定，又变成了不仅只允许读一家书，而且连这一家书及其诠释也给"钦定"了。中国教育的自由空间度越来越窄，明清教育直接的后果是中华民族的后继者的思想越来越僵化了，这对中国人人格心理的铸造产生了极坏的影响。

除了儒家，朱元璋还对宗教界的佛、道两家经典及其解释做出了限制，专以他朱皇帝解释的《集注金刚经》一卷和《御注道德经》二卷为标准版本，颁行全国。(《明史·艺文志》卷98)

由此看来朱元璋不仅要做大明帝国政治、军事和经济等领域内的绝对专制君主，而且还要充当思想文化教育领域内的最高精神主宰、最大教主，专制主义到了这一步真可谓到了家。

如果说，上述的措施是朱元璋实行文化思想教育极端专制主义的第一道防线的话，那么这第二道防线就是强化学校管理、禁止学生议政和将私学变官学等。

○ 强化学校管理与地方教育行政管理，禁止学生议政

尽管朱元璋在中国地方教育方面贡献巨大，但我们还应看到朱元璋这种大办教育的背后隐藏了什么？还有朱元璋将官学教师纳入了大明帝国的"公务员"的行列，教师衣食是无愁了，也不用为了学校的经费问题和教师工资问题而像皮球一样被县里和乡里来回地踢。明代确实在发展中国地方教育事业方面跨出一大步。但我们还必须看到，从朱元璋开始，明代对官学教师的管理不仅仅是加强，而是到了苛刻的程度。因此说，明代教师的实际地位是大为降低了。

◎ 强化对官学教师管理——实行科举录取率与教师业绩、工资挂钩

如明初地方学校教师有九年任满的规定，任满之后进行两项考核：一个是业务考核，一个是"升学率"即考中举人数的考核。洪武二十六年四月，朱元璋制"定学官考课法，以科举生员多寡为殿最。县生员二十名，教谕九年任内有举人三名，又考通经者为称职升用；举人二名，虽考通经为平常本等用；举人不及二名，又考不通经者，为不称职黜降别用。州学生员三十名，学正九年任内，举人六名，又考通经者升用；举人三名，虽考通经本等用；举人不及三名，又考不通经者，黜降别用。府学生员四十名，教授九年任内，举人九名，又考通经者升用，举人四名，虽考通经本等用；举人不及四名，又考不通经者，黜降别用。府、州、县学训导，分教生员九年任

内,举人三名,又考通经者升用;举人二名或一名,虽考通经本等用;举人全无,又考不通经者,黜退别用"。(《明太祖实录》卷227)

九年任满,人生几何,还有多少个九年去干别的"大事"。此外,明代对教师和学官还要月考和岁考,并且与教师的任职、晋升、工资等直接挂钩,如果成绩太差,教师要遭"罢黜",学官要遭笞刑。(王炳照主编:《中国传统教育》,中南工业大学出版社1999年12月)

可见明朝教师的实际地位是大为降低了,自由度不大,积极性当然不高。清代承继了明代的做法,影响恶劣。明清两代的人才不是没有,但具有独创性的科技和文化成就乏善可陈,基本上属于修修补补性质的"大汇编""大总结"。这与朱元璋开创的明清时期传统官学教育中的上述缺憾大相关联。

◎ 强化对官学学生管理——娃娃们:国事大事就不关你们学生什么事!

学校的主体是师生,在强化对教师的管理的同时,朱元璋更加强化了对学生的管理。尽管从朱元璋起大明帝国给予官学学生尤其是国子监学生丰厚的物质待遇,但在丰厚的物质待遇背后是苛刻的校纪校规与自由的失去。

官学中特别是国子监学规可以说是到了极为严酷专制的地步。当时被人万般称颂的国子监学规居然多达56条,这所大明第一大学设立"绳愆厅"(监丞的办公室,有点类似于现在学校的政教处或保卫处),由监丞负责,凡"诸师生有过及廪膳不洁",就是说师生一视同仁,有什么过错,就将它们写在集愆簿上,并依据情节轻重予以不同的处罚,"情节恶劣"、危害严重的要"发遣安置"(相当于充军)。

国子监还屡次更定学规,特别注意严格管束监生的言论、行动,绝对禁止他们"议论他人长短",各堂之间不准"往来相引","交结为非"。除了平时每月2天正常休息和奔丧、完婚和父母年七十以上需要侍养等情形外,监生们不得随便请假,即使万不得已要请假,也必须要有朱皇帝的批准方才可行;同时还规定"敢有毁辱师长及生事告讦者,即系干犯名义,有伤风化,定将犯人杖一百,发云南地面充军"。绳愆厅密切注意观察,一旦发现犯规者,则严加治罪,甚至还法外用刑。(【明】黄佐:《南雍志·训规考》卷9)

洪武二十七年,监生赵麟因受不了虐待,揭帖子表示抗议,学校当局认为是犯了毁辱师长罪。按照学规是杖一百而后充军。但为了杀一儆百,竟将赵麟处以极刑,并在国子监前立一长竿,悬首示众(【明】黄佐:《南雍志·事纪》卷1)。这竿子一直竖了126年,至明正德十四年(1519)才撤掉。武宗"南巡"到南京,看见国子监门前的长竿上的骷髅(人头),好奇地问:这是怎么一回事?有人如此这般地说了。

明武宗别的好事没做什么,在这件事上倒开明:"一个娃娃有点意见,太为难他了。"下令将长竿撤了。

据清代学者考证,洪武时期国子监祭酒宋讷就是一个残害国子监的刽子手。宋讷本为元臣,在洪武年间这可是很致命的一个"污点",为此,他竭力迎合暴君朱元璋。在就任国子监校长期间,苛待学生,很多学生受不了他的严酷而上吊自尽,据说当时每月都有学生上吊的。为了防止学生假死,宋讷还在学生上吊以后仔细检查,只有发现真死了,才会将其入殓,其残酷程度不亚于唐朝武则天时代的酷吏周兴和来俊臣。(【清】赵翼:《二十二史劄记·明史立传多存大体》卷31)

在地方学校中,也同样实行专制管理。洪武十五年八月,"颁《学校禁例十二条》于天下,镌立卧碑,置明伦堂之左。其不遵者,以违制论"(《明太祖实录》卷147)。《禁例》不准生员参与国家政治,议论朝政得失。如第三条明文规定:"一切军民利病,农工商贾皆可言之,唯生员不许建言"(【明】王圻:《续文献通考·学校考》)。《大明会典》则记载得更为详细:"军民一切利病,并不许生员建言。果有一切军民利病之事,许当该有司、在野贤才、有志壮士、质朴农夫、商贾技艺,皆可言之,诸人毋得阻当。惟生员不许!"(万历《大明会典·礼部·儒学》卷78)而且还不准生员对教师的讲授提出不同意见。如第五条规定:"生员听师讲说,毋恃己长,妄行辨难,或置之不问。"(【明】王圻:《续文献通考·学校考》)如此等等,都是为了禁锢思想,钳制舆论,加强专制统治。

◎ 将私学变官学,书院被整合到大一统帝国科举考试之中

元朝起原本属于私学范畴的书院,因元帝国对它的"改革",将之纳入了官学的轨道。明清书院逐渐官学化,学校成为科举的附庸,宋代时原本学术自由的新天地私学如今变为了大一统帝国选拔政治人才的又一"储才"场所。这样,中华帝国大一统专制主义就不会有什么自由教育的真空与盲区了。

除了设定上述几道思想文化教育领域内的专制主义防线以外,朱元璋还实行科举成式化、考试标准化和人才奴才化以及最为严厉的文字狱,泯灭了任何潜在的政治、思想、文化与教育的异己,禁锢了人们的思想。

● 朱元璋教育国策的历史影响

综上所述,朱元璋开创的大明帝国确实是将中国传统社会教育制度推向全盛的境地。正如有的学者所说的,朱元璋开创的明清学校教育普及程度为"唐宋以来

所不及"。但全盛不等于黄金时期,朱元璋所采取的种种强化思想、文化教育专制主义不仅抵消了明清中国传统教育盛极之余所带来的积极效果,甚至还带来了无穷的后患:极度专制主义强化,中国臣民处于政治高压之下,保持了大一统秩序的稳固;但这种稳固却使中华民族付出了沉重的代价,那就是从那个时候起的近600年历史中,中国人一直只读一种书,只采用一种解释,只接受一种思想,只能运用一种思维。"天不变,道亦不变",中国社会在历史的古道上反复地吟唱着先儒的曲子;加上长期锁国,闭目塞听,以至于西方列强打到我们大门口时,我们的帝国上下除了使用落后的祖先使用过的武器本能地抵抗外,竟然有人提出以我们的孔孟之仁义道德去劝服那些"尚未开化的远夷",真让今人看来既痛心又好笑。宋元时期西传的中国古代四大发明在西方"远夷"那里不仅扎下了根,而且还得到了极大的改进与发展,促进了西洋远夷的文化教育和科技的发展,改造成"坚船利炮"之类的远夷"奇技淫巧",居然还"送还"给"四大发明"的故乡。经过多番打击后有所觉悟的中国人才意识到中西方的差距,从而揭开了学习西方科技、文化与教育的序幕。这是何等巨大的代价!

科举成式化公平化　　人才标准化奴才化

朱元璋大办教育除了强化教化与专制统治以外,更为直接的目的就是要将学校办成"储才"基地,或言培养官僚统治阶层的大本营,正如《明史》所描述的那样的模式:学校"储才以应科目(科举)",而"科举必由学校"。(《明史·选举志一》卷69)

● 考试标准化——600年前中国人系下的心结

说到科举,我们现在不少人都比较陌生,但我说大家都知道的,什么"考状元"啊,什么"西方文官制考试",现在最为一部分教育部门人士所津津乐道的什么标准化考试,好像他们"引进"了一些"先进"的"国际理念",英美国家有 TOEFL、GRE 和雅思,我们中国有英语四、六级、八级,现在的中国学生考得个个标准化,但人们的抱怨似乎越来越大,现在的"标准化"考试后的孩子综合能力越来越差,还不如以前没有"标准化"。但目前的趋势是"标准化"考试铺天盖地,似乎不这样的话,不能体现出教育与考试的"公平化"。实际上,这种心结不是现在中国人一下子才有的,

600年前，朱元璋就"创造性"地系上了这个心结，采用了"公平化""标准化"的"八股科举考试"，而这"公平化""标准化"的"八股科举考试"从那开启以后，一考就考了中国考生500多年，考得中国越来越僵化，考得中国越来越没希望，最终实在弄不下去，在上世纪的世纪之初就被永久性地废除了。而滑稽的是当我们的科举制成为过街老鼠人人喊打时，人家"老外"见了中国的科举制不停地夸"好"，更有意思的是"老外们"竟然学起了中国的科举考试，运用科举考试"合理内核"之精神来选拔他们的公务员，成为中国传统文化的"后续者"。这一切到底是为什么？

我们先来看看朱元璋为何要实行"公平化"和"标准化"考试——"八股科举考试"？要想讲清楚这个问题，我们必须要"跟随"朱元璋来看看他所面对的帝国人才情势和中国传统的科举考试文化遗产到底是什么？

● 朱元璋改革科举制的由来——从对科举制的肯定到否定再到基本肯定

南京民间有个说法：在开创大明帝国前后，朱元璋心中一直有个隐痛，尽管大明开国功臣在战场上个个都是顶级英雄，但他们都有个致命的弱点，那就是几乎人人都是没文化的土包子。所以在登基之前，朱元璋就下令在南京朝天宫盖了个大院落，作土包子们训练礼仪的地方。这样一来，大明开国大典总算应付过去了（参见《明太祖实录》卷163；卷243）。但不久，随着北伐和"清沙漠"战争节节胜利，大明重建大一统帝国的历史重任摆在了大家的面前。对于那么大的一个帝国靠谁去治理？靠眼前的战斗英雄？他们太土了，没什么文化，不仅治不好，弄不好还会添乱。朱元璋手头缺乏人才啊！

○ 荐举制与老鼠窝

怎么样解决这个问题？他想到了一些非常的手段来应对眼前的困境，比如延聘故元时代的知识分子与官僚，但这些人愿意在政治上合作的还不多，有的即使人来到了大明官场，但人在曹营心想汉，前章说过的元朝户部尚书张昶就是这样一个典型。虽然被朱元璋强留在南京当了参知政事，可他内心真实的独白是"身在江南，心思塞北"（《明太祖实录》卷24）。这样的人怎么敢用？

还有一种故元旧官，倒是出来帮忙了，但就是不肯任职当官。这样典型的人物就要算江南名士陈遇。陈遇"天资沉粹，笃学博览，精象数之学"，换句话来说，他是个与刘基不相上下的能掐会算的"神人"，生于元朝中后期，曾出任过元朝的温州教授,但后来弃官回家了,隐居在集庆。朱元璋攻下集庆后,由于秦从龙的推荐,召见了陈遇。两人一交谈,彼此都留下了很深的印象。史书说朱元璋"大悦",当即将陈遇留在了身边,让他参与密议,"日见亲信"。(《明史·陈遇传》卷135)

大明开国时,朱元璋要授予陈遇为翰林学士,可陈遇说啥也不肯接受,前后来回推了3次。朱皇帝看到对方实在不肯,也只好作罢,但心里头老觉得似乎对不起出力不小的陈遇,后来就想到了一个"补救"的方案,"赐肩舆一乘,卫士十人护出入,以示荣宠"。这下陈遇没办法推了,总不能再说不要,要说了,那就被视为犯下"大不敬"之罪。再说朱元璋看到陈遇接受了特殊待遇服务后,以为他是回心转意了,于是又授予他中书左丞、礼部侍郎、兼弘文馆大学士、太常少卿等,最后拿出高官礼部尚书头衔给他,但都被拒绝了。自此以后洪武皇帝再也不提让陈遇做官的事了。(《明史·陈遇传》卷135)

而陈遇呐,淡定地生活着,有时帮朱元璋做做事,更多的时候自己逍遥自在。在明初那个血雨腥风的年代里,运用独特的智慧,陈遇保全了自己。有一次朱元璋问他:"我给先生官做,先生都不要,那这样吧,先生家里的3个儿子来朝里当官吧?"陈遇说:"3个犬子尚小,学业未成,谢谢陛下的一片洪恩,等日后再说吧!"(《明史·陈遇传》卷135)

不躲也不回避,甚至还为朱皇帝跑跑腿,但就是不愿当官。对于这样的人,无所不能的朱元璋还真拿他没办法,因为他让你不知道火应该发在何处?

不过有些故元时代的旧人可不这样,干脆就躲起来,来个"横眉冷对千夫",这下可把洪武皇帝给激怒了。前面讲过的安徽广信府贵溪县儒生夏伯启叔侄就是这么样的人,自断手指就是不愿意为大明政权卖命。恼羞成怒的朱元璋下令,将夏家叔侄给宰了。由此说来,引诱、笼络甚至逼迫故元官僚与旧儒出山这条路,朱元璋走得很不好,于是只好沿用中国传统社会长期使用的但又不断受人诟病的人才选拔方式——荐举。

那什么叫荐举制?这名字好听得让人觉得这是多么一门了不起的人力资源课程与学问,其实荐举说白了就是人们日常说的推荐人才。譬如著名的汉初丞相萧何推荐了韩信出任刘邦军队的大将。荐举最大的优点是快捷与双赢,君主得其才,乐其所用;人才快速得位,尽施其能。这种人才发现与使用的通道比一般常规的自己培养出来的人才及其使用要来得快捷、高速。战争年代军事将领攻下一城一地,朱元璋总要命令他们搜罗和推荐当地的名士贤才。

1356年攻下南京,"访得秦原之、周良卿、立某三人素有德行,以礼延纳,询以政事,号曰'三老',敬之甚厚"(【明】刘辰:《国初事迹》)。《明史》说:"(明)太祖既下集庆,所至收揽豪隽,征聘名贤,一时韬光韫德之士幡然就道。若四先生者,尤为杰出。(刘)基、(宋)濂学术醇深,文章古茂,同为一代宗工。而基则运筹帷幄,濂则从容辅导,于开国之初,敷陈王道,忠诚恪慎,卓哉佐命臣也。至(章)溢之宣力封疆,(叶)琛之致命遂志,宏才大节,建竖伟然,洵不负弓旌之德意矣。"(《明史·刘基、宋濂、叶琛、章溢传·赞语》卷128)换言之,曾经为朱元璋政权的巩固和发展以及大明开国立下汗马功劳的"浙东四先生"等一批杰出人才都是通过举荐而来的,甚至可以这么说,在大明开国前后、在举行全国性大规模人才选拔考试条件不具备的情势下,荐举是当时解决人才燃眉之急的最为便捷的方法。

据现有的史料来讲,朱元璋最早下达荐举令当在元至正二十二年(1362)前,当时他要求治下的"府、县每岁举贤才及武勇、谋略、通晓天文之士,其有兼通书律廉吏,亦得荐举。得贤者赏;滥举及蔽贤者罚"。(《明太祖实录》卷19)由此命令可以看出,当时朱元璋政权的人才奇缺,几乎什么类型的都要,且规定每年都要向上举荐。大明开国当年的七月,朱元璋第一次对全国范围内下达荐举令,"征天下贤才至京,授以守令"。(《明太祖实录》卷33)

那么那时到底荐举出了多少人或言人才?目前为止,没发现史料上有确切的数字记载,但从洪武初年的那些大明朝臣与地方守令的仕宦简历来看,大约50%～60%是通过荐举而入仕的。那么这么大的规模举荐入仕的官僚们称职、合适吗?洪武二年(1369)九月,洪武皇帝在明皇宫大殿上跟大臣们这样说道:"知人果然不易,朕曾屡次降敕给各级衙门,要求大家访求贤才。可是这些被访求出来的人一旦任用为官了,却往往不称职,莫非是举荐者滥察举、瞎推荐?"廷臣说:"陛下您不妨下个命令,要求各级举荐者在推荐人才时一定要写明、说清楚被举荐者过去的德行,这样可以防止一些人徇私舞弊、以次充好!"朱元璋一听,这个主意不错,马上说:"你们的主意很好,要想了解一个人啊,可以通过细枝末节来窥测出他的大的品行,可以从他目前的动向来观察出他可能要做的事情。从今以后我朝'严举主之法',这样便可革除举荐之弊!"(《明太祖实录》卷45)

从洪武君臣的这段对话中,我们不难看出,对于已经使用了十余年的荐举这种人才选拔机制所带来的问题,朱元璋已经有了相当的认识,讨论了一大圈,最后将板子打在了举荐者的身上。这种做法叫做既有道理又没道理,没道理的是举荐者即为普通人,他们的眼睛也不可能是孙悟空的火眼金睛,一眼就能看出谁一定是个人才,谁一定是个庸人、坏蛋呐?有道理的是举荐者的人品素质十分重要。别相信那些自称政治上靠得住的人如何高的素质,朱元璋杀贪官难道还没有悟出来他们都是些什么货色?一般来说,能在官场上混好的人都是些口是心非、道貌岸然的伪君子、"作秀高手",要不这样,他是"生存"不下去的。再说有这样的举荐人,可以想象,那些老在这等伪君子、政客面前混个脸熟的被举荐人又是何等人选?这是不言而喻了。中国不是有句古话,叫做"物以类聚,人以群分"么。

而从历史角度来看,荐举制实际上就是汉朝开始使用的"察举制"和魏晋南北朝时期使用的"九品中正制"的变相。这种人才选拔机制最大的亮点是能忽悠人,政府公开招聘人才,天下英才人人都有被举荐的希望,这是美丽的肥皂泡。至于能不能做到真正的公正、公开,那是掌权官僚们的事情,不是你我小民所能管得了的。所以汉朝末年出现了十分滑稽的察举现象,丞相与地方郡守察举的范围就是自己的亲戚或政治集团内部,中正官"中正"到的也就是豪门贵族子弟。汉末与魏晋南北朝的政治黑暗和天下大乱都与这两种腐朽的人才选拔制度大相关联。历史证明,这样的荐举制度不仅仅不是个权宜之计,而是阻碍人才畅通的拦路虎。

而自起兵起一直使用荐举机制选拔人才的朱元璋,似乎在洪武二年时也隐约地意识到问题的严重性——不仅不能使真正的人才被举荐出来,反而使得政治官僚阶层更易形成小集团化;就如现在我们老百姓经常看到的,一个贪官东窗事发了,他的屁股后面会牵出一大堆的"二奶"与高官,好似一个老鼠窝。2012年重庆雷书记"精彩无比的床上运动"视频一上网,立马牵出一个漂亮妹妹,再往后就扯出重庆政界10多个腐败高官。明初也如此,洪武元年李彬案爆发,李善长出面求情,胡惟庸四处活动(《明史·刘基传》卷128;《明太祖实录》卷129),这岂不像一个个老鼠窝里的一个尾巴接一个的老鼠"大军"?朱元璋是个绝对聪明人,荐举之法不佳,必须得采用别的选才方法啊!

事实上经常将"参酌唐宋,恢复中华"挂在嘴边的朱元璋在实施荐举制的同时又在启动另外两套选拔人才机制,即中国传统的"学而优则仕"的人才选拔制度——学校"储才"和科举入仕。

○ 学校储才与历事监生制

学校"储才"在明初主要表现为大力发展大明国子监与地方官学,帝国政府直接从国子监选拔人才,充任各级官僚。洪武二年十月开始,朱元璋"擢国子生试用之,巡行列郡,举其职者,竣事覆命,即擢行省左右参政、各道按察司佥事及知府等官"(【明】黄佐:《南雍志·事纪》卷1)。这种选任官员的方式在当时被称为"学校储才"选士或称"历事监生制"。

历事监生即从国子监中选取监生到各个衙门去实习,经考核确认其具有实际从政能力,即委以官职,也就是《明史》上所说的"科举必由学校,而学校起家可不由科举"(《明史·选举志一》卷69)。历事监生初试效果不错,后来范围扩大到中央的吏部、户部、礼部、大理寺、通政司等各机关,历事时间不一,最长达3年。洪武时期朱元璋屡次命令监生历事,让他们参与编修日历、到各地任教官、摄监察御史、稽核天下百司案牍、采访民事、平理诉讼、督吏修治水利,在编修鱼鳞图册时又让他们稽核田税、编制图册,历事范围涉及文教、政治、司法、经济等各个方面。尤其是在洪武七年至洪武十七年科举考试暂停期间,"历事监生"巍巍壮观,抢足了明初铨选官职的风头,由此,国子监也风光一时。

历事监生说白了属于皇帝特使,他们临时受命出差某地、督查某事。如洪武十六年九月,一批国子监生受命分行天下都司、卫所,清理军籍,即明史上有名的"清军"就是从这个时候开始的(《明太祖实录》卷156);洪武二十年正月,国子监生武淳等人受命前往各地去划分粮区,帮助地方建立粮长制度和鱼鳞图册制度(《明太祖实录》卷180);洪武二十四年五月,国子监生解奎等43人受命为在京各卫部队讲解《御制大诰武臣》,充当洪武皇帝"伟大思想的宣传队员"(《明太祖实录》卷208),等等。

历事监生最终还得要"落实"到正式任职上。洪武年间朱元璋从国子监毕业生或言历事监生中挑选优秀人才担任各种各样的官职:有监察御史,如洪武八年任命李扩等数人为监察御史,后又改其为谏官给事中(《明太祖实录》卷100);洪武九年又任命李铎等8名国子监生为监察御史(《明太祖实录》卷108);有六科给事中,如洪武十七年七月,令国子监生唐伯敬等63人为给事中(《明太祖实录》卷163);有地方行政官,如洪武十三年十月,任命吏部铨选的国子监生24人为地方府、州、县官(《明太祖实录》卷134);有地方检察官,如洪武二十年七月,任命国子监生邵廉、李隆、彭升等人为广东按察司佥事(《明太祖实录》卷183);有王府伴读,如洪武九年任命国子监生成德琦、牟铭、刘暹为秦府伴读,张寅、王翀为晋府伴读,张翱为燕府伴读,王谦为靖江府伴读(《明太祖实录》卷108);有教官,如洪武早期派遣了一大批国子监生分教北方,后还朝擢升任职(《明太祖实录》卷115);有观察使,很有意思的是洪武二十四年五月,朱元璋任命了在国子监留学的日本学生滕祐寿任观察使。(《明太祖实录》卷208)

在历次选录国子监生为大明职官中,以洪武十九年任用的国子监生人数最多,一共选拔了将近1 000号人,由吏部授予知州、知县等官职;以洪武二十六年选拔的国子监生任职的职位最高,"尽擢监生刘政、龙镡等64人为行省布政、按察两使,及参政、参议、副使、佥事等官"(《明史·选举志一》卷69),那年还选拔了国子监生年纪30岁以上,能文章者341人,由吏部除授教谕等官(《明太祖实录》卷230)。史书对于当时国子监生入仕为盛的情势是这样描述的："其一旦而重用之，……其为四方大吏者，盖无算也。李扩等自文华、武英擢御史，扩寻改给事中兼齐相府录事，台谏之选亦出于太学。其常调者乃为府、州、县六品以下官"。（《明史·选举志一》卷69）

尽管如此，但监生历事入仕为官毕竟属于应急之举，与稳妥、理性的传统人才选拔机制是否相符？朱元璋心里似乎一直也没谱。再说国子监出来的"历事监生"也非全是优良之才，由于国子监的生源本身就很复杂，因而历事监生的素质也不一定全能得到保障。于是在大力推行历事监生制和举荐制差不多同时，朱元璋也开始为科举制的实行谋划着、准备着。

○ 洪武初年连连开科取士的喜与愁

大明即将开国之际的吴元年（1367）春，朱元璋下达开设文武科取士令："兹欲上稽古制，设文、武二科，以广求天下之贤。其应文举者，察其言行，以观其德；考之经术，以观其业；试之书算、骑射，以观其能；策以经史时务，以观其政事。应武举者，先之以谋略，次之以武艺。俱求实效，不尚虚文。"从这道诏令的基本精神来看，即将君临天下的朱元璋极想继承传统，沿袭唐宋官僚人才选拔的主要机制——科举制。至于何时正式开科取士？他在诏令的后文中也说到了，要等上3年左右的时间，让各地臣民和各个方面都有了一定的准备后再行事，"有司预为劝谕，民间秀士及智勇之人，以时勉学，俟开举之岁，充贡京师"。（《明太祖实录》卷22）

经过3年的酝酿与准备，洪武三年（1370）五月，朱元璋正式下诏设科取士："朕闻成周之制，取才于贡士，故贤者在职，而其民有士君子之行，是以风俗淳美，国易为治，而教化彰显也。汉、唐及宋，科举取士各有定制，然但贵词章之学，而不求德艺之全。前元依古设科待士甚优，而权豪势要之官每纳奔竞之人，夤缘阿附辄窃仕禄，所得资品或居贡士之上。其怀才抱道之贤耻与并进，甘隐山林而不起，风俗之弊一至于此。今朕统一华夷，方与斯民共享升平之治，所虑官非其人，有殃吾民，愿得贤人君子而用之。自今年八月为始，特设科举，以起怀才抱道之士，务在经明行修，博通古今，文质得中，名实相称。其中选者，朕将亲策于庭，观其学识，第其高下，而任之以官，果有才学出众者，待以显擢。使中外文臣皆由科举而选，非科举者，毋得与官。彼游食奔竞之徒，自然易行于戏！设科取士，期必得于全才，任官惟贤，庶可成于治道，咨尔有众，体予至怀。"（《明太祖实录》卷52）

上面这道诏书是这样说的：纵观中国历史上的各个朝代，周朝实行从学校中选拔人才，从而使得大量的贤人出任官僚，因此周朝之民都有君子一般的言行，民风淳美，国家大治。汉、唐、宋都实行分科取士，但他们太讲究辞章之学（即文学），而不太讲究人的品德与才艺的统一。元朝虽说开过科举,但他们不重视科举出仕者,元朝大行荐举,任由贵族与群小出任官僚,整个元朝政治搞得一塌糊涂。士大夫们都不愿与这批群小为伍,纷纷躲避进山林。我现在统一华夏,想与天下人共享太平,而要想共享太平,就必须要治国得其人,也就是说治理国家一定得用贤人君子。哪里去找这样的人才呢?朱元璋说,人才应该是在学校里。于是他下令在全国范围内大办学校。至于如何将他们选拔出来呢?那就得通过科举考试,且要"使中外文臣皆由科举而选,非科举者,毋得为官"。这话表明:当时的朱元璋要想把科举制作为大明帝国选拔官吏的唯一途径,同时隐含了他将要抛弃荐举等不合理的官僚选用制度。因此说明初洪武皇帝对科举制还是充满着极大的希望与美好的憧憬。

洪武三年下半年,各地在接到洪武帝的诏令后迅速展开了各自的乡试。当时的南京应天府共有123人参加了乡试,其中有72人考中了举人,等待着中央的会试。(【明】吕毖:《明朝小史·洪武纪》卷2)

第二年即洪武四年春,已经通过各地乡试的举人们来到大明首都南京,参加三月份的会试。此次会试一共录取了120名,随后便在南京明皇宫奉天殿朱元璋主持了他即位以来的第一次殿试,最后赐吴伯宗等3人第一甲进士及第;第二甲17人,赐进士出身;第三甲100人,赐同进士出身。很有意思的是当时朝鲜也有3名考生参加考试,结果有个叫金涛的人考中了进士,被皇帝朱元璋授予东昌府安丘县丞。但由于他与其他2名朝鲜人不会说中国话,无法在华久留,最后皇帝朱元璋赏了他们一些钱币,专门派人送他们回国去。(《明太祖实录》卷61～62)

从大明首次开科进程来看,当时洪武帝朱元璋的情绪是极其亢奋的,就在会试前夕,他踌躇满志地下令:"今天下已定,致治之道在于任贤。既设科取士,令各行省连试三年,庶贤才众多而官足任使也。自后则三年一举,著为定例。"(《明太祖实录》卷60);到了七月又下令:凡府、州、县学生员、民间俊秀子弟及学官,只要"文字词理平顺"的,都可以来参加大明的科举考试。(《明太祖实录》卷67)该年年底朱皇帝第三次专门为科举取士降下诏书:"今岁各处乡试取中举人,俱免会试,悉起赴京用之。"(《明太祖实录》卷70)

一年内为科举3次专门下达诏书,且一次比一次政策要优惠,到第三次下发的诏书中甚至说,要免去会试。除了对科举取士有着美好的期待外,还有什么原因促使朱皇帝要如此这般?明代国史记载了当时的实况:"时吏部奏天下官多缺员。"(《明太祖实录》卷70)就是说,当时大明帝国新定,天下各地缺官缺得很厉害。一旦地方上乡试考选出来的举人,朱元璋就要直接任命其为职官。那么,这般迫不及待地考选录用的官僚质量到底如何?

也许是希望过大失望也大的缘故吧！在经过一段时间的考察后，洪武六年二月，朱元璋来了个180°的转弯，在跟中书省大臣的谈话中，他这样说道："朕设科举，以求天下贤才，务得经明行修，文质相称之士，以资任用。今有司所取，多后生少年，观其文词，若可与为；及试用之，能以所学，措诸行事者甚寡。朕以实心求贤，而天下以虚文应朕，非朕责实求贤之意也！"随即他下诏："今各处科举宜暂停罢，别令有司察举贤才，必以德行为本，而文艺次之，庶几天下学者，知所向方，而士习归于务本。"（《明太祖实录》卷79）

○ **10年停科与洪武抉择**

在这份诏书里，朱元璋对科举取士暂时喊停，明确提出了继续沿用荐举制，并强调荐举标准为"必以德行为本，而文艺次之"。换句话来说，他要实用型人才。洪武六年四月，洪武帝命令吏部访求天下贤才，告诉相关部门，要"采举备礼，遣送至京。朕将任用之，以图至治"（《明太祖实录》卷81），由此开启了科举暂停后的大规模察举活动。当时察举名目甚多，有聪明正直、孝弟（悌）力田、贤良方正、文学才干、经明行修、孝廉、人才、耆民、儒士等。有时一次察举到几个人，有时一次察举了几十个，有时一次察举了几百个，甚至有一次察举了几千人。譬如洪武十三年十二月，吏部就一次荐举了860人（《明太祖实录》卷134）；洪武十五年九月，吏部又以经明行修名目荐举了郑韬等3 700多人，这可能是洪武时期荐举人数最多的一次了（《明太祖实录》卷148）；而授予官职最高的可能就要数洪武十四年三月那一次了，朱元璋下令："以贤良方正余应举为山东布政使司右参议，马卫为湖广布政使司右参议，儒士黄桐生为福建布政使司右参议，陈多逊为山东盐运使。"（《明太祖实录》卷136）

在科举取士暂停的这10年中，有不少的人才被荐举了出来，"其被荐而至者，又令转荐。以故山林岩穴、草茅穷居，无不获自达于上，由布衣而登大僚者不可胜数。耆儒鲍恂、余诠、全思诚、张长年辈，年九十余，征至京，即命为文华殿大学士。儒士王本、杜斅、赵民望、吴源，特置为四辅官兼太子宾客。贤良郭有道，秀才范敏、曾泰，税户人才郑沂，儒士赵蒉，起家为尚书。儒士张子源、张宗德为侍郎。耆儒刘垍、关贤为副都御史。明经张文通、阮仲志为佥都御史。人才赫从道为大理少卿。孝廉李德为府尹。儒士吴颙为祭酒。贤良栾世英、徐景升、李延中，儒士张璲、王廉为布政使。孝弟（悌）李好诚、聂士举，贤良蒋安素、薛正言、张端，文学宋亮为参政。儒士郑孔麟、王德常、黄桐生，贤良余应举、马卫、许安、范孟宗、何德忠、孙仲贤、王福、王清，聪明张大亨、金思存为参议，凡其显擢者如此。其以渐而跻贵仕者，又无算也"。（《明史·选举志三》卷71）

这么多的"人才"被举荐了出来,在当时那个特定的环境下还是有着积极的意义:第一,弥补了洪武时期政治风暴中大肆杀戮所造成的官员空缺;第二,在元朝废墟上建立起来的大明帝国成批成批地录用被元朝人冷落已久的儒士文人,部分地实现了他们的人生价值,这对稳固大明统治不无裨益;第三,朱元璋对于荐举制用人原则有着很多的规定,其中有一条:"蒙古、色目人氏,既居我土,即我赤子,果有才能,一体擢用。"(〔明〕吕毖:《明朝小史·洪武纪·大赦天下诏》卷1;《明太祖实录》卷34)这种平等的民族人才录用政策相对于元朝的民族歧视来说,无疑是巨大的历史进步。据说当时有个叫答禄与权的蒙古人还当上了朱元璋二儿子秦王府的纪善,后官至翰林修撰。(《明太祖实录》卷80)

但话得说回来,荐举制本身就不是什么先进、合理的人才选拔方式,加上皇帝朱元璋一开始就给荐举制定下的首要原则为"以德行为本",于是不少被举荐出来的为官者品德很好,但为政能力不行,"况又用非其才"(《明史·选举志二》卷70)。最为致命的是,荐举制没有衡量人才的客观标准,这就极容易使得荐举演变为"老鼠窝"。洪武十三年年初,胡惟庸案突发,胡惟庸的举荐者李善长被人"挖"了出来。尽管朱元璋并没有立即下令对老宰相进行追究,但随着时间的推移,有关举荐者李善长与被荐举者胡惟庸之间的故事却越来越多地流传着、演绎着,本来就疑心病十足的朱元璋开始反思、权衡:"朕自代元,统一华夷,官遵古制,律仿旧章,孜孜求贤,数用不当。有能者委以腹心,或面从而志异;有德者授以禄位,或无所建明;中材下士,寡廉鲜耻,不能克己,若此无己,奈何为治?"(《明太祖实录》卷172)

在反复对比荐举制与科举制后,他最终还是感觉到,通过科举考试选拔上来的人才更加可靠,整体素养要高,"自古以来,兴礼乐,定制度,光辅国家成至治之美,皆本于儒。儒者知古今,识道理,非区区文法吏可比也"(《明太祖实录》卷64)。不过鉴于以往人才选录方式非此即彼的经验教训,朱元璋这次恢复科举取士制度时采取了比较中庸稳妥的做法:一面继续推行荐举制和学校"储才"选拔方式,另一面则恢复科举取士制度,推行改革,实行科举成式。

● 朱元璋改革科举制的主旨灵魂与洪武十七年的"科举成式"

洪武十五年(1382)八月,在停开近十年时,朱元璋终于下令重开科举,诏令礼部:设科举取士,令天下学校期三年试之,著为定制。即要他们通知所有的学校做好恢复科举考试的准备(《明太祖实录》卷147)。与此同时,他在酝酿对唐宋流传下来的科举制度实施改革,构建有明一代新的科举制。

对于洪武皇帝这次重新下诏开设科举,明朝著名的学者陈于陛和杨慎都予以积极的肯定,同时也替朱元璋给科举制把了把脉,"切诊"了科举的病相。陈于陛说:"古之选举专论行,今之进士专论文,似相背驰,然古以行举者,未必便保其终;如兹科目,虽以文进,而进士一科,尤为世所崇重,士登其目者,未免自顾科名,爱惜行检,不敢为非,是励行崇化之道,实默寓其间,古之辟举,盖异辙而同途矣。"(【明】谈迁:《国榷·太祖洪武十五年》卷7,P623)

陈于陛认为,古代选举官僚采取的是察举其品德(实际所指的汉朝的察举制),我们现在沿用的是唐宋以来专门以考察人才的文才为主要内容的科举制,察举也未必能察举到什么好的人才。科举考试虽然是以文才来定一个士人的前途,尤其是进士一科历来为人们所重视,能够考取进士的士人一般来说,他的学问不会差。至于人品素质么,到了那样位置的人一般都比较注意自己的言行举止,不会有失风雅的。所以说推行科举制实际上包含了"励行崇化之道",有助于推行教化。

陈于陛讲的是察举制之弊和科举制的可取之处,其实在停开科举的十年里,要求重开科举的呼吁声一直没断过。朱元璋也逐渐明白这其中的奥妙,官僚察举或推荐不仅容易造成政治腐败,而且容易形成与皇权相分离的异己势力,而实行科举制就不会这样,尤其是实行殿试,人人都是"天子门生",大大地强化了皇权专制主义。这是朱元璋重开科举制和改革科举制的主旨精神。

名儒杨慎可不是像陈于陛那样高屋建瓴式地泛泛而论,而是针对当前的科举弊端,"有一说一"。他说:"本朝以经学取人,士子自一经之外,罕所通贯。近日稍知务博,以谋名苟进,而不究本原,徒事末节,五经诸子,则割取其碎语而诵之,谓之'蠢测'。历代诸史,则抄节其碎事而缀之,谓之'策套',其割取抄节之人,已不通经涉史,而章句血脉,皆失其真,有以汉人为唐人,唐事为宋事者,有以一人析为二人,二事合为一事者。予曾见考官程文,引制氏论乐,而以制氏为致仕。又士子墨卷,引《汉书·律历志》,先其算命,作先算其命。近日书坊刊布其书,上予珍之,以为密宝,转相差讹,殆同无目人说词话。噫,士习至此,卑下极矣。"(【明】谈迁:《国榷·太祖洪武十五年》卷7,P624)

杨慎是这样说的:我们以前开的科举有毛病,以经学作为考试内容。一般的考生只攻一经,一经之外,什么也不知,一旦来参加科举考试了,幸好考到他"复习"的那一经。这样考出来的学生能有多少学问呢?后来稍微知道得多一点,那都是一些装装门面华而不实的东西。好多考生对"五经",不去好好地一一钻研,而寻章摘句地背诵,称之为"蠢测"(相当于现在的高考猜题、压题宝典的意思);还有一些人专门将历朝历代的历史中细枝末节连起来,称之为"策套"(相当于现在的高考"通用宝典")。他说有的考官和已经考中的进士自己做了一些作文,放在书摊上作范文来卖,里边错字也没改过来,照样考生们争相竞购。

名士杨慎在这里实际上指出了科举制两大方面的弊端:第一,考试内容与判卷标准出了问题,造成考生们投机取巧,尤其考官范文的热销更是说明了科举判卷的随意性很大;第二,程序上也出了问题,考生经过乡试、会试及殿试三大试有可能"讨巧"都考到了自己只学习的那一"经",还有用套题的思路来解题,蒙骗过关。

对于这些问题,朱元璋不仅知道,而且他还进一步地意识到,上述问题不解决,不仅不利于选拔到真正的人才,而且还不利于统一人们的思想。因此在朱元璋看来很有必要对唐宋以来的科举制进行一番"定式"和规范,过去好的措施与规章继续沿用;不好的、不标准的、不公平的,要将它们改过来,以达到"公平化"。朱元璋最讨厌天下的不公平,他迁徙豪民、抑强扶弱、右贫抑富等,所有的一切都是为了实现他童年时代的那个潜意识的梦想——创立一个"公平"的社会。他是绝不会在政治、经济与社会诸多领域"实现公平"后就单单留下科举教育文化这么一个不公平的"真空"而不管。早在大明开国之际,朱元璋就曾这样说道:"今天下一家,用人之道,至公无私。"(《明太祖实录》卷31)相隔两年后又说:"国家政令,一本至公。"(《明太祖实录》卷48)洪武十四年正月,他在跟礼部大臣谈话中再次说道:"人君操赏罚之柄,以御天下,必在至公。"(《明太祖实录》卷135)由此看来,对于公平化的不懈追求是朱元璋治国理政的奋斗目标。而要实现公平化,就首先要有标准化,没有标准何来公平可言,于是标准化与公平化成为洪武十七年朱元璋对科举制改革"成式"的灵魂。

洪武十七年(1384)三月戊戌日,朱元璋命令礼部颁行"科举成式",在近800字的"科举成式"中,渗透了洪武皇帝对大明科举改革定制的精神,具体规定了明科举制度的内涵:三年大比、三级考试、考试范围、考试原则、考试规则、考务事务等,这些规制后来在整个明朝都没有大变。明鼎清革,清承明制,洪武科举成式就此在中国历史给用了整整500多年,与其我们说是洪武成式,毋宁称其为科举永制。

随着洪武中后期开始的科举恢复与科举成式,原本与其并行的荐举制与学校储才选拔制度亦称举贡在大明帝国运行了一段时间后渐渐地退出了历史主流舞台,这就是《明史》中所说的"一再传之后,进士日益重,荐举遂废,而举贡日益轻"。(《明史·选举志一》卷69)

既然洪武期间的这次科举改革与科举成式有着如此大的影响,那么它的改革精神和灵魂核心又是如何得以体现的?

● 朱元璋科举改革标准化

朱元璋对科举改革的灵魂核心所在的第一个方面就是标准化,具体体现为如下:

○ 科举考试内容标准划———钦定"四书""五经"、《大诰》系列、《大明律令》

科举制开创于隋朝(这里指的是狭义的科举制,以隋朝设立进士科作为标志;广义的科举制应该包括隋朝以前的察举制)。隋炀帝大业元年"分科举人",首先创制进士科,它开创了中国考试选拔制度的新纪元,也是中国科举制起始的主要标志。

而中国科举制的真正确立与发展应该是在唐朝,唐朝的科举制是在继承和整合了两汉到隋代的察举制基础之上发展起来,并最终取代了察举制而形成的一种赋予更新内涵的考试选拔制度。唐朝是中国历史上一个十分开放的、活泼的朝代,加上科举制在唐朝时是处于确立与发展时期,所以唐朝的科举制并不太固定,由此决定它的考试科目和考试内容并不单调划一。就唐代科举而言,其可分为两大类:常科与制科(相当于察举制中制举)。

唐朝常科所开设的科目有12种:"有秀才,有明经,有俊士,有进士,有明法,有明字,有明算,⋯⋯有史科,此岁举之常选也。"(《新唐书·选举志上》卷44)因此说唐朝的常科科目和内涵是相当丰富,绝不像后世元明清时代那么单调。这么多科目所涉及的考试内容太丰富了,有儒家经典,有文学中诗赋,有法律、有字学、有道学、有数学等,还有童子试,类似我们现在招收的大学"少年班"。

除了常科以外,还有就是制科,从性质上讲,它是汉代以来察举制中的制举的延伸,因为这类制科考试是为了选拔专门人才而由皇帝临时下诏组织进行的特别考试。古时候皇帝下的诏令又称"制",因此这样的考试制度就叫"制科"(《新唐书·选举志上》卷44)。正因为制科是由皇帝临时下诏定的,具有很大的随意性,故而它们的名目特别繁多,有人统计了唐代制科的科目名称多达100多个,涉及文辞、经术、治道、谏诤、军事等8个方面(刘海峰:《科举考试的教育视角》,湖北教育出版社1996年10月版)。加上我们前面讲的常科至少有12个方面,总计唐朝科举考试内容不会少于20个方面。

见此,可能有人就要问了唐朝科举考试要考20多个方面的内容,那时的考生受得了吗?其实这是一种误解。唐朝科举考试20多个方面的考试内容不是要求每一个考生都必须要掌握的,而是通过分科考试。如果你选了"明算科",那就考

《九章算术》等数学知识,你可以不考经学,也可以不考律学,这种考试有利于专业人才的培养(《新唐书·选举志上》卷44)。甚至可以说它比我们现在的硕士、博士生考试的理念似乎还要合理,后者考试中尤其是中医、国学一类专业的考生都要考那些几乎用不着的外语,并且还不能低分,否则外语线就过不了,因此有人曾揶揄说,现在中国大学里的硕士、博士专业快被外语系学生独占了,邪乎?! 反倒我们的祖上唐朝人已经十分注重从制度入手选拔专业人才。宋朝基本上继承了唐朝的做法,在考试科目与考试内容上没有什么大的变化。因此说,唐宋时代中国传统文化大放光彩,人才辈出,中国古代的四大发明也就在此段时间内完成并开始外传,这一切不能说与丰富多彩的科举考试内容无关!

元朝在中国传统文化的传承方面起了很坏的作用,好的东西被继承下来的倒没多少,坏的方面被元朝人似乎拿了放大镜一样放大。元朝对科举制的恢复很不情愿,一波三折,开开停停,弄得当时中国文人内心一片荒凉,连同那时画出来的画也开始灰蒙蒙了,以"元四家"为代表的"文人画"就是这个样。公元1313年,元朝又恢复科举考试,正式制定科举考试的章程,这个章程不仅将唐宋时代的常科与制科几十门科举考试科目来个彻底的简化,就留下了一门唐宋时代科举头号考试科目——进士科,而且还对科举考试内容及标准开始作了较大的变更,将南宋大儒朱熹所提倡的"四书"与"五经"并列列为科举考试的内容,尤其是将朱熹的《四书集注》作为科举考试的解经标准(《元史·选举志一》卷81)。从此程朱理学被抬到了科举考试的殿堂里,原本没有完全"钦定"死的考试内容也开始定死了,君主专制主义确实得到了加强。这对后代科举产生了很不好的影响。

朱元璋开创明王朝时,为了确保他的大明帝国长治久安,处处以反动元朝的做法作为施政的起点。但出奇的是在科举考试科目与科举考试内容的规定上,却一秉继承了元朝的做法,甚至觉得元朝人做得还很不够,干脆来个彻彻底底的"定式"化,即洪武十七年三月朱元璋命令礼部向大明帝国的臣民颁布的"科举成式"(《明太祖实录》卷160;《明史·选举志二》卷70),即科举考试标准化定型。

朱元璋"科举成式"中有一项极其重要的内容就是"科举考试内容成式化",即限定考试内容。明朝初年朱元璋对科举考试内容圈定在两个方面:

第一个方面就是儒家传统经典"四书""五经"。不过朱元璋对传统的"四书""五经"也不全放心,他下令叫刘三吾等儒士将传统的"四书""五经"中不符合专制主义思想的言语删除掉,来个皇帝"钦定"。尤其是对"四书"中的"孟子",朱元璋颇有成见,他让人重编成一本《孟子节文》,并规定被删的那85条"课士不以命题,科举不以取士"。(【清】全祖望:《鲒埼亭集·辨钱尚书争孟子事》卷5)

第二个方面就是反映其专制君主统治意志的《御制大诰》系列、《大明律令》。朱元璋下令,由大明帝国政府出面,用今天话来说就是中央政府买单印刷大量的《大诰》系列,并将它们发往全国各地的学校,作为学校师生政治学习和"普法教育"的读本。不仅如此,后来朱元璋还规定:"今后科举岁贡生员俱出题试之";并要"国子监正官严督诸生熟读讲解,以资录用,有不遵者,以违制论"。(【明】黄佐:《南雍志·事纪》卷2)

◎ 科举考试内容标准划一的作用

朱元璋对科举考试内容进行如此的标准划一也就是圈定考试的范围,至少会产生如下几个方面的影响:

第一,统一人们的思想,杜绝异端邪说。朱元璋圈定科举考试的内容与范围使得广大士子只读"钦定"的儒家经典,就连对经典的解释也要以程朱集注,不许士子们自由发挥和独立思考,使他们的思想高度地统一到已经"钦定"的孔孟之道上来,避免了任何与君主专制主义中央集权相背离或偏离的"异端邪说",有利于大一统帝国的稳固。

第二,以《大明律令》和《御制大诰》作为科举考试内容,多少也有一些法律考试的成分,所以朱元璋在明初的科举成式时就将唐宋科举中的"明法科"给废弃了,不能不说有几分道理。尤其判例法似的《御制大诰》颁发全国各地,以其作为科举考试的内容,进一步地灌输了君主专制主义中央集权的恐怖政治意识,更利于选拔出一个又一个忠君"顺民"、忠君愚民。士子们不再是凭着吟诵风花雪月的诗词歌赋来"出世"从政,而是"忠顺"地以儒家的纲常名教为思想与行动的指导,来实现"修身、齐家、治国、平天下"的儒家理想,使得大一统帝国得到了高度的整合;但同时随着科举中明法等科的废弃,广大士人的知识面就越发狭窄,加上大明帝国北迁后不再重视科举考试中《大明律令》和《御制大诰》一类的"法律知识考试",使得帝国从上到下的主要执政者大多成了"法盲",由此刑名幕僚更多地介入明清的政坛与法律界,形成了明清帝国社会一道独特的风景。

第三,划定考试范围,对于广大应考考生来说毕竟是一件大好事,有利于他们在备考时"有案可据"。过去唐宋时代科举考试重文学,除了基本的文学功力以外,那就全看一个考生的文学天赋与临场"发挥"。有些考生备考了好几年就是"不得要领",漫无边际却找不到"入门"的"路径",始终与成功无缘。而明初限定考试内容与范围——以钦定的"四书""五经"为主要内容——就是划定了备考范围,以程朱集注为标准注释——即指定考试所用教材和复习备考的参考书。这样就有利于举子们在时间、精力有限的情况下取得良好的效果,进而使他们答题时有的放矢,同时也使得评卷官在评卷时有标准可依,更加有效地减少科举考试判卷中的"徇私"之弊(刘海峰:《科举考试的教育视角》,湖北教育出版社1996年10月版)。由此说来,当今的标准化考试是历史上科举标准化考试的"死灰复燃"?!

○ 考试"出题"、答题标准划一

唐朝时科举考试中考官出题与考生答题是既有标准又没有标准。这里绝非玩什么文字游戏,讲的是事实,是一个问题的两个方面:第一,就唐朝的常科来讲,要有12个科目,而这12个科目考的内容几乎很少有相同的,怎么有统一的出题标准和答题标准?譬如进士科与明算科,那是完全两个不同的科目,就好比现在高考和研考,一个学生报考的是数学专业,可以做标准答案;另一个报考的是中国传统文化专业,怎么能做标准答案?做了"标准答案"岂不将学生限死在一定的框框里!第二,同一门科目不同的考试内容就会有标准答案和没有标准答案。

◎ 唐宋科举考试出题与答题的利与弊

譬如唐朝的常科中最为人们推崇的进士科目考试就有三场:第一场为帖经,即抽出儒家经典中的句子将其中的几个字帖住、盖住,让考生补上去,即为今天的填空题,这是有标准答案。第二场为试杂文,唐代杂文泛指诗、赋、表、论、议等文体,但最常考的文体还是诗赋,进士考诗赋的范围相当广泛,因此这场考试的出题就很活,只能大致框定一个范围,而答题更是没办法划定标准,它主要考查考生的形象思维能力。由此,进士科的文学性质凸现。在这种崇重文学的社会风尚的影响下,进士科到后来变成"文学之科",以至于有"词科""文科"之称。与此相关唐朝诗人辈出,唐诗简直就是中国文学发展史上的诗"库"。第三场试策论,考试的内容是经义或者时务,主要考查考生对政经时务的见解,通过这场既可看出考生的"经学"功底与自己个人对"经"的悟性,这倒从出题角度可以标准划一,但答题可没办法标准化了;考时务策的话出题能划一标准化,答题时主要是看看考生对时事政治的个人见解,因此也没办法标准划一。(《新唐书·选举志上》卷44)

由此我们可以看出,进士科考试不仅有客观题,又有主观题,不仅要考查考生的"经学"功力和对时事政治的评述,而且更关键的是要考查考生的文学方面的天赋与形象思维能力。因此其要求可比唐朝录取人数最多、开始时的地位也比进士科要高得多的明经科难考,有的人考进士考到了五六十岁还没考上,纯属正常,加上唐朝对进士科录取少,进士科的录取率为1%~2%,可能就相当于1977年我国恢复高考那几年的录取率,明经科的录取率为10%～20%(【唐】杜佑:《通典·选举三》),那还不如现在的高考录取率70%～80%,满大街都是大学生,甚至可能比农民工还多。因为唐朝进士科"门槛"高,录取率低,中唐以后其地位逐渐提高,故而唐朝人们常常将进士及第视为"登龙门",进士往往成为社会瞩目的中心。唐代进士科也确实选拔了许多人才,唐代宰相中有半数以上是进士出身,唐敬宗以后各朝(825—906),进士出身者在宰相中所占比例更高达80%以上。(卓遵宏:《唐代进士与政治》,台湾"国立"编译馆)

我们再来看唐代科举及第人数最多的科目——明经科。唐朝从立国开始就从法令上规定,明经出身的人其地位仅次于秀才(唐朝的秀才可比明清秀才值钱多了),比进士、明法等科要高。之所以如此,是因为唐朝在治国大典《唐律》中就明确指出儒家是其治国理政的指导思想,以"德礼为政教之本,法刑为政教之用"(《唐律疏议·名例》)。因此,唐代极为重视儒家思想与经典教育和考试,"明经"所要清楚了解与掌握的"经"就是儒家正统经典即当时所称的"九经",但不是像后世明清时代所要求的那样苛刻,将"九经"一字不漏地背熟背烂,而是有重点和有选择地背诵。

当时按儒家"九经"的篇幅分量多少分为大中小三类:大经有两部即《礼记》《左传》;中经三部即《诗经》《周礼》《仪礼》;小经四部即《周易》《尚书》《春秋公羊传》《春秋穀梁传》。明经选试两经科的考生,任选一大经和一小经,或者三部中经中任选两经;若选试三经科的考生,那么他就在大、中、小经中各选一经;如选试五经者,除了大经必须全通以外,其他各经任选一经。但无论你怎么选,《孝经》和《论语》两门为基础课,是必读必考的。(《新唐书·选举志上》卷44)

这样富有弹性的科举规定,使得考生有选择权,考官的出题就不一定能标准划一了,但有《孝经》和《论语》两门为必读必考课程,所以相对来说,出题还是有一定的范围。虽然唐廷出面叫孔颖达编纂了《五经正义》,但帝国政府似乎也没有过多强调要以孔颖达那书为标准,所以说唐朝的答题标准也是灵活、多样的,或者说凭考官个人的感觉色彩很多,没有标准划一。

明经科的第一场为帖经,这一场是填空题考试,出题与答题都是可以标准划一;第二场为"问义",就是简答题考试。它分为两种:第一种叫"口义",就是考官与考生当面口头问与答有关儒家经典中的简单大义。第二种叫"墨义",就是笔试简答题。问义一般是每经中出10道简答题,若你能回答对6道,就算合格了。"问义"简答题有"知识要点",又有官方定的"九经",所以这场考试的出题标准是可以划一的,答题基本上也是可以划一、标准化的。第三场叫对策,也有两种,第一种叫试经策,也叫策论,用今天的话来说就是有关经书的大问答题或者讲是论述题;第二种就是时务策,结合经典理论对时事政治进行阐述。这一场同进士科的最后一场相似,无论出题还是答题都不大可能做到标准划一。但明经科主要考查考生对经典的记忆能力,对于考查考生的潜能与综合水平用处不大。所以相对比较容易考上,当时就有这样的说法:"三十老明经,五十少进士。"(【五代】王定保:《唐摭言·散序进士》卷1)

由于唐帝国的重视,加上明经考试的主观题与客观题相结合,一定程度上也能考出一些考生的能力水平,所以唐朝尤其前期和中期报考的人还真不少。整个唐代明经及第总数有 26 600 人左右,是唐朝科举及第人数最多的科目,平均每年约取 100 人。而通过明经科考试唐王朝确实也选拔了不少人才,如唐朝著名的宰相裴行俭、裴炎、狄仁杰等数十人皆以明经及第位至宰相。但唐后期明经科地位日渐下降,其衰微趋势发展至北宋,终被进士科所包容兼并。

唐朝科举考试科目与考试内容到了宋朝时没有过大的变化,只是宋代科举中的明经诸科更加萎缩,但没有被废黜。而进士科地位更加上升,其主要原因是由于进士科考试基本上都承继了唐朝的做法,注重考查考生的诗赋才学,所以宋代的诗词佳品如潮,诗人、词人犹如长江之水一浪高于一浪。再加上宋代官员的增补主要也得益于进士科,所以士人多向往进士科,以能取得进士而荣耀。(《宋史·选举志一》卷155)

◎ 并不完全是朱元璋的错,而是元朝人惹的祸?!

尽管宋代特重进士科——以主观题考试为主,但并没有将唐朝的其他科目考试废掉,更有帖经一类的客观题考试继续沿用。这种主观题与客观题考试相结合的方式,应该还是比较可取的,因此说宋代的科举出题是由标准划一和无标准划一相结合,由此相对应的答题也是由标准答案和无标准答案相结合。但总的来说,宋代科举答题相对还比较灵活,没有过多地标准划一。尽管程朱理学产生于宋代,到了南宋的朱熹时代理学才集大成,但宋代的理学一直要到了元朝时才真正对科举考试的出题与答题等方面有着影响——公元 1313 年元朝正式制定科举考试的章程,将朱熹所提倡的"四书"与"五经"并列列为科举考试出题的范围。出题范围与标准划一了,而答题的标准呢?元朝规定,也是以朱熹的《四书集注》作为科举考试的解经标准(《元史·选举志一》卷81)。所以,有人认为,中国科举制之路后来越走越窄并不完全是朱元璋的错,而是元朝人惹的祸!

◎ 什么叫"八股文"？

到了明代朱元璋开始，更是有过之而无不及。明初制定科举成式中不仅将科举考试出题内容限定在"四书""五经"范围内，而且还对科举考试中的文体格式作了规定与限制，即采用八股文这种专门的考试文体。"科目者，沿唐、宋之旧，而稍变其试士之法，专取四子书及《易》《书》《诗》《春秋》《礼记》五经命题试士。盖太祖与刘基所定。其文略仿宋经义，然代古人语气为之，体用排偶，谓之八股，通谓之制义"。(《明史·选举志二》卷70)

八股文也叫称八比文、时文、制艺、时艺，根据题目来源的题库不同，其又分别被冠以不同的称呼。当时的科举考试的题库主要分两类，一类叫"四书"题库，考试题目来自"四书"就叫"四书"文；另一类叫"五经"题库，考试题目来自"五经"的就叫"五经"文。

◎ 今天的外语之类的标准化考试就是600年前八股文标准化考试的变相

八股文这种专用的考试文体和格式与我们现在教育考试机构和社会上十分热衷的标准化考试极为相似。读者朋友可能比较熟悉现在英语标准化考试，其不外乎填空、听力、语法与结构、翻译及作文几大部分。即使是英语作文，据说评卷时也有一定的标准格式，评卷时要对号入座。考生要是平时不去记忆的话，那就肯定考不好。反之，只要肯死记硬背，只要没有智力障碍，就能在标准化外语考试中夺得高分。而现在更令人怦然心动的是最近几年我们的外语考试分值跟着我们的房价一起呼啦啦地"涨"，"涨"到几乎与我们的国语考试相近的分值，弄得我们的下一代连国语都没来得及学好，反而铆足了劲拼命地学外语。至于这种外语学了有没有用？能用不能用？人们可管不了那么多。因此常常出现的见怪不怪的现象是，外语四、六级都过了，但见了"老外"，脸挣了通红就是开不了口。而历史上的八股文居然与此有着"异曲同工"之"妙"。

八股文考试与现在标准化英语考试相类似的是，它由破题、承题、起讲、入手、起股、中股、后股、束股八部分组成。不过它不是以一叠试卷的形式出现，而是叫你写一篇特殊的命题作文。既然是命题作文那就写吧，不用急，这篇作文可不是任由你天马行空地遐想"乱写"，一定要依照上述的八个部分的次序并根据钦定的"四书""五经"的内容和朱熹老先生的解释一一予以"填满"完成。"破题"就是要用两句说破题目要义，你说我要用四句或六句来说说这个"作文"题的意思，对不起，你首先就不是"标准化"考试了，犯规了；八股文的第二步骤就是"承题"，即承接破题的意义而阐明之；第三步骤就是"起讲"，即为议论的开始，议论也不能随便乱议论，要以"圣人"的口吻来叙述，议论内容必须根据朱熹的《四书集注》，这叫"代圣人立言"；第四步骤是"入手"，就是指起讲后入手的地方；从第五部分"起股"至第八部分"束股"才是"作者"正式的议论，尤其是第六部"中股"，顾名思义就是整个八股文全篇的重心与中心。因为从第五部分起股到第八部分束股的这四股当中，每股都有两股排比、对偶的文字，一共加起来就有八股了，所以人们就称其为"八股文"（《明史·选举志二》卷70）。这里要强调的是，"八股"名称的来历不是像有些人解释的那样，说是由八个部分组成的就叫"八股文"，那是一种望文生义。

既然文章分为八个部分，那怎么将它们"串"起来呢？当时就规定了一些标准化用词：以"今夫""然而""若使""苟其然""而已矣""也乎哉"等虚词来联接，逐段结束。这种考试要求：整篇文章结构严谨、工整和细密，文意连贯。因此要写好这样的文章就有很多的诀窍，如讲究对偶、排比，注重布局谋篇与章法格调。但只要你学好了这些诀窍就能在科举中取得高第（即现在人讲的高分）。因此一些聪明的小孩也能学得好好的，明朝就曾有个8岁的小孩学八股学得相当不错，后来就参加了乡试，按他的八股文等第本来可以中的，但后来主考官发现他实在太小了而作罢。连8岁小孩都能"考好"，由此可以想象，八股文实在是没有多少真正的学术含金量。这倒是很像今天的标准化考试，即使你什么都不懂，但你只要认识ABCD几个英文字母，千万别忘了带上一支2B铅笔，拿出当年阿Q的画圈精神，包你得几十分不成问题。更为巧合的是八股文的字数限定与现在的英语标准化考试的作文的词数要求几乎相同，大约在300字。朱元璋在洪武十七年科举成式时规定"四书"文200字以上，"五经"文300字以上（《明太祖实录》卷160；《明史·选举志一》卷69）。所以，好多有识之士认为，今天的外语之类的标准化考试就是600年前开启的八股文标准化考试的变相，或者说是"沉渣泛滥"，邪乎！

从上面我们对八股文的介绍来看，八股考试本身就具有很大的局限性。但在明初科举成式时其弊端尚未凸显出来，因而它被当做医治科举考试作弊和彰显公平化的灵丹妙药。尔后八股文体在科举考试中一再被使用，而且一用竟然用了500多年。这究竟是为什么？

◎ 八股文正面的影响

第一，从考试自身角度来看，八股考试仍不失为一种防止作弊、确保考试标准化和公平化的有效手段，有利于"公正""公平"与客观地选拔人才。

自从有了考试，就会有人作弊，考试与作弊好似一对孪生姐妹，形影不离。从隋唐开创与确立科举考试起，作弊就屡禁不绝。宋代在科举制的完善方面作出了巨大贡献：糊名制、誊录制、锁院制等一系列的制度和措施都在反作弊方面起了很大的作用。但即使是这样，还是有人作弊，在试卷开头或当中或结尾处多写一些虚词或什么符号作个标记，串通好主考官共同舞弊，真是花样百出，让人防不胜防。

明初朱元璋君臣借鉴宋代的经验教训，为了根绝舞弊，除承继宋代的糊名法、誊录法等措施外，还在科举考试文章的内容和格式上作出规定——必须按八股文体写作，不许滥用虚词，更不准什么符号标记，否则就要以"关节"论处，以此来彻底杜绝作弊（《明太祖实录》卷160）。这种做法的出发点是好的——确保考试的公平性，事实上也较大程度上实现了公平化。

第二，减省评卷工作量，使评卷规范化、标准化。

科举考试之所以能替代察举制最主要的内在原因，就在于科举考试以考试的客观性来代替察举的人为主观性，确保人才选拔的公平性。问题是考试是人为的，既然是人为的，主观性与客观性就不易把握，加上中华文化与汉字系统本身的信息不确定性（一字多音也多义），所以要做到真正的客观化恐怕是不易的。宋代时没有后来的八股考试文，一般来说，一场考试下来，试卷堆积如山；再加上评卷没有统一的标准答案（除了客观题考试以外），阅卷的主观性较大，确实也很难真正做到公平化。

明初朱元璋君臣鉴于宋代科举的毛病进行改革，以八股文体作为统一的科举文章的格式（《明太祖实录》卷160）。600年前的明朝人可没有现代人这么省心用计算机来"批阅"试卷，也没有ABCD选项读题软件，但他们推行八股文，将文章分为八个部分组成，并用标准词去连接，又限定字数在300字以内。这样下来，一般来说，一眼瞄去，大致能看出文章的优劣高下，这就不仅可减少评卷工作量，更有利于评卷标准的"客观"化，减少了评分误差，可使评卷更加标准化、客观化。因此说，有人说八股文是中国古代一种理想的标准化的考试文体，确有几分道理。

第三，在一定程度上还是能测出考生的真实水平。

八股文的文体格式要求，用今天话来讲，考生必须具备中等左右的文化水平。若你要想考好八股文这种特殊的"命题作文"，那就必须首先学习好传统文化的启蒙读物，如《三字经》《百家姓》《千字文》等，有了这样的垫底后，才可学习和背诵"四书""五经"。据日本学者宫崎市定的统计，"四书"与"五经"共计431 286字，要将这40多万字一字不漏地背出来本身也是需要一定的功力和文化底蕴的。而明代科举首场一天之内就要写七篇"文章"，若你要胜人一筹，那么这七篇文章必须达到对句工整、合于声律，顺序敷畅。因此说，八股应试是需要相当的文化水平和文字功底,在一定程度上还是能测出考生的真实水平的。

第四,做好八股文,还需要相当好的个人文化修养。

明末思想家陈确曾这样论述道:"作八股之法,能熟知古文之妙境,而免就时文之恒矩,和养心性,体认题旨,开万古之胸,抒一己之得,则自然不今而今,不古而古,非时文而时文,非先辈而先辈。"(【明】陈确:《陈确集·作八股之法》卷18)文学家公安派领袖之一的袁中道认为:好的八股文"一题中每每自辟天地而造乾坤"。(【明】袁中道:《珂雪斋集·成元岳文序》卷10)

◎ 为什么八股文最终成为过街老鼠?

既然八股文具有这些合理之处,那么为什么它会遭受唾骂,最终成为过街老鼠?

我们从八股考试本身特征说起。八股考试有两个最大的特点:一个是考试形式的标准化,另一个是考试内容的限定、划一。这是从正面角度来看问题的,那么从它们反面来看:

第一,八股考试形式做到了标准化、客观化,但形式越统一、越规格化,标准化就越严密,而标准化越严密,离真正的公平就越远。因为它把不同的人强行纳入统一的模式之中。在这样的严酷的模式之中,越有创造性的人才,就越有可能惨遭扼杀。

明初开始推行的八股文实际上只是一种专门用于考试的特殊文体,除了科场,它一无用处。这与近年各类考试中特别时髦的标准化试题几乎是一脉相承,只能作训练测验之用。标准考试做到了,考生天天疲于"标准化"练习与测试的题海战术,哪有什么心思学习与研究真正的学问。所以标准化考试越考,"人才"就越"标准","人才"越"标准化",什么样的人才也就没了。所以有人说,明清中国科技与文化基本上没有"长进",有的只是"总结",我认为这一切在相当程度上都是那个"标准化"考试惹的祸。同样,我们现在的标准化考试铺天盖地,甚至连大学本科教学与研究生教学中都有标准化考试和标准答案,可我们的学生素质似乎一代不如一代。这难道就不是标准化惹的祸?

第二,考试内容的局限,导致了僵化。明代科举以"四书""五经"为主要的考试内容,又以朱熹的注解为标准,确立"代圣人立言"的森严原则,"文略仿宋经义,然代古人语气为之",不允许考生独立思考,这样考试选拔出来的"人才"个个都标准化了(《明太祖实录》卷160),但人们的思想也就僵化了。由于科举考试竞争过于激烈,举子们(考生们)为了提高"命中率"而只读"圣贤书",正所谓的"两耳不闻窗外事,一心只读圣贤书"。举子们一门心思埋头苦读经典,研制八股文,不求实际学问,知识空疏狭窄,没有个人独创见解。长此以往,中国知识界、文化界读的是同一本书,想的是同样的问题,说的几乎又是同一类的话,于是明清中国社会思想文化就越来凝固化、僵化。

第三,更为严重的是,长期的重科举考试轻学校教育导致中华帝国社会风气的恶化。狭窄、空疏的八股文年复一年地从"四书""五经"中命题,主考官为避免试题重复,以防举子猜题、押题,时不时地出一些偏题、怪题;而举子们为了使自己能及早中试而常常热衷于空疏的科举之学,学习如同现在大街上到处可见的标准化应试技巧一般的八股应试秘诀。由于标准化的八股考试范围只限于"四书""五经"内,于是读原著成了大傻子,猜题、押题风行,真正读书做学问反倒为人耻笑,所有这些大大地催化社会风气的腐化。(参见刘海峰:《科举考试的教育视角》,湖北教育出版社 1996 年 10 月版)

这种状况在清代更加明显,正当科举制日暮途穷之时,唯有从内容上和根本上予以彻底的变革,才能适合社会与时代的要求,但儒家经典是大一统帝国的治理的核心,也是清帝国一项最基本的原则,万万不能变。所以,科举制的最终的命运就与大清帝国的命运绑在了一起,当科举制遭受千人唾万人骂而行将就木时,清王朝也寿终正寝了。

○ 判卷答案标准划一

前面我们讲过唐宋时代的科举考试出题是总体上框个范围,除了帖经、墨义一类的填空题考试、简答题考试和明法科中律令(相当于现在的法律条文)考试及明算科中的计算结果有划一标准答案以外,其他类科目的考试基本上都没有统一的标准答案,因此科举考试的判卷标准主要由判卷官把握住。而在判卷官那里,怎样判定一个举子或者说考生的卷子好与差,主要取决于下面两个因素:第一,考生答卷的自身质量,如果卷子本身一塌糊涂,一切无从谈起;第二,判卷官的个人素养,这里既有判卷官自身的文化素养,又有他的道德品质。

◎ 判卷官的判卷标准问题多多,才子郑獬幸运生在宋朝

由于唐朝盛行"公荐法",所以科举考试中判卷官公正、客观地判卷不易做到,这就使得科举的公正性大打折扣。对此,聪明的宋朝人进行了一系列的改革,他们将唐朝"小发明"充分地利用起来,比较轻松又巧妙地根绝唐朝人留下来的弊端。譬如宋朝人在科举考试中运用了武则天时代发明的"糊名法",将考生名字、籍贯等

信息糊住,这样使得判卷官无从以自己的主观评判标准来影响与其有利害关系的考生了,目的使科举考试更加公平化、公正化。

北宋仁宗时,国子监有个监生叫郑獬,他很有才气,也较有名气,且非常自负。但是国子监将他们这些监生解送到礼部去会试时,有关领导为了打压郑獬的傲气,故意将他列为第五名。郑獬知道后十分来气,认为自己绝不能屈居第五,于是就在拜谢主管领导时大发牢骚,说自己的才能像西汉飞将军李广那样天下无双,而自己的遭遇却好比唐代的杜牧,纵然有《阿房宫赋》那样的天下绝妙文章,却只好位居第五;将自己说成是良马和巨鳌,把主管领导比作驽马、顽石。主管领导看到郑獬的"大作"后,又羞又恼,从此对他怀恨在心。刚巧这个主管领导在判卷中看到了一份卷子有点像郑獬的,但由于那时宋代科举考试已实行了糊名法,所以这个主管领导只能凭主观来推测,将自己的不正确的评判标准强压在误以为郑獬的卷子上,可到了试卷全评好了开封后,却才发现他"整"错人了,郑獬以进士第一名及第。【宋】沈括:《梦溪笔谈》卷9)由此可见,这种由判卷官自由判卷的做法确实是弊端多多。由于宋代实行了糊名法,才子郑獬才幸运地躲过小人的暗算,但那位"类郑獬"的考生岂不成了真正的"冤大头"! 所以说,科举考试判卷标准不划一,确实也是一个大问题。

有趣的是,元朝开科举的时间虽然很短,但在这个方面却是提供了有益的"答案"与启示。由于元朝开始规定,科举只考进士科,限定考试内容为"四书""五经",也限定了答题标准即朱熹的解释为准,这样就很自然地用朱熹的章句集注作为了统一的标准答案,答策则须"不矜浮藻,惟务直述"。(《元史·选举志一》卷81)

不过元朝科举开得时间实在不长,故而总体影响也不大。而元朝科举的这等做法是通过明初朱元璋的科举成式化才影响到了明清帝国以及近现代中国社会600多年历史,以至于出现今天铺天盖地的标准化考试,俯拾皆是的标准答案。朱元璋死了已经600多年了,可他的幽灵却到处在游荡。[本节为笔者2008年1月版《朱元璋卷》的部分内容,已作修改,为《第十届科举制与科举学国际学术研讨会论文汇编》(2013年11月)所收,笔者注]

● 朱元璋科举改革公平化

严格地讲,标准化不是终极目的,是达到公平化的一种手段。从朱元璋内心角度而言,搞标准化科举考试,最终目的就是为了实现他童年起朦胧形成的"公平化"社会秩序之理想。而要使科举制公平化,除了运用标准化作为一把标尺来衡量外,很重要的还是要完善科举制度,将以往不合理的制度成分剔除出去,增添更为合理的规章与措施,这就是朱元璋对科举改革的核心灵魂所在的第二个方面,即"制度公正化"和"程序公平化"。

○ 科举制度设计公正化

在任何社会里,如果没有制度的公正,就根本不可能有社会的公正和公平,也永远不可能创造出真正的和谐社会。朱元璋建立大明帝国,承继唐宋元的科举文化遗产时,从制度设计层面来讲,它既是公正的又是不公正的。具体地说,隋唐确立的科举制比起两汉魏晋南北朝时期的察举制和九品中正制来说是一个巨大的历史进步,是一个最大的公正。这主要体现在如下几个方面:

第一,从整体上来看,察举制与科举制一样都是自下而上的仕进通道,但察举制在于首先要有衙门中认识人,他们有兴趣认为某人是个人才进而才"察",只有被"察"到了才有希望被推选出去。这叫"说你行就行,不行也行;说你不行就不行,行也不行——不服不行"。因此察举制下一般的平民不大有希望被选拔上去的,甚至连"报个名"的机会也没有,其社会涉及面比较狭窄;而科举制下一般人都可自由报考,人人都有机会凭个人才学以求仕进,因此其社会涉及面很广,几乎是全社会的(《明太祖实录》卷160)。这也就是后世人们所说的它具有公开性之根本特征。

第二,察举制下虽也有考试黜落法,但汉代察举一般多是非竞争性的等额考试,如被举者达到了标准,原则上会被录取。换句话来讲,推荐几个就有几个当官,这就如同上个世纪70年代推荐工农兵上大学,推荐几个工农兵就有这几个人上大学,即使被推荐人是小学文化,但只要她(他)"思想红"就会被推荐上去;而科举是竞争性的差额考试,由于其开放性,初始参试者远远超过最终录取名额。像唐朝录取最多的明经科,其录取率也只有10%~20%。通过考试择优录用,因此它拥有很大的公平性。(参见阎步克:《察举制度变迁史稿》,辽宁大学出版社1991年4月版)

第三,从察举制实施的历史与社会环境来看,与汉代察举制并行运行的官僚仕进制度颇多:任子制、征召制、赀纳制等,在这么多的仕进通道中,能够对全社会尤其是中下阶层社会开放的仅察举制一途,而察举制中本身官僚仕进开放的口子也有限,不是社会上所有的人都有机会被"察"到的。魏晋南北朝时期九品中正制占据正品夫人的主位,察举制仅是个卑微的婢女,"上品无寒门,下品无世族",统治阶层的仕进通道不畅,开放性不强,导致社会腐败、政治分裂。而隋唐科举制开启后一下跃居仕进的主流地位,传统的征召制、辟除制、赀纳制等制度不是被有效地限制,就是被清除出历史舞台。大一统帝国官僚阶层开始了尽可能地对全社会实行最大程度的开放，这尤其使得社会中下层人才有了平等的机会脱颖而出，大一统帝国政治血液流畅，部分地实现了社会的长治久安。某种程度上来讲，相比魏晋南北朝时期处于卑微状态的察举制所带来的直接后果——国祚短暂，隋代以后出现了这么一条政治规律，凡是科举制搞得好的朝代，其国运长旺，文明远播四方，唐、宋、明、清莫不如此。

以上是我们从历史的整体上比较了察举制，对科举制的公正性把了一下脉。事实上，由隋唐开创和确立、经过两宋300多年的立国倡导，已经发展为较为成熟和完善的科举制度及其文化早已深深融入了中华文明的血液之中，成为中华民族精神文化宝库中极其珍贵的遗产。

面对这样丰厚又珍贵的唐宋代文化精神"遗产"，尽管在人才选拔模式方面有着较大的反复，但最终洪武帝朱元璋还是确立以科举制度作为大明帝国官僚人才选拔的最佳模式和士人入仕的主要途径。应该来说，这是适应历史发展的潮流的，很大程度上实现了公平化，这一点应该予以充分肯定。那么朱元璋对宋代的科举文化遗产到底是全盘接受，还是部分接受，部分摒弃？

◎ 宋朝科举制的十大珍贵遗产与朱元璋的继承

明初朱元璋几乎全盘接受宋朝科举制的十大珍贵遗产有：

◇ 放宽应举者的条件限制，几乎将科举扩大到社会各层面和各个角落

尽管科举制在唐代确立时有了"质的飞跃"——一般的自由民子弟都可以报考，其覆盖面已惠及广大的平民社会阶层，比起以前的察举制来说是一个巨大的社会进步。但它也有局限性：不是所有社会阶层的每个人都有资格报名参加考试的，所谓工商子弟、"门户不清"子弟等不准报考，无非是将这一类"贱民"阶层排除出科举入仕的行列。

北宋初年虽也有类似的规定："不许有大逆人缌麻以上亲及诸不孝、不悌、隐匿工商异类、僧道归俗之徒"参加科举考试（《宋史·选举志一》卷155），但在实际上尤其针对工商子弟的报考已经有了松动，没有过分强调限制。到了南宋时进一步放宽应举者和及第者的条件限制，对工商子弟事实上已全面"解禁"。至此，科举基本上将整个宋帝国社会各个阶层都囊括在其中，因此科举制在宋代时的社会面再次得到大拓宽，科举制的社会化、公平化日益彰显。当时大约只有三类人的子弟不能报考：A 父祖官场贪污犯罪的；B 家中有父母丧事的；C 倡优之家（即妓女与戏子，这大概是不让科举圣名受到玷污。要是妓女的儿子考上了进士什么的，在朝廷

上做官,有人要是说起,也确实够难听的——他妈是妓女,这朝廷成了什么?)。

宋代的这一科举进步在朱元璋那里又得到了提升,"罢闲官吏、倡优之家与居父母丧者并不许入试"(《明太祖实录》卷160),即帝国政府以官方明文的形式明确了除上述三种人外,其他社会阶层包括工商子弟在内都可以参加科举考试,科举考试的社会面再一次得以拓展,这无疑是个巨大的历史进步。

◇ 借鉴宋代创建"锁宿制"和"别头试"制,进一步完善考官"回避制度"

科举制本来是唐王朝立国的一项善政,但由于制度设计上的严重缺陷反倒成为官僚阶层"请托"的腐败场所,考试尚未开考,录取名次倒已先定,原来科举所崇尚的公平性被消弭得无影无踪。尤其唐代盛行的照顾特权阶层利益并带有察举制遗风的"公荐"法,可能是唐代科举制中祸害最大的弊端,也是唐代科举制中最大的不公。针对这种情况,宋初赵匡胤登基没多久就向官场潜规则"开刀",下令严厉禁止科举考试中的"公荐"和"投卷":"礼部贡举人,自今朝臣不得更发公荐,违者重置其罪。"(【宋】李焘:《续资治通鉴长编》卷4)"故事,知举官将赴贡院,台阁近臣得荐所知之负艺者,号曰'公荐'。(宋)太祖虑其因缘挟私,禁之。"(《宋史·选举志一》卷155)

与上述政策相配套,宋朝改变了唐朝科举考录由固定主考官充任的做法,它规定:每次科举考试的主考官(宋代称之为"权知贡举官")人选都由皇帝来临时决定,看还有谁"走后门"走到皇帝的头上,并严格限制知贡举官之权力,还增设权同知贡举贡官(相当于副主考官)若干人,以分散知贡举官的事权,在考试源头上防作弊。但即使这样,科举考试中主考官的权力还是很大,主考官也不是生活在真空当中,他自身就有繁复的亲缘关系,如果不从制度上对主考官及其亲属子弟进行有效限制与规范,不仅还会出现徇私舞弊,而且这本身也是对无权无势的贫寒子弟的一种极大伤害——不公平问题还是没有得到真正解决。对此,聪明的宋朝人"创制"出了两套"绝招":"一招"就是对主考官实行"锁宿制",具体的做法是知贡举官(主考官)一经皇帝任命,即将其锁宿起来,与外界完全隔离开来,不得有行动自由,即使是家人也一律不得见他一面。锁宿的时间,原则上以一个月为限。如果事情没办完,就再延长些,"后遂为常制"。(【宋】李焘:《续资治通鉴长编》卷33)"锁宿制"起初只用于礼部试,宋真宗时推扩到地方各类发解试中。"锁宿制"的实行,对杜绝科场舞弊起到了有效的遏制作用(《宋史·选举志三》卷157)。从此"锁宿制"一直被后人所沿用。

宋朝防止科举考试源头舞弊更绝的一招就是建立和完善了"别头试"制。别头试又称别试,即专为主考官或与科举考试有关人员之子弟、亲戚举办的考试,目的在于防止考生与考官串通作弊和考题外泄。别头试最初只适用于中央的礼部试，后来才推广到地方上的"发解试"中，也就是说在宋代除了殿试由皇帝亲自主持外，所有科举考试都设有别头试，而且执行起来极为严格。（《宋史·选举志一》卷155）

总之，宋代知贡举的多人负责制、锁宿制、别头试等措施的普遍实行与推广，有效地减少了主考官以权谋私的机会，遏制了科举考试"源头"舞弊的行为，有利于选拔出真正的人才，也有利于贫寒之士公平参与竞争，这样就从起点上确保了科举的公平化。

从考试源头防舞弊来看，宋朝对科举进行制度性的"修正"似乎算得上是完美了，但在制度执行的实际过程中还是存在着一些细节性问题，如"权知贡举"等主考官一旦被皇帝任命后，但他磨磨蹭蹭，并没有自觉地规避或立即"锁宿"，这为他的亲友"请托"提供了方便。

明初开始严格规定："考试官皆访经明公正之士"（《明太祖实录》卷160）。主考官一经任命，在京城的就立即"锁宿"，赴外地的立马动身，不得逗留。至此制度才算严密，公平化得以真正实现，而且明代扩大科举考试的回避范围——所有考务工作人员的亲属都必须回避。"正、副主考和同考官进入贡院'入闱'之后，直到放榜方许'出闱'。"（海淞主编：《云南考试史》上卷，云南人民出版社2012年11月第1版，P52）

明代科举制的这等做法影响了后来中国社会600年的考试文化史，甚至直到今天我们还能看到它的潜在影响，譬如在我们的高考中采取了对出卷老师实行"封闭管理"的做法即为其历史的后续。只可惜现在仅仅用于高考，我们的研究生考试或其他类的考试似乎用之不多。要是多学学我们的老祖宗宋朝人和明朝人的那股认真劲，全面推广的话，那么在我们这个信用危机的时代，恐怕考试作弊的事件就会减少不少了。

◇ 进一步完善科举考录三级制

唐朝科举由"发解试""礼部试"和"释谒试"三级考试组成。宋朝大体上沿用，但废除了吏部的"释谒试"，将原本操纵广大士子入仕的"生杀"大权从吏部的手中夺了过来，便于皇帝集权。进而又将唐朝"混乱"的中央级科举考试，如制举、释谒试和殿试统统"整合"为"殿试"，正式确立殿试为科举考试的最高级考试，由皇帝出面或以皇帝的名义在朝廷的大殿上组织"礼部试"及第（录取）的士子进行考试。这样一来，凡是参加殿试的考生个个都成为"天子门生"了（《宋史·选举志二》卷156）。与此同时，宋朝禁止主考官和考生结成座主与门生之关系，防止考中举业的考生入仕后与主考官之间结成朋党,互相攀援,这样使得君主专制主义中央集权得到了进一步加强,也大大地完善了中国科举考录三级制。

明初朱元璋对此还是基本满意的,洪武初年开科举时他就直接沿用了宋代完善的三级考录制,并在以后的科举成式中进一步地"加密"。尽管后来中国科举考录中多了一级"童试",但那实际是"预备试",真正起到关键作用的还是类似于宋代的"发解试"(明代称"乡试")、"礼部试"(明代称"会试")和"殿试"等三级考录制。(《明太祖实录》卷160)

◇ 进一步确立殿试等额录取制度

宋初殿试沿袭了唐朝差额录取的做法,但由于殿试的竞争实在是太激烈了,有好多人考了好多年还是没有考上,于是他们便滞留在京师。北宋嘉祐年间有一年在开封府逗留的落第举子就要多达六七千人,这就给京师带来了巨大的经济压力和社会治安的隐患——因为这么多带有失落情绪的举子待在一个城市,弄不好很容易出什么乱子来。为此北宋仁宗皇帝下诏规定:"凡与殿试者始免黜落。"(《宋史·选举志一》卷155)也就是说凡是参加"礼部试"录取的士子在殿试时没有被黜落,殿试只是排排名次而已,这就开启了历史上殿试等额录取制度。

对此,朱元璋重开科举时予以采纳,洪武十八年三月壬戌日殿试时,通过会试的472名考生全被洪武朝廷录取为进士,由此殿试等额录取制得到了进一步确认(《明太祖实录》卷172),成为了中国科举史中的惯例与传统。

◇ 进一步确立"三年大比"制

唐朝科举多少年开一次,没有明文规定,一般的做法是每年开一次。宋初对于开科时间也无明确规定,基本上套用唐朝的做法。到了北宋中期英宗时最终定制"三年一大比"(《宋史·选举志二》卷156)。三年一试是宋代科举实践的经验总结,一来消除了唐宋之交科举不定期给考生所带来的麻烦;二来三年一试无论从考生备考还是从政府官吏选用角度来说都比较合理,过多开举国家官僚队伍压力太大,过长时间开举考生积压太多,竞争过于残酷,不利于社会稳定,所以三年大比定制是比较合理与公平的。(刘海峰、李兵:《中国科举史》,中国出版集团东方出版中心2006年1月第2版)

明初朱元璋在这方面的功劳尤为明显,他在科举成式时明确定制:凡三年大比,子、午、卯、酉年乡试,辰、戌、丑、未年会试,举人不知额数,从实充贡。(《明太祖实录》卷160)这稳定了考生情绪,有利于考生复习应考与公平竞争。此制一直延续至清末科举制废止。

◇ 直接沿用宋代确立的考试"糊名法"

糊名法其实不是宋朝人发明的专利,而是由唐代人最早"创造"出来,但那时没有形成定制。宋朝不仅将糊名考试制度化,而且还将糊名法全面推广开来,运用到各级科举考试中。糊名法就是在"考卷"上专门设定一个地方,供考生写上姓名、籍贯等考生个人信息,考试结束后由弥封官(相当于现在的监考老师和考务人员)将考卷上考生的个人信息部分密封起来,这样就使得评卷官只看到考卷内容,无法知道考生信息,以此来杜绝了徇私舞弊。糊名在宋代也常被称为"封弥"(《宋史·选举志一》卷155)。弥封官不能参加评卷,评卷官也不能参加弥封,这种相互回避相互制约的做法有利于考试的公正化和公平化。因此有人说,糊名法是中国考试制度史上的一大变革,不无几分道理。总之,在科举考试中全面确立与推广糊名法确实意义重大,它有利于客观评卷、公正选拔人才。对此,明初朱元璋就采用拿来主义,直接予以应用。(《明太祖实录》卷160)

◇ 直接沿用宋代人创立的"誊录法"

实行弥封后,果然使得评卷官没法从试卷中获得考生的籍贯、姓名等个人信息,但人们发现这样的考录方式还是有漏洞——要是评卷官与考生熟悉,或者是双方相互之间有书信往来什么的,评卷官可以根据考生的字迹或双方事先商定的秘密记号一下子就能辨认出来。为了杜绝这种可能发生的舞弊行为,宋真宗下令在科举最高考试殿试中开始实行誊录法。为此,宋帝国成立了誊录院,随后各级官衙也成立了誊录机构,专门从事科举考试的"试卷"誊录。一般来说,考生考试的原始卷由弥封官弥封好,誊录官根据考生的原始卷用红笔一字不漏地誊录下来,然后由考务工作人员将誊录的卷子拿给评卷官进行评卷,这样就避免了评卷官从字迹或记号上辨认出考生信息及其所带来的舞弊的毛病(《宋史·选举志一》卷155)。所以说誊录法也是宋代科举制的一大创举,它使得科举考试更加客观化、严密化和公平化。

对于这样防舞弊的好制度,朱元璋在明初也一概拿来照用,且明确规定:"弥封者编号作三合字,誊录者用朱,考试官用墨,以防欺伪。"(《明太祖实录》卷160)

◇ 直接沿用宋代人创立的双重定等第法

有了糊名法与誊录法,应该说,科举考试已比较客观、公正和严密了,但宋代统治者还采取与前两法相配套的一种比较公正的试卷等第判定法——双重定等第法。这种评卷方法是这样的:誊录卷先由"初考官"定出等第,然后由考务人员将誊录卷再交给"复考官"定出等第,关键在于做到初、复考官互相不知他人所定等第,最后由详定官将"初考官"和"复考官"各自给出的等第进行比对,如果两者等第相同,那就不用多说了;要是两者差异很大,那么详定官要重新评阅考生的"试卷",参考初考或复考所定的等第,取定一个更为"合理"的成绩等第。(《宋史·选举志二》卷156)这样就有效地遏制评卷官的主观随意性,科举考试的客观性、公正性大大增加。

对于明朝有没有沿用宋代的"双重等第法",好多学者都认为是用了,但没有过多地强调,所以就有第二种观点,有人认为明代很可能没有使用。以朱元璋一生努力要实现的"公平"理念来看,他是不会放弃这种确保"公平化"选拔人才的好方法的。

◇ 完善科举考试场所——贡院制度

唐朝前期科举考试没有专门的场所,往往租用道观或民房等作考场,考生考试座位之间是不隔开的,因而舞弊的事情层出不穷,考场上考生交头接耳地"讨论"起问题来。凡是这般,科举的公平性受到了严重的侵犯。从中后唐起,唐帝国逐渐加强了科举考试管理,渐次建立起专用考场——礼部贡院,并初步形成了一些基本的考场纪律与规则。唐末五代时又增设卫兵把关搜身,以防止内外串通作弊。

宋朝继承了唐朝这份有益的遗产,不仅在中央建立了礼部试专用的考场——贡院,而且在各地方上也建起了"发解试"贡院,并形成了一套比较完善的考场纪律与规则(《宋史·选举志二》卷156)。至此,中国科举考试物态文化的象征——贡院——一个个科举考试网络点遍布于大一统帝国的各个地方、各个角落。

明初朱元璋当然清楚,贡院制度的确立与完善是科举制公平化的物态保障,于是在宋代的基础上,大明帝国修缮各地的贡院,进一步完善科举考场规制,譬如洪武十七年科举成式中就有这样的贡院考试规则:巡绰监门、搜检怀挟官四人,在内从都督府委官,在外从守御官委官。凡供用笔札饮食之属,皆官给之。举人试卷自备,每场草卷、正卷,各用纸十二幅……(《明太祖实录》卷160),这些都为明清帝国的乡试、会试与科举文化的繁荣奠定了很好的基础。

◎ 中国古代最大的考试场所——江南贡院

南京的江南贡院就是在这样的背景下诞生的,但从目前的资料来看,南京现名江南贡院确切的建造时间应该是南宋乾道四年(1168),当时它是南宋建康府学、县学的考试场所,占地面积不大。大明在南京开国后的洪武三年,朱元璋下令组织了大明帝国历史上的第一次乡试——应天府乡试可能就是在这个江南贡院里举行(南京地方史专家陈济民先生认为,该年乡试不在江南贡院,应该是在小营),最终录取了100名考生。明朝沿袭了唐宋的做法,乡试后的第二年春就举行会试(唐宋时代称礼部试或省试);洪武四年可能也在这个江南贡院里举行了大明帝国开国以来的第一场会试,共录取进士120人;接着朱元璋就在明皇宫的奉天殿(北京故宫的太和殿为之克隆)里亲自策问会试录取的考生。从洪武四年起,朱元璋下令连续三年都举行乡试,因此明初江南贡院很是热闹。洪武六年,朱元璋决定停开科举,江南贡院也从此就冷清了十年(《明太祖实录》卷79)。一直到十年后重开科举时才重新热闹起来。洪武十七年朱元璋将科举成式颁行天下,这样就在江南贡院形成了3年1次的乡试和会试的考试定制。

由于明初大明帝国定都南京,所以江南贡院在全国贡院级制中居于首位,它的利用率很高,乡试后又用作会试。但由于朱元璋是一个比较节俭的皇帝,所以在整个洪武年间江南贡院似乎未作大的扩建。明永乐年间,朱棣对江南贡院进行了大的整修与扩建。据江南贡院明远楼下保存的《南京应天府新建贡院记》的碑文所云:"南京应天府为天下贡举首其制度,亦必为四方所取法……"也就是说,重建后的江南贡院是大明帝国的首创,开创了大明帝国各地贡院的规模及制度,包括后来的北京贡院都是在取法南京江南贡院的基础上兴建起来的。明永乐以后江南贡院又有多次扩建,鼎盛时期仅号舍(即单独的考生座位)就拥有20 644间,居全国贡院之首,因此说江南贡院是中国古代最大的考试场所。朱棣迁都北京以后,大明帝国就有了名副其实的两京,而两京府的乡试就被称为"南北闱"(《明史·选举志二》卷70),其中"南闱"就在江南贡院。

◇ 提高科举及第举人的政治与经济待遇

制度再好,要是掌权者不去执行,那么制度就等于没有,公平化就无从谈起;制度有了,执行者不热心,其公正化效果也好不到哪里去;制度设计得好(相对而言),当局者又热衷推崇,那么这样的制度和公正化才会惠及整个社会,甚至会惠及整个民族。

唐朝对科举的贡献就在于制度化的确立,而宋朝对中国科举制的"贡献"还不仅仅是完善科举考试制,更重要的在于营造全社会重科举的氛围,其主要体现在下列两个方面:

第一个方面:提高科举士人的政治与经济待遇。

唐朝时进士及第一般被授予从九品的小官(即九品十八级中最低的一级)。北宋太祖时沿袭了唐朝的做法,但在太宗以后逐步提高,由原来的从九品提高到八品及八品以上的官职,而且还推行新科进士及第立即授予官职及初授官职从优等政策。因为有如此的"政策倾斜"——在以后仕宦生涯中这些"科班"出身的文职官僚升迁得相当快,特别是进士科中式的士人,十来年以后就会升到宰执的位置上。(《宋史·职官志三》卷163)

当然,宋代科举和科举士人地位之高还不仅仅体现在政治上。在经济上,宋代皇帝对新科进士都要大加行赏,宋神宗有一次给一甲的进士及第者的赏钱即新科及第庆祝活动费就达3 000缗。由于宋代对省试以上及第的士人迅速授予官职,加上宋代本身实行"高薪养廉",所以说宋代科举士子的经济地位也很高;又,在法律上,宋朝对科举及第者实行"制度照顾":凡是因工作关系而犯"徒罪"以下的,一般都可以用钱来赎罪;更有宋代国策"不杀文臣"等。因此说,宋代是中国知识分子的黄金时代,他们有着优厚的待遇,可以从容地进行知识文化建设和科技创造,中国古代的四大发明就是在这个时候完成并外传的,它们与被人誉为中国古代第五大发明——科举制的完善有着极大的关联。

第二个方面:宋朝皇帝热衷倡导科举:书中自有黄金屋,书中有女颜如玉。

宋代之所以如此重视科举制度与科举士人,一个关键性的因素就是皇帝热衷倡导。宋朝皇帝对科举可谓情有独钟,他们通过主流社会推崇科举、完善科举制度及提高科举士人待遇等方面来竭力倡导科举社会、公平考试。宋真宗曾写《劝学诗》,劝诱士子读书应举:"富家不用买良田,书中自有千钟粟。安房不用架高梁,书中自有黄金屋。娶妻莫恨无良媒,书中有女颜如玉。出门莫恨无人随,书中车马多如簇。男儿欲遂平生志,六经勤向窗前读。"这是多大的诱惑! 宋代皇帝下令:凡考取进士,均立即授予官职。在皇帝的这般热衷倡导下,科举进士成为那个时代人们追捧的"明星",更有宋代皇帝常常从新科进士中挑选驸马,权贵们争先恐后地竞相物色女婿。科举成为整个宋朝的时代尤物。

其实对于宋朝皇帝大力提倡科举、提高科举士人的待遇和地位,把科举制推向到了较为完善的地步,实现了科举制对全社会的最大的公平化,将天下读书人都笼络到自己的政权控制下等"深厚用意",朱元璋及其统治集团还是心领神会的,所以在明初停开科举十年后又下令予以恢复,并在洪武十七年科举成式中几乎全部接受上述的宋代科举制最为主要的遗产。

但话得讲回来,朱元璋对宋代的科举制遗产毕竟没有全盘搬来照用。宋朝立国有着比较特殊的"生态环境",明初朱元璋开国时情势已经不大相同,因此对于某些宋代特殊环境下形成的科举规制,朱元璋则予以摒除,其有三者:

◇ 废弃宋代君主对文化与知识分子实行的相对宽松政策

宋代科举制完善,文人学士的政治地位和经济待遇大为提高,受人尊重甚至是崇拜,宋朝国策中规定不杀文臣,思想相对自由。可以这样说,整个中国传统社会就要数宋代是中国知识分子的黄金时代了,也是宋代将中华文明推向了历史的新高。

可在这方面,朱元璋却没有秉承宋代君主的"优良传统",虽然他提高了科举士人的政治经济待遇,如宋代将新中式进士的地位由唐朝的九品提高到八品,朱元璋进一步地将其地位提高到六品,这是相当不错的(《明太祖实录》卷62)。但他为了强化君主专制主义,大搞文化思想独裁,屡兴文字狱,滥用廷杖,对教育与科举实行"标准化"。这就大大恶化了中国传统社会的政治、文化、思想、教育等方面"生态环境",使得明初开始中国知识分子的实际地位大为降低,同时窒息了中国思想、文化和教育空间,将中国社会引上了一条僵化的道路。

◇ 废除宋代"特奏名"法,适度录取科举人才

由于唐朝进士科录取的人数实在太少,加上"公荐法"盛行,好多有才学的知识分子就被困顿在科场上。唐末王仙芝、黄巢、罗隐等人就是因为科场多次失意而走上反唐道路的,他们给唐帝国带来了"灾难"性的后果。有鉴于此,为防止一些士子举人因多次落第而投奔西夏与辽,给宋帝国带来麻烦与危害,同时也为了扩大宋帝国在社会中下层的统治基础,宋朝皇帝决定,大大增加了科举取士人数,尤其是进士科的录取人数。唐代平均每年取士100人,宋代平均每年取士361人,也就是说宋朝取士人数是唐朝的3.6倍。宋代增加科举取士名额的主要方法是既用"正奏名"(所谓"正奏名",就是指正常科举考录程序到了殿试后,一般录取的名单由礼部拟好,奏请皇帝批准,然后就发榜,故称"正奏名"),又用"特奏名"(所谓"特奏名",就是运用皇权特恩录取那些科场上屡试不中的"倒霉蛋")。这个方法由宋太祖赵匡胤于开宝三年首创,其适用范围主要是礼部试与殿试,而不用于地方的"发解试"。(《宋史·选举志一》卷155)

对于宋代通过"特奏名"等方法来扩大科举录取名额做法,明初朱元璋则予以坚决的废弃,原因是:一方面客观上大明帝国不像宋朝那样积贫积弱,强敌环顾,朱元璋不怕科举失意举子去投奔什么敌国;另一方面,"特奏名"说白了就是类似于我

们现在的评奖活动中的"安慰奖"。"特奏名"录取的人总体来说不咋样,他们大多是久经科场的"老油子",没有多少真正的学问,给他们殿试与会试也是走走形式,考得好坏不重要;但"特奏名"取士占据了科举考录的名额,这对凭着真才实学考上的进士来说是一种很大的不公。所以,朱元璋断然不予接受,他采取适度录取科举人才,确保科举的严肃性与公正性。因此,就此而言,朱元璋对中国科举制的发展是做出贡献的。

◇ 废除了现任官员参加科举考试及相关的"锁厅试"

与别的朝代不同,宋代的现任官员可以参加科举考试,用今天话来讲,就是领导干部"充电"进修,提高学历文凭。由于此辈"特殊人才"在官场上已经混了好一阵子,沾染了官场的丑恶与腐败习气,因此他们参加科举考试可不像一般士子那样相对规矩与本分,而是特别善于投机钻营、攀缘关系。为此,聪明又理性的宋朝人在制度设计上对他们应举多有限制。

第一,普通考生都可以自由报考,但官衙里的在职官员要想参加科举考试,弄个"科班"文凭的话,首先得报上级领导批准才可报名,即必须"所属先以名闻,得旨而后解"(《宋史·选举志一》卷155;【元】马端临:《文献通考·选举四》);

第二,凡是现任官员报考科举,必须举行"锁厅试",也就是说另外单独设考场组织这帮子国家的"特殊人才"专门进行考试。宋朝人实在是聪明,名义上不说这类在职官员是可能的"作弊高手",而是说他们是有身份的人,考试么总不能将他们与布衣混试,这也有失于礼数,而实际上组织"锁厅试",就是为了严密防范他们作弊。

第三,参加锁厅试的官员即使考上了,考得也很好,但不能成为状元,哪怕是殿试中第一名,亦要将他降为第二名。看来宋朝在职官员想要考一张文凭可比现在官员难得多了。(《宋史·选举志一》卷155)宋朝的这种做法主要针对社会强势群体而设置,实际上是起到保护弱势群体的利益,因而说它也具有很大的公平性。

但明初朱元璋没有效法宋朝的做法,他废弃了宋代在职官吏可以参加科举考试的做法。这大概是借鉴于元朝吏治腐败、官僚肆意横行的教训,生怕就此毁了"标准化"和"公平化"的科举考试。

洪武三年朱元璋下令,首开科举,至于何等样的人可以参加考试?当时就由大明中书省来议定。洪武四年七月,中书省向洪武皇帝奏定科举考试对象时这般说道:"凡是全国各地府、州、县学里的学生、民间俊秀子弟即优秀社会青年、学校里的教师和衙门里的吏胥等,只要有人想考科举的,都可以参加。"朱元璋当即回答:"科

举初设,凡文字词理平顺者,皆预选列,以示激劝,惟吏胥心术已坏,不许应试。"(《明太祖实录》卷67)

由此看来,在明朝的官场里如果你没有一张"文凭"的话是很难混下去,更没有再"回炉"的可能,连大学的板凳都没坐过甚至连校门都不认识就能拿到硕士和博士文凭这等荒诞的事情绝对不可能发生,事实上这也是社会教育资源利用的相对公平和知识与"报酬"相对应的公平。因此,我们说,明朝文职官员一般素质都比较高,大多都能以天下为己任,即使退居乡间草泽还在忧国忧民。实际上明代知识分子远不如宋代知识分子那样有那么高的地位,但明代知识分子的"忧患"意识绝对不亚于宋代,东林党领袖顾宪成辞官回乡教书时,还不忘将这样一副对联挂在他的东林书院里,与他的学生共勉:"风声雨声读书声声声入耳,国事家事天下事事事关心。"大明灭亡了,著名的思想家顾炎武至死都不肯降清,还不断地发出呐喊:国家兴旺,匹夫有责。这一切难道就与明初科举"公平化"定制无关?

○ 科举程序公平化——程序加密:三级3考——→四级7考

按理说,经过宋代改革的科举制已经达到了相当完善的地步了,通过"取解试"(相当于明清的乡试)、"礼部试"(相当于明清的会试)、殿试三级大考以后,一般来说,谁要想蒙骗过关是很难了,但在明初朱元璋君臣看来,这种三级考试还不完善。前面提到的明代名儒杨慎讲述了某考生仅通"一经"而连闯乡试、会试、殿试三大关的这么一个"极端的故事",这在追求极端"完美"的朱元璋眼里是绝不能容忍的。要防止个别考生投机取巧与个别考官存在的舞弊的可能,解决科举考试过程中的公平化,唯一的好方法就是在考试的程序上加密,考得越多,次次都侥幸通过,这似乎是不可能。考得次数越多,即使是作弊高手,也有失手的可能,由这等逻辑出发,考试程序加密就成为明初朱元璋改革科举制程序的最佳路径了。

洪武十七年(1384),朱元璋下令礼部颁行的"科举成式"不仅为大明帝国建立了"新型的"科举程序,而且还为明清两代500多年的科举制发展规定了方向。从此之后,明清科举制中的许多制度规定、考试场期、科第名称都遵循洪武十七年的成式(《明太祖实录》卷160)。换句话来说,朱元璋以后的科举制基本上按此模式运作,直到清末的科举制被废除为止。

明代科举成式、程序加密主要是在乡试(明清乡试相当于唐宋时代的"取解试")前,总体来说加了一级叫童试(《明史·选举志一》卷69,但《明太祖实录》中却找不到相关记载,笔者注),其中分为四次"小考"。由此明朝开始中国科举考试就分为四级大考试:即童试、乡试、会试、殿试四级。

◎ 第一级大考试——童试（明代在乡试前增加童试——强化科举考试的公平性）

　　童试又称童生试。那么，什么叫童生？童生是指未取得生员资格的读书人，不论年龄大小，都称为童生或儒童。即使七八十岁，如果没有取得生员资格的读书人，还是叫童生，最多加个"老"字，即老童生。童生试是指童生为考取府、州、县学的学生（即古官方称呼为"生员"，平时人们俗称之为"秀才"）所进行的考试。因此童试包含四关考试：第一关为县试，由知县主持，取中以后再参加府试；第二关为府试，由知府主持，合格者仍称童生，必须参加第三关考试；第三关考试为岁试，通过岁试取中后入学的才正式成为生员，这就是人们常说的"秀才"或"相公"。但并不是所有的秀才都可以参加乡试的，还必须进行选拔，即第四关考试——科考。秀才只有在科考中考到一、二等，才算取得参加乡试的资格，故又被称为科举生员。科考和岁考都由提学官主持，即所谓"提学官在任三岁，两试诸生"（《明史·选举志一》卷69），"第一次谓之岁考，以六等试其优劣……第二次谓之科举"（《乐平县志·文化》卷4）。因此，童试实际上是属于科举预备性的资格考试，是明代首创的，唐宋没有这些考试。设立童试的意义就在于进一步强化科举考试的公平性。还有，从明朝开始，政府对地方童试及乡试作出了一项很有深远意义的制度规定："阅卷的人员不准由当地人士担任，必须在远离本省五百里之外招聘。"这就进一步起到了防止作弊和确保考试公正的作用。（《明史·选举志二》卷70）

◎ 第二级考试——乡试——举人——学士学位

　　乡试又称乡闱（闱，指考场）。明代的乡试，是南北两京府和各省布政使司所在地举行的地方性考试。乡试对象为凡属本省各府州县的生员、监生、贡生等，经科考合格者均可参加乡试。实际上明清乡试就是唐宋时代的"发解试"，所不同的也仅是名称不同、考试内容略有不同而已。乡试每三年举行一次，一般在子、卯、午、酉年进行，考试时间是在秋季的八月（《明太祖实录》卷160），所以人们习惯上也称乡试为"秋试""秋闱""秋榜""桂榜"。永乐迁都后，称南京应天府的乡试为"南闱"，北京顺天府的乡试为"北闱"。

　　各省乡试主要是由2名正副主考官主持、6名同考官协助进行。2名正副主考官都由皇帝钦命，各省从其省内选调4名进士出身的官员充任同考官（必须是远离本省五百里之外的外地人）。这6人外加负责收发试卷、弥封、誊录、对读、巡绰、监门、搜检怀挟等官员共同组成了乡试的主要班子，类似现在我们的"省招办"。同考官也称为房官或房师，他们的工作任务可能是乡试考务中最重的了，主要是分房评阅乡试试卷。因为同考官评阅试卷必须在考场的帘内进行,所以同考官又被称为内帘官,有谁被选调为同考官,就叫做"入帘"。(参见《明太祖实录》卷160;《明史·选举志二》卷70)

乡试分三场,第1场考"四书"义3道,经义4道;第2场考论1道,判5道,诏、诰、表、内科任选1道;第3场,考经史时务策5道。乡试三场中最重要的首场试经义或称"五经"文,仿"四书"文,写作文体为八股文,如果首场所写的3篇"四书"经义文得到考官的赏识,就可中式了。凡是在乡试考取的士人都称为举人,俗称为"孝廉"。举人中的前五位被称为"五魁",乡试第一名称为"解元"(来源于唐宋的"乡试"叫"发解试"),第二名称为"亚元",第三、四、五名称为"经魁",第六名称为"亚魁",其余都被称为"文魁"。乡试中举称乙榜,也叫乙科,举人已是一种正式的科名和资格,这也就是人们通常所说的基本的功名。有了它,就具备了做官的资格,可以通过铨选出仕为官。乡试考中了举人,便可参加全国性的会试。但如果会试未被录取,照样可以改换门庭,因此乡试中举极受人们追逐。但光考了个"举人"就去铨选出仕,其官职一般都不会高,所以好多人还是将目光投向更高级别的会试与殿试(参见《明太祖实录》卷160;《明史·选举志二》卷70)。举人在学历上相当于今天的本科学历,在学位方面就相当于学士学位。

◎ 第三级考试——会试——贡士——硕士学位

会试是由中央礼部主持的全国性统一考试,又称"礼闱",实际上明清会试就是唐宋时代的"省试"或"礼部试",所不同的也仅是名称不同、考试内容略有不同而已。会试一般是在乡试的第二年即辰、戌、丑、未年的春季二月于京师举行(《明太祖实录》卷160),因此也称"春试""春闱""春榜""杏榜"。参加会试的人,必须是乡试中式取得举人资格的举子。会试也考三场,考试时间一般是固定在农历二月初九、十二、十五三天(《明太祖实录》卷160)。会试的内容与乡试相同,会试的程序和入场规矩也与乡试大体相同。因为会试是全国性的统一考试,它比乡试要高出一个档次,因此明统治者对它更加重视。不仅主考官和同考官都是由皇帝钦命,而且在考官的级别要求上也比乡试要高出许多,人数也增加。

据《明史·选举志二》载:"初制,会试同考八人,三人用翰林,五人用教职。景泰五年,从礼部尚书胡濙请,俱用翰林、部曹。其后房考渐增。至正德六年,命用十七人,翰林十一人,科部各三人。分《诗经》房五,《易经》《书经》各四,《春秋》《礼记》各二。嘉靖十一年,礼部尚书夏言论科场三事,其一言会试同考,例用讲读十一人,今讲读止十一人,当尽入场,方足供事。乞于部科再简三四人,以补翰林不足之数。

世宗命如所请。然偶一行之,辄如其旧。万历十一年,以《易》卷多,减《书》之一以增于《易》。十四年,《书》卷复多,乃增翰林一人,以补《书》之缺。至四十四年,用给事中余懋孳奏,《诗》《易》各增一房,共为二十房,翰林十二人,科部各四人,至明末不变。"(《明史·选举志二》卷70;参见《明太祖实录》卷160)其他提调和监试等官,也都由级别较高的官员担任。

会试被录取的人,称为贡士,第一名叫"会元"(《明史·选举志二》卷70)。会试相当于现在的硕士研究生考试,贡士在学历上相当于今天的硕士研究生学历,在学位方面就相当于现在的硕士研究生学位。

◎ 第四级考试——殿试——进士——博士学位

殿试作为科举考试中最高级别的考试是由宋代确立的,明初朱元璋开科取士与科举成式只不过继续沿用它罢了,明初殿试因考场设在奉天殿或文华殿而得名。参加殿试的人,必须是会试中式取得贡士资格的举子。按洪武十七年科举成式规定,殿试的时间定在辰、戌、丑、未年春季会试后的三月初一(《明太祖实录》卷160),从明中叶成化八年(1472)起,改为三月十五日(【明】余继登:《皇明典故纪闻》卷15)。这样殿试与会试相距时间稍稍加长了一点,时距约为一个月。殿试一般都是由皇帝亲自主持,即所谓的"天子亲策于廷",故而殿试又被称为"廷试"。明朝皇帝亲自主持殿试是由朱元璋开启的,后来的皇帝基本上都能遵循这个"祖制"。但自嘉靖后期起,明代皇帝大多懒于朝政,万历帝居然二十多年不上朝,所以明朝中期起皇帝常常不亲自主持殿试了,而是由他的"代表"来例行公事。明朝殿试很简单,就考一场策问,其要求是对策"惟务直达,限一千字以上"。(万历:《大明会典·科举殿试》卷77)

殿试考题一般由文臣(明初洪武年间主要是朝中文臣)或内阁(适用于永乐以后内阁制形成)事先拟好,在殿试前一天呈给皇帝亲定。殿试是科举二级考试制中考试时间最短的一级,也仅考一场,所以一天的考试时间就够了。上午开考,日落前交卷。受卷官把试卷集中起来送交弥封官弥封好,然后送到掌卷官那儿,再由掌卷官将卷子送到东阁,交给读卷官评阅。在这些殿试"考务人员"中对读卷官要求最高,因为殿试是最高级的考试,一般水平的官员是无法充任读卷官的,他们必须是从进士出身的朝廷高官中挑选,或由翰林院、内阁、六部等部门中有科名的重要官员来担任,用今天话来讲,就是从朝廷高官阶层里挑选具有高学历的高官来充当殿试阅卷老师。由此可见,明朝对殿试的重视程度了。明代沿用宋代的殿试等额录取的做法,因此殿试读卷官评卷事实上并不复杂,他们只要将卷子分分类,一共分三等,即一甲、二甲、三甲。(《明史·选举志二》卷70)这里要说明的是,特别认真挑选的那就是一甲的三份卷子,即状元、探花和榜眼三份卷,其他的两甲就依着读卷官的个人好恶随便分等,无关紧要。(陈茂同:《中国历代选官制度》,华东师范大学出版社1997年9月版)

凡是参加殿试的举子被称为"进士",进士在学历上相当于今天的博士研究生学历,在学位方面就相当于现在的博士研究生学位。

◇ 三甲三等

明初朱元璋规制:殿试没有黜落。这本身没什么新意,只不过是沿袭了宋代殿试等额录取制度而已罢了。殿试发榜,将新进士分为"三甲三等"并挑选出"三鼎甲",这种做法也是来源于唐宋的传统,只不过唐宋时代没有这么复杂。

唐朝因为名义上规定省试为科举的最高考试,于是从科名角度来讲,参加省试并被录取的就被称为"及第",第一名称为"状元",第二名称为"榜眼",第三名称为"探花"。唐帝国常常在唐都长安的杏园为这些新中的进士举行极其体面的"探花宴",接着进行有皇帝参加的"曲江大会",相当于游园庆祝活动。一般有30来个新进士享受此等殊荣,但真正有很高荣誉与待遇的就是"状元""榜眼"和"探花"数人。

北宋开始实行殿试,并将殿试后的进士分为三等,即所谓的"三甲"。"三甲制度"起始于北宋太宗时期,当时将殿试录取的进士分为三甲三等,一甲赐以进士及第、二甲赐予进士出身,三甲赐予同进士出身,人数要比唐朝增加多了,地位也比唐朝要提高得多了。到了宋仁宗景祐年间又一度将"殿试三甲"的规格提高,人数再扩大,将原来的"三甲"三等变为"三甲五等",第一、二等为"一甲",赐予进士及第,第三等为"二甲",赐予进士出身;第四、五等为"三甲",赐予同进士出身(《宋史·选举志二》卷156)。宋代的这种制度设计为明初朱元璋科举成式时接受。(《明史·选举志二》卷70)

◇ 状元、榜眼、探花等"三鼎甲"和"三元及第"

明初规制,殿试发榜,就分三甲三等:一甲一等,赐进士及第,只取3名,第一名叫状元,第二名叫榜眼,第三名叫探花。状元、榜眼、探花,被人合称为"三鼎甲";二甲二等,赐进士出身,录取若干人,第一名叫传胪;三甲三等,赐同进士出身,录取若干人。凡是参加了殿试的人,都能在这三甲里边找到自己的名字,从此以后这"三甲人员"都有一个统一的"称呼",叫"进士"(《明史·选举志二》卷70)。实际上当你参加科举会试,并取得"贡士"功名之后,若你再想得个进士科名,那几乎是囊中取物,就好比现在某些高校为"高效、快速"地培养人才而对某些"特殊人才"采取"硕、博连读"或免试直读"硕、博"的做法。

殿试中式了,依照唐宋的传统那就要"放榜"了,这一榜就叫做"甲榜""甲科"。放榜用今天话来说就是公布录取名单,不过,因为殿试是国家对未来栋梁人才的最高规格的考录,公布考录名单当然不能随随便便,首先要在明皇宫的奉天殿上举行一次唱名典礼,那时有个美名叫"传胪",实际上用大白话来说就是按照次序宣布被录取考生的名字。"传胪"结束,状元由应天府组织的仪仗护送回公寓,一路上鞭炮齐鸣,鼓乐喧天,好不热闹,在南京城里的每个人都会知道今年又是哪家的少爷中了状元了。最高的荣耀还远不止这些呢,一般在"传胪"之后,皇帝还要赐"恩荣宴"给新中进士,赐宴地点在明皇宫前的中书省。明宣宗宣德以后改在礼部,后遂为定例。这时大概是一个读书人一生中最荣耀、最辉煌的时刻了,从此以后就可出仕为官了。(《明史·选举志二》卷70)

相对而言,凡是进士出身的人步入仕途后一般要比其他人升迁得快,因为他们是两榜出身,极为人们看重。而所谓的"两榜"是指既通过乡试考中的乙榜举人,又通过殿试录取的甲榜进士,从名称上分了甲、乙两榜,但实际上考到进士的哪个没通过乡试乙榜?倒是有好多人被卡在了会试,从而无法进入殿试中进士。明朝大清官海瑞就是一个典型例子,他仅仅取得举人的身份,至死就没有相当于"博士学位"的进士头衔,但并没有多大影响海瑞的出仕与为政。事实上,凡是能中到举人以上者一般都比较有学识和才能,但并不是状元等"学位头衔"越高,他的才能与水平就越高。有些人考试很能考,但实际水平不咋样。

明代有两个科举考试"高手",一个是洪武年间的黄观(又名许观)和正统年间的商辂,从考试来看,他们绝对称得上是"特等"大才子,因为他们连中"三元"。所谓连中"三元",就是指乡试中了解元、会试中了会元、殿试中了状元,人称"三元及第"。整个明代近三百年历史也就黄观和商辂两人是"三元及第",可以说是三百年才遇上这么两大"才子"(笔者按:《明史·选举志二》卷70,志第46中将整个明代连中三元的说成只有商辂一人,这是不对的,还应该包括被朱棣篡位上台后革除的洪武晚期连中三元者黄观)。但并不是"三元及第"才子的才能与政绩一定是超一流的,倒是常常位居二甲、三甲行列并不起眼的进士后来出了不少杰出的人才,像明末大科学家徐光启就是一个典型的例子。

◎ "馆选"与"散馆"

科举的终极目的就是为君主专制帝国选拔治国安邦的优秀人才,考试仅仅是手段,不是目的。所以,殿试放榜,"优秀"人才——进士被选出来,那么这些"优秀"人才进士将何去何从？洪武中叶恢复科举首次殿试后,朱元璋作出这样的人事安排:一甲3人立即授官,状元授翰林院修撰(六品官),榜眼、探花授翰林院编修(七品官);对二甲、三甲的知识才能大明皇帝似乎并不太认可,要他们进翰林院学习。翰林院大致相当于现在的中央研究院,是当时学术泰斗云集之地,因此进翰林院学习并不是每个二甲、三甲进士都有份的。明朝规定,进翰林院学习必须要参加翰林院考试,这叫"馆选",馆选考上的就入翰林院庶常馆学习,人称"庶吉士";没有馆选上就到六部、都察院、大理寺等衙门去观政,人称"观政进士",使其既有知识化又能专业化(《明太祖实录》卷172)。"庶吉士"在翰林院庶常馆学习为期三年,三年后开始分流,当时专用名称叫"散馆"。优秀的"庶吉士"留在翰林院任编修、检讨,就成了翰林了(相当于中央研究院的研究员);次一等的"庶吉士"被派出去任给事中、御史(相当于监察干部)等职。对此,《明史》曾这样论述道:"(洪武)十八年廷试,(洪武帝)擢一甲进士丁显等为翰林院修撰,二甲马京等为编修,吴文为检讨。进士之入翰林,自此始也;使进士观政于诸司,其在翰林、承敕监等衙门者,曰庶吉士。进士之为庶吉士,亦自此始也;其在六部、都察院、通政司、大理寺等衙门者仍称进士,观政进士之名亦自此始也。"(《明史·选举志二》卷70)换言之,明代文官制系统开创于洪武帝朱元璋,成型于永乐帝朱棣,并在以后不断地完善,到明英宗时,明廷形成"非进士不入翰林,非翰林不入内阁,南、北礼部尚书、侍郎及吏部右侍郎,非翰林不任"的局面。明代内阁首辅共有172人,90%是翰林出身,因此史书说,明代"科举视前代为盛,翰林之盛则前代所绝无也"(《明史·选举志二》卷70)。从政治领域科举人才占据的绝对优势来看,明朝官僚文职化已经达到了很高的程度了,这是朱元璋及其子孙对科举公平化所带来的可喜成果。

○ 科举选拔地区取额"公平化"——确立科举考试"分地而取"的原则

通过洪武中晚期的朱元璋科举成式,中国的科举制更加标准化,更加公平化,更加合理化,这是从大一统帝国的个体臣民之间的视角来观察而言的。但如果从中国这样一个有着广袤土地的大一统帝国的整体来看的话,其制度的合理化、公平化就会令人质疑,或者说如等的公平化与合理化其实对大一统帝国不同地区的人们来说并非完全合理与公平,尤其是宋元以来南北中心易位,畸轻畸重,对于南方合理、公平的,而对于北方来说未必合理、公平;反之亦然。

◎ 科举选拔地区取额"公平化"问题的历史由来

中国自古以来南北各地经济文化发展速度不一,差异性很大。在中国历史上北方经济文化先于南方发达,但自唐末起中国的经济文化格局开始慢慢地变化了。大约在宋代时,中国的经济文化中心开始转移到了南方。宋代的政治家、著名文人以南方籍的或出生在南方的居多,王安石、范仲淹、苏东坡父子三人、黄庭坚、米芾、文天祥……他们是宋朝政治与文化领域里的主角。这种文化南北方易位的格局反映在科举上也逐渐明显起来。据美国学者John W. Chaffee的研究,北宋时全国进士为9 630人,诸路的有9 164人,占了总数的95.2%,北方诸路的仅有466人,占了总数的4.8%。而在南方诸路中又以两浙、江南、福建等东南诸路进士为多,共有进士7 038人,占北宋进士总数的73%。(【美】John W. Chaffee:The Thorny Gates of Learning in Sung China:Social History of Examination,Cambridge University Press,1985,pp.132~133;转引刘海峰、李兵:《中国科举史》,东方出版中心2004年6月第1版,P185)

科举地区取额差异反映在科举考试内容上,当时北宋王朝内就存在着重诗赋文学还是重儒家经学的争论。北宋中期曾发生了一场很有意义的大辩论,而揭开这场大辩论序幕的是著名历史学家司马光。

司马光陕州夏县(今山西夏县)人,他本人擅长经史而相对不擅长诗赋,这也是西北知识分子普遍所拥有的特征。面对当时北宋朝野崇尚文学而不重经学的局面,司马光等北方士人认为朝廷的这般做法是不利于西北士人的仕进,因而他竭力主张分路取士,按地域均衡分配举人人数额。(【宋】司马光:《司马温公集》卷30)

针对司马光的议论,尤以文学见长的宋朝参政知事欧阳修(江西庐陵即今江西吉安人)出面反驳。从中唐以后,擅长诗赋文辞者中江南人士居多,所以欧阳修认为,若执意要按地域均衡分配举人名额数的话,这就势必照顾了西北和北方士人,但也因此大大减少东南举子入仕的机会,从而造成另一种不公平。欧阳修坚持主张按考生的才艺录取,不按地域。为了保证科举考试的公平性,他认为朝廷应该出面制定统一的才艺录取标准,这样便可使得科举的公平性更加完善。(【宋】欧阳修:《欧阳文忠公文集》卷113)

司马光和欧阳修的争论实际上代表了当时南北不同地域集团的利益之争。此次争论双方各有充足的理由,结果司马光的分路取士建议没有被采纳,宋朝还是依照习惯的做法,不掺入人才的地域因素,一切都以科举考试成绩来定士人的去留,应该说宋朝的这种做法具有很大的公平性,也更利于人才的发现!

类似的争论在宋朝还有,但最终也没有争出一个是非结果来。只是宋帝国朝廷注意到了在各州县地方的发解试中实行区域配额制度,也就是适当增加一些北方士人参加省试的名额,而在京师举行的省试还是实行区域之间的自由竞争,省试和殿试完全是按成绩的高低为标准,宋朝的这种做法实际上是既合理又公平的。

但到了元朝那里便被完全扭曲了,元朝科举规定:蒙古、色目、汉人、南人的进士各占25名,虽也有某些分地取人、照顾到大一统帝国的整体性"公平"的味道,但更多的还是带有民族歧视色彩。

明初朱元璋在大明帝国刚建时似乎没有意识到科举的南北之争问题,其原因大约有二:一来是他忙于大明全国性的统一战争与明初的经济恢复建设;二来是一开始他对科举制并不十分了解,明初科举兴废不定,曾一度停了十年,到洪武中晚期才走上正轨,并实行科举成式化。可这科举正规化之路才走上十来年,一件令朱元璋实在意想不到的事情爆发了。

◎ "南北榜"事件

洪武初年,朱元璋开科举时,对会试录取没有做出什么特别的要求,既不分南北省区,也不限定录取名额数,一切按考生的成绩来定去留。最初是洪武四年那次录取,只录取32人,是洪武朝录取人数最少的一次,最多的一次是洪武十八年乙丑科,总共录取了472人(《明太祖实录》卷172)。一切似乎都很合情合理。科举也已经定式了,三年一大比,就此周期性运行下去,但谁也没想到,这洪武三十年的"大比"可"比"出了人命来了。

洪武三十年(1397)二月,在大明帝国都城南京进行会试,这次会试的主考官是刘三吾、白信蹈。一切都按照科举考试的正常规程进行,先是会试,结束后进行录取工作,当时录取了宋琮等52人。巧得很,这52人全是南方人,没有一个是北方人。接着就进行三月的殿试,由于会试录取的全是南方人,当然参加殿试的就不可能有北方人了。殿试后选出闽县(今福建闽侯)人陈䢿为第一名。

发榜以后,北方考生"群情激愤",硬说刘三吾与白信蹈自己是南方人,故意偏袒南方同乡。皇帝朱元璋听说后十分恼火,当即命令侍读官张信等12人进行复查,状元陈䢿也参加了这次复查工作。复查后,张信等人如实向朱元璋汇报:刘三吾他们根本没有舞弊,是北方考生的水平太臭!可有人却不这么认为,居然信口雌黄地告发道:"张信等人受刘三吾的指使,故意将北方考生考得不好的卷子送给皇帝审阅。"本来就雄猜的朱元璋听后大发雷霆,下令将白信蹈、张信、陈䢿三人处死。刘三吾因为年老,免去死罪,发配到边疆。先前发榜的那一榜自然作废,朱元璋调来殿试卷子亲自阅卷,重新录取了任伯安等61人,这就是历史上所称的"南榜"。接着朱元璋在六月份又给考生们进行殿试,这一次他选北方人韩克忠为第一名,且整个这榜都是北方人,人称"北榜"。后来人们就将这两次录取称为"南北榜"或"春

夏榜"。(《明史·选举志二》卷70;《明史·刘三吾传》卷137;【明】吕毖:《明朝小史·洪武纪》卷2)

◎ 比窦娥还冤的"冤大头"刘三吾等

　　这场所谓的"南北榜"事件,从目前的史料来看,它绝不是一次科场舞弊和惩治徇私舞弊的案件,而是纯粹的一场政治冤案。而所谓的"南北榜之争"中出场的"主角"其实都是比窦娥还冤的"冤大头"!从正史对刘三吾的记载来看,刘三吾是洪武中晚期的明廷重臣,曾经为大明帝国主持过很多重要典章制度的制定工作,他为人正派,聪明睿智。朱元璋晚年丧子(朱标太子)后几近疯狂,是刘三吾帮助了朱元璋逐渐走出阴影;因此从"情商"天分来看,刘三吾还是很高的,对朱皇帝应该是了解的。所以说,他不可能去冒这种无意义的天下之大不韪,搞什么舞弊;再说舞弊丑事也不是刘三吾这种正人君子所为的。北方考生说刘三吾等人"私其乡",就是说他偏袒同乡,那简直就是胡说八道。刘三吾为湖南茶陵人,廷试状元陈𫖯为福建闽县人,榜眼尹昌隆是江西吉安人,这些举子没有一个跟刘三吾同乡,连省籍都不同。(《明史·刘三吾传》卷137;《明史·尹昌隆传》卷162)

　　说实在,北方考生水平臭是事实,但它是有历史原因的,因为元帝国定都北方,在北方胡搞了近百年,明初北方考生的学业好多都已经荒疏了,当然考不过南方人啰!以朱元璋的聪明劲不可能不知道这些,但他却"胡断"了,让刘三吾等人充当了"冤大头",其真实的目的是为了笼络北方士人,稳定北方社会。因为当时驻扎在北方的明军还时不时地与逃亡塞外的元朝残余势力处于直接的军事对抗,朱元璋滥杀无辜,制造"南北榜"事件的主要目的是稳固大明帝国北方的统治基础。所以后来有人一语道破了"南北榜"事件背后隐藏的天机:"北方人士服属于元较久,虑遗民有故元之思,颇欲假科名以笼络之。"而刘三吾等人"迂"就"迂"在太实事求是,没有政治头脑,不懂得政治是什么?政治就是丑恶,政治就是丧尽天良,却坚持认为江南本多俊才,坚持择优录取,"不悟太祖之意,致有此祸"。(【明】王世贞:《凤洲杂编》卷4)

　　南北榜之争虽然以极其野蛮和残忍的方式画了个句号,在会试中对被录取者的籍贯有何规定,南北区域士人录取如何定额并形成制度,等等,这一系列问题尚未来得及"妥善"处理,朱元璋就上西天去了。但这个事件对大明帝国甚至后来大清帝国的科举制影响却很大,自此以后,明帝国对会试录取名额数和南北名额分配在纷争中逐渐地定制下来。

◎ 从分地分卷取士的制度到分省定额取中制度

而滑稽的是朱元璋在科场制造冤案的深刻用意在他的后继几位皇帝那里并没有马上得到体现,从建文帝到明仁宗这段时间内,明朝会试录取的南方举人仍占压倒性优势。也就是说从建文到永乐明朝两代皇帝对朱元璋的科举南北榜"寓意"没有作深度的"挖掘"。

随着明代第5位皇帝明宣宗的登台,朱元璋在解决南北榜之争中所体现出的照顾大一统帝国的整体"公平性"之精神终于在他的玄孙那里不仅得到了传承,而且还逐渐地贯彻执行。

这事开启于洪熙元年(1425),当时还在位的明仁宗曾问大学士杨士奇:怎么样改进方法,才会使得大一统帝国境内科举取士更加公平合理?来自南方江西的杨士奇居然这样说:"科举取士应该兼取南北方士人。"明仁宗深有感触地说:"你说得是有道理啊,可事实是北方人的学问远比不上南方人啊!"杨士奇回答说:"那些举国大才都出自北方,南方人是有才华,但大多数轻浮。"明仁宗又问了:"照你这样说的话,那我们怎么办?"杨士奇说:"在科举考试试卷设计时,将考生的名字等信息仍然设计在'糊名'的范围内,而试卷另外设计一个突出的地方可写上'南'或'北'字。假如准备在全国录取100名,南方就录取60名,北方则录取40名。这样南北人才岂不都能照顾录取了!"明仁宗说:"这个主意很好!以往北方考生老考不过南方考生,所以北方人往往怠惰成风。现在要是实行你说的这种南北分卷录取办法的话,那么北方读书人肯定会兴奋不已,纷纷行动起来啊。"(《明仁宗实录》卷9;【清】谷应泰:《明史纪事本末·仁宣致治》卷28)明仁宗接受了杨士奇的"妙招",但没来得及实施就病亡了。

明宣宗继位后的第二年(1427),明朝正式实施南北卷制度:原则上南卷取60%,北卷取40%,把一些不易划定为南或为北的区域,分为中卷,南北各减5名归中卷。以录取100名为例,南卷取55名,北卷取35名,即中卷取10名。此后南北分卷制逐渐就形成了南卷55%、北卷35%、中卷10%的录取比例。(《明宣宗实录》卷96;【清】谷应泰:《明史纪事本末·仁宣致治》卷28)

明代分地分卷取士的制度的形成是明王朝贯彻"分地而取"的原则、确保大一统帝国各地力量的平衡和政治统一与稳定的必然产物。虽然后来明鼎清革,但明代的如等科举"大平均"之良苦用心,后继的大清帝国统治者还是心领神会的,全盘地接受与继承下来了,并在清代康熙年间得到了进一步的细化——康熙五十一年(1712)演变成了分为省定额取中的制度。(参见刘海峰:《科举考试的教育视角》)

明代会试分区定额取中制度带有明显的优待照顾北方、边疆和文化相对落后地区的用意,调动了落后省区士人的学习积极性,促进了当地人文教育水平提高,以及从维护中华民族的统一的角度来看,那就具有了较多的合理性。它保障了大一统帝国的整体公平性,但同时强硬和粗暴地磨灭了大一统帝国内一些地方的文化特殊优越性。

◎ "冒籍"考试——中国特色的"高考""移民"老鼻祖

明代开始乡试实行"分地而取"的办法,它基本上遵循了重中央轻地方的原则,但照顾到地区之间的差异,基本上贯彻了大一统专制主义中央集权帝国的政治原则——注意到各地政治力量的平衡,体现了大一统帝国的整体"公平性",但忽视甚至践踏了帝国个体臣民的平等性。这与科举制的合理内核——个体公平性相背离,于是出现了士人变相的"反抗"——"冒籍"。(《明史·选举志一》卷69)

"冒籍"用今天话来讲类似于高考移民。明朝科举考试规制:考生必须在原籍报考,如果你是南京籍的,你说南京竞争太激烈了,想办法冒充到陕西去报考,这样容易考上,这就叫冒籍。而明朝开始的考试制度偏偏就"叫"人去冒籍。譬如明朝北京顺天府历来是科举分配名额最多的地方,可那里的考生并不是全国最多。全国考生最多的是江南,但江南地区的名额反而比北京少,有人就揶揄江南人是"二等臣民"。不过并不是所有的江南人都是"二等臣民",一些在北京的江南籍大官利用自己的特权与特殊关系,让自己的子弟或亲友假冒京畿籍的考生去应试。这种事情经常发生,万历十三年(1585)北京顺天府举行乡试,就有很多江南人去冒籍考试,后来被人揭发出来,光被查实的就有浙江人冯诗、章维宁等8人。明清对"冒籍"的处分是十分严酷的,冯诗和章维宁被带上枷号在北京顺天府前示众,因"受重创几濒于死"(【明】沈德符:《万历野获编·科场·乙酉京试冒籍》卷16)。"冒籍"还要被革去士籍,永世禁锢。

为了确保大一统帝国各地区政治力量的平衡和帝国的长久稳固,以牺牲帝国臣民个体平等甚至生命为代价,这与科举制本身的公平性内在要求越来越远。

● 爱恨科举制

如果说明初朱元璋的科举成式是在承继唐宋科举遗产上还多少作了一些变革,但这种科举成式已经隐含了问题。科举内容上原先唐宋时代并没有限死在哪一家,更没有限死经术考试以哪一家注释为准,而且考试科目也不过于限死于进士一科;至于考试形式更没有过多地限死,有帖经(相当于现代考试的填充),有诗、赋,有策论,等等。而明代科举成式化后,不仅将儒家的"四书""五经"作为科举考试的主要内容,而且还将程朱集注作为唯一的儒家经典解释,不许士子们自由发挥和独立思考,大一统帝国的政治与思想得到了高度的统一,人们只能信仰一种思想,只能作大一统帝国的忠臣顺民。更为甚者,就连科举考试的形式也作了标准化的规定——以八股为科举考试的主要文体。这样无论从内容还是到形式,无论是从出题标准还是到答题、判卷,中国的科举考试完全进入了"标准化"时代,从大一统帝国的整体来看,很大程度上实现了公平性;惟恐不足,明帝国统治者还在科举程序方面进行规范化成式与科举取士方面实行"分区定额"的"南北分卷制"等(《明仁宗实录》卷9)。以其所能,在大一统帝国的整体上确保最大程度的公平性。

问题是清代在这些方面全盘复制了明代的做法,更多地从技术层面修修补补后,就"发扬光大"了,真可谓有过之而无不及。诚然,清代的科举制不是没有"革新":创新确立考试考官和密定考官制;实行会试分省录取制;增添乡试与会试的复试之制;开创"五经"并试制;建立官民分卷制;扩大考官子弟回避制;推行科举磨勘制,等等。从正面角度来看,这些科举"革新"举措与制度有着共同的作用,就是保证考试制度的公正性,确保大一统帝国不同地区和不同政治、经济地位的士子进行公平竞争和社会各阶层相对合理地流动,缓解社会矛盾,稳固了大一统帝国的"长治久安"。但其负面影响也是相当严重的,清代科举制更加严密化固然有利于促进公平化,但一种政治社会制度越是精细化,它就越容易僵化。增添乡试与会试的复试之制,虽然能有效地防止舞弊,选拔真正的人才,但是清代科举考试将明代本来已经众多的考试"关节"(4级7考)一下子增加了4级10考。我们以一个20岁小伙子参加最早的县试为例,要过10个考试关,平均每个考试关节花上2年,就算一个考试关也不被"卡",考到"散馆考试"时已经人至中年;事实上一个正常的士子也是不可能一个考试关卡也不被"卡"住的。我们放宽一点,以平均每次考试要花上3年,那么,考到最后的"散馆考试"时,恐怕要50多岁,一个50多岁的老书生能有多大的创新精神与作为呢?

● 为何科举制成为过街老鼠?"西边日出东边雨",喜乎?悲乎?

更为麻烦的是,从乾隆中后期起,开创"五经"并试制,原先只要通一经的,现代要通"五经",举子们所耗费的学习时间与精力是以前的5倍,要想在功名方面有所收获就必须花出过去5倍的精力。所以我们看到清代时期再也没有明朝"东林党"那般"唧唧喳喳""闹"个没完,什么国事家事天下事,都不关举子什么事,举子们有"读不完"的"圣贤书"。加上清代实行极其野蛮、愚昧和残酷的"文字狱",中国的读书人只有一条路可走,即"两耳不闻窗外事,一心只读圣贤书",但求"洞房花烛夜,金榜题名时"。于是,科举考试成为唯一可走的道路,天下万般事,唯有读书高。读啊读,考啊考,难度大,中式不易,即使再严酷的"反"作弊科举规定与惩处大案,都吓不退前仆后继的作弊者。血淋淋的科场大案虽能一时廓清科场舞弊现象,但从根本上无法改变"公卿子弟视巍科为故物"(《清史稿·选举志三·文科武科》卷108)的积习,于是大清帝国对科场的重点"关心"放在了如何防止作弊、维护考试的公正,而对八股科举制本身如何及其如何选拔真才实学,却关注甚少甚至是忽视。

更为严重的是,长期的刻板的科举八股考试毒化了社会风气。由于八股科举限死在"四书""五经"题库,举子们只要读好了这两本"题库",什么知识也没有,照样可以当官做老爷。但也有人说这"四书""五经"题库太难了,学不好、背不出,别急,有人专门为你解愁,书摊上各类考试秘籍、考试指南、考试必读、考试捷径等,琳琅满目,应有尽有,肥死了书商,累死了考生。而这类所谓科举"考试指导",其实都是叫人如何投机取巧,甚至有专门介绍如何作弊的,在饭篮的夹层里夹"资料",在帽子顶上做文章,还有人专门驯养鸽子,在考场上通过放飞鸽子内外作弊,更有人将可能要考到的"四书""五经"写在肚皮上……前几年南京有人献出了一本科举作弊的"袖珍""四书""五经",至于当年这本书的主人如何用它作弊的,我们不得而知,反正花样百出。投机取巧者、舞弊者反而考上了,真正研究学问的却什么功名和待遇也没得到,社会诚信、公平性已经无从谈起,社会风气更加混浊,民族惰性日益增加,科举已成为"锢智慧、坏心术、滋游手"的"罪魁祸首"了。此时八股科举这台运转了四五百年的机器自身功能日益衰竭,愈发僵化与老化,成为一具千年木乃伊。这不是哪一个人惹的祸,更不是月亮惹的祸!而是明清之际科举制所强化的"标准化"与"公平化"所导致僵化的必然结果。尤其是清代中后期起,科举制几乎成为过街老鼠,人人喊打,不废不足以平民愤,科举废除已成为一个时间性的问题了。

然后令人啼笑皆非的是,当大清帝国宣布废除中国沿用了1300多年的科举制时,西方欧美国家却争先恐后地学习和模仿中国科举文官考试制,建立起现代的文官考试制度,完善近代西方政治文明。东西方如此巨大的反差,让人想起唐代诗人李商隐的诗:"……东边日出西边雨",不,应该是"西边日出东边雨",喜乎?悲乎?(本节内容为笔者2007年10月在南京"市民学堂"作讲座时的讲座稿,全文原载于

南京市委宣传部叶皓主编的《走进市民学堂》第 6 辑，江苏文艺出版社 2008 年 4 月出版）

有关科举，说到这里大致可以告个段落。让我们回头来看看朱元璋在思想文化教育领域里采用的治政国策和所要达到的目的及其相互之间的关系：治国需要人才，人才就得通过考试选拔出来。为了体现公平性，更为了能选拔到忠君孝亲的"标准"化人才，这位奇特的开国皇帝推行科举改革和"八股文"标准化考试，实施科举成式；又唯恐人才源头上出问题，与此同时他还在全国范围内大力普及官学，广施教化，推行"标准化"教育，尊孔崇理，统一思想、钦定教材……，"严防峻守"，"培育"出一个又一个忠君臣民、忠君顺民，以此来确保和稳固绝对君主专制主义的统治。

不过，在这样的国策实施过程中，要是有什么不尽如人意或存在疏漏的话，要是"标准化"教育出来和"标准化"考选出来的人才抑或普通臣民"胡说八道""胡思乱想"，不与洪武朝廷中央保持高度一致的话，那可怎么办？不急，无所不能的朱元璋还有更"绝"的一招，那就是大开杀戒，滥施文字狱！

无端制造文字冤案　随意打击思想"异端"

● 文化大国和文字狱大国之历史

文字狱这个怪胎在中外历史上存在已久，尤其在我们中国历史上"源远流长"。文字狱不仅仅指的是因为写了不该写的"东西"而被定为犯罪行为，那就太狭隘了；它还应该包括说了不应该说的，想了不应该想的。用现代某些有着特别"正确"思想人的表述那就是思想反动透顶的反革命分子、坏分子，用西方的术语来表达那就叫做"持不同政见者"。只要是与当权者相悖，那就是被指认为犯下了弥天大罪，因而也就遭到当权者的"专政"了，坐牢、充军甚至杀头、灭族，惨不忍睹。传统中国是个文化大国，但也是一个文字狱大国。我之所以这么说，不是危言耸听或哗众取宠，历史应该讲的是事实。

众所周知，中国传统文化是以儒家为主体，而儒家是以仁义礼教著称于世。现在学术界一致认为，中国传统儒家是以汉朝为转折点，形成了外儒内法的汉代儒学。所以人们就自然认定中国自秦汉起走上了专制主义中央集权的道路，似乎一切都与法家的"权、术、刑、杀"大相关联。

但我个人一直在怀疑这样的"定论"。儒学是在汉朝发生了转折,但先秦儒学似乎也并不像我们过去所认识的那样——礼教于人,甚至也是相当热衷于集权与打击"持不同思想者"。孔子杀少正卯就是一例,也可能是中国有文字记载历史中的第一起文字狱。其实少正卯被杀的罪名在今天看来很好笑,就是与孔子大唱对台戏,孔子就说少正卯心术不正,混淆视听,扰乱人心,于是刚当上鲁国的司寇没几天的孔子就利用职权将少正卯给杀了。其后文字狱迭出,大概到了秦朝时,秦始皇可以算得上是搞文字狱的高手,凡是与他统治思想相悖的书籍都要焚毁,还有不知道是不是秦始皇从儒家的祖师爷孔子那里得到了什么"启示",将"持不同政见者"——儒生活埋了,只是秦始皇活埋的儒生太多了点——460多人。从此后世将秦始皇作为暴君,"焚书坑儒"就是一个铁证,其实也是文字狱的一个铁证。秦朝时中国文字狱达到了极高的"水准",居然创制出了"诽腹罪"。什么叫"诽腹罪"?就是你表面上没说什么,更没有写出什么反动的书面文字来,而是你在肚子里诽谤君主与朝廷,就是心理上与朝廷不保持一致。秦朝"诽腹罪"的开列将中国传统文化中的"文字狱"推向了第一个高潮。以后中国历史上的文字狱不仅又有几次"激荡",而且重灾区由汉族政权转向了少数民族政权,有人说那是少数民族入主中原而本身文化落后、底蕴不足的一种脆弱的表现。我们姑且不去讨论文字狱在少数民族政权中频频高发的缘由,但有这样一个事实人们千万别忽视了:随着传统中华文明进入全盛时期——隋唐两宋时代的到来,颇具"中国特色"的文字狱大大减少了。可是十分奇怪的是,当传统中华文明在成熟过后进入"烂熟"阶段时,却"迎来"了"文字狱"的高发期,而大明帝国的开国皇帝朱元璋就是这波"文字狱"高潮的开唱者。那么,朱元璋到底为什么要屡兴文字狱呢?

● 朱元璋为什么要屡兴文字狱?

○ 树立绝对权威,加强专制皇权

朱元璋在建立大明帝国以后采取了一系列的措施,都围绕着一个中心点,就是加强专制主义皇权。本是流民一般出身,在经过几十年的军旅生涯后打出了"红彤彤"的江山,开创了大明帝国,因此说朱元璋身上时刻流露出匪气和兵痞子气息,打啊!杀啊!没什么理由,想要打你的时候就打你,想要杀你的时候就杀你。十几年的战争与你死我活的斗争,能有什么结果?真的成为"真龙天子""天生圣人"?朱元璋的人格与精神境界得到了升华?断然不可能!相反,军事上的不断胜利,更加助长了他作为"领袖"的优越感与"超人"的意识,最终发展到了一种极度自恋与绝对"完美"的状态。功臣不听话的或流露出异样的,杀！文臣不听话,杀！知识分子不听话,或者表面听话,暗中讥讽与诽谤本皇帝的,全都杀！杀,过去能杀出政权来;杀,现在能杀出皇权的绝对威信来,看还有谁不听话？看还有谁的脖子比刀子还硬啊！唯有这种不需要任何理由、无从辩解的杀戮,才能彻底显示出皇权专制主义的绝对性、权威性和巨大的威慑性。有人担心朱元璋这样杀下去,大明会不会出现第二个秦朝？不会,朱元璋农民出身,对占有人口压倒性优势的农民尤其那些"贫下中农"可好了。只要"贫下中农"们不起来造反,大明帝国基本上还是稳定的。曾是农民起义领袖,朱元璋对此一清二楚。

更有武夫出身的朱元璋对知识分子充满了"先天性"的偏见与政治上的歧视。据说,朱元璋嗜好"对对子"或者说是"作诗",不仅常常喜欢"露一手",而且还在大明朝廷中大力提倡。问题是大明的这些开国功臣大多是一介武夫,别说"对对子""作诗",就是写个个人简历还嫌太难了。既然皇帝开了口,那可是金口玉言,尽管在朝的武夫们个个急得大汗淋漓,但谁也不敢说个"不"字。退朝以后,文臣们都走了,皇帝留下武将们并十分诡异地说道:"你们千万别急,我来帮你们写一首。你们回去后就把它背出,看哪个腐儒能对得上来？"

到了"应制作诗"那一天,文臣武将们都到齐了。皇帝朱元璋特地安排武将在先,一个武将开始吟诵:"皇帝一十八年冬,百官筵宴正阳宫。大明日出照天下,五湖四海春融融。"这诗的气派确实很大,什么"大明日出照天下,五湖四海春融融",完全一副君临天下的帝王样。文臣们一听,就知道是"皇帝诗",还有谁嫌自己活得不耐烦,会说自己能做比这更好的诗呐？于是大家赶紧一一说:"小臣才疏学浅,无能以对。"(【明】皇甫录:《皇明纪略》;【明】吕毖:《明朝小史·洪武纪·预题一诗》卷1)

○ **朱元璋文化水平不高,素养差,就怕别人挖苦他,尤其他感觉知识分子骂人不带"脏"字,但句句暗藏刺人的棘刺,太可怕了,于是他就借题发挥大开杀戒,惩一儆百**

一般来说,搞文字狱的人有个共同的特征,就是文化水准不高或猜疑性很强。朱元璋和他的儿子朱棣——明朝第三位皇帝都是半文盲,这一点在学术界一直没有引起太多的重视,人们往往相信朱元璋的四儿子朱棣为了粉饰他"老爸"自身的"瑕疵"而屡次修改编定的《明太祖实录》中这样的记载:朱元璋是如何聪明,如何用功和自学成才。真的是这样吗？我们没办法相信这是事实。但有些证据却证明了朱元璋确实是个半文盲。

◎ 半文盲的朱元璋：大胆卢熊居然要我滚蛋，这还了得……

证据一：洪武年间有个叫卢熊的文人，人品好，学品也好，在当时大明帝国政权中算得上是个严谨的学者型官员。出生于苏州昆山（《明太祖实录》卷110），按照当时的回避制度，洪武时他受命出任山东兖州知州。刚刚上任处理公务，就要用皇帝授予的官印，类似于我们现在的政府衙门里用的公章。但当取出官印时，卢熊傻眼了，明明皇帝任命自己是山东兖州知州（相当于兖州市长），可是这官印上却刻成了"衮州知州"。卢知州本是个严谨的学者，遇到这样的事情很是郁闷，于是就开始查：会不会是刻工不识字，将"兖州"刻成了"衮州"？打开皇帝给自己的诏书，一查，卢熊差一点晕过去。原来刻印的刻工可认真了，他倒是没有刻错，而是皇帝朱元璋的诏书上写错了，将"兖州"写成了"衮州"。错就错呗，不！这个卢熊可认真了，他给皇帝朱元璋写了一个奏章，大致是说：皇上，您将"兖州"写成了"衮州"了，山东可没有这个"衮州"，希望您收回官印，重新刻一枚给我。朱元璋一见到奏章头就大，嘟嘟囔囔，骂骂咧咧起来："'兖'就是'衮'，不就是一回事！这个卢熊撑饱了没事，就喜欢咬文嚼字。胆大包天的卢熊，你居然将出任的地方念成'滚'字，这不是要我滚蛋吗？看我怎么收拾你！"后终以党案为由杀了卢熊。(【明】叶盛：《水东日记·卢公武兄弟》卷4)

"兖州"是山东一个很有名气的地方，三国时代就开始出名了，应该属于最基本的地理知识，而且"兖"与"衮"不是什么冷僻字，估计拥有汉语字汇量在3 000左右的人都能辨认出来，也就是中等文化以上的人不会不认识，只有中等以下的半文盲倒是不一定能辨认。

◎ 张状元因为写了句杜甫诗"舍下笋穿壁"，却被朱皇帝腰斩，这是为何？

证据二：朱元璋曾经下令，让翰林修撰张信担任皇子们的老师。有一天，张信教孩子们练字，很随意地将杜甫的一句诗"舍下笋穿壁"写了下来，作为给孩子们的临摹帖。巧不巧，这天朱元璋刚好过来，想看看这位张先生是如何教这些"龙种"们学习的？龙子龙孙们的学业是否有所长进？当看到孩子们正在认真练字时，他就凑过去仔细瞧瞧，这不看不要紧，一看，朱皇帝就来火了，什么"舍下笋穿壁"？有人解释说，这是唐朝大诗人杜甫的诗句。可朱元璋生怕别人笑他无知、没文化，硬说"舍下笋穿壁"是在讥讽和诅咒我大明朝的朝堂将要破败到了像竹笋穿壁的破茅屋那样，于是当场怒骂道："堂堂天朝，何讥诮如此！"意思是说，我堂堂大明天朝，怎么能被讥讽到如此地步！随即下令，将张信腰斩。(【明】皇甫录：《皇明纪略》；【明】吕

悫:《明朝小史·洪武纪》卷1,笔者按:明朝历史上有多个张信)

◎ 朱元璋是皇帝,对《论语》自有他"新解"

证据三:《论语》有句:"攻乎异端,斯害也已。"朱皇帝新解:"攻,是攻城之攻。已,止也。孔子之意,盖谓攻去异端,则邪说之害止,而正道可行也。宋儒乃以攻为专治而欲精之,为害也甚,岂不谬哉!"朱元璋给他的大臣解释说:"《论语》中的这句句子里的'攻'是攻城的攻(看来他读书了还不忘自己战场上的事情,学以致用么),古人说的攻城为上么。孔夫子的意思是,攻去异端,邪说的危害就停止了,儒家主张的正道就可行了。宋代的儒士们就是专门以'攻'作为自己专治的学业,并想使它更加精湛,其危害也十分严重。这难道不是一大谬误吗?!"(【明】李贤:《古穰杂录摘抄》)

对此,记载这段史料的明朝前期宰辅、一代名臣李贤最后不无"深情"地说道:"(高皇帝)如此辩者甚多。汉唐以来,人君能事诗书如此留意者,亦不多见。由其天资高迈,所以不袭故常,能将许多见识来说。"(【明】李贤:《古穰杂录摘抄》)

◎ 儒家经典中的"万寿无疆"和"天下有道"瞬间变为了"强盗"

证据四:有个姓张的翰林编修很能坦然直言,直得让洪武皇帝朱元璋在朝廷中不能容下他,将他外放到山西蒲州去当学正(相当于州里公立学校的校长)。按照惯例,逢年过节什么的,臣下的都得要向皇帝撰写庆贺表。而洪武皇帝朱元璋一旦空下来了,也会翻翻这些来自各地的祝福"贺卡"。有一天,他看到山西蒲州州立学校校长张翰林的贺表,其中有词:"天下有道"和"万寿无疆",顿时就大怒起来,咆哮道:"此老腐儒居然以'疆''道'两字来攻击我,真太可恨了,居心叵测!"随即令人前往山西去,将那个张翰林给逮到南京来,开始审问他。可没说上一句话,两人又顶了起来,朱元璋恶狠狠地说:"我要将你送到法司衙门去问罪,你有什么要说的?"张翰林说:"小臣有一句话要向皇上您奏明,奏完了,小臣死亦无憾。"朱元璋终于耐住了性子,让张翰林讲完。张说:"陛下您曾经有旨,贺表上的表文不能随便杜撰,一定要出自圣人的经典中。我们都记下了您的教诲了。小臣在贺表中写的'天下有道',实乃先圣孔夫子之格言;小臣写的'万寿无疆'出自《诗经》里头,这是小臣敬贺陛下您的一片至诚之心啊!陛下说小臣犯了诽谤、中伤之罪,大概也就是指这些事吧?"听了张翰林的一席话,朱元璋惊呆了,好久都没说出话来,最终冒了一句:"此老头嘴还硬得很,放了不要管他!"目睹这一幕,皇帝身边的人私下议论开了:"多少年了,我们所能见到的皇上所能容下的,也就是眼前这张翰林一人了。"(【明】李贤:

《古穰杂录摘抄》）

从明代名臣李贤记载的这件事情来看，朱元璋对中国传统儒家经典典籍一点也不熟，可见其文化水平确实令人不敢恭维。文化水平不高，素养差，心理当然会自卑。自卑本没多大的事，问题是当了绝对的"领袖""天生圣人"（朱元璋自诩之语）怎么会连那"腐儒"都不如呐？领导干部、圣人领袖应该处处要比老百姓有才。朱元璋的"好儿子"朱棣在篡位后，令人反复修改《明太祖实录》，极度美化自身与"老爸"，说他"老爸"自参加红巾军后，如何如饥似渴地读书识字，不断进行文化"充电"，就差一点成为类似于现在的一些特殊材料所组成的特殊领导那样——人人都有名牌大学的博士文凭了。据说朱元璋自学的学业相当好，好到了竟能"操笔成文章"（【明】徐祯卿：《翦胜野闻》）。为此，他不无自鸣得意地对身边的人说："朕本田家子，未尝从师指授，然读书成文，释然开悟，岂非天生圣天子耶？"多自信啊！（【明】徐祯卿：《翦胜野闻》）

极度的自尊在很大程度上就是愚昧和无知，极度的自尊就最怕别人揭短或触摸到隐痛，而极度的权力一旦被赋予了极度自尊的人，那么其所产生的危害和灾难实在是太可怕了。他可以任意地杀人，以任意杀戮来"捍卫"任何有可能对他自尊的侵犯，这是朱元璋屡兴文字狱的第二方面的原因。

○ 由别人的"前车之鉴"诱发了他对文人的疑心病，拥有绝对权力的君主对知识分子一旦有了疑心病，知识分子就开始遭殃了，文字狱就会层出不穷

朱元璋开创大明帝国之前的劲敌张士诚，曾经在苏州建立了诚王政权，底下养了一帮子文人。张士诚本身是盐丁出身，没什么文化，但他对文化人很尊敬、也很好。没想到这帮子文人表面上对张士诚很恭敬，也很听话，可骨子里压根儿就看不起张士诚。张士诚原名叫张九四，这个名字够土的，就好比被人喊作"阿猫、阿狗"，多难听啊！在苏州城里称王后的张士诚没个像样的大名，这也太丢人了，就像现在有些"公仆"没几个漂亮美眉作"二奶""三奶"……"N奶"一样脸上无光。找美眉，方便，只要到纳税人那里去搜刮，再拜倒在石榴裙下就行了；而要改个大名，对于大字不识的张士诚来说可比登天还难。于是他就叫底下的文人给自己取个既好听又很有意义的名字。文人们一合计，给他取个大名叫"张士诚"，这事也就这么过去了。可有人老觉得这个名字不对劲，好像在圣人的经典里读到过，于是打开圣人"宝书"查查看，一查就查到了，在《孟子》一书中，还真有这么句话："士诚，小人也"或断句为"士，诚小人也"。

大明开国后，懂得"可以马上夺天下却不能马上治天下"道理的朱元璋深切感触到，文治天下时代开始了，于是他就大量重用文人。见此，曾经一同出生入死的武将们可不乐意了，有人便将不知道从哪里听来的有关张士诚的那段"故事"讲给了洪武皇帝听。朱元璋不信，随即叫人拿出《孟子》来查，嗨，果然如此！这时朱皇帝的心里可不是滋味：张士诚待那些文人可不错了，可谁知文人们那么坏，给他取名字还在骂他小人，够缺德的，骨子里坏，坏透了，要以张士诚为"前车之鉴"！洪武帝本来就疑心病很重，现在就更加剧了，尤其对那些文人，他特别留心，他们上的贺表啊，奏章啊，保不准就有讥讽和含沙射影的骂人话，只要发现有点"苗头"的，就把他杀了。其实朱元璋心里没谱，如果这个被杀的文人确实是在挖苦、讽刺和揶揄，那么杀了他，也是他活该；如果杀错了人，权作一种震慑吧！【明】黄溥：《闲中今古录摘抄》卷1；【清】赵翼：《二十二史劄记·明初文字之祸》卷32）

○ 朱元璋心理存在着严重的人格障碍——与所谓的"儿子"朱棣同类

　　朱元璋平民出身，更确切地说是叫花子、和尚出身。我们前面已经讲过，在中国这个宗教意识淡薄的国度里，人们过多地注重现实世界的此岸，很少去顾及或思虑未来的彼岸，宗教世俗功利化，人们到庙里烧香拜佛，也多数为了现实此岸，因此和尚等宗教界里的人是向来不受人们所重视的。还有叫花子本身就是社会底层甚至可以说是社会边缘的人，而中国社会是个官本位的社会，尤其是宋代确立科举文官制，使得读书人的社会地位得到了空前的提高，尽管元帝国基本上不开科举、不重视士大夫，但中国传统社会里士大夫所拥有的优越社会地位意识一直没有改变，他们往往以"气节"自励，维持士以求"道"为最终人生目标的理想品格，深深地赢得了社会的尊重。相比之下，朱元璋感到极度的自卑，在充满自卑的情结里，他非常羡慕官员和士大夫所拥有的优越地位，因而也就产生了强烈的压制和暴虐于人的念头，尤其是到了中晚年，他的内心已经产生了严重的心理障碍，甚至可以说接近于变态，绝对的自私、绝对的冷酷，以自己的施虐和杀戮来"换得"别人的痛苦、流血与哀求，最终达到自己心理的平衡。（参见姜建平：《明朝三百年·大明王朝之谜》，文汇出版社2004年11月版）

● 朱元璋屡兴文字狱的案例分析

　　朱元璋实在是搞文字狱的一把好手，到底搞了多少场文字狱？至今为止还没有一个确切的数字。但我们通过对洪武年间的文字狱作一归纳和整理，就会发现其主要有四大类：

○ **笔祸**

就是文字狱本意上的由文字而引发的，在这类文字狱中又可分为两种：

◎ 第一种，无意识地触犯了皇帝的隐痛、短处

这一种文字狱在明初最多。

中华帝国向来讲究礼仪，而作为帝国第一人的皇帝过生日、皇帝册封皇后和皇太子等都是帝国内的第一等大喜事。中央与地方的文武百官都要写表笺以表庆贺。洪武初年，杭州府儒学教授(相当于府一级学校的校长)徐一夔在所撰贺表中写有这样的几句话："光天之下，天生圣人，为世作则。"这几句都是颂扬朱元璋是一个圣人，实在是人世间的楷模啊。谁知朱元璋看到以后大发雷霆："腐儒竟然敢如此放肆，欺辱到本皇帝的头上！"众大臣都惊讶得目瞪口呆，感到皇帝发火有些莫名其妙，实在是不可理喻啊。可按照朱元璋的理解："'光天之下'中的'光'不就是骂我剃光了头发去当和尚么，'天生圣人'一句可更厉害了，'生'音即'僧'，'圣人'就是'僧人'，暗骂我当过僧人；至于'为世作则'中的'则'是骂我做'贼'。"古代中国人将反政府的起义者往往称为"贼"，这个"贼"绝不是我们现在意义上偷东西的"贼"，所以在朱元璋看来，自己参加、领导过红巾军，就是做过"贼"，当过"贼"头。这些应该避讳，可那个徐教授居然公开上表骂皇上是"贼"，这还了得，朱元璋下令将徐教授抓起来杀了。(【清】赵翼：《二十二史劄记·明初文字之祸》卷32；【明】吕毖：《明朝小史·洪武纪》卷1)

这样的文字狱屡屡发生后，大明礼部最着急，因为它是专门主管全国喜庆贺表之类事情的。下面出了事，礼部也逃不了干系啊！礼部官员琢磨了一番，就向皇帝朱元璋说："底下的这些人都是一些愚蠢不堪的混蛋，皇上圣明，您能否给底下这些愚蠢的小官小吏和小民们定个格式，免得他们以后再犯什么错？"朱元璋一听，这话讲得有道理，于是就命词臣撰定统一的标准书写格式，禁忌的范围逐渐扩大，最先限定的是国、君、臣、天、圣、神、尧、舜、禹、汤、文、武等人名不允许用，后来扩大到了太祖、黄孙、王孙、太叔、圣孙、龙孙等，甚至民间对医生的尊称"太医""大夫""郎中"也都不能用了(《明太祖实录》卷52；【明】顾启元：《客座赘语·国初榜文》卷10；【明】祝允明：《九朝野记》卷1)。据说"群"字原字为"羣"，但朱元璋嫌自己与猪狗羊并起并坐，多难受！于是下令将"羣"改为"群"；还有一、二、三、四、五、六、七、八、九、十这些中国传统的计数数字也不能乱用，尤其在记录钱谷数时更应该注意，要

用就得用"壹、贰、叁、肆、伍、陆、柒、捌、玖、拾"等字,防止奸人要奸(【明】吕毖:《明朝小史·洪武纪》卷2)。违者就要被处以重刑。话得说回来,尽管禁忌太多,但毕竟有标准,而在实际使用中还会发生文字狱,这是为什么?因为朱元璋还有很多难以言语的隐痛不好说出口,让人们回避,就怕别人笑话,这下文字狱就层出不穷。

明初的文字狱实在是太多了,很可惜《明实录》和《明史》等正统官书的编撰者遵循了孔子的"为尊者讳"的教诲,将它们完全给避讳了,但清朝的一些学者给我们辑录了一些珍贵的资料:

浙江府学教授林元亮为海门卫作谢增俸表,以表内"作则垂宪",诛;北平府学训导赵伯宁为都司作万寿表,以"垂子孙而作则",诛;福州府学训导林伯璟为按察使撰贺冬表,以"仪则天下",诛;桂林府学训导蒋质为布按作正旦贺表,以"建中作则",诛;常州府学训导蒋镇为本府作正旦贺表,以"睿性生知",诛;澧州学正孟清为本府作贺冬表,以"圣德作则",诛;陈州学训导周冕为本州岛作万寿表,以"寿域千秋",诛;怀庆府学训导吕睿为本府作谢赐马表,以"遥瞻帝扉",诛;符县学教谕贾翥为本县作正旦贺表,以"取法象魏",诛;亳州训导林云为本府作谢东宫赐宴笺,以"式君父以班爵禄",诛;尉氏县教谕许元为本府作万寿贺表,以"体乾法坤,藻饰太平",诛;德安府学训导吴宪为本府作贺立太孙表,以"永绍亿年,天下有道,望拜青门",诛;盖"则"音嫌于"贼"也,"生"嫌于"僧"也,"帝扉"嫌于"帝非"也,"法坤"嫌于"发髡"也,"有道"嫌于"有盗"也,"藻饰太平"嫌于"早失太平"也。(【清】赵翼:《二十二史劄记·明初文字之祸》卷32)

从以上的几个文字狱案例来看,朱元璋主要对"则""道""生""取法"等一些字十分憎恶,它们"对应"的字分别为"贼""盗""僧""去发"(当和尚),这些都是朱元璋自身人生经历中难以启齿的隐痛。所以谁要"碰"了他的隐痛伤疤,可就倒大霉了。但皇帝的隐痛伤疤,一般人怎么会知道?即使知道一些,谁会想到那些音近字也算在里头?谁会想到那些荒唐可笑的类似于民间讨个好口禅也算在里头?

◇ 有人拍马屁把脑袋拍没了

从洪武年间文字狱的受害者来看,一般都是知识分子,但并不绝对,包括朱元璋过去的"老同行"和尚也有成为文字狱的牺牲品。有个叫来复的江西和尚,在明初较有名气,朱元璋经常将他召到南京来闲聊,并时不时留下来复在宫中"会餐"一下。来复觉得很过意不去,很想表达一下自己的一片谢意,于是就写了一首诗,送给了朱元璋,诗中有两句是这样的:

金盘苏合来殊域,玉盏醍醐出上方。
稠叠滥承天上赐,自惭无德颂陶唐。

这上联是赞美朱元璋的盛情款待,金盘里来自异国他乡的苏合香袅袅升起,玉碗里盛满了皇帝您赐给我的精美的酪浆;下联是来复在说自己,多次蒙受皇上您的恩赏,我这个平庸的人啊,不知有多惭愧,再多再好的语言都无法歌颂像尧舜一样的君主啊!

这本是一首地地道道的歌颂诗,马屁诗,意思十分明确。可谁也没想到,这个来复和尚却招来了杀身之祸。这到底是为什么?主要是皇帝对这首诗有特殊的解释,他说上联中"殊域"中"殊"分开来就是"歹""朱",于是认为:来复和尚在骂姓朱的不是什么好东西;下联中"无德颂陶唐"是在骂大明皇帝缺德,不配比作尧舜一样的贤君。当即朱皇帝大怒:"何物奸僧,敢如此大胆!"下令将来复杀了。可怜来复和尚真是倒了大霉,拍马屁也把自己的脑袋拍没了。(【明】吕毖:《明朝小史·洪武纪》卷1;【清】赵翼:《二十二史劄记·明初文字之祸》卷32)

◎ 笔祸的第二种形式就是因为写的内容和格调不合皇帝朱元璋的"口味"

洪武初年开始,朱元璋为了巩固专制主义中央集权而大施酷刑,引起了朝廷内外的一片恐慌与非议。洪武九年(1376)闰九月,山西平遥训导叶伯巨以天象星变为由头上书给皇帝,说:"小臣综观中国历代的开国之君,他们没有一个不是以仁义、德礼来治理天下而赢得民心的,一味任用刑罚就会失掉民心。国祚长短的奥秘全部在于此。"这是叶伯巨上书的铺垫,接着他把话锋一转,直接切入正题,批评朱元璋用刑太繁太酷:"皇上您严惩故元之流弊,制定了不可宽宥之刑罚,权衡快速变化着的法律,使得大家都知道了害怕,但又弄不清楚到底哪儿出了错。小臣认为不应该这样啊!开国之主,是为万世树立榜样的,一举一动,必定值得子孙所效仿,更何况刑罚使用不能不慎啊!小臣我私下认为,这些年来,我们国家诛杀了不少人啊,但犯罪者还是一个接一个,好坏也分不大清楚了,善恶也没办法区别了,议贤议能之法已经被废了,人们不能自为勉励而努力向善,这是多么危险啊!还有分封制……"

朱元璋接到叶伯巨的奏书,简直没办法读完,肺都气炸了,立即令人前往山西去,将那个腐儒逮到南京来,他要亲手杀了他。当时中书省还没被废除,中书省官员知道朱元璋在气头上会做出过激的事情,就因为一个县级教官说了几句劝谏的话,就把人家给杀了,这与古代圣君的做法相差太远了。于是他们将叶伯巨逮到南京的消息悄悄地隐瞒了下来,没马上上报。等到有一天皇帝心情好的时候,他们就来报告说:"山西那个给皇上您提意见的腐儒给逮来了!"朱元璋随即命令将他放到监狱里去。最终这个因上书"忤逆"了君主意志的县级教官死在了监狱里。(《明史·叶伯巨传》卷139)

◇ 因为写得太多,也要被皇帝打

如果说叶伯巨的死是因为不知深浅地上书而自己招惹的话,那么刑部主事(相当于司法部部长助理)茹太素就是极为平常的上书,却因为不合皇帝朱元璋的口味而招来了一顿严酷的处罚,想来实在是冤。茹太素在洪武朝主要在司法与纪检部门担任过领导工作,先后出任监察御史、四川按察使、刑部侍郎等职。他性情刚直,有什么事都实话实说。为此,他吃了不少苦头,几次被朱元璋处以廷杖、降职,甚至还曾被处以像重刑犯一样镣足办公。

洪武八年,茹太素写了整整17 000字,满腔热情地叙说了自己对国家五六件大事的看法与建议,然后就给递了上去。朱元璋接到茹太素的上书后,叫中书郎王敏念给他听,第一个晚上读到6 370个字时,朱元璋还没有听到茹太素有什么"金点子",认为全都是废话,当场就来火了,令人将茹太素叫来,狠狠地训斥了一番,还不解气,又命令手下人将茹太素拖下去,廷杖一通。这个茹太素在朝几乎天天与皇帝打照面,居然还不清楚当今主子的行事风格?其实这该怪他太不了解山大王出身的武夫朱元璋。不过好在朱元璋深知茹太素正直敢言,赤心为国,因此在第二天晚上他又耐着性子,继续听读茹太素上书。当听到16 500个字以后,朱皇帝听懂了茹太素对五件国家大事的建议,觉得四件事情的主意很不错,当场决定,叫主管部门去施行。(《明史·茹太素传》卷139)最后他颇有感慨地说:"这些酸秀才,就像臭豆腐,闻着臭吃着香。"这句对知识分子的形象"称誉"自此以后成为领袖们对中国知识分子评价的千古名言。

◇ 朱元璋认为:这些酸秀才,就像臭豆腐,闻着臭吃着香

万言上书事件发生以后,朱元璋可能觉得自己做得太过头了,人家茹太素什么都没错,就是上书的文字多了点,于是他亲自写文章讲述"万言上书事件",并规定了建言格式,后来立下《案牍减繁式》颁发各衙门,给底下人框死格式,看你们还能漫无边际地上书胡说乱侃?!而对于茹太素本人,朱元璋皇恩浩荡,请他喝酒吃饭,亲自给他倒酒。不过大家千万别以为,这是朱元璋向臣下服输了,全国人民的最高领导永远都是正确的!即使是请人喝酒吃饭,朱皇帝也没忘了"讲政治""讲原则",当即吟诗道:"金杯同汝饮,白刃不相饶。"直白地告诉茹太素:"如果你还要忤逆本皇帝的话,你也别自己臭美,以为自己多了不起,我告诉你,今天我们同饮,明天我就会白刀子进,红刀子出,绝不会轻饶!"茹太素愚忠地续韵吟诗:"丹诚图报国,不避圣心焦。"看来君臣还没有"达成政治上的高度一致",所以最终茹太素就因为愚

忤逆了朱元璋,而被处死了(名义上说是茹太素犯法了)。(《明史·茹太素传》卷139)

○"画祸"

"画祸"是本人新创的一个名词,学术界并无人专论过,为此在这儿专门讲讲。

"画祸"就是指因为画画画得不合皇帝朱元璋的口味而遭来的杀身之祸。前面我就讲了朱元璋的奇特长相,因为他长得丑陋不堪而形成了极度自卑的心理和让人无法琢磨的心中隐痛,进而导致了许多画工、画家莫名其妙地丢脑袋,这恐怕算得上是个连环"画祸"案吧。

还有我在前面讲过的一则在南京民间流传已久的传说:大脚淮西妇人怀抱大西瓜灯笼画所引发的血案,似乎不全是子虚乌有的传说吧!若不信,读者朋友可以查阅三湘马生龙著的《凤凰台纪事》和《梵天庐丛录》等几书中都有记载。

为了掩盖自己丑陋的长相和皇后老婆的"生理缺陷"(实际不能算生理缺陷,古今审美标准不同),朱元璋肆意滥杀。这不能不说是一种与文字狱本意相差无几的专制帝王的独裁,它为朱元璋的文字狱增添了"丰富的内涵"。

○"字画祸"

"字画祸"可以看作是"画祸"的延伸。传统社会里我们通常所说的"画"往往指的是在绘画的同时还配上合适的诗,这就有后世的"诗情画意"一说。原本在唐代以前中国绘画中的画就是画,没有诗的。大约是从宋朝开始中国画中逐渐增添了"诗",以此来进一步地表达画中未能表达清楚的意境,起到了珠联璧合、相映生辉的效果。

洪武年间朱元璋滥刑不仅引起朝廷内外的政界恐慌,就连民间也有不少人被波及,好多人莫名其妙地丢了性命。不过,我们中国人历来就很聪明,明的反抗不成,就来暗的。下面要讲的这个"字画案"就是一个典型的例子。

据说有一天,朱元璋在南京城郊进行微行私访,走着走着,走到了一座破庙前。他喊了几声,里边没人应,于是他就走了进去想看看,结果发现庙里一片破落,没什么值得可看的,倒是庙的墙上画了一幅画,画中的主人公是个和尚(有人说画的就是布袋和尚),只见这个布袋和尚身上背着个大大的布袋。这本是佛教中的传说故事,能说明什么?一般人不是很能明白,但这不打紧,在这个布袋和尚的边上配了龙飞凤舞的一首诗:"大千世界浩茫茫,收拾都将一袋藏;毕竟有收还有放,放宽些子又何妨!"朱元璋一看到这诗,就什么都明白了,这是人家在讽刺他!几乎快要气疯了,他要杀了那个画画与写诗的人。可庙里一个人也没有,他能杀谁?朱元璋一行人再仔细看看"字画",发现墨迹还没全干,于是下令叫手下的人将周围地区搜了个底朝天。但还是没找到什么人,一场大祸总算没有酿成。(【明】吕毖:《明朝小史·洪武纪》卷1;【明】徐祯卿:《翦胜野闻》;【明】蒋一葵:《尧山堂外纪·国朝》卷78;【清】褚人获:《坚瓠二集·布袋和尚》卷2)

○ 口祸

"口祸"就是因为嘴巴里说出来的话不合权贵者的心意或挖苦、讽刺当权者而遭来的杀身之祸。"口祸"在中国有着悠久的历史,有个成语不是说"祸从口出"么。从形式来看,好像"口祸"与"文字狱"似乎还不太一样。但就本质而言,"口祸"就是"文字口语化"而引发的,因此我将它放在文字狱里边一同来讲。

明初屡屡发生"口祸",综观洪武年间的"口祸",大致可分为两类:

◎ 因工作或公务而引发的"口祸"——御史王朴因为与朱元璋"斗嘴"而惨遭杀害

在专制主义时代,臣民随时都可能招来杀人之祸,但就社会各个阶层而言,官僚阶层是个最为一本万利的"行业",又是个政治"高风险"最为频发的"行业"。在这个政治"高风险"最为频发的"行业"中,历代的"御史"就是最为危险的"工作岗位"。尽管我们的传统社会里形成了"不杀御史"的传统,但传统政治又以大一统君主专制主义为终极价值取向,所以只要君主不是成批地杀戮御史,过去的史官们还是"为尊者讳";或者正如现在的某些人的观点——主要看这个帝王有没有对大一统政治有所贡献,如果有了,在某些已经官僚化、政治化的"学者"看来,这些帝王即使再凶残也可不提或少提他滥杀无辜或向他提意见的人。所以即使有御史被杀也往往被"忽略不计",这些正直的御史就像近来有人戏说的那样是专门找茬的人,死了也白死。明初洪武朝的王朴就是这么因为"口祸"而"自己给自己找死的人"。

王朴,同州人,洪武晚年出任监察御史。所谓监察御史,品级不高,跟知县差不多,但他管的事特别多,百官们人正不正,皇帝做得好不好,他都有权力提出意见。而王朴这个人的性格很耿直,有一点事非要辩出个是非曲直来。但问题是要看你在跟谁辩了,可王朴管不了这么多,几次跟皇帝争辩起来,朱元璋发火差一点将他杀了。洪武二十九年(1396)九月,王朴又跟皇帝争辩起来了。其实,晚年朱元璋的脾气已经相当古怪,心理上出现了严重障碍,但他似乎对御史这个特殊的工种还是挺看重的,尽管这次又与王朴争了起来,且怒火冲冲地下令将他押到菜市场去杀了,可转而又马上下诏,将他从菜市场拖回来,不杀了。随后轻声地问王朴:"你那个臭脾气能不能改一改?"从朱元璋的问话来看,他可能意识到了自己杀王朴是不对的,只是为自己的极度自尊才这么做。轻声问王朴,既给自己同时也给王朴找个台阶下。谁知这个王朴也是执著的、一条道跑到底的人,他回答说:"陛下不认为我不才,提拔我做了监察御史,为什么现在这般轻慢我、摧残我!假如我没有罪的话,陛下您怎么又要杀我!假如确实是我有罪的话,又怎么使得我活着!小臣今天只想快快地死啊!"简直就是一根筋没有扭过来,王朴根本不顾皇帝的面子。朱元璋终于暴怒,催促手下人对王朴立即行刑。王朴在被押往执行死刑的路上,路过编纂史书的史馆门口,大声叫喊:"刘三吾,听着记下了,某年某月某日,皇帝杀无罪御史王朴。"王朴因为嘴巴不饶人,最终还是被洪武皇帝给杀害了。(《明史·王朴传》卷139;【清】夏燮:《明通鉴》卷11)

王朴的"口祸"主要是因为工作关系,是他那不依不饶的犟脾气而引发的,而下面这个皇帝朱元璋的大舅子差一点得祸实在有点莫名其妙。

◎ 因日常生活或交往而无意识地引发的口祸

郭德成是朱元璋的大舅子,郭宁妃的哥哥,较早跟着闹革命,对大明开国前后的朱元璋还是相当了解的:以前的朱元璋虚怀若谷,礼贤下士,关爱将士;洪武中期开始逐渐变了,刚愎自用,疑神疑鬼,滥杀功臣,摧残儒士,坏事真做了不少。郭德成虽然从亲缘关系角度要喊朱元璋为妹夫,民间老百姓的郎舅关系应该是很亲热的,但郭德成的这个妹夫可不咋样,简直是个杀人恶魔,作为大舅子的郭德成看在眼里,心里就更加明白。人家说外戚占足便宜,出足风头,他可什么都不要,整天以酒为友,叫做"革命小酒天天醉"。而朱皇帝因为喜欢郭家的小美眉,所以听人说起了大舅子几乎成了酒鬼了,他就想要给大舅子弄点事做做,顺便享享福。想到这里,立即下令,要拜郭德成为都督官朗(可能是一种可以拿工资干不吃力活的官职),本以为大舅子会千恩万谢妹夫的皇恩,可没想到,才一说这事,郭德成就坚辞不接受。朱元璋好纳闷:"你跟我不仅仅是郎舅关系,而且还是当年一起出来的老哥儿们,这么多年了,我给你这么个官就是要你享享天下太平之福。你怎么会推辞不干?"郭德成说:"我这个人生性懒散又狂愚,喜欢每天醉一回。醉了,就不想起来了,压根儿也不识事情的轻重缓急。要是你叫我做了什么官,我没把工作做好,你就会把我给杀了,我还想多活几年呐!人的一生最大的快乐莫过于多得一些钱,多喝几口美酒,率性随意。我这一生能有这样,早已满足了。"朱元璋一听,觉得大舅子讲得有理,于是下令给郭德成送了100坛美酒,还有很多的金钱与丝绸等类的好

东西,这事也就过去了。(《明史·郭德成传》卷131;【明】郎瑛:《七修类稿·国事类》卷9)

◇ 与皇帝妹夫一起喝酒,大舅子喝出了"精神病"

忽然有一天,朱元璋想起了大舅子来了,叫人将他喊到明皇宫里来喝酒。郭德成接到皇命,赶紧前往。郎舅俩喝着喝着,妹夫朱元璋倒没什么反应,大舅子郭德成就喝醉了,趴在地上不停地给妹夫磕头谢恩,可没磕几个头,却把自己头上的帽子给磕没了,顿时一片"荒原"给露了出来。朱元璋一看,郭德成几乎是光头,只有几根零星的头发还勉强地坚守工作岗位,而大舅子不停地磕头,又好似一个摇晃的皮球,实在好玩。朱皇帝笑了,问大舅子:"醉鬼啊,我问你,你的头发为什么秃成这个样,是不是喝酒喝得太多了?"郭德成也打趣地回答:"就这几根了,我还嫌它多,干脆剃了个光头才痛快啊!"朱元璋一听这话"干脆剃了个光头才痛快",脸就耷拉起来,不作声了。

当时醉酒的郭德成没有觉得有什么不妥的,等酒醒了,顿时意识到自己闯大祸了,好多文人不就是不知皇帝的禁忌而招来了杀身之祸,越想越觉得害怕,这可怎么办?最后想到了一个主意,一不做,二不休,干脆装起疯卖起傻来,剃光了头,吃斋念佛,当个疯和尚。

有人把郭德成"发疯成僧"的事情告诉了朱元璋,朱元璋不信,还亲自来看看大舅子到底怎么样。看到郭德成疯疯癫癫,嘴里不停地念着"佛语",朱皇帝真信了,回去就跟郭宁妃说:"我原本以为你家哥哥是跟我说说笑话的,没想到如今他真的成了一个疯汉。"从此他就再也不留意郭德成了。郭德成算是聪明,躲过了一场由口误而引发的灾祸。(《明史·郭德成传》卷131;【明】郎瑛:《七修类稿·国事类》卷9)

朱元璋的大舅子因为人聪明与机灵,即使嘴巴"惹祸"了,赶紧采取补救办法,从而避免了杀身大祸。但在洪武极端专制底下,有的倒霉蛋甚至到死都不知道自己怎么会死的——因为他周围某个人的牢骚而引发的,于是一个又一个糊里糊涂成了朱元璋刀下的冤魂屈鬼。

◎ 因发牢骚,南京大中桥和淮清桥一带居民遭到了朱皇帝的屠杀

据《九朝野记》《凤凰台纪事》等书所载:有一次朱元璋在南京城里微服私访,走到今天夫子庙边上的大中桥一带,听到有人在抱怨当今朝廷法律的严酷与繁复,说着说着,他就说起了当朝天子的不好。朱元璋听后,万分恼怒。他想到附近的徐达

家去坐坐,思虑一番如何处置发牢骚者。可刚好徐达外出不在,徐达夫人听说皇帝驾到,赶紧出迎。一见面,朱元璋就问:"大将军在哪里?"徐达夫人说:"老爷因为某事到某地去了。"随即她吩咐下人,打算将徐达叫回家来,但被朱元璋制止住了。徐达夫人看到皇帝脸色铁青,生怕有大祸降临,想问又不敢问。朱元璋见此立马明白,反问徐达夫人:"嫂嫂可知道我为什么发火?"徐达夫人说:"不知道。"但见到皇帝这般怒气,担心他是冲着她丈夫徐达而来的,于是赶紧跪下,边磕头边问:"陛下有什么事,民女不知能否为陛下分忧?"朱元璋说:"我被人欺侮了!"徐达夫人又问什么事情。朱元璋的火发得更大了,好久都说不出话来。过了一会儿,他命令身边人马上出去,叫某兵官带上3 000名全副武装的将士赶赴这边,自己却在徐达家一声不吭地继续坐着、等着。徐达夫人不知朱元璋到底要干什么,害怕极了,以为皇帝要灭他们徐达家,但又不敢再派人去叫徐达。过了一阵子,3 000名将士赶到徐达府上。朱元璋当即命令2名士兵守候在大中桥和淮清桥两条桥上,然后叫全体将士们从东杀向西,顷刻之间就灭了数千家。尽管外面哭爹喊娘、凄凄惨惨,但坐在徐府里边等待的朱皇帝却似乎什么反应也没有。一直到将士们杀完了来复命,他才满意地返回明皇宫的家中。(【明】祝允明:《九朝野记》卷1;【明】马生龙:《凤凰台纪事》)

朱元璋的文字狱五花八门,上述列举的仅是几类比较典型的案例。通过这些案例,我们可以看出朱元璋的极端君主专制主义确实是到了家。

● 朱元璋屡兴文字狱的恶劣影响

通过文字狱,朱元璋在思想文化方面加强了君主专制主义,对大明帝国的政治思想大一统起到了强化的作用。但我们还必须看到,明初文字狱的大兴,给明清五六百年的历史开了很坏的恶例。以后的中国历史进入了文字狱的高发期,这不仅使得广大无辜的人民尤其是知识分子成为专制主义淫威的牺牲品,而且还钳制了人们的思想,阻碍了中国社会思想文化的进步。直到清末——清政府行将就木时还在大搞文字狱——苏报案,最终连革命思想家、革命军中"马前卒"邹容还被迫害至死于牢中,还有……

下章
千秋过功　治隆唐宋

经过十几年的亡命博弈,颠覆元廷,"驱逐胡虏,恢复中华",重建"大一统"帝国,又花费了三十来年的时间立纲陈纪、使厚民生独揽乾纲、统一思想、科举成式,发动了不少于八场暴风骤雨式的大运动……在那个轰轰烈烈又令人痛苦不堪的"洪武"年代里,大明帝国到底治理得怎么样?如何来看待"洪武"的大明开国皇帝?有人说他是恶魔、是杀人不眨眼的刽子手、屠夫,也有人说他是英雄、"圣人",甚至还有人称他为"千古一帝"。清圣祖康熙帝评价其为"治隆唐宋",这到底有着怎样的含义?还有,作为政治人物,前面我们讲了很多很多朱元璋执政方面的事情,那么这位奇特的大明开国皇帝个人情感、家庭生活又是如何?最后他又是怎么死的?……

是是非非千秋过功　康熙评述"治隆唐宋"

从濒临死亡边缘的叫花子到定都南京君临四海的大明天子,朱元璋创造了中国帝王史上的绝无仅有的纪录;从建立大明帝国的那一刻起,废除中书省和丞相制,皇帝直接统领六部;废除大都督府,实行五军都督府制和卫所制,确立军权制约机制;改元四级制为三级制,实行地方"三司"分权,奠定明清500多年地方体制格局;制定各级官僚的行为规范与标准,完善权力制衡和监察系统;重典治国,严惩官吏贪污,净化官场风气,翦灭开国元勋将臣,消除潜在"政治危险";实行廷杖制常态化,开创特务统治,加强极端皇权;阜民之财、息民之力、创导乡村"自治",解决"三农"问题;首创粮长制,实现"良民治国"理想,构建大一统帝国官府可控制下的工商"有序"的经济生活秩序;打抑"新贵"和豪强富民,构建"和谐"的等级社会;编定大明法律,实行司法"三权分立",加强极端专制主义中央集权;实施"四清",发动八场

"大运动",将一个个所谓的"坏分子"或潜在的危险分子推向地狱;屡兴文字狱、强化思想专制主义;改革教育、实行科举常态化、成式化,强化文化教育专制主义……

朱元璋在其生命旅途的后半期开创了中华大一统帝国许许多多的历史之最,影响了以后中国社会600多年的历史。因此有人说他是"伟大领袖""圣人"、雄主,也有人说他是个奇特的皇帝,更有人说他是恶魔、屠夫……所有这些都涉及了一个问题:怎么来评述朱元璋,或者说朱元璋到底是有功还是有罪于历史?

清圣祖康熙皇帝屡屡南巡,数次驻跸南京:康熙二十三年十一月壬戌,"上驻江宁。癸亥,诣明陵致奠";康熙二十八年二月癸亥,"上驻跸江宁。甲子,祭明陵。赐江宁、京口驻防高年男妇白金";康熙三十八年四月己酉,"车驾次江宁。上阅兵"(《清史稿·圣祖本纪二》卷7)。南京紫金山麓明孝陵景区孝陵殿内有一方"治隆唐宋"大石刻碑,其落款为"康熙岁次己卯四月望日敬书",即说康熙己卯年清圣祖玄烨再次拜谒了明孝陵。康熙己卯年也就是《清史稿》里头所说的康熙三十八年(1699)。换言之,被人誉为有清一代"圣君"的康熙帝是在登基接近40年和在多次驻跸南京和拜谒明孝陵后,才在那里留下了御笔墨宝"治隆唐宋",由此可见其十分谨慎,或言深思熟虑后才为之。那么作为后朝"圣主"为前朝开国皇帝朱元璋写下的这四个字作何解释?

长期以来似乎没人对此做过专门的系统讨论。在笔者看来,"治隆唐宋"就是清圣祖康熙帝对朱元璋的整体评价。这四字里边有三个关节点:第一,"治",即"治理得好,安定太平"(陈复华主编:《古汉语词典》,商务印书馆1998年12月第1版,P2026);第二,"隆"即超过,多余;第三,"唐宋",是指中国传统文明的经典时代即唐朝、宋朝。四个字放在一起,就是说洪武时代朱元璋治理的大明帝国超过了中华文明经典时代的唐宋帝国。真是这样吗?最近有人在网上做了这样的解释:"治隆唐宋","这是康熙皇帝对朱元璋的称颂,也是对明朝的称颂。有人说,康熙皇帝写这几个字是故意给别人看的。其实如果单纯要给别人看,完全不必写这样称颂的字。英雄惜英雄,惺惺惜惺惺,作为一个有胸襟有胆略的帝王,康熙皇帝的这几个字应该是由衷之言"(http://baike.baidu.com)。康熙写下这四字由衷不由衷,只有去问康熙爷本人了。我们现在关心的是,清圣祖对朱元璋的这般评价合适吗?或者说符合历史实际吗?我们不妨从朱元璋治理下的帝国境内诸政、民族边疆、对外关系和个人皇家等诸层面分别加以讨论:

第一层面,从传统的中华帝国境内诸政治理角度来讲:前面数章我们都已做了较为详尽的论述,那么其效果怎么样呢?《明史》作者说:"治理得很好,明太祖的子孙们受益了二三百年。""(明)太祖以聪明神武之资,抱济世安民之志,乘时应运,豪杰景从，戡乱摧强，十五载而成帝业。崛起布衣，奄奠海宇，西汉以后所未有也。惩元政废弛，治尚严峻。而能礼致耆儒，考礼定乐，昭揭经义，尊崇正学，加恩胜国，澄清吏治，修人纪，崇凤都，正后宫名义，内治肃清，禁宦竖不得干政，五府六部官职相维，置卫屯田，兵食俱足。武定祸乱，文致太平，太祖实身兼之。至于雅尚志节，听蔡子英北归。晚岁忧民益切，尝以一岁开支河暨塘堰数万以利农桑、备旱潦。用此子孙承业二百余年，士重名义，间阎充实。至今苗裔蒙泽，尚如东楼、白马，世承先祀，有以哉。"（《明史·太祖本纪三》卷3）

第二个层面，朱元璋对于民族边疆地区的治理（简称"治边"）又是如何？

说到明初民族边疆经营与治理，可能人们印象最深的就是《明史》中的那段赞语："威德遐被，四方宾服，受朝命而入贡者殆三十国。幅陨（通'员'）之广，远迈汉、唐。成功骏烈，卓乎盛矣。"（《明史·成祖本纪三》卷7）其实这是明代疆域最广时候的状况，也是好大喜功、穷兵黩武的永乐皇帝时代的疆域范围。那么朱元璋时代又是如何一番境况？有人在网上说朱元璋在边疆问题上并无多大作为，人们更喜欢形象工程迭出的永乐皇帝，其实这是对历史的误读。从广泛和深层意义角度来讲，明初小朱皇帝永乐比不上老朱皇帝洪武。何出此言？

威德兼施因俗治夷　华夷归一铜墙铁壁

朱元璋自建国前后起就确立了比较稳妥的民族边疆国策，用他的原话来说："威德兼施"（《明太祖实录》卷149），"以德为主"（《明太祖实录》卷148）。这里的"威"是指军事武威、军事武力；"德"是指德惠。威德兼施就是既要使用军事武力又要施以德惠，套用历代"有道"之君经常挂在嘴边的那句术语，叫"恩威并施"。

● 朱元璋"治蛮夷之道"："必威德兼施"

朱元璋的此项统御之术形成时间很早，洪武元年八月，湖广行省平章杨璟等前往南京觐见，朱元璋问起他治下的广西雨江、黄岑等地的边务。带有对少数民族偏见的杨璟这般回答道："蛮夷之人（对少数民族带有歧视性的称呼，这是很不对的，笔者注，以下略）性习顽犷，分散开来了，成了地方上的村民、山民；一旦聚集起来了就要与官方为敌，因此说对于他们实在很难实行文治，应该用大军压阵。只有这样，他们才会有所畏惧而不敢乱来！"朱元璋听后却不以为然："蛮夷之人的性情和习惯虽说与我们不一样,但好生恶死之心可没有什么不同。假如抚之以安静,待之以诚意,谕之以道理,难道他们还有不会被感化的?!"(《明太祖实录》卷34)

不过话得讲回来,光有"德惠"还不行,也不一定真能感化蛮夷之人,必须要有一定的"威",即军事武力作为后盾。洪武七年七月,有个御史上广西公干回京,上呈《平蛮六策》。朱元璋看后为其中的"立威"一说做了如下批示:"盖蛮夷非威不畏,非惠不怀,然一于威则不能感其心,一于惠则不能慴其暴,惟威惠并行,此驭蛮夷之道也。"(《明太祖实录》卷91)这话是说,对于边地少数民族没有一定的军事武力,他们是不会怕你的;不给予一定的实惠,他们也不会真心感怀你。但如果一味地任用军事与武力,他们当然不会真心服你;如果一味地给予实惠、恩惠,他们也不会敬畏你,只有威惠并行或言"威德兼施",那才是驭蛮夷之道啊!(《明太祖实录》卷149)

尽管朱元璋的"驭蛮夷之道"并没有站在完全的民族平等的角度而提出,但相比于元朝采取的民族歧视和民族压迫政策,那绝对算得上是个历史的大进步。

可以这么说,"治蛮夷之道,必威德兼施"是朱元璋治理边地与少数民族的整体策略或言一项基本国策。

● 洪武灵活"德威"南北"夷虏"

相比于口头上说说,贯彻于治国理政实际中如何处理好威德兼施关系和治理好边地、少数民族,这可是一项非常复杂又十分繁琐的"巨大工程"。综观洪武时期这方面的治务实际,我们不难发现,其大致有以下三个方面的特征:

第一,"威德兼施"政策首先是以军事之威、军事武力作为实施的先决条件,这是一个硬道理。用军事上的话来说,就是取得不战而屈兵的效果。

相对于全国其他地方而言,江西、湖广等地区的少数民族可能是最早投靠朱元璋政权的。龙凤九年(1363)朱元璋在鄱阳湖大败陈友谅后,发兵乘胜追击,威震四方,沿路苗族、土家族诸土司官纷纷归降。龙凤十一年(1365)六月,云南思南宣慰使田仁智派遣都事杨琛前来归款,七月,思州宣抚使兼湖广行省左丞田仁厚派遣都事林宪、万户张思温来献其守地镇远、古州军民2府,婺州、功水、常宁等10县,龙泉、瑞溪沿河等34州。对此,朱元璋迅速作出反应,予以极大的"恩惠""实惠",让田仁智依然出任思南道宣慰使,并授予"归款"跑腿有功者都事杨琛为思州等处军民宣抚使兼新军万户,以三品银印给授之;对于思州的田仁厚也十分"优待",仅将思州宣抚司改为思南镇西等处宣慰使司,任命其为宣慰使。(《明太祖实录》卷17)

洪武元年(1368)朱元璋派遣大将汤和、廖永忠、杨璟等两路南征,横扫东南福建陈友定、两广何真等割据势力,在强大的大明军军势下,七月"广西左江太平府土官黄英衍、右江田州府土官岑伯颜等遣使赍印章诣平章杨璟降"。(《明太祖实录》卷32)

洪武四年,朱元璋发动了西征,八月攻灭四川明氏夏国,大明军气吞山河。四个月后的洪武五年(1372)正月,紧靠四川重庆的云南(元末明初的云南应该包括今天的云南和贵州两省)东北三府故元地方土司官纷纷前来归降:"播州宣慰使杨铿、同知罗琛,播州总管何婴、蛮夷总管郑瑚等来朝贡方物,纳元所授金牌、银印、铜印、宣敕,诏赐铿等绮帛、衣服,仍置播州宣慰使司,铿、琛皆仍旧职,改总管为长官司,以婴等为长官司长官";"故元贵州宣慰使郑彦文及土官宣慰司霭翠、叔禹党,宣慰宋蒙古歹并男思忠来朝贡马及方物,诏赐文绮、袭衣各有差,彦文等皆仍旧职,宋蒙古歹、霭翠并世袭贵州宣慰司如故,又置贵竹等十一长官司";"普定府(即今天的安顺)女总管适尔及其弟阿瓮等来朝贡马,赐罗衣及文绮,以适尔为知府世袭其官。"(《明太祖实录》卷71)

第二,相对于对南方少数民族与边地居民实行"威德兼施"和"以德怀之"的政策,洪武开始大明对于具有巨大威胁的北方故元残余势力则实行"以威服之"和"威德兼施"的策略。

从洪武二年起,朱元璋先后派遣大将军徐达、李文忠、傅友德、蓝玉等一流的军事人才率领大明军开展了10多次的"清沙漠"行动,从根本上打击和摧毁残元的有生力量,以此来确保大明的长治久安。但即使在这样狂风暴雨式的军事打击过程中,洪武帝也时不时地进行政治招抚即所谓的"德惠"之施予。因为他充分懂得兵法所言'穷寇勿迫'的道理,"若乘胜急追,彼必死斗,杀伤必多"(《明太祖实录》卷14)。其实这样做的积极意义还远不于此,在敌人困顿不堪之际,开展政治招抚,更多的是给人一条"生路",看到了希望,以此来瓦解敌人阵营。由此看来,朱元璋确实是棋高一筹。

洪武二十年(1387)大明发动了第八次"清沙漠"行动,大将军冯胜率军兵围金山,逼降故元残余东北纳哈出20万大军;洪武二十年九月到洪武二十一年(1388)五月,大明发动了第九次"清沙漠"行动,征虏大将军、永昌侯蓝玉率军深入漠北极寒地带,从根本上摧毁了北元残存的有生力量。在这样的情势下,大明迎来了北疆蒙元高官旧将成群结队前来归降的高潮。其中以洪武二十一年八月辽东纳哈出原部属行省平章朱高、枢密院同知来兴等率领的1 000余人和洪武二十一年十月故元国公老撒、知院捏怯来、丞相失烈门、右丞火儿灰、副枢以剌哈、尚书答不歹等率部3 000人来降最为壮观、也最令人兴奋不已。详见下表:

洪武二十年下半年至二十一年下半年成群结队前来归降大明的主要故元高官旧将简表

归降时间	归降的高官旧将原职位	归降的高官旧将名字	史料出处
洪武二十年七月	纳哈出所部营王	失剌八秃	《明太祖实录》卷183
洪武二十年七月	纳哈出所部云安王	蛮吉儿的	《明太祖实录》卷183
洪武二十年七月	纳哈出所部郡王	桑哥失里	《明太祖实录》卷183
洪武二十年九月	故元太尉	纳哈出	《明太祖实录》卷185
洪武二十年九月	纳哈出所部诸王	哥列沙	《明太祖实录》卷185
洪武二十年九月	故元全国公	观童	《明太祖实录》卷185
洪武二十年九月	故元淮王	帖木儿不花	《明太祖实录》卷185
洪武二十一年八月	故元工部尚书	丑驴（后改名为李贤）	《明史·薛斌传附李贤传》卷156
洪武二十一年八月	纳哈出故部属行省平章	朱高	《明太祖实录》卷193
洪武二十一年八月	纳哈出故部属枢密院同知	来兴	《明太祖实录》卷193
洪武二十一年八月	陕西行省右丞	阿里沙	《明太祖实录》卷193
洪武二十一年八月	岭北行省参政	李罗	《明太祖实录》卷193
洪武二十一年八月	辽阳行省左丞	末方	《明太祖实录》卷193
洪武二十一年八月	河南行省左丞	必剌秃	《明太祖实录》卷193
洪武二十一年八月	甘肃行省右丞	哈剌	《明太祖实录》卷193
洪武二十一年八月	中政院使	脱因	《明太祖实录》卷193
洪武二十一年八月	宣政院使	脱怜	《明太祖实录》卷193
洪武二十一年八月	太史院使	邦住	《明太祖实录》卷193
洪武二十一年八月	省都镇抚	完者秃	《明太祖实录》卷193
洪武二十一年八月	太常礼仪院使	台里帖木儿	《明太祖实录》卷193
洪武二十一年八月	翰林院学士	哈剌把都儿	《明太祖实录》卷193
洪武二十一年八月	行枢密院知院	纽怜	《明太祖实录》卷193
洪武二十一年八月	将作院使	梁三保奴	《明太祖实录》卷193
洪武二十一年八月	通政院使	扯里帖木儿	《明太祖实录》卷193
洪武二十一年八月	太府监卿	怯都古	《明太祖实录》卷193
洪武二十一年八月	都护府都护	速哥干	《明太祖实录》卷193

续表

归降时间	归降的高官旧将原职位	归降的高官旧将名字	史料出处
洪武二十一年八月	宣徽院同佥	灰里赤	《明太祖实录》卷193
洪武二十一年八月	行宣政院同知	怯古里不花	《明太祖实录》卷193
洪武二十一年八月	行宣政院千户	朵儿秃秃	《明太祖实录》卷193
洪武二十一年八月	甲爱马	忽鲁答	《明太祖实录》卷193
洪武二十一年八月	司农司丞	孛罗不花兴	《明太祖实录》卷193
洪武二十一年八月	和路府判	哈剌帖里温海西	《明太祖实录》卷193
洪武二十一年八月	宣慰司同知	剌八蒸	《明太祖实录》卷193
洪武二十一年八月	太仆寺少监	末里赤	《明太祖实录》卷193
洪武二十一年八月	内政司丞	蛮歹	《明太祖实录》卷193
洪武二十一年八月	大宁路同知	张德林	《明太祖实录》卷193
洪武二十一年八月	中瑞司卿	李不颜	《明太祖实录》卷193
洪武二十一年八月	内史金院	哈剌曲赤	《明太祖实录》卷193
洪武二十一年八月	山东宣慰司同知	也提	《明太祖实录》卷193
洪武二十一年八月	河东宣慰司同知	帖木儿不花	《明太祖实录》卷193
洪武二十一年八月	大都督府总管	失列门	《明太祖实录》卷193
洪武二十一年八月	太医院同知	忏都	《明太祖实录》卷193
洪武二十一年八月	长秋司丞	失兰歹	《明太祖实录》卷193
洪武二十一年八月	御史	帖木儿	《明太祖实录》卷193
洪武二十一年十月	故元国公	老撒	《明太祖实录》卷194
洪武二十一年十月	故元知院	捏怯来	《明太祖实录》卷194
洪武二十一年十月	丞相	失烈门	《明太祖实录》卷194
洪武二十一年十月	右丞	火儿灰	《明太祖实录》卷194
洪武二十一年十月	副枢	以剌哈	《明太祖实录》卷194
洪武二十一年十月	尚书	答不歹	《明太祖实录》卷194
洪武二十一年十一月	故元辽王	阿札失里	《明太祖实录》卷194
洪武二十一年十一月	故元命宁王	塔宾帖木儿	《明太祖实录》卷194

  对于前来归降的故元高官旧将，朱元璋很注意施予"德恩"，除了赏给优厚的财物外，还委以相应的官职，甚至还赐以姓名，"大胆"任用。由此，很多故元部将和官

员在原地或就近或调至大明帝国内担任职务。

洪武二十二年五月辛卯日,朱元璋决定在兀良哈旧地设置泰宁、朵颜、福余三卫指挥使司,就以故元辽王阿札失里等高官降将为卫指挥使司军官领导,并遣使赍敕往谕之,曰:"覆载之间,生民之众,天必择君,以主之天之道,福善祸淫,始古至今,无有僭差,人君能上奉天道,勤政不贰,则福祚无期;若怠政殃民,天必改择焉。昔者二百年前,华夷异统,势分南北,奈何宋君失政,金主不仁,天择元君,起于草野,戡定朔方,抚有中夏,混一南北,逮其后嗣,不君于是,天更元运,以付于朕。自即位来,今二十余年,尔阿札失里等知天命有归,率众来附,朕甚嘉焉。朕每于故元来归臣民,悉加优待,况尔本元之亲属者乎,今特于泰宁等处立泰宁、福余、朵颜三卫,以阿札失里为泰宁卫指挥使、塔宾帖木儿为指挥同知、海撒男答溪为福余卫指挥同知、脱鲁忽察儿为朵颜卫指挥同知,各领所部,以安畜牧。自古胡人无城郭,不屋居,行则车为室,止则氊为庐,顺水草,便骑射为业,今一从本俗,俾遂其性,尔其安之。"(《明太祖实录》卷196)

但也有归降的鞑靼官员或将领被调至大明帝国内担任要职,譬如洪武二十一年下半年在故元高官旧将组团来降中担任翻译的丑驴就是这么一个典型的例子。丑驴,前元工部尚书。归降后,朱元璋觉得他的名字实在太难听了,于是御赐姓名"李贤",并将他安排到临近北疆地区的燕王府去任职纪善(明代亲王府内掌讲授、教导之官职)。据说此人后来跟朱棣关系处得不错,就连"靖难"师起时,也甚有"劳绩,累迁都指挥同知"。其时"凡塞外表奏及朝廷所降诏敕,皆命(李)贤译。贤亦屡陈所见,成祖皆采纳之"。明仁宗当政时,丑驴即李贤被晋升为后军都督佥事,旋"再进右都督,赐赉甚渥",最终被封为忠勤伯,食禄100石,真可谓恩遇不绝。(《明史·薛斌传附李贤传》卷156)

洪武二十三年正月,洪武帝朱元璋发动了第十次"清沙漠"运动,旨在彻底清除屡为边患的北元主"后时代"的残余势力。在征虏前将军、颍国公傅友德等大明老将的得力辅助下,小龙仔晋王朱棡和燕王朱棣等通过奇袭战术,取得了"迤都之捷",逼迫故元太尉乃儿不花、丞相咬住、忽哥赤,知院阿鲁帖木儿等又一批文官旧将前来归降大明。对于这样顽固的"姗姗来迟"归降者,洪武帝朱元璋同样也予以了封赏和委职,其中以乃儿不花为留守中卫指挥同知,阿鲁帖木儿为燕山中护卫指挥同知,咬住为都察院右副都御史,忽哥赤为工部侍郎,"各赐纱帽金带钞锭,寻升乃儿不花、阿鲁帖木儿等为指挥使"。(《明太祖实录》卷201)

第三,针对不同的地区和不同的对象,洪武帝实行"威德兼施"政策时尽管有所侧重"德"或"威",但在实际应用过程中就时不时地兼用;其手法相当之灵活,绝无后世人们概念中的朱元璋保守、刻板的影迹。譬如洪武前中期不断调整治藏方略和洪武后期大明军逼降纳哈出就是典型的事例。

元朝时藏区为帝国政权的重要组成部分，但相对于中原内地与北疆地区而言，它并不是元末明初天下大乱之际的争夺焦点。不过洪武皇帝朱元璋却对此予以极大的重视，在南京开国后没多久就确立了以军事武威为背景、德惠为主的治藏策略。

洪武二年(1369)春大明军攻入陇右地区，鉴于"临洮之地，西通番夷"(《明太祖实录》卷41)，朱元璋在下令设立临洮卫的前提下，派遣使者前往藏区，诏谕吐蕃诸部，宣告元君失政，天下归明。随后又派遣陕西行省员外郎许允德出"使吐番，令各族酋长举故官至京授职"(《明太祖实录》卷79)。洪武三年五月，大明北伐军"左副副将军邓愈自临洮进克河州，遣人招谕吐蕃诸酋"(《明太祖实录》卷52)。河州位于今日甘肃省南部的临夏自治州，是当年元朝吐蕃等处宣慰司都元帅府驻地。由此而言，明军攻克河州影响非凡。正是在这样的军事背景下，故元陕西行省吐蕃宣慰使何锁南普、镇西武靖王卜纳剌率吐蕃诸部等相继投降了大明。洪武四年，朱元璋派遣汤和、傅友德率领征西大军挺进四川，攻灭明氏夏国。明军一路进军势如破竹，故元阶州、文州、茂州、威州和松潘等地的藏族和蒙古族官员与头领纷纷前来归降。洪武五年，朵甘和乌思藏等地僧俗两界的藏族首领遣使来贡，转相招引，归降大明。(《明太祖实录》卷77)

在这样的大好形势下，朱元璋因地制宜地构建和不断完善大明在藏区的军事机构和军事力量部署。洪武四年二月，在故元吐蕃等处宣慰司都元帅府旧地设立河州卫，任命自己家乡人、"老革命"韦正为该卫指挥使，新近归降的故元陕西行省吐蕃宣慰使何锁南普为河州卫指挥同知。其下设立千户、百户等官职，皆以归降了的各族头领充任，且为世袭制。(《明史·西域二西番诸卫》卷330)

而就在此前后，故元摄帝师喃加巴藏卜和国公南哥思丹八亦监藏等一批乌思藏和朵甘地区的僧俗高层人士归顺了大明。朱元璋以此为契机，在藏区核心地带设置乌思藏卫指挥使司、朵甘卫指挥使司等一系列军政机构。洪武六年，藏区最为边远的俄力思即今天的阿里地区藏族头领挪思公失监也遣使向大明表示"委心效顺"。一年后的洪武八年正月庚午日，朱元璋下诏设置俄力思军民元帅府，委任挪思公失监为元帅。(《明太祖实录》卷96；《明太祖封俄力思军民元帅府诏书》)

至此，大明在西藏地区建立起了三大主要军政机构，即乌思藏卫指挥使司、朵甘卫指挥使司和俄力思军民元帅府。而就此三者而言，乌思藏卫指挥使司、朵甘卫指挥使司所治辖的地区更为重要。为此在洪武七年朱元璋又将乌思藏和朵甘两卫升格为行都指挥使司。行都指挥使司为明朝地方上相对独立性很大的高级别军政机构。朱皇帝的这般升格"德惠"乌思藏、朵甘两卫是不是考虑到大明帝国的长久统一与稳定？

答案是肯定的。因为就在对乌思藏、朵甘两卫进行升格的同时，洪武帝又下令在故元吐蕃等处宣慰司都元帅府旧地河州设置西安行都指挥使司（不久之后改为陕西行都指挥使司），直接统辖新升格的乌思藏行都司和朵甘行都司等（《明太祖实录》卷91；《明史·西域传》卷331）。这样一来就形成了乌思藏行都指挥使司、朵甘行都指挥使司隶属于西安行都指挥使司，西安行都指挥使司隶属于中央的三级隶属格局，大明朝廷对藏区的管辖与治理由此大为加强。

不过老朱皇帝并没有满足于此，就在构建新型的高级别治藏军政管理系统的前后，他还不断地遣使招谕藏区各级首领，德惠有加。其中在洪武六年二月癸酉日诏置乌思藏、朵甘卫指挥使司的谕文中，他这样说道："我国家受天明命，统驭万方，恩抚善良，武威不服，凡在幅员之内，咸推一视之仁，近者摄帝师喃加巴藏卜以所举乌思藏、朵甘思地面故元国公、司徒、各宣慰司、招讨司、元帅府、万户、千户等官，自远来朝，陈请职名，以安各族。朕嘉其识达天命，慕义来庭，不劳师旅之征，俱效职方之贡，宜从所请，以绥远人，以摄帝师喃加巴藏卜为炽盛佛宝国师，给赐玉印；南哥思丹八亦监藏等为朵甘、乌思藏武卫诸司等官，镇抚军民，皆给诰印，自今为官者，务遵朝廷之法，抚安一方；为僧者，务敦化导之诚，率民为善，以共乐太平。"（《明太祖实录》卷79）

洪武帝招谕藏族首领和德惠藏区最为常见的做法，用通俗一点的话来说，只要你故元藏官前来归附我大明的，我朱元璋照样让你回本地去当官，甚至有时连官府和官名都不变。见诸史籍的有长官司、安抚司、安慰司、招讨司和万户府，等等。

洪武六年十二月壬寅日，四川雅州西部的故元六番招讨使高英派遣自己的儿子高敬严等前来大明朝贡方物，表示愿意归顺。朱元璋当即下令，赐以文绮袭衣。几天后朱皇帝又下诏，设置"四川天全六番招讨司，秩从五品，以前土官高英为正招讨，王藏卜为副招讨"。（《明太祖实录》卷86）

洪武七年五月，四川茂州、陇木头、静州、岳希蓬、汶山、汶川及寒水巡检司、威州宝宁等县土官同茂州权知州杨者七等入朝贡马，表示归降大明之意。朱元璋随即命令设立四川散毛沿边宣慰使司、堂厓长官司和汶山、汶川、陇木头、静州、岳希蓬长官司等。（《明太祖实录》卷89）

洪武十六年三月，"西番打煎炉长河西土官故元右丞剌瓦蒙复遣理问高惟善及其侄万户若刺来朝贡马及方物"。朱元璋诏赐钞锭衣服有差，并于四月下诏设"置长河西等处军民安抚使司,以故元右丞剌瓦蒙为安抚使,赐文绮四十八匹,钞二百锭,以其理问高惟善为礼部主事"。(《明太祖实录》卷153)

以上这些沿袭的故元机构都设在藏区东部边区地带,而在藏区的腹心地区,乌思藏行都司辖区内就以设置万户府居多,如必力公瓦万户府、怕木竹万户府、仰思多万户府、沙鲁万户府、着由万户府等;朵甘行都司辖区内则以设置招讨司居多,如朵甘丹招讨司,朵甘陇答招讨司、朵甘思招讨司、磨儿勘招讨司等。当然这样的"分类"也不是绝对的,朵甘行都司下也有万户府,如朵甘万户府、朵甘东道万户府等。(《明太祖实录》卷170;参见谭其骧:《中国历史地图集·元明时期》,中华地图学社1975年第1版,P60~61)

话得讲回来,以军事武威为背景的洪武德惠藏区、大体沿用故元旧官的做法,不是无原则的,对于忠诚和敬顺大明的藏区首领,朱元璋确实是大讲德惠;而对于忤逆和背叛大明的,则立即予以坚决的镇压。洪武十年,松州藏族上层分子发动叛乱,朱元璋闻讯后马上下诏,命令平羌将军、御史大夫丁玉率师前去征讨;洪武十二年正月,洮州十八族番首三副使汪舒朵儿、瘿嗉子发动叛乱,洪武帝立即下令给征西将军沐英移兵讨之。(《明太祖实录》卷122)而就在大明平乱过程中,朱元璋下诏相继设置了茂州、岷州、洮州、松州和威州诸卫(【明】谈迁:《国榷》卷6),加强大明的军事武力控制;同时又对原来沿袭的故元藏区部分地方军政机构做了调整,把松潘等安抚司及所属的长官司划给新设的松州卫管辖,把陇木头等长官司划给茂州卫管辖……且"各降印信,仍立首领一人为土官,以世掌之。土官之下,每寨又有牌头寨之名,便于各卫所认纳青稞差役"。(《古今图书集成·边裔典·吐蕃部》卷71)

由此可见,朱元璋治藏既没有僵化地沿袭故元的做法,也没有刻板地固守针对其他边疆少数民族地区而惯行的那套德惠之术,而是因地制宜和因时制宜,十分灵活,绝无后世人们概念中的朱元璋保守、刻板的影迹。

上述这类朱皇帝灵活治边策略在洪武后期大明逼降辽东故元势力纳哈出的过程中再次得以实施,且获得了巨大的成功。

"纳哈出者,元木华黎裔孙,为太平路万户。太祖克太平被执,以名臣后,待之厚。知其不忘元,资遣北归。元既亡,纳哈出聚兵金山,畜牧蕃盛。帝遣使招谕之,终不报。"时"元太尉纳哈出拥众数十万屯金山,数为辽东边害。(洪武)二十年(洪武帝朱元璋)命(冯)胜为征房大将军,颍国公傅友德、永昌侯蓝玉为左右副将军,帅南雄侯赵庸等以步骑二十万征之。郑国公常茂、曹国公李景隆、申国公邓镇等皆从。帝复遣故所获纳哈出部将乃剌吾者奉玺书往谕降。胜出松亭关,分筑大宁、宽河、会州、富峪四城。驻大宁逾两月,留兵五万守之,而以全师压金山。纳哈出见乃剌吾惊曰：'尔尚存乎！'乃剌吾述帝恩德。纳哈出喜，遣其左丞、探马赤等献马，且觇胜军。胜已深入，逾金山，至女直苦屯，降纳哈出之将全国公观童。大军奄至，纳哈出度不敌，因乃剌吾请降。胜使蓝玉轻骑受之。玉饮纳哈出酒，欢甚，解衣衣之。纳哈出不肯服，顾左右咄咄语，谋遁去。胜之婿常茂在坐，遽起砍其臂。都督耿忠拥以见胜。纳哈出将士妻子十余万屯松花河，闻纳哈出伤，惊溃。胜遣观童谕之乃降，得所部二十余万人，牛羊马驼辎重亘百余里。还至亦迷河，复收其残卒二万余、车马五万。而都督濮英殿后，为敌所杀。师还，以捷闻，并奏常茂激变状，尽将降众二十万人入关。帝大悦，使使者迎劳胜等，械系茂。会有言胜多匿良马，使阉者行酒于纳哈出之妻求大珠异宝，王子死二日强娶其女，失降附心，又失濮英三千骑，而茂亦讦胜过。帝怒，收胜大将军印，命就第凤阳，奉朝请，诸将士亦无赏。"（《明史·冯胜传》卷129）

因为领头的冯胜、常茂翁婿犯了错，大明军北征将士可跟着倒大霉了，拼死拼活居然最终没有得赏。与之相反，归降的纳哈出及其将士们可谓恩遇多多，赏物不绝。洪武二十年七月庚辰日，朱元璋"遣使赐故元降将纳哈出玉带一、金饰香带一、白金一千两、文绮帛各四十疋（匹）、钞一千贯，又以素金带百、花素银带七百、纱帽八百赐其将校那木罕等及银钞各有差，仍遣使赉钞三十万锭、织金文绮三千匹送赴燕府，以备赏赐来降纳哈出部众"。（《明太祖实录》卷183）洪武二十年八月丙辰日，朱元璋又遣使诏谕故元辽东降军，封纳哈出为海西侯，其"大小官员俱与名分"。（《明太祖实录》卷184）

当然，朱元璋通过赏赐高官厚禄等手段施惠于故元归降者的事例远不止上述这些，史称"明兴，诸番部怀太祖功德，多乐内附，赐姓名授官职者不可胜纪"。（《明史·吴允诚等传·赞》卷156）

◉ 因地制宜"德惠"边地少数民族

赐官与赏物说到底真正受到实惠也就是一小撮少数民族贵族与头领，与绝大多数底层百姓几乎毫不相干。对此，"草根"皇帝朱元璋似乎十分清楚，因此除了采取上述方式，他还推出了许多"德惠"少数民族与边疆居民的举措："因其俗而治之"，"严明以驭吏，宽裕以待民"，兴修水利，推行屯田，修筑驿道，发展边地经济，推行边地教育，扶持边贸，等等。

○ 因其俗而治之

前文已述，通过一系列的军事重压或武力威胁，天南海北的边地居民或少数民族归降了大明。那么对于这样的归降者究竟怎么治理呢？朱元璋"因其俗而治之"的主张(《明太祖实录》卷15)，即在尊重归降者原有社会风俗与生活习惯的基础上因地制宜地进行管理。这也是朱元璋"德惠"少数民族与边疆居民第一方面的"善政"，其至少包含了三个层面的意思：

第一，天下黎民皆大明子民，我洪武皇帝一视同仁；各族人民随其所居之地，各随其业。

这种传统的大一统君临天下的概念在朱元璋那里很早就形成了。洪武元年大明开国后，朱元璋曾在《北伐宣言》中这样说道："如蒙古、色目，虽非华夏族类(这里是指传统的汉民族)，然同生天地之间，有能知礼义，愿为臣民者，与中夏之人抚养无异。"(《明太祖实录》卷26)后来他又强调："圣人之治天下，四海内外，皆为赤子，所以广一视同仁之心。朕君主华夷，抚御之道，远迩无间。"(《明太祖实录》卷134)洪武元年十月，大明军攻克元大都，朱元璋在"以元都平诏(告)天下"诏书中再次向全国人民公开表达他的民族政策：对于各族人等"听各还本业……朔方百姓及蒙古、色目诸人，向因兵革连年供给，久困弊政，自归附之后，各安生理，趁时耕作，所有羊马孳畜，从便牧养，有司常加存恤"。(《明太祖实录》卷35)

明初因为归附的边地少数民族纷至沓来，当时中书省有官员向洪武皇帝提出了这样的建议："西北边疆地区蒙古诸族人投降我大明的现在已经很多很多了，我们可不可以就这么让他们就地安居下来。自古以来，夷狄之情反复无常，只有当他们势穷力蹙时才会来投降；一旦得到了休整安养后，他们又会开始观望、甚至密谋反叛。而一旦反侧，恐怕我们的边镇也不一定能制服得了了。倒不如我们采取釜底抽薪的办法，将他们全部迁移至内地，永绝后患！"(《明太祖实录》卷59)洪武帝听后很不以为然，当即这样说道："凡治胡虏，当顺其性，胡人所居习于苦寒，今迁之内地，必驱而南去寒凉而即炎热，失其本性，反易为乱，不若顺而抚之，使其归就边地，择水草孳牧，彼得遂其生，自然安矣。"(《明太祖实录》卷59)

上述朱皇帝的最高指示用一句话来概括：对于归降边地少数民族，大明顺其自然居住、生活。

正因为采取了这样的治边策略，洪武初年开始大明北疆地区逐渐聚集了一批又一批的蒙古族居民。而在这么多的边疆居民中，有些人与漠北蒙古残元势力有着一定的联系，一旦北元发起扰边军事进攻，部分边民便充当其内应或向导，这给当时的大明北疆地区的安全构成了很大的隐患与危险。面对如等情势，朱元璋下令将北元降官旧将和塞外边民迁往关内、北平诸卫及其附近的府州县，甚至还有迁到大明帝国京师南京等地。譬如洪武六年八月时就有2 250个"鞑靼将士"被安置

在南京六合等县生活。(《明太祖实录》卷84)

但内迁边民大多不习惯内地的农耕生活,有的走到半道上就逃了回去,有的到了目的地后不久又北逃。对此,洪武帝朱元璋做出这般指示:"元运既终,天命归我中华。凡其遗民,皆吾赤子。今既来归又辄逸去,盖彼生长之日深,而此抚绥之意浅,故去之耳。自今凡有来归者,尔等善抚绥之。有欲就彼住者,择善地以居之,便其畜牧;有欲来京者,择善人以送之,毋使失所。"(《明太祖实录》卷88)

不过随后出于北疆安全与国防军事考虑,洪武朝还是规定:北疆"塞外夷民,皆令迁入内地"(《明太祖实录》卷88)。除此之外,大明南疆、西北、东北等地的各族人民一般皆可就地而居。

第二,继续任用归降的故元时代的少数民族旧官、头领或稍稍变化一下他们的官名对当地实行有效管理,并在要冲之处增设军事机构和布置军力。

譬如在南方少数民族和边疆地区,元朝时设置了两套平行统治机制:一套就是常规性的路、府、州、县等地方行政机构,另一套则为体现"以夷制夷"策略的土官制度。当时设立了很多的宣慰使、宣抚使、安抚司、长官司等,任命当地土人头领出任这样的土官。

朱元璋统一南方后基本上沿用了元朝的这两套平行统治机制,只是在行政区划上稍稍做了一些调整,取消了"路"这个行政级别,各行省布政司直接统辖府、州、县,各级地方行政官员由中央朝廷直接任命,这就是人们常说的"流官制";与此同时,在少数民族聚居地则"皆因其俗,使之附辑诸蛮,谨守疆土,修职贡,供征调,无相携贰"(《明史·职官志五》卷76),这便是历史上有名的"土官制",也称"土司制"。土司制下的土司官在自己的辖地内拥有很大的自主权,但他们作为大明帝国的地方官吏,除了谨守疆土外,还必须要做好向朝廷进贡和调兵从征等义务。尤其是当新老土司交接时,新即位的土司官一定要由朝廷正式任命才可履任,也就是说,即使你这个少数民族远在万甲之遥,土司官践位必须得上南京正式受职。(《明史·土司传》卷310)

朱元璋做出这么规定,主要是将土司管理权掌控在中央,以防地方势力坐大。但即使到了这一步,苛求完美的朱皇帝还不放心,为防止边地分裂和地方割据势力的出现,他还在这些边地要冲之处设置卫、所和巡检司等机构,派驻大明军,随时应对地方上发生的变故。这样一来,由原来的土官、流官混合体制又多了一层军事保险,大明帝国南方等地区的边疆治理得以稳固。

例如:洪武十四年,大明军攻灭故元宗室梁王政权后,朱元璋曾下令在云南东北的贵州地区设立贵州都指挥使司(《明太祖实录》卷141);洪武十五年二、三月间,设立云南都指挥使司和更定云南布政司(《明太祖实录》卷143)。当时谁也没有注意到这样的设置有着多大的重要性。30年后的永乐十一年,思州前宣慰使田仁厚的儿子田琛和思南前宣慰使田仁智的儿子田大雅(永乐八年死)之子田宗鼎为了争夺"边境"领土发动了"两田兵乱"。刚好坐镇在"两田"边上的贵州都指挥司的镇远侯顾成以迅雷不及掩耳之势平定了叛乱,维护了国家的统一,由此可见朱元璋开国时制定的国策可谓深谋又远虑!(《明史·贵州土司传》卷316;《明太宗实录》卷13~16)。

第三,尊重各少数民族的生活习惯与风俗。

大明开国前夜,朱元璋提出了"驱逐胡虏,恢复中华"的口号,作为颠覆元廷、推翻元朝黑暗统治的一面大旗,为此他曾下诏"复衣冠如唐制……其辫发、椎髻、胡服、胡语、胡姓,一切禁止",相比于"元世祖起自朔漠以有天下,悉以胡俗变易中国之制",朱元璋此举的重大意义在于尽革"百有余年胡俗,悉复中国之旧矣"。(《明太祖实录》卷30)

在举国上下"拨乱反正"的情势下,当年元朝民族压迫者蒙古人、色目人等感到了前所未有的紧张与恐惧,许多人开始更易自己的本族姓氏或风俗习惯,模仿起汉族人的做法。对此,洪武帝朱元璋非常开明,下令严"禁蒙古、色目人更易姓氏",并诏示世人:"天生斯民,族属姓氏,各有本源,古之圣王尤重之,所以别婚姻、重本始,以厚民俗也……比闻入仕之后,或多更姓名。朕虑岁久,其子孙相传,昧其本源,诚非先王致谨氏族之道。中书省其告谕之,如已更易者,听其改正"。(《明太祖实录》卷51)除此之外,他还鼓励各族之间相互通婚,并带头做个示范,"娶"了蒙古女人为妃子,明成祖朱棣老妈硕妃就是一个蒙古族大美人,就连正宫马氏即有名的马皇后据说也不是汉族人,而是回族人。如此举措对于维护边疆稳固和民族融合起到了积极的作用。

由此不难看出,相比于蒙元立国起就实行民族歧视和民族压迫政策,朱元璋的开明民族国策不知要强出多少倍!

○ 严明以驭吏,宽裕以待民

朱元璋"德惠"少数民族与边疆居民第二方面的举措为"严明以驭吏,宽裕以待民"(《明太祖实录》卷54)。"严明以驭吏"就是要对边疆与少数民族地区官吏的管理要严格,"宽裕以待民"就是对边民要宽厚、体恤。这实际上是朱元璋在中原地区实行严厉治官、整肃腐败、与民休息和使厚民生等一系列政策在边疆地区的延伸,具体地说,包括如下几个方面:

首先十分注意边疆地区各级军政官员的人选,将一些廉洁奉公、德才兼美的好官派往边地任职。

在历代王朝中,边地条件艰苦,一般官员都不愿意上那里工作。时间一长边地自然而然也就成了内地犯事官员的贬谪、"发配"地,历朝历代的官场都这么做,譬如宋朝苏东坡"犯事"后就曾被贬谪到海南儋州任职。朱元璋的思维与众不同,在他的眼里,边地距离中央朝廷遥远,而在这些"天高皇帝远"的地方,朝廷就更应该注意官吏的任用与管理。

云南虽说自元朝起正式归属中央政府管辖,但实际上除了元宗室梁王把匝剌瓦尔密和白族土酋段氏集团世代统治那里外,中央帝国政府很少插手当地的事务,实际上那时的云南已处于半独立状态。之所以如此,我想至少有两个方面的因素造成:第一,云南距离中原遥远,彩云之南,能不远吗?且有重重大山阻隔。第二,自唐宋时期起,以大理为中心的白族土酋段氏集团世代统治那里,中原帝国很难插手,说白了白族段氏是云南地区最大的土司或言"土皇帝"。

洪武十四年(1381)九月,在多次招抚无果的情势下,朱元璋任命颍川侯傅友德为征南将军,永昌侯蓝玉为左副将军,西平侯沐英为右副将军,统率将士往征云南(《明太祖实录》卷139)。云南攻下不久,朱元璋任命通政使司试左通政张纮等好官为云南布政使司左参政(《明太祖实录》卷142)等省级领导。

就说这个张纮,曾任东宫侍正,即朱标太子的老师,与宋濂为同类君子,老朱皇帝对他十分了解,因为工作认真踏实,就让他出任云南行省副省长一类的官职,不久又提升他为左布政使即一把手省长之职。洪武二十年三月张纮期满来朝,接受朝廷的考核。皇帝朱元璋从其他秘密途径早已掌握了相关情况,一见到张纮就说:"你在云南'言出则诸蛮听服,令布则四野欢欣','功出乎天下十二牧之首',即说你的功劳位列全国十二个省省长之首,就不用参加考核了。作为对你的嘉奖,你还是回云南去继续当你的省长吧!"(《明太祖实录》卷181)

再说朱元璋留下镇守云南的养子、军事统帅"(沐)英沉毅寡言笑,好贤礼士,抚卒伍有恩,未尝妄杀。在滇,百务具举,简守令,课农桑,岁较屯田增损以为赏罚,垦田至百万余亩。滇池隘,浚而广之,无复水患。通盐井之利以来商旅,辨方物以定贡税,视民数以均力役。疏节阔目,民以便安"。(《明史·沐英传》卷126)

其次,边疆军政官吏上任后,洪武帝严加管束,禁止他们随意科敛,禁止他们扰害边地百姓。

洪武二年,徐达率领的大明北伐军会师会州,由于一路上将士们打的胜仗太多了,许多人都有点飘飘然,想从当地州、县的百姓处搜刮一些牛羊马匹来补充补充军用。一向严格执行皇帝朱元璋意志的徐达大将军发现后,立即下令严禁:"西北之民素以畜牧马为生,今奉命吊伐,本以安民,若尽括其所资,彼将何以为生?"(《明太祖实录》卷41)

再说朱元璋自己也会时不时地派出监察御史上边疆地区去考核和督查,临行前常常叮嘱监察官们:"如果你们到了那里发现有奸贪强暴、虐害无辜百姓的,给我当场拿下,就地鞫问审决,然后再上报上来。如果按照常规的做法,上报给朝廷,然后再作处理,京师到边疆多远啊,岂不耽误事情!"(《明太祖实录》卷54)

朱元璋说到做到,不管是谁,不管与自己有多近的关系,只要与边民过不去,他立马给予治罪。贵州都指挥使马晔(有的书上作马烨)"为开创贵阳功居第一"(弘治:《贵州图经新志·名宦》卷3),很为朱元璋喜欢。但马都督在任时立功心切,曾裸挞贵州土司宣慰使霭翠之妻奢香,引发了当地彝族民变。朱元璋获悉后,立即下令逮捕马都督马晔,并将他治以死罪。(【清】谷应泰:《明史纪事本末·开设贵州》卷19;民国《大定县志·宦绩志》卷9;也可参见笔者《大明帝国》系列⑧《永乐帝卷下》)

再次,朱元璋多次下令减免边疆地区少数民族的赋役。

洪武十八年,云南乌蒙军民府知府亦德上言:"我们乌蒙地区,实乃蛮夷之地,当地居民刀耕火种,本来就收获甚少。往年又连连遭受灾荒,霜灾、旱灾和疾疫接连不断,百姓们大多饥寒窘迫,朝廷规定的每年征粮数额看来是无法完成了。"朱元璋接到奏报后下诏,全部予以蠲免。(《明太祖实录》卷171)

同年,四川永宁宣抚使禄肇派遣自己的弟弟阿居来南京上奏说:"历年以来我们永宁宣抚使对于朝廷征收的马匹数额都能如数上缴,只是税粮无法完成,缘由是大军南征,辖区内的蛮夷都给吓得四处逃窜了,耕种失时,加上战争过后瘟疫肆虐,好多好多人都死了⋯⋯"没等阿居说完,朱元璋当即拍板:"税粮全免了!"(《明太祖实录》卷170)洪武二十七年,朱元璋又下令蠲免四川永宁宣抚司积年无征税粮1 330余石。(《明太祖实录》卷234)

洪武二十二年,四川茂州汶山县知县来南京考绩,因为在任内没有完成朝廷规定的徭役,他赶紧上奏解释道:"我汶山县自开县到现在已经有7个年头了,境内共有28寨羌民,大多贫穷,且言语不通,所以他们有'七年不听差役'了!"朱元璋听后不仅没有为难汶山知县,反而宽慰他:"蛮俗素与中国(即中原)异,岂可拘其繇(通'徭')役,能善抚之久,则自然服从。"(《明太祖实录》卷195)

洪武二十三年闰四月,大明户部官上奏请示:"四川、贵州、芒部、马湖土官历年拖欠朝廷税粮已经不少了。陛下,您看怎么处理?"朱元璋:"那些地方都很穷,算了,免了他们吧!"后又多次下诏,蠲免川贵边地赋税。(《明太祖实录》卷201)

○ 兴修水利、推行屯田，修筑驿道，发展边地经济

朱元璋"德惠"少数民族与边疆居民第三方面的举措为兴修水利、推行屯田，修筑驿道，发展边地经济。洪武时期在边疆地区兴修水利比较著名的有四处，其中两处属于原水利工程的整修：一处是洪武四年修治广西兴安县灵渠三十六陡。灵渠是秦始皇时代开凿的有名水利工程，东汉时大将军马援曾派人整修过。但因为年代久远，"堤岸圮坏"。明初朱元璋派人进行了维修，"可溉田万顷"（《明太祖实录》卷60）；另一处也是老的水利工程——滇池，"云南王"沐英留守时曾对滇池进行了"浚而广之，无复水患"（《明史·沐英传》卷126）。洪武时代还有两处属于边地新筑的有名水利工程：一处是洪武二十三年疏浚的永宁河，当时朱元璋诏令景川侯曹震带领军民将永宁境内的190处滩中的82处滩水流给浚通了，为当地居民生活与生产带了极大的便利（《明太祖实录》卷204）；另外一处是因广西郁林州民李友松上请，皇帝朱元璋诏令地方官府，将郁林州境内的北流、南流之间的20多里给浚通，"通舟楫，便行旅"。（《明太祖实录》卷235）

○ 如今云贵地区的屯堡居民是不是朱元璋时代军屯将士们的后代？

除了兴修水利外，洪武时期还在边地大力推行屯田。之所以如此，是因为在朱元璋看来，边地屯田意义非凡，"屯田以守要害，此驭夷狄之长策"（《明太祖实录》卷50）！

相对于中原内地，边疆地区土地宽广，资源丰富，人地之间关系呈现出与中原内地相反的情形：人少地多，缺少开发与利用。因此，自大明开国起，朱元璋就不遗余力地推广边地屯田。当时边地屯田的主要形式与内地相同，也有三种，即民屯、军屯和商屯。民屯主要是由政府组织，要么从人多地少的"狭乡"抽调人丁前往边地去开垦，如洪武二十年十月，朱元璋曾诏令"湖广常德、辰州二府民三丁以上者出一丁，往屯云南"（《明太祖实录》卷186）；要么谪发犯罪者前往边疆屯种，如洪武二十年六月前，洪武帝曾下诏：令一部分犯罪"吏民谪发辽东戍守"屯田（《明太祖实录》卷182）；还有一种就是招募流民屯田，如洪武前期朱元璋曾让人组织大批流民在北疆地区迤北、宁夏等地进行屯田。（《明太祖实录》卷81）

与民屯有着一定相似性的就是商屯，明政府招募盐商到边地去开中纳粮，由此明初起商屯在边疆地区发展起来，像前面讲过的北疆地区的商屯自洪武六年起就开始兴起了。（《明太祖实录》卷81）

第三种边地屯田方式叫军屯，军屯在洪武时期相当普遍，南疆、北疆各地都有。

从史料来看,洪武七年前,辽东地区的军屯已经开启了(《明太祖实录》卷87);而西北边地军屯那时也很活跃,洪武十年时,仅陕西都指挥使司辖区内的庄浪卫的屯田军人数就达8 000人,出现"地狭人众,难于屯驻"的格局。(《明太祖实录》卷115)

差不多与此同时,南方边疆地区的军屯也如火如荼地开展起来。说起这事,我们不得不要说到当今云贵地区广为人们热议的古老话题——"屯堡"。

明代屯堡究竟始于何时?从正史记载来看,大致开始于洪武十四年大明军攻灭云南故元梁王政权之后,确切的正史最早记载为:洪武十六年五月,朱元璋"命六安侯王志、安庆侯仇成、凤翔侯张龙督兵往云南品甸缮城池,立屯堡,置邮传,安辑其民"(《明太祖实录》卷154)。以后有关云贵地区的屯堡记载逐渐多了起来,贵州都指挥使司、安庄卫、普安卫(《明太祖实录》卷256),云南洱海卫指挥使司并左右中前后五千户所所在地都曾建有好多的屯堡。(《明太祖实录》卷177)

屯堡里居住的不仅有屯田的军士,按照明代的军制规定,军士有专门的军籍,世代相袭,因此拖家带口屯守边地成了再正常不过的事情了。

再有一个问题,最近云贵地区有读者朋友通过各种方式联系我,有的自报门户是沈万三的后代,也有贵州屯堡居民后代自称是南京移民的后裔。不错,《明史》中有关江南首富沈万三的最后结局,确实地记载道:"戍云南。"(《明史·后妃传一》卷113)明代文人笔记中也有所披露:云南平定后,朱元璋曾"迁江左良家闾左以实之,及有罪窜戍者,尽室以行"(【明】谢肇淛:《滇略》)。更有今日云贵屯堡居民后代尤其是女性服饰还保留了明代人的特色,甚至他们说话还带有南京腔、南京音。不过要将这些与600年前的边地军屯和屯堡完全挂上钩,还有待于进一步的挖掘与研究。

姑且不管屯堡居民究竟来自何方,但有一点不容我们忽视,那就是洪武年间,通过一系列的边地屯田,使得大明帝国四周边疆都得到了开发,且成就斐然。譬如,"黄河、迤北、宁夏所辖境内及四川西南至船城东北,至塔滩相去八百里土田膏沃",通过政府招抚流民而得以开垦利用,"使军民足食"(《明太祖实录》卷81);西南贵州在洪武四年设立永宁卫后,仅该一处屯田土地就达53 290亩(【明】陈子龙、徐孚远:《明经世文编·朱司马督蜀黔疏草·分界酌议黔蜀两便疏》卷487);云南在洪武二十五年时已经垦田1 012 000亩(【明】焦竑:《国朝献征录·黔国公沐英传》卷5);辽东屯田成就也不小,洪武二十四年屯田收粮就达530 000多石,到朱元璋死前半年即洪武三十年年底时,庞大的辽东驻军不仅已经"屯田自给",而且还"颇有赢余"(《明太祖实录》卷255),这是何等不凡的成就啊!

在发展边疆屯田的同时,内地一些先进的生产技术、生产工具和优良农作物品种也纷纷传入了边疆与少数民族地区,这对于促进边疆地区的经济发展起到了很大的作用。

○ **兴办边疆教育,发展边地文化教育**

　　朱元璋"德惠"少数民族与边疆居民第四方面的举措为兴办边疆教育,发展地方文教。前章我们讲过,草根皇帝朱元璋自即位起就猛抓教育,洪武二年他曾"令郡县皆立学"(《明太祖实录》卷46),由此迎来了各级官学纷纷涌现、大明帝国各地大办教育的喜人局面。不过这还限于传统帝国的内地,边疆与少数民族地区似乎一向是传统中华帝国推行教化的盲区。这或许要归咎于传统人们将"夷狄同夫禽兽"、视之为"不可以仁义教"的错误观念。朱元璋可能是来自社会底层的缘故吧,他却有着独特的见解:"蛮夷僻远,其知畏朝廷,纳赋税,是能遵声教矣!"(《明太祖实录》卷188)这无疑是思想上的一大进步。正因为出于这样的认知,洪武时期,大明的边地教育才得以逐渐确立发展起来。

　　相比于内地教育的兴办,朱元璋时代的边地教育起步要晚,这与大明帝国对边疆地区的统一大相关联。洪武十四年,朱元璋派遣大军攻灭云南故元梁王政权,第二年他就发布榜文,命令云南(当时还包括贵州)各地府、州、县创办官学(【明】张紞:《云南机务抄黄》)。但战后的云南百业待兴,或许是精力、财力等方面的条件有限之缘故吧,教育事业一直拖到了十年后才逐渐兴办起来。洪武二十五年十月,贵州宣慰司开设儒学,设教授一员,训导四员(《明太祖实录》卷222);同年十二月,云南沅江府开设儒学(《明太祖实录》卷223);洪武二十七年,贵州普定卫开设儒学(《明太祖实录》卷231);洪武二十八年六月,因户部知印张永清之请,洪武帝下令,在"云南、四川边夷土官(辖区内)皆设儒学,选其子孙弟侄之俊秀者以教之,使之知君臣父子之义而无悖礼争斗之事"(《明太祖实录》卷239);同年九月,因监察御史裴承祖之请,朱元璋又下令在四川贵、播二州,湖广思南州宣慰使司及所属安抚司州县,贵州都指挥使司平越、龙里、新泰、都匀等卫,平浪等长官司所管辖的诸种苗蛮地区一一设立儒学,"使知诗书之教"(《明太祖实录》卷240)。可以这么说,到朱元璋晚年时,西南边疆少数民族地区的官学差不多都一一开办起来了。

　　与南疆地区大办教育相比,北疆地区也并不示弱。洪武十七年,辽东都司和金、复、海、盖四州开设儒学(《明太祖实录》卷167);洪武二十六年,因人之请,朱元璋下令复设已经废弃了的开元、沈阳、广宁、义州等地的郡学……(《明太祖实录》卷225)

　　通过一系列的努力,到洪武末期时,大明帝国南北边疆地区的官学教育系统差不多都建立起来了。但按照明代的教育体制来看,边疆地区的这些官学都属于中等教育,大明高等教育主要集中在京师南京。随着边地中等教育的发展,边民与少数民族尤其是土司贵族对于高等教育的向往也愈发强烈,他们陆续上请,要求派遣自己的子弟到京师国子监来深造。对此,洪武帝都予以积极的支持。洪武二十三年五月,播州、贵州宣慰使司并所属宣抚司官各遣其子来朝,请入太学。朱元璋当即特允其请,并关照国子监教官"俾有成就,庶不负远人慕学之心"(《明太祖实录》卷202)。从当时实际来看,贵州普定,云南彝族、乌撒、乌蒙、芒部,四川建昌、永宁等西南少数民族土司官子弟都曾来南京国子监进学,且受到朱元璋的关心与照顾(《明太祖实录》卷167;202;203;204;224;【明】黄佐:《南雍志·事纪》卷1)。在这么多的边民和少数民族土司子弟中,有些学子还学得相当不错,例如昆明有个叫李特的人在洪武时期还考中了进士,成为云南有史以来的第一位进士。(万历:《云南通志·人物》卷11)

总之,通过兴办边疆教育,朱元璋不仅贯彻了他的"德惠"边民的思想策略,而且也使得边疆少数民族地区特别是西南地区的文化教育有了很大的发展。洪武以后,经过百余年的发展,到了正德时,西南边地已经是"人才辈出,炳炳琅琅,与中州人士并埒"了。(【清】谢圣纶:《滇黔志略·云南·学校选举》卷6)

● 特殊西番国策:诏封藏区僧官、确立军事保障体系和开办茶马贸易

朱元璋"德惠"少数民族与边疆居民第五方面的举措为诏封藏区僧官、确立军事保障体系和开办茶马贸易。说起藏区,给人最深印象的可能莫过于那神秘的藏传佛教。而藏传佛教恰恰是元朝的国教,对于建立在元朝废墟上的大明帝国来说,如何处理好与藏传佛教、藏区之间的关系确实是个不得不要认真对待的大问题。

○ 朱元璋对元蒙宗教文化的无意识传承

南京鸡鸣山下有个万人坑,明初洪武年间曾在这一带建起了国子监。但据说国子监里老不太平,有人走到万人坑原址处,要么四足发僵,要么昏厥过去,最严重的还有人为之丧命。朱元璋听说这样的怪事后,请了很多的"神人"来"驱散"这里的"冤魂屈鬼",但最终都无济于事。后来有人说,或许乌斯藏神人能解决这个难题。朱元璋接受了建议,"敕使迎取西番有道僧",请来了惺吉坚藏等七位西藏喇嘛,结坛做法事,念了七天七夜的"唵嘛呢叭咪吽",嗨,神了,"妖气始灭"。朱元璋

顿时龙颜大悦,"嘉其神妙,乃构西番殿与居","日命光禄寺厚馈饮馔"。(【明】葛寅亮:《金陵梵刹志》卷17;【明】释道果:《鸡鸣寺施食台记》)

但在对待藏传佛教与乌斯藏等问题上朱元璋却十分谨慎,老朱皇帝的此番举措有着深刻的含义:元朝崇尚藏传佛教,喇嘛教成为大元的国教,萨迦派五世祖八思巴被封为帝师和"大宝法王",甚至元朝皇帝即位时还得要从帝师那儿接受戒条与灌顶。如此情势造成了有元一代藏传佛教大行其道,甚至有泛滥之势,喇嘛们"广兴法事",耗费了元朝巨额的经济钱财,他们霸占田地,影响了大元帝国的经济收入;更为严重的是,他们还参与到国家政治中,干预皇室事务;最为恶劣的是,有些番僧还与元宫里的"妹妹们"有着说不清道不明的关系……因此有学者说元朝之亡有一半亡在番僧手里。虽然这个观点并不一定正确,但元朝纵容番僧所造成的严重后果,对于参加元末农民大起义的朱元璋来说还是十分清楚的。

○ 诏封藏区故元僧官与确立军事保障体系

元亡明兴之际,藏传佛教盛行的西藏、青海、四川等"藏区"故元曾经的"伙伴"们表现出与大明极大的合作。

洪武二年五月甲午,朱元璋"遣使持诏谕吐蕃,诏曰:'昔我帝王之治中国以至德要道,民用和睦,推及四夷,莫不安靖。向者胡人窃据华夏百有余年,冠履倒置,凡百有心,孰不兴愤?比岁以来,胡君失政,四方云扰,群雄分争,生灵涂炭,朕乃命将率师悉平海内,臣民推戴为天下主,国号大明,建元洪武,式我前王之道,用康黎庶。惟尔吐蕃邦居西土,今中国一统,恐尚未闻,故兹诏示。'使者至吐蕃,吐蕃未即归命。"(《明太祖实录》卷之四十二)

大明北伐与"清沙漠"开始前后,朱元璋又"命陕西行省员外郎许允德招谕吐蕃十八族、大石门、铁城、洮州、岷州等处"。洪武三年(1370)六月,当大明军一路北伐到今天兰州附近时,"故元陕西行省吐蕃宣慰使何锁南普等,以元所授金银牌印宣敕诣左副将军邓愈军门降,及镇西武靖王卜纳剌亦以吐蕃诸部来降"。(《明太祖实录》卷53)

不久萨迦派故元摄帝师喃加巴藏卜等归降明朝,并举荐了乌斯藏、朵甘思等地的前元国公、司徒、各宣慰司、招讨司、元帅府、万户、千户等100多个元朝故官,喃加巴藏卜甚至还亲自带人到南京来,朝见大明开国皇帝。朱元璋十分高兴,就敕封他为"炽盛佛宝国师",并对他举荐的藏区故官一一予以任用。这时大明河州卫向朝廷回报了这样的情形:控制乌斯藏大部分地区的帕木竹巴政权的原首领"故元灌顶国师章阳沙加"在当地有着很高的威望,如果朝廷能够招抚他(即故元大司徒绛曲坚赞的侄子释迦坚赞）的话，那么乌斯藏很大一部分地区就会安宁下来。朱元璋接受了建议，"诏章阳沙加仍灌顶国师之号，遣使赐玉印及彩缎、表里，俾居报恩寺，化导其民"。（《明太祖实录》卷73）

洪武七年（1374）七月，"朵甘乌思藏僧答力麻八剌及故元帝师八思巴之后公哥坚藏巴藏卜遣使来朝请师号"，朱元璋"诏以答力麻八剌为灌顶国师，……公哥坚藏巴藏卜为圆智妙觉弘教大国师"。（《明太祖实录》卷91）

不过，这里必须要指出的是，整个洪武年间，朱元璋诏封藏区故元僧官相当有节制，不像后来他的那个神经病儿子朱棣那样滥封滥赏。其所授的僧官与封号也仅国师、大国师一级，且被授者人数少，"初，太祖招徕番僧，本借以化愚俗，弭边患，授国师、大国师者不过四五人"。（《明史·西域三》卷331）

在诏封藏区故元僧官的同时，以军事起家的朱元璋始终没忘在该地确立军事保障体系。洪武六年二月癸酉朔，"诏置乌思藏、朵甘卫指挥使司、宣慰司二、元帅府一、招讨司四、万户府十三、千户所四。以故元国公南哥思丹八亦监藏等为指挥同知、佥事、宣慰使同知、副使、元帅、招讨、万户等官，凡六十人"。这60多名故元旧官就是由已经归降了且被封为炽盛佛宝国师的前元摄帝师喃加巴藏卜所举荐的，向来疑心病十足的朱元璋居然十分大度地一一照录任用。（《明太祖实录》卷79）

洪武七年十二月壬辰朔，"炽盛佛宝国师喃加巴藏卜及朵甘行都指挥同知锁南兀即尔等遣使来朝，奏举土官赏竺监藏等五十六人。（朱元璋）诏增置朵甘思宣慰司及招讨等司"。（《明太祖实录》卷95）

朱元璋的这般做法自有他的道理，要想将藏区全部按照内地的模式来管理是不可能，也没法办到的，与其这样还不如来个顺水人情。但从骨子里来讲，朱元璋的老辣就在于表面上对人予以极度的信任，却在暗中布置和强化自身的军事势力，建立一系列的卫所。洪武七年秋七月已卯日，"诏置西安行都指挥使司于河州，升河州卫指挥司韦正为都指挥使，总辖河州、朵甘、乌思藏三卫，升朵甘、乌思藏二卫为行都指挥使司，以锁南兀即尔为朵甘卫指挥同知，管招兀即尔为乌思藏都指挥同知"。朱元璋在给河州都指挥使韦正的诏谕中就说出了自己对藏区管理的心里话，"尚虑彼方地广民稠，不立重镇治之，何以宣布恩威"。（《明太祖实录》卷91）

○ 改造藏区政教合一的管理机构，设立僧纲司，阴助王化

经过数年的不懈努力与苦心经营，朱元璋不仅完成了对藏教领袖的招抚和封赏归化工作，而且还在藏区及其周边地带建立起了一套有效的军事体系。即使如此，出生于元末、投身于红巾军大起义洪潮的朱元璋亲眼目睹了元末西番僧干政所

引发的国政紊乱直至败亡的景况,因此他在治藏国策的问题上有着更多的谨慎甚至可以说是高度的警惕。

大约到了洪武晚期,为了加强对藏区的管理,朱元璋决定对藏区政教合一的管理机构实施改造。"洪武二十六年三月丙寅,立西宁僧纲司,以僧三剌为都纲;河州卫汉僧纲司,以故元国师魏失剌监藏为都纲;河州卫番僧纲司,以僧端月监藏为都纲。盖西番崇尚浮屠,故立之,俾主其教,以绥来远人。"朱元璋还"赐以符曰:'自古帝王致治无间远迩,设官以理庶务,稽诸典礼,复有僧官以掌其教者,非徒为僧荣也。欲其率修善道,阴助王化,非真诚寡欲淡泊自守者,奚足以任斯职,今设僧纲同授尔等,以官给尔符契,其体朕之心广佛功德化人为善,钦哉!'"(《明太祖实录》卷226)

看来朱元璋在藏区设立僧官不仅仅是要他们管理好那里的僧事俗务,而且还肩负起"率修善道,阴助王化"的政治使命。换句话来说,在藏区设僧官,布置军队,改造政教合一的藏区管理机构,其最终的核心是为大一统帝国政治服务。

○ 主倡汉藏茶马贸易和设立羁縻卫所——"西北六卫"

除此之外,朱元璋还因地制宜地开设茶马贸易,不仅促进了内地与藏区之间的经济文化交流,而且还使得藏区民众深受洪武朝的"德惠"。

元末明初的藏区概念不等于我们今天所说的西藏,还应该包括青海、四川、甘肃等部分地区,范围极为宽广。这里高山连绵,地势险峻,主要的生产以畜牧业为主,农业种植以耐寒抗旱和生长期短的青稞为主,由此决定藏区人们的生活食物结构中肉食和青稞占据了大头,而"腥肉之物,非茶不消,青稞之热,非茶不解"(【明】陈子龙、徐孚远:《明经世文编·王氏家藏文集·呈盛都宪公抚蜀七事》卷149),因此说藏区人特别需要内地的茶叶。而对于明朝来说,出于对北方蒙古战争的需要,也急需藏区出产的良马,此时"兵力有余,唯以马为急"(【明】王世贞:《弇山堂别集·市马考》卷89)。而从大明帝国西疆与北疆的整体战略考虑:"盖西陲藩篱,莫切于诸番。番人恃茶以生,故严法以禁之,易马以酬之,以制番人之死命,壮中国之藩篱,断匈奴之右臂,非可以常法论也。"(《明史·食货志四·茶法》卷80)这里所说的"匈奴"指的是北方蒙古。整个这段史料大概是讲:掌控住西番必需的茶叶,就等于卡住了他们的喉咙,也就断了蒙古人的右臂。因此说明代自洪武开国起就十分重视汉藏之间的茶马贸易,其意义非同寻常。

明朝茶马贸易由当时官方机构茶马司负责管理,洪武时期开设的茶马司主要有6个:位于今甘肃天水的秦州茶马司(后改为西宁茶马司)、今甘肃临夏的河州茶马司、今甘肃临潭的洮州茶马司、今四川叙永的永宁茶马司(后改在四川天全设立雅州碉门茶马司)、今四川松潘地区的岩州茶马司和广西设立的庆远裕民司等(《明史·职官志四》卷75)。从这些茶马司的分布地域来看,当时明朝的茶马贸易主要还是集中在川陕地区(甘肃、宁夏在明初都还没有独立成省,隶属于陕西行省)。

茶马贸易,顾名思义就是以内地茶叶换取藏区的马匹。据说这种贸易在宋代就有了,明初洪武时期朱元璋曾派宦官赵成到河州去买马,因为内地与藏区所用的货币不同,明朝不得不改用绫罗绸缎丝帛和巴茶同藏人交换马匹,藏人大悦。朱元璋获悉后,随即命令河州守将保护茶马贸易,给藏人丰厚的贸易利润,由此河州等地茶马贸易日益发展壮大起来。到洪武十一年时,仅河州、秦州两处的茶马司所买到的马匹就达1 691匹(【明】王世贞:《弇山堂别集·市马考》卷89)。按照那时的茶马贸易比率:大致是30斤茶叶就能换得一匹良马(《明太祖实录》卷217),因此说,茶马贸易的利润是相当之高的。明廷规定:全国各地的茶农或茶商在向官方宣课司缴纳1/30的课税后,即可自由贩卖了。为此,洪武年间在陕西、四川和京师应天府、苏州府、常州府、镇江府、徽州府和广德府以及浙江、湖广和广西等产茶区都曾设立了茶叶收税机构茶课司,确立各地的茶课税额。这样一来官府的收入是增加了,但管控的茶马贸易中明朝官方掌控的良马增加数量却大受影响。对此,洪武朝采取以下措施:

第一,推行"马赋差发"。洪武十六年正月,朱元璋给松州卫指挥佥事耿忠颁发敕谕,说:"西番藏区之民归附我大明,成为帝国子民已经很久了,可我们从来还没有向他们征收过什么赋税徭役。听说他们那里盛产良马,我大明就以他们那里土地的多少作为其贡赋的依据,凡是3 000户人家的有3户贡出1匹良马,40 00户人家的有4户贡出1匹良马,以此作为当地的特定的赋税徭役,也让他们知晓尊君亲上,敬奉朝廷之礼啊!"这就是明史上有名的"马赋差发"开始了。《明太祖实录》卷151)

"马赋差发"令发出后,"诸蛮夷酋长来朝者,悉献其所乘马",朱元璋下诏"以钞偿之"(《明太祖实录》卷151)。换句话说,朱皇帝不让西番人吃亏,尽管强制征马了,但大明还是以丰厚的经济利润予以"偿还"。不过这里有个问题,那就是大明宝钞似乎在西番人那里不受欢迎,于是朝廷就改为以茶易马。

通过"马赋差发",大明帝国果然得到了许许多多的西番良马,但就此茶马私自贸易的问题还是没能解决。为此,明廷采取如下招数:

第二,实行金牌信符制度。洪武二十六年,朱元璋派遣特使前往甘肃、西宁、临洮、河州、岷州、巩昌等西北陕川地区去,给当地藏族各部颁发金牌信符,上书纳马数量等字样,作为征发马赋差发的凭证(【明】杨一葵:《裔乘·西夷》卷3)。有了金牌信符并按照明朝官方指定的地点与方式进行茶马贸易的,属于正常的合法交易,违者或金牌信符不符的,都要予以治罪(《明太祖实录》卷225),以此来确保官府控制汉藏茶马贸易。

第三,严控茶叶生产与流通。

洪武时期对于靠近藏区的陕西汉中府各地茶园的茶农,除了让他们缴纳茶课外,其余茶叶全部由官府来收购,其他地区的余茶由商人去收购。官府征收的茶课和收购的余茶,统称叫官茶,直接用于茶马贸易;商人收购、贩卖的茶叶叫商茶。商人买到茶叶后还不能直接贩卖,一来要向官府的宣课司缴纳"三十取一"(《明史·食货志四》卷80)的商品税;二来要向官府交钱申请茶引(相当于茶叶贸易特许凭证),"商茶每一百斤为一引,输官钱千文,其不及引者,纳六百文,给由帖,帖六十斤,量地定程以卖"(【清】傅维鳞:《明书·食货》卷82)。通过这两关后,商人方可将茶叶运到官府指定的地点去出售,也可交给陕川地区的茶马司,茶马司给予一定的报酬。

第四,《大明律》中还专门制定律条,严厉打击贩卖私茶:"私茶出境与关隘失察者,并凌迟处死。"(《明史·食货志四·茶法》卷80)茶农将茶叶卖给没有茶引的商人,"初犯笞三十,仍追原价没官;再犯笞五十;三犯杖八十,倍追原价没官"。(《大明律集解附例·户律·课程》卷8)

通过这一系列的配套措施,茶马贸易牢牢地掌控到大明帝国官方手中。从受到"德惠"的西番各族来说,"明初设安定、阿端、曲先、罕东、赤斤、沙州诸卫(西北羁縻六卫),给之金牌,令岁以马易茶,谓之差发。沙州、赤斤隶肃州,余悉隶西宁。时甘州西南尽皆番族,受边臣羁络,惟北面防寇"(《明史·西域二·西番诸卫》卷330)。换言之,通过茶马贸易等一系列"德惠"举措,大明牢牢地掌控住了西域诸番,最终将斗争的焦点锁定为具有巨大潜在威胁的北方蒙古残余势力。

朱元璋的这等治理西疆国策,功不可没,它奠定了大明帝国后来近300年的稳固基础。

● 华夷归一与北疆三道防线、两个三角形军阵布防

因地制宜地"因其俗而治之";"严明以驭吏,宽裕以待民";兴修水利,推行屯田,修筑驿道,发展边地经济;兴办教育,发展边疆文化教育;诏封藏区僧官,确立军事保障体系和开办茶马贸易,等等。通过这一系列"德惠"与得力的举措,朱元璋为首的大明朝廷兼容并包,将全国各地、四面八方的苗、壮、瑶、黎、高山、畲、土家、彝、布依、白、傣、纳西、仡佬、傈僳、回、怒、独龙、佤、藏、蒙古、女真等数十个少数民族一

起融合到了中华民族的大家庭里,"从此华夷归一,统开帝业,庆升平安"。(《明太祖实录》卷56)

"华夷归一,统开帝业"一类语是朱元璋君臣在洪武年间庆贺大明一统时的歌颂之词。其实大家谁都清楚,要说那时大明"庆升平安"的话,除了逃亡漠北的元蒙残余侵扰外,其他地区基本上都不成问题,而事实上自从开国起令大明帝国最为头疼的也就是这个北疆了。

○ 洪武时期的北疆政策:以军事打击为主,辅以招抚,恩威并施

明初北疆形势确实不容乐观,"若夫高皇(指朱元璋,笔者注)之定天下也,与汉、唐异。汉、唐之主,所称胜国之尊者,悉中原之人耳。乾符一御,丑类尽歼,宝箓攸归,余胤革面。然而汉围白登,唐苦突厥,内地既辑,边患乘之,强弩之末,殊未可以易视也。又况顺帝北出渔阳,旋舆大漠,整复故都,不失旧物,元亡而实未始亡耳。于时忽答一军驻云州,王保保一军驻沈儿塔(应为'峪',笔者注),纳哈出一军驻金山,失喇罕一军驻西凉,引弓之士,不下百万众也,归附之部落,不下数千里也,资装铠仗,尚赖而用也,驼马牛羊,尚全而有也"。【清】谷应泰:《明史纪事本末·故元遗兵》卷10)

对此,朱元璋在建国后20多年的时间里组织大明军前后进行了10次"清沙漠"军事打击行动,而从当时实际来看这样的军事打击还是相当有效的。洪武三年(1370),年仅51岁但已日暮途穷的北元主元顺帝因痢疾殂于应昌(《元史·顺帝本纪十》卷47)。元顺帝死后,北元主的大位由其太子爱猷识理达腊继承,说是大位其它的主人实在可怜,南京的"鞋拔子"脸皇帝实在厉害,不断地派出徐达、李文忠、傅友德、蓝玉等不要命的大将像猎鹰找兔子似地在漠北荒原上四处寻觅,弄得好歹也是一邦之主的爱猷识理达腊到处躲藏。过了8年不到的颠沛流离生活后,洪武十一年(1378)四月,年轻轻的北元主爱猷识理达腊居然也受不住了,去找他爱恨交加的老爸了。(《明太祖实录》卷118)

北元主爱猷识理达腊死后,他的儿子脱古思帖木儿继立。当时北元的主要势力范围是在应昌与和林一带,但元蒙骑兵却"时出没塞下。(明)太祖屡赐玺书谕之,不从"。(《明史·外国八·鞑靼传》卷327)

而就在这个"节骨眼"上,北元内部偏偏又发生了内讧,元顺帝孙子脱古思帖木儿被人"缢杀","自脱古思帖木儿后,(蒙古)部帅纷挐,五传至坤帖木儿,咸被弑,不复知帝号。有鬼力赤者篡立,称可汗,去国号,遂称鞑靼云"。(《明史·外国八·鞑靼传》卷327)

其实在不断进行"清沙漠"军事打击的同时，大明开国皇帝朱元璋还时不时地辅之以招抚。可北元统治者压根儿就不吃这一套，他们一直没有正眼瞧过大明君主，这倒不是因为大明开国皇帝是叫花子出身的缘故，而是双方之间有着谁是正朔和如何互存的问题。按照元朝人的正统观念，朱元璋造反起家，是地地道道的乱臣贼子，是元蒙最大的敌人，现在反倒要主子向昔日底下的奴才服输称臣，无论如何他们也咽不下这口"恶气"。想当年"黄金家族"的祖先们就是从漠北这里起家的，而后大元立国将近百年，虽说现在在中原是输定了，但在广阔的漠北大地上到底鹿死谁手，这是很难说的事。

坦率而言，元帝国近百年的统治除了使得中华帝国疆域有了很大拓展和民族融合得到加强外，其他方面的成就乏善可陈，就连其入乡随俗的自身"本土化"问题都没有解决好。最为典型的例子，就是直到元顺帝北逃时，元帝国统治者连汉语还不会说。一个外来民族或外来文化如果没有真正做好"本土化"的话，那么最终只能被"本土"所排斥。当然完全做好"本土化"了又会怎么样？自身会"失真"吗？我们暂不展开深入讨论这个问题。

虽然蒙古人征服中国近百年后的最终结果是"黄金家族"的子孙们被朱元璋一行人赶回到北方老家蒙古草原上去放羊了，然而近百年的"汉化"熏染，使得蒙古人身上呈现出诸多汉族人的喜好，尽管他们还特别酷爱吃涮羊肉，但更多的则习惯于穿着柔软、舒适的真丝绸缎所做的衣袄。可这一切随着洪武元年徐达北伐军到来之前那一夜致命的北逃都给"逃"没了，现在有的是"天苍苍野茫茫，风吹草低见牛羊"，自恃为"红彤彤"出身的"黄金家族"子孙们怎么肯低下"高贵的"头颅向昔日的叫花子及其子孙们服输呢?! 不服输又能如何解决眼下极为焦灼的矛盾？这些向来桀骜不驯的蒙古人发挥着他们祖传的看家本领——跨上马背，风驰电掣地赶赴大明北疆城防底下，乘人不备，一阵"疯"抢。

○ 洪武时期构建起来的大明北疆第一道战略防线

蒙古人一抢，大明君主就恼火，除了军事打击与招抚笼络外，农家出身的老朱皇帝自然会想到农民看家护院的本领——筑起围墙，养狗护家。不过这位大明开国君主要是仅仅这样的话，那他充其量只能是个小地主。不愧为一代雄主，朱元璋有的是高招，先养了一批"大狼狗"——锦衣卫，专门用来对付国内的异己分子，这样朱明皇家院内可就安全多了；至于对付外面尤其是那些时不时前来骚扰的蒙古人，除了军事武力打击外，朱皇帝还下令在北疆上筑起长长的军事防线，建立许许多多的关隘烽燧。洪武二十七年（1394）五月六月乙酉，朱元璋还"命兵部遣官至北平布政使司,议置驿传。自大宁至广宁东路四百八十五里,置十驿;中路北平至开平七百六十五里,置十四驿;西路至开平六百三十里,置十三驿;土木至宣府一百里,置二驿"。(《明太祖实录》卷233)这样,到朱元璋晚年时大明北疆"自辽以西,数千里声势联络"。(《明史·兵三·边防志》卷91)

大明帝国北疆自西北经正北再向东北,洪武时期还曾设立了数百个军事卫所:

在西北今甘肃、内蒙古和新疆东北部相接之处的军事要冲地带,洪武时期广设的卫所主要有:安定卫、曲先卫、阿端卫、罕东卫、甘肃卫、岷州卫、肃州卫、镇番卫、镇夷千户所、古浪千户所、高台千户所等,在甘肃镇(今张掖)设置陕西行都司统摄这些卫或所。(《明史·西域二·西番诸卫》卷330;《明史·地理三·河南陕西》卷42;《明史·兵志二》卷90)

朱元璋西北边疆的这种军事布防"即法汉武创河西四郡隔绝羌、胡之意,建重镇于甘肃,以北拒蒙古,南捍诸番,俾不得相合。又遣西宁等西卫土官与汉官参治,令之世守。且多置茶课司,番人得以马易茶。而部族之长,亦许其岁时朝贡,自通名号于天子。彼势既分,又动于利,不敢为恶。即小有蠢动,边将以偏师制之,靡不应时底定。自边臣失防,北寇得越境阑入,与番族交通,西陲遂多事。然究其时之所患,终在寇而不在番,故议者以太祖制驭为善"。(《明史·西域二·西番诸卫》卷330)

在大明帝国正北地区设立陕西都司、山西行都司、大宁都指挥使司等几个"大军区"统制机构。陕西都司治所设在西安,下辖宁夏卫、宁夏中卫、山丹卫、永昌卫、凉州卫、庄浪卫、洮州卫、岷州卫、靖虏卫、西安诸卫。(《明史·地理三·河南陕西》卷42)

在陕西都司东北方向的山西大同设立山西行都司,下辖大同左卫、大同右卫、大同前卫、大同后卫、蔚州卫、朔州卫、天成卫、高山卫、阳和卫、玉林卫、东胜卫、万全左卫、万全右卫、怀安卫、怀来卫等;在山西行都司南边的太原则设立山西都司,下辖太原左卫、太原右卫、太原前卫、振武卫、蒲州千户所、雁门千户所等。(《明史·兵二·卫所》卷90)

由山西行都司向东在大宁(北京偏东北方向)设置大宁都指挥使司。"洪武二十年九月置,(治大宁卫),二十一年七月更名(为北平都指挥使司),领卫十。"它们是大宁左卫、大宁右卫、大宁中卫、大宁前卫、大宁后卫、新城卫、富峪卫、会州卫、榆木卫、全宁卫和开平卫等。(《明史·地理一》卷40;《明太祖实录》卷185)

从大宁开始,大明帝国北疆逐渐延伸到了辽东地区。而明初辽东局势十分复杂:如果将山海关与鸭绿江划一线的话,从东向西大明依次要搞定的对象有:辽东东南部是尊奉元帝国为正朔的高丽(即后来的朝鲜),辽东西部是北元残余势力活动猖獗的地区,而在这两者之间夹着一个盘踞在金山的北元太尉纳哈出统帅的数十万人的军队。因此辽东局势十分严峻,朱元璋对其谋划与经略还颇费心神。

先是洪武元年十二月,朱元璋派"遣符宝郎偰(契)斯奉玺书赐高丽国王王颛",告诉高丽国王:元朝已被推翻,现在是大明的天下了。(《明太祖实录》卷37)但高丽似乎反应很慢,直到第二年的八月,"高丽国王王颛遣其礼部尚书洪尚载等奉表贺即位、请封爵,且贡方物"。从此大明与高丽之间有了正式的往来。(《明太祖实录》卷44)

洪武二年八月丙子,朱元璋再"遣符宝郎偰(契)斯赍诏及金印诰文往高丽,封王颛为(高丽)国王"。"仪制、服用许从本俗",并嘱咐王颛"保民社而肇封,式遵典礼;传子孙于永世,作镇边陲"。(《明太祖实录》卷44)

但高丽依然"脚踩两只船",国王王颛既派使臣上南京向朱元璋上表,庆贺其即皇帝位,假模假样地请求大明君主给他王爵封号,又在暗地里同北元政权勾勾搭搭。一直到了洪武三年七月高丽国王王颛才正式下令改用大明洪武年号,奉明朝为正朔。

对于高丽首鼠两端的行为,朱元璋很为恼火,但也无奈,因为当时大明北边的元蒙残余势力还十分强悍,更有一个大难题摆在了朱元璋君臣的面前,那就是辽东故元势力和"元太尉纳哈出拥众数十万屯金山,数为辽东边害"。(《明史·冯胜传》卷129)

朱元璋在权衡北方军事局势后,决定首先对辽东故元势力采取招抚与打击并用的手段,在辽东地区建立大明自己的军事战略要地。洪武三年九月,朱元璋"遣断事官黄俦赍诏谕"辽阳等处官民,告诉他们:元顺帝已死,你们应该"见机审势,高谋远图",只要来降,本皇帝给你们"官加擢用,民复旧业",绝不食言。(《明太祖实录》卷56)

与此同时,朱元璋调集军队从山东半岛出发,直接渡海攻打辽东。洪武四年二月壬午日,"故元辽阳行省平章刘益以辽东州、郡地图并借其兵马钱粮之数,遣右丞董遵、佥院杨贤奉表来降",朱元璋听到消息后十分高兴,大大表彰了刘益弃暗投明的明智之举,但考虑到辽东地区尚有很强的故元势力,他当即决定设置辽东卫指挥使司,以刘益为指挥同知,负责处理辽东卫指挥使司军务。(《明太祖实录》卷61)

可老江湖朱元璋这回低估了辽东故元势力的力量,大明君臣还没有高兴几天,辽东就出事了。洪武四年五月丙寅,故元平章洪保保、马彦翚、八丹等人因不愿叛元降明而发动了叛乱,他们袭杀了大明朝廷刚刚任命的辽东卫指挥同知刘益。(《明太祖实录》卷65)

朱元璋听到辽东传来的噩耗，立马下诏谕祭祀刘益，且这样说道："失此良将，朕甚悲怆，兹特遣人谕祭，且令有司护尔之柩归葬砀山。"朱元璋痛悼刘益倒不是因为他们之间有多深的感情，而是他意识到辽东问题的严重性，所以在解决叛乱后的辽东卫指挥使司的同时，他又下令设立"定辽都卫指挥使司，以马云、叶旺为都指挥使，吴泉、冯祥为同知，王德为佥事，总辖辽东诸卫军马，修治城池，以镇边疆"。(《明太祖实录》卷67)

而后，洪武八年九月癸丑日，大明又在辽阳将"定辽都卫(改建)为辽东都指挥使司，置定辽前卫指挥使司，以辽东卫为定辽后卫指挥使司"(《明太祖实录》卷101)。其"治定辽中卫，领卫二十五，州二"。(《明史·地理二》卷41)

到洪武晚期时辽东都指挥使司已发展到了相当广阔的区域，其下辖主要卫所有：定辽左卫、定辽右卫、定辽中卫、定辽前卫、定辽后卫、铁岭卫、东宁卫、沈阳中卫、海州卫、盖州卫、金州卫、复州卫、义州卫、辽海卫、三万卫、广宁左屯卫、广宁右屯卫、广宁前屯卫、广宁后屯卫、广宁中护卫、广宁卫、广宁后卫、广宁中屯所、广宁中左所、宁远卫、山海卫、安乐州等。(《明史·兵二·卫所》卷90；谭其骧：《中国历史地图集》第七册(元明时期)，中华地图学社出版1975年第1版)

从辽东都指挥使司的管辖与军事势力覆盖范围来看，它"东至鸭绿江，西至山海关，南至旅顺海口，北至开原"，可能相当于整个辽东半岛。(《明史·地理二》卷41)

这样，大致到了洪武晚期时，在大明帝国北疆上从西向东建立起了陕西行都指挥使司、陕西都指挥使司、山西行都指挥使司、山西都指挥使司、北平都指挥使司、大宁都指挥使司和辽东都指挥使司等环环相扣的七大"军事区"(《明太祖实录》卷249)，密布了数百个卫(所)，驻扎了近百万的军队，构成了严密的大明帝国北疆第一道军事防线，以此来阻挡和抵御剽悍的蒙古人南下侵扰与抢掠。

正因为有着这样严密又有力的军事防御保障，进入洪武晚期时北方强敌元蒙残余势力对大明就构不成巨大威胁了。差不多与此同时，大明开国皇帝朱元璋调集兵力从陆路进逼辽东金山故元纳哈出部，洪武二十年六月，纳哈出归降大明，辽东地区元蒙残余势力大体上被扫清。(《明太祖实录》卷182)大明"还师，城之，因置都司及营州五屯卫，而封皇子权为宁王，调各卫兵往守"。(《明史·兵三·边防》卷91)

此时的朱元璋心情极爽，腰杆子也觉得很硬了。洪武二十一年初高丽国王禑上表给大明开国皇帝，提出了领土要求："文高、和定等州本为高丽旧壤，铁岭地区是我们世守的地方，希望大明君主能将这些地方交给我们高丽国。"朱元璋寸步不让，他跟礼部官员说："高丽国王说什么文高等州原先是他们的，但按照地理角度来看这不可能，况且这些地方是故元旧地，如今当属辽东都司衙门管辖的地盘，铁岭老早就设立了军队卫所,因此说高丽人的说法是没有什么依据的。这样吧,我大明与高丽的国界还是以历来既定的鸭绿江为限。"随即令人以此复信给高丽国王。(《明太祖实录》卷190)

朱元璋给高丽王的回信讲得十分明确,辽东领土是我大明的,你们好自为之吧!

○ 洪武时期构建起来的大明北疆第二道战略防线

当然朱皇帝不会相信在没有十分强固的军事防御保障的前提下能得到真正的和平。于是从洪武晚期起朱元璋一方面不断地增加北疆第一道防线上的卫所等机构设置与军事防御,另一方面又构建与加固大明帝国北疆第二道军事战略防线——分封诸子藩王。

洪武晚期时,大明北疆一线从西向东受封的藩王有:甘州肃王朱楧(诏王理陕西行都司甘州五卫军务)、宁夏庆王朱(诏王理庆阳、宁夏、延安、绥德诸卫军务)、西安秦王朱樉、山西太原晋王朱㭎、大同代王朱桂、宣府谷王朱橞、北平燕王朱棣、大宁宁王朱权、广宁辽王朱植、开原(今铁岭北开原市)韩王朱松(未就藩)等10多个"塞王",构筑起大明帝国北疆的第二道防线。(《明史·诸王二》卷117;《明史·诸王三》卷118;《明太祖实录》卷249)

而这些"塞王"要说治学论道,可能就难为他们了,但看护北疆他们确实不赖。除国史《明实录》外,明代野史记载,秦王、晋王活着时都是了不得的边关猛将与军事统帅。有学者分析,在洪武中期时很可能是燕王朱棣跟着两个皇兄"混"的,只是到了洪武晚期秦王、晋王先后薨世后,燕王才崭露头角;更有年轻的辽王朱植"在边,习军旅,屡树军功",他对皇帝父亲朱元璋与父皇钦定的接班人朱允炆都忠心耿耿,是大明帝国不可多得的边疆藩王守将,难怪朱元璋临终之际还将北方军事统帅大权交由辽王。(详见前章和笔者的《大明帝国》系列④《建文帝卷》上;《明史·诸王二》卷117)

到朱元璋死为止,不说他的二十子朱松因年幼尚未来得及就藩,单大宁"以善谋称"的宁王兵力就达到80 000人,加上辽东都司140 000兵士,应该讲朱元璋构建的这第二道防线是相当牢固的,且富有"弹性":其向西随时准备对付北元的侵扰,向东可以看住高丽的一举一动,而大明皇帝则可呆在南京明皇宫里"遥控"指挥。又,自从宁、辽两王就藩以后,高丽与北元给彻底隔开,与大明建立起友好关系,老朱皇帝晚年将朝鲜(洪武二十五年高丽更名为朝鲜)列为"不征之国",以训子孙(《皇明祖训·祖训首章》)。由此,北元与朝鲜联合进攻大明的希望全部落空,只能在漠北荒原上来回折腾了。

明末清初大思想家顾炎武曾高度评价朱元璋的这个北疆战略:"大宁居遵化之北一百里,沿山海以逮独石,一墙之外皆其地。独石、山海离京师皆七百里,与大宁正相等。国初建谷、宁、辽三王,与代朔若运椎,以屏藩东北,其为计深矣!"【清】顾炎武:《天下郡国利病书·旧大宁论》卷9)

○ 洪武时期构建起来的大明北疆第三道战略防线(辅助)

朱元璋在北疆沿线构建的第三道防线就是在第一、第二防线之外围"缓冲区"设置羁縻卫所,如陕西、山西正北外围地区(相当于今天内蒙古包头、呼和浩特与集宁一带)设立的镇虏卫、玉林卫、云川卫、宣德卫、官山卫、察罕脑儿卫等(其再往北就是鞑靼地区)。大明东北边疆的第三道防线就是由大宁和广宁再往北推移的兀良哈地区设置的朵颜三卫。洪武二十二年夏四月辛卯,"置泰宁、朵颜、福余三卫,指挥使司于兀良哈之地,以居降胡"。(《明太祖实录》卷196;《明史·太祖三》卷3)

洪武时期大明北疆建起的三重战略防线中,这第三道多是由投降过来的蒙古人主司着,是最不可靠的防线,但它可以直接面对漠北鞑靼或瓦剌的进攻,起到辅助性抵挡与防御的作用,一旦失去了,也无大碍。而最为核心的是第二道,即老朱皇帝在北疆上分封的10个"血脉相连"的藩王所组成的强大军事战略防线,就连里边的第一道防线上的各指挥官也得听从藩王的指挥。当然这是有战事的情况下才会这样,平时大家各司其职,和睦相处。由此看来,朱元璋在北疆地区的军事设计正可谓用心良苦、深谋远虑!

○ 洪武时期大明北疆两个三角形军阵布防和朱棣的浅薄

更绝妙的是,洪武时期朱元璋在唐宋等传统中原帝国势力以外的漠北等地区巧妙地布置大明军事势力,以全宁、大宁、北平和开平四地为军事着力点,构成了菱形作战与布防军阵。如果我们将大宁与开平之间画一条线的话,就不难看出,这样的菱形军阵其实是由两个三角形军阵组成,第一个三角形就是大宁、全宁和开平,第二个则为大宁、开平和北平。据军事学专家研究发现,三角形军阵是最为保险和牢固的一种军事作战与防守的布阵,据说三国时代的军事家诸葛亮和司马懿在战争中就经常运用三角形军阵。几十年战争生涯中连连取胜的朱元璋在晚年完成了塞外三角形军阵的布置,已充分显现了他的杰出军事才干。一旦漠北元蒙残余东进,首先会进入大宁、全宁和开平组成的第一组三角形军阵,很容易遭受这三个军事着力点上大明军的打击;而一旦南下,又会陷入大宁、开平和北平组成的第二组三角形大明军阵。因此说,洪武晚期,大明北疆军事布防之水平已经达到了炉火纯青的地步,极富弹性,有张有弛、张弛结合,终使洪武晚期北虏"不敢近边者十余年"(【明】李贤、彭时等纂修:《大明一统志·鞑靼》卷90)。

可谁曾想到,老朱皇帝如此精心构建的北疆军事战略防线到他的"好儿子"燕王朱棣发动"靖难"之役后就给毁了——永乐初年朱棣废大宁镇,"空其地,畀朵颜三卫",并将洪武时期设在大宁的大明军事重要机构北平行都指挥使司迁徙到了北京南部的保定府。这样不仅使得原本用于抵御外虏的塞外军事重镇大宁不攻自毁,成为军事"不设防"区,而且还带来了一个十分可怕的后果:大宁自此以后成了大明帝国几乎不堪承受又无法医治的癌症病痛。"正统己巳,嘉靖庚戌,诸敌犯内,皆从此(大宁)至,则(朵颜三卫)阳顺阴逆,亦卧榻鼾睡故也"。(【清】顾炎武:《天下郡国利病书》卷9)

明代中叶兵部尚书马文升在研究和对比了朱元璋、朱棣"父子"的北疆军事战略后意味深长地说道:"太祖高皇帝平一四海之后,以西北边境与胡虏密迩,虑为边患,故于甘州设立陕西行都司,宁夏设立五卫所,大同设立山西行都司,宣府设立万全都司(马文升搞错了,万全都司是宣德五年时才设立的,笔者注),古营州设立大宁都司,于辽东古襄平设立辽东都司,各统属卫如臂指之相使,气脉之相属,以捍卫夷虏,又分封肃、庆、代、谷、宁、辽六王于甘州、宁夏、大同、宣府、大宁、辽东,凡百军马俱听节制,以藩屏王室。若有寇贼侵犯,就命各王挂印充总兵征剿,各边初无总兵镇守巡抚官之设,彼时胡虏远遁,边方宁谧。"(【明】马文升:《明经世文编·马端肃公奏疏三》卷64)

"胡虏远遁,边方宁谧"是马文升对洪武时期北疆军事战略影响的客观评价,由此不难看出老朱皇帝洪武帝治边的成功和小朱皇帝永乐帝的浅薄。再看康熙帝对朱元璋的评价"治隆唐宋"至少说在治边方面也是客观的、公允的。

说完了治边,我们再来看看洪武时期朱元璋治理的第三个层面——"治外",即在对外关系方面又是如何进行治理?

和平对外厚往薄来　坚决抗倭严厉禁海

朱元璋草根出身,从小在农村长大,当了皇帝后就将天下看做更大的家天下。洪武皇帝位居中央,为天下"大宗主",大明为"天朝上国",周围邻邦皆为"藩属国"。大明与邻国的关系是宗主与藩属的关系,作为宗主的大明应该救封周边的"藩属"邻邦,而作为藩属的邻邦就应该向大明"称臣""朝贡",即朱元璋所说的"朕观中原土壤,四方朝贡"(《明太祖实录》卷34),这也是中国传统的"大中华一统天下"之理想境界。

洪武三年朱元璋在《平定沙漠诏》中就曾这样说:"自古为天下主者,视天地所覆载,日月所照临,若远若近,生人之类,无不欲其安土而乐生。然必中国治安而后四方外国来附。"(《明太祖实录》卷53)后来在给爪哇国王的诏书中他进一步说道:"朕仿前代帝王,治理天下,惟欲中外人民,各安其所。又虑诸蕃僻在远方,未悉朕意,故遣使者往谕,咸使闻知。"(《明史·外国传五》卷324)

正因为出于这样的认知,洪武二年九月大明帝国制定了《藩王朝贡礼》,规范天下四夷"藩属"朝贡"宗主"大明天子的礼仪。(《明太祖实录》卷45)

● "天朝上国"的"大宗主"奉行睦邻邦交和平主义对外国策

不过这里边有两个问题必须得解决:

第一,邻邦"藩属国"凭什么要认你大明天子为天下宗主?

这就要看你的自身实力了。一般来说,传统社会中看待国家实力的主要依据大约有三个:一个是经济实力,你的国家经济实力是不是在当时处于一流的地位,其常常表现在"朝贡贸易"中作为宗主国是否出手大方和特别优渥前来朝贡的藩属国;第二,传统软实力,往往体现在文明发达程度上,就看你的国家是不是走在邻邦国家的前列,具有绝对的文明"输出"的优势;第三,军事实力,这也是最为显眼、让人能体悟到的硬实力。作为邻邦小国,你要是不服气或"忤逆"的话,那接下来就有你好看的了。元亡明兴,朱元璋开创的新帝国——具备了这些条件,他打着"驱逐胡虏,恢复中华"的旗号,"参酌唐宋",继承的是中华帝国经典时代的唐宋文明,富甲天下,打得曾经不可一世的大元帝国皇帝元顺帝及其子孙们一路北逃,最终只能在漠北荒原上当个"北漂族"。大明不是天下宗主,还有谁是?

第二,作为天下宗主的"天朝上国"(华夏)与邻邦(四夷)之间的关系如何处理?

中国传统儒家在先秦时代就形成了这样的华夷观:"夷蛮戎狄,谓之四夷,九服之制,地在要荒",而"王者必居天下之中"(《诸子集成·孟子》),"天子有道,守在四夷"。依照先秦儒家理想中的"规划"与描绘:"先王之制,邦内甸服,邦外侯服,侯卫宾服,蛮夷要服,戎狄荒服。甸服者祭,侯服者祀,宾服者享,要服者贡,荒服者王。"(《国语·周语上》)传统中华帝国就该拥有"天子居中","德以柔中国,刑以咸四夷"(《十三经注疏·左传》)和"四夷宾服"(《明太祖实录》卷101)的华夷格局。

朱元璋开国前提出了要"恢复中华",这不仅仅是要驱逐异族统治者,恢复华夏——汉民族的统治,而且还要匡复华夏文明正统,其中有一项内容就是要恢复"正统的"华夷格局。

鉴于这样的认知,以华夏正统之主自居的朱元璋在对待外邦"四夷"之间的是是非非方面继承了中华帝国传统的对外国策,即实行不干涉主义。洪武六年十一月,占城国(越南南部一国)遣使来南京上言:"安南国(越南北部一国)侵犯我国领土,仰仗大明天朝神威,我军打败了安南军,我占城国国王特派我来向皇帝陛下您报喜!"朱元璋听后没吭气,而后跟中书省大臣说道:"海外诸国,阻山隔海,各守境土,其来已久。前年安南国来人说,占城侵犯了他们的领土;今年可好了,占城国说安南扰边。占城、安南都是我大明的藩属国,敬奉我朝廷,但他们之间的是非曲直谁能搞得清楚啊。这样吧,你们中书省出面,派人上两国去劝谕双方,各自罢兵息争,不要再相互打来打去了!对于前来报喜的占城国王特使,依照礼节赐与一些文绮等,让他赶紧回去吧!"(《明太祖实录》卷86)

不掺和邻国与邻国之间的是是非非和实行不干涉邻国内政之国策,这不仅仅反映出朱元璋的精明与老辣,而且也表明了大明对外奉行的是和平主义和睦邻友邦的原则。其实这样的外交原则自朱元璋登基起就已经确立。洪武元年十二月,在派遣符玺郎偰斯、知府易济等分赴高丽、安南等国颁发即位诏书中,朱元璋就曾明确表示了大明奉行和平主义外交原则和政策:"昔帝王之治天下,凡日月所照,无有远迩,一视同仁。故中国尊安,四方得所。非有意于臣服之也……朕肇基江左,扫群雄、定华夏,臣民推戴,已主中国,建国号曰'大明',改元'洪武'。顷者克平元都,疆宇大同,已承正统,方与远迩相安于无事,以共享太平之福。"(《明太祖实录》卷37)而后他又陆续派出使者前往占城、爪哇(印度尼西亚岛国)、日本、琐里(印度小国)、暹罗(今泰国)、真腊(今柬埔寨)、三佛齐(印度尼西亚旧港)、渤泥(印度尼西亚岛国)、琉球(近代被日本吞并后改名为冲绳县)、缅国(今缅甸)以及西洋诸国,颁赐玺书,赠予诸国王金绮绸缎纱罗,还有历书《大统历》等,重申大明的和平外交国策,欲使诸国"知正朔所在","能奉若天道"。(《明太祖实录》卷39)

那么朱元璋的这种和平外交国策的终极目标是什么?它给大明带来了什么样的影响?

● 重建"四夷宾服"和"万国朝宗"的华夷秩序

其实这样的和平外交国策之终极目标无非是要恢复和打造传统的"天朝上国"俯视下的"四夷宾服"华夷秩序,其最高境界也就是种好我中华帝国内的"一亩几分地"。不过话得说回来,洪武年间朱元璋在对外关系方面除了通商贸易乏善可陈外,其政治与国际环境领域还曾创造了许多的成就。详细说来有以下几个方面:

○ **不干涉别国内政**

大明开国之际,高丽国内也面临着改朝换代。洪武七年,高丽王朝国王王颛为权相李仁人所杀,因为没有子嗣,随即立了宠臣辛肫的儿子辛禑为国王,其实这也不过是个过渡国君。那时的高丽国大权已落入了大将李成桂手中。洪武二十一年,李成桂发动军事政变,迫使辛禑让位给儿子辛昌。第二年又废了辛昌,立了一个据说是高丽国王王颛的后裔王瑶为王。三年后李成桂干脆将王瑶也给废了,自己当起了国王。

对于藩属国高丽国内的这一系列政变,朱元璋十分睿智,从不插手。当李成桂政变成功后遣使前来南京向洪武皇帝通报时,朱元璋一语中的地说道:"尔恭愍王死,称其有子,请立子。后来又说不是。又以王瑶为王孙正派,请立之,今又去了。再三差人来,大概要自做王。我不问,教他自做。自要抚绥百姓,相通往来。"(吴晗辑:《朝鲜李朝实录中的中国史料上编卷一·太祖康献大王实录》,第 1 册,P112,中华书局 1980 年 3 月第 1 版)

无独有偶,安南国也发生了性质与朝鲜差不多的政变。安南国王陈日煃让伯父陈叔明给逼死了,随即陈叔明自己执掌起朝政来。朱元璋知道后口头谴责:"(陈)叔明王法所必诛,速择日煃亲贤立之。"(【清】谷应泰:《明史纪事本末·安南叛服》卷 22;《明史·外国二·安南传》卷 321)陈叔明听说后十分恐惧,赶紧让位给弟弟陈日焜。但就此陈叔明和陈日焜心里还不踏实,生怕朱元璋发兵前去"匡正",于是几次三番派人上南京来进献方物。老辣的朱元璋收下了方物,并降下诏书,明确表达他不干涉别国内政的和平主义外交国策:"今朕统一天下,惟愿安民而已,无强凌弱,众暴寡之为。安南新王,自当高枕,无忧加兵也。"(【明】张燮:《东西洋考·艺文考》卷 10)

○ **通过外交途径解决外国侵害中国利益事件**

洪武中期,广西思明府来人报告说:安南国派军侵犯我国境。洪武帝派人前去了解情况,安南居然倒钉一耙,反说广西思明府入侵了安南。朱元璋听后很生气,"刚好"安南新国王陈炜派大中大夫罗伯长来南京进贡方物,实际上很有可能就是来窥测大明天子的意向。朱元璋"以其诈命",当即退还了安南方物,并降下敕书,严厉诘责陈炜,指摘他作奸肆侮,生隙构患,犯下"欺诳中国之罪",并敕令广西布政

使司："自今以后，凡安南入贡之事一律予以拒绝！"（《明太祖实录》卷137）

○ 谨慎用兵，制定对外军事底线

与历代帝王相比，在对外关系上老谋深算的朱元璋显得格外小心，虽然一生以军事和政治作为自己的"主业"，但他似乎特别谨慎用兵。洪武二十年十月，在与诸将论及兵政时，朱元璋这般说道："国家用兵，犹如医生用药。开了一大堆的药，目的是要治病，不能没什么病就吃吃药，那可要吃坏的！治国也如此，国家不太平，用兵来勘定祸乱。等天下太平了，只需整修甲兵，操练士卒，备作国防而已。为什么这么说呢？大家应该要知道：用兵能消除祸乱，但也能招致祸乱，倘若恃富逞强，好大喜功，惹是生非，就会结怨挑衅，这不恰恰招惹了祸乱！正如医生乱开瞑眩之药，强迫无病之人服用，虽然不至于造成身体残疾或送命，但足以大伤元气！所以为国当政者应该常讲军事，但千万不能穷兵黩武！"（《明太祖实录》卷186）

这是一生讲究"洪武""尚武"的老辣皇帝的"谆谆教导"，一句话，军事不好玩，谨慎用兵。这更是朱元璋从历史经验教训中得到的顿悟。洪武四年九月，他在南京明皇宫奉天门给各部大臣做了这番告谕："海外蛮夷之国有为患于中国者，不可不讨；不为中国患者，不可辄自兴兵。古人有言，地广非久安之计，民劳乃易乱之源。如隋炀帝妄兴师旅，征讨琉球，杀害夷人，焚其宫室，俘虏男女数千人，得其地不足以供给，得其民不足以使令，徒慕虚名，自弊中土，载诸史册，为后世讥。朕以诸蛮夷小国，阻山越海，僻在一隅，彼不为中国患者，朕决不伐之，惟西北胡戎（指漠北蒙古），世为中国患，不可不谨备之耳，卿等当记所言，知朕此意。"（《明太祖实录》卷68）

洪武晚年，老朱皇帝生怕子孙后代狂妄、轻浮、率意用兵，从而招惹祸害，特地将自己的谨慎对外用兵之国策写入了《皇明祖训》之中："四方诸夷，皆限山隔海，僻在一隅；得其地不足以供给，得其民不足以使令。若其自不揣量，来扰我边，则彼为不祥。彼既不为中国患，而我兴兵轻伐，亦不祥也。吾恐后世子孙，倚中国富强，贪一时战功，无故兴兵，致伤人命，切记不可。但胡戎与西北边境，互相密迩，累世战争，必选将练兵，时谨备之。"（《皇明祖训·祖训首章》）接着朱元璋开列了15个亚洲邻国为大明的"不征之国"，即规定子孙后代不得无故去侵犯，它们是："东北：朝鲜国；正东偏北：日本国（虽朝实诈，暗通奸臣胡惟庸，谋为不轨，故绝之）；正南偏东：大琉球国（朝贡不时，王子及陪臣之子，皆入太学读书，礼待甚厚），小琉球国（不通往来，不曾朝贡）；西南：安南国（三年一贡），真腊国（朝贡如常，其国滨海），暹罗国（朝贡如常，其国滨海），占城国（自占城以下诸国来朝贡时，内带行商，多行诡诈，故沮之。自洪武八年沮至洪武十二年,方乃得止。其国滨海),苏门答剌(其国滨海),西洋国(其国滨海),爪洼(哇)国(其国居海中),湓亨国(其国居海中),白(百)花国(其国居海中),三弗(佛)齐(其国居海中)。渤泥国(其国居海中)"。(《皇明祖训·祖训首章》;万历:《大明会典·礼部·朝贡》卷 105)

每当笔者读到这段史料时,再想想老朱皇帝躺下后 10 年时间都不到的永乐四年(1406),轻浮、狂妄甚至可能精神不太正常的小朱皇帝朱棣发动了平定安南之乱的战争,将百万大明军拖入了安南战场的泥潭,由此我们不得不为朱元璋的老辣所折服!甚至可以说,在有明一代君主中以如等智慧治国理政和对外交往的,几乎无人能与之相比。那个自称为"好儿子"又被某些人万般称颂的"一代圣君"朱棣与乃"父"相差十万八千里。但是朱棣的儿子朱高炽倒是有点皇爷爷的遗风,他一亲政就勇敢地决断,要将大明军从安南战场上撤回来——这些都是在以后的专著中我们要详述的。(详见笔者《大明帝国》系列⑨《洪熙、宣德帝卷》上)

而从上述朱元璋对外国策的"祖训"或言"遗训"中,我们同时也不难看出大明开国君主身上的那种自我感觉良好的天朝上国思想,但整个"遗训"的基本精神还是国际和平主义,你不犯我,我不犯人。直至今日这笔文化遗产还是值得我们后人传承的。

○ 主倡朝贡贸易,重建"四夷宾服"的"天朝上国"华夷统治秩序

既然是和平主义,远夷们完全可以不理睬你大明。如此一来,岂不与传统儒家所极力推崇的"四夷来朝"和"万国朝宗"的中国古代圣君治国理想境界相悖?没有,中国传统儒家还有一个重要的"对外国策"精髓,那就是德治天下,怀柔远夷。那么怎么做到这一步?

在朱元璋君臣看来,我们四周的远夷都是未开化之人,他们仰慕我中华文明,一门心思想来归化。洪武十六年五月,洪武帝曾跟礼部大臣说:"诸蛮夷酋长来朝,涉履山海,动经数万里。彼既慕义来归,则赉予之物宜厚,以示朝廷怀柔之意。"(《明太祖实录》卷 154)

正因为拥有这样的认知,朱元璋在登基以后就仿效前朝,派遣特使出访远夷和海外诸国,并给予极大的赏赐;以此来笼络四夷,宣扬我大明君主之恩德,使其感到天朝圣主的关怀,进而从内心深处归化大明,最后达到怀柔远夷、德化天下之理想目的。

◎ 通贡贸易、赉赐贸易和通商贸易

为了实现这个理想目标,朱元璋还制定以"通贡贸易"为主体的对外交往国策。

"通贡贸易"或称"朝贡贸易""贡赐贸易",一般是指境外国家因仰慕中华文明而主动前来,向朝廷献纳货物、特产等,而朝廷往往予以超过贡物价值一倍甚至几倍的回赐。通贡贸易基本上不存在等价交换,它是"四夷来朝"和"万国朝宗"的一种象征。

但有时中国等不到境外国家主动前来,而是自己政治或经济上有急需,朝廷就派宫中太监或朝廷官员赍具敕书,带了赐物,前往想要贸易的国家和地区进行颁赐。接收国在收到了敕书和赐物后,就按中国朝廷所需之物置办,以回应中国的赐物,或主动派出他们的特使带上贡物前往中国朝廷"回贡",朝见大国宗主。这种贸易就叫"颁赐贸易",又名"赍赐贸易",它实际上是"朝贡贸易"的延伸或言变体。

与"朝贡贸易"相对应的叫"通商贸易",这是一种建立于基本上等价交换基础之上的对外民间自由贸易。

◎ 宋元历史遗产与明初四大海外贸易管理机构的设立与撤销

中国古代对外通商贸易黄金时代不在明清而在唐宋元时期。明朝一开始朱元璋接受了元朝海外贸易丰厚的遗产,继承了元朝的对外开放政策,不仅保留了元朝在南方的广州、泉州和宁波(当时称明州)的三个对外贸易管理机构市舶司,而且还于大明帝国正式建立前的一年即吴元年(1367),在太仓州的黄渡镇增设了一个市舶司。

但这个太仓市舶司只存在了4年的时间就被朱元璋撤了。洪武三年二月甲戌日,"罢太仓黄渡市舶司,凡番舶至太仓者,令军卫有司同封籍其数,送赴京师"(《明太祖实录》卷49)。撤的理由是太仓距离南京太近,有了这个市舶司,经常有奸人混杂在海外贸易者行列,刺探京师及其他要隘地区的机密,十分危险。"初以太仓为'六国码头',旋以近京师,恐生他变,遂徙之宁波诸处"。(【清】傅维鳞:《明书》卷83)

在太仓市舶司撤销后的第五年,即洪武七年九月辛未日,"罢福建泉州、浙江明州、广东广州三市舶司"(《明太祖实录》卷93)。朱元璋得了恐惧狂想症似地一口气将元朝留下的广州、泉州、明州三处市舶司全给撤了。差不多与此同时,他开始实行"海禁"或称"禁海"。洪武四年十二月丙戌,下令"濒海民不得私出海"(《明太祖实录》卷70)……

由此一来,中外通商贸易一途完全被堵,剩下的只有大明官方主倡和掌控的"通贡贸易"或称"贡赐贸易"。

◎ 洪武只开"厚往薄来"的通贡贸易,多少也促进了中外经济文化交流

通贡贸易是洪武初期大明朝廷所竭力提倡的,因为从大元帝国转向了大明帝

国,当时的朱元璋就怕天下四方远夷不认可自己的"宗主"地位,所以一上来就不断地派遣使臣主动外出,进行赉赐贸易,他曾跟底下的大臣这样说道:"西洋诸国素称远蕃(番),涉海而来,难计岁月。其朝贡无论疏数,厚往薄来可也。"(《明史·外国传六》卷325;《明太祖实录》卷71)

"厚往薄来"就是说,你们"老外"来我们中国带不带方物、带多带少都无所谓,只要你们来朝贡了,意思到了就行,我大明"皇帝富有四海,岂有所求于(夷)王?但欲(夷)王之称藩,一示无外尔!"(【明】宋濂:《宋文宪公全集·渤泥国入贡记》卷26)朱元璋直言:"中国岂少这些(贡物),但试他那心!"(【朝鲜】郑麟趾:《高丽史·辛禑传》卷136)换句话来讲,只要你们"老外"承认我朱元璋为天下共主地位了,我大明绝不亏待你们,会给出你们进贡方物价值几倍、几十倍甚至上百倍的钱币、金织文绮、纱罗等"回贡"礼物!

这下可把"老外"们给乐癫了,都说天上不会掉馅饼,你还真别说,在大明可有馅饼从天上掉下来。于是四面八方的"老外"们屁颠屁颠地向南京方向赶去,到明皇宫向那"鞋拔子脸"皇帝磕几个响头,然后满载而归,何乐而不为!因此,明初四方远夷们络绎不绝地来朝,中外交通甚是热闹,中国四周邻邦"凡三十国"都来一一"报到"了。(《明太祖实录》卷254)

这30国所在的地理位置按照现在人们地域概念来讲,大致相当于东亚的朝鲜、日本、冲绳,东南亚的越南、柬埔寨、泰国、缅甸、印度尼西亚、菲律宾,南亚的印度、巴基斯坦和中亚细亚诸国等。有意思的是,在永乐时期差一点与中国打起来的中亚帖木儿帝国在朱元璋屡遣使招谕下,也在洪武二十年九月派遣了"回回满剌哈非思等来朝,贡马十五,驼二","自是频岁贡马驼"(《明史·西域四·撒马儿罕传》卷332),甚至连远在欧洲的东罗马帝国也曾遣使来我南京朝见大明天子。据说元末拂菻国即东罗马帝国有个商人叫捏古伦的来中国做生意,元朝灭亡后他没法回去。明太祖朱元璋听说后召见了他,命他带一封诏书给东罗马皇帝,后来又正式派遣使臣普剌等携带敕书、彩币前往欧洲,出访东罗马帝国,"其国乃遣使入贡"。(《明史·外国七·拂菻传》卷326)

由此看来,洪武时期的大明帝国对外交往之广,绝对不逊色于当下某些功利主义史学家一向吹捧的"永乐盛世"时代(特注:永乐时代也是官方主倡和掌控朝贡贸易,严厉禁止通商贸易,详见笔者的《大明帝国》系列⑧《永乐帝卷》下)。更为人们所长期忽视的是,洪武时期,通过官方主倡和掌控朝贡贸易,中外经济与文化得到了一定的交流。

从纯经济层面角度来讲,朝贡贸易尽管有着绝对的官方政治意义,但也隐含一定的中外经济交流成分。"太祖高皇帝时,诸番国遣使来朝,一皆遇之以诚,其以土物来市易者,悉听其便,或有不知避忌而误干宪条皆宽宥之,以怀远人"(《明太宗实录》卷12)。自踏上中国领土起,中国官方就提供"三赔"服务,即免费为"老外"们提供住宿、吃喝和交通,京师南京设有会同馆和乌蛮驿,建有江东楼、醉仙楼、集贤楼、鹤鸣楼、讴歌楼、鼓腹楼、重译楼、叫佛楼、来宾楼、淡粉楼、梅妍楼、翠柳楼、轻烟楼、北市楼、南市楼、乐民楼等十六楼,供四方宾客嬉戏娱乐和休息。(【明】王俊华:《洪武京城图志·楼馆》)。来华的朝贡使者除了所献方物外,还可以携带一些番货,顺路来中国做些买卖。一般来说,这些番货中的60%由中国官方充当"冤大头",高价"吃进",剩下的40%在朝贡朱元璋和领取赏钱赏物后,拿到大明会同馆去同中国商人进行交易,这里边就有民间中外经济贸易的成分了。但即使这样的交易也是在中国官方监控之下进行的。因为朝鲜与琉球(今日本冲绳)与中国关系非同一般,明廷规定:各处夷人朝贡领赏之后,许于会同馆开市三日或五日,惟朝鲜、琉球,不拘期限。(万历:《大明会典·礼部·朝贡通例》卷108)

从文化层面角度来讲,朝贡贸易多少也带动了中外文化交流。当然这种交流主要还是以处于文明高势能状态的中华文化输出的为多。譬如洪武五年在朱元璋下令赏赐西洋琐里时,大明回贡礼物中除了织金、文绮、纱罗外,还有就是历书——《大统历》(《明太祖实录》卷71)。这《大统历》就像我们今天民间常见的所谓"老黄历",上有生活与生产百科知识,什么时候宜做什么和不宜做什么,都标注得清清楚楚,祭祀、冠带、宴会、出师、入学、栽种、婚丧嫁娶、开市、交易、修造、开渠、伐木,等等,总计有32事(万历:《大明会典·钦天监》卷223)。这样的历书在洪武初年朱元璋一次就给了占城3 000本,而那时的占城根本就不懂什么历法,"但看月生为初,月晦为满,如此十次盈亏为一岁,昼夜以善鼓十更为法。酋长及民下非至午不起,非至子不睡。见月则饮酒歌舞为美"。(【明】费信:《星槎胜览》卷1)除了历书,还有"四书""六经"《汉书》等书籍也作为大明帝国的常物赏赐给了朝鲜等国。(【朝鲜】郑麟趾:《高丽史·恭愍王世家》卷42)

在这个过程中,文化教育"输出"也在并行不悖地进行着。当时高丽(朝鲜)、琉球、暹罗(泰国)和日本的留学生到南京国子监来学习,其中以琉球的留学生为最多,更有意思的是当时琉球中山王察度还派了女官生姑鲁妹到大明来留学。对此明代文人沈德符感慨道:"本朝外国如朝鲜,号知诗书者,间游国学,或至登第,然未闻妇人亦来中国诵读。向慕华风至此,真史策未见。"(【明】沈德符:《万历野获编·琉球女入学》卷30)有个日本留学生叫滕祐寿的在大明国子监就读毕业后,还曾在洪武朝廷当观察使之官(《明太祖实录》卷208;《明史·外国三·日本传》卷322)。

还有前面说过的那3名朝鲜学子参加了洪武四年的科举考试,其中一个叫金涛的考中了进士,曾被朱元璋授予东昌丘县丞,但因他不会说汉语而回了朝鲜,其后"为其国相"。(【明】王世贞:《弇山堂别集·外国人进士》卷18)

除了俗界,洪武年间的宗教界中外之间的交流也在进行着。那时日本尽管处于战乱之中,但还是不断有高僧、名僧前来大明切磋佛学,学习中国诗歌、文字、绘画与书法,其中以擅长作诗的绝海中律和汝霖良佐最为著名。他们来到南京后受到了大明朝廷的特殊关照,朱元璋曾在明皇宫的英武楼召见了他们,并向他们询问了日本人如何祭祀早期中国友好特使徐福的。绝海中律来华前曾受日本义堂周信委托,请求大明"第一老秘"、名儒宋濂为日本著名寺院天龙禅寺开山梦窗正觉心宗普济国师撰写碑铭。洪武九年,宋濂根据洪武皇帝的指示,撰写了《日本梦窗正觉心宗普济国师碑铭》(【明】宋濂:《宋文宪公全集》卷20)。用今天时髦话来说,以上这些都可以叫做"走进来";当时还有一种叫做"走出去"的,譬如,洪武五年五月,朱元璋派了南京瓦官寺法师无逸即后来朱皇帝宠臣密探华克勤和明州即后来的宁波天宁寺法师祖阐护送日本使者祖来回国时,曾在京都等地做了逗留,访问了五山寺,留下了不少的墨宝。(【日本】义堂周信:《空华日工集》)

◎ 难道就朱元璋实行闭门锁国主义而他的"儿子"朱棣大搞改革开放?

由此可见我们长期沿用传统史学家所说的朱元璋完全关起国门,搞闭门锁国主义之论调是没有史实依据的。要说朱元璋的保守就在于维护"崇本抑末"基础上只开官方可控的朝贡贸易一途,这与当今某些人所竭力歌颂的"改革开放"的永乐皇帝所实施的国策并没有什么实质性的差异(笔者将在《大明帝国》系列⑧《永乐帝卷》下中详述)。如果硬要区分的话,那就是老朱皇帝主创官方的朝贡贸易还比较理性,而小朱皇帝朱棣就好比现在有些"富二代""官二代"一般,反正"老子"手里有的是钱,有的是权。有钱不用,呆子;有权不用,过期作废。朱棣就是这么一个败家子,但他的父亲朱元璋可不是这样的。因为朝贡贸易对于大明来说纯粹是赔本买卖,明廷"贡赐盖用以怀柔远人,实无所利其入也"(【明】丘浚:《大学衍义补·市籴之令》卷25)。时间一长,老朱皇帝感觉不太对劲:我总不能老当"冤大头"啊! 而"老外"们也已人人明白:到中国去,接受天朝皇帝的丰厚赏赐,随后便在南京住上一段时间,吃香的喝辣的甚至找些小妹妹陪陪的,都由大明帝国公费报销,优哉游哉。这是哪辈子修来的福分啊! 所以远夷们争先恐后前来大明,甚至不具备资格的也来凑热闹,像日本的怀良亲王就是这么一个远夷。

当时日本正处于南北朝时期,怀良亲王属于南朝的,连幕府将军都不是,更不是什么天皇了,但他却一次次派人来华进行所谓的"朝贡"。不料为朱元璋所识破,随后朱皇帝"却其贡,遣使赍诏谯让"(《明史·外国三·日本传》卷322)。再联想起有的远夷有事没事老往我南京跑,一年要来好几次,就我大明公款接待费就不得了啊,且还会加重进贡国百姓的负担。于是从洪武五年开始,朱元璋对外国远夷来朝的次数作了限定。那年九月,他在遣使高丽的诏谕中就明确讲到"宜令遵三年一聘之礼,或比年一来,所贡方物止以所产之布十匹,足矣!毋令过多"(《明太祖实录》卷76);洪武九年,针对安南国要求增加朝贡次数,朱元璋谕旨中书省大臣:诸夷限山隔海,若朝贡无节,实劳远人,非所以绥辑之也。……其更以朕意谕之:番夷外国,当守常制,三年一贡,无更烦数,来朝使臣,亦惟三五人而止,奉贡之物,不必过厚,得存其诚敬可也。(《明太祖实录》卷106)

◎ 朱元璋限制"老外"来华的经济原因与大明实行远夷朝贡勘合制

可远夷们就是不乐意,一心想要来南京孝敬一下"伟大圣君"、当今宗主,说到底就是朝贡贸易的利润太丰厚了。举个例子来说:洪武十六年(1383),占城进贡了200根象牙和其他一些方物。朱元璋下令回贡,赏赐织金文绮32匹,瓷器19 000件。同样分量的回贡礼物那年还给了暹罗、真腊等国(《明史·外国五·占城、真腊、暹罗、爪哇、三佛齐传》卷324)。近20 000件瓷器,在那个年代该值多少钱?我们没有直接的计算比率依据,倒是300年后的中外交流中有个经济比率可作参考:据说1717年4月19日普鲁士王兼萨克森选举侯奥克斯特通过外交手腕,以600名(一说782名)萨克森骑兵,交换127件中国陶瓷之事。也就是说一件中国瓷器可以换四五个萨克森骑兵(马渭源:《论西画东渐对明清中华帝国社会的影响》,澳门《中西文化研究》2009年第1期;谢明良:《十七至十八世纪中国对欧洲贸易中的瓷器》,台北《故宫文物》36期,1986年3月第3卷第12期)。由此可见,20 000件瓷器在远夷们那里简直就是天文数字的财富啊!所以那些远夷"老外"们才不顾你洪武皇帝限不限定,反正我们远夷来了,你大明总不能赶我们走吧!

对此,朱元璋后来想到了很绝的一招:对朝贡贸易实行勘合制。那什么叫朝贡勘合制?大致是大明礼部制定一种勘合簿,每个远夷国一本,内府留有存根,地方布政司有对应的相同一份。勘合簿上规定朝贡的次数、路线等,一旦远夷们要来大明朝贡,就必须持有勘合簿册与本国的表文,到所要经过的省份向当地布政司交验表文,比对勘合。全部符合了,方才放行。这样一来,将远夷朝贡给严格地控制住了。(《大明会典·礼部·朝贡通例》卷108)

● 坚决抗倭与严厉禁海

与严格控制远夷朝贡几乎差不多同时,朱元璋又不断地下令,实行禁海政策。这就是人们常说的洪武帝闭关自守国策的主要体现。问题是为什么在明初十年不到的时间里朱元璋实行的对外政策由自由贸易迅速地走向"闭关自守"?

○ 朱元璋最终闭关自守的缘由

在笔者看来大致有以下几方面原因:

第一,朱元璋缺乏商品经济洞察力与战略眼光,固守重农抑商的传统观念。

朱元璋农民出身,童年、少年和青年时代一直在农村和军队中长大和发展,他对自然经济再熟悉不过了,而对活跃多变的商品经济相当之陌生,对变幻莫测的汪洋大海心怀疑虑,更多的是害怕。所以与军事和政治领域不同,朱元璋在经济领域尤其在商品经济领域内缺少洞察力与战略眼光,只能固守他所熟悉的千年相传的正统观念,相信无商不奸,无奸不商,坚持重农抑商、"厚本抑末""自然家给人足"的治国理念。(《明太祖实录》卷177)

第二,海上尚有敌对势力的残余在活动,朱元璋害怕内外敌对势力勾结起来颠覆大明政权。

朱元璋统一全国时,南方的统一战争进行得比较顺利,就连朝秦暮楚的浙江割据势力方国珍等最终也被俘获了;但方国珍的一些"弟兄们"可没全上岸,他们原本就以贩盐浮海为业,海上活动运行自如,兵败后盘踞在海上。鉴于昔日老领导方国珍还在南京"享着清福",这些"弟兄们"还算老实一点。洪武七年三月,方国珍突然病逝(《明太祖实录》卷88),这下方氏部下可就没有什么顾忌了,专门与明朝为敌。还有福建的陈友定可能是南方割据政权中惟一不肯投降的硬汉,虽然他与儿子最后都被朱元璋杀了,可他的部下有不少人逃到了海上。这两股势力再与日本的浪人(中国人称之为倭寇)搅在一起,"诸贼强豪者悉航海,纠岛倭入寇"(【明】张瀚:《松窗梦语·东倭记》卷3),时常骚扰明朝东南沿海。

洪武十三年爆发"胡惟庸谋反案",涉案者供出:胡惟庸曾想勾结倭寇谋反(到底有没有此事,整个明朝一直没拿出确切的依据来);洪武中晚期京师南京发生了"三佛齐间谍案"。朱元璋越来越觉得对外交往具有极大的风险性,他害怕内外敌对势力勾结起来,颠覆新兴的大明帝国,最后他干脆就将内外勾结的惟一可能的通道给堵了,将危险消灭在萌芽状态,以为这样一来,大明就可高枕无忧。于是从洪武十四年起他不断地下令:"禁濒海民私通海外诸国。"(《明太祖实录》卷139)

第三，个别海外国家利用朝贡贸易搞间谍活动，引发了朱元璋对外交往的恐惧。

今天的印度尼西亚有个地方叫旧港，元末明初曾有个小国，叫三佛齐。洪武三年，朱元璋遣使行人赵述诏谕该国，第二年他们的国王就遣使奉金叶表进贡朝见大明天子，自此确立了宗藩关系。那时的三佛齐还算有"孝心"，几乎每年都会派遣使臣到南京来朝贡。大约在洪武十年时，朱元璋正式敕封该国老国王怛麻沙那阿者的儿子麻那者巫里为三佛齐新国王，且表扬了他对大明的忠义。可就在这时，三佛齐的邻国爪哇逐渐强盛起来，并征服了三佛齐。朱元璋对于海外各国之间的你争我斗向来不掺和，奉行和平主义外交原则。爪哇强盛了，派人上南京朝贡。朱元璋履行天下"大家长""大宗主"的职责，敕封爪哇国头领为其国王。这样一来，使得爪哇的国际地位骤升，但也让三佛齐感觉浑身的不舒服。他们派出了间谍，冒充使臣来南京，假模假样地朝见朱元璋。朱元璋对于爪哇与三佛齐之间的疙疙瘩瘩没搞清楚，更没想到三佛齐会派出间谍来"图谋不轨"，他一如既然地派出使臣护送三佛齐"朝贡使者"回国。可等到了三佛齐，情况就变了，大明使者被扣，有的说被杀。这就是所谓的"三佛齐间谍案"。(《明史·外国五·三佛齐传》卷324)

从"三佛齐间谍案"发生的前后经过来看，严格意义上来讲，它是算不上什么间谍案的，至多算是国际绑票案。因为当时大明天子对海外各国之间的关系不是很清楚，所以案件一发生，朱元璋就很惊慌，听说三佛齐被爪哇征服了，他就诏谕爪哇国王，叫他设法让三佛齐释放被扣押的中国使臣。后来爪哇国王似乎还不错，"遣人戒饬，礼送还朝"。但就此三佛齐与大明之间的关系愈发恶化，他们利用自身有利的交通条件，卡住了东西方交往的通道，阻遏了载运朝贡货品的西洋诸国贡舶自由航行，"由是商旅阻遏，诸国之意不通"(《明史·外国五·三佛齐传》卷324)。朱元璋本来就洞悉海外远夷热衷朝贡大明帝国的真实动机："虽云修贡，实则慕利。"(《明太祖实录》卷134)"三佛齐间谍案"后，朱皇帝愈发疑惑了："我视诸国不薄，未知诸国心若何。"(《明史·外国五·三佛齐传》卷324)由怀疑到恐惧，最后为了省事，干脆就采取严厉禁海的举措，免得费心多事。

第四，元明之际，倭寇日渐猖獗，也影响了大明帝国的对外开放。

如果仔细考察历史的话，我们不难发现，洪武年间国际形势并不简单，尤其是东南沿海时不时地出现倭寇，其背后问题相当之复杂。从维护国家海防、帝国安全与省事角度考虑，朱元璋由禁止中外民间自由贸易和交往发展到限制官方主倡的朝贡贸易，再到后来实行远夷朝贡勘合制和最后严厉禁海，似乎也在一定程度上符合当时的实际。

○ 元末明初的倭寇祸害的由来

长期以来,说起倭寇,"改革开放史学家"一直在说是朱元璋这个老农民当了皇帝,搞闭关自守了,抑制了中外正常交往,这才导致了中国民间走私和日本倭寇的猖獗。笔者以前就曾接受这样的观点。但仔细阅读史料后发现事实并非完全如此。

"日本国在东海之东,古称倭奴国,或云恶其旧名,故改名日本,以其国近日所出也"(《元史·外夷一·日本传》卷208)。这是元明之际的人们对日本的认知,正因为日本古名倭奴,所以那些入侵中国的日本海盗就被中国人称之为"倭寇"。不过元朝的史料文献中还没有这两个字连称,但不是说那时就没有倭寇,事实上倭寇这个"结"在一定程度上还是元朝时系下的。

元朝建立后,元世祖忽必烈曾派人两度出使日本,但都遭到了杀害。至元十一年(1274)和至元十八年(1281)元廷又两度派军远征日本,均以遭受海上飓风而惨败。其中后一次远征败得很不像样,14万大军最后"十存一二"(《元史·世祖本纪八》卷11)。这些事情对中日双方都投下了一定的阴影。终元之世,日本官方都不与元朝通使往来。

即便这样,大元帝国仍不失大国风范,元世祖忽必烈在泉州、庆元、上海、澉浦、杭州、温州和广东等地相继设立了市舶司,并"诏谕沿海官司通日本国人市舶"(《元朝·世祖本纪七》卷10)。元世祖晚年,一些日本武士与商人相勾结,在来华的船只中暗藏兵器,在做生意不顺利的情势下,拿起武器,实施抢掠,倭寇由此而形成。元世祖知道后下令在浙江成立都元帅府,"令哈剌带将之,以防海道"(《元朝·世祖本纪十四》卷17)。而后倭寇时常袭击大元浙江沿海,甚至将明州的都元帅府等衙门都给烧了,还祸及了百姓,居民几尽(《明州系年录》卷4)。元廷接到地方上的奏报后不得不罢革市舶司,直到3年后形势稍稍好转些,大元才重开市舶司,中日贸易又恢复起来。

可就在这时日本国内发生了政变,1333年日本第96代后醍醐天皇在一些武士支持下,推翻了镰仓幕府统治,恢复了王政。但政变后的后醍醐天皇在有些问题上没有满足一些武士的利益要求,引发了新的不满。3年后的1336年北条氏部将足利尊氏发动兵变,攻入京都,废掉后醍醐天皇,立皇太子为光明天皇,并在京都建立室町幕府,自任征夷大将军,形成了北朝;再说被废的后醍醐天皇一路南逃,在奈良建立朝廷,史称南朝,日本历史上南北朝由此开始。

南北朝之间长期对立,相互征战不已,有许许多多的武士失去了军职,成为了

"浪人",开始干些抢劫勾当。他们还与日本商人一起乘着元末社会动乱之际,到中国东南沿海地区去打家劫舍,由此倭寇侵犯给大元帝国造成极大的祸害。元顺帝至元十八年,倭人攻金复州(《元史·纽的该传》卷139);至正二十三年正月八月丁酉朔,"倭人寇蓬州,守将刘暹击败之。自十八年以来,倭人连寇濒海郡县",至此稍有收敛。(《元史·顺帝本纪九》卷46)

元亡明兴之际,倭寇乘乱继续发动侵扰活动,而"张士诚、方国珍余党导倭寇出没海上,焚民居,掠货财,北自辽海、山东,南抵闽、浙、东粤,滨海之区,无岁不被其害"(【清】谷应泰:《明史纪事本末·沿海倭乱》卷55)。更令大明天子心神不宁的是,倭害祸及京师近畿地区,"倭寇出没海岛中,数侵掠苏州、崇明,杀伤居民,夺财货,沿海之地皆患之"。(《明太祖实录》卷41)

在如此严峻的情势下,朱元璋两手出击:一面力求外交手段予以解决;另一面加强军事防御,对于来犯之敌坚决痛击。洪武二年,倭寇入侵苏州太仓,当地卫指挥金事翁德率军出击,俘获了倭寇92人,"得其兵器、海艘"。朱元璋闻讯后,不仅褒奖了翁德,而且还将他提升为太仓卫指挥副使。(《明太祖实录》卷41)

当时蒙受倭寇之祸的还不仅仅是中国,高丽(朝鲜)也深受其害,他们曾遣使赴日,致书日本室町幕府将军足利义诠,让他好好管管这些倭寇。可结果这位日本大将军却居然回答说:"九州海贼所为,日廷不与闻。"意思是说:我们没听说有什么海贼呀!这与600年后的今天将核泄漏反应堆的高浓度核反应水倒入大海后日本政府正式公开表态几乎一模一样:"我们不知道有这么多的高浓度核反应水在排入公海啊!"有这样的政府,其自身国家所产生的国际公害问题就别指望他们会解决了。可由于当时的信息交流不发达,朱元璋还不知道高丽人在超级国际无赖那里碰了软钉子了,相反他抱着无限的希望,于洪武二年(1369)、洪武三年(1370)和洪武五年(1372)分别派了杨载、赵秩和明州天宁寺僧祖阐、南京瓦官寺僧无逸等人三度出使日本,递上国书,希望日本官方与明朝合作,消除倭寇之患(《明太祖实录》卷38;《明太祖实录》卷50;《明史·外国三·日本传》卷322;【明】宋濂:《宋文宪公全集·送无逸勤公序》卷13)。但日本方面却与大明"大打太极",甚至装聋作哑,只想利用朝贡贸易,从中国捞取好处,对于倭寇为害之事置若罔闻。为此,朱元璋很生气,本想采取军师远征,但鉴于元朝对日本用兵失败的经验教训和李文忠的"谏帝征日本"而没有立即付诸行动。(《明史·外国三·日本传》卷322;《明史·李文忠传》卷126)

◯ 朱元璋坚决抗倭和构建东南海疆"长城"

与此同时,朱元璋采取一系列措施,加强东南海疆军事防御。

首先自洪武元年起到洪武中晚期，他先后命令将领朱亮祖、李文忠、汤和、周德兴等在东南沿海地区建立了一系列的军事卫所机构，广修城池。从地区跨度来讲，南起广东、福建，中经浙江、江苏，北抵辽东，大明当时建有50多个卫，其中广东沿海有9个卫，福建沿海有6个卫，浙江沿海有11个卫，山东沿海有7个卫，辽东沿海有8个卫，总兵力达30万(陈懋恒：《明代倭寇考略》，人民出版社1957年版，P164～171)。而洪武四年十二月在南京地区的京军兵力才204 900余人(《明太祖实录》卷70)，这就是说，朱元璋将全国的军事重兵一个布置在北疆，另一个布置在东南海疆，锁定大明国防重点为"北虏南倭"。

不仅在布兵数量上，朱元璋还十分注意讲究国防的质量，一方面大造战船，加强大明海军硬件建设。洪武初年，除了京师南京设有造船厂外，沿海的福建、广东和浙江等地都有打造海船、快船的机构。洪武二十三年，朱元璋采纳了镇海卫军士陈仁的建议，在"大海之口，倭寇必由之地"的苏州太仓卫打造海船(《明太祖实录》卷199)，随后又下"诏滨海卫所每百户置船二艘，巡逻海上盗贼，巡检司亦如之"(《明太祖实录》卷201)。按照朱皇帝的这道诏令，每百户添置2艘海船，每卫就有海船100艘，整个东南沿海共有50个卫，也就拥有了5 000艘海船，这是何等庞大的海军啊！

另一方面朱元璋还注意加强沿海水师的兵力质量。水师不同于步兵，不是什么人都能当水师兵士的。洪武四年十二月，他诏令"吴王左相靖海侯吴祯籍、方国珍所部，温、台、庆元三府军士及兰秀山无田粮之民尝充船户者"，一下子扩充了熟悉海边地形和长于水战的水师兵力111 730人(《明太祖实录》卷70)。洪武中晚期，朱元璋还采纳了熟悉海事的方国珍侄儿方鸣谦的建议，命令在广东的南雄侯赵庸、在福建的江夏侯周德兴、在浙江的大将汤和等从沿海居民中抽取民丁，各自增添水师新兵数万人，其中以汤和与方鸣谦在浙东抽取和选练的最多，一次就有58 700余人。(《明史·汤和传》卷126;《明太祖实录》卷143;《明太祖实录》卷181)

洪武朝第三方面坚决抗倭举措为建立赏罚制度，鼓励将士英勇杀敌。洪武六年，福建都司都指挥同知张赫"率舟师巡海上遇倭寇，追及于琉球大洋中，杀戮甚众，获其弓刀以还"。因作战勇敢，屡立军功，张赫后来被朱元璋封为了航海侯(《明太祖实录》卷203)。相反，对于贪生怕死、玩忽职守者，则予以坚决严惩。洪武二十六年福建镇海卫千户黎旻率领水师400人巡海，这对于流寇来说足够震慑了，但黎旻等这些海军领导本身可能就是只知当官不知为国尽忠尽力的混混。当他们巡逻到潮州南澳时，突然遇上了一股倭寇，平时可能办公室里坐惯了，黎旻怎么也没有胆量与之交战，好汉不吃眼前亏，赶紧保命溜吧！倒是他的手下一个叫韩观的百户和40多名普通兵士还不赖,甚至可以说个个都是顶天立地的英雄,在海战中为大明帝国献出了自己的宝贵生命。朱元璋闻讯后又惊又怒,下令著录韩观等人军功,同时将临阵脱逃的黎旻等海军领导以军法处死。(《明太祖实录》卷227)

为了鼓励大明将士英勇杀敌,洪武二十九年正月,大明制定了《擒获倭贼升赏格》,明确规定:"凡各卫指挥获倭船一艘及贼者,佥事升同知,同知升指挥使,仍赏白金五十两、钞五十锭;千户擒获者升指挥佥事,百户擒获者升千户,其赏俱与指挥同;在船军士能生擒及杀获倭贼一人者,赏白金五十两。将校军士与倭贼陆地交战,能生擒或杀获一人者,赏白金二十两、钞二十锭。"(《明太祖实录》卷244)

○ 令人不寒而栗的洪武"海禁"政策与"迁海令"

按理说,通过采取上述一系列举措后,北至辽东、南至广东的东部海疆地区已经筑起纵深有度、层次分明的沿海"长城"了,大明帝国可称得上是铜墙铁壁,够安稳的了。但在苛求完美的洪武帝朱元璋看来这还远远不够,鉴于东南沿海倭寇时不时前来扰害,而该地区又有些张士诚、陈友定等敌对势力残余为之向导,本来就对商品经济一窍不通、对海洋和中外交流有着恐惧的"一代圣主"干脆实行"海禁""迁海"国策,想来个一了百了。

综合洪武时期的海禁史实,其分为两个层面:

第一,禁止非官方海外交通。从《明实录》记载来看,最早下达此类诏令的是在大明开国后不久,洪武四年十二月丙戌日,朱元璋"仍禁濒海民不得私出海"(《明太祖实录》卷70);洪武七年,取消泉州、宁波和广州等3个市舶司,开始严禁私人海外贸易(《明太祖实录》卷93)。以后多次重申禁令,洪武十四年十月,"禁濒海民私通海外诸国"(《明太祖实录》卷139);洪武二十一年正月,"严交通外夷之禁"(《明太祖实录》卷188);洪武二十三年十月,"诏户部申严交通外番之禁。上(指朱元璋)以中国金银、铜钱、缎匹、兵器等物自前代以来不许出番,今两广、浙江、福建愚民无知,往往交通外番,私易货物,故严禁之。沿海军民官司纵令私相交易者,悉治以罪"。(《明太祖实录》卷205)洪武二十七年正月甲寅日,朱元璋又严"禁民间用番香番货。先是,上以海外诸夷多诈,绝其往来,唯琉球、真腊、暹罗许入贡,而缘海之人,往往私下诸番,贸易香货,因诱蛮夷为盗。命礼部严禁绝之,敢有私下诸番互市者,必真之重法。凡番香番货,皆不许贩鬻,其见有者,限以三月销尽。民间祷祀,止用松柏枫桃诸香,违者罪之。其两广所产香木,听土人自用,亦不许越岭贩卖,盖虑其杂市番香,故并及之"。(《明太祖实录》卷231)洪武三十年四月乙酉日,"申禁人民无得擅出海与外国互市"。(《明太祖实录》卷252)

从朱元璋晚年的对外关系的禁令来看,所禁的力度很大,"敢有私下诸番互市者,必寘之重法";所禁的范围也很广,中外民间的一切往来都在禁止的范围,甚至连番香这类祭祀用品也被列入严禁的行列。这样的对外限禁或言严禁政策不仅仅贯彻于"通商贸易"领域,而且还波及了"通贡贸易":一方面,朱元璋下令简化番国朝贡礼仪(《明太祖实录》卷232);另一方面他又不断限制远夷朝贡,"唯琉球、真腊、暹罗许入贡",加上大明周边两个属国朝鲜与安南,因此说到了洪武晚期时,大明对外交往的主要国家由原来的几十个锐减到了5个。(《明太祖实录》卷231)

第二,由严禁非官方海外交通发展到了"迁海"。所谓"迁海",就是指洪武时期将广东、福建、浙江等省份的沿海附近岛屿上居民迁入大陆,防止他们被倭寇利用或要挟。譬如,浙江的台州、温州和宁波等滨海岛屿,"其中都鄙或与城市半,或十之三,咸大姓聚居。国初汤信国(公和)奉敕行海,惧引倭,徙其民市居之,约午前迁者为民,午后迁者为军"。(【明】王士性:《广志绎·江南诸省》卷4)即说汤和奉行朱皇帝之令在浙江搞得很严酷,当时规定:凡是午前搬离海岛的还能继续当老百姓;如果午后搬家的就要罚作军士。无独有偶,广东、福建、澎湖36个岛屿上的居民也在洪武二十年全部给内迁,且搞得很过火,"以三日为期,限民徙内,后者死(即落后的、拖后腿的要被处死)"。(郝玉麟:《福建通志·杂志》卷66)

禁海、迁海后,大明东南沿海剩下的就是从南到北的成百上千个军事卫所,这些卫所城寨遥相呼应、墩堡烽堠星罗棋布,陆上有步兵重点把手,海上有水师巡逻,用句耳熟能详的话来说,一旦倭寇来犯,顿时葬身于中国军民汪洋大海的战争之中。

因此可以说,洪武末年,不仅大明北疆故元余虏"不敢近边者十余年"(【明】李贤、彭时等纂修:《大明一统志·鞑靼》卷90),而且南疆地区的倭寇也相对较少来犯了。朱元璋治国、治边、治外达到如此境地,恐怕在中国历史上很少能见到。

对此,明朝人陆不无自傲地说道:"洪惟我国朝太祖开基,胡元终运,乾坤再整,日月重明。而其应天顺人,创业重统,立纲陈纪,尽制尽伦,巍乎成功,焕乎文章,一时臣工仰名言之莫尽,幸亲见之。有知贤者识其大者,不贤者识其小者,莫不有作,类而述之。涵泳之余,庶得以知识乎盛美云。"(【明】陆钶:《贤识录》)

由此我们再回想起清初康熙皇帝在拜谒明孝陵时留下的那盛赞朱元璋的四字墨宝"治隆唐宋",看来绝非是溢美之词。如果站在帝王统治角度来讲,康熙的评价还是十分到位的。不过当站在历史的角度再度审视的话,我们就会发现:朱元璋的"海禁"政策与"迁海令"所带来的消极影响不容小觑。

首先,严格的"海禁"不仅完全堵塞了民间海外贸易,而且也影响了大明官方主倡的朝贡贸易。由于实行严厉"海禁",对"老外"们来华的次数和所走的路径都曾做了规定,但在科技不甚发达的古代,海上远行绝没有人们想象的那么精确,遇上台风"走"偏了很正常,可在朱元璋的完美理想中就不行了。洪武六年,他干脆就跟经常前来朝贡的高丽使臣说:"见海上难过,有许多艰难,与恁船只脚力,教恁官人每(们)往登州过海,三个日头过的,今后不要海里来,我如今静(白字,应为'禁',笔者注)海,有如海里来呵,我不答应。恁如海里来的廉干好秀才吏员,著小船上送将来,我便答应,不要贪(应为'偷',朱皇帝写白字)的来。今后其余的海里,不要通连。"(【朝鲜】郑麟趾:《高丽史·恭愍王世家》卷44)其实老农民出身的朱皇帝就是实在,看到远夷们争先恐后来华朝贡,不就是贪图丰厚的利润(实则慕利,《明太祖实录》卷134),"海外诸夷多诈",我朱元璋就来个实在做法,洪武二十七年下令,停止外国朝贡。由此,中外官方朝贡贸易所带来的那些仅有的经济、文化交流又受到了很大的阻隔。

第二,严厉"海禁"与"迁海令"不仅完全堵塞了民间海外贸易,还给东南沿海人民带来了巨大的灾难。从明代法律规定来看,近海地区的人民是可以下海打渔捕捞的,"其小民撑使单桅小船,给有执照,于海边近处捕鱼打柴,巡捕官军不许扰害"(万历:《大明会典·刑部·律例》卷167)。但在实际的执行过程中,为了贯彻好朝廷"海禁"政策的精神,负责东南沿海的军政官员往往是"禁民入海捕鱼"(《明太祖实录》卷157)。如此一来,就等于断了沿海人民的生活来源。海禁后东南居民"不得下水,断其生活,若辈悉健有力,势不肯抱手困穷,于是所在连结为乱,溃裂以出。其久潜踪于外者,既触网不敢归,又连结远夷,乡导以入"。(【明】张燮:《东西洋考·饷税考》卷1)"迁海令"的实行更是给东南沿海人民带来了空前的劫难,许多走投无路的人,要么举兵反抗,要么"常从倭为寇",而所谓的倭寇之成分也由此变得更加复杂,社会矛盾激化。

第三,严厉"海禁"和闭关锁国不仅使得中国民间海外贸易受到严重抑制和摧残,而且还影响到了工商手工业和商品经济的发展,窒息了明代社会。

当然这些都是我们后人站在客观的历史观角度所看到的,但在传统人们的眼里,从传统的国家治理角度来讲,作为一个完美人格的标准应该是"齐家治国平天下"。我们前面说了朱元璋的"治国平天下"做得很是不错,或者说至少在清"圣祖"康熙的眼里是如此。那么作为开国君主朱元璋治理的第四个层面个人家庭或言"齐家""治己"又是如何呢?

雷厉风行旷世勤政　从严治家俭朴一生

● 朱元璋的个人工作作风

○ 贵于勤政——朱元璋穿着"鹌鹑衣"上朝

在中国历史上,朱元璋是一位少有的勤政的皇帝,他常常以勤励自勉,天还没有亮就起床上朝听政,太阳下山之后才返回后宫。夜里睡觉也睡不安稳,往往会想到一件事情就马上披了衣服起来,把要想做的事情按照次序一一写下来,等到天一亮便派人去处理。他自叹"寝不安枕,忧悬于心"(《明太祖实录》卷29),就是讲"我不是不想睡觉啊,而客观形势不能不使我这样做!"

在这一点上朱元璋与同样平民出身的汉高祖刘邦大不一样。刘邦登基后,尽管事情很多,但他始终未改特别好色的本性,一见到小美眉戚夫人的美貌与柔情,就不想走了。朱元璋似乎没有这样,否则的话,那么多的国家事务怎么能忙得过来啊。

有人曾对朱元璋一天的活动做了研究,将他每日的日程安排理了个"头绪":大约天亮之前的两三个小时就起床。我们按照夏天来计算,5点半左右天就亮了,也就是说朱元璋要在后半夜3点左右起床。起来干什么?据说他有一个生活习惯叫"默坐审思"(《明太祖实录》卷173),就是静坐默思,当然不是念佛忏悔,佛教在他的心目中可能早已荡然无存了,否则的话,他绝不会魔鬼般地屠杀那么多的无辜生命;当然还有一点就是打从参加郭子兴起义军那天起,他就与佛界道了别,从"彼岸"走向了"此岸",否则不可能是他当皇帝的。凌晨4～5点钟时朱元璋出乾清门到奉天殿去听政,由此推算,一般大臣都得在夜里3点就要起床,并开始准备出发去上班。因此那时在南京城里只要有朝官住的地方,经常是后半夜大户庭院里一片忙碌,即使这样还弄不好,做大臣的赶到明皇宫时已经迟到了。一次、两次还可以,但天天这样"闹着"上班,不要搞出什么精神病来?所以好多大臣都受不了,前章讲的那个文人钱宰就是这么一个私下喊苦的人,但大多数的大臣是敢怒而不敢言。

那么朱元璋每天这样做是不是真的那么忙?会不会是他"作秀"?我们不妨来看看史书的记载:从洪武十七年(1384)九月十四日至二十一日这8天的时间里,朱元璋一共批阅内外各个衙门的奏札共1 660件,处理国事约3391件(《明太祖实录》卷165)。这样给它平均算一下,就是说朱元璋每天要处理国事400多件,批阅奏札多达200多件。我们按照每件奏札最少500字来计算(否则什么问题也没讲明),那么朱元璋每天光阅读文字数就要10万字。

一般来说,朱元璋每天上两次朝,天亮时分的叫早朝;下午后三五点钟左右再次听政一次,这叫午朝,天色昏黑时分他才回宫。自朱元璋起明代皇帝形成了一天两次听朝的习惯。明朝前期五帝都遵守,即使是那个身子骨不是太好的明仁宗也没有破坏这个规矩,只是到了明中期英宗时才开始改了。因为英宗即位时还是个不到10岁的娃娃,受不了这么高强度的工作节奏。而朱元璋的勤政贵在坚持,"隆寒甚暑,未尝少变",这实在是难得。所以史书说他是"振古罕俪",就是说这么勤政的皇帝历史上再也没有第二位。

以上是我们从一天的工作"行程"来看的,那么在平时的生活中朱元璋是如何对待国事的?

在工作之余,或者说稍微有点闲暇,他就要和儒臣讲论经史,这是史书的记载,按现在的说法,很可能就是进行扫盲与进修一般"充电";即使在吃饭时,他也不忘国事,一旦想到了,就马上记在小纸片上,然后挂到自己衣服里,"累累满身",所以朱皇帝的衣服成了"鹑鹑衣"了,即像鹑鹑的花条羽毛一般。一旦到了上朝时,他会将它们一一取下来,然后叫底下的人去办理。(【明】徐祯卿:《翦胜野闻》;【明】吕毖:《明朝小史·洪武纪》卷1)

有人说,朱元璋这样做到底累不累?累啊!他自己曾写下这样的诗来自嘲的:"百僚未起朕先起,百僚已睡朕未睡。不如江南富足翁,日高丈五犹拥被。"既然这么累了为什么还要这样?问题关键在于好多事情都得他自己去做,这叫事必躬亲。那么朱元璋为什么要事必躬亲?

○ 事必躬亲——刘基等拿了一块不该拿的肉,被朱元璋扣了一个月的工资

我认为朱元璋事必躬亲至少有三个方面的原因:第一,他猜忌性很强,对什么人都不怎么放心,前面我们已经讲过,这里就不再重复了;第二,他苛求完美,对别人做事总不满意,只有自己做了才会心里好受一点;第三,他平民出身,几十年的艰苦环境使他一直保持着平民的生活习惯,没有和平年代的"太平"皇帝那样讲究闲情逸致。《明实录》说他"泊然无所好"(《明太祖实录》卷257),即说他没什么特别的爱好或言嗜好,相反倒是对细民小事乐此不疲,事必躬亲。当领导的这种事必躬亲的工作作风不是一无是处,至少可以解决一些"高处不胜寒"的社会顽疾,但缺点也明显,弄得手下人不知所措,甚至还会侵夺了相关衙门的权限或者小题大做。而朱元璋这种事必躬亲在历史上也确实少见。

洪武四年(1371)十二月,有人奏报说,镇江府等地的一些饲养官鹅的老百姓将

鹅养瘦了,按律不仅要赔偿价钱,而且还要治罪。朱元璋听后马上就过问起这事了,他说:"以微物而厉民,岂为政之体乎?"因为一件小小的事情而严加制裁百姓,这难道是我们为政所要做的吗?最终由于他的插手,这些养鹅人才没被处理。(《明太祖实录》卷70)

洪武六年(1373)八月,御史大夫陈宁受皇帝朱元璋的委托举行了祭孔典礼,按朝廷规制,典礼结束时每个参加祭孔的高官都能分享到一份礼物——祭祀用的肉,但丞相胡惟庸、诚意伯刘基、参政冯冕等人并没有参加祭礼,陈宁在分肉时可能照顾到大家都在朝为官,就一块享肉没什么了不得的,大家都有份,给胡惟庸、刘基等都分了。可哪知道皇帝朱元璋知道后很不高兴。按理这样的事情再怎么讲也是件芝麻大的事,但他没有放过,下令停发刘基等人一个月的工资,御史大夫陈宁知情不举,就得要为此连坐,皇帝下令扣他半个月的工资。不就拿了一块不该拿的肉,值得一个堂堂大明帝国天子去追问处理此等小事?由此可见朱元璋做事做得也够细心的了。(《明太祖实录》卷84)

○ 雷厉风行:他想干就干,想杀谁就杀谁……

朱元璋的工作作风还有一个明显的特征,那就是雷厉风行。大明开国时朱元璋刚刚四十出头一点,正值壮年时代,加上十几年的杀伐,成功领袖的优越感,使得他十分自信,工作起来雷厉风行。这样的事例太多了,譬如,明初,帝国各部衙门所进之表笺沿用了元末以来四六对偶的文式,这样的文体格式中不仅有许多与朱元璋的忌讳相冲撞,如"与民作则""质本生知"等语句,而且还显得啰嗦,加上所用文字生僻甚多,半文盲的朱元璋见此就深恶痛绝,下令"今后笺文只令文意平实,勿以虚辞为美也"(《明太祖实录》卷22)。就是说今后臣下上奏只要简单地讲事,不要用一大堆优美的客套语,并要求用口语直解编集文章。洪武六年(1373),他命令翰林儒臣,选取唐代柳宗元写的《代柳公绰谢表》和韩愈写的《贺雨表》作为表笺统一格式,颁行全国,要求臣民的表笺奏疏一概"毋用四六对偶,悉从典雅"(《明太祖实录》卷85),即禁止政府官员的文书使用长期以来官场习用的骈俪四六文体。这样使得大明初期的"官样文章"变得文牍简约,一目了然。有人戏称:朱元璋是中国文字白话化的老鼻祖,我看也差不多。

◎ 监察部副部长严德珉因为有点情绪而装病,马上被朱元璋罚做罪犯……

朱元璋在工作中遇到不称心的事情,就会立即发怒,且一不做二不休。

有个叫严德珉的苏州人,在洪武初年出任大明帝国都察院的御史,工作很稳重,所以在历次政治大风大浪中都能挺过去。后来朱皇帝擢升他为左佥都御史,可能相当于"监察部副部长"(《明太祖实录》卷236)。但严德珉是个地道的苏南人,十分乖巧,不好当着皇帝面说自己不想干了,而是找了个适当的机会提出自己的辞职请求,理由是身体不好。可朱元璋不信,"你说有病就有病了"?他发火了,下令将严德珉抓起来,处以黥刑(这又是一种法外刑,秦汉以后逐渐退出了历史舞台),即在严德珉的脸上刺上字,还要在刺字的地方涂上墨,就像《水浒》中林冲那样,这就意味着严德珉的脸上永远保留着那令其耻辱的刺字。事情到了这一步,洪武皇帝还不放过,又将他谪成广西南丹。(《明史·严德珉传》卷138)

一晃严德珉在广西劳改了好多年,后来遇上了大赦,才得以回去。那时已是朱元璋的玄孙朱瞻基当政了。有一次,严德珉被扯到一桩案子里头,御史将他带到了公堂上,给他讲起了法规的事情来。没想到严德珉如数家珍地跟着说了,还不时给御史大人补补漏,这下可把御史大人惊讶得说不出话来。他赶紧问:"你是什么人?怎么会这般通晓法度?"严德珉说:"洪武初年,有个叫严德珉的人曾经出任过你们都察院的主要负责人,你听说过没有?"御史说:"我听前辈们说过此事,好像他后来不知怎么……反正我也说不清楚。老人家,莫非你就是……"没等御史说完,严德珉就自报门户了:"老夫便是当年你们都察院的台长(洪武十五年前,都察院叫御史台)。"这下完全将御史给惊呆了,缓过神后,赶紧上前将严德珉扶上座,余下什么公事也不说了。两人礼节性地谈了一阵,严德珉就告辞了。(《明史·严德珉传》卷138)

回到住处,严德珉想想不对劲,自己怕当官,万一……还是赶紧整理行装,一走了之。

果不出所料,第二天那位御史大人就来拜访了,但他吃了闭门羹,人家严德珉又躲了起来。就这样,这位江南文臣隐名埋姓又战战兢兢地在民间生活了好多年。后来他老了,但脸上的刺字还清晰可见,为此他经常用一顶破帽子将脸部遮盖住。可有一次喝酒,一不小心将帽子给撩了下来,让一个府学校长看到了刺字。府学校长算是见过世面的人,他立马明白,眼前这个人有故事,便问了起来:"您老到底是怎么一回事?"严德珉长叹一声,随即说道:"洪武年间,皇上那儿我不慎得罪了。那时国法太严,我这顶破帽子戴上去可不容易啊!"说完赶紧向京城方向拱拱手,并连声说道:"皇上圣恩,皇上圣恩!"(《明史·严德珉传》卷138)

一个大臣因为有一点情绪就施以如此的酷刑,且雷厉风行,不依不饶。所以说,洪武年间朱元璋的工作作风实在是让人不寒而栗。由此我们说,为政者的主观愿望即使再好,但也得要看看社会群体与社会个体——人是否能接受,如果能接受那就是一项善政;如果无法为人们所接受,即使有再多的美妙理由都无法改变客观的恶果。

○ 苛求"完美"——太子朱标老师的孙子犯事,朱元璋还不放过退休的老爷爷

工作也吧,人生也吧,朱元璋太多追求完美,确切地说是苛求完美。这种对完美的苛求几乎到了不近情理,更无章法可言的病态或言疯狂的地步,怎么想就怎么干,反正手中有的是权,于是无数颗人头莫名其妙地落地了。前面讲过了,在此不再赘言。这里我们讲个朱元璋眼中的"完美之人"与朱元璋关系的故事。

朱标的老师宋濂谨小慎微地服侍了朱皇帝近20年,从来不说别的大臣一句坏话,性情持重,也没有犯什么过错,且从不顶撞"天生圣人",更不会"忤逆",因此朱元璋在大臣们面前高度赞扬宋濂:"朕闻太上为圣,其次为贤,其次为君子。宋景濂事朕十九年,未尝有一言之伪,诮一人之短,始终无二,非止君子,抑可谓贤矣。"(《明史·宋濂传》卷128)可就是这么一个朱皇帝眼里的大贤人,在退休后因"坐孙(宋)慎罪,逮至,论死,(马皇)后谏曰:'民家为子弟延师,尚以礼全终始,况天子乎?且濂家居,必不知情。'帝不听。会后侍帝食,不御酒肉。帝问故。对曰:'妾为宋先生作福事也。'帝恻然,投箸起。明日赦濂,安置茂州。"(《明史·后妃一·太祖孝慈高皇后传》卷113)

○ 冲动偏执——明代皇帝十个九个凶

在中国历代的帝王中,真正称得上是好皇帝的实在少之又少,像唐太宗、宋太祖那样的真是凤毛麟角。明代的皇帝好的少,差的多。有人说,明代皇帝十个九个凶,这话讲得大致吻合实际。人们看待皇帝的视角不同,因此各人眼里的皇帝也不一样。政治家看皇帝看重的是政治术,军事家看皇帝看重的是他的军事谋略,老百姓看皇帝看重的是他对百姓好不好,不好且很凶,老百姓会骂他。时下戏说中的皇帝个个都变了,似乎全是"情种",似乎都成了爱民如子的好皇帝了。我不知道戏说的编导们欠了那些皇帝老爷几辈子的感情债要在今世来还?从理性角度而言,明代除了第二位皇帝朱允炆、第四位皇帝朱高炽等极个别比较仁慈一点外,其余的几乎都是凶神恶煞一般。如果从遗产基因角度来看,大概可以追溯到朱元璋的头上(当然不排除制度层面与精神文化影响,因为明初"二祖"是否真为父子,还有待进一步研究)。因为朱元璋的个性中就有一种冲动偏执型的人格特征。严格来说,偏执型人格的人当皇帝或政治家本身就是件很糟糕的事情。麻烦出在中国自古以来的政治法则,就是如今我们能看到的非洲大草原上那血淋淋的动物间的"优胜劣汰",胜利者总是"正确"的。朱元璋就是这么看待他胜利后的各种关系的,因此一

且那冲动劲上来,一般是无人能挡得住的;冲动过后,理性的人们会反思和忏悔,但朱元璋是个死不认错、极端偏执的人。当然,他的这些性格缺陷是在大明建国后开始恶性膨胀和无限放大的。

● 朱元璋的个人习性爱好

○ 马屁与造神——头发变龙须

上面我们大致讲了洪武皇帝的工作作风。其实朱元璋本来就是我们普普通通的老百姓中的一员,时代给了他机遇,让他从一个叫花子最终坐上了帝国皇帝的宝座。社会的不公与战争的残酷,又赋予他与我们普通人不一样的心境——冷酷。但无论怎么说,朱元璋还是人,只不过是人当中的另类。正因为如此,我们来说说朱元璋作为我们人类一员的个性爱好。

◎ 朱元璋的老祖宗是朱熹吗?

人类不知从何时起就发生了变化,好生恶死,好利害义,好逸恶劳……我这么说可能有人不同意,认为我说得过头了,甚至可能还会有人振振有词地说道:"我才不会这样啦!"其实,理性而言,只要条件允许,人都可能会这样,当然这不是绝对的。尤其我们生活在社会底层的老百姓最讨厌上述这种所谓特色品德、永远正确的人。朱元璋来自民间,他也曾经跟我们一样,明人记载史料中说:"太祖开国之初,所降诏书一则曰:朕本淮右小民。一则曰:朕本淮右布衣。"(【明】皇甫录:《皇明纪略》;《明太祖实录》卷24;卷26;卷29;卷31;卷34等)

这是朱元璋刚当皇帝时的心态,他讲的是大实话。曾经有人要给贵为"九五之尊"的朱天子找个尊贵的"出身",最好是越高贵越好。马屁精们费尽了心思,在龙种或皇族甲胄的祖先中给朱重八找个"出处",可中国历史上压根儿就没有这样姓朱的祖先能让朱元璋增光添彩的。姓朱的当皇帝倒是有过,他就是唐末农民起义军的叛徒朱温朱全忠,曾经建立后梁王朝(五代之一)的皇帝,可那是个声名狼藉的大坏蛋,杀人如麻,这倒与朱元璋有点类似。但有哪个不要脑袋的人敢将这个屎盆子扣在洪武皇帝的头上?所以马屁精们只好重新在历史的线索中睁大了眼睛继续找了。嗨,还真给他们找着了,宋代大理学家朱熹不就跟朱元璋一样,都姓朱?人家朱熹一生当的官可不算大,但他将儒家的经典进行理学化,一副孔圣人的道学后继者面目著称于世,当今皇上还钦定了朱熹的《四书集注》作为科举与学校的教科书,就连朱老先生的"五经"注释也成为科举的标准答案,如此"圣人"祖先放到朱皇帝的头上该会发出多少的光彩！可朱元璋是老农民的儿子，讲的就是实在，针对当时的马屁氛围，他发表了一篇文章叫《辟阿奉文》(《全明文》卷11，上海古籍出版社1992年第1版，P167)。在文章中他无情地嘲弄了阿谀奉承的人们，认为这样的马屁精们挖空心思地讨好君主与他们的领导，无非是为了获得高官厚禄，名扬于世。可惜他没说要惩治马屁文化的奉献者，而是让他们改过自新，自觉自律。同时还规定，凡是大臣祝贺君王的那些没有什么意义的祝语都给我改了，只说"天辅有德""海宇咸宁"和"圣躬万福"。(《明太祖实录》卷38)

◎ 朱元璋吃饭吃到头发，转眼间这头发变成了龙须。怪吗？

但马屁精有个最大的"特长"，让人在不经意间感觉舒服、顺耳。正如卡内基在《人性的弱点》中所强调的，人性天然有所好，那就是人性的弱点，而这种弱点往往是一个人无法意识到的。朱元璋就是这样慢慢地中了马屁的"毒"。据说有一次，洪武帝正在用膳，吃着吃着，忽然发现饭里有根头发，于是立马将负责饮食的光禄寺官员找来问话："你管教的下人怎么干活的，连饭里都有头发了？"没想到这位光禄寺官员还挺会说话："禀告陛下，您碗里头不是头发。"朱元璋听到这话，一下子火就腾腾上来了："不是头发，那是什么东西？"那官员说："是龙须也！"就这么一句马屁话，可把朱元璋臭美得不停地捋起了胡须。朱重八最怕别人不说他是龙，这下连龙须都有了，还有谁说不是的！多美啊！(【明】祝允明：《前闻记》)

明初洪武年间的马屁文化就是这样在不经意间慢慢地蔓延开来，一场"造神"运动由此也在全国各地逐渐地开展起来了：朱元璋他妈当年怀孕不是由于跟他爸在床上一起运动而得来的，而是吃了仙道的药丸；朱元璋出身时家中满屋子都是红光；又有人回忆起了当年他见过一条黄龙从朱家的破茅屋上游过；甚至朱元璋祖上逃债也成为"光荣"历史了，祖先从镇江句容的朱家巷搬走不是什么躲债——那多难听，说了岂不是有损当今圣上的光辉形象啊，人家老朱家搬迁是受了神的指点，这才搬到了泗州的杨家墩；想当年老朱爷爷在田间劳动躺的那块地也是神地，寸草不长啊，神仙谕旨：这里的后人要当天子！不是么，当今圣上就是当年那个朱家爷爷的孙子啊；还有……(《明太祖实录》卷1；【明】王文禄：《龙兴慈记》；【明】郎瑛：《七修类稿·国事类》卷7；【明】吕毖：《明朝小史》卷1)

◎ 神乎？中国科技大学少年班一个7岁男孩一眼就认出"鞋拔子"脸就是朱皇帝

朱元璋自己也开始飘飘然，后又忘乎所以了，就连自己在南京城溜达一圈，感觉也不同于以前。据说有一次，他到驿站去微服私访，想看看驿夫的生活，但到了那里没见到驿夫,倒是有一个小男孩在里头。朱皇帝就问了:"你爸呢?"小男孩说:"我爸死了,最近死的,我来代他服役。"朱元璋又问了:"那你几岁了?"小男孩说:"7岁。"朱元璋问:"你能作对子么?"小男孩说:"会!"朱元璋随即出了一句:"七岁孩儿当马驿。"话音刚落,小男孩马上对了上来:"万年天子坐龙庭。"(【明】祝允明:《前闻记》;【明】蒋一葵:《尧山堂外纪·国朝》卷78)神了!600年前又没有电视和网络,也不知道这7岁男孩是不是从中国科技大学少年班跑出来的,怎么会一眼就认出眼前这个"鞋拔子"脸的老男人就是当今圣上,怪不得把朱皇帝美得一癫一癫,"乃蠲其役"。(【明】吕毖:《明朝小史·洪武纪》卷1)

不过洪武帝毕竟不是一个昏君,他还没有到了迷信这类事的地步,所以传说就让它传吧。

○ 好财与好廉——富有天下的大明皇帝大多有个人"小金库",朱元璋没有

在明代的皇帝中,大多数不是凶残就是好色好财。令人似乎不可理解的是,富有天下的大明天子好多都建有个人"小金库"。明宪宗曾将宦官曹吉祥占有的田地给没收了,当作宫中庄田,从此大明天子有了皇庄作为皇帝私人财产的先例;明武宗的私产皇庄有7处;明神宗更是变本加厉。十分有趣的是,这些皇帝还内藏宝库,相当于我们现在政府大张旗鼓要消灭的"小金库"。明代的万历帝曾暗暗跟他妈皇太后比赛,看谁藏得多?连西洋传教士利玛窦来时进献的西洋报时钟他都舍不得给,但碍于宫中规制,最终不得不将两只西洋报时钟中的一只送给了太后老妈。可这个万历帝真够绝的,不喜欢治国理政,原来他的小聪明劲全用在邪道上了,将报时钟零件拆了,让他妈见到的是一只不会"走"的死钟。老太太提不起精神,看了那西洋"死"钟一面,就叫人送还给了儿子万历帝。(利玛窦、金尼阁,著:《利玛窦中国札记》,何高济、王遵仲、李申,译,何兆武,校,中华书局1983年3月第1版)

朱家的这个"光荣传统"到了末代皇帝崇祯时更绝了,崇祯帝口口声声说没钱去打李自成的农民军与关外的满族叛逆军,但他在景山上吊以后,人们在他的小金库里发现的钱财就达几百万两,可能相当于当时明朝几年的实际财政收入。

不过当年的朱元璋可不知他的这些"宝贝儿孙"们如此好财,要是地下有知的话,恐怕血都喷出来了,因为他就是一个好廉不好利的皇帝。有一次,在读《宋史》时,朱元璋看到宋太宗赵光义改封桩库为内藏库,即设立皇帝私人小金库,顿时颇为感慨道:"人君以四海为家,因天下之财供天下之用,何用公私之别?太宗宋之贤君,亦复如此,他如汉灵帝之西园,唐德宗之琼林大盈库,不必深责也。"(《明太祖实

录》卷 179；【清】毕沅：《续资治通鉴》卷 9)

朱元璋不仅批评别的帝王好财,而且还身体力行恪守好廉信条,生活朴实,更不用说什么"小金库""皇庄"了,他一个都没有。洪武朝廷还重拳出击,严厉治贪,号召人们共同创造清廉社会。可以这么说,朱元璋是历史上少有的清廉皇帝!

○ 窥隐与嫖妓——只认自己的骨肉,不认曾经带给他快乐的美眉?

据说,朱元璋有两大见不得人的癖好:窥隐与嫖妓。对此,正史都没有直接记载下来,或者说是记了,可很隐晦,藏在只言片语里边,倒是民间传闻与野史给留下来了。窥隐在正常人看来是一种不齿的行为,但人生来就有好奇心,或者说一个人或多或少都有一些窥隐的念头,但限于道德、法律和条件等方面的因素,一般人都不会去干这种令人不齿的行为。既然窥的是隐,那自然是见不得阳光的,常人也就想想而已,转瞬即逝。但病态的人常常会乐此不疲,这种病态的人从表面上来看,与正常人没有什么两样,但他的这种病态时时都会发作,只要有条件"允许",他就要满足一下自己的"欲念"。朱元璋就是这么一个病态的人。他有着极强的窥隐癖好,当然这个"隐"不仅仅指的是别人家的男女之事,而且还包括别人在背后搞什么,做什么,想什么……

◎ 窥隐——朱元璋本来到民间窥隐偷听,没想到最后被弄得汗流浃背

《明史·宋濂传》中间接地记下了朱皇帝的这个上不了台面的癖好:宋濂在家中请客,这是个人的私事。可朱元璋一个堂堂的皇帝连大臣家请客喝酒吃菜这样的小事也得"过问",甚至事后还要"核对"客人名字与菜谱,这恐怕不仅仅是用好猜忌的个性特征所能解释的。有人说,这还不能说明问题,因为宋濂是朱标太子的老师,所以朱皇帝才特别关心他。但史料上还留下了朱元璋派锦衣卫窥视文臣钱宰、国子监校长宋讷、退休的人事组织部长吴琳、御史袁凯……甚至连袁凯"发疯"后的事情,朱皇帝都兴趣盎然地一一"查问",其"窥隐"病还真病得不轻。

其实不仅对大臣如此,朱元璋对老百姓也是如此。

清代时流传的一本叫《刘氏鸿书》中说,朱元璋在南京当皇帝时经常外出微服私访,名为察看民心的向背。有一次他夜间外出,临时住在一家平民旅馆里,头枕着石头,脚蹬着草垫子,将就地躺在草席上。到了半夜时分,忽然听到外边有人在说话,朱元璋立马竖起耳朵偷听。就说那两个说话的人,一个在院子里,一个在屋子里。在院子里的人喊着屋子里的人说:"嗨!今天夜里那个老头又出来了。我观这天上的玄象可知,这老头儿今夜应该住在老百姓屋子里,头枕着石头,脚蹬着草

席子,目前正躺着呐。"屋子里的人笑着说:"你不会搞错吧?"朱元璋正偷听在兴头上,觉得这实在是不可思议,他们不是在说我吗!于是他赶紧将头脚倒了个儿再躺下。不一会儿,屋子里的人跑到庭院中,对庭院中的人说:"你果然搞错了,那老头是头枕着草垫子,脚蹬着石头,现在正躺着。"听到这里,朱元璋禁不住汗流浃背。当天夜里就偷偷地赶回明皇宫去。马上悬赏,捉拿那旅店里的两个高人,可没抓到。据说从此以后,朱皇帝微服私访的事就少了。(【清】褚人获:《坚瓠集》卷2)

◎ 嫖妓——朱元璋一夜情后,孩子他妈找到南京明皇宫来。朱元璋认账吗?

朱元璋的第二大见不得人的癖好是嫖妓。据说朱家龙仔第十三子代王的母亲(邳县人)就是妓女,有一回朱元璋打了败仗,无路可逃,就逃到了代王母亲那儿。代王母亲说:"你就是朱某人吗?人家都说你将来要当皇帝的啊!"于是就留下他过夜了。第二天早上朱元璋起身告辞,代王母亲说:"我日后要是怀上了你的骨肉怎么办?"身无分文的朱元璋只好将一把旧梳子留了下来,给她作质当。代王母亲从自己的小金库里取出些金银财宝送给"一夜丈夫"做路上的盘缠。再说爽过后的朱元璋兴奋不已地回到了部队,很快也就将这事给忘了。

可自从那次一夜情后,代王母亲还真的怀上了孩子,她发现后赶紧闭门谢客,再也不做皮肉生意了。

朱元璋在南京称帝以后,那一夜情的"成果"也在逐渐地"丰硕"起来——孩子快要长成大人了。孩子母亲听说"一夜丈夫"当上了皇帝,就带了孩子和那把破梳子来到南京,要求见见当年的一夜夫君,当今的大明天子。有人偷偷地通报了上去,可朱元璋没同意,更不可能让她住进宫里去,而是叫工部即建设部简单地盖了座木房子,让娘儿俩先住下。后来朱元璋大封儿子们为地方藩王,这一夜情带来的孩子被封为代王。代王府修成后,代王与他的母亲住了进去,他得到终身奉养母亲的"待遇",这样的规制超过了明初的一般制度。(【明】徐祯卿:《翦胜野闻》;【明】吕毖:《明朝小史·洪武纪·弊梳为质》卷1)

◎ 后宫至少有46个美女提供性服务,可朱元璋还要偷偷出去嫖妓?病态?

上述这事属不属实?查《明史·诸王列传》,其记载道:代王又名代简王,名字叫朱桂,明太祖十三子,先封为豫王。洪武二十五年,改封为代王,就藩大同(《明史·诸王二》卷117)。那么代王母亲是不是妓女?正史说:代王是由郭惠妃所生,郭惠妃是郭子兴的宝贝千金,"小张夫人出者,事太祖为惠妃,生蜀、谷、代三王"(《明史·郭子兴传》卷122)。由此看来,说得有鼻子有眼的朱元璋嫖娼之事还没法"坐实"。但有人说,朱元璋嫖妓是事实,而且还是他的一大嗜好,即使是当了皇帝,后宫几十号漂亮美眉都没法满足他的那个邪欲,有人甚至举出明初著名诗人高启的诗为证:"女奴扶醉踏苍苔,明月西园侍宴回。小犬隔花空吠影,夜深宫禁有谁来?"(【明】高启:《宫女图诗》)有人认为后来朱元璋搞文字狱,将高启腰斩了,就是因为高诗人写诗嘲讽了朱皇帝,说他当了皇帝还忘不了自己的昔日爱好。不过,有关高启写诗被腰斩还有一种说法,即前面我们讲过的他的好友魏观因为写了讳忌的上梁文而被株连的。反正这个"因果"关系现在已经成为一个公案了,没人能搞得清楚。但朱元璋当了皇帝后至少有46个美女提供性服务了,还要出去嫖妓,那可不是一般的性饥渴问题,应该算是另一种的变态了。

○ 著书与立说——朱元璋真"有才?"

朱元璋原本家里穷,没有机会进学校门,所以当他来到皇觉寺出家时,基本上是目不识丁的文盲。后来就去要饭了,断断续续要饭、流亡了8年,中间回到过庙里,可又出去,直到最后离开了佛门,参加农民军。我们不再重复朱元璋的早期人生经历,但从中可以看出他读书的机会太少了。可出人意料的是,明代相关史料显示,朱元璋著作等身,《明太祖实录》等经过美化的史料更是说朱元璋如何地天生圣人一般。坦率而言,朱元璋自身人还是比较聪明的,这果然是事实,他有这么几个机会学习:第一个机会是在皇觉寺接受"扫盲"。读书只有在温饱不成问题和生命无忧的情势下才有可能,可那时灾荒频仍,皇觉寺自身都难以为继,所以说当年朱元璋在那里充其量是扫扫盲;第二个机会是朱元璋参军后直到大明帝国建立前后,在这段时间里,一切条件都发生了巨变,朱重八身边已经云集了一大帮的儒生。人家是来投奔他的,他是公司的"董事长",第一号老板要读书识字还不容易,当年还不流行"小秘",有的是宋濂、刘基一类的"老秘",这样的老秘可比现今流行的"小秘"之学问要深得多。在这期间,朱元璋长了不少知识。只可惜朱"大老板"实在太忙了,开国前后惊心动魄的战争,随后的建设时期忙于搞政治运动,一会儿反贪倡廉,一搞起来就是大案要案;一会儿要接见上访农民与粮长;一会儿又要过问司法部门的审案,还要顾及后宫佳丽的"自留地",时不时地给她们撒点雨露,至少有40颗种子在发芽;再有前面说过的,朱元璋每天要处理国事400多件,如果按一天24小时为计的话,朱皇帝不吃不喝不睡,每小时处理16件国家公事,这还不包含他还要阅读数十万文字的公文奏折什么的。朱元璋如此繁忙,还有多少的时间读书、进修和"充电"?结论是根本不可能!

既然如此,那朱元璋哪来那么多的著作?我认为有两种可能:第一种是"挂羊头卖狗肉",就像现在的一些领导,当了头什么都比别人强。当然也有"聪明"的下属,主动要求领导当主编和顾问;第二种可能就是朱元璋自己写了,或口述了,别的文人帮助润色。这一类现在个别地方还能见到,类似于朱元璋的批示与批条。但读来让今人怀疑这是一个皇帝的批示(错别字连篇)?可考证的结果,这类恰恰就是朱元璋的"御作"。那么朱元璋到底留下了哪些大作呢?

　　大致有这样几部:第一部叫《御制文集》,又名《高皇帝御制文集》,冠名为御制,现在通行本叫《明太祖集》,共计20卷,实际上是由翰林学士乐韶凤与宋濂编录,涉及的内容很丰富,有政治、经济、民族、宗教、文化、对外等方面,这是当时的一部领袖文选。洪武十年正月,老秘宋濂退休,朱元璋将这部"皇帝宝书"作为礼物送给了他,可见其在洪武君臣心目中的地位是何等之高啊!(《明太祖实录》卷111)而使今人留意的是该书的史料价值,其相对真实地记录了当年的一些人和一些事。譬如,《皇陵碑》和《纪梦》中就有有关朱元璋的出身和早年活动的回忆记载。

　　朱元璋的第二部大作叫《祖训录》。《祖训录》最早成书于洪武六年五月,这是祖先留给子孙的特殊家训,本该由老祖宗自己动笔定稿,但实际上具体负责编纂的是礼部尚书陶凯,所以今人读来感觉文气十足,一般不知内情的人还真以为朱皇帝很"有才"。该书文绉绉地表达了朱元璋的一片苦心和对子孙守业的嘱托,内容完全体现了他的思想。书编成后,洪武皇帝曾下令将其"颁赐诸王且录于谨身殿东庑、乾清宫东壁,仍令诸王书于王宫正殿内宫东壁,以时观省",即要求诸王写在王宫正殿内宫东壁,随时阅览照行(《明太祖实录》卷80;《明史·太祖本纪二》卷2)。洪武二十八年,朱元璋又下令重定《祖训录》,"名为《皇明祖训》,其目仍旧,而更其箴戒章为《祖训首章》",以其"作将垂之万世,命大书揭于右顺门内西南廊下,朝夕谛览,斟酌损益,久而后定。既而遣使,召诸王至京,谕以量减禄米之故,且以《皇明祖训》赐之"。(《明太祖实录》卷242)

　　朱元璋的第三部著作是《昭鉴录》。其以历史上的汉、唐以来藩王们事迹为主线,将他们的善恶直录下来,好似一面镜子,昭示后人以此为鉴,除恶扬善,永保大明江山。朱元璋曾对大臣文原吉等说过他要编写此书的目的:"朕于诸子常切谕之,一举动戒其轻,一言笑斥其妄,一饮食教之节,一服用教之俭。"但实际上这书也是礼部尚书陶凯等一拨子人帮洪武皇帝编的,朱元璋仅仅是赐名《昭鉴录》和作了个序,然后就颁给诸王好生收藏,作为朱家子孙治家的宝鉴。(《明太祖实录》卷80)

　　朱元璋的第四部著作为《永鉴录》,是与《祖训录》《纪非录》相配合的对藩王的训谕,洪武二十六年十二月编成。该书辑历代宗室诸王为恶悖逆者,以类为编,直叙其事,颁赐诸王。(《明太祖实录》卷230)

朱元璋的第五部著作是《女戒》，由儒臣朱升等人受命编撰而成。该书以历代后妃事为线索，昭示大明后宫妃嫔们，善可为法，恶可为戒，你们尽好本职，传好宗接好代，少管朝中事。(《明太祖实录》卷31)

朱元璋的第六部著作是《御制资世通训》。作为开国天子，给子孙们留了这个训、那个训的，朱元璋最终也没忘给他的臣民们无论如何也要搞个什么训。该书共十四章，"其一君道，章曰勤俭、仁敬之类，十有八事；其次臣道，章曰忠、曰孝、曰勿欺勿蔽之类，十有七事；又其次曰民用、士用、工用等十二章，皆申戒士庶之意"。(《明太祖实录》卷97)

朱元璋的第七部著作是《洪武正韵》。这是一部音韵学著作，实际撰写者是翰林侍讲学士乐韶凤、宋濂等，洪武八年三月编成(《明太祖实录》卷98)。永乐年间编撰《永乐大典》就以此韵分类。

朱元璋的第八部著作为《华夷译语》。实际上这是一部"汉蒙语言辞典"，由大臣文原吉、马沙亦黑等人于洪武十五年正月撰成，"凡天文、地理、人事、物类、服食、器用，靡不具载，复取元秘史参考，纽切其字，以谐其声音"。(《明太祖实录》卷141)

朱元璋的第九部著作是《尚书洪范注》。这是一部儒家经典的御定注释本，由明初一些文臣编定，朱元璋仅冠名而已。(《明太祖实录》卷21)

朱元璋的第十、十一、十二、十三部著作分别是《御制大诰》(《明太祖实录》卷176)、《御制大诰续编》(《明太祖实录》卷177)、《御制大诰三编》(《明太祖实录》卷179)、《大诰武臣》(《明太祖实录》卷187)。前章我们已经讲过了，在此不再赘述了。

朱元璋甚至还写诗歌，至今留下一些。不过我一直怀疑，一个半文盲的人怎么能写出这么好的诗歌。为了方便读者朋友鉴别，姑且选录几首：

《咏雪竹》："雪压竹枝低，虽低不着泥。明朝红日出，依旧与雪齐。"

《咏雪诗》："腊前三白旷无涯，知是天宫降六花。九曲河深凝底冻，张骞无处再乘槎。"

《咏菊花》："百花发时我不发，我若发时都吓杀。要与西风战一场，遍身穿就黄金甲。"

《接树》："老干将去伐去烧，从新接起旧枝条。虽然未历风霜苦，自是先沾雨露饶。三四锹泥牢护足，二三皮篾紧缠腰。东君看顾归家后，分付儿童莫去摇。"

《题西施》："天生两奇绝，越地多群山。万古垂青史，西施世美颜。窈窕精神缓，悠悠体态闲。笑拥丹唇脸，皓齿出其间。一召起闾里，勾践扼雄关。伐谋应得志，西浙径亲攀。铁甲乘湖渡，黄池兵未还。"(《明太祖文集》卷20)

○ 雅与俗共赏——南京地方风俗文化

除了弄文舞墨留下等身著作外,据说朱元璋还有一大文化特长,那就是"对对子",由此带动了南京地方风俗文化,甚至影响了全国的民俗文化。

◎ 朱元璋与南京城、全国的春联

有民俗学家考证,明代以前我们民俗中没有过年贴春联的习惯。贴春联是洪武皇帝无意识地拥有了此项"发明"专利。

据说朱元璋很早起就喜欢写对联,但一般就在周围圈子里写写,相互送送。他曾送给徐达的对联为:"从予起兵于濠上,先存捧日之心;来兹定鼎于江南,遂作擎天之柱。"这倒似乎吻合朱元璋的水平,写得直白,一篇极短的部队通用式样的"记叙文";另一副对联为:"破虏平蛮,功贯古今,人第一;出将入相,才兼文武,世无双。"(【明】周晖:《金陵琐事·春联》卷1)他给文臣陶安的对联是:"国朝谋略无双士,翰苑文章第一家。"(《明史·陶安传》卷136)朱元璋很喜欢用对联方式进行感情交流,这似乎没有多大疑问。

据说有一年年尾的一大清早,朱元璋想到民间去微服私访,了解一下百姓的生活疾苦。可刚走出午门忽然想到:我这一走,别的大臣来上朝,岂不找不到我。怎么办?随即想到"对联"留言,令人马上取来笔墨,当场写了一副,贴在午门上,然后带着几个随从出去了。五更时分,群臣们照常来上朝奏事,但见午门不开,上有这样一副对联:上联为"过年不朝回乡去";下联为"开春奏来民里情",横批是"与民同乐"。大臣们一看什么都明白了,对联太直白了,皇帝叫我们回乡去,接触民情,与百姓们一起欢乐过年!

开春后回京,大臣们的心情好极了。有的已经好久没有回老家了,激动之下也写了些对联贴在自家的门上,但这只限于朝廷显贵圈子之内。春节期间给自家门上贴对联,来来往往多少人来看、来美语,一些老百姓见了就十分眼馋,但因为身份低,不敢效仿。据说后来朱元璋知道了,决定将这个"政策"放开:过年老百姓家也可贴对联。这下南京城里的老百姓家家户户都忙开了,过春节大门上贴春联不仅增加节日的喜庆,还能表达对新年的祝福,多美的事!朱皇帝也高兴啊,不过他是细致之人,想起贴春联要有人会写啊,万一人家不会写,怎么办?想到这里,他又出去微服私访了。

这一路上到处可见,每家每户都在忙乎着过年贴春联。当走到一个巷口时,他突然发现有户人家很异样,没有什么动静。朱皇帝好奇地走到门口,见一个长得五大三粗的男人,就问:"你们家为什么不贴个春联喜庆一番?"那男人说:"回大人,我是屠夫,除了杀猪,什么字也不认识。"朱元璋说:"你去准备笔墨纸砚,我来帮你们写!"不一会儿屠夫借来了文房四宝,只见朱元璋挥毫而书:"双手劈开生死路,一刀割断是非根。"写好后他就走了。

见此,有人问屠夫:"你知道刚才那个人是谁?"屠夫说:"我哪能知道他是谁?"有人告诉说:"那是当今圣上。"这下可将屠夫给吓死了,他赶紧朝着朱元璋走的方向拼命磕头谢恩。

第二天朱元璋又出来转悠了,见屠夫家的门上还没有贴上春联,就很好奇地问:"昨天我帮你家写的春联,你怎么不贴出来?"屠夫回答道:"小的有眼无珠,昨天一下子没认出圣上来,后来才知道的。那对联可是圣上的御书,小的岂敢贴在门上,已将它高悬在中堂内,燃香祝圣,祈求新年瑞祥啊!"屠夫的一番美语可将人灌得快醉了,朱元璋当即赏赐屠夫50两银子,并叫他马上改行。(【清】陈尚古:《簪云楼杂说·春联》)

由于洪武帝的大力提倡,过年贴春联率先风靡南京,后来传至全国。如今已经600多年了,它已完全融入了我们民俗文化血液之中。

◎ 朱元璋与南京土地神

朱元璋生命历程中40来年的时间是在南京度过的,他给南京地方风俗文化带来的影响不容小觑。下面要讲的是南京颇具地方特色的土地神祭拜也跟他有关。

据说有一次,朱元璋在南京城里微行私访,走到一家酒馆门口,刚巧碰到一个国子监的大学生也到这家酒家去。因为当时大明规定国子监生统一着装,即相当于我们现在中小学生统一校服,所以当朱元璋看见那穿了统一服装的监生时就一下子知道:他是个大学生,于是就主动上前打招呼:"先生也到酒家饮几口?"大学生回答说:"刚巧有点空,聊寄小食而已。"说着,两人一同走进了酒馆。可谁知酒馆里早已坐满了人,两人找不到空位,只好站着聊天。朱元璋先问:"先生何处人?"大学生说:"四川重庆府人。"朱皇帝顺口来一句:"千里为重,重水重山重庆府。"国子监大学生反应也快,马上回应说:"一人成大,大邦大国大明君。"这下可把朱皇帝美得心里乐开了花,想坐下好好侃侃。可到哪里去找座位?忽然朱元璋眼前一亮,酒家供的土地神的桌子尚有"空位",于是走了过去,将土地神拿起来,然后放置地上,嘴里同时念道:"土地老爷姑且借我坐!"这土地老爷还真听话,"他"自己坐地上,把位置让给了大明天子,朱元璋这下可舒心地与大学生交谈起来。因为朱元璋是皇帝,是上天的儿子,土地神是个小神,对天子朱皇帝也得让三分。于是南京地方上流行起将土地神供在地上的风俗了,并影响到江南其他一些地方。(【明】徐祯卿:《翦胜野闻》;【明】郎瑛:《七修类稿·国事类》卷14;【明】蒋一葵:《尧山堂外纪·国朝》卷78;【清】褚人获:《坚瓠集》卷2)

◎ 朱元璋与中秋月饼

　　中秋节家人团圆吃月饼,现在已成为海内外华人妇孺皆知的礼俗,但大多数人可能并不清楚这中秋节为什么要吃月饼,而且这传统的月饼为什么都是甜心的?

　　民间传说,当年元末红巾军起义时,为了传递起义的信息而又能防止被元朝人发现,起义军中做了一种甜心的圆形饼(甜心,不易坏掉)在起义军中相互传着吃——传递起义信息。朱元璋是由红巾军起家的,熟悉这些事情。据说洪武元年中秋前夕,徐达北伐不断传来喜讯,朱元璋十分激动,下令:马上中秋了,多做些当年起义军中传递起义信息的甜心圆饼,作为节令糕点犒劳将士们;与此同时还将这类圆饼当作节日赏物,赏赐给南京城的朝臣。八月十五日,朱皇帝让大明的大小臣工与南京市民们一起共享节日的快乐。那天夜里南京人燃点斗香,放水灯增添喜庆的气氛,有些人团坐聚饮,称为"圆月";有些人出游街市,称为"走月"。由于是在八月十五日月圆之际人们欢庆喜悦与团聚之时品尝这种圆形饼,故有"月饼"之称。从此以后,中华民族的传统节日中秋节又多了一种很有特色的风俗文化(一说月饼在唐宋时代就有了)。

◎ 朱元璋与方顶大巾、网巾——网住天下

　　清兵入关以前的明朝人有一种头饰,叫方顶大巾,也叫"四方平定巾",它的推广就与明朝开国皇帝朱元璋大相关联。据史料记载,朱元璋平定江南以后,会稽郡人杨维祯头戴一顶方巾来南京,朝见朱元璋。因为这种方巾原本只有绍兴、宁波一带才有,朱元璋见了杨维祯的方巾,就觉得很好奇地问了:"这是什么头巾?"杨维祯说:"这叫四方平定巾。"听到这话,朱元璋连声说:"好!"他不仅要平定四方,而且还要整个天下四方都太平,由此下令:不论官僚还是百姓一律都以"四方平定巾"即方顶头巾为头饰,作为大明臣民的统一装束。(【明】祝允明:《前闻记》;【明】吕毖:《明朝小史·洪武纪》卷1)这种"四方平定巾"在清朝时,因为官方强令臣民百姓剃发而逐渐被人们忘却。

　　倒是另一种网巾头饰却被保留了下来。据说这种网巾也是由朱元璋在民间发现而推广的。有一次朱元璋在南京城里微服私访,来到城南神乐观前,看见一个道士在灯火下正在编织网巾。由于以前从没见过,他就好奇地上前问了:"你织的这个叫什么来着?"道士说:"这叫网巾,是用来裹住我们头发的。有了它,则万发皆齐矣。"朱元璋听成用了它可以网住天下,那好啊!他当场就向道士定购了13顶网巾,不久就向全国13个布政使司(洪武中晚期大明全国划了13个省)发出通告,以此作为人们束发的头饰。于是这种网巾从南京开始流传到了全国。(【明】郎瑛:《七修类稿·国事类·平头巾网巾》卷14;【明】吕毖:《明朝小史·洪武纪》卷1)清兵入关后强令汉族男子剃发,方顶头巾装束在中原地区逐渐失去了"市场",但网巾在汉族女性中继续流传。笔者小时候曾经见过这等网巾,但现在越来越少,可能在偏僻山区百岁老太太那里可能还有保存。

● 朱元璋的个人生活习惯

朱元璋的个人生活习惯有两个特点:第一是节俭为本;第二是农民本色。

○ 节俭为本

在中国历代皇帝中,朱元璋算得上是个典型的节俭皇帝。他平民出身,当上皇帝前后,数十年如一日,直至生命的最终。这是十分难能可贵的。

朱元璋的简朴可以用四个"禁"来概括:

◎ 禁金银——朱元璋名言:"珠玉非宝,节约是宝"

浙江割据势力方国珍迫于朱元璋军进攻的强大压力,派人到南京来进献金玉装饰的马鞍辔子,表示愿意归降。朱元璋对他的请降表示欢迎,但把进献的金玉装饰的马鞍辔子给退了回去,并告诉他:"吾有事四方,所需者,文武材能;所有者,谷粟布帛。其他宝玩,非所好也!"方国珍后来成为朱元璋的俘虏固然原因很多,但从两人的爱好就能看出高下来了。(《明太祖实录》卷九;《明史·方国珍传》卷123)

朱元璋有句名言:"珠玉非宝,节约是宝。"(《明太祖实录》卷22)这话尽管已经说了600多年,但在我们现在的奢靡成风、什么都要讲气派、讲档次、讲品位的"三讲"社会里,朱元璋朴实的人生观念还是值得我们多多品味与承继的。

当了皇帝,贵而不奢,这本身就不易。朱元璋还要求他的宫中设施不带金,以免浪费了百姓的钱财。它们都以铜器来代替,就连乘舆服御这类出门在百姓面前很为炫耀的、历代都是用金打造的、代表皇家尊贵的行头,类似于今天暴发户的"子弹头"和"林肯"一类出门代步工具,朱元璋也舍不得花费,要用铜的来代替。祭祀郊庙,"拜褥之心以江布为之";"乾清宫御床,若无金龙在上,与中人之家卧榻无异",即说朱元璋在乾清宫的御床平常得很,如果不注意看它上面一个标志性的"金龙"的话,人们还以为这是一般中等人家里用的床。

◎ 禁奢侈——当了皇帝的朱元璋十来年不过生日,抠门?

大明开国前夕起,朱元璋住入了新建的明皇宫。皇宫很大很宽敞,但不奢靡,原本宫殿设计中浮华雕刻全部被他取消了。这还不算,他叫人在宫室的墙壁上画上历代帝王兴亡的故事,在自己的起居办公之殿堂里,用工笔写上历代治平之典章与格言。在后宫妃嫔们住处的墙壁与屏风上,他叫人全部给画上耕织图;在太子东宫的墙壁上他叫人画上自己的生平事迹图,让太子记住父辈创业之艰辛。如此设计在历代的宫廷装修中恐怕也是不多见的。(《明太祖实录》卷116)

朱元璋不仅自己在宫中禁奢侈,还不时地用身边的事来教育人们。有一次,他在退朝以后看见有两个太监在雨中穿了新靴子走路,立即将他们叫来,严加训斥:"靴虽微,皆出民力,民之为此,非旦夕可成。汝何不爱惜,乃暴殄如此!"(《明太祖实录》卷57)说完命人对两个宦官处以杖刑。

还有一件更为细小的事情,有一天,在后宫里朱元璋捡到了一段丝线,当场就很不高兴,后查问下来才知是一个小宫女不小心丢的。尽管他没给她施刑,但还是好好地教育一番:"一段丝线虽不起眼,但它含有多少百姓的血汗?!"(【明】徐祯卿:《翦胜野闻》)

明代正史上记载着这么一件事:有一天朱元璋拿了一锭黄金,向身边的大臣示意着,并问大家:"你们知道这一锭黄金哪来的?"有人说:"是某人进献的吧!"朱元璋说:"不是的,这是我让后宫宫人们将表笺袱盘上金龙装饰薄片削下来,逐渐逐渐地积聚而打造成了这一锭黄金!"众臣听了半天都说不出话来。朱皇帝的节俭禁奢真不愧说是到了家!(《明太祖实录》卷48)

朱元璋禁奢侈倡节俭还体现在自己吃的方面很简单,每天早餐,不吃荤,只吃素,正餐也大致是"四菜一汤";他不大喜欢饮酒,即使碰上喜宴,也就意思几口。除犒赏将士、宴请百官外,朱元璋是不举行宴会的,甚至有十来年他不准手下人为他大办生日酒宴。所以有人说他抠门,但他却坦然地告诉儿女们自己的简朴特点:"无优伶近枕之狎,无酣歌夜饮之娱"(《皇明祖训·持守》),且"还命画古孝行及身所经历、艰难起家、战伐之事为图,以示子孙,谓侍臣曰:'朕家本业农,祖、父皆长者,世承忠厚、积善余庆以及于朕。今图此者,使后世观之知王业艰难也!'"他是这么认为的:"富贵易骄,艰难易忽,久远易忘。后世子孙生长深宫,惟见富贵习于奢侈,不知祖宗积累之难。故示之以此,使朝夕览观,庶有所警也!"(《明太祖实录》卷31)

◎ 禁群饮

朱元璋定都南京后，好多将士都以为胜利了，可以自由放松点了。闲暇之际，他们在京城里群饮豪喝，有的甚至一醉方休。朱元璋听说后将他们狠狠地痛斥了一通："勤俭为治身之本，奢侈为丧家之源。近闻尔等耽嗜于酒，一醉之费，不知其几，以有限之资，供无厌之费，岁月滋久，岂得不乏？且男不知耕，女不知织，而饮食衣服必欲奢靡。夫习奢不已，入俭良难，非保家之道。自今宜量入为出，裁省妄费，宁使有余，毋令不足。"(《明太祖实录》卷69)

据明朝历史学家谈迁的史学著作《国榷》所载，朱元璋对群饮豪喝的禁止是相当严厉的(喜庆除外)，且落实到位，一旦被抓住了就要充军。有人可能要说，我喝我的酒，关你朱元璋什么事！可朱元璋不这么认为，因为在他看来，群饮会意气用事，会带坏社会风气，这叫"革命小酒天天醉，喝坏了官风喝坏了胃，喝得老婆去跟别人睡……"因此坚决要禁止！

◎ 禁进献——后宫美眉再漂亮，有那么一个"老土"老公，没机缘享用外国"化妆品"？

朱元璋的生活极其简朴，好多官员都知道。据说有一次在宫殿上朱元璋一不小心将自己穿在里边的一件已经破烂了的内衣袖口露了出来，这下可将在场的官员惊讶得说不出话来。事后有人在揣摩：这个土包子出身的，会不会是舍不得花钱?!于是百官之中有人暗暗地动起了"进献"的念头。蕲州地方官热爱大明帝国的伟大领袖，想想盛夏"火炉"里(南京俗称四大火炉之一)的皇上可能生活得很不好受，于是就进献了一种叫竹簟的凉席，据说十分凉爽。朱元璋认为，朝廷事先没有下旨让他们进献，现在地方官将东西送到南京来了，如果我收了下来，万一传开来了，全国各地就会竞相仿效，岂不成了劳民伤财的"苦民之政"了。想到这些，他当即下令拒受，并诏谕全国各地："非朝廷所需，毋得妄有所献。"就是说，朝廷不派人或下发文件来要的，就不能私自送到南京来。(《明太祖实录》卷31)

浙江金华产香米，山西太原产葡萄酒，潞州产人参，均有人送给朱元璋享用。但这个平民皇帝就是体察民情，坚决予以制止，他说："国家以养民为务，岂以口腹累人哉？"(《明太祖实录》卷86)

当时有个专门做中外贸易的回回商人赠送给洪武帝一种叫番香阿剌吉(中国人称之为蔷薇露)的礼品，据说它不仅可以治疗心痛病，也可调成粉状供妇女做化妆品。朱元璋宫中有好多漂亮"妹妹"，但她们再漂亮也没有用，因为有这么一个

"土包子"老公也就没法享用到了。朱元璋接到进献报告后,当场就下令,将礼物退回去,并解释道:"中国药物可疗疾者甚多,此特为容饰之资,徒启奢靡耳!"朱元璋的这个"土","土"得可爱,因为他体察了民情。(《明太祖实录》卷79)

朱元璋的个人生活习惯的第二个特点是农民本色。

○ 农民本色——朱元璋的三大怪事?

尽管当了皇帝,但朱元璋始终不改农民本色,上述讲的他的简朴就是有力的例证。朱元璋之所以能长期保持农民的本色主要归结于他童年那段悲惨的经历,这种内心的伤痛是一辈子都难以磨灭的。据说朱元璋在南京称帝以后经常在宫殿里放声大哭,原因就是看到眼前的锦衣玉食时他会想起自己童年时与父母吃糠咽菜的悲惨岁月。所以他十分珍惜这样的好日子,保持了农民的朴实品质。农历九月十八是他的生日时称万寿节,帝国百官本可以喜庆一番,美餐一顿,可朱元璋连续十年停办这样的酒宴,目的就是节省百姓的财力。这是何等可贵!

◎ 停建南京阅江楼——江南四大名楼只有阅江楼有记无楼,怪否?

在中国文学史上有个公案,武汉黄鹤楼、湖南岳阳楼、南昌滕王阁和南京阅江楼,一起被人誉为江南四大名楼,可在这四大名楼中前三者早已闻名遐迩(参见baike.baidu.com)。千百年来,无数文人骚客为之留下众多佳文名句。唐代诗人崔颢曾吟咏黄鹤楼:"昔人已乘黄鹤去,此地空余黄鹤楼。黄鹤一去不复返,白云千载空悠悠。"北宋宰相范仲淹在《岳阳楼记》中写下了一个政治家的伟大情怀:"先天下之忧而忧,后天下之乐而乐。"初唐诗人王勃在《滕王阁序》中给世人留下了天地合一的美景:"落霞与孤鹜齐飞,秋水共长天一色。"楼因文名,文以楼传,名楼与美文,流芳千古。唯独南京阅江楼十分奇特,一直有记无楼,直到600年后的2001年才建成。这是为何?

我们不妨将时钟倒拨到600多年前,那是公元1374年即洪武七年,47岁的洪武帝朱元璋在游览了狮子山和长江美景后跟大臣们说,想在自己曾经指挥战斗过的龙湾之战旧址上建座阅江楼,当即得到了大家的拥护。于是朱皇帝就命令众臣为行将开建的阅江楼作记。据说,众臣中唯宋濂的《阅江楼记》写得最好,后被清代人收入《古文观止》里头。当时的朱元璋兴致勃勃,也曾做了一篇《阅江楼记》,随后便筹划营建这座江南名楼。可刚开建,天上就出现了异常的天象,朱皇帝诚惶诚恐地自责、反思自己的行为,发现这样营造费用太高,劳民太甚,于是立即喊停,为此他还专门写了《又阅江楼记》,说明了为何喊停的缘由,就是为了节省民力,以合天象。由此一来,就形成了《阅江楼记》在中国文学史上留下了美名却没有真正"成"楼的奇事。(【明】朱元璋:《阅江楼记》,《又阅江楼记》,《全明文》第1册,上海古籍出版社1992年第1版,P173~176)

◎ 朱元璋在大明皇苑中种了几十亩的庄稼,怪吗?

朱元璋不忘本还体现在:在皇家苑中空地上他不是养花弄草,而是辟出地来,专门栽种庄稼和应时蔬菜,他叫下人去干活,还时不时去看看他们锄草捉虫、浇水施肥,发现工序不对,还会指导一番。据朱元璋自述,当年他还在皇家苑中种植了几十亩的庄稼,每到播种、管理和收割的季节,"草根"皇帝就会亲临现场,指挥劳作。(《明太祖实录》卷86)

大明开国前,朱元璋还曾带了太子朱标到南京郊外农民破茅草棚屋里考察民情,告诫朱标曰:"农民四季劳苦,粗衣恶食,国家之钱粮全靠他们供给。你要记住君主的责任,不可陷他们于饥寒。否则,于心何忍?"(《明太祖实录》卷27)通过现场教育未来帝国事业的接班人,再次显现出朱皇帝内心爱民和忧民之情结。对于农民来说,朱元璋确实是千古一帝。

◎ 看见"官二代"穿了"品牌"衣服,朱皇帝狠狠地教育了他一番,怪吗?

朱元璋这种对农民的感情是自然的,并会时不时地流露出来。因为曾经是农民,他太了解农民的疾苦了,常常以此告诫臣下要珍惜农民的劳动。有一次,他看见一个年轻的官宦子弟穿了一身极品衣服——价值五百贯,就马上批评起这个后生:"今汝席父兄之庇,生长膏粱纨绮之下,农桑勤苦,邈无闻知,一衣制及五百贯,此农民数口之家一岁之资也,而尔费之于一衣,骄奢若此,岂不暴殄?自今宜切戒之!"(《明太祖实录》卷255)

当了皇帝,个人生活习惯依然保持着节俭为本与农民本色的特征,固然主要原因在于朱元璋自身,但他身边的那个贤明、善良的马皇后也起到了很大的影响作用。当北伐军攻下大都后,大明军缴获了不少的宝石。朱元璋拿了一些送给马皇后。按一般的女人观点,老公已经拥有这么高的地位,做老婆的还不好好地享受享受,就真是不懂得生活与品位!但马皇后拒绝了,相反,她对朱元璋说了这么一番话:"我与陛下是从贫贱当中走过来的,我也为国事每天都在帮你操心啊!骄纵往往产生于奢侈,危亡来自细微之过。妾身愿与陛下能得贤人共同治理好国家,那才是我所最需要的和所想要的!"马皇后的一番"高见"直把朱元璋给"震服"了,他马上下令,将马皇后的话记下来,以此来检验未来国家的政策。(《明太祖实录》卷147)

● 朱元璋的个人朋友交往

帝王,自古以来就自称"寡人",想当然皇帝的情感世界肯定很孤独,其实也不尽然。尤其是平民出身的皇帝,他们的情感世界比贵族帝王要丰富多,因为他们经历了人生的大落和大起,社会交往层面宽广。朱元璋就属于这一类的皇帝。

朱元璋早年的经历动荡不已,孤苦伶仃。但自参加起义军起,他的个人交往的圈子有了根本性的扩大,几乎大明帝国的高层领导都是他曾经的朋友。但这些昔日的朋友随着大明帝国的建立和洪武年间的一场又一场大运动的开展,"兔死狗烹",全让朱元璋一一送上了西天。唯独有两个人,他俩可以真正说得上是与朱元璋有着很深感情的铁哥儿们,一个就是朱元璋小时候一起放牛的小玩伴汤和。

汤和这个人很精,精到了一般人都难以想象的地步。或许是曾经一起玩大的,他对朱元璋的内心世界可谓最为了解。想当年朱重八走投无路了才去当兵,可一到军营,别人都瞧不起他,唯独汤和不同。尽管他比朱元璋年长且在军中职位要高,但一遇上这小兄弟整个就倒了个个似的,在朱元璋面前,汤和像是个部下或者说是个小学生。而汤将军之所以如此,倒不是因为自贱,而是他太了解这个小时候的玩伴,此人太鬼、太狠啦,既然来到军营他还是倒着个儿,反正自己也不损失什么。镇守常州时,汤和酒后失言,朱元璋将其过载入了铁券。自此以后,他格外小心,也更加精明,第一个交出兵权,喝喝美酒,找找美女。汤将军晚年得了脑溢血,处于半瘫状态,这与他中晚年的这种放荡生活大相关联。其实这也是自保的良策,唯恐朱皇帝怀疑上自己。朱、汤之间的友谊最终"修得正果"。(《明史·汤和传》卷126)

朱元璋的第二个好朋友、铁哥儿们就是徐达。徐达比朱元璋小几岁,但他是参加朱元璋队伍的武将中最早的一批。那时朱元璋还没有发迹,徐达、邵荣等人似乎都是在跟着"混"的,且邵荣地位还在徐达之上,但他有个性、有"想法"。在专制魔王那里,有个性、有想法可就麻烦了,最终邵荣得了个谋反罪名而被处死。只有徐达忠心耿耿地辅助朱元璋,几十年如一日,因此说,他是朱元璋最为称心的患难之友了。之所以如此,关键还在于徐达听话,对朱元璋没有半点"忤逆",不像刘基老先生那样老喜欢提意见,挺讨厌的;更没有像邵荣那样让人心惊肉跳、唏嘘不已。他与汤和有个共同点,除了听话外,还能正确地观察形势,及时调整自己,用句时髦话来讲就是"与时俱进",在内在外一丝一毫的言行举止中,突出表现出自己是洪武皇帝的忠实臣子和信徒,而这样的"品格"在别人身上是不曾拥有的。所以洪武中晚年朱元璋对他俩十分喜欢。中年之时,马皇后死了,朱皇帝内心十分痛苦,经常找徐达下棋,可以说徐达家是马皇后死后的朱元璋伤心情感转移的好去处,但可惜徐达不久也病死了。(《明史·徐达传》卷125)晚年的朱元璋才是真正的孤家寡人,加上太子朱标的早逝,已处于精神崩溃边缘的洪武帝常常表现出暴怒无常的性格特征,最终导致了肆意滥杀。

朱元璋的第三个好朋友可能就要数常遇春了,常遇春很受朱元璋喜欢是因为他很能打仗,且忠心耿耿。但从内心深处来看,朱元璋似乎更多地将常遇春当做臣子,而不是朋友。不过常家"忠义"特征似乎在朱皇帝那里打下了很深的烙印,为了自己的江山社稷万古长青,洪武四年四月,朱元璋在常遇春已经不在世的情况下,还将常家闺女娶为自家皇太子朱标的媳妇,由此可见常遇春在朱元璋心目中的地位不低啊!(《明太祖实录》卷64)

● 朱元璋的男女情感世界

○ 朱元璋与46个提供性服务的漂亮"妹妹们"

朱元璋的两性世界历来民间有不少传说,附会甚多。那么其真实的男女情感世界到底如何?由于现在我们看到的史料包括《明太祖实录》在内的都给朱棣篡改了,所以很难找到十分正确的信息。但从客观事实来看,朱元璋一共生了42个"小龙小凤",算得上是位"高产"皇帝。历史上有五位"高产"皇帝,他们的排名依次为:①宋徽宗赵佶生了65个;②唐明皇李隆基生了59个;③康熙皇帝生了55个;④朱元璋生了42个,居于大明帝国17帝之首;⑤唐高祖李渊生了41个。(李亚平:《帝国政界往事·大明王朝纪事》,北京出版社2005年10月版)

从来南京算起到最后"离去",朱元璋在南京前后呆了40年。那么由此可以算出他每年都有"种子"收获。

坦率地说,朱元璋的后宫并不算多。据明代文人笔记记载:"高皇帝之葬,帝后以下祔葬者,妃嫔共四十人。"(【明】沈德符:《万历野获编·谢韩二公论选妃》卷3)这话是讲朱元璋最终带走了40个妃嫔,在这之前郭山甫女儿郭宁妃与唐王母亲李贤妃和伊王母亲葛丽妃已被处死下葬,马皇后于洪武十五年去世;楚王朱桢之母胡妃也早已被处死,加上成穆贵妃孙氏在洪武七年九月时就已经薨世(《明史·后妃一·成穆贵妃孙氏传》卷113)。因此说,有史可靠记载的为朱元璋提供性服务的后宫有名分美眉不会少于46人。那么,朱元璋跟这46个美眉关系如何呢?我们看不到他们之间的真爱记录,但从结果倒推,想必还过得去吧,否则这42条小龙小凤怎么会冒出来的?

可能有人不认同我的观点,认为朱元璋的情感世界还有许多精彩篇章,46个美眉太少,还不如我们当代的某市委书记的108个"二奶"了,不是说古代的皇帝三宫六院72妃,光有名份的"大牌"妃子就要有72个,像历史上的晋武帝、隋炀帝等后宫就有10 000多名(《曾拥有108个女人,"色贪"张二江狱中著书获减刑》,新华网2009年6月10日),怎么朱元璋的"二奶"就这么少的?我们不妨先来看看朱元璋是怎么看待男女两性的:

洪武六年,朱元璋与儒臣詹同这般说道:"朕曾反复思虑这么一件事,悦乐和美色是砍伐男性的斧子,漂亮女人很容易使男人沉迷,而一旦沉迷了,男人的祸患与败亡就会马上到来。所以说女色之祸绝对不亚于剧烈毒药。朕观前代君主因女色而败亡的还真不在少数。因为君主为天下第一人,四海之内一草一木莫不归他所有,所以他想要享受天下最美妙的音乐和最漂亮的美眉服务还不是小菜一碟。但因此而沉溺,不知适度地远离,那么小人们就乘机耍滑使奸,不为他们迷惑的没几个人。更何况创业垂统之君的所作所为,要为子孙后代所效法的,所以尤其不能不谨慎啊!"(《明太祖实录》卷78)那么到底怎么处理男女两性关系?从洪武时期后宫实际来看,朱元璋大致贯彻了"三项基本原则":

第一,"节俭"原则,说白了就是不浪费。洪武时期后宫有名分的妃嫔只有四五十个,确实不多,似乎也符合老农民出身的草根皇帝始终秉承的"节俭"原则。朱元璋是个实在人,他活着是这样,死了也要这样,所以最终他要"带"的全"带走"了,包括生前的女人。但话得说回来,并不是说朱元璋不好色,洪武二十六年也就是朱元璋归天前的5年,已经66岁的老朱皇帝一口气封了3个皇妃,当年度还有第26个皇子朱楠降生,由此看来这个老爷爷还真是生命不息,"运动"不止。(《明太祖实录》卷230)

第二,确立绝对政治为本的原则。朱元璋绝对讲究政治为本,绝不会因为儿女情长而影响了自己的政治稳定和事业的拓展,他进退自由,做到绝对"完美",甚至做绝。

自古以来对于一些男人来说,在江山与美人之间的抉择是十分艰难的。可对于朱元璋来说,他可不会有这么多的烦恼,该出手时就出手。

○ **皇帝朱元璋与情敌争美女,却被人搅了"好事"……**

洪武年间曾经有一次选宫女,有人寻访得熊宣使家一个十多岁的妹妹,长得如花似玉。朱元璋听说后甚为欢喜,想召之入宫。不曾想到,有个员外郎叫张来硕的出来规谏了:"陛下,小的听说熊氏已经许配给了在朝为官的参议(可能相当于中央司局级干部)杨希圣为妻。如果陛下明摆着这些事实不顾而要强娶那美貌小女子的话,恐怕就不符合礼法与人间常理啊!"(按:古时候男女订了婚等于现在人拿了结婚证没办酒宴,一般来说,男女双方都不能随意退婚)没等张来硕说完,朱元璋就已经火冒三丈了,按照他的思维逻辑:我是谁?要个把小女子又碍你什么事?再说这小女子又不是你家的什么人,他当即怒不可遏地咆哮:"你如此不恭地谏君,太不成体统了!"马上命令宫中壮士一齐动手,将张来硕的牙齿打碎。(【明】刘辰:《国初事迹》)

本来可以来个老牛吃嫩草、享受享受绝色美眉带来的快感,谁料到全让那个该死的员外郎给搅了。还有那个熊美女的未婚夫杨希圣……朱皇帝心中有着说不尽的醋劲,可就没合适的机会过过瘾,哪怕"意淫"一番也好。嗨,你还真别说,有人已经看出了朱皇帝的心思。有一天,丞相李善长出来告发,说杨希圣等人在朝中弄权不法。这个李善长本来就与杨希圣的哥哥杨宪及杨宪的朋友刘基之间有矛盾,自从可以做小美女爷爷的朱元璋与小美女的未婚夫杨希圣成了"情敌"以后,老谋深算的李善长多了个心眼,找了个无法查证的事由来整到老冤家杨宪的弟弟,于是原本一场"情敌战"迅速演变成了"爱情与阴谋"惨剧。朱元璋接到丞相李善长的举报后,便开始在"帅哥"杨希圣身上"做文章",熊氏小美女,你不是爱帅哥吗?我就成全你们!朱元璋当即下令将杨希圣等"犯事"者处以"黥刑"(脸上刺字),还削了他的鼻子,最终把他发配到苏北淮安去安置(等于永久性充军苏北)。(【明】刘辰:《国初事迹》)

不久在江西省任参政的杨希圣哥哥杨宪到南京来朝见大明天子,朱元璋一见到杨宪,就跟他打招呼:"你家弟弟玩弄权术,我已经将他处罚了。这样吧,熊家的那个小女子仍然给他使用!"杨宪吓死了,赶紧磕头说:"臣弟犯法,罪该万死,焉敢再娶那熊家妹子!"但朱元璋是个"有道之君",做事就是"讲政治""讲原则",坚持自己的主张:"让熊氏随你家弟弟一起生活吧!"(【明】刘辰:《国初事迹》)

其实朱元璋这一招很损,一来他要表示自己是贤明君主,不会因为一件漂亮衣服(刘备语:妻子如衣服)而毁坏了自己的名声。二来他从未动过熊氏一根毫毛,那是不能动的,否则要背上昏君的骂名,别的昏君会干,精明透顶的朱皇帝才不会那么傻呐。不过,熊家小妹妹,你不随我,我可要让你天天看看一个没有鼻子的、脸上又刺了字的帅哥到底有多帅!且让你看个够,直到最终。三来对于情敌杨希圣来说,花出的成本太高、太大,你娶到了美女,但你得为此付出一辈子的代价。这就是朱元璋!

第三,减少女眷,严格管理原则。鉴于历代的女色之患,朱元璋较少拥有嫔妃,主要是从减少有可能产生外戚之祸的角度来考虑问题。

○ 美女与宦官都应该是"工具"、朱棣生母是穿铁裙而死的

从历代兴衰史中,朱元璋悟出了许多道理,其中有一条引起了他的特别留意,那就是女宠、外戚、宦官等干预朝政。对此,除了尽可能减少女色外,洪武皇帝还制定了十分严厉的后宫制度、外戚制度和宦官制度,并予以严格的执行。譬如,有一年,南京明皇宫内河里发现了一个堕胎,有人报告给了朱皇帝。朱皇帝立即开始追查,宫中内侍等都十分害怕,胡乱说是胡妃干的。胡妃就是前章里我们讲到的朱元璋费尽心机追求到手的漂亮老乡胡寡妇,这个胡寡妇还算不赖,肚子争气,为猪腰子脸生了个龙仔楚王朱桢,但她莫名其妙地给摊上了"堕胎"的罪名,随后被处死,尸体被扔到了南京城外。儿子楚王苦苦相求,想弄个母亲尸体入藏,却最终只弄到一条连带,迎葬楚王府。(【清】查继佐:《罪惟录·马皇后传附诸妃美人传》列传卷3)

还有前章讲过的算命先生郭山甫主动将女儿送给朱元璋享用,这个郭氏起初很受重视、很得欢喜,但后来与唐王母亲李贤妃和伊王母亲葛丽妃一起因一小事而"得罪死"。死后随即被装入一个大箩筐,埋在了南京城东北的太平门外。过了些日子,朱元璋想起,颇感自己做过头了,想叫人将三个被乱葬的美人给分开安葬。但当人们刨开坟堆时,发现情势不妙,三具美人尸体已经高度腐烂,分不清谁是谁了,最终只好隆起三个坟堆了事。(【清】查继佐:《罪惟录·马皇后传附诸妃美人传》列传卷3)

朱棣母亲硕妃是蒙古女人,怎么得来的,至今仍是个谜。据相关史料来看,硕妃来到明皇宫仅六月就生下朱棣,最后被朱元璋赐予铁裙而死。(张惠衣:《金陵大报恩寺塔志》,南京出版社2007年9月第1版,P119,详见笔者《大明帝国》系列⑦《永乐帝卷》上)

尽管朱元璋治家残酷了点,但不得不承认明初大明皇家治理得还是很不错的,不仅没有女宠之患,就连历朝之顽疾——宦官之祸也被制止住了。后来坏事就开始坏在自称是他的最为宠爱的儿子朱棣手里——宦官一下子从朱元璋设置的笼中跑出来了,且越往后面越是一团糟。不过在女宠与外戚之祸的防范上,朱元璋立下的规矩倒是被他的子孙们一直较好地遵守着。当然,这里边还有一个很重要的原因,那就是马皇后开了一个好头。

○ 朱元璋与马皇后——一个了不起的好妻子、好母亲、好皇后

朱元璋治国齐家取得了一系列成就,纵然原因有很多,但这里边还有他的贤妻马皇后的功劳。有关马皇后的早期有些事,我们在前面章节里已经讲过,这里重点

讲讲立国后的。

马皇后是个了不起的女性,自嫁给了朱元璋后,没少为朱家"穷二代"操心。实事求是地讲,马皇后是一个集中国传统女性美德于一身的了不起的好妻子、好母亲、好皇后,她对朱元璋、朱元璋家族和大明帝国影响甚大。具体来说,主要表现在如下几个方面:

第一,谢绝封赏皇后宗族,主动上请立法禁止后妃干政。

马皇后是个深明大义的人,洪武元年正月朱元璋在南京建立大明帝国时,就册封了马氏为皇后。尽管文化程度不高,但她心情温和,说话做事通情达理。当时朱元璋刚开国,不仅要大封群臣,而且还多次要对皇后家的宗族封赏爵禄。马皇后听说后坚决反对,她说:"把朝廷的爵禄私赐外戚,不合周公之法。再说,妾家亲属未必有可用之才,一旦高官厚禄,骄奢淫逸,不守法度,只会有损于社稷,万万不能违背法度。陛下如要加恩妾族,只需赐禄,使其丰饱就行了。"她还反过来提醒朱元璋"妾读史书,见汉、晋、隋、唐各代,皆因外戚擅权,后妃干政而导致倾覆。妾请陛下不封外戚爵位,后妃不准参与朝政,将这两条定为家法。"马皇后的一番言语可把朱元璋给激动得说不出话来。(《明太祖实录》卷25;147)

第二,带头遵守《女诫》——大明后宫的"高压线",示范大明后宫近300年。

马皇后绝非作秀,确实也给朱元璋的大明朝后宫开了一个好头。当时朱元璋已经认识到后宫与外戚的隐患问题,经贤惠的马皇后提醒,他心里就更加踏实了,于是下令让老儒朱升修《女诫》。这部《女诫》从历代后宫制度的得失角度来进行修订,它设了好多的"高压线",防止后宫与外戚干政。

譬如它规定:宫中嫔妃之事归皇后管,但出了宫门的事皇后就不得过问;外朝大臣的妻女除规定的每月初一和十五两次朝见皇后外,没有特殊理由不要到宫中来,目的是防止宫中与外臣的间接交通;宫人不能与外廷通信,违犯的要被处死;皇帝、太子及皇族婚姻选娶女子,要从民间良家首先考虑,不得私自将女子送入宫中或皇族公府;外戚只享有丰厚的俸禄,但不封官职,也就是说,外戚可以做大财主,但不能做大官。

在《女诫》制定好了以后,朱元璋命令工部将《女诫》诫谕的全部内容用金字镌刻在一个铁制的红牌上,然后将这个红牌悬在宫中,起到警示后宫妃嫔的作用(《明史·后妃传·序》卷113)。马皇后带头执行,后宫治理得井井有条。但冰冷的诫条有时似乎是太过于不近人情,尤其是像马皇后这样贤惠、热心天下黎民苍生的人不经意地就"走近"了诫条。

有一次,朱元璋回到宫中。马皇后关心地问:"天下百姓的生活如何?"朱元璋冲了她一句："外面的事不应是你所问的！"马皇后尽管心里很不愉快，但她还是跟皇帝老公解释说："陛下是天下黎民之大君父，妾身是天下之母，哪有做母亲的不问天下子女之疾苦的？"朱元璋还是不吱声，马皇后就打住了。(《明史·高皇后传》卷113)

马皇后承继了中国传统女性的柔美，恪守大明初年制定的《女诫》，为大明朝后宫开了个好头，明代第二个、第三个皇后都不错，以后大明后宫制度一直都执行得比较好，史书说它是"外戚循理谨度，无敢恃宠以病民，汉唐以来所不及"(《明史·外戚传》卷300)。这首先要归功于马皇后开的好头。

第三，相夫教子，母仪天下——将顽童教育成学问家的一代贤后和好母亲。

在战争年代，马皇后曾有烫胸救夫的故事。现在天下太平了，马皇后是天下第一女人了，但她仍保持着朴实的本质，常常穿着粗衣布衫，将其洗得很旧了还舍不得扔。她自己下厨房为皇帝丈夫做吃的，听到外面有地方上发生灾荒，就催促丈夫赶紧去赈济，听说国子监太学生妻儿生活无着，她就去调剂粮食。在马皇后的敦促下，朱元璋下令在今天南京玄武区的红板桥盖了红板仓，专门存储粮食，供给太学生养其家小。由此，南京城里的红板仓闻名于世人。(《明史·高皇后传》卷113)

除此之外，身为天下第一母亲的马皇后还严格管教皇子。朱元璋的第五个皇子朱橚小时候十分顽劣，放荡不羁。在太学读书就不本分，唆使诸皇子与他一起给老师捣乱。皇子老师太傅李希颜发火时一不小心，用笔管戳破了朱橚的额角。这下可闯祸了，朱橚哭着到父皇朱元璋那儿去告状，说是老师打了他。一个儒士当了皇子老师，现在居然敢打皇子。朱元璋心痛地抚摸着儿子的额头，心中已经怒不可遏了，本想要好好处罚皇子老师李希颜。刚好马皇后在边上，她可不这么认为，劝解皇帝老公："小孩子调皮，老师管教没什么错，你怎么反而要发火了？"这下可把朱皇帝说得哑口无言。事后他非但没处分皇子老师李希颜，反而将他升了官。

再说马皇后回头就教育起皇子朱橚："你贵为皇子，理应好好学习，老师管教没错。如果下次你再犯老毛病，我一定得严加惩罚。"这下了可把朱橚给镇住了。自此以后，马皇后对朱橚多了一份心，在她的严厉管教下，朱橚从一个不爱读书的顽童，后来居然成为学问家。他还写了一本图文并茂的《救荒本草》，这是一部研究明代植物学与民生经济的重要著作。(《明史·桂彦良、李希颜传》卷137)

第四，以柔克刚，规劝朱元璋，营救大臣——马皇后：刀下留人。

在朱元璋的帝王生涯中，很少有人能劝止他乱杀无辜，只有马皇后一人还能做到。由于朱元璋与马皇后是患难夫妻，在过去几个非常时期，马皇后都义无反顾地帮助了朱元璋渡过了难关，由此他对贤妻皇后很尊重，别人话听不进，马皇后的规谏他还是能接受的。江南首富沈万三露富斗富，招来了杀身之祸，幸亏善良的马皇后"营救",才被免死充军云南;宋濂后来也是莫名其妙地差点被朱元璋杀了,多亏马皇后大力帮助才得以保命。(《明史·高皇后传》卷113)李文忠从小就被朱元璋夫妇收养,长大后忠心耿耿报效大明,但守严州时,他被人诬陷犯法。朱元璋铁面无私,准备将李文忠召回正法,又是马皇后及时规劝:"前方打仗事情紧急,战争中最忌讳的是临时换将。况且文忠是我们一手带大的,他的贤德,你我应该知道,别人说他不法,也不一定能信。"在马皇后的劝解下,朱元璋放弃了原来的主张。后来的事实证明,马皇后说对了。(《明太祖实录》卷147)

马皇后的贤惠和善良不仅体现在她要帮助落难中她所亲近的人,而且还表现为解救一些她并不太熟悉甚至是不熟悉的人,一次次从死亡的边缘上将人们给拉回来,充分展现了中国传统女性的人格之美。有个职位并不太高的将领叫郭景祥,他守和州时,不知怎么的,也许是得罪了人,有人诬告,说他的儿子要杀父亲郭景祥。如此诬告之人十分歹毒,因为在古代社会里,子杀父即使是未遂的预谋,也算是犯下了"大逆罪",要被凌迟处死;而对于郭景祥来说,如果儿子被诬告的罪名成立那就要被处死,不仅自身要经受失子之痛,而且还得要承受巨大的心理煎熬——中国古代人的观念:"不孝有三,无后为大。"朱元璋脾气火爆,听人告了天下居然有这样大逆不道的儿子,他就马上想将郭景祥的儿子给杀了,但马皇后出来劝住:"我听人说起过,郭家就这么一个儿子,你现在还没搞清楚到底是怎么一回事,就把人家的儿子给杀了。万一事情有假,岂不绝人之后吗?"朱元璋听从马皇后的意见,派人前去调查,结果发现又是一起由诬告引发的冤案。(《明史·高皇后传》卷113)

◎ 中国传统女性柔美的集大成者——马皇后

当一个男人的事业成功时,我们中国人经常会这样评论:一个成功男人背后总会有一个了不起的女人。朱元璋早年父母双亡,他的成功背后一个伟大的女人就是马皇后。尽管朱元璋对别人过河拆桥,忘恩负义,但对马皇后还是一往情深的。他曾经多次将马皇后比作唐太宗的贤后长孙皇后,并感慨地说:"家之良妻,犹国之良相,朕岂能忘之?"(《明太祖实录》卷147)朱元璋倒不是拍老婆的马屁,也用不着这样,因为他早已是天下第一人了;而从真实的内心角度而言,是马皇后的贤惠感动了他,这是由衷而发的。但马皇后听了后并没有晕,更没有撒娇,而是意味深长地跟皇帝丈夫说:"妾闻夫妇相保易,君臣相保难。陛下既不忘妾于贫贱,愿无忘群臣、百姓于艰难,且妾安敢比长孙皇后贤,但愿陛下以尧舜为法耳。"(《明太祖实录》卷147)

马皇后确实贤惠,她告诉皇帝丈夫朱元璋,夫妻同甘苦共患难相对容易一点,而君臣之间要做到这样可就不那么容易了。陛下你没忘患难与共的我，但愿你更不要忘了过去与你一起艰苦奋斗的群臣、百姓啊！

在马皇后的规劝下，中年时代心理已经开始逐步走向畸形的朱元璋尚能克制一些，或者说他在滥杀之际对马皇后的面子还能顾及一点。因此人们不难看到，洪武十三年"胡惟庸案"爆发时涉案被杀者并不太多。马皇后死于洪武十五年，八年后"胡惟庸案"又重新被大"挖掘"，连老宰相李善长在内一起被"干掉"的可能要有30 000人（【清】赵翼：《二十二史劄记·胡蓝之狱》卷32）；又过了三年爆发的"蓝案"，株连被杀者20 000人（【明】陈仁锡：《明世法录》卷85）。到朱元璋临死时，功臣宿将差不多都被杀光了。

第五，临终惠医，泽被子孙——善良女性——临终还在关爱别人的生命。

马皇后身体似乎一向很好，很少生病。但洪武十五年八月，一代贤后马皇后病倒了，这一病她就再也没有起来。马皇后病重时，好多大臣都很心疼，四处觅求良医，就想医好这位贤德的皇后。但马皇后坦然地跟朱元璋说："生死有命，医生要是真能将病重的人医好的话，就不会有死人的事了。药也不一定保证有什么疗效，否则那么多病人吃了就不会死了。所以说陛下您千万不要怪罪医生啊！"据说马皇后至死不肯服药，就怕皇帝丈夫朱元璋滥杀医生。一代贤后在自己生命之终还不忘别人之安危，实属难得啊！

马皇后对皇太子朱标的临终遗言是：君王为舟，百姓为水。水能载舟，亦能覆舟。治国应以仁慈为本，切不可自恃富贵，草菅百姓，更不可奢侈淫逸，暴殄天物。她规谏朱元璋："愿陛下求贤纳谏，慎终如始，子孙皆贤，臣民得所而已。"（《明太祖实录》卷147；《明史·高皇后传》卷113）

善良的贤后终于走了，那年她才51岁。55岁的朱元璋悲痛欲绝，泣不成声，后发誓再也不立后。从感情角度来说，朱元璋的内心可以用一句话来表达："我的眼里只有你。不，是我的心里只有你！"马皇后死后，朱元璋亲自拟定了她的谥号为"孝慈"，并用金版金字镌刻哀册文，后将之厚葬于南京的孝陵的梓宫——明孝陵第一期工程那时刚好完工。（《明太祖实录》卷147）

◎ 面对暴戾无常的父亲，朱标取出"宝器"制服了魔鬼般的朱元璋

马皇后死后，朱元璋的脾气更加暴戾无常。朱标太子与父皇的政见不同，尤其是朱元璋要滥杀，朱标主张宽大为怀，父子两人经常会"吵"起来，当然做儿子的朱标最多也就委婉地顶几句。可这一顶，朱元璋就火大了，开始追打皇太子。开始时朱标还没办法制止住父亲的暴力，后来想到了一个妙计，每当父亲追打时，他就取

出一幅画来。就这幅画可管用了，像一面照妖镜似的，朱标一拿出来，朱元璋立即被"制服"。那是一幅什么样的画？

据说当年朱元璋与陈友谅大战时有一次失利了，将士们死伤无数，就连朱元璋自身也岌岌可危，遭到了陈友谅军的追捕。情急之下，马皇后背起朱元璋就拼命地逃，最终才幸免于难。后来朱标听说这段事情后，令人将其画成一幅画。马皇后死后，朱元璋更加乖戾，动辄大怒，"愈肆诛虐"。有一次朱标偶然发现那画能"制服"父皇，自那以后，每当被父亲朱元璋追打时，他就从怀中掏出"宝器"即那幅画，把它扔在地上。神了，暴戾无常的朱元璋见了那幅画，触景生情，念起马皇后的嘉德善行，不由自主地悲恸起来，"大恸而止"。由此可见马皇后的人格力量是何等之大！

（【明】徐祯卿：《翦胜野闻》）

● 朱元璋与他的儿女们："天生圣人"优良品种甚少，是"地"有问题？

朱元璋后宫中至少有过 46 个后妃，但并不是每个后宫美眉都为皇帝老公生育小龙或小凤，有确切记载的老朱皇帝的子女共有 42 个，其中 26 个儿子，16 个女儿。那么这么多的子女与朱元璋的关系又是如何呢？

○ 从大明皇家走出来的公主们嫁给了"官二代"，其最终命运到底如何？

朱元璋生育了这么多的子女，实际上可能还不止，古代医学条件有限，有的在出生后没几天就因体弱而夭折，还有的甚至因难产而一直待在他妈妈肚子里边了。现在我们讲的这 42 个子女是产下存活一段时间的，他们的年龄差异可能是，最小的管叫最大的为爷爷都可以。但不论怎么说，他们分为两大类，一类叫公主，一类叫藩王即皇子。朱元璋与他们的关系正如他与后宫那些美眉关系那般，他不可能将一人之爱撒向每个儿女，因此说老朱皇帝与他们的关系，有的近一点，有的远一点。

我们先讲公主们与她们的皇帝老爸的关系。朱元璋一共有 16 个女儿，总体来说，她们生在皇家，有皇帝父亲，个人的命运基本上都不差，她们一般都嫁给功臣家的公子即"官二代"为妻，这叫下嫁，皇帝的女儿除了下嫁没有上嫁的事情。公主下嫁给功臣之子的主要目的是巩固皇权。朱元璋的 16 个女儿大致分为两类：

一类是朱元璋比较喜欢的女儿，譬如寿春公主和宁国公主等。这类人数比较少，第九女寿春公主可能是朱元璋最为喜欢的一个女儿，她嫁给那时皇帝老爸很喜欢的大将军傅友德的儿子傅忠。出嫁时皇帝老爸为她置办的嫁妆最丰厚,特赐吴江腴田120多顷,光每年的地租收入就达8 000石。朱元璋杀功臣杀到傅友德头上时,寿春公主已病亡,这里边是否有宝贝女儿的因素,现还不清楚。(【明】王世贞:《弇山堂别集》卷36)朱元璋还有一个比较喜欢的女儿即二女儿宁国公主。据说宁国公主也是马皇后生的,她嫁给了汝南侯梅思祖的从子即侄儿梅殷。在所有的女婿中,朱元璋最喜欢梅殷,晚年曾密令梅殷尽力辅助皇太孙朱允炆。朱棣"靖难"成功后,派人暗杀了梅驸马梅殷。(《明史·宁国公主传附梅殷传》卷121)

第二类是对朱元璋来说,谈不上很喜欢的女儿,如大女儿临安公主,嫁给了大明第一位宰相李善长的儿子李祺;四女儿安庆公主,宁国公主的同母妹,嫁给了欧阳伦,等等。这类公主人数很多,朱元璋对待她们主要从政治角度考虑得多,一旦女婿家出事,洪武帝就会铁面无私地处置,当然对女儿和外孙会相对网开一面。李善长家遭难时,临安公主与李驸马是李家唯一保存的分支,但也被发配到江浦闲住,不得留在南京(《明史·李善长传》卷127);安庆公主丈夫欧阳伦犯走私罪被处死,朱元璋也没因安庆公主之请而减轻处罚。(《明史·安庆公主传》卷121)

○ 洪武朝大明皇家的龙子龙孙们——朱元璋眼中的"祖国未来的脊梁"

◎ 精心培养的皇太子朱标突然没了——朱元璋成了"朱白劳"、明东陵

在朱元璋的26个儿子中,朱标是长子,正史所载为马皇后所生,但明史专家吴晗先生说,朱标与朱棣、朱枫都是由李淑妃生的。(吴晗:《明成祖生母考》,《清华学报》第10卷第3期)

但笔者认为,这种说法不太可靠,要是朱标是由嫔妃也就是我们民间所说的小老婆生的,那他为什么就早早地被立为世子、皇太子?至正二十四年(1364)年37岁的朱元璋在正月丙寅日称吴王,当即立朱标为世子;洪武元年正月朱元璋在南京开国,"立妃马氏为皇后,世子标为皇太子"(《明史·太祖本纪二》卷2)。洪武年间朱元璋一再强调嫡庶等级秩序,他曾下"诏更定皇太子亲王等封爵册宝之制……皇太子嫡长子为皇太孙,次嫡子并庶子年十岁皆封郡王……凡王世子必以嫡长,如或以庶夺嫡,轻则降为庶人,重则流窜远方;若王年三十正妃未有嫡子,其庶子止为郡王,待王与正妃年五十,无嫡子,始立庶长子为王世子……如或有犯,宗人府取问明白,具实闻奏,轻则量罪降等,重则黜为庶人,但明赏罚不加刑责,著为令"。(《明太祖实录》卷240)

按照这样的诏令来看,一般要等到 50 岁时,不见正妻有嫡子产出,才可立庶子为继。而朱元璋立朱标为世子、皇太子时,无论他自己还是马皇后都没有 50 岁啊(有人说马皇后压根儿就没生过孩子,有部分南京地方史学研究者就这么认为的)!那会不会朱元璋见马皇后老不产出嫡子来,就来个"无嫡立庶长"呢?就如有些人说的,立个李淑妃生的长子朱标?不可能!朱元璋是开国之君,他最讲究自己的表率,多次强调"况创业垂统之君,为子孙之所承式,尤不可以不谨"!(《明太祖实录》卷 78)

　　因此说,有人认为朱标等非马皇后之子而由李淑妃所生,于史于理都讲不通。相反,倒是我们看到朱元璋对朱标寄托着无限的希望。洪武元年(1368)在南京明皇宫设立大本堂,"取古今图书充其中,延四方名儒教太子、诸王,分番夜直(通'值'),选才俊之士充伴读"(《明太祖实录》卷 36),倾注心血对其进行培养。洪武六年九月,朱标刚满 20 岁,朱元璋即"命诸司今后常事启皇太子,重事乃许奏闻"(《明太祖实录》卷 85),即让朱标熟悉大明帝国政务。洪武十年六月,朱标 24 岁也就是后来他儿子朱允炆当政的年龄,朱元璋"命群臣自今大小政事皆先启皇太子处分,然后奏闻",即等于叫朱标当实习天子了。且还当面教谕他:"自古以来,惟创业之君,历涉勤劳,达于人情,周于物理,故处事之际鲜有过当。守成之君,生长富贵,若非平昔练达,临政少有不谬者。故吾特命尔日临群臣,听断诸司启事,以练习国政。惟仁则不失于躁暴,惟明则不惑于邪佞,惟勤则不溺于安逸,惟断则不牵于文法。凡此皆以一心为之权度。"(《明太祖实录》卷 113)

　　由此可见朱元璋一心想要做的就是将自己一手开创的大明江山安全平稳地交给朱标,并使其传之万代。可令朱元璋万万没有料到的是在洪武二十五年(1392)四月丙子日,太子朱标先他走了,这样一来,昔日所有对接班人的准备和努力顷刻之间化为乌有(《明太祖实录》卷 217)。当了 20 多年"朱白劳"的朱元璋后来病倒了,"几将去世"。(【明】朱元璋:《周颠仙人传》)

　　朱标死后,朱元璋下令将其葬在明孝陵的东边,人称其为明东陵。

◎ 人生三大不幸全给他赶上　继续沿用嫡长子继承制,立朱允炆为皇太孙

　　从人生角度来说,朱元璋确实不幸。早年亡父母,中年失贤妻,晚年丧爱子,人生的悲剧全让他一人给赶上了。由此而言,三批亲人的远逝中,尤其是朱标的死使得晚年朱元璋有着撕肺裂胆的彻心之痛,其严重程度可能要超过了当年马皇后的死所带来的痛苦。这当中不仅有白发人送黑发人所难以言语清楚的心痛,更有老朱皇帝对未来大明江山的担忧,因此朱标的突然薨世使得向来方寸不乱的朱元璋

表现出极度的反常,过了丧服期他还不上朝理政。群臣规劝,可他还是无法从悲痛中缓过来,后来经一位比他还要年长10来岁的老儒刘三吾的多次开导,这才缓缓地恢复了理性。刘三吾说:"人死不能复生,陛下节哀保住龙体为安,皇太子先逝,这是无可奈何的事情。但太孙已长大,况且他很像皇太子那般仁孝,皇上不妨立太孙为继承人,这样大明江山社稷才有望,百姓才有福!"

也许正因老年人之间的交流更容易通畅,经刘三吾的耐心开导,朱元璋似乎渐渐地从伤痛的深渊中走了出来。为了防止众多儿孙争夺皇位,他继续沿用中国传统的嫡长子继承制度,九月,立了皇太子朱标的儿子朱允炆为大明帝国君主继承人(《明太祖实录》卷221;《明史·刘三吾传》卷137)。对此,朱元璋解释道:"自我创天下而以天下传之庶孽,万世而下有庶夺孽抗宗者,我开其乱也。乱传而万世之传,足虑焉。"(【明】大岳山人撰:《建文皇帝遗迹》)

为防万一,朱元璋还重新修订《祖训录》,更名为《皇明祖训》(《明太祖实录》卷242),令子子孙孙们永远遵照执行;还编成《玉牒》,规定朱允炆东宫世系和诸王世系,维护和加强皇帝专制权威,目的是使大明江山永固在朱家子孙的手中。(《明太祖实录》卷242)

◎ 朱元璋与"三类"儿子的关系——皇家朱子朱孙很多,但好的不多

除了太子朱标以外,朱元璋还有25个儿子,因26子朱楠生后一个月就死了,实际上有24个儿子活了下来,他们与父皇朱元璋的关系很复杂,也很微妙,主要有下列四种情形:

第一种是关系比较好的,六皇子朱桢、十一皇子朱椿、十五皇子朱植等。

第二类是起初关系不好,后来逐渐好了,这类皇子如二皇子秦王朱樉、三皇子晋王朱棡、五皇子周王朱橚等,七皇子齐王朱榑、十皇子鲁王朱檀、十三皇子代工了朱桂等,但在脱离父皇视线的分封地里,他们是地方上的恶棍、害人虫。朱元璋闻讯后进行过一番处置,秦王朱樉和晋王朱棡后来逐渐改好了,但其他藩王还是作恶的为多。

第三类是二十一子、二十二子、二十三子等。他们一生短暂,大多没有活过三十岁,出任过地方藩王,但似乎也没有留下什么不良的记录,与父亲朱元璋之间可能年龄差异较大,有的够得上祖孙年龄,所以双方沟通不一定畅通。

第四类是湘王朱柏、宁王朱权和燕王朱棣等,据说他们文武双全,城府极深。父皇朱元璋活着时,他们表现为乖乖孩,好藩王;但老皇帝一躺下,这类皇子可来劲

了,首先活动活动心眼,对南京城里的皇帝宝座充满了无限的遐想。他们不像第二类的诸藩王那样行为乖戾或作恶多端,而是表现出极好的"涵养",加上心机多,所以朱元璋在世时父子关系还算不错,等到老爷子一"走",他们就起来"投石问路",暗暗造起反来了,其中典型代表就是朱棣。(《明史·诸王一、二、三》卷116~118;【清】傅维鳞:《明书·建文皇帝本纪》卷4)

对于这么多的皇子,朱元璋也曾给予认真的培育(可能就朱棣受到的培育最少,因为他"来路不明")。皇子们先在南京明皇宫大本堂学习,长大一点上中都凤阳接受一流的军事教育,20来岁前后被分封到各地去,以北疆边塞为多,故称"塞王"。朱元璋在世时共计进行了三次分封,鉴于自己早年的贫寒与苦难,老朱皇帝实在不忍让自己的子孙后代"受罪",于是对诸子藩王的后代及后代的后代都作了制度上的规定,予以实实在在的特殊待遇的保障:明制,皇子封亲王,授金册金宝,岁禄万石,府置官属。护卫甲士少者三千人,多者至万九千人,隶籍兵部。冕服车旗邸第,下天子一等。公侯大臣伏而拜谒,无敢钧礼。亲王嫡长子,年及十岁,则授金册金宝,立为王世子,长孙立为世孙,冠服视一品。诸子年十岁,则授涂金银册银宝,封为郡王。嫡长子为郡王世子,嫡长孙则授长孙,冠服视二品。诸子授镇国将军,孙辅国将军,曾孙奉国将军,四世孙镇国中尉,五世孙辅国中尉,六世以下皆奉国中尉。其生也请名,其长也请婚,禄之终身,丧葬予费,亲亲之谊笃矣。(《明史·诸王列传》卷116)

而作为藩王应尽的义务,那就是接受父皇和朝廷的委派守疆护土。洪武晚年,随着最后两位大将傅友德和冯胜被处决,朱元璋的这些龙子龙孙们都各有所归——封国藩邸,由此朱皇帝的亲生骨肉几乎个个都被培养成为大明江山的拱卫者与"中流砥柱",完成了传统中国人津津乐道的"家国一体化",出现了"打架亲兄弟,上阵父子兵"的"理想格局"。

● 朱元璋临终嘱托与百年归宿——归葬明孝陵

按照朱元璋的美妙设想:朝廷中央帝国事业接班人朱标虽然不在了,但朱标儿子朱允炆也不错,自己"洪武",朱允炆"性至孝",(《明史·恭闵帝本纪》卷4)郁郁文乎,大明过去有着太多的"洪武"了,现在尤其需要建文!但鉴于帝国事业接班人朱允炆是诸王的侄儿,按照宗法制和传统礼法,侄儿见了叔叔要先行晚辈之礼,这要是在大明朝堂上出现了,该是如何的不堪啊!为了照顾方方面面,更为了维护大明皇家的绝对权威,洪武二十九年八月朱元璋下令"重定诸王见东宫仪制",规定:朝堂上行天子君臣之礼,朝见后于内殿行家人礼(《明史·恭闵帝本纪》卷4;《明太祖实录》卷246)。差不多与此同时,为防止地方个别藩王坐大,形成尾大不掉的格局,朱元璋在拥有重兵在手的北疆"塞王"中构建起秦王、晋王和燕王等诸王并存、相互牵制的局面,以此来保障自己身后大明君主权力的和平过渡和帝国江山的长治久安。

可人算不如天算。洪武二十八年与大明未来天子朱允炆父亲同为嫡出的秦王朱樉突然薨世,大明北疆顿时少了个很有实力的藩王。更没想到,洪武三十一年三月也就是老朱皇帝归天前的两三个月,当时唯一能与燕王相互牵制的晋王朱棡又突然死了。耄耋之年接二连三痛失嫡子,精神摧残一次次地降临到垂垂老矣的朱元璋头上。五月初八,老朱元璋病倒了(《明太祖实录》卷257),不过神智还算清晰,他想起了许多事,尤其是与自己帝国事业接班人朱允炆有关的事情,想起了昔日北疆相互牵制的诸王并存现已演变成了燕王一王独尊的格局,这可不太好,燕王此人本身就来路不明。于是老朱皇帝就给自己的小舅子、协助辽王守护大宁的武定侯郭英发出了敕文,让他一切号令悉听辽王节制(黄彰健著:《明清史研究丛稿》一书中的《读明刊毓庆勋懿集所载明太祖与武定侯郭英敕书》一文),同日他给驻守辽东的都督杨文发出了内容相同的敕文"一切号令,皆出自辽王,尔奉而行之。大小官军悉听节制。慎毋贰心而有疑志也"。(【台湾】朱鸿:《明成祖与永乐政治》,台湾师范大学历史研究所专刊〔17〕)

除此之外,老朱皇帝还在皇权交接上加上"保险",将自己最为喜爱的女婿——宁国公主的夫婿梅殷叫到了御床前,嘱咐道:"汝老成忠信,可托幼主。"朱元璋是说:"贤婿,你为人处世忠信老成,我现在将皇太孙托付给你。"接着他将早已准备好的遗诏即指定朱允炆即位的诏书,一边交给女婿梅殷,一边颤巍巍地说:"敢有违天者,汝其为朕伐之。"(【明】李贽:《续藏书·梅殷传》卷5;《明史·宁国公主传附梅殷传》卷121)

能做的和来得及做的也就这些了,洪武三十一年(1398)闰五月乙酉(初十)日,"上(指朱元璋)崩于西宫"。闰五月十六日,皇太孙朱允炆即位,下葬朱元璋于南京东郊的紫金山独龙阜,即后人熟知的明孝陵,并为他上谥号"高皇帝",庙号"太祖"。(《明太祖实录》卷257)

精心打造明初三陵　　终极关怀江山永宁

　　明孝陵与明皇陵、明祖陵一起被人称为明初"三陵"。说起明初"三陵",在大讲国学与传统文化的当代社会里,不少国人对此"信手拈来"却又张冠李戴。网上就有人将南京明孝陵称为南京明皇陵,将盱眙的明祖陵称为南京明祖陵。其实,明初"三陵"并不仅仅是指分布于三个不同地方的明初皇家陵寝,而且还有着不同的内涵。南京明孝陵是大明开国皇帝朱元璋及皇后马氏的合葬之处,凤阳明皇陵是朱元璋安葬他的父母及兄嫂、侄儿之遗骨的地方,而盱眙明祖陵则是朱元璋的高祖、曾祖、祖父的衣冠冢。三者中除了前者神主生前曾经威风八面、呼风唤雨甚至左右乾坤外,后两者墓主人活着的时候都是土得要掉渣的苏北或淮北乡村农民,要不是后来家族里出了那么个不要命起来"闹革命"的好儿孙朱元璋,他们将可能永远也不为人所知晓,默默无闻地待在阴曹地府里听唤当差。

◉ 中都凤阳明皇陵——大明龙脉之一

　　明初"三陵"间还有个区别,那就是它们建造于不同的时间。如果按最终建成时间顺序排列的话,其次序为明皇陵、明祖陵和明孝陵。

凤阳明皇陵复原鸟瞰图

○ 凤阳明皇陵的第一次营建——元至正二十六年（1366）四月

明皇陵最早营建于元至正二十六年（1366）四月，那时即将完成帝王之业的吴王朱元璋从应天城出发，来到了阔别12年的故乡凤阳。除了前面讲过的，他与家乡父老共叙乡情外，还有一个十分重要的目的就是对自己父母的坟墓进行改葬。想当年朱重八家"寓居是方，农业艰辛，朝夕彷徨。俄尔天灾流行，眷属罹殃，皇考（指朱父）终于六十有四，皇妣（指朱母）五十有九而亡。孟兄先死，合家守丧。田主德不我顾，呼叱昂昂，既不与地，邻里惆怅。忽伊兄之慷慨，惠此黄壤。殡无棺椁，被体恶裳。浮掩三尺，奠何肴浆。"（【明】朱元璋：《大明皇陵碑》；《明太祖实录》卷39；《明太祖实录》卷118）

在这段回忆中，朱元璋（实际上当时是由朱元璋口述、元末明初著名文人危素撰写）用了"殡无棺椁，被体恶裳。浮掩三尺，奠何肴浆"16个字概括性地描述了当年父母下葬时的悲惨景象。换成现代汉语的直白表达，即说既没有什么像样的祭奠礼仪，又没有凑合得过去的棺椁，在向人苦苦哀求讨得一小块破地后，就以父母在世穿用的破烂衣服裹一裹，随即就出殡下葬了。除了生死两别的悲痛外，贫困窘迫所带来的心灵刺痛或许更多地伤害了那时还愣头愣脑的"小杆子"，甚至给他带来了终身的心理创伤。在后来的人生岁月里，朱元璋一方面"右贫抑富"（《明史·食货志一》卷77），打击豪强富民，关注民生；另一方面继续保持简朴的生活习惯，力戒奢靡，这些都在很大程度上折射出早年贫苦所带给他的影响。贫穷本身不是罪过，也不是什么羞耻、丢面子的事情。但在中国社会里贫穷与富贵却似乎有着特别的含义，人们的精神价值层面没有忏悔意识、没有财富原罪说，更多地趋向笑贫不笑娼。于是不难见到，我们中国人一旦富了就要出来或回家乡抖一抖，就如项羽所说的："富贵不归故乡，如衣绣夜行，谁知之者！"（【汉】司马迁：《史记·项羽本纪》卷7，本纪第7）

其实这样的衣锦还乡心理在中国社会里一直存在了几千年，直到现在为止我们还能见到，一部分先富起来的国人忽然间"思念"起先逝的父母与祖先来了，于是就大修、豪修自家祖宗阴宅，此类事情近年来尤为一些"人民公仆"与富商所热衷。他们用特别的方式来表达自己的"哀思"与"孝道"，譬如给自己已故的父亲、爷爷烧些进口豪车，给母亲、奶奶烧些金银珠宝，甚至还有人烧几个金纸做的"小姐"，让阴间里的老爷爷们好好地爽一爽，乐一乐。如等活丑是穷惯了的中国人突然富裕以后其内心长期积淀的炫富、斗富畸形心理所致的。当年即将称帝的朱元璋回乡时是不是也具有这样的心态，我们现在已无法完全确认。但有一点是可以肯定的，那就是朱家这位好儿孙重回故里有个很重要的原因,即为了表达自己对已故父母长辈的孝道。对此,《明实录》等史书记载道:丙午(1366)夏四月丁卯日,"上至濠州,追念仁祖、太后始葬时礼有未备,议欲改葬。"(《明太祖实录》卷20)"丁卯,……吴王至濠州,念先人始丧未备,议改葬。"(【明】谈迁:《国榷》卷1)

无论是"追念仁祖、太后始葬时礼有未备"还是"念先人始丧未备",都表达了一个意思,就是说当年朱五四夫妇离世时恶衣陋葬了,做儿子的朱元璋没有尽到孝道,这可是万万使不得的啊!

孝在中国传统社会里有着特别的内涵和发挥着特殊的社会功能效应。据说在殷商甲骨文里头就有"孝"字,中国最早解释词义的专著《尔雅》对"孝"的解读为"善事父母为孝,善兄弟为友"。先秦儒家经典《论语》中"孝"的意思是"弟子入则孝,出则弟(通'悌',即敬爱兄长)"(《论语·学而》第一);"父在观其志,父没观其行,三年无改于父之道,可谓孝矣"(《论语·学而》第一)。那么怎么做到"孝"呢?孔子认为:"应该'生,事之以礼;死,葬之以礼,祭之以礼。'"(《论语·为政》第二)即说:做子女的在父母活着的时候,按照礼节要认真、恭敬地侍奉他们;父母死了,也要按照礼节隆重地埋葬他们,并按照礼节郑重地祭祀他们。这大概就是中国传统文化中的孝道与厚葬理论的基本内涵。现在朱元璋的父母都不在了,生前尽孝已经不可能了,唯一有可能做到的就是举行礼葬和隆重的祭祀,即厚葬。

不是说12年前朱家那对农民夫妇已经"浮掩三尺,奠何肴浆"了,那怎么来个厚葬呢?这就要涉及中国传统文化中的另外一个名词"改葬"。一般来说,上档次的改葬都发生在某个家族里边由于子孙后代富贵发达了而对先祖坟茔进行大规模的殡葬升级。有史可考,古代中国人早就有了改葬的习俗与先例。朱元璋之前有头有脸人物举行过的有影响的改葬,首先要数唐朝吏部尚书李义府对其祖父坟茔的升级改造。不过李家的这等事说到底还是作为臣子所做的,那有没有后来贵为天子的特高级人物改葬自己的先祖?有,五代末年赵匡胤发动陈桥兵变,篡得大位,开国宋朝。由此赵家已经死去了的赵爷爷、赵老爷爷、赵老老爷爷及其坟茔名号都得到了升格:高祖赵眺上庙号僖祖,坟墓改名钦陵;曾祖赵珽上庙号顺祖,坟墓改名康陵;祖父赵敬上庙号翼祖,坟墓改名定陵;父亲赵弘殷上庙号宣祖,坟墓改名安陵。赵家天子的高祖、曾祖、祖父因为早亡,葬于离当时北宋首都开封较远的幽州北京,所以真正得了名号提升又进行了坟茔升级的,也只有死于赵匡胤篡位前五六年的赵弘殷了。宋乾德二年(964)孝子赵匡胤在河南巩县为父亲赵弘殷改葬,命其陵名为安陵。(《宋史·太祖本纪一》卷1,本纪第1)

既然有皇帝改葬祖宗的先例,行将完成帝王之业的吴王朱元璋照着做不就行了；但这时老朱家的这个好儿孙反倒犯起了嘀咕，因为赵匡胤的父亲尽管不是什么王侯显贵，但他活着时曾为后周检校司徒、天水县男，正五品(《宋史·太祖本纪一》卷1，本纪第1)，可能相当于当今中国社会中人们所热衷追捧的地市委书记以上的高官，而朱元璋的父亲朱五四活着时始终是个穷困潦倒的乡下农民，怎么能与赵父相比？因此说，这时候的朱元璋内心底气似乎很不足，不知道如何改葬自己父母坟茔和举行祭祀大礼，于是就问随从的博士许存仁和起居注王祎："改葬典礼当何据？"许、王回答道："《礼》改葬易常服用缌麻(中国传统社会中最轻的一种丧服，笔者注)，葬毕除之。今当如其礼。"朱元璋听后哭着说："改葬虽有常礼，父母之恩岂能尽报耶？"随即下令，让有关部门"制素冠、白缨、衫绖，皆以麄布为之"，即制作中国传统社会里最重的一种丧服。见此，精通儒家经典与礼仪的起居注官王祎不停地摇头说："这样的丧葬服饰太过、太重了！"朱元璋当场解释道："与其轻也，宁重！"即说与其取轻，我看还不如隆重一点为好，对父母的孝再怎么说也不能讲过了。(《明太祖实录》卷20)

那么朱元璋君臣为什么会对朱五四夫妇的改葬及其相关祭祀礼仪产生这么大的分歧？这就要从中国传统丧葬礼仪中的五服制说起。

五服指的是斩衰、齐衰、大功、小功、缌麻。

斩衰：《明史》解释说，斩衰服饰是"以至粗麻布为之，不缝下边"(《明史·礼十四·凶礼三·丧葬之制》卷60，志第36)。其意思是指，听到自己最亲的亲人死了，立即用刀将粗麻布斩断，不缝边、不修饰地直接制成丧服，以示对最亲之人的哀悼，因此说它是丧服中最重的一种。一般是子为父、妻为夫、诸侯为天子、大臣为君主着此丧服，为期3年。要是做到了，那你就是"孝子"或"贤臣"或"节妇"。

齐衰：《明史》解释说，齐衰服饰是"以稍粗麻布为之，缝下边"(《明史·礼十四·凶礼三·丧葬之制》卷60，志第36)。意思是说，听到很重要的亲人死了，用刀将粗麻布斩断，并把边缝齐，然后制成丧服。它是五服制中第二等丧服。一般是子女为继母、为慈母，孙儿、孙女为祖父母、为曾祖父母、为高祖父母，夫为妻，庶民为国君着此丧服，为期1~3年不等。

大功：《明史》解释说，大功服饰是"以粗熟布为之"(《明史·礼十四·凶礼三·丧葬之制》卷60，志第36)。意思是说，听到较重要的亲人死了，用粗略加工或言大致加工过的麻布制成丧服。它是五服制中第三等丧服。一般是堂兄弟、未婚堂姊妹、已婚了的姑姑姊妹、侄女、诸孙、从子媳妇、侄儿媳妇和已婚妇女为自己的伯父、叔父、兄弟、侄子等着此丧服，为期9个月。

小功：《明史》解释说，小功服饰是"以稍粗熟布为之"(《明史·礼十四·凶礼三·丧葬之制》卷60，志第36）。意思是说，听到重要的亲人死了，用稍稍加工细了的熟麻布制成丧服。它是五服制中第四等丧服。一般是祖之兄弟、父之从父兄弟、妃之再从兄弟等皆着此丧服，为期5个月。

缌麻：《明史》解释说，缌麻服饰是"以稍细熟布为之"（《明史·礼十四·凶礼三·丧葬之制》卷60，志第36）。意思是说，用稍细的熟麻布制成丧服。它是五服制中第五等丧服，也是最轻的一种。一般疏远一点的亲属、亲戚皆着此丧服，为期3个月。

由此可见，五服制所表明的是与死者在血缘与姻缘等方面的亲疏远近之关系，是以宗法血缘关系为基础，并与政治关系巧妙地结合在了一起。

朱元璋当时要改葬父母坟茔和补办隆重的祭礼，如果对照上述五服制，按照他个人与地下朱五四夫妇之间的关系来讲，那就要着五服中最重的斩衰之服。但根据先秦儒家经典《礼记》中的规定："君有合族之道，族人不得以其戚戚君位也"。（《礼记·大传》第16）即说，国君有聚合族人之礼，但族人却不能以亲戚身份同国君班辈列位次。换句话来说，国君政治地位永远得高于族内其他人的地位与身份——政治是统帅，是灵魂，中国自古就讲究政治。因此在当时随从大臣许存仁和王祎看来，朱元璋是行将开国的一代君王，他的父母亲仍是草民，无论如何都不应该行父子之大礼，服用缌麻之服就够了——即国君为臣下或草民穿的丧服。理由是朱某人行将贵不可言，怎么能与一般人相比！但朱元璋坚持要用常人的方式来表达他浓厚的孝道，穿着斩衰之服，宁重勿轻！这倒多少显示出了他的厚葬孝义了。

其实厚葬先人除了表达子孙的孝道外，还有另一层含义，就是为死者的子孙后代占得好风水、"谋"得好福气。对此朱元璋深信不疑，"欲厚陵之微葬，卜者乃曰不可而地且藏"（【明】朱元璋：《御制皇陵碑》）。这话意思是朱元璋本想用厚葬来弥补当年对父母薄葬之失，但占卜者说："不行啊，死者入土为安，'改葬恐泄山川灵气'！"于是只好"增土以培其封"，即在原来的坟茔上增加些封土，加盖、加厚一些。除此之外，还有就是将陵墓边上的一些乡邻，包括与朱元璋个人关系不错的汪文与刘英等找来，嘘寒问暖一番后，嘱咐他们中的20户人家当好老朱家的"坟亲戚"，负责看守朱五四夫妇之坟茔，同时朱元璋还命令相关部门免去他们的徭役和赋税。这大概是明初开国史上第一次凤阳皇陵营建。（《明太祖实录》卷20；《明史·礼十二·凶礼一》卷58，志第34；【明】柳瑛：《中都志》卷4）

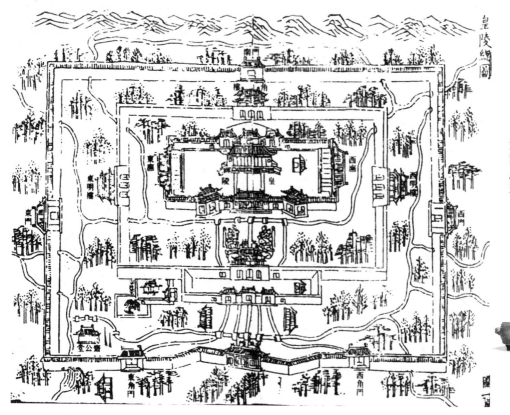

明代柳瑛《中都志》中的《明皇陵总图》

○ 凤阳明皇陵的第二次营建——洪武元年(1368)三月～洪武二年(1369)五月

　　从凤阳明皇陵的第一次营建过程中我们可以看出,当时称为吴王的朱元璋之底气不是太足。吴王,叫起来很好听是个王,但说白了,还是"小明王"底下的臣子,离皇帝还有一定的距离;更让他如鲠在喉的是东边那个自称为"诚王"的张士诚一直在跟他较着劲;加上自己的父母活着时都是社会底层的草根,转眼之间要上升为贵不可言的皇帝与皇后,这多少让人感觉,是不是有点不靠谱?古训云:名不正言不顺,树大招风,所以在开国前的第一次凤阳皇陵营建时,朱元璋只能下令,相对简单地修缮一番。

　　可这样的情况到了半年后就发生了大变,先是朱元璋调集徐达、常遇春等率领诸路兵马于吴元年(1367)九月攻灭了东吴张士诚政权,实现了南方地区大体上的统一。随后的洪武元年(1368)正月,由凤阳乡下的放牛娃、游方僧人"蜕变"而来的朱圣人在应天城开国称帝,定国号为大明,建元洪武。就在乙亥日开国那天,洪武帝亲率满朝文武前往应天城的南郊祭告天地。回来时他专门上太庙去,敬奉神主,"追尊(朱家)四代祖考妣为皇帝、皇后,奉上玉宝、玉册",其册文曰:"孝玄孙嗣皇帝元璋稽首,顿首上言:尊敬先世,人之至情。祖父有天下,传之于子孙;子孙有天下者,追尊于祖考,此古今人之通义也!元璋遇天下兵起,躬擐甲胄,调度师旅,戡定四方,以安人民。土地日广,皆祖宗深仁厚德所致也!诸臣庶(多次)推,尊元璋为皇帝。先世考妣未有称号,谨上皇高祖考尊号曰'玄皇帝',庙号'德祖',皇高祖妣曰'玄皇后';皇曾祖考尊号曰'恒皇帝',庙号'懿祖',皇曾祖妣曰'恒皇后';皇祖考尊号曰'裕皇帝',庙号'熙祖',皇祖妣王氏曰'裕皇后';皇考尊号曰'淳皇帝',庙号'仁祖',皇妣陈氏曰'淳皇后'。伏惟神明在上,鉴此孝思!"(《明太祖实录》卷29)

由当今皇帝钦定,还有谁敢不认可,昔日穷困潦倒且土得掉渣的朱家老爷爷、老奶奶们在名分上一下子从地下升到了天上,不是皇帝就是皇后,由此而言,他们的坟茔也理所当然要来个升级换代。只有这样,才能显示出"玄孙嗣皇帝(朱)元璋"之大孝啊!也只有这样,才能与当今天下第一人的身份相匹配啊!洪武元年三月癸酉日,刚刚登上大位还没几天的朱元璋"遣官致祭临濠仁祖陵及淮川之神,命以太牢祀三皇"(《明太祖实录》卷31);并令人"姑积土厚封,势若冈阜。树以名木,列以石人、石兽,以备山陵之制而已"。(【明】郎瑛:《七修类稿·国事类》卷7)凤阳明皇陵第二次营造工程由此拉开了序幕。

而就在凤阳皇陵修建的同时,朱元璋内心却波澜起伏,思绪滚滚,当年朱家罹难时的悲惨情景时不时地浮现在自己的眼前,他一边哭一边述说,著名文臣危素受命笔录、润色,最终撰成《皇陵碑文》。碑文写好后,洪武帝"命左丞相宣国公李善长诣陵立碑"。(《明太祖实录》卷39)

皇陵在修建、陵碑文也已撰好,但这样高档次的陵墓不能没个好名号?有人看出了问题。洪武二年(1369)二月丁丑日,专门负责朝廷礼仪、祭祀、宴餐等方面活动的大臣礼部尚书崔亮向洪武帝上请:"历代帝陵都有名号,现在皇帝陛下的尊父仁祖皇帝(实际上并没有这样一个皇帝,是朱元璋称帝后对他父亲追尊的尊号)的陵寝也应该加个尊号才是啊!"朱元璋略加思索了一番,说道:"那就叫做'英陵'吧!"崔亮听后随即又上请洪武皇帝,让专门掌管大明祭祀的礼乐机构——太常寺举行一个像样的告祭礼。

告祭礼一般是在国家有什么大事的情况下才会举行,太常博士孙吾与对崔亮的说法并不认可,他说:"山陵之制,莫备于汉。大凡人主即位后的第二年就要进行陵墓工程建设,且要将天下税收的三分之一用于这个方面。譬如说汉文帝时造的'霸(灞)陵',就是以北山石为椁,那时文帝还在位,难道就有以'霸(灞)陵'之号来举行祭告之礼吗？唐太宗的陵墓名号为'昭陵'，那也是定在长孙皇后与其合葬之后的了。武则天最后合葬于'乾陵'，而'乾陵'之名可能最早定在唐高宗下葬之日。由此而言，汉唐之际皇帝与皇后陵寝绝无两个名号，其祭告之礼也绝不会有的。崔尚书所说的可能涉及庙号与陵号两个不同的概念：庙号是专门给刚刚驾崩了的大行皇帝取的，因此说不能不举行祭告之礼，也不能不写入祭告之册，告之于神明；但陵号就不同了，陵寝的名号一般是后来帝王加上去的，目的在于祭祀时好识别先帝陵寝，所以历代王朝一般都不举行什么陵号祭告之礼的。现在对于英陵的尊号，礼部尚书崔亮说要举办什么祭告之礼，小臣以为不合礼制，恳请皇帝陛下罢黜其说。"崔亮听到这里，不干了。他立即向洪武帝禀告说："陛下，给山陵上尊号，这是对仙逝祖先莫大的尊重。考察历代典礼制度，东汉光武帝曾为先陵上'昌'之尊号，宋太祖曾为高祖陵上'钦'之尊号，为曾祖陵上'康'之尊号，为祖陵上'定'之尊号，为考陵上'安'之尊号。由此而言，大凡创业之君隆尊其父辈祖先的，就必定会尊崇其陵。既然尊崇其陵，就必然会行祭告之礼。再从人之常情而言，给先帝陵加尊号却又不行告知之礼，这合乎人间情理吗？小臣以为，只有告知了，才算合情又合理，才像个孝子贤孙所应该做的。"听到这里，朝堂上的众臣纷纷附和起来，都说应该举行祭告之礼。朱元璋当即拍板，祭告礼等英陵碑落成后就叫礼部派太常寺官员去举办。(《明太祖实录》卷39)

从明代官史的这等记载来看，明皇陵最初还不叫这个名，而是叫做明英陵。但到了洪武二年五月甲午日，朱元璋却突然将原来的"英陵"改为"皇陵"。这是为何？(《明太祖实录》卷42)

据凤阳当地人的解释：改名为皇陵，即"皇家陵园"的意思。朱元璋这样改名是为了强调其父朱五四已不再是乡间草民而是皇帝了，从而达到抬高其陵寝之作用与地位的目的。但更深层次的解释可能不仅仅是这样。在中国传统文化典籍里头就有："祭王父曰皇祖考，王母曰皇祖妣，父曰皇考，母曰皇妣，夫曰皇辟。"这话的意思是讲，在周朝礼制中，周天子死叫做崩，诸侯死叫做薨，大夫死叫做卒，士死叫做不禄，庶人死才叫做死……祭祀祖父称皇祖考，祭祀祖母称皇祖妣，祭祀父亲称皇考，祭祀母亲称皇妣，祭祀丈夫称皇辟。(《礼记译注·曲礼下》第2，上海古籍出版社1997年4月第1版，P67)凤阳朱家陵墓里葬着的朱五四夫妇对于大明天子朱元璋来说，当然要称其为皇考和皇妣了，而无论是皇考还是皇妣，都是生人对于前代亡亲的尊称，因此将陵寝名号由"英陵"改为皇陵似乎显得更为恰切，也更能彰显孝子朱元璋的浓浓孝敬之意！另据后来修成的明祖陵来看，在陵名的命名上，朱元璋同样采纳了"祭王父曰皇祖考"之说法而定其名为祖陵。(《明太祖实录》卷179)

由上述朱元璋二修明皇陵的经过来看,他花足了心思、投入了相当的物力、财力和精力。由此而成的明皇陵到底有哪些大的工程建设呢?

据相关人士的考证来看,主要有:再次增大坟茔,广植名贵树木,竖立石像生和皇陵碑及修筑陵寝正殿与陵园城墙。(参见夏玉润:《朱元璋与凤阳》,黄山书社2003年12月第1版,P363)

○ 凤阳明皇陵的第三次营建——洪武八年十月～洪武十二年五月

人们常说:贫寒之家多出孝子。这话要是套在朱元璋头上,恐怕是再合适不过了。也许正是因为自己一路走来走得太艰辛了,他才会充分体悟到当年自己父母的困顿与苦难;也许正是因为父母的早亡与亲人间过早的生离死别,他才会越发想念自己的父母亲。洪武二年四月的一天,洪武帝朱元璋稍稍有点闲暇,就跟身边的侍臣聊天,不知不觉怎么聊到了中医上的吮痈。吮痈,用现代汉语来表达,就是用嘴吸痈疽的浓血以袪毒。这种事在过去常发生在父母亲有病时,子女为表达自己的孝道就"奋不顾身"地吮痈了。朱元璋听后颇为感慨地说道:"朕尝思人子于其亲一体而分者也,思念之笃,精诚之至,必相感通。"(《明太祖实录》卷41)随后他讲了一则自己亲历的事情。

刚参加郭子兴红巾军时,朱元璋因为为人乖巧、作战勇敢,又甚为郭元帅喜欢,在与元兵交战中多数取胜,由此朱公子名声远扬。元兵为了报复,到处打听朱元璋家人的情况。但当时的朱家人差不多死绝了,实施报复几乎不可能了。这时有人探得了朱元璋母亲坟茔的信息,元兵立即予以开挖,尸骨遗骸弄得到处都是。后来朱元璋得讯后赶了回去收拾母亲的遗骸,但不知怎么的就发现少了一根手指骨,于是拼命地在坟墓四周寻找,找啊找,最后终于找到了一根手指骨。一根小骨头凭什么说就是母亲的?朱元璋想起了民间的"滴血认亲"之法,当即咬破了自己的手指,将血滴在尸骨上。要是发现血能渗透到尸骨里头,说明两者之间存在着血亲关系;要是血不能渗透到尸骨的,那就说明双方之间没什么亲缘关系。朱元璋如法炮制,结果发现自己的血居然融入了那根小指骨里头。由此他不无感慨地说道:"乃知亲之气血相感如是,与他人自不同也。"(《明太祖实录》卷41)

除去迷信与神话,从上述中我们可以看出,朱元璋对父母的思念之情与孝敬确实不同于一般人。再说皇陵第二次修建完成后,虽然有了像样、气派的祭祀父母之陵园了,但要是管理和保护不力的话,那什么都是白搭的。于是在洪武二年五月明皇陵正式定名的那一天,朱元璋就下令设立皇陵卫,让人专门负责看管和保卫皇陵(《明太祖实录》卷42),并规定相关人员必须严格按时祭祀。另外,他还每隔一段时间派遣自己的皇太子朱标与秦王朱樉等专程前往临濠,来祭奠皇陵,(《明太祖实录》卷71;《明太祖实录》卷98)并谆谆告诫他们:"吾祖宗去世既远,吾父母又相继早亡,每念劬劳鞠育之恩,惟有感痛而已。今日虽尊为天子,富有四海,欲致敬尽孝,为一日之奉,不可得矣,哀慕之情,昊天罔极。今凤阳陵寝所在,特命尔等躬诣致祭,以代朕行。孔子曰:'事死如事生,事亡如事存。'尔等敬之!"说到这里,朱元璋老泪纵横,"因悲咽不自胜,太子诸王皆感泣"。(《明太祖实录》卷98)

事情做到这一步该差不多了?不,朱皇帝觉得还不够。洪武七年六月他专门成立了皇陵祠祭署,任命"汪文为署令,刘英为署丞,专典祀事"(《明太祖实录》卷90),并钦定皇陵祠祭署官员的品秩,"署令"(洪武后期改名为奉祀)为从仕郎,即文官从七品;"署丞"(洪武后期改名为祀丞)为从八品。我们将之换成大白话来说:不就是看坟的吗?干吗要将他们的官秩定到县处级官员那么高?这除了表示洪武帝的孝道外,还有什么其他方面的缘由?

这就要从朱元璋与汪文、刘英等老家乡亲的特殊关系讲起。

汪文与刘英是表兄弟关系,汪文原本不姓汪,姓曹,他的父亲叫曹均,母亲才姓汪,即明初开国时朱元璋经常挂在嘴边的"汪氏老母"或称"汪母"。《皇陵碑》中就有"值天无雨,遗蝗腾翔;里人缺食,草木为粮。予亦何有,心惊若狂;乃与兄计,如何是常?兄云去此,各度凶荒;兄为我哭,我为兄伤;皇天白日,泣断心肠;兄弟异路,哀恸遥苍。汪氏老母,为我筹量;遣子相送,备醴馨香;空门礼佛,出入僧房"。(【明】朱元璋:《高皇帝御制文集·皇陵碑》卷14)由此可以说,汪母乃是当年朱元璋的救命恩人,要不是她出点子让他上皇觉寺去当和尚,恐怕当时的朱家人就全死了。所以后来朱元璋一辈子都记得汪氏老母的好。汪氏是朱家的邻居,丈夫曹均早亡,所以少年时代的朱元璋可能不一定记得曹均什么事。但曹均与汪氏生育的三个儿子,他们都与朱元璋岁数差不多,且关系也不错。曹家三兄弟原本都姓曹,后来跟随"朱圣人"出来"闹革命"了。其中的老二跟朱元璋走得更近一点,念及曹家三兄弟母亲汪氏的救命之恩,洪武帝后来就赐予老二曹秀之大名为"汪文"。(王剑英:《明中都研究》,中华书局1992年5月第1版,P109;【明】袁文新:《凤阳新书》卷2)

与汪文为表兄弟的刘英也是一个与朱皇帝有着非同一般关系的特殊人物。刘英的父亲叫刘继祖,又名刘大秀,叔叔叫刘德,《皇陵碑》里边都提到了:"昔我父王,寓居是方;农桑艰辛,朝夕彷徨。俄尔天灾流行,眷属罹殃,皇考终而六十有四,皇妣五十有九而亡。孟兄先逝,合家守丧;田主(刘)德不我顾,呼叱昂昂。既不得与葬地,邻里惆怅;忽伊郑兄之慷慨,惠此黄壤。"(【明】朱元璋:《高皇帝御制文集·皇陵碑》卷14)这里头就讲到了朱家罹难、窘迫之际,朱元璋兄弟曾向田主刘德讨要一小块土地来下葬他们的父母亲,没想到招来了一顿臭骂。但出乎意料的是田主刘德的哥哥刘继祖与其妻子娄氏却主动出来相助,"惠此黄壤",使得朱元璋兄弟总算有个地方下葬了父母。

朱元璋参加红巾军起义的第二年,刘继祖夫妇相继病逝,留下了一个无依无靠的儿子刘英(当时还没这个名字)。刘英听说小兄弟朱重八在濠州城内的起义军里当了个什么"镇抚"官,就赶来投奔了。朱元璋见到发小就激动不已,不停地说道:"吾故人至矣!"并随即问起刘家两位长辈恩人近况可好?当听说他们双双过世的消息后,他顿时就"惨怛动容",解下自己身上的佩剑赐给刘英,让他从此当他的贴身护卫。

再说当时的刘英连个大名都没有,就像朱元璋投军时叫朱重八一样,他充其量也就叫个××狗啊或猫啊。朱元璋听了觉得他的名字太土了,有一天乘着刘英与表兄弟汪文在一起的时候,就问刘英:"你年纪也不小了,叫什么来着?没什么大名、雅名?"刘英说:"没人给我取呀!"听到这里,朱元璋立即赐名"刘英"。说完转过头去对着曹秀即后来的汪文,问道:"你叫什么曹秀?你的表兄弟刘英他爸叫刘继祖,字大秀。这个秀,那个秀,岂不乱了辈分了?甚为不妥!"说到这里,朱元璋略微停顿一下,然后脱口而出:"你就叫汪文吧!"

刘、汪两家小兄弟连名字都由朱元璋来起,由此可见朱元璋对于当年恩人家的人和好乡邻可谓是关爱有加,心里挂记着。至正二十六年(1366)朱元璋军渡江开辟江南根据地,许多人出来请缨,主动要求上前线杀敌。见此,刘英也热血沸腾,向朱家老哥儿提出了相似的要求,没想到朱元璋不同意,理由是:我不想让恩人家的人和好乡邻去冒冲锋陷阵的危险。就这样,刘英当护卫一当就是十余年。(【明】袁文新:《凤阳新书》卷7)

洪武七年,朱元璋决定成立皇陵祠祭署,这是明代最早设置的皇家帝陵祭祀机构,专门负责陵墓祭扫。主事者不仅可以"全免粮差",还可以在祭祀过程中揩揩油、捞点实惠,就连朱元璋也曾说道:"将的猪来,祭了吃了猪去;将的羊来,祭了吃了羊去。"再说皇陵祠祭署的署令和署丞都是七、八品县处级朝廷官,这样的美差一般人连做梦都做不来,朱元璋将它们赐给了当年朱家大恩人的后代汪文和刘英,并专门为此下了敕文,其文说道:"古今名爵,奔走天下豪杰者,愚夫未达,以其不知其志,周识其意焉。朕本农夫,家贫,丧父母,身当幼冲,百无所措,幸邻人汪姓者保护之;无地可葬,幸刘姓者惠以葬地,以安神灵。及壮,可以作为。元天下乱,乘时得人,岁久众集,所以定群雄,平祸乱,臣民推戴为天下君。上尊四代为帝,坟称皇陵,以报勋劳,此历代必然之理。其设官尤重。所以重者,保山陵奉香火也。于此之职,朕犹未官。今汪、刘姓氏者,见勤农于乡里,其人尚未立名,特赐之以名曰文、英,教授从仕郎,署令卫护皇陵。于戏!古者帝王以六行教人。尔善其一,尚逢如是,况备行者乎?尔文、英可谨遵朕命,以传永久,以励后人。宜行,准此。"(【明】袁文新:《凤阳新书》卷7)

朱元璋不仅对汪、刘两家的同辈兄弟恩遇隆隆,而且还对其子孙后代倍加呵护以及在政治与精神层面抬高两家的地位。洪武七年六月,朱元璋听说汪文儿子汪伦、刘英儿子刘鉴少年初长成,当即令人将他们送到南京国子监来读书,且"日给糇脯,冬夏给衣布等物"(【明】袁文新:《凤阳新书》卷2)。洪武十一年五月,朱元璋又突然惦记起汪、刘两家恩人来,特命刘继祖夫妇、汪氏老母和赵氏干娘等配享明皇陵陵主淳皇帝朱五四夫妇,让人四时祭祀,享受人世间最高的礼遇。同年九月追封刘继祖为义惠侯,其妻娄氏为义惠侯夫人。(《明太祖实录》卷110)

除了汪、刘两家外,朱元璋还曾召集了几十户的乡邻做明皇陵的陵户,且在后来不断地扩大陵户范围,"洪武十一年,奉旨:精清钟离土著旧民三千三百二十四户,编为陵户,分为六十四社。(每社)五十人,以一人为长。每户拨田地一庄,供办皇陵每岁时节祭祀,全免粮差"。(【明】袁文新:《凤阳新书》卷5)到了洪武十六年时,全免粮差的范围开始大大地扩大。那年三月丙寅日,朱元璋跟大明户部官当面指示:"凤阳朕故乡,皇陵在焉。昔汉高帝生于丰,起于沛,既成帝业,而丰沛之民,终汉世受惠。朕今永免凤阳、临淮二县税粮、徭役,宜榜谕其民,使知朕意。"(《明太祖实录》卷153)

上文中3 324陵户,合计大约有人口16 600人。这哪是陵户,简直就是皇陵大军啊!朱元璋将皇陵陵户队伍这般做大做强的目的,我想可能主要有以下三个:第一,表达自己的孝义。这一点在我们当代社会里还能看到,尤其在广东、福建一带,家里长辈老人死了,做子女的要哭灵送终暂且不说,他们还往往出钱雇佣一大批人穿上丧服,组成浩浩荡荡的哭灵队伍,其哭闹之声响彻云霄。笔者初见不识(我们江浙人讲究实际),当地人解释说:哭闹场面越大表明子孙越孝,至于家里长辈老人活着时,小辈们对他(们)孝不孝,就无人过问了,因为我们国人最讲面子上的事情。第二,显示被祭祀者的后代子孙身份显贵。想当年朱五四夫妇死时,朱家家徒四壁,这还不仅仅是穷的问题,更多的是显现出朱氏家族子孙的困顿和卑微。现在那个朱重八可大发特发了,不好好地搞一搞大场面,还等待何时?第三,组织好陵户队伍就地看好朱家陵园,就等于守住了大明龙脉。这一点在元至正二十六年四月朱元璋第一次回乡时召集包括汪文、刘英两家在内的20户乡邻时就曾说到:"乡里亲戚爱厚者,惟足下二人(指汪文和刘英)!先世陵墓所在,吾岂敢忘?但国家事重,不得不归耳,公等善为我守视。"(《明太祖实录》卷 20)"公等善为我守视"换成现代汉语就是,拜托诸位为我朱某人守好朱家坟茔!再看"永免凤阳、临淮二县税粮、徭役",无非是让"红太阳"升起的地方的人们感受"阳光"之温暖,从本质上而言就是牢牢稳固大明帝国之"根本"、朱家龙脉之所在。

设立皇陵卫,专门担当起看管和保卫皇陵之工作;成立皇陵祠祭署,委任最为亲善的乡人亲邻负责从事专业的皇陵祭祀活动,且不断地扩大陵户队伍和"永免凤阳、临淮二县税粮、徭役",等等。这般举措实施到了洪武八年时朱元璋忽然发现了问题:原来自洪武二年(1369)九月大明天子决定以临濠为中都起,凤阳中都巨型工程建设就此拉开了序幕(《明太祖实录》卷85)。经过6年的营建,一座气势恢宏、崇楼豪阁的凤阳中都城突兀在淮河南岸的乡间旮旯里,再远远望去就是不久以前二次营建完成的明皇陵。两者相比,后者显得局促、小气,哪有什么皇家建筑气势!

洪武八年四月朱元璋为中都建设专程回了一次老家凤阳,这也可能是他第二次回家乡了。四月是他父母的忌日,朱皇帝这回是亲自祭奠了父母(《明太祖实录》卷99)。但当他祭完父母和视察完中都回到南京后没几天,就突然宣布停建中都城。由此也联想到了二次营建的皇陵,觉得其与中都无论在布局、规模还是在格调、层次上都不相称,于是于洪武八年十月,正式下令开始对明皇陵进行第三次改建,即"筑凤阳皇陵城"(《明太祖实录》卷101);洪武十一年四月,"重建皇陵碑。上以前所建碑恐儒臣有文饰,至是,复亲制文,命江阴侯吴良督工刻之"(《明太祖实录》卷118);洪武十二年闰五月丁巳日,"皇陵祭殿成,命称曰'皇堂'"(《明太祖实录》卷125)。祭殿即为享殿,是明皇陵的正殿,它的建成表示明皇陵主体工程建设已大功告成。

○ 凤阳明皇陵的规模与布局

从元至正二十六年(1366)到洪武十二年(1379)断断续续共计13年的时间,朱元璋花费了巨大的物力、财力与人力前后3次对明皇陵进行了营建。那么,由此建造起来的明皇陵到底有着怎么的规模与格局?

据现有的史料与凤阳当地的实地考古可知,明皇陵与明中都、明南京城(外廓城不计算在内)一样,共由3道城组成,即朱元璋开创建制的"三环相套"的都城建设模式。最外一道叫做"土城",中间一道叫砖城,最里边一道叫皇城。明皇陵正门在北,整个皇陵坐南朝北,与传统陵寝的坐北朝南整个倒了个儿。这既是当年朱五四夫妇离世时生活陷入绝境的朱家人不得已而为之的事情,又是事后害怕泄了龙气而不敢改葬的无奈选择。所以说皇陵的三次营建主要可做的"文章"范围就在朱元璋父母坟茔的四周了。让我们以一个考古旅游者的身份来一一考察它们吧。

第一道城——土城是前往皇陵祭祀的官员和陪祭人士的驻马休息处。一般来说，祭祀的前一天晚上，祭祀官员与陪祭人士就得准备好，先上土城外的铺舍和外直房等候半夜祭祀。在进入陵区前先派人将名单递上去，以便检查。随后穿过植满松柏等名贵树木的神路，来到皇陵土城正门即正红门前下马慢行。因为其旁立有2块下马碑，碑的正反两面上刻有"官员人等至此下马！"再由正红门的券门进入，继续南行，穿越红桥、中门、红门、穿堂、正殿及棂星门等，就可来到皇陵的第二道城外的官厅和直房内守候，等到夜里子时（23点～1点）时才可上砖城的正门——明楼前准备进入。

整个土城的建筑设施有：土城即最外一道城，其周长28里即14公里，"44社人户轮流直守，拨设皇陵卫巡绰"；正红门3座，在北，向东北，神路长3里，"傍植松柏，路达都城，亦设本卫巡守"；东西角门2座；官厅2座，即为祠祭署衙门；东、西、南门各3间；东、西、南门外直房各一间；下马牌8座，在四门外；铺舍13座；在土城东北角内有大水关1座，水从此流出进入淮河，小水关19座。皇堂桥1座，在大水关之北；外直房40间，在东角门外，于各衙门陪祭官驻马处。（【明】袁文新：《凤阳新书》卷4）

第二道城——砖城是皇陵祭祀的预备区。由土城进入的祭祀官员们来到砖城的正门——明楼，明楼正对着神道。神道是皇家专用的，一般祭祀官员都不得在此行走，只能走边上的便道。在这一段神道东侧分布着混堂、直房、厢房、左右庑、膳厨、寝殿、鼓房、神库、神厨等，此处还有左右对称的石像生。

砖城内外的主要建筑设施有：内外都有砖砌而成的砖城1座，高2丈，周长6里多，开4门，各门上都有楼；城楼4门4座，5间，重檐；具服殿6间；膳厨2间；官厅6间；直房：4门直房左右各5间，棂星门外直房左右各11间；棂星门3座，绿琉璃瓦；红桥5座。在北城门外东有1座神厨，有20家厨役人户直守，其中有1门，神库南北各5间，旧房5间，天池1口，鼓房1间，"遇祭支更"。在离北城门东北11里处有1座斋宫，其中有正殿5间，穿堂3间，寝殿5间，膳厨5间，左、右庑各5间，红门3间，厢房东西各5间，角门2座，东、西直房各3间，红桥3座。在离北城门东北2里之处有混堂1座，其中正房5间，水池2座，等等。（【明】袁文新：《凤阳新书》卷4）

第三道城——皇城是皇陵祭祀区，也是皇陵最为核心的部分。祭祀官员通过砖城神道边上的便道，步行数分钟便可到达朱元璋御制的皇陵碑和无字碑，再前行一些，就是皇城的正门——金门。穿过金门展示在眼前的就是皇陵正殿——享殿，即为祭祀朱元璋父母的核心活动场所。享殿左右连接东庑和西庑,左侧还有燎炉1座。祭祀完毕后继续向前,便可到达皇陵陵主之墓地了。

整个皇城都由砖垒砌而成,高2丈,周长75丈5尺,红土泥饰,其内外主要建筑有:金门5间;左、右庑各11间;燎炉1座;左、右角门2座;后红门5座;左、右碑亭2座,御桥5座,华表和石像生共计36对(但也有说是32对,31对或28对,现有独角兽2对,石狮8对,华表2对,石马与控马官6对,石虎4对,石羊4对,文臣2对,武将2对,宫人2对),在北城门内,"两旁直抵金门外御桥北"。"以上俱黄琉璃瓦,青碧彩绘,20家人户轮流直守。"(【明】袁文新:《凤阳新书》卷4;【明】柳瑛:《中都志》)

上述就是明皇陵的建筑规模与大体布局。当你穿越历史巡视一回这座明初第一陵时,可能要为眼前的景象所惊叹和慑服:规模恢弘与金碧辉煌的皇陵建筑被数十万株郁郁葱葱的名贵树木所笼罩着,青黄相间,一片肃穆森严。这不仅仅是当年朱元璋表达孝道和教化后人的特殊场所,也是大明留给后人的珍贵文化遗产。

○ 凤阳明皇陵的历史沧桑

可就是这样珍贵的文化遗产却在后来的历史中几遭破坏甚至是灭顶之灾。明皇陵遭受这样的不堪命运,首先应该归咎于永乐迁都后统治者的不重视。

由于自身从小是在凤阳乡下度过的,朱元璋对父母和家乡充满了感情。正因为如此,在他无微不至的关怀下,明皇陵在洪武时期经历了3次营造才成为规模宏大的一代帝陵。就在这过程中,除了有关机构举行常规性的祭祀外,朱元璋还曾前后3次躬祭皇陵,即至正二十六四月、洪武四年二月和洪武八年四月,其中在最后这次躬祭祭文中他这样说道:"思往昔之艰难,痛今朝之忌日,音容杳绝三十二年,周极之恩,何从以报,谨献牲醴于陵下,伏惟昭鉴。"(《明太祖实录》卷99)生死两别,音信隔绝,回想往日生活的艰辛,朱元璋悲恸不已、伤心之至。这样的情感是任何人都难以完全理解的。由此,他不下4次派遣皇太子朱标及秦王朱樉等亲王前往凤阳祭陵,即吴元年十月(《明太祖实录》卷26)、洪武五年正月(《明太祖实录》卷71)、洪武八年三月(《明太祖实录》卷98)、洪武十一年二月(《明太祖实录》卷117)。像这样由皇帝、皇太子和亲王出面的高级别多次祭祀皇陵活动在明朝历代中也就洪武一朝了。

见此可能有人要说,不对,永乐帝不是4次躬祭,超过了洪武帝朱元璋?我们不妨来看看永乐皇帝4次躬祭都发生在什么时候?

第一次是在永乐七年二月,皇帝朱棣打着"巡狩"旗号,开始第一次北巡,实为驾崩了的徐皇后寻找归宿地和他未来迁都做准备。就在这北行途中他顺路驻跸凤阳,祭奠皇陵,并大赏陵区陵户和工作人员及当地的土著居民,好似自己是地地道道的明太祖孝子和钦定"接班人"似的。(《明太宗实录》卷88)

第二次是在永乐十一年二月,北京天寿山陵建成,徐皇后灵柩开始北运。(《明太宗实录》卷136)永乐皇帝又打着天子"狩巡"的旗号,从南京出发前往北京,实为就近解决北疆蒙古问题和大规模开建与"四方远夷无不臣服"的"永乐盛世"相匹配的新都城北京。(详见笔者《大明帝国》系列之⑧《永乐帝卷》下)也就在这次北巡的途中,他第二次顺路拜谒了凤阳皇陵,且故伎重演,大赏凤阳当地耆民。(《明太宗实录》卷137)

第三次是在永乐十四年十月,朱棣接到密报,上面写道:当年主动打开金川门归降自己的十八皇弟朱橞家藏有他的老冤家"建文帝"(《明太宗实录》卷178),谷王想以此作为谋反的"大旗"。如芒在背的永乐帝赶回南方,就在这次途中,"车驾次凤阳,亲祀皇陵,赐耆民酒肉"。(《明太宗实录》卷181)

第四次是在永乐十五年三月,朱棣再次"以巡狩"为名北上,实为开启大规模建造大明新都和快速迁都做努力。四月丁巳朔,"车驾次凤阳,亲祀皇陵。是日享太庙,命皇太子行礼"。(《明太宗实录》卷187)

从上述中我们不难看出,永乐朝皇帝4次躬祭都是"烧香看和尚"——顺路,哪有洪武帝那般诚心诚意,时时挂记。即使快到生命终点、行将就木时,朱元璋还不停地念叨着家乡皇陵与父母亲等。洪武三十一年四月己丑日(离驾崩只有1月了),洪武帝亲祭南京明皇宫太庙。祭祀完毕出来,他走走又回过头去看看,几乎走一步停三步,忽然间他好像有什么大发现似地指着路边的桐梓,跟随行的太常寺官员感慨道:"往年种此,今不觉成林,凤阳陵树当亦似此。"说到这里他"感怆泣下",停了好一阵子,才继续说:"昔太庙始成,迁主就室。礼毕,朕退而休息,梦朕皇考呼曰:'西南有警。'觉即视朝,果得边报。祖考神明昭临在上,无时不存。尔等掌祭祀,宜加敬慎,旦暮中使供酒扫奉神主,恐有不虞,当以时省视,务宜斋洁,以安神灵。"(《明太祖实录》卷257)由此可见,朱元璋的"孝"是真正的孝,正如民间常言:贫寒出孝子!因此说,他给自己与马皇后的陵墓取名为"孝陵"是名副其实的。这一点要比推翻父皇"既定方针"、破坏"祖制"、篡夺帝位和视父皇所都南京为敝屣但又自我标榜为"孝子"的朱棣不知要强出多少倍!

虽说"乱臣贼子"朱棣上台后也曾多次躬祭明皇陵与明祖陵,但他这样做的目的更多与其篡位上台后做贼心虚有关。老爷子在位时,朱棣伪装成"好儿子""乖乖孩";等到老爷子一躺下,他就立即"靖难"造反,灭人"十族",挖人祖坟,活剥人皮、轮奸女人……将洪武帝开创之江山弄得血流成河,就连老朱皇帝钦定的接班人——大明合法皇帝朱允炆也给搞得下落不明。如此这般,即使天不怒,地不怨,但大明皇家——朱家的老祖宗们会开心吗?地下老祖宗要是不开心,就得有空没空地给他们多祭祀祭祀,多烧些纸钱。我们中国人最讲究实惠,死人也一样,就像民间愚夫俗妇暴发后给祖先修造豪华坟墓、多烧些金纸做的漂亮"小姐"一般,几乎乏善可陈。

其实朱棣的恶劣影响远不止这些。由于永乐后期迁都北京,大明皇家远离南方,自然拉开了与朱家祖宗的距离;加上皇家子孙后代深居内宫和养尊处优,缺乏对太祖皇帝及其祖上所经历的艰辛人生的理解,因而也就对皇陵与祖陵的祭祀与管理不予太多的重视。朱棣儿子明仁宗朱高炽出生于凤阳,对家乡尚有一定的感情,他在当皇太子时曾一度祭祀过皇陵。后来当上皇帝,时间很短,且身体不好,行动不便,不过即使这样,他还在洪熙元年三月"*命皇太子(朱瞻基)往祭皇陵、孝陵,就留守南京*"。(《明仁宗实录》卷8)可哪知大明皇家这位公子哥儿压根儿就没上凤阳,而是直奔南京。(《明宣宗实录》卷1)从此大明历史上再也没有皇帝、皇太子躬祭皇陵这等事,剩下的只有皇帝遣使祭祀与常规性祭祀了。

没了皇帝、皇太子躬祭,明皇陵、明祖陵的实际地位大为下降,但这还不打紧。问题的关键是由于风雨、雷电、地震等自然灾害的侵袭和腐蚀,甚至还有管理不善的因素,自明宣德以后,明皇陵、明中都和明祖陵等明初皇家建筑开始不断出现问题。而在明朝统治者看来,相比于"烂尾工程"明中都,明皇陵可谓至关重要了,因为它是大明帝国龙脉之所在,所以修缮皇陵等很早起就形成了一套制度。《大明会典·山陵》中明确写道:"若泗州祖陵、凤阳皇陵、南京孝陵遇有修理,皆隶南京工部。"这是讲具体负责修缮工程的主管衙门为南京工部,但要不要修,是大修还是小修甚至不修,这一类关键问题还得由大明天子拍板。

宣德七年六月,凤阳府上奏:"皇陵正殿、皇城内外屋宇多有损坏,宜修理。"宣德帝朱瞻基表示:"此不可缓!"随后"命驸马都尉赵辉修治凤阳皇陵及皇城内殿宇",还降敕给赵辉:"必敬慎小心,务坚固,不可苟且。"不过回过头来他又说:"正殿宜并力修整,皇城内外屋宇少待农隙可也。"(《明宣宗实录》卷91)

这是大明盛世时代对待皇陵与明中都的态度——相对重皇陵、轻皇城,朝廷的如此态度一直到了明中叶嘉靖时才有所改变。嘉靖十七年四月,明世宗命镇远侯顾寰挂印充总兵官,提督漕运,镇守淮安,"修理祖陵、皇陵及皇城,工成,升巡抚右都御史"。(《明世宗实录》卷211)

不过嘉靖朝的这等做法后来并没被承袭,随着政治愈发腐败,国库财政日趋紧张,大明朝廷对于渐趋破败和毁损的明皇陵、明中都等明初皇家建筑的态度是能不修就不修,除非到了非修不可之时,也是只修"龙脉"皇陵,而弃中都不顾。由此而言,大约到明末之时,本来就是"烂尾工程"的明中都城早就破败不堪了,但明皇陵建筑整体上还是保存完好的,不曾想到就在明崇祯八年却招来了第一次灭顶之灾。

崇祯初年,全国性的农民大暴动风起云涌,响雷滚滚,云集于中原地区的农民军就可达20万人,且他们有随时南下的可能。面对这样的危局,时任南京兵部尚书吕维祺上"请申饬江防,凤陵单外为忧"(《明史·吕维祺传》卷264,列传第152),就是说他上请朝廷赶紧派兵南下,否则的话就凤阳地方军事力量是难以抵挡农民军进攻的。崇祯帝听说大明龙脉面临着危险,就专门召开了群臣会议,讨论应对方案。当时兵部尚书张凤翼提议:让皇帝下令,叫镇守淮安的漕运总督兼巡抚的杨一鹏移军凤阳,以备来犯之敌。理性而言,这个方案十分务实、妥帖。淮安就在凤阳的边上,且漕运总督手中尚有一定的兵力,如果真的执行下去,悲剧或许就不会发生。但在这样的"国难"之际,镇守淮安的漕运总督兼巡抚的杨一鹏偏偏是个贪生怕死之人,接到崇祯皇帝的敕令后,他以身体有病为由迟迟不行。

杨一鹏之所以敢这样"抗旨",一来他当年参加科举考试时的主考官王应熊现在可是大明礼部尚书兼东阁大学士。在那个时代这类考生与考官之间的关系很特别,他们在政治场上往往是一个派系的,否则没法混下去;二来当时凤阳巡按御史吴振缨是杨一鹏的好友,而吴振缨又是当朝内阁首辅温体仁的乌程老乡,这三者之间相互关系好着呐;三来杨一鹏当时直接的职守官衔是漕运总督兼江北四府巡抚,但他还挂着朝廷的户部尚书兼右佥都御史,地位一点也不比张凤翼低啊,凭什么要听人摆布?正因为有着这样复杂的官场人士关系与背景,崇祯帝一纸诏书等于废纸,杨一鹏优哉游哉地待在淮安,迟迟不向凤阳移兵增援。(《明史·杨一鹏传》卷260,列传第148)

可北方农民军却毫不含糊,崇祯八年(1635)正月,见到凤阳龙脉地区兵力空虚,他们急速南下。当时凤阳百姓与当地守军都十分痛恨贪婪暴虐的守陵太监杨泽,听到农民军南行,他们纷纷前去做向导,因而凤阳情势骤然变得极度危急。对此,中都留守司正留守朱国相、指挥使程永宁迅速召集军士,誓死保卫凤阳,并亲率兵士300人,自西门出发迎战农民军。哪知刚走一阵子,忽然眼前出现一片黑压压的阴霾,明军兵士以为是农民军到了,纷纷丢盔弃甲,四处逃窜。朱国相收集残兵前往瑶山,刚上去就遭遇到了农民军的先遣部队,双方就此开展血战。由于当天重雾遮日,战斗一时分不出胜负来。就在这个节骨眼上,农民军首领扫地王张一川、太平王等率领大队人马赶到,中都留守司明军兵士腹背受敌,寡不敌众,先后一一阵亡。朱国相和程永宁等41员明军将官被杀，农民军"遂攻陷凤阳，焚皇陵，烧龙兴寺，燔公私邸舍二万二千六百五十"，"杀军民数万人"。(《明史·杨一鹏传》卷260，列传第148)

农民军烧了凤阳皇陵，果然令人痛恨与揪心，但之所以出现这样的历史悲剧，不了解真相的我们当代人老喜欢将板子打在农民军身上，其实真正挑起事端的还是大明朝最高当局者。崇祯初年，李自成的农民军声势浩大，严重威胁到了明王朝的统治。在这样的情势下，以"中兴"大明为己任的崇祯帝或许秉承了其祖宗明成祖挖人祖坟的基因，居然派人专门前往陕西米脂去平李自成的祖坟，想以此来割断李氏不断腾升的未来天子之皇气。一报还一报，这下农民军攻占凤阳当然不会放过这样的复仇机会，他们杀了凤阳守陵太监，砸毁了朱元璋亲立的"第一山"碑，在朱五四夫妇的皇陵墓顶上挖了一个深穴，以泄皇气，以断龙脉。随后兵向临淮，因当地守军有备，未能攻占，当即火烧西关，引军而返。

这就是明皇陵与明中都遭受的第一次灭顶之灾或称"凤阳之变"。据事后相关人士清点，在这一场大劫难中总计"焚毁三府公署；罪宗共265名，今存174名；留守司府厅共毁594间；焚鼓楼、龙兴寺67间；民房毁22 652间；杀官6名，失印2颗；武官失印20颗；生员杀66名；陵墙班军杀死2 284名；高墙军196名；精兵755名；操军800余名"(【明】吴伟业：《绥寇纪略·真宁恨》卷3)和"焚皇陵楼殿为尽，松300 000株，杀司香太监60余人"。(【明】谈迁：《国榷》卷94)

明皇陵与明中都遭受第二次灭顶之灾是在"凤阳之变"后的30余年，即人们经常称誉的"康熙盛世"时代。据《清实录》所载，清康熙九年、十年、十一年等连续数年"江南安庆等七府，滁州等三州连岁被水淹、蝗蝻等灾"，出现"麦禾皆死，人食树皮"的悲惨景象。饥民们为了生存纷纷外出乞讨、流浪，凤阳中都城与明皇陵昔日曾为大明皇家根本之所在，如今已经改朝换代了，还有哪个大傻子吃饱了撑着来管理一个被推翻了的王朝"龙脉"，于是经由"凤阳之变"劫后余存的那些"免费"的明朝官家建筑成了难民们最佳避难所。"康熙盛世"下的凤阳地方父母官知府张以谦目睹难民们糟蹋大明皇家建筑，但为了自己的仕途与一方"平安"也就睁一只眼闭一只眼，整个皇陵地区建筑由此破坏殆尽，只剩下石人、石兽、华表、皇陵碑等。(参见夏玉润：《朱元璋与凤阳》，黄山书社2003年12月第1版，P489)

就在明皇陵经历第二次大劫难的几乎同时，埋葬着朱元璋祖父、曾祖和高祖等人的明祖陵也遭受了灭顶之灾。这究竟是怎么一回事？事情还得从明祖陵的建造说起。

● 泗州（盱眙）明祖陵——大明龙脉之二

明祖陵是明初第二个建造完成的大明皇家陵寝，陵主为朱元璋的祖父、曾祖和高祖。

前面我们说过朱元璋的身世，他是家中的老小，出生时父亲朱五四已经年过不惑，这在农村里算是个小老头了。祖父朱初一在朱元璋出生前一年就离世了，按照明代王文禄等文人笔记中的说法，朱初一死在泗州即今天盱眙的杨家墩一带，且葬在了那里。而那时的朱元璋父亲朱五四与母亲陈氏可能还只为农业劳作后找乐子，展开了激烈的床上运动，而未曾想到半年之后却怀上了一条真"龙"（【明】王文禄：《龙兴慈记》）。由此说来，朱元璋与他的祖父连个面都没有见过，谈不上有什么感情，更别提他的曾祖和高祖了。

○ 朱元璋：我家爷爷、太爷爷都葬在哪儿？

朱元璋家"先世家沛，徙句容"（《明史·太祖本纪一》卷1，本纪第1），即明代人熟知的句容县通德乡朱家巷。大约是在朱元璋伯父朱五一12岁、父亲朱五四8岁时，朱家爷爷朱初一与妻子王氏带了这几个孩子离开了朱家巷，北渡长江、淮河，一直来到泗州城北的孙家岗，随即定居在那里（《明太祖实录》卷1）。由此看来，被永远"定格"在句容朱家巷的曾祖、高祖对于朱元璋来说那更是遥遥不可及。

遥遥不可及也就罢了？不，对于特别讲究孝的传统中国人来说可不能这样。孝，在中国传统社会里有着十分广泛的含义，它不仅要求做子女的和做小辈的要让父母及其长辈衣食无忧，而且还要让他们生活得幸福快乐，更应该在他们仙逝后举行隆重的祭奠和进行厚葬。这就是传统中国儒家经典中所说的"慎终追远，民德归厚矣"（《论语·学而》第一）。此话的原意是，谨慎地办理父母亲的丧事，虔诚地祭祀祖先，这样做就可以使得民众的道德风俗归于淳厚了。民众道德风俗归于淳厚，帝国统治者就能高枕无忧。朱元璋要的就是这个结果，所以人们不难看到，自洪武立国起大明开国皇帝就不遗余力地尊奉儒家为正学。洪武元年二月在遣使前往山东曲阜祭祀孔子时，朱元璋就这样说道："仲尼之道，广大悠久，与天地相并，故后世有天下者莫不致敬尽礼，修其祀事。朕今为天下主，期在明教化以行先圣之道，今既释奠国学（这里指国子监、太学，而非当今人们瞎吹的'国学'），仍遣尔修祀事于阙里，尔其敬之！"（《明太祖实录》卷30；《明太祖宝训·尊儒术》卷2）

要求大家"慎终追远"，那么你朱皇帝就更应该做出表率来呀！洪武初年在三次修建父母坟茔即明皇陵的差不多同时，朱元璋又开始准备营建祖陵了。可这祖陵应造在哪里？朱家老爷爷死后葬在盱眙的杨家墩，可杨家墩具体又在哪个位置？还有朱家的曾祖、高祖未曾渡江北上，一直待在了句容通德乡，那么他们的葬地又会在哪里呢？

据说开国之际朱元璋就曾派人上泗州去寻找当年那个道士所说的有龙气的杨家墩，可找了一大圈还是没能找到，以至于"洪武元年追上尊号，后因制祀典，号称祖陵，而未知所在"(【明】曾惟诚：《帝乡纪略·帝迹志·祖陵兴建》卷1)，即说洪武元年朱元璋称帝时由于还不知祖坟在何处，仅仅追封列祖为皇帝：皇高祖考尊号曰"玄皇帝"，庙号"德祖"，皇高祖妣曰"玄皇后"；皇曾祖考尊号曰"恒皇帝"，庙号"懿祖"，皇曾祖妣曰"恒皇后"；皇祖考尊号曰"裕皇帝"，庙号"熙祖"，皇祖妣王氏曰"裕皇后"。(《明太祖实录》卷29)

◎ 句容朱家巷谒陵闹剧：羞死了，堂堂朱圣人居然给人瞎当孙子！

贵不可言的"朱圣人"不知道祖坟在何处，这可是当年的公开秘密，只要有人能给他找出来，定会荣华富贵。中国社会中具有这样高觉悟、讲政治的民间人士还真不乏其人。忽然有一天手下有人来报，说是朱家祖坟找到了，就在句容县通德乡朱家巷。朱元璋听后信以为真，"命筑土为万岁山，有司修砌路"，然后带了文武官员前往朱家巷拜祭。

哪知朱元璋刚刚磕了第一个头，就磕出了"千古奇迹"：那个才被命名为万岁山的坟包突然开裂了，一分为二，中陷深沟，以剖白自己腹中无龙祖之尸骨。这下可把朱元璋给惹火了。这哪是朱家祖坟呀，若是，怎么经不起一拜？更何况朱圣人如此兴师动众地前来祭祀，岂不是平白无故地给人家瞎当孙子？这事传出去了，岂不让世人笑掉大牙！朱元璋当场火冒三丈，"重罚言者"。(【明】曾惟诚：《帝乡纪略·帝迹志·祖陵兴建》卷1)

由此看来，要想在句容再找到祖坟似乎是不太可能了。朱元璋冥思苦想，忽然有一天他想起了二姐曾经说过，爷爷朱初一的墓就在泗州，"相传皇姑（朱二姐）指记裙边之处，即旧陵嘴也"。那么具体在什么位置？朱元璋只记得好像在泗州城西的河边某个地方，就是不知其确切的位置，于是洪武前期的祭祖活动就在泗州城西的河坝上进行着。(【明】曾惟诚：《帝乡纪略·帝迹志·祖陵兴建》卷1；【明】孙承泽：《天府广记》卷40)

大明皇家祭祖活动以这样的方式一直进行了近20年，直到洪武中后期泗州当地冒出了一个名叫朱贵的人才改变了局面。

◎ 朱贵画图贴说:"还是皇帝族人政治觉悟高,一找就将朱家老爷爷给找到了。"

朱贵,也姓朱,也是泗州孙家岗一带人,莫非是朱元璋的同宗亲族?据《帝乡纪略》等明代文献所载:朱贵不仅与朱元璋同宗,而且他的祖上还是和朱初一同从句容逃往泗州孙家岗的,更为巧合的是两家后来在孙家岗还是近邻呐,只是血缘关系上不是很近;再加上朱初一之后的朱五四老带着朱子朱孙到处"溜达",所以两个朱家后来并不熟悉了。朱元璋出来"闹革命"闹了10多年,于1364年自称吴王时,同宗的朱贵才反应过来,赶紧前去"干革命",说不准还能弄个官当当。可不知是他与朱元璋本身不熟悉的缘故还是自身能力差、运气不佳的因素,反正这个叫朱贵的人在军队待了大半辈子,只混到一个百户官(即管100来个士兵的小军官),甚至有的人说他是总旗或小旗,那可是地地道道的军中芝麻官。大约在洪武十七年时,朱贵因为年老由部队"复员"到家乡。明代军人的地位可低了,哪有现在军人这么吃香——回乡后不仅可以在乡政府或村里弄个官当当,而且弄不好还能上县里当个法院院长、检察院的检察长什么的,甚至是公安局局长都有可能。就当到百户官的朱贵当年回乡时很窘迫,以自己的官衔能养活自身、老婆不跟别人跑了,就算烧高香了。但常在外面跑的人就是与农村人不一样,朱贵回乡后听到人们在议论:当今天子家的祖坟就在自己的家乡,他一下子来了精神,心想:这岂不是升官发财的好机会! 想到这些,他就将乡里人尤其是老辈的召集在一起,打听当年朱元璋爷爷朱初一的下葬处,即所谓的有帝王之气的杨家墩"龙窝"。(【明】孙承泽:《天府广记》卷40)

功夫不负有心人,经过一番苦苦寻找、比对,朱贵终于弄清了杨家墩"龙窝"所在的位置,随即画了一张图,标上注释,即明代文献中所说的"画图贴说",然后直奔南京,向皇帝朱元璋敬献图贴。朱元璋听说杨家墩"龙窝"终于找到了,当场笑得嘴都合不拢,而后又下令召见朱贵。在听了朱贵的一番介绍和看了图贴后,激动不已的洪武帝当即"授(朱)贵奉祀四品服色,子孙世袭管理署事"。稍后又赐田地、宝钞和金带给朱贵,且令人在朱贵先人所居北面的朱初一旧屋基上设立祖陵祠祭署,让朱贵及其子孙世任祠祭署奉祀官(【明】孙承泽:《天府广记》卷40)。至此,又一个乡间旮旯泗州杨家墩迅速地上升为熠熠生辉的大明帝国"政治明星",吸引了全国人民的眼球。

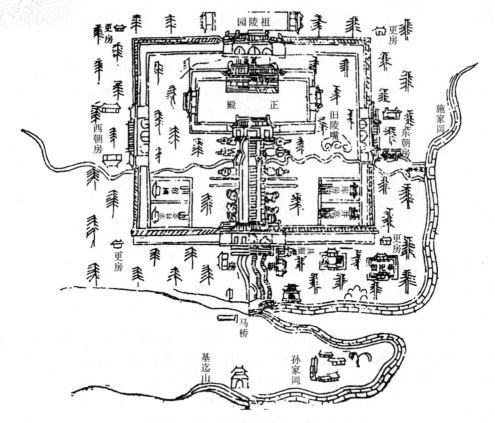

【明】曾惟诚《帝乡纪略》中的《明祖陵图》

○ 明祖陵的营建与规模

  自从有了朱贵画图贴说以后,明祖陵营造地终于有了明确的说法。但要营造当代天子的祖宗陵寝,那可绝对不能等同于普通人家的修祖坟了,首先得卜选好位置。不是说那"龙窝"就在杨家墩,难道要放弃"龙窝",另行择址?

  不是的。杨家墩"龙窝"作为陵主朱初一的陵宫地是不变的,但杨家墩是个乡间旮旯小土墩,之所以叫杨家墩是因为那个地方原本有两个姓杨的宋朝官员葬在了那里,一个是保议大夫杨浚,另一个是大理寺评事杨楠,宋朝的保议大夫大概是个医官,而大理寺评事为九品官,由此说来,两杨都是芝麻官。本来是名不见经传的芝麻官可在乡间旮旯里头算得上是个大人物了。两杨死后葬在那里,人们就给它取名为杨家墩。不管名字叫得如何好听,但小土墩就是小土墩,而要在小土墩上建造皇家陵园,这岂不是螺蛳壳里做道场!更何况祖陵的营建事关大明帝国未来之"根本"啊,所以勘察杨家墩附近的好风水成为了当时洪武朝君臣所共同关心的政治大事。

经过一番勘察、卜选,洪武十七年(1384),"(明)太祖高皇帝命皇太子(前往泗州)修陵"(【明】曾惟诚:《帝乡纪略·帝迹志·祖陵兴建》卷1),明祖陵营建工程由此开启。两年后的洪武十九年八月,朱元璋又命"皇太子往盱眙,葬三祖帝、后衣冠,加修筑,曰'祖陵'"。(【明】谈迁:《国榷》卷8)

上文中所说的"葬三祖帝、后衣冠",这"三祖帝、后"是指哪些人?"葬……衣冠"是说明祖陵是个衣冠冢?再有,为什么大孝子朱皇帝不亲自去祭奠?《明实录》对此有着明确的记载:洪武十九年八月甲辰日,朱元璋令"礼部制德祖玄皇帝玄皇后、懿祖恒皇帝恒皇后、熙祖裕皇帝裕皇后衮冕冠服。命皇太子至泗州盱眙县脩(修)缮祖陵,葬衣冠"。另外,他还专门写了祭奠文,文曰:"呜呼,昔者列祖立命是方,积德深长,致天昭鉴,福垂后嗣。今也子孙繁衍,宅于宇内,以统黔黎。深思皇考生前岁月之间,思念列祖音容,孙常切记已有年矣。呜呼,以万几之冗,未获躬诣拜扫,今特遣玄孙皇太子以牲醴之奠,诣陵修缮,敬葬衣冠,以伸孝思,神其鉴之!"(《明太祖实录》卷179)

因为皇帝日理万机,忙不过来,所以只好派皇太子前去泗州祭奠祖宗,这本无可厚非。我们来看看上述三个问题中剩下的最后一个:明祖陵到底是不是衣冠冢?

前文说过,朱皇帝的爷爷朱初一的墓葬地址找到了。按照当时人的说法,如果要重新改葬,那将要泄掉朱明王朝帝业的山川灵气或言龙气,所以能做的就是在新选定的玄宫地址上给朱爷爷与朱奶奶来个衣冠葬了。而对于朱爷爷以上的祖宗高祖朱百六、曾祖朱四九要想重新改葬,那就更加困难了。因为这两位祖宗没有跟着朱初一屁颠屁颠地往北跑,一直"默默无闻"地待在句容。不幸的是他俩"默默"到了家,连好子孙朱皇帝再怎么使劲地寻找都找不到。既然找不到,那怎么重新将他们归宗到朱初一那块儿?我们中国人一向就很聪明,尸骨找不到了,就来个招魂袝葬。招魂袝葬今人已不知是怎么一回事了,但笔者曾见识过湘西等山区还保存了这种风俗:大致是专业的几个赶尸人赶着或背着死人,连同他的物品一起带回老家葬地,据说真正赶着的不是死人而是死人的灵魂。场面很恐怖,不知是真是假。明代招魂术是不是如此,未见史书有着这方面的记载,笔者不好瞎说。想必当年皇家厚葬祖宗,肯定找了一流的招魂大师,将朱家祖宗高祖朱百六、曾祖朱四九等一一"唤醒",然后车马侍候,一路风风光光地前往泗州。到了那里,朱皇帝派遣的特使皇太子带来的给祖宗们"量身定做"的寿衣也已从南京赶运来了,随即举行"敬葬衣冠"之礼和修陵活动。(《明太祖实录》卷179)

由此而言,明祖陵玄宫内不能让三祖宗祔葬一穴,只能各自开圹下葬。新建的明祖陵地下玄宫位于朱初一原墓旧陵的西北,今人前去看到的就是一泓水潭。玄宫之上为培土而成的小丘,人们美其名为"万岁山"。这大概就是明祖陵的"灵魂核心"部分吧!

不过在明初那阵子,明祖陵建造可讲究了,它是直接参照明皇陵规制而建的,因此整个建筑工程规模很大,工程建设前后进行了四五年。洪武二十年(1387)八月,朱元璋"命工部遣官往泗州,建祖陵祭殿"(《明太祖实录》卷184)。洪武二十二年(1389),明祖陵正殿——享殿竣工,标志着明祖陵营建工程大功告成。那年十一月己卯日,朱元璋派遣太常博士薛文举致祭祖陵、皇陵,并与薛博士这般说道:"万物本乎天,人本乎祖。古之明王,冬至祭始祖以配天,所以重报本也。朕承天命,以典神天,实由祖宗积德累善所致。惟我仁祖克配上帝于大祀之礼,固已行之。今冬至甫临,哀悼罔极,卿其肃将,朕命往致祭焉,敬之毋忽。"(《明太祖实录》卷198)

至此,苛求完美的洪武帝终于在"慎终追远"的孝义教化问题上做到了完美无缺?不,在他的儿子燕王朱棣看来还不够。永乐元年十月,在南京城内外杀人杀了一年多的篡位皇帝朱棣忽然间想起给老祖宗修陵的事情。祖陵不是在洪武时期修好了么?现在怎么还要修?亲历了"灭人十族"、活剥人皮、轮奸建文朝臣妻女等种种兽行的永乐朝大臣想问但又不敢直接问,于是改口问:"陛下,祖陵旧用黑瓦,你看?"朱棣发话:"易以黄瓦,如皇陵之制。"(《明太宗实录》卷24)

从上述的对话中,我们不难看出:当年朱元璋建造祖陵时尽管说是参照皇陵之制,但实际上祖陵的规格可能比不上皇陵。这也不难理解,我们中国人祭祀先人也就祭祀祭祀自己前面的一、二辈人,至于再前面的先祖恐怕连名字都叫不上来,再加上朱元璋当年在朱家巷连祖宗的影子都未能找到,所以说他在营建祖陵时就稍稍降格了一点。这已经是做得相当不错了。那么"乱臣贼子"朱棣为什么要给父皇来个事实上的鸡蛋里挑骨头?

说到底是他做贼心虚,朱棣无端发动所谓的"靖难"战争——事实上当时建文帝治国治得很好,出现了"路不拾遗,夜不闭户"的"之治"局面(【明】顾起元:《客座赘语·革除》卷1),建文帝身边也没有什么奸臣。之所以出现那么多借口,那全是朱棣想当皇帝想得疯狂时的精神幻觉。不过我们国人中有些人向来就信服枪杆子里面出政权。在无端挑起的"靖难"战争中,无数的大明子民及其儿孙莫名丢命,成千上万的建文朝大臣及其家眷遭受了惨绝人寰的杀戮,朱棣篡位终于取得了成功,永乐的恐怕也只有他朱棣一人。大明子民都是高皇帝的子民,大家认同的是高皇帝朱元璋钦定的接班人朱允炆。现在这个祖宗认可的合法皇帝居然被"好叔叔"给搞没了,大明祖宗会高兴吗?尤其是地下的高皇帝朱元璋会对这个不肖子孙不发怒?不可能!所以永乐帝一上台就赶紧给死去的老爸朱元璋示孝,建造当时最大的神功圣德碑,且到处渲染过去皇帝老爸如何如何喜欢他这个朱家"老四",给人感觉好像他的篡位本身也是老皇帝朱元璋所默认的。但从自己篡位登基后的建文臣民不屈之中,他也看到了暴行并不能完全压服人心,就连自己百年后要想承袭祖制葬在明孝陵边上,恐怕也要被朱家老爷子洪武帝给撵走,成为孤魂野鬼,为此永乐元年朱棣就开始酝酿迁都北平。(《明太宗实录》卷16)

那么对地下脾气暴戾的朱家老爷子该怎么办?怎样不让这老东西(朱棣内心很恨父亲朱元璋,详见笔者的《永乐帝卷》)发怒而坏了我永乐朝的美好大业?狡黠透顶的永乐帝想到了,"老爸"你一辈子口口声声要做大孝子,可怎么能对朱家先人厚此薄彼呢?光彩了皇陵,祖陵就将就一点、降格一点?不,我朱棣就应该叫朱家的太爷爷、太奶奶们高兴高兴,或者说达到与皇陵里头的朱五四爷爷与陈奶奶一般风光的地步,让祖陵里头的太爷爷、太奶奶们出来管管那个暴戾无常又不喜欢燕王的明太祖高皇帝。想到这些,永乐帝金口大开,"易以黄瓦,如皇陵之制"。但祖陵早已造好了,除了换换瓦还有什么可做的?朱棣打听清楚了,有!永乐十一年八月甲子日,他下令"脩(修)祖陵神厨、宰牲亭、棂星门并周围墙垣"(《明太宗实录》卷142)。于是本来已经竣工了近十年的明祖陵陵园,突然间又有了"二期工程"建设。因此说当今人们在见到某"人民公仆"一拍脑袋就要上马打造大工程且要做大做强时,大可不必惊诧不已,这是中国国情使然,且有着悠久的历史,也非你我草民所能操心的了。

从洪武十七年到永乐十一年,明祖陵工程建设断断续续前后进行了二十余年。那么这个经由二十余年营建起来的大明皇家陵寝到底有着怎么的规模?

据明代的文献资料所载:明祖陵形制与明皇陵大致一致,也有三道城墙,连它们的名称都与明皇陵一模一样,只是在规模上要小一点。其最里边的叫做"皇城",中间的叫"砖城",最外曲的叫"土城"或称外罗城。具体建筑分述如下:

皇城:正殿5间;东西两庑6间;金门3间;左右角门2座;后红门1座,燎炉1座。皇城由砖砌而成,红土泥饰。(【明】曾惟诚:《帝乡纪略·帝迹志·祖陵兴建》卷1)

砖城:内4门,4座,各3间;红门 东西角门2座;门外有先年东宫具服殿6间;直房10间,东、西、北3门;直房18间;星门3座,东、西角门2座,内御桥1座,金水河1道,石仪从侍卫俱全;天池1口;井亭1座;神厨3间;神库3间;酒房3间;宰牲亭1所;斋房3间。砖城内外广植松柏70 000余株。(【明】曾惟诚:《帝乡纪略·帝迹志·祖陵兴建》卷1)

土城：内磨房1所；角铺4座；窝铺4座；砖桥1座；城外下马牌1座；东南面御水堤1道……自下马桥起，至施家园止，共长675丈5尺。外金水河堤添闸1座。城内东祠祭署1所，堂、厅、门、廊、斋房悉备，颇为完美。又署官私宅1区。(【明】曾惟诚：《帝乡纪略·帝迹志·祖陵兴建》卷1)

○ 明祖陵的历史沧桑

其实明祖陵与明皇陵所处的地理位置相当不好，甚至可以说前者比后者还要糟。明祖陵位于淮河下游，宋光宗绍熙年间，淮河南流夺泗入淮，泥沙俱下，浑浊不堪的黄河水灌入淮河，造成了淮河中下游的河床与水位不断升高。而明祖陵偏偏就处于淮河的下游，一旦黄淮流域发起大水，明祖陵就在劫难逃。据《明代第一陵》一书中的统计，自正统二年起到崇祯十五年，在这200多年中，明祖陵遭受到的大水侵害多达18次，其中最为严重的要数明万历年间，有一年祖陵遭灾，泗州进士常三省目睹了惨状，如实记了下来："祖陵水患之实，窃照泗州水患，以近年为甚，又以去年为尤甚。祖陵基址本高，时则水入殿庭前，深逾二尺。旧陵嘴者，相传熙祖（指朱元璋爷爷朱初一）梓宫在焉，水深四尺以上。近来祖陵护沙，如龙滩嘴、邓家嘴等处日冲荡风浪中，伤毁甚多。神库、红瓦厂、金水河两岸各所在松柏树木，先该本州秘知州（秘自谦）于十一月十七日奉颖道牌，诣陵查勘，计共淹枯六百一株，俱属成材大木，水迹见在，其他小木及无水迹而枯槁者不在此数。……凡此祖陵水患，俱有实迹与文案可查验。"(【明】曾惟诚：《帝乡纪略·帝迹志·祖陵兴建》卷1)

上述史料讲得很明确，祖陵遭受水灾不仅仅是祖陵一地，其实是泗州地区的共患。泗州不远处就是淮安，淮安是明朝漕运总兵官驻扎地和漕运总督衙门所在地，总督运河输送粮食至北京，而一旦泗州地区发生大水害就会影响"南粮北运"，由此从维护帝国皇家"根本"——明祖陵和大明"经济输血管"——大运河畅通角度出发，明朝统治者都要认真对待泗州等地水患，确立"首虑祖陵，次虑运道，再虑民生"的治水方略，抗洪修陵。据《明代第一陵》一书中的统计，整个明代祖陵一共大修了17次。

明清鼎革，顺康时期，明祖陵又频频遭受水害。其中康熙十八年冬天的大水将泗州城东北石堤冲溃，决口多达70余处。接着，城西北崩溃数十丈，泗州城内一片汪洋。半年后的康熙十九年夏秋之际，黄淮再次大水肆虐，将泗州城给吞没了。与此同时，泗州城北13里的明祖陵也淹没于洪泽湖水中。

对于泗州城与明祖陵的这等遭遇，清朝统治者压根儿就没放在心上，一个败亡了的王朝之"根本"淹就淹了，多大的事啊！这就是被人誉为"康乾盛世"下的大清国家"栋梁们"的普通心态。明祖陵就此在洪泽湖水中泡了250年,也由此躲过了清末的战乱、日本鬼子的铁蹄蹂躏和红卫兵的洗劫……上世纪五六十年代,恰逢干旱,在水中沉睡了许久许久的明祖陵突然苏醒过来,从洪泽湖水中露出了头,并开始为世人所重新认识。(以上参见夏玉润:《朱元璋与凤阳》,黄山书社2003年12月第1版)

在明祖陵、明皇陵屡遭劫难之际,与其并称为明初三陵中的明孝陵之命运将会如何?

● 南京明孝陵——大明龙脉之三

明孝陵是明太祖朱元璋为自己及其皇后马氏建造的陵墓。与明皇陵、明祖陵相比,明孝陵的选址与大规模开建似乎要晚一些。

○ 明孝陵选址与独龙阜上开善寺及"神人"宝志公

相传明朝开国后"高皇帝与刘诚意、徐中山、汤东瓯定寝穴,各志其处藏袖中。三人合,穴遂定"。这段话大致是说,南京虎踞龙盘,紫金山王气氤氲,朱元璋在此定都后就约了他的几个哥儿们,如刘基、徐达、汤和等人一起商议,然后分头上山去寻找龙穴,最终会集起来。朱元璋叫大家先别说,各自将选好的墓址写在纸条上,然后同时打开,结果发现:大家不约而同地写了"独龙阜玩珠峰"。于是一代雄主百年之后的归宿地就此定下。(【明】张岱:《陶庵梦忆》卷1)但这事未见正史记载,"孝陵"两字最早出现在《明实录》上是在洪武十五年九月庚午日,马皇后"梓宫发引,上亲致祭于灵,曰:'兹以吉日良辰安葬皇后于钟山之阳,命妃嫔、诸子以下奉送。今当发引,特以牲醴致祭。祭毕发引,文武百官具丧服诣朝阳门外奉辞。'是日安厝皇堂,皇太子奠玄𫄸玉璧行奉辞。礼毕,神主还宫,文武百官素服迎于朝阳门外,回宫百官行奉慰礼毕,上复以醴馔祭于几筵殿,自再虞至九虞皆如之。是晚仍遣醴馔告谢于钟山之神,以复土故也,命所葬山陵曰孝陵"。(《明太祖实录》卷148)

"以吉日良辰安葬皇后于钟山之阳"和"遣醴馔告谢于钟山之神,以复土故也"表明,当时明孝陵还处于准备营建阶段,连名字也是刚刚取好。这比起明皇陵与明祖陵的勘察、择址、起名和开建要晚。之所以如此,笔者以为主要有以下四个方面原因:

第一,洪武开国,百业待举,北清沙漠,南平川滇,恢复生产,使厚民生,立纲陈纪,"四清"帝国,运动频频……洪武帝实在太忙了,一下子腾不出多少精力,再加上财力也有限。

第二,洪武开国时朱元璋40岁刚出头,马皇后比他小4岁,也就是36~37之间,即使在平均寿命相对比较短的古代,朱、马夫妇也算不上年老,加上两人身体一向都不错,所以对于百年后归宿地的考虑相对显得也不怎么迫切。

第三,按照中国人自古以来"慎终追远"和"国弥大,家弥富,葬弥厚"(《吕氏春秋·孟冬·节丧》纪第10)的传统说法,一心要想树立自己是天下第一号大孝子的朱元璋在自己夺得政权与开创帝国后,首先要考虑的是父母与祖宗的墓葬改造与陵寝建设,其次才是自己的。

第四,尽管将自己的百年归宿放在了后头,尽管自己与马皇后那时正值青壮年,但陵寝风水与墓葬工程建设影响自己子孙后代的传统"神人融通"思想还是在朱元璋身上起了大作用。如果上述张岱笔记无误的话,那么至少在洪武八年,朱元璋就与刘基、徐达等人初步选定了紫金山独龙阜为他的百年归宿地,因为刘基死于洪武八年四月丁巳日,这是明代官史所载的(《明太祖实录》卷99)。但造陵工程却一直没有开展,一个直接的原因就是紫金山上的独龙阜已经"名花有主"了,这个"主"还不是一般的人,他是南京地区历史上很有名气的高僧、开善寺开山祖宝志。

宝志,传说他是个神人。自从来到这个世上起他就充满了神秘的色彩,人们不知道他是从何而来,父母姓氏名谁?只知道他诞生于南京东郊某村庄的一棵树上,发现他的是村里的一对朱姓夫妇,他们俩都很善良,一年到头辛勤劳作,基本上满足了自家的生存需要;可美中不足的就是夫妻俩结婚多年老不生孩子,心里一直很着急,经常到庙里去祈求神灵保佑,让神赐福于他们。不久后的一天,朱姓夫妇从田地里劳动回来,路过村边的一棵树,听到了婴儿的啼哭声,两人好奇地走了过去,仔细寻找婴儿在哪里?找啊找,婴儿不在地上,他躺在一个他不该躺的地方——树上的老鹰窝里。可也奇怪,老鹰居然没伤害他,周围也没人知道这是哪家丢的孩子。朱氏夫妇心善,将孩子抱回了家,悉心照料着,将他慢慢养大,并取名为"宝志",大家就喊他为"朱宝志"。(《宝志公行实》,见【明】葛寅亮:《金陵梵刹志·钟山灵谷寺》卷3)

这个朱宝志长到大约十八九岁时,就逐渐地显现出与众不同:他不喜欢天天吃饭,一天吃上人家几十天才吃下的东西;他一饿饿上十天半个月也没事,而且还能预测未来的吉凶。譬如家乡何时会有饥荒啊,何时会发大水啊,他都能预言得准准的。起初人们不信,可后来都一一应验了,由此大家对他十分佩服。再往后,他就出家到寺庙里当起了佛教徒。奇怪的事情又发生了:别的僧人坐着念经要不了半天就要起来活动活动,而宝志却可以一动不动地坐上好几天;更为怪异的是,宝志还会分身术,有人明明看见他在庙里念经,可同时又有人看见他在大街上化缘乞讨。这样的事情传得越来越多,也传得越来越神乎了,就连当时南京城里的南齐皇帝齐武帝也听说了。他就是不信这个宝志有这么神,于是令人将大街上疯疯癫癫的宝志用铁链捆起来,投到监狱里去,看他还能到处乱窜?可不久有人来向齐武帝回报说,宝志正在大街上向人乞讨!齐武帝听后赶紧叫人上监狱去看看宝志在不在?在啊!监狱的铁门完好无损。这到底是怎么一回事?齐武帝至死都没有弄明白。(【梁】陆倕:《志法师墓志铭》;《宝志公行实》,见【明】葛寅亮:《金陵梵刹志·钟山灵谷寺》卷3)

转眼间到了梁朝,梁朝的梁武帝是个虔诚的佛教徒,听说宝志有神力,就拜他为师,跟他学习佛经,甚至还经常和他在一起讨论佛学理论。有一次,两人在定林寺讨论佛经时,宝志指着紫金山南麓的独龙阜说:"我死之后,就葬在这里。"梁武帝答应,一定会帮助他实现这个愿望。宝志在97岁高龄时圆寂,梁武帝自己掏腰包20万金,买下了独龙阜,建造寺庙,随后安葬了宝志,并取其寺名为"开善寺"。一时间南京的善男信女都去那儿焚香拜佛,开善寺很是热闹。据说梁代大画家张僧繇还曾上开善寺专门为宝志画了一幅像。(【明】右觉义可浩:《重修宝公塔记》;《宝志公行实》,见【明】葛寅亮:《金陵梵刹志·钟山灵谷寺》卷3)

萧梁时期除了兴建开善寺外,还曾营造了一座5层宝塔——志公塔(因宝志而得名),因塔顶镶嵌着一颗从海外进口而来的价值连城的琉璃宝珠,故人们将开善寺塔所在的山峰称之为玩珠峰,志公塔也由此被称为玩珠塔。

到了唐朝,开善寺改名为"开善道场",后又名"宝禅道院",很受当时的官方与主流社会的重视,大画家吴道子根据张僧繇的画像重画了宝志像,大诗人李白为之作诗,大书法家颜真卿为之写字,后同刻一碑,由此人称该碑为"三绝碑";北宋时开善寺易名为"太平兴国禅寺",官方当局"赐田以食其人。及王丞相安石守金陵,合诸小刹以附益之,寺始大。(南宋)建炎毁于兵。绍兴更作。淳熙又毁。随更作之。每更作,辄加宏大,日茸岁增"。元天历前后更名为"大崇禧万寿寺"(【元】虞集:《钟山太平兴国寺碑记》,见【明】葛寅亮:《金陵梵刹志·钟山灵谷寺》卷3),寺内志公塔前志公殿里刻有元代大画家、大书法家赵孟頫的《志公十二时歌》。明朝初年恢复"蒋山太平兴国禅寺"或称"蒋山寺"之名。(【明】宋濂:《蒋山寺广荐法会记》,见【明】葛寅亮:《金陵梵刹志·钟山灵谷寺》卷3)

○ 皇帝与佛争地：朱元璋将佛神宝志从开善寺迁到了灵谷寺

前文说过，洪武八年前朱元璋在为自己选择百年之后的吉壤时，偏偏相中了的紫金山南麓独龙阜，正是蒋山寺或言开善寺所在的位置。按照中国民间的说法：活人与死人争地，人与神争地，皆为大忌！但为了朱明子孙能够永固江山，占尽"龙蟠"紫金山的好风水，十分迷信的朱元璋顾不了那么多了，最终决定迁走开善寺。不过从中国特色政治技术层面来讲，要想做成这等大事，还真不能乱来。迁徙佛寺就得要听听佛界人士的心声，如果他们有这样高的政治觉悟，与中央朝廷保持高度的一致，岂不是上应佛神之请，下合民心，这才是有道之君所为！问题是怎样才能做到呢？

洪武九年春，"浙东僧仲羲被召来为（蒋山寺）住持，前瞻宫阙，仅一里许，私自忖曰：'王气攸聚，紫气黄雾，昕夕拥护，非惟吾徒食息靡宁，亦恐圣师神灵有所未妥。且佛法以方便为先，如得近地改建，诚至幸也。'"（【明】徐一夔：《奉敕撰灵谷寺碑》，见【明】葛寅亮：《金陵梵刹志·钟山灵谷寺》卷3）这段话大致是说，浙东有个和尚叫仲羲的，人特别"灵敏"，让朱皇帝给看中了。洪武九年他被调入京师，任职蒋山寺住持。当他走马上任，走到离寺院大约还有一里地的地方就远远看见：紫金山独龙阜上笼罩着一团团的王气，紫气、黄雾相互簇拥着，好一个龙蟠圣地啊！这哪是我等无名小僧食宿打禅的地方，我们住下了也会心里不安的，即使像宝志公那样的圣师之神灵恐怕在此安置也会不妥啊！更何况学习佛法应以方便为先，要是能在附近哪个地方找个寺院的栖身之处，那才是蒋山寺的万幸啊！

你看在洪武皇帝的多年教导下，全国人民包括佛教界人士的政治觉悟就是高，已与朝廷中央保持着高度的一致。大家都听洪武帝的话，争做洪武帝的好学生、好顺民。仲羲，尽管先前还是一个浙江地方上默默无闻的"小僧"，现在可大不同了，京师名刹蒋山寺的住持，更为重要的是他无限忠于洪武帝，来到新工作岗位没多久就给大明天子打报告，将自己无比激动的心情表达了出来。不过与一呼而应且没什么城府的仲羲相比，洪武天子可有内功了，他没有马上应允，直到五年后的洪武十四年（1381）九月才下令："改建蒋山太平兴国禅寺为灵谷寺。""初太平兴国禅寺在宝珠峰之阳，梁僧宝公塔在焉。至是住持僧仲羲（又）奏请迁之。"（《明太祖实录》卷139）

南京明孝陵独龙阜（齐、梁间建造起来的千年古刹开善寺旧址）

这是明确讲明孝陵建设前期的准备工作——开善寺、志公塔及其他建筑（定林寺、宋熙寺、竹园寺、悟真庵等）的拆迁工程最早是在洪武十四年才开始的，"及开藏，下为梁志公和尚塔，真身不坏，指爪绕身数匝。军士辇之不起"。（【明】张岱：《陶庵梦忆》卷1）明中叶文人笔记中也记载说："启之，端坐于内，发被体，指绕腰矣。"（【明】董谷：《碧里杂存·宝志公》上卷）

古代科学不发达，灵异事情往往被无限渲染和夸大：当人们打开宝志塔时，大家都惊呆了，历时将近1 000年，宝志依然完好地端坐在莲花缸里，面如活人，头发被体，手指甲绕腰数圈。人们赶紧敬奉香火，告慰高僧，将要迁徙。可不论召集再多的军士和民夫，花再多的力气，就是搬不动宝志。

负责拆迁工程的中军都督佥事李新等人立即奔向明皇宫，向朱元璋汇报了此事。据说什么都不怕的洪武帝听到这等怪事，当即就惊呆了，花了好长时间才缓过气来，然后急急忙忙地从皇宫出发，前往开善寺，焚香祭拜，并向已经圆寂了近1 000年的宝志许诺道："神僧啊，我朱某人给您金棺银椁下葬，并奉上360顷庄田作为供奉您老人家的香火钱。神僧啊，您千万别见怪，我就是给您老人家挪个位，给您造个更大更安静的佛教庭院。"神了，据说经朱元璋的这番拜祭和许诺，人们终于能搬动宝志，将其迁徙到了由朱皇帝敕建的灵谷寺。

灵谷寺现在所在的位置是由明初宰相李善长受命选定的，其正式的工程建设历时整整1年，从洪武十四年（1381）九月动工，到洪武十五年（1382）九月完成，动用人力"十万军工"，光服役的犯人就有5 000多人（【明】朱元璋：《御制大灵谷寺记》，见【明】葛寅亮：《金陵梵刹志·钟山灵谷寺》卷3）；"工费钜万，仍赐庄田三百六十所,日食其一,岁而周焉,以为永业"(【明】吕毖:《明朝小史·洪武纪·宝志冢碑》卷2)。既成,(洪武帝)赐额曰:"'灵谷',榜其外门,曰:'第一禅林',又赐田一百五十余顷。"(《明太祖实录》卷139)

○ 天下"第一禅林"灵谷寺与中国古代建筑史上的奇葩——无梁殿

正因为是皇帝钦定的"第一禅林",明代灵谷寺规模宏大,自山门至梵宫全长5华里,犹如俗界的皇宫大殿与皇家园林。南京地方志《江宁府志》就曾说:"其殿庑规制仿大内(紫禁城)。"灵谷寺前有万工池(天王殿旧址),内有宝公塔、无梁殿等有名的建筑,旁边有八功德水和梅花坞等名胜。据说明代灵谷寺鼎盛时期最多拥有僧人达5 000多,即使到了帝国衰亡之际即明末清初,灵谷寺也有"寺僧数千人,日食一庄田焉"。(【明】张岱:《陶庵梦忆》卷1)

明代灵谷寺最令人称绝的可能要数驰名中外的无梁殿或名无量殿。因该殿内原供奉阿弥陀佛,阿弥陀佛之汉译名为无量寿佛,其义来自佛教净土宗,净土宗三部经中小经保存梵名题为"阿弥陀经",大经采用译名"无量寿经"。"阿弥陀"三字的意思就是无量光、无量寿,在佛教中它是西方极乐世界的主佛,代表聪明智慧和光明无限、寿命无限。不过对于我们普通人来说,最感兴趣的可能就要数无量殿本身了。

建于明洪武十四年的无梁殿,高22米,宽53.8米,纵深37.85米,分作五楹。整个建筑无一寸木头,也无梁柱,全部采用大型长方砖砌成拱形桥式。走进殿内,仿佛进入前后回旋的涵洞,外部却是飞檐挑角,恰似巍峨的宫殿,故人称其为"无梁殿"。由此而言,无梁殿的建成给中国古典建筑作出了新的注解,是我国建筑史上值得书写的奇特的一笔。现存的无梁殿于1928年被蒋介石改名为"北伐阵亡将士"祭堂。原来的佛龛等都改成陈放祭器的大砖台,壁上嵌碑37块,叙述着民国往事。(参见南京市博物馆:《南京风物志》,江苏人民出版社1983年3月第1版,P91)

○ 明孝陵建设的一、二期工程与朱元璋中年丧妻及晚年失子——"明东陵"

我们回头再来看看明孝陵的工程建设。就在无梁殿与灵谷寺等大型工程建设即将完工之际,大明皇家突发的一件事情,大大地加速了明孝陵的建设步伐。洪武十五年(1382)八月丙戌日,皇后马氏突然驾崩(《明太祖实录》卷147)。朱元璋悲痛欲绝,在令人为发妻发丧和举办祭祀典礼后的九月庚午日,他亲自祭奠灵堂,发引马皇后梓宫前往紫金山,"安厝皇堂,皇太子奠玄纁玉璧行奉辞。礼毕,神主还宫,文武百官素服迎于朝阳门外,回宫百官行奉慰礼毕,上(指朱元璋)复以醴馔祭于几筵殿,自再虞至九虞皆如之。是晚,仍遣醴馔告谢于钟山之神,以复土故也,命所葬山陵曰'孝陵'"。(《明太祖实录》卷148)

从上引的正史记载来看,孝陵之名至此而定(表明洪武帝尊奉传统儒家"孝治天下"的治国理念),孝陵主体工程建设也由此正式开启。当年十二月,工程建设总指挥、中军都督佥事李新因"俾营孝陵,尽心所事,卒底成功",被洪武帝晋封为崇山侯,食禄1 500石(《明太祖实录》卷150)。第二年即洪武十六年(1383)五月甲子日,明孝陵礼殿——孝陵殿建成,朱元璋"命皇太子以牲醴致祭,其仪:是日清晨,执事者于殿中陈祭,仪毕引礼,内官引皇太子、亲王由东门入就殿中拜位赞拜,皇太子以下皆四拜,皇太子少前跪,诸王皆跪;皇太子三上香,执事内官以爵酌酒授皇太子,执事内官受爵置于案,赞读祝内官捧祝于香案前跪读,曰:'近者园陵始营,祭享之仪未具,今礼殿既成,奉安神位,谨用祭告。'"(《明太祖实录》卷154)

为了朱明江山的万年永固,洪武帝丧尽天良,将跟随自己"闹革命"、打天下的功臣勋旧赶尽杀绝;为了朱明皇家永远拥有好风好水,子孙后代永久兴旺发达,朱元璋费劲心思,与佛争地,又劳民伤财。可谁曾想到,在抢来的风水宝地上刚刚开始营建百年归宿工程,缺德透顶的洪武帝就死了爱妻马氏;更没想到的是,10年后的洪武二十五年(1392)四月丙子日,他殚精竭虑培育起来的帝国事业接班人、皇太子朱标也突然撒手尘寰(《明太祖实录》卷217)。"几将去世"的老朱皇帝祔葬皇太子于孝陵之东,并下发谥册,其文曰:"朕惟先王之典,生既有名,殁必有谥名,所以彰德,谥所以表行,故行有大小,则谥有重轻,此古今通议。虽在至亲,不敢废也。尔皇太子标,居储位者二十有五年,分理庶政,裨赞弘多,今焉永逝,特遵古典,从公议,赐尔谥曰:'懿文'。"(《明太祖实录》卷220)

"懿文"是洪武帝皇太子朱标死后的谥号,"建文初尊谥懿文为孝康皇帝,庙号兴宗,升祔于太庙"。朱棣篡位一上台,"遂命以主置陵园,仍旧谥号曰懿文皇太子,岁时致祭如常仪"(《明太宗实录》卷9)。朱标的坟茔在孝陵之东,这是洪武时期就定下的。不过当时似乎并没有什么陵名,是后人为其取名为"东陵"或"明东陵"。

由懿文太子祔葬孝陵之东的史料来看,所谓的"明东陵"当视为明孝陵的一个组成部分,因为墓主又是当朝皇帝的皇位接班人,想必当时的建造规格不低。因此我们完全可以将"明东陵"的营建视为明孝陵建设的二期工程。

○ **朱元璋归葬地之谜与明孝陵建设的三、四期工程**

明孝陵建设的三期工程应该是在朱元璋死后开始的。洪武三十一年闰五月初十日,朱元璋死于南京明皇宫之西宫,"寿七十一,遗命丧葬仪物,一以俭素,不用金玉,孝陵山川,因其故无所改,天下臣民出临三日,皆释服,无妨嫁娶"。(《明太祖实录》卷257)遗诏曰:"朕膺天命三十有一年,忧危积心,日勤不息,务有益于民。奈起自寒微,无古人之博知,好善恶恶,不及远矣。今得万物自然之理,其奚哀念之有。皇太孙允炆仁明孝友,天下归心,宜登大位。内外文武臣僚同心辅政,以安吾民。丧祭仪物,毋用金玉。孝陵山川因其故,毋改作。天下臣民,哭临三日,皆释服,毋妨嫁娶。诸王临国中,毋至京师。诸不在令中者,推此令从事"。(《明史·太祖本纪三》卷3,本纪第3)

如果仅从当时的遗嘱来看,老朱皇帝确实称得上是全国人民的"好领袖""仁爱之君"了,但光彩彩历史的背后又是有着怎样的一番境况呢?编撰于明中期的《大明会典》无意识地为我们提供了一定的史料依据:"孝陵四十妃嫔,惟二妃葬陵之东西,余俱从葬。"怎么个从葬法?是这些专为朱皇帝提供性服务的美女死后从葬,还是身殉从葬?明代官书闪烁其词,倒是那时的文人为我们提供了更为直接的说法:"按太祖孝陵,凡妃嫔四十人,俱身殉从葬,仅二人葬陵之东西,盖洪武中先殁者。"(【明】沈德符:《万历野获编·宫闱》卷3)看来这些美女是殉葬了。那怎么个身殉从葬?活埋?打死了再埋?还是……明朝国史对此却只字不提,幸好朝鲜《李朝实录》的记载弥补了历史的空白,记录了人间绝对专制君主的残忍与臣民命运的悲惨:"及帝之崩,宫人殉葬者三十余人。当死之日,皆饷之于庭,饷辍,俱引升堂,哭声震殿阁。堂上置木小床,使立其上,挂绳围于其上,以头纳其中。遂去其床,皆雉经而死。韩氏临死,顾谓金黑曰:'娘,吾去!娘,吾去!……'语未竟,旁有宦者去床,乃与崔氏俱死。"(吴晗辑:《朝鲜李朝实录中的中国史料》上编卷四,第1册,P320～P321)

这是讲永乐帝死时想到阴间永远享用美女带来的性快感而让人上演的极为悲惨的一幕。永乐帝朱棣上台后口口声声自称是"一遵祖制"的"大孝子",想必当年老朱皇帝死后,永生永世为其提供免费性服务的美女们也是这般"上路"的:宫中的内官们早已准备好白绫,悬挂在后宫合适的地方,然后那些不男不女之人"怜香惜玉"地扶着那40多个已经哭成泪人的妃嫔,站到小床上,让她们将脖子伸到已经打好扣的白绫里,然后抽去小床……中官们再将她们的尸体一一放好,随着美眉们共同的丈夫朱元璋的出殡而"享受"到了"崇高"的礼仪,与她们的共同丈夫一起永远地安卧在明孝陵。中国历史上已经废除了1 000多年的殉葬陋习随着蒙元入主中原和朱元璋开创大明帝国而两度死灰复燃,并残存了两百来年。作为"回报",大明

官方将这类殉葬佳丽的父母兄弟等定为"朝天女户",享受优厚的待遇。(【明】吕毖:《明朝小史·建文纪》卷3)

不过,当时南京城里的老百姓并不知详情,这一切对于他们来说太神秘了,于是民间就有朱元璋死后南京十三城门同时出殡之说。由此带来了另一大历史谜团:朱元璋到底葬于何处?

朱元璋死后葬于明孝陵,这是有官书记载的,难道这里边还有假?事实上在南京民间有关朱元璋到底下葬何处一直有着很多种的说法:

第一种说法是朱元璋葬在南京城里的朝天宫三清殿下。

第二种说法是朱元璋葬在明皇宫皇城万岁殿下。

第三种说法是朱元璋葬在北京万岁山。

第四种说法是朱元璋就葬在明孝陵。那么究竟哪一种是对的?

我们先看第一种说法:朱元璋葬在南京城里的朝天宫三清殿下?

这种说法是没有史实依据的。中国古代帝王在活着时就为自己修造陵墓,这是有着悠久的历史传统,而且一般都是大张旗鼓,史官也会如实记载下来,没有必要偷偷摸摸。至于有人担心盗墓,自古以来历代帝王都有一套反盗墓的手段。再说,朱元璋死于闰五月,即普通的非闰年的六月,在南京生活的人都知道火炉的滋味。按照中国古代的礼制,朱元璋死后起码要停放7天才能安葬。而六月是南京最热的天气,古代没有温室效应,南京的气温可能要比现在稍微低一点,但一般也不太可能会低于35°~36°。在如此炎热的天气下,不说死人了,就是将一块猪肉放上7天也早就开始臭了,更不可能说不葬在明孝陵而在什么朝天宫开挖,要等到猴年马月才挖好。如果等它挖好,南京城里恐怕到处都是朱元璋的尸臭了,这是不可能的事情。还有,如果朱元璋不是葬在明孝陵,那么为什么有明一代要花那么多的人力和财力去守那个空墓?

至于第二种说法,朱元璋葬在明皇宫皇城万岁殿下,那就更不可能了。自古以来中国人就十分讲究风水与运气,阴宅要与阳宅决然分开。再说朱元璋是个十分迷信的人,难道不懂得这些事?洪武晚期他曾为明皇宫的下沉而担忧其会影响子孙的事业与运气,临终前将大明江山交给了朱允炆,就一心想要保佑皇太孙平安接班,难道他会突然犯浑,给朱允炆捣捣蛋?不可能!这种说法的由来很可能是朱棣篡位后,为了迁都北京而制造舆论上的优势,怕别人说他不遵祖制,擅自迁都;又可借口明皇宫葬了他的父亲成了阴宅,他的阳宅当然要搬走了!

由此引出第三种说法:朱元璋葬在北京万岁山。这是更为明显的朱棣党羽散布的流毒。按照这样的说法,既然开国皇帝都安葬到了北京,迁都也就变得名正言顺了。事实上,朱棣正式迁都北京是在永乐十九年,这时距离朱元璋的死已经整整过了23年,如果真的要将高皇帝的灵柩迁往北京,口口声声一直自称是"老爸"太祖皇帝好儿子的朱棣为何不将这种忠孝事迹在官书上大书特书一番呢?显然,这是不可能的事。

剩下的就是第四种说法,朱元璋葬于明孝陵。明代国史记载:"洪武三十一年闰五月辛卯日,(建文皇帝)葬(高皇帝于)孝陵"(《明太祖实录》卷257)。《明史》也说,闰五月辛卯日,"葬(朱元璋于)孝陵。谥曰高皇帝,庙号太祖"(《明史·太祖本纪三》卷3,本纪第3)。这样看来,无论是明代还是清代所修的官史都十分肯定地说:"朱元璋就葬在明孝陵!"更有,自明太祖下葬起,明廷就专门在"孝陵设神宫监并孝陵卫及祠祭署",投入了大量的物力、人力与财力,具体负责明孝陵的祭祀和守卫等工作(《明史·礼志十二·凶礼一》卷58,志第34)。若朱元璋没葬在那里,有这个必要吗?

所以说自洪武三十一年闰五月老朱皇帝与发妻马皇后合葬一处起,明孝陵陵主就到齐了,宝城地宫自此以后永久封闭,再也没有被打开过。孝陵建设工程也由此进入了常规性的最终阶段,或从历史角度来说,明孝陵建设的三期工程行将告竣。

可出乎人们意料的是,四年后依然是夏天,自称是高皇帝"好儿子"的燕王朱棣"靖难"造反,攻入南京,抢夺了侄儿建文皇帝的帝位,将好端端的大明帝国弄成了人间地狱。为了平息人们的愤怒和稳住自己的统治,为了漂白自己抢夺帝位、发动"靖难"战争及滥杀无辜的罪恶,为了证明自己继承帝国大统的"正当性"与"合法性",朱棣竭力美化自身,一方面打造一系列光彩炫目、抢夺世人眼球的大工程,且不断地做大做强;另一方面塑造自己为"天下第一号大孝子"的"光辉形象",他令人开凿阳山碑材,为并不喜欢他的父皇朱元璋打造天下最大的"神功圣德碑",并于永乐十一年(1413)将其竖立于陵园大门内的正北面;几乎与此同时,他还命人在孝陵内外查漏补缺,"修孝陵神厨、神库、宰牲亭、棂星门"(《明太宗实录》卷141),甚至狗尾续貂似地装修孝陵,在孝陵卫东边下马坊附近的观音阁后壁镶嵌了一通玛瑙壁石(【明】谈迁:《枣林杂俎》;《肇域志》,见【民国】王焕镳:《明孝陵志》,南京出版社2006年9月第1版,P7,以下略出版信息),唯恐九泉之下的老爷子发怒站起来向他讨个说法……像这样的附加工程,我们后人可视之为明孝陵建设的四期工程。

从洪武十五年(1382)前后孝陵一、二期工程开启至永乐十一年(1413)孝陵第四期工程(也可以称为附加工程)完成,大明第一帝陵工程建设持续了大约30年。那么花费了30年、投入了难以计数的人力、物力与财力建造起来的明孝陵到底有着怎样的规模呢?

○ 明孝陵的规制与建筑布局

近百年前专门研究过明孝陵的王焕镳先生对于明孝陵的规制有着这样的论述:"孝陵之制,以事在革除,不详于《实录》《会典》。焦竑《国史·经籍志》所载之《孝陵纪略》(此书或记太祖事,未必定指陵寝)、顾炎武之《孝陵图》今皆未见,不知尚在天壤否?南丰梁份撰《帝陵图说》四卷,备载天寿山十三陵制度;而《钟山图说》《孝陵图说》但有目无书,殆未录也。"(【民国】王焕镳:《明孝陵志·规制》第2,P7)

上述中的"革除"是指明成祖朱棣篡位后干的一件荒诞事,他居然信口雌黄地将建文帝当政的四年从大明帝国历史上永远地革除,颇似"文化大革命"时期对待"地富反坏右"分子一般,要永远"打倒",且踏上一脚,叫他们永世不得翻身。朱棣更狠,要将自己的皇帝侄儿永久地革除掉,只当这个人没存在过。那么对于建文朝的历史档案之类,他也进行了"革除"式的处理。完成于建文时期的孝陵规制之原始记载就此消失于世。而《明实录》《大明会典》却又记载不详,其他的明代文史资料也有相同的"缺陷",看来要想从文献中寻找出完整的明孝陵规制已是不太可能了。文献之路走不通,就看实物呗,不是建造了明孝陵么?有实物在呀!可惜的是,这座历经500年风雨的明清第一帝陵在100年前的太平天国运动中给毁了。为了对付南京城内外的太平军,咸丰三年,清钦差大臣、提督向荣帅师驻"军孝陵卫,是谓江南大营"(《清史稿·洪秀全传》卷475,列传262)。由此,明孝陵成了清军与太平军交火的战场,陵园地面建筑几乎破坏殆尽。

现根据明孝陵考古到的建筑遗址,参照相关的文献记载,对明孝陵建筑规制概述如下:

◎ 明孝陵陵园前面的建筑布局:孝陵卫、牧马千户所、下马坊与"三碑"

明孝陵东起孝陵卫,西抵京城城墙边,南自卫岗下马坊,北到独龙阜,四周都筑有高大的围墙,人称"皇墙",合起来有45里长。陵园内享殿、楼阁,巍峨壮丽,连宇栉比。但就是老百姓不能靠近,更没有机会进去看看,只有高官才有资格进去拜谒。大明朝廷在此专门设立了神宫监,由太监负责定期的祭祀与维修;在孝陵的外面还专门设立一个军事机构孝陵卫,来保卫孝陵的安全,就守陵的军户而言,最多时要达到10 000多户,最少也有5 700户。孝陵卫卫成总部所在地就是今天南京东郊的孝陵卫。尽管孝陵卫的军队机构设施早已不在了,但孝陵卫这个地名一直在使用。

孝陵内除了建有陵园建筑外,还曾种植松树万棵,养鹿数千头,每只鹿的颈部都挂有一银牌,严禁人们捕猎。为此,明廷在孝陵卫特设牧马千户所,专门找了"千里草"——姓董的世袭千户,负责保护陵区之鹿。明代文人董谷记载道:"高皇帝初作孝陵于钟山之阳,因山多鹿,禁人捕猎,而设孝陵卫于山下,特置牧马千户所,盖取义鹿马欲其蕃息耳。所既置矣,尚虚典守之职。他日因微行至陵所,归途遇雨,偶于民家门屋下憩焉。问其何姓,曰:'董氏也。'圣意遂注,曰:'千里草,马所宜也。'即拜其人为千户,以典斯牧。至今子孙世掌所印,不得而易。墙每坏,官府辄为之修云。"(【明】董谷:《碧里杂存·千里草》上卷)

由孝陵卫与牧马千户所向西一二十米处就是明孝陵的入口处下马坊。下马坊位于今天南京农业大学对面,它的东边有一块刻有"神烈山"字样的大石碑,那是明中期嘉靖帝将紫金山改为"神烈山"而立的(【明】谭希思:《明大政纂要》、【清】屈大均:《恭谒孝陵记》,见【民国】王焕镳:《明孝陵志·规制》第2,P9)。神烈山碑附近有个"禁约碑",是明朝末代皇帝崇祯下令所立,当时朝廷户部给石价4 000金,"石出宜兴山中,实700金"(【明】谈迁:《枣林杂俎》,见【民国】王焕镳:《明孝陵志·规制》第2,P9)。"禁约"就是要严格保护孝陵龙脉,让大明帝国的祖先明太祖在天之灵庇佑朱家王朝长治久安。但这个碑立了不到三年,崇祯帝就在北京的景山上吊自尽了。看来江山社稷的安危不是已经死了的祖先所能保佑得了的。下马坊处第3个"碑",即俗称的"下马碑",碑面上刻有"官员人等至此下马"! 这与明皇陵的规制相同:"凡车马过陵及守陵官民入陵者,百步外下马,违者以大不敬论。"(《明太祖实录》卷228)。即凡经过或前来谒陵的人不论你多高的官位都要在百步之外开始下马步行,以示对高皇帝的敬重;要是有人自我感觉良好,不下马,就按《大明律》中的"大不敬"罪论处,那可是"十恶"中的重罪之一,要掉脑袋的。

◎ 明孝陵建筑引导部分——神道及其神道上的建筑:大金门、四方城、御河桥、12对石像、1对石望柱、翁仲路、2对文臣石像、2对武将石像、棂星门

自入下马坊起,算是真正步入了明孝陵陵园区,向西步行一里左右就能到达陵区的第一道正面大门,人称大金门。名叫大金门,其实原本是一座上覆琉璃黄瓦的重楼式建筑,下有石造须弥座,雕刻精美,整个建筑华丽又庄严。但大金门在后来

的历史战火中被破坏了,现在只有三道拱门门洞凄凄而立。

穿过大金门北行,前头就是"四方城"。四方城原名碑亭,因亭中竖有一块高大的石碑而得名。亭的四周四个方向各开一券门,亭顶原有黄色琉璃瓦覆盖,但后来被毁了。现在只剩下四壁门洞,形如四方城垣,故而老百姓将它俗称为"四方城"。如今四方城内依然屹立着那块高大的石碑,石碑底下是螭首龟趺,其正面是朱棣为他的"父亲"朱元璋撰写的"大明孝陵神功圣德碑",背面为碑文正文,是永乐皇帝对父皇一生丰功伟业的记述。四方城里的这块石碑尽管是相当大了,但在附近的阳山山上还有比这更大的碑材,据说明成祖朱棣曾想以此做"神功圣德碑"的,但因为它实在太大,无法移动,只得改用现在人们所看到的这块石碑。(【明】胡广:《游阳山记》;【清】叶奕苞:《金石录补》卷27;黄云眉:《明史考证》第1册,中华书局1979年9月第1版,P49;【明】周晖:《金陵琐事》卷1)

过了碑亭向西北方向前行即为御河桥。自御河桥开始,便是孝陵的神道。不过现在人们却不这样喊它,而是呼之为石象路。因为石象路的两侧有石狮、石獬豸、石骆驼、石象、石麒麟、石马,这6种石兽各两对,"每种有四,皆两立两蹲,东西相向,森然若卤簿焉"。(【民国】王焕镳:《明孝陵志·规制》第二,P12)一共12对24尊。

大象生活于热带,象征大明帝国统治疆域之广;麒麟为仁兽,是麟、凤、龟、龙"四灵"之首,歌颂皇帝朱元璋为"仁义之君",这当然是吹嘘了;同时也是祈求吉祥;狮为兽中之王,展示朱元璋帝王的威严;獬豸是古代传说中能分辨是非曲直的神兽,象征公平执法;骆驼生活于沙漠,也是象征大明疆域的广阔;马是皇帝征战的坐骑,表明大明帝国武功昌盛。栩栩如生的石兽,给明孝陵增添了庄严、肃穆的气氛。

走过12对石兽,来到石象路的尽头,展现在眼前的是1对用汉白玉雕成的石望柱,有人称之为"华表",其"雕镂云龙文"。按照《大明会典》的记载:北京"天寿山陵有擎天柱四、石望柱二。孝陵有石望柱,似不容无擎大柱,而诸家都未之及,或清初已毁也"。(【民国】王焕镳:《明孝陵志·规制》第2,P12)

自石望柱开始孝陵神道突然转为南北走向,这是明孝陵不同于以往唐宋时代皇陵直线排列的规制。至于为什么要在这叫做孙陵岗亦称梅花山的地方突然打弯转向?明代文人的笔记记载似乎做了解释:"孝陵城西门内有吴孙权墓,筑城者奏欲去之。诏曰:'孙权亦好汉子,留为门主。'遂止。"(【明】郎瑛:《七修类稿·国事类·南都二墓》卷14)"门左有孙权墓,请徙。太祖曰:'孙权亦是好汉子,留他守门。'"(【明】张岱:《陶庵梦忆》卷1)

明孝陵神道复原示意图

孙陵岗亦称梅花山（因山上遍植梅花而得名），位于明孝陵正南 300 米，是三国时东吴开国皇帝孙权与他夫人的墓葬地，故名。按照中国古代帝王陵寝规制，朱元璋将他的墓址选在紫金山南麓的独龙阜，那么建设其神道就必须要劈开孙陵岗。据说当年负责明孝陵工程建设的中军都督佥事李新还曾向朱元璋专门请示过，要不要劈开孙陵岗？朱元璋回答说："孙权也是一条好汉，就让他为我守门吧！"但事实真相到底如何？我们将在下文再作论述。

由孙陵岗开始往北即翁仲路,翁仲路上有2对"介胄执金吾"的武将翁仲。翁仲为秦朝的武将战神,在这里代表的是大明军事武力;翁仲边上是2对手捧朝笏的文臣。文臣武将石像高达四五丈,"若祗肃而候灵辂者",彰显大明天子朱元璋的尊贵地位。(【民国】王焕镳:《明孝陵志·规制》第2,P11)

由翁仲路走到"黄绿琉璃,甍甃如屏"的棂星门(据《长陵图说》而论,现只有遗址),过御河桥(亦称"金水桥",其原有5座并列石板桥,现仅存3座,桥下之水也称御河,西注前湖)(【民国】王焕镳:《明孝陵志·规制》第2,P11~12),就来到了甬道,甬道长200米,走到头就是孝陵正门,人称"文武方门",由此门左右分开向北以红墙围拢,将整个独龙阜围住,孝陵殿、明楼、宝城等孝陵的主要建筑都被建造在这里头。

◎ 明孝陵建筑主体部分:文武方门、孝陵殿、升仙桥、宝城、明楼、宝顶

由文武方门开始到宝城是明孝陵的主体建筑——陵寝部分。文武方门是陵寝第一门,其原本很大,由5门组成,"三大而二小,东西二井"。(【民国】王焕镳:《明孝陵志·规制》第2,P12)清咸丰年间清军与太平军以此作为作战战场,展开血战,文武方门就此被毁。同治年间清方重修,为3门,近又改成5门,中门门楣上嵌有一块石额,上刻有"明孝陵"三字,周边为云龙纹雕刻。门外东墙前立有一块保护明孝陵的石刻告示,刻有日、德、意、英、法和俄六国文字,落款为"宣统元年两江洋务总局道台王、江宁知府杨"立。

进入文武方门向前便是孝陵大殿中门,也称享殿前门,其同样为方门5座(即享殿之重门)。门内有神帛炉2座,左、右庑30间;门外有御厨2个,左为宰牲亭,右为具服殿,皇帝所驻以具服者也。清末在此改建碑亭,亭内立有康熙南巡谒陵时亲书的"治隆唐宋"石碑。由此再往北就是明孝陵的主体建筑享殿,即孝陵殿,殿门上方额有金榜"孝陵殿"三字,凡11楹,也有说9楹,总计45间。"殿壁黄赤所墁,新旧参之。殿柱三十有六,去地二尺许……殿两旁多贮马粮,殿前有□□致祭碑二"(【清】魏世傚:《孝陵恭谒记》)。享殿中央供奉着明太祖和马皇后的神主牌位,殿后为六部。永乐时所得石龟亦置殿中(【民国】王焕镳:《明孝陵志·规制》第2,P13)。可惜这些都在太平天国运动中毁了。现在人们看到的是清末两江总督刘坤一令人重修的"小享殿"(实为一座小房子),殿中挂着明太祖纸质画像,殿前殿后有嵌雕云龙、山水大石陛六块,皆为明初文物。但从规模而言,清末重修的"小享殿"要比原来的小多了。我们从台基的面积和柱础的位置就可以看出明代时孝陵大殿

的巨大规模,它比北京昌平明成祖长陵的享殿要大得多。

享殿的主要功能是用来祭祀的,那么明代官方如何祭祀朱元璋与马皇后？明末清初著名学者张岱为我们记下了他所看到的一切:"陵寝定,闭外美,人不及知。所见者,门三、飨殿一、寝殿一、后山苍莽而已。壬午七月,朱兆宣簿太常,中元祭期,(张)岱观之。飨殿深穆,暖阁去殿三尺,黄龙幔幔之。列二交椅,褥以黄锦,孔雀翎织正面龙,甚华重。席地以毡,走其上必去舄轻趾。稍咳,内侍辄叱曰:'莫惊驾!'近阁下一座,稍前,为硕妃,是成祖生母。成祖生,孝慈皇后(即马皇后)妊为己子,事甚秘。再下,东西列四十六席,或坐或否。祭品极简陋。朱红木篚、木壶、木酒樽,甚粗朴。篚中肉止三片,粉一铗,黍数粒,冬瓜汤一瓯而已。暖阁上一几,陈铜炉一、小筯瓶二、杯棬二;下一大几,陈太牢一、少牢一而已。他祭或不同,岱所见如是。先祭一日,太常官属开牺牲所中门,导以鼓乐旗帜,牛羊自出,龙袱盖之。至宰割所,以四索缚牛蹄。太常官属至,牛正面立,太常官属朝牲揖,揖未起,而牛头已入燖所。燖已,舁至飨殿。次日五鼓,魏国(公)至,主祀,太常官属不随班,侍立飨殿上。祀毕,牛羊已臭腐不堪闻矣。平常日进二膳,亦魏国(公)陪祀,日必至云。"(【明】张岱:《陶庵梦忆》卷1)

这是明末享殿里头祭祀高皇帝的情形,想必明朝前中期国势强盛时当更为严谨、郑重。

孝陵享殿之北有门有3道,人称"内红门",其"为夹室数楹,皆用黄瓦,中官居之,以司香及洒扫焉,亦非旧制也"(【清】魏世傚:《孝陵恭谒记》)。今享殿之北内红门仅有一座。出了此门,步入又一甬道,该甬道大约有20来米长,走到其尽头就是一座五孔大石桥,人称"升仙桥",全长57米,凌谷飞架。逾桥为宝城,亦称方城。其中有斜坡隧道,拾级而上,"分左右折,历阶上,南折为明楼"(【民国】王焕镳:《明孝陵志·规制》第2,P14)。明楼高16.25米,东西长75米,南北宽31米。明楼上方原有巍峨壮丽的建筑,但已被毁,现仅存砖砌四壁,南壁3门,东西壁各1门。

明楼之北为崇丘即民间俗称的大坟包,官方美其名曰"宝顶"。其正南面为石砌墙,中刻"此山明太祖之墓"7字。崇丘为朱元璋、马皇后梓宫安葬处,即世人皆知的"独龙阜吉壤",其为圆形土丘,高达三四丈。(【民国】王焕镳:《明孝陵志·规制》第2,P15)明孝陵主体建筑至此而止。

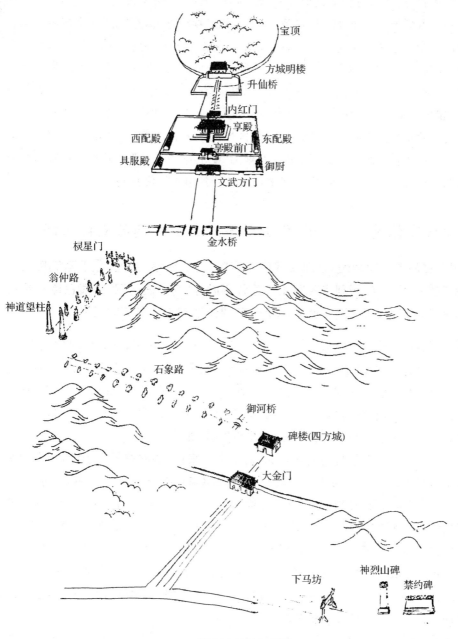

明孝陵复原示意图

诚如前文所述,明孝陵与明皇陵、明祖陵合在一起,被人称为明初"三陵"。在明初"三陵"中,无论从政治层面、建筑规模,还是从阳、从生等角度来说,明孝陵都是位居明初诸陵之首;若从近世500余年中营建的30余座帝陵综合起来考察,明孝陵不仅占地方圆绵延45里,其范围之广,建筑规模之大,在明清列帝帝陵甚至在中国历代帝王之陵中都是罕见的;而且从设计布局、建筑规制等角度来看,明孝陵深刻影响甚至规定了后来的明清列帝帝陵建筑的走向,故有人称其为明清500余年帝王陵寝中的第一帝陵。2003年7月,联合国教科文组织世界文化遗产委员会第27届会议将明孝陵作为明清皇家陵寝的扩展项目正式列入《世界遗产名录》。

明孝陵不仅是南京的、中国的,更是世界的。随着明孝陵的"申遗"成功,它越发为人们所重视。既然如此,这座被人称为"明清第一帝陵"的明孝陵到底隐含着怎样的历史文化内涵?让我们一起来试着解开其中的文化密码。

● 世界文化遗产——南京明孝陵的历史影响与文化密码

○ **明孝陵最大的特点是,它改变了唐宋帝陵方上、陵台、方垣、上下宫制度和十字轴线的陵墓布局,开创了陵寝主体建筑平面呈"前方后圆"和诸陵合用一条神道的基本格局,深深影响了此后明清帝陵建设规制500多年的历史**

中国传统丧葬的主要形式是土葬,即将死人放入棺材里,然后再埋到土穴中。所埋之处称为"墓"或"茔",即"葬而无坟谓之墓"(【汉】扬雄:《方言十三》);而在埋棺之处上面堆土成丘的,叫"坟"或"冢",即"土之高者曰坟"(郑玄注:《礼记·檀弓上》)。由此而言,墓地的"墓"原本应该是平坦的,而"坟"才是高隆出来的,两者之间有着一定的区别。相对而言,墓之周围就叫做"兆域"。

其实这些都是对于普通人而言的,对于帝王来说,那就有着特别的讲究。"秦名天子冢曰山,汉曰陵,故通曰山陵矣"(【北魏】郦道元:《水经注·渭水》卷19)。即说帝王之墓在秦时称为"山",汉朝时称为"陵",由此"山陵"后来成为帝王之墓的专门代称。有所谓"山陵崩""驾崩",即为国君、天子死了。"天子死曰崩,诸侯曰薨,大夫曰卒,士曰不禄,庶人曰死"(《礼记·曲礼下》第2)。从中我们不难看出,中国特色的专制主义真是到了家,不仅活着时人与人之间有着很大的不平等,就连死了还得讲究三六九等。这种有着特别讲究的等级制随着中国传统社会君主专制主义的一步步强化而愈发壁垒森严。

普通人即庶人,在统治者的眼里就是"小人","小人"死了就埋了,大不了搞个小土堆,这就是人们常说的坟。帝王可不同,他是人间最大的"大人",一般有两种葬法,一是以山代坟,即在半山腰南麓开凿墓穴,然后隆重地下葬死了的帝王;二是垒土为坟,即在平地上挖好墓穴,再葬天子。按照现代绝大多数人的理解,人死了,什么都空了,大不了在每年一定的时节祭奠祭奠死者,有钱的人家多烧些纸钱,甚至烧些黄金、白银和"小姐"。烧完了,祭祀活动也进行得差不多了。不过最近几年南方地区的某些"人民公仆"和富商们在祭祀死者的同时,往往挥金如土,大造阴宅,且越造越豪华,大概是在告诉世人:他们地位之不同、身份之特殊,就像古代帝王一般。其实历史上作为人间最大的"大人物"——帝王死后的丧葬与祭祀还有着许多的特别之处,或言有着极为严格的规制,且处于不断升级之势。

中国古代帝王陵寝制度大约到秦汉时代才确立下来,东汉大学者蔡邕曾记载道:"宗庙之制,古者以为人君之居,前有'朝',后有'寝',终则前制'庙'以像朝,后制'寝'以像寝。'庙'以藏主,列昭穆;'寝'有衣冠、几杖、象生之具,总谓之宫。……古不墓祭,至秦始皇出寝,起之于墓侧,汉因而不改,故今陵上称寝殿,有起居、衣冠、象生之备,皆古寝之意也。"(【汉】蔡邕:《独断》)汉朝正史也说:"古不墓祭,汉诸陵皆有园寝,承秦所为也。说者以为古宗庙前制庙,后制寝,以象人之居前有朝,后有寝也。《月令》有'先荐寝庙',《诗》称'寝庙弈弈',言相通也。庙以藏主,以四时祭。寝有衣冠、几杖、象生之具,以荐新物。秦出寝,起于墓侧,汉因而弗改,故陵上称寝殿,起居衣服象生人之具,古寝之意也。"(《后汉书·祭祀志下·宗庙》志第九,祭祀下)

这里边大致是讲,按照"事死如事生"的丧葬礼仪,根据皇帝生前居住的宫城"前朝后寝"之规制,最先人们将纪念与祭祀死去了的皇帝之庙与寝都建造在都城范围内,但皇帝的坟墓即所谓的"山陵"却是建在外边——阴阳有别。庙里是放死者画像一类,即所谓"藏主",序列昭穆,按照死者辈分排序,以便后人四时祭祀;寝里是放置衣冠、几杖等死者生前用品,目的也是为了便于祭祀。皇帝生前的工作与生活"区划"为"前朝后寝",即处理国家政事、举行大典在前面朝堂上,退朝了、下班了回到后堂,即人们常说的皇帝与后妃们游龙戏凤的地方。那么皇帝死了,祭祀他老人家的"庙寝"如何规制?以"庙"对应"朝",以"寝"对应"寝"(活着时休息之处)。由此说来,秦汉之际都城中祭祀皇帝的至少有两个地方:一个是里边放着皇帝家列祖列宗牌位的"庙",一个放着皇帝生前遗物的"寝"。这样的庙寝制度大约在秦始皇时有了一次"变革":庙依然留在都城里,而寝被迁到了皇帝陵墓的边上。如此规制一旦定下,就一直沿袭到了明清。如今我们无论是在南京还是在北京,都知道明清太庙就在城里头,而祭祀朱元璋、马皇后或明清诸帝后的享殿即寝却一开始就建在城外帝陵陵园内。(《明太祖实录》卷154;【民国】王焕镳:《明孝陵志·规制》第2,P13)

自寝被迁出都城,与皇帝陵做伴后,"陵寝"则更多地被人所连称。在中国古代帝王陵寝制度大体确立的秦汉时代,皇帝陵寝有两大显著特点:

第一，陵墓呈方形覆斗式，即上面小下面大的方锥体，更确切地说是平顶方形，如被截去顶部似地，人们简称其为"方上"。"方上"制度一旦确立，便成为帝国皇家的专利与特权的象征，一般贵族与平民不得用此，只能以圆锥形作为坟头。这样的规制为汉唐诸陵所沿用，并一直持续到宋。

第二，秦汉之际的陵寝方位为坐西朝东，之所以如此，有人认为很可能是受上古时代秦人与楚人习俗遗风之影响。但帝陵坐西朝东这种规制到了东汉汉明帝时代就发生了变化。

中元二年(57)汉光武帝刘秀死后葬于原陵，皇太子刘庄即位，即历史上的汉明帝。第二年即永平元年(58)，按例朝廷举行大朝会——元会仪，汉明帝接受众大臣朝拜。结束后，刘庄回忆起父亲在世时的音容笑貌，不禁悲伤起来。为了表达对父皇的哀思，汉明帝决定把元会仪搬到光武帝的陵墓原陵处举行。那时的大朝会突出以皇权为中心，皇帝坐北朝南，而祭祀先帝陵寝的方位制度为坐西朝东。同一个地方阴阳两种礼制方位不同难免会引发混乱，于是从那时候起，中国都城、朝仪和陵寝方位都统一改为坐北朝南。这是历史上帝王陵寝制度的又一变。(《后汉书·显宗孝明帝纪》卷2，本纪第2)

"方上"或称方形覆斗式、坐西朝东改为了建筑方形围墙、四面设有阙门、寝殿建在陵墓旁、坐北朝南，如此秦汉陵寝规制大体延续到了唐代时再次发生"变革"。唐太宗李世民死后，他的陵墓——昭陵前的寝殿一分为三：一是在墓室门顶上建由陵主魂魄游乐之用的神游殿；二是建由人们祭祀所用的献殿，亦称寝殿或上宫；三是建安放梓宫的寝宫，也称下宫。后来唐朝其他帝陵就取消了神游殿，直接在陵前建献殿(上宫)，在山下建寝宫(下宫)，由此开启了上下宫制度，并被后来的宋朝所沿袭。(《新唐书·儒学下·韦彤传》卷200)

明初朱元璋开始对唐宋陵寝制度作了改革，先试用于皇陵建设，后在孝陵建设中正式确立。他取消上下宫制，将其改为"前朝后寝"(即前面祭祀、后面安放梓宫)或言"前方后圆"，仿效明皇宫模式，建立了文武方门、孝陵殿、方城和宝顶等三进院落制；将立体的十字轴线陵墓布局改为了一字型平面布局；将传统的唐宋诸陵各设一条神道改为诸陵合用一条神道，将陵园四周方垣改为因地制宜建筑而成的不规则形陵园城墙，如此规制影响了以后明清帝陵建设500多年的历史。

○ **明孝陵参照并变通明都城、明皇宫和明皇陵的建筑设计，建立"前朝后寝"三进院落制，布局严谨，规模宏大，建筑华美，工艺精湛，体现了中国传统社会的最高丧葬规制，也成为明清500多年诸帝陵的最高典范**

洪武开国之初开始建造的明皇陵是严格按照明中都和京城三环相套的原则进

行布局与建设的：最里头为皇城、中间为砖城，外面为土城。明孝陵建造时已对此作了变通，最里头的宝城部分大致相当于明皇陵里的皇城，宝顶前面的方城明楼相当于明皇陵的砖城，原来明皇陵砖城东南西北四面各设一城门与明楼，现在只在明孝陵正南面设一座明楼，且范围大为缩小，并有将朱元璋坟墓包在里头的意思，这倒贯彻了皇陵砖城的主要用途精神。明孝陵最外边的一圈城墙就相当于明皇陵的土城。这样的变化可能使得明孝陵的建设更显得合理，布局更严谨，规模更宏大。

如果我们从空中鸟瞰，明孝陵的总体面貌呈内城外郭式的布局。内城即明孝陵的陵宫区，用红墙围砌，形制为典型的"前朝后寝"。第一、二进院落为"前朝"部分，第三进院落为"后寝"部分。从文武方门至享殿前门以及前门两侧的具服殿、神库、御厨，为第一进院落；第二进院落从享殿前门至享殿即孝陵殿，包括左、右配殿，是陵寝祭祀活动的中心；第三进院落"后寝"从内红门至宝顶，包括御河及大石桥（升仙桥）、方城明楼、宝城。外郭系从大金门东西两侧延展，现在红墙已经不存在，但能看到连接的痕迹，墙厚约1.5米，高约4米。这道外郭城墙（相当于明皇陵的土城）将纵深2600多米的明孝陵陵域围了起来，据记载：陵园红墙"沿山周围，缭垣四十五里"（【民国】王焕镳：《明孝陵志·规制》第二，P15），相当于南京城墙长度的2/3，几乎把半个钟山包含在内。可见明孝陵陵区范围之大！

如果由具体建筑的个体来看，虽说明孝陵的地面建筑已经被破坏得差不多了，但从现存的古迹我们尚能看出明孝陵曾经的辉煌与恢宏以及当时建筑与雕刻等方面的高超技术。

譬如，大金门据相关史料记载，原屋面为单檐庑殿顶，覆黄色琉璃瓦，用绿色琉璃椽子。屋檐以下不施斗栱，而以石制挑檐取代，结构简洁而坚固，朱红双扉，庄严华丽。现大金门面阔26.66米，进深8.35米，中门较大，高5.24米，据此，我们依然能看到其当年的雄姿。

再说那碑亭，其建筑平面呈正方形，面阔、进深均为26.86米，俗称"四方城"。四面各开一座券门。由于碑亭顶部不存在，所以结构、形制无法考证。但亭内矗立的那"大明孝陵神功圣德碑"可不得了，碑高8.78米，分为龟座、碑身、碑额三部分。碑身上碑文为楷书阴刻，共2746个字，书法优美，镌刻工整；碑额雕刻有九条龙，雕工精湛，气势雄伟。这是南京地区现存古代碑刻中最大的一块，具有珍贵的历史和艺术价值。

孝陵享殿虽毁于清咸丰三年（1853）兵火之中，具体形制已不存在，但根据现存的享殿台基及明长陵的祾恩殿形制，我们大致可以推测为：享殿是面阔九间、进深五间的建筑，采用重檐庑殿顶这一最尊贵的形式。支撑大殿的柱子为楠木大柱，并且有金龙为饰。"长陵(当如孝陵)殿,重檐,九楹,高可十丈,修十有一丈,广倍之,而加以丈三。其外丹陛崇高,白石栏三重"(《十三陵记》;【民国】王焕镳:《明孝陵志·规制》第2,P14)。享殿下的石砌须弥座台基有三层,通高为3.03米。台基上如今还保留着部分螭首、前后踏垛和陛石、栏杆、栏板等石雕构件,虽然残破,但气势依旧壮观。享殿台基上遗留了大量石柱础,由这些石柱础也可想象当年建筑的辉煌。

方城明楼是明孝陵的核心建筑之一,方城用大石条筑成,东西面阔60.8米,南北进深34.22米,下部为石刻须弥座,高2.4米,束腰部分刻绶带纹和方胜纹,上部用规整的条石砌建,正面高16.25米。方城正中辟有一个高大的拱门,拱门内有一幽深的隧道,内设54级台阶。方城之上的明楼由大方砖铺地,现仅存四壁。根据保存至今的湖北明显陵和北京明十三陵的明楼形制,我们大致可以想象当年明孝陵方城明楼的巍巍壮观:重檐歇山顶,黄色琉璃瓦,飞檐翘角。

从建筑造型与艺术风格角度来说,明孝陵也可堪称明清500多年诸帝陵的最高典范。

譬如孝陵殿台基是由大型鼓镜式柱础构建而成,而这种鼓镜式柱础造型最初就起源于南京,可能是在宋代前后流行的官式建筑所使用的覆盆式柱础和江浙地区民间流行的鼓櫈状柱础基础上发展而来的,并被应用到大明皇家建筑当中,后随着朱棣迁都又传到了北京,几乎成为明清皇家与官式建筑柱础的唯一风格。

明孝陵建筑造型中还有一个较为显著的特征,就是大量使用砖砌拱券造型。在明孝陵的大金门、碑亭、享殿与陵宫门以及孝陵前期工程中建造的灵谷寺无梁殿等一系列大型建筑中的门顶都采用了砖砌拱券造型。这种建筑造型在我国早已有之,但如此广泛地使用和建造这么大的拱券建筑物却是很不多见的,尤其方城明楼上的那个陵宫门在今人看来就是一个拱形隧道,其南北进深34.22米,内有54个台阶,真可谓高大深长,巍巍壮观。像陵宫门这样拱券跨度之高大、建造之精美的拱券形门顶,在中国传统殿宇建筑中是前所未有的。因此说,明孝陵的砖石建筑,是中国建筑史上大跨度砖拱技术运用于殿宇建筑的成功范例。

再来说说建筑艺术风格。如今人们所见到的那神道上的石像都是明初的石雕杰作。在雕刻技法方面,注重写实、逼真与古朴相结合,线条圆润流畅,细微之处精雕细琢,甚至在大象耳朵上雕刻出若隐若现的耳脉、在獬豸和麒麟脑后雕刻出千丝万缕的鬃毛。这是从微观角度来看,若着眼于宏观,人们就不难看到:神道上的石刻风格多样,造型浑厚凝重又简朴,以形体高大取胜,石象与石望柱等皆为巨作。综观之,明孝陵神道上的石刻将整体宏大与局部精细融为一体,代表了那时中国石雕艺术的最高水平，并深刻地影响了后来明清皇家建筑与园林造型艺术。（参考网上信息 http://www.szyo.com/blog/archives/164.html）

○ 明孝陵的设计布局与建设贯穿了中国传统文化与堪舆学理论，注意了自然与庄重的统一，渗透了"法天象地""天人合一"和"魂归北斗"思想理念

前面我们说过中国传统的堪舆文化，在元末明初时风水之术主要有两派：一派是福建派，亦称理气法或宗庙法；另一派为江西派，又称峦头法或形势法。元末明初大受强势权力新贵阶层推崇的是讲究择址选形的江西派或称峦头派。峦头派讲究择址选形有五大步骤：觅龙、察砂、观水、点穴、取向。在这当中最为关键的可能要数觅龙和点穴。觅龙就是寻找真龙所在，明初精通堪舆之术的刘基曾在《堪舆漫兴》里头点出了中国"山祖"昆仑山东向的三条"干龙"，明末右侍郎蒋德璟则明确地向崇祯帝说道："中国有三大干龙。中干旺气在中部，结为凤、泗祖陵；南干旺气在南京，结为钟山孝陵；北干旺气在北京，结为天寿山诸陵。"（【明】孙承泽：《天府广记·察勘皇陵记》卷40）

由此看来朱元璋定都南京与归葬南京在风水学上是没什么大问题的，接下来看看当年的察砂、观水、点穴等。前面说过明孝陵点穴择址是在洪武八年前就完成了，即由朱元璋、刘基等选定紫金山独龙阜玩珠峰。怎么看中的？依据是什么？当年史书未作记载，但元明之际的风水学理论却似乎为今人解开了历史之谜："善葬者必原其起以观势，乘其止以扦穴，凡言止者……乘其脉之尽处为止。"也就是说要将阴宅——"穴"定在"穴"后山脉之前，"形止脉尽"（【元】吴澄，删定；郑谧，注释：《地理葬书集注》）。再看明孝陵宝城所在的玩珠峰恰巧在紫金山南麓，山脉接近尽头了，符合风水学上的标准要求。

不过光看这个可不行，还必须得注意到它的"护砂"，也就是说独龙阜阴穴左右两侧应有重重护砂，"龙虎抱卫"（【元】吴澄，删定；郑谧，注释：《地理葬书集注》），且"穴"与最内侧的龙虎护砂（义称"蝉翼之砂"）之间还需要"虾须之水以定葬口界限"（【元】吴澄，删定；郑谧，注释：《地理葬书集注》）。明孝陵宝城所在的独龙阜后、左、右恰有远近群山环绕拱卫（参见胡汉生：《试论明代帝陵制度的传承与演进》，网上论文），至于那风水学上所说的"虾须之水"，至今我们还能看到，即明孝陵宝城前"升仙桥"下的一泓河水，有人称之为宝城御河。水与风在风水学上太重要了，托名郭璞所著的《葬书》中说："风水之法，得水为上，藏风次之。""气乘风则散，界水则止。古人聚之使不散，行之使有止，故谓之风水。"（【元】吴澄，删定；郑谧，注释：《地理葬书集注》）

紫金山上有龙气或言王气，这是传统社会中人们普遍认为的，明代人更是深信不疑："钟山上有云气，浮浮冉冉，红紫间之，人言王气，龙蜕藏焉。""戊寅，（张）岱寓鹫峰寺。有言孝陵上黑气一股，冲入牛斗，百有余日矣。岱夜起视，见之。自是流贼猖獗，处处告警。壬午，朱成国与王应华奉敕修陵，木枯三百年者尽出为薪，发根，隧其下数丈，识者为伤地脉、泄王气。"（【明】张岱：《陶庵梦忆》卷1）

　　以上是明末学者张岱描述的他所看到的紫金山顶之气，连饱读诗书、明达事理且怀有经国济世韬略的著名文化人都相信王气之说，更别提那个当初大概连小学文化程度都不够的朱元璋了，他要刘基等堪舆大师勘定绝佳的身后龙穴——独龙阜宝城，就是为了保住大明皇家的龙气。而孝陵宝城所在的独龙阜北靠钟山主峰，是山势缓缓下降的一块山麓地，恰似"玄武垂头"；独龙阜之东，钟山山脉往南延伸为各座小山，绵延不绝，此为"青龙蜿蜒"；独龙阜之西，有一条山脊，往西南蜿蜒，这是"白虎驯俯"。西、北、东三面如怀抱，能挡恶气，聚生气。而孝陵宝城向南开口处，有三条河流即宝城御河、内御河（也称金水河）、外御河，分别自方城明楼前、文武方门前、石象路神道起首处的御河桥下流过，皆汇入前湖，此又为"朱雀翔舞"。

明孝陵风水示意图

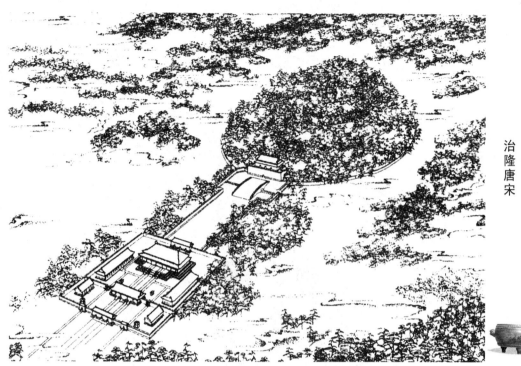

南京明孝陵陵宫复原鸟瞰图

《大明风云》系列之 ❺ 治隆唐宋

外御河、内御河和宝城御河不仅守住了大明的龙气,而且还被巧妙地改成明孝陵地区的三大排水系统。明孝陵建于地处长江下游的南京,该地区雨量充沛,通过该三大排水系统和陵宫内的地下排水管道及地面建筑周围砖铺的排水明暗沟及时排水泄洪,使得明孝陵建筑屹立不倒,也使大明王气龙脉绵延永远。更为绝妙的是三条御河将陵域划分成导引区、神道区、前朝区和后寝区,同时通过御桥将这四个区域连接成一个和谐的整体。它们非但未打破陵域空间的有序性和完整性,反而巧妙地利用御桥将陵域装点得更为完美,更富有生机,在规划和设计上可谓独具匠心,做到了自然与人工的巧妙结合和天地人三者之间的和谐统一。

除了御河"水带"将明孝陵建筑有机地连接起来外,还有一条别具一格的神道贯穿了明孝陵的南与北,弯曲的神道把人们一步步引入陵宫,神道两边依次设置了坊、门、亭、石像生、牌楼等建筑物,或居中,或对称,创造出一种流动的有韵律的美;而陵宫建筑采用中轴线对称式布局,突出庄重感,体现出陵墓建筑追慕的特色。人们沿着神道及中轴线前行,思绪被它牵引,不得不敬畏皇家的权威与尊贵,同时也让人们看到了明孝陵设计者独特的智慧和孝陵建筑与紫金山水的绝佳配合,是一种自然造化之美与人工建筑之庄重的和谐统一。

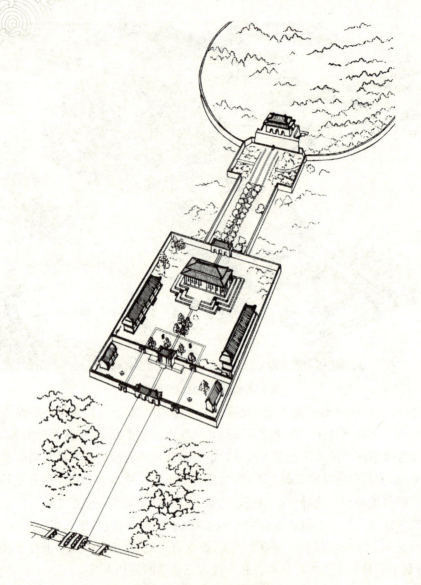

明孝陵天圆地方示意图

　　明孝陵建筑布局丰富的传统文化内涵中最令人称绝的可能就要算"天人合一"——"天圆地方"的陵寝布局与北斗星状神道设计。

　　前文说过,秦汉时代起确立的中国皇帝陵寝制度中有一大特点,就是"方上",即陵墓呈正方形覆斗式。这个规制一直延续到唐代基本上都没变,除了葬在山腰里不显形迹的帝陵外,唐代在平地上建造的帝陵陵台(即俗称坟丘)多呈正方形。宋朝沿袭了唐制,所不同的是宋帝帝陵将原来唐朝双层台阶式正方形陵台改为了三层台阶式。到了明初,朱元璋改传统帝陵规制的"方上"为"上圆",即我们平常所说的圆形坟丘,将方形的造型移到了前面的方城与享殿建设上,构成了"天圆地方"的建筑布局。圆形坟丘里头葬着逝去的天子朱元璋。天子,顾名思义,即上天的儿子,他死后应该魂归天上,因此说朱元璋与马皇后的坟丘就要造成圆形,这叫做"天圆";而坟丘前的方城与享殿是后来者用来祭祀先皇帝先皇后的,相比于先皇帝,后来祭祀者为臣,就好比是相对于"天圆",后来者用于祭祀的建筑场所应该属于地。地在传统中国人的概念中就应该是方形的,由此坟丘与方城、享殿巧妙布局,中国人传统的"天圆地方"之说得以完美的诠释,"天地人合一"的主题思想也得以充分表达。

如果再从享殿继续向南一一考察并通贯起来看的话,我们就会发现明孝陵的神道实在奇特。花了30来年时间、投入了那么多的心血、精力和财力,居然打造出一条"曲折"的神道,这到底为何?传统的说法是,负责明孝陵工程的人向朱元璋请示,移走梅花山上的孙权墓,劈开孙陵岗,便可将神道筑直了。可朱元璋不同意,认为孙权也是一条好汉,就留着让他给我看门吧!(【明】郎瑛:《七修类稿·国事类·南都二墓》卷14;【明】张岱:《陶庵梦忆》卷1)那么事实真相果真如此?如果我们将神道上的四方城、神道石望柱、棂星门、金水桥、文武方门、享殿直到宝城七大建筑点用线连接起来,其图形令人十分吃惊,它几乎与天上北斗"勺柄"七星布局一模一样,或者说这七个主要建筑构成了地上的北斗"勺柄"七星。而钟山北麓徐达墓、常遇春墓、李文忠墓、仇成墓等犹如北斗七星周围之群星。我们回头再看看宝城所在地独龙阜的地理风水:北玄武、南朱雀、左青龙、右白虎,明孝陵法天象地,其陵宫四向就是天上四象,而天帝所居之"北斗"又位居中央,其前方就是北斗七星,"紫宫垣十五星,其西番七,东番八,在北斗北。一曰紫微,大帝之坐也,天子之常居也,主命主度也。"(【唐】房玄龄:《晋书·天文志上》卷11)加上中国人自古就有帝王升仙"魂归北斗"的说法,因此说,笃信风水之说和天人感应的朱元璋所要精心打造的明孝陵就是天宫的再现,或者说是地上版的天宫布局。

至此,中国传统文化思想和风水学理论所追求的最高境界在明孝陵建设中得到了充分的展示,同时这也是中国陵寝制度运用风水学走向成熟的一个杰出标志与帝陵制度的变革。明清帝陵新制自此开创后,一直为后来的帝王所沿用,时间长达500余年。(参见夏玉润:《朱元璋与凤阳》,黄山书社2003年12月第1版,P401~402)

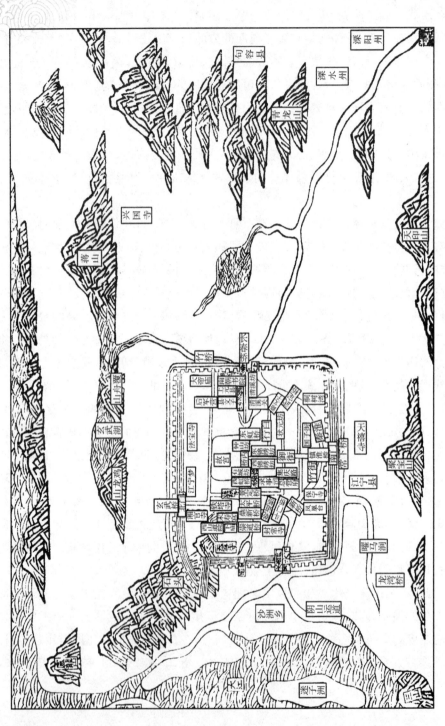

紫金山明孝陵形胜图

不仅如此，占有至善至美的好风水，法天象地，营造地上版的"天宫"——明孝陵，朱元璋更多表达的是他内心的精神寄托与终极关怀：天圆地方、天地人合一和天人感应，我朱元璋和子孙们都是"奉天承运"，大明江山会永远地牢牢掌控在我朱明皇家手中。

该做的几乎都做了，且做得很绝，似乎也很"完美"，最后朱元璋永远地待在了他心中完美的地上版"天宫"——南京明孝陵。

从约40岁登基到71岁归宿明孝陵，虽说朱元璋算不上大明历史上在位最久的帝皇，但他的每一招每一式都给后来的帝国历史（包括清朝）产生了很大的影响。回首瞻望朱元璋治理下的大明，明中叶文人董谷不无自傲地说道："程伊川（即宋代有名理学家程颐）谓，宋家（指宋朝）超越前代者五事。余谓我朝超越前代者，略言七事，而一统之盛，尤自古之所无也。是故汉吕临朝，唐武易姓，赵宋虽多贤后，犹有垂帘之失。国家（明朝人自称当朝为国家或国朝，笔者注）历九朝，椒房不预政事，内廷甚正，一也。夷狄之患，自汉以来，和亲致弊，不知纪极。国家廓清驱逐之后，遂绝其源，大限甚明，二也。人君即位，谓之元年，无再元之理。其弊自汉文帝始，后代因之，至一君有十数元者，无谓之甚。我朝列圣相承，只以一元纪世，老成正大，无夸侈变更之心，三也。党锢之祸，汉以之亡，牛李洛蜀，何代无之。国朝百八十年，多士一心，无复朋党，四也。古者名不偏讳，临文不讳，惟致谨于君上之前耳。后世忌避太甚，极为可恶。名晋肃而不举进士，姓石昂而改呼右昂。片言只字，无心获罪者，不可胜举。我朝惟进御合避，外一切皆略之，士风稍古，五也。前代杀人无忌，虽平居杯酒之间，动以人命为戏。如王恺饮客，日杀美人。徐知诰鸩第，贻祸伶者。其他快己欲，复私仇，虽当盛世，漫无法度。我圣祖在御，先出五刑酷法，后申《大诰三编》，明著律令，使之趋避。故虽位极人臣，无敢专擅杀戮。太平全盛，人有所恃而无恐，六也。前代皆有官妓，虽张禹大儒，后堂女乐。而谢安之风流，杜牧之狂狎，缙绅以为美谈。至于有宋，士习稍还，而此风不变。我朝一革遂尽，始无寄猴之丑，七也。"（【明】董谷：《碧里杂存》上卷）

董谷的论述虽有偏颇（洪武帝杀人够多了，董老夫子却没有正确认识到，笔者注），但大体还算公允。几乎与其同时，明代藏书家、文学家和理学家谢铎则论道："我太祖皇帝远过于宋者，有五事。一，攘克夷狄以收复诸夏；二，肇基南服而统一天下；三，威加胜国而锋刃不交；四，躬自创业而临御最久；五，申明祖训而家法最严。"（【明】张燧：《千百年眼·我朝胜前代二十二事》卷12）

而同一时期的著名文化人敖英对朱元璋开创的强盛国势的大明更是赞赏不已："我朝国势之尊，超迈前古，其驭北虏西蕃，无汉之和亲，无唐之结盟，无宋之纳岁币,亦无兄弟敌国之礼,其来朝贡,则以恩礼待之。其朝鲜、安南、琉球、日本、占城、暹罗、满剌加诸国,乌思藏、童卜韩、胡奴儿干诸司、朵颜、赤斤、阿端、卜剌罕诸卫,奉法尤谨,朝廷待之,恩礼亦有加焉。呜呼,盛哉!"(【明】敖英:《东谷赘言》卷上)

伟哉,大明!盛哉,大明!这是古人对老朱皇帝立国定制和治边治外治天下的评价,应该说还是十分客观和公允的。就这个老朱皇帝在世时还曾跟文臣朱升说:"治天下者,正家为先。"那么他修身治家的最终结果到底如何?《明史》说:"终明之代,宫壸肃清,论者谓其(指朱元璋)家法之善,超轶汉、唐。"(《明史·后妃传·序》卷113)由此再看明孝陵孝陵殿里那通大石刻碑——300年后清圣祖康熙帝对朱元璋的评价"治隆唐宋",还是比较妥帖的(对儿子们的治理除外)。

不过我们还应看到朱元璋治理下的另一面:他乾纲独断,事必躬亲,专制集权,滥杀无辜,大搞政治运动,实行文字狱与特务统治……将大明治理成一个令人窒息的国家,严重摧残了商品经济的发展和中外交流,客观上妨碍了思想文化的繁荣,且对以后的中国社会产生了深刻的负面影响。

一代枭雄、奇特的开国皇帝朱元璋终于走了,他将一个自以为治理得安全无恙、铁打一般的江山社稷交给了自己的皇太孙。殊不知他老人家刚刚"躺下",那个曾经乖巧又自称是父皇"好儿子"的燕王朱棣就在北京蠢蠢欲动了(参见《明史·诸王一、二、三》卷116),随即发动具有巨大破坏力的"靖难之役",而后又进行了惨绝人寰的大屠杀……欲知后朱元璋时代之详事,请看《大明风云》之⑥《仁政方隆》、⑦《建文悲歌》、⑧《皇帝迷踪》。

大明帝国皇帝世系表

（18 帝，1368—1645 年，共计 277 年）

		①明太祖	朱元璋	洪武三十一年	戊申	1368 年
懿文太子 朱 标		③明太宗（明成祖）	朱 棣	永乐二十二年	癸未	1403 年
②明惠帝 朱允炆 建文四年 己卯 1399 年		④明仁宗	朱高炽	洪熙一年	乙巳	1425 年
		⑤明宣宗	朱瞻基	宣德十年	丙午	1426 年
⑥明英宗 朱祁镇 正统十四年 丙辰 1436 年 →	⑦明代宗	朱祁钰	景泰八年	庚午	1450 年
		⑧明英宗	朱祁镇	天顺八年	丁丑	1457 年
		⑨明宪宗	朱见深	成化二十三年	乙酉	1465 年
		⑩明孝宗	朱祐樘	弘治十八年	戊申	1488 年
⑪明武宗 朱厚照 正德十六年 丙寅 1506 年 →	⑫明世宗	朱厚熜	嘉靖四十五年	壬午	1522 年
		⑬明穆宗	朱载垕	隆庆六年	丁卯	1567 年
		⑭明神宗	朱翊钧	万历四十八年	癸酉	1573 年
		⑮明光宗	朱常洛	泰昌一年	庚申	1620 年
⑯明熹宗 朱由校 天启七年 辛酉 1621 年 →	⑰明思宗	朱由检	崇祯十七年	戊辰	1628 年
		⑱明安宗	朱由崧	弘光一年	乙酉	1645 年

注释：

①明朝第二位皇帝是朱元璋的皇太孙朱允炆，建文四年时，他不仅被"好"叔叔朱棣从皇位上撵走，而且还被"革除"了建文年号，改为洪武三十五年。

②明朝开国于南京，从正宗角度来讲，很难说迁都是朱元璋的遗愿。因此，大明的覆灭应该以国本南京的沦陷作为标志，弘光帝又是大明皇帝的子孙，他称帝于南京，应该被列入大明帝国皇帝世系表中。

③上表中 ↓↘ 表示皇位父子或祖孙相传，→ （ 表示皇位兄弟相传。

④明安宗朱由崧是老福王朱常洵的庶长子，明神宗万历皇帝朱翊钧之孙，也是明熹宗朱由校、明思宗朱由检的堂兄弟。

后 记

2013年12月平安夜的钟声敲响时,我的10卷本《大明帝国》竣工了,想来这400多个不眠的夜晚,真可谓感慨万千。在这个浮华的年代里,就一个人靠着夜以继日地拼命干,想来定会让象牙塔里带了一大帮子弟子的大师们笑弯了腰,更可能会让亦官亦民的××会长们暗暗地叫上"呆子"的称号……是啊,十多年了,在我们的社会里什么都要做大做强,什么都要提速快行,什么都要搞课题会战工程,而我却是孤独的"夜行人"和迟缓的老黄牛,无论如何都无法跟上这个时代的节拍。好在已到知天命的年龄,什么事都能看得淡淡的,更何谈什么学会、研究会的什么长之诱惑了。秉承吾师潘群先生独立独行的精神,读百家之书,虽无法做到"究天人之际,通古今之变",但至少能"成一家之言",管他春夏与秋冬。

不管世事,陶醉于自我的天地里,烦恼自然就少了,但不等于没有。自将10卷《大明帝国》书稿递交后,我一直在反问自己道:"有何不妥?"在重读了出版社发来的排版稿后,我忽然间发现其内还有诸多的问题没有彻底讲清楚或无法展开。譬如,尽管我专辟章节论述了大明定都南京、建设南京的过程及其历史影响,从一般意义角度而言,似乎很为周全,但细细想想,对于已经消失了的南京明故宫和明都京城之文化解读还没完全到位。理性而言,南京明皇宫与南京都城在中国历史文化进程中所占的地位尤为特别,如果要用最为简洁的词语来概括的话,我看没有比"继往开来"这个成语更合适了。"继往"就是在吸收唐宋以来都城建筑文化精华的基础上,将中国传统的堪舆术与星象术巧妙地结合在一起,使其达到前所未有的完美境界,用明初朱元璋开国时反复强调的指示精神来说,就是"参酌唐宋"和"恢复中华",即在继承先人传统的基础上整合和规划南京明皇宫和大明都城建设,于最核心部分构建了象征紫微垣的宫城,宫城之外为象征太微的皇城,皇城之外为象征天市的京城,环环相套,中国传统文化中的"法天象地""天人合一"思想在南京明皇宫和大明都城建设布局中得到了充分的体现;"开来"就是指明初南京明皇宫与都城建设规制深刻影响了后来的明清皇城与都城建设布局。

同样的例子还有南京明孝陵、凤阳明皇陵、盱眙明祖陵,等等。

对于诸多的不尽如人意之处，最好的办法就是在原书稿基础上直接添加和补充，但随之问题又来了。原书稿规模已大，《洪武帝卷》100多万字，分成了3册，每册都是厚厚一大本，如果再要"补全"，那就势必要另辟一册。这样对于图书销售会带来更多的不便。思虑再三，只好暂时先以原书稿的规模出版，等以后有合适的机会再作重新规划和布局。

可没想到的是，我的苦衷在今年新书上市后不久让广大的读者和东南大学出版社的朋友一下子给解决了。本来按照图书规模而言，3卷本100多万字的《朱元璋卷》应该是很难销的，但让人始料未及的是，它上市没多久就销售告罄。在纸质图书销售不景气的今天，能有这样的结果，真是莫大的欣慰。更让人兴奋的是，东南大学出版社的谷宁主任、马伟先生在上请江建中社长、张新建总编等社领导后决定，在原10卷《大明帝国》基础上，让我重新修订，分册出版。当时我正在研究与撰写大明正统、景泰两朝的历史，听到这样喜人的消息后，立即放下手中的事情，开始对原10卷《大明帝国》逐一作了梳理，调整章节，增补更有文化含量的内容，使原《大明帝国》变得更为系统化，考虑到新书内容已有很多的变化，为了与以前出版的相区别，本想取名为《明朝大历史》，但考虑到这是普及性极强的读物，最后与马伟先生合计，取名为《大明风云》。

经过数月的不眠之夜，《大明风云》前8卷终于可以交稿了。回想过往的日日夜夜，看到眼前的这番收获，我要衷心感谢的是中共南京市委宣传部叶皓部长、徐宁部长、曹劲松副部长，南京广电集团谢小平主任，中共南京市委宣传部网控中心的龚冬梅主任，中央电视台池建新总监，安徽电视台禹成明副台长，原南京电视台陈正荣副台长、新闻综合频道傅萌总监，原江苏教育电视台张宜迁主任、薄其芳主任，东南大学出版社江建中社长、张新建总编，东南大学马克思主义学院袁久红院长、袁健红副书记，南京市政协副主席余明博士，南京阅江楼风景区管理委员会韩剑峰主任，新华报业集团邹尚主任，南京明孝陵博物馆张鹏斗馆长，南京静海寺纪念馆原馆长田践女士，南京阅江楼邱健乐主任，南京市社科院李程骅副院长与社科联陈正奎院长、严建强主任、顾兆禄主任，南京市新闻出版局蔡健处长，南京市档案局徐康英副局长、夏蓓处长，江苏省社科联吴颖文主任，福建宁德市政协主席郑民生先生、宁德市委宣传部吴泽金主任、蕉城区统战部杨良辉部长等领导的关怀（特别注明：本人不懂官衔大小，随意排列而已，不到之处，敬请谅解）；感谢中央电视台裴丽蓉编导、徐盈盈编导、戚锰编导，江苏电视台公共频道贾威编导、袁锦生编导，江苏教育电视台苍粟编导、夏恬编导、赵志辉编导，安徽电视台公共频道制片人张环主任、制片人叶成群、舒晓峰编导、唐轶编导、海外中心吴卓编导、韩德良编导、张曦伯编导、李静编导、刘小慧编导、美女主持人任良韵,南京广电集团王健小姐,南京电视台主持人周学先生、编导刘云峰先生、李健先生、柏新民先生、卞昌荣先生,南京电视台十八频道主持人、我的电视节目老搭档吴晓平先生,江苏广播电视总台吕凤华女士、陆正国先生,新华报业集团黄燕萍女士、吴昌红女士、王宏伟先生,《现代快报》刘磊先生,《金陵晚报》郑璐璐主任、于峰先生,金陵图书馆袁文倩主任和郁希老师,南京静海寺纪念馆钟跻荣老师,东南大学出版社刘庆楚分社长、谷宁主任、彭克勇主任、丁瑞华女士、马伟先生、杨澍先生、丁志星女士、张万莹女士,南京明孝陵向阳鸣主任、王广勇主任和姚筱佳小姐,江苏省侨办《华人时刊》原执行副主编张群先生,江苏省郑和研究会秘书长郑自海先生和郑宽涛先生,北京师范大学教育学院孙邦华教授,南京大学王成老师和周群主任,南京理工大学人文学院李崇新副教授,南京财经大学霍训根主任,江苏经贸学院胡强主任和吴之洪教授,南京总统府展览部刘刚部长,南京出版社卢海鸣社长,南京城墙办朱明娥女士,南京图书馆施吟小姐,福建宁德三也农业开发有限公司董事长池致春先生,原徐州汉画像石馆馆长武利华先生,无锡动漫协会会长张庆明先生,南京城市记忆民间记录团负责人高松先生和篆刻专家潘方尔先生以及倪培翔先生等朋友给我的帮助与关怀。(至于出版界朋友对我的帮助,那实在太多了,怕挂一漏万,干脆就一个也不谢了)

当然还要感谢吾师王家范老师、刘学照老师、黄丽镛老师、王福庆老师、杨增麒老师等曾经对我的谆谆教诲与帮助,也衷心祝愿诸位师长健康长寿!

除了国内的师友,我还要感谢 United Nations(联合国)Chinese Language Programme 何勇博士、美国 Columbia University(哥伦比亚大学)王成志主任、美国 Stanford University(斯坦福大学)Visiting Scholar Helen P. Youn、Stanford University(斯坦福大学)的 Hoover Institution Library & Archives(胡佛研究院图书馆及档案馆)主任 Thu-Phuong Lisa H. Nguyen 女士和 Brandon Burke 先生、美国纽约美中泰国际文化发展中心总裁、著名旅美艺术家李依凌女士、美国(CHN)总监 Robert KO(柯伊文)先生、泰国国际书画院院长李国栋、日本关西学院法人代表阪仓笃秀教授、世界报业协会总干事马英女士和澳门基金会理事吴志良博士、澳门《中西文化研究》杂志的黄雁鸿女士等海外师长与友人对我的关心与帮助。

在此我要特别感谢美国 University of Pittsburgh(匹兹堡大学)名誉教授、海外著名国学大家许倬云先生。许先生年逾古稀,身体又不好,但他经常通过 E-mail 关心与肯定我的研究与写作,令我十分感动;特别感谢老一辈著名明史专家、山东大学教授黄云眉先生的大作《明史考证》对我的启迪以及他的海内外儿孙们对我的抬爱;特别感谢我的学业导师南京大学潘群先生和师母黄玲女士严父慈母般的关

爱；特别感谢慈祥的师长、我的老乡原江苏省委宣传部常务副部长王建邦先生对我的关怀与帮助。

我还要感谢的是我的忠实"粉丝"与读者朋友，这些朋友中很多人可能我都未曾见过他们的面，譬如安徽六安有个年轻朋友曾给我写来了热情洋溢的信函；还有我不知其地址、只知其 QQ 号的郭先生，等等。他们不断地给我来信，帮助我、鼓励我。但由于我是个"单干户"，无当今时兴的"小秘"代劳，因而对于广大读者与电视观众朋友的来信，无法做到一一回复，在此致以万分的歉意，也恭请大家海涵！

顺便说明一下：本著依然采用史料出处随后注的方法，做到说史绝不胡说、戏说，而是有根有据。本书稿原有所有史料全文，后考虑到篇幅太厚和一般读者可能阅读有困难，最终决定将大段古文作了删除，大多只保留现代文。也承蒙东南大学出版社朋友尤其谷宁主任、马伟先生和张万莹女士的关爱，本系列丛书拥有现在这个规模。如读者朋友想核对原文作进一步研究，可根据书中标出的史料出处一查便是。最后要说的是，下列同志参与了本书的图片收集、资料整理、文稿起草等工作，他们是马宇阳、毛素琴、雷扣宝、王鲁兴、王军辉、韩玉华、林成琴、熊子奕、周艳梅、舒金佳、雷晟等人。

马渭源

于南京大明帝国黄册库畔

2014 年 11 月 16 日

电子邮箱：mwynj@sina.com

大明风云

系列之

仁 政 方 隆

马渭源 著

东南大学出版社·南京

图书在版编目（CIP）数据

大明风云 / 马渭源著. —南京：东南大学出版社，2019.1
　ISBN 978-7-5641-8034-8

Ⅰ. ①大… Ⅱ. ①马… Ⅲ. ①中国历史-研究-明代 ②朱元璋（1328-1398）-传记 Ⅳ. ①K248.07 ②K827=48

中国版本图书馆CIP数据核字（2018）第229083号

大明风云系列之⑥　仁政方隆

出版发行	东南大学出版社
出 版 人	江建中
社　　址	南京市四牌楼2号　（邮编：210096）
经　　销	全国各地新华书店
印　　刷	南京京新印刷有限公司
开　　本	700 mm ×1000 mm　1 / 16
印　　张	120.5
字　　数	1928 千字
版　　次	2019年1月第1版
印　　次	2019年1月第1次印刷
书　　号	ISBN 978-7-5641-8034-8
定　　价	398.00元（共8册）

（本社图书若有印装质量问题，请直接与营销部联系，电话：025-83791830）

序

马渭源教授的17卷本《大明风云》就要出版了，这是继他2014年推出10卷本《大明帝国》后的又一大系列专著。数日前，他来我家，邀我写个序，我欣然答应了。因为他与日本关西学院校长、国际明史专家阪仓笃秀教授是老一辈著名明史专家黄云眉先生的第二代传人，这是2011年底海内外眉师儿孙们云集一堂，经过反复研究、讨论，最后作出的慎重决定。作为眉师的第一代传人，我感到责无旁贷要做好这样的事情。

马教授在2012年就应邀去美国做讲座，北美三大华文报刊《世界日报》、《星岛日报》和《侨报》对此都曾做了专门的报道，其中《世界日报》称誉马渭源教授为著名的明史专家；稍后中国大陆媒体称他为"第一位走上美国讲坛的明史专家"。

另据海外媒体所载，马渭源教授的《大明帝国》系列专著得到了美国匹兹堡大学名誉教授、海外著名国学大家许倬云先生的赞许与推介，并为哈佛大学、哥伦比亚大学、普林斯顿大学、斯坦福大学等世界一流的高等学府和美国国会图书馆、澳大利亚国家图书馆等西方诸国国家图书馆所收藏，真乃可喜可贺！

最近中央级大报《光明日报》刊载文章说："世界上SCI检索影响力较大的2000种期刊中，中国期刊只有5种；排在本学科前3位的世界顶级期刊中，没有一本中国期刊。"(《光明日报》2013年11月30日第7版"科教文新闻")与此相类或者说更不尽如人意的是，中国虽是当今世界上头号出版大国，但中国出版的各类专著为西方国家收藏的却不到20%，社科类不到10%，历史类更是凤毛麟角。而马教授的著作能被这么多的西方著名高等学府所珍藏，并得到了大家许倬云先生的肯定与称许，实属不易！

其实这些年在国内马渭源教授早已是南京电视台、南京广电、江苏教育电视台、安徽电视台、中央电视台和福建网站等公共媒体上家喻户晓的历史文化讲座主讲人和电视节目的常任嘉宾，而他的著作则更是深受广大读者的喜爱。据说有一次在上海展览馆举办他的签名售书活动，原定活动时间为半小时，结果因为读者太多了，主办方不得不延长了一个小时，但还是未能满足广大读者的需求。而最近又传来好消息，国内外知名的网络运营商如亚马逊、中国移动、苏宁易购等都与马教授签订了电子书出版合同，人们尤其年轻的读者只要按按手机上的键钮就能轻松阅读他的电子版著作了。

马教授之所以能取得如此的成就和拥有这样的影响力,在我看来,最为根本的原因就在于他扎扎实实地深入研究,以渊博的知识来解释历史,并用通俗流畅的语言表述出来,但绝不戏说,由浅入深,做到既通俗易懂又让人回味无穷,这是十分难能可贵的啊!

就以本次出版的《大明风云》系列之⑥《仁政方隆》为例,该卷本主要讲述了大明洪武朝后建文朝的历史。说起建文,人们往往感觉他本身就是一个谜。谜的症结就在于抢夺了他帝位的魔鬼皇帝朱棣上台后对前朝官方档案进行了肆意的清洗,几乎与此同时又开始在官书和官史中重新"勾勒"和塑造建文帝的形象,将其描绘成嗜杀成性、好色荒淫、与禽兽相类的昏君,几乎是个历史上无法找出第二个比他更坏的皇帝来了。不过当我们读到明代非官方人士对建文帝的描述时就发现,其情况大相径庭。

明代学者顾起元这样说道:"(建文)时士大夫崇尚礼义,百姓乐利而重犯法。家给人足,外户不阖,有得遗钞于地置屋檐而去者。及燕师之日,哭声震天,或死或遁,几空朝署。盖自古不幸失国之君未有得臣民之心若此者矣。"(【明】顾起元:《客座赘语》卷1)这怎么可能?一个"荒淫、残忍"的皇帝治理下的国家出现了中国历史上少有的"大治"景象;就连这个"坏皇帝"失国时也竟然"哭声震天"。无独有偶,明代著名史学家谈迁在他的历史名著《国榷》一书中记载说,靖难之役后,朱棣进入南京,建文朝"其在任遁去者,463人"。清初学者谷应泰在他的史学著作《明史纪事本末》中也说:"成祖即位,编籍在任诸臣遁去者463人,俱命削籍。"(【明】谈迁:《国榷》卷12,惠宗建文四年;【清】谷应泰:《明史纪事本末·建文逊国》卷17)而建文朝文臣投降朱棣的却只有29人,这实在是一个让人迷惑不解的比例题与历史谜案。更有近世以来,海内外此起彼伏地有人出来爆料,说自己是建文帝的后代,就连外国人也不甘寂寞,前不久法国足球明星里贝里说自己是建文帝的后裔。

如果建文帝真是一个"坏皇帝",谁愿意出来将历史的屎盆子扣到自己或自家祖先的头上呢?

因此,于史于理,我们都不难看出建文帝不是明代"正史"中所描述的"坏蛋",而是一位很得人心的好皇帝。那么有史料依据吗?

马教授首先对篡位皇帝朱棣及其子孙钦定的《奉天靖难记》和《明实录》等许许多多官方文献做了一番梳理,从明朝历代对建文朝历史重修"建文实录"的讨论作为切入点,紧紧抓住了大明开国之初朱元璋实施酷政和分封制等所带来的可怕结果这些关键点,以此来彰显大明帝国从洪武转向建文时的形势严峻性与复杂性(详见本书第一章和第二章),无形之中使得人们对于建文帝登基上台后推行以"永惟宽猛之宜,诞布维新之政"和"德惟善政,政在养民"(【明】谈迁:《国榷·太祖洪武三十一年》卷11;【明】朱鹭:《建文书法拟》前编七)为施政纲领的"建文新政"有了整体性的客观认识。

"建文新政"这个说法最早是由吾师著名明史专家黄云眉先生提出的(详见黄云眉:《明史考证》,第1册,中华书局,1979年9月第1版,第55页)。马渭源教授不仅沿袭了这种观点,而且还参阅、考证了大量的明代非官方文献、史料和笔记以及现当代海外学者的最新研究成果,并对其做了详尽的分析与判断。并在此基础之上详加阐述,用他的话来说,"建文新政"应该包括"更定官制"、"宽和政治"、"宽缓刑罚"、"宽免赋税"与推行"削藩"等5个方面(详见本书第三章和第四章)。

马教授写道:从整体角度来看,"建文新政"贯彻着一个核心精神,即"宽和"的"文治"。建文帝改变朱元璋万机皆亲断的做法,尊重文臣学士,放手让臣下做事,扩大他们的权力范围;从制度设计上建立约束规谏皇帝职能权限的左右拾遗;宽和对待大臣,虚心纳谏和听取不同意见;并以自身的人格魅力来感染人,注重礼教与德化,由此创造比较宽松的政治氛围,初步确立新型的君臣关系;改革中央官制,提高文臣学士的政治待遇,给知识分子创造更多的仕进机会,从而使得建文朝廷的整体文化素质达到了相当高的水准;与此同时,进行地方官制改革,"省并州县,裁撤冗员",减赋全国、减赋江南,促进社会经济的发展;改轻刑典,宽刑疏法,纠正冤假错案,缓和社会矛盾和稳定大明帝国的统治,等等。所有这些不仅仅是对洪武朝严刑峻法的纠偏,而简直就是一大"反动",更是明王朝实现长治久安的关键一步。在建文帝治理下的大明帝国出现了中国历史上不常有的天下大治之前兆——"市不拾遗",如果不是朱棣的突然打断,大明也很有可能迅速地出现中国历史上第二个"贞观之治"——"建文之治"了,甚至可能会出现君权限制意识之萌芽……

总之,本书是国内外第一部建文朝历史的专著,全书精彩迭现,观点新异又可靠,读之既如品尝陈年美酒,又似沐浴和煦春风。作为年过八旬的垂垂老者,我倍感欣慰,"黄学"后继有人啊！也愿马教授不断努力,推出更多的新作！

权作为序

南京大学中国思想家研究中心常务副主任、教授

2014年11月15日修改

目录

第一章 明宫"淫魔"与历史谜团

- 明宫幻境"淫魔鬼怪",大明帝国"天怒人怨"? ……1
  - "色鬼淫魔"遗传基因的由来——明代官书记载:太子朱标"忤逆大恶" ……2
  - 淫乐了漂亮美眉、老太太,朱允炆还不解渴,居然还临幸母猪母羊 ……4
  - 明宫闪现"妖魔鬼怪",建文朝廷"天怒人怨" ……8
- 篡位皇帝:满口谎言;明都南京:惨绝人寰 ……8
- "千钩百索"建文史迹,"拨乱反正"半途而废 ……12
- 历史迷雾:居然能放建文幼子,就不正视建文史实 ……15
- 成祖幻境"淫魔"真现,建文正名屡屡遭挫 ……19
  - 明宫奇观:"儿"皇帝恋上"万妈妈",岂料种下无尽的苦果 ……19
  - 明宫"淫魔"真现:"广爱博种"南北中国,最终却"颗粒无收" ……22
  - 玩了别人家怀孕的美女,正德皇帝觉得味道好极了 ……23
  - 携手别人老婆带了部队,明武宗从北方玩到南方 ……25
  - 妓女、寡妇皇帝都要,扬州城里上演真实版"拉郎配" ……26
  - 大明皇统继承危机与旁支继统招来的风波 ……28
- 200年只等来一个名号,建文历史谜雾越来越浓 ……35

第二章 皇家狼群与帝国羔羊

- 朱元璋:大行"分封制";朱允炆:接手"火药库" ……40
  - 朱元璋大行分封的原因——帝国视作家产,诸藩拱卫皇室 ……41
  - 第一轮大分封:先封龙子龙孙,再封勋将功臣 ……44
  - 第二轮大分封:没事找事做 ……50
  - 第三轮大分封:大明江山靠谁最为安全 ……51

- ● 明初分封制之特点及其影响 …………………………………… 54
- ● 皇爷爷怎么这么健忘,竟将一座火药库留给了皇太孙 ………… 57
● 大明皇家的"狼群"与不露山水的"好皇叔" ……………………… 58
- ● 第一类:对朱允炆帝位没构成威胁的皇叔藩王 ………………… 58
- ● 第二类:对朱允炆帝位还不懂得制造威胁的皇叔藩王 ………… 59
- ● 第三类:对朱允炆帝位不曾表露出个人野心的皇叔藩王 ……… 59
- ● 第四类:对朱允炆帝位充满野心的无赖恶棍似的皇叔藩王 …… 60
- ● 第五类:对朱允炆帝位具有最大威胁却深藏不露的皇叔藩王 … 67
● 皇家狼群中的"小羔羊"——文弱的帝国皇储朱允炆 …………… 74
- ● 太子"二奶"生的"半边月亮" …………………………………… 74
- ● "国本"立了25年,可最终回到了原点——太子朱标之死 …… 76
- ● 中国历代皇位继承的"游戏规则" ……………………………… 77
- ● 符合儒家理想标准的大明皇位继承者 ………………………… 81
- ● 有这样的父亲,居然叫人抬一箱白森森的尸骨给儿子看 ……… 84
- ● 皇家"小羔羊"的警觉与自救对策的寻找 ……………………… 86
● 洪武三十一年:"非常时";大明帝国:"三道坎" ………………… 88
- ● 大明藩王情势的重大转折:从诸藩并列到一王独尊 …………… 88
- ● 迟到的第六感觉与补救性的调整 ……………………………… 89
- ● 600年来天大的"秘密"被揭开 ………………………………… 90
- ● 朱棣必须篡改两份"遗嘱" ……………………………………… 91
- ● 朱元璋一生"所爱"与北方边疆军事托付 ……………………… 92
● 朱元璋临终托孤与"大灰狼"急速"奔丧" ………………………… 94
- ● 临终托孤:"燕王不可不虑!" …………………………………… 94
- ● 明太祖遗诏 ……………………………………………………… 95
- ● 一只从北方来的大灰狼——朱棣奔丧 ………………………… 96

第三章 建文新政与贞观再造?

- ● 建文登基即位 …………………………………………………… 99
- ● "建文新政"时代 ………………………………………………… 100
  - ● "建文新政"的核心——"德惟善政、政在养民" ……………… 102
  - ● "建文新政"智囊——齐泰、黄子澄、方孝孺 ………………… 103
- ● "建文新政"的内涵 ……………………………………………… 111
  - ● 更定官制——完善中枢文职化,提高文臣地位,精减地方官制 … 111
  - ● 宽和政治——创造比较宽松的政治氛围,初步确立新型的君臣关系 … 117
  - ● 宽缓刑罚——改轻刑典,宽刑疏法,纠正冤假错案 …………… 123
  - ● 宽免赋税 ………………………………………………………… 126

- "建文新政"得失——理想与现实 130
  - 好朋友之间的政见分歧折射出大问题 132

第四章 建文削藩与帝国大难

- 建文削藩之先声——明故宫东角门师生对话 134
- 建文朝"削藩"三派 135
  - 第一种是武力削藩派 136
  - 第二种是曲线削藩派 137
  - 第三种是睦亲护藩派 141
- 削藩国策的出台 143
  - 建文帝问大臣黄子澄:"先生忆昔东角门之言乎?" 143
  - 齐泰:就从朱棣身上下手;黄子澄:从燕王弟弟周王身上下手 143
- 十月内连削"五王" 144
  - 首削周王 144
  - 再削"四王" 149
- 建文削藩攻坚战 151
  - 建文帝说:以什么罪名能削废了燕王呢? 151
  - 不忘"关心"北平城 152
  - 朱棣:我在燕王府里养鹅鸭 154
  - 大舅子告密了 155
  - 谍报工作做到燕王府里了 156
  - 秘密统战工作第一个重点发展对象——刘伯温的儿子刘璟 157
  - 煮熟的鸭子飞了 158
  - 第三招臭棋 159
  - 建文帝不会做的选择题 162
  - 一个是燕王的大舅子,一个是燕王的小舅子,我该相信谁? 164
  - 燕王是您亲叔叔,他怎么会造您的反? 165
  - 燕王朱棣"疯" 166
  - 奇怪,"疯子"居然还会晓得叫人来汇报工作? 167
  - 墙头草张信 168
  - 风吹屋瓦,和尚说:这是天意啊! 169
  - 奇怪,朝廷的密令还没实施却连街头的老婆婆都知道了 170
  - 致命的西瓜宴 171
  - 北平城里的"多米诺骨牌" 174

大明帝国皇帝世系表 176

后记 177

第一章
明宫"淫魔"与历史谜团

中国历史上有着这样的怪现象：开国皇帝后的第二位君主要么经历一番惊涛骇浪后才得以登位，要么是在皇位上坐不久或不得安宁，甚至会影响到了整个王朝的寿命。秦朝二世而亡，汉初惠帝短寿，东吴主孙权死后皇帝如走马灯般换个不歇，隋朝也是二世而亡，唐高祖武德后期发生了骨肉相残，赵匡胤临终时宋宫内居然上演了"斧声烛影"一幕……明朝也不例外。

而从流传至今的明初官方文献与"正史"记载来看，大明开国皇帝之后的第二位君主朱允炆不仅是个无能、无德的昏君，而且还是个连畜生都不如的"色鬼淫魔"。由此人们不得不要问：一生精明透顶的老皇帝朱元璋怎么会选择这样的一个接班人来继承大统？建文朝真实的历史到底是怎样的？建文帝朱允炆究竟是不是禽兽不如的昏君？他的最终归宿又是如何？

明宫幻境"淫魔鬼怪"，大明帝国"天怒人怨"?

据篡位皇帝朱棣及其子孙钦定的《奉天靖难记》和《明太宗实录》所载："荒淫无道"的建文帝这颗种子本身就有问题，他的老爸朱标太子在播种时，播种的地方不对，他没有播在正宫，而是撒到了"二奶"地里。朱允炆的母亲为吕氏，即后来官至太常寺卿吕本的女儿。当初吕氏"嫁给"太子朱标时是个地地道道的"二奶"，人称其为"宫人"，因此说朱允炆是庶出而不是嫡出，这在宗法社会里是没有什么资格来继承皇位的。更为严重的是，朱允炆这颗"色鬼淫魔"种子的基因就缘出于此。

● "色鬼淫魔"遗传基因的由来——明代官书记载:太子朱标"忤逆大恶"

"初,懿文太子所为多失道,忤太祖意,太祖尝督过之,退辄有怨言。常于宫中行咒诅,忽有声震响,灯烛尽灭,略无所惧。又擅募勇士三千馀,东宫执兵卫。太祖闻之,语孝慈高皇后曰:'朕与尔同起艰难,以成帝业,今长子所为如此,将为社稷忧,奈何?'皇后曰:'天下事重,妾不敢与知,惟陛下审之。'太祖曰:'诸子无如燕王最仁孝,且有文武才,能抚国家,吾所属意。皇后慎勿言,恐泄而祸之也。'有潜以告太子者,太子乃日夜伺察太祖"(《奉天靖难记》卷1;《明太宗实录》卷1)。

这段史料是说:当初朱标在当太子时言行举止多有失范,这就使得皇父朱元璋大为恼火。老朱皇帝曾亲自监督其改过自新,但谁知朱标怙恶不悛,一退下正殿就口出怨言,平日里常常在东宫暗处狂念咒语,将皇父画在纸上,诅咒他尽早归天,自己好早日登上大位。这事连老天都为之愤怒,猛然间响起了震雷,刮起了大风,将东宫里的灯火全部吹灭了。但这个大逆不道的朱标太子却什么也不在乎,更不用说是害怕了。过了没多久,他又偷偷地招募了3 000多名勇士,自己亲自执掌这支敢死队。

皇帝老爸朱元璋听说后,就跟皇后老妈说:"想当初,我和你同甘苦共患难,经过无数的战火,才有了今天的帝国伟业啊! 可是长子朱标却是这般做法,这难道是为大明江山社稷的未来考虑吗? 你说怎么办?"马皇后回答说:"事关天下社稷的安危,臣妾一个妇道人家,不敢掺和其中,也不知道说什么好,惟愿陛下深思!"皇父朱元璋说:"我这么多的皇子中只有四子燕王朱棣最为仁孝,能文善武,将来安抚我大明的,我看也就非他莫属了!"马皇后听到这里,赶紧跟皇帝丈夫说:"陛下说话要小心,不能随便表态啊。一旦泄露出去恐怕就会引发大祸!"但谁知还是有人听到了,他偷偷地告诉了朱标太子。太子加紧了活动,日夜窥伺与刺察皇父的言行,真是到了丧心病狂的地步。(《明太宗实录》卷1;《奉天靖难记》卷1)

十拿九稳的皇位继承人朱标在绝对强势皇帝朱元璋的眼皮底下,居然迫不及待地组织3 000多人的敢死队,但又迟迟不付诸行动,随后反而帮起了与自己皇位继承有着冲突的三皇弟朱㭎来,并莫名其妙地中伤"没有任何野心的好弟弟"朱棣:"时晋王闻太子失太祖意,私有储位之望,间语人曰:'异日大位,次当及我。'遂僭乘舆法物,藏于五台山。及事渐露,乃遣人纵火,并所藏室焚之。自此性益猜忌,荒淫无度,丑声日闻于外。又好弄兵,擅杀人。一日无事,以军马围村落,屠无罪二百余家,其惨酷尤甚。常饲恶犬,以啮人为乐,犬不啮人,即杀其犬。小儿为犬所啮,死者甚众。臣下无敢谏者,谏即挝杀之。太祖闻之怒,召晋王谴责之。晋王见太子,乞为解释,太子曰:'尔所为者,父皇焉得知?此自燕王发之也。'晋王信其言,由是渐生嫌隙"(《奉天靖难记》卷1)。

　　太子朱标薨世前几年,由于他与老皇帝朱元璋之间的分歧越来越大,冲突自然也越来越多。就连远在山西的三皇弟朱㭎也听到了南京明皇宫里大哥朱标太子与皇父意见常常相左的消息,不过他可没有四皇弟朱棣那么沉得住气,闻讯后顿时就欣喜若狂,还偷偷地跟人说:"过些日子,父皇要更换太子了,按次序轮差不多也该轮上我了!"朱㭎不仅说着,甚至还偷偷地忙活起当太子所用的乘舆法物,但后来又怕被人知道,于是干脆就叫人把准备好的乘舆法物藏到五台山去。可谁知还是走漏了消息,朱㭎发现情况不妙,就赶紧派遣心腹前往五台山,将那些乘舆法物一把火给烧了。

　　销毁了犯罪证据后,朱㭎就无所顾忌了。他日日夜夜不知疲倦地找美人玩,以此来满足自己的淫欲,真是荒淫透顶。有关晋王的坏名声不仅在山西,而且在别的地方甚至在大明帝国的首都南京都传开了。当朱㭎得知自己臭名远扬时,就怀疑是四弟燕王朱棣在暗中搞的鬼,他不但不好好地闭门思过,反而变本加厉,舞刀弄枪,要是一言不合,就将人给杀了。有一天,朱㭎吃饱了撑着实在无聊,就命令手下的护卫军队包围了一个村庄,将村中200多家无辜的村民给一一杀害了,真是残酷到了极点!

　　晋王朱㭎还养一些恶狗,平日里要是没事的话,他就将这些恶狗放出来,让它们咬人,每每见到此番情景,他就会开怀大笑;要是碰上哪条狗不咬人,他就立马将它给杀了。好多小孩都被晋王的恶狗咬过,甚至还有许多小孩被恶狗咬死。

　　对于朱㭎此等残暴无耻之行径,晋王府的下臣们都是敢怒而不敢言,要是手下有哪个吃错了药,向晋王爷提意见的话,朱㭎就会二话不说,将他给杀了。

　　皇父朱元璋听到晋王所犯的罪孽后相当恼怒,命令将他召回到南京,打算狠狠地责罚一番。此时朱㭎才发现情况不妙,皇帝老爸要动真格了,怎么办?他顿时想到了太子朱标,乞求大哥在父皇面前多多美言。朱标听到三弟为这等事来求救,他立马反问朱㭎:"三弟啊,你在远隔千里之外的山西做的那些破事,父皇怎么会知道的呀?"朱㭎说:"我也不知道老爸怎么会知道的。"朱标听后狡黠地一笑:"你呀,一点也不动脑筋,这不明摆着,还不是老四朱棣暗中告的黑状!"经过这么一点拨,朱㭎对大哥朱标佩服得五体投地,同时也开始对四弟燕王朱棣恨之入骨了。(《奉天靖难记》卷1)

　　就在太子、晋王和燕王这三条朱皇帝培育出来的小龙仔在老皇帝的眼皮底下斗得像乌眼鸡时,老天开眼了,"坏事做尽"的太子朱标死了。

洪武二十五年四月丙子日,"太子(朱标)薨,太祖愈属意于上(指朱棣)。一日,召侍臣密语之曰:'太子薨,长孙弱不更事,主器必得人,朕欲建燕王为储贰,以承天下之重,庶几宗社有所托矣。'翰林学士刘三吾曰:'立燕王,置秦、晋二王于何地?且皇孙已年长,可继承矣。'太祖默然。是夜,焚香祝于天曰:'后嗣相承,国祚延永,惟听于天耳。'遂立允炆为皇太孙。"这样,既是"好弟弟"又是"好皇子"的朱棣继承皇位之好事一下子全给那该死的老学究刘三吾给搅黄了。(《明太宗实录》卷1;《奉天靖难记》卷1)

● 淫乐了漂亮美眉、老太太,朱允炆还不解渴,居然还临幸母猪母羊

洪武三十一年(1398)闰五月初十日,"英雄"了一辈子又算计了一辈子的大明开国皇帝朱元璋终于走到人生的尽头。噩耗传出,整个明故宫哭声一片。

闰五月实际上是六月,农历六月相当于我们现在通用的公历7月,素有"火炉"之称的南京城热得让人喘不过气来,只要你挪动一下脚步,就有汗珠"啪嗒啪嗒"地往下掉,连明皇城内外小树上的蝉儿也被热得"哧—哧"直叫。走过明皇宫,出了朝阳门(即今天的中山门),当滚烫的大火球西下时,你就会听到从那燕雀湖岸边传来无数只蟾蜍和青蛙此起彼伏的鸣叫,好像是在为那位从凤阳乡下来的农民皇帝吟唱着送别的挽歌。

盛夏时分,火烧天气,闷得让人发慌,热得让人炫目。只见得明皇宫内有个小伙子,长得白白净净,20岁出头,苦着脸,穿着一身的丧服在大明高皇帝朱元璋遗体前恭恭敬敬地站着,不时有人走上来向他请示着,大伙儿各自忙碌开了,挂白灯笼、发丧服、给明皇宫"穿"素服……一直忙到半夜时分,大明礼部官员派了一拨子人来到了那小伙子前头,给刚刚升仙却引来了一群群苍蝇的大行皇帝"沐浴更衣",随后便是入殓。

所有的一切都在那小伙子的认同下进行,这个小伙子便是大明第二任皇帝朱允炆,人称建文帝。

老皇帝走了,皇太孙在为皇爷爷主持着丧事。按照逝者的遗嘱,已经就藩于各地的老皇帝儿子藩王爷不得入京奔丧,就地遥祭高皇帝(《明史·太祖本纪三》卷3,本纪第3)。这着实使得藩王爷们昏闷不已,于是幻觉出现:

皇爷爷死了,皇太孙朱允炆"矫遗诏嗣位,改明年为建文元年"(《明太宗实录》

卷1)。大丧期间他叫来了一大帮子的乐队,咪哩嘛啦地吹奏起来,用一种叫桃茢的东西来作巫术,以此来破除宫中之禁;用硫黄水在明皇宫前前后后洒了一遍,想来消除死人带来的晦气;还焚烧了各种各样的秽物,说是为了规避鬼神。这样的胡闹折腾了一周,到了第七天,朱允炆终于急不可待了,命令下葬皇爷爷朱元璋。

出殡那一天,朱允炆和他的三弟朱允熥背靠着明皇宫的宫门,各自拿了一把宝剑,横眉竖眼,指着皇爷爷的梓宫骂骂咧咧:"看你还能骂我们?看你还能责怪我们吗?"骂了一阵,狂笑一阵,不说其脸上没有一丝一毫的悲伤表情,简直就是一对精神病兄弟。(《奉天靖难记》卷1)

而与此形成鲜明对比的是朱元璋的"好儿子"、"来路不明"(详见笔者《大明帝国》系列之7《永乐帝卷上》)的四皇子朱棣却"闻讣哀毁几绝,日南向恸哭"。就是讲燕王朱棣在北京听到南京传来的噩耗,顿时就哭得死去活来,几次差一点断气,且每天都这样,面朝南方恸哭着。(《明太宗实录》卷1)

不过,哭归哭,朱元璋的"好儿子"朱棣又十分"关心"地观看着南京明皇宫里由新皇帝朱允炆和齐泰、黄子澄等"大奸大恶"主演的一幕幕"闹剧":

建文"朝廷政事一委黄子澄、齐泰,二人擅权怙势,同为蒙蔽,政事悉己出。变更太祖成法,而注意削诸王矣"(《明太宗实录》卷1)。这是讲朱允炆一即位就把朝廷一切政事委托给齐泰和黄子澄两个大臣去打理,而齐、黄可谓是地地道道的"奸臣",他们擅权怙势,蒙蔽、欺骗年轻皇帝朱允炆,今天想到什么事,就照着自己的意愿去做,明天想到另一个主意就再变换,太祖高皇帝的祖制成规全让他们给破坏了。他们一天到晚拿着放大镜照着各地的藩王们,总想为年轻皇帝找些由头和借口,将那些藩王叔叔一一给废了。

齐、黄为了能使得年轻皇帝下定决心削藩,竟然派人在朝廷上下散播谣言,说燕王朱棣的同胞兄弟朱橚谋反了!起初朱允炆还不信,但谣言重复了一万遍,就成为"真理"。年轻皇帝最终相信,周王朱橚真的谋反了,于是就以加强北疆军事防务为名,命令开国大将李文忠的儿子李景隆带兵北上。当快要走过河南开封时,李景隆突然转向,冷不丁地对周王府发起了袭击,逮捕周王及其僚属和家眷,拘押至南京,随即削爵为庶人,迁徙云南,后又被逮回南京。堂堂周王爷,最终落魄到了囚犯甚至是猪狗一般的境地,他与妻子、儿女分开关押,一日三餐都是通过墙洞递入。(《奉天靖难记》卷1)

这事没过多久,建文朝廷"遂罪代王。已而罪湘王,逼其阖宫焚死。又籍齐王,囚于京师。又诬岷王,降为庶人,流于漳州"(《奉天靖难记》卷1;《明太宗实录》卷1)。

齐、黄"奸臣"在干出这等"坏事"时,那个"弱不更事"(《明太宗实录》卷1)的新

皇帝朱允炆在干什么?

据明朝官方文献记载:"时诸王坐废,允炆日益骄纵,焚太祖高皇帝、孝慈高皇后御容,拆毁后宫,掘地五尺,大兴土木,怨嗟盈路,淫佚放恣,靡所不为。遣宦者四出,选择女子,充满后宫,通夕饮食,剧戏歌舞,嬖幸者任其所需,谓羊不肥美,辄杀数羊以厌一妇之欲。又作奇技淫巧,媚悦妇人,穷奢极侈,暴殄天物,甚至亵衣皆饰以珠玉锦绣。各王府宫人有色者,皆选留与通,常服淫药,药燥性发,血气狂乱,御数老妇不足,更缚牝羊母猪与交。荒眈酒色,昼夜无度。及临朝,精神昏暗,俯首凭案,唯唯数事而已。宫中起大觉殿,于内置轮藏。出公主与尼为徒,敬礼桑门,狎侮宗庙。尝置一女子于盒以为戏,谓为时物,异入奉先殿荐新,盒开聚观,大笑而散。倚信阉竖,与决大事,凡进退大臣,参掌兵马,皆得专之。陵(凌)辱衣冠,毒虐良善,御史皆被棰挞。纪纲坏乱,构成大祸。自是灾异迭见,恬不自省。夜宴张灯荧煌,忽不见人。寝宫初成,见男子提一人头,血色模糊,直入宫内,随索之,寂无所有。狐狸满室,变怪万状,遍置鹰犬,亦不能止。他如日赤无光,星辰无度,彗扫军门,荧惑守心犯斗,飞蝗(蝗)蔽天,山崩地震,水旱疫疠,连年不息,锦衣卫火,武库自焚,文华殿毁,承天门灾,虽变异多端,而酣乐自如。"(《奉天靖难记》卷1)

上面这段史料是讲:诸王连坐被废时,新皇帝朱允炆高兴得几乎手舞足蹈,他日益骄纵,目空一切,居然将明太祖高皇帝朱元璋与孝慈高皇后即马皇后的画像收集在一起,然后点上一把火,将它们烧为灰烬。他还下令拆毁后宫,掘地五尺,大兴土木,建造新宫,结果弄得劳民伤财,怨嗟盈路,所有这一切都是为了满足他一人的私欲。朱允炆淫佚放恣,无所不为。

本来朱允炆当皇太孙时,东宫里就有几个专门为他提供性服务的女人,可他还不满足,派上宦官奔赴全国各地去精选漂亮美眉,一选选了一堆又一堆,"堆"满了整整一个后宫。有了这么多的美女,朱允炆可来劲了,不论白天还是黑夜,他都"猫"在后宫里与美人们一起用餐,一起嬉戏,且边饮食边让美人们唱歌跳舞。有个被宠爱狎昵的美人在用餐时,发现吃的羊肉不肥,没吃头,就发起了嗲劲,撒起了娇。朱允炆立马屁颠颠地跑前跑后,为她服务。当皇家厨师回禀说:再肥的羊肉已经没有了!朱允炆竟毫不含糊地下令,再多杀几只大肥羊,来满足美人的要求。

为了更加博得美女们的欢心,朱允炆还令人制作了许多奇技淫巧,让人在宫中表演给美人看,弄得美人们时不时地发出浪声淫语。朱允炆甚至穷奢极侈,暴殄天物到了这般地步,就连他与美眉们相拥而卧时穿的内衣内裤,不是锦衣绸缎,就是饰有珍珠玛瑙等稀世珍宝的极品衣裤,也不顾及自己与美眉们体内排出的那些脏物会不会玷污了如此高档的衣料。(《奉天靖难记》卷1;《明太宗实录》卷1)

有了这么多精选出来的美眉陪着玩玩了,朱允炆还嫌不够。高祖皇帝一口气生了26条龙仔,除了朱标以及其他2个皇子早年夭折外,存活下来大约有23个龙仔藩王,按照辈分来说,即使他们年龄再小,也是朱允炆的叔叔。叔叔家里都有漂亮的女人,那是高皇帝配给他们享受的,有名位的藩王府女人就王妃几个人,没名位的宫人可多着呐。不过无论怎么说,无论她们多么年少,都是朱允炆的"婶婶",既然是"婶婶"就少不了要到大明皇宫里去走走。可谁曾想到她们却被"淫魔"侄儿朱允炆给盯上了,凡是有点姿色的"婶婶"都给留下来过夜,陪着"大侄儿"好好地乐乐。(《奉天靖难记》卷1,《明太宗实录》中删除此内容)

朱允炆这般好色好淫却给自己带来了一大问题,性器官正常功能跟不上,身体严重透支。为了解决这个问题,他听信佞言,派人去物色淫药。当手下人将淫药奉上时,朱允炆不要命地抓了满口大吃,没想到那淫药特别燥,吃后顿时感到体内血气狂乱,好像有几百条虫子急着要冲出去似的,忍住、忍住……再忍住,可最终还是没能忍住,找了几个漂亮美眉好好发泄发泄,不料年轻姑娘没经验,或因害羞而不配合,朱允炆的狂乱性欲不仅没能得到满足,而且越发厉害,几乎到了癫狂的地步。此时宫中有人出了这么个主意,年轻姑娘不管用,就找经验丰富的过来女人——老太太。连找了几个老太太来云雨一番,可年轻皇帝的狂乱性欲问题还是没能解决,那怎么办呢?这时宫中又有人出"高招",找母羊、母猪来,肯定能搞定!听到这里,朱允炆立即下令,让人绑来母羊、母猪,然后一一轮番"临幸"……(《奉天靖难记》卷1,《明太宗实录》中删除此内容)

狂乱性欲问题解决了,朱允炆累得也够呛了。由于荒耽酒色,昼夜无度,他浑身虚汗,两腿发软,眼前一片漆黑,昏睡一夜还是没能恢复,第二天临朝理政,精神恍惚,两眼直冒金星,不一会儿就把头给低了下来。底下大臣奏请国事,他一股脑地说:"喔,喔,喔……知道了!"

自己穷奢极欲,但又怕别人跟着学坏,于是朱允炆下令,在明皇宫中建造起大觉殿,大觉殿内放上轮藏佛经,随即请来尼姑,让大明皇家公主们拜尼姑为师,学会清静寡欲。殊不知这等礼敬佛门,已经狎侮了我大明宗庙啊,可朱允炆却不管这些。(《奉天靖难记》卷1;《明太宗实录》卷1)

该玩的都让他玩遍了,该乐的都让他乐尽了,为了寻求刺激,朱允炆让手下人变着法子玩心跳。有一次他与手下人核计:让一个妖艳的女子趴在一只盒子里,随即将盒子盖子给盖上,再叫人将盒子抬到了大明皇家祭祀祖先的神圣殿堂——奉先殿内,以此作为祭祀祖先活动的新内容。可当那盒子一放稳,盖子打开时,盒内那个妖艳女子便向周围的人群挤眉弄眼,刹那间一脸严肃的皇家祭祖人员被这挖

空心思的嬉戏节目弄得了笑破肚皮。(《奉天靖难记》卷1)

● 明宫闪现"妖魔鬼怪",建文朝廷"天怒人怨"

嬉戏玩乐,朱允炆有着一套又一套的"高招",但对于国事却毫无作为,他"倚信阉竖,与决大事,进退大臣,参掌兵马,皆得专之。凌辱衣冠,虐良善,纪纲坏乱"(《明太宗实录》卷1;《奉天靖难记》卷1)。

由此造成了我大明灾异不断,可朱允炆却一点也没有幡然醒悟。由于他的种种丑行触怒了天地鬼神,也引起了朝廷上下一片怨言。为了平息人们的不满甚至是愤怒,朱允炆在明皇宫内大摆夜宴,梦想以此来讨好人们。不料就在人们入席就宴时,四周点着的灯火突然间昏暗了下去,一刹那间,所有就宴的人都不见了。后来宫中寝宫造好了,朱允炆正满心欢喜地等着使用,没想到有人看见一个男人拎着血淋淋的人头,直奔宫内。朱允炆听说后大惊失色,赶紧令人进行地毯似地搜索寻找,找啊找,找啊找,再怎么找,就是找不到那个拎着血淋淋人头的男人。

随后发生的事情更加离奇荒诞了,拎了血淋淋人头的男人没找着,明皇宫里忽然间又冒出了一大群一大群狐狸,狐狸们龇牙咧嘴,变怪万状,让人不寒而栗。为了对付这种恐怖的鬼怪,朱允炆叫人在明皇宫的各个角落里都放上鹰犬,可谁知那些狐狸鬼怪还时不时地冒出来。(《奉天靖难记》卷1;《明太宗实录》中删除此内容)

要说这个朱允炆当了皇帝,实在是"天怒人怨",就连光芒万丈的太阳也开始变得没光了,天上星辰紊度,不祥之星扫帚星扫过军门(边疆或地方总督、巡抚一类的代称),驻守边关的将领们也由此开始变得惶惶不安。再说自然界,"飞蝗蔽天,山崩地震,水旱疾疫,在在有之"(《明太宗实录》卷1)。明皇宫的文华殿、承天门及武库等又相继被天火所烧,可建文君臣却毫不在乎,"恬嬉不已"或言"酗乐自如"(《奉天靖难记》卷1)。

篡位皇帝:满口谎言;明都南京:惨绝人寰

不过你千万别小看了这个禽兽不如的"色鬼淫魔"皇帝朱允炆,处理国事来虽然一无所是,但他却很会搞阴谋。"(洪武)三十一年闰五月,(明)太祖不豫。遣中宫召上(指朱棣),已至淮安,太孙与齐泰等谋,诈令人齐敕符,令上归国。及太祖太渐,问左右:'燕王来未?'凡三问,无敢对者。乙酉,太祖崩。是夜即敛,七日而葬。皇太孙遂矫诏嗣位,改明年为建文元年。踰(通'逾')月始讣告诸王,且止毋奔丧。"(《明太宗实录》卷1)

皇帝老爸死了,居然还不让藩王儿子回南京明皇宫家里奔丧,天下哪有这等道理?!更离谱的是"(朱)允炆嗣登大位,崇信奸回,委政近侍,改更祖宪,戕害诸王,祸机之发将及于臣(朱棣当年自称,笔者注)"(《明太宗实录》卷10)。

更改祖制,宠信近侍"奸恶","迫害"藩王叔叔,建文朝中出了"大奸大恶",大明国家有"难"了。"正义天使"燕王朱棣不得不"举兵靖难","清君侧之恶,以为万姓请命"(《明太宗实录》卷1)。

经过四年的"靖难"战争,燕王"靖难军"最终打败了建文朝廷军,"(建文)四年六月乙丑,上(指朱棣)至金川门。时,诸王分守京城门,谷王橞守金川门。橞登城望上至,即开门迎,上遂按兵而入……上虑朝廷事急,加害周、齐二王,遣骑兵千余,驰往卫之。周王初不知上所遣,仓卒惶怖,既知,乃喜曰:'我不死矣!'来见,上出迎之。周王见上,拜且哭,上亦哭,感动左右。周王曰:'奸恶屠戮我兄弟,赖大兄救我。今日相见,真再生也!'言讫,复哭。哭不止,上慰止之。与周王并辔至金川门,下马握手登楼。上曰:'身遭危祸,无所容生。数年亲当矢石,濒万死,今日重见骨肉,皆赖天地、皇考、皇妣之祐,得至于此。'周王曰:'天生大兄,戡定祸乱,以安社稷,保全骨肉。不然,皆落奸臣之手矣。'时,诸王及文武群臣、父老人等皆来朝。建文君欲出迎,左右悉散,惟内侍数人而已,乃叹曰:'我何面目相见耶!'遂阖宫自焚。上望见宫中烟起,急遣中使往救。至,已不及,中使出其尸于火中,还白上。上哭曰:'果然若是痴騃耶!吾来为扶翼尔为善,尔竟不亮,而遽至此乎!'时,有执方孝孺来献者,上指宫中烟焰,谓孝孺曰:'此皆汝辈所为,汝罪何逃!'孝孺叩头祈哀,上顾左右曰:'勿令遽死。'遂收之。上慰遣周王归第,分命诸将守京城及皇城,遂驻营龙江。发哀,命有司治丧葬如仪,遣官致祭,布告天下,下令京师,慰抚臣民。是日,有卒于市取民履者,立命斩之。先是,京师飞蝗蔽天者,旬余不息,至是顿绝。而中外召募壮丁,闻上入京师,皆解散。远近啸聚山林者闻之,亦皆敛戢曰:'真主出,毋自取灭亡耳'"(《明太宗实录》卷9)。

以上这段明朝官方史料是说:建文四年(1402)六月乙丑日,朱棣"靖难"军打到了大明帝国首都南京,兵屯金川门。当时侄儿皇帝朱允炆命令诸亲王叔叔分守京城各城门,刚好谷王朱橞和曹国公李景隆负责守卫金川门。他俩站在金川门的城头上向外眺望,看到黑压压的朱棣燕军,顿时就吓破了胆,马上走下城去,打开城门,迎接"靖难"军入城。

这时,燕王朱棣想起了,狗急了要跳墙,建文朝廷落到了这步田地,保不准又要做出什么坏事来。尤其让燕王念念不忘的是自己的同胞弟弟周王朱橚,自建文初年犯事后被囚至今已有好几个年头了,朱允炆会不会在这个时候对他以及"同命相连"的齐王下手?想到这里,燕王朱棣立马下令,派出2 000人的骑兵小分队,火速赶往大明皇家囚室,营救周王和齐王。

再说此时的周王因为不知道外面的形势发生了天翻地覆的变化,一看到军队的兵士冲进囚室,误以为是要将他开刀问斩了,顿时他两腿一软,瘫在地上。幸好前来营救的兵士善解人意,反复地向他解释了外面的情势。这下周王才破涕为笑,不停地唠叨着:"我不死了,我不死了!"边说边跟着来救的兵士一起去拜见自己的同胞兄长。见到"救世主",周王赶紧跪拜,并不停地哭,哭得好不伤心,弄得"救世主"朱棣也跟着一起哭了起来。周王哭着说:"建文奸恶屠戮我皇家兄弟,全赖兄长您来救我们啦。今日我们兄弟能相见,小弟我周王真是三生有幸啊!"说完,哭得更加伤心了。幸亏"救世主"朱棣脑子清醒,老哭总不是事,他立马收起了眼泪,且劝住了弟弟朱橚。说说话,兄弟俩一起骑上马,合拉着马缰绳,得意洋洋地来到了金川门,然后下马步行,一同登上了金川门城楼。

展望着金川门内外黑压压的"靖难军",燕王朱棣不无感慨地说道:"五弟啊,不仅是你们遭受了建文朝廷的迫害,兄长我当年也突遭横祸,无处容身,不得已才起兵的呀!你知道这些年兄长我是怎么过来的?餐风饮露不用说了,穿梭于枪林弹雨之中,濒临于万死之间,好不容易活到今天,我们亲兄弟才得以重见!这一切全依赖于天地、皇考(朱元璋)、皇妣(马皇后)的保佑啊!"周王朱橚更是激动万分:"天生大兄,戡定祸乱,以安社稷,保全骨肉。不然的话,我们皇家兄弟都将会落入奸臣之手,或早已遭遇了不测。"

同胞兄弟正亲密地说着,皇家其他藩王兄弟闻听"大救星"来了,岂肯错过这样的拜谒好机会呢?于是"诸王及文武群臣、父老人等皆来朝"(《明太宗实录》卷9)。

这时,明皇宫里的那个"色鬼淫魔"建文帝也听说"聪明睿智仁孝友悌"(《奉天靖难记》卷1;《明太宗实录》卷1)的"好叔叔"朱棣来南京了,他想组织一场欢迎仪式,可忽然发现自己过去极为宠信的近臣方孝孺等都不见了人影,只有孤零零的几个内侍像木头一样侍立在大殿上,建文君顿时觉得实在不好意思了,叹息道:"我还有什么面目去见我的四叔燕王呐!"说完,转身回到宫里,关上宫门,点起大火,阖宫自焚。"菩萨一般心肠"的"伟大领袖"朱棣岂能见死不救呢?看见宫中燃起了熊熊大火,立即派遣不男不女之人——宦官前去灭火救人。

当宦官们赶到时,已经来不及了,大火将皇宫烧得不像样。有宦官从火堆里找出一具尸体，然后报告给了燕王朱棣。

一转眼的工夫，自己的侄儿皇帝没有了，"好叔叔"朱棣无论如何心理上也接受不了。他哭着说："竟然这样，我的侄儿啊！你为什么痴迷得如此不明事理啊？叔叔我是来辅助你治国理政的，没想到你竟然一点也不明白我的一片苦心而做出这样的傻事啊！"几天后的壬申日，燕王朱棣令人备礼下葬建文帝，并派官员代他祭奠，停朝三日，以示哀悼。（《明太宗实录》卷9下）

就在朱棣指挥灭火救人的当口，有人将建文君的心腹大臣方孝孺给逮来了。见到方孝孺，燕王朱棣气不打一处来，他指着明皇宫燃起的火焰，责问方孝孺："这都是你们几个干的好事，你们能逃脱得了罪责吗？"而此时的方孝孺早已被"吓掉了魂"，他不停地叩首求饶。燕王朱棣"善心大发"，令人将方孝孺等先看押起来，然后再慢慢地收拾……（《明太宗实录》卷9下）

再说此时的大明首都一切都变了。原先飞蝗蔽天，整整有10天的时间南京城被覆盖得漆黑一片。而自从燕王朱棣"靖难军"占领南京后，忽然间那些铺天盖地的可恶的蝗虫都不知飞到哪里去了，首都上空顿时阳光灿烂；再说那些原本响应建文朝廷号召，招募壮丁，组织义师，打算前来"勤王"的"勤王"诸军将领，在听到燕王"靖难军"攻占南京的消息后，纷纷宣布，解散"勤王之师"；就连那些在建文帝当政时遁隐山林之士或聚众造反者，在闻听燕王入主京师的"喜讯"后，也纷纷改辕易辙，大伙儿不约而同地说道："现在真正的天下之主出现了，我等再也不能自取灭亡啦！"（《明太宗实录》卷9下）

读到这里，读者朋友或许以为是笔者在大讲"山海经"或是在演绎地摊文学了，但我可以明确地告诉你们：这是流传至今的最早明代官方有关建文皇帝和建文朝史迹最为集中的文字记载，也是我们社会中尤其是某些象牙塔里的学究奉为圭臬的官方"正史"，可信吗？有朋友读后跟我说了八个字：一派胡语，满纸谎言！那么这些由明太宗朱棣及其子孙钦定的正史中到底有没有留下一点儿真实的历史内容？哪怕是叙述事情的年份交代总该是真实的吧？很遗憾，我不得不告诉你：那些也是有问题的。

为了发泄与报复建文君臣，靠着枪杆子武力篡位的朱棣从掌控政权那天起就发疯似地屠杀和虐害建文朝大臣，诛灭十族、肢解活人、"洗刷"犯人、油煎犯人、火烧活人、宫刑、剥人皮、"瓜蔓抄"、群体轮奸建文忠臣女家眷、挖祖坟……（其史料详见笔者《大明帝国》系列之7《永乐帝卷上》）250年后的史学家谷应泰对此曾发出这样的愤慨："嗟乎！暴秦之法，罪止三族，强汉之律，不过五宗，故步、阐之门皆尽，机、云之种无遗。世谓天道好还，而人命至重，遂可灭绝至此乎！又况孔融覆巢之女,郭淮从坐之妻,古者但有刑诛,从无玷染,而或分隶教坊,给配象奴,潘氏承恩于织室,才人下降于厮养,此忠臣义士尤所为植发冲冠,椎胸而雪涕者也。"(【清】谷应泰:《明史纪事本末·壬午殉难》卷18)据后来清朝官方组织学者撰写的《明史》所载:仅朱棣的一条走狗"都御史陈瑛灭建文朝忠臣数十族,亲属被戮者数万人"(《明史·佞幸·纪纲传》卷307)。

除了残酷虐害建文忠臣,朱棣还用极端卑鄙的手段——暗杀,来消灭政敌建文帝的骨肉兄弟,让人无从查起,大不了就让大家猜猜谜吧。建文帝的三弟吴王朱允熥,太子朱标的第三子,"建文元年封国杭州,未之藩。成祖即位,降为广泽王,居漳州。未几,召还京,废为庶人,锢凤阳"。建文帝的四弟衡王朱允熞,太子朱标的第四子,"建文元年封。成祖降为怀恩王,居建昌。与允熥俱召还,锢凤阳"。永乐十五年,两兄弟在中都凤阳囚所突然暴卒。而建文帝五弟朱允熙,建文元年被封为徐王,在朱棣篡位登基不久就遭受了迫害,先被"降为敷惠王,随母吕太后居懿文陵。永乐二年(朱棣)下诏改瓯宁王,奉太子祀。(永乐)四年十二月,邸中火,暴薨。谥曰哀简"(《明史·诸王三》卷118;《明史·成祖一》卷5;《明史·成祖二》卷6;【明】宋端仪《立斋闲录》卷2)。

"千钩百索"建文史迹;"拨乱反正"半途而废

在对建文骨肉兄弟和建文忠臣进行极致肉体残害的同时,魔鬼暴君朱棣还施展了精神折磨。他让建文忠臣的女家眷遭受轮奸或当妓女,且规定每天接客人数,甚至还叫人去扒建文忠臣家的祖坟……这就是被后世某些人万般称颂的一代"伟人"所干的史无前例的"杰作"。除此之外,满口"仁义孝悌"的"好叔叔"篡位之后就没忘了对侄儿皇帝当政时期的所作所为来个不分青红皂白的彻底大否定、大反动。洪武三十五年六月庚午日,朱棣发布"最高指示",一反建文"新政","命五府六部一应建文中所改易洪武政令格条,悉复旧制,遂仍以洪武纪年,今年称洪武三十五年,复诸殿门旧名,盖建文中改谨身殿为正心殿,午门为端门,端门为应门,承天门为皋门,正前门为辂门,至是首命撤之,悉复其旧云……"(《明太宗实录》卷9)

全面推倒建文"新政",革除建文年号,将建文四年并入洪武纪年,于是原本并不存在的"洪武三十五年"一类的纪年顿时从地里长了出来。

那么对于建文朝的那些公务档案和文书怎么办呢?"伟大的政治家"永乐皇帝也没忘了来一场彻底的大洗涤:洪武三十五年八月丙寅日,"上(指朱棣)于宫中得建文时群臣所上封事千余通,披览一二有干犯者,命翰林院侍读解缙等遍阅,关系军马钱粮数目则留,余有干犯者悉焚之"(《明太宗实录》卷11)。

清洗到了这一步总该满意了吧?还不行,"一代伟人"就是与众不同。永乐元年朱棣下令编撰《永乐大典》,尽管篡位皇帝说了编撰这部百科全书的很多理由与目的,但不可否定其有对当时流传于社会民间的各种书籍、笔记和抄本等进行一次全方位大检查的真实意图。

朱棣还继承"乃父"朱元璋之衣钵,实施"文字狱"。他公开下令,对于有关建文君臣史迹的文字记载进行血腥清洗:永乐年间朝廷下令:"藏(方)孝孺文者罪至死"(《明史·方孝孺传》卷141)。永乐三年十一月"杀庶吉士章朴,朴坐事与序班杨善同註误,家藏有方孝孺诗文,善借观之,遂密以闻。上(指朱棣)怒,逮朴,僇于市,而复善官"(【清】夏燮:《明通鉴》卷14)。其实不仅仅是建文忠臣方孝孺的诗文,就连他的名字,朱棣也不允许存在。宋濂曾有一首七言长古诗"送方生还宁海",其中提到"方生"就是指方孝孺,"此诗有作赠郑楷者,盖遵革除之禁也。牧斋谓于内殿见《潜溪文粹》(宋濂的文集),孝孺氏名皆用墨涂乙,此可知矣"(【清】陈田:《明诗纪事》卷7)。明末学问家钱谦益看到明皇宫内殿收藏的宋濂文集《潜溪文粹》中有关方孝孺的名字全被墨水涂掉了。

除了方孝孺,建文朝忠臣练子宁等其他大臣的诗文也被朱棣列入禁止存世的行列:"革除诗文之禁,甚于元丰,然《逊志斋集》(即方孝孺集)、金川玉屑之编(即练子宁集),而日星不灭也。是编(即指《金川玉屑集》)至正德中始出"(【清】朱彝尊:《静志居诗话》卷5)。

对于如此恶行,明朝后期史学家朱国桢将其概括为"千钧百索,只字不留"(【明】朱国桢:《皇明史概·大政记》卷7,台北文海出版社1984年影印本)。

可以这么说,除了"建文"作为叙事纪年概念在实在无法删除的情况下,迫不得已地予以保留外,更多的时候是以"革除"来代指建文纪年;而建文帝出现在当年朱棣及其子孙钦定的国史《明实录》与明朝官方文献记载如《奉天靖难记》中的形象,不是懦弱无用之昏君,便是连畜生都要交欢的淫魔色鬼,就连"建文帝"也不叫建文帝了,而被改为带有蔑视性和歧义性的称呼,如"少帝"、"少主"和"建文君"(君字本身有几层意思,既可解释为君子,是个文雅、客气的称呼,也可解释为君主。总之就是不想承认建文帝曾经的君主地位)。

朱棣此般行为不仅把建文君臣打入了十八层地狱,踏上一脚,让他们永生永世不得翻身,而且还给后世人们造成了建文帝研究真实史料极度缺失、迷雾重重的尴尬局面,当然其险恶的用心无非是想将与建文帝相关的史迹从历史的记忆中予以彻底地抹去。

可历史老人却开了一个极大的玩笑,当这个无所不能、无恶不作的一代暴君在北疆战场上遭受蒙古人突袭而被吓成脑溢血刚刚"躺"下,一向不被他看好的皇储朱高炽在继承大明君主之位不到四个月的时间,就以时人无法想象的魄力和勇气开始为过去自家对立阵营中落难或死亡的建文忠臣进行平反。

永乐二十二年十一月壬申日,朱高炽试探性地给礼部尚书吕震下了个御札,说:"建文朝的'奸臣'正犯早就给杀光了,其女家眷们被弄到教坊司去做妓女,男性被发配给军中功臣武将当奴隶,好多人被折磨而死,现在要是还有存活下来的,朕登基即位诏中已经宣布大赦天下了,他们也该被宽宥呀,官府得发还其被没收了的田地和家产。再有,先前因评说政事而遭连坐流放边境的官员及其家属也该被宽宥为民!"(《明仁宗实录》卷4上;【明】吕毖:《明朝小史·洪熙纪·御劄》卷5)

要说洪熙帝的这个御札之意义实在是非同寻常,魔鬼父皇灭绝人性地残害建文朝文臣学士及其家眷,朱高炽要将他们中的幸存者宽宥为民,这不仅仅体现出明仁宗朱高炽的"仁爱之心",而且还似乎隐含了新皇帝要推倒老皇帝的做法,建文朝臣大冤案有望平反昭雪,更有显示出了大明新君之绝大勇气——大明权力最高层的这番拨乱反正冒着两个不为常人所注意的巨大危险:第一,老皇帝朱棣夺权正当不正当,到底有没有合法依据? 第二,一直流亡在外的建文帝原本就是大明的合法君主,那么朱高炽的这番举措是否给自己或刚刚开启的洪熙朝带来不利? 或言之要是建文帝还幸存于世的话,朱高炽这样做会不会给自己的皇权统治带来麻烦?

对于这样的问题,新即位的洪熙帝似乎已经想到了,从他给大臣吕震御札这事本身来看就是投石问路。吕震不同于永乐—洪熙朝的主要文臣学士,他同建文帝没有直接的瓜葛,又是永乐朝的宠臣,所以洪熙帝的试探应该说是富有很大的智慧。那么吕震如何回应新皇帝的?《明实录》未作任何记载,但在一月后的"永乐二十二年十二月癸卯"条中却留下这样的一番话:"上(指洪熙帝)闻建文奸臣齐、黄等外亲全家谪戍边者,有田在乡悉荒废。令兵部每家存一丁于戍所,余放归为民"(《明仁宗实录》卷5上)。

对照前面御札,不难发现,原本洪熙帝欲将壬午蒙受大难的建文朝文臣学士及其家眷全部宽宥为民之想法没能全部实现,他遇到了阻力,所以才下令给大明兵部:戍边的建文奸臣齐、黄等外亲留一人在戍所,其余全都释放回乡为民。

即位后四个月不到的时间洪熙帝两次发出御旨,宽宥建文朝文臣学士的家眷,除了原本洪武时代他与皇太孙朱允炆有着不错的个人关系以外(《明仁宗实录》卷1),更多地表露出他的"仁慈"之心,所以说尽管朱高炽亲政时间很短,但被人称为"仁宗",我看是名副其实的。可十分可惜的是,洪熙仅当了10个月皇帝就突然驾崩,已经开启了的建文朝臣平反工作骤然被停。

历史迷雾:居然能放建文幼子,就不正视建文史实

继承明仁宗皇位的明宣宗尽管在国家大政方针上大多沿袭了父皇朱高炽的做法,但在几个十分关键的问题上,如还都南京和给建文君臣平反等,他更多地"照顾"到了皇爷爷朱棣的层面,这一方面是由于宣德皇帝朱瞻基自小就是由魔鬼朱棣一手调教出来的,其祖孙感情远远要胜于朱瞻基与他的父亲朱高炽之间的关系;另一方面是无论明君朱高炽,还是朱瞻基及其后世子孙,若要想为建文君臣彻底平反的话,都将不得不面临着一个两难的困境:承认建文帝合法正统地位,就意味着明成祖朱棣起兵夺位是非法的。既然成祖夺位为非法,那以后明朝列帝都是成祖的子孙,其皇位当然也是非法的,因此说后来明朝无论哪个皇帝都不愿意接下这个"烫手的山芋";但从另外的层面来讲,建文帝及建文朝毕竟是历史的存在,不是任何人想要抹杀就能抹杀得掉的。再说建文帝干了四年的皇帝工作,政绩怎么样?老百姓心中自有一杆秤。明朝中期起不断有人上奏朝廷,要求恢复建文年号和建文帝的应有地位,编撰建文朝的实录。朱棣的"孝子贤孙"们尽管治国一塌糊涂,但在这样的大是大非问题上却一点也不糊涂,他们基本上沿袭了朱棣好皇孙朱瞻基的做法——拖着不办或议而不决。

就在这个时候,一个自称是"建文帝"的90岁老和尚主动"送"上了门,着实让大明朝廷君臣紧张、忙碌了一阵子。

○ 明英宗时,90多岁的"建文帝"主动找到朱棣玄孙朱祁镇的门上了

据《今言类编》《七修类稿》《尧山堂外纪》等书记载,明英宗正统初年,有个白发苍苍的老和尚从云南来到了广西思恩府的一座寺院里,对寺僧说:"找就是建文帝!"寺僧一听吓坏了,眼前这位就是"建文帝",这可是不得了的大事啊,赶紧去报告官府。广西地方官府派人来寺院,但谁也不知道建文帝到底长成什么模样啊,眼前的这个老和尚又自称是建文帝,按辈分来讲,他是当今皇帝的叔爷爷了,怠慢不得啊,于是马上让人将老和尚请到靖江王府内安顿下来。只见老和尚南面趺足而坐,其气势还真有几分曾经的皇帝味;与此同时,广西地方政府立即发出了十万里加急信,飞报北京朝廷。据说皇帝朱祁镇知道后曾下过诏令,将自称为"建文帝"的老和尚从广西迎到了北京去。(【明】郎瑛:《七修类稿上·国事类》卷12)

老和尚感慨万千,赋诗一首:

牢落西南四十秋，萧萧华发已盈头。

乾坤有恨家何在？江汉无情水自流。

长乐宫中云气散，朝元阁上雨声收(愁)。

新蒲细柳年年绿，野老吞声哭未休。(【明】蒋一葵：《尧山堂外纪·国朝》卷78；【明】郎瑛：《七修类稿上·国事类》卷12。笔者按，诸书记载细节略异)

○ 如何辨认送上门来的这个"建文帝"到底是不是真的？

再说，老和尚被带到北京时，明英宗十分重视，召集大臣商议，最终决定：从曾经服侍过建文帝的太监中挑选出与建文帝关系最为密切的老太监吴亮，让他来辨认辨认眼前这位九十高龄的老和尚是不是建文帝。谁知老和尚一见到老太监就说了："你不是吴亮吗？"吴亮故意说："不是的。"老和尚说："昔日我在便殿上用餐时，你正在我边上，我想想你也怪可怜的，于是就将一些肉扔在地上，你手里拿着一只壶，趴在地上像狗一样地舔食完了那块肉，你怎么说你不是吴亮呢？"听到这里，吴亮趴在地上失声痛哭。

据说建文帝左脚上有颗黑痣，吴亮趴在地上帮老和尚揉揉脚，乘此机会仔细地检查着他的左脚，结果发现老和尚脚上还真有一颗黑痣，吴亮再次伏地大哭，但什么也没说，回到明英宗那里作了汇报，当天夜里他就上吊自杀了。

明英宗知道以后，下令将老和尚迎到明皇宫里，入住西内，最终这个老和尚老死在宫中，葬于北京的西山，不封不树。(【明】郑晓：《吾学编》卷59，《吴亮传》；【清】谷应泰：《明史纪事本末·建文逊国》卷17；【明】郎瑛：《七修类稿》卷12，《琐缀录》)

从《今言类编》和《七修类稿》等书的记载来看，正统年间冒出来的那个老和尚"建文帝"还真像那么一回事。但当我们打开正史查阅时就会发现，原来它是英宗朝的一大骗局。

明英宗朝官史记载说：正统五年(1440)十一月，确实有个90多岁的和尚从云南来到广西，他跟人说："我就是当年失踪的建文帝，张天师(道教的精神领袖)说我有40年的苦难期。如今当和尚期限已满，应该马上回我的朝廷宫苑去了。"说完他拿出黄纸，将自己的事情写了下来，随后命令他的徒弟清进拿了黄纸送往附近的广西思恩府(府治为广西武鸣)去。思恩府土官知府岑瑛一听说是昔日建文皇帝跑到我们广西来了，那可是当今朝廷的政敌，这还了得！赶紧派人前往寺院，将老和尚逮起来，送给广西总兵官柳溥处置。再说总兵官柳溥听说老和尚就是"建文帝"，哪敢擅自做主，立马叫人将老和尚一行人全部羁押起来，并派上重兵卫队，押往北京，交给英宗朝廷处置。

那么这个老和尚究竟是不是建文帝？英宗朝廷中那时还有好多个建文朝大臣健在，如大学士杨士奇、杨溥和杨荣等。所以说，明英宗尽管是个冲龄天子，但要想辨别真假建文帝还是很容易的。考虑到时隔已久，英宗朝还特别组织了朝廷官员集体会审了老和尚。会审结果很快就出来了，老和尚压根儿就不是什么建文帝，他原名杨行祥，河南钧州白沙里人，洪武十七年出家为僧，曾经游历了南京、北京、云南、贵州和广西等地，听到人们都在传言：当年建文帝不是被大火烧死了，而是出亡了。至于出亡到了哪里？谁也不知道。于是杨行祥顿生邪念，冒充建文帝，不曾想到事情败露，最终被明英宗关在锦衣卫大牢里，4个月后老和尚病死狱中。他的12个同案犯都被发配到辽东边卫去戍边。（《明英宗实录》卷73）

英宗朝发生的另一件与建文帝有关的事情，那就是释放建庶人。

天顺元年（1457）十月丙辰日，长期被软禁而后通过宫廷政变复辟上台的明英宗下令，释建文君子孙，安置凤阳。他降敕给太监雷春等说："朕眷念宗室至亲，虽在不原，亦令得所。今遣太监吴昱管送吴庶人及其母杨氏等，共一十八名口，前去凤阳居住，每月令所司支与食米二十五石，柴三十斤，木炭三百斤，听于军民之家，自择婚配，其亲戚许相往来，其余闲杂之人并各王府不许往来交通。若因衣服饮食之类，许出街市交易买卖，差出内使鲁博、黄仁住、刘敬、潘成、赵玉、韦州，就与庶人看守门户，出入使令尔春等须要照顾防闲，令其安分守法，亦宜以礼优待，毋得忽慢，庶副朕眷念宗室之意。"为此明英宗在给朝廷文武群臣的敕谕中解释道："朕恭膺天命，复承祖宗大统，夙夜忧勤，欲使天下群生咸得其所，而况宗室至亲者哉。爰念建庶人等自幼为前人所累，拘幽至今，五十余年。悯此遗孤，特从宽贷，用是厚加赏赉，遣人送至凤阳居住，月给廪饩，以安其生，仍听婚姻，以续其后，庶副朕眷念亲亲之意"（《明英宗实录》卷283）。

可能由自己长期被囚禁的痛苦而引发的同情之心，明英宗在复辟帝位后　年不到的时间内，下令释放建庶人，即建文皇帝的小儿子朱文圭。释放的理由很简单，明英宗说，本皇帝想让天下之人各得其所，怎么就忍心自己皇家宗室至亲至今还被圈禁呢！他还讲到，被释放的建庶人已被关了50余年，是"遗孤"，即没有长辈亲人存在了。

连囚禁了50多年的建文帝小儿子都给放了出来，出现这样的大好事是不是意味着建文之事将会在大明朝官方那里峰回路转了？事情可没那么简单，对于明英宗来说，释放建庶人是一回事，而重新论定与正视建庶人长辈亲人的大冤案以及给建文正名那是另一回事，实际上明英宗至此就不再愿意谈下去了。英宗以后，在明朝官方那里建文之事的正名又经历了一个个大曲折。

明朝官方当局对国初那段不堪的历史越不愿意面对或言越想回避,而有关建文皇帝及其建文朝历史的非官方版本或言民间版本却偏偏越来越多,且越来越模糊不清,以至于到了明中叶时就连朝廷官员对建文帝当政时限一类的事情都搞不太清楚了。

弘治十二年(1499)四月乙巳日,致仕礼部主事杨循吉向孝宗朝廷上奏:"臣昔忝礼官,窃谓朝廷之上正名为先,礼文不备,非所以示远也。臣间洪武后有建文君,乃太祖高皇帝嫡孙,躬受神器称帝,建号者三年。其后天命归于太宗,文皇帝遂兴征讨之师,入正大统,削建文位号,今百余年未蒙显复。夫建文虽以一时左右非人,得罪社稷,而实则生民之主也。若宪宗纯皇帝帝景皇而不以入庙可以为法,伏望皇上裁以大谊,仍复建文君尊号,如景皇帝故事,庶几裨益先圣,有光大孝上。"(《明孝宗实录》卷149)

杨循吉说:"小臣过去枉忝礼官,私下以为,我大明朝廷应该以正名为先,名不正则言不顺。礼乐文书记载不完备,则无法昭示久远。小臣曾偶尔听说,我朝太祖洪武爷后面有个建文君,他是太祖高皇帝的嫡孙,曾直接从太祖皇帝手中接受大明神器,称帝三年(实际为四年零一个月,笔者注)。再往后天命归于我太宗皇帝。想当年太宗文皇帝(即指朱棣)发动'靖难'之师实施行讨,随后入继大统,削除建文年号,至今已有100多年了,可建文纪年年号一直也没被恢复起来。要说建文君在位时虽然其周围所用非其人,进而得罪了宗室社稷,但他可曾是实实在在的百姓之主啊!昔日宪宗皇帝在位时曾'还原'了被废黜的景泰皇帝应有的地位,恢复了景泰年号及其帝号,就差一点将其归入太庙了。小臣在此恳请陛下仿效宪宗皇帝的做法,恢复建文尊号,就如景泰一般,这样便有益于向后人昭示我大明皇家先圣的形象,也有利于扩大陛下您至孝的名声啊!"

对于建文帝及其相关历史沉案问题的官方定论,明朝历史上不多有的几个明君中的一员明孝宗竟然也拿不出什么主意来,他下令让大明礼部官员去讨论讨论,看看如何处置。但最终结果呢?不了了之。(《明孝宗实录》卷149)

而后随着明宫真正"淫魔"的不断出现而带来的皇位继承危机和旁支继统问题,使得本来就十分棘手的建文正名及其相关历史沉案问题变得更加错综复杂,甚至出现了历史大回复、大逆流。

成祖幻境"淫魔"真现,建文正名屡屡遭挫

明孝宗后10余年,大明皇家再次经历了皇位继统的考验,新上台的嘉靖皇帝果敢、执著甚至可以说是偏执,他力反传统与历史积弊,颇有"拨乱反正"、"正本清源"之势。见此,有朝臣向明世宗朱厚熜上奏,要求为大明皇家老祖宗建文帝以及建文朝相关事情正名,可没想到却遭到了嘉靖朝廷的一片斥责。这究竟是哪门子的事?

● 明宫奇观:"儿"皇帝恋上"万妈妈",岂料种下无尽的苦果

事情还得从明孝宗及其父皇明宪宗说起。因为明孝宗的父亲明宪宗特别好色,且这种好色还十分变态,他从小就喜欢上了比自己整整大19岁的宫女"姐姐"万氏,即后来的万贵妃。从现在我们看到的史料来看,明宪宗"碰"的第一个女人极有可能就是万贵妃,而这个万贵妃恰恰是个十分强势的女人;但因为年龄大,几乎可以当明宪宗的妈了(网上有人干脆就将其称为"万妈妈"),加上出身低贱,所以在明宪宗当皇帝时,她只得了个妃子的封号,没当上皇后。不过这也不碍事,人家皇帝的心向着她。明宪宗只要一有空,就往"万姐姐"或称"万妈妈"那儿跑。跑到后来,终于有了结果,成化二年(1466),"万妈妈"给明宪宗生下了第一个儿子。由于"万妈妈"生育有功——明朝有了"国本",一心恋着"万妈妈"的"儿"皇帝明宪宗可找到了借口,将"万妈妈"封为贵妃。至此,这对母子般恩爱的恋人可算是遂了心愿!但没想到的是,这个"万妈妈"生的皇长子还没过一周岁,就一命呜呼了。"万妈妈"哭得死去活来,但无力回天。只得抓住一切机会,找"儿"皇帝明宪宗加班加点,再努力干呀!可是女人40岁开外仍有生育能力的,在那时还真不多,万贵妃又偏偏不是这样的一个女人,所以无论自己与"儿"皇帝明宪宗怎么努力,就是不见小龙仔从那块专业地里产出。这时候"儿"皇帝明宪宗也有点灰心了,不过宫中漂亮的美眉有的是,本来就极好床笫之欢的明宪宗像只馋嘴猫似的,经常乘着万贵妃不注意的时候去找漂亮美眉云雨一番。没多久,那些被云雨的"美眉"肚子逐渐地隆了起来,这下可把"万妈妈"给气坏了。得赶紧采取措施啊,于是她一方面竭力缠住"儿"皇帝明宪宗,不让他接触到别的美眉,以此来确保自己那边专业地里尽早产出小龙仔来;另一方面将被"偷腥"过且怀了孕的美眉给搞掉或将她们隆起的肚子给

搞下去,当时"掖廷御幸有身,饮药伤坠者无数"(《明史·后妃一·万贵妃传》卷113,列传第1)。

但俗话说得好,只有千日做贼,没有千日防贼的。即使万贵妃防范再严厉,终有疏忽的时候。不久"儿"皇帝明宪宗临幸过的柏贤妃生下了一个男孩,取名为朱祐极。老没有儿子的明宪宗这下高兴透顶了,成化七年(1471)他将小娃娃皇次子朱祐极立为皇太子。可谁知,没多久,这个叫朱祐极的皇太子小娃娃及其母亲柏贤妃都莫名其妙地相继死去。大伙儿都不约而同地怀疑:是宪宗皇帝的老情人"万妈妈"干的好事,但就是没有直接的证据。(《明史·诸王四·宪宗诸子》卷119,列传第7)

就在大家为皇次子的诞生和立皇太子之大喜事忙碌的前后,明宪宗又瞒着老情人"万妈妈"去"偷腥"了。

有一天明宪宗看到一个正在宫中干活的小个子女孩,长得水灵灵的。他就上前搭讪,打听女孩来自何方,芳龄多少,等等。一问才知,女孩姓纪,是广西地方土司官的女儿,因为当地发生了瑶、僮等少数民族的叛乱,明朝出兵征讨,将这个姓纪的女孩给俘虏到了宫中来,安排她干杂活。明宪宗个性懦弱,但感情却非常细腻,在女孩子那里很受欢迎,加上他又是大明帝国第一人,所以当他接近纪姓女孩时,两人一下子可"来电"了。一番云雨后,龙种悄悄地在纪姓女孩专业地里生根发芽了。

再说明宪宗的老情人"万妈妈"仗着"儿"皇帝的威势,独霸后宫。她还派出自己的亲信宦官与宫女到处侦查。要说明宪宗与纪妹妹之间的那事"来也匆匆去也匆匆",不一定让人给看到。但随着时间的推移,纪妹妹的肚子渐渐地大了起来,这下可纸包不住火了。万贵妃知道后简直就要气疯了,她立马下令,让宫女们将那个纪姓妹妹带来修理修理。但由于万贵妃平时太霸道了,派出去的宫女可能出于打抱不平或报一己私仇,她不仅没有向万贵妃如实汇报情况,反而谎称纪姓妹妹不是怀孕了,而是得了一种让人害怕的痨病。因此她建议:当务之急是不能再让那纪姓妹妹在原地方呆了,为防止祸害到别人,最好将她撵到宫中极端冷僻的地方,像存放死人的安乐堂什么屋子去。万贵妃接受了这个建议,但为了防止万一,她还是命令手下人给纪姓妹妹强行灌下了堕胎药。幸好纪姓妹妹与她腹中的孩子都命大,没受到大伤害。后来在安乐堂,孩子给秘密地生下来了,他就是后来明朝第9位君主明孝宗朱祐樘。(《明史·后妃一·孝穆纪太后传》卷113,列传第1)

朱祐樘这个名字是后来给取的,当时他一生下来就是一个"没户口"的"黑孩子"。即使这样,还是给万贵妃知道了,气急败坏的万贵妃命令在安乐堂看门的门监张敏将"黑孩子"给扔了。可张敏没有照办,一个人私下里惊呼道:"皇上还没有皇子,怎么能将孩子给扔掉呢?"于是他就与纪姓妹妹一起将"黑孩子"给藏好,并在暗中保护着。"黑孩子"朱祐樘就这样在东躲西藏的生涯中度过了自己的灰色童年。

○ 你信吗?作为皇帝明孝宗他只爱皇后一人

一转眼五六年过去了,成化十一年(1475)的一天,明宪宗在宫中美容,刚好那个叫张敏的门监因为工作调动,来到了宫中,为宪宗皇帝梳发。梳梳着,明宪宗发现镜子中的自己已经有了白发,不由得哀叹道:"朕老了,可至今尚无子息,真是悲哀啊!"不料,宪宗皇帝刚说完,张敏"噗通"一声跪倒在地,十分沉重地说道:"奴才死罪,还来不及向陛下启奏。陛下,您已有皇子啦!"明宪宗惊讶得半天都合不上嘴,后来不停地嘟囔着:"那……那……那皇子在哪儿呀?"张敏说:"奴才讲完就死,但陛下一定要为皇子做主啊!"这时侍立在旁边的司礼监太监怀恩也赶紧跪下,不停地磕着头为张敏作证:"陛下,张敏所言极是,皇子就在西内偷偷地养着,今年已经6岁了,我们都不敢说,可他是陛下您的亲骨肉啊!"听到这里,明宪宗高兴极了,当天就移驾西内,派人将皇子给迎接了出来。(《明史·后妃一·孝穆纪太后传》卷113,列传第1)

这时的"黑孩子"朱祐樘虽说已经是6岁了,但从娘胎里带出来的胎毛还没被剃掉。自来到这个世上起,朱祐樘就过着非正常人的生活。由于居住在宫中冷僻之处,条件极差,营养严重不足,加上母亲纪姓宫女在怀他的时候被强行灌下了堕胎药,致使他头顶间留下了一处无发的"荒原",且体弱神虚。

朱祐樘的这段童年经历给他后来的帝王生涯带来了很大的影响。由于从小就是个苦孩子,当政以后他很注意勤政,关注社会底层,在十个有九个凶的明朝列帝中朱祐樘算得上是个"仁孝"的好皇帝了。苦难童年给朱祐樘带来的另一面,那就是他在登基前后对于两性生活相当有"节制"。由于自身身体差,他一生只爱一个女人,即孝康皇后张氏,这就导致了后来明孝宗子嗣稀少,"孝宗二子,武宗、蔚王厚炜,俱张皇后生"(《明史·诸王四·孝宗子》卷119,列传第7)。张皇后为明孝宗生了两个儿子,次子蔚悼王朱厚炜只活到了3岁就夭折了。这样一来,明孝宗的子嗣中就剩下一根"独苗苗"长子朱厚照了。由于自身身体因素,明孝宗与他的孝康皇后张氏都极为宠爱长子,只要不太过分,大多都由着"独苗苗"朱厚照的性子来了,这样就为后来的大明朝培养了一位游龙戏凤的荒唐皇帝。

● 明宫"淫魔"真现:"广爱博种"南北中国,最终却"颗粒无收"

明武宗的荒唐在历史上是出了名的,我们暂且不说别的,就讲讲他的两性生活。

明武宗登基即位时曾立南京上元人夏氏为皇后(《明史·后妃二》卷114,列传第2)。尽管在册立皇后时,还选置了几个妃嫔,但明武宗朱厚照似乎对后宫中的皇后、嫔妃都不感兴趣,后来就干脆搬到豹房去逍遥了。

○ 后宫佳丽再多也没劲,要玩各色美女就上豹房去

豹房最初设立于明初,永宣时期的《明实录》中就有豹房的记载。而据我们现在所掌握的史料来看,武宗时代的豹房与明初还不太一样,《明武宗实录》中"正德二年八月丙戌"条记载:"盖造豹房公廨前后厅房并左右厢房歇房。时上(指明武宗)为群奸蛊惑,朝夕处此,不复入大内矣。"(《明武宗实录》卷29)至此,明武宗似乎还不满意,又下令在大内之外的西苑大肆扩建豹房,从正德二年一直造到正德七年还没有造好。当时新造房屋200多间,花费银两约240 000两。工部官员看到这样下去,国家财政就要吃不消了,于是赶紧向武宗皇帝上请,恳求罢停豹房兴建,可明武宗哪里肯呀。(《明武宗实录》卷93)

造了这么多富丽堂皇的屋子干什么用?明武宗将其当做办公、娱乐和淫乱的逍遥宫。就像现在有些腐败官员那样,前面是办公室,旁边或后面就是与漂亮妹妹乐天乐地的逍遥处。不过明武宗可没这么"寒酸",他在豹房内设有专门的办公室,专门的校场,专门的动物园,专门的佛寺,专门的娱乐房,还有就是数不清的密室迷宫,在这里专门"圈养"着各式各样的绝色女子或者有"绝活"的另类美眉,她们随时都准备着为大明武宗皇帝提供极品的性服务。明朝正史记载:"回回女皙润瑳粲,大胜中国。上(指明武宗)悦之。"

○ 锦衣卫头子对特务工作不感兴趣,专门研究床笫之欢,并献技皇上

当时有个锦衣卫都指挥同知叫于永的,见到武宗皇帝特好床笫之欢,干脆自己的特务工作也不干了,专门研究男欢女爱的学问,最终"修得正果","善阴道秘戏,得幸于豹房"。于永本是色目人,可能就是出身于西北少数民族,因此他对明武宗钟情于色目美女心领神会。听说色目人都督昌佐家有好多的色目美女,她们不仅人长得标致,而且还擅长西域歌舞。于永就以当今圣上需要为名,直接向都督昌佐索要。既然是皇帝需要御用,做大臣的岂有不给之理!于是12个身份不明的绝色

西域美女被送进了豹房，专供大明天子享乐之用。但擅长歌舞的不一定就是床笫之欢的好手，于是武宗皇帝又下诏，将侯伯家中原本色目籍的"过来人"老妇女召到豹房里来，言传身教。玩着、乐着，时间一长，明武宗又觉得乏味了，要来点新鲜的。他老早就听说，"善阴道秘戏"的锦衣卫高级领导于永家的女儿长得不赖，心想：擅长床上戏的色目人生下的漂亮小妞，肯定错不了，于是武宗皇帝在召见于永时就直奔主题，开口便要他女儿入宫"陪侍"。平时以糟蹋别人女儿为能事的于永听后顿时傻了眼，但皇帝的圣旨不能不接，于是他就以邻居家的白种回回女子（可能相当于现在的俄罗斯女子）冒充自家的女儿，送到了豹房里，专供大明天子嬉戏娱乐。（《明武宗实录》卷33）

那么，豹房内到底圈养了多少个美女，恐怕明武宗自己也没搞清楚。这里边的美女既有内臣进献的，也有皇帝自己游幸各地带回来的，有高丽女、有色目女、有西域舞女，有扬州处女、寡妇，有仪真（征）妓女（【明】沈德符：《万历野获编·佞幸》卷21），也有教坊司的女乐，即相当于陪夜的明星演员和"三陪女"。十分有趣的是，明武宗的性取向很奇特，似乎他对正儿八经的女人或言大家闺秀不感兴趣，却对另类女人着了迷。

在北京豹房里过了好长一段时间荒淫无度的生活后，明武宗又觉得乏味了。有人给他出主意，到大明北疆边关宣府去，那里可有特别好玩的。明武宗正愁着没好去处，听到这样的"金点子"，当然就不肯错过了。

来到宣府，远离了朝廷大臣喋喋不休的政治与道德规谏，减轻了朝廷公务的日常压力，又能随心所欲地到处闲逛瞎玩，明武宗亲切地称宣府为家里，将宣府的各大小妓院给玩了个遍。因为是皇帝临幸妓院，御用妓院当然要提升档次了，原本黑漆巴拉的妓院大门由于大明天子的大驾光临而改换了门庭，漆成了大红的宅门。据明代后期著名学者沈德符所记：直到万历时期，宣府尚有两三家妓院因为当年明武宗临幸而漆成的大红门，虽然那时门枢等都已脱落了，但还能从颜色上依稀"见识"其当年的"殊荣"（【明】沈德符：《万历野获编·佞幸》卷21）。

明武宗在宣府的风流荒唐史远不止于此，据《明实录》所载：他还遇到了一个红颜知己，且甘愿当人家孩子的"现成"父亲，这是怎么一回事？

● 玩了别人家怀孕的美女，正德皇帝觉得味道好极了

有个都督叫马昂的，因为工作上出了纰漏而被革职，可他不死心，总想着要来个大翻身。刚好明武宗在宣府巡幸，马昂听人说起，武宗皇帝不喜欢寻常美女，有

着特殊的性爱好,顿时他想起了自家的那个美如天仙的妹妹马氏,可马氏已作他人妇,且肚子里还怀着小外甥呐,这可如何是好？马昂吃不透皇帝到底有着怎样的性嗜好,于是就通过关系结识了在正德皇帝身边转悠的太监张忠。张忠一五一十地将这位另类皇帝的性喜好告诉了马昂,马昂顿时就来劲了。但转而一想:自己的妹妹不一定有问题,关键是那个小军官妹夫毕春肯定不愿将自己的美妻给让出来,更不会甘心将自己即将降世的毕家骨肉随随便便地充当别人的后代。马昂将自己的苦衷告诉了正德皇帝身边的红人太监许全。谁想到这样的事情在许太监看来,简直就是不成为什么问题,当场他就带了马昂、马昂的弟弟马炅等一伙人,冲到毕春家中,将那个怀了孕的马家妹妹马氏一下子给抢走了,直把小军官毕春愣得半天都说不出话来。(《明世宗实录》卷12)

再说那个马家妹妹可谓非常女子,当哥哥将她献给皇帝老爷享受时,她不仅不吵不闹,还十分配合。由于擅长马背上射箭,又能说少数民族语言,精通少数民族歌舞,马美女时不时地露一手,直把武宗皇帝给乐癫了。于是马氏大受宠爱,就连已经落职了的"大舅子"马昂也一下子红了起来,被提升为右都督,可能相当于军区副司令员,且还能时不时地到"妹夫"皇帝那里走动走动。皇帝近侍们见到马昂无不恭恭敬敬地尊称其为"马国舅"。马昂的弟弟马炅也跟着沾光,兄弟俩一并被召入朝中,"妹夫"皇帝明武宗赐给他们无比珍贵的蟒袍服用。尝到了甜头的"国舅爷"马昂为了感谢"妹夫"皇帝的一片洪恩,随后又将自己的美妾杜氏献给了明武宗。明武宗当然也不会亏待"国舅爷"了,马昂的弟弟马炅随即被提升为都指挥,守备扬州边上的仪征,那可是主管南粮北运的一个肥缺啊。马炅也不傻,懂得知恩图报,在仪征任上时利用职务之便,买了4个绝色扬州美女,进献给"妹夫"皇帝笑纳、享用,且美其名曰:"谢恩！"(《明世宗实录》卷12)

马家兄妹虽然受宠,但为时不是很长,至于龙恩衰微的原因,有人说是明武宗喜新厌旧,但也有人说是"妹夫"皇帝朱厚照玩玩美女又玩出格了。据说有一天明武宗一时兴起,想到宠臣"国舅爷"马昂家去看看,这不看不要紧,一看便把皇帝的魂给勾掉了。原来马昂家还藏了一个顶级美人,她长得真是如花似玉,要多风骚就有多风骚。武宗皇帝尽管已经不知玩了多少个女人了,可就是没玩过这类美人,当即他就提出要在马昂家过夜,并让那马家的顶级美人提供舒适的夜间服务。可没想到的是,皇帝金口一开,居然遭到了"马国舅"的拒绝。要说这个顶级美人,虽说在马家位居"小三"、"小四",在马昂的心目中可是绝对的心肝宝贝,所以尽管皇帝开了金口,但他无论如何也不同意,弄得堂堂的大明天子灰头土脸的,好生没趣,只好怏怏告辞。从此以后,马昂兄弟以及马家妹妹再也没有往日的风光,因为武宗皇

帝对他们已经没什么兴趣了。(《明武宗实录》卷141)

● 携手别人老婆带了部队，明武宗从北方玩到南方

这时的明武宗在山西迷上了另一个美女，说起这个美女的来历，还真叫人替万岁爷害臊。正德十三年(1518)明武宗巡幸太原，但他人还没到，就叫手下先到太原城里去搜罗一批美人来乐乐。底下拉皮条的都知道，当今万岁爷好玩女人，但正儿八经的大家闺秀他可不要，或许是这样的女人放不开，而生活在社会边缘的那些另类女人倒是成了当今皇帝的最爱。

"皮条客们"在太原城搜了个遍，结果弄来了好多好多的边缘女人，任由皇帝享用。在这么多的女人中，有个叫刘良女的顿时引起了武宗皇帝的无比兴趣。刘良女原本是大明皇室晋王府的乐工杨腾的妻子，天生尤物，不仅人长得特别美，而且还有一副好嗓子。一听到刘良女放声歌唱，明武宗那色迷迷的眼睛就再也没离开她的身上，最后两人黏在一起，好得跟一个人似的。

古时候乐工地位很低，他们除了要为权贵们提供歌舞娱乐服务外，女性家眷如果出面演出，一旦被位高权重者看上的话，就要提供免费的性服务。因此说，这个叫刘良女的乐工妻子自从被武宗皇帝看上后，不知有多少人在背后指指戳戳着。可人家是大明第一人，既然是第一人，就是与人不一样，明武宗不管别人怎么说，也不管干净不干净，吃饭、睡觉等一切生活起居都与刘良女成双入对，形影不离。近侍们要是一不小心触怒了皇帝爷，只要私下乞求刘良女出面，请求宽恕，据说没有不成功的。因此武宗身边的宠臣江彬等，都将刘良女视为武宗皇帝的正妻，干脆喊她"刘娘娘"。"刘娘娘"听了，心里像喝了蜜一样甜；而明武宗呢，就更不用说了。(《明武宗实录》卷169;【明】沈德符：《万历野获编·佞幸》卷21)

明武宗朱厚照从小玩到大，玩遍了北方，总觉得有个遗憾，南方姑娘到底什么滋味，作为天下第一人居然还没品尝个够，实在是天下第一号遗憾事。于是他就与佞幸宠臣筹划着如何南下。

机会往往是给有心人准备的。正德十四年(1519)宁王朱宸濠在江西发动叛乱，明武宗听到消息后异常亢奋，因为他终于找到了南巡的借口，能以此来堵住大臣的嘴巴了。可是没想到的是那个叫朱宸濠的宁王水平真是太臭，也实在没什么花头，你想造反就拿点真本领出来，人家正德皇帝将部队整合好，出发了没多久，走到河北涿州一带就接到了前方的奏报：宁王叛乱已被明代大理学家王阳明平定了，这下可让武宗皇帝大为扫兴。皇帝南巡本来就不容易，要是朝廷大臣们知道宁王

之乱已平定,就非得要豁出命来,将当今圣上从错误的道路上给拉回来。明武宗当然能预见这一切,于是立马做出反应,要求相关人员将宁王之乱平定的消息给封锁起来,这样自己好堂而皇之地打着皇帝亲征的旗号,继续南巡。

明武宗一边走一边玩,玩到山东临清时,突然思念起自己的"另一半"刘良女来了。要说皇帝与这个刘良女还真是恩爱,几乎是如胶似漆。武宗皇帝要南巡,按理说刘良女也得陪着,否则就空有"刘娘娘"的称呼了。但谁知就在皇帝出发前,刘良女突然病了,不能成行,不过刘良女还是让武宗皇帝先行,并含情脉脉地送给他一个簪子,让皇帝"老公"日后想念她时,就派人拿了这个簪子作为信物来接她,见其物如见其人。哪料到皇帝"老公"一路玩耍一路颠簸,早就将簪子给弄丢了,丢在哪里?朱厚照自己也不知道了。他到了临清顿时特别想念"露水妻子"刘良女,于是就叫手下人赶紧回去接"刘娘娘"。哪想到"刘娘娘"没见到簪子信物就是不肯走,这下可把武宗皇帝给急坏了。他赶紧命人往回走,一路仔细寻找,可再怎么仔细找也找不着了,这可怎么办?

幸好这个"刘娘娘"属于可爱型的美女,不刁蛮,也不钻牛角尖,她发出话来:"皇帝把我的簪子信物给弄丢了,其实也不要紧,只要皇帝亲自来接我,就可以了。"朱厚照听到美人这般通情达理,顿时就喜上眉梢,立即吩咐手下人准备好快捷的小船,迅速掉头北上,到达潞河时就接上了"心上人",然后再一起携手南下。(【明】沈德符:《万历野获编·佞幸》卷21)

● 妓女、寡妇皇帝都要,扬州城里上演真实版"拉郎配"

这样大约走了三四个月的时间,正德十四年十二月,明武宗与他的"亲征"大军终于来到了南京对岸的历史名城扬州。其实在到达扬州之前,就有人向明武宗朱厚照介绍,扬州自古产美女,据说当年隋炀帝下江南,最终客死在那儿,曾将一些宫中美人胚子给留下了,由此造成了扬州的美女特别多,也特别好玩。朱厚照一听到扬州美女好玩便来劲,命令近侍太监吴经火速赶往扬州,先找一些朱漆大门和有着广阔府宅庭院的人家,将里边居住的人全部赶走,改称其府第为提督府,我大明天子将要移驾于此,并在里头与美眉们好好地乐乐。尽管全国臣民都知道本朝皇帝特爱美人,但与美人嬉戏总不能在旷野吧,那叫什么?那叫苟合,难听死了,本朝皇帝要的就是舒心。

找房子作淫窝固然很重要,但最关键的还得要找美眉啊!至于什么类型的美眉,宦官吴经等可知道呐,还用多说!

再说吴经一行人赶到扬州,岂敢懈怠武宗皇帝的"重托",他们挨家挨户地搜寻着处女和寡妇。扬州城一下子炸开锅了,到处都是逃避祸乱的人。家中有女孩子的人家赶紧为女儿找个男人,不管年纪大的、小的都行,什么彩礼、聘礼哪顾得上。这下可好了,扬州城的老光棍们立马解决了长期的性饥饿问题,有的小工、长工本来一辈子也没指望能娶到老婆的,顿时从天上掉下了"林妹妹",可把他们美死了。但绝大多数人家还是在极度惊恐中度日,到处都是大哭惊叫,人们争着将没来得及出手的女儿赶紧送走或藏匿起来,扬州城乱成一锅粥。(《明武宗实录》卷181)

这时,扬州知府蒋瑶实在看不下去了,他跑到太监吴经那里为百姓们求情。没想到吴经暴跳如雷,反问蒋瑶:"你区区一个知府小官,也不看看自己长了几个脑袋,想脑袋搬个地方?"蒋瑶大义凛然地反驳道:"我蒋瑶是个小官,如果忤逆了圣上,按罪论处,无话可说。只是老百姓是我大明朝廷的老百姓,一旦激起事变,恐怕将来要有所责任追究吧?"吴经顿时被说得哑口无言,他气急败坏地下令,将蒋瑶撵出去! 随后便带了一拨狗腿子偷偷地在扬州街头转悠,秘密侦察:哪家有漂亮的美眉,哪家有处女,哪家有寡妇,哪家有娼妓,并一一做好了暗号。等到深更半夜时,他就带了一群骑兵突然打开扬州城门,让人高声叫喊:"圣上驾到!"随即在道路上点起无比耀眼的灯火,亮得如白昼一般。此时吴经就领着人冲到做了记号的人家家里,将屋内的女人像老鹰抓小鸡似地抓出来;要是有人坚守不出,吴经就让人扒了屋子,将女人给撵出来。为此,不知道有多少扬州百姓给毁了家。(《明武宗实录》卷181)

再说那些被逮住的女人有的呼号,有的哭泣,据说当时的哭声就远达几里之外。可太监吴经却不管这些,他要为武宗皇帝一一把关,先将那些长得不好看的或发现有什么不对劲的女人送到尼姑庵里或庙里去,然后对于那些脸蛋与身材好看的,不管是处女还是妓女,不管是寡妇还是有夫之妇,都要进行细细的检查,再送到都督府里去,专供大明正德皇帝慢慢享用。有的良家妇女受不了这般羞辱,干脆就绝食而亡,其场景十分凄惨。扬州知府蒋瑶知道后,动用官府资金买了棺材,将不堪受辱而自尽的妇女入殓下葬。不过后来扬州人也学乖了,只要家中富裕一点的,就赶紧给吴经等人奉送孝敬。吴经拿到了钱财,立马放人,于是后来被明武宗临幸的都是那些家境贫困的女子。(《明武宗实录》卷181)

在扬州玩腻了,明武宗又来到了南京,玩了将近一年。正德十五年夏秋之交,朱厚照结束了他的特别南巡,开始北回。走到淮安清江浦时,他突然来了兴致,要在一个积水池里钓鱼,没想到坐的那条船在他钓鱼时突然弄翻了,这下可好了,堂堂大明天子一下子成了落水狗。可能是出生于北方的缘故吧,明武宗不仅溺水受惊不小，而且还着了凉，加上他长期纵欲淫乐，身体虚弱，由此开始一病不起。正德十六年三月，31岁的明武宗最终在他心爱的北京豹房里玩完了自己的人生之路。（《明史·武宗本纪》卷16，本纪第16）

● 大明皇统继承危机与旁支继统招来的风波

明武宗死了，当年他的老祖宗明太宗朱棣幻觉中的建文帝版"色鬼淫魔"所导演的一出出荒唐闹剧，也随着武宗皇帝的归天而一一收场，紧张、郁闷的大明臣民们总算可以喘上一口气了。不过从大明皇家角度来讲，武宗之死不仅仅是前朝闹剧的终结，同时也隐含着新的政治风波即将来临。

由于皇帝家的"独苗苗"一下子没了，尽管这根"独苗苗"广爱博种，阅女无数，但最终却是颗粒无收，所以由老祖宗明太宗朱棣没脸没皮从建文帝手里拼死抢来的大明君主之位，就面临着继统、继嗣等类的大问题、大危机了。

○ 15岁嘉靖回音：我是来北京当皇帝的，不是来给人家当儿子的！

这个时候最为着急的，要数武宗皇帝的老妈慈寿皇太后即明孝宗的正妻张皇后和内阁首辅杨廷和。这老头老太反复核计着，觉得只有在大明皇室中寻找与朱厚照血缘关系最近的堂房兄弟来继承皇位才最合适。朱厚照的堂房兄弟也就是明宪宗的其他几房孙子，以此来查看：宪宗皇帝共育14子，长子为万贵妃所生，早早便夭折；二子朱祐极就是前面说过的，生出来没多久，便被立为皇太子，后来又莫名其妙地死了；三子就是明武宗的父亲明孝宗朱祐樘；四子朱祐杬，邵妃所生；朱祐杬还有两个同胞兄弟，即岐王朱祐棆、雍王朱祐枟，以下就毋庸赘述了。从有嫡立嫡、无嫡立长的传统继承法角度来讲，再在明孝宗朱祐樘以上寻找皇位继承人，那就绝对是个白痴了，只能往下找。而往下找，唯有明宪宗四子朱祐杬距离明孝宗最近，也是最为合适的宗支。朱祐杬老早就被封为兴王，藩地在湖北安陆，不巧的是这位兴王爷在正德十四年死了，留下了一个13岁的儿子朱厚熜继承王位。（《明史·诸王四·宪宗诸子》卷119，列传第7；《明史·世宗本纪一》卷17，本纪第17）

杨廷和与张太后打听清楚了，这个继承兴王爵位的朱厚熜尽管年纪不大，但在王爷的工作岗位上已经干了两年了，小小年纪将兴王府打理得十分得体，颇得人们称誉，由此看来似乎他要比那个刚刚过世的荒唐堂房兄长明武宗要强多了！杨廷和与张太后最后决定，派遣宫中太监谷大用、韦彬、张锦和大学士梁储、定国公徐光祚、驸马都尉崔元、礼部尚书毛澄等，前往湖北安陆，以明武宗遗诏的名义，迎接兴

王朱厚熜来北京继承大明君主之位。(《明史·世宗本纪一》卷17,本纪第17)

与此同时,首辅杨廷和以明武宗遗嘱、遗诏的名义,"罢威武团营,遣还各边军,革京城内外皇店,放豹房番僧及教坊司乐人";"释系囚,还四方所献妇女,停不急工役,收宣府行宫金宝还内库";还设计逮捕了武宗身边的佞臣江彬等,在最短的时间内十分麻利地将武宗朝的积弊给一一除去。(《明史·武宗本纪》卷16,本纪第16)

正当大家翘首以待迎接新天子、祈盼开辟新局面之际,兴王朱厚熜来到北京近郊,余下的就是他入京举行登基仪式,演戏给全国臣民看,大明新皇帝君临天下了。这本来没什么悬念,只是时间与程序的问题了。可谁也没想到,从湖北来的这位少年兴王爷走走不走了。什么理由?朱厚熜跟人说:"武宗皇帝的遗诏是叫我来北京继承皇帝之位,没说要我来给人家当皇太子的。可从北京朝廷大臣现在给我的有关登基仪节来看,他们让我从皇宫的东华门进入文华殿,再挑个黄道吉日给我举行登基仪式,这是让我先给我堂房哥哥武宗皇帝当皇子,然后才继承皇位,我可不是奔着来给人家当儿子的!"(《明史·世宗本纪一》卷17,本纪第17)

15岁的朱厚熜来了这么一手,大大地出乎杨廷和等大臣的意料,未来新皇帝已经走到了北京大门口,他在闹情绪,就让他闹吧?或者退回去,换个皇室后代?这叫什么话,大明帝国头等大事岂是小孩子过家家似的游戏!换,是肯定不能换了,那么未来新天子不肯走,怎么办?这时张太后也听说了这事,派人来问杨廷和等大臣:能不能以朝廷群臣劝进的方式,绕开那些令双方不快的程式?杨廷和等大臣本来并不怎么肯妥协,但看到事情弄到这一步,真有点骑虎难下,再说皇太后出面说话了,也不得不给她个面子。于是最终决定:由群臣上笺劝进,朱厚熜入京履行登基仪式。对此,少年朱厚熜并没有表示什么异议,一切就按照劝进登基的形式进行着。

那天日中朱厚熜从明皇宫的正大门大明门入宫,随即派人入告太庙,他自己则去拜谒堂兄大行皇帝明武宗几筵,然后便是朝见张皇太后,最后才来到奉天殿即皇帝位,并下诏将明年改为嘉靖元年,大赦天下。这个新登基的朱厚熜便是历史上有名的嘉靖皇帝。(《明史·世宗本纪一》卷17,本纪第17)

从表面来看,少年嘉靖帝与杨廷和为首的朝廷大臣在皇帝登基仪礼上达成了平局,但在实际上却揭开了嘉靖朝"议礼之争"或言"议大礼"的序幕。

○ 什么?我喊我爸为叔父,喊我伯父为爸爸,这是哪门子的事?

坦率而言,有关嘉靖即位仪礼问题,在现在看来,很多人可能认为,嘉靖皇帝更有理。但一定时期的典章制度与社会规制都是一定时期的产物,也是一定时期人们的行为与道德的规范和底线。从传统社会的嫡长子继承制来讲,继统先为继嗣,本无可厚非,而嘉靖皇帝的所言所行就有点"无理取闹"了。从根本上来讲,张太后与杨廷和等朝廷大臣捍卫的是当时社会规范的底线,但最终以折中的方式解决了矛盾的冲突,这就在客观上为嘉靖帝的君权至上起到了助威装势的作用,于是这个少年皇帝愈发任性,一发不可收。

在皇帝统系断裂的情况下,以旁系宗支入继帝位的少年嘉靖感觉好极了。就在自己登基后没过几个月,他就要求朝廷大臣给自己的父亲兴献王朱祐杬(已故)和母亲兴献王妃议尊号。正德十六年五月,礼部尚书毛澄等会合相关大臣反复讨论,最终议定并上奏说:根据先儒程颐等人的理论,"'为人后者谓所后为父母,而谓所生为伯叔父母,此生人之大伦也。然所生之义至尊至大,宜别立殊称曰皇伯叔父某国大王,则正统既明而在所生亦尊崇极矣。'今兴献王于孝宗为弟,于皇上为本生父,与濮安懿王事正相等,皇上宜称孝宗为皇考,改称兴献王为皇叔父兴献大王,兴献王妃为皇叔母兴献王妃。凡祭告兴献王妃,皇上俱自称侄皇帝,则隆重正统,与尊崇本生恩礼备至,可以为万世法"(《明世宗实录》卷2)。

这话的大致意思是说,你既然要当皇帝,继承的是伯父家里的帝位,那你就得给伯父家当名义上的儿子,而要改称自己的生身父母为叔父母,这也是我们历代的传统做法!但考虑到自己的生身父母至尊至大,应该有个比较特别的尊称,那你就称你原来的父亲兴献王为皇叔父兴献大王,母亲兴献王妃为皇叔母兴献王妃;祭祀兴献王时你就自称为侄皇帝——因为你事实上已经过继给了伯父皇帝家,不再是兴献王家里的成员了,只有这样,才吻合社会礼制规范!

但嘉靖皇帝不认可,总觉得这样做,自己家还是比伯父明孝宗家矮了一截,无论如何不能输在这事上,于是他多次召见首辅杨廷和与礼部尚书毛澄等朝廷大臣,命令他们给兴献王拟就一个带有"帝"字的主祀尊号。可朝廷大臣却坚决守望伦理道德,绝不退让。双方交锋了几个月,最后还是嘉靖皇帝动用了皇权,于正德十六年九月为自己已故的父亲"捞"了个"帝"字称号,他跟礼部尚书毛澄等人这样说道:"卿等累次会议正统之大义,本生之大伦,考据精详,议拟允当。朕已知之,钦奉慈寿皇太后之命,以朕既承大统,父兴献王宜称兴献帝,母兴献后;宪庙贵妃邵氏为皇太后,朕辞之再三,不容逊避,特谕卿等知之。"(《明世宗实录》卷6)

嘉靖帝尽管年纪很小,但为人十分精明,为了堵住朝廷大臣的嘴巴,他打着慈寿皇太后即明孝宗正妻也就是嘉靖帝伯母的旗号,为自己的兴献王父亲弄了个兴献帝的称号,生母弄了个兴献后的称号。这下总算与伯父皇帝家的尊号相差无几了? 不,在嘉靖看来,还是差了一点,最好还要加个"皇",于是他让杨廷和等朝廷大臣再讨论商议。正德十六年十二月，杨廷和等上奏说："今日兴献帝后之加，较之前代尊称已极揆，诸典礼亦已过矣，若复欲加一皇字，而与孝庙、慈寿并焉，恐非尊无二上之义也，忘所后而重本生，任私恩而弃大义，臣等有不得辞其责者，愿罢归。"（《明世宗实录》卷9）

杨廷和等朝臣对于嘉靖皇帝一再得寸进尺的过分要求有点火了，但说得还相对比较温和："皇上你的老爹老妈的尊号为兴献帝、兴献后，这已经是自古以来最为尊崇的了，也远远超出了历代典章礼制的规范。如果现在再加上'皇'字的话，那么就与真正当过皇帝的明孝宗、慈寿母后即你的伯父、伯母没什么差别了。这种过重于自己的本生而忘了过继为人之后的职责，只顾自己的私恩而丢弃了国家大义的行为，臣等不能再做下去了，只求这把老骨头能带回老家去就满意了！"杨廷和忍无可忍，最后以辞职相要挟，嘉靖朝君臣矛盾对立由此开始急剧升级。

○ 18岁皇帝一次下令逮捕134个大臣，严刑拷打，就为自己亡父上尊号？

就在这时，以张璁、桂萼为代表的地位低下的少数"议礼派"上奏给少年皇帝嘉靖，他们从传统典籍的边角与夹缝中为当今皇帝爷的过分要求，寻找立论依据，以求得自身政治上的迅速"进步"；而嘉靖帝也适时地满足了张璁、桂萼等人的愿望，将他们调入朝廷，以此作为反击杨廷和、蒋冕、毛澄等朝廷正统派的主将。就此而言，事态的发展变得越来越复杂。在杨廷和等朝臣看来，与不学无术、钻营旁门左道的张璁、桂萼等"议礼派"同朝为伍，简直就是一种耻辱。为了表达对"议礼派"的愤怒和对皇帝过分要求的不满，杨廷和、蒋冕、毛纪等相继告老还乡。（《明世宗实录》卷41）

事情到此还没有打住，嘉靖三年七月的一天，上朝结束，一大帮子的朝臣们以先前上奏，提出正当想法的奏章被留中为由，相约到左顺门集体跪伏，以示抗议。因为人太多，形态各异，有人默跪，有人大喊太祖高皇帝，有人直呼孝宗皇帝，声彻宫廷内外。那天刚好嘉靖帝斋居文华殿，听到大臣们大呼小喊，就派了司礼监太监前往左顺门去规劝，让大家早早退去。可群臣坚持跪伏不肯起来，声称除非皇帝答应了他们的要求，收回成命。而嘉靖皇帝也不退让，叫司礼监太监再去左顺门传话："我家老爸兴献帝的尊号现已定为恭穆献皇帝，且神主即牌位也做好了，即将运到宫里来，还有有关的册文、祝文也都已经拟定好了，你们还是早点退去吧。"但群臣还是跪伏不起。这样双方僵持到了中午，嘉靖帝终于大动肝火了，下令将跪伏左顺门的大臣名字一一给登记下来，然后派人将为首的学士丰熙、给事中张翀、御史余翱、郎中余宽等8人逮捕下狱。这下可激起了群愤，翰林院修撰杨慎、检讨王元正等不停地拍打着左顺门,放声大哭,其他的大臣也跟着一起痛哭起来,哭声一片,响彻皇宫阙廷。嘉靖皇帝听到哭声就更火了,下令将员外郎马理等134个五品以下的官员全部打入诏狱,严刑拷打;四品以上及司务等官员姑且待罪,即等待皇帝的发落。(《明世宗实录》卷41)

通过绝对皇权,滥施淫威,朱厚熜最终在嘉靖三年七月和嘉靖七年七月分别为自己的生身父母获得了章圣慈仁皇太后和恭睿渊仁宽穆纯圣献皇帝的尊号。(《明世宗实录》卷41;《明世宗实录》卷90)

○ 不按规矩出牌,旁支继统的嘉靖皇帝的父亲居然也能"称宗祔庙"?

事情弄到这一步,嘉靖皇帝总该心满意足了吧?不,他还没有满足,自己当了皇帝,皇帝的已故父亲就得进入大明皇家的太庙,接受最高的祭奠祀礼,这也就是古时候人们常说的"称宗祔庙"。既然要进入太庙,那就得称什么宗,譬如朱棣为明太宗,嘉靖的伯父为明孝宗,等等。问题是"称宗祔庙"有个绝对的先决条件,那就是这个被称为什么宗的人,生前必须是在位称帝过,否则就没资格进入太庙。而作为嘉靖的父亲兴献王原本就一直是个藩王,如果要将他安置在太庙里头,这实在是太离谱了。可刚愎自用的嘉靖皇帝管不了这些,他授意"议礼派"挑起争端,争论得越激烈,嘉靖帝越好充作仲裁者。从正统大臣角度来讲,他们认为皇帝的这个要求实在是太过头了,史无前例。嘉靖老爸兴献王如果真的要入太庙的话,他的神主放在什么地方呢?按照入庙先后为序,那就要将它放在明武宗之下,形成侄儿在上、叔叔在下的格局,长幼倒序;如果将它放在明武宗之上,辈分礼节对了,但政治秩序给弄乱了,兴献王尽管是叔叔,但活着的时候一直是侄儿皇帝明武宗的臣子,现在死了反而臣下凌驾于昔日君主的头上,这叫什么秩序呐?说白了,这种事纯粹是吃饱了撑的。可嘉靖皇帝不这么认为,他一直要做,且做得很隐秘,花费时间也很长,在"议礼派"与朝臣正统派争斗中,他隔岸观火,乐在其中。十年后的嘉靖十七年九月辛未日,朱厚熜终于下谕给礼部,以钦定的方式,完成了"称宗祔庙"的夙愿,为父亲上庙号为睿宗,谥号为"知天守道洪德渊仁宽穆纯圣恭俭敬文献皇帝",位居明武宗之上。(《明世宗实录》卷216)

○ 旁支继统暗合成祖篡位,建文正名再遭挫折

朝廷上下"议礼之争"的风浪一个接一个,嘉靖皇帝既偏执又果敢的个性特征在宫廷内外产生了很大的影响。除去"议礼之争",嘉靖初年,朱厚熜的所言所行比起他的堂房兄长、荒唐的游乐皇帝朱厚照来说要"可爱"得多,甚至予人耳目一新的

感觉。

由于来自远离大明帝国首都的地方藩邸,朱厚熜对于昔日明廷尤其武宗朝的弊政,要比原本就在宫中的人看得更加清晰,他的观点很接近于民间百姓,所以在登基即位一开始,就雷厉风行地推行新举措:"卹(恤)录正德中言事罪废诸臣,赐天下明年田租之半,自正德十五年以前逋赋尽免之……罢大理银矿……纵内苑禽兽,令天下毋得进献……革锦衣卫冒滥军校三万馀人",等等。其中影响最大的可能就要数对锦衣卫的整顿和对宦官的严厉抑制,仅正德十六年七月,嘉靖帝就一次性"革锦衣卫所及监局寺厂司库、旗校、军士、匠役投充新设者,凡十四万八千馀人"(《明史·世宗本纪》卷17,本纪第17)。

嘉靖时期最值得称道的就是对宦官的严厉抑制。自永乐以后,明朝的皇帝几乎没有一个不喜欢宦官的,宦官气焰日益嚣张。明英宗时代的王振、武宗时代的刘瑾等都是绝对大腕级的太监,宦官为非作歹,祸害四方。曾在地方上做过藩王的朱厚熜对此十分清楚,因此自即位起他就严厉管束宦官,武宗时期作恶多端的宦官,如魏彬、谷大用等都被他一一收拾了,有罪的立即予以杖责,有的宦官身子骨单薄还被当场打死,打死了还没完,命令陈尸示警。除此之外,对自己从安陆带来的宦官,嘉靖帝虽然予以重用,但也管得十分严格,谁要是有什么出格的,他毫不留情地予以处置,所以整个嘉靖45年间宦官危害施虐现象并不多见。

也正因为如此,有人将嘉靖初年的这些新气象视作为"维新庶政"(《明史·夏言传》卷196,列传第84),甚至还有人将朱厚熜的所作所为视为明太祖之遗风。

说到明太祖,久违了,除了每年礼节性的祭祀外,几乎没什么人再提他老人家了,因为当今是嘉靖"新时代"。但有人例外,他想起来了,不仅想起了明太祖,而且还想起了明太祖后的历史大谜案、大冤案——建文帝及其建文朝之事,这人便是吏科给事中杨僎。杨僎看到嘉靖皇帝一反传统、"革故鼎新",他就想起了大明历史沉案也该"正本清源"或刷新一下了。

嘉靖十四年(1535)七月乙酉日,杨僎向嘉靖皇帝上奏说:"我朝历史上革除之变(实际上应该说是'靖难'之变,可能是杨僎照顾到了当时的官方定论,笔者注)时,忠心不二的大臣,如尚书铁铉、张紞、陈迪、齐泰,侍郎卓敬、胡子昭,都御史景清、陈子明,太常寺卿黄子澄、侍郎方孝孺等,都奋不顾身,以义自殉,视死如归,不为时势所屈服,而被后人录为忠恤之士,但我大明朝廷至今为止还没在史书典籍上予以正式的记载。小臣恳请陛下下令,让朝廷史局将铁铉等忠节死难者的真实事迹记载下来,编辑成书,褒扬忠烈,以昭后世;同时应该给那些忠节死难者追赠谥号,选录他们遗存下来的后代子孙到我朝廷来当官;传谕给那些忠节死难者家乡所

在地的地方衙门,让他们建造祠宇,以便人们祭祀和纪念。"(《明世宗实录》卷177)

嘉靖皇帝接奏后没表态,随即将杨僎的奏章交给了礼部官员,让他们讨论一下。讨论结果,礼部尚书夏言等上奏说:"所谓的'革除'忠臣,实际上是指我太宗文皇帝发动'靖难'之役时那些殉难的大臣,虽然他们是为了表达自己对建文君的赤诚忠心而最后选择了殉节,但像齐泰、黄子澄一类人却负有误国之罪。当年太宗皇帝就将他们称为建文君身边的大奸大恶,声讨其罪行而最终将其诛杀了,这些都一一记载在实录当中,明白可考。要不是当初我太宗皇帝应天顺人,内靖外攘,我高皇帝的万世帝王之业不知会被这些人折腾成什么样呐,也正因为我太宗皇帝拥有无限的神功圣德,他老人家这才被后世奉为百世不迁的祖宗。而如今吏科给事中杨僎所说的那些话,全是民间野语讹传,殊不知我朝国史(指《明实录》,笔者注)中对于此类事情早已秉笔'直书'了,更何况褒扬忠烈之事要是能做的话,在太宗皇帝时早就做了,但现在就是不能做。吏科给事中杨僎是新科进士,刚进入官场,不懂得什么叫忌讳。因此说,他所奏的事情,皇上您是万万不能应允的。"听了夏言的这番"高论"后,嘉靖皇帝开始责备起杨僎,说他"不谙事体,轻率进言",但最终还是宽宥了杨僎。(《明世宗实录》卷177)

从杨僎上言遭斥事件本身来看,十分耐人寻味。嘉靖皇帝初不表态,而要内阁阁臣、礼部尚书夏言等拿主意。夏言本是正德十二年进士,出仕后在朝廷任兵科给事中。嘉靖上台后,夏言一路官运亨通,迅速成为新皇帝的近臣与宠幸。(《明史·夏言传》卷196,列传第84)针对杨僎的建议,夏言据"理"反驳,但毫无新意,无非是重复朱棣篡位以后的"既定方针"论调,甚至他还信口雌黄,说什么"今(杨僎)所奏是徒闻野语流传之讹,而不知国史直书之可信"。不过夏言所说的话中倒是有一句值得我们注意,那就是"……我高皇帝万世帝王之业当未知何所底定,此我太宗神功圣德所以宜为百世不迁之宗也",即夏言将旁支篡位的明太宗朱棣提到了与开国皇帝明太祖朱元璋的同等地位,这不仅迎合了明太宗子孙、当今天子的口味,而且还将历史上本来列于明太祖之后、只是位居列宗之中的"明太宗"一下子给突出出来,无形之中强化了旁支继统的重要性,这与嘉靖皇帝处心积虑要突出父亲"恭睿渊仁宽穆纯圣献皇帝"的地位有着异曲同工之妙。由此看来,夏言的政治"高论"是吃准了最高统治者的心理而感发的,无疑会大受肯定。

3年后的嘉靖十七年(1538)九月辛未日,皇帝朱厚熜在为已故父亲兴献王称宗祔庙的诏谕中就曾这样说道:"朕为我国家之兴,始皇祖高皇帝也;中定艰难,则我皇祖文皇帝也。二圣同创大业,功德并焉,宜称祖号,我皇考献皇帝,躬备大德,是以延及,朕身入嗣祖位,宜荐宗称,矧今大享已成,议奉皇孝配将当举事之期,先用荐上鸿号，尊文皇帝庙号为成祖，谥曰：启天弘道高明肇运圣武神功纯仁至孝文皇帝……皇考(指朱厚熜称自己父亲兴献王)庙号为睿宗谥曰：知天守道洪德渊仁宽穆纯圣恭俭敬文献皇帝，同日异时行礼，九日预告郊庙、社稷，二十一日恭举大亨明堂之祀于奉天殿，奉皇考睿宗献皇帝配上帝。是日礼毕，即诏示天下，所有礼仪，礼部会同翰林院恭议以闻，敬哉！"(《明世宗实录》卷216)

嘉靖皇帝的上述"最高指示"中将原本"父子"关系、嫡传与旁支关系的"祖"与"宗"给并列了，称我皇祖高皇帝朱元璋、我皇祖文皇帝朱棣，原本中国历代正统王朝一般只有一个"祖"的，到了嘉靖时可变成了"两祖"。而嘉靖皇帝可不同于明朝武宗、熹宗等王八蛋皇帝，他很有学问，当政前期脑子也十分清晰，之所以打破传统，除了强化旁支继统的重要性外，还是否隐含着他掌握了大明皇家头号秘密——原本"来路不明"的明太宗朱棣有着一段不可启齿的身世来源，作为其子孙就完全应该强化、突出自己祖宗另开一统的功德？(详见笔者：《大明帝国》系列之7《永乐帝卷》上)朱厚熜曾这样说道："我太宗当皇祖初定之中，又值建文所坏，复兴起之，便是再创一般，今同太祖百世不迁，此乃报崇之正。然称号太宗，未免无异于列圣，当以祖字列之，庶见其宜也。此人情之真焉，夫何谓古以祖有功，而宗有德，令概以宗尊之？太宗所谓有功者焉，可同宗称之，此当别之者也云。"(《明世宗实录》卷213)

左一声"我皇祖文皇帝"，右一声"我太宗再创"，嘉靖皇帝心目中的我祖更多更重要的不是明太祖朱元璋，而是明成祖朱棣。与隆盛明成祖朱棣地位形成鲜明对比的是，嘉靖朝对明太祖的正传嫡系子孙建文皇帝则大加贬斥。既然大加贬斥，那就更不可能为建文正名或将建文历史真实记载于官方文书或明代国史当中去了。如此格局在明朝中叶持续了将近四十年，直到嘉靖的孙子明神宗万历帝上台后才有所改变。

200年只等来一个名号，建文历史谜雾越来越浓

明隆庆六年(1572)七月辛亥日，登基才一个多月的万历帝发布诏书，公开褒扬建文朝忠臣节士的忠义，要求各地官员查清建文忠臣的出生地，为他们建造忠节祠以示旌表。(《明神宗实录》卷3)

万历二年(1574)十月的一天，12岁的万历皇帝又在文华殿听课时与老师张居正堂而皇之地讨论起建文皇帝之事，这也是朱棣后明朝皇帝首次公开正面谈及建文生死出亡问题。

万历问："闻建文当时逃免，果否？"辅臣张居正对言："国史不载此事，但先朝故老相传言，建文当靖难师入城，即削发披缁，从间道走出，后云游四方，人无知者。至正统间，忽于云南邮壁上题诗一首，有'流落江湖数十秋'之句，有一御史觉其有异，召而问之，老僧坐地不跪，曰：'吾欲归骨故国。'乃验知为建文也。御史以闻，遂驿召来京，入宫验之，良是。是时年已七八十矣，后莫知其所终。""上（指万历帝）因命居正诵其诗之全章，慨然兴叹。又命书写进览，居正退而录其诗以进，因奏：'此亡国之事失位之辞，但可为戒，不足观也。臣谨录《圣祖皇陵碑》及《御制文集》进览，以见创业之艰难，圣谟之弘远，伏望皇上览而仰法焉。'次日，上于文华殿，又谕先生：'皇陵碑朕览之数遍，不胜感痛。'居正因奏言：'自古圣人受艰辛苦楚未有如我圣祖者也，当此流离转徙至无以糊口，仁祖及淳皇后去世，皆不能具棺敛，槁葬而已。盖天将命我圣祖拯溺亨屯，故先使备尝艰苦。正孟子所谓'动心忍性增益其所不能者也'，故我圣祖自淮右起义师，即以伐暴救民为心，既登大宝，衣浣濯之衣，所得元人水晶宫漏，立命碎之，有以陈友谅所用镂金床进者，即投于火。孝慈皇后亲为将士补缝衣鞋，在位三十余年克勤克俭，犹如一日，及将先逝之年犹下令劝课农桑，各处里老粮长至京者皆召见，赐食问以民间疾苦。臣窃以为我圣祖以天之心为心，故能创造洪业传之皇上。在皇上今以圣祖之心为心，乃能永保洪业，传之无疆。'上曰：'朕不敢不勉行法祖，尚赖先生辅导。'"（《明神宗实录》卷30）

少年万历帝对建文之事兴致盎然，但辅臣张居正并不愿意多谈，而是用忆苦思甜的方式来教育万历帝，转移其视线，不过他也说了一些万历初年明廷所掌握的有关建文帝的信息。

如果我们将张居正所讲的与《明英宗实录》中所载的正统五年杨行祥假冒建文帝案做个对比的话，就不难发现，万历时代的人们对建文史迹似乎越来越模糊。但由于此时的大明帝国已经日薄西山，朝纲松弛，政治败坏，君权衰微，而与其密切相关的社会宽容度和包容度却越来越大，加上万历皇帝朱翊钧自登基上台起就表现出对建文之事的极大兴趣。这样一来，自明朝中期起积聚在非官方层面的探寻建文之谜的热浪如地火一般迅速地涌现出来，社会上各色各样的有关建文帝之谜的书籍纷至沓来，真假难辨。相对于过热的民间，万历初年明朝官方似乎还保持着很大的拘谨，这或许与内阁首辅张居正的不提倡有关。

到了张居正死后的万历十三年，这一切就开始变了。《明实录》记载：万历十三年三月壬辰日，"释革除年坐忠臣方孝孺等谪戍者，浙江七百一十三人，江西三百七十一人，福建二百四十四人，四川四十一人，广东三十四人"（《明神宗实录》卷159）。

3年后的万历十六年二月丁丑日,大明国子监司业(可能相当于大明第一大学的教务长)王祖嫡率先上奏给万历皇帝,提出了要为建文正名、恢复建文纪年和补写建文朝历史等建议。他大致是这么说的:

"补修朝廷缺失典籍,叙述完整历史,这是时代赋予我们的职责。具体来说,当今我朝应该将被'革除'的那段建文历史给补修起来,把被并入《英宗实录》中的《景泰实录》也予以单独正名。小臣对所谓的'革除'一直持怀疑态度。什么叫'革除'?想当年我太祖高皇帝出生入死,身经百战,最终才拥有了大明天下。他老人家弥留之际将我大明神器交予建文,这本身就吻合嫡长子继承制的大经大法。太宗文皇帝举兵'靖难'而握有大明神器,哪有'革除'之由?!

小臣以为建文纪年不可泯灭有五大理由:第一,自古无道之君,天人共弃,但小臣只听说过有改朝换代,没听说能革除其纪年的。太宗皇帝当年举兵'靖难',明明不是什么复仇,哪来要将海内外都奉为正朔的(建文)给革除掉呢?第二,'靖难'功臣当年十分起劲,不断构陷建文之过,无非是为了表明他们自身的功劳,这本身就不是成祖皇帝的原来想法了。更何况后来成祖皇帝也幡然感悟,进而鄙薄、数落起对建文朝没什么上言建树的大臣李贯,并告诉吏部要不念旧恶,不久以后又罢黜了'革除'之议。成祖皇帝还曾下令,自建文四年六月庚午之日起,朝廷各部院行事规制与公文档案记载一律改用洪武旧制,改称那年为洪武三十五,这是一时而为之,也是受了阿谀之臣的蛊惑才这么做的,后世人们往往不明白这个道理,反说成祖独断,这是将历史的罪过归咎于君父,很不应该啊!第三,有人说成祖安定国家,功劳大到了等于再造帝国,如果说他还要'革除',那么当年他老人家起兵就没有什么名堂了。大明天下是太祖皇帝的天下,太祖看待成祖,就同看待建文,后两者都为太祖的子孙吆。可现在有人将父子祖宗的太祖、成祖看做为'二祖',这是很不应该的。他们说,不'革除'就不能充分体现成祖之心,那么'革除'了,就能体现太祖皇帝的本心呢?撰写'靖难'之类的历史是为了彰显成祖再造之功,现在如果不搞'革除',那就是如实记载建文在位的史迹,我怎么也看不出这两者之间有什么冲突。第四,历史上常常有这样的情况:国史、野史同存于世时,人们往往相信野史而怀疑有所忌讳的国史。既然建文纪年都被革除了,那么有关那一朝的人与事的记载就自然而然地流于民间野史之中。如今书写建文及建文朝历史的就有几十家,谬误百出,惨不忍'读',国朝有着一段缺失的历史,这难道是件小事吗?第五,当年要实施'革除'的人无非是想要天下后世之人不再知道有建文这档子事,但千万世后的人们难道就真能以洪武虚年来代替建文的实际存在吗?大书特书'革除',固然能解决得了一时,但无法做到永远。与其这样,倒不如现在我们如实撰写建文历史!"

(《明神宗实录》卷195)

王祖嫡的这篇上疏文"喊"出了当时朝野上下成千上万正直之士的心声：恢复建文纪年和建文帝号、补修建文朝历史。尽管其说得并不全有理，但大都还能站住脚，最后王祖嫡还引述了万历帝刚刚上台时发出的一份诏书作为说服的理论依据："伏读隆庆六年，上两宫圣母徽号，诏书内一款曰：革除年间死事之臣，有司以时祀之，而建文以太祖嫡孙临御四载，别无他过，不得援诸臣之例，以慰幽魄，恐成祖之心，亦必有未安者。今宜复建文位号，仍付史馆，将四年事绩修辑为录，尽废野史不经之说。"(《明神宗实录》卷196)

万历帝接到王祖嫡的这份分量不轻的疏文后做出什么反应呢？他"疏下礼部"，即让礼部官员讨论讨论。大约一个月后，大学士申时行上奏说："礼部对王祖嫡请复建文年号，改正景皇帝实录两事进行了讨论，今已查明，景皇帝实录已经改正。只是建文年号自'靖难'之变以来，前朝历代一直都没有上请成功。恢复建文帝号、纪年年号和撰修建文实录，这些工作都属于创举性的，不经过朝廷大臣集体会合合讨论，我等礼部大臣不敢擅自定夺，伏乞皇上圣断。"万历帝尽管在自己刚登基时表露出要对建文之事来个全面的"拨乱反正"，但那时他只有10岁。随着年龄的增长，作为明成祖的子孙都明白，如果全方位地为自己祖宗之政敌正名，那将意味着什么？这是不言而喻的。王祖嫡上奏那一年，万历帝刚好26岁，26岁在古时候不算小了，再说那时万历帝的皇帝工龄已经有16年，见也见多了，当大学士申时行将"皮球"踢回来时，他当场批示："景皇帝位号已经恢复，其实录就等着纂修；而改正建文年号之事仍等一等再说吧！"(《明神宗实录》卷196)

这一等又等了7年，直到万历二十三年(1595)九月，有个叫杨天民的礼科给事中向万历帝上言，再次请求改正革除建文年号。而后御史牛应元、礼官范谦等又相继上请万历帝，"命史局于高庙实录(即《明太祖实录》，笔者注)中摘洪武三十二年逮三十五年遗事，复称建文年号，辑为少帝本纪"。这一次万历帝有些进步了，他下"诏以建文事迹附太祖高皇帝之末，而存其年号"，就是说正式恢复建文纪年年号，但是同时要求在编写明朝国史时，将建文朝事迹附在太祖高皇帝之后，也就是说否定了礼科给事中杨天民提出的传统修史方法——将当政过的建文皇帝单独立个本纪的做法。(《明神宗实录》卷289)

随后的万历三十年、三十七年，给事中黄起龙等官员又上奏万历皇帝，一再请求恢复建文正朔，在懿文太子朱标庙的边上另建一座建文庙，以便"四时致祭"(《明神宗实录》卷374；《明神宗实录》卷463)，但最终都不了了之。建文帝的庙号一直到南明皇帝手里才解决，"弘光初，追尊惠宗让皇帝，入太庙，复其年"【清】查继佐：

《罪惟录·惠宗帝纪》卷2,浙江古籍出版社1986年5月第1版,P69)。至于建文帝谥号的敲定,那就更晚了,清"乾隆元年,谥明建文帝曰恭闵惠皇帝,庙祀之,位次太祖"(《明史·恭闵帝本纪》卷4,本纪第4;《清史稿·礼三吉礼三》卷84,志59)。

由此我们再来反观建文帝在明朝后来的遭遇:历经200年的反反复复,明末时建文之事虽然在政敌篡位皇帝朱棣子孙的手里,也就是明朝官方当局那里有了点肯定的说法,即恢复建文纪年年号,但也仅此而已,至于万历帝诏书中所说的建文朝历史编写,人们再也没有看到了。

与明朝历代官方竭力回避和遮掩相反,自明中叶起非官方的或言民间建文探寻之热浪却在不断地涌动着,有关建文帝和建文朝史迹的书籍如雨后春笋般地涌现。版本越多,说法各异,历史谜团也就越发扑朔迷离。

综合起来看,至今为止人们最为好奇的不外乎这样几大问题:第一,堂堂大明帝国合法皇帝朱允炆怎么会打不过一个地方藩王?第二,建文帝到底是怎么样的一个皇帝?第三,建文四年朝政究竟是不是一塌糊涂?第四,建文帝失国时为什么会有那么多的大臣殉难而去?第五,建文帝最终又怎么啦?是不是如篡位皇帝朱棣所说的那样,被宫中大火烧死了?等等。

而要想解答清楚这些历史之谜,我们就必须要从建文帝朱允炆当年生存的环境及其即位前后的那些事说起……

第二章
皇家狼群与帝国羔羊

　　洪武三十一年(1398)闰五月,一代雄主、奇特的开国皇帝朱元璋在走完了他的一生、长眠于南京明孝陵之际,按照当时合法的程序,他的嫡孙——一个20岁刚出头的文弱书生朱允炆,用他那稚嫩的双肩来担当起大明帝国江山社稷之重任,他力追中国儒家理想中的"尧舜之君",重用文臣学士,实施改革,推行"建文新政",大明帝国由"严酷"的"洪武"冬季转向了"宽和"的"建文"春季。但建文帝面临的政治环境却是如此的险恶……

朱元璋:大行"分封制";朱允炆:接手"火药库"

　　中国历史上开创大一统帝国的平民皇帝一前一后只有刘邦和朱元璋了,这两个平民皇帝不仅祖籍是老乡——同为徐州人,而且处事与治国风格也极为相似。当然这里面存在着历史时间的先后,后世的朱元璋实际上是刘邦的"千年知音",隔世"粉丝"。

　　汉高祖刘邦在建立西汉王朝后,曾得意地对他的父亲说:"始大人常以臣亡赖,不能治产业,不如仲力。今某之业所就孰与仲多?"(《汉书·高帝纪第一下》卷1)

　　刘邦因为年少时吊儿郎当,不务正业,经常受到父亲刘太公的斥责。经过亡命的博弈,刘邦登上了大位,他要回敬父亲大人当年的训斥,这就大言不惭地说了上面的这番话。在刘邦的眼里,大一统的汉帝国就是他家最大的产业,因此,为了守好这份家业,也为了刘汉江山长治久安,他铲除异姓王,大封刘姓子孙为地方藩王,孰知这为后来接任帝位的子孙埋下了一颗"炸弹"——"七国之乱"。

● 朱元璋大行分封制的原因——帝国视作家产，诸藩拱卫皇室

一千多年以后祖籍同为徐州的朱元璋也将他开创的大明帝国视为自家的产业，从而把它分封给自己的龙子龙孙。其实，这也没什么奇怪的，在中国这样的专制社会里，家与国是不分的，所以朱元璋在洪武初年大行分封制也在"情理之中"。

洪武元年（1368）正月，朱元璋在南京（当时叫应天）城里刚刚登基称帝之时，就发出了这样的一番高论："祖、父有天下传之于子孙，子孙有天下者追尊于祖、考，此古今之通义也。"（《明太祖实录》卷29）于是他就追封起了自己的先祖：朱元璋的高祖考被追封为玄皇帝，曾祖考被追封为恒皇帝，祖父被追封为裕皇帝，父亲被追封为淳皇帝。接着朱元璋又追封起他的外戚来，洪武二年（1369）五月，追封皇外祖考陈公为扬王，追封马皇后之父马公为徐王（《明太祖实录》卷42），追封马皇后的义父郭子兴为滁阳王（《明太祖实录》卷49）。除了郭子兴之外，这些被追封的人活着的时候基本上都是面朝黄土背朝天的老实巴交的农民，他们被追封至多也就在祭祀他们时，隔世享受一下人世间莫大的风光，除此之外，什么影响也不会有。

实际上最有实质性影响的就是朱元璋对自己的龙子龙孙们大行分封。它跟历史上刘邦、司马炎等实行的分封制没有什么大的差别，无非是将大一统帝国当做自个儿的家产分给儿孙享用，这是明初实行分封制的第一大原因。

不过朱元璋实行分封制时就没有说得这么直白和露骨了，"上（指朱元璋）惩宋、元孤立，乃依古封建制，择名城大都，豫王诸子，待其壮，遣就藩服，用以外卫边陲，内资夹辅"（【清】夏燮：《明通鉴》卷3）。这话是告诉人们：鉴于宋、元两代败亡之际朝廷孤立无援的经验教训，为了巩固朱明王朝的江山社稷，依照历史上曾经有过的古制，挑选天下名城大都与要害之处，作为除太子以外的诸王子就藩的藩地，这样就能形成在外有着强有力的军事保卫，诸子藩王共同扶持和屏卫中央皇室，大明江山就会长治久安。这是明初朱元璋实行分封制的第二大原因。

○ 600年前暴发户的心态：龙子尚小，册宝备好。

朱元璋做事的风格向来是要么不做，一旦做起来就雷厉风行。他打定主意要分封诸子，但诸子年龄实在太小了，最大的儿子朱标太子也只有十几岁，其他的还在尿裤子。可朱皇帝管不了这么多，他要事先准备着，这种急切的心态犹如当今社会上许多有钱人家的父母那般，儿女刚刚结婚就要为其孙辈买好别墅和保险什么的。朱元璋甚至还要急迫，因为他是大明帝国的第一人主啊。所以在洪武二年

(1369)四月,他就诏命中书省编《祖训录》,定下"封建诸王国邑及官属之制"(《明太祖实录》卷41),后又让大明帝国的礼部制作精美的诸王册宝并准备册封之礼仪。

诸王的册宝说白了类似于今天精美礼盒包装的"官印"一般,不过它是用黄金打造而成的,册宝上用篆体刻上"某王之宝",这是藩王的官方"证明",册宝不用时放宝座上,宝座外面有个宝匣,其上面雕刻蟠螭等图案,精致、高贵。(《明太祖实录》卷51)

在做分封准备时,诸事进展得都比较顺利,不过还是有一件事使得当时的洪武皇帝十分头疼。朱元璋自己文化水平低——南京紫金山北麓的徐达墓碑文就是朱皇帝亲自撰写的,至今为止无人能读通。但他对撰写分封诸王册文的要求可不放低,要找具有一流文采的才子来撰写诸王册文。可偏不巧的是,当时徐达率领的大明北伐军正在前线与蒙古人浴血奋战,就连朱皇帝的第一谋臣李善长等文臣也因军事所需而外出公干了。要说当时南京城里能写一手漂亮文章的"秀才"还真是不多。那有人说,这册封诸王的册文比起大明帝国军事来也没什么大不了的,找个识文断字的人胡诌几句不就成了!?不,朱元璋可不这么认为,他不仅对诸子册封之事乐此不疲和急不可待,而且还讲究精益求精。既然分封诸子的册宝是用黄金精制的,那么分封诸王的册文当然也就必须与此统一规格和档次!那怎么办?

○ 大明雄主实在霸道,"唐明星"差点魂被吓掉。

朱元璋早就听说了,大明军中有个叫唐之淳的后生,特"有才",经常在军中撰写"露布"(类似于今天的军事通讯和战地宣传文章)什么的,文笔优美,是当时大明军中的文化名人,就连皇帝朱元璋也曾"领略"过他的文笔风采,甚至可以说朱元璋差不多是唐之淳的"铁杆粉丝"。但唐之淳的这个"粉丝"实在霸道,也很心急,一旦想起"唐明星"来,他可不含糊,马上下令叫人飞马快骑,前往军营去将"唐明星"召回到南京城来。可底下的人不知皇帝朱元璋的真实意图,只知道要将"唐明星"弄到京城去,于是他们就马不停蹄地赶到了军营,见了唐之淳,立马将他捆住,又急匆匆地将他押回南京城去。(【明】徐祯卿:《翦胜野闻》)

再说这个唐之淳犯糊涂了:自己没干什么违法的事情啊,但眼前的这番阵势实在是让他不寒而栗,心里翻江倒海似地倒腾起来,会不会是自己的父亲唐肃在先前出任大明帝国的翰林应奉时得罪过朱皇帝,现在皇帝老爷要连坐我唐家子孙,否则怎么会这样急吼吼地抓我回京呐?看来今天的事情是凶多吉少啊!唐之淳正在冥思苦想着如何应对眼前的这场劫难时,他已经被带到了南京。

这时,唐之淳灵机一动,跟皇帝的使者说:"我家姑妈就住在前面这条路边上,我是一个将死之人,恳求你们能否帮我叫我姑妈出来一下,让我们姑侄俩见上最后一面?"使者一听,觉得这个唐家也怪可怜的,父亲不走运,现在儿子又将遭殃。算了,做人还是多积积德吧,于是,他就将唐之淳的姑妈从家中叫了出来。

见了姑妈唐之淳就号啕大哭,嘱咐姑妈为他收尸。由于朱元璋有令在先,赶紧将唐之淳弄到明皇宫里来,所以唐之淳与他姑妈也只能简单地说了几句话,可还没说完,就被朱元璋的使者打断了,只好继续赶路。

等赶到南京明皇城的东华门时,已经是黄昏时分了。东华门大门紧闭,使者去叩门,但守门的人说:"皇上有旨:将唐之淳用布裹住,然后从屋顶上传递到皇宫里面去。"(【明】徐祯卿:《翦胜野闻》)

洪武年间法令严酷,有哪个敢不执行的?使者在听到皇帝朱元璋下达了这等指示后,就马上动手将唐之淳裹好,东华门城门头上的人用绳子将唐之淳吊起,然后开始往里传,传了好几手,最终才传到了明皇宫里。

这时,皇帝朱元璋的晚餐早已用过了,空下来没事,他正准备读书,突然底下有人来报:"皇上,您要找的唐之淳现在已被传到皇宫里来了!"朱元璋立即命令便殿召见。

唐之淳虽然当场被人松了绑,但还是不明就里,一身的冷汗,整个人像根木头似地竖在明皇宫的便殿上。这时,朱元璋走近他,开口便问:"军中露布是你起草的?"唐之淳全身魂魄都出窍了,内衣也全湿透了,但皇帝的问话他还是听清的,好不容易壮了壮胆,抖抖嗦嗦地回答说:"回……回……回陛下,臣……臣……臣昧死草之。"

朱元璋没说什么,明皇宫空气凝固了,唐之淳只好耐心地听候皇帝的发落。过了一会儿,只见几个太监抬了一个短几(类似于今天的茶几模样)到唐之淳面前。这时朱元璋发话了,让唐之淳在短几旁双膝跪地而坐,然后将自己早就拟好的一份封王册文递给了他,命令他"少为润色之"。这下唐之淳总算明白了,皇帝老爷风风火火地绑自己来究竟是为何事,但天底下谁有那么大的胆量敢改皇帝的御笔?于是他只好拼命地磕头,嘴里不停地说:"臣万死都不敢当!"朱元璋一看这个样子,赶紧换一种口气说了:"你不敢也罢了,那就在御文旁边作些注吧!"唐之淳一听皇帝这样说话,当场就十分清楚他的真实意图,于是就操起笔来,一口气把11份分封册文全给"注"好了。(【明】徐祯卿:《翦胜野闻》)

朱元璋龙颜大悦,好好地夸奖了唐之淳一番。唐之淳"注"完册文时已经是深夜了,朱皇帝命令他"原路"返回,明天一大早来明皇宫正式朝见。

这下唐之淳一颗悬着的心终于落地了,任由皇宫中的人一一"搬运"自己出明皇宫。

此时的唐之淳全无睡意,他来到了姑妈家,报个平安。这下可把姑妈家的人给乐坏了,原来侄儿没有罹难,大难不死必有后福,当夜,姑妈家为唐之淳好好地庆祝了一番。

第二天天刚刚亮,唐之淳就上明皇宫去朝见皇帝朱元璋。朱元璋问:"你祖上有人当官吗?"唐之淳回答说:"家父唐肃曾是陛下您的翰林应奉……"朱元璋当即就命令唐之淳继承父亲的职位。(【明】徐祯卿:《翦胜野闻》)

● 第一轮大分封:先封龙子龙孙,再封勋将功臣

朱元璋风风火火地赶制了十一个儿孙的藩王册宝与册文后不久,就在明皇宫的奉天殿(今南京明故宫午朝门公园内)上举行了隆重的亲王分封受册礼仪。那是洪武三年(1370)四月的事情,朱元璋将10个儿子和1个从孙分封为藩王。为此,他昭告天下:"朕荷天地百神之佑,祖宗之灵,当群雄鼎沸之秋,奋起淮右,赖将帅宣力,创业江左,……朕惟帝王之子,居嫡长者必正储位,其诸子当封以上爵。分茅胙土,以藩屏国家。朕今有子十人,即位之初,已立长子标为皇太子,诸子之封,本待报赏功臣之后,然尊卑之分,所宜早定,乃以四月七日封第二子樉为秦王(藩邸在西安,笔者注,下同),第三子为晋王(藩邸在山西太原),第四子棣为燕王(藩邸在北平,即今天北京),第五子为吴王(后改封为周王,藩邸在河南开封),第六子桢为楚王(藩邸在湖北武昌),第七子榑为齐王(藩邸在青州,即今天山东益都),第八子梓为潭王(藩邸在长沙),第九子为赵王(3岁时即洪武四年死了,未有封国藩邸),第十子檀为鲁王(藩邸在山东兖州),从孙守谦为靖江王。皆授以册宝,设置相傅官属及诸种礼仪皆有定制。于此,奉天平乱,实为生民,法古建邦,用臻至治,故兹诏示,咸使闻知。"这是大明帝国史上的第一次大分封。(《明太祖实录》卷51;《明史·太祖本纪第二》卷2)

那时,大明刚刚建国,朱元璋就这样对毫无寸尺之功的龙子龙孙们实行大分封,会不会引起功臣们的不满呢?

朱元璋是个细致之人,当然会想到这一层。为此,他曾于洪武三年四月在明皇宫奉天门及华盖殿举行的册封藩王大宴群臣之际发布了这样的谕旨:"昔者元失其驭,群雄并起,四方鼎沸,民遭涂炭。朕躬率师徒,以靖大难,皇天眷佑,海宇宁谧。然天下之大,必建藩屏,上卫国家,下安生民。今诸子既长,宜各有爵封,分镇诸国。朕非私其亲,乃遵古先哲王之制,为久安长治之计。"(《明太祖实录》卷51)

你看人家朱元璋不愧是当皇帝的料,就是会说话,明明是为了朱明江山和朱家儿孙分封,而他非得讲是"朕非私其亲",实在是"遵古先哲王之制,为久安长治之计",这就叫"讲政治"、"讲原则"、"讲大局"。而大明这些见过大世面的大臣们也不含糊,纷纷表示要紧密地与朱皇帝保持高度的一致:"陛下封建诸王,以卫宗社,天下万世之公议。"(《明太祖实录》卷51)

朱元璋是经历过大风大浪的顶尖人物,当然不会被这些大臣们表面上的"政治和谐"所迷惑,他聪明得很,为防止大臣们的心理失衡,洪武三年十一月下令对大明开国功臣进行了第一次大封爵,李善长被封为韩国公,徐达被封为魏国公,李文忠被封为曹国公,邓愈被封为卫国公,冯胜被封为宋国公,常遇春已死,其子常茂被封为郑国公,还有汤和等28个功臣被封为了侯,这就是大明帝国最初被封的"六公二十八侯"。(《明史·太祖本纪第二》卷2)

但朱元璋大封功臣与大封龙子龙孙有着很大的区别:

第一,明朝藩王位居皇帝、皇太子之下,公、侯与内外大臣之上。

第二,明朝功臣的功劳再大,活着时所封之爵位最高也不能高过公,只有他死后才能被追封为王。

第三,被封为功臣的功劳哪怕再大,他也不像朱家龙子龙孙那样领军护卫,独居一方。

第四,除了按照一定规制建造起来的自己的公侯宅府以外,功臣们也不像朱元璋的诸子藩王那样拥有自己的藩地。(《明史·诸王传赞》卷120)

所有这些都是朱元璋对外姓人不放心、防止他们对大明帝国皇家构成威胁而精心设计出来的。从洪武皇帝内心深处来讲,任何外姓人他都不会相信,大明江山只有掌控在自己的亲骨肉手里才最为放心。因此,朱元璋不仅一口气封了11个藩王,而且还初步设计配备给他们良好的军事设施与数千人的护卫军,主要打算将来让他们去守卫大明帝国最为头疼的北部边疆沿线。

但从当时实际来说,洪武三年第一次分封时,朱元璋的这些龙子龙孙实在是太小了。太子朱标除外,诸王中最大的就是二儿子朱棣也只有15岁,最小的是十子朱檀,当时只有两个月大,由别人抱着接受分封。因此说,诸王根本无法马上就藩,于是朱元璋就把相对大一点的皇子送到中都凤阳去,一方面派遣大明帝国最为优秀的将领,如徐达、汤和、傅友德等去教授他们军事本领;另一方面又选派鸿儒学士如刘基、宋濂等去对他们进行儒家伦理文化教育。老朱皇帝这样做的目的是要让他的龙子龙孙们既能文又能武,个个都是合格的大明江山事业的接班人。但实际的培养结果是,这些龙子们似乎更多地对军事产生了兴趣,逐渐地展现出军事人才的禀赋与特质,随着时间的推移,他们也逐渐地向着与朱元璋初衷背道而驰的方向发展着。这是为什么呢?问题就出在这个分封制上。

○ **县学校长管起了皇家之事,结果把自己"送"进了监狱里。**

要说这个分封制还真不是个玩意儿,中国历史上许多朝代都实行过,且都曾带来了巨大的祸害。对此,是不是以淮西农民新贵为主干的朱元璋集团因文化水平低而没有觉察到它潜在的巨大威胁吗?

非也。问题是在于当时大明帝国刚刚建立,军事上的节节胜利,使得朱元璋的个人人格魅力效应无限地放大,震慑了满朝文武,人们很自然而然地形成了从众心理和合群思维:皇帝朱元璋大搞分封实乃历史上早已有之,是"遵古先哲王之制",也是"天下万世之公议"。心理学上的研究表明,在许多情况下,从众心理和合群思维往往会影响决策过程的理性思考,最后导致了领导层实行非理性的决策,明初诸子藩王大分封就是这样出笼并大行其道的。

但是话又得说回来,难道大明朝野真的没有一个清醒的明白人吗?

有!

洪武九年(1376)年初起,大明钦天监的官员不断地向皇帝朱元璋报告,他们发现了不同寻常的天文现象,到了五月份,天上居然出现了"五星紊度,日月相刑"的怪象。(《明太祖实录》卷109;【清】谷应泰:《明史纪事本末·开国规模》卷14)

按照古代中国人的天人感应观念,这种"七政皆乱"的异常天象是上苍对人世间发出的警告——它将降灾于人类。对此,作为天神、地神的化身,人主朱元璋一定要反躬自省,检查为政之得失,以应天变。于是就在该年的闰九月初九日,他下诏,要求各地各级官员直言大明朝政之得失。

诏令下达不久,山西平遥训导(相当于平遥县学校长)叶伯巨就以星变为由上书,指摘洪武政治之缺失。

叶伯巨说:皇帝陛下您下诏,要求我们畅所欲言,为国分忧。以小臣之愚见,当今我们大明帝国有三件事情做得太过头了,那就是"分封太侈也,用刑太繁也,求治太速也"(《明史·叶伯巨传》卷139,列传第27)。

叶伯巨首先指出了朱元璋大行分封之弊端,他说:

"按照上古时代的先王之制,诸侯王的都城最大也不能超过天子国都的三分之一,这叫上下等差有别,各有名分,其根本用意就在于尊尚天子地位,加强中央力量,削弱诸侯国的势力,遏制割据和动乱的潜在势力啊。现在皇帝陛下您分封了这么多的藩王,并让他们各有自己的藩地,这大概是惩戒宋朝和元朝末年动乱祸起之时皇室孤立无救之弊端吧。但现在陛下您分封的秦、晋、燕、齐、梁、楚、吴、蜀诸国，没有一个不是拥有几十个城邑，他们的城郭宫室仅次于京师南京，皇上还配给他们相当规模的护卫军。小臣担心，不过几代之后恐怕就要尾大不掉了，到那时再去削减他们的封地，剥夺他们的藩王权，这就恐怕要结下很深的怨恨了。更为严重的是，有的藩王会伺机起事，让人防不胜防。

或许有人说，现在分封的诸王都是皇帝陛下您的亲骨肉，分封区域也很广阔，所立规制与法度又很严密，哪会有将来的诸侯王造反这档子事呐？但小臣我私下里认为，这样的说法是很有问题的。人们为什么不吸取历史上汉代与晋朝的经验教训？汉景帝是汉高祖的孙子，吴楚七国诸王都是汉景帝的同祖同父的兄弟子孙，汉景帝一开始削藩，这些同祖同父的兄弟子孙们就举兵叛乱，矛头直指汉帝国中央。西晋时所分封的诸王都是晋武帝的至亲子孙，武帝死后，他的儿子晋惠帝一即位，那些藩王子孙们就开始相互攻伐，中原大地立刻成为'八王之乱'的主要战场，这就大大削弱了晋帝国的统治力量，给北方胡族的刘渊、石勒南下作乱造成了可乘之机，由此也就葬送了西晋王朝。从历史的教训中我们可以看出，分封逾越了一定的规制，其祸乱就会马上到来。以古为镜，当今分封的一切后果应为明了的。这就是小臣我认为分封太过的理由啊。

汉初实行大分封后，文臣贾谊就曾规劝汉文帝将已经分封给诸侯国的领地全部再分给诸侯王的子孙。要是当初汉文帝听从了贾谊的建议的话，哪会有后来的吴楚七国之乱！小臣今日谏言，希望皇帝陛下您在这些龙子诸王还没有就藩之前，就能限制诸王都邑的规模，减少他们护卫的兵马，缩小他们的领地疆土，并以此办法来对待诸王他们的子孙。此等制度一旦定下来了，以后诸王中有贤有能的，可以入朝为宰辅，其余的则世代为边藩屏障，这样就会使得他们与大明中央政权同呼吸共命运。割舍一时的亲情，创造万世之利益，消除日后的隐患，稳固国家社稷，没有什么事情比这还要急迫的啊。"（《明史·叶伯巨传》卷139）

接着叶伯巨又批评了朱元璋"用刑太繁"和"求治太速"两大弊政，他以宋、元两朝作为历史参照，指出：国家要长治久安，就必须先与民休息，重视农桑，减轻徭役赋税；重视教化，适度使用刑罚，这也是宋元两朝国祚长短不一的根本原因。

给皇帝的上书写好以后，叶伯巨对朋友说："当今天下只有这三件事情最令人担忧的，其中'用刑太繁'和'求治太速'这两件事情，我们现在很容易看得出来，但它们的后患却来得很慢，而只有'分封太侈'这个问题，现在的人们一般是很难看出它的隐患来的，但它的祸害一旦迸出，其速度是相当之快的。即使当今皇上不下诏，我也要将它们讲出来，更何况现在皇帝已经下诏求言了，那我就更应该畅所直

仁政方隆　《大明风云》系列之❻

言。"(《明史·叶伯巨传》卷139)

当时叶伯巨在官场的地位是相当之低的,属于大明帝国公务员行列中最低的那一级。但他从实现儒家"治国平天下"的理想出发,管起了大明帝国"栋梁之才"——满朝文武大臣才应该管的大事来,其积极有为的精神实在是可嘉可敬的。

诚然,叶伯巨所说的明初分封藩王之事并不完全正确,但他看问题的眼光确实极其敏锐。很可惜,在洪武年间政治高压的形势下,小官叶伯巨的政治远见在当时不仅没有引起大明朝野的共鸣和巨大的反响,反而给他自己招来了杀身之祸。

朱元璋在接到叶伯巨的上书后暴跳如雷,大骂开来了:"这小子简直是在离间我们亲骨肉!来人啊,马上给我把那个吃了豹子胆的臭小子逮到京师来,我要亲手射杀他!"底下人听到皇帝朱元璋的口谕后,岂敢怠慢?他们立即上山西去,把叶伯巨逮捕了,并押到了南京。当时中书省还没有被撤销,丞相府主事的官员心里明白:叶伯巨讲得在理,只是他的上书触到了皇帝朱元璋的痛处,所以他们都很同情叶伯巨,没有马上向皇帝报告,叶伯巨押来了。等到有一天朱元璋心情好的时候,丞相府主事的官员就乘机上报说:"皇上,您要逮的那个山西平遥官学校长叶伯巨已经给押到了,您看怎么处置他?"朱元璋说:"将他关到刑部大牢里去。"(《明史·叶伯巨传》卷139)

就这样,叶伯巨因为响应皇帝的号召,上书直言,结果反把自己"送"进了监狱,且再也没有出来过。

○ 皇帝大打"太极"作"政治秀",芝麻官哪壶不开提哪壶。

或许蹲在刑部大牢里的叶伯巨至死都没有弄明白:明明是皇帝老爷您下诏令要臣下畅所欲言的,现在怎么把我这个谏言者给关起来了?明明是一个求言纳谏的"贤君明主"怎么转眼间就变成一个刚愎自用的凶神恶煞?

其实,朱元璋下诏求言,实出于无奈,是在打"太极"。从当时大明整体形势来看,在历经元末大动乱之后,社会经济开始恢复,帝国秩序逐渐进入有序状态,军事上除了北方与蒙古之间的战争还没有结束之外,还有的就是西南地区正在被大明纳入经略的范围。总体而言,大明帝国的形势一片大好,皇帝朱元璋的自我感觉更是好上加好,他之所以下诏求言,还不是因为洪武九年一开春起天上连续出现了异常天象,弄得本来就迷信十足的朱元璋诚惶诚恐,"静居日省,古今乾道变化,殃咎在乎人君。思之至此,皇皇无措,惟冀臣民,许言朕过。"他还告诉臣下:"于斯之道惟忠且仁者能鉴之"(《明太祖实录》卷109)。

其实,朱元璋是在打"太极"作"政治秀",过过场,以应天变。内心深处他压根儿就不想让臣下再提及他一开始就竭力标榜的"朕非私其亲"实乃"遵古先哲王之制"的诸子分封制。这一点似乎在当时的大明帝国朝廷上下都已经形成了政治上的默契,而远在千里之外的、比芝麻官还要小的小教官叶伯巨居然哪壶不开提哪壶,朱皇帝当然要火啰。在朱元璋看来:"我是谁?""朕乃……天生圣天子。"(朱元璋自诩之语,【明】徐祯卿:《翦胜野闻》)那"天生圣天子"的孩子呢?龙子龙孙啊!岂由尔等小臣任意离间和亵渎的?!所以最终的必然结果是,朱元璋将叶伯巨关到了大牢里,大明朝廷上下再也没有对分封藩王之事说三道四的乌鸦嘴了。

○ "安全阀"——《昭鉴录》、《祖训录》实际上都成了"稻草人"。

也不愧为"天生圣人",朱元璋考虑问题的角度就是不一样,这就是"伟大领袖"不同于凡人的地方。对于分封诸子藩王有可能带来的不良后果,朱皇帝似乎也早已意识到了,就在明初第一轮诸王大分封之前,他就命令礼部尚书陶凯和秦王傅文原吉等人开始为诸子藩王编撰一部有关历代亲王善恶言行的历史教材——《昭鉴录》,作为诸子藩王的一面明镜,要求诸子藩王以此"自律"(《明太祖实录》卷80)。几乎是与此同时,他又诏令宋濂等人编撰《祖训录》。《祖训录》中对诸子藩王的权力与责任都作了明确的规定,在赋予了他们守卫大明帝国边疆军事重任的同时,也设置了政治"底线",以此来约束他们的言行。

所有这些"设计"所要达到的美妙效果,就如编撰《昭鉴录》和《祖训录》的文臣宋濂等所赞美的那样:"天子如首,诸王如手足,故可称为同气一体。"朱元璋当然是满心欢喜,尤其是对《祖训录》,他格外重视,不仅亲自为它作序,而且还规定:要将《祖训录》抄录在大明皇宫(即明故宫)内谨身殿的东庑和乾清宫的东壁以及诸子藩王的王宫正殿和内宫的东壁,这样做的目的是要让他的子孙后代们时刻牢记和遵守《祖训录》,使其成为大明诸子藩王的行为准绳。更为极端的是,朱元璋还规定:"凡我子孙,钦承朕命,无作聪明,乱我已成之法,一字不可改易。非但不负朕垂法之意,而天地祖宗亦将孚佑于无穷矣。呜呼,其敬戒之哉。"(《明太祖实录》卷82;《皇明祖训·序》)也就是说他告诫子孙后代对《祖训录》不可更改一字,必须照着执行。

按一般人的想象,做到这一步应该算是比较保险的了。不,朱元璋觉得自己做得还不到位,于是又嘱咐大臣们监督子孙后代有无"变乱"祖训:"朕著《祖训录》,所以垂训子孙,朕更历世故,创业艰难,常虑子孙不知所守,故为此书,日夜以思,具悉周至,紬绎六年,始克成编。后世子孙守之,则永保天禄;苟作聪明,乱旧章,是违祖训矣。"(《明太祖实录》卷80)但对于诸子藩王要是不遵守《祖训录》,该如何处置或制约？朱元璋却没有也根本不可能授权于臣下。

因此,这等殚精竭虑地设计的大明江山的"安全阀"说到底实际上是等于一个"稻草人"。

● 第二轮大分封:没事找事做

之所以如此,是因为在朱元璋的内心深处,大明江山要永保天禄,传之万代,惟一可以信赖和依靠的只有他们朱家的龙子龙孙了。正因为有这样的认知,在洪武十一年(1378)春正月,朱元璋又进行了第二轮龙子大分封,他将他的十一子朱椿封为蜀王,藩邸在四川成都;十二子朱柏封为湘王,藩邸为湖北荆州;十三子朱桂封为豫王,后改封为代王,藩邸在山西大同;十四子朱楧封为汉王,后改封为肃王,藩邸在甘州(今甘肃张掖);十五子朱植封为卫王,后改封为辽王,藩邸在广宁(今辽宁北镇)。先前被封为吴王的朱橚,因为朱元璋在建立大明帝国之前曾称吴王,为了避讳,他将朱橚改封为周王(《明史·太祖本纪第二》卷2;《明太祖实录》卷117)。

至此大明帝国已经有15个地方藩王了,对于朱元璋来说,凡是出世后只要能活下来的儿子都被封为藩王了。

就在朱元璋进行第二轮龙子大分封之后的第二年,即洪武十二年,沐英统帅的西征大军凯旋。为了安慰这些为大明江山社稷出生入死的将士们,为了表白"朕非私其亲"的"公正性"和"合理性",朱元璋进行了第二次大封功臣,仇成、蓝玉、谢成等20来个将帅被封为了公或侯(《明太祖实录》卷127)。与第一次大封功臣有所不同的是:这次大封功臣在规模上就没有第一次那么大。

之所以如此,有的人说,朱元璋小气,不大情愿将爵位授予人,更有的人说,朱元璋是个苛求完美的人,眼中只有顶尖的军事人才才可封为公侯,这些说法都有一定的道理。但当我们打开《明史》仔细考察时,就会发现一个至关重要的原因,那就是明初第一次大封爵中受封的功臣往往居功自傲,不守大明的法度,甚至像吉安侯陆仲亨、延安侯唐胜宗、平凉侯费聚等总计有1公14侯13个将军居然还"参与"到了洪武中期的"胡惟庸谋反"活动中去,这就使得本来就疑心病十足的朱元璋不仅对功臣勋将更加猜疑、厌恶,而且还有一种莫名的恐惧,与其让受封的功臣勋将惹是生非和胡作非为,还不如尽可能地少封些,尽可能地将潜在的麻烦与危险降低到最低的程度,否则不就没事找事做?

● 第三轮大分封：大明江山靠谁最为安全

朱元璋的封子荫孙心态到了洪武晚期就越发强烈。因为尽管经过了十几年的励精图治，但就洪武中晚期整个大明帝国的形势而言，还远没有达到高枕无忧的地步，离朱皇帝心目中的"大治"还有一大截距离。尤其是大明与蒙古之间不断进行的战争，使得朱元璋越发感到守边与掌控军事对于大明江山千秋大业的重要性与紧迫性，因为他自己就是靠着军事手段登上大明天子宝座的，因此对于他来说，比谁都清楚：掌握了军事就掌控了大明的江山社稷。文臣不懂军事，武臣勋将实在太"危险"——洪武二十六年不是爆发了"蓝玉谋反案"吗？想起来就会让人冒出一身的冷汗，最后还是皇帝高瞻远瞩，决策英明，一举粉碎了"蓝党分子"的叛乱阴谋，否则其后果不堪设想。那么除了文臣武将，还有谁最为可靠的？

朱元璋当然会这样想：与那些让人不省心、不放心甚至是讨厌的功臣勋将相比，大明的千秋江山还是应该由自己的亲骨肉掌控才最为安全。这种念头到了洪武晚年尤其朱标太子死的前后就越发强烈了。于是，洪武二十四年(1391)，朱元璋又开始新一轮诸子藩王的分封——主要是将他新近产出的小龙子们分封下去，这是明初洪武年间的第三次大分封，其中十六子朱㮵被封为庆王，藩邸在宁夏；十七子朱权被封为宁王，藩邸在大宁(今内蒙古宁城)；十八子朱楩被封为岷王，藩邸在岷州(今甘肃岷县)；十九子朱橞被封为谷王，藩邸在宣府(今河北宣化)；二十子朱松被封为韩王，藩邸在开原(今辽宁开原)；二十一子朱模被封为沈王，藩邸在潞州(今山西襄垣)；二十二子朱楹被封为安王，藩邸在平凉(今甘肃平凉)；二十三子朱桱被封为唐王，藩邸在南阳(今河南南阳)；二十四子朱栋被封为郢王，藩邸在安陆(今湖北钟祥)；二十五子朱㰘被封为伊王，藩邸在河南洛阳。(《明史·太祖本纪第二》卷2；《明太祖实录》卷208)就这样，这位大明朝最为高产的皇帝朱元璋，他的26个龙子中除了嫡长子朱标被封为皇太子和二十六子早早夭折以外，共有24位皇子全部被封为地方上的藩王了。

朱元璋分封的24个皇子(朱允炆的24个皇叔)藩王简表

诸子	藩王	藩邸	生母	生卒年代	年龄比较	对朱允炆帝位是否构成威胁
二子朱樉	秦王	西安	马皇后	至正十六年(1356年)生，洪武二十八年(1395)薨，终年40岁	比朱允炆大21岁	薨世于建文帝即位前，对朱允炆即位未构成威胁

续表

诸子	藩王	藩邸	生母	生卒年代	年龄比较	对朱允炆帝位是否构成威胁
三子朱㭎	晋王	太原	马皇后	至正十八年（1358年）生，洪武三十一年（1398）薨，终年41岁	比朱允炆大19岁	薨世于建文帝即位前，对朱允炆即位未构成威胁
四子朱棣	燕王	北平	硕妃	至正二十年（1360）生，永乐二十二年（1424）崩，终年65岁	比建文帝大17岁	对朱允炆帝位构成巨大的潜在威胁
五子朱橚	周王	开封	硕妃	至正二十一年（1361）生，洪熙元年（1425）薨，终年63岁	比朱允炆大16岁	对朱允炆帝位构成巨大的潜在威胁
六子朱桢	楚王	武昌	胡充妃	至正二十四年（1364）生，永乐二十二年（1424）薨，终年61岁	比朱允炆大13岁	对朱允炆帝位基本上没有大的威胁
七子朱榑	齐王	青州	达定妃	至正二十六年（1366）生，宣德三年（1428）薨，终年63岁	比朱允炆大11岁	对朱允炆帝位有着较大的威胁
八子朱梓	潭王	长沙	达定妃	洪武二年生（1369），洪武二十三年（1390）阖宫自焚。终年21岁	比朱允炆大8岁	自焚于建文帝即位之前，对朱允炆帝位无威胁
九子朱杞	赵王	未封国	生母不祥	洪武二年（1369）生，洪武四年（1371）卒。终年3岁	比朱允炆大8岁	早殇于建文帝即位之前，对朱允炆帝位无威胁
十子朱檀	鲁王	兖州	郭宁妃	洪武三年（1370）生，洪武二十二年（1389）卒。终年19岁	比朱允炆大7岁	薨世于建文帝即位前，对朱允炆帝位无威胁
十一子朱椿	蜀王	成都	郭惠妃	洪武三年（1370）生，永乐二十一年（1423）卒，终年53岁	比朱允炆大7岁	对朱允炆帝位基本上没有大的威胁
十二子朱柏	湘王	荆州	胡顺妃	洪武四年（1371）生，建文元年（1399）阖宫自焚，终年28岁	比朱允炆大6岁	对朱允炆帝位有着巨大的威胁
十三子朱桂	代王	大同	郭惠妃	洪武七年（1374）生，正统十一年（1446）卒，终年72岁	比朱允炆大3岁	对朱允炆帝位有着巨大的威胁

续表

诸子	藩王	藩邸	生母	生卒年代	年龄比较	对朱允炆帝位是否构成威胁
十四子朱楧	肃王	甘州	无名号的宫人郜氏	洪武九年（1376）生，永乐十七年（1419）卒，终年43岁	比朱允炆大1岁	对朱允炆帝位基本上没有大的威胁
十五子朱植	辽王	广宁	韩妃	洪武十年（1377）生，永乐二十二年（1424）卒，终年47岁	与朱允炆同岁	对朱允炆帝位基本上没有大的威胁
十六子朱㮵	庆王	宁夏	余妃	洪武十一年（1378）生，正统三年（1438）卒，终年60岁	比朱允炆小1岁	对朱允炆帝位基本上没有大的威胁
十七子朱权	宁王	大宁	杨妃	洪武十一年（1378）生，正统十三年（1448）卒，终年70岁	比朱允炆小1岁	对朱允炆帝位有着巨大的潜在威胁
十八子朱楩	岷王	岷州	周妃	洪武十二年（1379）生，景泰元年（1450）卒，终年71岁	比朱允炆小2岁	对朱允炆帝位有着潜在的威胁
十九子朱橞	谷王	宣府	郭惠妃	洪武十二年（1379）生，宣德三年（1428）卒，终年50岁	比朱允炆小2岁	对朱允炆帝位有着巨大的潜在威胁
二十子朱松	韩王	开原	周妃	洪武十三年（1380）生，永乐五年（1407）卒，终年28岁	比朱允炆小3岁	对朱允炆帝位基本上没有大的威胁
二十一子朱模	沈王	潞州	赵贵妃	洪武十三年（1380）生，宣德六年（1431）卒，终年51岁	比朱允炆小3岁	对朱允炆帝位基本上没有大的威胁
二十二子朱楹	安王	平凉	生母不详	洪武十六年（1383）生，永乐十五年（1418）卒，终年35岁	比朱允炆小6岁	对朱允炆帝位基本上没有大的威胁
二十三子朱桱	唐王	南阳	李贤妃	洪武十九年（1386）生，永乐十三年（1415）卒，终年30岁	比朱允炆小9岁	对朱允炆帝位基本上没有大的威胁
二十四子朱栋	郢王	安陆	刘惠妃	洪武二十一年（1388）生，永乐十二年（1414）卒，终年27岁	比朱允炆小11岁	对朱允炆帝位基本上没有大的威胁

续表

诸子	藩王	藩邸	生母	生卒年代	年龄比较	对朱允炆帝位是否构成威胁
二十五子朱㰘	伊王	洛阳	葛丽妃	洪武二十一年(1388)生，永乐十二年(1414)卒，终年27	比朱允炆小11岁	对朱允炆帝位基本上没有大的威胁

(上表史料来源:《明太祖实录》卷51,卷117,卷208;《明史·诸王一、诸王二、诸王三》卷116—118;【清】谷应泰:《明史纪事本末·削夺诸藩》卷15,P225-230;黄云眉:《明史考证》,第4册,中华书局,1985年12月版)

● 明初分封制之特点及其影响

从大明帝国建立的那天始,为了使得朱明江山长治久安,传之万代,朱元璋就处心积虑地推行在中国历史上已经被多次淘汰了的分封制。尽管当时大明朝野还有一丝微弱的反对声,但朱皇帝一意孤行,急不可待,只要有小龙子从为他进行性服务的"妹妹"那儿一产出,他就急吼吼地进行分封。但话得说回来,朱元璋毕竟不是历史上的昏君,而是一代雄主,他对历史上由分封所带来的沉痛教训还是有所认识的,因而也就"创制"出与历史上有些不同的分封制,并深刻影响了有明一代。

具体地说,明初分封制具有以下几个特点:

第一,从分封诸王的就藩地点来看,明初分封以北方边境为重心,长江以南很少。明朝以前的分封藩地要么是在交通要冲或军事要地,要么是经济中心或重心。汉景帝时发生了"吴楚七国之乱",虽说吴楚诸藩所在地不是当时汉帝国的经济中心地区,但它们是汉帝国东南方的军事要地和东南沿海的经济中心;魏晋南北朝时分封藩王更是不甚注意,南朝很多皇帝往往将自己的皇家骨肉分封到军事要地,西晋王朝更是将中原许多地区经济中心和军事要塞分封给皇家子弟。这些朝代的如此分封带来了诸多的弊端:一来许多地区经济中心被藩王占有,削弱了帝国中央的经济实力;二来许多军事要地被藩王占有,要是藩王与中央翻脸了,就很容易闹独立和割据;三来将帝国核心地区封给藩王,一旦祸起萧墙,往往是一发不可收拾,西晋的"八王之乱"就是这样一个典型的例子。

所以明初朱元璋大搞诸子藩王分封时就吸取了历史上的经验教训,在大明帝国的心脏地区——南京(包括今天江苏与安徽两省)和两浙等地不行分封,要封就封得远一点,以北方边境军事防务为中心,沿着长城一线布防分封,主要让这些诸子藩王来保卫北部边疆,辅佐大明中央皇室,所以明初分封封到长江以南的很少。这是朱元璋创下的"定制",后来的皇帝对此也心领神会——他们都不肯将大明帝国的心脏地区拿出一小部分来分封给诸子藩王。

洪武三年,朱元璋第一次大封诸子藩王时,五子朱橚曾被封为吴王,但因为年纪尚小并没有迅速就藩,"(洪武)七年,有司请置护卫于杭州。帝曰:'钱塘财赋地,不可'"(《明史·诸王一》卷116)。

永乐年间,朱棣大行分封,宁王朱权在靖难战争开启时就被朱棣挟持,其军队全被吞并,当时朱棣曾夸下海口:"事成,当中分天下。比即位,(宁)王乞改南土。请苏州,曰:'畿内也。'请钱塘,曰:'皇考以予五弟,竟不果。建文无道,以王其弟,亦不克享。建宁、重庆、荆州、东昌皆善地,惟弟择焉。'永乐元年二月改封南昌,帝亲制诗送之。"(《明史·诸王二》卷117)

第二,从分封诸王的血缘关系来看,明初分封的诸藩王绝大多数是朱元璋的儿子,是后来明朝第二位皇帝朱允炆的叔叔,血缘关系十分近,不大像历史上的分封——有的朝代往往将皇族里隔了几代的皇亲国戚也列入了分封的重点对象。当然明初朱元璋的这种大封亲生骨肉的最主要的目的,是让他们保卫边疆,辅助皇室。但这只是他一厢情愿的美妙设计罢了,而实际上它给后来继任大明帝国帝位的建文帝出了一个极大的难题。

从政治地位来讲,朱允炆与他叔叔们是君臣关系;但从血缘关系来说,诸王都是建文帝的亲叔叔,即使是十五叔朱植以下的诸王个个年纪都比建文帝小,但他们都是建文帝的长辈,在心理上和伦理上就占有了很大的优势。这就使得建文朝叔侄君臣关系很难处理,尤其是对建文帝来说,他对别人可以"讲政治"、"讲原则"、"讲大局",但对于那些藩王叔叔们还得要讲辈分啊。这也是皇爷爷朱元璋给皇太孙出的一个尴尬的政治难题。

第三,从分封诸王的政治地位来看,朱元璋规定:诸子藩王位于皇帝、皇太子之下,公侯百官之上,"公侯俯伏拜谒,内外大臣,礼无与钧"(《明史·诸王传赞》卷120)。

朱元璋将诸子藩王的政治地位定得这么高,只有皇帝与皇太子才能制约藩王,在正常情况下,它既可体现出朱家血脉的高贵,又能维护中央皇帝的最高权威;但在非正常的情况下,当皇帝或皇太子无法驾驭藩王时,藩王就会成为脱缰野马,任意胡为,或成为明火执仗的强盗,起兵造反,他要的就是皇位。

第四,从分封诸王的优厚待遇的有效期来看,朱元璋确立了他朱家高贵血统拥有特殊待遇的"永恒性"。

鉴于历史上汉朝等实行的分封制及其所带来的世袭藩王日益坐大的弊端,也鉴于自己早年的贫寒与苦难,朱元璋实在是不忍让自己的子孙后代"受罪"了,于是他对诸子藩王的后代及后代的后代都作了制度上的规定,予以实实在在的特殊待遇的保障:"明制,皇子封亲王,授金册金宝,岁禄万石,府置官属。护卫甲士少者三千人,多者至万九千人,隶籍兵部。冕服车旗邸第,下天子一等。公侯大臣伏而拜谒,无敢钧礼。亲王嫡长子,年及十岁,则授金册金宝,立为王世子,长孙立为世孙,冠服视一品。诸子年十岁,则授涂金银册银宝,封为郡王。嫡长子为郡王世子,嫡长孙则授长孙,冠服视二品。诸子授镇国将军,孙辅国将军,曾孙奉国将军,四世孙镇国中尉,五世孙辅国中尉,六世以下皆奉国中尉。其生也请名,其长也请婚,禄之终身,丧葬予费,亲亲之谊笃矣。"(《明史·诸王列传》卷116)

藩王们及其后代拥有这等的优厚待遇,其所造成的后果至少有二:第一,大明皇家从此开始出现了一群无思无虑、不思进取、四体不勤、五谷不分的寄生虫和生育机器;第二,大明帝国从此背上了沉重的财政负担,使得后来的大明帝国的君主们在"当家"时常常入不敷出,老百姓的经济负荷日益加重,其影响了整个大明王朝近300年的历史。

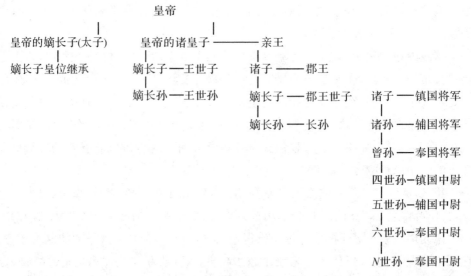

明朝皇帝的诸子藩王特殊地位世袭相传简表

第五,从分封诸王的权限来看,明代藩王的权力有了很大程度上的限制。尽管朱元璋给诸子藩王定的政治地位极高,但他不给诸子藩王封地(藩王府邸除外),也不让他们治理地方上的百姓与经济,不让他们插手地方上的民政,所有地方上的事务都归朝廷任命的中央与地方的各级官吏治理。这就是《明史》上所说的"有明诸藩,分封而不锡土,列爵而不临民,食禄而不治事。盖矫枉鉴覆,所以杜汉、晋末大之祸,意固善矣"(《明史·诸王传赞》卷120)。

朱元璋如此限制诸子藩王的权力主要是为了防止地方藩王坐大,发展到与中央相抗衡的地步,以免重现骨肉相残的历史悲剧。

但从明初朱元璋大搞分封的最主要目的来说,它就是要让诸子藩王成为独当一面的军事中坚力量,以此来拱卫大明中央皇室,因此朱元璋实际上采取了矛盾的做法,一方面限制藩王的经济、民政等方面的权力,而另一方面他却不断地赋予诸子藩王以极大的军事权。

在明初第一次诸王大分封后的第三年,即洪武五年(1372),朱元璋就下令成立"亲王护卫指挥使司",规定每个亲王府(即藩王府)"准设三护卫"(《明太祖实录》卷71),每个藩王"岁禄万石,府置官属。护卫甲士少者三千人,多者至万九千人,隶籍兵部"(《明史·诸王传·序》卷116)。

到了洪武六年《祖训录》修成时,朱元璋又进一步地扩大了诸子藩王拥有的军事权力,不仅规定诸子藩王拥有藩国内护卫军的军事权,而且在紧急情况下就连藩国所在地镇守军的军事指挥权也归给了藩王。《祖训录》是这样说的:"凡王国有守镇兵,有护卫兵。其守镇兵有常选指挥掌之。其护卫兵从王调遣。如本国是要塞之地,遇有警急,其守镇兵、护卫兵并从王调遣。"甚至还规定,地方镇守军的调动除了要有皇帝的御宝文书以外,还必须要有该镇守军所在地的藩王的命令:"凡朝廷调兵须有御宝文书与王,并有御宝文书与守镇官。守镇官既得御宝文书,又得王令旨,方许发兵。无王令旨,不得发兵"(《皇明祖训》,"兵卫条")。就此而言,明初地方藩王的军事权力得到了几乎是毫无限制的扩张。

更为糟糕的是,虽然洪武初年朱元璋对诸子藩王的护卫军军士数目做了一定的规制,什么"护卫甲士少者三千人,多者至万九千人",但实际情形却并不是这样,诸子藩王护卫军的规模几乎没有多大的限定。燕王朱棣镇守北平时,朱元璋让他一次带去的中、左二护卫侍从将士就达5 770人。洪武晚年,驻守大宁的宁王更是兵多将广,他"带甲八万,革车六千"(《明史·宁王传》卷117)。

最为要命的是,诸子藩王所统帅军队的规模不受限制,还有充分的法律依据,那就是朱元璋钦定的《皇明祖训》,其中有条规定说:"王府指挥司官并属官随军多少设置,不拘数目。"(《皇明祖训》,"职制条")

● 皇爷爷怎么这么健忘,竟将一座火药库留给了皇太孙

从明初朱元璋殚精竭虑地设计出分封制的表象来看,经过洪武时代轰轰烈烈的政治、军事运动和经济、社会的秩序恢复,大明已经成功地完成了洪武时代的使命,具有巨大潜在危险的功臣勋将随着洪武年间的两大案——"胡惟庸谋反案"和

"蓝玉党案"的深度挖掘而被杀戮殆尽。与此同时,朱元璋处心积虑地推行分封制,将自己的亲生骨肉培养成为大明江山的拱卫者与"中流砥柱",完成了传统中国人津津乐道的"家国一体化",出现了"打架亲兄弟,上阵父子兵"的理想格局。为防患于未然,朱元璋在实行诸子大分封时,对诸子藩王的经济权、民政权和封地等方面实行极度的限制,仅授予他们军事权——目的是让这些龙子龙孙们拱卫大明皇室,看家护院。

但对于接任大明帝国大位的第二位君主朱允炆来说,皇爷爷的这等制度构建,实在是将他置于炭火之上。皇爷爷怎么这么健忘?60多年前,您老人家从老家凤阳出来时除了一顶破僧帽和一身能蔽体的"百衲衣"外,还有什么?后来您老人家拥有了大明的天下,靠的是什么?优厚的经济权、民政权,还是什么封地?什么也没靠,靠的就是军事。而今您将大明的江山交给了皇太孙,却赋予诸叔藩王几乎没有什么限制的军事权,虽然皇叔叔们的藩邸大多分布于远离大明帝国心脏地区的北方边境,但掌握着几乎毫无限制的军事权的皇叔叔们一旦要有了什么非分的念头,那么,我大明岂不是一座随时都会引爆的火药库?

皇爷爷,您是将一个置之于火药库上的皇位交给了皇太孙啊!

大明皇家的"狼群"与不露山水的"好皇叔"

当然,火药库的爆炸是要有人去点火的。如果人们恪守制度、做事本分,那么就会永享和平与安宁。但现实生活中的人往往是五花八门,有好人,也有坏人;有遵纪守法者,也有干犯纲纪伦常的;有心善的,也有心恶的;有羔羊,也有豺狼……不幸的是,朱元璋后的大明帝国第二位君主朱允炆就是生存于一群充满野心和血腥的皇家狼群中的一只羔羊。

要说大明帝国的皇家"狼群"指的是哪些人?说来还真叫人大跌眼镜,他们就是大明帝国第二位君主朱允炆的皇叔叔们——朱元璋一直自视为高贵血统的龙子龙孙。当然,若把朱允炆的25个皇叔叔全说成贪婪成性的豺狼,那未免打击面太大了。事实上,朱允炆的这25个皇叔叔也不全一个样,细细考察,我们把他们分为五大类:

● **第一类:对朱允炆帝位没构成威胁的皇叔藩王**

在这一类皇叔藩王中主要有秦王朱樉、晋王朱棡、潭王朱梓、赵王朱杞、鲁王朱檀和二十六皇叔朱楠等6人。他们或生出来没多久就薨世了，如九皇叔朱杞、二十六皇叔朱楠；或人倒是长大了，也就藩了，但死在朱允炆即帝位前，如二皇叔朱樉、三皇叔朱㭎、八皇叔朱梓、十皇叔朱檀。其中秦王朱樉、晋王朱㭎为马皇后所生，是嫡出，《明实录》就这么说的。(《明太宗实录》卷1)

◉ 第二类：对朱允炆帝位还不懂得制造威胁的皇叔藩王

朱允炆皇叔中第二大类型是，他们的年龄比朱允炆还要小好几岁。这些小叔叔们在朱允炆继任大统时，他们大多少不更事，有的甚至还被人抱在怀里，压根儿还不懂给自己的大侄儿制造麻烦和威胁，更不可能出来捣乱了。他们是二十皇叔朱松、二十一皇叔朱模、二十二皇叔朱楹、二十三皇叔朱桱、二十四皇叔朱栋、二十五皇叔朱㰘等，也是6人。(《明史·诸王三》卷118)

◉ 第三类：对朱允炆帝位不曾表露出个人野心的皇叔藩王

朱允炆皇叔中的第三类是学者文人型和正人君子型，他们分别是六皇叔楚王朱桢、十一皇叔蜀王朱椿、十五皇叔辽王朱植和十六皇叔庆王朱㮵，共4人。他们对侄儿朱允炆帝位不曾表露出个人野心，其中十五皇叔辽王朱植对建文朝政治有着较多的影响。

辽王朱植是朱元璋第15个儿子，生母是妃子韩氏，洪武十年生，与建文帝朱允炆同岁。洪武十一年被封为卫王，二十五年改封为辽王。第二年也就是洪武二十六年，朱植就藩广宁。辽王朱植17岁到辽东就藩，22岁那年皇帝老爸病逝时，他在辽东已经待了有5年的时间。在这五年当中辽王的"业绩"如何？《明史》留下这样的记载："(朱)植在边，习军旅，屡树军功。"也就是说尽管辽王年纪轻轻，但他已经相当熟悉边疆军事，屡立军功。纵然有关辽王的史料在经过朱棣"清洗"过的正史中留下不多了，但我们从朱元璋临终前的重托与新皇帝朱允炆上台后他的表现来看，辽王不仅是个忠臣孝子，而且还是一个了不起的军事天才，如果没有后来的朱棣谋反事件和"靖难之役"，他很可能成为大明帝国北部边疆一员杰出的、忠实的军事统帅。(《明史·诸王二》卷117)

● 第四类：对朱允炆帝位充满野心的无赖恶棍似的皇叔藩王

朱允炆皇叔中的第四类情况就比较复杂了，他们中年龄最大的是比侄儿朱允炆大 16 岁的五皇叔周王朱橚，最小的是比侄儿朱允炆还小 2 岁的十八皇叔岷王朱楩和十九皇叔谷王朱橞，其中间分别有比侄儿朱允炆大 11 岁的七皇叔齐王朱榑和大 3 岁的十三皇叔代王朱桂及大 1 岁的十四皇叔肃王朱楧。尽管这些皇叔年龄跨度大，且各自又"特有个性"，但他们都有一个共同点，那就是品行不端，自恃皇子身份，胡作非为，并对大明未来君位充满了野心；但因他们的素养差，又没城府，所以先后都被一一收拾了。

○ 齐王朱榑没朱棣那样的阴谋家素质，想造反却被人告发了

齐王朱榑是朱元璋的第 7 个儿子，朱允炆的七皇叔，生母是达定妃，朱榑与八弟朱梓为同胞兄弟。至正二十六年（1366）生，洪武三年被封为齐王，但没有马上就藩，而与他的几个哥哥同被送往中都凤阳去进行军事训练与文化学习。洪武十五年，朱榑 17 虚岁，正式就藩青州（今山东益都）。洪武二十三年（1390）朱元璋命令三子晋王朱棡和四子燕王朱棣率领大明军进攻塞外的元朝残余势力，让齐王朱榑率齐王府内的护卫将士及驻扎在山东的徐、邳的大明军作为增援力量，开拔到北部边疆前线，协同晋王朱棡和燕王朱棣作战，这是大明初期皇子藩王第一次群体合作大规模的军事行动，这些年轻的皇子虽然平时不咋样，可打起仗来还真不含糊，他们不要命似地冲杀，使得大明军最终获得了较大的胜利。第二年老爸朱元璋又命令齐王朱榑率护卫骑士出击开平一带的元朝残余，这是齐王朱榑第一次单独指挥军事战斗，老爸朱元璋想得周到，怕他出错，给他配了一员老将耿炳文，调发山东都司各卫的军士作为他的侧翼，协助他作战，结果又一次取得了胜利。（《明史·诸王一》卷 116）

此后，齐王朱榑又几次率军出塞，打击元朝残余势力，且都能取得胜利。军事功劳大了，朱榑开始沾沾自喜，目无法纪，恣意妄为。与同在北方边关取得重大胜利的四哥朱棣相比，齐王就没有他四哥那样沉得住气或者说老谋深算；相反他是凡事都写在脸上的那一种人，开心的时候不能自已，愤怒的时候就要胡来了，他性格中可能更多地遗传了他父亲朱元璋凶暴的基因吧，一旦发火了，不是打就是杀，因此做出许许多多违法犯罪的事情，要不是身份特殊，他的坟头上早就茅草几尺了。但皇子的事，一般人能忍则忍，一向"铁面无私"的皇帝朱元璋居然对这个儿子的态度出奇的宽容，既没把他关起来，也没去责罚他。这恐怕不仅仅是虎毒不食子的缘

故,而是考虑到齐王在北方军事防务当中所起到的重要作用。

老皇帝没有修理好这个恶棍似的儿子,朱允炆登基后,这个向来不知法纪为何物的衣冠禽兽似的皇叔当时36岁,比建文帝长11岁,属于长叔类,于是他就更加胆大包天了:你小皇帝算是什么东西?什么本事也没有,还不是我们这几个皇叔在北方边境上给你看着门,你才能当个太平的舒服皇帝,凭什么要老子给你卖命?老子也是高皇帝的龙种,也可以当皇帝啊!齐王越想越觉得自己与皇帝宝座的距离就差那么一点点了,于是开始干起了谋反的勾当。

齐王朱榑虽然是龙种,但实在不具备做政治家或阴谋家的"素质",既没有城府,也不注意"团结"部下,让他们为自己造反当皇帝而卖命;相反他虐待手下人,异想天开地通过与燕王朱棣串通起来,密谋造反,以此来实现自己的帝王梦。

建文初年,正当齐王沉醉于美妙的帝王梦境之中时,手下人将他的阴事秘密地报告了新天子朱允炆。建文帝下诏,把齐王朱榑召到京师南京,废为庶人,并将他与另一个阴谋造反的周王朱橚关了一起,于是大明皇家狼群中咆哮得最为凶狠的两匹豺狼只得"老老实实"地待在了南京皇家监狱里,直到朱棣"靖难"成功时才被放出。(《明史·诸王一》卷116)

山东的齐王够坏的了,可在山西还有一个比齐王还要坏的朱元璋播下的"龙种"——代王朱桂。

○ 朱元璋"一夜情"的"杰作"?为非作歹于大同的恶棍、色狼——代王朱桂

代王朱桂是朱元璋的第13个儿子,朱允炆的十三皇叔,洪武七年生,生母是谁?按照《明史》上的记载,她应该是郭惠妃,但按照野史和民间传说所述,代王的生母是个妓女。我们在《大明帝国》系列之3《洪武帝卷下》中已经讲过了,在此不再唠叨。上述两种版本中究竟哪个对?换句话来说,代王到底自哪儿产出的?恐怕只有去问朱元璋自己了。但有一点可以肯定,当年这"一夜情"不仅让他人爽了一回,而且还留下了一颗"好"种子。而朱皇帝似乎对这"一夜情"带出来的种子还蛮满意和蛮疼爱的。洪武十一年代王朱桂5岁时就被他风流老爸封为豫王,但没有马上就藩。洪武二十五年朱桂19岁时被改封为代王,并于当年正式就藩山西大同。

当时大明与元朝残余势力之间的战争时不时地还在进行,鉴于"南粮北运"的不易与艰辛,朱元璋下令代王朱桂在山西等地建立军队的卫所,实行军屯,以此来解决大明军饷北运的困难。洪武二十六年朱元璋又命20岁的代王朱桂率领代王府的护卫军士出塞,接受三哥晋王朱棡的指挥,共同打击蒙古。洪武三十一年,朱

元璋驾崩时,25岁的代王朱桂已经是大明北方地区一位重要的军事统帅了。

朱桂个性上有三大特征:第一,极度风流。可能朱桂在这方面较多地遗传了他老爸朱元璋的德性——见到女人不论她是谁,想干就干;不过,他老爸见了美女还要讲点"政治原则",可这个儿子朱桂见了女人就掉魂,连身边的女仆他也要给她们喷撒雨露,播点种子。由于代王妃是只母老虎,她对代王外出看得很紧,于是代王朱桂只好来个"对内搞活",从代王府的下人中找乐,尤其那些侍女,个个年轻,长得不一定漂亮,但这不耽误玩啊。开始时代王朱桂"偷腥"还不太为人所知,但时间一久,连他的老婆也看出来了。要说这代王的老婆还真有来头,她是中山王徐达的小女儿。徐达的大女儿嫁给了朱棣,即后来的仁孝文皇后,她十分贤淑;可徐达的这小女儿与姐姐恰恰相反,她相当泼辣、骄横,而且还是个醋坛子。这倒与她老公代王朱桂配得上一对狗男女,不过,这一对狗男女也有矛盾。朱桂吃了"窝边草",可把徐达小女儿给气坏了,但她知道丈夫是什么东西,无赖、恶棍,找他是没得理可说的,她就拿代王府里被朱桂糟蹋过的那两个侍女出气,强迫她俩喝下油漆,她要看看现在成了哑巴的这两个小妖精还怎么能勾引她的丈夫啊。"最毒莫若妇人心",这女人发起狠来还真厉害!母老虎发威了,无赖丈夫朱桂也拿她没辙。(《明史·诸王二》卷117)

代王朱桂第二个特征是为人凶狠,下手残暴,尤其是他的下人与佣人,要是服侍不好,他不是打就是杀。正因为如此,代王周围的人常常是朝不保夕,惶惶不安。

代王朱桂的第三个特征是"特有经济头脑",可能是他父亲朱元璋一夜情"应急发挥"所产生的特别效果,朱桂拥有相当的"超前意识"——金钱第一,他到处敛财。要是碰到不给的,他就打、砸、抢,甚至还杀人,看你们还有谁敢不给?所以说朱桂是个民愤极大的大坏蛋,是一匹充满血腥的豺狼。

建文帝登基那年,朱桂26岁,这个比侄儿建文帝大3岁的恶棍皇叔也开始蠢蠢欲动,密谋造反,但他没有他四哥朱棣那样善于伪装,加上平时任意胡为,积怨甚深。他刚想行动,有人就向建文朝廷密报,说代王朱桂图谋不轨。建文帝下诏,将这个为非作歹的十三皇叔废为庶人。(《明史·诸王二》卷117)

朱棣"靖难"成功后,恶棍代王朱桂被"平反昭雪",可没过几年他又干出了杀人越货的勾当,弄得当时的大明朝廷都为之侧目。

就在朱桂作恶山西大同的前后,其下面依序有个同父异母的十四弟叫朱楧,也在西北的兰州做出了许多违法犯罪的事情来了。

○ 大明西北边地迟后发威与咆哮的豺狼——肃王朱楧

肃王朱楧是朱元璋的第14个儿子,朱允炆的十四皇叔,洪武九年生,生母是郜氏。洪武十一年朱楧3虚岁时被封为汉王。洪武二十四年,16岁的朱楧接受父亲朱元璋的命令,奔赴山东临清与辽王、谷王、庆王、宁王、岷王一起练兵。洪武二十五年朱楧被改封为肃王。第二年,18岁的朱楧告别父母,就藩本应该到甘州,但因为陕西等地的各卫兵士没有来得及组织好,老爸朱元璋让他暂住在平凉。两年以后才正式就藩甘州,皇帝老爸朱元璋让朱楧总理陕西行都司下属的甘州五卫的军务。洪武三十年朱楧接到朱元璋的新命令:让他督军屯种军粮,一旦与北方蒙古之间发生战争,长兴侯耿炳文协助并听从朱楧的指挥。

洪武三十一年即老朱皇帝死的那一年,朱楧23岁,比当时的大明第二位皇帝朱允炆大1岁,也许是年纪相近的人容易沟通的因素,也许是朱楧过去也没有什么过失的缘故吧,建文元年,朱楧向朝廷提出了将其藩邸内迁的要求,建文帝答应了,让他移居兰州。

但从后来朱楧的"表现"来看,这位肃王爷也不是什么好东西。不知为何事,肃王府有3个卫卒惹恼了肃王爷,结果被朱楧活活打死了;西域哈密因畏惧耀武扬威的大明军而主动示好,送来了良马等礼物,朱楧也居然一一"笑纳"了……虽然朱楧干的这些违法犯罪之事发生在强势皇帝朱棣当政时代,但我们换种思维来说事,如果不是朱棣谋反篡位,急骤赶走建文帝,文弱的书生皇帝继续当政下去的话,这位十四皇叔保不准要捅出更大的娄子来了,因此说朱楧是大明西北边地迟后发威与咆哮的皇家豺狼。(《明史·诸王二》卷117)

朱楧作恶兰州,远在万里之外的云南却在这之前经受了朱元璋的另一个龙子——岷王朱楩的折磨。

○ **藩地在云南的岷王朱楩找不到北了**

岷王朱楩是朱元璋的第18儿子,朱允炆的十八皇叔,洪武十二年生,生母周妃。洪武二十四年,13岁的朱楩被封为岷王,藩地在岷州。洪武二十八年,有人提出云南收归不久,好多地方还不怎么安定,需要有军队驻扎,最好由亲王去镇抚。朱元璋接受了建议,将十八皇子朱楩改封到了云南。

朱楩要到云南去当藩王,可那里还没有藩王府啊,有关衙门就向洪武朝廷请示,准备调集大量的人力物力给朱楩在云南好好修造一个藩王宫殿;但朱元璋不同意,他下令叫朱楩暂住在棕亭,等过一段时间老百姓日子好过些了再开工营造。

朱楩性格可能遗传他老爸朱元璋凶残的一面比较多,与七皇兄朱榑、十三皇兄朱桂等更相似,凶狠残暴,横行不法。洪武三十一年老皇帝朱元璋驾崩后,这个比侄儿朱允炆还小2岁的皇叔突然间感觉好起来了,且好到了不能再好的地步——

找不到自己了。他认为：当今的皇帝是他的侄儿，虽说做叔叔的还比他小2岁，但毕竟是他的叔叔啊！我是谁？老爸朱元璋的亲儿子，当今皇上的亲叔叔，这个新皇帝见了我，还得行晚辈之礼。朱楩越想越找不到北，于是更加大胆了，什么违法乱纪的事情他都敢干。

朱楩的种种不轨行为尽管都是在天高皇帝远的云南干出来的，但南京城里的建文帝还是知道得一清二楚。镇守云南的西平侯沐晟（沐英的二儿子）看到朱楩图谋不轨，就上奏建文帝，列举他所犯下的罪过。建文帝接到奏章后下令，将岷王朱楩召回南京，废为庶人，后迁徙漳州。靖难战争后，朱棣夺得了皇位，马上将建文帝囚禁的那些恶棍、无赖藩王给放了出来，恢复了他们的爵号与封地。岷王朱楩回到了云南的藩邸，这下可更加骄横跋扈，无恶不作，当然这是后话。(《明史·诸王三》卷118, 列传第6)

○ 谷王朱橞为皇兄朱棣开城门，"开"没了建文江山

谷王朱橞是朱元璋的第19儿子，朱允炆的十九皇叔，洪武十二年生，生母是郭惠妃。洪武二十四年朱橞13岁时被封为谷王，但因年幼而没有马上就藩。直到洪武二十八年三月朱橞17虚岁时，才正式就藩宣府（今河北宣化）。宣府，就是古代的上谷郡，故而朱橞的藩王号为谷王。

谷王朱橞是朱元璋晚年分封到北方边关重镇中最为年少的一个皇子，皇帝老爸朱元璋驾崩那一年，他只有19周岁。这个比侄儿皇帝还要小2岁的叔叔似乎对当时的政治还不是太懂或者说不敏感，因而，从洪武到建文新老皇帝之间的交替，谷王朱橞的表现好像不怎么"突出"。建文元年，朱棣在北平发动"靖难"叛乱，其真实目的十分明确，要的就是大明的帝位。而此时距离北平并不太远、建藩于宣府的谷王朱橞听到朱棣叛乱的消息后，他的反应与他同在北方边关前线的几个哥哥不一样，可能是年纪较小和没有经历多少世面的缘故，他马上就放弃了自己的藩府，逃亡到京师南京去，向比他大2岁的侄儿皇帝朱允炆汇报了北方骤然急变的情势。建文帝见到这个小叔叔还算"忠诚"，于是将他留在了京城，委以重任。

谷王朱橞与辽王朱植是"靖难战争"爆发后唯独投奔建文帝的两个皇叔，但从朱橞来南京以后的"表现"来看，可以说是不尽如人意。这是客气话，客观地说，他对建文帝的江山社稷是成事不足，败事有余。朱棣"靖难军"逼近南京时，朱橞与李景隆急忙将坚如磐石的金川门打开。这金川门一开，可把建文帝的江山"开"没了。(《明史·诸王三》卷118, 列传第6)这一点下面我们将要详细讲到的。

○ 马皇后管住五皇子朱橚的法宝："御衣"和"御杖"

朱橚是朱元璋的第5个儿子,朱允炆的五皇叔,至正二十一年生,生母是碽妃。据野史与文人笔记所载,朱橚小时候十分顽皮,父亲朱元璋为他与其他皇子请了一位老师叫李希颜,那是一个极其严格的老学究,做事一板一眼,他可不管教的学生是不是皇子,就一股子劲地从严要求。朱橚当时年小但鬼点子多,经常给老师李希颜捣蛋。

有一次,老师李希颜逮住了朱橚,盛怒之下用毛笔管戳破了朱橚的额头。朱橚"呜呜"地哭到皇帝老爸朱元璋那儿。朱元璋心疼地摸着儿子的额头,越想越火:你李希颜原来是一个乡角落里的穷书生,是我大明天子看得起你,才把你请到皇宫里来教皇子,我可不是叫你来打我皇子的,真是胆大包天了。朱元璋马上要处置李希颜,一直在旁边的马皇后连忙劝住,她开导朱元璋:"天底下哪有这样的事情,人家拿圣人之道来教育我们的儿子,而我们回过头来要对他发火?"经马皇后这么一说,朱元璋顿时火气消歇了,随即将李希颜升为左春坊右赞善。这时马皇后将朱橚叫到一边,狠狠地训斥道:"你身为皇子,理应好好学习,将来为国分忧。今天的事到此为止,下次你要是再搞什么鬼把戏、恶作剧的话,我绝不宽宥!"

尽管后来朱棣篡改的《明太祖实录》中,把马皇后说成是朱棣、朱橚的母亲,但其实不然,朱棣、朱橚的生母是碽妃,而马皇后是朱元璋的第一夫人,具有后宫的最高权威,皇子们没有见她不害怕的。这个朱橚经过马皇后的管教后来也就老实多了。

不过,查阅正史,上述故事的小主人公未被载明就是朱橚,而是某皇子。(《明史·李希颜传》卷137)

朱橚的情况,正史是这样记载的:洪武三年10岁的朱橚被老爸朱元璋封为吴王。但因他年纪小,也就没定好吴王的藩地。洪武七年,有关衙门向朱元璋请示:是否将朱橚的吴王藩地定在杭州?朱元璋予以坚决的否定:"杭州是我大明帝国的财税重地,怎么能封给亲王作藩地?"就这样,一直拖到洪武十一年才定下来,考虑到朱元璋称帝前已称过吴王,于是干脆将朱橚改封为周王。同时朱元璋命令朱橚和他的哥哥燕王朱棣及弟弟楚王朱桢、齐王朱榑等前往老家凤阳去学习军事与文化。洪武十四年朱橚21岁时正式就藩河南开封,以开封的宋宫作为周王的藩王府。(《明史·诸王一》卷116)

民间有句话,叫"三岁看到大,七岁看到老"。朱橚从小就不老实,现在要到开封去当地方上的藩王,从民间底层上来的马皇后十分担心这小子,怕他远离了父母以后就更要胡来了于是她叫人给赶制了一件"御衣"和一根"御杖",命令宫中的江贵妃随同周王朱橚一同前往开封,马皇后向江贵妃交代清楚:"要是周王旧病复发,任意胡来,你就给我穿上这件'御衣',用这根'御杖'代我狠狠地教训这个逆子!要是再不管用,你就上南京来告诉我,我来好好地修治他一番!"马皇后这样管制朱橚,朱橚到了开封以后还算老实。后来马皇后死了,朱橚少了一个管制他的人,老毛病就开始复发了。

○ 朱橚在开封 8 年待腻了,于是想到要"常回家看看"

洪武二十二年,已经在藩邸待了 8 年的朱橚可能是觉得在开封待腻了,不好玩了,想起了自己的老家凤阳乡下生活,于是就心血来潮地赶回了凤阳。朱橚的这个行为已经违反了朱元璋精心制定的《祖训录》的有关条规——藩王未经皇帝的许可不得擅自离开他的藩地。朱元璋听到周王朱橚又在"乱来"的消息后十分恼怒,决定要把朱橚迁徙到云南去,但不知为什么后来朱皇帝放弃了这个念头,将他叫到南京来居住,至于开封周王府的事务就由周王朱橚的儿子朱有燉来处理。朱橚在南京住了两年多,可能老实些了,朱元璋才让他回到自己的藩地开封去。

○ 朱橚两个没想到:儿子会告发老子,文弱侄儿拿叔叔开刀

洪武三十一年朱元璋驾崩时,朱橚与他的四哥燕王朱棣处于 40 岁左右的中年,他们俩的兄弟感情不同于跟其他的皇家兄弟,因为同是一个母亲硕妃所生,年龄又仅差 1 岁,不存在年龄代沟问题,且同在北方从事对蒙古的战争事务,自然双方的来往也就比较密切。朱棣在暗中密谋准备造反,而这个弟弟也没闲着,也有"异谋"。就在这个节骨眼上,周王府内又发生了内讧,朱橚的二儿子朱有燉突然向建文朝廷告密,说他老爸朱橚正在密谋,打算与燕王、齐王、湘王等联合起来造反。(《明史·诸王一》卷 116)

这种突然的变局使得周王朱橚做梦也没想到,更没想到的是一向文弱的书生侄儿在推行"削藩新政"时首先拿他开刀,这是后话了,我们将在第四章里详述。

总之,上述这类朱允炆的皇叔都不是什么好东西,除了周王后来改弦更张、脱胎换骨重新做人外,其他几个藩王都是在做尽坏事后被强势皇帝朱棣收拾了,不过这等事都发生在永乐年间。在此之前即从洪武转向建文的那个年代,这些藩王要么蠢蠢欲动,密谋造反;要么坏事做绝,恶贯满盈,让人一看便知其为大明帝国的危险分子。其实对于大明第二位君主朱允炆来说,最危险的还不是这些坏蛋叔叔,而是那些具有天大野心又深藏不露的皇叔叔。

● 第五类：对朱允炆帝位具有最大威胁却深藏不露的皇叔藩王

这一类共有3人，其分别是湘王朱柏、宁王朱权和燕王朱棣，实际上他们是朱允炆帝位的最大的威胁者。因为城府极深，老皇帝当政时，他们表现为乖乖孩，好藩王，但皇帝老爸一躺下，这类皇子可来劲了，首先他们活动活动心眼，对南京城里的皇帝宝座充满了无限的遐想，压根儿就没把侄儿皇帝朱允炆放在眼里，但他们不像上一类的诸藩王那样表现拙劣，行为乖戾或作恶多端，而是表现出极好的"涵养"，加上心机多，所以没有马上行动，而是采取"投石问路"的方法开始暗暗地叫板起侄儿皇帝，这类藩王中第一个"吃螃蟹"的就是朱允炆的十二皇叔湘王朱柏。

○ 皇帝老爸朱元璋一躺下，韬光养晦的"紫虚子"湘王朱柏终于按捺不住了

湘王朱柏是朱元璋第12儿子，朱允炆的十二皇叔，生母是胡顺妃，洪武四年生，洪武十一年朱柏8虚岁时被他老爸朱元璋封为湘王。洪武十八年朱柏15岁就藩，藩地在荆州。

在普遍尚武的大明初年皇家兄弟中，朱柏与他的同父异母哥哥、朱元璋的第11皇子朱椿倒是有点相似，他从小就胸怀大志，以天下安危为己任，常常勉励自己将来济世安民。为此，他极为勤奋好学，小小年纪经常读书读到深更半夜才上床休息。就藩荆州后，他在自己的湘王府里修了一座十分典雅的景元阁，招纳优秀的文人学士到那里，与他们在一起探究学问，校核、整理并刊出中国古代文化典籍，目的在于从中汲取治国安邦之经验。(《明史·诸王二》卷117)

朱柏虽然与十一皇兄朱椿很相似，好学儒雅，重视文化；但他们之间也有区别，朱柏与朱椿最大的不同就在于，朱椿似乎更加文弱一点，而朱柏则不然，他"膂力过人"，十八般武艺几乎样样精通，尤其擅长在马背上舞刀弄枪，还有百步穿杨的射箭好功夫。因此完全可以这么说，朱柏是大明初年诸子藩王中一位杰出的军事人才，其本领绝对不亚于后来篡位上来的四皇兄朱棣，但他又不像朱棣那样尚武，难能可贵的是朱柏文武双全，这么有才的皇子藩王恐怕是在大明诸子藩王中还真找不出第二个来。

据史料记载来看，在"文"方面，湘王朱柏不仅好交文人朋友，优待文人学士，收集与整理文化古籍，而且还表现为对读书极度的爱好，甚至可以说读书成为他生活中的一种嗜好，即使是上前线打仗，他还手不释卷。

洪武三十年五月，朱柏接受父皇朱元璋的谕令，协同六皇兄朱桢率师出击古州

叛乱诸蛮。就在战斗前线,出入军营视察作战阵地时,朱柏还身背书囊,一遇闲暇就取出书来细心阅读,用今天话来说,他简直就是一个"书痴"。要知道,在战争前线,弓箭之类的远程武器是不长眼睛的,如果说昔日在湘王府里朱柏吟诗弄月、招揽文人骚客略有政治作秀之嫌的话,那么在战阵前沿,命悬一线之际,他还是这般好学恐怕不是装所能装得出来的。可惜他的好学并没有为自己"捞来政治好处",老爸朱元璋似乎光注意到了"蜀秀才"朱椿而没有更多留意这个"湘秀才"。

朱柏常常探幽访古,每每遇到山水胜境就要驻足徘徊好几天,他喜欢阅读道家的书籍,向往道家远离尘世的清修生活,为此,他还自己取了一个"紫虚子"的道家法号。

从外表来看,文武双全的湘王朱柏如此之行为似乎表明他已跳出了六尘外,但这是假象,他在韬光养晦,等待时机。

从洪武转向建文,朱柏表现得十分平静,其实他的内心恰似翻江倒海似地折腾着。大约等了一年,也就是到了建文元年四月时,湘王朱柏终于憋不住了,先是伪造大明宝钞,见没人把他怎么的,他的胆子渐渐大起来了,手下有人劝他不要这样,湘王哪听得进去,一怒之下将那人杀了。而此时建文朝廷早已开始了"削藩"行动,湘王的不法行为很快就被建文朝廷侦察到,并受了到了严厉的斥责。(【清】傅维鳞:《明书·建文皇帝本纪》卷4,丛书集成本)

就在这时,28岁的朱柏又卷入了一场政治大漩涡——朱棣密谋造反事件。建文帝登基即位后,燕王朱棣就很不买账,在暗中加紧策划,让周王朱橚、湘王朱柏等诸藩王跟他一起起来造反,燕王府还派出秘密使者前往荆州去,联络湘王朱柏,朱柏似乎未置可否。但不巧的是,这件事情被人知道了,有人向建文朝廷密报,说朱柏与朱棣相勾结,密谋造反。

建文帝随即派了官员到荆州来调查和审问,朱柏见到朝廷的调查员来了,立马意识到自己与燕王谋反事件脱不了干系了,再怎么说自己也说不清;而想要说清楚,就非得要让法司部门的官员"好好地"审问一番,朱柏受不了,他说:"我在洪武年间曾经见过那些被逮起来问罪的人,他们饱受法司官员的侮辱,我是高皇帝的亲骨肉,岂能忍受此等奇耻大辱!"打定主意,朱柏关上湘王府的大门,最终来了个"阖宫自焚"。

建文帝听到湘王自焚的消息后,心里难受了好一阵子,最后还是下令取消了湘王的藩号。朱棣当上皇帝前后,利用湘王之死大做文章,永乐年间他给十二皇弟朱柏的谥号为"湘献王",并建了祠堂以祭祀。(《明史·诸王二》卷117)

湘王之败原因很多,同为老皇帝的龙种血脉中的"佼佼者"对此还是心知肚明的,政治上的不成熟与盲动意味着在皇家帝位抢夺战中的自取灭亡,素有"善谋"之誉的宁王朱权和"胸怀大略"的燕王朱棣一直在暗中蛰伏着、算计着。不过"宁王善谋"却似乎是空有其名,因为他首先就被人算计了。这究竟是怎么一回事?

○ "燕王善战,宁王善谋",孰是孰非?

宁王朱权是朱元璋的第17儿子,朱允炆的十七皇叔,洪武十一年生,生母是朱元璋的妃子杨氏。洪武二十四年朱权刚满14岁时就被封为宁王。过了两年,16岁的朱权离开了绿肥红瘦的南国来到了白雪皑皑的北方,正式就藩大宁(今辽宁锦州附近)。大宁位于喜峰口外,东连辽西,西连宣化,自古以来这里是兵家必争之地。从当时的情势来看,在与朱权一起受封北部边疆的差不多都是同龄的藩王当中,比朱权大4岁的13皇子朱桂,被封在了大同;比朱权大2岁的14皇子朱楧被封在了甘州,他们都没有被安置在北方前线最为紧要的军事要塞上,而当时只有16岁的朱权及比他大1岁的15皇子朱植却被他们的皇帝老爸朱元璋分封在大宁和广宁这两个极为重要的边关重镇,由此可见宁王朱权与辽王朱植在他们的皇帝老爸眼里不同于一般,想必其能力与天赋也是出众的。由于皇帝老爸朱元璋看重,史书记载,当时宁王朱权镇守大宁时,"带甲八万,革车六千,所属朵颜三卫骑兵,皆骁勇善战"。当然朱元璋给这个17皇子配置这样的军事武装绝不单单是他偏爱朱权,而是因为这个宁王朱权能力非凡。他依靠这支强大的军事武装,充分发挥自己的聪明智慧,与其他藩王一起出塞打击蒙古,取得了很大的胜利,所以当时在军队流传着这样的说法:"燕王善战,宁王善谋。"(《明史·诸王二》卷117)

到洪武三十一年朱元璋驾崩时,年仅21虚岁的宁王朱权已经是一员威风八面的军事统帅了。而新即位的皇帝朱允炆是自己的侄儿,从表象来看,这对宁王朱权来说应该不是一件坏事,但问题是这个叔叔又比皇帝侄儿小1岁,这样尴尬的事实使得大明帝国在老皇帝朱元璋驾崩后的政治局势变得更加复杂。

从宁王一生来看,他个人很有才气,具有军事天赋与战争谋略。20岁刚出头就是勇冠三军的军事统帅,又是龙种,他绝不是甘居于人下者,或许说,他极有可能是深藏不露的未来皇位争夺者。但不久爆发的"靖难"战争打碎了宁王的政治雄心之梦,由此也就改变了宁王的人生轨迹。

那么,这个改变宁王朱权人生轨迹的人究竟是谁?

燕王朱棣!

○ "潜力股"朱棣——最有本事的阴谋家

据正史记载,燕王朱棣,至正二十年生,生母是马皇后,但实为硕妃。关于朱棣身世之谜,我们在《大明帝国》系列之7《永乐帝卷上》里已作展开,这里仅简单地说说。朱棣不是马皇后所生,他在明朝高产皇帝朱元璋的26个儿子中排行第四,在他的前面还有3个哥哥,即老大朱标太子,老二秦王朱樉,老三晋王朱棡,这三位仁兄不仅排行在前,而且他们还是"嫡出",即正史所说的马皇后所生(但有人考证说,马皇后没生育过,3子皆由李淑妃所生,详见吴晗《明成祖生母考》),这比庶出的朱棣占了很多的优势。那时的人们或许谁也不会预料到,在有这么多的"嫡出"皇兄的情形下,朱棣这么一个庶出皇子后来居然能当上大明帝国的天子。

洪武九年(1376),朱棣等皇子被送到中都凤阳去,跟随当时大明帝国顶尖军事将领徐达、傅友德等人学习军事,同时又让他们继续接受文化知识教育。但朱棣、朱樉、朱棡等皇家兄弟似乎对军事更着迷,这些本来就是要培养成守疆护土的军事统帅的诸子藩王们不负父皇朱元璋的厚望,几年之后个个都成为威风凛凛、独挡一方的年轻将帅。尤其是朱棣,可能是庶出的因素,他表现得十分低调,为人处世谨小慎微,一门心思提高自己的军事本领,与骄傲自大的诸王子相处,他总能让着、顺着,由此赢得了一生疑心重重的老皇帝朱元璋的认同与好感,大明皇家中起初并不为人注意的"潜力股"就此培育起来了。

○ 朱棣已经是藩王了,胸怀大志意味着什么?

洪武三年(1370年)乙丑日,明"太祖封建诸子,以燕旧京且近北虏择可以镇服者,遂以封上(指朱棣,笔者注)。(洪武)十三年三月壬寅之国。上貌奇伟,美髭髯,举动不凡"(《明太宗实录》卷1;《奉天靖难记》卷1)。明代官书的这段记载是说:朱棣相貌奇特英伟,有一对漂亮的八字胡。换句话来说,当年朱棣是个大帅哥。心理学研究表明,外表俊秀的人往往十分自信,朱棣当然也不会例外。而据流传下来的正史来看,朱棣的优势还不止于此,他智勇双全,胸怀远大志向与韬略(《明太宗实录》卷1)。问题是朱棣已经是藩王了,一人之下,万人之上,那么比藩王更大的远大志向又将是什么呢?一切都不言而喻了。

以上这些说法基本上都是我们从朱棣后来当了皇帝以后清洗过的所谓的"正史"记载中得来的,换言之,这是站在朱棣的立场上说的。如果我们以价值中立的角度来看朱棣,那么他就是一个潜在的危险的野心家和阴谋家。历史往往出现了这样的"悖论":人们不希望或努力要消除的,但事实上恰恰又出现了。朱元璋费尽心机甚至可以说是丧心病狂地灭绝开国功臣,目的就是要把大明帝国的潜在危险消除到零状态。但自从他实行大分封的那一刻起,大明帝国就置身于一座随时都会引爆的火药库上,而这个燕王朱棣就是当时老皇帝朱元璋亲自埋下的最为危险、最为隐蔽的重磅炸弹。读到这里,有读者可能要问了,一生精明过人的朱元璋难道没有觉察到吗?

○ "好弟弟"、"好儿子"、"好臣子",又是军事家、政治家和阴谋家

没有!或者说朱元璋基本上没有觉察到。之所以有这样的结果,一方面是由于朱元璋治国安邦的某些错误认知所导致的,即在他看来,欲使大明长治久安,就必须铲除具有巨大潜在危险的异姓功臣勋将,将大明江山全交给自己的亲骨肉;另外一方面由于朱棣个性中有着极深的城府,他善于伪装和作秀,刻意将自己打扮成一个"孝子贤臣",忽悠了老辣又多疑的老皇帝朱元璋。不过,话得说回来,朱棣也确实是"有才",洪武十三年,就藩北平以后,在大明帝国优秀军事将帅徐达、傅友德等人的帮助下,朱棣与他的几位兄弟一起出色地守卫着大明的北疆。其中最有影响的就要数洪武二十三年对北元残余势力的军事战斗了。

为了肃清蒙古地区的元朝残余势力,朱元璋在大明帝国建立之际就开始了北伐与"清沙漠"行动。(洪武四年五月乙亥日,朱元璋在"免两浙秋粮诏"中首次使用"北清沙漠",见《明太祖实录》卷65)不过洪武前期的"清沙漠"行动都是由大明异姓开国功臣将帅主持的,但到了洪武中晚期以后,朱元璋逐渐地重用他的龙子藩王担当起"清沙漠"的军事统帅了。

洪武二十三年,朱元璋下令由晋王朱㭎和燕王朱棣节制并指挥大明北部边境的各路兵马,共同进攻元朝残余势力乃儿不花。那是农历三月份,"胡天三月仍飞雪"。朱棣他们冒着漫天大雪,出其不意地进军到乃儿不花的驻营地迤都山,给乃儿不花来了个措手不及,俘"获乃儿不花及其各王酋长男女数万口,羊马无算,橐驼数千"(《明太宗实录》卷1)。朱元璋听到北方传来的捷报后,极为高兴地对群臣说:"清沙漠者,燕王也!朕无北顾之忧矣。"(《明太祖实录》卷201)

据《明太祖实录》和《明太宗实录》记载来看,朱棣这次北伐可谓是出尽风头,而向来也十分勇猛的三哥晋王朱㭎却表现得十分胆怯。战后朱棣名声大噪,威风八面,由此引来了三哥晋王朱㭎的妒忌。朱㭎开始盯上了四弟,派人到北平去刺探燕王的言行,朱棣忍而不发。于是晋王朱㭎更加猖狂了,有一次朱㭎与朱棣同上京师南京去朝觐,气度狭小的朱㭎肆意怒骂和侮辱了四弟朱棣,作为弟弟的朱棣居然十分大度,不与他哥哥一般见识,借口有病就一个人先回北平去了。但晋王还不罢休,竟然又派人到燕王府去窥视四弟朱棣的动静,并向老爸朱元璋打小报告,说燕王如何不好,但朱棣却始终不与三哥计较。(《明太宗实录》卷1)

朱棣的"大度"更加表现出了天生帝王之才的"良好素质",当然光有这种良好

素质是不够的，还必须在政治上与当权的老皇帝保持高度的一致，或者说至少应该做皇帝"老爸"的"好儿子"、好臣子，而朱棣又全做到了。

洪武二十八年（1395）九月，朱棣听说了北平永清卫军屯的田地里生长出了"嘉禾"。所谓的嘉禾就是颗粒特别大一点的庄稼棵穗，在今天看来这是件普通得再也不能普通的事情了，但在古时候那是件非常了不得的事，全靠皇帝治理天下好了才出现的这样的"瑞祥"，也只有地方上治理得好才会有这样的"天赐之物"。因此向皇帝进献"嘉禾"是件"双赢"的事情，朱棣岂能错过这种绝佳的自我表现的机会呢？为此，他叫人从地里采了8株嘉禾送到南京去，赶紧向皇帝"老爸"朱元璋报喜啊。果然，明皇宫内"群臣表贺，太祖大喜，为诗一章赐之"（《明太祖实录》卷240；【明】高岱：《鸿猷录·封国燕京》卷7）。

如此"光灿灿"的历史，表明了燕王朱棣是个"特有才"又有远大韬略的杰出的领袖级人物，更是一个重农爱民的好藩王和皇帝"老爸"朱元璋的"好儿子"、好臣子。

但实际情形恰恰相反。尽管以《明太祖实录》和《明太宗实录》为代表的所谓的"正史"已经过朱棣及其御用文人的全方位"清洗"，但我们还是能从一些蛛丝马迹和旁证史料上看出真实的朱棣是如何做他的燕王的。

洪武二十年（1387），朱元璋任命冯胜为征虏大将军，傅友德、蓝玉为左右副将军，率明军200 000人，出关进兵辽东，逼降东北地区北元残余势力纳哈出。军事胜利后，身为朱标太子妃的舅舅、明军将帅蓝玉居然莫名其妙地讨好起燕王朱棣来了，因为他知道燕王朱棣喜欢骑马驰骋，便将自己从纳哈出那里得到的一匹名马送给了燕王。谁知，就此惹恼了燕王，朱棣不仅没收了那匹名马，还狠狠地教育起蓝玉来了："你身为大明的将军，难道不知战场上所俘获的就该交予朝廷，怎么能作为自己的物品私自送人呐，这难道是一个尊君孝父的臣子所应该做的吗？"据说蓝玉被羞得无地自容，从此他与燕王之间结下了芥蒂。后来蓝玉就偷偷地跟太子朱标说："燕王在国，抚众安静不扰，得军民心。众咸谓其有君人之度。……又闻望气者言，燕地有天子气。"（《明太宗实录》卷1）

一个屡次被高皇帝训斥而命悬地狱一线却又粗鲁得浑然不知的武夫，在朱棣及其御用文人的笔下顿时变成了一个细致入微之人，朱棣在正史上的蹩脚的作假已经到了令人作呕的地步了。其实朱棣后来钦定的这些所谓"正史"无非是要向后世人们表白：被分封在北平的"战功赫赫"又胸怀大志的燕王朱棣不仅是一个宽宏大量，不与"妒忌成性"和"贪生怕死"的三皇兄朱㭎一般见识的好弟弟，而且还是敢于向"太子党"人叫板的"讲政治"、"讲原则"、"讲大局"的好臣子。

○ 三个嫡出皇兄的突然薨世让庶出皇子朱棣兴奋不已?!

朱棣的韬光养晦之策略一直坚持到了洪武二十四、二十五年,从那时开始,由于一系列突发的事件的爆发,使得"雄才大略"的朱棣快要按捺不住内心的欣喜了。

先是洪武二十四年他的二皇兄朱樉犯错,被皇帝老爸朱元璋召回到京师南京,并且还被禁锢起来,后来由于太子朱标替弟弟朱樉求情,朱樉才得以重回自己的藩地。接着三皇兄朱棡也犯错了,私自离开藩地,跟着大哥朱标回南京,也被皇帝老爸好好地训斥了一番。这时,在朱元璋的这些比较年长的皇子藩王中大概就四子朱棣没出过错。朱棣政治表现中的第一步骤——成为皇帝"老爸"的"好儿子"做到了。

而接下来大明皇家发生的一系列的变故更使"雄才大略"的朱棣内心兴奋不已。洪武二十五年朱标太子的突然病逝,第一次大大地激活了原本抑制在朱棣内心最深处的政治野心。据"正史"史料来看,朱标死后,朱元璋本来是要立朱棣为太子的,但由于老臣刘三吾的规谏而改主意了(《明太宗实录》卷1;《明史·刘三吾传》卷137)。

洪武二十五年四月丙子日,"太子薨,太祖愈属意于上(指朱棣)。一日召侍臣密语之曰:'太子薨,长孙弱不更事,主器必得人。朕欲建燕王为储贰,以承天下之重。庶几宗社有托。'翰林学士刘三吾曰:'立燕王,置秦、晋二王于何地?且皇孙年长,可继承矣。'太祖默然。是夜,焚香祝于天曰:'后嗣相承,国祚延永,惟听于天耳。'遂立允炆为皇太孙。"(《明太宗实录》卷1)

我们暂且不去讨论这段史料的真假,但它至少向我们透露出了,朱标之死给朱棣带来了走向大明帝国未来君主宝座的希望,这是可以肯定的。事情的发展到此还没有打住,洪武二十八年朱棣的二皇兄朱樉突然薨世,洪武三十一年三月也就是老皇帝朱元璋驾崩之前的三个月,朱棣的三皇兄朱棡又薨世了。至此,朱棣前面的3位嫡出兄长一个也不在了,而马皇后所生的皇子也就这3个,其余的皇子都是庶出。按照中国古代皇位继承的"有嫡立嫡,无嫡立长"的法则,如果没有已故的朱标太子的儿子朱允炆继承皇位,那么朱棣已经是庶子当中的老大了,此等情势就更加刺激了朱棣那颗本来就不安分的心,使其兴奋不已。

不仅朱棣的非分之心随着3个皇兄戏剧般地依次谢世而被一次次地"激活",而且连那个从小就不"本分"且还不太懂"政治"的朱棣同胞兄弟周王朱橚及其他皇子兄弟也开始蠢蠢欲动了,尤其周王更是迫不及待,他在暗中与燕王、齐王、湘王等相联合,打算相互呼应,密谋将侄儿皇帝朱允炆从大明帝国君主的位置上赶下去。

凡是看过《动物世界》的朋友都可以想象，此时的大明皇位争夺与保卫就如同非洲大草原上的一群凶残的土狼正在暗中蛰伏，随时准备掠杀那只无辜的羔羊。不容多说，我们现在讲的那只羔羊就是明朝第二位皇帝朱允炆。

皇家狼群中的"小羔羊"——文弱的帝国皇储朱允炆

朱允炆是明朝开国皇帝朱元璋的孙子，朱标太子的第2个儿子。虽然朱允炆的父亲朱标很早就被朱元璋立为了皇位继承人，但在这位皇位继承人的儿子当中朱允炆不是长子，朱允炆前面原来还有个哥哥叫朱雄英，所以按正常的皇位继承程序来说，应该是朱标继承朱元璋的皇位，朱雄英继承朱标的皇位，而位居朱家长房老二的朱允炆是没有机会继承皇位的。

但大明帝国初期的皇家这段历史颇为奇怪，朱家的特征用我们老百姓的话来讲是"长房不旺偏房旺"。更为令人好奇的是，朱元璋的长房后代子孙越是小辈越是比他的父辈"走得快"。先是朱标的长子朱雄英生下来后没活几年就死了，走在了朱标的前头，接着朱标又走在朱元璋的前头。如此的"天灾"变局使得算计了一生的雄主朱元璋实在措手不及，也使得本来很有可能在皇家大院内以探究学问来度过自己一生的文弱书生朱允炆一下子从历史的后台走向了历史的前台。

● 太子"二奶"生的"半边月亮"

朱允炆生于洪武十年(1377)十月，母亲是太子朱标的"二奶"。朱标原有正妻即太子妃常遇春女儿常氏，这个常氏就是朱标的长子、朱元璋的长孙朱雄英的母亲。而朱允炆的母亲吕氏是后来官为太常寺卿吕本的女儿，这个吕氏最初"嫁给"太子朱标时是地地道道的"二奶"，当时称之为"宫人"，因此说朱允炆也是庶出而不是嫡出，实际上与朱棣等人身份相同。正因为如此，所以朱允炆刚出生时很不受人重视，生下来一年多后才有名字。也就是在洪武十一年十一月太子妃常氏薨世后，朱允炆母亲吕氏由宫人升格为太子妃，这时皇爷爷朱元璋才想起自己的皇太子还生有一个皇孙，于是赐名为朱允炆。朱允炆6岁时，他的同父异母哥哥朱雄英死了，16岁时他的父亲朱标薨世，因此说朱允炆的早年也很不幸。(【清】傅维鳞：《明书·建文皇帝本纪》卷4，丛书集成本)

朱允炆之所以一出生就没受重视，除了母亲地位低以外，还有一个原因，据说，他刚生下来的时候,头顶骨歪得很厉害,整个头型看上去像个弯弯的月亮。皇爷爷朱元璋看到孙子这番模样就很不喜欢,曾经一边轻轻地抚摸着朱允炆的头,一边叫他为"半边月亮"。老朱皇帝十分迷信,总担心这个孙子将来不得善终。(【明】黄瑜:《双槐岁钞·咏初月》卷2,中华书局1999年12月第1版,P35-36;【明】蒋一葵:《尧山堂外纪·国朝》卷78;【清】褚人获纂:《坚瓠三集·半边月》卷1)

但长相并不太雅的朱允炆却天性文弱、孝顺。洪武二十三年他14岁时,父亲朱标身上长了一个大大的疖子,疼痛难忍。(朱允炆)"侍侧含泪抚摩,昼夜不暂离"(【明】赵士喆:《建文年谱》卷上,何炳松主编:《中国史学丛书》,商务印书馆1934年版,P14,以下略;《明史·恭闵帝本纪》卷4,本纪第4)。即讲朱允炆不分白天黑夜地侍候在父亲朱标病榻前,不离一步。最终朱标病好了,朱允炆自己反倒骨瘦如柴。皇爷爷朱元璋看到这样的一对父子,颇有感慨地说:"有子孙如此,朕复何忧?"(【明】赵士喆:《建文年谱》卷上)

朱允炆还有一个优点:人很聪明,喜欢读书。史书是这样说朱允炆的:"少聪慧懿仁,性至孝,好读书。侍宴命题赋诗立就,太祖深爱之。"(【清】傅维鳞:《明书·建文皇帝本纪》卷4,丛书集成本)

洪武二十四年,即朱允炆15岁那年,刚好是皇爷爷朱元璋60岁大寿,朝廷内外文武百官都忙着准备给皇帝朱元璋送一份像样的寿礼,朱允炆不慌不忙地将自己平日的嗜好用上了,他挑选了几百枚精妙绝伦的南京雨花石,将它们拼凑起来,镶嵌成了"万寿无疆"等几个遒劲有力、流光溢彩的大字,作为一份特殊的寿礼送给皇爷爷朱元璋,顿时受到满朝文武的啧啧称赞,也赢得了皇爷爷朱元璋的好感。自此以后,朱元璋对朱允炆更是刮目相看。

然而,迷信十足的朱元璋心目中的那个死结还没打开——总担心这个长相不雅的皇孙没有好结局,于是就用对诗的方式来预测一下他的未来。

有一天晚上,在明皇宫里朱允炆和他的父亲朱标正侍立在朱元璋的身边,朱元璋抬头望见一轮新月高挂天空,顿时来了灵感,就以新月为题材,要求朱允炆与他的父亲朱标各赋诗一首。据说,朱标的诗是这样:

昨夜严陵失钓钩,何人移上碧云头。

虽然不得团圆相,也有清光遍九州。(【明】梁亿:《遵闻录》)

朱标刚吟完诗,朱允炆接上来了:

谁将玉指甲,掐破碧天痕。

影落江湖里,蛟龙不敢吞。(【明】黄瑜:《双槐岁钞·咏初月》卷2,中华书局1999年12月第1版,P35-36;【明】蒋一葵:《尧山堂外纪·国朝》卷78;【清】褚人

获纂《坚瓠三集·半边月》卷1)

如果纯粹从文学创作角度来讲,朱标、朱允炆父子俩的"答诗"称得上是才思敏捷,但缺乏蓬勃的活力,更别提那气吞山河的帝王之气了,尤其那"不得团圆"、"影落江湖"之语在迷信十足的朱元璋看来那是不吉之兆,所以他听后就一直闷闷不乐。(【明】吕毖:《明朝小史·建文纪·蛟龙不敢吞》卷3;【明】赵士喆:《建文年谱》卷上;【清】褚人获纂:《坚瓠三集·半边月》卷1)

现在我们没有更多的史料来考证到这段类似谶语式的对诗是真还是假。但不争的事实是后来朱标走在他父亲朱元璋的前头,那是一场意外的"天灾",而朱允炆的不幸结局却不是自己的错,完全是他那个魔鬼般凶残的四皇叔朱棣制造的。如果要从根本上来讲,那是将皇位传给他的皇爷爷一手种下的苦果。若要说朱允炆有错的话,那也是他"仁弱"的性格所"招惹"的。

说到这里,读者朋友可能要问:为什么强势皇帝、铁腕雄主朱元璋竟然会找了这么一个文弱的书生朱允炆来继承皇位?

● "国本"立了25年,可最终回到了原点——太子朱标之死

其实,朱元璋在大明开国之时就已经考虑好自己百年之后的事情了。他吸取了历史上皇位继承的经验教训,洪武元年,在大明开国那天朱元璋就宣布了朱标为未来皇位的继承人。他在给朱标太子的册文里是这样说的:"国家建储,礼从长嫡,天下之本在焉。朕起自田野,与群雄角逐,戡定祸乱,就功于多难之际,今基业已成,命尔标为皇太子……尔生王宫为首嗣,天意所属,兹正位东宫,其敬天惟谨,且抚军监国,尔之职也;六师兆民,宜以仁、信、恩、威,怀服其心用,永固于邦家,尚慎戒之。"(《明太祖实录》卷29上)

正因为将未来的皇位继承人看做是治国安邦的根本,所以朱元璋极为重视对朱标太子的文化素养与道德品质教育。他在南京明皇宫里建了大本堂,收集天下古今图书典籍,延聘了宋濂、刘基、李希颜等名儒学士充作朱标太子的老师,挑选德才兼备之士给朱标作伴读。

洪武十年六月,朱元璋"命群臣自今大小政事皆先启皇太子处分,然后奏闻"。即有意识地让朱标开始参与国政,并跟他这样说道:"人君治天下,日有万机,一事之得,天下蒙其利;一事之失,天下受其害。自古以来,惟创业之君,历涉勤劳,达于人情,周于物理,故处事之际,鲜有过当。守成之君,生长富贵,若非平昔练达,临政少有不谬者。故吾特命尔,日临群臣,听断诸司启事,以练习国政,惟仁则不失于躁

暴,惟明则不惑于邪佞,惟勤则不溺于安逸,惟断则不牵于文法。凡此皆以一心为之权度。苟无权度,则未有不失其当。"(《明太祖实录》卷113)

洪武二十四年三月,朱元璋又向皇太子朱标发出这样的谕旨:"人君之有天下者,当法天之德也。天之德刚健中正,故运行不息。人君体天之德,孜孜不倦,则庶事日修;若怠惰侈肆,则政衰教弛,亏损天德,而欲长保天位者,未之有也……尔等当克勤克慎,他日庶可永保基业。"(《明太祖实录》卷208)

同年八月,朱元璋命朱标巡抚陕西,据说是为了考察未来都城迁移的事宜。朱标不负父皇之厚望,出色地完成了使命,临回来时向父皇朱元璋进献了陕西地图。所有这些都清楚地表明,朱元璋将朱标当作了永保大明基业的接班人,而朱标尽管与父亲朱元璋在个性方面的差异很大,治政也有着很多的意见分歧,但不可否认,他还是朱元璋心目中理想的皇位继承者。

但后来的历史却与皇帝朱元璋开了天大的玩笑。就在从陕西一路风尘仆仆赶回南京之际,本来就身子骨单薄的朱标偶感风寒,病倒了。洪武二十五年四月二十五日,39岁的朱标太子带着他父亲无限的厚望,撇下朱允炆等五六个尚未成年的儿女,驾鹤西去。后葬于明孝陵之东,谥号懿文。(《明太祖实录》卷220)这对一心欲使大明帝国稳如磐石和长治久安的老爸朱元璋来说无疑是致命的打击。

朱标死了,苦心经营了二十五年的大明"国本"没了,老皇帝朱元璋面临着重新选择皇位继承人的问题,大明帝国的皇位继承问题又回复到二十五年以前的原点上了。

◉ 中国历代皇位继承的"游戏规则"

当时的朱元璋必须面对的皇位继承的"游戏规则"有三个:

第一,兄终弟及法。中国历史上的夏、商两代较多实行的是这种王位继承法。这种君位继承法的优点是长君主政,从表象来看似乎可以避免幼主继位所带来的权臣弄政和外戚干政的祸乱,但实际上这种君位继承法也是麻烦多多。当了皇帝以后的兄长一般都不大愿意将自己的君位传给兄弟,总要千方百计地传给自己的儿子,这就引发了皇位继承的争夺战。所以自西周以后,中国历代君位继承就确立了嫡长子继承制,但这并不意味着兄终弟及法完全退出了历史舞台,而是有着很多的反复,宋朝开国皇帝赵匡胤与他的弟弟赵光义之间的皇位传承就是一个典型的例子。

北宋建立以后没多久,宋太祖赵匡胤的母亲杜太后生了一场病,病得很厉害。

作为儿子赵匡胤亲自以汤药侍奉着母亲,不离左右。由于赵匡胤等人细心的照料,或许是看到儿子的孝顺而心理上得到更多的宽慰,后来杜太后的病情逐渐有所好转,她马上宣召宋朝开国重臣赵普进宫去接受懿命,并且问起了侍候在身边的宋太祖赵匡胤:"皇儿啊,你可知你为什么能取得天下,当上皇帝呀?"赵匡胤回答说:"全仗我们赵家祖上和您太后的恩德!"杜太后不以为然,她说:"你说得不对。根本的原因就在于后周国君周世宗柴荣将皇位传给了一个小孩子,要是当初他有成年的皇位继承人继位的话,你怎么能有现在这样的权位呢!所以说,你百年以后,应当将皇位传给你弟弟光义,光义百年以后就把皇位传给你们的小弟弟光美,而光美之后再传给你的儿子德昭。天下博大宽广,如果册立了年长的君主,那才是国家社稷之福啊!"赵匡胤痛哭流涕地说:"儿怎么敢不听母后的教诲啊!"杜太后又回过头来对赵普说:"你给我一同记住我的话,不准违背!"赵普就在杜太后的病榻前写下了誓书,并在誓书的末尾署上了"臣普记",接着就将誓书藏在金匮里,命令宫中言行严谨缜密的宫人认真掌管着。(【明】陈邦瞻:《宋史纪事本末·金匮之盟》卷10)

开宝九年冬十月,宋太祖赵匡胤得了一场病,壬午那天夜里,他下诏让弟弟赵光义进宫,想交代一下后事,但左右近侍都不得在边上旁听。这时,有人远远看见烛光底下晋王赵光义忽儿离席站起来,好像是在向哥哥作谦逊避让的举动。赵匡胤手持柱斧砍在地上,大声说道:"你好自为之!"不多一会儿,宋太祖赵匡胤驾崩,这时已是四更天了(将天亮)。赵匡胤的正妻宋皇后见到赵光义在宫中,她极度惊讶,但又马上反应过来,跟小叔子赵光义说:"我们母子身家性命全掌握在您手中啦!"赵光义哭着说:"我们共保富贵,皇嫂千万不要有什么担心啊!"(【明】陈邦瞻:《宋史纪事本末·金匮之盟》卷10)

有关赵匡胤与赵光义之间的帝位交替在历史上存在着很多说法,我们不去一一赘述,但宋初这段历史中的兄终弟及所隐藏的麻烦并没有就此结束,赵光义登上皇帝宝座以后再也没有将帝位传给他的弟弟赵光美。但赵光义毕竟是一位杰出的政治家,他可没有公然违背祖制,而是弟弟赵光美后来自己"不争气",弄出了谋反这等"十恶不赦"的"罪孽"来,赵光义自然而然地将皇位传给了自己的儿子。

宋代的这段兄终弟及皇位继承的经验教训在后继的元朝没有引起足够的重视,元朝的帝位继承极度混乱,元朝国祚短暂尽管原因很多,但皇位继承的失序不能不说是一个十分重要的因素。对此朱元璋是极为清楚的。大明建国前后,他常常挂在嘴边的一句话是"参酌唐宋"或"悉仿唐宋之制"(《明太祖实录》卷36下;《明太祖实录》卷64;《明太祖实录》卷74;《明太祖实录》卷85;《明太祖实录》卷106;《明太祖实录》卷226)。因此说,聪明过人的朱元璋应该是不会选择这种兄终弟及继承制的。

洪武晚年朱标太子突然薨世,朱元璋痛不欲生,一生勤政的他居然有六七天不理朝政。有大臣出来为国分忧,提出让二皇子朱樉或三皇子朱㭎继位,但都被朱元璋一一否定了。

第二,立爱立贤法。这种皇位继承法在中国历史上还是有过很多的先例,最为有名的要算秦始皇死后,宦官赵高威逼李斯立了先帝秦始皇的"爱子"胡亥为帝;隋朝开国皇帝隋文帝废了太子杨勇而立了"爱子"杨广为太子。这种以先帝所爱而立为皇位继承者,实际上是无规则可言,相对随意性很大,且最为关键的是极有可能引发老皇帝死后的皇位争夺战或皇族内讧、权臣干政与外戚专权。

这里顺便多说一下"立贤",所谓的"立贤",这个"贤"也是以先帝的价值标准来评判的,中国历史上充满理性的好皇帝很少,甚至可以说少得可怜。由此可以说,所谓的"立贤",用今天话来说就是"说你行就行,说你不行就不行,行也不行,不服不行"。因此说,在很大程度上来看,所谓的"立贤"实际上是等同于"立爱",它的祸害也绝对不亚于"立爱"。

对于立爱立贤的皇位继承法,尽管人们都知道它的危害性,但奇怪的是历史上这种先帝立爱立贤的事情还真是不绝如缕,而且有趣的一个历史现象是,这些立爱立贤的先帝都是一些很有作为、很杰出的帝王,秦始皇如此,汉武帝如此,隋文帝也是如此。

蹊跷的是,聪明一生、精明过人的朱元璋曾经也动过立爱立贤的念头。据"正史"记载,朱标太子死后,悲痛欲绝的朱元璋在大臣的劝解下,稍稍镇定了一下情绪,重新考虑皇位继承人的问题。朱棣钦定的《明太祖实录》是这样记载的:

就在朱标太子死后的第三天,朱元璋在明皇宫的东角门召集朝中重臣,讨论未来皇位继承人的问题,他是这么说的:"朕老了,太子朱标不幸西去,我们大明遭此厄运,一切都是命中注定的啊。有句古话说得好:'一个国家要是有年长的皇位继承人的话,那是天下苍生的福分啊。'朕第四子燕王朱棣贤明仁厚,英勇威猛,雄才大略,他很像朕,朕想立他为太子,诸位爱卿认为如何?"朱元璋刚讲完,翰林学士刘三吾马上应对说:"陛下所言极是,但是陛下要是立了燕王为太子,那么将燕王前面的2个哥哥秦王朱樉和晋王朱㭎放在什么位置了?"朱元璋无法回答老臣刘三吾所提的问题,于是又伤心地大哭起来了,重立太子的事情就此打住。(《明太祖实录》卷217,洪武二十五年四月戊寅)

从洪武君臣的这段对话来看,刘三吾的潜台词是在说,皇帝您要是跳过老二、老三而立了老四为太子,这将隐伏了巨大的麻烦与危险啊!朱元璋是个聪明人,他当然听懂了老臣刘三吾的弦外之音,最终放弃了"立爱"的念头,不得不采用最为普遍和"保险"的君位继承法——嫡长子继承制。

第三,嫡长子继承制。嫡长子继承制是中国传统社会里最晚出现的君位继承法,它的确立最早是在西周,后来在中国历朝历代中应用得比较普遍。之所以如此,关键在于嫡长子继承制具有相对"价值中立"的"游戏规则"。兄终弟及法很容易导致占据皇位者不愿再将皇位传给兄弟而要传给自己儿子的局面,由此隐伏了皇族内讧的祸根;立爱和立贤法更是弊端百出,什么是"孝子贤臣"?会拍马屁就行,君主的眼睛只有两只,君主的耳朵也只有两只,因此"立贤"很难不偏,"立爱"那就更是一无是处了。而嫡长子继承法基本上可以克服上述两种皇位继承制之弊端。

所谓嫡长子是指皇帝正妻所生的长子。但世界上的事情往往不全是按照人们设想的那样,嫡长子继承制也有一定的风险:首先有一种意想不到的风险,那就是嫡长子"先走"了——老皇帝没死,老皇帝的皇太子倒先死了,这时应该由嫡长子的嫡长子来继承皇位,如果这个嫡长子的嫡长子也死了,那就按正妻所生的儿子长幼顺序以其最长的儿子来继承,明朝初期朱元璋、朱标、朱雄英、朱允炆之间的皇位继承关系就是这样的;其次,皇帝正妻不育的风险。这里既有皇帝得了不育症的原因,也有皇帝因为漂亮"妹妹"太多纵欲过度导致不育的原因,还有皇帝"种了庄稼却颗粒无收"或"不种庄稼"的原因。中国历史上有较多皇帝对由父母等长辈指定的正妻即皇后不感兴趣,或没有激情,或者有了激情却当了回"杨白劳",龙种就是迟迟不见由皇后产出,这时就要考虑由妃子们或者宫女们所产的皇子来继承皇位了。明万历帝的皇位继承人明光宗就是宫女所生的。

但中国传统社会里的皇帝不像西方中世纪的皇帝那样可怜,信奉基督教,坚持一夫一妻制,而是坚信儒家的"不孝有三,无后为大"的子嗣传承观念,所以一般皇帝都是拥有"三宫六院七十二妃",生出了可能多得连皇帝自己都记不住他们名字的龙子龙孙,要在这么多龙种中寻找皇位继承者,那必须得有法则,否则很有可能诱发龙种们骨肉相残。为此,古代中国人设计出了在立嫡无望的情况下立庶长子的规则,就是在妃子或者叫小老婆们所生的孩子中立最长的儿子继承皇位。这种皇位继承法则的优点在于"客观性"——看谁最早来到这个世上。因此相对前两类的皇位继承法,嫡长子继承制基本上可以杜绝皇位继承所引发的危机或祸害,故而在中国传统社会中普遍实行。但这并不意味着每朝每代都能很好地照此执行,恰恰相反,真正做好这种皇位继承制的皇帝与朝代并不太多,但它确实是家国一体化的传统社会里再也没有比这更好的皇位继承法了。所以一般来说,最为安全的储君方法应该是这种"嫡长子继承制",朱元璋为确保大明帝国万无一失地和平过渡而作出了理性的选择。

洪武二十五年四月朱标太子的突然薨世,明故宫里顿时哭声一片,朱元璋陷入了极度的悲痛之中,数日之后他的头发、胡须全都花白了。朱元璋悲痛的不仅仅是自己老年丧子,而且还隐含了他对大明江山社稷未来的担忧。后来他多次召集群臣,讨论大明国事,在考虑皇位继承时,先后否定"兄终弟及法"和"立爱立贤法",最终选定了"嫡长子继承法",这是他听从了老臣刘三吾的"皇孙世嫡承统,礼也"之建议后做出的决定。该年的九月朱元璋正式册立了朱标太子的儿子朱允炆为未来的皇位继承人(《明史·刘三吾传》卷137)。对于仍然选择嫡长子储君法,朱元璋是这般说道的:"自我创天下而以天下传之庶孽,万世而下有庶夺孽抗宗者,我开其乱也。乱传而万世之传,足虑焉。"(【明】大岳山人撰:《建文皇帝遗迹》)

虽说皇太孙朱允炆年少,缺少为政经验,但可以慢慢培养么。这是朱元璋明智又无奈的选择,但绝不是一种错误的决策,至少说在那个时代是这个样子的。对此,明代嘉靖年间的文人高岱曾经这样剖析朱元璋的无奈心态:"所以欲易储而不果,盖亦有甚难处者于其间。何也?创业之主,其所为即后世之所程法。况继体垂统,大事也,祖训著有定制,岂容所行之不符也?盖欲易储者,所以贻一世之安;而终不易者,所以定万代之法。是故有权衡轻重其间,而又况有秦晋二王在,尤难处也。"(【明】高岱:《鸿猷录·封国燕京》卷7)

● 符合儒家理想标准的大明皇位继承者

从确保大明帝国长治久安出发,朱元璋最后坚决地选择了朱允炆作为帝国皇位继承人。清人撰修《明史》时是这样描述朱允炆的:"(建文)帝生颖慧好学,性至孝。"朱允炆聪明,且"忠君、孝父、友弟"。

洪武二十五年,朱允炆的父亲、太子朱标染病卧床,当时朱允炆只有16虚岁,但他承担起了做儿子的本分,精心护理父亲,任劳任怨。后来父亲死了,朱允炆"恸哭哀慕,事事如礼,水浆不入口者五日"(【明】赵士喆:《建文年谱》卷上,P18)。同样沉浸于悲痛之中的皇帝爷爷朱元璋实在不忍心看到孙子这般悲伤,将一个好端端的小伙子弄得骨瘦如柴,几乎见不着他原来的影子了,于是劝慰道:"毁不失性,礼也。尔诚纯孝,独不念朕乎?"(《明史·恭闵帝本纪》卷4;【明】朱鹭:《建文书法拟》前编;【明】赵士喆:《建文年谱》卷上,P18;【明】谈迁:《国榷·太祖洪武三十一年》卷11,P786)

听了皇爷爷的话,朱允炆这才吃了点粥,但他向皇爷爷提出了自己要为父亲朱标服丧3年的想法,当场就被朱元璋否定了。不过朱允炆在以后的3年守孝期间确实做到了"三不":不饮酒吃肉,不闻乐观舞,不碰自己宫中的"妹妹",完全按照先儒制定的礼法行事。有人看不下去,劝他不要这样做,朱允炆回答说:"服可例除,情须自致。"他是说,丧服可以按照礼俗的规矩到时候脱了,但父子之间的亲情却时不时地使我沉浸于对父亲的怀念之中。

朱允炆不仅对君对父尽忠尽孝,而且还努力做到儒家礼仪规制中的"仁明孝友"和"兄友弟恭"。父亲朱标死后,年仅16岁的朱允炆主动地将3个弟弟接到东宫里,亲自抚育他们,白天跟他们一块儿吃饭,晚上跟他们一块儿睡觉,无微不至地照顾他们的生活。有一天老皇帝朱元璋突然到东宫来看朱允炆,发现四兄弟全在朱允炆的东宫里头,当时他就随口来了一句:"兄弟相怀本一身。"朱允炆回对道:"祖孙继世宜同德。"看到此、听到此,朱元璋还有什么不放心和不高兴的呢,于是他大大地夸奖了朱允炆一番。(【明】吕毖:《明朝小史·建文纪·祖孙继体》卷3;【明】赵士喆:《建文年谱》卷上,P18;【明】谈迁:《国榷·太祖洪武三十一年》卷11,P786)

有朋友看到上述这段史料后可能会得出这么一个结论:朱允炆这样"忠君孝父友弟"会不会是政治上作秀呢?我认为,不是的。恰恰相反,它说明了朱允炆的慈仁与文弱。为什么这样说呢?我认为:一个16虚岁的孩子死了一个也是文文气气的父亲,留下3个少不更事的小弟弟,朱允炆肯定比谁都要悲痛。自古道"无情最是帝王家",朱允炆父亲没了,帝王家可能的变数与劫难随时都会降临,如果父亲在,做儿子的多少有个靠;现在父亲不在了,他心里当然是极其难受了;如果说朱允炆会作秀,我认为这就太抬举了这个迂腐的书生。要是朱允炆这么小的年纪真懂得政治权谋的话,那么5年之后在他登上大明帝国大位时定会不失时机地一个一个地好好收拾他的潜在敌人——藩王叔叔;相反他迂腐透顶,到了四叔朱棣谋反旗帜公开打出时,他还告诉北伐的将士:"千万不要伤了我的叔叔!"再说要是真是朱允炆作秀,精明、老辣又猜忌成性的朱元璋不会不做出一些反应,反而后来让他当上了皇位继承人?

○ 朱元璋大声责问朱棣:"何为打皇太孙?"

事实上朱允炆的文弱与迂腐,朱元璋还是心知肚明的。洪武二十五年九月,在经过近半年的犹豫和反复斟酌后,朱元璋终于拿定主意,立朱允炆为皇太孙即大明帝国的皇位继承人。九月十三日这一天是册立皇太孙的大典,听到上朝的鼓声,诸子藩王都早早地来到了明皇宫,站立在奉天殿的两侧。唯独燕王朱棣姗姗来迟,且径直走到了皇太孙朱允炆的身旁,用手重重地拍打了侄儿的后背,并说:"不意儿乃有今日!"("小子唉,真没想到你还有今天这样的福分!")这时坐在金銮殿上的老皇帝朱元璋把一切都看在眼里了,他大声责问:"何为打皇太孙?"("老四,你小子怎么这般无礼,竟然在大殿上打我的皇太孙!")这时朱允炆赶紧出来给四皇叔朱棣解围,说:"臣叔父爱臣故耳!"("皇爷爷,不是四叔打我,他是喜欢我")【明】屠叔方:《建文朝野汇编》;【明】赵士喆:《建文年谱》卷上,P24)。

朱元璋向来对国法家规极其重视,对儿孙的管教也不放松,他当殿厉声斥责朱棣:"你难道不懂礼法与忌讳吗?来人啊,给我将他关起来!"数日后,被关的朱棣老实多了。朱元璋怒气也消了些,最终下令放了朱棣。不过有人考证出来说,朱棣没被父亲当场处置,而是被臭骂了一通,他吓坏了,连夜从地下涵洞溜出南京城(今南京城有古燕王河为证),然后偷偷地渡过长江,一路落荒而逃,直奔北平。

从这段历史故事中我们完全可以看出朱允炆个性的仁弱,明明自己被朱棣打了还要帮四叔辩解。这倒不是朱允炆自贱,因为在他的眼里叔叔爱侄儿是天经地义,也是孔圣人所教导的,哪有那么多的"不仁不孝",所以做侄儿的自己首先要表示出晚辈对长辈的"孝"和"敬"。但还有人说,这是朱允炆故意演戏给人看的。是吗?我们不妨看看,当时朱允炆只有16虚岁,他要是那么厉害,那就后来不至于败得那么没名气;要是朱允炆那么有心计,这次朱棣在朱元璋面前挑衅侄儿岂不是朱允炆收拾朱棣的一个好机会?!事实恰恰相反,朱允炆没多大的心机,最终才落得个亡命天涯的悲惨命运。

我们不妨再看一例:《建文年谱》载:"上(指朱元璋)不豫,多暴怒,遭谴戮者甚众。太孙(指朱允炆)入侍必恭承颜色。服药则亲尝以进。去后则亲扶以起,唾壶溺器,靡不手提以献,而愉色婉容蔼然可掬。太祖气亦渐平,多所全宥。当更深夜分,侍御酣寝呼无不应,应无不起,盖终夕未尝交睫。太孙体素丰,至是积劳胃立矣。"(【明】赵士喆:《建文年谱》卷上,P26)

朱元璋本身就脾气不好,晚年更为乖戾,尤其是临终前常因病暴怒不已,弄得明皇宫里服侍他的人时不时地获罪遭戮。见此境况,朱允炆于心不忍,主动地承担起料理皇爷爷朱元璋的一切生活之重任。朱元璋要吃药,朱允炆先自己尝一尝;朱元璋要如厕,朱允炆亲手扶着;朱元璋要吐痰,朱允炆马上就提唾壶……即使是深更半夜人们进入梦乡之时,老皇帝朱元璋一有言语,朱允炆闻声即起,并和颜悦色地上前侍候。如此这般,朱元璋的心情也稍稍好些,周围的许多人也因此保住了生命。(【明】赵士喆:《建文年谱》卷上;【明】谈迁:《国榷·洪武三十一年》卷11,

P787）

朱允炆的这等行为是作秀吗？不可能，也没这个必要讨好下人。恰恰相反，这进一步地证实了朱允炆仁厚的品性。

一个人个性仁厚，当然受欢迎，但在政治场可就不行。因为仁厚在某种程度上来说就是文弱和任人主宰，在政治斗争中则意味着失败。

● 有这样的父亲，居然叫人抬一箱白森森的尸骨给儿子看

事实上朱允炆的文弱性格很大程度上是遗传了他父亲朱标太子。对此，老皇帝朱元璋是深有感触的。

宋濂是朱标太子的老师，在近20年的大明官宦生涯中他兢兢业业，谨小慎微，颇得朱元璋的赞赏，老朱皇帝曾这么评价宋濂的："'朕闻太上为圣，其次为贤，其次为君子'。宋景濂事朕十九年，未尝有一言之伪，诮一人之短，始终无二，非止君子，抑可谓贤矣。"(《明史·宋濂传》卷128，列传第16)

就这么一个比君子还要完美的贤人在晚年一不小心出错了。洪武十年68岁的宋濂主动提出退休，皇帝朱元璋亲自设宴予以饯行，并令宋濂孙子宋慎一路护送爷爷归老家乡。宋濂大为感动，临走前一再伏地叩首谢恩，还颤颤巍巍地说道："谢主隆恩，老朽在世时日不多，不过只要还活着，每年圣节（皇帝的生日）老夫必将前来朝见陛下，祝福万岁！"宋濂说到做到，归老后每年都能践约，皇帝朱元璋由此对他更是充满了爱怜之意。洪武十三年大明爆发了"胡惟庸谋反案"，本来就胆小怕事的宋濂顿时被吓坏了，最终就连当年自己的承诺也不敢去兑现。这下可惹得生性多疑的朱元璋大为不快，他马上将在朝中当官的宋濂儿子中书舍人宋璲、孙子殿廷仪礼司序班宋慎找来问问看，宋老先生究竟是怎么一回事？宋璲和宋慎回答说：老爷子身子骨大不如以前，只恐怕是有了今天还不知道有没有明天了。朱元璋听后没信，总怀疑宋家是否与"胡惟庸谋反案"有关，也怀疑宋老先生今年故意不来南京朝见。想到这些，他立即派遣锦衣卫上浙江金华去，偷偷观察宋老先生在干什么。不看不要紧，一看才气呐，宋老先生好得很！这下朱皇帝怒火万丈，宋家一门三代都在欺骗圣上，这还了得，难怪有人讲宋濂长孙宋慎是"胡党分子"，看来一点也不假。于是老朱皇帝下达敕令，缉拿宋慎等"胡党分子"。这下整个宋家可倒大霉了，宋慎等被杀不用说了，老先生宋濂也不能幸免。(《明太祖实录》卷110；《明史·宋濂传》卷128，列传第16)

宋濂被逮到南京后，他的好学生、仁慈的朱标太子听说后顿时慌了神，他紧忙

赶赴父皇朱元璋的办公地,边哭边为老师宋濂求情,他说:"儿臣愚戆,也无其他牵肠挂肚的老师,现在听说宋先生家出事了,恳请父皇哀矜,饶了宋先生吧!"朱元璋正怒火中烧,哪听得进朱标的劝谏,他冲着皇太子咆哮道:"等你当了天子后再来宽宥他吧!"朱标见到这般情势,不知如何是好,刚好旁边上有水池子,一气之下,"噗通"一声,就投水自尽。左右侍卫顿时被眼前的一幕所惊呆了,有反应快的侍卫顾不上脱衣服,赶紧跳入水池中,去救那朱标太子。

朱标被救起了,但皇帝朱元璋的火气还没消,不过方向转变了,他下令对刚刚跳入水中救太子的人进行登记,凡是不脱衣帽鞋子跳入水中者升官三级,而脱了衣帽鞋子再跳入水中的拉出去斩首!老朱皇帝边下令还边嘟嘟囔囔着:"太子掉入水里了,等你们脱好了衣服、鞋子再去救,还不把他给淹死了!"(【明】徐祯卿:《翦胜野闻》)

皇家父子之间的观点冲突,传到了后宫,可急坏了后宫第一人马皇后。那天马皇后在为朱元璋准备晚餐时全部换上了素食。对此,毫无思想准备的朱元璋眨巴眼睛望着马皇后:"这是干什么呀?吃斋念佛似的……"马皇后一脸铁青似地,没好声好气地回答:"听说宋先生被连坐,要开刀问斩了,臣妾没办法为这位大明皇家先生做点什么,只能吃吃素食,为他送行祝福了!"朱元璋顿悟,下令宽宥宋濂死罪,改为谪居茂州。(【明】徐祯卿:《翦胜野闻》)

朱标不仅对自己的老师很仁爱,而且对其他人包括犯罪人的处置都比较宽厚,尤其是见到父亲朱元璋大开杀戒,使得成千上万无辜之人人头落地,他实在看不下去,经常竭力劝谏:"陛下杀人过多,恐怕有伤和气。"朱元璋一听就来气,想想这个皇太子实在是太"不争气"、太不领情,于是就吩咐手下人到外面去弄了一根荆条,把它扔在地上,回头叫皇太子朱标去把它捡起来。荆条上到处都是刺,朱标见了大为惊讶:这叫我怎么拿呀?此时朱元璋颇为得意又十分诡秘地冲着儿子这般说道:"你怕荆条上的刺了吧?不好拿了吧?我告诉你:我现在所做的,就是把这些荆条上的刺都给去了。这样一来,你不就好拿了!我杀的那些尽是天底下奸险恶徒,把他们一一清除掉了,将来你当大明之主不就稳妥了!"令老朱皇帝万万没想到的是,自己话音刚落,朱标立马予以反驳:"上有尧舜之君,下有尧舜之民。"这句话的意思是,上面有怎样的皇帝,下面就有怎样的臣民。这下可把老朱皇帝给惹得暴怒起来了,他拿起椅子就砸了过去。朱标躲闪及时,没被砸着,趁机溜了。(【明】徐祯卿:《翦胜野闻》;【明】吕毖:《明朝小史·洪武纪》卷一)

其实朱标活着的时候,与父亲朱元璋之间的意见分歧时常会发生。据说为了将儿子朱标的性格由文弱改变成果断、刚毅,朱元璋想尽了办法,曾经叫人将一箱白森森尸骨抬进了明皇宫,故意在朱标面前晃悠,当时就把朱标吓得魂飞魄散。

（【明】徐祯卿：《翦胜野闻》；【明】吕毖：《明朝小史·洪武纪》卷1）这事正史上没载，是否属实尚须考证，但朱标性格文弱这是不争的事实，而且他的这种性格还具有极大的遗传性。对此，朱元璋也是十分清楚的。

在朱允炆被立为皇位继承人后的某天，朱允炆、朱棣与朱元璋等同在禁中看打猎，有马从前面飞驰而过。朱元璋兴致盎然，出句让在场的朱棣、朱允炆叔侄对诗："风吹马尾千条线。"朱允炆回对："雨打羊毛一片毡。"朱棣对句："日照龙鳞万点金。"从对诗角度来看，朱允炆与朱棣都算对得工整，但从气魄上来看，朱允炆的对句远远比不上朱棣，显得相当之文弱。"太祖览之不悦，以其口气非吉兆也"（【明】郎瑛：《七修类稿上·国事类》卷9；【明】吕毖：《明朝小史·建文纪·雨打羊毛》卷3；【清】褚人获：《坚瓠三集·半边月》卷1）。

不知是谶语还是巧合，朱允炆不仅自己在与皇祖、皇叔的对对子里面以绵羊作为主题来回对，而且在不久以后的现实政治生活中在大明帝国的皇家狼群里他鬼使神差地成了一只软弱的皇家羔羊。

● 皇家"小羔羊"的警觉与自救对策的寻找

朱允炆个性文弱，并且有点迂，但决不呆。事实上他是很聪明的一个人，16岁时他被立为皇位继承人的那天，居然莫名其妙地被叔叔朱棣打了。当时年少的朱允炆本能地按照圣人的教诲来处理眼前的"突发事件"，这就是人们常说的读书人的迂腐。但随着年龄的增长，他也明白了一些道理。既然四皇叔朱棣竟敢在皇爷爷面前藐视自己，那么背地里的事就更不好说了。朱允炆十分清楚《祖训录》虽然规定诸藩王府"准设三护卫"，"岁禄万石，府置官属。护卫甲士少者三千人，多者至万九千人，隶籍兵部"（《明史·诸王传·序》卷116）。但实际上他们拥有更大的军事权，如对敌作战需要，就连驻扎在地方上的帝国军队也要听从地方藩王的节制和调遣，这十几号藩王个个都拥兵自重，舞刀弄枪，耀武扬威，不说别的，见了就会让人感到胆战心惊。

然而，朱允炆的个性本质上是文弱的，即使他有想法，也不会去告诉皇爷爷，否则就将自己置身于"不忠不孝"的境地。要知道这些地方藩王哪个不是皇爷爷的亲生骨肉、宝贝疙瘩，儒家先贤不是教导咱们要以"亲亲"为尚、为宗。因此说以朱允炆这样"性至孝"的性格，他是绝不可能在垂垂老矣的皇爷爷面前提出什么让人心堵的"想法"来。但他可懂事了，也开始警觉了。

○ 明皇宫里的黄龙与白龙

皇太孙在警觉，皇爷爷似乎对于晚年的局势也开始有所警觉。据说晚年朱元璋特别容易做梦，有一天晚上他梦到了这样一个情景：有一条白龙和一条黄龙邂逅了，但他们见面后很不客气，马上就打了起来，打着打着，打到了明皇宫的大殿上，鏖战了好久，最终白龙抵挡不住，蜿蜒于地，而黄龙却得胜腾飞而去。(【明】郎瑛：《七修类稿上·国事类》卷12；【明】大岳山人撰：《建文皇帝遗迹》)

朱元璋被梦中的情景惊醒了，看看时间尚早，还没到上朝的时候，他就坐起来等了，但脑子里不停地想，这到底隐含了什么意思？还没想出什么头绪来，宫中太监已经走到跟前，对他说："皇上，早朝时辰已到！"朱元璋赶紧穿衣戴帽，来到明皇宫的奉天殿临朝。他刚一坐下去就觉得眼前不对劲，燕王朱棣居然站在皇太孙朱允炆的左前方。按照明代的规制，左为上、为大，朱允炆虽说是朱棣的侄儿，但那是朱家家里的辈分，而在朝堂上则应以官方规制为准。朱允炆为皇太孙，是朱元璋帝位的接班人，其地位是一人之下、万人之上；朱棣即使是叔叔，但从政治角度来说，他还是朱允炆的臣下，怎么能站到了皇太孙朱允炆的上方、左边呢？很显然他压根儿没把朱允炆放在眼里。朱元璋"读懂"这里的奥妙，马上下令将朱棣撵出明皇宫。(【明】大岳山人撰：《建文皇帝遗迹》)

据说这件事给了朱元璋很大的惊醒，他的儿子尤其是老四朱棣有野心，为防患于未然，洪武二十八年（1395）闰九月，他"于是重定《祖训录》，名为《皇明祖训》，其目仍旧，而更其箴戒章为《祖训首章》，上（指朱元璋，笔者注）以是编之，作将垂之万世，命大书揭于右顺门内西南廊下，朝夕谛览，斟酌损益，久而后定。既而遣使，召诸王至京，谕以量减禄米之故，且以《皇明祖训》赐之。"（《明太祖实录》卷242），并重定"诸王见东宫礼"，"诸王来朝具冕服见天子，毕次见东宫，已有定仪，其叙家人礼，王及东宫俱常服引。礼官请王由文华殿东门入至后殿，王西向坐，东宫东面。赞礼官赞四拜，王坐受相见礼，毕叙坐，则东宫正中南面，诸王列于东西"（《明太祖实录》卷246）。它强调"诸王来朝冕服见天子，次见东宫，先坐受拜，次叙家礼。坐则正中，诸王侍"。这就进一步强化诸子藩王做臣子的本分。【清】傅维鳞：《明书·建文皇帝本纪》卷4，丛书集成本）

在做完了这些努力后，自认为万无一失的朱元璋颇为得意地跟皇太孙朱允炆说了："朕以御虏付诸王，可令边尘不扰，贻汝以安。"就是说："我已经把边疆防御的重任交给你的那些藩王叔叔们，你可以太太平平地做个无忧天子了！"谁知皇爷爷朱元璋的话刚讲完，皇太孙朱允炆就反问起来了："虏不靖，诸王御之，诸王不靖，孰御之?"就是说:"边疆上不太平的事情由我的皇叔叔们去解决;要是诸位藩王叔叔不安分,有了非分之心和非分举动,那又能派谁去摆平呢?"(【明】尹守衡:《明史窃·革除记》卷3)

朱元璋没想到皇太孙竟然会提出这样尖锐且自己无法解答的问题,他沉默了一阵子,接着就反问皇太孙朱允炆:"汝意何如?"("那以你的意思呢?")朱允炆回答说:"以德怀之,以礼制之。如不可,则削其封地,又不可,则废置其人,又甚则举兵伐之。"朱允炆讲了四步解决问题的方案:第一步,以德义来感化藩王们的非分之心,以礼法来约束他们的行为;第二步,如果上述的方法不起作用,那么就削了他们的封地;第三步,如果上述的方法再不行的话,那就废了他们的封爵;最后一步,如果前面这些做了都不管用,那就只有兴兵讨伐了。朱元璋听完后说:"是也,无以易此矣!"("是啊,再没有比这些更好的办法了。")(【明】尹守衡:《明史窃·革除记》卷3)

有人认为,从朱元璋与朱允炆祖孙两人的这段对话中可以看出,昔日朱允炆的那副文弱相至此荡然无存了。但我不认同这种说法,其实一个人的心路历程很复杂,如果设身处地地站在朱允炆的角度来看,再软弱性格的人也会对皇叔们那种咄咄逼人的架势作出一些本能性的反应。尤其是以燕王为首的十来个北方藩王叔叔拥兵自重,内地的好几个皇叔横行不法。如此情势,整个大明皇家就如同养了一群恶狼,朱明皇家危矣!

洪武三十一年:"非常时";大明帝国:"三道坎"

就在皇家皇族危机四伏之际,大明帝国迎来了前所未有的大考验——洪武三十一年(农历戊寅年)的"三道坎"。先是开春后的不久,朱元璋的三皇子朱棡死了,过了3个月老皇帝朱元璋病重与驾崩,大明帝国临时作了一些补救性的调整与安排,接着就是少帝朱允炆登基与诸皇叔藩王临丧。那么大明君臣上下是如何面对这不期而至的"三道坎"?

● 大明藩王情势的重大转折:从诸藩并列到一王独尊

我们先讲洪武三十一年大明帝国发生的第一件大事——晋王朱棡之死与一王独尊。

经过多年的北方战争后,藩王中发展起来的军事实力最强、资格最老的就要数晋王朱㭎和燕王朱棣了，但晋王与燕王之间老是不睦，两个实力最强的藩王之间的不睦与诸王并存的局面会制约着他们各自的行动，自然也就减少了他们对大明皇权的威胁。然而随着洪武三十一年的新春到来，朱元璋对分封制所能带来的仅有的这个美梦被一意想不到的突发事件击得粉碎。

这年三月，朱元璋的三儿子晋王朱㭎因病突然薨世，原本一直与燕王较劲并制约着燕王的晋王没了，大明藩王整体情势从晋燕较劲制衡、诸王并存顿时变成了一王独尊的格局。当时沉浸在无限悲痛之中的老皇帝朱元璋似乎没有马上感觉到这种情形所隐含的巨大危机，大明君臣对于这个洪武三十一年的第一道坎的悄悄来到，压根儿就没有真正意识到，更没有把它当回事（《明太祖实录》卷256）。

● 迟到的第六感觉与补救性的调整

这大明第一道坎没过好，第二道坎又悄然而至了——老皇帝朱元璋病重时的安排。

朱元璋年轻时生活无着，四处流浪，属于"漂流一族"，别人"漂"久了很可能把自己身体都给搞垮了，可朱元璋却"漂"出了一身的好身板，在明朝列帝中他是最为长寿的一个。虽然朱元璋很幸运，赶上了元末农民大起义，施展了自己的才能，成就了一代伟业；但其实他也很不幸，命运多舛，少年没了爹妈，中年失去爱妻，晚年连连失子，先是朱标太子，接着是二儿子朱樉，临到他死之前3个月，三儿子朱㭎又抢先走了。因此说晚年朱元璋极为孤独与痛苦，尤其是洪武三十一年三月从山西传来三子朱㭎薨世的消息使得本来就心力交瘁的老朱皇帝悲痛欲绝，白发人送黑发人的痛楚再次折磨了垂垂老矣的洪武皇帝，他终于病了。

病中的朱元璋尽管已经年逾古稀，但他脑子似乎还算清楚。据说人到了老的时候往往会想得特别多。朱元璋想起了贤惠的马皇后，想起了仁慈的朱标太子，他老泪纵横；想起了自己的十几个已经基本都成年的儿子，他心里有一丝丝的安慰，因为他们都已经分封就藩，保家卫国，大明边陲安矣；想起了大明的未来，看到眼前这位天天侍奉自己的"仁孝"又文弱的皇太孙，他的内心深处顿时泛起了阵阵不安。这皇太孙过于文弱了，前几年在朝堂上被他四叔打了还不敢直说，要说这老四还真是个人物，对，朱元璋想起了，老四朱棣胆子还挺大的。

洪武二十八年，朝鲜使臣来我大明朝贡，路过北平，老四朱棣跟使臣说："听说你们朝鲜的马特别好，你们国王为什么不送我良马？"使臣立即明白，这是四皇爷向他们要马啊。他回去后赶紧向他们的朝鲜国王汇报了这件事。当时，朝鲜是大明的属国,面对大国和强国,朝鲜君臣很知趣,马上挑选出好马,还特地配了一副漂亮的马鞍,一起送给燕王朱棣。

再说朱棣从朝鲜人手中索要到了好马后,那心里美得没法说,但转而又想到了"父皇"制定的那些规矩的严厉和他的那些专门负责收集情报的锦衣卫刺探本领的高超,燕王朱棣感到害怕了,他想了好一阵,没有什么好办法,只有去"坦白"。朱元璋听到这事后极为恼火,将他臭骂了一通:"朝鲜王何得私交?"并告诫他下不为例。(吴晗:《朝鲜李朝实录中的中国史料·太祖康献大王实录》上编卷1,中华书局1980年版,第1册,P133)

自从"索马事件"以后朱棣似乎再也没有什么大过失了,但会不会是伪装的?他既然敢当着我的面打皇太孙,又在背着我的时候向别人索要那么贵重的礼物,可见老四的胆子够大的,会不会还有一些他干的我所不知道的越轨事情?或者……朱元璋一生疑心病就特重,他回顾过去,由此联想到现在的大明局势,尤其是北部边防的军事部署,他似乎已经闻到了一股特殊的"味道",第六感觉告诉他必须这么做,于是他就发出了两份敕书,可能当时的人们谁也没有想到这两份敕书竟然成为朱元璋留给边关守将的两份"遗嘱"。

◉ 600年来天大的"秘密"被揭开

洪武三十一年五月戊午日朱元璋给武定侯郭英的敕文,据明朝正史《明实录》记载是这样的:"朕有天下,胡虏远遁久矣。然萌蘖未殄,不可不防。今命尔为总兵,都督刘真、宋晟为之副,启辽王知之,以辽东都司并护卫各卫所步军,除守城马军及原留一百存守斥候(堠),余皆选拣精锐,统领随辽王至开平迤北,择险要屯驻提备。一切号令悉听燕(辽)王节制。"(《明太祖实录》卷257)

但明史专家黄彰健先生将郭英后代郭良编的《毓庆勋懿集》中洪武三十一年戊午日朱元璋给郭英的敕文原文与上述这份正史中记载的敕文进行比对,发现正史所载的敕文中的"燕王"应该改为"辽王"。600年来天大的"秘密"首次被揭开,朱元璋临终前压根儿就没将大明北方军事要务托付给燕王,恰恰相反,他在防着朱棣。朱元璋是这么说的:

"朕打下大明江山以后,北虏远逃历时已久。但他们的残余势力还没有被彻底消灭,所以说我们不能不防啊。现在我命你为总兵官,都督刘真、宋晟为副总兵,你要把我给你的敕书命令给辽王看,他自然就会明白一切。在辽东的朝廷军队和在辽东的藩王府护卫军除了一部分守城外,其余的都要挑选精锐将士,统领好了就随从辽王开往开平北部地区,选择地势险要的地方屯兵驻守,以作好跟北虏的战斗。一切号令都要听从辽王指挥与节制。"(参见黄彰健著《明清史研究丛稿》一书中的《读明刊〈毓庆勋懿集〉所载明太祖与武定侯郭英敕书》一文)

洪武三十一年五月五月戊午日当天朱元璋又给都督杨文发了敕文,《明实录》记载如下:"兵法有言,贰心不可以事上,疑志不可以应敌。为将者不可不知是也。朕子燕王在北平,北平中国之门户。今以尔为总兵,往北平参赞燕王,以北平都司、行都司并燕、谷、宁三府护卫,选拣精锐马步军士随燕(辽)王往开平提备。一切号令,皆出自燕(辽)王,尔奉而行之。大小官军悉听节制。慎毋贰心而有疑志也。"(《明太祖实录》卷257)

台湾学者朱鸿先生经过研究,认为上述这份朱元璋给杨文的敕文也极有可能被朱棣篡改了。真实的敕文可能是这样的,朱元璋跟杨文说:

"兵法上讲,对上不能有二心,对敌不能怀疑自己的意志。作为将帅你可不能不知这些道理啊。我的儿子燕王在北平,北平是我们大明通往北方的门户。今天我命你为总兵官,前往北平去参赞燕王,以驻扎在北平的朝廷军队和燕、谷、宁三个藩王府的护卫兵合在一起,挑选精锐步兵和骑兵跟随辽王开拔到开平,做好御敌的准备。一切号令都听从辽王,你等奉行就是了。凡大小官军全部听辽王节制,千万要谨慎,不要对我的这个命令有什么怀疑或别的想法。"(朱鸿:《明成祖与永乐政治》,台湾师范大学历史研究所专刊〔17〕)

说到这里,读者朋友可能要问了:朱元璋大病期间为什么要发出这两份敕文?朱棣后来为什么要篡改这两份敕文?如此还原历史真相有依据吗?

◉ 朱棣必须篡改两份"遗嘱"

我们先来讲第一个问题,朱元璋大病期间为什么要发出这两份敕文?

因为在朱元璋临终之前的那些日子里,冥冥之中产生了第六感觉:老四朱棣生下来就是一个谜(详见笔者:《大明帝国》系列之7《永乐帝卷上》),他可不是什么好东西?人有的时候是靠第六感觉来预感未来即将要发生的事情,我们每个人或多或少都有过这样的经历。更何况朱元璋的这个第六感觉还是很有依据的:先前在大明朝堂上朱棣拍打皇太孙朱允炆;在皇家叔侄祖三代对对子时朱棣就曾以龙为题材——说明他极有野心;朱棣与三哥朱㭎的明争暗斗也能说明问题,……如果老四朱棣真是那么坦坦然,为什么还要藏着掖着呢?更有老四朱棣军事上很有一套,原本老三朱㭎就很能打仗,可到了老四面前似乎成了小学生……一生以权力斗争为业的老年朱元璋慢慢地想到这些事情。据说将死之人老会想着往日的每件事或每个人，大概这是心理上的回光返照吧。但可惜朱元璋已经太老了，更可惜的是他想到这些问题的时候太晚了，当发出这两份敕文后没几天，他就去找他的朱标太子去了。

朱元璋临终前发出的这两份敕文到了朱棣篡位上来后必须要改，原因是："老爸"朱元璋压根儿就没给朱棣什么遗书，也没有授权他燕王节制北方边务，而是他自编自导自演出来的一出闹剧。因此，在正统社会人们的视野里，朱棣是个地地道道的乱臣贼子，其行为是对传统社会纲常的肆意践踏与亵渎，那要遭万世唾骂的，所以上台后的朱棣必须要篡改敕文。

事实上从朱元璋临终两个月内的公文来往与所做的事情来看，"英雄"了一辈子的朱元璋在临近生命终点之时，还是对大明帝国的未来充满了极大的担忧，这是一个问题的两个方面：从巩固大明帝国边疆安全角度来讲，少不了诸子藩王；而从帝国君位的稳固来看，又不能让藩王们的实力太过于强大，最好能够相互制约。原本实力最强的晋王与燕王相互看着，而现在晋王没了，燕王独尊，更何况燕王深不可测，这是很大的危险。臣下们权力失衡对于君主来说，是极度不安全的。那么靠谁去制约足智多谋或言城府极深、诡计多端的燕王呢？

● 朱元璋一生"所爱"与北方边疆军事托付

朱元璋自然会想到最为自己信任的亲信郭英与杨文，尤其郭英是明初洪武年间被分封的57侯中被朱元璋杀剩的两个侯爷中的一个（另一个是长兴侯耿炳文，下面章节有专述）。

郭英是大明初年受封为巩昌侯的郭兴的弟弟。1355年18岁的郭英和他的哥哥一起投奔了朱元璋。朱元璋十分喜欢他，叫他入值警卫宿帐，视之为亲信，并亲切地喊他"郭四"。后来郭英跟随朱元璋，南征北战，屡立战功。

大明建国前夕，郭英曾跟随徐达等人，扫荡张士诚的苏北根据地；大明开国后，他又跟随徐达、常遇春等人进行北伐，立下了许多战功。洪武三年即1370年初，大明军再次北伐时，郭英作为部将，跟随大将军徐达远征甘肃定西，大败元朝残余察罕脑儿。郭英因此受到了朱元璋的表扬，被提升为河南都指挥使（相当于河南省军区司令）。（《明史·郭英传》卷130）

郭英有个妹妹郭宁妃是朱元璋很喜欢的一个妃子。现在皇帝妹夫叫舅子到河南去主持那里的军事工作，虽然说河南不是与北方蒙古交战的前线阵地，但也属于交战的边缘地带，皇妃妹妹少不了要与哥哥好好道个别。一向抠门的妹夫皇帝朱元璋居然叫郭宁妃从皇宫中拿出20锭黄金送给郭英，且还赏赐了20匹战马。由此可见郭英在朱元璋心目中的地位是相当之高的。而郭英也没有辜负皇帝妹夫和皇妃妹妹的厚望，他在河南招徕流民，强化法纪，恢复生产，使得河南迅速地安定下来。五六年后，朱元璋又将郭英调往北平去工作。洪武十三年，将他晋升为前军都督府佥事。

洪武十四年，郭英跟随颍川侯傅友德远征云南，克服水土不服和炎热天气等种种困难，终于攻占曲靖，降服大理，将云南归入了大明帝国的版图。由此，洪武十七年郭英被封为武定侯，食禄二千五百石。第二年郭英被朱元璋加以靖海将军，镇守辽东。洪武二十年，他协助大将军冯胜出击关外元朝的残余纳哈出，逼迫纳哈出投降，郭英再次被朱元璋晋升为征虏右副将军；蓝玉追击北元军，远征到捕鱼儿海，打败了元顺帝孙子脱古思帖木儿，郭英也参与了这次远征军事战斗，立有战功。回来时为朱元璋所厚赏，之后受命回家乡休养。但在第二年又被妹夫朱元璋召回入京，在南京明皇宫上班，统领京师卫戍部队，负责皇帝朱元璋的安全保卫工作。这充分表明了朱元璋对郭英极度的信任。(《明史·郭英传》卷130)

洪武三十一年，老将耿炳文出任征西将军，郭英为征西副将军，率军西征，平定高福兴叛乱。就在郭英他们凯旋回京后不久，御史裴承祖上奏皇帝朱元璋，弹劾郭英，说他私养家奴150多人，又杀害无辜男女5人。但一向执法严厉的朱元璋居然对此不闻不问。接着，佥都御史（可能相当于监察部部长助理或副部长）张春等官员还坚持不断地上奏，朱元璋实在拖不过去，只好将这个案件交给朝中大臣讨论，大家讨论下来一致认为郭英有罪，然而皇帝朱元璋最后竟然还是宽宥了郭英的罪行。

郭英之所以被朱元璋如此优渥，《明史》说："（郭）英孝友，通书史，行师有纪律，以忠谨见亲于太祖。又以宁妃故，恩宠尤渥，诸功臣莫敢望焉。"(《明史·郭英传》卷130)

由此可见郭英为老皇帝的一生"所爱"，或言他是朱元璋最为宠信的功臣勋将。所以说朱元璋临终前将牵肠挂肚的北方事务托付于这个忠实的舅子也完全合乎情理。

郭英还有一个特殊的身份，那就是他是辽王朱植的岳父。辽王朱植品行端正，敦厚孝顺，又"习军旅，屡树军功"(《明史·诸王二》卷117)，是一位理想又忠实的北方军事统帅，再加上杨文也是个忠臣，北方的事务交予这三个忠臣孝子，顺便让他们暗中看住燕王，岂不一举两得？朱元璋的如意算盘就是这么打的。

但朱元璋的临终这招实际上是一场徒劳，他既疏漏了对燕王的全方位的制约，又高估了郭英、朱植和杨文的能力，尤其是杨文在后来的靖难战争中所表现出来的能力实在是令人不敢恭维。由此可以说，朱元璋在解决藩王问题上的最后努力基本上都是"白劳"了。

如果上苍再给朱元璋的生命一段时间,或许他会较好地解决这个大明帝国皇家的第一大难题,或许他根本就没办法解决。但事实是,洪武三十一年闰五月初八日,71岁的朱元璋终于病倒在床,并且再也没有起来过。就这样,洪武三十一年大明帝国第二道坎在稀里糊涂中给绕开了,接着又在全国上下一片悲痛之中迎来了第三道坎——朱元璋的临终托孤和朱允炆登基。(《明太祖实录》卷257;【清】傅维鳞:《明书·建文皇帝本纪》卷4,丛书集成本;【清】夏燮:《明通鉴·惠帝建文元年》卷12,纪12)

朱元璋临终托孤与"大灰狼"急速"奔丧"

事实上洪武三十一年五月朱元璋再次病倒时,可能预感到自己来日不多了,于是他就开始对后事作了交代,他对大明的未来充满了担忧。

● 临终托孤:"燕王不可不虑!"

朱元璋最不放心的就是年轻的皇太孙朱允炆能不能平安地登上并坐稳大明帝国天子之位,继承乃祖的未竟之业,使得大明江山长治久安。而此时的朱允炆早就哭成泪人了,自从朱元璋病倒后,朱允炆就一直侍奉在皇爷爷的身边,到朱元璋临终时,他已经是"形至骨立",即瘦得只剩下一身骨头了。朱元璋看了实在心疼,他也知道自己再也不能为这个文弱的皇太孙充当保护伞了,有些事干脆就向他挑明,反正这个皇太孙"性至孝",不会做出什么"出格"的事来的,只有这样,大明潜在的危机才可能化解,于是他气若游丝地跟朱允炆说:"燕王不可不虑!"(【明】谈迁:《国榷·太祖洪武三十一年》卷10,中华书局1958年12月第1版,P783)

但朱元璋还是感到不保险,于是又将自己最为喜爱的女婿——宁国公主的夫婿梅殷叫到了御床前,嘱咐道:"汝老成忠信,可托幼主。"朱元璋是说:"贤婿,你为人处世忠信老成,我现在将皇太孙托付给你。"接着他将早已准备好的遗诏,一边交给女婿梅殷,一边颤巍巍地说:"敢有违天者,汝其为朕伐之!"(【明】李贽:《续藏书·梅殷传》卷5;《明史·宁国公主传附梅殷传》卷121)

当时在场一起受顾命的朝中大臣还有兵部侍郎齐泰等人。(【明】谈迁:《国榷·太祖洪武三十一年》卷10,中华书局1958年12月第1版,P783;【明】赵士喆:

《建文年谱》卷上，P27）

● 明太祖遗诏

朱元璋的遗诏是这样写的："朕受皇天之命，膺大任于世，定祸乱而偃兵，安生民于市野，谨抚驭以膺天命，三十有一年。忧危积心，日勤不怠，专有意于民。奈何起自寒微，无古人之博智，好善恶恶，过不及多矣。今年七十有一，筋力衰微，朝夕危惧，惟恐不终。今得万物自然之理，其奚哀念之有！皇太孙允炆，仁明孝友，天下归心，宜登大位，以勤民政。中外文武臣僚同心辅佐，以福吾民。葬祭之仪，一如汉文帝勿异。布告天下，使知朕意。孝陵山俱因其故，勿改。诸王临国中，毋得至京。王国所在文武吏士，听朝廷节制，惟护卫官军听王。诸不在令中者，推此令从事。"（【明】谈迁：《国榷·太祖洪武三十一年》卷10，中华书局1958年12月第1版，P783；【清】谷应泰：《明史纪事本末·削夺诸藩》卷15；《明史·太祖本纪三》卷3和万历《大明会典》等略有些不同，上文据《国榷》版校对）

遗诏至少透露出四个重要的信息或者说是朱元璋魂牵梦绕的关注点：

第一，皇太孙是我亲自选定的接班人，他"仁明孝友，天下归心，宜登大位"，内外文武大臣们，大家听好了，你们一定要对皇太孙"同心辅佐"。

第二，诸子藩王就在就藩地遥祭，不要上京师南京来奔丧。

第三，各藩所在地的文武官吏一律听从朝廷节制与调遣，只有藩王府的护卫军听命于各自的藩王。

第四，"诸不在令中者，推此令从事"含义多多，但最为核心要表达的是，藩王除了拥有自己的护卫军外，不得染指其他，中央朝廷才是全国惟一合法的最高的权威。实际上这是朱元璋对自己执政三十一年的政治"疏漏"进行"一网打尽"式的补救。

换句话，朱元璋是在说：全国的臣民们，我的那些皇家龙种小子们，你们全听好了，如今即位的朱允炆为核心的中央朝廷才是全国惟一合法的权力中心。

朱元璋终于走了，去跟他的贤妻马皇后与爱子朱标等一起做伴了，他给大明帝国留下了一群虎视眈眈的皇家狼群和一只文弱的羔羊。这些皇家狼群披着"为父奔丧"的外衣，想从藩邸奔赴京师南京来，无奈老皇帝有遗诏"止诸王会葬"，"诸王怒"但又不好发作，只有来自北方的特别凶险的又胆大的大灰狼——朱棣，他可管不了这些了。（【清】傅维鳞：《明书·建文皇帝本纪》卷4，丛书集成本；【清】夏燮：《明通鉴·惠帝建文元年》卷12，纪12）

● 一只从北方来的大灰狼——朱棣奔丧

正当建文帝在南京城里为他的皇爷爷大办丧事之时,从北方来的那匹特别凶险的大灰狼,他似乎闻到了大明皇家里有着一股特殊的气息。其实那是他早已熟悉的侄儿——文弱的小羔羊朱允炆所散发出来的,招惹得他按捺不住内心的骚动,他要来皇家内院看看,探个究竟,这就是历史上争论不休的"朱棣奔丧"。

据后来朱棣钦定的《明太祖实录》记载:洪武三十一年闰五月乙酉日,"上(指朱元璋)崩于西宫。上素少疾,及疾作,日临朝决事,不倦如平时。渐剧,乃焚香祝天曰:'寿年久近国祚短长子孙贤否?惟简在帝心,为生民福。'即遣中使持符召今上还京,至淮安,用事者矫诏即还。上不之知也,疾亟问左右曰:'第四子来未?'言及他,闻雨降,喜形于色,遂崩。寿七十一,遗命丧葬仪物,一以俭素,不用金玉,孝陵山川,因其故无所改,天下臣民出临三日,皆释服无妨嫁娶"(《明太祖实录》卷257)。

《明太宗实录》也载:洪武三十一年闰五月,"太祖不豫,遣中宫召上。已至淮安,太孙与齐泰等谋诈令人赍敕符,令上归国。及太祖太渐,问左右:'燕王来未?'凡三问,无敢对者。"(《明太宗实录》卷1)

上述记载中透露出一个关键信息:老皇帝在临终前似乎要将大明江山交给老四朱棣,他曾派了宦官到北平去召燕王进京,但朱棣走到今天江苏淮安时被朱允炆手下的人挡住了,而病危中的朱元璋并不知道朱允炆等人在捣鬼,他急切地催问身边的人:"老四来了吗?"共问了三次,但身边的人什么也不说。(《明太祖实录》卷257;《明太宗实录》卷1)

看到这样的史料,人们往往以为朱允炆在搞宫廷政变,事实上朱元璋是有遗嘱——朱元璋一死,朱允炆就将皇爷爷的遗嘱公之于天下,这就是前面讲到的那四点;其核心一句话就是老皇帝传位给的不是老四朱棣,而是朱棣极度藐视的侄儿建文帝,朱棣的作假无非是要为他的篡位披上合法的外衣罢了。

那么历史上到底有没有朱棣钦定的"正史"中所说的燕王奔丧南下时被朱允炆手下的人挡了回去这档子事?

有。因为朱棣钦定的"正史"时不时地作假,使得人们很难相信其真实性了,所以我们只能寻找别的史料。朝鲜《李朝实录》中有这样的记载:"军一人自辽东逃来,本国人也,属东宁卫,以辽东役烦逃还。言燕王欲祭太祖高皇帝,率师如京。新皇帝许令单骑入城,燕王乃还兴师。"(吴晗辑:《朝鲜李朝实录中的中国史料·定宗恭靖王李曔实录》上编卷1,中华书局1980年3月版,第1册,P150)

《李朝实录》中讲,有个军队里的朝鲜士兵因为不堪忍受繁重的劳役而自中国的辽东逃回了朝鲜,这个士兵回朝鲜后对人说,燕王朱棣想去祭奠高皇帝朱元璋,他带了军队上南京,但新登基的皇帝朱允炆只许燕王一个人进南京城,不许他的部队一起进去。燕王不干了,父亲也不祭了,带了他的人马就回北平去起兵。

一个外国人应该是不会受中国政治的太多影响,所以,从情理上来讲,这段记载也应该是真实的;换句话来说,朱棣南下奔丧还真有其事,不过这个朱棣带了队伍浩浩荡荡地开赴南京,这倒不像是去奔丧的,让人一看就可能认为他是去茬事的。所以新皇帝朱允炆不答应他这样做,要他单骑入城,这是很在理的,更有合法的依据,那就是老皇帝遗诏中有言"诸王临国中,毋得至京"。说实在的,朱棣要是真的心中只对"父亲"的一片悲痛与思念的话,他断然不可能到了京师附近了而不进南京城里去拜祭。所以说,朱棣这个被人们一向称颂的伟大的政治家本质上是何等之虚伪——他一直自称是"老爸"朱元璋的"好儿子"。

对于这段历史,《建文皇帝遗迹》有着更为详细的记载:"太祖高皇帝崩,遗命燕王不许渡江进香,除朝廷大事,许令藩臣赍表,毋得擅自离国。时诸王子皆得赴京奔丧吊泣,惟王中途闻此而止。王大怒,欲令进舟,见江口设兵以阻,遂不果。道衍进曰:'大王以至孝渡江,奈何有违治命,反为不孝也?惟愿殿下养成龙虎之威,他日风云感会,羽翼高举,则大江投鞭可断也。今日何得屑屑于此哉!'王深然其意,遂返国。"(【明】大岳山人撰:《建文皇帝遗迹》)

这是讲老皇帝朱元璋死时确实留下遗命,不许燕王等藩王渡过长江到南京城里进香祭奠,除非朝廷有大事,才允许藩王府的臣僚带了藩王的奏折上进给朝廷,而藩王本人不得擅自离开藩地。但老皇帝朱元璋一死,各地藩王的儿子们纷纷奔向南京,前去祭奠高皇帝朱元璋,哭声响彻南京城。走在奔丧途中的朱棣听到南京城里的这等事以后就不再往前赶路了,他在发火,要想让他的军队一同开进南京城。但在江北的长江口他看到了许许多多的朝廷水军官兵把守着各个口子,朱棣根本没法叫他的军队再前进了。这时,军师道衍和尚开始劝解朱棣:"大王您正因为拥有了一片至孝之心才奔走到了这个长江边,为什么现在要违背父亲的遗命,干出不孝的事情?我倒希望大王您马上回去,积蓄力量,养成龙虎之威,来日风云际会之时,殿下您只要振臂高呼,这长江就可被您军队将士用的马鞭所填满了。何必要计较今天这件小小事情的得失!"朱棣听后,觉得道衍说得不错,马上就带了军队回去了。

综合上述史料,我们可以更加清楚地看到,所谓朱元璋死后的"燕王奔丧",实际上折射出这样几个信息:

第一，朱棣在朱元璋临终之前已经微微露出了点大灰狼的尾巴，但不明显，不严重，否则的话，很可能就给他的"老爸"朱元璋收拾了。而他"老爸"临终前的那些针对他及北方边务的决策到底隐含了什么？朝中有没有这方面的秘密，他要来探探，所以乘着老爸死的机会来试测一下风向，以便调整好他的"雄才大略"。

第二，朱棣奔丧是名，刺察京城防务和觊觎皇室帝位是实。若是真要哀悼"老爸"的话，朱棣岂有到了京师附近还不入城去祭奠之理？军队进不去，朱棣可以进去，即使大行皇帝留下遗命要藩王们在藩邸遥祭，但既然来了南京，新皇帝朱允炆是"仁明孝友"之人，很讲道理，总不会不让叔叔来尽尽孝么，但就是燕王的事多，一定要带军队一起进去祭奠。由此只能说明当时朱棣心很虚或言心术极不正。

第三，从治丧期间的大明朝廷来看，朱允炆尽管文弱，而且有点迂，但绝对不傻，对朱棣的鬼把戏还是有所警惕的。其实这是建文帝与藩王之首燕王的第一次正面的小小交锋。从朱棣迅速退回这事来看，一方面说明朱棣很狂妄，老子有的是本事，"半个月亮"的小皇帝，以后走着瞧；另一方面说明朱棣还没有做好造反的准备，这从军师道衍的劝辞中完全可以得到印证。

事情到此暂时可以画上一个小小的句号，新皇帝朱允炆取得了一个小小的胜利，随后建文朝的君臣们似乎并没有对于这匹来自北方的特别凶残的大灰狼引起高度的警觉，相反他们踌躇满志地投入到了新政改革中去——"建文新政"。

第三章
建文新政与贞观再造？

《大明风云》系列之 ❻ 仁政方隆

建文帝距离我们已经有600多年了，但历史从来就没有忘记这位宽仁、老实的苦命皇帝；直到今天还有人在网上专门为建文帝开设了论坛，有好多FANS在纪念他，有人说建文帝是个大孝子，有人说他是个老实人，又有人说女孩子若要嫁人就该嫁建文帝，还有的网友说，他准备在12月5号专门发帖给建文帝，祝他生日快乐……为什么建文帝具有如此巨大的人格魅力？他到底做了什么样的事情让后世的人们如此魂牵梦萦？

建文登基即位

洪武三十一年(1398)闰五月初十日，一代雄主、奇特的开国皇帝朱元璋在南京明皇宫西宫病逝归天。皇位继承人皇太孙朱允炆随即将朱元璋的遗诏颁示天下，大明朝廷内外一片举哀。"皇太孙治丧礼，披发哭踊，哀动左右。敕有司丧仪悉遵《周礼》，前朝后殿，各设座如生存，凡十有一所，京官四品以上，朝服执钺，立于诸陛。自初十以至十六，哭临如礼，昼不饮勺水，夜不就枕箪。群臣、百姓于大明门外望见其深墨之色，哭泣之哀，莫不举手加额，曰：'天子纯孝，嗝嗝然，有至德之思焉'"（【明】赵士喆：《建文年谱》卷上，P28）。

闰五月十六日，朱允炆下令安葬了他的皇祖父朱元璋。同一天，朱允炆宣布正式登基即位，并发布了登基诏书。他的即位诏书是这样说的：

"天祐下民作之君。我皇太祖高皇帝受天明命，统有万邦，宵衣旰食，弘济斯民。凡事有益于天下者，无所不用其心。政教休明，规模宏远。朕以眇躬，纂承大统，恭依遗诏，于洪武三十一年闰五月十六日即皇帝位。夙夜惶惧，思所以克相上帝，宠绥四方，以无忝我皇祖之大命。永惟宽猛之宜，诞布维新之政。其以明年为建文元年,大赦天下。于戏!德惟善政,政在养民。当遵先圣之言,期致雍熙之盛。百辟卿士,体朕至怀,故兹诏示,想宜知悉。"(【明】姜清:《姜氏秘史》卷1;【明】谈迁:《国榷·太祖洪武三十一年》卷11;【明】朱鹭:《建文书法拟》前编七;【明】薛应旂:《宪章录校注》,凤凰出版社2014年9月第1版,P149)

朱允炆的这份即位诏书讲了四大要点:

第一,我是高皇帝的皇太孙,是受天命继承大统,接任大明帝国君主之位,大赦天下,从明年起改年号为建文,由此朱允炆就被人们称为建文帝。朱允炆的这番即位说辞的潜台词是在说,我是大明帝国惟一合法的皇位继承人,这是承应皇祖朱元璋遗诏而言的,也是他向内外大臣尤其是他的皇叔们宣告自己继位的合法性。

第二,正因为我是承应天命即位,那么我要代天行事,凡是有利于我天下苍生黎民的事情,我都要努力去做好,国政教化尤其要强化,远播我大明之声誉与影响。

第三,现在我开始正式即位,但我日日夜夜都在思虑着:面对上天,我如何才能忠实地执行它的意志?面对皇祖,我如何才能不辱他老人家交付我的使命?我想恐怕也只有宽猛相宜,以宽矫猛,推行维新之政。

第四,我的为政观是实施宽仁之政。作为一个合格的君主,应当遵循先圣之教诲,他的最大之德就在于实施善政或言宽政,这种善政的具体表现就在于与民休息。只有这样,才能开创和煦的太平盛世。

朱允炆的即位表明大明帝国翻开了新的一页——建文时代。

"建文新政"时代

建文帝即位时22岁,这个岁数正好是人生精力最为充沛和对未来充满希望的年龄。据"正史"所载,朱元璋死后,正值"奔腾"年龄的建文帝一夜之间成了大淫棍,他"遣宦者四出,选女子充后宫,媚悦妇人,嬖幸者恣其所好,穷侈极奢,亵衣皆饰珠绣,荒淫酒色,昼夜无度,临朝之际,精神昏眩,百官奏事,唯唯而已"(《明太宗实录》卷1)。

但经数代史学家们的艰辛考证,已经查实:上述有关建文帝的荒淫之说,纯属一派胡言。不过,新即位的大明帝国君主建文帝确实是在忙乎着,但他忙乎所要解决的问题却不是自己的个人生理欲望,而是要以先秦儒家思想理念作为治国政治指导,来解决"朱元璋后"的问题,因为当时大明帝国的形势实在是不容乐观,其最为突出的焦点问题有四:

第一,洪武年间屡屡爆发大案要案,朱元璋丧心病狂地杀戮开国功臣武将,尤其是"蓝党"案爆发后,牵连甚众,"主犯"大将军蓝玉临刑前曾大呼:"朱公谓天下已定,何不留一二以防不测?"(【清】查继佐:《罪惟录·诸臣传逸》志卷32,浙江古籍出版社1986年第1版,第2册,P1077)可朱元璋就是那么绝,将大明洪武年间所封的11公57个侯几乎全杀了。

这样就不仅造成了洪武晚期大明中枢高级官僚梯队青黄不接的被动局面,而且也使得大明中枢的威望与权势渐趋衰弱。

第二,大明开国时朱元璋就认为:"水弱民狎而玩之,故多死也。盖法严则人知惧,惧则犯者少,故能保全民命。法宽则人慢,慢则犯者众,民命反不能保,故守成者不可轻改祖法。"(《皇明祖训》洪武六年五月,北京图书馆善本部藏明抄本)从这样的"法治"指导思想出发,整个洪武年间的大明帝国政治酷寒,法峻刑严,有人甚至描述其为"无一日无过之人"(【明】解缙:《大庖西上封事》,《明文海》卷47)。

朱元璋的严刑峻法,虽然使得大明帝国的中央集权得到了空前的加强,但它不利于明初社会秩序的真正稳定与和谐,也就大大地妨碍了大明帝国的长治久安。

第三,洪武年间尽管朱元璋多次下诏减免自然灾害发生地区农民的赋税与徭役,但这毕竟是有限的,加上大明刚刚开国,百业待举。就以都城建设而言,朱元璋在建造明皇宫和南京城的差不多同时,又在老家凤阳开工兴建中都都城与宫殿,伴随之又在南京城东修建明孝陵,这桩桩件件哪个不是动用几十万人的劳动力。尽管农民出身的大明开国皇帝朱元璋也想做到轻徭薄赋,但就实际情况来看,他实在是很难真正做到。尤其是大搞"基本建设",耗费的不仅仅是全国臣民的"义务劳动",更多的是百姓用血汗换来的财税。而就宋元以来中华帝国的财政经济形势而言,"天下赋税东南出其半"。如此情势,使得大明帝国一开始就对江南地区实行重赋,向当地百姓征收的比全国其他地区高出几十倍甚至上百倍的财税,加上朱元璋在洪武年间镇压与迁徙江南地区的豪民富户,这样一来,大明帝国尽管定都南京却不仅没有让江南人民享受到"红太阳"升起地方的温暖,反而雪上加霜,用建文帝在即位后第三年发表的诏书里的话来说"国家有惟正之供,江、浙赋独重"(《明史·恭闵帝本纪》卷4)。这对定都南京的大明帝国可是极为不利的。

第四,朱元璋大行分封,欲以地方藩王来辅翼中央皇室,但又赋予他们极大的军事权,表面看来是为了御边。诚然,藩王们确实也起到了保卫大明边疆的作用,可大家千万别忽视了,给予地方藩王更大军事权的另一面,那就使得地方藩王日益坐大。虽说朱元璋活用"荆条除刺"理论,几乎杀尽了异姓功臣勋将,但大明新的武装动乱种子随着朱元璋分封制的推行而悄悄地播下了。更使人尴尬的是,这些地方藩王与大明第二位君主在政治上是君臣关系,但在皇族里是叔侄关系,明明是政治上的皇帝,可到了朱家自家家里却要向政治上的臣子行晚辈礼;明明是皇族里的长者、尊者的叔叔但到了政治层面却要向幼辈的侄儿行臣子之礼,这种双方错位的关系加剧了大明君主与藩王、中央与地方的矛盾。(《明太祖实录》卷125,洪武十二年六月甲戌;《明史·恭闵帝本纪》卷4)

　　在专制社会里,靠武力说话是根本,是硬道理。因此说,拥兵自重的地方藩王的存在终究是大明帝国的巨大安全隐患。

　　以上是建文帝即位之际的大明帝国存在的四大焦点问题。对此,新即位的建文帝在他的即位诏书中明确提出了"永惟宽猛之宜,诞布维新之政"和"德惟善政,政在养民"的施政纲领;应该来说,它是极其明智的,大明由此开始步入了"建文新政"时代。(据笔者所知,"建文新政"最早是由著名明史专家黄云眉先生提出,详见黄云眉:《明史考证》,第1册,中华书局1979年9月第1版,第55页)

● "建文新政"的核心——"德惟善政、政在养民"

　　"建文新政"是我们现代人对建文朝实行的一系列维新举措的总体概括,具体地说,它是以先秦儒家所竭力追求的"王道政治"理想、"仁政"政治理念与"民本主义"为治国安邦的理想目标,实行德政礼教、与民休息和"宽猛相宜"的"善政"或言"宽政"。这就是建文帝所要"诞布维新之政"之核心,只有这样才能"期致雍熙之盛"。

　　在建文朝君臣看来,只有从"宽和政治"、"宽减刑罚"、"宽免赋税"等方面入手,将洪武年间的严刑峻法予以减缓,创造宽和的政治环境,以德治国,善政养民;同时以礼教来羁绊或约束地方藩王,调整中央与地方藩王的关系;如实在不行,那只有以裁抑的手段予以解决了。

　　既然"建文新政"是以先秦儒家的理想政治理念作为指导,遵循先圣之教诲而实行"德治宽政",而要做到这一点就必须要"得其人",即先秦儒家所说的"为政在人"。儒家经典"四书"中的《中庸》就这样说道:"(孔)子曰:'文武之政,布在方策。其人存,则其政举;其人亡,则其政息。……故为政在人'"(《礼记·中庸》)。对此,从小就喜爱读书、饱蘸儒家思想文化的建文帝再也熟悉不过了。为了尽早实现儒家的"仁政"理想和"王道"天下,建文帝于即位之初就表现出其急不可待的心理,在登基后的第六天他就下诏给臣下,要求他们举荐人才,"(洪武三十一年闰五月)丙申,诏文臣五品以上及州县官各举所知,非其人者坐之"。不久,建文帝又颁发诏令,将他皇爷爷晚年提拔和重用的文臣齐泰由兵部左侍郎提升为兵部尚书、黄子澄由翰林院修撰提升为太常寺卿,"同参军国事";接着他又将有"天下读书种子"美誉的时任蜀王世子老师的方孝孺召为大明翰林院侍讲,实际担当起"建文新政"的总设计师。(《明史·恭闵帝本纪》卷4)

● "建文新政"智囊——齐泰、黄子澄、方孝孺

○ 齐泰——出自南京本土的"解元"(南京举人考试第一名)

齐泰,南京溧水人。最初他不叫齐泰,叫齐德。洪武十七年,明太祖在经过了一系列官僚选拔机制的调整抉择后终于作出决定,确立以科举作为大明帝国官员选拔的主渠道。齐德赶上的也正是时候,那年他从家乡溧水赶往南京城,参加应天乡试,中了"解元"(即乡试第一名);第二年他又考中了进士。在明初科举刚开的时候,像齐德这样"有才"的人还真是不多。确切地说他是知识型的技术官员,这在小学文凭都没有的皇帝朱元璋面前他着实为当时的知识分子长了脸。朱元璋也很喜欢他,让他先在礼部当主事(可能类似于民政部的副司长),后来又叫他到兵部去当主事(可能相当于国防部的一个副司长)。干了几年,齐德被升任为兵部郎中(可能相当于国防部的司长)。(《明史·齐泰传》卷141)

齐德做事细致踏实,甚至可以说是一丝不苟,他品德也很好,自从进入大明帝国权力中心以后,尽管他的官职在当时的官场上小得可怜,但他平日里时时坚持自己的道德操守,很得人们的喜欢,就连一辈子苛求完美的朱元璋也找不到他的任何缺点。

有一次,明皇宫前朝三大殿的谨身殿遭受了雷劈,这在现代人看来,那是一件普通得再也不能普通的事情,装个避雷针不就完事了么!可在600年前那是一件十分了不得的事情,雷劈意味着上天对人世间所发生的事情不满,甚至可以说是发怒,而雷劈的地方偏偏又是在明皇宫,这还了得?一生什么都不怕的朱元璋就怕天了,他赶紧行动。按照当时的规制,天怒了,就要到城郊祭祀天地庙。祭就祭吧,我们民间常见的祭祀方法,不就是烧几张玉皇大帝开办的"冥通银行"所发行的纸钱。不,在那时,皇帝级别的祭祀礼仪还特别有讲究,在祭祀之前,主祭者皇帝不仅要吃斋沐浴,而且在这个关键时刻还得保持六根清净,后宫里哪个"妹妹"再需要,朱皇帝也不能去"临幸",哪怕是活动活动心眼也不行。对于这一切,什么都能忍过来的朱元璋都能做到,最难的是他还得要找在九年内没有犯过任何过错的官员一起陪祭。(《明史·齐泰传》卷141)

洪武中晚期,朱元璋先是死了老婆马皇后、皇长孙朱雄英,后来死了皇太子朱

标、二儿子朱棣、三儿子朱枫，皇帝权力再大也无法解决亲人远逝之痛的问题。这一切终使已经年近古稀的朱元璋常常会大发无名之火，朝中好多做官者都为之莫名其妙地把脑袋给做没了，所以说要找出在九年内没有犯过任何错的大臣还真不是那么容易的一件事。但最终没难倒一辈子细心和善于观察的朱皇帝，他想起了，在兵部的齐德就是这么一个完美无缺的人，朱皇帝叫上齐德等人，一同上南京城郊去祭祀。有这样完美的文臣君子陪同，祭祀活动自然效果极好。朱元璋心里美啊，一时兴来，觉得齐德这个名字果然很好，向古代圣贤之嘉德看齐么，但朱元璋更要使他的大明帝国在齐德这样完美君子的辅助下稳如泰山，于是他下令赐名齐德为齐泰。洪武二十八年朱元璋又将齐泰提升为兵部左侍郎（大概相当于国防部副部长）。(《明史·齐泰传》卷141)

齐泰可是个有修养的人，没有蓝玉之类的武夫那样肤浅，他当到了"国防部的副部长"，算得上在大明朝中有脸面了，但他还是很谦虚，也很好学，虽说自己是文人出身，却干起了管理武夫的事情，这难不倒已经将几万字的"四书五经"背得滚瓜烂熟的"齐解元"、"齐进士"啊，他拿出了当今我们在地铁或公交车上经常见到的、为了考过那该死的"四、六级"而挤出点滴时间死背英语单词的大学生那股好学劲，其做法也绝对不亚于我们现在教育部门所追捧的标准化考试中阅卷老师死盯着标准答案忘我阅卷的认真相。

齐泰的"敬业爱岗"很有成效，有一次，皇帝朱元璋想起了这位"完美"君子，想考察考察他对工作业务的熟悉程度，于是就问他：大明帝国边关都由哪些将军在把守着？齐泰从东说到西，从南说到北，一个也不漏，直把朱元璋听得一愣一愣。朱元璋停了一会儿，又问齐泰有关大明各地的形势状况。没想到齐泰这次不说话了，随身取出一份天下地势图册献给了朱皇帝。该图册详简得当，令人一目了然，这下可把朱元璋惊讶得好长时间嘴都合不上。从此，他就从内心佩服这位"齐解元"、"齐进士"了。

齐进士这么"有才"，朱皇帝那般惊叹，终使洪武晚期在大明中央高端官僚人才青黄不接的关键时刻，已经升任为兵部左侍郎的齐泰成为了从"洪武"转向"建文"的股肱之臣。(《明史·齐泰传》卷141)

朱元璋生命最后时刻和建文初期所重用的大臣中还有一位比"齐解元"更有学问——在类似于今天全国性研究生学位统一考试中得了第一名的书生大臣，他就是黄子澄。

○ 黄子澄——来自江西分宜的"会元"（全国会试第一名）

黄子澄，江西分宜人。与齐泰有着极其相似的经历，黄子澄早年在江西老家苦读,洪武十七年参加地方乡试,他脱颖而出;洪武十八年黄子澄来南京,与后来的难兄难弟齐泰一同参加会试——全国性的举人统一选拔考试,齐泰在乡试时考了南京地区的第一名,而这个黄子澄更是了不得,在洪武十八年的会试中考了个全国第一名,不过古时候的人们不像现在有些人用词汇那么贫乏,老叫什么第一名,黄子澄在会试中考得个第一,人称"会元"。按照中国古代科举的习惯(宋代起形成的惯例),会试以后就是殿试,但事实上殿试并不难考,有时是过过场,当然绝非是可以作弊的,而是正儿八经地也考一场,然后分一下举子的名次,没有名额淘汰。所以从某种程度来说,会试考好了,就等于殿试十拿九稳,黄子澄就是这么一个"特有才"的幸运儿。

因为在会试中考得好,黄子澄比起齐泰来就更占优势了,皇帝朱元璋对他特欣赏,让他先进大明翰林院当编修,这个翰林院相当于现在中央中枢机构研究院,翰林院编修可能就相当于中央中枢机构研究院的副研究员。后来黄子澄又升官为翰林院修撰,即研究院的研究员,并兼任东宫伴读。东宫伴读是个什么概念?东宫就是皇太子所在的地方,古时候人往往将之代称为皇太子、皇太孙,伴读就是我们民间老挂在嘴边的"陪读"。黄子澄出任东宫伴读,这是官方说的客气话,即让他陪同东宫里的皇太子或皇太孙一同读书,实际上他就是皇太孙朱允炆的老师,皇帝将天下一流顶尖人才收罗到东宫,那么未来的大明之主岂能没学问?(《明史·黄子澄传》卷141)

朱元璋网罗天下给自己的皇位继承人朱允炆找了这么一位优秀的学问家来当老师,问题是学问家不一定是政治家,政治家不一定要有多少知识学问(至少在中国是这样的),朱元璋就是一个连小学文凭也拿不出的中国历史上杰出的政治家。因此某种程度上来说,搞政治的不一定有多大的学问,不是过去有人说知识越多越反动么!一辈子老辣精明的朱元璋似乎表现出极大的无知,他将知识学问误作为政界的权谋,将书生和学问家当作了大明政治角斗场上的猛士或者说是稳操胜券的智多星。诚然,晚年朱元璋也有构建大明帝国文臣化中枢机构领导班子,以便他的皇位继承人能够顺利地将"洪武"过渡到"建文"的意向,这大概是朱元璋晚年"喜文爱才"的一个极为重要的原因吧(其实,朱元璋骨子里还是右武抑文)。

殊不知,朱元璋如此"喜文爱才"的做法不仅将齐泰和黄子澄两书生送上了不归路,而且还将自己孙儿的帝位搭了进去,一同作为他晚年失误决策的殉葬品。当然,这是后话了。

老皇帝朱元璋为即位的宝贝孙子所配备的领导决策智囊可称得上是"双高"(高学历、高智商)精英了,朱元璋如此"爱才"算得上是爱到家了;殊不知,他的皇位继承人朱允炆比起其乃祖来更是有过之而无不及,爷爷将南京地方乡试的"冠军"和全国统考的"状元"配给了他,可这个孙子还嫌不够,于是在登基即位后没多久朱允炆又将更有学问的"文化名人"、有"天下读书种子"美称的方孝孺请到了明皇宫。

○ 方孝孺——"天下读书种子"

方孝孺,字希直,浙江宁海人,出生在一个书香门第的家庭里,自小天资聪慧,刻苦好学,常常足不出户,几乎到了好学成癖的地步。乡间里坊知之无不啧啧称奇,人们将他称呼为"小韩子",即小韩愈,就是说他的学问可以与唐代的学问家韩愈相比。

方孝孺的父亲就是明初有名的好官"循吏"方克勤,洪武四年他出任山东济宁知府,为政期间与民休息、轻徭薄赋,大兴教化,使得济宁府"户口增数倍,一郡饶足"。在山东省内官府考绩中,济宁府名列山东各府之首。从此,方克勤的好官名声远扬,就连南京城里的皇帝朱元璋也早就听说了,他十分欢喜。洪武八年方克勤上京师南京觐见,受到了朱皇帝的赞赏和表扬,一向小气抠门的朱元璋还特地赐宴招待了方克勤。(《明史·循吏传·方克勤》卷281)

但没多久,政绩与美名斐然的方克勤却遭到了同僚的暗害,被诬陷谪放到了广东的江浦去服役,干了近一年时间,将要被释放时,一场更大的灾难却又在悄悄地降临了。洪武九年(1376)"空印案"爆发,地方各州府县的主印官和主政官无一幸免均遭株连和杀戮,方克勤就此莫名其妙地被杀了,留下了没爹没妈的方孝闻、方孝孺等兄弟几个。(《明史·循吏传·方克勤》卷281)

父亲方克勤被杀,使得方孝孺原本正常的生活和学业被打乱了。经过痛苦的抉择,方孝孺最终还是打定主意,遵循父亲在狱中的嘱咐,上南京去寻找名士宋濂,拜他为师,继续求学。

虽说方孝孺在南京求学的时间只有一年,但这一年对于方孝孺来说却是至关重要。好多明史研究者都没有注意到这一点,那就是方孝孺后来跟建文帝亦师亦友的关系很大程度上与这一年南京求学生涯有关。因为宋濂既是方孝孺的老师,又是朱标太子的老师,方孝孺与朱标都是温文尔雅的文人后生,同拜一师,关系不错。正因为如此,后来朱允炆一登基就马上召见方孝孺入朝,并委以重任,当然这是后话了。

洪武十年(1377)68岁的宋濂获准退休,回金华老家,方孝孺就跟随老师宋濂来到浙东乡下继续求学。在金华的3年,方孝孺学业"日有所进,而月有所获",就连宋濂门下的一些学兄们都自叹弗如,甚至像胡翰和苏伯衡之类的学术界的老前辈也感到望尘莫及。宋濂曾十分高兴地说:"此生如果再加些岁月苦学的话,我们这些老辈的都要敬畏他了,当然我现在讲这个话可能有人认为我感情用事,但过了20年,人们就会觉得我说的一点也不过头啊!"(《明史·方孝孺传》卷141;参见【明】祝允明:《九朝野记》卷2)

洪武十三年(1380),方孝孺回乡探亲,就在此时大明朝发生了惊天大案——"胡惟庸谋反案",皇帝朱元璋穷追其党,好多无辜的人都被牵涉到了里边去。宋濂的长孙宋慎和宋濂的小儿子宋璲都因被指控为"胡党"分子而遭杀,就连泥土快要盖头顶的宋濂也受到了株连,本来要被处死的,但由于朱标太子和马皇后的竭力营救,最终才免于一死,发往四川茂州。消息传到宁海,方孝孺悲痛不已,他赶到了金华,与同门师兄弟及学友相约赶赴四川探望老师,但不巧的是因事未能成行。方孝孺只好借助笔端,写成《吁天文》,祈求上苍缩短自己的寿限来增加恩师之寿命,师生炙热感情跃然纸上。

洪武十五年(1382年)由于吴沉等人的推荐,26岁的方孝孺来到南京,接受皇帝朱元璋的召见。朱皇帝对他进行了策试(当时科举没有正规化),方孝孺才思泉涌,奋笔疾书。卷子上交时,朱皇帝仔细端详了方孝孺的模样,发现此人举止端庄,言行磊落,便连连称赞,"此乃奇才也"。然后回过头对朱标太子说:"此庄士,当老其才。"于是他就叫人准备了礼物送给了方孝孺,并将其遣送回家。可没多久,方孝孺又为仇家所告,被逮到了南京,听候皇帝的发落。朱元璋看到"罪犯"名单上有"方孝孺"的大名,马上叫人把他给放了。从此,方孝孺就一直在宁海老家读书做学问,其间"(方)孝孺顾末视文艺,恒以明王道、致太平为己任。尝卧病,绝粮。家人以告,笑曰:'古人三旬九食,贫岂独我哉'"(《明史·方孝孺传》卷141)。

○ 被人遗忘了的600年前伟大的思想家

就在困顿宁海乡下的十年间,方孝孺最终迸出了许多闪亮的政治理念火花,"民主君客论"或"君职论"和"民本仁政论"等都是在这个时候形成的。

洪武年间大明经济虽然有较大的发展,但社会矛盾还是很尖锐。方孝孺认为,其根本原因就在于"富者益富,贫者益贫,二者皆乱之本也";"使陈涉、韩信有一之宅,一区之田,不仰于人,则且终身为南亩之民,何暇反乎?"那么怎么来解决社会贫富悬殊问题,方孝孺天真地认为只有恢复先秦时代的井田制,"但使人人有田,田各有公,通力趋事,相救相恤",才能消除社会动乱的根本。【明】方孝孺:《逊志斋集·与友人论井田书》卷11,宁波出版社2000年1月版,P347,以下略)

当然,方孝孺以"恢复井田制"来消除贫困和解决社会矛盾的思想在现代人看来是极其可笑的,即使在当时也是行不通的。

方孝孺思想的真正闪光点或言思想火花是他的"民本仁政论"和"民主君客论"或言"君职论"。

方孝孺的"民本仁政论"是在承继中国传统儒家思想的基础上形成的。他极为欣赏儒家理想的君子人格,"修身齐家治国平天下",怎么修身呢?读圣贤之书,以古圣为自己的楷模。他曾说:"人孰为重?身为重。身孰为大?学为大。"但光学圣人之道是远远不够的,还应将圣人之"道"用于社会实际中去。君子士人读书就是为了探寻治国之良策,即推行仁政。他主张以仁义德礼治天下,坚决反对暴政,主张宽政于民,坚决反对严刑峻法。因此有人认为,方孝孺的"民本仁政论"是对中国儒家孟子学派"民本"思想的发展。

由"民本仁政论"引出了"民主君客论"或言"君职论"。方孝孺的前半生是在朱元璋严刑峻法的非常时代度过的,加上父亲被冤杀,使得方孝孺没有他那个时代腐儒那样一般见识——君权无限,责下无尽。他就当时政治来了个极大的思想"反动"。

明朝开国皇帝朱元璋将君民关系视作为主子与奴才的关系,他说:"食禄之家与庶民贵贱有等,趋事执役以奉上者,庶民之事。若贤人君子既贵其身,而复役其家,则君子野人无所分别,非劝士待贤之道。"(《明太祖实录》卷111)

"为吾民者,当知其分,田赋力役出以供上者,乃其分也,能安其分,则保父母妻子,家昌身裕,斯为仁义忠孝之民,刑罚何由而及哉"(《明太祖实录》卷150)。而方孝孺反其道而行之,认为:"天之立君所以为民,非使其民奉乎君也","如使立君而无益于民,则于君也何取哉!"于此他鲜明地提出了"君职"理论:"人君之职,为天养民者也。"(【明】方孝孺:《逊志斋集·君职》卷3,P76)在方孝孺看来,人世间君主的主要职责就在于代天养民;上天之所以要人世间的这个君主,主要是从天下之民的角度考虑问题而给他设立那个位置,绝不是让天下之民去侍奉那个君主。可是后世出来的人君哪是这个样,他们不仅不养民,还无休止地向民索取赋税、肆意征发徭役。如果不从,他们就诛罚相加,以至于礼仪失修、政教不行,这与人君原本之职已经相差十万八千里了。

在谈到君职时,方孝孺还谈了臣职。他认为朝廷百官都有自己的职责,要是他们没有尽职,程度轻一点的则受责罚,重的就要被杀。从表面上看,这似乎没什么错,但要知道,人君之职要远远大于人臣之职。要是人君玩忽职守,臣下是不能也无法诛罚他的,但上天将会"怒而殄绝之"。因此他认为人君最好在代天尽职之前要好好学习古代先王(法先王),而且要真诚地学,不能"好为聪察"或使用奸诈的手

段揣摩天下人心情,用刑罚来进行统治,否则最终会导致灭亡。(【明】方孝孺:《逊志斋集·君职》卷3)

方孝孺的"民主君客论"或言"君职论",尝试着给君主的权力与义务进行定位,不要让他有无限的权力和利益而不承担任何的责任。因此,就方孝孺的这种思想理念而言,应该说,还是相当前卫的,它已经有朦胧的君权限制意识,是对朱元璋建立极权专制主义的一种变相抗议。他要是再往前走一步,那就是君权制约思想产生了。但就此并不妨碍我们将他称为600年前的伟大思想家。不幸的是他的思想火花后来被强权政治所淹没了,直到300年后的明清之际出了位大思想家黄宗羲,他从历史的废墟中寻找到了方孝孺的"民主君客"思想,正式提出了"原君论":"古者以天下为主,君为客,凡君之所毕世而经营者,为天下也。今也以君为主,天下为客,凡天下之无地而得安宁者,为君也。"(【清】黄宗羲:《明夷待访录·原君》)可惜啊,传统中国社会中君权限制意识之萌芽被延迟了整整300多年!

现在该是给方孝孺思想以正确定位的时候了,坦率地说,我们决不能以政治的成败来评定历史人物及其思想。大家都知道,君子往往斗不过小人,更不会胜过流氓、魔鬼和强盗。历史的冷酷就在这里,后来魔鬼胜了,朱棣不仅篡改和销毁方孝孺的文章与书籍,而且还肆意地歪曲方孝孺,我们后人应该来还历史的公道。

不过,方孝孺的"君职论"、"民本仁政论"和"恢复井田论"等"反动"思想在当时朱元璋时代还不为人所知,它们静静地"躺"在方孝孺的文稿里,等到建文登基即位后,方孝孺被召入明皇宫,这些闪耀着火花的思想才被建文帝所发现,并引起了共鸣,成为后来"建文新政"极为有益的理论指导,或言"建文新政"的精神灵魂。

○ 来自远方的"建文新政"总设计师——"方正学"

方孝孺思想上获得了超越,但命运之神似乎老跟他过不去。洪武二十五年(1392)初,又由于别人的推荐,久困宁海乡下的方孝孺受到了朱元璋的召见,但由于双方政见或意趣的不合,朱元璋还是没有重用他,只是说:"今非用孝孺时。"最终仅给了方孝孺一个无关紧要的官差——陕西汉中府学教授(相当于汉中府学的校长)。由于汉中毗邻蜀郡,蜀郡当时就是朱元璋的那个"孝友慈祥,博综典籍,容止都雅"的11子朱椿的藩地所在,朱椿久闻方孝孺之大名,没想到他会被派到汉中来,真是有点喜出望外,他叫人备了份厚礼到汉中去聘请方孝孺上成都,担任蜀王世子的老师。方孝孺与朱椿意趣相投,每天见面了就要谈古论今,评说道德文章,蜀王朱椿以特殊的礼仪对待方孝孺,将方孝孺的读书之庐命名为"正学",方孝孺的别名"方正学"由此而来。

正当方孝孺在四川过着平静的教书生活之时,大明帝国出大事了!洪武三十一年(1398)闰五月,老皇帝朱元璋病逝于南京明皇宫,皇太孙朱允炆即位。新皇帝上台没多久就下诏,将方孝孺召到南京,让他担任翰林侍讲,第二年(1399)迁为侍讲学士。

方孝孺早年就有"仁君贤臣"的思想,用他的话来讲就是"使君如唐虞,致身如伊周",即要仿效伊尹和周公那样的贤臣去辅佐像唐虞那样的君主,但他过去一直是怀才不遇,如今碰到的是以"明王道"、"法先王"为治国理想的书生皇帝朱允炆,真是如鱼得水,因而他就尽其所能,宣传他的思想,竭力辅助好建文帝。建文帝喜欢读书,这跟方孝孺又是情投意合,建文帝一旦遇到一些吃不准的大事就直接向方孝孺咨询或请教,甚至在上朝议事时,群臣上奏请示,建文帝还让方孝孺在御座前直接批答;建文帝要编撰《明太祖实录》,就叫方孝孺担任总裁官,负其全责。后来朱棣发动叛乱,朝廷下达的讨逆诏书或檄文也都出自方孝孺之手。(《明史·方孝孺传》卷141)

从方孝孺在建文朝出任的官职来看,先是翰林侍讲,后迁为侍讲学士,再后来改名为文学博士(建文帝更定官制之时);这些官位的品秩都不算高,属于皇帝顾问或秘书一类,但重要性相当之大。因为这对君臣完全没有老皇帝朱元璋时代那般君主臣奴模样,从表象来讲,方孝孺是建文帝的臣子和秘书,但实际上建文帝任用孝孺,"绝不是只以其为顾问秘书,为一砥砺德行请益学问的良友而已,而是欲以孝孺的儒学,进行政治的革新"(朱鸿:《明成祖与永乐政治》,台湾师范大学历史研究所专刊〔17〕)。因此,从某种程度上来说,方孝孺的思想简直就成了"建文新政"的灵魂。

○ 建文朝政治角斗场变成了学习"王道政治"的实验基地

从建文朝领导核心和决策层——"三智囊"的整体情况来看,齐泰、黄子澄和方孝孺都是书生,有这么三个书生气十足的饱学之士和道德楷模来辅助年轻皇帝朱允炆进行改革,使得原本文弱又有浓浓书生气的朱允炆总在关键性的"政治考试"中听信了出于一片好心的好人所出的"馊主意",选择了错误的"政治答案"。

从建文帝自身角度而言,他天性文弱,又过于对不切当时实际的政治理想的追求或言过早的追求,书生皇帝加上三个他所倚重的没有政治实战经验的书生大臣,重重叠叠的书生气,使得大明帝国权力中心由充满血腥的政治角斗场变成了学习"王道政治"的实验基地。

更为令人啼笑皆非的是建文朝书生君臣由于意趣相投,惺惺相惜,建文帝一反皇爷爷的大权独揽的专制做派和规制，倚重甚至更多的是委政于书生大臣；而对于三个书生大臣来说，建文帝越是倚重与委政，他们越是敢于任事，越是敢于进取，尤其是靖难战争爆发以后，他们不断地出错，迂腐地忙于推行有些无关紧要的新政措施，终致于政治时机的丧失，断送了建文朝的政治命运。（朱鸿：《明成祖与永乐政治》，台湾师范大学历史研究所专刊〔17〕）

　　从建文朝四年的实际情况细细说来，虽然齐泰、黄子澄和方孝孺一同辅助建文帝实施新政，推行削藩，但在更多的层面上，齐、黄致力于解决削藩的问题，而方孝孺却对"建文新政"具有更大的影响力，其"民本仁政论"、"君职论"和"恢复井田论"等思想渗透了"建文新政"之中，甚至某种程度上可以说，方孝孺是"建文新政"的总设计师。

　　那么建文君臣在短短的四年时间里推行了哪些"新政"？

"建文新政"的内涵

　　建文帝尽管执政了只有四年，在中国历代帝王史中他是属于在位时间短暂的一个皇帝，但"建文新政"的推行终其四年一直也没有间断，概括起来有"一更三宽"，即更定官制、宽和政治、宽减刑罚、宽免赋税等方面。我们先讲一个方面：更定官制。

● 更定官制——完善中枢文职化，提高文臣地位，精减地方官制

　　"建文新政"实施过程中有一项后来引发很大影响的制度变革，即更定官制，具体地说，包括三个方面：

○ 以品行佳优的文臣循吏充实大明中枢机构，完善其文职化

　　建文帝一改老皇帝朱元璋的"右武抑文"的做法，以文臣学士作为主要的仕进对象，对大明中枢机构实施文职化。他大开科举，给知识分子创造更多的仕进机会，方孝孺曾说："皇上嗣之，尊右文教，而士兢劝。"（【明】方孝孺：《逊志斋集》卷12，乙卯京闱小录后续，P412）从而使得建文朝廷的整体文化素质达到了相当高的水准，因此有人将建文朝廷称之为"秀才朝廷"，不！确切地说，应该称之为"学士朝

廷"。

其实,建文帝除了注意朝廷中枢的文职化以外,还特别看重朝廷中枢主要官僚的个人品质与政治实践经验,从地方封疆大吏中挑选出品德优良、政绩突出和富有地方治理经验的循吏好官来出任六部尚书和侍郎(即部长和副部长)。他将朱元璋美誉为"天下第一好官"的云南左布政使(就是云南省省长)张紞任命为吏部尚书,把精通儒家经典礼仪的好官云南右布政使(类似于云南省的副省长)陈迪提升为礼部尚书,其用心极为良苦,或许就想借重两个循吏在大明最迟收复的南方省份云南边区创制立范、移风易俗的革新精神与开拓的经验,从而推动自己的"维新之政"的实施,使建文帝的养民之政能收到实效,真正嘉惠百姓;他还让谨慎精干、两袖清风的浙江左布政使(浙江省省长)王纯(本是浙江人)出任户部尚书(财政部部长),这就不仅仅是突破了朱元璋所立的"江浙人不得出任为户部官"的"祖制"戒条,其更深的影响或许还在于,建文帝是要稳固大明京都所在地的社会根基,获取江南人的支持,充分发挥江南人的精明和对经济独特的视角与经营头脑,以此来更好地舒缓洪武严政和激活大明财政经济,惠及百姓,夯实大明的物质根基;建文帝又把为人诚实的地方省级书生干部郑赐提拔为工部尚书(建设部部长),郑赐其人先后在湖广、北平等地任过职,见多识广,忠于职守又能体恤弱势群体,有这样的良吏出任建设部部长,建文的"仁政"、宽政和惠民之举措就不愁不落实;虽然建文朝的刑部尚书暴昭、大理寺卿胡闰及左右御史大夫景清与练子宁等书生文臣大多数时间是在中央任职,但在建文帝即位以前他们已经积累了一定的为政经验,更为重要的是建文朝的这些司法、监察系统的主管领导,要么清正廉明,要么忠贞刚烈,由他们掌握大明的司法与监察,这对整顿大明官场风气,纠正冤假错案都是十分有益的。(《明史·张紞传、王纯传、郑赐传》卷151;《明史·陈迪传、黄魁传、胡闰传、景清传、练子宁传》卷141;《明史·暴昭传》卷142;【明】薛应旂:《宪章录校注》,凤凰出版社2014年9月第1版,P151)

总之,建文帝在中枢任官问题上是以任职者的道德品行、个人素质和政绩声望为基本条件,换句话来说,他要求中枢机构的官僚必须是政治道德上的正人君子和文臣学士,外加拥有一定的治政经验,其宗旨在于推行他的宽政养民、改革制度与裁抑宗藩等重大举措。(朱鸿:《明成祖与永乐政治》,台湾师范大学历史所专刊〔17〕;王熹:《建文皇帝、永乐皇帝(合)传》,吉林文史出版社1996年1月第1版,上册,P77-80)

○ 以提高文臣学士的政治待遇为重心的中央官制改革

建文元年(1399)二月,寿州训导即寿州州学校长刘亨给建文帝上书说:"大凡历史上成功的惯例应该是文武同等对待和使用,这才是治国长久之良策啊!但现在我朝的体制是六部文官品秩反而低于五军都督府武官,这恐怕不有利于并行发展共保大明帝国吧。以小臣之见,就应该将六部与五军同等对待,都定为一品。国子监的校长为天下表率,也不应该将他的品秩定在为皇帝管理马政的太仆之下啊!"(【明】朱鹭:《建文书法拟》正编)

建文帝在接到刘校长的奏章后,把它交给朝中大臣进行讨论,由此揭开了建文朝官制改革的序幕。

诚然,建文帝的官职改革不仅在当时大明政治界引起了轩然大波,而且即使到了600年后的今天还颇受人们争议。但有一点可以肯定,建文帝改定官制的新政措施贯彻了一个基本的精神,那就是提高文臣地位,体现出儒家的仁义礼乐化民的治国理念,这实际上也是对洪武时代"专意右武"政策性错误的矫正。

大家知道,尽管洪武时期丧心病狂地大肆杀戮功臣勋将,但武夫出身的朱元璋有一点牢记于心,那就是对他起家的家底、本钱——军队是极其重视的;而对于军官们呢,只要忠于皇帝,朱元璋对他们还是相当之不错的。相比之下,他对文臣学士及士大夫阶层似乎充满了先天性的偏见与敌视。他创设廷杖制度,在堂堂的大明朝堂上肆意摧残和侮辱大臣,一旦廷杖开启,"血溅玉阶,肉飞金陛",就实而言,"君之视臣如狗彘"也(陈登原:《国史旧闻》卷45,"明世皇叔";卷49,"廷杖")。

更是让人纳闷的是朱元璋在废除宰相制以后,仅将分掌天下各项政务的六部尚书品秩定格为正二品。在帝国的官制中,人们往往以文武并称,但相比于文官,大明的武官地位明显要高于文官,如中央五军都督府的左右都督品秩都定为正一品;更为笑话的是朱元璋将培养大明文官队伍的摇篮——国子监的祭酒(校长)定为正四品,将国子监的监丞(可能相当于学校政教处主任)只定了正八品,而皇帝的一个养马官太仆寺卿却定了从三品。

从长远角度来看,朱元璋的这种"右武抑文"的国策是极不利于大明帝国的长治久安。对此,聪明的建文帝早就看出了这里边的问题,所以在更定官制推行新政的讨论时他就特别留意要提高文官大臣地位。但大臣史仲彬、楼琏为了使建文帝免受"变更祖制"的指摘,从保守的角度反对建文帝推行此项新政,一向脾气温和的建文帝居然十分气愤地说:"此正所谓知其一未知其二者。六卿果可卑于五府耶?祭酒犹可在太仆下耶?假令皇祖而在,当必以更定为是。群臣勿复言。"(【明】赵士喆:《建文年谱》卷上,P36)

根据方孝孺的建议,建文帝于建文二年正月下诏,更定大明官制,"帝登极,升六部尚书正一品,设左右侍中各一人,位侍郎上,诸司去清吏字,改户部为名度支,金帛仓库四司；刑部为详宪，比议职门都官四司，罢左右都御史，设都御史一人，副佥都御史各一人；又改都察院为御史府，设御史大夫正二品，革十三道，置察院一，定御史二十八人，改诸御史为拾遗补缺，改通政司为寺，通政使为通政卿，通政少卿参议寺丞，增置左右补阙、左右拾遗各一人。后大理寺改为司，又改卿为大理卿，左右寺正、都评事、寺副、副都评事、司务、都典簿，太常寺改卿为太常卿，少卿、寺丞分左右。天坛祠祭署为南郊祠祭署，泗州祠祭署为泗滨祠祭署，宿州祠祭署为新丰祠祭署。孝陵置钟山祠祭署及司圃所，增神乐观，知观一人。光禄寺改卿为光禄卿，少卿、寺丞如太常，而升少卿从四品，省署丞二人，增监事二人。太仆寺改卿为太仆卿，增典厩、典牧二署，设十五群，遂生三群，分隶二署。詹事府增少卿、寺丞各一人，宾客二人。又置资德院，设资德一人，资善二人，其属赞礼、赞书、著作郎各二人，掌籍、典簿各一人。国子监升监丞为堂上官，增司业二人，省博士、学正、学录，增助教十七人。鸿胪寺改卿为鸿胪卿，少卿、寺丞如光禄，而并行人司于鸿胪寺。翰林院增学士承旨一人，学士一人，设文学、博士二人，省侍讲、侍读学士，置文翰、文史二馆。文翰馆设侍书，改中书舍人为侍书；文史馆设修撰、编修、检讨，而以方孝孺为文学博士。又改谨身殿为正心殿，设学士一人，罢华盖、文华、武英三殿、文渊、东阁大学士，各设学士一人，待设无定员。文渊阁设典籍一人。六科罢左右给事中。改中东西南北城兵马指挥司为五城兵马司指挥。副指挥为兵马、副兵马。始置京卫武学教授一人，启忠等斋各训导二人。布政司革左右布政使，设布政使一人，堂上官各升品一级，改提刑按察司为十三道肃政按察司，广东盐课司为广东都转运盐使司。罢北平、山东、河南、山西、陕西五省，及江北学校贡士，革五府左右断事官、五军断事司，增亲五官宾辅二人，正三品，伴读、伴讲、伴书各一人，□□一人，左右长史各一人，审理正、典膳正、奉祀正、良医正、典宝正，并去正字，审理副等改为副审理等。郡玉宾友二人，正四品，教授一人，记室二人，直史一人，左右直史各一人。吏目一人，典印、典祠、典礼、典馔、典药。五署典印、典祠、典礼、典馔、典药，各一人，典仪二人，引礼舍人二人，仪仗司吏目一人，宾辅三，伴宾友教授进对侍坐，称名不称臣。见礼如宾师"（【明】吕毖：《明朝小史·建文纪·更定官制》卷3）。

其大体是：将六部尚书由原来的正二品升为正一品，增设左右侍中，其位置在六部侍郎之上；将地方文臣布政使由正三品升为正二品；将都察院改名为御史府，其长官都御史改名为御史大夫；将都察院下属的十二监察道改名为左右两院，左院叫拾遗，右院叫补阙；将通政司改名通政寺，原通政使改称为通政卿；将大理寺改名为大理司，大理寺卿改称大理卿；光禄寺卿改称为光禄卿；在翰林院下重新设立承旨，将侍读学士和侍讲学士改名为文学博士；在詹事府下增设资德院；增设文翰、文史两馆;将殿阁大学士一并改名为殿阁学士,内各设学士2人;将明皇宫的谨身殿改名为正心殿,增设正心学士1人;增设亲王宾辅;提高太仆寺少卿、鸿胪寺少卿丞和国子监丞等官的品秩,等等。(《明太宗实录》卷10;【明】姜清:《姜氏外史》卷2)

建文帝更定中央官制的意义在于:

第一,提高了文臣在大明帝国中的地位,对未来建文朝的文治奠定了很好的基础和起到良好的重文导向作用。

第二,简化机构,提高工作效率。建文二年二月甲子日,朱允炆下诏:"若曰顷以诉状繁,易御史台号'都察院',与刑部分治庶狱。今赖宗庙神灵,断狱颇简,其更都察院仍汉制为御史府。专以纠贪残,举循良,匡政事,宣教化为职。省御史员定为二十八人,务为忠厚,以底治平。"二月戊辰日,他赐御史衣,第二天己巳日,又"以都察院旧署在太平之北,于朝谒为难,命即詹事府为御史府;赐宴于新治,复命文武大臣皆预,以宠绥之"(【明】宋端仪:《立斋闲录·方孝孺奉敕为记》卷1)。

将都察院更名为御史府,且易址宫中就近办公,重新设定官职和划分职责范围,这对提高工作效率、强化监察与清理刑狱提供了有利的条件。

第三,将明皇宫的谨身殿改名为正心殿,并增设正心学士,这一类改革历来被人们看作是建文君臣迂腐行为的一个铁证,但事实并非完全如此。按照方孝孺的"君职论"的思想,人君之学"必以正心为本",他们倡导一种"正心"、"正君"、"正臣"的新局面,以礼治国,德教天下,这岂能用迂腐两字来代表的?!(【明】方孝孺:《逊志斋集》卷7)

诚然,"建文新政"中的"更定官制"并不是白璧无瑕,有些机构改名确实没有意思,如前面讲到的,将大理寺改名为大理司,大理寺卿改称大理卿;光禄寺卿改称为光禄卿,等等,都没有什么实质性意义。进一步说,不仅没有意义,反而至少带来了三大麻烦:

其一,使得一个原本人们熟知的官制现在突然变得陌生了,增加了人们时工作上的不便。

其二,更为严重的后果,那就是给了政敌予以攻击的口实。靖难战争中,朱棣在致建文朝第二次北伐"总司令"李景隆的书信中就曾这样说道:"祖训云,罢丞相,设五府、六部、都察院、通政司、大理寺等衙门,分理天下庶务,彼此颉颃,不敢相压,事皆朝廷总之,所以稳当。以后子孙做皇帝时,不许立丞相。有奏请立者,文武群臣即时劾奏,将犯人凌迟,全家处死。今虽不立丞相,欲将六部官增崇极品,掌天下军马钱粮,总揽庶务,虽不立一丞相,反有六丞相也。"(《奉天靖难记》卷2;【明】谢贲:《后鉴录》卷下)

其三，建文帝"更定官制"抬高了文官地位，引起了武夫们的不满，更为麻烦的是建文帝"更定官制"选择的时机很不好——建文二年初，那时朱棣公开造反已有半年，不满建文帝"更定官制"的武官们以及"武臣犯法失职者悉奔燕，燕尽复其官"，这对建文朝廷是极为不利的。(【清】傅维鳞：《明书·建文皇帝本纪》卷 4，丛书集成本)

○ 以"省并州县，裁减冗员"为核心的地方官制改革

如果说建文帝在中央官制改革中尚有些不尽如人意的话，那么他在对地方官制的改革上就相对显得更为稳妥和更受人们赞许。

从洪武三十一年六月即登基即位的第二个月开始，建文帝就下令"省并州县，革冗员"，对地方官制实行改革。(《明史·恭闵帝本纪》卷 4)

据相关资料来看，在建文帝执政的四年当中，大明总共撤销了 9 个州、39 县、73 个巡检司、49 个河泊所、15 个递运所、48 个水马驿、109 个税课局、41 个税课司和一批县级的官吏，如同知、推官、知事、丞簿等，还精简了一些地方上的茶课司、僧会司、僧纲道纪司、道纪司、道正司、道会司、道会所、盐课局、盐课司、批验盐引所和闸关等大批的税务机关，裁去了府州县学训导 104 个及其他一些官吏。(【明】屠叔方：《建文朝野汇编》卷 4)

建文帝改革地方官制、精简机构的举措中有个最大的特点，那就是撤销的机构大多与税收有关，整个建文四年仅增设了一个河泊所。大量地方机构尤其是税务部门的裁撤，大批冗官冗员的淘汰，减轻了广大人民的负担，也有利于社会经济的发展，所以说，从这个意义上来看，建文帝确实是人们所喜爱的"仁慈之君"。对此，后世的史学家朱鹭曾颇有感慨地说道："然在后世，民残于多牧，禄糜于冗员，重以中官出使，道路绎骚，则汰官、省邑二事，固亦有足采者。未可谓建文时政，毕竟非也。"(【明】朱鹭：《建文书法拟》前编)

在建文"四年之间，今日省州，明日省县；今日并卫，明日并所；今日更官制，明日更勋阶；宫门殿门，名题日新。虽以干戈倥偬，日不暇给，而曾不少休"(【明】谈迁：《国榷·太祖洪武三十一年》卷 11，P788-789)。

换句话说，建文帝执政四年，搞了四年的"新政"，而官制改革贯彻于建文朝的始终。理性而言，从整体来看，"建文新政"中的官制改革基本上没有什么可过多指摘之处，更不能说建文君臣迂腐，他们是有建设性的革新人物，应该予以肯定。但有一点要说的是，建文帝推行这项改革的时机不是太好。"建文新政"开始没多久，他的叔叔朱棣就在北平发动叛乱，在这个非常时刻，建文帝官制改革还在不断

进行,这对建文朝自身统治的稳固极为不利。所以我们看到建文帝在后期被朱棣兵围南京城时,派出了齐泰和黄子澄等人外出"讨救兵"——号召各地勤王,可地方上响应者寥寥,建文帝是个好皇帝,出现这样的尴尬局面,这就很能说明问题了。

● 宽和政治——创造比较宽松的政治氛围,初步确立新型的君臣关系

从开国皇帝朱元璋算起,明朝17帝90%以上都十分凶狠,所以人们不是常说:明朝皇帝十个九个凶。可建文帝不像明朝其他的皇帝那样心狠手辣,他天性文弱,是他们老朱家的另类皇帝。

大明初期三十多年时间里的洪武政治往往使人谈之色变,这绝不是后世人对它的抹黑,就是洪武时期的当朝人也是这么说的。洪武晚年,曾经被朱元璋誉为"才子"的解缙在给朱皇帝的上书中就曾这样说道:"国初至今,将二十载,无几时不变之法,无一日无过之人。尝闻陛下震怒,锄根剪蔓,诛其奸逆矣。未闻褒一大善,赏延于世,复及其乡,终始如一者也。……出于吏部者无贤否之分,入于刑部者无枉直之判。天下皆谓陛下任喜怒为生杀,而不知皆臣下之乏忠良也。"(《明史·解缙传》卷14)

这段话的意思是:"从开国到现在已有二十来年了,大明没有多少时间没有不变之法,没有一天没有过错的人。小臣曾经听说,陛下您一旦发怒,就要大肆杀伐,追根刨底,穷及党逆,所以人们也就没有听说过您大大褒扬过某人是好的,进而大张旗鼓地赏赐他一番,甚至恩泽到他的乡间巷里,并一如既往地理性看待他……现在我们大明的事实是,出了吏部就没有贤愚之别,进了刑部的就没有冤枉与不冤枉之分了。天下人们都在说陛下您以自己的喜怒哀乐任意主宰人们的生命,但他们不晓得您底下缺乏忠良之臣啊。"解缙的这段文字简直是在控诉洪武苛政,最后他来了一句为皇帝开脱从而保全自己的话,难怪朱元璋见了解缙的上书后,不仅没有处罚他,反而不迭地夸赞道:"才子啊,才子!"(《明史·解缙传》卷147)

从解缙的"控诉"和朱元璋的"认账"来看,即使在600年后的今天,当我们读到这样的文字时,也可知晓当年洪武时期的政治的确出了不少问题,用两个字来概括,那就是"严酷"。

好在洪武三十一年闰五月朱元璋归天了,现在是仁弱的书生皇帝朱允炆主政。朱允炆原本在当皇太孙时就曾辅助过皇爷爷处理过一些政事,其贯彻总的精神是"改严为宽"。现在形势令人感到欣喜的是,不仅大明由宽仁文弱的书生朱允炆当

政，而且在他的身边又多了一个"第一高参"方孝孺，他可是儒家理想的忠实信徒，这对君臣在以仁义礼乐进行治国的理念上的一致和默契，促使了建文帝在制定"宽猛之宜"的政治目标以后，在方孝孺的"君职论"和"民本仁政论"等思想指导下，营造起"建文新政"的良好政治生态环境——创造比较宽松的政治氛围，初步确立新型的君臣关系。这主要体现在四个方面：

第一，建文帝改变了朱元璋万机皆亲断的做法，将许多国家政务委派给几个他所倚重的大臣，让他们自行商议处理，放手给臣下做事，尊重他们的地位和人格。

譬如建文朝的削藩事宜主要交由齐泰和黄子澄处理，官制改革主要交由方孝孺掌控，人事选拔主要交由吏部张紞等人负责，等等。建文帝的这种做法改变了朱元璋时代那种独揽大权的专制局面，无形中扩大了臣属的权力范围。

但长期处于极端专制底下的臣民一旦遇到了宽仁之主，有些人还真不认识自己或者说给自己一个正确的定位，于是就出现了历史上不曾多见的"顶级"尴尬。

建文朝有个大臣叫陈性善，浙江山阴人，读书人出身，洪武二十九年在浙江地方乡试中崭露头角；洪武三十年他来南京，参加大明礼部主持的会试，一举中了进士，在唱鸿胪（进士发榜的一种仪式）时，陈性善走过皇帝御座前，朱元璋见到这个陈性善没有其他新中进士那样喜形于色，而是一脸的严肃、平静，举止凝重。朱皇帝看了他好久，然后不由自主地叹道："此乃君子也。"吏部（组织部）的人个个都是人中之精怪，听到皇帝的赞叹后，他们马上给陈性善授予了一个行人司副司的官职。没多久，陈性善被调到了翰林院任翰林检讨。从此，陈性善与皇帝有了近距离的接触。陈性善的书法特别好，皇帝朱元璋知道后，就召他到皇宫便殿上，抄录诚意伯刘基儿子刘璡进献的刘基遗书。朱元璋本身就比较威严，长相凶悍，几乎与屠夫相近。与陈性善一同进殿誊抄的文人，见了满脸杀气的皇帝没有一个不被吓得魂飞魄散或者大汗淋漓的，更不要说抄写什么字了，而只有陈性善举止端庄，神态安详地坐着，稳稳地拿了毛笔，一笔一画地开始认真地抄着，字迹清晰、漂亮。皇帝朱元璋见了，龙颜大悦，赐酒宴给陈性善，把陈性善喝得找不到回家的路，一直到了天亮酒醒时他才走出了明皇宫。（《明史·陈性善传》卷142）

朱允炆还在东宫当皇太孙时，就熟悉陈性善了。等到即位后，建文帝就提拔他为礼部侍郎。陈性善是个敢作敢为的正人君子，当上礼部侍郎后，他竭力辅助建文帝纠正洪武朝遗留下来的弊政，平反了许多冤假错案。在他的努力和帮助下，曾经"犯了错误"而被编入"流人"罪犯队伍里的薛正言给找了出来，重新安排了官职；曾经因直言犯上而已被编入了谪戍户籍当中的原云南布政使韩宜可也在建文朝给"解放"了出来，最终被任为副都御史（监察部副部长）。

正因为陈性善是个敢于直言的君子文臣,建文帝十分欣赏他。有一天退朝以后,建文帝单独留下了陈性善,且给他赐座,主要是想向他咨询治理好天下的关键所在。陈性善看到建文帝这么谦虚,对待大臣这般厚道,也就被感动了,于是将自己所能想到的全部写了出来,洋洋洒洒有好几千字。写好以后,陈性善将它进献给建文帝。建文帝看了,觉得他提到的这些事情及其解决方案都不错,于是下令,叫有关衙门全部按陈性善所说的去办。但有关部门根本就没执行,将它束之高阁。这时,陈性善不知怎么地也知道这件事,他可不干了。有一次上朝时他向建文帝进谏说:"陛下您不嫌弃臣下我不贤,我呢勉强充做了一回顾问,小臣我有幸听到陛下答应小臣一定照着执行。可没多久就停下不做了,做事怎么犹如反掌那样快地反复,这样下去,凭什么取信于天下?"建文帝听到这里,满脸通红,几乎快要哭出来了。(《明史·陈性善传》卷142)

一个大臣因为皇帝没有按照他提的建议去做,居然会在朝堂上顶撞皇帝,且喋喋不休地责问个没完;有关部门居然对皇帝交办的事情顶了回去不办,这恐怕不仅仅用"皇帝无能"四个字说得清楚的,要说建文无能,建文朝新政还是卓有成效的;还有一个,皇帝被手下大臣诘问得哑口无言,几乎快要哭出来了,但他并没有恼羞成怒地杀了这个大臣。所有这些都透露了一个信息:建文朝的政治气氛还是相当之宽松,甚至带有一种专制底下中国式民主的萌芽。这种局面不说在后来的明清帝国再也见不到了,即使上推几百年在相对宽松的唐宋时代也是不多见的。在虚心纳谏方面,唐太宗被人誉为千古一帝,但即使这样的千古一帝,那个被唐太宗视作为镜子的魏征不就是因为多次向唐太宗提意见,弄得一个堂堂的天下之主下不了台。唐太宗曾经发了狠心,要杀了魏征这个乡巴佬。幸有贤德的长孙皇后劝住,才没有上演历史的悲剧。而我们现在讲的建文帝同样是被臣下弄得下不了台,但他还是没有动怒。由此,我们可以看出建文帝的文弱和建文朝政治环境的宽松。

第二,从制度设计上下手建立约束规谏皇帝职能权限的左右拾遗。

长期以来,人们要么受朱棣篡改后的"正史"的影响,要么被后来好大喜功的朱棣的众多"光环"所炫目,说到建文帝实施新政,人们常常就把他说成是一个懦弱的、无能的捡了一大便宜没卖乖的"不孝"的小辈,同时又是一个复古倒退、乱祖制坏国政的坏皇帝。曾经有人跟我争辩,说建文帝擅长作秀,在当皇太孙时他就极有心计,城府很深,朱元璋要处置人,他做老好人出来劝解;父亲病了,他几天几夜伺候在边上;据说在朝堂上被四叔朱棣打了居然还为叔叔解围,……所以有人就说朱允炆从小就是作秀高手,我们暂且不作无谓的争论,不妨先来看个例子,让事实来说话。

朱元璋在大明监察机制的设计上有所创新,他在历代传统的监督百官机构御史台(明改名为都察院)之外又设计了另外一套监察机制,即六科给事中,老朱皇帝疑心病很重,对百官都不放心,让御史监察百官,让品级很低的给事中去监察包括御史在内的百官,他自己则可乾纲独断了。朱允炆改变了皇爷爷的做法,将六科给事中改为左右拾遗,这不仅仅是改个名,他还对它的功能作了新规定,左右拾遗不再以监察百官为其主要工作范围,而是叫他们专门给皇帝提意见,规谏皇帝,约束皇帝。(【明】赵士喆:《建文年谱》卷上)

如果说过去的朱允炆真是为了赢得皇爷爷的好感、博取美名的话,那么现在身为大明第一人的建文帝没必要作什么秀。试想一下,天底下有几个人会说自己,我活得太自在了,我要叫人管管我,天底下有几个人愿意将自己的权力和欲望受制于人?

第三,宽和对待大臣,虚心纳谏和听取不同意见。

从中国古代帝王史来看,建文帝在这方面做得特别的好,他一反朱元璋那种武夫式的专制、独裁和霸道,谦虚为人,宽和对待臣下,屡屡下诏,虚心纳谏,听取不同的意见。在这个方面,建文帝可称得上是千古一帝了。

有一次建文帝偶感风寒,临朝的时候他迟到了。监察御史尹昌隆马上上疏进谏,批评起了建文帝,他说:"昔高皇帝鸡鸣而起,昧爽而朝,百官戒惧,故能庶绩咸熙,天下乂安。陛下嗣守大业,正宜追绳祖武,兢业万机,未明求衣,日昃忘食,常如不及,斯为庶几。今乃即于晏安,日上数刻,犹未临朝。群臣宿卫,疲于伺候,旷职废业,上下懈弛。臣恐播之天下,传之四夷,非社稷福也。"(《明史·尹昌隆传》卷162。笔者注:明人吕毖:《明朝小史》和薛应旂:《宪章录》中所载与此略有差异)

这个监察御史尹昌隆是这样批评建文帝的:"想当年你家爷爷高皇帝听到鸡叫声就起床,天还没有完全亮就临朝;下午太阳快要下山时又要召集百官上朝。正因为如此勤政,我们大明才会成就斐然,国泰民安。陛下您继承大统,应该多学学你皇爷爷的榜样,兢兢业业,时刻心系国家大事与政务。而今你安于枕边之乐,时辰已经很晚了,你却还没有到大殿上临朝,大臣们都是半夜起床恭候的。如果老是这样下去的话,就会旷职废业,上下懈弛。一旦传了出去,尤其给那些四周的蛮夷知道了,这恐怕不是我们大明江山社稷的福分啊!"

坦率地说,监察御史尹昌隆并不是什么好东西,而是有一点小事就会上纲上线的政治"过敏症"患者。碰到这样的人不要说是同朝任事,就是在一起聊一会儿天,都会觉得闹心。可谁知,听到尹昌隆的这种刻薄又难听的谏言,建文帝不但没有在大殿上对众大臣作出任何的解释,更没有为难尹昌隆,相反,大大地表扬了他,说他说得好,并命令"以昌隆所言切中朕过,礼部可遍行天下,使朕有过,人得而知之"。即说:"尹昌隆指出朕之过失,礼部将此事昭告天下,使天下人人都知道朕有过,朕也可以此来警示自己!"(【明】吕毖:《明朝小史·建文纪·布其过于天下》卷3;【清】傅维鳞:《明书·建文皇帝本纪》卷4,丛书集成本)

知道底细的宫中侍奉者实在看不下去了,事后对建文帝说:"陛下应该跟尹昌隆说明,今天我病了,所以临朝的事也就给耽误了。"可哪知建文帝听了反而说:"我怎么能像你这样说话,像尹昌隆这样直言进谏是很难得的;我要是解释了误朝的原因是我生病了,别的不知情大臣还以为我不喜欢纳谏。如此下去,我将再也听不到大臣们的批评建议了。"

中国古代监察御史有个"闻风奏事"的习惯,就是说,你作为御史,只要听到一点什么可疑之事,不管有没有什么真凭实据,就可立即上奏给皇帝,皇帝也要求这样做,因为他可以始终保持高度的警觉——"明察"到秋毫。而历代还真有不少这样直线性思维、"不食人间烟火"的直谏御史,甚至有时他们还会胡说八道;一般来说,没有什么原则性问题,皇帝是不会治他们的罪的。但有时这些御史还真让人讨厌,简直就是天生一张乌鸦嘴。而这个尹昌隆就是这么一个长了乌鸦嘴的御史。

有一次,尹昌隆看到建文帝经常倚重几个亲信执政大臣去办事,他那根筋又拗不过来了,给建文帝上个奏折,说我们大明朝现在奸臣专权,阴盛阳衰(古时候在君臣关系上往往将君比作阳,臣比作阴)。执政大臣听了气不打一处来,当时朱棣已经在北方起兵造反,打出的旗号就是说建文朝中出了奸臣,他要"清君侧"。这个尹昌隆不是在为朱棣说话么?再说所谓的奸臣本来就是个模糊的概念,并没有确切的定义,但一旦某人被安上了"奸臣"罪名的话,那他就死定了。所以当时执政大臣很火,但他们几个都是正人君子,心也不狠,知道这个尹昌隆就过过嘴瘾罢了。但老让他这样在朝中胡说八道,也会影响"建文新政"的推行,于是他们决定,要将尹昌隆贬谪到远地去。这事给建文帝知道了,他可不乐意,建文帝说,"求直言以直弃之,人将不食吾余。"意思是说:我要求大臣们直言,如今尹昌隆直言了,反遭贬谪,如此下去,朝中还有谁敢直言了。于是他下令,给尹昌隆官复原职。(【明】朱鹭:《建文书法拟》正编)

第四,以自身的人格魅力来感染人,注重礼教与德化。

建文帝是先秦儒家思想的忠实信徒,其"所好读书及古典文章"(【明】朱鹭:《建文书法拟》正编)。先秦儒家要求人们"吾日三省吾身",即做个自省式的行为与道德的楷模。建文帝以此严于律己,宽以待人,是一个极其内敛的正人君子,一旦遇到什么事情他总是先自己找原因,从人格上来震撼人们的心灵。

有一次明皇宫里有两个宫人打骂了起来,要是当年朱元璋见到了此番情景的话,那么这两个宫人肯定只有死路一条了。可建文帝见到后却采取了使人无法想象的做法,他对两个宫人说:"朕宽刑尚德,中外愉愉。尔独犯教,意者朕有乖德欤?行事无礼欤?外仁义而内实多欲欤?"说着说着,他"俳然感愧自责",弄得两个宫人也不好意思了,她们赶紧叩首谢过。(【明】赵士喆:《建文年谱》卷上,P35)

建文元年三月的一天,博士黄彦清空下来没事在南京街头走走,忽然看见两个小孩在相互推让着吃什么东西,觉得十分好奇,于是就走近找了个地方坐着看看。原来两个孩子在吃枣子,因为枣子不多,没吃一会儿就剩下一个了。只见一个小的小孩拿了枣子要给大的小孩吃,大的小孩子死活都不肯要,这就相互谦让着,最后还是一个大人走了过来,将这最后一个枣子给了小小孩吃了。目击这动人的一幕,黄彦清感慨万分。没想到走了没多久,他又看到了这样的一件事:有个人在大街上捡到了一张大明宝钞,只见他用手弹了弹宝钞上的灰尘,随即将它放在较高位置干净的地方,再找了一块小石头将它压住,然后离之而去。黄博士当即感叹道:"何风俗之厚也!"(【明】赵士喆:《建文年谱》卷上,P35)第二天他上明皇宫去,将自己目击的市不拾遗一幕告诉了建文帝,并称赞道:"此乃陛下德化!"没想到建文帝听后却这样说:"昨宫中二人哗,朕谕之云:'朕宽刑尚德,中外愉愉,尔独犯教,意朕有乖德欤?'两人谢过,因释之。宫内尚未能齐,敢言德化。"(【清】傅维鳞:《明书·建文皇帝本纪》卷4,丛书集成本)

建文帝运用儒家的德礼来进行教化,即所谓的"德化",如此"建文新政"不仅仅能说成是对洪武严政酷法的纠偏,而是一大"反动",更是明朝由乱而治最终实现天下大治的一步关键,就像上述《建文年谱》所载的那样,在建文帝治理下的大明帝国出现了中国历史上不常有的天下大治之前兆——"市不拾遗"的景象。"南京故老言:建文己卯、庚辰间,法网疏阔,道不拾遗,有得钞于衢者,辄拂其尘土,置高洁处,以石镇之而去。一时士风朴实,尚义者多,其所渐靡者然也。"(【明】张燧:《千百年眼·革除死难之多》卷12)明代文人祝允明曾记载道:"闻之故老言,洪武纪年之末庚辰前后(即为建文年间,笔者注),人间道不拾遗。有见遗钞于涂(途),拾起一视,恐污践,更置阶址高洁地,直不取也。"(【明】祝允明:《九朝野记》卷2和《前闻记》)

祝允明还记录了这么一件事情:洪武三十四年即建文三年,有个苏州人到嘉定县去当县吏即县衙办事员,他有一个苏州同乡因事牵连而受到了处分,心里觉得很冤枉,就跑到县吏那儿去解释,请求他利用工作之便予以匡正。不料那县吏听完老乡的诉述后不仅没答应,反而这样劝道:"如今我建文朝上自郡府,下及县令,人人都廉公奉法,即使我等吏员也当革心戒谨,怎么能私自为人出入公文案牍呐?既然你说你没做错,我想相关衙门肯定会给你一个公正合理的说法,绝不可能冤枉好人的!"同乡于是就听从了县吏的劝告。没多久,他的冤情得到了申雪。为了感谢县吏的指点,那位苏州老乡携带了2石米前往嘉定去酬谢县吏。县吏顿时惊呆了,无论如何也不肯收下这份厚礼,老乡死活一定要给,最后弄得那个县吏实在没办法,只好应对道:"看在你我同乡的情分上,我就收下你一斛的米!"

半年后,县吏回苏州度假,他带上同乡送的那斛米,找到了那同乡的老母亲,跟她说:"这一斛米是您儿子寄放在我那里的,今天我将它带来给您老人家!"(【明】祝允明:《前闻记》)

短短的三年时间,建文朝的社会中下层已经出现礼让成风的局面,这是十分难得的啊! 当时"天下欣然,谓太平可立致"(【明】宋端仪:《立斋闲录》卷1)。

因此,我们完全可以这么说,如果不是朱棣的突然打断,大明很有可能迅速地出现中国历史上第二个"贞观之治"——"建文之治"了。

○ 建文宽政问题的另类:唯独对宦官不宽

不过,这里有一个问题要说明的是,尽管"建文新政"中的"宽和政治"所涉及的范围很广,但有例外,即对宦官不宽,这大概是严格遵循祖制的缘故吧。

"寺人祸国,其来久矣。我高皇帝有鉴于是,虽设中贵,止供撒扫。而衔不兼文武,政不侵外廷,衣冠不同臣僚,外之也,故三十年宫府谧如。虽让皇帝(指建文帝,笔者注)纷更祖制,此独尊之加严焉,以故遗恨内臣,密谋通燕。文皇之始,不能不有所私焉。故俨保之谮行而抚监炭炭矣,监军之势张而马骐以交趾予敌矣。延至逆振,举万乘之尊轻掷蛮夷,丧中原锐气多矣。而吉祥辈复积骄成怨,积怨成逆。汪直之启衅,缧绁盈朝,积骨盈边,可胜悼哉?正德间,八虎横一豹吼,逆瑾惨烈,祸延宗社,虽幸发自内,然三五狡弁,宁免拒虎进狼之讥耶?继以魏珰,狐豕满朝,忠良膏野,上公称而庙貌祀,窃号窃名,古今惨变……"(【明】曹参芳:《逊国正气集》卷2《何州周恕》,《四库全书存目丛书》本)

从对待什么人都可以"宽仁"的建文帝唯独对宦官不宽的国策实施以及明朝以后宦官乱政的实际情况来看,建文帝是一个中国古代社会里并不多见的、宽厚又有远大眼光的帝王。如果不是朱棣的"靖难",那么后来的明朝历史可能不是那个样了。

● 宽缓刑罚——改轻刑典,宽刑疏法,纠正冤假错案

建文帝天性仁弱,仁弱的人往往十分善良,即使他身不由己地位居权力中心,

手握杀伐大权,但仁弱的天性还时不时地影响他的执政与公务处理。加上建文帝自小熟读儒家经典,儒家的"仁政"理论和以礼治国、礼教天下的思想深刻地影响了建文帝。

早在建文帝当皇太孙时,皇爷爷朱元璋为了使得大明江山能够顺利地交接,就有意识地让皇太孙朱允炆在大明政务实践中得到历练。"时太祖春秋高,中外万机,尝付帝(指建文帝)裁决。时尚严核,帝济以宽大,于刑狱多减省,远近忻忻爱戴"(【清】傅维鳞:《明书·建文皇帝本纪》卷4,丛书集成本)。《明史》也记载说:"初,太祖命太子省决章奏,太子性仁厚,于刑狱多所减省。至是以命太孙,太孙亦复佐以宽大。尝请于太祖,遍考礼经,参之历朝刑法,改定洪武律畸重者七十三条,天下莫不颂德焉"(《明史·恭闵帝本纪》卷4,本纪第4)。即说那时的朱允炆不仅认真查阅、考据《礼经》,比照历代刑法,找出《大明律》中不合理的律条共计73处,奏请皇爷爷朱元璋,将它们一一改过来,(【明】朱鹭:《建文书法拟》前编)而且他还参与到大明司法案件的审理过程中去,运用其所学的知识,纠正了很多的冤假错案,表现出未来天子极大的智慧与过人的机敏(《明史·刑法志一》卷93)。

洪武晚年,常州曾经发生了一起儿子"杀死"亲生父亲的案件,这在当时社会里是轰动一时的。子杀父属于万万不可宽宥的"十恶不赦"大罪之一。地方官审理后已经判定了,要将儿子处死。但这个被指认为杀父的儿子却老是喊冤,像这样的案件是属于明显的疑难案。疑难案件或大案要案一般来说,它们的终审权是在中央,所以最终常州地方官府就将案件移交到了南京。当时皇太孙朱允炆已经参与朝政,受命过问刑狱,他推审常州的"子杀父"案件,最终确认,这是一起冤案。老皇帝朱元璋听说后不信,他要亲自过问一下这个案子,于是就将犯人和家中的奴婢及其乡邻等全部拘拿到南京来,予以一一审理。审下来的结果是,朱允炆的推审完全正确。(参见【明】赵士喆:《建文年谱》卷上,P26)

整个案件的真相是这样的:常州这家人家的父亲是个老病号,生病已经好多年了,不知找了多少郎中来给他看病,都没医好,最后请来了一个,本事可大了,一下子把老病号给医死了。这时家中的继母顿时来了灵感,她常常对老病号丈夫跟前妻所生的那个儿子横挑鼻子竖挑眼,于是就使出了狠毒的一招,找了一些所谓的证据,证明是儿子杀了病号老子。实际上是最后那个庸医误开了药方将人给医死的。审到这里,朱元璋惊讶地说:"竟然会有这样的事情啊!看来这个刑罚还不能不慎。皇太孙,你真聪明,人又仁德,我大明江山今后可有望了!"(【明】赵士喆:《建文年谱》卷上;【明】谈迁:《国榷·洪武三十一年》卷11,P786)

还有一次,巡逻的士兵抓到了一群强盗,刚巧被皇太孙朱允炆知道了,他就审视了这群7人强盗,当场断定其中一人是被冤枉的。后来按照司法程序进行了详审,这一审问就审出个名堂来了。原来这7人中果然有一个如朱允炆看出来的不是强盗,他本是一户地主家的少爷,那6个人原来就是地主家的佃客,他们共同合谋劫持了主人家的少爷,进行偷盗抢劫,然后一起逃跑。这地主家的少爷一路上一直在寻找机会逃离,可还没等到机会逃跑,反倒给官府的人给逮住了。朱允炆的"神探"很快就有人报告给了朱元璋,一生十分要强、什么都要争天下第一的老朱皇帝听后觉得这简直是不可思议的事情。他叫来了皇太孙朱允炆,问道:"你怎么知道那个地主家的少爷不是强盗?"朱允炆气定神闲地回答说:"先贤经典《周礼》中谈到了'色听',《尚书》中讲了'惟貌有稽',其都有一个意思,就是从人的外貌神色来判断人犯罪了没有。我刚看到那7个人的时候,就发现有一个人就是那个地主家的少爷,他两眼炯炯有神,视听认真、端正,从不东张西望,说明他心里不虚啊,所以我推断出他不可能是强盗。"朱元璋听到这里,颇有感慨地说:"看来鞫狱断案的司法官员还真不能不读书啊!"(【明】赵士喆:《建文年谱》卷上,P26;【明】谈迁:《国榷·洪武三十一年》卷11,P786;【清】孙承泽:《春明梦余录》卷44)

建文帝登基以后,他诏谕大明帝国的司法官员:"《大明律》是皇祖钦定的,当年皇祖曾命朕细细阅读,参照《唐律》,朕发现《大明律》与前代律典相比,处罚往往加重了。当时大明天下甫定,用典不能不重一点,但它不能通行于百世。朕从前所改定的那些律条,皇祖已经命令施行了。但定罪量刑尚可商量议定的还远不止这些。律典所设立的大法,应当礼顺人世间的常理,用刑罚来恐吓百姓使他们不犯罪,这还不如用德礼来教化他们。请你们代朕晓谕天下有司部门,一定要崇尚礼教,赦免那些证据不足定罪的人。做到与朕所'嘉与万方'之义相吻合"(《明史·刑法志一》卷93)。

"建文新政"期间除了上述的改轻刑典、宽刑疏法外,还展开了对洪武年间许多冤假错案的纠正平反工作。有许多被错判、错关、错押.错流放的官员被重新审定赦免,有被错杀的功臣子弟被朝廷录用。建文二年九月,建文帝就曾下诏,"征洪武中功勋废误者子孙录用之"(【明】朱鹭:《建文书法拟》正编下);"赦流放官员,录用子孙洪武中以过误逮及得罪者,皆征其子孙录用之"(【明】屠叔方:《建文朝野汇编》卷4)。

据《明史》记载,建文元年即建文帝即位后一年的时间里,大明刑部上报的在押囚犯比洪武时减少了3/10;《建文朝野汇编》中也说:建文元年十二月,法司奏报:今年的囚犯比往年少了3/10。而明代中期学者宋端仪说:建文改元后"分遣使者问海内患苦,赏廉平吏,罪至死者多全活之。于是刑部、都察院论囚,视往岁减三之

二,人皆重于犯法",即讲那时的在押罪犯比朱元璋洪武年间减少了2/3。(【明】宋端仪:《立斋闲录·方孝孺奉敕为记》卷1)

大量的冤假错案的复审平反和刑典的改轻,宽刑疏法,这对缓和社会矛盾和稳定大明帝国的统治起到了极大的促进作用。

● 宽免赋税

"建文新政"在宽免赋税、惠政于民方面也是开展得有声有色,且卓有成效。"皇上(指建文帝,笔者注)嗣位之初,即下明诏,行宽政,赦有罪,蠲逋租钜万计,去事之妨民者。明年,以纪元赐高年米肉絮帛,民鬻子者官为之赎,免田之租税几年"(【明】宋端仪:《立斋闲录·方孝孺奉敕为记》卷1;《明史·恭闵帝本纪》卷4)。

总的来看,其包括两个方面:第一,限制僧道占田,减轻广大人民的负担;第二,减赋全国、减赋江南。我们先讲第一个。

○ 限制僧道占田,减轻广大人民的负担

朱元璋早年出家当了和尚,但他尘世缘不仅未绝,而且还大得很。通过大肆的杀伐,他登上了帝国的最高峰,虽说他力主以儒治国,但实际上朱元璋是"杂家",口头唱的是儒家的曲子,手里拿的是法家的刑具,魂系在佛家因果报应的循环圈里。我们在《大明帝国》系列之2《洪武帝卷中》里讲到了,朱元璋青少年时代所受到的巨大心理创伤在其后来的人生中投下了很深的阴影,我们现在讲朱元璋对佛教的精神需求就是一个典型的事例。朱元璋没有多少宗教观念,这跟你我普通中国人都一样,但他毕竟投身过佛门,对其教义比你我要熟悉。从后来的事实来看,他似乎对别的佛教教条并不在意,就是对因果报应特别感兴趣。

◎ 朱元璋的一个心结:我也应该受到报应?

洪武年间姚州有个和尚叫玘太璞,他专心致志地研究禅学,藏经就达5 400卷,没有不会背诵的。朱元璋听说后,十分感兴趣,下令召见了玘太璞,并十分喜欢这位佛学大师。

有一天,朱元璋问玘太璞:"一个人做和尚没做到底,会得到什么报应?"玘太璞回答说:"做和尚没做到底,那要永远坠落在阿鼻地狱。"朱元璋又问:"出自哪里?"玘太璞说:"出自藏经第×××卷。"都御史詹同目睹这个场景,开始责怪起玘太璞:"你为什么要那样跟皇帝陛下说呢?"玘太璞说:"我是一个佛教徒,不敢违背佛教教

义，也不敢欺骗皇帝陛下。"在听完玘太璞与詹同的那些对话后，朱元璋再次追问玘太璞，玘太璞以实相告。朱元璋脸色都变了，随后又问玘太璞："照这样说的话，我应该要受到报应了？"玘太璞赶紧磕头说："皇帝陛下，您是天生圣人，是天下黎民百姓的主宰，哪能同普通人一个样呢？"朱元璋听后，脸上马上多云转晴，并好奇地追问："你这样的说法又出自藏经的哪一卷？"玘太璞说："出自藏经第×××卷。"皇帝朱元璋不信，赶紧叫人去取经来查看，结果发现果然如此。于是他龙颜大悦，召集大臣，对他们说："诸位大臣你们虽然各自都很有才，但不如这个和尚忠诚啊！"

后来玘太璞临终前沐浴更衣，来到明皇宫，想向皇帝朱元璋道别。刚好那天朱元璋有事外出，两人没碰着，玘太璞只好对着皇帝的御座边叩首边说道："臣跟皇帝您有生缘而无死缘。"拜完后他回去了。后来皇帝朱元璋听人说起了事情的整个经过和玘太璞说过的话，他马上断定："嗨，玘太璞要死了。"赶紧派人到玘太璞的住处，发现那和尚果然死了。朱元璋再叫人前去祭祀玘太璞，而且还动用了他从不轻易使用的驿路，将和尚玘太璞送回了他的故乡。（【明】许浩：《复斋日记》卷上；笔者按：查《明太祖实录》，詹同只担任过吏部尚书、翰林院学士一类官职，从未出任都御史一职）

尽管上面这段史料有人认为属于非"正史"，不一定可信。但有一个不争的事实是，老年朱元璋对佛教的迷恋似乎越来越厉害，也许正是他对因果报应的恐惧，也许是他到了晚年对自己一生滥杀的内心反思而引发的心灵彷徨，也许是他想弥补一生的缺憾，等等，中晚年的朱元璋对佛教愈发青睐；佛道在此期间有了迅猛发展，它们广占田地，不向政府缴纳赋税，这在无形之中加重了广大人民的负担，最为严重的是洪武晚年江南地区许多腴沃之地被僧院道观占有，个别寺院甚至田连阡陌。

◎ 建文限制僧道占田

建文帝即位以后经过多方调查与论证，最终于建文三年（1401）规定：天下寺院道观，"每僧道一人各存田五亩，免其租税，以供香火费，余田入官，均给平民"（【明】朱鹭：《建文书法拟》正编下）；并且严令全国臣民，禁止私自剃度为僧尼，限制佛道势力的发展。（【清】傅维鳞：《明书·建文皇帝本纪》卷4，丛书集成本）

这项措施的根本出发点就是要减轻广大人民的负担。当然建文帝减轻人民的负担还远不止这些，尤其值得后人称颂的是他减轻江南赋税、减赋全国。

○ 减赋全国、均赋江南，准许江浙人在户部为官

◎ 为什么朱元璋老与江南人过不去？

明代开始，中华大一统帝国的科举策士政策实行得全国"大平均"，照顾方方面面，但出奇的是财税政策却是厚此薄彼。尽管朱元璋嘴上功夫很好，全国子民手心手背都是肉，但不知为什么他就是偏心眼，独重江南赋税。朱元璋当年没说，但不等于当时没人看出来。有个无锡人叫周衡的朝廷言官实在憋不住，向皇帝提意见，结果把自己的小命也"提"掉了。

有一年，朱元璋下诏令免除江南各郡的赋税，但到了秋天他又叫人去收了。右正言周衡向皇帝进言说："陛下您早已下诏免收今年的赋税，老百姓都高兴极了，可今年夏天您却又叫人去收了，这是向天下人表示您不守信用啊！"皇帝朱元璋回答说："你说得对！"不久，周衡有事请假回老家无锡，无锡离京师南京很近，皇帝朱元璋跟周衡说好，六天回朝销假。可这个周衡直到第七天才回来，超假了一天。朱元璋十分恼火指着他骂道："我失信于天下，你失信于我。来人啊，将这个失信的家伙拉出去斩了！"(【明】徐祯卿：《翦胜野闻》)

◎ 建文帝说：重赋江南，用惩一时，岂可为定则？

与朱元璋的毒心肠、偏心眼大相径庭的是建文帝执政后表露出来一代"仁君"的公平心，他对江南人民可好了。当然建文帝的这种"善政"之举并不是"偏爱"，而是建立在对全国民生普遍关爱的基础之上的，也极有可能受方孝孺的"民本仁政思想"影响所导致的。

建文帝一上台就派"暴昭、夏原吉等二十四人充采访使，分巡天下"(《明史·恭闵帝本纪》卷 4)，了解民间疾苦，免除不急之务，蠲除弊政。接着他以"国家有惟正之供，田赋不均，民不得而治"为由，决定对天下百姓实行宽政。洪武三十一年十二月时，他曾下令说："朕即位以来，大小之狱，务从宽省，独赋税未平，农民受困。其赐明年天下田租之半。"(【明】朱鹭：《建文书法拟》前编；【明】谈迁：《国榷·洪武三十一年》卷 11；《明史·恭闵帝本纪》卷 4)

建文二年三月即朱棣发动的"靖难之役"进入了第二个年头，尽管建文帝还是当时的大明帝国之主，但朱棣流氓式的游击战已经将大明北方地区搅得鸡鸣狗跳，不得安宁。说实在的，对付这样狡猾又凶残的政治流氓不仅费时、费力，而且还特别费神的，但就在这样的节骨眼上，建文帝再次下诏强调："国家有惟正之供，江、浙

赋独重,而苏、松官田悉准私税,用惩一时,岂可为定则(以重困一方)。今悉与减免,亩毋逾一斗。苏、松人仍得官户部!"(《明史·恭闵帝本纪》卷4,本纪第4;【明】朱鹭:《建文书法拟》正编;【明】赵士喆:《建文年谱》卷上,P43;【明】薛应旂:《宪章录校注》,凤凰出版社2014年9月第1版,P161)

建文帝诏令规定,从现在起,江南的赋税减免到每亩毋得超过一斗。苏松地区的人不必再像洪武年间那样不得在户部当官任职,而是与其他地方的人一视同仁。

建文帝如此"宽仁",着实感动了一代人,方孝孺曾称颂建文帝是一个"宁屈国法而不忍以法病民,宁阙储积而不忍以敛妨农"的一个好皇帝。(转引朱鸿:《明成祖与永乐政治》,台湾师范大学历史所专刊〔17〕)

明代人这样说道:"父老尝言,建文四年之中,值太祖朝纪法修明之后,朝廷又一切以惇大行之,治化几等于三代。""时士大夫崇尚礼义,百姓乐利而重犯法。家给人足,外户不阖,有得遗钞于地置屋檐而去者。及燕师之日,哭声震天,而诸臣或死或遁,几空朝署。盖自古不幸失国之君未有得臣民之心若此者矣"(【明】顾起元:《客座赘语》卷1)。

◎ 为什么建文帝成为历代人们尤其是江南人心目中的偶像?

尽管"建文新政"实际推行时间并不长,但建文帝宽减赋役政策的意义与影响却十分深远。

第一,它是非常时刻推出的非常之举措。在建文二年这个非常时刻,朱允炆毅然决然地推行宽赋于民、均赋江南的措施,就是要向天下人表示他继续推行宽政这一既定方针的决心与信心,它"惠及"全国百姓,收揽全国民心之长效近益;同时还能维护"建文新政"成效和重塑建文帝的个人政治形象,巩固政权统治。

第二,均赋江南,宽政江南。建文帝后来虽然命运不济,下落不明,但他的仁君善主的形象已深深地镌刻在江南人民的心里,尤其是明清以来,大一统帝国的统治者一反建文帝的"宽政江南"的国策,使得江南成为大一统帝国的主要搜刮对象和经济蒙难地,也使得江南人民承受了极其沉重的经济负担,挫伤了生产和发展的积极性,最终延缓了中国最发达地区的经济文化的发展。从这样的角度来看,我们就不难理解,尽管建文帝远离我们已经600多年了。但你若到南方中国的任何一个省份,当地的人民都会告诉你,建文帝当年蒙难以后,就逃到了他们的家乡。建文帝成为江南人民心目中永恒的偶像。

第三,建文帝及其建文文人官僚集团宽赋于民,将他们心目中的理想政治化为社会实际,将个人的人格品德与政治得失紧密地结合起来,注重民心的收拾和努力实现儒家先贤"法先王"的政治理想,尽管带有书生的味道,但建文君臣的这些举措不啻是塑造了仁君贤臣的形象,这是历代中国人所苦苦追寻的。因此说建文帝尽管执政只有四年,但他是古代中国人心目中"贤人政治"和理想君主的偶像。

"建文新政"得失——理想与现实

自从登基起,建文帝就不断地下诏,实施新政。尽管"建文新政"只实行了四年而最终被迫中断了,但它的历史地位绝不可低估。从整体角度来看,"建文新政"涉及的面是相当广的,有政治制度层面的更定官制和宽和政治环境,有法律层面的宽减刑罚,有经济领域的宽赋于民和均赋江南,有文化思想领域的营造宽和的气氛及对先秦儒家理想的追随……因此,如果摒弃朱棣开始对建文帝恶毒的肆意丑化所造成的"既定"概念的话,客观地和理性地看待建文帝和"建文新政",我们就会发现建文帝是一位有理想、有作为的人格品德高尚的"宽仁"君主,也是中国历史上少有的一个好皇帝。他锐意更弦改制,实行文治,以便达到天下大治。

历史没有忘记建文帝,更没有忘记"建文新政",以"更定官制、宽和政治、宽减刑罚、宽免赋税"为主要内涵的"建文新政"已永远地镌刻在历史丰碑上。明朝史学家朱鹭曾高度地评价"建文新政",他说:"四载宽政解严霜。"(【明】朱鹭:《建文书法拟》附编上,"过金陵吊方正学诸臣")这恐怕是对"建文新政"最为合适的历史定位吧。

然而,透过层层的历史表象,我们还应看到:所有的"建文新政"举措都有这样一个基调,那就是以先儒的"法先王"和"托古改制"作为指导。建文帝的这种治政思想与他的老师黄子澄和"建文新政"决策的总设计师方孝孺等人的政治理想是分不开的。不仅如此,建文君臣的这种对"明君主"和"理想政治"的不懈追求,执著到了几乎入迷或者说是走火入魔的地步。但历史的无情就在这里,"建文新政"最终失败了,失败的原因有两个方面:外部原因就是朱棣"靖难"造反的成功,打断了"建文新政"的实施进程;内部原因至少有四个:

第一,"建文新政"太过于理想化。或许受方孝孺的"君职论"的影响,或许是沉溺于对中国先秦儒家"法先王"、"王道政治"理想的追求,"建文新政"中的"宽和政治"有失之过于宽松之嫌。例如像对待监察御史尹昌隆,建文帝一味地为了当个兼听则明的明主而任由其胡说八道,混淆视听,甚至到了他明目张胆地为政敌朱棣张本时,"好脾气"的建文帝居然还放任这条疯狗狂吠;朱棣几次"犯上",建文帝为了维护儒家"亲亲之礼"而对其迟迟不下手,一次次地坐失良机,终酿大祸。因此说,建文帝的"宽仁"是太过于理想化的"宽",是无原则的"宽",是典型的书呆子气使然。

第二,"建文新政"操之过急、求成太切。建文帝一上台既要推行他的新政,又要削藩,新政中"更定官职"、精简地方行政机构等不少举措的实施,"侵犯"了大明帝国官场上许多官僚及其关系人的既得利益,造成了建文朝内在的不稳;削藩又与新政同时并举,一下子激化了中央与地方藩王之间的矛盾,使得建文朝廷顿时陷于内外交困的被动局面。这一切都是求成太甚之心理所"害"的。于是出现了这样的历史一幕:在朱棣起兵造反危及建文政权统治的关键时刻,朱允炆这个书生皇帝还在气定神闲地"日与方孝孺辈论周官法度"(【明】朱鹭:《建文书法拟》前编)。这实在是令人啼笑皆非。

第三,"建文新政"实施过程中用人不当、选择时机不佳。我们不妨将建文朝领导决策层三"智囊"的人生轨迹与社会阅历做了大致的概括,那就是从学校、考场到大明帝国权力中心,他们都缺乏前期官场政治的历练,缺乏政务的实际经验,处事亦不够练达果断,统御与领导管理能力不足,而且充满了书生气。他们所拥有的是从书本上搬来的历史经验,因而谈起事情来头头是道,但就是不懂得社会的复杂、人性的丑陋与政界的凶险,尽管带着满腔的热血与崇高的理想,敢说敢为,但这个"敢说"只不过是纸上谈兵的敢说,这叫好人好心出了馊主意、馊点子;"敢为"充其量是将"建文新政"的实施当做其崇高理想的"政治试验",最终产出了"误国误君误己"的苦果来,这叫好心办坏事。

最为典型的例子是,齐泰、黄子澄都是文化考试明星,建文帝让他们负责削藩,实在是牛头不对马嘴。事实上这两位仁兄只会照搬一些历史典故,如西汉平定七国之乱,来个依葫芦画瓢,结果激化了矛盾;相比之下,卓敬和高巍的高明策略却被弃之不用,实在让人为之扼腕叹息;而"建文新政"的总设计师方孝孺虽然有着闪闪发光的思想火花——君职论等,并为当政者建文帝所欣赏和采纳,但它毕竟很前卫,一旦实施起来,政治环境、社会机制是否能一下子"消受"得了,这还是问题;同时方孝孺的治政思想中又带有较为浓烈的理想主义色彩,其不识时务的迂腐在客观上是妨碍了"建文新政"的推行。

第四,"建文新政"中复古色彩太浓,其最明显地反映在厘正田制上。建文帝为了改变当时贫富不均的不合理社会现实,竟然采纳方孝孺的不合时宜的建议,想在大明帝国恢复近两千年前西周时代据说实行过的井田制(也有学者认为根本没有井田制这回事,是孟子等先秦儒家吹出来的漂亮肥皂泡),由此遭到了一些务实的和明智的人士的反对,就连一向支持"建文新政"的方孝孺好友王叔英也对此决策极为不满。

● 好朋友之间的政见分歧折射出大问题

　　王叔英，浙江黄岩人，与方孝孺同属于浙江老乡。洪武年间，他与杨大中、叶见泰、方孝孺等人一同被举荐到了南京，接受皇帝的召见，但不知为何，王叔英最终不干了，一定要回家去。洪武二十年他再次被人举荐，出任仙居训导（仙居县学校长），后来调为德安教授（德安州学校长）。因为工作成绩不错，王叔英后来被提升为汉阳知县。在汉阳出任地方父母官时，王叔英体察民情，实行惠民之政。有一年，汉阳发生了大旱，王叔英心急如焚，但又无计可施，最终他以自己绝食的方式向上苍求雨。说来也很奇怪，他的一片爱民之心还真的感动了上苍。不久天上就下起了大雨，汉阳的旱灾顿时得到了缓解。

　　朱允炆未当皇帝时就已经耳闻了王叔英的好官名声，登基以后将他召到了南京，任命他为翰林修撰。王叔英明白建文帝实施新政的一片苦心，他积极地支持，给建文帝上了《资治八策》，即从八个方面谈了他对"建文新政"的建议：务问学、谨好恶、辨邪正、纳谏诤、审才否、慎刑罚、明利害、定法制。所有这些都是王叔英考察古今而得出的具有可行性的措施。他跟建文帝说："太祖皇帝铲除奸佞，剔出污秽，抑制富强豪民，就如同医生给病人治病，农民给庄稼除草，治病治得太急了会伤及病人的身体，除草除得太猛了会影响到庄稼的生长。病去了就应该调理血气，草除了就应该在庄稼上培壅厚土啊！"王叔英是借喻告诉建文帝应该在承继太祖皇帝大统以后，实行宽政，我们臣下的就翘首以待了。这对于天性聪慧的建文帝来说，他岂会不懂！于是十分高兴地夸奖了王叔英，并采纳了他的建议。

　　应该确切地说，王叔英不仅是"建文新政"的支持者，而且也是"建文新政"的建议者；再者，王叔英与方孝孺私人关系相当不错，他们是同道的君子，以儒家的道义相互激励。但王叔英与方孝孺之间毕竟有着一定的差异，尤其是个人阅历方面，方孝孺是从书本到书本，从学校最终到明皇宫担当建文帝的智囊；而王叔英先前也是一介书生，但后来毕竟当过七品芝麻官，因此他的社会阅历面要远远宽广于方孝孺，对社会与时代的了解也要比方孝孺透彻。于是，当方孝孺给建文帝出招，要恢复所谓的历史上真的存在过的井田制时，王叔英按捺不住了，也顾不上伤不伤朋友的情分，修书一封，送给了方孝孺。王叔英是这样说的：

　　"大凡人有才能要发挥出来是一件难事，而要有人发现并用好他的才能，那更是不容易啊！当年张良投奔了汉高祖刘邦，刘邦就充分发挥了张良的才干；而贾谊碰上了汉文帝，文帝就无法用好贾谊的才能。这两大才子的境遇之所以有这样的巨大差异，关键就在于张良能细心地观察到刘邦能做的事情。张良讲了，结果刘邦采纳了他的建议，一时间就能得到实惠和收益。即使像樊哙、郦食其一类的刘邦亲信之人，像陈平、周勃那样的高祖刘邦最为信任之人，像萧何、曹参那类刘邦所重用之人，都没有一个能离间张良与刘邦之间的关系；而贾谊却没有看清形势就开口讲话了，而且讲得也太过头了，所以他就给周勃、灌婴之流找到了攻击的把柄。如今正值明君贤臣际会的千年难得的一个好时候，我们都应好好地珍惜。世上有些事情在古时候通行的，在现在社会里也照常可行，譬如古时的冠冕就是现在人们还戴着；而有些事情在古时实行过，但到了现在社会就没法实行，井田制与分封制就是这一类事。可行的事情就实行，人们照着做就方便，老百姓乐意，从中得到实惠和收益。不可行的事情硬要去做，人们照着做起来也难啊，老百姓还要深受其害。"
（《明史·王叔英传》卷143；焦竑：《玉堂丛话》卷7）

王叔英毕竟是地方父母官出身，他对社会的了解程度可要比方孝孺深刻得多，他的建议也很有见地，可是方孝孺就是没有听进去。从方孝孺的角度来看，对于《周礼》的理解，他是很理性的，目的也很明确，无非是想通过对《周礼》的潜在价值的挖掘和重新应用，阐发周文王、周武王和周公的遗法及微言大义，以此指导建文朝改革，所以他就说："君以身任之而不夺于流言，臣以道揆之而不泥于近利，三年而成，十年而安。继乎其后者，能推而守之，武王周公之治可几也。"（【明】方孝孺：《逊志斋集·杂著·周官二首》卷4，P95）

正因为出于这样的认知，方孝孺就竭力敦促建文帝依照《周礼》来实行大明官职更定。此时，大明政治中书生之气代替了原本应有的务实和理性，维新改革自然就会遇到"阻力"。在方孝孺力图推行井田制时，遭到了许多人的反对，最终只得放弃实施。（【明】方孝孺：《逊志斋集·与友人论井田书、官职》卷11，P346）

当然改革中出些问题也纯属正常，问题如果出在平常时期也就没有什么大不了的，从头再来吧。但这些问题偏偏出在关键时期——那就是与建文帝实施"新政"中另一项重大举措——削藩密切相关，建文削藩遇到了最大的劲敌，那就是朱棣。朱棣本来就要千方百计地寻找由头，起兵造反，夺取帝位，但他一直苦于没有合适的时机，这下可让他"逮着"了。于是，建文帝"变更祖制"最终成为燕王朱棣以维护"祖制"名义起兵"靖难"的借口。

从严格意义上来讲，建文削藩应该属于"建文新政"相关的一个重要内容。

第四章
建文削藩与帝国大难

朱元璋大封诸子，给自己的皇位继承人留下了一个烫手山芋。历史的经验是：汉代削藩，天下大治；晋朝不削藩，天下大乱（"八王之乱"）。建文君臣们对藩王的危害早有洞察，削藩是其政策的必然选择。但是，采取什么方式削藩呢？

削藩是建文帝朱允炆的一块心病，前面我们已经讲过，朱允炆在当皇太孙的时候，就对虎视眈眈的藩王叔叔保持着高度的警惕和担忧，他也曾经请教过一生什么难事都没难倒的皇爷爷朱元璋，可没想到朱元璋却被这个难题彻底地给难住了。祖孙俩尽管谈了一阵不着边际的空话，什么"以德怀之，以礼制之"，但最后还是说到了要害——武力削藩，以兵讨之。朱元璋最终也肯定了皇太孙的主张，所以说削藩并不是后来如朱棣所指摘的那样——违背"祖制"，而是"祖上"所认可的。对于这一点，建文帝比谁都清楚，所以他觉得这件大事一定要做。

朱允炆从小就是在宫廷里长大，即使是在皇爷爷晚年见习理政了一段时间，但他学到的政治经验毕竟有限，加上自身天性"至孝文弱"，所以他对如何消除诸藩对大明皇权的威胁还充满了犹豫，为此他要向可以信任的人请教。

建文削藩之先声——明故宫东角门师生对话

其实生在帝王家的人有时还真无奈，因为政治场上表面看来风平浪静，但实际上隐藏着不知有多少凶险的暗礁与杀机，一旦说错了一句话或交了一个不可靠的政治场上的朋友，说不定就能把自己送进坟墓。对于目睹洪武年间爆发了那么多大案要案的朱允炆来说，即使再文弱他也不会不知道这个理。但是，对于生活在深宫里，个人朋友圈子十分狭小的朱允炆来说，又该向谁去讨教呢？

黄子澄！

黄子澄在洪武十八年全国举人统考中考了第一名——"会元",他可有才了,否则怎么会考全国第一的呢!更为主要的是,当时黄子澄还是东宫伴读,这是古称,实际上是东宫皇太子或皇太孙的老师。在中国历代王朝当中,东宫伴读可是个十分紧要的位置,一旦未来帝国大位让东宫里主人给继承的话,那么这个东宫伴读很有可能就会位居一人之下万人之上了。所以东宫里的主人与东宫伴读或侍讲之间的关系往往是极其亲密的,有时甚至是莫逆之交,即使年纪悬殊一点,也并不妨碍他们之间的密切关系。当时的黄子澄与朱允炆就是这么一种非同一般的关系。所以朱允炆有了"难题"了,自然首先想到的就是去请教黄子澄。

　　这一天,朱允炆坐在明皇宫的东角门,脸上布满了忧愁的神色,看到老师黄子澄走近时,就轻声地问:"现在各地的那些藩王叔叔们拥兵自重,他们中好多人都有不法之事,先生,你说怎么办?"黄子澄环视周围,观察到没人,就回答说:"您的那些藩王叔叔所拥有的王府护卫兵力,只够他们自守,不用您过分焦虑;倘若他们真的发动叛乱,我们中央朝廷将掌控的全国军队开赴过去,看还有谁能抵挡得了?"接着,黄子澄又给朱允炆讲了汉朝平定吴楚七国之乱的故事,最后他总结道:"汉朝叛乱七国的实力不是不强,但最终它们都灭亡了。中央与地方藩王之间虽然有实力大小、强弱的差异,但最终鹿死谁手就在于顺理还是逆理,中央讨伐地方藩王,理顺得很,那就必然会胜利;而地方藩王反叛朝廷,这个理是不顺的,他们必定要失败!"皇太孙朱允炆听后连连点头称是,心中默默地笑了(《明史·黄子澄传》卷141;《明太宗实录》卷1)。

建文朝"削藩"三派

　　东角门师生密谈,使得本来心里没底的朱允炆拿定了削藩的主意。但具体怎么去削藩呢?朱允炆还没有当权,当然就无法找人公开地讨论和研究实施方案了。但老皇帝朱元璋的驾崩和燕王南下奔丧等一系列突发事件都给这位年轻皇帝发出了这样一个"信息":该到了着手解决藩王问题的时候了。

　　可怎么解决?朱允炆现在刚刚登基,就以老师黄子澄的主张,用汉景帝的武力削藩方式,会不会被人指摘:皇祖死骨未寒,做孙子的就这样对待皇祖的亲生骨肉、自己的亲叔叔,这岂不是将自己陷于不义不孝的境地呢?但如果不去考虑藩王问题的解决,维持现状,这些藩王叔叔个个都拥兵自重,骄纵不法,甚至还有人说他们图谋不轨。虽说现在没有真凭实据,但真要到了有真凭实据的时候,恐怕一切都晚矣,弄不好自己成为历史上的第二个晋惠帝。因此,建文帝尽管文弱又没有政治斗争经验，但他天性聪慧，熟读历史，对于自己即位时所面临的严峻局势还是十分清楚的，故而他一即位就开始将削夺藩王的问题提到了议事日程上来，作为他的"建文新政"的重要举措。

对于建文帝所面临的困惑和难题，朝中许多有识之士都有同感。但缘于各自看问题的视角不同或各自认知程度的差异或政治倾向的差别，建文朝的大臣们对于削藩有着三种不同的意见或主张。

● 第一种是武力削藩派

这一派以兵部尚书齐泰、太常寺卿兼翰林学士黄子澄和建文朝新近召进的翰林侍讲方孝孺为首。

前面我们讲过，齐泰是个做事极其谨慎、细致踏实的人，深得老皇帝的信任与重用，朱元璋临终时他就在场。老皇帝遗诏中说：让诸子藩王在各自的王国里遥祭，不要上南京来奔丧，各王国的军队与百姓一律听从朝廷的节制。但各藩王接听遗诏时都不相信，认为要么是自己的耳朵出了问题，要么是有人矫诏。他们认为这个矫诏的人就是皇帝身边的齐泰，并且说他离间皇家骨肉，大家都对他恨死了。齐泰就此莫名其妙地与包括燕王朱棣在内的各个藩王结下了冤，本是十分谨慎小心的他也由此"踏上"了削藩之路。

而对于建文帝来说，齐泰的为人和目前身陷藩王攻击的困境，他还是知道得一清二楚的，所以也就放心地与齐泰密议削藩大计（《明史·齐泰传》卷141）。

至于黄子澄，那就更不用说，他是建文朝武力削藩派的骨干与"主将"。

相对于齐、黄，方孝孺则是较晚地加入到武力削藩派的行列，但他也是武力削藩派的重量级的人物，建文帝的削藩与"讨逆"诏檄大都出自方孝孺之手。

武力削藩派的这些骨干们个个聪明，深知藩王的危害，从大明帝国的长治久安的角度出发，力主武力削藩，予以彻底解决。但这几个建文帝所极为信任和倚重的削藩决策者与实施者都有一个共同的弱点，他们都是文人出身，都没有军事经历或背景，要让他们背诵一段"四书五经"或历史典故什么的，或许个个都能得满分，但对所要运用削藩的武力——军事他们却一窍不通；加上建文帝本人性格文弱，处事优柔寡断，所以在武力削藩开始时，建文朝的削藩举措就显得拖泥带水，处置失当，贻误战机，其最终结果就可想而知了。

◉ 第二种是曲线削藩派

这一派与前面讲的"武力削藩派"有相同点，即都主张削藩，但在削藩的形式和方法上有所不同。武力削藩派主张用军事武力干脆利索地解决问题，缺点就在于它来势很猛，要下手的这些对象个个都是老皇帝的亲骨肉、当今皇上的叔叔，如果处置不当，不仅使得新皇帝背上恶名，而且还会引发大范围的骨肉亲族之间的相残战争，甚至还会导致政权的危机；而"曲线削藩派"的主张刚好弥补了"武力削藩派"的这些缺陷，他们建议用比较温和的方式，如效仿西汉武帝采纳主父偃的"推恩"法，或者将藩王挪个窝，于情于理于法都讲得通，无形中或者说暗中削弱了藩王的势力。这一派的代表人物有户部侍郎卓敬和在吏部任事的高巍。

○ 高巍"推恩削藩法"

高巍，辽州人，很有气节，擅长文章，有孝行。在老家时，母亲得了一种瘤疾，高巍侍奉在她周围，从不埋怨和懈怠，一直将她侍奉到老。母亲死后，高巍就在她的墓边上搭了一间简陋的房子住下了，吃斋食素守了三年的孝。洪武中期，高巍因孝义嘉行而被旌表，由国子监太学生的身份到大明帝国前军都督府去"实习"，后被留在了前军都督府，任左断事之职。他目睹洪武晚年的局势，不无担忧地给皇帝朱元璋上疏，提出了开垦河南、山东、北平等地的荒田，要皇帝注意加强中央皇室的力量，抑制地方藩王势力，注意科举选拔官吏等好多有益的建议。朱元璋见了高巍的奏疏后，说他说得好，大大地表扬了一番。但不久，高巍"犯事"了，原因是有人说他在处理政务时不能与中央朝廷保持高度的一致，这就犯下了"欺君之罪"，说重了就要被处死。但后来有人提出异议，最终皇帝朱元璋开恩，将高巍的死罪改为谪戍，发配到贵州关索岭服役，特许他的兄弟或侄儿等人代役，并说："这是为了表彰高巍孝子的嘉行而格外开恩的。"(《明史·高巍传》卷143)

建文帝登基后不久，对官场已经没有多少眷恋的高巍上疏给朝廷，乞求归隐老家，建文帝应允了。但他回家没有多久，辽州知州王钦就接到建文帝要求各地举荐人才的诏书，王知州考察了一大圈子，觉得只有已经提前内退的高巍最吻合人才的标准，于是就将高巍推荐给了朝廷。高巍接到朝廷的任用通知后，来到了大明帝国的吏部任职。(《明史·高巍传》卷143)

这时建文帝已经任用齐泰与黄子澄等人着手削藩，高巍看到这般形势，心里堵得慌，就给建文帝上书，谈了自己的想法与建议。他说："高皇帝(指朱元璋)分封诸子为藩王，这是中国自古以来就有的古制。但高皇帝他老人家做得过头了，那些地

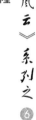

《大明风云》系列之 ❻ 仁政方隆

方藩王又多骄奢淫逸,横行不法,根本就没把朝廷的命令与规制当回事。如果不搞削藩,那么朝廷的纲纪就没办法维系;如果搞了削藩,那么就要伤及'亲亲'之情。西汉时的文臣贾谊曾说过:'要使天下长治久安的话,最好的办法莫若让各诸侯藩王的子孙全能继承藩王的产业,这样就分散了藩王的力量。'现在我们要从贾谊的策略当中好好地学些东西,不要再用西汉晁错所用的武力削藩的方法,应该仿效西汉主父偃的'推恩'策略。将北方诸藩王的子弟分封到南方,将南方诸藩王的子弟分封到北方去。如果能做到这样,那么藩王的权势不用你去削,他就自己减弱了。老臣我愿意为您皇帝陛下弘扬儒家的'亲亲之礼',随时恭候您召唤和调用。对于那些藩王中品行比较好的子孙,皇帝陛下您就应该下诏褒扬他们、奖赏他们;对于那些骄逸不法者,就要予以不同的对待:初犯的,痛斥一番,让他们去改;再犯的,批评一阵,就放了他们;如果第三次再犯,且不思悔改的,那您就该到太庙里,在列祖列宗面前将他们的藩王名号和待遇全部取消,这样,天底下哪里还有不服的人啊!"高巍奏疏上呈到建文帝那里,建文帝看了以后,什么也没有说,就把奏疏放在了一边。(《明史·高巍传》卷143;参见【明】吕毖:《明朝小史·建文纪》卷3;【明】薛应旂:《宪章录校注》,凤凰出版社2014年9月第1版,P151-152)

○ 高巍曲线削藩主张的两大亮点

高巍的曲线削藩的主张很好,其中有两大亮点:

第一大亮点,仿效西汉武帝时主父偃提出的"推恩"做法,朝廷发布"推恩令",命令地方诸侯藩王将朝廷的恩赐推及诸侯藩王的子孙身上,这一措施实行以后,至少可以获取四个方面的收效:

第一,朝廷不用掏一分钱,也不费一兵一卒,顺水推舟地做个"好人",让你诸侯藩王将自己的封地分给你的子孙们,受惠的藩王的子孙们当然会说朝廷好。

第二,原来诸侯藩王实行的是嫡长子继承制,其他子孙没份,这就造成了藩王的势力不仅不会削弱,反而随着时间的推移会越来越强。而实行"推恩令"后,一个藩国分给好几个子孙,诸侯藩王的势力就会大为减弱。传统中国有身份的男人一般都是一夫多妻,生了一大堆的儿孙,所以"推恩令"一出,藩王势力就会自行衰减,中央就不用再为此操心和担忧了。

第三,"推恩令"的实施也吻合国法人情。自古以来中国人一再主张以孝为本,如果朝廷硬要用武力将祖上给地方藩王的藩地给削了,那么你朝廷就要被安上"破坏祖制"的"不孝"罪名,从而在舆论与人心上失去优势。而实行"推恩令"则意味着将祖上的恩赐惠及每个子孙,这就吻合了"国法人情"。中国传统社会很早就确立了家庭财产诸子均分法,唯独这个分封制实行的是嫡长子继承制,其他诸子岂不都倒霉了!而实行"推恩"法,诸子也可得到自己应得的一份,这又合乎中国传统社会的民情与国情。

第四,要是地方诸侯藩王不理睬中央的"推恩令",不仅给中央多了一个征讨他的罪名,而且诸侯藩王内部父子之间、兄弟之间也易起内讧,到那时他们的势力不仅不会壮大,反而自身先乱了阵脚,你朝廷不就可以高枕无忧了。

第二大亮点,高巍不仅主张推恩,而且还主张徙地而封,即将北方藩王的子孙分封到南方去,将南方藩王的子孙分封到北方去,让他们到完全一个陌生的地方,两眼一抹黑,再怎么"雄才大略"也会感到"无处下手"。

因此说,高巍的这个曲线削藩方案是一出极其高超的政治权谋。但建文帝没有采纳,有人说建文帝懦弱、无能,甚至认为他昏聩,这就冤枉了建文帝。其实建文帝很聪明,高巍的曲线削藩方案好是好,几乎没什么缺点,但不适合当时大明帝国严峻的局势,高巍的方案真正实施起来要有较长一段时间,建文帝可能是当时皇家年龄最长的孙子,才21岁,其他藩王的儿子即建文帝的堂兄弟都在20岁以下,有很多还是娃娃,一旦"推恩令"下达,藩王们完全可以以儿子年龄小作为借口进行拖延。病急要用猛药,高巍开的方子不合适,所以聪明的建文帝没有采纳(《明史·高巍传》卷143)。

不过曲线削藩派中还有一个人,他倒是开出一个能解除急病的猛药方子,这人就是当时建文朝的户部侍郎卓敬。

○ 卓敬"徙地削藩法"

卓敬,浙江瑞安人,从小就聪明过人,悟性极好,天赋甚高,读书的时候一目十行,过目不忘。洪武二十年卓敬参加浙江乡试,一举就考中了举人。第二年来南京参加全国举人统考即会试,又中贡士,接着他上明皇宫接受皇帝朱元璋的殿试,中了进士,被授予户科给事中,品级与县令差不多,但他的监察权力相当之广。卓敬秉性耿直,凡事他认为要讲的,从不考虑有没有什么忌讳或回避的,经常向皇帝直言进谏。

当时,大明有些规章制度尚不完备,譬如像当时的诸子藩王的服饰、车马与太子的规制很相似。卓敬见了就不乐意,他找了个机会向皇帝朱元璋进谏说:"皇家言行,天下往往将之作为仿效的榜样。陛下您将诸子藩王与皇太子的服饰、车马弄成一个规格,人们无法辨别哪个是皇太子,哪个是藩王。嫡庶相混,尊卑不分,怎么能号令天下人?"朱元璋说:"你讲得太对了,朕还真没有想到这些。"于是他就对卓敬更加器重了,后来,不断地提拔他,直到洪武晚年,卓敬已经被提升为户部侍郎,即财政部的副部长。朱元璋严禁江浙人出任户部官,这个卓敬能当上户部侍郎,大概算是皇帝老爷格外的开恩吧。可见卓敬这个人的才识非同一般,深得老皇帝朱元璋的喜爱,要想得到苛求完美的老朱皇帝的喜爱,那可不是一件容易的事啊。(《明史·卓敬传》卷141)

转眼到了建文朝,眼光敏锐、天性耿介的卓敬并没有因为自己没被建文帝升官(他还是户部侍郎)而坐视国家大事不管。建文帝登基后就开始找他的几个心腹智囊密议削藩之事,但即使再保密,同在朝中上班的卓敬出于为国分忧的高度责任感,他给建文帝上疏,提出了将藩王中实力最强的燕王迁徙到南昌去,来个曲线削藩。(《明史·卓敬传》卷141)卓敬是这么说的:

"燕王智虑绝伦,雄才大略,酷似高皇帝朱元璋。现在他盘踞于藩地北平,北平地势险要,兵马强壮,燕王府原本又是辽金元的皇宫,墙高院深,这种局势已经相当危险啊。皇上您就应该将他迁徙到南昌去,燕王一迁徙,问题就容易解决了;万一他要是作乱,朝廷也就容易控制住他了。世上有这样的事情,将要萌发而没有显现动静的,这叫征兆;等到适当的时间可以行动了,叫时机。时机没到很成熟的时候,往往一般人没法判断,征兆没到了明显的时候,是不被人们所觉察到的。"(《明史·卓敬传》卷141)

建文帝读到卓敬的奏疏以后,吓出了一身的冷汗,他知道诸王当中最难对付的就是朱棣,现在卓敬直接提到要修理他,可将生性文弱的建文帝难坏了。他连忙将卓敬的奏疏装入自己的袖中,呆坐了好一会儿,然后才回到后宫里去。

第二天,建文帝急忙召见卓敬,君臣之间就削藩问题交换了意见,卓敬叩首说:"臣所说的是天下的至计良策,恳请陛下明察!"但最终建文帝也没采纳卓敬的建议。(《明史·卓敬传》卷141;【明】祝允明:《九朝野记》卷2)

从曲线削藩派所提的削藩主张来看,确实都比较高明,相比之下,卓敬的方案更符合当时的实际,既然当时人们都意识到了藩王之中危险与祸害最大的是燕王朱棣,从他身上下手是最为恰当的,打蛇打七寸,擒贼先擒王;而且手段也很巧妙,将他从北方迁徙到南方,既维护了"亲亲"之义,不伤"情面",又把朱棣挪了个窝,让他到新地方,一下子造不起反来,这不失为当时的一种最佳的选择,一般人还真是不太会意识到它的威力,就连一直自吹自己类于皇父朱元璋,具有雄才大略的朱棣也一直被这样的方案蒙在了鼓里。"靖难之役"后,朱棣大杀建文朝臣,唯独他想对卓敬网开一面。朱棣曾跟他的军师姚广孝说:"建文朝的奸臣都想害我,唯独卓敬还算不错,他奏请将我徙封到南昌去,我觉得他尚可宽恕。"但姚广孝却是这样回答朱棣的:"陛下您看走眼了,南昌地处下游,一旦南京发兵往南昌,其势就如囊中取物,要是当年建文帝采纳了卓敬的方案,陛下哪有今天之天下啊!"(【明】赵士喆:《建文年谱》卷上,何炳松主编:《中国史学丛书》,商务印书馆1934年版,P12,以下略)

看到这里,读者朋友肯定要问,既然卓敬这个方案这么好,那为什么建文帝没有采纳?

这里就涉及一个政治家的胆识问题。严格意义上来说,建文帝不适宜参入到政治场上去的,他个性文弱,甚至可以说是懦弱、怕事,尤其对阴险又有军事能耐和威望的四皇叔朱棣有着说不清道不明的恐惧:万一迁徙燕王他不走,就地造反,那怎么办?建文帝心里没谱,削藩的事宜全交给满脑子都是学问的"削藩大臣"齐泰、黄子澄了,所以卓敬的方案也只能束之高阁了。

● 第三种是睦亲护藩派

与上述两种削藩派意见完全不同的是以礼部侍郎兼翰林学士董伦、行人司右司副杨砥和御史韩郁等人为代表的睦亲护藩派。

礼部侍郎兼翰林学士董伦是洪武十五年开始出现在大明政坛上的,那年董伦被人举荐出仕,皇帝朱元璋授予他为赞善大夫,任懿文太子朱标的侍读。董伦性格直率,所论世事切中时弊,老皇帝朱元璋多次赞扬他,后来将他晋升为左春坊大学士。

洪武二十五年,朱标太子薨世后,董伦被外放到河南去当左参议(可能相当于河南省长助理),在此期间他向朝廷推荐了一些贤才,后来朱元璋提拔他到陕西省去当参政。洪武三十年因事受连坐,被贬谪到云南去当教官。那时云南刚开始办学,董伦身体力行大办教育,言传身教作示范。因此说,他对云南地方教育作出了很大的贡献。

从董伦的经历来看,他与大明开国文臣宋濂同列,担任朱标太子的实际上的老师,"性仁孝"的朱允炆极为看重他父亲的同门师兄弟方孝孺,那么对于父亲的老师更是刮目相看了。

建文初年,董伦被召回南京,拜为礼部侍郎兼翰林学士,与方孝孺同为建文帝的侍讲经筵(即为建文帝的老师)。他与建文帝的个人关系相当好,建文帝将亲自书写的"怡老堂"匾额,还有鬃几、玉鸠杖等一同赐给了董伦,以示皇帝对老臣董伦的宠信。大才子解缙因罪被贬到了河州,幸亏董伦的劝说和调解才得以召回。

因此说董伦是个个性敦厚率直的人,资历老,威望高。建文帝削藩,他曾规劝建文帝睦亲藩王,但建文帝也没有听取他的建议。(《明史·董伦传》卷152)

话得讲回来,尽管建文帝没有听从董伦的建议,但董伦的一派说辞还是多少对建文帝产生了影响。因为董伦的身份与地位很特殊,他是属于老前辈人物,建文帝多多少少要掂量掂量他说话的分量。更有行人司右司副杨砥也出来跟建文帝说:"帝尧之德始于亲九族。今宜惇睦诸藩,无自剪枝叶。"(《明史·杨砥传》卷150)

后来还有御史韩郁更是肆无忌惮地跳出来竭力抨击建文帝的削藩政策。

从睦亲护藩派的主张来看,几乎是一文不值,尤其是后来的韩郁上疏中提到建文帝削藩时,他是这样装腔作势地说:"臣每念至此,未尝不流涕也。"(《明史·高巍传附韩郁传》卷143)

皇帝自己家族里打起来,大臣每想到了这个事情就要流泪,这曲高调唱得实在是出色,这跟国人经常挂在嘴边的"国可不能一日无君"的奴才论调实在是有着异曲同工之妙,也跟时下国人连吃饭也要选个桌长来管管自己是具有相似的祖上基因。

不过,透过这个现象我们看到,当时建文朝廷与藩王之间的冲突已经到了极其尖锐的地步,这些睦亲护藩派尽管动机与倾向各不相同(至少说董伦是没有坏的意念),但他们唱出的这番"白笔画在白墙上"的论调折射出他们对朝廷倾向齐、黄所主张的武力削藩即将带来的不可预料后果的一种恐惧;同时也反映出当时建文帝所将要进行的削藩不仅面临着巨大的外界威胁——主要是藩王们有可能的军事武力反叛,而且还深受朝廷上下对削藩问题不同态度的巨大压力。外患与内忧交相袭来,使得本来就文弱的建文帝及其铁杆的追随者即将面临着前所未有的斗争风浪与政治考验。

○ 建文帝纳闷:是谁泄露了国家最高级别的机密?

建文帝想解决藩王问题,但又不想引起不必要的麻烦,所以他在极小范围内秘密地进行削藩问题的讨论,没想到引来朝中政治嗅觉灵敏大臣的"浓厚兴趣"和"极度关注",由此也就形成了上述的削藩三派。洪武三十一年六月,"曲线削藩派"代表人物卓敬的奏疏上送建文帝,建文帝看完后马上就将它藏在袖子里。但不知怎么的,建文帝削藩的政治谋划这等最高机密却还是被外泄到了诸藩王那里(这里说明一下,卓敬绝对是个正人君子,即使他的至极良策没被采纳,但他依然对建文帝忠心耿耿,最终为建文帝不屈而死。因此笔者怀疑是宫中宦官干的),引起了藩王们极度的不安与警觉,他们恃仗军事武力,蠢蠢欲动,向朝廷施压,同时又散布流言蜚语,将矛头对准武力削藩派的"主将"齐泰和黄子澄,其潜在的攻击对象就是建文帝。(【清】谷应泰:《明史纪事本末·削夺诸藩》卷15)

当时建文帝也挺纳闷:到底是谁泄露了国家最高级别的机密?当然这个问题比起削藩大计来说,那就显得不太紧要,眼下最为主要的是迅速采取措施,坚决控制事态的恶化,打击藩王们的嚣张气焰。建文帝别无选择,只有走近原本就与自己削藩主张十分接近的武力削藩派。

削藩国策的出台

● 建文帝问大臣黄子澄:"先生忆昔东角门之言乎?"

有一天,朝毕以后,建文帝叫住了黄子澄,开口就问道:"先生,您还记得当年在东角门说过的话?"黄子澄马上叩首回答:"臣实不敢忘!"

黄子澄尽管是个书生,但在宫廷里待了这么多年看也看够了,他当然明白当今形势下皇帝问话的含义,皇帝曾命他与兵部尚书齐泰同参国政。什么叫同参国政?就是共同商议国家大事。现在皇帝重提当年东角门密议削藩之事,他就马上明白应该怎么做了。

黄子澄赶紧出外去找齐泰,跟他说:"齐尚书,当今皇上年少,治国没什么经验,可他的那些叔叔们却手握重兵,多行不法,照此发展下去,恐怕大明朝就有危险了。你我都曾受先皇之重托,承蒙当今皇上之厚恩,理应为国分忧啊!"齐泰是何等聪明人,当然听懂黄子澄说话的意思,马上回答说:"为子则孝,为臣则忠,你我如今都是大明股肱之臣,理应要报效国家。只是眼下这削藩之事关系重大,一旦处置不当,后患无穷。"黄子澄说:"正因为这样,所以今天皇上跟我一说,我就马上来找你啊。最近我也在反复思量,如果能找准突破口下手,那么,削藩大业指日可成矣"(《明太宗实录》卷1;《明史·黄子澄传》卷141)。

● 齐泰:就从朱棣身上下手;黄子澄:从燕王弟弟周王身上下手

齐泰认为:"擒贼先擒王,诸藩之中燕王朱棣势力最强,年龄最长,危险也最大,理应从他这儿先下手;燕王一除,其影响就会威慑到其他诸藩,这叫杀鸡给猴看,那些实力与智谋都比不上燕王的藩王们就会乖乖地就范。"可黄子澄不这么看,他认为:燕王为人阴险,城府很深,凡事从不轻易露于人,要想先从他身上找到突破口很难;再说,燕王这个人在他的藩地北平已经待了近20年,树大根深。他跟蒙古人打了这么多年的仗,作战经验很丰富,如果朝廷从他身上下手,万一胜不了,或打了个平局,这朝廷的脸面不知搁到哪里去?弄不好其他藩王就会乘机作乱,那时天下之局面就无法收拾了。所以说与其这样,倒不如先从其他弱一点并有很多违法越轨行为的藩王身上入手。老百姓不是有一句话叫做:"老太太吃柿子专挑软的捏。我们现在就该学一回老太太吃柿子了。"齐泰说:"那以你之见就是除燕王以外找任何一个藩王下手都可以?"黄子澄说:"周、齐、湘、代、岷这几个藩王都可以,因为先帝在时,他们就有很多的劣迹和不法行为,如今他们又在燕王暗中煽风点火下蠢蠢欲动,从这些藩王身上下手就能师出有名了。而要在这些藩王当中再选择一个最佳的下手对象,那就是周王朱橚。他可是燕王朱棣的同母兄弟,换句话来说,朱棣最亲的兄弟只有这个周王了,其他所谓的兄弟都隔了一层——同父异母。而周王从小就不学好,到了开封藩邸后又不好好地待着,偷偷地回老家凤阳溜达溜达,曾被先帝处罚过了,坏名声在外啊。现在又有人讲他在燕王的唆使下暗中图谋不轨,因此说,削藩从他这里下手是再合适不过了。而朝廷一旦对周王采取了行动,这就等于把燕王的手足给翦除了,朱棣肯定会有所反应。要是燕王出兵来救,你想,他救的是谁?谋反之人啊!那朱棣自己也就成了谋反者的同谋了;如果他不出兵而是出面为周王求情,为谁说情都可以,就是不能为谋反者说情,说了,就是同谋。所以无论他怎么做,我们朝廷都有收拾燕王的理由了,削藩大业不愁不成。"齐泰听了黄子澄的分析,觉得似乎是无懈可击,两人就这样谋划好了,第二天上朝趁着合适的机会上奏给皇帝朱允炆。朱允炆觉得这个方案不错,就让他们照此实施。(《奉天靖难记》卷1;《明太宗实录》卷1;《明史·黄子澄传》卷141)

十月内连削"五王"

● 首削周王

○ 儿子告老子谋反,这为哪般?

黄子澄跟齐泰谋划好了削藩策略以后,就等待合适的机会下手。要说这个合适机会,你还真别说,要有就有了。不知怎么的,朝廷要对周王下手的策略刚定好没多久，周王府里就有人出来告密了，说周王朱橚在密谋造反。这个罪名可大得不能再大了，它是"十恶不赦"大罪中的第一号罪名，一般人犯下这样的罪行或被钉上这样的罪名，不仅要被满门抄斩，而且还要被灭九族。那么周王府里谁有那么大的冤仇要将周王朱橚置身于如此险恶的境地？

说来大家还真不能相信，这个告变之人不是别人，正是周王朱橚的亲生儿子朱有爋。亲生儿子告老子谋反，这为哪般？

原来，这个周王自小就不是什么好东西，三天不打上房揭瓦。他的母亲是朱元璋的碽妃，因为朱元璋怀疑她给自己戴了"绿帽子"，所以这个细皮嫩肉的"小妹妹"最后在朱皇帝的一声命令下被迫穿上了"铁裙"，早早而去了。这样，朱橚和哥哥朱棣就由马皇后来收养，马皇后对朱橚的管教可严了，临到朱橚就藩开封时还派了江贵妃代她到开封监管周王朱橚，所以马皇后活着的时候，朱橚还是挺守规矩的，但马皇后一死，他就如脱缰的野马，任意乱来了。曾经因为自己"乱跑"回老家凤阳，被老爸朱元璋关了好一段时间，但他劣性未改。老皇帝朱元璋死后，侄儿朱允炆当政，周王朱橚可来精神了，他是这么想的：要说现在藩王当中，就数我哥哥燕王朱棣和我年龄最长，资历也老，我们俩是亲兄弟，怕谁啊？他越想越不知道自己是谁了，因为他也常常听到自己的亲哥哥燕王跟他说，当今皇上是什么东西？还不是个乳臭未干的娃娃，凭什么他能当皇帝，让咱们做叔叔的在外为他拼死拼活地打啊杀啊，我们也是高皇帝的血脉，凭什么我们就不能当皇上呢？亲兄弟之间的关系要比其他的兄弟关系亲一层，朱橚与朱棣之间几乎是无话不说的。有朱棣的撑腰，朱橚的胆子也就越来越大了，他也在做皇帝梦。

为了能圆皇帝梦，朱橚在暗中做起了准备，打算找个时机造那个侄儿皇帝的反。(《明史·诸王一·周定王传》卷116)

朱橚的暗中不法行为尽管十分隐秘，但还是被人知道了。周王府的长史王翰是朝廷的命官，又是个正人君子，他对周王的"异谋不轨"行为极为担忧，几次三番劝谏周王：你千万不能干出这种"大逆不道"的事情来。可朱橚呢，压根儿就听不进，王翰反复提醒，他觉得挺烦人的，一怒之下，他就把王翰捆起来，痛打了一通。王翰到了欲哭无泪的境地，他也害怕，一旦周王谋反事情败露，按照大明规制与惯例，周王的藩王之位被废，作为周王府长史的自己就得被处死，他越想越害怕，怎么办？经过几天的冥思苦想，他想到了只有一条路可走，那就是装疯。唉，这王翰一"疯"就"疯"得不轻，胡言乱语，蓬头垢面，这下可把周王府的面子给丢大了，周王也懒得理他。不久王翰不见了——他走了。(《明史·诸王一·周定王传》卷116；【明】沈德符：《万历野获编·周定王异志》卷4)

王翰装疯走了,周王朱橚的心静多了,现在没人老跟他过不去了,他可以全身心地投入自己梦寐以求的"造反大业"了。

可世界上的事情还真那么奇怪,周王本以为王翰走了,自己可以迅速地走上帝王之路。可他万万没想到一场大灾难正在等着他,那就是他自己的亲儿子朱有爋告他谋反。

朱有爋是朱橚的二儿子,朱橚的长子叫朱有燉,这个朱有燉还算是个有能耐的人。想当年他那个荒唐父亲到老家凤阳去"溜溜",却被皇爷爷朱元璋关了起来,周王府里的事全由这小小年纪的朱有燉一手打理,后来父亲被放回来了,朱有燉当然就省心多了。父亲朱橚的行为再荒诞但他的智力绝对没问题,按照大明的规制,朱有燉本为周王的嫡长子,且已被立为世子,也就是未来周王府惟一合法的继承人,加上周王被关期间皇爷爷有嘱托,让朱有燉料理周王府事宜,因此无论从哪个角度来说,周王长子朱有燉继承周王是板子上钉钉子的事。

这事本来就没什么可说的了,但有人就不乐意了,谁?就是周王的次子朱有爋。这个朱有爋可不是什么好鸟,他野心勃勃,老觉得自己才是应该袭封周王藩号的。但眼下他的哥哥朱有燉的世子位子稳稳的,动摇不了啊,于是他就绞尽脑汁地想,忽然来了灵感:他听人说了,最近建文朝廷正准备对尾大不掉的诸藩王下手了,自己何不乘机去上告,将父亲周王朱橚的不轨谋反行为全部讲给朝廷听。谋反罪是个大罪名,一般罪名在法律上有"相隐"的规定,即儿子不能告老子,奴仆不能告主子,但谋反等类的"十恶不赦"大罪是不受此限制,而且朝廷还不牵连首告者,这叫一箭双雕,既可除掉兄长及其支持者父亲周王,自己又能被朝廷宽宥,稳稳地坐上周王府第一主人的位置,至于是不是伤天害理,他可管不了这么多。这就应了一句老话"有其父必有其子"么。(《明史·诸王一·周定王传》卷116;【明】沈德符:《万历野获编·周定王异志》卷4)

○ 周王朱橚被废——建文削藩首战告捷

周王次子朱有爋上告周王谋反,建文朝廷听说后喜出望外,这样的事情来得太及时了。建文帝命令齐泰和黄子澄迅速着手处理周王谋反的案件,这还有假吗?绝对是真的——从常理上讲,要是父亲没做这类大逆不道的事情,做儿子的岂会这般恶毒呢?再说,人证也有了,就是周王的二儿子朱有爋。整个案件明朗了,接下来就是朝廷赶紧要采取措施,将谋反者迅速逮捕归案。那么怎么样才能将谋反者抓起来?对于一般案件来说,抓谁都方便,派几个精干的锦衣卫特务走一趟,不就成了。但目前这个要被逮捕的人是个握有很大兵权的藩王,要是派去逮他的人吃不住他,可就麻烦了!到底派谁去逮呢?

建文君臣经过反复商议,决定派曹国公李文忠的儿子李景隆带兵北上,采取声东击西的策略,给周王朱橚来个突然袭击,确保削藩首战能够胜利。

洪武三十一年八月,建文朝廷放出风声来,说是接到北方密报,蒙古地区的一些北元残余势力最近有南向的迹象,为加强北方防务,防止北元的南侵,令朝廷决定派李景隆为大将军,率军北上。

建文君臣的这出戏唱得还真不错,李景隆军队一路向北,周王朱橚没有什么疑心,因而也就没有做好负隅顽抗的准备。但当李景隆的军队经过开封,快要走过时,他们突然转向,迅速包围了周王府。当时周王朱橚一下子傻眼了,乖乖地束手就擒。李景隆马上取出皇帝朱允炆的诏书,当众宣读。接着就将周王府一行人押往京师南京,周王及其诸子都被废为庶人,流放到荒远的云南蒙化并被关押起来,"妻子异处,穴墙以通饮食,备极困辱"(《明太宗实录》卷1;《奉天靖难记》卷1;《明史·诸王一·周定王传》卷116)。

堂堂一个王爷落到了这个地步,不知此时周王有何感想?但后来建文帝可能是受"睦亲护藩派"御史韩郁上疏的影响,又下令将周王从云南押回,禁锢在京师南京(《明史·诸王一·周定王传》卷116)。

周王被废,建文朝削藩首战告捷,它给当时建文朝的政治带来了很大的积极影响,同时也表明了建文帝是一个很有抱负、很有作为的帝王。

○ 亲弟弟被抓,"雄才大略"的朱棣为什么袖手旁观?

建文帝废了周王,马上就将周王所犯的罪行写成敕书,然后颁给诸王,让他们一起来给周王议罪。这一举措至少有三个影响:第一,遵守祖制,藩王有罪,皇上主持,诸王集体议定;第二,将周王罪行公开,让大家知道我建文朝廷做事光明磊落,公正不偏,同时隐含给诸王发出警告:你们给我小心点,要是不老实,周王就是"榜样";第三,"引蛇出洞",按照黄子澄与齐泰的事先分析,亲弟弟被抓,必然会触及燕王朱棣。现在首战告捷了,就等着看朱棣的反应了。

朱棣这个建文朝最大、最危险的敌人,他可不是什么令人省心的"祖宗"了。自从朱允炆登基以后,他可一百个不痛快,怎么会让一个能力和水平都不如我的小辈给我当领导?这也太不合理了,至少也来个竞争上岗啊。但没办法,谁叫我投胎的地方不是正宫!但朱棣并没就此打住,民间有句俗话,叫没有条件创造条件也要上。朱棣一直在暗中准备和等待机会,可他没有想到的是,看似文弱的"半边月亮"还真行,不露声色,上台两三个月就将我的亲弟弟给收拾了。回想起三个月前父皇刚死时,那个文弱的"半边月亮"戒备森严,就连我们这些藩王叔叔回去奔丧都不让带军队,谁知道那份所谓的遗嘱是不是"老爸"钦定的。但从中也可看出,朝廷对我们藩王很警惕、很感冒;现在不仅周王被收拾了,他们又给我们下了周王"罪行告白书",这明显是冲我燕王来着,周王是我的亲弟弟,我难道能见死不救吗?救,要有充分军事准备,可事情来得太快了,我还没有做好准备。第二,如果要与朝廷摊牌,除了军事武力以外,还要有合适借口或者说名堂,不是有句话讲,名不正则言不顺,出师要有合适的理由和名目,否则我就成了千夫所指的乱臣贼子,从道义上就会失去优势,这仗还怎么能打赢呢?第三,自从"老爸"驾崩以后,我的那三个宝贝儿子在南京为他们的皇爷爷守孝已经几个月了,还没有回来,大家都说,"半边月亮"对他的堂兄弟很好,舍不得让他们走,这岂不是将我的宝贝儿子扣作为人质吗?说实在的,我还真不能硬来。硬来了,我这辈子可能永远也见不到我的宝贝儿子了;再说我也不好开口向南京那个侄儿皇帝直接要儿子呀,否则岂不是告诉他们我有想法啊,我要起兵了!

所以综合起来,朱棣认为,起兵的"火候"还没到,至于眼下的这些事,只能一个字"忍",小不忍则乱大谋。

○ 朱棣为周王辩白——建文帝与朱棣的第一次交锋

但再忍的话也不能不做些事,尤其人家已经将周王的"罪行告白书"送到北平来,叫我与其他藩王一起"议罪",我总不能说我不知道,别人可以推说不知道,我是周王最亲的人了,我说不知道,无论怎么也说不过去,弄不好反而暴露了自己;那么我就依着朝廷给周王的"定性"——反动透顶,颠覆政权?这就不仅将亲弟弟推向了地狱,而且也将自己无形之中置身于尴尬的境地了;为亲弟弟辩白?他犯的可是谋反罪,我做哥哥的这么做,不仅无济于事,反而给朝廷一个整我的借口——说我心怀不满,早已兄弟之间密谋好,这样我岂不成了谋反的同案犯,所以要极其谨慎地对待朝廷的敕书,不能予人任何把柄。朱棣想了很长时间,找来心腹谋士商议,最后给建文帝的敕书作了这样的回答:"若周王朱橚所为,形迹暧昧,幸念至亲,曲垂宽贷,以全骨肉之恩。如其迹显著,《祖训》且在,臣何敢他议?臣之愚议,惟望陛下体祖宗之心,廓日月之明,施天地之德。"(《明太宗实录》卷1;《奉天靖难记》卷1)

朱棣的这个回答简直是滴水不漏,天衣无缝。这里隐含几个信息:

第一,将周王定罪这个球踢回给建文帝,朱棣不愿为此惹什么麻烦。什么"如果周王所作所为形迹暧昧不明显,希望皇上您能念及我们都是至亲的份上,就饶恕了他吧,成全骨肉之恩;如果周王所做的事情违法犯罪的形迹已经十分明显,反正有《皇明祖训》在,我等做臣子还敢多讲什么呢?"

第二,朱棣的"回音"表面上很是柔和、恭顺,但骨子里充满了火药味。整段约70个文字,朱棣两次提到祖宗和《皇明祖训》。他一方面在说,希望建文帝"幸念至亲,曲垂宽贷,以全骨肉之恩"和"臣之愚议,惟望陛下……",但仔细品味一下,它充满了杀气,你要是不尊重我们藩王的意见,那么我们就要以《皇明祖训》来办。大家知道,传统中国是个尊老同时也是一个"卖老"的社会,在解释祖宗遗训的问题上,谁最有权威?就是家族里最为年长的。现在朱家谁最长?就是他朱棣,你朱允炆是小辈,你要是与我过不去,有你好看的!

第三,朱棣抓住中国社会的特有的国情——伦理。什么"幸念至亲"和"以全骨肉之恩"及"廓日月之明,施天地之德",等等。这里讲的是中国人始终剪不断理还乱的血缘亲情、家族伦理与国法之间的关系。在一般情况下,国法高于家族伦理与社会伦理,但在皇帝家里或特殊情况下,就要"特殊对待"。怎么个"特殊对待"法,就看谁有实力说话,谁的"嘴巴大",所以这里边本身也隐含了杀机与舆论道德上优劣势问题。

正因为朱棣的回答软中带刚、绵里藏针,既有血缘亲情的"呼唤",又有霸气与杀气,所以建文帝"览书恻然,谓事宜且止"(《明史·黄子澄传》卷141)。

建文帝在看了朱棣的上书以后,居然怅然若失,并说削藩的事情到此为止了。朱允炆的文弱个性暴露无遗,就像没有意志力的小孩子遇到了困难就哭了,说不干了。要知道当时的政治斗争已经到了相当尖锐的地步,只是对立双方还没有完全撕破脸皮而已,所以说,一旦停下来,后果不堪设想。在这个问题上,黄子澄和齐泰还是深明大义的,他们反复地规劝建文帝:事态发展到如此地步,再怎么也不能算了;他们还极其委婉地指出,建文帝的想法是"妇人之见",并多次提醒建文帝:当断不断反受其乱。(《明太宗实录》卷1)

当天,齐、黄没有劝成建文帝,接下来几天上朝他们找机会再劝,力陈削藩半途而废的巨大危害。这下建文帝又逐渐坚定起来,继续削除不法藩王。(【清】夏燮:《明通鉴》卷11,太祖洪武三十一年八月,"考异")

● 再削"四王"

建文朝廷公开削藩,鼓励人们告发诸藩王的不法阴事。于是大明帝国上下呈现出高度的"政治热情",人们踊跃"参政议政",纷纷出来检举和揭发那些"坏蛋"藩王。

之所以出现这样的"热闹"场面,主要是由于明初这些地方藩王大多数都不是什么好东西。他们横行不法,巧取豪夺,滥杀无辜,但基本上都没被真正"修理"过。因为朱元璋祖制规定,亲王地位比皇帝和皇太子低一等,明显比文武百官地位要高,这就造成这样的局面:百官都怕藩王,那普通百姓就更不用说了。因此在建文帝削藩之前,即使人们见证了藩王们所做的不法之事,可又有谁不想活了,去给藩王"找刺"呢?而现在情况不同了,建文帝为大家撑腰,人们就纷纷出来检举和揭发其罪行。

建文元年四月,有人告发湘王朱柏"伪造(宝)钞及擅杀人",建文帝"降敕切责,仍遣使以兵迫执之。湘王曰:'吾闻前代大臣下吏,多自引决。身高皇帝之子,南面为王,岂能辱仆隶手求生活乎!'遂阖宫自焚死"。没多久,又有人出来告发齐王朱榑所犯的不法之事,建文帝下诏,将齐王朱榑召到南京,削除了他的藩号,废为庶人,将他与周王关在一起;与齐王被废差不多同时,代王朱桂因图谋不轨、胡作非为而被人告发,建文朝廷派使者到代王藩邸山西大同,宣布将代王朱桂就地"免职",废为庶人;六月西平侯沐英之子沐晟上告岷王朱楩所犯之罪行,建文帝下诏,削夺岷王府护卫军士,诛杀伙同岷王朱楩一起作恶的指挥宗麟,将岷王废为庶人,徙往漳州。(《明史·恭闵帝本纪》卷4;【清】谷应泰:《明史纪事本末·削夺诸藩》卷15;《明史·诸王一、二、三》卷116—118)

○ 建文削藩的三大失误

从建文帝上台后的第三个月削夺周王开始到建文元年六月岷王朱楩被废,在10个月不到的时间内建文帝连削5王,其成果是相当大的。从表面来看,形势喜人,但在这表面喜悦的背后,建文政权的一些致命毛病也开始暴露出来了。

第一,作为建文政权的最高核心人物建文帝如果他是身处太平盛世,那么他极有可能成为中国历史上出类拔萃的一代贤君,特别是"建文新政"的推行与君权下放理念的长期贯彻或许对中国传统社会政治经济和思想文化有些改观,或者说近世中国极端专制主义与臣民奴性不至于进一步地恶化。但历史就是这么无情,建文帝却偏偏生于特殊的社会转型时期,这时帝国社会所需要的是心狠手辣的铁腕人物,显然建文帝不具备这样的人格特质。他本性文弱,处事优柔寡断,心不黑,手不辣,婆婆妈妈。这对于那种瞬息万变的政治局势显然是不能适应,以至多次当断不断,给政敌以喘息的机会,使原本的优势逐渐地转变为劣势。

第二,建文朝决策智囊集团成员虽然个个都是高学历、高智商,这样的人事结构要是在和平年代或没有军事风浪的情况下,很可能迎来了文化或科技的大发展。

但处在由"洪武"转为"建文"的特殊时期,这样的高层决策人事搭配显然是很成问题的。无论是齐泰、黄子澄,还是后来的方孝孺,他们在南京城里进行最高决策,用的是兵,但没有一个人有军事背景,所以他们用兵最多只能是纸上谈兵。加上那个皇帝还是一个文弱的年轻书生,四个书生合在一起,怎么着还是"书生"。他们对云谲波诡的政治场与权力斗争不娴其道,最终只能是由别人牵着他们的鼻子走。

第三,由于建文帝的软弱及其智囊决策层书生大臣的偏激,在削藩一开始的方案选择上就犯了错。面对多项选择,无论是建文帝还是他的决策智囊都缺少真正理性、智慧的判断,抛弃了非核心智囊层人士卓敬进献的最佳应急解决方案,这样就使得建文朝廷在错综复杂的形势下将自己原本主动的优势逐渐地往着相反方向发展。武力削藩行动前,存在着从谁身上先下手的问题,理性而言,齐泰的主张是正确的,但最终建文君臣都认同了留下巨大后患的黄子澄方案——吃柿子专挑软的捏,首削最大敌人——燕王的弟弟,给凶敌发出了一颗信号弹,似乎是在告诉朱棣,你准备好了吗?我们接下来就要对你动手!而后又没马上对朱棣动手,拖泥带水,给予敌人以喘息的机会,终至灾难降临。

这是建文朝削藩开始时所犯的三个最大的失误。

建文君臣怕朱棣,但又没办法绕过这道坎,一次次削夺朱棣的兄弟藩王,一次次地打草惊蛇;毒蛇在草丛里蛰伏着,也在暗中涌动着,建文帝与蛰伏的朱棣接着就要开始更多的较量了。

建文削藩攻坚战

● 建文帝说:以什么罪名能削废了燕王呢?

后人在谈到建文帝和朱棣之间的政治较量时,要么说建文帝无能、无才,捡了便宜(指皇位)还不卖个乖,搞什么削藩;要么说朱棣有着非凡的本领,但由于建文君臣书生气十足,光注意削那些"小藩"而忽视了朱棣这个"大藩",终致养虎为患。这等说法还有许多,但实际上都不够正确。

其实在连续削废五藩时,建文帝和他的智囊们一直在密切注意着他们的最大的政敌——燕王朱棣。当燕王朱棣对周王议罪书的"回答"上书送达南京明皇宫时,建文帝君臣还为此热烈地讨论了一番。依照齐、黄的意思,建文帝赶紧对朱棣下手,否则这个最为凶险的敌人越来越危险,越来越难对付。建文帝不是笨人,他当然知道这一点,但文弱的天性和书生的呆板性束缚了他的手脚,他的思维就像儒家老古董那样,认为做事应该要有充分的依据,否则就不要去"惊动"燕王朱棣。而齐、黄毕竟年长于建文帝,社会阅历也相对丰富,所以他们不停地催促建文帝早早动手。建文帝被催急了,无可奈何地直白道:"彼罪状无迹可寻,何以发之?"即说:"我一直叫人密切注意北平燕王的动态,可实在是一无所获啊,以什么罪名能削废了他呢?"(《明太宗实录》卷1;《奉天靖难记》卷1)

要说这姜还是老的辣,齐、黄认为,只要认真找,总是找得到的。就拿燕王对周王议罪书的"回答"来做文章,虽说朱棣写得滴水不漏,但总的基调还不是为周王求情?!我们就以"连谋"的罪名将燕王给废了。

说实在的,在传统的专制社会里,对与错、正确与谬误、正义与邪恶等之间的"甄别"权、话语权往往是掌控在权位高势者的手中。我们不说别的,就讲建文帝最大的政敌朱棣后来起兵造反打出的最"鲜艳"的旗子——恢复"祖制","祖制"具体有什么内容? 当时的一般人都不曾读过,朱棣就来了个断章取义,从北京打到南京,似乎也没人向他要"祖制"的原件,以此来进行比对一番。换句话来说,朱棣造建文帝的反,所打的旗号实际上就是瞒天过海,这是政治场上惯用的伎俩,先声夺人,置人于死地,谁的嘴巴大、谁的拳头硬,"真理"的话语权就在他那里。因此说齐、黄的主张是很有道理的,但在这个问题上朱允炆又迂了,当齐、黄说出要从燕王对周王议罪书的"回答"中想办法找出罪名时,建文帝竟然这样说道:"朕即位未久,连黜诸王,若又削燕,何以自解于天下?"(《明史·黄子澄传》卷141;《明太宗实录》卷1)

● 不忘"关心"北平城

碰到建文帝这样"仁柔少断"的"领袖",再好的取胜机遇也会丧失。事实上当时齐、黄的建议如果被建文帝立即采纳的话,局势对建文朝廷还是很有利的。因为那时朱棣正在"养病",实际上他还没有做好起兵造反的准备而采取了韬光养晦的策略,所以建文朝此时动手正好打得朱棣措手不及。但当齐、黄跟建文帝建议:"今所虑者独燕王耳,宜因其称病袭之"时,建文帝却这样回答的:"燕王智勇善用兵,虽病,恐猝难图。"这话翻成现代白话文就是说,燕王智勇双全,善于用兵,即使他现在在生病,恐怕我们朝廷也难以一下子收拾他。(《明史·黄子澄传》卷141;《明太宗实录》卷1)

由此看来,建文帝简直是得了一种"恐燕症"。但就此而言,说建文帝是个软蛋,这似乎又失之偏颇。就在建文帝对五个藩王连连下手得逞的同时,建文帝接受黄子澄、齐泰等人的建议,开始了对燕王大本营北平进行一系列防范性的布防。

第一,重新调整北平高层领导,加强对北平城的控制。洪武三十一年十一月,"(建文帝调)工部侍郎张昺为北平布政使,谢贵、张信掌北平都指挥使司,察燕阴事"(《明史·恭闵帝本纪》卷4;参见《明太宗实录》卷1;《奉天靖难记》卷1)。

第二,以北方军事告急为名,抽空燕王府内的军事力量。洪武三十一年十一月,建文帝召齐泰问计:"今欲图燕,燕王素善用兵,北卒又劲,奈何?"齐泰说:"今北边有寇警,以边防为名,遣将戍开平。悉调燕藩护卫兵出塞,去其羽翼,乃可图也。"建文帝听后,觉得齐泰的主意不错,可他没有马上行动,一直拖到建文元年三月,才"命都督宋忠调缘边官军屯开平,选燕府护卫精壮隶忠麾下,召护卫胡骑指挥关童等入京,以弱燕。"(《明太宗实录》卷1;《奉天靖难记》卷1;【清】谷应泰:《明史纪事本末·燕王起兵》卷16;《明史·黄子澄传》卷141)

第三,在北平外围调兵遣将,对北平城四周重重设防。建文元年三月,建文帝"复调北平永清左、右卫官军分驻彰德、顺德,都督徐凯练兵临清,耿瓛练兵山海关,以控制北平"(《明史·黄子澄传》卷141,列传第29;参见《明太宗实录》卷1;《奉天靖难记》卷1)。

第四,派出得力高级别御史领导监察北平,暗中调查燕王的不法阴事。建文元年三月,建文帝派都御史景清署理北平布政司参议,名为加强北平地方司法监察建设,实为监察燕王府。(《明史·景清传》卷141;【清】谷应泰:《明史纪事本末·燕王起兵》卷16)

从表象来看,建文君臣在对燕王朱棣的防备上已经做到了万无一失,整个北平城里三层外三层都被朝廷控制得牢牢的,确实这里边不乏好多有利之处,如将朱棣的燕王府兵力抽调出去防蒙古,一来真像朝廷所讲的那样,增强北边防务;二来燕王府的兵力经过这次大抽调以后,原来雄踞北方的燕王顿时被架空了,三四个月以后,朱棣起兵时手中只有800名士兵。

但实际效果未必好,当时建文帝新任命的张昺、谢贵和张信三位封疆大吏中前两位无能,最后一个张信是叛徒,建文帝对他并不太了解,是听信大臣的推荐才用的。张信这人原来在地方军队里当领导,似乎也没有什么真本领,他靠出卖建文帝才在朱棣那里站住了脚跟,后来在"靖难"战争中他也没怎么打,能力一般甚至可以说不佳。可见建文帝的治政经验还是很有问题的,将一个别人推荐出来的而自己并不太了解的人用到了这么紧要的地方,暴露了朱允炆政治上的幼稚。后来朱棣造反成功,原因很多,但张信当叛徒是一个不可忽视的因素。(《明史·张信传》卷146)

除此之外，还有个特别重大的问题，就是建文君臣对于军队简直如瞎子。他们中没有一个人有军事背景，但又极度的自信，以当时朱元璋大杀功臣以后的情况来看，留下的侯爷老将只有耿炳文和郭英，尤其后者还是朱元璋临终有嘱托的大臣。耿、郭两人一生戎马生涯，能在洪武年间的血雨腥风中存活下来，可见他们是极其可靠的。如果建文智囊决策层能在军事的人士安排与布防上多请教两位侯爷，也许后来就不可能上演那出让人无法想象的"滑稽戏"：尽管朱棣起兵时只有800人，可他一打出旗号，已经被朝廷调拨给别人指挥的原先他的部下纷纷阵前倒戈，燕军一下子由800人发展到了几万。这个奥妙就在于，军队中长期上下级隶属关系所积淀的"效应"，绝非是一时军队人事调动所能解决的。所以说，最终的结果是，上述这些北平布防实际上是等于在向朱棣下宣战书。

● 朱棣：我在燕王府里养鹅鸭

再说朱棣，见到建文帝对北平城进行层层布防的架势后，一开始不免心中有所恐慌，但他身边云集了一批给他指点与鼓气的"高人"。要说这些"高人"，他们的身份还真不起眼，和尚道衍（俗名姚广孝）、算命先生袁珙、金忠等（有关朱棣的这些谋士的详细情况我们将在《大明帝国·朱棣卷》里详讲），一个堂堂王爷交的朋友尽是一些下里巴人，给别人的印象是朱棣这个人没什么品位，实际上他在这些超级谋士的指点下，正积蓄力量，做造反的准备。

当时北平城的局势确实对朱棣不利，经过建文元年初的大调整后，除了燕王府，北平城内城外全在朝廷的掌控之中，朱棣的一举一动说不准都有人在暗中盯着，怎么办？就此不反了？其结果很可能是被逮到南京去，与他的亲弟弟关在一起，因为朝廷最怕的就是他，所以一旦朝廷要真下手了，其结果肯定好不了。要是反呢？目前准备工作还没有做好，而要做准备，在这满大街说不定都有朝廷密探的北平城里，一点点的风吹草动都会招来大麻烦。朱棣苦恼过，他想豁出去，但不知怎干。主子的苦恼，和尚道衍等谋士看得一清二楚，他们给他出高招，"忽悠"建文帝。对外公开继续装得规规矩矩，不去触犯朝廷的法纪规制，暗地里招兵买马，训练军士，赶造武器，开始为起兵造反做实质性的准备。

首先朱棣以勾补逃亡军士为名，招徕和网罗天下奇人神勇，暗中发展自己的军事队伍。燕王"遂简壮士为护卫，以勾逃军为名，异人术士多就之"（【清】谷应泰：《明史纪事本末·燕王起兵》卷16）。

其次在燕王府内进行军事训练与武器准备。军事训练与武器准备无非包括练兵、打造兵器等活动,但这些活动哪一个都是大动作,不可能没有一点动静。尽管燕王府袭用故元皇宫,墙高院深,一般情况下,院子里有点小动作,外面是没法知道的,但要进行练兵的话,几百号人在一起集训,能不发出声音吗?不可能!还有打造兵器也要发出声响,这可怎么办?

道衍和尚给朱棣出招:在燕王府内养一大群的鹅鸭,鹅鸭多了,叫声也大。这还真管用,它们的叫声"压过"了燕王府内的军事操练声和制造兵器声。通过这种瞒天过海的手段朱棣还真把建文朝廷的耳目给欺骗了。(《明史·姚广孝传》卷145)

● 大舅子告密了

尽管朱棣在北平燕王府内所进行的起兵造反准备工作十分隐秘,就连当时活动在北平城里的建文朝廷的耳目也给"忽悠"过去了。但没有多久,在南京城里的建文帝还是知道了朱棣的一些不轨阴事。这究竟是怎么一回事?

原来燕王朱棣娶的第一妻子是明朝开国大将魏国公徐达的大女儿,徐达的大儿子叫徐辉祖,他是家中的老大,因此朱棣应喊徐辉祖为大舅子。虽然朱棣被分封在北平,远离了南京,但徐达的这个大儿子徐辉祖不仅承袭了父亲的爵位,而且也遗传了父亲的良好品性,他为人正派厚道。父亲徐达不在了,他这个长兄就承担起父兄的责任,一有空就要去北平,探望一下远嫁到那里的王妃妹妹。徐辉祖前后去了几次,发现他的妹夫燕王朱棣最近很诡秘,且整个燕王府上下都神秘兮兮的。徐辉祖也不好多问,住了些日子,他要回南京了,但对燕王府的秘密到底是什么?徐辉祖尽管不是很清楚,但八九不离十地猜到了。因为都是自己家里人,朱棣他们老是神神秘秘、躲躲闪闪,肯定不是什么正派的或放得到桌面上的事。既然燕王府上下都不说,估计这是件大事,联想到最近一段时间内朝廷与藩王尤其与燕王之间的暗中较劲与外问的风传——朝廷要削夺燕王,徐辉祖马上想出答案来了,他那个妹婿肯定是在密谋造反。这可是杀头和株连九族的勾当,徐辉祖想到这些,顿时一身冷汗,他可是规矩人,忠君本分,现在自己的亲族即将大祸临头,他可不能不管!要管,但怎么管?自己又没有亲眼所见,再说朱棣再坏也是自己的妹夫。反复思量着,他最终打定主意,去跟新皇帝打个"招呼",也算我们老徐家对得起死去的高皇帝与当今的皇上,万一妹妹家真出大事了,新皇帝要是念我忠君直臣的分上,至少还可以挽救一些人。想到这些徐辉祖就上明皇宫去,将他所掌握的一些有关燕王朱棣的阴事告诉了建文帝,并提醒建文帝多加小心。

不过《明通鉴》是这么记载的：周王朱橚被逮后，燕王朱棣"大简壮士为护卫"。洪武三十一年八月，建文帝任"命徐辉祖练兵山东。时燕王多招异术，辉祖密奏之"（【清】傅维鳞：《明书·建文皇帝本纪》卷4，P50）。

再说建文帝知道徐辉祖为人方正，也明白他来"告密"的目的，在皇帝与妹夫之间，魏国公选择了皇帝，不容易啊！一句话，忠君啊！这是他们老徐家的光荣传统，作为皇帝应该要好好地嘉奖这样的忠君直臣，于是建文帝就授予徐辉祖为太子太傅的头衔，与曹国公李景隆一起管理大明六军的事情，协谋图燕事宜。（《明史·徐达传附徐辉祖传》卷125，列传第13；【清】谷应泰：《明史纪事本末·燕王起兵》卷16）

● 谍报工作做到燕王府里了

自从徐辉祖将自己在妹夫朱棣府上呆的那些日子里的所见所闻秘密上后，文弱的年轻皇帝朱允炆着实倒抽了一口冷气，心想：尽管自己已经采取了一些措施来防范燕王，但一直苦于拿不到燕王违法乱纪的真凭实据，所以朝廷也就一直没有对燕王下手。有时建文帝也在反问自我：会不会搞错了，人们都冤枉了四叔朱棣？而现在燕王朱棣的大舅子徐辉祖却主动地到明皇宫来"告密"，就凭他老徐家的优良品格和徐辉祖的为人，建文帝感到如今的局势是越来越严峻了。怎么办呢？在燕王府外的北平城里城外，该做的都做了，莫非往燕王府内直接派出亲信或马仔？这太显眼了，还有，朝廷直接派人到燕王府去，人们肯定会说我这个做侄儿的皇帝"不孝"，对叔叔不厚道，这样就使得我首先在舆论上会失去优势。再说燕王也不是傻子，朝廷派人到燕王府上了，朱棣的那些阴事就会暴露么？不可能！人家在大舅子面前都遮遮盖盖，裹得严严实实，所以派人去燕府那是极不合适。唯独的好办法就是从燕王府内部攻破，问题是怎么攻法？找哪个人下手？个性文弱的建文帝此时感到自己特别孤独，他祈求上苍给予一点帮助。

说来也巧，正当建文帝祈求上苍帮助时，上苍还真的第二次主动伸出了手（第一次就是徐辉祖"告密"）。建文元年（1399）正月，燕王府长史葛诚来南京奏事，用今天话来说，燕王府的办公室主任葛诚来南京汇报工作。葛诚，《明史》上记载他个人信息不多，就说他是洪武晚年出任燕王府的长史，也就是说他是老皇帝朱元璋认可的人。朱元璋很残忍，这是众所周知的，但老朱皇帝也有优点，譬如，他看人的眼光很准，这个葛诚就是这么一个典型例子。建文帝见了葛诚来南京汇报工作，就在大殿上公事公办。结束的时候，他就给葛诚打了个招呼，然后带他到了明皇宫的密室里。建文帝详细地询问了燕王府的动态,葛诚一五一十地讲了。谈话临结束时,建文帝嘱咐葛诚:你像是没有发生什么事似地回燕王府去,继续干你的工作,暗中做好我们朝廷的内应。(《明史·葛诚传》卷142;【明】姜清:《姜氏秘史》卷2;《明太宗实录》卷1;【明】黄佐:《革除遗事·葛诚》卷1)

葛诚回去以后,建文帝开始进一步加强对北平和燕王府的侦察、监视等类的谍报工作,燕王府内部已有葛诚做朝廷的内应,外面呢,建文元年三月,建文帝命刑部侍郎暴昭、夏原吉等人充采访使,分巡天下。"都御史暴昭采访北平","得燕不法状,密以闻,请预为备"(《明史·暴昭传》卷142,列传第30;【明】赵士喆:《建文年谱》卷上,P34-35;【清】谷应泰:《明史纪事本末·燕王起兵》卷16)。

◉ 秘密统战工作第一个重点发展对象——刘伯温的儿子刘璟

就在葛诚回燕王府、暴昭任"采访使"巡视北平之际,燕王朱棣对于建文朝廷的监视与谍报活动还是有所感觉的,只要他一走出燕王府,就有人在暗中盯着。燕王在南京城里也不乏"眼线",但这是后话了。朱棣可不是什么省油的灯,针对建文帝的攻势,他来了个以牙还牙。他是这么想的:你小皇帝给叔叔来这一手,还嫩了点,你看我来做做你们阵营里的"统战"工作吧。于是在当时的北平和南京城里一场没有硝烟的战斗已经打响——谍战与"统战"。

朱棣要发展的"统战"重点对象是大明朝第一号大神人刘伯温的二儿子刘璟。这刘璟从小就是神童,小小年纪就能背诵儒家经籍,很受老皇帝朱元璋的喜欢。晚年朱元璋经常会想起刘基,于是他每年都要召见以刘基为首的"浙东四先生"的儿子刘璟等人,一般来说,这种召见都在便殿上,朱元璋与刘璟他们说起话来就像与家里人一样。洪武二十三年,皇帝朱元璋打算让刘璟继承他父亲刘伯温的爵位,但刘璟说:"万万不可,家兄刘琏虽然为胡惟庸党人害死了,但我的侄儿已经长人,理应计他来继承。"朱元璋一想,刘璟的话有道理,就依了他,任命刘基的长孙刘荩(刘琏之子)袭封,以刘璟为门使,朱元璋还跟刘璟说:"考察宋制,门使就是仪礼司,朕任命你出任这样的官职,就想叫你能天天侍候朕,朕也不给你办什么特别的授职仪式,就这样宣布算数了。"皇帝朱元璋临朝时,刘璟就在朝中站立伺候着,百官奏事要是有什么缺失与疏漏,刘璟马上予以纠正。御史袁泰奏车牛事失实,朱元璋说可以宽宥他了,而袁泰却忘了谢恩。刘璟立即出来纠劾,袁泰表示服罪。皇帝朱元璋给刘璟的诏谕说:"凡是像这类事情,就可当面纠劾。朕虽然没有将他治罪,但主要的宗旨还是要大家懂得遵守朝廷纲纪。"不久以后,刘璟受命与法司官员一起审理

司法案件,纠正冤假错案。谷王朱橞就藩时,刘璟被任命为谷王府左长史。(《明史·刘璟传》卷128)

刘璟口才很好,相当健谈,尤其喜欢谈论军事。当年温州一带发生了叶丁香叛乱,延安侯唐胜宗率兵讨伐,刘璟为他出谋划策,没多久就将叛乱给平定了。明军凯旋时,唐胜宗不停地夸奖刘璟为奇才。朱元璋听说后高兴地称赞道:"刘璟真不愧为伯温先生的儿子啊!"

建文初年,刘璟受到了新皇帝朱允炆的重用,与暴昭等人充任"采访使",来到北平,巡视民情。燕王朱棣早就知道这事,他十分清楚现在的形势,燕王府上的长史葛诚自南京回来后就十分异样,可见朝廷的间谍工作已经深入到了我燕王府内。既然皇帝朱允炆在用间谍侦查和监视我,我何不采取反间谍与反侦查的方法,开展"统战"工作?! 燕王府长史葛诚可能已经被"收买"了,我就从府外入手,现在北平城里不是来了"采访使"吗。什么"采访使"? 说白了就是监察特使啊,我也要好好地利用他们一下。朱棣反复琢磨,在暴昭等人的"采访使"中别的人似乎都不值得去"争取",倒是有个叫刘璟的人,他可是大神人刘伯温的儿子,据说他曾得到父亲的真传,本领大得很,要是能把他争取过来,为我所用,不愁我的宏伟帝业不成。

朱棣打定主意,乘着"采访使"造访时,尤其慷慨热情地招待刘璟,还时不时地邀他下棋娱乐。有一次朱棣在与刘璟下棋时,试探性地说道:"你不能稍微让着我一点耶?"哪知刘璟一脸严肃地回答:"可让处则让,不可让者不敢让也。"刘璟话的潜台词是:我这个人很讲原则(这是他们老刘家的传统),无关紧要的事情我可以通融,事关原则的地方我一点也不会让步,典型的一个活脱脱的刘伯温再世。听完刘璟的回答,朱棣沉默了好久。(《明史·刘璟传》卷128;【明】赵士喆:《建文年谱》卷上,P37)

● 煮熟的鸭子飞了

朱棣本想将"统战"工作重点发展对象锁定在刘伯温儿子身上,没想到碰了一鼻子的灰。不过自己毕竟是40岁左右的人了,人到中年经历的事情多,见识也广,这样投石问路的事情不成,也算不上什么的。经过观察,朱棣注意到,建文朝大臣尽管个个都是文绉绉的书生,但你还真别说,他们几乎全是正人君子,要在他们身上找到突破口还非得要多动动脑筋。朱棣想了好久,忽然想起了一个人,他就是朝廷刚刚任命的北平按察使(相当于北平省法院院长)陈瑛。

陈瑛,安徽滁州人,洪武年间,被地方上选拔到南京国子监来读书,毕业以后就在大明朝廷中任御史,即从事纪检和监察工作。洪武晚期出任山东按察使(相当于山东省法院院长)。因为朱允炆自身就是书生,所以继任大统以后他就大量任用他所情投意合的文人学士,对他们委以重职、要职。但建文帝朱允炆没有用辩证的眼光来看待问题和他的臣僚,像陈瑛这样的文人败类,建文帝不仅没有看出他是个大坏蛋,反而予以重用,将他派到北平来,掌管北平的司法和监察大权。

朱棣打定主意后就备了一份厚礼,叫底下的人偷偷地给陈瑛送去。送礼的人很快就回来了,他跟朱棣说,陈瑛不曾推让,就将礼物收下了。朱棣听后马上明白,这个陈瑛是个地地道道的贪官,而且胃口还特别大,胆子也大,现在我能发展他为"盟友",我就不愁办不成大事。你建文帝搞谍报战,我也陪你玩,看谁玩过谁?

朱棣心里美了没多久,陈瑛就出事了,什么事呢?

原来北平省法院自陈瑛这个大坏蛋、大贪污犯当上了一把手以后,整个法院系统开始腐烂。朱棣不愧为燕王爷,见多识广,能办事,他在给陈瑛行贿时,还没忘了"意思一下"陈瑛手下的几个喽啰,副使张琏和右布政曹昱都曾"受燕王府金钱,有异谋"。这样的丑事没多久被陈瑛的一个下属佥事(可能相当于北平法院内的一个局长)名叫汤宗的人给知道了。建文元年三月,汤宗向建文朝廷揭发了陈瑛等人收受巨额贿赂的犯罪事实。建文帝知道了后十分恼火,朝议结果,将陈瑛逮谪广西。(《明史·陈瑛传》卷308;【明】姜清:《姜氏外史》卷2;【清】夏燮:《明通鉴·惠帝建文元年》卷12)

● 第三招臭棋

贪官陈瑛被逮,尽管朝廷没有处理行贿人燕王朱棣,但它给了他不小的惊吓,回想起建文元年二三月以来,自己连连出招,可下的那两招都是臭棋。刘璟好像是外星人,整个"滴水不进";陈瑛那边快要把事办成了,可转眼之间,这"煮熟的鸭子"又飞了。不想则已,一想起来,这心里就堵得慌,好险啊!严峻的形势告诉朱棣,现在必须得更加小心。

再说建文朝廷对于燕王朱棣所做的一系列阴事都有所掌握,削藩到此已经进入了攻坚战阶段,朝廷深信不疑地将削藩重点锁定在朱棣身上,那肯定是没错的,但问题是现在掌握朱棣谋反的确切证据实在是不多;对于朱允炆来讲,朱棣是他目前最长的叔叔,没有充分的证据就把燕王朱棣给逮了,天下人会说我朱允炆"不孝、不敬",皇爷爷尸骨未寒,孙儿这般"无端迫害"叔叔,自己要背上恶名的。但朱棣确实不是什么好东西,诸藩还不是仗着他的势力敢于同中央叫板,所以燕王不除,国无宁日,这一点建文帝是认准了的。问题关键在于没有真凭实据啊,怎么办?等!只有等,看谁能耗得起。建文君臣一致认为:进一步加强对燕王的侦察与监视,等待合适的机会削夺他。

这是一场紧张又激烈的政治场上的心理战和谍报战,谁将取得最后的胜利就完全取决于双方的心理素质、个人性格和时间等诸多因素。

对于朱棣来说,建文元年初他连下了两招臭棋,心理可不是滋味,但终究没有大碍。当然朱棣心里清楚,尽管朝廷对他没有采取行动,但并不表明自己就没有危险。每天他看到北平大街上的人,就感觉到有人在盯他,而且盯他的人似乎越来越多,朝廷的"沉默"就是要用时间来"换"证据。我可不能让他们牵着鼻子走,得争取主动。

朱棣想了好久,终于想到,要到南京去探探风向。但怎么去?按照"祖制"规定,地方藩王没有皇帝的允许是不能随便离开自己藩地的;就连老皇帝驾鹤西去时,藩王们也不能前去送送父亲,因为老皇帝朱元璋遗嘱中有规定"诸王临国中,无得至京"(《明史·太祖本纪三》卷3)。因此说,要上南京去可谓比上西天取经还难,怎么办?朱棣正愁着,忽然想到最近南京送来的侄儿皇帝的诏书:"诸王毋得节制文武吏士"(《明史·恭闵帝本纪》卷4)。对了,现在是建文元年,今年年初南京城里的小皇帝正式改元,听说各地藩王都曾遣使上京师去朝贺那个"半边月亮",自己何不乘着这个机会也去"朝贺朝贺",顺便探探究竟?!

当朱棣刚说出自己的想法,就遭到了所有亲信与谋士的反对。他们一致认为,朝廷现在要搞的就是你燕王,你到南京去,不是自投罗网?朱棣可不这么认为,他说,现在大家都知道建文朝廷与我们藩王之间已经到了水火不相容的地步。可大家别忘了,我和朱允炆不仅是君臣关系,而且还是叔侄关系。我到南京去朝贺他,看看他,他就能把我抓起来?要抓现在在北平也可抓啊,可他没有动手啊!所以我要利用叔侄这层温情脉脉的血亲关系来闯一下南京城,探探朝中的虚实、人心的向背;同时也可给我那书生侄儿皇帝看看我四叔没有异谋,心也不虚,还来看看你小辈,这样也就堵住了那些要整我的削藩大臣们的嘴巴。众人再劝也无用,朱棣铁了心。

建文元年(1399)三月,燕王朱棣来到京师南京,明皇宫上下都知道了,从北平来的四皇叔要来觐见朝贺侄儿皇帝,人们交口称赞:这个四叔就是不错,朱家就他最长了,别的叔叔都会瞎来,就这老四还真有贤臣样。对于人们的赞赏,朱棣在到明皇宫的路上都听到了,他心里美啊,现在我们老朱家就我最长,老子在北方打了那么多年的仗,这大明帝国功勋第一人舍我其谁?就连皇宫里的皇帝,我的那个侄儿，一个书生气十足的娃娃，见了我不仅要喊四叔，还要好好地犒劳我这个边关勋将。想到这里，朱棣撇了嘴，趾高气扬地由洪武门直接走上了皇帝专用的御道（即今天南京的御道街），穿过午门，直抵明皇宫的正殿——奉天殿。

朱棣来到奉天殿时，他的侄儿——现今皇帝朱允炆已经在殿上等候多时了。叔侄相见，朱棣傲慢地站着殿陛上，向着御座上的侄儿皇帝拱了拱手，作为见面的礼节，然后双方就开始寒暄起来。没多久，朱允炆就引了朱棣回到了皇宫里去。（【清】傅维鳞：《明书·建文皇帝本纪》卷4，丛书集成本，P51）

在大殿上的众臣目睹了这一切，大家都觉得不可思议。监察御史曾凤韶向建文帝上呈奏疏，说燕王朱棣犯有"大不敬"之罪，理应受到惩治。接着，曾凤韶数落起朱棣犯下的罪行来了：燕王此次来京觐见，自恃叔父之尊，狂妄自大，目无君皇，自从洪武门进入起就昂首阔步地走在皇帝陛下专用的御道上，这哪像是一个臣子的所作所为；更为嚣张的是，燕王到了大殿，站着殿陛上，见到皇帝陛下也不行叩拜之礼，这哪像个臣子！分明是一介狂徒，是可忍孰不可忍！我大明高皇帝祖训规定：亲王来朝在大殿之上要行君臣之礼，回到皇宫里才行长幼尊卑之礼，而今燕王目无君皇，违反祖制，如此下去，国将不国。为严整我大明纲纪，小臣奏请皇帝陛下速治燕王以"大不敬"之罪。（【明】姜清：《姜氏秘史》卷2；【清】夏燮：《明通鉴·惠帝建文元年》卷12；【明】薛应旂：《宪章录校注》，凤凰出版社2014年9月第1版，P154）

"大不敬"是历代王朝中最为严重的"十恶"大罪之一，一旦罪名成立，必死无疑，甚至亲族都要被抄斩。就朱棣这次南京觐见的整个过程来看，他所犯下的罪行事实，监察御史曾凤韶全"点"到位了，满朝文武官员都是目击证人，此时除去燕王真是再合适不过了。

可使人万万没想到的是，建文帝在接到曾凤韶对燕王的弹劾奏疏后，居然这么说道："燕王是我的至亲，就不必深究了！"当时在场的建文朝官员个个都惊讶得目瞪口呆，包括建文帝的重臣齐泰、黄子澄和方孝孺在内。

监察御史曾凤韶满腔热情为国分忧，没想到遇到这么一个君主，心中之郁闷自然不消说了。不过，当时在场的还有一个聪明绝顶（至少在政治智慧方面是如此）的户部侍郎卓敬可不这么看待建文帝，他在琢磨建文帝今天对四叔朱棣格外开恩的缘由，想了半天终于想到了，建文帝本身就文弱，"性纯孝"，但他心里还是清楚，最为危险的政敌就是今天来觐见的四叔燕王。之所以建文帝今天法外宽宥，主要是他拉不下脸面，但冷静下来后他会那么做的。想到这里，卓敬就给皇帝朱允炆上了一个密奏，提醒皇帝赶紧逮住这个千载难逢的机会，将燕王从他长期盘踞的北平迁走,迁徙到南昌去。卓敬的密奏是这样说的:"燕王智虑绝伦,雄才大略,酷类高帝。北平形胜地,士马精强,金、元所由兴。今宜徙封南昌,万一有变,亦易控制。'夫将萌而未动者,几也;量时而可为者,势也。势非至刚莫能断,几非至明莫能察'。"(《明史·卓敬传》卷141;【明】赵士喆:《建文年谱》卷上,P12;【清】谷应泰:《明史纪事本末·燕王起兵》卷16)

卓敬密奏的这个方案优点在于:第一,避免以"大不敬"罪名整治燕王所带来的难堪——让人说闲话,因为叔叔一不小心,侄儿就翻脸不认人,做小辈哪能这样?第二,免除建文帝背上破坏"祖制"、迫害叔叔的恶名;第三,将燕王从北平迁往南昌,燕王之患自然消除。说实在的,这是个绝对完美的削藩方案,可谁也没有想到的是,建文帝看了密奏后,却对卓敬说:"四叔燕王是朕的至亲,怎么能这样做呢?"卓敬听后心里也急,规劝道:"陛下与燕王是叔侄关系,这叔侄关系总比不上父子关系吧。可陛下你想过没有,隋朝皇帝杨坚与杨广之间是那么亲的父子关系,据说杨坚年老的时候,有人跟他说,您的皇太子杨广在调戏你的爱妃,杨坚就动了杀杨广的念头。但他还没有来得及动手,杨广已经获悉了这个信息,先下手为强,将亲生父亲杨坚给杀了。陛下,父子之间的关系尚且靠不住,更何况你与燕王之间是叔侄关系啊!"建文帝听后"默然良久",最终冒出一句话来:"卿休矣!"就这样,一个铲除燕王削藩到底的绝佳机会给白白地错过了。(【明】姜清:《姜氏秘史》卷2;【清】谷应泰:《明史纪事本末·燕王起兵》卷16)

朱棣来京觐见这着棋下得实在是臭,没想到接招的建文帝水平更臭。建文帝的个性弱点在这个事件中暴露无遗,什么"骨肉至亲",完全是他中了儒家迂腐说教之毒太深了,优柔寡断的建文帝真是养痈遗患,愚蠢透顶!

● 建文帝不会做的选择题

再说朱棣的这次觐见侄儿皇帝,虽有朝中大臣要求就此把他解决了,但文弱的建文帝放了他一马,使他侥幸逃脱了,所以史学家谈迁在说及燕王觐见事件时是这样评价的:"(它)不过伺间释嫌,徼幸万一耳。"(【明】谈迁:《国榷·建文元年二月己巳》卷11)

不过对于这场建文君臣意见之争,当时的朱棣并不知晓,但他绝不敢久留于南京,因为他也怕随时都会发生意想不到的变故,所以这次来京连头带尾朱棣只待了9天就回去了。临走前,建文帝总要"送送"叔叔,虽然自己贵为天子,但在朱棣面前自己是小辈,叔叔要回藩地,侄儿总要表表意思。建文帝不仅将叔叔送了一程,还送了礼物和人,这礼物是孝敬叔叔与婶婶的,这送的人叫潘安,名义上很好听,叫潘安去当燕王的随从,伺候好燕王。朱棣也不笨,侄儿小子将他的人明目张胆地直接安插到我的身边,但话说得多漂亮啊,朱棣也不好拒绝,只好带了潘安等人回了北平。(【明】姜清:《姜氏秘史》卷2)

朱棣回北平后,侄儿建文帝似乎有点后悔了,他也清楚这个四叔朱棣不是什么好东西,于是就不断地增派官员到北平去"采访"、巡视民情,实为侦查燕王动态。

对于这些形势的微妙变化,老奸巨猾的朱棣早就察觉出来了,怎么办呢?自己还完全没做好造反的准备,一旦稍微不慎,后果不堪设想。朱棣想到这些,又开始"生病"了。燕王"病"了,底下的心腹们更加忙了,他们得加紧进行造反的准备,不过外界是绝对不会知晓的,就连北平燕王府里的一般人都只晓得燕王朱棣去了一次南京,回来没多久就病了,且病得还不轻。

这消息很快就传到南京明皇宫里,建文帝君臣都知道了。有一天上朝,有人向建文帝上奏说,北平燕王府里来人了,说是他们的燕王爷病重,恳求皇上恩准他的三个儿子回去见上一面,或许还能作个后事交代。读到这里,读者朋友可能要问了:这燕王的三个儿子不在燕王府好好地待着,跑到父亲的政敌这里干吗?

事情的原委是这样的:自从南京回去以后朱棣就"病"了一二个月,转眼间就到了建文元年的五月,也就是朱元璋逝世一周年,那时人称之为"小样"。父母"小样",做子女的要到场祭祀,以示孝道,如果子女因事到不了场,那么孙辈必须得去。但当时的形势很紧张,燕王与他的心腹们讨论了这件事:到底要不要让三个儿子一起上南京去参加老皇帝的"小样",大家争论过,谋士们认为,在这个时候让燕王府的三个王子一起去南京很危险,很可能被建文君臣扣押住。但朱棣认为这不大可能,再说自己不亲自去南京祭祀,还不让儿子们去参加他们爷爷的周年祭祀,这也于情于理都说不过去。于是,最终的结果是朱棣长子朱高炽带了两个弟弟全上南京祭祀来了。(【清】谷应泰:《明史纪事本末·燕王起兵》卷16)

儿子们走后没多久,朱棣就后悔了,每天看到北平大街上来往穿梭的人群,他就感觉这里边就有南京派来的密探。更有自己的燕王府长史葛诚似乎在秘密地发展护卫指挥卢振为他们的"组织团伙成员",其形迹诡秘,让人不寒而栗。朱棣想到这些,心里说不出有多害怕。要说他"病重",其实就是心里"病重"。"时燕王忧惧,以三子皆在京师,称病笃,乞三子归"(《明史·黄子澄传》卷141)。

另有说法,朱元璋临终有遗言:让孙儿们在南京为他服完3年孝之后归藩。"太祖之崩也,诸王世子及郡王皆在京师,遗命三年丧毕遣还,燕世子及朱高煦、高燧预焉"(【清】夏燮:《明通鉴·惠帝建文元年》卷12)。

朱棣声称病重,请求朝廷恩准他的三个儿子回府探视。这个请求合情合理,实在是个高招,一来可以弥补朱棣先前决策的失误;二来投石问路,要是朝廷扣押了他的儿子们,至少则朝廷失去了舆论的优势,天底下哪有父亲病重不让儿子回家探望之理?这样就将对方置身于被动的境地;如果朝廷放了人,那就达到了自己的目的,接下来就可以放心造反了。

也正如朱棣及其谋士所担心的那样,朱高炽三兄弟到了南京后不久,朱棣乞子回藩探病的奏书也送到了明皇宫。建文帝拿了朱棣的奏书找心腹大臣齐泰和黄子澄商议。齐泰主张将朱高炽三人扣下来,留作人质,以此来挟制住燕王;退一万步来说,即使朱棣不顾血缘亲情真的反了起来,朱高炽兄弟三人这张底牌握在建文帝手中,建文帝也就掌握了主动权。但黄子澄可不这么认为,他说:"如果真的将朱高炽三兄弟给扣了,反而授予燕王把柄,他就以此为借口,真的发难,我们就失去了舆论上的优势,倒不如放他们回去,这样至少可以表明我们朝廷对他燕王没有什么怀疑,而我们正可以乘其懈怠不备之时发起袭击。"(《明太宗实录》卷1;《明史·黄子澄传》卷141;【清】谷应泰:《明史纪事本末·燕王起兵》卷16)

坦率而言,建文帝碰到的这道政治选择题并不难做,在齐泰与黄子澄帮助建文帝给出的两个绝对相反的答案中,齐泰的观点还是极有道理的。相比之下,黄子澄的主张迂腐透顶。要知道无论是对建文帝还是朱棣来说,当时谁都心知肚明,双方的矛盾与斗争已经到了剑拔弩张的地步,只等合适的时机就要对对方出手了,还有什么"可疑"、"不疑"的。所以说黄子澄的观点说到底是掩耳盗铃,愚蠢之至。可悲的是建文帝在这两个答案的选择上居然又选择错了,他赞成黄子澄的观点,竟然同意将朱高炽三兄弟放回北平去。(《明史·黄子澄传》卷141;《明太宗实录》卷1)

● 一个是燕王的大舅子,一个是燕王的小舅子,我该相信谁?

再说,朱高炽兄弟三人来南京,作为舅舅的徐达大儿子徐辉祖早就知道了,这本来也没什么值得注意的事情,不就是孙子来祭祀爷爷,再普通不过了。但后来徐辉祖听说妹夫朱棣上书乞子回藩,联想起自己在燕王府的所见所闻,觉得事情背后必有蹊跷,于是他就急急忙忙地直奔明皇宫,向皇帝朱允炆直接禀告了自己对事情的看法。他说:朱棣老谋深算,善于伪装,如今他在生病还上书,其间必有阴谋,至于这个阴谋到底是什么?他也说不上来,但他希望皇上千万要认真对待;接着徐辉祖又说,据他对三个外甥的观察与分析,觉到老二朱高煦尤其不是东西,他"怀有异志"、"勇悍无赖",将来必定是不仁不孝,不要说是不会忠诚于朝廷,还会背叛他父亲,简直就是一颗祸星。如今燕王上书请求皇上您恩准他们三兄弟回藩探病,您要是准了,就好比是放虎归山,日后必有大患!"

建文帝听了大臣徐辉祖的一席话后顿感一头雾水,人们常说舅舅就是半个父亲,哪有这样的舅舅,大讲特讲自己外甥的不好;还有前阵子他来明皇宫里大讲自己妹夫如何不好,会不会他们老徐家跟妹夫朱棣家有什么过节?抑或别的什么事情?建文帝想到这儿,就找来了老徐家的老四徐增寿(徐达有四子:长子即徐辉祖、二子徐添福、三子徐膺绪、四子徐增寿,见《明史·徐达传》卷125,列传第13)和怀庆公主驸马王宁,问问他们看,对四叔燕王家的三个堂兄弟的事情该怎么处理。要说这个徐增寿还真熟悉燕王府的事,他曾受命跟随朱棣一起出塞征战,郎舅关系好着喽。所以当建文帝询问起有关朱棣家事情的时候,他一口一个"好"字。

这下建文帝更犯糊涂了:一个是燕王的大舅子,一个是燕王的小舅子,我该相信谁?他想了好半天,突然回想起黄子澄的话:"不予对方把柄,然后找机会再削夺燕王!"想到这里,他终于明白老徐家的两兄弟还是老小徐增寿讲得对,于是决定让朱高炽三兄弟都回北平去。(【清】谷应泰:《明史纪事本末·燕王起兵》卷16;【明】郑晓:《吾学编·徐增寿传》;《明太宗实录》卷1)

◉ 燕王是您亲叔叔,他怎么会造您的反?

朱高炽三兄弟回到北平,朱棣的"病"顿时全好了,眼下紧要的事情是抓紧时间做好造反的准备。

或许是朱棣谋反过于急切的心态所导致的疏忽大意,或许是建文帝长期的谍报工作应该有所收获吧,建文元年(1399)六月,燕山护卫有个小军官百户倪琼偷偷地给建文帝上奏,告发燕王朱棣属下的两个官校于琼和周铎在暗中为朱棣招兵买马,图谋不轨。建文帝立即下令将于琼和周铎火速逮捕,并押送到京师南京来进行审讯。审讯结果,两个官校吐出了不少燕王朱棣的不轨阴事,朝廷自此比较确切地掌握了朱棣对外装病暗中秣马厉兵的一些罪证。

这个时候最为妥当的做法是,以掌握了的燕王的罪证为借口,火速袭击燕王府,保不准能将朱棣打得措手不及。可是这个建文皇帝老在大是大非问题上东张张西望望,犹豫不决,要做就做出些让人感到莫名其妙的事情,他下令将燕王朱棣谋反的两条走狗于琼和周铎给杀了("帮助"了敌人,将"证人"给搞没了),然后又去找人咨询咨询,燕王朱棣真的会谋反吗?滑稽的是,每当要问关键的事情时,建文帝总会问错人,这一次为了"求证"燕王朱棣是否真的会谋反,他去问左都督徐增寿。前面讲过徐增寿是徐达的小儿子,即为朱棣的小舅子,又是朱棣的铁哥儿们,在建文朝他可是个地地道道的吃里爬外的内奸。所以建文帝这一问,比不问还要坏。徐增寿在听建文帝讲已经有人供出朱棣密谋造反的事实以后,竟然巧舌如簧地说:"燕王先帝同气,富贵已极,何故反?臣以一家保不反。"[燕王与先帝(指朱标,朱允炆登基以后,将父亲朱标追尊为兴宗孝康皇帝)是亲兄弟,他贵为亲王,已经富贵之极,又是你的亲叔叔,怎么可能还会起来造您的反呢!你别听那些小人瞎说,小臣以全家性命作担保!](【明】姜清:《姜氏外史》卷2;《明史·成祖本纪一》卷5,本纪第5五;《明史·徐达传附徐增寿传》卷125;【清】谷应泰:《明史纪事本末·燕王起兵》卷16)

当然建文帝毕竟不是晋惠帝,尽管个性文弱,胆小怕事,但他人还不笨,最终并没有完全相信徐增寿的胡说八道,而是下了一道"不痛不痒"的诏令,将燕王朱棣严责一通,就是最为关键的事情不做——废黜燕王,武力削藩。这样,又一次白白地错失了良机。

● 燕王朱棣"疯"了?

朱棣接到建文帝的诏令,心里也慌了,两员得力的"干将"被杀,朝廷又下令严责,情况不妙,估计朝廷已经掌握了许多不利于自己的证据,如果现在就动手公开反叛朝廷,自己准备还不够充分,眼下北平城内城外都是朝廷的兵马,骤然起兵,以卵击石,必将一败涂地,前功尽弃。想到这里,朱棣又使出自己惯用的伎俩——装病,以此来迷惑朝廷。(《明史·成祖本纪一》卷5,本纪第5)

不过朱棣这次"病"得还真不轻,疯疯癫癫地在北平街头到处乱跑,蓬头垢面,有时倒地便睡,一睡就好几个小时;有时胡言乱语,大呼小叫,见到别人在吃东西,他就伸手去抢(【明】高岱:《鸿猷录·靖难师起》卷7),甚至有的书上还描写说,他对着妇女小便,等等,整个一个地地道道的疯子。

燕王朱棣疯了!消息像长了翅膀似地迅速传遍了整个北平,也传到了北平地方最高军政长官那儿。肩负朝廷特殊使命的北平布政使(相当于北平省省长)张昺和都指挥使(相当于北平省军区司令)谢贵听说了,原来体壮如牛、驰骋疆场的堂堂燕王现在居然成了一个疯子,不可思议,人们老说他要造反,这下可好,"反"没造成,自己倒先疯掉了。不过好多人都在说,燕王这个人狡诈无比,会不会装疯?张昺和谢贵决定亲自到燕王府去一探究竟。

建文元年六月的一天,张昺和谢贵冒着酷暑,来到燕王府,府上有人引他们入内。再看燕王府内的朱棣,哪有昔日燕王爷的影子,只见他披头散发,穿了一件破布袄,围着一只火炉正在烤火,嘴里还不停地念叨:"真冷啊!真冷啊!"朱棣见到有客人来,故意装作不认识,只是勉勉强强地支撑起自己的身体,拄着拐杖想走几步,不料又跌倒了。

张昺和谢贵看到朱棣这副模样,心想:时值盛夏六月,人们都觉得酷热难忍,这个昔日神气活现的燕王现在却病成这般模样,连走路都走不了,很可能就不久于人世了。于是这两位北平地方最高领导将自己所见之状报告给了朝廷。(【明】姜清:《姜氏秘史》卷2;【清】谷应泰:《明史纪事本末·燕王起兵》卷16;【明】高岱:《鸿猷录·靖难师起》卷7)

● 奇怪,"疯子"居然还会晓得叫人来汇报工作?

燕王疯了,现在不仅北平城满大街的人都知道,就连南京建文朝廷也有人相信。可是狐狸再狡猾有时也会有失误。建文帝的谍报工作事实上一直在秘密地进行着。前面讲过的那个燕王府的长史葛诚实际上是忠于朝廷的"线人",尽管朱棣竭力伪装和掩盖自己,但燕王府里葛诚的那双机警的眼睛却在暗中时刻盯着他。葛诚观察到了一些隐秘,他就偷偷地提醒张昺和谢贵:"燕王朱棣压根儿就没病,你们看到的都是他装出来的,他很快就要举兵谋反了,所以还请两公对他多提防着,千万不能有半点懈怠。"葛诚密告完后,觉得事情还没有做圆满,于是就赶写了一份密疏,上奏给南京的建文帝。(《明史·葛诚传》卷142)

对于燕王府长史葛诚偷偷告密的事情,装疯中的朱棣似乎还不知,他在按照自己的计划进行着,为了探探南京城里侄儿皇帝对自己的最近态度及其朝廷的整体反应,朱棣秘密地派了护卫百户邓庸到南京,名为奏事即汇报工作,实为观察朝廷风向。朱棣本以为自己做得天衣无缝,没想到聪明反被聪明误。邓庸一到南京就被建文帝抓了起来,这是为什么?

原来邓庸来南京本身就是一大破绽,但一般人都没想到,而聪明的兵部尚书齐泰却想到了,他跟建文帝说:"皇上您想,燕王不是说他病了,而且还说病得不轻啊,是不是?"建文帝说:"对,是这么说的,还有的人说他快要不行了。"齐泰又说:"皇上想过没有,燕王得了什么病?"建文帝说:"都在说燕王得了疯病,痴呆得不像话。"齐泰说:"既然燕王得的是疯病,精神病人还晓得要叫人向皇帝汇报工作?"建文帝顿时如梦初醒:"原来燕王朱棣在装病!"齐泰说:"陛下您赶紧叫人将燕王派来的那个护卫百户邓庸抓起来审讯,一问一个准。"

按照齐泰的指点，建文帝派人审讯了邓庸，邓庸熬不住刑具带来的疼痛，只好一五一十地将朱棣装疯和要举兵谋反的事全都说了出来，这时的建文帝才真正清晰地意识到，他的四叔是地地道道的大灰狼、乱臣贼子和最为阴险与凶恶的敌人。于是就发出密敕，派人送往北平，令张昺、谢贵迅速逮捕燕王府官属，"使约葛诚及指挥卢振为内应"；同时密令北平都指挥佥事张信捉拿燕王朱棣本人。（【明】高岱：《鸿猷录·靖难师起》卷七；【清】夏燮：《明通鉴·惠帝建文元年》卷12；【清】傅维鳞：《明书·建文皇帝本纪》卷4；【清】谷应泰：《明史纪事本末·燕王起兵》卷16；《明史·张信传》卷146；参见《明太宗实录》卷1）

这是一道看似严密却实为令人哭笑不得的敕令，要知道燕王朱棣是一个在北方边疆与蒙古人交手了十来年的能征善战、足智多谋的猛将，他要是不同意逮走燕王府官属的话，情势就会迅速恶化。所以说，就凭北平那几个平庸的朝廷大员能不能将燕王府官属擒住本身就是一个问题，还要将他们押出北平城又是一个问题，在押送到南京的路上会不会有什么"意外"，这些都是问题的问题了。可见建文帝这个书生，文弱的个性使他实在是不堪胜任危难之中所必备的雄主"特质"，时不时地表露出其迂腐的致命弱点，从而影响了他的国策实施与大明帝国的命运。

● 墙头草张信

再说建文帝重用和信任的北平那三位最高领导，张昺、谢贵两人是忠实于建文朝廷的正派官员，第三个人物即北平都指挥佥事（可能相当于北京市军区参谋）张信是墙头草，不过当时建文帝没有意识到这一点，问题后来就首先出在张信身上。张信接到朝廷密令之后，整日愁眉苦脸，忧心忡忡，即使回到家里还是像掉了魂似的。张信的母亲看出了儿子的反常行为，就问张信："到底出了什么事？"张信这个不讲"政治"、不讲"原则"、不讲"大局"的大明要员就向他的母亲透露了建文帝密令的内容，没想到张母听后大为吃惊地说："不可。汝父每言王气在燕。汝无妄举，灭家族。"（儿子啊，你可不能这么干，以前你父亲在世时每谈起皇帝家的事，总是说帝王之气应该在燕王这边。你千万不要瞎来，违背天意是要被灭族的）《明史·张信传》卷146；【明】高岱：《鸿猷录·靖难师起》卷7）。

张信听了母亲的一番话以后，就更加愁眉不展了。这时朝廷的敕使又在不停地催促张信赶紧动手，逮捕燕王。张信也没好声好气地回答道："你们为什么要逼我啊！"史书上没有直接记载：为什么在朱棣处于绝对劣势的情况下张信会那么害怕去完成一项皇帝秘密指派的任务？翻阅《明史·张信传》，我们发现，张信这个人没什么才能,他是靠父荫出来当官的,说白了他是个老干部的后代。既然自己没有多少才能,现在工作上出现了新挑战,他也只能当回"大忽悠"了,不过这回被他忽悠的人可是拥有天下的大明新天子朱允炆。张信想了又想:叫他去逮捕燕王朱棣,就凭他张信的本领那不是去送死。既然逮不住,倒不如倒戈,万一燕王起兵真的赢了,自己还有享不完的荣华富贵,至于当不当乱臣贼子,他可管不了那么多。

主意拿定,张信就偷偷地去燕王府,想向朱棣告密,但去了两次,人家燕王府的人告诉张信,燕王重病在身,谁也接待不了。第三次张信改变了方法,他乘了一顶妇女轿子,让人抬着,直抵燕王府门前,就说有事要见燕王。但看门的还是不让他进,后来张信急了,说自己有急事,无论如何要见上燕王一面。

大门前的争执被人报告给了朱棣,朱棣下令给手下人,让张信进去。张信见到燕王朱棣时,朱棣还装模作样地躺在床上,心想,这又是个朝廷命官来"探秘"的,于是他就眯着双眼,一声不吭地躺着,装得还真像病重似的。张信走到床前行礼拜见,诚诚恳恳地对朱棣说:"殿下不要这样,你有什么难事跟我说吧?"朱棣回答说:"我的的确确是有病,没有装。"不过张信不信朱棣的话,继续说:"殿下你为什么还不告诉我实情啊?我坦率地告诉你,皇上已经下令,将您拿下,如果没有他意,那就接受皇命吧;如果有他意,就赶紧告诉我!"朱棣听到这里,几乎从床上蹦下来,赶紧向张信行了个大礼,带着哭腔说道:"生我一家者,子也!"(《明史·张信传》卷146;【明】高岱:《鸿猷录·靖难师起》卷7;【清】谷应泰:《明史纪事本末·燕王起兵》卷16;【明】李贽:《续藏书·靖难功臣·张信》卷9;参见《明太宗实录》卷2)

张信的叛变,使得原本拖沓已久但尚未见分晓的削藩攻坚战在最关键时刻发生了戏剧性的变化,正人君子常常会受到小人的出卖与暗算,历史就是这么无情!

● 风吹屋瓦,和尚说:这是天意啊!

朱棣送走了告密者张信以后,他既喜又惊,喜的是今天张信告密使他获得了新生,惊的是没想到一向优柔寡断的侄儿皇帝现在终于下决心要动手了。怎么办?该做什么?从何下手?朱棣心中一团乱麻,他想起了自己的高参道衍和尚,命人马上叫他过来。

道衍来到朱棣跟前,朱棣原原本本地将张信告密的经过给他说了一遍。道衍说,殿下现在只有马上起兵了,否则后果不堪设想。朱棣问:那我应该怎么做?道衍如此这般地说了。正当两人商议如何举兵造反时,突然间天上乌云密集,雷电交加,狂风大作,暴雨倾盆。大风拼命地吹着,吹落了燕王府屋檐上的瓦片,随之重重地摔在地上,顿时粉碎。朱棣见此情景,脸上顿时布满了愁云,道衍和尚马上明白:中国人最讲究开门红,这"门"正要开时就遇到了这等事情,燕王岂能高兴?要说这个道衍不仅是个出家人,而且还是一个"精通"术数的大师,他马上给朱棣解释道:"殿下,恭贺您,大吉大利啊!"朱棣正在火头上,碰到今天这样触霉头事情够晦气的,谁想到这个高参反而恭贺我的倒霉,于是就破口大骂:"你这个狂僧,信口雌黄,一派胡言,哪来什么吉祥!"道衍被朱棣骂了没生气,他继续解释道:"殿下听过这样的说法吗?叫'飞龙在天,以从风雨',今天,燕王府原来的屋瓦被吹落了,殿下马上要换黄瓦金屋(指皇宫)了,这是天意啊!"听到能言诡辩的术数大师这么一说,朱棣马上转怒为喜了。于是两人商定,立刻起兵,反叛朝廷。(《明史·姚广孝传》卷145;【明】高岱:《鸿猷录·靖难师起》卷7;【清】谷应泰:《明史纪事本末·燕王起兵》卷16)

● 奇怪,朝廷的密令还没实施却连街头的老婆婆都知道了

在张信背叛建文帝进入燕王府告密和朱棣同道衍和尚密谋起兵之时,建文朝廷北平方面的最高军政长官张昺与谢贵也在紧锣密鼓地进行军事部署。他们把北平城里的七卫士兵与屯田军调集起来,将整个燕王府团团围住,架起了木栅栏,切断了燕王府的端礼门与外界的联系,同时还赶写了一份奏疏,派人火速送往南京,报告北平城里急剧变化的形势。

就在北平这个双方剑拔弩张的前沿阵地上,事态的发展已经到了一触即发的地步,这种情形下任何一方出错都会导致全局性的失败,可偏偏在这个节骨眼上,朝廷在北平的最高权力衙门里却又出了这样一档子怪事——建文帝给张昺和谢贵的密诏被人偷了。

说来也挺滑稽的,偷密诏的人还不是什么人们常说的江湖大盗,而是并不起眼的家贼,一个是北平布政司吏奈亨,另一个是北平按察司吏李友直。两个内贼偷偷地瞧准了机会,将官府衙门里的国家最高机密窃得到手后,赶紧去卖主求荣。他们潜入燕王府,将密诏交给了燕王朱棣。朱棣见到是官府里来的人,他一开始还十分怀疑,以为他们是诱探,于是就命令手下人,将李友直和奈亨往外撵。谁知这两个官府里来的"内贼"铁了心就是不走,并说除非把他们两个给杀了。如等情势使得朱棣不得不相信这两个"内贼"送来的密诏是真的,朝廷对他要动真格了。(【明】高岱:《鸿猷录·靖难师起》卷7;【明】姜清:《姜氏外史》卷卷1;【清】夏燮:《明通鉴·惠帝建文元年》卷12)

每当读到这段历史时，人们常常会觉得实在是不可思议：堂堂的朝廷密令居然被衙门里的小吏轻而易举地窃得，并送给了敌人。由此可见，建文帝在北平这个风口浪尖地带安排的张昺与谢贵这两个封疆大吏的管理水平与能力实在令人不敢恭维。有关这两位仁兄的历史记载并不多，《明史》只说张昺是洪武年间被人举荐入仕的，朱元璋临终时，张昺官居工部右侍郎（相当于建设部的副部长）；而谢贵呢，《明史》说不知他如何出身，建文即位前他任河南卫指挥佥事（可能相当于河南省军区参谋一类）。从两人的阅历、能力和威望来看，他们都不适宜被安排在北平这么一个紧要、多事的地方，但历史的事实是他俩在建文帝即位后没多久就被分别任命为北平省省长和北平省军区司令，我想惟一解释建文帝这样做的原因可能就是这两个人对建文帝很忠心。(《明史·张昺传》卷142；《明史·谢贵传》卷142)

据说当时有一个朝廷军队里的士兵，他喝得醉醺醺的，跟跟跄跄地走在大街上，到处在找磨刀铺要磨刀。刚巧有个老婆婆看到了，就问他："你磨刀要干什么？"那个士兵得意洋洋地说："朝廷已经下了密令，要杀燕王府的人。"此话在当时讲出来是吓死人的，因为大明帝国规制：亲王地位比天子与皇太子低一等，高于百官。而现在这个士兵居然在大街上讲要杀那贵近天子的藩王，老太太听说后吓了一大跳，但不愧为曾经"首都"的老百姓，政治觉悟就是高。据说，老婆婆赶紧找人，将自己所见所闻通过关系转告给了燕王朱棣。(《明太宗实录》卷2)

◉ 致命的西瓜宴

我们现在无法考证到这件事的真假，但有两点值得我们注意：第一，建文朝廷在北平的政治阵营已经松懈并开始瓦解了，否则国家天字一号的机密怎么会满大街在传播？第二，当时北平街头的气氛十分紧张，对垒双方谁都不清楚对方到底何时才翻出底牌来？

但朱棣知道，如果马上动手的话，他是处于绝对的劣势，因为燕王府的兵力基本上都给朝廷抽调走了，要起兵得有得力的干将和相当的兵力啊！朱棣想到这里，立即下令给他的两个心腹、绝对的哥儿们——燕山左护卫指挥佥事张玉和燕山护卫千户朱能，要他们立即率领仅有的护卫兵800人迅速来护卫燕王府。(《明太宗实录》卷2)

与此同时，张昺和谢贵为了忠实地执行建文帝的密令，且不伤害朱棣和他的家眷，他俩先下令给军中将士，把燕王府围得水泄不通，做好进攻的准备，然后又叫人将建文帝的诏令搭在弓箭上射入燕王府，其上面写着朝廷要逮治的燕王府官属。

看到这里,我们后人很可能会不理解:明明是燕王朱棣谋逆,为什么朝廷不逮主犯而要先抓"从犯"呢?

这是因为自朱元璋起明朝就形成了这样的规制:一旦亲王犯事,就要惩治他王府的官属。按照朱元璋的强盗逻辑,他的儿子没学好完全是王府里官属没有正确引导和辅助好的缘故,所以治罪要先治王府的官属。朱允炆忠实地执行这一祖制,这才有张昺与谢贵射箭"劝降"之举。

再说此时燕王府内的朱棣着实也被朝廷的这种攻势吓着了,他知道整个北平城已全在张昺和谢贵他们控制之下,自己现在是插翅难飞,危在旦夕,如果以自己现有的力量与朝廷的军队硬拼无疑是以卵击石,但总不能坐以待毙啊,怎么办?怎么办?就在朱棣急得像热锅上的蚂蚁似地团团转时,他的两位心腹得力干将朱能和张玉都赶到了。朱棣就问他们:"现在我们北平全城都是朝廷的军队,敌强我弱,怎么办?"朱能首先想到了一招,他说:"从建文帝的敕令来看,朝廷是要抓燕王府的官属,但建文帝又强调不能伤害燕王及其世子,我们就利用朝廷的这个顾忌,马上通知张昺和谢贵,让他们进燕王府来收捕王府官员。只要张、谢两人进了王府,我们就立马将他们杀了,这两个朝廷最高命官一旦被杀,整个北平城的官军就会群龙无首,其余的人就不难对付了。"这时在场的道衍和尚也献计道:"这个方案太妙了,我们将朝廷要捉拿的人一一开列好名单,然后派人将它送过去,让张、谢进来清点,以我之见,这两人必定会来,我们就在端礼门内埋伏好壮士,到时伺机而发。"朱棣听到这里,觉得这个主意实在是太好了,于是就下令予以实施。(【清】夏燮:《明通鉴·惠帝建文元年》卷12;【明】高岱:《鸿猷录·靖难师起》卷7;参见《明太宗实录》卷2)

建文元年七月初五,朱棣突然对外宣称他的病好了,燕王府上下忙碌起来,朱棣要接受内外百官的祝贺。在此之前,他已经派人将自己病愈的"喜讯"通报给张昺与谢贵,并告诉他们,朝廷要缉拿的"案犯"已经全部被逮好了,请两位朝廷大员前去燕王府拿人。张昺和谢贵最初怕这里面有诈,不肯去。朱棣又派中使到张、谢官衙去,向他们出示了朝廷要缉拿的燕王府属员名单,并告诉他们说:"案犯全绑好了,只等两位朝廷大员前去清点。"此时,张、谢开始动摇了,最终还是跟着朱棣的来使走了。

当张昺和谢贵来到燕王府门口时又开始犹豫了,燕王府的兵丁见到此状,赶紧"迎接",还十分"热情"地邀请两位封疆大吏进入燕王府内去清点。张、谢两人还是半信半疑不肯进,燕王府兵丁指着院子里就说:"人犯已经绑好了,全部集中在那儿!"张、谢站在大门口隐隐约约地看见府中内院里果然有一群被绑的人,他俩信了,于是就要带着他们的卫士直接进入燕王府,但大门口的燕王兵丁却以燕王大病初愈不宜过多打扰为名,将张、谢的卫士们全都挡在了大门外。张、谢当时也想过,现在全城都是朝廷的军队,你燕王插翅也难飞,能把我们两个朝廷要员怎么样?想到这里,他们就大摇大摆地跨入了燕王府的大门,直接走到了第二道门;就在这时,守护在第二道大门的燕王府兵士突然出来挡住了张、谢去路,大声喊道:"燕王殿下在上,闲人不准入内!"这是官场上的套话,其潜台词是提醒来者,你们得给我放明白一点,眼下要见的是尊贵的燕王。张、谢当然懂官场上的这一套,他们相互看看,然后继续往里走。

这时,院里的朱棣见到张昺和谢贵进来了,他笑容可掬地拄着拐杖,慢悠悠地站了起来。双方互行官场之礼后,朱棣说道:"近闻朝廷要捉拿我燕王府案犯,有劳两位。本王大病初愈,未能远迎,还望两位朝廷大员多多恕罪!来人啊,盛宴款待两位朝廷重臣!"

张昺、谢贵见到朱棣一副颤巍巍的模样,态度又相当"诚恳",所以他们也就放松了点警惕,坐了下来。朱棣叫人给他们敬酒,但张、谢以公务在身无法喝酒为名,执意不肯接受。于是朱棣又说了:"刚才有人献来新鲜西瓜,在这酷暑难熬的六七月份,吃点西瓜解解渴,总不会误了两位的公事吧?我听人说这种西瓜的味道还挺不错,请两位务必尝尝味道!"朱棣边说边拿起西瓜啃了起来,脸上渐渐地露出了狰狞的面目。张昺和谢贵发现了情势不对,连忙起身告辞:"燕王殿下,下官今天君命在身,不能久留。恭请亲王殿下立马出宫,把府上其他官属交由下官一起带走!"朱棣听到这里,发出了一阵冷笑,随即将手中的西瓜往地上一扔,破口大骂道:"普通老百姓的兄弟叔侄之间尚且还知道相互体恤,而我大明皇家居然到了今天这步田地,我燕王身为高皇帝的亲骨肉、当今天子的尊属,却被搞得朝不保夕,惶惶不安。是可忍,孰不可忍?来人呐,给我将这两个朝廷的走狗拉出去砍了!"(【明】高岱:《鸿猷录·靖难师起》卷7;【明】姜清:《姜氏秘史》卷2;【清】夏燮:《明通鉴·惠帝建文元年》卷12)

朱棣话音刚落,埋伏在端礼门内的刀斧手们就冲了上来,其实他们一直等候燕王事先跟他们约好的暗号,见到朱棣把西瓜扔地,他们就一拥而上,迅速把张昺和谢贵给捆住了。这时又有燕王府的护卫将葛诚和卢振也押了上来。原来葛诚和卢振这两位忠于朝廷的燕王府"内奸"早已被觉察出来了,朱棣却一直装作浑然不知,就等着一起收拾。

此时燕王府内大殿上,朱棣又发出了令人恐怖的奸笑,并说道:"我哪有什么病啊,都是被你们朝中奸臣逼得没办法,装的。武士们,赶紧下手!"

朱棣命令刚下,张昺和谢贵两个人头就滚落在台阶下。可怜两位建文朝的重臣、北平军政要员还没完全弄明白究竟是怎么一回事,就已经命赴黄泉了。

杀了张昺、谢贵,接着又把屠刀指向了葛诚、卢振等人,朱棣尚不解恨,此时他兽性大发,尤其是对葛诚和卢振两个"内奸"恨之入骨,于是就下令将葛诚、卢振两家给灭族。(【明】高岱:《鸿猷录·靖难师起》卷7;参见《明太宗实录》卷2;【明】姜清:《姜氏秘史》卷2;《明史·明成祖本纪一》卷5;《明史·张昺、谢贵传》卷142;【清】谷应泰:《明史纪事本末·燕王起兵》卷16)

● 北平城里的"多米诺骨牌"

在专制社会里,"伟大的"政治家往往是踩着别人的尸骨而登上那万人景仰的宝座,朱棣就是这么一个杰出的政治家。杀了一个又一个,正在兴头上,他意犹未尽,于是就下令杀向燕王府外面去。

再说燕王府外那些奉命包围燕王府的官军,和那些随同张昺、谢贵一起来到燕王府前的护卫兵士,他们一直在外等候着张、谢两位大员下达命令,压根儿就不知道燕王府内所发生的一切。他们等啊等,等到了太阳西下时,还不见张昺、谢贵出来,一些心急的兵士就开始偷偷地溜了,一些留下来的兵士好不容易等到这一刻,突然间看见燕王府的城头上有人挑着两个血淋淋的人头出来喊话了:"张昺、谢贵假传皇上圣旨,谋害燕王。今已被燕王斩首示众!将士们,你们千万不要再受蒙蔽了,大家都没事了,赶快回去,燕王就赦你们无罪;如果有人胆敢抗令不遵,燕王说了,要灭他的九族!"

一副杀气腾腾的样子,一下子将燕王府外的朝廷官军全给怔住了,有反应快的兵士赶紧逃命,也有的放下了武器,剩下一些想抵抗但还没来得及抵抗的,一刹那间全成了朱棣亲兵的刀下之鬼。

北平都指挥使彭二得悉朱棣公然举兵反叛的消息后,马上披上铠甲,跨上战马,奔驰在北平的街头,大声高喊:"燕贼谋反了,跟我杀贼者,有赏!"这一喊很快聚集了1 000来号朝廷官兵,他们在彭二的带领下,向燕王府的端礼门发起了进攻,但因为都是临时凑合起来的,组织性差,很快就被朱棣的亲兵们打垮了。(《明史·张昺、谢贵传后附彭二传》卷142)

此时天色已暗了,尽管张昺与谢贵这两位北平最高朝廷命官被杀了,但整个北平城还是掌控在建文朝廷官军的手中,尤其是北平城的那九个门都被守得严严实实的,如果不把它们一口气拿下来,以往所有的努力都会徒劳。朱棣与手下主要干将张玉、朱能等人商议决定,乘着黑夜给九门守军发动了突然袭击,一夜之间整个北平城的八个城门就像多米诺骨牌一样一个接一个地"倒了",到天亮时只剩下一个西直门还在朝廷官军手里。朱棣派出一个资深的老将唐云前往西直门传递燕王的手谕,说:"张昺、谢贵假传圣旨谋反,已经被燕王杀了,现在朝廷已经交由燕王自制一方,将士们,整个北平就剩下你们西直门守军了,你们固守下去,只能死路一条,燕王命令你们赶紧投降,否则格杀勿论!"西直门守军一看,喊话传谕的是一向以谨信闻名的唐云,他们也就信了,赶紧扔下武器,一下子散去。(《明太宗实录》卷2;【明】高岱:《鸿猷录·靖难师起》卷7;【清】谷应泰:《明史纪事本末·燕王起兵》卷16;【明】姜清:《姜氏秘史》卷2)

至此,整个北平全部被朱棣占据,一夜之间,建文朝廷在浑然不觉中丢了北方一座至关重要的军事重镇。

从洪武三十一年(1398)八月废夺周王,建文削藩开始,到建文元年(1399)七月初燕王朱棣公然反叛,经过历时一年的惊心动魄的削藩与反削藩之后,大明步入了你死我活的皇位争夺大战——"靖难之役",帝国大难由此开始!

大明帝国皇帝世系表

（18帝，1368—1645年，共计277年）

		①明太祖	朱元璋	洪武三十一年	戊申	1368年
懿文太子 朱 标		↓				
		③明太宗（明成祖）	朱 棣	永乐二十二年	癸未	1403年
②明惠帝 朱允炆 建文四年 己卯 1399年		④明仁宗	朱高炽	洪熙一年	乙巳	1425年
		⑤明宣宗	朱瞻基	宣德十年	丙午	1426年
⑥明英宗 朱祁镇 正统十四年 丙辰 1436年 →		⑦明代宗	朱祁钰	景泰八年	庚午	1450年
		⑧明英宗	朱祁镇	天顺八年	丁丑	1457年
		⑨明宪宗	朱见深	成化二十三年	乙酉	1465年
		⑩明孝宗	朱祐樘	弘治十八年	戊申	1488年
⑪明武宗 朱厚照 正德十六年 丙寅 1506年 →		⑫明世宗	朱厚熜	嘉靖四十五年	壬午	1522年
		⑬明穆宗	朱载垕	隆庆六年	丁卯	1567年
		⑭明神宗	朱翊钧	万历四十八年	癸酉	1573年
		⑮明光宗	朱常洛	泰昌一年	庚申	1620年
⑯明熹宗 朱由校 天启七年 辛酉 1621年 →		⑰明思宗	朱由检	崇祯十七年	戊辰	1628年
		⑱明安宗	朱由崧	弘光一年	乙酉	1645年

注释：

①明朝第二位皇帝是朱元璋的皇太孙朱允炆，建文四年时，他不仅被"好"叔叔朱棣从皇位上撵走，而且还被"革除"了建文年号，改为洪武三十五年。

②明朝开国于南京，从正宗角度来讲，很难说迁都是朱元璋的遗愿。因此，大明的覆灭应该以国本南京的沦陷作为标志，弘光帝又是大明帝国皇帝的子孙，他称帝于南京，应该被列入大明帝国皇帝世系表中。

③上表中↓↙↘表示皇位父子或祖孙相传，→表示皇位兄弟相传。

④明安宗朱由崧是老福王朱常洵的庶长子，明神宗万历皇帝朱翊钧之孙，也是明熹宗朱由校、明思宗朱由检的堂兄弟。

后　记

《大明风云》系列之 ⑥
仁政方隆

　　2013年12月平安夜的钟声敲响时，我的10卷本《大明帝国》竣工了，想来这400多个不眠的夜晚，真可谓感慨万千。在这个浮华的年代里，就一个人靠着夜以继日地拼命干，想来定会让象牙塔里带了一大帮子弟子的大师们笑弯了腰，更可能会让亦官亦民的××会长们暗暗地叫上"呆子"的称号……是啊，十多年了，在我们的社会里什么都要做大做强，什么都要提速快行，什么都要搞课题会战工程，而我却是孤独的"夜行人"和迟缓的老黄牛，无论如何都无法跟上这个时代的节拍。好在已到知天命的年龄，什么事都能看得淡淡的，更何谈什么学会、研究会的什么长之诱惑了。秉承吾师潘群先生独立独行的精神，读百家之书，虽无法做到"究天人之际，通古今之变"，但至少能"成一家之言"，管他春夏与秋冬。

　　不管世事，陶醉于自我的天地里，烦恼自然就少了，但不等于没有。自将10卷《大明帝国》书稿递交后，我一直在反问自己道："有何不妥？"在重读了出版社发来的排版稿后，我忽然间发现其内还有诸多的问题没有彻底讲清楚或无法展开。譬如，尽管我专辟章节论述了大明定都南京、建设南京的过程及其历史影响，从一般意义角度而言，似乎很为周全，但细细想想，对于已经消失了的南京明故宫和明都京城之文化解读还没完全到位。理性而言，南京明皇宫与南京都城在中国历史文化进程中所占的地位尤为特别，如果要用最为简洁的词语来概括的话，我看没有比"继往开来"这个成语更合适了。"继往"就是在吸收唐宋以来都城建筑文化精华的基础上，将中国传统的堪舆术与星象术巧妙地结合在一起，使其达到前所未有的完美境界，用明初朱元璋开国时反复强调的指示精神来说，就是"参酌唐宋"和"恢复中华"，即在继承先人传统的基础上整合和规划南京明皇宫和大明都城建设，于最核心部分构建了象征紫微垣的宫城，宫城之外为象征太微的皇城，皇城之外为象征天市的京城，环环相套，中国传统文化中的"法天象地"、"天人合一"思想在南京明皇宫和大明都城建设布局中得到了充分的体现；"开来"就是指明初南京明皇宫与都城建设规制深刻影响了后来的明清皇城与都城建设布局。

　　同样的例子还有南京明孝陵、凤阳明皇陵、盱眙明祖陵，等等。

对于诸多的不尽如人意之处,最好的办法就是在原书稿基础上直接添加和补充,但随之问题又来了。原书稿规模已大,《洪武帝卷》100多万字,分成了3册,每册都是厚厚一大本,如果再要"补全",那就势必要另辟一册。这样对于图书销售会带来更多的不便。思虑再三,只好暂时先以原书稿的规模出版,等以后有合适的机会再作重新规划和布局。

可没想到的是,我的苦衷在今年新书上市后不久让广大的读者和东南大学出版社的朋友一下子给解决了。本来按照图书规模而言,3卷本100多万字的《朱元璋卷》应该是很难销的,但让人始料未及的是,它上市没多久就销售告罄。在纸质图书销售不景气的今天,能有这样的结果,真是莫大的欣慰。更让人兴奋的是,东南大学出版社的谷宁主任、马伟先生在上请江建中社长、张新建总编等社领导后决定,在原10卷《大明帝国》基础上,让我重新修订,分册出版。当时我正在研究与撰写大明正统、景泰两朝的历史,听到这样喜人的消息后,立即放下手中的事情,开始对原10卷《大明帝国》逐一作了梳理,调整章节,增补更有文化含金量的内容,使原《大明帝国》变得更为系统化,考虑到新书内容已有很多的变化,为了与以前出版的相区别,本想取名为《明朝大历史》,但考虑到这是普及性极强的读物,最后与马伟先生合计,取名为《大明风云》。

经过数月的不眠之夜,《大明风云》前8卷终于可以交稿了。回想过往的日日夜夜,看到眼前的这番收获,我要衷心感谢的是中共南京市委宣传部叶皓部长、徐宁部长、曹劲松副部长,南京广电集团谢小平主任,中共南京市委宣传部网控中心的龚冬梅主任,中央电视台池建新总监,安徽电视台禹成明副台长,原南京电视台陈正荣副台长、新闻综合频道傅萌总监,原江苏教育电视台张宜迁主任、薄其芳主任,东南大学出版社江建中社长、张新建总编,东南大学马克思主义学院袁久红院长、袁健红副书记,南京市政协副主席余明博士,南京阅江楼风景区管理委员会韩剑峰主任,新华报业集团邹尚主任,南京明孝陵博物馆张鹏斗馆长,南京静海寺纪念馆原馆长田践女士,南京阅江楼邱健乐主任,南京市社科院李程骅副院长与社科联陈正奎院长、严建强主任、顾兆禄主任,南京市新闻出版局蔡健处长,南京市档案局徐康英副局长、夏蓓处长,江苏省社科联吴颖文主任,福建宁德市政协主席郑民生先生、宁德市委宣传部吴泽金主任、蕉城区统战部杨良辉部长等领导的关怀(特别注明:本人不懂官衔大小,随意排列而已,不到之处,敬请谅解);感谢中央电视台裴丽蓉编导、徐盈盈编导、戚锰编导,江苏电视台公共频道贾威编导、袁锦生编导,江苏教育电视台苍粟编导、夏恬编导、赵志辉编导,安徽电视台公共频道制片人张环主任、制片人叶成群、舒晓峰编导、唐轶编导、海外中心吴卓编导、韩德良编导、张

曦伯编导、李静编导、刘小慧编导、美女主持人任良韵,南京广电集团王健小姐,南京电视台主持人周学先生、编导刘云峰先生、李健先生、柏新民先生、卞昌荣先生,南京电视台十八频道主持人、我的电视节目老搭档吴晓平先生,江苏广播电视总台吕凤华女士、陆正国先生,新华报业集团黄燕萍女士、吴昌红女士、王宏伟先生,《现代快报》刘磊先生,《金陵晚报》郑璐璐主任、于峰先生,金陵图书馆袁文倩主任和郁希老师,南京静海寺纪念馆钟跻荣老师,东南大学出版社刘庆楚分社长、谷宁主任、彭克勇主任、丁瑞华女士、马伟先生、杨澍先生、丁志星女士、张万莹女士,南京明孝陵向阳鸣主任、王广勇主任和姚筱佳小姐,江苏省侨办《华人时刊》原执行副主编张群先生,江苏省郑和研究会秘书长郑自海先生和郑宽涛先生,北京师范大学教育学院孙邦华教授,南京大学王成老师和周群主任,南京理工大学人文学院李崇新副教授,南京财经大学霍训根主任,江苏经贸学院胡强主任和吴之洪教授,南京总统府展览部刘刚部长,南京出版社卢海鸣副总编,南京城墙办朱明娥女士,南京图书馆施吟小姐,福建宁德三也农业开发有限公司董事长池致春先生,原徐州汉画像石馆馆长武利华先生,无锡动漫协会会长张庆明先生,南京城市记忆民间记录团负责人高松先生和篆刻专家潘方尔先生以及倪培翔先生等朋友给我的帮助与关怀。(至于出版界朋友对我的帮助,那实在太多了,怕挂一漏万,干脆就一个也不谢了)

当然还要感谢吾师王家范老师、刘学照老师、黄丽镛老师、王福庆老师、杨增麒老师等曾经对我的谆谆教诲与帮助,也衷心祝愿诸位师长健康长寿!

除了国内的师友,我还要感谢 United Nations(联合国)Chinese Language Programme 何勇博士、美国 Columbia University(哥伦比亚大学)王成志主任、美国 Stanford University(斯坦福大学)Visiting Scholar Helen P. Youn、Stanford University(斯坦福大学)的 Hoover Institution Library & Archives(胡佛研究院图书馆及档案馆)主任 Thu-Phuong Lisa H. Nguyen 女士和 Brandon Burke 先生、美国纽约美中泰国际文化发展中心总裁、著名旅美艺术家李依凌女士、美国(CHN)总监 Robert KO(柯伊文)先生、泰国国际书画院院长李国栋、日本关西学院法人代表阪仓笃秀教授、世界报业协会总干事马英女士和澳门基金会理事吴志良博士、澳门《中西文化研究》杂志的黄雁鸿女士等海外师长与友人对我的关心与帮助。

在此我要特别感谢美国 University of Pittsburgh(匹茨堡大学)名誉教授、海外著名国学大家许倬云先生。许先生年逾古稀,身体又不好,但他经常通过 E-mail 关心与肯定我的研究与写作,令我十分感动;特别感谢老一辈著名明史专家、山东大学教授黄云眉先生的大作《明史考证》对我的启迪以及他的海内外儿孙们对我的抬爱;特别感谢我的学业导师南京大学潘群先生和师母黄玲女士严父慈母般的关爱；特别感谢慈祥的师长、我的老乡原江苏省委宣传部常务副部长王建邦先生对我的关怀与帮助。

我还要感谢的是我的忠实"粉丝"与读者朋友，这些朋友中很多人可能我都未曾见过他们的面，譬如安徽六安有个年轻朋友曾给我写来了热情洋溢的信函；还有我不知其地址、只知其QQ号的郭先生，等等。他们不断地给我来信，帮助我、鼓励我。但由于我是个"单干户"，无当今时兴的"小秘"代劳，因而对于广大读者与电视观众朋友的来信，无法做到一一回复，在此致以万分的歉意，也恭请大家海涵！

顺便说明一下：本著依然采用史料出处随后注的方法，做到说史绝不胡说、戏说，而是有根有据。本书稿原有所有史料全文，后考虑到篇幅太厚和一般读者可能阅读有困难，最终决定将大段古文作了删除，大多只保留现代文。也承蒙东南大学出版社朋友尤其谷宁主任、马伟先生和张万莹女士的关爱，本系列丛书拥有现在这个规模。如读者朋友想核对原文作进一步研究，可根据书中标出的史料出处一查便是。最后要说的是，下列同志参与了本书的图片收集、资料整理、文稿起草等工作，他们是马宇阳、毛素琴、雷扣宝、王鲁兴、王军辉、韩玉华、林成琴、熊子奕、周艳梅、舒金佳、雷晟等人。

马渭源

于南京大明帝国黄册库畔

2014年11月16日

电子邮箱：mwynj@sina.com

大明风云

系列之

建文悲歌

马渭源 著

东南大学出版社·南京

图书在版编目（CIP）数据

大明风云 / 马渭源著 . —南京：东南大学出版社，2019.1

ISBN 978-7-5641-8034-8

Ⅰ．①大… Ⅱ．①马… Ⅲ．①中国历史-研究-明代 ②朱元璋（1328-1398）-传记 Ⅳ．①K248.07 ②K827=48

中国版本图书馆CIP数据核字（2018）第229083号

大明风云系列之⑦ 建文悲歌

出版发行	东南大学出版社
出 版 人	江建中
社　　址	南京市四牌楼2号（邮编：210096）
经　　销	全国各地新华书店
印　　刷	南京京新印刷有限公司
开　　本	700 mm×1000 mm　1 / 16
印　　张	120.5
字　　数	1928千字
版　　次	2019年1月第1版
印　　次	2019年1月第1次印刷
书　　号	ISBN 978-7-5641-8034-8
定　　价	398.00元（共8册）

（本社图书若有印装质量问题，请直接与营销部联系，电话：025-83791830）

序

马渭源教授的17卷本《大明风云》就要出版了，这是继他2014年推出10卷本《大明帝国》后的又一大系列专著。数日前，他来我家，邀我写个序，我欣然答应了。因为他与日本关西学院校长、国际明史专家阪仓笃秀教授是老一辈著名明史专家黄云眉先生的第二代传人，这是2011年底海内外眉师儿孙们云集一堂，经过反复研究、讨论，最后作出的慎重决定。作为眉师的第一代传人，我感到责无旁贷要做好这样的事情。

马教授在2012年就应邀去美国做讲座，北美三大华文报刊《世界日报》、《星岛日报》和《侨报》对此都曾做了专门的报道，其中《世界日报》称誉马渭源教授为著名的明史专家；稍后中国大陆媒体称他为"第一位走上美国讲坛的明史专家"。

另据海外媒体所载，马渭源教授的《大明帝国》系列专著得到了美国匹兹堡大学名誉教授、海外著名国学大家许倬云先生的赞许与推介，并为哈佛大学、哥伦比亚大学、普林斯顿大学、斯坦福大学等世界一流的高等学府和美国国会图书馆、澳大利亚国家图书馆等西方诸国国家图书馆所收藏，真乃可喜可贺！

最近中央级大报《光明日报》刊载文章说："世界上SCI检索影响力较大的2 000种期刊中，中国期刊只有5种；排在本学科前3位的世界顶级期刊中，没有一本中国期刊。"（《光明日报》2013年11月30日第7版"科教文新闻"）与此相类或者说更不尽如人意的是，中国虽是当今世界上头号出版大国，但中国出版的各类专著为西方国家收藏的却不到20%，社科类不到10%，历史类更是凤毛麟角。而马教授的著作能被这么多的西方著名高等学府所珍藏，并得到了大家许倬云先生的肯定与称许，实属不易！

其实这些年在国内马渭源教授早已是南京电视台、南京广电、江苏教育电视台、安徽电视台、中央电视台和福建网站等公共媒体上家喻户晓的历史文化讲座主讲人和电视节目的常任嘉宾，而他的著作则更是深受广大读者的喜爱。据说有一次在上海展览馆举办他的签名售书活动，原定活动时间为半小时，结果因为读者太多了，主办方不得不延长了一个小时，但还是未能满足广大读者的需求。而最近又传来好消息，国内外知名的网络运营商如亚马逊、中国移动、苏宁易购等都与马教授签订了电子书出版合同，人们尤其年轻的读者只要按按手机上的键钮就能轻松阅读他的电子版著作了。

马教授之所以能取得如此的成就和拥有这样的影响力，在我看来，最为根本的原因就在于他扎扎实实地深入研究,以渊博的知识来解释历史,并用通俗流畅的语言表述出来,但绝不戏说,由浅入深,做到既通俗易懂又让人回味无穷,这是十分难能可贵的啊!

就以本次出版的《大明风云》系列之⑦《建文悲歌》为例,该卷本主要是讲述建文君臣抗击以朱棣为首的大明藩王宗室发动的"靖难"叛乱及其最终的无奈结局以及建文君臣惊天地泣鬼神、誓死不屈的动人故事。

马教授是第一位站在建文朝的角度审时度势当时的这场帝国皇位争夺战争,将昔日人们认识中的胜者为王败者为寇的错误观念做了纠正,告诉人们:这是一场本不该发生的战争灾难,但它却偏偏发生了(参见本书第一章)。历史很精彩,但有时也很无奈,人们常说"得人心者得天下",可失掉天下的明初第二位皇帝建文帝却是一位有理想、有作为的人格品德高尚的"宽仁"君主,他也是中国历史上少有的一位好皇帝。但就是这么一位在中国历史上少之又少的好皇帝却仅仅执政了四年,就匆匆地离开了政治舞台,由此拷问了一个古老的历史命题:得人心者得天下,真乎?

马教授说:"得人心者得天下"最早是由孟夫子提出的,其原话为"桀纣之失天下也,失其民也;失其民者,失其心也。得天下有道,得其民,斯得天下矣。得其民有道,得其心,斯得民矣。得其心有道,所欲与之聚之,所恶勿施尔也。民之归仁也,犹水之就下、兽之走圹也。故为渊驱鱼者,獭也;为丛驱爵者,鹯也;为汤武驱民者,桀纣也。今天下之君有好仁者,则诸侯皆为之驱矣。虽欲无王,不可得已。"(《孟子·离娄上》)整个这段话,孟夫子为"得天下者"指出了一条成功的秘诀:要想得天下──必须得其民──欲得其民就必须得其心──欲得民心就必须对其实施仁政,这就是孟子"得人心者得天下"理论的完整内涵,简言之,"得人心者得天下"。就此而言,似乎让人觉得得天下就靠施仁政、宽政即可成功了,可问题恰恰是明朝第二位皇帝朱允炆力矫洪武酷政,广施仁政、宽政,最后却失国了,这到底又是为什么?

马教授分析道:这里既有建文帝个性上的缺陷──文弱,他是帝国"狼群中的羔羊",而政治权力角斗场向来是不会同情弱者的,因此说建文帝失国有着自身性格的缺陷,天生文弱的个性使他一次次地错过了机会;又有治国理政实践中采纳的指导思想不是"外儒内法"的汉代以后的儒学,而是方孝孺等人信奉的一些迂腐的先秦儒学主张,过分强调礼教、德治,对最大的也是最为阴险的政敌朱棣大讲"亲情",即使到了北伐时,还要告诫自己的北伐将士:不要伤了我的叔叔,让朕背负杀叔的罪名。这简直是将北伐将士的手脚全给捆住了,反而帮了政敌朱棣的大忙(【清】谷应泰:《明史纪事本末·燕王起兵》卷16);再有就是用人不当,对于李景隆等"至亲"过于信任与重用,而最高层领导班子中搭配不合理,建文帝靠着相投的趣味来组建他的领导班子,这样就造成了建文朝廷领导核心全是书生,没有人精通军事。随之也就构成了另一大致命失误──没有掌握好军队或"枪杆子"。朝廷军队将领中不乏有勇有谋又善战的军事人才,如朱允炆的叔叔平安(朱元璋的养子)和瞿能父子都是杰出的将才，可他们被压在"绣花枕头"李景隆的下面，直到战事发生后才逐渐被发现，即使这样，也没有及时大胆地提拔和尽其所能地发挥他们的军事才华，这就大大地制约了朝廷军队自身有效力量的发挥，挫伤了将士们的积极性，造成了朝廷军队越战越没劲而燕军却越战越强这种令人十分郁闷的尴尬局面。（《明史·瞿能传》卷142；《明史·平安传》卷144）

其实在传统社会里，一个政权是否牢固与民心向背没有过分直接的联系，绝不像孟夫子所说的那么简单："得人心者得天下"，而是更多更直接地与军队的掌握有关。换言之，谁掌握了枪杆子谁就掌控住了天下，这就是我们耳熟能详的真理：枪杆子里面出政权。建文帝政敌朱棣之所以能夺得天下，最关键的原因不是他多得人心——试想一个灭人"十族"、活剥人皮、挖人祖坟和令兵士轮奸别人妻女的魔鬼会得人心？这是根本不可能的事情！那么朱棣靠什么夺天下？又是靠什么稳住天下的？

靠军事武力或言枪杆子！

其实，这不仅是朱棣也是中国历代帝王取得成功的第一大秘籍。问题是成功者不一定是如何得人心的好皇帝好君主，明初这第三位皇帝恰恰是个历史上少有的残暴之君。面对兽性发作的魔鬼朱棣及其所作恶的"壬午大虐杀、大屠杀"，建文朝的文臣学士及其家眷们并没有被吓倒，他们唱响了威武不屈、忠君报恩、视死如归和舍生取义等一曲曲的"建文悲歌"（马教授在查阅了明代人李贤、姜清、高岱、黄佐、谈迁等人的大量笔记或著作的基础之上进行分析判断，首创该术语，并用了一个章节的篇幅予以详述，高调颂扬了"壬午殉难"之士及其可歌可泣的英雄事迹，满怀激情地谱写了当年建文君臣的正气歌，参见本书第二章）。更有建文帝及其铁杆支持者如蒸气一般地人间蒸发，让篡位皇帝明成祖为此整整折磨了20余年（参见本书第三章）。由此历史不禁发问：究竟谁是悲剧人物？谁是历史的胜利者？

总之，全书精彩迭现，观点新异又可靠，读之既如品尝陈年美酒，又似沐浴和煦春风。作为年过八旬的垂垂老者，我倍感欣慰，"黄学"后继有人啊！也愿马教授不断努力，推出更多的新作！

权作为序

南京大学中国思想家研究中心常务副主任、教授

2014年11月18日

目录

第一章 靖难之役与建文失国

- "靖难"兵起与建文朝北方军事防御体系的瓦解 …………………………… 1
  - "靖难"誓师,超级演员 ……………………………………………………… 1
  - "盗有道,非常道":"清君侧,靖国难" …………………………………… 2
  - 朱棣不是朱元璋的儿子? ……………………………………………… 4
  - 朱棣真"牛",把已经死去的"老爸"朱元璋从阴曹地府里扶出来再"执政"了四年 ……………………………………………………………………… 5
  - 朱棣给建文帝的第一次"上书""换来"了从朱明皇家的玉牒中永久地开除出去的削籍令 ………………………………………………………………… 6
  - 以北平为中心的建文朝廷北方军事防御体系的瓦解 …………………… 7
- 建文朝廷的第一次北伐与朱棣"靖难军"的快速战术 ………………………… 10
  - 朱棣大闹北方,建文帝却在明故宫"日与方孝孺等讨论周官法度" ……… 10
  - 小叔叔朱橚:四哥发疯了,居然造反!大侄儿建文帝:真的吗? ………… 11
  - 建文帝的讨燕檄文 ……………………………………………………… 12
  - 朱元璋杀剩的老将——建文朝军界的"仙鹤" ………………………… 13
  - 耿炳文挂帅的第一次北伐 ……………………………………………… 15
  - 三道伐燕战线的瓦解 …………………………………………………… 16
  - 真定大战——"老将"不敌"壮汉" ……………………………………… 19
  - 不具备政治家素质的建文帝又开始不断地出错 ……………………… 22
- 建文朝廷的第二次北伐与朱棣"靖难军"的"前胜后败" …………………… 23
  - 文弱书生皇帝碰到庸臣荐庸将——错!错!错! ……………………… 23

《大明风云》系列之 ⑦ 建文悲歌

1

- 第二次北伐由"高干"家庭出身的靓仔李景隆挂帅,有谁不服? …… 24
- 朱棣大玩"捉迷藏":李景隆你来北平,我上辽东永平 …… 26
- 不怕贼偷就怕贼惦记——哥哥燕王朱棣袭击弟弟宁王朱权 …… 29
- 宁王朱权叫苦不迭:四哥你怎么像个无赖,我是你弟弟,是宁王,你怎么能挟持我? …… 30
- 北平争夺战 …… 32
- 郑村坝之战 …… 33
- 朱棣又一次给建文帝上书 …… 35
- 建文帝的老师黄子澄是罪臣而不是奸臣 …… 38
- 削藩大臣齐泰、黄子澄第一次被"罢官" …… 40
- 白沟河大决战 …… 41
- 建文朝最大的败家子——"高富帅"、"官二代"李景隆 …… 46
- 坚守济南城的书生铁汉铁铉是武夫朱棣的最大克星 …… 47
- 令人啼笑皆非的建文帝两次息兵求和 …… 49
- 济南保卫战——听说过没有:死人牌位可以作战争防御工具 …… 52

● 建文朝廷的第三次北伐与"靖难战争"的相持和胶着 …… 54
- 盛庸主持的建文朝第三次北伐的开始 …… 54
- 沧州被袭,13 000名朝廷官兵被朱棣燕军坑杀 …… 55
- 东昌大捷——建文朝北伐战争中最大的一次军事胜利 …… 56
- 朱棣哀求放过他,北伐军中将领说:"放你就是放了蝎子!" …… 58
- 夹河大战,平分秋色 …… 59
- 藁城大战十分惨烈,朱棣王旗千疮百孔,但他就是平安无事,神乎? …… 63
- 削藩大臣齐泰、黄子澄的第二次被罢官 …… 64
- 建文帝的第三次息兵议和 …… 65
- 历史上最牛的造反者朱棣责问皇帝:你们怎么烧我的粮道? …… 68
- 流产的"反间计" …… 69

● 朱棣"靖难"战略的改变与建文朝廷的迟缓应对 …… 71
- "靖难"战争的分水岭——建文三年(1401)十二月 …… 71
- 建文朝廷对朱棣南下路线的判断失误让大舅子空等妹夫一场 …… 73
- 朱棣要的就是这种效果——徐州朝廷官军"放过"燕军 …… 74
- "靖难军"南下"流窜作案",建文朝军队围追堵截 …… 74
- 决定"靖难战争"最终命运的齐眉山之战和灵璧之战 …… 77
- 建文帝的辽东100 000兵马给"半个顾命大臣"杨文给"弄丢"了 …… 82

- ◉ 建文朝廷第三道防线的丢失——燕军过淮河 ... 83
- ● 朱棣"靖难军"步步逼近,建文政权快速瓦解 ... 84
  - ◉ 走哪条路上南京? ... 84
  - ◉ 大舅子朱棣南下,在淮安遇到的克星居然是自己的妹夫梅殷 ... 85
  - ◉ 扬州城里的内奸 ... 86
  - ◉ 天下勤王与建文帝的"罪己诏" ... 87
  - ◉ 死马当作活马医——建文帝第四次息兵议和 ... 89
  - ◉ 南京江北门户——浦子口被燕军占领 ... 91
  - ◉ 朱棣的强盗逻辑:都是高皇帝的子孙,谁强谁做皇帝 ... 92
  - ◉ 建文朝廷第二道防线的丢失——长江天堑 ... 92
  - ◉ 建文朝廷最后一道防线的丢失——镇江与南京 ... 94
  - ◉ 建文帝的第五、六次息兵求和——龙潭求和 ... 95
- ● 南京沦陷,建文失国 ... 98
  - ◉ 金川门之变 ... 99
  - ◉ 建文最终失国 ... 100

第二章 建文悲歌与建文情结

- ● 壬午殉难 ... 102
  - ◉ 建文朝御史"欢迎"朱棣的特殊形式——金川门行刺 ... 102
  - ◉ 朱棣大为光火:建文朝不少于600号大臣却只有25个"识时务"者来降 ... 104
  - ◉ "壬午殉难" ... 106
  - ◉ 壬午殉难到底有多少建文朝大臣? ... 109
- ● 建文悲歌 ... 115
  - ◉ 至死仍然抗辩不屈的建文帝老师——黄子澄 ... 115
  - ◉ "黑马"走急了出汗变成白马,顾命大臣悲壮地走到了人生的尽头——齐泰 ... 116
  - ◉ "自分一腔热血少,尽将赤族报君王"——方孝孺 ... 117
  - ◉ 惨绝人寰的"诛灭十族" ... 120
  - ◉ 人杰"鬼"厉与南京雨花台的景公祠——景清 ... 123
  - ◉ 被朱棣剥了人皮的大理寺少卿——胡闰 ... 126
  - ◉ 被油炸成焦炭还不肯跪拜的文臣铁汉——铁铉 ... 128
  - ◉ 忠臣女家眷被送去当妓女,每天被20个汉子轮奸 ... 129

- ● 父子六人都被处以凌迟刑的礼部尚书陈迪 …………………………… 130
- ● 被车裂碎尸和诛灭九族的御史大夫——练子宁 ……………………… 132
- ● 明知不可为而为之的苏州知府——姚善 ……………………………… 134
- ● 南京淮清桥下一块石头上的影子会说话——黄观及其家人 ………… 135
- ● 建文朝的"文天祥"——曾凤韶 ………………………………………… 137
- ● 魔王朱棣又创造了一个"人猪"——刑部尚书暴昭与副手侯泰 …… 137
- ● 这个大帅哥可是个硬汉子——建文朝的财政部副部长卓敬 ………… 138
- ● 刘基儿子刘璟跟朱棣说:"殿下百世之后,总逃不出一个'篡'字" … 140
- ● 尴尬的大明第一大将军后代——徐辉祖与南京的建文忠臣庙 ……… 140
- ● 朱元璋的好女婿喋血南京"笪桥"——梅殷 …………………………… 142

● 建文情结——为什么那么多人追随与怀念建文帝? ………………………… 145
- ● 600∶29 的比例题考问住了朱棣 ……………………………………… 145
- ● 600 年的历史迷雾——为什么建文朝 600 多号大臣却只有 20 多人背叛建文帝? …………………………………………………………………… 146

● 建文帝失败原因分析——拷问儒家的"得人心者得天下"理论 …………… 151
- ● 建文帝个性上的缺陷 …………………………………………………… 151
- ● 错用指导思想——先秦儒家的迂腐理论 ……………………………… 152
- ● 用人不当,尤其没掌握好"枪杆子" …………………………………… 153
- ● 斗争策略上存在着诸多的问题 ………………………………………… 156

第三章 建文"蒸发"与谜案追踪

● 谜案产生——朱棣:"阖宫自焚";建文:"人间蒸发" ……………………… 158
● 迷雾加重——"建文"上门与"邂逅"建文 …………………………………… 162
- ● 明仁宗给建文忠臣"松绑"与"建文帝"找上门来 …………………… 163
- ● 苏州上方山有人意外地发现了建文忠臣出亡的书籍 ………………… 165
- ● 万历朝内阁首辅张居正告诉明神宗:建文帝出亡了 ………………… 166
- ● 万历年间南京籍状元焦竑游苏州意外得到建文君臣流亡"实录" … 167
- ● 建文帝出亡之事是真,建文出亡之书是伪 …………………………… 169

● 谜案初解——建文逃离京师,君臣亡命天涯 ………………………………… 170
● 雾里看花——海内海外建文"漫游" …………………………………………… 171
- ● "建文帝各地漫游" ……………………………………………………… 172
- ● 建文帝出亡西南说 ……………………………………………………… 177
- ● 建文帝出亡湖南说 ……………………………………………………… 178

- ● 建文帝出亡湖北说⋯⋯⋯⋯⋯⋯⋯⋯⋯⋯⋯⋯⋯⋯⋯⋯⋯⋯178
- ● 建文帝出亡两广说⋯⋯⋯⋯⋯⋯⋯⋯⋯⋯⋯⋯⋯⋯⋯⋯⋯⋯179
- ● 建文帝出亡浙江说⋯⋯⋯⋯⋯⋯⋯⋯⋯⋯⋯⋯⋯⋯⋯⋯⋯⋯181
- ● 流亡皇帝与多情美女⋯⋯⋯⋯⋯⋯⋯⋯⋯⋯⋯⋯⋯⋯⋯⋯⋯183
- ● 建文帝出亡福建泉州说与海外说⋯⋯⋯⋯⋯⋯⋯⋯⋯⋯⋯185
- ● 建文帝出亡到了印度尼西亚的苏门答腊岛？⋯⋯⋯⋯⋯⋯189
- ● 当代法国球星里贝里爆料，说自己是建文帝的后裔⋯⋯189
- ● 建文帝出亡江苏，最终老于苏州说⋯⋯⋯⋯⋯⋯⋯⋯⋯⋯190
- ⬤ 谜案锁定——出亡福建 终老宁德？⋯⋯⋯⋯⋯⋯⋯⋯⋯⋯196

大明帝国皇帝世系表 ⋯⋯⋯⋯⋯⋯⋯⋯⋯⋯⋯⋯⋯⋯⋯⋯⋯⋯198

后记 ⋯⋯⋯⋯⋯⋯⋯⋯⋯⋯⋯⋯⋯⋯⋯⋯⋯⋯⋯⋯⋯⋯⋯⋯⋯⋯199

第一章
靖难之役与建文失国

中国历史上以地方诸侯或武装举兵造反夺取中央政权的"叛乱"事件不计其数,但最终都没有成功,唯独明初的"靖难之役"(或言"靖难战争")却是个例外。让人看不懂的是,"靖难战争"偏偏是在朱元璋处心积虑、不择手段地加强专制主义中央集权之后由地方藩王首先挑起的,这到底是为什么?更令人大惑不解的是,一个拥有兵力、财力诸多方面绝对优势的堂堂大一统帝国君主,居然打不过一个起兵兵力不足1 000、粮草寥寥、困居一隅的地方藩王,而且还低三下四地一再向这个"叛乱"臣子求和……

"靖难"兵起与建文朝北方军事防御体系的瓦解

● "靖难"誓师,超级演员

朱棣起兵造反一夜之间拿下北平城,按常规来说,他的将士十气正旺着,理应迅速打出北平城去,这在兵法上叫一鼓作气。但朱棣并没有那样做,而是在北平休整。(《明史·金忠传》卷150)

经过三天整顿后的建文元年(1399)七月初七日,北平城内秩序已经得到完全控制了,朱棣就把将士们召集在一起,举行起兵誓师仪式,正式打出"清君侧,靖国难"的旗号。朱棣慷慨激昂地说:

"我太祖高皇帝、孝慈高皇后嫡子,国家至亲。受祚以来,惟知循法守分。今幼主嗣位,信任奸宄,横起大祸,屠戮我家。我父皇母后创业艰难,封建诸子,藩屏天下,传续无穷。一旦残灭,皇天后土,实所共鉴。《祖训》云:'朝无正臣,内有奸恶,必训兵讨之,以清君侧之恶。'今祸迫予躬,实欲求生,不得已也。义与奸恶不共戴天,必奉行天讨,以安社稷。天地神明,照鉴予心"(《奉天靖难记》卷1;《明太宗实录》卷2,两者略异,笔者注)。

你看人家朱棣不愧为当政治家的料,他确实在这些方面与他的"老爸"一个德性:胆大、心黑加上脸皮厚,这就是传统中国专制社会里政治家成功的第一大秘诀。

● "盗有道,非常道":"清君侧,靖国难"

看了上述朱棣发表的这段颇有煽动性的"演说",我们大概可以得出这样几点印象:

第一,装作无辜和可怜,博得别人的同情。从这点来说,朱棣绝对是个煽情高手。什么"我太祖高皇帝、孝慈高皇后嫡子,国家至亲。受祚以来,惟知循法守分。今幼主嗣位,信任奸宄,横起大祸,屠戮我家"。使人听了不得不怅然涕下,人们自然会说,堂堂高皇帝的"嫡子"现在多可怜啊!凡是在场的有正义之心的人,听了这演说都会有一种"路见不平,拔刀相助"的感觉。因此说假如朱棣生活在600年后的今天,要是从事演艺工作的话,那么我想他绝对是超级明星大腕了,其"粉丝"恐怕要有上亿了。

第二,追究"国难"的祸首,无形之中把起兵谋反说成了"正义"之举,这叫"盗有道,非常道"。朱棣向人们解释自己为什么要起兵时是这样说道的:"今幼主嗣位,信任奸宄,横起大祸。"就是说我们现在刚刚继位的皇上年幼,他宠信奸臣,我们大明出了"国难"了,否则我的那5个兄弟为什么被废的废,被抓的抓呢?既然有了"国难",那我们怎么办?他就引用所谓的合法依据,告诉人们他之所以起兵是因为太祖高皇帝朱元璋曾立下的《皇明祖训》中有语:"朝无正臣,内有奸恶,必训兵讨之,以清君侧之恶。"并强调:"今祸迫予躬,实欲求生,不得已也。"换言之,我是被迫害得没有办法,为了求生才不得已起兵的。

这样,原本在传统社会里起兵造反的"乱臣贼子"一下子被说成了"正义"的化身,谋反这个原本在传统社会里被认定为"十恶不赦"大罪之首罪,一下子在朱棣的嘴巴里被说成了"正义"之举,由此他的军队被称为"靖难之师",他所发动的这场大明皇家帝位争夺战争也被称为"靖难之役"。

中国有一句古话叫:"道有道,非常道。"不,在这里应该改为"盗有道,非常道",即强盗自有强盗的逻辑,就看谁的嘴巴大,谁的拳头硬,谁有枪杆子,所谓的"真理"话语权就掌握在实力硬的人手里。

第三,瞒天过海,断章取义,打出维护《皇明祖训》的大旗。朱棣在发动靖难之役时最为"过硬"的"合法"外衣是维护《皇明祖训》。他在北平"靖难"誓师大会上背诵了那段"祖训",什么"朝无正臣,内有奸恶,必训兵讨之,以清君侧之恶"。依照这几句的意思,只要认为朝中没有"正臣",奸臣当道的话,那么藩王们就可"训兵讨之",帮助朝廷清除君主身边的坏蛋。如果这是朱元璋所立的"祖训"原话的话,那么朱元璋就不是朱元璋了,他一生殚精竭虑就是为了保证他所建立的大明帝国能够长治久安,怎么会立下这么一段痴人说梦般的"祖训":今天某个藩王认为朝中有奸臣,他就可起兵兴讨;明天另一个藩王认为朝中还有奸臣,也可兴兵讨之,那么大明就永无宁日。

朱棣采取了瞒天过海的手法将老爸朱元璋的那段"祖训"来了个断章取义。我们不妨将《皇明祖训》相关的那段原文引出来做个对照。"凡朝廷新天子正位,诸王遣使奉表称贺,谨守边藩,三年不朝。许令王府官、掌兵官各一员入朝。如朝廷循守祖宗成规,委任正臣,内无奸恶,三年之后,亲王仍依次来朝。如朝无正臣,内有奸恶,则亲王训兵待命,天子密诏诸王统领镇兵讨平之。既平之后,收兵于营,王朝天子而还。如王不至,而遣将讨平,其将亦收兵于营。将带数人入朝天子,在京不过五日而还,其功赏续后颁降"(《皇明祖训》"法律条")。

从朱元璋"祖训"原文来看,如果真是朝中有奸臣,藩王应"训兵待命",只有在接到天子的密诏后才能举兵,除掉奸臣后,藩王要"收兵于营",朝见天子以后回归原来的藩地。

但有关朱元璋制定的《皇明祖训》中确实有一条有关藩王可以向朝廷索要奸臣的规定:"若大臣行奸,不令王见天子,私下傅致其罪,而遇不幸者,到此之时,天子必是昏君。其长史司并护卫,移文五军都督府,索取奸臣。都督府捕奸臣,奏斩之,族灭其家"(《皇明祖训》"法律条")。

这一段的"祖训"是讲,大臣耍奸,使得藩王、亲王无法见到天子,天子被蒙蔽,成为昏君,那么就由藩王府内的朝廷任命的"长史司并护卫"共同出面向全国最高军事机构五军都督府发出除奸文函,再由五军都督府逮捕奸臣,并奏请皇上斩杀奸臣、族灭其家。

在这里也没有说让藩王自己起兵"讨之",而是有一道又一道的程序要走。即使如朱棣指认的齐泰、黄子澄是奸臣的话,也轮不上他朱棣亲自起兵,更何况齐、黄还不是什么奸臣,这在下面我们要讲到的。

对照历代藩王起兵的理由常常是以"清除朝中奸臣"、维护某个"祖制"或"既定方针"作为大旗,朱棣也不例外。但在朱棣的起兵口号中似乎又多了一条"奉行天讨",换句话来说,历史上打出这样旗号的一般是在改朝换代时出现的"大人物"才会这么干,而在一般的皇族内部的皇权争夺是不大可能用"奉行天讨"的。由此,笔者就对流传已久的有关朱棣身世之谜产生了特别的兴趣。

● 朱棣不是朱元璋的儿子?

朱棣篡位成功后,肆意篡改官书记载,隐瞒生母真相,谎称自己为高后马氏所生,其目的在于抬高身价,为自己当皇帝寻找血缘上的根据,这已昭然若揭。与此相反,长期以来社会上还有一种对朱棣带有讽刺意味的说法,就像蒙文史书《蒙古源流》卷八中所记的那样,说朱棣的生母是蒙古人洪吉喇氏。她原是元顺帝第三福晋,系太师洪吉喇特托克托的女儿。她进入明宫时已怀孕,生下的朱棣就是元顺帝的遗腹子。但有人对此进行了考证,认为这种说法简直是胡说八道。(参见晁中辰:《明成祖传》,人民出版社1993年9月第1版,P10)

问题的焦点是我们现在见到的明代流传下来的官书都是经过朱棣及其子孙篡改了,就连朱棣是否真的生于至正二十年(1360)都是很成问题的。据近代学者王謇的记载,清军打败太平军后曾在南京城南的大报恩寺得到了一"御碣",上面记载了朱棣生母为蒙古人,朱棣的出生应该是比太子朱标小10个月,且是他妈入宫6个月后生了他。正因为如此,在当时皇家看来,朱棣的生母是个"不贞洁"的女人,最终她被赐死。(【民国】王謇:《孤庐杂缀》,转引自张惠衣《金陵大报恩寺塔志·杂缀》,南京出版社,2007年9月第1版,P120)

有人说这是孤证,不足为信,甚至有人搬出明代《南京太常寺志》的记录和明清500多年来许多学者孜孜不倦考证出来的结果:朱棣生母应该是硕妃。但无论何种考证或引用何种证据,都没能说清楚朱棣生母硕妃的身世经历和血脉关系。现代著名明史专家黄云眉和吴晗两位先生在经过精细考证后,依然得出这样的结论,硕妃是朱棣生母,但就是没说硕妃到底是何许人也。(吴晗:《明成祖生母考》,原载于《清华学报》,1935年第3期;黄云眉:《明史考证》,第1册,中华书局,1979年9月第1版,P62—63)

由此看来,朱棣生母硕妃是个至今人们仍然搞不清楚她身份的女人。但笔者带着强烈的好奇,查阅了许多明史资料,结果还是一无所获。有一次,电视台叫我去作历史文化讲座,因为他们需要图片,我在准备时,无意间将朱元璋的画像与朱棣的画像放在了一起,竟意外地发现这对"父子"长得一点也不像!这还不是最为奇怪的,让人绝对纳闷的是这对父子的胡子迥然不同,朱元璋是地道的汉人胡子,而朱棣是典型的蒙古人络腮大胡子;再看朱棣以后的明代皇帝画像,明仁宗、明宣宗、明英宗，一直到明宪宗，明朝前、中期的这些皇帝都拥有北方蒙古人的大胡子之特征。从人类遗传学角度来讲，如果朱棣真是朱元璋的亲骨肉，那怎么会出现这种怪异的现象？

再联想到朱棣的庙号是明成祖，在明代以前，一般只有开国皇帝才能被称为"××祖"，如汉高祖、唐高祖等，即使是像唐太宗这样的盖世英雄，曾经辅助他父亲一同打下江山、开国建制，影响一代历史的大人物，他至多也称"太宗"而没有称"祖"；宋太宗也是如此，宋朝是在他的手中完成了统一，但赵光义死后也只称"宋太宗"，如此例子不胜枚举。对此，笔者与南京大学明史专家潘群教授讨论过此事。我们是否可以进行这样的推论：朱棣起兵并不是仅仅夺取大明帝位，还有改朝换代的成分？否则就皇权在家族内的流转角度来讲，就无需什么"奉行天讨"了。(有关朱棣的身世之谜，我们将在《大明帝国》系列之7《永乐帝卷上》中作详细的阐述。不过，为了谨慎和叙述方便起见，我们在文中说及朱元璋与朱棣关系时还是按照传统的"父子关系"而论。)

当然朱棣起兵的怪异还不止于上述这些，令人百思不得其解的是，朱棣叫"大神人"金忠挑了那么一个黄道吉日起兵誓师时却发生了这样的怪事。据说那天开始时天气还蛮好的，朱棣的宣誓慷慨激昂，众将士也被煽得怅然涕下，可就在这个节骨眼上，突然间风云四起，天昏地暗，人与人之间咫尺之距却无法相见。这在古代人们看来，选了这么一个日子开门做事，是大大的不吉利啊。可不一会儿，东边忽闪一道霞光，一方青天露出，转而阳光普照。由此，燕军将士转忧为喜，认为是燕王的真诚感动了上苍，他的起兵是征得了上天的认同，是"正义"之举，这对鼓舞士气起到了极其重大的作用，更多的是否可能隐含着他要"替天行道"和改朝换代呢？(《奉天靖难记》卷1；《明太宗实录》卷2)

● 朱棣真"牛"，把已经死去的"老爸"朱元璋从阴曹地府里扶出来再"执政"了四年

正因为朱棣认为自己的行为是"替天行道"和"奉行天讨"，所以在起兵造反一开始就干了一件不同于历代皇位争夺者所做的事情，他建立起一套严密的割据政权体系，任命了自己的一些心腹干将和投靠他的人为其割据政权的领导成员。张玉、朱能和邱福等都被任命为都指挥金事；那位向他泄露建文帝密诏的小吏李友直摇身一变成为北平布政司参议（可能相当于北平省的副省长）；算命先生金忠被任命为燕王府的纪善（可能相当于办公室主任），直接听命于燕王朱棣，并参与决策，

等等。(【清】谷应泰:《明史纪事本末·燕王起兵》卷16;《明史·金忠传》卷150)后宣布革除建文年号,把建文元年改称洪武三十二年,把已经死去的"老爸"朱元璋从阴曹地府里扶出来再"执政"了四年。

● 朱棣给建文帝的第一次"上书""换来"了从朱明皇家的玉牒中永久地开除出去的削籍令

不过,在北平干的这些"好事",朱棣在对外对朝廷的说辞中可没提一个字,相反他装成很无辜又无奈的样子,把自己的起兵谋反说成是铲除奸臣、纾解国难的正义之举。

"皇考太祖高皇帝艰难百战,万死一生,定天下,成帝业,传之万世,封建诸子,巩固宗社,为磐石计。奸臣齐泰、黄子澄包藏祸心,橚、榑、柏、桂、楩五弟,不数年间,并见削夺。柏尤可悯,阖室自焚。圣仁在上,胡宁忍此!盖非陛下之心,实奸臣所为也。其心尚未足,又以加臣。臣守藩于燕,二十余年,寅畏小心,奉法循分。诚以君臣大分,骨肉至亲,恒思加慎,为诸王先。而奸臣跋扈,加祸无辜。执臣奏事人,棰楚刺熱,备极苦毒,迫言臣谋不轨。遂分布宋忠、谢贵、张昺等于北平城内外,甲马驰突于街衢,钲鼓喧鞠于远迩,围守臣府。已而护卫人执贵、昺,始知奸臣欺诈之谋。窃念臣于孝康皇帝,同父母兄弟也,今事陛下,如事天也。奸臣之心,不止害臣,譬伐大树,先翦附枝,亲藩既灭,朝廷孤立,奸臣得志,社稷危矣。臣伏覩《祖训》有云:'朝无正臣,内有奸恶,则亲王训兵待命,天子密诏诸王统领镇兵讨平之。'臣谨俯伏俟命。"(【清】谷应泰:《明史纪事本末·燕王起兵》卷16;【明】谈迁:《国榷·惠宗建文元年》卷十一,P802—803;【明】薛应旂:《宪章录校注》,凤凰出版社,2014年9月第1版,P155—156。注:各史料记载略异)

这实际上是朱棣给建文帝的一份政治宣言书,他巧言令色,强词夺理。首先指出分封是高皇帝定下的"祖制",是"巩固宗社,为磐石计",谁要将它破坏了,就是"不忠不孝"。这样,一开始就把建文朝廷的"削藩"大政给安上了违背"祖制"的罪名,但他又没有明说,这就是朱棣的奸诈之处;接着他又大讲特讲"削藩"给高皇帝亲骨肉带来的灾难,将矛头直指齐、黄等削藩大臣,并指摘他们为奸臣,进而指出奸臣所为就是"先翦附枝,亲藩既灭,朝廷孤立,奸臣得志,社稷危矣"。鉴于此种情势,作为皇上您的叔叔我燕王不能坐视不管,所以我起兵是为了大明江山社稷的稳固和"祖制"的维护,现在正是"朝无正臣,内有奸恶,则亲王训兵待命"的时候,请皇上您给我密令吧!

建文帝是个文弱之君，但他绝不是愚蠢之人或者说是智商低能儿。当见到那个包藏蛇蝎一般心肠的四叔朱棣的上书后，他确实下了一道诏书，不过这道诏书不是叫燕王来"清君侧、诛奸臣"，而是将朱棣从皇家的玉牒中永久地开除出去。（【清】谷应泰：《明史纪事本末·燕王起兵》卷16；《明史·恭闵帝本纪》卷4）

当然，这些都是后话了，我们再来看看北平局势的发展对建文朝廷的影响。

● 以北平为中心的建文朝廷北方军事防御体系的瓦解

朱棣在北平谋反起兵，不仅一夜之间将北平军事布防格局全给搅乱了，同时也开始瓦解了建文朝廷在北方的军事防御体系。

本来建文帝在建文元年三月前后采纳了齐泰和黄子澄的建议，对北平为中心的北方军事前沿作了看似十分严密的布置，以北方军事告急为名，抽空燕王的军事力量，将许多燕王府的护卫精兵将士归口给屯军于开平的都督宋忠管辖；还有一些燕王府的将士要么直接听命于朝廷指挥，要么调离北平城，到城郊去守候，至于北平城中则由谢贵、张信掌控的北平都指挥使司管辖。这一系列布防果然很厉害，以至于朱棣起兵时手中直接指挥的兵士只有800人。（《奉天靖难记》卷1；《明太宗实录》卷2）

而实际的问题恰恰也出在这里，朱棣长期盘踞在北平，连他自己也说居燕二十多年。朱棣这二十多年可不比一般藩王那样吃喝玩乐，他"雄才大略"，且一直在从事对蒙古的战争。一旦战事起，按照朱元璋的规制，其他藩王或异姓功臣勋将都听命于他和晋王，长期的战争生涯使得朱棣对北平一带不仅是知根知底，而且还树立了个人威望。军事上的等级制和上下级之间的特殊人脉关系，作为非军事系统出身的建文君臣却是很难理解的，加上他们对军事的不懂行，所任非人，实际上已经是将北平及周围地区拱手让给朱棣了。（详见笔者《大明帝国》系列之7《永乐帝卷上》）

"西瓜宴"上张、谢突然被杀，燕王府外谢贵的得力助手都指挥使余瑱发现了事态的骤变，想组织起将士进行反击，但已经来不及了，他只好向北平郊外西北方的居庸关撤退。与此同时，北平东边的蓟州守将马宣接到了朝廷的命令，率军赶往北平。途中与燕军遭遇激战，不久，被燕军打败，只好退回蓟州。当时驻扎在开平地区的朝廷军队就有30 000人，若以此兵力去攻打刚刚起兵造反尚未立稳脚跟的朱棣，胜负难料，但问题是驻扎开平的军事统帅宋忠不是一个将帅之才。

宋忠，原是洪武末年的锦衣卫指挥使，即为特务头子，但为人还算正派，手下有人因小罪而要被处死，宋忠就如实地上疏给皇帝朱元璋，要求刀下留人。有个御史出来弹劾宋忠,说他庇护部下。皇帝朱元璋还算明事理,当即说道:"宋忠为人率直,讲话没有什么隐瞒的,为别人请命,何罪之有?"最终那个犯了小罪的官员被宽宥了。但不久宋忠又被金都御史刘观盯上,遭到了弹劾,调任凤阳中卫指挥使。洪武三十年,宋忠跟随平羌将军齐让出征西南夷,但没有取得军事胜利,后来跟随将军杨文再次去讨伐西南夷,结果凯旋而归,这大概是宋忠立下的唯独一次军功。从中我们可看出宋忠是个忠直之臣,但绝不能说他是个军事帅才。而建文元年时势的紧迫使得建文帝几乎是"饥不择食"地选择了这么一个军事平庸之人,让他率兵驻扎开平,以此来看住比狐狸还要狡猾的燕王朱棣,这也难为了宋忠。

燕王起兵造反之前,宋忠就已经接到了朝廷的密令,率领30 000多人从开平出发,前往北平去。但他还没有到达,朱棣已经起兵并控制住了北平城。宋忠不敢贸然进攻,只好退到北平郊外的怀来,伺机而动。(《明史·宋忠传》卷142;《明太宗实录》卷2)

○ 建文朝廷在北平东部的军事要塞一个个被朱棣占领

但让宋忠想不到的是,他等来的却是一个接一个的坏消息。先是北平东边军事要地通州守将房胜归降朱棣。房胜原本就是朱棣的部下,两人一同多次出征蒙古,虽然是上下级关系,但个人情感一向不错,后来房胜被朝廷调到了通州,而他的心还向着朱棣。朱棣起兵的第二天就派人上通州,房胜率众归降。这样,北平东边的门户不打自开了。(《明史·房胜传》卷146,列传第34;《明太宗实录》卷2)

房胜的投降不仅使得建文朝廷控制朱棣的东部军事要塞给丢失了,而且还给周边的朝廷将领开了一个极坏的先例。后来朱棣燕军所到之处,好多朝廷军队的"软蛋"就不战自降。

这不,眼下燕军占领通州后,就派大将张玉开始向通州边上的蓟州发起了进攻。蓟州守将就是前面说到的前去解救北平危机的都指挥使马宣,此人倒是蛮有骨气,退回蓟州后坚守城池,誓死不降,战斗到生命的最后一刻。但守城的指挥毛遂却是个墙头草,见到张玉率领的燕军攻势凶猛,心想:算了,好汉不吃眼前亏,投降了。就这样北平东边的又一重镇蓟州落入朱棣手中。

攻下蓟州的当夜,燕军又开始偷袭遵化,到天亮时就占领了遵化。至此,建文朝廷在北平东部的重要军事据点一一都被朱棣拔掉了。(《明史·恭闵帝本纪》卷4;【明】姜清:《姜氏外史》卷2;《明太宗实录》卷2)

○ 本该进行生死较量的怀来大战,却上演了一出令人一头雾水的"认亲会"

解除了北平东边军事危险以后,朱棣就将矛头对准了北平的北边,因为那时北平南边的朝廷军事布置在保定一带,距离北平尚有距离,对北平构成最大危险的是屯扎在北边怀来由宋忠统帅的30 000多人的部队。这支队伍不仅人数多,而且兵强马壮,是当时建文朝廷围剿燕王叛军的有生力量,所以朱棣感觉它不仅危险最大,也是最为紧迫。但要解决怀来的朝廷军队,就必须首先拿下通往怀来之路上的军事要隘——居庸关,而位于北平西北郊区的居庸关此时掌控在谢贵的助手余瑱的手中,于是朱棣采取了快速出击的战术,派部将徐安等于七月十一日急攻居庸关。余瑱抵挡不住,放弃居庸关,逃往怀来。

按理说,宋忠早应该派支偏师前去援救居庸关,但他压根儿就没有这么做。宋忠的军事平庸还远不止这些,当居庸关失守后,你就应该守好怀来,这样不战也能震慑住朱棣,使他不得妄动。但宋忠这个蹩脚的军事统帅实在是糟糕,他以为打仗就如同他在锦衣卫里审犯人那样容易,一骗、二哄、三吓唬就能将敌人制服了,所以当朱棣燕军步步紧逼之时,他就发挥了当年在当特务头子时的那股聪明劲,对部下将士说:"燕王朱棣心黑手辣,起兵谋反时就在北平城里对朝廷军队将士的家属实行了血腥的屠杀。将士们,为国为家你们都要拼命啊,不杀尽燕贼,誓不罢休!"当天,将士们的士气倒是被鼓动起来了,可宋忠的这支30 000人队伍中不少将士原本是燕王朱棣的部下,他们是被朝廷抽调出来归给宋忠指挥的,朱棣的厉害就在这里,他在双方开战前就把形势与军事情报摸得准准的。

建文元年七月十六日,朱棣率领军队赶到怀来,命令有亲属在宋忠军队里的那些将士打出寻亲的旗帜,冲在前面。对此,朝廷主将宋忠却浑然不觉,照计划行事。哪知前线战场上双方将士一接触,就不打仗了,而是一片"认亲"声,宋忠的部下不停地喊:"宋总兵骗我们说,北平城里的兄弟父老全被杀了,原来你们活得好好的,哥啊,弟啊,我们好好聚聚啊!"嗨!整个怀来战斗成了"认亲会"了。宋忠一看不对劲,仓猝布阵,还没有成列,燕军已经渡河过来,怀来之战没多打,朱棣就用8 000兵力轻而易举地占据了北平北边的这个军事要地。

尽管宋忠军事才能实在蹩脚,但人倒还算有骨气,他与余瑱等人被俘后,至死不屈,最后被朱棣处死。(《明太宗实录》卷2;《明史·宋忠传》卷142;【明】姜清:《姜氏外史》卷2)

○ 松亭关朝廷军队中了"离间计",真内奸反而发现了"假内奸"

怀来之战,30 000人的朝廷军队居然莫名其妙地输给了只有8 000人的燕军。人们听了这个消息后没有一个不震惊的,而且事态的发展对朝廷方面似乎越来越不利。就在怀来之战后没几天,开平、上谷、云中等地的守将纷纷投降了燕王朱棣,至此，北平及其四周基本上都成了燕王朱棣的势力范围了。

这时，建文朝廷在北方地区挨得北平比较近的军事势力就是东北地区的大宁府守军了。虽然说北平及其周围地区的丢失不关大宁守军什么事，但事态发展到了这一步，你大宁守军再怎么说也不能坐视不管啊。更大的后患在于，燕军占领了这些地区后，很可能继续向着四周拓展，大宁也不一定不是燕王下一个进攻的目标啊！所以无论从哪个角度，大宁守军都应该出兵了。

当大宁守军出兵到松亭关时，由于都督刘真、陈亨等人"误中"了朱棣的离间计，"发现"了"内奸"卜万并将他除掉，这样，松亭关军事将领就剩下两个。刘真尽管岁数不小，但年龄活在了狗身上，面对比狐狸还要狡猾的燕王朱棣和真内奸陈亨（原本是燕王部下），他整个成了缺心眼，朱棣设计陷害卜万，他未能发现；除掉了卜万，少了一块绊脚石，陈亨开始干起吃里爬外的事情来，他居然也没有发现。这一系列的"没发现"，最终便利了陈亨的叛变。在一个夜晚，陈亨联合了另外一些内奸突然间对刘真军营发起了袭击。刘真猝不及防，全军覆没，只身逃回大宁去，整个松亭关就这样轻轻松松地落入了朱棣的手中。（《奉天靖难记》卷1；《明太宗实录》卷2；《明史·陈亨传》卷145；【明】姜清：《姜氏外史》卷2）

怀来大败和松亭关失守标志着建文朝廷在北方军事布防方面的彻底失败。

北方告急！对此，南京的建文朝廷有何反应？

建文朝廷的第一次北伐与朱棣"靖难军"的快速战术

● 朱棣大闹北方，建文帝却在明故宫"日与方孝孺等讨论周官法度"

自建文帝登基以来，大明朝廷上下一直在忙于"建文新政"的谋划与推行。作为与"建文新政"密切相关的一项重要内容——削藩及其所带来的后果，他们也予以一定的重视，尤其是建文元年三月起连削四藩后，建文君臣也开始密切关注北方事态的发展与变化。

但从本质上来讲，建文君臣骨子里都是书生，你要是说及以儒家思想与理念治国的话，他们会如数家珍地说上几天几夜；但若要说及军队啊，打仗啊，恐怕就只能像齐泰那样背背那些边关军事将帅的姓名和纸上谈兵就算不错了。之所以如此，这就要涉及建文朝最高领导层与决策层的人事结构搭配问题——最大毛病就在于，建文朝居然没有一个是久经沙场的军事统帅，或者说是具有很深军事背景的军界将领，当然这主要归咎于老皇帝朱元璋对功臣勋将的滥杀，直接导致了大明建文年间高级军事人才的严重匮乏，但也不可否认书生皇帝朱允炆对军事武备少有兴趣或言轻视等方面的因素。史载，朱棣大闹北方时，建文帝却正在明故宫"日与方孝孺等讨论周官法度，以北兵为不足忧"（【清】谷应泰：《明史纪事本末·燕王起兵》卷16；【明】姜清：《姜氏外史》卷1；【明】薛应旂：《宪章录校注》，凤凰出版社，2014年9月第1版，P156）。

● **小叔叔朱橞：四哥发疯了，居然造反！大侄儿建文帝：真的吗？**

建文帝得到北方局势迅速恶化的军事消息，说来也挺滑稽的，它不是来自建文君臣曾经精心构建的谍报系统，而是由建文帝所要"专政"的对象——藩王所提供的，具体地说，是北方藩王中一员——谷王朱橞南逃带给他的。由此可见建文朝对待非常事件的国家行政手段与应变能力是相当蹩脚的。那么，谷王朱橞为什么要南逃？是不是侄儿建文帝也抓住了他的什么把柄，削了他的那个藩，从而使得他不得不南逃？

不是的。谷王朱橞本身也不是什么省油的灯，但在明初就藩的藩王中他是最小的一个。虽说建文元年时朱橞当藩王的"工龄"有些年份了，但实际年龄却只有21虚岁，别的哥哥与南京城里的侄儿皇帝较劲，可他这个当叔叔的说实在的还不怎么懂人世间的你争我斗，所以也就没有参与到其他藩王的密谋造反当中去，因而建文帝的削藩几乎与他无关。正因为年纪小，听说四哥朱棣起兵"靖难"后一路摧枯拉朽似地攻陷了北平附近的蓟州、通州、遵化、永平、密云等城池，谷王就不知所措了，加上谷王的藩地又在临近北平的宣府，而从当时朱棣凶猛的起兵势头来看，宣府很可能成为他的下一个进攻目标，谷王深知自己绝非是燕王的对手，怎么办？他越想越害怕了，最后拿定主意——逃亡到南京去，投靠侄儿皇帝，总比被那个像发了疯似的燕王朱棣打着了要强。（《明史·诸王三·朱橞传》卷118）

谷王朱橞惊魂未定地到达南京是在建文元年七月二十四日，这时距离朱棣在北平起兵造反已有整整二十多天了。当朱棣上气不接下气地向侄儿描述完"疯子"四哥造反的情况时，建文帝这才确信北方真出了大乱子了，紧接着不断地传来朝廷军在北方丧师失地的坏消息与朱棣的上书，此时建文帝才真正感到北方局势的严重，于是他不得不召集朝中文武百官共同商讨应急对策。

黄子澄提出这样的观点：过去我们朝廷采取了那么严密的防燕措施都未能奏效，可见燕军绝非是等闲之辈，而是一群十分强悍与狡诈的顽徒。眼下朝廷最好的应对策略是马上出师北伐，如果听任自流，不仅整个河北地区全让燕军给占领，而且他们还会迅速南下，局势将会不堪设想。因此他主张马上削除燕王朱棣的藩王属籍，将他的罪名公布于天下，与此同时迅速调兵遣将进行征讨。（《明太宗实录》卷1；【清】谷应泰：《明史纪事本末·燕王起兵》卷16）

　　坦率地说，黄子澄的这个建议比较切合实际，也比较有前瞻性。因此它在朝中迅速得到了有识之士齐泰等人的支持，"（齐）泰请削燕属籍，声罪致讨"。但也遭受到了一些昏庸不堪的腐儒的反对，他们认为：不论燕王做了多大的罪孽，但他毕竟是建文帝的叔叔。如果建文帝兴兵征讨，就不合礼制，做过头了。一向温文尔雅的齐泰听到这样的陈词滥调后再也按捺不住了，他愤然地反驳道："什么叫不合礼制，现在燕王朱棣已经公然起兵反叛朝廷，明目张胆地干起了万世唾骂的恶事，朝廷讨伐这样凶恶逆贼有何不可！"（《明史·齐泰传》卷141）

● 建文帝的讨燕檄文

　　经过齐、黄等人的慷慨陈词和反复劝说，一向优柔寡断的建文帝终于拿定主意：祭告太庙，宣布削去朱棣的燕王封号，废为庶人，"书谕诸王，削燕属籍"；同时兴兵北伐讨燕，布告燕王罪行于天下，并发布讨燕诏书：

　　"朕奉先皇帝遗诏，篡承大统。宵衣旰食，思图善政，以安兆民。岂意国家不幸，骨肉之亲，屡谋僭逆。去年周庶人橚潜为不轨，辞连燕、齐、湘三王，皆与同谋。朕以亲亲之故，不忍暴扬其恶，止正橚罪，余置不问。今年齐王榑谋逆事觉，推问犯者，又言与燕王棣、湘王柏同谋大逆。柏自知罪恶难逃，先已自焚死，榑已废庶人。朕以燕于亲最近，未忍究其事。今乃忘祖逆天，称兵构祸，意欲犯阙危宗社，悖逆如此，孰不骇闻。昔先皇帝时，棣包藏祸心，为日已久，印造伪钞，阴结人主，朝廷穷极藏匿罪人。先帝震怒，遂以成疾，至于升遐，海内闻知，莫不痛念。今棣不悔过，又造滔天之恶。虽欲赦之，而获罪宗社，天地不容，已告太庙，废为庶人，遣长兴侯耿炳文等，率兵300 000人，往讨其罪。咨尔中外臣民军士，各宜怀忠守义，奉职平燕，与国同心，永安至治。布告天下，咸事闻知"（【明】谈迁：《国榷·惠宗建文元年》卷11，P805；【明】姜清：《姜氏秘史》卷2；《明史·恭闵帝本纪》卷4；【明】薛应旂：《宪章录校注》，凤凰出版社，2014年9月第1版，P156。注：各著所载略异）。

　　建文帝的这份讨燕诏书一改过去文文弱弱的笔调，总算有了血气味，这全是那个"疯子"四叔把他给逼出来的。如果从当时政治斗争情势来看,这也算得上是建文朝第一份态度十分明确的讨燕檄文和削藩到底的政治宣言书。

当然,起草这样一份政治宣言书对于满朝都是文臣学士的建文朝廷来说那简直就是小菜一碟;而与此相比,要推选出一个合适的军事统帅可就难坏了建文君臣。朱元璋在世时对功臣勋将的滥杀,造成了大明帝国由"洪武"转向"建文"之际高级军事人才严重匮乏和青黄不接的尴尬局面,这是建文帝上台以后所不得不面对的一个客观情势,但问题的另一个方面是朱允炆从小就文弱,生性喜爱读书学古,对军事一类一直不感兴趣。所以人们看到,建文帝上台执政以来文治维新工作开展得轰轰烈烈,而军事武备却乏善可陈。现在国家发生大难——重大军事叛乱了,这就难坏了他。此时的建文帝心中真是有种说不出的苦楚:皇爷爷,你做事也做得太绝了,你为了确保我君位的安全与稳固竟然把一个个与你同生死共患难的战友与大将送到地狱里去,可你知道我现在要用人统兵作战了,却无将可派啊!当然"性至孝"的建文帝是断然不会说出皇爷爷的什么不是,但他心里急啊!这时朝中大臣们出来为君分忧、为国解难了,他们提出老将耿炳文可以堪当北伐统帅之大任。建文帝接受了这个建议,"乃拜长兴侯耿炳文为征虏大将军,驸马都尉李坚、都督宁忠副之,率师北伐"(《明史·恭闵帝本纪》卷4;【清】夏燮:《明通鉴·惠帝建文元年》卷12,纪12)。

● 朱元璋杀剩的老将——建文朝军界的"仙鹤"

耿炳文,朱元璋的老乡,也是濠州人。他的父亲叫耿君用,曾经跟随朱元璋一同起来"闹革命",朱元璋渡江攻打集庆(南京),耿君用浴血奋战于军事前线,积功为管军总管。后在江苏宜兴与张士诚的军队交战时,耿君用战死于疆场。因此说,耿炳文是属于"根正苗红"的"革命家庭"出生的那一代。父亲战死后,耿炳文不仅承袭了父亲的军中职位,而且还完成了父亲的未竟事业,他率领父亲的部队攻取安徽的广德,转战进攻并攻下了有江浙门户之称的长兴。朱元璋闻讯后十分高兴,命令在长兴设立"永兴翼元帅府,以炳文为总兵都元帅守之"。这下可使得江南另一方豪杰张士诚大为不安,他派了手下的大将潘元明(《明太祖实录》中作"潘原明")、严再兴和李伯昇等人率领大军先后几次进攻长兴,但都被耿炳文打退了。耿炳文长期坚守长兴,实际上等于卡住了张士诚向西向南拓展的喉咙,史书记载:"长兴为士诚必争地,炳文拒守凡十年,以寡御众,大小数十战,战无不胜,士诚迄不得逞。"在后来的平吴战斗中,耿炳文率军从长兴出发,攻打长兴附近的湖州,立下很大的功勋,旋被晋升为大都督府佥事。

大明开国时,耿炳文跟随徐达北伐,立有战功。洪武三年他被朱元璋封为长兴侯,食禄1 500石,并得到了可以世代享用的免死铁券(可惜这免死铁券连耿炳文自己都没用上,朱棣上台后不久,耿炳文"畏罪自杀",这是后话了)。洪武十四年大明发动第七次北征"清沙漠"军事行动,耿炳文也随从征战;洪武十九年耿炳文跟随颍国公傅友德远征云南;洪武二十一年跟随永昌侯蓝玉北征,都曾获得很大的胜利。因此说耿炳文是个功勋卓著的一员老将。"炳文守长兴,功最高,太祖榜列功臣,以炳文附大将军达为一等"(《明史·耿炳文传》卷130;【明】姜清:《姜氏外史》卷2)。

由耿炳文的经历我们可以看出这样几点:

第一,耿炳文是大明初期的一员大将,但不是一流的将军,而是二流或三流之辈,除了他在长兴守城时出任主帅外,耿炳文一般出场都是"从之",即跟着别人跑龙套的,这样的人才往往是恪守职责,但进取或创新就显得不足了。

第二,虽然是跑龙套,但耿炳文似乎还一直挺幸运的,每次跟随大将出征都能取得一些胜利;换句话来说,他对大明帝国的贡献还是相当之大的,加上他是"先烈"的后代,所以朱元璋将他位列于"附大将军(徐)达为一等"。耿炳文一生南征北战,杀敌无数,军旅生涯再熟悉不过了,任他为军中将帅还算得上是人尽其才。

第三,经过洪武年间的几次大规模的政治运动后,明朝的开国元勋基本上被杀戮殆尽了,但耿炳文与朱元璋的二舅子郭英却是明初所封的57个侯爷中杀剩下来的2个。能够躲过那么恶劣的政治屠杀,要么是有着非常的智慧,要么是个明哲保身的庸人,问题是明初洪武年间的"大神人"刘伯温都未得善终,那么是不是耿炳文比刘伯温还要富有智慧呢?绝对不是的。历史上的耿炳文恰恰是一个"不拿主意"的跑龙套的配角,断然不是什么很有智慧之人,或者只能说他是平庸之辈,政治场上的秘诀就是:少说话,不犯错,这大概是耿炳文得以保全的秘密吧。所以"及洪武末年,诸公、侯且尽,存者惟炳文及武定侯郭英二人"(《明史·耿炳文传》卷130)。

在这样的情况下,本来军事才能并不杰出的耿炳文和郭英成了建文朝军界"鸡群"中的"仙鹤"了,从"而炳文以元功宿将,为朝廷所倚重"。建文君臣在做这道选择题时应该说是做对的,因为在朱元璋杀剩的耿炳文和郭英两个侯爷中,郭英虽然也是久经沙场的一员老将,且还是老皇帝的二舅子,但这个人在洪武晚年屡屡犯错,私养家奴150多人,杀害无辜男女5人,民愤极大,要不是朱元璋的全力袒护,恐怕他早就命赴黄泉了。所以说郭英与耿炳文相比,耿的人品与行为要远远胜出一筹,而建文朝的用人恰恰是相当看重人品的,更何况领兵打仗不仅要有军事才能,而且还要有足够的威望,所以建文帝采纳了大臣们的建议,任命耿炳文为北伐讨燕的主帅,应该说还是十分正确的。

更有一个十分重要的因素是,耿炳文的长子前军都督佥事的耿璿还是懿文太子朱标的长女江都公主的驸马,换句话来说,耿炳文是已故的朱标太子的亲家,因此说耿炳文与朱允炆之间不仅是君臣关系,而且还有十分亲近的姻亲关系,朱允炆将北伐这等大事托付给耿炳文是再合适不过了。事实也是,耿炳文父子上了北伐战场还十分尽心和出力。(《明史·耿炳文传》卷130;《明史·郭英传》卷130)

就此,有读者朋友可能要问:既然如此,那为什么后来耿炳文还要被建文帝撤换掉?

● 耿炳文挂帅的第一次北伐

事情还得从耿炳文开始北伐说起。

建文元年七月底,建文帝任命65岁的老将"长兴侯耿炳文为征虏大将军,(大名公主)驸马都尉李坚、都督宁忠为左、右副将军,帅师讨燕",(《明史·恭闵帝本纪》卷4)"兵号三十万,至者惟十三万"(《明史·耿炳文传》卷130)。

朝廷北伐军将要出发时,建文帝从明皇宫里发出了这样的谕诫,他说:"过去六朝的时候,萧绎领兵打到京城建康时就给他的部下下了这样的军令:'自家亲属,同室操戈,兵戚相逼,本来已经是不祥之极了,将士们要手下多留心啊!'现在我大明将士将要出征北上,与燕军交战,大家务必要体谅朕的一片苦衷啊,毋使朕背负杀叔之名。"(【清】谷应泰:《明史纪事本末·燕王起兵》卷16;【明】谈迁:《国榷·惠宗建文元年》卷11)

与此同时,建文帝"命安陆侯吴杰,江阴侯吴高,都督耿瓛(耿炳文的二子),都指挥盛庸、潘忠、杨松、顾成、徐凯、李友、陈晖、平安,分道并进",打算合围燕王朱棣大本营北平。(《明史·恭闵帝本纪》卷4)

除此之外,建文朝廷还给耿炳文的北伐做了一些军事配备工作,任命建文帝长姐江都公主之驸马、耿炳文的长子耿璿为前军都督佥事,帮助父亲耿炳文伐燕;任命因预测燕王反叛而犯下"非所宜言"罪已被逮捕下狱的原岳池教谕程济为翰林编修,充任耿炳文北伐军师。(《明史·程济传》卷143;【明】薛应旂:《宪章录校注》,P157),并传檄山东、山西、河南三省,责令地方政务必确保北伐之粮饷。(【清】谷应泰:《明史纪事本末·燕王起兵》卷16)

再说耿炳文尽管已经是65岁的老人了,但身板硬朗,所以建文朝第一次北伐行军速度还是比较快的。七月底从南京出发，八月十二日就到了河北真定，路上总共走了不超过半个月的时间。当耿炳文他们上气不接下气地赶到真定时，真定方面朝廷新设的行政机构——"平燕布政司"也刚刚开始挂牌。

平燕布政司原本在大明行政规制中是没有的，建文帝鉴于朱棣叛乱后北平布政司的绝大多数官员都已投降了朱棣，他采取补救的办法，设立了这么个机构，任命北平采访使、刑部尚书暴昭掌管平燕布政司事务（南京中央机构的刑部尚书由侯泰代任），一方面处理被朱棣破坏了的北平与河北等地区的行政工作，另外一方面是协助耿炳文的北伐军，做好灭燕准备。（《明史·恭闵帝本纪》卷4；【清】夏燮：《明通鉴·惠帝建文元年》卷12，纪12）

这样，耿炳文军到达以后，军政合于一城，现场直接办公与指挥，这就改变先前朱棣反叛时朝廷"耳不聪，目不明"的被动局面，应该来说这样的布局还是很有道理的。

● 三道伐燕战线的瓦解

耿炳文的北伐主力13万人（实际人数）到达伐燕前方基地真定后，他们就开始分营驻扎在真定城外的滹沱河南北两岸。与此同时，徐凯率偏师进驻河间，潘忠、杨松进驻莫州，还有一部分北伐先锋约有9 000人进驻到了河北的雄县，这样在朝廷的北伐基地真定之前方形成了雄县、莫州和河间三道伐燕战线。

面对建文朝廷的如此阵势，北平城里的朱棣可没闲着，他十分清楚：建文帝这次真的发狠劲了，不仅将他的罪行公之于天下，而且调集13万的军队，兵分几路向着北平方向合围过来。朱棣马上派了得力的干将张玉出去侦查朝廷军队的状况，然后集中起来讨论军事战斗。朱棣认为，此次朝廷派出老将耿炳文统兵北伐，本身就不同寻常。耿炳文是大明帝国仅剩的两位侯爵级开国勋将之一，以稳重而驰名，因此说，与他作战还真是要倍加小心。想当年，这位长兴侯像一块磐石似地稳居于浙江长兴十余年，弄得人家好歹也是一方豪杰的张士诚连睡觉伸伸腿的地方都没有，只好缩在苏州城里不敢动一动，由此可见，跟这样的人交手，行动要快，否则会"死"在他手里；再有，耿炳文现在不同于当年坚守长兴时那样兵力单薄，皇帝给了他13万军队，这样的兵力10倍于燕军，因此与他硬拼肯定不行；如果自己固守北平的话，耿炳文也来个第二次长兴守卫战——"静"守真定，看住北平，不说十年就是拖上几年，燕军也要被他拖死，因此最好的战略是寻找敌人的薄弱环节，迅速出击，攻其不备。

应该说朱棣的分析是极其精到的,从中我们也可看出朱棣确实是个天才军事家与政治家。

再说朱棣手下的那位得力干将张玉也不含糊,面对10倍于自己的敌军,他不慌不忙地侦查了一圈,而后带着对敌十分蔑视的口气跟朱棣说道:"我去侦查了一下敌军,他们军纪涣散,主将耿炳文年老气衰,一看就有败亡之气;前锋潘忠、杨松有勇无谋,我们理应先从他们那儿下手,杀他们一个下马威。"朱棣觉得张玉的主意不错,马上下令部署,从朝廷北伐军的前锋处入手,打他们一个措手不及。(《奉天靖难记》卷1;《明太宗实录》卷3;【清】谷应泰:《明史纪事本末·燕王起兵》卷16;【明】焦竑:《国朝献征录》卷7,《张玉神道碑》)

○ 北伐军的先遣部队将士大骂朱棣不是东西,中秋节也不让大家好好过

说干就干,朱棣亲自率领军队到达了娄桑(在河北涿州西南),在那里稍作休息,将士们饱餐一顿,战马也喂饱了,然后继续急速行军,来到了朝廷北伐军先锋部队的驻扎地雄县县城对岸的白河沟,正是下午三点左右,好多士兵不太乐意,因为那天就是中国人传统的中秋节,你说不好好地过节反而要出来打仗,不少将士牢骚满腹。朱棣给大家分析道:"今天是中秋节,正因为这样,这些远道而来的朝廷官兵肯定会放松警惕,大口喝酒,然后再休息休息,这正是我们偷袭敌人难得的良机啊,今夜进攻,出其不意,一定能大获全胜!"(《奉天靖难记》卷1;《明太宗实录》卷3;【清】谷应泰:《明史纪事本末·燕王起兵》卷16)

朱棣给大家做完思想工作以后,下令全军将士继续全速前进。大约在半夜时分,燕军人不觉鬼不知地将雄县的朝廷前锋部队9 000多号人死死地围在雄县城里,接着他们就发起了疯狂的进攻。可怜那9 000多号朝廷将士连中秋夜的觉也没睡好,至于有没有吃到月饼,就不知道了。他们正在睡梦中忽然听到敌人来攻,除了干骂燕军不仁义以外,只能仓促应战了。但即使这样,他们个个都是好样的,虽然最后都当了俘虏,却没有一个愿意投降的,随即遭到了朱棣燕军的疯狂屠杀,9 000多位将士居然无一生还,他们用生命和鲜血谱写了建文朝北伐史上最为壮烈的一页。

不过这壮烈的一页,浸透的生命鲜血太多了,即使是魔鬼一般残忍的朱棣在听到手下将士干的这等恶事以后,也曾出来批评说,你们的这种做法不仅起不到打击敌人的作用,反而会坚定敌人跟我们血战到底的信心。所以他告诫将士们今后不要再滥杀,并举了个例子,说当年北宋大将曹彬进攻南唐时因为不曾滥杀,不仅受到了人们的称颂,而且他的子孙后代还十分繁盛,最后朱棣威胁道,滥杀者要断子

绝孙的！(《奉天靖难记》卷1;《明太宗实录》卷3)

不愧为"天生的"政治家,居然将泼妇式的骂街话都当作成了教育将士的训词,让人忍俊不禁,也不愧为"天生圣人"(朱元璋自诩)的"儿子",就是有水平,所以朱棣的文化水平实在是令人好奇,有人说他与他的"老爸"朱元璋是一样的水准——半文盲,我看也差不多了。

○ 魂断月漾桥

不过,朱棣文化水平不行,打仗、搞内战可行了。打下雄县,他就跟燕军将领说:"我要活捉莫州城里朝廷军队的那两个先锋官潘忠、杨松!"当时好多人听后大惑不解:人家朝廷偏将在莫州城呆得好好的,我们燕军怎么能把他俩活捉到啊?朱棣分析说,莫州与雄县相距四五十里,如今我们已经拿下雄县,但莫州城的潘忠、杨松并不一定知道得这么详细,他们听到我们偷袭雄县,可能以为雄县会抵挡一阵,而现在他俩很可能已经率兵前来救援雄县了,只要我们认真布置一下,在他们来回的途中设些埋伏,抓住潘忠、杨松不在话下了。听了朱棣的这般分析,大家都佩服他的点子多,脑袋活,也就更为乐意为他卖命了。(《奉天靖难记》卷1;《明太宗实录》卷3)

朱棣命令手下的部将谭渊率领一小部分兵士迅速赶往从莫州前往雄县的必经之路上的月漾桥,每个兵士手拿一束茭草,将茭草裹在头上,用作伪装和水中呼吸,而一旦淌入河中就要将自己的身体"埋在"水里,让经过月漾桥的人一眼望去,不知水中有伏兵,还以为水里全是茭草,等到莫州城的潘忠、杨松率领的救兵过了月漾桥以后,马上放炮,水中兵士听到炮声后迅速出来,切断潘忠、杨松的归路。为防止万一,朱棣又下令一些将士埋伏在路的两侧,先行夹击潘忠、杨松。

一切准备就绪,朱棣登高远望,只见潘忠、杨松两个有勇无谋的傻将带了一大帮子的军士浩浩荡荡地从莫州出发直奔雄县来,当他们经过月漾桥时居然什么也没发现,等快要到雄州城时,朱棣就命令手下将领张玉出战,给潘忠、杨松以迎头痛击,双方交战正酣时,忽然炮声震天,路的两侧燕军伏兵顿时冲了出来。见到这样的阵势,潘忠、杨松队伍里的将士一下子吓蒙了,不知这到底是怎么一回事,他们本能地往后撤退,谁知在月漾桥水中的燕将谭渊率领兵士也已经冲了出来,占领了月漾桥,切断了潘忠、杨松军队的归路。两面夹击,潘忠、杨松军队大败,潘忠本人也被燕军俘获。可怜朝廷将士北伐尚未正式开战,却已经魂断月漾桥了。(《奉天靖难记》卷1;《明太宗实录》卷3)

朱棣俘获了潘忠以后,就仔细盘问他莫州城里的情况。这个潘忠虽说是朝廷任命的高级军官,可要讲起人品与气节来,就连雄州城里殉难的普通士兵都不如,当朱棣向他问话时,他就像竹筒倒豆子一般爽快地说道:"莫州城里现在还有10 000多将士,他们正在等我们救雄县的消息,没做什么战斗准备,燕王你要是去进攻的话,一战便能搞定。"有这么一个"热心向导"的指点,朱棣马上就来劲,亲点了100来个精锐骑兵作先锋,直趋莫州城下。莫州守城将士还没有搞清怎么一回事,就看到那些像发了疯似的燕军将士已经开始攻城了,算了,逃命要紧啊,瞬间,莫州失守。(《奉天靖难记》卷1;《明太宗实录》卷3)

至此,建文朝廷调兵遣将组织的第一次北伐,还没有正式开战就在一天之内连丢两城,损失将士达30 000多人。(【清】谷应泰:《明史纪事本末·燕王起兵》卷16)

● 真定大战——"老将"不敌"壮汉"

从建文朝廷第一次北伐开头遭遇的三战即雄县之战、月漾桥之战和莫州之战来看,朱棣采取的是快速战术,在敌人立足未稳之际就予以迎头痛击,这是朱棣根据自身特点而采取的一种聪明作战方针。对于朝廷北伐军来说,尽管输得实在没名气,让人想起来就觉得他们窝囊。不过,理性而言,这些战斗失利,也不能全说朝廷军队的无能,因为他们所面对的敌人实在是太狡猾了,就连身经百战的老将耿炳文也领教了这个狠毒对手的厉害。

在一天一夜之间连连取得三次战斗胜利后,颇具军事天才又有实战经验的燕军最高统帅朱棣并没有就此停止下来,或回北平休整,而是继续南下,向着朝廷伐燕前线阵地真定方向进军。大约走了10天的路程,他们来到了临近真定的无极。朱棣召集诸将讨论进兵策略,大多数将领认为真定是建文朝廷伐燕的前线大本营,也是其主力所在,因此,以目前燕军的军事弱势去直接进攻真定,无疑是以卵击石,故而眼下最佳的策略是绕开真定,西取新乐,然后屯军在那里,伺机打败耿炳文;但大将张玉认为这个战略不妥,西取新乐,会惊动耿炳文,用不了多久,耿炳文就会合兵围攻新乐,与其这样,倒不如迅速进军真定,给初来乍到的耿炳文军以措手不及的打击。不过张玉的这个方案也有冒险的因素在内,一旦袭击耿炳文失败,后果就不堪设想;更何况西取新乐也不一定不妥,耿炳文是个"稳重"的将领,他会不会主动出击,这都是个未知数。最终朱棣当众表态:"(张)玉言合吾意,吾倚玉一人足办。"他采纳了张玉的主张,决定偷袭真定。(【明】焦竑:《国朝献征录》卷7,《张玉神道碑》;《明太宗实录》卷3)

就在朱棣他们讨论对朝廷军队作战策略时,突然外面有兵士来报,说有个来自耿炳文军的名叫张保的下级将领,前来投奔,表示愿意为燕王效力。朱棣马上予以召见,并询问真定城内的真实情况。张保说:"朝廷这次派老将耿炳文率师北伐,号称300 000人军队,实际人数只有13 000万,有一半驻扎在滹沱河南,还有一半驻扎在河北。"朱棣马上热情地款待了张保,并送了一匹马给他,让他回到耿炳文的部队,说是自己被敌人俘虏了,乘着看守不注意逃了回来,顺便偷了敌人的一匹马,并告诉他们:燕军可能马上要发起进攻了。

好多在场的燕军将领目睹了这一切,觉得很不理解:"我们燕军偷偷地抄小路赶到这里不就是为了偷袭朝廷军队,而现在燕王您反而叫俘虏回去通报我们要进攻了,这岂不是叫敌人做好作战准备,能有您这样打仗的吗?"朱棣一听,哈哈大笑:"你们想到这些,叫做只知其一,不知其二。开始时因为我们不知敌人布防的虚实,故而采取偷偷行军的方式。现在我们知道了耿炳文军队一半驻扎在滹沱河南岸,还有一半驻扎在滹沱河北岸,我让那个张保回去传达消息,一来将我们在莫州三战喜讯传给敌人,以挫耿炳文军的士气,二来我们马上就要攻打真定了,从常规来讲,我们行军过去,最先碰到的耿炳文军队是在滹沱河北岸的驻军,如果我不跟张保说那些话,耿炳文是个老将,一旦我们去偷袭滹沱河北岸的驻军,即使打败了北岸军,我们正疲劳之际,南岸的耿炳文驻军就会来救援,他们以逸待劳,而我们就会陷入被动的局面,倒不如先让人给耿炳文放点风声。他听到以后会迅速将滹沱河南岸的军队调集到北岸来,如此大范围内的兵马调动,必然会引起一定的混乱,那时我们乘机发动袭击,这就很容易战胜敌人了"(《奉天靖难记》卷1;《明太宗实录》卷3)。

至于那个神秘的张保,有人认为是双重间谍,他被耿炳文派到燕军里来是诈降的,至于他会不会按照朱棣的意思传递"消息",当时很令人生疑,好多燕军将领也表示自己的不理解,燕王为什么要用一个极不可靠的人来传话。朱棣是这样向他们解释的:"彼有反侧,去一张保,于我何损!由是事成,亦一人之间耳"(《奉天靖难记》卷1;《明太宗实录》卷3)。

朱棣的意思是:"即使张保有反复,不就失掉一个张保,对我们来说本来也就没有什么损失;要是事情办成了,也就一间谍之效。"

莫州之战后的第十天即八月二十五日,朱棣进兵到距离真定大约还有20里的地方时,底下又有人来报:抓获到一个当地的打柴人。朱棣赶紧召见打柴人,向他询问真定城内的动向。打柴人告诉朱棣:真定的朝廷军队正在大规模地转向西北方向部署,真定城的东南方向基本上是没有什么防备的。朱棣听到这样的军事信息,顿时可来劲了,他迅速跨上战马,只率领3个骑兵往真定城的东南方向飞奔过去。

到了真定城的东门一看,确实如打柴人所说的,除了一支朝廷的运粮队在不停地搬运粮食以外,还真没有别的军队驻防,朱棣示意3个随从骑兵策马向前直闯运粮队。运粮队的兵士们正在运送粮食,做梦也没想到朱棣会突然来袭,可事实是朱棣的确来了,抓了两个兵士就走,然后就审讯这两个兵士。兵士告诉朱棣:耿炳文原本将军队驻扎在滹沱河南北两岸,可不知为什么后来部队开始大规模地由滹沱河南岸向北岸转移。

朱棣听到这里,知道耿炳文中计了,内心之喜无法言表,也没有时间听完两个被俘兵士的"军事描述"了,他马上又跨上战马,叫上数十个精骑绕开耿炳文军士的视线,直奔真定城的城西,直冲耿炳文军的两个营垒。

再说此时真定城西耿炳文军队正在重新部署,冷不丁地遇到了有人突然闯营,一般兵士都不认识闯营者是谁,个别年长的或军衔较高的有人认出来了,是朝廷北伐的头号敌人燕王朱棣啊,那就赶紧杀啊?不,建文皇帝有令,不要伤害朱棣,让他背上杀叔的恶名。正因为有这样一条禁令,西门的朝廷军队顿时像炸开锅似地乱哄哄起来。有人喊:"燕王来了!"又有人喊:"朱棣跑了!"北伐军主将耿炳文恰巧此时正出来送别建文朝廷的来使,听到军中的喊声与杂乱声,赶紧往回赶,并命令部下拉起吊桥,想切断燕军的进攻"通道"。可为时已晚,凶悍的燕军兵士已冲到了吊桥上,耿炳文将士还没来得及拉起吊桥,那吊桥的桥索已被燕军砍断了。耿炳文护卫一看形势不好,出来拼命作战,保护主帅耿炳文安全后撤。幸好冲上来的只是燕军小股部队,所以老将耿炳文未受什么大碍,最终还是平安地回城了。(《奉天靖难记》卷1;《明太宗实录》卷3;【清】谷应泰:《明史纪事本末·燕王起兵》卷16)

耿炳文回城后,仔细琢磨起今天遭受的突然袭击,认为这是敌人"偷营"来着,不用着急。毕竟是个相当有经验的老将,耿炳文马上组织人马,出城迎战。

耿炳文率军一出城,迎面而来的是朱棣手下的张玉、朱能、谭渊等几员猛将。他们见了耿炳文简直就像不要命似地打,耿炳文还没见过这等战势,不由自主地开始往后撤了,没过多久,朝廷军就大败。

朱棣手下猛将朱能见此状况,立马组织了一支30余人的精骑"敢死队",乘胜追击,一路直追到了滹沱河边。这时耿炳文的军队还有数万人,可朱能这个胆大的"狂人"见了黑压压的敌军却丝毫不畏惧,乘着敌军惊魂未定时大声高呼,"勇敢杀敌者赏"!只见这30多人组成的敢死队就同猛虎一般,闯入敌群,来去自由,逢人便砍。顿时,滹沱河边的耿炳文军大乱,自相践踏而死者不可胜数,就是弃甲投降者也有3 000多人。朱棣听到捷报后喜不自禁,不停地夸赞朱能,亲自以手札慰劳之,并提拔他为都指挥佥事。(《明史·朱能传》卷145;《明太宗实录》卷3)

从建文朝廷军队方面来说,这次战斗输得实在是没有名堂,他们还没有弄清楚究竟是怎么回事时,战斗就要结束了,就连军中的一些老将像顾成也稀里糊涂地做了燕军的俘虏。顾成曾是朱元璋的旧臣和部将,他历经"大小数十战,皆有功",但就是这么一个老将居然也在这次战斗中几乎没有什么还手的机会就当了俘虏。当朱棣见到被俘的顾成时,他可乐坏了,激动地说道:"这是老天将你送给我啊!"于是亲自给顾成松了绑,并把他送到北平去,让他辅助世子朱高炽守卫北平。(《明史·顾成传》卷144;《奉天靖难记》卷1;《明太宗实录》卷3)

在这次战斗中,还有驸马李坚、偏将宁忠、都指挥刘燧等朝廷将领都相继被活捉。主帅耿炳文见到这样的战局,凭着他的经验,赶紧带领残兵败将逃回到真定城里去。主帅回城了,将士也赶紧往城里赶啊!于是数万兵士一起急奔真定城门口,挤压在一起,相互践踏的惨祸顿时发生了,"死者不可数计"(《明史·耿炳文传》卷130;《奉天靖难记》卷1和《明太宗实录》卷3记载说"斩首三万馀级")。

得悉真定大战的消息,另一路朝廷北伐将领安陆侯吴杰急忙率领他的部队前来援救,朱棣知道以后,马上在吴杰前来救援的道路上设下埋伏。吴杰根本没有料及,一战便败,只好退回。(【清】谷应泰:《明史纪事本末·燕王起兵》卷16)

朱棣燕军见到耿炳文将士如此狼狈惨相,马上追击了过去,将真定城团团围住,然后发起了进攻。对此,耿炳文不予理睬,凭着当年在浙江长兴那样恶劣的环境下坚守十余年的经验,他信心十足,不信朱棣还有什么本领能把兵多粮足的朝廷伐燕前线阵地真定给端了。

再说朱棣将真定城围了三天,叫阵了三天,没见到对方有什么反应,他就开始琢磨:耿炳文真不愧为一员老将,他是由朝廷任命的北伐主帅,拥有全国的经济和军事力量做后盾,我与他耗下去,倒霉的是我自己。想到这里,朱棣立即下令撤军,回北平大本营休整。(《明史·耿炳文传》卷130;《奉天靖难记》卷1;《明太宗实录》卷3)

● 不具备政治家素质的建文帝又开始不断地出错

真定大战到了这一步,很难说朝廷方面就失败了。诚然,北伐初战,连连失利,作为主帅的耿炳文有着很大的责任。他已经65岁了,年老保守,反应迟钝,比起40来岁的朱棣,显得反应不灵敏,行动不快捷,以求稳来求成,结果丧失了战机,让敌人掌握了作战的主动权,这一点就连他的长子耿璿也曾颇有微词。北伐军初到北方时,耿璿就向父亲耿炳文建议,派一支精锐部队出其不意地直取北平。不能说不是一个很好的进攻策略,但耿炳文不是这种性格的人,他老成持重,一生以稳中

求胜,所以根本没有采纳儿子耿璿的建议,为此,父子之间还闹得很不愉快。(《明史·耿炳文传》卷130)

说实在的,论军事进攻绝非是耿炳文的长处;但若论坚守阵地,恐怕大明帝国中没有一个人能比得上他的。战争的胜利往往不仅仅取决于军事进攻与攻城略地的成功,守住一个军事要隘或城池实际上是另一种的胜利,它能牵制敌人、拖垮敌人,想当年耿炳文在长兴守了十余年不就拖垮了张士诚。如果建文帝能继续任用耿炳文为北伐主帅的话,以真定城内现有的10多万军队,不说去围剿朱棣燕军大本营北平,就以耿炳文的"守功"和建文帝拥有的全国财力的优势,至少也能拖垮、拖死朱棣;或者说,在北平西南的真定有耿炳文的长期镇守,量朱棣胆再大也不敢置北平安危而不顾,拼命南下,直捣南京;更何况耿炳文与建文帝之间比一般的君臣关系又要亲一层,耿炳文的大儿媳妇还是建文帝的长姐,所以说建文帝大可不必为耿炳文的北伐操太多不必要的心。

但事实恰恰相反,让人实在弄不懂的是,当耿炳文北伐受挫的消息传到南京时,建文帝先是勃然大怒,后又惶惶不安,发出这样的疑问:"耿炳文是身经百战的老将,竟然会落得个损兵折将的下场,真不知道怎么办为好?"建文帝当时是23岁,人生20多岁是情绪与思想极不稳定的时期,在碰到困难与挫折时,每个人都会表露出或多或少的情绪波动,领袖也一样,所谓伟大领袖一贯正确,那全是马屁精吹出来的。当看到情绪波动很大的建文帝在痛苦中煎熬时,黄子澄自告奋勇地出来"为国分忧",开导建文帝:"胜败常事,毋足虑。聚天下之兵,得五十万,四面攻北平,众寡不敌,必成擒矣。"(《奉天靖难记》卷1;《明太宗实录》卷3;【清】谷应泰:《明史纪事本末·燕王起兵》卷16)

建文朝廷的第二次北伐与朱棣"靖难军"的"前胜后败"

● 文弱书生皇帝碰到庸臣荐庸将——错!错!错!

建文帝一听黄子澄有这样的锦囊妙计,就不再垂头丧气了,赶紧问自己的老师:"先生赶紧说说,谁能堪任北伐大军的统帅?"

黄子澄几乎不假思索地吐口而出:"曹国公李景隆!"似乎是上辈子欠了李景隆什么人情债要在今生今世加倍偿还,一说到李景隆,黄子澄就眉飞色舞地大谈他的"非凡"本领,说他是将门虎子、盖世奇才,要是上次北伐就用了李景隆的话,早就不会有这样的失败,好像一切过错都是别人的,事实上推荐耿炳文为北伐军统帅,也是黄子澄等人的主意。(《奉天靖难记》卷1;《明太宗实录》卷3)

其实,这也没有什么多大的错,要说错也就错在建文帝,他要结果要得太急了。

可建文帝不认为要得太急,相反他还嫌黄子澄推荐得太迟了。当听到黄子澄大夸李景隆时,他心中顿时一亮,当即认定:堪任朝廷北伐主帅大任的非李景隆莫属!建文帝十分高兴地对黄子澄说道:"先生之计甚合朕意,希望先生始终都能尽心帷幄,他日平定燕贼之时,朕必将重重地报答先生您!"(《奉天靖难记》卷1)

就在黄子澄与建文帝两个书生一唱一和地头脑不断发热时,在旁的另一个书生大臣齐泰还算冷静。其实在建文朝的书生君臣中齐泰算得上是一个相对比较客观与理性的大臣,他总觉得李景隆这个人不行。可黄子澄哪里听得进齐泰的不同意见,无论齐泰怎么说,黄子澄就是不接受,建文帝也听不进齐泰的话,于是朝廷最终决定,任用李景隆来代替老将耿炳文出任北伐军的最高统帅。(《明史·齐泰传》卷141)

● 第二次北伐由"高干"家庭出身的靓仔李景隆挂帅,有谁不服?

李景隆,小名九江,明初开国大将、朱元璋外甥李文忠的长子。从血缘亲情关系来说,他是建文帝朱允炆的表兄弟,又是朱棣的表侄儿。出身在这样高贵家庭里,"官二代"李景隆从小就享受到了特别优渥的生活待遇与良好的文化教育。从史料来看,他还真不同于其他的纨绔子弟,似乎肚子里有点"货",也就是读了不少书,"通典故";据说他的口才也不错,说起来滔滔不绝。李景隆还有一个天然优势,就是他的长相不错,身材修长,眉清目秀,顾盼伟然,举止雍容,属于那种女人见了就要销魂的美男子,甚至连"鞋拔子脸"的朱元璋见了他也是极度的喜欢,每当李景隆入朝参加朝会时,那"鞋拔子脸男人"也会多看他几回。(《明史·李景隆传》卷126)

正因为具有上述的优势,李景隆不仅在洪武朝时备受那"鞋拔子脸老男人"的喜欢,而且在建文朝一开头就博得了"头彩"。前面我们讲过,洪武三十一年他受建文帝之命,率兵北上,路过开封,不费吹灰之力地将燕王朱棣的同胞兄弟朱橚逮到了南京,给建文削藩立了头功。你说这样的人才是不是难得?更难得的是靓仔李景隆还挺能吹、很能侃,而他的吹和侃居然都有"出处"——阅读了一些兵书,因此李景隆特别喜欢跟人谈论打仗,加上出身于将军之家,人们往往认为,将门出虎子,一流的年轻将帅舍他其谁?所以当黄子澄在建文帝面前力荐李景隆时,满朝不懂军事的文臣学士没人有资格出来提出反对意见。

但军界的行内人可就不这么认为了,在他们看来,与老将耿炳文相比,李景隆只不过是纸上谈兵的高手,实际上什么真本领也没有,从来也没有上过真正的战场;但他踌躇满志,妄自尊大,目空一切,因此军中之人认为李景隆绝不能堪任500 000人北伐大军统帅的大任;还有人担忧以李景隆的"浮面"之才去应对具有20多年军事实战经验和狡猾无比的燕王朱棣,实际上等于将朝廷的北伐大业当作儿戏;更有人认为,就以上次李景隆逮获周王朱橚所做的不干净事情而言,他也不能充任朝廷北伐军的统帅。这里顺便要讲到的是李景隆的人品。有人说李景隆抓住周王以后,曾经向周王府索要金银财宝,但周王府的人似乎没有反应过来,于是他就乘机上下其手,将周王定为"反罪"贬成云南(【明】朱鹭:《建文书法拟》前编)。但也有的书上说李景隆从周王府敲诈了金宝7抬。(【明】姜清:《姜氏秘史》卷1)

由此而言,李景隆尽管出身在红彤彤的家庭里,但实际上是根正"苗不红",人品与口碑都不好。就这么一个无德无才之人被轻而易举地推荐到了建文朝北伐军的统帅之位上,有人不服啊!不服归不服,建文朝实在是军事人才匮乏,军中还有谁有资格出来说说话,没有!事实上在后来的北伐战斗中盛庸、瞿能父子、平安等将领都是不错的将帅,但建文帝却没有发现他们,能怪谁呢!

建文元年八月,建文帝在南京举行了特别隆重的遣将出征仪式,赐给李景隆"通天犀带",并亲率文武大臣到南京城北的长江边上为他饯行,还亲自为李景隆战车推轮。唯恐不周和恩遇不够,建文帝又赐给了李景隆一把代表大将军权威威仪的斧钺,使其专掌征战杀伐大权,北伐前线事宜不用奏报,一切"便宜行事";更使人想不到的是,书生皇帝朱允炆不忘他文绉绉的个性,亲自撰写了"体尔祖祢忠孝不忘"八个大字赐给了李景隆,好像李景隆不是去打仗而是去赶考,这充分体现了皇帝对大将军的特殊恩遇啊!但人们清楚,就李景隆的才能怎么能与耿炳文相比?可他却享受这么高的待遇,对于这样一个夸夸其谈唯我独尊的庸人充当主帅,军中宿将"多怏怏不为用",试想这样的军队能打胜仗吗?(【明】姜清:《姜氏外史》卷2;《明史·李景隆传》卷126;【清】谷应泰:《明史纪事本末·燕王起兵》卷16;【明】吕毖:《明朝小史·八字》卷3)

○ **朱棣听到建文帝第二次北伐任用靓仔李景隆为大帅,他感慨地说:这是朝廷自坑之!**

自建文帝举行特别隆重的遣将出征仪式那一刻起,李景隆就沐浴着无限之皇恩,他春风得意马蹄疾,从受命出征到进军伐燕前线的山东德州,只用了10天的时间,正如兵书所言"兵贵神速"么,靓仔李景隆做到了,他当然感觉好了。一路上,皇帝朱允炆还叫人给他送去了尚方宝剑，寓意操有定夺北伐一切事宜大权，这可把李靓仔给神气坏了，他传檄各地，准备兵马粮草，收集耿炳文的败逃将士，一下子就集结了50多万人马，随即进驻河间。此时李靓仔的自我感觉好到了极点，可他既没有实地了解与侦查对手燕军的情况，又不调查与研究朝廷第一次北伐受挫的原因，而是一改老将耿炳文稳扎稳打、步步为营的战略，就像这个轻浮靓仔外表一样，其军事行动也来得特别的轻率。他看不起老态龙钟似的耿炳文战术，要发挥他靓仔那种意气风发的性格和展示未来军事家的风范，于是传令部下迅速进驻河间，做好进攻燕军大本营北平的准备，最好能给燕军来个一窝端，使人领略一下将门虎子的风采。

而与李靓仔轻浮做事形成鲜明对比的是他的对手，北方叛乱总头目燕王朱棣倒是显得格外的稳重与冷静。当他听到李靓仔轻率进军河间的消息后，发出了这样的感慨："李九江是膏粱子弟啊！寡谋而骄，色厉而馁，他还没有经历过战争的洗礼，一下子就给了他50万的兵力，这是建文朝廷自己给自己挖坟墓啊！"（《奉天靖难记》卷1；《明太宗实录》卷4；【清】谷应泰：《明史纪事本末·燕王起兵》卷16）

当派出去的侦察兵回来汇报其所侦查到的李景隆军阵情况后，朱棣奸笑着指出，李景隆必败无疑。他说："兵法有五败，景隆皆蹈之。为将政令不修，上下异心，一也。北平早寒，南卒裘葛，不足披冒霜雪，又士无赢粮，马无宿藁，二也。不量险易，深入趋利，三也。贪而不治，智信不足，气盈而馁，仁勇俱无，威令不行，三军易挠，四也。部曲喧哗，金鼓无节，好谀喜佞，专任小人，五也。九江五败悉备，保无能为"（《明太宗实录》卷4；【清】谷应泰：《明史纪事本末·燕王起兵》卷16；《奉天靖难记》卷1；《明太宗实录》卷4）。

● 朱棣大玩"捉迷藏"：李景隆你来北平，我上辽东永平

朱棣毕竟是久经沙场的军事统帅，你看他评论起军事对手靓仔李景隆来入木三分，句句说到了要害，要说燕军将领就服他的军事天才。可眼下是李景隆的前锋已经到达距离北平没有多少路程的河间，要不了两三天，双方就要开战了，你燕王光数落人家的不是，这没用啊，赶紧拿出方案来对付"来犯之敌"啊！

朱棣已经看出了将领们着急的心情，但作为主帅，自己可不能急，至少说表面上应该表现出如此。不过他也确实是当政治家和军事家的料，当将领们急不可待地要他拿出作战策略时，朱棣语出惊人，提出了与靓仔李景隆大玩"捉迷藏"的战斗方案——燕军主动出城去，对外风声造得越大越好，李靓仔不是要来北平打我们

吗,我们就走,到辽东去!

这时的燕军将领听了越发糊涂了:敌人现在共有 500 000 人,已经几十倍于北平城里的兵力,我们不好好地组织抵抗,反而要到辽东去干吗?朱棣分析说:"大家想一想,十天前不是永平守将郭亮派人来报,说是镇守辽东的江阴侯吴高、耿炳文的次子都督耿瓛和都指挥杨文在听到建文帝任命李景隆为北征军统帅、组织第二次北伐的消息后,合兵起来进攻我军占领的永平,永平告急已有好几天了。永平临近山海关,是进入辽东的门户,要是永平丢了,我们就只能孤守北平,承受敌人东、南两面夹击,那时的形势才危急哪!与其这样,还不如采用'兵出在外,奇变随用'的战术。我知道李景隆这小子就那么点出息,我在北平,他是不敢来的;如果我现在带领燕军出城东向,援救永平,他知道以后必定会乘机来围攻北平城。到时候我们迅速回师,给予其迎头痛击,我看李景隆就成了瓮中之鳖。他前有久攻不下的北平城,后有我们回师大军的打击,这个夸夸其谈的当代赵括不被我们抓获才怪呐!"(《奉天靖难记》卷1;《明太宗实录》卷4)

燕军将领听了朱棣的分析后都觉得他的主意不错,但大家还是不明白:"我们燕军主力外出救人了,北平城里岂不力量更薄弱了,那怎么办?"朱棣说:"我们走了,北平城里的兵力当然会减少,坦率而言,要再以城中兵力与李景隆他们作战,那肯定是不行的;但若是仅仅守城的话,估计没问题。更何况我们出城并非专为永平一地,最为主要的是引诱李景隆快快来北平,然后我们迅速将他逮住。在辽东的朝廷几个将领我也了解,江阴侯吴高听到我去援救永平,他必然不敢乱动;杨文这个人平庸、胆怯又无能,我们援军一到永平附近,他们就会乖乖地'让开',永平之围不就自解了吗?!接着我们迅速回头再来攻打李景隆,退敌之事不就全解决了!"朱棣当即下令:马上组织人马出发东行!临走前他留下道衍和尚和老将顾成等人辅助世子保卫北平城,并反复告诫世子朱高炽:"我走以后,李景隆必来进攻,你们守卫北平,千万不要主动出击!"(《奉天靖难记》卷1;《明太宗实录》卷4;【清】谷应泰:《明史纪事本末·燕王起兵》卷16)

○ 两封寄"错"的信

朱棣跟世子作好交代后,就大摇大摆地出了北平城,带上他的精兵强将直奔辽东。路上有将士向朱棣进言:"在北平附近的卢沟桥设下伏兵,扼守李景隆进攻北平的要冲,使他不能直抵北平城。"朱棣却不以为然:"我们北方九、十月份就开始冰冻,在卢沟桥上设守卫,没有用啊。河水一冰,哪个地方都能渡河,守一座桥怎么能挡住敌人?我们弃而不守,敌人看见后一定会洋洋得意,直抵北平城下,等待受困

吧。这在兵法上叫做'利而诱之'。"(《明太宗实录》卷 4;《奉天靖难记》卷 2)

理性而言,朱棣的这个战术冒的风险很大,本来燕军兵力就少,朝廷的兵力是他们的几十倍,如果燕军真的被围死在北平城内的话,那只有死路一条。而现在又要抽掉出精锐去援救辽东,留下一些老弱病残者守城,局势已经是很危险了。但朱棣是个地地道道的亡命赌徒,实际上他是在下一招很险很险的棋,如果不是对手李靓仔的水平臭,那么建文朝的历史就要改写了。但事实是朱棣赌赢了,因为他的对手是个美丽的草包、绣花枕头,所以朱棣才会那么大胆和潇洒,也落得他在"靖难"成功后在《奉天靖难记》等钦定著作中大吹特吹一番。

不过,话得讲回来,朱棣比起建文帝确实是有魄力,这是好听话,难听话就是敢干,不大考虑后果,从这层意义上来讲,聪明的赌徒与政治家就可以画上等号;而政治家与阴谋家(褒义词是策略家)也同样可以画上等号。不信,我们再来看看朱棣上辽东后是怎样实施他的谋略的。

朱棣带了他的精兵强将花上 6 天时间赶到了辽东的永平,永平先前被朱棣军占领着,是江阴侯吴高为配合朝廷的第二次北伐而出兵将永平围困住,但没拿下,现在永平的燕军听到救兵来了,正打算从城里打出去,这样两面夹击吴高,永平之围不就解了。

对此,作为对手的吴高也想到了,不过他还想到的是,现在来的燕军救兵的统帅曾经是个在北疆上征战近二十年的"疯子"燕王,我岂是他的对手?好汉不吃眼前亏,干脆逃吧! 于是他就带着军队逃回山海关去。而燕王朱棣还真是个"疯子",听到吴高逃回去了,他就让手下的人拼命去追杀,据说燕军一下子杀了数千名的朝廷官兵。可朱棣还不满足,他要彻底消灭吴高部队,于是就跟将领们说:"吴高胆小,但做事缜密,而杨文虽勇敢,但头脑简单,我们要使计将吴高除掉,剩下一个杨文,我们就好对付了!"底下将领不解,就问朱棣:怎样才能除去吴高?朱棣与几个心腹耳语一番后,马上实施行动了。(《明太宗实录》卷 5;《奉天靖难记》卷 2【清】谷应泰:《明史纪事本末·燕王起兵》卷 16)

朱棣亲自提笔给吴高和杨文各自写了一封信,本来他与吴高并不是很熟,但在信里却装作是老哥们似地十分亲热,还对吴高大加赞誉;而在另一封给杨文的信中来了个 180°转弯,大肆诋毁杨文。信写好以后,朱棣故意将两封信装错,将给吴高的信放在给杨文的信袋里,将给杨文的信装在给吴高的信袋里,然后就叫来手下跑腿的,将这两封信送了出去。

再说吴高与杨文各自接到了一封不该自己看的信,杨文是个草包,发现吴高"叛敌"的动向后,马上就将吴高"叛敌证据"急速上递给朝廷。吴高知道以后,怕自已说不清,也就将自己收到的信件转送给南京。面对如此"铁证",建文君臣十分不爽,他们怀疑吴高真的叛敌了,于是就下令将吴高撤职,发配到广西去,杨文留任辽东。(《明太宗实录》卷5;《奉天靖难记》卷2;【清】谷应泰:《明史纪事本末·燕王起兵》卷16)

当然,话得说回来,建文帝派出去北伐的将领也不是个个都是酒囊饭袋,像辽东方面朝廷军队里就有一个年轻的军事谋略家,他就是都督耿瓛,耿炳文的二儿子。当时耿瓛就向杨文献计,马上派出一支偏师袭击永平,扰乱燕军的战斗步骤,威胁北平安全。可正如朱棣评价的那样,杨文是个平庸之辈,得过且过,哪有什么胆识去偷袭敌人,于是耿瓛的奇谋等于没谋,从而使建文朝廷军队失去了出击迎敌的主动权,剩下的只能是任由朱棣燕军翻江倒海似地折腾了。(《明史·耿瓛传》卷130)

● 不怕贼偷就怕贼惦记——哥哥燕王朱棣袭击弟弟宁王朱权

朱棣听到建文君臣误中离间计后,心中顿时狂喜。他感到,永平危机已经解除,接下来就要谋取更多的军事胜利,刹那间那双贼溜溜的眼睛瞄准了辽东另一个重要的军事要地——大宁。有句古话讲得好,不怕贼偷就怕贼惦记。朱棣的这种超常规思维使得他的手下人很不理解,甚至可以说是一头雾水。诸将认为,大宁是辽东的重镇,有重兵把守,不易攻下;再说在进兵大宁之前还有一大军事"难关"要突破,那就是松亭关。这个松亭关地势险要,易守难攻,一旦沾惹上了,就好比是手中捧了一个烫手的山芋,摔也不是,不摔也不是,与其这样,还不如赶紧回师北平,确保大本营的安全。至于大宁的攻伐,日后再寻找时机。可朱棣不这么认为,他说:过去我曾受父皇之命巡视边关,当我到达大宁时,就与我的17弟宁王朱权相聚在一起,当时我十分开心,就在大宁转悠了一圈,发现那里有一支骑兵队伍可不得了,那是从北元投降过来的朵颜三卫蒙古骑兵,他们个个骁勇善战。我要是得了这样的精锐骑兵,就不愁战场上打不了胜仗。可诸将还是不解:人家朵颜三卫蒙古骑兵是宁王的,怎么说你想要,人家就肯给你呢?

朱棣分析说:"前些日子你们听说过没有?在李景隆挂帅之前,建文帝生怕跟我们相近的宁王朱权和辽王朱植与我们联合起来共同对付朝廷,他就命令宁、辽两王弃藩南归京师。辽王忠于建文帝,接到圣旨后,就从海路上了京师南京去了;而宁王却没有辽王那么听话,他不乐意侄儿皇帝的这般安排,呆在大宁不肯走。建文帝发怒,削了宁王的三护卫,这是天助我也,现在是该取大宁的时候了!"

至此,诸将还是感到不太理解,他们认为:要取大宁必须先破它边上的松亭关,而松亭关则由朝廷军将刘真等人重兵把守着,要是我们一下子攻不下的话,李景隆倒是一路顺利地进兵到了北平,那时我们的麻烦可大了。可朱棣自有他的主意,他说:"我军不去'惊扰'重兵把守的松亭关,而是从刘家口险道直抵大宁,估计不用几天就能到达。大宁朝廷军队中的将士几乎全在松亭关,但他们的家眷却是在大宁城里。所以我们去进攻大宁城,应该不会有什么困难,城里全是些老弱兵士守城,不经打,我们军队突然到了,他们就会乖乖地投降。一旦大宁城拿下,我们就好好地做好朝廷官军将士家眷的抚慰工作,松亭关守军听说以后,我料定他们再也无心与我们作战了。至于北平城的安全问题,我估计不会有事,北平本是元大都,城池牢固,墙高濠深,纵有百万之众,也未见得一下子能攻下,以我的估计,现在这个时候李九江正在北平城下聚集兵力,我们拿下大宁后回去收拾他们,就如摧枯拉朽一般方便!"(《明太宗实录》卷4上;《奉天靖难记》卷2;【清】谷应泰:《明史纪事本末·燕王起兵》卷16)

● 宁王朱权叫苦不迭:四哥你怎么像个无赖,我是你弟弟,是宁王,你怎么能挟持我?

朱棣似乎天生就是军事家和政治家的料,面对危难局势,他的内心倒是镇定得住,至少说表面上如此,这也许就是政治赌徒胜利的一个重要秘诀。主帅那样镇静,诸位部将也就无话可说了,只见朱棣带着将士们"自径道卷旗登山,从后攻",使得刘家口守关官军进也不是,退也不是,全部被俘,燕军随即占领了刘家口,并由刘家口直趋大宁。(《明太宗实录》卷4下;《明史·郑亨传》卷146)

燕军到了大宁,先摸了一下底细,最终选择了大宁守军最为薄弱的西门作为突破口。由于守城官军大意,没有料到燕军如此神速,兵临城下,他们只好仓促应战了,都指挥使朱鉴战死,都指挥使房宽被俘,先前被朱棣离间计弄到监狱里去的将领卜万,这下可惨了,燕军进城后他就被人杀死在监狱里。这时,叛徒陈亨异常活跃,为了表达对主子的一片忠心,他率领叛军进攻在大宁的朝廷军队刘真所部。刘真猝不及防,只拿了他的官印自个儿骑了匹马逃走了,一路逃一路不停地警觉着周边的动态,犹如惊弓之鸟,总觉得到处都是燕军和叛徒,算了,辽东不呆了,这儿太不安全了,他鼓足了"勇气",乘上海船,逃回京师南京去。

大宁城攻破以后,朱棣下令:全体燕军将士驻扎在大宁城外!他自己单骑入城,去拜会17弟宁王朱权。宁王朱权与燕王朱棣是同父异母兄弟,洪武中晚年间他们接受父皇朱元璋的谕旨,多次出击蒙古,保卫北疆,兄弟俩都曾立有战功,且各有所长,人称"燕王善战,宁王善谋"。但就宁王与燕王之间的感情来说,以笔者个人之见,只能说是过得去,谈不上关系特别好。第一,他们兄弟之间相差了20来岁,宁王比建文帝还要小1岁,因此说宁王与燕王完全是两代人,代沟问题肯定存在;第二,燕王与宁王不是同胞兄弟,这在古代是极其讲究的,他们关系不密切——先前建文帝削藩就没有削到宁王的头上,就连处置过的与宁王同样是同父异母关系的几个"谋反"藩王,他们的"供词"也没有涉及宁王,可见这些兄弟之间的关系仅仅是一般化而已。但"靖难"兵起之后的情况就不一样了,以前五个藩王被削时,没有哪个藩王出来公开挑头反对建文朝廷;现在有了燕王朱棣,且他像发了疯似地将建文朝廷的北方地区搅得个鸡犬不宁,燕王一下子成了诸藩心目中的英雄。对此,建文帝也十分清楚,他就怕北方剩下的宁王、辽王等诸藩与燕王搅和在一起,于是就下令,让宁、辽两王南撤。辽王听命,而宁王却抗旨不遵,最终被建文帝削去了护卫。(《明太宗实录》卷;《明史·诸王二·宁献王朱权传》卷117,列传第5)

理性而言,宁王没犯什么大错,遭际如此,当然要郁闷了。宁王的气还没有生完,手下有人来报:说是你四哥燕王朱棣来宁王府了。于是这对并不太常见面的同父异母兄弟在这非常时期以非常的形式"团聚"了。兄弟俩抱头痛哭,朱棣说:"贤弟啊,哥哥我今日是落难到此,你家四嫂和侄儿们在北平城里危在旦夕,恳请弟弟帮帮忙,向皇上求求情,宽恕宽恕我,否则哥哥我就活不成了!"说完就泣不成声,并挤出了几滴"鳄鱼泪",接着朱棣又开始列举建文帝的种种"暴行",极度地表白自己不得不反的缘由。宁王当然信啊,一来他们是同父兄弟,哪有哥哥去骗弟弟的?二来宁王自己现在也遭际"不公",所以兄弟俩"同命相连",朱权毫不犹豫地为朱棣代笔草拟了一份谢罪表,请求建文帝宽恕燕王的罪行。写好以后,就叫人送了出去。

要说这"落难"兄弟感情就是好,越说越投缘了。兄弟手足之情,岂是外人所能理解的?宁王看见四哥燕王大老远来大宁,还不忘来"看看"他这个小弟弟,做弟弟的当然要尽自己的地主之谊,留哥哥好吃好喝好住啊。燕王则以哥哥自居,毫不客气地在弟弟宁王府上一住就住了好几天,兄弟俩好得跟一个人似的。

燕王朱棣在宁王府天天吃香的喝辣的,忙得不亦乐乎,那么燕王部下呢?他们可也没闲着,朱棣到宁王府来找他弟弟时,就把自己的精锐兵士埋伏在城外,但他底下最为亲密的将领找准了机会,一一溜到了大宁城里去,他们想方设法地暗暗地结交宁王府三卫的将领和戍卒,并收买他们,约好共同起事。对此,宁王却一无所知。

在宁王府住了几天后,朱棣就向弟弟朱权提出了要回北平的想法。宁王朱权依依不舍地将哥哥朱棣送到了郊外,并为之饯行。谁知,就在兄弟话别之际,燕军伏兵四起,将宁王团团围住。宁王朱权并没有害怕,因为他有那支特别骁勇善战的朵颜三卫蒙古骑兵啊。可让他万万没想到的是,朵颜三卫蒙古骑兵早就被朱棣部下收买了,成了燕军的帮凶。此时的宁王心里可火了:四哥啊,你怎么像个无赖,我是你弟弟,是宁王,你怎么能挟持我?但发火也没有用了,人为刀俎,我为鱼肉,只好认命吧。就这样,堂堂一个宁王成了另一个藩王手中的傀儡,"于是宁府妃妾世子,皆携其宝货,随宁王还北平"。(【清】谷应泰:《明史纪事本末·燕王起兵》卷16;《明史·诸王二·宁献王朱权传》卷117,列传第5)

大宁偷袭成功,朱棣"满载而归",喜不自禁,不仅唾手而得了大宁府,解除了来自东北方向的后顾之忧,而且还得到了大宁诸卫军士和朵颜三卫蒙古骑兵,尤其是这支骑兵队伍的归降,对朱棣军事力量的壮大和夺取帝位起到了极大的作用,它成为后来朱棣攻城略地冲锋陷阵的主力。"自是冲锋陷阵多三卫兵,成祖取天下自克大宁始。"(《明史·诸王二·宁献王朱权传》卷117)

● 北平争夺战

朱棣在大宁这边初步"搞定",世子朱高炽派人送来了十万火急的军事求救信——建文朝廷北伐大将军李景隆正率领几十万大军全力以赴进攻北平城。朱棣接到消息后赶紧下令,燕军全速前进,回救北平。至此,有读者可能要问:不是朱棣临走时还蛮有把握的,什么北平城中剩下兵力,进攻不足,但守城绰绰有余,怎么现在一下子告急了?

事情的原委是这样的:听说朱棣率领燕军攻打大宁府,李景隆就特别来劲,这可是第二次立大功的好机会,千万别错过了!于是他下令:部队赶紧向北平推进!再说李景隆这次北伐,一路顺遂,从来没有遇到过敌人。这个燕王,人们都说他如何的能,如何的鬼,全都是吹出来的,他还没有见到大明朝廷的北伐军,就吓得跑到辽东去了。胆小鬼,我来抄你的老巢,看谁有能耐?想到这里,李景隆感觉自己不是在行军打仗,而是在云中漫步,这种感觉好得没法说。

来到北平近郊的卢沟桥,李景隆他们还是没有遇到过一个敌人。这时李靓仔实在忍不住要笑了:"连卢沟桥这么重要的要隘都不派兵把守,我就知道这个燕王也就那么一点水平。"于是他下令全速前进,直抵北平城下。(《明太宗实录》卷4;《奉天靖难记》卷1)

到了北平城下,李景隆马上传令:"给我将北平城团团围住!"与此同时,为防止北平周围的亲燕王势力来救北平,他又派出一支队伍去攻打通州,其余主力在通州到北平之间的郑村坝扎起了九营,以阻止从辽东回师过来救援的燕军。

在做好上述军事布置后,李景隆下令开始对北平城发起全面进攻。说实在的,当时北平城里真没有什么兵力,"(朱高炽)奉命居守,时将士精锐者皆从征,城中所余老弱不及十一"(《明仁宗实录·序》)。就剩下十分之一的又是些老弱病残者在守城,从北平这边来说,战斗还是相当之惨烈的。世子朱高炽人很胖,腿也不好,不过在这节骨眼上他不含糊,每天天不亮就起床,半夜才睡下,虚心听取兵民守城建议,率领将士赶制兵器武备;他的母亲徐氏即徐达长女率领城中妇女做好后勤供给等工作,甚至在危急时刻,还投入了战斗。所以整个北平城尽管时刻都有被攻克的危险,但大家上下一心,众志成城,多次打退李景隆军队的进攻。

而从李景隆统帅的朝廷军队来讲,尽管北平城里的抵抗很顽强,但北伐军毕竟几十倍于北平城中的军事势力。有这么多人去攻城,如果指挥得当的话,不说打了,就是踩也能将北平城给踩平了。曾经在北平南城的丽正门(正阳门)朝廷军队就差一点要攻入城去,朱棣燕王妃徐达女儿徐氏率领了北平的妇女在城头上掷瓦抛石,协同将士们打退了敌军的进攻。在彰义门,朝廷方面的猛将瞿能父子率领了数千名精骑发起了猛攻,一度攻入了彰义门内,按理说这是个绝佳的机会。可使人做梦也没有想到的是,朝廷北伐统帅李景隆因为害怕瞿能父子得了头功,顿生妒意,下令停止攻入,等候大军到达后一起进城。摊上这样妒贤嫉能的领导,就算是神仙也没辙。瞿能父子不能不听主帅的话,只好停了下来。可他们等到的不是大军的到来,而是北平城里敌人的"反攻"。十月下旬的北平已经天寒地冻,城内燕军乘着夜间停战之际,连夜拼命地从井里汲水,然后一桶桶地往城外倾倒。一夜下来,城外地面上全部结冰打滑。可建文朝廷大将军李景隆却不知情,第二天早上,他下令继续攻城,但底下的将士连北平城墙边都沾不上。从此以后,朝廷军队再也没有攻入北平城的机会了,因为当时朱棣正率领燕军在拼命往回赶呐。(《明史·瞿能传》卷142;参见《明太宗实录》卷4;《奉天靖难记》卷1)

● 郑村坝之战

往回赶的燕军走到会州(河北承德东北)时,朱棣就下令停止行军,随即进行全面整顿:以燕军为主干,吸收了宁王的精干将士与骑兵,正式成立五军。如果说过去朱棣的造反还停留在游击队水准上的话,那么会州整顿后燕王五军之制的建立,标志着以朱棣为首的北方割据军事势力已经完全公开与以南京为中心的建文朝廷分庭抗礼了。(《奉天靖难记》卷1)

会州整顿以后,燕军继续西行,他们边走边打,占据了沿途许多建文朝廷的军事据点。于是本来五六天的路程,他们却花了半个多月的时间(即大约在建文元年十一月四日)才走到北平远郊的孤山。这时前方道路并不通畅,因为建文朝廷北伐主帅李景隆早已将他的大本营驻扎在距离北平不远的郑村坝,随时"恭候"着西归的燕军。当燕军日益逼近郑村坝时,李景隆派出都督陈晖为先锋,率领10 000骑兵到白河以东去"迎接"朱棣——邀击燕军。谁知陈晖的部队与燕军走岔了没碰上,燕军乘机渡过了白河,直扑白河以西的郑村坝。陈晖走了半天发现不对,打探清楚后赶紧回头,追击已经渡过白河的燕军。朱棣听说后立即决定,杀了一个回马枪,派部将乘着陈晖军队渡河之际予以迎头痛击,"(陈)晖众跳冰遁,冰乃解,溺死无算"(《奉天靖难记》卷2;《明太宗实录》卷5;【清】谷应泰:《明史纪事本末·燕王起兵》卷16)。

燕军消灭了陈晖的先锋部队后,集中兵力向着李景隆大本营郑村坝发起了猛烈的进攻。

按理说,李景隆在郑村坝已经"恭候"多时,理应以逸待劳,一举歼灭燕军,但实际上李景隆这个只会纸上谈兵的膏粱子弟岂是担当大将军的料,他从小生在"高干"家庭里,长期养尊处优,高处不胜寒。朝廷将士跟着出来北伐真是倒了十八辈子的霉,他不顾将士们的温饱饥寒,命令他们日夜警戒守候。而这次受命北伐的将士大多是南方兵,南方人对于北方严寒天气本来就不适应。时值农历十一月,对于跑到北方去的南方人来说那几乎来到了北极圈,他们"多蹠履执戟,昼夜立雪中,不得休息,冻死及堕指者甚众",试想这样的军队怎么能打胜仗?

再说朱棣领军来到郑村坝前沿,列阵而进,看到李景隆的队伍在大敌当前之际却发生了骚动,他当即命令以朵颜三卫骑兵为进攻主力,率先对朝廷军队发起冲锋,"以奇兵左右夹击,遂连破七营,逼景隆营"。而朝廷军队尽管受到了很大的打击,但毕竟人数众多,并没有全线崩溃。李景隆整军出来迎战,朱棣率领五军并进,郑村坝大决战拉开了序幕。

这场战斗从中午一直打到傍晚,打得天昏地暗,打得"难解难分",从朱棣钦定的正史来看,说是"斩首数万级,降者数万"。(《奉天靖难记》卷2;《明太宗实录》卷5)

但从其他史料的旁证来看,朱棣在吹牛。这次战斗朝廷军队损失惨重,但朱棣的燕军也死亡了很多,有学者估计双方死伤人数总计约五、六万人。客观地说,谁也没有占到什么便宜。从战争的发展态势来讲,以朝廷军队的兵力优势在这个已经胶着的战斗中取得最后的胜利应该是有极大的可能,问题的关键就取决于双方主帅的心理素质与作战部署了。

就在郑村坝大战发生的当天夜里,建文朝廷主帅李景隆感到惶惶不可终日,燕军的强悍,自己将士士气的低落,所有不好的事情,李景隆全部想到了,他越想越感到前途一片黑暗,死路一条,与其这样,还不如今夜赶紧跑了,算了,免得让那个"疯子"燕王给逮着了。想到这里,李景隆马上下令,连夜拔营南撤,逃往山东德州。

可怜建文朝廷苦心经营的第二次北伐就这样莫名其妙地在第一次大决战中输掉了,而且还将自己筹集起来的大量军事武器辎重"奉送"给了朱棣——光李景隆在郑村坝留给朱棣的战马就达 20 000 余匹。最令人气愤的是,作为主帅,李景隆下令南撤,他只顾自己活命要紧,居然不通知正在北平城下围城的将士。那些将士只晓得拼命攻城,期盼最后的胜利,可他们没有等到那一刻,等到的却是从郑村坝一路杀来且已经杀红了眼的燕军。

这时北平城里的朱高炽也听到父亲的救援队伍已经到达了城外,他立即下令城内将士往外杀出。这下可好了,围攻北平的朝廷官军顿时成了风箱里的老鼠。两天后,朝廷军全面战败,燕军"所获兵资器仗不可胜计"(《奉天靖难记》卷2;《明太宗实录》卷5)。

● 朱棣又一次给建文帝上书

郑村坝之战后,朱棣的军事实力得到了空前的加强,腰杆子更硬了,但他始终没忘自己要在政治上和心理上战胜政敌,于是就在这一年即建文帝元年十一月的中下旬,再次给自己的侄儿皇帝建文帝上书,上书内容如下:

"燕王棣谨奏:为报父仇事。臣稽首顿首百拜,昧死言:臣闻天下至尊而大,莫君与亲也。故臣之于君,子之于父母,必当尽其礼而已尔。尽其礼者,盖不敢忘其大本大恩也。大本大恩之所以不敢忘者,亦理之当然也。故臣之于君,则止乎忠,子之于父,则止乎孝。如臣不忠于君,子不孝于父,是忘大本大恩也,此岂人之类也欤?若然,则君亲之大本大恩,为臣子者,既不可以不报,则君亲之仇,为臣子者,其可不与君亲报乎?《礼》曰:'父之仇不共戴天,兄弟之仇不反兵。今我太祖高皇帝,臣之君也,父也。君亲之仇,其可以不报矣乎!我父皇存日,因春秋高,故每岁宣藩屏诸王或一度或二度赴京朝觐,父皇谓众王曰:'吾之所以每岁唤尔诸子或一度或二度来见,何也?我年老,虑病有不测而去,则不能见尔辈,往来当劳勤也。父皇健日尚如此,父皇既病久,焉得不来宣我诸子见也?不知父皇果何病也?亦不知用何药而弗救,以致于此大故也?《礼》曰:"君有疾饮药,臣先尝之;父有疾饮药,子先尝之。'臣忝为父皇亲子,分封于燕,去京三千里之远,每岁朝觐,马行不过七日抵京,父皇病已久,如何不令人来报,得见父皇一面,知何病,用何药,尽人子之礼也。焉

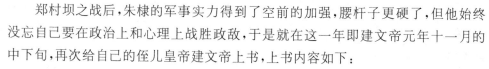

有父病而不令子知者？焉有为子而不知父病者？天下岂有无父子之国也？使其无父子，决非人之类也！父皇五月初十日亥时崩，寅时即殓，不知何为如此之速也？《礼》曰：'三日而殓，俟其复生也。'今父皇不一日而殓，礼乎？非礼乎？古今天下，自天子至于庶人，焉有父死而不报子知者？焉有父死而不得奔丧者也？何故父皇宾天一月，才发诏令，令亲王天下百姓知之？如此，则我亲子与庶民同也，礼乎？非礼乎？又不知父皇停棺何所，七日即葬？《礼》曰：'天子七月而葬。'今父皇七日即葬，不知何为如此之速也？臣以此礼不知出于何典？今见诏令言'燕庶人父子'，方知父皇葬以庶人之礼也。其可哀也矣，其可痛也矣！父皇宾天，葬礼未具，即将宫殿折毁，掘地五尺。不知父皇得何罪而至如此也！况陛下即位之初，尝谕普天下文武百官，其中有云：'太祖高皇帝用心三十年，大纲纪、大法度都摆布定了，如今想着太祖皇帝开基创业，平定天下，便如做下一所大房子与人住的一般，若是做官的政事上不用心，不守法度，便是将房子拆毁了，却要在房子里安稳住的一般，世间安有此理者哉！'旨哉言乎？今陛下听信奸臣齐尚书等之言，即将祖业拆毁，与诏旨大相违背，使天下之人皆欲守其法度，亦难矣哉！孔子曰：'父在观其志，父殁观其行，三年无改于父之道，可谓孝矣。'我父皇存日，尝与我众王曰：'我为天子，盖造宫殿，不过欲壮观天下，万邦来朝，使其观瞻，知中国天子之尊严如此也。然此劳民苦军，费用钱粮，岂易为尔？故我今日盖造宫殿，极为坚久壮丽，使后为帝者享用，不须再造，劳苦军民。'今将祖业折毁，礼乎？非礼乎？臣于父皇宾天，便欲诣京究问，复恐外人不知者，以为臣有他心，怨陛下也。故不敢出一言，吞声忍气，而泪从腹中落也。不意在朝左班文臣齐尚书、黄太常卿等官，皆是奸邪小人，贪墨猾吏，皆我太祖皇帝诛不尽之余党。又行结构为恶，以陛下年少宽容，每用巧言欺惑，变乱祖法。岂不知《皇明祖训御制序》云：'凡我子孙，钦承朕命，毋作聪明，乱我已成之法，一字不可改易。非但不负朕垂法之意，而天地祖宗亦将孚祐于无穷矣。呜呼，其敬戒之哉！'况齐尚书尝奏：凡朝夕几筵，揖而不拜，及乎小祥节届，亦不亲行祭祀。至于各王差官到京行祭祀礼及奏事，将百户林玉、邓庸等拿下囚系，棰楚锻炼，令其诬王造反，此何礼也？齐尚书又诬亲王擅自操练军马、造作军器，必有他图。齐尚书明知《皇明祖训·兵卫》二条：'凡王教练军士，一月十次，或七八次、五六次；其临事有警，或王有间暇，则遍数不拘。'又云：'凡王入朝，其随侍文武官员、马步旗军不拘数目。若王恐供给繁重，斟酌从行者，听之；其军士仪卫旗帜甲仗，务要鲜明整齐，以壮臣民之观。'于洪武二十五年春，父皇太祖高皇帝特诏诸王赴京赐敕，内一件云：'常岁训将练兵，验视周回封疆险易，造作军器，务要精坚堪用，庶使奸邪难以口舌惑众。'敕后书曰：'洪武二十五年正月二十一日早朝后午时分，朕于奉天门命翰林修撰练子宁、许观、编修吴信三员执笔听命,朕口占以成,以示后人,以辨真伪,孙允炆亲目之后发行。故敕。'臣想太祖皇帝以诸子出守藩屏,使其常岁操练兵马、造作军器,欲为防边御寇,以保社稷,使帝业万世固也,岂有他心哉!其奈奸臣齐尚书、黄太卿、左班文职等官,不遵祖法,恣行奸凶,操戚福予夺之权。天下之人,但知有齐泰等,不知有陛下也。七月以来,诈传圣旨,使令恶少都督宋忠、指挥谢贵等来谋杀臣。臣为保全性命,不得已而动兵,擒获反贼宋忠、谢贵等了当,已行具本奏闻。拘留宋忠、谢贵等在官(这本身已撒了弥天大谎,张昺、谢贵早被魔鬼朱棣杀害,作者注),钦俟降旨诛决,到今不蒙示谕。其奈齐尚书又行矫诏,令长兴侯耿炳文等领军马驻营雄县、真定,来攻臣北平。臣为保全性命,不得已而又行动兵,杀败逆贼耿炳文等所领军马,擒获驸马李坚,都督潘忠、宁忠、顾成,都督指挥刘燧、指挥杨松等了当。奸臣齐尚书出榜,令军骂'燕贼父子'。太祖皇帝,我之父也;骂我'贼父子',是骂祖与叔父为贼,岂非大逆不道?奸臣齐尚书如此无礼,其罪当何如哉!不意十月初六日,又矫诏令曹国公李景隆总兵,领天下应有军马来攻北平城,欲杀臣。臣不免亲帅精兵,尽行杀败,李景隆等夜遁而去。若是如此,齐尚书等必欲杀我父皇子孙,坏我父皇基业,意在荡尽无余,将有以涴天下。此等逆贼,臣必不与之共戴天。不与父皇报得此仇,臣纵死亦不已也。今臣昧死上奏皇上,陛下怜太祖高皇帝起布衣,奋万死不顾一生,艰难创业,分封诸子;今陛下听奸臣之言,父皇宾天,未及期年,将父皇诸子诛灭殆尽。伏望陛下俯赐仁慈,留我太祖皇帝一二亲子,以奉祖宗香火,至幸至幸!臣以陛下屡发军马(朱棣一会儿说齐尚书矫诏发兵;一会儿说建文帝发兵,满口胡语,作者注),来攻北平,必欲杀臣。臣为保全性命,率数十万之众,俱是舍死忘生之士,报我父皇太祖皇帝平日恩养厚德,保我父皇子孙,尽力效忠于今日。谚云:'一人拼命,千人莫当。'纵陛下有众数百万,亦无如之何也。伏望陛下体上帝好生之心,莫驱无罪之人,死于白刃之下,其恩莫大焉。臣复请陛下,但是父皇宫中曾侍病老宫人,并长随内官及用药医官、营辨葬事及监拆宫殿等官、奸臣齐尚书、黄太卿、应有左班文职等官,发来与臣军前究问(史上最凶残、最猖狂的造反者,作者注)。钦愿皇帝陛下奉承皇祖之训,以安圣心,永为社稷之主,使天下生民各得其所矣。如陛下听奸臣之言,执而不发,臣亲帅精兵三十五万,直抵京城索取去也。此等皆我父皇之仇人,臣必不与之共戴天。臣若不得与父皇报得此仇,是臣为子不孝也;为子不孝,此是忘大本大恩也,岂人之类也欤!今将合发奸臣数目开列于后:一宫中侍病老宫人,一长随内官;一太医院宫,一礼部官;一营办葬事官,一监造孝陵驸马等官;一监拆毁宫殿工部官内官;一奸臣齐尚书、黄太卿、一应有左班文职等官。如上逆党,一一如数发来臣军前,究问的实。即行差官管押赴京,具本奏闻,伏望圣明裁处。如果不发奸臣齐泰等,臣必不休也。若臣兵抵京,赤地千里(朱棣魔鬼兽性大暴露,笔者注)。臣冒渎天威,无任激切恐惧之至。臣棣顿首稽首,昧死谨具闻。"[【明】姜清:《姜氏外史》卷2;【明】吕毖:《明朝小史·建文纪》卷3。根据王崇武先生的《明靖难史事考证稿》(商务印书馆1948年版)、《明太宗实录》、《奉天靖难记》,本书作者对原文作了校勘和适当的注释]

这是朱棣起兵造反后的第二次上书,从这大约2 814字的上书中,我们至少可以得到这样几方面的信息:第一,朱棣和他当时身边的人整体文化水平不高,说话啰嗦,颠三倒四;第二,朱棣第一次上书后,建文帝很可能没搭理他,觉得与这样的"好叔叔"对话,等于与街头泼皮无赖在讲道理,没什么好讲的;第三,朱棣起兵造反理由实在牵强,好像老太太似地唠叨个没完:为什么我"老爸"说没了就没了?为什么你们急急忙忙地下葬大明开国皇帝?为什么不让诸子藩王回京奔丧?等等,这些都是高皇帝临终嘱托或遗嘱中所规定的,朱棣装聋作哑、胡搅蛮缠,就同泼妇一般。但在上书的后面,他将斗争的锋芒直指建文帝的削藩政策,指出这样的做法是违背了"祖制"。不仅如此,他还将建文君臣的削藩说成是"杀我父皇子孙,坏我父皇基业",进而胡扯上了什么"父仇",让明理人一看便知其胡说八道;第四,朱棣装腔作势地说自己迫不得已起来造反,诬称宋忠、耿炳文等人主持的朝廷军事行动是由兵部尚书齐泰等人矫诏而导致的。那就一直装下去吧?忽然间他在上书的后半部分却这样写道:"以陛下屡发军马,来攻北平,必欲杀臣",同一封上书中朱棣无形之中自己打了自己的嘴巴。由此看来,要么如人们所云:朱棣得了间歇性精神病;要么就是他造反造累了,思维也累了,也乱了,干脆将大实话全说了;第五,朱棣恶魔、强盗形象自我暴露了,"伏望陛下体上帝好生之心,莫驱无罪之人,死于白刃之下",这就是说朱棣自己要起来造反打仗,却叫侄儿皇帝不要还手,这不是强盗逻辑还是什么呢?更有他宣称:"臣亲帅精兵三十五万,直抵京城索取去也","若臣兵抵京,赤地千里……"一副地地道道的恶魔嘴脸。所以后来朱棣篡位成功后必须要对自己的所言所行进行极度美化,以至于今日我们看到的《明太宗实录》和《奉天靖难记》中的燕王都是"伟大领袖"的"光辉形象"。但就实而言,朱棣的这次上书是他向建文朝廷发出的最后通牒,更确切地说,是恶魔、强盗发出的恐吓书与挑战书,或言凶厉的利剑,它寒气逼人,可把南京城里的书生皇帝给吓着了。

● 建文帝的老师黄子澄是罪臣而不是奸臣

再说此时的建文帝对于李景隆的北伐战败似乎也听到了一些风言风语,他问自己的老师黄子澄:"先生,外面有传言说是曹国公李景隆打了败仗,真有这事?"黄子澄回答说:"小臣听说是这么一回事,我们朝廷军队打了好多的胜仗,但眼下进入隆冬季节了,朝廷征发的大多是南方兵,受不了北方的严寒,现在我大军暂时回到德州休整,等待开春以后再进兵。"(《奉天靖难记》卷2;《明太宗实录》卷5)

读到这里,读者朋友可能在想,黄子澄是不是如朱棣指摘的那种坏人或奸臣呢?

确切地说,黄子澄不是坏人,更不是什么奸臣,而是一个迂腐的传统知识分子。在中国传统社会里,与其他社会阶层相比,知识分子拥有许多鲜明的个性:

第一,他们从小接受正统儒家思想的熏陶,树立"齐家治国平天下"的人生奋斗目标,通过科举这个主渠道进入政治场,随后他们将自己所接受的儒家政治理想贯彻于政治实践之中,坚持自己的操守,忠于一君一朝,头可断但信念不改变!因此人们常常看到,每当国难当头之际,好多博学鸿儒宁愿被杀或饿死,也不愿做降民或"贰臣";但若在平常时期,他们大多又带有极度的理想来"治国平天下",其结果要么是与官场的"潜规则"形成剧烈的冲撞,要么就输于政治敌人之手;前者就如海瑞那般,后者就如方孝孺。

第二,他们饱读经书,满腹经纶,但往往脱离实际,缺乏政治斗争的实战经验与社会政治生活背景,误将书本知识当做自己的真正本领,说起事来口若悬河,滔滔不绝,这一点在黄子澄身上太明显不过了。他凭空瞎推荐人,瞎出主意,害人又害己。

第三,他们一般都有相对独立的人格,有着自己的信念和主见,不大容易受别人观点的左右,反映在学术上往往是固执己见;反映在人情世故方面常常特别要面子;反映在从政方面,很容易一条道跑到底,缺乏应有的变通能力,甚至做出傻事、蠢事来,我们现在讲的黄子澄就是这么一个传统知识分子。

黄子澄隐瞒李景隆战败实情,说来也有他的苦衷和打算。李景隆是黄子澄极力保荐的,如果将李景隆战败之事如实上报给建文帝,一来按照中国传统社会官场上的规制,被荐者出事,举荐者也要受处罚。黄子澄倒不是个怕死之人,后来他被朱棣残忍杀害时并没有偷生怕死地求饶,而是十分英雄地"上路"了。黄子澄主要是为了实现儒家的人生理想"治国平天下"而暂行"权宜之计",他想用时间与事实来弥补自己的过失;二来比起其他建文朝的大臣,黄子澄跟建文帝相处的时间最长了,他了解建文帝个性文弱,一旦知道前方北伐军事惨败,建文帝肯定心理上接受不了,弄不好会影响削藩大业与"建文新政",所以他抱着侥幸的心理,采取隐瞒战败事实的拙劣手法,来应对眼下尴尬的处境。

于是历史上就出现了这么一出极为荒唐的闹剧：黄子澄将建文帝哄过以后，他马上派人偷偷地上山东德州，密语李景隆"隐其败"，即告诉他千万不要奏闻朝廷。(《明太宗实录》卷5；【清】谷应泰：《明史纪事本末·燕王起兵》卷16)

理性而言，黄子澄的心一直是向着建文帝的，但他自以为是，自作聪明，将关系国家命运的大事当做是关系到自己的面子和自以为可以弥补的"普通"事情，从而使建文帝一度丧失了军事调整的主动权，误国害君，真是迂腐透顶、愚蠢之至。所以我们说，黄子澄不是一个坏人，也不是朱棣所说的"奸臣"，而是一个"罪臣"。

其实，黄子澄"苦心"所为所造成的后患还不止于此，更为严重的恶劣后果就是，丧师失地的败军之帅李景隆不仅没有受到应有的严厉处置，反而得到了建文帝的晋爵嘉奖。建文元年十二月，李景隆被加封为太子太师，并受赐玺书、金币、珍酿、貂裘等。除此之外，建文帝还觉得李景隆这样有功将军的权势不够大，于是在建文二年正月他又"遣中官赍玺书赐黄钺弓矢，专征伐"。可能是老天都看不惯了，对于这么一个只会吹牛的"官二代"如此厚爱和错爱，实在是"天地不容"了，所以当建文皇帝的使者渡江北上之际，碰上了狂风暴雨，渡江船坏了，建文帝所有的赏赐全留在了长江里。可朱允炆似乎对李靓仔"情有独钟"，赐物丢了，又马上补上，"乃更制以赐"。(《明史·李景隆传》卷126；《明太宗实录》卷6)

对于战败之将如此错爱，再想想在郑村坝与北平两地朝廷普通将士的苦难与遭遇，建文朝廷军队的士气由此越来越低落了，试想士气低落的军队还怎么能打胜仗呐？

那是不是建文帝正如有些学者片面认为的那样，是个心胸狭隘的昏君？不是的，其实建文帝是个很聪明的仁弱之君，他可不昏庸，只是被一片"苦心"的黄子澄给一时"耍"了。没过多久，建文帝从一个偶然的机会中得知了北伐战事的真相。

● 削藩大臣齐泰、黄子澄第一次被"罢官"

建文帝得知第二次北伐惨败真相的确切信息极有可能来源于上述的朱棣那杀气腾腾的恐吓上书。朱棣在上书中摆了一大堆自己的战绩，这岂不是将李景隆战败情况直接告诉了建文帝！朱棣甚至发出了除去奸臣齐、黄，否则将与建文朝廷不共戴天的恐吓，这对本性文弱的朱允炆来说确实是一个极大的挑战甚至可以说是下了威胁性的战书。

建文帝动摇了，他感到事态的发展似乎对自己越来越不利。文弱的天性使他天真地认为，只要除去朱棣兴师问罪的借口，就能实行缓兵之计。于是他就按照朱棣上书的要求,对外名义上"罢兵部尚书齐泰、太常寺卿黄子澄,以说(悦)于燕人"(【明】谈迁:《国榷·惠宗建文元年》卷11)。

在掌握着全国政权且尚未有覆亡之忧的形势下,对于一个嚣张透顶的造反者提出的无理又极端的要求和恐吓,软弱的建文帝居然妥协了,其恶劣影响实在不可小觑:

第一,罢了齐、黄等于是向世人表示,原来建文帝所做的都是错的,引起燕王骤然起兵造反的削藩举措更是错上加错。由此倒过来看,燕王起兵反而变得"有理"了、"合法"了。

第二,罢了齐、黄等于是削弱了北伐将士的士气。原本朝廷将士所做的都是由于齐、黄的极力主张而贯彻执行,现在齐、黄一罢官,不就等于是否定了北伐的正当性,于是"正义之师"反而变得理不直气不壮,由此也影响了北伐的士气。

第三,罢了齐、黄暴露出了建文帝的软弱个性,反而增强了造反者朱棣的强盗脾性和流氓习性,以枪杆子说话,以"拳头"打出"真理"来,更加助长了燕军诛伐朝廷军队的威风。

所以说,建文帝在关键时刻罢了齐、黄,实在是有百弊而无一利。对此,明朝历史学家朱鹭曾经精辟地说道:"度文皇(指朱棣)有心,是特借二人以发难,逐亦来,不逐亦来,又安取罢二人以快敌,示朝廷怯。"(【明】谈迁:《国榷·惠宗建文元年》卷11)

朱鹭的话说得很到位,朱棣谋反蓄谋已久,除去齐、黄是借口,不除齐、黄,朱棣要来夺天下;除了齐、黄,他照样还是要来夺天下,所以说建文帝在政治上是极其幼稚的。

但他毕竟不是昏君,而是个性软弱。建文帝玩的纯粹是许多传统文人惯用的"小聪明"。齐泰和黄子澄虽然在名义上被建文帝罢了官,但实际上两人依然是"筹划治兵如故"。对此,远在千里之外北平城里的朱棣却知道得一清二楚。至于朱棣为什么能对建文朝的秘密掌握得如此准确,由于我们没有可靠的第一手资料就不好胡说,但有个事实却是可以肯定的,那就是建文朝廷里有朱棣的奸细,而且随着以后朱棣的军事胜利,形势越来越明朗,建文朝廷内的奸细越来越多。

● 白沟河大决战

再说李景隆在接受了第一次对燕军围剿失败的经验教训以后,他避开了朝廷军队冬季作战不利的自身弱点,在德州好好地休整了五个月后,调兵遣将,决定再次北伐。

建文二年四月，李景隆在德州举行了伐燕誓师大会，由武定侯郭英、安陆侯吴杰等进兵真定，几路人马打算从不同方位合围北平，力图一举消灭燕军。具体的步骤是：李景隆率主力从德州出发，经过河间，前锋抵达白沟河；郭英等经过保定，与李景隆主力军相约在白沟河会师后同进，围攻燕军大本营所在地北平。

再说朱棣听到李景隆德州誓师大会的消息以后，于四月五日在北平祭告天地，然后率领燕军南下迎敌。与此同时，他派出探子前往德州、真定等地，去侦查朝廷军队的动态。当得知朝廷诸路军队将会师于白沟河的消息后，朱棣就与诸将领一起分析战斗形势。为了提高燕军的士气，朱棣对邱福等将领说："李九江志大而无谋，喜专而违众。郭英老迈退缩，平安愎而自用，胡观骄纵不治，吴杰懦而无断。数子皆匹夫，徒恃其众耳。众岂可恃？众而无纪律，则易乱。且击前则后不知，击左则右不应，徒多何益？今彼将帅不专，政令不一，纪律不肃，分数不明。往者郑村坝之败，如风行草偃，其士卒非不多也。大抵将为三军司命，将志衰则三军之勇不奋。其甲兵虽多，粮饷虽富，适足为吾之资耳。尔等但秣马砺兵，听吾指挥。兵法曰：'识众寡之用者胜。'吾策之审矣。第惠尔等过杀，当谨以为戒。"（《奉天靖难记》卷2；《明太宗实录》卷6；【清】谷应泰：《明史纪事本末·燕王起兵》卷16）

朱棣刚分析完朝廷军队的形势，猛将张玉就主动请缨，愿做先锋，迅速抵达白沟河，以逸待劳，"迎接"李景隆。朱棣同意了张玉的请求，在李景隆军的前锋都督平安到达之前的三天，张玉就"恭候"在那里。不过朱棣率领的燕军主力一路进军却没那么顺利了，前后用了半个月的时间才赶到白沟河。而此时朝廷诸路军已经全部抵达，且军事力量又有所加强。就李景隆的主力与郭英、吴杰等率领的偏师兵力总数来看，当时朝廷方面在白沟河总共集结了至少有600 000人大军，号称百万大军（《奉天靖难记》卷2），但在南京明皇宫里的建文帝觉得似乎这还不怎么保险，于是他又派了徐达长子徐辉祖统率京军30 000人，日夜兼程赶赴前线，增援北伐军。

可能是由于燕军主力行军不顺的缘故吧，这次白沟河大战前的朱棣一反他过去习惯使用的运动战术，"表现"出的仅仅是应对，但不迟钝。（《明太宗实录》卷6）

○ "难解难分"白沟河

白沟河大战最初是由朝廷军队的猛将平安拉开序幕的。

平安，安徽滁州人，父亲名平定，曾经跟随朱元璋打天下，建有很大的功劳，官至济宁卫指挥佥事（可能相当于济宁军分区的副职领导）。后来他跟随常遇春攻打元大都，不幸死于战阵之中，他的儿子平安一下子就成了孤儿。当时朱元璋可怜平安，就将他收为养子。平安由此就在战争中度过了他的青少年时代。由于长期的耳濡目染，加上自己的刻苦学习和锻炼，平安年纪轻轻就拥有了一身的好本事，"骁勇善战，力举数百斤"。承袭父亲职位以后没有多久，他就被提升为密云指挥使（可能相当于密云军分区司令），再后来就晋升为右军都督佥事。

平安在密云任职时曾跟随朱棣出征蒙古，朱棣起兵前他已被调往南京，任五军都督府中的右军都督佥事。建文帝委派耿炳文主持第一次北伐时，平安没参加；李景隆主持第二次北伐时，建文帝似乎想起了他爷爷的这位了不起的养子，按辈分来说，建文帝还应喊平安为叔叔。这个平安叔叔虽然与建文帝没有血缘关系，但他比那个所谓的"亲叔叔"燕王朱棣要强多了。现在没办法知道建文帝到底为何不重用平安叔叔，可有一个不争的事实是，自平安被"侄儿"皇帝安排到了北伐前线后，他毫不含糊，出生入死，为建文帝的江山社稷的安稳使尽了所有的力。此次白沟河大决战前，平安就是李景隆大将军手下的一员先锋将官。在朱棣燕军来到白沟河之前，平安就在河边上埋伏了10 000多精骑，"迎候"昔日主帅的"大驾光临"。朱棣知道以后十分狂妄地说道："平安竖子，从吾出塞，识吾用兵，以故敢为先锋。今日吾先破之。"（《明史·平安传》卷144；《明太宗实录》卷6）

可朱棣这次大话不仅说早了，也说过头了。燕军与平安军一交上手，平安就带了他的精干兵士奋不顾身地冲杀在前头，杀得燕军无力招架；这时朝廷方面另外两位猛将——都督瞿能父子紧随其后，奋勇作战，所向披靡。昔日凶猛的燕军这回可是死伤惨重，且开始了退却。

就在这时，燕军中有个宦官叫狗儿的，他凶狠无比，率领千户华聚等几员勇将拼命反击，这才顶住了平安与瞿能父子的攻势，稳住了燕军。

一直喜欢大话连篇的朱棣这下可领教了什么叫棋逢对手了，不过好在他反应极其灵敏，见到这番情势，赶紧带了一部分精骑从平安的背后发起攻击，杀敌数千人，朝廷军队方面的都指挥使何清被俘。但即使这样，双方还是没有分出个胜负来。这仗一直打到了夜深时，由于战斗双方都看不清对方了，这才各自开始收兵回营。

虽说白天战斗不分胜负，但整体而言，燕军似乎也没有讨到什么便宜，绝非像明代官书所言：燕军大捷。临近天黑时，朝廷军队逐渐地将燕军往着他们事先做好"手脚"的地方"引去"，燕军紧紧地跟着不放松。突然间，只听得"轰——轰——轰"几声巨响，李景隆、郭英和吴杰等朝廷方面将帅事先令人埋好在地里的"火器"被踩着了，燕军被炸得人仰马翻，溃不成军。朱棣拾得一条小命，落荒而逃，只有三个骑兵跟着他，因为天色已晚，不知自己的军营所在的位置，走了一点点路就迷失了方向，他只好下马，将脸贴近了地面，观察河水流向，以此来辨别燕军军营所在的方位，最终才找回了自己的营地。（《奉天靖难记》卷2）

第二天黎明,朱棣命令:燕军主力从白沟河的北岸全部渡河到李景隆主力驻扎的南岸,这样战争的双方主力就能直接面对面地展开决战。与上一天作战相同的是,这一天依然由朝廷方面军队主动出击,不过这次打头阵的不是平安了,而是勇猛的瞿能父子。只见瞿能父子将兵器挥动得像风车转似的,一闯入燕军部将房宽阵营,如入无人之境;而另一路精干将士在猛将平安的带领下从侧翼进行夹击,顷刻之间,房宽军营溃散。燕军中一向勇猛无比的大将张玉见到这等情景大惊失色,在他边上的朱棣发现情势不对,赶紧跟张玉说:"胜负乃兵家常事,官军虽众,不过日中,保证为诸君击破他们。"说完,他率领几千名精骑冲击朝廷军队,大将张玉等率领马步兵与其齐头并进。于是几十万大军就此胶着在了一起,大战进行了数百个回合,但还是分不出胜负来。(《明太宗实录》卷6)

由于朝廷军队的人数多,占了很大的优势,"(燕)王先以七骑驰击之,且进且退,如是者百余合,杀伤甚众。南军(朝廷军)飞矢如注,射王马,凡三被创,三易之,所射矢,三服皆尽,乃提剑左右当击,剑锋折缺,不堪击,马却,阻于堤,几为瞿能所及。"(【清】谷应泰:《明史纪事本末·燕王起兵》卷16;《奉天靖难记》卷2)

此时的朱棣已经山穷水尽,怎么办?投降?不,那是绝不会有什么好下场的,自从走上造反起兵这条路以后,他从来也没有想过到底会有什么样的结局,其实那是一条不归路啊!朱棣转而一想,一个鬼点子进了出来。他拿了马鞭对着空空如也的堤岸下方,假装招呼部下。朝廷将士看到这般架势,他们不敢走上堤岸,怕有燕军伏兵,只好干等着。就这样,朱棣大摇大摆地走掉了。

就是因为建文帝在北伐开始时就交代清楚了:"不要让朕背负杀叔的罪名",所以朱棣往往是有险却不惊,成了"射不死的神人"。没过多久,他又带了燕军将士杀了过来,战斗双方殊死鏖战又一度进入了高潮。(【清】谷应泰:《明史纪事本末·燕王起兵》卷16;《奉天靖难记》卷2)

相对而言,这次白沟河大战,燕军兵力还是处于弱势,但燕军将士十分勇敢,燕将陈亨与朝廷猛将平安原本不是一个数量级的,但两者相逢,陈亨还是拼着老命与平安打了几个回合,最终被杀于战阵当中;燕将徐忠在战斗中被砍断了两个手指,只剩下一点皮连着,他毫不含糊地自断那两指,掷之地上,又撕了一块布将伤口给包上继续作战。与燕军奋勇作战相比,朝廷军队中的许多将士也毫不逊色,这仗可能是北伐以来打得最为卖力的一次,尤其是猛将平安和瞿能父子在战斗中出尽了风头,打到了后来,燕军将士只要见到他们就想躲;还有一个姓王的指挥,临淮人,常常骑着一匹小马冲锋陷阵,人称"小马王"。这个"小马王"可勇敢了,在身负重伤的情况下,脱下盔甲,交予随身仆人,嘱咐道:"我为国捐躯,以此报家人。"最后他战死在战场上,人死之时手扶宝剑,身体还倚着战马直立不倒,让人见了,没有不掉泪的。

正因为朝廷中下级将士的奋勇作战,燕军在整个白沟河大战中一直也没有捞到什么便宜。大战进行到中午时分时,燕军逐渐出现了不敌朝廷军队的败势。就在这时,朱棣的那个二儿子朱高煦率领几千精骑突然出现在战场上,这个无赖什么都不会,什么也不学,就是不怕死,这下可在战争当中发挥了作用。朱高煦的参战,使得原本已经开始处于劣势的燕军逐渐地支撑住了局面,于是战斗双方"彼此相持"。午后,朝廷军队依仗兵多将广的优势,再次发动了对燕军的猛攻,勇将瞿能父子带领 10 000 多名精兵冲在了前头,他们大声高呼灭燕,斩燕军精骑百余,其他朝廷将领紧密配合,大有吞没燕军之势。(【清】谷应泰:《明史纪事本末·燕王起兵》卷16;《奉天靖难记》卷2)

○ 莫名其妙的飓风,该死的巨大沙尘暴

就在这个节骨眼上,谁也没有想到,突然间刮起了一阵飓风,这飓风大到了居然能将地上的泥土灰尘吹起几丈高的地步,以现在人的说法就是北方春季的巨大沙尘暴。众所周知,普通沙尘暴一旦吹起,满身灰头土脸的不说,最为麻烦的是能见度极低,人们的生活大受影响。而 600 年前的这场莫名其妙的巨大沙尘暴偏偏发生在双方决定大战命运的关键时刻。说实在的,发生这样的事情,对于生活在北方的燕军将士来说,他们可能是习以为常了;但对于南方将士来说,那是极度的不爽,这还不是问题的关键,关键还在于本来士气并不高的南方将士在白沟河大战打了几次平手以后,胜利的信心正在逐渐地高涨,哪知这千不该万不该来的飓风和沙尘暴偏偏这时来了,来了也不要紧,反正被吹刮的不全是南方将士,燕军同样也被吹得人不人鬼不鬼的,但朝廷军队的将士心中还有一件极大的不快之事,他们的北伐大旗被吹倒了。按照现在人的看法,这也没什么了不得的,再换个旗帜么。可古时候的人迷信,大旗被吹倒,这是不祥的征兆啊!顿时士气大落。

而生活于北方的燕军将士在飓风吹过以后,很快地恢复过来。朱棣乘机带了精锐骑兵闪电般地绕到了朝廷军队的后方,随即来了个快速闯营,与儿子朱高煦的骑兵配合,乘着沙尘暴后朝廷将士混乱之际,斩杀敌军将士无数。有名的朝廷猛将、曾经攻入北平城的大英雄瞿能父子就在此时被燕军斩杀于军阵之中。瞿能父子的壮烈牺牲对建文朝的北伐大业是个巨大的损失。从此,在朝廷军与燕军交战的战场上再也见不到这对英勇无比的忠君父子了。(《明史·瞿能传》卷142)

但不幸中的万幸,朝廷方面的另外一员猛将平安正如他的大名一样,虽然与燕军猛将朱能打了几个回合最终败北了,但他人还是平安的。瞿能父子战死,平安战败,朝廷军最能打的也就是这几员将领了,其他将士知道自己不是凶猛燕军的对手,就纷纷开始后退。"官二代"大帅李景隆本来就是个绣花枕头,打仗不会,治军也无方,所以一旦出现军士后撤,他就没辙,于是整个朝廷军大营开始"崩盘","奔走之声如雷"。"燕兵追至其营,乘风纵火,燔其营垒"。偏将郭英等带了他的残兵败将向西逃,主帅李景隆更是失魂落魄地拼命向南逃,"委弃器械辎重山积,斩首及溺死者十余万"。见此,朱棣却不依不饶,继续追击,追到月漾桥时,"杀溺踩躏死者复数万,横尸百余里"。战争的残酷与军帅的无能都以无情的事实展示在人们的眼前了。(《明太宗实录》卷6;《奉天靖难记》卷2;【清】谷应泰:《明史纪事本末·燕王起兵》卷16)

● 建文朝最大的败家子——"高富帅"、"官二代"李景隆

朝廷军队溃散之际,各路将士要么被踩死,要么被燕军杀死或俘获,剩下的能逃则逃。要说这逃得最快的、逃得最远的是谁?说来大家可能还不怎么会相信,他就是黄子澄极力举荐的、建文帝极度关爱的第二次北伐统帅李景隆,这个靓仔除了自身长得帅和会夸夸其谈以外,还有的本事就是逃跑。李景隆溃败逃跑时,建文帝派出的另一支由魏国公徐辉祖统帅的30 000多人增援部队还没来得及上前线与燕军交战。因此有研究者认为,即使是李景隆当时全军覆没,但要是让徐辉祖的增援军与燕军"交上了火",靖难之役,谁胜谁败,都很难定论了。但问题是李景隆这个靓仔实在是个该千刀万剐都不足以谢天下的罪人,他逃跑时跑得比兔子还要快,这也就等于快速地将建文帝的江山社稷送给了他的政敌。

到了德州这个他原本用作北伐的大本营所在地,按理说稍作歇一歇,以德州粮草充足的优势,李景隆如果将前线溃退下来的万余名将士认认真真地做好整顿与布置,对付一路疲劳奔波的朱棣追兵还是绰绰有余的;可这位北伐主帅李靓仔却已被朱棣的燕军吓破了胆,当听说燕军已经往德州方向追赶过来时,他犹如惊弓之鸟,又立即开始继续逃跑。逃就逃呗,按照军事上的常规做法,军事失败以后一旦进行"战略大转移"时,往往要将所剩的辎重与粮草全部焚毁,否则就等于是"喂饱"了敌人。可是至今研究者都弄不懂这个高干出身的靓仔李景隆是不是老早就是个吃里爬外的家伙,他在逃离德州时居然将建文朝廷苦心经营数年、筹集起来的战争辎重与粮草全部留给了敌人。这下可把朱棣给乐坏了,建文二年五月九日,"燕兵遂入德州,籍吏民,收府库,获粮百余万(石)。"(《奉天靖难记》卷2;《明太宗实录》卷8;【清】谷应泰:《明史纪事本末·燕王起兵》卷16)

600 000人北伐大军没了，100多万石的北伐将士的粮饷送给了政敌朱棣，朱棣从此就不愁没有粮饷与朝廷打仗了，建文朝廷最大规模的一次北伐的家底全部输掉了。因此说，李景隆是建文朝最大的败家子，甚至可以说不是内奸的内奸。

李景隆仓皇向南逃窜，逃入济南城。

再说北伐连连败绩的消息传到南京，南京明皇宫上下一片震惊。建文帝的老师同时又是高级智囊黄子澄深感自己闯下了弥天大祸，不该推荐李景隆为帅，主持北伐，造成了无可估量的损失，因此他后悔不已，奏请建文帝对李景隆严以正典："景隆出师观望，怀二心，不亟诛，何以谢宗社，励将士！"(【清】谷应泰：《明史纪事本末·燕王起兵》卷16)

但建文帝就是没有听进黄子澄的意见，仅将李景隆急速召回，并赦免了他的罪行，而没杀他。对此，黄子澄在大殿上恸哭起来，再次恳请建文帝对败军之帅李景隆追究罪责。可建文帝还是听不进。黄子澄捶胸痛苦疾呼："大事去矣，荐景隆误国，万死不足赎罪！"(《明史·黄子澄传》卷141;【明】黄佐：《革除遗事》卷1;【明】姜清：《姜氏外史》卷1)

不，不仅仅是举荐李景隆的误国者万死不足赎罪，而是误国者李景隆万死不足赎罪！按照《大明律》的规定，李景隆给建文朝造成了无比巨大的损失，理应明刑正典。故而当时建文朝的一些正直的文臣纷纷上奏，要求诛杀北伐失败的罪魁祸首李景隆，其中呼声最为强烈的要数副都御史直臣练子宁。练子宁甚至在朝堂上抓住李景隆，列举他所犯下的滔天罪行，要求建文帝诛杀这个李家大帅哥。但建文帝还是没听谏言，弄得练子宁激愤得连头也叩坏了。他向建文帝大声疾呼："坏陛下事者，此贼也。臣备员执法，不能为朝廷除卖国奸，死有余罪。即陛下赦景隆，必无赦臣。"练子宁越说越激动，越说越难受，随即在朝廷大殿上痛哭起来。建文帝见此，觉得朝议已经没办法进行下去了，只好下令退朝。宗人府经历宋征、御史叶希贤等也都是些正直的文臣，他们与练子宁一样，有着满腔的忠君爱国热情，见到建义帝无原则地宽宥了李景隆的罪行，他们纷纷站了出来抗疏，指出李景隆心怀二心，丧师失地，已经严重干犯了《大明律》了，理应处以极刑，但建文帝就是不听。(《明史·练子宁传》卷141)

● 坚守济南城的书生铁汉铁铉是武夫朱棣的最大克星

建文帝没杀罪孽深重的李景隆，这实在是令人不可思议和愤愤不平。不过，身处北伐前沿阵地的先前并不起眼的建文朝文臣武将们却顾不上这些，因为自李景隆南逃途中躲进山东济南城以后,一直尾随追击的燕王朱棣犹如一只失去了猎物的疯狗,不停地在济南城外打转,其难受与疯狂程度无以言表,最终他下令围死济南、拿下济南,打通南下的通道。

在这千钧一发的时刻,一位令人意想不到的书生文臣挺身而出,主动地为建文朝廷承担起了保卫济南城的职责,抵挡和打击燕军的疯狂进攻。他就是明初有名的书生铁汉——铁铉。

铁铉,河南邓州人,洪武年间朱元璋实行"监生历事制度",即让国子监生到大明官府衙门里去"实习",成绩优异的被直接授予官职,出任大明官员。铁铉就是国子监生出身,因为成绩优秀,被授予礼科给事中,后调为都督府断事(相当于五军都督府里的军事法官),曾受命审查疑案,没费什么周折就把案件审清楚了。皇帝朱元璋听说后十分高兴,赐给铁铉一个名字叫"鼎石",将他比作国家的柱石。(【明】李贤:《古穰杂录摘抄》)

朱元璋的眼光很准,铁铉确实是个人才。由于在老皇帝面前已经出过彩,新皇帝朱允炆对他还是比较熟悉。建文初年,朱允炆给铁铉升了官,提升他为山东布政司参政(可能相当于山东省的省长助理或副省长)。李景隆北伐时,铁铉负责北伐军的粮饷供给,应该说建文帝还是动了脑筋做出这样的人事安排的。铁铉是文人,打仗非其专业所长,但叫认真做事的铁铉负责筹划北伐军的粮草,这无疑是个极佳的人事安排。铁铉不负皇恩,供应粮草准确无误,从而使北伐军有了可靠的物质保障。但没想到的是北伐军主帅李家大帅哥是个大草包,终使建文帝的第二次北伐一败涂地。从白沟河兵败以后,李景隆单人匹马逃到了德州,朱棣燕军紧追不放,山东境内许多城池望风而降。

在临邑县城,铁铉遇到了北伐军的参赞军务高巍,这是个曾经不顾自身安危冒死上书燕王朱棣,劝其罢兵归藩的老书生。两位襟怀相似的书生碰在了一起,格外有话要说,他们谈到了最近朝廷北伐失利的事情,对饮抒怀,感奋涕泣,发誓要誓死保卫建文朝廷,随后他们便赶赴济南城去。

济南是当时山东的政治、经济和军事中心,李景隆兵败南逃济南时,山东"三司"衙门的长官刚好都在京师南京,留在山东境内主政的最高军政长官就是这个山东布政司参政铁铉,还有就是李景隆北伐大军的参将盛庸。铁铉主动去见盛庸,痛陈时势的危急。盛庸表示他也深有同感。于是铁铉与盛庸、宋参军等一起,将济南城里仅有的 60 000 人马迅速地组织发动起来,共同起誓,要与济南城共存亡。(《明史·铁铉传》卷142;【明】姜清:《姜氏外史》卷2;【明】黄佐:《革除遗事》卷1)

由于铁铉和盛庸齐心合力,忠于建文朝廷,又善抚兵士,于是济南城上下众志成城,共同起来抵御燕军的疯狂进攻,朱棣造反以来遇到了前所未有的顽强抵抗。他久攻济南不下,心中极度恼火。可他的侄儿建文帝得到消息后却与朱棣的心情大相径庭,其内心之喜悦就好比是久困在沙漠中的人找到了水源一般,他顿时感到,挽回朝廷败局之希望再次出现了,于是擢升铁铉为山东布政使,"遣官慰劳,赐金币,封其三世",并命令盛庸取代李景隆出任大将军,右都督陈晖出任副将军,重振旗鼓,击退燕军。

应该说建文帝的这番人事调整不仅及时而且还十分正确,铁铉与盛庸都是忠臣,都是在国难当头时刻挺身而出的大英雄,因此说,建文帝的北伐大业干了两年付出了沉重的代价后,这才找到了点感觉。

这感觉对了,形势自然也会好转起来。就在山东济南,由于铁铉与盛庸等人合力死守,朱棣无论怎么样发疯地攻城却始终打不进去。看来来硬的不行,他就尝试着来软的,叫人写好了劝降书,然后用箭将它射到济南城里,劝导铁铉和盛庸等人要识时务,赶紧投降。铁铉还没来得及给予其一一驳斥,这可急坏了另外一个书生。

他就是高贤宁,要说这高贤宁,那可是个有风骨的文人,与其老师王省意气相投,虽说两人是师生,但他们相互"以节义相砥砺"。朱棣南下时,王省以身殉国,高贤宁深受震撼,听到铁铉坚守济南的消息后,他马上赶赴到了那里去,协助铁铉抗击燕军。针对朱棣发出的劝降书,高贤宁满怀激愤地赶写了一篇《周公辅成王论》,驳斥了朱棣的满口谎言。文章写好了,也用箭将之射入燕军军营。朱棣见到软攻也不行,于是又下令加紧硬攻,但无论怎么硬攻,就是攻不下济南城。(【明】李贤:《古穰杂录摘抄》;《明史·高贤宁传》卷143;【明】姜清:《姜氏外史》卷2)

● 令人啼笑皆非的建文帝两次息兵求和

历史上,军事一直是政治的延续。叔侄之间兵戎相见,在政治上也各自斗勇斗智。战争中朱棣不断上书,要求"清君侧";建文朝廷也曾试图"化干戈为玉帛",劝说逆叔回心转意、洗心革面。早在建文二年二月十三日,李景隆在德州时,就曾劝说朱棣:"骨肉有伤,大乱之道,欲舍小怒,以全大义。"(《奉天靖难记》卷2)这是建文朝廷试图第一次息兵议和。现在燕军威胁济南,为了能使济南城里的铁铉他们赢得喘息的机会,建文君臣在明皇宫里苦苦地寻找解救方案,他们想啊想,最终还真想到了一计——求和缓兵计。它首先是由建文帝的老师黄子澄想到的,朝廷马上派人到济南城下向朱棣发出求和信息,以此麻痹敌人。建文帝觉得此计不错,但要实施的话,得有人愿意北上去传递这个信息啊!

建文朝的文臣们就是不一样,每当国家有难时,他们往往主动请缨,为国纾难。尚宝司丞李得成就是这么一个热血沸腾的文臣,当得知建文帝为"求和"之事发愁时,他自告奋勇地慷慨请行。建文帝十分高兴,当即批准了他的请求。(《明史·高贤宁传》卷143)

再说建文朝"求和"代表尚宝司丞李得成风风火火地从南京赶往济南后,颇费周折地见到了正在为济南城久攻不下而发火的朱棣。朱棣听明了李得成的来意,当场就轻蔑地说道:议和息兵可以,但朝廷要拿出诚意来,"清君侧,诛奸臣",恢复一切"祖制"。我本是亲王,比天子低一等,富贵到了极点,还有何求?而朝廷那些"奸臣"蒙蔽皇上,残害我们皇家骨肉,祸及本王头上。为了求生,本王才起兵造反的。现在朝廷要息兵议和,可以,但条件是"诛奸谀以谢祖宗,去新政以复成宪,释诸王以归旧封,罢天下之兵,毋得窘逼。我得仍守旧封,屏翰北土,则天下孰不乐朝廷之能保全宗亲、慕德而向义也?何苦必欲见害耶?"(《奉天靖难记》卷2;《明太宗实录》卷7)

朱棣依然装作很可怜、很无辜和受迫害的样子,与建文朝廷的议和使者大玩太极,接着他就突然强硬了,要求将朱元璋时代的一切都给恢复起来,为被废的藩王"平反昭雪",废除"建文新政",等等。所有这些要求,意味着建文帝所做的一切都是错的,甚至是违背祖制的,再说下去就是建文帝当君主是不是合格和合法的,都是个问题。朱棣的口气越来越强硬,也越来越有匪气,当然他有资本才这么说的。说实在朱棣起兵这一路上还没有大的失手过,他正颐指气使和踌躇满志呐,哪可能会接受议和。(《奉天靖难记》卷2;《明太宗实录》卷7)

○ 再狡猾的狐狸也会有中套的时候

朱棣虽然拒绝了建文帝的息兵求和,但济南城围了3个月还没有打下来,这实在使他恼怒万分。他万万没料到,铁铉这个书生却是那样的铮铮铁骨,犹如铁塔一般矗立在济南城中,挡住了他的去路。朱棣越想越恼羞成怒,豺狼的凶残兽性终于露出来了。

建文二年七月初,朱棣在济南城外转了一大圈,忽然一个罪恶的念头进了出来。他令人拦坝筑堰,将济南城郊的各条溪水和涧水汇聚起来,然后准备用大水来灌淹济南城,这是灭绝人性的恶事,被后人百般称颂的政治家和阴谋家朱棣为了达到他的罪恶的政治目的,居然想出这么一个念头来,这大概是我们传统社会中人们津津乐道的"无毒不丈夫"观念使然吧。(《明太宗实录》卷6)

朱棣这一"毒"招要淹死的是济南城里不下100 000人的生命。当城中人们得到消息后,大家都惶惶不安,铁铉却镇定自若,跟人说:"无恐。计且破之,不三月遁矣!"(【清】谷应泰:《明史纪事本末·燕王起兵》卷16;【明】薛应旂:《宪章录校注》,凤凰出版社,2014年9月第1版,P163)

铁铉并没有说大话,他确实有锦囊妙计——找了一些嗓门大又能装哭的人,让他们故意大声地昼夜啼哭,且要哭着说:"济南鱼矣,亡无日矣!"最好哭得声音越大越好,哭得越真越好,要让城外朱棣的燕军听到后,以为城内人真被即将的灌城给吓哭了。与此同时,铁铉又挑选了1 000多个济南城居民出城,跪在地上向朱棣"求饶",说:"奸臣不忠,使大王冒霜露,为社稷忧。谁非高皇帝子?谁非高皇帝臣民?其降也。然东海之民,不习兵革,见大军压境,不识大王安天下、子元元之意,或谓聚而歼之。请大王退师十里,单骑入城,臣等具壶浆而迎。"铁铉派出的"降民"说得"情真意切":"朝廷奸臣当道,大王蒙冤起兵靖难,这是为国家着想啊!大王你们都是高皇帝的子孙,我们原本都是高皇帝的臣民,我们打算投降您了。但是身处东海之滨的我们济南人,对战争和军队围困很不习惯,对大王您安抚天下、造福黎民百姓的一片好意却不识抬举,因而也难怪有人讲,要将我们济南人全部淹死!我们今天代表全城的人出来向您投降了,恳请大王将围困的军队退到十里以外,大王您单骑入城接受大家的投降。我等臣民将会准备好慰问之礼,来迎接大王您的到来!"(【明】谈迁:《国榷·惠宗建文二年》卷11,P818;【明】薛应旂:《宪章录校注》,凤凰出版社,2014年9月第1版,P163)

朱棣这只狡猾的狐狸,一生都在骗人,居然这回也中套了,命令手下人退兵10里。至于朱棣为什么会中套?学者们有着很多的说法:

第一,朱棣起兵以来一路顺遂,攻城略地如囊中取物,但没想到这个济南城却花了他3个月还没拿下。以朱棣的火爆脾气来看,他是等不及多思多想,或许他骗人骗惯了,也没想到别人也在骗他,以他自我感觉良好的眼光断然看不上当时还是名不见经传的铁铉这么一个书生,所以也不曾多想就上当了。

第二,或许朱棣想到过济南城有可能诈降,但即使是诈降,以兵退10里为条件接受一个城市的投降,这还是划得来的,眼下济南已经在他的股掌之间,还能跑了不成?!所以朱棣也就爽快地接受了济南城居民"投降"的请求。

第三,朱棣或许考虑到的是拿下济南,可以控制南北通道,即使未来夺不了南京,自己也可以划中原自守,至少也能作个半壁江山之主,所以他也就下令退军了。(【清】谷应泰:《明史纪事本末·燕王起兵》卷16;【明】薛应旂:《宪章录校注》,凤凰出版社,2014年9月第1版,P163)

朱棣退兵以后，按照与济南城"降民"的约定，他"率劲骑数人渡桥"，直接来到了济南城下。而"降民"还真守信用，他们打开了城门。守城的军士和城里的居民顿时全上城头，俯视着燕王千岁的到来，甚至有人高呼："燕王千岁，欢迎您！"再看朱棣骑着高头大马，撇着嘴，趾高气扬地正往济南城里走。突然间一块大铁板从城门上重重地砸了下来，砸到了朱棣坐骑的头上，没砸到他人，但着实让朱棣大大地吃了一惊，心呼上当了，也来不及多想，急忙换上随从的马匹，调头便逃。这时埋伏在吊桥边上的济南城守军将士赶紧去拉吊桥，目的是想切断魔王朱棣的归路，谁知可能是将士们太激动也太紧张了，一片忙乱中居然未能将吊桥拉起，这样就给了魔王跨桥逃命的机会。再说朱棣一路惊魂落魄地逃回了自己的营地，内心之恨无以言表，直到两年后靖难成功了，他还对铁铉恨得咬牙切齿。(【明】李贤：《古穰杂录摘抄》；《明史·铁铉传》卷142；【明】姜清：《姜氏外史》卷2；【明】黄佐：《革除遗事》卷1；【清】谷应泰：《明史纪事本末·燕王起兵》卷16)

● 济南保卫战——听说过没有：死人牌位可以作战争防御工具

朱棣逃回城外的燕军营地，越想越火，下令给全体燕军将士，昼夜围城进攻。他们运来了火炮，对准济南城没命地轰。济南危在旦夕，10余万生命已经被燕军送到了地狱的大门口了。

就在这时，又是那位书生领导铁铉心生一计：你朱棣口口声声自称是你"老爸"的好儿子，百般刁难和欺凌侄儿，无端指摘建文帝什么蒙蔽于奸臣，破坏祖制，好像你就是祖制"真理"的化身。好，今天我就给你机会，让你做一回你"老爸"的好儿子。铁铉下令让人在一块块木板上写上"高皇帝神主之位"几个大字，然后叫士兵们拿了这些高皇帝的牌位，挂到朱棣炮轰的城头上。燕军将士看到后顿时傻眼了，那是高皇帝的神位，谁敢轰啊？轰了就是乱臣贼子，就是犯下"十恶不赦"的大罪！朱棣再狂妄也不至于胆大到这个地步，否则的话，不仅他"雄才大略"的皇帝梦圆不了不说，就连他"老爸"的好儿子也当不成了，甚至可能还要被毁家灭族啊！比猴子还精的朱棣当然不会犯浑了，他当即下令：停止炮轰！

铁铉见到此招甚灵，就叫手下的将士向燕军"邀战"——骂朱棣和燕军，骂得越厉害越好。朱棣听到后，人都要疯了，但还是无计可施，这大概是古人兵法的活用——以毒攻毒。此时铁铉又使出一招绝活，乘着燕军火毒攻心、精疲力竭之际，派遣济南城中的壮士出人不意地出城去骚扰和袭击燕军。朱棣狼狈不堪，但又黔驴技穷。

　　凶恶武夫朱棣终于碰到了人生的克星——一介书生铁铉,他死定了!不过好在他脑子还算活络,并没有一条道走到底,在济南城外转悠了整整3个月以后,惶惶不可终日的朱棣刚巧接到了两封信,一封是军事告急信:朝廷另一方面军队的猛将平安正率领200 000人大军进驻到距离北平不太远的单家桥(今河北献县南),其意是袭击御河(即大运河)。如果平安此举成功了,朱棣燕军的运粮通道就得被切断,济南城还怎么打?平安还有更绝的一招,他挑选了5 000名习于水性的将士,渡河去进攻已经被朱棣燕军占领的德州。事态再发展下去,就连燕军回家的路都要被别人给堵了,朱棣寝食不安啊!这第二封信是军师和尚道衍派人送来的,信上说:"师老矣!请暂还北平以图后举。"朱棣犹如斗败的困兽,带着无比的怨恨和无奈,下令撤军,济南战役以建文朝廷的胜利而告终。

　　建文二年八月十六日,朱棣带了燕军回北平。铁铉与盛庸立即率领将士乘胜追击,很快收复了德州等失地,朝廷军队声威大振。建文帝闻讯甚喜,擢升铁铉为大明兵部尚书,"赞理大将军军事,封盛庸为历城侯"(《明史·盛庸传》卷144;【明】姜清:《姜氏外史》卷2;【明】黄佐:《革除遗事》卷1;【清】谷应泰:《明史纪事本末·燕王起兵》卷16)。

○ 智者千虑必有一失——铁铉之失？

　　朱棣北逃时,协助铁铉与盛庸筹划防守的宋参军曾向铁铉建议:"济南乃天下之中,北兵今南去,其留守北平者类老弱。且永平、保定虽叛,请郡县坚守者实多。郭布政辈书生,大参公能出奇兵,陆行抵真定,南朝诸将溃逸者稍稍收合,不数日可至北平。其间豪杰有闻义而起者,大参公便宜署部,号令招徕之,北平可破也。北平破,北兵回顾家室,必散归。徐、沛间素称骁勇,大参公檄诸守臣,倡集义勇。候北兵归,合南兵征进者昼夜蹑之,大参公馆谷北平,休养士马,迎其至击之。彼背腹受敌,大难旦夕平耳。"(【明】张燧:《千百年眼·宋参军奇谋》卷12)即提出了这样一个奇袭作战方案:立马派出一支奇兵从陆路包抄,迅速抵达真定,将先前北伐留下的残兵败将收合起来,向前推进,用不了几天的时间便可到达北平了。期间天下豪杰定会纷纷出来响应你铁公,而你铁公将他们召在一起,稍加布置一下,燕军的老窝北平便可被端掉了。到那时,燕军将士见到老窝没了,还有什么心思跟着朱棣干?而与此同时,铁公你发布公告,号召忠勇义士报效朝廷,山东、徐州一带的义士素有骁勇的美名,你把他们组织起来,乘着燕军北逃之际紧紧地追击。前头北平已经搞定,又有我们的人马在"恭候"着燕军。如此下来,燕军必将腹背受敌,当今圣

上的心腹大患定会在一夜之间全部解决了。(【明】张燧:《千百年眼·宋参军奇谋》卷12)

可铁铉听后没采纳宋参军的谋略,他说:"军饷尽于德州,城守五月,士卒困甚,而南将皆驽材,无足恃,莫若固守济南,牵率北兵,使江、淮有备,北兵不能越淮,归必道济,吾邀而击之,以逸待劳,全胜计也。"(【清】谷应泰:《明史纪事本末·燕王起兵》卷16;【明】黄佐:《革除遗事》卷2)

从宋参军的奇谋来看,确实是主意不错,南北夹击,将士气已经低落到了极点的燕军予以一次性地处理,但它有两个假设条件:一个是北平周围地区的迅速"搞定";另一个是山东、徐州军士的集结。说来好像是铁铉没有全盘的考虑,应了中国一句古话,叫"智者千虑必有一失",真的是这样吗?

我看未必,其实铁铉很实在,他明白经过两次北伐以后,虽然济南战役打赢了,但整个朝廷方面的军队士气还不可能一下全部改变和提高,而且北平是朱棣的大本营,派小股部队去骚扰骚扰它可以,攻下它可不那么容易;再说山东附近的朝廷官军打仗是打赢了,但也人困马乏,而且朝廷军队方面尤其是中高级军官似乎整个都"阳痿"了,你能将他们怎么办?全部撤了换人?有人可换吗?显然是不行的。所以铁铉认为,与其这样,倒不如好好地守住山东一带,顺便休养一番,卡住燕军南下的通道。从理论上和实际上来看,铁铉的说法或许是个不错的主意。

但事实上比狐狸还要狡猾的朱棣后来南下时绕道了,不从济南走。这下铁铉可就白忙乎了,这是铁铉之失?谁也没办法说清楚了。

建文朝廷的第三次北伐与"靖难战争"的相持和胶着

● 盛庸主持的建文朝第三次北伐的开始

济南保卫战胜利后,铁铉和盛庸又组织兵马乘胜追击,把抱头鼠窜的燕军赶回了"老家"——北平。接着他们就在济南城内著名的风景区天心水面亭大摆宴席,"犒问辛苦,激发忠义",立誓灭燕,振作士气。

对于建文朝廷来说,自北伐以来,从来也没有过这样扬眉吐气的军事辉煌。建文帝当然高兴咯,马上给铁铉、盛庸等有功之士升官奖赏。建文二年九月初,建文帝又下诏给大将军盛庸,令其总领平燕诸军进行北伐,副将军吴杰进兵定州,都督徐凯等屯军沧州,三路军相互形成犄角,构成对北平的攻战态势。(《明太宗实录》

卷7；【清】谷应泰：《明史纪事本末·燕王起兵》卷16）

为了与耿炳文、李景隆的北伐相区分开来，我们将盛庸主持的这次北伐称为建文朝的第三次北伐。

● 沧州被袭，13 000名朝廷官兵被朱棣燕军坑杀

建文二年十月，朱棣听到大将军盛庸带领的北伐军进兵德州，意欲北向，他转动着那狡黠的双眼，盘算着未来的计划。

说实在的，当时朱棣的处境并不佳。济南战役打了3个多月，最后失败而归，燕军士气十分低落。为了提高将士们的士气，他给燕军将校普升一级，对曾经立有特殊功勋的将士进行特殊的升赏，同时又让燕军将士得到适当的休整。而就在燕军休整1个多月以后，有人传来消息说，建文朝廷派了盛庸为北伐的大将军，主持第三次北伐事宜。朱棣听后十分着急，因为在济南城下他已经领教过盛庸与铁铉的厉害了，这回他们自己主动找上门来，来者不善啊！以现有的燕军兵力与盛庸硬拼，即肯定是死路一条，可又不能坐以待毙，朱棣不停地转悠着他那贼溜溜的双眼，不一会儿，一个主意迸出来了。

建文二年八月十五日，又是个中秋节，朱棣突然下令征伐辽东。燕军将领们大惑不解：这盛庸的北伐军快要到家门口了，你不好好地做准备抵抗，反而拉着队伍跑到不着边际的辽东去，这是哪壶不开提哪壶。将士们牢骚归牢骚，但服从是军人的天职啊，所以他们还是跟着朱棣出发向东行军。大致走到天津直沽时，燕军就不再向辽东方向去了，朱棣突然给将士下令，抄近路直抵建文朝第三次北伐最为薄弱的"环节"——沧州城（因为那时沧州城正在修筑加固）。

经过一昼夜的急速行军，走了300多里路，大约在天亮时分，燕军到达了沧州城下，他们干掉了几个哨兵，就开始摸索进城。此时朝廷北伐军沧州方面军事首领徐凯还浑然不知，"督众运土筑城如故"，一直到了燕军兵临城下时，这才发现大势不好，赶紧命令将士分守城垛，进行抵抗。可能是因为紧张，也可能是由于筑城太疲劳了，徐凯部下居然连铠甲也穿不好。燕军迅速将沧州城围得个水泄不通，朱棣立即下令进攻，并很快地拿下了沧州城。徐凯等将领几乎全当了俘虏，10 000多名朝廷将士被斩首，还有3 000多名兵士被燕将谭渊残忍地活埋了。（《明太宗实录》卷7；《奉天靖难记》卷2；【清】谷应泰：《明史纪事本末·燕王起兵》卷16；《明史·谭渊传》卷145）

● 东昌大捷——建文朝北伐战争中最大的一次军事胜利

朱棣偷袭沧州仅仅是为了打乱建文朝廷军队围攻北平的战略,现在取胜了,没忘捞一把,命人将沧州之战所获的全部装上船,由水路运往北平,而他自己则带了燕军直接南下,要与盛庸的北伐军决一高低。

燕军南下没多久,就走到了盛庸主力所在的德州附近。上回在济南城下,朱棣已经领教了盛庸与铁铉的厉害,这回他学乖了,自己所长的是运动战、游击战,所短的是攻城战,无论如何不能再重复济南城下"扬短避长"的故事了,于是他就想着自己的老套路——运动战。但盛庸他们待在德州城里不出来,怎么来个"运动"法?朱棣想到了引蛇出洞,派出小股部队到德州城下去引诱他。可盛庸聪明得很,一下子就识破了朱棣的诡计,他坚守德州不出,只等燕军过后,派出小股部队尾随其后,伺机袭杀。朱棣发觉不对劲,就亲自殿后,见到盛庸小股部队像尾巴似地一直跟着,乘其不备,杀了个回马枪,取得了一点小小的胜利。

建文二年十一月十二日,朱棣燕军南下走到山东临清时,德州盛庸军还是静悄悄的,碰上这样的对手,朱棣十分恼怒,他移军馆陶,派出一支轻骑上大名,焚烧了那里的朝廷军队的运粮船,以此来引诱盛庸出战,可盛庸还是不理睬他;朱棣不死心,继续在冠县、东阿一带进行挑衅式行军,派兵到济宁等地掳掠,弄得天怒人怨。

朱棣要的没得到,没曾想要的它倒来了。据一个被俘的朝廷北伐军运粮官所言:盛庸主力已经移到东昌(今山东聊城),其先锋官孙霖率领5 000多人驻扎在滑口(山东平阴西)。朱棣认为,盛庸主力情况不明,燕军不宜马上进攻,于是就派部将刘江、朱荣率领3 000人赶往滑口,袭击孙霖所部。可怜滑口守军毫无防备,要么被杀于军阵之中,要么就被俘获。

燕军这么来回折腾了一番,一晃就到了建文二年十二月二十五日,朱棣行军来到东昌,与朝廷北伐主力盛庸所部相遇,"靖难"兵起以来一场空前壮烈的大战就此拉开序幕。

盛庸与"赞理大将军军事"(相当于北伐军的总参谋长)铁铉听到朱棣也到达了东昌的消息后,马上宰牛杀羊设宴犒劳北伐将士,激励部下,誓师灭燕。与此差不多同时,他们又调兵遣将精心布置,背阵列防,严阵以待,尤其给凶残的燕军准备好了火器与带毒的弓箭。(【明】黄佐:《革除遗事》卷1;【明】姜清:《姜氏外史》卷3)

这时燕军正处于出征以来不断小胜的"兴奋期",见了盛庸军队,他们就嘻嘻哈哈鼓噪向前走近。盛庸军队赶紧射放火器,燕军将士顿时死伤无数。这时正好平安带领他的部队赶到,与盛庸军合在了一起,对燕军进行两面夹击。朱棣带了燕军精骑本来是直冲盛庸军队的左翼,但不知怎么的他们居然冲入了对方的中坚。盛庸立马布置军阵,里三层外三层地将朱棣团团地围住。而此时的朱棣就好比是被关进了铁笼子里的野兽,尽管他无数次疯狂地发起了攻击,总想冲出重围,但都一次次地失败了。这时,朱棣手下的心腹猛将朱能率领了那支剽悍的蒙古骑兵奋力攻击盛庸军的东北角,盛庸赶紧将西南角的将士撤往东北角去增援,这样一来,围困朱棣的军阵圈子稍稍有所松动。见此,朱能拼死冲入了朱棣被困的军阵,奋力死战,保护着朱棣外逃。而这时的张玉尚不知主子已经被朱能救出,也率军冲入盛庸的军阵,边打边像丧家之犬一般寻找着主人。但盛庸军队的人数太多了,张玉打退了一批,又上来了一批,战斗到后来,他筋疲力尽,最终战死于军阵之中。盛庸见到燕军开始溃退,就指挥军队乘胜追击,斩杀燕军万余人。而此时的燕军早已不见昔日的凶悍了,他们纷纷丢盔卸甲,抱头鼠窜。盛庸下令对燕军进行围追堵截,斩杀燕军不计其数。(【清】谷应泰:《明史纪事本末·燕王起兵》卷16;参见【明】黄佐:《革除遗事》卷1;【明】姜清:《姜氏外史》卷3;【明】薛应旂:《宪章录》中说"杀伤万计,北平震动")

第二天双方又打了激烈的一仗,燕军再次惨败。朱棣本来就痞子气十足,打不过就逃,这下燕军兵败如山倒。盛庸派将士拼命追杀,但始终没把朱棣杀了,这是为什么?

原来朝廷军队"诸将奉(建文)帝诏,莫敢加刃(燕王)。燕王亦知之,故挺身出,輒短兵接战。"(【清】谷应泰:《明史纪事本末·燕王起兵》卷16)换句话来说,是建文帝"救了"朱棣。建文帝不愿背负杀叔罪名的迂腐书生气此时成了北伐灭燕的最大的祸害。所以尽管北伐军将士多次将朱棣围住,但谁也不敢动手杀他,反倒让他杀了不少北伐军将士;即使兵败北逃了,朱棣还神气十足,其他燕军将士都怕被盛庸兵追杀,就朱棣不怕,因为他有侄儿皇帝"护着"。朝廷的军队这下可遭罪了,战败了要遭燕军惨杀,战胜时追赶燕军,朱棣冷不丁地杀个回马枪,又有一些北伐的勇敢追兵被杀。仗打到这个份上,人们肯定会体悟出建文帝"文弱"与"纯孝"个性的可恨之处吧。

正因为这样,朱棣成了"打不死"的活阎王。当这个活阎王被盛庸军队追赶得快要走投无路时,痞子儿子朱高煦出现了。朱高煦听到父亲战败的消息后赶紧来救,这无赖平时不咋样,可打起仗来还真不含糊,他一上来就三下五除二地将盛庸的追兵给打败了。这下朱棣才得以安全脱险,北退到了馆陶,稍作喘息后,向着深州方向撤退。

● 朱棣哀求放过他，北伐军中将领说："放你就是放了蝎子！"

建文三年元旦，朱棣退到河北威县时，遭遇到从朝廷北伐的另一个据点——真定赶来的军队，人数达 20 000 人，他们拦住了朱棣的北归之路。以当时朱棣底下的残兵败将而言，无论如何也不是朝廷军队的对手，但人家已经拦住了前方的归途，燕军不能不面对啊！朱棣略作布置一番后，只带着几个骑兵装作失魂落魄的样子，前去哀求拦截在前的朝廷军队将领："自与你们的军队打上仗以来，我们经常俘虏到你们的人，但随即便放了。今天我就恳请你们也行行好，放我们过去吧，做人不要太过分！"朱棣还真能说话，"雄才大略"的政治家大概天生就有说谎不脸红的本领。不过他今天遇到的朝廷军队将领也不含糊，反斥道："放你？哼！那就是等于放了蝎子！"（《奉天靖难记》卷3；【清】谷应泰：《明史纪事本末·燕王起兵》卷16）

朱棣一见对方不放过自己，就假装十分窘迫和猥琐的样子往后缩。朝廷军队盯了上去。朱棣几个人且战且退，退了一段路程，估计差不多了，朱棣一声号令，埋伏在四周的燕军立即发起突然袭击，击败了追赶的朝廷官兵。

大约在建文三年正月初五日，当朱棣燕军走到了河北深州时，又击败了由真定赶过来追击的平安和吴杰的 30 000 人部队。自此以后，他们才得以平安地回到老巢北平，不过此时新年已经过了半个月了。

○ 齐泰和黄子澄官复原职

与朱棣过的凄凄惨惨的新年相对，建文帝可过上了一个自削藩以来最为舒畅与开心的新年。继济南战役以后，朝廷军队又获得了东昌大捷，"燕精锐丧失几尽，（盛）庸军声大振"。一夜之间，朝廷军队迅速转入了军事大反攻，河北地区被燕军夺占的地盘大多又回到了建文朝廷的手中。建文三年从元旦到正月十五，北方不断有捷报传入南京明皇宫。建文帝闻之，兴奋异常，立即颁诏，褒奖北伐将士，并亲自到太庙祭祀，向列祖列宗报告北伐的喜讯。（《明史·盛庸传》卷144；【明】姜清：《姜氏外史》卷4）

胜利的喜悦来到太迟了点，建文帝等了已经很久，等得也不耐烦了。本来么，齐尚书和黄大师就不是什么坏人，还不是那个无恶不作的燕庶人给逼得，弄得我做皇帝的面子也没了，将他们给罢了官，尽管是名义上的，但我们中国人最讲究名义和面子上的事，所谓"名不正则言不顺，言不顺则事不成"，这是孔圣人的名言啊，我必须要按照圣人的教诲去做。建文帝想到这些，马上将齐泰和黄子澄官复原职，令其依旧筹划北伐事宜。（【清】谷应泰：《明史纪事本末·燕王起兵》卷16）

● 夹河大战,平分秋色

东昌之战是朱棣人生军事生涯当中遭受的最为惨重的失败,它不仅使他失去了最为亲密与能干的部将及一帮子跟随他出生入死的将士,而且也使他的造反"大业"跌到了最低谷。当时朱棣是四十出头,这个岁数应该说是人生事业最为辉煌的时刻,但万万没想到东昌之败使得自己几乎回到了事业的原点,带出去的燕军精干差不多全被歼灭,30 000将士成了孤魂野鬼,尤其是大将张玉的战死,朱棣每每想到就会失声痛哭,他对人说:"自失张玉,吾至今寝食不安"。"艰难创业之际,失我良辅,殊可悲恨!"经过这次打击,朱棣有些心灰意冷了。但军师道衍和尚却在不断地给他鼓劲和出谋划策,以备来日再起。(《奉天靖难记》卷3;《明太宗实录》卷7;【清】谷应泰:《明史纪事本末·燕王起兵》卷16)

在北平休整了一个多月以后,朱棣又带领燕军南下。这次出兵是在建文三年二月中旬,大约走了四五天的路程,燕军来到了河北的保定。这时,朝廷的北伐军已经进驻到了距离燕军不远的地方了。其中大将军盛庸统帅了200 000人的主力驻守在山东德州,吴杰与平安带领的偏师屯扎在耿炳文主持的第一次北伐的前沿基地真定。大战之势一触即发,双方都在密切关注对方的用兵和加紧自己的军事布置。这时,朱棣召集诸将"开会",商议战斗策略。燕军将领邱福等人提议,先攻取由朝廷控制的定州,因为那里城池不固,容易攻破,这样就打乱了朝廷军队北伐合围燕军的步骤。但朱棣似乎格外冷静,济南之战与东昌之战,燕军两次吃了大败仗,这就充分暴露了自身军队的弱点——不善于攻城战,所以这次朱棣还是想利用自身的野战或者叫运动战的优势,摧垮朝廷的第三次北伐,于是提出了这样的作战设想:将作战的地点争取设在朝廷北伐军驻扎地真定和德州之间相距200里的野外,先引出真定或德州的一股朝廷部队出来与燕军作战,然后再迅速击垮它们。燕军诸将听后觉得不妥,因为在真定与德州之间一旦双方交战开来,燕军很容易腹背受敌,这太危险了。可朱棣不这么认为,他说:"百里之外,势不相及。两军相薄,胜败在呼吸之间,虽百步不能相救,况二百里哉!"(《明太宗实录》卷7;《奉天靖难记》卷3;【清】谷应泰:《明史纪事本末·燕王起兵》卷16)

三月一日,朱棣命令燕军沿着滹沱河列营,并派出游骑前往真定附近地区,假装是侦察兵的模样,走走看看,又马上躲起来,让真定城里的吴杰与平安觉得燕军正在寻找机会发起进攻,这样一来,他们至少不敢轻举妄动,而燕军主力则抓紧机会对付盛庸的主力。

再说盛庸所率的主力部队因为人数较多,行动也就迟缓。他听到朱棣率军南下到了真定与德州之间的滹沱河流域,就认为这是歼灭燕军的大好机会,于是下令:将士们,向滹沱河方向进军! 大约在三月二日盛庸军队才到达滹沱河流域的夹河。

这时朱棣已经侦查到了盛庸军的确切位置,马上命令燕军在距离盛庸军队40里的地方扎营。随后又召开了一次战前军事会议,会上朱棣提出了自己的作战思路,鉴于以前两次吃了盛庸的大亏,他认为此次作战重在击溃敌人,以燕军精锐快速摧垮敌军主力劲旅,但千万不要逆击,以免像上次东昌大战那样陷入敌军的重围。唯恐将士们不理解,朱棣抽了一支箭在地上画起了示意图。事后想想,觉得似乎做得还是不周到,万一传达命令不到位,又要重演东昌之败的悲剧,于是他将燕王府里带出来的宦官和从南京城里逃出来投奔他的宦官组成一支"元首思想宣传队",这支队伍还真卖力,一字不差地将"元首"朱棣的思想传递到了燕军的基层。(《明太宗实录》卷7;《奉天靖难记》卷3)

三月三日朱棣统领燕军向夹河列阵而进,大约在中午时分与盛庸军队相遇。朱棣先派出3个骑兵前往盛庸军前察看虚实,这3个骑兵转了一圈快要回去的时候,忽然被盛庸军队的将士发现了,他们派人出来追,朱棣一直关注着前方的动态,看到有人在追赶燕军的那3个骑兵,他马上搭起了弓箭连射盛庸将士,并命令10 000名骑兵和5 000名步兵一同冲向盛庸兵营,可猛攻几下,都未能将盛庸军营冲溃。这时朱棣开始仔细观察敌军防御的"秘密",发现对方用一种坚韧的盾牌——楯挡住燕军的进攻。他立马明白,下令让人赶制破楯武器,在六七尺的木杆顶头钉上钉子,在钉子的末端安上有倒钩的木桫,然后命令将士们在冲上前线时,将这类制作好的新式武器直接掷向盛庸军阵。盛庸的将士们没见过这类新式武器,也不知咋的,它们能把自己手中的楯给勾掉了,顿时失去了防御工具,军心大乱。这时燕军乘机发起了疯狂的进攻,盛庸将士赶紧启用火炮,但为时已晚,燕军已经冲到了眼前,火炮也不管用了,盛庸军队乱作一团。(《明太宗实录》卷7;《奉天靖难记》卷3)

不过盛庸毕竟不是李靓仔李景隆,作为主帅自己千万不能乱了阵脚,于是他镇定自若地指挥着将士们继续战斗。主帅没跑,底下将士心里有底了,他们个个都表现出好样的,不顾个人安危拼死杀敌。盛庸手下有个将领叫庄得,他可是一个了不得的勇将,几次身处危境,却临危不惧,杀敌无数,就连燕军中残忍成性的凶悍将领谭渊也被庄得斩于阵前。可朱棣手下的也不含糊,那个不要命的猛将朱能,带了一拨子的燕军精锐拼死冲击盛庸的主力,将处于重重围困中的主子朱棣救出,使他乘机溜到了盛庸军队的后边,然后再从后边杀起。可怜猛将庄得不知自己已经腹背受敌,依然不要命地冲啊、杀啊,最终因精疲力竭,被燕军所杀。这次大战中盛庸手下还有一员猛将叫"皂旗张,逸其名,或曰张能力挽千斤,每战辄麾皂旗先驱,军中呼'皂旗张'。死时犹执旗不仆"(《明史·皂旗张传等》卷142;【清】谷应泰:《明史纪事本末·燕王起兵》卷16)。

正因为三月三日这天双方作战都投入了主力,且将士们也都拼命地打,所以从中午一直打到天黑,双方还没有决出个胜负来,只好各自收兵。

○ 朱棣在建文军队营地睡了一夜,居然一点没事,邪乎?

由于白天的战斗太激烈了,当夜幕降临之际,战争双方只能凭着感觉回到各自的营地。朱棣带了十几个亲兵走了一阵,实在累得走不动了,倒地而睡,这一觉睡得还真香,连一个梦都没有。

第二天早上天刚亮,有个亲兵先醒来,发现情况不好,昨夜居然他们睡在最不应该睡的地方——盛庸军营。"天明,见四面皆(盛)庸兵,左右请巫去,燕王曰:'毋恐。'日出,乃引马鸣角,穿敌营,从容去。诸将相顾,莫敢发一矢"(【清】谷应泰:《明史纪事本末·燕王起兵》卷16;薛应旂:《宪章录校注》,凤凰出版社,2014年9月第1版,P167)。

朱棣就在眼前,盛庸将士居然没有一个人搭弓射箭,不是他们反应慢,而是他们的皇上建文帝曾有令:"不要让朕背负杀叔之罪名!"又是那个文弱的书生皇帝在最关键的时刻"救"了朱棣的一条小命。(薛应旂:《宪章录校注》,凤凰出版社,2014年9月第1版,P167)

朱棣一行回到自己的营地,迅速做了布置,准备好接下来的大决战。

这第二天的大决战从上午辰时(早上7点到9点)开始,一直打到下午未时(13点到15点)还没有分出胜负来,"两军兵刃相接,彼此战疲,各坐而息,已而复起战,相持不退,飞矢交下"。这确实是历史上少有的战争场面,双方打累了,居然不约而同地坐下来歇歇,然后再接着打。(《奉天靖难记》卷3;《明太宗实录》卷7;【清】谷应泰:《明史纪事本末·燕王起兵》卷16)

○ 又是那可恶的沙尘暴惹的祸?

就在双方打得"难解难分"之际,突然从东北方向刮起一阵巨大的风暴,它卷着漫天的风沙扫向西南方向,此时燕军正好在东北方向(顺风),而盛庸的军队却在西南方向(逆风),整个战场上"尘埃涨天,沙砾击面,两军眯目,咫尺不见人。北军(燕军)乘风大呼,纵左右翼横击之,钲鼓之声振地。"盛庸军还没有搞清楚究竟是怎么一回事,只听得:"冲啊!杀啊!"将士们连冲到自己面前的敌人都没看清,就命赴黄泉了,朝廷军队由此大败。燕军乘胜追击,杀敌无数。凯旋之际,朱棣与诸将居然还不能相认,满脸都是泥土,只能凭着对方的说话声音才各自"认出"。(《奉天靖难记》卷3;《明太宗实录》卷7;【清】谷应泰:《明史纪事本末·燕王起兵》卷16)

夹河大战,朱棣得到了"天"的帮忙,终于取胜了。而对于建文朝廷来说,这一切都是那可恶的大风和沙尘暴所惹的祸?

夹河之败从表象来看,好像确实是天不帮忙建文朝廷军队,但其真正原因没那么简单,以笔者之见,盛庸兵败至少有以下四个方面的原因:

第一,夹河大败真正的"祸首"应该是南京城里那个文弱的书生皇帝朱允炆本人,他既要削藩平乱,又受儒家之教条的束缚,怕背上"杀叔"恶名,这样的傻事也只有建文帝这种书呆子才会做得出的。这就应了一句哲言:"真正的敌人是自己。"试想要是在夹河大战第二天早上,盛庸将士发现朱棣睡错了地方,当场就一箭,哪还有第二天的风中血战?事实上建文朝廷军队碰到的这样的尴尬事已不是第一次,也不是最后一次,由此而言,怎有不败之理?

第二,朝廷主帅盛庸的骄傲大意也是夹河之败的一个重要原因。东昌大捷后,建文君臣陶醉于胜利的喜悦之中,没有更多地意识到敌人的狡猾和凶险。更不应该的是,作为大将军的盛庸却滋生了骄意,对燕军并不在意,甚至还不如他自己手下将领的那般认识水准(他们把朱棣称为蝎子),"盛庸恃东昌之捷,轻敌,将士携金银扣器、锦绣衣袍,曰:'破北平,张筵痛饮'"。仗还没打,他就准备起胜利之后的庆典,这般轻敌岂能取胜?(《奉天靖难记》卷3;《明太宗实录》卷7;【清】谷应泰:《明史纪事本末·燕王起兵》卷16)

第三,朝廷主帅盛庸军事才能有限。从《明史·盛庸传》及相关资料来看,盛庸的军事才能说不上很好,济南保卫战取胜和东昌大捷都有他的份,这没错;但理性而言,那两次似乎铁铉起的作用更大。盛庸在两次大捷中出足了风头,除了书生铁铉帮忙以外,还有就是利用自己是朝廷官方的政治优势和占据城池的自然军事优势,换句话来说,他似乎善于守城战,而不善于野外战和运动战。就此而言,盛庸可能还比不上他手下的偏将平安。

第四,建文朝廷方面军队在夹河大败还有一个因素,就是平安与吴杰的偏师没有配合盛庸一起行动。这里既有朱棣所分析的那样——在战场上两支相间200里的朝廷军队之间信息不能及时沟通方面的原因,但也不排除平安与吴杰在主观上有故意迟缓的因素。坦率而言,论才能,平安的军事才干绝对不比盛庸差,更是平庸的吴杰所望尘莫及的。白沟河之战前,朱棣就说平安是一个了不起的对手,事实也正如朱棣所说的,整个白沟河大战中,平安几次差一点要了朱棣的小命。他曾经跟随朱棣多次出击蒙古,不仅熟悉朱棣的作战特性,而且也善于野战和运动战,如果当时建文帝能将他放在大将军的位置上,以笔者的看法,很可能大明初年的那段历史要改写了。但历史的事实是,平安很郁闷,他运气不佳,白沟河大战最后朝廷方面败绩,平安几乎白忙了,后来又老当偏将,干些相当于游击队的活儿,屈才啊!即使升了点官,但也是"进步"不大,一直在跑跑龙套,给平庸的吴杰当下手。有着现存的杰出军事人才不用或者说"没发现",这仗能打胜吗?

对于这一点,作为敌人的朱棣看得比谁都清楚,夹河之战后他曾这样说道,吴杰、平安表面上听从盛庸调遣,但内心不服啊,"今(盛)庸已败,彼必欲独成功矣"(《奉天靖难记》卷3;《明太宗实录》卷7)。

● **藁城大战十分惨烈,朱棣王旗千疮百孔,但他就是平安无事,神乎?**

既然朱棣是这样给他的敌人把了脉,那就要"对症下药"了。打败了盛庸以后,按照朱棣先前的设想,接下来就要集中兵力收拾吴杰与平安的偏师了。而此时吴杰与平安的军队在真定,论军事力量,他们没有盛庸那么强大,但人数也不少,约有100 000人。以燕军全部"家当"加起来也不比他们强多少;更令朱棣头痛的是,他们屯兵在真定,距离燕军大本营北平太近了,危险就在眼前。所以在夹河大战以后,朱棣就急切地要解除这眼皮底下的威胁。

那么怎么才能消灭真定的朝廷北伐偏师呢?诸将认为,夹河大战中盛庸那么多的军队都吃了败仗,真定偏师肯定吓得躲在城里不敢出来了。可朱棣不这么认为,他说:我们燕军与盛庸交战时,吴杰与平安没来救援本身就是一大过错,现在他们还盘踞真定不出,"则将有劳师费财之罪矣"。更何况吴杰与平安都认为自己才能不比盛庸差,很想"露露脸"。故而只要我们"引一引",他们肯定会出来,一旦到了野外作战起来,那可是我们燕军最为擅长的啦!

现在的问题是要将吴杰与平安的军队引出真定,怎么引?朱棣想到了一个主意,下令让一部分将士外出取粮,但不能走远;另外让一些校尉挑着担子,抱着婴儿,假装是逃难避兵乱的,"逃"往真定城里去,然后在城里放出话来,说燕军军营里快没什么人了,全都出去取粮了。

朱棣的鬼主意遇上了平庸的朝廷偏师主将吴杰可算"找对"了人。吴杰听到城里的"流言"后,马上派人出去打听,嗨!还真有这么回事,他马上感到消灭燕军的机会来了,于是立即下令出兵,沿着滹沱河东进,在距离燕军军营大致70里的地方

扎营了。(《奉天靖难记》卷3;《明太宗实录》卷7)

朱棣听到吴杰和平安他们出兵了,顿时心里大喜,当时已经是傍晚,有将领奉劝明早出发。朱棣回答说:"机不可失也。稍缓之,彼退守真定,城坚粮足,攻之难矣。"他立即率军渡河西行,大约走了20里路,与吴杰军队相遇在滹沱河边上的藁城。吴杰、平安见之,迅速退守藁城,因此双方当天夜晚并没有交上手。

建文三年闰三月十日,朱棣登高观察敌营后,命令三支队伍牵制敌阵三面,自己则率领精锐主力猛攻敌营的东北隅,由此双方大战拉开了序幕。尽管燕军凶猛狡诈,但由于平安过去是跟着朱棣"玩"的,所以朱棣与平安他们交上手以后一开始并没有占到什么便宜,只见军阵之中平安站在以木头搭起的简易木塔上来去自由地指挥着,燕军久攻不成。朱棣发现这个秘密后,率领"敢死队"从平安军队的后面,冒着雨点一般的飞箭直扑平安指挥所在的木塔。由于平安正出神地指挥着,没有注意到朱棣的强攻,只看到兵阵中忽然有一阵骚动,坏了,敌军首逆已到了眼前,平安冷不丁地堕楼,赶紧逃命,顿时军中大乱起来。

说来也正巧,偏偏这个时候又是一阵大风吹来,"发屋拔树,燕军乘之,(吴)杰等师大溃"。朱棣指挥燕军四面围歼敌军,"斩首六万余级"。吴杰、平安赶紧躲入真定城里。

藁城之战虽然是以燕军的胜利而告终,但这场大战打得也十分惨烈,燕王的帅旗被箭射得千疮百孔,"神"了,就是主帅朱棣没被射死。当然杰出政治家就是与常人不一样,朱棣特地派了一个使者将这面"伤痕累累"的帅旗送到北平去,并告诉世子朱高炽:"善藏之,使后世勿忘也。"(《奉天靖难记》卷3;《明太宗实录》卷8;【清】谷应泰:《明史纪事本末·燕王起兵》卷16)

● 削藩大臣齐泰、黄子澄的第二次被罢官

夹河之战、藁城之战,燕军连连取胜,朱棣领兵乘胜追击,攻下顺德、广平,"河北郡县多降"。建文帝三年四月,燕军进兵大名,大名官员不战而降。就在这时有谍报说,南京城里的建文帝又将齐泰、黄子澄窜逐,即让他们"下岗"(实为让他们外出募兵),这是建文帝第二次罢免齐、黄的官职。这次"处理"与第一次有所不同的是,"有司已簿录其家",即齐、黄被"抄家"了。懦弱的建文帝在军事上一无所为,只好拿着政敌指斥的"奸臣"齐、黄"开刀","讨好"造反首逆朱棣,以此来达到缓兵的目的。建文帝的这种拙劣与软弱的表现,除了进一步予政敌以把柄,为其起兵造反提供更为充足的理由和"合法"的外衣以外,实际上对自己的政权统治根本没有任

何积极的作用。就在齐、黄被逐以后不久,朱棣假模假样地以臣子的名义给建文帝再次上书,他说:"齐、黄剪削宗藩,欲加死地,故以兵自防,诚不得已。大军之至,每自摧衂,臣不敢为喜,辄用伤悼。比闻齐泰、黄子澄皆已窜逐,臣一家喜有更生之庆。而将士皆曰:'恐非诚心,姑以饵我。不然,吴杰、平安、盛庸之众当悉召还,而今犹集境上,是奸臣虽出而其计实行。'臣思其言,恐亦人事或然也,故不敢遽释兵。惟陛下断而行之,毋为奸邪所蔽。"(【清】谷应泰:《明史纪事本末·燕王起兵》卷16;参见《奉天靖难记》卷3;《明太宗实录》卷8)

朱棣将了建文帝一军——将士们讲,你皇帝陛下和谈没有诚意,耍阴谋,给我下套子,否则吴杰、平安、盛庸他们怎么还在我家边上,虎视眈眈,让我睡觉都不安宁,或许这是奸臣们出的坏点子,陛下你被蒙蔽了!

○ 建文朝廷对准北平的两把"刀剑"

朱棣这样说话的口气似乎比以前要缓和一点,他"借"了别人的嘴在说话,那么这只"蝎子"怎么一下子变得少了点"毒"?除了建文帝的软弱——窜逐齐、黄消除他造反口实以外,朱棣自身还有最为头疼的问题,起兵已经三年了,忙乎了这三年,但他现在还在北平周围"溜达",如此下去,不仅自己的帝王之路还远着,就眼前的架势也足够使他头疼:尽管夹河、藁城两战都是建文朝廷军队战败,但盛庸还盘踞在德州;吴杰、平安还守着真定。这两个原本就是建文朝廷北伐前沿重地,现在就像两把锋利的刀剑悬在北平周围的上空,朱棣要有什么大的行动,这两把刀剑就直刺他的心头。而要想除去这两把锋利刀剑还真不容易,因为真定与德州都是建文朝廷经营多年的军事重地,以朱棣的军事实力去攻打,绝不是上策,而且攻城战也非燕军所长;再把朝廷北伐军引出来?谈何容易!这些北伐军将领哪个没被这只"蝎子"咬过。所以此时朱棣感到耗下去绝不是个办法,自己已经是四十多岁的人,何时是尽头啊?现在这个年轻皇帝罢了齐、黄,无论这事是真是假,朱棣就来个"将计就计"。要是这个软弱皇帝真的先息兵,将吴杰、平安、盛庸撤了,那他燕王就立即发兵南下,到那时,你建文皇帝想再集合将士抵抗,可就难矣;要是侄儿皇帝还是这样坚持下去,他朱棣便上书言事,"拨乱反正","以正视听",也能将建文朝廷置身于被动的境地,或至少说在心理上和舆论上打击了他们。

● 建文帝的第三次息兵议和

朱棣的老谋深算还真没白算,朱允炆接到造反"好叔叔"的上书后,马上慌了手脚，居然不知所措，于是就将朱棣的"墨宝"交予他的高级智囊方孝孺和侍中黄观，希望他俩帮着出出主意。

要说这个方孝孺从万里之外的四川来到南京明皇宫后，主要担任建文帝的高级秘书，实与齐泰、黄子澄一样是建文帝的高级政治顾问或言谋臣。从当时的"分工"来看，齐、黄主要从事削藩事宜，而方孝孺则致力于"建文新政"的设计与推行，但这样的分工也不是绝对的，建文帝的削藩与北伐的讨逆诏书和檄文大多出自方孝孺之手，因此说，无论是齐、黄还是方孝孺，他们实际上都是建文帝的"铁杆"谋臣与政治支持者。但自建文帝第二次罢免齐、黄官职以后，朝中最令建文帝信任和重用的也就是方孝孺了，于是这个"天下读书种子"从若隐若现的政治帷幕下一下子"走到"了最为扎眼的政治舞台中心，充当起建文后期的政治高参与军师的作用。(《明史·方孝孺传》卷141；【明】黄佐：《革除遗事》卷1)

可建文帝的这个谋臣方孝孺与朱棣身边的谋臣道衍(姚广孝)还真不是一类人，方孝孺虽然博学方正，但他的前半生基本上是在书堆里度过的。因此，他对于社会的复杂与政治的凶险还真是了解不多，你要他讲讲"文治"和解决民生问题，或许他是个专家，但对政治兽场上的角斗方大学士却是个十足的外行。建文皇帝是个政治外行，碰上的这个高参也是个外行，于是一个个看似绝妙的治国平乱策略就逐渐地诞生了。

方孝孺看了朱棣的上书后，觉得建文帝把形势看得太悲观了，尽管最近朝廷北伐军打了两次败仗，但朱棣在上书中也流露出了自己想缓和双方关系的意向，这说明他的实力与能量也就如此而已，倒不如现在先答应了他的要求，派个使者北上燕地与他和谈，而朝廷方面则充分利用和谈的机会，迅速地调兵遣将，集中力量，出其不意地将燕军一举歼灭。方孝孺的原话是这么说的："燕兵久顿大名，天暑雨，当不战自疲。急令辽东诸将入山海关攻永平，真定诸将渡卢沟捣北平，彼必归救。我以大兵蹑其后，可成擒也。今其奏事适至，宜且与报书，往返逾月，使其将士心懈。我谋定势合，进而蹴之，不难矣。"(《明史·方孝孺传》卷141)

听完方孝孺"绝妙"高招后，建文帝当时一下子就转悲为喜，马上命令方孝孺代拟了一份诏书，派大理寺少卿薛嵓驰报燕王朱棣。诏书的主要内容是：赦免燕王父子及诸将士的罪行，要朱棣罢兵归藩，仍复其燕王爵号，勿予兵政，永为藩辅。(《明史·方孝孺传》卷141；【清】谷应泰：《明史纪事本末·燕王起兵》卷16；参见《奉天靖难记》卷3；《明太宗实录》卷8)

朝廷使者大理寺少卿薛嵓临走前，方孝孺自作主张拟就了一封告谕燕军将士书，将它印在一张张小黄纸上，类似于小传单，其目的无非是想通过这种传单宣传，瓦解燕军。方孝孺嘱咐薛嵓：带上这些小传单，等到了燕军的军营后秘密散发。可薛嵓不是呆子，心想：方先生你真想得出，叫我去和谈，又让我偷偷散发瓦解燕军的传单，你把人家燕王朱棣当猴耍，那个燕王脾气可不好了，一旦他知道是我干的这事，还非得把我的皮给剥了不可。但当着方孝孺——当今皇上的重臣之面，薛嵓又不能拒绝，只好满脸堆笑，发誓一定会尽心完成朝廷的重托，不辱使命。

其实薛嵓这个人很鬼，哪像方孝孺那样"死心眼"的书呆子。他一走出南京城就盘算着怎么处理这些可能会给自己带来杀身之祸的传单，想着想着，一个主意来了，把这些传单藏起来，至于国家的命运不关我的事。遇到这样的"国家栋梁"之才也不是只有建文一朝，而且很有意思的是，这样的人在政治上还蛮吃香的，后来朱棣夺位成功，薛嵓摇身一变，与新中央朝廷保持一致，成了永乐朝的可用之臣，倒是方孝孺一类的"死心眼"才遭受了"灭十族"的厄运，这就是传统中国社会的最大政治。(《奉天靖难记》卷3；《明太宗实录》卷8)

薛嵓在处理完传单后，心安理得地来到了燕军军营。见到朱棣后，他怯生生地呈上了建文帝的诏书。朱棣接过来一看，发现诏书"辞语肆慢"，顿时就冷冷地跟薛嵓说：自古以来，帝王之道，应有弘度，发号施令，要对天下人讲信用啊，怎么能以要挟和欺诈的方式来待人？这岂不是将祖宗开创的基业视为儿戏？薛嵓本身就是个"软蛋"，一听到朱棣在发火，他就赶紧拼命地磕头谢罪。朱棣见到薛嵓惶惶不安的样子，就更加来劲了，大声喝问："你临来时皇上还跟你说了什么话？"薛嵓抖抖嗦嗦地回答道："皇上讲过，殿下早上罢兵，拜谒孝陵，朝廷晚上就撤兵。"朱棣听后冷笑道："这话去骗三尺孩童吧！"随即就指着侍卫将士说："这儿有大丈夫啊！"诸将大声喧闹着，争相要杀了薛嵓。薛嵓惶恐到了极点，说不出一句话来。薛嵓不说，朱棣说了："朝中奸臣不过数人，薛嵓是天子钦命的使臣，大家不要瞎说！"此时，薛嵓全身衣服都被冷汗湿透，他的灵魂也快要出窍了。(【明】黄佐：《革除遗事》卷6；【明】姜清：《姜氏外史》卷4)

不过朱棣对待薛嵓这个建文朝廷使者的接待还很"周到"，办完正事后，朱棣邀请薛嵓参观游览一下"北国风光"。"(燕)军连营百余里，戈甲旗鼓相接，而驰射其中"。一眼望去，整个燕军一副跃跃欲试、气吞山河之势。薛嵓看了心里直抖，只想早点回去。可朱棣就是"热心"，留他住了好几天。直到临走时，朱棣还送了薛嵓一阵，并跟他说："你回南京后，代老臣谢谢天子，天子与老臣是至亲，老臣的父亲是天子的大父(古代人称爷爷为大父)；天子之父是老臣的哥哥。老臣为藩王，富贵已极，还有什么其他的欲望呢！天子平素厚爱老臣，只是一时为奸臣之逸言所蒙蔽，以至于到了今天的这个地步。说实在的，老臣也是不得已，是为救亡才起兵的啊！

现在可好了，承蒙天子下诏罢兵，老臣一家人不胜感激啊！但奸臣还在，朝廷北伐大军尚未南撤，老臣的将士们难免心存狐疑，所以大家也就不肯马上散去。还望皇上诛杀权奸，遣散天下之兵。老臣父子不带任何兵丁护卫就上南京，拜见天子陛下，唯天子之命是从。"（《奉天靖难记》卷3；《明太宗实录》卷8；【清】谷应泰：《明史纪事本末·燕王起兵》卷16）

薛嵓一回到南京，方孝孺就私下先去问他有关使燕的事情。薛嵓就一五一十地将听到和看到的都说给方孝孺听，并加上了自己的观点："燕王说话心直口快，意切情真，燕军将士团结一心，有雄踞天下之势；再说我军人数虽多，但懒惰成性，少智寡谋，以我之见，很难取胜啊！"方孝孺听完以后，没吭气，不一会儿就走了。薛嵓见到建文帝以后，又重复了自己跟方孝孺说过的话。建文帝随后便跟方孝孺讲："果真像薛嵓所说的那样，那我们朝廷就理亏了，齐、黄误了我的大业！"嗨，这个书生皇帝还真中计了！幸亏方孝孺还算老练，他十分恼火，指责薛嵓是在为燕军游说。（《奉天靖难记》卷3；《明太宗实录》卷8；【明】黄佐：《革除遗事》卷6；【明】姜清：《姜氏外史》卷4；【清】谷应泰：《明史纪事本末·燕王起兵》卷16）

● 历史上最牛的造反者朱棣责问皇帝：你们怎么烧我的粮道？

由于方孝孺的阻拦，懦弱的书生皇帝朱允炆才没有铸成大错。其实就方孝孺的"视线"而言，他是看准了的。以当时朝廷的实力根本还没有到要低三下四地向朱棣求和的地步，盛庸、平安等人率领的北伐军虽然都吃了败仗，但他们还在北伐前线死死地盯着燕军，并不时地出来搞点破坏，弄得朱棣极为头疼，也十分光火。

建文三年五月，朝廷北伐偏师将领吴杰、平安发兵，切断了从北平往大名（燕军主力当时的驻扎地）的运粮饷道，并斩杀了燕军百余名兵士。朱棣闻讯后十分恼怒，马上给建文帝上书，并派了指挥武胜直接上南京呈递。朱棣上书的大概意思是：朝廷已经许诺罢兵，但你们的将领却袭击了我们，断了我燕军之粮道，这与皇上您的诏旨精神背道而驰。他责问建文帝为何出尔反尔，言而无信？将战争的责任推给了朝廷，并再次与建文帝讨价还价地谈起了息兵的事情："德州、真定之兵朝散，我夕即敛师归国。"（《奉天靖难记》卷3；《明太宗实录》卷8）

牛！一个乱臣贼子居然以这样的口气责问皇帝，朱棣可以称得上是史上最牛的造反者了。朱棣越猖狂，他的侄儿皇帝却似乎越懦弱。建文帝接到责问上书后，就有罢兵之意了。随后，他将朱棣的上书交给了方孝孺，并这样说道："这人是朕父孝康皇帝的弟弟，朕之叔叔也。吾他日不见宗庙神灵乎！"君位快要不保了，这个书生皇帝还老惦记着自己如何向列祖列宗交代呢。这时方孝孺还是比建文帝要"讲政治"、"讲原则",他说:"陛下果欲罢兵耶!即兵一罢散,不可复聚,彼长驱犯阙,何以御之?今军声大振,计捷书当不远,愿陛下毋惑甘言。"面对这样一个还是停留在幼稚小孩心理阶段的建文帝,方孝孺只好耐心地分析息兵的危害,并带着哄的口吻开导他,你千万不能解散北伐军队啊,他们的捷报应该已经在路上了。嗨!方孝孺这一哄还真管用,建文帝又拿定了主意,下令将燕王使者武胜逮捕起来,送到锦衣卫大牢里去。(《奉天靖难记》卷3;《明太宗实录》卷8)

朱棣听到消息后,暴跳如雷,他向燕军将领怒叫道:"我们停战了3个月,今天武胜被逮捕下狱,看来当今朝廷是无可救药了。他们劫我粮道,我们也可以其人之道还治其人之身啊!现在朝廷军队驻扎在德州,军饷供给都要从南方运来,途经徐州、沛县一带,我们派支数千人的轻骑也来个中途截取,并焚烧他们的粮饷,德州一定会告急。倘若他们再来求战,吾军严阵以待,以逸待劳,一举便可将他们歼灭了。"诸将听后都说燕王的主意好,乐意听命。

朱棣随即命令都指挥使李远等人率领6 000轻骑,去偷袭朝廷军队的粮道,他让燕军将士们穿上朝廷将士的甲胄,伪装成官军一般模样,但又怕到时相互认不出来,于是就在每人背上插根柳枝以作标记。

再说李远带领的这帮人马偷偷溜到了山东济宁、谷亭一带后,很快就找到官军的储粮地,乘人不备一把火就把它烧了个精光。邱福则率领另外一支燕军攻打济州,并很快占领了该城,接着他们又偷偷地行军到了沙河、沛县。而此时朝廷军队却浑然不知,数万艘粮船、数百万石军粮全部被燕军烧毁,军资器械也都化为灰烬,就连当地的河水也被一下子烧热,官军漕运军士四处逃散。

消息传到南京,京师大震,北伐主力军所在地德州军饷就此开始告急了。燕军将领李远偷袭成功后率兵北还,此时盛庸才反应过来,赶紧派出将领袁宇率领30 000人前去拦截李远,谁知又中了李远设下的埋伏,10 000多名朝廷军队将士丢了性命。(《奉天靖难记》卷3;《明太宗实录》卷8;【清】谷应泰:《明史纪事本末·燕王起兵》卷16)

● 流产的"反间计"

从建文三年正月起,朝廷北伐连连败绩,丧师失地,尤其是五月以后,德州粮道被截,河北的朝廷北伐军偏师又劳师无功。接二连三的坏消息传到南京,建文帝心急如焚,手足无措。还是辅臣方孝孺有办法,他规劝建文帝不要太着急,更不要太悲观。说着说着,方孝孺就想起了一个进攻燕王的特殊策略——反间计。

要说这个反间计的知识产权还不是方孝孺的,它是由方孝孺的门人林嘉猷最先想到的。

这个林嘉猷过去曾经在燕王府邸做过事,对燕王府里的情况比较熟悉。朱棣有3个儿子,他们分成两派,老大朱高炽人很胖,腿脚不是太利索,似乎也没什么很突出的才能,但为人还算正派,加上他是燕王的长子,所以很早就被立为了世子;老二朱高煦是个恶棍和无赖,但武艺高强,这些恐怕都遗传了他的老爸朱棣的特征;老三朱高燧似乎也没有什么特别的地方,从史料记载来看,朱高燧武艺不如老二朱高煦,人品不如老大朱高炽。老二朱高煦老瞧不起老大朱高炽,觉得继承王位的不应该是老大,而是他自己。老三似乎跟老二合得来。就这样,正在忙于自己帝王大业的朱棣自己家里的儿子们也正在暗地里忙乎着相互之间的钩心斗角。朱棣外出征战,老二朱高煦随父同行,老大朱高炽和老三朱高燧则留在北平守城。当时燕王府里有个宦官叫黄俨,为人十分阴险,与老三朱高燧臭味相投,但一些比较正直的将领则倾向于世子朱高炽,所以说燕王府其实是个不平静的是非窝、狼窝。

正因为如此,方孝孺就向建文帝建议:"军事战略上的可贵之处就在于巧施离间计,燕王府父子兄弟之间有矛盾,我们要充分利用好离间计使得他们之间相互猜疑。现在世子留在北平,要是他被猜疑了,朱棣必定不会安心于前线攻打我们朝廷的军队和城池,将会马上赶回北平去。要真是这样的话,那么我们的北伐军的粮道不就很快畅通了。"建文帝听了方孝孺的分析后,觉得很有道理,就让他拟就了一封书信。信中让燕王世子朱高炽背父向着朝廷,朝廷则许诺封他为燕王。(参见《奉天靖难记》卷3;《明太宗实录》卷8)

信写好以后,建文君臣命令锦衣卫千户张安带了它直接上北平去找燕王世子。世子接到了朝廷的书信后并没有拆封,派人将信与朝廷使者张安一同送往父王朱棣的军营中。就在这个节骨眼上,有两双贼眼一直在暗中盯着世子,那就是燕王府的宦官黄俨和老三朱高燧。朝廷使者一到,他们就马上派人外出向朱棣报告说:"世子与建文朝廷暗中勾结,将要谋反背叛您。"朱棣听后十分惊讶,将信将疑,就问身边的二儿子朱高煦。朱高煦不假思索地脱口而出:"高燧所报不会有错。老爸你有所不知,世子本来就与皇太孙朱允炆关系不错!"朱高煦话音刚落,世子派遣的使者来到了军营,他把朝廷的书信和送信者张安一同交给了朱棣。朱棣看到未曾开封的信件,马上惊呼起来:"嗨,差一点误杀了我的世子!"随后下令将张安囚禁起来。(【清】谷应泰:《明史纪事本末·燕王起兵》卷16;《明史·方孝孺传》卷141;《明史·仁宗本纪》卷8)

至此，方孝孺等人精心设计的离间计就这样阴差阳错地流产了。

从建文元年七月朱棣正式开始"靖难"造反到建文三年十二月，历时近三年，尽管燕军不断地攻城拔寨，取得了不少战役的胜利，但是朱棣却一直以一个"搅乱者"的角色出现在北方大地上。燕军攻克的地方往往"旋得旋失"；而建文朝廷军队虽然常常吃败仗，但北伐的前线堡垒真定和德州却始终掌握在朝廷的手中，北伐大军固守堡垒，坚壁清野，成功地遏制了朱棣燕军势力的扩张，所以说朱棣忙乎了近三年，整体收效并不大，"靖难兵起三年，屡战多胜，冲突千里，罕能御之。然所过城邑，往往坚守不下，间克之，兵去，即杀守帅，复为朝廷。及壬午（建文四年），所据者北平、永平、保定三郡而已"（【明】姜清：《姜氏秘史》卷4；【明】郑晓：《今言》卷1）。

朱棣"靖难"战略的改变与建文朝廷的迟缓应对

战场形势的胶着对朱棣是极为不利的。建文帝以天子之尊、天下之力对抗流窜一隅的逆贼，时日延宕，必胜无疑，这对于野心勃勃的朱棣来说，无疑是一个梦魇。朱棣必须求变，求变就是求生存。这时，乱臣贼子身上潜在的赌徒脾性爆发了。

● "靖难"战争的分水岭——建文三年（1401）十二月

早在建文三年七月，朱棣曾率兵进攻河南彰德，彰德的朝廷守将赵清率领官兵坚决予以抵抗，并对朱棣说："殿下至京城日，但以二指许帖召臣，臣不敢不至，今未敢也。"（【清】谷应泰：《明史纪事本末·燕王起兵》卷16）朱棣是极其聪明之人，赵清的话使他顿悟到自己的战略路线可能出了问题了，兵锋所至并不是一城一地的争夺，这样的争夺费时费力，因"旋得旋失"也毫无意义。必须攻占京师南京，这样才能号令天下。

也是朱棣"福星高照"，就在他试图纠错求变时，一些"不速之客"从京师南京逃出后投奔他来。这些"贵客"是谁？南京建文宫廷里的宦官，他们给朱棣带来极大的"诱惑"。有读者可能要问了，建文帝身边的宦官怎么会跑到朱棣那里去？

原来朱元璋在立国之初就对宦官制定了严格的管理制度，建文帝继位以后充分理解皇祖此等做法的一番苦心和深刻用意，继续认真执行皇爷爷制定的这一国策。好多宦官因为过失或处事不当都曾受到了建文帝的严厉处罚，由此他们心怀怨恨。靖难战争爆发后，朱棣燕军经常取胜，即使战败时也有宦官狗儿之类的拼死相救，燕王亲善宦官的传言越来越多，从北方一直传到了大明帝国的都城南京，明皇宫里的宦官本来就对朱允炆的严厉管制与处罚十分不满，现在又听到北方有个他们的庇护神，于是就一下子来劲了，他们密谋拥戴燕王。这些宦官乘着靖难战争混乱之际，纷纷逃往北方，投奔燕王，同时也带去了好多建文朝廷的内部消息和机密，他们还告诉朱棣：如今朝廷重兵在外，京师南京十分空虚，"宜乘间疾进"（【清】谷应泰：《明史纪事本末·燕王起兵》卷16）。"内官密言于文庙，直捣京师，约为内应，天下可定，文庙（指朱棣，笔者注）然之。壬午春，举兵直赴京师，不复为归计，意有所属，而朝廷不知之也"（【明】姜清：《姜氏外史》卷4）。宦官的如等贡献使得朱棣日后更加喜欢这些不男不女之人，也纵使这些奴才越发猖狂，"永乐末征胡，出塞数十日不遇虏，军士困迫，大臣谏者辄锁之。太监沐敬力争，文庙骂曰：'反蛮敢尔！'敬乃仰首徐应曰：'不知谁是反蛮？'文庙大怒，命曳出斩之。敬语渐不逊，文庙舍之，乃曰：'吾家养人皆如此，何忧不治。'敬亦与谋者也"（【明】姜清：《姜氏外史》卷4）。

当然这些都是后话了。再说此时，燕王谋臣道衍和尚在综合了各方面的情况后也敦促朱棣"毋下城邑，疾趋京师。京师单弱，势必举"。道衍告诫燕王朱棣不必为一城一池一地的得失而去争个高低，应当迅速南下。京师南京军事势力单薄，正是进攻的好时候，千万不能坐失良机。《明史·姚广孝传》卷145）

宦官的"诱惑"加上军师道衍的敦促，更使朱棣想起彰德守将赵清的"提醒"，最终坚定了他的迅速南下决心："频年用兵，何时已乎？要当临江一决，不复返顾矣！"（《明史·成祖本纪一》卷5）

靖难战争打到了第三年的年底，朱棣为首的起兵造反军事集团终于完全意识到：在普通臣民心中，京师就是国家最高统治者皇帝的所在地，甚至有时还是皇权的代名词，因此，京师是国家之根本重地和中心，在老皇帝的皇位继承人中谁要占领了京师，谁就控制了国家的根本，就能号令天下。对此，明代人高岱就曾这样说过："四方人心多所观望，惟视金陵成败为向背耳。若复攻城略地，广土众民，必待四方之服而后徐议根本之计，则稽延岁月，师老时变，非所谓批虚捣吭之兵也。盖其所急在京师，而不在四方。"（【明】高岱：《鸿猷录·长驱金陵》卷8）

正因为具有这样的认知，朱棣从建文三年年尾起就全面调整他的造反夺天下的进攻策略，不再为争夺几个地方而与朝廷军队打消耗战，拖延岁月，而是快速南下，直趋建文朝廷的心脏——南京。由此，建文三年十二月成为朱棣与建文帝的皇位争夺战争的分水岭。

● 建文朝廷对朱棣南下路线的判断失误让大舅子空等妹夫一场

朱棣在对战争策略作了调整以后,又对燕军进行了一番整顿和战争宣传,其实他也没有什么新鲜货可以"兜售"的,无非是"清君侧,诛奸臣"一类的陈词滥调。但就是有人信啊,因为在战争动员中朱棣将自己不可告人的帝王梦给掩盖起来,把"靖难战争"美化为"诛奸恶,扶社稷,安生民"的国家最大政治。而我们中国人向来就讲政治,尤其在这种"大是大非"问题上常常表现出极大的热情,随即就散发出巨大的能量。

而朱棣正因为充分地利用了这一点,加上他对战争战略的总体调整,所以从建文三年十二月初新一轮出征开始,燕军就呈现出"摧枯拉朽"之势。他们出了北平城后,迅速进军蠡县,不久又移营议河,朱棣命令部将李远的轻骑为前哨,带领燕军浩浩荡荡地杀奔南方。(《奉天靖难记》卷3;《明太宗实录》卷8;【清】谷应泰:《明史纪事本末·燕王起兵》卷16)

朱棣燕军出北平城没多久,南京明皇宫里的建文帝就接到了来自北方的军事急报,他马上召集近臣商量应对措施。大家认为,从北平到南京最近的路程应该是取道山东的德州和济南一线,朱棣此次出兵南下,很可能跟以前一样,还是走这条路线。为防止朱棣故伎重演,文臣们向建文帝建议,速派大军前去增援。建文帝接受了近臣们的建议,新年(建文四年)元旦刚过就"命魏国公徐辉祖率京军往援山东",力图钳制朱棣燕军南下。

可令建文君臣万万没有想到的是,此次朱棣南下吸取了以前的经验教训,不打德州、济南一线走了,而是取道于山东与河南交界的官军非重点防御地带。这一进攻策略的智慧性变化迅速给朱棣燕军带来了新年的"开门红"。建文四年正月初一,燕军前哨李远率领800人在藁城附近的滹沱河畔巧妙地打败了北伐大将军盛庸派遣前来阻截的官军10 000余人,为燕军赢得了新年的岁首大捷;正月初五,朱棣手下的猛将朱能在衡水打败了朝廷北伐偏师将领平安派出的拦截队伍,斩敌700余级,获马500余匹。连官军将领贾荣也被燕军俘获了。(《明太宗实录》卷8;【清】谷应泰:《明史纪事本末·燕王起兵》卷16)

朱棣乘着这个机会带了燕军主力迅速南下,正月十二日他们从馆陶渡过漳水,不久就来到山东境内。在东昌和德州西边,燕军接连攻破了东阿、东平、汶上等州县,很快就抵达了江苏沛县并迅速地将其拿下,直薄军事重镇徐州。这下可让建文朝廷派出的朱棣大舅子徐辉祖率领的援军在山东德州空等了一场。(《奉天靖难

记》卷 4;《明太宗实录》卷 9)

● 朱棣要的就是这种效果——徐州朝廷官军"放过"燕军

建文四年(1402)二月二十一日,燕军流窜到了徐州东北。徐州的朝廷守军早已耳闻燕军的狡诈与凶悍,他们固守城池,不予理睬燕军。这其实倒是一个高招,弄得燕军将士十分着急,进攻吧? 徐州是座军事重镇,打下它,谈何容易;放弃了绕道而行? 就怕徐州城里的朝廷方面军队出来追赶。正当将士们感到十分为难时,朱棣想到了一计,随即便如此这般地向将领们作了一番交代。

燕军马上在九里山设下伏兵,又在演武亭隐匿了 100 多名骑兵,在做好一切准备以后,朱棣叫上几个骑兵到徐州城下去诱敌。这几个燕军骑兵在徐州城下卸下了马鞍,装作十分悠闲的样子,徐州城里的将士见了,不理睬。燕军骑兵开始变换花样,谩骂挑衅。起初,徐州城里的将士还能忍受,但一连几天,燕军骑兵越骂越难听,到了后来居然将徐州城附近的居民房子也给烧了,徐州朝廷守军实在控制不住心中的怒火了,将领终于也同意守城将士出去教训教训这些混蛋燕军。当将士们出城后,那几个燕军骑兵却不慌不忙地在前面走着。官军将士怒火中烧,拼命追赶上去,过了河逐渐地进入了朱棣事先设下的埋伏圈,只听得一声炮响,燕军伏兵四处,官军赶紧后撤,但由于后撤路上的木桥年久失修,大多数官军将士不是被挤到河里去淹死就是被人踩死,跑得快的总算活着逃回到徐州城里去。

受到燕军的这般"玩弄",徐州朝廷官军再也不敢去理睬燕军了。燕军由此大摇大摆从容不迫地路过徐州,继续向南推进。(《奉天靖难记》卷 4;《明太宗实录》卷 9;【清】谷应泰:《明史纪事本末·燕王起兵》卷 16)

● "靖难军"南下"流窜作案",建文朝军队围追堵截

建文四年三月燕军南下到达宿州(今安徽宿县)一带,不久又流窜到安徽蒙城;三月初九,来到了涡河。

燕军主力南下走了整整三个月以后,建文君臣才反应过来:原来朱棣这次出兵的方略跟过去大不一样了! 于是朝廷决定,将原先控制军事战略要地实行坚壁清野的策略给调整过来,采取有针对性的运动战术,在运动战中歼灭燕军。坦率地说,尽管建文朝廷的这一军事策略的调整比朱棣他们整整晚了 3 个月,但这对于身为天下之主的建文帝来说,其负面影响应该还不是太大,因为朱棣南下仅仅是孤军

深入,只要朝廷集中全国的力量,派出合适的军事将领,围歼燕军应该来说是不成问题的;但糟糕的是建文朝的军事人才本来就短缺,真定大战、北平围城之战、郑村坝之战、夹河之战,等等,不仅使得朝廷军事力量遭受了巨大的损失,而且还失去了像瞿能父子一类杰出的军事将领,加上建文君臣都是军事外行的书生,不善于及时挖掘和发现军事人才,这样就造成了建文朝的军事帅才极度匮乏。但朱棣主力的一路南下已经过了徐州等地,距离南京越来越近。救兵如救火,建文朝廷急忙将原先北伐前线的军事猛将与高层将领迅速地调往南方来,对付"流窜作案"的燕军。(《奉天靖难记》卷4;《明太宗实录》卷9)

○ 淝河之战——安徽涡阳

最先南下的朝廷猛将是英勇善战的平安将军。平心而论,平安与朱棣的军事才能不相上下,用平安来对付朱棣应该说是用对了人,所以这本身是件好事,但这好事的背后还存在着两个问题:第一,平安原先镇守真定,起到钳制、威胁朱棣老巢北平的作用,现在平安南下了,北平的威胁得到了纾解,这对于建文朝廷来说绝非是件好事;第二,平安急速南下,一路风尘仆仆地追赶燕军主力,这在军事上可犯了大忌,尤其是对手像朱棣这样的军事赌徒,他很善于用以逸待劳的方式来击溃平安的追兵。

建文四年三月,当朱棣主力进兵到涡河一带时,平安率领40 000多名追兵也由北尾随而至。朱棣马上在涡河边上的淝河布下了埋伏,并派手下将领王真率领少数将士前去"迎接"和引诱平安。平安军千里迢迢南下不就是为了追击和歼灭燕军么,所以当平安遇到王真的小股部队时就马上上去与他们交手,王真假装撤退,平安军追击,王真小股部队损伤很大,连将领王真都死在了战阵之中。令人唏嘘不已的是,平安军将士在不知不觉中进入了燕军主力的埋伏地,由此对垒两军在淝河边上展开了一场激烈的大战。

平安军将士尽管一路疲惫,但他们还是拼命杀敌,平安手下的神将火耳灰曾是蒙古骑兵的指挥,骁勇善战,在燕军阵营中驰骋往来,杀敌无数,甚至有一次将矛刺到距离朱棣只有十步左右的地方,但因周围的燕军将士实在太多了,火耳灰的坐骑遭射杀,其本人命悬一线,就因为朱棣欣赏他的才能,命令将士们手下留情,火耳灰这才被活捉。但数千名平安追兵全部阵亡。朱棣取得了淝河之战的胜利,不过他也付出了很大的代价,连自己心爱大将王真都死在战阵中。(《奉天靖难记》卷4;《明太宗实录》卷9;【清】谷应泰:《明史纪事本末·燕王起兵》卷16)

○ 大店之战——安徽宿县

朱棣在淝河之战后，迅速进兵萧县。萧县知县郑恕十分忠诚于建文皇帝，他不愿投降燕军，最终不屈而死。郑恕的二女儿已到了出嫁的年龄，但她也因不愿降燕，最后自杀而亡。(《明史·郑恕传》卷142)

燕军攻占萧县以后，继续进兵临淮(今安徽凤阳东北)，这是一个水陆交通要道，朱棣极想控制它，这样就便于燕军南下。但他没有马上采取军事行动，因为还有一个战场上的夙敌——平安就在附近，令他寝食不安。

淝河之战失败后，平安率领他的将士退到了宿州。宿州本来就是个军事要地，朝廷在此投入了重兵把守，朱棣先前经过时是绕过宿州而南下的，但现在在老对手去了宿州，他就不能不有所顾忌："我师利在速战。敌驻宿州，为持久计，若断其粮饷，彼不攻自溃矣。"于是朱棣下令让都指挥谭清率轻骑前往徐州一带，袭击并击溃在那里转运粮饷的朝廷军队，接着又上五河，焚烧了无数的朝廷军队运粮车船。谭清搞完了破坏，正在返回时，在大店(今安徽宿县东约50里处)遭遇了官军，双方就此展开了激战。谭清率领的是小规模的破坏骚扰部队，遇上了大队官军人马，当然要吃败仗啰。正当他们退却时，燕军久违了的"劲敌"铁铉也围了上来，于是朝廷军队将谭清小股部队给团团围住，来了个关门打狗。

就在这时，巧合的事情又接连发生了，朱棣他们在远处望见了这一幕，赶紧前来大店救援，本来朝廷军队可以稳操胜券的大店之战顿时又改变了局面，双方互有胜负。最终朝廷军队在平安等人率领下向南撤离，朱棣派出小股骑兵尾随骚扰。(《奉天靖难记》卷4；《明太宗实录》卷9；[清]谷应泰：《明史纪事本末·燕王起兵》卷16)

○ 小河之战——江苏睢宁

平安军队一路南撤到小河(今江苏睢宁一带)时，朱棣率领的燕军也跟了上来。建文四年四月十四日，双方在小河摆出一副决战的架势。这时朝廷军队总兵何福来到了小河，与平安合兵一处，张开左、右翼迎击燕军。这场战斗打得十分激烈，朝廷军队表现得还是很不错的，何福将朱棣的守桥军击溃了，俘获了燕军将士数百人，并将燕军都督陈文斩于战阵之中；平安更不含糊，率领将士们奋勇斩杀燕军无数，一度还将朱棣团团包围。当时朱棣的坐骑被射杀了，罪孽深重的狗命也快要完了，幸有燕军中骁勇善战的蒙古骑兵突然闯入，总算救了朱棣的一条狗命。后来又由于燕军另一支由张武率领的生力军的杀入，小河之战才打了一个大致的平手，整个战斗死伤兵士不计其数，"尸积而(小)河水为之不流"(《奉天靖难记》卷4；《明太宗实录》卷9;【清】谷应泰:《明史纪事本末·燕王起兵》卷16)。

● 决定"靖难战争"最终命运的齐眉山之战和灵璧之战

　　小河之战一连打了好几天,都没有分出胜负来,这时位于小河北岸的燕军将士的士气开始低落。朱棣知道,如果拖延下去,这对于他这支孤军南下的燕军来说是百害而无一利,必须想办法摆脱目前这种内忧外患的窘困局面。经过反复考虑,他决定还是使用过去那套惯用的鬼把戏,留着小股燕军守桥,利用黑夜没有光亮的有利条件,自己亲率燕军主力偷偷地渡河,来到小河的南岸,并绕到何福、平安军队的背后,突然间对其发起了袭击。但何福、平安是能征善战的大将之才,朱棣的诡计没有起到多大的效果,一开始何福、平安军队有些被动,但很快他们就投入了战斗。这时,建文朝廷派出的由徐辉祖率领的援军刚巧也赶到,两面夹击,朱棣燕军顿时大败。为了避免遭受朝廷军队的围歼,朱棣带了那帮落败的燕军连滚带爬地逃亡到了安徽灵璧县西南的齐眉山。何福、平安和徐辉祖等人率领朝廷军队也迅速地"跟"上去。

　　建文四年四月二十二日,双方会战于齐眉山,从中午一直打到傍晚还是没有分出个胜负来。但从总体而言,这场战斗对于建文朝廷军队略微有利。当时正值农历四月底,天气湿热,阴雨连绵,对南方人为主体的朝廷军队来说,倒是没有什么不适的;而对以北方人为主的燕军来说却极为不舒服,军中疾病流行,加上前面的泗河之战、大店之战和小河之战等都打得不爽,燕军将士十分厌战。齐眉山大战的第二天,燕军诸将纷纷要求撤军北还,或移军草肥粮多的小河以东地区就食,但都被朱棣当场予以拒绝,因为他知道,此时燕军一旦后撤,朝廷军队马上予以追击,其后果不堪设想,而自己的皇帝梦也就只能成为永远的梦了。但谁知诸将还是坚持他们的移军要求,只有朱能和郑亨两将支持朱棣的主张,朱棣被逼动怒了,声色俱厉地咆哮:"凡是想渡河的,那就听其自便吧!"这下诸将领才慌了手脚,从此就不敢再提渡河还军的主意了。(《奉天靖难记》卷4;《明太宗实录》卷9;【清】谷应泰:《明史纪事本末·燕王起兵》卷16)

○ 建文朝廷又在关键时刻出错——齐眉山前线调走徐辉祖

　　两军相持,最终谁能取胜就在于相持双方在接下了的时间里谁先不出错。在齐眉山大战的节骨眼上朱棣果断地否决了一个个错误的军事主张,稳定了阵脚;而出人意料之外的是,本来略占点上风的朝廷军队方面却在这个关键时刻出错了。

当然确切地说不是前线的军队,而是南京的建文朝廷出错。"时廷臣有曰:'燕且北矣,京师不可无良将。'帝因召(徐)辉祖还,何福军声遂孤"(【清】谷应泰:《明史纪事本末·燕王起兵》卷16)。

令人一头雾水的是,建文朝廷将正在前线与燕军进行鏖战的徐辉祖这支援军突然地调回了南京,理由有两个:

第一个说是"燕且北矣",换句话讲,建文廷臣听人说,朱棣燕军将要北撤。笔者很怀疑这是朱棣使的诡计,极有可能是他故意甩出烟幕弹,其目的是让敌对方麻痹大意;更让人觉得不可思议的是,建文书生君臣对别的军事信息与情报反应似乎还不是很灵敏,唯独在这个节骨眼上却异常地发挥了他们的灵敏感觉,这或许是朱棣的谍报战起了作用。让人大有恨铁不成钢感觉的是建文君臣居然相信了这种根本还没有影子的事情,朱棣压根儿就没走,已经斗智斗勇斗了四年的老对手,建文朝廷居然还是这般不了解他的狡诈本性,这实在是不应该。

第二个说法是"京师不可无良将",这是一句混账话。就齐眉山大战前的形势来说,朱棣军队像流窜犯一样到处作案,如果那时建文廷臣认为"京师不可无良将",从而加强京师实力,这倒还容易让人理解。现在按照传言的说法,朱棣燕军要回去了,不再在南方流窜作案,建文廷臣反而觉得京师有可能存在着不安全的隐患,这实在是让人觉得不可思议。所以从这个层面来讲,笔者更加倾向于这样的观点:建文君臣中了朱棣的"迷魂计"。

有学者认为,建文君臣调回徐辉祖,是害怕朱棣可能搞鬼,"交通"大舅子徐辉祖。一旦这样的局面出现,那么整个形势就不可收拾,这样的说法似乎也有几分道理。

当然我们现在无法去复原600年前的历史真实状况了,但有一点史实不容忽视,徐辉祖的调走对建文朝廷军队的前线战事是极端的不利。

原本在齐眉山大战时朝廷方面有何福、平安和徐辉祖等几支队伍合力打击燕军,虽然他们略占了上风,但由于燕军南下时几次流窜到朝廷的运粮通道上进行破坏,这样就造成了在安徽前线作战的朝廷主力军队粮饷不济的尴尬局面;与燕军擅长野外战、运动战相比,朝廷军队可能更擅长守城战与持久战,因此当时齐眉山前线的朝廷军事首领作出这样的决定:由擅长运动战的猛将平安率60 000人从外边去调粮过来,屯守齐眉山,打持久战,如此下来就会使得孤军深入的燕军不战自退。于是在齐眉山前线的朝廷军队就剩下何福与徐辉祖两支,而后来徐辉祖又接到了建文朝廷的命令,迅速撤军,赶回京师。至此齐眉山前线就只剩下何福的一支队伍了。屋漏偏逢连天雨,正在孤军作战的何福军队里突然又出现了严重的"粮荒",何福本想等到平安调粮回来,一切问题就可迎刃而解了。但他又怕眼前的"粮荒"会引起军队的恐慌,影响战斗士气,于是就下令向齐眉山附近的灵璧移军就食,以解决燃眉之急。(《奉天靖难记》卷4;《明太宗实录》卷9;【清】谷应泰:《明史纪事本末·燕王起兵》卷16)

○ 建文朝廷军队50 000石粮饷全"送给"了朱棣燕军

建文朝廷军队不善于野外战与运动战,作为军事总指挥的何福下令移军时考虑到了这一自身的弱点,为了防止燕军来偷袭,何福命令,军队每到一处,就让士兵们挖沟筑垒为营。这个办法固然能很好地防御敌人,但缺点也随之冒了出来。将士们每天走到一个地方就开始挖筑军事防御工事,营垒刚刚筑好,第二天开拔到新地方,又不得不开挖新的防御工事。这样一来,何福的部下与兵士通宵达旦不得休息,弄得大家高度紧张,疲惫不堪。

相比之下,燕军有着野外作战的丰富经验,他们移军行营,不挖营垒,只分布队伍列阵为门,将士回营就能休息。

不久以后,侦察哨兵探来情报:建文朝廷运粮队伍可能就要到了,领头的是朱棣燕军的"克敌"平安,运粮50 000石,护驾的马步兵有60 000人,兵士在外为方阵,运粮者居其中,这是由能征善战的平安将军亲自部署的。对此,朱棣费了一番心思后作出如下进攻安排:派遣朱荣、刘江率轻骑截取对方官军的饷道,让10 000多名壮士去阻击官军的援兵,无赖朱高煦带10 000多人马埋伏在附近的密林子里,专门等候两军疲战时再出来参战,而朱棣自己则率领两翼骑兵径直对平安的运粮队伍发起攻击。

机关算尽,岂料老对手平安早已有所防备,朱棣燕军还没有发起攻击,平安一看见燕军就马上发出进攻的命令,顿时杀声震天,矢下如雨,可就是没伤了朱棣。不过他还是感到今天棋逢对手,有些吃不住,强压住阵脚组织反击,由步兵纵向攻击平安部队,将其一分为二,这下平安军开始有些混乱了。就在这千钧一发时刻,何福率领部下从灵璧方向杀了过来,与平安军合在一起,夹击朱棣。燕军尽管像疯狗一样上蹿下跳,但无法摆脱即将惨败的命运。而这时何福、平安率领的朝廷军将士也已经十分疲惫了,就在他们不经意期间,恶赖朱高煦冷不丁地从附近的密林中杀出,何福、平安军立即大败,被杀者万余人,被夺军马3 000余匹,50 000石粮饷全"送给"了燕军。面对此等格局,何福、平安无计可施,只好率领残余部队逃入灵璧城内,闭门坚守不出。(《奉天靖难记》卷4;《明太宗实录》卷9;【清】谷应泰:《明史纪事本末·燕王起兵》卷16)

○ 灵璧城外该死的三声炮响

何福当初决定移军灵璧就是考虑到自身军队的特点与当时的实际,打算以灵璧为据点,深沟高垒,与燕军做长期对抗的准备,应该说何福与平安是属于同一个等量级的大将(平安的军界级别还不如何福,这是建文朝廷的用人之误)。

何福,凤阳人,与朱元璋是正宗的老乡,洪武初年就因屡立军功,官至金吾后卫指挥同知。他曾跟随傅友德远征云南,又跟随蓝玉北征"清沙漠",远达捕鱼儿海(今贝尔湖)。洪武晚期起何福结束了他的军事生涯中跟人跑龙套的生活,开始独当一面,曾率领大明军远征云贵等地,平定那里的少数民族上层贵族之乱,取得了许多的胜利。朱元璋驾崩时,他还在云贵平乱,被新即帝位的朱允炆拜为征虏将军。建文元年回到京师,论功晋升为都督同知。建文北伐开始后,何福被擢升为左都督,练兵于德州,与盛庸、平安等会兵一处,共同伐燕。建文四年朱棣不断南下,朝廷调何福阻击"流寇"燕军。(《明史·何福传》卷144)

从何福的简历中我们可以看出,何福是个有着较为丰富军事经验的将军,但建文帝重用他似乎晚了一点,换句话来讲,在瞬息万变的军事战争中,何福走上"伐燕"舞台中心时似乎已经没有多大回旋的余地了。从齐眉山移军到灵璧,随之发生了军粮被截,何福与平安只好退居灵璧城内坚守,可令人头疼的事情还是没有解决,本来就因为军中缺粮才让平安出去运粮的,可谁曾想到发生了军粮被劫这档子事情,不说普通将士,就连大将何福和平安也按捺不住了。针对眼下严峻的形势,何福召集诸将一起商议应对策略。经过反复讨论,最终大家认为,只有突围出去才是惟一的生路。于是何福下令:"明天早上,听到炮声三响就开始突围,前往淮河一带就食。"

世界上的事情有时还真那么巧,第二天早上即建文四年四月二十九日,何福他们还没有开始突围,燕军就像发了疯似地围攻灵璧城,朱棣亲自带领燕军诸将率先登城,"军士蚁附而上"。燕军登城就登城吧,不,人家朱棣是个几朝几代才有这么一个大人物,他要吓吓何福官兵的魂魄,震慑敌军,于是燕军连放三声大炮,作为总攻的命令。而何福的将士们还不知道怎么回事,只以为是他们自己人约好的突围信号,听到炮声以后,何福将士打开城门,众人蜂拥而至,但因城门狭窄,一下子就给堵塞了。这城门一堵,兵士就拥作一团,阵营大乱。已经出了城门的官军将士本以为突围出去就好了,还没有弄明白究竟是怎么一回事,就被围城的燕军将士给砍死了;反应快一点的将士一看出城后的情势不对,赶紧退回城里去,谈何容易,整个城门全塞死了,他们无处可逃,就被燕军杀死在城门外的堑壕里,成批的官军将士就这样糊里糊涂地成了燕军的刀下鬼,没多久城门外的堑壕被官军的尸体填满了,这下可为燕军的攻城创造了很好的条件。燕军四面围攻,何福官军一败涂地。"指挥宋垣力战死,何福遁走,副总兵陈晖、平安,参将都督马溥、徐真,都指挥使孙晟、王贵等皆被执。"据有关资料的统计,共有37名朝廷军队的主要将领被俘,投降的兵士更是不计其数,还有20 000匹战马也归给了燕军,这些都给燕军予以了极大的补充。灵璧之战是此次燕军南下所取得的最大胜利。(《奉天靖难记》卷4;《明太宗实录》卷9;【清】谷应泰:《明史纪事本末·燕王起兵》卷16)

○ 投降将军平安的归宿

灵璧之战,确实使燕军收获大大的,但最令他们激动不已的是平安的被俘。平安在建文朝廷北伐过程中出场并不算早,地位也不算太高,但他个人军事才能确实不同凡响。白沟河之战,平安崭露头角,朱棣差一点被平安刺死;朱棣兵围济南,平安谋夺燕军粮道;夹河血战,平安驰骋敌营,使燕军闻风丧胆,连朱棣的王旗也被射得破如猬毛;朱棣远征,平安窥视北平,使得朱高炽几次派人向父亲朱棣救援;淝河之战,平安又斩燕军猛将王真,其部下又差一点将朱棣刺着;小河之战,他又斩燕军将领陈文;齐眉山之战,平安与诸将列阵大战朱棣……总之,平安是一个令敌人燕军最为头疼的建文朝军队猛将,不幸的是这次灵璧之战他被俘了。

当然对于燕军来说,这是一件大快人心之事,将士们见到平安被俘,个个兴高采烈地说:"吾属自此获安矣。"就是讲我们从此以后就真的能获得平安了!甚至有很多燕军将士争相要杀了他。不过平安有一个特殊的身份,他是朱元璋的养子,按辈分与朱棣都是弟兄了,所以朱棣没有草率地处置,而是将他召来,颇为得意地质问:"淝河之战那阵,你的马也不停一停,现在凭什么来见我?"这明显是在刁蛮人家,不过平安也不赖,他毫不畏惧地回答说:"刺殿下如拉朽耳!"朱棣讨了个没趣,只好自找台阶下,装作十分感慨:"高皇帝好养壮士!"说完令"选锐卒卫送北平,命世子及郭资等善视之"。

平安后来在朱棣夺位成功以后,出任北平都指挥使。不久以后又升任后府都督佥事。但平安最终还是没得平安,永乐七年,朱棣巡视北平,将要到达时,从北平方向送来了奏折,朱棣拿了看一看,发现奏章上提到了平安,当了皇帝感觉好极了的魔鬼随口就说了一句:"平安还活着?"有人传话给平安,平安听懂了朱棣的话外之音,随即就自杀身亡。(【清】谷应泰:《明史纪事本末·燕王起兵》卷16;《明史·平安传》卷144)

这里有个问题值得人们深思,像平安这样优秀的忠勇军事人才为什么最终也投降了朱棣？从表面上看,朱棣爱惜人才,最后又"杀"了人才,与他"老爸"朱元璋一个德性,这是后话了。朱棣在起兵夺权过程中对军事人才极其爱惜,加上他自己又娴熟军事,所以一般战争中俘获的将领都乐为其用,这也吻合被重用人才的内在心理,哪个有才能的人不喜欢自己得到社会与人们的公认和肯定！不过平安在战败以后似乎没有马上投降给朱棣,所以朱棣才派了精锐兵士将他押送到北平去。从史料的记载来看,平安最终投降了朱棣应该是在他被押到了北平以后的事情,至于什么原因最终促使了他的投降呢？是不是平安家人被朱棣要挟？或许还有更为重要的原因,或许没那么一回事。但有一个很重要的事实不容忽视,那就是作为一流的军事人才平安在建文朝没有得到很好的赏识和重用,他出生入死但始终当个副手,我想其内心肯定很郁闷,从忠于建文到最终的"背弃"恐怕是经历了一番内心的煎熬与阵痛的抉择。

● 建文帝的辽东 100 000 兵马给"半个顾命大臣"杨文给"弄丢"了

灵璧战败使得建文朝廷的主力军队丧失殆尽,从而也就使其失去了抵御燕军进攻的主要有生力量。消息传到南京,建文君臣一片恐慌,黄子澄不停地捶打着胸口,大声恸哭:"大势去矣！吾辈万死不足赎误国之罪！"但光哭和喊又有什么用呢？燕军一天天地向着南京方向杀来,总该想个办法对付对付！还是齐泰、黄子澄两位削藩大臣主意多,他们提议让杨文统领的辽东 100 000 人兵民赶赴济南,与铁铉汇合在一起,断绝燕军的后路。

要说这个杨文还真不是什么人才,有意思的是,在中国不是什么人才的人往往官运亨通。杨文就是这么一个官运亨通之人,前半生他遇到了"鞋拔子脸"的赏识,甚至到了"鞋拔子脸"临终时还没忘给他一个"遗诏",这是多大的荣耀！等于说他是"半个顾命大臣"。建文帝上台以后,对"鞋拔子脸"皇爷爷的军事人士安排基本没动,杨文依然重兵在握,镇守辽东。朱棣流窜辽东,打到他的眼鼻子底下,使了反间计,搞走了他的同僚吴高。从此,杨文就独掌辽东军事大权,他当然要乐了。不过他还算有自知之明,也可能已经得了"恐燕症",任凭朱棣怎么折腾,就是不来华北"走一回"。这次建文皇帝调他赶赴山东,算他还忠心,当即率领了 100 000 人兵马出发了,但从根本上来讲,杨文是个庸才和草包。在走出辽东没多久,就在他经过直沽时遭到了燕军宋贵部队的截杀,杨文自己也被俘虏了。建文帝盼星星盼月亮似地盼望的那 100 000 人大军,连一兵一卒都没有到达济南,全让燕军给收拾了。

这样一来,建文帝利用辽东兵切断燕军后路的计划与希望全部成了泡影。(《奉天靖难记》卷3;【清】谷应泰:《明史纪事本末·燕王起兵》卷16)

● 建文朝廷第三道防线的丢失——燕军过淮河

○ 马屁功夫与祭拜明祖陵

建文朝廷丧师失地,朱棣燕军势如破竹,文弱与武力由此形成了鲜明的对照。建文四年五月初七,朱棣进军泗州(今江苏盱眙县城北),泗州守将周景初举城投降。朱棣满心欢喜,就问他:怎么这么爽快?周景初是个"与时共进"的马屁精,其马屁功夫堪称世界一流,听到新主子的这番问话,他摇着尾巴当即应答:"我们这里有个僧伽神最灵验,要是有什么未来事情不知怎么办,去问他,他定会准确无误地告诉你。小臣等曾在僧伽神前祈问:'投降与坚守孰吉孰凶?'结果昨天夜里睡梦中僧伽神告诉小臣:'兵临城下,赶紧投降才是大吉大利;坚守抵抗,实为大凶啊!'所以小臣今天一大早就起来恭候燕王殿下您的光临。"周景初是个地道的小人,他的马屁拍得实在是到位,说的又全是屁话,投降肯定能博得新主子的欢心,当然好处会大大的;他还打着神的旗号,这就更加赢得了新主子的欢悦。朱棣马上下令给降官周景初等人升官加爵。(《奉天靖难记》卷4;《明太宗实录》卷9)

而此时的朱棣也心花怒放,连神都能预报他的佳音,能不开心吗?不过开心归开心,他还有一件大事要做,那就是拜谒祖陵,既然自己是打着维护"祖制"的旗号,岂能不讲这个最大的政治!朱棣是个政治家,肯定要将这个政治做得有模有样,不妨我们来看看他在祖陵前面怎么说的:"横罹残祸,几不免矣。幸赖祖宗庇佑,得今日拜陵下。尚祈终相,以清奸憝"(《明太宗实录》卷8)。说完他就"泪流满面",弄得四周前来看热闹的乡亲们都被感动得眼泪都要掉出来了。老朱家的老四就是会讲话,自己大难不死全是祖宗的庇佑,自己"靖难"造反全是奸臣害的,最关键、最险恶的就是不说自己的狼子野心,这就是"政治家"的伟大之处。(《奉天靖难记》卷4;《明太宗实录》卷9;【清】谷应泰:《明史纪事本末·燕王起兵》卷16)

○ 盱眙城边"飞"下的燕军

就在朱棣进兵泗州祭奠明祖陵之际,建文朝廷方面将惟一一位在外可以倚重的北伐大将军盛庸给"活用"了起来。济南之战,盛庸与铁铉合力打败朱棣;东昌之战,盛庸名扬天下。但夹河战败,退回德州的盛庸十分沮丧,一反昔日的斗志,军事上毫无建树。建文四年初,朱棣南下时派军士偷袭了朝廷北伐的粮道,作为北伐大将军的盛庸却浑然不知，任由燕军折腾，这下可好，粮饷没了，盛庸更加消极，所以在后来的军事行动中人们似乎看不到他的影子。灵璧之战后，平安被俘，何福遁走，建文朝廷在外惟一能领兵打仗的军事将领似乎也只有盛庸了。为了抵御燕军的不断进逼，建文朝廷命令盛庸重新整兵南下，屯军盱眙城边上的淮河南岸。当时他汇集了骑兵与步兵总共有数万人，另外还有战船数千只。若以这样的实力好好地组织一下，与朱棣的主力军打上一仗，应该来说很难预料谁胜谁负。但这时的盛庸却萎靡不振，使得双方的战斗一开始就能预知未来的结局了。

朱棣在泗州城内城外忙碌时，盛庸早已在淮河南岸布好了对敌的列阵。等朱棣赶到淮河北岸边看到这番架势后，立马明白，硬攻肯定不行。这时他眼珠子一转，一个鬼主意进了出来。五月九日，朱棣下令，找些小船，让人编些小筏子，扬旗鼓噪，装作燕军要强渡淮河的模样；另外暗中派邱福和朱能率少些轻骑西行20里，在盛庸军队见不到的地方秘密渡过淮河，然后偷偷地绕到盛庸军队的背后。突然大炮声响起，邱福等人杀入盛庸军阵；盛庸将士正在全神贯注着淮河北岸的燕军，岂料这边天上又"飞"下一支燕军，顿时军中大乱，纷纷丢盔弃甲，四处逃窜。一直无精打采的大将军盛庸居然被吓得一时马背都上不去，幸好他的部下"掖之登舟，单舸脱去"，逃得一命，但所有战船全部"奉送"给了朱棣。朱棣就用盛庸的这几千只战船将数万燕军一一运抵淮河南岸。当天下午，燕军攻下了盱眙。（《奉天靖难记》卷4；《明太宗实录》卷9；《明史·盛庸传》卷144；【清】谷应泰：《明史纪事本末·燕王起兵》卷16）

朱棣"靖难军"步步逼近，建文政权快速瓦解

● 走哪条路上南京？

攻下盱眙以后，朱棣召集燕军诸将，讨论进军南京的路线。有人认为应该先取凤阳，阻遏住官军的援兵，然后趋兵直抵滁州、和州，再征集船只，准备渡江，同时另外派一支队伍西捣庐州，出安庆，由此占领长江天堑；也有人认为应该以淮安、扬州为根本，先取淮安，以此南下攻取高邮、通州、泰州以及仪征和扬州，由此渡江也就无后顾之忧了。对于这两条路线，朱棣都没有采纳，他认为，攻取凤阳这条线路不可取的理由是：第一，"凤阳城守，固非尽力攻取不易下"。换言之，凤阳位居冲要之衢，城池坚固，不易攻下，这与燕军此次南下的总体策略也不吻合；第二，凤阳是明

皇陵所在地,一旦经过此地,必有厮杀,"恐震惊皇陵",从而落下"不孝"之罪名;而攻淮安更不可取,朱棣说:"淮安'高城深池,积粟既富,人马尚多。若攻之不下,旷日持久,力屈威挫,援兵四集,非我之利'。"(《奉天靖难记》卷4;《明太宗实录》卷9)

其实朱棣这个人十分的诡诈,他没有向诸将说真话。当然,他没有这么做,可能主要考虑到军心与士气的问题。当时真实的情况是,建文朝廷虽说屡屡败北,陷入了消极防守状态,但还是拥有相当的实力来抵御凶狠的燕军。除了刚刚吃了败仗、溃散和逃走的盛庸军以外,建文帝在南京附近地区至少还有两支可以信赖和依靠的主要军事力量,一支就是镇守凤阳的都督同知孙岳,另一支就是固守淮安的驸马都尉梅殷。这两位都是铮铮铁汉英雄,孙岳听到朱棣流窜"作案",就很早开始了防御,"撤寺材为战舰,楼橹戈甲咸有法式",且"列寨淮西,水路有备"(【明】郑晓:《逊国臣记·孙岳传》卷2;《明史·郑赐传》卷151。不过,姜清在《姜氏外史》说的不是孙岳,而是徐安,见姜清:《姜氏外史》卷5)。

而驻守在淮安的梅殷更是了不得,他是朱元璋女儿宁国公主的丈夫,在所有的女婿中,朱元璋最喜欢梅殷。朱元璋临终前,曾对皇太孙朱允炆嘱咐道:"燕王不可忽!"接着他又回过头来跟梅殷说:"汝老成忠信,可托幼主。"边说边颤巍巍地拿出了誓书和遗诏给了梅殷,并叮嘱道:"敢有违天者,为朕伐之!"由此而言梅殷是建文朝名正言顺的顾命大臣,但不知为什么朱允炆登基以后就没有马上重用梅殷,一直要等到建文三年十一月,北伐军连连失利,河北地区被朱棣折腾得不可收拾了,可能是从军事安全角度考虑,建文帝似乎突然想起了老成忠信的姑父梅殷,随即派他去镇守淮安。

坦率地讲,朱允炆的这个任命是很有远见的,因为从北京到南京最近的路线应该是取道山东的德州、济南和江苏的淮安一线,在德州安排了盛庸,在济南安排了铁铉,在淮安又安排上梅殷,这三个都是朱允炆的铁杆支持者,盛庸与铁铉在前已经大放光彩,惟梅殷走向历史舞台中心、成为政治关注焦点人物的时间比较晚。(【明】姜清:《姜氏外史》卷4)

● 大舅子朱棣南下,在淮安遇到的克星居然是自己的妹夫梅殷

建文四年初开始朱棣不断地向南流窜,官军将领大多懦弱观望,这就使得建文帝不得不下令招募淮南兵民,号称四十万,由梅殷统领,驻军于淮上,目的就在于扼制燕军的南下。灵璧之战后,朱棣曾想取道淮安,直抵南京,于是就派人送信给梅

殷。他说他想经由淮安,到南京去给高皇帝进香。梅殷回书:"进香皇考有禁,不遵者为不孝。"用现代话来讲:你要去南京进香,高皇帝有禁令,不遵守者就是不孝。梅殷用高皇帝的遗诏禁令揭穿和回敬了所谓维护"祖制"而欺世盗名的政治骗子朱棣的一派谎言。朱棣接信后暴跳如雷,随即干脆就把自己的遮羞布也给扯了,带着兵痞子的匪气再次致书给梅殷,说:"今兴兵除君侧恶,天命有归,非人所能阻。"梅殷毫不示弱,将朱棣信使的耳朵、鼻子都给割掉,然后跟他说:"留汝口,为殿下言君臣大义!"(留着你的这张嘴巴,回去好给你们的大王讲讲君臣大义之理!)朱棣大怒,但又无可奈何。(《明史·宁国公主传》卷 121;【清】谷应泰:《明史纪事本末·燕王起兵》卷 16;【明】吕毖:《明朝小史·建文纪》卷 3)

本想从最近的路程或最便捷的通道以最快的速度到达南京,但上述的凤阳和淮安的军事态势显然不能遂了"伟大"政治家的愿望,所以都被朱棣一一否定了,最终他打定主意,从泗州出发,渡过淮河直趋扬州。他说:"今宜乘胜直趋扬州,指仪真(仪征)。两城势单弱,兵至可招之而下。既得真、扬,则淮安、凤阳人心自懈,我聚舟渡江,久则必有内变。"诸将听了朱棣的这般战略分析后没有一个不顿首称善的。于是燕军开拔,直趋扬州,同时朱棣派了手下人吴玉给扬州朝廷守将王礼送去了招降手谕。(《奉天靖难记》卷 4;《明太宗实录》卷 9;【清】谷应泰:《明史纪事本末·燕王起兵》卷 16)

◉ 扬州城里的内奸

再说王礼原本就是扬州卫指挥,可能相当于扬州军分区的司令,但他可不是什么好东西,而是一个地地道道的吃里爬外的家伙。听说燕军将要来攻扬州,他就密谋举城投降。但他的同僚监察御史王彬和指挥崇刚则力主坚决抵抗,决不投降。王彬倚仗指挥崇刚在扬州积极练兵,修缮城壕,昼夜不解甲,严阵以待燕军的到来。

不久,王礼及其同党的投降阴谋暴露了,监察御史王彬与指挥崇刚马上下令,将王礼等人逮捕入狱。就此而言,扬州城里的投降派遭受了沉重的打击。但没有暴露出来的投降分子却加紧了他们的反叛阴谋活动,在暗中伺机加害王彬为首的坚决抵抗派。王彬身边有个大力士,能举千斤重物,他时时护卫着王彬,所以想要对王彬下手的人都不敢贸然行动。

再说朱棣派出的使者吴玉本想给王礼送劝降书的,但王彬严守扬州的举措使得吴玉连扬州城边都没有沾上,他只好用箭将劝降书射到扬州城里,劝降书中说:要是有谁能将监察御史王彬绑来投降的话,就官拜三品。大家知道以后,尽管有人想过过官瘾,但都害怕王彬身边那个力大无比的大力士,所以没有一个敢对王彬动手的。

王礼有个弟弟叫王宗的知道以后,马上想到了很狠的一招,他收买了大力士的母亲,然后叫这老母亲去把大力士儿子叫出来。刚好那时王彬已经脱去盔甲与外衣在洗澡,千户徐政、张胜乘机冲到王彬洗澡处,将他给绑了,然后再将王礼从监狱里放出来,接着又打开扬州城门,迎接燕军入城。随后王礼就将王彬和崇刚两位忠实于建文朝廷的坚决抵抗英雄献给了朱棣。不过王彬和崇刚都是好样的,他俩就是不愿意苟且偷生,最终都被朱棣杀害了。(《奉天靖难记》卷4;《明太宗实录》卷9;《明史·王彬、崇刚传》卷142;【清】谷应泰:《明史纪事本末·燕王起兵》卷16)

◉ 天下勤王与建文帝的"罪己诏"

扬州发生了这么多的事情,朱棣早已等不及了,他离开扬州,打算从安徽的天长南下。但叛徒王礼突然出来送上了一份厚礼(王彬和崇刚两位英雄),使得走在半道上的朱棣立马改变了主意,他率领燕军赶赴扬州。

王礼的投降不仅使得燕军不费吹灰之力占领了苏北的一个战略要地,为朱棣在军事上赢得了主动权,而且还开了一个很坏的头,给那些没有骨气的苏北地方"老爷"们树立了一个卖主求荣的样板。在扬州内奸的影响下,整个苏北地方官与地方驻军迅速地倒向朱棣这一边,高邮、通州、泰州以及江都等地相继归降燕王,燕军集中兵力攻下仪真(仪征),"立大营于高资港","北舟往来江上,旗鼓蔽天"。这是讲燕军集结镇江对岸,整个长江上铺天盖地都是燕军的旗帜与战鼓,形势直逼建文政权的心脏地区——南京。

在南京明皇宫里的建文帝闻听此事后极度恐惧,忧心如焚。在情绪稍稍稳定一点后,就派遣侍中许观、修撰王叔英等前往安徽广德诸郡募兵,让都御史练子宁上杭州去募兵,并号令天下勤王。

苏州知府姚善、松江同知周继瑜、宁波知府王珽、永清典史周缙、徽州知府陈彦回、乐平知县张彦方等应诏相继起兵入卫勤王。但由于路途遥远,除苏州知府姚善以外,其他的知府、知县都没能在建文帝失国之前及时赶到南京,他们在勤王途中或被燕军所逮或被地方上的变节官僚抓住了报官。姚善到了南京后,建文帝命他兼督苏州、松江、常州、镇江、嘉兴五府兵事勤王。(《明史·姚善传》卷142;《明史·张彦方传》卷142;《明史·陈彦回传》卷142;《明史·周继瑜传》卷142;【清】谷应泰:《明史纪事本末·燕王起兵》卷16)

当时建文帝还根本不知道这些忠诚的文臣在勤王途中所遭受的苦难,对于他来说,当前的形势岌岌可危,北方战事一败涂地,像发了疯似的燕军已经将整个苏北给占了,朝廷与孙岳和梅殷这两位忠实可靠的军事实力人物的联系被燕军切断,现在唯一能做的是仿效古书上所讲的先人做法,或许还能纾解国难,于是建文帝就下了"罪己诏":

"奉天承运皇帝诏曰:朕钦奉皇祖宝命,嗣奉上下神只。燕人不道,擅动干戈,虐害万姓,屡兴大兵致讨。近者诸将失律,寇兵侵淮,意在渡江犯阙。已敕大将军率师控遏,务在扫除。尔四方都司、布政司、按察司及诸府卫文武之臣,闻国有急,各思奋其忠勇,率慕义之士,壮勇之人,赴阙勤王,以平寇难,以成大功,以扶持宗社。呜呼,朕不德而致寇,固不足言,然我臣子其肯弃朕而不顾乎?各尽乃心,以平其难,则封赏之典,论功而行,朕无所吝。故兹诏谕,其体至怀。"(吴晗辑:《朝鲜李朝实录中的中国史料》,中华书局,1980年,第1册,第175页。)

整个"罪己诏"讲了三个要点:

第一,我朱允炆是受高皇帝遗命继承大明帝国大统的,是唯一的合法皇帝。这主要是向天下臣民重申自己帝位的正统性与合法性。

第二,痛斥朱棣燕军大逆不道,擅动干戈,荼毒生灵,并指出其危害已直指京畿,号召全国臣民迅速勤王。

第三,朱允炆将燕寇入犯的原因说成是"朕不德",这也就是"罪己"的缘由吧,希望取得臣民们的同情与支持,共同起来勤王护驾。

建文帝"罪己诏"下发后,未见着地方官府发一兵一卒赶来南京勤王,这是为什么?

第一,建文帝发出这份"罪己诏"大约是在建文四年五月下旬,这时离最终失国一个月都不到。古时候交通不发达,即使地方官僚忠于建文帝,马上出去募兵,但募兵的事情也不是一时半会儿就能办成的。

第二,建文帝发出"罪己诏"时,苏北差不多都被朱棣控制了,也就是说建文朝廷与北方之间的联系已经被切断,剩下就只能靠南方诸省份了。但由于凶悍的燕军流窜得相当厉害,南方地区官衙内意志不坚定者或没有骨气者都持观望态度:大明皇家侄儿与叔叔打起来了,但说到底都是他们老朱家里的事,外人少管为好。

第三,建文帝重用文臣,提高文臣的地位与待遇,这在无形中冷落了军界武夫,引起了他们的不满。因此大家看到,建文朝军队里的将领不是打败了逃命,就是一股脑地倒戈投降给燕军。而建文帝所倚重的偏偏是书生文臣,文臣不掌兵权,何以勤王?

第四,明初朱元璋开创的卫所制度中士兵生存条件并不好,战时打仗,和平时期从事繁重的劳役。明朝初年的军籍是世袭的,好端端的老百姓有谁乐意将自己的子孙送到军队里去当兵呐?!所以说,建文帝号召勤王只能说是一厢情愿,而不能说江南或全国臣民弃之不顾。

● 死马当作活马医——建文帝第四次息兵议和

"罪己诏"下了,勤王兵迟迟不来,建文帝望眼欲穿,心如乱麻,身边的亲信大臣大多已经出去招募兵士,明皇宫再也没有往日的热闹了。建文朝重臣唯有方孝孺还在,虽说方学士与建文帝是君臣关系,但他们之间实际上更像知己朋友。方孝孺十分了解建文帝,作为一介书生,自己从遥远的成都一夜之间被调入大明帝国的权力中枢,沐浴着无限的皇恩,颇有知遇之恩的感受,作为臣子尤其是深受圣上厚爱与倚重的要臣,无论如何也应该为圣上分忧,纾解"国难",想到这里,方孝孺就跟建文帝说:"陛下,现在的情势很危急,以臣之见,应该巧施计谋来缓解一下。我们朝廷不妨派人到燕军中去谈判,割地求和。这样便能拖延几天,或许前往东南省份去的大臣很快就能将募集到的兵士带到南京来了。燕军多北方兵,不娴水上交通工具,我们以长江天堑与他们决战,到底谁胜谁败都很难说。"建文帝听后,觉得自己也没有更好的办法了,哀伤嗟叹,最后说道:"那就不妨死马当作活马医吧!"于是君臣两人合计,决定派建文帝的姑姑庆城郡主前往燕军军营里去议和。(《奉天靖难记》卷4;《明太宗实录》卷9)

庆城郡主是朱元璋哥哥的女儿,与朱棣是堂姐弟关系。朱棣起兵后,除了自己的妻子徐氏和他的几个儿子支持外,还没有得到任何其他亲属的认可。但他实在是个心理战的好手,听说堂姐庆城郡主要来燕军军营,顿时就喜出望外,赶紧外出迎接。谁也说不清楚,到底是什么原因使得这个被人称为蝎子的朱棣见到堂姐庆城郡主就哭,庆城郡主跟着也哭了起来。朱棣问堂姐:"周王、齐王两人现在何处?"庆城郡主说:"周王原本被贬谪到云南,现在已经被召还,不过还没有恢复他的王爵;齐王仍然被关在牢里。"听到这里,朱棣哭得更加"伤心",几乎到了不能自已的地步了。少不了被人劝解一番,这才停止不哭。庆城郡主见到堂弟的情绪平静了,她也慢慢地控制住自己,说起一些家长里短的话题,说起了家族,也说到了当今的朝廷,然后一五一十地将侄儿建文帝的割地求和的想法说了出来。不曾想到,刚听完朱棣就恶狠狠地从牙缝挤出这样的话来:"凡所以来,为奸臣耳。皇考所分吾地且不能保,何望割也!但得奸臣之后,谒孝陵,朝天子,求复典章之旧,免诸王之罪,即还北平,只奉藩辅,岂有他望。此议盖奸臣欲缓我师,俟远方之兵至耳。我岂为其所欺哉!"【清】谷应泰:《明史纪事本末·燕王起兵》卷16;《明太宗实录》卷9)

朱棣的这番回应简直是无懈可击，他首先讲自己起兵造反是奸臣所"逼"，没有其他的欲望和企图。至于拒绝割地，朱棣则说得更加滴水不漏：老爸分封之地尚且不能保全，还指望什么割地；接着他说出了自己即将到京城要做的事情，除去"奸臣"后，拜谒孝陵，再去朝见天子，恢复"祖制"，豁免诸王之罪，然后回归北平，永为藩辅。朱棣的这番说法一方面将自己打扮成孝子贤臣，做"鞋拔子脸"的"好儿子"；另一方面，拉近与诸兄弟的关系，通过堂姐的嘴巴去转告，比他自己做宣传效果还要好，在皇家亲族内大搞"统战工作"；同时为了麻痹建文帝，他给出了这样的"定心丸"：我朱棣没有什么其他的奢望，除奸臣，复"祖制"。最后他一针见血地指出了建文帝求和的目的就是实施缓兵之计，等待远方救兵的到来。

庆城郡主听了堂弟的这番说辞后"默然"，即沉默了，什么也没说。但她毕竟是受人重托而来的，再加上内心可能也明白建文帝与这个"好"叔叔之间的恩怨症结所在，自己回去总该要交代得过去啊，于是在临别前就跟朱棣这样说道："此次前来，还受众弟妹之托。这三四年动军马，运粮的百姓，厮杀的军士，死了许多。都是一家人的事，军马不要过江，回去算了，不然将来天下太平了却不好说。"

庆城郡主的这番劝告还是很有水平的，概括起来就是让堂弟朱棣见好就收，做人做事不要太过头，这是典型的中国人中庸思想，吻合儒家伦理，因此无论于情于理都说得过去，但话语的倾向性还是十分明显——偏向建文帝。朱棣听完以后恼羞成怒地反驳道："累年以来，奸臣矫诏，大发天下军马来北平杀我。我为保性命，不得已亲帅将兵与贼兵交战。仰荷天地祖宗神明有灵，怜我忠孝之心，冥加祐护，诸将士效力，故能累战而累胜。今大兵渡江，众兄弟姐妹欲来劝我回北平。况孝陵未曾祭祀，父皇之雠尚未能报，奸恶尚未能获。以尔弟妹之心度之，孝子之心果安在哉？如朝廷知我忠孝之心，能行成王故事，我当如周公辅佐，以安天下苍生。如其不然，尔众兄弟亲王、众妹妹公主及多亲戚，当速挈眷属移居守孝陵，城破之日，庶免惊恐。"（【明】王世贞：《弇山堂别集》卷88，《诏令杂考4》）

朱棣终于露出了杀机与凶恶的本性，他列举了自己将要做的四件事情：祭孝陵、除奸臣、报父仇、做第二个周公，并以武力相威胁：要是众兄弟亲王、众姐妹公主及诸多亲戚不答应的话，那我朱棣就不再顾念什么兄弟姐妹的亲情了，只能诉诸武力了。

堂兄弟的这段回话，杀气腾腾，作为堂姐的庆城郡主岂能听不出话语中的狼子野心。面对这样的求和结果，面对这样的不依不饶、得寸进尺的堂兄弟，庆城郡主只好尽早告辞。不过朱棣实在是个心理大战的老手，他估摸着，堂姐临走时，自己的那番"出拳"已经"打到位"了，回头还得揉一揉，于是便改换口气，这样说道："好语诸弟妹，久不相见，欲得少叙天伦之乐，未知能如愿否。幸自爱"（《奉天靖难记》

卷4);同时还嘱咐庆城郡主:"为我谢天子,吾与上至亲相爱,无他意,幸不终为奸臣所惑。"(【清】谷应泰:《明史纪事本末·燕王起兵》卷16;《明太宗实录》卷9)

◉ 南京江北门户——浦子口被燕军占领

庆城郡主悻悻回去后,将经过一五一十地告诉了建文帝。建文帝顿时吓得六神无主,随即找来方孝孺问计:"现在怎么办?"方孝孺说:"长江天堑可抵挡100 000人兵马。江北燕军的那些船只我已经派人去烧了,难道燕军能飞过来?更何况现在天气酷热,燕军易于感染流行病,用不了十天,他们就会自行退兵。如果他们渡江而来,那只能是送死了,怎么能抵挡得了我朝廷的水师呢?"(《奉天靖难记》卷4;《明太宗实录》卷9;【清】谷应泰:《明史纪事本末·燕王起兵》卷16)

方孝孺的一番开导给建文帝以极大的宽慰,至于他有没有真的派人去烧燕军的船只,现在无法查证了,或许压根儿是方孝孺哄哄年轻皇帝,让他振作精神,但以方孝孺的人品似乎不会去"欺君"的;若是,那怎么朱棣的船只一只也没被烧掉?这很可能是方孝孺派出去的人无能,或者说被派之人叛变了。当然这些都是假设,我们现在无法获悉当时的真相。

建文四年六月初一,燕军进攻南京北大门——浦子口(今称浦口)。浦子口与南京城的下关隔江相对,它是南北交通要津,一旦浦口被攻占,南京的北大门敞开。对于这样重要的军事要地,即使是书生的建文君臣也不会不懂它的重要性,所以当朱棣不断流窜南下时,建文朝廷尽管已经无将可派了,但还是绞尽了脑汁,再次重用在淮河之战中落荒而逃的大将军盛庸,让他来镇守浦子口,看好南京的北大门,应该说这是个不错的主意。

盛庸与朱棣本是老对手,这次又狭路相逢。朱棣一开始就像疯狗一样猛扑盛庸的军队,盛庸虽说在淮河吃了败仗,但他毕竟也久经战场,对于燕军的猛攻,盛庸早已有所准备,与诸将一起奋勇反击,眼看就要将燕军打败了。就在这个关键时刻,又一条疯狗——无赖朱高煦冷不丁地窜了出来,他带了一些骑兵赶来解救他的父亲朱棣,朱棣顿时大喜,拍着朱高煦的背说:"儿当再战,吾力疲矣,世子多疾,天下若定,以尔为太子。"(【明】姜清:《姜氏外史》卷5;【明】谈迁:《国榷·惠宗建文四年》卷12;参见《明史·诸王三·朱高煦传》卷一百一十八,列传第六)就这句话,将朱高煦逗得格外的起劲,只见他发疯似地与盛庸军队将士拼杀着,渐渐地盛庸抵挡不住了,军中将士们纷纷开始溃退。不一会儿,燕军取得了战斗的胜利,浦子口随即落入了朱棣的手中,南京城完全暴露在燕军的眼皮底下。(《明史·盛庸传》卷一

百四十四,列传第三十;【清】谷应泰:《明史纪事本末·燕王起兵》卷 16)

● 朱棣的强盗逻辑:都是高皇帝的子孙,谁强谁做皇帝

六月初一日浦子口之战胜利后,燕军的下一个进攻目标就是渡江攻打南京了。六月初二日朱棣祭祀长江神,初三日誓师渡江。在誓词中朱棣除了痛斥"群奸构乱"以外,主要是鼓励将士们为他的宏伟帝业而拼死卖命。不愧为一流的政治家,朱棣能将死的说成活的:"尔有众克协一心,奋忠鼓勇,摧坚陷阵,斩将搴旗,身当矢石,万死一生。于今数年,茂功垂集,在戮力渡江,翦除奸恶。惟虑尔众,罔畏厥终,偾厥成功耳。夫天下者,我皇考之天下;民者,皇考之赤子。顺承天休,惟在安辑。渡江入京,秋毫毋犯。违予言者,军法从事。于乎,惟命无常,克敬惟常,尔惟懋敬,乃永无咎。"(《奉天靖难记》卷 4;《明太宗实录》卷 9)

这段誓词没有什么新意,不过就有一点是朱棣过去从来没有表白过的,那就是"天下是我'老爸'高皇帝的天下,百姓是高皇帝的子民",换句话讲,就是我们都是"鞋拔子脸"高皇帝的子孙,谁强谁做皇帝!这就公开地否定了建文帝位的正统性与合法性,皇帝轮流做,你已经做了四年了,屁股也坐热了,该让我过把帝皇瘾!这就是朱棣的逻辑与思想最高的境界了。

● 建文朝廷第二道防线的丢失——长江天堑

○ 建文帝让叛徒掌管长江水师——都督佥事陈瑄降燕

浦子口之战失败,建文帝听到后顿时感到五雷轰顶,但方孝孺还是不断地给予他希望。经过一番考虑,建文君臣决定让掌管长江水师的都督佥事陈瑄赶紧前去援助大将军盛庸,凭借长江天堑与燕军对抗到底。说实在的,方孝孺的这般设想还是有着几分道理的。尽管朱棣叫得很凶,要渡江,但几万人的燕军都是北方来的旱鸭子,他们不熟悉水上活动,更使其头疼的是,还必须要有很多很好的船只才能渡江;而当时燕军仅有从高邮、通州、泰州诸州县带过来的一些上不了场面的小船,拿它们去捕鱼可能还差不多,要是几万大军渡江那可得有足够数量的正儿八经的好船才行,所以尽管朱棣像疯狗一样猛叫着,但真正能否渡过长江还是另一回事。可就在这个关键时刻,又是建文帝的用人不当恰恰"帮"了朱棣的大忙——掌管长江水师的都督佥事陈瑄在接到朝廷诏令后,并没有按照皇帝的谕旨去帮助盛庸,而是跑到了敌人的军营里去,投降了朱棣。(《明史·陈瑄传》卷 153,列传第 41)

与军队中这种没有骨气的无耻军人相反,建文时代的文臣却成了顶天立地的大英雄。都督佥事陈瑄降燕那阵子,兵部右侍郎陈植正在长江上督师监军,虽然是个手无缚鸡之力的书生文臣,但他却有着铮铮铁骨的一身正气。

　　陈植,元末时曾参加了地方上的科举乡试,且考取了,但他十分清高,不愿与元朝官场上的那些贪官污吏同流合污,坚决不肯出仕。直到洪武时期政治清平之际,他才出任大明吏部主事,建文二年官任兵部右侍郎。

　　燕军攻占扬州后,陈植加强了对长江水师的巡防。有个姓金的都督最先想背叛建文帝,投靠朱棣。陈植发觉后将他狠狠地斥责了一通,并谕之以君臣大义。但对于金都督这类无耻小人来说,这岂不是对牛弹琴么,后来这个金都督还是乘人不备,将陈植给杀了,然后带了自己的手下一起投降了朱棣。金都督满心欢喜地想在新主子面前邀功请赏,谁知朱棣脸色突然一变,大声斥责道:"如此小人,厚颜无耻,君主有难,反而杀害忠良,卖主求荣,留着这等不忠不信不义之徒,还有何用?拉出去,砍了!"同时朱棣又下令将忠烈的陈植"具棺入殓",并派手下官员将陈植护葬于白石山。(《明史·陈植传》卷142;【清】谷应泰:《明史纪事本末·燕王起兵》卷16)

　　同样是叛徒却有着不同的下场,朱棣这种政治家的处事风格长期以来很难使人解释得清楚,有人说主要是由于他考虑到自己队伍里将士们的忠诚教育的问题。我想问题的症结可能也就在这里,对于陈瑄等以前的降将不杀,主要是朱棣急需要这些叛徒帮忙,壮大自己的力量;而金都督投降时朱棣并不怎么稀罕这部分水军力量,更主要的是考虑到在整体大局上稳操胜券,处死无耻小人,可以很好地教育部下将士:忠于你们的主子,否则就是这个下场!

○ 600年前的渡江战役

　　杀了金都督,这种杀鸡给猴看的"现身说法"最具有教育意义与威慑作用,陈瑄这个"幸运"的叛徒看到朱棣来这么一手,立马明白自己应该做什么了,为了表达对新主子的一片忠心,他赶紧将手下水师集合起来,弓着腰等候朱棣的检阅和命令。

　　万事俱备,朱棣下达渡江命令,只见昔日空旷的长江天堑如今却是战船相接,旌旗蔽空,戈甲耀日,金鼓大震,"靖难"渡江大军浩浩荡荡地驶向长江的南岸。

　　再说,此时的建文朝廷虽然已经"捉襟见肘",一蹶不振,但毕竟还没有到穷途末路的地步,尤其是由中正刚烈的方孝孺在辅政,即使朱棣的声势再大,来势再凶,建文君臣也绝不会将大明帝位拱手相让。就在朱棣组织燕军进行渡江之战时,盛庸率领的朝廷军队在长江南岸"恭候"着燕军。以当时的军事形势而言,与燕军相对的朝廷方面军事力量并不太弱,"盛庸所驻海艘,列兵沿江上下二百里"。但遗憾的是军队的战斗士气低落,看到长江里到处都是渡江的燕军,诸将士"皆大惊愕",试想,这样的军队还怎么能打胜仗呢?所以当燕军渐渐靠近南岸时,整个盛庸军队已经不堪一击,燕军先用精锐骑兵猛冲盛庸的队伍,这下可好,整个军队一下子大乱,将士们四处逃命,燕军拼命追赶,足足追了数十里,盛庸这位近来连连走背运的大将军一口气逃得无影无踪,燕军乘胜占领了江南的高资港。(《奉天靖难记》卷4;《明太宗实录》卷9;《明史·盛庸传》卷144,列传第30;【清】谷应泰:《明史纪事本末·燕王起兵》卷16)

● 建文朝廷最后一道防线的丢失——镇江与南京

○ "喉咙"被卡住了——燕军占领镇江

成功渡江,击溃盛庸军队以后,燕军士气又一度高涨起来,好多将士主张乘胜西进,一举攻下京城。但朱棣却不以为然,他要攻取南京东边的镇江。朱棣说:"镇江咽喉之地,若城守不下,往来非便。譬之人患疥癣,虽不致伤生,终亦为梗。先取镇江,则彼势危矣。"(《明太宗实录》卷9)

朱棣这段话大致是讲:镇江是咽喉之地,若放着它不拿下,这对于燕军军事行动来讲,是极其不便的,就好比是人得了疥癣,虽然它不会伤及人的生命,但总让人感到极其不适。倘若燕军先攻下镇江,那么京城南京的形势就会更加危急了。朱棣的这个策略应该说是相当理智和棋高一筹的,因为:

第一,燕军自身最擅长的是运动战,薄弱的是攻城战,尽管现在燕军已经扩大到几十万,但要是马上去攻打南京的话,这并不明智,因为南京毕竟是建文朝政治权力的中心,非一般的军事要塞,必须拥有绝对优势的军事兵力和把握才能把它攻下;再说建文帝毕竟是全国臣民心目中的正宗皇帝,如果现在马上去攻南京城,很可能出现城内城外上下一致坚守城池的局面,到时候燕军就会骑虎难下。

第二,先攻镇江,燕军拥有几倍于镇江城里的兵力,很容易将它打下。而镇江又是南京的咽喉,一旦镇江危急,建文朝廷必定会想到要救援,但在这个危难之际,哪个傻子会将京师的军事力量抽空了,去增援镇江?因此,先打镇江,敌人不会有援兵,容易打下;相反,如果先打南京,为了保护京城与皇上的安全,镇江守军很可能出兵西行。如此一来,燕军反而陷入了腹背受敌的危险境地。

第三,朱棣可能已得到情报,镇江守将童俊也是个吃里爬外的"软蛋"。其实童俊不是东西,这已不是什么新鲜事,建文朝有个大臣早就一眼看穿他了,那么究竟谁有这么大的本事?(《奉天靖难记》卷4;《明太宗实录》卷9)

这个人就是建文朝的进士黄钺。黄钺是江苏常熟人,从小就十分好学,经常向亲友借书阅读,博览群书。建文元年他参加了湖广乡试,一举考中;第二年又参加了在南京举行的会试,并考中了进士,被授予刑科给事中,负责检察工作。黄钺在南京当官当了一年左右,他的老爸死了,于是就回去"守制"。

　　建文朝重臣方孝孺是黄钺的好朋友,听说黄父死了,就上黄家去吊丧,黄钺出来迎接。方孝孺示意周围的人回避,然后就跟黄钺说:"燕军不断南下,苏州、常州、镇江是京师南京周围的要害地区,你是这吴中一带人,又是皇上的近臣,现在因'丁父忧'暂时离开了朝廷,但也应该给我多出出主意啊!"黄钺听后,十分认真地讲:"您所说苏州、常州、镇江三府中,只有镇江最为要害。如果派了不合适的人去镇守的话,那就等于是将镇江的城墙给拆了,让盗贼进来任意胡为。以我之见,镇守镇江的指挥童俊可不是个东西,他狡猾无比,两面三刀,每次上殿给建文皇上奏事时,那双贼溜溜的老鼠眼老是向远处东张张西望望,所谈之事全是浮躁不堪,这个人的内心深不可测啊!而苏州知府姚善倒是个忠义之士,他心直口快,有国士之风。但他对人仁爱有余而管理与驾驭部下的能力可能欠缺了点。如果倚重他来平定国难,恐怕会令人失望。还有,以我之见,京城的大势应当守住上游才是,敌兵要是到了江南,即使马上抵抗,恐怕也来不及了。"方孝孺听完后,就拿起笔写了封信,让黄钺带给苏州知府姚善。姚善接到方孝孺的书信后,与黄钺面对面地放声大哭,他们发誓要为建文皇帝尽忠,为国尽力。

　　黄钺回到常熟老家后没多久,就听到燕军集结长江北岸,而建文皇帝却没有采纳他的建议,依然任用童俊主持镇江的军事防务。他心灰意冷,终日无语。后来传来消息,童俊果然降燕了,黄钺万念俱灰,最终投水自尽。(《明史·黄钺传》卷143;【明】姜清:《姜氏外史》;【明】黄佐:《革除遗事》卷2)

　　建文帝不听忠言,错用小人童俊守镇江,最终却让这个奸佞小人"卖了"镇江。这样一下子就让朱棣不费什么力气将京师南京的喉咙给卡住了,接着燕军继续西行,南京危矣!

● 建文帝的第五、六次息兵求和——龙潭求和

　　建文四年六月初八日,朱棣率领燕军西行来到龙潭,忽然有人来报,说:前面有个自称是曹国公李景隆的人要见大王。朱棣纳闷:快要到南京了,城破也无需几日,难道他们还有什么特别重要的事情要这般急吼吼地来见我?想到这里,立即吩咐手下的人让李景隆他们进帐。不见不知道,见了李景隆,朱棣方才明白究竟是怎

么一回事了。

原来建文帝听说燕军日益逼近南京,他愈加焦虑不堪,不停地在明皇宫大殿上来回走动。昔日朝廷大臣个个能言善辩,道古论今,高谈阔论,可如今却是垂头丧气,噤若寒蝉,尤其那个一心想要使自己以"直臣"形象名垂青史的尹昌隆,早已没有与性格文弱的建文帝斗嘴时的那股驴脾气了,他的魂魄也被日益逼近的燕军行军脚步声、马蹄声给吓得出窍了。建文帝能靠谁?宽仁与文弱的性格决定了他不会与大臣们过不去,只能去找亦师亦友的重臣方孝孺了。

方孝孺最近心里也烦着呐,齐泰和黄子澄外出以后,建文帝的大小决策都要找他商量,方孝孺纵然有着浑身的锦囊妙计却也无法挽回和拯救战场上的丧师失地,更何况他本身在政治场上的"智商"天分并不算高,故而在为建文帝出谋划策时常常会作出令人啼笑皆非的决策。建文帝的败局已定,但方孝孺不甘!他忧愤生疾,卧倒在床,见到满脸忧愁与沮丧的建文帝后,他强打精神,镇定自如;因为他知道,尽管建文帝已经是二十四五岁了,但他政治生涯的年龄实际上是4岁还不到啊,作为建文帝现在惟一的依靠千万不能没有主见,更不能乱了阵脚。在听完一番哀怨和诉苦后,方孝孺带着安慰的口吻跟建文帝说:"皇上千万不用着急,城中尚有20万劲兵,京城在高皇帝时就修得很特别,城高池深,全国第一,粮草充足,坚持固守应该是不成问题的。"方孝孺的宽慰与开导使得紧张透顶的建文帝稍稍平静了一些……(《奉天靖难记》卷4;《明太宗实录》卷9;【清】谷应泰:《明史纪事本末·燕王起兵》卷16)

没过多久,方孝孺又应建文帝急诏问计,来到明皇宫。此时一大帮子文武大臣早已站立在奉天殿上,方孝孺一上大殿似乎感觉今天的眼睛特别亮,在一帮子文武大臣当中他一下子就瞄准上了李家大帅哥李景隆,上前一把把他抓了出来,恳请建文皇帝将这个祸国殃民的家伙给斩了。方孝孺说:"坏陛下大事的,就是此贼!"此话一出,满朝大臣群情激愤,大理寺丞邹瑾等18个大臣不约而同地上前揪住了李景隆,顿时拳头就像雨点似地落下,李家大帅哥再也不帅了,浑身伤痕累累,眼圈好看得像只大熊猫。大臣们还不解恨,恳请建文帝迅速下令,斩了这个吃里爬外的内贼。但不知为什么建文帝就没依大臣们。

后来大殿上逐渐地恢复了正常的秩序,这时,建文帝急切地问方孝孺:"燕贼日益逼近,火烧眉毛,方爱卿,您说怎么办?"方孝孺献计,坚守南京,等待各地勤王兵的到来。

他还向建文帝建议:马上下令,让在南京城里的诸王(建文帝的叔叔、朱棣同父异母的弟弟)分守南京城的各个城门;同时迅速派出议和代表前往朱棣燕军的军营所在地龙潭去谈判，争取时间。建文帝感到：方孝孺的前一个建议很好，由他的这些叔叔们守着城门，看你朱棣再狠毒总不至于一点也不顾及兄弟的面子和情分吧，想到这里，他就下令，让谷王朱橞、安王朱楹等几个藩王去守卫京城的城门；但后一个建议，建文帝感到不太好办，前不久姑姑庆城郡主就帮他这个侄儿去和谈过，但被朱棣顶了回来，如今再议和，谈何容易！但方孝孺还是坚持认为，总该试试吧，也让南京城里的守卫工作争取到更多的时间。建文帝觉得方孝孺讲的也在理，那么派谁去呢？姑姑走了一圈，碰了一鼻子的灰回来，皇家直系亲属可能谁都不太愿意去，那么……李景隆，他跟朱棣打过仗，但都是败仗，有人说李景隆是内贼，早与朱棣暗中勾结，或许正是这样的话，朱棣那厮还可能给他一个面子。建文帝想到这些，就下令让曹国公李景隆与兵部尚书茹瑺、都督王佐等一起前往龙潭，仍然以割地议和为辞，去探探燕军的虚实。（《奉天靖难记》卷4；《明太宗实录》卷9）

再说李景隆大帅哥自从那天在大殿上被群臣围殴以后，稍稍收敛了"官二代"习气，他也清楚：要不是建文帝心软，自己早就没命了。现在皇帝叫他去燕军军营谈判，能去吗？但李景隆实在又不能拒绝建文皇帝的诏令啊，于是只好抖抖嗦嗦地带了两个"尾巴"一同来到朱棣军营所在地龙潭。三人一见到朱棣，就立即趴在地上，像鸡啄米似地不停磕头。朱棣见了昔日手下败将李景隆一行人的这般熊样，心中顿时明白了究竟是怎么一回事，他不无嘲讽地问道："有劳几位到此，有什么话要讲的？"李景隆三人磕头磕得头也晕了，但在隐隐约约中似乎听到朱棣在问话，于是赶紧顺着他放下的"杆子"爬啊。朱棣刚听完李景隆的话，就哈哈大笑，带着鄙薄的口吻说道："公等说客耶！始吾未有过举，辄加之大罪，削为庶人，云：'大义灭亲'，吾今救死不暇，何用地为！且今割地何名？皇考裂土分封，吾故有地矣。此又奸臣计也。凡所以来，欲得奸臣耳。公等归奏上，但奸臣至，吾即解甲谢罪阙下，谒孝陵，归奉北藩，永祗臣节，天地神明在上。"（《奉天靖难记》卷4；《明太宗实录》卷9，【清】谷应泰：《明史纪事本末·燕王起兵》卷16）

朱棣对建文帝的这次遣使求和回答没有什么新意，还是跟上次他与庆城郡主说的一个样。若实在要说有所不同的话，那就是这次朱棣多了一个对天发誓，可这种发誓又有什么用呢！对于李景隆来说，本来自己就是朱棣的手下败将，如今人家又有问鼎京城之势，李景隆纵有一万个想不明白到底为什么，但绝不敢再问了，最后只好灰溜溜地又带上两个"尾巴"，回到了南京城里，向建文帝一五一十地汇报了自己龙潭之行的经过。

建文帝听完以后，心里明白了，"好叔叔"朱棣是铁了心要来南京夺位，但他不甘心就这样坐以待毙了，于是就问李景隆："你有何高招？"李景隆说："既然燕王执意索要齐泰、黄子澄等奸臣,我们就把奸臣交给他,他就可能退兵了吧。"事情到了这般田地,这个李家大帅哥还在忽悠建文帝。而此时的建文帝确实也是上天无路、入地无门,他只好叫李景隆再上龙潭走一回,试着再向朱棣提提看议和的事情,于是他就让李景隆跟朱棣这么说:"齐泰、黄子澄等人都已经被逐斥在外,不在京师,等抓到了就将他们献给燕王。"(《奉天靖难记》卷4;《明太宗实录》卷9)

李景隆听到建文帝的这般说话,心里十分明白,这是皇帝在"忽悠"燕王朱棣,但他更清楚朱棣是何等人啊,是好忽悠的吗?于是他就表现出极度的迟缓,最终吞吞吐吐地向建文皇帝请求道:上次燕王已经拒绝了,我的面子不够。最好派几个亲王一起去,或许燕王会看在兄弟的情分上答应求和了。建文帝觉得李景隆讲的有点道理啊,于是下令让谷王朱橞、安王朱楹与李景隆一起,再上龙潭去面见燕王,说说求和的事情。

六月十一日,李景隆和谷王、安王来到了朱棣的大营。皇家兄弟多年不见,互道劳苦,寒暄问候。诸王乘着这个长兄心情好的时机,赶紧将侄儿皇帝派他们来的目的与使命说了一下,核心话题无非是割地求和。朱棣听完后立即脸就一板,说道:"诸弟试谓斯言当乎?否乎?诚乎?伪乎?果出于君乎?抑奸臣之谋乎?"(《奉天靖难记》卷4;《明太宗实录》卷9)

朱棣既是个心理大战的常胜将军,又是个巧舌如簧的诡辩高手。他明明知道这是建文帝派来的议和特使,却硬是装作自己对这事的疑惑,说着说着引向了他的造反"大旗""清君侧"上,而且用上"诸弟试谓斯言当乎"这样的话语来提醒诸王,你们曾经也是建文皇帝削藩打击的对象啊,这样一来朱棣就能将自己的"统一战线"给建起来了。

南京沦陷,建文失国

议和不成,燕军步步紧逼,使得早已失魂落魄的建文帝更加惶惶不安,甚至当着大臣们的面,一个堂堂的大明天子竟然失声痛哭起来。这时,有大臣出来劝慰建文帝,让他到浙江一带去避难,也有的说,不如上湖湘地区去,但建文重臣方孝孺则主张坚守京师,等待各地勤王兵前来支援。万一不利,再去四川等地,收集兵马,以此为后举。

建文帝最终采纳了方孝孺的建议,坚守南京,一边派魏国公徐辉祖和开国公常遇春之次子常升分头率军抵御燕军的进攻,一边命人带上蜡丸裹着的诏书偷偷地出城去,敦促各地赶紧派兵上京师来勤王救驾。可惜的是,为时已晚,南京周围已

经掌控在朱棣燕军的手中,这些救驾的诏书一份也没有成功发出去,全给燕军截获了。(《奉天靖难记》卷4;《明太宗实录》卷9)

时至六月十二日,燕军进一步逼近南京城,明皇宫里一片慌乱,有些大臣在为自己的未来准备着,更有一些大臣本来就是脚踩两只船者,甚至可以说是内贼,他们忘乎所以明目张胆地干起吃里爬外的事情来。徐达的小儿子徐增寿就是这么一个无耻之徒,他身居左都督,级别可能相当于国防部的部长,与哥哥徐辉祖完全两个样,他吃着建文朝的饭,暗地里却为朱棣办着事。徐增寿多次"忽悠"建文帝,竭力为朱棣掩盖罪行。"靖难"战争爆发后,他"数以京师虚实输于燕",就是说徐增寿有好多次将明皇宫和南京城里的机密偷偷地告诉给朱棣。现在燕军日益逼近,这个徐增寿更加肆无忌惮,准备着如何响应燕军入城。监察御史魏冕发现了他的阴谋,马上上奏给建文帝,要求立即处斩徐增寿。但建文帝还不怎么相信徐增寿是个内贼,于是就亲自去诘问他有没有干过无耻之事?徐增寿理屈词穷,无言以对。一生性格文弱温和的建文帝此时再也无法抑制住内心的怒火,他手握利剑将徐增寿刺死在殿庑下。这大概是文弱的书生皇帝在他的政治生涯中发过的惟一一次大火了。(《明太宗实录》卷9;《明史·徐增寿传》卷125;【明】谈迁:《国榷·惠宗建文四年》卷12;【明】薛应旂:《宪章录》中说建文帝"手诛徐增寿於左顺门")

杀了徐增寿,建文帝只是发泄了一下内心的愤怒而已,其实他也清楚,在建文朝宽和的政治环境下,这种吃里爬外的无耻小人又岂止徐增寿一人啊!时至今日,又能怎么办?建文帝长吁短叹,一筹莫展。(《奉天靖难记》卷4;《明太宗实录》卷9)

● 金川门之变

六月十三日,朱棣发出了向京师南京挺进的总命令。其实他比谁都明白,南京城在他"老爸"手里修得相当牢固,其军事防御能力绝不能低估,为此他先派了先锋官刘保到南京城下转了一圈。刘保发现南京城的朝阳门一带防守极为空虚,几乎没有什么军事防备。但奇怪的是朱棣没有下令从朝阳门进军,这到底是为什么?历史上没有给我们留下现存的答案。笔者认为,朝阳门一带是个非常敏感的地方,朝阳门就相当于今天南京城中山门,它稍稍入内一点就是明皇宫的东安门。据刘保的侦察说,这里没有防备,那么从这里进入南京城肯定是最近、最方便,但是朝阳门出外就是明孝陵,我们现在在南京城东所看到的明孝陵与中山门还有好一段距离,但在明代这里都属于孝陵陵园禁区。朱棣口口声声说自己是"老爸"朱元璋的"好儿子",因而他总不至于笨到了在他"老爸"安睡的地方行军打仗;若是,这不仅是等于自己搧自己的耳光,而且还在舆论上将自己陷于不忠不孝的被动境地,朱棣那般狡诈的家伙才不会那么傻,所以最终他放弃了从朝阳门入城的念头。

朱棣的狡猾之处还不仅仅于此,因为他知道南京城里还有实力,贸然进攻,对方拼死抵抗,那就得不偿失了,自己不是没有吃过这样的亏,济南城打了三个月还是没打下来。所以朱棣进攻南京,不仅要靠军事武力,也要通过心理战和宣传战,起到"不战而屈人之兵"的目的,于是他就写了一份书信给在南京城里的弟弟妹妹们,告诉大家:我朱棣不图别的,就是为了除奸臣,恢复"祖制",实际上也就是说,我不会对侄儿皇帝怎么样的,这种欺世盗名的手段有时还真能"忽悠"不少人。(《奉天靖难记》卷4;《明太宗实录》卷9)

再说此时南京城里的建文朝廷已经分崩离析了,大臣们不是准备投降就是打算亡命天涯。但对于建文帝来说,事到今日,尽管回天乏术,但也不能不作最后的一搏。他听从了方孝孺的建议,让亲王叔叔们去守卫南京城的各个城门,表面上看这似乎是个"绝妙"的主意,可他哪里知道这个主意本身就是冒着极大的风险。就当时朱棣进攻而言,如果南京城里那200 000守军好好坚守的话,朱棣很难一时半会儿就打进来了。但意外就发生在这个时候,受命镇守南京北部金川门的是谷王朱橞与曹国公李景隆,这两个坏蛋先前为建文帝去办皇差没办好,现在倒是"利用职务之便"办起自己的事来了,两人琢磨着,建文帝完了,燕王就是未来的主子啊,赶紧在新皇帝、新领导那里"挂个号",先立个功,将来就是元老了。

六月十三日谷王朱橞与曹国公李景隆在金川门城楼上巡视时,远远望见了朱棣髦盖,立即打开金川门,迎接朱棣燕军的入城。朱棣听说后,真是乐坏了,这天上还真的掉下了个大馅饼了,为什么不吃啊!于是下令给燕军,迅速进城。燕军进入金川门时,魏国公徐辉祖这个建文帝的忠实大将尽管知道大势已去,但还是组织力量进行抵抗,不久就被打败了。由此以后,燕军几乎没费什么周折就控制住了京城,南京沦陷了!(《奉天靖难记》卷4;《明太宗实录》卷9;【清】谷应泰:《明史纪事本末·燕王起兵》卷16)

燕军攻占南京,标志着四年的"靖难战争"以朱棣的胜利与建文帝的失败而告终。

● 建文最终失国

朱棣进入金川门后,迅速派兵进驻和把控明皇宫与南京城的要害之处。就在这时,建文帝不停地在明皇宫里徘徊,嘴里止不住地念着:"完了,完了,一切都完了!"后妃宫女们纷纷逃到后宫里边,聚集在皇帝朱允炆的周围,她们全都吓坏了,不停地在颤抖,并时不时地抬起那哭丧的脸望着建文帝。建文帝发话了:"燕贼凶残,他们已经入城了,你们还是各自想办法吧!"众宫人四处乱跑,建文帝下令放火焚烧后宫。

乘着火起混乱之际,建文帝带了他的三儿子换了一套便服打算出逃,仓皇之中竟将自己的三儿子撂在了宫门口,这个建文三儿子后来就被燕军俘获了,而建文帝自己从此就从大明帝国的政坛上消逝而去。(【明】高岱:《鸿猷录·长驱金陵》卷8;【清】谷应泰:《明史纪事本末·燕王起兵》卷16)

第二章
建文悲歌与建文情结

金川门之变以后,朱棣迅速派出燕军,控制住南京城的局势,到处寻找政敌建文皇帝,同时又以最快的速度接管大明帝国的中央政权。但令他意想不到的是,整个建文朝投降的却只有20多号人,这实在是让他感到极其郁闷的,不,应该说是极其恼怒的。这些该死的顽固的"奸党分子"也太不与时俱进,死心眼,不懂变通,我让你们见识见识本燕王、即刻就任大明新主子的厉害,我要让你们明白是你们的脖子硬还是燕军将士的刀口硬!于是,大明开国以来又一场惨绝人寰的大规模屠杀从南京开始,史称"壬午殉难"。

建文帝走了,许许多多的建文忠臣殉难了,但建文帝及其所执政的那段大明历史却使人久久无法忘怀,由此形成了"建文情结"。中国传统儒家的"民本论"派曾说:"得人心者得天下。"但明初从"建文"转向"永乐"的那段历史却偏偏无情地背离了这个千年的"定理",那么"得人心"的建文帝为什么会"失天下"呐?

壬午殉难

● 建文朝御史"欢迎"朱棣的特殊形式——金川门行刺

六月十三日,这原本是极为普通的一天,但对于600年前的南京城来说,那可是个非同寻常的日子,因为那天惊恐万分的"南京人"都知道,大明皇室老朱家里的那个居心叵测、起兵造反已经四年的燕王朱棣,带了他的那些如狼似虎的燕军将士不仅闯到了皇城根下,而且还将它给团团地围住了,他们耀武扬威,大有吞食南京之势。顿时,京城的局势更为紧张,就连南京城上空的滚滚乌云也几乎要被肃杀和危险的军事形势所凝固,黑云压城城欲摧。

就在此时,明皇宫里一片混乱,文弱的建文皇帝已经走到了他的政治生命的尽头。既然连老皇帝朱元璋亲自选定的接班人都面临着国破家亡的悲惨命运,那就更不用说其底下的大臣与普通百姓了。人们惊慌着,忙乱着,争相逃命。

不过与此相反,在南京城北的金川门周围却是另外一番景象,只见那金川门外里三层外三层的都是人。不过这些人都不是什么善主,他们个个手握兵器,虎视眈眈地盯着前方的金川门。在这人山人海的人群中,竖着两面特别大又醒目的旗帜:一面旗帜上写着大大的"靖难"两字,人们一看便知,这是燕王朱棣的军队,因为他们打着"靖难"的旗帜,人称燕军为"靖难军";在"靖难军"中还有根大旗竿上挂着另一面特大的旗帜,上写斗大一般的"燕"字,不用说,那就是燕王朱棣的王旗。王旗下,坐在高头大马上的燕王朱棣脸上露出了狰狞的奸笑。四年了,日思夜想的不就是今天这么一个结果,而今真的来了,朱棣岂会不乐?!他踌躇满志地整合兵马,开赴南京城去,恨不得马上就能坐上那奉天殿上的九龙宝座。

就在朱棣心里甜美无比的那一刻,他屁股底下的坐骑已经穿过了金川门,进入了南京城。朱棣得意洋洋地回过头去,挥动着手,时不时地与城楼上为他打开稳如磐石的金川门的那两条哈巴狗——谷王朱橞、曹国公李景隆打着招呼。(《明太宗实录》卷9;《奉天靖难记》卷4)

突然间,从旁边道路上飞驰过来一匹快马,马背上坐着一个文臣装束的人,他手里拿了一把匕首,直奔朱棣这边。得意忘形的朱棣哪儿会料到今天会遇上这等事情,说时迟,那时快,只见马背上的刺客已将匕首刺到了朱棣的跟前。可刺客水平太臭,没把朱棣刺着,倒是给机警万分的燕王警卫亲兵给发现了,他们飞也似地举起兵器,轻轻地一拨,就将刺客给撂倒在地。惊恐不安的朱棣马上勒住了马缰绳,叫着亲兵们押住刺客,问个究竟。这不问不要紧,一问差点把朱棣给弄晕过去。

原来这个刺客压根儿不是什么正宗的科班出身,而是业余的,并且还是个文人,确切地说是建文朝的监察御史。他叫连楹,襄垣人,国子监生出身,洪武时曾任赞善。朱元璋十分欣赏连楹,多次赞美他刚正的品格,后来将他调任监察御史,总算是人尽其才。建文帝当政以后,尽管没有特别重用连楹,可人家连楹是个坦荡荡的君子,他不在乎自身官位的高低,而是将国家社稷利益放在第一位。"建文新政"他衷心拥护,建文削藩他献计献策,但建文北伐他心有余而力不足。"靖难战争"打了四年,一个堂堂的大明天子居然最后落到这步田地,连楹实在是看不下去了,他痛心疾首,但又无能为力。作为忠臣惟一能做的就是以身殉国,报效君恩,而现在就是为国为君尽忠的时候了。

建文四年六月十三日,连楹巡视京城,当走到城北金川门时,他听到人们惊讶地议论着:"曹国公李景隆太不像话,人家皇帝对他那么好,可他倒好,不仅打了败仗,将建文帝500 000大军的家底全给葬送了,今天他还打开金川门,将朱棣的燕军给放了进来,这人太无耻了!"连楹听着,肺都要气炸了,马上找人,搞到了一把匕首,然后直奔金川门。迎面远远而来的还是燕王朱棣,只见他得意洋洋地坐在马背上正往城内赶。连楹跃马上背,飞驰向前,直刺朱棣……

连楹被捕后,惊恐未定的朱棣做梦也没有想到,建文朝的那些手无缚鸡之力的文臣学士却以这样的形式来"欢迎"他们老朱家的"最为优秀的皇位继承人",他顿时兽性大发,下令将连楹乱刀砍死。可奇怪的事情发生了,从刚刚死去的连楹身上冒出一股白气直往上冲,连壮士的尸体直直地站在金川门内侧,久久不倒。(【明】谈迁:《国榷·惠宗建文四年》卷12;《明史·连楹传》卷141)

● 朱棣大为光火:建文朝不少于600号大臣却只有25个"识时务"者来降

金川门行刺后,朱棣花了好长时间才缓过神来,稳定住情绪,下令给燕军将领,迅速控制住南京城的局势,寻找政敌建文皇帝的下落。可令朱棣万万没想到的事情又发生了。

就在燕军进入京城之际,南京城东南方的明皇宫顿时燃起了熊熊大火,25个"识时务"的建文朝大臣在兵部尚书茹瑺的带领下,手举降表出来迎降燕王朱棣。他们是吏部右侍郎蹇义、户部右侍郎夏原吉、兵部左侍郎刘儁、右侍郎古朴、刑部侍郎刘季箎,大理寺少卿薛嵓、翰林学士董伦、翰林侍讲王景、翰林修撰胡靖、李贯,翰林编修吴溥、杨荣、杨溥、翰林侍书黄淮、芮善、翰林待诏解缙、给事中金幼孜、胡濙、吏部郎中陈洽、兵部郎中方宾、礼部员外宋礼、国子助教王达、郑(邹)缉、吴府审理副杨士奇、桐城知县胡俨。(【明】谈迁:《国榷·惠宗建文四年》卷12;【清】谷应泰:《明史纪事本末·燕王起兵》卷16;【明】薛应旂:《宪章录》卷14)

朱棣恼怒不已,整个建文朝不少于600号大臣却只有20多号人来降,这四年来牙根一直咬得咯咯响发誓要捉拿的"奸臣"却没见踪影,朱棣心头堵得慌,他首先开列了29个左班文臣为"奸党"分子,命人迅速缉拿。

○ 第一榜"奸党分子"(29人)

朱棣第一次开列与揭榜的"奸党"分子有:太常寺卿黄子澄,兵部尚书齐泰,礼部尚书陈迪,文学博士方孝孺,都察院左副都御史练子宁,礼部侍郎黄观,大理寺少卿胡闰,大理寺丞邹瑾,户部尚书王纯,户部侍郎郭任,户部侍郎卢迥,刑部尚书侯泰,刑部尚书暴昭,工部尚书郑赐,工部右侍郎黄福,吏部尚书张纮,吏部左侍郎毛太亨(毛泰),户科给事中陈继之,监察御史董镛,监察御史曾凤韶,监察御史王度,监察御史高翔,监察御史魏冕,兵部郎中谢升,前监察御史尹昌隆,宗人府经历宋征,户部侍郎卓敬,翰林修撰王叔英,户部主事巨敬。

朱棣还发话:对于检举与捉拿"奸党"者要予以奖赏,"凡文武官员军民人等,绑缚'奸臣',为首者升官 3 级,为从者升 2 级;绑缚官吏,为首者升 2 级,为从者升 1 级"。相关部门奉旨张贴告示,一场检举与捉拿"奸党"的群众运动在大明首都南京首先开展起来了。在这场运动中,大明帝国的臣民们表现出高度的"政治觉悟"和"参政"的热情,"自是擒获得官甚众,乘机报私仇,劫掠财物者纷纷,虽禁不能止也"。【明】谈迁:《国榷·惠宗建文四年》卷 12;【清】谷应泰:《明史纪事本末·燕王起兵》卷 16)

○ 4 个"被冤枉的奸党分子"

朱棣"钦定"的第一批"奸党分子"名单一张榜,那 29 个"奸党分子"中就有 4 个大臣赶紧出来迎驾归附;他们是建文朝工部尚书郑赐、户部尚书王纯、工部右侍郎黄福和前监察御史尹昌隆。这 4 人纷纷表示,自己被列入"奸党分子"行列实在是太冤枉了,他们全是"为奸臣所累,乞宥罪"。朱棣问左右及已经投降的那些"与时俱进"的大臣,这时那两只断了脊梁的"政治导盲犬"李景隆和茹瑺赶紧出来为这 4 个"被冤枉的奸党分子"说话了。朱棣一发"善心",觉得能争取还是争取一部分吧,于是同意解除对这 4 人"奸党罪"的"指控",官复原职,这下可将李景隆和茹瑺这两条哈巴狗给神气坏了。明眼人一看就明白,李景隆和茹瑺在新天子朱棣心目中有多重的分量啊。狗的嗅觉是极其灵敏的,李景隆和茹瑺也不例外,他们可要好好地表现一番了,当好"政治导盲犬",于是两人又继续讲,将建文朝吏部尚书张纮列为"奸党"行列也不妥。

大家千万别以为李景隆和茹瑺这两只没了脊梁的哈巴狗在做好事,他们之所以这么做是为了求得自己内心的一片安宁,李景隆——建文朝北伐大业全坏在他的手里,茹瑺带领 25 个建文朝"识时务"的大臣首先出降。作为降臣和变节者自古以来就要遭受道德、良心的谴责和正直史学家的诟病,而他俩又是"首席"归降者,对新主子有功,同时意味着对旧主有着永远也偿还不了的良心债,他们不想给自己留下太多的骂名,积点德也为以后在新朝廷中拥有较好的人脉关系先铺垫铺垫;再说李景隆和茹瑺这两条没了脊梁的哈巴狗的政治觉悟也特别高,朱棣起兵打的什么旗子?"清君侧,复祖制",他们估摸着朱棣行将建立的新朝廷的最大的政治——恢复朱元璋时代的一切规制,而被列入"奸党"行列的建文朝的工部尚书郑赐、户部尚书王纯等原本都是洪武朝的大臣,老皇帝在时这几人就已经是封疆大吏了,高皇帝肯定他们呀,否则怎么会给他们那么大的官做?你燕王总不敢否定你"老爸"的政治吧,否则你怎么能当你"老爸"的"好儿子"呢?所以李景隆和茹瑺在这个充满杀气的关键时刻敢为别人"直言"。

而朱棣还真给面子,下令给张纮官复原职(另有书中说张纮最终殉难了)。但朱棣是什么人?是比狐狸还要狡猾的政治场上的野兽,敏感的嗅觉使他闻到了一种特殊的味道,这两条没有脊梁的哈巴狗好像在"救人"结党,这可不是好事啊,于是赶紧发话,到此为止,其余的都不宽宥了。(【清】谷应泰:《明史纪事本末·燕王起兵》卷16;【明】谈迁:《国榷·惠宗建文四年》卷12)

○ 第二榜"奸党分子"(33人)

不仅不能再宽宥,朱棣还要追加开列"奸党"分子,于是就有了第二批"奸党"名单,他们是礼部侍郎黄魁,左拾遗戴德彝,兵科给事中韩永,燕府左长史葛诚,衡府纪善周是修,护卫指挥卢振,沛县知县颜伯玮,北平左布政使张昺,兵部尚书铁铉,兵科给事中龚泰,副都御史茅大芳,徽州知府陈彦回,萧县知县郑恕,锦衣卫都指挥使总兵官都事宋忠,苏州知府姚善,刑部侍郎胡子昭,左佥都御史周璿,南昌知府叶仲惠,参军高巍,德庆侯廖镛,魏国公徐增寿,太常寺少卿卢原质,监察御史郑公智,编修林嘉猷,河南参政郑居贞,辽王府纪善程通,监察御史牛景先,谷王府长史参军刘璟,宾州知州蔡运,太常少卿王艮,御史甘霖、叶希贤、黄希范等共计33人。(【明】谈迁:《国榷·惠宗建文四年》卷12;【清】谷应泰:《明史纪事本末·燕王起兵》卷16;《明史》卷141—143)

● "壬午殉难"

如果我们将朱棣前后两次开列的"奸党"名录人数合起来算的话,总计被指认为"奸党"的人数为58人。在这58人当中文臣学士占了95%以上,难怪有人说"靖难之役"是文人学士集团与军人武夫集团之间的一场政治较量与斗争。我们姑且不去讨论"靖难之役"的性质,但就这50来号"奸党"分子与20来号的"投降变节分子"相比而言,实在是让朱棣感到极其郁闷的,不,应该说是极其恼怒的。这些该死的死顽固的"奸党分子"也太不识时务,死心眼,不懂变通,我让你们见识见识本燕王、即刻就任大明新主子的厉害,我要让你们明白是你们的脖子硬还是燕军将士的刀口硬!于是,大明开国以来又一场惨绝人寰的大规模屠杀从南京开始了,因为建文四年(1402)为旧历的壬午年,人们就将建文帝忠实追随者、支持者及其亲族和乡邻所遭受的杀戮和迫害称为"壬午蒙难",或称"壬午殉难"。

"壬午殉难"的发生使得原本祥和的大明帝国(至少说南方是如此)笼罩在血色的恐怖之中,都城南京顿时成了人间地狱。朱棣的爪牙们像疯狗一般地追查"奸党"分子,他们上房揭瓦,挖地三尺,宁可错杀一千,不可使一个漏网,于是被指认为"奸党"分子的建文朝文臣学士及其亲友和乡邻都一个个地成了朱棣登上大明帝国君主宝座的祭品,上演了无数的令人触目惊心、扼腕叹息的人间悲剧。

○ 原来他不仅是只毒嘴乌鸦而且还是个内贼——尹昌隆

但在这一出出可歌可泣的"壬午殉难"悲剧中,还夹杂着一幕小丑闹剧,让人看了以后感觉是一头雾水,甚至是大跌眼镜。这出小丑闹剧的主人公就是我们在前面的"建文新政"与"建文削藩"两章中已经提到的一个人,即老与建文皇帝过不去的御史尹昌隆。

建文帝得了感冒临朝晚了一点,这个尹昌隆就对建文帝横挑鼻子竖挑眼,张开他的乌鸦嘴就咋呼,什么太阳几尺高了,你还安于枕上之乐,这样"旷职废业,上下懈弛",岂不让四邻邦属知道了见笑。我在怀疑尹昌隆的性心理是否正常?人家建文皇帝才二十出头,不是说:"二十的男人是'奔腾',三十岁的男人是'日立',四十岁的男人是'微软'……"人家建文皇帝20岁刚出头,即使"奔腾"一下也没有什么不是的;且从历史的实际来看,建文帝很可能是明朝十七帝中最为节欲的一位吧。而就是这个心术不正的尹昌隆逮住了一点不是什么瑕疵的瑕疵就大放厥词,肆意诋毁,给人的印象是好像他尹昌隆才是敢于"犯颜"的"直臣",也幸亏当政的是文弱的书生皇帝,建文帝不仅没有与"乌鸦"尹昌隆过不去,反而赞扬他的"直言"。

其实尹昌隆的小人嘴脸在建文朝不是没有暴露过,只不过当时的人们都没有引起足够的重视。朱棣谋反起兵后,建文朝的大臣对于如何处置朱棣这个有着蛇蝎一般心肠的皇叔有着很大的争议。有人认为坚决征讨,有人主张议和了再说。就在这时,一向披着"直臣"外衣的"乌鸦"尹昌隆却"标新立异"地向朝廷提出了自己的"高见",他说:"今事势日去,而北来奏章有周公辅成王之语,不若罢兵息战,许其入朝。彼既欲伸大义于天下,毋使相违戾。设有蹉跌,便须举位让之,犹不失藩王也。若沈吟不断,祸至无日,进退失据,虽欲求为丹徒布衣,不可得矣。"(【明】姜

清:《姜氏外史》卷1;【清】谷应泰:《明史纪事本末·燕王起兵》卷16)

这哪像是个臣子为皇帝出点子,为国家解难,简直就是在为造反者壮势来恐吓本身就文弱的建文皇帝;但让尹昌隆根本没想到的是,看似文弱的建文帝没吃他这一套,也没把他的话当回事。说实在的,当政的要不是朱允炆这样的文弱之主,那么尹昌隆这只居心叵测的"乌鸦"早就要到朱元璋的阴曹地府里去报到了,因为当时建文帝朱允炆完全可以以"混淆视听,破坏朝纲"的罪名修理一下这个为"蝎子"张目的"乌鸦"。但没想到建文帝又一次出奇的大度,却为这只毒嘴乌鸦在后来临难之际找到了救命的稻草。

金川门之变后,朱棣发布"奸党"名录,以"直臣"闻名的尹昌隆也"榜上有名"。朱棣令人按照名录搜捕"奸党"分子。与其他视死如归慷慨就义的"奸党分子"形成截然相反的情形是,尹昌隆这位在建文朝以"刚正不阿"形象出现的"直臣",却在面对燕军的屠刀时大呼冤枉。朱棣觉得十分好奇,就问他冤从何来?尹昌隆说:"臣曾经上过奏章,规劝建文帝将皇帝的位置让给陛下您啊。您要是不信,奏章档案还在,可以马上去查一下。"朱棣可不是昏庸之主啊,马上下令停止用刑,让人去大明帝国的档案处查阅一下尹昌隆上过的奏章。还真查到了,朱棣拿过从档案室里取来的奏章,认真地读着,一不留神他激动地哭了出来,当即跟尹昌隆说:"火烧头,若早从此言,则南北生灵受祸未至若是之酷,朕亦无此劳苦也。"(【明】姜清:《姜氏外史》卷1;【清】谷应泰:《明史纪事本末·燕王起兵》卷16)

朱棣这样的政治家就是与众不同,明明是谋逆造反,他还觉得反得有理,一反到底。错的不在于他这个非法暴乱的制造者,而是合法的国家之主建文帝;朱棣会激动,让他激动的是建文朝臣几百号人中还有这么一个端着建文朝的饭碗却在暗中偷偷地为自己"打工"的"直臣",直到把建文朝廷"忽悠"够了,这个"直臣"的庐山真面目才露出来,原来他不仅是只有着一张毒嘴的"乌鸦",而且还是一个吃里爬外的内贼和一条断了脊梁的哈巴狗。

对于这样的意外"发现",朱棣当然要喜极而泣了。由"乌鸦"瞬时间又变成了"哈巴狗",尹昌隆自然也就不会再被处死了,相反他在永乐朝开启时还受到了重用。

○"壬午殉难"的第一篇章——15个血性文臣壮士

虽然从建文四年六月十三日起大明之主还是姓朱,但此朱非彼朱,大明建文朝的大臣可分得清了。于是分化成两个阵营:要么迅速归降给这个从北平来的新主子、做新王朝的顺民;要么守望建文朝的精神家园,魂系理想之天国,舍生取义。这不，六月十三日朱棣进入南京城的当天，就有15个建文朝的文臣忠君殉难，他们是御史府署佥都御史程本立，兵部侍郎边升，太常寺少卿廖升，翰林院修撰王艮，编修陈忠，户科都给事中龚泰，刑科给事中叶福，监察御史连楹、魏冕，大理寺丞邹瑾、丁志方，工部郎中张安国、韩节，刑部主事刘原弼，参赞军务前军都督府断事高巍。（【明】谈迁：《国榷·惠宗建文四年》卷12）

◉ 壬午殉难到底有多少建文朝大臣？

自明代以来，有关"壬午殉难"的历史记载很多，但有关"壬午殉难"的研究目前还很不够，人们的目光往往停留在那些殉难大臣对建文帝的"愚忠"这一传统的"定性"问题上。其实"壬午殉难"很奇怪，也很复杂。有人说建文帝与他的政敌朱棣相比，算不上是一个好皇帝。如真是这样的话，令人不解的问题又来了，从建文到永乐怎么会有那么多的人自愿"殉难"或至死不愿做"贰臣"而被迫"殉难"或被株连，不管哪一种情形，如此之多的人们去"殉难"了，这似乎在历史上是不常见的景象。明代学者就曾这样说道："自古国家易姓，莫甚于宋、元，盖以夷易华也。然考之传纪，一时死义之臣，如文信国、谢叠山、张、陆数公之外，指不多屈。我国朝革除，虽南北交兵，原叔侄相代，乃当时死难不屈之臣，上自宰辅，下逮儒绅不具论，而深山穷谷中往往有佣贩自活、禅寂自居者。异哉，此亘古所无也！"（【明】张燧：《千百年眼》卷12）

大凡在中国历史改朝换代时，总会出现了一些至死不愿做贰臣的"节烈之士"或称为愚忠之臣，但数量不多，一般不会超过几十个，绝对不像建文朝居然有100多号大臣（有名可考）不愿与同是朱元璋的"子孙"的朱棣合作，甚至不愿做他的臣民，这实在是不可思议。

在我们试着揭开谜底之前，不妨先将"壬午殉难"的建文朝大臣总体上做个梳理。详见笔者制作的下表。

建文朝"壬午殉难"著名大臣简表

序号	殉难大臣姓名	籍贯	大臣官职	殉难事迹简介
1	陈性善	山阴	副都御史	灵璧战败，与彭与明等皆被执，后自尽
2	黄墀	余姚	不明	灵璧战败，与陈性善等皆被执，后自尽
3	陈子方	余姚	不明	灵璧战败，与陈性善等皆被执，后自尽
4	彭与明	万安	大理丞	灵璧战败被执，亡去，不知所终

续表

序号	殉难大臣姓名	籍贯	大臣官职	殉难事迹简介
5	刘伯完	不明	钦天监副	灵璧战败被执,亡去,不知所终
6	陈植	庐江	兵部右侍郎	被叛将所杀
7	王彬	东平	监察御史	被叛将所害
8	樊士信	应城	兵部主事	守淮,力拒燕兵,不胜,死之
9	廖升	襄阳	太常寺少卿	闻茹瑺到龙潭议和,失败,自缢而亡
10	刘原弼	扶沟	刑部主事	金川门之变后,巷战献身
11	边升	荥泽	兵部左侍郎	抵抗燕军失败,被俘不屈而死
12	程本立	崇德	佥都御史	惊闻金川门之变,自尽而死
13	陈忠	宁波	翰林编修	燕兵入金川门,死之
14	叶福	闽县	刑科给事中	燕兵入金川门,死之
15	王艮	吉水	翰林院修撰	与解缙等想约共殉难,唯他服鸩卒
16	龚泰	义乌	户科给事中	明皇宫救火途中被俘,投城下摔死
17	连楹	襄垣	监察御史	金川门行刺朱棣未成,被燕军乱刀砍死
18	魏冕	永丰	监察御史	厉声斥责投降派,为建文帝殉节
19	邹瑾	永丰	大理寺丞	自杀,后被夷族,共448人
20	邹朴	永丰	秦王府长史	闻偶像邹瑾死,愤激,不食而卒
21	张安国	定海	工部郎中	泛舟太湖,闻建文亡,凿舟沉死
22	丁志方	聊城	工部郎中?	以死报君恩
23	韩节	扬州	工部郎中?	金川门之变后,为燕军所杀
24	高巍	辽州	都督府断事	闻京师被燕军攻陷,自缢于驿舍
25	徐垕	黄岩	兵部右侍郎	在外募兵,京师家毁,被逮至南京而死
26	谭翼	不明	兵部郎中	金川门之变后,赴火而死,妻儿自缢
27	高逊志	萧县	太常寺少卿	金川门之变后,不知所终
28	顾硕	仙居	吏部主事	弃官而去,为富家牧牛
29	陈周	无锡	不明	逃离南京,归隐无锡老家
30	丰寅初	宁波	德化教谕	弃官躬耕于老
31	韩郁	铅山	监察御史	离开京师,不知所终
32	李贞	海宁	监察御史	遁入临平山中

续表

序号	殉难大臣姓名	籍贯	大臣官职	殉难事迹简介
33	周是修	泰和	衡府纪善	自尽于应天府学
34	陈彦回	莆田	平江知县	为建文募兵被抓,不屈而死,妻子给配
35	张彦方	龙泉	乐平知县	募兵勤王,被执逮到乐平枭首
36	郑华	临海	东平吏目	不愿做贰臣,绝食而死
37	郑恕	仙居	萧县知县	燕军破萧,不屈而死。二女当配,亦死之
38	王良	祥符	浙江按察使	自焚于公署,妻投河,亲族徙边
39	黄观	贵池	礼部右侍郎	投水自尽,姻党戍边者百余人
40	齐泰	溧水	兵部尚书	不屈被杀,族诛,女家眷送教坊司
41	黄子澄	分宜	太常寺卿	被杀,族诛65人,姻党400余人戍边,女家眷送教坊司。诛十族
42	方孝孺	宁海	翰林侍讲学士	诛灭"十族",其一狱就有873人被害
43	林嘉猷	宁海	陕西佥事	坐方孝孺案,不屈而死,族诛
44	卢原质	宁海	太常寺少卿	坐方孝孺案,不屈而死,族诛
45	郑公智	宁海	监察御史	坐方孝孺案,不屈而死,族诛
46	郑居贞	闽县	礼部郎中	坐方孝孺案,不屈而死,族诛
47	刘政	苏州	不明	闻方孝孺蒙难,吐血而死
48	廖镛	南京	德庆侯后人	坐方孝孺案,不屈而死
49	廖铭	南京	德庆侯后人	坐方孝孺案,不屈而死
50	陈迪	宣城	礼部尚书	父子6人被凌迟处死,宗亲180人戍边
51	暴昭	潞州	刑部尚书	被朱棣去光牙齿,断手足,折颈而死
52	毛太亨	浙江	吏部左侍郎	被抓后,不肯向朱棣屈服,被杀
53	卓敬	瑞安	户部左侍郎	被杀,夷三族,余下亲族流配武康
54	郭任	丹徒	左户部	不屈就义,长子连坐,少子戍广西
55	卢迥	仙居	户部侍郎	唱着歌英勇就义
56	黄魁	吉安	礼部侍郎	不屈而死,亲族死难63人
57	卢植	不明	不明	不屈而死?
58	练子宁	新淦	左副都御史	不屈惨死,族诛,姻戚死151人,谪戍数百人。瓜蔓抄

续表

序号	殉难大臣姓名	籍贯	大臣官职	殉难事迹简介
59	胡闰	鄱阳	大理寺少卿	被剥皮,族诛,长子连坐死,幼子充军交趾,小女儿给配功臣家,瓜蔓抄,戍边数百人,连累而死者数千人
60	司中	不明	金都御史	被铁帚刷肉刷死,姻党同死80余人
61	董镛	不明	监察御史	被杀,女发教坊司,姻亲死戍230人
62	戴德彝	奉化	监察御史左拾遗	与两弟德信、德祐在南京被害,妻子焚毁家谱,二子得以保存
63	陈继之	莆田	户科给事中	不屈磔死,夷三族
64	韩永	西安	不明	朱棣要他出来继续当官,但他不屈而死
65	甘霖	怀宁	监察御史	从容就义,子孙相戒不复做官
66	高翔	朝邑	监察御史	被杀,瓜蔓抄,毁先墓,亲党300人编成
67	巨敬	平凉	户部主事	被责问,不屈而死,夷族
68	杨任	嘉兴	原袁州知州	不屈磔死,族诛93人,戍边百余家
69	刘端	不明	大理寺丞	被朱棣割鼻、捶杀,家族被戍边
70	王高	不明	刑部郎中	被朱棣割鼻、捶杀,家族被戍边?
71	王叔英	黄岩	翰林修撰	自尽于广德
72	林英	古田	监察御史	与王叔英募兵广德,力屈自尽,妻下狱
73	张纮	富平	吏部尚书	自尽于京师吏部大堂后堂
74	侯泰	南和	刑部尚书	督饷在外,高邮被执,本人就戮。弟敬祖、子玘寻坐死
75	姚善	安陆	苏州知府	不屈磔死,儿子被罚作燕军将领奴仆
76	黄钺	常熟	礼科给事中	闻好友姚善死,哭祭后投河自尽
77	景清	真宁	左金都御史	打光牙齿,被剥皮,夷族,瓜蔓抄
78	曾凤韶	庐陵	都察院御史	不仕朱棣,血书绝命词而自尽
79	茅大芳	泰兴	右副都御史	他与3个儿子被害,妻子送教坊司
80	周璿	武昌	金都御史	被执不屈而死,妻儿下大狱
81	胡子昭	庐陵	刑部左侍郎	被押5个月,不服,磔于西市,女入宫,戍边姻亲58家

续表

序号	殉难大臣姓名	籍贯	大臣官职	殉难事迹简介
82	铁铉	邓州	兵部尚书	受尽酷刑,还被油炸,父母与儿子被戍边,妻女送教坊司
83	刘璟	青田	谷王府长史	不仕朱棣,不屈对抗,下狱,辫发自尽
84	高不危	不明	不详	家属被逮至京,弟宣戍海南卫,审发习匠
85	陈思贤	茂名	漳州府学教授	被人执送京师,不屈而死
86	伍性原	漳州	漳州府学学生	被人执送京师,不屈而死
87	陈应宗	漳州	漳州府学学生	被人执送京师,不屈而死
88	林钰	漳州	漳州府学学生	被人执送京师,不屈而死
89	邹君默	漳州	漳州府学学生	被人执送京师,不屈而死
90	曾廷瑞	漳州	漳州府学学生	被人执送京师,不屈而死
91	吕贤	漳州	漳州府学学生	被人执送京师,不屈而死
92	王度	归善	监察御史	坐方孝孺党,先戍后论死,灭族
93	龙镡	不明	晋王府长史	被燕军所抓,不屈而死
94	宋征	不明	宗人府经历	责问不屈,被磔杀,亲族被诛灭
95	程通	绩溪	辽王府长史	被械送京师,家人戍辽,籍其家
96	黄希范	不明	徽州知府	坐程通党,论死,籍其家
97	蔡运	南康	宾州知州	有善政,后论死,百姓怜而思之
98	何申	不明	中书舍人	奉使四川,闻京变,恸哭吐血而死
99	汤宗	不明	北平按察佥事	上告领导陈瑛受贿,被陈瑛报复治死
100	卢振	不明	不明	与徐辉祖伐燕,后被杀灭族
101	牛景先	不明	监察御史	被治齐黄党人,本人出亡,妻送教坊司
102	黄彦清	歙县	国子监博士	在梅殷军中私谥建文帝,论死
103	金兰	不明	贵池典史	坐黄彦清案,下狱
104	方法	桐城	四川都司断事	不与同僚共署祝贺朱棣上台,自尽
105	张安	不明	指挥	被执,中途逃走,隐于乐清,后投水死
106	叶惠仲	临海	南昌知府	修《明太祖实录》斥朱棣为逆,论死,没家
107	徐子权	不明	刑部主事	闻直臣练子宁被杀,自尽而死
108	周继瑜	不明	松江同知	被执不屈,后被磔杀于市

续表

序号	殉难大臣姓名	籍贯	大臣官职	殉难事迹简介
109	梅殷	夏邑	驸马都尉	被朱棣手下谋杀于南京笪桥
110	耿璿	南京	驸马都尉	建文帝的姐夫,被朱棣所杀害
111	耿瓛	南京	都督	被朱棣所杀害
112	楼琏	金华	侍读	不愿为朱棣起草登基诏书而自杀
113	王琎	日照	宁波知府	造舟舰谋勤王,为卫卒缚至京,归乡里
114	石允常	宁海	常州同知	入狱二年,免死戍边
115	高贤宁	济阳	太学生	不屈,但与朱棣宠臣纪纲同学,得归隐
116	储福	常熟	燕山卫小卒	绝食死,朱棣等叫人强奸其妻,人不愿

(上表史料来源:《明史》卷141—卷144;【明】谈迁:《国榷·惠宗建文四年》卷12,P836—866;【明】姜清:《姜氏外史》卷1—5;【明】黄佐:《革除遗事》卷1—6;【清】谷应泰:《明史纪事本末·壬午殉难》卷18,P291—308)

从表中我们可以看出,"壬午殉难"中有名考的建文朝文臣学士共计在107位左右(上表中的储福等不属于朝臣,故而不计入内),综合建文朝殉难的大臣学士的情况,笔者发现有以下几个特点:

第一,"壬午殉难"中的建文朝文臣学士以南方籍贯的居多,有70多个(籍贯不明者未计算入内),占殉难文臣学士总数的80%以上。

第二,"壬午殉难"中的建文朝文臣学士大多死得很惨,牵连的亲族很广。甚至连未成年的儿孙都被处死,这既与《大明律》加重对"政治异己分子"的处罚力度有关,又是朱棣魔鬼兽性恶性张扬的必然结果。

第三,"壬午殉难"中的建文朝文臣学士的家眷几乎个个都表现出令人可歌可泣的刚烈与忠贞,这在中国历史上也是不曾多见的。

第四,"壬午殉难"中的建文朝文臣学士中好多蒙难的女家眷都被朱棣送到了官办的妓院——教坊司,任人践踏,实在令人发指。

第五,建文朝壬午殉难者中不仅有一大批文臣学士,而且还有底层的平民、学生和小卒,他们个个都是好样的。譬如燕山卫小卒储福就是这样的人。储福殉难后,他的那个貌如天仙的妻子年仅20岁就开始守寡,还要赡养婆婆。朱棣叫无赖去糟蹋储福妻子,但那无赖却也被储福一家的忠烈事迹感动得不忍下手。(【清】谷应泰:《明史纪事本末·壬午殉难》卷18)

第六,"壬午殉难"中的建文朝文臣学士大约是107个,但实际株连被杀的可能有数万人,戍边与充军就不计其数。《明史》中有这样一段记载:"都御史陈瑛灭建

文朝忠臣数十族,亲属被戮者数万人。"(《明史·佞幸·纪纲传》卷307)

建文悲歌

尽管朱棣发足了魔鬼般的兽性,将一个个建文朝的忠臣孝子与烈妇贞女加以摧残和蹂躏,并把他们推入了万劫不复的苦难深渊,但建文朝的文臣学士及其家眷们却没有被朱棣的淫威所吓倒,他们唱出了威武不屈、忠君报恩、视死如归和舍生取义等一曲曲的建文悲歌。

● 至死仍然抗辩不屈的建文帝老师——黄子澄

太常寺卿黄子澄应该说是建文朝的"罪臣"。凭着从书本上学来点兵法知识,黄子澄就在建文帝面前推荐一个膏粱子弟"官二代"李景隆为北伐的主帅,500 000人大军就此葬送,建文朝的家底可以说至少有一半败在黄子澄的手里,所以说黄子澄应该对建文帝的败亡负有不可推卸的重大责任。每当人们谈到这段历史时,老觉得黄子澄是一个可恨的人物,这是历史一面,历史的另一面是黄子澄还有许多令人可怜甚至可敬之处,这主要体现在他生命的最后时刻。

当朱棣燕军不断南下,朝廷军队连连败绩之时,建文帝为掩人耳目,自动"除去"朱棣进逼的口实,对外宣布贬黜了黄子澄与齐泰,将他们"谪外",而实际上密令他们募兵。

黄子澄微服出行,从南京出发经水路太湖到苏州。苏州知府姚善是建文朝廷的铁杆支持者,对于危难之际朝廷要臣的到来,没等黄子澄开口他就知道是怎么一回事。姚黄两人对于风雨飘摇的建文政权表示出极度的担忧,说着说着,说到了皇帝募兵勤王的事情。姚善认为,勤王这等事情尽管十分重要,也是我们做臣子应该做的,但像黄子澄这样重要的大臣应该留在南京明皇宫里的,怎么能叫他到外面来?于是姚善就给建文帝上书说:"子澄才足捍难,不宜弃闲远以快敌人。"建文帝接到姚善的上书后,觉得可能是自己的做法不妥,于是就下令将黄子澄召回,但黄子澄还没来得及赶回南京,朱棣燕军已经占领了京师。黄子澄只好又折回苏州,到姚善那儿去,秘密地住下了,并与姚善商议,一起出海向人借兵。但姚善不同意黄子澄的不切实际的想法,他说:"黄公,您是朝廷要臣,理当收集将士图谋复兴,姚善我呢,应该是守城,与苏州城共存亡,不能舍本求末、异想天开啊!"【明】姜清:《姜

氏外史》卷5；《明史·黄子澄传》卷141）

由于与姚善观点不一致，黄子澄只好离开了苏州，前往浙江嘉兴去，找一个叫杨任的退休官员。要说这个杨任也是一个不错的地方父母官，曾在江西任过袁州知府。他忠于建文帝，所以黄子澄去找他，应该来说政治上是不成问题的。但杨任原本也是文官，且已经退休，要举兵勤王谈何容易，于是黄子澄只得在杨任家中住下了。可没有多久，被人告发，杨任与黄子澄一同被逮到了京师南京，杨任被磔死，他的两个儿子杨礼和杨益都被处斩，杨家亲属戍边。（《明史·杨任传》卷141）

黄子澄因为是通缉的"首恶"奸臣，押到南京以后，由魔头朱棣亲自审问，但黄子澄"抗辩不屈"。朱棣气急败坏地下令，将黄子澄凌迟处死。黄子澄族人不分老小共计65口全部被处斩，姻亲400多人戍边。（【明】姜清：《姜氏外史》卷5；《明史·黄子澄传》卷141）

◉ "黑马"走急了出汗变成白马，顾命大臣悲壮地走到了人生的尽头——齐泰

建文朝兵部尚书齐泰，是朱棣起兵造反借口中的另外一只替罪羊。坦率地说，齐泰在建文朝重臣中可能是最为建文帝所看轻的一个，可滑稽的是建文朝大事谋划时往往是齐泰的观点比较客观，基本上抓住了问题的要害，但似乎是建文帝更信任黄子澄与方孝孺。据谈迁的《国榷》记载，齐泰还是朱元璋临终前的顾命大臣。如果真是如此的话，那么齐泰主张削藩要死，不主张削藩也要死，因为朱棣说朱元璋临终时问："四子来了吗？"言下之意要传位于皇家老四，这其实全是朱棣想做皇帝想疯了的胡言乱语。齐泰若是听到老皇帝要改主意传位于朱棣，可想而知他必定不会那样死命地护着建文帝了。而历史上的齐泰恰恰是建文帝的"死党"，一切都明了：只要朱棣打入南京城，齐泰必死无疑。（【明】谈迁：《国榷·太祖洪武三十一年》卷10，中华书局1958年12月第1版，P783；【明】赵士喆：《建文年谱》卷上，P27）

朱棣进军南下，齐泰与黄子澄曾被建文帝"谪外"，而实际上是在外秘密募兵，但募兵没募到。燕军进逼南京时，建文帝下诏将齐泰与黄子澄召回，可齐泰还没来得及赶回，京师就沦陷了，他只好逃亡外地，图谋复兴。朱棣下令重金悬赏捉拿"齐、黄"奸党，风声相当紧，齐泰四处躲藏，但没多久，齐泰在安徽广德被人发现了。为了逃避追捕，他乔装改扮，甚至将自己骑的白马也用墨汁涂成黑马。由于当时是夏天，追兵追得急，齐泰拼命地驱赶着"黑马"，哪知这"黑马"一走急就开始大出汗，

"黑马"顿时又变成了白马,有人熟悉齐泰的白马,当场就认了出来,"这不是齐尚书的马吗?!"齐泰就此被捕,后被押往南京。面对朱棣的淫威与兽行,他与黄子澄、方孝孺等建文重臣都表现出大义凛然、视死如归的英雄气概,最终被朱棣以极刑处死。

齐泰全家遭到了诛灭,连堂兄弟齐敬宗等人也被朱棣连坐杀害,齐泰的叔叔齐时永、齐阳彦等被谪戍荒边。齐泰有个儿子当时刚刚满6岁,没被处死,但被配作奴仆,一直到了朱棣儿子朱高炽当政时才被赦免,放回老家南京溧水,此时这个齐泰惟一尚存的血脉大约已经30岁了。(《明史·齐泰传》卷141;【明】姜清:《姜氏外史》卷1)

● "自分一腔热血少,尽将赤族报君王"——方孝孺

金川门之变后,燕军开入南京城,大肆搜捕忠于建文帝的文臣学士,方孝孺这个"建文新政"的核心人物就是此时被捕下狱的。

朱棣在北平发兵准备南下时,他的军师道衍和尚即姚广孝一路送出,到了北平郊外时,道衍和尚突然下跪。朱棣是个狂徒,什么人都不放在他眼里,唯独对这个道衍和尚特别尊重,因为他的起兵是道衍一手教出来的,每当危难之际都是由道衍给他指点迷津。朱棣外出打仗,他的老巢北平城里总能安然无恙,这都有道衍和尚的功劳。所以说,朱棣看到道衍给他下跪,自然惊诧不已,赶紧将他扶起,并问他有何指教? 道衍说:"贫僧有一事相求,恳请大王恩准。"朱棣说:"先生有何高见赶紧说来,本王照做就是了!"道衍说:"南有方孝孺者,素有学行,武成之日,必不降附,请勿杀之,杀之则天下读书种子绝矣!"(【明】姜清:《姜氏外史》卷1;【明】李贤:《古穰杂录摘抄》;【清】谷应泰:《明史纪事本末·壬午殉难》卷18)

朱棣是一只极其狡猾的政治野兽,跟朱元璋一样,十分残忍,但道衍和尚的话他还是当回事的。因为他深知,欲论当今大明读书人中的道德文章,方孝孺当为天下第一,要是让这样的天下第一号文化名人给自己登基起草诏书,还愁普天之下那么多的文臣学士不肯归附吗?! 所以进入南京城以后,朱棣就急着召见方孝孺,但召了几次,都被拒绝了,他只好另想办法。

大明开国功臣廖永忠的两个孙子廖镛和廖铭曾受业于方孝孺,且听说他们师生关系还不错;虽然自己是一介武夫,但朱棣也知道,对待这些读书人要给他们找"知音"。"知音"一到,话就多,臭味相投么,沟通起来就容易了。朱棣拿定主意后,就叫人喊来廖镛和廖铭兄弟俩,让他们去劝降老师方孝孺。

廖镛和廖铭不敢违抗魔王的命令,就来到了方孝孺的牢房,兄弟俩刚开口说明来意,方孝孺就发怒了:"你们跟我读书已经好几年了,难道还不知人世间的义理吗?"廖镛和廖铭受到老师的斥责后,悻悻退出牢房,去向朱棣复命。(《明史·廖永忠附传》卷129,列传第17)

黔驴技穷的朱棣,只得使用武力,他命令锦衣卫镇抚伍云将方孝孺强押上了明皇宫的大殿。

只见方孝孺披麻戴孝全身丧服,一边被人拖着,一边放声大哭,悲恸之声响彻明皇宫的殿堂。朱棣看见方孝孺已被押到,他马上从自己的御座上走了下来,暂时控制住了他的兽性,假惺惺地装作慰问似地说道:"先生不要太痛苦,我只不过是想效法周公辅佐成王罢了。"

方孝孺立马尖锐地反问:"如今成王在哪里?"

朱棣装出十分惋惜的样子回答道:"他自己烧死了。"

方孝孺继续问道:"那为什么不立成王的儿子为国君?"

朱棣回答说:"成王的儿子太小了,国家需要年长的国君啊。"

方孝孺继续追击:"为什么不立成王的弟弟?"

这时魔王已经被追逼到了理屈词穷的地步,他几乎控制不住了,向方孝孺走了过去,强作亲切但略带几分愠怒,回答道:"这是我们的家事,先生就不必操心过多了!"说完他转过头去,吩咐左右伺候好笔墨,然后稍带几分温和地跟方孝孺说:"我即将登基,昭告天下的诏书还非得先生起草不可!"(【明】黄佐:《革除遗事》卷1;《明史·方孝孺传》卷141;【明】薛应旂:《宪章录》卷14)

方孝孺气愤之极,将笔纸掷在地上,边哭边骂:"死就死罢,诏书绝不起草!"(【明】李贤:《古穰杂录摘抄》;【明】薛应旂:《宪章录》卷14)

朱棣露出了狰狞的奸笑,说道:"你想死?没那么容易!你固然能舍生取义,但你难道就一点也不顾念你的妻儿、亲戚和宗族吗?你不会不知诛灭九族之刑吧!"

方孝孺大义凛然地回敬道:"别说是灭九族,就是灭十族,你又能把我怎么样!"(【明】祝允明:《九朝野记》卷2)

此时朱棣特别恨方孝孺的这张嘴,他气急败坏地下令,给方孝孺用刑。只见刽子手们死命地按住方孝孺的全身,用刀将他的嘴皮给割开,从嘴角一直割到左右两只耳朵旁,接着就将浑身血淋淋的方孝孺重新投到大狱里去。

残忍的兽性终于暴露出来了,杀人是朱棣的拿手好戏,方家及周围的人开始遭殃了。朱棣下令将方孝孺的亲戚宗族和朋友门生一一关到牢里去。每逮一个就将他带到方孝孺的面前,想以此来击垮方孝孺的心理防线。可方孝孺的内心固若金汤,连头也不回一下。

朱棣仍不死心,还想强迫方孝孺为他起草即位诏书。方孝孺忍着全身心的疼痛,用尽全身的力气,愤怒地抓起了笔,在纸上"刷刷"地写下了四个大字"燕贼篡位"。这下可触到了朱棣内心的隐痛之处,也"诱发"了他精神病的发作。事实上朱棣是一个间歇性的精神病人(这不在本书讨论的范围内),精神病人处于病发期他是什么样的事情都能干得出来的。朱棣歇斯底里地开始对方氏宗族、母族、妻族一一下手诛灭。建文四年六月下旬,从南京到浙江宁海,一出出的人间惨剧在上演着。

方孝孺的妻子郑氏和儿子方中宪、方中愈闻听惊噩,都自悬而死;方孝孺有两个女儿尚未成年,在被押往南京的途中,当走到秦淮河边时,她们听到了朱棣的龌龊与下贱(朱棣常将"罪臣"的妻女送到教坊司去当妓女,让士兵们昼夜轮奸),两个少女不愿受辱,双双投入秦淮河中,顿时秦淮河水波骤起,好像是在为受难的方家人哭泣。(【明】黄佐:《革除遗事》卷4)

据有关资料来看,方孝孺蒙难前,朱棣还曾进行了最后的威逼,谁知方孝孺越骂越勇,朱棣命人残忍地将方孝孺的嘴巴撬开,然后将他的舌头给割了,顿时血流如注。方孝孺强忍疼痛,将一口鲜血喷洒在朱棣这头野兽身上。朱棣实在是怒不可遏,下令要对方孝孺处以极刑。但在处以极刑之前,朱棣还想在精神上进一步折磨和施虐,于是就将与方孝孺感情最为深厚的弟弟方孝友放在同一天处决。(【明】黄佐:《革除遗事》卷1;【明】姜清:《姜氏外史》卷1)

方孝孺上面有个哥哥叫方孝闻,他力学笃行,对弟弟方孝孺影响甚大。方孝孺曾这样说道:"我所以粗知斯道者,非特父师之教,抑亦吾兄之训饬也。"有"幸"的是方孝闻早亡,他没有受尽人间的这等活罪;方孝孺下面有个弟弟叫方孝友,早年方家受苦之际,方孝孺与这个弟弟相依为命,因此说,兄弟间的感情甚笃。朱棣兽性大发,方孝友也被带到了南京来。方孝孺见到弟弟将要受戮,他心如刀绞,寸肠欲断,多少往事,涌上心头,眼泪止不住潸潸而下。方孝友见到哥哥此等情形,赋诗一首,以明心志,兼作宽慰兄长:

> 阿兄何必泪潸潸,取义成仁在此间。
> 华表柱头千载后,旅魂依旧到家山。

当时的人们闻讯后莫不悲叹,方孝友真不愧为方孝孺的好弟弟啊。

○ 方孝孺殉难·南京午朝门"血迹石"·雨花台方孝孺墓

朱棣杀了方孝友后,就开始对方孝孺动手了。六月二十五日,方孝孺从容地作了绝命词：

> 天降丧乱兮，莫知其由。
> 奸臣得计兮，谋国用猷。
> 忠臣发愤兮，血泪交流。
> 以死殉君兮，抑又何求？
> 呜呼哀哉兮，庶不我尤！

(【明】姜清：《姜氏外史》卷1；【明】黄佐：《革除遗事》卷1；【明】吕毖：《明朝小史·蘧文纪》卷3；《明史·方孝孺传》卷141；【清】谷应泰：《明史纪事本末·壬午殉难》卷18，诸书略异)

方孝孺最终是被朱棣磔杀的，即人们常说的千刀万剐，他受难时46岁，受难的地方就在今天南京午朝门公园的午门处。读者朋友要是有机会的话，可以到那里去看一块"血迹石"。据说那石头上红色"隐迹"就是方孝孺受难时的鲜血喷洒出来溅在上面的，历时600年了，还依稀可辨，真是忠贞之魂与石俱存。

方孝孺被杀，亲族被诛灭绝了，其可怜到了无人收尸的地步。当时方孝孺的学生廖镛和廖铭冒着被杀头的危险，偷偷地为他们的老师方孝孺收尸，将其遗骸安葬在南京城外的聚宝山(今雨花台)上。明代万历年间，大戏剧家汤显祖寓居南京时，曾为这位建文朝的忠臣名士修墓，并立碑建祠，以示纪念。其祠中对联为：

> 起儒廉隅，一夕秋风生木末；
> 成仁取义，千年春草在长干。

这就是现在人们在南京雨花台上所能见到的方孝孺墓。(《明史·方孝孺传》卷141)

方孝孺走了，他实现了他的人生处世原则，君子处世，生死贵贱，当以"义"为权衡，"义宜死也，虽假之以百龄之寿，不苟生也"。不过方孝孺走得太惨烈了，太悲壮了，代价也太大了，就方孝孺宗族连坐而死者达847人，至于谪戍荒徼而死的，那就更不计其数了(【明】黄佐：《革除遗事》卷1)。对此，后人有诗云："自分一腔热血少，尽将赤族报君王。"

有关方孝孺惨案，我们大致讲完了，但600年来每当人们谈起方孝孺或"壬午殉难"时往往要说及一个令人毛骨悚然的名词——"诛灭十族"，它到底是怎么一回事？

● 惨绝人寰的"诛灭十族"

在中国传统社会里，统治者对政治异己和反抗者的镇压可谓是穷凶极恶、不遗余力,残酷的刑罚就是其中的一种,它贯彻于中国社会几千年,甚至到了近代时,中国还保留了野蛮的刑罚制度,以至于西方国家在与中国发生冲突时,常常以刑罚太残酷为理由而不愿与中国进行司法"合作",最终他们在"租借地"或"势力范围"内自行一套"领事裁判权"(我们毫不否认这是对中国主权的侵犯)。撇开政治因素,理性而言,中国传统社会的刑罚确实是相当残酷与野蛮的,譬如凌迟刑就是一个典型。据有关资料说,一个合格的刽子手在对罪犯施刑时要割上3 000来刀,割到3 000来刀的最后一刀时,该罪犯应该"气息尚存",否则这个刽子手就要"下岗";还有"诛灭九族",不仅要将政治异己和反抗者自身残忍地处死,而且还将没有多大关联的一大批亲族都一一处死或发配到边荒地带,这是何等残忍的野蛮行径!但读者朋友千万别忘了,在建文转向永乐的那个特殊的岁月里,还有比这诛灭"九族"更残酷的——那就是朱棣首创的"诛灭十族"酷刑。

历史上的"诛灭九族"的"九族"概念至今已经模糊了,有的说"九族"应该是指"罪犯"自身三族,母三族,妻三族;也有说是指"罪犯"往上推4代,往下推4代。尽管说法不同,但无论怎么算"九族",一般来说,摊上"诛灭九族"这一档子事就倒了大霉了,罪犯自身家族及其周边的亲族全要遭受灭顶之灾。这已经是处罚中最为严厉的一种了。但朱棣在对待他的政治异己和敌对势力——强硬的"奸党分子"方孝孺时更是使出了魔鬼般的罪恶——灭十族。可能是"遗传"了他"老爸"朱元璋的残忍秉性和"聪明"基因,朱棣在屠杀方孝孺的"九族"时,又挖空心思地将方孝孺的朋友、学生凑足了"一族",由此也就创造了封建法西斯暴行的最高纪录——灭十族。

廖镛和廖铭是明朝开国功勋德庆侯廖永忠的孙子,曾受业于方孝孺,或言之是方孝孺的学生,但他们本身没犯什么罪,相反他们还曾受朱棣的委托去劝降过自己的老师,这是我们前面讲过的。但后来廖镛和廖铭兄弟两人也被杀了,缘由是他俩为老师方孝孺的尸首入殓并将之葬于聚宝门(今雨花台)外的聚宝山。有人告发了,朱棣下令将廖氏兄弟诛杀。(《明史·方孝孺传》卷141;《明史·廖永忠附传》卷129,列传第17)

卢原质是方孝孺姑姑的儿子,即为方孝孺的表弟。最初他参加科举考试,中了进士,被授予翰林编修,后来升任为太常寺少卿,即为黄子澄的副手。卢原质很有才能,曾几次向建文帝提出了自己的政治建议。金川门之变后,他被捕了,因为与方孝孺有着那么一层亲戚关系而被连坐诛杀,同时被杀的还有他的弟弟卢原朴等。(《明史·卢原质传》卷141;【明】黄佐:《革除遗事》卷1)

监察御史郑公智和陕西按察司佥事林嘉猷是方孝孺的老乡兼弟子,平时与方孝孺过从甚密,方孝孺对他俩也很欣赏,曾这样说道:"能够匡正我过失的也只有你们两位了。"这两人就因为是方孝孺的同乡兼弟子的缘故而被杀。(《明史·郑公智传》卷141)

刑部左侍郎四川乐山人胡子昭曾经是方孝孺在汉中当老师时的学生,后来他被蜀王推荐为县学里的老师。建文初年,由方孝孺的举荐,胡子昭参与了《明太祖实录》的撰修。就因为这个原因,胡子昭也被视为方孝孺的同党而被处死,临刑前他作诗云:"两间正气归泉壤,一点丹心在帝乡。"(《明史·胡子昭传》卷141;【明】姜清:《姜氏外史》卷2;【明】黄佐:《革除遗事》卷3)

郑居贞,福建人,科举明经出身,出任过河南等地的地方官,所到之处很有政绩,是一位很有影响的好官,就因为他与方孝孺是好朋友而被朱棣所杀。(《明史·郑居贞传》卷141;【明】姜清:《姜氏外史》卷1;【明】黄佐:《革除遗事》卷4)

方孝孺曾经主持过应天乡试,录取了苏州人刘政、桐城人方法等人。刘政曾经起草了《平燕策》,但因事没能呈给建文帝。他听到方孝孺被害的消息后,竟然吐血而死。方法当时任四川断事官,当地各衙门知道南京城里换皇帝了,他们联合上表,对朱棣的登基表示祝贺,但方法就是不肯署名,且把笔也扔了,就此遭到逮捕。他走到望江,瞻拜乡里,然后跳江自尽。(《明史·刘政、方法传》卷141)

朱棣杀了方孝孺的"十族",这"十族"人多多少少都与方孝孺有点"关系"。但令人惊奇的是,还有一些人与方孝孺什么边也沾不上,可他们也"莫名其妙"地死了,譬如建文朝翰林侍读楼琏就是这些人中的一个,那么翰林院侍读楼琏是怎么死的?

朱棣杀了方孝孺,登基诏书由谁来起草的事情还是没有落实,他就叫来翰林侍读楼琏。楼琏,浙江金华人,曾经拜大学者宋濂为师,有学问,虽说他的名望没有方孝孺那么大,但在当时的文人圈子里边也小有名气,朱棣看中的也就是这一点,于是他就要楼琏为他篡位登基起草一份颂词。楼琏不敢推辞,回家后对妻子说:"我本来就想以死报答贤君之恩的,但老想着那样做会连累你们啊,现在我想好了……"第二天天不亮,楼琏在家自缢身亡。朱棣登基诏书的起草绕了一大圈,最后还是在最初归降他的25个"与时俱进"的贰臣中找到了起草人——翰林侍讲王景。(【明】姜清:《姜氏外史》卷2;【明】黄佐:《革除遗事》卷4;【清】夏燮:《明通鉴·建文四年丁丑》卷13;《明史·楼琏传》卷141)

○ **方孝孺的遗作**

方孝孺气节可嘉,而他的诗文更是广为人们所传诵,史书载:"孝孺工文章,醇深雄迈。每一篇出,海内争相传诵。"对此,朱棣可不干了。杀了方孝孺的"十族"尚不解恨,朱棣还要将方孝孺从人们的心目中永久地抹去,于是就下令"藏方孝孺诗文者,罪至死"。此道恶毒的诏令下达以后,一时间人们纷纷将手头保存的方孝孺书信诗文全部上交焚毁,因而造成了"天下读书种子"留存于世的著作甚少。幸亏当时方孝孺有个门人叫王稌的,他偷偷地将方孝孺诗文抄录了下来,为躲避政府的追查与迫害,他将该诗文集子取名为《缑城集》,后来才刊刻于世。不过在当时人们都是偷偷地收藏,要是给官府知道了,那就要杀头了。(《明史·方孝孺传》卷141)

永乐三年曾发生了这样的一件事情,有个文人叫章朴,他家就藏有方孝孺的诗文。章家有一个邻居叫杨善,他知道了章家的这个"秘密"后顿生歹念,名义上说自己想拜读一下方孝孺的诗文,问章朴能不能借他一读?章朴也没有多想,就把书借给了他。谁知这个叫杨善的内心一点也不善,相反,十分歹毒,从章朴家借到书以后,他马上就报官。朱棣闻讯后大发雷霆,逮捕并处死了章朴,而杨善由此得到了升迁。(《明史·杨善传》卷171)

朱棣不仅禁止方孝孺诗文留存于世,甚至还规定人们连方孝孺的名字都不能提及,要是以往的书籍中有关涉及方孝孺的,那就得"清除"掉——用墨涂掉或进行删除。譬如方孝孺的老师宋濂曾有诗"送方生还宁海",这里边的方生就是指方孝孺,朱棣下令也要将它涂掉。朱棣的专制不亚于"乃父",他诛灭了方孝孺的"十族",还挖了方家的祖坟(【明】姜清《姜氏秘史》卷1),清洗方氏的一切"残存",只当这人世上没来过。(【清】陈田:《明诗纪事》卷7)

● 人杰"鬼"厉与南京雨花台的景公祠——景清

景清本姓耿,后来讹传为"景",甘肃真宁人。景清从小就卓越豪迈,有大志与节行,人也十分聪明,读书常常过目不忘。洪武年间他考中了进士,被授予翰林院编修,后来出任监察御史。洪武三十年春,景清受到皇帝朱元璋的召见,升任为左佥都御史(可能类似于监察部的副部长)。但不久景清在给皇帝的奏疏中写错了字,被人参劾入狱,老皇帝朱元璋因为十分欣赏景清的气节与为人品格,所以很快地宽宥了他。出狱后的景清被朱元璋外派巡察四川、山西,后出任宁波知府。景清为官清节廉明,十分讲究气节,是一位了不起的君子风范官僚。(《明史·景清传》卷141)

建文初年景清被建文帝委以重任——调任为北平参议(可能类似于北京市的副市长),他曾往朱棣燕王府侦察动情。当时朱棣还没有完全做好造反的准备,所以对朝廷的官员十分客气,设宴款待了景清。景清言语清晰,声音洪亮,很得朱棣喜欢。但有人不喜欢,谁？朱棣身边的一个相面大师袁忠彻。有一次,朱棣在燕王府里举行盛大的宴会,邀请了在北平的朝廷命官,如张昺、谢贵、宋忠和景清等人,其实这是朱棣暗中叫袁忠彻帮他看看建文朝廷派来北平监视他的官员的能力与智慧。古时候的人很相信相面算命,袁大师相到景清时,说他"身短声雄",即讲景清虽然人长得矮小,但声音十分洪亮,言下之意是,这样的人会忤逆上级领导,他要朱棣尽早将景清除了。当时朱棣姑且听之,根本也没把这当回事。(《明史·景清传》卷141;《明史·袁忠彻传》卷299)

不久以后,建文帝将景清召回南京,升他为左都御史("建文新政"时改名为御史大夫)。朱棣南下日益逼近南京时,景清与方孝孺、练子宁等人秘密结盟起誓,力保建文皇帝。但古话说得好:秀才造反,十年不成。无论是方孝孺还是练子宁或景清,他们本身都是手无寸铁的书生,纵然有满腔的热血,但终不敌朱棣燕军的屠刀。

朱棣进入南京城以后,肆意暴虐,方孝孺、练子宁等人直节抗争,但都被惨无人道地杀害了。这一切不但使得当初的三人盟誓无法兑现,而且也提醒了景清:应该更加注意与魔鬼朱棣的斗争策略,于是他假装归顺。朱棣闻讯后真是喜出望外,因为建文朝文臣投降他的实在是太少了,因而他对景清投降的真实性根本没在意。而景清假意归降以后,就与其他的降臣们一起上朝、退朝,"循规蹈矩",让人感觉一切都是那么的自然而然。

就在新朝廷的日常活动中,景清很快"捕捉"到了一个信息:建文皇帝可能并不像朱棣对外公开所宣称的那样——烧死了,而是没死,出亡在外。于是他在表面上对朱棣更加的恭顺,在暗地里却寻思着如何找准机会除掉这个恶魔。

主意拿定后,景清就把一把利剑藏在自己的衣服里,每次上朝都十分小心地夹着、掖着,时刻寻找下手的机会。

建文四年八月的一天,新天子朱棣一如既往地来到了明皇宫奉天殿临朝,看到满朝的官员都穿着"标准化"的官袍,唯独景清却穿着一件红色的衣服,魔鬼皇帝开始犯嘀咕。几天前钦天监官员向他奏报说:最近天象很怪,一颗红色的文曲星急速侵犯了帝座。朱棣想:国家天文台奏报的天文怪事会不会与朝廷中的什么事相关联？因为当时是上朝,容不得他多想下去。

退朝以后,大家都走出了御门。景清突然间冲到朱棣面前,想拔出利剑准备行刺,但文臣不擅长这活,还没等景清将利剑拔出,朱棣四周侍卫已经三下五除二地将景清给押住了,从他身上搜出了那把利剑。景清知道自己的愿望已经无法实现了,干脆站直起来,大骂朱棣,怒斥道:"我是为故主来报仇的！天下居然有这样的叔叔,不择手段地抢夺侄儿的皇位,这跟父亲去强奸自己儿媳妇有何两样!"说实在的,这话骂得确实是有分量,将朱棣给羞死了,气坏了。暴怒不已的朱棣命令身边的武士们赶紧动手撬断景清的牙齿。但景清毫无畏惧,武士们在撬牙齿时,他还在不断地大骂朱棣。朱棣越来越火,下令将景清的舌头给割了。顿时景清满嘴都是血,但他还是拼命地抗争押着他的武士,并使足了劲将一口鲜血喷到了朱棣那件刚刚穿上没几天的龙袍上。这下朱棣"疯"极了,命令刽子手们将景清活剥人皮。(【清】谷应泰:《明史纪事本末·壬午殉难》卷18;【明】姜清:《姜氏外史》卷3;【明】黄佐:《革除遗事》卷4)

惨!惨!惨!

○ 伟大政治家、军事家朱棣的"伟大杰作"——"瓜蔓抄"

景清的人皮被剥下后,朱棣尚不解恨,命人用稻草之类的东西填了进去,然后将"稻草人"景清用绳索绑在长安门(大约在今天南京光华门附近),接着又将景清自身的骨头与肉体一一予以磔碎。这一天夜里,南京城里好多人都看见景清的魂灵,当然这是传说。

后来有一天朱棣有事路过长安门,巧了,那根拴住"稻草人"景清的绳索突然断了,"稻草人"景清朝着朱棣直倒了过来,直把混世魔王朱棣吓得魂飞魄散,大呼救命!卫士们赶紧过去"逮住""稻草人"景清,这下永乐帝才算安静下来,最后他恶狠狠地下令将"稻草人"景清给烧了。

景清的英雄气节将恶魔朱棣吓得可谓不轻,弄得这个"伟大的政治家"大白天都噩梦连连。据说有一天午休时,朱棣就梦到,景清手持利剑在明皇宫大殿上追杀他,他拼命地逃,景清围着御座不停地追……梦醒以后恶魔朱棣不由自主地说道:"景清还这样厉害!"于是下令"赤其族,籍其乡,转相攀染",这就是说,朱棣将景清老家(甘肃真宁,今正宁县)的九族全部灭绝,然后再像循藤寻瓜似地将与景清有关的人全部给杀了。景清老家的那个村子就此被杀戮殆尽,整个村庄顿时变为废墟,史称"瓜蔓抄"。(【清】谷应泰:《明史纪事本末·壬午殉难》卷18;《明史·景清传》卷141;【明】谈迁:《国榷·惠宗建文四年》卷12)

事情至此还没完,景清家乡的"瓜蔓抄"后来进一步地恶化,朱棣手下杀光了景清故里所有的人后,刽子手们又将魔爪伸向了景清故里所在的那乡——甘肃真宁县辛庄里,到最后整个辛庄里全乡杀得只剩下5户人家(【明】谈迁:《国榷·惠宗建文四年》卷12)。这就是有些人常常称颂的伟大政治家、军事家所创造的"伟大杰作"!

尽管朱棣对景清进行了"瓜蔓抄",妄想毁灭景清及其周边的一切存在,但景清的忠勇精神却一直为后人所敬佩与怀念。在南京雨花台方孝孺墓的旁边,明末一些士大夫为纪念景清而建起了景公祠。十分可惜,它在饱受了近300年的风雨后不幸毁于近代战火之中。

● 被朱棣剥了人皮的大理寺少卿——胡闰

胡闰是江西鄱阳(今九江)人。朱元璋西征陈友谅,路过吴芮(西汉初年被刘邦分封为长沙王)祠时,曾看见该祠内墙壁上有人题写了一首诗,十分好奇,细细读来,大声叫好,连忙派人四处打听这吴芮祠墙上的诗是谁写的。后来终于得知,那是九江地区的一个文人叫胡闰题写的,朱元璋立即将胡闰召到军中帐前,与他好好攀谈一番。这事很快就过去了。到了洪武四年时,大明已经基本安定下来,但科举尚未完全正规化和成式化,于是朱元璋向各地官员发出诏谕,要求地方上推荐人才,作为官僚队伍的后补梯队,胡闰被人举荐到大明朝中,接受皇帝的召见。当朱元璋一见到胡闰时,就感觉似曾相识,随即问道:"这个书生是不是当年我在吴芮祠里看到的在墙壁上题诗的那个?"底下有人肯定地回答:"是。"朱皇帝很高兴,就叫他到都督府去任都事之职。因为胡闰工作认真,品行端庄,后来逐渐升官到都督府的经历(可能类似于"军委"的司局长)。

建文初年胡闰被调到大理寺(相当于全国司法委员会)去工作,出任大理寺少卿(类似于全国司法委员会的副主任)。他曾与齐泰、黄子澄等人一起为"建文新政"和建文削藩出谋划策,是一位很受建文帝信任的、有影响的君子学者型的高官。(《明史·胡闰传》卷141;【明】姜清:《姜氏外史》卷2;【明】黄佐:《革除遗事》卷3)

朱棣谋反起兵后,胡闰的官职尽管还是大理寺少卿,但他很大一部分精力是用在军事谋划方面。胡闰品学端正,为人忠厚可信,不过军事方面天赋似乎不咋样,史书说他"与齐、黄辈昼夜画军事",但结果呢,众所周知,他们"三人军事小组"确实不咋的,否则忙乎了三年,最终忙来了这么一个结果,即反叛者朱棣取胜,胡闰所忠诚的君主失国而去。

但作为臣子,胡闰的气节还是十分可嘉的。朱棣掌控南京后,先是叫方孝孺为他起草登基诏书,遭到拒绝以后,他又令人将建文朝大理寺少卿胡闰和御史高翔带上大殿来。早先胡闰和高翔听人说,建文皇帝已经自焚而亡,而作为臣子理应为自己的君主服丧,所以他俩与方孝孺一样都是披麻戴孝被朱棣手下带到奉天殿的,而且还放声大哭,"哭声响彻殿陛"。

朱棣命令先将胡闰带上来,当看见一身丧服的胡闰,他心中顿时不快,自己马上要登基了,这是普天下最大的喜事,也是最大的政治,你胡闰穿了丧服来见新君主,岂不是"诅咒"新主吗?朱棣尽管火,但他要有人为他起草登基诏书,最好是这些建文帝的铁杆支持者动笔,那影响可就大了,至今为止建文朝还有好多没来投降的大臣就会有"想法",这样自己造反的"非法"就会逐渐地被人们视为"合法",所以尽管被方孝孺一口拒绝了,但朱棣还是耐着性子,争取胡闰这个曾经与"齐、黄"一起谋划军事的建文重臣,因此当初见胡闰时还是稍稍收起了点他的匪气与野兽性子,"好声"地跟胡闰说:"赶紧把这衣服给换了。"

哪知胡闰也是一个刚烈的文臣铁汉,当即回应朱棣:"死就死,没什么了不得的,但为先主服丧之服万万不可换!"

朱棣恐吓道:"不换?你就不怕我灭你的九族?!"

胡闰还是没有屈服,对着朱棣谩骂不已。朱棣被激疯了,他命令大力士将胡闰的牙齿给打掉,看他嘴还硬不硬。走狗大力士一起动手,按住胡闰,用一种叫"金瓜"的凶器将胡闰的牙齿全部给搞没了,胡闰满口鲜血,但还是骂声不绝。朱棣更是暴跳如雷,下令用铁链将胡闰给活活勒死,再用贝壳盛水,将木灰放在里边,然后以之来浸脱、剥落胡闰的人皮,填上草料。一切完工后,叫人将"胡闰"挂在武功坊,大概是让"痛恨"胡闰及建文"奸党"的燕军将士练练拳击吧。(【清】谷应泰:《明史纪事本末·壬午殉难》卷18;《明史·胡闰传》卷141;【明】姜清:《姜氏外史》卷2;【明】黄佐:《革除遗事》卷3)

○ 朱棣的"瓜蔓抄"使得胡闰的故乡成了鬼魅出没的地方

胡闰的一个儿子叫胡传庆,与胡闰同一天被朱棣杀害,小儿子胡传福当时只有6岁,被朱棣戍边云南。胡闰家族被抄,实际共有270人蒙难。胡闰有个女儿叫郡奴,当时才4岁,被她妈妈王氏抱着,在王氏被斩时,这4岁的小孩突然间从妈妈怀里跳到了地上,被一个兵卒提送到功臣(武夫将领)家里去做了奴婢。稍稍大了一点,她晓得了自己苦难的家世,时刻记住人世间的大义,作为一个女孩她从不让自己的头发长到一寸长,长了就剪掉,每天用灰炭涂脏自己的脸,弄得像个"癞子"似的,长达20多年。那个功臣家的人从来不把她当作人来看待,视之如畜生,忠臣之女受尽了凌辱和苦难。直到洪熙年间这个叫郡奴的女孩快30岁了,终于"赶上"朝廷推行"宽松"政策,"赦诸死事者苗裔",她得以被释,随即乞丐一路行乞回了老家鄱阳。胡家全给朱棣毁了,郡奴一无生计,乡亲们都同情地说:"此忠臣之女也!"人们争相给她生活所用。郡奴终身未嫁,后来就老死在家乡,终年56岁。乡人给了

她谥号："忠胤贞姑"。(【清】谷应泰：《明史纪事本末·壬午殉难》卷18；《明史·胡闰传》卷141)

朱棣不仅诛灭了胡闰的宗亲，而且还抄没了他的好多乡亲。过了好多年，胡闰的家乡还是一片凄惨的景象："文皇(即朱棣)既抄没其一族，男女二百一十七人。所居之地，在府城西隅硕铺坊，一路无人烟。雨夜闻哀号声，时见光怪。尝有一猿，独哀鸣彻晓。东西皆污池，黄茅白苇，稍夜，人不敢行。"(【明】吕毖：《明朝小史·永乐纪·孤猿夜泣》卷4，《明史·胡闰传》卷141少略)

要说令魔鬼朱棣恼怒不已的建文朝文臣铁汉除了上述方孝孺、景清、胡闰等人外，还有好多好多，建文朝兵部尚书铁铉可称得上是生死都让魔鬼朱棣不寒而栗的大英雄了。

● 被油炸成焦炭还不肯跪拜的文臣铁汉——铁铉

建文朝兵部尚书铁铉是朱棣在战场上最为强硬的对手和敌人。济南之战，朱棣花了3个月的时间都未能将小小的济南城给打下来，两人的冤仇就此结下了。"靖难"成功以后，朱棣可神气了，天下之人都臣服于自己，可偏偏这个铁铉像他的姓氏一样，就是不肯弯屈，他率军在淮南一带继续抵抗燕军。朱棣召了几次都没成功，后来设计将他擒获并押到了京师南京来。

铁铉一到南京，朱棣亲自上阵，审问这个强硬的死敌，本以为这下铁铉可要"乖"多了，谁知他在被带到明皇宫大殿以后，背朝朱棣坐在殿廷当中，"正言不屈"，漫骂不歇。朱棣命令他回过头来看一眼，可铁铉就是不肯，只当什么也没听到似的。气急败坏的朱棣兽性大发，下令将他的耳朵、鼻子全割了，可铁铉还是不愿回头看一眼。这下朱棣快要疯了，令人从铁铉身上割下一块肉，将它煮熟了，然后硬塞到他的嘴里，叫他吃下，并问道："这肉的味道是否甘美？"铁铉怒目而视，厉声回应："孝子忠臣之肉为什么不甘美？"对待这样的忠臣铁汉，野兽一般的朱棣实在没辙，惟一能表示他胜利的也只有将不屈的忠臣给磔杀了。(【明】李贤：《古穰杂录摘抄》；【明】姜清：《姜氏外史》卷2；【明】黄佐：《革除遗事》卷1；【清】谷应泰：《明史纪事本末·壬午殉难》卷18)

但令人意想不到的是，铁铉至死嘴里还在喃喃地骂着朱棣，直到他断气。这下可把朱棣给气疯了，当即命令手下人，搬来一口大锅，倒了好多的油在大锅里，然后在油锅下不断地添加柴火，将油锅烧得沸腾沸腾的，再令人将铁铉扔到油锅里油炸。顷刻间，那尸体成了"煤炭"，朱棣又叫人将已经油炸成"煤炭"的铁铉骷髅面北朝着自己,可弄了几次都没有成功。已处于癫狂状况下的朱棣叫上太监们用十几根铁棒在油锅里夹住铁铉的骷髅,然后把他竖起来,面朝自己了。这时的朱棣得意透顶,说道:"这下你总算是面朝我了!"话音未落,沸腾的油锅里溅起了一丈多高的沸腾之油,落在油锅边上的太监手上,顿时把太监们的手都给烫烂了,这些不男不女的家伙们再也顾不上给主子效力了,纷纷扔掉手中的铁棒逃跑了。而此时的铁铉的骷髅又奇迹般地反过来,背朝朱棣,直把魔鬼朱棣吓得半天都说不出话来。实在无计可施,最后他只好下令葬了铁铉的"骷髅"。(【明】宋端仪《立斋闲录》卷2中抄录了南京锦衣卫镇抚司监簿记载;【清】谷应泰:《明史纪事本末·壬午殉难》卷18)

铁铉殉难时,年37,他有两个儿子,长子福安,12岁,被谪戍河池(今广西境内);次子康安,年7岁,最初被发往鞍辔局,当奴役工匠,不久被戮死;铁铉的父母亲虽然都已经80多岁了,但还是被毫无人性的朱棣发配到荒芜的海南。(《明史·铁铉传》卷142;【明】姜清:《姜氏外史》卷2;【明】黄佐:《革除遗事》卷1)

● 忠臣女家眷被送去当妓女,每天被20个汉子轮奸

齐泰、黄子澄、方孝孺、铁铉……这一个个手无缚鸡之力的建文朝文臣学士在面对死亡的威胁与魔鬼的折磨时表现出了铮铮铁汉的英雄气概,他们反复地吟唱着历代中华民族精英们所谱写的正气歌:威武不能屈、视死如归和舍生取义。

他们走了,但走得相当之无奈,因为他们的亲人还在被魔鬼朱棣折磨着,尤其是那些女家眷们。

好多所谓的历史学家都十分喜欢朱棣,说他是个伟大的政治家、军事家,将明朝推向了全盛的顶峰。所以一般有着政治背景的"学者"和"名家"都不大谈朱棣的暴行与兽性,甚至有时将之忽略不计,这是极不公允和缺乏良知的。作为政治家和军事家最起码的一条那就是做人,如果他不是一个合格的人、健康的人而是一只野兽的话,那么我认为有这样的政治家和军事家又要他干吗?一个真正的英主不说是真的做到"爱民如子",最起码也要将他的臣民当作人来看待,包括对他的政敌与不同政见者。而明代第三位皇帝恰恰是一头政治野兽。我们不妨来看看朱棣在惨无人道地虐杀他的政治敌人之后,又是如何矫枉过正和如何惩治那些"奸党"、"罪臣"的女家眷们:

齐泰的一个姐姐,历史上没有记载她有多大岁数,据笔者的推测,齐家遭难时,她的最小年龄也在40来岁。在古时候,40来岁女人已经是个小老太婆了,但兽性大发的朱棣下令,将她与齐泰的两个外甥媳妇发配到了教坊司(官办妓院机构)去

接客。

还有黄子澄的妻子和妹妹也遭受了同样的悲惨命运,黄妻年龄估计与齐泰姐姐差不了多少,也是一个小老太太,但落入了朱棣这个魔鬼的手中以后受尽了苦难。有资料记载:

"永乐十一年正月十一日,本司(即教坊司)右韶舞邓诚等于右顺门口奏,有奸恶齐泰的姐并两个外甥媳妇,又有黄子澄妹,四个妇人,每一日一夜二十条汉子守着。年小的都怀身,节除(夕)夜生了个小龟子,又有个三岁的女儿。

奉钦。依由他。小的长到大,便是摇钱的树儿。

又奏,黄子澄的妻生一个小厮,如今十岁也。又有史家,有铁铉家个小妮子。

奉钦:依都由他。"(【明】懒生袁子:《奉天刑赏录》,据《教坊录》;【明】宋端仪《立斋闲录》卷2;【明】王世贞:《弇州史料后集》卷31)

这些原本的大家闺秀和良家妇女脸上先被刺字,与当年的林冲一般,在教坊司每一个昼夜要"接待"20个汉子,黄子澄的妻子甚至被轮奸后怀孕生了一个小男孩……

铁铉的妻子杨氏与2个女儿也被发配到教坊司,杨氏到那里没多久,可能接受不了那种折磨,就"病死"了。铁铉的2个女儿可能遗传了老爸铁一般的意志和品格,无论教坊司的坏蛋们怎样折磨她们,但铁氏姐妹守身如玉,誓死不从。时间久了,消息传出,铁铉过去官场上的同事出面向魔鬼朱棣求情。朱棣这次好像没疯,处于正常状态,竟然破天荒地同意了铁氏姐妹免罪,退出教坊司。姐妹俩后来嫁给了士大夫,总算有了较好的结局。(【明】宋端仪《立斋闲录》卷2中抄录了南京锦衣卫镇抚司监簿记载;【清】谷应泰:《明史纪事本末·壬午殉难》卷18)

朱棣不仅将建文帝提拔与重用的近臣、直臣及其家眷肆意蹂躏和残杀,而且连他"老爸""遗留"下来的忠介"老臣"只要是忠于建文帝的,一个都不放过。下面讲到的建文朝礼部尚书陈迪与御史大夫练子宁等人就是比较典型的例子。

● 父子六人都被处以凌迟刑的礼部尚书陈迪

陈迪,字景道,安徽宣城人。祖父宥贤曾经跟随朱元璋打天下,立有战功,受命出任过地方官。因此从这一点上来说,陈迪应该算作是老干部家庭出身的子弟,但与自家的"尚武"祖上有所不同,他很好文,年轻的时候胸怀大志,潇洒倜傥,又有端庄的品行。皇帝朱元璋听说后亲自召见了他,并授予他地方府学训导的官职,即为明朝地方府学的校长。陈迪不负皇恩,把府学工作干得有声有色。大明初年出任地方上"父母官"的好多都是武夫出身,平时没有什么大的政治活动也就罢了,但碰到大明皇家有什么大的喜庆之事,这些武夫"父母官"就犯难了,那时还不时兴配个"小秘",所以这些"父母官"只好在自己管辖范围内寻找既有学问又能把握住政策的文化人——那就只有在当地的州府县学里找那些朝廷派出来的学官,陈迪就是这么一个"捉刀手"。据说,陈迪十分有才,为郡守草拟了一份给皇帝的贺寿表。朱元璋看到后,十分赏识陈迪的才华,但没有马上提拔他,而是让他在地方上又锻炼了好一阵子。

后来有人出面推荐陈迪,朱元璋就让他来南京担任翰林院侍讲。干了一段时间后,朱皇帝又将他"外放"为山东左参政,可能类似于山东省的省长助理。陈迪在山东广施"仁政",轻徭薄赋,深得民心。

由于在山东任上名声很好,又有政绩,后来陈迪被升迁为云南右布政使(类似于云南省的副省长)。可能是遗传的因素吧,陈迪不仅文才很好,而且还会率兵打仗。那时,云南收复不久,普定、曲靖、乌撒、乌蒙等好多地方都发生了叛乱,陈迪亲自率领官兵前去平乱,并取得了军事胜利。为此,他受到了朝廷的嘉奖,皇帝朱元璋赐给他好多的金帛。

陈迪好官名声流传已久,又有能耐,精通儒家经学,建文帝即位后没多久,就将他从边疆大吏的位置上调到了大明的中枢,出任礼部尚书,这算得上是发挥了人才之长处。陈迪上任时,正值建文帝推行"新政"之际,针对洪武朝留下来的不合理的规章制度,陈迪提出了许多具有建设性的整改建议。每逢建文帝接到地方上官员上呈有关自然灾害的奏报时,陈迪总是提醒皇上实施宽政,赈灾扶贫,招抚流民,清理刑狱。据载,陈迪前后总共提了不少于 20 条的建议,悉数被建文帝采纳。由此,他后来被建文帝加封为太子少保。(【明】黄佐:《革除遗事》卷 3;《明史·陈迪传》卷 141)

从以上政治简历来看,陈迪在建文朝可算得上是一位资历很老的重臣,与其他几个建文朝尚书有所不同的是,陈迪还是"建文新政"与"建文削藩"的铁杆支持者,他曾好几次主动地给建文帝出谋划策。第二次北伐李景隆大败,建文帝君臣震惊,陈迪给建文帝条陈了许多北伐大计,并积极参与和组织了第三次北伐,受命督运军储,即做好盛庸主持的第三次北伐战争的后勤军务工作,干得还是相当之出色。

朱棣兵围南京,驻守金川门的李景隆开门揖盗,陈迪在外闻及此讯,急忙赶赴京师,但为时已晚,整个南京城全部给燕军控制了。朱棣即位以后,将陈迪召入明皇宫,责问他为什么屡屡与自己过不去而要为建文帝那么尽心出力?陈迪根本不予理睬,反而大骂朱棣起兵造反实属大逆不道之恶行。恼怒至极的朱棣命令手下将陈迪及其儿子陈凤山、陈丹山等6人磔杀于市。

陈迪死得很惨,但也很壮烈。当刽子手将要行刑时,陈迪的长子凤山大呼:"父亲你连累我们了!"陈迪赶紧呵斥儿子凤山勿言,继续谩骂朱棣不歇,朱棣癫疯病开始发作,命令刽子手将凤山等人的鼻子、舌头割下,塞到了陈迪的嘴里。陈迪继续大骂朱棣不是东西。朱棣更加恼羞成怒,下令对陈迪父子等6人实行惨绝人寰的凌迟刑,陈氏宗戚被戍边的就有180多人。陈迪蒙难以后,人们在收尸时,发现他的衣带中有遗诗一首:

> 三受天皇顾命新,山河带砺此丝纶。
> 千秋公论明于日,照彻区区不二心。

还有《五噫歌》,更是"辞意悲烈"。陈迪的妻子管氏自缢而亡,倒也免受了朱棣畜生的凌辱。

忠臣陈迪家差一点断了香火,所幸的是,当时他有一幼子陈珠,刚刚6个月,没引起人们多大的注意,乳母将他藏到了水沟里,才得幸免。陈珠8岁时被冤家告发,朱棣宽宥了这个8岁孩子的死罪,但活罪没饶,将他发戍到登州。洪熙年间他被赦返回家乡,政府给还田产。成化时期,宁国知府涂观为陈迪建祠。弘治时,陈迪的后裔子孙陈鼎参加科举考试,中了进士,出任应天府府尹(相当于南京市市长),史载陈鼎颇有祖宗遗风,刚鲠有声。子孙的嘉行多少可以宽慰一下一代忠臣陈迪的在天之灵了。(【明】黄佐:《革除遗事》卷3;《明史·陈迪传》卷141;【明】朱国桢:《皇明逊国臣传·礼部尚书陈公》卷2;【清】谷应泰:《明史纪事本末·壬午殉难》卷18)

● 被车裂碎尸和诛灭九族的御史大夫——练子宁

练子宁,江西新淦人,父亲练伯尚,擅长诗词。洪武年间,他出任朝廷起居注,这个官职是专门为皇帝写工作与生活"日记"的,按理说这是美差,经常接触到皇帝,很容易跟"第一人"沟通,说些最高领导喜欢听的话,就能飞黄腾达了。但这个练家出来的人就是没有阿谀奉承的遗传基因,相反他们经常说些皇帝不爱听的言语,练子宁的父亲练伯尚就是因为直截了当地说了些不该说的话,被皇帝朱元璋贬谪外放,出任镇宣通判,最终老死在任上。

练子宁年轻的时候英明有远见,卓尔不群,极有才识。洪武十八年他来南京参加会试,一举考中,成了贡士。在同年的殿试中,练子宁是这样对策的:"天下杰出的人才本来就不多,陛下您怎么忍心因小小的过失而大加杀戮,这样下去还能凭什么来达到天下大治呢？"皇帝朱元璋看到练子宁的卷子后不仅没有发怒,反而十分欣赏他的观点与大胆直言,录他为一甲第二,并授予翰林修撰。后来又见他政绩不错,将他提升为工部侍郎(相当于建设部副部长)。

建文初年,练子宁与方孝孺等一同受到建文帝的信任和重用,当时他被调到吏部去担任吏部左侍郎(即组织部副部长)。在此期间,他坚持以人的学行好坏作为任用或黜斥官员的一项基本原则,工作上成绩十分突出,很有创建。没多久就被建文帝提升为御史大夫,主持大明帝国的监察工作。(《明史·练子宁传》卷141;【明】姜清:《姜氏外史》卷1;【明】黄佐:《革除遗事》卷3)

"靖难"战争期间,建文帝曾派李景隆为大将军,接替老将耿炳文,主持第二次北伐,但"官二代"李景隆却在北伐过程中屡屡败绩,丧师失地。最后迫于无奈,建文帝下令将李家大帅哥给召回南京。针对李景隆的战败罪行,当时执掌大明官场的纪律检查与监察的练子宁怀着满腔的激愤向朝廷上奏,历数李景隆所犯下的罪行,恳请建文帝将李景隆严以正典,以儆效尤,可建文帝没采纳他的意见。练子宁感忿不已,不停地叩首并大声疾呼:"坏陛下大事的,正是此贼也。皇帝叫我负责大明的监察与执法,而我却不能为朝廷除去奸贼,正是死有余辜啊！如果陛下赦免了李景隆,那么就一定不要再宽宥小臣了！"说完他就在大殿上放声痛哭起来,只求以死报效朝廷。建文帝只好中途罢朝。

练子宁对李景隆的指控,引起了朝中一些正直大臣的共鸣,宗人府经历宋征、御史叶希贤等纷纷抗疏,要求建文帝将胸怀二心、丧师失地的李景隆按照大明律典处以极刑。但建文帝还是没有接受大臣们的意见,对李景隆的罪行不闻不问。

燕军攻到淮河一带时,靖江府长史萧用道、衡府纪善周是修上书给建文帝,提出了纾解国难之大计,但被朝廷用事者羞辱了一通。见此情景,练子宁实在是忍无可忍了,痛斥道:"国家已经被弄得这个样子了,还不能让大臣们说几句话吗？"直把朝廷用事者羞愧死了。

燕军进入南京后,练子宁出亡南行,到了杭州,被临安卫指挥刘杰抓住,绑缚到南京来邀功请赏。此时练子宁心里清楚,事到今日,复兴无望,只求一死。他满脸的激愤,口中不停地谩骂。

朱棣见到练子宁的那般模样,脸上露出狰狞的奸笑,问道:"练子宁！你想好了没有？还敢骂朕吗？"

练子宁怒目而视,大声斥责道:"高皇帝尸骨未寒,遗嘱墨迹还未干,你这个奸贼竟敢起兵造反,杀侄夺位,实乃千夫所指,遗臭万年！"

这下可把朱棣的"疯癫病"给"激"起来了,他恶狠狠地说:"给我将他的舌头割下!"话音刚落,几个刽子手一起上前,按住了练子宁的身体,一个撬开他的嘴巴,还有一个拿起了刀子,猛地将练子宁的舌头给割了下来。

见到此景,朱棣十分神气地走下了他的九龙椅,凑近了练子宁,不无得意地说:"我啊,只不过是仿效周公辅成王吧!你们太小题大做了。"

练子宁强忍着剧烈的疼痛,将手指伸到嘴上,蘸着口中的鲜血,满腔悲愤就地写下了四个大字:成王安在?

气急败坏的朱棣狂吠:"给我将他车裂碎尸,诛灭九族!"

练子宁的"宗族弃市者151人,又九族亲家之亲被抄没,成边远方者又数百人"(【明】姜清:《姜氏外史》卷1;【明】黄佐:《革除遗事》卷3;【清】谷应泰:《明史纪事本末·壬午殉难》卷18)。

练子宁的侄儿练大亨,当时出任嘉定知县,听到京师传来的噩耗,就与妻子一起投刘家河(今嘉定与太仓之间的浏河)自尽。

练子宁的"中节浩然"品质不仅震撼和"连动"了自己的亲族,而且还深深地影响了家乡同仁。练子宁的同乡徐子权,科举进士出身,出任大明刑部主事,当听到练子宁悲壮而去的消息后,他大哭一场,并写诗纪念,最后自缢而亡。(《明史·练子宁传》卷141)

面对朱棣的恶行与兽性,建文朝廷重臣个个都表现出视死如归的英雄气概,这实在是令人可敬可叹,而说及建文朝的地方官来,他们可也不赖,不信,请看下面的史实。

● 明知不可为而为之的苏州知府——姚善

建文四年四五月间,燕军不断地南下,逼近南京。建文皇帝下诏,号召各地勤王,当时任苏州知府的姚善积极响应,受命会合镇江、常州、嘉兴和松江四府的知府练兵勤王。但随后不久,南京沦陷,勤王之事不了了之。朱棣掌控京师后,严厉搜捕"奸党首恶"齐泰、黄子澄。当时风声很紧,黄子澄逃到苏州姚善处,相约一起到海上借兵举事,但姚善没有同意黄子澄这等天方夜谭的遐想,坚持自己与苏州城共存亡,黄子澄只好前往嘉兴找杨任谋事。

当时朱棣通缉和追剿"奸党分子"的"群众运动"开展得如火如荼,不仅到处张贴告示,而且还悬赏告密者和擒拿者。每当政治运动来临时,我们民族中总有一些人表现出异常的"政治觉悟"和积极的"热情",他们擦亮了眼睛,将一个又一个隐藏在人民内部的"坏分子"给揪了出来。黄子澄、齐泰就是这样被人告发揪出来的,我们现在讲的苏州知府姚善也是这样落入朱棣撒下的魔鬼专制"法网"的。

当时姚善手下有个许千户一夜之间政治觉悟"提高"了,发现他们的领导姚善就是现在新统治者所要缉拿的要犯,这可是升官发财的好机会。许千户乘着姚善不注意,将他绑了起来,送到南京来向新皇帝朱棣邀功请赏。

朱棣当然十分高兴,因为姚善不仅是京师近畿要地的地方父母官,而且还是他切齿痛恨的"奸党首恶"黄子澄的好友,这样的政治要犯被捕,篡位皇帝心里自然是乐开了花,他要亲自审问一下这个不自量力的书生,于是就命人将姚善带上大殿来,诘问道:"奸恶朋党姚善,我想问你,以你一个苏州府的实力就敢举兵与我对抗?"姚善厉声斥责道:"做臣子的各为其主,尽心尽力!"并开始大骂燕贼,"语多不逊"。恶魔朱棣没有想到一个小小的知府也敢向他说"不",顿时就怒火冲天,歇斯底里地咆哮一番后,下令磔杀姚善。(【明】姜清:《姜氏秘史》卷5;【明】黄佐:《革除遗事》卷1;【清】谷应泰:《明史纪事本末・壬午殉难》卷18;《明史・姚善传》卷142;【明】刘昌:《悬笥琐探》)

● 南京淮清桥下一块石头上的影子会说话——黄观及其家人

黄观,安徽贵池人,父亲入赘许家,改姓许。黄观年少时曾跟随贵池当地有名文臣学习,并初露才华。洪武年间被选拔到南京国子监学习。不幸的是黄观父母早亡,他的这段经历倒是很像少年朱元璋。在南京读书时,黄观将父母的坟墓画在纸上,经常流泪跪拜。洪武二十四年,他参加科举考试,在礼部主持的会试中得了第一名,即"会元"。不久在殿试中他又得了头名,即洪武二十四年的状元。以后他就出现在大明帝国的官场上,做官一直做到了礼部右侍郎,相当于民政部的副部长,也就是说用了6年的时间黄观由一介书生成为了一个副部级领导干部。由此可见洪武末年,大明文官制已经确立差不多了。也就在这一年,黄观奏请皇帝批准,改回了自己的姓氏——黄。建文初年,更定官制,黄观的官职被改为右侍中,他与方孝孺等人深受建文皇帝的信任和重用。

黄观本来就是一个文臣,与武夫朱棣并无什么搭界,但身为建文朝的重臣,他时常要为建文帝草拟诏书、表制等一类文书。朱棣起兵造反后,黄观曾为建文帝起草了一份官方文告,奉劝朱棣赶紧解散他的军队,回到自己的藩邸北平,然后再上南京来向建文帝谢罪。由于他用词极富嘲讽挖苦的味道,充满了对造反作孽者的蔑视和贬斥,朱棣就对他怀恨在心。

建文四年黄观奉命到长江上游安徽的南部地区去募兵,这本是他的家乡,但为了建文帝的大业,黄观连自己的老家也顾不上回了。经过他的不懈努力,还真的招募到了一些兵丁,然后急忙带了募兵赶赴京师南京,大概走到安庆时,就听到消息:京师沦陷了,朱棣张榜通缉"齐、黄"为首的"奸党"分子,发狠要缉拿和处置建文朝的左班文臣。黄观早已做好了为国殉难的准备,但随后传来的消息却让他寸肠欲断。(【明】姜清:《姜氏秘史》卷 3;【明】黄佐:《革除遗事》卷 2)

原来,攻入南京城后,朱棣一心想要取得他"老爸"朱元璋传下来的皇帝"宝玺",因为只有这样,他的即位才会"名正言顺"。可找遍了皇宫的每一个角落就是找不到那"宝玺"。有人说,建文帝老早就把宝玺给了黄观,让他带上外出募兵时用的。朱棣听说后,命令有关部门火速追查到黄观在南京的家中,逮捕了黄观的妻子翁氏和他的两个女儿。

此时行进在长江安庆一带的黄观闻听京师事变,就跟人说:"我家夫人平日里最讲气节,如今形势恶化,她一定不肯受辱!"说完他就在长江上为他的妻子招魂,并葬之于江上。第二天,黄观南京家中的家人赶到安庆来报:"京师家中已被朱棣查抄了,夫人和两位小姐被配给了象奴。象奴是个无赖成性的狗东西,见了夫人和小姐,就要她们头上的金银首饰。夫人就全给了他,可把这狗东西给乐坏了,他拿了夫人的金银首饰后去换酒喝。夫人急忙带了两个小姐及 10 多个家人跑到淮清桥上,投河自尽。"黄观听完后,大哭一场。(【明】姜清:《姜氏秘史》卷 3;【明】黄佐:《革除遗事》卷 2;【清】谷应泰:《明史纪事本末·壬午殉难》卷 18;《明史·黄观传》卷 143)

船只行驶到了李阳河一带,又从京师传来消息:建文皇帝已经"驾崩"。此时的黄观万念俱灰,他整了整身上的朝服,朝着东边南京方向拜了又拜,然后跳入湍急的水流之中。船上人急忙去钩他,但为时已晚,仅钩得珠丝官帽。

黄观的弟弟黄觏,看到哥哥家罹难了,赶紧带了黄观的一个小儿子逃亡他乡。但也有人说,黄觏的妻子毕氏回母亲家守寡时就已经怀上黄觏的骨肉,所以黄氏忠烈在贵池有后裔。这事现在一下子也很难说清楚了。

但有一件事很怪,当初黄观妻子在南京淮清桥投河时,曾吐血在一块石头上,形成了一个小影子,这个小影子一到阴雨天气,人们就可以看得出来,大家称之为"翁夫人血影石"。有个和尚将这块石头移到了庙里,翁氏托梦说:"我就是黄状元黄观之妻啊!"第二天,那和尚用水浇在那奇怪的石头上,顿时石头上的影子更加清晰了:这个血影子呈人形,有愁惨状。这块石头在清朝前期还在南京城里,真是英烈之魂与英雄之城共存。(《明史·黄观传》卷 143;【清】谷应泰:《明史纪事本末·壬午殉难》卷 18)

就在黄观夫妇忠君殉难过后不久,他的安徽老乡、自言要"不愧文天祥"的建文朝监察御史曾凤韶及其妻子也因为不愿背叛建文帝而先后一一自尽殉难。

◉ 建文朝的"文天祥"——曾凤韶

曾凤韶,安徽庐陵人,洪武末年进士出身。建文初年,曾凤韶出任监察御史。建文削藩与北伐时他曾提出过好多的建议,但都没被采纳。金川门之变时,曾凤韶曾向建文帝请求,让他一起随从出亡。建文帝没同意,示意他赶紧离开,曾凤韶哭着说:"小臣不久就要以死来报陛下之大恩!"(【清】谷应泰:《明史纪事本末·壬午殉难》卷18)

朱棣在南京称帝以后,以原官召曾凤韶,曾凤韶没去;朱棣给曾凤韶升官为侍郎(副部级干部),曾凤韶还是没去。他之所以这样做,关键就在于他不愿背叛建文帝,但同时曾凤韶也知道朱棣是个无恶不作的魔鬼,绝不会对他的拒绝善罢甘休,于是他就刺破手指,用鲜血在自己的衣襟上写下:"予生庐陵忠节之邦,素负立朝刚鲠之肠。读书而登进士第,仕宦至绣衣郎。慨一死之得宜,可以含笑于地下,而不愧吾文天祥。"曾凤韶还嘱咐他的妻子李氏和儿子:"我死之后,不要给我换衣服,就以身上这件入殓!"说完他就自杀了,时年29岁,后来曾凤韶的妻子也以死守节。(《明史·曾凤韶传》卷143;【明】姜清:《姜氏秘史》卷1;【明】黄佐:《革除遗事》卷2)

在"建文"转向"永乐"的那个苦难岁月里,像上述曾凤韶夫妇与黄观一家的最后殉难自尽算是最好的结局了,最为惨苦的就要数前面讲过的方孝孺被灭"十族"、景清和胡闰被"瓜蔓抄"、铁铉被油炸以及下面要讲的暴昭被残害成"人猪"。

◉ 魔王朱棣又创造了一个"人猪"——刑部尚书暴昭与副手侯泰

暴昭,潞州人。洪武初期,科举尚未成式,朱元璋选拔官僚多次启用"历事监生制",即在大明帝国的最高学府国子监中挑选优秀的毕业生,"分配"到大明官衙去实习几个月,发现品行端正、工作能力等各方面都不错的"实习生",就将他们留在衙门中为官。暴昭就是当时"历事监生"当中的一员,后直接被授予大理寺司务(可能相当于司法部的一个科长)之职。

暴昭为人正直、有气节,做事认真、负责,个人生活极其朴素,常常穿着与普通百姓一样的衣服和鞋子,以清正、节俭的好官名声而著称。正因为如此,他深受老皇帝朱元璋的喜爱。洪武三十年被擢升为刑部右侍郎（相当于司法部副部长）。

洪武三十一年老皇帝朱元璋死后不久，新主朱允炆将暴昭由刑部侍郎提升为刑部尚书。建文初年，暴昭被建文帝调任北平采访使，名义上是收集北平民情状况，实为刺察燕王朱棣在北平的阴谋活动。他不负建文帝的厚望，出色地完成了新皇帝指派的使命，将燕王的种种阴谋不法之事秘密地上报了上去，嘱咐建文帝做好准备。（《明史·暴昭传》卷142）

燕王朱棣起兵造反后不久，建文帝设立平燕布政司，由暴昭主持那里的工作。北伐战争开始后，暴昭就与铁铉一起悉心策划北伐事宜。

建文四年朱棣南下攻到淮河流域时，朝廷军队在灵璧遭受了燕军毁灭性的打击，从此就一蹶不振。与此同时，暴昭被建文帝召回到南京。

金川门之变后，暴昭出亡在外被抓，但他"抗骂不屈"。朱棣大为光火，命令手下人先打掉暴昭的牙齿，再砍掉他的手和脚，创造出继西汉"毒妇"吕后"发明"之后的又一个惨不忍睹的"人猪"。但暴昭还是不停地怒骂朱棣。朱棣"疯癫"到了极点，居然下令将暴昭的脖子折断。一代忠烈就此被折磨而死。（《明史·暴昭传》卷142；【明】黄佐：《革除遗事》卷3；【清】谷应泰：《明史纪事本末·壬午殉难》卷18）

暴昭在建文初年调任为北平采访使，后又主持平燕布政司的工作，这样建文朝廷的司法工作就由侯泰来接任。要说这个侯泰可也是个正人君子，他忠于建文帝和大明帝国。朱棣在北平起兵造反后，侯泰提出了许多抗御策略，可惜都没被采纳。但由此侯泰受到了建文帝的关注，盛庸主持北伐战争那阵子，侯泰受命负责济宁和淮安一带的粮饷督运工作，他克勤职守，及时保证了盛庸军队的后方供给。京师被攻陷时，侯泰正往南京赶，打算回去设法救援，但走到苏北高邮时就被燕军抓住，投入大牢。朱棣十分痛恨这些建文朝北伐的铁杆支持者，他杀了侯泰不解恨，还将侯泰的弟弟侯敬祖与侯泰的儿子侯玘也给杀了。据说侯家子弟临刑时无所畏惧，视死如归，实在是令人敬佩。（《明史·侯泰传》卷142；【明】姜清：《姜氏秘史》卷5；【明】黄佐：《革除遗事》卷3）

建文帝的重臣刑部尚书（司法部长）暴昭和侯泰先后英雄地"走"了，可建文朝的户部侍郎（财政部副部长）卓敬、郭任、卢迥等人也不"示弱"，他们个个都是好样的。

● 这个大帅哥可是个硬汉子——建文朝的财政部副部长卓敬

卓敬就是我们给大家在前面讲过的给建文帝上了一个奏折，将懦弱的书生皇帝吓出一身冷汗的那个大明财政部副部长，他极力主张将朱棣迁徙到南昌，这是极为聪明的一招,很可惜建文帝没有采纳他的建议,但卓敬与朱棣的仇就这样结下了。

朱棣登基即位以后,命人将卓敬带上来问话:"你为什么要向建文帝上奏,将朕迁徙到南昌,这是离间我们皇家骨肉!难道你卓侍郎这样聪明的人会不懂这个理吗?"朱棣说话时很得意,以为已是阶下之囚的卓敬会乖乖地臣服,谁知话音刚落,卓敬马上厉声说道:"可惜啊,先帝没有听取我卓敬的主张!"朱棣听后十分恼怒,但他又相当喜欢卓敬的才能与智慧,所以没有马上下令杀害他,而是将他关到了大牢里去,再叫人到牢里去探望,并以历史上的管仲与魏征作为例子来劝导卓敬。卓敬哭着说:"既然当了先帝的臣子,怎么能背叛他呢?只有以死相报;况且先帝也没什么大的过失,现在被人横刀夺位了,我做臣子的恨不能马上就死去,到地下去见先帝,更别提叫我做贰臣了!"朱棣听后怅然,但他还不死心失去这样的人才,故而一直没有下令处死卓敬。

朱棣身边的谋士道衍和尚过去与卓敬有过过节,他乘机进谗:"卓敬的建议当初要是被建文帝采纳的话,皇上你还有今天吗?"经过这么一挑拨,朱棣终于痛下决心,杀掉卓敬。卓敬临刑时神色自如,从容叹道:"祸乱始起于萧墙,谋略又无经画,卓敬死有余罪啊!"

卓敬最终被杀害了,他的三族也被诛灭。卓家被查抄时,查抄到的家产仅有图书数卷。对此,朱棣极为痛惜地说道:"国家养士三十余年,卓敬可谓不负君矣。"(【明】姜清:《姜氏秘史》卷2;【明】黄佐:《革除遗事》卷3)

卓敬为官做人坦荡无偏,胸襟开阔,极为健谈,人又长得帅,属于高个美男子。不过卓敬这个美男子与那个李家大帅哥不一样,那是一个绣花枕头,而卓敬是内秀外美,史书说他"凡天官、舆地、律历、兵刑诸家无不博究",想必这是真的,否则魔鬼的天才皇帝朱棣为什么一再惋惜卓敬不为他所用呢?(《明史·卓敬传》卷141;【明】姜清:《姜氏秘史》卷2;【明】黄佐:《革除遗事》卷3;【清】谷应泰:《明史纪事本末·壬午殉难》卷18)

在"壬午殉难"中唱响建文悲歌的建文朝文臣,有不少人原本出身就是平民百姓,如上述的卓敬等人,他们通过科举之途而跻身于大明帝国的政治舞台,或许真的是要报答建文帝的知遇之恩而勇于献身殉难。但在"壬午殉难"中还有个事实实在是耐人寻味,在大明高官甚至可以说公侯级的巨卿后代中似乎也有不少人在响亮地唱着建文悲歌,他们忠君刚烈,至死不做"永乐"之臣,如诚意伯刘伯温的二儿子刘璟和魏国公徐达的长子徐辉祖就是这样的典型例子。

● 刘基儿子刘璟跟朱棣说:"殿下百世之后,总逃不出一个'篡'字"

刘璟,前面我们已经讲过他,在北平燕王府下棋时,朱棣曾旁敲侧击地发问:"你能否让着我一点?"刘璟一语双关地回答道:"该让的地方就让,不该让的地方不让!"实际上是给了朱棣一个软钉子,双方之间的芥蒂就这样结下了。有人说,那是因为当时还是朱允炆当皇帝,而朱棣仅是一个地方藩王,刘璟没必要去巴结他,所以才这么"讲原则"。如果这样看待的话,那么实在是将刘璟给看扁了。人家老刘家可是一门忠烈,想当年刘基就是因为不肯向权贵胡惟庸低头而被毒死,没过多少年,老刘家的第二代同样是因为耿直的秉性和坚贞不屈的精神最终将自己送上了不归路。

建文帝派遣李景隆为大将军进行北伐时,刘璟是将军参事,换成现在话来说就是军事参谋一类的角色。李景隆不听忠言,刚愎自用,终使500 000人北伐军全军覆没。当时刘璟处境极为不佳,他冒着严寒星夜急渡卢沟河。谁知渡河到河中时冰块断裂,刘璟连人带马淹入水中,后经过奋力自救,总算上了堤岸,在那前不靠村、后不着店的冰天雪地里,本是南方人的刘璟以常人无法想象的毅力,冒着风雪步行了30多里,终于在良乡遇上了自己的儿子,随后父子两人同归南京。不久刘璟就回了浙江老家青田。(《明史·刘璟传》卷128)

朱棣即位以后,几次派人去请刘璟出来做官,但每一次都被刘璟以身体不佳为由而拒绝。不仅如此,刘璟还提醒和告诫朱棣:"殿下百世之后,总逃不出一个'篡'字!"这话触到了朱棣的痛处,他马上报复,以当年刘璟同谷王朱橞一起南逃作为深究的借口,说他犯了叛逃罪。欲加之罪,何患无辞?刘璟被逮捕以后,依然不肯屈服,连对已经称帝的朱棣之称呼也不改,仍旧称其为"殿下",而不是"陛下"。

朱棣当然无法容下这样的"忤逆"之臣,但因为刘璟的父亲刘基是大明重要的开国功臣,所以他一下子不敢轻易对刘璟下毒手。而刘璟在牢里待了一段时间以后,仍不肯屈服,最终他将自己的头发辫成一线,上吊自尽。(《明史·刘璟传》卷128)

● 尴尬的大明第一大将军后代——徐辉祖与南京的建文忠臣庙

徐辉祖,原名徐允恭,大明第一大将军徐达的长子,长八尺五寸,这是明清的尺码,可能相当现代人的一米七八左右,"以勋卫署左军都督府事",就是说他年纪轻轻就在"朝廷中央军委"担任领导工作，这是因为他有着显赫的家庭背景的缘故。虽然徐辉祖属于"官二代"，但他是"官二代"的另类，可能是因为从小受到父亲徐达的严厉管教，他个人天资又不错，史书说他相当"有才气"，因此在同辈中徐辉祖的个人威望还是比较高的。

徐达病逝后，作为徐家长子的徐辉祖就继承了父亲的爵位。洪武晚年，朱允炆被立为皇太孙，为了与皇太孙朱允炆相避讳，皇帝朱元璋赐名，将原名徐允恭改为徐辉祖。在此前后，徐辉祖在陕西、北平、山东、河南等地练兵，发现燕王下属的元朝降将阿鲁帖木儿图谋不轨，遂将之捕杀。后来他回到南京，在相当于"中央军委"的中军都督府里主持工作。建文初年，徐辉祖被晋升为太子太傅，这是相当高的一种荣誉职位。(《明史·徐达传附徐辉祖》卷125)

从以上我们对徐辉祖个人经历来看，他出身于大明第一大将军之家，又有军队历练背景，相比于"官二代"典型代表李景隆来说，其军事能力与大局观念都是后者不能望其项背的。但明初这段历史很奇特，朱元璋将自己的儿女与功臣们的儿女结合，虽然稳定了大明帝国的统治根基，但也造成"朱元璋后"时代的尴尬局面，一旦"有事"，大明君臣之间、藩王与功臣之间都变成了断了骨头连着皮的关系，而特殊家庭出身的徐辉祖就是处在大明特殊关系下的一个重要的尴尬人物。

徐辉祖的大妹妹嫁给了燕王朱棣，二妹嫁给了代王朱桂，三妹嫁给了安王朱楹。(《明史·徐达传》卷125)据说他还有一个妹妹后来出家当了尼姑，我们将在《大明帝国》系列之《破解大明第一谜案》里详讲。徐辉祖与大妹夫燕王朱棣之间原本没有很大的政治意义关系，但在建文初年朱棣加快了谋反步伐后，徐辉祖的政治倾向就显得格外扎眼了。从政治方面来说，徐辉祖与建文皇帝是名正言顺的君臣关系，这是那个时代"三纲"中的"第一大纲"，换句话来说，就是那个时代最大的政治；从亲缘方面来讲，徐辉祖是建文帝政敌燕王朱棣的大舅子，中国有句古话说得好，叫"亲不亲，自家人"，在建文朝位居高官的徐辉祖要是偏向一点妹夫也可以使人理解。徐辉祖的弟弟徐增寿就是这么一个不讲国家政治专讲亲缘的"人脉百事通"。可徐辉祖不是这样的人，可能受父亲的影响比较大，他认为，在合法皇帝与将要谋反篡位的燕王朱棣之间，自己应该极力维护的是国家与社会的"正统"。所以当朱棣谋反的小道消息传得沸沸扬扬时，徐辉祖就赶到明皇宫里向建文帝作了"友情"提醒；朱元璋"小样"纪念活动时，朱棣三个儿子在南京参与了祭祀，徐辉祖又不失时机地向建文帝作了汇报，以流氓成性的二外甥朱高煦来说事，再度提醒建文帝不可轻视和大意他的政敌；李景隆兵败以后，徐辉祖两度受命率领朝廷军队援助前线，尤其是齐眉山大战时，他与盛庸等人合力大败燕军，不久又被建文帝调回南京。(《明史·徐辉祖传》卷125)

从徐辉祖在建文朝的作用来看,他的军事才能并没有发挥好,至于是不是建文帝对他这个特殊的"尴尬"人物不信任,目前还没有确切的史料依据。不过无论怎么说,徐辉祖与他的弟弟徐增寿绝对是两类人物,他对建文帝是赤胆忠心。燕军进逼南京时,包括徐辉祖的弟弟徐增寿在内的少数建文朝臣见到建文帝大势已去,为了自己拥有"美好"的未来,他们干起了令人不齿的勾当;而徐辉祖则组织手下将士抵抗燕军的入城,终因寡不敌众,退回到南京城南的魏国公府邸内,独守在自己父亲徐达的祠堂里。

徐辉祖的种种"不识时务"和忤逆燕王的举动,使得朱棣恼怒不已,新皇帝下令缉拿和审讯徐辉祖。徐辉祖一言不发,拿起笔在纸上写着"家父是开国功勋"、"我家有高皇帝颁发的免死券"等字样。审讯官吏拿了徐辉祖的"墨宝"送给朱棣看,朱棣气得咬牙切齿,但他又不敢明目张胆地破坏"父亲"所立的"祖制",否则怎么向全国臣民大吹自己是"鞋拔子脸"老皇帝的"好儿子"?所以他只好忍一忍,不过最后还是恶毒地下令,将徐辉祖削爵为民,并永远幽禁在魏国公府里。

从此以后,徐辉祖再也没有走出过自家的家门。大约过了5年后,正值中年的徐辉祖带着满腔的悲愤与无奈走完了他的人生之路。(【明】黄佐:《革除遗事》卷4;【明】姜清:《姜氏秘史》卷5)但明人薛应旂在他的著作中说:建文四年六月,朱棣"下徐辉祖于狱,革其禄米。"(【明】薛应旂:《宪章录》卷14)又,永乐五年,"徐辉祖卒,年四十。"(【明】薛应旂:《宪章录》卷17)

万历年间,明神宗下令为建文忠臣平反,在南京城里建庙祭祀建文朝殉难的忠烈之臣,徐辉祖位列忠臣之首。(《明史·徐辉祖传》卷125)

这是明朝官方公开将过去搞错了的事情重新加以纠正,至于忠臣的排列次序相对来说不怎么重要,因为这迟到的旌表忠烈距离"壬午殉难"的发生已经有200多年了。但200多年,人们还在记挂着,可见"壬午殉难"的忠臣节士着实深深地影响了世间人们。

至此,"壬午殉难"中建文朝最为著名的文臣铁汉英雄就义的悲壮故事快要讲完了,不过大家千万别忘了还有一位大明皇家的特殊成员,他以默默的方式"吟唱"建文悲歌,走完了自己悲壮的人生之路,他就是我们前面提到过的朱元璋的好女婿、建文帝的铁杆支持者梅殷。

● 朱元璋的好女婿喋血南京"笪桥"——梅殷

梅殷是朱元璋第二个女儿宁国公主的丈夫,汝南侯梅思祖的侄儿,他天性纯朴正直,处事老成谨慎,精于骑马射箭,富于谋划策略。除此之外,梅殷还精通经史,被当时人称为"儒宗",因此说他是个能文能武的难得的人才。在朱元璋16个女婿当中,他最得"鞋拔子脸"老皇帝的喜欢。据说朱元璋一有什么人孝敬来好吃好喝的,他总要给这个二女婿留着。翁婿俩时常坐在一起,谈古论今,兵法国事,总有说不完的话题。梅殷每次告别老丈人,朱元璋总要送他送得很远很远。

洪武晚期,大明功臣勋将几乎被杀尽,而地方藩王日益坐大,跃跃欲试;面对这样巨大的潜在危险,一生经历了无数大风大浪的朱元璋隐约感觉到了未来有可能出现的危险局面,于是就把宝贝女婿再次找到宫中,秘密嘱托梅殷辅助好文弱的皇太孙朱允炆。

可不知是为什么,朱允炆登基以后并没有马上重用这个姑父。一直到了建文晚期,在朝廷军队连连败绩的情况之下,他似乎是做了一场梦突然醒来似地想起了皇爷爷托孤的那位老成持重的皇家姑爷,随即命他为总兵官,镇守北平到南京一线上的军事要地淮安,打算以此来挡住或阻击燕军的南下。(《明史·宁国公主传》卷121;【明】姜清:《姜氏秘史》卷4)

但建文四年开春以后,朱棣却改变了以往的进攻策略,绕过沿途坚固的军事重镇,避实击虚,一路迅速南下。建文四年四月灵璧大战,朝廷军大败,朱棣不无得意地想从淮安借道抄近路直上南京,但他又不能跟妹夫梅殷直说,因为梅殷的正直与"讲原则""讲政治"之特性不仅在大明皇家出了名,而且连朝中大臣也无人不晓。于是他就动足了脑筋,变着法子向妹夫"探路"。没想到这个二妹夫那么刚烈,那么正直,要他通融,绝对没戏了。于是朱棣只得改道泗州一线,出天长,取道扬州,接着就是渡江,占领镇江,围困南京。(《明史·宁国公主传》卷121)

燕军进入南京以后大杀建文朝臣,顿时将繁华的大明首都推入了苦难的深渊,变成了人间地狱。对此,远在苏北淮安的梅殷心如刀绞,但又无能为力,他只有坚守自己的岗位。朱棣见到他们皇家亲戚基本上都"与时俱进"了,唯独这个二妹夫还是不肯归附,坚守淮安,他又气又恼,最后想出了一个毒招:叫来妹妹宁国公主,逼迫她咬破中指,写下一封血书给驸马梅殷。梅殷见到朱棣派出的太监带来的血书,顿时放声恸哭,然后问那太监:"建文帝在哪里?"太监说:"去矣。"梅殷说:"君亡与亡,君存与存,吾姑忍俟之。"(【清】谷应泰:《明史纪事本末·壬午殉难》卷18)

忍住了巨大的悲恨,梅殷最终回到了南京。这时的魔鬼朱棣早已登基称帝,自我感觉已经好到了无以言表的地步了,他一见到妹夫梅殷就满脸堆起了笑容,不怀好意地问候道:"驸马劳苦了!"没想到梅殷不冷不热地回敬:"劳而无功耳,徒自愧耳!"这话说得极有分量,可把朱棣呛得无言以对。(《明史·宁国公主传》卷121)

虽然梅殷给"召"回来了,但他始终不肯屈服,这使得无恶不作的魔鬼感到十分头疼。后来朱棣想到了一招,叫宫中小太监偷偷地溜到梅殷的家中,察看梅殷在家都干了些什么或说了些什么,以便逮些把柄,将他整死。但不知是小太监不谨慎呢还是梅殷警觉性特别高的缘故,朱棣的这个小把戏很快就被戳穿,梅殷更加愤懑与恼火。(【清】谷应泰:《明史纪事本末·壬午殉难》卷18)

妹妹和妹夫被莫名窥隐,既羞煞了朱棣,又引起了众皇家亲族的不安,魔鬼皇帝十分被动。这时,一个叫陈瑛的大坏蛋主动出来想帮助朱棣解围。这个陈瑛就是当年朱棣行贿的对象,后来因为受贿之事暴露了,他被建文帝发配到了广西去,从此贪官陈瑛就跟建文君臣结下了大怨。朱棣上台以后迅速将这个当年的铁哥们从广西发配地给召了回来,且还给了他一个相当于副部级的左副都御史大官做。有人说,在永乐那个时代要想当官可真快,一个囚犯转眼就当上副部级大官,原来"坐火箭"当官在中国古代就有了,不是现代社会的发明。

再说这个贪官坏蛋陈瑛本事可大了,他最大的本事就是揣摩主子的心思和对政治异己进行极端的血腥残害。看到主子现在的处境并不好,陈瑛赶紧出来分忧解愁,他给朱棣上奏说:"我听人讲,梅殷对本朝极为不满,暗中畜养亡命之徒,图谋不轨,且与女秀才刘氏朋邪诅咒。"大家别小看了这种子虚乌有的指控,要是皇帝拿它"说事",被说者可要倒大霉了。"畜养亡命之徒,图谋不轨,与女秀才刘氏朋邪诅咒",这些指控隐含了:一,男女授受不亲,有伤风化;二,畜养亡命之徒,图谋不轨意味着谋反、谋大逆,这是灭族的大罪;三,朋邪诅咒即结党诅咒,诅咒谁?还用说吗!无限地上纲上线,一旦罪名落下,则必死无疑。等你搞清楚了,也是死人骨头都可能烂没了。所以陈瑛这个人实在歹毒,不过朱棣还不想将妹夫弄得太难堪,毕竟妹妹的面子多少要顾及一点啊,于是他就跟陈瑛说:"这事你不要插手,朕自有处置方法。"(《明史·宁国公主传》卷121)

不久朱棣下令,让户部考定公、侯、驸马、伯仪仗从人之数,借着这个机会,他又叫锦衣卫将梅殷的家人都抓起来,送往辽东去戍边。

朱棣在"解决"了梅殷周边人之后,就开始盘算着如何对梅殷下手。永乐三年十月,梅殷上朝去,走到明皇宫附近的笪桥上时,遇到了前军都督佥事谭深、锦衣卫指挥赵曦,后两者互相使了一个眼色,就开始向走在笪桥上的梅殷挤过去,硬把梅殷挤到笪桥下面的河里,淹死了。接着谭深和赵曦就向上报告说,梅驸马投河自尽了!

消息传到明皇宫,朱棣喜不自禁。但不久又有人来报,说梅驸马是被谭深和赵曦挤下桥淹死的,有个都督同知叫许成的人目睹了全过程。有人证,总不能再杀人啊,否则的话,风险就会越来越大,朱棣只好忍住并极力加以掩盖,他马上命令法司部门对两个凶手展开调查和审讯,并把他们定了罪。这时的谭深和赵曦顿时"明白"了,他们叫喊着:"此上(皇帝,指朱棣)命也,奈何杀臣!"朱棣听到"两个凶手"这样喊冤,立即大发雷霆,命令大力士拿了凶器"金掏",将两人的牙全部打掉,然后再将其斩首。看来当走狗的最终都没有什么好下场!(《明史·宁国公主传》卷121;【清】谷应泰:《明史纪事本末·壬午殉难》卷18)

再说宁国公主听到丈夫梅殷出事了,本能地反应:这肯定是那个不是什么好东西的朱棣干的!她马上直奔明皇宫找哥哥朱棣,并拉住了他的龙袍死不放手,边哭边喊着:"我的驸马在哪里?我的驸马在哪里?"魔鬼哥哥极力地掩盖自己的罪行,只说:"我为公主去寻找并惩治歹徒便是了,公主你千万别哭坏了身子啊。况且公主还有两个儿子。"宁国公主听到魔鬼哥哥已经"关爱"到了下一代,她顿时不哭了。

后来朱棣传令,为梅殷治丧,并赠梅殷谥号为"荣定",梅殷的两个儿子即朱棣的外甥梅顺昌被敕命为中府都督同知,梅景福被敕命为旗手卫指挥使。朱棣将外甥"安顿"好后,还给宁国公主写了一封信,大致是这么说:"驸马爷梅殷虽然有些过失,但兄长我因为念着至亲的分上没有追究。听人说驸马淹死了,兄长我也十分怀疑。都督许成来告发了,我才知内情。现在我已经对许成进行了封赏,凶手们也全部正法,今特地向妹妹告知这些事情。"

看到魔鬼哥哥的信函,知道这是贼喊捉贼,但宁国公主又能怎么样呐?她没办法。

梅殷手下曾经有个叫瓦剌灰的人,他可是个血性汉子,曾经向朱棣说:谭深和赵曦既然是杀害驸马的凶手,那就应该受到重重处罚。朱棣无法回避了,只好同意。瓦剌灰先将谭深和赵曦两人的脚给砍了,再挖出他们的肝肠用来祭奠梅殷,最后他也自尽而亡。(《明史·宁国公主传》卷121;【清】谷应泰:《明史纪事本末·壬午殉难》卷18)

建义情结——为什么那么多人追随与怀念建文帝?

● 600∶29 的比例题考问住了朱棣

明末清初史学家谷应泰曾指出:"暴秦之法,罪止三族,强汉之律,不过五宗,故步、阐之门皆尽,机、云之种无遗。世谓天道好还,而人命至重,遂可灭绝至此乎!又况孔融覆巢之女,郭淮从坐之妻,古者但有刑诛,从无玷染,而或分隶教坊,给配象奴,潘氏承恩于织室,才人下降于厮养,此忠臣义士尤所为植发冲冠,椎胸而雪涕

者也。"(【清】谷应泰:《明史纪事本末·壬午殉难》卷18)

秦朝的法律可以说是够残暴的了,但最多也只问罪三族;汉承秦制,刑罚也够狠的了,但也只涉及五宗。说得更简单更直白一点,在朱棣之前,即使再残酷的暴君,他们对"罪犯"的处罚还从无"玷染"那么多的无辜,也没有像朱棣这么龌龊下三烂——要么惨无人道地残害,要么将"犯人"女家眷发到教坊司去当妓女,要么将红粉佳人与大家闺秀作贱给小厮,任人糟蹋,这尤为忠臣义士所怒发冲冠、顿足捶胸啊!

但"建文诸臣,三千同周武之心,五百尽田横之客,蹈死如归,奋臂不顾者,盖亦有所致此也"。不会少于600号的建文朝廷文臣学士中只有20多人选择了投降,600:29这道小学生都能做的比例题,却实实在在地难住了无所不能、无恶不作的魔鬼朱棣。有人说,拿600:29这样的比例来给一个已经定性的"伟大政治家"说事是否有依据呢?

有!

据明末著名史学家谈迁在他历史名著《国榷》一书中的记载说,靖难之役后,朱棣进入南京,建文朝"其在任遁去者,463人"。谷应泰在《明史纪事本末》中也说:"成祖即位,编籍在任诸臣遁去者463人,俱命削籍。"(【明】谈迁:《国榷·惠宗建文四年》卷12;【清】谷应泰:《明史纪事本末·建文逊国》卷17)

如果结合《明太宗实录》等相关资料,我们估计建文朝大臣最少有110来号人在"壬午殉难"中为建文帝殉节(参见上文的《建文朝"壬午殉难"著名大臣简表》),这110人加上463人就是570多人,这里面还有很大部分可能被过去史学家所漏记,或当初仓猝出逃而不为人所知,以及朱棣上台后对建文朝大臣肆意杀戮、焚毁档案,等等,笔者给它少算一点,30来个。这样通盘合计,朱棣打入南京时至少有600来号建文朝大臣拒绝投降。

拿拒绝投降的600多个建文朝大臣与归降朱棣的29人相比,我们很自然地得出这么一个百分比来,即建文朝大臣投降朱棣的5%都不到,而多达95%以上的建文朝文臣学士拒绝投降,这实在是一个让人迷惑不解的比例题与历史谜案。

● 600年的历史迷雾——为什么建文朝600多号大臣却只有20多人背叛建文帝?

对于这样的一个历史谜案,有人认为:这没有什么大惊小怪的,全是正统观念在作祟。真是这样吗?如是,那么如何解释在明清"天崩地裂"之际中国社会也没有出现这样悲壮的历史景观?要知道在中国这样的传统社会里,异族入侵的改朝换代远比本族内的朝代或皇位更替所引发的心理、文化与社会等方面的震荡要强烈得多了,但像明末清初那段历史中崇祯朝殉节的大臣却寥寥几个,遁迹拒降者也没有多少,像大思想家黄宗羲、王夫之及顾炎武等是极个别的例外。所以说,从"建文"转向"永乐"有那么多的建文大臣拒绝投降,绝不能简单地仅用"正统观念作祟"来解释得通的,那么其根本原因到底又是什么?

笔者认为应该将视野放到更宽广的范围来加以考察。

第一,"建文新政"得人心,尤其是江南人民拥护建文帝。

过去我们对建文帝实行的"新政"重视不够,甚至有些人用现代的眼光来看待建文帝与朱棣的皇位争夺;更离谱的是有人搬出了"社会达尔文主义",认为建文帝当政的水平不如他的叔叔,优胜劣汰,自然法则么,老百姓心不向着他。我不知道此等"社会达尔文主义者"有没有读过《明史》、《国榷》一类的明史史料,就这么轻易地得出了一个结论。说实在的,建文帝在历史上是相当得人心的。明代成化年间文官学者宋端仪留下了这样的史料:"皇上(指建文帝,笔者注)嗣登天位,念习俗之陋,贪诈者之多,以为昔者治之以法,而犯者滋众,岂非教化有未至欤?乃蠲逋租,赦死刑,选擢良吏以治海内,除民之所患苦而与之以所欢。而未及期年,万姓协和,四方不变。士君子以行道辅时为荣而不贪禄位;百执事庶人以谨行保身为常而耻言货财。上而朝廷,下而穷邦小邑,皆思洗濯瑕垢以自归于善,可谓盛矣。上犹以为未也,亲择廷臣二十有四人为采访使,以观风谣,烛幽隐,利民之事得以便宜行之。由是天下欣然,谓太平可立致。"(【明】宋端仪:《立斋闲录·方孝孺送徐思勉序文》卷1)

建文帝得人心最为根本的原因就是他对大明帝国臣民推行了以"宽仁"为核心的"新政",减轻了老百姓的负担。如洪武三十一年六月刚刚上台的建文帝就下令"省并州县,革冗员"。仅过了一个月他又"诏行宽政,赦有罪,蠲逋赋"。到了该年的年尾十二月,他再次"赐天下明年田租之半,释黥军及囚徒还乡里"。建文元年春正月又"诏告天下,举遗贤。赐民高年米肉絮帛,鳏寡孤独废疾者官为牧养。重农桑,兴学校,考察官吏,振罹灾贫民,旌节孝,瘗暴骨,蠲荒田租"。(《明史·恭闵帝本纪》卷4)

一个皇帝登基后六七个月内,先后下诏四次,平均一个半月他就下诏一次,减免天下赋税,这样的好皇帝不仅在明清史上而且在整个中国历史上都极为罕见的。那有人说会不会是建文帝在作秀?新皇帝上台哪个都要作作秀,但这么频繁地"作秀"似乎有点讲不过去,也没这个必要。事实上建文帝是在把他皇爷爷朱元璋的过猛的政策加以调整过来,让老百姓不断地得到实惠,这就是他得人心的关键所在。

建文帝关爱天下苍生一点也不比他皇爷爷差,更比他的叔叔朱棣强几百倍。后世那些与政治有着千丝万缕关系的史学家每当谈到明成祖朱棣时,往往有着唱不完的赞歌,说他如何开疆拓土,如何兴建举世瞩目的宏大工程,云云,但要知道这一切难道不都是用老百姓的血汗换来的吗?相比而言,没有那么"雄伟气魄"却以"宽政"治国的建文帝朱允炆是在用雨露滋润般的"惠民"政策让百姓们享受到了实实在在的实惠与"皇恩"。譬如洪武三十一年八月,建文帝下"诏兴州、营州、开平诸卫军全家在伍者,免一人。天下卫所军单丁者,放为民"。(《明史·恭闵帝本纪》卷4)

这是一项看不见、摸不着的得人心的"工程",明代军籍兵士生活很悲惨,战时打仗玩命;上帝保佑没死,到了和平年代就要为帝国筑城墙、干苦力。一般被编入军籍后就没有什么好命,谁乐意这样被没命地折腾?但明初朱元璋搞的黄册制度将户口管得那么死,所以说从某种程度来讲,"朱元璋后"时代开启时大明帝国的毛病还真不少,而朱允炆登基两个月就着手解决,尤其是将"天下卫所军单丁者,放为民"这项措施还深刻影响了近世中国社会,我们后世政府征兵时就实施这么一项规定:原则上家中独子不得入伍,这难道不是"建文宽政"的历史的延续吗?

建文帝最为感动臣民的一项举措就是均江、浙田赋。建文二年二月,正值建文朝廷组织最大规模的一次北伐战争,当时集结了全国兵力500 000人,筹集军饷1 000 000石以上(《明太宗实录》卷5)。要说用粮还正是时候,但建文帝还是作出了一项公平的惠民举措,下诏令平均江南田赋,他在诏令中说:"国家有惟正之供,江、浙赋独重,而苏、松官田悉准私税,用惩一时,岂可为定则。今悉与减免,亩毋逾一斗。苏、松人仍得官户部。"(《明史·恭闵帝本纪》卷4)

手心手背都是肉,人怎么能偏心眼?朱元璋的重赋从表象来看,好像全国性一碗水端平,穷的地方少出,富的地方多出,江南富庶就应该多出,殊不知他的这项政策已经严重地挫伤了江南地区人民的积极性,相对"培育"另外一些地方的惰性;而建文帝惠政于江南人民,如果他不被朱棣赶下去,那么中国近代转型之萌芽很可能就在建文时代或建文后时代开始了。有朋友跟我说:"建文帝是江南人的大恩人。"这话也不为过。不信,我们看这样的例子:

朱棣在北平造反时,有个无锡人叫储福,原本是燕山卫的一个普通士兵,他就不愿意为朱棣卖命而逃跑了。朱棣登基后,下令追捕全国逃卒归伍。储福重新被强行编入了发往云南的部队,他"仰天哭曰:'吾虽一介贱卒,义不为叛逆之臣。'在舟中,日夜泣不止,竟不食而死"。(【明】李贽:《续藏书》卷7,"燕山卫卒储福")

昆山人龚翊从18岁起就在金川门当门卫哨兵,燕军涌入金川门,他独木难支,放声大哭,随后外逃。到了朱棣孙子朱瞻基当政时,有人将他推荐出来当官,没想到他知道后十分生气地说:"(龚)翊仕无害于义,恐负往日城门一恸耳。"(【明】李贽:《续藏书》卷7,"金川门守卒龚翊")他终生归隐不仕。

还有一个客观事实是,至今为止,有关建文帝最后出亡到何处?目前大约有一二百种说法,即一二百个地方,但其绝大部分都位于长江以南,这就很能说明问题了。要是人们不喜欢某个历史人物,总不会将"历史的屎盆子"往自己家乡头上去扣吧!

由此我们完全有理由认定建文帝是一个极其得人心的好皇帝。这下可能又要触及到另外一个在中国存在了两千多年的儒家"定理":"得人心者得天下",转换一下就是"失人心者失天下"。不过,如果拿它套在建文帝头上,那就太不恰当了。

第二,确实建文朝不屈而亡的大臣们很大程度上是受正统观念的影响,追求的是儒家正统的理念。

中国儒家特别强调"名"和"分",换成更为通俗一点的讲法,就是要求做到"名正言顺",所谓"名不正则言不顺"。既然朱元璋立了朱允炆为皇位继承人了,那么朱允炆就是合法的皇帝,大家都要来保护他、支持他;而朱棣是起兵造反者,是世代都要受诅咒的和重刑酷法所要打击的对象。拥有这种思想观念的建文朝大臣代表,最为著名的就是刘伯温的二儿子刘璟,他就是不肯屈服,即使面临死亡的威胁,还没忘警告朱棣:殿下几百年以后还逃脱不了一个"篡"字!(《明史·刘璟传》卷128)

第三,宋亡以后中国知识分子地位一直低下,大明开国后朱元璋对他们也不好;而建文帝广施善政,知识分子对之有着知遇之恩当涌泉相报之心理情结。

中国传统社会里知识分子的黄金时代是在两宋,这在《大明帝国》系列之3《洪武帝卷下》里边我已经作了详细的论述,在此不再赘言了。宋亡以后,蒙古人统治中国时期,知识分子的地位一落千丈,创造了历史的"新低",元代民间社会有"十等"人的说法,虽说我们没有在正史上找到依据,但不妨将它作为一面历史的参照镜子。这"十等"人中的"儒"排到了第八位妓女的后头,成为"老九",可见当时知识分子是何等的压抑与郁闷啊!因此人们不难看到,元代开始,在文人当中时兴的"文人画"要不是灰蒙蒙的就是一片荒凉肃杀,一见了"文人画"就让观者觉得心里沉甸甸的,你说这元代知识分子会过得好?

朱元璋建立大明帝国后,"参酌唐宋",恢复中华传统,尤其是对科举制的恢复与"改进",使得当时的知识分子看到了一丝希望的曙光。但随之而来,朱元璋又屡兴文字狱,文臣学士莫名其妙地把命给丢了,加上洪武年间严刑峻法,因此说,明初这三十来年知识分子的日子过得也并不好。

朱允炆上台以后,一改朱元璋的严酷政治,崇尚礼治,主张"齐民以刑不若以礼",

宽政于臣,宽刑于民,他"日与方孝孺辈论周官法度"(【明】朱鹭:《建文书法拟》前编),总想仿效三代之治。建文帝性格文弱,温文尔雅,在朝堂上从不轻易责罚人臣。即使像尹昌隆之类的乌鸦,越说越不像话,甚至快要将皇帝的私生活拿来说事了,但建文帝还是没有怪他。在削藩问题上三派之中尤其是"睦亲护藩派"的观点简直是迂腐透顶,或者说是一派胡言,但建文帝还是让人家讲完,更没有去治他们的罪。

建文朝政治环境极其宽松,你想怎么讲就怎么讲,只要不当着皇帝的面说"我要造反"这样大逆不道的话,就不会有事;更有甚者责问建文帝:"你答应我要办的事情怎么没办?"还有在朝堂上揪住"内贼"李景隆当庭痛打一通,这类事情要是拿到朱元璋时代那简直就是天方夜谭,但在建文朝却是实实在在地发生了。

建文朝士大夫们不少人经历了朱元璋时代那种战战兢兢、如履薄冰的政治生活,他们再在建文时代为臣,感到了自我价值得到一定程度的实现,实在是有点心花怒放的感觉。在这些从小就饱受儒家正统思想教育的知识分子看来,他们真的遇到了万年千古才碰上的一位"仁爱"皇帝,儒家的政治理想也可以在不久的将来实现了。齐泰、黄子澄、方孝孺、胡闰、陈迪、暴昭、曾凤韶,等等,莫不感到他们此生此世的幸运,中国有句古话叫"士为知己者死",所以人们不难看到,"壬午殉难"中的那么多的建文朝文臣学士个个都视死如归,甚至还有唱着歌走向刑场的。(《明史·卢迥传》卷141)

第四,儒家理学确立时期,义理观念清晰,没有被混淆。

宋明理学是中国儒家思想发展的一个里程碑,而理学的自身发展也有一个从理论确立到政治实践中的地位巩固的过程。理学开创于宋代,那时在官方意识形态中并不占据主导地位;到了元代,理学虽然得到了官方的确认,但元朝统治者并不将之作为主流意识形态;只有到了朱元璋时代,通过全国性的尊孔运动和科举成式、八股取士标准化等,理学不仅深深地植根于人们的心目中,而且还指导与规范着人们的日常行为。

理性而言,理学刚开始被定为官方意识形态时,还是有着一些可取之处的。那时理学的核心"三纲五常"完全没有像后世的说教那样僵化,成为杀人不见血的软刀子。作为一种官方思想,强调"君为臣纲、父为子纲、夫为妻纲",则更多要求在一个社会群体或政治群体内突出主心骨的作用问题,强调义、理、忠、信、勇等中华民族传统的美德,这并没有多大不好啊,只要它们不与政治过分紧密地挂钩与绝对化,应该来说还是有着相当可取之外的。试想一个人连基本的信和义都没有,他还配在官场上混吗?要是国家政治由一些吃里爬外和卑鄙无耻的小人来掌握着,那么,这个政权能好到哪里去?这个社会的主旋律还会高雅吗?

所以我们对建文朝那些视死如归的大臣们决不能简单地说他们愚忠,一无是处。要知道这些殉难的大臣绝大多数都是清节耿直之士,或是为民做主、为国谋略的廉吏良臣,他们深受理学思想的熏陶,高唱着儒家的正气歌。正如张廷玉主编的《明史》一书中所说的:"'靖难'之役,朝臣多捐躯殉国……从容就节,非大义素明者不能也。"(《明史·王艮等传·赞语》卷143)用"壬午殉难"大臣翰林纂修周是修的话来说,就是"忠臣不计得失,故言无不直;烈女不虑死生,故行无不果"。这难道不值得我们后世人们学习吗?(《明史·周是修传》卷143)

第五,传言建文帝没死。

金川门之变后,明皇宫里燃起了大火,建文帝及其一帮子大臣(463人)不知所终。有人说烧死了,有人说逃走了。(详见笔者《大明帝国》系列之6《破解大明第一谜案》)既然有说建文帝没死逃走了,那么作为建文朝的大臣绝大多数人抱定不事二主的态度,祈盼建文帝的复辟,所以他们往往选择了不与朱棣合作的态度,这也是从"建文"转向"永乐"时有那么多人追随与怀念建文帝的一个重要原因。

无论上述哪个原因,我们不妨将人们对建文帝的追随与怀念概括为"建文情结",这个情结从600年前的明皇宫里那场大火燃起时就悄悄地结下了,它伴随着人们走过了600多年,直到今天为止,人们还在不停地追问:建文帝是不是一个好皇帝?如果是一个好皇帝,那他为什么被人赶下台?

是啊,又一个问题被提出来了,建文帝为什么会失败?

建文帝失败原因分析——拷问儒家的"得人心者得天下"理论

在中国古代历史上,像朱棣与朱允炆之间的这样皇位争夺不是独一无二的,汉朝景帝时就发生了吴楚七国之乱,七个诸侯国一起动手跟中央皇帝对着干,但最终没斗过汉景帝。明朝这场"靖难之役"很奇怪,一个地方藩王就将一个堂堂的大明帝国天子赶得"无影无踪",同时还将他的忠臣斩尽杀绝。问题是为什么一个堂堂的大明帝国天子、很得人心的建文皇帝最终会落得这么一个下场?笔者认为四大方面的原因导致了建文帝的失败:

◉ 建文帝个性上的缺陷

前面我们讲过,建文帝的个性文弱、仁柔,作为普通人来说,如果拥有这样的个性本身并没有什么不好。尤其在我们现在社会里,这样性格的男人或许还挺受女孩子喜欢的。

但文弱的个性,天生的书生一旦去从政,那可不是什么好事。可朱允炆生在皇家这样特殊的家庭里,即便他不愿卷入政治权力角斗场,那也是妄想。一般情况下,一个人的个性决定了他的命运。建文帝既然个性很文弱,而政治权力角斗场向来是不会同情弱者的,所以说建文帝一登上大明帝国的政治舞台,他成了帝国"狼群中的羔羊"。天生文弱的个性使他一次次地错过了机会,譬如朱棣起兵造反前,他犹豫不决,最后还是放弃了大臣们的建议:扣押他的三个堂兄弟(朱棣儿子们);尤其是徐辉祖向他提醒:朱棣的二儿子朱高煦绝不是什么好东西,但他还是没有听进意见,后来朝廷军队与燕军交战的关键时刻都是这个无赖成性的朱高煦在一定程度上挽回了燕军的败局,反而将原本已经胜券在握的朝廷军队给打败了。据说建文帝知道后,后悔不迭,但又有什么用。(【清】谷应泰:《明史纪事本末·燕王起兵》卷16;《明史·黄子澄传》卷141)

还有一次十分重要的机会也是由于建文帝的个性缺陷而给白白地错过了:朱棣谋反前曾来过南京,摆足了叔叔的架子,走御道,见了新即位的建文帝也不拜,按照那个时代的"大不敬"律条,即使不足以治他死罪,但也至少可以将他的藩王爵位给削了;倘若有人出来"救场",或于情理、于面子讲不过去的话,就用大臣卓敬的那智慧一招,将最为危险的敌人燕王迁到江西南昌去,让他在那人生地不熟的地方待着,看他还造反不成?但建文帝就没有这个胆识,当卓敬给他上奏折时,他吓出了一身的冷汗,偷偷地将奏折放到自己的袖口里,白白地糟蹋了上苍赐予的机会。(【明】姜清:《姜氏外史》卷2;《明史·卓敬传》卷141;【清】谷应泰:《明史纪事本末·燕王起兵》卷16)

作为当政的帝国主要领导人建文帝这种文弱的个性、优柔寡断的处事方式在很大程度上葬送了自己的大好江山。

这一点似乎旁观者朝鲜人看得更为清晰。《李朝太宗李芳远实录捌》,四年(永乐二年)九月己酉条记载:"召成石璘、赵浚、李茂、赵英茂、李稷、权近等议事,上(指朝鲜国王,笔者注)曰:'大抵人心怀于有仁,建文宽仁而亡,永乐多行刑杀而兴,何也?'浚对曰:'徒知宽仁而纪纲不立故也。'上然之。"(转引自【民国】王崇武:《明靖难史事考证稿》,P7)

● 错用指导思想——先秦儒家的迂腐理论

建文帝第二大失误是治国理政采纳的指导思想不是"外儒内法"的汉代以后的

儒学,而是方孝孺等人信奉的一些迂腐的先秦儒学主张。说实在的,先秦儒学的一些主张与思想是相当不错的,譬如"民本思想"、轻刑重教理论等,但它过分强调礼教、德治,这对于治理乱世之际的国家是不合适的。从"洪武"转向"建文",表面上是太平无事,但边塞地区的藩王们跃跃欲试,大明帝国暗波汹涌。这时的建文帝应该适当地采用法家的权与术及其刚性治国主张,而绝不是先儒的什么"亲亲"之礼——那简直是与虎谋皮和痴人说梦。建文帝对朱棣大讲"亲亲",告诫自己的北伐将士:"不要伤了朕的叔叔,让朕背负杀叔的罪名。"这叫什么圣谕?那简直就是将北伐将士的手脚全给捆住了,反而帮了政敌朱棣的大忙:朱棣闯入北伐军中如入无人之境,甚至在对手营地里呼呼地睡上了一个夜晚,清晨走时,北伐将士还不敢放箭射他。(【清】谷应泰:《明史纪事本末·燕王起兵》卷16)

如果建文帝没有这么迂,何来后来朱棣打到南京来?建文帝的这份"亲亲"之情,"叔叔"朱棣压根儿就不领情,进入南京以后的朱棣在明皇宫挖地三尺、对建文帝大臣赶尽杀绝暂且都不说了,就建文帝的诸皇弟和诸皇子而言,后来一个个都是死得莫名其妙,建文帝投之以德,朱棣报之以怨。

● 用人不当,尤其没掌握好"枪杆子"

建文帝第三方面大的失误是用人不当。历史上君主用人不当往往是指重用奸佞小人,祸国殃民,最后发展到了一发不可收拾的地步。例如北宋末年那个轻浮的情种皇帝宋徽宗就是这么一个亡国昏君。但建文帝可不是这样的昏庸无道之君,相反,他相当聪明,只可惜这种聪明是书生的聪明,陶醉于对绝对理想追求中的聪明,这反映在他的核心领导班子中任用了清一色的不通军事的文臣学士,没有着力注意朝廷核心班子文武优势互补,以至于军事问题爆发了,由外行人提出一些不着边际的应对措施,重用了貌似行家实为一窍不通的古惑仔似的"人才",例如对李景隆的重用就是一个典型的例子,这里边既有重臣黄子澄的"瞎捣糊"的原因,又有建文帝对儒家伦理中"亲亲"过于执著的"偏爱"所造成的;加上建文帝自身就不具备在由乱到治的特殊历史时期充当合格领袖的基本素质,终使建文朝总体而言不断地出错,不断地败北,最后落得个国破家亡的结局。具体说来如下:

第一,建文朝领导班子本身有问题。

建文朝的最终失败与最高领导班子的搭配不当大有关系。由于朱元璋的滥杀,到建文朝时能征善战的老将几乎杀戮殆尽,这对继任者建文帝来说是极为不利的。但话得讲回来,自古以来,人才一直不缺乏,缺乏的是领导没有去将他们挖掘出来,这就是古人讲的"千里马常有而伯乐不常有"的道理。

建文帝的失误就在于靠着相投的趣味来组建他的领导班子,这样就造成了建文朝的领导核心全是书生,你让他们背出哪段圣人的话,出典在哪里,或作如何的诠释,他们会如数家珍地给你讲上三天三夜还不嫌累;你要讲推荐军事人才,他们马上就会将在耳根边上经常大摆军事"乌龙阵"、善于纸上谈兵的李景隆当作是大明帝国的军事大家来推荐。其实这些建文近臣们根本没有深入了解军界,更没有像朱棣那般从军事战争实践中发现人才,及时提拔和使用人才,从而使得中下级军事能人很快地脱颖而出,发挥好军事人才的作用;可建文君臣压根儿就没有这样的经历,其实他们朝廷军队将领中不乏有勇有谋又善战的军事能人,如朱允炆的叔叔平安(朱元璋的养子)和瞿能父子都是杰出的将才,可他们被压在了"绣花枕头"、"官二代"李景隆的下面,直到战事发生后才逐渐地被发现。即使这样,还没有及时地得到大胆的提拔和尽其所能地发挥他们的军事才华,这就大大地制约了朝廷军队自身有效力量的发挥,挫伤了将士们的积极性,造成了朝廷军队越战越没劲而燕军却越战越强的令人十分郁闷的尴尬局面。(《明史·瞿能传》卷142;《明史·平安传》卷144)

第二,对李景隆等"至亲"的信任与重用。

建文帝用人之失是相当严重的。对"至亲"李景隆,他太过于相信其能力和人品,事实上对李景隆的错用一定程度上是将建文朝廷推上了不归之路,当然也有人给建文帝作了提醒,甚至连一向看好李景隆、不惜为他掩盖战败信息的黄子澄后来也感觉到了李景隆这个建文帝的"至亲"不是个东西,但建文帝就是没听进去,更没有严厉处置战败的李景隆。其影响相当之恶劣,最为直接的后果就是在建文朝廷军队的将士们看来,打了败仗也没多大的事,这样一来,"家底"再厚也要给败光的。令人哭笑不得的是,建文帝越信任李景隆,李景隆越要"卖"建文帝,500 000人大军没了,1 000 000石的军饷也全"送"给了朱棣,回朝以后他又竭力排斥和诬陷北伐的能将谋士:"景隆征还,赦不诛,又当轴用事,恶(盛)庸等掩己,谍间遂行,(王)度等与谋者皆见疏。"(【明】姜清:《姜氏外史》卷3)……应该来说,以建文帝的聪明不会没察觉出来,但对于"至亲"过度信任的思维定式终使建文帝一输再输。(【清】谷应泰:《明史纪事本末·燕王起兵》卷16;《明史·黄子澄传》卷141)

第三,总是在关键时候接受错误信息用错人。

建文帝在削藩与北伐等大是大非问题上总在接受错误信息,用错人。在是否要扣押朱棣三个儿子的问题上,大臣中齐泰的观点是正确的,而建文帝似乎倾向黄子澄的错误主张,但他又不太放心,就去问徐辉祖,徐辉祖倒是正派人,比较明确地告诉了建文帝答案;而建文帝优柔寡断的个性在这个关键时刻又促使他去问徐增寿,徐增寿与徐辉祖同是朱棣三个儿子的亲舅舅,既然徐辉祖说了二外甥不好,是个后患,天下哪有做舅舅的要糟蹋自己本来品行很好的外甥的名声呢,所以说徐辉祖的话不用深究也能断出个是非来,可建文帝最终没听徐辉祖的话反而听了"内贼"徐增寿的;这样的例子太多了,齐眉山大战,本来朝廷军队并不示弱,建文帝派遣徐辉祖前去援助,这是十分漂亮的一招,如果乘胜追击,燕军很有可能是全军覆没,而当时燕军士气又相当低落,将领们除了朱能跟朱棣还算心往一处想,继续南下以外,其他的都竭力主张回归北方,下次再来。因此如果这时建文朝廷方面组织大规模的围攻,正是大好时机,可就在这个节骨眼上,本来对前线反应并不怎么灵敏的建文朝廷,这次却格外地反应快速,朝中有人说,燕军已经北退,徐辉祖与朱棣是郎舅关系,将这么一个军事将领放在外面,不能说是件安全的事情。建文帝居然听信了这种小人之见,将徐辉祖迅速调回京师,顿使前线朝廷军力大减,终遭"诸将势孤,遂相次败绩"(《明太宗实录》卷8;【清】谷应泰:《明史纪事本末·燕王起兵》卷16)。

第四,重要辅臣的盲目自信与误国。

黄子澄、齐泰和方孝孺是建文朝三位重要的辅臣,从他们的分工来看,齐、黄主要是负责削藩,方孝孺搞"建文新政";三个重臣都很有学识,但没有什么政治智慧或者难听一点叫政治阴谋(即使有,也很蹩脚),然而他们都没有意识到自身这方面的缺陷。一般来说,知识分子接受的知识教育程度越高,越是容易形成一种很自负的心理,往往错误地将自己所掌握的知识当作社会全部的智慧,往往认为自己的观点是正确的,将一种学术上的个人主张放到了现实的政治决策当中去,难免不引起失误。齐、黄、方都有这方面的毛病,当削藩刚开始时,对哪个先下手,齐、黄意见不一,齐泰主张打蛇打七寸,擒贼先擒王,先从燕王朱棣下手,可黄子澄不同意,其实齐泰的观点是很有道理的,而且朝臣中还有人提出了相似的见解,户部侍郎郭任指出"天下事先本后末则易成。今日储财粟,备军实,果何为者?乃北讨周(王),南讨湘(王),舍其本而末是图,非策也"(《明史·郭任传》卷141)。可是建文帝和黄子澄都固执己见,没有接受齐泰与郭任的好主意,终使养虎为患,打草惊蛇,使得朱棣加快了谋反的步骤。

方孝孺也有这个毛病,燕军逼近南京时,有人提出让建文帝赶紧外逃。这里有几种可能性的去向,要是建文帝早点动身上梅殷、铁铉那儿,或许后来的历史也要重写了,可方孝孺坚持认为自己的观点是正确的,当然不排除方孝孺主张里边的合理成分。当时南京城还有200 000人军队,如果让徐辉祖全面主持军事防御,或许南京城还能抵挡一阵子,但方孝孺偏偏出了自认为是狠招的馊主意——让藩王来守住南京大门,表面看似很好,结果却是便利了朱棣的进城。这又能说明了什么?方孝孺曾经说过"士之可贵者,在气节不在才智。天下未尝无才智而世之乱也,恒以用才骋智者,钓奇窃名以悦其君,卒致无穷之祸,而气节之士不与焉"(【明】张萱:《西园闻见录》卷10)。方孝孺将气节看得比才智还要重,诚然治国理政的经国人才的气节是极其重要的,否则都像李家大帅哥那样,那就国将不国了。但治国理政更多的是政治权力场上的斗智斗勇,将气节混淆于才智,那么迟早就要成为政治场上的牺牲品。

● 斗争策略上存在着诸多的问题

从登基时起,建文帝就踌躇满志,相继推出了一系列的"建文新政",但步骤走得太快了点。一般来说,新旧交替以"安定团结"为纲,不能这里动一下,那里也去碰碰,作为过去的既得利益者一旦被"新政"剥夺了"既得利益",他们能拥护你吗?更有建文帝一面组织北伐讨燕,另一面"省并州县,革冗员"(《明史·恭闵帝本纪》卷4),精简机构,那些被裁并的地方官员不恨你建文帝吗?和平年代让他们恨恨也就罢了;要是危难之际那就麻烦了。所以当建文政权晚期派人外出募兵时,地方上真正响应和组织募兵的官员却并不多,这就很能说明问题,"建文新政"走得太急了点。在全国兵马倥偬之际,建文帝却与方孝孺津津乐道地讨论"周官法度",还锐意文治,甚至不务实际地想推行井田制,让善良的人们见了就觉得好气又着急,正如明人朱鹭所说的:"(建文)四年之间,今日省州,明日省县;今日并卫,明日并所;今日更官制,明日更官阶;宫门殿门名题日新,虽干戈倥偬,日不暇给而不曾休,一何扰也!是正学(方孝孺)之过也。"(【明】朱鹭:《建文书法拟》前编)

作为学术务务虚没什么大碍,但要将先秦儒家典籍的思想完全贯彻于国家政治中,这不仅不适应,还会给人们带来诸多的不便,譬如将原本已经用了30多年的大明官场的官制名改一改,将明皇宫的名字也改了一下,实质意义不大,反而给予政敌找到了攻击的口实——"变更祖制",所以朱棣老觉得他起兵造反实在是有理,因而也就要一反到底!

再如,建文帝一开始削藩就是学老太太吃柿子,只挑软的捏,先从周王下手,把最大的后患给惊动了,又没有继续迅速向燕王开刀,而是拖泥带水,贻害无穷。

建文帝的失误还有许多,但千言万语,我们将之归结起来不外乎建文君臣自身的政治阅历浅显、个性太迂和政治水平不佳等几个方面的缘故所造成的。

在传统中国社会里,政治是无情的、也是残酷的,好人不多,好皇帝更少,建文帝就是中国历史上少之又少的好皇帝之一,但他只执政了四年,就匆匆地离开了政治舞台。由此我就想到了一个古老的历史命题:得人心者得天下,真是这样吗?

不过,历史并没有将建文帝遗忘,600年来人们不停地在追问:建文帝怎么啦?他最终到底到了什么地方去?建文情结横跨时空,时不时地跳跃在人们的脑海里,烙刻在人们的心中——建文帝的下落之谜。

《大明风云》系列之 ❼ 建文悲歌

第三章
建文"蒸发"与谜案追踪

朱棣"靖难"军进入南京时，建文帝人间蒸发。由此，追踪建文帝的下落，成为大明帝国的第一谜案。据永乐朝的官方的说法，建文帝被烧死了，朱棣还假模假样地挤出了几滴鳄鱼泪以示悲痛，并以天子之礼下葬了建文帝。既然如此，那么建文帝陵在哪儿？数百年来无人知晓。更让人一头雾水的是，赶走建文帝后，永乐皇帝当政时，怪事连连……建文帝下落之谜犹如幽灵一般，不仅折磨了当政20多年的永乐帝，而且也困扰了他的后代子孙。

那么，建文帝到底到了哪儿去？600年来人们一直在寻找他的最终下落之谜。有人说他出亡西南，有人说他出亡湖湘，有人说他出亡苏州，又有人说他逃亡到了海外，甚至最近连法国球星里贝里都在说自己的祖先就是建文帝……这一切到底哪个是真的？

谜案产生——朱棣："阖宫自焚"；建文："人间蒸发"

建文四年(1402)六月十三日(乙丑)，金川门事变突发，燕军不费吹灰之力进入南京城。这时明皇宫升起了熊熊大火，朱棣命令手下人赶紧前去救火；同时又派出得力干将迅速控制南京城，缉拿建文"奸党分子"，追捕老与他这个四叔过不去的侄儿皇帝，但令朱棣意想不到的是建文帝朱允炆却来了个人间蒸发，那么建文帝到底到了哪里去了？

据成书于永乐初年的明朝官方文书《奉天靖难记》所载：金川门之变后，朱"允炆欲出迎，左右悉散，惟内使数人而已，乃叹曰：'何面目复相见耶？'遂阖宫自焚。上见宫中烟起，急遣中使往救，至，已死矣。出其尸于火中，上叹曰：'小子无知，乃至此乎？'"(《奉天靖难记》卷4)

而成书于明宣德五年正月的《明太宗实录》却对此这般写道："建文君欲出迎，左右悉散，惟内侍数人而已，乃叹曰：'我何面目相见耶？'遂阖宫自焚。上望见宫中烟起,急遣中使往救。至,已不及。中使出其尸于火中,还白上。上哭曰:'果然若是痴耶!吾来为扶翼尔为善,尔竟不亮,而遽至此乎!'"(《明太宗实录》卷9)

对照上述有关建文帝下落的现存最早官方文献记载,我们发现其内容大体差不多,但在具体细节上还是有所不同的:第一,《奉天靖难记》中称建文帝不叫皇帝,而是直呼其名讳,这在传统社会里是大逆不道的;而在《明太宗实录》中改称其为"建文君",用了个具有多重含义的"君"字来代替,由此可见后来编修者还是相对慎重的。第二,《奉天靖难记》中说,听到宦官从大火中捞出尸体来,"好叔叔"朱棣叹了声气,随后说道:"小子(指朱允炆,笔者注)无知,竟然弄到这个地步!"而到了《明太宗实录》中改为"好叔叔"朱棣"哭"着说:"我的侄儿啊!你为什么痴迷得如此不明事理啊?叔叔我是来辅助你治国理政的,没想到你竟然一点也不明白我的一片苦心而做出这样的傻事啊!"如此一改,昔日"乱臣贼子人人得而诛之"的朱棣顿时变成了周公一般的好叔叔,"伟大领袖"的"光辉"形象一下子给衬托出来了。不过,再怎么说,上述两书中有一点是绝对一致"肯定"的,那就是建文皇帝"阖宫自焚"了。

既然建文帝是"自焚"的,按照中国人的常规做法,就得善待"逝者",祭奠、入殓、下葬……一个都不能少。而自小就"聪明睿智、仁孝友弟(同'悌',笔者注)、出于天成"(《奉天靖难记》卷1;《明太宗实录》卷1)的朱棣"死"了侄儿皇帝,作为当时大明皇家"第一"叔叔再怎么说,总不能在全国臣民面前丢脸呀,于是"燕王遣中使出帝后尸于火中,越八日壬申葬之"(《明史·恭闵帝本纪》卷4)。怎么葬的?朱棣"问葬建文帝礼,(王)景顿首言:'宜用天子礼。'从之"(《明史·王景传》卷152,列传第40)。随即朱棣下令"备礼葬建文君,遣官致祭,辍朝三日"(《明太宗实录》卷9)。

一切都按部就班地进行着,官方文献也像模像样地记载。那么所谓"下葬"了建文帝,究竟将他"葬"在南京什么地方呢?不说近现代了,就是明代史学家谈迁当年在南京调查了一大圈都没能搞清楚,他记载道:"金陵故老,无能指建文帝葬处。非其迹易湮也,史牒禅代沿例久矣。孟氏所以不尽信书也。"(【明】谈迁:《国榷·惠宗建文四年六月》卷12,中华书局1958年12月第1版,第1册,P852)

这怎么可能,就在昔日明都南京,堂堂一代天子的坟茔居然都没人知道在哪里,这实在是令人纳闷不已!不过,让人纳闷的还远不止这事呐。

就在所谓建文帝"阖宫自焚"之后,"好叔叔"朱棣还对侄儿皇帝朱允炆居住过的南京明皇宫进行"清宫三日"(【清】查继佐:《罪惟录·惠宗帝纪》卷2,浙江古籍出版社1986年5月版,P69)。"清宫三日",朱棣究竟要找什么?找到了吗?结果如何呢?明人赵士喆记述道:"时宫人屠戮略尽,唯得罪建文者迤免"(【明】赵士喆:

《建文年谱》上，P54）。清初史学家查继佐、谷应泰等也作了相似的记载："宫人遭戮略尽，惟得罪（建文）帝者获存。"（【清】查继佐：《罪惟录·帝纪·惠宗帝纪》卷2，浙江古籍出版社1986年第1版，第1册，P68）"诸宫人、女官、内官多诛死，惟得罪于建文者乃得留。上诘问宫人内侍以建文帝所在，皆指认后尸应焉"（【清】谷应泰：《明史纪事本末·燕王起兵》卷16，P273）。这就是说，当时凡是宫中的宫人、女官和太监几乎全部被杀，只有得罪过建文帝的被留了下来。明人薛应旂记载说："及上（指朱棣）入宫，诘问宫人、内侍以建文君所在，皆指认后尸为建文君。"（【明】薛应旂：《宪章录》卷14）朱棣不断地盘问宫人与宦官："建文帝在哪儿？"大家都指着烧得面目全非的建文皇后马氏（大臣马全的女儿）的尸体说，那就是建文帝！

狡黠无比的朱棣听后信了吗？压根儿就没信。京师南京没找到，他就将视线转向了京师以外的全国各地。只要一听到哪个地方有人说，看见了建文帝或发现了建文帝，朱棣的神经就会格外绷紧。就在他踩着建文忠臣的累累白骨坐上南京明皇宫的那把九龙椅没多久，有人来告：建文帝逃到浙江浦江，躲进了'郑义门'！朱棣立马派出精干人马，火速赶往浦江，进行了地毯似的搜查。可结果呢，白忙乎了一场。（《明史·郑濂传》卷296）

这就怪了，明明有人说看见了建文帝在某处，怎么老找不到呢？更怪的事情还有，永乐元年十一月，朱棣对他的近侍说："朕在建文帝宫中每个角落都找遍了，就是找不到'父亲'高皇帝遗留下来的办公用品，有人说可能是建文君自焚时，将它们连同宝玺一起烧毁了。朕为此十分痛心啊！"（《明太宗实录》卷25）

朱棣是建文四年六月篡位成功的，尽管他穷凶极恶地进行"清宫三日"和地毯似地搜寻，但一年半后还在抱怨，没找到他"老爸"的办公用具和宝玺。换句话来说，当了一年半的皇帝，原来朱棣还没有"营业执照"——合法的皇帝宝玺。不过他还算"想得开"，不无自嘲地说，宝玺被侄儿皇帝自焚时带在身上一起给烧了。问题是人可能被烧死，烧成骨灰，但宝玺是高级的石头做的，即使是被火烧了，但不至于烧成灰而使人看不到啊，这是常识，朱棣那么聪明的政治家连这个基本的常识都不懂？不可能！因此说，宝玺毁于火中之说，完全是一派胡言。

更奇怪的是，据谈迁《国榷》的记载来看，当时明皇宫"丢失"的，还不止一枚皇帝印章，而是三枚，后来朱棣令人补制"皇帝奉天之宝，制诰之宝，敕命之宝"（【明】谈迁：《国榷·惠宗建文四年》卷12）。而据《明史》所载："明初宝玺十七：其大者曰'皇帝奉天之宝'，曰'皇帝之宝'，曰'皇帝行宝'，曰'皇帝信宝'，曰'天子之宝'，曰'天子行宝'，曰'天子信宝'，曰'制诰之宝'，曰'敕命之宝'，曰'广运之宝'，曰'皇帝尊亲之宝'，曰'皇帝亲亲之宝'，曰'敬天勤民之宝'；又有'御前之宝'、'表章经史之

宝'及'钦文之玺'。丹符出验四方。"(《明史·舆服四》卷68,志第44)

从《明史》的记载来看,"皇帝奉天之宝,制诰之宝,敕命之宝"是最能代表合法皇权的了,"皇帝奉天之宝"就是君权神授的"合法依据",上天将印章都给了皇帝,这个皇帝难道还会不正宗吗？皇帝要命令别人,要发号施令的话,那就得用上"制诰之宝,敕命之宝",这两枚图章说白了就是皇帝命令的象征。这里边就有一个十分关键的问题,那就是绝对排他性,即除了皇帝本人,谁拿了这些图章都会招来杀身大祸——因为他会被认为潜有篡逆为主的不臣之心,在那个年代里就是大逆不道。这样剩下的就只有一种可能,那就是建文帝出逃时带走了！而建文帝带上宝玺出逃是再合适不过了,合法皇帝拥有皇帝宝玺,就可以名正言顺地号令天下啊！

由此看来,一向谎话连篇的魔鬼朱棣真正痛心的不是宝玺被"烧了",而是担心实际上还活着的建文帝带了宝玺号令天下,与他对着干。这可是十分可怕的事情,自己毕竟是篡位上来的,于法于理都是乱臣贼子,想到这些,朱棣就会如坐针毡。从永乐三年六月开始,永乐帝就不断地"命(郑)和及其侪王景弘等通使西洋",尽管郑和下西洋的目的,后人有着很大的争论,但《明史》却是十分中肯地指出:"成祖疑惠帝亡海外,欲踪迹之,且欲耀兵异域,示中国富强。"(《明史·郑和传》卷304)除了海外找,陆路也不能放松啊,永乐五年始,朱棣"遣(大臣胡)濙颁御制诸书,并访仙人张邋遢,遍行天下州郡乡邑,隐察建文帝安在。濙以故在外最久,至十四年乃还。所至,亦间以民隐闻"(《明史·姚广孝传》卷145,列传第33)。差不多与此同时,朱棣还扩大范围,将目光转向大明帝国的属国朝鲜等。永乐元年(1403)四月甲寅日,朱棣派遣通政司左通政赵居任、宦官黄俨等上朝鲜送上一道专门的谕旨,"永乐元年二月初八日奉天殿早朝,宣谕圣旨:'建文手里多有逃散的人,也多有逃去别处的。有些走在你那里。你对他每(们)说知道,回去对国王说,一介介都送将来'"(吴晗辑:《朝鲜李朝实录中的中国史料·上编卷二·太宗恭定大王实录一》,中华书局,1980年3月第1版,第1册,P184)建文帝手下逃到朝鲜的,要一个个送来,更何况建文帝本人,那还用说吗,肯定也要送来！

无论是郑和海外寻找,还是胡濙陆路追寻,前期的追踪工作似乎并没有取得什么突破性的进展。篡位皇帝对于建文"蒸发"后随时都有可能冒出来的复辟充满了恐惧与紧张,除了将残害建文"奸党"运动推向全国各地与实施"文字狱"外,还找出了一个个借口,将大明皇位嫡传系内具有皇帝候选人资格的建文骨肉兄弟一一送朱元璋那里去报到。到永乐十四年时,只剩下一个被关在凤阳囚室内牛羊都不辨的建文幼子朱文圭和没来得及找到合适借口来收拾的建文帝的三弟朱允熥了。

当时的朱棣实在忙透了，也欣喜极了，因为他魂系梦绕的永乐帝国新都北京已在开建，欲使世人刮目相看的"永乐盛世"即将出现，形势大好，不，是特好。可就在这个令人"欢欣鼓舞"的"历史性"时刻，有人出来捣蛋了。这个捣蛋的还不是别人，就是当年为朱棣打开金川门的大恩人谷王朱橞。朱橞是朱棣的十九皇弟，他看到四哥篡位当皇帝当得有滋有味，心理就很不平衡，同为皇家庶子，凭什么你能当皇帝而我就不能呐？谷王朱橞想到这些，就开始进行造反准备了，"阴养死士，造战船"，"恃宠纵横，有无君之心，藏匿亡叛，造作舟舰、弓弩、器械，教习兵法、战斗之事，大建佛寺，造天成阁，私度僧千人，昼夜所祷祝诅，又与都指挥张成、宦者吴智等日夜谋议，踪迹诡秘，又莫之知。号张成为师、尚父，捏造图谶，谓己于亲王中次在十八，与谶相应，传报于人，又密遣典宝刘信献带宝于椿，藏所为谶语于带匣，示之复致书于椿，有曰：'德苍时不可言桓文之事，桓文时不可言德苍之施，辞意含蓄，往往类此，又令巧匠制灯于上元节献于朝，就俾请内府架构侦伺动静，又选壮士习音乐，拟献于朝，供应殿庭，以图闲隙。"最要命的是谷王朱橞还胡言乱语，逢人便说"建文君初实不死，今已在此"(《明太宗实录》卷178)。"往年我开金川门出建文君，今在邸中。我将为申大义，事发有日矣。"(《明史·诸王三》卷118，列传第6)"仁孝友弟(通'悌')"的皇帝哥哥朱棣这下可火了，立即下令将朱橞及其儿子皆"废为庶人，官属多诛死"(《明史·诸王三》卷118，列传第6)，随后原本大明皇位嫡传系统唯一具有皇帝候选人资格的正常人朱允熞(建文帝幼子朱文圭2岁起就被囚禁，实际上已是废人一个)也在他的凤阳囚所内莫名其妙地暴卒了。(《明史·诸王三》卷118，列传第6)

收拾得干脆利索，魔鬼朱棣一向擅长这类"绝活"。不过圆满地解决如些事情后，永乐皇帝并没有真正地乐起来，因为还有更重要的事情让他等待着，可这一等又等了五六年。永乐二十一年，(胡濙)"还朝，驰谒帝(指永乐帝朱棣，笔者注)于宣府。帝已就寝，闻濙至，急起召入。濙悉以所闻对，漏下四鼓乃出。先濙未至，传言建文帝蹈海去，帝分遣内臣郑和数辈浮海下西洋，至是疑始释"。(《明史·胡濙传》卷169，列传第57)

那么，这一次胡濙跟永乐帝朱棣到底谈了什么？他找到建文帝了吗？建文帝到底到了哪儿？从《明史》的这段记载来看，恐怕只有朱棣与胡濙君臣知道了。

迷雾加重——"建文"上门与"邂逅"建文

除了朱棣与胡濙君臣有可能掌握建文帝的有关信息外，永乐末年，至少还有一个人也应该知道这个秘密,他就是永乐皇帝的皇位继承人朱高炽。朱高炽尽管前后只干了10个月的皇帝工作就"走"了,但针对建文君臣之事他曾两次发出最高指示,第一次是在永乐二十二年十一月壬申日,明仁宗"御札付礼部尚书吕震曰:'建文中奸臣其正犯已悉受显戮,家属初发教坊司、锦衣卫、浣衣局并习匠及功臣家为奴,今有存者既经大赦,可宥为民,给还田土,凡前为言事失当谪充军者,亦宥为民'"(《明仁宗实录》卷4上)。第二次是在永乐二十二年十二月癸卯日,"上(指明仁宗)闻建文奸臣齐、黄等外亲全家谪戍边者,有田在乡悉荒废。令兵部每家存一丁于戍所,馀放归为民"(《明仁宗实录》卷5上)。

● 明仁宗给建文忠臣"松绑"与"建文帝"找上门来

从明仁宗两次发出的最高指示来看,贯彻了一个核心精神,那就是要将父皇朱棣打入十八层地狱的建文忠臣家眷给松绑,给"解放"出来。明仁宗之所以要这么做,我想大概有以下几个方面的理由:

第一,朱高炽当皇太子的日子实在不好过,在魔鬼父亲的统治下他积了一肚子的怨气,好不容易熬到了出头之日,自己当政了,就应该运用手中的皇权,将魔鬼兽性发作时的过分举措予以纠正过来,或言部分地拨乱反正。

第二,朱高炽个性方面可能遗传其老妈徐皇后,性格宽仁,他每每跟人说:"为人君止于仁耳!"这不仅仅是他说说而已,事实也是如此,当他驾崩的消息传出后,"兵民如丧慈父,庙号曰仁,天下之公言云"(《明仁宗实录》卷10)。

第三,朱高炽与堂兄朱允炆个性比较相似,且两人关系也不错(《明仁宗实录》卷1上)。朱允炆当政干得好不好,全国臣民心里有数,建文忠臣是否如魔鬼朱棣所说的"大奸大恶",朱高炽当然心里也十分清楚。

第四,朱高炽极有可能知道堂兄建文帝已不足以威胁他父皇朱棣死皮赖脸抢夺过来的江山社稷了。这里我们稍稍做些分析:虽说朱高炽与朱允炆个人关系不错,性格相似,但在绝对崇尚权力的中国传统社会,皇权的掌握是以绝对的排他性为根本前提,再好的亲友甚至父子之间,在争夺绝对皇权时也会暴露出绝对的兽性。汉武帝迫害皇太子、隋炀帝杀父……就像他们占有宫中美女一般,是我的妹妹岂能容忍他人染指,所以服侍宫中妹妹的男人就得要阉割,这是"天经地义"的;是我的"奶酪"谁都不能碰,也不能闻一闻,更不用说尝一尝了。而朱高炽的皇帝宝座是父皇从朱允炆手中夺来的,要是不充分掌握着有关建文帝已不足以威胁江山社稷的消息而感情用事地为建文忠臣"松绑"或言部分平反,这是要冒着极大的风险;

因为那时建文帝失国也不过 20 来年,明朝后来一位皇帝明英宗在失位近 10 年后尚且还能复辟呐,因此从这样的角度来看,明仁宗发出给建文忠臣及其家眷"松绑"的旨令,客观上就表明了当时大明第一人还是掌握了建文帝信息的。

那么以后呢?明仁宗死后宣德皇帝当政了将近 10 年,有关建文帝的直接或间接信息官方皆无记载。可当明宣宗"走"后的第五年,也就是宣德之子明英宗当政时,忽然间"建文帝"从南方冒了出来了。

据明朝国史《明实录》记载,正统五年(1440)十一月丁巳日:"有僧年九十余,自云南至广西,绐人曰:'我建文也。张天师言我有四十年苦!今为僧期满,宜亟还邦国。'以黄纸为书,命其徒清进持诣思恩府(今广西武鸣)土官。知府岑瑛执送总兵官。柳溥械至京,会官鞫之,乃言其姓名为杨行祥,河南钧州白沙里人,洪武十七年度为僧,历游两京、云南、贵州至广西。上命锦衣卫锢禁之,凡四逾月,死狱中。其同谋僧十二人俱谪戍辽东边卫。"(《明英宗实录》卷 73)

《明英宗实录》中这段史料记载大致是说:从云南来到广西的那个老和尚自称是建文帝,广西思恩知府岑瑛听说以后不敢怠慢,赶紧向朝廷做了汇报。英宗朝廷发出指示,将老和尚送到北京去"检查",不查不要紧,这一查还真将老和尚的底细给查出来了。办理这案件的人问老和尚:"你几岁了?"老和尚说:"我今年 90 多岁了!"至此,整个案件就发生了戏剧性的变化,大明朝办案人员进行了推算,建文帝生于洪武十年,到明英宗正统五年,要是建文帝真的没死,最多也只有 60 来岁。由此官方开始严厉拷问老和尚,老和尚一看这般阵势,逐渐招架不住了,最后交代:他叫杨行祥,河南钧州人,因为经常听到民间流传建文帝出逃的传闻,他就与几个庙里的同事突发奇想,于是就冒出……

案件查清楚了,老和尚不是建文帝,当下他被关进了大牢里,4 个月后老死于狱中。与老和尚同谋的 12 个和尚都被官府戍边辽东。自从"杨行祥假冒建文帝案"发生以后,云南、贵州、四川等地有关建文帝的传闻逐渐地多了起来。(《明史·恭闵帝本纪》卷 4;【明】王鏊《王文恪公笔记》又名《守溪笔记》或《震泽纪闻》)

虽然"杨行祥假冒建文帝案"尘埃落定了,但它留给人们的思考却不少:

第一,杨行祥没被明英宗处死,有人说那是因为明英宗年幼"仁弱"的结果。不错,在十个九个凶的明代皇帝中,明英宗算不上是一个十分凶残的皇帝,但对于主犯杨行祥及其涉案人员的处置算不上轻,杨行祥没被处死,那是《大明律》上有明文规定的:除了谋反等"十恶"大罪以外,一般来说,90 岁以上的犯罪者都可以酌情减轻。但涉案的 12 个从犯却全被戍边,戍边仅次于死刑,因此说,这等处罚不谓不重。由此看来英宗初年朝廷对建文帝下落之事还是十分在乎的。

第二，杨行祥案发在正统五年，那时建文朝20多个投降朱棣的"贰臣"中还有几个健在，除了前面讲过的"三杨"即杨士奇、杨溥、杨荣（见本书第一章）外，还有胡濙，此人不仅比"三杨"岁数要小一点，身体硬朗，耳聪目明，而且还是永乐时代秘密寻找建文帝的特使，要是真是建文帝烧死了，胡濙与"三杨"完全可以出来说：早就烧死了，哪来什么建文帝！可问题是正史中压根儿就没提最有发言权的胡濙与"三杨"，是胡濙与"三杨"作为贰臣"回避"了呢，还是故作糊涂？（《明史·胡濙传》卷169，列传第57；《明史·杨士奇、杨荣、杨溥传》卷148，列传第36）

第三，杨行祥敢冒充建文帝，至少说明当时有关建文帝出亡的传闻还是相当厉害的，要是偶尔听到一个传闻，对于一个90多岁的出家人来说是很难动心的，从中反倒印证了建文帝出亡具有极大的真实性，否则从地方官府到中央哪会那么一级级地认真盘查、核对。

第四，杨行祥本来在云南修行，云南比广西还要偏远，在云南都流传建文帝出亡了，由此更加说明了建文帝出亡在明朝前期是地球人都知道的事情了。

不过，杨行祥毕竟不是真的建文帝，那么真正的建文帝到底到了哪里去了？

明朝中期起有关建文君臣的信息逐渐多了起来，甚至还有人几乎"邂逅"了建文君臣。

● 苏州上方山有人意外地发现了建文忠臣出亡的书籍

从明英宗天顺年间起到明穆宗隆庆年间，大明帝国文网渐疏，加上建文帝出亡事发已久，按年龄推算，要是建文帝还活着的话，起码也得一百几十岁；显然，他不可能活在世上了，因此朱棣的子子孙孙们根本不用担心建文帝会东山再起了。即使这样，还有一些"老左分子"对建文帝之事保持着高度的政治觉悟。嘉靖初年，有个叫谢贲的进士在他的《后鉴录》里大骂建文帝："朝纲失驭，群孽并兴，背天常而逆人纪。"但绝大部分士大夫相对比较理性，他们不仅不骂建文帝，而且也不再避讳建文之事，甚至还有人上书给当朝皇帝，要求给建文君臣的后人加封，并追以谥号、庙号，当然最终都不了了之。所有这些都表明，尽管大明帝国官方没有完全公开为建文君臣平反昭雪，但对于他们及其相关事情的禁忌已经基本解除了，社会氛围相对比较宽松。在这样的历史时期，有关钩沉建文君臣史迹的书籍也渐渐地多起来了，张芹的《备遗录》、何孟春的《续备遗录》、郁衮的《革朝遗忠录》、姜清的《姜氏秘史》、黄佐的《革除遗事》、大岳山人的《建文皇帝事迹备遗录》（又称《建文事迹》）、符验的《革除遗事》、郑晓的《建文逊国臣记》，等等，一一问世。更为离奇与"巧合"的是当年跟随建文帝出亡的大臣撰写"自我揭秘"之"实录",竟然被人们意外地发现了。

这究竟是怎么一回事?

事情的原委是这样的:明宪宗成化年间,浙江松阳人王诏有一次上苏州西郊的上方山游玩,看到山上有一座叫治平寺的庙宇,他觉得很好奇,于是就入寺游览。偶然间听到了寺内转轮藏上有唽唽嗦嗦的声音,王诏十分惊诧,就上去一探究竟。原来是一群老鼠正在啃着一本书。他急忙赶走老鼠,将已经被啃坏了的书捡起来一看,书皮上写着《楞严经》,这是一部佛经啊,但当打开书的内页再看看时,王诏惊呆了,原来这本书根本不是什么佛经,而是记载了建文朝忠臣20多人的出亡事迹。由于受潮,加上老鼠啃咬,这本书的装订线已断,好多字都看不出来。王诏只能辨认出建文朝9个大臣的名字,他读着读着,思绪万千,同时为建文大臣的忠烈事迹所感动,按捺不住地在每个忠臣事迹的边上加了赞语。后来缙云人郑僖将这事记录了下来,以题为《忠贤奇秘录》而刊行于世,这是明史上较早一本记录建文君臣出亡事迹的"奇书"。(《明史·补锅匠等传后》卷143)

在王诏发现特别内容的《楞严经》以后,大明政治环境进一步宽松,尤其自万历皇帝登基起,朝野上下对建文朝政治与建文君臣之事几乎到了根本没有什么禁忌的地步,最为突出的一个例子就是大明朝最高统治者万历皇帝竟与他的内阁首辅张居正在文华殿上公然讨论起建文帝出亡的事情来了。

● 万历朝内阁首辅张居正告诉明神宗:建文帝出亡了

那是万历二年(1574)十月戊午日这一天,万历帝到文华殿讲读(这是古代对皇帝读书的委婉说法,在中国这样的社会里,权高势能者不仅地位高、权力大,而且学问也深,你总不能说皇帝还要读书,太掉价了,所以要称"讲读"),他镇定自若地与内阁辅臣讲起了他们老朱家祖上的事,说到了建文帝,于是就问开了:"听人说我们皇家祖上的那位建文帝当初是逃走的,到底有没有这回事?"内阁首辅张居正回答说:"我朝国史《明实录》中没有记载这件事情,只是先朝故老相传有这个说法。他们说,当'靖难之师'进入京师南京时,建文皇帝剃发为僧,从秘道逃出,后来就云游四方,无人知晓。大约到了英宗正统年间,忽然间有一个和尚在云南一座寺庙的墙壁上题了一首诗,其中有什么'流落江湖数十秋'的诗句。有个御史经过该寺,看到了那首诗,觉得十分奇怪,就将和尚们找来一一问话,其中有个老和尚见了御史就坐地不跪,并说道:'我要将我的一把老骨头葬到我们皇家的土地里。'御史经过仔细查问、辨认后,才知眼前的这个老和尚就是当年逃出南京城的建文帝,于是他就马上安排人手,通过驿道将老和尚送到了北京。皇宫里组织了相关人士进行辨认,发现老和尚确实是建文帝,这时他已经七八十岁了,'后莫知其所终'"。(《明神宗实录》卷 30)

万历皇帝听到这里,似乎感到若有所失,稍稍停了一会儿,他叫张居正将那老和尚写的诗完整地朗诵一遍。听完后,万历帝长叹一声,接着他又命张居正将诗写下来,让他日后好好地看看。张居正依旨照办,再进呈给万历帝……(《明神宗实录》卷 30;谈迁《国榷·神宗万历二年》卷 69)

上述这段史实来自大明官方文书的记载——《明神宗实录》,记录的是明代万历初年最高统治者明神宗与权相张居正的对话,话题核心是建文皇帝是否逃亡,从何处逃走,沦落在民间作何诗句,后来是否回来,等等? 要知道,明神宗血统继承的是明成祖的嫡系而非建文帝的系统,《明太宗实录》已记载了建文帝死于火中并葬之,怎么后世皇家子孙还在讨论他是否被烧死了还是出走呢? 作为一人之下万人之上的权相张居正又怎敢冒欺君之罪胡言乱语建文帝逃亡之事迹、诗句和结果? 而后,《明神宗实录》初修于天启元年,又经天启三年、天启五年复修,至熹宗崩时犹未成书直至崇祯年间由温体仁等续成,几经周折和考虑方始定稿,如果建文帝真的已经死于火中,何敢留此明神宗与张居正对话讨论建文帝逃亡的史迹? 并且指出:建文帝回京,"入宫验之,良是"。"(神宗)命居正录全诗之全章,慨然兴叹,又命书写进览。居正退而录其诗以进"。云云,这是何等的重视,岂能以被焚死之帝作为活人乱作文章?! 由此可见:建文帝确实未死,明初杨士奇等人所撰的《明太宗实录》所记建文帝焚死之说,乃"实录不实"之辞也。(潘群:《郑和踪迹建文考》,收入《郑和与海上丝绸之路》,澳门大学澳门研究中心,2005 年 12 月编辑出版)

此外,从上述"正史"的字里行间中,我们还可以看出:建文帝出亡在外是明成祖以后大明朝廷历代口头相传的头号秘密,在听张居正讲述建文帝故事之前,万历帝已经听说了一些有关建文君臣出亡的事情,只是他不能完全肯定这些传闻是否属实,所以才问自己的老师、内阁首辅张居正。

● 万历年间南京籍状元焦竑游苏州意外得到建文君臣流亡"实录"

要说这个万历皇帝在历史上所起的作用确实不咋样,但他对建文皇帝的事情却是"情有独钟"。明隆庆六年(1572)七月辛亥日即二十八日,刚刚登基的万历帝就发布诏书,公开褒扬建文朝忠臣节士的忠义,他说:"革除间被罪诸臣忠于所事,甘蹈刑戮,有死无二,此皆我太祖高皇帝所储养忠臣义士。我成祖文皇帝当时亦有'练子宁若在,朕犹当用之'之语。是诸臣罪虽不赦,心实可原。朕今仰遵我圣祖遗意,褒表忠魂,激励臣节,诏书到日,各地方有司官查诸臣生长乡邑,或特为建祠,或即附本处名贤忠节祠,岁时以礼致祭,其坟墓、苗裔倘有存者,厚加恤录。"(《明神宗实录》卷3)明神宗要求各地官员先查清建文忠臣的出生地,然后为他们建忠节祠以示旌表。不久,御史屠叔方等人奏请万历帝,要求对建文忠臣的家属与后代实行"推恩"政策,即让建文忠臣的子孙后代享受祖上的"福荫",以此来"大慰忠灵,以培圣代纲常"。很快万历帝就批准了,并在各地予以实施。(【明】朱鹭:《建文书法拟》卷首"述圣德";【明】许有毂:《忠义存褒什》卷首"历朝追宥奏录诸贤详节")

这样,大明帝国经过170多年的历史后,原先被朱棣推到了万劫不复的地狱里的建文忠臣此时不仅给重新摆正了位置,而且还被抬到了精神王国的天空里,历史几乎来了180°的大转弯。在这样的政治环境下,万历朝文臣学士从褒扬忠义与还历史本来面目的角度出发,不断努力钩沉与研究建文君臣的事迹,编撰出一批建文朝的史籍来,最为著名的有汪宗伊的《表忠录》、屠叔方的《建文朝野汇编》、朱鹭的《建文书法拟》、许有毂的《忠义存褒什》、张朝瑞的《忠节录》、陈继儒的《建文史诗》等。而在万历朝问世闻名的这些建文史籍中,就数前朝史仲彬撰写的《致身录》的发现最富有戏剧性。

明万历十七年的一天,南京籍状元、大学问家焦竑到苏州郊区的穹窿山去游玩。不巧的是那天忽然间下起了大雨,焦竑无法下山了,只好借宿在山上的一道观(上真观)里。因为闲着无事,他向道观里的老道士借书看,老道士随便给了他一本。焦竑接过来一看,居然是本名叫《致身录》的奇书,作者是史仲彬。史仲彬是建文朝大臣,曾任建文帝同母弟徐王朱允熥的府邸宾辅,即相当于徐王府的总管。焦竑本是状元级的大学问家,他读的书可比人家多得多了,但对于这本叫《致身录》的书却是以前从来没有读到过。当看到该书的作者是史仲彬时,他马上欣喜不已:"建文帝下落之事始终被明成祖遮掩,终成一大疑案,甚为遗憾,今得此书,可解谜案之一二了。"不过,焦竑毕竟是考得了状元的聪明人,他转而又想到了一件事,于是问起了上真观里的那个老道:"你们哪来这本书的?"老道说:"成化年间,史仲彬的裔孙史鉴曾经携带此书来我们穹窿山游玩,在游览小观时居然忘了将此书带走。虽说,史家就在离我们这边不远的吴江,但我们这儿没人到他们那边去,也不认识他家,当时我们的上真观道长就将此书收了起来。"

焦竑弄明白"奇书"来历之后十分高兴,随即将该书带了回去。赶上万历帝诏复建文帝年号,公开为建文忠臣全面平反的大好机会,他就将该书刊印了出来,并为之做了序,于是"奇书"《致身录》就开始流传开来了。

● 建文帝出亡之事是真,建文出亡之书是伪

《致身录》是一部建文君臣流亡的"实录",书中较为详细地记载了建文君臣逃离南京后的一系列鲜为人知的史实。正因为该书有些细节写得太"到位"了,所以有些学者怀疑它是本伪书,其所记之事也不像是逃亡中的人所写的,要知道既然是逃亡,哪有闲情逸致记得那么详细?!

就在颇受非议的《致身录》问世前后,同样被人指认为伪书的《从亡随笔》、《逊国臣记》等相继在苏州等地发现了。《从亡随笔》据称是建文朝大臣程济所写,内容与《致身录》相近,主要是叙述建文帝君臣逃出南京以后的流亡生涯事迹。但许多人考证出来说,此类书都是伪书,更有甚者认为当年建文君臣出亡之事根本不足为信,他们宁愿相信朱棣钦定的官方说法——建文帝被大火烧死了。(《明史·补锅匠等传》卷143)

对此,明末大学者钱谦益曾言:"大抵革除事迹(建文帝之事,笔者注),既无实录可考,而野史真赝错出,莫可辩证。"(【明】钱谦益:《牧斋初学集》卷22,《书致身录考后》,四部丛刊初编本,上海书店,1989年版)

不过有些人就不这么看问题,他们认为:对于建文朝之史事"灭曲直不载,不若直陈其状而征示以无可加也;斥野史为尽诋,不如互述其异同,而明见其不必尽情也"。(【明】屠叔方:《建文朝野汇编·陈继儒序》,四库全书存目丛书本)

明末有名的士大夫沈德符在他的《万历野获编》一书中首先肯定了建文出亡是事实,他以永乐朝胡濙外出暗访、郑和下西洋两大怪异举措来反证建文帝确实是逃走了,但至于再后来建文帝到底怎么样了?他持十分谨慎的态度,同时又指摘《致身录》和《传信录》等为伪书。(【明】沈德符:《万历野获编·建文君出亡》卷1)

对此,与沈德符几乎同时代的南京籍著名学者顾起元也说:"或曰宝船之役,时有谓建文帝入海上诸国者,假以踪迹之。若然,则圣意愈渊深矣。"(【明】顾起元:《客座赘语》,凡十卷,明万历年间成书)

总之,到明朝中后期为止,有关建文帝的下落之谜已基本上揭开了神秘的面纱:建文帝不是被大火烧死了,而是出亡了,至于出亡之事到底如何?朱鹭、屠叔方、沈德符、顾起元等一批学者将《致身录》和《从亡随笔》等书的本身与其所主张的建文帝出亡之说区别开来,他们的严谨学风深刻地影响了后来人,清代的万斯同,民国的章太炎、孟森等人都持有相似的观点,现代明史专家黄云眉先生在其名著

《明史考证》中说:"盖以为出亡之说可信,出亡诸书不可信。"(黄云眉:《明史考证》,中华书局,1971年,第1册,P60)

谜案初解——建文逃离京师,君臣亡命天涯

不过,将《致身录》《从亡随笔》等书的本身与其所倡的建文出亡之说区别开,有人可不乐意,明末清初史学家谈迁与谷应泰等就是这一派中的有名代表。那么,谈迁与谷应泰又是怎样看待建文帝的下落?

谈迁和谷应泰分别以《国榷》和《明史纪事本末》两部史学著作闻名于世。在这两部流传甚广的史书中,谈迁和谷应泰都基本上肯定了《致身录》《从亡随笔》等书中所载内容,他们将"靖难战争"结束时建文君臣突然来了个人间"蒸发"和朱棣竭力掩盖事实真相所造成的历史"空缺"给补上,完整地叙述了建文君臣出亡的故事。

《国榷》记载道:金川门事变后,当如狼似虎的朱棣"靖难军"闯入南京时,明皇宫内"上(指建文帝,笔者注)急时欲自杀。翰林编修朝邑程济曰:'臣逆知有今日也。为今计,莫若出亡。臣素习术,往南方其免。'太监王钺曰:'太祖遗箧藏奉先殿,云滨大难发之。'及启视,皆髡缁之具。度牒二,白金十锭。上曰:'数也!'因大恸,群臣亦哭。兵部侍郎廖平进曰:'功莫大于存嗣,臣请保太子。'上急命太子出拜平,潜出之。群臣多愿从亡。程济曰:'多人不能无生得失。'因剃上(指建文帝)发,牒名应文,吴王教授杨应能、监察御史松阳叶希贤亦剃发,牒书应能、应贤。(程)济易黄冠,尚书张紞、御史曾凤韶哭曰:'臣顷即以死报陛下!'上手麾去之。(建文帝)同程济及中书舍人定海梁良用,潜出西华门,沿河得空舻,良用鼓枻抵南门,舍舟易塗(通假词'途',笔者注)。良用哭曰:'臣从此别矣!'遂赴朱雀桥水死。良用与中节良玉、田玉同族,8人同仕于朝,而赴水死者5人。上潜出聚宝门,乘月之神乐观,宿道士王升所。诘旦,杨应能、叶希贤、刑部右侍郎贵池金焦、翰林修撰松阳吴成学、编修三原赵天泰、滨州知州南康蔡运、中书舍人定海郭良、郭节、梁中节、梁良玉、宋和、刑部司务黄岩冯㴋、侍中常州黄直、钦天监正襄阳王之臣、刑部郎中定海梁田玉、指挥杞县王资、镇抚沅州牛景先、杞县刘伸、翰林院待诏浦江郑洽、徐府宾辅吴江史仲彬、太监海州何洲、周恕,俱至。(建文帝下)谕:'今后称师弟,分窜,约后会。'而杨应能、叶希贤、程济日夕相依,往来诸名胜,吴成学、蔡运、冯㴋、赵天泰、梁田玉、史仲彬,则邮致衣食者也。程济与师终始,杨应能、叶希贤俱从游浪穹。壬辰三月,应能卒;四月希贤卒。从亡朝夕不离于侧,并葬于浪穹。廖平襄阳人,匿

太子文奎于家,妻以妹,后平家徙汉中,自隐会稽卖薪,称曰'耶溪樵者,竟与会稽山中吴成学变姓名为僧,号雪庵,厲(yù,通假词'寓',笔者注)重庆善庆里之观音庵,秘迹以死。冯漼隐夔州,课童子。黄直往来夔庆间补锅。乙未八月,直访师于滇南,卒于萧寺。王之臣衣葛出走,佣庄浪曾家数年死。蔡运祝发隐会稽云门寺,称稽山主人。梁田玉亦剃发。郭良、梁中节俱道士服,良玉走海南鬻书。明年夏卒。王资易服为道人,隐金华玉华山。甲申,景先卒杭州寺中。伸卒天台。金焦卒祥符。赵天泰卒蜀。郑洽卒公安。宋和,临川人;郭节,连州人,变姓名以卜签走四方,给衣食,和称樵主,节称雪翁,从亡之卓然可纪者。而上出亡宿工部尚书陕西徐贞所,事觉族诛,命教坊司群乱其妻至死。翰林检讨泽州程亨,初不与从亡之约,弃家逃,夷其族。亨就郭节于连州。丁亥,省师(指建文帝,笔者注)云南,史仲彬以宣德丁未被讦下狱死,所著《致身录》,与程济《从亡随笔》并传,是以知建文帝实不没也。"(【明】谈迁:《国榷·惠宗建文四年》卷12,第1册,P836—838,上述引文中的括弧里的内容为本书作者所加注,以便读者阅读。如还有阅读困难,可读笔者另一著作《大明帝国》系列之6《破解大明第一谜案》,内有相应的译文)

清初史学家谷应泰在建文出亡的取材方面似乎更多地倾向于伪书《致身录》、《从亡随笔》等,就连某年某月某日都记载清清楚楚:流亡的建文君臣在哪儿见了面,在哪儿休息了,在哪儿……让人看了不得不觉得,这批人不像是在流亡,而是怡情自得地游山玩水或言云中漫步,由此也就不能不令人怀疑起其真实性来。

不过话得说回来,从这些建文君臣"游记"的文献资料中,我们多少也能看出一些问题的端倪来,即明清之际有关建文帝出亡的传闻几乎在全国各地都有,由此好奇的人们不仅要追问下去:那建文帝最终到底到了哪儿?

雾里看花——海内海外建文"漫游"

2008年笔者曾将明清以来建文帝出亡各地的主要学说作了一番梳理,制作了《明清以来有关建文帝出亡各地主要学说简表》,并放在2009年3月出版的《大明帝国:从南京到北京》之《文弱的书生皇帝朱允炆卷》的第6章内,没想到该书出版后引起了海内外朋友的普遍关注和喜爱。

四五年过去了,有关建文出亡问题的研究又有了新的进展,尤其是2009年8月福建宁德的考古新发现和2010年7月在南京明孝陵召开的"首届明建文帝下落之谜国际研讨会",使得人们对建文帝下落之谜的问题有了新认识。

●"建文帝各地漫游"

今笔者将从明代到近现代的有关建文帝出亡后的最终下落之谜的学说重新作修订,我们还是按照大的省区划分,将之归纳起来,大致有云南说、贵州说、重庆说、四川说、两广说、两湖说、福建说、浙江说、安徽说、江西说、江苏说、陕西说、青海说、甘肃说以及海外说。

明清以来有关建文帝出亡各地主要学说简表

出亡省份	具体地点	学说主要来源	出亡故地与遗迹
云南说	昆明	民间传说	圆通山"圆通寺"、西山"太华寺"
	武定	民间传说、谈迁:《枣林杂俎·建文皇帝遗迹》	武定县狮子山正续禅寺中有建文帝原型的老衲样塑像、明惠帝祠阁
	洱源	民间传说	洱源县牛街乡龙门舍坝子观音山的龙眠洞
	楚雄	民间传说	楚雄广通寂照庵、牟定县莲城寺
	滇南	民间传说	滇南的指林寺
	大理	民间传说、王崇武:《明靖难史事考证稿》	"大理民家仍有以惠帝(建文帝)为鼻祖者"
	玉溪	民间传说	玉溪通海秀山慈仁阁有建文帝坐像
贵州说	贵阳	民间传说	贵阳太子桥、龙洞、一宿庵、清镇市东百花湖畔的灵永寺、清镇城西华盖洞、红枫湖镇云峰山
	长顺	《贵州省志·名胜志》、金玫:《白云山序》、《徐霞客游记》	长顺县思京乡白云山上的罗永庵内有潜龙佛殿、建文铜像、建文帝的亲笔书写的诗、建文帝的遗像
	平坝	民间传说、山东大学刘乐一教授的考证、林明璋:《龙隐黔中——明建文帝禅匿贵州之陈迹显象》	平坝城高峰山万华禅院原住持范清珍藏的一张"大明建文皇帝遗像"、高峰禅寺有明万历年间的石刻——收留建文帝的事迹
	安顺	民间传说、刘乐一教授、林国恩高级工程师解读	安顺地区关岭布依族苗族自治州县城东15公里晒甲山上的"红崖天书"

续表

出亡省份	具体地点	学说主要来源	出亡故地与遗迹
重庆说	市郊	民间传说、谷应泰：《明史纪事本末》	重庆南温泉公园建文峰、建文庙、让皇殿、建文井、"建文遗迹"的石碑
	市郊	民间传说、谷应泰：《明史纪事本末》	瓷器口镇白崖山又名龙隐山，白崖寺曾名宝轮寺，后更名为龙隐寺，磁器口镇也名为龙隐镇
	市郊	民间传说、谷应泰：《明史纪事本末》	重庆江北区有个铁山坪森林公园的僧官寺
	渝北	民间传说	重庆渝北区的龙兴镇、龙藏寺；统景镇、御临河
	宜宾	民间传说	宜宾的越溪河一带的隆兴寺
	峨眉山	民间传说	峨眉山寺庙
四川说	富顺	民间传说	金田寺建文帝像
	什邡	民间传说	什邡市的蓥华镇蓥华寺
	邻水	民间传说	邻水的善庆里（即今天的幺滩镇）、无粮寺、御临河、御临峡、御临桥
	巴州	民间传说	巴州县（今平昌县望京乡）金龙台佛罗寺又名望京寺
	崇州	民间传说	崇州市街子镇西部"凤栖山"上的"光严禅院"、晓皇寺、回龙寺、龙潭寺、瑞龙桥、御龙桥、朝元寺以及建文帝禅院
	大邑	民间传说	大邑县白岩寺
	巴中	民间传说	符阳坝、符阳坝、佛头山、金花寨
	马边	民间传说	乐山市马边彝族自治县牛工寺
	江油	民间传说、明末陆人龙的小说《型世言》	江油市重华镇的龙州大业山（也就是今天的藏王寨山）龙泉寺（今改名"回龙寺"）
	达县	民间传说、邓高：《支撑"明朝建文帝魂归四川省达县中山寺假说"的主要证据》	达县中山寺、地名朱明安、皇二岭
	广元	民间传说、广元市青川县青溪镇当地的"广佛碑"上的《鼎建华严庵碑志序》、《明史纪事本末》	广元市青川县青溪镇莲花山上的"建文陵"、华严庵、及庵前曾有一块写着"大明建文皇帝万岁万岁万岁"黄龙镶边的金字牌，有人称之"明十四陵""建文陵"

续表

出亡省份	具体地点	学说主要来源	出亡故地与遗迹
两广说	肇庆	民间传说	广东肇庆七星岩仙女湖"石洞古庙"旁的"出米洞"
	南宁	民间传说、《徐霞客游记》、邓士奇:《应天禅寺记》等	广西南宁横县宝华山原有横州寿佛寺,相传明初建文帝避难到此,寿佛寺改称为应天寺,曾有建文帝亲书"万山第一"题额
	宜山	民间传说、《徐霞客游记》	据说广西宜山还保留了建文帝亲书的"祭台"和"泣血"两方石刻
	玉林	民间传说、谷应泰:《明史纪事本末》	玉林市的水月岩,据说当年建文帝在此避难了12年才前往思恩府主动公开身份
两湖说	衡州	谈迁:《枣林杂俎·建文皇帝遗迹》	衡州有华严寺建文岩、碑记
	益阳	民间传说	益阳会龙山栖霞寺
	娄底	民间传说	娄底湄江藏君洞和传说中的建文帝墓
	长沙	民间传说、杨扩军:《关于影珠山与明建文帝出亡我之见解》	长沙县影珠山
	湘潭	何歌劲:《建文帝改名何必华落籍湘潭论》、《建文帝之谜》	《湘潭银塘何氏八修族谱》和《湘潭锦石何氏七修族谱》等资料
	武昌	《让氏家谱》、《让庆光老人的来信》	让庆光:《让氏家谱》、台湾陈万鼐教授曾作《明惠帝出亡考证》、商传教授作《〈让氏家谱〉与建文帝出亡考》、武昌洪山宝通禅寺、洪山区青菱乡青菱湖畔的青菱寺
	荆州	民间传说	荆州沙市太师渊的章华寺
福建说	泉州	陈水源:《杰出航海家郑和》、《清源文献纂续编》	泉州开元寺
	福州	谷应泰:《明史纪事本末》、查继佐:《罪惟录》、郑宽涛:《试揭建文帝隐藏闽侯雪峰寺的神秘面纱》	福州的雪峰寺
	宁德	马渭源:《追踪大明第一谜案:建文帝出亡福建宁德?》;郑自海:《论福建支提寺"建文袈裟"闭嘴龙纹饰为明初皇家的规制》;王道亨:《明建文帝朱允炆出亡宁德——长眠金贝考略》	福建宁德霍童镇支提山华严寺云锦袈裟;宁德市金涵畲族乡上金贝村古墓及其舍利塔

续表

出亡省份	具体地点	学说主要来源	出亡故地与遗迹
浙江说	浦江	《明史·郑濂传》、查继佐：《罪惟录》等	浙江浦江郑氏家族有建文帝亲笔御书"孝义堂"、"建文帝井"、"跷脚灯头"、"老佛社"
	兰溪	清朝光绪年间编修的《兰溪县志》	浙江兰溪市灵洞乡白坑村东山上的东山寺（今名皇回寺）、"天王殿"、程济墓碑
	武康	谈迁：《枣林杂俎·建文皇帝遗迹》	武康县证道寺
	永康	陈振鸿：《建文帝出亡永康考记》	据说当地村民发现疑似建文帝坟墓，轮流看守
	余杭	谈迁：《枣林杂俎·建文皇帝遗迹》	良渚镇东明山古道寺今名"东明寺"、曾有建文帝的自画像
	台州	谷应泰：《明史纪事本末》、民间传说	天台县城附近赤城山上紫云洞曾经是建文帝的栖身之处
	宁波	徐兆昺《四明谈助》中所引雍正《宁波府志》、《明史纪事本末》	宁波桃花渡、莲花洋、普陀山
安徽说	广德	姜清：《姜氏秘史》、黄佐：《革除遗事》	安徽广德古道
江西说	上高	民间传说	江西的上高县的蒙山
	上饶	民间传说	江西的上饶市东北的三清山三清观龙头等物
江苏说	太仓	民间传说	苏州市太仓县双凤镇程济祠
	溧阳	民间传说	南京南边溧阳古道
	无锡	民间传说	据说无锡军嶂山成性寺大殿上的那块"大圆满觉"匾是建文帝留下的墨宝、惜杀桥
	苏州	张有誉：《积翠庵记略》和清代撰写的《苏州府志》与《吴县志》、徐作生先生考证	苏州太湖西洞庭山岛上鼋山普济寺、吴县穹窿山福臻禅院、拈花寺、皇驾庵、御池、御桥池、神道、宝顶、方台、皇坟、皇驾庵雕龙柱础等
陕西说	汉中	潘京：《明建文帝在汉中南郑的下落探寻》	"挂榜崖天书"

续表

出亡省份	具体地点	学说主要来源	出亡故地与遗迹
青海说	乐都	根据《创新渭源县志》记载推测,公维章:《明建文帝出亡青海瞿昙寺新探》	类似明代汉族皇家宫廷风格的佛门寺院建筑群——瞿昙寺,人称"小故宫"
甘肃说	兰州	民间传说	相传张三丰弟子武当玉虚宫道人孙碧云在兰州金天观引诱建文帝露面
海外说	印尼	民间传说	印度尼西亚苏门答腊岛巴眼亚比村
海外说	马来西亚	民间传说	马来西亚滨城、吉隆坡都有传说遗迹
海外说	法国	民间传说	当代法国球星里贝里自称是建文帝的后裔

(注:①上表主要资料来源:【明】姜清《姜氏秘史》,【明】黄佐《革除遗事》,【明】赵士喆《建文年谱》,【清】查继佐:《罪惟录》,【清】张廷玉《明史》,【清】谷应泰《明史纪事本末》,【明】谈迁《国榷》和《枣林杂俎》,徐作生《泛槎考谜录·十二历史悬案揭秘》,2010 年 7 月在南京明孝陵召开的"首届明建文帝下落之谜国际研讨会"论文集,何歌劲《建文帝之谜》和因特网等;②上表原由笔者在 2008 年制作,放在 2009 年 3 月出版的《大明帝国:从南京到北京》之《文弱的书生皇帝朱允炆卷》的第 6 章内,不曾想到被国内一些网站、博物馆和出版社公然盗用,郁闷啊!)

上表中,笔者共列举了 15 大区域 62 个建文帝出亡最终下落之谜的相对比较具体的"答案"(实际上还有许多,总数估计不会少于二三百种),在这么丰富的"答案"中究竟哪一个又是真的,或者说相对接近真的呢?

在最终解谜之前,我们不妨先来看看上述 62 个答案有何特点:

第一,上述 62 个建文帝出亡最终下落之谜的"谜底"依据大部分是民间传说和并无多大直接关联的文献记载或当地已有的但没办法证明其所谓的建文帝遗迹、遗物,从严格的历史科学层面上来讲,它们大多还不能构成"一家之说",但笔者秉着兼容并包的学术思想,将它们一一收录在内。

第二,至今为止,建文帝出亡最终下落之谜出现这么多不同的"谜底",其首先具有两个基本前提,一是建文帝没被明故宫大火烧死,否则死了一了百了;二是建文帝没有最终归葬北京,否则何来建文帝在许多地方留下了那么多的所谓的陵墓呢?甚至有人还说他们那里是"大明第十四陵",似乎言之凿凿,一下子还让人没办法不信。既然我们能确认建文帝没被大火烧死,也能确认他没有归葬北京西山,剩下的只有是"建文帝各地漫游"了。

第三，上述62个建文帝出亡地中56个在南方地区，3个在北方，3个在海外。我们换个角度来看，似乎建文帝出亡北方地区的可能性相对比较小，理由是：一来，在建文流亡大臣中北方籍人士不多，建文帝不大可能到两眼一抹黑的北方去；二来，建文帝当政四年实施"建文新政"真正受惠的是广大的江南人民，北方人似乎没有过多的热情；三来，从北方各说来看，他们都拿不出较多的使人信服的文献资料和文物资料，最主要的依据是民间传说，尤其是"青海说"和"甘肃说"较为明显的是现代人的推测和附会；四来，从建文帝失国之际的形势来看，北方不少地区是建文帝政敌朱棣的势力及其影响的范围，所以从常理上来说，建文帝跑到北方去，不大有可能。

相比之下，建文帝最后出亡在南方的可能性极大，理由是：一者，建文朝大臣中南方籍的居多，据《国榷》等史籍所载，共有463号在册朝廷大臣在朱棣进入南京城时不见了踪影，难道建文帝就不会混杂在内，一同就近出亡南方？二者，从建文帝逊国时的全国形势来看，梅殷掌控的淮安地区，建文帝可能去不了，但江南多数地区还没有倒戈到朱棣的阵营，更何况像云南还掌握在对大明帝国皇家忠心耿耿的朱元璋义子沐英之子沐晟的手中，所以说建文帝极有可能就出亡在南方；三者，从朱棣后来派胡濙外访的地区、郑和下西洋期间对云贵等地的秘密出使活动来看，也很有可能是朱棣在听到了建文帝出亡南方的传闻后才作出这样的差遣决定的；四者，最为关键的一点是，"建文新政"最为受惠的应该是南方尤其是江南人民，建文帝深受南方人民的爱戴。"时士大夫崇尚礼义，百姓乐利而重犯法。家给人足，外户不阖，有得遗钞于地置屋檐而去者。及燕师之日，哭声震天，或死或遁，几空朝署。盖自古不幸失国之君未有得臣民之心若此者矣。"(【明】顾起元：《客座赘语·革除》卷1)

正因为如此，笔者认为建文帝出亡应该是在南方！那么，其最终下落是不是具有以下的可能？

● 建文帝出亡西南说

持这一说的主要主张是，建文帝出亡云贵等地，最终也老于西南或终于北京西山，而终于西山之说已被人们推倒，剩下的是老于西南，那么究竟在西南哪里？目前没有确切的说法。在"建文帝出亡西南说"中影响较大的是建文帝出亡贵州长顺的白云山。近年贵州出了一本书，名叫《发现白云山》，论述了从明代永乐初年"建文帝开山建寺后，白云山便成为黔中佛教圣地，并逐渐演变成为中国西南帝王佛教文化圣地。白云山与其他佛教名山最大的不同之处，在于它是以建文帝为中心人物而展开其佛教文化的，具有独特性、惟一性和神秘性，引起无数名人贤士及旅客前往探奇览胜"。（沙先贵著、长顺县档案局编《发现白云山》，贵州民族出版社，2006年11月第1版，P28—29）

尽管该说引用的文献资料与地方考古实物很丰富，但都没有明确、直接与建文帝挂上钩。因此，目前为止，该说还不能成为建文帝最终下落之谜的正确答案。

● 建文帝出亡湖南说

前几年湖南湘潭的何歌劲先生拿出了文献证据——其家族族谱，他认为自己的湘潭锦石何氏始祖何必华原来就是大明第二位皇帝建文帝。经过数年的研究，何先生将湘潭何氏始祖的历史大致勾勒出来了。原来金川门事变以后，前左军都督何福参与了建文帝出逃计划，他派了自己的家人一路护送建文帝，在江西临川栖身过，后于永乐二年来到了湖南湘潭的银塘，娶了何氏为妻，并改姓为何氏，大名何必华。再说那个掩护建文帝出亡的前左军都督何福在永乐帝即位初期还是平安无事，但后来朱棣豢养了那条"疯狗"陈瑛出来深究建文朝"奸党"分子，可能陈瑛已经掌握了何福的一些"阴事"，永乐八年何福在北征回来后被劾畏罪自杀。但在《湘潭银塘何氏八修族谱》上记载说：其实何福没死，那是掩人耳目的，真正的何福在暗中回了银塘。（民国二十二年《湘潭银塘何氏八修族谱》卷28和民国十八年《湘潭锦石何氏七修族谱》卷1）

何歌劲先生的"建文帝出亡湖南说"发表后，引起了国内外明史学者相当的关注，但这种观点有些证据链还不是很完整，譬如，为什么要说何必华就是建文帝？有什么可靠的依据？还有从"何氏族谱"的版本来看，似乎不会早于民国，这样的史料是否可信？等等。因此从目前来说，"建文帝出亡湖南并在此终老之说"要真正赢得人们完全认同还需更多的依据和证明。

● 建文帝出亡湖北说

这一说开始得相对较早，1945年让氏家族的后代让廉修根据自己家族先祖口授心传的描述和家中所藏的中元节烧包单上的名录，修成了《让氏家谱》，台湾学者陈万鼐教授曾作《明惠帝出亡考证》一书于1950年在台北由百成书店出版，建文帝出亡湖北、让氏后人就是建文帝子孙之说就此问世，但由于众所周知的原因，大陆学者对此都没有引起足够的重视。新世纪开启后,让氏后人湖北老河口市妇幼保健医院的让庆秋医生和南京有线电厂退休工程师让庆光老先生先后向新闻媒体爆料,说自己是建文帝第15代孙。一石激起千层浪,让氏后裔的那般说法引起了国内外专家学者的广泛兴趣。2004年10月在南京召开的第十届明史学术讨论会上,中国社会科学院历史研究所研究员商传先生向大会递交了《〈让氏家谱〉与建文帝出亡考》的论文,明史专家、南京大学教授潘群老先生对此也曾进行过专门的研究。

据《让氏家谱》等资料上的记载与让氏后人的说法:金川门之变以后,建文帝从地道逃出,改名为让銮,"銮"就是皇帝的"金銮殿","让銮"连在一起解读就是把皇帝专有的金銮殿让出来,大概用在建文帝身上再合适不过了。这个让銮自逃离南京后,一直隐居民间,云游了云南、贵州、四川、重庆、两广、两湖,晚年隐居在湖北武昌,死后葬在武昌洪山宝通禅寺的宝塔旁。过去宝通禅寺的老和尚都知道这件事,如今时隔已久,那里的建文帝坟茔已经湮没难寻了。但就此一说目前还必须解开这样几个谜团:第一,让氏始祖让銮就是建文帝,在《让氏家谱》上没有直接记载,家族里口授心传是否能成为历史?这是不难回答的问题,那么除此之外,还有旁证吗?第二,让銮如果就是建文帝,那么明英宗时朝廷基本上为建文朝之事解禁了,就算再晚一点到了万历时建文君臣全部被平反了,连当年被朱棣指斥为建文朝"奸党首恶"的黄子澄之子孙都出来要求恢复祖姓,而让氏为什么不恢复祖姓?由此而言,说让銮就是建文帝,目前证据还不充分。

● 建文帝出亡两广说

明清之际有关建文帝出亡两广之说十分流行,故事娓娓动听。相传当年建文帝失国后潜往四川,请求蜀王起兵,勤王平乱,可朱椿没答应。朱允炆只好赶往云南去,想让过去与他父亲朱标太子有着亲兄弟般感情的沐英之子沐晟起兵,帮他复国,但同样也遭到了拒绝。屡屡碰壁,国破家亡,建文帝看破了红尘,遁迹于广西或四川的寺庙之中。

不过有人却是这么说:当年建文帝出亡到广西,有两个随从他流亡的大臣家里的孩子也跟着一起走,可不幸的是后来走散了,但这两个孩子却执意要找到建文帝,想说服他东山再起。有一天,两个孩子来到了广西境内,看到一个老和尚骑着马,神态非凡,于是就偷偷地跟着他。只见那老和尚来到了一座寺庙里头住了下来。两个孩子纳闷:有这样的人会去当和尚?孩子好问,听者有心,有人将这事报告了官府。官府立马派人,到寺庙里来抓那个老和尚,谁知,再怎么找也找不着了。气急败坏的官差们就要以制造妖言罪来逮捕那两个小孩,弄得寺庙周围的人都来看热闹,而此时已经隐藏起来的建文帝听人说及此事,他心如刀绞似,暗暗思忖:"不能因为我而让官府杀了那两个孩子,从而使得忠臣无后啊!"想到这里,他身披袈裟从暗藏处走了出来,主动承认自己就是官府要缉拿的建文帝!"你就是建文帝?有证明吗?"官差问,建文帝回答说:"这哪有什么证明!"官差说:"没什么证明,就别出来添乱,去!去!去!走到一边去!"最后他们带走了孩子,将他们发配到了边疆去戍边。【清】查继佐:《罪惟录·外志·列朝帝纪逸·建文逸纪·志》卷32,浙江古籍出版社1986年5月第1版,第2册,P1022)

还有一种说法:说当年建文帝隐居在广西山中,因为当地粮食匮乏,为了解决生计问题,建文帝拿出了自己随身携带的一根玉带,交给了一个童子,让他到闹市区去换些钱财,然后再买些米回来,并嘱咐说:"见了普通人就稍稍要些钱,而要是碰上了那些达官显贵,就得向他们多要一些银两。"童子受命后,来到了熙熙攘攘的市中心,正物色买主时,有人上来搭讪了,可这一搭搭了好久,那人还是不肯马上交易。其实买主在嘀咕:看这童子穿得也不好,哪来这么贵重的玉带,简直是价值连城,莫非是他从大明皇宫里头偷出来的?想到这里,具有特别觉悟的买主马上报告了官府。官府随即派人逮捕了童子,并将其送往北京,关了起来。据说当时大明朝正是小皇帝明英宗当政,什么事都由太监王振做主。王振想从童子口中得点"实惠"和好处,可哪知童子什么也不肯说,王振没办法,就令人用米袋子将童子给活活地压死了。【清】查继佐:《罪惟录·外志·列朝帝纪逸·建文逸纪·志》卷32,浙江古籍出版社1986年5月第1版,第2册,P1022—1023)

更有人说得有鼻子有眼儿,永乐年间广西太守张文昌发现了潜逃的建文皇帝,居然躲在了他的治辖境内,为了自己的锦绣前程,他逮捕了建文帝,并将其送到北京,交给永乐帝朱棣。朱棣大大地赏赐了张文昌,不说金银财宝了,就是永乐皇帝的恩赐诏谕在张文昌家里就有一大沓,张文昌的子孙们一直以此作为荣耀。后来有个姓傅的官员听了张文昌子孙的说辞,就想看看当年永乐皇帝的手敕"长"得咋样的?一看,差一点将傅姓官员给晕倒,因为那些所谓的皇帝手敕全是假的。(【清】查继佐:《罪惟录·外志·列朝帝纪逸·建文逸纪·志》卷32,浙江古籍出版社1986年5月第1版,第2册,P1022—1023)

除了传言建文帝出亡广西外,还有广东一带也流传着十分动听的建文帝流亡故事。据说当年建文帝从南京城逃出后,来到了浙江浦江郑义门,在那里娶了一个当地姑娘为妻,生育了4个孩子。后来因为官府追逼甚急,建文帝不想连累郑义门的人，就辞别远行，最终来到了广东某寺住下，吃斋念佛，成了道中之人。空闲之际，建文帝在那寺庙里头种下了荔枝树，据说那荔枝树上长的荔枝既大又甜，孩子们吃到了就不肯罢休。有一天，广东布政使（省长）儿子来这寺庙游玩，陪同布政使家少爷游玩的侍从乘人不备，偷偷地摘取了荔枝树上的荔枝给少爷吃，不料被庙里的小和尚给看到了，他奔过来驱赶，没想到让布政使家的侍从给打了。被打的是小沙弥，可旁边的布政使家少爷却叽里呱啦说个没完。这时，刚好经过那里的建文帝听到了，他走了上来，说："小少爷，你的声音很像你父亲啊，我曾经去过你们家！"布政使家少爷惊诧万分，回家后将这事告诉了父亲。布政使大人听说后赶紧前来寺庙偷偷地观察建文帝，发现果然是真的，于是他回到家里，将自己的儿子给勒死，然后再到寺庙里头来拜谒出家了的建文帝。君臣见面好不伤心，布政使告诉说，儿子被勒死了，消息不可能走漏，让建文帝放心。可建文帝听后顿时惊呆了："何至于此？！"随后他就流亡他乡，甚至有人说，在海南看到了建文帝。【清】查继佐：《罪惟录·外志·列朝帝纪逸·建文逸纪·志》卷32，浙江古籍出版社1986年5月第1版，第2册，P1022—1023）

● 建文帝出亡浙江说

根据史仲彬的《致身录》、谷应泰的《明史纪事本末》和光绪年间编撰成的《浦江县志》等书的记载：当年建文帝出亡时首选地是浙江浦江，那为什么建文帝要做出这样的选择？

这还得要从建文帝的爷爷朱元璋、父亲朱标及朱允炆自身等皇家三代人与浙江浦江郑氏家族之间的特殊关系说起。

○ "江南第一家"和"孝义家"

明朝前期，浙江浦江郑氏家族是一个有着300来年历史的江南望族。据记载，郑氏曾多世同居共食，故有"郑义门"之称。明洪武初年，郑氏家族的家长郑濂为朱元璋所赏识，在大明帝国的京师南京供职。"胡惟庸谋反案"爆发后，有人出来检举说，郑氏家族是胡惟庸谋反的帮凶。这个罪名可大了，重则家族抄斩，轻则家长掉脑袋，一般的人都唯恐避之不及，可郑氏兄弟就是与众不同。当官差上郑家捕人时，郑濂的6个兄弟个个都争先恐后地主动承当"罪名"，争了好半天最后由郑濂的弟弟郑湜出面来担当罪责。但当他被带到南京时，哥哥郑濂死活都不让弟弟郑湜来受罪，而弟弟郑湜更是一条道跑到底，说什么也不让哥哥来受刑，兄弟俩就这么争着,消息传到了皇帝的耳朵里,朱元璋十分感慨地说:"像郑氏这样的家族里怎么会出乱臣贼子?"于是下令,宽宥了郑氏兄弟的"罪行",并将郑湜延请出来担任大明的左参议。

据说,洪武十八年朱元璋为了表彰郑氏家族的"忠孝仁义",还特地赠予郑家"江南第一家"之匾,该匾后来就一直被挂在郑氏宗祠里。

转眼到了洪武十九年,郑濂又受到一个案子的牵连,论罪当死。这时郑濂的叔伯兄弟郑洧出来说话了:"我们郑家人称'义门',先世有兄代弟而死的,今天难道我就不能代兄捐躯吗?"说完就去"投案自首",没几天他就被杀了。

郑氏家族一门忠义的动人事迹后来又被朱元璋听到了,他大受感动。洪武二十五年,朱元璋的事业接班人朱标太子不幸薨世,朱标的儿子朱允炆被立为皇位继承人。为了培养好自己的皇太孙,朱元璋从"郑义门"中挑选东宫属官,将郑濂(当时已病亡)的弟弟郑济任命为春坊左庶子,将郑濂的另一个弟弟郑沂从一个普通的百姓直接提拔为礼部尚书。(《明史·郑濂传》卷296)

从上述的《明史》记载来看,既然郑济出任过朱允炆的东宫属官,那么由此可以说建文帝朱允炆跟浙江浦江的郑氏家族之间还真是有着非同一般的关系。除此之外,朱允炆的父亲朱标太子也与郑家有着一定的关系,这话怎么说呢?朱标的老师宋濂早先居住在金华潜溪,因仰慕郑氏家族"九世同居"的"孝义家风"而迁徙到距离"郑氏宗祠"约1公里的青萝山麓,先在"东明精舍"读书,后来又在那里教书,直到1360年他被朱元璋聘请到南京出仕为止,前后在青萝山麓呆了32年,宋濂退休以后又回去居住在那儿,这就是世人熟知的"青萝山房"。虽说朱标与郑氏家族没有直接的"搭界",但有他老师宋濂这个"中介",所以说朱标与郑氏家族也是有着一定关系的。正因为如此,朱标的儿子朱允炆上台后没多久,就表现出对郑氏的亲近,曾大力旌表郑氏家族,当时郑氏家族的家长郑渶还专门到南京去朝谢建文帝。建文帝亲笔御书"孝义家"赐予郑氏,后被郑氏家族所收藏。(《明史·郑濂传》卷296)

○ "建文帝井"与"跷脚灯头"

由于大明初年皇家祖孙三代都与浙江浦江的郑氏家族有着特殊的渊源关系,所以当金川门事变突发、国难当头之际,建文帝首选出亡浦江应该是情理之中的事情。还有人说,当时建文帝身边有个来自郑氏家族的翰林院待诏郑洽首先提出了避祸浦江的建议,建文帝认为郑家忠孝可恃,于是君臣一行人夜以继日地赶往浦江。

到了浦江的郑家,建文帝被秘密地安排在冷水塘沿岸的郑氏家族的一间房子里。出于安全方面的考虑,建文帝大门不出,二门不迈,这样平安地度过了好些日子。一晃到了新年的元宵节,家家户户都忙着闹元宵,门外到处都是锣鼓声与鞭炮声。建文帝在屋里憋久了,很想出去散散心,加上这几个月来一直也没有发生什么事,他也就放松了警惕,踱着四方步,走到了门外的街头上,与众人一起看热闹。建文帝看得正开心,忽然一支龙灯队伍来到了他的跟前,舞龙灯头的人认出了:这不是大明天子建文皇帝?! 赶紧打躬作揖吧! 他这一作揖好像跷脚似的,可把众人给乐坏了,相传由此以后浦江人舞龙灯时就得将灯头舞得一跪一拜似地,人称"跷脚灯头"。

就在舞龙灯者将灯头舞得格外有新意,逗得人们开怀直乐时,有个小人在暗中观察到了这里边的不同寻常之处,他跑到官府去举报,官差风风火火地直奔郑家而来。郑家人听到消息后赶紧将建文帝藏起来,可藏哪里去呢? 屋子里和院子里肯定不行,忽然有人想到郑家院子里有口枯井,这倒是个藏人的好地方,于是他们就带着建文帝跑到了枯井旁,找来了绳子,将建文帝放到枯井底下。郑家人刚把建文帝藏好,官差就来到了郑家大院,他们在屋里屋外搜了一遍,连建文帝的影子都没找到,只好返回了。

郑家人赶紧奔到枯井旁,只见枯井上布满了蜘蛛网,或许是建文帝的仁德感动了上苍,就连蜘蛛也晓得要出来帮忙,原来官差搜到枯井时,发现井口上全是蜘蛛网,就误以为只是一口枯井而已,于是转身就走,建文帝得救了。从此这口郑家枯井就被人们称为"建文井",至今还在"江南第一家"内。

◉ 流亡皇帝与多情美女

建文帝得救后,再也不敢留居浦江了,只得外出流亡,这下可急坏了一个绝色少女。相传建文帝刚到浦江时衣衫褴褛,鞋帽皆破。有个美貌少女见到以后,偷偷地回家为建文帝做起了鞋子。当她将自己精心做好的鞋子送到建文帝手里时,四目相对,久久难移,建文帝不停地抚摸着姑娘的手,眼泪顿时夺眶而出,姑娘也跟着哭了。后来还是建文帝想得周到,他取出了随身佩戴的龙凤玉佩,将它们递给了姑娘。姑娘回到家中,日思夜想,祈盼建文帝能早日脱离苦海。可事与愿违,没过几天,建文帝为了躲避新皇帝的追捕而悄悄地走了,这可更加愁坏了姑娘。她茶饭不思,终日以泪洗面,没过多久就病倒了。父母急着找医生,但为姑娘所劝住:"孩儿不孝,今日之病是病在心里,无法医治。孩儿之手已被建文皇帝抚摸过了,只是今生今世我俩难相守,唯有死后魂魄永相随……"

美丽的多情少女走了，但她给建文帝做的那双鞋子后来被人保存了下来。万历年间，大明帝国政府为建文君臣彻底平反了，郑氏家族为纪念建文皇帝，叫人画了一张建文帝模样的"老佛像"，挂在自家的昌三公祠堂里，由此昌三公被人喊作"老佛社"。"老佛社"今位于郑宅镇的冷水塘沿中央，其内不仅有一幅建文帝的画像、一副对联，还有一双寄托着美丽姑娘对建文皇帝一片情思的"老佛"穿过的鞋子。谁能说建文帝没来过浦江？谁能说流亡皇帝与多情美女的凄美爱情故事是有人编出来的？

清代史学家查继佐在他的《罪惟录》里是这么记载的："建文帝携一子至浦江郑氏家，后又纳一妾，生四子，冒姓曰陈、曰全，二仍朱姓。朱姓之一，读书为庠生，正统中独发狂，自云我允炆之后，合为尔等主人。行白县，郑氏诸生死挽之，得免，遂不留，令之去。"(【清】查继佐：《罪惟录·外志·列朝帝纪逸·建文逸纪·志》卷32，浙江古籍出版社，1986年5月第1版，第2册，P1022—1023)

如果查继佐的记载属实的话，那么我们就不难理解为什么现在那么多的家族说他们的祖上就是建文帝，也许这位人们心目中的好皇帝还真是留下了不少种子，我们暂不讨论建文帝的子孙问题，先来讲讲离开浦江后的建文帝会上哪儿去呢？

○ 建文帝离开了浦江是上福州去了还是到了兰溪？

如果按照查继佐的记载，建文帝离开浦江以后就到了福州去避难了。在那里他遇到了朱棣的心腹密探郑和："初别郑时，留隆纲为记，走往福州雷峰寺（应为雪峰寺，史料刻本有误，笔者注）。三保下洋过之，泣拜于地，为之摩足。帝微嘱三保举事，泣对不能，别去。"(【清】查继佐：《罪惟录·外志·列朝帝纪逸·建文逸纪·志》卷32，浙江古籍出版社，1986年5月第1版，第2册，P1022—1023)

这究竟是什么年代的事？查继佐没有记清楚。但好多人认为建文帝离开浦江后，直接去的避难地不在福州闽侯的雪峰寺，而是浦江边上的兰溪皇回寺。相传建文帝在郑洽等人的帮助下逃到了兰溪。对此，清朝光绪年间编修的《兰溪县志》作了这样的记载："皇回禅院，在县东二十里，有碑记，云皇回圣迹，肇自前明惠宗，遁荒隐踪于斯。"2003年当地的新闻媒体发表了一篇有关建文帝隐逸兰溪的文章，称最近人们在灵洞乡白坑村东山"天王殿"（即皇回寺）发现了建文帝的隐跸处遗迹和殿旁古碑（2003年12月9日《兰溪日报》和"浙江在线新闻网站"）。相隔4年以后的2007年兰溪再次爆料，相传跟随建文帝出亡的三个贴身大臣之一程济墓碑被发现。（2007年9月20日《金华日报》和"金华新闻网"）

尽管如此，但目前为止人们还是没有获得建文帝出亡浙江的最终下落之谜的确切答案,而且上述所谓的证据至今也没有取得学术界的公认,由此我们不妨来看看建文帝出亡福建的最终下落之谜的"谜底"(这里是指2008年以前的)又是如何呢?

● 建文帝出亡福建泉州说与海外说

想讲明"建文帝出亡福建之说"就必然要跟"建文帝最终流亡海外之说"连在一起讲,此派学说开启得很早,明朝时就有郑晓、沈德符等学者持有这种观点。郑晓说:"成祖西洋之,不已劳乎!郑和之泛海也,胡濙之颁书也,国有大疑耳。"(【明】郑晓:《今言》卷4)沈德符说:"文皇(明成祖)初,以逊国伏戎为虑,以故轺车四出,几于'上穷碧落下黄泉'矣。"(【明】沈德符:《万历野获编·使西域之赏》卷30)他还说:"少帝从地道出也,踪迹甚密,以故文皇帝遣胡濙,托访张三丰为名,实疑其匿他方起事;至遣太监郑和浮海,遍历诸国,而终不得影响;则天位虽不终,而自全之智有足多者。当时倘令故臣随行,必立见败露。"(【明】沈德符:《万历野获编·建文君出亡》卷1)

清代学者、史官在修《明史》时也有持"建文帝出亡海外说"的,如万斯同在《明史稿·郑和传》中这样写道:"当是时,帝以兵戈取天下,心疑建文帝行遁海外,将踪迹之。"(南京图书馆藏《明史稿》抄本凡十二册)王鸿绪在《明史稿》中也说:"帝疑建文帝遁海外,欲踪迹之。"(【清】王鸿绪:《明史稿·宦官·郑和传》卷178)最终在张廷玉定稿的《明史》中是这样叙述的:"成祖疑惠帝亡海外,欲踪迹之。"(【清】张廷玉:《明史·郑和传》卷304)

这就是明清两代有关建文帝出亡福建与海外及郑和下西洋原由之说发展的大体脉络。近现代持这种说法的学者也有很多,而近年来再次将它推向高潮、大吸人们眼球的却是来自两部由海外学者撰写的著作:一部就是2000年辰星出版有限公司出版的、由台湾学者陈水源所著的《杰出航海家郑和》;另一部则是2003年上海社会科学院出版社出版的、由日本学者上杉千年所著的《郑和下西洋》。这两书大致讲述了这么一个故事:

建文四年六月金川门事变之后,建文帝与他的随从通过明皇宫的秘道逃离了南京城,因为考虑到朱棣燕军的北方兵不习南方水路之弱点,他们选择了逆长江而上,日夜兼程赶往湖北。大约在永乐元年开春以后,来到了武昌罗汉寺,找到了那里的主持达玄和尚。达玄看过建文帝一行人的度牒以后,当即收留了他们。就这样,建文君臣在湖北武昌的罗汉寺住下了。但不久风声越来越紧,建文君臣就找达玄和尚商量解决办法。达玄是当时大明帝国境内有名的高僧，他的子弟遍布各地，包括福建泉州开元寺里面的许多僧人都是达玄的弟子，就连开元寺的住持念海和尚不仅是达玄的高足，而且还与达玄的个人关系非同一般，到这样的地方去避难，应该来说是最为安全的。商量停当，达玄和尚马上联系开元寺，并让建文君臣赶紧到泉州那边去避避风头。

再说朱棣在南京城里忙乎了一年多，穷凶极恶地大肆杀戮建文朝忠臣，彻底追查建文"奸党"分子，甚至到了挖地三尺的地步，但就是找不到建文帝的影子。转眼到了永乐二年的正月，忽然有一天，朱棣听到有人说，建文帝出逃到了湖北武昌去了，他连忙派出心腹干将、郑和的旧友李挺马不停蹄地赶往湖北去。李挺到了那里，查问了罗汉寺里的所有和尚，和尚们告诉他：去年是来过两个和尚，不过他们早就走了。李挺问："这两个和尚长得什么模样？多大岁数？"和尚们说："一个约有三十多岁、四十不到点，另一个大约二十几岁，长得白白净净，温文尔雅。"李挺听到这里几乎要跳起来了，这两个曾经到过罗汉寺的和尚还真像是建文帝与翰林编修程济。于是他赶紧又问："他们到什么地方去了？"和尚们说不知道。李挺找来服侍过那两个来访和尚的庙里小坊主问话，小坊主说："我也没听说他们要到什么地方去，只是有一次偶然听到他们在对吟，年轻一点的和尚在吟诵唐朝白居易的《琵琶行》中的诗句：'别时茫茫江浸月'，'忽闻水上琵琶声'。他刚吟完，那个年长点的和尚马上回应：'浔阳江头夜送客。'"

李挺仔细地琢磨了两个和尚的"对诗"，觉得他们很有可能往九江方向去了（唐朝的浔阳就是后来的九江），于是就带了手下人风风火火地赶往九江。到了那里他逐一查问了当地的寺庙，但都说没看见；他又去交通要津一一探寻，最后遇到一个从事水运的人。李挺如此这般地描绘了一番建文帝与程济的长相。那个水上运输者说："去年（永乐元年）九月左右，好像有两个和尚来过这里，长相么，与你描述的差不多，他们结伴而行，到了江州（九江的别名）南部的星子镇江原寺去游览，后来搭乘了船只上鄱阳了。"

李挺急忙上路，往鄱阳方向赶去，途中他又细细查问。有人讲，那两个和尚由鄱阳湖进入鄱江，在仙山寺作了短暂逗留后，又雇船上信江方向去。李挺又火急火燎地赶到信江与鹰潭，查遍了乡村与城镇的每个角落，就连鹰潭的山上也搜了一遍，后来终于获得了一条重要消息：那两个和尚在当地搭识了一个盐商，并跟随盐商从鹰潭出发，往福建泉州方向去了。

李挺听到这里顿时觉得，坏了，到了泉州，建文帝很有可能跑到海外去了。为什么这么说呢？这里有必要交代一下元明时代泉州的历史地位与特殊的"生态环境"。

泉州位于闽南,地处洛阳江与晋江的交汇口,宋元时代它是中国乃至亚洲最大的对外贸易港口,也是海上丝绸之路的起点站。元朝时意大利旅行家马可·波罗在他的游记当中就曾生动地描绘了当时泉州繁盛的中外经济交流景象,由此而闻名于西方世界。元明之际在泉州到处可以见到来自世界各地的外国人,那时要是谁想出国从泉州搭乘外国商船即是最为便捷的一条途径。所以说李挺听到人们说,有长相像建文帝的和尚往泉州去,他顿时感觉到问题更加复杂了。那么建文帝和他的随从到底有没有到泉州去?

据陈水源的《杰出航海家郑和》和上杉千年的《郑和下西洋》两书中所说,建文帝确实是到了泉州,住在泉州的开元寺。

开元寺修建于唐朝,到明代已有近千年的历史,本来它是一座规模并不大的寺庙,因而其地位也说不上很高。但明初一段特殊的历史将开元寺推到了历史的漩涡之中去。起因是这样的:洪武末年,开元寺空缺了一个住持,在众僧中遴选吧,一时半会还真选不出来,最后不得不想以抓阄的方式来予以决断。就在这时,大明帝国的最高领导朱元璋听到了这个消息,他马上下旨:让京师南京天界寺的正映和尚来担任开元寺的住持。正映和尚接到"调令"后受到了皇帝的亲自接见。朱元璋告诫正映说:"现在要当好住持很难,要是太善良了就要被人欺负,要是奸恶的话,就要受人攻击,只有洁身自好才能长久啊!"正映和尚在聆听了语重心长的最高指示后就踌躇满志地来到了开元寺。说实在的,朱元璋这个人的眼力确实不错,正映在开元寺当住持的那几年,修造甘露戒坛与法堂,经常给众僧讲法,提高和尚的业务知识和理论水平,整个开元寺的佛事活动搞得有声有色。但就在这时(永乐元年),正映和尚突然离开了开元寺,前往福州的雪峰寺,最后他又回到了南京,出任南京东郊灵谷寺的住持。

正映和尚离开开元寺时,武昌罗汉寺达玄的弟子念海接替了他,出任开元寺的住持。可他上任没多久,就接到师傅达玄的通知,建文皇帝要到开元寺来避难,无论是出于对佛教信条的恪守还是对忠君观念的履行,念海和尚都得认认真真地接待建文帝。

但建文帝与随从在开元寺没住多久,鉴于外面风声越来越紧,他们没敢久留,就再次寻找机会外出逃生。

再说李挺一路闻风追到泉州,向开元寺的和尚查问起情况时,住持念海说:是有两个和尚来过这里,但没住几天就走了,至于到哪里?他也不清楚。李挺一行人就在泉州及其附近地区进行地毯式搜寻与打探,后来终于探得:永乐元年年底,有两个和尚模样的人搭乘阿拉伯航线的外国商船往海南方向去了。听到这个消息后李挺又赶紧搭乘便船赶赴海南岛,他在海南岛的琼州(今海口)先搜寻,但一无所获,随即扩大范围,一直找到海南岛的南端崖州(今三亚),终于看到了一条破损的阿拉伯船。李挺赶紧向周边人询问,最终得知,这条破船是在广东一带就出了问题,后来飘到了崖州,船上也确实有个长得像建文帝模样的青年人,他在崖州上岸以后,又搭乘了通往印尼方向的便船。

李挺听到这里,望洋兴叹,最后只好从崖州打道回府,向南京城里日夜"惦记"着建文帝的朱棣汇报了这一切。后来朱棣决定派出李挺随同郑和一起下西洋,寻觅建文帝的踪迹。

上面有关建文帝出亡的故事讲得跌宕起伏、扣人心弦。那么,建文帝真的到过福建泉州,后来又跑到海外去了吗?

对此,新闻媒体与有关学者就这个方面的问题展开了专门的调查与研究。现在问题的关键点在于台湾学者陈水源在他的《杰出航海家郑和》中所描述的建文帝出亡福建泉州并在开元寺当过和尚的依据是什么?据陈水源的介绍,他撰写有关建文帝出亡的故事来自于一位美国学者,而这位美国学者的那般说法又有什么根据?对此,有人作了追踪调查,发现他是从一本叫《大航海》日本书籍上得来的。那么撰写《大航海》的日本学者他的依据又是什么呢?不巧的是,当人们找到这位日本学者时,发现他早已死了。

线索似乎断了,但有人想到,既然说建文帝出亡过泉州,并说他受到了开元寺住持念海和尚的接待,现在建文帝的事情一下子没办法得到证实,那么就先查证一下这位开元寺住持念海和尚吧。但令大家失望的是,当专家们几乎翻遍了《开元寺志》和《泉州府志》、《晋江县志》等一切相关的资料时,却怎么也找不到念海和尚的任何信息。就此,有人对建文帝是否真的出亡过泉州以及开元寺是否真有过住持念海,提出了极大的疑问。开元寺现任住持释道元说,如果迫于当时的政治高压,开元寺对建文帝受到追杀而一路流亡之事不敢记载的话,那么对于本寺院的住持却不可能不有所记载。

但泉州海外交通博物馆研究员刘志成先生说,他翻阅《开元寺志》时却发现一个奇怪的事实:从洪武末年到永乐初年这几年的时间里,《开元寺志》上空缺。没有记载,并不能说明历史上就没有事情发生过。刘志成提供了另外一条有益的线索:1993年5月华星出版社出版了在泉州海外交通博物馆和文管会任职过的王洪涛老先生所著的《晚蚕集》中有这样一段重要的史料:

"柯循庵所编《清源文献纂续编》中《清源旧事流墨篇》有记载,文称:'明靖难之变,建文出亡事即为传疑。我柯氏旧家谱载,族叔祖世隆公为江宁府句容县尉,以匿建文君,其家歼焉! 亲属仅奉其下体归葬……为建忠勇祠祀之……'"

据福建晋江柯氏家谱记载,柯氏祖上的柯世隆在明初曾任南京句容县尉,他可是建文皇帝的铁杆支持者,金川门事变以后,柯世隆隐藏了建文帝,并将他偷偷地送到了自己的老家泉州,但可能是走漏了风声,终致柯氏全家遭受被杀之惨祸。而从建文帝来说,到了泉州先在开元寺避避风头,然后搭乘船只外逃,也不是没有一点可能的。

● 建文帝出亡到了印度尼西亚的苏门答腊岛?

无独有偶,在今天的印度尼西亚的苏门答腊岛东海岸(即靠马六甲海峡一边)有个华人村庄,叫巴眼亚比。这个村庄在整个海外华人圈里都显得比较独特,他们不懂当地印尼语,只会说华语;全村人都姓"洪"(有人说会不会是与朱元璋的年号"洪武"有关),穿戴全是过去中国内地人的衣冠;全村人主要以捕鱼为生,捕鱼之网也与内地的几乎一模一样,捕鱼船只也全是中国传统船只形状,最为人们惊讶的是该村有个奇特的风俗,每年的农历五月十六日他们都要举行隆重的祭祀"皇爷"的仪式,以焚烧龙船为整个仪式的最高潮。每年的这一天,全村的男女老幼全出动,就连邻近岛屿上的居民也会一同过来凑热闹。农历五月十六日正是当年朱允炆登基的日子,所以有人认为印尼的巴眼亚比村可能就是建文帝及其随从出亡地。(1979年6月22日《印度尼西亚日报·历史的迷茫》)

● 当代法国球星里贝里爆料,说自己是建文帝的后裔

最近法国球星里贝里对外爆料,说自己的祖上就是中国明朝的建文皇帝,其依据是他听祖上这么口头相传:据说里贝里的祖宗有一位是在中国当了皇帝以后不久,就被亲人夺位而逃亡到波斯,后来又来到了法国。因此他的祖先留下了一句要后代必须记住的话——我们的家乡在遥远的东方。里贝里的一位堂兄在研究中国历史时惊人地发现,家族流传下来的传说与明太祖朱元璋极其相似。尽管里贝里自己不会说汉语,但他家中至今保存着一些不知名的中国文物,而且极像是中国古代皇宫的用品。里贝里家族中还保留的一些风俗习惯与中国民俗几乎是一个模样,他们会烧中国菜,喜欢中国服装,等等。里贝里出口惊世,全球华人纷纷将目光转向了建文帝最终有没有出亡到海外这个问题的焦点上来了。(网上消息)

● 建文帝出亡江苏,最终老于苏州说

在目前有关"建文帝各地漫游"的学说中,上述"建文帝出亡福建最终流亡海外说"可以讲是最为浪漫、最为惊心动魄,也是出亡距离最为遥远的一种。与此相对,下面我们要讲的一种影响比较大的出亡说,那就是建文帝哪儿也没去。俗话说得好,最危险的地方也是最为安全的地方,建文帝当时就近出亡,并长期在京畿地区的苏州近郊穹窿山躲着,这究竟是怎么一回事?

○ "靖难之役"后朱棣第一功臣姚广孝身上的三大谜团

有人说金川门事变后,建文帝去了溧阳,再由溧阳上浙江;有人说他上吴江;还有的人说他去了苏州,甚至有人说他一直隐匿在苏州近郊的鼋山与穹窿山。对此,上海《文汇报》记者徐作生先生进行了长时间的考证,他得出了一个结论:建文帝哪儿也没去,而是受到两位特殊身份的和尚的保护,一直待在了苏州近郊,直至他生命的最终。那么这究竟是怎么一回事?这两个特殊身份的和尚是谁呢?

一位就是永乐朝的第一功臣道衍和尚姚广孝,一位就是建文朝的主录僧溥洽。

我们先说说永乐朝第一功臣道衍和尚姚广孝。很难想象,要是没有他的帮助,朱棣的"靖难"是否能成功。研究明史的人都会感觉朱棣一生留下了太多的谜团,其实朱棣的第一谋臣道衍和尚在"靖难"成功以后留下的谜团也不比朱棣少多少。以笔者来看,道衍和尚至少留下了三大谜团:第一,朱棣篡夺皇位成功以后,不仅给道衍和尚恢复了俗姓姚,赐名广孝,加封了很高的官职,还给了他许多美女和金银财宝,但基本上都被姚广孝"退回"了,一个从前那般执著入世"有为"的"假和尚"在"靖难"成功以后突然变得那般的超然,这是为什么?第二,姚广孝出生于苏州,亲不亲,家乡人,但奇怪的是姚广孝的好多子孙都不回苏州,而是世代居住在福建长乐,这又是为什么?第三,姚广孝临终之际为什么要向朱棣求情,恳求他放了因建文帝之事而被囚禁了长达十年之久的建文朝主录僧溥洽?在解开所有这些谜团之前,我们不妨先来看看"靖难之役"后姚广孝的"遭遇"。

○ 功成名就的姚广孝回到家乡苏州遭遇了众叛亲离

朱棣占领南京登基即位后,授予道衍和尚姚广孝为僧录司左善世(类似于全国佛教协会会长)。永乐二年朱棣下令拜道衍为资善大夫、太子少师,恢复其俗姓,并将早已不在世的姚广孝祖上都给追封为官。朱棣与姚广孝说事时,常直呼其为"少师"而不喊其名。由此可见,在永乐皇帝朱棣心目中姚广孝的地位是何等之高!至

此,从姚广孝角度来说,他早年的"有为"理想得到了圆满的实现,想要拥有的一切现在都到手了,可令人看不懂的是,在功成名就以后姚广孝却选择了急流勇退:朱棣要姚广孝蓄发还俗,姚广孝不肯;朱棣给姚广孝送了一套高级府邸宅院,姚广孝将它退了回去;朱棣叫人给姚广孝送了美女,姚广孝说自己年老了,又是出家人,消受不起,……姚广孝依然住到寺院里,碰到上朝,他穿上官衣官帽;退朝以后还是身披袈裟,吃斋念佛,这一切着实让人一头雾水。(《明史·姚广孝传》卷145)

有人说是不是姚广孝看出了朱棣与他的"老爸"朱元璋在本质上有着一个相同的德性——"狡兔死走狗烹",过河就拆桥?这倒不是,朱棣在这方面比他"老爸"强百倍,他可很讲哥儿们义气。"靖难"成功以后,"靖难功臣"不仅得到了加官晋爵,而且大多数还得以善终,不像朱元璋那样将开国功勋几乎全部杀光。既然朱棣不是那种"忘恩负义"的君主,那为什么他的第一功臣姚广孝要"急流勇退"?

据史书记载来看,朱棣登基以后不久,姚广孝曾受命赈济苏州、湖州。乘着这个机会姚广孝回到了苏州老家,"以所赐金帛散宗族乡人",即他将永乐皇帝赐给他的金银绢帛分给了他的族亲与家乡父老,但令他万万没想到的是在家乡他碰了一鼻子的灰。

首先没给他好脸看的是他的同胞姐姐。从姚广孝的早年苦难经历来看,这个同胞姐姐是他世上惟一的亲人,姐弟之间的情感也应该是非同一般。父母早亡,留下姐弟俩一度相依为命,后来实在活不下去了,姐姐才去当童养媳,姚广孝则上穹窿山去当和尚。小小年纪就经历了生离死别的阵阵之痛,由此可想这段岁月在日后姚广孝的心里投下了多大的阴影。作为姐姐即使到了那一步——没办法活了,只有嫁人,但她还时不时地关照着自己的弟弟,针对弟弟个性中好斗嗜杀的缺陷她曾反复叮嘱道:"你既然出家当了和尚,出家人慈悲为怀,要多发慈悲之心!""靖难"战争爆发后,远在江南的姚广孝姐姐听到自己的弟弟担当了朱棣"靖难"军军师的消息,她也顾不上自己的颜面,就向婆家人叹息道:"出家人慈悲为怀,怎么能做出这种事情?"姐弟之间的鸿沟就此逐渐加深。(《明史·姚广孝传》卷145)

当姚广孝成为永乐朝大红大紫的大人物以后,他的那种出人头地、衣锦还乡之情结顿时表露出来,他借着赈济江南的机会回到了家乡,去找自己的同胞姐姐,可姐姐就是不肯见他,并冷嘲热讽地说:"大贵人何必到我们穷人家里来?"姚广孝何等聪明,他知道自己错了,觉得十分惭愧,马上放弃了自己原先乘坐的车马,将锦衣绸服脱掉,改穿和尚服,然后步行到姐姐家。可使他没想到的是,姐姐还是不肯见。姐姐婆家人怕事,小舅子现在是南京城里的第一号红人,得罪不起,于是他们出来打圆场,反复规劝姐姐出来见见弟弟。姐姐实在受不了,勉强走到中堂象征性接待了一下弟弟。姚广孝好不容易见到姐姐,连下跪都快要来不及了,不停地行大礼,可姐姐还是没好声好气地说:"我可消受不起你那么多的礼,还没见过做了和尚反不做个好人!"说完她回屋去,从此再也不肯见弟弟姚广孝了。

姚广孝回乡要想见的第二个人物就是他小时候的好朋友王宾。要说这个王宾与姚广孝过去还真是哥儿们,姚广孝小时候家里穷,没人看得起,就王宾对他不错。长大一点,姚家双亲撒手西归,姚广孝无可奈何地去当了和尚,但和尚这种职业在传统中国——这个没有多少宗教信仰的国度里是不受人们重视的,反遭人们鄙薄,而王宾却没有看不起姚广孝,经常跑到穹窿山上去探望他。因此说,王宾对于姚广孝来讲是个至关重要的朋友。但当姚广孝这次赈灾回乡访友时,王宾却避而不见,只是远远地传话道:"和尚误矣,和尚误矣。"姚广孝见不到好友,又去拜见姐姐,这次可更惨了,不仅没见到姐姐,还遭受姐姐的一顿臭骂。"(姚)广孝悒然。"(《明史·姚广孝传》卷145)

其实姚广孝回乡遭受的冷遇远不止这些,包括他的父老乡亲都对他不怎么友善。尽管我们现在没有直接的资料来证明这一点,但在姚广孝死后的历史中有不少证据。姚广孝回乡赈济时还做过一件好事,他将家乡相城镇西的一座叫妙智寺的古庙修葺一新,后来人们就将这古庙改称为姚少师祠堂,以此来纪念姚广孝,但就在这所纪念姚广孝的祠堂里却挂着许多讽刺挖苦姚广孝的对联或诗词,如清代乾嘉学派主将钱大昕写的《姚少师祠》说:

汩汩泉流槛外分,披缁入定戒香熏。
空登北廓诗人社,难上西山老佛坟。
好杀共知和尚误,著书赖有故交焚。
依然病虎形容在,曾否声名值几文?

清代后期著名学者尤侗写的《胖和尚》更传神:

宁馨胖和尚,乃具杀人相。
七斤不著赵州衫,三尺常拖临济棒。
左善世,荣国公,黑衣宰相老秃翁,功业可方刘秉忠。
劝人作贼岂释子,出家不了徒伪尔,申申女婴姊。

像这类尤为明显的挖苦姚广孝的诗词居然长时间地存在于纪念姚广孝的祠堂内,可见当地人对姚广孝没有多少好感,想必姚广孝活着时不会不知道吧。

○ 江南人为什么对姚广孝没有好感?

亲友的绝情、家乡父老的冷漠,这一切到底是为什么?笔者认为有三个方面的原因：

第一，建文帝是个爱民如子的难得的好皇帝，他在位期间推行"宽政"、"仁政"，尤其值得一提的是他将江南地区的赋税与全国其他地区来了个一碗水端平，这是大得人心的好事。朱元璋重赋于江南，来了个大一统帝国的全国性的"均贫富"，将江南人民的骨髓都要敲榨出来了，以此来减轻其他地区的赋税，这就严重挫伤了江南人民的经济积极性；而建文帝的全国统一均匀赋税政策的推行，有利于一部分地区先富起来，激发了江南人民生产的热情，所以说在江南人民看来，建文帝是个受欢迎的好皇帝。而朱棣要恢复"祖制"，将一切倒退到朱元璋时代，江南地区的老百姓当然会恨他，这么一个与江南老百姓过不去的新皇帝怎么能上台？还不是你姚广孝。所以姚广孝回乡遭受冷遇，说实在的叫活该！

第二，建文帝是个"仁君"，而朱棣是个魔鬼般的暴君，而将"仁君"赶走、帮助暴君登上帝位的就是你姚广孝啊，你看看你做了些什么事，就为了你姚广孝个人的"有为"和出人头地，方孝孺被灭了"十族"；铁铉被油炸；景清被剥了人皮，家乡遭受了"瓜蔓抄"；南京城里血流成河，到处都是孤魂冤鬼，这哪像是大明帝国的都城，简直是人间地狱啊！再说江南地区的苏州，建文帝任命姚善为苏州知府，他可是个好官，老百姓心中有杆秤。现在"靖难"成功了，好官被杀了，江南地区成千上万人受到了株连，他们不恨吗？朱棣作恶，谁之过？中国人自古以来就有这样的帝王情结，当了皇帝、当了一把手总不会有错，坏就坏在下面的奸人与帮凶，所以宋高宗杀岳飞都是秦桧捣鬼的，朱棣干坏事全是姚广孝一手造成的，中国长期的这种只反坏官不反皇帝的情结，不仅使得中国传统社会在政治思想上没有突破，而且易于陷入只反贪官的循环之中。所以，从某种程度上来说，江南人对朱棣的憎恶转变成了对姚广孝的冷漠与痛恨。

第三，中国人根深蒂固的正统观念在起作用。历代造反者都要背上千古骂名，像朱棣这样造反成功了，同样也逃脱不了被人咒骂，虽然朱棣的钢刀很利索，总会使人不寒而栗，人们不敢直接地骂他，那就间接地骂——譬如骂"和尚误"就是一种变相。(《明史·姚广孝传》卷145)

正因为在家乡成了不受欢迎的人，从而使得姚广孝从心灵深处感到无比的震撼，他要反思自己的行为，他要忏悔自己的言行，加上他本身是个学富五车的饱学之士，荣之极即衰之始，这样的道理他是十分清楚的。永乐帝曾这样评价姚广孝的，说他"器宇恢宏，性怀冲淡"，"发挥激昂，广博敷畅，波澜老成；大振宗风，旁通儒术，至诸子百家靡不贯穿。故其文章宏丽，诗律高简，皆超绝尘世。虽名人魁士，心服其能，每以为不及也"。既然姚广孝如此非凡，难道他就不会调整一下自己的处世态度？

　　自此以后，人们看到姚广孝由原来的"有为"逐渐地走向了无为。说实在的，永乐帝是个好大喜功的皇帝，做什么事都要做大做强，但姚广孝似乎参与的并不多，他在演绎着双重人格：表面上他是永乐朝的功臣和忠臣，实际上此时的他才真正地皈依了佛门，进入内心的炼狱，向往弃政归隐的生活，竭力进行言行忏悔，有诗为证，如《题许由弃瓢图》云：

　　　　独坐云深处，迢迢远市朝。
　　　　若知身是累，应不弃山瓢。

　　姚广孝还曾作七言诗《病猫》，说一只无家可归、苦病相侵的猫是指自己吗？

　　　　衔蝉踏雪世难寻，爪敛毛摧苦病侵。
　　　　即倦终宵巡鼊下，唯思长日卧花荫。
　　　　欲急快啖非无意，纵鼠横行岂有心。
　　　　谁念前功能保受？夜寒收汝入重衾。

　　正因为有这样的心理变化，才有姚广孝谢绝了朱棣的许多封赏，才有了晚年姚广孝一个大胆的举动。永乐十六年，84岁的姚广孝预感到自己将不久于世了，他专门从南京赶往北京，向皇帝朱棣请求（《明太宗实录》卷198），将原本属于政治对立阵营里的"敌人"、一个被指控为放走建文帝的案犯溥洽给放出来。（《明史·姚广孝传》卷145）

○ 从仇人变为了救命恩人

　　但据徐作生先生的研究，姚广孝在世时还做了一件大好事，那就是将建文帝秘密地藏了起来，这究竟是怎么一回事？

　　徐作生先生在姚广孝的《逃虚子集》中找到这样一段话：

　　逃虚曰："吴泰伯让王位断发文身，逃于荆蛮，孔子称其为至德，而于吴庙食万世。又如伯夷叔齐，谏周武王不听，欲兵之，太公曰，此义人也。隐于首阳山，遂饿而死。孟子称其为圣之清者……昔陶渊明云：误入尘网中，一去三十年。渊明，一士人也，尚欲脱之，况学佛者乎？"

　　伊川先生曰："学佛者难。吾言人皆可以为尧舜，则无仆隶不材；言人皆可以为尧舜，圣人所愿也；其不为尧舜，是可贱也，故曰仆隶。"

　　徐先生认为，上文中的"逃虚"应该指急流勇退、隐退山门的姚广孝自己，而"伊川"中的"伊"是"易"，"川"为江山，如果这样解释没问题的话，"伊川"合在一起，江山被取代了，那就是指建文帝无疑了。

第二个证据是姚广孝在的《赠隐者》诗里提到他曾救过一个"五马贵"的隐者，"五马贵"那只有天子才有资格享受这样的规制待遇，这是隐语，暗指只有是建文帝了。

第三个证据，就是明末开始苏州地方志上对建文帝出亡穹窿山有所记载，例如天启年间的进士张有誉的《积翠庵记略》和清代人撰写的《苏州府志》与《吴县志》均有记载，张郁文在《木渎小志》中这样说道："积翠庵，在茅蓬东，一名皇驾庵，明建文帝逊国时曾移驾于此，万历间始显。"

第四个证据——当地考古。据徐作生先生长年在穹窿山地区的实地考察所获：在穹窿山拈花寺旁边当地人曾挖到了御池及雕有云龙的柱础（俗称石鼓）等，据此可推测，过去这个地方曾与皇家有关。在中国古代社会，云龙只有皇帝才有资格享用，一般人用了，那就闯大祸了，不像现在社会，有的地方想造个天安门就造了，反正用的是老百姓的血汗钱，"人民公仆们"爱怎么花就怎么花，爱怎么造就怎么造，可古时候人搞建筑不能随便的，房子、坟墓之类的大小都有规制。要是你家没有人考上举人、进士什么的，你再有钱也只能住小门小户，充其量多几间房，有钱了多娶几个女人回来热闹热闹，但绝不能逾制，尤其像云龙之类只有皇帝老子家才好用，别人用了要杀头的，由此可断定，在拈花寺的墓葬肯定与皇家有关；拈花寺后面有个圆形土包，当地人称之为"皇坟"，至于哪个皇帝的？目前没有确切的文字记载，但将前面提到的当地人挖到的雕有云龙日月图的柱础（有人将之鉴定为明代之物）等古物结合起来，可以推测出，明代皇家有人葬在这里。"皇坟"及其周围地区所藏的信息还远不止这些，当地人回忆，1957年吴中地区大旱，"皇坟"上的草木几乎全部被枯死，而"皇坟"周围却依然郁郁葱葱，由此说明这"皇坟"是名副其实的"坟"，不是被误传的或瞎猜的；再有一些奇怪的发现：当地人在皇坟旁边开挖杉木沟渠时，大约在1米深处挖到了数十块条石，这条石长1米多点，宽0.3米，数十块条石铺成台阶，一直通往皇坟，这似乎是比较简单的皇家陵墓神道，沿着这神道往下走70米，有个椭圆形的御池，上面有石造的御池桥，桥墩上雕有莲花图案。

结合以上这些田野考古证据，御池、御池桥、神道直到"皇坟"，如此礼数的墓主人身份应该不低，加上"皇坟"边上挖到的雕有云龙日月图的柱础，再看"皇坟"上头有一块人工凿成的每边长为1米的方形青石，因此徐作生先生认为这是一座明代的简易皇帝陵。参照南京明孝陵的规制，其主体建筑为宝顶和方城，宝顶即圆形的墓室之顶，方城是宝顶前面的部分，由此徐先生认为，置于穹窿山皇坟顶上的这块无字的陵碑，就是代表"方城"。答案基本上圆满了，结合文字记载，由此他认为在穹窿山上这座"皇坟"就是明代的"建文陵"。

那么建文帝怎么会跑到自己政敌军师那个地盘上的？徐作生认为，从《明史》等史料上所说的建文帝当政时的主录僧溥洽因为有人控告他密藏建文帝或言他与建文帝出逃有关而被捕，实际上很有可能溥洽真是将建文帝藏在了自己曾经修行的"佛门胜地"——吴县（今改为吴中区）西山的普济寺（今已被毁）。永乐登基以后，溥洽起初还受朱棣重用，但随后引起了他的佛门同行"任觉义者"的妒忌，后者构陷溥洽，溥洽也不申辩，就"白白"地坐了10多年的牢房。直到永乐十六年，由弥留之际的姚广孝出面请求，朱棣这才下令，将溥洽给放出。(《明史·姚广孝传》卷145)

○ 建文帝最终老于苏州穹窿山？

溥洽被捕以后，躲藏在普济寺里的建文帝一下子没了着落，但此时的姚广孝内心已经发生了巨大的变化，他要完全皈依佛门，修炼自身，于是请得朱棣批准，将穹窿山当作自己修行的圣地，并宣布其为禁地，目的很可能是继续做好溥洽来不及做完的"好事"，保护好建文帝。建文帝本是一介书生，有姚广孝保护当然能安度余生。到了永乐十六年姚广孝死后，建文帝又没了保护，不久以后朱棣可能知道了建文帝的下落了，但他没杀建文帝，这是为什么？徐先生认为，那是因为朱棣看到建文帝确实没有反抗能力了，杀了也没多大意义，大约到了永乐二十一年时，建文帝病逝于穹窿山，朱棣命人秘密为他修了这个简易的"皇坟"。(以上参见徐作生：《泛槎考谜录·十二历史悬案揭秘》，学苑出版社，2000年9月版，P162—251)

上述是"建文帝出亡江苏最后终于苏州说"的主要观点与论据。从目前来看，在"建文帝出亡各地"的学说中，"苏州说"相对证据充分一点，不过其也有一些问题没解开：第一，持"建文帝出亡苏州穹窿山说"的文献史料记载年代最早在明末，距离建文帝出亡已经200多年，这些记载是否真的可靠？第二，田野考古尽管资料很丰富，但都没能与建文帝直接挂上钩，仅仅是推断，这似乎还不足以说明全部问题；第三，如果真是建文帝在苏州穹窿山度过余生的，那么怎么来说明在浙江兰溪发现的程济墓碑——因为至今为止就连正史上都说：或许程济跟随建文帝出亡了，他们君臣到底有没有到过别的地方去？或者是在全国走了一圈以后才到苏州的？或者是君臣几人路途中走散了？等一系列问题还有待于人们来研究探讨。

谜案锁定——出亡福建　终老宁德？

其实在上述这些建文帝出亡各地的学说（详见前面表格）中，除了海外说、青海说、福建宁德说和江苏说外，其他诸说在明末清初时基本上都有了。当时比较严谨的史学家查继佐在他史学名著《罪惟录》中就提出了"疑十六",且予以一一否定,他这样说道:"按出亡之说,传二十有三(他的分类与今天笔者按地区分类略有不同),岂无一真?唯传二十有三,乃信无一真也,真则一而已矣,即让皇之谧。"(【清】查继佐:《罪惟录·外志·列朝帝纪逸·建文逸纪·志》卷32,浙江古籍出版社,1986年5月第1版,第2册,P1024)

  笔者认为,就建文帝出亡地而言,现在几乎每个地方都有所谓的"物证",但细细推敲的话,要么是孤证,要么是一家之言,自说自话,缺乏层层相连的科学考察证据链。而历史学是一门唯史实为依据的学科,与其密切相关的考古学在某种程度上是起到先导性与补充性、核实性等作用,考古正确与否就必须要与历史文献相比对。而就目前各处所谓的"建文帝出亡地"来讲,惟福建宁德支提寺袈裟等考古既与历史文献相合,又与当地的上金贝古墓所隐含的信息相"呼应",因此说宁德支提寺稀世袈裟的"出世"本身就"暴露"了建文帝出亡的秘密……欲知建文帝最终如何,请看笔者的另一部专著《大明风云》系列之⑧《皇帝迷踪》。

大明帝国皇帝世系表

（18 帝，1368—1645 年，共计 277 年）

			①明太祖	朱元璋	洪武三十一年	戊申	1368 年
懿文太子	朱 标		③明太宗（明成祖）	朱 棣	永乐二十二年	癸未	1403 年
②明惠帝	朱允炆	建文四年 己卯 1399 年	④明仁宗	朱高炽	洪熙一年	乙巳	1425 年
			⑤明宣宗	朱瞻基	宣德十年	丙午	1426 年
⑥明英宗	朱祁镇	正统十四年 丙辰 1436 年 →	⑦明代宗	朱祁钰	景泰八年	庚午	1450 年
			⑧明英宗	朱祁镇	天顺八年	丁丑	1457 年
			⑨明宪宗	朱见深	成化二十三年	乙酉	1465 年
			⑩明孝宗	朱祐樘	弘治十八年	戊申	1488 年
⑪明武宗	朱厚照	正德十六年 丙寅 1506 年 →	⑫明世宗	朱厚熜	嘉靖四十五年	壬午	1522 年
			⑬明穆宗	朱载垕	隆庆六年	丁卯	1567 年
			⑭明神宗	朱翊钧	万历四十八年	癸酉	1573 年
			⑮明光宗	朱常洛	泰昌一年	庚申	1620 年
⑯明熹宗	朱由校	天启七年 辛酉 1621 年 →	⑰明思宗	朱由检	崇祯十七年	戊辰	1628 年
			⑱明安宗	朱由崧	弘光一年	乙酉	1645 年

注释：

①明朝第二位皇帝是朱元璋的皇太孙朱允炆，建文四年时，他不仅被"好"叔叔朱棣从皇位上撵走，而且还被"革除"了建文年号，改为洪武三十五年。

②明朝开国于南京，从正宗角度来讲，很难说迁都是朱元璋的遗愿。因此，大明的覆灭应该以国本南京的沦陷作为标志，弘光帝又是大明皇帝的子孙，他称帝于南京，应该被列入大明帝国皇帝世系表中。

③上表中 ↓↙ 表示皇位父子或祖孙相传，→ ↶ 表示皇位兄弟相传。

④明安宗朱由崧是老福王朱常洵的庶长子，明神宗万历皇帝朱翊钧之孙，也是明熹宗朱由校、明思宗朱由检的堂兄弟。

后　　记

　　2013年12月平安夜的钟声敲响时,我的10卷本《大明帝国》竣工了,想来这400多个不眠的夜晚,真可谓感慨万千。在这个浮华的年代里,就一个人靠着夜以继日地拼命干,想来定会让象牙塔里带了一大帮子弟子的大师们笑弯了腰,更可能会让亦官亦民的××会长们暗暗地叫上"呆子"的称号……是啊,十多年了,在我们的社会里什么都要做大做强,什么都要提速快行,什么都要搞课题会战工程,而我却是孤独的"夜行人"和迟缓的老黄牛,无论如何都无法跟上这个时代的节拍。好在已到知天命的年龄,什么事都能看得淡淡的,更何谈什么学会、研究会的什么长之诱惑了。秉承吾师潘群先生独立独行的精神,读百家之书,虽无法做到"究天人之际,通古今之变",但至少能"成一家之言",管他春夏与秋冬。

　　不管世事,陶醉于自我的天地里,烦恼自然就少了,但不等于没有。自将10卷《大明帝国》书稿递交后,我一直在反问自己道:"有何不妥?"在重读了出版社发来的排版稿后,我忽然间发现其内还有诸多的问题没有彻底讲清楚或无法展开。譬如,尽管我专辟章节论述了大明定都南京、建设南京的过程及其历史影响,从一般意义角度而言,似乎很为周全,但细细想想,对于已经消失了的南京明故宫和明都京城之文化解读还没有完全到位。理性而言,南京明皇宫与南京都城在中国历史文化进程中所占的地位尤为特别,如果要用最为简洁的词语来概括的话,我看没有比"继往开来"这个成语更合适了。"继往"就是在吸收唐宋以来都城建筑文化精华的基础上,将中国传统的堪舆术与星象术巧妙地结合在一起,使其达到前所未有的完美境界,用明初朱元璋开国时反复强调的指示精神来说,就是"参酌唐宋"和"恢复中华",即在继承先人传统的基础上整合和规划南京明皇宫和大明都城建设,于最核心部分构建了象征紫微垣的宫城,宫城之外为象征太微的皇城,皇城之外为象征天市的京城,环环相套,中国传统文化中的"法天象地"、"天人合一"思想在南京明皇宫和大明都城建设布局中得到了充分的体现;"开来"就是指明初南京明皇宫与都城建设规制深刻影响了后来的明清皇城与都城建设布局。

　　同样的例子还有南京明孝陵、凤阳明皇陵、盱眙明祖陵,等等。

对于诸多的不尽如人意之处，最好的办法就是在原书稿基础上直接添加和补充，但随之问题又来了。原书稿规模已大，《洪武帝卷》100多万字，分成了3册，每册都是厚厚一大本，如果再要"补全"，那就势必要另辟一册。这样对于图书销售会带来更多的不便。思虑再三，只好暂时先以原书稿的规模出版，等以后有合适的机会再作重新规划和布局。

可没想到的是，我的苦衷在今年新书上市后不久让广大的读者和东南大学出版社的朋友一下子给解决了。本来按照图书规模而言，3卷本100多万字的《朱元璋卷》应该是很难销的，但让人始料未及的是，它上市没多久就销售告罄。在纸质图书销售不景气的今天，能有这样的结果，真是莫大的欣慰。更让人兴奋的是，东南大学出版社的谷宁主任、马伟先生在上请江建中社长、张新建总编等社领导后决定，在原10卷《大明帝国》基础上，让我重新修订，分册出版。当时我正在研究与撰写大明正统、景泰两朝的历史，听到这样喜人的消息后，立即放下手中的事情，开始对原10卷《大明帝国》逐一作了梳理，调整章节，增补更有文化含金量的内容，使原《大明帝国》变得更为系统化，考虑到新书内容已有很多的变化，为了与以前出版的相区别，本想取名为《明朝大历史》，但考虑到这是普及性极强的读物，最后与马伟先生合计，取名为《大明风云》。

经过数月的不眠之夜，《大明风云》前8卷终于可以交稿了。回想过往的日日夜夜，看到眼前的这番收获，我要衷心感谢的是中共南京市委宣传部叶皓部长、徐宁部长、曹劲松副部长，南京广电集团谢小平主任，中共南京市委宣传部网控中心的龚冬梅主任，中央电视台池建新总监，安徽电视台禹成明副台长，原南京电视台陈正荣副台长、新闻综合频道傅萌总监，原江苏教育电视台张宜迁主任、薄其芳主任，东南大学出版社江建中社长、张新建总编，东南大学马克思主义学院袁久红院长、袁健红副书记，南京市政协副主席余明博士，南京阅江楼风景区管理委员会韩剑峰主任，新华报业集团邹尚主任，南京明孝陵博物馆张鹏斗馆长，南京静海寺纪念馆原馆长田践女士，南京阅江楼邱健乐主任，南京市社科院李程骅副院长与社科联陈正奎院长、严建强主任、顾兆禄主任，南京市新闻出版局蔡健处长，南京市档案局徐康英副局长、夏蓓处长，江苏省社科联吴颖文主任，福建宁德市政协主席郑民生先生、宁德市委宣传部吴泽金主任、蕉城区统战部杨良辉部长等领导的关怀（特别注明：本人不懂官衔大小，随意排列而已，不到之处，敬请谅解）；感谢中央电视台裴丽蓉编导、徐盈盈编导、戚锰编导，江苏电视台公共频道贾威编导、袁锦生编导，江苏教育电视台苍粟编导、夏恬编导、赵志辉编导，安徽电视台公共频道制片人张环主任、制片人叶成群、舒晓峰编导、唐轶编导、海外中心吴卓编导、韩德良编导、张曦伯编导、李静编导、刘小慧编导、美女主持人任良韵，南京广电集团王健小姐，南京电视台主持人周学先生、编导刘云峰先生、李健先生、柏新民先生、卞昌荣先生，南京电视台十八频道主持人、我的电视节目老搭档吴晓平先生，江苏广播电视总台吕凤华女士、陆正国先生，新华报业集团黄燕萍女士、吴昌红女士、王宏伟先生，《现代快报》刘磊先生，《金陵晚报》郑璐璐主任、于峰先生，金陵图书馆袁文倩主任和郁希老师，南京静海寺纪念馆钟跻荣老师，东南大学出版社刘庆楚分社长、谷宁主任、彭克勇主任、丁瑞华女士、马伟先生、杨澍先生、丁志星女士、张万莹女士，南京明孝陵向阳鸣主任、王广勇主任和姚筱佳小姐，江苏省侨办《华人时刊》原执行副主编张群先生，江苏省郑和研究会秘书长郑自海先生和郑宽涛先生，北京师范大学教育学院孙邦华教授，南京大学王成老师和周群主任，南京理工大学人文学院李崇新副教授，南京财经大学霍训根主任，江苏经贸学院胡强主任和吴之洪教授，南京总统府展览部刘刚部长，南京出版社卢海鸣副总编，南京城墙办朱明娥女士，南京图书馆施吟小姐，福建宁德三也农业开发有限公司董事长池致春先生，原徐州汉画像石馆馆长武利华先生，无锡动漫协会会长张庆明先生，南京城市记忆民间记录团负责人高松先生和篆刻专家潘方尔先生以及倪培翔先生等朋友给我的帮助与关怀。（至于出版界朋友对我的帮助，那实在太多了，怕挂一漏万，干脆就一个也不谢了）

  当然还要感谢吾师王家范老师、刘学照老师、黄丽镛老师、王福庆老师、杨增麒老师等曾经对我的谆谆教诲与帮助，也衷心祝愿诸位师长健康长寿！

  除了国内的师友，我还要感谢 United Nations（联合国）Chinese Language Programme 何勇博士、美国 Columbia University（哥伦比亚大学）王成志主任、美国 Stanford University（斯坦福大学）Visiting Scholar Helen P. Youn、Stanford University（斯坦福大学）的 Hoover Institution Library & Archives（胡佛研究院图书馆及档案馆）主任 Thu-Phuong Lisa H. Nguyen 女士和 Brandon Burke 先生、美国纽约美中泰国际文化发展中心总裁、著名旅美艺术家李依凌女士、美国（CHN）总监 Robert KO（柯伊文）先生、泰国国际书画院院长李国栋、日本关西学院法人代表阪仓笃秀教授、世界报业协会总干事马英女士和澳门基金会理事吴志良博士、澳门《中西文化研究》杂志的黄雁鸿女士等海外师长与友人对我的关心与帮助。

  在此我要特别感谢美国 University of Pittsburgh（匹茨堡大学）名誉教授、海外著名国学大家许倬云先生。许先生年逾古稀，身体又不好，但他经常通过 E-mail 关心与肯定我的研究与写作，令我十分感动；特别感谢老一辈著名明史专家、山东大学教授黄云眉先生的大作《明史考证》对我的启迪以及他的海内外儿孙们对我的抬爱；特别感谢我的学业导师南京大学潘群先生和师母黄玲女士严父慈母般的关爱；特别感谢慈祥的师长、我的老乡原江苏省委宣传部常务副部长王建邦先生对我的关怀与帮助。

我还要感谢的是我的忠实"粉丝"与读者朋友，这些朋友中很多人可能我都未曾见过他们的面，譬如安徽六安有个年轻朋友曾给我写来了热情洋溢的信函；还有我不知其地址、只知其 QQ 号的郭先生，等等。他们不断地给我来信，帮助我、鼓励我。但由于我是个"单干户"，无当今时兴的"小秘"代劳，因而对于广大读者与电视观众朋友的来信，无法做到一一回复，在此致以万分的歉意，也恭请大家海涵！

顺便说明一下：本著依然采用史料出处随后注的方法，做到说史绝不胡说、戏说，而是有根有据。本书稿原有所有史料全文，后考虑到篇幅太厚和一般读者可能阅读有困难，最终决定将大段古文作了删除，大多只保留现代文。也承蒙东南大学出版社朋友尤其谷宁主任、马伟先生和张万莹女士的关爱，本系列丛书拥有现在这个规模。如读者朋友想核对原文作进一步研究，可根据书中标出的史料出处一查便是。最后要说的是，下列同志参与了本书的图片收集、资料整理、文稿起草等工作，他们是马宇阳、毛素琴、雷扣宝、王鲁兴、王军辉、韩玉华、林成琴、熊子奕、周艳梅、舒金佳、雷晟等人。

马渭源

于南京大明帝国黄册库畔

2014 年 11 月 16 日

电子邮箱：mwynj@sina.com

大明风云

系列之
乱世枭雄

马渭源 著

东南大学出版社·南京

图书在版编目（CIP）数据

大明风云 / 马渭源著. —南京：东南大学出版社，2019.1
ISBN 978-7-5641-8034-8

Ⅰ.①大… Ⅱ.①马… Ⅲ.①中国历史-研究-明代 ②朱元璋（1328-1398）-传记 Ⅳ.①K248.07 ②K827=48

中国版本图书馆CIP数据核字（2018）第229083号

大明风云系列之① 乱世枭雄

出版发行	东南大学出版社
出 版 人	江建中
社　　址	南京市四牌楼2号 （邮编：210096）
经　　销	全国各地新华书店
印　　刷	南京京新印刷有限公司
开　　本	700 mm ×1000 mm　1 / 16
印　　张	120.5
字　　数	1928千字
版　　次	2019年1月第1版
印　　次	2019年1月第1次印刷
书　　号	ISBN 978-7-5641-8034-8
定　　价	398.00元（共8册）

（本社图书若有印装质量问题，请直接与营销部联系，电话：025-83791830）

序

马渭源教授的17卷本《大明风云》就要出版了，这是继他2014年推出10卷本《大明帝国》后的又一大系列专著。数日前，他来我家，邀我写个序，我欣然答应了。因为他与日本关西学院校长、国际明史专家阪仓笃秀教授是老一辈著名明史专家黄云眉先生的第二代传人，这是2011年年底海内外眉师儿孙们云集一堂，经过反复研究、讨论，最后作出的慎重决定。作为眉师的第一代传人，我感到责无旁贷要做好这样的事情。

马教授在2012年就应邀去美国做讲座，北美三大华文报刊《世界日报》《星岛日报》和《侨报》对此都曾做了专门的报道，其中《世界日报》称誉马渭源教授为著名的明史专家；稍后中国大陆媒体称他为"第一位走上美国讲坛的明史专家"。

另据海外媒体所载，马渭源教授的《大明帝国》系列专著得到了美国匹兹堡大学名誉教授、海外著名国学大家许倬云先生的赞许与推介，并为哈佛大学、哥伦比亚大学、普林斯顿大学、斯坦福大学等世界一流的高等学府和美国国会图书馆、澳大利亚国家图书馆等西方诸国国家图书馆所收藏，真乃可喜可贺！

最近中央级大报《光明日报》刊载文章说："世界上SCI检索影响力较大的2000种期刊中，中国期刊只有5种；排在本学科前3位的世界顶级期刊中，没有一本中国期刊。"（《光明日报》2013年11月30日第7版"科教文新闻"）与此相类的是，中国虽是当今世界上头号出版大国，但中国出版的各类专著为西方国家收藏的却不到20%，社科类不到10%，历史类更是凤毛麟角。而马教授的著作能被这么多的西方著名高等学府所珍藏，并得到了大家许倬云先生的肯定与称许，实属不易！

其实这些年在国内马渭源教授早已是南京电视台、南京广电、江苏教育电视台、安徽电视台、中央电视台和福建网站等公共媒体上家喻户晓的历史文化讲座主讲人和电视节目的常任嘉宾，而他的著作则更是深受广大读者的喜爱。据说有一次在上海展览馆举办他的签名售书活动，原定活动时间为半小时，结果因为读者太多了，主办方不得不延长了一个小时，但还是未能满足广大读者的需求。而最近又传来好消息，国内外知名的网络运营商如亚马逊、中国移动、苏宁易购等都与马教授签订了电子书出版合同，广大读者尤其年轻的读者只要按按手机上的键钮就能轻松阅读他的电子版著作了。

马教授之所以能取得如此的成就和拥有这样的影响力，在我看来，最为根本的原因就在于他扎扎实实地深入研究,以渊博的知识来解释历史,并用通俗流畅的语言表述出来,但绝不戏说,由浅入深,做到既通俗易懂又让人回味无穷,这是十分难能可贵的啊!

就以本次出版的《大明风云》系列之⑧《皇帝迷踪》为例,该卷本主要探讨建文帝出亡之谜问题。马教授花了大量的篇幅,首先从建文帝出亡的源头问题以及其在明代历史上的演绎入手分别予以考察,并随之展开了阐述,最终将建文帝出亡地锁定在福建宁德,那么有何依据?事情还得从这宗疑案的争议说起。

自从明成祖"靖难"成功以来,有关建文帝的最终下落问题一直是大家关注的热点,人们争了600年始终没有争出个是与非来,有关建文帝出亡之书更是"层出不穷",尤其是明代有两部书即程济的《从亡随笔》和史仲彬的《致身录》"绘声绘说"地"演绎"了建文帝的出亡过程。对此,吾师明史专家黄云眉教授经过潜心研究后在他的名著《明史考证》中这样说:"盖以为出亡之说可信,出亡诸书不可信。"(黄云眉:《明史考证》,中华书局,1971年,第一册,第60页)

云眉师的意思是:建文帝没有被宫中大火烧死,而是出亡了,至于出亡后的情况,有待于进一步研究,而所谓的"建文帝出亡"诸书有伪,则不可信也。作为云眉师的学生,我始终牢记眉师的教诲,从20世纪50年代起我就一直在关注建文帝下落的研究。就全国范围而言,建文帝出亡之说几乎在南方各地都有,1959年我从购买到的谈迁《枣林杂俎》中对建文帝出亡各地说进行分析比对,曾想从中找到研究建文帝下落的突破口,但最终感到"各地说"都缺乏充分有力的证据,因而也就对"精彩纷呈"的"建文帝出亡各地说"没表什么态。时至90年代中期,我从南京大学思想家研究中心退休后有了自己的空余时间,从事自己的专业爱好研究,于是我就将自己读史中发现的郑和在福州雪峰寺密谒建文帝的史实整理出来,应澳门基金会与澳门大学澳门研究中心邀请参加《郑和海上丝绸之路》专题研讨会,专门撰写了《郑和踪迹建文考》一文,后被收载在澳门大学澳门研究中心2005年12月出版的《郑和与海上丝绸之路》一书中,因为没有更多的实物依据,随后也就没有研究下去,但有种感觉:建文帝确实跑至福建去了。

延至2009年年初,在福建省与宁德市党政领导关怀下,在有关学者以及史学工作者与其他方面同志齐心协力合作下,找到了建文帝陵墓及其袈裟。过后不久,福建宁德地方政府邀请我、马渭源、郑自海和郑宽涛等人前往宁德当地去考察一下。当时马渭源教授找我商量,我年事已高,正赶上身体不适,就委托马渭源教授去多看看。事实上我这样做的直觉是对的,一来马渭源教授本身在建文帝研究上取得了一定的成果,他的系列著作中的《大明帝国:从南京到北京》之《文弱的书生皇帝朱允炆卷》自出版以来一直很畅销,让他多留心看看,肯定有收获,二来马渭源教授现从事的工作不是他的本专业历史学,而是极为现代化和尖端化的电子音像出版,并且还在高校兼课讲授,他既懂电子又懂音像,且洞悉明代历史,加上这几年来他经常在各地电视台"客串",作历史文化系列讲座,所以让他多留心可以得到可靠的第一手视频与文字资料。

数日后,马渭源教授从福建宁德回来,带给我丰实的资料、考古照片及相关视频,我们俩反复比对史料,进行分析研究。我岁数大了,跑不动,他年轻就多担当一点,上南京图书馆、明孝陵、明故宫等地去查资料、拍摄照片,再导到电脑里拿来与我共议,还不断地向宁德地方上的王道亨、吴泽金等先生请求帮助,补充考古实物材料和方志材料。经过近4个月的苦战,我们终于理出了头绪:建文帝的确跑到福建去了。但这时我反复告诫自己,要切记眉师的教导:"史学论点一定要凭史实说话。"这样就"沉默"到了2009年8月份,我身体也好点了,就与马渭源教授说了自己准备到福建宁德看看的想法,他马上联系,随后我们就与郑自海先生、郑宽涛先生等人应邀一同踏上了赴宁德的考古之路。

宁德三天的现场考古时间相当紧张,本来可以从容一点,但马渭源教授要回来上南京市里开会,所以我这个古稀之龄的老者就只好跟着他们。上金贝古墓及其周边的墓葬都位于陡峭的山坡上,就连马渭源教授这样的年纪的人都说走在上面两腿发软,但为了取得考古的第一手实物资料,在当地畲族老乡的扶持下,我硬着头皮爬了上去。

功夫不负有心人,当三天考古行将结束时,我们的心中有着说不出的喜悦:建文帝最终下落找到了!

一切皆在不经意间,在我们结束宁德考古回到南京后,中央电视台国际频道、新闻频道相继对我们的宁德考古进行了报道。随之,南京的新闻媒体前来采访,我们从各自的角度谈了对宁德古墓与袈裟的个人看法,同时应中央电视台邀请,在《科学教育》频道作了对话,这些纯属于学术讨论,可以根据"双百"方针,提出不同看法,平等地切磋。然而没想到的是,有些人不知出于何种动机对我们进行了莫名其妙的非难。一会儿在报纸上说,宁德上金贝古墓是元末明初的和尚墓,一会儿又说宁德支提寺袈裟是明朝万历朝廷赐予的,那么依据呢? 据报纸及其网上所云:全凭某些人现场直觉感观一下,没有与史料好好核一核,就"语出惊人"地断言我们讹误,更有甚者夹带人身攻击。对此,我们将保留法律所赋予自己的权力,同时对于学术问题我们坚持原则,决不人云亦云。我请马渭源教授抓紧时间进一步查对正史与古人笔记史料,尽早将建文帝出亡宁德的史实考证公诸于世。

2010年5月,马教授的《破解600年第一谜案——建文帝最终出亡宁德》一书终于问世了。该书出版后,深受海内外广大读者朋友的喜欢,出版社一再加印该书。在这过程中,马教授想到了要修改一下,但由于工作、讲座及事务特别繁忙等种种原因,这个愿望一直到去年年底今年年初才得以实现。修改后的《破解600年

第一谜案——建文帝最终出亡宁德》现更名为《皇帝迷踪》,其学术价值更高。在我看来至少体现在以下三个方面:

第一,弄清楚了建文帝生死之谜。

长期以来在建文帝生死问题上出现了这么一种倾向:全信明代官史。目前看来关于建文帝生死问题的最早官方记载是建文帝的政敌朱棣及其子孙钦定的一批御用文人所撰写的《明太宗实录》,其曰:"上(指朱棣)望见宫中烟起,急遣中使往救。至,已不及,中使出其尸於火中,还白上。"(《明太宗实录》卷9下)但如果比对一下朝鲜的《李朝实录》就发现问题大了,然而不知出于何种目的,至今为止还有些人抱着"建文帝烧死说"不放。孟子曰:"尽信书不如无书。"(见《孟子》卷14上《尽心章句》,载《十三经注疏》下册)

就此,马渭源教授在书中从中朝两国的实录比对入手,列举了永乐朝的十大疑,然后抽丝剥笋地展开一一剖析,将考证目标锁定在建文出亡问题上,再结合南京明孝陵梅花谷的"燕王告天文"碑记内容与清乾隆四十二年定本的《明史》(俗称"四库本")所载"(朱)棣遣中使出后尸于火,诡云帝尸"的结论,丝丝入扣地论证清楚了建文帝没死,而是出亡了。有根有据,说理清晰明了,让人一看便知这600年第一谜案的真相到底是什么。

第二,弄清楚了建文帝逃亡何处之谜。

关于建文帝逃亡何处,明代以来大致有三说:两广、云贵和闽浙。其中以伪书《致身录》、《从亡日记》中描述的逃亡云贵说为时尚,而闽浙说却被世人所忽视。正像马渭源教授在书中所说的"真理是常常躲在许许多多不为人们所注意的表象之背后,只有在理性的指导下才有可能发现真理"。我们没说我们发现的一定是真理,但我们起码是以探究真理的态度来研究建文帝的下落之谜。马渭源教授在书中以宽广的胸怀,首先重视前人的研究成果,列表出来,然后寻找问题的症结所在。他立足于明初政治实际,从源头即《明太宗实录》寻找突破点,发现了明成祖与"西北王"沐晟之间的双重亲家和"云南王"沐家之间同样是双重亲家等特殊关系,从而排除了建文帝最终出亡云贵的可能性。然后在此基础上他将目光集中到了常人所不注意的闽浙方向,极不容易的是他从300多万字、596卷的《明神宗实录》中寻找出当年蒙难的建文君臣的原籍省份,结合《明史》中《孝义传》和吕毖的《明朝小史》中所载的明成祖听信诬告派专人前往浙江浦江追查以及从建文转向永乐那个特殊时期"亲建文奸党"分子潜伏在福建、江、浙等地区的史实,逐渐将侦破600年第一谜案的焦点展示给读者朋友。所有这些都是以往建文帝下落之谜研究中所不曾拥有的,这不能不说他的思维之敏捷,眼光之锐利。

第三,弄清楚了建文帝归死葬地之谜。

在中国历代帝王中可能从来也没有哪个像建文帝那样在全国各地都有他的

"陵"或"墓",北京、湖北、湖南、南京、苏州等等,向来争讼不已,但谁也拿不出过硬的证据,基本上都是孤证。虽然福建宁德的考古发现很迟,甚至还有人漠视宁德考古现场的实际,悍然予以否定,但我们却坚持研究。现在马渭源教授的新作出版了,他在书中列举了许许多多可靠的证据,予以严密的考据论证:

首先,他从宁德支提寺云锦袈裟的八吉祥与云龙纹等作为着眼点展开分析,由八吉祥的明初时代特征到云龙纹在大明皇家享用的特殊范围等,逐渐地将研究焦点聚在了大明皇家。最难能可贵的是他从《明神宗实录》和明万历年间福建宁德支提寺重建目击者谢肇淛的记载中寻找史料,甄别出清代编撰的、当下被人捧为圭臬的《宁德支提寺图志》中记载的不实,再从"九五礼数"和龙饰的享用范围以及明代云锦特征等方面考察,以此来断定宁德支提寺袈裟不是明万历朝廷所赐,而是建文帝的。做到了文物与文献的第一次结合,言之有据。从学术论文大证据链角度来看,他的考证成了缁衣即袈裟与历史文献的一致。

其次,由袈裟联系到它主人的命运,马渭源教授将宁德支提寺袈裟上的"福寿"灯笼顶端的如意纹与宁德上金贝古墓上的如意纹作了比对,结果发现两者之间出奇地又相吻合了。马教授与我共同爱好中西文化交流,不过他近些年更多集中注意力在中西绘画方面对比研究,曾连着在有国际影响的澳门《中西文化研究》等杂志上发表长篇论文,这回看来他的特长还真用上了。然而他并没有满足于此,而是继续从史料文献上挖掘,在《明史》和《明实录》中又找到了如意云纹等在明代皇家使用的特殊范围,进而使得宁德支提寺袈裟与宁德上金贝古墓相合互证,又与明代官方史书相合互证了,真如马渭源教授在书中列举的有根有据的五大巧合时所发问:能有这么多的巧合吗?

再次,马渭源教授将宁德上金贝古墓舍利塔须弥座造型与明初"周府造铜鎏金佛坐像"须弥座做比对,结果发现两者惊人的相似,正当他欣喜地将研究成果告诉我时,网上传来了中国古建筑研究所原所长、著名古建筑专家于振生先生在考察了上金贝古墓后发表了他的观点:"古墓舍利塔下面的须弥座是明初的建筑风格",闻讯后我们感到莫大的欣慰。更为重要的是马渭源教授还十分重视对上金贝古墓龙饰构建的研究,他吸收了篆刻界朋友的鉴别意见,将上金贝古墓龙刻构件与《故宫博物院藏肖形印选》中的中国古代龙纹玺做对比,发现它们几乎成了一对"孪生姐妹",由此也就否定了上金贝古墓的"螭首"说,并结合金水河、金水桥等明清皇家阴阳宅规制,将古墓最终锁定为浓缩版的简易大明皇家陵寝即建文陵。由此做到了考古现场建筑古物与已确定明初造型风格相吻合,古物与古书记载再度吻合。

最后,马渭源教授从宁德优越的地理位置与明初人文环境出发考察了建文帝出亡福建的可行性问题,他既用了正史《明史》、《明实录》,又引用了当地的方志及文人笔记,甚至还结合了一些民间传说,其最大贡献在于不仅发现了潜伏在浙江、福建的"亲建文帝"分子,而且还找到了《明神宗实录》中244个福建籍"建文奸党"分子蒙难的史实,再结合正史与野史中有关建文帝披缁出亡的史料记载,进一步夯实了建文帝最终出亡福建的学术根基,也印证了我当年所述郑和在福建雪峰寺密谒过建文帝的史实。(潘群:《郑和踪迹建文考》,《郑和与海上丝绸之路》,澳门大学澳门研究中心出版,2005年12月版)

综上所述,马渭源教授的论证:袈裟与史料相合,袈裟与古墓相合,古墓又与史料相合,环环相扣。看来,至此为止,600年来第一谜案是可告破了。

当然,此书还有一些工作没来得及完成,那就是马渭源教授在书的结尾时也提到的:建文帝是怎么跑到福建宁德去的?他一路上又遭遇了什么?最终到底是怎么死的,等等,这些具体的细节问题还有待于大家进一步的研究。我们欢迎海内外朋友批评指正,但必须是客观理性的,科学的,而不是在媒体上信口开河,或不负责任地放"空炮",更不是纯凭主观感官好恶就妄下断论。只有这样才能使我们的学术研究真正地深入下去。

最后,借此机会我们要向国内外新闻工作者及媒体工作人员在国内外作了专题报导,尤其是美国柯伊文先生用1430份文稿向全世界作了报导,特此感谢!

敬以为序。

南京大学中国思想家研究中心常务副主任、教授

2014年11月18日修改

目录

第一章 第一谜案 云山雾罩 …………………………………… 1

- "正史"上的建文帝两种不同的死法 …………………………… 1
  - 第一种说法——烧死了 …………………………………… 1
  - 第二种说法——上吊了 …………………………………… 2
- 拷问"正史"中建文帝一个人居然有两种死法的原因 ………… 2
- 建文帝如果被火烧死了,那么建文帝的陵墓应该在南京的何处呢? ……… 3
- 既然明朝人没法肯定,那么清朝人编撰的《明史》("殿本")凭什么要说"建文帝烧死了"? …………………………………………… 4

第二章 朱棣"心病" 十大疑惑 …………………………………… 7

- "清宫三日",朱棣是在找建文帝后宫里的美女? ……………… 7
- 朱棣登基的一个潜在的障碍——建文皇太子到哪里去了? …… 9
- 朱棣把建文帝的第三子怎么样了? ……………………………… 9
- 朱棣挖地三尺就是找不到先前皇帝的宝玺,那么宝玺到哪里去了? …… 13
- 永乐帝朱棣抓住并囚禁建文朝的主录僧溥洽到底是为什么? … 15
- 胡濙外访是为了寻访仙人张三丰,你信吗? …………………… 16
- 郑和下西洋到底为了什么? ……………………………………… 18

- 主持出使海外的郑和身份很特别,与朱棣的军师姚广孝过往甚密 …… 20
- 郑和下西洋的起锚地与道衍住持的广孝教寺"恰巧"在同一地 …… 21
- 郑和下西洋的船队里有锦衣卫,这本身就不是一件很寻常的事情 …… 21
- 郑和下西洋之前,朱棣曾向邻国朝鲜索要过建文朝逃亡者 …… 22
- 御弟朱橞"胡言乱语",无形之中触及了一个大明皇家秘密,这个秘密是什么? …… 23
- 有人谎报建文帝下落,朱棣居然真派人去查了,这说明了什么? …… 24
- 已有锦衣卫,又增设东厂,朱棣这么做到底是为了什么? …… 25

第三章 建文出亡 两次"钦定" …… 27
- 南京"燕王告天文"——朱棣实际上已勒石宣告建文帝出亡了 …… 27
- 乾隆四十二年定本:明故宫中烧死的是建文帝正妻马皇后,非建文帝! …… 32

第四章 逃离南京 亡命天涯 …… 36
- 逃离南京 …… 36
  - 建文帝身边有个了不得的神算子程济 …… 39
  - 朱元璋临终前留下神秘的铁盒子救了建文帝的命 …… 41
  - 建文君臣是怎么逃离明皇宫的? …… 43
  - 南京神乐观建文君臣定下出亡之计 …… 45
- 亡命天涯 …… 46
  - 建文帝本来要到浙江浦江的,结果却跑到了吴江去避难,最终又上了云南 …… 46
  - 漏洞百出的"完美答案"——建文帝出亡后归葬于北京西山 …… 47
- 对错误结论的剖析 …… 48
- 建文帝全国"漫游" …… 50

第五章 宁德考古 揭秘悬案 …… 58
- 华严寺云锦袈裟"出世","暴露"建文帝最终出亡秘密 …… 59

- ◉ 云锦、袈裟为何物？ …… 60
- ◉ 八吉祥等图饰特征告诉人们：华严寺云锦袈裟应为明代早期的一件法衣 …… 63
- ◉ 佛教图饰在华严寺云锦袈裟整体中不占主导，说明袈裟主人身份很特别？ …… 67
- ◉ 宁德华严寺袈裟缘边图饰至少向世人"表明"：该袈裟与大明皇家有关 …… 69
- ◉ 宁德华严寺"九五之尊"龙饰主题云锦袈裟向世人"表明"：它与大明皇帝有关 …… 72
- ◉ 万历朝官方史书和明万历年间支提寺重建目击者谢肇淛所作的"碑记"等告诉我们：支提寺五爪龙袈裟不是万历朝明廷所赐的！ …… 80
- ◉ 从南京云锦的织法与用料等方面来看：宁德支提寺袈裟不是万历朝的！ …… 96
- ◉ 支提寺五爪龙袈裟也不是清代的 …… 98
- ◉ 华严寺云锦袈裟"出世"，"暴露"建文帝最终出亡的秘密 …… 100
- ● 上金贝古墓"奇巧"多多，实为明建文帝魂归地 …… 101
  - ◉ 宁德上金贝古墓不是元末明初僧人墓 …… 102
  - ◉ 宁德上金贝古墓应为明建文帝陵寝 …… 108
- ● 建文帝最终出亡宁德，600年第一悬案破解？！ …… 125

第六章 "文""物"相合 出亡宁德 …… 127

- ● 千钩百索，只字不留——建文帝出亡之事 …… 127
  - ◉ 永乐朝朱棣宠信酷吏陈瑛说：不拿建文君臣开刀，我们这些人怎能出名？ …… 128
  - ◉ 从朱棣到朱瞻基三十余年充斥着对建文君臣的杀气 …… 129
- ● 史料中建文帝出亡福建的蛛丝马迹 …… 131
  - ◉ 靖难战争中大宁总兵官刘贞战败后回朝廷，居然先上福建再回南京，为何？ …… 131
  - ◉ 朱棣登基后的诏谕内容增益变化说明了什么？ …… 131

- ● 永乐元年朱棣任命"六亲不认"的"冷面寒铁"周新巡按福建,巧合吗? ……………………………………………………………… 133
- ● 郑和是从永乐三年开始不断下西洋,且其正式起航地是在福建,就这么巧? ……………………………………………………………… 135
- ● 以秘密刺察建文帝下落为其主要使命的朱棣心腹密使胡濙居然也到了福建,巧? ……………………………………………… 138
- ● 更有洪武以后福建宁德周围有着一系列不同寻常的军事布防 ……… 139
- ● 明初福建霞浦等地的明教组织出奇地保存完好、明清皇帝御座前的角端居然在霞浦小山村里也有,怪否? ………………… 140
- ● 更让人无法置信的是清人整理修撰的《宁德县志》中宋至清历任县令都是有名有姓,唯独明朝永乐年间三任县令却只有姓而没有名。这到底是为什么? ……………………………………………………………… 147

● 文献史实与考古实物相合:建文帝最终出亡福建宁德 ……… 148
- ● 建文帝曾现福州雪峰寺 ……………………………………… 148
- ● 并无多少佛教信仰的篡位皇帝朱棣敕赐建造宁德华藏寺背后的动机 ……………………………………………………………… 149
- ● 来路不明的皇家"龙种"朱棣之宗教信仰是什么? …………… 155
- ● 皇爷爷临终留铁箧,皇孙儿临难披袈裟 ………………………… 159

第七章 超常思维 认识几何? ……………………………… 163
- ● 永乐皇帝为何要"批发"女儿? ………………………………… 164
- ● "金蝉脱壳"之计? ……………………………………………… 167
- ● 东南一带"潜伏"着"亲建文"人士 ……………………………… 168
- ● 上福建最妥当、最安全? ……………………………………… 172

大明帝国皇帝世系表 …………………………………………… 180

后记 …………………………………………………………… 181

第一章
第一谜案　云山雾罩

建文四年(1402)六月十三日(乙丑),金川门事变突发,谷王朱橞、曹国公李景隆开门纳师,燕军不费吹灰之力进入南京城。这时明皇宫升起了熊熊大火,朱棣命令手下人赶紧前去救火;同时又派出得力干将迅速控制南京城,缉拿建文"奸党分子",追捕老与他这个四叔过不去的侄儿皇帝,但令朱棣意想不到的是建文帝朱允炆却来了个人间蒸发,那么建文帝到底到哪里去了?

"正史"上的建文帝两种不同的死法

● 第一种说法——烧死了

据《明太宗实录》记载:金川门之变后,有一大帮子的建文朝官员出来迎降朱棣,建文帝原先也想出来迎接他的叔叔,但看看左右只剩下几个宦官陪着,就觉得不好意思了,"乃叹曰:'我何面目相见耶!'遂阖宫自焚"(《明太宗实录》卷9下)。这是朱棣"钦定"的御用文人杨士奇等人撰写《明太宗实录》中所记载的朱允炆"阖宫自焚说"。

既然看见侄儿皇帝自焚,做叔叔的能见死不救吗?当然不能!于是"上(指朱棣)望见宫中烟起,急遣中使往救。至,已不及,**中使出其尸于火中**,还白上。上哭曰:'果然若是痴騃耶!吾来为扶翼尔为善,尔竟不亮而遽至此乎!'……壬申,备礼葬建文君,遣官致祭,辍朝三日"。(《明太宗实录》卷9下)

上述"正史"是说,朱棣望见明皇宫里起火了,急忙派出宦官前去救火,但到那儿时已经来不及了,宦官们从大火当中将那尸体"捞"了出来,然后将这个情况报告了朱棣,朱棣还真像那么回事地哭着说:"竟然这样,我的侄儿啊!你为什么痴迷得如此不明事理啊？叔叔我是来辅助你治国理政的，没想到你竟然一点也不明白我的一片苦心而做出这样的傻事啊！"……壬申日，朱棣令人备礼下葬了建文帝，派官员代表他去祭奠了一番，并停朝三天以示哀悼。

这是明朝当时官方史书记载的建文帝下落的"确切信息"，也是目前现存的有关建文帝下落的最早的官方历史文献记载。

◉ 第二种说法——上吊了

除了上述建文帝"自焚说"之外，还有一种说法一直没有引起我们注意的是，在当时大明帝国属国朝鲜的《李朝实录》中记载了朱棣当政后对外发丧时说的，建文帝上吊死了：

"（壬午二年[明惠帝建文四年]九月戊申）通事康邦祐来自辽东，至平壤，西北面都巡问使飞报：'邦祐言六月十三日燕王战胜，**建文皇帝命焚奉天殿而自缢于殿中**。后妃宫女四十人自死。是月十七日，燕王即皇帝位'"（吴晗辑：《朝鲜李朝实录中的中国史料上编卷二·太宗恭定大王实录一》，中华书局，1980年3月第1版，第1册，P176）。

可能有人要说朝鲜的那个《李朝实录》记载不可靠，只有我们中国官方记载的才最具有权威性。如此说法，那就太过于武断了，要知道从建文转向永乐，朝鲜方面一开始很被动，因为他们尊奉的正统是建文帝，一直到了朱棣登基即位有一段时间后才被迫承认。从《李朝实录》记载的史实来说，至少是在建文帝失国近三个月后，朝鲜方面才得到明朝新的官方发出的正式"消息"，并将之记载于他们的"正史"中，如果他们没有得到明朝官方确切消息的话，那是不可能"希望"或"胡说"建文帝上吊死了。由此可以肯定，朝鲜方面"正史"记载应该来说也是极其可靠的。

拷问"正史"中建文帝一个人居然有两种死法的原因

中国"正史"上说建文帝自焚而亡，朝鲜"正史"上说建文帝上吊死了。除了白痴，谁都知道，生命只有一次，生就一回，死也就一回，人死不能复活，但奇怪的是，中朝两国"正史"上讲明朝第二位皇帝建文帝居然有两个死法：烧死了；上吊死了。有人说那会不会是建文帝先上吊了，觉得不舒服，就换一种死法，火烧自己？或者先火烧自己觉得烧痛了，人难受了，就改为上吊了？

绝对不可能，因为这不吻合常理，人一旦上吊了就生死都不由己，火烧了也一样。之所以中朝两国"正史"上出现建文帝两种不同的"死法"，惟一能解释其原因的那就是，朱棣始终没有弄清楚建文帝到底是死还是活。我们不妨再回头看看上面提到的《明太宗实录》中记载的建文帝"自焚"细节："上（指朱棣）望见宫中烟起，急遣中使往救，至，已不及，**中使出其尸于火中**，还白上"。文中的"其"指谁？没有说明白，或者说是含糊其辞。这就是说连朱棣自己都没有搞清楚从火中"捞"出来的尸体到底是不是建文帝，姑且说他烧死了，"国可不能一日无君"啊，朱棣登基才会成为"合理又合法"。基于这样的一个"非常"史实，朝鲜"正史"上的记载当然会出现与中国"正史"上完全不同版本的建文帝"死法"了。

鉴于以上的情况，我们可以肯定地说，明初两部"正史"《明太祖实录》和《明太宗实录》在许多政治敏感的问题上并没有真正"实录"，而是"矫录"、"伪录"。

尽管如此，还是有一些对"正史"深信不疑的"正统政治史观者"或许从过去的或许从现实的需要，坚持认为明初那两部"正史"的记载是可靠的，我们姑且就顺着这些人的思路再来考察一下"正史"上对建文帝结局的最终安排。

建文帝如果被火烧死了，那么建文帝的陵墓应该在南京的何处呢？

如果按照当时钦定的说法，建文帝是"阖宫自焚"了，朱棣就"**备礼葬建文君，遣官致祭，辍朝三日**"。(《明太宗实录》卷9下)

作为叔叔，无论从血缘亲情关系还是帝国皇家礼仪的哪一个角度都要慎重对待"自焚"而去的侄儿，于是，"帝（明成祖）问葬建文帝礼，（王）景顿首言：'**宜用天子礼**。'从之"(《明史·王景传》卷152)。

上述"正史"明明白白地讲了，朱棣不知道如何下葬已经烧焦了的所谓的建文帝尸体，而已经投降了朱棣的建文朝翰林侍讲王景明确地说要用下葬天子的礼仪，换一句话来说，就是用下葬朱元璋一般的礼仪来下葬所谓的建文帝，朱棣也依了。但就此产生了一系列的大疑问：既然是朱棣"备（天子之）礼葬建文君"，这是非同寻常之礼和非常之规制，在中国这样有着几千年文明的礼仪之邦里，一般普通百姓尚且注意丧葬礼仪与坟茔建造，更何况现在要葬的是人间之主，由此可以说，建文帝的陵寝应该是很有规模的，那么这个很有规模的建文帝陵寝会在哪里呐？既然朱棣以天子礼仪下葬了侄儿，总该给侄儿立个像样的碑，如是，那御制碑又在何处呐？

对于这等问题，不仅仅是现代人发问，事实上300多年前明末历史学家谈迁就已经相当重视和留意了。他在经过了仔细的调查与考察后，这样写道："**金陵故老，无能指建文帝葬处。非其迹易湮也，史牒禅代沿例久矣。孟氏所以不尽信书也**"（【明】谈迁：《国榷·惠宗建文四年六月》卷12，中华书局1958年12月第1版，第1册，P852；孟子语见《孟子》卷14上《尽心章句》）。换句话来说，明末在南京的大明遗老遗少压根儿就不知道建文帝葬在何处！用孟子的话来说，尽信书还不如无书。

这怎么可能？堂堂一代天子，居然连死了以后的陵墓都没有，这太不吻合常理了。有人说，那是因为朱棣充满了对侄儿朱允炆的仇恨，故意不给他造陵墓。这种说法完全没有道理，甚至可以说是对明初那段历史的极度无知而空口胡说。要知道，金川门之变后，篡位者朱棣在南京的处境并不佳，他一进南京城就遭到了一次未遂"行刺"，后来又在明皇宫里遭受了建文朝大臣景清的"行刺"；还有，95%的建文朝大臣不肯投降。所有这些都表明，当时朱棣急需要的不仅仅是军事上的征服，还要从心理上使那些不肯投降与观望的人们臣服，所以他也巴不得搞个"结果"来，向人们做个交代。对此，明清史专家孟森先生曾指出："必以置陵守冢为用天子礼，则未必然。但葬时稍用天子仪仗，以震都人耳目，为绝天下人望之计，与出其尸于火，意正一贯，不必甚以为难信也。"（【民国】孟森：《建文逊国事考》，《孟森著作集·明清史论著集刊》上册，中华书局2006年4月第1版，P2）

我们将孟森先生的话换一种说法，那就是朱棣尽管没有确认朱允炆已经死于大火，但他让人拣了一具死尸当做朱允炆的尸体，用下葬天子的礼仪将他给葬了，但不一定就建造很像样的陵寝。这样做就比较吻合了当时朱棣的真实心理：一来可以让建文朝的人们死了心，你们的皇帝都已经死了，还是"识大体、懂大局"吧；二来建文帝到底是死是活，朱棣心里毕竟没底，所以对于陵寝的建造他就没必要"遵制"了，否则的话，万一今后发现了建文帝，又将如何处置呢？

正因为这样，所谓的建文帝封冢在当时肯定就不大，官方不必明确记载，大明帝国的太常寺也不会认真按时祭扫，时间一长，所谓的坟茔就湮没无显了。

既然明朝人没法肯定，那么清朝人编撰的《明史》（"殿本"）凭什么要说"建文帝烧死了"？

可以这么说，整个明朝官方都没有真正弄明白，建文帝到底是否被烧死了。转眼到了清代，遵循中国历代的后朝为前朝修史的传统，清康熙帝着手开局编修《明史》,那么清朝人编撰的《明史》(即现今通行的"殿本",另外在乾隆四十二年增修的《明史》即"四库本"《明史》流传不广,下文详述)对建文帝下落又留下了什么样的记载?

《明史》(即"殿本",以下略)中有14篇《列传》是有关建文帝下落的,除了《方孝孺传》中直书"燕兵入,帝自焚"外,其余诸《传》,间或有"相传"建文帝"遁去",就连皇帝朱允炆《本纪》中也没有肯定地说建文帝被烧死了,它是这么说的:"宫中火起,帝不知所终。燕王遣中使出帝后尸于火中,越八日壬申葬之。"(《明史·恭闵帝本纪》卷4)

综观《明史》中对于建文帝的下落留下了三种自相矛盾的观点:第一,烧死了;第二,"不知所终";第三,"遁去"即逃跑了。至此,人们不禁要问了:这么一部花费了百来年时间、集中了几代博学鸿儒最终修订而成的、被人们誉为"二十四史"中的"佳史"的《明史》为什么会出现这么大的"瑕疵"?

其实答案不难寻找:第一,大明帝国的国史《明实录》从来没有把这事说清楚,换句话来说,作为复印件的原件不清楚,何来清楚的复印件;第二,《明史》修订的特定历史背景。《明史》创修于清世祖顺治二年,大规模纂修于康熙十八年,那时虽说清朝大体上已经一统江山,但全国各地潜在的反清势力还在秘密活动着,尤其是明朝末代皇帝崇祯的朱三太子流落于民间,成为许多地方反清复明的一面旗子。为了瓦解与泯灭各地的抗清斗争,以明朝正统后继者自居的清朝统治者除了使用军事镇压以外,还时不时地模仿明朝的做法,致力于思想与文化方面的稳固统治,如继续开科取士、开馆修史等等。就开馆修《明史》而言,当时就召集了许多各有所长的优秀史学人才,但这些修史官的观点并不统一:撰写建文帝本纪的史官徐嘉炎经过考证,认为建文帝最终出亡了,这一种观点从明中叶以后开始到清初流传甚广;但撰写明成祖本纪的史官朱彝尊则主张建文帝被火烧死了。这样两种截然不同观点的史官在撰写《明史》时不免要发生冲突,而时任《明史》编纂总裁的是王鸿绪,他也主张建文帝"阖宫自焚"。"康熙中,王鸿绪、揆叙辈党于廉亲王,而力陷故理邸,故其所撰《明史稿》,于建文君臣,指摘无完肤,而于永乐及靖难诸臣,每多恕辞,盖心所阴蓄,不觉流于笔端。"(【清】魏源:《古微堂外集·书明史稿一》引文)

换句话来说,王鸿绪是一个对朱棣充满好感而对建文帝极度诋毁的人。对于历史人物与事件有着不同的见解,这本来也不是多大的事,但问题是王鸿绪的身份特殊,他是《明史》撰修馆的总裁,他的思想观点很大程度上是与当朝统治者的政治态度有关。对此,台湾学者陈万鼐先生是这么说道:"按朱三太子字洪竹,为思宗之子,清初间反清运动,资为号召,当天地会时,太子寄寓山东蓬莱,改姓名为张用观,字潜斋,矫装塾师。康熙四十年被捕,圣祖以其伪托,夷家小。馆臣仰体朝廷,对明室所抱亡国之后,不必幸存意旨,虽于易代之后,亦不直书惠帝逊国之后事。"(陈万鼐:《明惠帝出亡考证》,台湾高雄百成书局,1960年,P27)

作为《明史》总裁的王鸿绪毕竟"政治觉悟"高,他充分地体悟到了当时康熙皇帝的心迹,如果尊重多数人所主张的建文帝出逃的观点,那就岂不意味着给康熙添乱:建文没死,流落民间;朱三也没死,那个被抓住的朱三太子是假的。如是说法,清朝统治者就休有宁日。

既然《明史》总裁王鸿绪具有这等"高度"的政治觉悟和一家之说的史学眼光,那么其手下的修史官也就不敢与王总裁直接对立,因为"明史开局,监修、总裁诸公以建文帝本纪书法下问,余(朱彝尊自称)以宫中火帝崩对,同馆徐(建文帝本纪作者徐嘉炎)胜力图争,当从逊国群书具述其事,遂任编纂,《纪》成,诸公(指《明史》监修、总裁诸公)终未以为然也"。(【清】朱彝尊:《明史提纲跋》,转引自黄云眉:《明史考证》第1册,中华书局1979年9月第1版,P58)

恐怕史传稿撰成后,通不过监修、总裁这一关,从根本上来说就是考虑到与康熙帝所讳相抵触,因而加上"相传"字样外,也间有《列传》如《牛景先传》指出《致身录》诸书不可信,但在《赞》中仍坚持:"与其过而去之,宁过而存之",留下建文帝流亡史迹。(潘群:《郑和踪迹建文考》,《郑和与海上丝绸之路》,澳门大学澳门研究中心出版,2005年12月版,P57)

这样就再度形成了通行"殿本"《明史》中建文帝下落模糊不清的结论:有的地方说是烧死了,有的地方说逃走了,甚至还说跑到了海外,等等。

那么历史上建文帝的最终结局到底如何?我们不妨将历史的镜头对准建文帝的政敌朱棣当政以后所干的一些稀奇古怪的事情或许能看出一些历史的真实面目来。

第二章
朱棣"心病"十大疑惑

自身"来路不明",又用极其卑劣的手段从侄儿皇帝手中抢夺了皇位,被一些人万般称誉的一代政治家总算如愿以偿地登上了大明帝国权力之巅峰,然而朱棣这20多年的皇帝当得可不是滋味,似乎噩梦连连。这一切都与他心中始终无法释怀的建文帝下落有关,于是永乐朝上演了一幕幕稀奇古怪的"迷惑剧"……

"清宫三日",朱棣是在找建文帝后宫里的美女?

金川门事变以后,燕军不费吹灰之力进入南京城,朱棣志得意满地来到了明皇宫,这些年来日思梦想他所要的不就是今天的这一刻——马上登基即位,不,朱棣可没有这么肤浅,他还有更为紧要的事要做,那么朱棣来到明皇宫里最先干的是什么紧要事?对此史书留下了"清宫三日"的字样,有人说,那是朱棣为了占有建文帝宫中漂亮的美人,是吗?

按照中国历来的传统:攻占前朝的首都与皇宫就意味着要占有前朝皇帝所拥有的一切,包括他心爱的美人。秦始皇统一六国,六国宫中的美人全被送到了咸阳的阿房宫;晋武帝司马炎灭了建都南京的东吴政权,东吴主孙皓的上万名美人全被送到了洛阳供司马炎一人享用,司马炎一人忙不过来,就每晚乘了羊车任由山羊跑到哪里就在哪个美人那儿过夜,所以说"清宫"这等事在历史上尤其是改朝换代时十分常见。但明初这场皇位争夺战不同于以往,因为帝位争夺双方是叔叔与侄儿,叔叔占有了侄儿媳妇,那叫什么?乱伦!因此最好的办法是"释放",但朱棣并没有这样做,那么他到底又是进行怎么样的"清宫三日"?

对此,《明实录》、《明史》等"正史"并没有直接地说明白,但在《明史》成书前的一些史书中则有所披露。查继佐在他的历史著作《罪惟录》中是这样记载的:"(金川门之变后),(宫)内大火,(建文)帝与皇后马氏暴崩,为六月之十有三日也。或云帝薙发出亡,**燕王清宫三日,宫人指所焚尸以应**,遽出尸灰烬中,王俯而哭之曰:'犀无知,至此乎?'用学士王景彰义发丧,以天子礼葬之。宫人遭戮略尽,惟得罪(建文)帝者获存。"【清】查继佐:《罪惟录》,帝纪卷之二,浙江古籍出版社,1986年5月版,P69)

比查继佐的《罪惟录》成书更早的、由谷应泰主持撰写的《明史纪事本末》一书中对朱棣"清宫三日"之事及其所要达到的目的说得更为明确。燕军进入南京城以后,朱棣清宫三日,凡是宫中的宫人、女官和太监几乎全部被杀,只有得罪过建文帝的被留了下来。那么朱棣为什么要这么干?据史书记载,朱棣曾诘问建文朝宫中之人:建文帝到底在哪儿?而在场的那些宫人和内侍"皆指认(皇)后尸应焉"。朱棣马上令人将灰烬中的那具皇后尸体清了出来,然后对着那已经烧焦了的尸体,挤出了几点鳄鱼的眼泪,大声恸哭道:"小子唉,你怎么这样不明事理唉,何苦要走到这一步呢!"(【清】谷应泰:《明史纪事本末·燕王起兵》卷16,P273)

以上两本史书都记载了朱棣"清宫三日"所要达到的目的,就是寻找建文帝确切的下落。那么找到了吗?找到了,宫中之人指了一具已经烧焦了的尸体说:那就是建文帝!朱棣信吗?"信"了,他对着尸体大哭了一场。这里边有个细节容易被人忽视,那就是既然有人在灰烬中"认出"了"建文帝",朱棣的目的也达到了,那他为什么还要杀那么多的宫中之人?这被杀的宫中之人到底有多少呢?有的书上说是1 000多人,有的书上说是3 000多人。我们根据建文帝寡欲、抑欲的个性特征来看,建文帝后宫里的人不会很多,1 000多人差不多了(包括太监等后勤服务人员在内)。当然,到底是3 000人还是1 000人,这并不是我们所要讨论的重点,但这里边有个常识性的问题,那就是朱棣杀宫中之人最终目的是为了让他们交代出建文帝的下落,难道这1 000多号与建文帝关系尚好的人没有一个是"软蛋",非要杀尽才罢休?要知道这些美人与宦官毕竟不同于那些饱读儒家经典深受传统忠孝礼仪熏陶的士大夫们。由此只能解释为这样:朱棣逮住了建文朝宫中之人后,每问一个,说不知道的就被处决掉,直至第1 000个人(大致);或者这中间有人说了,那具烧焦了的尸体就是建文帝,朱棣也就将错就错,将那尸体认作是建文帝,对外马上说建文帝被烧死了,从而在政治上宣告建文帝的"死刑",以此来稳定京师和全国的政治局面。但朱棣毕竟是只狡猾的狐狸,他的内心十分明白——建文帝的真正下落还不靠谱,于是他一边大杀没有得罪过建文帝的宫中之人,另一方面又疯狂屠杀建文朝的那些忠贞节烈之士,以绝对恐吓的手段来撬开人们的嘴巴,达到最终将建文帝之下落弄得水落石出的目的。(《明史·成祖本纪一》卷5)

朱棣登基的一个潜在的障碍——建文皇太子到哪里去了？

朱棣进入南京以后不仅无法获悉建文帝的确切下落，而且也找不到建文帝皇位的合法继承人太子朱文奎。按照中国传统社会的嫡长子继承制的做法，如果建文帝真的找不到了，或者正如朱棣一行人内心所希望的那样——被大火烧死了，那么接替建文帝皇位的也轮不上这个"至亲""好"叔叔朱棣而应该是建文太子朱文奎。

朱文奎"建文元年立为皇太子。燕师入，七岁矣，莫知所终"。(《明史·诸王三》卷118）

明代大史学家焦竑在他的《国朝献征录》中也有相似的记载："太子文奎，……（洪武）三十一年建文君接位，立为皇太子，靖难兵入京，年七岁矣。莫知所终。"（【明】焦竑：《国朝献征录·建文君太子传》卷1，上海书店，1987年，第1册，P64）

这怎么可能呢？一个贵为天子之子的7岁孩童、未来的皇位继承人朱文奎居然在这场皇家大劫难中活不见人死不见尸？

惟一能解释得通的是建文太子朱文奎逃跑了。对此，明末有名的史学家谈迁在他的史学名著《国榷》中作了这样的描述：建文朝兵部侍郎襄阳人廖平在金川门之变后，保护着建文太子朱文奎偷偷地出了南京城，一路狂奔，逃到了廖平的老家湖北襄阳躲藏起来，后来廖平将自己的妹妹许配给了朱文奎，从此建文太子成为了廖氏亲族中的一员。没过多久，鉴于风声日紧，廖氏为了躲避朝廷的追杀，举族迁徙汉中；而廖平自己则隐匿到会稽一带，充当卖柴翁，自称为"耶溪樵者"，为了保险起见，他还与会稽山中吴成学变换了姓名，号为雪庵，至死隐迹于民间。(【明】谈迁：《国榷·惠宗建文四年》卷12，中华书局1958年12月第1版，第1册，P837)

既然7岁的建文太子可逃出南京城去，那么为什么建文帝就不能呢？

当发现建文帝及其太子不见踪影时，朱棣几乎是本能性地感觉到，昔日日思夜想而今唾手可得的皇帝宝座会受到潜在的巨大威胁，于是他发了疯似地"清宫三日"，挖地三尺要将建文帝父子"挖出来"。

朱棣把建文帝的第三子怎么样了？

找不到建文帝及其皇太子，朱棣顿时有种莫名的恐惧，同时又火冒三丈，尤其是建文朝重臣铁汉方孝孺不仅拒绝为他起草登基诏书,而且还不时地点中了他的"命门"要害之处,方孝孺曾问朱棣:"既然你说你起兵靖难,为的是仿效周公辅政成王,如今成王不在了,为什么不立成王之弟呢?"有人认为,与其说方孝孺的率直与刚正刺激了朱棣的神经,毋宁说是方孝孺"穷追猛打"似的追问"逼急"了朱棣。在虐杀了方孝孺"十族"后,阴鸷歹毒的朱棣似乎想起了方先生的"提醒",于是他又将魔手伸向了明初"成王"——建文帝的弟弟。

据正史记载,建文帝共有5个兄弟:长兄朱雄英8岁时死亡,建文帝朱允炆在朱标的儿子中排行老二,因为长兄早亡,皇位继承就轮到了他的头上;老三朱允熥,为建文帝的同父异母弟,被封为**吴王**,朱棣登基以后将他降为广泽王,远放福建漳州,时隔4个月后的建文四年十月,他又被召回南京,废为庶人,永乐十五年死于凤阳牢狱中;老四朱允熞,建文帝的同母弟,被封为衡王,朱棣当政以后将他降为怀恩王,徙居四川建昌,建文四年十月,与朱允熥同被召回,最后也死于凤阳监狱中;老五**朱允熙**,建文帝的同母弟,初封为徐王,朱棣上台后,将他降为敷惠王,与母吕太后同住在明东陵(朱标太子之陵),永乐二年改为瓯宁王,永乐四年其住宅莫名大火,就此被活活烧死。(《明史·诸王三》卷118)

事实上朱棣并不是只对明初"成王"的弟弟们痛下毒手,他还对"成王"的儿子进行毫无人性的摧残。据正史记载,建文帝有两个儿子,长子就是《明史》中所说的"不知所终"的朱文奎;少子叫朱文圭,金川门之变时,他还是一个由别人抱在手里的2岁娃娃。朱棣来到明皇宫时,不仅下令取消建文帝的尊号,将这个只有2岁的小皇子废为"庶人",人称"建庶人",而且还将他送到中都凤阳广安宫给关了起来,一个来到这个世上只有两年、原本与任何人都无冤无仇的小孩从此与世隔绝了55年。

直到明英宗复辟重新登位后,或许是自己被软禁的经历所带来的体悟,明英宗十分同情凤阳"建庶人"无罪而久被囚禁的不幸遭遇,他就想放了朱文圭,但朝中好多人认为不可,明英宗十分感慨地说道:"有天命者,任自为之!"大学士李贤赶紧称誉道:"皇上此乃尧舜之心啊!"后来明英宗将这事向皇太后作了请示,在取得太后支持之后,他就命令宦官牛玉前往凤阳,宣布结束朱文圭55年的软禁生涯,任由他在凤阳居住,婚娶出行都由他自便;并给予20名宦官供他使唤,奴婢与宫中小美人共计10多人供他享受。朱文圭自幼与世隔绝,被放出时他牛羊不辨。大概过了十来年,他就离开了这个几乎让他一辈子什么也不懂的世界。(《明史·诸王三》卷118;【明】谈迁:《国榷·英宗天顺元年》卷32,中华书局1958年12月第1版,第2册,P2057—2058)

这就是一个口口声声标榜自己是建文皇帝"至亲"的"好叔叔"对建文亲生骨肉所干的"一等大好事"。

那么凤阳"建庶人"朱文圭有没有生育过后代呢？"正史"没有记载，但明代史学家谈迁在《国榷》中留下这样的文字记载，"(成化三年九月)十月，南京守备司礼太监谭包言：'建庶人、吴庶人，天顺初安置凤阳，其家帐幔靴俱敝尽，又十八岁给布绵绵（通"棉"）絮，今死五人，日减给，女奴四人，俱无衣布，宜补给。'从之。"(【明】谈迁：《国榷·宪宗成化三年》卷35，中华书局1958年12月第1版，第3册，P2240)

这段史料是在说：明代成化年间，南京守备司礼太监谭包向明宪宗报告说，英宗天顺年间被安置在凤阳居住的建庶人与吴庶人的后代现在日子很难过，他们家的帐幔靴子一类基本的生活用品都已经破烂不堪，生计难以为继，甚至已经死了5个人，请求皇帝给予一定的"补给"，明宪宗准之。从中我们可以看出，凤阳"建庶人"朱文圭有后代，"吴庶人"应该是指建文帝的同父异母弟原吴王朱允熥的后代，他们都在凤阳居住并繁衍生息下来了。

不过，这"建庶人"不仅在凤阳有，南京也有，谈迁在《国榷》中保存了这样一段大明皇家玉牒的记载："(嘉靖二十八年)是年，宗人府上玉牒，亲王至庶人，见在万有九千八百九十三人(19 893人)。其未开阳曲永和二府及南京齐庶人、建庶人后，不下千人，郡主县主郡君乡君等共九千七百八十二人(9 782人)。"(【明】谈迁《国榷·世宗嘉靖二十八年》卷59，中华书局1958年12月第1版，第3册，P3743)

奇了个怪，嘉靖中期，齐庶人、建庶人等后裔有近千人在南京，齐庶人是指建文帝的同母弟老五**朱允熞**，初封为徐王，后被朱棣降为敷惠王，最终与母吕太后同被活活烧死了。但他却留下了后代，居住在南京周围；那么南京的"建庶人"又是从何而来的？不是正史上说建文帝只有2个儿子，一个下落不明，或者说跑了襄阳去；一个被囚禁在凤阳55年的朱文圭即凤阳"建庶人"，怎么还会有建文帝的血脉在南京及其附近地区保存下来呢？

笔者在阅读史料时无意间发现了一条很重要的线索：金川门事变以后，建文帝"欲出迎，复叹曰：'我何面目相见？'遂尽闭诸后妃宫内，纵火焚其宫，惟挈三子变服出走，仓卒复弃三子(于)宫门，被执置师中。"(【明】高岱：《鸿猷录·长驱金陵》卷8，见王云五主编：《丛书集成初编·鸿猷录》第3册，P102，商务印书馆，中华民国二十六年六月初版)

"(建文)帝左右唯数人，遂尽闭诸后妃宫内，纵火焚之，挈三子变服出走，仓皇复弃三子于宫门，被燕军执置师中，帝遂逊国去。"(【清】谷应泰：《明史纪事本末·燕王起兵》卷16，P271)

就是说,金川门事变以后建文帝急忙带了他的三子换了衣服,打算父子一起逃走,但实在是太仓惶了,忙乱之中建文帝居然将三子丢在宫门口,这三子不久就被朱棣的燕军逮住了。那么建文帝的三子到底是谁?他最终命运又是如何?高岱、谷应泰是公认的比较严谨的史学家,他们的这般记载会不会有错?

为此,笔者又查阅了其他的资料。明代南京籍大史学家焦竑在他的著作中对建文帝的幼子留下了这样的一段记载:"成祖入宫时,建文君有幼子,老媪教之牵成祖衣哭跪前求食曰:孩儿饿矣,饥杀孩儿矣。成祖亦哭曰:汝生帝王家,有饿死理?命善抚之。不知此建文君第几子?抑即太子少子也?或曰牵衣哭者,成祖育诸宫中,未详。"(【明】焦竑:《国朝献征录·建文少子传》卷2,上海书店,1987年,第1册,第64页)

焦竑转载:世传朱棣进入南京明皇宫时,宫中有个老太婆教着建文帝幼子去牵拉朱棣的衣服,跪着边哭边乞求道:"孩儿饿啊,饿死孩儿!"朱棣是个伟大的政治家,场面上的这等小事岂能予人之短呢!他马上也"哭"着说:"你生在帝王家中,难道有饿死之理?"于是他命令下人"好好"地抚养这个建文幼子,但不知这是建文帝的第几个儿子?抑或是太子少子?有人讲,那个老太婆后来也被养在永乐朝的宫中,结果并不太确知。

由此看来,并非如"正史"上所说的建文帝仅有2个儿子。记录上述这段文字的作者焦竑是明代有名的大学问家,更有其特别之处,他出生于大明南都,甚至直到今天,南京还有他的故居地名"焦状元巷"。南京曾经是明初的都城,焦竑掌握这方面的信息与资料当然要比其他的学者丰富得多;同时必须指出焦竑也是一位很严谨的学者,要不是真有建文帝的后代一直生活在南京的话,他也没必要捏造出这么一段文字来。那么焦竑所说的明皇宫里的建文幼子会不会就是谷应泰记载的建文帝第三子?

我个人看法不大可能,因为高岱、谷应泰讲建文帝是牵拉第三子打算逃跑的,从这话的意思来看,这个建文帝第三子至少会走路了,否则他的父亲建文帝怎么会牵拉他走呢?而要会走路起码也得3岁。那么这个第三子最终到哪里去了呢?所有的史料都没有记载,有人猜测他被朱棣杀了,因为史料上说建文帝第三子是在宫门口被燕军逮住的。但我不这么看这个问题,而是认为他也有可能跑了,理由是:

第一,前面讲过,这第三子已经被建文帝换上便装,他又会自己走路了,燕军中到处是武夫,逮住一个孩子轻而易举,但看住一个小孩子可没那么容易了。

第二,建文帝第三子又是在宫门口被抓,什么宫门?高岱、谷应泰没说,但既然在宫门被抓,很容易一溜烟走了,加上宫中大火,一片忙乱,抓"要犯"才是第一,第三子很可能跑丢了。

第三,从朱棣对待建文帝的所有被抓的兄弟与儿子的处置手段来看是相当歹毒,如果这第三子被杀了或者关到什么地方了,正史应该有所记载,但历史上恰恰没有留下记录,就同建文太子朱文奎一般,不知所终。

因此,我的结论是,第一,建文帝不止二子,有三子,甚至四子;第二,朱棣进入南京城以后,建文帝的儿子很有可能从宫中跑了出来,有可能被忠烈之士偷偷地保护起来,并在南京或附近地区生活与繁衍生息着,这大概是后世南京"建庶人"的"来源"吧。

既然建文帝的长子朱文奎能跑出南京,既然又有其他的建文儿子、有可能是三子跑出了京城,"潜伏"在南京周围,那么建文帝为什么会跑不出南京城?

我说了这么多的依据,还可能有人以为建文帝出逃的可能性不大,那么,我们不妨再看下面朱棣的一个怪异行为——为找不到建文帝宝玺而"深恸之"。

朱棣挖地三尺就是找不到先前皇帝的宝玺,那么宝玺到哪里去了?

宝玺说白了一点就是图章,或者说是高级图章。我们中国人最信服的是橡皮图章,这是西方人所不能理解的。在西方,人们最为信任的是个人的签名,而在中国最为权威的就是图章,个人签名是不抵多大作用的,所以我们常常听到国人在抱怨,为了一个橡皮图章而跑断了腿。从掌握图章的人角度来讲,最好这个图章能盖的地方越多越好,那意味着什么?权力!因此说权力也就是官印,要说这官印还真是五花八门,但核心只有一个,那就是按照级别与功效大小来进行划分,不过我想最大的官印总大不过皇帝的那方宝玺了。

中国传统社会中一直流传这样的一种说法,大约在秦朝时我国正式开始实行宝玺制度,不过当时不叫宝玺而是叫玉玺,皇帝发布一个诏书、诏令什么的,就要加盖一个玉玺印章,一来防止有人作假,二来体现皇家的最高权威——这样的玉玺在全国就只有一枚,相传它是用一块价值连城的宝玉"和氏璧"雕琢而成的,秦始皇时丞相李斯的篆文天下闻名,于是这颗宝玺上就留下了李斯的八字篆文:"受命于天,既寿永昌。"

后来每发生一次改朝换代,除了政治与军事上取得了绝对的胜利以外,占有皇帝玉玺几乎成为皇权更替的象征。三国时代割据江东的孙策之所以那么神气,敢与人叫板,就是因为当年十八路诸侯讨董卓时他父亲孙坚捡到了汉朝皇帝使用的那枚玉玺。不过孙策没有袁术那么愚蠢,死守那枚皇帝玉玺,而是作了一笔好的政治买卖。三国两晋南北朝以及隋唐期间,皇帝的玉玺随着帝位的更替而流转,似乎没有发生什么大的问题,只是它的名字有了个小小的变化,唐朝开国皇帝李渊将"玉"改名为"宝",从此后世人们就将玉玺称为了宝玺。大约在五代时,由于政局的动荡,皇帝犹如走马灯似地换个不停,宝玺也就转来转去,最终转没了。

但还有一种说法是,从秦朝开始使用的那枚宝玺不是丢在五代,宋代的皇帝还在用着。元灭宋后,蒙古人拿到了这枚已经流传千年的皇帝宝玺,将它紧紧地捂在手里,捂了快要一百年时,大元帝国瓦解,元顺帝北逃,宝玺也被"顺手"带到了漠北荒原。朱元璋登基后使用的宝玺很可能是他自己叫人雕琢了一枚。当然这是推论,历史相信的是史实,有确切记载的是,建文三年,有人从西域回来带了一块青色的宝玉,建文帝朱允炆令人将它制作了一枚宝玺,上面刻了16个字:"天命明德,表正万方,精一执中,宇宙永昌"(【明】沈德符:《万历野获编·玺文》卷1)。宝玺制成后,建文帝还在明皇宫举行了盛大的庆典,接受百官的朝贺:"(建文)三年春正月辛酉朔,凝命神宝成,告天地宗庙,御奉天殿受朝贺。"(《明史·恭闵帝本纪》卷4)

随后,建文帝又下令,从今以后大明皇帝颁诏就用这新刻的宝玺。

从上述的史实来看,朱允炆雕刻的那枚宝玺几乎全国人都知道:才登基没多久的新皇帝又有一颗新宝玺,那是皇权的象征啊!

对此,作为政治家的朱棣岂能不知?所以,当他在南京登基即位时不仅要清除政敌,稳定局势,还要找到代表皇帝正位的宝玺。当然也有人说,朱棣要找的不是这枚建文帝"自刻"的宝玺,而是朱元璋使用过的那些,但不管怎么说就是要找到皇权的象征——宝玺,那么朱棣找到了吗?

《明太宗实录》中留下这样的记载:永乐元年十一月朱棣对他的左右说:"朕于宫中遍寻皇考宸翰不可得,有言建文自焚时,并宝玺皆毁矣。朕深恸之"(《明太宗实录》卷25)。译成白话文就是,朱棣跟身边的人说:"朕在建文帝宫中每个角落都找遍了,就是找不到'父亲'高皇帝的办公用具,有人说可能是建文帝自焚时,将它们连同宝玺一起烧毁了。朕为此十分痛心啊!"

这段话实在是有意思:朱棣找他"老爸"的办公用具,不难理解就是为了表示他从此接过皇权,开始继承大统,但让他意想不到的就是找不到它们的踪影,接着又来了一句:有人说宝玺等被烧毁了,有谁亲眼目睹?没有。那么代表皇权的宝玺到底到了哪里去?

这里只有两种可能:

第一，正如"有言"所说的，宝玺毁于火中。但我不信！即使建文帝真的"阖宫自焚"了，他也不至于带好了宝玺再去投入火海啊。再说，人可能烧死，烧成骨灰，但宝玺是高级的石头做的，即使是被火烧了，但不至于烧成灰而使人看不到啊，这是常识，朱棣那么聪明的政治家连这个基本的常识都不懂？不可能！因此说，宝玺毁于火中之说完全是一派胡言。

第二，既然宝玺没被烧毁，朱棣又找不到，那么它只有一种可能，就是让人给带走了。那么这个人是谁？建文帝手下的大臣与仆人？不可能！这个宝玺不同于一般的官印，谁拿了都会招来杀身大祸。那么剩下只有一种可能，那就是建文帝出逃时带走了！而建文帝带上宝玺出逃是再合适不过——合法皇帝拥有皇帝宝玺，就可名正言顺地号令天下啊！

永乐帝朱棣抓住并囚禁建文朝的主录僧溥洽到底是为什么？

朱棣进入南京城后，还做了一件令人十分不解的事情，那就是将一个"跳出六尘外"的建文朝主录僧溥洽给囚禁起来。

溥洽，字南洲，会稽（浙江绍兴）人，是南宋有名的诗人陆游的后代。早年出家苏州吴郡普济寺，拜雪庭高僧为师。洪武年间被召为右讲经，后出任京师南京天禧寺的住持，建文帝当政后任命溥洽为主录僧（可能相当于现在全国佛教协会的会长）。

朱棣攻入南京以后，有人出来告发溥洽，说建文帝剃度为僧，偷偷出逃，溥洽知情不报；还有的人说，建文出亡后，溥洽曾与几个和尚偷偷地为建文帝荐福祈祷！更有人说得有鼻有眼，起初建文皇帝逃出南京后，压根儿没到别处，就藏在溥洽曾经"工作"与修行过的地方。朱棣听完这些汇报后，找了个借口逮捕溥洽，并对他进行诘问与拷讯，但溥洽"怡然不辩"，死活不开口，神仙难下手，朱棣只得将溥洽囚禁起来，并派人到溥洽曾经"工作过"的苏州吴郡普济寺和南京天禧寺进行了搜查，可最终什么也没搜到。与此同时，朱棣还派了给事中胡濙等人外出寻访。（《明史·姚广孝》卷145）

一晃十多年过去了，永乐十六年三月，朱棣的第一号谋士与功臣姚广孝其时已达84岁高龄，而且患病甚笃，自感将不久于世，于是他就向朱棣提出了自己的临终愿望，与皇帝见上一面。姚广孝何许人？朱棣心里明白，他之所以有今日，可能有一半功劳要归结于姚广孝,而今姚广孝油灯将尽,根本就无法来朝见,朱棣决定亲自临驾姚广孝修行之处的庆寿寺。

见到姚广孝,朱棣格外激动,君臣两人相谈甚欢。这皇帝也想得周到,送给老和尚姚广孝一只金唾壶,并关切地问:"您有什么事情要嘱托的?"姚广孝回答道:"出家人能有什么牵挂的?不过,老衲倒是有一事想恳请皇上恩准:建文朝主录僧溥洽已经被关押了十多年了,愿圣上将他赦免了。"朱棣听从姚广孝的请求,立马下令释放了溥洽,姚广孝顿首谢恩,没多久,端坐于蒲团上的姚广孝敛袂而逝。

姚广孝与溥洽都是出家人,原本两人并没有什么亲友关系,那为什么姚广孝在临终前要向明成祖求情释放溥洽?更令人深思的是,溥洽的被捕是因为有人告发他与建文帝有关,要真是建文帝被宫中大火烧死了,那为什么朱棣还要将一个与已被烧死之人有关的人关押了十多年?

胡濙外访是为了寻访仙人张三丰,你信吗?

要说永乐朝的怪事还真不少。尽管朱棣阴险狡诈嗜血成性,但无论怎么说,他还不能与中国历朝历代的昏君连在一起,甚至可以肯定地说,他算不上这个群体中的一员,尤其那些对朱棣有着特殊情结的人更是不愿将他与昏君画上等号。理性而言,在中国古代帝王行列中朱棣还算得上是一位很有作为也十分精明的政治家。可至今为止人们一直都无法释疑的是:永乐朝的这位大政治家朱棣却干了一件与历代昏君所干相差无几的"荒唐事"——派大臣胡濙外出求仙。这究竟是怎么一回事?

我们还从胡濙这个人讲起。

胡濙,江苏常州人,他生下来时就与众不同,人家孩子头上长的都是黑发,他却长的是白发,后来不知怎么的逐渐变黑了。建文元年胡濙参加应天乡试,一举高中,第二年又中进士,被授予兵科给事中。靖难之役后,他与杨士奇等20多位大臣一起投降了朱棣。永乐元年被调任为户科都给事中,其级别不高,类似于县官一级,并不像有的书上说是类似于公安部部长,压根儿没这事。虽说胡濙官职不高,但他在大明帝国中央掌握着监察大权。可能因为胡濙谨小慎微的个性在新皇帝朱棣看来很有用处吧,他就被朱棣授予了一项特殊的使命。

朱棣掌控大明帝国政权以后,一直有人在谣传,说建文皇帝没有被火烧死,而是出亡在外。听到风言风语以后朱棣心里可不安了,联想到整个建文朝只有极少数文臣学士投降的事实,他也就更加怀疑起建文帝是否真的如人们讲得那样,已经亡命天涯了。经过多年的细心观察与谋划,朱棣决定派胡濙充当特使,外出寻访。

不过当时胡濙外出寻访的名目可不是这样,官方说法有两个:

第一种说法:"遣(胡)濙颁御制诸书",就是说相当于将皇帝的"御制宝书"和朝廷的"红头文件"一类送到全国各地,这里边可能最重要的是向天下寺观颁行《僧道度牒疏》,即要求将全国各地已经取得"度牒"(僧道的身份证)的僧道重新登记造册,换句话来说,就是对全国佛道界进行一次普查,其真实目的是什么?已经不言而喻了,不是有人说建文帝剃度为僧出逃在外么。

第二种说法:"访仙人张邋遢",张邋遢原名张三丰,据说此人一天到晚邋里邋遢,他是元末明初民间传说中的人物,朱元璋在位时就找过他,但最终得出的结果是,那是一个传说中的仙人。而朱棣上台后居然又派胡濙外出寻找,就这事有几个问题值得人们深思的:

第一,朱棣不是一个迷信神仙的昏君,永乐20多年他很有作为,但实在令人匪夷所思的是他却对寻找仙人十分执著,让胡濙找了整整14年,这太不吻合一个有为之君的正常行为了!

第二,自从永乐五年(1408)有人检举溥洽藏匿建文帝一事后,朱棣就开始派胡濙外出"访仙",直到永乐十四年胡濙才得第一次回南京,将其外出所见所闻单独地告诉了朱棣,朱棣将胡濙的官职由原来的户科都给事中(县官级别)升任为礼部左侍郎(副部级)。这十年中胡濙家里发生了大事,他的母亲死了,按照常规,即使是当朝的宰辅,一旦家中有"丁忧"就必须"守制",也就是说当官的官也不当了,赶紧回家守孝三年;但也有非常规的,那就是出外打仗的将军,因为前方战事需要,皇帝特恩他在外继续作战,不回家"守制"了,这叫"夺情",一般来说"夺情"是用在特别的非常时期。但出奇的是,胡濙访仙多大的事情?在老妈死了胡濙提出要回家奔丧"守制"的请求时,皇帝朱棣居然给他来了一个"夺情",这实在是令人百思不得其解。(《明史·胡濙传》卷169)

第三,永乐十七年,胡濙第二次外出寻仙,主要出巡江浙、湖湘诸府。永乐二十一年,胡濙还朝时,朱棣已不在京城(此时大明帝国的都城已经迁到北京),而是在宣府,胡濙就马不停蹄地赶往皇帝的行在。当时朱棣已经睡了,手下人看到胡濙来了,赶紧通报给已经睡了的皇帝朱棣,朱棣一骨碌地起来了,急忙将胡濙召入问对,胡濙一五一十地将自己这五年中所掌握的信息或言情报报告给了朱棣,接近天亮时,有人看见,胡濙才从朱棣的行帐中出来。胡濙到底有什么重要的事情使得一个人世间最高之主睡了又爬起来接见呢?有人说是不是张三丰找到了?没有,正史上已经说了,他不是凡人而是神仙,怎么会找得到?那有人说会不会胡濙要将自己一路见到的趣闻向皇帝好好说说，逗逗皇帝朱棣开心。问题是这可能吗？还有一个基本的事实前提，那就是皇帝朱棣已经睡了，究竟有多大的事使得一个皇帝听到了在外寻访多年的下臣回来了他要马上起来予以召见呢？只有一种可能，那就是事关朱棣皇位一类的事情，换句话来说，也就是跟建文帝的下落有关。因此有人认为，朱棣此次肯定是从胡濙那儿得到了建文帝不会再为"患"的确切消息了，因为胡濙从此再也不外出寻访了。

第四，胡濙在外访仙前后十四年，其足迹主要是在江浙、湖湘、福建等江南地区，这就与明清600年传闻所说的当时建文帝外逃后的主要活动地区又不谋而合了，历史真有那么巧？

第五，自永乐二十一年还朝以后，胡濙再也没有外出寻仙了。无独有偶，更有蹊跷的是，就在胡濙外出访仙的十余年间，明成祖又派了他的心腹宦官郑和六次下西洋，但自永乐二十一年后朱棣似乎再也没有打算让郑和梯山航海，浮槎西去了。

（《明史·胡濙传》卷169）

郑和下西洋到底为了什么？

说到郑和下西洋（有关郑和下西洋的具体问题，我们将在《大明帝国》系列之《永乐帝卷》中作详细的论述），国人特别激动，因为它是中国古代航海史上的一项空前壮举，比改变西方世界的哥伦布发现"新大陆"还要早半个多世纪，其影响非同寻常。激动过后，理性的人们一直反思这样的问题：诚然，郑和下西洋规模宏伟，气势磅礴，举世无双，但如流星一般，随着所谓的明初"永宣之治"（永乐、洪熙和宣德三帝）的逝去，它就迅速地黯然失色了；与其相比，规模小、设备条件差的哥伦布"发现新大陆"却将西方世界引向了一个新时代——地理大发现及其之后的海外殖民，那么同样的航海远行活动为什么在中西方有着如此巨大不同的命运？有人说这是由于中西不同的社会基础与背景所造成的，也有的说这是由于中西方航海远行活动的完全不同的目的所决定的。众所周知，哥伦布是为了"寻金"才去航海的，结果意外地探索出"新大陆"来，那么郑和下西洋的目的是什么？

有人看到这样的疑问就觉得好笑，如此幼稚的问题恐怕就连我们的小学生就能随口应答了：郑和下西洋的目的是为了加强中国与海外各国人民的友好往来及经济、文化方面的交流。那么历史的真相真是如此吗？我们不妨来看看古人是如何记载郑和下西洋的目的的：

《明史》说："成祖疑惠帝亡海外，欲踪迹之，且欲耀兵异域，示中国富强。永乐

三年六月命(郑)和及其侪王景弘等通使西洋。"(《明史·郑和传》卷304)

明人在注释的《大唐西域记》中谈到了郑和下西洋的目的,它是这样说的:"今之锡兰山,即古之僧伽罗国也。王宫侧有佛牙精舍,饰以众宝,辉光赫奕。累世相承,敬礼不衰。今国王阿烈苦奈儿,锁里人也,崇祀外道,不敬佛法,暴虐凶悖,靡恤国人,亵慢佛牙。大明永乐三年,皇帝遣中使太监郑和,奉香花往诣彼国供养。郑和劝国王阿烈苦奈儿敬崇佛法,远离外道。王怒,即欲加害。郑和知其谋,遂去。后复遣郑和往赐诸番,并赐锡兰山国王。王益慢,不恭,欲图杀害使者,用兵五万人,刊木塞道,分兵以劫海舟。会其下预泄其机,郑和等觉,亟回舟,路已扼绝,潜遣人出舟师拒之。和以兵三千夜由间道攻入王城,守之。其劫海舟番兵乃与其国内番兵四面来攻,合围数重,攻战六日,和等执其王。凌晨开门,伐木取道,且战且行,凡二十余里,抵暮始达舟。**当就礼请佛牙至舟**,灵异非常,光彩照曜,如前所云,訇霆震惊,远见隐避。历涉巨海,凡数十万里,风涛不惊,如履平地。狞龙恶鱼,纷出乎前,恬不为害。舟中之人皆安稳快乐。永乐九年七月初九日至京师,皇帝命於皇城内装严旃檀金刚宝座贮之,式修供养,利益有情,祈福民庶,作无量功德。"(永乐刻藏时所附文节录,明代版《大唐西域记·僧伽罗国·佛牙精舍·式修供养注释》卷11,见《范祥雍古籍整理汇刊·大唐西域记汇校》,上海古籍出版社,2011年12月,第1版,P531—532)

以上两段史料是比较有代表性的,它们说出了**郑和下西洋目的**至少有三:

第一,"踪迹建文帝";

第二,"示中国富强";

第三,"礼请佛牙"。

为此,明清之际学者赵士喆在对永乐朝的一些稀奇古怪的大事情进行综合比对以后这样说道:"初建文之逊也,世传主录僧溥洽为之落发,成祖疑洽实匿之,以他事锢洽十余年乃释。又有言从地道出走滇南投沐氏者,使使侦之,无踪迹乃已。至是(指永乐五年)使胡濙巡行天下,遍历滇、黔、湖、湘之境,以访仙人张邋遢为名,盖物色建文,且察人心之向背云。建文之逊,或以为匿西平侯家,或云泛海入西洋诸国。是年(指永乐七年)正月,命郑和领兵驾巨舰,自福建之长乐五虎门航大海西南行,抵林邑,又自林邑正南行,至满剌加,以达西洋古里大国,遂分舶遍往支国,以贩宝为名,或曰为寻访玉玺,实为踪迹建文君,亦遣濙之意云。"(【明】赵士喆:《建文年谱》卷下)

赵士喆认为,溥洽被囚、胡濙外寻和郑和下西洋等大事的背后所直接的指向只有一个,那就是"实为踪迹建文君"。

说到这里,有读者朋友可能要问了:会不会古人以讹传讹?答案是,绝对不会!我们不妨重新审视一下郑和下西洋过程中的一些不同寻常的细节,或许更能看出郑和下西洋的真正目的来。

● 主持出使海外的郑和身份很特别,与朱棣的军师姚广孝过往甚密

中华帝国自古以来就是一个礼仪之邦,从一定程度上来讲,重礼仪意味着文明程度达到了相当的水准,但从通俗一点的角度来讲,重礼义也就是尤为看重面子,更有人将它看作为事关人格、国格。想当年春秋时代齐国宰相晏子使楚,因为他个子矮,楚王就叫人开了一个狗洞,想叫晏子爬进去,以此来侮辱晏子及他的祖国齐国,没想到楚王反被聪明的晏子羞辱了一番,晏子大致是这样回敬楚王的:"我出使邻国向来是这样,到了人国我就从大门进去,只有到了狗国我才从狗洞里爬进去!"这个故事发生在春秋末年,到中华传统文明烂熟的明代时已近2000年了,向来注重礼仪文明的中华帝国却出乎人们常规思维的是派出了"刑余之人"郑和等作为大明永乐年间的"耀兵异域,示中国富强"的出外使者,这岂不是有损于大明的形象呢?

在此笔者郑重声明:绝无亵渎伟大的航海家郑和之意,我们只是将历史人物放在他所处的那个年代来看待。不可否认,郑和以前或以后的帝国时代,皇帝身边出过了许多"大腕"级的宦官,有句俗话说得好:宰相门前五品官,那么皇帝身边的人尤其明代的宦官可更"吃香"了,但就实而言,那是绝对皇权被异化的结果,绝不是宦官自身社会地位得到了提高,作为"刑余之人"的宦官不仅不入流,而且还是社会最不体面、最为下贱的一个特殊群体。但在明成祖朱棣当政时宦官被作为极有体面的国家使者出使异域,难道朱棣犯浑了?绝对没有,朱棣可清醒了,朱元璋当政时严抑宦官,但朱棣却在"靖难"战争中得到了宦官们的帮助,甚至像狗儿之类的宦官还为朱棣拼死驰骋于疆场,郑和等宦官也在这个过程中立了功,成为明成祖朱棣的心腹,于是在永乐初年,就出现了肩负特殊使命的宦官郑和下西洋、杨三保出使尼八剌(今尼泊尔)以及侯显等出使西番、西域等一系列宦官使臣出外寻访的热闹场面。(《明史·侯显传》卷304)

那么郑和等人使外所肩负特殊使命到底是什么?我们不妨再来看看郑和与朱棣的头号军师道衍(即姚广孝)之间的特殊关系,或许就能看出其中的端倪来了。

郑和是云南回族人,10来岁时明军攻入云南,他不幸被俘惨遭阉割。明初朱元璋实行诸王分封时,给予各个藩王一定数量的宦官,以此来侍候这些龙子龙孙,

郑和就被分配给燕王朱棣。他到了燕王府没多久就与朱棣的头号军师道衍（即姚广孝）搭上了关系，并随道衍皈依了佛门。道衍给郑和取了一个叫"福善"的法名，郑和自掏腰包刊印《佛说摩利支天经》，还特请师傅道衍题记，其用意就在于取悦道衍这个朱棣面前的"红人"，图谋自身的发展。自此以后郑和与道衍相处甚好，而且都成为朱棣的心腹，道衍知道朱棣的"心事"，郑和岂会不知？人们传言建文帝出逃了，溥洽因此被捕，朱棣兴趣盎然地让郑和带了大队人马到国外去溜达溜达？这太不合情理。惟一合理的解释是让郑和为主分忧——寻找建文帝。

◉ 郑和下西洋的起锚地与道衍住持的广孝教寺"恰巧"在同一地

众所周知，郑和下西洋的起锚地是在江苏太仓的刘家港，刘家港今无此港口，其遗址就在今太仓市的浏河镇。在浏河镇北面七八里的地方有一个茜泾镇（近年太仓城镇合并，面目全非，已无此镇，统一将该地称之为太仓港），据民国学者顾逸亮在《广孝教寺》中的考证称，明清时代茜泾曾有一个琳宫梵宇多达5 084间的"广孝教寺"（笔者亲自考证，其确切位置应在茜泾与新塘交界处），而在此之前的清代学者则留下了更为详细的有关"广孝教寺"的记载："广孝寺，即古怀让寺，其地基五百余亩。赐名广孝，留辅太子于南京，遂急流勇退，归隐海滨，于怀让寺旧址重兴土木，再整檀林，额曰'广孝教寺'"（刘湄金：《浏河镇记略》）。

看来，茜泾曾经拥有的"广孝教寺"还真是一个特大寺院——琳宫梵宇多达5 084间，占地有500多亩，按照姚广孝在朱棣时代的地位来说，给这位第一军师盖这样的寺院本属情理之中。但大家千万别忘了，姚广孝是苏州相城人，苏州近郊有山有水，这才是置立寺院的最佳地点，而太仓境内有水但无山或者说几乎无山，从寺院选址来看，远没有苏州来得理想，那么姚广孝或朱棣为什么要这样"舍近求远"建制这么大的寺院？这实在是令人费解。还有，更为巧合的是"广孝教寺"所在地居然与郑和下西洋的起锚地在一块儿，姚广孝与郑和又是亲密的师徒关系，除非他们有着共同的特殊使命将他们连在了一起以外，还能作何解释呢？

◉ 郑和下西洋的船队里有锦衣卫，这本身就不是一件很寻常的事情

郑和下西洋气势非凡，浩浩荡荡，国人每每说到此，无不充满了自信与骄傲，但

读者朋友有没有想过郑和下西洋队伍中有一帮子特殊的人——锦衣卫特务。《明实录》中记载："（宣德元年六月甲戌）锦衣卫杜子忠等四人，永乐中从太监郑和使西洋，至锡兰山遇寇，四人被掠。今自苏门答腊国附朝贡舡来归。"（《明宣宗实录》卷18）

这是讲永乐年间郑和下西洋队伍中有杜子忠为首的四个特务，被锡兰人俘虏了，一直到朱棣孙子朱瞻基当政时才被放回。

另据明代兵部编录的《卫所武职选簿》中记载来看，郑和下西洋人群有着一定数量的锦衣卫。（参见徐恭生：《再谈郑和下西洋与〈卫所武职选簿〉》，2009年第2期《海交史研究》，P31—47）

带水手是为了便于海上航行，带军队是为了自卫与安全，那么带上以侦查政敌为其主要任务的锦衣卫特务又要作何用？有人说那是针对敌国势力或海盗的，真的是这样吗？难道郑和下西洋有了几万海上军队还不够，还要带上并不精通打仗而擅长于明察暗访的锦衣卫特务反而能管用？显然不是！

● 郑和下西洋之前，朱棣曾向邻国朝鲜索要过建文朝逃亡者

朝鲜李朝《太宗恭定大王实录一》载：癸未三年（明成祖永乐元年，1403）四月甲寅日，朱棣派遣的通政司左通政赵居任、宦官黄俨等上朝鲜送上一道专门的谕旨"永乐元年二月初八日奉天殿早朝，宣谕圣旨：'建文手里多有逃散的人，也多有逃去别处的。有些走在你那里。你对他每说知道，回去对国王说，一介介都送将来。'"（吴晗辑：《朝鲜李朝实录中的中国史料上编卷二·太宗恭定大王实录一》，中华书局，1980年3月第1版，第1册，P184）

《李朝实录》中的这段史料，至少告诉我们：在郑和下西洋之前，朱棣曾向邻国朝鲜索要过建文朝逃亡者。连可能流亡到外国的"建文手里多有逃散的人"（可能这是种隐晦说法，实指建文帝等）都不放过，更不要说建文帝本人了。由此看来，朱棣屡遣郑和下西洋到海外诸国寻找下落不明的建文帝也纯属"正常"举措，一次找不到就来第二次，第二次找不到就来第三次……因为建文帝的存在毕竟是朱棣及其子孙之帝位的最大威胁与隐患。

上述提到的郑和下西洋及其相关事件的几个疑点指向，似乎都逃不出一个中心，那就是有人传言的：金川门事变后，建文帝外逃，郑和下西洋最为主要的目的就是踪迹建文帝的下落，以此来解释，上述疑团都能一一迎刃而解了。

御弟朱橞"胡言乱语",无形之中触及了一个大明皇家秘密,这个秘密是什么?

要说大明帝国永乐年间不仅朱棣的"骨灰级"亲信行踪神秘,而且连皇家直系亲族中间似乎有个不言而喻的公开的秘密,那么这个秘密是什么?我们从金川门之变后的皇家御弟谷王朱橞的"不正常"言行举止讲起吧。

靖难战争以后,朱棣对打开金川门的两大"功臣"格外厚待,"公爵加禄受赏者一人"即为李景隆;而另一个"功臣"谷王朱橞被赐"七奏"乐队,"卫士三百,赉予甚厚",后来朱橞被改封到长沙就藩时,皇帝朱棣又给这个帮了他大忙的"御弟""增岁禄二千石",在诸王中是极为罕见的。朱橞本是一个不知天高地厚的人,现在皇帝哥哥给予了他这么多的特殊待遇,他更是不知道自己几斤几两了,"遂益骄肆,夺民田,侵公税,杀无罪人"。甚至他还密谋造反,为了能使自己的皇帝梦能够圆上,朱橞写信约上自己的同胞兄长蜀王朱椿作外应,但没想到遭到了朱椿的严厉斥责,朱橞顿时火冒三丈,恰巧这时朱椿的儿子朱悦燇与父亲朱椿闹矛盾,他偷偷地逃到了自己的亲叔叔朱橞的谷王府,朱橞顿生灵感,对大伙儿说:"当年我与曹国公李景隆打开金川门就是为了放走侄儿建文帝,现在建文帝就在我的府上啊!……"朱橞编造感人的故事,很快像长了翅膀一样飞到了他的同胞兄长蜀王的耳朵里,朱椿决定彻底地豁出去了,他一股脑地将过去谷王打算谋反的事情全部地倒了出来。朱棣知道了事情的原委以后,马上命令宦官带上皇上御旨前往谷王府,命令谷王朱橞赶紧将侄儿朱悦燇"归还"给蜀王,并勒令朱橞迅速来朝。(《明史·诸王三》卷118,列传第6;《明太宗实录》卷178)

有关朱橞与朱椿之间的是是非非与恩恩怨怨,前面我们已经讲过了,就此打住。坦率地说,谷王朱橞绝不是什么好东西,背叛建文帝打开金川门的是他,谎言建文帝在他谷王府上以此借皇帝朱棣之刀来报复有违自己愿望的同胞兄长的也是他,这两件事合在一起,细细想来就会使人产生两大疑问:

第一,谷王朱橞谎说建文帝藏在他的府邸,要是真的建文帝被火烧死了,有哪个大傻子会说一个已经被大家确认死去的人还在他的家里?这岂不是诅咒自己的府宅是鬼魅出没的阴曹地府吗?当然,真是有这样的人,那就是得了精神病了,而历史记载中的朱橞很正常,由此可以反证出:当时大明皇家至亲谁都不相信建文帝烧死了。

第二,朱橞以建文帝藏在自己府邸为名目,来报复自己的亲哥哥蜀王,从这事当中我们可以看出,当时朱棣对建文君臣的迫害已经达到了登峰造极的地步。朱樉没有精神病，他散布这样的谣言肯定有一定的"市场"，否则也没有必要这样胡说八道。要知道，皇家亲族都是永乐朝政治中心人物，他们应该比一般人更能了解建文帝的结局，因此从这个角度也能看出建文帝确实也没死，否则朱棣或朱椿等听到这个十八弟在胡言乱语，压根儿也不会当回事的，由此从另一侧面证明建文帝没死于宫中大火之中。

有人谎报建文帝下落，朱棣居然真派人去查了，这说明了什么？

上述那个"诬告"事件是发生在永乐朝的上层集团内，事实上，有关建文帝出逃的传言还在当时社会上广泛地流传。

"靖难"成功以后，有人告发说，建文帝逃到了浙江浦江去了，藏在郑家（郑家是浦江当地的名门望族，我们在《大明帝国》系列之《洪武帝卷》中已经提到过它，下文我们还要详细地讲述郑家与大明王朝之间的关系），朱棣立即派了人前往浦江郑家进行搜查。当时将郑家的十个大柜放在家长郑湜家的大厅里，然后当众进行开柜检查，郑家上下几百号人的心都提到喉咙口，因为在这十个大柜中，有五个柜子里放的全是经史书籍，还有五柜子全是放的郑家用来以备不测的兵器，话虽然这么说，但私藏兵器毕竟是一项大罪啊，所以郑家老少实在是急坏了，但也无可奈何，只好让朱棣的人一个个地搜。世界上的事有时说来还真是巧了，朱棣派的那些人在检查了五个大柜以后，发现竟然全是书，觉得没劲，也就没有继续往下搜查了，后来人们都在说，郑家的忠孝节义感动了上苍，冥冥之中老天爷帮了郑家一把。（《明史·孝义一·郑濂传》卷296）

新朝廷派的人在郑家没有查到建文帝，朱棣当然十分恼怒，"乃斩诬者"（【明】吕毖：《明朝小史·孝友堂》卷4）。

这看起来是一起普通的诬告案，但事情的背后隐藏的问题可没那么简单了。

第一，不是朱棣自己都在说建文帝已经被大火烧死了，以此进行逻辑推理：既然建文帝已经烧死了，那为什么朱棣还听信诬告，派人到民间去搜查呢？

第二，按照《大明律》的规定，被诬告者就是郑湜等人，没有大面积地波及，因此对诬告者的处置最重也不至于处死，但朱棣居然将诬告者杀了，这究竟为什么？合理的解释应该是诬告者无形之中触及了朱棣的隐痛，新皇帝已经宣告建文帝烧死了，怎么还说建文帝藏在某人家里，这岂不是扰乱人心，与"安定团结"的政治原则大唱对台戏!这等恶徒不杀怎能使大明安宁!

由此可见朱棣内心十分清楚建文帝没死,他出逃在外!

已有锦衣卫,又增设东厂,朱棣这么做到底是为了什么?

永乐朝还有一些很有影响的怪事,譬如,朱棣当政后继续沿用了原有的特务组织锦衣卫,恢复了洪武晚年被朱元璋撤销的锦衣卫刑狱。对于锦衣卫,我们在《大明帝国》系列之《洪武帝卷》中已经详细地讲过了,它是明初朱元璋开启的加强专制主义中央集权的一大创举,锦衣卫主要是针对皇权潜在的政治危险而展开活动的,它权力极大,无所不能。理应说来,有了锦衣卫,皇帝的集权加强了,政治潜在危险下降到了最低的程度。但令人不解的是朱棣上台后又增设了新的特务机构东厂,这是为什么?

我们不妨来看看朱棣自进入南京城以后的"遭遇":金川门之变后,燕军不费吹灰之力进了南京城,但出人意料的是朱棣还没有喘上一口气,就在金川门边上遭遇了一场未遂行刺,建文朝的文弱书生御史连楹就是行刺朱棣的大英雄(《明史·连楹传》卷141,列传第29;【明】谈迁:《国榷·惠宗建文四年》卷12);后来朱棣通过大肆杀戮,控制住了南京城的局势,朝政也逐渐地正常化了,谁料又有一个叫景清的"降臣"突然对朱棣进行行刺,可把这个新皇帝吓得不轻啊(《明史·景清传》卷141,列传第29;【清】谷应泰:《明史纪事本末·壬午殉难》卷18)。所有这一切表明:京师南京并不欢迎新皇帝,对此朱棣十分明白;再者,整个建文朝只有29个大臣出来投降,这就使得朱棣更加郁闷不已:还有600多号的大臣要么选择出亡,要么选择殉难,这样的境况可以说在历史上也是绝无仅有的。

明代学者张燧就曾说:"我国朝革除,虽南北交兵,原叔侄相代,乃当时死难不屈之臣,上自宰辅,下逮儒绅不具论,而深山穷谷中往往有佣贩自活、禅寂自居者。异哉!此亘古所无也。"(【明】张燧:《千百年眼·革除死难之多》卷十二)

大明朝以前没有过,以后也没有过。历史上每每碰到改朝换代时,往往会出现一小部分誓死不降的"忠臣节士",尤其是在两种情况下特别激烈:一者就是异族入侵;另一者就是农民起义军推翻腐朽的封建王朝。远的我们不说,就拿明朝来说事,明亡清兴之际,按理说这是最能显示出气节的时刻,可是大明"忠臣孝子"为国为君殉难者却是屈指可数,远没有从"建文"转向"永乐"时那样的规模,那般的惨烈;被崇祯朝大臣们视为洪水猛兽的李自成农民军进入北京时,"文臣、阁部、词林、卿寺、台省以及郎署,自裁者仅二十人,竟无一人骂贼而死"。(【清】懒道人:《剿闯小史》)

但"靖难之役"后建文朝竟然有463个大臣拒绝投降,突然间来了个人间蒸发,110多个大臣及其家眷视死如归,赴汤蹈火,这实实在在发生的事实使得魔鬼朱棣寝食不安、如坐针毡;再说就凭明皇宫里那一具已经烧焦了的尸体就说是建文帝,似乎太过于草率。骗别人可以,但骗不了自己,朱棣当然会心神不宁,原本用来消除皇权潜在政治危险的锦衣卫却又"一无成就",细细想来,就靠一个特务机构锦衣卫就能解决问题?显然是不可能!所以朱棣要建立新的特务机构——东厂。与此同时,朱棣还在酝酿将大明帝国都城从这个充满了对他的敌意的建文朝旧都迁往自己大本营——北平的计划(有关朱棣迁都北京的事情,我们将在《大明帝国》系列之《永乐帝卷》中详述)。

以上我们从永乐帝及其周围"怪异"十大疑入手,分析了朱棣的"心病"症结所在,其个个疑问、条条证据都有一个指向——建文帝没死,他出亡在外。

最后尤其值得一提的是:从金川门事变后的客观实际来看,建文帝并没有彻底失掉天下:江南大部分地方效忠建文帝;中都凤阳控制在忠于建文帝的都督同知孙岳手中;山东由建文朝的铁汉文臣铁铉守着;淮安由朱元璋的爱婿、托孤大臣梅殷掌控,"尚拥兵淮上";东北地区的守将还忠于建文帝;更有云南地区由对大明帝国忠心耿耿的朱元璋"义子"沐英之子沐晟镇守,因此说,建文帝没有到山穷水尽的地步,外逃出去可图东山再起。历史上的安史之乱,唐玄宗将国都长安都丢了,后来还能收复,这样的典故对于喜欢读书的书生皇帝朱允炆来说再熟悉不过了;更有建文帝好情面,就如朱棣钦定的说法,建文帝不好意思去见叔叔,这就更加反证了建文帝"回避"是惟一的好办法,既然火堆中找到的是不能确定的"建文帝尸体",那么合理的解释应该是建文帝逃跑了。

第三章
建文出亡　两次"钦定"

明代开始众所周知的官方史书对有关建文帝的下落问题,要么讳莫如深,要么闪烁其词,即使非官方学者已经有所考证出来了,但就有人感觉其权威性不够。那么有没有权威的官方最好是皇帝这类级别来"一锤定音"建文帝到底怎么啦?

有。

长期以来,官修"正史"癖好者或怀着某种不可言喻的功利目的的投机者始终抱定"建文帝被烧死"的传统官方"正说",坚决否认真实的历史,每当人们谈论起建文帝出亡问题时,他们特别来劲,要么粗暴地斥责"建文帝出亡论"为异端邪说,要么发动有失斯文甚至颇有街头泼妇骂街式的围攻,让人觉得好不滑稽,说其滑稽实在是客气,说白一点就是无知。要说建文帝出亡不仅有前面所述的永乐帝及其周围"怪异"十大疑与朱棣的"心病"为佐证,而且还有"正史"癖好者所顶礼膜拜的"钦定说",即为常人所遗忘的两个皇帝"钦定"证据。这第一位皇帝说来大家可能还真不敢相信,他就是永乐皇帝朱棣自己,这究竟是怎么一回事?

南京"燕王告天文"——朱棣实际上已勒石宣告建文帝出亡了

清乾隆四十二年(1777),南京有个樵夫在紫金山紫霞湖北侧的山顶上"掘得"了一块"燕王告天文"碑,当时他就报告了官府,官府将此碑移入了南京朝天宫内。后来历尽战火沧桑,石碑失踪了,但清代南京籍著名学者甘熙在他的《白下琐言》中记录了该碑碑文。

为恢复历史本来面目,1995 年 8 月南京中山陵园管理局根据甘熙《白下琐言》等史料中保存的"燕王告天文"碑文内容在明孝陵的梅花谷重立新碑,碑记全文如

下(图 1):

"奉大明皇帝圣旨。伏为皇考太祖高皇帝、皇(著者补)妣孝慈皇后登遐日远,痛怀丧葬之未亲,崩失年久,益感劬劳之未报。手足且伤于前后,情怀有恸于死生。骨肉相残,几致屏翰之倾替;腹心构讼,幸兹家国之安全。洪武三十五年朱棣谨述。"
(南京明孝陵梅花谷"燕王告天文"碑;甘熙:《白下琐言》,南京出版社 2007 年 9 月第 1版,P124,可见书中照片)

碑文是这样说的:"我燕王朱棣谨奉大明皇帝的圣旨前来拜谒孝陵,诚惶诚恐地祭奠父皇母后大人。尽管你们升仙已久,但做儿子的每每想到你们远去时未能亲自前来送别,我的心里就越发

图 1　燕王告天文

难受,尤其未尝报答两老的一生劳苦和无限的洪恩,儿子我常常是悲痛欲绝。你们可知道吧?就在你们走后不久,我大明皇家发生了手足相残之事,令人痛心的是血缘亲情已经游离到了生死的边缘,几乎将我大明给毁了。不幸中的万幸啊,朝中奸恶亲信构陷没有得逞,我大明家国尚能保全。洪武三十五年朱棣谨述。"

洪武三十五年也就是建文四年(1402),朱棣在碑文结尾时署上自己的大名而没有用"朕"之类的特殊名号,这说明当时他还没有登基。查阅《明太宗实录》,朱棣未登极时前往南京东郊拜谒明孝陵是在建文四年六月十七日即己巳日,也就是燕军闯入南京城的第五天,因此碑文下面落款的确切的年份应该是这样的:"洪武三十五年六月十七日(或言己巳)朱棣谨述。"

为了进一步地说明清楚问题,笔者根据《明太宗实录》对朱棣闯入南京城的第一天起到他祭拜孝陵这几天的活动进行一番梳理:

朱棣闯入南京城的第1天即建文四年六月乙丑日当天确实很忙，金川门事变突发，他连忙派出亲信前去解救身在囹圄中的胞弟周王朱橚等。忽然看见明皇宫燃起了熊熊大火，于是赶紧又派人前去救火，但为时已晚。有人从灰烬中捞出了一具尸体，朱棣挤出了几滴鳄鱼眼泪，"痛哭流涕"一番，然后急忙下令搜捕建文朝的"奸恶"方孝孺等人，用武力控制京师南京的秩序，并给自己的侄儿皇帝"发哀，命有司治丧葬如仪，遣官致祭，布告天下，下令京师，慰抚臣民"。（《明太宗实录》卷9下）

换句话来说就是朱棣进入南京城当天在没有查清楚建文帝下落的情况下，出于某种特殊的目的就草草地给侄儿皇帝朱允炆发丧了。

第2天即丙寅日上演"劝进与谦让"游戏。"诸王及文武群臣请上正天位"，朱棣推辞道："我开始起兵是迫不得已啊，以周公为榜样，除去奸恶，安定社稷，这是我的本愿，没想到我那个侄儿实在不明事理，被奸臣所蒙蔽，居然自绝于天。现在继承大明君位的应该要挑有才有德之人，我朱棣德才浅薄，岂堪负荷？"

不愧为天生当皇帝的料，不仅嘴巴大而且还特别会说话、特别会演戏，在场面上表现得越谦虚越好，这样反而映衬出自己的"美德"来。可南京城内外到处都是杀气腾腾的朱棣"靖难军"，诸王和文武大臣谁也不是傻子啊，他们就是要燕王出来为天下人做主，并摆出一大堆的理由："天生圣人，以为社稷生民主。今天下者，太祖之天下，生民者，太祖之生民，天下岂可一日无君，生民岂可一日无主？况国有长君，社稷之福，殿下为太祖嫡嗣，德冠群伦，功施社稷，宜居天位，使太祖万世之鸿业永有所托，天下之生民永有所赖，不宜固让，以抚天下之心。"但谁知，燕王就是不干。（《明太宗实录》卷9下）

一句话概括，大家都在玩游戏，不过这是个高级游戏，群臣劝进，叫燕王赶紧登基，可朱棣没那么肤浅，他要全国臣民都知道，我是你们推选出来的，所以大玩"太极"，死命地推托自己不合适荣登大位，这也是当年他"老爸"朱元璋开国时玩的小把戏，只不过35年后重演罢了。

朱棣到南京城的第3天在干什么？重复昨天的故事。"丁卯，诸将上表劝进，曰：'臣闻鉏奸去恶，式扬神圣之谟，附翼攀鳞，幸际风云之会，功光前烈，德振中兴。殿下文武英明，宽裕仁孝，为太祖之嫡嗣，实国家之长君，天生不世之资，民仰太平之主。曩因奸恶逞毒鞠凶，祸既覃于宗藩，几欲倾于社稷，集天下之兵以相围逼，使国中之众不能逃生。乃赫怒而奋一隅之师，遂呼吸而定九州之众，战必胜，攻必取，实由天命之有归，近者悦，远者来，爰见人心之有在。今内难已平之日，正万方忻戴之时，宜登宸极之尊，以慰臣民之望。臣等忝随行阵，仰仗威灵，素无远大之谋，窃效分毫之力,虽不敢冀云台之图像,实欲募竹帛之垂名,谨奉表以闻。'上(指朱棣,笔者注)览之,厉声曰:'吾与若等初举义共图免祸耳,曾有心富贵耶?'不听。"(《明太宗实录》卷9下)

大明皇家的"朱老四"不愧为老朱皇帝的"好儿子",且政治觉悟也高,当群臣与诸将再次劝进时,具有特殊品德的"朱老四"干脆就发火了,大声斥责:"想当年我与你们发动'靖难'时只不过是为了避免灾祸,哪有图谋富贵之心?"品德多好的皇帝候选人啊,就是不接受群臣们的劝进。

那么,朱棣到南京城的第4天在干什么?重复前天的故事。"戊辰,诸王上表劝进曰:'天眷圣明,宏开景运,宜正大宝,永保万邦。恭惟大兄殿下龙凤之姿,天日之表,祯祥昭应于图书,尧舜之德,汤武之仁,勋业已彰于宗社。迩因憸邪构祸,毒害宗亲,辄动干戈,几危社稷,乃遵承《祖训》,奉行天诛。以一怒而安斯民,备文王理义之勇,不四载而固帝业,同世祖中兴之功。武以剪戮,克全皇考之天下,文以经纬,聿明洪武之典章,实天命之归,岂人力之能强?愿俯狥于众志,庶永绍于鸿图。某等谊重天伦,情深手足,荷蒙拯溺,得遂生全。只迓龙舆,早正天位,皇考之天下永有所托,四海之赤子永有所归。幸鉴微忱,毋频谦让。'上不允。是日,文武群臣复上表劝进。上曰:'昔元运衰微,四海鼎沸,强弱相噬,百姓无主。天命我皇考平定天下,以安生民,勤苦艰难,创造鸿业,封建子孙,维持万世。岂意弃臣民之未久,而奸邪之臣恣其凶谋,屠灭诸王,将危社稷。予时以病,志耗力疲,惟图高枕以终余年。一旦起兵见图,令人震慴,不知所措,国中群臣咸言'太祖皇帝创业艰难,陵土未干,而诸王次第被罪,我辈何辜?宁能束手受戮?'予方彷徨,顾望求生,而天下之兵日集见逼,形势之危犹侧立于千仞之崖,而推之下也。故不获已辛苦,百战出一生于万死,志清奸恶,以匡少主,吾之本心如此而已。少主不亮,自绝于天,今诸王群臣交劝予即位,夫天位至艰,近如建文君,弗克负荷,几坠丕图,吾岂虚为谦让?盖思皇考创业甚艰,诚欲推择诸王中有才德可以奉承宗庙者立之,主宰得人,天下之福。予虽北面,且无忧矣。'群臣稽首固请曰:'殿下德为圣人,位居嫡长,当承洪业,以安四海。虽谦德有光,复谁与让?且天命有在,孰得而辞?殿下宜早正大位,庶使人民咸有所依,不宜狥匹夫之谦,以虚天下之望。'上固辞不已。"(《明太宗实录》卷9下)

朱棣到南京城的第5天在干什么?

已经推辞三次了,火候也差不多了,群臣劝进已劝了3次,"国可不能一日无君",当惯了奴才的中国臣民就是这么一种思维定式,朱棣再不登基即位,弄不好就有人哭着闹着甚至要上吊,武将们更是迫不及待地要他们的"靖难军"总司令"登位"上进,这样自己可以早早地"分享"到"靖难"战争的胜利果实么;那时南京城里教坊司的妓女们不知道有没有放假,要不然她们肯定与500年后的"小淫材"(朱棣语)们赶去"热捧"袁大总统"荣登"中华帝国皇帝大位一般起劲,尤其这"妓女请愿团"加上什么"乞丐请愿团",他们的出场肯定能将荣登大典推向高潮。这样一来,应全国人民的强烈要求,我就勉强出来凑个数,当一回皇帝吧!这是对外的说辞,其实作为这场闹剧的主角——真实的朱棣却是捂住了嘴心里乐开了花。二十多年来装孙子装得够累了,老子今天终于可以扬眉吐气、指点江山了。

正当朱棣踌躇满志地准备前往明皇宫荣登皇帝大位时,意想不到的事情又发生了。建文朝29个"识时务"降臣中的"精杰"杨荣出来挡道了,"(杨)荣迎谒马首曰:'殿下先谒陵乎,先即位乎?'"(《明史·杨荣传》卷148,列传第36;【明】高岱:《鸿猷录》卷7)

不愧为人中之"精杰",杨荣说话很有水平:"殿下,您是先去拜谒孝陵呢还是先即位?"

哎呀,差一点误了大事,自己口口声声叫喊了四年的最大政治口号"复祖制,谒孝陵"怎么就给忘了呢?幸亏这个杨大人杨荣的提醒。于是"成祖遽趣驾谒陵。"(《明史·杨荣传》卷148,列传第36;【明】高岱:《鸿猷录》卷7)

到了孝陵,"大孝子"朱棣少不了好好地哭陵一番,"歔欷感慕,悲不能止",最好"哭"声越大越好,让全国臣民都听到才是。(《明太宗实录》卷9下)

《明太宗实录》原载:建文四年六月己巳日即第五天,"上(指朱棣)谒孝陵,歔欷感慕,悲不能止。礼毕,揽辔回营。诸王及文武群臣备法驾,奉宝玺迎上于道,遮上马,不得行。上固拒再三,诸王及文武群臣拥上登辇,军民耆老万众夹道顿首欢呼,连称万岁。上不得已,升辇曰'诸王群臣以为我奉宗庙,宜莫如予。宗庙事重,予不足,今为众心所载,予辞弗获,强循众志,然宜协心,辅予不逮。'遂诣奉天殿,即皇帝位,诸王暨文武群臣上表称贺。"(《明太宗实录》卷9下)

由此看来朱棣拜谒明孝陵是在他到南京的第五天才去的。现在最为关键的问题是"燕王告天文"碑文的开头:"奉大明皇帝圣旨",这个大明皇帝指的是谁?老皇帝朱元璋?不是的,朱元璋已经死了好多年了,再说从全文内容来看,奉朱元璋之命祭祀朱元璋夫妇,逻辑上说不通;那么这个大明皇帝是指朱棣自己?从《明太宗实录》记载来看,朱棣祭祀父皇母后时还没有正式登基称帝,而碑文下面落款又为"洪武三十五年朱棣谨述",所以说这里的"奉大明皇帝圣旨"明显不是指朱棣自己。这样下来,只有一个解释,"奉大明皇帝圣旨"是朱棣"强奸"侄儿皇帝朱允炆,以奉行他的圣旨名义来祭祀孝陵。但朱棣可能忘了四天前他已经宣告建文帝死于火中了,这就为今人留下了一个重要的史料依据:在宣布建文帝死于宫中大火后的第五天,朱棣无意识中"暴露"了大明第一号机密——建文帝没死。

正因为侄儿皇帝没有死,朱棣才十分心虚,言不由衷。哭也哭了,说也说了,立个纪念碑也没多大在意,重要的是迅速赶回南京城里去登基即位,以此来稳定京师的局势与人心,恢复秩序,于是就有了第六天,"庚午,命五府六部一应建文中所改易洪武政令格条,悉复旧制,遂仍以洪武纪年,今年称洪武三十五年,复诸殿门旧名,盖建文中改谨身殿为正心殿,午门为端门,端门为应门,承天门为皋门,正前门为辂门,至是首命撤之,悉复其旧云"(《明太宗实录》卷9下)。第七天"辛未,制皇帝亲亲宝"。第八天"壬申,备礼葬建文君,遣官致祭,辍朝三日"。(《明太宗实录》卷9下)

既然进入南京城的第一天就宣告建文帝的政治"死亡",朱棣就有了自己登基即位的机会,按照礼节,七天后他以天子之礼"下葬"了侄儿皇帝,终使严峻的政治局势得到了控制,余下的就是慢慢再想办法,对付逃亡的建文帝,至于明孝陵边上"燕王告天文"碑一下子也没想起有什么不妥,很快就给忘了。

其实朱棣的那块"燕王告天文"碑已经"泄露"了天机,朱棣钦定了:建文帝没死,他出亡了!

乾隆四十二年定本:明故宫中烧死的是建文帝正妻马皇后,非建文帝!

当然也有人可能认为,上述有关"燕王告天文"原碑已不在了,现在南京中山陵园管理局立的碑是根据清代学者甘熙的《白下琐言》所记述的内容而重修的,其真实性不能完全令人信服,最好由权威部门来编撰正史或由皇帝来钦定? 有!

民国时期著名的**明清史专家孟森先生**在考察了清修《明史》的历程后这样说道:"清于建文书法,至乾隆朝,去朱三太子事已远,既不虑天下复有思明之人,亦不虑明复有系天下之望之裔。乃于四十二年诏改《明史·本纪》。即将建文书法重定,书云:'棣遣中使出后尸于火,诡云帝尸。'是清一代最后《明史》定本,亦已不复仍王鸿绪史稿之意。今**《四库本》**之《明史》与**殿本**通行者不同。世多未见**《四库本》**,尚拘守通行之**《殿本》**。赖有故宫单行之乾隆重修《明史·本纪》,可以证建文书法之归结。慎勿谓殿本旧书法定自先生,反由清高宗为之论定也,则先生为不受诬于终古矣! 并以附书。"(【民国】孟森:《万季野明史稿辩诬》,见《明清史论著集刊》上,中华书局2006年4月第1版,P195)

孟森先生是说,清初开始撰修《明史》多有忌讳,因为当时康熙朝"反清复明"运动此起彼伏，有关崇祯皇帝的儿子朱三太子隐逸于民间的传说层出不穷，如果尊重事实如实撰写建文帝出亡了，则隐含着朱三太子也没死，他出亡了，这无疑是给康熙朝当局添乱。出于高度的政治觉悟和体谅康熙皇帝的心迹，《明史》总裁王鸿绪就不顾历史事实，将明建文帝的最终下落问题定为：被宫中大火烧死了，这就是我们今天常见的“殿本”《明史》中的说法。但清代有着强烈的史学责任感的学者还是大有人在，包括乾隆帝在内都感到这样的写法不妥当，与史实不相符，于是史学家们就开始重新考证和修订“殿本”《明史》，这时距离康熙朝撰修《明史》已将近百年，各地“反清复明”运动进入了低潮，清朝统治已十分稳固，有关朱三太子的事情很少再有人提及，所以既不用担心天下有人出来复辟，也不用害怕有人扯出“朱三太子”的旗号来进行“反清复明”运动。乾隆四十二年，清高宗正式下诏重修《明史·本纪》等，将“殿本”《恭闵帝本纪》中的“燕王遣中使出帝后尸于火中，越八日壬申葬之”改为“棣遣中使出后尸于火，诡云帝尸”。就是说将原来的“朱棣派太监从灰烬中拣出建文帝、马皇后的尸体，过了七天也就是建文四年六月壬申日将其下葬了”，改为“朱棣派太监从灰烬中拣出马皇后的尸体，假称这是建文帝，以此掩人耳目”。这就是人们很少见到的“四库本”《明史》中有关建文帝最终下落的说法，换言之，建文帝没被大火烧死，而是出亡了！

很可惜，乾隆帝没来得及将这“四库本”《明史》刊印好，就匆匆忙忙地赶往地下去找他的爸爸与爷爷去了。乾隆这一走，“四库本”《明史》也就没有公开刊行，故而流传很不广。孟森先生说他看到的是故宫单行本，我的南京学业导师同时也是我的忘年交潘群先生年轻时曾在山东大学历史系图书室看到过该“四库本”《明史》（图2～图5）。

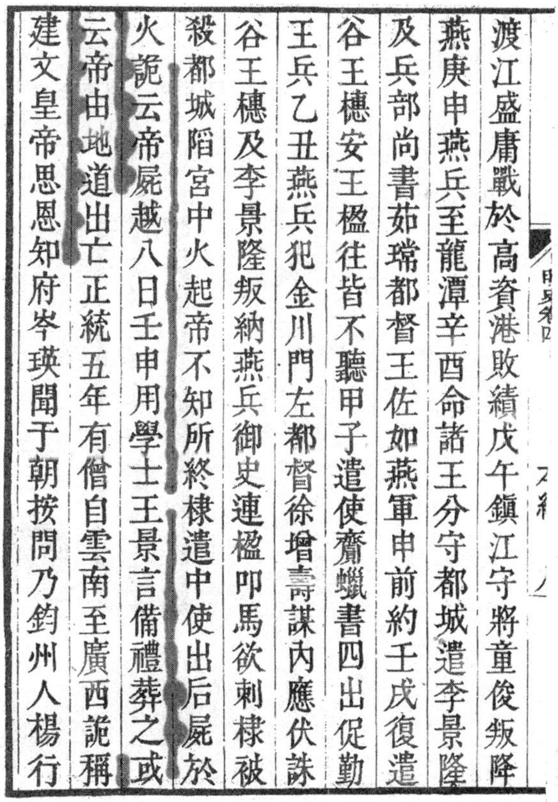
渡江盛庸戰於高資港敗績戊午鎮江守將童俊叛降燕庚申燕兵至龍潭辛酉命諸王分守都城遣李景隆及兵部尚書茹瑺都督王佐如燕軍申前約壬戌復遣谷王橞安王楹往皆不聽甲子遣使齎蠟書四出促勤王兵乙丑燕兵犯金川門左都督徐增壽謀內應伏誅谷王橞及李景隆叛納燕兵御史連楹叩馬欲刺棣被殺都城陷宮中火起帝不知所終棣遣中使出后屍於火詭云帝屍越八日壬申用學士王景言備禮葬之或云帝由地道出亡正統五年有僧自雲南至廣西詭稱建文皇帝思恩知府岑瑛聞于朝按問乃鈞州人楊行

图2　四库本《明史·惠帝本纪》

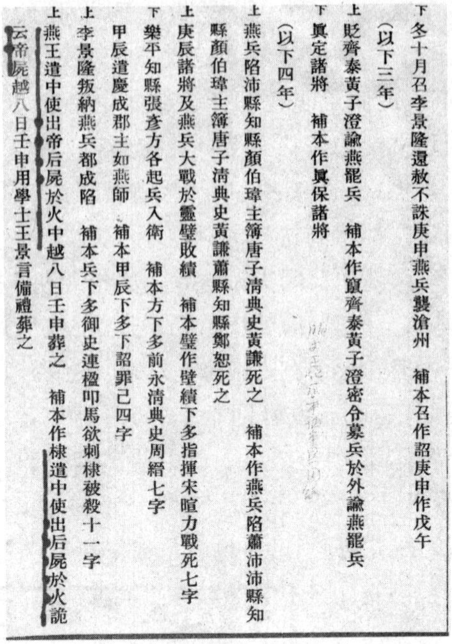

下 冬十月召李景隆還赦不誅庚申燕兵襲滄州　補本召作詔庚申作戊午
(以下三年)
上 貶齊泰黃子澄諭燕罷兵　補本作竄齊泰黃子澄密令募兵於外諭燕罷兵
下 眞定諸將　補本作眞保諸將
(以下四年)
上 燕兵陷沛縣知縣顏伯瑋主簿唐子清典史黃謙死之　補本作燕兵陷蕭沛沛縣知
縣顏伯瑋主簿唐子清典史黃謙蕭縣知縣鄭恕死之
上 庚辰諸將及燕兵大戰於靈璧敗績　補本璧作壁績下多指揮宋瑄力戰死七字
下 樂平知縣張彥方各起兵入衛　補本方下多前永清典史周縉七字
甲辰遣慶成郡主如燕師　補本甲辰下多下詔罪己四字
上 李景隆叛納燕兵都成陷　補本兵下多御史連楹叩馬欲刺棣被殺十一字
上 燕王遣中使出帝后屍於火中越八日壬申葬之　補本作棣遣中使出后屍於火詭
云帝屍越八日壬申用學士王景言備禮葬之

图 3　殿本·四库本明史本纪异同考

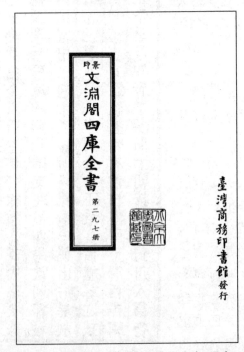

图 4　台湾商务印书馆发行的四库本《明史》

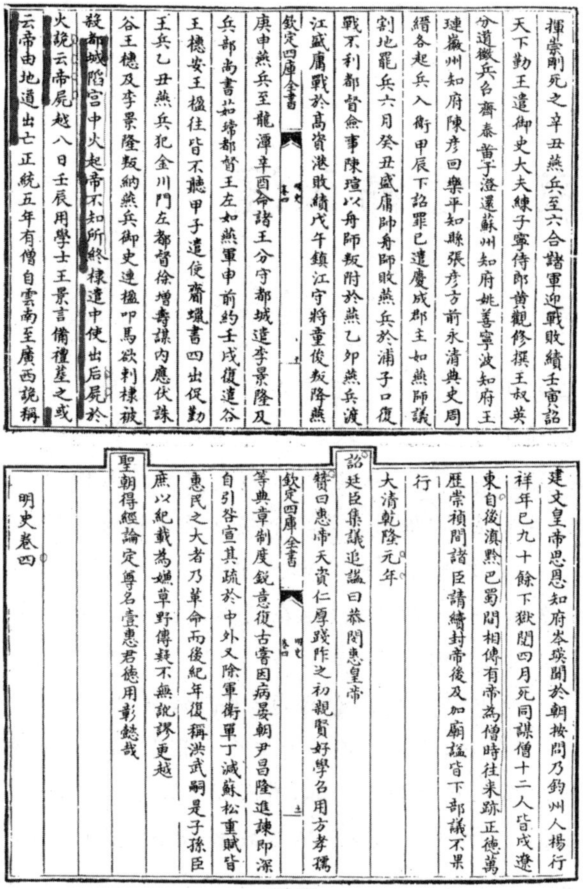

揮崇刖死之辛丑燕兵至六合諸軍迎戰敗績壬寅詔
天下勤王遣御史大夫練子寧侍郎黄觀修撰王叔英
分道徵兵命齊泰黄子澄還蘇州知府姚善寧波知府王
璡徽州知府陳彥回樂平知縣張彥方前永清典史周
縉各起兵入衛甲辰下詔罪已遣慶成郡主如燕師議
割地罷兵六月癸丑盛庸帥舟師敗燕兵於浦子口復
戰不利都督僉事陳瑄以舟師叛附於燕乙卯燕兵渡
江盛庸戰於高資港敗績戊午鎮江守將童俊叛降燕
欽定四庫全書
庚申燕兵至龍潭辛酉命諸王分守都城遣李景隆及
兵部尚書茹瑺都督王佐如燕軍申前約壬戌復遣谷
王橞安王楹往皆不聽甲子遣使齎蠟書四出促勤
王兵乙丑燕兵犯金川門左都督徐增壽謀內應伏誅
谷王橞及李景隆叛納燕兵御史連楹叩馬欲刺棣被
殺都城陷宫中火起帝不知所終棣遣中使出后屍於
火詭云帝屍越八日壬辰用學士王景言備禮葬之或
云帝由地道出亡正統五年有僧自雲南至廣西詭稱

建文皇帝思恩知府岑瑛聞於朝按問乃鈞州人楊行
祥年已九十餘下獄閱四月死同謀僧十二人皆戍遼
東自後滇黔巴蜀間相傳有帝為僧時往来跡正德萬
歷崇禎間諸臣請續封帝後及加廟謚皆下部議不果
行
大清乾隆元年
詔廷臣集議追謚曰恭閔惠皇帝
贊曰惠帝天資仁厚踐阼之初親賢好學召用方孝孺
欽定四庫全書
等典章制度銳意復古嘗因病晏朝尹昌隆進諫即深
自引咎宣其疏於中外又除軍衛單丁減蘇松重賦皆
惠民之大者乃革命而後紀年復稱洪武嗣是子孫臣
庶以紀載為嫌草野傳疑不無訛謬更越
聖朝得經論定尊名壹惠君德用彰懿哉
明史卷四

297—101

图 5　台湾版《明史》中建文帝下落的书法

最近潘老师的好友古籍版本目录学专家沈燮元先生从南京图书馆复印到“四库本”《明史》中有关改定后的建文帝书法（见书中图 2～图 3）；差不多与此同时，北京大学教授让庆澜老先生给他的哥哥让庆光老先生寄来了北京大学图书馆藏的由台湾商务印书馆发行的文渊阁四库全书第 297 册中有关建文帝下落问题有着相同书法的《明史》（见书中图 4 和图 5）。再换一种说法，我们大陆流行的《明史》以“殿本”为主，但从北大馆藏的“台湾商务印书馆发行”的《明史》却是“四库本”，由此看来海外或许流行的是“四库本”《明史》。

因此从现在来看，有关建文帝没被大火烧死而是出亡了，这是早已定论了的事。不说我们国内静心认真攻读明史的研究者，就连海外汉学专家也知道，若是在这个问题上再纠缠于笔墨官司，大打口水仗的话，说不准就要开海内外之玩笑了。

第四章
逃离南京　亡命天涯

在明清五六百年中曾有过两个不曾为人太大注意的历史拐点：第一个就是在朱元璋死后建文帝当政时，中国出现了"君权下移与小部分君权分割"的好兆头，但实在可惜的是，这个进程被朱棣的"靖难之役"给打断了，随后恢复了"祖制"；第二个拐点是在明清易代，遗憾的是康熙帝承传的不是中国传统政治制度中积极又理性的文化遗产，而是将朱元璋作为其仿效的楷模（他在明孝陵前美誉朱元璋"治隆唐宋"），于是中国历史又回到了老路上去。

然而一般人不从这样的角度来看问题，他们认准建文帝是个好皇帝，又同情他不幸的遭遇，于是出现了建文帝全国"漫游"的历史奇观：有人说他上云贵，有人说他到了湖湘，有人说他就躲在江浙，还有人说他逃亡海外，甚至现在连"老外"也不甘寂寞，说自己的祖先就是建文帝。那么各地到底有多少个"建文帝出亡地"？而在这些"建文帝出亡地"中究竟哪个是真的？

逃离南京

事实上建文帝出亡之事不仅由历代史学家不懈努力与艰辛考证所部分证实以及明清两代皇帝所"钦定"，而且还有当年事发的实际可能性。

长期以来，有一些人认为建文帝逃出南京城的可能性不大，因为金川门事变突发后，京师形势发生了急剧的变化，燕军迅速控制了京城，而明代南京城里没有什么秘道供明皇宫里的人应急出逃，建文帝又没有私人飞机，身上也不会长翅膀，他已经到了上天无路、入地无门的地步，真的是这样吗？

明代学者马生龙在《凤凰台纪事》一书中对南京城的地面和地下建筑作了如此描

述:"又于(南京京)城外起土城,以为不测屯守之计,(南京京城)宫中阴沟,直通土城之外,高二丈,阔八尺,足行一人一马,从备临祸潜出,可谓深思远虑矣。"(【明】马生龙:《凤凰台记事》;黄云眉:《明史考证》,中华书局,1980年6月版,第2册,P314)

　　明朝中后期南京文人周晖在《续金陵琐事》中转载道:"建文帝削发乘马,自朝阳门出。又云,其出由地道。有殷秀家居大明门左。殷言地道处曾裂缝一条,渠童时嬉戏,以线系铜钱,乘下探之,其深一丈余。"(《建文遗事》,载【明】周晖:《续金陵琐事》下卷,南京出版社2007年9月第1版,P257)

　　对于这样的历史记载,有人很武断地下结论:马生龙之辈在乱说。可事实胜于雄辩,近年来我们南京城不断有新的地下发现:

　　1991年,南京建邺路进行拓宽改造,人们意外地发现明朝初年的地下水道。经考古部门的考证,发现这段明初地下水道刚好正对着明故宫,与内秦淮河相通,由此说明明初南京城的地下水道不仅有着合理的布局,而且设计还相当的讲究,这条南北走向的古地下水道的横截面呈现拱形,它高2米,宽2.5米,距离地表面有1米。我们打个形象的比方,就是3个1.7米以上的人可以并行穿过这条明初建造的地下水道。无独有偶,有人在南京清凉山国防园内也发现了古地下水道(其出口今已被人遮住)。事实上,上个世纪后半期以来在南京城里不断有明初地下水道的发现,有人目击证明,位于太平门的南京钢锉厂地下室就是将原有的明初地下通道堵住而建起来的,更有草场门、后宰门、太平门、南京市政府后边的武庙等地都曾发现了位于底部的穿过厚厚的明城墙,与外秦淮河、玄武湖等水系相连的拱形明初地下水道。前阵子有个热心的南京市民到我办公室来告诉我,他在中山门、乌龙潭公园等地也发现了古老的地下水道。

　　由此看来明初南京城的地下通道是四通八达,当年明皇宫的主人建文帝完全有条件通过这种特殊的逃生通道逃离南京城。

　　更有,1998年南京城遭遇了特大暴雨袭击后,在中山门外前湖旁出现了城墙塌方,有人意外地发现了古老的明城墙中藏有一道小城墙,并在这小城墙外边、大城墙的里边竟然还有一个隧道,它高2.5米,宽1.7米,至少也可供两人并行;更令人意想不到的是,小城墙的下面还有一个比隧道口略大一点的涵洞,它穿墙而过。

　　由此,愈来愈多的人们认为,既然南京城有这么多的直接通往城外的地下与地面通道,那么当年建文帝完全可以借此逃生。

　　上面讲的是建文帝出逃在地理条件等方面的可能性,更有长期以来为人们所忽视的是,建文帝逃离京城出亡南方或东南方在时间上也绰绰有余。

　　据明末著名史学家谈迁在他历史名著《国榷》一书中的记载说,靖难之役后,朱棣进入南京,建文朝"其在任遁去者,463人"。谷应泰在《明史纪事本末》中也说:"成祖即位,编籍在任诸臣遁去者463人,俱命削籍。"(【明】谈迁:《国榷》卷12,《惠宗建文四年》,P844;【清】谷应泰:《明史纪事本末·建文逊国》卷17,P281)

我们不妨再看下面几段史料:

洪武三十五年九月戊子,"都督同知韩观奏:'江西庐陵县民逃聚山林者,闻命悉复业。'赐敕奖谕曰:'人君代天养民,惟体上天好生之心,安养斯民,使各得其所而已。数年以来,民苦于兵,加之赋敛烦苛,穷迫无告。间者,江西庐陵县民有不得已畏死逃聚山林者,有司不原其本心,辄请发兵剿捕。朕心有所不忍,故遣行人赍敕谕令复业,犹虑民之不明知朕心也,又遣卿以大臣谕之,民闻卿以朕命至,皆欢然来归,不劳寸兵,而危者以安,忧者以喜。以是观之,民岂乐于为非者哉?卿斯行于国于民咸有所利。朕甚嘉之,今特遣人以羊酒、彩币劳卿,至可领也。'"(《明太宗实录》卷12上)

洪武三十五年九月戊子,"使臣有还自东南夷者言,诸番夷多遁居海岛,中国军民无赖者潜与相结为寇。上遣使赍敕谕之,敕曰:'好善、恶不善,人之同情,有不得已而为不善者,亦非本心。往者尔等或避罪谴,或苦饥困流落诸番,与之杂处,遂同为劫掠,苟图全活,巡海官军既不能矜情招抚更加侵害。尔等虽有悔悟之心,无由自遂,朕甚悯焉,今特遣人赍敕往谕:凡番国之人,即各还本土,欲来朝者,当加赐赉,遣还中国之人逃匿在彼者,咸赦前过,俾复本业,永为良民,若仍恃险远、执迷不悛,则命将发兵悉行剿戮,悔将无及。'"(《明太宗实录》卷12上)

洪武三十五年九月辛卯,"谪工部右侍郎张显宗等戍兴州。显宗,建文中自国子监祭酒升工部右侍郎,往江西招集丁壮募民出粟。上既即位,显宗及江西布政使杨琏、按察使房安、佥事吕升并为军卒执,告其罪。上释不诛,谪戍兴州。"(《明太宗实录》卷12下)

从上面《明太宗实录》中三段隐晦的史料记载来看,在朱棣即位的最初3个月时间内,东南地区的抵抗运动一直在进行,尤其是建文朝工部右侍郎张显宗在江西领导的"勤王复兴"斗争直到建文四年九月才结束,而东南沿海军民中的"无赖"居然还跑到海岛上继续为"寇"。既然永乐朝官方称他们为军民,怎么还有无赖者?能保证这里边就没有"建文奸党"分子?总之,不管怎么说,朱棣在篡位登基后的3个月内,东南地区还没有彻底摆平,因此建文帝出亡该地区完全有时间上的允许和条件上的可能。在此期间建文帝如果带上宝玺甚至袈裟一类的宝物而出亡不是没有可能。而令人遗憾的是有人居然肯定地说:"朱元璋是一代开国帝王,应该不会糊涂到既安排嫡孙当流亡避难和尚,又要他穿上'只有皇帝'才能享用的'龙饰'袈裟,作'流动广告',告诉沿途官吏、民众,自己就是货真价实的皇帝吧。"(蔡震:《华

严寺金龙袈裟不是建文帝的》,载 2010 年 2 月 1 日《扬子晚报》)

读来让人晕,看来说这样话的人对明史一无所知,既不晓得《明实录》对那段非常历史是如何记载的,也不了解当时南京城地表与地下的特定地形——明代学者马生龙明明说:"(南京京城)宫中阴沟,直通土城之外,……以**备临祸潜出,可谓深思远虑矣**。"(【明】马生龙:《凤凰台记事》,载《中华野史》7,《明朝卷一》,车吉心主编,2000 年 1 月第 1 版,泰山出版社)

朱元璋是个从死亡边缘过来的人,其历经的磨难是我们常人所无法想象的,什么样的风浪他没见过?什么样的意外他没经历过?要说老朱皇帝的临终安排,绝不会如今日我们所能见到的已经被朱棣篡改了的《明太祖实录》中的记载,而是应该深思远虑,"以备临祸潜出"。

被吴晗先生列为研究明史必读的三部史书之一《明史纪事本末》这样记载道:"建文四年夏六月乙丑,帝(指建文帝)知金川门失守,长吁,东西走,欲自杀。翰林院编修程济曰:'不如出亡。'少监王钺跪进曰:'昔高帝升遐时,有遗箧,曰:临大难,当发。谨收藏奉先殿之左。'群臣齐言:'急出之!'俄而舁一红箧至,四围俱固以铁,二锁亦灌铁。帝见而大恸,急命举火焚大内。皇后马氏赴火死。程济碎箧,得度牒三张:一名应文,一名应能,一名应贤。袈裟、帽鞋、剃刀俱备,白金十锭。朱书箧内:'应文从鬼门出,余从水关御沟而行,薄暮,会于神乐观之西房。'帝曰:'数也!'程济即为帝祝发。吴王教授杨应能愿祝发随亡。监察御史叶希贤毅然曰:'臣名贤,应贤无疑。'亦祝发。各易衣披牒。在殿凡五六十人,痛哭仆地,俱矢随亡。帝曰:'多人不能无生得失。有等任事著名,势必究诘;有等妻子在任,心必萦系,宜各从便。'御史曾凤韶曰:'愿即以死报陛下!'帝麾诸臣,大恸,引去若干人。九人从帝至鬼门,而一舟舣岸,为神乐观道士王升,见帝,叩头称万岁,曰:'臣固知陛下之来也。畴昔高皇帝见梦,令臣至此耳!'乃乘舟至太平门,升道至观,已薄暮矣。俄而杨应能、叶希贤等十三人同至。共二十二人。"(【清】谷应泰:《明史纪事本末·建文逊国》卷 17)

除了谷应泰,明清之际还有一位著名的史学家谈迁在他的史学名著《国榷》中也作了类似的记载。综合此类史料,参阅正史《明史》等,我们将古人描述的建文帝逃离南京这段历史作个概述。

● 建文帝身边有个了不得的神算子程济

建文四年(壬午年)六月十三日,镇守金川门的谷王朱橞与曹国公李景隆眼见燕军压境,他们马上活动起自己的心眼,打开稳如磐石的金川门,由此朱棣燕军没费吹灰之力就开进了南京城。这时,南京明皇宫里的建文帝朱允炆长吁短叹,他从东走到西,从西走到东,来来回回,朱允炆想不通,那个口口声声说自己是高皇帝的好儿子,他怎么能对自己的侄儿这么凶狠,不依不饶,每一招每一式都要将侄儿皇帝往死路上赶,他到底是不是高皇帝的亲骨肉?朱允炆想不通自己以礼治国,仁义天下,怎么会换来这么凶狠的一批野兽围困京师?朱允炆想不通,自己极为倚重的黄子澄、齐泰等亲信大臣怎么这么没用,"削藩"前他们说得头头是道,但谁知就此"削"出了北方大"刺头"燕王来,打了快四年的仗,自己身为天子却居然快要成为阶下囚了,几天前就派黄子澄、齐泰外出宣诏"勤王",不说这"勤王兵"连一个影子都见不到,就是齐、黄两人也像是断了线的风筝,他们到底还来不来救驾?朱允炆想不通,方学士方大师那么有才,满腹经纶,可如今兵临城下,他却噤若寒蝉,江郎才尽,这到底怎么啦?皇爷爷,您将大明的江山交给了我,可我没守好啊!没有做好祖上的嘱托,这就是不孝,人世间最大的罪孽莫过于此,活着还有什么意义?想到这里,朱允炆把心一横,打算上吊自杀。

就在这时,翰林院编修程济赶紧前来劝住:"皇帝陛下,您可万万使不得啊!今日之大难,小臣我早已为陛下预测到了,为今之计,没有比外逃更好的办法了,而且这外逃也不能乱跑,只有往南方去,才能躲过这场大劫难。"(【明】谈迁:《国榷·惠宗建文四年》卷12,P837)

本来万念俱灰的建文帝听到朝中有名的神算子程济的这么一番劝说后就立马打住了,可能有人要问:这个程济究竟是个什么人?他有那么大的本领能为建文皇帝预测到这场大难?

程济,朝邑人,有的书上说他是安徽绩溪人,他精通术数,能掐会算,本领非凡。洪武末年他出任岳池教谕(即岳池县学校长),可没干几年,他把自己送进了天牢里去了,这究竟是怎么一回事?

原来,朱元璋死后,皇太孙朱允炆即位,这个岳池县学校长程济不好好地教他的书,而是干起了自己的"副业"来,还捅了一个天大的娄子——为建文帝及其江山社稷算了一卦,发现未来的某月某日大明帝国的北方将有人起兵造反。程济算完卦以后惊讶不已,出于士大夫"齐家治国平天下"的高度的责任感,他马上上书给朝廷,将算卦所得到的结果告诉给了这位新即位的年轻皇帝。

建文帝刚登基不久,大明帝国到处都洋溢着喜悦,怎么穷乡僻壤里冒出这么一个大胆狂徒,尽是一派胡言乱语,朝廷当然无法容忍,建文帝尽管心很仁慈,但他也十分忌讳啊,自己刚即位就碰到有人这样"咒"他,一时来火,以"非所宜言"为名下令将程济逮到京师南京来,关在天牢里。程济这下可将祸闯大了,按照当时的规定,他将要被处死。临刑前,程济大声喊道:"陛下,罪臣再次恳请您啊,不要急于将罪臣我给杀了,您可以将我先关起来,等一段时间看看形势再说,要是罪臣预测不准,您再杀罪臣也不迟啊!"建文帝明事理,觉得程济讲得有理,于是当即下令将程济放回牢里,暂时不杀。

没过多久,朱棣在北平起兵造反,建文帝闻讯后就想起了程济,他从心眼里佩服这位犯了死罪的县学校长,于是马上下令将程济从牢里放了出来,提升他为翰林院编修(相当于中央政策研究室的研究员或者说顾问一类)。朝廷组织人马北伐时,建文帝就派程济作为军中参谋一同北上,但建文朝军队作战可实在不咋样,败多胜少。淮河之战败绩以后,程济被建文帝召回到了南京。但也有人说,建文朝北伐军曾经在徐州大败燕军,朝廷将领开心透顶,就在徐州树碑纪功,举宴欢庆。沉浸在喜悦之中的朝廷军队将领人人笑逐颜开,个个喜不胜收,可就是程济一人郁郁寡欢,有人发现他的行为极其怪异,深更半夜别人都睡了,程济不仅不睡,还一个人偷偷地溜出了军营,到了纪功树碑的地方去,小心翼翼地打开包裹,取出蜡烛与冥纸来,然后点上了火,将所带的冥钱一一给烧了。有人看了实在不理解:祭奠一个胜利记功碑这到底是哪门子的事?

后来朱棣率领燕军从北方流窜到南方来,路过徐州时,见到了朝廷将领所立的那块记功碑,他顿时就火冒三丈,立即下令:"将纪功碑给我捶了!"手下人捶了两三下,朱棣就改主意了,马上又下令:停止捶碑,让人将刻在记功碑上的朝廷将领的名字给一一抄下来。

"靖难"战争结束时,朱棣取出从记功碑上抄下来的名单,按图索骥地缉拿建文"奸党分子",唯独程济得以幸免,因为他的名字正好刻在朱棣军士捶碑的落锤处,这下程济"神算子"的名气就更大了。但也有人认为,"靖难"战争中朝廷军队没有在徐州打过什么胜仗,换句话来说,压根儿就没有这么回事。(《明史·程济传》卷143,列传第31)

● 朱元璋临终前留下神秘的铁盒子救了建文帝的命

金川门事变突发而来,程济看到建文帝走投无路,他马上起了一卦,给建文帝进行占卜,结果发现建文帝只有到南方去才能躲过这场大劫难。经历了那么多的事,建文帝直后悔当初错怪了程济,他现在可以不信别人,但对具有"神算"特殊本领的程济却是深信不疑了。程济一劝导,建文帝就放弃了自杀的念头。

就在这时,一直在建文帝身旁的太监王钺"噗通"一声跪倒在地,他对建文帝说:"皇上,小的有事要向您禀告。昔日太祖高皇帝升仙时,曾经给您留下一只箧子,命小的悄悄地将它安放在皇宫里头的奉先殿(等于是皇宫里的朱家家庙),并特别指示:'只有当大难临头之际方可打开它'。"

大殿上的大臣们一听到竟有这样的事情,就不约而同地说:"那就赶紧把它拿来啊!"王钺以及在边上的几个太监听到这样发话,就三步并作两步地直奔奉先殿,一会儿就将那只红色的箧子抬来了,顿时整个大殿上的所有人的目光都锁定在那只红箧子上,只见那红箧子四周都被铁汁浇灌住了,就连两把锁也被浇灌死。建文帝见到红箧子就放声大哭,稍稍过了一会儿,他缓过神来就下令:马上将皇宫给点燃了!手下人听到建文皇帝的发话,赶紧行动,没过几分钟,明皇宫上空顿时升起了浓浓的火焰。这时,建文皇帝的正妻马皇后(大臣马全之女)见到这等情势,马上明白了一切,她义无反顾地跳入了火海……

翰林院编修"神算子"程济等不及建文帝发话,他就自作主张,命人赶紧取来铁器,猛砸那只红箧子,不一会儿,红箧子被砸开了,众人睁大眼睛想看看高皇帝给他的孙子到底留下了什么宝器能救其于大难之中?但令众人失望的是,红箧子里面宝器什么的全没有,有的就是当年"鞋巴子脸"小和尚求生的"法宝":度牒即和尚身份证3张,其上面分别写着名字:应文、应能、应贤;袈裟、帽鞋一应俱备,还有一把剃刀;白金即银子十锭;最令人惊奇的是红箧子内还有朱元璋的朱书御笔:"应文从鬼门出,余从水关御沟而行,薄暮,会于神乐观之西房。"这话的意思是:应文从鬼门出外,其余的大臣从水关御沟潜行,到黄昏时,会集在南京城南的神乐观之西房。

建文帝朱允炆见到皇爷爷留给他的这些救命"宝贝",顿时什么都明白了,他不停地念叨:"天数啊! 天数!"程济见优柔寡断的建文帝又要折腾了,他赶紧出来打住,为建文帝薙发,这样,应文和尚有了"着落"了,那么,应能、应贤又指的是谁? 建文朝大臣中有个叫杨应能的,他是建文帝的三弟(同父异母弟)朱允熥吴王府上的教授(相当于老师与师傅)。杨应能见到度牒有他的大名,便主动出来认了,也薙发为僧,甘愿跟随朱允炆亡命天涯;这时有个监察御史叫叶希贤的也毅然决然地走出了人群,对建文帝说:"小臣名贤,朱书所言'应贤'应该是指小臣,小臣也甘愿薙发跟随陛下,直到永远!"应文、应能、应贤各有"着落"了,他们一一薙发易服,此番情景极为悲壮、凄惨。(【清】谷应泰:《明史纪事本末·建文逊国》卷17,P279)

这时,兵部侍郎廖平向建文帝提议:"再大的功业莫过于保护好嗣君,恳请皇帝陛下让小臣来保护好太子殿下!"建文帝听后觉得十分有理,马上将太子朱文奎叫了出来,让他赶紧拜见廖平。简单的拜礼过后,众人一股劲地催促,廖平只好带了

太子朱文奎先走了。(【明】谈迁:《国榷·惠宗建文四年》卷12,P837)

当时在朝堂上还有五六十个忠臣立即齐刷刷地跪倒在地上,放声痛哭,纷纷表示誓死追随建文皇帝,为国尽忠。建文帝大为感动,但他想到了更多的事情,于是便说道:"人太多了难保有什么闪失,你们在朝为官多年,官名册上历历记载,如果都走了,燕贼必定深究不饶;况且,你们各有妻儿老小,一旦跟随朕出亡了,日后必定牵肠挂肚,心神不宁。就这样,各自赶快散去吧!"

这时,有个年轻太监伏地不起,哭着跟建文帝说:"陛下平时对小的不错,可小的无力帮助陛下保护江山社稷,惟愿为陛下一死。恳请陛下赶紧赐予御衣御帽,让小的代陛下而去,则陛下逃出后就可永世安宁了。"

听了小太监的这番话,建文帝心如刀绞,他实在不忍心啊!可大臣们在不停地劝着建文帝就依了小太监,建文帝含着泪水将自己身上的龙袍脱了下来,递给了小太监,只见小太监穿上龙袍,向建文帝作揖谢恩后,马上奔出大殿,迅速地跨上白马,义无反顾地驱马纵身于火海之中,远远望去还真像是建文帝自焚而死了。

这时,吏部尚书张紞、监察御史曾凤韶也都站了出来,哭着对建文帝说:"臣愿以死报陛下!"建文帝执意地拂手,示意他们赶快离开!顿时间,整个朝堂上又哭声一片,有几个大臣听从建文帝的谕旨,离开了明皇宫。(【清】谷应泰:《明史纪事本末·建文逊国》卷17,P279;【明】谈迁:《国榷·惠宗建文四年》卷12,P837)

那么,建文君臣最后究竟是怎么逃离出明皇宫呢?

◉ 建文君臣是怎么逃离明皇宫的?

600年来人们一直在试图破解建文帝在明皇宫突然"蒸发"之谜。目前为止有两种说法:

第一种说法:建文帝通过明皇宫里头及其周围的暗道逃离的。明朝著名的史学家谈迁是这样说的:建文帝在明皇宫大殿上打发走了一些大臣后,他就与神算子程济、中书舍人梁良用等人通过暗道悄悄地走出了西华门,来到了西华门外的秦淮河,沿着秦淮河往南走,找到了一只空船,建文帝一行人赶紧登船,梁良用拼命划船,往着城南方向行驶,没一会儿,就到了南门,他们弃船登岸,改变了出逃的路线与方向。梁良用哭着对建文帝说:"陛下,臣就此与您永别了!"说完他就走到朱雀桥上投河自尽。梁良用与梁中性、梁良玉、梁田玉等都是同族人,梁家一族有8人在建文年间同朝为官,他们个个都是忠臣节士,仅投河殉国者就有5人。

再说建文帝一行在南门登岸以后,潜出聚宝门(今南京中华门),乘着夜间月色,他们悄悄地来到了聚宝门东北方的神乐观(今光华东路上的江苏冶金机械厂)。不久,其他十几个大臣也一一来到,当夜,建文君臣就宿于道士王升所在的神乐观,密议出亡之事。(【明】谈迁:《国榷·惠宗建文四年》卷12,P837)

第二种说法:建文帝通过明皇宫暗道、穿越鬼门而逃离的。持这种主张的,影响比较大的就要数明末清初学者谷应泰了。他说,建文帝和9个大臣通过暗道逃离了明皇宫大殿,直奔鬼门。(原文见前面的引文)

鬼门在明故宫的什么地方?长期以来一直都没有确切的解释,有人认为鬼门应该在明故宫的北边,因为古时候人们出殡时往往不从正门即南门而是从北门出去的,因此有人推测:鬼门在明故宫的北边,也有人说就是太平门。最近潘群先生向笔者提供了一条很有意义的信息:明末清初在苏州一带上演了一出有关建文帝出亡的昆剧《千钟禄》,其中就提到了"鬼门",其台词是这样的:"我名允炆,今僧名应文,乃应我之名也。还有朱书一纸:'应文从鬼门而出'。但未知鬼门在何处?"另一人作答:"宫中地下暗沟名为鬼门,直通后河。"(【清】徐子超:《千忠禄》,中华书局1989年6月第1版,P21—22)

尽管这是戏剧本子,但它诞生于明代盛传建文帝出亡的苏州,苏州距离南京很近,作者将鬼门解释为地下暗沟或许是借助明代南京人的习惯说法吧,而且后面还有句"直通后河",这里的"后河"即"后湖",苏州人口语中的"河"与"湖"是一个音,笔者就是苏州人,对此再熟悉不过了。

后湖,今天没这个名字,它已改名为玄武湖。在玄武湖解放门一带至今人们还能看到有一叫做"武庙闸"的地下水关通道,它直穿明城墙,通往南京市政府大院——这里就是明代京城内的孔庙所在。

说到这儿,必须强调,笔者如此考证并不是说这个武庙闸的地下水关通道就是当年建文帝出逃的地下暗沟什么的,而是说类似于这样的地下通道即使经历了600年沧桑我们还能见到,想必当年建文帝出逃完全有条件。

我们回归正题。就在建文帝和9个大臣赶往鬼门时,迎面碰上了神乐观道士王升,建文帝一行人十分惊讶:我们的秘密行动,这个王升老道怎么会知道?再说王升见到建文帝等人一脸的惊讶,连忙跪下叩头,解释道:"万岁!请毋惊讶,贫道早就知道陛下要来这里。昨天夜里高祖皇帝托梦给贫道,让贫道在此恭候!"听到这番天方夜谭似的说辞后建文帝即使再惊诧也容不得多想了,于是他就本能地随着王升乘船来到了太平门,接着又跟着王升到了神乐观。这时,天色已暗,杨应能、叶希贤等13人也一一到了,总共有22人,夜宿神乐观,他们是兵部侍郎襄阳人廖平;刑部侍郎贵池人金焦;翰林院编修三原人赵天泰;翰林院检讨泽州人程亨；按察史祥符人王良；参政南康人蔡运；刑部郎中定海人梁田玉；监察御史松阳人叶希贤；翰林院编修绩溪人程济；中书舍人定海人梁良玉、梁中节；临川人宋和；连州人郭节；刑部司务黄岩人冯榷；所镇抚沅人牛景先；杞县人王资、杨应能、刘仲；翰林待诏浦江人郑洽；钦天监襄阳人王之臣；太监和州人周恕；徐王府宾辅吴江人史彬（即史仲彬）。（【清】谷应泰：《明史纪事本末·建文逊国》卷17）

◉ 南京神乐观建文君臣定下出亡之计

众大臣会集神乐观，一起讨论以后的出路问题，建文帝说："既然命已如此，今后我们就以师徒相称，不必拘泥于君臣之礼了。"诸大臣听到这话，一个个都哭着称"是"。这时有人提出这样的观点：这么多的大臣都跟随建文帝出亡，太显眼了，很容易暴露出来，最好选几个没有家室拖累的并很有力的大臣出来保护建文帝，但最多不要超过5人，其他大臣各找地方隐蔽起来，暗中给建文帝予以生活接济，遥相呼应。建文帝当即称赞说：这个主意不错！大家说着说着就围着一个环形，席地而坐，王升道士忙个不歇，送来了夜宵，大家吃完了夜宵，就将出亡之计商量妥当了：始终不离开建文帝的有3人，即杨应能、叶希贤和程济，杨应能、叶希贤对外称比丘（比丘，梵语，亦作"必刍刍"。出家受具足戒者之通称。简单比划为见习和尚），程济称道人，不用说了，"大法师"就是建文帝啰。

解决好安全警卫问题以后，往来接济送衣送食的也必须要确定好，而且人还不能少，否则万一有个闪失，建文帝就可能会衣食无着或有生命之忧了，于是定下下列6人给衣送食：刑部司务冯榷，称"塞马先生"，时称"冯翁"，时称"马公"，时称"马二子"；郭节时称"雪庵"，后称"雪和尚"；宋和时称"云门僧"，时称"稽山主人"，时称"槎主"；编修赵天泰穿着粗布衣服，即称"衣葛翁"，时称"天肖了"；钦天监王之臣出身在世代以补锅为生的家庭里，就想以补锅作为掩护手段和日后谋生之计，所以外号为"老补锅"；所镇抚牛景先号"东湖樵夫"，亦称"东湖主人"。（【清】谷应泰：《明史纪事本末·建文逊国》卷17，P280；《明史·牛景先传、河西佣传、补锅匠传》卷143，列传第31）

关于给建文帝给衣送食的六人，有的书上记载不是上述这几个，而是吴成学、蔡运、冯榷、赵天泰、梁田玉、史仲彬。（【明】《国榷·惠宗建文四年》卷12，P837）

在讨论完安全与生计问题以后，建文帝对大家说："如今之势我想往云南去，依托西平侯沐晟，诸位看看怎么样？"徐王府宾辅史仲彬说："大伙儿这么多人，声势也大，而燕王军队大抵控制了京师，一心要缉拿所谓的奸党分子，我们这么多人在一起行动,能不被人觉察出来而告发上去?以我之见,倒不如往来于山水名胜之间,四海为家。我等大臣中家资比较丰厚一点的,随时备好费用,任由皇帝陛下消受享用,有何不可?"建文帝说:"这个主意不错!"当时讨论决定,建文帝轮流居住在七个大臣的家里,这七个大臣是:廖平、王良、郑洽、郭节、王资、史仲彬、梁良玉。但此时建文帝忽然又想到了另外一些事,于是就说:"这个办法好是好,只可暂时住住而绝非是个长久之计啊,更何况我们现在所在的地方是京师南郊的天地坛附近,这还是一个十分危险的地方,明天天一亮我们就必须要离开,但往哪里去呐?"大伙儿讨论后一致认为:天亮后往浙江浦江方向去最为妥当,浙江浦江郑氏是个大族,历来以"忠孝"治家,且本朝开国以来,他们一向对大明君主忠心耿耿,皇帝陛下到那儿是再合适不过了。(【清】谷应泰:《明史纪事本末·建文逊国》卷17)

亡命天涯

● 建文帝本来要到浙江浦江的,结果却跑到了吴江去避难,最终又上了云南

就在建文君臣商议好出亡之计后,众人终于喘上一口气,心想:天亮以后就逃离南京,到了浙江浦江郑家落下脚,那就比较安全了。可就在当天夜里又有一件意想不到的事情发生了:建文帝的脚痛病发了,估计天亮以后走不了路,这下急坏了大臣们,怎么办?眼下只能是熬呗,一直熬到了天微微有点亮光时,大臣牛景先与史仲彬就急着出去找可以让建文帝载乘的交通工具。当他们走到城南的中河桥时,听到河里有"稀里哗啦"的划船声,牛景先与史仲彬赶紧轻声地喊话:"哪家客船?欲往何处?"船上的人用一口苏州话说:"我们来看看我家老爷!"史仲彬听出是苏州话,知道不可能是朱棣带来的北方人,心里就放心多了,赶紧与牛景先上前再仔细查问,这一问还问出个"巧"了。

原来这是史仲彬老家派人来南京打探消息的,史家老早就听说燕军南下,兵向京师,他们决定派家人来南京探探看,说不准还能帮上什么忙,碰巧给赶上了。

这下大伙儿别提有多高兴,史仲彬与牛景先赶紧回到神乐观,将建文帝悄悄地扶上了船,然后乘着天色尚未全亮的有利条件,建文君臣载乘船只逃离了南京。大约经过8天的行程,又是在天亮时终于到了位于吴江黄溪村的史仲彬家里。与建文帝一同逃到史家避难的有7位大臣,他们是程济、叶希贤、杨应能、牛景先、冯㴠、

宋和、史仲彬,其余的就各自散去,相约好每月碰头一次。

再说,史家人听说皇帝来了,他们既喜又悲,喜的是史家有这么大的荣耀——皇帝驾临了,悲的是那么仁慈的一个好皇帝居然落到了这步田地。但不管怎么说皇帝来了就应该好好地招待,史仲彬将建文帝安置在他家大院西边的"清远轩"住下,各大臣赶紧出来拜谒建文帝,建文帝将他的居所"清远轩"改名为"提水月观",并亲自提笔用篆体写下了这几个字。过了三天,其余各个大臣偷偷地来到史仲彬家聚会,他们在一起待了两天,建文帝就命令他们各自回去。

不久从南京传来消息,那个蛇蝎一般心肠的燕王朱棣在大肆屠杀建文忠臣的血雨腥风中登上了皇帝的宝座,他下令严厉审查建文朝在职逃跑官员,共查出463人,他们全部被朱棣从"国家公务员"花名册与档案中除去。到了建文四年的八月,朱棣又命令礼部下发文件到各地方州县衙门,彻底追查出逃的建文君臣的下落。这时,苏州府衙可能听到了什么风言风语,他们派了吴江邑丞巩德前往史仲彬家里"探探",巩德在史家瞄了一圈,也没有发现什么异常,但他临走时半开玩笑半当真地跟史仲彬说:"有人说建文皇帝在你们家里?"史仲彬回答道:"那是别人瞎说,哪有这样的事情。"巩德最终无获而返,但这次官府的"探风"很大程度上给建文帝君臣一个警示:敌人可能已经盯上了。第二天也就是八月十六日,建文帝与叶希贤、杨应能两个比丘和道人程济一同偷偷地离开了吴江史家,其余大臣也各自一一散去。

建文君臣4人从吴江悄悄出来后,搭乘船只来到了镇江,打南京北边的六合经过,一路西行,大约走了两个月的路程,在十月到达了襄阳兵部侍郎廖平的家里。刚巧碰上朱棣缉拿建文"奸党"的最高指示下达到了湖北,襄阳地方官府正在紧锣密鼓地追查建文君臣出亡踪迹,建文帝觉得:襄阳不能逗留,于是就决定,马上离开,前往云南去。(【清】谷应泰:《明史纪事本末·建文逊国》卷17,P281)

● 漏洞百出的"完美答案"——建文帝出亡后归葬于北京西山

一路上,建文君臣为了躲避朱棣的追杀,他们风餐露宿,可怜一代天子,在品尝了4年人上人的甜蜜和快乐以后,开始吃起了人下人的苦头。

明成祖永乐元年(1403)正月,在经过三个多月的艰难跋涉后,建文帝一行人来到了云南的永嘉寺。从此,他们就以云贵为根据地,往返于云贵、重庆、四川、陕西、甘肃、湖北、湖南、江苏、浙江、两广、福建等省份,进行了长达39年的秘密活动,最终建文帝还是回到了大明皇家宫中,这究竟是怎么一回事?(【清】谷应泰:《明史纪事本末·建文逊国》卷17,P287—288)

据谷应泰的《明史纪事本末》所载：正统五年（1440）云南罗永庵一和尚假冒建文帝案爆发，明英宗下诏将涉案的所有"案犯"押赴北京。据说，当时建文帝与"神算子"程济刚好在罗永庵，所以他们也一同被逮去了。后来英宗朝廷查明：那个自称是建文帝的和尚是个冒牌货，倒是其余涉案的12个"案犯"中有一个是真正的建文帝，因为他年老了有着特别的思归之情，于是就跟审讯他的御史从实相告，御史秘密地给皇帝上了一个折子。明英宗马上选派了曾经服侍过建文帝的老太监吴亮出来辨认。经过确认后，最终将建文帝迎入北京明皇宫西内。

程济听说以后，颇为感慨地说："今日为止作为大臣我才算真正尽到了职啊！"他回到了云南，一把火将他们"修道"的大喜庵（最近网上有人说"大喜庵"即为"罗永庵"）给烧了，并遣散了那里的"修道"弟子。

建文帝入宫以后，明皇宫里的人都喊他为"老佛"，最终他老死在那里，死后葬于北京西山，皇帝下令对建文"老佛""不封不树"。（【清】谷应泰：《明史纪事本末·建文逊国》卷17；【明】谈迁《国榷·正统五年十一月丁巳》卷24，中华书局1958年12月版第2册，P1597）

以上就是建文帝下落之谜的一个"完美"的答案，典型的中国式的故事结局，这样的"智慧杰作"在我们的传统文学中尤为多见。我不太爱看传统小说，它们几乎一个样，什么公子落难，碰到一个美丽的富家小姐，两人一见钟情，以身相许，公子发奋苦读，金榜高中，小夫妻团圆。即使是谴责小说或者用现在时髦词语来讲，就是反腐倡廉小说也要将"皆大欢喜"作为故事的结尾，否则我们民族的情感上接受不了，这就是中国文化与西方文化之间的一大差别。西方文化中以悲剧结束的相当多，留下更多的是后人对前人、前事之思考；而我们的传统文化中强调的是"大团结"、"一团和气"，既然是"大团结"了还用反思与思考吗？所以我们传统社会几千年中后人不断地重复着前人的故事，以前人为榜样，帝王情结尤为严重。而对于帝王的认识，我们国人就喜欢成功类型的帝王，相信"胜者王败者寇"的"真理"，那么要是胜者帝王有严重的罪恶，我们中国人都不大愿意去触及，因为他们都是"伟人"，所以更不敢去批判，只好曲意地编造，上述"建文帝出亡后最终归葬于北京西山"就是这样一个典型。

对错误结论的剖析

明初的这段叔侄相争无情地向国人摆出了一个史实：下台的是个好皇帝，下台的主因是他不懂得"枪杆子里面出政权"，上台的是个好坏参半的强势皇帝，怎么来描述这段政治与血亲、善良与邪恶之间的不可调和性？只能采用民间津津乐道又能体现中国特色的"完美结局"：建文帝历尽苦难终于回到了明皇宫里，朱棣对自己的侄儿作恶了，但他的子孙作了"补救"——在北京明皇宫里为建文"老佛"养老送终。但可能令广大国人实在失望的是，这个"完美答案"实际上是漏洞百出，这里仅举几例：

第一，上述建文帝最终结局的"叙述者"是谷应泰，说实在的谷应泰写的《明史纪事本末》一书整体史料价值很高，它成书于《明史》之前，相对来说，受当局的政治影响较少，是我们研究明史的很重要的一部著作，著名的明史专家吴晗先生将它与《明实录》、《明史》并列为研究明史的必读之作。但白璧有瑕，谷应泰编撰《明史纪事本末》时对有关建文帝最终下落之谜的取材方面出了问题，从他叙述的整个"故事"内容来看，最早的"版权"应该是属于所谓的"史仲彬"。明史上确实有史仲彬这人，他是建文帝弟弟徐王府的宾辅，他也确实是吴江人，按照《致身录》的说法，史仲彬见证了建文帝流亡的过程，但考察历史上真实的史仲彬却无法做到这样，因为在朱棣孙子朱瞻基宣德年间（丁未年，1427）史仲彬被仇家邻人告发，被捕入狱，最后没出牢门就死了，这里就存在了一个问题：一个老早就被关了起来的"政治犯"怎么会追随建文帝走东跑西？

第二，谷应泰编撰《明史纪事本末》对有关建文帝最终结局中说到太监吴亮出来验证一事，其叙述十分生动、到位。建文帝见到昔日服侍过他的奴才吴亮一眼就认出来了，但吴亮假装不认识，建文帝就开导吴亮回忆过去，后来吴亮趴下检验眼前这位建文帝是不是左脚上有趾，当吴亮认出了所谓的建文帝后，他羞愧地上吊自杀了，等等。

对此，著名明清史专家孟森先生考证后指出："《实录》载正统六年三月丁巳，宥司礼监太监吴亮罪。锦衣卫奏，内使范好管本监外橱，私以闲地役人匠，与太监吴亮种菜，纵容人匠置饮食之具，以致火延厨房，内竹木白藤车辆等料150余万，尽焚之。亮等俱当鞠罪。上命司礼监记亮死罪，宥之。此正杨应祥瘐死之时，而以为亮复命自经，何邪？"（【民国】孟森：《建文逊国事考》，《孟森著作集·明清史论著集刊》上，中华书局2006年4月第1版，P5）

第三，谷应泰在《明史纪事本末》中说建文帝最后死在北京，葬在西山。谈迁在《枣林杂俎·建文皇帝葬》中记载着："建文帝葬处，距景帝陵不远，石碑题曰：'天下大法师之墓。'驸马都尉巩永固，请追谥称皇帝。上语辅臣曰：'建文无墓，何凭追复尊号？'乃止。盖辅臣不知据以对也"（【清】杨士聪：《玉堂荟记》）。但孟森先生经过考证后认为，北京西山的塔寺根本不是建文帝的，而是辽金元时代的贵族墓葬；

"北京金山口景陵之北,相传有天下大师之塔,谓是建文帝坟,此尤无据。(朱)彝尊尝登房山,山隅有乱塔寺,瘗僧骨不可数计,绕山村落,田中也多僧塔,或题司空,或题司徒,或题帝师、国师,盖辽、金、元旧制则然。所称天下大师,不足为异,而乃诬为建文帝墓。既云不封不树矣,其谁复立石为表?"(【民国】孟森:《建文逊国事考》,《孟森著作集·明清史论著集刊》上,中华书局 2006 年 4 月第 1 版,P2)

第四,自《致身录》、《从亡随笔》、《明史纪事本末》等问世后,有关建文帝出亡之事不仅是妇孺皆知,而且越来越"明朗化",有人甚至说得出建文帝某年某月到了什么地方,见了哪几个建文朝故臣,某年某月建文帝脚痛病犯了,又是某人偷偷地为他治好了(【清】谷应泰:《明史纪事本末·建文逊国》卷 17,P281~288)。这就怪了,原本发生在明初的历史越到后来越说得具体了,似乎有人一直在跟着建文帝,见证了以往的一切,这可能吗?

对于如此绘声绘色的建文帝出亡及其出亡后事,同为明清之际的史学家查继佐在他史学著作《罪惟录》中提出了"十六疑"。(【清】查继佐:《罪惟录·外志·建文逸纪》志卷之 32)

查继佐考证了当时各种流传的建文帝下落之谜,认为没有一个答案是可靠的,而唯一可信的是建文帝的尊号"让皇帝",那是南明政权给建文帝平反,重新将其"归入"皇家祖祠太庙时所追尊的,弘光帝还恢复了建文纪年,将"革除"的反动又给它翻了过来。建文帝当政四年,最终被朱棣赶下台,他逊国而去,不是"让皇帝"又是什么?(【清】查继佐:《罪惟录·惠宗帝纪》帝纪卷之 2)

以上我们通过论证,否定了"建文帝出亡后最终归葬于北京西山"之说,那么有读者朋友肯定要问了,建文帝出亡后到底如何?或言建文帝最终出亡何处?

建文帝全国"漫游"

从明到清,从古代到近代,直至现代,无数的人们都在不懈地追寻建文帝出亡后的最终下落之谜。

2008 年笔者曾将明清以来建文帝出亡各地的主要学说作了一番梳理,制作了《明清以来有关建文帝出亡各地主要学说简表》,并放在 2009 年 3 月出版的《大明帝国:从南京到北京》之《文弱的书生皇帝朱允炆卷》的第 6 章内,没想到该书出版后引起了海内外朋友的普遍关注和喜爱。

四五年过去了,有关建文出亡问题的研究又有了新的进展,尤其是 2009 年 8 月福建宁德的考古新发现和 2010 年 7 月在南京明孝陵召开的"首届明建文帝下落之谜国际研讨会",使得人们对建文帝下落之谜的问题有了新认识。

今笔者将从明代到近现代的有关建文帝出亡后的最终下落之谜的学说重新作修订,我们还是按照大的省区划分,将之归纳起来,大致有云南说、贵州说、重庆说、四川说、两广说、两湖说、福建说、海外说、浙江说、安徽说、江西说、陕西说、青海说、甘肃说以及江苏说。

明清以来有关建文帝出亡各地主要学说简表

出亡省份	具体地点	学说主要来源	出亡故地与遗迹
云南说	昆明	民间传说	圆通山"圆通寺"、西山"太华寺"
	武定	民间传说、谈迁《枣林杂俎·建文皇帝遗迹》	武定县狮子山正续禅寺中有建文帝原型的老衲样塑像、明惠帝祠阁
	洱源	民间传说	洱源县牛街乡龙门舍坝子观音山的龙眼洞
	楚雄	民间传说	楚雄广通寂照庵、牟定县莲城寺
	滇南	民间传说	滇南的指林寺
	大理	民间传说、王崇武:《明靖难史事考证稿》	"大理民家仍有以惠帝(建文帝)为鼻祖者"
	玉溪	民间传说	玉溪通海秀山慈仁阁有建文帝坐像
贵州说	贵阳	民间传说	贵阳太子桥、龙洞、一宿庵、清镇市东百花湖畔的灵永寺、清镇城西华盖洞、红枫湖镇云峰山
	长顺	《贵州省志·名胜志》、金玫《白云山序》《徐霞客游记》	长顺县思京乡白云山上的罗永庵内有潜龙佛殿、建文铜像、建文帝的亲笔书写的诗、建文帝的遗像
	平坝	民间传说、山东大学刘乐一教授的考证	平坝城高峰山万华禅院原住持范清珍藏的一张"大明建文皇帝遗像"、高峰禅寺有明万历年间的石刻——收留建文帝的事迹
	安顺	民间传说、刘乐一教授、林国恩高级工程师解读	安顺地区关岭布依族苗族自治州县城东15公里晒甲山上的"红崖天书"

（续表）

出亡省份	具体地点	学说主要来源	出亡故地与遗迹
重庆说	市郊	民间传说、谷应泰的《明史纪事本末》	重庆南温泉公园建文峰、建文庙、让皇殿、建文井，"建文遗迹"的石碑
	市郊	民间传说、谷应泰的《明史纪事本末》	磁器口镇白崖山又名龙隐山，白崖寺曾名宝轮寺，后更名为龙隐寺，磁器口镇也名为龙隐镇
	市郊	民间传说、谷应泰的《明史纪事本末》	重庆江北区有个铁山坪森林公园的僧官寺
	渝北	民间传说	重庆渝北区的龙兴镇、龙藏寺；统景镇、御临河
	宜宾	民间传说	宜宾的越溪河一带的隆兴寺
	峨眉山	民间传说	峨眉山寺庙
四川说	富顺	民间传说	金田寺建文帝像
	什邡	民间传说	什邡市的鏊华镇鏊华寺
	邻水	民间传说	邻水的善庆里（即今天的幺滩镇）、无粮寺、御临河、御临峡、御临桥
	巴州	民间传说	巴州县（今平昌县望京乡）金龙台佛罗寺又名望京寺
	崇州	民间传说	崇州市街子镇西部"凤栖山"上的"光严禅院"、晓皇寺、回龙寺、龙潭寺、瑞龙桥、御龙桥、朝元寺以及建文帝禅院
	大邑	民间传说	大邑县白岩寺
	巴中	民间传说	符阳坝、佛头山、金花寨
	马边	民间传说	乐山市马边彝族自治县牛王寺

(续表)

出亡省份	具体地点	学说主要来源	出亡故地与遗迹
四川说	江油	民间传说、明末陆人龙的小说《型世言》	江油市重华镇的龙州大业山(也就是今天的藏王寨山)龙泉寺(今改名"回龙寺")
	广元	民间传说、广元市青川县青溪镇当地的"广佛碑"上的《鼎建华严庵碑志序》、《明史纪事本末》	广元市青川县青溪镇莲花山上的"建文陵"、华严庵,及庵前曾有一块写着"大明建文皇帝万岁万岁万万岁"黄龙镶边的金字牌,有人称之"明十四陵"、"建文陵"
	达县	民间传说、邓高《支撑"明朝建文帝魂归四川省达县中山寺假说"的主要证据》	达县中山寺、地名朱明安、皇二岭
两广说	肇庆	民间传说	广东肇庆七星岩仙女湖"石洞古庙"旁的"出米洞"
	南宁	民间传说、《徐霞客游记》、邓士奇《应天禅寺记》等	广西南宁横县宝华山原有横州寿佛寺,相传明初建文帝避难到此,寿佛寺改称为应天寺,曾有建文帝亲书"万山第一"题额
	宜山	民间传说、《徐霞客游记》	据说广西宜山还保留了建文帝亲书的"祭台"和"泣血"两方石刻
	玉林	民间传说、谷应泰的《明史纪事本末》	玉林市的水月岩,据说当年建文帝在此避难了12年才前往思恩府主动公开身份
湖广说	衡州	谈迁《枣林杂俎·建文皇帝遗迹》	衡州有华严寺建文岩、碑记
	益阳	民间传说	益阳会龙山栖霞寺
	娄底	民间传说	娄底湄江藏君洞和传说中的建文帝墓

(续表)

出亡省份	具体地点	学说主要来源	出亡故地与遗迹
湖广说	长沙	民间传说、杨扩军：《关于影珠山与明建文帝出亡我之见解》	长沙县影珠山
	湘潭	何歌劲《建文帝改名何必华落籍湘潭论》、《建文帝之谜》	《湘潭银塘何氏八修族谱》和《湘潭锦石何氏七修族谱》等资料
	武昌	《让氏家谱》、《让庆光老人的来信》	让庆光：《让氏家谱》、台湾陈万鼐：《明惠帝出亡考证》、商传：《〈让氏家谱〉与建文帝出亡考》、武昌洪山宝通禅寺、洪山区青菱乡青菱湖畔的青菱寺
	荆州	民间传说	荆州沙市太师渊的章华寺
福建说	泉州	陈水源《杰出航海家郑和》、《清源文献纂续编》	泉州开元寺
	福州	谷应泰《明史纪事本末》、查继佐《罪惟录》、郑宽涛《试揭建文帝隐藏闽侯雪峰寺的神秘面纱》	福州的雪峰寺
	宁德	马渭源：《追踪大明第一谜案：建文帝出亡福建宁德？》；郑自海：《论福建支提寺"建文袈裟"闭嘴龙纹饰为明初皇家的规制》；王道亨：《明建文帝朱允炆出亡宁德——长眠金贝考略》	福建宁德霍童镇支提山华严寺云锦袈裟；宁德市金涵畲族乡上金贝村古墓及其舍利塔

(续表)

出亡省份	具体地点	学说主要来源	出亡故地与遗迹
浙江说	浦江	《明史·郑濂传》、查继佐《罪惟录》等	浙江浦江郑氏家族有建文帝亲笔御书"孝义堂"、"建文帝井"、"跷脚灯头"、"老佛社"
	兰溪	清朝光绪年间编修的《兰溪县志》	浙江兰溪市灵洞乡白坑村东山上的东山寺(今名皇回寺)、"天王殿"、程济墓碑
	武康	谈迁《枣林杂俎·建文皇帝遗迹》	武康县证道寺
	永康	陈振鸿:《建文帝出亡永康考记》	据说当地村民发现疑似建文帝坟墓,轮流看守
	余杭	谈迁《枣林杂俎·建文皇帝遗迹》	良渚镇东明山古道寺今名"东明寺",曾有建文帝的自画像
	台州	谷应泰《明史纪事本末》、民间传说	天台县城附近赤城山上紫云洞曾经是建文帝的栖身之处
	宁波	徐兆昺《四明谈助》中所引雍正《宁波府志》、《明史纪事本末》	宁波桃花渡、莲花洋、普陀山
安徽说	广德	姜清《姜氏秘史》、黄佐《革除遗事》	安徽广德古道
江西说	上高	民间传说	江西的上高县的蒙山
	上饶	民间传说	江西的上饶市东北的三清山三清观龙头等物
江苏说	太仓	民间传说	苏州市太仓县双凤镇程济祠
	溧阳	民间传说	南京南边溧阳古道
	无锡	民间传说	据说无锡军嶂山成性寺大殿上的那块"大圆满觉"匾是建文帝留下的墨宝、惜杀桥
	苏州	张有誉《积翠庵记略》和清代撰写的《苏州府志》与《吴县志》、徐作生先生考证	苏州太湖西洞庭山岛上鼋山普济寺、吴县穹窿山福臻禅院、拈花寺、皇驾庵、御池、御桥池、神道、宝顶、方台、皇坟、皇驾庵雕龙柱础等

(续表)

出亡省份	具体地点	学说主要来源	出亡故地与遗迹
陕西说	汉中	潘京《明建文帝在汉中南郑的下落探寻》	"挂榜崖天书"
青海说	乐都	根据《创新渭源县志》记载推测,公维章《明建文帝出亡青海瞿昙寺新探》	类似明代汉族皇家宫廷风格的佛门寺院建筑群——瞿昙寺,人称"小故宫"
甘肃说	兰州	民间传说	相传张三丰弟子武当玉虚宫道人孙碧云在兰州金天观引诱建文帝露面
海外说	印度尼西亚	民间传说	印度尼西亚苏门答腊岛巴眼亚比村
海外说	马来西亚	民间传说	马来西亚槟城、吉隆坡和马六甲等地都有传说遗迹
海外说	法国	民间传说	当代法国球星里贝里自称是建文帝的后裔

注:①上表主要资料来源:【明】姜清《姜氏秘史》、【明】黄佐《革除遗事》、【明】赵士喆《建文年谱》、【清】查继佐:《罪惟录》、【清】张廷玉《明史》、【清】谷应泰《明史纪事本末》、【明】谈迁《国榷》和《枣林杂俎》、徐作生《泛槎考谜录·十二历史悬案揭秘》、2010年7月南京明孝陵《首届明建文帝下落之谜国际研讨会论文集》、何歌劲《建文帝之谜》和因特网等;②上表原由笔者在2008年制作,放在2009年3月出版的《大明帝国:从南京到北京》之《文弱的书生皇帝朱允炆卷》的第6章内,不曾想到被国内一些著名网站和出版社、博物馆公然盗用,其又不署名作者,从事知识文化工作者明火执仗地盗用他人的劳动果实,居然脸不红,皮也够厚的。

在这么多的建文帝出亡最终下落之谜的"学说"中有着十分浓烈的非理性成分,尤其是近年来,各地为了发展经济,大打历史旅游品牌,什么样的历史人物都可能挖出来,哪怕是坏蛋或文学虚构的人物,都成为了地方政府争抢的"宝贝",最令可笑的是有两个地方为了抢了大淫棍西门庆的故里而几乎对簿公堂,那么对于历史上的好皇帝朱允炆就更不用说,谁都争着要。凡是发现老祖宗留下的某个不认识的"宝贝",就用建文帝御物这个帽子罩着,甚至还有所谓的祖传家谱一类,言之凿凿。更有个别媒体记者可能从来也没读过《明史》或《明实录》一类的基本明史史料,就能以他的常理来判断某物是否与建文帝有关,炒得越响,自己越能装作资深记者,报纸也就卖得越多,至于廉耻、脸皮都可以不要。

其实有些所谓的文物、古物,只要读点历史的人都会知道。曾经有地方抬出一个螭首官印来，说是建文帝御宝。明眼人一看便知其假，无论是《明实录》还是《清实录》，对于礼制的记载都十分清楚，皇帝御宝是用龙的，也只有皇帝才能用这，螭首官印肯定是由比皇帝级别低的人才使用，所以某地抬出一个螭首官印一看就让明眼人知悉其在炒作。地方在炒作，学术界也不甘寂寞，有些人明明知道就不说，或者绕着弯子说废话，什么也说不死，什么也不肯定、也不否定，由此造成了建文帝下落之谜的"学说"越来越多，越来越让人眼花缭乱。

《大明风云》系列之 ⑧
皇帝迷踪

第五章
宁德考古　揭秘悬案

　　目前就建文帝出亡各地之说而言,几乎每个地方都宣称他们有所谓的"物证"。但细细推敲的话,要么是孤证,要么是一家之言,自说自话,缺乏层层相连的科学考察证据链,故而笔者一直没对哪一种之说表示出过分浓烈的兴趣,但3年前的宁德考古却使我改变了观点。2009年因宁德地方政府的邀请,笔者曾3次前往当地进行实地考古,因发现其有诸多的奇特之处:如支提寺袈裟"透露"的"秘密"既与历史文献相合,又与当地的上金贝古墓所隐含的信息相"呼应",等等。由此笔者与南京大学潘群先生等一致认为:建文帝最终出亡宁德!

　　对此,中国中央电视台国际中文频道和新闻频道等国内外著名媒体都做了如实的报道。不料却也招来了非议与责难。从纯学术角度来讲,这是十分正常的事情。但问题是这种非议和责难带有极大的非理性,有人甚至想重演他们及其老鼻祖在"文革"中的拿手好戏,这一切想来让人鄙薄不已!

　　要知道,攻击是代替不了史实与科学研究的,尤其值得人们注意的是,历史学是一门唯史实为依据的学科,与其密切相关的考古学在某种程度上是起到先导性与补充性、核实性等作用,考古正确与否就必须要与历史文献相比对。就目前各地所谓的"建文帝出亡地"而言,惟福建宁德的古物与古文献相合相应,因此说,宁德支提寺稀世袈裟的"出世"本身就"暴露"了建文帝最终出亡的秘密……

　　2009年年初,笔者在苏北盱眙明祖陵考察时,突然接到江苏省郑和研究会秘书长郑自海先生打来的电话,他告诉笔者:福建宁德最近发现了疑似建文帝墓。这样的消息近年来特别多,也没什么新鲜感,当时笔者就没多大在意。几天后回宁,郑老嘱咐公子郑宽涛先生将福建宁德古墓的相关信息发了过来。说实在的,光看照片上的古墓,几乎什么也看不出来,这事也就在不经意间过去了。过了段时间,福建宁德方面发来了有关上金贝古墓更多、更详细的资料,由此逐渐改变了笔者的最初想法。就在这时,福建宁德方面向我、郑自海先生、郑宽涛先生和南大教授潘群先生等人发出了邀请,让我们前往他们那里去实地考察一下,于是我们就开始了宁德的考古历程。

笔者曾三次前往福建宁德考古现场,其中10月份的一次时间最长,一个人在那儿待了一周,收集了大量的考古资料,拍摄了几百张照片和十几小时的视频,在掌握了翔实的第一手考古资料的基础上,我查找与比对《宋史》《元史》《明史》和《明实录》等正史以及最新的考古成果,然后展开分析研究,最终笔者将宁德华严寺云锦袈裟和上金贝古墓的神秘主人"锁定"为失踪了600年的明朝第二位君主建文帝,由此破解大明第一大谜案(好几篇相关文章已在报刊上发表过)。其理由和证据如下:

华严寺云锦袈裟"出世","暴露"建文帝最终出亡秘密

华严寺位于福建宁德市霍童镇辖区的支提山上,故世称其为支提寺。支提山坐落于闽东鹫峰山脉中段东麓,远近有九十九峰,层峦叠嶂,绵亘百里,俯瞰全景,宛如莲花,峻秀深邃,古称"闽国东岳"。有名山则有菩萨说法,有刹土则有佛现身,据宋代《高僧传》所载:"释元表,三韩人也,天宝中,来游华土,仍往西域,瞻礼圣迹,遇心王菩萨指示,东南方有灵府。遂负《华严经》八十卷,寻访霍童,礼天冠菩萨,至支提石室而宅焉……。于时属会昌搜毁,表将经以华榈木函盛,深藏石室中。殆唐大中元年,保福慧评禅师素闻往事,躬率信士迎于甘露都尉院,其纸墨如新缮写,今贮福州僧寺焉。"这是有关支提山的最早文字记载。历经沧桑,至闽属吴越时,吴越王钱俶闻其事,宣问祖籍福建福清的杭州灵隐寺了悟禅师,了悟禀说:"臣少游闽至第一洞天(指宁德霍童,笔者注),父老相传,山有菩萨止住,时现天灯照耀,宝磬鸣空,知是天冠说法地也。"钱王遂委了悟南来觅圣,开山建寺,此为支提建寺的缘起(图6)。(详见宁德华严寺印发的由赵朴初先生题写"中国支提山——华严寺"字样的简介手册)

结合宁德地方史料,今人可知华严寺的兴盛始于宋代,但就其闻名范围而言,恐怕主要还是在福建、浙江一带。据清代崔嶷编写的《宁德支提寺图志》所述,自

明朝永乐起,支提寺渐为大明帝国皇家所重,并不时地得到皇帝、皇后或皇太后的御赐,御赐之物很丰富,有佛经、佛像等,甚至还说明万历时大明朝廷赐给支提寺和尚大迁好几件云锦袈裟。据此有人就认为:宁德支提寺内至今还保存完好的那件特殊云锦袈裟就是万历朝廷赐给支提寺的。

图6　福建宁德支提寺(亦名华严寺、华藏寺)

不过据笔者在宁德实地考察与查阅相关的史料后发现,史实并非如此。

● 云锦、袈裟为何物?

2009年10月初,在宁德当地统战部杨部长的帮助下,笔者找到了当年"发现"云锦袈裟的支提寺前住持妙果法师,妙果法师已年逾古稀,一般不接待外人,但因陪同笔者一同前往的杨部长曾任过当地的乡党委书记,所以笔者不仅有幸地见到了妙果法师,而且还当面聆听了他"发现"云锦袈裟的经过(妙果法师说的是当地闽东语,幸好杨部长为笔者作了"翻译"):在上个世纪五六十年代之际,当时年轻的妙果听说有一件与皇帝有关的云锦袈裟流落到了当地一个农民的手里,妙果曾向他要,可那农民不肯给,最后妙果法师竭尽财力用120斤的地瓜粉同他进行了交换,这才将云锦袈裟从凡界接回到了佛门圣地。

然而美中不足的是,该云锦袈裟一直没有引起世人的真正认识。2009年6月7日《扬子晚报》刊载了《南京为少林寺造云锦袈裟——明代云锦袈裟明年复制成功》一文,文中说:"(南京云锦研究所)张洪宝告诉记者,2001年,古刹少林寺方丈释永信提出能否为他定做一件云锦袈裟。所里接到任务后,十分犯难,因为从来没有听过有云锦袈裟这一说,更没见过实物。2003年张洪宝开始查找资料,但毫无收获。2005年他开始设计,拿出了10多个方案,也没有被认可。正当所里为如何制作袈裟犯愁时,福建宁德华严寺提出能否为该寺复制一件寺里珍藏的明代袈裟。这件袈裟非同寻常,是目前世上仅存的一件云锦袈裟。据说,明万历年间只做了四件,目前传世一件。华严寺的高僧称这件袈裟比万历要早,是**明永乐年前制作**的……华严寺藏的这件明代云锦袈裟与现代的袈裟有着异同点,现在大家看到方丈们披的袈裟大多为大红底色明黄格纹,在工艺上明显的古代比现代要复杂精细得多。记者问为何从照片上看,明代的云锦袈裟色彩没有新制作的这件鲜艳?张洪宝说:'那是因为**年代久远,500多年了**,还不褪色?'他告诉记者,从他的经验判断,明代的云锦袈裟应当与现在新制作的一样鲜艳,以大红和明黄为主,中间织有多种金线,图案也十分复杂。"(蔡震:《南京为少林寺造云锦袈裟——明代云锦袈裟明年复制成功》,载2009年6月7日《扬子晚报网》)

可是7个月后的2010年2月1日,同一张报纸《扬子晚报》上发表了同一作者的"新作"《华严寺金龙袈裟不是建文帝的》(该文载《扬子晚报》2010年2月1日A4版),一个原本说是500多年前的宝物在半年后顿时像魔术大师刘谦所玩的魔术一般,一下子变成了400年前古物,其变化之快真令人瞠目口呆,这究竟是哪门子的事?

其实,在笔者看来,这里边至少涉及两大关键性的专业与学术问题:一个是云锦,一个是袈裟。我们先来讲讲云锦。

据南京云锦权威的资深老专家徐仲杰先生的研究:"云锦,有说因为它的图案纹饰应用'云纹'较多而得名。据考证,元、明、清三代南京生产的传统提花丝织锦缎,过去并没有'云锦'这个名称。根据民间云锦业中的艺人谈:它是晚清以来,南京民间丝织业划分为'花'、'素'两个行业后才出现的名称。当时织'素'缎(无花织物)的,称为'缎业';织'花缎'(提花织物)的,称为'锦缎业'。南京锦缎,过去由于是御用'贡品',用料考究、织造工精,花纹色彩典丽精美,人们把它比喻像天上云霞般的美丽,因而南京生产的各种提花丝织锦缎在晚清以后就统被名之为'云锦'。现在一提起'云锦'二字,大家都知道这是指南京生产的各种提花丝织锦缎。"(徐仲杰:《南京云锦史》,江苏科学技术出版社1985年4月第1版,P19)

我们将徐老的考证做个最为简洁的概括:云锦在元明清时代本无其名,是晚清以后南京生产的各种提花丝织锦缎的统称。那么南京云锦有何特点呢?

徐老说:"南京云锦区别于其他地区锦缎的一个重要特点为:它是大量**用金**(捻

金、镂金,也包括镂银和银线)、并善于用金装饰织物花纹的提花丝织物。我们从云锦的主要品种'妆花'(包括满金织地,金地上织五彩纹的'金宝地')、'织金'、'织锦'等织物来看,它们的花纹,或**全部织金**、**或部分加金**;**或大面积地**应用各种金(捻金、镂金;捻金又有紫赤圆金和淡圆金之分)和银(捻银、镂银)线,交织于一件彩锦中(如属于'妆花'类的'金宝地',就常用这种手法处理),使整件织物形成一种金彩辉映、瑰丽灿烂、典雅而高贵的艺术效果。"(徐仲杰:《南京云锦史》,江苏科学技术出版社1985年4月第1版,P15)

由此看来,南京云锦是大量用金并善于用金装饰织物花纹的提花丝织物。这里面突出了用金的问题,以此来考察福建宁德支提寺袈裟的话,其原料为南京云锦看来是不成问题的,更有前文所引的《扬子晚报》报道——南京云锦研究所同志进行的实物鉴定为证。现在人们所关心的是另一个问题——袈裟。

说到袈裟,一般人所知道的无非是电影里或佛事大法会上方丈们所穿的那种特殊衣服。那么,从学理上又将如何来表述它?

袈裟是指"佛教僧尼的法衣。梵语'迦沙曳'的省称。孟郊《送谈公》诗之十一:'牵师袈裟别,师断袈裟归。'吴融《还俗尼》诗:'柳眉梅额倩妆新,笑脱袈裟得旧身。'"(《古代汉语词典》编写组:《古代汉语词典》,商务印书馆2004年8月版,P730)此为袈裟简明之解释,若要详尽一点的话,由史东等人编写的《简明古汉语词典》这样说道:"佛教僧尼的法衣。将布帛割截成长方形小片,染以间色,更缀合缝制而成。用意在防垢秽,并不同于俗。故又有割截衣、间色衣、无垢衣等名称。"(史东:《简明古汉语词典》,云南人民出版社1985年3月第1版,P212)

今权威的《辞海》说:"袈裟,梵语迦沙曳之略,译曰不正怀、浊染等,亦云缁衣,以其色浊而名。又其制作法,先将布割截为长方形小片,更缀合之而成,宛如田畔,故亦云割截衣,又名田相衣。"(舒新城等主编:《辞海·衣部》,中华民国三十七年十月再版,P1212)

但据笔者目前所掌握的资料来看,恐怕明代学者朱国桢对袈裟名称的解释最为详细:"袈裟名水田衣,又名稻畦帔。王维诗:'乞饭从香积,裁衣学水田';王少伯诗:'……一名无垢衣,一名忍辱铠,一名销瘦衣,一名离尘服,一名莲花服,一名福田衣,一名水田衣,一名稻畦帔,一名逍遥服,一名无尘衣,一名去秽衣,一名离染服,乃知袈裟之原,始于迦罗沙曳'。至(晋代——笔者加)葛洪始加衣字也。"(【明】朱国桢:《涌幢小品》卷28)

而同为明代人的郎瑛对袈裟颜色变化之考证则为今人提供了有益的参考:"僧衣,僧旧着黑衣,元文宗宠爱欣笑隐,赐以黄衣,其徒后皆衣黄。故欧阳原元《题僧墨菊》诗云：'苾蒭元是黑衣郎，当代深仁始赐黄；今日黄花翻泼墨，本来面目见馨香。'又萨天赐赠《欣笑隐》诗云：'客遇钟鸣饭，僧披御赐衣。'正谓是也。今制禅僧衣褐，讲僧衣红，瑜伽僧衣葱白。"【明】郎瑛：《七修类稿·僧衣》卷24）

以上对袈裟的诠释很到位，既讲了袈裟的颜色变迁，又讲了它的构成——是由割截成长方形的一片片布帛染以间色后缀合缝制而成的，这是人们对袈裟的概括性认识。

而福建宁德华严寺云锦袈裟却与众不同，如果是不经意瞄一眼的话，那它就几乎没有什么特别的。该袈裟是由长约100厘米的15个长方形小片云锦缀合缝制而成，其整体呈长方形，长度约为一个170厘米高度人伸出双手手臂（人呈大字型）的长度，宽度约为100厘米。由于年代久远，它确实给人的感觉是"其貌不扬"，甚至有的地方还有较为严重的破损，套用时下一些人中流行的一句话："不就是那个破玩意儿"。但要是你仔细观察的话，或许就有石破天惊的大发现。（参见图7：袈裟整体图）

● 八吉祥等图饰特征告诉人们：华严寺云锦袈裟应为明代早期的一件法衣

按理说，袈裟是出家人的法衣，即使再高档的袈裟也是佛家之物，因此，其图饰主题应该是以佛教为主，它的位置应该是在特别显眼的地方，且其图案也应该大而醒目。可宁德华严寺云锦袈裟却很特别，八吉祥、卍字与狮子（又像麒麟）相间的佛家题材图饰在整个袈裟中不仅显得不怎么显眼，而且其"占据的面积"大约不到整个袈裟的1/20。具体分述如下：

○ 八吉祥图饰分散在袈裟的三个地方，只有集中注意力才能看清楚。

佛教八吉祥图饰是指法螺、法轮、宝伞、宝幢、莲花、宝瓶、金鱼、盘长（结）等八种宝物。法螺，据佛经所载，佛祖说法时声震四方，如海螺之音，故而每遇佛家大型法会之际常常吹鸣海螺，其象征佛音声震四方，名声远扬；法轮，原是古印度的一种很有威力的武器，后来有人将它引申为宇宙间速度最快的交通工具，佛教法轮寓意佛法无边，又像轮子一样旋转不息，普度众生。宝伞，代表至高无上的权威，象征遮蔽一切魔障和痛苦，保佑人们平安；宝幢，原是古印度呈圆柱形的一种军旗，军中首领以此统率全军击败敌军，后引申为战胜一切烦恼魔军，取得事业的巨大成功与胜利，故而宝幢又可称为胜利幢；根据佛教的传说，当年佛祖出生时就与众不同，他诞

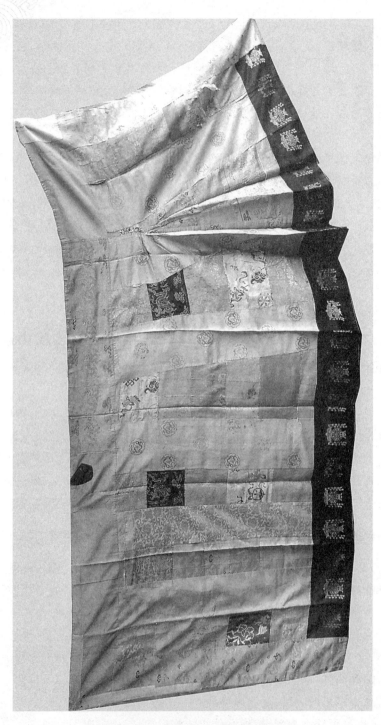

图 7 福建宁德华严寺云锦袈裟整体图

生在莲花上,莲花出污泥而不染,纯洁柔美,予人愉悦,在佛教中象征着解脱一切烦恼、清静、圣洁和吉祥;宝瓶是佛之一切善法的宝库,象征财富和智慧诸宝汇聚无漏,福德与智慧俱备,寓意财运亨通,福智圆满,长寿无疆,吉祥如意,故而也深受人们的喜爱;金鱼眼睛常开着,因此在佛教中金鱼眼象征着佛眼,表示佛时在关照着芸芸众生,又金鱼自由畅游,引申为自由、超越和永生;盘长结又称吉祥结,今称中国结,佛教说,佛有无穷无尽的教法,如网状型,人们若依此就能从生存的海洋中获取智慧之宝和觉悟之宝,寓意为心灵沟通与永恒的爱。(参见《北京雍和宫法器说明册》和周丽丽:《瓷器八吉祥纹机关探》,《上海博物馆集刊》,1987年第4期,第312—332页)

佛教八吉祥最初源于古代印度文化,在早期佛教绘画与造型艺术中,八吉祥图饰大多出现在佛祖释迦牟尼成佛图中,或装饰于象征释迦的双足图案中。它最早传入中国的地区可能就要数西藏了,内地开始流行八吉祥图饰比较晚,大致是在元代。元朝统治者崇尚藏传佛教,因而八吉祥随着藏传佛教的流传而为人们所普遍熟悉,但那时主要用于佛教活动。

朱元璋建立明朝时虽然一反元制,但在治藏问题和宗教信仰方面却基本上延续了元代的做法,加上明前期皇帝都崇信藏传佛教,故而使得明代前期藏传佛教依然大行其道,伴随之,在中国内地已流传的佛教八吉祥突破了佛教活动的范畴,加上它与中国本土的趋吉避害心理相通,所以其更为人们所乐意接受。明初朱元璋甚至规定将八吉祥作为他诸子亲王府宫殿上的装潢图饰。

《明实录》载:洪武四年春正月戊子日,"(朱元璋)命中书定议亲王宫殿制度,工部尚书张允等议,凡王城高二丈九尺五寸,下阔六丈,上阔二丈,女墙高五尺五寸,城河阔十五丈,深三丈,正殿基高六尺九寸五分,月台高五尺九寸五分,正门台高四尺九寸五分,廊房地高二尺五寸,王宫门地高三尺二寸五分,后宫地高三尺二寸五分,正门、前后殿、四门城楼,饰以青绿点金,廊房饰以青黑。四城正门,以红漆金涂铜钉。宫殿窠栱攒顶,中画蟠螭,饰以金,边画**八吉祥花**。前后殿座,用红漆金、蟠螭帐,用红销金、蟠螭座后壁,则画蟠螭、彩云,立社稷山川坛于王城内之西南,宗庙于王城内之东南,其彩画蟠螭改为龙,从之。"(《明太祖实录》卷60)

《明史》载,明初定"亲王府制:洪武四年定,城高二丈九尺,正殿基高六尺九寸,正门、前后殿、四门城楼,饰以青绿点金,廊房饰以青黛。四城正门,以丹漆金涂铜钉。宫殿窠栱攒顶,中画蟠螭,饰以金,边画**八吉祥花**。"(《明史·舆服四》卷68,志第44)

那么明前期的八吉祥呈现出什么样的特征?杨鸿姣在《明代藏传佛教八吉祥

纹样在汉地的传播及其风格演变》一文作了较为详尽的考证与论述。他指出：**法轮在元代是花轮**，到了明初变化成八辐或六辐轮；**法螺**在明初更加注重对细节的刻画，尤其是对尾部旋进的内部结构的表现；**宝伞**在明初以继承元代风格的捆住型居多，但相对于元代则更加华丽，较突出流苏和帷幔；明初**莲花**花瓣排列较为密集，装饰性增加；一对**金鱼**呈对称式布局，等等。"**吉祥结**在永乐时期还保留元代的上下成尖状的特征，宣德时期则演变为上下各有一结的形制，这一形制被后世所承袭，成为吉祥结的固定样式，直至现代的中国结也与此一脉相承。此外，在汉地八吉祥图形中，飘带自永乐时期开始成为必不可少的要素之一。"（杨鸿蛟：《明代藏传佛教八吉祥纹样在汉地的传播及其风格演变》，载《西藏艺术研究》，中国西藏信息中心网站2008年11月5日发布）

如果我们将上述明朝早期八吉祥的这些特征用来考察和研究宁德华严寺云锦袈裟中的佛教图饰的话，都能一一找到相对应的答案（参见图8：宁德华严寺袈裟八吉祥图饰）。该袈裟的法轮是六辐轮，法螺尾部旋进结构刻画细腻、形象，流苏与帷幔装饰下的宝伞正被捆着，还有起到点缀作用的飘带自然流畅……不过由于年代久远与破损的缘故，袈裟上的宝瓶之类的个别法物，我们现代人很难辨别清楚，但这并不妨碍我们对它的认定，结合**明清不同阶段南京云锦织法技术与用料、用色、用金之特征进行综合考察**（后文详述），我们认为：**宁德支提寺云锦袈裟应该是**

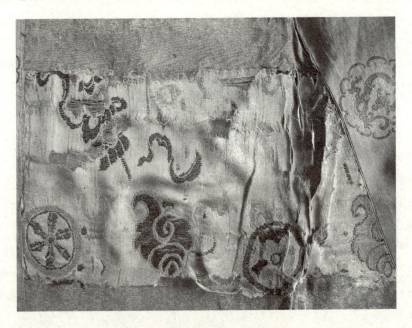

图8　宁德华严寺袈裟八吉祥图饰

明代早期的一件法衣。（明中叶后八吉祥完全不同了，如宝伞为撑开来形状，可参见徐仲杰先生的《南京云锦史》第136页。）

另据云锦研究专家的研究表明，华严寺云锦袈裟为明永乐以前制作的。2009年6、7月间，各媒体相继报道："南京云锦研究所设计室主任、云锦研究专家张洪宝介绍说，南京云锦研究所曾为北京十三陵（管理处）复制过多件龙袍……宁德支提寺（即华严寺，笔者注）提出能否为该寺复制一件寺里珍藏的明代云锦袈裟。经鉴定，这件袈裟是明永乐之前制作的。"（《支提云锦袈裟惊世人》，载《福建日报网》，2009年7月31日《电子商务平台网站》和2009年《福建省档案局网站》；《南京为少林寺造云锦袈裟——明代云锦袈裟明年复制成功》，载2009年6月7日《扬子晚报网》）

● 佛教图饰在华严寺云锦袈裟整体中不占主导，说明袈裟主人身份很特别？

○ 佛教卐（卍）字与狮子（又像麒麟）图饰

宁德华严寺云锦袈裟上还有佛教内涵题材的就要数卐字图案与狮子（又像麒麟）图饰。在该云锦袈裟的上方横幅下的左右对称的地方，有两个小方块的佛教题材的图饰——六瓣花形内狮子（又像麒麟）图案，中间杂以佛教卐字如意云纹相间（参见图9：宁德华严寺云锦袈裟佛教卐（卍）字与狮子图饰），如此位置之图饰咋看起来还真让人看不清，这意味着华严寺云锦袈裟中佛教题材的图案是辅助性质的？更有3块分散的八吉祥图饰加上这2小块佛教卐字与狮子（又像麒麟）相间的图饰几乎构成华严寺云锦袈裟佛教题材内容的全部，其所"占据面积"可能是整个袈裟的1/20还不到，且在整个袈裟的图饰中显得微不足道，这一切似乎是在告诉人们：袈裟主人或置办者拥有较少的出世意识或迫不得已出家或作为装饰点缀？由此笔者联想到明中都鼓楼上的卐字（参见图10：凤阳鼓楼上卐字），中都凤阳是大明帝国都城之一，亦即非佛教圣地，但它的鼓楼上居然用着大大的卐字，看来明初卐字是表达万事吉祥如意的一种心愿，当然也不排除宗教性质在内。但如果我们将袈裟上的卐字与狮子（又像麒麟）图饰相间在整个袈裟中所占据的位置与"面积"综合起来分析，**笔者认为宁德华严寺云锦袈裟图饰所要表现的主题应该是以非出世内涵为主，如果再将明代早期佛教八吉祥图饰之特征用来考察宁德华严寺云锦袈裟的话，那么我们可以认定，该袈裟的主人应是明代早期之人，而且他的身份还很特别？那么他究竟是谁？**在解答这个问题之前,我们不妨先来看看该袈裟的缘边图饰是什么?

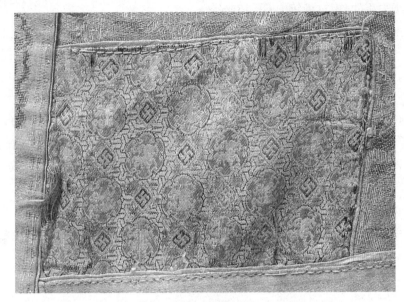

图 9　宁德华严寺云锦袈裟佛教卐(卍)字与狮子图饰

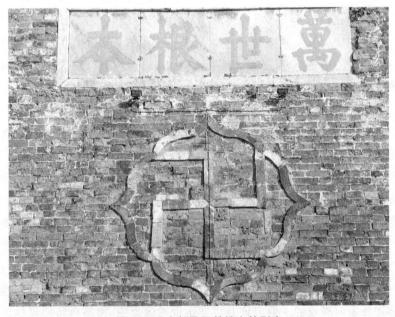

图 10　明中都凤阳鼓楼上的卍字

● 宁德华严寺袈裟缘边图饰至少向世人"表明":该袈裟与大明皇家有关

○ 袈裟的左边和右边皆为云龙文图案,这说明该袈裟与大明皇家有关?

宁德华严寺袈裟最左边的一长条云锦上绣有20条小五爪龙,其中间是云纹;最右边一长条云锦上绣有约22条小五爪龙,其中间也是云纹,左右形成对称,这是典型的传统中国人审美情趣;而最吸引笔者注意的是其云龙纹饰边,由于生活在南京,笔者经常上明孝陵和明故宫,那里残存的大明皇家殿陛上的石刻云龙纹早已深深地镌刻在脑海里,所以当笔者在宁德华严寺见到袈裟上的云龙纹图饰时就不由自主地发问:这袈裟会不会是大明皇家的?(图11)

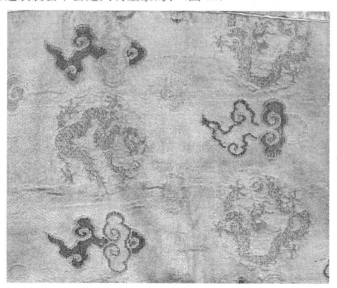

图11 宁德华严寺袈裟云龙纹饰边

翻阅《明史》,其清楚地记载着,整个明代对于舆服的制作要求和"享用"等方面都有极为严格的规定。**能够享用云龙纹舆服的第一号人物当数大明天子了**。除了龙袍,皇帝坐的轿子上也应有云龙装饰。"大辂,高一丈三尺九寸五分,广八尺二寸五分。……辂亭高六尺七寸九分,四柱长五尺八寸四分。槛座皆红髹。前二柱戗金,柱首宝相花,**中云龙文**,下龟文锦"(《明史·舆服一》卷65,志第41)。"以青饰辂盖,亭内贴金斗拱,承红髹匡宝盖,斗以八顶,冒以黄绮,谓之黄屋;中并四周绣五彩**云龙**九。天轮三层,皆红髹,上安雕木贴金边耀叶板八十一片,内绿地雕木贴金**云龙文**三层,间绘五彩云衬板八十一片。盘下四周,黄铜钉装,施黄绮沥水三层,每层八十一折,间绣五彩云龙文。四角垂青绮络带,各绣五彩云升龙。圆盘四角连辂坐板,用攀顶黄线圆条,并贴金木鱼"(《明史·舆服一》卷65,志第41)。"玉辂,亦驾以二象,制如大辂,而无平盘下十二楅之饰。辂亭前二柱,饰以搏换贴金升龙。屏风后无上四楅**云龙**及云板之饰。天轮内用青地雕木饰玉色**云龙文**。而太常旗及踏梯、行马之类,悉与大辂同。"(《明史·舆服一》卷65,志第41)

除此之外,皇帝衣服外面的饰品如玉钩、玉带之类也不能有丝毫的马虎,史书记载:"皇帝冕服……玉钩二,玉佩二,各用玉珩一,瑀一,琚二,冲牙一,璜二;瑀下垂玉花一、玉滴二;瑑饰**云龙文描金**……"(《明史·舆服二》卷66,志第42)

第二个可以享用云龙纹服饰的是皇后,"皇后冠服:洪武三年定,受册、谒庙、朝会,服礼服。其冠圆匡,冒以翡翠,上饰九龙四凤,大花十二树,小花数如之。两博鬓十二钿。袆衣,深青绘翟,赤质,五色十二等。素纱中单,黻领,朱罗縠逯襈裾。蔽膝随衣色,以緅为领缘,用翟为章三等。大带随衣色,朱里纰其外,上以朱锦,下以绿锦,纽约用青组。玉革带。青袜、青舄,以金饰。永乐三年定制,其冠饰翠龙九,金凤四,中一龙衔大珠一,上有翠盖,下垂珠结,余皆口衔珠滴,珠翠云四十片,大珠花、小珠花数如旧。三博鬓,饰以金龙、翠云,皆垂珠滴。翠口圈一副,上饰珠宝钿花十二,翠钿如其数。托里金口圈一副。珠翠面花五事。珠排环一对。皂罗额子一,描**金龙文**,用珠二十一。翟衣,深青,织翟文十有二等,间以小轮花。红领褾襈裾,织金**云龙文**。中单,玉色纱为之,红领褾襈裾,织黻文十三。蔽膝随衣色,织翟为章三等,间以小轮花四,以緅为领缘,织金**云龙文**。玉谷圭,长七寸,剡其上,瑑谷文,黄绮约其下,韬以黄囊,金龙文。玉革带,青绮鞓,描金**云龙文**,玉事件十,金事件四。大带,表里俱青红相半,末纯红,下垂织金**云龙文**,上朱缘,下绿缘,青绮副带一。绶五采,黄、赤、白、缥、绿,纁质,间施二玉环,皆织成。小绶三,色同大绶。玉佩二,各用玉珩一、瑀一、琚二、冲牙一、璜二;瑀下垂玉花一、玉滴二;瑑饰**云龙文**描金;自珩而下,系组五,贯以玉珠,行则冲牙二滴与二璜相触有声;上有金钩,有小绶五采以副之,纁质,织成。青袜舄,饰以描金云龙,皂纯,每舄首加珠五颗。"(《明史·舆服二》卷66,志第42)

第三个可以享用云龙纹舆服的是皇太子,"皇太子金辂,高一丈二尺二寸有奇,广八尺九寸。辕长一丈九尺五寸。……辂亭高六尺四寸有奇,红髹四柱,长五尺四寸。……亭内周围青斗栱,承以丹漆匡,宝盖斗以八顶,冒以红绮,顶心绣云龙,余绣五彩云文。天轮三层皆红髹,上雕木贴金边耀叶板七十二片,内饰青地雕木贴金**云龙文**三层,间绘五彩云衬板七十二片,四周黄铜装钉。上施红绮沥水三层,每层七十二折,间绣五彩**云龙文**。四角之饰与大辂同,第圆条用红线。"(《明史·舆服

一》卷65,志第41)

第四个可以享用云龙纹服饰的是皇太子妃,"皇太子妃冠服:洪武三年定,礼服与皇妃同。永乐三年更定,九翚四凤冠,漆竹丝为匡,冒以翡翠,上饰翠翟九、金凤四,皆口衔珠滴。珠翠云四十片,大珠花九树,小珠花数如之。双博鬓,饰以鸾凤,皆垂珠滴。翠口圈一副,上饰珠宝钿花九,翠钿如其数。托里金口圈一副。珠翠面花五事。珠排环一对。珠皂罗额子一,描金凤文,用珠二十一。翟衣,青质,织翟文九等,间以小轮花。红领褾襈裾,织金**云龙文**。中单玉色纱为之。红领褾襈裾,领织黻文十一。"(《明史·舆服二》卷66,志第42)

总之,从《明史》的记载来看,在大明帝国能够享用云龙纹舆服的只有四个人,即皇帝、皇后、皇太子、皇太子妃。我们将之再概括一下,即只有皇帝与其配偶和皇帝接班人及其配偶才能享用云龙图饰的舆服,**而福建宁德华严寺袈裟左右两边长条云锦上偏偏是云龙纹,难道这是巧合?**或言这云锦袈裟就是大明皇帝或皇家的?笔者不敢妄断。

○ **袈裟的最下方22个灯笼里绣有"福寿"的字样,居然在《明史》上有"对应出处"**

再看华严寺袈裟最下边上的那些并立而排的22个灯笼,仅粗看看除了灯笼还是灯笼,好像什么信息也没有,但若你仔细察看的话,就会发现其内有各式字体的"福寿"两字,那它们在大明皇家有无"对应出处"?(图12)

图12 宁德华严寺袈裟上的灯笼

《明史·舆服志》"大辂"(皇帝坐的大轿子)条中这样说道:"大辂,……亭内黄线条编红髹匡软座,下莲花坠石,上施花毯、红锦褥席、红髹坐椅。靠背上雕描金云龙一,下雕云板一,红髹**福寿**板一,并褥。椅中黄织金椅靠坐褥,四围椅裙,施黄绮帷幔。"(《明史·舆服一》卷65,志第41)

大明皇帝的人力轿子上也有"福寿板","轿者,肩行之车。……其制(明制),(皇帝轿子)高六尺九寸有奇。……轿杠二,前后以镀金铜龙头、龙尾装钉,有黄绒坠角索。四周红髹板,左右门二,用镀金铜钉铰。轿内红髹匡坐椅一,**福寿**板一并褥。椅内黄织金绮靠坐褥,四围椅裙,下铺席并踏褥。有黄绢轿衣、油绢雨衣各一,青毡衣,红毡缘条云子。"(《明史·舆服一》卷65,志第41)

大明皇后的大辂上也有"福寿板"。"皇后辂一,高一丈一尺三寸有奇,平盘。……辂亭高五尺八寸有奇,红髹四柱。槛座上沉香色描金香草板十二片。前左右有门,高四尺五寸有奇,广二尺四寸有奇。门旁沉香色线金菱花槅各二,下绦环板,有明栊,抹金铜钑花叶片装钉。后红髹五山屏风,戗金鸾凤云文,屏上红髹板,戗金云文,中装雕木浑贴金凤一。屏后红髹板,俱用抹金铜钑花叶片装钉。亭底红髹,上施红花毯、红锦褥席、红髹坐椅一。靠背雕木线金五彩装凤一,上下香草云板各一、红**福寿**板一并褥。椅中黄织金绮靠坐褥,四周有椅裙,施黄绮帷幔(或黄线罗)。"(《明史·舆服一》卷65,志第41)

查遍整个《明史》记载,能够享用"福寿"字样舆服的只有两人,即皇帝和皇后。由此看来,华严寺袈裟周边饰以云龙纹图案和下方22个灯笼内绣上"福寿"字样都似乎是在"暗示"人们:这不是一件普通的袈裟,而是极有可能与大明帝国皇家有关!

鉴于上述几个因素,我们至少可以这么说,福建宁德华严寺云锦袈裟与大明皇家有关。

● 宁德华严寺"九五之尊"龙饰主题云锦袈裟向世人"表明":它与大明皇帝有关

众所周知,在中国传统社会,有龙饰物就与皇家有关。尤其是明代对龙凤图饰的使用极为讲究,规制也极为严格。

洪武三年八月丁丑,"诏中书省,申禁官民器服,不得用黄色为饰及彩画古先帝王、后、妃、圣贤人物故事、日、月、**龙**、**凤**、狮子、麒麟、犀象之形,如旧有者,限百日内毁之。"(《明太祖实录》卷55)

洪武四年二月壬申,"上将幸临濠,谕中书省臣,制:'奉先殿、四代帝、后、神主及龛,须精致。'朕还日,视其成。礼部遂奏:'神主之制,高一尺二寸,阔四寸,跌高二寸,用木为之饰,以金镂、以青字,神龛高二尺,阔二尺,跌高四寸,朱漆镂金,**龙凤**花板开二窗,施红纱,侧用金铜环,内织金文绮为借。'从之。"(《明太祖实录》卷61)

洪武二十四年六月己未,朱元璋"诏六部、都察院同翰林院诸儒臣,参考历代礼制,更定冠服、居室、器用制度"。"官民人等所用金银、磁碇等器,并**不许制造龙凤文**,及僭用金酒樽、椅桌、木器之类,亦不许用朱红金饰。公侯伯至二品,酒注酒盏用金,余用银,三品至五品酒盏许用金,余用银;六品以下酒器许用银,庶民酒注用锡,酒盏用银,余用磁漆。官民人等所用床榻,**不许雕刻龙凤**并朱红金饰,**床帐不许用玄**、**黄**、**紫及织绣龙凤文**。"(《明太祖实录》卷209)

《明史》载:"明初俭德开基,宫殿落成,不用文石甃地。以此坊民,武臣犹有**饰金龙**于床幔,马厩用**九五间数**,而豪民亦或熔金为酒器,饰以玉珠。**太祖皆重惩其弊**。"(《明史·舆服一》卷65,志第41)

上述史料明确告诉人们,**明初太祖立制:擅用金龙图饰和"九五"礼数要以重罪论处。**

明代"胡蓝大狱"的"原始"审讯记录——《逆臣录》载:当年大明中青代大将军蓝玉之所以最终被杀就是因为有人控告蓝玉在自己的裤子膝盖处绣有龙饰图案,有谋反之嫌。

朱元璋的心腹大将廖永忠也是因为这个原因而最终走上了不归路,"(洪武)八年三月,(廖永忠)坐僭用龙凤诸不法事,赐死。"(《明史·廖永忠传》卷129)

洪武时代惟一杀剩的两位开国侯爷之一、建文朝第一次北伐统帅耿炳文一生小心谨慎、忠君为臣,但在"建文"转向"永乐"的那个血雨腥风的非常年代里,最终他还是被按上了逾制擅用龙凤图饰的罪名而被迫自绝。史载:"燕王称帝之明年,刑部尚书郑赐、都御史陈瑛劾炳文衣服器皿有龙凤饰,玉带用红鞓,僭妄不道。炳文惧,自杀。"(《明史·耿炳文传》卷130)

以上都是明初之事,那么明中叶以后对严禁龙凤之类图饰的使用执行得怎么样?

明代后期著名的文人学者沈德符给今人留下了这样的记载:"今揆地诸公多赐蟒衣,而最贵蒙恩者,多得坐蟒。则正面全身,居然上所御衮龙。往时惟司礼首榼常得之,今华亭、江陵诸公而后,不胜纪矣。按正统十二年,上御奉天门,命工部官曰:'官民服式,俱有定制。今有织绣蟒、龙、飞鱼、门牛、违禁花样者,工匠处斩,家口发边卫充军。服用之人,重罪不宥。'弘治元年,都御史边镛奏禁蟒衣云:'品官未闻蟒衣之制,诸谱书皆云蟒者大蛇,非龙类。蟒无足无角,龙则角足皆具。今蟒衣皆龙形。宜令内外官有赐者俱缴进,内外机房不许织。违者坐以法。'孝宗是之,著为令。盖上禁之固严。但赐赉屡加,全与诏旨矛盾,亦安能禁绝也!"(【明】沈德符:《万历野获编·蟒衣》卷1,文化艺术出版社1998年6月第1版,P22)

这段史料是说:正统十二年,明英宗曾在北京明皇宫的奉天殿下诏谕给大明工部,严令帝国臣民必须要遵照服舆的"祖制"规定,凡是在衣服上绣有蟒、龙、飞鱼、门牛以及其他违禁图饰的,制作工匠要论罪处斩,工匠的家族成员要发往边疆卫所去充军;而穿用此类严重违禁的服饰者更是重罪不饶。严禁服舆"违制"大约执行了几十年,到了明孝宗时,违禁之风又"卷土重来"。弘治元年,都御史边镛给明孝宗上奏,要求严禁蟒衣,理由是当时的蟒衣上制作的"蟒"很像龙,他指出了蟒与龙之间的差别,蟒是没角没脚的,而龙是既有角又有脚。明孝宗是个有道之君,当即准了都御史边镛所奏,诏令天下,凡是乱用蟒衣者,或以假乱真者,要以国法论处。但随后不久,皇帝赏赐的蟒衣逐渐多了起来,这本身就与先前孝宗的诏令相抵牾。大约到了明代后期,皇帝赐给大臣的蟒衣更是屡见不鲜。但即使这样,就连最受皇帝厚爱的大臣也最"多得坐蟒"。

沈德符对有明一代蟒服的实际使用状况之考察使我们看到:尽管蟒服在明代中后期大行其道,但它毕竟不是"龙袍",因为蟒与龙是有着很大的区别,即有无角和脚的问题。

而笔者在福建宁德华严寺见到的那件云锦袈裟不仅布满了各种"走势"的龙纹:如正中偏上有两个"蓝地逐珠龙纹"、中偏下有"黄地夔龙团花纹"、正上现有六个"金地龙赶珠纹",等等,而且它们都是有角有脚的,绝非是蟒衣,由此,笔者进一步认定,该袈裟为皇家或皇帝所享用。

问题在于皇家与皇帝不是同一概念,那会不会该袈裟是某个大明皇室成员的?我们在回答这个问题之前不妨再来看看该袈裟的主题图饰向人们诉述了什么?

华严寺袈裟除了两边饰以云龙纹的2长条云锦以外,从左到右约有13长条,再加上正上方1长条,共计约有14条云锦,由此形成了该袈裟的主题图饰——"九五之尊"的龙饰图案(参见彩图:宁德华严寺袈裟整体图)。其正中间间隔分布着5条张牙舞爪的五爪龙(该袈裟右下方有一三角形褶皱,平放时其内3条龙常被遮住),它们大致有我们成年人的拳头那么大,而在整个5条五爪龙的上边即袈裟的"横幅"上,笔者曾与南京大学潘群教授反复数了几遍,却只有6条与正中间5条五爪龙差不多大小的五爪龙。当时笔者一时纳闷:怎么会是6这个数,但在仔细观察之后发现,"横幅"上的6条五爪龙并不居中,而是靠右了,若按照居中去比划的话,那么"横幅"上6条五爪龙的左边应该还有3条五爪龙的位置已经被黄色丝绸"补"住了。据此,笔者认定,此袈裟原本"横幅"上应该有9条五爪龙(图13~图22)。

以上所论是将该袈裟平放时所呈现的图饰情景,那么要是将该袈裟穿在身上又将出现何状?笔者当即向华严寺当家慧净法师提出了这样的请求,但没想到他不同意,慧净的解释是,华严寺口头相传的规矩,除非是有着特别德行的高僧,一般住持和方丈等都不能穿此特别的袈裟,幸好陪同笔者的统战部杨部长在旁,他帮助笔者向慧净作了说明:"因研究之需要,您就试着穿一下吧!"慧净碍于情面,就为笔者穿起了袈裟。

当慧净穿好袈裟时,笔者一下子愣住了,原本"横幅"上的那9条五爪龙顿时"跑到"慧净的领子上,原先袈裟右下方一三角形褶皱处平放时被遮住的3条龙此时却全"跑"了出来,笔者当即对慧净身上袈裟的正面与背面所"露"出的五爪龙数了数,恰巧又是5条。更为巧合的是,整个袈裟披在身上时那9条龙与5条龙之分布格局与清朝乾隆帝年轻时的正装画像有着较大的相似。(清代皇帝画像较多为西方传教士所作,其写实主义成分极高——详见马渭源《论明清西画东渐及其与苏州"仿泰西"版画的出版、传播》和《论西画东渐对明清中华帝国社会的影响》,分别载于澳门《中西文化研究》2007年第2期与2009年第1期)

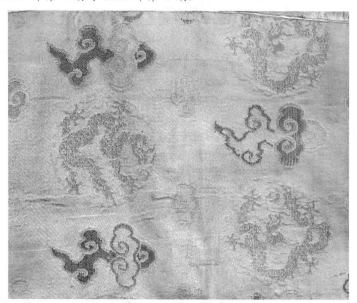

图13　袈裟左右两花条边上的云龙纹

图14　宁德华严寺袈裟上正中间的五爪龙

图 15　袈裟上的五爪龙 1

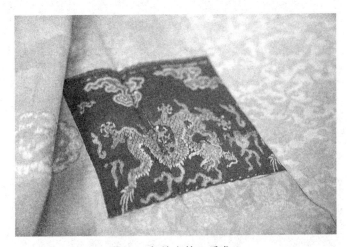

图 16　袈裟上的五爪龙 2

图 17　袈裟上的五爪龙 3

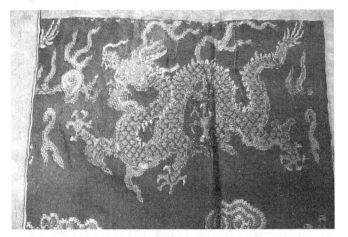

图18　袈裟上的五爪龙 4

图19　袈裟上的五爪龙 5

图20　袈裟上的五爪龙 6

图21　袈裟上的五爪龙7

图22　袈裟上的牡丹

在中国传统社会里,"九五之数"是人世间的最高礼数,只有皇帝才能享用,不得任意造次,尤其自明代开始对其规定更为讲究、更为严格。

据《明太祖实录》所载:洪武三年,定朝会宴享乐舞之数。其中有首歌颂皇帝朱元璋的曲子《风云会》,它是这样唱的:"天眷顾,淮西真人起布衣,正乾刚**九五**,龙飞驾驭,英雄收俊杰,承永命布皇威,一剑立鸿基,三军拥义旗,望云霓四海人归,整顿乾坤,除暴虐,歌圣德,庆雍熙。"(《明太祖实录》卷56)

洪武六年六月辛巳,"中都皇城成,高三丈**九尺五寸**,女墙高**五尺九寸五分**,共高四丈五尺四寸五分,午门、东华门、西华门城楼台基俱高**五尺九分**,午门东南西南角楼台基与城楼台基同,玄武门城楼台基高**五尺九寸五分**,其东北西北角楼台基亦与城楼台基同。御道踏级文用**九龙**四凤云朵,丹陛前御道文用龙凤、海马、海水、云朵,城河坝砖脚**五尺**,以生铁镕灌之。"(《明太祖实录》卷83)

洪武二十四年六月己未,朱元璋"诏六部、都察院同翰林院诸儒臣,参考历代礼制,更定冠服、居室、器用制度"。"**其官民房屋并不许盖造九五间数**,及歇山、转角、重檐、重栱,绘画藻井、朱红门窗,其楼房不在重檐之例。公、侯、伯前厅、中堂、后堂各七间门,屋三间,俱用黑板瓦盖屋,脊用瓦兽,梁栋斗栱檐桷彩色绘饰,门窗枋柱俱用黑漆油饰……"(《明太祖实录》卷209)

具体到舆服,据《明史·舆服志》等史料所载,能享用"九五礼数"之龙饰舆服的也只有贵为人极之主了。皇帝的大辂亭、卤簿大驾等都是如此规制:"以青饰辂盖,亭内贴金斗拱,承红髹匡宝盖,斗以八顶,冒以黄绮,谓之黄屋;中并四周绣**五彩云龙九**"(《明史·舆服一》卷65,志第41)。"(洪武)二十六年,(大明)始定卤簿大驾之制。玉辂一,大辂一,**九龙**车一,步辇一"(《明史·舆服一》卷65,志第41)。甚至连皇帝的舆服一类的制作尺码也得严格遵循"九五礼数","大马辇,……其制,高一丈二尺五寸**九分**,广八尺**九寸五分**,辕长二丈五寸有奇,辇座高三尺四寸有奇,余同大辂。"(《明史·舆服一》卷65,志第41)

如果乱用礼数那是要受到非常的处置。洪武二十八年十一月乙亥,"《礼制集要》成。先是,上谓翰林学士刘三吾等曰:'朕自即位以来,累命儒臣历考旧章,上自朝廷,下至臣庶,冠婚丧祭之仪,服舍器用之制,各有等差,著为条格,俾知上下之分,而奸臣**胡惟庸**等擅作威福,谋为不轨,借用黄罗帐幔,饰以**金龙凤文**,迩者逆贼**蓝玉**,越礼犯分,床帐护膝皆饰**金龙**,又铸金爵以为饮器,家奴至于数百,马坊、廊房悉用**九五间数**,而苏州府民顾常亦用金造酒器,饰以珠玉、宝石,僭乱如此,杀身亡家。尔等宜重加考定,以官民服舍器用等第,编类成书,申明禁制,使各遵守,敢有仍前僭用者,必置之法,成造之人,如之。至是书成,其目十有三,曰冠服、房屋、器皿、伞盖、床帐、弓矢、鞍辔、仪从、奴婢、俸禄、奏启、本式、署押、体式、服制,颁布中外。'"(《明太祖实录》卷243)

朱元璋讲因为宰相胡惟庸家里帐幔用了金龙凤纹,大将军蓝玉不仅床帐、护膝用了金龙图饰,而且他家在建造马坊、廊房时还用了九五间数,这等违制,只能招来杀身亡家了。由此说来,"九五礼数"只能是皇帝享用,其他任何人要是乱用了都要受到非常严厉的处置。

而华严寺袈裟的主题图饰恰恰就具有"九五"礼数,在它们的中间间隔性地排列着许多饰有9蟒的长条云锦。而最为重要的是,与饰有九蟒的长条云锦相间的还有那9条五爪龙和5条五爪龙有规律地分别居正上与正中位置,谁敢享用这等"九五之尊"龙饰主题的袈裟？只有皇帝了！至于其他皇室成员根本就没资格享用,更别提文臣武将了。由此,笔者认为,该袈裟必定与大明皇帝有关或为皇帝享用。

● 万历朝官方史书和明万历年间支提寺重建目击者谢肇淛所作的"碑记"等告诉我们：支提寺五爪龙袈裟不是万历朝明廷所赐的！

看了上述考证,有人可能会提出这样的问题：那会不会这件袈裟是哪个高僧或道士的？

根据《明史》所载"僧道服：洪武十四年定,禅僧,茶褐常服,青绦玉色袈裟。讲僧,玉色常服,绿绦浅红袈裟。教僧,皂常服,黑绦浅红袈裟。僧官如之。惟僧录司官袈裟,绿文及环皆饰以金。道士,常服青法服,朝衣皆赤,道官亦如之。惟道录司官法服、朝服,绿文饰金。凡在京道官,红道衣,金襕,木简。在外道官,红道衣,木简,不用金襕。道士,青道服,木简。"(《明史·舆服三》卷67,志第43)

我们否定了华严寺袈裟为高僧服或道士服,可能有人还会提出这样的疑问：会不会是大明皇家赐给哪个高僧的？

2010年2月1日《扬子晚报》一整版发表了《华严寺金龙袈裟不是建文帝的》一文,全文较长,从标题来看真可谓大吸眼球,但仔细阅读后却令人十分失望,该文中居然没有一条确实与可靠的依据,纯凭直觉感官得出了结论,其所要表达的一个中心意思是,现宁德支提寺云锦袈裟是明万历皇帝御赐给大迁国师的。文中说："华严寺史称支提寺,在《支提寺志》中明确记载着,这件紫衣袈裟为明万历皇帝御赐给当时的主持大迁国师的袈裟,一共四件,如今只保留下独此一件。""从龙的纹样看,与明初早期的龙纹有所区别,应该是明中期的龙纹图案。而五爪龙出现在袈裟上,不一定证明就是皇帝穿的,三爪龙、两爪龙,反而皇帝龙袍上会有的。""从这些纹样看,与北京定陵出土的万历皇帝龙袍纹十分相似,证明确实是万历年间的东西。"(载《扬子晚报》2010年2月1日 A4版)

那么依据呢？文中提到的唯一可查询的依据叫《支提寺志》,但据目前公开出版的该书压根儿就不叫这名,而叫《宁德支提寺图志》,因为该书除了文字外还有一张大图,福建省地图出版社1988年8月第1次出版,它为清康熙年间贡生崔嵸等人编写；文中第二大常识性错误是说大迁为"主持",而就实应该是"住持",连"主持"与"住持"这类基本知识都没有搞清楚,让人看了不能不晕；第三处常识性错误是说大迁为国师。明朝对藏传佛教领袖有封国师的称号,但笔者孤陋寡闻,却从未见过明朝对内地佛教领袖有这样的隆遇,要不然福建一下也变成了藏传佛教特区不成？

对于国师及其以上的封号之讲究,是明初几代皇帝手里定型的,主要受封的是藏区宗教领袖,在此,笔者将明初60～70年间封赏国师以上的僧官尊号列表如下:

明初60～70年大明朝廷封赏的藏区国师以上高级僧官简表

封赏者	封赏时间	封赏之尊号	受封喇嘛	受封影响重心	史料出处
朱元璋	洪武五年四月	灌顶国师	故元灌顶国师章阳沙加	乌思藏帕木竹巴	《明太祖实录》卷73)
朱元璋	洪武五年十二月	炽盛佛宝国师	故元摄帝师喃加巴藏卜	乌思藏	《明太祖实录》卷79
朱元璋	洪武七年正月	国师	故元和林国师朵儿只怯烈失思巴藏卜	和林(全称哈拉和林,今蒙古国内前杭爱省)	《明太祖实录》卷89
朱元璋	洪武七年七月	灌顶国师	答力麻八剌	朵甘乌思藏	《明太祖实录》卷91
朱元璋	洪武七年七月	圆智妙觉弘教大国师	故元帝师八思巴之后公哥坚藏巴藏卜	萨迦(今西藏拉萨西南)	《明太祖实录》卷91
朱元璋	洪武七年七月	灌顶国师	帕竹第悉释迦坚赞	帕木竹巴	《明太祖实录》卷188
朱棣	永乐四年三月	灵藏灌顶国师	灵藏着思巴儿监藏	灵藏	《明太宗实录》卷52
朱棣	永乐四年三月	馆觉灌顶国师	宗巴斡即南哥巴藏卜	馆觉	《明太宗实录》卷52
朱棣	永乐五年十二月	净修三藏国师	耳亦赤	凉州	《明太宗皇帝》实录卷74
朱棣	永乐五年十二月	净戒三藏国师	八儿思	凉州	《明太宗皇帝》实录卷74
朱棣	永乐六年五月	灌顶慈慧圆智昔应国师	僧清来	土鲁番城	《明太宗实录》卷79
朱棣	永乐八年九月	灌顶弘慈妙济国师	绰思吉领禅巴藏卜	四川长河西(甘孜藏区康定县)	《明太宗实录》卷108

（续表）

封赏者	封赏时间	封赏之尊号	受封喇嘛	受封影响重心	史料出处
朱棣	永乐八年九月	净慈妙智国师	掌巴监藏	四川长河西	《明太宗实录》卷108
朱棣	永乐八年九月	普济慧应国师	掌巴哈罗思巴	四川长河西	《明太宗实录》卷108
朱棣	永乐八年十月	净觉弘济国师	班丹藏卜	青海西宁	《明太宗实录》卷109
朱棣	永乐八年十月	广慧普应国师	高日干	青海西宁？	《明太宗实录》卷109
朱棣	永乐八年十月	慈善弘智国师	失剌查	青海西宁？	《明太宗实录》卷109
朱棣	永乐十年正月	慧慈弘应国师	把奔	青海西宁？	《明太宗实录》卷124
朱棣	永乐十年正月	净慈佑善国师	湛查	青海西宁？	《明太宗实录》卷124
朱棣	永乐十年正月	净觉弘慈国师	包剌麻	青海西宁？	《明太宗实录》卷124
朱棣	永乐十一年二月	灌顶圆通妙济国师	哈立麻寺绰思吉监藏	乌斯藏	《明太宗实录》卷137
朱棣	永乐十一年二月	灌顶净慈通慧国师	簇尔卜掌寺端竹幹薛儿巴里藏卜	乌斯藏	《明太宗实录》卷137
朱棣	永乐十三年二月	灌顶慧应弘济国师	领占端竹	乌斯藏	《明太宗实录》卷161
朱棣	永乐十六年正月	弘智净觉国师	端岳藏卜	青海西宁	《明太宗实录》卷196
朱棣	永乐十六年正月	广济妙净国师	马儿藏	青海西宁	《明太宗实录》卷196
朱棣	永乐十六年正月	普济净慈国师	思我失星吉	青海西宁	《明太宗实录》卷196
朱棣	永乐十六年正月	弘慈广智国师	仑奔宛卜查失儿监藏	青海西宁	《明太宗实录》卷196

(续表)

封赏者	封赏时间	封赏之尊号	受封喇嘛	受封影响重心	史料出处
朱棣	永乐四年十二月	灌顶圆通善慧大国师	哈思巴罗葛罗思	乌思藏	《明太宗孝实录》卷62
朱棣	永乐五年三月	灌顶圆修净慧大国师	孛隆通瓦桑儿加领真	乌思藏	《明太宗实录》卷65
朱棣	永乐五年三月	灌顶通悟弘济大国师	高日瓦领禅伯	乌思藏	《明太宗实录》卷65
朱棣	永乐五年三月	灌顶弘智净戒大国师	果栾罗葛罗监藏巴里藏卜	乌思藏	《明太宗实录》卷65
朱棣	永乐十年正月	灌顶净觉弘济大国师	班丹藏卜	青海西宁	《明太宗实录》卷124
朱棣	永乐十一年五月	灌顶圆通慈济大国师	哲尊巴	萨迦（今西藏拉萨西南）	《明太宗实录》卷140
朱棣	永乐十一年五月	灌顶慧慈净戒大国师	必力工瓦（止贡巴）端竹监藏	必力工瓦（今拉萨东北）	《明太宗实录》卷140
朱棣	永乐十一年五月	西天佛子灌顶净慈弘智广慧大国师	日托巴罗葛罗监粲	乌思藏	《明太宗实录》卷140
朱棣	永乐十二年正月	灌顶圆通慈济大国师	哲尊巴之父妥巴阿摩葛	萨迦（今西藏拉萨西南）	《明太宗实录》卷一白四十七
朱棣	永乐十三年二月	灌顶慈慧妙智大国师	缘旦监眷	乌思藏？	《明太宗实录》卷一百六十一
朱棣	永乐十三年四月	妙觉圆通慧慈普应辅国显教灌顶弘善西天佛子大国师	释迦也失	拉萨及其周边地区	《明太宗实录》卷163

(续表)

封赏者	封赏时间	封赏之尊号	受封喇嘛	受封影响重心	史料出处
朱棣	永乐四年三月	灌顶国师阐化王	吉剌思巴监藏巴里藏卜（扎巴坚赞）	帕木竹巴（今拉萨南）	《明太宗义实录》卷52
朱棣	永乐五年三月	灌顶国师护教王	宗巴斡即南哥巴藏卜	馆觉（即今昌都贡觉）	《明太宗实录》卷65
朱棣	永乐五年三月	灌顶国师赞善王	著思巴儿监藏	灵藏（即今昌都贡觉北）	《明太宗实录》卷65
朱棣	永乐十一年五月	辅教王	萨迦派首领南渴烈思巴	思达藏（今西藏日喀则境内）	《明太宗实录》卷140
朱棣	永乐十一年五月	阐教王	噶举派领真巴儿吉监藏	必力工瓦（今拉萨东北）	《明太宗实录》卷140
朱棣	永乐十一年五月	西天佛子灌顶净慈弘智广慧大国师	巴罗葛罗监粲	日托（近中巴边境的西藏阿里境内）	《明太宗实录》卷140
朱棣	永乐十三年夏四月	妙觉圆通慧慈普应辅国显教灌顶弘善西天佛子大国师	释迦也失	拉萨等地	《明太宗实录》卷163
朱棣	永乐五年三月	万行具足十方最胜圆觉妙智慧善普应佑国演教如来大宝法王西天大善自在佛领天下释教	白教：噶玛噶举黑帽系第五世活佛得银协巴即《明实录》中的"哈立麻"	萨迦、乃东、拉萨、止贡、达龙、康区噶玛等地	《明太宗实录》卷65
朱棣	永乐十一年五月	万竹圆融妙法最胜真如慧智弘慈广济护国宣教正觉大乘法王、西天上善金刚普应大光明佛领天下释教 41个	花教：元初被封为国师、帝师的萨迦派第五代祖师八思巴之后贡噶扎西即《明实录》中的昆泽思巴	萨迦（今西藏拉萨西南方）	《明太宗实录》卷140

84

(续表)

封赏者	封赏时间	封赏之尊号	受封喇嘛	受封影响重心	史料出处
朱瞻基	宣德九年六月	万行妙明真如上胜清净般若弘照普应辅国显教至善**大慈法王**、西天正觉如来自在大圆通佛。	黄教：**格鲁派**创始人宗喀巴弟子**释迦耶希**（又名绛钦曲杰）即《明实录》中的**释迦也失**	拉萨及其周边地区	《明宣宗实录》卷111
朱高炽	永乐二十二年十月	圆觉妙应慈慧普济辅国光范弘教灌顶大善大国师	西天剌麻板的达	洮州卫（今甘南藏区东部）	《明仁宗实录》卷2下
朱高炽	永乐二十二年十月	圆融妙慧净觉弘济光范衍教灌顶广善大国师	僧录司右善世智光	洪永时三使尼泊尔、西藏等大西域	《明仁宗实录》卷2下
朱瞻基	洪熙元年六月	圆妙广智大国师	右善世端竹领占	陕西临洮（甘肃兰州南大门）	《明宣宗实录》卷2
朱瞻基	洪熙元年十二月	净觉慈济大国师	僧录司右阐教班丹札失	岷州（甘肃定西市岷县）、北京	《明宣宗实录》卷12
朱瞻基	宣德元年二月	净慈普应大国师	宛卜格剌思巴监藏号	曲先（柴达木盆地西北）、安定等西北地区	《明宣宗实录》卷14
朱瞻基	宣德元年二月	弘慈广智大国师	仓奔宛卜查失儿监藏	曲先、安定（甘州西南）等西北地区	《明宣宗实录》卷14
朱瞻基	宣德元年二月	普觉净修大国师	吒思巴领占	曲先、安定等西北地区	《明宣宗实录》卷14
朱瞻基	宣德元年二月	慈善真修大国师	失迦思端宛卜	曲先、安定等西北地区	《明宣宗实录》卷14
朱瞻基	宣德元年二月	妙慈通慧大国师	达巴儿监参	曲先、安定等西北地区	《明宣宗实录》卷14
朱瞻基	宣德二年三月	阿吉簇弘妙广济大国师	吒思巴儿监藏	曲先、安定等西北地区	《明宣宗实录》卷26

(续表)

封赏者	封赏时间	封赏之尊号	受封喇嘛	受封影响重心	史料出处
朱瞻基	洪熙元年正月	必里衛慈善弘智國師	失剌查	河州、洮州地区	《明仁宗实录》卷6下
朱瞻基	宣德元年三月	灌顶净修弘智国师	阿木葛	乌思藏	《明宣宗实录》卷15
朱瞻基	宣德元年三月	灌顶国师	锁南星吉	乌思藏	《明宣宗实录》卷15
朱瞻基	宣德元年三月	国师	领占端竹	乌思藏	《明宣宗实录》卷15
朱瞻基	宣德元年三月	国师	桑结巴高竹幹	乌思藏	《明宣宗实录》卷15
朱瞻基	宣德元年三月	国师	领占班竹儿	乌思藏	《明宣宗实录》卷15
朱瞻基	宣德元年三月	国师	端竹监藏	乌思藏	《明宣宗实录》卷15
朱瞻基	宣德元年十一月	国师	端的监藏领占藏卜	西北临洮府	《明宣宗实录》卷22
朱瞻基	宣德元年十一月	戒净慈应国师	赏触领占	西北安定卫	《明宣宗实录》卷22
朱瞻基	宣德八年三月	国师	剌麻孔思巴舍剌	河州西宁	《明宣宗实录》卷100

  从上表可以看出,明初60~70年间大明朝廷从未封过一个内地高僧为国师或国师以上的高级僧官,那么明中后期呢?尤其是万历朝有没有封赏过什么叫大迁的高僧为国师?翻阅596卷的《明神宗实录》,其内出现"国师"字样的共计34处。不过遗憾的是,里边并没有《扬子晚报》那位记者先生和他所采访的"专家"所想象的什么大迁国师,讲的全是藏区高僧那些事。(可查《明神宗实录》卷1~卷596)

  撇开种种硬伤,我们来说说"现宁德支提寺云锦袈裟为明万历皇帝所赐"论者的主要依据,即清朝康熙时期崔㟽编写的《宁德支提寺图志》中的有关章节,笔者不妨将它录下公布给广大的读者朋友:

  该书第二卷"寺"部分记述了这样的信息:"至万历元年,北京吉祥寺大迁和尚感明肃皇太后兆梦事,以师礼敕命中兴,赐额'万寿禅寺'。其规制自髻发脉,三折而下为祖堂、为大雄宝殿,左为伽蓝堂,右为祖师堂,东西两廊连于钟鼓二楼,前为天王殿,殿下甬道距山门长可百武,一时殿阁寮舍备极雄丽。十八年春,迁师诣京复命,太后迎居慈寿寺。八阅月,请乞还山,敕赐全藏六百七十八函,金冠一顶、五爪金龙紫衣一袭、黄盖一把、御杖、金瓜锤、龙凤旗各一付。十九年,抚院赵公参鲁以支提居万山中,艰于祝诵,题请于朝,遵旨奉龙藏及御器并师于本省开元寺供养。师惮应接,诸宰官捐修升山寺为师宴息之所,委藏务于护藏日新法师。二十五年,皇太后遣内官张文赍赐渗金大毗卢一尊,绕座千佛,重一千斤,供大殿中。二十七年,神宗显皇帝体圣母意,钦差御马监太监赵永复赍赐全藏镇山。"(【清】崔嵸:《宁德支提寺图志》卷之二,福建省地图出版社1988年8月第1版,P15)

有关中兴大迁和尚,崔嵸这样介绍说:"中兴大迁和尚,师讳圆慧,大迁其字也。北京左护卫指挥杨公邦卿少子。年十九依本京吉祥寺翠峰禅师披剃受具……万历元年,兹(应为慈,笔者校)圣宣文明肃皇太后一夕梦僧人导至东南支提山,礼天冠菩萨,及醒,命中使图迹僧仪,唯师酷肖梦中,召见称懿旨,事以师礼,因敕入闽中兴梵刹。时支提遭钟奎之诬,寺毁僧散,守山僧一阳,志存兴复,力不从心。先是,阳公梦赤虬绕树之祥,适师奉命来山,喜符凤愿,力任兴造之役。师遂命工度材,凡七载告竣。殿宇廊庑焕然一新。其时,三山王参知应钟、林方伯懋和诣师征诘奥义,赞赏不已。及当道刘中丞尧悔、商直指为正、郑观察善及诸藩臬大臣、乡摺(应为缙,笔者校)绅先生,莫不延之上席,以及海内缁素望风皈向参请,殆无虚日,座下恒绕数千指。至十八年,诣京复命,皇太后迎居慈寿寺,遣近侍张近朝左右供奉。未几,请乞还山,太后传旨云:'是山皆有寺,何处不为家?'复留八阅月,赐金冠、黄伞、紫衣、御杖,遣替僧万安赍赐龙藏并随藏器物种种,悉备镇山,甚隆宠也。越三年,诣阙谢恩,太后传旨慰劳。居五阅月奏归,乃赐紫衣四袭,敕中使王文送至江南……"(【清】崔嵸:《宁德支提寺图志》卷之三,福建省地图出版社1988年8月第1版,P30—31)

上述两段文字记载中主要有这样几个信息:第一,明万历时有个叫大迁的和尚受皇家之命到宁德来重新建造支提寺,时间是在万历十八年以前;第二,大明皇家两次赐给大迁和尚紫衣袈裟,共计五袭;第三,万历十八年左右,明神宗母亲慈圣皇太后曾赐藏经六百七十八函;第四,万历二十五年后慈圣皇太后"遣内官张文赍赐渗金大毗卢一尊,绕座千佛,重一千斤,供大殿中"。

那么清代人崔嵸这样的记载是否可靠呢?我们不妨来看看明代中后期学问家、福建八大藏书家、明万历年间支提寺重建目击者谢肇淛在《支提山华藏寺重建佛殿碑记》中是如何说的:"今皇帝御极之元年,大比丘大迁公既以无上法宝引导当途,诸宰官为天冠菩萨重建华藏寺于宁德县之支提山。其后十八年,慈圣宣文明肃皇太后以迁和尚道臻觉路,化被海邦,赐藏经六百七十八函。二十五年,复赐渗金大毗卢铜佛一尊。二十七年,皇帝陛下复赐藏经如皇太后。是时和尚已圆寂矣。而高足弟子明启住持当山,实膺二圣敕命。先是,和尚之建寺也,特以安处徒众,修习梵业,以故梁栋仅侔于鸟巢,而殿宇远逊于龙藏。及是,则一亩苔龛,不足副九重之睿藻;数椽花窟,宁堪奉半满之灵文?于是明启遂与诸僧而庠豁之,而邑侯区君日振与余友今蜀参知曹君学佺离辞题疏,为明启怂恿。明启乃肃恭斋法,为众生植根,遂命佣度材,撤鄙陋而架峥嵘;庚□□而就轮囷。赤墀开杜噜之花;缥瓦响频伽之鸟。慧灯与紫泥而并朗,法云扶绀殿以高张。是盖匪但珍藏御赐之三乘,亦所以恭祝蕃厘于二圣者也。是役也,工始于癸卯夏五月,竣于己酉秋八月。兹者,余以服除,将赴阙下,因为支提之游,明启辈谓余有泉石夙根,乞一言以纪始末。余闻昔日了悟禅师之初入山也,一夕之间,丛林宝堑,忽有忽无;香界僧伽,倏聚倏散,愚者疑为幻化,智者赞为神灵。以余观之,成住□空,不分彼此,旦夕尘劫,何较短长?当宋开宝之初,此寺建于侯王,鸳瓦虬檐亏蔽云日,何其盛也。及我正德之末,奇祸中于阐提,千门万户列莲郁攸,又何衰也。迁公兴复于前,弟子夸丽于后。此与了悟所见虽殊迟速,然入佛法眼则百千万亿劫又何异于一瞬者乎?但始者起灰烬为化城,既而由化城为宝所。今诸阇黎欲余记其始末,是以宝所为有是所,有是所者则白坏空,是非余所谓宝所也已。"(【明】谢肇淛:《支提山华藏寺重建佛殿碑记》,载《宁德支提寺图志》卷之四,福建省地图出版社1988年8月第1版,P45—46)

从这篇《支提山华藏寺重建佛殿碑记》中我们可以看出**作者谢肇淛是明万历年间支提寺佛殿重建的见证者**,文中提到了大明皇家赠送的藏经六百七十八函和渗金大毗卢一尊,但没有说大迁和尚将支提寺修得"殿宇廊庑焕然一新"以及大迁本人"海内缁素望风皈向参请,殆无虚日,座下恒绕数千指",而是说"和尚之建寺也,特以安处徒众,修习梵业,以故梁栋仅侔于鸟巢,而殿宇远逊于龙藏……",到了万历十八年以后"慈圣宣文明肃皇太后以迁和尚道臻觉路,化被海邦,赐藏经六百七十八函"。**更为重要的信息是谢肇淛只字未提到什么五爪龙的袈裟或紫衣袈裟什么的。**

那么是不是谢肇淛不识货?绝对不是。

谢肇淛,明中后期福建长乐人,长乐与宁德相距行车2小时左右的路程。有朋友向笔者介绍说,宁德与长乐曾在历史上被划入一个行政区,因此说谢肇淛是宁德当地人或言宁德周围地区人也不为过，当然这不是问题的关键。更有，谢肇淛出身于书香门第的官宦之家，他的原配岳丈郑述是嘉靖二十九年进士，官至广东布政司参议，他的继母为明中后期福建文化名人徐㷿的姐姐，而谢肇淛本人又是万历二十年进士，他先后在浙江、南京、云南和广西等地为官，天启元年升任广西按察使，第二年又晋升为广西右布政使和左布政使。由此说来谢肇淛是个官位高、见识广的福建名人，他"喜博览，自六经子史，以至象胥、稗虞、方志、地志、农圃、医卜之书无不蓄"（【明】谢肇淛：《谢肇淛集》，第一册，江苏古籍出版社2003年5月第一版，P2—5）。他满腹经纶，一生著作等身，堪称明中后期的大学问家，如此之人怎么会连五爪龙的袈裟或紫衣袈裟所包含的价值与荣耀都不懂？相比之下，崔嵸是相距谢肇淛半个多世纪后的清代贡生，无论是治学学问、人生阅历还是社会地位都比不上谢肇淛；**再说记述明万历时代的事情难道清代人记述得要比明万历时代的见证人还要可靠吗**？打个最为通俗的比方，发生在五六十年前的事情，难道民国时代见证人所了解的还不如当今人们清楚？

再说，要是大明皇家真的赐予什么样的重大宝物宝器的话，明代的官史《明实录》应该是有所记载的。万历朝的事比较集中记载在《明神宗实录》中，翻阅没有标点的300多万字、596卷的《明神宗实录》，笔者终于找到了福建宁德支提寺与大迁和尚的相关史料，其仅有两处，今引如下：

"万历十九年闰三月丁卯"条载："福建所属建安、瓯宁、政和、浦城诸铁炉旧已禁开，其宝丰、遂应二银坑邻近有支提寺，奸宄易藏，**僧大迁**等称奉赐**藏经**将**铜物、旗仗**等件贮住，又海上有番僧，欲效香山故事，乞内地建寺，抚臣曹参鲁请将支提寺僧移入省城寺中，并申矿禁，其海上勾番者，分别首从，照私通日本禁例重治。贩广□船许至高州部覆。从之。"（《明神宗实录》卷234）

"万历十九年闰三月己丑"条载："礼部题异端之害，惟佛为甚，缘此辈有白莲、明宗、白云诸教，易以惑世生乱，故禁宜严。近福建有僧妄称钦差，欲重建支提寺，以觊银坑之利。又有番僧亦乞内地造寺，为通番之计，汉上栈道亦复有游僧，妄称差遣，即京师中近有五台僧，自号密藏禅师，潜住惑众，合严行禁逐。上命严逐重治之。"（明神宗实录）卷234）

这是目前我们所能看到的**明朝具有最高权威性的官方正史记载**，两段史料中透露出有关福建宁德支提寺与大迁和尚的信息如下：

第一，"大迁"和尚没有像有人所说的那么高的地位，更不是当今一些所谓"考证者"与"行家"所热捧的"国师"，《明神宗实录》明明白白地呼他为僧，明朝有国师封号，不过大迁没得到，只要翻翻《明实录》便可知之。

第二，那个叫"大迁"的和尚奉命欲往宁德，但因为宁德周围有银矿，支提寺和尚都被要求从宁德迁往省城去；

第三，万历十九年"有僧妄称钦差，欲重建支提寺，以觊银坑之利"，万历帝"命严逐重治之"。

第四，**大明皇家没给支提寺赠送袈裟，赠送之物为藏经、铜物、旗仗等。**

有人看到上述引用的史料"僧大迁等称奉赐藏经将铜物、旗仗等件"中的"等件"里会不会包含了五爪龙的袈裟或紫衣袈裟什么的？

答案是，不可能！

因为五爪龙的袈裟何等珍贵，一般来说，它不是人臣所能享用得到的！我们不妨再来看看大明朝号称为两大"宰辅"之一的张居正从万历皇帝或皇太后那里得到了什么御赐之物？

隆庆六年八月己巳，"（万历帝）遣中官赍赐大学士张居正奖谕，敕书一道、银一百两、大红纻丝**蟒衣一袭**、彩段四表里，敕略曰：'天植忠贞，性成渊懿，抱匡世之才略，行以诚心，富华国之文章，本于正学，苟利社稷，则无爱发肤，能定国家而不动声色，为朝廷爱惜人材，为祖宗谨守成宪，纪纲繄之振肃，庙社赖以奠安，毕公勤劳四世，盖多弼亮之功，潞公历事三朝，犹执谦恭之节。'居正疏谢，上报闻。"（《明神宗实录》卷4）

万历元年四月丙子，"大学士张居正等□辞广捷升荫，不允，温旨嘉之，赐居正银百两、纻丝六表里、调阳六十两四表里，仍各**蟒衣一袭**。"（《明神宗实录》卷12）

万历元年八月甲寅，"以建元圣寿，赐辅臣张居正**银六十两、钞罗、斗牛、蟒衣各一袭**，吕调阳银四十两，纱罗、仙鹤衣各一袭，讲官陶大临、丁士美各银二十两、二品胸背罗衣一袭，陈经邦等四员各银十五两、五品罗衣一袭，正字官二员各银十两、本品罗衣一袭，居正等疏谢，上报闻。"（《明神宗实录》卷16）

万历元年十一月壬辰，"以辅臣张居正六年考绩，**赐银五十两、纻丝四表里、钞五千贯、茶饭五卓、羊三只、酒三十瓶**，又持谕先生启沃朕心，平治天下，功在社稷，兹当六年考满，特于例外加赐银一百两、**蟒衣、斗牛各一袭**，少示优眷，不必辞。居正疏谢，上复报闻。"（《明神宗实录》卷19）

万历二年五月辛巳，"上（指万历帝）御文华殿讲读时，辅臣张居正偶患腹痛，**上知之，手调辣面一器以赐**，并辅臣吕调阳，各赐金镶牙箸一双同食。"（《明神宗实录》卷25）

万历二年十一月丙子,"上(指万历帝)以圣母慈圣皇太后圣节,赐辅臣张居正等**银纻蟒衣有差**,讲官丁士美等六员及正字官徐继申等二员各赏次之。"(《明神宗实录》卷31)

万历二年十一月壬午,"以平建州王杲,遣英国公张溶告太庙。辅臣张居正言:'辽东功次,近年所无,总兵为最,巡抚次之,总督又次之,升赏之典宜以此为准,兵部居中调度,亦宜升赉。疏中推叙,臣等实为滥及,决不敢当。'次日,上御皇极殿鸿胪寺宣捷,百官致辞称贺。上手札嘉奖辅臣,欲加升荫,居正等恳辞,准免。各**赐银两、表里、大红纻丝蟒衣**。"(《明神宗实录》卷31)

万历三年十月辛巳,"上御文华殿讲读。是日,命中官持《论语讲章》,指其中所引《南容三复白圭》一语,出问辅臣:'白圭何诗也?'辅臣张居正具以诗旨对,中官领以复。上之究心文学如此,**赐辅臣张居正貂皮六张**,吕调阳、张四维各四张,讲官申时行等各三张。"(《明神宗实录》卷43)

万历三年十一月己亥,"赐圜丘分献陪祀执事管官彩币,又特赐辅臣张居正**大红彩织坐蟒胸背纻丝一表里、大红彩织蟒衣膝襕纻丝一表里**,吕调阳、张四维各大红彩织仙鹤胸背纻丝一表里、大彩织蟒衣膝襕纻丝一表里,申时行大红金织孔雀胸背纻丝一表里,陈经邦、何雒文、许国、王家屏各大红金织白鹇胸背纻丝一表里,沈一贯大红金织鹭鸶胸背一表里,正字官马继文大红金织白鹇胸背一表里,何初大红金织鹭鸶纻丝一表里。"(《明神宗实录》卷44)

万历三年十一月癸卯,"先是,上出郊视,牲毕,微感风寒,次日当传制誓戒,百官以进药,免朝,旋愈,至日出,诣郊坛,以扈驾**赐辅臣张居正金嵌宝石瓢一个、蟒衣带二条、斗牛篚袋一个、刀筋叉三事**……"(《明神宗实录》卷44)

万历五年五月己酉,"初,兵部以罗旁叙功及辅臣张居正等,居正拟票乃差第诸有功者,各赏赉而不及阁臣。是日中官传谕改票来行,于是居正等疏言:'前已奉旨,以后边功不许叙及辅臣,臣等又岂敢身自犯之?请赐停寝,以安微分。'上乃从之,**仍赐居正银百两、蟒衣、彩叚**,调阳、四维各银币。"(《明神宗实录》卷62)

万历六年正月戊辰,"**赐元辅张居正坐蟒、胸背蟒衣各一**,次辅吕调阳、张四维等斗牛、蟒衣各一,讲官申时行等本衣各一。"(《明神宗实录》卷71)

万历六年正月癸酉,"初,上践阼即修建慈宁宫,以居圣母。张居正奏言:'圣龄方幼,慈驾且居乾清,朝夕与处,俟大婚之后,移居未晚。至是,期迫乃还御慈宁,因谕居正曰:'婚礼在迩,我当还本宫,不得如前看管,先生其敬承之。'**仍赐蟒衣、彩叚等物**以示意居正。"(《明神宗实录》卷71)

万历六年正月丁卯,"上元节赐辅臣张居正、吕调阳、张四维等**酒膳有差**。"(《明神宗实录》卷71)

万历六年正月辛未,"**赐辅臣张居正脯醢酒果等物**。"(《明神宗实录》卷71)

万历六年正月甲戌,"以皇太后还御慈宁宫,**赐大学士张居正等银币有差**。"(《明神宗实录》卷71)

万历六年正月(己卯),"是日,特赐张居正、吕调阳、张四维等**金万喜字及银抹金喜字等物有差**。"(《明神宗实录》卷71)

万历六年正月辛巳,"仁圣皇太后万寿节,上御皇极门受群臣朝贺,诣慈庆宫行礼,**赐大学士张居正等酒馔**。"(《明神宗实录》卷71)

万历六年二月戊申,"以恭视写昭妃宜妃金册,**赐张居正等各银二十两、纻丝表里**。"(《明神宗实录》卷72)

万历六年三月乙卯,"以册妃礼成,上御皇极门,百官致辞称贺,**赐辅臣张居正等各银三十两,纻罗四表里**。"(《明神宗实录》卷73)

万历六年三月戊午,"以恭上两宫徽号礼成,**赐辅臣张居正等银币有差**。"(《明神宗实录》卷73)

万历六年三月己未,"以写诏书成,赐辅臣张居正等、中书徐继中等各**银币有差**。"(《明神宗实录》卷73)

…………

张居正是万历帝的老师,又是内阁首辅,可以说贵近人主,万历帝对他是恩宠有加,即使皇太后也对张先生格外礼尊,但是翻遍了300多万字、596卷的《明神宗实录》的每个角落,记载着万历皇帝与皇太后赐给张居正的只是银两、彩币、纻丝表里、美味佳肴、好酒、金嵌宝石瓢、斗牛篏袋、貂皮、金镶牙箸、脯醢酒果、手调辣面,等等,要说最为贵重还有言"蟒袍"或言"蟒衣",而不是"龙袍"或"龙衣"。换句话来说,**万历年间即使是贵近人主的宰辅张居正得到皇帝或皇太后的赏赐之物也只是蟒袍或蟒衣,没有龙衣**。

而有人说:福建宁德支提寺五爪金龙袈裟是明万历朝廷赐给大迁和尚的,大迁是僧,难道张居正的地位还不如一个僧吗?(笔者在此声明:绝无贬低"僧"或"大迁"之意。)要不然,万历帝或其母亲犯浑了?

当然,要说龙衣或言龙饰衣服赐给人一例没有,这也太过于绝对。不过就要看看被赐予对象是谁了?万历朝还真有这么一个特例:

万历三十三年十二月丁未,"内阁以皇孙诞育……皇帝致书叔祖岷王:'朕仰承昊穹锡佑,祖德垂庥,于今年十一月十四日,皇太子第一子生,专书奉报,薄遣仪物,用表亲亲之意,至可收纳。'惟叔祖亮之礼物**大红织金闪色团龙常服纻丝一袭**、纱一袭、罗一袭。叔祖唐王文与礼物俱同,叔沈王、楚王、肃王、蜀王文与礼物俱同,但改惟叔亮之弟潞王、崇王、鲁王、荣王、淮王、襄王、代王、吉王、韩王、庆王文与礼物俱同,但改致书为书與,又改专书以报,又改惟弟亮之侄,周王、赵王、晋王、秦王、德王、衡王、侄孙荆王文与礼物俱同,但改致书为书與,又改专书以报,又改惟王亮之郑世子益、世子靖江王**大红织金团龙常服纻丝一袭**,文俱同,但改致书为书與,又改专书,以报惟亮之。"(《明神宗实录》卷 416)

整个《明神宗实录》只有这么一段史料记载,由此看来**能享受"织金团龙常服纻丝"的只有大明皇室成员**。换句话来说,万历年间大明皇家成员由皇帝特赐是可以享用龙饰图案的,除此之外,那是严厉禁止的。有史为证:

万历二年十二月乙巳,"礼部覆礼科右给事中梁式题禁左道三条:一曰:'清祠宇。盖寺观庙宇俱载令甲间,有创建必俟奏闻,所以重祠典而端好尚也。今各处大小庵观寺院不可数计矣,而鼎建日繁,募徒相望,规制僭拟于王,度淫祠煽惑,于民风甚非,所以尊主威伐奸萌也,如蒙敕礼部下所司,毁其太甚,罪其擅作,非但民风晓然,各归本业,而奸党渊薮亦彻过半矣;二曰:禁僭踰。夫印文,非官长不用,所以示法守;**龙凤之制非皇家不用**,所以明等威。今寺观焚修疏文,皆用自刻木印,**小民进香旗旛等物多绘龙凤**,是公符可以模拟,而禁物可以私造,小民无知窃弄,往往陷于刑辟,臣愚以为禁之,便又徒众广集,崇奉者如市,则私度之禁与夫约省之条,又不可不申明也;三曰:禁香醮。盖小民进香势之所不得禁也,然揭龙旗而鸣金道路,顶香马而混迹妇男不亦甚乎?民间祈禳势之所不得禁也,然悬榜而高筑坛场,张盖而公行衢巷,不亦甚乎?异端粉饰,声客以诳惑愚俗,未有如近日之盛也。**乞敕下礼部申饬严禁。'俱从之。**"(《明神宗实录》卷 32)

万历三十二年九月癸亥,"户科都给事中姚文蔚题接凤阳抚臣李三才揭报,税监陈增搜获参随程守训、王惟忠等奇珍异宝、**潜逆龙文**及家人所供银四十万,惊心骇魄,恨此辈积恶之久而败露之迟,又喜税监能自觉悟而责发之也。但此一事,属人心观望,纪纲存亡,关系不小,前此言者虽多,而增为掩护犹可谓,上未及知,今增自发于地方抚按,会报于阙下,业已形诸邸报,传诸四方矣。夫皇上既已闻且见之,而处置稍不尽法,纪纲全无,反不如未发之为愈也。上命李三才奏内有名人犯,即逮来京追问,不许连累无辜,以安地方。"(《明神宗实录》卷 400)

万历四十八年五月乙巳,"礼部右侍郎孙如游上言:'窃惟徼福免祸者,人情也,而巧言祸福以中人心者，左道也。此在白莲、无为等教已两经臣部具题严禁驱逐。近又有红封、大成等教，则避白莲之名，而传其钵，逃无为之号，而广其派，四方各有教首，谬称佛祖，罗致门徒，甚至皇都重地，辄敢团坐谈经，十百成群，环观聚听，且以进香为名，踵接于路，**无论舆仗，擅龙凤为王法所不容**，而旌旗蔽日，金鼓喧天，万一草泽、奸盗或景附以潜藏奴穴细人，或窜入以内应，是玩视之，以为缁衣黄冠之流者，正酝酿之，以成绿林、黄巾之变者也。方今天不悔祸，人皆幸灾，凡桴腹亡命之辈，方苦栖身无处，而左道适为之窟，归附愈多，势焰愈炽，未必无刘福通其人者，生心窥伺，而四海兵饷又为辽左征调殆尽，诚恐变出不虞，未易扑也。矧值母后梓宫指日发引，都门内外倍宜周防，窃计乌合匪类必有窝藏寺庙庵观，更为匿奸之薮。而城坊厂卫皆有诘奸之司，除臣行文在京、在外地方，但有白莲诸教潜住即加严缉究遣，金鼓旗帜等物追发营伍备用，其游食僧道并窝家严逐连坐；更乞天语，申饬中外臣工一体遵行，庶法纪肃而人心正，乱萌消而世界清矣。'上是之。"(《明神宗实录》卷594)

人臣、小民甚至宗教界都不得擅自享用龙凤图饰看来还是众所周知的，就是人臣私下里、小民们在敬佛时偷偷地画上了龙凤图案就没事？也不行！**"龙凤之制非皇家不用"**。(《明神宗实录》卷32)

由此看来，明代自朱元璋起对龙凤的禁忌之执行一直十分严格，即使纲纪松弛的万历时代还是重视龙凤图饰的禁用，连画画也不行！

从上面翔实缜密的史实考证中我们可以看出，**无论是明朝最具有权威性的官方正史记载，还是明代中后期学问家、福建八大藏书家、明万历年间支提寺重建目击者谢肇淛所作的"碑记"都既没说福建宁德支提寺五爪金龙袈裟是明万历朝廷所赐予的**，也没说大迁和尚是什么国师，可是到了五六十年以后的清代，这一切顿时就"变脸"了，紫衣袈裟顿时"长出"五件了，大迁也变成了慈圣皇太后的师傅了("事以师礼"语见上引文，【清】崔嵸：《宁德支提寺图志》卷之三，福建省地图出版社1988年8月第1版，P30)。到了三四百年后的今天在某些"考证研究者"和那记者先生那里"僧"大迁又变成了"国师"，如此考证古物古史，实在令人大开眼界。

另外还有一个重要的证据，那就是宁德支提山华严寺保存完好的《宗谱》。

近来笔者有幸查看到了可能是《宁德支提寺图志》的资料来源——宁德华严寺内藏的编撰于清代的《华严寺宗谱》，该《宗谱》中明确记载道："(万历十八年)圣上敕赐御宝一，赐大藏经六百三十函，敕谕亭一座，内有敕书一封，敕谕碑一座，御藏碑一座，四大部经各一十二部，金带黄凉伞一把，龙凤旗二副，幢旙一十二首，金冠一十二顶，龙棍一副,龙函一副,**凤锦条紫衣十二领**,凤锦悼帏一十二副,经签一十二双,经袱一十二副,褊衫一十二领,路费银三百两,护藏银五百两,宝号钱二十贯,慈圣母宝象四轴随藏法器全备,钦差太监张护送于十八年八月十五日,到省城蒙都察院老爷赵可怀启本留藏镇省……"(《华严寺宗谱》今藏宁德霍童支提山华严寺,见图23:《支提山华藏万寿寺宗谱源流考证》照片)

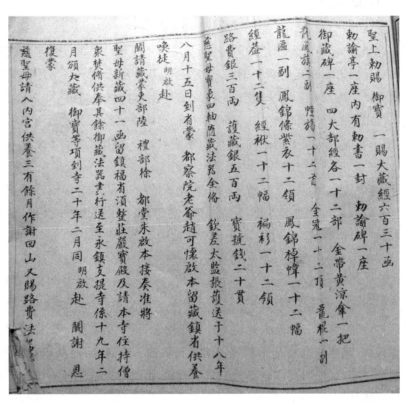

图23 支提山华藏万寿寺宗谱源流考证

"凤锦条紫衣"五字明确指出是凤锦紫衣而不是龙饰主题图案的袈裟。由此看来,后人在编撰《宁德支提寺图志》时至少说是叙述不够精确或不甚严谨,以至最后以讹传讹了,越说越离谱。最近笔者同潘群先生说起了《宁德支提寺图志》讹误问题,潘老觉得甚为好奇,于是他就仔细查对,居然发现其错误多多,如,第43页《由霍林上支提记》目下对谢肇淛的介绍,该书说谢为广东大方伯,大方伯为先秦以后对地方封疆大吏的代称,谢肇淛是明清之际的福建名人,他当过广西右布政,称得上大方伯,但《宁德支提寺图志》将广西右布政说成了广东大方伯,连广东、广西都没有搞清楚,该书的史料价值实在令人质疑。

据此，我们至少可以得出这样一个结论：**福建宁德支提寺五爪金龙袈裟是明万历朝廷所赐予的，恐言而无据！**

⦿ 从南京云锦的织法与用料等方面来看：宁德支提寺袈裟不是万历朝的！

说到这里，可能有人发出这样的疑问：从史料上我们已经否定了**宁德支提寺五爪金龙袈裟是明万历朝廷所赐予的**，那会不会如某人从云锦织法与用料等角度所作的判断："从龙的纹样看，（宁德支提寺云锦袈裟）与明代早期的龙纹有所区别。应该是明代中期的龙纹图案。""从这些纹样看，与北京定陵出土的万历皇帝龙袍纹样十分相似，证明确实是万历间的东西。"（蔡震：《华严寺金龙袈裟不是建文帝的》，载《扬子晚报》2010年2月1日A4版）

对此，笔者曾请教了南京云锦界的一些老前辈及其后人，其中云锦前辈李章甫的后人李少卿先生等对笔者帮助最多。李老潜心研究南京云锦十余年，但他从不张扬，当笔者登门求教时，他予以了十二分热情的指点。当笔者打开宁德支提寺袈裟视频和展示出相关照片后，李老如数家珍地说道：在云锦学理上，那个八吉祥图案叫做"黄地八吉祥妆花缎"，灯笼图案叫做"蓝地织福寿字灯笼纹"，还有"黄四合如意云纹"与"黄地夔龙团花纹"，等等。从整个袈裟的织法与用料来看，这绝对是件稀世珍宝，**都说南京云锦最大的特点是善于用金，而宁德支提寺云锦袈裟的用金是相当惊人的，其实这也真是元到明初南京云锦的一大特点；而从织法技术来讲，该云锦袈裟中有"缂丝"，而缂丝盛行于宋到明初，由此可以说宁德支提寺云锦袈裟应该是元末明初之物**，绝不可能像有人所断言的那样，说它是明中后期万历的，那是另外一种模样。

那么，什么叫"缂丝"？什么叫善于用金？

《辞源》说："缂丝，即刻丝，宋时之丝织物。刻丝：《鸡肋编》：'宋人刻丝法起定州，以熟色经于木棦上，随所欲作花草禽兽，收以小梭，织纬时先留其处，方以杂色线缀于经纬之上，合以成文采不相连，视之如雕镂之象，故名刻丝。'《格古要论》：'刻丝作宋时旧织者白地或青地子织诗词、山水或故事人物、花木、鸟兽，其配色如傅彩。又谓之刻色作。'按《名义考》云：'刻之义未详，《广韵》：缂乞格切，织纬也。则刻丝之刻本作缂，误作刻。'"（舒新城等主编：《辞海》，中华民国三十七年十月再版，P1052；P183）

到了元代,由于统治者掌握和控制了一批善织金锦的西域锦绮工,加上元帝国掠夺和占有了大量的黄金,缂丝用金和大量用金成为那时的时尚。《元史·镇海传》说:"先时收天下童男女及工匠,置局宏州。既而得西域织金绮纹工三百余户,及汴京织毛褐工三百户,皆分隶宏州,命镇海世掌焉"。这里所称"西域人",显然即是宋洪皓在《松漠纪闻》中说起过的先居秦川为熟户,后为金人徙迁于西北甘肃一带,为人卷发深目,眉修而浓,眼睫以下多虬髯,**善捻金线**,**又会克丝**(即刻丝,笔者注)织作的回鹘人。这种织锦工人和中国丝织物的发展,有不可分割的联系,元代"纳石失"金锦的生产实由之而来(见沈从文先生《龙凤艺术》"织金锦"一文)。

对照上述资料,我们大致可以看出,缂丝技法在元朝似乎逐渐地融入了用金,正在演变成"纳石失"金锦生产,而善于用金的南京云锦是"始于元,而盛于明清",这是符合历史实际情况的。

这里必须指出,从总体来讲,南京云锦"到了明代,又进一步发展创造了加金'妆花'的新品种,使其以'织金'和'妆花'这两个具有代表性的品种而闻名,形成了南京提花丝织锦缎自己特有的地方特色。"(徐仲杰:《南京云锦史》,江苏科学技术出版社 1985 年 4 月第 1 版,P19;P14)

而较为详细地说来,即使是同是明代,其初期与中后期,云锦的织法与用料还是有着很大差别的。明代初期主要是沿用元代的"纳石失"织金锦法和人们常说的"刻丝"技术,有史为证。《金陵梵刹志》载:明永乐二十年十月初六日,"上(指朱棣)御奉天门,赐僧道官宴,天下众僧亦在丹墀。宴毕,先赐一如(僧名)刻丝观音菩萨,有旨问云:'你道是什么?'不敢对,上云:'我两年摆布的水晶数珠一串'"(【明】葛寅亮:《金陵梵刹志·钦录集》卷 2,有幸在本书临付梓时,潘群教授提供了这段珍贵的史料,在此特谢!注:现在版的《金陵梵刹志》中的这段记载被人删除了。)明初史载中提到了"刻丝"织品成了皇帝的御赐之物,由此可见刻丝技术和织金锦法在明初还盛行。那么明代中后期呢?可大不如以前了。南京云锦权威徐仲杰先生说:明代南京织造的锦缎,分起"本色花"(即单色的暗花缎)、"妆花"、"织金"三种类别,以"织金"和"妆花"为具有地方特色的代表品种,也是云锦中织造成就很高的主要品种。在特定用途的织物上,还有把起本色暗花与织金同时施织在一件织品上。或把起本色暗花与妆花两种织造方法同织在一件织料上。前者如近年在南京出土的明魏国公徐俌(徐达后裔,明中叶人,笔者注)墓中,殉葬的袍服里有一件起本色暗花的缎袍,胸前的官补则是用织金方法织成。后者如北京十三陵定陵出土的**明万历皇帝殉葬的妆花纱龙袍**,在**起本色暗花**的纱地上,**织有十几条姿态不同的五彩妆花云龙**,织造工艺之复杂、织品效果之精美,令人叹为观止。(徐仲杰:《南京云锦史》,江苏科学技术出版社1985年4月第1版,P51)

我们将上面所引的徐老之研究成果作个概括:**万历皇帝的"妆花纱龙袍"是本色暗花与妆花两种方法结合织成的**,以此再来看看宁德支提寺云锦袈裟的用料和织法,据南京云锦界的一些老前辈及其后人所判断,其明显为元末明初的"纳石失"织金锦,两者在织法上有着很大的不同;再从用料角度来看,据当年参加明万历皇帝龙袍复制的南京云锦研究所的老前辈说,为了完成好复制工作,有人曾拆了北京十三陵定陵出土的明万历皇帝殉葬的妆花纱龙袍碎片,结果发现其为高级锦缎,根本就不像福建宁德支提寺云锦袈裟那样大量用金,换句话来讲,压根儿就不是《扬子晚报》上所说的:宁德支提寺云锦袈裟"与北京定陵出土的万历皇帝龙袍纹样十分相似,证明确实是万历间的东西"。

至此,我们完全可以说,**无论是明朝最具有权威性的官方正史记载和明万历年间支提寺重建目击者谢肇淛所作的碑记,还是南京云锦发展史上的用料与织法技术等方面专业知识都告诉我们:宁德支提寺五爪龙云锦袈裟不是明万历时期的,也不是万历朝明廷所赐的**!

● 支提寺五爪龙袈裟也不是清代的

既然如此,那么宁德支提寺云锦袈裟到底是哪个朝代的?会不会是清代的?

答案是:不会!理由与证据如下:

第一,据目前网上公布且已经定论的四川发现清廷所赐袈裟上的龙饰图案来看,其周边有许多小龙,中间并没有龙,而是布满了佛祖圣像等佛教图饰。(参见图24:清廷所赐袈裟图)

我们回过头来再看宁德华严寺那件袈裟,它几乎"通篇"布有皇家特有的龙饰图案,且其主体图案是具有"九五"礼数之五爪龙。与此相比,佛教图饰所"占据"的位置既小又不显眼,在整个袈裟的图饰中显得微不足道,与清代皇家赐给高僧的法衣规制迥异。

第二,明清云锦用色不同

"从明、清两代御用锦缎的配色技术来看,明代的锦缎配色重活色效果,用色并不多,但色彩的组织配合,非常动人而悦目。清代的配色,重色晕(亦叫润色)的运

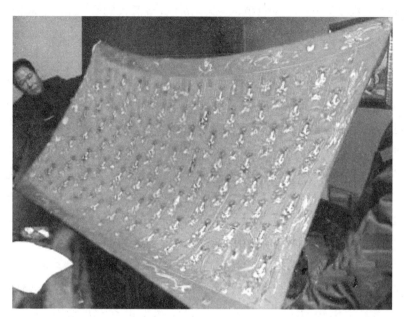

图 24　清廷所赐袈裟图

用和表现,讲究花纹配色的深浅层次变化。如'妆花'织物上用色非常多,一件织品花纹的配色可达十几色,乃至二三十种颜色;桃红、粉紫、檀褐等色常用于彩锦中,这在明代的锦缎中是非常少见的。清代的云锦(如'妆花缎'、'金宝地'),还擅长将两色金或四色金交织于一件彩锦中,造成了极为辉煌富丽的装饰效果,这在明锦中是不见的。"(徐仲杰:《南京云锦史》,江苏科学技术出版社 1985 年 4 月第 1 版, P54)

　　清代御用锦缎之所以华艳,一方面是由于经过几百年的发展,云锦业中用金技术有了较大的提高和发展,另一方面是由于明清之际以利玛窦为首的西方传教士不断地浮槎东来,在宣教传道的同时,不断地传播西洋绘画艺术,并直接地影响到清代宫廷绘画艺术——清宫如意馆中的不少御用画师率先接受写实主义精神的西洋画法(马渭源:《论西画东渐对明清中华帝国社会的影响》,澳门《中西文化研究》2009 年第 1 期),而清代南京御用云锦不少图案就是直接根据如意馆画师的画稿织成的,因此也就造成了"敢于用色"多少带有西洋画风之味的清代南京御用云锦极为辉煌富丽的装饰效果。

　　我们以此反观宁德华严寺那件云锦袈裟,其用色不多,搭配悦目,绝没有清代云锦那般鲜艳辉煌,反倒与明代云锦用色如出一辙。

　　第三,明清云锦用金不同

"明代所用的金线较清代的粗,金线泛赤色,与清代的金线相比,差别很大,色泽也不如清代的悦目。"(徐仲杰:《南京云锦史》,江苏科学技术出版社 1985 年 4 月第 1 版,P54)

这一点我们较容易判定,读者朋友不妨将清代皇帝龙袍与宁德华严寺云锦袈裟作个整体比对,你就不难发现,其两者差别甚大,宁德华严寺云锦袈裟所用金线较粗一些,整个袈裟呈黄色偏红一点,属于明代云锦用金用色的典型。

第四,明清云锦布势格调不同

"明代的调子深沉凝重,有一种雄壮的气势;清代的调子华美秀丽,配色充满着柔和的情趣,二者的风格迥异,可以一望而知"(徐仲杰:《南京云锦史》,江苏科学技术出版社 1985 年 4 月第 1 版,P54)。而宁德华严寺云锦袈裟图饰布势合理,格调高雅,气势雄浑,尤其是它的顶部那现有的六条"逐珠五爪龙"走势雄健,"画神笔法"既老道又深沉凝重,是地道的明代云锦布势格调,与清代云锦大异其趣。

通过上面对明清御赐袈裟的图饰整体布局、明清云锦用色、用金和布势格调等几个方面的差别比较,我们可以肯定:福建宁德支提寺五爪金龙袈裟绝不是清朝的!

至此,我们否定了福建宁德支提寺云锦龙袈裟为明万历的说法,也否定了其为清代的说法。有读者朋友可能要这样问了:那它到底是谁的?

在解答这个问题之前,我们不妨将目光再聚焦到前面对支提寺云锦袈裟整体图饰的分析上来。

● 华严寺云锦袈裟"出世","暴露"建文帝最终出亡的秘密

通过上文的考证,我们看到,充满神秘色彩的现存宁德华严寺云锦袈裟规制特别,迷雾重重,尤其是其**"通篇"布有皇家特有的具有"九五"礼数的龙饰主题图案,并占据了整个袈裟的主体位置**,其宗旨中透露出强烈的入世信息,而与此相比,佛教的出世信息却被"镶嵌"在入世的主题下,由此笔者认定:华严寺云锦袈裟的主人至少必须具备两个"要件":一是皇帝;二是和尚。再结合前文考证过的,这是一件与明初皇家或皇帝有关的极品袈裟,综合起来看,**华严寺云锦袈裟实物至少向世人透露出了三个关键性的"元素"**:

第一,这是一件与明初皇家或皇帝有关的云锦袈裟;

第二,享用该袈裟的主人应该是贵不可言的人间之主——皇帝;

第三,这件袈裟的主人曾经当过皇帝后又当了和尚。

要具备这样三个要件,在大明帝国的列帝中除了**建文帝**还真找不出第二个皇帝来了。

到此为止,有人可能会产生这样的疑问:华严寺云锦袈裟是建文帝的,看来这是没什么问题了,但为什么它会出现在福建宁德,会不会有人带过去的?

不会!理由是:人们常见的袈裟是怎么"穿"的?确切地说是披在和尚身上的。而华严寺云锦袈裟只有贵不可言之人才可"享用",一般人是不能也不敢"穿"的,甚至连披一披身上都不敢。因为在传统社会里,谁要"穿用""九五"礼数的特殊服饰,这就意味着僭制与谋反,其结果是,不仅本人要被处以极刑,而且其家族也要被问罪。上文中所引的胡惟庸、蓝玉等,不就是因为僭制乱用礼数而招来了身杀家亡之大祸!所以说,除了皇帝亲自"穿用""九五"礼数的特殊服饰之外,别人是碰也不敢碰的。退一步来说,即使是有人带过去,那也要有相当于皇帝身份的人才能享用啊,这不就反证出建文帝跑到了福建宁德了吗?!

因此说,就从宁德华严寺这件特殊的云锦袈裟"出世"本身而言,它就"暴露"了建文帝最终出亡之秘密。

至此,揭秘600年历史谜案应该可以画上一个小小的句号,但好奇的人们不竟还要问:既然说建文帝最终出亡福建宁德了,那他又归藏何处?

笔者认为:距离支提山不远的宁德市金涵畲族乡上金贝山应为建文帝最终魂归地。

上金贝古墓"奇巧"多多:实为明建文帝魂归地

宁德市金涵畲族乡上金贝村,原本是一个与外界的交往很不密切的畲族人居住的闽东山区村落。2008年初宁德市委组织部部长郑民生等领导率领大家搞"新农村"建设,来到金涵畲族乡上金贝村,深入田间地头展开工作,无意间发现了一座金贝古墓。为此,他们邀请了原福建省博物馆副馆长王振镛等考古专家对它进行勘察,随后认定其为元末明初的僧人墓,但有人提出了不同的看法(图25)。自此开始,上金贝古墓的认定成为国内外新闻媒体与相关人士的关注热点。2009年5月、8月和10月笔者三上福建宁德进行实地考察,并对相关史料进行反复研究与比对,提出如下观点:

图 25　上金贝古墓与舍利塔整体图

● 宁德上金贝古墓不是元末明初僧人墓

就目前而言,对宁德上金贝古墓的认定主要有两种观点,即认为其为元末明初僧人墓和明建文帝墓。主张上金贝古墓系僧人墓者认为:宁德上金贝古墓建造年代为元末明初,墓主人身份为僧人沧海珠禅师,而不是建文帝。其主要的依据是:"墓中舍利塔上碑文中'**御赐金襕佛日圆明大师第三代沧海珠**禅师之塔'的前十个字,指的是宋末元初高僧印简。印简,字海云,忽必烈还没有建立元朝的时候,居住在大都,是其**老师**之一。佛日圆明圆寂后,**忽必烈御赐佛日圆明大师**,这在《续灯存稿》《五灯全书》《补续高僧传》及《南宋元明禅林宝林》等史籍中都可以找到。"(李熙慧:《福建文物局组织专家论证:宁德古墓与建文帝无关》,2009 年 9 月 30 日《海峡都市报》;又参见 2009 年 10 月 2 日《扬子晚报》蔡震的《福建文物局称宁德古墓并非明朝建文帝之墓》)

咋看上去,言之凿凿,但如果你仔细阅读其所开列的书籍、认真比对其观点与所谓的证据,就会发现其实难以自圆其说,笔者兹列于下:

○ "佛日圆明大师"为忽必烈的老师,从严格的历史学来说:查无实据

认为上金贝古墓系僧人墓者依据古墓的碑铭的 20 字进行一一解读,这本来是件好事。笔者也曾顺着其思路进行查找和考证:忽必烈在大都尚未称帝之前曾拜

了印简为老师,要是忽必烈真有这样的老师,众所周知,我们传统的正史是以皇帝为轴心,对于皇帝极其亲近之人(只要没有政治讳忌和负面影响的)应该是大书特书。皇帝拜师学习,说明圣君好学,并不存在什么不可言之,再说忽必烈以异族入主华夏内地,巴不得有人将如此光彩的"圣迹"载入史册。可实在令人失望的是,笔者翻阅了《宋史》、《元史》和《新元史》,它们都没有记载说:印简或"佛日圆明大师"就是忽必烈的老师。

按照常规,正史中的《释老传》是记载佛道最为集中的地方,可《元史·释老传》中却没有提一下那个所谓的忽必烈老师。

《元史》说:"元兴,崇尚释氏,而**帝师**之盛,尤不可与古昔同语。"接着《元史》记载了八思巴、亦怜真等十几个国史帝师,就是没有那个所谓的忽必烈老师"佛日圆明"或印简。(详见《元史·释老传》卷202,列传第89)

诚然,由于当年朱元璋要结果要得太急,宋濂等人在一年不到的时间内赶出了一部《元史》,故而其向来颇受研究者非议。民国时有人就着力编写了《新元史》,那么《新元史·释老传》中有没有那个所谓的忽必烈老师?

《新元史》中对等重量级的元帝师、国师记载如下:"八思巴、胆巴、必兰纳识里、丘处机、马钰、谭处端、刘处元、王处一、郝大通、孙不二、康泰真、祁志诚、张宗演、张留孙、吴全节、郦希诚、张清志、萧辅道、李居寿、莫起炎。"(《新元史·释老传》卷243,列传第140)

《新元史·释老传》中也没有那个所谓的忽必烈老师,由此笔者怀疑自己查找的方向错了。既然认为上金贝古墓系僧人墓者说"佛日圆明大师"就是忽必烈的老师,那么会不会在元朝皇帝的《本纪》里有所记载呢?查《元史》、《新元史》中所有的《本纪》,但依然是一无所获。此时笔者忽然想到忽必烈为宋末元初之人,为了谨慎起见,又查阅《宋史·释老传》,结果还是未见所载。最后笔者想到忽必烈时代有位影响大元国策制定的重量级人物——刘秉忠,查《元史·刘秉忠传》,有这样一段文字记载:"世祖在潜邸,**海云禅师**被召,过云中,闻其博学多材艺,邀与俱行。既入见,应对称旨,屡承顾问。秉忠于书无所不读,尤邃于易及邵氏经世书,至于天文、地理、律历、三式六壬遁甲之属,无不精通。论天下事如指诸掌。**世祖大爱之,海云南还**,秉忠遂留藩邸。后数岁,奔父丧,赐金百两为葬具,仍遣使送至邢州。服除,复被召,奉旨还和林。"(《元史·刘秉忠传》)卷157,列传第44)

既然见到有海云的记载,笔者回头再仔细阅读《元史》,但查遍了《元史》,有关海云禅师的记载也只有《元史·刘秉忠传》中2处提到,这就让笔者产生这样的疑问:要真是海云被忽必烈拜为老师的话,正史应该有更多的记载啊?

当然主张上金贝古墓为僧人墓者会说《五灯全书》、《补续高僧传》等非正史或言野史中有所记载呀,其曰:"佛日圆明"就是"印简","印简"就是"海云"。

《五灯全书》:"庆寿璋禅师法嗣北京大庆寿**海云印简**禅师,宁远宋氏子,生而神悟……于是,俾从中观沼受业,年十一纳具戒,十二,沼听参问……年十八,元兵破宁远,四众逃散,师侍沼如故……**元世祖**至元庚辰五月,沼将迁寂,书偈曰:七十三年如掣电,临行为君通一线,泥牛飞过海东来,天上人间寻不见。无疾而逝。阇维,**收顶**骨舍利,师为乞缘造塔供奉……及开法后,两主庆寿,**世祖以师道事之**……师年五十六。忽患风痹。**仁宗延祐**丁巳闰四月一日。集众说偈毕。遂泊然而逝。茶毗,获舍利无算。谥**佛日圆明大师**。"(《五灯全书》卷56)

《补续高僧传》载:"海云大士传**印简**,山西之岚谷宁远人,姓宋氏,微子之后,生于**金之泰和壬戌年**,人品恢伟,童幼神悟……师年十三时,**成吉思皇帝**征伐天下,师在宁远,于城陷之际,稠人中俾师敛髻。师告曰:若从国仪,则失僧相也,遂获如故……师既入燕,至大庆寿寺……丁酉正月,**加师先天镇国大士之号**。己亥冬,命主大庆寿寺。壬寅,**护必烈大王,请师赴帐下**,问佛法大意,王大悦,从师受菩提心戒。因奏曰:我释迦氏之法,于庙堂之论,在王法正论品,理固昭然,非难非易,恐王者不能尽行也,又宜求天下大贤硕儒,问以古今治乱兴亡之事,当有所闻也。**王大悦,锡以珠袄金锦无缝大衣,奉以师礼**。将别王,王问:佛法此去,如何受持?师曰:'……恒念百姓不安,善抚绥,明赏罚,执政无私,任贤纳谏,一切时中,尝行方便,皆佛法也。'……王益敬焉,寻奉命统僧,赐白金万两,即昊天寺建大会,为国祈福。**蒙哥皇帝即位,顾遇隆渥**。丙夏辰,**旭威烈王奉以金柱杖、金缕袈裟**,求法语开示。七月,师会诸耆旧,录所长物见数,令主后事。**丁巳夏**,说偈毕,师云:汝等少喧,吾欲偃息。侍僧急呼主事人至,师吉祥,泊然而逝矣,世寿五十六,茶毗,**获舍利无算**。护必烈王为建塔于大庆寿寺之侧,谥**佛日圆明大师**,望临济为十六世。"(【明】吴门华山寺沙门明河撰:《补续高僧传》)

看了上述两段有关佛日圆明的"史料"记载,笔者产生了四大疑问:

第一,正史上的"海云"在野史里一下子"变脸"了:"海云"就是"印简",也就是"佛日圆明大师",这三者真的能画等号吗?

第二,正史《元史》成书于明朝初年,相比明清之际成书的《五灯全书》和《补续高僧传》至少要早200年,难道明初正史史料价值反而不如大讲仙道神异的明清野史?(如果存在政治上的忌讳当属例外,但从海云与元主之间的关系来看不存在什么政治忌讳)

第三,《五灯全书》载,佛日圆明大师死于元**仁宗延祐**年间。《补续高僧传》载,佛日圆明死于蒙哥时期,这就怪了:**一个人死的时间居然相差了50来年**,这究竟是一个什么样的神人?

第四,从《五灯全书》和《补续高僧传》记载的内容来看,其宗教传说与民间轶闻甚多,甚至还有许多鬼怪迷信,这等野史能否作为信史?

上述这些问题都是不难回答的,明眼人一看便知。

那么"佛日圆明"到底作何解释呢?查《辞海》"佛日,佛家语,佛能觉悟众生,如日之破暗,故以日为喻。《涅槃经》:'佛日将没大涅槃山。'《隋书·李士谦传》:'佛日也,道月也,佛五星也。'"(《辞海·人部》中华书局中华民国三十七年十月再版,P98)"圆明"中的圆即圆圈、圆形,明者,光亮也。(《辞海·口部》,中华书局,中华民国三十七年十月再版,P307)故而,圆明即为圆光,应该指佛之圆光。

透过上面的查找、比对与考证,笔者认为,所谓"**佛日圆明大师**"为忽必烈的老师,从严格的历史学来说,查无实据。

既然如此,那么他的第三代**沧海珠**禅师又是何许人也?

○ **上金贝古墓碑刻上的"沧海珠"就是上金贝古寺的建造者"止云沧海"?**

主张上金贝古墓为僧人墓者认为古墓碑文上的"第三代沧海珠禅师"就是上金贝古寺的建造者"**止云沧海**",其曰:"明嘉靖和万历版《宁德县志》也记载:'金邶寺,唐大中八年建。至和间圆轨居之,宋季圮废。元大德间,住持**止云沧海**重建',众多地方志中提到的'止云沧海',和僧塔碑刻'沧海珠'、蒙泉石刻'住山沧海作',实际上是同一个人,就是元大德年间重建金邶寺的僧人,'止云'、'珠'都属于他的别名法号。"(《福建文物局组织专家论证:宁德古墓与建文帝无关》,2009年9月30日《海峡都市报》)

看了上述的文字,给人的感知:沧海是一个僧人,"止云"就是"沧海","沧海珠"也就是"沧海",那么依据呢?按照上述的逻辑:在一个僧人名字前面或后头加上一两个字就是原来这个僧人的别名与法号,"实际上是同一个人"。我们姑且沿着这样的逻辑进行一番考证,就拿主张上金贝古墓为僧人墓者深信不疑的非正史作为例证:《五灯全书》不同地方记载着不同朝代的几个"圆明大师":"**临安府灵隐正童圆明禅师**"(《五灯全书》卷第34);"**柳州宜章圆明希古**禅师"(《五灯全书》卷第36)"瑞州清凉觉范慧洪禅师……高宗建炎戊申五月,示寂于同安,太尉郭公天民奏赐**宝觉圆明**之号。"(《五灯全书》卷第38)

如果按照上述的主张上金贝古墓为僧人墓者的逻辑,那么就会出现这样的"等量关系":"正童"就是"圆明";"圆明"就是"希古";"宝觉"就是"圆明",原本三个不同朝代不同地方的禅师在荒诞逻辑演绎下顿时被推定为一个人，这岂不是笑话？因此说，主张上金贝古墓为僧人墓者在大打文字太极游戏时，始终没有确切地回答重建金贝古寺者是不是金贝寺古墓之主人的问题，仅凭猜测，没有提出任何确切的依据；同时他们又回避了上金贝古墓一个最大的怪异难题：金贝寺古墓为什么既有墓又有塔？

○ **既有墓又有舍利塔就能认定它是元末明初僧人墓**？

众所周知，元朝的国教是藏传佛教，藏传佛教信徒死后是天葬，没有坟茔；而我们内地佛家人死后一般是火化塔葬，也不用墓葬，但宁德上金贝古墓主人却十分奇特：他既有墓又有塔，这究竟是为什么？

对此，主张上金贝古墓为僧人墓者解释说：沧海的祖师爷印简道行孤高，为朝野所重，曾为忽必烈说法。成吉思汗赐予"告天人"称号，圆寂后封号"佑圣国师"。印简的大弟子赜庵环禅师，封荣禄大夫、大司空。**第三代弟子刘秉忠是元代丞相，显赫一时。与刘秉忠同辈的沧海蒙罩着这么一层光环**，所以处处都不忘抬出祖师爷以示夸耀。况且，根据民间"金太监"的传说，可以得出沧海具有高贵的家世，也很可能担任过僧录司这样一级的官员。就是没有担任过任何官职，凭借以上的两条优势，再加上元代僧人都拥有大量田产，沧海建造一座亦僧亦俗、亦墓亦塔的豪华寿域又有什么值得奇怪的呢？又说："据元代孔克齐《至正直记·卷一·茔墓建庵》：予尝谓茔墓建庵，此最不好，既有祠堂在正寝之东，不必重造也。但造舍与佃客所居，作看守计足矣。至如**梵墓以石，墓前建拜亭之类，皆不宜。此于风水休咎有关系，慎勿为之可也**。"（2009.6新浪博客《建文帝墓论证考辨》）

主张上金贝古墓为僧人墓者的上述观点中有几个问题值得我们注意：

第一，元代佛教徒活着的时候风光并不等于死后一定要造墓，这是一个逻辑问题。再说元朝统治者并非对所有佛教派系都是扶持与崇尚的，他们主要尊崇的是藏传佛教，对禅宗是实施抑制。而宁德金贝寺等流传的是禅宗而非藏传佛教，怎么主张上金贝古墓为僧人墓者肯定地说元末宁德上金贝古墓主人——僧人显赫非凡？

就此疑问，笔者曾向南大潘群教授请教，潘老热情地向笔者提供了一个重要"线索"：《中国史稿》对元朝的佛教政策和海云大师有所介绍，"成吉思汗专门颁布命令，要部属对临济宗僧侣中观、海云师徒'好与衣粮养活着，教做头儿。多收拾那般人，在意告天。不拣阿谁休欺负，交达里罕（蒙语自由自在之意）行者。'（念常：《佛祖历代通载》卷21）成吉思汗以后的蒙古诸汗，都继承了这一政策，许多佛教寺院得到了优厚的赏赐,高级僧侣如海云、万松等人都受到特殊的礼遇,一些重大政治问题都要征询他们的意见。"(吴泰、陈高华等人编写的《中国史稿》第5册,人民出版社1983年6月第1版,P601)

看来这个叫海云的禅宗高僧在成吉思汗及以后的蒙古诸汗时还颇受礼遇和尊重,但没有说他被拜为国师和帝师,换句话来说,他的特殊礼遇还没有达到藏传佛教领袖的那种规格,更有,在他身后,忽必烈出于统治的需要逐渐开始"崇教抑禅"。对此,吴泰、陈高华等学界前辈在《中国史稿》第五册中这样说道:"十三世纪上半期,蒙古政权统治下的北方佛教,以禅宗的临济宗和曹洞宗为盛,律宗趋于衰落。十三世纪四十年代,吐蕃地区归附蒙古政权,吐蕃的喇嘛教随着传入中原和蒙古地区。喇嘛教内部也分成许多派别。其中萨迦派的领袖们最受蒙古统治者尊崇,相继被封为国师或帝师。此外,许多喇嘛教上层人物都封官拜爵,'百年之间,朝廷所以敬礼而尊信之者,无所不用其至。'(《元史·释老传》卷202)喇嘛教势力盛极一时,禅宗就相形见绌了。不仅如此,忽必烈在一度推崇禅宗之后,还转而采取'**崇教抑禅**'的态度(《国朝文类》卷61,姚燧:《董公神道碑》)。在统一全国以后,这种倾向特别明显。他在召集江南佛教上层人物聚会时,'升教居禅之右'(《佛祖同纪》卷48),**还从北方派遣禅宗以外各教派的僧侣三十人到江南各大寺院宣讲**,扩大这些教派的影响(《佛祖历代通载》卷22;《至正》金陵新志》卷11《祠祀志》)。因此,**无论南北,禅宗的势力都有所下降**,天台宗等教派有所上升。"(吴泰、陈高华等人编写的《中国史稿》第5册,人民出版社1983年6月第1版,P603—604)

连受皇差宣讲于南方的30僧侣中都没有禅宗的份,何来禅宗极盛南方之状?元代福建又不是佛教禅宗特区?

第二,在中国传统社会里,佛、道、儒三家往往不分,你中有我,我中有你,中国内地佛教徒中往往有不少人精通阴阳风水,据此你能肯定上金贝古墓主人或建墓者就一定不懂风水?若是,依据何在?

第三,无论是正史还是野史都明确讲元代和尚圆寂后造塔,没讲造墓;而金贝古墓既有墓又有塔呀?

就按主张上金贝古墓为僧人墓者的说法,"佛日圆明"大师是忽必烈老师,他如何地生的伟大,死后殊荣,云云。翻阅《元史》其明确记载:**元代佛家人是没有墓葬,而是舍利塔葬**。"蒙古崇尚释教,及得吐蕃之地,思因其俗而柔之,乃设官分职而领之。于帝师,又立宣政院。其院使位居第二者,必以僧为之。帅臣以下,亦僧俗并用。于是,**帝师授玉印,国师授金印,宣命同于诏敕**。凡即位之始,降诏褒护,必敕章佩监络珠为字以赐。**及其卒而归葬舍利**,又命百官出郊祭饯。大德九年,专遣平章政事帖木儿乘传护送,赙金五百两、银千两、币帛万匹、钞三千锭。皇庆二年,加至赙金五千两、银一万五千两、锦绮杂彩共一万七千匹。"(《元史·刘秉忠传》)卷157,列传第44)

国师、帝师尚且塔葬,何来他们的徒子徒孙们反而要墓葬?野史《补续高僧传》和《五灯全书》也载佛日圆明为他的师傅"**收顶骨舍利,师为乞缘造塔供奉**"。(《补续高僧传》)

按照《五灯全书》的说法,佛日圆明是属于佛教禅宗的分支临济宗,禅宗的和尚圆寂后也是塔葬而不是墓葬,这是常识。

而主张上金贝古墓为僧人墓者对宁德上金贝古墓既有塔又有墓的怪异难题始终没有作出令人信服的解释或者干脆就回避不答,随即就作出上金贝古墓是元末明初的僧人墓之结论,让人看了顿感坠入云里雾里。

至此,我们看到主张上金贝古墓为僧人墓者所列出的依据与证明没有一条是站得住脚的。

当我们否定了上金贝古墓为元末明初僧人墓的观点以后,人们很自然要问:那宁德上金贝古墓的主人到底是谁?

● 宁德上金贝古墓应为明建文帝陵寝

通过上文我们对主张上金贝古墓为僧人墓者的观点及其所列出依据的逐条分析与甄别,发现其在"根"上面出了问题,他们将是否真的存在的"**御赐金襕佛日圆明大师第三代沧海珠**禅师"作为考证的"原点",在找不到确实证据的前提下陷入了逻辑与思维的误区。对此,我们不妨将其作为借鉴。

或许上金贝古墓舍利塔上碑文"**御赐金襕佛日圆明大师第三代沧海珠**禅师之塔"本身就是伪托的,从而导致世人对其无法解释清楚,那么我们再来看看上金贝古墓及其舍利塔上的图饰与构件等古物是否向世人"透露"了什么信息?对此,笔者反复进行了实地考证与资料比对,发现下列六者值得我们关注:

○ <u>宁德上金贝舍利塔造型与明中前期霞浦明教神龛佛座造型相同,更为巧合的是它还与南京明皇宫午门底座造型相同</u>

缺乏相应的文献记载,碑文上的文字又无法解读通,因此有关上金贝古墓及其舍利塔的断代问题一时难倒了不少人。但笔者在本书的第一次出版时曾做了考证,而2010年春夏之交的霞浦考古之旅更使笔者确信,先前观点应该是没问题的(后文笔者将要详述)。

主张上金贝古墓为僧人墓者唯一支撑其观点的依据,就是至今无法给人解读清楚的"**御赐金襕佛日圆明大师第三代沧海珠**禅师之塔"几个字,进而就断定古墓为元末明初僧人墓,但事实上就在上金贝古墓不远处的霞浦县柏洋乡盖竹上万村中的明教神龛佛座就告诉了我们问题的答案。(图26 和图27)

图26　霞浦县上万村摩尼神座底座

图27　宁德上金贝舍利塔底座

那么霞浦县柏洋乡盖竹上万村中明教神龛佛座建于何时？在当地村民的热心指点下,笔者在该明教神龛佛座的左侧底下看到了这样几个字:"天顺四年正月吉日造"。"天顺"是明英宗复辟后使用的年号,天顺四年也就是 1460 年,距离朱允炆失国的建文四年(1402),大约有 58 年的历史,应该来说是属于同一年代的。

更为巧合的是上金贝舍利塔底座造型竟与我们南京明皇宫午门底座造型相同或言相近似,见图 27 和图 28。

图 28　南京明皇宫午门底座

而按照有人的说法,上金贝古墓及其舍利塔是元代的,那么霞浦县柏洋乡盖竹上万村中明教神龛佛座和南京明皇宫的午门也就变成元代的了?对此,主张上金贝古墓为元代僧人墓的相关部门与考古人员又能做出如何的解释呢?

由此反倒使我们更加确信,上金贝古墓及其舍利塔的建造年代应该就断在明初或明中前期,这是不会有多大问题的。读者朋友要是有兴趣的话,可上霞浦县柏洋乡盖竹上万村和南京午朝门公园去一看便知。

图 29　霞浦县柏洋乡盖竹上万村中明教神龛佛座左侧刻有建造年代

○ 宁德上金贝舍利塔上的莲座装饰与大明皇室有关？

在上金贝古墓及其舍利塔的大致建造年代问题解决后，我们再来看看其"身"上所隐含的其他一些重要信息。由于笔者研究过中国绘画艺术史，因而对图饰与造型艺术一直都比较关心。尽管上金贝古墓及其舍利塔被破坏得很厉害，但笔者还是能注意到其残留的一些"构件"所隐含的信息，譬如我们传统宗教尤其佛教中的重要图饰——莲座在上金贝古墓的舍利塔上就被雕琢得相当精致。

图30　上金贝舍利塔正图

莲座，《辞海》的解释是"莲花之台座，谓佛座也。王勃《观佛迹寺诗》：'莲座神容俨，松崖圣迹余。'按《华严经》：'一切诸佛世界悉见如来坐莲华宝师子之座'，王诗用此，诸佛皆以莲华为座者，盖取莲华藏世界之义（诸佛报身之净土为宝莲华所成，故云莲华藏世界）。"（《辞海·帅部》，中华书局，中华民国三十七年十月再版，P1163）

由此看来莲座还真不是我们凡夫俗子所能享用的。查阅《元史》，以崇佛著称于史的元朝居然对佛家圣物"莲花"与佛座"莲座"没有专门的记载，而在《明史》中却有着非同寻常之规制。

明朝皇帝生日大宴让歌舞队来助兴，其中有一支舞就叫《百戏**莲花**盆队舞》，"万寿圣节大宴，用《九夷进宝队舞》、《寿星队舞》。冬至大宴，用《赞圣喜队舞》、《百花圣朝队舞》。正旦大宴，用《百戏**莲花**盆队舞》、《胜鼓采莲队舞》。"（《明史·乐三·乐章二》卷63，志第39）

皇帝的顶级轿子大辂就用莲花和莲座来装饰，"大辂……（车）轮内车心，用抹金铜钑**莲花**瓣轮盘装钉，轴中缠黄绒驾辕诸索。亭高六尺七寸九分……亭内黄线条编红髹匡软座，下**莲花**坠石，上施花毯、红锦褥席、红髹坐椅……亭外青绮缘边红帘十扇。辂顶并圆盘，高三尺有奇，镀金铜蹲龙顶，带仰覆**莲座**，垂攀顶黄线圆条……辂亭前有左右转角阑干二扇，后一字带左右转角阑干一扇，皆红髹，内嵌雕木贴金龙,间以五彩云。三扇共十二柱,柱首雕木贴金蹲龙及线金五彩**莲花**抱柱……"(《明史·舆服一》卷 65,志第 41)

除了大辂外,皇帝御用的"大凉步辇"也用莲花和莲座来装饰,"大凉步辇……四面红髹匡,装雕木五彩云板二十片,间以贴金仰覆**莲座**,下红髹如意绦环板,如其数……辇顶高二尺七寸有奇,又镀金铜宝珠顶,带仰覆**莲座**,高一尺三寸有奇……"(《明史·舆服一》卷 65,志第 41)

还有皇帝御用的人力轿子也是用莲花和莲座来装饰,"轿者,肩行之车……元皇帝用象轿,驾以二象。至用红板轿,则自明始也。其制,高六尺九寸有奇。顶红髹。近顶装圆匡蜊房窗,镀金铜火焰宝,带仰覆**莲座**,四角镀金铜云朵。"(《明史·舆服一》卷 65,志第 41)

除了皇帝还有皇后的辂也是用莲花和莲座来装饰的,"皇后辂……每轮辐十有八,皆红髹,辋以抹金鈒花铜叶片装钉。轮内车毂,用抹金铜鈒**莲花**瓣轮盘装钉,轴中缠黄绒驾辕诸索……(辂亭)外用红帘十二扇。前二柱,戗金,上宝相花,中鸾凤云文,下龟文锦。辂顶并圆盘,高二尺有奇,抹金铜立凤顶,带仰覆**莲座**,垂攀顶黄线圆条四……辂亭前后有左右转角阑干各二扇,内嵌绦环板,皆红髹;计十二柱,柱首雕木红**莲花**,线金青绿装**莲花**抱柱。"(《明史·舆服一》卷 65,志第 41)

用莲花和莲座来装饰舆服的大明第三号人物就是皇太子,"皇太子金辂……(辂亭)屏后红髹板,皆抹金铜鈒花叶片装钉。红髹匡软座,红绒坠座,大索四,下垂**莲花**坠石,上施红毯红锦褥席……辂顶并圆盘,高二尺五寸有奇,又镀金铜宝珠顶,带仰覆**莲座**,高九寸,垂攀顶红线圆条四。"(《明史·舆服一》卷 65,志第 41)

用莲花和莲座来装饰舆服的大明第四号人物就是诸皇子亲王,"亲王象辂……(辂)亭前后阑干同金辂,左右阑干各一扇,内嵌绦环板,皆红髹。计十四柱,柱首雕木红**莲花**,线金青绿装**莲花**抱柱,前阑干内布花毯。"(《明史·舆服一》卷 65,志第 41)

从《明史》的记载来看,在明朝的凡界俗人之舆服规制方面,莲花和莲座图饰是大明皇帝、皇后、皇太子和诸皇子等皇家主要成员享用的,这一点我们今天在凤阳旧城还能找着例证(2008 年秋天笔者与南大潘群教授上凤阳考察时,曾意外地发现明中都城的旧城墙遗址就有莲座图饰),而我们现在看到的福建宁德上金贝舍利塔也用上莲座,它"托起"了"**御赐金襕佛日圆明大师第三代沧海珠**禅师"。以"碑铭"来看,舍利塔主人应该是高僧或佛神,但舍利塔又与古墓连为一体,这似乎说明其主人应该既是得道的佛家人,又是我们俗界的凡人。那么这位亦俗亦佛的"高人"会是谁呐?他是否应该与大明皇家有关吗?

○ 宁德上金贝古墓上的如意云与洪武年间的如意云造型风格相同

上金贝古墓和舍利塔上还有一个为人所大惑不解的如意云,即媒体曾热炒的火龙珠。"如意"在今天我们一般人的印象中就是清宫戏中西太后用来挠痒痒的那玩意儿,其实"如意"没那狭义,且在我国的发展还很有历史。目前为止发现最早的如意云纹图饰之古物当数山西五台山唐代建筑南禅寺博风板上的下垂"悬鱼",以后中国历代古建筑上都有采用如意云纹作为装饰,元朝起就连瓷器上也使用了如意云纹图饰。但元代如意纹图饰的构图却十分讲究,云头的垂弧为三层,最上面一层的两个尖角深深向里勾卷,两个相邻云头之间的连线为反向的弧线,相交后形成一个顶端朝上的两重垂弧如意云。且云头里的装饰还十分繁褥,构成了华丽的图案(参见图31:元代如意云纹金盒)。可到了明初洪武时期开始如意云纹又有了新变化,云头明显变小,里面的装饰大为简易化。云头的垂弧有三重或两重,相邻两个云头基部的弧线直接相交,使两个垂弧之间形成一个凸起的尖角。这时期还流行一种云头内饰叶脉纹的如意云纹,云头轮廓用外粗内细两条线勾出,里面所饰的叶脉纹显然是从蕉叶纹借鉴来的。其二者不同之处在于蕉叶纹的侧叶脉由平行的斜直线构成,而如意纹内的侧叶脉由平行的弧线勾成。此外该时期还有一些仅用双线简易勾轮廓的如意云纹以及云头内饰折枝花卉的如意云纹。

图31 元代如意云纹金盒

图32 明洪武釉里红如意云形缠枝牡丹菊纹大碗

到了永宣时期,如意云纹的云头变得很小了,垂弧均为两重,第二重垂弧的弧线向内勾卷于中心相交。结构上由以前的相互勾连变为各自独立,云头一个挨一个连成一周。有时云头排列较松,在其空隙处加画小圆点等简单图案作为点缀。云头的方向也由以前一律向下的"垂云"变化为根据装饰需要可上可下。(穆青:《元明青花瓷器边饰研究》)

图33 上金贝舍利塔须弥座上的横向如意云花纹　　图34 上金贝古墓上的如意纹

如果我们将"明洪武釉里红如意云形缠枝牡丹菊纹大碗"上的如意云图饰(参见图32:明洪武釉里红如意云形缠枝牡丹菊纹大碗,江苏爱涛拍卖有限公司网上拍卖品),用来对比宁 德上金贝舍利塔须弥座上的横向如意云花纹(图33:上金贝舍利塔须弥座上的横向如意云花纹),就会发现它们居然十分的相似或言相同,怎么这么巧?对此,笔者不敢妄下结论。

再仔细考察上金贝古墓上的如意云(即媒体热炒的火龙珠,参见图34),将其与舍利塔须弥座上的横向如意云作比较,你就会发现尽管它们之间存在着细微的差别:前者的云头似乎更小点,但其实这不难理解,据明初流传至今的古物来看,洪武开始一反元朝大头如意云的"做法",将如意云的云头做得小,使其更加简易化,我们还有实物依据。(见图35:洪武无量寿佛坐像)从图中我们可以看出,比起元朝的如意

图35 洪武无量寿佛坐像

云造型,洪武年间的神像顶部如意云明显变小,与宁德上金贝古墓上的如意云有着

异曲同工之妙。

图36 华严寺袈裟灯笼顶上的如意纹

再者,明初如意云图饰的享用似乎还与大明皇家有关。整个《明史》中对如意云图饰的享用(情况)就留下这样的记载:"(皇帝)大凉步辇……四面红髹匡,装雕木五彩云板二十片,间以贴金仰覆莲座,下红髹**如意**绦环板,如其数……(辇)顶用丹漆,上冒红毡,四垂以黄毡为**如意云**,黄毡缘条;四周施黄绮沥水三层,每层百三十二折,间绣五彩云龙文。或用大红罗冒顶,以黄罗为**如意云**缘条,沥水亦用黄罗。"(《明史·舆服一》卷65,志第41)

又明皇后辂规制,"前后车棍并雁翅,四垂如意滴珠板"(《明史·舆服一》卷65,志第41)。皇后常服规制"绶带玉坠珠六,金垂头花瓣四,小金叶六,红线罗系带一。白玉云样玎珰二,如佩制,有金钩,金**如意云**盖一,下悬红组五贯,金方心云板一,俱钑云龙文,衬以红绮,下垂金长头花四,中小金钟一,末缀白玉云朵五。"(《明史·舆服二》卷66,志第42)

除了文献记载外,笔者后来在大明开国皇帝朱元璋的陵寝明孝陵的八字形的影壁(民间俗称八字墙)上看到了许许多多的如意云,见右图37。

由此看来明初定制中如意云图饰为皇帝和皇后所享用,这是相当有讲究的。而宁德上金贝古墓及其舍利塔须弥座上偏偏就有好几处的如意云图饰,难道这又是巧合?如不是,那就表明上金贝古墓墓主与大明皇家有关?

图37 南京明孝陵八字形影壁上众多的如意云

图38 宁德上金贝舍利塔须弥座上的横向如意云花纹

更令人匪夷所思的是，上金贝古墓及其舍利塔须弥座上的横向如意云与距离上金贝5公里路程的宁德华严寺云锦袈裟下方22个灯笼顶部的如意云极为相似或言相同，这难道又是巧合？（注意：上金贝古墓上如意纹即图34、舍利塔须弥座上的横向如意纹即图33与袈裟灯笼上的如意纹即图36的对比）

○ **上金贝古墓舍利塔须弥座造型与洪武年间周王府造铜鎏金佛坐像如出一辙，与明故宫、明孝陵须弥座底部造型相类**

要说宁德上金贝古墓的"奇巧"还真不少，笔者在仔细观察上金贝古墓舍利塔的造型时意外地发现其须弥座竟与"明初周府造铜鎏金佛坐像"须弥座也有极大的相似，这又是为什么？（见图39：明初周府造铜鎏金佛坐像）

笔者认为，一个时代有一个时代特点的审美情趣与造型艺术，上金贝古墓的舍利塔须弥座造型与"明初周府造铜鎏金佛坐像"须弥座造型相同，说明两者极有可能是差不多同一时代的产物。除此之外，还能作何更好的解释？

从"中华古玩网"刊载的"明初周府造铜鎏金佛坐像"须弥座束腰间所刻的发愿文来看，该类佛像的建造出资者为朱元璋5儿子周王朱橚（附"发愿文"："周府欲报四恩，命工铸造佛相，一样五千四十八尊，俱用黄金镀之，所以广陈供养，崇敬如来，吉祥如意者。**洪武丙子**四月吉日施。"）（"中华古玩网"）换句话来说，这类造型佛像是洪武年间铸造的，那么与此造型极为相似或言相同的宁德上金贝舍利塔建造年代也应在明初吧（图40）？！更有上金贝舍利塔须弥座造型居然与明初皇室中的金佛坐像须弥座造型相同，与南京明故宫午门须弥座和明孝陵四方城须弥座底部造型相类，你能说它与明皇室无关？要真是无关，能有这么巧的事？

就在笔者完成本章节时看到了这样的消息：**中国古建筑研究所原所长、著名古建筑专家于振生**在考察了上金贝古墓后发表

图39　明初周王府佛像

了他的观点："古墓舍利塔下面的须弥座是明初的建筑风格，保留宋代遗风。因为宋代的须弥座的束腰部分比较高，在宋代叫做'隔身版柱造'，上金贝古墓也采用这

种风格。""因为元朝存在时间很短,所以明早期的建筑还保留一些宋代的建筑风格,而明朝中期以后,就是另外一种风格了。"同时,于振生还指出,"上金贝古墓非元代僧人之墓","元代的习惯是不做墓,直到现在还有好几个元代皇帝找不到墓。而僧人也只有建舍利塔。"他表示,在他的研究中,又有舍利塔又有墓的元代建筑从未见过。(缪洪通:《建文帝出亡宁德之谜揭秘十一》,2009年10月19日载中国新华社宁德支社主办《宁德新闻网》站)

图40 上金贝古墓舍利塔

○ 金贝古墓前的龙刻构件与大明皇家规制

尽管上金贝古墓迷雾重重,但只要我们认真考察和研究的话,有些谜团还是能解开的。譬如曾经引起了人们极大争议的上金贝古墓前的龙刻构件就是一例。

笔者与郑自海、郑宽涛先生第一次上宁德时曾十分留意上金贝古墓前的龙刻构件,回宁后几上明孝陵实地考古、比对,提出了"龙刻构件"的概念(闭嘴龙的说法不是笔者提的),但没想到的是一个学术问题却招来了莫名的攻击,有人言道:"这哪是什么'闭嘴龙'呀,它的名字叫螭首,我们在南京张府园发掘元代龙翔集庆寺遗址时,出土的螭首与这件一模一样。""这完全是一场闹剧,……在没有确凿实证时,不能草率地发表什么定论。否则会产生误导,是极为不负责任的举动。"(蔡震:《福建文物局称宁德古墓并非明朝建文帝之墓》,2009年10月2日《扬子晚报》)

不知出于何种心态与何种目的,在对宁德古墓没作任何考古研究、更没有上当地去看一眼的情况下,放言者居然一下子成了真理的化身。诚然,宁德上金贝古墓前的"龙刻构件"是不太好辨认,(见图41:上金贝古墓的龙刻构件)笔者初见到时也曾犯迷惑,这到底是不是螭首?

就在百思不得其解之际,曾经以精湛的传统雕刻技法赢得日本友人一致赞誉的中年篆刻专家、笔者之友潘方尔先生在反复观察宁德上金贝古墓"龙刻构件"后极为认真地跟笔者说:"从古墓这些构件的刻纹来看,它不是螭首而是龙纹,龙纹上有鱼鳞。"随即他向笔者展示了《故宫博物院藏肖形印选》一书中的中国古代龙纹玺,(见图42:中国古代龙纹玺)经过比对,笔者发现,两者几乎成了一对"孪生姐妹"。如果再将宁德林聪墓前的螭首刻件拿来对比(见图43：宁德林聪墓前的螭首)，其刻纹迥异,由此,笔者认为宁德上金贝古墓前"龙刻构件"的说法不应该有多大问题。

图 41　上金贝古墓的龙刻构件

图 42　中国古代龙纹玺

图 43　宁德林聪墓前的石雕构件

这里顺便介绍一下潘群先生的观点：依照训诂学观点来看，"龙"部首现为"龙"部，而以往龙部首为"鱼"部。然而"螭首"、"蟠"等字，均从"虫"。虫部一般为山中动物，包括"蛇"，然而"龙"从鱼部，为水中动物，故有鳞。（虽然龙后来被演化为可以飞天之物，但就实，龙并无实在，是一种想象中的动物）如果从时间上来看，龙与螭之间形状的变化：汉初高帝刘邦时"龙"为皇帝专用，而皇后吕后所用之印，上饰形为"螭首"（现存中国历史博物馆）。

当然有人还是硬要说上金贝古墓前的石刻构件不是龙，是螭首。我们姑且就照着这样的说法再对螭首作一番考察与论证（图44）。

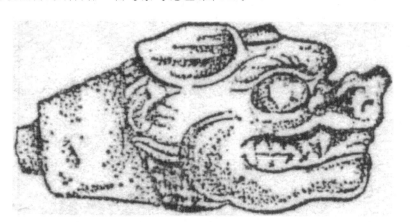

图44 《辞源》中的螭首图

"螭：传说中**无角的龙**。古代常雕刻其形，作为器物的装饰。"

"螭首：㈠碑碣上刻有螭头的装饰。唐封演《封氏闻见记》六《碑碣》：'隋氏制，五品以上立碑，螭首龟趺，趺上不得过四尺，载在丧葬令。'唐刘禹锡《刘梦得集》二八《唐故朝议郎……奚公神道碑》：'螭首龟趺。德煇是纪。'㈡古钟、鼎、彝器、印章、带钩之属的雕饰。宋张抡《绍兴内府古器评》上《周叔液鼎》：'是器，耳作当形，纯缘，饰以立螭首，作蹄状。'㈢宫殿陛阶上刻凿的雕饰。宋赵彦卫《云麓漫钞》七：'唐制，起居郎、起居舍人在紫宸内阁，则夹香案立殿下，直第二螭首，……所谓螭首者，盖殿陛间压阶石上镌凿之饰，今僧寺佛殿多有之。或云：唐殿多于陛之四角出石螭首，不应史云殿下第二螭首也。'"（《辞源·虫部》，第4册，P2781，商务印书馆1983年12月修订第1版）

以上是对螭首的权威解释，当然这不是现在我们所要讨论问题的关键，大家所关心的是螭首能不能乱用的问题。

远的不说，我们先来看看元朝对螭首的享用有何规制？

元中统二十一年，"闰五月己卯，封法里剌王为郡王，佩虎符……癸巳，赐北安

王螭纽金印。"(《元史·世祖十》卷13,本纪第13)

《元史·礼乐志》中载:"编钟一虡,钟十有六,范金为之。笋虡(横曰笋,直曰虡)皆雕绘树羽,……笋两端金**螭首**,衔鍮石璧翣,五色销金流苏,绦以红绒维之。"(《元史·礼乐二·金部》卷68,志第19)

《元史·舆服志》载:"一,车舆,除不得用龙凤文外,一品至三品许用间金妆饰银**螭头**、绣带、青幔,四品、五品用素狮头、绣带、青幔,六品至九品用素云头、素带、青幔。"(《元史·舆服一》卷78,志第28)

又载:皇帝"玉辂………前辕引手玉**螭头**三,并系以蹲龙"(《元史·舆服一》卷78,志第28)。皇帝"金辂……前辕引手金涂鍮石**螭头**三,并系以蹲龙"(《元史·舆服一》卷78,志第28)。皇帝"象辂……前辕引手描金象牙雕**螭头**三,并系以蹲龙"(《元史·舆服一》卷78,志第28)。皇帝"革辂,前辕引手摆白**螭头**三,并系以蹲龙"(《元史·舆服一》卷78,志第28)。皇帝的"木辂……前辕引手金嵌镔铁**螭头**三,皆囗以蹲龙"(《元史·舆服一》卷78,志第28)。皇帝的"大伞,赤质,正方,四角铜**螭首**,涂以黄金,紫罗表,绯绢里。诸伞盖,宋以前皆平顶,今加金浮屠"(《元史·舆服一》卷78,志第28)。元皇宫"正阶下二十四甓,香案一。护尉席内各所迤内第四**螭首**取直,边北,左右护尉第五席相向布席,北二席宿直。次殿中,次典瑞,次起居,每席函丈五尺。设殿前板位八,各以左右扼道内边丹墀迤内第五甓纵直,北空路五丈五尺,东西走路各违四丈九尺,中布席四十,席函九尺,设护尉板位二"。(《元史·舆服三》卷80,志第30)

元顺帝"(至元)五年秋,(脱脱发动政变)遂与世杰班、阿鲁议,候伯颜入朝禽之。戒卫士严宫门出入,**螭坳**悉为置兵。伯颜见之大惊,召脱脱责之"。(《元史·脱脱传》卷138,列传第25)

那么,百官能不能享用螭首呢?《元史·刑法志》中有这样的记载:"诸章服,……车舆并不得用龙凤文,**一品至三品**许用间金妆饰、银**螭头**、绣带、青幔,四品、五品用素狮头、绣带、青幔,六品至九品用素云头、素带、青幔。"(《元史·刑法四》卷105,志第53)

由此看来百官中只有一品到三品的高官或特别为元帝宠爱的宠臣或功劳特别大的功臣才能用螭首,"岳璘帖穆尔,回鹘人,畏兀国相暾欲谷之裔也。……(为表彰岳璘帖穆尔之兄俺理伽普华归附,元太祖成吉思汗)赐以金虎符、狮纽银印、金**螭**椅一,衣金直孙校尉四人,仍食二十三郡。"(《元史·**岳璘帖穆尔传**》卷124,列传第11)

"阿鲁辉帖木儿,灭里大王之裔也。初,太宗生七子,而灭里位第七。世祖既定天下，乃大封宗亲为王，灭里其一也。灭里生脱忽，脱忽生俺都剌，俺都剌生秃满，至大元年，始封阳翟王，赐金印螭纽，俾镇北藩。秃满传曲春，曲春传太平，太平传帖木儿赤，而阿鲁辉帖木儿袭其封。"（《元史·叛臣传》卷206，列传第93）

除此之外，元朝对佛、道领袖也格外看重，允许他们享有蟠螭图饰："全节字成季，饶州安仁人。年十三学道于龙虎山。至元二十四年至京师，从留孙见世祖。三十一年，成宗至自朔方，召见，赐古雕玉蟠螭环一，敕每岁侍从行幸，所司给庐帐、车马、衣服、廪饩，著为令。"（《元史·释老传》卷202，列传第89）

从上面《元史》史料来看，元朝规制中可以享用螭图饰的是皇帝与皇家成员、一品到三品的高官、为元帝宠爱的宠臣或功劳特别大的功臣以及佛道领袖或极有影响的佛道人士。

再从宁德上金贝古墓的碑铭来看，墓主人是沧海珠，而考正史又无从查证，这显然与上述元朝可享用螭图饰的四种人不相吻合，由此证明该墓不是元墓。当然，有人硬要说这是个元墓，我们姑且再顺着这些人的思路来看一段史料：

洪武三年八月丁丑，朱元璋"诏中书省申禁：官民器服，不得用黄色为饰，及彩画古先帝王后妃、圣贤人物故事、日月、龙凤、狮子、麒麟、犀象之形，**如旧有者，限百日内毁之**"（《明太祖实录》卷55下）。

正史明明白白地记载了洪武三年八月丁丑日，朱元璋下令对全国范围内乱用日月、龙凤、狮子、麒麟、犀象等图饰造型进行大清理，期限是百日之内。我们退一万步来说，即使上金贝在元朝时造过什么特别像样的古墓也早在洪武三年的大清理中清掉了，要知道洪武年间的政治是极为严酷的，有哪个大傻子为保全一个元朝的和尚墓去冒杀头的危险呢？

潘群先生曾跟笔者反复强调：明太祖朱元璋出身农民，当了皇帝，对其独尊的地位看得比历代皇帝更重。因此，他在制度与器物甚至礼仪、音乐等方面处处都要体现帝位的专制独裁。例如，洪武三年定朝贺乐章，奏的第一首曲子是《起临濠之曲》，也名《飞龙引》即人们通常所称的《飞龙之曲》，其内容为"千载中华生圣主，王气成龙虎"，云云。可见朱元璋自以龙为王气，是千载独生于临濠的中华圣主，是王气而为龙，除他之外，其他任何人都做不到，惟有他这条"龙"独尊。在《仪卫》上规定"黄双龙扇"，而皇后仪仗、太子仪仗、亲王仪仗均无。朱元璋还规定：在皇帝的"大辂"上要有龙头、龙尾、龙鳞等饰；皇帝玉玺用宝，皇后虽也用宝，但饰以"蟠龙"非龙；皇太子用"金龟纽"，余用"印"皆无龙饰。凡此等等，可见"龙"饰为皇帝所独用也（参见《明史》之《乐志》、《仪卫志》、《舆服志》等，不赘引）。另，从洪武十六年四月初一到是年九月二十四日朱元璋还曾下令修建了"大龙兴寺"，凡三百八十一间,他亲自撰文刻碑《龙兴寺碑》,并在盛家山前亲书"第一山",这一切无不表明了其内心拥有浓烈的朱皇帝是"龙",是"第一人"的独尊思想。(《明太祖实录》卷156)

正因为如此,朱元璋立国建制对于龙的使用有着严格的禁忌与限定,要是有人违制,那么只有死路一条了;要是前代已有龙物龙饰,大明朱皇帝就毫不含糊地予以坚决的清理。

除了清理,朱元璋还在大明帝国的规制上对于与龙相近的螭首等类图饰的享用也作了明确的限定。

《明史》载:"亲王府制:洪武四年定,城高二丈九尺,正殿基高六尺九寸,正门、前后殿、四门城楼,饰以青绿点金,廊房饰以青黛。四城正门,以丹漆金涂铜钉。宫殿窠栱攒顶,中画蟠螭,饰以金,边画**八吉祥花**。前后殿座,用红漆金蟠**螭**,帐用红销金蟠**螭**。座后壁则画蟠**螭**、彩云,后改为龙。立山川、社稷、宗庙于王城内。七年定亲王所居殿,前曰承运,中曰圜殿,后曰存心;四城门,南曰端礼,北曰广智,东曰体仁,西曰遵义。太祖曰:'使诸王睹名思义,以藩屏帝室。'九年定亲王宫殿、门庑及城门楼,皆覆以青色琉璃瓦。又命中书省臣,惟亲王宫得饰朱红、大青绿,其他居室止饰丹碧。十二年,诸王府告成。其制,中曰承运殿,十一间,后为圜殿,次曰存心殿,各九间。承运殿两庑为左右二殿,自存心、承运,周回两庑,至承运门,为屋百三十八间。殿后为前、中、后三宫,各九间。宫门两厢等室九十九间。王城之外,周垣、西门、堂库等室在其间,凡为宫殿室屋八百间有奇。弘治八年更定王府之制,颇有所增损。"(《明史·舆服四》卷68,志第44)

"明初,文武大臣薨逝,例请于上,命翰林官制文,立神道碑。惟太祖时中山王徐达、成祖时荣国公姚广孝及弘治中昌国公张峦治先茔,皆出御笔。其制自洪武三年定。五品以上用碑,龟趺**螭首**。六品以下用碣,方趺圆首。五年,复详定其制。功臣殁后封王,螭首高三尺二寸,碑身高九尺,广三尺六寸,龟趺高三尺八寸。**一品螭首**,二品麟凤盖,三品天禄辟邪盖,四品至七品方趺。首视功臣殁后封王者,递杀二寸,至一尺八寸止。碑身递杀五寸,至五尺五寸止。其广递杀二寸,至二尺二寸止。趺递杀二寸,至二尺四寸止。"(《明史·礼十四(凶礼三)·丧葬之制·碑碣》卷60,志第36)

"亲王象辂,其高视金辂减六寸,其广减一尺。辕长视大辂减一尺。辂座高三尺有奇,余饰同金辂。辂亭高五尺二寸有奇,红髹四柱。槛座上四周红髹绦环板。前左右有门,高四尺五寸有奇,广二尺二寸有奇。门旁槅各二及明栿、后五山屏风,皆红髹,用抹金铜鈒花叶片装钉。亭底红髹、施红花毯、红锦褥席。其椅靠、坐褥、帷幔、红帘之制,俱同金辂。辂顶并圆盘,高二尺四寸有奇,用抹金铜宝珠顶,余同金辂。天轮三层,皆红髹,上雕木贴金边耀叶板六十三片,内饰青地雕木五彩云文三层,间绘五彩云衬板六十三片,四周黄铜装钉。上施红绮沥水三层,每层八十一折,绣瑞草文。前垂青绮络带二,俱绣升龙五彩云文。圆盘四角连辂座板,用攀顶红线圆条四,并红髹木鱼。亭前后阑干同金辂,左右阑干各一扇,内嵌绦环板,皆红髹。计十四柱,柱首雕木红莲花,线金青绿装莲花抱柱,前阑干内布花毯。红旗二,与金辂所树同,竿上只垂红缨五。其踏梯、行马之属,亦同金辂。帐房用绿色螭头,余与东宫同。"(《明史·舆服一》卷65,志第41)

"百官乘车之制:洪武元年令,凡车不得雕饰龙凤文。职官一品至三品,用间金饰银螭绣带,青缦。四品五品,素狮头绣带,青缦。"(《明史·舆服一》卷65,志第41)

"亲王册宝:册制与皇太子同。其宝用金,龟纽,依周尺方五寸二分,厚一寸五分,文曰'某王之宝'。池箧之饰,与皇太子宝同。宝盝之饰,则雕蟠螭。"(《明史·舆服四》卷68,志第44)

"公主册印:银册二片,镌字镀金,借以红锦褥。册盝饰以浑金沥粉蟠螭。其印同宋制,用金,龟纽,文曰'某国公主之印'。方五寸二分,厚一寸五分。印池用金,广取容。印外箧用木,饰以浑金沥粉盘凤,中箧用金鈒蟠凤,内小箧,饰如外箧。"(《明史·舆服四》卷68,志第44)

"成祖嗣位,遣僧智光往赐。永乐元年遣使入贡。四年封为灌顶国师阐化王,赐螭纽玉印,白金五百两,绮衣三袭,锦帛五十四,巴茶二百斤。明年命与护教、赞善二王,必力工瓦国师及必里、朵甘、陇答诸卫,川藏诸族,复置驿站,通道往来。十一年,中官杨三保使乌斯藏还,其王遣从子剳结等随之入贡。明年复命三保使其地,令与阐教、护教、赞善三王及川卜、川藏等共修驿站,诸未复者尽复之。自是道路毕通,使臣往还数万里,无虞寇盗矣。其后贡益频数。帝嘉其诚,复命三保赍佛像、法器、袈裟、禅衣及绒锦,彩币往劳之。已,又命中官戴兴往赐彩币。"(《明史·西域三》卷331,列传第217)

从《明史》的记载来看,明代对螭首的享用范围作了明确的限定:皇帝的诸子亲王、公主、一品到三品的高官和特殊地位的佛教领袖。

上海学者建文帝研究专家徐作生先生对宁德上金贝古墓进行实地考古后认为:"如果在明朝初期,闽东如若没有状元出家当和尚,古墓主人为皇室成员的概率极高。"而据宁德地方志编委会副主任王道亨的考证,明初闽东状元出家的可能性几乎没有!(缪洪通:《建文帝出亡宁德之谜揭秘十一》,2009年10月19日刊载于

中国新华社宁德支社主办的《宁德新闻网》上）

图 45　林聪墓

按照常理，具有上述这样地位与身份的人无论是在正史上还是在地方志或私人笔记中至少都应该留下一笔。距离上金贝古墓不远的同在宁德地区的林聪是明中期的尚书加太子少保的高官，不仅正史上有其传，而且在他家乡还有很气派的墓葬，奇怪的是他的墓制规模居然还没有上金贝古墓大，那么由此可以说，上金贝古墓墓主应该是比林聪地位还要高的大明皇室人员，他又会是谁？（参见图45：林聪墓）

○ 上金贝古墓前的金水桥与金水河与明朝皇家陵寝规制

通过上面对金贝古墓的构造、图饰等方面的比对与论证，我们看到宁德上金贝古墓实在奇特。其实当你一走进上金贝古墓区时，只要留心一下，就会发现它不仅在形制和规模上与众不同，而且连它前面的涧溪等名字也十分另类。

按照常理，高僧圆寂后一般是建塔而不造墓的，蹊跷的是金贝寺古墓则两者兼而有之，非僧非俗，实在奇特；更有金贝寺古墓规模很大，其主体建筑：前为祭亭（已毁坏，但很多构件尚存），其后为圈椅状主陵，主陵内为一印状舍利塔。就整体而言，它是目前福建省发现的规模最大、形制最罕见的"僧人墓"，距离宁德不远的福州闽侯雪峰寺是福建地区著名的佛教中心，那里高僧云集，但笔者前去考察时发现那儿的塔陵不仅制作比较粗糙，而且规模远没有宁德金贝寺古墓那么大。

最令笔者惊奇的是上金贝古墓前居然有金水河与金水桥。2009年5月笔者首次来到宁德考察时，出于好奇随口问起位于上金贝古墓前面的涧溪叫什么名字？当地的畲族老乡与宁德市相关领导告诉我：它叫金水河。

只要到过明孝陵、明祖陵、明故宫和北京故宫等地的朋友肯定会有印象，我们现在所能见到的这些皇家陵寝和宫殿建筑前都有金水河，尽管这些金水河都很小、很狭，但它们上面都建有精美的石拱桥，名为金水桥。换句话来说，**金水河与金水桥是皇帝阴宅——陵寝与皇帝阳宅——皇宫等建筑群中的必备组成部分**。而宁德市郊的金贝寺古墓前面的溪涧叫金水河，要是这座古墓正是人们传言中的某个皇帝之陵寝的话，那它前面必定有金水桥！问题是笔者没有见到什么桥啊，更别提什么桥精美不精美了。

带着这样的疑惑，笔者出席了第二天宁德市举行的"建文帝研讨会"，当我在发言中刚刚说出自己的疑问时，一位与会者认真地介绍道："马老师，我就是上金贝山脚下的六都村人，自小在那儿长大，对当地情况再熟悉不过了。那古墓前不仅有溪涧，叫金水河，而且其上面还曾有三条桥，叫金水桥，前些年山洪大爆发将它冲毁了。"

上金贝古墓前居然有皇帝阴宅——陵寝与皇帝阳宅——皇宫等建筑群中的必备组成部分金水河与金水桥，这难道又是一种巧合？

建文帝最终出亡宁德，600年第一悬案破解？！

纵观前述，通过对比研究，我们将宁德上金贝古墓、舍利塔等的"巧合"作如下归纳：

"巧合"之一：明清帝陵与皇宫建造有着许多独特的规制，其中之一那就是在其正殿正门前面不远处往往有一条河，名为金水河，上有金水桥；而宁德上金贝古墓前恰恰是既有金水河又有金水桥，巧否？

"巧合"之二：宁德上金贝古墓舍利塔上的莲座不仅与明中都凤阳旧城墙遗址的莲座图饰有着很大的相似，而且在《明史》上还能找到相对应的"出处"：在俗界，莲花和莲座图饰是大明皇帝、皇后、皇太子和诸皇子等皇家主要成员所享用，这是巧合？

"巧合"之三：宁德上金贝舍利塔须弥座上的横向如意云花纹与"明洪武釉里红如意云形缠枝牡丹菊纹大碗"上的如意云图饰和南京明孝陵八字影壁上的众多如意云图饰完全相同，上金贝古墓上的如意云（即媒体热炒的火龙珠）又与明初洪武年间的神像顶部如意云有着异曲同工之妙。据《明史》所载，明初定制中如意云图饰为皇帝和皇后所享用，而宁德上金贝古墓及其舍利塔须弥座上偏偏就有好多明初时代特征的如意云图饰，这又说明了什么？

"巧合"之四：上金贝舍利塔须弥座造型居然与"明周府造铜鎏金佛坐像"（洪武

年间)须弥座造型和南京明皇宫午门底座造型相同,你能说它就一定是与明皇室或明廷无关吗?

"巧合"之五:上金贝古墓及其舍利塔须弥座上的横向如意云与距离上金贝大约5公里路程的宁德华严寺云锦袈裟之下方22个灯笼顶部的如意云极为相似或言相同,这难道又仅仅是巧合?

"巧合"之六:上金贝古墓前有龙刻构件或言螭首装饰,从《明史》的记载来看,明代对螭首的享用范围作了明确的限定:只有皇帝的诸子亲王、公主、一品到三品的高官和特殊地位的宗教领袖才有资格享用。而具有这样地位与身份的人无论是在正史还是在地方志上或私人笔记中都应该至少留下一笔,但诚如前文考证的,古墓碑文上的"佛日圆明"和"沧海珠"都是正史上查无实证的;更有常识:佛家人圆寂后是建塔不建墓。由此我们可将墓主人"锁定"在皇帝诸子亲王和公主及一品到三品的高官范围,但就在上金贝古墓不远处至今还保存完好的明中叶宁德籍一品大员林聪墓居然没有上金贝古墓那么大的规制,这就不能不将我们对上金贝古墓墓主考证的视线引向大明皇室人员,换言之,该墓主人应该是与大明皇室有关。

众所周知,明代开始君主专制主义达到了登峰造极的地步,要真是一般意义上的明皇室成员由于政治原因被迫出亡或被杀于此,官府正史上也会大大方方地写上,但上金贝古墓却不留真名实姓,正史也无从查起,这说明墓主人极有可能是大明君主和大明主流政治所忌讳的皇家成员或皇室政治受害者,那么他是谁?

结合上金贝古墓及其舍利塔上的莲花、莲座和须弥座造型与如意云图饰等方面的规制都与大明皇室相关的史实与考证,再看上金贝古墓前居然有皇帝阴宅——陵寝与皇帝阳宅——皇宫等建筑群中的必备组成部分金水河与金水桥,笔者认为,上金贝古墓应该就是浓缩版的简易明初皇家陵墓,而上金贝古墓又有舍利塔的事实告诉人们:身份与地位特殊的墓主人至少应该具备两个要件:一个是佛家人,另一个是俗界非同寻常的明初皇室成员,且这个明初皇室成员还可能是大明君主和大明主流政治所忌讳的。而在明初皇室成员中要具有这些特征除了至今下落不明的明代第二位皇帝朱允炆外还真找不出第二人来。

再看前文对华严寺袈裟的考证结果,笔者认为,明代第二位皇帝朱允炆不仅最终出亡在福建宁德,且最后还葬在那里,上金贝山就是他的魂归之所。

第六章
"文""物"相合　出亡宁德

在建文帝出亡问题上一直存在两种倾向：一是全盘否定建文帝出亡，就说他被烧死了；一是自认为当地的某物某寺庙就是传说中的建文帝出亡之物证。要是谁不赞成或有异议，有人就会迅速地"提升"个人感情，甚至发动"群众"进行围攻，缺乏应有的理性。要知道，科学是理性的产物，再说真理是常常躲在许许多多不为人们所注意的表象之背后，只有在理性的指导下才有可能发现真理，而对于历史真相的探究，也应该如此。

600年前建文帝出亡福建宁德本是去避难的，其政敌"好叔叔"朱棣也是秘密寻访的，那么这个下台的侄儿皇帝"躲猫猫"躲过去了？

千钩百索，只字不留——建文帝出亡之事

通过上文的分析比对和严密的考证，我们已在整体上破解了大明第一谜案，但有人可能要这样发问：既然你已考证出来建文帝最终出亡福建宁德，那为什么600年来在文献资料中就没人发现这样的史实呢？换言之，明朝第二位皇帝建文帝出亡福建宁德在史料中是否有所记载或披露？

在回答这个问题之前，我们不妨先来回顾一下建文四年六月十三日以后蛇蝎一般心肠的朱棣对建文君臣所干的"好事"。他不仅以奸党罪的名义，用"灭十族"和"瓜蔓抄"等极端残忍的手段，大肆杀戮建文朝的忠臣节士及其亲族与朋友、乡邻，而且还将他"斗争"的矛头直指他的皇家兄长及其曾经的皇上朱允炆。不过朱棣这人实在是工于心计：先是他抱着所谓的"建文帝尸体"放声大哭："痴儿啊，你为什么要这样呢？"好像他这个叔叔是如何的仁慈与如何的无奈。接着他还假模假样地为侄儿"发丧"，甚至"停朝三日"，但这都是表面上的功夫。在暗中，朱棣加紧了

对建文帝兄弟、儿子一行人的迫害,就连自己的亲哥哥、已经死去了的朱标太子也不放过,他上台没几天,就下令"迁兴宗孝康皇帝主于陵园,仍称懿文太子"。(《明史·成祖本纪一》卷第5,本纪第5)

● 永乐朝朱棣宠信酷吏陈瑛说:不拿建文君臣开刀,我们这些人怎能出名?

人们常说:死了,死了,死了一切都了了。可朱棣就不让已死了的人一切都了,与死人过不去,由此可想,那些与朱棣所痛恨或忌讳的已经死去了的人有关的活人,他们在朱棣手下能有好日子过吗?朱标的儿子、朱允炆的3个弟弟,后来没一个得好死;曾经被朱棣请到燕军军营中作为"统战"对象的懿文太子朱标的妃子、朱允炆的母亲吕氏也被朱棣一道圣旨打发到懿文太子陵园,为她那个仁慈但英年早逝的倒霉丈夫守坟。(《明史·成祖本纪一》卷第5,本纪第5)

不仅如此,朱棣掌权以后还发布诏令,革除建文年号(大约过了170多年后,万历帝下诏才将明成祖朱棣"革除"的建文年号予以恢复),将建文纪年记在朱元璋的洪武年号名下,将建文四年改为洪武三十五年,以此类推。依照朱棣这等做法似乎是要将他的侄儿皇帝从大明帝国的皇家政治队伍中永远地"开除"出去,对建文政治予以坚决的"反动",这等情势造成了当时无人敢言建文君臣,唯恐祸及,而建文朝之史事更是被"千钩百索,只字不留"。(【明】朱国桢《皇明史概·大政记》卷7,台北文海出版社1984年影印本)

更有甚者,朱棣唯恐不及,他还任用了纪纲、刘江、袁刚和陈瑛等一批酷吏,残害建文朝"漏网之鱼","深挖"、虐杀政治异己。在这些酷吏里边最为臭名昭著的就要数陈瑛。

"陈瑛,滁人。洪武中,以人才贡入太学。擢御史,出为山东按察使。建文元年调北平佥事。汤宗告瑛受燕王金钱,通密谋,逮谪广西。燕王称帝,召为都察院左副都御史,署院事。(陈)瑛天性残忍,受帝宠任,益务深刻,专以搏击为能。甫莅事,即言:'陛下应天顺人,万姓率服,而廷臣有不顺命、效死建文者,如侍郎黄观、少卿廖升、修撰王叔英、纪善周是修、按察使王良、知县颜伯玮等,其心与叛逆无异,请追戮之。'帝曰:'朕诛奸臣,不过齐、黄数辈,后二十九人中如张紞、王钝、郑赐、黄福、尹昌隆,皆宥而用之。况汝所言,有不与此数者,勿问。'后瑛阅方孝孺等狱词,遂簿观、叔英等家,给配其妻女,疏族、外亲莫不连染。胡闰之狱,所籍数百家,号冤声彻天。两列御史皆掩泣,瑛亦色惨,谓人曰:'不以叛逆处此辈,则吾等为无名。'

于是诸忠臣无遗种矣。"(《明史·奸臣·陈瑛传》卷308,列传第196)

谈迁在《国榷》中也载:"(陈)瑛性残刻,怨革朝(指建文朝)甚深,暨入朝,曰:不以叛逆处彼,则我辈何名?举朝大吏俱不答,瑛遂决意泄忿。"(【明】谈迁:《国榷·惠宗建文四年》卷12,P866)

"不用叛逆罪名来处置建文朝大臣。我们这些人怎么能出名?"这是陈瑛之流的奸臣酷吏的就职"政治宣言"。朱棣要的就是这个效果,要的就是对前朝切齿痛恨的人来出面为他清除可能潜在的政治危险。于是"(陈瑛)受帝宠任,益务深刻,专以搏击为能"。

有一天,陈瑛听说,建文帝尚在人世,与诸逃亡在外的大臣正加紧联系,图谋东山再起。他马上给明成祖朱棣上了一个密奏,说:"方孝孺、黄子澄等建文朝忠臣节士及其亲属虽然都被杀了,但他们的门生故吏却在暗中结党,实在危险啊!皇上应该下令将这些人马上逮杀,他们的妻子儿女发配到两千里以外,家产全部没收。"朱棣看完奏章后犹豫了一下,但最终还是给了陈瑛一个答复,让他"便宜行事",就是叫陈瑛看着办。有怎样的主子,就有怎样的走狗。陈瑛领旨后,肆意罗织罪名,接二连三地参劾、诬告建文朝的旧臣及其亲族家眷等,逐渐将迫害建文君臣的范围从"犯罪者"自身之九族扩大到"九族"之外的外亲之外亲,制造出一出出惨不忍睹的人间悲剧。(【明】谈迁:《国榷·惠宗建文四年》卷12,P866)

这等恶行,最终的结果是造成了只要与建文朝君臣有"师友交友只字相同,即诬奸党,蔓延十族,村里为墟"。(【明】谈迁:《国榷·惠宗建文四年》卷12,P866)

此时的朱棣简直是将大明帝国置身于血雨腥风的人间地狱之中。在这样的政治恐怖下,还有谁长了几个脑袋会将建文朝君臣的"故事"直接地记载下来呢?退一万步来说,即使是有这样的人,也早就被揭发出来而招致杀身甚至灭族的大祸了,他们的"历史记录"也早就毁之于大火了。

◉ 从朱棣到朱瞻基三十余年充斥着对建文君臣的杀气

朱棣的血色高压政治虽说是行于一时,但它的恶劣影响相当之大,流毒也相当之广。

永乐九年,有个叫钱习礼的读书人来南京参加大明的会试与殿试,中了进士,按照惯例他被选为庶吉士,没多久又被改任为翰林院检讨。正当钱习礼"春风得意马蹄疾"时,他的乡人上告,说他是建文朝忠臣练子宁的奸党。这等上告就意味着要将钱习礼推向万劫不复的深渊之中。听到这样的消息,钱习礼新近中举的喜悦顿时被抛到了九霄云外,他"恒惴惴",惶惶不可终日。幸亏大学士杨荣及时地向朱棣作了一些解释和说明,这时朱棣登基已经10年了,或许他感到统治根基已经相对稳定了,所以最终没有深究钱习礼。(【清】谷应泰:《明史纪事本末·壬午殉难》卷18;《明史·钱习礼传》卷152)

京师南京是永乐朝血色恐怖的中心,但大明帝国的其他地方也深受其害。同是永乐九年,浙江黄岩有人出来告官,说他的一个同乡富豪保存着建文奸党分子给楚王的书稿,应该予以治罪。可能是永乐朝这样的诬告事情实在太多了,就像"文化大革命"中天天揭发出"阶级敌人"和"反革命分子"一个样,弄多了,谁也不信!就连朱棣自己到头来也不信有这么多的建文奸党分子,于是他就说:"此必与豪民有怨而欲报之。"(《明太宗实录》卷119)

朱棣毕竟不是一个糊涂之君,他明察到,这一定是那个黄岩小民与富豪之间有怨而借着这个由头来报复啊。乡间小民种好一亩三分地就算不错了,哪还顾得了那么多的国家政治,但永乐朝的小民就是"讲政治"、"讲原则",要不是肃清建文朝奸党运动"深入人心"的话岂会这样?

胡广原本是建文朝的大臣,金川门之变后,他与其他28个"识时务"者一起马上归降了朱棣,朱棣甚是喜欢,对胡广等人很为重用。后来胡广老家的母亲死了,他就回江西吉水去奔丧,三年"守制"结束以后,胡广回到了南京,朱棣就问胡广:"胡爱卿,你这次回家'丁忧'守制,一待就是三载,想必对民间事情有了很多的了解,你如实说说现在的老百姓生活还安宁?"胡广回答说:"百姓生活还算安宁,就是地方官吏穷治建文朝奸党这事株连甚广,深究不尽,老百姓都十分害怕啊。"(《明史·胡广传》卷147)

这事表明,永乐朝穷治建文奸党"运动"已经波及了大明帝国的各个地方和各个层面,试想在这样的政治高压下还有谁觉得自己活得不耐烦了,要将建文君臣的言行一一记下来,随之就让自己的脑袋搬个家?

所以说,永乐朝没有建文君臣行踪的直接记载纯属正常。而后继承朱棣皇位的洪熙帝朱高炽虽说上台伊始就下令释放了在锦衣卫、教坊司、浣衣局以及各功臣家为奴的建文大臣家属,将之宽宥为民,发还田土,给予生计,并明白地告诉大臣们:建文朝方孝孺等诸大臣都是忠臣,从此"天下始敢称诸死义者为忠臣"。(参见《明仁宗实录》卷4,永乐二十二年十一月壬申条;【明】朱鹭:《建文书法拟》卷首"述公论")

朱高炽的这项指示有没有完全执行下去,就很难说清楚,因为6个月后他就归天了,大明朝皇位一下子转到了朱棣的孙子朱瞻基的手里。朱瞻基十分聪明,从小深得他爷爷朱棣的喜欢,他当然懂得皇爷爷对建文君臣那般处置的"良苦用心",所以在他当政的十来年里,也基本上是"按既定的方针办"。

总之,从朱棣到朱瞻基前后三十多年的时间里,人们对建文君臣出亡之事几乎是噤若寒蝉,唯恐避之不及,自然也就无人敢去如实记录或搜集这类的史实了。"国初杀气浑不除,越三十年还相屠"(【清】王士禛《池北偶谈·致身录考》卷6)。换句话来讲,以当时的情势,知道建文君臣出亡事实越少越安全,天底下还有哪个大傻子撑饱了自招杀身之祸?

史料中建文帝出亡福建的蛛丝马迹

既然正史与文人笔记都没有直接记载建文帝的下落之谜,那么在间接的历史记载中是否有所披露呢?笔者在阅读了大量的历史资料后觉得下列几段史料实在耐人寻味:

● 靖难战争中大宁总兵官刘贞战败后回朝廷,居然先上福建再回南京,为何?

明朝中期学者姜清给后人留下了这么一段史料:"(刘)贞,合肥人。洪武中,宁献王封大宁,贞为总兵官。北平兵入大宁,宁王尽以护卫官军之北平,意贞亦降,籍其家下之狱。俄而贞由海道自福建还京师,家人遂得释。"(【明】姜清:《姜氏秘史》卷2)

这是讲"靖难战争"时东北大宁总兵官刘贞吃了败仗后南归的事,可奇怪的是刘贞并没有直接回南京,而是去了福建,再由福建回南京,这实在是令人不可思议。那么刘贞究竟上福建绕一圈干什么? 更令人迷惑不解的是,这个刘贞后来成为了"国丈","(刘)贞女为文庙(即朱棣)昭顺德妃"。(【明】姜清:《姜氏秘史》卷2)

● 朱棣登基后的诏谕内容增益变化说明了什么?

据朱棣在"靖难之役"中发布的"燕王令旨"等史料而钦定的《奉天靖难记》所载,大明第二位君主建文帝朱允炆简直是禽兽不如:"时诸王坐废,允炆日益骄纵,焚太祖高皇帝、孝慈高皇后御容,拆毁后宫,掘地五尺,大兴土木,怨嗟盈路,淫佚放恣,靡所不为。遣宦者四出,选择女子,充满后宫,通夕饮食,剧戏歌舞,嬖幸者任其所需,谓羊不肥美,辄杀数羊以厌一妇之欲。又作奇技淫巧,媚悦妇人,穷奢极侈,暴殄天物,甚至亵衣皆饰以珠玉锦绣。各王府宫人有色者,皆选留与通,常服媱药,药燥性发,血气狂乱,御数老妇不足,更缚牝羊母猪与交。荒眈酒色,昼夜无度。及临朝,精神昏暗,俯首凭案,唯唯数事而已。宫中起大觉殿,于内置轮藏。(原无"置"字,据明天一阁抄本补。)出公主与尼为徒,敬礼桑门,狎侮宗庙。尝置一女子于盒以为戏,谓为时物,异入奉先殿荐新,盒开聚观,大笑而散。倚信阉竖,与决大事,凡进退大臣,参掌兵马,皆得专之。陵辱衣冠,毒虐良善,御史皆被棰挞。纪纲坏乱,构成大祸。自是灾异叠见,恬不自省。夜宴张灯荧煌,忽不见人。寝宫初成,见男子提一人头,血色模糊,直入宫内,随索之,寂无所有。狐狸满室,变怪万状,徧置鹰犬,亦不能止。他如日赤无光,星辰无度,彗扫军门,荧惑守心犯斗,飞蝗蔽天,山崩地震,水旱疫疠,连年不息,锦衣卫火,武库自焚,文华殿毁,承天门灾,虽变异多端,而酗乐自如。"(《奉天靖难记》卷1)

明朝成化年间出了一位被史学家称誉为"搜辑建文忠臣遗事"第一人的福建莆田籍进士宋端仪,他在《立斋闲录》中抄录了洪武三十五年(即建文四年)八月□□日朱棣发布的诏谕:

"皇帝敕谕天下文武群臣军民人等知道:昔者元末昏君坏其祖宗成法,荒淫无度,奸臣擅权,涂炭生民,群雄并起,旷世无君,糜烂鼎沸。天命我父皇高皇帝龙飞淮甸,扫除祸乱,救民水火之中,措之衽席之上。立纲陈纪,政令惟新,官守其职,民乐其生,天下太平三十余年。不幸太祖宾天,建文嗣位,荒迷酒色,不近忠良。作奇技淫巧以悦妇人,为禽兽之行,信任奸臣黄子澄、王叔英、齐泰等,改更祖宗法度。太祖不豫,不报各王,一日而殒,七日即葬。初崩之时,将鬼见愁、硫黄、雄黄调水遍洒满殿,使秽气触忤梓宫。及至发引,仗剑在后,谓人曰:我仗此剑,不畏强鬼。矫称不许诸王会葬。如此诡秘,事皆可疑。居丧未及一月,便差内官往福建、两浙选取女子,将后宫拆毁,掘地二丈,大兴土木之工,军民不得聊生。溺于佛教,印经饬像,礼忏饭僧,糜费钜万。甚至改去公主名号,舍与道姑为徒,尼媪出入宫闱,秽德丑露,渎乱人伦,灭绝天理。又将父皇母后御容尽行烧毁。上天怒其无道,灾于承天门,灾于乙字库,灾于锦衣卫,飞蝗蔽天,饿殍盈路。犹不改过,愈加为恶,起夫运粮,点民为兵,造作科征,天下被害。将欲成造炮架,雷火烧其木植;将欲练习水战,雷震其大将之船;将欲守城,雷雨震陷其城,屡修屡陷,数十余次。……故敕。洪武三十五年八月□□日。"(【明】宋端仪《立斋闲录》卷2)

比较上述两段大体内容相同的直接诋毁建文帝的史料,我们发现其有两个显著的变化:

其一，朱棣在《奉天靖难记》中信口雌黄地说建文帝如何荒淫地"奸兽"和逼奸老太太这部分内容，在洪武三十五年八月朱棣发布的诏谕里没有了。问题是为什么一下子没有了？

因为历史上真实的建文帝是个好皇帝，他当政时的社会影响与社会风气相当之好，"闻之故老言，其时（建文年间）道不拾遗。亲有见遗钞于涂者，第拾起一观，恐污践，更置阶所高洁之处耳，竟不取也"。（【明】祝允明：《前闻记》；《九朝野记》卷2也有相似的记载）

建文失国时，南京城里哭声震天。对于这么一个好皇帝，尽管朱棣肆意诋毁，但老百姓心中有杆秤，尤其是南京及江南地区的老百姓对建文帝是如何之人还是一清二楚的。先前朱棣在北方发动"靖难之役"时可以任意胡说，反正天高皇帝远，北方人不怎么了解建文帝，但是朱棣登基后向全国臣民发布诏谕时就不得不考虑不能将建文帝说得太过头，否则其诏谕的可信度和政治效应就大大降低。建文帝有没有那样荒淫无耻，别的地方人不知道，南京城里人多少还是听说一点的。因此，朱棣及其御用文人意识到，很有必要将建文帝如何荒淫地"奸兽"和逼奸老太太这部分实在荒诞的内容予以删除。

其二，宋端仪抄录在《立斋闲录》中的洪武三十五年八月□□日朱棣发布的诏谕里多了"（建文帝）居丧未及一月，便差内官往福建、两浙选取女子"一句话，这看似令人费解。究其实，在"靖难战争"期间远在北方的朱棣尚不知南京城里的建文帝已派人上福建、两浙地区去，姑且说就是选美女吧，但后来他来了南京不仅连建文帝的影子都找不到，反而还时不时地传来建文帝出亡云南、福建和两浙等地的流言。如果朱棣所说的建文帝即位初就派人上闽浙地区去选美女这事属实的话，那么闽浙地区的好多人家就是建文帝的"丈人家"了。因此从这样的角度来说，建文帝后来出亡福建完全有这种可能。

但当时朱棣搞不清楚建文帝到底要出亡何处？于是他的心中时不时地泛起阵阵之隐痛，最终他精心地作出了追查建文帝下落和防止建文帝东山再起的一系列秘密安排与部署。

● 永乐元年朱棣任命"六亲不认"的"冷面寒铁"周新巡按福建，巧合吗？

有人说建文帝跑到西北去了，为了彻底追查建文帝和加强对大明西北边境的统治，朱棣上台后就与西北地区军事长官（总兵官）宋晟结为儿女亲家，他将自己的

两个女儿安成公主和咸宁公主分别下嫁给了宋晟的2儿子宋琥和3儿子宋瑛。(《明史·宋晟传》卷155)

有人说建文帝出亡到了云南,朱棣又与黔国公沐英家联姻,他将自己最小的也是最为宝贝的女儿"常宁公主,下嫁沐昕,西平侯(沐)英子"。(《明史·公主传》卷121,列传第9)

有人说建文帝跑到浙江浦江郑濂家去了,朱棣"遣人索之(郑)濂家厅事中,列十大柜,五贮经史,五贮兵器备不虞。使者至,所发皆经史,置其半不启,乃免于祸。人以为至行所感云"。(《明史·孝义一·郑濂传》卷296)

又有人说建文帝上了福建去,朱棣于永乐元年派"冷面寒铁"周新"巡按福建"(【明】黄瑜:《双槐岁钞·周宪使》卷3,中华书局1999年12月第1版,P55—57)。不过也有人认为周新巡按福建是为了整顿那里的吏治,这确实不假。《明史》中《周新传》是这么记载的:"周新,南海人。初名志新,字日新。成祖常独呼'新',遂为名,因以志新字。洪武中以诸生贡入太学。授大理寺评事,以善决狱称。成祖即位,改监察御史。敢言,多所弹劾。贵戚震惧,目为'冷面寒铁'。京师中至以其名怖小儿,辄皆奔匿。巡按福建,奏请都司卫所不得凌府州县,府卫官相见均礼,武人为之戢。改按北京。……还朝,即擢云南按察使,未赴,改浙江。冤民系久,闻新至,喜曰:'我得生矣。'至果雪之。……当是时,周廉使名闻天下。锦衣卫指挥纪纲使千户缉事浙江,擞贿作威福。新欲按治之,遁去。顷之,新赍文册入京,遇千户涿州,捕系州狱,脱走诉于纲,纲诬奏新罪。帝怒,命逮新。旗校皆锦衣私人,在道榜掠无完肤。既至,伏陛前抗声曰:'陛下诏按察司行事,与都察院同。臣奉诏擒奸恶,奈何罪臣?'帝愈怒,命戮之。临刑大呼曰:'生为直臣,死当作直鬼!'竟杀之。他日,帝悔,问侍臣曰:'周新何许人?'对曰:'南海。'帝叹曰:'岭外乃有此人,枉杀之矣。'"(《明史·周新传》卷161,列传第49)

从铁面无私的大清官周新之官场履历来看,他的主要活动是在南方省份,其中在浙江的任上时间最长,最后也在浙江任上"出事",被皇帝朱棣冤杀。这似乎是已经定论了的事。但细细想来,周新这一生的官场活动有三个疑点:

其一,周新巡按的第一省份是福建,换个角度我们追问一下:为什么朱棣要在永乐元年派"冷面寒铁"周新去福建巡按?是福建地方吏治出了问题还是铁面无私的周新被赋予了特殊之使命?从周新与朱棣的关系来看,周新原名周志新,因他受知于文皇帝(指朱棣),尝呼为周新,因以志新为字(【明】黄瑜:《双槐岁钞·周宪使》卷3也有相似的记载,中华书局1999年12月第1版,P55)。这说明两人关系很不错,周新又是"六亲不认",所以朱棣完全有可能将肃清吏治与刺察建文帝等政治异

己之类的重任委托给周新。当然也有人说没有充分的依据,这样的说法不能成立。我们暂不深入讨论,先看下面另一个疑点:

其二,周新在官场上进行纪检和监察工作的主要省份是福建、北平、云南(有的说他没去云南就任就被改任了)和浙江,除了北平以外,其他三省是永乐年间盛传建文帝出亡地区,那么,周新巡按是否与建文帝出亡有着一定的关系?

其三,周新最终被杀是由于大坏蛋"(纪)纲诬奏(周)新罪",到底什么罪？史书没说,要知道明成祖朱棣不是一个昏君,他与周新关系本来就不错,与纪纲关系也不错,朱棣"既即帝位,擢(纪纲)锦衣卫指挥使,令典亲军,司诏狱"。而"(纪)纲觇帝旨,广布校尉,日摘臣民阴事。帝悉下纲治,深文诬诋"(《明史·佞幸·纪纲传》卷307,列传195)。纪纲是朱棣肚子里的蛔虫,他对篡位上台的永乐帝之心思摸得很透,其为永乐朝专门刺察与残害"建文奸党"及其家眷的一条凶恶的猎犬,虽说周新"六亲不认",但官场上的这种利害关系,想必他不会不知道吧,可最后他又偏偏被诬陷冤杀了。

场面上的理由人们都懂,那么最本质的东西又是什么？难道上述三点都是巧合吗？

● 郑和是从永乐三年开始不断下西洋,且其正式起航地是在福建,就这么巧？

要说永乐朝怪异的"巧合"还真不少。周新在永乐元年巡按福建,二年巡按北平,接着就是永乐三年明成祖朱棣派遣心腹太监郑和正式开始出使西洋,"郑和,云南人,世所谓三保太监者也。初事燕王于藩邸,从起兵有功,累擢太监。成祖疑惠帝亡海外,欲踪迹之,且欲耀兵异域,示中国富强。永乐三年六月命和及其侪王景弘等通使西洋。将士卒二万七千八百余人,多赍金币。造大舶,修四十四丈、广十八丈者六十二。自苏州刘家河泛海至福建,复自福建五虎门扬帆,首达占城,以次遍历诸番国,宣天子诏,因给赐其君长,不服则以武慑之……"(《明史·宦官一·郑和传》卷304,列传第190)

最近福建泉州海交馆研究员刘志成先生找到了一条重要史料,编撰于明代的《泉州蒲氏族谱·谱系表》中载东南地区航海世家蒲氏家族的先祖,会讲阿拉伯语、波斯语又熟娴海外事务的蒲日和曾作为通事(即翻译)跟随郑和一同下西洋:"(蒲)日和,字贵甫,寿成公次子。秉清真教,慎言谨行,礼拜日勤……至永乐十三年,与太监郑和奉诏敕往西域寻玉玺有功,加封泉州卫镇抚司,圣墓立碑犹存。"(资料来

源于 2009 年 12 月 7 日《郑和七下西洋为寻建文帝　蒲氏族谱提供佐证》,载福建《东南网》,《大众网》等)

这段族谱记载透露了两个重要信息:

第一,有个叫蒲日和的蒲氏先祖因为下西洋有功而被永乐朝授予泉州卫镇抚司的官职,换句话来说,蒲日和是当时明朝军队里有头有脸的人物,他曾在泉州市区的灵山圣墓三贤四贤墓回廊西侧立了一块"郑和行香碑",1999 年笔者与朋友龚扬先生上泉州师院开会时曾参观过灵山圣墓,看过此碑,该碑高约 1 米、宽约 0.5 米,用灰绿岩石雕刻而成,其上刻有"钦差总兵太监郑和,前往西洋忽鲁谟厮等国公干,永乐十五年五月十六日(1417 年 5 月 30 日)于此行香,望灵圣庇佑。镇抚蒲和日记立。"从蒲氏家族族谱与宗教信仰来看,蒲日和是伊斯兰教信徒,他的名字也似乎带有一定的"外来"化,因此,有学者认为"郑和行香碑"上的"蒲和日"就是蒲氏族谱里的"蒲日和"(另外有力的证据就是这两个略带差异名字的人是同时代、同职务——明永乐时代的镇抚),由此笔者认为,上述《泉州蒲氏族谱·谱系表》中记载的有关信息应该是可靠的。

第二,《泉州蒲氏族谱·谱系表》中载"蒲日和"跟随郑和"往西域寻玉玺",前文笔者已述,朱棣进入南京明皇宫后挖地三尺就是找不到他"老爸"朱元璋的传国宝玺,于是就有了燕军闯入南京城的第 7 天,即"(建文)四年六月辛未,(朱棣)制皇帝亲亲宝"(《明太宗实录》卷 9 下)。第 13 天,即"(建文)四年六月丁丑,新作奉先殿。盖旧殿为建文所焚,至是,改作于奉天殿之西。制皇帝奉天之宝,制诰之宝,勅命之宝"。(《明太宗实录》卷 9 下)

从朱棣及其子孙钦定的《明太宗实录》记载来看,这位自称是高皇帝"嫡子"和大明帝国君位的"正宗传人"对宝玺的渴求是何等之急切! 这也难为他了,因为原本大明帝国君主的宝玺不见了,它们可是大明帝位合法依据的象征啊。

据《明史》所载,"明初宝玺十七:其大者曰'皇帝奉天之宝',曰'皇帝之宝',曰'皇帝行宝',曰'皇帝信宝',曰'天子之宝',曰'天子行宝',曰'天子信宝',曰'制诰之宝',曰'敕命之宝',曰'广运之宝',曰'皇帝尊亲之宝',曰'皇帝亲亲之宝',曰'敬天勤民之宝';又有'御前之宝'、'表章经史之宝'及'钦文之玺'。丹符出验四方。洪武元年欲制玉玺,有贾胡浮海献美玉,曰:'此出于阗,祖父相传,当为帝王宝玺。'乃命制为宝,不知十七宝中,此玉制何宝也。"(《明史·舆服四》卷 68,志第 44)

也就是说明代合法皇帝应该拥有 17 枚宝玺,可新皇帝朱棣找不到它们,于是他就像现在社会上违法犯罪分子那样来个私刻图章,在一周不到的时间内,居然让人连刻了 4 枚皇帝宝玺,接下来有没有再叫人刻下去呢? 笔者在明代正史中没查到,但仔细阅读《明实录》,发现其透露出这样的信息:朱棣对那些高皇帝流传下来的但已"丢失"的宝玺耿耿于怀:永乐元年十二月"壬辰,上(指朱棣——笔者注)宴闻御谨身殿,阅太祖皇帝《御制文集》,顾学士解缙等曰:'皇考文章,固天资超迈,然宜学问所至,观其所著,皆天地之心,帝王之度,语简理至,蔼然可见。'缙等曰:'诚如圣谕'。**上曰:'朕于宫中遍寻皇考宸翰不可得,有言建文自焚并宝玺皆毁矣,朕深恸之。'**"(《明太宗实录》卷26)

不是自己已经私刻了宝玺,还要这样"**深恸之**"?恐怕还是朱棣做贼心虚吧,因为私刻的宝玺说到底不是开国皇帝传下来的,就同他在政治宣传中所讲的"老爸"老早就有意将皇位传给他一般虚假,又唯恐别人非议,所以最好能找到宝玺的"真品原件"。事实上朱棣的这种担忧不无道理,因为在大明帝国上下对于皇帝玉玺的真假还不乏甄别高手和辨伪专家。《明史》载,明孝宗时发生了这样一件事:"弘治十三年,鄠县民毛志学于泥河滨得玉玺,其文曰'受命于天,既寿永昌'。色白微青,螭纽。陕西巡抚熊翀以为秦玺复出,遣人献之。礼部尚书傅瀚言:'自有秦玺以来,历代得丧真伪之迹具载史籍。今所进,篆文与《辍耕录》等书摹载鱼鸟篆文不同,其螭纽又与史传所纪文盘五龙、螭缺一角、旁刻魏录者不类。盖秦玺亡已久,今所进与宋、元所得,疑皆后世摹秦玺而刻之者。窃惟玺之用,以识文书,防诈伪,非以为宝玩也。自秦始皇得蓝田玉以为玺,汉以后传用之,自是巧争力取,谓得此乃足以受命,而不知受命以德,不以玺也。故求之不得,则伪造以欺人;得之则君臣色喜,以夸示于天下。是皆贻笑千载。我高皇帝自制一代之玺,文各有义,随事而施,真足以为一代受命之符,而垂法万世,何借此玺哉!'帝从其言,却而不用。"(《明史·舆服四》卷68,志第44)

陕西小民毛志学献宝玺讨了没趣,礼部尚书傅瀚的鉴宝方法不一定科学,但多少让我们看到,对于宝玺是否"正宗",世间还真有识货人。朱棣篡位登基本身就十分心虚,皇帝宝玺又是私刻的,一旦被人鉴别或发现其不真,岂不成了天下第一笑话!最可怕的是那些代表正统皇权的宝玺下落不明,"**有言建文自焚并宝玺皆毁矣**",朱棣聪明绝顶,怎么会相信用高级石头做的宝玺会烧成灰而找不着?所以说寻找宝玺与寻找宝玺最为合适的携带者——前朝皇帝朱允炆本为同一事。《泉州蒲氏族谱·谱系表》中说他们的先祖蒲日和"与太监郑和奉诏敕往西域寻玉玺",说白了就是寻找建文帝之下落,因此权威的《明史·郑和传》说:朱棣"疑惠帝亡海外,欲踪迹之",故而派遣郑和屡下西洋,"自苏州刘家河泛海至福建,复自福建五虎门扬帆……",这等说法,看来含义多多。

● 以秘密刺察建文帝下落为其主要使命的朱棣心腹密使胡濙居然也到了福建,巧?

郑和远航还没有回来,以秘密刺察建文帝下落为其主要使命的朱棣心腹使者胡濙又上路密访去了。"胡濙,字源洁,武进人。生而发白,弥月乃黑。建文二年举进士,授兵科给事中。永乐元年迁户科都给事中。惠帝之崩于火,或言遁去,诸旧臣多从者,帝疑之。五年遣濙颁御制诸书,并访仙人张邋遢,徧行天下州郡乡邑,隐察建文帝安在。濙以故在外最久,至十四年乃还。所至,亦间以民隐闻。母丧乞归,不许,擢礼部左侍郎。十七年复出巡江、浙、湖、湘诸府。二十一年还朝,驰谒帝于宣府。帝已就寝,闻濙至,急起召入。濙悉以所闻对,漏下四鼓乃出。先濙未至,传言建文帝蹈海去,帝分遣内臣郑和数辈浮海下西洋,至是疑始释。"(《明史·胡濙传》卷169,列传第57)

从史料的记载来看,朱棣"遣胡濙西南行,求之湖湘黔筑洞中(后转向福建,笔者注);遣郑和东南行求之瓯越闽广间、海外,几穷尽禹迹矣!《唐诗》:'上穷碧落下黄泉,两处茫茫寻不见',差类!"(【明】黄景昉:《国史惟疑·永乐、洪熙、宣德》卷2,台湾正中书局印行,1969年12月版,P99—100)

胡濙秘密刺察于陆上,郑和耀威于海上,两者联系在一起就是明成祖朱棣迫不及待地要寻找到建文帝的真正下落。那么,胡濙到底有没有完成新皇帝赋予的特殊使命?外人不得而知,明人黄景昉作了这样的假设:"偶思濙出,倘真遇建文,奈何?将纵之乎?执之乎?最难处事。阅小说果云:'濙又在湖湘,数遇建文不窘之,使得逸去。'或疑故加濙美名,即尔何终无形迹?抑事在天人间。濙素好神仙术,不测为神,殆非可常意揣欤?传濙入闽,道泉州,见董伯华,甜于衢舆,式之董亦异人。"(【明】黄景昉:《国史惟疑·永乐、洪熙、宣德》卷2,P82)

黄景昉说得很谨慎,"传(胡)濙入闽,道泉州",其实胡濙到过福建是有可靠依据的,因为他曾在福建武夷山留下的诗篇为后人收辑在《武夷山志》里,其诗为《题武夷图》:"武夷形胜一蓬莱,山下停舟几往回。未尽平生游览兴,云缣写入画图来。"(【清】董天工修撰《武夷山志·艺文》卷24,见武夷山市地方志编纂委员会整理的《福建地方志丛书·武夷山志》,方志出版社1997年12月版,P816)

上述史料至少说明了肩负明成祖赋予特殊使命的胡濙曾来过福建武夷山和泉州,甚至还到了福州等地(他在福州雪峰寺还留下了碑记),下文我们详述之。

● 更有洪武以后福建宁德周围有着一系列不同寻常的军事布防

《明史·地理志》"福建·福宁州"条有一段为人不注意的重要的记载:"福宁州(元属福州路)洪武二年八月降为县,属福州府。成化九年三月升为州,直隶布政司。(北有龙首山。东有松山,山下有烽火门水寨,正统九年自海中三沙堡移此。东北有大姥山。东南滨海,海中有崳山、台山、官澳山、屏风屿。东有白水江。西有长溪,源出寿宁县界,至县西南古镇门入海。东有福宁卫,南有守御大金千户所,俱洪武二十一年二月置。西北有柘洋巡检司,又有芦门巡检司,后移桐山堡。又东北有大筼筜巡检司,后移秦屿堡。又东有清湾巡检司,后徙牙里堡。南有高罗巡检司,后移闾峡堡。又有延亭巡检司,后移下浒堡。又东北有蒋洋,又有小澜,西北有小澳、库溪,西南有蓝田,南有西臼六巡检司,后废。)领县二。西南距布政司五百四十五里。"(《明史·地理志六·福建 广东 广西》卷四十五,志第二十一)

又"宁德"条载:"宁德,州西南。洪武二年属福州府。成化九年来属。北有霍童山,有龟屿。东南滨海,中有官扈山,下有官井洋。又东有瑞峰,亦在海中。西有穹窿溪,西南有赤鉴湖,北有外渺溪,下流俱达於海。北有东洋麻岭巡检司,后徙涵村,又徙县东北之云淡门,又徙县东之黄湾,后还故治。南有南靖关。东有长崎镇。"(《明史·地理志六·福建 广东 广西》卷四十五,志第二十一)

上述史料大致是说,福宁州在元代时属于福州路,洪武初年降格为县,隶属于福州府,明成化年间升格为福宁州,直接隶属于福建布政司,其下有毗邻两县即福宁县和宁德县。本来人口并不多的宁德和福宁两县仅有驻军4处:即宁德北边的东洋麻岭巡检司、南边的南靖关和福宁东边的福宁卫、南边的守御大金千户所(洪武二十一年时设置),可是随着"后洪武时代"的到来,这一切都发生了巨变,福宁、宁德地区的驻军由4处一下子猛增到了16处,新增了12处,它们分别为宁德北边福宁县西北的柘洋巡检司、芦门巡检司;东北的大筼筜巡检司;东边的清湾巡检司,南边的高罗巡检司、延亭巡检司;又,东北有蒋洋巡检司、小澜巡检司,西北有小澳巡检司、库溪巡检司,西南有蓝田巡检司,南边有西臼巡检司等,可谓叠床架屋,更有这些驻军还不断地变更驻地,这等局势在当时大明帝国境内还真找不出第二例来,若不是这里有十分敏感又隐秘的特殊军事任务的话有必要这样吗?若是,那么这个十分敏感又隐秘的特殊军事任务是什么?剿灭倭寇?没必要隐秘!郑和下西洋?在福宁与宁德南边的长乐为其正式始航地。对了,郑和下西洋每次率领的军队人数均在25000人以上,但从实际情况来看,在长乐的大明军队肯定远不止这个数。这样问题来了：南北均设有重军，中间的宁德及其周围地区若不是被怀疑有潜在的重大政治危险的话有必要这样布防吗？

⦿ 明初福建霞浦等地的明教组织出奇地保存完好、明清皇帝御座前的角端居然在霞浦小山村里也有，怪否？

要说明初与福建宁德相关的怪异之事，还远不止上述这些。在大明帝国建立后，原本作为自己"护身符"的明教也逐渐地被朱元璋严厉地管制起来，明教起义遭到了镇压，各地明教势力相继被摧残，可令人感到万分惊诧的是，由宁德翻过一个山头就能达到的霞浦，那里的明教组织却出奇地保存完好（可参见当地的林氏族谱等），这究竟是为什么？

2010年春夏之交，笔者在宁德考察，偶然间想起了明朝末年西学东渐过程中有个叫艾儒略的西方传教士曾到过福州与闽东等地传教。艾儒略特别博学，人称"西来孔子"，声誉仅次于利玛窦，想必其当年在宁德与福州一带会留下一些古物和古迹吧？当我说出自己的想法时，宁德朋友直言相告：艾儒略有没有在这一带留下什么，我们不知道。但由我们宁德市驱车一小时就能到达的霞浦县，那里倒是有什么摩尼教遗址。一听到摩尼教遗址，笔者顿时来劲了，明朝开国皇帝朱元璋不就信了这个教，走上了抗元、反元和开创大明帝国之路的。说到这里，读者朋友可能会觉得好奇：大家都知道朱元璋参见起义时信的是明教，现在怎么又变成了摩尼教？要想解答清楚这个问题，我们还得要从摩尼教与明教、弥勒教等相互之间的关系讲起。

摩尼教也名末尼教、牟尼教、二尊教和明尊教等，公元3世纪由古代波斯人摩尼（MANI）糅合了琐罗亚斯德教、基督教和佛教等教义而创立。

摩尼教，看过金庸武侠名著《屠龙倚天记》的朋友可否记得其中的这样几句话："焚我残躯，熊熊圣火。生亦何欢，死亦何苦？为善除恶，惟光明故。喜乐悲愁，皆归尘土。怜我世人，忧患实多！怜我世人，忧患实多！"这里边就浓缩了摩尼教教义的精华，崇尚光明神，其具体形在就是日、月，光明神的使者就是摩尼光佛或称具智法王。

摩尼教教义的核心为"二宗三际论"。"二宗"指的是光明与黑暗，也就是善与恶、理与欲；三际为初际、中际和后际，用现代英语的表达即为过去时、现在时和将来时。初际时没有天地，只有明暗，明性知慧，暗性痴愚，明暗两宗处于对立状态；中际是指现在时，暗的力量不断地扩大，大大地压迫着明的力量，纵情肆意，形成大患。就在这个时候,明王出世了,将暗的势力、暗的力量赶走;后际是指将来时,经过斗争后,明暗二宗各复本位,明既归于大明,暗亦复归于积暗。由于摩尼教崇奉的神为明王(也叫做明使、明尊),向往光明,故又被人称为明教。(《摩尼教残经·出家仪》第6)

从摩尼教的教义核心不难看出,这是一个充满反抗性和向往美好未来的宗教,因此它在传播过程中很受社会底层百姓的欢迎。

明教传入中国大致在唐朝武则天时代,当时的明教教规是,不设立偶像崇拜,也不拜鬼神,吃斋念佛,严禁杀生,教徒们穿戴白衣白帽,天黑了才吃饭。(【宋】志磐:《佛祖统纪》卷41,《册府元龟》卷99)因为当时崇信明教的以回鹘人为多,而回鹘人又帮助唐朝打仗有功,故而明教在那时受到了保护。但到了唐武宗"会昌灭佛"时,明教也被一同禁止了,由此开始它就成了秘密宗教。

明教否定现世,主张通过斗争,开创清明新世,其最为响亮和激动人心的口号为"明王出世",故而宋元之际明教在秘密传播与发展过程中吸引了大批的底层穷苦百姓,他们不断地组织发动起义,但先后都一一遭到了镇压。

明教后来又与弥勒教和白莲教混合在一起。

白莲教本于白莲社之说,出自佛教净土宗。其教义是说,西方极乐世界里的白莲社供养着阿弥陀佛(梵名 amita,又称无量清净佛、无量光佛和无量寿佛等),谁要是念了一声阿弥陀佛,便可免除几十亿劫生死重罪;如果平日里还能经常念佛持戒、好好修行、多做善事的话,那么死后就可被"净土三圣"即阿弥陀佛、观音和势至菩萨迎往到西方极乐世界净土白莲池去,过上幸福快乐的生活。因而其也被人称为"往生净土"。(杨讷:《元代的白莲教》,《元史论丛》第2辑)

白莲教创于公元5世纪初,到12世纪时揉入了天台宗的格言,不饮酒、不杀生,忌葱乳,等等,渐渐发展成了后来人们所熟悉的白莲教。因其与明教教义十分接近,两者后来就混在一起。(《佛祖统纪》卷47,重松俊章《初期之白莲教》)

与明教混在一起的还有弥勒教。弥勒教也是出于佛教净土宗,根据佛教的传说,弥勒曾经是个好国王,对老百姓十分慈仁。佛祖释迦牟尼在世说法时,弥勒经常在旁认真听法,是佛祖忠实的好学生。但自佛祖灭度(死)后,世界变坏了,各种各样的坏事都出现了。不过佛祖灭度前曾经说过,大约要过五十六亿七千万年后,弥勒会下降人世而成佛;弥勒降生后,人世间又开始逐渐变好了。由此憧憬弥勒降世和好日子的来临成为弥勒教的最大亮点,历史上只要人们一听到哪个地方有弥勒佛出世,大家就抢着去参加起义。而信仰弥勒教的人也穿着白衣服,戴着白帽子,烧着香;更有意思的是,他们也相信世界上有明暗、好坏两种力量在不断地斗争着,这样的宗教主张与明教或摩尼教的教义几乎混同了。(参见吴晗:《读书札记·明教与大明帝国》,三联书店 1956 年第 1 版,P225~270)

无论是弥勒教的"弥勒降生",还是明教或摩尼教的"明王出世",都是以现实为黑的和暗的为前提,而要想改变黑的和暗的现实,走向美好的明的未来,就必须要起来斗争,赶走黑暗。因此宋元之际明教或言白莲教一类的宗教起义绵延不断,此起彼伏,而"明王出世"和"弥勒降生"成为了当时吸引人们参加起义斗争的最为通俗和最为响亮的号召。

既然说"明王出世"或弥勒降生"了,那么他在哪里呐?各地以此类宗教为外衣的起义领袖都以"明王"等名号而自称,元至正十一年(1351)北方白莲教主要领袖韩山童就以"明王"名目来组织起义。韩山童被杀后,刘福通等推举韩山童的儿子韩林儿为"小明王",作为红巾军大起义的名义上最高领袖。而明朝开国皇帝朱元璋当年就是加入到了"小明王"名下的南方红巾军支系郭子兴队伍中去,并以此作为起家的资本,不断地做大做强,最终夺得了天下。就在称帝前夕,一直位居自己头顶上的"小明王"顿时成了累赘,朱元璋派遣手下大将廖永忠等前往滁州,迎接"小明王"来南京"享福"。不料在横渡长江时,"小明王"乘坐的船只发生了"交通事故",一路人马都没死,偏偏就淹死了一个"小明王"。

没了"小明王","小明王"底下的第一号人物朱元璋自然而然就成了"明王"。不过此时的朱元璋已经不是过去的朱重八,也不是什么红巾军的一个支系领导了,他称雄天下,"明王"这个概念太没气派了,要称就称皇帝,国号"大明"。(【明】祝允明:《九朝野记》卷一;【明】孙宜:《大明初略四》也载:"国号大明,承韩林儿小明号也。")

自己参加并在随后领导了元末农民起义军,朱元璋深知以"明王出世"和"弥勒降生"这类教义和口号作鼓动的明教起义的厉害,所以在自己夺得江山社稷后对于此类宗教组织尤为"关注"。正因为自己曾是明教徒,正因为自己曾崇奉弥勒佛,也正因为自己是从明教和弥勒教的秘密传播过程中得到了机会的成功,成为了新兴帝国的最高领袖,朱元璋要把手创的这份产业永远地保持下去,传之子孙万代,决不允许别人学样,危害他的帝国统治,于是自大明开国那年起,从凤阳乡下走出来的朱皇帝就不断地颁布诏书、诏令等,禁止一切邪教,特别是白莲社、大明教和弥勒教。(吴晗:《朱元璋传》,1965 年 2 月第 1 版,P142~143)

洪武元年四月甲子日朱元璋考察汴梁,闰七月丁未日回南京,因李善长之请,诏禁白莲社及明尊教。"高帝幸汴还。……又请禁淫祀白莲社明尊教白云巫觋,扶鸾祷圣书符咒水邪术。诏可。"(【明】王世贞:《名卿绩纪·李善长》卷3)

洪武三年六月甲子日朱元璋颁"禁淫祠"制,曰:"朕思天地造化能生万物而不言,故命人君代理之,前代不察乎此,听民人祀天地祈祷,无所不至。普天之下,民庶繁多,一日之间,祈天者不知其几,渎礼僭分莫大于斯。古者天子祭天地,诸侯祭山川,大夫、士庶各有所宜祭。其民间合祭之神,礼部其定议颁降,违者罪之。"当时最高行政机构中书省上奏:"凡民庶祭先祖、岁除祀灶、乡村春秋祀土穀之神,凡有灾患,祷于祖先。若乡属、邑属、郡属之祭,则里社郡县自举之。其僧道建斋设醮,不许章奏上表,投拜青词,亦不许塑画天神地祇。及白莲社、明尊教、白云宗、巫(女巫师)觋(xi 男巫师)、扶鸾(扶箕术)、祷圣、画符、咒水诸术,益加禁止。庶几,左道不兴,民无惑志。"朱皇帝下诏,从之。(《明太祖实录》卷 53)

不仅如此,朱元璋君臣还将对白莲社、大明教和弥勒教一类的所谓"邪教"的禁令编入了《大明律》,使其具有永久的法律效率:"凡师巫假降邪神,书符咒水,扶鸾祷圣,自号端公、太保、师婆,妄称弥勒佛、白莲社、明尊教、白云宗等会,一应左道乱正之术,或隐藏图像,烧香聚众,夜聚晓散,佯修善事,扇惑人民,为首者绞。为纵者各杖一百,流三千里。"(《大明律·礼一》11)

除了法律上予以严厉禁止外,大明帝国还采取了非常举措,严酷打击直至摧毁大明教、弥勒教和白莲社等"旁门左道"。浙江宁波、温州等地自南宋以来一直流传着大明教,到明初时"造饰殿堂甚侈,民之无业者咸归之",引起了大明开国皇帝朱元璋的忌恨,"君以其瞽俗眩世,且名犯国号,奏毁之,官没其产,而驱其众为农。"(【明】宋濂《芝园续集·故岐宁卫经历熊府君墓铭》卷4)宁波当时名称为明州,这是宋元以来一直所沿用的,但在严抑明教的情势下,明州也不再叫明州了,改称为宁波。(【明】吕毖:《明朝小史·因定海改宁波》卷2)而对于江西、湖广和西北等地原本元末红巾军起义过程中就十分活跃的大明教、弥勒教和白莲教的传播及其起义活动更是予以不遗余力的打击和血腥镇压。(【明】朱元璋:《大诰三编·造言好乱》第13,;《明太祖实录》卷90;【明】沈德符:《万历朝野获编·再僭龙凤年号》卷30)

众所周知,明初法治相当严酷,政治严寒,但出奇的是,当时福建地区的明教也称摩尼教势力却似乎没被摧毁。至今为止,人们熟知的可能就要数福建泉州晋江县华表山草庵摩尼教寺遗址(1991年2月,联合国教科文组织的"海上丝绸之路"综合考察团参观草庵后,认为它是这次考察活动的"最大发现"),还有就是这几年在福建宁德当地人中热议的霞浦摩尼教遗存。前者即晋江县华表山摩尼庵之所以能被保存,在明代人的文献笔记中有所透露其"秘密",比如明代福建籍名人何乔远就曾这么写道:"华表山山背之麓有草庵,元时物也,祀摩尼佛。摩尼佛名末摩尼光佛,苏邻国人,又一佛也,号具智大明使。……会昌中汰僧,明教在汰中。有呼禄法师

《大明风云》系列之⑧ 皇帝迷踪

者,来入福唐,授侣三山,游方泉郡,卒葬郡北山下。至道中,怀安士人李廷祐得佛像于京城卜肆,鬻以五十千钱,而瑞相遂传闽中。真宗朝,闽士人林世长取经以进,授守福州文学";"皇朝太祖定天下,以三教范民,又嫌其教名上逼国号,摈其徒,毁其宫。户部尚书郁新礼部尚书杨隆奏留之。"(【明】何乔远:《闽书·方域志》卷7)

由于户部尚书郁新的奏请,福建泉州晋江县华表山草庵摩尼教寺保存了下来,而从朱元璋"凡事都要做绝"的处事风格来看,这里边是否另有玄机?更让人纳闷的是,为什么在明初严厉禁教的情势下,在晋江北边不远处的宁德郊县霞浦山村里居然也保留了这么一个规模还不算小的明教据点?有人可能要说,那是不是当地特殊的地理环境客观上起到了保护作用?笔者最初也曾这么想过,2010年春夏的那次霞浦之旅,开始时一路顺行,到达霞浦县城也不过1个小时。可从霞浦县城前往明教神龛佛座所在地柏洋乡盖竹上万村却花了我们整整四个小时。柏洋乡盖竹上万村是一个较为偏僻的小山村,在那里明教的传播既有族内亲属之间的传播,也有非直系亲属之间的师徒传播,这样的情势在一定程度上造成了当地明教势力不易被人发现的有利格局,所以即使是当地明教创始人林瞪的第29代在京裔孙林鋆先生等自家人,却也一直不知其祖上是信奉明教的,直到2008~2009年间的偶然"发现",在邀请了北京故宫博物院副院长王亚明、中国社会科学院世界宗教研究所副所长金泽、博士后陈进国等对其拍摄的明教遗迹照片进行辨认以及随后通过中国社会科学院世界宗教研究所所有同志的集体考察后,他才意识到自己的家乡原本是当地明教的主要据点,自己的祖上还是当地的明教的创始人,由此拉开了揭示与研究霞浦明教遗址、遗物的序幕。(参见林鋆、陈进国编:《世界摩尼教的重大发现 中国福建霞浦县柏洋乡盖竹上万村摩尼教遗物惊现世间》,在此笔者感谢霞浦县柏洋乡政府领导及盖竹上万村村民的热情帮助)

霞浦明教得以保存的"环境决定论"果然有着一定的道理,但笔者后来又想到了另一个与闽北甚至霞浦有着一定关系的明代重量级人物——汤和。因为安徽电视台曾邀请笔者前去主讲过《大明风云人物系列》,而其中有一次就要求专讲汤和,为此笔者头脑中留下很深的印象,汤和这个人还真不简单,在洪武中晚期朱元璋大杀功臣的情势下,公侯级别的,只留下了3个人,其中侯爵有耿炳文和郭英两人,而公爵唯汤和一人。《明史》对汤和做了如下记载:"汤和,字鼎臣,濠人,与太祖同里闬。幼有奇志,嬉戏尝习骑射,部勒群儿。及长,身长七尺,倜傥多计略。郭子兴初起,和帅壮士十余人归之,以功授千户。从太祖攻大洪山,克滁州,授管军总管。从取和州。时诸将多太祖等夷,莫肯为下。和长太祖三岁,独奉约束甚谨,太祖甚悦之……"(《明史·汤和传》卷126)

《明史》的这段记载告诉我们：汤和与朱元璋原是光屁股兄弟，传说中小时候朱元璋常当孩子的头头，看来不太吻合实际，很有可能当时的孩子王就是汤和，更有汤和"闹革命"要比朱元璋早，甚至还有人说，当年朱元璋"参加革命"就是汤和介绍的。可到了后来，情况就发生了变化，朱元璋"进步"得更快，成了汤和的领导，而汤和似乎也乐意拥戴朱元璋。不过这些都是表面的。俗话说，酒后吐真言，汤和在"守常州时，尝请事于太祖，不得，醉出怨言曰：'吾镇此城，如坐屋脊，左顾则左，右顾则右。'太祖闻而衔之。"（《明史·汤和传》卷126）

上述汤和的那一段话含义多多，朱元璋当然要恨了。可洪武中晚期汤和却极其识趣地率先交出了兵权，朱元璋由此龙颜大悦，"复命其子（指汤和儿子）迎至都，俾以安车入内殿，宴劳备至，赐金帛御膳法酒相属。（洪武）二十七年，病浸笃不能兴。帝思见之，诏以安车入觐，手拊摩之，与叙里闬故旧及兵兴艰难事甚悉。和不能对，稽首而已。帝为流涕，厚赐金帛为葬费。明年八月卒，年七十，追封东瓯王，谥襄武。"（《明史·汤和传》卷126）

洪武皇帝见到晚年汤和居然亲自手拊摩之，后又追封其为东瓯王，由此看来一向记仇的朱元璋开始变得"不记仇"了？而且还将汤将军的功勋定格在温州（东瓯为温州一带的别称）军事行动上，那么汤和在温州一带究竟有着怎么的军事行动呢？

洪武中晚期，就在汤和告老还乡没多久，东南地区发生了倭寇之患。朱元璋立马召见汤和，"顾谓和曰：'卿虽老，强为朕一行。'和请与方鸣谦俱。鸣谦，国珍从子也，习海事，常访以御倭策。鸣谦曰：'倭海上来，则海上御之耳。请量地远近，置卫所，陆聚步兵，水具战舰，则倭不得入，入亦不得傅岸。近海民四丁籍一以为军，戍守之，可无烦客兵也。'帝以为然。和乃度地浙西东，并海设卫所城五十有九，选丁壮三万五千人筑之，尽发州县钱及籍罪人赀给役。役夫往往过望，而民不能无扰，浙人颇苦之。或谓和曰：'民讟矣，奈何？'和曰：'成远算者不恤近怨，任大事者不顾细谨，复有讟者，齿吾剑。'逾年而城成。稽军次，定考格，立赏令。浙东民四丁以上者，户取一丁戍之，凡得五万八千七百余人。明年，闽中并海城工竣，和还报命，中都新第亦成。"（《明史·汤和传》卷126）

看来这次汤和的东南之行还不仅仅在浙南，而且还深入到了闽北，构筑海城工程。而霞浦恰恰就是闽北的海边城市，作为老明教徒的汤和难道就一点不懂或不知道霞浦明教？如果知道了，他会跟朱元璋说？依照汤和一向小心谨慎的个性，他又不可能不说；说了朱元璋又会作出如何的处置？后被定格为"东瓯王"的汤和是否有所受命呢？《明史》说汤和"晚年益为恭慎，入闻国论，一语不敢外泄。"（《明史·汤和传》卷126）还有，在明代文献中随处可见各地明教势力被摧毁的记载，唯一见不着明代霞浦明教被破坏的历史记录,这又是为何?

更令人不可思议的是,就在霞浦柏洋乡盖竹上万村明教遗迹遗物中,人们发现了一般只有在皇家宫廷中才能见着的角端。角端是什么东西?老版本的《辞海》有着这样的解释:

角端:兽名。《史记·司马相如传》:"兽则麒麟角䚟",《集解》引郭璞曰:"角䚟音端,似猪,角在鼻上,堪作弓,李陵尝以此弓十张遗苏武也。"亦作角端。《后汉书·鲜卑传》:"禽兽异于中国者野马原羊,角端牛,以角为弓,俗谓之角端弓。"注:"前书音义曰:'角端似牛,角可为弓。'"按《史记》集解云角䚟似猪《说文》亦云角䚟似豕),《后汉书》则谓之角端牛,《汉书》音义亦云似牛,当以其有角之故。又《宋书·符瑞志》:"角端者,日行万八千里,又晓四夷之语,明君圣主在位,明达方外幽远之事,则捧书而至",此为神异之兽,与角可为弓之角䚟,似非一物。(舒新城等主编:《辞海·角部》,中华民国三十七年十月再版,P1232)

图46　霞浦柏洋乡盖竹上万村明教遗物角端

由此看来,这个叫角端的宝物还不是一般人所能用的,尽管先前人们的考古认为,该角端可能为霞浦明教创始人林瞪流传下来的道仪法器,但这也是猜测。我们所知道的是,角端一般出现在明清宫殿里皇帝御座之前,代表"明君圣主在位,明达方外幽远",要是普通人拥有了它岂不有造反之嫌?或会招来大祸呢?由此,我们能不能解释为明清皇室成员或言皇帝出亡到此而遗留下了该宝器呢?当然,这还有待于进一步的研究。

● 更让人无法置信的是清人整理修撰的《宁德县志》中宋至清历任县令都是有名有姓，唯独明朝永乐年间三任县令却只有姓而没有名。这到底是为什么？

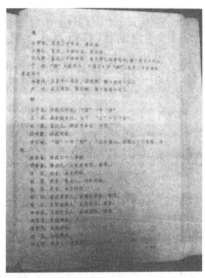

图47　清代乾隆年间问世的《宁德县志》相关记载

据目前人们所能掌握的宁德方志来看，清代乾隆年间问世的由卢建其、张君宾修撰的《宁德县志》(1983年福建宁德县志编撰办公室又做了整理，后来厦门大学出版社予以正式出版)可谓比较完整。乾隆时期距离明初永乐时代已有300多年,且老早就经历了改朝换代,不太可能存在着对永乐时代一个山区知县有什么政治讳忌呀,但为什么《宁德县志》在宋至清历任知县都记全的情况下,独独永乐年间三任知县有姓没名,也缺乏相关的信息?在那个让人一头雾水的疯狂年代里,这三任"芝麻官"到底犯上什么大事让人不可触及?

至此,如果将以上所引的八个方面的史料通盘起来看,我们的思维或许会豁然开朗。

永乐朝的"国丈"刘贞、朱棣的赏识直臣周新、明成祖的知心内臣郑和、永乐帝的心腹密使胡濙、明初福建宁德郊县霞浦等地的明教出奇地保存完好、一般只在明清宫廷中使用的角端居然出现在宁德郊区的霞浦山村、在宋至清历任知县都记全的情况下独独永乐年间三任宁德知县有姓没名,以及宁德及周围地区一系列不同寻常的军事布防……在"建文"转向"永乐"的非常时期,这些与永乐帝君主宝座有着关联的大明重量级人物、非常事件和非同寻常的军事行动都先后在福建一一登场、上演,本来在大一统帝国中并不引人太多注目的福建在大明帝位更替中一下子成为帝国政治舞台上的看点。

文献史实与考古实物相合:建文帝最终出亡福建宁德

诚然,我们并不否认上述列举的史实证据与建文帝出亡福建宁德没有直接的关联,那么史料上到底还有没有间接地披露建文帝出亡闽东或宁德之信息?答案是:有!

● 建文帝曾现福州雪峰寺

明末清初学者查继佐在他的力作《罪惟录》里大致讲了这样一件事:"初别郑时,留隆网为记,走往福州雷峰寺。三保下洋过之,泣拜于地,为之摩足。帝微嘱三保举事,泣对不能,别去。"(【清】查继佐:《罪惟录》,志卷之32,《外志·列朝帝纪逸》,浙江古籍出版社,1986年,第2册,P1022—1023)

建文帝出亡到福州的雪峰寺(今属闽侯县)时,曾与朱棣的心腹使者郑和"碰巧"相遇了。对于郑和来说,建文帝是故君,作为昔日君主的臣民理应尽忠报效建文帝;但郑和身份很特殊,他又是燕王府的旧人,跟随朱棣一路来到南京,大明帝国政治的特殊性使得在雪峰寺"邂逅"建文帝的郑和十分尴尬:建文帝轻声嘱咐手中握有几万兵马准备下西洋的郑和举兵造反,郑和一边给建文帝揉着脚一边哭着说:"我不能!",随后就离去。

可能有人认为查继佐所记的这段史料不足为凭,一来,孤证;二来,查继佐是明末清初之人,其生活年代距离建文帝出亡已近 300 年了,因此说,其记载不一定可信。

我们不妨再看来一段史料:清康熙二十二年纂修的《江宁县志》中载:"三宝太监郑和墓,在牛首山之西麓。永乐中命下西洋,有奇功,密知建文踪迹,回朝皆奏不闻,史称其有隐忠云。"(清康熙版《江宁县志·陵墓》卷5)

由此,南大老教授、明史专家潘群先生这样说道:"郑和确实'踪迹建文',并且终于在福州雪峰寺找到了建文帝。"(潘群先生考证了查继佐书中的"雷峰寺"应为"雪峰寺",笔者采纳之,详见潘老的《郑和踪迹建文考》一文,载《郑和与海上丝绸之路》,澳门大学澳门研究中心出版,2005 年 12 月版,P57)

既然建文帝在雪峰寺出现过,"邂逅"的又是秘密寻访他的郑和,即使郑和对故君再忠,建文帝谅必也不敢在雪峰寺久留了。而与雪峰寺相距驱车 3 小时山路路程的原本闭塞落后的山区宁德金涵畲族乡上金贝村一带何尝不是藏身的好地方。那么依据呢?

● 并无多少佛教信仰的篡位皇帝朱棣敕赐建造宁德华藏寺背后的动机

前阵子笔者上宁德考察时还曾得到另外一个意外的收获:在雪峰寺东北方向大约驱车行驶 3 小时的宁德市霍童支提寺内收藏了一大块明代的木刻拓片(图48),虽然该木刻板以前曾被当地农民作为栏猪的猪圈板,其上面的好多文字与部分图像已经被猪八戒的子孙啃到了肚子里去了,但我们今天还是能看到木刻拓片上剩下的一些图像——郑和航海舰队的盛大境况和部分字样,如:"尊宿澄鉴荷南宋荣封至嘉定迨我"、"成祖文皇帝握乾符以昇位泽被九流"、"仁孝皇太后体坤德以资他恩隆三宝"、"圣像铸千尊"、"郑和"等字样,结合明代大学问家谢肇淛等人在《由霍林上支提记》中记载的"瞻圣母所赐金身莲座、《大藏经》及文皇帝仁孝皇后所赐天冠千尊"(【明】谢肇淛等:《由霍林上支提记》,载《宁德支提寺图志》卷之四,福建省地图出版社 1988 年 8月第 1 版,P44)和支提寺内所藏的"千尊铁铸圣像"和大殿后堂所挂的那块署有"敕赐**华藏寺**,大明永乐五年钦差太监鼎建禅林"之匾,综合起来看,永乐五年,朱棣的老婆徐皇后有旨:给宁德霍童支提寺即当时的华藏寺捐赠千尊铁铸佛像,而护送千尊佛像到宁德霍童支提寺应该就是大航海家郑和。

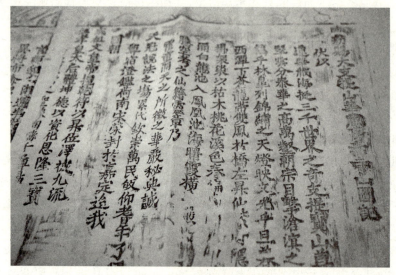

图 48　宁德支提寺木拓片

查正史，笔者发现有以下几个问题值得注意：

○ **就在国内护送佛像，非要等大航海家郑和回来，为何？**

正史明确记载说："永乐五年秋七月乙卯，皇后徐氏崩。"（《明太宗实录》卷69）《国榷》也有相同的说法，"（永乐五年秋七月）乙卯，皇后徐氏崩。后，中山王长女，仁明贤淑，汉马氏、唐长孙氏之流也，年四十六岁。"（【明】谈迁：《国榷·成祖永乐五年》卷14，中华书局1958年12月第1版，P993）

由此看来，宁德华严寺（或称华藏寺，图49）所藏的木刻拓片上所讲的仁孝皇太后即徐皇后下旨赠送千尊佛像只能在永乐五年七月乙卯日之前了。但问题是此时千尊铁佛的护送者大航海家郑和还在从西洋回归的路上，有史为证："永乐五年九月壬子，太监郑和使西洋诸国还"（《明太宗实录》卷71）。《国榷》也载：永

图 49　敕赐华藏寺即华严寺

乐五年九月壬子日"太监郑和还自西洋"。（谈迁：《国榷·成祖永乐五年》卷14，中华书局1958年12月第1版，P993，P994）

这样比对下来就存在着2个月的时间差了，当然有人可能要说，那也没什么的，徐皇后可能临死前作了嘱咐，这才有了郑和从西洋回来就马不停蹄地赶往福建宁德，赠送千尊铁佛。

问题是当时朝野上下人才济济，就在国内护送些佛像，非要等到肩负寻找建文帝等特殊使命的大航海家郑和回来，这到底是为什么？

○ 怪了，没什么过重宗教情结的徐皇后居然临终前没忘要给宁德送铁佛？

徐皇后临终前有没有交代要给福建宁德赠送千尊铁佛？换言之，徐皇后有没有十分浓烈的宗教情结？翻阅《明太宗实录》，其对徐皇后一生及其临终遗言的记载还颇为详细：

"（永乐五年秋七月）乙卯，皇后徐氏崩。后，中山武宁王（徐）达之长女，母夫人谢氏，后自幼贞静、纯明、孝敬、仁厚。王与夫人言：'此女天禀非常，宜以经史充其知识'，后于书一览，辄成诵不忘，姆师咸惊异之。由是，博通载籍，每览昔人言行之懿，未尝不一再以思，曰：'古人书之册，固欲后来者仿而行之也。'太祖高皇帝闻王有贤女，一日，召王谓曰：'朕与卿同起布衣，至今日同心同德始终不间。古之君臣相契者，率为婚姻。朕第四子气质不凡，知卿有令女，能以配焉，佳儿佳妇，足以慰吾两翁！'王拜稽首谢。洪武九年正月，册为燕王妃，恭勤妇道，高皇后深所爱重，尝曰：'燕王妃所行，足以仪范宫闱。'又曰：'此吾孝妇也。'上之国北平后，理内政，宫中肃然而和厚，逮下有周南樛木之德焉。孝慈皇后崩，哀毁动左右，执丧三年，疏食如礼，免丧戒语及先，后未尝不流涕。上举义靖内难，后所赞画多协上意。上帅师在外，留世子守国，敌兵攻城甚急时，城中守卒不支，凡部分措置备御抚绥激厉之方，悉得其宜，城卒以全，虽事总于世子，亦多禀命于后云。上既正大统，是岁十一月，后正位中宫，愈益只勤，数言南北战斗累年，兵民俱敝，宜与休息。又言：'帝尧施仁，自亲族始。'又言：'人材难得，昔汤武之佐伊尹、太公，皆先代之人，况今日贤材，皆太祖皇帝所成，望陛下不以新旧为间。'上悉嘉纳，曰：'后所言皆合吾意。'侍上燕闲语及先朝事，上问：'犹忆先后遗言何者其至要乎？'后历举以对曰：'赏罚惟公足以服人，过于仁厚不犹愈于刻薄，理天下者以贤才为本，自奉欲薄养贤欲丰。夫妇相保易，君臣相保难。天下安危系民之苦乐，民心之所归，即天命之所在。凡此之言皆帝王要道，理乱大原，愿陛下朝夕无忘！'上喜。后弟增寿，素归诚于上，义兵之兴，阴有翊戴功，为建文君所害。上悼惜不已，将追命之爵以语后，后力言不可,上曰:'后欲为汉明德耶?顾今非以外戚故封之,竟迫定国公而命其子景昌袭爵'。命下,乃以告后,后谢曰:'此上之大德,然非妾之志也。'上曰:'爵命非有功不与,朕方以至公治天下,岂有私意哉?后继今勿复有言。'后曰:'上命已行,妾何言?顾穉子未有知,惟上赐之师教,庶几上不辱大恩,下不累先人。'上曰:'后言良是。'命礼部择师教之。初立皇太子,封汉、赵二王。后曰:'太子,国家之本,诸王藩屏所资,愿择老成端正之士辅养德器!'上曰:'此朕所注意也。'又语后曰:'皇考之制,东宫官属率以廷臣兼之任使,一则疑隙不生,今凡宫臣之重者,悉择廷臣贤者兼之。'后曰:'此先朝鉴戒往古之失,诚良法也,虽万世当守而行之。'曰:'长子仁厚,足为令器,不泰祖宗矣,二子三子,陛下宜早教之!惟陛下留意!'上曰:'吾亦知之。'一日,上退朝晏,后请其故,上曰:'吏部选人每循资格,朕今日亲拔二十余人,方岳为郡守,故不觉晏耳。'后曰:'国之理乱,于民之安否,系于牧守之贤、不肖,奈何悉用资格任牧守哉?资格可□□选曹之弊,然贤才不免于淹滞,故往古之制,有出众之才,必有不次之擢,积年劳之多,亦有叙升之典,二者并行,则士无枉才,官得实用,而治效可致。'上曰:'然!'上勤于政事,或日昃未食,后亦不食以俟。尝问曰:'陛下日与共图政理者谁何?'上曰:'六卿治政务,翰林职思典词命朝夕左右者。尝请于上,悉赐其命妇冠服、钞币,且谕之曰:'妻之事夫,其道岂止于衣服、馈食,必有德行之助焉,古之公侯夫人及大夫士之妻,助成其夫之德化,有形于诗歌者,有载诸史传者矣,古今人岂相远哉?常情朋友之言有从有违,夫妇之言婉顺易入。吾在宫中,且夕侍皇上,未尝不以生民为念,每承顾问,多见听纳。今皇上所与共图理道者,六卿翰林之臣数辈,诸命妇可不有以翼赞于内乎?百姓安,则国家安,国家安,则君臣同享富贵,泽被子孙矣!'后观《女宪》、《女戒》诸书,绅其取义作《内训》二十篇,居常志存内典,复采儒、释、道嘉言善行类编之,名《劝善书》。后奉祭祀尽诚敬,事上恭(敬)[谨]不懈,晨夕与皇太子、诸王言:惟孝亲、恤民;与妃嫔以下言:惟恭敬、和睦;与亲戚言:惟奉法循理。闻外家稍有纵肆,召至责之,有谦慎者,时加赐赉为劝。后言动以礼,喜怒不形下人,有过教之使改,亦靡不畏服焉。后识达治道,言必师古,性不喜华饰,自御俭素,宫闱之内化之。

既得疾,医药勿效,日益剧。上临问,后对曰:'今至此,命也!但身蒙上恩,位中宫不得给事,此遗憾耳!'又曰:'今天下虽定,兵甲不用,然民生未大苏息,惟上矜念之。'又问:'复有何言?'曰:'愿广求贤士,明别邪正,不以小过而废之,不以小才而比之,子孙成之以学,宗室亲之以恩,妾不能报上恩矣,愿无骄畜外家。'上泣,后亦泣,曰:'人生死有定数,惟上割恩自爱,无以妾故伤圣心遗今。'白皇太子曰:'吾只事皇上于今三十有一年,上不能继承先皇后懿德,吾甚愧之,今至此命也!奚悲?'

尔,吾之长子,孝仁、淳厚,当夙夜恪勤、敬事君父,勿以吾故过哀毁以伤君父之心,吾素菲薄无德,及人身殁之日,丧务从简省,毋妨臣民。往者皇上遭罹内难,躬率将士在外,吾母子留北京,敌兵围,将校士民之妻皆擐甲胄,挟矢石,登城列阵,协力一心,以死固守,及内难平,吾正位中宫,富贵已极,而将校士民之妻至今报赍未称,吾寝食未尝忘。近闻皇上将巡狩北京,意愿从行,将请恩泽及之,而吾今不逮矣,尔能体吾心,九泉无恨。呜呼!主器之任,在尔匪轻,敬以事上,仁以抚下,肃以正家,恩以睦亲,尔念之。'顾皇孙曰:'尔将来有宗社之寄,太平之任,宜励学笃志。'又谓上曰:'此孙远大之器,幸善视之。'后崩,上哭恸,群臣奉慰。上曰:'皇后仁明、贤淑,汉马氏、唐长孙之伦也,虽处中宫,其一念惟在仁民,继今朕入宫,不复闻直言矣!'后年四十六。皇太子及汉王赵王、皇女永安、永平、安成、咸宁四公主,皆后出也。"
(《明太宗实录》卷69)

　　以上这段文字是我们现在所能见到的有关徐皇后一生及其临终遗言的最早官方记载。从《明实录》的这段记载来看,徐皇后似乎对佛教无所"涉足",相反她倒是积极有为,老公在外打仗,北平老巢受到李景隆大军的围攻,作为一个妇道人家,她竟然率领北平城内的老弱病残孕等弱势群体奋勇抗敌,也不愧为大将军之女,其身上颇有魏国公的遗风,在北京保卫战中奇迹般地取得了成功。再从朱棣篡位以后徐皇后的所作所为来看,其多属积极有为:邀请内阁大臣的妻子上大内去"聊天",一句话要她们当好贤内助;并时不时地询问朱棣有关国家治理之事,提醒、敦促丈夫要以仁为本,要注意贤才的发现与提拔;同时她又能做到母仪天下,从记载历代女贤善德佳行的《女宪》、《女戒》等书中缉取精粹,编成《内训》二十篇,规范后宫;又从儒、释、道诸家中选取嘉言善行进行类编,统名为《劝善书》,以此来教育后宫女眷……就连她临终时还不忘关怀丈夫的帝国事业、皇太子和皇太孙的未来,压根儿就没提到什么赠送千尊铁佛上宁德之事,或言之,看不出徐皇后有好佛之举,而且她也没有这方面从小家庭教育的基础。据笔者的个人研究,在大明开国大将军徐达家人中好佛者甚少,只有一个小女儿是"好佛"的,但这也是被她姐夫皇帝朱棣给逼的。

○ 居然有这样的皇帝:死了老婆,将贼眼盯在小姨子身上

　　那是在徐皇后死后,朱棣因为经常想起昔日患难与共的贤妻徐氏,有时想得很投入,居然不知不觉地暗自落泪,太监看到了,跑来劝导:"皇上,人死不能复活,徐皇后虽然千古难寻,但她毕竟走了,陛下龙体重要,再说后宫佳丽数千……"太监还没把话说完,就遭到朱棣一顿臭骂,自那以后再也没人敢劝了。

朱棣伤心是一回事，要想找个替代徐皇后又能使自己称心如意的贤惠女子那是另一回事。其实在悲伤之余，朱棣也在活动活动心眼，由徐皇后想起了她的娘家人，其中有一个妙龄美女最近老在自己头脑里闪现，直把朱棣弄得心猿意马。皇后大丧期是不能提这种事的，好好熬吧，终于熬到大丧期过了，自恃大明第一人的朱棣感觉特别好，徐家的那个小美女非我朱棣莫属了。想到这里，朱棣就将贴身太监叫来，让他直接到南京城南徐达府上去提亲，直截了当向徐达妻子谢夫人（徐达早逝）开口要那貌若天仙的小美人即徐皇后的小妹妹。

徐皇后有3个妹妹，二妹嫁给代王朱桂，三妹嫁给了安王朱楹，四妹最小，尚未许配，这些情况朱棣难道不知？丈人家的这些女孩子数人品二妹最差，简直就是一个泼妇，论贤德，长女徐皇后最好；若论品性与才貌，恐怕没有一个比得上四妹，尤其这四妹从小就饱读诗书，吟诗作画，无所不能，目下又值二八妙龄，满身散发出仙女甚至妖精一般的魅力，想起她，就让人茶饭不思、情不自禁。但朱棣疏忽了一点，对于徐家四妹的脾气没摸摸底。不过，这也没什么大不了的，儿女婚姻还不是"媒妁之言，父母之命"？！朱棣心里稳操胜券，只等贴身太监从城南回来向他道喜。

再说朱棣的那个贴身太监风风火火地赶到徐达的魏国公府，徐达夫人谢氏赶紧出来接待了皇帝的"钦差"，双方一阵寒暄过后直接进入了主题。

有个小丫鬟在旁听到了这一切，她马上跑到徐皇后的四妹闺房去道喜，四妹很惊诧："何来之喜？"小丫鬟说："小主子，您马上要接你大姐的班当皇后了，这不是大喜事？"哪料到四妹听到以后，马上一脸怒气，对着小丫鬟斥责道："嫁给他？一个禽兽都不如的暴君，简直是魔鬼，你们没看到他在我们南京城里杀了多少人？厚颜无耻的家伙，还把自己打扮成'孝子'和圣君的模样，到处搞形象工程、政绩工程，什么都要做大做强，为了他的个人私欲，天下有多少人家被搞得家破人亡……要我嫁给他？除非我死了。"

四妹的话很有分量，她个性特别刚烈，小丫鬟怕出意外，赶紧将小主子讲的照实"翻录"给了谢夫人，谢夫人听完后，沉默了好久，最后跟朱棣的贴身太监这么说道："谢谢皇上洪恩，不过，小女实在年龄太小了，等她长大以后再说。"

其实小丫鬟跟谢夫人偷偷讲话就在朱棣贴身太监所在客厅的隔壁，主奴之间的对话，太监都听得一清二楚，太监也怕事，万一徐皇后的四妹真出了什么意外，自己这条小命也就没了——朱棣完全可以以没办好事为名把他给剁了。所以，太监看到谢夫人从内屋出来就知道答案了，他极为知趣地与谢夫人道别，然后直奔明皇宫向他的主子汇报提亲遭拒的事。

朱棣听后顿时脸就铁青，好几天都没好好吃饭，终于有一天他忍不住了，将丈母娘谢夫人请到了明皇宫来。朱棣是"奔五"的人,没什么不好意思说的,再说他是皇帝,皇帝要个把女人,多大的事?!再说你们老徐家已奉献过一个,再献一个又何妨?于是他就开门见山地跟丈母娘要了:"朕欲得夫人季女继中宫?"自我感觉良好的朱皇帝没想到丈母娘也看不起他,不过年长者毕竟会说话:"妾女不堪上配圣躬。"这不是变相的拒绝么,朱棣马上就板脸,带着杀气但脸上又装着皮笑肉不笑的样子说道:"夫人女不归朕,更择何等婿耶?"换句话来说,你家女儿连皇帝都不肯嫁,还想挑选什么样的女婿呢?谢夫人何等聪明,只是应付几句就匆匆告辞回府了。

得罪了魔鬼皇帝能有好结局吗?四妹哭着与她的妈妈道别,然后毅然决然地前往南京城南聚宝门外的一寺庙里当尼姑,后来该寺庙被人称为王姑庵(徐达死后被追封为中山王)。(【明】郑晓:《今言》卷2;【明】吕毖:《明朝小史·永乐纪·王姑庵》卷4;【明】周晖:《金陵琐事·更择何等婿》卷1,南京出版社2007年9月第1版,P45)

从现在我们所能见到的史料来看,老徐家也就这么一个被强势女婿魔鬼皇帝朱棣逼得走投无路的小女子在万般无奈的情况下才走上"好佛"之路的。因此说,要讲徐皇后好佛尊释实在是无史为凭。

再说,徐皇后是在13岁时嫁给燕王朱棣,并伴随朱棣在北平度过自己的少女、青年以及中年岁月,等到朱棣"靖难"成功,再次回到故乡南京定居时她已经是40出头的半老徐娘了。要说北方名山圣迹或许她还能一一道来,但要说东南地区偏于一隅的支提山什么华严寺,对于一个刚从北方来南京又待在深宫里的中年妇女来说未必会知道,即使听说了,也未必会感兴趣。既然如此,要说徐皇后有旨赠送千尊铁佛给福建宁德华严寺似乎也就讲不过去了。那么到底是谁做了这等尊释重佛之事?

● 来路不明的皇家"龙种"朱棣之宗教信仰是什么?

从朱棣诡异的人生轨迹与"摇摆不定"的宗教态度来看,赠送千尊铁佛到宁德华严寺的动议主创者应该就是大明君主永乐皇帝朱棣。

朱棣自来到这个世上起就是一个神秘莫测之人,就连他的生母是谁?人们争了500多年直到近来才逐渐弄清楚。那他爸就是朱元璋?这也是无法绝对肯定的;再看朱棣"靖难",那更是疑雾重重(读者朋友欲详知,可见笔者另一专著:《大明帝国》系列之《永乐帝卷》),因此说,朱棣的一生是诡异的,也是极为神秘的,就同他的宗教观一般,扑朔迷离。

原先在北平当藩王时,朱棣接触最多的宗教人士可能就要数姚广孝了。从表象来看,姚广孝是个出家人,但在朱棣登上皇帝宝座之前,姚广孝授予朱棣更多的可能是韬光养晦的谋略与法家的权术,因此说朱棣人生前半期主要受影响的是姚广孝的"杂家"思想,没有多少宗教情结。若要有的话也就是他在元都故地受当地人们奉行的喇嘛教熏染,所以当他刚刚登上皇帝宝座不久,就派人上西藏去恭请藏传佛教领袖哈立麻来京讲法。

除了藏传佛教以外,永乐皇帝开始时对于其他的佛教派别基本上都是遵循了朱元璋时代制定的宗教政策——适度的抑制和控制。永乐五年春正月的一天,礼部有官员向皇帝请示:"直隶(今江苏与安徽两省)与浙江各州府有许多军队与百姓的子弟私自剃度为僧,前来南京冒领和尚证件——度牒的就达1800人。"朱棣听后十分恼火,咆哮道:"我家高皇帝早就制定了规矩,庶民40岁以上才可以出家,如今违反禁令者居然有这么多人,他们眼里还有我大明的朝廷吗?"他当即命令兵部官员将这些前来冒领度牒的私自剃度者全部编入军籍,发往辽东和甘肃去戍边。随后朱棣感慨道:"朕即位以来谨遵祖制,一点也不敢懈怠,这些下等贱民竟敢如此放肆,还有什么事情做不出来? 对他们决不可宽宥,况且这些都是人渣或言'小人',不能再让他们繁衍后代了!"(《明太宗实录》卷63;【明】余继登:《皇明典故纪闻》卷7,书目文献出版社1995年12月第1版,P382)

不能让"小人"繁衍后代,朱棣对那1800人实行阉割? 史书没有说下去,笔者不好瞎说,但就将违反祖制冒领度牒的"假和尚"发配当兵守边,处置不可谓不重。朱棣所作所为似乎一切都在按照高皇帝的"既定方针"去执行,但其实不然,他自己就在南京天禧寺的旧址上建造了当时最大最豪华的佛寺佛塔——南京大报恩寺塔,且口口声声说那是为他的父皇朱元璋和母后马氏荐福用的,但在大报恩寺的主殿内供奉的却是秘不外宣的自己生母——碽妃。从南京大报恩寺的建筑遗物考古等角度来看,朱棣似乎信仰的是藏传佛教,可谁能想到的是就在朱棣下令准备动工建造南京大报恩寺前后,这位"伟大君主"又对道教产生了疯狂的热情,永乐九年朱棣"命(工部侍郎郭琎)往湖广督武当山宫观",武当宫观建设就此拉开序幕(【明】雷礼:《国朝列卿记》卷13)。永乐十年六月戊午日"建湖广武当山宫观,命隆平侯张信、驸马都尉沐昕董其役"。(《明太宗实录》卷129)

对于倾力打造武当道宫的缘由,明代官书记载朱棣是这么说的:"武当创见宫观,上资皇考、皇妣之福,下祈福天下生灵,如岁丰人康、灾沴不作,此朕素愿。"(《明太宗实录》卷140)看到这个冠冕堂皇的理由,人们自然想到朱棣要建造大报恩寺时也是这般说辞,问题的关键在于朱棣是个不信神仙鬼怪之类的一代"明君",那么这个永乐皇帝大造武当宫观到底是为什么?

翻阅《明太宗实录》我们可以看到,尽管官方史书对好多敏感问题的叙述十分隐晦,但朱棣"钟爱""北极真武之神"还是不断地跃然纸上。建文四年六月中朱棣打入南京,在夺得皇位一个月不到的七月辛卯日,这位明皇宫里的新主子就派了大明帝国道教管理专门机构官员"神乐观提点周原初祭北极真武之神"。(《明太宗实录》卷10)随后,朱棣对真武之神的"尊崇"不断提升,永乐十年二月乙丑,皇帝"给授太子少师姚广孝及其祖父母父母封赠并诰命",又"命武当山道士孙碧云为道录司右正一,不任以事"。(《明太宗实录》卷125)

佛、道不一家,作为皇帝的朱棣连这起码的常识还是知道的,但是在追赠自己的心腹、"靖难"第一功臣姚广孝父母、祖父母尊号的同时,永乐皇帝居然任命武当道士孙碧云任道录司右正一(相当于全国道教协会名誉会长),从表象来看,实在令人费解(《明太宗实录》卷125)。但如果仔细考察一下姚广孝的"出身",事情似乎逐渐明朗了。"姚广孝,长洲人,本医家子。年十四,度为僧,名道衍,字斯道,事道士席应真,得其阴阳术数之学。尝游嵩山寺,相者袁珙见之曰:'是何异僧,目三角,形如病虎,性必嗜杀,刘秉忠流也。'道衍大喜。"(《明史·姚广孝传》卷145,列传第33)

从某种程度上来讲,朱棣"靖难"造反是姚广孝一手教出来的,而遁入"佛门"的姚广孝原本就是一个假和尚,更关键的还是姚广孝最早拜师的不是和尚,而是苏州一带以精通阴阳之学而出名的道士席应真。后来姚广孝碰上了朱棣,两人一拍即合,燕王的"雄心壮志"被姚广孝觉察出来,那么他的造反思想顾虑难道姚广孝会坐视不管?因此明代中期进士高岱在《鸿猷录》里这样说道:"成祖屡问姚广孝师期,姚屡言未可。至举兵先一日,曰:'明日有天兵应可也'。及期,众见空中兵甲,其帅玄帝像也。成祖即披发仗剑应之"。(【明】高岱:《鸿猷录》卷7)明末清初学者傅维鳞也曾做过这样的描述:"太宗因问师期,曰:'未也,俟吾助者至'。曰:'助者何人?'曰:'吾师',又数日,入曰:'可矣'。遂谋召张昺、谢贵等宴,设伏斩之。遣张玉、朱能勒卫士攻克九门。出祭,见披发而旌旗者蔽天,太宗顾之曰:'何神?'曰:'向所言吾师,玄武神也'。于是太宗仿其像,披发仗剑相应。"(【清】傅维鳞:《明书·姚广孝传》卷160)

原本就没有什么上帝,自从有人说了信了,就有了上帝。一个传说中的民间神"玄武真君"在"点子公司"总裁姚广孝的包装下顿时变成忤逆造反者朱棣的保佑神,而且在他从北京到南京的"靖难"造反路上"玄武神"一直在保驾护行,"壬午靖难兵起……每两阵相临,南兵(建文军)悉见空中真武(即玄武)二字旗帜,皆攻后以北也"。(【明】黄溥:《闲中今古录摘抄》参见《元明史类钞》卷19)

朱棣每次深陷困境差一点就将自己的小命也搭进去,但"巧遇"的是他的对手建文帝是个仁弱君主。建文朝廷军队北伐时,皇帝朱允炆迂腐地告诫将士:千万别伤了我的叔叔!正因为有这样的圣旨,朱棣才成为打不着射不死的"活阎王",这下可好了,在朱棣的嘴里一下子成了"玄武真君"福佑他的"明证"。自古以来,话语权就掌握在权威高势能者手里,后来朱棣胜了,他爱怎么说就怎么说,爱怎么做就怎么做。因为自己篡位不仅悖逆伦理,而且也践踏了"祖制"与高皇帝的遗命,夺天下易而守天下可不易,尤其自己守的原本就是政敌之天下,最不容易驾驭的是人心啊。自古"君权神授"最神秘也最有"说服力",那么朱棣心目中的"神"在哪里?将谁也没有看到过的"曾经保佑过自己"的玄武神抬出来,继续为自己所用!这是朱棣的高招。于是人们看到,就在朱棣踩着建文朝大臣满地鲜血登上累累白骨堆积起来的皇帝宝座不到一个月的时间里,他赶紧派人去祭祀"玄武真君"之神,更有他极力地渲染"玄武真神"福佑他的神迹神像,甚至在他下令打造天下第一道观——武当宫观的敕书里公开进行这样宣传:"我自奉天靖难之初,神明(指玄武)显助威灵,感应至多,言说不尽"。(【明】任自垣:《大岳太和山志》卷2)。

既然如此,对于这样福佑自己的神明,已经拥有天下的永乐皇帝能不为他老人家修座像样的宫观?

又一个道家的上帝被抬到了天空,当然最为关键的还在于朱棣用暴力与血腥手段夺来的"灰色"皇权一下子给"漂白"了,"君权神授"有了新的注解。明代史学家王世贞曾一针见血地指出:"呜呼!英雄御世故多术,卜鬼探符皆恍惚,不闻成祖帝王须,曾借玄天师相发"。(【明】王世贞:《弇州山人四部稿·武当歌》卷22)

花了这么多的笔墨来考察朱棣的宗教信仰及其炫世夺目的"丰功伟绩"之间的关系,我们就不难看出,在朱棣"尊佛重道"的表象背后都有着其极为复杂的政治动机。那么永乐五年原本没有多少宗教信仰的篡位皇帝朱棣以徐皇后的名义给宁德支提山华严寺赠送千尊天佛和"鼎力建造华藏寺"的根本目的是什么?

朱棣死了老婆,要为老婆荐福?犯不着舍近求远,而且正史已记载,就在徐皇后驾崩后的第三天,即"永乐五年秋七月丁巳,(朱棣就)命礼部于灵谷寺天禧寺设荐扬大斋"。(《明太宗实录》卷69)因此说给福建宁德赠送千尊铁佛和建造华藏寺是为徐皇后荐福之说,不能成立;更为奇怪的是,朱棣将护送千尊铁佛到福建宁德这等算不上多大的差使非要交给率领数万人马肩负特殊使命的大航海家郑和,由此,我们是不是可以推想:护送千尊铁佛到宁德与朱棣交予郑和秘密的特殊使命有关？

　　前文说过,郑和下西洋肩负着秘密寻找建文帝的使命,结合建文帝在距离宁德驱车3小时路程的雪峰寺出现过的事实,笔者认为:极有可能当时朱棣已经耳闻到,建文帝出亡到了福建宁德等地了!

　　为了谨慎起见,笔者再次查阅永乐五年到永乐六年之间与福建相关的史料,结果惊讶地发现:在此前后福建省官场上先后有七个大员倒台,如:永乐五年五月壬午,"福建都指挥佥事张豫,坐困顿置番国方物不如法,谪戍安南"(《明太宗实录》卷67;【明】谈迁:《国榷·成祖永乐六年》卷14,中华书局1958年12月第1版,P990)。永乐五年六月甲午,"福建按察司副使陈思聪有罪,降常德府同知"(《明太宗实录》卷68)。永乐六年五月乙卯,"福建按察司副使卢文达有罪,谪戍边"(《明太宗实录》卷79;【明】谈迁:《国榷·成祖永乐六年》卷14,中华书局1958年12月第1版,P1004)。"(永乐六年)七月甲子,福建行都指挥佥事刘达受赇,贷死,檄海捕倭,御史殷昶又受达赇,戍卢龙卫"(【明】谈迁:《国榷·成祖永乐五年》卷14,中华书局1958年12月第1版,P1007)。

　　前后一年多时间里福建官场这么多的高层官员倒台,虽说他们倒台的主要原因是贪污,还有人说是因为他们对福建海域猖獗的倭寇围剿不力,就这么简单?一个省里七个大员相继"倒下","倒下"的时间恰恰正好是朱棣以其老婆名义给福建宁德霍童支提寺送佛像前后,送佛像者又正好是肩负踪迹建文帝的朱棣心腹郑和,而这个郑和还正好在雪峰寺与建文帝碰过面,……这一系列的"正好"说明了什么?笔者认为,朱棣可能已经嗅到:建文帝出亡福建闽东地区了。而福建地方官员居然"玩忽职守",视而不见、充耳不闻,弄得"伟大的政治家"实在是火冒三丈,但他又说不出口——先前他已经告诉全国臣民建文帝阖宫自焚了,所以只好以治贪为名,将这些"不讲政治"的封疆大吏们逐一收拾。

　　有人可能认为,以上这些都是建文帝出亡福建宁德的间接证据,那么有没有最为直接的史料记载呢?有!

● 皇爷爷临终留铁箧,皇孙儿临难披袈裟

　　前文所述福建宁德华严寺云锦袈裟是建文帝的,好问的读者可能会提出这样的疑问:建文帝的这件袈裟哪来的?是他事先知道自己要出亡而提前准备?翻阅《明太宗实录》,我们可以看出:朱棣是在建文四年六月攻入南京城的,但几个月前他还在北方流窜作案,而那时大明君主建文帝在皇位上还坐得好好的,怎么会在后

来的短短几个月里这个仁厚的大明君主突发奇思妙想做件袈裟以备不测？从常理上说不过去，也不吻合建文帝的个性；再说，制作一件极品云锦袈裟非几个月内所能赶得出来的。而最近有媒体称，南京云锦研究所为少林寺方丈释永信做的那件袈裟就花了两年的时间，所以说无论从哪个角度来看，建文帝出亡时的那件袈裟不可能是他自己下令制作的。那么到底是谁为建文帝准备了这么一件"宝贝"？说来大家可能真不敢相信，他就是建文帝的皇爷爷朱元璋！

据笔者目前所掌握的史料来看，大约自明朝中期开始文人学者高岱、郑晓等人在他们的著作中留下来了珍贵的记载。高岱在《鸿猷录》中如此说道："成祖（指朱棣，笔者注）朝见建文君，左右惟数人，欲出迎，复叹曰：'我何面目相见？'遂尽闭诸后妃宫内，纵火焚其宫。惟挈三子，变服出走，仓卒复弃三子宫门，被执寘师中。相传谓**太祖**顾命时，以小箧封识甚固，密授建文君曰：'他日危难发之，及是发视，则被剃具及**缁衣**，并僧杨应能度牒也，建文君乃出走为僧。"（【明】高岱：《鸿猷录·长驱金陵》卷8，见王云五主编：《丛书集成初编·鸿猷录》第3册，P102，商务印书馆，中华民国二十六年六月初版）

郑晓在《今言》里这样说："或曰帝顶颅偏颇，高皇知其必不终，尝匦**髡缁**之具，戒之曰：'必婴大难，乃发此。'以故遂为僧去。"（郑晓《今言》卷2）

吕毖在《明朝小史》里也留下记载："高皇大渐时，封钥一小匣，固甚，密授于帝，戒遇急难乃启。及靖难兵入城，启之，则杨应能度牒也，诸披剃物悉具。遂**削发披缁，从御沟中出亡**。时宫中火起仓卒，咸以为建文君自焚死，竟无知者。"（【明】吕毖：《明朝小史·蘧文纪·杨应能度牒》卷3）

郎瑛在《七修类稿》中也说："建文君，太祖一夕梦二龙斗殿中，黄胜而白负。明日见建文、成祖同戏，建文着白，心知后必不协；且见建文头颅颇偏，**匦髡缁之具**，戒曰：'必婴大难乃发。'靖难师临城，启视，一刀一度牒，有敕曰：'欲生，怀牒为僧，密地去；不然，自尽。'遂焚宫去。地道出东南，似当时齐泰、黄子澄知之而传于人。故文庙靖宫之日，以为匿于僧录洽南洲，以他事禁锢之。"（【明】郎瑛：《七修类稿·国事类·建文逸事》卷12）

何乔远在他的《名山藏》里这样记载道："或言高祖始尝问后嗣事于刘基，知建文君不终，与之藏函，函一僧牒、一剃刀、一缁衣。牒曰：杨应能。宫之火也，**建文君削发披缁，怀牒从御沟，出郊坛亡**。成祖使中使捄宫中使出马皇后之烬，曰建文君！遂以葬之，建文君既葬，或言其亡，或言蜀王迎之西，皆参差莫实，成祖亦心疑之，其时，有异人张玄玄者，以术重，已去，莫知所之，乃使礼部尚书潝行天下，名访玄玄，实私察建文君，竟莫得其要领，其言建文君亡者，谓群臣多为僧而从之。"（【明】何

乔远:《名山藏》卷5)

明代大史学家焦竑在他的史学著作《国朝献征录》中也留下了相类的记载:"溥洽,字南洲,浙江山阴人。洪武初,荐高僧入京,历升左善世。靖难兵起,为建文君设药师灯忏诅长陵。金川门开,又为**建文君削发**。长陵即位,微闻其事,囚南洲十余年。荣国公疾革,长陵遣人问所欲言,言愿释溥洽。长陵从之。释出狱时,白发长数寸覆额矣。走大兴隆寺,拜荣国公床下,曰:'吾余生少师赐也。'仁宗复其官。卒年八十二。"(【明】郑晓:《今言》卷3;【明】焦竑:《国朝献征录·释道》卷118)

就连明代国史《明实录》也作了记载:"(万历二年十月)戊午,上御文华殿讲读。上从容与辅臣语及建文皇帝事,因问曰:'闻建文当时逃免果否?'辅臣张居正对言:'国史不载此事,但先朝故老相传言,建文当靖难师入城,即**削发披缁**,从间道走出,后云游四方,人无知者。'"(《明神宗实录》卷30)

上述最后一段史料来自于大明官方文书的记载——《明神宗实录》,记录的是明代万历初年最高统治者明神宗与权相张居正的对话,话题核心是建文皇帝是否穿了袈裟逃亡?从何处"走出"?后来如何?等等。要知道,明神宗血统继承的是明太宗的嫡系而非建文帝的系统,《明太宗实录》已记载了建文帝死于火中并葬之,怎么后世皇家子孙还在讨论他是否被烧死了还是出走了?作为一人之下万人之上的权相张居正又怎敢冒欺君之罪胡言乱语建文帝穿了袈裟逃亡之事迹?而后,《明神宗实录》初修于天启元年,又经天启三年、天启五年复修,至熹宗崩时犹未成书直至崇祯年间由温体仁等续成,几经周折和考虑方始定稿,如果建文帝真的已经死于火中,何敢留此明神宗与张居正对话讨论建文帝逃亡的史迹?并且指出:"(神宗)命居正录全诗之全章,慨然兴叹,又命书写进览。居正退而录其诗以进。"云云,这是何等的重视,岂能以已被焚死之帝作为活人乱作文章?! 由此可见:建文帝"**削发披缁**"亡命天涯确有其事,明初杨上奇等人所撰的《明太宗实录》所记建文帝焚死之说,乃"实录不实"之辞也。(潘群:《郑和踪迹建文考》,《郑和与海上丝绸之路》,澳门大学澳门研究中心2005年12月编辑出版,P57)

此外,从上述"正史"的字里行间中,我们还可以看出:建文帝"**削发披缁**"亡命天涯是明太宗朱棣以后大明朝廷历代口头相传的头号秘密,在听张居正讲述建文帝故事之前,万历帝已经听说了一些有关建文帝"**削发披缁**"而亡的事情,只是他不能完全肯定这些传闻信息是否正确,所以才问自己的老师、内阁首辅张居正。

有关建文帝临难削发披缁故事叙述最为精彩、影响最大的当数明末清初谷应泰的《明史记事本末》与谈迁的《国榷》,但问题的关键在于,过去人们一直将其作为野史、传说或文学小说一类看待,没人认为它是信史,而现在的事实是,建文帝的这件袈裟出现在福建宁德,换言之,正史中的"先朝故老相传言"和非"正史"的史料文献记载居然都与考古实物相吻合,这说明了什么?建文帝最终出亡福建宁德!

看过西方大片《特洛伊》的观众可能被那古代地中海边上曾经发生的恢宏、悲壮的战争场面所惊叹和折服,"特洛伊"之名就此一夜之间为地球人都知道,但实际上在19世纪以前不说我们东方人就是西方人自己也很少有人真正相信传说中的特洛伊故事,尽管《荷马史诗》已经流传了2000来年,但就是一直受到人们的质疑。1870年德国商人谢里曼开始对传说中的特洛伊进行考古挖掘,最终揭开了特洛伊传说的神秘面纱,逐渐地为世人所熟知。谢里曼考古给予我们的启示是:有时一个不为人们注意或重视的一丝线索或传说或许是未来揭开历史之谜的一把金钥匙。这是笔者在2008年年底成稿2009年年初正式出版上市的《大明帝国:从南京到北京》之《文弱的书生皇帝朱允炆卷》中所讲过的一席话,笔者向来主张,治学应该实事求是,思想自由,兼容并包,没想到的是在笔者成书一年后。古希腊式的"特洛伊"传说找到了"中国版",明代"先朝故老相传言"、文人笔记或言野史中建文帝临难削发披缁之事在福建宁德找到了相应的物证,谁能否认建文帝出亡之事!

至此,从整体上而言,建文帝出亡福建、最终卒于宁德之谜案被揭开了。但这里还有一个大问题没有解答,那就是建文帝为什么要出亡福建宁德?

第七章
超常思维　认识几何？

长期以来由于从朱棣开始的官方史书对建文朝史实肆意歪曲和千钧百索,以至于我们后人很难看到建文当政四年所实施的"宽政"所带来的喜人成果,也很难真实地认识建文君臣。但如果拨去历史的尘埃,驱散已有的迷雾而静心地寻找的话,我们居然发现建文帝出亡福建是种聪明又理性的选择,因为那一带"潜伏"着……

明清以降,有关建文帝出亡的路线与方向众说纷纭,但影响较大的要数谷应泰的《明史纪事本末》,其大致是讲建文帝去了湖湘,再上云贵,往返于四川、重庆、江浙等地,一路上都有他的铁杆大臣在暗中接济和保护,后来长期在云贵落脚,云云。(见本书第4章)其故事情节跌宕起伏,扣人心弦,史实叙述"具体"、"精确"、"到位",几年几月几日到了什么地方,见了什么人,等等,一个落难皇帝好像不是在亡命天涯,而是在怡然自得地游山玩水。谷应泰等在建文帝出亡之事的取材上出了大问题了——主要参阅了程济的《从亡随笔》和史仲彬的《致身录》等"伪书"。《从亡随笔》据称是伴随建文帝出亡的流亡大臣程济所写;《致身录》有人说是一个名叫史仲彬的建文朝大臣所作,他曾任建文帝同母弟徐王朱允㷇的府邸宾辅,即相当于徐王府的总管。《从亡随笔》与《致身录》内容相近,主要是讲述建文帝君臣逃出南京以后具体的流亡生涯。但许多人考证出来说,此类书都是伪书,不足为信。对此,现代明史专家黄云眉先生经过深入研究后在其名著《明史考证》中这样说道:"盖以为出亡之说可信,出亡诸书不可信。"(黄云眉:《明史考证》,中华书局,1971年,第1册,第60页)

黄先生的见解颇有道理,从现在我们所掌握的史料来看,建文帝当年出亡是事实,但最终建文帝为什么要出亡到向来不为人注意的福建?

要回答这个问题,我们必须要先调整一下传统的思维。

永乐皇帝为何要"批发"女儿？

朱棣进入南京城后，对建文旧臣进行了大屠杀，手段无所不用其极，诸如株连十族、瓜蔓抄等，历史上把这场大屠杀叫做"壬午殉难"（可参看笔者的《大明帝国》系列之《建文帝卷》）。尽管"壬午殉难"距离我们现代社会已有600多年了，但每当笔者经过明故宫或雨花台方孝孺墓时就仿佛听到600年前那些备受魔鬼折磨的殉难者发出的凄惨痛苦的呻吟，由此也勾起了笔者对他们所追求的精神理想动机的研究。笔者在《大明帝国：从南京到北京》之《文弱的书生皇帝朱允炆卷》中已将目前我们所能查询统计到的110多位"壬午殉难"者进行列表、归类和分析，结果发现"壬午殉难"中一个最大的显著特征，那就是80％以上"壬午殉难"者为南方籍人士，再说透一点，以浙江、江西、福建和江苏一带人为多，换句话来讲，建文朝深厚的社会基础应该是南方地区。当然，我这么说并不是讲北方与西北、西南就没有建文帝的立足之地，尤其是西南的云贵地区还是朱允炆曾经的保护神朱元璋"义子"沐英子孙的势力范围，而沐英跟朱元璋、朱标、马皇后等人的感情非同一般，"（洪武）二十五年六月，闻皇太子薨，哭极哀。初，高皇后崩，（沐）英哭至呕血。至是感疾，卒于镇，年四十八。"（《明史·沐英传》，卷126，列传第14）

尽管建文政权垮台时沐英已不在人世了，但沐家子孙跟大明正统皇家关系还是很铁的，朱棣"靖难"篡位动因多多（读者朋友可详见笔者的《大明帝国》系列之《永乐帝卷》），上台以后又不遗余力地篡改历史，粉饰自己的人生丑恶，但现实问题也得解决，于是永乐元年六月戊申，"（朱棣）以沐昕为驸马都尉，尚常宁公主。昕，黔宁昭靖王（沐）英之子也"。（《明太宗实录》卷21）

大明皇家的这桩婚姻是在朱棣篡位登基一周年后下令操办的，出嫁的常宁公主是朱棣最小的女儿，由此来说，这个叫沐昕的人肯定是个好女婿或者按现在人的眼光他是很爱皇帝女儿？令人大跌眼界的是，错了！

有一天朱棣下令在明皇宫的便殿上召见宫廷御医盛寅，要他为自己把脉。盛寅医术高明，为世人为称道，也不愧为御医，他稍稍给朱棣把了一下脉，就说道："陛下您刚刚发火了，现在脉理不清，小的看不清御体之不适啊！"盛寅话音刚落，朱棣就讲了："朕刚才确实是发了火，爱卿居然在朕的脉象上看出来，真不愧为妙手神医啊！"说到这里，朱棣似乎又激动起来了，他继续跟盛寅说："盛胡子，朕告诉你是怎么一回事。前些日子，朕的那个小女婿也就是沐英家的小儿子沐昕孝敬朕，给朕送了两个如花似玉的丫头，这两个丫头还真不赖，不仅人长得标致，而且还会唱唱小曲，朕每次吃饭时就让她们来一段。可最近朕突然发现那两个唱曲的小丫头不见了,问了好久,才有人告诉朕,说是她俩被沐昕用铜锥给打死了。朕听了以后很恼火,嗨,真巧了,前事没完,朕那小女儿常宁公主突然跑到皇宫里来,一头钻入朕的怀里,朕十分疼爱这个宝贝心肝,只要她一钻到朕怀里,朕总要抚抱她一番。可你晓得,这次小宝贝一钻到朕怀里就呜呜地哭个不停。朕就问她什么事情让她这么伤心?小公主告诉朕,又是那个该死的沐昕用铜锥打了朕的宝贝疙瘩。一个小姑娘家怎么能吃得消那铜锥?盛胡子,你说天底下怎么会有沐昕这样的人?!因为此事,朕火死了,不由得挥了几下胳膊,到现在气还没有理顺呐。"盛寅听到这里赶紧叩头,恳请皇帝息怒,保重龙体为上。(【明】祝允明:《九朝野记》卷2)

　　沐昕家为什么会有"家庭暴力"?是朱棣小女儿不守妇道?恐怕不吻合史实,据《明史》等史书记载,常宁公主不仅是朱棣最小也是最为疼爱的女儿。"靖难"成功以后,朱棣将她下嫁给了"皇父"朱元璋的干孙子沐昕,这个常宁公主"恭慎有礼,通孝经、女则"。(《明史·公主传》卷121,列传第9)

　　换句话来说,尽管在父皇朱棣面前尽情地撒娇,但常宁公主本人素养不错,精通《孝经》和《女则》,为人处世谨慎又有礼节,可以说她是那个时代的"淑女"典范。但就是这么一个女性的典范又是当今皇帝万般疼爱的千金公主却居然不讨父皇之臣子的老公喜欢,非但如此,还被臣子老公打得逃回了"娘家",奇怪的是:

　　第一,这个皇帝女婿沐昕够厉害的,想当年他父亲沐英沦落为孤儿濒临于死亡边缘之际是常宁公主的皇爷爷朱元璋将其收为义子,这才有了沐氏的后来。因此史书说沐英跟朱标、马皇后等人的感情非同一般。马皇后、朱标死时,沐英都哭得死去活来。

　　尽管可能史书夸张了沐英对朱标和马皇后之死的哀痛程度,但由此也可见他们之间的感情还是极深的,更有隐含着沐英对朱家有着深深的眷恋之情。没过上几年,沐英儿子沐昕又娶了朱棣的"掌上明珠",这是种特殊的荣耀啊!沐昕理应好好地珍惜,可沐家这小子非但不当回事,居然还打了皇帝的"金枝玉叶",这至少说明沐昕的胆子够大了,那么沐昕为什么会这么胆大?

　　第二,从沐昕小夫妻"家庭暴力"的受害方来看,常宁公主还不仅仅是永乐皇帝的"千金",而且还是这个暴君最为喜欢的小女儿,一般人谁敢碰?可《明史》说她活到22岁时就薨世。在女儿遭受家庭暴力几乎濒临生死边缘时,一向残忍无比、什么龌龊事都干得出的暴君朱棣却只在宫中对"不知好歹"的小女婿沐昕发发干火,甚至在女儿花季一般年龄就撒手尘寰的问题上,无恶不作的朱棣却表现出了极大的"不作为",这实在是令人迷惑不解。

　　我们再回头过来看朱棣将自己最小、最喜欢的女儿下嫁是在什么时候?据《明实录》记载：

"洪武三十五年冬十月已卯，升中军都督佥事宋晟为后军左都督，擢晟子瑛为府军右卫指挥使，从子端为锦衣卫指挥佥事。"（《明太宗实录》卷13）

"洪武三十五年十二月庚戌朔，以宋琥为驸马都尉，尚皇第三女安成公主，琥，后军左都督晟长子也。"（《明太宗实录》卷15）

"永乐元年春正月丁酉，命后军左都督宋晟佩平羌将军印，充总兵，镇甘肃。"（《明太宗实录》卷16）

"永乐元年二月乙丑，封皇长女永安郡主为永安公主，以仪宾袁容为尉马都尉，弟二女永平郡主为永平公主，以仪宾李让为驸马都尉，封弟四女为咸宁公主，擢后军左都督宋晟次子瑛为驸马都尉尚之，封秦愍王弟二子尚烈为永兴王，弟三子尚煜为保安王，册兵马指挥高志女为永兴王妃，饶州致仕千户陈玺孙文为保安王妃，封晋恭王弟三女为容城郡主。"（《明太宗实录》卷17）

"永乐元年六月戊申，以沐昕为驸马都尉，尚常宁公主。昕，黔宁昭靖王英之子也。"（《明太宗实录》卷21）

朱棣的这几个女儿嫁得实在有意思，长女嫁给了燕王府内的老部下，因为袁容的父亲是跟随朱元璋打天下的功臣，做成这样的婚姻可以稳定和平衡部分军界老辈。《明史·公主传》卷121，列传第9）

朱棣的二女儿永平公主嫁给了李让，"（李）让，舒城人，与袁容同岁选为燕府仪宾。燕兵起，帅府兵执谢贵等，取大宁，战白沟河有功，署掌北平布政司事，佐仁宗居守。其父申，官留守左卫指挥同知。惠帝欲诱致让，曰：'让来，吾宥尔父。'让不从，力战破平安兵。帝遂杀申，籍其家，姻族皆坐死或徙边。永乐元年进让驸马都尉，封富阳侯，食禄千石，掌北京行部事。"（《明史·公主传》卷121，列传第9）

又是一笔很好的政治交易，朱棣将二女儿嫁给为他"靖难"篡夺帝位而亡命博弈的战斗英雄，说白了是个政治慰劳品和补偿品，加上他来南京城后不断地给燕军将士"发奖金"、加官晋爵，等等，以此来稳定"靖难"军军心。

朱棣三女儿、四女儿分别嫁给了边关大将宋晟的两个儿子宋琥和宋瑛，这都是在朱棣篡夺皇位后半年时间内做出的决定，紧接着"永乐元年夏四月乙丑，（朱棣）敕宁夏总兵官左都督何福、甘肃总兵官左都督宋晟"。（《明太宗实录》卷19）

明眼人一看就明白，朱棣让宋晟做他的亲家翁是叫他去守西北，但这位新皇帝疑心病又重，所以来了个"亲上加亲"。

上述朱棣的四个女儿全成了皇帝父亲政治交易中的筹码，那么第五女儿常宁公主下嫁给沐昕是为什么？朱棣自身"来路不明"，怕知根知底的沐家泄密？还是怕镇守云南的沐家鼻祖沐英与朱允炆父亲朱标太子之间原本有着非同寻常的感情关系而最终导致两家小辈们的联合？由于史料的缺乏，我们暂且存疑，但朱棣最终还是"豁出去"了，将小女儿作筹码，至少稳定住"云南王"沐氏。更有永乐九年十二月庚寅，"册黔国公沐晟女为（朱棣三子）赵王高燧妃。"（《明太宗实录》卷122）

西北、西南都成了新皇帝的双重亲家，仇家建文帝能往哪儿去？北边是朱棣"靖难"一路过来的，万万去不得，剩下的只有东南方了。

"金蝉脱壳"之计？

长期以来，人们在研究建文帝最终出亡地时常常被西南说困扰而忽视了东南说，诚然东南说不被重视还有一大"目障"，即朱棣对方孝孺、齐泰和黄子澄等南方籍或东南籍为主体的建文朝核心人物及其亲友家眷的惨绝人寰的屠杀与迫害，尤其是"灭十族"、"瓜蔓抄"、"挖祖坟"和"轮奸"忠臣女家眷的恶行更是亘古未有。明末清初学者谷应泰曾指出："暴秦之法，罪止三族，强汉之律，不过五宗，故步、阐之门皆尽，机、云之种无遗。世谓天道好还，而人命至重，遂可灭绝至此乎！又况孔融覆巢之女，郭淮从坐之妻，古者但有刑诛，从无玷染，而或分隶教坊，给配象奴，潘氏承恩于织室，才人下降于厮养，此忠臣义士尤所为植发冲冠，椎胸而雪涕者也"。（【清】谷应泰：《明史纪事本末·壬午殉难》卷18，P307）

朱棣施恶300年后，谷应泰尚且发出"忠臣义士尤所为植发冲冠，椎胸而雪涕者也"的感叹，那么更何况300年前的"当事人"与同朝人了。他们中可能大多数人被朱棣的淫威所震惊而集体无意识地将目光聚焦在新皇帝的暴行上。朱棣不是天生的魔鬼，但他自童年时代起就留下了巨大的心理创伤，生母碽妃的突然"逝去"，大明皇家对他的冷漠，使得朱棣自小十分孤独、自卑与多疑。（读者朋友可详见笔者的《大明帝国》系列之《永乐帝卷》）对此，与他差不多是同龄的建文朝核心人物方孝孺等人似乎还是很了解的。自卑的人往往表现出极度的自尊，尤其权位高势能者原本就是一个自卑者，当他的权威受到挑战或鄙视时常常会表现出极度的残忍与非人性或歇斯底里的发作，这是现代西方心理学研究的成果，但并不表明古代中国人不懂心理学。在建文朝军事不断失利的情况下，方孝孺曾采纳了门人林嘉猷提出的"反间计"。

"方孝孺门人林嘉猷尝居北平邸中，知高煦、高燧弗恭于燕世子。中官黄俨素奸险，俨方曲事高燧。高燧与世子协守北平，高煦从燕王军，时时倾世子。而是时河北师老无功，德州饷道绝，方孝孺乃言于上曰：'兵家贵间，燕父子兄弟可间而离也。世子诚见疑,王必北归;王归而我饷道通,事乃可济。'上善之,立命孝孺草书,遣锦衣卫千户张安如燕贻世子,令归朝廷,许以王燕。世子得书,不启封,遣人并安等送军前。中官黄俨者,比书至北平,则已先使人驰报燕王曰:'世子且反。'王疑之,问高煦。高煦曰:'世子固善太孙。'语未竟,世子所遣使以书及张安至。燕王启视,遽曰:'嗟乎!几杀吾子!'乃囚安等。"(【清】谷应泰:《明史纪事本末·燕王起兵》卷16,P260;《明史·仁宗本纪》卷8,本纪第8也记载此事)

尽管这是一次流产的"反间计",但从中我们可以看出方孝孺等建文朝的核心圈内人物懂得心理战,面对军事一败涂地,他们不得不"孤注一掷",在燕军进入南京城时不仅拒不投降朱棣,反而在"新主"到来的喜庆日子里披麻戴孝,表现出了对朱棣极度的鄙薄与蔑视甚至可以说对着干,加上明皇宫宫中莫名大火,这一切使得朱棣进入南京稳定局势增添了无数的麻烦,并把人们的眼球吸引到自己的身上。胡闰、陈迪、暴昭等等,个个都是好样的,面对魔鬼的到来,他们视死如归,甘于斧钺,此时双方进行的是一场心理战,从表象来看,赢家是朱棣,但从历史长河角度来看,朱棣输大了,一来近似于精神病的歇斯底里发作使自己永远背上了恶名,二来为建文帝等人的出逃赢得了时间,以至于燕军开入南京城那天,建文朝"其在任遁去者,四百六十三人"。(【明】谈迁:《国榷·惠宗建文四年》卷12,P844;【清】谷应泰:《明史纪事本末·建文逊国》卷17,P281也载此事)

由此看来,不像是有些人说的方孝孺等人太迂太呆,而是很有可能是个"金蝉脱壳"之计,有史为证。尽管朱棣灭了方孝孺"十族",对胡闰、陈迪、暴昭等人实施了夷族和"瓜蔓抄"等极端残忍的手段,予以肉体上的消灭与精神上的恐怖,但细细想想朱棣杀的都是建文朝核心圈内的风云人物及其家眷,而在他们的外围有一些不被人们关注的"亲建文"人士却奇迹般地被"保存"了下来。

东南一带"潜伏"着"亲建文"人士

"宋怿,字子夷,金华人,宋濂之孙也。怿父璲,中书舍人。怿思绍父学,奉母居蜀。蜀献王悯之,时赐粟帛赒其家,由是益得专于学,其书益工。建文君即位,念濂为皇考兴宗皇帝旧学之臣,召怿复官之于翰林,为侍书,与刘彦铭、朱思平皆见知于建文时,而濂门人有声称者,同郡楼琏、浦阳郑楷,皆见擢用。"(【明】黄佐:《革除遗事》卷5)

"(宋濂)仲子璲最知名,字仲珩,善诗,尤工书法。洪武九年,以濂故,召为中书舍人。其兄子慎亦为仪礼序班。帝数试璲与慎,并教诫之。笑语濂曰:'卿为朕教太子诸王,朕亦教卿子孙矣。'濂行步艰,帝必命璲、慎扶掖之。祖孙父子,共官内庭,众以为荣。慎坐罪,璲亦连坐,并死,家属悉徙茂州。建文帝即位,追念濂兴宗旧学,召璲子怿官翰林。永乐十年,濂孙坐奸党郑公智外亲,诏特宥之。"(《明史·宋濂传》卷128,列传第16)

  宋濂是朱元璋时代的重臣、朱允炆的父亲朱标太子的老师,又是方孝孺的老师。他自己学问好,儿子也不错,尤其是二儿子宋璲最有名,擅长写诗又工于书法,在当时文人中声名鹊起,洪武九年因宋濂的缘故,他被皇帝朱元璋召到了南京明故宫,担任中书舍人,此时宋璲哥哥家的儿子宋慎也在朝廷任职。朱元璋一有机会就考考宋璲、宋慎叔侄俩的学问,并时不时地进行一番训导。过后朱皇帝又不无得意地跟宋濂说:"你为朕教育太子与诸藩王,朕为你教育子孙啊!"宋濂赶紧谢恩。当时宋濂已经岁数很大了,连走路都困难。每当看到这样的情景,朱元璋就在大殿上命令宋璲、宋慎叔侄赶紧前去扶持宋老先生,宋氏三代同仕一朝,这在大明历史上实属少见,人们无不投之以羡慕的眼光,那时可谓宋家达到了顶点的辉煌。但随着洪武十三年新春的到来,宋濂家开始倒大霉了。那年新年刚过,有人举报,说宰相胡惟庸"谋反",宋濂的儿孙宋璲、宋慎与此牵连,前后一一被杀,宋老先生本来也要被处死的,但由于马皇后与朱标太子的全力相救,最后落了个发配到西北茂州并病死于道的结局。

  转眼间,大明历史从洪武转到了建文,朱允炆是个"仁孝"之主,他追念宋濂教育他父亲朱标太子的恩情,便下诏让已被杀的宋濂二儿子之子**宋怿**来南京担任翰林学士,"与刘彦铭、朱思平皆见知于建文(帝)",换句话来说,建文帝与宋怿既是世交又是政治同道朋友。可"靖难"战争最终残酷的现实打烂了年轻君臣的理想治国宏图,建文帝人间蒸发,宋怿却不知何故并没有在"壬午殉难"中被杀,一直到了永乐十年,在朱棣大肆倡导的群众性的"告讦"运动中被人检举出来,"坐(建文)奸党郑公智外亲",但魔鬼朱棣或许是感到自己帝位稳定了或许觉得杀一个没有什么"奸党"前科者,不值,最终居然宽宥了宋怿。

  从朱棣篡位登基到永乐十年最少有十一年的时间,"漏网"的建文"奸党"外围分子宋怿(《明实录》中无此人之信息)居然在浙江金华老家生活了这么长时间,实在耐人寻味。

  除了宋怿外,在金华地区还有一个"亲建文"分子及其子孙们也居然平安地生活了下来,他就是为宋濂所器重、与方孝孺为密友的建文朝文臣王绅。

  "**王绅**,字仲缙,金华义乌人。父祎,以文行重海内,与宋濂齐名。国初擢儒台校理,历起居,出判南康、临漳二郡,会修元史,召为总裁官,寻推翰林待制,使云南,仗节死。时绅甫十三,聪敏过人,落笔为文,沛然不可御。鞠于伯氏绶,事母何尽孝,及卒,衰毁踰礼。未几绶亦殁,绅独综理生业,茕茕忧患中而杰然负奇志。暇日益取经史百氏言,穷其旨归,纵横磅礴,出入上下,宋濂一见即器之曰:'王华川其有后乎!'一时俊杰多自服不逮。洪武二十五年,蜀献王闻其贤,驰书币聘致,待以客礼,俾教授蜀郡。绅痛父遗骸未返丘垄,白其情事,王悯之,给道里费以行。至云南,访求不获,遂即死所奠祭,仰天号恸几绝,过者为之泣下沾襟。述滇南恸哭记以着志。云南布政张紞尤重之,作吊王翰林文纾其情。既还,王慰劳备至,蜀人无贵贱咸知敬爱。建文君即位,召为国子博士,遂入词垣,编撰太祖实录。与缑城方孝孺交游,尝尊孝孺为百代儒宗,劝之著书,以淑来世。孝孺不以为然。绅自是益响道德而略文艺。尝以其父死节事闻于朝,得旨:赠翰林院学士,谥文节。开国以来,文臣有谥者实自祎始。庚辰十二月丙午,绅卒,年四十有一。有《继志斋集》三十卷行于世。"(【明】黄佐:《革除遗事》卷5)

"**王稌**,字叔丰。绅子,从学方孝孺,甚为所器,许妻以女。逮其难之及也,尝周旋其间。又尝与孝孺表侄郑畇至聚宝门外,求其遗骸以归葬而不可得,卒坐逮系。文皇帝念祖祎死国之功,特从宥免,且方向用之。而稌力以疾辞,还金华,读书结屋清岩之下,将终身焉。复集孝孺遗文私藏之。稌性至孝。初,绅痛念父没,每食必斥兼味,稌一遵其志,子孙相承,阅数十年不变,事母亦如事其父,送终尽礼,三年酒食未尝入于口。学问该博,士之从游者日众,郡邑交重之。但礼为乡饮,宾至以分献于先圣庙。稌疏髯伟貌,出必俨然古冠服,人争观之,曰:'此王先生也。'所着有青岩稿、圣朝文纂、金华贤达传、续文章正宗。卒年五十九,门人私谥曰孝庄先生。"(【明】黄佐:《革除遗事》卷5)

王绅的儿子叫王稌,他跟建文帝一样,是个大孝子,"性至孝"。回归老家金华后,"读书结屋清岩之下,将终身焉。复集孝孺遗文私藏之"。"永乐中,藏孝孺文者罪至死。门人王稌潜录为《缑城集》,故后得行于世"。(《明史·方孝孺传》卷一百四十一,列传第二十九;【明】黄佐:《革除遗事》卷5)

除了金华地区,在方孝孺老家的台州也有"亲建文"分子"潜伏"着,"**魏泽**,字彦恩,应天府溧水人。有学行。累迁至刑部尚书。先是燕师南下,姚广孝请曰:'殿下至京,幸全方孝孺,杀此人则天下读书种子绝矣。'上纳之。既至,建文帝亡,遂召孝孺,问曰:'我以周公匡成王而来,成王不在,当议所立。'对曰:'殿下既以匡王室而来,成王不在,当立成王之子。'忤旨,因有灭十族等语。上大怒,囚于狱。以广孝言未即杀,以次收捕其族党,每捕者至,辄欲服之,不屈,乃令尽诛之。泽是时谪为宁海典史,当捕方氏时,悉力保护,使免于辱,且资以行费。后过孝孺故居,有诗云:

'笋舆冲雨过侯城,抚景令人感慨生,黄鸟向人空百啭,清猿堕泪只三声。山中自可全高节,天下难居是盛名,却忆令威千载后,重归华表不胜情。'闻者壮泽之义。"
(【明】黄佐:《革除遗事》卷4)

更有浙江浦江郑家与大明开国皇帝朱元璋和第二位君主朱允炆等祖孙三代之间非同寻常的关系。

明朝前期,浙江浦江郑氏家族是一个有着300来年历史的江南望族。据记载,郑氏曾15世同居共食,故有"郑义门"之称。明洪武初年,郑氏家族的家长郑濂为朱元璋所赏识,在大明帝国的京师南京供职。"胡惟庸谋反案"爆发后,有人出来检举说,郑氏家族是胡惟庸谋反的帮凶。这个罪名可大了,重则家族抄斩,轻则家长掉脑袋,一般的人都唯恐避之不及,可郑氏兄弟就是与众不同。当官差上郑家捕人时,郑濂的6个兄弟个个都争先恐后地主动承当"罪名",争了好半天最后由郑濂的弟弟郑湜出面来担当罪责,但当他被带到南京时,哥哥郑濂死活都不让弟弟郑湜来受罪,而弟弟郑湜更是一条道跑到底,说什么也不让哥哥来受刑,兄弟俩就这么争着,消息传到了皇帝的耳朵里,朱元璋十分感慨地说:"像郑氏这样的家族里怎能会出乱臣贼子?"于是他就下令,宽宥了郑氏兄弟的"罪行",并将郑湜延请出来担任大明的左参议。据说,洪武十八年朱元璋为了表彰郑氏家族的"忠孝仁义",他还特地赠予郑家"江南第一家"之匾,该匾后来就一直被挂在郑氏宗祠里。

转眼到了洪武十九年,郑濂又受到一个案子的牵连,论罪当死。这时郑濂的叔伯兄弟郑洧出来说话了:"我们郑家人称'义门',先世有兄代弟而死的,今天难道我就不能代兄捐躯吗?"说完就去"投案自首",没几天他就被杀了。

郑氏家族一门忠义的动人事迹后来又被朱元璋听到了,他大受感动。洪武二十五年,朱元璋的事业的接班人朱标太子不幸薨世,朱标的儿子朱允炆被立为皇位继承人。朱元璋为了培养好自己的皇太孙,他从"郑义门"中挑选东宫属官,将郑濂(当时已病亡)的弟弟郑济任命为春坊左庶子,将郑濂的另一个弟弟郑忻从一个普通的百姓直接提拔为礼部尚书。(《明史·郑濂传》卷296,列传184,P5075—5076)

从上述的《明史》记载来看,既然郑济出任过朱允炆的东宫属官,那么由此可以说建文帝朱允炆跟浙江浦江的郑氏家族之间还真有非同一般的关系。除此之外,朱允炆的父亲朱标太子也与郑家有着一定的关系,这话怎么说呢?朱标的老师宋濂早先居住在金华潜溪,因仰慕郑氏家族"九世同居"的"孝义家风"而迁徙到距离"郑氏宗祠"约1公里的青萝山麓,先在"东明精舍"读书,后来又在那里教书,直到1360年他被朱元璋聘请到南京出仕为止,前后在青萝山麓呆了32年,宋濂退休以后又回去居住在那儿,这就是世人熟知的"青萝山房"。虽说朱标与郑氏家族没有直接的"搭界",但有他老师宋濂这个"中介",所以说朱标与郑氏家族也是有着一定的关系。正因为如此,朱标的儿子朱允炆上台后没多久,就表现出对郑氏的亲近,他曾大力旌表郑氏家族,当时郑氏家族的家长郑渶还专门到南京去朝谢建文帝。建文帝亲笔御书"孝义家"并赐予郑氏,后被郑氏家族所收藏。(《明史·郑濂传》卷296,列传184,P5076)

既然浙江浦江郑义门与大明皇家正统嫡系有着非同一般的关系,加上金华地区和方孝孺老家台州都"潜伏"了一些建文政权核心阶层外围的"亲建文"分子,所以从整体上来说,建文帝出亡时选择东南方向的浙江等地应该是极为明智的。不过说到这里,可能有同志不禁要问这样的问题了:既然你分析了建文帝会出亡东南尤其是浙江金华等地,那建文帝为什么最终没有将其作为长久的藏身之地?笔者的观点是,正因为郑家与大明皇家正统嫡系有着非同一般的关系,作为大明皇家重要的一分子朱棣难道对此不知?即使朱棣不知,他身边的人难道就不会将洪武与建文年间的"热闹"人物——郑氏兄弟的"那些事"告诉给朱棣?所以出亡浙江长时间地躲藏在"郑义门"实在是目标太大,易于暴露。这不是笔者猜想,是有事实依据的。前文已讲过,《明史》记载说:朱棣"靖难"成功以后,有人告发说,建文帝藏在了郑家,朱棣就立即派了人前往浦江郑义门进行搜查。(《明史·孝义一·郑濂传》卷296)

上福建最妥当、最安全?

如此看来,建文帝出亡浙江,小住郑义门是可能的,但久留绝不可。那么建文帝能上哪儿?前述,大明西北是朱棣的"双重亲家"宋晟的势力范围;西南又是朱棣的双重亲家沐英家的天下;湖湘地区呢?朱棣后来在武当山一带大搞土木工程建设,到处都是朱棣的"走狗";南京周围的江南地区?如苏州曾是建文帝铁杆支持者苏州知府姚善管辖的地盘,那儿有不少的"亲建文"分子,因此说建文帝极有可能先往苏州方向跑(上海学者徐作生先生的考证很有价值),但苏州毕竟距离京畿太近,危险性极大;上江西,那可是建文帝老师黄子澄的家乡?但也是目标太明显,危险性也大,因此,从整体来看只有上福建一带去才最为合适。

第一,建文帝在福建有着很好的人脉关系与深厚的情感基础,但不显眼。

建文新政期间或以前的朝廷中枢中许多高官都与福建有着一定的关联。

建文新政时的户部尚书王纯曾是福建参政(可能相当于副省长)。"王钝,字士鲁,太康人。元末猗氏县尹。洪武中,征授礼部主事,历官福建参政,以廉慎闻。

……二十三年迁浙江左布政使。在浙十年,名与张紞埒。帝(指朱元璋)尝称于朝,以劝庶僚。建文初,拜户部尚书。成祖入,踰城走,为逻卒所执,诏仍故官。未几,与紞俱罢。……永乐二年四月赐敕以布政使致仕。既归,郁郁死。"(《明史·王纯传》卷151,列传第39)

建文朝工部尚书郑赐就是福建建宁人,"郑赐,字彦嘉,建宁人。洪武十八年进士。授监察御史。……及惠帝即位,成祖及楚王桢皆举赐为长史。不许,召为工部尚书。燕兵起,督河南军扼燕。成祖入京师,李景隆讦赐罪亚齐,乃相背耶?赐曰:'尽臣职耳。'帝笑释之,授刑部尚书。……赐为人颇和厚,然不识大体,帝意轻之。为同官赵羾所间,六年六月忧悸卒。帝疑其自尽。"(《明史·郑赐传》卷151,列传第39)

建文朝吏部尚书张紞的知己张祖也是福建人,"张祖,惠安人,建文时以宪史入部考,入格,留为吏部吏。……文皇即位,除罢建文所置官,出祖为湖州安吉丞,居九年,有治绩,方(张)紞被谴自经,异尸归,属吏无敢往视,祖日经理其殡,殡毕,哭奠去。"(【明】朱国祯:《涌幢小品》卷11)

"张显宗,汀州宁化人。少丧父,某母黄氏守志教之。洪武辛未,进士第二人,授编修,升太常寺丞。建文中,自国子监祭酒升工部右侍郎,往江西招集丁壮,募民出粟。太宗即位,显宗及江西布政使杨连、按察使房安、佥事吕升等并为军卒执。告其罪,上释不诛,谪戍兴州。显宗有文学,多所著述,惜其功名不终。一时畈附之臣,有政事者如大理寺卿虞谦、侍郎徐守实;文学者如侍读王景、司业张智、修撰李贯辈。虽免于罪咎,然文皇帝未尝重之。"(【明】黄佐:《革除遗事》卷6)

建文朝监察御史林英原籍为福建宁德古田县人、刑部给事中叶福为莆田人。(《明史·林英传》卷143,列传第31;《明史·叶福传》卷141,列传第29)

"王继之,福建莆田人。为某官,壬午年死于国事。其死与方希直同,不可泯也。王良,河南人,以刑部左侍郎出为浙江按察使,是年阖室自焚。见《杭州志》。"(【明】陆容:《菽园杂记》卷14)

更有与朱元璋、朱标和朱允炆祖孙三代都有着非同一般关系的浙江浦江郑家之子郑湜曾经还当过福建参议。"……入国朝(即大明开国以后),曰(郑)渊、曰(郑)汭、曰(郑)濂、曰(郑)湜,皆以行谊闻。上(指朱元璋)召濂等入见,问以治家长久之道。对曰:'守家法而已。'上深嘉奖之,拜(郑)湜为福建参议。"(【明】黄瑜:《双槐岁钞·孝义家》卷2,中华书局1999年12月第1版,P33—34)

虽然上述这些洪武朝和建文朝要员最终都没有随建文帝而去(其中林英、叶福和王继之为建文帝殉难),但他们个个都是正人君子,有这么多与福建有着一定关系的高官或要员出现在建文政治的舞台上,想必建文帝对福建的情况还是比较熟悉的。更有一个长期以来被许多研究者所忽视的历史事实,那就是建文帝在福建社会中下层有着一定影响与基础。

"陈思贤,茂名人。洪武末,为漳州教授,以忠孝大义勖诸生。每部使者涖漳,参谒时必请曰:'圣躬安否?'燕王登极诏至,恸哭曰:'明伦之义,正在今日。'坚卧不迎诏。率其徒吴性原、陈应宗、林珏、邹君默、曾廷瑞、吕贤六人,即明伦堂为旧君位,哭临如礼。有司执之送京师,思贤及六生皆死。六生皆龙溪人。嘉靖中,提学副使邵锐立祠祀思贤,以六生侑食。"(《明史·陈思贤传》卷 143)

跨越四个年头的"靖难"战争最终以建文帝失利而告终,漳州官学校长陈思贤率领他的学生誓死不降朱棣,上演了集体就义的悲壮一幕,由此也说明建文帝在福建有着相当的社会基础和社会影响。这里顺便再说一下,若朱棣上台后发布的诏谕内容属实(即说建文帝派人上闽浙选美女),那么福建地区许多人家就是朱允炆的丈人家了。这样说来,建文帝出亡福建就有着更加宽泛的社会关系了。

再有一个福建宁德民间提供了一个较有价值的信息,当地百姓口头相传:当年建文帝出亡到福建宁德是与他的老师周斌有关。明代文人黄仲昭在《八闽通志》这样记述周斌:"周斌字质夫,宁德人。洪武中领乡荐,授建宁府学教授。时兵革甫息,斌修废起弊,严立教条,作新士习。郡县长贰非公事弗造其室,与之语曰皆政教大端,弗及私事。十五年,云南平,撰贺表称旨,有金币之赐。秩满,召至便殿,承顾问,以质直见重。明年拜中都国子监司业,约度明信,诸生悦服。又明年,召还,升齐王府左长史,辅翼开陈,一以正道。丁内忧,以病卒。"

从史料来看,周斌是一个与明初皇家有着较为密切关系的宁德籍文职要员,洪武中期他就当上了皇帝的顾问,后来出任中都国子监的教官,最后担任齐王府左长史,负责齐王府公务之类的事情。熟悉明史的人都知道,明初朱元璋经常让朱标等皇子上凤阳学习锻炼,想必"以质直见重"的周斌与仁弱端庄的朱标太子肯定熟悉。建文帝从小在明皇宫里长大,周斌又当过宫廷顾问,可以想象他们俩肯定很熟悉,两人又都是正人君子,其相互关系肯定也不会错,至于是不是师生,目前没有充分依据不敢妄断。但建文帝失国之际,周斌已在宁德老家守孝,最后也病卒于家乡(当地有一种说法是周斌诈死)。

古时候通讯不发达,建文帝遭遇国破家亡之大难后不得不出亡,到了福建,来宁德找周斌(周氏为宁德地区的一大族)合乎情理,它比上浙江和江西等哪儿地方去躲藏都合适,既不招眼又有良好的人脉关系与社会基础。

因此综合起来看,建文帝最终出亡到福建宁德是个聪明又理性的选择,也在情理之中。

第二，除了我们俗界之外，在600多年前的佛门圣地还有一位皇爷爷朱元璋晚年曾做过特殊安排的特殊人物，极可能就是皇孙儿建文帝出亡要寻找的"庇护者"，他就是洁庵法师。

据明代《雪峰山志》所载："第六十七代中兴雪峰寺正映洁庵禅师。师讳正映，号洁庵。江西抚州金溪县洪氏子，幼不茹荤。先投宁德安仁、三峰寺为沙弥。明洪武十九年，试经得度，谒灵谷谦禅师。方入门，怀中香忽坠地，遂有省。谦命任维那职。谦示寂后，往天界雪轩。典藏会有旨云：泉州开元寺僧临难，选的当家住持乃阄选而出。乃引见；谕曰：著他去做住持，如今做住持难，善则欺侮你，恶则毁谤你。但清心洁已长久。钦此。师奉诏来院。洪武三十一年六月。开堂演法，众志翕然。首竖法堂、次建甘露戒坛。不数年，百废俱兴。"（【明】徐㶿：《雪峰山志》卷4）

明代地方志上记载的有关洁庵法师的这些信息，应该来说其可信度还是比较高。洁庵原本是江西抚州金溪县人，俗姓洪，青少年时代在福建宁德安仁寺和三峰寺当沙弥。据福建省宁德市地方志编委会副主任王道亨先生提供给我的清乾隆版《宁德县志》资料来看，"安仁寺，在二十三都"，即今天宁德市蕉城区石后乡境内；"南峰寺，亦名三峰寺，在二十三都"，即今天宁德市蕉城区洋中镇境内。洪武二十九年洁庵上南京参加僧人选拔考试，后往东郊灵谷寺拜慧明谦法师为师。慧明谦法师圆寂后，洁庵离开了灵谷寺，前往南京天界寺。洪武晚期，素有东南名刹的福建泉州开元寺出了住持空缺这档子事，大家正准备用抓阄的办法来选个住持，朱元璋闻讯后在明皇宫里召见了洁庵法师，并跟他说了这么一番话："我叫你上开元寺去当住持，如今这年头做住持不容易啊，你人善要被人欺，人不善就会有人说你坏话。只有清静沽心才能长久啊！"朱元璋晚年的这个任命耐人寻味，而洁庵也不负朱皇帝的一片皇恩，他一到开元寺就开堂演法，振兴佛事，成绩斐然。

"永乐元年朝京，（洁庵）回福州，诸山长老举师主雪峰。"（【明】徐㶿：《雪峰山志》卷4）但据朱棣秘密特使胡濙在《雪峰崇圣禅寺碑文记》中说：洁庵是永乐二年来雪峰寺当住持的，永乐十六年，他主动将位置"禅让"给了远芷法师而归老于南京的灵谷寺。从表象来看，这里似乎没有什么的，但如果再仔细追问一下，问题就出现了：永乐十六年洁庵法师从雪峰寺"消失"后，他到底上哪儿去？胡濙说他自己要求"内退"归老灵谷寺，但笔者查阅《灵谷禅林志》，发现洁庵并没有归老于那里。有人说他上了北京（【清】谢元福：《灵谷禅林志》卷8，《中国佛寺丛刊29》，江苏广陵古籍刻印社1996年8月第1版，P209），这样看来胡濙在说假话，胡濙说假话很有本事，他是朱棣的密使，为人处世极鬼。胡濙的同事叶盛曾记下了这样的事情："礼部尚书致仕毘陵胡公,予赴广时谒之,尚强健,取酒命酌,因有请曰:'老先生身承列圣宠遇,圣德、圣训,不可无记录,否则百年后,门人故吏多谬误矣。'公笑曰:'无之'"(【明】叶盛:《水东日记》卷5)。《明史·胡濙传》曾这样评述胡濙的:"濙节俭宽厚,喜怒不形于色,能以身下人。"(《明史·胡濙传》卷169)

由此看来胡濙是个极富城府的政客,什么该说,什么不该说,他比谁都清楚,因此他说洁庵归老灵谷寺不足为信,事实上南京灵谷寺没有洁庵的塔陵就证明了这一切。既然洁庵没有归老灵谷寺,那他又会上哪里?谢元福在《灵谷禅林志》作了解释——上北京去,而且一去去了六年,直到洪熙元年才被明仁宗重新"安排"回南京。洁庵是临济宗的,与朱棣的第一红人姚广孝不属于一个宗派,他上北京总不会是去作学术交流吧?

我们再比对一下明嘉靖时的学者郑晓所著的《今言》和张廷玉主编的《明史》就会发现了一个天大的"巧合":

"溥洽字南洲,浙江山阴人。洪武初,荐高僧入京,历升左善世。靖难兵起,为建文君设药师灯忏诅长陵。金川门开,又为建文君削发。长陵(指朱棣)即位,微闻其事,囚南洲十余年。荣国公疾革,长陵遣人问所欲言,言愿释溥洽。长陵从之。释出狱时,白发长数寸覆额矣。走大兴隆寺,拜荣国公床下,曰:'吾余生少师赐也。'仁宗复其官。卒年八十二。"(【明】郑晓《今言》卷3)

《明史》也说:永乐十六年姚广孝病危时,他恳求永乐皇帝朱棣释放已经被关押了十多年的临济宗的掌门人溥洽,结果,朱棣依了。(《明史·姚广孝传》卷145)

姚广孝的辅助促成了朱棣最终起兵造反,但就在"靖难"成功的关键时刻,朱棣却并没有听从姚广孝的话:勿杀天下读书种子方孝孺,而偏偏在过了十多年后将一个被指认为与建文帝出亡有染的老和尚老囚犯给放了,姚广孝面子固然大,但这与做事一向做绝的朱棣风格很不相符。更为蹊跷的是,据福建宁德民间流传的说法:永乐年间,在宁德一带的古官道上不下有20座寺庙一起被毁,出奇的是这些寺庙都属于临济宗的。再联想起永乐十六年临济宗高僧洁庵从雪峰寺突然"失踪",笔者认为,洁庵"后游北京"是一种隐晦说法,事实上他是被捕了,因为朱棣可能得到了可靠的情报,溥洽并不完全知道建文帝的真正下落,而一肚子阴谋诡计的朱元璋晚年特殊任命的洁庵法师是建文帝万一罹难所投靠的主要"保护神"。可谁知最终"保护神"洁庵也给逮了起来,建文帝很自然会逃亡到洁庵曾经出家当沙弥的宁德安仁寺或三峰寺等寺院去避祸;更有"巧合"的是,洁庵法师当年出家的三峰寺就在传说是"帝师"的周斌家乡宁德蕉城洋中镇区域,因此说建文帝最终出亡宁德应该说"再正常不过了"。

第三，长期以来，福建在建文朝的地位一直没有引起人们的重视。笔者在阅读《明神宗实录》时无意间发现了这样一段史料："万历十三年三月壬辰，释革除年坐忠臣方孝孺等谪戍者，浙江七百一十三人，江西三百七十一人，福建二百四十四人，四川四十一人，广东三十四人。"(《明神宗实录》卷 159)

从万历朝平反的"建文奸党"分子分布范围来看，浙江位列第一，达 713 人，江西其次，371 人，福建位居第三，大约有 244 个"建文奸党"分子遭到了迫害。前文说过，建文帝上浙江、江西去避难目标太大，而上福建不仅不大引人注目，而是还有相当广泛的基础。

第四，建文帝出亡福建闽东还有一个极不为人注意的因素，那就是那里有建文朝核心风云人物外围的"亲建文"分子子孙居住在附近。

"郑居贞，闽人。与孝孺友善，以明经历官巩昌通判、河南参政，所至有善绩。孝孺教授汉中，居贞作凤雏行勖之。诸人皆坐党诛死。"(《明史·郑居贞传》卷 141)

《明史》中对郑居贞记载极略，《明实录》对他更是没什么记载，倒是向来不被"正史嗜好者"看重的文人笔记或言野史对他记载得较为详细："郑居贞，徽州人。父潜，有文名，国初，历任潞州同知。洪武中，居贞以明经举，授巩昌府通判，升礼部郎中，甚见重。太祖时，至河南布政司左参政。以永乐初坐累，死于南京。有《闽南集》、《关陇行》、《藁归来》、《藁随桧》、《庭藁》。子孙因留住，居福建瓜山。方孝孺之为汉中教授也，居贞以诗送之，孝孺亦尝赠之文，谓其为参政三年而去，吏民以不能留为憾。事在洪武二十三年。然其坐累岁月不可考，盖亦因孝孺之故云。"(【明】姜清《姜氏秘史》卷 1)

无独有偶，明嘉靖时期的文人黄佐在《革除遗事》中也有相似的记载："郑居贞，徽州人。父潜，有文名，国初历仕路州同知。居贞丰颊美姿髯，从父官闽中，因从尚书贡师泰甫游。洪武中，以明经举，授巩昌府通判，升礼部郎中，甚见重高帝时。终河南布政司左参政。坐累卒于南京。有文曰闽南集、关陇行稿、归来稿、随稿、桧庭稿。子孙因留福州瓜山。方孝孺之为汉中教授也，居贞以诗送之，曰：'翩翩紫凤雏，羽融备五彩，徘徊千仞冈，余音散江海。于焉览德辉，济济锵环佩，天门何嵯峨，群仙久相待。晨沐晞朝阳，夜息饮沉瀁，如何复西飞，去去秦关外。岐山谅匪遥，啄食良自爱，终当巢阿阁，庶以鸣昭代。'又次韵寄孝孺：'阙下知名久，相逢值暮春。才华曾动主，论议每过人。汉水元通蜀，台州亦近闽。何时江海上，樽酒话西秦。为问天台客，何时别草堂。千岩空剑气，万卷有虹光。为政惭吾拙，擒辞羡子良。方思歌伐木，深负咏甘棠。'孝孺亦尝赠之文，谓其为参政三年而去，吏民以不能留

为憾。事在洪武二十三年。然其坐累岁月不可考书,或因孝孺之故云。"(【明】黄佐:《革除遗事》卷4)

　　从上述两书对郑居贞的记载来看,他原是洪武朝的"老人",最终当官当到河南布政司左参政,可能就相当于河南省副省长或省长助理。建文帝当政后,郑居贞没有升官,一直在河南"原地踏步",按理说,他是摊不上建文"奸党"的罪名,但他有一段历史是"致命的":方孝孺在汉中教书时就与郑居贞结为至交,郑居贞将方孝孺比作是三国时代仅次于诸葛亮的风云人物庞统,称之为"凤雏"(赠诗:"翩翩紫凤雏"),而方孝孺亦曾赠文给郑居贞,对他为官政绩极为肯定与赞誉,再说透一点,两位君子惺惺相惜。尽管方孝孺被"灭十族"时,郑居贞也挨了刀,但他的子孙可没遇害,而是在福建福州瓜山生存了下来。(【明】黄佐:《革除遗事》卷4)

　　对照上述三段不同出处的史料,我们大致可以看出,郑居贞祖籍徽州,父亲郑潜曾在福建为官,郑居贞跟着父亲来到了福建,所以有人误以为他是福建人,但从郑居贞子孙最终没回徽州而是留在福州来看,经过郑居贞父子两代人的"经营",应该来说郑氏子孙在福州瓜山及其周围有着一定的基础。问题是瓜山在福州什么地方?笔者向福州与宁德的朋友请教,他们告诉我:瓜山在今天的闽侯县境内,距离闽侯县内的东南名刹雪峰寺不远,而雪峰寺距离发现建文帝袈裟的宁德支提寺大约有驱车3小时的路程,我们将这一系列的"巧合"都连贯起来看,问题就逐渐明朗了:原来建文帝出亡福建和闽东绝不是"盲流",而是一种智慧的选择。

　　第五,相比于八闽大地的其他地方,闽东宁德地区不仅有着复杂的山区地形,而且还有个天然良港三都澳,在此进退自如。"进"则可躲进港内或大山里头,退则可迅速驶入茫茫大海。夺取建文帝帝位的朱棣"靖难军"之主体来自北方,他们不习水上活动,就拿"靖难"战争来说吧,当燕军打到长江边时,要不是建文朝掌管长江水师的都督金事陈瑄的叛变,朱棣是一时难以渡江的。相比于北方的这些"旱鸭子",南方人擅长水上生活,这是得天独厚的优势,这一点早在建文政权瓦解之际,建文帝的老师黄子澄就意识到了要设法借用水上兵力来恢复建文政权,"及燕兵渐南,与齐泰同谪外,密令募兵。子澄微服由太湖至苏州,与知府姚善倡义勤王。善上言:'子澄才足捍难,不宜弃闲远以快敌人。'帝复召子澄,未至而京城陷。欲与善航海乞兵。善不可,乃就嘉兴杨任谋举事,为人告,俱被执。"(《明史·黄子澄传》卷141)

　　连迂腐的书生大臣建文帝的老师黄子澄都想到了水上军事,更别说那务实的建文朝地方官员了,就在建文帝危机四伏发出"勤王"令之后,部分地方的"勤王"水师行动起来了。"宁波郡守王公班,山东日照人,闻变造战舰,将完,文庙(指朱棣)

已入宁波卫。官械公至南京，上问造舰何为，答曰：由海道趋瓜州以截来路。上义而释之。"(【明】皇甫录著《皇明纪略》)

浙江王琎督造战船"勤王"，福建也是临海省份，更是建文帝有良好人脉关系与社会基础的地方，大明君主有难，想必福建也会有所表示，就算没有，"壬午国难"后，朱允炆最终出亡福建再正常不过了。尤其是闽东地区复杂的山区地形，使得建文帝一行人易于躲藏，更有天然良港三都澳，建文帝一行来此以后进退自如，这是长期藏身的好地方。虽说建文帝是个文弱书生，但他人很聪明，守住君位非其所长，但凭其聪明的智慧逃生还是绰绰有余的。

纵观上述，建文帝出亡福建宁德是个理性的选择。让我们再回顾一下上面的考证：支提山上华严寺内稀世珍品云锦袈裟、上金贝古墓前的金水桥、金水河、古墓建筑的龙刻构件、怪异的墓制、舍利塔上的莲座、吉祥云，等等，这一切都表明大明第二位皇帝不仅去了，而且最终卒于那里。

至此，破解大明第一悬案可以告个段落了。不过，这个600年前的第一大案还有诸多的谜团没解开，譬如，建文帝到底怎么来到福建的？后来又发生了什么？最终他到底怎么死的？究竟是谁将他葬在福建宁德的上金贝山上和建造那么一个怪异的"僧人墓"？朱棣有没有真正发现建文帝躲藏在福建？等等，诸如此类，还有一系列问题有待于进一步的研究。

大明帝国皇帝世系表

（18 帝，1368—1645 年，共计 277 年）

	①明太祖	朱元璋	洪武三十一年	戊申	1368 年
懿文太子 朱 标	③明太宗（明成祖）	朱 棣	永乐二十二年	癸未	1403 年
②明惠帝 朱允炆 建文四年 己卯 1399 年	④明仁宗	朱高炽	洪熙一年	乙巳	1425 年
	⑤明宣宗	朱瞻基	宣德十年	丙午	1426 年
⑥明英宗 朱祁镇 正统十四年 丙辰 1436 年 →	⑦明代宗	朱祁钰	景泰八年	庚午	1450 年
	⑧明英宗	朱祁镇	天顺八年	丁丑	1457 年
	⑨明宪宗	朱见深	成化二十三年	乙酉	1465 年
	⑩明孝宗	朱祐樘	弘治十八年	戊申	1488 年
⑪明武宗 朱厚照 正德十六年 丙寅 1506 年 →	⑫明世宗	朱厚熜	嘉靖四十五年	壬午	1522 年
	⑬明穆宗	朱载垕	隆庆六年	丁卯	1567 年
	⑭明神宗	朱翊钧	万历四十八年	癸酉	1573 年
	⑮明光宗	朱常洛	泰昌一年	庚申	1620 年
⑯明熹宗 朱由校 天启七年 辛酉 1621 年 →	⑰明思宗	朱由检	崇祯十七年	戊辰	1628 年
	⑱明安宗	朱由崧	弘光一年	乙酉	1645 年

注释：

①明朝第二位皇帝是朱元璋的皇太孙朱允炆，建文四年时，他不仅被"好"叔叔朱棣从皇位上撵走，而且还被"革除"了建文年号，改为洪武三十五年。

②明朝开国于南京，从正宗角度来讲，很难说迁都是朱元璋的遗愿。因此，大明的覆灭应该以国本南京的沦陷作为标志，弘光帝又是大明皇帝的子孙，他称帝于南京，应该被列入大明帝国皇帝世系表中。

③上表中↓↘表示皇位父子或祖孙相传，→（表示皇位兄弟相传。

④明安宗朱由崧是老福王朱常洵的庶长子，明神宗万历皇帝朱翊钧之孙，也是明熹宗朱由校、明思宗朱由检的堂兄弟。

后　记

2013年12月平安夜的钟声敲响时,我的10卷本《大明帝国》竣工了,想来这400多个不眠的夜晚,真可谓感慨万千。在这个浮华的年代里,就一个人靠着夜以继日地拼命干,想来定会让象牙塔里带了一大帮子弟子的大师们笑弯了腰,更可能会让亦官亦民的××会长们暗暗地叫上"呆子"的称号……是啊,十多年了,在我们的社会里什么都要做大做强,什么都要提速快行,什么都要搞课题会战工程,而我却是孤独的"夜行人"和迟缓的老黄牛,无论如何都无法跟上这个时代的节拍。好在已到知天命的年龄,什么事都能看得淡淡的,更何谈什么学会、研究会的什么长之诱惑了。秉承吾师潘群先生独立独行的精神,读百家之书,虽无法做到"究天人之际,通古今之变",但至少能"成一家之言",管他春夏与秋冬。

不管世事,陶醉于自我的天地里,烦恼自然就少了,但不等于没有。自将10卷《大明帝国》书稿递交后,我一直在反问自己道:"有何不妥?"在重读了出版社发来的排版稿后,我忽然间发现其内还有诸多的问题没有彻底讲清楚或无法展开。譬如,尽管我专辟章节论述了大明定都南京、建设南京的过程及其历史影响,从一般意义角度而言,似乎很为周全,但细细想想,对于已经消失了的南京明故宫和明都京城之文化解读还没有完全到位。理性而言,南京明皇宫与南京都城在中国历史文化进程中所占的地位尤为特别,如果要用最为简洁的词语来概括的话,我看没有比"继往开来"这个成语更合适了。"继往"就是在吸收唐宋以来都城建筑文化精华的基础上,将中国传统的堪舆术与星象术巧妙地结合在一起,使其达到前所未有的完美境界,用明初朱元璋开国时反复强调的指示精神来说,就是"参酌唐宋"和"恢复中华",即在继承先人传统的基础上整合和规划南京明皇宫和大明都城建设,于最核心部分构建了象征紫微垣的宫城,宫城之外为象征太微的皇城,皇城之外为象征天市的京城,环环相套,中国传统文化中的"法天象地"、"天人合一"思想在南京明皇宫和大明都城建设布局中得到了充分的体现;"开来"就是指明初南京明皇宫与都城建设规制深刻影响了后来的明清皇城与都城建设布局。

同样的例子还有南京明孝陵、凤阳明皇陵、盱眙明祖陵,等等。

对于诸多的不尽如人意之处,最好的办法就是在原书稿基础上直接添加和补充,但问题又随之而来了。原书稿规模已大,《洪武帝卷》100多万字,分成了3册,每册都是厚厚一大本,如果再要"补全",那就势必要另辟一册。这样对于图书销售会带来更多的不便。思虑再三,只好暂时先以原书稿的规模出版,等以后有合适的机会再作重新规划和布局。

可没想到的是,我的苦衷在今年新书上市后不久让广大的读者和东南大学出版社的朋友一下子给解决了。本来按照图书规模而言,3卷本100多万字的《朱元璋卷》应该是很难销的,但让人始料未及的是,它上市没多久就销售告罄。在纸质图书销售不景气的今天,能有这样的结果,真是莫大的欣慰。更让人兴奋的是,东南大学出版社的谷宁主任、马伟先生在上请江建中社长、张新建总编等社领导后决定,在原10卷《大明帝国》基础上,让我重新修订,分册出版。当时我正在研究与撰写大明正统、景泰两朝的历史,听到这样喜人的消息后,立即放下手中的事情,开始对原10卷《大明帝国》逐一作了梳理,调整章节,增补更有文化含金量的内容,使原《大明帝国》变得更为系统化,考虑到新书内容已有很多的变化,为了与以前出版的相区别,本想取名为《明朝大历史》,但考虑到这是普及性极强的读物,最后与马伟先生合计,取名为《大明风云》。

经过数月的不眠之夜,《大明风云》前8卷终于可以交稿了。回想过往的日日夜夜,看到眼前的这番收获,我要衷心感谢的是中共南京市委宣传部叶皓部长、徐宁部长、曹劲松副部长,南京广电集团谢小平主任,中共南京市委宣传部网控中心的龚冬梅主任,中央电视台池建新总监,安徽电视台禹成明副台长,原南京电视台陈正荣副台长、新闻综合频道傅萌总监,原江苏教育电视台张宜迁主任、薄其芳主任,东南大学出版社江建中社长、张新建总编,东南大学马克思主义学院袁久红院长、袁健红副书记,南京市政协副主席余明博士,南京阅江楼风景区管理委员会韩剑峰主任,新华报业集团邹尚主任,南京明孝陵博物馆张鹏斗馆长,南京静海寺纪念馆原馆长田践女士,南京阅江楼邱健乐主任,南京市社科院李程骅副院长与社科联陈正奎院长、严建强主任、顾兆禄主任,南京市新闻出版局蔡健处长,南京市档案局徐康英副局长、夏蓓处长,江苏省社科联吴颖文主任,福建宁德市政协主席郑民生先生、宁德市委宣传部吴泽金主任、蕉城区统战部杨良辉部长等领导的关怀(特别注明:本人不懂官衔大小,随意排列而已,不到之处,敬请谅解);感谢中央电视台裴丽蓉编导、徐盈盈编导、戚锰编导,江苏电视台公共频道贾威编导、袁锦生编导、江苏教育电视台苍粟编导、夏恬编导、赵志辉编导,安徽电视台公共频道制片人张环主任、制片人叶成群、舒晓峰编导、唐轶编导、海外中心吴卓编导、韩德良编导、张曦伯编导、李静编导、刘小慧编导、美女主持人任良韵，南京广电集团王健小姐，南京电视台主持人周学先生、编导刘云峰先生、李健先生、柏新民先生、卞昌荣先生，南京电视台十八频道主持人、我的电视节目老搭档吴晓平先生，江苏广播电视总台吕凤华女士、陆正国先生、新华报业集团黄燕萍女士、吴昌红女士、王宏伟先生，《现代快报》刘磊先生，《金陵晚报》郑璐璐主任、于峰先生，金陵图书馆袁文倩主任和郁希老师，南京静海寺纪念馆钟跻荣老师，东南大学出版社刘庆楚分社长、谷宁主任、彭克勇主任、丁瑞华女士、马伟先生、杨澍先生、丁志星女士、张万莹女士，南京明孝陵向阳鸣主任、王广勇主任和姚筱佳小姐，江苏省侨办《华人时刊》原执行副主编张群先生，江苏省郑和研究会秘书长郑自海先生和郑宽涛先生，北京师范大学教育学院孙邦华教授，南京大学王成老师和周群主任，南京理工大学人文学院李崇新副教授，南京财经大学霍训根主任，江苏经贸学院胡强主任和吴之洪教授，南京总统府展览部刘刚部长，南京出版社卢海鸣社长，南京城墙办朱明娥女士，南京图书馆施吟小姐，福建宁德三也农业开发有限公司董事长池致春先生，原徐州汉画像石馆馆长武利华先生，无锡动漫协会会长张庆明先生，南京城市记忆民间记录团负责人高松先生和篆刻专家潘方尔先生以及倪培翔先生等朋友给我的帮助与关怀。（至于出版界朋友对我的帮助，那实在太多了，怕挂一漏万，干脆就一个也不谢了）

当然还要感谢吾师王家范老师、刘学照老师、黄丽镛老师、王福庆老师、杨增麒老师等曾经对我的谆谆教诲与帮助，也衷心祝愿诸位师长健康长寿！

除了国内的师友，我还要感谢 United Nations（联合国）Chinese Language Programme 何勇博士、美国 Columbia University（哥伦比亚大学）王成志主任、美国 Stanford University（斯坦福大学）Visiting Scholar Helen P. Youn、Stanford University（斯坦福大学）的 Hoover Institution Library ＆ Archives（胡佛研究院图书馆及档案馆）主任 Thu－Phuong Lisa H. Nguyen 女士和 Brandon Burke 先生、美国纽约美中泰国际文化发展中心总裁、著名旅美艺术家李依凌女士、美国（CHN）总监 Robert KO（柯伊文）先生、泰国国际书画院院长李国栋、日本关西学院法人代表阪仓笃秀教授、世界报业协会总干事马英女士和澳门基金会理事吴志良博士、澳门《中西文化研究》杂志的黄雁鸿女士等海外师长与友人对我的关心与帮助。

在此我要特别感谢美国 University of Pittsburgh（匹兹堡大学）名誉教授、海外著名国学大家许倬云先生。许先生年逾古稀，身体又不好，但他经常通过 E-mail 关心与肯定我的研究与写作，令我十分感动；特别感谢老一辈著名明史专家、山东大学教授黄云眉先生的大作《明史考证》对我的启迪以及他的海内外儿孙们对我的抬爱；特别感谢我的学业导师南京大学潘群先生和师母黄玲女士严父慈母般的关

爱;特别感谢慈祥的师长、我的老乡原江苏省委宣传部常务副部长王建邦先生对我的关怀与帮助。

我还要感谢的是我的忠实"粉丝"与读者朋友,这些朋友中很多人可能我都未曾见过他们的面,譬如安徽六安有个年轻朋友曾给我写来了热情洋溢的信函;还有我不知其地址、只知其 QQ 号的郭先生,等等。他们不断地给我来信,帮助我、鼓励我。但由于我是个"单干户",无当今时兴的"小秘"代劳,因而对于广大读者与电视观众朋友的来信,无法做到一一回复,在此致以万分的歉意,也恭请大家海涵!

顺便说明一下:本著依然采用史料出处随后注的方法,做到说史绝不胡说、戏说,而是有根有据。本书稿原有所有史料全文,后考虑到篇幅太厚和一般读者可能阅读有困难,最终决定将大段古文作了删除,大多只保留现代文。也承蒙东南大学出版社朋友尤其谷宁主任、马伟先生和张万莹女士的关爱,本系列丛书拥有现在这个规模。如读者朋友想核对原文作进一步研究,可根据书中标出的史料出处一查便是。最后要说的是,下列同志参与了了本书的图片收集、资料整理、文稿起草等工作,他们是马宇阳、毛素琴、雷扣宝、王鲁兴、王军辉、韩玉华、林成琴、熊子奕、周艳梅、舒金佳、雷晟等人。

马渭源

于南京大明帝国黄册库畔

2014 年 11 月 16 日

电子邮箱:mwynj@sina.com